BOUQUINS

COLLECTION DIRIGÉE PAR

GUY SCHOELLER

PIERRE RIFFARD

ÉSOTÉRISMES D'AILLEURS

LES ÉSOTÉRISMES NON OCCIDENTAUX

PRIMITIFS • CIVILISATEURS • INDIENS
EXTRÊME-ORIENTAUX • MONOTHÉISTES

ROBERT LAFFONT

Si, malgré nos efforts, nous n'avions pas réussi à joindre tous les ayants droit des citations reproduites dans ce livre, nous prions ceux-ci d'accepter nos excuses et de se mettre en rapport avec l'éditeur.

© *Éditions Robert Laffont, S.A., Paris, 1997*
pour la présente édition.
ISBN : 2-221-07354-1

Ce volume contient :

CHANCE !

ÉTUDE DE L'ÉSOTÉRISME NON OCCIDENTAL

LES ÉSOTÉRISMES PRIMITIFS

LES ÉSOTÉRISMES CIVILISATEURS

LES ÉSOTÉRISMES DE L'INDE

LES ÉSOTÉRISMES D'EXTRÊME-ORIENT

LES ÉSOTÉRISMES MONOTHÉISTES

PALMARÈS DE L'ÉSOTÉRISME NON OCCIDENTAL
CHRONOLOGIE DE L'ÉSOTÉRISME NON OCCIDENTAL
CHRONOLOGIE DE L'ÉSOTÉROLOGIE ORIENTALISTE
BIBLIOGRAPHIE
INDEX DES NOMS PROPRES

DU MÊME AUTEUR
Sur le même sujet :

L'Occultisme. Textes et Recherches, Larousse, coll. « Idéologies et Société », 1981, 191 p. (Épuisé.)

Dictionnaire de l'ésotérisme (1983), 2e éd. 1993, Payot et Rivages, coll. « Grande Bibliothèque Payot », 396 p. (Traduit en espagnol, Alianza Editorial ; traduit en italien, Edizioni Culturali Internazionali ; traduit en portugais, Editorial Teorema, Lisbonne ; traduit en polonais.)

« L'ésotérisme tahitien », *Bulletin de la Société des études océaniennes*, Papeete, Tahiti, Polynésie française, vol. XX, n° 8, juin 1988.

L'Idée d'ésotérisme, ANRT, université de Lille III, 1990, 709 p.

« La tradition sacrée selon Platon », *Connaissance des religions*, vol. V, n° 4, mars 1990.

L'Ésotérisme (Qu'est-ce que l'ésotérisme ? Anthologie de l'ésotérisme occidental), Robert Laffont, coll. « Bouquins », 1990, 1 040 p. (Traduit en espagnol, Mexico ; traduit en portugais, São Paulo ; traduit en italien, Milan) ; « Le Grand Livre du mois », sept. 1993 ; 4e réimpression 1996.

« Comment se pose rationnellement le problème de la vie après la mort », *Thanatologie*, n°s 87-88, nov. 1991 ; *Singuliers*, n° 12, 1994.

« La mort selon Steiner », *Thanatologie*, n°s 89-90, avril 1992.

« Une combinatoire des théories de l'âme », *L'Enseignement philosophique*, 44e année, n° 1, sept.-oct. 1993.

« Nostradamus et Toulouse », *ALTIER*, Toulouse, n° 126, 1993 ; « L'alchimie et Toulouse », *ALTIER*, n° 135, 1995.

« La mort selon Platon », *Thanatologie*, n°s 97-98, avril 1994.

*à Maximilien
mon second
ce second
d'Asie
aussi*

QU'EST-CE QUE L'ÉSOTÉRISME [1] ?
(résumé)

L'« ésotérisme » peut-il être isolé et pensé, en lui-même ? y a-t-il ou non spécificité, par rapport aux autres connaissances, des « doctrines secrètes », des « arts et sciences occultes », des « pratiques initiatiques », des « œuvres hiératiques », des « symboles traditionnels », des « rites mystériques » ?...
Une question préalable se pose : peut-on parler d'ésotérisme ? À première vue, l'ésotérisme refuse le discours, langage rationnel et savoir dévoilé. Est-il sensé de parler d'ésotérisme : ce concept a-t-il sa raison d'être ? Est-il permis de parler d'ésotérisme, autrement dit est-il vrai que l'ésotérisme soit réprimé ? Est-il possible de parler l'ésotérisme, c'est-à-dire de ne pas se contredire en voulant disserter sur le secret ?

MÉTHODE

Les principales difficultés rencontrées par celui qui étudie l'ésotérisme — l'« ésotérologue » — sont les suivantes : le choix, au moment d'exposer, entre la logique de l'ésotériste et la méthode critique ; la situation même de l'ésotérologue, pris entre la suspicion de l'historien et le mépris de l'ésotériste ; les pièges de la documentation, rare, peu ou pas dotée de références, souvent apocryphe ; le sens même des textes et gestes, qui s'exprime à plusieurs niveaux, qui est symbolique (mais en quoi ?) et occulte (mais où ?). La plus grande difficulté reste celle du critère : à quoi reconnaît-on qu'une œuvre est ou n'est pas ésotérique ? Et cette question

---

1. P. A. Riffard, *L'Ésotérisme. Qu'est-ce que l'ésotérisme ? Anthologie de l'ésotérisme occidental*, Robert Laffont, coll. « Bouquins », 1990.

relève-t-elle de l'étude critique ? Les ésotéristes répondent en renvoyant soit (comme le Traditionisme guénonien) à la Tradition primordiale, soit (comme le « Directisme » böhmien) à l'expérience spirituelle. L'ésotérologue, lui, sans préjuger de la valeur ou de l'authenticité, reconnaît plutôt l'ésotérique à ces marques-ci : d'une part un réseau signifiant et caché de correspondances (ce qui fait l'ésotérique, ce n'est pas l'existence d'analogies, mais la « chaîne d'or » des affinités), d'autre part la présence d'invariants. Du point de vue de la méthode proprement dite, les ésotéristes utilisent ce qu'ils appellent la « méthode traditionnelle » ; c'est un système de concordances qui, selon les mots d'Evola, vise à « faire ressortir le caractère universel d'un symbole ou d'un enseignement en le rapprochant d'autres symboles correspondants appartenant à d'autres traditions, afin d'établir quelque chose de supérieur et d'antérieur à chacune de ces formulations ». L'ésotérologue, de son côté, peut s'aider de quelques principes. Le principe de l'internalisme avance que l'étude de l'ésotérisme porte sur l'ésotérique même et qu'on trouve les éléments de réponse chez les ésotéristes mêmes. Le principe d'indécision soutient qu'il est impossible de prouver le caractère ésotérique d'un élément ou d'un ensemble. Le principe d'intervention distingue l'ésotérologue de l'ésotériste et de l'exotériste, et le place comme simple figurant dans le jeu de l'ésotérisme : on ne peut comprendre le yoga si on ne l'a pas au moins provisoirement et partiellement et existentiellement pratiqué.

SOURCES

Pour avoir des informations sur l'ésotérisme, on dispose de deux grandes catégories de sources : les témoignages ésotérologiques, qui sont des sources médiates, et les documents ésotériques, qui sont des sources directes. Les témoignages, pour précieux qu'ils soient, contiennent quantité de confusions et de lacunes, qui s'expliquent souvent par leur but hérésiologique ou le langage clos de l'ésotérisme. Les documents, eux — qu'ils soient écrits, figurés ou enregistrés —, demeurent en grande partie énigmatiques, et ils ne concernent pas l'aspect vocal (oral et spirituel) de l'ésotérisme. Il existe des ésotéristes ésotérologues, les ésotérosophes, par exemple Porphyre et Jamblique à Alexandrie, Ibn 'Arabi pour le Soufisme...

LE MOT « ÉSOTÉRISME »

Aristote a créé, vers 348 av. J.-C. (*Politique*, VII, 1, 1323 a 22), l'adjectif « exotérique ». Il appelle « discours exotériques » *(exoterikoï logoï)* — *selon l'hypothèse de W. Jaeger, en 1923* — *ses dialogues de jeunesse, qu'il avait publiés, mais qui sont perdus ;* il oppose à « exotérique » : « acroamatique » ; *les akroaseïs* sont les leçons orales qui, publiées plus tard par Andronicos, forment ce qu'on appelle les œuvres d'Aristote.

L'adjectif « ésotérique » *(esoterikos)* paraît pour la première fois chez Lucien de Samosate, vers 166 *(Sectes à l'encan*, 26), avec une acception liée à l'Aristotélisme. Le sens ésotérique d'« ésotérique » se fait jour chez Clément d'Alexandrie, en 208 environ *(Strômates*, V, 9, § 58, 3). Le substantif « ésotérique », désignant le disciple avancé de Pythagore, se rencontre d'abord chez le pseudo-Hippolyte de Rome, *Réfutation de toutes les hérésies* (I, 14), vers 230.

Les principaux synonymes d'« ésotérisme » dans la culture gréco-latine sont : « secret », « arcane », « mystère », « occulte », « doctrine secrète », « tradition sacrée ». Les principaux équivalents d'« ésotérisme » hors la culture gréco-latine sont :

— en sanskrit : *jñâna* (gnose), *prajña* (sapience), *gupta-vidyâ* (connaissance occulte), *vajra* (diamant et/ou foudre), *guhya* (secret) ;

— en hébreu : *sod* (mystère), *kabbalah* (tradition), *razei torah* (secrets de la Loi), *hokhmah nistarah* (sagesse cachée) ;

— en arabe : *haqîqa* (vérité/réalité), *sirr* (secret), *ghayb* (mystère), *ma'rifa* (gnose), *bâtin* (ésotérique, [sens] caché) ;

— en chinois : *nei* (intérieur), *hiuan* (occulte), *t'ong* (grotte).

Les philologues et les historiens nient l'existence d'un ésotérisme égyptien, mésopotamien, asiatique, mais certains indices laissent la question ouverte.

IMAGES DE L'ÉSOTÉRISME

Pour l'ésotériste, l'image rend présent, en signes elle subtilise la réalité et condense l'absolu. Les premiers signifiants de l'ésotérisme ou de l'ésotériste apparaissent au paléolithique, avec la représentation du « sorcier », cornu, masqué ou blessé, dès 16000 av. J.-C., ou avec les « bâtons de commandement » (à partir de 28000 av. J.-C.), chamaniques selon H. Kirchner (1952). Des symboles fréquents de l'ésotérisme sont le masque, la caverne, la montagne, le tombeau ou la pyramide, l'entrelacs et le labyrinthe, le nœud, l'œil ou le miroir, la perle, le sexe aussi. Mais le signifiant le plus courant reste le voile, en particulier celui d'Isis à Saïs. Au-delà de ces signes, vide et silence disent aussi l'ésotérisme. Image par excellence est la Clef, l'idée d'un outil universel et analogique pour atteindre une connaissance complète ; les clefs les plus utilisées par les ésotéristes sont le Zodiaque (constitué en 419 av. J.-C.), le Tarot (apparu au XIIIe s.), les trigrammes du *Yi king* (daté traditionnellement de 2852 av. J.-C.) et ses hexagrammes, les lettres de l'alphabet, les dix premiers nombres (à travers la tetraktys pythagoricienne, par exemple), la Rose des vents (chez les « Primitifs »), le système des « corps subtils » (depuis le Théosophisme, 1888).

CLASSIFICATIONS DE L'ÉSOTÉRISME

L'éso-taxinomie classe les ésotérismes historiques ; on peut distinguer neuf macro-ésotérismes (préhistorique, « primitif », des premières civilisations, des hautes civilisations [empires précolombiens, royaumes noirs, États indianisés, dynasties altaïques], des anciennes civilisations [indo-européennes, sémitiques, asianiques], européen, abrahamique, *ârya*, d'Extrême-Orient et de Haute-Asie), une quarantaine de méso-ésotérismes (comme le Bouddhisme), environ trois cent trente micro-ésotérismes (comme l'alchimie européenne). L'éso-systématique classe les ésotérismes morphologiques ; habituellement, les ésotéristes les répartissent en arts occultes (alchimie, astrologie, magie, surtout) et sciences occultes (principalement « initiatique », science des lettres, herméneutique). L'éso-typologie classe les ésotérismes idéaux ; quatre types semblent exister : l'extatique (Orphée), le métaphysique (Pythagore), l'opératif (Nicolas Flamel), le symbolisant (Paracelse). Enfin, on peut appeler ésotérismes structurels ceux qui, comme l'extatisme ou le chamanisme, débordent des cadres trop stricts.

DISCIPLINE DE L'ARCANE

L'ésotérisme se signale avant tout par la discipline de l'arcane, à savoir le principe ou le serment de ne rien divulguer. Pythagore : « Je chanterai pour les initiés : profanes, fermez les portes » (mot à mot, placez vos mains devant vous). Jésus : « Ne jetez pas vos perles devant les porcs. » La discipline de l'arcane utilise deux séries de moyens : les écartements et les occultations. Les écartements consistent à éloigner le non-initié, de façon physique (l'adyton, en Grèce, est inaccessible au profane), symbolique (le mot de passe est soit matériel soit spirituel), ou imaginale (dans le cas des gardiens des sphères célestes, thème d'origine mésopotamienne). Les occultations consistent à coder le message ; on peut repérer une trentaine de procédés, tels que l'allure marginale, l'apologue, l'énigme, l'oralité, l'isopséphie, le carré magique, l'orientation des monuments, le nombre caché. Derrière la diversité, on trouve un même modèle, la nature : les procédés ésotériques imiteraient les processus naturels, surtout célestes, en quoi il est fait retour à l'origine ; mais il y a inversion : l'ésotériste, comme dit Bernard le Trévisan (1695), « rend manifeste ce qui est caché et occulte ce qui est manifeste ». Et derrière les justifications de la discipline de l'arcane se cache un but essentiel : révéler sans vulgariser ; les procédés ésotériques sont, selon l'ésotériste, les seules griffes qui puissent saisir l'absolu : dire « perle » pour « gnose » est finalement moins obscurcissant qu'éclairant. L'ésotérisme marche par prétérition, il énonce ce qu'il prétend cacher.

INVARIANTS DE L'ÉSOTÉRISME

Les invariants ne sont pas des contenus idéologiques mais des cadres généraux. La meilleure façon, sans doute, pour l'ésotérologue, d'isoler l'idée d'ésotérisme est de mettre au jour ces constantes de la pensée ésotérique. Après étude de quantité de textes, de monuments dits ésotériques, il semble que l'ésotérisme en général et chaque ésotérisme en particulier se structurent selon les axes suivants :
- impersonnalité de l'auteur : caractère non humain de l'œuvre, négation du moi, recours au hiéronyme, à la pseudépigraphie, au masque, à la Tradition... ;
- opposition ésotérique/exotérique : apparemment s'opposent quant à l'objet le manifeste et l'occulte, quant au sujet l'initié et le non-initié, mais il y a là circularité, pas hiérarchie, l'ésotérique étant la réalisation complète de l'exotérique, et non pas sa destruction ;
- le subtil : l'ésotériste suppose l'existence d'un plan de réalité imperceptible, symbolisant, interactif et — chose curieuse à première vue — corporel (voir le terme allemand *Leiblichkeit*, chez Oetinger, 1763) ;
- analogies et correspondances : usage de l'analogie de proportionnalité, préférence pour l'analogie inverse, métaphysique de l'Un-Tout, le microcosme ; exemples d'analogie inverse : « les premiers [sur le plan matériel] seront les derniers [sur le plan spirituel] » (Mt, xx, 16), ou le Sceau de Salomon constitué de deux triangles inversés.
- le nombre : l'ésotériste rend compte du monde en termes arithmosophiques, le nombre est principe ici, chiffre des êtres et rythme des événements ;
- les sciences occultes ;
- les arts occultes ;
- l'initiation.

SENS DE L'ÉSOTÉRISME

Quel est le but de l'ésotérisme ? C'est sans doute moins le pouvoir et le savoir qu'une connaissance-jouissance ; l'ésotériste vise à établir effectivement les analogies et les correspondances en réalisant l'homéostasie microcosme-macrocosme ; précisément, « l'homme parfait » est « le livre dans lequel sont réunis tous les livres divins et naturels » (Jorjâni, † 1413).

Quel est le mécanisme de l'ésotérisme ? La logique de l'ésotérisme est particulière : elle se fonde sur des analogies (méthode analectique), des symboles (langage plurivalent), le principe de la résolution des oppositions. Surtout, on observe le grand usage de l'analogie inverse, des paradoxes..., quant à la forme ; quant au fond, on remarque que l'herméneutique ou exégèse ésotérique fait coïncider le sens le plus superficiel (littéral) et le sens le plus profond (anagogique), que l'initiation se veut « réintégration » (en termes martinésistes), « régénération » (en termes illuministes), « retour » (en termes taoïstes), imitation du fœtus (pour retrouver des images universelles)... Dès lors, il semble possible de ramener le mécanisme de la pensée ésotérique à la réversion, dont le modèle est le mouvement des équinoxes, et dont la formulation la plus fameuse reste : « Ce qui est inférieur est comme ce qui est supérieur, et ce qui est supérieur est comme ce qui est inférieur, pour réaliser le miracle de l'unité » (*Table d'émeraude*, texte hermétique). La réversion est l'art de faire revenir l'origine, de constituer en quelque sorte un vide à l'intérieur d'un tourbillon où le sens circule dans les deux sens, de sorte que ce vide, lieu de l'ésotériste, soit le centre absolu où le temps se nie, où l'espace s'enveloppe, où la pensée s'immobilise en contemplation.

L'ésotérisme se présente comme un triptyque ; le premier volet est l'hermétisme, à savoir le langage clos, qui repose sur une règle, la discipline de l'arcane, et qui tient en des procédés, les écartements et les occultations ; le second volet est la gnose, à savoir la connaissance salvifique, qui se fonde sur un principe, la réversion, et qui n'a pas de contenus universels, mais qui est ordonnée selon des invariants dont les principaux sont la méthode des correspondances, l'arithmosophie, la croyance au subtil, l'usage de disciplines traditionnelles, la nécessité d'une initiation ; quant au panneau central, il échappe au regard de l'ésotérologue. En dernière analyse, l'ésotérisme est la pensée de l'inverse et l'inverse de la pensée : la pensée de l'inverse en ce qu'il recourt essentiellement à l'analogie inverse et à ses dérivés, l'inverse de la pensée en tant que son but est moins de constituer une « doctrine secrète » que de réaliser un accord complet de la conscience et du corps avec le Tout. Le grand retournement de l'ésotérisme consiste en ce qu'il voit la vision dernière dans le regard premier : au lieu que le mystère devienne du manifeste, et donc divulgation, c'est le manifeste qui devient mystère éclatant, et donc pure présence.

Qu'est-ce qui, en fin de compte, explique que l'ésotérisme soit généralement repoussé (bien qu'il ne soit pas réprimé en tant que tel par le pouvoir) comme charlatanisme conscient ou innocente fantasmagorie ? Il semble que ce soit le présupposé rationaliste — peut-être vrai, peut-être faux — d'après lequel est vaine l'idée d'un homme parfait (c'est-à-dire initié) ou d'une connaissance complète (ce qui est plus qu'une connaissance totale car elle couvre et le Tout et les parties).

Après Guénon, qui a lancé la dangereuse notion de « Tradition », et par là institue un tribunal en régularité et en orthodoxie pour les ésotéristes comme pour les ésotérologues, l'ésotérologie essaie de nouvelles voies d'approche, qui tournent autour de la notion d'herméneutique, elle-même circulaire. Des recherches s'imposent, ainsi que des synthèses, en particulier sur le plan des ouvrages de consultation, un *Dictionnaire des ésotéristes* et un essai sur l'éveil et le vécu de la conscience « ésotérique ».

PIERRE A. RIFFARD

REMERCIEMENTS

Je suis très reconnaissant à ceux qui ont accepté de lire et de corriger le manuscrit. Ils ont eu bien du mérite. Je reste, naturellement, seul responsable des choix, des interprétations... autant que des erreurs.

Je remercie :

ÉLISABETH ANDRÈS, agrégée de philosophie, traductrice (sanskrit, chinois),
  pour le chapitre **Bouddhistes**

ANNE-MARIE BLONDEAU, directeur d'études à l'École pratique des hautes études, V^e section (sciences religieuses), directeur du Centre d'études sur les religions tibétaines (CNRS-URA 1229 : Langues et Cultures de l'aire tibétaine), professeur au Collège de France,
  pour le chapitre **Tibétains**

ROGER DELADRIÈRE, agrégé d'arabe, professeur honoraire de l'Université
  pour le chapitre **Musulmans**

DANIEL DUBOIS, écrivain, spécialiste des « Indiens d'Amérique »,
  pour le chapitre **Amérindiens**

BERNARD JUILLERAT, chargé de recherche au CNRS (groupement de recherche Identité et Transformations des sociétés océaniennes),
  pour le chapitre **Océaniens**

RENÉ LEBRUN, directeur de l'École des langues et civilisations de l'Orient antique (ELCOA) à l'Institut catholique de Paris, professeur au Centre d'histoire des religions de l'université de Louvain-la-Neuve,
  pour le chapitre **Anatoliens**

REMERCIEMENTS

HENRI LIMET, professeur à l'université de Liège (Histoire, Langues et Archéologie de la Mésopotamie antique), président du Centre d'histoire des religions de l'université de Liège,
    pour le chapitre **Mésopotamiens**

PIERRE LORY, directeur d'études à l'École pratique des hautes études, V[e] section (sciences religieuses)
    pour le chapitre **Musulmans**

TAREK MOUSSA,
    pour le chapitre **Musulmans**

BRUNO DE PANAFIEU, spécialiste de l'Égypte,
    pour le chapitre **Égyptiens**

GILBERT PONS, agrégé de philosophie, écrivain,
    il a relu tout le manuscrit, et trouvé quantité de textes sur lesquels je ne parvenais pas à mettre le grappin

JEAN-NOËL ROBERT, directeur d'études à l'École pratique des hautes études, V[e] section (sciences religieuses), chargé de recherche au CNRS,
    pour le chapitre **Japonais**

ISABELLE ROBINET, sinologue, professeur à l'université de Provence (Aix-Marseille I),
    pour le chapitre **Chinois**

LOUIS-VINCENT THOMAS († 1994), ancien doyen de la faculté des lettres de Dakar (1962-1968), professeur de sociologie et d'anthropologie à l'université de Paris V-Sorbonne (1968-1988),
    pour le chapitre **Négro-Africains**

Introduction

CHANCE !

L'ésotérisme est une chance ! et quelle chance !
Il y a les dictatures, les injustices, la misère. Certes. Mais il y a l'ésotérisme. Il y a la souffrance, la maladie, la sottise, la laideur, la lâcheté. Sans doute. Il y a aussi l'ésotérisme.
L'ésotérisme parle haut, fort, beau. Il a le goût de l'ultime. L'ésotérisme, c'est la connaissance de l'excellence. De quoi parle-t-il, en effet ? d'absolu, de connaissance parfaite, de sens, de destin, d'amour cosmique, de coïncidences significatives, de transformer le plomb en or, de correspondances entres les hommes et les planètes... Il ne parle pas d'assassins, de ratés. Il parle de prophètes, de sages, de visionnaires.
L'ésotérisme crache sur les pauvres, alors ? pas du tout. Il a ses pauvres, ses mendiants, ses vagabonds, volontaires ou pas. L'histoire grecque parle d'Orphiques vagabonds, les « Agyrtes » ; une classe de Pythagoriciens, les « Pythagoristes », vivait comme des mendiants ; l'Asie connaît des milliers et des milliers de moines errants ; Israël a ses « Fils de prophètes », qui mendient et déambulent ; on sait que les élus manichéens menaient une vie errante. Mais ils ne dégénèrent pas, ces pauvres. Ce ne sont pas gens à se laisser vaincre par la petitesse. Au contraire, ce sont des héros de l'ascèse, des champions de sagesse. Ils ne fuient pas la pauvreté, ils la cherchent. Ils ne sont pas écrasés par la pauvreté, ils la maîtrisent. Ils ne mendient que l'unique minimum et l'unique nécessaire, ce qui fait vivre : le Sens, ou plutôt la Plénitude. Le reste encombre. Que vaut un verre de Coca-cola quand on boit de l'élixir de vie ?
Les ésotéristes veulent savourer Dieu, maîtriser spirituellement le corps, déchiffrer le monde, connaître ses forces *secrètes*, les cycles qui

rythment *occultement* l'histoire, les centres *subtils* du corps humain... L'ésotérisme ne parle pas en termes d'idéal, d'autre-monde. Il parle en termes de réalité et de réalisation. L'absolu, ce n'est pas le Bien en soi, coupé du monde, ce n'est pas un idéal inaccessible. Contrairement à l'ésotériste, le philosophe n'a contracté avec l'absolu qu'un mariage blanc, il en parle, il ne consomme pas ; le scientifique, lui, a signé une sorte de mariage noir, puisque, volontairement ou pas, il finit par tout réduire à de la matière et à des mécanismes ; l'artiste, de son côté, serait le polygame, celui qui s'intéresse à l'absolu, mais à certains moments seulement. Pendant ce temps, l'ésotériste plonge dans l'absolu, comme un oiseau dans la mer, comme une flèche dans le ciel. L'absolu, qu'est-ce donc ? simplement, **le mieux**, l'existence dans ce qu'elle a de plus puissant et de plus signifiant, dans certains êtres, grâce à certaines expériences. L'absolu a chair. L'absolu, c'est le maître spirituel, celui qui sait, celui qui guide ; c'est le monument cosmique, qui résume en briques ou en pierres une connaissance et fait entrer dans le divin par ses couleurs, ses axes, ses masses ; c'est la notion de mystère, qui permet de voir le monde sous un jour nouveau, sacré, et qui pousse à la recherche... D'une part, l'absolu est une réalité, une présence, une force qui pèse sur les montagnes comme sur nos cheveux ; d'autre part, l'absolu est une réalisation, une expérience possible à qui le veut, grâce à l'initiation, grâce à une connaissance sincère. Il est réalité parce qu'il est réalisation (réalisation difficile, possible cependant), il est réalisation parce qu'il est réalité (réalité difficilement accessible, accessible cependant). Prenons l'analogie macrocosme/microcosme, autrement dit l'identité symbolique du monde et de l'homme. Chaque homme est-il le monde en réduction ? Pour un ésotériste, c'est une réalité. Cette réalité, il la dévoile avec diverses idées ésotériques, par exemple avec le *mystérieux* parallèle entre le nombre des respirations humaines par jour (18 [inspirations] x 60 [minutes] x 24 [heures] = 25 920) et le nombre d'années de la précession des équinoxes (72 [ans pour un degré] x 360 [degrés du zodiaque] = 25 920). L'analogie macrocosme/microcosme est aussi une réalisation. L'ésotériste l'expérimente au moyen de diverses pratiques initiatiques, par exemple le procédé *secret* qui consiste à imaginer ses veines comme des rivières et ses artères comme des fleuves, à assimiler ses deux yeux aux deux luminaires, Soleil et Lune. Bizarre, dira-t-on. Moins que de courir derrière un ballon de foot !

L'ésotérisme c'est la chance, la fortune, la bonne fortune. La chance, tout le monde n'en a pas : tout le monde n'a pas bénéficié de **l'initiation**. La chance, tout le monde n'y croit pas : tout le monde ne croit pas à **l'ésotérisme**. Dans les deux cas — ésotérisme ou chance —, on rencontre une notion difficile à cerner, que l'on peut contester, dont on peut rire. La chance, cela suppose, non pas l'absence de règle, mais que la règle du bonheur et du malheur nous échappe, et l'ésotérisme suppose un sens difficile à trouver, caché, profond, profondissime, bref occulte. Et libre. On peut toujours attribuer un succès à un stupide hasard ou à une providence géniale.

Autre parallèle entre chance et ésotérisme : personne ne se plaint de la chance, personne ne se plaint de l'ésotérisme ! On condamnera les sectes, le fanatisme, l'irrationnel, la superstition, l'hérésie, pas l'ésotérisme en lui-même. On ne déplore pas une occasion de bonheur.

Car la félicité, l'ésotériste la trouve. Il n'a pas toujours la gnose, la connaissance totale qui libère, mais il trouve toujours quelque trace d'absolu. Il repère, au moins, des empreintes, des indices, des signes. Et c'est déjà énorme, quand on se trouve égaré, hésitant. L'ésotériste identifie des marques. Il met à vif les sens, le Sens cosmique, comme un kinésithérapeute ou un chirurgien met à vif les nerfs, les tendons. Il écorche ou caresse ces réseaux. Il atteint la SIGNIFIANCE, la force d'expression des choses, le sens comme énergie, comme chose, comme présence. L'ésotériste ne forge pas du sens, il le fait surgir, pareil à ces amants qui savent détecter les zones érogènes et faire exulter les sens, sensations et significations, ceux de l'aimée, ceux de l'amant. Quand l'ésotériste connaît les points, les lignes, les réseaux pleins de sens, il se connaît et il connaît tout, il se connaît dans le Tout, il connaît le Tout comme Sens et Splendeur.

L'ésotérisme s'est donné pour entreprise d'avoir **le cœur net**.

Mais le cœur net sur quoi ? sur des idées générales ou sur des croyances particulières ?

Si l'on s'en tient à **l'ésotérisme générique**, si l'on n'étudie l'ésotérisme que purement, dans une recherche fondamentale, sans s'occuper des contenus idéologiques ou des variations historiques, on voit apparaître un plan assez net, une grille. C'est une sorte de squelette caché sous les divers corps que l'on connaît. On obtient là l'Ésotérisme commun aux différents ésotérismes. Si l'on veut, c'est le plat de base ; chacun, ensuite, sale ou poivre, ajoute sa viande ou son poisson. Cet ésotérisme partagé est, je ne dirais pas « universel », mais général. Général, en ce qu'on le trouve en Occident aussi bien qu'en Orient, dans l'Antiquité aussi bien qu'aujourd'hui, puisqu'il reste applicable à des ensembles très différents les uns des autres. Générateur aussi, puisqu'il forme la matrice d'où sortent les ésotérismes spécifiques, comme le Taoïsme ou l'alchimie gréco-égyptienne ou le Compagnonnage. Je ne dirais pas « universel », parce que certains éléments ne se trouvent pas partout et toujours, et quand on les trouve ils n'ont pas le même contenu, et ils ne surgissent pas dans le même contexte. En revanche ils ont la même forme et le même sens. Qu'on songe aux diverses astrologies, de culture mésopotamienne ou aztèque, de langue chinoise ou latine, d'époque antique ou contemporaine, de type symbolique ou divinatoire, de fonction météorologique ou médicale, de méthode cyclique ou onomastique. Ces astrologies n'ont pas les mêmes contenus (le zodiaque sumérien comprend Taureau, Lion, Scorpion, etc., alors que le zodiaque chinois comprend Rat, Buffle, Tigre, etc.). Elles n'ont pas les mêmes contextes, ni naturel ni culturel (l'astrologue égyptien utilise horloges à ombre, clepsydres et cadrans solaires quand l'astrologue arabe utilise l'astrolabe et les éphémérides). En revanche ces astrologies, à ne considérer que leur fondement, à négliger leurs contingences, présentent les mêmes formes (modèle astral, découpage du temps en douze, symbolisme animal...) et les mêmes sens (relier par des correspondances ces analogues que sont le monde et l'homme, connaître ce qu'on ne sait pas de la Terre par ce qu'on sait du Ciel...).

On peut admettre trois régimes, trois niveaux si l'on préfère, dans l'ésotérisme que j'appelle générique.

• À force de lire des textes ésotéristes de tous horizons, on repère des points communs, des cellules isomorphes. On reconnaît dans tous les ésotérismes des mots, des thèmes, des pensées, des significations, ou des pratiques identiques, non dans le détail, non dans le contenu, mais dans la forme et dans le sens. Il faut prendre les unités minimales, simples, avant toute agrégation ou développement. J'appelle ces cellules d'ésotérisme, ces unités récurrentes de l'ésotérisme ÉSOTÉRÈMES, à la façon dont les philosophes appellent « philosophèmes » leur fonds. Voici quelques cas. Le mot **microcosme** apparaît dès les premiers écrits et se rencontre partout : les Hindous disent *pindânda*, etc. La notion d'**Élément** joue un rôle de premier plan en Grèce comme en Chine, dans l'alchimie aussi bien que dans la cosmologie. Les ésotéristes s'accordent à voir dans les **Signes zodiacaux** des modèles, pas seulement des « objets célestes ». Ils ne croient pas au hasard, ils supposent un **concours significatif d'événements**. Ils insistent moins sur la langue, ses conventions, que sur le **verbe**, qui est parole créatrice, son efficace. On pourrait citer ainsi quantité de représentations générales : d'idées. Peu importe si tel ésotérisme admet quatre ou cinq Éléments, peu importe si ce « concours significatif d'événements » prend pour contenu le destin ou la providence divine ou la spontanéité de la nature ou un système de lois. Ces dernières modalités, ces précisions n'intéressent pas l'ésotérologue attaché à une recherche fondamentale, elles concernent plutôt l'historien, le comparatiste, l'ésotérographe si l'on veut. Une idée est générale ou elle n'est pas.

• Ajoutons qu'une idée est combinée ou elle n'est pas. Isolée, une idée meurt. Vivante, elle se combine à d'autres idées. Il n'existe d'idées qu'en ensemble, comme de cellules qu'en organisme. Les ésotérèmes se regroupent en INVARIANTS. Ils dessinent des constellations. Par exemple, les idées distinctes de « concours significatif d'événements », de « Signes zodiacaux-modèles » s'assemblent dans une idée commune, englobante : l'astrologie. J'ai énuméré les invariants dans le premier tome (*L'Ésotérisme*, Robert Laffont, collection « Bouquins », p. 245-391) : « la discipline de l'arcane » (obligation du secret et langage hermétique), « l'impersonnalité de l'auteur » (ce n'est pas moi qui parle), « l'opposition ésotérique/exotérique », « la notion de subtil », « les analogies et correspondances », « le nombre » (au sens pythagoricien), « les sciences occultes » (herméneutique, science des cycles...), « les arts occultes » (alchimie, astrologie, divination...), « l'initiation ». Antoine Faivre avance une autre liste : idée de correspondance, nature vivante, imagination et médiations, expérience de la transmutation, pratique de la concordance, transmission (*Accès de l'ésotérisme occidental*, Gallimard, t. 2, 1996, p. 26-31). Cela ne fait pas problème, d'autant que tous ces invariants coïncident souvent. Il y a accord pour penser l'ésotérisme par ces notions générales, et non pas par des dogmes particuliers, tels que « il n'y a qu'un seul Dieu » ou « réincarnation » ou « Jésus-Christ ». Comme les ésotérèmes, les invariants prennent des formes différentes selon les époques, les lieux, les mœurs, les croyances. La magie est plutôt incantatoire en Mésopotamie, plutôt gestuelle en Europe, mais la magie n'est pas une unité, un ésotérème, elle est un groupe, un invariant, car elle contient plusieurs pratiques, plusieurs thèmes, plusieurs pensées.

• Si les idées se groupent, elles se groupent selon une loi de composition interne. Elles s'assemblent d'après des règles, qui sont elles-mêmes ésotériques. Les relations organisant les unités minimales (ésotérèmes) en constellations maximales (invariants) obéissent à des principes, que j'appellerai SCHÈMES. Il s'agit de « lois » logiques aussi bien que cosmologiques. Disons, plutôt que « lois » : directions, plans, schèmes, car, en ésotérisme, on admet toujours diverses voies, différents degrés, plusieurs interprétations, de multiples points de vue. Les schèmes sont les plans opératoires de la pensée ésotérique, donnés pour les plans opératifs de la nature. Citons-en quelques-uns : **la signifiance** (Ce qui est ou advient correspond à quelque chose), **l'unité-totalité** (« Un est le Tout »), **la réversion** (« Ce qui est en bas est comme ce qui est en haut », mais inversement), **la combinatoire** (Un nombre fini d'éléments peut faire connaître ou naître un ensemble infini), la **syntonie** (« La nature se réjouit de la nature »). Par exemple, le *Yi king* des Chinois, le *Sefer Yezirah* des Kabbalistes, la géomancie, l'astrologie, etc. reposent sur la combinatoire, puisque, avec chaque fois un nombre fini d'éléments, ces ésotérismes réussissent à exprimer l'infinité des situations possibles, selon divers arrangements, permutations ou combinaisons. Un astrologue se débrouille avec un nombre limité et réduit de symboles : 12 Signes, 10 Maisons, 10 Planètes, 4 Aspects, c'est tout. L'ésotérisme a eu ses « logiciens », avec, entre autres, Pythagore, Roger Bacon, Raymond Abellio.

Les ésotéristes partagent, non des croyances identiques, trop précises, toujours conflictuelles, mais des régimes communs. Ils suivent (parce que généraux) des ésotérèmes communs, des invariants communs, des schèmes communs. De même, les poètes finissent par partager, non pas les mêmes motifs (la femme fatale), mais les mêmes thèmes, plus généraux (l'aimée) ; non pas les mêmes procédés (la versification), mais les mêmes pratiques générales (les sonorités, les rythmes, les images, les ellipses).

On pourrait comparer la constitution de l'ésotérisme générique à l'activité élémentaire des premiers astronomes-astrologues. D'abord ils repèrent les astres : ici une planète, ici une étoile, étoile double, étoile proche, Sirius, Megrez, Mizar ; ensuite, ils imaginent des groupements : Megrez, Mizar... dessinent une Grande Ourse ; enfin ils se demandent comment ils sont passés de ces étoiles dispersées à cette constellation structurée, et ils admettent avoir tracé des lignes imaginaires, projeté des images terrestres, dont l'ourse.

À côté de l'organisation formelle en ésotérèmes, invariants, schèmes, on peut considérer l'organisation matérielle, c'est-à-dire historique et idéologique. On obtient alors **les ésotérismes spécifiques** : tantrisme, géomancie, Rose-Croix, ésotérisme celtique, yoga... Tout le monde voit les étoiles Mizar, Megrez, Alioth..., mais si les Européens, en les observant, devinent une Grande Ourse ou un Grand Chariot avec sa caisse, les Arabes imaginent une caravane pointant à l'horizon, les Romains des bœufs d'attelage, les Indiens d'Amérique du Nord une louche, les Indiens d'Amérique Centrale un unijambiste. Cela ne nie ni les étoiles, ni la nécessité de les relier par des traits, ni la force d'archétypes tels que l'ours, les jumeaux ou le carré. La relativité s'ajoute, le squelette prend chair. L'astrologie générique devient ici l'astrologie sumérienne, ailleurs l'astrologie égyptienne. Il n'est pas question de minimiser les ésotérismes spécifiques, puisque l'ésotérisme n'a vie que dans ces déterminations. D'ailleurs, peut-on être ésotériste, un ésotériste en général, sans être Pythagoricien ou adepte du Zen, sans opter à un moment pour la réincarnation ou la résurrection des morts ?

Parmi les ésotérismes spécifiques certains sont structurels. On les détecte alors dans divers contextes culturels. Ils dépassent les cadres trop étroits d'une religion, d'une époque ou autre. Par exemple, le chamanisme (voyage de l'âme), le tantrisme (sexualité sublimée), l'encratisme (abstinence), l'antinomisme (refus des interdictions légales), le dualisme (deux principes) existent sur divers continents ou dans la préhistoire ou dans des philosophies sans filiation ni ressemblance. Il vaudrait mieux parler de chamanisme, etc. au pluriel. — Cela dit, les ésotérismes spécifiques prennent la plupart du temps la forme d'ésotérismes conjoncturels. Le Gnosticisme chrétien, le Bouddhisme tibétain (Lamaïsme), la Franc-Maçonnerie, le New Age sont nés de circonstances historiques et idéologiques précises. Aussi ils évoluent. Et ils entrent les uns avec les autres en rapports de contradiction ou de complémentarité ou de succession. Un Rose-Croix n'est pas un Franc-Maçon de Rite Écossais Rectifié, même si l'un et l'autre se reconnaissent ésotéristes.

Comment expliquer un ésotérisme générique ? Comment se fait-il que les ésotéristes partagent une même pensée fondamentale ? On peut imaginer une Tradition unique. On peut aussi estimer que les ésotéristes sont revenus à une façon d'être originaire, à leur propre origine. Est-on naturellement ésotériste ? et non pas surnaturellement...

J'irais jusqu'à dire que l'ésotérisme générique est **spontané**, et non pas révélé ou imposé. Il vient naturellement à l'esprit. Je ne dirais pas que l'ésotérisme est *en soi*, mais qu'il est *de soi*. En d'autres termes, il n'est pas déjà achevé, tout constitué, comme la Tradition close d'un Guénon ou la Philosophie idéale d'un Platon, qui ne laissent plus de place à l'incertitude de l'homme ou au chaos de la nature. L'ésotérisme générique se présente plutôt comme un dispositif. Il adhère à la démarche de l'esprit. Il est constituant. C'est un plan accessible et créateur de signifiance. Il œuvre. L'alchimiste œuvre, le théosophe œuvre. Ni l'alchimie ni la théosophie ne sont closes et idéales. Elles vont. Elles poussent. Elles poussent comme la plante qui grimpe, elles poussent comme la femme qui accouche.

Quels arguments peut-on avancer en faveur de la spontanéité de l'ésotérisme ? Je les chercherai, rapidement, dans trois ou quatre domaines.

- Il faut commencer l'enquête du côté des activités spontanées. Le rêve ou l'art ou le jeu rendent l'esprit à sa spontanéité, même si l'on décèle des règles. Qu'observe-t-on ? Ces activités s'expriment volontiers en analogies, en faisant de la parole un verbe, et ainsi de suite. Ces caractéristiques se retrouvent dans l'ésotérisme ! Prenons le cas des cartes : voici le tarot ! Qui dit cartes dit tarot. Et quel ésotérisme dans le tarot ! Pourtant il est né spontanément du jeu de cartes. Prenons les rêves : ils sont traversés d'ascensions célestes, truffés de symboles. Comme les rêves et les paroles des alchimistes se ressemblent !

- Passons des activités spontanées aux personnes spontanées. Le Primitif, l'enfant, le naïf, l'homme de la rue pensent, comme par instinct, en termes d'analogie inverse (« Pépé est un bébé »), de verbe (« Ne parlons pas de malheur »), ils aiment le mystérieux, ils instituent toutes sortes d'initiations, ils croient à « l'influence des astres ». Les peintres naïfs, les artistes bruts, les poètes surréalistes, gens qui se veulent étrangers à la culture, prennent volontiers des thèmes chers aux ésotéristes. Il ne s'agit pas de récupérer. André Breton, poète, n'est pas un mystique. Mais, enfin, André Breton s'est beaucoup intéressé aux coïncidences significatives, à l'alchimie, à la magie. Augustin Lesage, « peintre naïf », était médium.

Quelle est la part du construit, de l'humain, du social ? Faut-il donner libre cours ou, au contraire, canaliser cette tendance à « ésotériser » ? Ces pensées, dans la mesure où elles sont spontanées, ne sont-elles pas des « superstitions », des rudiments, plutôt que de bons « instincts » ? Je laisse ces questions en suspens.

- L'ésotérisme s'appuie sur des vécus spontanés comme le « sentiment océanique » ou l'« expérience de mort clinique ». Dans ces cas, où l'homme se contrôle le moins possible, l'esprit apparaît le plus possible. La conscience plonge, l'esprit émerge. Depuis l'ouvrage de R. Moody (*Life after life*, 1975, *La Vie après la Vie*, Robert Laffont, collection « Énigmes de l'univers », 1977), tout le monde connaît des témoignages de personnes ayant eu, au bord de la mort, une expérience mentale de félicité cosmique, d'autonomie de l'âme. Le phénomène est intéressant, car, alors, les rescapés de l'au-delà parlent de lumière, d'âme, de corps, d'amour, de mondes en des termes comparables à ceux des ésotéristes. Richard Maurice Bucke, psychiatre comme R. Moody, est l'auteur d'un autre classique, *Cosmic Consciousness* (1901), dans lequel il raconte une expérience spontanée, un vécu qui rappelle fort certains états initiatiques et certaines idées ésotériques.

J'étais dans un état de joie tranquille et presque passive, sans vraiment penser, mais laissant les idées, les images et les émotions défiler d'elles-mêmes dans mon esprit. Tout à coup, sans que rien ne le laissât prévoir, je me suis senti enveloppé dans un nuage de la couleur d'une flamme. Pendant un instant, je pensais à du feu, une immense conflagration quelque part près de la grande ville ; ensuite, je me rendis compte que le feu se situait en moi-même. Immédiatement après, je fus envahi par un sentiment d'exulter, une joie immense accompagnée ou immédiatement suivie par une illumination intellectuelle, impossible à décrire. Entre autres choses, je n'arrivais pas à y croire tout simplement, mais je vis que l'univers n'était pas composé de matière morte, mais qu'il est au contraire une Présence vivante ; je devenais conscient en moi-même de la vie éternelle. Ce n'était pas une conviction suivant laquelle j'aurai une vie éternelle, mais une conscience de posséder à ce moment la vie éternelle. Je vis que tous les hommes sont immortels, que l'ordre cosmique est fait de telle manière que, sans aucun doute, toutes les choses travaillent ensemble pour le bien de chacun et de tous, que le principe fondamental du monde, de tous les mondes, est ce que nous appelons amour, et que le bonheur de chacun est de tous est en fin de compte absolument certain. La vision a duré quelques secondes et se dissipa, mais sa mémoire et le sens de réalité de ce qu'elle exprimait continua pendant ce quart de siècle qui s'est passé depuis.

Bucke a eu, spontanément, en quelques secondes ce qu'obtient un yogi en vingt ans.

• Une argumentation plus audacieuse s'efforcerait de montrer que la nature même est d'ordre ésotérique. En quel sens ? Par exemple, on se rappellera la vieille formule « la nature aime à se cacher » (Héraclite, fragment 123). Sous l'expression anthropomorphique, l'idée reste que l'harmonie de la nature est invisible. Elle crée des codes cryptés tels que les cycles, les proportions, l'analogie inverse, les correspondances. Elle émet des signes secrets tels que les coïncidences significatives ou les symboles ou les archétypes ou les signes annonciateurs.

L'ésotérisme est impulsion.

Présentons les choses de façon un peu différente, plus imagée.
Qu'est-ce que l'ésotérisme ?

Qu'est-ce qu'une montagne ?

La comparaison de l'ésotérisme avec une montagne s'impose aux passionnés de montagne comme aux amants de l'ésotérisme. Le caractère chinois pour transcrire le mot « saint » montre un homme appuyé contre une montagne. Au Japon, le chamanisme, les initiations se passent en montagne, entre les ravins, sur les pentes. Et que dire des Tibétains ? et des Juifs, ou des Chrétiens ? La Révélation juive descend sur le mont Sinaï, Jésus prononce son premier discours, le sermon des béatitudes, sur une montagne. La montagne est un haut lieu pour l'astrologue : les astres y sont plus proches, plus visibles ; un haut lieu pour l'alchimiste : il y cherche les minerais, les origines, il y trouve l'or ; c'est un haut lieu pour le magicien, qui manie la foudre et les éclairs, qui cohabite avec les bêtes sauvages, qui se renforce dans la solitude, cueille des simples.

On comprend cette fascination pour la montagne. Elle unit la Terre au Ciel, de ses pieds elle touche les pierres, de sa tête les nuages. Large à la base, elle devient pointue à son sommet, elle rassemble la multiplicité en une unité, elle ramène le chaos vivant, en bas, à une totale pureté, en haut, comme si elle pressait une grappe pour en tirer un vin, une quintessence.

Filons la métaphore.

Les gens des plaines regardent la montagne. Savent-ils pour autant que c'est une montagne ? pas sûr ! Souvent, l'homme des plaines ignore la montagne. Il refuse de s'y rendre, il ne se donne jamais un moment pour la contempler, il la nie même, en n'y voyant qu'une quantité de bois à couper ou une encombrante barrière entre deux vallées. De même, le non-initié ignore l'ésotérisme, il le tient pour un délire, une absurdité, chose inutile, ou simple moyen de profit. Voyez-vous la montagne ou ne la voyez-vous pas ? je veux dire, voyez-vous bien que c'est une montagne, pas un tas ? Admirez-vous cette hauteur, ou bien préférez-vous les bas-fonds, la mer, les caves, les villes ? Quand on regarde une montagne, quand on la contemple au lieu de la vendre ou de pester contre elle, on est déjà en marche, un élan vous prend, le cœur grimpe, l'esprit escalade. L'opposition entre initiés et non initiés prend ici naissance.

Elle se poursuit sur le terrain de la préparation. Pour aller en montagne, il vaut mieux s'exercer, savoir prévoir l'orage, emporter des provisions de bouche, parfois des provisions de guerre, apprendre à lire les nuages ou les traces d'animaux. L'orage, alors, ou le nez à nez avec un ours ne sera plus une catastrophe, mais un spectacle, une rencontre avec le grandiose.

Ceux qui sont nés sur la montagne n'ont qu'à suivre les coutumes, ils se fient à la tradition, ils aiment la montagne depuis toujours, ils écoutent les anciens. D'autres, venus de l'océan ou des campagnes, ont pris des informations de ci de là. Telles sont les voies de transmission : expériences, traditions, initiations, études... Les plus méthodiques ont leur maître : le guide.

Les gens de la montagne prennent différentes figures. Sur les chemins, on croise des solitaires ou des groupes. Tel progresse rapidement par l'escalade, tel lentement, graduellement. Certains feignent d'être des touristes égarés, ce sont pourtant des alpinistes professionnels, qui préfèrent passer inaperçus ou même prêter à rire ; à l'inverse, on sent le bluff dans le m'as-tu-vu habillé, équipé selon la dernière mode. Pour s'orienter, l'intellectuel consulte sa carte, sa boussole, il interroge qui il croise, il prend des notes ; l'intuitif, de son côté, se fie à son instinct, il se trompe parfois, parfois aussi il découvre un raccourci épatant ; l'instinctif, lui, marche et marche, il laisse ici une marque, plus loin il aménage une marche. Le commençant démarre trop vite, il s'essouffle tôt ; le parfait alpiniste connaît, il aime la vie, il aime la montagne, il tient à sauver sa peau et à se vivifier en haut, pas à mourir en bas.

Tous ces gens n'arriveront pas au sommet. Parlera-t-on d'échec ou de choix ? C'est la loi de la montagne, pour les choses comme pour les hommes. À chacun son étage : le sapin et le merle à plastron vivent à 1 600 mètres, le genévrier et l'aigle royal à 2 200 mètres. À chacun son versant : le grand corbeau au sud-est, le chamois au nord-ouest. Chaque animal choisit son territoire, même s'il peut vivre ailleurs. Chaque homme choisit aussi sa zone, même s'il peut vivre ailleurs. Le paysan s'installe dans l'étage des collines, au milieu des chênes et des châtaigniers ; le berger grimpe à l'étage subalpin, vers les prairies, les sapins. Un ésotériste peut ne pas arriver au sommet par choix : le sage du Bouddhisme mahâyâna refuse son propre Éveil pour sauver les autres, tout comme le bouquetin néglige sa propre sécurité par amour des rochers lisses ou pour protéger ses petits. Et tel ésotériste va privilégier la connaissance, tel autre l'art ou le rite ou le yoga ou encore l'amour. Ce sont les voies d'initiation.

La montagne a ses escrocs et ses zones puantes comme l'ésotérisme ses charlatans et ses monstruosités. En principe, le sommet de la montagne revient aux vrais alpinistes, aux intrépides. Mais qui n'a pas pataugé dans une mare puante au milieu de la plus belle des montagnes ? Qui n'a pas eu la surprise de voir soudain, près du sommet, une vieille dame fraîche comme l'aurore, alors qu'on y arrive soi-même épuisé, suant, affamé, mal rasé ? C'est qu'une route goudronnée ou un téléphérique amenait très haut, par l'autre côté, le premier touriste venu !

Quoi qu'il en soit, bergers, grimpeurs, promeneurs, champions, vieilles dames transportées, tous s'élèvent. En montagne, on monte, plus ou moins, bien ou mal, souvent ou rarement, nu ou harnaché, mais on monte, on s'élève, on va vers plus de pureté.

Seulement, personne ne respire cette pureté de la même façon. La mémé arrivée en téléphérique n'a pas du tout la satisfaction du fier alpiniste fourbu après deux jours de marche et de privations ! Son plaisir n'a rien de comparable avec la jubilation, le sentiment de jouissance, de puissance et de connaissance de l'alpiniste vainqueur. L'alpiniste a vu de l'intérieur l'INTÉRIEUR des choses. Il a pénétré dans le secret de la montagne, il est descendu dans les crevasses, il a gravi des pics, franchi des crêtes, il s'est réveillé avec des gouttes de rosée sur le nez. Il a tâté de l'aube, mangé l'air vif, caressé l'edelweiss, « l'immortelle des neiges ». Il a goûté le dedans des choses du dedans de lui-même, et les deux ont coïncidé. Il s'est accompli. Il a réalisé **au maximum son optimum**. Il a développé au mieux ce qu'il y a de mieux en lui, le courage, l'intelligence, la force musculaire, alors qu'il aurait pu développer son côté inférieur ou développer sottement son côté supérieur. Autrement dit, mettez le *Livre des morts tibétain* entre les mains d'un initié : il en tirera profit, pour les autres et pour lui ; remettez-le à un rationaliste, il n'y verra que folies. Bien mieux, il faut éviter de confier le livre au rationaliste, il salira inutilement l'ouvrage, il peut même s'en rendre malade et nuire aux siens en comprenant de travers.

N'importe qui ne supporte pas l'altitude et le rayonnement solaire. Pendant que la majorité étouffe et soigne ses brûlures, une minorité vit une belle extase et jouit du panorama. La discipline de l'arcane, si mal comprise puisqu'elle interdit la divulgation et recommande des langages hermétiques, prend ici sa place. Pas de haute montagne aux cardiaques, pas de révélations aux non-initiés. Nulle méchanceté ici, au contraire : respect et compassion. Si l'altitude vivifie l'homme sain, elle tue le malade. Si l'alchimie rend sage l'homme assoiffé de sagesse, elle rend fou l'homme avide d'or.

En montagne comme en ésotérisme, plus on monte plus la vie se fait rare. La température s'abaisse d'un degré tous les 200 mètres. En bas de la montagne, on trouve force végétaux et animaux, en haut de la montagne, on ne rencontre plus que l'aigle royal, le grand corbeau, le lièvre variable. Au pied de l'ésotérisme, astrologues et yogis pullulent ; au sommet, on ne voit guère que quelques adeptes, de rares théosophes.

Ce qui est vrai pour les hommes est aussi vrai pour les choses : si les hommes se font rares, rares se font aussi les choses. C'est qu'en montagne comme en ésotérisme on fait beaucoup d'efforts, non pas pour rien, mais pour le Rien. Que vise l'alpiniste ? le sommet, sans flore ni faune, tout blanc de neige, nu. Que vise l'ésotériste ? le vide, l'extinction des désirs, l'anéantissement en Dieu. La pureté du diamant. L'éblouissement. Le sommet de la montagne est sans vie comme l'absolu sans détermination. Brahman, Tao, Suressencialité, ou bien Everest, Mont-Blanc, pic du Midi, qu'importe. Le silence s'impose. On appelle cela, partout, toujours : MYSTÈRE.

Le cul-de-jatte a beau jeu de rigoler en disant : tant d'efforts pour marcher sur de la caillasse ! tant de mots pour se taire !

Ainsi se réalise l'union des contraires. Au sommet de la montagne, on voit tout et rien à la fois. On ne voit plus le sommet, puisqu'on y est ! On ne peut pas dire non plus qu'on voit la base, il y a trop à voir, entre les rivières, les villages, les animaux, les routes... Le bas comme le haut sont inconnaissables, mais pour des raisons *inverses* : en haut c'est trop nu, unifié à l'extrême sous forme d'un tas de neige immaculée, en bas, c'est trop diversifié, trop riche. L'analogie inverse est la pensée secrète.

Une fois arrivé, le haut n'existe plus ! Le sommet devient la base. Sous ses chaussures, le haut désormais est le bas. « Ce qui est en bas est comme ce qui est en haut », selon les mots mêmes de *La Table d'émeraude*. Chose terrible, on se demande un moment s'il ne vaut pas mieux contempler d'en bas plutôt que de piétiner le haut. Réversion. Les rapports s'inversent, comme quand la nuit bascule en jour, comme quand le pinceau finissant de tracer le cercle rejoint le début du cercle. Au sommet de la montagne, l'épuisement se transforme en énergie. On se croyait mort, on se sent ressuscité. Voilà l'initiation de la montagne. Réversion encore. Cette nudité du sommet est en réalité une richesse inouïe. Ce vide, ce silence valent tout. RÉVERSION toujours.

Le sommet ne nie pas la base, il la suppose. Certes il la domine, mais il s'appuie sur elle et il la couronne, il la contient. La montagne se réalise totalement dans son sommet, sans que le sommet, évidemment, supprime la base. En d'autres termes, l'ésotérisme ne nie pas l'exotérisme. Une montagne s'élève verticalement, le haut n'existe pas sans le bas. Horizontalement, ce ne serait pas le cas : on peut voir un sommet unique, sans autres cimes à côté. On imagine bien l'Everest sans l'Annapûrnâ, pas sans l'Himâlaya.

Alors, il faut redescendre. Retourner à la plaine entre dans le travail de l'alpiniste. En redescendant, venu du sommet unique, tout blanc, éternellement blanc, l'alpiniste va choisir son point de chute : va-t-il aller au nord ou au sud ? en ville ou à la campagne ? loin ou près ? L'ésotériste, lui, va choisir entre écrire un livre, fonder une école, construire un monument, pratiquer l'alchimie ou l'herméneutique, autant de réalisations qui vont rendre visible l'invisible, accessible l'inaccessible (il faudra alors des symboles, plutôt que des concepts). Rien n'interdit à l'alpiniste venu de la ville d'aller finalement à la campagne. De même, l'ésotériste venu du Christianisme peut se convertir au Soufisme ou au Vajrayâna.

Dernier point : le sommet est le bien commun des alpinistes, comme l'ésotérisme générique celui des différents ésotéristes. Que l'on vienne de la piste nord ou de la piste sud, on aboutit à une zone plus étroite qui sera le bien commun. De même, les divers ésotérismes spécifiques se rejoignent dans l'ésotérisme générique, plus pauvre certes, mais commun.

Dans cette allégorie, lourde... comme une montagne, j'ai suggéré certaines distinctions. Elles reviendront souvent :

— figures de l'ésotérisme (maître spirituel, prophète, ascète, mage...) ;

— voies pour le recrutement des ésotéristes (quête personnelle, désignation sociale, organisation initiatique...) ;
— voies d'initiation (connaissance, amour, yoga, sacrifice...) ;
— voies de transmission de la connaissance ésotérique (tradition, expériences, études, art hiératique...) ;
— types d'initiation (tribale, secrète, spirituelle) ;
— niveaux d'initiation (commençant, progressant, parfait) ;
— phases d'initiation (séparation, transformation, réintégration), etc.
J'ai suggéré aussi certaines notions :
— idées ésotériques (coïncidence des opposés, analogies, réversion...) ;
— pratiques initiatiques (discipline du souffle, magie...) ;
— réalités (vide, origine, divin...) ;
— réalisations (états mystiques, œuvres...), etc.
L'ésotérisme est notre Himâlaya, à nous les hommes.

Et Guénon ? On ne peut faire l'impasse. En ésotérologie, on se situe forcément pour ou contre Guénon, à côté ou derrière Guénon, jamais au-dessus cependant. Le propos permettra de comprendre pourquoi les Guénoniens ont accueilli mon premier tome avec tant de hargne, de haine parfois. Cela permettra surtout au lecteur de se méfier de moi et de se fier aux textes que je recopie abondamment. En mettant à plat mes convictions, mes préjugés si l'on préfère, j'aiderai le lecteur à penser par lui-même. Comme je suis philosophe de profession, je ne vise rien d'autre, rien d'autre pour le lecteur s'entend.

Je ne crois pas à l'existence d'une Tradition, pas davantage à la notion de révélation. Du coup, les Guénoniens me traitent de « voltairien ». Pourtant, ne pas croire en Guénon ne signifie pas ignorer l'ésotérisme. Si je n'ai pas confiance en mon crémier, j'en continue pas moins à apprécier le fromage.

Guénon affirme l'existence d'une « tradition perpétuelle et unanime révélée tant par les dogmes et les rites des religions orthodoxes que par la langue universelle des symboles initiatiques ». Si l'on creuse cette proposition, qui serait acceptable de loin, on s'aperçoit que Guénon postule une « unité originelle », une « Tradition primordiale », hyperboréenne, polaire, en rapport avec la Balance et la Grande Ourse. Suivrait la « tradition dérivée et secondaire que fut la tradition atlantéenne », en rapport avec les Pléiades. À lire *Formes traditionnelles et Cycles cosmiques* (Gallimard, 1970, p. 36-55), le Druidisme et le Védisme relèveraient de la tradition hyperboréenne, cependant que la tradition toltèque, la Kabbale, l'Islâm relèveraient de la « tradition atlantéenne ». Quant aux Primitifs, ils « ne peuvent être considérés que comme des vestiges de civilisations disparues, civilisations qui ont dû être, dans une antiquité fort reculée, préhistorique même, celle de peuples dont ces sauvages actuels sont les descendants et les derniers débris » (*Introduction générale à l'étude des doctrines hindoues,* éditions Véga, 1921, p. 280). — Merci pour « débris » ! Ce n'est pas parce qu'un Océanien pense dans un langage proche des rêves plutôt que par concepts, qu'il est un déchet, un résidu. En parlant d'Hyperborée ou d'Atlantide, Guénon prend le langage des mythes ou le langage des symboles, par exemple celui du pôle, pour un langage conceptuel. L'Atlantide, pourquoi ne pas y croire ? mais comment ? Il y voit la réalité historique d'une connaissance perdue, j'y verrais plutôt l'image, la pulsion vers une connaissance cherchée. Dire que les *Veda* viennent du Pôle ne renvoie pas au pôle Nord, mais à un principe, à une direction. Qui dit pôle dit avant tout aimantation vers ce qui est supérieur, mouvement vers l'axe, point de confluence. L'idée de Guénon entraîne d'autres idées, qui, elles ne sont plus douteuses, mais dangereuses. Si la « vraie » Tradition est du Nord, que vaut le Sud ? Et Guénon de hiérarchiser, de considérer le Védisme comme supérieur, de tenir les « Primitifs » pour des « dégénérés » ! Autre idée qui s'ensuit : s'il y a une Tradition, une Origine, il n'existe qu'une vérité et une seule, formulée par le Vedânta par exemple ou même par la métaphysique de Thomas d'Aquin, pourtant si différents. Guénon élimine ainsi le moteur de la quête, le doute et le désir, notre consubstantielle incertitude. Il donne la solution avant la question. Or, me semble-t-il, la pensée ésotérique a plusieurs niveaux, elle est symbolique, analogique, toujours en marche, constamment ouverte. Je ne crois pas, comme un Thomas d'Aquin ou un Descartes, en une vérité claire et nette, universelle et nécessaire, mais plutôt, comme un Pascal ou comme un Nietzsche, en un nœud de significations, un lieu d'interprétations, de forces, parfois de contradictions, que j'appellerai « réalité » plutôt que « vérité ». Typiquement ésotérique est cette formule, qui montre les divers visages de la « vérité » aussi bien que la nécessité du secret : « Je change de forme dans chaque ciel, selon l'apparence de ceux qui s'y trouvent, afin de ne pas être connue de mes puissances » (la Gnostique Hélène de Tyr, citée par Épiphane, *Panarion*, XXI, 2, 4). Une réalité est réalités. Elle comprend sa propre contradiction, ses extrêmes opposés, à la fois elle-même et ce qui la suppose, le tout, en elle causes et effets s'interpénètrent. Qu'est-ce qu'une orange, ou la connaissance ? simplement un fruit, un savoir prouvé ? Non, l'orange se place au centre de multiples désirs, de nombreuses visions, celle de l'agriculteur, du consommateur, de l'artiste. Que dire alors de la connaissance, ou du mystère ? L'ésotérisme ne se ramène pas à une série de croyances arrêtées ou de rites définis. Ce serait absurde. Les idées ésotériques entrent dans un rapport d'incompatibilité les unes avec les autres. On ne peut le nier. Tel croit à la réincarnation, tel à la résurrection de la chair. Qui croire ? celui-ci ou celui-là ? Tel pratique l'ascèse, tel le mariage. Qui suivre ? le premier ou le second ? Il vaut mieux ranger dans un tiroir ces options, et voir plus large. Derrière ces divergences sans intérêt se dessine un même canevas, un même réseau, un même diagramme. Ascète ou marié, l'ésotériste vise la réintégration de son être (le microcosme) dans la vie totale (le macrocosme), par une mise en correspondance de ces êtres analogues que sont l'homme et le cosmos. Qu'il ajoute foi en la réincarnation ou en la résurrection des corps, l'ésotériste tient le corps pour une composante seulement de l'homme, qui a aussi des composantes subtiles, qu'on appellera âmes ou véhicules ou autre. L'ésotérisme ne donne pas du pain, il offre de la levure. Il propose à l'homme le moyen de se lever, de dresser les pierres, de presser la signifiance du monde. Avec la levure, et la farine que l'on veut, de blé ou d'orge ou de maïs ou de riz, chacun fera ce qu'il veut, parfois même un poison (je pense à quantité de sectes « ésotériques »). Guénon tient l'ésotérisme pour une TRADITION, parfaite et close dans le passé. N'est-ce pas plutôt une INVENTION continuelle, comme le monde est une création continue ? Justement, les ésotèrèmes sont des idées ouvertes et dynamiques, *vides* en quelque sorte, au sens banal comme au sens profond, que chacun détermine selon son niveau ou son but. Les invariants constituent des axes, des voies, pas des musées ou des zoos. Un schème est un ensemble de rapports en mouvement, pas un catalogue de vérités intangibles, pas un credo. Peu importe si dans la grille des correspondances l'ésotériste met en rapport le rouge avec le Sud ou avec le Nord, l'essentiel est qu'il choisisse des rubriques naturelles et primordiales, comme les Couleurs, plutôt que des noms de rois, qu'il songe à relier Couleurs et Orients, qu'il accepte l'idée d'analogie ou qu'il ressente les synesthésies. L'alchimie recommence chaque jour. Chaque initiation fait renaître l'homme ou la femme. L'ésotérisme met à jour le sens, à tout moment. La part de l'ésotérisme dans l'histoire des découvertes et inventions est, au reste, considérable, dans le domaine ésotérique comme dans le domaine exotérique. Quelles sont les plus grandes inventions de l'humanité ? l'agriculture et l'écriture, sans doute. Qui a donc exalté les cultures céréalières dans le Croissant Fertile ? des paysans cupides ? pas du tout : les religieux qui vénéraient les forces de la nature, qui avaient un culte pour l'épi, le germe, la semence, culte typique des religions à Mystères. Quant à l'écriture, elle doit en grande partie son existence à la divination. En Mésopotamie, l'écriture apparaît vers 3200 av. J.-C. Or, auparavant, les devins de Sumer avaient scruté les cieux (astrologie) et les entrailles des victimes sacrifiées (haruspicie), et, de la sorte, inventé l'idée d'écriture, rendu nécessaire une science qui mémorise, donc écrive. En Chine, la lecture divinatoire des carapaces de tortue, vers 1400 av. J.-C., constitue la première forme d'écriture chinoise, avec 2 500 symboles ; la deuxième forme d'écriture chinoise est le *Yi king*, livre ésotérique s'il en est. Le calcul binaire, base de nos ordinateurs, a son origine lointaine, via Leibniz, dans la dualité *yin/yang* du *Yi king*. Ce sont les alchimistes qui ont découvert l'eau régale, l'orpiment, le borax, l'alcali volatil, le bismuth. Et dans les domaines strictement ésotériques, on doit aux ésotéristes les notions de microcosme, d'acupuncture, de gnose, d'initiation, de zéro, d'imaginal, de correspondances, de nombre d'or, etc. L'ésotérisme est une façon d'inventer le monde et de se découvrir, un art de presser la signifiance des choses, et non point une mise au pas au rythme d'une musique militaire venue d'Hyperborée. Pour autant l'ésotériste ne cherche pas à innover (d'où le préjugé favorable à la tradition). Il se veut *originel, pas original*. L'ésotérisme n'est pas répétition, mais renouveau. Cela constitue, me semble-t-il, et la nature de l'ésotérisme en général et la nature des ésotérèmes. Ce n'est pas un hasard si les premiers ésotérismes sont centrés sur les fêtes du printemps, sur le renouveau de la végétation. Prenons les Prophètes juifs, dès Osée. Ils parlent d'« Alliance Nouvelle » avec Dieu (Jérémie, XXXI, 31). La vieille Alliance reste aux prêtres et lévites. Quand on pense à tradition, à Vieille Alliance on ne pense qu'à trahison, corruption, les hommes ont failli, on se décourage ; quand on pense à Alliance Nouvelle on ne pense qu'à renaissance, initiation. À Dieu l'éternité, à l'homme le moment, à l'ésotériste le futur ! Côté mission, c'est-à-dire définition de l'ésotérisme, les Prophètes ne disent pas qu'ils suivent une tradition, ils disent qu'ils rénovent la parole. Côté message, c'est-à-dire fonctionnement de leur ésotérisme, ils ne disent pas que les événements se répètent, non, ils disent que les événements historiques ont un type, un modèle, auquel ils apportent du neuf ; par exemple le retour de l'Exil à Babylone a pour modèle l'Exode d'Égypte, tout en « faisant du nouveau » (second Isaïe, XLIII, 16-20). Il n'advient jamais que de l'inouï. L'ésotériste invente l'origine et inventorie les sens. Il est inventeur, parce qu'il retrouve la source où tout est possible, où tout est puissant. Cette source, en Asie on l'appelle le vide, la vacuité, en Europe le Fond sans fond, l'*Ungrund*, le rien insondable (selon Jacob Böhme).

Quant à la notion de révélation, elle ne me semble pas acceptable telle quelle. Les Juifs, les Chrétiens, les Musulmans orthodoxes, les Hindous aussi, les Mazdéens veulent croire qu'un être parfait, Dieu, ou un dieu, donne parfois, quand il le décide, un message transcendant à des hommes élus. Comment croire qu'il s'agit d'une révélation, d'une communication supra-humaine ? comment croire en cette révélation : a) quand on voit le caractère humain, rien qu'humain du message, b) quand on voit sa particularité ? J'ouvre la Bible juive. a) Je lis : « Dieu dit : "Que la lumière soit", et la lumière fut » (Genèse, I, 3). Certes, la phrase est sublime et contient des idées fécondes. Mais c'est invérifiable, et en contradiction avec d'autres cosmogonies, grecques ou indiennes, tout aussi respectables. Je lis : « Dieu prononça toutes ces paroles, savoir : [...] Honore ton père et ta mère » (Exode, XX, 12). Certes, la phrase est bien tournée, et elle contient un sage conseil. Mais c'est trivial. A-t-on besoin de Dieu, de tremblements de terre et de coups de tonnerre et de prophètes barbus pour arriver à pareille banalité ? Je lis (Ézéchiel, I, 10) que les chérubins ont quatre faces, d'homme, de lion, de taureau, d'aigle. Certes, la description est stimulante, mais c'est historique, ce récit renvoie à des schémas *anté-*

rieurs, les taureaux assyriens, « êtres à tête humaine, corps de lion, pattes de taureau et ailes d'aigle ». Même les Jésuites l'admettent. Ce n'est donc pas une révélation, une connaissance surnaturelle, inaccessible à l'homme livré à lui-même. Si Dieu avait énoncé il y a vingt ou quarante siècles les lois de Kepler (astronome et astrologue !), cela aurait été probant. On trouve chez certains ésotéristes des idées plus profondes que celles de telle ou telle bible. Est-ce que le Kabbaliste n'en sait pas plus que « YHWH » ? Il arrive que le commentateur pousse devant lui une idée autrement profonde que celle prétendument tombée du ciel. b) Particularité ensuite, de chaque révélation : le Dieu des Arabes parle en arabe (Coran, XVI, 103), le Dieu des Hébreux dit aux Hébreux qu'ils sont le peuple élu (Deutéronome, VII, 6). Suspect. Trop commode. Juge et partie. Trouve-t-on vraisemblable un film américain où les Martiens parlent américain ? Croit-on un père qui tient ses enfants pour les plus beaux du monde ?

Pour autant, rejeter la révélation n'est pas tout rejeter. Les défenseurs de la révélation croient qu'attribuer la connaissance à l'homme fait que la connaissance ne va plus se tourner que vers l'homme. Ils ont tort. Dire que la Bible n'est pas tombée du ciel, ce n'est pas nier le ciel, ce n'est pas refermer la Bible, seulement ne pas confondre Dieu et le narrateur, mythe et histoire. Il me semble d'ailleurs que les ésotéristes croient moins en la RÉVÉLATION, qu'en l'INSPIRATION, c'est-à-dire en la part de l'homme, en sa puissance, même si cette part de l'homme va vers le divin. Les hommes trouvent seuls, entre eux, ou en se confrontant à la nature, quitte à donner une forme mythique ou romancée aux connaissances acquises, en l'attribuant à des dieux, à un Dieu, à des ancêtres, à des héros fondateurs. Les ésotéristes mettent plutôt l'accent sur le livre de la nature (dont les symboles et les Signes) ou sur le langage du cœur (dont les rêves, certaines expériences spirituelles) ou sur des techniques secrètes (dont le yoga, l'astrologie). Ces moyens permettent à tout homme (préparé) d'accéder à la connaissance. « On ne comprend que ce que l'on sait faire. » Une « révélation » doit être une « découverte », sous peine de rester illisible et inutilisable. L'ésotériste ne croit pas sur parole, comme le veut la foi, comme l'enseigne le fanatisme. Non, il croit la parole, parole du cœur, parole du monde, parole de l'expérience. Quand on rejette la révélation on ne tombe pas automatiquement dans le scepticisme. Au contraire, on affirme la capacité qu'a l'homme d'atteindre lui-même (peut-être pas par lui-même) l'absolu en faisant l'économie d'intermédiaires tels que les prêtres ou les dieux, notions religieuses, pas vraiment ésotériques. L'homme dispose de disciplines, appelées sciences ou arts occultes, qu'il a lui-même mises au point, en particulier la divination, l'astrologie, la symbolique, la science des nombres. Comment le Juif (et le Babylonien) ont-ils « su » que les chérubins ont quatre faces ? par l'astrologie, qui pose en croix quatre Constellations, à savoir Taureau, Lion, Scorpion (l'Aigle, autrefois), Verseau (l'Homme). Chacune correspond à l'apogée d'une saison, Printemps (20 avril-20 mai : Taureau), Été, Automne, Hiver (20 janvier-21 décembre : Verseau). Les astrologues tiennent ces quatre Constellations pour des « Signes fixes », car ils sont au milieu des saisons. Chaque Signe règne sur son Élément, Taureau en Terre, Lion en Feu, Scorpion en Eau, enfin Verseau en Air. S'agit-il alors de chérubins ? peut-être. Le sphinx grec a une tête et un buste de femme, des flancs ailés. Les Chrétiens préféreront voir dans le quaternaire une préfiguration des quatre Évangélistes : Luc « est » un taureau, Marc un lion, Matthieu un aigle, Jean un homme. Toujours est-il qu'on a là, avec ce quaternaire, une clef générale de compréhension, qu'on peut appliquer à un processus se déroulant en quatre phases, à un phénomène présentant quatre aspects, et ainsi de suite. Une fois encore, on voit l'ésotérisme donner, plutôt que des « dogmes » réservés à une « élite », des moyens de découverte utilisables par chacun. Cette idée-là est ésotérique, vraiment, puisque les ésotéristes ne la formulent qu'à demi-mot, même entre eux. Serait-il acceptable qu'un groupe se réserve une connaissance ? Non. Il la préserve et il la propose. Il la préserve du mépris, de l'incompréhension, etc. en la cryptant, par exemple sous forme de récit mythique ; il la propose, sans l'imposer, car chacun a son niveau de compréhension, son but, ses méthodes, son histoire.

La question alors se pose de savoir si l'on peut se contenter du rôle d'arbitre. L'ésotérisme dit ceci ou cela. Mais, vous, qu'en dites-vous ? Après l'heure de l'enquête vient celle de la décision. La route est fascinante : venez-vous ? Oui ou non ?

Les chemins, en montagne ou ailleurs, les chemins intellectuels par exemple, présentent des bifurcations. Pythagore parlait d'un Y (Jamblique, *Vie de Pythagore*, 156). Un carrefour arrive, il y a alternative. Le choix ne se fait pas nécessairement entre bien et mal, vrai ou faux. Le Nord ou le Sud ? par les gorges ou par la plaine ? la route goudronnée ou le chemin de terre ? En général, les premières bifurcations ne paralysent pas, on va de l'avant. Celui qui étudie l'ésotérisme franchit les premiers carrefours sans guère ralentir : documents écrits ou documents artistiques ? traitement thématique ou traitement chronologique ? Occident ou Orient ? traduction ou interprétation ? On étudie ainsi l'ésotérisme quelque temps, on fait ses petits choix, puis, un beau matin ou un triste soir, on se trouve devant le grand Y, au carrefour du Risque. Là un panneau vous attend : L'ÉSOTÉRISME EST-IL UN DÉLIRE OU PAS ? On n'est pas obligé de répondre. On peut rester sur place, encore faut-il l'avouer. Mircea Eliade ne s'est jamais vraiment prononcé sur la réalité des phénomènes yogiques ou chamaniques qu'il a étudiés pendant tant d'années, mais il s'est prononcé sur ce silence. Au fond il a toujours préféré la littérature, en feignant d'être comparatiste des religions. Je connais quantité de professeurs de philosophie qui, du matin au soir, expliquent Platon, Kant, et Husserl — pas une femme ! —, sans jamais se demander s'ils ont raison ou non, je veux dire s'ils ont raison d'enseigner ces philosophes et si ces philosophes ont raison ou tort, raison ici et tort là. Pourtant, il n'est d'homme que dans la décision. Seulement, ici, dans le domaine de l'ésotérisme, la décision est révolution.

Prenons le cas de l'inédie. Voilà un mot savant pour une chose extraordinaire. Donnons brutalement un témoignage, celui de Louise Lateau : « Je vous assure que je n'ai ni mangé ni bu depuis sept ans. » Oui, elle a dit cela, en mars 1878 (chanoine A. Thiéry, *Nouvelle Biographie de Louise Lateau*, 1915-1918, t. 2, p. 113). L'inédie, cela consiste — cela consisterait — à ne pas manger, à ne pas boire, cela pendant des semaines, pendant des mois, pendant des années, et à vivre cependant. Tout le monde admet que le corps humain a des limites, qu'il est difficile sinon impossible de vivre longtemps sans alimentation. Alors, de deux choses l'une. Ou bien, cette limite de 20 à 25 jours, 75 au maximum, est infranchissable (même pour Jésus, qui ne dépassa pas 40 jours au désert) et Louise Lateau a menti, ou bien elle l'est. Si cette limite est franchissable (pour qui ? dans quelles conditions ?), ou bien on explique rationnellement ou bien on avance des hypothèses, disons occultes.

• PREMIER POINT : le fait à établir. Admettez-vous l'inédie ? Tenez-vous la chose pour une supercherie ou pour une réalité ? Ou préférez-vous suspendre votre jugement, réserver votre réponse ? En tout cas, n'écartez pas la question. Louise Lateau a-t-elle menti ? a-t-elle réussi à manger, à boire, à uriner en cachette ? Car s'il y a supercherie, elle va loin. Il ne suffit pas de manger en cachette, il faut aussi se procurer des aliments en cachette, cuisiner en cachette, se nourrir en cachette, faire disparaître les ordures en cachette, etc. Cela suppose aussi une énorme complicité, un complot en somme, celui des amis, celui des médecins, celui des voisins. Un collège de savants de l'Académie belge de médecine a examiné Louise Lateau en 1876. Étaient-ils tous idiots ou corrompus ? difficile à croire. — En faveur de la réalité du phénomène, on peut avancer divers faits. On connaît d'autres cas, surtout de femmes. Cet argument, bien sûr, n'est pas assez fort. Mais, dans ces autres cas, il y a eu aussi de sévères vérifications. La vénérable Dominica del Paradiso, morte en 1553, vivait entourée de religieuses, ses confesseurs la surveillaient. Et l'on connaît la jalousie des religieuses et la misogynie des confesseurs ! On dira qu'à l'époque on ne savait pas observer scientifiquement. Thérèse Neumann, elle, a été contrôlée des années durant, en plein XXe siècle, à partir de 1923. Et l'on connaît le scepticisme du corps médical ! Certains continueront à croire au mensonge, à la supercherie. Et c'est tant mieux. Maintenant, on fait son choix.

• DEUXIÈME POINT : l'explication à donner. Si l'inédie existe, comment en rendre compte, trouver ses conditions ? L'enjeu est énorme. Il y va des fondements de la biologie, pas moins ! Pour la biologie, l'organisme est un ensemble de cellules. Il lui faut, quotidiennement, des substances énergétiques, nécessaires à la vie, et des substances plastiques, nécessaires à sa construction. Pour une activité moyenne, on a besoin de 2 000 calories au moins par jour. On les dépense, il faut donc les retrouver en s'alimentant, sous peine de mort. Dans un tel cadre, l'inédie est inexplicable. — Pourtant, il reste un principe, celui de la transformation. Dans l'inédie, on cesse de manger mais on continue à vivre, on brûle encore des calories. D'où viennent-elles ? Qu'est-ce qui se transforme en substances énergétiques ou plastiques si ce ne sont pas les aliments ? Est-ce une énergie interne ou externe ? physique, psychique, subtile ? L'ésotérisme avance alors ses pions. Yogânanda, un maître du kriyâ-yoga, avait rencontré Thérèse Neumann en juillet 1935, en Bavière (*Autobiographie d'un yogi*, Adyar, 1989, p. 367-369, 451-462). Il a donné son explication, non pas la sienne, celle de l'ésotérisme hindou, vieux de trente-cinq siècles.

– Yogânanda : Vous ne mangez absolument rien ?
– Thérèse Neumann : Rien, excepté, à six heures du matin, une petite hostie consacrée.
– Yogânanda : De quelles dimensions ?
– Thérèse Neumann : Mince comme une feuille de papier, de la grandeur d'une petite pièce de monnaie. Je la prends pour des raisons confessionnelles : si elle n'est pas bénie, je me trouve dans l'incapacité de l'avaler.
– Yogânanda : Certainement, vous n'avez pu vivre rien que de cela pendant douze ans ?
– Thérèse Neumann : Je vis de la lumière de Dieu.
– Yogânanda : Je vois que vous savez que l'énergie de l'éther, du soleil et de l'air pénètre en votre corps.
– Thérèse Neumann : Je suis heureuse de voir que vous comprenez comment je vis.
– Yogânanda : Votre sainte vie est une preuve quotidienne de cette vérité énoncée par le Christ : L'homme ne vit pas seulement de pain, mais de toute parole qui sort de la bouche de Dieu [Matthieu, IV, 4 ; Deutéronome, VIII, 3].

[En note] La pile corporelle humaine est entretenue non seulement par la nourriture grossière (pain), mais par l'énergie cosmique vibratoire (Verbe ou *OM*, force invisible qui pénètre dans le corps humain par le portail du bulbe rachidien). Situé au sommet de la nuque, le bulbe représente le sixième centre corporel [*vishuddha-chakra*], en haut des cinq autres *chakra* (en sanskrit, « roues » ou centres de force vitale rayonnante), de la moelle épinière. C'est par le bulbe principalement que le corps s'approvisionne en énergie vitale universelle (*OM*). Le bulbe est en directe connexion, par polarité, avec le centre de la conscience christique (*kutasha*) ou œil unique [*âjñâ-chakra*], situé entre les sourcils, ou encore centre de la puissance de volonté humaine. L'énergie cosmique est ensuite emmagasinée dans le septième centre, celui du cerveau, pour y former une réserve au potentiel infini (centre mentionné dans les *Veda* sous le nom de « lotus de lumière aux mille pétales » [*sahasrâra-chakra*]). La Bible se réfère à l'*OM* en tant que Saint-Esprit ou force de vie invisible qui soutient divinement toute la création :

« Ne savez-vous pas que votre corps est un temple du Saint-Esprit, qui est en vous et que vous tenez de Dieu ? Et que vous ne vous appartenez pas ? »
Paul, Première Épître aux Corinthiens, VI, 19.

Ces explications supposent une autre biologie, une autre physique, d'autres méthodes aussi, le yoga, la visualisation, l'herméneutique ! Il faudrait bouleverser les conceptions banales, enseignées à l'école et à l'université, sur le corps, la nutrition, la matière, la nature, la méthode expérimentale. On mesure la révolution ! L'immense majorité des savants aperçoit bien l'importance du débat et s'épouvante. Un savant, à la rigueur, accepte de révolutionner ses conceptions, ses méthodes, ses outils, à condition que le contre-exemple, le cas embarrassant vienne de la science, pas de la parapsychologie, pas de la mystique, pas de l'ésotérisme ! La science a dû plusieurs fois renouveler son horizon, mais le savant nettoie le laboratoire entre collègues, pas avec « les obscurantistes ». Quand les chimistes ont admis l'oxygène, découvert par Lavoisier, ils ont renoncé à leur doctrine du phlogistique, qui supposait un feu dans les corps, ils ont complètement changé leur conception de la combustion, qui devenait, non plus une perte de feu, mais un apport d'oxygène, une oxydation. La découverte venait du sage Lavoisier, pas du mage Paracelse, elle ne concernait que la composition des corps, pas l'ensemble du savoir scientifique. Surtout, la découverte ne changeait pas le mode de vie. Que l'on croie au phlogistique ou à l'oxygène, on continue à croire en la science, dans le progrès, dans la supériorité de l'homme blanc et... à la force nutritive du steak saignant ! En revanche, croire en un corps subtil (*sûkshma-sharîra*), admettre une énergie subtile (le *prâna, OM*), penser la lumière comme vie, tout cela bouleverse l'existence. On n'envisage plus du tout sa nutrition, son exposition au soleil, sa vie de la même manière. La quête de lumière l'emporte sur la recherche du profit, les grands hommes ne sont plus les savants mais les yogis, les lamas, etc. Bref, il faut renverser son échelle des valeurs, vivre autrement, peut-être partir au désert. La majorité recule.

• TROISIÈME POINT : la signification à trouver. On peut ne voir dans l'inédie qu'un phénomène rare, qu'un cas parapsychologique, une bizarrerie mystique. À mon avis, le phénomène n'est pas fondamentalement ésotérique. On peut sans doute faire acte d'inédie sans être initié, comme on peut faire de la magie sans être initié. Cependant, l'inédie peut relever de l'initiation et des pouvoirs magiques. « Celui qui pratique de façon parfaite la Respiration Embryonnaire n'a pas besoin d'aliments vulgaires » (Henri Maspéro, *Le Taoïsme et les Religions chinoises*, 1971, p. 377). « Par le fond de la gorge on supprime faim et soif. *Kantha-kûpé kshut-pipâsâ-nivrittih* », dit Patañjali dans le *Yoga-sûtra* (III, 31). Texte énigmatique, qu'Anne-Marie Esnoul et Lilian Silburn traduisent perfidement : « Par la maîtrise sur le fond de la gorge, les sensations de faim et de soif disparaissent. » S'il ne s'agissait que de modifier des sensations, des impressions, à quoi bon perdre des années avec le yoga ? Le texte fait allusion au *vishuddha-chakra*, mot à mot le « centre de la pureté », le centre subtil situé sur le plexus du larynx. Ce *chakra* entre en correspondances avec le son HAM et l'Élément Éther. Pour les Hindous, comme pour les ésotéristes grecs (depuis Empédocle), l'Éther (*âkâsha*) pénètre toute la nature, le mot signifie donc « espace, milieu ». Il transporte la lumière, il est le support du son et de la vie. De la vie : les choses s'éclaircissent, on voit mieux le lien entre faim, vie, Éther, gorge. La vie apparaît maintenant comme un échange d'énergies subtiles. Les énergies de l'homme, du microcosme, répondent aux énergies du monde, du macrocosme. La matière, les aliments ne sont que des formes grossières, belles sans doute mais grossières, de la substance qui tisse le monde, la Lumière...

À partir de ce point, on peut dévider tout l'ésotérisme. On tire un fil, la pelote vient. Un nouveau puzzle se forme. On ne peut pas admettre l'inédie et continuer à croire tranquillement dans la biochimie. La biochimie — cela va de soi — n'est pas fausse. Elle ne montre que les effets, les mécanismes manifestes, elle étudie, rigoureusement, exactement, les rides de surface, pas les courants marins. Si l'on admet l'inédie, si l'on admet son explication par l'absorption de la lumière, si l'on admet sa signification, celle d'une vie qui tire son énergie d'éléments plus subtils que la matière brute, alors, il faut admettre les correspondances (entre gorge et vie), admettre le subtil (le *vishuddha-chakra*), admettre l'opposition ésotérique/exotérique (Yogânanda connaît, pas la physiologie), reconnaître les sciences occultes (Yogânanda, en pratiquant l'herméneutique, identifie dans le Saint-Esprit des Chrétiens le *OM* des Hindous)... Ainsi l'ésotérisme entre dans votre vie.

Dans les chapitres qui vont suivre, certaines zones seulement seront explorées : celles qui m'étaient accessibles, accessibles soit parce que les voies d'accès existaient déjà, grâce aux érudits, aux historiens, aux traducteurs, aux ésotéristes eux-mêmes, soit parce j'avais ou croyais avoir les forces nécessaires pour y pénétrer. Devant certains sommets, j'ai renoncé, ou bien je ne les ai pas vus. Il faut avouer. Avouons ! Je n'ai pas tout compris. Sinon je serais l'initié des initiés, ce qui n'est pas le cas, pas du tout. Par exemple, je n'ai pas réussi à comprendre ce que signifie dans l'ésotérisme bouddhique l'identification entre *samsâra* et *nirvâna*, opposés dans l'exotérisme. Preuve est faite qu'ici (et ailleurs !) je ne peux pas décoller du niveau exotérique. Cela est fâcheux pour quelqu'un qui prétend parler de l'ésotérisme. Suis-je incompétent ? Admettrait-on que l'auteur d'un traité de mathématiques dise : je vais faire l'impasse sur le chapitre « trigonométrie » parce que cela me dépasse ? non. Faudra-t-il alors être exigeant envers les mathématiciens, indulgent envers les ésotérologues ? ou accuser la discrétion des ésotéristes ?

L'ésotérologue va en sens inverse de l'ésotériste. L'ésotériste, celui qui écrit sur les mystères, va de la révélation à la divulgation ; l'ésotérologue, celui qui étudie l'ésotérisme, essaie de remonter le courant : il va de la divulgation à la révélation, il essaie, à partir du document matériel, de retrouver une expérience spirituelle qui le dépasse, une connaissance secrète qui l'écrase. Si j'ai en mains quelques textes de Shankara ou le dessin d'un alchimiste, cela ne pose pas tellement de problèmes, au départ du moins. J'attribue, je date, j'explique, je mets de l'ordre. Mais je dois aussi, comme le poisson remonte de sa petite rivière, à contre-courant, vers l'océan, aller à l'essentiel. Je dois savoir quelle extase se cache sous les mots, entre les traits, quelle gnose se tient là. Or, moi, ésotérologue, en suis-je capable ? non. J'étudie Shankara, je n'égale pas Shankara. Je lis « Cet Un je le suis », sans en avoir moi-même ni l'expérience intime ni la connaissance intérieure. J'ai là-dessus quelques clartés, je n'en ai pas la lumière. — Après tout, la situation n'est pas unique. Le journaliste qui commente l'exploit sportif n'est pas lui-même un champion, le professeur qui explique un poème n'est pas lui-même un grand poète. Seulement il y a une grande différence. Tout le monde s'accorde pour dire que la poésie c'est beau, que le sport est bon, alors que l'alchimiste ou le théosophe créent la suspicion : est-ce un adepte ou un escroc ? Il faut bien quelqu'un pour en juger. Un pair, comme en science ? Quelqu'un objectera que ce seraient des complices, larrons en foire, bandits de connivence. Il faut bien un ésotérologue. C'est un accompagnateur. Ésotérologue, je marche dans les pas de l'ésotériste, sans le précéder ni l'égaler. Je suis l'ésotériste au sens du verbe « suivre », mais je ne suis pas l'ésotériste au sens du verbe « être ». En plaine, je le suis, je peux même le devancer, à mes risques et périls. À l'étage des collines, je le suis facilement, à l'occasion nous marchons d'un même pas. Une fois à l'étage montagnard, je perds un peu mon souffle. Quatre cents mètres plus haut, à l'étage subalpin, j'ai des difficultés à ne pas me laisser distancer. Au-dessus des 1 700 mètres, je commence à le perdre de vue. Je me dis : si l'ésotériste ne m'a pas menti jusqu'ici, je peux lui faire confiance quand, de retour, il me dira être allé jusqu'à l'étage de la neige. Je peux aussi me dire : il a dormi sur de la mousse, maintenant il me ment, il me donne une photo truquée, il n'est jamais allé au sommet. Je suis libre, je suis libre et faible, sauf si moi-même je tente héroïquement de le suivre jusqu'en haut. Mais, alors je cesse d'être ésotérologue, je deviens ésotériste. Il faut choisir : ou bien être médiocre, se contenter des introductions, des premières marches de l'ésotérisme, ou bien emboîter le pas, devenir champion, changer son uniforme de chercheur en habit d'initié. Seulement n'est pas Shankara qui veut ! Tout le monde n'a pas la carrure pour endosser l'habit de maître, le costume d'adepte. L'alternative tourne en dilemme. Dans les deux cas, celui du médiocre ou celui du prétendant (du prétentieux ?), on se sent écrasé. Mais être terrassé par l'Himâlaya, plutôt que par une bière ou une diarrhée, a déjà de la grandeur. L'ombre de l'Himâlaya forme lumière. L'ésotérologue à chaque instant frôle le mystère, sans jamais le saisir. Il caresse le secret du monde, il n'en jouit pas. Il observe les formules sacrées, les monuments ésotériques comme le chirurgien le cœur qu'il va opérer, pas comme le patient qui revient à la vie. Il reste à **l'extérieur** de ce qui se définit comme **l'intérieur** des choses ! Cette situation ne laisse pas d'amertume, plutôt un avant-goût de félicité. Je ne crois pas bon, évidemment, que l'ésotérologue ne saisisse pas tout le sens, mais il est bon qu'il sente son insuffisance. L'insuffisance contient déjà du vertige. Un même souffle ébouriffe l'ésotérologue comme l'ésotériste, même si l'ésotérologue reste au port pendant que l'ésotériste part, toutes voiles déployées, vers l'infini.

Ces problèmes, présents dans l'ésotérisme et dans l'ésotérologie d'Occident, deviennent plus aigus dans l'ésotérisme oriental, tellement profond, si ancien, foisonnant. Pour autant, on ne peut pas ne pas parler de l'ésotérisme oriental.

L'introduction de mon *Ésotérisme* se terminait ainsi : « Le présent volume comprend deux parties : la première présente une approche de l'ésotérisme en général, la seconde une anthologie de l'ésotérisme occidental. L'anthologie ne couvre qu'un territoire restreint, en pratique la seule Europe. Si le public accueille favorablement ce volume, si je parviens à résoudre certaines difficultés de documentation et de traduction, un second volume paraîtra : *L'Ésotérisme oriental*, qui portera sur la Chine, le Japon, l'Iran, l'Inde, le Tibet, mais aussi sur les initiations africaines, le chamanisme, le *mana* polynésien. »

La première condition, qui dépendait du public et des éditeurs, s'est réalisée. Le livre en est à sa quatrième réimpression, il a été traduit en plusieurs langues, etc. L'autre condition tenait à des problèmes pratiques : avoir le temps, trouver les livres, convaincre les grands spécialistes de revoir mes chapitres. Question temps, ce ne fut pas trop difficile. Comme j'enseigne à l'université, il arrive toujours quelque grève ou des vacances. Quant aux documents, j'ai fouillé dans mes bibliothèques, dans les librairies, au musée de l'Homme, au musée Guimet, à la Bibliothèque nationale de France, au Bishop Museum... J'ai aussi demandé à des amis de photocopier ou de traduire tel ou tel passage. Les textes portant sur le fond demeurent, quoi qu'on dise, rares. Certes, le canon bouddhique couvre cinquante-cinq volumes et le canon taoïste mille cent vingt volumes, certes. Pourtant les passages sur le *nirvâna* ou le *wou-wei* sont bien rares, et, pour l'essentiel, répètent qu'on accède alors à l'indicible. Rien à dire, voyez plutôt un maître, qui vous donnera un enseignement oral. Cet ésotérisme-là, de fond, résiste à tous les chercheurs et à tous les livres.

Silence. En revanche, on accède assez facilement aux textes qui traitent de pratiques secrètes, comme le yoga ou la magie. Cet ésotérisme de forme, apparemment déjoué par les philologues, les savants, résiste cependant. Ces textes, si secrets, restent obscurs, abstraits, allusifs. On peut acheter en gare le *Yoga-sûtra*, mais le gourou n'est pas vendu avec. À quoi sert une encyclopédie sur les formules si aucun maître ne vous enseigne comment vocaliser, et quelle formule vous convient et à quel moment ? En ésotérisme, les livres clairs sont en fait des livres obscurs, et les livres obscurs restent des livres obscurs. Le plus délicat restait à faire : persuader le grand spécialiste de la religion égyptienne de lire mon chapitre « Égypte », persuader le grand spécialiste des traditions négro-africaines de lire mon chapitre « Afrique noire », et ainsi de suite. Ces savants hommes ou femmes sont souvent très occupés, ou alors très vieux, parfois inaccessibles. J'avais absolument besoin de leur concours. Un seul homme ne peut maîtriser Tantrayâna, Taoïsme, Kabbale, Soufisme... Je bredouille quelques mots d'arabe, de lao, de viêt, mais je ne parle pas ces langues de façon courante, je ne les écris pas. Et comment être au courant des milliers d'études ? Trois ou quatre Doktor-Professor-Director m'ont répondu vertement que c'était leur faire insulte que d'oser prononcer devant eux le mot « ésotérisme ». Mais, en général, les spécialistes m'ont porté secours, tout en faisant des réserves (ce qu'on attend d'un chercheur). Deux femmes m'ont particulièrement aidé, Isabelle Robinet pour la Chine, Anne-Marie Blondeau pour le Tibet. Et un homme : Henri Limet, côté Mésopotamie. Louis-Vincent Thomas avait examiné mon chapitre « Afrique noire ». Je partageais avec lui d'autres passions que la vie traditionnelle africaine : l'amour de Tahiti et la fascination pour le mystère de la mort. Hélas, la Mort, qu'il connaissait si bien, l'a voulu pour elle seule le 22 janvier 1994.

Le premier tome, je l'ai écrit en Polynésie française, entre les îles et l'océan Pacifique. Je tapais sur une machine à écrire, un brin rouillée par l'air marin. Je voyais, de ma table, l'île Bora-Bora, « la plus belle île du monde », puis ce fut l'île Huahine. J'avais toujours les pieds dans l'eau du lagon de l'île Raiatea. Je faisais beaucoup de judo et de balades en bateau avec mes deux fils, encore bébés. Quand j'avais une contradiction, une insuffisance, je la laissais au pied du récif de corail ou au bas du tatami, et, à la fin, au retour, le problème, de lui-même, avait avancé. Je ne compte pas sur moi.

Ce second volume, je l'ai écrit en Mauritanie, en milieu saharien, entre les dunes et l'océan Atlantique. Cette fois, j'ai les pieds dans le sable et les doigts sur l'ordinateur. L'informatique transforme en lumière la matière de l'écriture. Comme pour l'autre volume, j'ai cherché ailleurs que dans ma tête les solutions dont j'avais besoin. J'ai souvent dormi sous la tente, en plein désert, un désert sec, chaud, de sable et de pierraille, et je me suis lancé dans la recherche d'objets préhistoriques, poteries féminines et microlithes masculins. Mais j'ai suivi la même tactique. À l'entrée de ma tente, au début du terrain néolithique, je laissais mon point d'interrogation, et je le retrouvais, à la sortie. Le point d'interrogation était transformé en point d'exclamation, ou bien il s'était évaporé dans la chaleur ambiante.

Pour écrire le chapitre « Islâm », il valait mieux travailler dans la « République islamique de Mauritanie » qu'à Tahiti. Chance ! Pour chaque chapitre, j'ai essayé de me replacer dans les conditions. Heureusement, les circonstances étaient favorables. J'ai habité six ans au Burkina-Faso, c'est là que j'ai écrit le chapitre « Afrique noire », en milieu mossi, bobo, gourmantché, toussian. Chaque année ou presque, quand l'automne menace, la passion me pousse en Asie. Il était facile d'aller en Inde et au Srî Lankâ, et bien des choses écrites sur la foi des livres sont profondément modifiées quand on a passé seulement quinze jours en Inde. Ce fut le cas. En septembre 1995, après quelques difficultés, j'ai pu me rendre au Tibet. Il faut y aller pour voir, justement, que tout n'y est pas ésotérique, à commencer par les colons chinois ! L'ésotérisme lamaïste apparaît d'autant plus précieux. Les Tibétains ne sont pas tous moines, évidemment, mais tous ont le visage cuit par le soleil : ce sont des ensoleillés, et des gens joyeux, audacieux.

Se replacer dans les conditions ne se limite pas aux lieux géographiques. Par exemple, il est sans doute bon quand on écrit sur l'Islâm et qu'arrive *ramâdan*, de faire jeûne du lever au coucher du soleil, comme les autres, sinon avec les autres. Pas d'illusion : le non-musulman ne vise pas le même but, ne ressent pas les mêmes impressions que le pieux musulman. Du moins il entre dans la communauté musulmane par la porte des amis, pas par une brèche ouverte à la dynamite.

Le chapitre le plus excitant à écrire fut peut-être le chapitre « Mésopotamie ». Pourquoi ? parce qu'à Sumer et Babylone on voit surgir l'ésotérisme, comme une fleur de lotus au milieu d'un lac. On assiste à l'arrivée de l'haruspicie, on voit naître l'astrologie. Les premiers tableaux de correspondances font leur apparition. Et tous ces éléments s'assemblent, forment un tout. En revanche, le chapitre « Égypte », que l'on croirait si facile, s'avère parcouru de fausses pistes. Rien n'y est certain. Ces grandes surfaces lisses couvertes de hiéroglyphes se prêtent mal à l'escalade.

Hélas, je n'ai pu rencontrer autant d'« Hommes Remarquables », autant de « Grands Initiés » que je le souhaitais. D'ailleurs, n'en ai-je pas rencontré sans m'en rendre compte ? En Orient, l'ésotériste ne se montre pas, il se cache. On n'exhibe pas son savoir, encore moins ses pouvoirs.

Voici une conversation que j'ai eue avec un pieux et savant musulman, Aboul Azîz Sy, en février 1996, à Nouakchott. Il parlait en poular, moi en français. Un étudiant, Mamadou Sow, traduisait de-ci de-là. De-ci delà des mots arabes pointaient la tête. Assis en tailleur, chacun souriait et ne faisait que des gestes lents.

— *Lui* : « *Bismillâh* [au Nom de Dieu], soyez le bienvenu. Asseyez-vous.
— Je vous remercie de me recevoir, surtout un vendredi, jour saint, et au milieu de *ramadân*.
— *Lui* : Pourquoi vouliez-vous un entretien avec moi ?
— Voici un an que j'essaye de visiter votre mosquée. Mais le rite mâlikite me l'interdit.
— *Lui* : Vous êtes chrétien, et vous vous intéressez à notre *dîn* [religion]. Pourquoi ne pas aller plus loin, vous faire musulman ?
— Chacun tient sa religion pour parfaite.
— *Lui* : Mais pourquoi êtes-vous chrétien ?
— Pour la même raison que vous êtes musulman, par les parents.
— *Lui* : Non, j'ai été élevé dans la religion musulmane, puis j'y ai adhéré par réflexion.
— Si c'est le cas, sur certains points vous avez dû changer de comportements ou d'idées, sinon la réflexion ne sert à rien.
— *Lui* : La société suit parfois des traditions contraires à la vraie *dîn*. Mes parents m'enseignaient à saluer tout le monde. Maintenant, je pense qu'on ne peut pas fréquenter tout un chacun, ni épouser des femmes étrangères à sa famille. Connaissez-vous l'Islâm ?
— Un peu. J'ai surtout lu le *Coran* et le recueil des *hadîth* d'al-Bukhârî. J'ai aussi étudié les Soufis.
— *Lui* : Le Soufisme ? Ces gens qui tournent, qui chantent et dansent jusqu'à tomber ?
— Quelques-uns.
— *Lui* : La foi seule compte, elle uniquement. La croyance relève du cœur. La mosquée participe à la perfection de la foi, sans plus. Les livres sont indépendants. L'Islâm demande la sincérité. Il faudrait ne rien cacher. Dites-moi tout ce que vous pensez de l'Islâm.
— Je crois que l'Islâm est une religion de présence et une religion d'avenir. De présence parce qu'elle rend Dieu vraiment présent. Et d'avenir : elle convertit chaque jour. Cela dit, je ne crois pas bon de tout dire, surtout les choses négatives.
— *Lui* : Entre amis, on ne se cache rien. Faites-vous partie des "Hypocrites" ?
— Hypocrite ? oh !
— *Lui* : Comment priez-vous ? »

Deux mondes se croisent, sans vraiment s'embrasser. Il est noir, je suis blanc. Il parle poular, moi français. Comme *imâm* il est de part en part musulman, en tant que Français je suis classé chrétien même si je le refusais. Nous ne vivons pas dans un même temps : lui regarde le Soleil et écoute le muezzin, je me fie à ma montre *made in Japan*. Il a derrière lui une civilisation qui privilégie la religion, alors que ma civilisation privilégie l'économie. Pouvons-nous nous comprendre ? Veut-il me convertir quand je ne cherche qu'à connaître ? Un savoir désintéressé lui semble louche, pourtant il ne cesse d'être hospitalier et missionnaire. Il trouve indécent que je veuille entrer dans la mosquée, et moi impudente sa question sur la prière, qui pourtant n'est que banale à ses yeux, comme s'il me demandait mon nom de famille. Et l'on n'a même pas abordé franchement la question de l'ésotérisme ! Est-il un pieux, un Musulman orthodoxe, ou bien est-il allé plus avant, jusqu'à devenir ascète, ou sage, ou soufi, ou même saint ? Est-il hostile au Soufisme, cet *imâm* ? Cela en a l'air, puisqu'il présente les Soufis comme des amuseurs publics, des saltimbanques. D'un autre côté, je suis certain que son opinion profonde est différente, car notre homme est un grand savant. Il est réputé pour ses sermons et sa science. Alors, pourquoi « confond »-il les Soufis avec des cracheurs de feu ou des marcheurs sur braise ? sans doute pour ramener aux bases du Coran. Le mot « hypocrite » (*munâfiq*), qui paraît si fort chez cet homme si affable, ne fait que rappeler au Coran, qui vitupère les Juifs faussement convertis et met en garde Muhammad : « Ô Prophète ! sois pieux envers Allâh et n'obéis ni aux Incrédules ni aux Hypocrites ! Allâh est omniscient et sage. Suis ce qui, de ton Seigneur, t'est révélé » (XXXIII, 1-2). À un moment, notre pieux Musulman conditionne notre conversation à un principe : tout se dire. Est-ce un piège ? veut-il mesurer ma naïveté ? Apparemment il cherche la totale sincérité. Je suis sûr pourtant qu'il n'y tient pas, ou alors qu'il ne situe la sincérité que sur le plan de la foi. Il est peul, et selon un proverbe peul, m'apprend l'étudiant : « On ne doit jamais tout dévoiler, comme on ne doit jamais tout voiler. » Deux réticences et deux attirances se font face, mais pas sur les mêmes points. Je suis réticent sur le point qui, justement, l'attire : ce que le Chrétien reproche à l'Islâm ; inversement, ce qui m'attire, c'est la mosquée, or, lui, il tient à la garder pure des Incroyants, des Hypocrites et des Pervers. Il pourrait me juger d'un coup d'un seul en me voyant prier, or je ne pratique pas les prières musulmanes. À quoi bon voir la mosquée, dans ce cas ? Du coup, la question, c'est moi, maintenant, qui me la pose. L'Occidental reçoit sa curiosité en boomerang. L'*imâm* ne décide rien à propos de la visite ou d'un futur entretien. Il faudra se revoir, se mesurer, jauger les intentions, reparler du Soufisme plus tard, jamais peut-être.

Je ne suis pas prêt de visiter la mosquée...

Un Occidental sort d'Occident par évasion et entre dans le non-Occident par effraction. Il quitte l'Europe pour se fuir, il entre en Afrique ou Asie sans y être attendu.

L'ésotérisme n'est pas une fin en soi, l'ésotérologie encore moins.

« Quand la porte a été ouverte, jette la clef », dit un grand Soufi du xxe siècle, al-'Alawî. Une fois la rivière traversée, abandonne ton radeau, dit le Bouddha. Nous n'en sommes pas là. Cherchons nos radeaux, dénichons nos clefs. Ouvrons donc la porte qui fait passer d'Occident dans l'Orient secret.

Mettons-nous en danger d'absolu.

Note de l'Éditeur

Toutes les notes de bas de page du présent volume sont de Pierre A. Riffard, sauf indication contraire.

Et Horqarnaq répète sans trêve :
– C'est une entreprise difficile que de faire apparaître les forces cachées.

K. RASMUSSEN
Intellectual Culture of the Copper Eskimos, p. 33.

Étude de l'ésotérisme non occidental

1. LES ÉSOTÉRISMES NON OCCIDENTAUX

> *Donne à notre gorge de bonnes paroles,*
> *Donne à la gorge de tous les hommes de*
> *bonnes paroles.*
>
> texte en langue secrète des Dogons,
> cité par M. GRIAULE,
> *Masques dogons*, p. 148

L'Europe ésotérique vient d'ailleurs.

Son astrologie vient de Mésopotamie, sa science des nombres d'Assyrie, son alchimie d'Alexandrie. Le mot « tabou » arrive de Mélanésie. L'acupuncture, si chinoise, devient européenne...

L'Européen a fini par oublier que sa religion, le Christianisme, est née en Israël, que son premier philosophe, Thalès, était phénicien d'origine.

OCCIDENTAL ET NON OCCIDENTAL :
CLASSIFICATIONS, CARACTÉRISTIQUES

Quand on parle d'« Occident » on pense à l'Europe (jusqu'aux monts Oural) et à l'Amérique du Nord. Mais la notion relève plus du social que du géographique. On fait tourner dans sa tête des hommes cravatés, des rues tirées au cordeau, des champs de blé moissonnés par des machines agricoles... Personne ne songe à intégrer dans le domaine occidental les Indiens d'Amérique du Nord ou les Lapons de l'Europe du Nord. L'« Occident » est avant tout une forme de civilisation : non pas *la* Civilisation, mais l'*un* de ses types, celui précisément qui se désigne avec aplomb comme *la* Civilisation !

Le monde occidental est venu au monde grâce à la philosophie et à la démocratie grecques, aux VIIIe et VIIe siècles avant Jésus-Christ. La chronologie grecque commence en 776 av. J.-C. Antérieurement prend place la préhistoire, qui n'est pas occidentale, mais mondiale. Paradoxe : la civilisation occidentale apparaît en « Grèce d'Asie » ! Thalès, le premier des Sept Sages, phénicien d'origine (Diogène Laërce, *Vie des philosophes illustres*, I, 22), vivait à Milet, en Asie Mineure, dans la « Grèce d'Asie » fondée au XIe s. av. J.-C. Le monde occidental ressemble à un fleuve, né d'une source aussi petite que vive, la Grèce, et qui s'élargit aux dimensions de la planète Terre. Comme une source, le monde occidental a jailli impétueusement dans la Grèce antique ; il s'est grossi d'un affluent, l'Empire romain, plus loin d'un autre affluent, le Moyen Âge (aux XIIe et XIIIe siècles) et la Renaissance ; il a encore grossi, avec l'apparition de la science galiléenne, en 1602 ; enfin, il a pris son cours actuel de fleuve tentaculaire en 1946, à l'ère de l'information, de la télévision, des ordinateurs. Ces périodes sont autant de définitions de l'Occidental, avec chacune un ésotérisme caractéristique. Le Pythagorisme signe l'Antiquité grecque, les *collegia* (Pontifes, Vestales, etc.) signent l'Antiquité romaine, le Graal le Moyen Âge, la Kabbale chrétienne la Renaissance, la Rose-Croix la Modernité. L'avenir dira quel ésotérisme définit le mieux les Temps Contemporains.

L'OCCIDENT DÉCOUPÉ EN PÉRIODES

Antiquité grecque	776 av. J.-C.	philosophie	ex. : Pythagore
Antiquité romaine	753 av. J.-C.	droit	ex. : les *collegia*
Moyen Âge	476	théologie	ex. : le Graal
Renaissance	1453	expansion	ex. : la Kabbale chrétienne
Modernité	1602	science	ex. : la Rose-Croix
Contemporanéité	1946	information	ex. : R. Guénon

Qu'est-ce qui n'est pas occidental ? Ce qui est oriental ? « Orient » renvoie à l'Asie et au Levant, les régions de l'est de la Méditerranée. Que deviennent alors l'Afrique, l'Océanie, l'Arctique ? Le plus simple consiste donc à distinguer occidental et non occidental. On a malheureusement l'air de privilégier le premier terme, d'en faire la norme, comme dans l'opposition conforme/non-conforme.

Le monde non occidental peut se répartir en plusieurs catégories, et principalement en cultures et civilisations. Une culture naît aussitôt que l'homme transmet des croyances, des usages, des objets, des valeurs, des symboles, des codes, bref des institutions humaines. Il y a d'abord les cultures préhistoriques (paléolithiques, néolithiques), et protohistoriques (mégalithiques, métallurgiques). Ces cultures-là sont anhistoriques, elles se reportent au premier passé de l'Humanité, sans distinction d'Orient et d'Occident. La préhistoire est un effort commun des hommes. Il y a ensuite les cultures primitives, celles qui ne possèdent pas l'écriture, par exemple les Bushmen en Afrique, les Hmong en Indochine, les aborigènes australiens. Ces cultures existent aujourd'hui encore, bien qu'elles se raréfient, même si on les raréfie en les exterminant ou au contraire en les protégeant dans des réserves. Une civilisation, à la différence d'une culture, ajoute à la langue, à la religion, à l'art, à l'organisation matérielle, aux systèmes familiaux et sociaux, des éléments de vie collective complexes : ville, centralisation des pouvoirs, industrialisation, spécialisations intellectuelles, écarts hiérarchiques entre les groupes, production de surplus économiques. La civilisation maya construit des villes, tandis que la culture sioux préfère les tentes. Les « premières civilisations » se constituèrent au Levant, au Proche-Orient : Mésopotamie d'abord, ensuite ancienne Égypte, ancien Iran, Phénicie, ancienne Syrie, ancienne Palestine, ancienne Anatolie. Un autre groupe, qu'on peut appeler les « hautes civilisations », fit émerger des sociétés complexes, loin de la Méditerranée, au milieu de peuples restant souvent sans écriture : empires précolombiens (Inca, Maya...), royaumes noirs (Gao, Éthiopie...), États indianisés (Fou-nan, Champâ...), dynasties altaïques (proto-Türks, Jou-Tchen...). Un troisième groupe de civilisations recouvre en partie les deux autres ; il rassemble les « anciennes civilisations » : anciens peuples de langue asianique (Sumériens, Hourrites...), anciens peuples de langue sémitique (Babyloniens, Hébreux...), anciens peuples de langue indo-européenne (Hittites, Sogdiens...). Ces derniers groupes de civilisations ont disparu. Il existe des groupes de civilisations vivants. Cette fois, il faut citer les « civilisations du Proche-Orient » (Arabie, Israël...), les « civilisations d'Extrême-Orient » (Chine, Japon...) et les civilisations d'Asie du Sud (Inde, Cambodge...).

Si le monde occidental ressemble à un fleuve, le monde non occidental ressemble à un arbre. Ses racines sont les grandes civilisations fondatrices, Mésopotamie, Égypte, Iran, qui ont grandi en développant leurs propres racines, jusqu'à en mourir. Ses branches sont les grandes civilisations diffusibles, Inde, Chine, Arabie, qui, au contraire, sont toujours vivantes et cherchent encore à étendre leurs frondaisons : l'écriture chinoise a débordé son pays, le Bouddhisme s'est répandu hors de l'Inde, l'Islâm s'est propagé dans le monde entier. Les ésotérismes correspondants ont ces caractéristiques : la Mésopotamie donne les bases, les racines (l'astrologie, la pensée par analogies et correspondances) pendant que l'Inde donne les sommets, les frondaisons (l'expérience yogique, la doctrine vedântique). Les civilisations-racines sont des musées de l'ésotérisme, les civilisations-frondaisons sont des laboratoires de l'ésotérisme.

LE NON-OCCIDENT DÉCOUPÉ EN MENTALITÉS

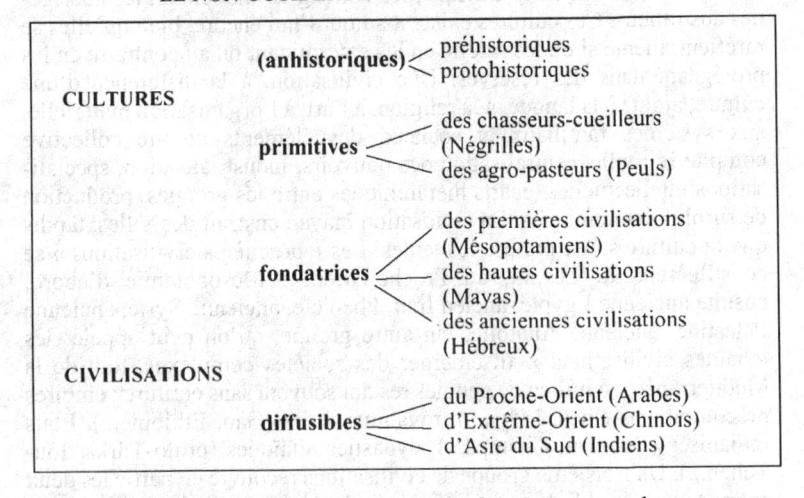

```
                                    ┌ préhistoriques
                    (anhistoriques) ┤
                                    └ protohistoriques
CULTURES
                                    ┌ des chasseurs-cueilleurs
                    primitives      ┤  (Négrilles)
                                    └ des agro-pasteurs (Peuls)

                                    ┌ des premières civilisations
                                    │  (Mésopotamiens)
                    fondatrices     ┤ des hautes civilisations
                                    │  (Mayas)
                                    └ des anciennes civilisations
                                       (Hébreux)
CIVILISATIONS
                                    ┌ du Proche-Orient (Arabes)
                    diffusibles     ┤ d'Extrême-Orient (Chinois)
                                    └ d'Asie du Sud (Indiens)
```

Les types occidentaux se découpent en **périodes** comme les types non occidentaux en **mentalités**. Un Occidental est soit antique soit médiéval... ; un non-Occidental est soit primitif soit civilisateur... Par mentalité, je ne vise pas une donnée naturelle, innée, raciale, mais une volonté globale, une façon de réagir et de réfléchir que des hommes partagent. De façon ésotérique, R. Steiner présentait les choses différemment [1]. Pour lui, « la première civilisation de l'ère post-atlantéenne », indienne, l'ancienne religion hindoue, transforme « le corps éthérique », la force vitale ; la deuxième civilisation, perse, développe « le corps astral, ou corps de sensibilité, porteur des forces d'activité ou d'activation » ; la troisième civilisation, « celle des Assyriens, des Babyloniens, des Chaldéens et des Égyptiens », accède à « l'âme de sensibilité », elle se tourne vers les choses matérielles, en particulier les étoiles ; la quatrième civilisation, la gréco-romaine, s'occupe de « l'âme d'entendement », donc de logique ; la cinquième civilisation, la nôtre depuis le milieu du Moyen Âge, vit essentiellement dans son « âme de conscience », elle cultive le moi individuel.

Le monde occidental est récent, il tend néanmoins à s'imposer sur toute la planète. Il uniformise. L'unité combat la multiplicité. L'Occidental fixe. L'ordre des hommes combat le chaos des choses. Le domaine non occidental paraît, lui, extraordinairement varié et favorable aux variations. Cette fois, la multiplicité combat l'unité. Dans un même village africain ou asiatique on peut rencontrer plusieurs ethnies avec chacune ses mythes, ses coutumes, son organisation sociale. Il existe une excep-

---

1. Steiner, *L'Évangile selon Jean* (1908), trad. de l'allemand, Triades, 1990, p. 149-157, 177-188.

tion à la diversité non occidentale : le monothéisme des Juifs, des Chrétiens, des Musulmans.

L'Occident privilégie la pensée scientifique et l'action technologique, il accumule les biens autant que les documents, il pense logiquement, historiquement, économiquement. En ce sens, un Chinois vivant aujourd'hui à Hong Kong est « occidental », ou, si l'on préfère, occidentalisé. Même s'il voue un culte au progrès, l'Occidental tend à réduire le sacré. Où il passe le sacré ne repousse pas. La Lune devient un terrain d'atterrissage, l'océan un parc à poissons. Le non-Occidental, pour sa part, privilégie la religion contre l'économie, le sacré par rapport à l'utile, la magie plus que la technique, le moment face à la chronologie. *Inch Allâh* ne signifie rien d'autre. Quand l'Occidental compte sur ses propres forces, le non-Occidental se rappelle les puissances du ciel. Devant un plat de viandes, l'Occidental choisit le meilleur morceau : logique ! le non-Occidental le morceau bénit.

Est occidental ce qui se veut **rationnel**, est non occidental ce qui se dit **traditionnel**. Sur ce point, tous les ésotéristes semblent d'accord, ce qui est déjà remarquable. Ils sont d'accord pour opposer Occident et Orient, ils sont d'accord pour y voir l'opposition rationnel/traditionnel ! Mais cette rapide unanimité ne cache-t-elle pas des divisions plus profondes ? Que veut dire « rationnel », que veut dire « traditionnel », ici ? Chose piquante, en français le mot « rationnel » entre dans le mot « *traditionnel* ». L'Occidental cherche logique et utilité, il donne à ses contenus, qui sont communicables, sensés, une forme démonstrative, argumentée. L'Occidental se veut rationnel de cette façon, car sa rationalité peut le conduire aux pires folies, comme l'Inquisition ou le nazisme, folies très « rationnelles », aussi efficaces que réfléchies. Face à un arbre, l'Occidental se demande : « Quel bois, quel profit peut-on en tirer ? quel savoir exact peut-on en extraire ? » Le non-Occidental, de son côté, cherche sacralité et répétition : « En quoi cet arbre renvoie-t-il à un mythe cosmologique ou à tel rite d'ascension ? Comment connaître ce qu'en disaient mes ascendants et comment transmettre à mes descendants ? » Le monde non occidental, tout traditionnel qu'il soit, peut, comme la rationalité occidentale parsemée de folies, avoir ses bouleversements. Les non-Occidentaux changent de régions, de dieux, mais ils conservent l'essentiel, le respect des vies, la recherche du sacré, ils continuent à révérer leurs lieux, à croire aux esprits. En pratique, l'Occidental scie l'arbre ou bien il le transforme en un objet de décoration, un sapin de Noël, une haie. L'Occidental se plaint d'avoir travaillé, sué avec sa cognée, mais quelle fierté de bûcheron ! Pendant ce temps, le non-Occidental contemple les racines qu'il ne voit pas et les fruits, il se chauffe avec les feuilles, il fait cuire avec les branches, complice de l'arbre, rempli de reconnaissance envers l'arbre. Le non-Occidental amplifie, il gorge de vie et de sens, il danse avec les astres, au lieu d'ajouter de la danse à sa vie bien réglée.

Personnellement, je n'insisterais pas beaucoup sur l'idée de tradition. La manie de ramener l'ésotérisme à l'Orient et l'Orient à la Tradition, à une unique tradition, ne me satisfait pas. Je ne crois pas — contrairement à Guénon — que l'ésotérisme soit tradition. Au contraire, on voit les ésotéristes refuser les usages, on n'observe pas une origine unique aux divers ésotérismes, chaque initié apporte du neuf (pas du nouveau). L'ésotérisme recommence toujours, chaque fois, il ne répète pas. L'ésotérisme se caractérise par la capacité à puiser du sens dans les choses, en se renouvelant constamment. Il lit la nature, il crée des initiations, il pousse un prophète derrière un autre, il ajoute des pratiques et des idées inconnues, il se rénove dans chaque culture... La « tradition » est là, dans ce RESSOURCEMENT ininterrompu, non pas dans l'orthodoxie, dans la conservation, dans la simple transmission. Pour conserver il faut bien être devenu soi-même par soi-même gardien ! Pour transmettre il faut d'abord avoir compris qu'il y ait à transmettre, et quoi, et comment, et à qui !

On peut dire, maintenant, que l'Occidental préfère l'innovation, donc **la modification**, cependant que le non-Occidental préfère la coutume, donc **la maturation**. L'un change par l'action, l'autre fait clore. Couveuse contre couvade. L'un par des machines change en machine à pondre la poule pondeuse, l'autre aide la poule à devenir pondeuse. L'Occidental sélectionne le maïs, le croise, manipule ses gènes ; le non-Occidental cherche plutôt à favoriser sa croissance, à adapter terrain et semence. L'ésotériste occidental change ses pratiques initiatiques et ses idées : l'Anthroposophie réfute le Théosophisme ; l'ésotériste oriental, lui, les améliore : le Bouddha poursuit le yoga, sans le nier. Les pratiques non occidentales sont souvent des répétitions : le *dhikr* soufi répète le nom d'Allâh, le *japa* bouddhique répète une formule, la mention de Dieu hésychaste répète inlassablement « Aie pitié de moi », etc. Le non-Occidental fait un rappel. Il se ressource. Il préfère revenir.

On peut ajouter que pour l'Occidental la communication n'est qu'un système de moyens, un ensemble de supports, elle est **média**. Quand on pense à l'ésotérisme occidental, on pense à des temples, à des livres, à des gravures, à des choses, à des choses plus ou moins cachées, plus ou moins mentales, mais à des choses. On croit avoir en tête un ésotérisme quand on a en main son livre. Illusion, dit le non-Occidental. Les noms et les écritures, les figurations et les demeures sont des **messages**. La forme importe peu, et même le contenu se trouve ailleurs, il sera transmis de bouche à oreille, « murmuré ». Se procurer tel livre ne sert à rien, si l'on n'a pas l'avancement nécessaire, le maître adéquat, si l'on ne sait pas l'heure propice, la prononciation juste. Les images associées à l'idée d'ésotérisme non occidental sont celles d'enseignements, de maîtres, de paroles. Jamblique a clairement formulé la différence de ces deux types d'ésotérisme.

lui est pourtant sagesse. Cette connaissance, c'est l'ésotérisme oriental. L'ésotérisme occidental opère son renversement sur un autre plan : il passe du manifeste au latent, du latent au manifeste. Il cherche l'or dans le plomb, la révélation dans la parole banale, puis, inversement, il va coder sa révélation. Résumons l'opposition un peu brutalement. Du point de vue métaphysique, qu'est-ce qui distingue l'ésotérisme occidental (européen) de l'ésotérisme oriental (asiatique) ? L'ésotérisme occidental est un **va-et-vient intellectuel exotérique-ésotérique**, un balancement du visible à l'occulte, on rend le manifeste et le latent complémentaires, on fait du superficiel le profond et inversement, on spiritualise la matière. On garde deux termes, donc une dualité, même si l'on introduit un jeu de renvois. « L'inférieur est comme le supérieur [1]. » « Puisqu'il n'est rien caché qui ne devienne manifeste, il faut que toutes choses deviennent manifestes, mais par l'homme qui découvre toutes choses [2]. » On procède comme dans un sablier, où l'homme doit intervenir, pour mettre le haut en bas et le bas en haut. Par exemple, l'initié européen cherche à convaincre qu'il faut changer le plomb en or tout autant qu'il essaie de convaincre que le plomb est le trésor, « l'or vrai », car c'est la base, l'origine. La matière première a autant de valeur que la matière précieuse. Il faut donc jouer entre plomb et or, passer du plomb à l'or autant que de l'or au plomb. Le charlatan ne veut que de l'or, pas l'alchimiste. En revanche l'ésotérisme oriental est une **mutation spontanée exotérique-ésotérique**, un retournement à l'intérieur du vide, où les choses se passent naturellement, comme dans le tourbillon. Qu'est-ce qui fait le tourbillon ? le vide au centre ! Le tourbillon est ce qu'il n'est pas. Les deux termes, ésotérisme-exotérisme, plein-vide ne s'opposent plus, l'unité l'emporte sur la dualité, la fusion sur la réunion. On n'a plus un face à face mais un unique Visage. L'ésotérisme asiatique dit que la respiration est le début et le terme de l'initiation, que la méditation est à la fois moyen et fin, parce que les contraires se réjouissent d'eux-mêmes. Les phrases suivantes, d'abord si énigmatiques, du coup, s'éclairent : « Un *yin*, un *yang*, voilà le *tao* [3] », « Il n'y a pas la moindre distinction entre *nirvâna* et *samsâra*, il n'y a pas la moindre distinction entre *samsâra* et *nirvâna* [4]. » Le *yin* va vers le *yang* qui à son tour se change en *yin*, et le *tao* est là, par un mouvement naturel. Les dictionnaires diront que le *samsâra*, « cycle des naissances et des morts, flux du devenir phénoménal », s'oppose au *nirvâna*, « extinction des désirs », alors que l'ésotériste oriental les identi-

---

1. Hermès Trismégiste, *La Table d'émeraude*, 2, Les Belles Lettres, 1994, p. 19.
2. *Prognostications* (1536), éd. G.C. Godefroy, 1981.
3. *Yi king*, ailes 5-6 : *Hi-ts'eu.*, I.5.1. *Yi king*, trad. de la version allemande de R. Wilhelm, Médicis, 1973, p. 335 : « Ce qui doit faire apparaître tantôt l'obscur et tantôt le lumineux est la Voie. »
4. Nâgârjuna, *Madhyamakâ-kârikâ*, xxv, 19, trad. partielle du sanskrit Lilian Silburn, *Le Bouddhisme*, Fayard, coll. « Le Trésor spirituel de l'humanité », 1970, p. 199.

fiera : le *nirvâna* est union avec la réalité, le *samsâra*, qui est vide, autrement dit l'extinction à réaliser est déjà réalisée puisque les choses sont par nature éteintes, sans être propre. L'ésotérisme occidental a besoin de dualiser, l'ésotériste non occidental a besoin d'unifier. Je prends un dernier exemple, les arts martiaux. L'Occidental verra toujours l'art martial comme un combat, comme l'affrontement de deux corps, cependant que le non-Occidental présentera la lutte comme une seule et même énergie, les deux corps créant un même mouvement. Qui a raison ? celui qui voit deux forces opposées ou celui qui voit une seule énergie ?

En ce qui concerne la discipline de l'arcane, la différence entre Occident et non-Occident renvoie à ce qui a été dit plus haut sur le livre ou la communication. En Occident, le secret gît surtout dans l'écriture, dans les rapports humains, dans un **traitement a posteriori de la connaissance** acquise. L'ésotériste occidental obtient une gnose, il la code ensuite, symboliquement, analogiquement, anagogiquement. Par exemple, l'alchimiste européen réussit sa transmutation, qu'il va décrire en termes hermétiques, à la fois pour endormir le profane et pour éveiller le saint. Hors Occident, le secret gît plutôt dans la parole, dans la relation entre l'humain et le divin (maître spirituel, esprit tutélaire, Dieu...). Il réside dans la **nature a priori de la connaissance** à acquérir. La gnose de l'ésotériste oriental est codée en soi, dès l'origine. Pourquoi ? parce que le secret est souvent une formule, or la façon de prononcer la formule ne peut s'écrire ni même se coder, on ne la communique que de maître à disciple, de bouche à oreille, discrètement, par un « murmure ». Le secret de la prononciation ne vient pas d'un système humain, mais de l'ordre cosmique, des vibrations du monde. Ou bien, le secret est une réalisation initiatique, une expérience spirituelle, un va-et-vient entre l'humain et le divin. Là encore, c'est incommunicable par nature, il n'y a pas à coder puisque c'est déjà indicible, inconcevable. Le rapport entre disciple et maître comme le rapport entre humain et divin, qui se confondent souvent, est une bénédiction, un influx, un souffle, pas une instruction.

— [Mystère en soi de la relation disciple/maître] L'aspect **secret ou caché** de notre engagement est l'expérience que nous développons à travers la pratique tantrique, par les techniques du Vajrayâna [...]. [Après la prise de refuge dans la Loi bouddhique], le second élément déterminant dans la pratique du Vajrayâna est la **bénédiction** et l'influence spirituelle [*wang >dbang*] que nous recevons de notre maître. La fonction particulière du lama [maître spirituel] est d'assurer pour nous la jonction avec la transmission vivante des grâces et expériences parvenues jusqu'à nous à travers une lignée ininterrompue.

Kalou Rinpoche, *Instructions fondamentales. Introduction au bouddhisme vajrayâna*, trad. de l'anglais Françoise Bonardel, Albin Michel, coll. « Spiritualités vivantes », n° 80, 1990, p. 17, 69.

— [Mystère en soi de la relation humain/divin] Que celui qui a accès à ce livre **se garde bien d'en divulguer** le contenu à qui n'en est pas digne, ou d'en faire état là où cela ne convient pas ! Car, quoi qu'il fasse alors, Dieu le privera des avantages et de la **bénédiction** (*baraka*) qu'il pourrait en tirer. [...] Ceci n'est pas une science se trouvant dans les livres, mais provient du rapport intime entre le serviteur et son Seigneur [Allâh].

    al-Bûnî († 1225), *Shams al-Ma'ârif*, p. 3, 59, trad. partielle de l'arabe P. Lory, « La magie des lettres dans le *Shams al-Ma'ârif* d'al-Bûni », *Bulletin d'Études Orientales de l'Institut Français de Damas*, t. 39-40, 1987-1988, Damas, 1989, p. 105, 106.

Les Kabbalistes [1] soutenaient que l'Orient correspond à la *sefirah* IX (Yesôd, Fondement, en correspondance avec le sexe), et l'Occident à la *sefirah* X (Malkhût, Royaume, en correspondance avec les pieds). Ainsi l'Orient s'attache au thème de la génération, l'Occident au thème de la conquête. L'Orient est moniste, l'Occident dualiste (avec ses deux pieds).

ÉSOTÉRISMES OCCIDENTAL ET NON OCCIDENTAL : TYPOLOGIES, CRITÈRES

Parmi les sociétés, toutes *ont* de l'ésotérisme, mais peu *sont* ésotériques. Certaines seulement reposent sur des bases ésotériques, sciemment, fermement. Dans ce cas, elles mettent au centre de l'éducation un système d'initiation. Elles confient le pouvoir à l'autorité de sages. Elles répartissent l'espace et le temps en fonction d'un symbolisme occulte, d'un calendrier rituel, d'une rose des vents. On se réveille face à l'Est, face au Soleil levant, et non pas face à un mur ! Ce n'est pas du tout pareil. Ces sociétés confient la médecine à des hommes-médecine. Le village reflète la voûte céleste. Le maître de pêche est le chamane. La répartition des tâches répète un mythe fondateur. Les décisions collectives sont prises après consultation des devins. Le chasseur ne part qu'accompagné d'un voyant et d'un conteur. Ces cultures ou ces civilisations ésotériques paraissent très tôt dans l'histoire, et sur tous les points de la planète. La COMMUNAUTÉ ÉSOTÉRIQUE peut prendre la forme d'un clan, d'une ethnie, d'un village, d'un État ou autre. En Occident, le cas typique est la société celte, dirigée par les druides, ou la Rome des origines. En dehors de l'Occident, les cas ne manquent pas. Le Tibet (quand il ne subit pas le colonialisme chinois) a pour dirigeants un Dalaï-lama résidant à Lhasa et un Panchen-lama résidant à Shigatse (>gZhis.ka.rtse), ces deux lamas sont des initiés, en principe. L'Inde a une organisation plus religieuse qu'ésotérique, avec son système des castes. Les Dogons, ethnie du Mali, forment encore aujourd'hui leur société autour d'un mythe de création occulte et d'une société des masques initiatique. Les Qarmates, Ismâ'îliens, ont créé un État au Xe siècle. La grande majorité des sociétés amérindiennes a pour personnage central le chamane. Tiahuanaco, en Bolivie, semble avoir fonctionné comme un centre de cérémonies ésotériques.

Une société peut avoir une structure ésotérique sans que ses membres

---

1. G. Scholem, *La Mystique juive* (1962), trad. de l'allemand, Cerf, 1985, p. 210.

s'en rendent compte. La plupart du temps, les raisons profondes échappent au gros de la population. Pour s'en convaincre, il suffit de demander aux gens à quoi correspondent les diverses épreuves, tortures, mutilations ou déformations des rites initiatoires, excision, subincision, labret, déformation frontale, coups de fouet, etc. Aucune réponse ne vient, ou alors des stéréotypes, des absurdités. L'or est là, mais les orpailleurs ne le voient pas. Il est vrai que les anthropologues eux-mêmes sont déconcertés et en désaccord !

Les textes ésotériques non occidentaux ont-ils des caractéristiques propres ? Cherchons quelques invariants.

Ils sont en général plus imagés, moins conceptuels que les textes ésotériques occidentaux. Ils restent pour autant métaphysiques. Mais ils prennent volontiers la forme d'une parabole, d'un conte, ils aiment la métaphore, la comparaison, plutôt que la théorie ou la morale. *Le symbole joue en Orient le rôle que joue l'idée en Occident* : il ouvre des perspectives, il dirige vers le haut, il relie. Les correspondances et analogies se font en Orient par choc d'images plutôt que par chaînes d'idées. Parlant du Ciel, le Chrétien occidental avance l'idée -évocatrice- de *métanoia*, de transformation, tandis que le Chrétien oriental propose le symbole de la perle. Il faut remarquer qu'au moment où l'essentiel va être dit, où il faudra parler du Royaume des Cieux, Jésus choisit explicitement, sans jamais faillir, la comparaison au lieu du concept. Le mystère n'est pas donné *en clair*, mais il est donné *en chair*. Il s'annonce par des analogies, des parallélismes qui renvoient à la nature, à des expériences quotidiennes, au corps.

En ce jour-là, Jésus sortit de la maison et s'assit au bord de la mer. Et des foules nombreuses s'assemblèrent auprès de lui, si bien qu'il monta dans une barque et s'y assit ; et toute la foule se tenait sur le rivage. Et il leur parla de beaucoup de choses en paraboles. [...]
– Entende, qui a des oreilles ! [...] Je leur parle en paraboles : parce qu'ils voient sans voir et entendent sans entendre ni comprendre. [...] Le Royaume des Cieux est semblable à un grain de sénevé... Le Royaume des Cieux est semblable à du levain qu'une femme a pris et enfoui dans trois mesures de farine... Le Royaume des Cieux est semblable à un trésor qui était caché dans un champ et qu'un homme vient à trouver : il le recache, s'en va ravi de joie vendre tout ce qu'il possède, et achète ce champ. Le Royaume des Cieux est encore semblable à un négociant en quête de perles fines : en a-t-il trouvé une de grand prix, il s'en va vendre tout ce qu'il possède et achète cette perle. Le Royaume des Cieux est encore semblable à un filet qu'on jette en mer et qui ramène toutes sortes de choses. Quand il est plein, les pêcheurs le tirent sur le rivage, puis ils s'asseyent, recueillent dans des paniers ce qu'il y a de bon, et rejettent ce qui ne vaut rien. Ainsi en sera-t-il à la fin du monde.

Matthieu, XIII, 1-49, trad. École Biblique de Jérusalem (1955).

Les textes ésotériques non occidentaux aiment aussi beaucoup les paradoxes, les renversements. Le non-Occidental provoque, d'esprit à esprit, alors que l'Occidental convainc, au nom d'une même raison, universelle, éternelle, nécessaire. Quand l'Occidental persuade avec des liaisons intellectuelles, des raisonnements par analogie inverse, le non-Occidental entraîne avec des ruptures spirituelles, des provocations. L'un part à la chasse avec le fusil, l'autre utilise un trou où l'animal viendra se piéger. L'Européen argumente, plie l'esprit, tandis que l'Oriental foudroie le corps dans l'étonnement, il propulse l'âme dans un autre univers mental, il accouche l'esprit. Le renversement rétablit, il accomplit l'analogie inverse, qui est le secret de la pensée ésotérique. Le haut devient le bas et le bas devient le haut. Ainsi se réalise le cycle, ainsi s'accomplit la plénitude. La mort devient vie, la vie mort. La pensée cyclique du non-Occidental s'exprime mieux dans les paroxysmes. De même qu'il s'attache à voir le terme de la nuit comme le début du jour (cycle), il se plaît, dans ses paroles, à faire de la nuit le meilleur du jour (paradoxe). Ainsi passent les idées ésotériques. Tous les ésotéristes pensent par analogie inverse, mais l'Occidental préfère une symétrie, équilibrée, toute d'esprit, du genre « tout ce qui est en haut est comme ce qui est en bas », « conduire l'esprit qui est dans l'homme vers l'esprit qui est dans l'univers » (R. Steiner), tandis qu'un non-Occidental préférera un renversement, un déséquilibre, un vertige du genre « le Tao qu'on saurait exprimer n'est pas le Tao », « Aimez vos ennemis ». On s'étonne, on ne saisit pas. Du moins on est saisi ! Jésus commence sa vie publique par un paradoxe : « Heureux les pauvres en esprit » (Matthieu, v, 3), et un renversement : « Vous avez appris qu'il a été dit : "Œil pour œil et dent pour dent". Eh bien ! moi je vous dis de ne pas tenir tête au méchant » (Matthieu, v, 38-39). La parabole de l'intendant malhonnête repose aussi sur un paradoxe. Un gérant, bien qu'infidèle à son maître, se voit félicité. Voilà qui étonne. L'esprit se met en route, l'ésotérisme commence. « Qui a des oreilles entende. » Jésus oppose (comme feront les Gnostiques) « Fils de la lumière » et « Fils des ténèbres », après avoir opéré une analogie inverse où il souhaite aux Fils de la lumière l'habileté des Fils des ténèbres.

Il était un homme riche qui avait un intendant, et celui-ci lui fut dénoncé comme dilapidant ses biens. Il le fit venir et lui dit :
– Qu'est-ce que j'entends dire de toi ? Rends compte de ta gestion, car tu ne peux plus gérer mes biens désormais.
L'intendant se dit alors en lui-même :
– Que vais-je faire, puisque mon maître me retire la gérance ? Piocher ? je n'en ai pas la force ; mendier ? j'aurais honte... Ah ! je sais ce que je vais faire, pour qu'une fois relevé de ma gérance, il y en ait qui me reçoivent chez eux.
Il fit alors venir un à un les débiteurs de son maître et dit au premier :
– Combien dois-tu à mon maître ?
– Cent mesures d'huile, lui répondit-il.

L'intendant lui dit :
— Prends ton billet, assieds-toi et écris vite cinquante.
Puis il dit à un autre :
— Et toi, combien dois-tu ?
— Cent mesures de blé, répondit-il.
L'intendant lui dit :
— Prends ton billet, et écris quatre-vingts.
Et le maître loua cet intendant malhonnête d'avoir agi de façon avisée. Car les enfants de ce monde-ci sont plus avisés avec leurs semblables que les enfants de lumière.

Luc, XVI, 1-8.

Le texte ésotérique non occidental a encore cette particularité de renvoyer au-delà du livre à une intervention (alors que le texte occidental vise la réflexion). Il débouche sur un geste, une parole, il désigne le ciel, la terre, il assigne le lecteur et le public, il suppose un objet, un événement, une action. Un livre ésotérique occidental doit s'ouvrir, se rouvrir, cependant qu'un livre ésotérique non occidental doit se fermer. Il faut porter les yeux ailleurs. Le livre occidental est souvent un monde clos qui enferme, comme un microcosme, les correspondances du monde ; le livre non occidental se place plutôt dans le macrocosme, comme un objet qui va aider à trouver les êtres en correspondance, dehors. L'un est introverti, l'autre extraverti. Le texte non occidental, souvent, doit être, non pas lu par un acte intellectuel, mais dit ou peint, connu dans un acte physique, comme la respiration du yogi, la posture du zéniste. On en fait un talisman, un phylactère. On s'en sert en vue de la divination. Si l'on reste à l'exemple de Jésus, on voit, en lisant les Évangiles, que, pour parler, il marche, il mange, il apostrophe. Chose remarquable, le texte clef sur lequel repose la croyance en un ésotérisme chez Jésus (« Ne jetez pas vos perles devant les porcs ») est justement dans ce ton : il cite des objets (perles, porcs), il emploie le style oral (« ne jetez pas »), il parle de gestes symboliques (Jésus gravit la montagne), il fait intervenir les autres (« ils pourraient bien vous piétiner »). L'ésotérisme, hors l'Occident, fait jouer davantage le corps et la nature. Les mots s'accrochent aux choses comme une robe aux buissons. D'où la magie. La parole adhère à l'être. Jésus offre des paroles magiques : « demandez et l'on vous donnera », et toujours il cite des objets, des choses, des parties du corps.

Voyant les foules, il [Jésus] gravit la montagne. Il s'assit, et ses disciples vinrent auprès de lui. Et prenant la parole, il les enseignait en disant :
— [...] Vous êtes le sel de la terre. [...] On n'allume pas une lampe pour la mettre sous le boisseau [...]. Amassez-vous des trésors dans le ciel : là point de mite ni de ver qui consume, point de voleurs qui perforent et cambriolent. [...] La lampe du corps, c'est l'œil. [...] Voyez les oiseaux du ciel [...]. Observez les lis des champs, comme ils poussent [...]. Qu'as-tu à regarder la paille qui est dans l'œil de ton frère ? Et la poutre qui est dans ton œil à toi, tu ne la remarques pas ? [...] Ne donnez pas aux chiens ce qui est sacré, ne jetez pas vos perles devant les

porcs : ils pourraient bien les piétiner, puis se retourner contre vous pour vous déchirer. Demandez et l'on vous donnera ; cherchez et vous trouverez ; frappez et l'on vous ouvrira. [...] Entrez par la porte étroite. [...] Tout arbre bon donne de bons fruits, tandis que l'arbre mauvais donne de mauvais fruits.
Matthieu, V-VII.

La fonction du livre ésotérique non occidental consiste moins à donner une connaissance (comme en Occident) qu'à casser un mur, celui de la parole, celui du psychisme, celui des usages, pour qu'une brèche laisse venir d'en haut l'esprit et laisse monter d'en bas l'esprit. Bien entendu, il faudrait nuancer l'opposition. On trouve des livres ésotériques occidentaux fondés sur l'image (Paracelse) ou sur le paradoxe (W. Blake) comme on trouve des livres ésotériques non occidentaux fondés sur les arguments (ibn 'Arabî) ou la connaissance (Shankara). Mais, généralement, il me semble qu'en Occident l'ésotériste écrit un livre de révélation et hors d'Occident un livre de convocation. Le premier, l'Occidental, appelle à l'ésotérisme en exposant des vérités, en dévoilant des mystères, il compte éblouir par ce qu'il exhibe ; le second, l'Oriental, l'Asiatique, invoque les esprits célestes et provoque les esprits humains, il compte que la réaction va entraîner l'adhésion, que par lui-même l'homme va demander la voie.

Le Tao que tout le monde apprécie est dans les livres. Le livre n'est composé que de mots. Ce qu'il y a de précieux dans le livre, c'est l'idée. Mais l'idée relève de quelque chose qui est ineffable. Le monde apprécie les mots et les transmet par les livres. Bien que tout le monde estime les livres, je les trouve indignes d'estime, car ce qu'on y estime ne me paraît pas estimable. De même que ce qui peut être vu ce sont les formes et les couleurs, ce qui peut être entendu ce sont les noms et les phonèmes. Hélas ! tout le monde considère que les formes et les couleurs, les noms et les phonèmes représentent la réalité des choses, et cela n'est pas vrai. C'est en ce sens que « qui sait ne parle pas, qui parle ne sait pas » [Lao-tseu, *Tao-tö king*, LVI]. Mais comment le monde s'en rendrait-il compte ?
Tchouang-tseu, XIII, trad. du chinois, Liou Kia-hway, apud *Philosophes taoïstes*, Gallimard, « Bibliothèque de la Pléiade », 1980, p. 184-185. © Gallimard, Paris.

OCCIDENT ET NON-OCCIDENT : ORIGINES, CONTACTS, ÉTUDES

De nombreux ésotéristes occidentaux sont asiatiques d'ORIGINE.
Dans l'école du chamanisme grec (600-480 av. J.-C.), Aristéas vient de Proconnèse, sur la mer Noire, Abaris vient de Scythie, Hermotime est né à Clazomènes, en Asie Mineure. La liste des Sept Sages comprend parfois « le Scythe Anacharsis » (Diogène Laërce, *Vie des philosophes illustres*, I), lequel est célèbre pour avoir voulu introduire en Scythie le culte de Déméter, la déesse grecque des Mystères. Hérodote (446 av. J.-C.) vient d'Halicarnasse, en Carie, au Sud-Ouest de l'Asie Mineure. Dans l'école pythagoricienne et néo-pythagoricienne, Jamblique, lui-même syrien, prend soin de noter l'origine géographique des membres ; il écrit : « De Cyzique : Pythodôre, Hipposthênês, Bouthêros, Xénophile.

[...] Du royaume du Pont : Lyramnos » (*Vie de Pythagore*, 267) ; Porphyre vient de Syrie. Proclos, grand platonicien, grand ésotériste, est né à Xanthos, en Lycie. Le fameux mage néo-pythagoricien Apollonios vient de Tyane, en plein pays louwite, et il se donne comme l'incarnation du roi égyptien Protée[1]. Les auteurs du *Corpus Hermeticum* sont des Grecs égyptianisés. Bôlos de Mendès, le fondateur de l'alchimie occidentale, est de Mendès, en Égypte. Claude Ptolémée, le plus célèbre astrologue de l'Antiquité, est un Égyptien.

À Rome, Apulée est demi-Gétule demi-Numide. Les Étrusques, très versés dans l'ésotérisme, viennent certainement de Lydie, en Asie Mineure (Hérodote, *Histoires*, I, 94).

Dans les temps modernes, les ésotéristes occidentaux d'origine non occidentale se font plus rares. On trouve plutôt le cas d'ésotéristes orientaux, asiatiques établis en Europe et faisant de l'ésotérisme à l'européenne : Gurdjieff (arménien), Krisnamurti (indien), entre autres.

Les CONTACTS entre ésotérismes relèvent fréquemment du mythe. Le sujet prête à rêverie. Quoi de plus fascinant que d'imaginer les Rois Mages venant saluer Jésus ? Comment résister à l'idée que les Templiers ont discuté avec les « Assassins » (>*Hâshîshiyyûn*) ? On dit qu'Apollonios de Tyane est allé s'instruire auprès des brâhmanes et des yogis. La *Fama Fraternitatis* soutient que Christian Rose-Croix envisagea un voyage en Terre sainte à treize ans, qu'il partit à Damas, à Damcar, en Égypte, à Fez. Il ne faut pas voir là des vantardises ou des élucubrations, mais plutôt l'affirmation de concordances. Rosicruciens et Soufis sont cousins ! L'ésotériste ne tient pas plus qu'un autre à mentir, il s'efforce de suggérer, sur le mode dramatique, la confluence entre deux ou plusieurs ésotérismes. Les Pythagoriciens ont-ils vraiment cru que leur maître avait pu à la fois être initié en Égypte, à Babylone... et en Hyperborée ? Ils savaient où commençait le symbole, où finissait le fait. Pythagore à Babylone, c'est plutôt Babylone en Grèce. La Grèce, comme Babylone, connaissait la divination.

L'Occident compte trois périodes importantes quant à l'introduction sur son territoire et dans sa société d'ésotérismes venus d'ailleurs.

• LA PREMIÈRE PÉRIODE ORIENTALISANTE commence en Occident vers 1050 av. J.-C.[2], quand les Grecs constituent la « Grèce d'Asie » et entrent en contact avec les cultes d'Asie Mineure (d'Anatolie). Elle dure jusqu'en 391 ap. J.-C., date à laquelle Théodose Ier interdit les Mystères. Quinze siècles ! Cette immense période voit — pour parler grossièrement — le

---

1. Philostrate, *Vie d'Apollonius de Tyane*, I, 4.
2. Athénée, *Les Deipnosophistes*, VIII, 62. Pausanias, *Description de la Grèce*, VII, 2 ; VIII, 2, 6-9. Strabon, *Géographie*, XIII, 3, 2 ; XIV, 1, 21. A.-J. Festugière, *La Religion des Grecs*, apud M. Gorce et R. Mortier, *Histoire des religions*, Quillet, t. 2, 1944, p. 25-289.

succès de Mystères [1] (ou de cultes) anatoliens, égyptiens, syro-phéniciens, iraniens en Grèce et à Rome. Dionysos est à la fois européen, par son origine thrace, et asiatique, par son origine phrygienne. Les Mystères de Dionysos, de Cybèle, d'Isis, de Mithra, d'Adonis... fleurissent en Occident. La majorité de ces Mystères relève de l'extatisme. La chose mérite réflexion. L'Occident se méfie de la transe, de la possession. Il accepte mieux la religiosité extatique lorsqu'elle se présente comme étrangère. La « folie », c'est les autres ! L'Orient met au premier plan les danses impétueuses, les chants, les explosions du corps, qui restent l'exception dans l'ésotérisme occidental (sauf pour le Dionysisme, phrygien, du moins en partie).

Lucrèce, le romain, le matérialiste, s'étonne de la musique des cultes orientaux, toute en folie.

Les tambourins tendus tonnent sous le soc des paumes, les cymbales concaves bruissent autour de la statue [de Cybèle], les trompettes profèrent la menace de leur chant rauque et le rythme phrygien de la flûte jette le délire dans les cœurs.

Lucrèce, *De la Nature* (55 av. J.-C.), II, 618 *sqq.*, trad. du latin A. Ernout, Les Belles Lettres, coll. « Budé », t. 1, 1948.

D'autres, comme Tibulle, sont fascinés par les gestes, brandissement de la hache, flagellations, taillades, tournoiements, danses frénétiques.

Une fois mise en branle par l'action de Bellone, ni le mordant du feu, ni les coups ne font peur à cette femme égarée. De ses propres mains, elle meurtrit ses bras à la hache, et son sang répandu arrose la déesse sans qu'elle en souffre.

Tibulle, *Élégies* (25 av. J.-C.), I, 6, trad. du latin M. Ponchont, Les Belles Lettres, coll. « Budé », 1931.

Les Mystères orientaux ne s'imposent pas, déjà constitués, sur une terre qui ne sait rien de cette forme d'initiation. Ces Mystères, dans leur terre natale, étaient moins élaborés, ce n'étaient que des cultes, devenus pleinement Mystères en Occident. Il n'y a pas importation en Europe d'un ésotérisme moyen-oriental, mais *mutation* en Mystères européens de cultes moyen-orientaux. Le génie occidental de type prométhéen joue toujours. Il transforme, il ne transplante pas. Entre le culte d'Isis en Égypte et les Mystères d'Isis à Rome la métamorphose joue. La fameuse querelle sur l'origine occidentale ou orientale de l'ésotérisme tombe. L'Occident peut inventer de l'ésotérisme oriental !

• LA DEUXIÈME PÉRIODE ORIENTALISANTE se déroule au Moyen Âge, aux XIIe et XIIIe siècles. L'Europe est alors chrétienne, toute chrétienne, rien que chrétienne. Ou presque. D'une part, des Juifs, installés soit côté français, en Provence et en Languedoc, soit côté espagnol, en Catalogne et en

---

1. Sur les Mystères, voir *infra*, p. 307 (« L'ésotérisme civilisateur : caractéristiques »).

Castille, créent la Kabbale au sens strict du terme [1]. De 1150 à 1492, ils ne répandent pas un ésotérisme, mais en constituent un. On obtient des livres comme *Le Livre de la clarté. Sefer ha-Bahir* ou *Le Livre de la splendeur. Sefer ha-Zohar*. Des penseurs tels que Isaac l'Aveugle ou Abraham Abû l-'Afiya (>Aboulafia) naissent. Une même créativité s'observe chez des Musulmans vivant en Andalousie. Le Soufisme, paru en pays arabe (dès al-Hasan al-Basrî, † 730), atteint des sommets avec Ibn 'Arabî de Murcie († 1240). Le philosophe ibn Sa'bîn († 1269), de Murcie lui aussi, se rattache explicitement à l'Hermétisme. Il entra en correspondance avec Frédéric II Hohenstaufen [2]. Dans la période précédente, gréco-romaine, l'ésotérisme venait d'Orient, porté plus ou moins par des gens d'Europe aussi bien que d'Orient, marchands, soldats, esclaves, pirates ; cette fois, l'ésotérisme est fait par des Orientaux déjà installés en Europe et il ne s'adresse qu'à des Orientaux. Dans les deux cas, cependant, il y a innovation, mutation, transmutation intellectuelle. Les cultes orientaux antiques deviennent Mystères en touchant le sol grec ou romain, comme la religion juive devient Kabbale en prenant racine sur la terre espagnole. (En revanche, l'Islâm d'Espagne amplifie des ésotérismes, sans les créer.)

- **LA TROISIÈME PÉRIODE ORIENTALISANTE** est récente. Elle a sans doute son origine dans l'action de Vivekânanda, disciple de Râmakrishna, au *World's Parliament of Religions*, en septembre 1893, à Chicago. Il fit alors connaître aux Occidentaux l'Hindouisme et le yoga tels que vécus. Les Occidentaux ont été émus, touchés. Et pour émouvoir un congrès de savants occidentaux, il faut de l'âme !

Je vous remercie au nom du plus ancien ordre monastique au monde [les *âshram*], je vous remercie au nom de la mère des religions [l'Hindouisme], et je vous remercie au nom de millions et de millions d'Hindous de toutes classes et de toutes sectes. [...]
La meilleure preuve qu'un sage hindou donne de l'âme, de Dieu, c'est : « J'ai vu l'âme, j'ai vu Dieu. » [...] Toute la religion hindoue a pour centre la réalisation. L'homme doit devenir divin en réalisant le divin, de sorte que les idoles, les temples, les églises, les livres ne valent que comme des supports, des aides à son immaturité spirituelle, car l'homme doit sans cesse évoluer (*but on and on man must progress*). [...]
Le Chrétien ne doit pas devenir Hindou ou Bouddhiste, pas plus que l'Hindou ou le Bouddhiste ne doit devenir Chrétien. Chaque religion doit assimiler les autres et cependant préserver sa propre spécificité et croître en fonction de sa propre loi de croissance.
Vivekânanda, *Speeches and Writings*, G.A. Natesan, Madras, 7ᵉ éd. 1927, p. 52, 62, 65, 71 : *Hinduism as a Religion. Lecture before the Parliament of Religions held at Chicago in 1893*, trad. partielle P.A. Riffard.

---

1. Sur la Kabbale naissant en Espagne et en France, voir *infra*, p. 997 (« La Kabbale »)
2. Ibn Sab'în, *Discours sur les questions siciliennes. al-Masâ'il al-siqîlîya : Correspondance philosophique avec l'empereur Frédéric II de Hohenstaufen*, introduction H. Corbin, édition Sh. Yaltkaya, 1943. Frédéric II était roi de Sicile (1270).

Dans ce contact Occident-Orient, de nombreux autres phénomènes entrent en jeu, comme la diffusion de la Méditation transcendantale de Mahêsh Yogî en 1957, les livres de A. W. Watts sur le Zen à partir de 1932. L'introduction en Europe et aux États-Unis. de mouvements ésotériques prend vraiment forme dans les années 1960. Des Hindous enseignent le yoga, des Chinois répandent l'ésotérisme du Tao et de l'acupuncture, des maîtres en arts martiaux montrent un ju-dô et un aïkidô authentiques, c'est-à-dire spirituels. En 1967, le maître japonais T. Deshimaru arrive en France pour enseigner le Zen de l'école Sôtô. En 1971, des lamas tibétains s'installent en France [1]. Ces ésotérismes asiatiques servent aux Européens pour un mieux vivre. Le but n'est pas véritablement l'initiation, longue et rude, mais plutôt une amélioration de l'existence quotidienne, une ambiance mentale qui va plus loin que la religion, plus haut que la spiritualité. On fait du végétarisme une diététique, du yoga une gymnastique douce. Qu'on ne s'y trompe pas. Tout ce qui brille n'est pas d'or. Le Zen installé en France est le Zen Sôtô, le plus facile, le Lamaïsme installé en France est le Bouddhisme monastique, pas le yoga tibétain. Depuis 1962, certains lamas se réincarnent en Occident ou même chez des Occidentaux [2]. En 1985 naquit un Espagnol, Osel Hita Torres, qui fut reconnu comme le grand lama du Bouddhisme mongol ! Peut-on imaginer plus étonnante rencontre entre l'ésotérisme asiatique et l'Occident ?

En dehors de ces ésotérismes, d'autres ont pénétré d'Asie en Europe : l'ésotérisme étrusque venu de Lydie en Italie (vers 850 av. J.-C.), le chamanisme scythe (vers 500 av. J.-C., avec Abaris), l'astrologie mésopotamienne (vers 330 av. J.-C. avec les *Chaldaei*), le Gnosticisme syriaque ou égyptien (dès 125, avec Basilide), l'alchimie arabe (en 1135), le Manichéisme sans doute (par les Pauliciens, les Bogomiles, les Cathares), le Soufisme (peut-être par Dante), l'Hindouisme des initiés (par Court de Gébelin, Fabre d'Olivet, Helena Petrovna Blavatsky), etc.

Chose tragique et comique, à la fois : la présence des Tsiganes. Les Tsiganes, qui s'appellent Rom, sont venus du nord-ouest de l'Inde en Europe vers la fin du XIIIe siècle. N'est-il pas extraordinaire que ce peuple soit toujours considéré comme un peuple de l'occultisme ? Parler de Tsiganes, c'est parler de fêtes, de musiques, mais aussi de diseuses de bonne aventure. Les Tsiganes représentent le retour des *Ârya*, et Hitler voulait les exterminer comme non-Âryens !

Inversement, certains ésotérismes occidentaux ont essayé de s'implanter en Inde. Ce fut le cas du Théosophisme, avec Helena Petrovna Blavatsky et Annie Besant. Faisant un syncrétisme entre ésotérismes européens

---

1. *Guide du Tibet en France et en Europe*, Claire Lumière, 13760 Saint-Cannat, 1993, p. 6-29. Fanny Cornuault, *La France des sectes*, Tchou, 1978, p. 218 *sqq*.
2. Vicki Machensie, *Reborn in West*, Bloomsbury, Londres, 1995.

et ésotérismes indiens, ce mouvement édifia sa base à Adyar, près de Madras, en 1879, avec un succès qui dure encore. Il influença Gandhi.

L'ésotérisme n'échappe pas à la mode. L'Occident s'est passionné pour tel ou tel ésotérisme, passant de l'un à l'autre, selon les caprices des artistes ou des journalistes. Dans les années 1960, on assiste à la mode de l'ésotérisme indien, on se doit de connaître un gourou, d'aller dans un *âshram*, de circuler dans l'Himâlaya, on cherche son *karma*, on s'enchante de Krishna. En 1974, arrive l'engouement pour les guérisseurs philippins, des avions déversent à Manille malades et croyants, comme à Lourdes. Dix ans plus tard, les chamanes amérindiens intriguent les foules, des obscurs rebouteux français se disent « chamanes », des centaines d'Américains estiment que les cinq gouttes de sang sioux qui coulent dans leurs veines remplacent largement la traversée extatique de cinq cieux. Dans les années 1990, il faut compter avec les lamas tibétains, le Dalaï-lama passe sur les ondes matin et soir, tout département français s'honore d'une lamaserie. Les marabouts noirs se pressent pour occuper le devant de la scène. Ce phénomène de mode n'est pas forcément mauvais, il entraîne quelques études.

Passons justement des contacts aux ÉTUDES.

L'Occidental n'a étudié les ésotérismes non occidentaux que de façon dispersée, au gré des conquêtes militaires ou coloniales, au hasard des missions scientifiques, selon le caprice de tel ou tel orientaliste.

Il serait fastidieux de faire la liste des découvertes ésotérologiques. Quelques-unes sont capitales, parce qu'elles ont influencé des ésotérismes occidentaux ou parce qu'elles ont ouvert de nouveaux horizons à l'ésotérologie. Xanthos, le premier, parle des Mages (les ésotéristes d'Iran), vers 490 av. J.-C., et Mégasthène, le premier, des Gymnosophistes (les ésotéristes d'Inde), vers 290 av. J.-C. Hérodote, vers 420 av. J.-C., traite avec panache de l'ésotérisme des Égyptiens, des Mèdes, des Perses, des Phrygiens, des Chaldéens. On trouve chez Bérose des données sur l'ésotérisme des Chaldéens, en 279 av. J.-C. Philon de Byblos (reproduit par Eusèbe de Césarée) révèle l'ésotérisme des Phéniciens, au IIe siècle. Les Jésuites, à partir de 1650, apprennent aux Européens les doctrines et les rites secrets des Chinois. L'année 1731 — date de la traduction en latin, par A. Anquetil-Duperron, de l'*Avesta* — ouvre l'accès au Magianisme, au Mazdéisme, au Zoroastrisme, par les textes. En 1775, les *Veda* sont traduits en anglais : l'approche de l'Hindouisme peut vraiment commencer. *Les Souvenirs d'un voyageur dans la Tartarie, le Tibet et la Chine pendant les années 1844, 1845 et 1846*, de Régis Huc, un Lazariste, associent pour toujours Tibet et mystères religieux. Quand E. Burnouf, en 1850, traduit du sanskrit *Le Lotus de la bonne loi. Saddharmapundarîka*, il donne droit d'entrée aussi bien à la religion bouddhique qu'à l'ésotérisme bouddhique. K. Rasmussen a beaucoup fait pour que l'on découvre la richesse de l'ésotérisme eskimo (*Intellectual Culture of the Iglulik Eskimos*, 1929-1932). Par divers témoignages, on savait que les Indiens d'Amérique du Nord pratiquaient le chamanisme, la quête de vision, mais il fallut attendre la confession de Wapiti Noir, un chamane sioux oglala, pour que l'idée d'un ésotérisme amérindien s'impose définitivement (J. G. Neihardt, *Élan Noir parle*, 1932, trad. par J.-C. Muller, Le Mail, 1987). L'Occident ne prend connaissance d'un ésotérisme négro-africain qu'après la publication par Marcel Griaule de ses travaux sur les Dogons : *Masques dogons* (1938), *Dieu d'eau* (1948). Grâce à Henry Corbin, l'Islâm shî'ite ésotérique s'ouvre aux Occidentaux... et même à l'immense majorité des Musulmans, à partir de 1956. On attend le même type de travail, à partir des textes espagnols ou des monuments, sur les Précolombiens. Qui sera le Corbin des Mayas, le Griaule des Incas ?

OCCIDENTAL ET NON OCCIDENTAL : RAPPORTS

Les rapports entre Occident et non-Occident sont conçus par les ésotéristes de deux façons inconciliables, unioniste ou séparatiste.

Le camp des unionistes tend à affirmer la supériorité de l'Orient sur l'Occident et donc à prôner l'adhésion de l'Occidental aux croyances et aux pratiques de l'Oriental. La valeur mise en avant est celle de tradition, d'une connaissance pérenne du « terme supérieur » (l'Absolu) détenue par une élite. Selon cette doctrine, « l'état d'esprit moderne », qui vit sous « le règne de la quantité », a une origine purement occidentale, il constitue « une anomalie et même une sorte de monstruosité » (R. Guénon, *Le Règne de la quantité et les Signes des temps*, Gallimard, coll. « Idées », 1970, p. 8). Conséquent avec lui-même, Guénon, né français et baptisé, s'est converti à l'Islâm en 1912 et s'en fut vivre en Égypte ! Il disait dans un impeccable français : « Nous sommes, quant à nous, purement oriental » (*Comptes rendus*, Éditions Traditionnelles, 1982, p. 136).

Dans un rapprochement avec l'Orient, l'Occident a tout à gagner ; si l'Orient y a aussi son intérêt, ce n'est point un intérêt de même ordre, ni d'une importance comparable, et cela ne suffirait pas à justifier la moindre concession sur les choses essentielles. [...] L'Orient véritable, le seul qui mérite vraiment ce nom, est et sera toujours l'Orient traditionnel, quand bien même ses représentants en seraient réduits à n'être plus qu'une minorité, ce qui, encore aujourd'hui, est loin d'être le cas.

R. Guénon, *Orient et Occident*, Payot, 1924.

J. Evola reprend les conceptions de Guénon.

L'antithèse réelle n'est pas entre l'Orient et l'Occident, mais entre la civilisation traditionnelle et la civilisation moderne [...].
Nous pouvons appeler « traditionnel » un type de civilisation qui a été réalisé — même si c'est sous des formes diverses et plus ou moins complètement — tant en Orient qu'en Occident.

Une civilisation « traditionnelle », toutes les civilisations traditionnelles, participent de la métaphysique. Elles sont caractérisées par la reconnaissance d'un ordre supérieur à tout ce qui est humain et temporel ; par la présence et l'autorité exercée par les élites qui tirent leur origine du plan transcendant dont les principes et les valeurs ont besoin pour atteindre à un niveau supérieur de connaissances aussi bien que pour susciter une organisation sociale fondée sur la reconnaissance des principes hiérarchiques et pour conférer à la vie une signification réellement profonde. En Occident, le Moyen Âge offrait un tel exemple d'une civilisation traditionnelle ainsi entendue. L'opposé réel de la civilisation traditionnelle est la civilisation moderne, qu'elle soit d'Occident ou d'Orient. Elle est caractérisée par la négation systématique de tout ce qui est supérieur à l'homme — qu'il soit considéré en tant qu'individu ou que communauté — et par l'établissement de formes insatisfaisantes de connaissance, d'action, de vie, qui ne voient rien au-delà des réalités temporelles et contingentes, qui ont pour conséquence la loi du nombre et qui, par nécessité logique, portent en elles-mêmes dès le début les germes de ces crises et de ces désordres dont le monde fournit aujourd'hui le spectacle navrant et universel.

Selon Guénon, la situation en Orient est différente. L'Orient conserve encore des aspects vivants de la « civilisation traditionnelle » qui a disparu partout ailleurs. Guénon estime que le monde moderne peut seulement résoudre la crise dont il souffre par un retour à un type traditionnel de civilisation.

J. Evola, *Orient et Occident. Recueil complet des textes écrits pour la revue internationale « East and West »* (1950-1960), trad. de l'italien, Archè, Milan, 1982, p. 40-41. © Archè, Milano.

Le camp des séparatistes, à l'inverse, estime que les Européens ont une tradition qui leur est propre, et suffisamment riche, ils n'ont donc pas à suivre ou à imiter les Orientaux. À chacun son ésotérisme : le yoga aux Hindous, la prière aux Chrétiens. Par ailleurs, ce qui est moderne n'est pas forcément décadent. À chaque époque correspond un ésotérisme : le Graal au Moyen Âge, la Rose-Croix à l'époque moderne. Dans cette doctrine, la fermeture géographique qui dit non à l'Orient mystique est compensée par une ouverture historique qui dit oui à la modernité occidentale. L'ésotérisme doit se confronter à la science, et l'initiation peut intégrer la technologie. Ce n'est plus à l'homme de s'adapter à un Ésotérisme unique mais à l'ésotérisme de s'adapter aux hommes.

R. Steiner défend ces thèses-là.

Comprenons donc que chaque époque n'amène pas une répétition, mais une évolution continuelle de l'humanité. Le désir le plus profond de l'humanité, son désir d'initiation, lui aussi se développe, se transforme. Les formes de l'initiation aux premières époques ne peuvent pas être celles de l'humanité contemporaine. On dit parfois que les Égyptiens ont trouvé dès les origines et une fois pour toutes les principes immuables et la sagesse éternelle ; on dit que les philosophies de l'Orient contiennent la vérité primordiale et que tout ce qui a pu être pensé depuis elles ne fait que répéter ce qu'elles ont dit et qui ne pourra jamais être dépassé. Non ! C'est absolument inexact. Chaque époque apporte aux profondeurs de l'âme humaine son impulsion propre.

Il arrive aussi que certains théosophes [Théosophistes : disciples d'H. P. Blavatsky] disent :

– Il existe bien une initiation occidentale adaptée à notre degré d'évolution, mais c'est un produit tardif ; l'initiation véritable ne saurait être retrouvée qu'en Orient.

À ceux-là il faut répondre que de telles questions ne se résolvent pas aussi simplement. Il convient d'abord d'entrer profondément dans la connaissance des choses dont on parle. On dit :

– Bouddha est monté dans les régions les plus sublimes, et le Christ n'a rien apporté de plus que lui.

Mais que l'on demande à ceux qui se tiennent sur le terrain de **l'initiation occidentale** s'ils repoussent ou refusent quoi que ce soit de l'initiation orientale — ils répondront que non. Tout ce qui a de la valeur pour l'Orient en a aussi pour eux. Toutefois, ils conçoivent que l'évolution progresse... Un représentant de l'ésotérisme occidental se fait par exemple une conception du Bouddha qui ne se distingue en rien de celle qu'a le représentant de l'ésotérisme oriental. Mais l'occultiste occidental sait qu'avec le Christ est intervenu un principe nouveau, qui a dépassé le Bouddha ; il ne dit pas « non » aux doctrines orientales, il dit « oui ». Mais il dit également « oui » à quelque chose de plus.

R. Steiner, *L'Univers, la Terre et l'Homme* (1908), trad. de l'allemand, Science spirituelle, 1950.

Et — cela dût-il peiner Guénon — les Taoïstes dès Lao-tseu et les Bouddhistes dès le Bouddha approuvent cette attitude.

Ni les Rites ni la Musique ne sont jamais immuables. Aussi le Saint institue-t-il Rites et Musiques sans être régi par eux. [...]

Le Saint légifère en accord avec son époque et change les rites conformément à l'évolution des usages. De même que les vêtements et les outillages correspondent à leur utilisation, les règles et les édits s'accordent aux nécessités. Il n'est donc pas toujours mauvais de changer et pas toujours heureux de suivre les usages.

Les cent fleuves ont des sources différentes, mais ils retournent à la mer.

Lieou Ngan, *Le Livre du prince de Houai-nan. Houai-nan-tseu* (vers 150 av. J.-C.), chap. 13, trad. du chinois : *Les Grands Traités du Huainan zi*, Institut Ricci-Cerf, 1993, p. 164. © Éditions du Cerf, Paris.

L'ÉSOTÉRISME NON OCCIDENTAL SELON LES ÉSOTÉRISTES OCCIDENTAUX DE L'ANTIQUITÉ (600 AV. J.-C. ss.)

Examinons rapidement l'ésotérisme d'Orient dans le miroir des ésotéristes d'Occident.

Aristéas de Proconnèse, chamane apollinien vers 600 av. J.-C., a-t-il laissé des annotations sur les chamanes asiatiques ? Il faut se contenter d'hypothèses.

De son côté, Aristéas, fils de Caÿstrobios, de Proconnèse [1], dans un poème

---

1. Proconnèse : Pline l'Ancien appelle Aristéas « le mage de Proconnèse » (*Histoire naturelle*, XXX, 8). Proconnèse se trouve dans la Propontide, l'actuelle mer de Marmara, qui communique avec la mer Noire.

épique[1], raconte que, possédé de Phébus[2], il alla chez les Issédons[3] ; qu'au-dessus des Issédons habitent les Arimaspes, hommes qui n'auraient qu'un œil ; au-dessus des Arimaspes, les griffons gardiens de l'or ; au-dessus des griffons, les Hyperboréens, qui s'étendent jusqu'à une mer ; que, sauf les Hyperboréens, tous ces peuples, à commencer par les Arimaspes, font constamment la guerre à leurs voisins ; que les Issédons furent chassés de chez eux par les Arimaspes, les Scythes par les Issédons ; et que les Cimmériens, qui habitent la côte de la mer du Sud, sous la pression des Scythes abandonnèrent leur pays.

Hérodote, *Histoires*, IV, 13, trad. du grec Ph. E. Legrand, Les Belles Lettres, coll. « Budé », 1962. © Les Belles Lettres, Paris.

Hérodote est le premier témoin sûr, celui aussi qui associe à l'étude de l'ésotérisme le respect de l'ésotérisme.

Il y a là-dessus une histoire que racontent les Égyptiens ; je la connais, mais ne crois pas convenable de la rapporter. [...]

1. « Un poème épique » : le titre était *Arimaspées*. Aristéas va mentionner deux traditions ésotériques : le mythe grec d'Hyperborée (mythe du chamanisme apollinien), le mythe sarmate des Arimaspes (mythe de la connaissance occulte). Hérodote, lui, va mentionner un rite chamanique des Scythes, avec usage du chanvre (*Histoires*, I, 202 ; IV, 74).

2. « Possédé de Phébus » signifie : en extase dans le cadre de la religion apollinienne. Certains savants estiment qu'Aristéas n'a pas fait un voyage extatique, mais qu'il a connu les peuples qu'il nomme en simple voyageur (J. D. Bolton, *Aristeas of Proconnesus*, Oxford, 1962 ; E. R. Dodds, *Les Grecs et l'Irrationnel*, Flammarion, 1965). À tort, je le dis avec fermeté, bien qu'Aristéas soit de la même région que les chamanes décrits, à savoir la mer Noire. Le personnage d'Aristéas et le livre *Arimaspées* baignent dans une atmosphère chamanique. Et la tradition est formelle : « Quand il [Aristéas] accompagnait le dieu [Apollon], il était un corbeau » (Hérodote, IV, 15) ; « on rapporte que son âme, à volonté, s'échappait et revenait à nouveau » (« Suidas », *Lexicon graecum*, art. « Aristéas ») ; « et son âme, sortie de son corps, errait dans l'éther, telle un oiseau » (Maxime de Tyr) (textes : G. Colli, *La Sagesse grecque*, trad. de l'italien, L'Éclat, t. 1, 1990, p. 323-337).

3. Aristéas fait une énumération de six peuples : les Issédons (I, 201 ; IV, 26), les Arimaspes (III, 116 ; IV, 27), les griffons (IV, 27), les Hyperboréens (IV, 32 et 36), les Scythes, les Cimmériens ; et de quatre repères géographiques : « au-dessus », « une mer », « la mer du Sud », « pays des Scythes ». Commençons par la géographie. « Au-dessus » désigne le Nord : les Hyperboréens sont le peuple le plus septentrional, par définition, puisque « Hyperborée » signifie « au-dessus de Borée, le vent du Nord » ; « la mer du Sud », c'est le Pont-Euxin, la mer Hospitalière (*Euxeinos Pontos* : Hérodote, IV, 24), qu'on appelle aujourd'hui la mer Noire, à cause de ses brouillards ; « le pays des Scythes », la Scythie, désigne les steppes au nord de la mer Noire, l'Iran du Nord ; quant à la mer des Hyperboréens, on songe à l'océan Arctique, mais il était alors inconnu (sauf si l'on admet une connaissance paranormale des chamanes). Passons aux peuples. Les Scythes sont connus des historiens, encore que mal définis ; les Issédons, probablement, sont « un groupe de proto-Sarmates établis dans le Kazakhstan » (G. Rachet) ; les Cimmériens sont un peupe indo-européen du Nord de la mer Noire ; les Hyperboréens, comme les griffons, viennent du mythe, à moins qu'on ne fasse des Hyperboréens « un groupe isolé d'Ioniens établis en bordure de la Scythie, peut-être à Istros sur le Danube, colonie fondée par Milet dès le VIIe siècle » (Andrée Barguet) ; quant aux Arimaspes, ils auront relever du mythe par l'œil unique, symbole de la voyance et de la gnose, ou de l'histoire, quand on les tient pour des « proto-Turcs auxquels on pourrait attribuer les tombes de Pazyryk », où l'on a trouvé, dans des chaudrons, des graines de chanvre (G. Rachet). Les fouilles du Russe S. I. Rudenko à Pazyryk ont montré des graines de chanvre et un art utilisant abondamment le thème des griffons (K. Jettmar, *L'Art des steppes*, Albin Michel, coll. « L'Art dans le monde », 1965, chap. VIII).

Quiconque est initié aux Mystères des Cabires que célèbrent les Samothraciens et qu'ils ont reçu des Pélasges sait ce que je veux dire.

Hérodote, *Histoires*, II, 47 et 51. © Les Belles Lettres, Paris.

Platon connaît les Mages [1], les Mystères égyptiens ; il apprécie surtout dans les ésotérismes orientaux leur longue histoire et leur fidèle transmission, bref leur caractère traditionnel. Pour Platon, les traditions orientales ésotériques servent de modèle éducatif ou même thérapeutique. Une fois encore Platon passe insensiblement de la philosophie à l'initiation. La pensée est mystagogie.

– [Perse] Une fois âgés de deux fois sept ans, ils [les enfants du roi des Perses] sont pris en main par ceux qu'on appelle là-bas les pédagogues royaux. Il y en a quatre, hommes d'âge mûr, que l'excellence de leur réputation a fait choisir parmi les Perses : celui-ci parce qu'il est le plus sage de savoir, celui-là parce qu'il est le plus juste, cet autre parce qu'il est le plus sage de mœurs, cet autre enfin parce qu'il est le plus courageux. Le premier lui [au fils du roi] enseigne la science des Mages, la science de Zôroastre, fils d'Oromazès [Ahura Mazdâ], c'est-à-dire le culte des Dieux, et aussi la science royale. Celui qui est le plus juste lui enseigne à dire toute sa vie la vérité. Celui qui est le plus sage de mœurs lui enseigne à ne pas non plus se laisser dominer par aucun plaisir, afin qu'il s'habitue à être un homme libre et réellement un roi, en commençant par dominer ses penchants intimes, au lieu de s'y asservir. Le plus courageux fait de lui un être sans peur et que rien n'effraie, dans la pensée qu'à s'effrayer on se rend esclave.

Platon, *Alcibiade*, vers 388 av. J.-C., 121 e-122 b, trad. du grec, L. Robin, *Œuvres complètes de Platon*, Gallimard, « Bibliothèque de la Pléiade », 1950, t. 1, p. 230. © Gallimard, Paris.

– [Égypte] En Égypte [...], rien que de l'apprendre, on est émerveillé ! Il y a fort longtemps, en effet, à ce qu'il semble, qu'a été reconnue dans cette nation la vérité de la thèse que j'expose présentement : à savoir que c'est à de belles attitudes et à de beaux chants que doit s'adonner la jeunesse de l'État dans sa pratique habituelle. Or, une fois qu'on eut déterminé ces attitudes et ces chants, on fit connaître dans les temples quels ils étaient et de quelle nature ; et il n'était permis, ni aux peintres, ni à aucun de ceux dont c'est par ailleurs le métier, de produire des attitudes ou encore quoi que ce fût d'analogue, de s'écarter de ces modèles en ouvrant de nouvelles voies, pas même d'imaginer rien qui différât des représentations traditionnelles.

Platon, *Les Lois*, II, 656 d-e, éd. cit., t. 2, p. 678. © Gallimard, Paris.

– [Phrygie : les Corybantes, troupes de femmes grecques « en délire », sont une suite du culte anatolien de Cybèle] Le procédé que l'expérience a fait adopter aux nourrices et dont elles ont reconnu l'utilité pour leurs marmots, c'est aussi celui des femmes qui pratiquent la cure de la frénésie des Corybantes : effectivement, quand les mères ont quelque intention d'endormir des enfants qui ont le sommeil difficile, ce n'est pas la tranquillité qu'elles leur procurent, mais au

---

1. Eudoxe de Cnide, astronome et ami de Platon, a fait connaître Zarathustra à la Grèce vers 368 av. J.-C. (C. Clemen, *Fontes historiae religionis persicae*, Bonn, 1920).

contraire du branlement, puisqu'elles ne cessent de les secouer sur leurs avant-bras, et c'est, à la place du silence, une mélopée quelconque : procédant ainsi sur les jeunes enfants à une sorte d'incantation analogue à celle qui sert à guérir les transports bachiques, recourant à cette cure de branlement qui unit de la musique à un rythme de danse. [...] Chez les Corybantes, sortant du sommeil où, avec le concours des Dieux auxquels ils offrent chacun un sacrifice propitiatoire, les avaient plongés leurs danses et l'action des flûtes, ce mouvement provoqué du dehors opère l'apparition d'une attitude mentale de bon sens à la place de dispositions qui sont à nos yeux des dispositions délirantes.

Platon, *Les Lois*, VII, 790 d — 791 a, éd. cit., t. 2, p. 864-865. © Gallimard, Paris.

L'école néo-pythagoricienne et néo-platonicienne a tendance à voir de l'ésotérisme un peu partout, déjà dans les récits d'Homère, à plus forte raison dans les quatre grandes civilisations qu'ils connaissent : l'Égypte, la Babylonie, l'Anatolie, l'Iran. Les Égyptiens deviennent des « Hiérogrammates », les Mésopotamiens des « Chaldéens », les Anatoliens des « Corybantes », les Perses des « Mages ». S'ajoutent les Phéniciens et leurs « Hiérophantes », les Hébreux et leurs « Prophètes », les Indiens et leurs « Gymnosophistes ». Le cursus passe par des initiations nationales étrangères. Imaginaires, sans doute.

Démocrite alla, en effet, à Babylone, en Perse, en Égypte, s'instruisant auprès des Mages et des prêtres.

Clément d'Alexandrie, *Strômates*, I, 15, trad. du grec M. Caster, Cerf, coll. « Sources chrétiennes » n° 30 *bis*, 1951. © Éditions du Cerf, Paris.

Les initiations de Pythagore reflètent cette conception.

– [Initiation hyperboréenne et chamanique chez les Grecs] Quant à son fils, il [le père de Pythagore] le fit élever dans des enseignements divers et les plus considérables, le confiant à Créophyle, à **Phérécyde de Syros** [chamane apollinien], et à presque tous ceux qui étaient importants en matière de religion [...].

– [Initiation chez les Phéniciens, à Sidon, Byblos, Tyr, en 562 av. J.-C.] Le voilà [Pythagore] qui gagne par mer Sidon. [...] Là, il rencontra les descendants du prophète et physiologue Môchos [Phénicien, créateur de l'atomisme] et les autres **hiérophantes phéniciens**, et se fit initier à toutes les initiations divines qui se faisaient spécialement à Byblos, à Tyr et dans la plus grande partie de la Syrie, et il se soumit à ces initiations nullement par superstition, comme on pourrait le croire simplement, mais bien plutôt par amour et désir de la contemplation et par souci que rien de digne d'être appris — si cela était conservé dans les rites secrets des dieux ou dans les initiations — ne lui échappât. [...]

– [Initiation chez les Égyptiens, à Memphis et Thèbes, en 558 ?] Il passa vingt-deux ans en **Égypte** dans le secret des temples à s'adonner à l'astronomie et à la géométrie et à se faire initier, non pas superficiellement, ni n'importe comment, à tous les mystères des dieux,

– [Initiation chez les Chaldéens et les Mages, à Babylone, en 536 ?] jusqu'au moment où, fait prisonnier par les troupes de Cambyse [525 av. J.-C.], il fut emmené à Babylone. Et là, dans un contentement partagé, il passa son temps avec **les Mages**, il apprit à fond ce qu'il y a de vénérable chez eux et connut le culte

parfait des dieux ; chez eux, il parvint aux sommets de l'arithmétique, de la musique et des autres sciences mathématiques. Ayant encore séjourné chez eux douze ans, il revint à Samos, alors qu'il avait environ cinquante-six ans. [...]
— [Initiation chez les Grecs, à Delphes et en Crète, ap. 524] Et il séjourna en Crète [initiation aux Mystères de Zeus dans l'antre du mont Ida, 27 jours durant]. [...]
— [Initiation hyperboréenne et chamanique de Scythie] **Abaris** [le Scythe], en effet, venait de chez les Hyperboréens, c'était un prêtre de l'Apollon de là-bas, un homme âgé et un expert en ce qui concerne le sacré. [...] Il vit Pythagore. [...]
On dit encore que Pythagore avait fait sa philosophie divine et son culte d'une façon composite, ayant appris tel élément des Orphiques, tel autre des prêtres égyptiens, tel autre des Chaldéens et des Mages, tel autre de l'initiation qui se fait à Éleusis, à Imbros, à Samothrace et à Lemnos, et tout ce que l'on peut trouver chez les Étrusques, et encore chez les Celtes et en Ibérie.

Jamblique, *Vie de Pythagore* (v. 310 ?), 9, 13, 19, 25, 91, 153, trad. du grec L. Brisson et A. Ph. Segonds, Les Belles Lettres, coll. « La Roue à livres », 1996, p. 10, 12, 14-15, 17, 52-53, 84-85. © Les Belles Lettres, Paris.

À l'époque hellénistique, le syncrétisme s'installe, et l'initiation se veut la suite d'initiations existantes. Être initié, ce n'est plus être initié aux Mystères d'Éleusis, mais avoir connu les initiations de Grèce *et* d'Orient, comme aujourd'hui un économiste se vante de ses diplômes en France *et* aux États-Unis.

Cyprien le Mage raconte ses initiations, les unes occidentales, les autres orientales, une douzaine, dont je ne parviens pas à identifier certaines.

Ceci est la repentance de Cyprien le Mage qui devint chrétien grâce à la Vierge Justine [...].
Je suis Cyprien [le pseudo-Cyprien, en fait], celui qui fut consacré, dès son adolescence, dans le temple d'**Apollon** et qu'on a instruit, dès l'enfance, dans les impostures que le Dragon [Serpent de Delphes] accomplit.
Car, n'ayant pas encore atteint l'âge de sept ans, je m'adonnai déjà aux **Mystères de Mithra**. [...]
Et lorsque j'eus quinze ans, je servis **Déméter** [Mystères d'Éleusis] et je marchai devant elle à la procession en portant des torches. Quant à sa fille [Perséphone], qu'on appelle « la Vierge », je portai son deuil, vêtu d'habits brillants.
Je portai l'offrande à **Pallas** [Athéna], celle qui réside en un lieu élevé [l'Acropole]. Je servis le Dragon [Athéna conseilla à Cadmos de semer les dents du dragon qu'il tua sur son ordre].
J'allai à l'**Olympe**, le joyeux, qu'on appelle « le mont des dieux » [Mystères de Zeus].
Je m'initiai aux secrets de l'**Image** [?], à la façon dont elle parle, façon qui consiste en la succession des bruits qui se produisent habituellement lors d'une manifestation de démons, lorsqu'ils se révèlent. [...]
Lorsque j'atteignis l'âge de quinze ans, je fus instruit par les prêtres, par les sept prophètes et par la **prophétesse** du Diable [?] [...].
Ensuite j'allai à Argos, je célébrai la fête de **Héra** [...].
Et je partis aussi pour une ville appelée Thalis qui est le pays que l'on nomme Lacédémone. J'appris à connaître les **Mystères d'Hélios et d'Artémis** [Tauropole] [...].

Ensuite, j'allai chez les peuples qu'on appelle **Phrygiens** [Mystères de Cybèle, de Sabazios]. J'appris d'eux à connaître la divination.
Je connus le langage des **Barbares** [?], la science des augures, le langage des corbeaux et des oiseaux qu'on observe, les signes des animaux et les présages [...].
J'allai encore à **Memphis et à Héliopolis**. Je visitai leurs souterrains obscurs [...].
Lorsque j'atteignis l'âge de trente ans, je quittai l'Égypte pour le pays des **Chaldéens**, afin d'apprendre comment est l'Éther [...].

Confession de Cyprien le Mage (fin du IIIe s. ?), trad. de la version copte M. Malinine, *apud* A.-J. Festugière, *La Révélation d'Hermès Trismégiste*, t. 1 (1944), Les Belles Lettres, coll. « Budé », 1981, p. 374-383. © Les Belles Lettres, Paris.

L'ÉSOTÉRISME NON OCCIDENTAL SELON LES ÉSOTÉRISTES OCCIDENTAUX DE LA MODERNITÉ (1471 ss.)

Les ésotéristes modernes d'Occident ont, sur les ésotérismes étrangers, une meilleure connaissance que leurs devanciers, en quantité et en qualité. Eux-mêmes participent à ce travail de connaissance. Marsile Ficin trace la voie en 1471 quand il traduit le *Corpus Hermeticum* en latin. Mais il se laisse emporter par l'enthousiasme. La fièvre ésotérique le saisit. Il place Hermès Trismégiste dans la plus haute antiquité, il lui attribue les connaissances les plus complètes. Nous savons aujourd'hui que l'Hermès Trismégiste auteur du *Corpus Hermeticum* est un groupe de savants gréco-égyptiens entre 300 av. et 300 apr. J.-C.

Au XIXe siècle, les occultistes européens utilisent à la va-vite et à l'esbroufe les connaissances que les savants commencent alors à recueillir sur l'Asie, en archéologie, philologie, histoire de l'art. Helena Petrovna Blavatsky prétend vers 1850 qu'elle reçoit du ciel des missives, signées par un certain Koot Hoomi Lal Sing, « nom mystique tibétain » ; un maître indien, Mohini Chatterji lui dicterait le plan de son livre[1] ; et son enseignement regroupe tous les ésotérismes. Là où Pythagore cherchait un cursus, Helena Petrovna Blavatsky trouve un éclectisme.

Ce livre [*La Doctrine Secrète*] n'est pas la Doctrine Secrète dans sa totalité, mais un nombre de fragments choisis. [...] Ces enseignements, si fragmentaires et incomplets contenus dans ces volumes, n'appartiennent pas en exclusivité aux religions hindoue, zoroastrienne, chaldéenne, ni égyptienne, pas plus qu'au Bouddhisme, à l'Islâm, au Judaïsme ou au Christianisme. La Doctrine Secrète en est l'essence à tous.

Helena Petrovna Blavatsky, *La Doctrine Secrète. Synthèse de la science, de la religion et de la philosophie*, t. 1 : *Cosmogenèse*, préface (1888), trad. de l'anglais, Adyar, 1965, p. X. © Éditions Adyar, Paris.

Joséphin Péladan, fondateur d'un mouvement rosicrucien, se décerne le titre babylonien de Sâr, qui signifie en akkadien (*shar-u*) « roi, souve-

---

1. *Lettres des Mahatmas M.* [Mohini Chatterji] *et K. H.* [Koot Hoomi] *à A. P. Sinnett. Morya, Koot Hoomi, Trevor Parker A.*, trad., Adyar, 1970, XL-608 p. Helena Petrovna Blavatsky, *La Doctrine Secrète*, t. 1, p. XXIV-XXV.

rain », il fait même interpréter une « pastorale chaldéenne » avec musique d'Erik Satie [1]. En 1887, Alexandre Saint-Yves d'Alveydre soutient qu'il a reçu le prince Hardji Schariff, de Bombay, envoyé par le Gouvernement Universel Occulte de l'humanité, pour lui révéler l'existence du Centre du Monde, l'Agarttha, qui rappelle le Shambala des Tibétains ; il rend compte de cette révélation dans *Mission de l'Inde en Europe*, qu'il fait aussitôt retirer des presses en disant qu'il avait laissé échapper là de trop profonds secrets !

Le plus récent des ésotéristes, Guénon, lui aussi dit tenir ses informations d'initiés, mais il a étudié ! Il écrit sur le Vedânta, le Taoïsme, le Soufisme. Il tient le Vedânta pour la doctrine même de la Tradition (il oublie qu'un non-Indien ne peut devenir hindou).

Les occultistes occidentaux, d'Agrippa de Nettesheim jusqu'à Papus, n'hésitent pas à brosser des fresques grandioses, faussement systématiques. Chaque Race a son ésotérisme (les Noirs l'animisme, les Jaunes le chamanisme, les Blancs le monothéisme). Selon les occultistes, à un même point d'un cycle historique paraissent des Sauveurs (ainsi, au VIe s. av. J.-C. : Zarathushtra en Iran, Bouddha en Inde, Lao-tseu en Chine, Pythagore en Grèce). Ces synchronismes montrent qu'un Esprit unique soufflerait sur des civilisations multiples [2]. Une universelle conspiration met le monde sous la coupe d'Initiés. Les astrologues contemporains mettent ce phénomène en rapport avec une conjonction planétaire exceptionnelle. La « théorie des grandes conjonctions planétaires » (=doriphories) remonte au philosophe arabo-islamique al-Kindî (vers 850) et à son élève Albumasar (*Kitâb al-Mudkhal*). Lorsque plusieurs planètes, surtout les lourdes, se trouvent en même temps dans un Signe zodiacal, de grands événements mondiaux se produisent.

La simple réunion des trois planètes les plus lentes — phénomène primordial — est un événement rarissime. Il faut remonter à l'an 574 avant notre ère pour rencontrer une telle conjonction Uranus-Neptune-Pluton [en Taureau].

Cette date se situe pratiquement à mi-chemin d'une période de 600 à 480 av. J.-C. que Karl Jaspers a justement qualifiée d'époque charnière, un tournant de l'histoire de l'humanité. En effet, c'est à ce moment qu'apparaissent, en l'espace d'une centaine d'années, cinq grands philosophes dont la démarche prend un caractère prophétique : Zarathustra, Confucius, le Deutéro-Isaïe, Pythagore et Gautama (le Bouddha). [...]

Le dernier effet de cette conjonction semble s'être exercé en 586 [avant Jésus-Christ]. À cette date se produisit un événement désastreux dont les conséquences

---

1. E. Dantinne, *L'Œuvre et la Pensée de Peladan*, Office de la publicité, Bruxelles, 1953, 191 p.
2. R. Guénon accepte l'Esprit, pas le synchronisme : « Nous ne pensons pas qu'il soit possible d'établir un "synchronisme" général, car, pour des peuples différents, le point de départ doit être également différent ; et, de plus, les civilisations diverses ne se succèdent pas simplement, elles coexistent aussi » (*Formes traditionnelles et Cycles cosmiques*, Gallimard, 1970, p. 29).

allaient être d'une extrême importance pour le devenir spirituel de l'humanité. C'est à cette date que Jérusalem tomba aux mains des Babyloniens. Le temple fut détruit [par Nabuchodonosor II]. [...]
On ne retrouvera une telle conjonction qu'en 3370.

André Barbault, *L'Avenir du monde selon l'astrologie*, 1993, p. 160-163. © Éditions du Félin, Paris.

SYNCHRONISME DES ÉSOTÉRISMES DU VIᵉ S. AV. J.-C.

594 av. J.-C. ?	Zarathushtra	IRAN
592 av. J.-C. ?	Ézéchiel	ISRAËL
532 av. J.-C. ?	Pythagore	GRÈCE
523 av. J.-C. ?	le Bouddha	INDE
513 av. J.-C. ?	Lao-tseu	CHINE

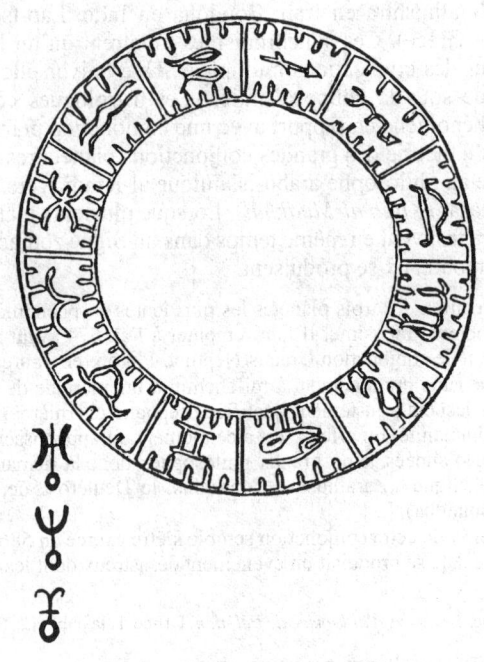

CARTE DU CIEL ASTROLOGIQUE DE L'ANNÉE 574 AV. J.-C.
Conjonction Uranus-Neptune-Pluton en Taureau

De façon plus complexe, Abellio explique que chaque civilisation a cinq périodes — « conception, naissance, baptême, communion et mort » —, et que, pour une même date, on peut assister à la conception d'une civilisation et à la naissance ou au baptême d'une autre. Avec ce principe des correspondances et l'utilisation de cycles astrologiques, Abellio se paie le luxe en août 1986 de prédire la fin de l'URSS pour 1989[1]. Prédiction réalisée : en novembre 1989 le mur de Berlin tombe !

Il en est des civilisations comme des individus : elles sont *conçues* [I] sans que leur géniteur se forme la moindre idée de ce qu'elles seront, elles naissent [II] sans se rendre compte de leur venue au monde, elles grandissent et prennent dès lors peu à peu conscience d'elles-mêmes au cours d'une période *baptismale* [III] qui les conduit à s'affirmer comme autonomes et maîtresses de leur destin, ensuite de quoi elles entament une période *communielle* [IV] où elles prétendent devenir expansives et universaliser leur propre loi, ce qui les conduit inéluctablement à susciter des résistances croissantes qui les mènent à leur *fin* [V]. Conception, naissance, baptême, communion et mort, cette liste qui fait une utilisation extensive des notions chrétiennes de « baptême » et de « communion » procède d'une interprétation ontologique de ces deux sacrements : le baptême situe le moment (ou l'époque) où je m'apparais comme sujet dans un monde d'objets et la communion le moment (ou l'époque) où, intensifiant encore la qualité de ma durée, je me vois enfin comme sujet dans un monde de sujets. Nous dirons ainsi que la conception de l'Europe (j'entends de l'Europe occidentale au sens large, c'est-à-dire Russie exclue) remonte à l'apparition de Jésus, mais que sa naissance occupa *tout* le XIIIᵉ siècle. [...]

Telle date qui marque par exemple un « baptême » dans un champ donné s'ouvre à une « conception » dans un autre champ destiné à intégrer le premier, ou encore une « communion » cache un « baptême ». [...] C'est ainsi que la déclaration de Balfour en 1917, qui fut l'acte de « conception » du nouvel État d'Israël, coïncide non seulement avec le début de la période « communielle » de l'Amérique du Nord, mais aussi avec le déclenchement, en Russie, de la révolution bolchevique qui marque la « naissance » du communisme russe. [...] J'appelle *histoire invisible* ou *métahistoire* toute interprétation qui relève et étudie ces correspondances. [...]

C'est sous une conjonction de Neptune et de Pluton, au début du VIᵉ siècle avant notre ère, que débuta le cycle de notre actuelle humanité. Cette conjonction marqua en effet la naissance simultanée de tous les grands « fondateurs » : Pythagore, Zoroastre, le Bouddha, Confucius, Lao-tseu en même temps que les initiés juifs captifs à Babylone voyaient se fixer au fond de leurs âmes mystiques les secrets de leur gnose, et que, simultanément, Thalès et Anaximandre fondaient, dans un parallélisme parfait, la science grecque [...]. C'est d'ailleurs au même moment que Rome devint réellement Rome, la ville aux sept collines, par la construction du Forum et du temple de Jupiter Capitolin. [...]

On rattache généralement au cycle Saturne-Neptune le destin du communisme russe. [...] Un cycle exact [tous les trente-cinq ans conjonction Saturne-Neptune]

---

1. Même prédiction et même calcul chez André Barbault (*Le Pronostic expérimental en astrologie*, Payot, 1973).

occupe l'intervalle compris entre la publication du *Manifeste communiste* de Marx et Engels, en 1848, et la fondation, en 1883, à Genève, par l'émigré Plekhanov du premier mouvement marxiste russe, le groupe de l'Émancipation du Travail, cette dernière date devenant ainsi celle de la *conception* du communisme russe. La *naissance* de celui-ci a lieu à la fin du cycle suivant, en 1917, lors de la révolution bolchevique (la conjonction Saturne-Neptune se produit exactement au début du mois d'août 1917) [trente-quatre ans]. Le troisième cycle, qui va de cette révolution à la mort de Staline en 1953, est clairement prébaptismal [trente-six ans]. [...] Reste que l'actuel cycle Saturne-Neptune approche de sa fin : celle-ci aura lieu en 1989, date que toutes les précédentes fins de cycle font tenir d'avance pour capitale.

R. Abellio, *Manifeste de la nouvelle gnose*, Gallimard, coll. « Essais », 1989, p. 255, 261-262, 271-276. L'article « Éternel retour ou présent éternel » date d'août 1986. © Gallimard, Paris.

PÉRIODES D'UNE CIVILISATION SELON R. ABELLIO

(cycle des 5 périodes)	**EUROPE**	**URSS** (cycle astrologique Saturne-Neptune : 35 ans)
conception	Ier siècle	**1848** (Marx-Engels) cycle I : 1848-1883 **1883** (Plekhanov)
naissance	XIIIe s.	cycle II : 1883-1917 **1917** (Révolution russe)
baptême **communion**	XVIe s. (Renaissance) Révolution de 1789	1945 (Yalta) cycle III : 1917-1953 **1953** (mort de Staline)
mort	guerre de 1939-1945	cycle IV : 1953-1989 **1989** [mur de Berlin abattu]

Avec les temps modernes, le champ d'investigation des ésotéristes occidentaux s'est élargi du Proche-Orient à l'Extrême-Orient et vers les continents d'Afrique, d'Amérique, d'Océanie. Le regard est devenu plus spécialisé, l'ésotériste s'intéresse aux techniques divinatoires, aux procédés initiatiques, aux règles de l'herméneutique plus qu'aux conceptions générales sur le *mana* ou la magie.

G. K. von Dürckheim[1] fait le récit de sa rencontre — initiatique — avec le Taoïsme, alors qu'il avait vingt-quatre ans. Il ne s'agit pas d'une étude intellectuelle mais, bel et bien, d'une expérience ésotérique.

Cela se passait dans l'atelier du peintre Willi Geiger. Ma future femme, qui était de ses amis, avait ouvert par hasard le *Tao-tö king*. Elle commença à lire le onzième aphorisme :

---

1. A. Goettmann, *Graf Dürckheim. Dialogue sur le chemin initiatique*, Cerf, 1979.

« Trente rayons se rencontrent dans le moyeu.
Mais c'est le vide en lui qui crée la nature de la roue.
Les vases sont faits d'argile.
Mais c'est le vide en eux qui fait la nature du vase. »

Et cela survint. En entendant le onzième aphorisme, je fus frappé d'un éclair. Le voile se déchira : j'étais éveillé. J'avais éprouvé *cela*. Tout le reste était et cependant n'était pas, était ce monde et en même temps transparent à un autre. Moi-même aussi j'étais et à la fois n'étais pas. J'étais comblé, captivé. De l'autre côté et en même temps tout à fait présent. Heureux et comme vide de sentiments, très loin et pourtant profondément dans les choses. J'avais éprouvé cela, net comme un coup de tonnerre, clair comme un jour de soleil, cela, qui était totalement incompréhensible. La vie continuait, la vie d'avant, et pourtant ce n'était pas la même. Il y avait l'attente douloureuse de davantage d'« Être », une promesse profondément ressentie. Et en même temps des forces croissant à l'infini et l'aspiration vers un engagement — à quoi ?

Cet état exceptionnel dura tout le jour et une partie de la nuit. Il m'avait définitivement marqué. J'avais vécu ce dont ont témoigné, à travers tous les siècles, des hommes qui, une fois, à un moment quelconque de leur vie, ont vécu une expérience. Elle les a frappés comme l'éclair et les a liés pour toujours au courant de la vraie Vie. Ou plutôt elle leur a rendu perceptible la source d'un grand bonheur et en même temps de la souffrance que l'on éprouve quand ce courant est interrompu. Mais c'est aussi une expérience inséparable d'un engagement sur la voie intérieure.

G. K. von Dürckheim, *Pratique de l'expérience spirituelle*, trad. de l'allemand, Éditions du Rocher, 1985.

Ce texte est caractéristique. On n'admire plus le prêtre égyptien ou le Mage perse comme en Grèce, on n'emploie plus l'astrologue chaldéen ou le précepteur égyptien comme à Rome, on se met à leurs pratiques. Un Parisien s'essaye à l'astrologie tibétaine, un Californien se veut chamane à la façon des Hawaïens ou des Sioux. Malheureusement, il y a malentendu. L'ésotérisme non-oriental qu'exerce un ésotériste occidental se coupe de toute la société traditionnelle qui le véhiculait, et, par là, de ses exigences, de ses fins, de sa signification même. Le Californien n'a pas derrière lui la langue et les coutumes d'un Amérindien, et son but a singulièrement chuté : il ne revendique plus l'extase et la guérison, il se contente de soigner un peu, de méditer un brin, de jeûner une fois. Castaneda étudiant don Juan, le chamane yaqui, reste ethnographe, mais lorsque Castaneda se prend à exercer le chamanisme yaqui, il n'est plus un ethnographe, il n'est pas encore un chamane, simplement un touriste américain déguisé en Indien du Mexique. Il vaut peut-être mieux être un vrai ethnographe blanc qu'un faux chamane rouge.

PROJET ET PLAN

Je serai montreur d'ours. Quand j'étais gamin, j'ai vu dans les Pyrénées des montreurs d'ours. Ce sont des montagnards, amateurs de sommets, amis d'animaux rares. Ils exhibent dans les villes de fortes bêtes destinées aux cavernes, aux pics, aux glaciers. Les montreurs d'ours prennent le risque de se faire balafrer par les ours ou bien huer par le public. De toute façon, on oublie le montreur d'ours, on se souvient de l'ours. Je vais ainsi présenter quelques habitants des hautes sphères, qui ont de près le poil doux et de loin la patte impérieuse : chamanes sibériens, Kabbalistes, saints des déserts d'Égypte, Soufis... À la différence du dompteur qui prétend dominer le fauve, le montreur admire l'animal en lui-même, il est tout prêt à le relâcher. Mais, il faut reconnaître qu'il utilise la muselière, la chaîne, le bâton. Alors, quelle est la muselière dont je vais me servir, le bâton, la chaîne ? la méthode, rien d'autre. Je me sers de la typologie, de la chronologie, de l'érudition. Je reconnais que ces méthodes sont souvent rejetées par les ésotéristes, comme les ours refusent la muselière, encore que Chinois et Indiens aiment les classifications, que Kabbalistes et Soufis utilisent les chroniques, que beaucoup d'ésotéristes se révèlent très érudits.

Je vois les différents ésotérismes comme autant de bêtes de transport, nobles dromadaires, éléphants empanachés, chevaux de course, buffles alourdis de sagesse, ânes décharnés... Le chameau permet de traverser le désert. Avec le lama on se déplace dans les montagnes pierreuses d'Amérique du Sud. De même, chaque ésotérisme aide à avancer, à se retrouver, sur le dos d'un autre. Comme le lama ou le chameau, tout ésotérisme est plus ou moins sauvage ou domestiqué, solitaire ou grégaire, sympathique ou antipathique, lent ou rapide. Le chamane est plutôt sauvage, Guénon a presque toujours un abord antipathique, l'Hésychaste préfère la solitude...

L'histoire de l'ésotérisme non occidental qui va suivre se veut avant tout une **recension** et une **anthologie**. « Histoire » se prend au sens grec d'« enquête, recherche ».

Pour les sources d'information, on est souvent contraint de recourir, non plus à des textes originaux, livres ou inscriptions, mais à des témoignages. Chez les Primitifs, il faut se reporter aux écrits laissés par explorateurs, colonisateurs, administrateurs, missionnaires, ethnographes. Les anthropologues récents essaient heureusement, depuis P. Radin, de recopier les paroles mêmes des peuples qu'ils étudient, au lieu d'étouffer le lecteur avec de lourds plats d'explications ou de comparaisons.

Parmi les textes, j'ai glissé quelques témoignages que j'ai pu recueillir directement. L'un porte sur les magiciens du Burkina-Faso, il vient de Titinga F. Pacéré, un poète et le meilleur connaisseur des traditions mossi, que j'ai vu dans son village natal de Manéga en novembre 1992. Un autre témoignage porte sur les chamanes ma'ohi de la Polynésie française, il vient d'un habitant de l'île Raiatea, J. B. Teriifaahee, très au fait des magies et médecines indigènes ; je l'ai rencontré sur place l'été 1986.

Les textes ésotériques non occidentaux sont plus difficilement accessibles au lecteur occidental dans la mesure où ils supposent une culture tout à fait différente (sauf celle des Hébreux, connue à travers la Bible). Quand un Chinois ou un Mésopotamien parlent d'astrologie, on doit changer de notions, d'emblèmes, de repères historiques et géographiques, de méthode de lecture, et même de questions. Le nom des Signes zodiacaux n'est pas le même, ni leur nombre. D'autre part, beaucoup de textes n'ont pas bénéficié d'une traduction dans une langue accessible au chercheur moyen (ce qui est mon cas). Le Manichéisme avait-il des Mystères ? Il est malaisé de se faire une idée personnelle quand on voit que les textes manichéens n'ont été que très partiellement traduits en allemand, en anglais ou en français, tandis que la grande masse reste en langue syriaque, chinoise, copte, arabe, araméenne, et dans des revues savantes pratiquement incommunicables. Qui connaît à la fois le syriaque et le chinois ? qui possède en même temps les scrupules du traducteur et les roueries du chercheur décidé à obtenir son livre ? Autre difficulté : les domaines non occidentaux sont, souvent, chasse gardée. L'Océanie « appartient », en France, à Jean Guiart : les objets du musée de l'Homme, les thèses, les comptes rendus, les études sur la culture océanienne passent par ses humeurs grincheuses. On lit donc éternellement les mêmes idées sur les mêmes choses de cette Océanie, dont chaque vague est inattendue, dont chaque fleur est un miracle jamais vu ! On ne connaît les Mandéens que par lady Ethel Drower. Il n'y a pas moyen d'accéder aux manuscrits de la mer Morte, confiés à une société de savants jaloux de leur trésor. Car, aussitôt qu'il est question d'ésotérisme, la difficulté redouble. Ce qui était chasse gardée devient zone de guerre. Pas toujours, heureusement : on étudie assez librement la théurgie kabbalistique, tout comme les initiations négro-africaines ou le Taoïsme. Mais les Pyramides ou les Mystères égyptiens déclenchent la grande hostilité des universitaires ou des spécialistes. Les spécialistes, peu nombreux, forment un carré d'infanterie. Cette attitude engendre, par ricochet, des hypothèses saugrenues chez les gens de l'autre camp, qui vont imaginer des Martiens, des bombes préhistoriques ou de vagues secrets. Le rationalisme de l'égyptologue qui ne voit dans la pyramide qu'une tombe royale entraîne directement le délire de l'égyptomaniaque qui voit dans la pyramide un calendrier prophétique (R. Menzies, 1865). À l'égyptologue on demandera toujours de nous expliquer pourquoi tant d'efforts pour un simple monument funéraire, et à l'égyptomaniaque on demandera encore plus d'arguments, plus de documents pour asseoir ses hypothèses.

Dans l'histoire de l'ésotérisme non occidental qui va suivre, j'ai distingué cinq macro-ésotérismes [1] :

— ésotérisme primitif (ethnies sans écriture d'Afrique noire, d'Amérique, d'Asie, d'Océanie) ;

---

1. P. A. Riffard, *L'Ésotérisme*, Robert Laffont, coll. « Bouquins », 1990, 4ᵉ éd. 1996, p. 178-192.

— ésotérisme civilisateur (peuplades antiques de l'Asie Antérieure : Mésopotamie, ancienne Égypte, ancien Iran, ancienne Anatolie) ;
— ésotérisme d'Extrême-Orient (Chine, Japon, Tibet) ;
— ésotérisme de l'Inde (Hindouisme, Bouddhisme) ;
— ésotérisme monothéiste (Judaïsme, Christianisme, Islâm).

Les deux premiers macro-ésotérismes reposent sur un critère ethnologique : les Primitifs regroupent les peuples sans écriture, les Civilisateurs rassemblent les peuples qui les premiers inventèrent la ville, l'écriture, le pouvoir centralisé.

Les deux derniers ésotérismes reposent sur un critère religieux : les Indiens partagent un fonds religieux identique (même si le Bouddhisme refuse les castes et rejette la croyance à l'âme, caractéristiques de l'Hindouisme) ; d'autre part, les Juifs, les Chrétiens, les Musulmans, bref les monothéistes, forment une famille religieuse qui se donne pour commun fondateur Abraham et surtout prient le même Dieu.

Le troisième macro-ésotérisme, celui d'Extrême-Orient, obéit à un critère géographique.

Ces trois critères, l'un ethnologique, l'autre religieux, le dernier géographique ne forment pas un système, je le reconnais. Ils ont, pourtant, l'avantage de répondre d'assez près à la réalité sociologique et historique des ésotérismes. On trouve des ressemblances entre l'ésotérisme bambara et l'ésotérisme papou, tous primitifs, tous fondés sur l'initiation de puberté ; entre les ésotérismes chinois, japonais, tibétains, tous d'Extrême-Orient, comportant tous à leur base des éléments chamaniques et à leur sommet des éléments bouddhiques.

On ne peut pas exposer tous les ésotérismes, toutes les initiations.

Dans l'Himâlaya des philosophies ésotériques non occidentales, quelques pics se détachent. Cela ne veut pas dire que d'autres pics n'existent pas, mais simplement que j'ai fixé mes yeux sur eux :

— la pensée des Dogons du Mali ;
— le taoïste Lao-tseu ;
— l'hindou vedântiste Shankara ;
— le chrétien hésychaste Évagre du Pont ;
— le musulman soufi ibn 'Arabî.

On a là des métaphysiques élaborées par des individus qui ont maîtrisé leur tradition et qui ont eu — contrairement aux philosophes occidentaux — des expériences mystiques, une véritable approche de leur vérité, une approche vécue, spirituelle, authentique, reconductible. Et ces penseurs n'ont pas été suivis par quelques autres philosophes, mais étudiés et mis en œuvre par des millions d'hommes, de femmes, de savants, de gens humbles, de façon libre (alors que Thomas d'Aquin ou Marx ont été imposés, qui par une Église, qui par un parti).

Passons des ésotérismes aux initiations. Au milieu de la jungle, entre bêtes sauvages et animaux domestiques, génies et monstres, quelques routes vers l'initiation valent le détour, aussi bien par rapport aux routes ordinaires qu'aux autres routes de l'initiation. Là encore, je n'affirme pas que ce sont les meilleurs chemins, mais simplement ceux que j'ai programmés le plus souvent :

— les pratiques extatiques des chamanes sibériens ;
— les pratiques d'immortalité des Taoïstes ;
— le râja-yoga systématisé par Patañjali ;
— la méditation des Bouddhistes Zen chinois ou japonais ;
— le tantrisme des Bouddhistes indiens et surtout tibétains.

À côté de ces initiations, les Occidentaux font piètre figure. Ils ne peuvent guère présenter que les Mystères et l'Hésychasme. Encore faut-il ajouter que les Mystères doivent beaucoup aux cultes de l'ancien Proche-Orient et que l'Hésychasme s'est développé dans les déserts d'Égypte et d'Anatolie.

Alors, Oriental ou Occidental ? Nous sommes l'un et l'autre, orientaux le matin quand blanchit l'aurore, occidentaux le soir quand rougit le crépuscule, mais hommes à midi, tout hommes. Et à minuit ? c'est selon, démon ou dieu...

BIBLIOGRAPHIE GÉNÉRALE SUR LES ÉSOTÉRISMES NON OCCIDENTAUX

Approche ésotérique de l'ésotérisme (ésotérosophie) : AL. FABRE D'OLIVET, *Histoire philosophique du genre humain* (1821), Éditions Traditionnelles, 1972, t. 1 ; HELENA PETROVNA BLAVATSKY, *La Doctrine Secrète. Synthèse de la science, de la religion et de la philosophie* (1888-1897), trad. de l'anglais (1899 ss.), Adyar, 6 t., 1965, 7ᵉ éd. 1982-1988 : approche théosophiste ; PAPUS, *Traité élementaire de science occulte* (1888), Dangles, s.d., p. 235-347 : approche néo-occultiste ; ANNIE BESANT, nombreux titres, dont *La Sagesse antique. Exposé général de l'enseignement théosophique* (1897), trad. de l'anglais, Adyar, 1987, 368 p. : approche théosophique ; ÉD. SCHURÉ, *Sanctuaires d'Orient. Égypte, Grèce, Palestine* (1898), Perrin, 1921, XI-436 p. ; VIVEKÂNANDA, *The East and the West*, Brahmavadin Office, Madras, 1909, 95 p. : approche hindoue ; AL. SAINT-YVES D'ALVEYDRE († 1909), *Les Clefs de l'Orient, les mystères de la naissance, les sexes et l'amour, les mystères de la mort d'après les clefs de la cabbale orientale* (posthume, 1910), Rouyat, 1978, 60 p. : approche occultiste ; R. STEINER, *Les Mystères de l'Orient et du Christianisme*, trad. de l'allemand, Triades, 1987, 79 p. ; ID., *L'Orient à la lumière de l'Occident*, trad. de l'allemand, Triades, 1980, 200 p. ; S. U. ZANNE (A. VAN DEKERKOVE), *Occultisme occidental et Ésotérisme oriental*, Éditions cosmosophiques, Lausanne, 1927, 95 p. : approche cosmosophique ; R. GUÉNON, *Orient et Occident* (1924), Maisnie-Trédaniel, 1983, 229 p. ; ID., *La Métaphysique orientale* (1939), Éditions Traditionnelles, 1985, 28 p. : approche pérennialiste ; H. M. DE CHAMPIGNY, *Les Traditions et les Doctrines éso-*

tériques (1941), Astra, 1961, 292 p. : approche théosophiste ; ARNAUD DESJARDINS, *Les Chemins de la sagesse*, La Table Ronde, 1979, 3 t., 206 p., 209 p., 255 p. ; ROBERT AMADOU, *Occident, Orient. Parcours d'une tradition*, Cariscript, 1987, 135 p. ; KALOU RINPOCHE, *Instructions fondamentales. Introduction au bouddhisme vajrayâna*, trad. de l'anglais, Albin Michel, coll. « Spiritualités vivantes », n° 80, 1990, p. 32 *sqq.*, 243 *sqq.* ; JEAN BIÈS, *Les Voies de la sagesse*, Éditions du Félin, 1996.

Approche exotérique de l'ésotérisme (critique ésotérique) : R. OTTO, *Mystique d'Orient et Mystique d'Occident* (1924), trad. de l'allemand (1951), Payot, coll. « Petite bibliothèque Payot », n° 278 ; C. G. JUNG, *Le Livre tibétain de la Grande Libération. Commentaire psychologique* (1927), apud *Le Livre tibétain de la Grande Libération* (1954), Adyar, 1972, p. 15-49 ; E. LAROCHE et al., *Éléments orientaux dans la religion grecque ancienne*, PUF, 1960 ; H.-CH. PUECH dir., *Histoire des religions*, Gallimard, « Encyclopédie de la Pléiade », 3 t., 1970-1976, 1488 p., 1596 p., 1460 p. ; MARIE-MADELEINE DAVY dir., *Les Mystiques orientales* (1972), Payot, coll. « Petite bibliothèque Payot », 1996, 4 t., n°s 273-276 ; M. ELIADE, *Histoire des idées et des croyances religieuses*, Payot, 1976-1983, 3 t., 492 p., 519 p., 361 p. ; P. POUPARD dir., *Dictionnaire des religions*, PUF, 1984, XIV-1830 p. ; J. RIES dir., *Les Rites d'initiation*, Publications du Centre d'histoire des religions de Louvain-la-Neuve, coll. « Homo religiosus », 1986, 559 p. ; A. AKOUN dir., *Mythes et Croyances du monde entier*, t. 3 : *L'Asie. Mythes et Traditions* (1988), Brépols, Turnhout, 1991, 492 p. ; F. JACOB dir., *Encyclopédie philosophique universelle*, t. 2 (*Les Notions philosophiques*, 1990, p. 2781-3231), vol. 3 (*Les Œuvres philosophiques*, 2 t., 1992, p. 3883-4490), PUF.

Les ésotérismes primitifs

2. LES ÉSOTÉRISMES PRIMITIFS

> *L'avance technologiques de l'homme blanc s'est révélée comme une conséquence de son manque d'intérêt pour la voie spirituelle et pour la signification de tout ce qui vit.*
>
> THOMAS BANYACYA,
> chef traditionnel hopi,
> lettre au président R. M. Nixon,
> *New York Times*, août 1970

Un Primitif avance nu et sans bagages.
Mais quel homme n'a pas de secret ? et quel homme n'aime pas le secret ? Il faut bien que le Primitif cache quelque chose, lui aussi. Mais quoi, puisqu'il n'a rien ? et où, puisqu'il est nu ?
Il lui reste son corps, et toute la nature...

« PRIMITIF » : CRITÈRE EXOTÉRIQUE (L'ABSENCE D'ÉCRITURE)

L'ésotérisme est chose complexe. Du coup, surgit la tentation d'en rechercher les formes les plus accessibles. Et l'on songe — naïvement, bien naïvement — au Primitif, à l'homme primitif, au Pygmée, à « l'aborigène australien [1] ». M. Dupont se dit : Je ne comprends pas l'initiation

---

1. L'orthographe des ethnies et groupes ethniques n'a pas été unifiée ; on écrit « Eskimo », « Eskimos », « Esquimaux », ce que je signale ainsi : Eskimo (>Esquimaux). Je choisis l'orthographe la plus simple et la désignation la plus répandue. Pour le pluriel, je suis l'usage : pluriel à Polynésiens (parce que ce nom est européen), mais orthographe invariable à « Youkaghir » (parce que ce nom est indigène). De plus, une même ethnie peut avoir plusieurs noms : les Eskimo se désignent comme Inuit, « Humains » ; je signale ainsi ce phénomène : Eskimo (=Inuit).

selon Guénon, je comprendrai l'initiation papou. Illusion sur fond de mépris !

Le mot « primitif » renvoie au préjugé évolutionniste [1]. Les peuples indigènes seraient proches des temps préhistoriques, donc sans progrès. L'aborigène australien vivrait comme aux temps paléolithiques, sans agriculture ni histoire, il en resterait à la cueillette, à la chasse, à la pêche, il se contenterait de tailler la pierre, tandis que l'Européen, lui, évolue, invente, accumule, transforme. L'Eskimo équivaudrait, selon Sollas, à l'homme de Chancelade, homme préhistorique de culture magdalénienne. *Stone Age People*, disent B. Spencer et F. J. Gillen des aborigènes australiens.

Comment qualifier, alors, les Pygmées [2], qui ne taillent même pas des outils dans la pierre ? Et le progrès forme-t-il une notion claire ? Le progrès est l'alcool bas de gamme de l'humanité contemporaine. L'homme actuel tient le progrès pour la seule valeur solide, sans même se demander si la tradition n'a pas non plus une valeur, sans même savoir quelle est la direction et la signification de ce progrès. Buvons, on verra plus tard ! à quoi le progrès donne-t-il accès, à qui ? quel sens offre-t-il à l'existence ? Ce progrès se limite pratiquement aux domaines technologique et économique (et pour cause : il n'y a pas de progrès en art ou en philosophie). Incontestablement, on observe une amélioration dans les sciences, en médecine, dans les arts mécaniques, mais cela ne suffit pas à ranger le reste de l'humanité dans un brouillard de superstitions. Car si l'on prenait comme critère le sacré, la générosité, ou simplement le goût de la vie qui passe, des enfants qui viennent, cette fois le monde civilisé entrerait dans le brouillard ! Depuis 1974, j'ai côtoyé pas mal de Primitifs. Tous m'ont fait l'effet d'être bien plus humains, bien mieux humains, humains jusqu'au bout des ongles, comme si les Civilisés s'étaient déchargés de leur humanité sur leurs machines, dans leurs théories. Qu'est-ce qui signale l'homme, sinon la parole et (mieux !) le chant, la réflexion et (mieux !) la conversation, la vie en cité et (mieux !) la solidarité. Précisément, les Primitifs aiment à chanter, à converser, à s'entraider.

Les critères généralement retenus par les anthropologues pour taxer de « primitive » une société sont les suivants : absence d'écriture, primat de la communication orale, évolution historique lente, groupe démographiquement restreint, communauté homogène, rôle social défini par le sexe ou l'âge ou la parenté, importance du sacré, absence d'acculturation, économie d'autosubsistance, ni ville ni machine, pensée par participation et classifications (totem, par exemple), vocabulaire pléthorique, mentalité

---

1. H. Spencer, L. H. Morgan, E. B. Tylor.
2. S. Bahuchet et J. M. C. Thomas, *Encyclopédie des Pygmées Aka. Techniques, langage et société des chasseurs-cueilleurs de la forêt centrafricaine*, SELAF, 1981 ss., 15 t.

analogique et mythique, culte de la tradition. Le critère d'absence d'écriture doit être nuancé, comme les autres, ne serait-ce que pour cette raison : certaines sociétés primitives ont des écritures. Précisément, ces écritures sont inventées et utilisées par les chamanes. Les chamanes des Cuna (au Panama) usent de pictogrammes, les chamanes des Cherokee (aux États-Unis) ont inventé un alphabet. De même, à propos du vocabulaire pléthorique, il est remarquable que les initiés d'Afrique, d'Amérique, d'Océanie créent des langues secrètes à côté des langues naturelles. Pour revenir aux Cuna, on sait qu'ils ont une langue vulgaire (pour communiquer), une langue pour les mythes (liée à la connaissance), une langue pour le chamanisme (ayant donc trait à la guérison magique)[1].

En ce qui concerne la mentalité, la coupure n'est pas radicale entre Primitifs et Civilisés. Il y a du primitif chez le Civilisé. Lui aussi peut penser par participation, admettre une communauté mystique de nature entre un animal et un groupe humain, accepter qu'un mort soit à la fois défunt et vivant. Cela ne constitue d'ailleurs pas sa couche d'erreurs, mais une certaine approche de la réalité. Le savant matérialiste ne peut s'empêcher de chercher le sens à certaines coïncidences. L'enfant se sent très proche de son ours en peluche. Le jour de son mariage, qui ne voit des signes un peu partout, dans la pluie, un retard, une remarque ? On trouve dans l'Europe actuelle, dans quelques sociétés civilisées, des chamanes, des hommes qui pratiquent l'extase comme les Primitifs, par exemple le *táltos* magyar, en Hongrie. Inversement, il y a du civilisé dans le Primitif : un vieux maître d'initiation a un grand savoir en matière de généalogie, de mythologie, de lexicologie, etc., lui aussi a le sens des acquisitions, il sait bien ce que l'on doit aux générations successives, lui aussi a ses musées, ses références. Après tout, un maître d'initiation africain qui a la tête pleine de mythes apparemment bizarres n'est pas plus bizarre qu'un professeur d'université qui a passé son existence à se bourrer le crâne des balivernes marxistes ou des extravagances de la théologie catholique !

Les plus primitives des sociétés primitives en restent à la collecte, à savoir cueillette et ramassage par les femmes, chasse et pêche par les hommes. Un symbolisme est déjà en place : en général, les femmes s'occupent du végétal, les hommes de l'animal. Chasse et pêche. Et, parmi ces sociétés, certaines, encore plus primitives, sont nomades, égalitaires, ne stockent pas. À une économie de collecte s'ajoute donc une organisation sociale de horde[2]. La horde nomadise dans les limites d'un territoire,

---

1. J. Sherzer, *Kuna Ways of Speaking*, University of Texas, 1983.
2. J. H. Steward, *Theory of Culture Change*, University of Illinois Press, Urbana, 1955 ; A. Testart, *Les Chasseurs-Ceuilleurs*, Maison des Sciences de l'Homme, 1982. Ex. de chamanes chasseurs-cueilleurs : K. M. Endicott, *Batek Negrito Religion. The World-View and Rituals of a Hunting and Gathering People of Peninsula Malaysia*, Clarendon Press, Oxford, 1979 (les Batak) ; R. Katz, *Boiling Energy. Community Healing among the Kalahary Kung*, Harvard UP, Cambridge, États-Unis, 1982, xv-329 p. (Afrique du Sud).

elle n'a pas de chef, elle ne fait pas de réserves des ressources. Mais on trouve une exception qui confirme la règle. L'absence de stockage, dans les hordes d'Amérique du Sud, existe pour tous sauf pour... les chamanes ! Ces chamanes qui déjà avaient violé la règle qui veut que les Primitifs n'aient pas d'écriture récidivent en stockant dans des sociétés à hordes. Ils errent avec des balluchons remplis de coquilles, de plumes...

Vivent de cette façon « primitive », donc de collecte et en horde : les Eskimo du renne à l'ouest de la baie d'Hudson (Canada), les tribus amérindiennes du Nord (comme les Ojibwa), les aborigènes australiens du Sud-Est, les Vedda du sud-est de Ceylan, les Drâvidiens au sud de l'Inde, les Fuégiens au sud de l'Amérique[1], les Bushmen du désert du Kalahari en Afrique australe, certaines tribus indonésiennes de Bornéo et de Sumatra, les Négrito andamanais (entre Bengale et Sumatra), les Kha Tong Lüöng d'Indochine. Ces peuples soi-disant très « primitifs » ont tous des initiations. Et, par bonheur, les ethnologues ont bien voulu les consigner, pour autant qu'on le leur a permis et dans la mesure où ils ont pu se rendre compte qu'ils avaient affaire avec des Mystères, à de saintes et fortes choses. C. G. et Brenda Seligman ont étudié les chamanes vedda (*The Veddas*, 1911). On doit à I. H. Evans des recherches sur les chamanes de Bornéo (*Studies in Religion, Folklore and Custom in British North Borneo and the Malay Peninsula*, 1923, p. 158-167). K. Rasmussen a écrit plusieurs livres sur les Eskimo et leurs chamanes, dont *Intellectual Culture of the Iglulik Eskimos* (1929). Célèbre est l'étude de A. R. Radcliffe-Brown sur les *Andaman Islanders* (1932). M. Gusinde a consigné les initiations des chamanes de la Terre de feu (*Die Feuerland Indianer*, 1935-1937). A. P. Elkin a noté les initiations des hommes-médecine australiens (*Aborigenal Men of High Degree*, 1945). Lorna Marshall a observé les extatiques guérisseurs chez les Bushmen (« The Medicine Dance of the Kung Bushmen », *Africa*, Londres, 1969). Ainsi, ces savants ethnologues, à la recherche de comportements mal dégrossis, ont-ils consigné des spiritualités complexes, profondes, hiérarchisées. D'ailleurs, qu'importe si elles sont complexes, pourvu qu'elles soient pures.

« PRIMITIF » : CRITÈRE ÉSOTÉRIQUE (LE SIMPLE)

Les peuples les plus primitifs véhiculent le thème initiatique de la mort symbolique. Les ethnologues se sont penchés sur les formes les plus sommaires, donc (!), pour eux, les plus anciennes du sacré, de l'ésotérique.

Il est intéressant de constater que le symbolisme initiatique de la nouvelle naissance est attesté même chez les populations très primitives, comme les Yamana [=Yaghan] et les Halakwulup [=Alakalouf] de la Terre de Feu, dont les rites de puberté sont d'une extrême simplicité. En effet, d'après les recherches de Gusinde

---

1. Alakalouf (=Qawashgar), Yaghan (=Yamana), Ona (=Selk'nam).

et W. Koppers[1], l'initiation des Yamana et des Halakwulup serait plutôt un cours d'instruction morale, sociale et religieuse qu'une cérémonie comportant des épreuves plus ou moins dramatiques. Les jeunes filles sont initiées conjointement aux garçons, bien que chaque sexe reçoive, en outre, de tuteurs âgés, hommes et femmes, une instruction séparée. Chez les Halakwulup il n'y a pas de secret initiatique. W. Schmidt considère cette initiation collective des deux sexes comme la forme la plus ancienne qui existe, et il insiste sur ce point, elle ne comprend aucune mutilation corporelle et se limite aux instructions concernant l'Être Suprême. Toujours d'après Schmidt, l'initiation des Yamana et des Halakwulup représenterait une forme plus ancienne encore que celle des Kurnai australiens, du fait que les Yamana ne pratiquent pas la séparation des sexes.

M. Eliade, *Initiation, Rites, Sociétés secrètes*, Gallimard, coll. « Idées », 1976, p. 74. © Gallimard, Paris.

Le Professeur Eliade tombe dans les bras du Père Schmidt. Ils se donnent le baiser de l'évolutionnisme ! C'est pur préjugé que de vouloir confondre le sommaire et l'ancien. À ce compte-là, la planche à roulettes serait antérieure à l'automobile, le tee-shirt serait antérieur au smoking, ce qui est radicalement faux ! L'évolutionniste pointe un retard matériel, mais il reste aveugle sur l'avancée spirituelle, parce que les deux ne se placent pas sur le même plan. Autant tenir un yogi pour un pauvre type sous prétexte qu'il vit nu.

L'ésotérisme existe au niveau le plus « simple » de toute culture, quel que soit son degré d'« avancement » matériel. Par là, les sociétés soi-disant arriérées et rudimentaires, en retard sur le plan technologique, se révèlent avancées spirituellement. On peut être en retard d'une révolution technologique et en avance d'une évolution psychologique ! Chez les Primitifs, l'humanisation se double d'une divinisation. Le Primitif et le Civilisé ont chacun une culture, le premier sans et le second avec écriture, le premier avec nécessairement un ésotérisme, le second avec éventuellement un ésotérisme, le premier avec un ésotérisme qui touche d'abord les jeunes gens, le second avec un ésotérisme qui concerne d'abord l'élite. Chez les Primitifs, l'intelligence n'exclut pas l'esprit, l'éducation n'exclut pas l'initiation. Un Parisien virtuose du micro-ordinateur reste un enfant de l'esprit devant un chamane eskimo capable de visualiser son propre squelette, de séparer son âme lors d'une extase, de deviner où se trouvent les bans de poissons. Si le Primitif n'a pas de technologie, c'est moins par incapacité que par choix. On sait que les Maya (qui ne sont pas des Primitifs) n'avaient pas la roue ; ce n'était pas par sottise, puisqu'ils la dessinaient, mais par décision : ils préféraient construire des temples, des pyramides. On peut être « pauvre » par choix, non parce qu'on est un

---

1. Th. Bridges, *Manners and Customs of the Firelanders*, 1866 (trad. française in *Bulletin de la Société d'anthropologie à Paris*, 1884, p. 169-183). W. Schmidt, *Der Ursprung der Gottesidee*, Münster in Westfalen, 1912 ss. (2ᵉ éd. 1926-1955, 12 t.), t. 6, p. 458 *sqq.* M. Gusinde (missionnaire), *Die Feuerland-Indianer*, Mödling bei Wien, 1931-1974, 3 t. en 4 vol., t. 2, p. 940 *sqq.* W. Koppers, *Primitive Man and his World Picture*, trad. de l'allemand, Sheed and Ward, Londres, 1952, VIII-264 p.

raté, est-on alors un pauvre ? non ! De même, certaines tribus ont sciemment négligé l'écriture. Les savants admettent fort bien que les Gaulois, capables d'écrire, préféraient ne pas le faire, pourquoi le Primitif n'aurait-il droit qu'à une explication dévalorisante ? Aujourd'hui encore, les Tsiganes, dont nul ne conteste l'habileté, préfèrent ne pas écrire.

Deux conclusions s'imposent. Conclusion 1 : le plus primitif est déjà élaboré. Conclusion 2 : le plus primitif est déjà ésotérique.

Soit le cas de l'instrument de musique le plus primitif, dans les instruments à cordes : l'arc musical. Il se compose simplement d'une liane tendue entre les extrémités d'une tige de bois arquée. On la fait vibrer. « Simple », dira-t-on. Archaïque, plutôt. L'instrument n'a rien d'inutile, il contient les seuls principes nécessaires. D'une part, cet instrument apparemment élémentaire permet des traitements très variés : on peut frotter la corde, ou la pincer, ou la gratter, ou la faire résonner avec la bouche ou en utilisant une calebasse, ou bien en faire un racleur si l'on frotte des stries que l'on fait sur le bois ; l'arc musical donne des résultats raffinés, parfaitement esthétiques, sur une échelle pentatonique (sol, la, do, ré, mi). D'autre part, l'arc musical concerne les initiations, il dirige les mouvements chorégraphiques des danses lors des rites d'initiation chez certaines ethnies de Guinée. Et encore l'arc musical n'a qu'une vocation exotérique ! Que serait-ce d'un instrument à vocation ésotérique ? Il existe. C'est le rhombe[1], le *bull roarer*, le *tjurunga* en Australie. Il consiste en une lame de bois ou de pierre, percée d'un orifice où l'on passe une cordelette. On le fait tournoyer. Le son produit ressemble à une sirène. Cet objet regorge de sens et de sacré. En Australie et en Afrique, les femmes qui le voient doivent mourir. On le retrouve dans presque toutes les initiations primitives (et grecques), pour symboliser la voix des ancêtres, des esprits. Le rhombe, au fond, rend la parole perdue, le langage de la nature, le Verbe par excellence. Le rhombe est l'ésotérisme fait son. Et c'est d'autant plus *ésotérique* que c'est *simple*. Le rhombe est l'objet le plus primitif, le plus simple, le plus ésotérique, le plus typique des peuples sans écriture, comme, peut-être, le Coran est l'objet le plus complexe des peuples civilisés. Le rhombe vaut pour l'oreille. C'est l'enseignement oral parfait, qui terrifie, qui met en contact avec le primordial par un son. Pourquoi ? il fait entendre la musique des êtres les plus puissants. Il a, disent les Primitifs, le son du bœuf, prototype de l'être fécond, sexuel ; il a le son du tonnerre, voix du ciel, condensé de foudre et d'éclair. L'ésotérisme des premières civilisations était fondé sur le Taureau ; l'ésotérisme des Indo-Européens, des Asianiques était lié à un dieu du Tonnerre. Le rhombe porte les deux symboles, Taureau et Tonnerre.

---

1. A. W. Howitt, *The Native Tribes of South-East Australia*, Macmillan, Londres, 1904, p. 494 *sqq*. Curt Sachs, *The History of Musical Instruments*, W. W. Norton, New York, 1940, 505 p. Cl. Lévi-Strauss, *La Pensée sauvage*, Plon, 1962, chap. VIII.

LES ÉSOTÉRISMES PRIMITIFS 75

Le rhombe est analogie inverse, rencontre de la terre et du ciel, du sexe animal et de la foudre divine. La foudre est comme l'éjaculation (d'un taureau), l'éjaculation est comme la foudre (d'un dieu). Le rhombe concentre en lui ces symboles premiers, ces forces primordiales. Les Germains faisaient en guise de rhombe virevolter un poisson séché au bout d'une ficelle : peu leur importait le moyen, le son fusait et agissait.

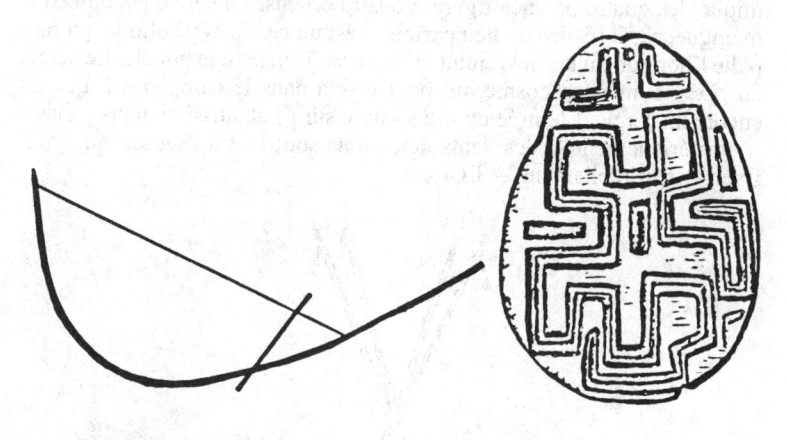

ARC MUSICAL AFRICAIN   RHOMBE AUSTRALIEN

Le mot « archaïque » serait plus approprié pour parler des sociétés sans écritures, car il renvoie à « principe », et *les sociétés primitives se consacrent à l'essentiel et sacralisent l'essentiel* : naissance et mort, bonheur au sein d'un groupe et collecte des ressources, vie avec les animaux, avec les végétaux, avec les morts aussi, et contact avec l'environnement physique ou social, le tout dans un grand souci des origines, du mythe fondateur, des anciens. Le Civilisé, pour sa part, se passionne pour l'accidentel et rend profane tout ce qu'il touche. Il ne sait même plus qu'il rêve chaque nuit, il ne se nourrit jamais, il préfère « grignoter » ou « bouffer ». Son toit lui cache les étoiles.

Le simple, c'est donc le principal, déjà, et pas du tout le rudimentaire, ou le grossier ! Et le Primitif double toujours son regard sur le « simple ». Il le regarde avec le plus grand réalisme *et* la plus forte fantasmagorie. Tout Primitif est un surréaliste. Il s'attache aux hasards, aux faits quotidiens, aux beaux objets, il fait preuve d'un esprit d'observation rarement égalé chez les Civilisés, en même temps qu'il développe des mythologies extraordinaires, des rituels extrêmement complexes, un imaginaire. Le Primitif allie la plus exacte description des surfaces à la plus vaste investigation des profondeurs. Il voit dans une trace animale, dans un son de tam-tam, dans la chute d'une feuille à la fois une grande quantité d'informations positives, précises, et toute une qualité métaphysique, traditionnelle, divinatoire. En ce sens, la mentalité primitive est (en puissance) une mentalité ésotérique. Quand un Sioux crow pose sa tente en forme de cercle sur la terre, avec un poteau central et quatre perches, il fait un geste technique, efficace, mais aussi un geste ésotérique, signifiant. Il construit une habitation qui est une loge. Le poteau central représente l'Arbre Cosmique, les quatre perches figurent quatre orients. Le cercle est un cercle magique, car il réalise un lieu parfait, il est un cercle symbolique qui rappelle l'horizon où le Ciel rejoint la Terre en formant une boucle. Le cercle du *tipi* est un microcosme, un petit cercle dans le campement, qui est encore un cercle. L'entrée du *tipi* s'ouvre sur l'Est, aussi bien pour éviter — matériellement — les vents dominants soufflant à l'Ouest, que pour fixer — spirituellement — l'Orient.

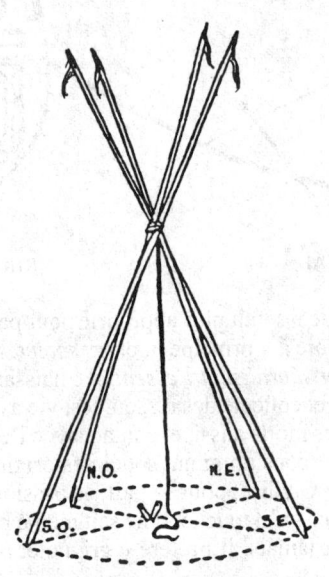

TIPI DES CROWS (CORBEAUX)
(dessin D. Dubois *in* D. Dubois et Y. Berger, *Les Indiens des plaines*, Dargaud, 1978)

Il ne s'agit pas de dire que les Primitifs sont des Initiés, mais de constater que l'approche archaïque de la réalité ressemble beaucoup à l'approche ésotérique, en mêlant le manifeste à l'occulte, en voyant dans le manifeste le plus brut une dimension occulte. Le « naturel » est « surnaturel ». L'oiseau qui passe est aussi augure. Le Primitif vit dans une ambiance ésotérique comme l'Américain dans une ambiance économique.

L'ÉSOTÉRISME PRIMITIF : CARACTÉRISTIQUES

Exotique n'est pas ésotérique. La bizarrerie ne renvoie pas forcément à l'occulte. Toutes les initiations africaines, toutes les associations amérindiennes, toutes les transes asiatiques ne sont pas d'ordre spirituel. Les rites de puberté africains limités à des épreuves d'endurance et à un enseignement moral propre à la tribu ne relèvent pas de l'ésotérisme, même si tout le monde — indigènes et ethnologues — parle alors d'« initiation », de « secret », de « mystère », de « magie ». Inversement, certains ésotérismes passent pour superstition, charlatanisme, charabia, amusette, puérilité, alors que ce sont d'authentiques Mystères ; par exemple, la société polynésienne des Arioï[1] se donnait une image de débauche et de fantaisie, alors qu'elle formait d'authentiques initiés dans ses hauts grades. Prudence donc ! et perspicacité !

LE CHAMANISME DANS LES SOCIÉTÉS LES PLUS PRIMITIVES

		Collecte	horde	chamane
ABORIGÈNES AUSTRALIENS	Océanie	+	+	*mirano*
BUSHMEN	Afrique	+	+	
ESKIMO	Arctique	+	+	*angakkuq*
FUÉGIENS	Amérique	+	+	*yekamush*
INDIENS DU CANADA	Amérique	+	+	*ixt shishashun*
NÉGRITO (PYGMÉES)	Océanie Asie S.E.	+	+	*hala*
(PYGMÉES) NÉGRILLES	Afrique	+	+	*ngàngà*

Une constante s'impose. L'ésotérisme primitif se présente sous la forme, peut-être pas de chamanisme[2], mais d'un **ésotérisme à chamanes**. Les cultures « les plus primitives » ont des chamanes. On retrouve même des thèmes chamaniques très précis dans ces ethnies peu civilisées. Par exemple, « le thème de l'insertion de substances magiques est (peu) fréquent, il n'existe que de rares allusions à des morceaux de fer mis à fondre dans le même chaudron que la future chair du chaman et ses futurs os, pourtant ce thème est attesté, par exemple chez les Sémang de la Péninsule Malaise, les Dayak de Bornéo et en Amérique du Sud[3] ». Et

---

1. Voir *infra*, p. 253 (« Australie »).
2. Au sens étroit « chamanisme » ne s'applique qu'à l'Asie du Nord et du Centre.
3. M. Eliade, *Religions australiennes*, trad. de l'anglais, Payot, coll. « Petite Bibliothèque Payot », n° 206, 1972, p. 151. Chamanisme des Batak malais : K. M. Endicott, *Batek*

toutes les sociétés primitives ont un homme du Mystère, chamane, ou magicien, ou plusieurs, ou les deux, chamane et magicien. En Afrique, le chamane est à peu près absent [1], mais le magicien, lui, est, omniprésent. Le chamane, le magicien a pour première tâche, chez les Primitifs, de guérir. L'ésotérisme primitif est un **ésotérisme de guérison**. Le chamane, ou le magicien, se voit assigner pour fonction principale de soigner, ou de protéger, de prévenir la maladie, la sorcellerie, voire la disette. On retrouve les simples, au sens de plantes médicinales.

Davantage il faut noter que les Sauvages ont en tel honneur et révérence ces *Pagés* [chamanes] qu'ils les adorent ou plutôt idolâtrent. Même quand ils retournent de quelque part, vous verriez le populaire aller au devant, se prosternant, et les prier, disant :
– Fais que je ne sois malade, que je ne meure point, ni moi ni mes enfants.
Ou autre chose.
Et lui répond :
– Tu ne mourras point, tu ne seras pas malade.
Et semblables choses.

A. Thevet, *Les Singularités de la France Antarctique, autrement nommée Amérique* (1557), Maisonneuve, 1878, p. 174 (cité par A. Métraux).

On comprend cette importance des guérisseurs. Ils attribuent la maladie à des facteurs surnaturels (sorts, esprits, sorcellerie...) ou à des raisons morales (comme le tabou). Dans ces sociétés on meurt jeune, nombre d'enfants n'arrivent pas à l'âge adulte, quantité de maladies circulent, le danger rôde. La science médicale n'existe pas, ou fort peu, sous forme d'ethno-science. Reste le médiateur du Mystère, celui qui sait désigner et peut manipuler la puissance en cause. L'ésotérisme primitif est avant tout l'art de guérir en agissant sur les âmes de l'homme, sur les esprits de la nature, sur les génies de la société. Parmi les invocateurs polynésiens, leurs dix catégories, on repère le chamane des remèdes (*tahu'a ra'au*) et le chamane exorciste (*tahu'a tatai*). En Mélanésie, les possédés comme les chamanes sont surtout consultés sur les maladies. En Amérique du Nord, on assimile l'homme sacré à l'homme-médecine. En Amérique du Sud, le *curandero* s'impose. Chez les Négro-Africains, les notions occultes, comme la force vitale, l'animal-âme, renvoient peu ou prou aux idées de maladie, de guérison, de féticheur, et le féticheur se définit comme celui qui a le sachet-médecine.

L'ésotérisme primitif est un **ésotérisme de puissances**. De la part des puissances, l'homme veut obtenir deux choses : gagner des pouvoirs

---

Negrito Religion. The World-view and Rituals of a Hunting and Gathering People of Peninsular Malaysia, Clarendon Press, Oxford, 1979, 234 p.
1. Le chamanisme négro-africain est attesté chez les Bushmen Kung (selon R. Katz, 1982) et chez les Vandau (H. Ph. Junod — dit « Junod junior » —, « Les cas de possession et d'exorcisme chez les Vandau », *Africa*, Oxford UP, Londres, t. 7, 1934. Voir *infra*, p. 122 (« Les porteurs de puissance »).

magiques, contacter les forces naturelles et surnaturelles. Le Primitif conçoit le monde sacré comme une hiérarchie ou un réseau de puissances où l'homme pénètre plus ou moins. La maladie est perte de puissance, départ de l'âme, et l'âme est puissance. Le magicien, homme puissant, connaît, lui, les puissances, agit sur elles. La vie devient un échange de forces, entre vivants, entre vivants et morts, qui passe par un homme de puissance. Partout gisent des forces actives, des « âmes » que certains savent localiser et manipuler, voilà le nœud de l'ésotérisme primitif. Une puissance est une force originale et originaire : originale car la puissance du jaguar n'est pas la puissance de l'aigle, originaire car la puissance de l'aigle vient de son analogie avec Dieu, qui est l'Origine même. Il faut donc revenir aux sources, aux origines, aux forces, bref à la puissance. Revenir, c'est s'initier. On plonge dans la Source. On remonte et on se remonte. L'ésotérisme primitif est un remontant !

L'élément caractéristique des ésotérismes primitifs vient de son aspect corporel. Il y a de la sueur, du sang, des larmes. Quant au fond, l'ésotérisme primitif est un **ésotérisme d'incarnation et de contacts**. Il est terre et chair. Il est physique. Cela n'exclut aucunement la spiritualité, pas plus qu'être sportif n'empêche d'être intellectuel. L'ésotérisme primitif s'incarne, au lieu de devenir contemplation. Le corps intervient plus directement, plus profondément, et cela dès la langue. L'ésotérisme est dit (avec la langue), et non pas écrit. Le Primitif utilise la voix, le souffle, le geste, le rythme et les intonations. L'importance des mutilations, des masques, des chants atteste ce goût du contact. L'ésotérisme primitif se veut rencontre, de peau à peau. Ce contact se fait aussi bien avec le milieu biologique qu'avec le groupe humain. Il ne se réalise pas avec l'idée de nature ou avec l'humanité en général, mais avec un monde proche, tenu sous la main, sous le pied. Le Primitif cherche à lire dans la nature qui l'entoure et à lire pour son groupe humain. Il se lie à sa nature sauvage, il se lie à son groupe social, et il lie son groupe à la nature (par le totem, par l'agriculture, etc.). L'ésotérisme est la mise en forme de cette attitude de vie du Primitif *dans* son milieu. L'ésotérisme est bien encore, toujours, chose de l'intérieur, de l'intime, de l'intériorisation. Chez les Primitifs il crée une collaboration, une solidarité entre les vrais hommes (les initiés) et le cosmos ambiant, la nature environnante, le monde vrai, mais du dedans, pas du dehors. La chasse unit la panthère au chasseur de l'extérieur, cependant que l'initiation des hommes-panthères unit la panthère à l'homme de l'intérieur. L'ésotérisme primitif n'est pas oral par accident ou insuffisance, mais par vocation (c'est le cas de le dire). On ne lit pas l'ésotérisme primitif, on ne l'écoute pas non plus. On le sent avec son corps, dans sa chair, par ses sens. D'où les tatouages, les scarifications, qui brûlent la peau et font entrer dans l'âme les mystères. D'où la passation des secrets ésotériques par un coup de langue. Ogotemmêli, le seul initié primitif qui ait accepté à ce jour de dire, de dire simplement, était aveugle : n'a-t-il donné son enseignement sans masque, sans danse que parce qu'il n'avait plus le contact ? Ogotemmêli a violé les secrets parce qu'il ne les touchait plus de ses yeux.

L'ésotérisme primitif recourt, comme ailleurs, aux correspondances et aux analogies, mais celles-ci proviennent des réalités naturelles, animaux, végétaux, événements, cycles. Il ne consiste pas en notions ou il n'existe pas par des personnes, il prend corps en des comparaisons, des correspondances, des mimétismes, des simulacres, des emblèmes, des contes de la vie quotidienne... Quand le Civilisé exprime l'ésotérisme par des signes, le Primitif l'exprime par des insignes. Le Civilisé parle de microcosme, au moyen d'écritures, d'illustrations, le Primitif, lui, montre sa case, son troupeau, mais tous les deux rendent visibles les correspondances, les affinités entre le monde en général et un monde en particulier. Le Civilisé contemple un archétype, le Primitif montre un poteau, un troupeau, mais tous les deux réalisent le lien entre les extrêmes, entre Haut et Bas, Ciel et Terre, Dieu et Homme. Chaque Primitif a sa voie d'accès privilégiée, mais tous mettent en avant la relation au sacré, une relation intime. Il s'agit bien de la relation sacrée au sacré, pas de la notion de sacré. Le Primitif conceptualise moins mais éprouve davantage, quitte à pleurer, à crier. D'où le désarroi des anthropologues, qui ne savent comment interpréter *mana*, *orenda*, etc. Le Primitif ne définit pas le sacré, comme un professeur, il se fait sacré, il fait le sacré, il sacralise. Ses procédés d'occultation passent par des objets. Quant à la forme, l'ésotérisme primitif est un **ésotérisme de déguisements**. Il tend à placer le secret, le pouvoir, ici, en ce monde (contrairement à la religion), mais dans un objet. L'ésotérique siège dans un être qui n'est pas moi, qui n'est pas une pensée. Cet être est un animal, souvent, un objet fabriqué parfois. C'est le *tonal* (le double animal), le masque ou autre. Le Primitif s'intéresse peu à son âme, en revanche il s'intéresse beaucoup à l'âme. Il va travailler de l'extérieur cette chose intérieure (*ésô*), comme l'Occidental travaille de l'extérieur les choses extérieures. Il va donc avoir recours à des esprits gardiens, croire en des âmes extérieures, sculpter un masque, admettre la transmigration. Il DOUBLE le monde. L'ésotériste primitif DÉDOUBLE son être et REDOUBLE sa puissance. Quand il est possédé, quand il est masqué, quand le chamane lance ses esprits gardiens, quand le magicien se transforme en léopard, il se dédouble en devenant et lui et léopard, il redouble sa force en la rendant plus humaine, et animale en sus. Le principe consiste à avoir plus de vie en ayant moins de moi. On reste encore dans l'idée de coutume. La transmission passe une fois encore, mais sous une autre forme que celle de tradition. On transfère le sacré réel, non plus le sacré culturel. L'exotériste se contente d'un totem, de la coutume. Le Primitif utilise un symbole de chair, un symbole en vie.

Les Primitifs ont un **ésotérisme d'initiations et d'objets**, alors que les Civilisés ont un ésotérisme de gnoses et de livres.

• LES INITIATIONS, SELON LES PRIMITIFS, commencent dès l'enfance, principalement à la puberté, et les épreuves sont manifestement physiques. Les initiations tribales présentent partout la même succession (séparation d'avec la société ; transformation grâce à des épreuves symboliques et à un enseignement secret ; réintégration dans la société), le même symbolisme (mort de l'ancienne personnalité ; passage du monde profane au monde sacré ; résurrection à un état supérieur), la même promotion (nouveau nom, mystique, et nouvelle langue, secrète ; nouveau statut social ; nouvelle condition humaine). L'initiation primitive est, proprement, éternelle. Elle commence dès l'origine du monde, quand le Verbe paraît, quand le Couple primordial naît, etc., alors les conditions idéales se manifestent, l'androgynie, la parole, etc. ; elle commence aussi, au niveau humain, dès la naissance, et même avant par la roue des réincarnations. Et l'initiation ne cesse pas, elle se poursuit après la mort, par la réincarnation, par l'accès au monde des esprits, des ancêtres, par la transmission des initiations. Ce qui vaut pour l'homme vaut pour le monde. Tout est métamorphose, tout est initiation. Le processus du monde et le processus de l'homme se répondent. Un même sens enveloppe toute existence. Les esprits se croisent indéfiniment. Il est commode, après les Grecs des Mystères d'Éleusis, de distinguer l'initiation-processus de l'initiation-cérémonie. *Muêsis* (μύησις) désigne l'initiation-processus, la spiritualisation, la métamorphose, tandis que *teletê* (τελετή) désigne l'initiation-cérémonie, le rite, la consécration. Les deux phénomènes vont souvent ensemble, pas toujours.

• LES OBJETS, SELON LES PRIMITIFS, contiennent le *mana* cherché en même temps qu'ils représentent l'homme lui-même qui les cherche. On imagine un initié grec ou européen les mains nues, pas un initié primitif. Verrait-on un chamane sibérien sans tambour ? un initié africain sans masque ? un initié amérindien sans pipe ? Les divinités et les génies, les puissances et les connaissances sont dans les objets, en leur intérieur, en leur *ésô*. L'ésotériste australien cherche la connaissance dans le cristal de roche, l'ésotériste mexicain cherche la voyance dans le cactus. L'ésotériste négro-africain est masque, l'ésotériste amérindien est pipe, l'ésotériste asiatique est son gardien (maître d'initiation, *gourou*, ou esprit gardien, animal protecteur) ; et la pipe, le masque, le gardien sont chacun microcosme, double, outil. C'est une façon pour l'ésotériste primitif d'assumer l'impersonnalité, caractéristique de tout ésotérisme [1]. Au lieu de choisir, comme l'ésotériste civilisé, l'anonymat, la pseudonymie ou autre, qui, malgré tout, restent attachés à une individualité humaine, l'ésotériste primitif se choisit à l'intérieur d'une chose extérieure. Le chamane amérindien se met tout entier dans la pipe ; celle-ci concentre le monde et symbolise le chamane lui-même, les deux à la fois du fait de la relation

---

1. P. A. Riffard, *L'Ésotérisme*, éd. cit., p. 311-318.

microcosme-macrocosme ; le tuyau de la pipe est principe masculin, le fourneau de la pipe est principe féminin ; la pipe devient le chamane, le chamane devient la pipe, leur sort est lié. L'ésotériste n'est pas une personnalité marquante, il a une personnalité manquante.

Et [demanda Castaneda au chamane yaqui don Juan], qu'arriverait-il si vous cassiez cette pipe ?
Il hocha lentement la tête.
— Je mourrais.
C. Castaneda, *L'Herbe du diable et la Petite Fumée* (*The Teachings of Don Juan. A. Yaqui Way of Knowledge*, 1968), trad. UGE, coll. « 10/18 », 1985, n° 1113, p. 75. © 10/18, Paris.

Le Primitif n'est jamais fétichiste. Il sait fort bien que l'objet n'est pas un dieu, qu'il n'a pas la puissance en lui-même (seuls les missionnaires et les colonisateurs se sont laissé abuser, habitués qu'ils étaient de vénérer des reliques ou des statues en plâtre de la Vierge Marie). L'objet sera inutilisable, trop grand ou trop petit, intransportable : l'arc du magicien ne peut tirer une flèche. Ou bien, il sera abstrait : les statues ou dessins montrant un chamane sud-amérindien avec son esprit jaguar inversent les proportions, l'homme paraît minuscule ; ou encore l'objet véhiculera des mythes, des légendes, des croyances si extravagants que le Primitif les tiendra pour des paraboles. L'ésotériste primitif fait passer l'ésotérisme par une chose stable que traverse une chose instable (le *mana*) pour que la chose instable devienne stable (le *mana* reste) et que la chose stable devienne instable (le masque de feuilles pourrit). Ainsi roule la vie, et la mort aussi. Dans ce jeu entre présence et absence, objet concret et force abstraite, la mutation de l'homme se fait. Le Primitif ne croit ni en son objet : il n'est pas fétichiste, ni en la force : il n'est pas animiste ; il croit en leur *jeu*, qui est son destin, à lui, l'homme. Il sait parfaitement que l'objet n'est qu'objet, chose, matière quelconque ; il sait aussi parfaitement que la force — comme le remarquait Lévi-Strauss à propos du *mana*[1] — n'est qu'un truc, une idée plutôt confuse, « un symbole à l'état pur ». Il sait fort bien cela quand il est initié. Sans doute le profane, lui, en reste à la croyance brute, à la superstition. Le fétichiste, c'est l'érudit Charles de Brosses, qui pense les Sauvages assez naïfs pour croire en des objets miraculeux ; l'animiste, c'est l'ethnologue Edward B. Tylor, persuadé que les Sauvages voient partout de l'âme, de la puissance. Le Primitif travaille sur l'objet comme point d'appui, comme un ingénieur travaille sur son ordinateur en sachant que l'ordinateur ne produit pas l'esprit par lui-même.

Dans le même ordre d'idées, on voit que le Primitif ne s'effraie pas de la transe, rejetée si promptement par le Civilisé. Les ésotéristes primitifs

---
1. Cl. Lévi-Strauss, *L'Œuvre de Marcel Mauss*, *apud* M. Mauss, *Sociologie et Anthropologie* (1950), PUF, 1991.

emploient fréquemment et rituellement la possession (dans les traditions négro-africaines), l'extase (dans le chamanisme sibérien ou amérindien). Là encore, dans cet **ésotérisme de transe**, l'initié se dédouble et redouble sa puissance.

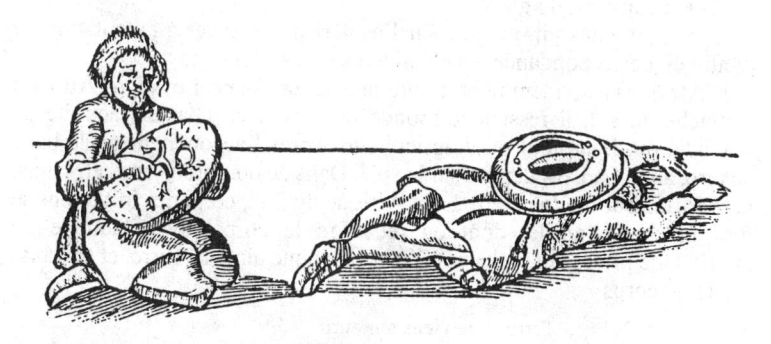

CHAMANE LAPON JOUANT DU TAMBOUR PUIS TOMBANT EN EXTASE
(dessin J. Schefferus, 1673)

Pour résumer, je dirais que pour le Primitif l'ésotérisme est un MILIEU, au sens biologique du terme, au sens où un être vivant est un milieu, un monde de vies au sein d'un monde plus vaste, rempli d'autres milieux. Un milieu est un petit monde, fermé sur lui-même, et qui pourtant a besoin de l'extérieur. De même, les ésotérismes primitifs sont clos, ils renvoient à leur propre tradition, tribale, mais, parallèlement, pour ne pas étouffer, pour respirer, les ésotérismes primitifs favorisent l'extériorisation, sous forme de transferts, de déguisements, de transes, de danses, de masques, de croyances aux génies, aux doubles. Dans un milieu il y a échanges, recherche de vie, de même les ésotérismes primitifs. Mis hors de ses conditions, un milieu meurt : un cocotier ne pousse pas sur la banquise, la magie zoulou ne passe pas en Angleterre.

L'ÉSOTÉRISME PRIMITIF : CLASSIFICATIONS (CONTINENTS/ÉLÉMENTS)

Les Primitifs fidèles à leurs croyances, les « animistes » donc, ne représentent plus que 3,5 % des religions, avec 75 millions d'Africains (sur 312), 45 millions d'Asiatiques (sur 2 milliards), 100 000 Océaniens (sur 18 millions), 50 000 Nord-Amérindiens et Centre-Amérindiens (sur 300 millions), 1 million de Sud-Amérindiens (sur 170). En tout 121 millions[1] pour 3 milliards 400 millions d'âmes, cela vers 1970.

Les Primitifs vivent sur les cinq continents. On observe des peuples

---

1. *Encyclopédie Quillet*, art. « Religions », p. 5795.

primitifs en Europe : quelques populations attardées (comme les Guanches[1] des îles Canaries, exterminés au XVIe siècle), quelques groupes ethniques dans l'extrême Nord (comme les Lapons, les Votiak, les Samoyèdes), quelques groupes ruraux isolés. L'Arctique forme un sixième continent, de glace.

Comment, dans un ouvrage sur l'ésotérisme, résister à la tentation de mettre en correspondance les Continents et les Éléments ?

L'Afrique est évidemment le continent de **la Terre**. Le Négro-Africain s'attache au sol, il ressent le monde par ses sens, il a une activité de nomade, ou de pasteur ou d'agriculteur. Après l'accouchement, le bébé des Iro, au Tchad, est déposé sur le sol[2]. Dans de nombreux rites africains, le sacrificateur goûte la terre... En Afrique du Sud, certaines initiations se font grâce à l'argile, dont on recouvre le corps, avec laquelle on guérit. Une prière des Ashanti (Ghana) invoque ainsi la Terre, et son analogue, le corps :

> Terre, si je viens à mourir,
> C'est de toi que je dépends.
> Terre, tant que je suis en vie,
> C'est en toi que je mets ma confiance,
> Terre qui reçois mon corps.

Cité par L.-V. Thomas et R. Luneau, *Les Religions d'Afrique noire. Textes et Traditions sacrés*, Fayard-Denoël, coll. « Le Trésor spirituel de l'humanité », 1969, p. 282.

L'Océanie est, de façon aussi manifeste, le continent de **l'Eau**. Elle est dans et par l'océan Pacifique, et ses peuples vivent beaucoup avec l'eau, quand ils pêchent, quand ils naviguent, quand ils cultivent. Le principal procédé de divination chez les Dobu, de Papouasie orientale, consiste à jeter une fleur d'hibiscus dans un bol d'eau, à fendre de la main la surface, et à observer[3]. Un mythe polynésien, parmi d'autres, montre l'importance de l'Eau (avec le Feu, son contraire), à l'origine de toute vie et de toute divinité, celui d'Hina.

> Hina-qui-travaille-sur-la-Lune flottait comme une écope,
> Fut emportée dans une pirogue, et appelée depuis Hina-l'Écope,
> Fut amenée sur la rive et déposée près du feu,
> Les insectes de corail naquirent, l'anguille naquit,
> La pierre naquit, la pierre volcanique naquit,
> L'oursin naquit, le hérisson de mer naquit,
> Et depuis on l'appela Hina-dont-le-sein-donna-naissance-à-toute-forme.

Cité par R. Poignant, *Mythologie océanienne* (1967), trad. de l'anglais, Paris, 1968, p. 45.

---

1. O. Brito et *al.*, *Historia popular de Canarias*, t. 1 : *Los Aborigenes*, Centro de la Cultura Popular Canaria, 1987, 118 p.
2. Cl. Pairault, *Boum-le-Grand, village d'Iro*, Institut d'ethnologie, 1966, p. 321.
3. R. F. Fortune, *Sorciers de Dobu. Anthropologie sociale des insulaires de Dobu dans le Pacifique* (1932), trad. de l'anglais, Maspéro, 1978, p. 188.

L'Asie : continent de **l'Air**. Les Asiatiques ont inventé le cerf-volant. Ils invoquent souvent le Ciel. On relie aisément tout ce qui est pensée pure et rêverie mystique à l'Air aussi bien qu'à l'Asie. Un héros des Joraï, ethnie indochinoise, dit cette obsession de l'Air, et de l'ascension, par quelque moyen, cerf-volant, cheval volant, ailes. On peut transposer en termes chamaniques. La jeune fille convoitée est le ciel ou le monde des trépassés ; le véhicule est l'âme du chamane (*pöjau*) ou son esprit familier.

Drit est attaché à un cerf-volant par le seigneur qui veut se débarrasser de lui. Drit s'élève dans les airs, vole jusqu'à un pays merveilleux d'où il ramène un talisman qui lui fait surmonter toutes les difficultés. [...]

Une fille céleste envoie sur terre son cheval blanc volant. Drit réussit à le maîtriser, il le monte et rejoint ainsi la belle dans les hauteurs. [...]

Une fille des airs est venue se baigner dans un lac sur terre ; elle a déposé son manteau de plumes, elle entre dans l'eau ; survient Drit, il s'empare du manteau, la belle le suit chez lui ; puis elle retrouve son manteau caché, s'en revêt, prend son vol et disparaît ; Drit se fait forger des ailes, s'essaie à voler, parvient dans les hauteurs et retrouve la femme aimée.

Contes joraï, résumés par J. Dournes (=Dam Bo), apud *Dictionnaire des mythologies*, 1981, t. 2, p. 81 (voir *Akan, contes oraux de la forêt indochinoise*, Payot, 1976). © Éditions Flammarion, Paris.

Quant à l'Europe, à cause de sa technologie, elle est le continent qui privilégie **le Métal**. L'Europe commence véritablement son histoire avec l'âge du fer. Son ésotérisme même utilise le métal : épées des chevaliers du Graal, instruments des Compagnons, équerre et compas des Francs-Maçons... L'alchimie, si développée en Europe, est une initiation par le métal et pour le métal.

Reste l'Amérique, reste **le Feu**. L'Amérique serait le continent du Feu, ce qui paraît moins net. Mais le culte du Feu, plus précisément du Soleil, signe bien des religions américaines. Les Aztèques célébraient le dieu du Feu (Ueueteotl) et le disque solaire (Tonatiuh), les Inca avaient des Vierges du Soleil comme femmes sacrées, pour les Maya le Soleil et la Lune furent le Couple primordial ; les Hopi identifient le Soleil au Créateur, les Natchez ont centré leur religion sur le Soleil, les Indiens des Plaines sont célèbres pour leur Danse face au Soleil (*Sun Dance*), les Pieds Noirs font du Grand Esprit le Pouvoir Solaire... Un chamane des Indiens huichol, Ramón Medina Silva, disait du Feu :

Pourquoi vénérons-nous quelqu'un qui n'est pas de ce monde, que nous appelons Tatewari et qui est feu ? C'est parce que nous croyons en lui sous cette forme. Tai, c'est le feu, ce n'est que le feu, les flammes. Tatewari [Notre Grand-Père le Feu, dieu tutélaire qui fut le premier chamane] est le Feu, c'est-à-dire le *mara'akame* [chamane] des temps anciens, celui qui nous chauffe, détruit les broussailles, cuit nos aliments, chasse le cerf, celui qui est avec Kauyumari [renne sacré, esprit gardien]. Nous croyons en lui. Sans lui, où trouverions-nous de la chaleur ? Comment préparerions-nous les repas ? Tout serait froid. Pour nous tenir chaud, il faudrait que notre Père le Soleil se rapproche de la terre, mais c'est impossible.

Cité par Barbara Myerhoff, *Peyote Hunt*, Ithaca, Londres, 1974, p. 78.

L'Arctique serait, dans ce schéma, lié à **l'Éther**. Justement, les Eskimo ont pour divinité suprême Sila (« Air, Météore »). Selon les Sibériens tchouktchi, l'étoile polaire représente l'Être suprême. L'Arctique est le lieu des aurores boréales. Ce conte sibérien montre bien que le salut passe par l'Éther, l'Azur, le Ciel étoilé :

Il y avait une fois une petite fille. Et la pauvrette n'avait ni père ni mère ni grand-père ni grand-mère. Elle était seule au monde ! Toute seule, la malheureuse ! Un riche marchand l'avait prise chez lui. [...] Un jour d'hiver, la marchande envoya la fillette chercher de l'eau. À la source près de la maison, la glace était si épaisse que la pauvre enfant dut, dans une neige profonde, aller jusqu'à l'étang où la glace était plus mince. Il gelait à pierre fendre. La fillette fit un trou dans la glace, y plongea son seau qu'elle emplit d'eau et prit le chemin du retour. Arrivée près de la maison de ses maîtres, elle buta contre une pierre, et toute son eau se répandit. Que faire ? Elle ne pouvait rentrer sans une seule goutte d'eau et elle ne se sentait pas la force de retourner jusqu'à l'étang. Juste à ce moment, le clair soleil baissait à l'horizon. La fillette le supplia :
— Soleil, soleil ardent, prends-moi avec toi dans les cieux d'azur ; si je reste sur terre, je mourrai de peine !
Mais le soleil, en entendant ces mots, se cacha derrière la colline et ce fut la nuit. Alors parut dans le ciel la lune d'argent, et la jeune fille renouvela sa prière :
— Lune, lune argentée, prends-moi avec toi dans les cieux d'azur ; si je reste sur terre, je mourrai de peine !
La lune entendit son appel, descendit sur la terre, et, à l'instant, se changea en un beau jeune homme, tout vêtu d'argent, qui dit à la jeune fille :
— Suspends-toi à ma chevelure d'argent, et je t'emporterai dans les cieux. [...]
Et, depuis ce jour, quand la lune est à son plein, on y voit la petite fille qui s'y promène. Vous la voyez ?

La Petite Fille dans la lune, conte sibérien, *apud* V. Stovicek, *Les Plus Beaux Contes du monde* (1980), trad. du tchèque, 1980, p. 140. © Librairie Gründ, Paris.

L'ÉSOTÉRISME PRIMITIF SELON L'ÉSOTÉRISME OCCIDENTAL

Les ésotéristes se font sur les Primitifs une idée souvent très différente de celle des savants. Beaucoup défendent, contre la thèse de l'évolution, la thèse de la *dégénération*, soutenue aussi par H. Berr[1], ou par C. von Martius selon qui « les [Indiens] Américains ne sont pas des sauvages, mais ont orienté vers la sauvagerie les vestiges dégradés d'un passé meilleur, dans un mouvement de déculturation commencé longtemps avant la pénétration européenne ».

---

1. Introduction à Al. Moret et Q. Davy, *Des clans aux empires*, Albin Michel, 1923, p. XII. L'hypothèse s'avère vraie, mais pour certaines ethnies seulement. Par exemple la culture des Lacandon (=Chiapa), Indiens du Mexique, ne représente qu'un reste déformé de la culture maya ; les chasseurs-cueilleurs d'Amazonie (Macu, Nambikwara, etc.) sont des ethnies ayant régressé sous l'action de forces extérieures.

Pour Papus,

> Les prétendus sauvages (Océaniens, nègres, Peaux-Rouges, etc.) sont d'anciens civilisés régressés.
>
> Papus, *Traité méthodique de science occulte* (1891), Dangles, 1969, t. 1, p. 165.

Notons la minuscule à « nègres » !

R. Guénon tempête contre les sociologues qui parlent de

> « primitifs », alors que nous les regardons au contraire comme des dégénérés. Si les sauvages avaient toujours été dans l'état inférieur où nous les voyons, on ne pourrait s'expliquer qu'il existe chez eux une multitude d'usages qu'eux-mêmes ne comprennent plus, et qui, étant très différents de ce qui se rencontre partout ailleurs, ce qui exclut l'hypothèse d'une importation étrangère, ne peuvent être considérés que comme des vestiges de civilisations disparues, civilisations qui ont dû être, dans une antiquité fort reculée, préhistorique même, celle de peuples dont ces sauvages actuels sont les descendants et les derniers débris.
>
> R. Guénon, *Introduction générale à l'étude des doctrines hindoues* (1921), quatrième partie, chap. II, Véga, p. 280. (Voir aussi Guénon, *Comptes rendus*, Éditions Traditionnelles, 1973, p. 147.)

De quelles civilisations les Primitifs seraient-ils les « débris » (merci pour eux !) ? Helena Petrovna Blavatsky avait imaginé une théorie [1], ou plutôt deux, l'une expliquant les Primitifs comme les restes dégénérés de hautes civilisations, l'autre les tenant pour des croisements entre espèce humaine et espèces animales ! Elle prétend s'appuyer sur les tablettes babyloniennes, les textes de l'Hindouisme.

La Doctrine Secrète réclame pour l'homme : 1° une origine polygénique ; 2° une variété de modes de procréation avant que l'humanité ne fût tombée dans la méthode ordinaire de génération ; 3° que l'évolution des animaux — tout au moins de mammifères — suit celle de l'homme au lieu de la précéder. [...]

[Race I, blanche, jaune, transparente : Terre Sacrée Impérissable, il y a 320 millions d'années] On se propose donc de donner [...] à la première terre ferme sur laquelle la Première Race fut évoluée par les divins Progéniteurs le nom de Terre Sacrée Impérissable [ou Pôle]. [...]

[Race II, jaune d'or, translucide : Hyperborée, il y a 150 millions d'années] Le Continent Hyperboréen, tel sera le nom choisi pour le second Continent, la terre qui étendait ses promontoires au sud et à l'ouest du Pôle Nord, pour recevoir la

---

1. On retrouve cette théorie des « races » chez R. Steiner (*La Science de l'occulte*, Triades, 1976, 4ᵉ éd.) et chez M. Heindel (*Cosmogonie des Rose-Croix*). Heindel (Maison rosicrucienne, 1989, 14ᵉ éd., p. 301, 335, 338, 667) admet six Époques (polaire, hyperboréenne, lémurienne, atlantéenne, aryenne, future) et seize races : une lémurienne (« Les nègres sont ce qui reste de la race lémurienne »), sept atlantéennes (Rmoahals, Tlavatlis, Toltecs, Touraniens originaux, Sémites originaux, Akkadiens, Mongols), sept aryennes (Indiens, Babyloniens-Chaldéens-Assyriens, Perses-Grecs-Romains, Celtes, Teutoniques-Anglo-Saxons, Slaves, une future née des Slaves), une dernière Race à la sixième Époque qui naîtra aux États-Unis. P. 378 : « Le singe est un homme qui a dégénéré. »

seconde Race, qui englobait tout ce qu'on appelle aujourd'hui l'Asie du Nord. [...]
[Race III, noire : Lémurie, il y a 47 millions d'années] Nous proposons d'appeler le troisième continent Lémurie. [...] Ce gigantesque continent, qui s'étendait depuis l'océan Indien jusqu'à l'Australie, a aujourd'hui complètement disparu sous les eaux du Pacifique, ne laissant voir, disséminés çà et là, que quelques-uns des sommets de ses hauts plateaux, qui sont aujourd'hui des îles. [...] Il était prétertiaire. [...] L'évolution du Lémurien, premier homme physique, eut lieu il y a 18 000 000 années. [...] Quelques-uns des aborigènes à cheveux plats de votre Australie représentent les vestiges de la septième sous-race de la Troisième [Race-Racine, la Lémurienne]. [...]
[Race IV, rouge, brune : L'Atlantide, il y a 11 millions d'années] C'est le nom que nous donnons au quatrième continent. Ce serait la première terre historique. [...] Ses parties principales avaient disparu avant la fin de la période Miocène, [...] il y a de cela 850 000 ans, à l'exception de l'île de Platon [*Timée*, 113 sq.]. [...] La race Malaise [est] une sous-race de la Quatrième Race-Racine, [comme] les membres de la famille Polynésienne.
[Race V, blanche, il y a à 3,6 millions d'années : Europe] Nous sommes en ce moment dans la Cinquième Race-Racine. Chaque Race-Racine comporte sept sous-races [ici : Inde, Perse, Égypte et Mésopotamie, Grèce et Rome...]. [...] Notre Cinquième Race-Racine existe déjà — en tant que Race *sui generis* tout à fait indépendante de sa souche — depuis environ 1 000 000 d'années.
La chronologie ésotérique ne devrait, du reste, effrayer personne. [...]
L'humanité est du même sang, mais non pas de la même essence.

Helena Petrovna Blavatsky, *La Doctrine secrète. Synthèse de la science, de la religion et de la philosophie*, t. 3 : *L'Anthropogénèse* (1897), trad. de l'anglais (1899), Adyar, 1947-1965, 5e éd. 1984, p. 211, 9 sqq., 411 sqq., 525, 541 sqq. © Éditions Adyar, Paris.

LES SEPT RACES-RACINES SELON LE THÉOSOPHISME

Races	Continents	Début
1 Blanche, Jaune, Transparente	Terre Sacrée Impérissable	320 000 000 ans
2 Jaune d'or, Translucide	Hyperborée	150 000 000 ans
3 Noire	Lémurie	47 000 000 ans
4 Rouge, Brune	Atlantide	11 000 000 ans
5 Blanche	Europe	3 600 000 ans
6 Bleue	future (Pacifique)	
7 Violette	future (Atlantique)	

À suivre H.P.B., « une partie des Australiens déchus et dégénérés » a pour « ancêtres éloignés » une « division de la Troisième sous-race de la troisième » Race-Racine (celle de la Lémurie) ; « le reste a une origine mêlée, lémuro-atlantéenne. Ils ont, depuis lors, complètement changé au point de vue de la stature et des capacités intellectuelles » (*La Doctrine secrète*, t. 3, p. 203, 244, 248 n. 3, 410, 525) ; les Amérindiens seraient les descendants de la troisième sous-race de l'Atlantide, les Toltecs, lesquels seraient à l'origine de la civilisation égyptienne. H.P.B. continue en affirmant que les anthropoïdes (chimpanzés, gorilles...) sont le résultat d'un croisement « contre nature » entre des hommes et des animaux, au milieu de l'époque atlantéenne.

Les singes sont l'actuel souvenir des accouplements monstrueux de nos lointains ancêtres. Ils descendent donc de l'homme, contrairement aux affirmations de certains savants qui prétendent en faire nos aïeux. Les satyres et les faunes des anciennes légendes mythologiques furent une race humaine, issue de l'union des monstres lémuriens avec des êtres dégradés de la quatrième race [rouge-brune, atlantéenne] sur son déclin.

H.-M. de Campigny, *Les Traditions et les Doctrines ésotériques* (1939), Astra, 1961, p. 154. (Voir aussi Helena Petrovna Blavatsky, *La Doctrine secrète*, t. 4, p. 307.)

Divers mythes donneraient raison au Théosophisme : selon le Talmud (Sanhédrin, 109 a), un tiers des bâtisseurs de la Tour de Babel fut métamorphosé en singes, le Coran (II, 65 ; V, 60 ; VII, 166) parle d'hommes changés en singes. L'anthropoïde serait un bâtard, et non pas un ancêtre (H. P. Blavatsky, *op. cit.*, t. 3, p. 328) ! Comment H.P.B., par ailleurs audacieuse et ouverte en matière de féminisme et de colonialisme, a-t-elle pu en rester à cette idée de « races inférieures » ?

La doctrine de la dégénération ne tient pas debout. Son mépris pour le Primitif se nourrit d'ignorance. Pourquoi une danse à l'africaine serait-elle décadente par rapport à une théorie à la grecque ? L'ésotérisme primitif n'est pas dégradé, il n'est pas davantage balbutiant, il est différent. La doctrine de la dégénération explique obscurément des choses claires. Pourquoi les Primitifs ont-ils des initiations ? parce que ce phénomène est consubstantiel à l'homme. Il faut remplacer l'idée de transmission par celle d'accomplissement. Le Primitif s'accomplit — on l'a vu — par son corps, par la transe, pour une communauté, pour une coutume... au lieu de s'accomplir, comme chez le Civilisé, par l'écriture, au moyen de machines, pour l'humanité... Un Primitif peut donner à son ésotérisme la forme civilisée, sans que cela rende son enseignement supérieur. Les revivalismes l'attestent. Par exemple les récentes religions amérindiennes comme la *Ghost Dance* (Danse des Revenants) ou la *Sun Dance* (Danse face au Soleil) ne rendent pas la tradition des Sioux plus profonde. L'antique culte du Soleil prend un tour policé, qui n'améliore en rien l'initiation. Simplement, les Américains blancs protestants tolèrent cette forme. À l'inverse, un Civilisé peut, sans dégénérer pour autant, donner à son ésotérisme la forme primitive. Les Mystères orientaux de Rome l'attestent. En transformant le culte de la romaine Bellone en culte de l'anatolienne Mâ, plus sauvage, plus violente, les Romains ont enrichi leur religion, ils l'ont rendue attractive, mystérique, active. On ne peut pas dire qu'ils ont fait dégénérer leur culte.

Face au XXIe siècle, les Primitifs sont des peuples du futur. Ce sont les adolescents de l'ésotérisme.

BIBLIOGRAPHIE GÉNÉRALE SUR LES ÉSOTÉRISMES PRIMITIFS

Approche ésotérique : AL. FABRE D'OLIVET, *Histoire philosophique du genre humain* (1821), Éditions Traditionnelles, 1972, t. 1 ; HELENA PETROVNA BLAVATSKY, *La Doctrine Secrète* (1888 ss.), t. 3 : *L'Anthropogenèse*, trad. de l'anglais (1899 ss.), Adyar, 5ᵉ éd., 1984, 560 p. : approche théosophiste ; PAPUS, *Traité méthodique de science occulte* (1891), Dangles, 1969, t. 1 : approche occultiste ; MAX THÉON et F. CH. BARLET (?), *La Tradition cosmique*, Chacornac, 1903-1906, 3. t., 375 p., 380 p., 378 p. ; F. SCHUON, « Le chamanisme peau rouge », *Études Traditionnelles*, Éditions Traditionnelles, nᵒˢ 378-379, 1963 : approche pérennialiste.

Approche exotérique : E. B. TYLOR, *La Civilisation primitive* (*Primitive Culture*, 1871, rééd. 1958), trad. de l'anglais, éd. Reinwald, 1876-1878, 2 t. ; J. FRAZER, *Le Rameau d'or* (1890-1935), trad. de l'anglais, Robert Laffont, coll. « Bouquins », 4 t., 1981-1984, 1020 p., 760 p., 880 p., 740 p. ; H. WEBSTER, *Primitive Secret Societies*, Macmillan, New York, 1908 ; L. LÉVY-BRUHL, *Le Surnaturel et la Nature dans la mentalité primitive* (1931), PUF, 1963, 568 p. ; ID., *L'Expérience mystique et les Symboles chez les primitifs*, Alcan, 1938 ; W. SCHMIDT, *Origine et Évolution de la religion. Les Théories et les Faits*, Grasset, coll. « Vie chrétienne », 1931, 361 p. ; G. VAN DER LEEUW, *La Religion dans son essence et dans ses manifestations* (1931), trad., Payot, 1948 ; P. RADIN, *La Religion des Primitifs* (1937), trad. de l'anglais, Gallimard, 1941 ; H. WEBSTER, *La Magie dans les sociétés primitives* (1948), trad. de l'anglais, Payot, 1952, 467 p. ; O. E. BRIEM, *Les Sociétés secrètes de Mystères*, trad. du suédois, Payot, 1941, p. 24-96 ; M. ELIADE, *Mythes, Rêves et Mystères* (1957), Gallimard, coll. « Folio Essais », nᵒ 128, 1989, 290 p. ; *Chefs-d'œuvre de l'art*, t. 7 : *Les Arts primitifs* (1964), Hachette, trad. de l'italien, 1964, 1416 p. ; E. E. EVANS-PRITCHARD, *La Religion des Primitifs à travers les théories des anthropologues* (1965), trad. de l'anglais, Payot, coll. « Petite Bibiothèque Payot », nᵒ 186, 1971 ; J. CAZENEUVE, *L'Ethnologie* (1967), Le Livre de poche ; E. E. EVANS-PRITCHARD dir., *Encyclopédie Alpha des peuples du monde entier*, trad. de l'anglais, Alpha, 1975 ss. ; C. HALLPIKE, *The Foundations of Primitive Thought*, Clarendon Press, Oxford, 1979 ; A. AKOUN dir., *Mythes et Croyances du monde entier*, t. 3 : *Afrique noire, Amérique, Océanie* (1985), Brépols, Turnhout, 1991, 559 p. ; M. ELIADE dir., *The Encyclopedia of Religion*, MacMillan, New York, 1987, 16 t. ; A. JACOB dir., *Encyclopédie philosophique universelle*, vol. II : *Les Notions philosophiques. Dictionnaire*, t. 2, PUF, 1990, p. 3045-3229 : « Conceptualisation des sociétés traditionnelles ».

3. LES NÉGRO-AFRICAINS

> *Tout d'abord les religions négro-africaines sont essentiellement ésotériques.*
> L.-V. THOMAS,
> apud *Ethnologie régionale*, t. 1, p. 325

REPÈRES ETHNOLOGIQUES DES NÉGRO-AFRICAINS PRIMITIFS

Afrique blanche (=méditerranéenne, septentrionale) (Maroc, Algérie, Tunisie : Maghreb ; Sahara occidental, Mauritanie, Égypte, Libye)
– Berbères : Touaregs, Kabyles, Maures, Rifains...
– Arabes maghrébins : Chaamba, Beni Hassan...

Corne de l'Afrique (=Afrique éthiopienne, orientale) (Éthiopie, Somalies, Érythrée)
– Éthiopides : Galla, Abyssins (=Amhara), Somali, Danakil, Masaï...
– semi-Hamites : Peuls (=Foulbé), Nilotes (Nuer, Shilluk, Dinka, Luo...)

Afrique noire occidentale et australe (=mélano-africaine)
– Nigritiens (zone soudanaise) : **Bambara, Dogons**, Songhay, Haoussa, Mossi...
– Bantous (catégorie linguistique) : Zoulou, Venda, Fang (=Pahouin), Sotho...
– paléo-Africains : Pygmées d'Afrique (=Négrilles), Hottentots, Bushmen (>Bochiman), Damara, Herrero

Afrique insulaire
– Malgaches (18 tribus) : Antemoro, Rasikajy...
– gens des Mascareignes (île Maurice, île de la Réunion)

« Afrique » extérieure (« diaspora noire »)
– Afro-Américains (Noirs des États-Unis)
– Afro-Brésiliens
– Afro-Caraïbes (Noirs d'Haïti, de Cuba, de la Jamaïque...)

Jusqu'à présent, l'Afrique noire a donné fort peu à l'Occident, sauf en matière d'arts plastiques.

N'est-ce pas parce que l'Occidental, aveugle, n'a pas vu dans le masque une face plus vraie que celle que nous donne la nature, dans les initiations une éducation plus belle que celle que nous donne la culture ?

Il est temps de VOIR l'ésotérisme négro-africain, juste avant qu'il ne soit, lui aussi, aveuglé par les fumées du « progrès » venu du Nord.

L'ÉSOTÉRISME NOIR

Ésotérisme. Afrique. Y a-t-il mariage ?

Il faut, avant toute réponse, mesurer les difficultés. L'Afrique est un continent immense, avec un nombre considérable d'ethnies, un millier environ, chacune avec un nom, chacune avec sa culture, pour 1 700 langues ou dialectes. Au seul Burkina-Faso, on compte 59 ethnies, 30 langues ! Les cultures présentent une grande variété. Il y a les chasseurs-collecteurs, les pêcheurs (Bozo), les éleveurs nomades (Peuls), les agriculteurs en saison des pluies, les agriculteurs permanents. Il y a les gens du désert (Touaregs), les gens des steppes (Bushmen), les gens de la savane (Dogons), les gens de la forêt équatoriale (Pygmées d'Afrique). Aujourd'hui, les mégalopoles se développent, autrefois prospéraient les empires (Ghana, Gao, Dahomey...). Ces divers facteurs interviennent dans l'ésotérisme. On trouve les hommes-lions dans les savanes, les hommes-panthères dans les forêts. Un guérisseur des zones équatoriales utilise surtout les plantes, les sociétés secrètes se multiplient en zones de forêts, la possession par les esprits se rencontre dans les sociétés fortement organisées, inégalitaires. Un des endroits au monde qui m'aient le plus impressionné, c'est Bandiagara, ses falaises, son plateau, Bandiagara, le pays des Dogon au Mali. Les roches, les tombes, le ciel, les mythes disent tous la même histoire sainte. On ne peut séparer les uns des autres. Peut-on imaginer ailleurs le « renard pâle », le « clitoris-termitière » ? non, évidemment. Ensuite, l'Afrique ne nous est connue que de façon très indirecte, par des études biaisées, faussées, souvent naïves, parfois racistes, rarement pertinentes, où des mots vagues comme « magie », « fétiche » cachent une grande ignorance derrière une petite curiosité. Les ethnologues ne tiennent compte du caractère sacré du forgeron que depuis R. Andree (1884), ils ne connaissent le Bwiti qu'après 1899 (A. Raponda-Walker) (alors que le pays tsogo a été découvert en 1857), ils ne distinguent sorcellerie et magie que depuis E. E. Evans-Pritchard (1937)[1]... S'il fallait citer les grands noms de l'ésotérologie négro-africaine, il faudrait nommer : Trilles pour la magie, le groupe Marcel Griaule pour la pensée ; Germaine Dieterlen, spécialiste des Dogons, et Amadou Hampaté Bâ (1901-1991), spécialiste des Peuls, tous francophones, forment équipe, puisque A. H. Bâ a travaillé avec Germaine Dieterlen. La notion d'ésotérisme négro-africain a été établie pour la première fois par Marcel GRIAULE (1898-1956), dès 1938, dans ses livres sur les *Jeux dogons* et les *Masques dogons*. Griaule avait commencé par voler les fétiches en pays malien (le souvenir demeure vif sur place, comme je l'ai observé en novembre 1992). Mais Griaule a fini par découvrir la « pensée

---

[1]. *Sorcellerie, Oracles et Magie chez les Azandé*, Gallimard, 1972.

profonde », la « connaissance lourde ». On compte fort peu de témoignages des Africains eux-mêmes, à part le Dogon Ogotemmêli (Griaule, *Dieu d'eau*, Fayard, 1966) et le Peul A. H. Bâ. Enfin, l'Africain vit le monde de façon authentique. Il s'attache profondément à sa famille, à son ethnie, à son village, à son dialecte. On ne voit jamais grand monde sur les routes africaines. L'Africain ne veut pas transposer ses croyances, ni semer aux quatre vents sa parole. Il aime travailler en groupe, il tient à rester lié à ses ancêtres. Il ne compare pas volontiers son initiation à celle du peuple voisin. Il préfère s'exprimer par des gestes, des usages, et par des devises, des images hermétiques. Ces aspects rendent la compréhension difficile, entre Noirs, entre Noirs et Blancs, alors même que l'Africain reste communicatif. Tel est le paradoxe du masque : il dit merveilleusement bien, mais qui le saisit vraiment ? Une dernière difficulté doit être signalée. Sous l'effet, hier, du colonialisme, et, aujourd'hui, de l'urbanisation, la tradition tend à disparaître. À partir de 1872 en Angola, les missionnaires ont fait détruire les œuvres sculptées, en y voyant des superstitions, sans doute moins admirables que les statues en plâtre de saint Antoine ! Les dernières initiations (Sô) des Fang du Sud Cameroun ont eu lieu vers 1940[1]. En avril 1992, j'ai sans doute assisté à l'ultime initiation (Dô) des Sénoufo Toussian. La prochaine n'aurait lieu qu'en 2032, puisqu'elle obéit à une périodicité de quarante ans (âge de maturité), or, d'ici là, le village où elle se déroulait, Sérékini, à l'ouest du Burkina-Faso, sera sans doute entièrement islamisé ou vidé de ses hommes traditionnels.

En Afrique, bien des éléments ne sont pas religieux, bien des éléments ne sont pas ésotériques, même s'ils sont sacrés, comme les cérémonies d'expiation ou d'investiture. L'ethno-science, c'est-à-dire le savoir positif des Africains, est en partie indépendante de la connaissance occulte : la connaissance des plantes relève tantôt de la magie tantôt de l'observation. Les initiations elles-mêmes comportent des éléments non-ésotériques, comme les généalogies, les techniques, le protocole... Tout n'est pas ésotérique, mais tout est *pré-ésotérique* en Afrique. Autrement dit, le Nègre, l'Homme Noir, distingue nettement ésotérisme et exotérisme, mais il admet que tout ce qui est exotérique contient, en germe, de l'ésotérisme ou peut le perdre. Avant et après la cérémonie, le masque n'a plus rien d'ésotérique, aussi l'Africain le néglige-t-il. Tandis que la religion africaine mêle naturel et surnaturel, sacré et profane, religieux et politique, elle oppose ésotérique et exotérique.

Y a-t-il un ésotérisme noir, nègre, négro-africain ? plus exactement (car on trouve des Noirs en Inde ou en Mélanésie), existe-t-il un *ésotérisme négro-africain*, un ésotérisme propre aux Noirs d'Afrique, une tradition occulte couvrant le Sud du Sahara ? On peut répondre : oui.

---

1. P. Alexandre et J. Binet, *Le Groupe dit Pahouin. Fang-Boulou-Béti*, PUF, 1958.

Une première preuve se situe sur le plan des mots. Des expressions comme « connaissance profonde » (Bambara), « enseignement lourd », « savoir profond » (Dogons), « paroles interdites » attestent l'ésotérisme. Un mot panafricain, *ngàngà,* désigne le spécialiste du sacré, devin, guérisseur, magicien, maître de brousse. Le mot signifie « homme qui connaît les moyens de magie », « connaisseur de la Puissance [1]. » Selon L. S. Senghor *(Poèmes),* les Wolof (>Ouolof) disent « maître de savoir » *(borom xamxam),* « maître de tête ». Les Bwa, au Burkina-Faso, ont un « Diseur de choses cachées [2] ». Si les Amérindiens accolent « ésotérisme » et « médecine », « par le terme "médicament", les Mistogho désignent toutes les pratiques occultes et sociétés secrètes [3] ».

ÉQUIVALENT DU MOT « ÉSOTÉRISME »
DANS LES LANGUES NÉGRO-AFRICAINES

connaissance profonde	Bambara
dit des choses cachées	Bwa
médicament	Mitsogho
savoir profond	Dogon

Une deuxième preuve se situe sur le plan des hommes. La connaissance des dieux et des rites est réservée, il existe des associations fermées, certains lieux et certains objets sont couverts par la discipline de l'arcane. Le serment du secret, au centre de la discipline de l'arcane, existe un peu partout. Les Gabonais disent :

> Par Indo ! [nom de l'association].
> Par notre société-d'hommes !
> N'Indo !
> Ezoga ! Ezoga z'anôme !

Une troisième preuve se trouve dans les témoignages d'observateurs ou de participants. « Il semble y avoir dans le Bwiti [culte de vision chez les Fang] un enseignement ésotérique, d'une importance peut-être insoupçonnée, qui, comme tous les enseignements initiatiques, dure la vie entière », écrivent A. Raponda-Walker et R. Sillans [4]. « L'enseignement initiatique fait partie d'un savoir ésotérique que le commun des Bantous ne possédait pas », note M. P. Hebga [5]. « Il existe chez les Sénoufo deux niveaux de connaissance, celle qui peut être appelée ésotérique et

---

1. E. Dammann, *Les Religions de l'Afrique*, trad. de l'allemand, Payot, 1978, p. 59.
2. J. Cremer, *Les Bobo. La Vie sociale*, P. Geuthner, 1924, p. 88. (En fait, les Bwa ne font pas partie des Bobo.)
3. O. Gollnhofer et R. Sillans, « Aspects des pratiques sacrificielles chez les Mitsogho du Gabon. Mythes et rites initiatiques », *Systèmes de pensée en Afrique noire*, III, cahier 4, 1979.
4. *Rites et Croyances des peuples du Gabon*, Présence africaine, 1962, p. 192.
5. *Le Concept de métamorphoses d'hommes en animaux chez les Basa, Duala, Ewondo, Bantu du Sud-Cameroun* (1968), thèse de philosophie, université de Rennes, t. 1, p. 279 (cité par L.-V. Thomas).

demeure l'apanage exclusif [*sic*] d'un nombre, aujourd'hui infime, d'initiés de haut degré (et), au niveau du commun, la religion sénoufo » (B. Holas)[1]. « La doctrine ésotérique est riche », dit Anne-Marie Vergiat à propos des « dépositaires de la science secrète » au Congo[2]. Les Africains le disent eux-mêmes. Amadou Hampaté Bâ, qui fut un grand savant et un haut connaisseur de l'ésotérisme des Peuls, voyait dans la division des dieux africains entre deux groupes, « l'un public, ordinaire, l'autre secret, occulte », « un écho des dimensions "exotérique" et "ésotérique" des religions révélées[3] ».

Pour l'Africain, l'ésotérisme relève, simplement, de l'évidence, d'une évidence naturelle. Le monde est une parole secrète. Partout s'étend un langage mystérieux, où l'invisible fait surface. La trace de l'antilope est un signe visible de son invisible présence, mais aussi et surtout un symbole, une trace de sa puissance, un vestige de force, une étincelle en quelque sorte. L'antilope laisse sur la poussière des lettres de vie, des miettes de force. Tout objet recèle une puissance, donc un secret ; tout objet prête à transformation, donc à initiation. Même la pierre : les Bantous du Rwanda pensent, comme les alchimistes européens, que « les pierres poussent par intussusception et qu'elles sont douées d'un développement réel quoique lent[4]. »

Un observateur critique objectera qu'on voit là *des* ésotérismes négro-africains, pas *l'*ésotérisme négro-africain. Mais, ces ésotérismes se ressemblent beaucoup. De nombreuses initiations dépassent le cadre de l'ethnie ou de la région : le Poro s'étend de la Sierra Leone au Burkina-Faso et en Côte-d'Ivoire.

NIVEAUX

L'ésotérisme africain se découpe en plusieurs couches et selon plusieurs axes. Le modèle reste l'initiation. Comme le remarque L.-V. Thomas, « la conception africaine du savoir est toujours de l'ordre de l'initiation et donc du secret[5] ».

• LA COUCHE COUTUMIÈRE est la plus visible, donc la plus trompeuse. Bien des ethnologues n'y ont vu que superstitions ou usages. Dans la vie de tous les jours l'ésotérisme est présent, même s'il n'est pas transpa-

---

1. B. Holas, *Les Sénoufo*, Institut international africain, PUF, 1957, p. 143.
2. *Les Rites secrets des Primitifs de l'Oubangui*, L'Harmattan, 1981 p. 10.
3. Amadou Hampaté Bâ, *Aspects de la civilisation africaine*, Présence africaine, 1972, p. 34. Le même auteur déclare, à propos d'un conte peul, que la « pierre plate représente les deux sciences, l'exotérique (face blanche) et l'ésotérique (face noire) » (*Kaydara*, Les Nouvelles Éditions africaines, Dakar, Sénégal, 1978, p. 21, n. 1).
4. A. Arnoux, « Le culte de la société secrète des Imandwa au Ruanda », *Anthropos*, Fribourg, Suisse, t. 7, 1912, p. 287.
5. L.-V. Thomas et R. Luneau, *La Terre africaine et ses Religions* (1975), L'Harmattan, 1986, p. 17.

rent. Tout a puissance symbolique. L'homme avec sa houe est principe masculin, la femme avec sa calebasse est principe féminin. Souvent, le village dessine la forme d'un homme couché sur le flan droit et accouplé à une femme. Il y a là symbolisme et magie. Magiquement, le village se fait fécondité. La structure du village, la répartition des tâches, les calendriers, etc. réalisent des mythes ésotériques et engagent dans un mode de vie sacré. L'Africain, dès sa naissance, se développe dans une société traditionnelle, qui le baigne, qui le nourrit d'une eau sacrée. Ici, l'ésotérisme est *implicite*. Cela correspond à la première « initiation » des Bambara — le N'domo — qui groupe les enfants non-circoncis, prêts à entrer en initiation (la cheville est l'emblème du N'domo). De même, la première initiation sénoufo, le Poro noir *(Poworo)*, qui concerne les garçons, se veut déjà apprentissage *(gbwora)*. Autrement dit, l'Africain est déjà en ésotérisme, sans le savoir, dès lors qu'il naît dans une communauté d'hommes. d'hommes noirs.

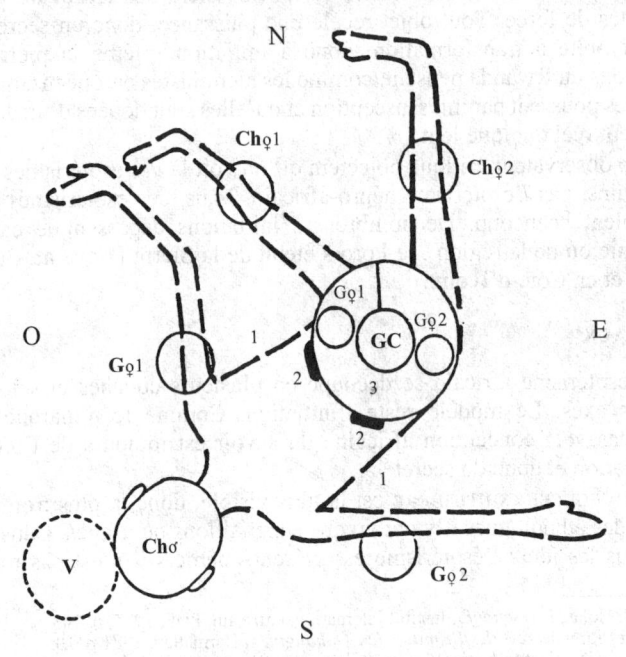

ENCLOS-MICROCOSME DES FALI (CAMEROUN)
(dessin J.-P. Lebeuf, *L'Habitation des Fali*, Hachette, 1961)

1. Flancs de l'homme appuyé sur le côté droit, la face tournée vers la terre ; 2. Clavicules ; 3. Ventre ; le sexe est représenté par le grenier central.
Ch = chambre. — G. = grenier. — CG = grenier central. — V = vestibule.

- LA COUCHE **INITIATOIRE** relève en grande partie de la coutume, mais, déjà, elle sépare initiés et non-initiés (ces derniers sont les non-circoncis, les femmes, les castés, les esclaves, les étrangers). Les rites de puberté, avec circoncision et excision ou pas, font plus profondément pénétrer dans l'ésotérisme, mais on n'en reste guère qu'à un domaine tribal, celui du clan, du village ou de l'ethnie. Et on demeure dans le domaine du possible (comme dans la Franc-Maçonnerie), puisque l'initiation, qui introduit à la culture, ne fait qu'introduire, justement, elle ne donne qu'un germe, une puissance, au double sens du mot : une force pure, une pure possibilité, car l'« initié » poursuivra ou non le cheminement spirituel. En termes africains, l'homme se trouve dans le grenier à semences, dans un lieu favorable aux naissances, pas encore dans le champ. Ici, l'ésotérisme est *virtuel*.

- LA COUCHE **SECRÈTE** introduit véritablement à l'ésotérisme. Par des organisations initiatiques (et non plus initiatoires), par des pratiques occultes (et non plus religieuses), par des connaissances gnostiques (et non plus religieuses), par des hommes puissants (et pas seulement influents), l'Africain entre dans les mystères, dans les révélations. Il devient magicien, guérisseur, maître de la parole. Il saisit le sens profond des rites, des mythes, des usages, des noms.

- L'AXE **ANTHROPOLOGIQUE** se situe sur un autre plan. Il fait passer du dedans au dehors, du vécu africain à l'étude (généralement) étrangère, celle du Blanc. Le langage nègre, donné en masques et symboles, est traduit en faits et concepts. On ne dit plus comme le Noir que l'initié a été dévoré par un ancêtre mais qu'il a subi un rite de mort symbolique en pénétrant dans une cabane de feuillages. G. Bochet note que, durant leur initiation au Poro, les jeunes gens diéli rampent dans une tranchée humide, mais qu' « aucune explication claire n'[est] fournie [1] ». L'ethnologue, lui, interprète cette épreuve à l'envers, il remonte au mythe, renvoie à la croyance que la divinité engloutit dans ses organes le néophyte, et il interprète cela comme un symbole de renaissance. Ce travail, nécessaire pour l'Occidental, n'est pas inutile à l'Africain lui-même. Un Peul nomade comprend-il un Zoulou guerrier ? Un observateur voyant ramper un néophyte n'aurait-il pas simplement vu une épreuve physique, au lieu d'un rite initiatoire ? La perspective anthropologique fait accéder d'une culture négro-africaine à une expérience humaine. On passe d'une recherche en profondeur à une enquête en largeur. Griaule-l'anthropologue-français est aussi nécessaire qu'Ogotemmêli-le-sage-dogon, quand il s'agit de comprendre l'ésotérisme ! Alors qu'on peut lire Paracelse sans son commentateur.

---

1. G. Bochet, « Le Poro des Diéli », *Bulletin de l'IFAN* (Institut français d'Afrique noire), Dakar, t. 21, n° B 1-2, 1959.

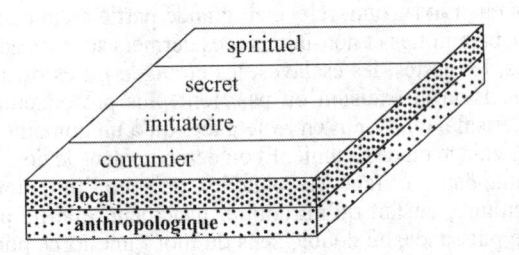

- spirituel
- secret
- initiatoire
- coutumier
- local
- anthropologique

CARACTÉRISTIQUES DE L'ÉSOTÉRISME NOIR

Il y a donc un ésotérisme négro-africain, un ésotérisme propre aux Noirs situés au sud du Sahara. Mais est-il distinct des ésotérismes antiques ou indo-européens ou océaniens ?

Où le Blanc cherche à comparer et à opposer, par exemple l'homme à l'animal, le Noir cherche à relier et à identifier, par exemple en parlant de totem ; où le Blanc cherche hasard ou mécanisme, envisage efficacité, rentabilité, nouveauté, le Noir invoque la coutume, les ancêtres. Le Noir insiste plus sur les correspondances que sur les analogies, il note des affinités de détail plus que des parallélismes entre règnes, états, mondes. Il se fonde sur la notion de force vitale.

L'ésotérisme nègre est un **ésotérisme de la Terre**[1]. Les lieux naturels (désert, steppe, savane, ou forêt ; eaux inondantes, massifs rocheux, arbres) jouent un rôle essentiel dans leur réalité et dans leur symbolisme. Selon le mythe des Kouroumba ou des Tallensi (au Ghana), l'homme est né de la terre ; les Ewe (>Évé)[2] ou les Ashanti ont le culte de la Terre-Mère ; les Manja tiennent le génie de la Terre, Gala-Wan-to, pour leur ancêtre. L'Afrique est Terre. C'est, selon les géographes, un continent « lourd et massif constitué par le vieux socle précambrien consolidé par la cristallisation » : de même son ésotérisme. « L'Afrique, terre du sacré », dit-on, mais non ! Afrique, le sacré de la Terre ! L'ésotérisme noir passe par « la bouche de la terre ». Dans le Bwiti, la connaissance ésotérique porte sur la question :

> Comment vont les choses de la terre ?
> *Mabégo ma go tsina ma kèa nadjè* ?

Cité par A. Raponda-Walker et R. Sillans, *Rites et Croyances des peuples du Gabon. Essai sur les pratiques religieuses d'autrefois et d'aujourd'hui*, Présence africaine, 1962, p. 201.

La case, si importante pour la famille, la cruche (canari), si importante pour la femme, l'outil (arc du chasseur, harpon du pêcheur, pieu de l'agri-

---

1. Voir *supra*, p. 83 (« Ésotérisme primitif : classifications »)
2. Cl. Rivière, *Anthropologie religieuse des Ewe du Togo*, Nouvelles Éditions africaines, 1981.

culteur, bâton du pasteur), si important pour l'homme, portent ce symbolisme de la Terre. Ils vont à la Terre, ils sont faits de Terre, ils magnifient la Terre.

L'ésotérisme nègre est un **ésotérisme du corps**, comme tous les ésotérismes primitifs. Pour marquer l'importance d'une chose, certaines langues négro-africaines reviennent au corps : selon la remarque du Camerounais E. Essomé, un Bantou ne dit pas « j'allume parce qu'il fait sombre » mais « j'allume sur le corps qu'il fait sombre » *(nà mà mòtélé ó nyól'á ná mwitítí mwé)*. Le Noir danse le mythe, il le dit avec ses hanches et ses jambes. Il sculpte l'esprit, il chante la formule. L'enseignement n'est pas théorisé, mais théâtralisé. L'ésotérisme nègre prend forme de Mystère, non de Magistère. La tradition est orale, elle passe par la langue, par la bouche, par le corps, et non par un livre. Dans les initiations, le Noir d'Afrique ou d'Amérique donne une grande importance aux gestes, postures, mouvements. Le cadavre (au Bénin) ou le crâne (au Gabon) peut servir d'autel. Les choses les plus abstraites prennent une forme concrète. Celui qui prie fume, la fumée qui s'élève dans le ciel est vraiment la prière qui monte vers le dieu. L'ancêtre est masque, figurine, statue, autel. Le dieu s'incarne dans les possessions. Pourquoi le Noir a-t-il une prédilection pour les possessions ? parce que (en partie) le divin se fait chair, se fait homme, se fait présence corporelle. Le divin, en religion africaine, est l'éloigné, le désœuvré, mais le divin, en ésotérisme, s'incarne. Le dieu de la religion nègre est inaction, le dieu de l'ésotérisme nègre est chair. La magie prend corps, avec les statuettes, les fétiches... Les esprits, les génies de brousse, les âmes des morts, les dieux, par nature désincarnés, prennent corps, soit qu'ils s'emparent d'un corps par la possession, soit qu'ils animent des objets, des êtres (qui deviennent, au sens strict, « fétiche », *power object*, support de forces mystiques). Chose remarquable, les six initiations des Bambara ont une correspondance avec une partie du corps humain, avec une articulation : cheville, genou, articulation de la hanche, coude, jointure de l'épaule, poignet. La notion d'âme elle-même se fait chair : on la voit, dehors, comme un organisme, un animal, un jumeau, un totem.

L'ésotérisme nègre est un **ésotérisme du rythme**. Les Noirs n'ont pas « le rythme dans le sang », comme on le ressasse, mais ils ont choisi le rythme comme mode de vie, ils s'attachent aux cycles de la nature (saisons, lunaisons...) et aux cycles chez l'homme (selon les Bantous : naissance/dentition/puberté/ménopause/mort). Le rythme saute aux yeux dans la nature africaine, car l'Africain attend avec impatience la saison des pluies, le temps de la germination, le moment de la fécondité, l'heure du feu de nuit. Les initiations présentent une structure par cycles : chez les Bambara, il y a six initiations successives ; dans le Poro se déroulent trois cycles de sept ans chacun. Et ces initiations interviennent selon une certaine périodicité : chez les Masaï la circoncision se fait tous les sept ans ; le Sigi des Dogons se fête tous les soixante ans, à partir de l'observation de Sirius. L'ésotérisme nègre passe par le rythme : danses, répétitions, successions, périodes, cadences... Le rythme ne se voit pas dans le calendrier, il se vit dans le corps.

Ce chant de l'ultime initiation bambara clame le secret du rythme et la primauté de la parole, verbe rythmé :

> Étonnement ! ce qu'on apprend maintenant existait auparavant, ce qui arrive maintenant existait déjà : le rythme.
> Je me suis laissé emporter par le courant, c'était la transformation.
> Le commencement de tout commencement de la parole est la grue couronnée.
> L'oiseau grue couronnée dit :
> – Je parle.
>
> Cité par D. Zahan, *Sociétés d'initiation bambara. Le N'domo, le Korè*, ÉHÉSS, coll. « Le Monde d'outre-mer », n° 8, 1960, p. 255.

Dans certains cultes de possession, l'Africain fait descendre l'esprit en jouant au tam-tam la devise du génie. Le rythme introduit la fête dans l'ésotérisme noir. L'ésotérisme est ici célébration, chant et danse, art et réjouissance. Et le rythme intègre mieux la terre et le corps.

L'ésotérisme nègre se présente comme **ésotérisme de la coutume**. Le Négro-Africain est homme de tradition, tout le monde le sait. Il rapporte toute valeur aux ancêtres, par quoi il faut entendre les morts récents, les morts lointains, les fondateurs. L'ésotérisme africain se tourne, comme toute coutume africaine, vers le lointain (le passé) et vers le dedans (sa société). Mais, quand il s'agit d'ésotérisme ce lointain devient le mystérique et ce dedans devient le mystique.

Pour contrebalancer cet aspect répétitif trop mis en valeur, il faut ajouter que la coutume admet les métamorphoses. L'ésotérisme négro-africain se présente comme un **ésotérisme des métamorphoses**. Réincarnations, initiations, port du masque, danses imitatives, protéisme (croyance que l'homme peut se transformer en panthère ou autre animal)... sont autant de façons de devenir autre, d'être mieux. Le bois est travaillé en masque, l'enfant est transformé en homme, la femme est changée en « jument » (chez les Haoussa) d'un dieu. L'Africain ne devient lui-même qu'après métamorphose, et la métamorphose par excellence reste l'initiation. L'être vrai est l'être transformé. Le vrai visage est le masque ; le vrai enfant est le circoncis ; le vrai prêtre est le possédé. L'art, comme activité de transformation, est donc partie intégrante de l'ésotérisme noir. Il ne cherche pas à imiter, à reproduire.

Le solide scepticisme d'un certain capitaine Shott fut sérieusement ébranlé par l'expérience directe qu'il eut au Nigeria de la métamorphose d'indigènes en bêtes sauvages. Une nuit, il tira sur une gigantesque hyène qui rôdait autour du campement. Au matin, quand le capitaine Shott alla à la recherche de la bête, il ne trouva pas son corps, mais seulement une mâchoire, comme si l'hyène, malgré cette mutilation, avait réussi à s'enfuir. Mais, du village voisin, parvint la nouvelle que le *Nefada* (chef en second) était mort aux premières lueurs de l'aube, des suites d'une blessure d'arme à feu qui lui avait emporté la mâchoire. Le *Nefada* jouissait d'une très mauvaise réputation : il passait pour être un des plus redoutables hommes-hyènes et pour se transformer en une bête énorme particulièrement rusée.

D'après J. M. Clarke, *Journal of the Society of Psychical Research*, juil. 1919. (Bien entendu, Shott et Clarke se sont laissés abuser. Il n'y a pas de lycanthropie, mais déguisement, le chef s'était armé d'une mâchoire de hyène récemment tuée.)

L'ésotérisme nègre est ainsi l'intensification de la communion de l'homme à la nature. Il INCARNE le sacré dans l'homme, il INCORPORE mieux les jeunes dans leur communauté initiatique, il intègre mieux la communauté dans le cosmos, il rapproche mieux le règne animal du règne humain...

Ce qu'attend un Négro-Africain des forces, des magiciens, c'est un peu plus de force, un peu plus de magie pour que les choses soient **bonnes**, c'est-à-dire productives, pour que l'homme soit puissant et la femme féconde, pour que le ciel soit généreux et la terre fertile. Il ne veut pas l'abondance, mais que la vie soit, prolifère. Et la vie n'est qu'en proliférant. Naissances et initiations vont de pair. On espère donc de l'homme de puissance qu'il fasse tomber la pluie, qu'il rétablisse la santé et qu'il annonce des enfants, des veaux, des récoltes.

À côté de l'ésotérisme négro-africain traditionnel se développent aujourd'hui des spiritualités noires nouvelles, qui sont influencées par le Christianisme ou l'Islâm ou les sectes. Le cas le plus intéressant, pour l'ésotérisme, reste le Bwiti, un culte de vision, ou le maraboutisme, ou certaines formes de Vaudû. Quant à l'initiation traditionnelle, elle se transforme. Les organisateurs du Poro ont ramené de six à deux mois la durée de l'isolement dans le bois sacré.

Dernier point : il existe un ésotérisme noir hors du continent africain. Le Vaudou haïtien ressemble beaucoup au Vaudû, justement parce que la culture fon (du Dahomey) a immigré dès le XVIIe siècle au nord du Brésil et à Haïti. La culture yoruba (au Nigeria et au Bénin) a été exportée, elle, à Cuba et au nord-est et au sud du Brésil. Le Macumba (au Brésil) présente des éléments yoruba, bantou, fang ; la Santaria (à Cuba) comporte des éléments yoruba, congo, efik. Cependant, ces cultes de possession se sont modifiés : « En Afrique, dès qu'une personne a été possédée, on s'arrête, tandis qu'en Amérique il y aura multiplicité des possessions [1] », « en Afrique la crise de possession ne marque que le début ou la fin de l'initiation, en Haïti et au Brésil elle se répète souvent dans la carrière de l'initié ».

---

1. R. Bastide, *Les Amériques noires*, Payot, 1967, p. 124.

OCCULTATIONS

Comment fonctionne la discipline de l'arcane [1] en Afrique ? Autrement dit, de quelle manière l'enseignement est-il caché et manifesté à la fois ? En un mot : comment est-il **masqué**, de façon à contenir le profane (à le maintenir en respect) et à contenir le sacré (à capter et emprisonner les puissances) ?

- LE DÉMEMBREMENT : seul l'Initié recolle les morceaux. Des mythes tombent à profusion et en désordre, des masques se présentent en grand nombre et dans le chaos, or il faudrait coordonner et hiérarchiser les mythes, relier ces masques pour en comprendre le symbolisme profond. Tel est le cas des mythes dogons (que seul Ogotemmêli savait, pouvait ordonner, et donc vraiment connaître) ou des masques kuba bushong, au nombre de trois, et dont les caractéristiques, forme, matériau, mouvements, se renvoient l'une l'autre [2].

- L'ALLUSION : proche du démembrement est le procédé de l'allusion, tellement appréciée par les grands érudits européens, et qu'on retrouve ici, mais sur un autre matériau que les textes. L'allusion donne une bribe, par exemple le début d'une devise à reconstituer, alors que le démembrement donnait une débauche de devises à ordonner. L'objet ésotérique nègre, souvent, se contente d'évoquer. La corne de l'antilope figurée sur le masque fait une allusion discrète à la force vitale, la position d'un cauri ou son nombre signale à qui sait lire la puissance et le domaine du magicien.

- LE SILENCE : bien entendu, le procédé d'ésotérisation le plus banal et le plus efficace reste la peur du non-initié ou le silence de l'initié.

Si un profane te demande les secrets du rite, tu ne les diras point. C'est un crime énorme de révéler les mystères du Sô [initiation] : tu en seras puni par la perte de ton sang et de ta race.

Chant d'initiation des Béti (Cameroun), cité par E. Mveng, *L'Art d'Afrique noire*, Mame, 1965, p. 139.

La menace de mort pèse. « Dans le Moyen-Lomami [au Congo oriental], les Mbole sculptent pour les rites du *lilwan*, société secrète réunissant les fils de notables, des statuettes figurant des personnages debout ; liées à des sortes de brancards, ces statuettes étaient portées en procession devant les nouveaux initiés. Elles figuraient, dit-on, les membres du *lilwa* pendus pour n'avoir pas su conserver les secrets de l'association. L'attitude penchée des effigies aux pieds légèrement obliques, parfois même

---

1. Liste des occultations possibles : P. A. Riffard, *L'Ésotérisme*, éd. cit., p. 261.
2. J. Vansina, *Les Tribus ba-kuba et les Peuplades apparentées*, Annales du Musée royal du Congo belge, Tervuren, Belgique, 1954, XIV-64 p. ; W. F. Burton, *Luba Religion and Magic*, Tervuren, 1961.

entravés, ne devait pas manquer d'impressionner les spectateurs entraînés déjà fort loin de la vie ordinaire par les différentes épreuves de l'initiation[1]. »

• L'OBSTRUCTION : l'Africain a aussi recours à l'obstruction, aux écartements. « Toute pénétration des secrets du Poro [sénoufo] se heurte, en effet, à de très nombreuses difficultés. Afin de garder à l'abri du profane les vérités dogmatiques de l'enseignement religieux, un véritable système de "trompe-l'œil" s'est ainsi institué, dans le sens matériel (faux sentiers d'accès, double système d'endroits sacrés, etc.) et figuratif (paroles trompeuses des initiés à l'adresse du profane, "hommes de paille" présentés à l'étranger à la place du fonctionnaire cultuel réel, etc.)[2]. » En écrivant cela, B. Holas sait de quoi il parle, lui qui observait les initiations à la dérobée ! Toute personne qui a vécu en Afrique s'amuse d'ethnologues parisiens abusés, qui ont cru assister à une initiation le temps d'un week-end : on leur avait simplement montré une fête ou bien on avait organisé une parodie ! Marcel Mauss lui-même, m'a-t-on assuré, fut une victime de cette discipline de l'arcane africaine.

• LE LANGAGE SECRET : moins radical que le silence est le langage secret. Ce n'est pas forcément une langue ésotérique, au sens strict, ce peut être le tam-tam, le sifflet, l'idéogramme, le symbole, le mouvement du masque..., ou alors le langage des animaux, les signes divinatoires laissés par le vent... Comme chez les Grecs, les initiations ont leur côté public et leur côté privé. Il y a, d'un côté, les fêtes, les danses, où le village au complet se réjouit, de l'autre les enseignements, les épreuves, les objets qui resteront cachés. La danse, par exemple, est un langage codé et une réalisation occulte, sous le quadruple plan de l'endurance, de l'esthétique, du mimétisme et du rythme. Le non-initié ne voit que plaisirs des sens où l'initié lit un message des dieux aux hommes, des hommes aux puissances, des hommes aux dieux... G. Balandier a insisté sur le rôle des littératures secrètes. « Les graphies, semblables à celles relevées au Soudan par M. Griaule et ses collaborateurs, qui marquent les monuments et les instruments des cultes, les cryptographies, qui sont parvenues jusqu'en Afrique occidentale avec les conquêtes de l'Islam [...] ont un caractère strictement ésotérique. [...] Les multiples exemples de langues secrètes, liées en Afrique noire à l'existence d'associations dont l'accès est strictement contrôlé, apportent de remarquables preuves de ce remarquable savoir-faire. Déformations généralisées, intercalation d'éléments insolites, récupération de vocabulaires archaïques ou étrangers, jeu sur le multiple sens des mots du langage courant, créations nouvelles, emploi de périphrases, stylistique particulière, tels sont les caractères généraux

---

1. Jacqueline Delange, *Arts et Peuples de l'Afrique noire*, Gallimard, 1967, p. 170.
2. B. Holas, *Les Sénoufo*, éd. cit., p. 147.

de ces langues spéciales[1]. » Le langage secret peut passer par des objets symboliques, qui eux-mêmes peuvent faire allusion à des devises.

Le secret entre dans la définition même de l'objet. Le secret fait la puissance. Chez les Dagara, au Burkina-Faso, les statues de divination *(bètibè)*, images des génies de brousse *(kontom)*, sont sculptées en brousse, en secret, ramenées au village, en secret, mises sur un autel, en secret, et, si elles sont vues, ces statues ne peuvent plus porter la puissance des génies ; un initié les consacre, avec un sacrifice, alors seulement on peut les voir, et les voir comme outils de divination, supports de génies.

LES INITIATIONS

L'initiation négro-africaine est plus continue que les autres initiations, européennes, américaines, asiatiques. Le Noir passe insensiblement de la naissance, qui est initiation au monde des vivants, à la mort, qui est initiation au monde des anciens. L'initiation suit un long processus, le processus même de la vie. Cependant elle a des apogées, dans le rite de passage des classes d'âges surtout. L'initiation prend alors la forme symbolique de sa nature, le processus de la vie *à l'envers* : mort puis renaissance, au lieu de naissance puis mort.

L'initiation se donne en images fortes. Le sujet est avalé par un léopard (Bushong), englouti dans le vagin d'une divinité (Bambara), dévoré par les ancêtres (Sara), ou il traverse un labyrinthe, il reste enfermé dans une hutte ou une grotte, ou alors il est enveloppé dans une peau de bête, jeté nu dans une fosse, il rampe dans la boue, il plonge dans l'eau (Nandi), sa chair est changée (Bakongo)... On discerne aisément le thème ésotérique de la réversion. L'initié fait retour à l'origine, lieu de toutes les puissances et de toutes les possibilités. L'initié se refait une vie comme le malade se refait une santé.

L'initiation a un aspect social marqué. Elle est presque toujours collective. Elle se fait en groupe, elle obéit à des règles connues. L'initié africain ne vit pas en solitaire, comme l'initié tibétain ou l'initié chrétien. Ici, point de moine.

L'initiation revêt plusieurs types, mais il s'avère souvent impossible de trancher. D'une part, l'initiation africaine a ses stades, depuis l'initiation tribale ouverte à tous, jusqu'à l'initiation spirituelle accessible à quelques-uns seulement, en passant par l'initiation secrète, celle des organisations closes ; on a donc ici une structure pyramidale, hiérarchique, avec une base large et un sommet étroit. D'autre part, l'initiation africaine a ses formes : classe d'âge ou classe de sexe, société-d'hommes ou société-de-femmes, société de masques, confrérie (comme les forgerons), secte

---

1. G. Balandier, *Littératures de l'Afrique et des Amériques noires*, apud *Histoire des littératures*, Gallimard, « Encyclopédie de la Pléiade », t. 1, 1955, p. 1541.

(comme la société Facoci, fondée en 1932, au Nigeria, sur le culte divinatoire de Fa, « Destin », et liée au Vaudû).

PRATIQUES INITIATIQUES DES NÉGRO-AFRICAINS

« initiation » de puberté :	camps de brousse, mutilations, instructions...
initiation secrète :	rite d'admission, traditions, mystères...
initiation occulte :	art occulte (magie) ou science occulte (mythes)
(initiation spirituelle) :	union mystique et prospérité de la communauté

Une société de masques peut relever aussi bien d'une exotérique initiation tribale que d'une ésotérique initiation secrète. Le Poro (chez les Bulom, les Mende, les Timne) est aussi bien initiation tribale qu'initiation secrète ou spirituelle. Le grand système initiatique des Bambara, étudié par D. Zahan, prend la vie d'un homme, il passe par six initiations, six sociétés *(Dyow)* successives, il inclut donc l'initiation de puberté, l'initiation cultuelle, etc.

• LE N'DOMO, la première organisation, donne aux garçons non-circoncis la connaissance potentiellement ésotérique. On leur révèle que l'homme est androgyne, donc microcosme. Le garçon est aussi fille, il y a du féminin dans le masculin. Révélation, grande révélation en vérité pour un garçon noir !

• LE KOMO (organisation la plus importante) fait entrer dans la connaissance ésotérique par le culte des ancêtres. Cette fois la révélation porte sur le Verbe.

• LE NAMA introduit au social par la pensée des contraires. On révèle des contraires, des complémentaires (homme/femme, bien/mal...).

• LE KONO aborde la morale et affine l'esprit.

• LE TYIWARA, cinquième organisation, initie à l'activité humaine, à sa liaison avec la nature (à travers la figuration sculptée d'antilopes).

• LE KORÈ (qui est le nom du dieu de la croissance) permet, enfin, à quelques-uns d'accéder à la divinité. L'ésotérisme imprègne l'ensemble : langage secret, exclusion de certains (femmes, enfants, par exemple), fondement en un mythe secret et fragmenté volontairement. Le cercle est bouclé. Le début (rite initiatoire) et la fin (réalisation initiatique) coïncident, puisque nul n'a accès au dernier stade s'il n'a franchi le premier, et puisque l'identification au divin par le vieillard est un accomplissement de ce qui était donné à l'enfant à titre indicatif, programmatif, à savoir que l'homme est aussi dieu, qu'il est microcosme. Dans les initiations, sauf la première, le masque est toujours animal ; dans la première il est humain, rien qu'humain, dans la dernière il retrouve des aspects humains. L'homme, au terme de l'initiation, porte sur son visage humain une face universelle. Il est Masque, il est Tout.

M. Griaule estimait que la pensée des Dogons n'est pas une « doctrine ésotérique » dans la mesure où « chaque homme parvenu à la vieillesse peut la posséder[1] ». Mais l'ésotérisme n'a jamais été un élitisme. L'initiation en Afrique noire, étant un phénomène collectif, s'ouvre à tous, comme d'ailleurs tous les ésotérismes. Ce sont les gens qui se refusent l'ésotérisme, non l'ésotérisme qui les refuse. L'initiation peut couvrir toute l'existence. L'**initiation à vie** est bien caractéristique de l'Afrique noire. Vivre revient à s'initier. La vraie existence se veut initiation. L'ésotérisme à vie est un ésotérisme de vie. On n'existe qu'autant qu'on se promeut. L'initiation déborde l'existence manifeste, elle peut commencer avant la naissance (dans le Vaudû l'enfant peut être voué à un génie durant la gestation[2]), elle peut durer après la mort (à travers une réincarnation).

La vie d'un Peul, en tant que pasteur initié, débute avec l'« entrée » et se termine avec la « sortie » du parc qui a lieu à l'âge de soixante-trois ans. Elle comporte trois séquences de vingt et un ans : vingt et un ans d'enseignement. « Sortir du parc » est comme une mort pour le pasteur ; il appelle alors son successeur : le plus apte, le plus dévoué des initiés ou son fils. Il lui fait sucer sa langue, car la salive est le support de la parole, c'est-à-dire de la connaissance, puis il lui souffle dans l'oreille gauche le nom secret du bovidé.

A. H. Bâ et Germaine Dieterlen, *Koumen. Texte initiatique des pasteurs peuls* (1960), ÉHÉSS, *Cahiers de l'Homme*, n° 1, 1972, p. 20.

De même, le Bwiti dure toute la vie, depuis l'âge de dix ans.

L'initiation tribale par excellence est l'**initiation de puberté**[3]. C'est, à un moment du moins, un rite de passage, un rite d'émancipation. La plupart du temps l'initiation tribale se fait rituel de puberté, sur la base des classes d'âge et de sexe, avec circoncision pour le garçon et excision pour la fille. La classe d'âge se détermine soit par la date de l'initiation pubertaire soit par l'ordre généalogique. Cette initiation a caractère d'obligation pour les garçons, moins souvent pour les filles. On peut citer l'Awa des Dogons, le Komo des Bambara[4], le Yondo des Sara[5], le Ganza des Manja. Communément, l'initiation exclut les enfants, les femmes,

---

1. M. Griaule, *Dieu d'eau. Entretiens avec Ogotemmêli* (1948), Le Livre de poche, coll. « Biblio essais », n° 4049, 1991, p. 13.
2. M. J. Herkovits, *Dahomey. An Ancient West African Kindom*, New York, 1938, t. 2, p. 178 (2ᵉ éd. 1967, Northwestern UP, Evanston).
3. « Les ethnologues ont été amenés à distinguer trois types d'initiation : celles qui font entrer les jeunes gens dans la catégorie d'adultes (initiations tribales), celles qui ouvrent l'accès à des sociétés secrètes ou à des confréries fermées (initiations religieuses), celles qui font abandonner la condition humaine normale pour accéder à la possession de pouvoirs surnaturels (initiations magiques) » (Roger Bastide, apud *Encyclopaedia Universalis*, art. « Initiation »).
4. D. Zahan, *Sociétés d'initiation bambara*, Mouton, La Haye et Paris, 1960.
5. R. Jaulin, *La Mort sara* (1967), Presses-Pocket, n° 3031, 1992.

mais il est des initiations tribales de classes d'âge féminines (par exemple, chez les Gouro, Wobe, Oubi en Côte-d'Ivoire, les Venda au Transvaal, les Bemba en Zambie [1], les Gisu en Ouganda [2], les Masaï [3], les Zoulou en Afrique du Sud, les Mende en Sierra Leone, les Pygmées au Congo, les Makonde au Mozambique). La circoncision n'est pas obligatoire, elle peut intervenir à la fin et non au début (chez les Somba au Bénin), parfois même elle n'existe pas (chez les Baoulé). L'initié est scarifié, peint de kaolin (symbole de mort) et de rouge (symbole de résurrection). Dans un bosquet secret, dans un enclos sacré, ou bien dans une compagnie, le jeune candidat endure de sévères épreuves, physiques aussi bien morales. On le prive de nourriture, on le mutile, on le fait rester nu, on lui fait subir une longue et dure réclusion, on lui fait apprendre quantité de mots, de danses, on multiplie les interdits... La réclusion en brousse permet au novice de devenir un esprit : comme les esprits de brousse, il va vivre de ses seules forces loin du village, dans la nature, dans le monde originel. Chez les filles Yao-Nyanja (au Mozambique) il y a défloration rituelle et excision. L'enseignement porte sur la mythologie et la généalogie, les techniques et les arts, les usages et l'étiquette, la sexualité et la mort. Le tout doit demeurer secret. Un initié au Poro sénoufo indique :

> Quand tu rentres dans le bois sacré, tu fais le serment devant le fétiche de rien dire des secrets à un profane. Et si, pendant le cycle, un des nouveaux initiés commet une erreur, la punition frappe alors tout le groupe.

À la fin, le novice porte un nom nouveau (le « nom de brousse »), il est marqué d'un tatouage ou d'une scarification, il connaît une langue secrète, il fait vraiment partie de la société, il est fêté comme un ressuscité.

> Tu es le fils du jour éclatant et clair.
> Non, tu n'es pas le fils de la nuit.

Cité par E. Mveng, *L'Art de l'Afrique noire,* Mame, 1965, p. 137

Quand il est réinséré dans sa société, il est un autre, il est homme. Il arbore d'autres marques, des marques d'hommes. Le garçon masaï peut porter des armes, se couvrir d'un bonnet, il ne peut plus se nourrir que du lait et du sang de ses troupeaux.

Exemple d'initiation de puberté chez les Manja :

La pratique de la circoncision est très répandue chez les peuples de l'Oubangui [République centrafricaine] qui l'entourent, pour la plupart, d'un rituel spécial. Les Manjas la désignent sous le nom banda [ethnie voisine] de *Ganza* qui marque aussi l'état. Les non-circoncis sont l'objet de railleries constantes de la part des

---

1. A. I. Richards, *Chinsungu. A Girl's Initiation among the Bemba of Zambia*, Faber and Faber, Londres, 1956.
2. J. Lafontaine, *Initiation*, Manchester UP, 1985.
3. A. C. Hollis, *The Masai*, Clarendon Press, Oxford, 1905, p. 260 *sqq.*

ganzas qui les traitent de « femmelettes » [donc non-adultes, hors nature] et disent qu'ils sont comme des buffles [donc non-humains, hors culture].

[Fonction religieuse] Des opérateurs nous ont avoué que la circoncision était surtout pratiquée dans un but d'hygiène. Mais, autrefois, c'était essentiellement un rite de passage marquant la fin de l'enfance et la puberté physique de l'adolescent. C'était une renaissance de l'individu, une étape de sa vie. On retrouve encore, accordé au prépuce, les vertus spécifiques attribuées au cordon ombilical.

[Fondement métaphysique] Nous donnons ci-dessous la légende manja que nous avons recueillie sur l'origine de la circoncision. Il était autrefois, sur terre, deux hommes dénommés l'un Ba-ganza, « celui qui a le cœur froid », « qui ne connaît pas la peur », « le plus courageux », et l'autre Yakoro, « celui dont le sexe est toujours sec et propre ». Ils étaient frères. Un jour qu'ils avaient tué un animal à chair délicate et savoureuse, ils décidèrent de l'offrir à Ba-zafan pour que leur femme ne puisse participer au festin. Ils se disputèrent. Ba-ganza fut blessé, il eut le prépuce déchiré. Zoro décida l'ablation du prépuce et le fit aussitôt. Ba-ganza fut le premier circoncis.

[Phase 1 : séparation] Les cérémonies ne se renouvellent que tous les deux ou trois ans. Le camp est installé loin du village, dans une galerie forestière, à proximité d'un marigot. Les lits de camp sont constitués par des petits rondins accolés.
— Au jour fixé, tous les jeunes gens du village en âge d'être circoncis sont rassemblés et embrigadés d'anciens *ganzas* armés de fouets.

[Phase 2 : transformation :]

[– Épreuves] Pendant trois jours ils jeûnent, la nuit on leur jette de l'eau sur le corps, et c'est seulement le quatrième jour qu'a lieu l'opération. On donne le nom de Wan-Zoro à l'opérateur, qui est toujours un homme âgé. Le futur circoncis attend. D'un coup sec, Wan-Zoro coupe sa ceinture, il est nu, saisissant alors le prépuce, le vieux le tire à lui, le tranche, puis jette dans l'eau la partie coupée, il ramène ensuite la peau en arrière, découvrant le gland. L'opération est terminée, le sang coule sur les cuisses du nouveau *ganza*. Il tremble, il n'ose faire un pas. Un cinglant coup de fouet le rappelle à la réalité, il lance alors de toutes ses forces un cri puissant, plein d'orgueil, pour avertir sa mère, au village, qu'il a vaillamment supporté l'épreuve. Pendant un jour ou deux la blessure est lavée à l'eau froide, puis on fait les pansements. — L'initiation dure trois lunes. Dans la brousse, loin des villages, les néophytes observent le silence, font preuve de l'obéissance la plus passive envers ceux qui dirigent l'initiation. Ils vivent de légumes et s'abstiennent de viande, supportent sans murmure, sans défaillance, la flagellation et les brimades des vieillards.

[– Enseignements] Ils s'entraînent à gagner leur vie par eux-mêmes. Le rôle du parrain est d'accompagner le jeune *ganza*, il le soigne, lui prête assistance, l'initie et aussi le châtie. Il acquitte le prix de l'opération et lui donne un nouveau nom (nom de *ganza* décédé). Son filleul lui offre en revanche les produits de sa chasse pendant la durée de son initiation, et des prémices de ses récoltes quand il sera au village. Les circoncis mettent leur costume et s'initient aux danses rituelles. On conseille moralement les jeunes. On éduque également les néophytes au point de vue sexuel en leur faisant connaître les positions d'amour les plus favorables à la fécondation de leurs épouses. On leur apprend à confectionner les manches des outils, à soigner et à entretenir ceux-ci, à édifier les cases.

[– Mort symbolique] Pendant leur initiation, les *ganzas* se maquillent des pieds à la tête. Ils se frottent le corps avec de la poudre de charbon de bois écrasé. Le noir est voué à la mort. Ils portent des lunettes découpées dans des tessons de calebasse pour se rendre méconnaissables, détruire leur ancienne personnalité et régénérer le corps.

[– Renaissance symbolique] Pendant cette retraite ils revêtent un costume spécial, ils s'habillent en femme [symbole d'androgynie], portent des robes de feuillages et des bracelets de lianes torsadées aux chevilles. Ils perdent, pendant l'initiation, leur personnalité primitive. Ils quitteront le camp transformés, rénovés et dotés d'un nom nouveau : ce seront des hommes. À la fin des rites, les initiés se peignent en blanc. Ce sont des hommes nouveaux. La couleur blanche est celle de la renaissance. Peu de jours avant leur sortie, ils changent de coiffure, ils portent un bonnet rond faits d'épis floraux. Ils ont abandonné la robe de feuillage [symbole de nature sauvage] pour vêtir un tutu fait d'écorce d'arbre battue [symbole de nature cultivée], ils se sont dessinés sur le corps, à l'argile blanche, des lignes, des points.

[Phase 3 : réintégration [1]] Dans cet accoutrement ils vont danser pendant trois jours au village. Il leur est interdit de parler aux gens du village. — Les danses terminées, les rites accomplis, les circoncis regagnent leur campement. Ils quittent leur robe, leur coiffure, brûlent le camp et ses huttes, puis rentrent au village. — Trois mois après, ils sont réunis à nouveau. Le vieil opérateur a préparé, seul dans la nuit, le médicament qui lève les interdits et doit les protéger de la lèpre et de toutes les maladies. Ils ne peuvent connaître une femme que lorsqu'ils auront absorbé le médicament de sortie.

Plus tard, quand il [l'initié] entrera dans une confrérie secrète, il paiera encore de son sang (société secrète de Labi chez les Gbayas. Les adeptes portent à gauche du nombril une petite cicatrice).

D'après Anne-Marie Vergiat, *Les Rites secrets des primitifs de l'Oubangui* (1936), L'Harmattan, 1981, p. 78-99. © Éditions de L'Harmattan, Paris.

Les initiations suivantes sont FACULTATIVES.

L'initiation tribale peut prendre la forme d'une **initiation culturelle**, d'une société ouverte à tous, ou presque, et qui prolonge ou remplace pour les adultes l'initiation de puberté. Cette initiation, ces sociétés-d'hommes (ou de femmes [2]) ont pour objet de propager la tradition, de la protéger, elles sont politiques, morales, religieuses, policières même, avec plus ou moins d'éléments magiques, ésotériques. Une société culturelle, société-d'hommes comme le Mwiri au Gabon ou le Ujayéi en Sierra Leone ou le Lo au Bénin, contrôle le respect de la coutume, l'entretien des lieux publics, elle veille à l'entraide ; elle a son pendant féminin dans une société-de-femmes, le Ndjembé au Gabon ou le Humoï en Sierra Leone, qui transmet des connaissances techniques, domestiques. On en reste encore au simple niveau initiatoire, pas initiatique.

Les initiations de puberté ou les initiations culturelles sont tribales. Elles

---

1. La distinction dans les rites de passage de trois stades — « celui de séparation, celui d'attente ou de marge et celui d'agrégation » — remonte à A. Van Gennep (*Manuel de folklore français contemporain*, A. Picard, 1937-1958, t. 1, p. 111 ; *Les Rites de passage*, Nourry, 1909, A. Picard, 1981, 316 p.).
2. En allemand : *Männerbünde, Weiberbünde*.

s'adressent à tous les hommes (parfois toutes les femmes) de la tribu, elles véhiculent surtout des valeurs locales, propres à un groupe.

Les initiations suivantes sont ÉLECTIVES.

L'initiation secrète est, par nature, réservée et mystique. Mais il faut nuancer, le secret n'existe pas toujours (comme dans les « initiations » de puberté) et le côté mystique peut se révéler très formel.

> Tout ce que je verrai ici, je ne le dirai à personne, ni à une femme, ni à un homme, ni à un profane, ni à un Blanc ; sinon, fais-moi enfler, tue-moi !
>
> Cité par L. Bittremieux, *La Société secrète des Bakhimba au Mayombe*, Bruxelles, 1936, p. 52.

En allant de l'initiation tribale à l'initiation secrète, l'Africain passe de l'école de brousse à l'organisation close. Mais la transition peut être insensible. Cette initiation ne peut concerner que des fonctions héréditaires (forgeron, griot, herboriste...) ou des professionnels émérites (chasseur, pêcheur, pasteur, guerrier, chef, tisserand...). L'organisation Bwanga présente aux forgerons du Katanga, au Zaïre, une initiation et un culte spécifiques[1]. On entre dans la société secrète par choix personnel, du fait de son statut social, par vocation, ou encore par cooptation, ou quasiment de force (dans les « couvents fétiches », autrement dit Vaudû, du Bénin et du Togo), presque toujours en versant une redevance. La société secrète peut être une corporation, une confrérie, un ordre, une société de masques ou autre. Les sociétés de culte, culte des ancêtres ou culte de fertilité par exemple, ne forment pas des organisations initiatiques, mais de simples associations. Les hommes-léopards, qui ont effrayé l'ex-Congo belge (Zaïre) jusqu'en 1950, étaient souvent des groupes de terreur, dont les membres se déguisaient en léopards et portaient des griffes de fer ; autrefois, les hommes-léopards (Manja), les hommes-lions (Sara), les hommes-éléphants (Mbaka), les hommes-hippopotames (Sango) étaient sans doute des organisations pratiquant l'anthropophagie rituelle ; ces sociétés-d'hommes sont donc tantôt des organisations initiatiques, tantôt des groupes de pression ou même de terreur, comme la Triade en Chine.

Exemple d'initiation secrète chez les Mitsogho :

L'association professionnelle des *Evovi* (pluriel de *gévovi*, dérivé de *vovo*, « parler ») est un corps de magistrats, un ordre d'avocats mitsogho.

[Phase 1 : rituel de sélection par le secret] N'est pas *gévovi* qui veut.

[– Secret de forme : élitisme] L'admission est faite au choix, par élection au suffrage restreint, après réception solennelle, accompagnée de certains rites et moyennant une redevance dont le montant est fixé par le conseil des anciens. Ne sont électeurs que les membres déjà élus de la confrérie ; ne sont éligibles, en règle générale, que des hommes d'âge mûr, bien qu'il arrive parfois, à titre excep-

---

1. W. Cline, *Mining and Metallurgy in Negro Africa*, G. Banta, Menasha, 1937, p. 119.

tionnel, que le choix tombe sur des hommes encore jeunes, habiles à manier la parole et doués d'un jugement droit.

[– Secret de contenu : hermétisme] Ce rite de passage, qui ouvre au récipiendaire l'accès de l'Ordre, lui confère le don de la parole, car un *gévovi* doit « bien parler ». Et c'est par l'intermédiaire de Gébasa-Tsotsa, l'« Esprit de la Parole », que le néophyte peut y parvenir.

[– Initiation effective ou initiation virtuelle ?] Mais ici il n'est pas question de « faire voir » l'Esprit aux futurs initiés — comme c'est le cas lors de l'initiation au Bwiti — ; on se borne à l'honorer, pour s'attirer ses faveurs, en lui adressant des hymnes en sa présence. Car Gébasa-Tsotsa préside en esprit et en matière à toutes les séances d'initiation.

[Phase 2 : rituel d'admission par préparation spirituelle] Huit jours avant leur admission dans la corporation, les candidats élus se préparent par une sorte de retraite dans une case spécialement choisie et ornée pour la circonstance. Au milieu de la grande salle, on place la grande boîte en écorce, contenant le talisman, sur laquelle sont étendus un linge et des peaux de genette, pour la cacher au regard des profanes qui circulent aux alentours. Derrière ce reliquaire, on a fixé au sol un petit arbuste vert, le *mundju* ou *lasianthera africana*, la « plante aux esprits ». Tout autour de cette plante rituelle et de la précieuse boîte sont déposés les insignes de la fonction de *gévovi* : clochettes en fer battu, sans battant, *mikenge* ou *mikuku*, souvent surmontées d'une figurine et, dans une corbeille en rotin, deux bracelets en cuivre et deux fers de lance. En dehors de la case on a rassemblé des faisceaux de grandes sagaies, appartenant aux chefs et notables des villages voisins, invités à la cérémonie, ainsi que les longues cannes d'ébène des membres de la corporation accourus de côté et d'autre. Cette décoration terminée, les nouveaux candidats, les chefs et notables des villages, ainsi que les anciens *évovi*, se réunissent dans la grande salle unique de la case et s'assoient en cercle, sur des sièges très bas, autour du Gébasa-Tsotsa. Pendant huit jours consécutifs, ils exécuteront, à huis clos, divers chants appropriés à la circonstance, en hochant la tête, de bas en haut et en cadence, tout en remuant le corps, au son du tambour et des clochettes de fer.

[Phase 3 : rituel de consécration par transmission de l'influence spirituelle] Au huitième jour de la retraite, on danse en pleine cour, au vu de tout le monde : c'est le récitatif en hommage à Gébasa-Tsotsa qui revient le plus souvent, celui de la voie large et de la voie étroite. Ils scandent ce récitatif qu'ils rythment en frappant le sol de la case avec la pointe de leur canne d'ébène :

> « *Gébasa-Tsotsa !*
> *Asi go ndjéa nè ékèkè !*
> *Gébasa-Tsotsa !*
> *Asi go ndjéa nè époni*
> Esprit de la Parole !
> (Avec toi) nous entrons dans la voie étroite !
> Esprit de la Parole !
> (Sans toi) nous marchons dans la voie large ! »

Ce chant semble être, en quelque sorte, une consécration de la Lumière qu'ont reçue les néophytes grâce à Gébasa-Tsotsa qui leur a conféré le « talent de bien dire » et de « bien décider des affaires ».

A. Raponda-Walker et R. Sillans, *Rites et Croyances des peuples du Gabon*, Présence africaine, 1962, p. 154-158. © Présence africaine, Paris.

Les initiations suivantes sont ÉSOTÉRIQUES.

L'**initiation occulte** concerne plus précisément des pouvoirs ou des savoirs spirituels (magie, divination[1], médecine occulte, chasse ou pêche magiques... ; langage des animaux, langue secrète, cosmologie...). Par exemple, l'association des devins chez les Lele[2], l'association des devins-guérisseurs chez les Tetela, toujours au Congo-Kinshasa donnent des initiations spécialisées dans ces matières directement ésotériques. L'initiation occulte peut se révéler très dure, mais derrière l'épreuve s'ouvre le monde invisible. Chez les Pygmées, on attache le candidat à la divination à un cadavre, face contre face, durant trois jours : le candidat devient fou ou bien devin[3] ! L'épreuve sert de clef au monde invisible, aux pouvoirs spirituels, elle n'a plus le simple caractère moral ou physique qu'elle avait dans l'initiation tribale. Le rituel *ka yiyi* d'affiliation au Vaudû se révèle assez complexe. Il comprend un pacte de sang, l'absorption d'un breuvage où ont infusé les plantes du Vaudû, la juxtaposition de l'orteil droit du novice et de l'orteil gauche de l'initiateur, l'apprentissage de formules liturgiques, la réception d'un fragment de calebasse où sont gravés des signes, l'octroi d'un nom, la scarification indiquant les marques de possession de l'individu par tel Vaudû[4].

L'**initiation spirituelle**, enfin, reste délicate à discerner en Afrique, car le Noir rechigne à parler de son contact avec le Mystère. À la limite, l'initiation spirituelle n'existe pas chez les Noirs. Si, en Europe, l'initiation la plus cachée est l'initiation « tribale » (par exemple celle des Courètes[5]), en Afrique, c'est l'inverse. L'initiation spirituelle noire n'a que rarement l'aspect individuel, électif et doctrinal qu'elle présente ailleurs, elle vise la prospérité de la collectivité. Cette initiation, au terme des autres initiations, fait de l'Africain un Sage à part entière, Maître de la parole, Connaisseur des mythes, des rites, des forces, des mots. « Connaissance de Dieu, déification de l'homme, trop plein de la plénitude, ennoblissement de l'homme, voilà ce qu'est le *korè* [l'ultime initiation chez les Bambara] par excellence [...]. Sa valeur éminente résulte du fait qu'il rend l'être humain égal à Dieu, qu'il déifie ceux qu'il tue c'est-à-dire qu'il les rend immortels comme le ferait une sorte de sacrement consistant à

---

1. Maupoil, *La Géomancie à l'ancienne côte des Esclaves* (1943), A. Maisonneuve, 1988, 694 p.
2. M. Douglas, « Animals in Lele Religious Thought », Africa, Oxford UP, Londres, t. 27, fasc. 1, p. 46-58.
3. H. Deschamps, *Les Religions de l'Afrique noire*, PUF, coll. « Que sais-je ? », 1954, p. 61.
4. R. Brand, *La Société wemenu*, thèse, université de Paris V, 1990, t. 1, p. 231. Il dit aussi, p. 192 : « Le Vodû est une divinité fondée sur une force adoptée par un lignage entier, en reconnaissance de l'aide apportée par un être humain, ou en échange de la passivité d'un être humain rencontré, d'une bête dangereuse ou d'une force puissante et destructrice. »
5. H. Jeanmaire, *Couroï et Courètes*, thèse, Lille, 1939, p. 323 *sqq*.

octroyer aux mortels l'éternité de Dieu. (L'initié réalise) une ascension vers le mariage et l'union intime avec Dieu [1]. »

À la différence de l'initiation tribale ou de l'initiation secrète, qui ne sont souvent que virtuelles, l'initiation spirituelle, comme l'initiation occulte, exige une mutation effective de la personnalité, de ses pouvoirs, de ses avoirs, de ses savoirs. Qui atteindrait l'ésotérisme vrai sans une initiation véritable, autrement dit sans être assez âgé et assez bon, ne saurait le supporter.

Les contes le disent au mieux, à propos du langage des animaux, qui désigne, profondément, la connaissance occulte, l'art d'interpréter tous les signes et, aussi, de se mettre en accord avec toute la nature.

On cernoojo janni o taalibaajo haa o heewi ganndal.
Il était une fois un maître qui avait enseigné à son élève d'immenses connaissances. [...]
L'élève alla trouver le maître. Ils se saluèrent et il dit :
– Maître, je viens d'apprendre que vous connaissez un secret qui permet, en égrenant son chapelet, de connaître le langage de tous les animaux. Est-ce bien vrai ?
Le maître lui dit :
– C'est la pure vérité. Mais tu es trop jeune pour posséder impunément un tel savoir. Vraiment, ça m'ennuierait beaucoup de te le communiquer. [...]
L'élève répondit :
– Je vous en prie, apprenez-moi ce secret. Quoi qu'il arrive, je serai seul responsable de mes actes !
Alors le maître lui livra le secret.
L'élève se mit à égrener de la façon qui lui avait été indiquée, et un jour il finit par réussir : il se mit à comprendre le sens du vrombissement des abeilles, et bientôt il comprit le langage de tous les animaux.
Longtemps après, il eut une chatte qui mit au monde trois chatons sous son lit. Cette chatte en vint à souffrir de la faim, car l'élève avait cessé de prendre la peine de les nourrir, elle et ses petits.
Un jour, un des petits chats dit :
– Maman, donne-nous de quoi manger ! sinon, c'est toi que nous allons manger ! [...]
La chatte répondit :
– Ne me mangez pas avant après-demain, car quand il sera mort, nous aurons tout ce qu'il possédait.
Ils tombèrent d'accord. L'élève entendit également ces paroles et, dès qu'il eut compris, il courut chez son maître à perdre haleine. À son arrivée, le maître lui demanda :
– Qu'est-ce qui te met à ce point hors d'haleine ?
Il répondit :
– Ah, maître ! c'est une chatte qui a dit que je mourrai demain.

---

1. D. Zahan, *Religion, Spiritualité et Pensée africaines*, Payot, coll. « Petite Bibliothèque Payot », 1970, p. 209, 218.

Le maître lui dit :
— Je t'avais prévenu de ne pas étudier si tu ne veux pas souffrir ! Car pour éviter ta mort il n'y a pas de remède !
[...] L'élève se mit à saigner du nez et, au bout de deux jours, tout était fini, il était mort.
Quelques jours après, un parent de l'élève, qui était son héritier, [...] trouva les chatons en train de gémir. Il prit le pot de lait et leur versa. Les chats burent jusqu'à satiété et dirent :
— Ah ! voici vraiment un homme de bien ! L'autre était un méchant, c'était le plus impie des hommes. *Oya wonaa moyyo, ko keefeero kef.*

Le Maître et son élève. *Cernoojo e Taalibaajo*, conte peul, apud *Contes et Récits peuls du Fouta Djalon*, Édicef, coll. « Fleuve et Flamme », 1985, p. 27-35.

LES MYSTÈRES

Le contenu des connaissances ésotériques commence et se termine, dans les initiations, par l'idée d'ANDROGYNIE. L'humain est homme et femme, il est double, il détient en lui les deux valences humaines et cosmiques. On isole ici l'équivalent africain de l'idée de microcosme, si forte dans l'ésotérisme européen. L'homme est femme par le prépuce (extensible comme la vulve), la femme est homme par le clitoris (érectile comme le pénis). Ogotemmêli le dit avec netteté. L'âme femelle de l'homme gît dans le prépuce, et l'âme mâle de la femme gît dans le clitoris[1]. C. G. Jung ne disait pas mieux en parlant d'*anima*, d'âme féminine chez l'homme, et d'*animus*, d'âme masculine chez la femme. Les initiés négro-africains se disent homme-et-femme. Les initiés tribaux des Masaï s'habillent en filles, les initiées tribales des Sotho s'habillent en hommes[2]. L'idée d'androgynie s'exprime, bien entendu, de façon africaine, c'est-à-dire par des liens de parenté (le totem, le jumeau), par des événements corporels (la circoncision/excision, l'habit de femme pour les hommes initiés), par des mythes, qui sont des idées faites de chair, d'images (le couple primordial). Le grand mythe des Dogons, en sa version ésotérique, raconte qu'au début Amma enfante par la parole l'infiniment petit, qui devient un œuf, un œuf à double placenta, contenant le mâle Yurugu (le renard pâle) et la femelle Yasigi, sa jumelle ; par la suite, Nommo façonna un homme pourvu d'une verge mais avec un élément féminin, le prépuce, il façonna aussi une femme, qui, symétriquement, possédait un sexe féminin doté d'un élément masculin, le clitoris[3]. Le mythe vaudû présente aussi la nécessité de l'androgynie. La discorde des divinités, la séparation du Ciel et de la Terre engendrent la stérilité.

---

1. M. Griaule, *Dieu d'eau, op. cit.*, p. 30.
2. H. Baumann, *Das doppelte Geschlecht. Ethnologische Studien zur Bisexualität in Ritus und Mythos*, Berlin, 1955, p. 57.
3. M. Griaule et G. Dieterlen, *Le Renard pâle*, t. 1 : *Le Mythe cosmogonique* (1965), Institut d'ethnologie, A. Maisonneuve, 1991, 544-XXVII p. ; G. Dieterlen, « Mythe et organisation sociale au Soudan français », *Journal de la Société des Africanistes*, musée de l'Homme, t. 25, fasc. 1-2, 1955, p. 39-76, et t. 29, fasc. 1-2, 1959, p. 119-138.

Terre et Ciel étaient amis. Ils allaient à la chasse ensemble. Un beau jour, en cours de chasse, Terre tua un rongeur. Ils firent du corps deux parts. Restait la tête. Dispute. Ciel s'éloigna de Terre. Terre devint aride par manque de pluie.

B. Maupoil, *La Géomancie à l'ancienne côte des Esclaves*, Travaux et mémoires de l'Institut d'ethnologie, n° XLII, A. Maisonneuve, 1943, rééd. 1988, p. 498.

La notion de DOUBLE ressemble assez à celle d'androgynie, puisque, à nouveau, l'homme se dit, se fait deux fois. La notion de double traverse la pensée africaine, sous diverses formes, que Louis-Vincent Thomas [1] a énumérées : la dualité sexuelle (clitoris mâle chez la femme, prépuce femelle chez l'homme), la personnalité équivalente (ombre, principe vital, âme-oiseau qui se déplace), le moi réduplicatif (jumeau, « jumeau éthérique » d'un autre sexe), la moitié complémentaire (placenta, cordon ombilical), l'existant parallèle (animal totémique, animal favori), le substitut (personne ou objet). Pour les Dogons, tout être humain a un « jumeau éthérique », mâle s'il est femme, femelle s'il est homme. « L'ensemble formé par le placenta, le cordon et l'enfant peut être comparé à un arbre ou un végétal quelconque. Le premier fait fonction de racines, car c'est par lui que le fœtus s'enracine dans le corps maternel ; le second ressemble à une tige par où passe la sève ; le troisième enfin est comparable au fruit qui, une fois arrivé à maturité, va se détacher de l'arbre qui lui a donné naissance. Sur le plan des catégories de pensée, le placenta appartiendra donc normalement au monde terrestre et femelle, alors que le cordon fera partie du monde céleste, aérien et mâle ; d'où les places respectives qu'on leur confère parfois. Chez les Fali (Cameroun), par exemple, le premier est mis dans une marmite et enterré, alors que le second est introduit avec une touffe de cheveux dans un fragment de tige de mil et placé dans la toiture du grenier [2]. »

Une autre idée ésotérique, implicite dans toute initiation nègre, c'est l'identité symbolique de la naissance et de la mort. On retrouve la complémentarité des contraires. Les vrais vivants sont les ancêtres, qui ont donné la tradition ; la vraie vie consiste à mourir à soi et à renaître dans une organisation initiatique.

L'ésotérisme négro-africain, c'est le Mystère du Verbe et de la Vie, à travers le respect des âmes, vivantes ou défuntes, et la participation avec les choses de la nature.

Au début est le VERBE CRÉATEUR. Le Verbe, ce n'est pas seulement la parole, mais aussi le rythme (celui de la danse, du tam-tam), le symbole (la forme de la case, le dessin, l'art de tisser...), le signe (l'oracle, le présage...),

---

1. L.-V. Thomas, « Le Double, la Vie, la Mort en Afrique noire », *Thanatologie*, Société de thanatologie, bull. n°s 91-92, nov. 1992, p. 43-55.
2. P. Erny, « Placenta et cordon ombilical dans la tradition africaine », *Psycho-pathologie africaine*, t. 5, fasc. 1, Dakar, 1969, p. 143-144 (cité par L.-V. Thomas).

le rêve. La musique fait évidemment partie du Verbe : le dieu dogon Nommo fait trois révélations par le Verbe. Le Verbe, c'est la parole fertile.

La première parole était un verbe humide, la deuxième un verbe lumineux, la troisième un langage à la fois parlé et musical.

La divination se fonde sur le Verbe. Les mouvements de la poule sacrifiée ou la manière dont l'araignée dérange les brins d'écorce parlent du présent invisible. À propos des plantes hallucinogènes, les Africains parlent de « paroles de la plante ». Le Verbe crée. De même que le verbe, en grammaire, exprime généralement une action, de même le Verbe est souvent parole magique, il métamorphose. Le monde est Verbe : il est parole, parce qu'il est message et signes, changement et création. L'ésotérisme africain se niche ici. Et le Verbe exprime quoi ? de l'être, qui est force. Il manifeste les êtres et il unit les êtres. Il est force vitale.

> La parole est tout.
> Elle coupe, écorche.
> Elle modèle, module.
> Elle perturbe, rend fou.
> Elle guérit ou tue net.
> Elle amplifie, abaisse selon sa charge.
> Elle excite ou calme les âmes.

Paroles du chantre du Komo (société d'initiation bambara), citées par D. Zahan, *La Dialectique du Verbe chez les Bambara*, Mouton, 1963.

La FORCE VITALE est une notion typiquement africaine et ésotérique. Les Bantous disent : *ntu*, les Dogons et les Bambara *nyama* (mot panafricain), les Mossi *naam*. L'homme est force vitale, l'être est force. P. Tempels, le premier, a insisté sur ce point [1]. « La force est la chose en elle-même et l'être est force. » La femme est force de fécondité, le sorcier est force de destruction des âmes, l'araignée est force d'organisation. Quel être n'est pas *anyama*, habité de force vitale ? M. Griaule éclaircit ainsi la notion de *nyama* chez les Dogons.

Le *nyama* est une énergie en instance, impersonnelle, inconsciente, répartie dans tous les hommes, animaux, végétaux, dans les êtres surnaturels, dans les choses, dans la nature et qui tend à faire persévérer dans son être le support auquel elle est affectée temporairement (être mortel) ou éternellement (être immortel) : c'est ainsi que le ciel, les morts, les génies, les autels, le fumier, les arbres, la graine, la pierre, les bêtes, la couleur rouge, les hommes ont du *nyama*.

Cette énergie est également dynamique. Dans une certaine mesure, elle est dépendante de l'âme *(kikinu say)* chez les êtres vivants et apparemment indépendante dans le cas des choses inanimées. On sait qu'à la mort, l'âme de l'homme projette son *nyama* dans le corps d'un nouveau-né pour en faire son *nani* ; cette force, par la suite, agit vis-à-vis de l'enfant comme un témoin pouvant sanctionner

---

[1]. P. Tempels, *La Philosophie bantoue*, 1945, trad. de l'anglais, Présence africaine, 1949. *Bantu Philosophy*, Présence africaine, 1980.

les manquements à ses devoirs. Dans le cas d'un autel, le *nyama* dont il est le support se communique aux objets consacrés sur lui et agit dans le sens du rite exécuté par l'intéressé.

[...] Le *nyama* est susceptible d'usure, de diminution. Si l'on tient compte que pour un être humain, par exemple, le sang est le contenant du *nyama*, perdre du sang revient à perdre une certaine quantité de force. Mais un *nyama* donné conserve toujours une partie de lui-même qui, pour ne pas périr, s'agrège à une force plus grande, plus « fraîche » que lui. Il est un principe continu fondé sur un support discontinu. Il est comparable à une flamme passant sur une série de flambeaux dont un seul est allumé et brûle jusqu'à l'usure avant de communiquer son feu au suivant. Un *nyama* particulier est une parcelle à la longue périssable d'un ensemble sans cesse régénéré.

En revanche, le *nyama* est susceptible d'augmentation : il s'additionne à celui d'un autre support. Le mangeur augmente le sien de celui des plantes qu'il consomme ; le *nyama* du mil fait vivre l'homme. La graine, qui contient le *nyama* de la plante, pousse grâce à l'adjonction des *nyama* du fumier, de la pluie et du Soleil. (Un informateur, pour expliquer la différence entre l'âme [*kikinu say*] et le *nyama* [la force vitale] a déclaré que l'âme est comme l'enveloppe de la calebasse et le *nyama* comme les graines.)

Le *nyama* d'un homme augmente avec son âge. [...]

Le *nyama* est transmissible par contact et à distance. Un homme qui dort en brousse est susceptible de le contracter de certaines pierres qu'il touche. Un non initié, une femme en reçoivent en touchant un masque. Un mort envoie le sien sur son *nani* [sa réincarnation] ; un autel en communique à un objet. Le rhombe, par son vrombissement, l'exhale. Certains rites le font passer de son support dans le masque, et de ce dernier dans la peinture rupestre.

M. Griaule, *Masques dogons*, Travaux et mémoires de l'Institut d'ethnologie, n° XXXIII, A. Maisonneuve, 1938, 2ᵉ éd. 1963, p. 161-164. © A. Maisonneuve, Paris.

Ces êtres-forces ne sont pas isolés. Il n'y a pas des forces, il n'y a pas des êtres, mais interactions fortifiantes. La force n'est pas une substance, un fluide magnétique, une vibration, comme le dit la version exotérique. Elle se manifeste dans un filet de relations. L'araignée est araignée par sa toile. Ce qui est premier, c'est moins la notion philosophique de force vitale que l'idée ésotérique de participation mystique. Il y a CORRESPONDANCES COSMIQUES, fondées sur les classifications (animaux, clans, membres du corps...) et sur les registres (orients, couleurs, sexes...). Les initiés apprennent ces correspondances.

> La terre est le corps de nous les gens.
> L'eau c'est le sang de nous les gens.
> Les poutres transversales sont les côtes de nous les gens.
> Les cordes sont les tendons.
> Les herbes c'est les cheveux.
> Le bâton érigé au centre du toit c'est l'homme.
> Le foyer au-dessous c'est la femme.

Chant des initiées venda, cité par Jacqueline Roumeguère-Eberhardt, « Pensée et société africaines », *Cahiers de l'Homme*, Mouton, 1963, p. 87.

Les êtres entrent en relation de contradiction (magicien ≠ sorcier) ou de complémentarité (forgeron–potière), en affinité de structure (ciel ≃ toit) ou de fonction (roi ↔ lion), en parenté par filiation (eau → melon) ou par ressemblance (cœur : rouge)... Un réseau serré de liens existe entre visible et invisible, naturel et surnaturel, vivants et morts, puissants et faibles, qui unit tous les êtres. Les distinctions s'estompent, les rapports s'affirment. Chez les Dioula, le moment du sevrage se décide à la 33e lune après la naissance, parce que les 33 os de la colonne vertébrale sont alors formés. Il est injuste de mépriser la pensée africaine en la taxant de vague, car si l'on passe du plan de la connaissance des êtres au plan de l'action entre correspondants, la pensée du Blanc, cette fois, paraît bien superficielle, et celle du Noir bien organisée et très profonde. « L'Africain ne pense pas », disait W. H. Bentley (*Pioneering on the Congo*, t. 1, p. 256). Une telle phrase ne prouve qu'une chose : que Bentley, lui, ne pensait pas, il se contentait de croire que lui seul pensait ! L'Occidental pense par déterminismes, l'Africain par correspondances. Peut-être le Blanc en *sait*-il plus sur le lion, en zoologie, en éthologie, mais, incontestablement, le Noir *connaît les relations* entre lion et homme, entre lion et roi. Cela s'observe dans mille faits.

Chez certains cultivateurs paléonégritiques, [...] les fauves hantent volontiers le site même du village, et les petits bergers menant leurs chèvres, comme les femmes dans les champs, se sentent protégés sur toute l'étendue du canton de chasse de « leurs » lions. Aux hommes qui leur sont alliés les lions permettent de prélever la viande des antilopes qu'ils ont abattues. Enfin, lorsque revient, chaque année, le jour de la fête de la récolte ou de celle des semailles, ils gagnent le village et « communient », au sens propre du mot, avec les villageois en buvant leur part de la bière de mil sacramentelle. Le prêtre possède aussi le pouvoir de les convoquer en priant devant l'autel des lions ou celui de la Terre. [Les lions] peuvent intervenir dans les ordalies et même, en cas de conflit avec un individu ou un groupe étranger, devenir les instruments télécommandés de la guerre ou de la vengeance. [...] Nous avons connu [un] vieux Chef de Terre dont le vieux lion perdait ses dents, [et qui] a bu pour la dernière fois en février 1957, un mois exactement avant d'être abattu par un chasseur parisien, la bière de mil de la nouvelle récolte.

P. Ichac, apud *Dictionnaire des civilisations africaines*, Hazan, 1968, p. 251-252. © Éditions Hazan, Paris.

Le Négro-Africain cherche avant tout à établir un accord dynamique — un rythme, donc — avec la nature où il vit et avec la société dans laquelle il vit. Il ne pose pas un moi isolé, individualiste, séparé et séparateur, mais une personne en communion avec le dehors, liée aux végétaux et aux animaux, à sa tribu et aux voisins, au sol et aux étoiles. Le Négro-Africain appartient à des ensembles de plus en plus vastes, qui vont de la case à la nature entière, et l'ésotérisme lui révèle ces appartenances. Et l'initiation renforce ces appartenances : appartenances à sa classe d'âge par l'initiation tribale, à ses ancêtres par le masque, etc. Des rapports dynamiques et dynamisants établissant des communions efficaces entre hommes, entre hommes et animaux, entre animaux... L'initiation au Bwiti fait naître les neuf corps de chaque homme, qui sont en correspondance avec les neuf sphères du monde. Quand le Bushman danse, il exécute une danse connectée aux mouvements des astres. Jamais solitaire, toujours solidaire. Une vie identique circule partout. Savoir cela est ésotérisme, réaliser cela est initiation. Ce réseau de correspondances fonde la magie, la divination... Le non-initié ignore les correspondances. Si le magicien classe les correspondances, le sorcier, lui, casse les correspondances.

GRILLE DES CORRESPONDANCES CHEZ LES DOGONS [1]

FONCTIONS	ORIENTS	ORGANES	DOIGTS
1 forgeron	N.O.	estomac	majeur
2 cordonnier	S.O.	gésier	index
3 griot	S.E.	cœur	pouce
4	N.E.	petit foie	annulaire
5	N.	rate	auriculaire
6	S.O.	intestins	pouce
7 maître de la parole	S.E.	grand foie	index
8 parole	N.E.	vésicule	majeur

Le lien avec l'animal [2] se révèle fort et multiforme. L'animal est ANIMAL-ÂME [3]. Pour l'essentiel, le Négro-Africain ne se sent pas distinct de l'animal, ni d'ailleurs identique à lui. Chose remarquable, dans l'initiation bambara, seul le masque N'domo, celui de la pré-initiation, porte figure humaine, tous les autres sont zoomorphes, ce qui signifie bien qu'avant l'initiation l'homme n'est qu'homme, mais que, par l'initiation, il va activer ses correspondances avec d'autres mondes, à la fois intérieurs et extérieurs, dont le monde animal, et les autres mondes que symbolisent les animaux. L'idée de microcosme se réalise. L'homme initié ne devient pas un animal, il réalise en lui l'humanité *et* l'animalité, il se double, il se renforce. L'animal est un double : ni tout à fait moi ni tout à fait un autre, mais un miroir, un vivant reflet, caricature ou idéalisation. Il joue en Afrique le rôle de la propriété chez l'Occidental, qui s'identifie en partie à sa voiture, à sa maison et qui dit crûment : « on a froissé mon aile » pour « on a froissé l'aile de ma voiture ».

---

1. M. Griaule, *Dieu d'eau*, 1948.
2. L.-V. Thomas, apud *Ethnologie régionale*, Gallimard, « Encyclopédie de la Pléiade », t. 1, p. 301.
3. L'expression est de C. Meinhof, *Afrikanische Religion*, Berlin, 1912, p. 79.

- PAR LE TOTÉMISME, un groupe humain (famille, clan, tribu) porte le même nom qu'une espèce animale, souvent considérée comme « l'ancêtre », qui peut faire l'objet d'un culte, et qui soude le groupe et le spécifie (surtout par l'exogamie, les tabous alimentaires). Le totémisme est la forme exotérique du système des correspondances appliqué au domaine animal. Il s'agit de poser des homologies symboliques, pas des parentés biologiques. Les Abazigaba du Rwanda savent fort bien qu'ils ne descendent pas du léopard, qu'ils ne sont pas des léopards, mais ils veulent avoir pour emblème le léopard. En Occident, personne ne soupçonne le directeur de Pélikan, la marque de cartouches d'encre, de se prendre pour un pélican ; on sait bien qu'il assimile ses cartouches d'encre à l'énorme bec de pélican, et qu'il compte auprès du public sur une belle image de son produit, un vulgaire réservoir « devenu » un bel oiseau ! L'Africain est aussi intelligent que le directeur de Pélikan.

- PAR L'ANIMISME, le Négro-Africain pense que l'animal a une âme, qu'il est une âme. L'Africain, sur ce point, ressemble plus à Aristote qu'à Descartes : où serait la naïveté ? L'Africain utilise souvent l'animal dans la divination, par exemple quand il observe la souris qui bouscule des bâtons, le chacal qui laisse des traces sur le sable[1]. Les garçons chez les Longarim (Soudan, Éthiopie, Kenya) ont un animal favori, un taureau, qui est comme un double de la personne.

- PAR LE NATURISME, le Négro-Africain estime que l'animal mérite du respect ou même un culte. Les Masaï honorent l'hyène, les Zande le serpent. Si l'Occidental respecte plus sa voiture en fer qu'un serpent vivant, où faudra-t-il chercher le sot ?

- SELON L'ANIMALISME, l'animal est un protecteur de l'homme (Bushmen). On le vénère en fonction de sa force vitale particulière. Chez les Hadjaraï le prêtre sympathise avec le lion comme chez les Nuer avec le léopard. Certains devins (chez les Karanga en Rhodésie) parlent sous l'emprise des esprits lions, ou des esprits serpents.

- DANS LE PROTÉISME, on trouve la croyance que l'homme peut se métamorphoser en animal. Cette conception peut prendre la forme d'une identification symbolique dans les sociétés secrètes des hommes-animaux. En fait, il y a plutôt déguisement. Le masque encore, mais un masque vivant. Les Missions évangéliques[2] ne sont pas dupes : « Ces léopards sont pour la plupart des hommes organisés en société secrète d'anthropophagie... On dit qu'ils se mettent des griffes aux pieds et des peaux de bêtes sur le corps. » Les Dinka (au Soudan) croient qu'un des leurs peut devenir lion, crocodile. On comparera peut-être cela, pour ne pas rire de ces croyances, aux exercices dans certaines écoles de théâtre contempo-

---

1. Denise Paulme, « La divination par les chacals chez les Dogon de Sanga », *Journal de la Société des Africanistes*, t. 6, 1937. Le chacal est appelé « renard pâle ».
2. *Missions évangéliques*, t. 1, 1922, p. 136, 66.

raines, où l'acteur se fait singe ou maladie pour entrer en sympathie, connaître de l'intérieur le singe ou une maladie [1].

- DANS LE TONALISME, un individu se choisit un animal-fétiche, une âme extérieure et supérieure dans le monde animal. Les magiciens des Lhota-Naga choisissent le léopard. En Afrique de l'Ouest, le mot pour *tonal* est *kra, ntoro* [2]. Le sort de l'homme et de l'animal coïncident. L'un est le double de l'autre. « Au Congo, un féticheur qui avait fait alliance avec un boa avait l'estomac gonflé chaque fois que le reptile avait trop mangé [3]. » Cette conception intervient fréquemment dans le chamanisme, où l'initié s'identifie à un animal pour avoir sa force, pour connaître le langage de la nature. Dans ce totémisme individuel, l'animal se fait maître d'initiation.

– Il y a un serpent ! criai-je.
– Encore un ! s'écriait ma mère.
[...] Ma mère n'eut pas plus tôt aperçu le serpent noir, qu'elle me dit gravement :
– Celui-ci, mon enfant, il ne faut pas le tuer : ce serpent n'est pas un serpent comme les autres, il ne te fera aucun mal ; néanmoins, ne contrarie jamais sa course. [...] Ce serpent, ajouta ma mère, est le génie de ton père. [...]
Subitement il [mon père] se décida.
– Ce serpent, dit-il, est le génie de notre race, comprends-tu ?
– Oui, dis-je, bien que je ne comprisse pas très bien.
– Ce serpent, poursuivit-il, est toujours présent ; toujours il apparaît à l'un de nous. Dans notre génération, c'est à moi qu'il s'est présenté. [...] Il s'est d'abord présenté sous forme de rêve. Plusieurs fois, il m'est apparu et il me disait le jour où il se présenterait réellement à moi, il précisait l'heure et l'endroit. Mais moi, la première fois que je le vis réellement, je pris peur. Je le tenais pour un serpent comme les autres et je dus me contenir pour ne pas le tuer. [...] La nuit suivante, je revis le serpent en rêve. « Je suis venu comme je t'en avais averti, dit-il, et toi, tu ne m'as fait nul accueil ; et même je te voyais sur le point de me faire mauvais accueil : je le lisais dans tes yeux. Pourquoi me repousses-tu ? Je suis le génie de ta race, et c'est en tant que génie de ta race que je me présente à toi comme au plus digne. Cesse donc de me craindre et prends garde de me repousser, car je t'apporte le succès. » Dès lors, j'accueillis le serpent quand, une seconde fois, il se présenta. [...] Mon nom est dans toutes les bouches ; et c'est moi qui règne sur tous les forgerons des cinq cantons du cercle. S'il en est ainsi, c'est par la grâce seule de ce serpent, génie de notre race. C'est à ce serpent que je dois tout, et c'est lui aussi qui m'avertit de tout. Ainsi je ne m'étonne point, à mon réveil, de voir tel ou tel m'attendant devant l'atelier : je sais que tel ou tel sera là. Je ne m'étonne pas davantage de voir se produire telle ou telle panne de moto ou de vélo, ou tel accident d'horlogerie : d'avance je savais ce qui surviendrait. Tout m'a été dicté au cours de la nuit et, par la même occasion, je sais comment je remédierai à ce qu'on me présente ; et c'est cela qui a établi ma renommée d'artisan. [...] Je t'ai

---

1. J. Beck, *La Vie du théâtre*, trad. de l'anglais, Gallimard, 1978.
2. L. Lévy-Bruhl, *L'Âme primitive* (1927), PUF, 1963, p. 294.
3. J. Cazeneuve, *L'Ethnologie*, Le Livre de poche, 1967, p. 209.

dit tout cela, petit, parce que tu es mon fils, l'aîné de mes fils, et je n'ai rien à te cacher.

Camara Laye (1928-1980, Guinéen), *L'Enfant noir* (Plon, 1953, roman, Prix Charles Veillon 1954), Presses-Pocket, 1994, chap. 1, p. 14-21. © Librairie Plon, Paris.

Le tonalisme rappelle les stigmates de la tradition européenne : le Négro-Africain prend sur lui les actions de l'animal comme le stigmatisé prend sur lui les souffrances de Jésus.

- PAR LE TRANSMIGRATIONNISME, on admet la métempsycose de l'homme en animal. Les gens de Rhodésie du Sud estiment que le chef peut se réincarner en lion, tout comme Platon soutient, entre mythe et raison, que le méchant se réincarne en bête sauvage et l'homme bon en cygne (*Phédon*, 81 b ; *La République*, X, 620 a).

LES PORTEURS DE PUISSANCE :
FIGURES DE L'ÉSOTÉRISTE NÉGRO-AFRICAIN

Tous les hauts personnages négro-africains ne sont pas sacrés. Le héros civilisateur n'a rien d'ésotérique, pas plus que le chef de village. Les « porteurs de puissance » sont ces hommes (ou ces animaux, ces génies, ou même ces choses) qui véhiculent en eux et peuvent donner autour d'eux une énergie sacrée. Pour l'instant, on se limitera aux « porteurs de puissance » humains, à ceux que l'on appelle les « docteurs animistes », les « féticheurs », les « maîtres de tête ». Le sorcier est un « porteur de puissance », mais négatif : il est le contradictoire, la face inverse de l'ésotériste, son singe. Par excellence, le porteur de puissance, en Afrique Noire est un Ancien, un Ancêtre, un Vieux. L'âge rend plus proche de la tradition, la personne âgée est plus lourde d'expérience et de pensée. Le porteur de puissance peut être aussi un homme d'exception, qui est plus près, non du passé, de la Tradition, mais plus près du présent, de la Vie, de la force vitale. Les « docteurs animistes » sont le maître d'initiation, le dignitaire de certaines organisations initiatiques, le grand-prêtre d'un culte de possession, le devin, le magicien, le guérisseur (l'homme-médecine), le forgeron (selon les sociétés), le roi-magicien, le prophète, le maître de terre ou le maître des eaux ou le maître du parc à bovidés qui a une fonction spirituelle (qui n'est donc pas simplement un chef de terre, un chef des eaux, un chef de parc), le maître de la parole (qu'il faut distinguer du griot)... Ce peut être une femme, comme la Mère des collèges de possédées. L'Africain sait fort bien faire la différence entre un maître en arts occultes et un charlatan ou un simple professionnel des arts divinatoires qui cherche à gagner sa vie. Le porteur de puissance tient sa supériorité de l'hérédité (chez les Songhay), ou de l'initiation, ou de la passation de la puissance, ou d'une possession par les esprits... La notion de péché n'existe pas en Afrique, elle a pour substitut celle d'erreur d'appréciation. Le Noir a donc, plus que d'un prêtre, besoin d'un homme savant en matière d'actes favorables à la vie.

Qu'est-ce qu'un ésotériste en Afrique noire ? un homme qui est initié. Mais, dira-t-on, presque tous les Négro-Africains sont initiés, dans le système traditionnel. D'où viendra la différence ? L'Initié sent les symboles, comme les autres, en outre il les sait, il les dit. Il connaît les mythes, comme les autres, en outre il les relie et il les fait agir. Il pratique les rites, comme les autres, en outre il les vivifie et s'en vivifie.

Le maître d'initiation

Il est le gardien du vrai, le dépositaire de la coutume en sa partie sacrée, interdite. Il peut, par le seul effet de l'âge, véhiculer un savoir dont il ne voit pas les tenants et les aboutissants. Il peut aussi parfaitement maîtriser l'ensemble des mythes et des rites ainsi que les pratiques magiques, divinatoires, guérisseuses.

> Maître des initiés,
> J'ai besoin, je le sais, de ton savoir,
> Pour percer le chiffre des choses,
> Prendre connaissance de mes fonctions de père et de lamarque [1],
> Mesurer exactement le champ de mes charges,
> Répartir la moisson sans oublier un ouvrier ni un orphelin.

Léopold Sédar Senghor, *Nocturnes. Chants pour Signare*, Éditions du Seuil, 1961, p. 65.

Le chasseur éminent

Le maître de la brousse — en particulier le *tuma* chez les Pygmées Bayala — prend souvent les allures d'un initié. Un tel chasseur s'organise en association secrète, il connaît le langage de la brousse et le langage des animaux, il utilise une langue secrète et des talismans, il agit en se fondant sur la divination et la magie. On pourrait dire que la chasse est à l'Afrique ce que sont les arts martiaux à l'Asie : une occasion de survie, mais aussi une occasion d'initiation. Les chasseurs font fréquemment des cérémonies propitiatoires et expiatoires mettant en jeu des conceptions religieuses, comme l'âme animale. Par exemple, le chasseur pygmée s'accroche un pendentif en peau de léopard (qui le rend lui-même panthère, par magie sympathique [2]).

Le forgeron

Le forgeron (l'*iron doctor*) est à l'Afrique ce qu'est l'alchimiste à l'Europe. Mais le forgeron se met sous le signe de la dualité, d'où son rôle de médiateur parmi les hommes, entre vivants et morts, entre nature et culture (brousse et village, en termes africains). Il choisit une épouse potière, car son feu va compléter l'eau, son métal va compléter la terre. Il a soit un statut inférieur (comme chez les Masaï ou les Wa-Ndorobo), il

---

1. *Lamarque* : mot inventé à partir du peul et du serer par Senghor, signifiant « chef de famille ».
2. S. Bahuchet, *Introduction à l'ethno-écologie des Pygmées Aka de la Lobaye (Empire Centrafricain)*, ÉHÉSS, 1978 ; id., *Encyclopédie des Pygmées Aka*, SELAF, 1984, t. 1.

est alors isolé dans une caste, soit un statut supérieur, il est alors très honoré (comme chez les Kuyu ou les Touaregs). Il fait des outils de mort, les armes, et des outils de vie, les instruments aratoires. Il peut aussi fabriquer les statues, les images des ancêtres, des génies, des dieux. Il a l'enclume, symbole féminin, et le marteau, symbole masculin ; il travaille avec le feu et l'eau ; il utilise le soufflet et les pinces. Le forgeron est le grand intermédiaire entre Ciel et Terre. Chez les Sénoufo, c'est lui qui pratique la circoncision, et c'est une spécialiste de la famille des forgerons qui pratique l'excision. Le forgeron rend l'homme femme (en le faisant saigner), la spécialiste rend la femme homme (en l'initiant). Le forgeron réconcilie les contraires. Selon le mythe des Bobo, « Wuro [Dieu suprême] créa le premier homme : c'était un forgeron[1] ». La forge bambara s'appelle *fan*, « œuf » : Œuf du monde ; le maître d'initiation du rite de puberté, le Komo, est, chez les Bambara, le forgeron.

Le magicien

Le « féticheur », en Afrique transsaharienne, se définit d'abord par ceci : il n'est pas sorcier, il ne jette pas des sorts, il ne mange pas les âmes (sauf celle du sorcier !). Le sorcier fait illicitement le mal, alors que le magicien vise le Bien, l'utile, dans le cadre de la société, avec son appui. Cela dit, le magicien peut être un initié, un roi (chez les Congo), un prêtre, un maître de terre, un artisan, un maître des plantes... Voici une description du magicien gabonais :

> Sur la tête un bonnet en peau de colobe [un singe] noir ou de léopard, orné à l'avant de quelques plumes du grand touraco [un oiseau] bleu. Au cou deux colliers : un petit constitué par une cordelette en fibres d'ananas, sansevière, raphia, urena, triumfetta et orné parfois au milieu d'une grosse perle ou d'un paquet-talisman. Dans le grand collier, les dents de léopard sont séparées par de toutes petites perles ; au milieu il y a une grosse perle polychrome comme il s'en portait au début de la colonisation. Le pendentif, suspendu au grand collier, peut n'être qu'un simple ornement en peau de bête. Le costume est une grande peau de léopard descendant de la poitrine aux jambes ; sur la poitrine, par-dessus la peau de léopard, des morceaux de peau d'antilope-souris. Autour de la ceinture, de grandes feuilles de bananier encore vertes. À chaque poignet, des bracelets en ivoire ou en cuivre. Dans chaque main, un chasse-mouches en queue de buffle. Visage, bras et jambes sont enduits d'argile et tachetés de padouk [un arbre]. Au-dessus de chaque genou, des sonnailles en graines évidées.
>
> A. Raponda-Walker et R. Sillans, *Rites et Croyances des peuples du Gabon*, Présence africaine, 1962, p. 30. © Présence africaine, Paris.

Chaque détail a sa valeur symbolique et technique. Les sonnailles écartent les imprudents et préviennent les mauvais esprits, la peau de léopard (« panthère ») donne au magicien une nouvelle peau, une seconde naissance dans une âme solitaire que rien n'effarouche (le léopard s'attaque

---
1. G. Le Moal, *Les Bobo. Nature et Fonction des masques*, ORSTOM, 1980, p. 97.

MAGICIEN GABONAIS
(dessin A. Raponda-Walker et R. Sillans, *Rites et croyances...*, 1962,
© Présence africaine, Paris)

aux reptiles, aux mammifères, aux oiseaux, et même aux poissons). Le magicien a souvent un grand savoir, à la fois objectif et occulte, dans les domaines minéralogique, botanique, zoologique... et psychologique. Il opère au moyen de rites mimétiques, d'imposition des mains, de fétiches, de plantes, d'incantations...

> Incantation des Peuls pour rendre une hyène inoffensive :
>
> Que la bête au dos fuyant ait la gueule fermée,
> Que la bête qui flaire les traces ait la gueule fermée,
> Samba, aie la gueule fermée,
> Que le ricanement ait la gueule fermée...
> *Turune sûmmé, dâbe sûmmé.*
> *Samba yâ sûmmé, gôla sûmmé...*

H. Gaden, *Proverbes et Maximes peuls et toucouleurs*, Travaux et mémoires de l'Institut d'ethnologie, n° XVI, A. Maisonneuve, 1931, p. 74.

Le devin

Le devin négro-africain ne se distingue pas vraiment du magicien ou du guérisseur. Autre caractéristique : il ne cherche pas tellement à connaître l'avenir, comme le devin occidental, il vise plutôt à toucher l'invisible, à mieux cerner le présent, à réparer une faute d'appréciation. Le devin use de toutes sortes de moyens. Un premier type de moyens est le recours à l'intuition, par médiumnisme (chez les Hadjeraï), possession (chez les Ndembu), chamanisme (chez les Bushmen Kung), songe (chez les Walof), vision (chez les Mitsogho). Un second type utilise l'induction, par manipulation (le jet d'écailles, par exemple), par interprétation (comme la lecture des traces laissées sur le sable par un animal), par inférence (ordalie, emploi de poison...), par observation de coïncidences troublantes. On retrouve la fameuse distinction entre divination par voyance et divination par mantique, chère à Cicéron. Le devin, souvent, a un génie, auquel il rend un culte, et qui lui sert d'intermédiaire avec l'Invisible : en Afrique australe, on devine au moyen de la possession par les esprits serpents [1]. Les Pygmées ne pratiquent pas la divination. À Madagascar, le *sikidy* (divination par les figures) est une technique très proche de la géomancie. Il n'y a pas d'astrologie, si l'on met à part certaines croyances ou certains interdits liés aux planètes et aux étoiles, comme l'interdiction de travailler la veille de la pleine lune chez les Mpongwe ; les Béti rendent un culte à la Lune [2]. Le devin négro-africain est presque toujours guérisseur. La divination fait partie de la vie de tous les jours. Qui a vécu en Afrique noire a vu des poules et des poules égorgées, dont les anciens observent les soubresauts, les positions, les cris.

---

1. Jacqueline Roumeguère-Eberhardt, apud *La Divination*, PUF, 1968, t. 2, p. 361.
2. Ph. Laburthe-Tolra, *Initiations et Sociétés secrètes au Cameroun*, Karthala, 1985, p. 37-40. Sur l'astrologie copiée des Musulmans : Ferrand, « Un chapitre d'astrologie arabico-malgache », *Journal asiatique*, sept.-oct. 1905, p. 244 *sqq*.

Le guérisseur

L'homme-médecine *(medicine man)*, voilà la haute figure de l'ésotérisme négro-africain. Au départ surgit cette idée que la maladie ne vient pas d'un dysfonctionnement physique, mais d'une faute morale, ou d'une énergie malfaisante, le *gnama*. Dans la maladie, le réseau des correspondances s'est brisé ou le sorcier a cassé une liaison. Le guérisseur africain dispose de diverses thérapies : les herbes médicinales, la transe (médiumnisme, possession ou chamanisme), les rites religieux (le sacrifice, avant tout), le verbe, la danse initiatique, l'objet prophylactique (bracelet, par exemple), la friction, la mixture magique, l'initiation à une société secrète (chez les Bantous), le désensorcellement (chez les Lugbara), la confession publique, etc. Le guérisseur utilise des moyens occultes pendant que le tradi-praticien utilise des moyens coutumiers, plus ou moins scientifiques, comme les plantes, la friction. Mais le guérisseur a aussi son efficacité et le tradi-praticien a aussi sa magie. Le guérisseur est important, car les rites africains tournent autour de trois grands sujets : l'initiation, la guérison, les funérailles. Certaines guérisons consistent en une initiation ; par exemple, au Soudan, la femme malade ou « fautive » entre en possession, et une guérisseuse lui couvre la tête d'un estomac de chèvre, qui symbolise le retour à l'origine, à l'utérus, et donc le renouveau. Santé se dit souvent, dans les langues négro-africaines, « totalité ».

LES EXPRESSIONS

Sont « porteurs de puissance », outre les « docteurs animistes », que nous venons de visiter, certains artefacts. Oui, des artefacts, pas des hommes. On parlait autrefois de FÉTICHES, aujourd'hui les ethnologues les baptisent « objets de puissance », *power objects*. Le mot « fétiche » est portugais, il signifie « fabriqué ». L'énumération des supports ésotériques serait longue : masques d'initiation, haches de cérémonie, poupées de fertilité, rhombes, figurines rituelles, « chasse-mouches » et « haches » des magiciens, objets divinatoires, bâtons de commandement..., mais aussi certains objets naturels, comme la *datura,* herbe hallucinogène, le kaolin, telle grotte, tels animaux, les cauris... Le fétiche n'est pas une force (comme le croit l'exotériste), mais (selon l'explication de l'ésotériste) un lieu de forces. Le fétiche attire, conserve, diffuse une vertu qu'il ne possède pas entièrement par lui-même, mais qu'il concentre, multiplie, capte, par un réseau de correspondances cosmiques. La défense d'éléphant porte de la puissance d'éléphant, mais aussi ce qui se rapporte symboliquement, analogiquement à l'éléphant, à savoir l'odorat, la puissance musculaire, la force de groupe, la destruction des cultures. L'ésotérisme du fétiche tient, précisément, dans ces correspondances, car « le divin n'est pas tant dans la matérialité du fétiche que dans la multiplicité de ses matériaux [1] ». Le fétiche protège contre les forces maléfiques et active les forces bénéfiques. Important est le paquet-médecine où le féticheur (magicien ou bien sorcier) met ses poudres, ses symboles.

Le masque

Le masque demeure l'objet africain par excellence. Mais, est-ce un objet ? Il renferme les puissances, il les capte, il les emprisonne, il les domine, il les offre. Le masque, c'est le double. C'est moi vu comme autre, c'est l'autre vu comme moi. Dans le masque ésotérique, celui de certaines initiations, celui de certains initiés, tout doit être pris en compte, interprété, mis en relation, avec les autres éléments du masque et avec le monde environnant. Le masque n'imite pas, il signifie. Par réversion, le masque démasque. Voilant, il dévoile. Un masque des Mossi clame :

> Il est,
> Il est une Parole,
> Je voudrais l'Esprit Masqué.
> Il est une Parole.
> *Koeeg n be.*

Cité par Titinga Frédéric Pacéré, *apud* « Littérature du Burkina-Faso », *Notre librairie*, n° 101, avril-juin 1990, p. 32.

Plutôt que de métaphysique, parlons méthode. D'abord, on doit se pencher sur la morphologie du masque. Le matériau est-il de feuilles (symbole de nature), de fibres (symbole de nature travaillée), de bois sculpté, en tissu (symboles du « village », de la culture), ou bien de fer (symbole de nuit), de cuivre (symbole de lumière, chez les Dogons du moins) ? La couleur est-elle noire (comme la mort), rouge (comme l'épreuve) ou blanche (comme la résurrection) ? Le masque est-il zoomorphe, anthropomorphe, hybride, abstrait ? A-t-il les yeux ouverts ou les yeux clos ? Est-il mâle ou femelle ? célibataire ou marié ? enfant ou vieillard ? Qu'a-t-il comme accessoires : un chasse-mouches, une hache ? Qu'a-t-il comme ornements : des cauris ? et comme motifs : des damiers ? Quand le voit-on ? aux funérailles, à la saison des semailles ? Qui le porte ? Ensuite, il faut regarder le masque, non plus isolément, mais dans son environnement immédiat et lointain. Vient-il de la brousse (le monde sauvage) ou du village (le monde civilisé) ? Seul ou accompagné ? Se place-t-il à droite ? devant ? Dans quel ordre apparaît-il ? Forme-t-il une figure avec les autres masques ? Enfin, il faut savoir quels langages interviennent. Comment le masque se déplace-t-il : à reculons (comme celui qui voudrait revenir dans le sein maternel), en cercle (comme le Soleil qui revient à sa même position idéale) ? Quelle danse effectue-t-il ? Chante-t-il ? À quel mythe renvoie-t-il ? Quelle devise dit-on ? Lors de l'initiation des Toussian, par exemple, il est deux sortes de pas : l'un où

---

1. J. Bazin, apud *Le Grand Atlas des religions*, Encyclopaedia Universalis, 1988, p. 173.

l'initié saute tel un oiseau (et l'oiseau est esprit, symbole du Dô), l'autre où il va et vient (ce qui figure le mouvement de la vie). L'ordre d'apparition des masques toussian est révélateur : le lièvre (qui incarne l'intelligence : l'initiation est ouverture de l'esprit), puis deux oiseaux, le héron, le calao, ensuite des carnassiers, le chat, le léopard, en dernier lieu des mammifères, le phacochère, le buffle et l'éléphant, le pesant éléphant, l'éléphant dévastateur, le contraire du lièvre[1]. Les masques surgissent, venant du bosquet sacré, par quatre points : les orients du monde. Ils arrivent en désordre, en soulevant la poussière, pour se mettre en file. Etc. Tout parle, ou plutôt le masque fait parler tout : les animaux, les hommes, les situations. L'être est pressé, exprimé, comme un citron libérant son parfum et son jus piquant.

Les marionnettes

Les marionnettes vivent dans le secret et du secret. Les hommes qui les manipulent restent inconnus. Les marionnettes sont cachées avant et après leur exposition. Elles révèlent les secrets à ceux qui suivent des initiations et servent à la divination, à la magie, à la médecine occulte. Bien entendu, les marionnettes se retrouvent dans des contextes non ésotériques, comme les funérailles, les rituels de fertilité, les fêtes, mais, même là, elles gardent une valeur sacrée. Les marionnettes sont comme un mort chez les vivants, elles sont moitié vie par le mouvement que l'initié-montreur leur donne et moitié mort par le matériau dont les fait l'initié-artisan. Elles sont entre deux mondes, et représentent bien les ancêtres ou les dieux. Le mythe les place donc à l'articulation des deux mondes, entre Terre et Outre-tombe, à la frontière entre révélation et occultation.

Au Nigeria, il y a longtemps, Alpan Etuk Ulyo, un vivant descendant au royaume des ombres, y aurait assisté à un spectacle de marionnettes, passe-temps réservé aux morts. Revenu sur terre, il aurait révélé aux hommes l'art des marionnettes et aurait perdu la vie pour avoir brisé le secret.

Au Congo, une femme mystérieuse, appelée « Vénus de la brousse, dents découvertes, qui danse en s'élevant et en se balançant », aurait appris au chef du village le mystère des marionnettes puis aurait disparu en disant : « Je t'ai donné cette chose. Ne me vends pas aux autres hommes. »

Nicole Guez, « L'art de la marionnette », *Balafon*, n° 119, déc. 1994, p. 44.

Les images et symboles

Les images et symboles sont, comme dans de nombreux autres ésotérismes, la première connaissance et la dernière, la plus immédiate et la plus complexe à la fois. Chacun voit les symboles, seuls les initiés les comprennent. Le bouc et la hyène : village et brousse. Le mouton et la chèvre : l'obéissance collective et le caprice individuel. La hyène est la voracité, le vautour est la clairvoyance. L'homme et la femme : le Soleil

---

[1]. Je dois cette observation à Christophe Barro, un Toussian (Ouagadougou, déc. 1992).

et la Lune, ou le Ciel et la Terre. Le symbolisme est immédiatement présent en Afrique noire, et tisse aussitôt des correspondances. Des symboles comme l'Arbre de vie ou le Couple primordial, universels, font fréquemment surface.

Le Primitif tend à illustrer l'idée de microcosme, non par le corps humain, qui est donné, naturel, mais par la case, qui est culturelle, collective.

Voici les lois du village.

Le *kgotla*, cour villageoise, est construite solidement, en forme de croissant, comme la Lune lorsqu'elle commence à croître. Ainsi la famille doit croître et les fils d'un homme s'accroître, afin que le village devienne un cercle comme la pleine lune.

Voici les lois de la case.

La case est ronde, elle représente la force de la vie.

C'est un cercle, car elle représente la vie sans fin, la continuité de la vie assurée par les enfants.

Ainsi doit être aussi l'amour qui unit les membres de la famille.

Lorsqu'il construit la case, l'homme et la femme travaillent ensemble.

L'homme coupe et prépare les pieux et les poutres.

La femme apporte l'herbe pour le toit et cimente les murs avec l'argile.

Quatre sortes de matériaux sont utilisés pour construire une case : 1) les pieux, 2) les poutres, tous deux affectés au travail de l'homme, 3) l'herbe, 4) la terre, toutes deux affectées au travail de la femme.

Ces quatre choses représentent : le père et les fils d'une part, la mère et les filles d'autre part, qui doivent être unis pour constituer le foyer.

La case cerne ces quatre choses, comme elle cerne la famille, qu'elle représente dans un même lieu :

En premier, on pose les pieux : c'est le père ;
ensuite, on fait un ciment de boue séchée : c'est la mère ;
puis viennent les poutres du toit, symbolisant les fils ;
et enfin on pose l'herbe de la toiture : les filles.

Une cinquième chose maintient tout cela, ce sont les courroies d'écorce qui lient la case ; ainsi la famille doit être liée par l'amour et l'« entente familiale ».

Cela est l'enseignement que le patriarche donne à ses enfants, en ajoutant :

– Telle est la signification de la construction du foyer. En voilà les lois initiatiques qui viennent de nos ancêtres.

<small>Texte initiatique des Tswana de Shoshong, au Bechuanaland (=Botswana), trad. Jacqueline Roumeguère-Eberhardt, *apud* Germaine Dieterlen, *Textes sacrés d'Afrique noire*, Gallimard, 1965, p. 276-277. © Gallimard, Paris.</small>

Les mythogrammes

Les Négro-Africains n'ont pas d'écriture, c'est-à-dire de transcription de la langue parlée, mais des mythogrammes. « On a reconnu — ou plutôt peut-être deviné — des systèmes d'idéogrammes plus ou moins précis dans la décoration des cases Dogons, les motifs des couvertures bambara, les poids à peser l'or des Akan, les palets du jeu d'abia des Fang... La compréhension et l'usage de ces proto-écritures étaient réservés à des initiés de rang élevé [1]. » Les Dogons ont un système de signes, tracés sur les parois de grottes, montrés aux seuls initiés. « Au Rwanda, des assemblages de petits morceaux d'objets fabriqués et de matériaux d'origine minérale, végétale ou animale formaient une sorte de rébus permettant d'adresser des messages, que seul le destinataire pouvait décoder, ou de constituer des amulettes ou des remèdes dont l'effet bénéfique tenait principalement aux autres sens possibles des noms donnés aux composantes (si une plante est nommée "belladone", elle peut aider à obtenir une belle femme !) [2]. »

La littérature négro-africaine s'avère très variée : mythes, légendes, contes, fables, incantations, prières, proverbes, énigmes. Chacun de ces genres peut être ésotérique. Typiquement africaine est la devise, formule pleine de force vitale, de puissance magique, et qui désigne un homme, un chef, une ville, un animal. Voici quelques proverbes saturés de sens :

– **Bambara (Mali et Sénégal)** : Connais le cheval, connais l'eau, connais l'arbre, mais connaître soi-même vaut mieux que toutes ces choses-là.

– **Bantou** : L'intelligence est un feu qu'on va chercher ailleurs.

– **Bobo (Burkina Faso)** : Les masques ne sont pas une chose de village, ils sortent de la brousse. *Sôwiyera a we fra ko, soxo di a saa.*

– **Fang (Gabon)** : Tout ce que l'on fait pour toi le jour de l'initiation, c'est ce que l'on fera le jour de ta mort.

– **Mossi (Burkina-Faso)** : Les oiseaux ne volent pas tous à la même hauteur.

– **Oromo (Éthiopie)** : Plutôt que d'être embrassé par un insensé, je préfère recevoir une taloche d'un sage.

– **Peul** : L'initiation commence en entrant dans le parc [dès la naissance] et finit dans la tombe. *Pulâku fuddi gila hoggo fa yanânde* [3].

– **Wolof (Sénégal)** : Le remède de l'homme, c'est l'homme.

Les mythes

Les mythes africains sont rarement ésotériques. Le cas se présente pour quelques mythes cosmogoniques ou pour des mythes portant sur des points comme la pharmacopée, la mort, la connaissance... ou sur des thèmes comme l'androgynie, l'animal-protecteur, le magicien... Parmi les thèmes ésotériques de la mythologie africaine, on relève ceux de l'Œuf cosmique, des Jumeaux primordiaux.

H. Deschamps condense ainsi le mythe dogon de la Création :

Dieu (Amma) a créé les étoiles en jetant dans l'espace des boulettes de terre ; il créa le Soleil et la Lune en modelant deux poteries blanches, l'une entourée d'une spirale de cuivre rouge, l'autre de cuivre blanc. Les Noirs sont nés au soleil,

---

1. Pierre Alexandre, apud *Dictionnaire des civilisations africaines*, Hazan, 1968, p. 139. © Éditions Hazan, Paris. Cf. M. Griaule et Germaine Dieterlen, *Signes graphiques soudanais*, Hermann, 1951.
2. P. Smith, apud *Le Grand Atlas des religions*, éd. cit., p. 209.
3. Amadou Hampaté Bâ, *Koumen. Texte initiatique des pasteurs peul*, Mouton, 1960, p. 19.

les Blancs sous la lune. D'un autre boudin de terre glaise, Amma forma la terre, qui est une femme, allongée du nord au sud ; une fourmilière est son sexe, une termitière son clitoris, Dieu s'unit à elle en abattant le clitoris (première excision), et elle donna naissance au chacal. Puis naquirent les génies Nommo, aux yeux rouges, au corps vert, aux membres souples. Un Nommo, voyant sa mère nue, apporta, pour la vêtir, des fibres en torsades qui représentent l'eau. Le chacal, cependant, pénétra dans la fourmilière, commettant l'inceste et faisant apparaître le sang menstruel qui teignit les fibres. C'est le péché originel ; la terre est devenue impure. Dieu créa alors directement des êtres humains, tirés de l'argile. Ils ont chacun en eux les deux principes mâle et femelle, mais on leur apprend la circoncision et l'excision qui distingueront les sexes.

H. Deschamps, *Les Religions de l'Afrique noire*, PUF, coll. « Que sais-je ? », 1954, p. 45. © PUF, Paris.

Les contes

Les contes revêtent parfois un sens ésotérique, surtout lorsqu'ils traitent de cosmogonie, de mythologie, d'esprits, de magiciens. Ils véhiculent des symboles et des attitudes qui initient les enfants et maintiennent les adultes dans une atmosphère merveilleuse. Le conte initiatique africain commence, en général, par présenter une situation ou un personnage exceptionnel ; la situation peut être une disette, une guerre, et le personnage un jumeau, un sorcier, un caméléon, une chauve-souris. Le conte se poursuit par un départ et des rencontres.

Conte, conté, à conter *(Taalol, taalaangol, taalte)*...
Es-tu véridique *(Yalla a sooboto na ?)* ?
Pour les bambins qui s'ébattent au clair de lune, mon conte est une histoire fantastique.
Pour les fileuses de coton pendant les longues nuits de la saison froide, mon récit est un passe-temps délectable.
Pour les mentons velus et les talons rugueux, c'est une véritable révélation.
Je suis donc à la fois futile, utile et instructeur.
Déroule donc pour nous...
Ce fut au mystérieux pays du surnaturel Kaydara [« Arrête-ici », dieu de l'or et de la connaissance chez les Peuls]... C'était l'époque où les génies finissaient de creuser le lit des rivières...

Amadou Hampaté Bâ, *Kaydara* (1966), Nouvelles Éditions africaines, Abidjan, 1978, p. 17. Conte peul de la bouche du Niger.

Le langage tambouriné

La parole du tam-tam, code, comme l'écriture, un langage parlé. Comment ? « Il peut être calqué sur les "tons" de la langue parlée, dans la mesure où ils se distinguent entre eux par des oppositions très marquées de hauteur ou d'intensité ; le schème mélodique ainsi fourni s'organise rythmiquement, prenant appui sur des valeurs de durée musicales, simples ou fractionnelles (croche, croche pointée ou doublement pointée...). On dispose soit de deux ou trois instruments de même type mais de registre différent (grave, aigu, moyen) soit d'un seul dont le son ou le timbre varie selon les points où il est battu ou selon les modes de frappe [1]. » Par là, le tam-tam donne des devises ésotériques, des noms d'initiation, ou, plus simplement, des mouvements de danse ou de guerre, des informations. Le verbe, le rythme du tam-tam reste toujours secret, mais ce secret se veut tantôt politique, tantôt occulte. Cependant, toujours, un langage tambouriné s'approche mieux du Verbe, car il est plus rythmé et plus silencieux. Dans le cas d'un langage ésotérique, les devises doivent être décryptées et liées. Ce type de langage instrumental se retrouve dans le balafon, le sifflet, la flûte.

LES RÉVÉLATIONS

La révélation, en Afrique noire, concerne le corps, tout en se signalant comme sur-humaine, non-humaine.

Le médiumnisme

Moyen banal et universel, le médiumnisme joue son rôle, en particulier chez les Kuba et les Luba du Katanga [2]. On interroge les morts, on capte des messages. Plus profondément, on rétablit le contact avec la dimension spirituelle du monde, on reserre son groupe comme au théâtre on chauffe une salle en mettant ensemble acteurs et spectateurs.

Le rêve

Les Kpelle, ethnie du Liberia, cherchent la guérison et des conseils dans les rêves [3]. Le rêve sert chez les Pygmées à la divination.

Le chef du clan observe un jeûne rigoureux : de tout le jour, il ne mange pas, il s'abstient de toute boisson, a simplement le droit de mâcher les fruits de l'amome, à condition d'en rejeter les graines. Dans une des nuits qui suivent le jeûne de trois ou sept jours, le chef voit en songe un éléphant se présenter à lui. Et le fait ne mériterait même pas qu'on s'y arrêtât s'il ne s'y joignait autre chose ! Au réveil, le chef décrit l'animal, sa taille et son port, l'endroit où il est actuellement. Il déclare qu'il a vu l'animal, la clairière où il paît, les arbres qui s'y trouvent, le chemin qu'il faut prendre, les dangers à éviter. Tout se trouve vérifié plus tard.

H. Trilles, *Les Pygmées de la forêt équatoriale*, Bloud et Gay, 1932, p. 493.

La spiritualité négro-africaine se signale par une transe supérieure : soit envahissement par lequel le divin descend en l'homme (c'est la transe de possession) soit chamanisme par lequel l'homme monte vers le divin (c'est la transe d'extase).

---

1. A. Schaeffner, apud *Dictionnaire des civilisations africaines*, éd. cit., p. 245, © Éditions Hazan, Paris.
2. J. Vansina, « Les croyances religieuses des Kuba », *Zaïre*, t. 12, n° 7, 1958.
3. B. L. Bellman, *Village of Curers and Assassins*, Mouton, 1975.

La possession

Parlons d'abord méthode. L.-V. Thomas[1] a bien sérié les questions. La possession est-elle individuelle ou collective ? simple ou théâtrale ? sauvage ou codifiée ? traditionnelle ou acculturée ? maléfique ou bénéfique ? avec ou sans transe ? masculine ou féminine ?

La POSSESSION PAR LES ESPRITS *(spirit mediumship*, disent les anglophones) caractérise la spiritualité nègre, en Afrique et hors d'Afrique. La possession couvre le continent, sauf Bushmen et Nilotiques. Célèbres sont le Bori des femmes haoussa au Niger, le N'doep ou Rab des Wolof et des Lebou au Sénégal, le Lup des Serer du Sénégal, le Korè des Bambara, les séances des Yorouba au Nigeria, le Vaudû des Fon du Bénin, le Jinédon des Bambara[2], le Holey-Buri des Songhay[3], le Zar des Éthiopiens du Gondar[4]... Il y a deux types de possession.

• LA POSSESSION PASSIVE consiste en ce qu'un esprit, un génie, un ancêtre, domine le sujet, il le perturbe, il le tourmente ; les Thonga (Malawi et Zambie) ont peur d'être possédés par les esprits ancestraux des Zoulou, leurs ennemis[5]. Les Négro-Africains appellent cette transe « folie des dieux ».

• LA POSSESSION ACTIVE seule concerne l'ésotérisme. Luc de Heusch parle d'« endorcisme[6] », par opposition à l'exorcisme, puisqu'il s'agit de se concilier l'esprit qui envahit, de l'accepter. Le sujet est, selon l'expression de la tradition nègre, « chevauché » par une entité, ou « pris à la tête par le dieu » (Bakongo), ou encore « marié ». Cette entité prend la forme d'un génie musulman (Bori des Haoussa), d'un génie du lignage (Vaudû des Fon), d'un ancêtre, d'un esprit, d'un dieu, de l'Être Suprême qui veut habiter un humain, pour apporter une connaissance et une vitalité supérieures. Cette possession se déroule avec transe (chez les Haoussa ou les Wolof) ou le plus souvent sans transe (chez les Bambara, les Serer, les Ashanti) ; chez les devins des Mofo, au Cameroun, les femmes entrent en transe, les hommes non. Comment se fait le passage ? grâce à une substance psychotrope (dans l'Ombwiri gabonais) ou par induction psychologique, par exemple la musique, le jeûne. Dans cette possession-ci, positive, l'homme ou la femme demeure humain, il devient, non un dieu, mais un « cheval du dieu ». Le génie « monte à la tête » *Vaudû wa-ta-*

---

1. L.-V. Thomas, « La possession en Afrique noire », *Singuliers*, n° 11, été 1993, p. 147-157.
2. Germaine Dieterlen, *Essais sur la religion Bambara* (1950), université de Bruxelles, 1988, 264 p.
3. J. Rouch, *Religion et Magie songhay* (1960), université de Bruxelles, 1989, 377 p.
4. M. Leiris, *La Possession et ses aspects théâtraux chez les Éthiopiens de Gondar*, Plon, 1958.
5. H. A. Junod (Junod senior), *Mœurs et Coutumes des Bantous*, t. 2 : *Religion et Magie*, Bruxelles, 1938, p. 432-460.
6. L. de Heusch, *Pourquoi l'épouser ? et autres essais*, Gallimard, 1971, p. 229 *sqq*., 255 *sqq*.

towe, disent les Fon[1]. Cette possession est véritablement sacrée. L'homme se fait support d'un dieu. La distinction demeure entre l'homme et le dieu. La communication entre visible et invisible s'instaure. Le mystère du masque se répète, et l'ésotérisme de la métamorphose, si typiquement négro-africain. Les premiers ésotérismes grecs passaient par les Mystères, par une théâtralisation, de même les ésotérismes primitifs passent par une dramatisation : le corps devient ou masque ou « cheval ». Le masque extériorise le mystère dans un corps d'homme, la possession intériorise le mystère dans un corps d'homme. L. Frobenius opposait les sociétés de possession et les sociétés de masques, mais certaines sociétés africaines pratiquent ces deux accès au sacré, par exemple les Dogons, les Baoulé.

La possession par les esprits peut se vivre selon deux régimes, doux ou vif[2].

• DANS LE RÉGIME DOUX, l'initié se trouve dans un état de conscience caractérisé par l'hébétude. C'est le cas pour la possession par un Vaudû.

• DANS LE RÉGIME VIF, au contraire, l'initié se montre hyper-actif, agité. C'est le cas pour la possession par un Orisha[3]. Mais, doux ou vif, le possédé joue le rôle que la mythologie attribue à l'esprit qui le tient. On est loin de la maladie mentale ou de la pensée profane. Mais, de ces références, le psychologue n'a cure.

J. Rouch a noté une cérémonie de possession chez les Songhay.

Yenendi [fête annuelle pour demander la pluie et calmer Dongo, génie du tonnerre] de Sakoyré [près de Tillabéry, au Tchad], le 25 juin 1942.
La pluie n'était pas venue à cette date, le chef de quartier Yaga demande au *sorko* [pêcheur prêtre] Issa [Jésus] d'organiser un *yenendi*. Issa convoque tout le monde pour le jeudi suivant à midi. Déjà le mercredi, les musiciens commencent à jouer, quelques *zima* [prêtres du culte] sont là. Mais les musiciens ne jouent pas les airs des Tôrou [génies initiateurs du premier pêcheur] ni surtout celui de Dongo [génie du tonnerre].
[Le jeudi] vers midi, l'orchestre joue les airs des Tôrou en commençant par Zaberi et Harakoy Dikko. Seuls les « chevaux » [femmes possédées] des Tôrou dansent, conduits au début par le *zima* Zimey. Il y a Girey, femme d'une cinquantaine d'années, « cheval » de Dongo ; Kadi, femme aux cheveux gris, « cheval » de Kyirey [génie de l'éclair] ; Rabbi, femme aux cheveux blancs, « cheval » de Haoussakoy [génie de la forge] ; et Ito Mossi, « cheval » de Mahama Sourgou.
Pendant une heure, ces « chevaux » dansent. C'est Kyirey qui se manifeste le premier. Le *zima* et le joueur de violon récitent ses devises, la danseuse est immobile, les yeux fermés, elle pleure. Une femme tranquille lui fait revêtir sa grande

---

1. B. Maupoil, *La Géomancie à l'ancienne côte des Esclaves,* éd. cit., p. 59.
2. On retrouve ces deux régimes dans le chamanisme asiatique. Voir *infra*, p. 217 (« Les chamane[sse]s »).
3. P. Verger, « Rôle joué par l'état d'hébétude au cours de l'initiation des novices aux cultes des Orisha et des Vodun », *Bulletin de l'IFAN,* Dakar, t. 16, nos 3-4, 1954 ; *Note sur le culte des Orisa et Vodun,* IFAN, Dakar, 1957, 609 p. ; *Orisha. Les Dieux yorouba en Afrique et au Nouveau Monde,* A.-M. Métailié, 1983, 296 p.

veste rouge et lui pose sur la tête la chéchia rouge. Kyirey s'assoit sur le mortier retourné et attend ses camarades. Puis, c'est Haoussakoy [...].

Les quatre Tôrou sont maintenant assis et forment un groupe secoué de tremblements et qui se balance doucement d'avant en arrière.

Le *sorko* Issa s'approche alors du *hampi* [vase rituel]. Il trace une croix sur le sol dans la direction des quatre points cardinaux. [...] Puis le *sorko* prend trois poulets : le blanc, le noir, et le rouge et il les égorge successivement la tête tournée vers l'Est (dans l'ordre : noir, rouge, blanc). [...]

– Issa *sorko* : Nous t'avons fait venir pour savoir quand la pluie viendra.

– Kyirey : La pluie n'est pas encore venue, parce que depuis sept mois aucun Holey [génie] n'a été appelé à Sakoyré.

[...] Les Tôrou éteignent le feu en dansant au-dessus et en piétinant.

Quand le feu est éteint, les quatre Tôrou s'étendent sur le dos, et en dix minutes les génies s'en vont. Les danseuses se relèvent hébétées, aidées par les femmes tranquilles. Le *hampi* est rapporté dans la concession [habitation] du *sorko*, et tout le monde se sépare, il est à peu près cinq heures du soir.

J. Rouch, *La Religion et la Magie Songhay*, PUF, 1960, p. 220-222. © PUF, Paris.

Le chamanisme

Le chamanisme, si typique de l'Asie centrale et septentrionale, n'est pas absent de l'Afrique. Le chamane se définit comme un homme ou une femme capable de séparer l'âme de son corps pour la faire voyager et agir. Des fresques kung en Afrique du Sud représentent des hommes à tête d'antilope, et dans le ciel une antilope volante [1]. Les Bushmen Kung [2] connaissent une transe sans possession où ils guérissent, traversent le feu... Chez les Damara, certains hommes entrent en extase et tremblent pour faire tomber la pluie. Le chamane a parmi ses fonctions principales celle de guérir ou bien en extrayant du corps malade une substance nocive ou bien en allant quérir par un voyage de l'âme errante du malade. Deux cas de chamanisme en Afrique semblent nets, celui des magiciens *sohance* chez les Songhay, celui des magiciens *nyamusoro* chez les Vandau.

Chez les Vandau [en Afrique australe], la transe est assumée à des fins thérapeutiques générales par le médecin lui-même. Ce médecin-fou est un chaman authentique. Il est le « clairvoyant », « celui de la tête » (traduction littérale du mot *nyamusoro*), « celui qui a la faculté extraordinaire de voir les esprits, de les déceler, d'en connaître les secrets, celui qui, en un mot, a le pouvoir de les exorciser ». [...]

Le médecin exorciste s'agenouille devant son patient étendu immobile devant lui, et se met peu à peu lui-même en transe. [...] Le magicien *(nyamusoro)* « sent le poids de son esprit protecteur sur ses épaules ». Cette contiguïté mérite d'être distinguée de la confusion pure et simple que la possession est censée réaliser

---

1. H. Pager, *Ndedema,* Akad. Druck und Verlagsanstalt, Graz, Autriche, 1971.
2. Marguerite A. Biesele, *Folklore and Ritual of Kung Hunter-Gatherers*, Ph. D. Dissertation, Harvard, Cambridge, États-Unis, 1975. R. Katz, *Boiling Energy. Community Healing among the Kalahary Kung*, Harvard UP, Cambridge, États-Unis, 1982, xv-329 p.

entre l'esprit possesseur et l'homme possédé, confusion que le langage exprime indifféremment par les métaphores du mariage ou de l'équitation. Dans l'état particulier de protection où il se trouve, le *nyamusoro* agite plusieurs fois une queue de hyène ou d'élan autour du corps du malade. Il cesse brusquement de trembler. Il pratique alors à chaud, en état d'hyperlucidité, l'exorcisme par succion, selon une modalité typiquement chamanistique : « il attire d'un mouvement brusque une queue d'élan à ses narines et hume, renifle avec force. Il a saisi l'esprit possesseur. » [...] L'exorciste se penche ensuite sur un panier sacré et éternue violemment. Ce va-et-vient est répété plusieurs fois, tandis que l'exorciste est maintenu solidement à la ceinture par son assistant. Enfin, l'assistant interroge l'esprit pathogène « qui répond par la bouche de l'exorciste ». [...] Le magicien-guérisseur en transe entame un dialogue avec l'esprit dont il est devenu l'habitacle récalcitrant. Son corps est le théâtre d'un conflit dialectique entre deux personnalités, la sienne propre et celle de l'esprit. Le chaman cherche à persuader celui-ci de s'introduire dans l'objet que les assistants viennent de lui offrir, quasiment à titre de piège. [...] Revenu à lui, le chaman administre une médecine à son patient et dépose à l'endroit désiré l'offrande, qui est devenue finalement, par transfert, l'habitacle de l'esprit pathogène désormais maintenu à bonne distance de sa victime.

Luc de Heusch, « La Folie des dieux et la Raison des hommes », in *Pourquoi l'épouser ? et autres essais*, Gallimard, 1971, p. 273-276 (avec citations de H. Ph. Junod — dit « Junod junior », « Les cas de possession et d'exorcisme chez les Vandau », *Africa*, Oxford UP, Londres, t. 7, 1934). © Gallimard, Paris.

LES RELIGIONS EXTATIQUES SELON L. DE HEUSCH

	ENDORCISME : appel	EXORCISME : expulsion
CHAMANISME : montée de l'homme vers les cieux	chamanisme A : retour de l'âme	chamanisme B : extraction d'une puissance étrangère
POSSESSION : descente des dieux et incarnation	possession A : injonction d'une âme nouvelle	possession B : extraction d'une âme étrangère (ex. : les Thonga)

Le semi-chamanisme [1] consiste à envoyer en voyage, non pas son âme, mais un esprit gardien. Les chamanes *(baloyi)* des Thonga voyagent en esprit dans les corps des hiboux [2]. Ils demeurent dans leur case, mais ils peuvent se déplacer mentalement par un *tonal* (âme extérieure).

Le prophétisme

Un autre phénomène, souvent religieux, rarement ésotérique, mérite mention : le prophétisme. On trouve des prophètes négro-africains, en particulier chez les Nuer (au Soudan), au Nigeria et au Ghana. Le prophète déclare qu'il donne la parole de Dieu et prétend, à la différence du

---

1. Voir *infra*, p. 217 (« Les chamane[sse]s »).
2. H. A. Junod, *Mœurs et Coutumes des Bantous*, Payot, 1936, t. 2, p. 458.

chamane que l'on vient consulter, diriger les gens. Certains prophètes, dont Mulenga en Rhodésie, avaient annoncé, avant les premiers voyageurs, l'arrivée des Blancs [1]. En général, le prophète est un chrétien, plus ou moins méthodiste, voulant guérir par la prière, qui revient sur certains points à la religion traditionnelle (il est donc revivaliste). La plupart du temps, le prophète noir ne concerne que l'Afrique contemporaine et religieuse ou politique. Mais certains prophétismes, comme la secte « Chérubins et Séraphins », présentent des initiations, des quêtes de visions, des symbolismes qui les rapprochent de l'ésotérisme ; inversement, certains ésotérismes offrent des points communs avec les prophétismes, le Bwiti par exemple.

Le Bwiti (>Bwete) est une religion nouvelle, avec des éléments chrétiens, qui développe la transe de VISION. O. Gollnhofer et R. Sillans, dès le départ, parlent d'« ésotérisme » à son propos [2]. Au Gabon, les Mitsogho (puis les Fang, vers 1908) ont une société secrète, appelée Bwiti. Ils utilisent la plante *iboga* qui ne donne pas des hallucinations, mais qui place dans un état de conscience qui libère des contenus culturels. L'usage est donc initiatique et traditionnel. Le candidat mastique l'écorce de la racine de l'*iboga*. Il est saisi de somnolence, il rit et pleure, il respire bruyamment, sa tête est en proie à des mouvements, son corps est en partie anesthésié, cinq jours durant. Se produisent alors des visions, telles que l'impression d'être emporté par le vent dans un lieu sacré, la vue de l'Arbre de vie, la sensation de sortir du sexe de l'Androgyne primordial. L'adepte rencontre parfois ses ancêtres. Il peut se produire une extase, une sortie de l'âme, ce qui renvoie au chamanisme. Les initiés ressentent les couleurs en sons, les odeurs en couleurs : cette expérience de synesthésie est une expérience des correspondances.

Texte de vision du Bwiti :

Békalé [moi-même] et sa femme font l'*iboga* [plante hallucinogène : *Tabernanthe iboga*] avec l'esprit de Nzame [Être suprême] qu'ils ont réellement vu. Si nous aimons Nzame et le cherchons bien, attrapons-le ! [...].

Békalé commença à voir dans l'*iboga* la chose qui ressemble à Nzame. Alors il suivit l'enseignement de Mendome-Mba et il arrêta les travaux des Blancs [le travail administratif] ; c'est pour cela que l'on a dit qu'il est devenu fou.

[...] Békalé avait compris que Nzame est l'*iboga*, parce que l'*iboga* lui donnait la souplesse au corps et à la pensée et lui soulevait le cœur, tout droit, avec la vérité et la vie éternelle.

Donc, jamais il ne se sépara de l'*iboga* : il croit en la seule parole de l'*iboga* [...].

Depuis qu'il pratique l'*iboga* avec une croyance accrue, il vit deux grands

---

1. A. Werner, *Myths and Legends of the Bantu*, Londres, 1933, p. 239 *sqq*.
2. Apud *Réincarnation et Vie mystique en Afrique noire*, PUF, 1965, p. 151 ; et « Aspects... de la conscience habituelle chez les Mitsogho du Gabon », *Psychopathologie africaine*, Dakar, t. 12, 1976, p. 45-75.

signes de Nzame. Békalé vit, en l'an 1956, son père Nzogo qui était venu lui dire : « Békalé, j'ai compris que c'est toi qui détiens la corde de vie ; c'est ça que je suis venu honorer. » Alors, lui, Békalé, entra et honora cette corde qui était sur une petite table de la case. Le deuxième signe apparut en l'an 1957 ; il vit Marie et sut que c'est elle qui est Mademoiselle [Marie, donc, ou Nyingon, fille du Dieu créateur de Mebeghe] ; ce n'est pas celle que les *mibara* [prêtres du culte Mademoiselle, fondé en 1954] invoquent en faisant du mal aux hommes. [...]

Son mari, Békalé, fut initié aussi, au mois d'août 1962, et tous deux connurent la vérité, la vie, et entreprirent le nouveau travail de Nzame chez les Noirs. [...]

[Pour l'absorption de l'*iboga*], tous les initiés sortent de la sacristie et entrent en groupe dans *aben* [la maison du culte du Bwiti]. Le *nima* [initié du deuxième des trois degrés] sort le dernier avec ses deux servants. Il tient la coupe d'*iboga*, la cuiller et le petit banc blanc suspendu à sa main gauche. Le servant de droite tient la bougie ; celui de gauche le vin d'*iboga* et le verre. Après être arrivé à l'autel, le *nima* s'agenouille trois fois avec tous les *banzi* [initiés du premier degré, depuis la manducation de l'*iboga* jusqu'à la fin des rites de passage] et monte à l'autel. Là, il pose la coupe d'*iboga* sur l'autel, s'agenouille avec tous les *banzi* et récite les premiers versets de la prière d'*iboga* :

– Okuyi-Ndjogo mon chef et mon Nzame !
« Tu es la nuit et le jour, *Iboga* saint, parce qu'en toi est l'amour
Tu nous as aimés, nous, les hommes noirs, et tu as eu pitié de nous !
Je t'adore en toi avec ferveur, marchons !
Je te remercie beaucoup pour le bien que tu m'as fait.
Donne-moi toi-même l'*iboga* et appelle-moi aussi dans ta demeure
Pour que je vienne te voir en esprit. »

Texte prophétique et autobiographique de Paul Békalé (qui fut juge à Lambaréné, au Gabon), prophète du Bwiti fang, près de Libreville, vers 1963, traduit du fang par l'ORSTOM de Libreville, *apud* J. Binet, O. Gollnhofer et R. Sillans, « Textes religieux du Bwiti fan et de ses confréries prophétiques dans leurs cadres rituels », *Cahiers d'Études africaines*, École des hautes études en sciences sociales, t. XII (2), 46, 1972, p. 218-220, 241-242. Notes dans le texte : P. A. Riffard, d'après Binet, Gollnhofer, Sillans. © Cahiers d'Études africaines.

Ainsi, la **réalisation spirituelle**, chez le Négro-Africain, après la possession par les esprits, le chamanisme ou la stupeur des initiations, offre la vision.

FIGURES DE L'ÉSOTÉRISME NÉGRO-AFRICAIN

le sage	le chamane	le possédé	le visionnaire
ex. : Ogotemmêli	ex. : les Kung	ex. : le Vaudû	ex. : le Bwiti
moyen : coutume	moyen : esprits	moyen : transe	moyen : drogue
fin : fécondité	fin : guérison	fin : oracle	fin : connaissance

Le tam-tam est éternel : dans les battements du cœur ; le masque est universel : sur la face des hommes.

Communication de Titinga Frédéric Pacéré sur les magiciens mossi [>mossé, sing. moaga] au Burkina-Faso :

Les Têng-Bisi (Fils de la Terre), parmi lesquels les Gnougnossé, sont les autochtones du pays appelé aujourd'hui Burkina-Faso (Pays des Hommes Intègres), autrefois Haute-Volta. Les Mossé, ethnie conquérante aujourd'hui majoritaire, de langue moré, ne sont arrivés que vers le IXe-Xe siècle. Tous — Mossé et Têng-Bisi — parlent depuis plusieurs siècles le moré.

Les Gnougnossé ont des sociétés à masques, ordres mystiques. L'ordre des Soukobsé est l'ordre des Masques Noirs. Certains masques comportent au cou et à la tête d'autres couleurs (blanc, rouge), mais la couleur du corps reste unie et noire. Toute personne peut demander à entrer dans l'ordre, mais ceux qui portent comme nom de famille Ouedraogo (Étalon) et qui sont Mossé d'origine pourront porter le Masque Luili-wango (*luili* = oiseau ; *wango* = masque), et ceux qui ont pour nom de famille Sawadogo (Nuage) pourront porter le Masque Karinga, mais jamais le Luili-wango. Le langage des Masques Noirs est à la fois le plus ouvert, puisque chacun peut entrer dans cet ordre, et le plus secret, puisqu'on n'utilise pas la langue moré, mais la langue secrète des masques, qu'il est interdit d'utiliser en dehors du contexte sacré, qui suppose un décès. Les Paroles interdites n'ont pu être dévoilées qu'après l'autorisation expresse du Conseil des Anciens ; elles disent :

« Nos Respects
À Ceux qui gouvernent la Terre !
Nos Respects
Aux Horizons de cette Terre !
Nos Respects
Aux Génies et aux morts de cette Terre !
Nos Respects
Aux Pierres angulaires sacrées de cette Terre !
Nous ne sommes pas venus sur cette terre
En portant le Mal dans notre Cœur ;
Nous sommes venus sur cette Terre
En portant l'Amitié dans notre Cœur.
Et nous ne pouvons exprimer la Parole et le Geste
Sans, au préalable, devoir le Respect à ce que cette Terre respecte. »

Le *Wilma*, l'Orateur, parle en langue secrète au nom du Chef des Masques. Celui-ci est souvent assis à une trentaine de mètres de là, avec les fétiches qui constituent, identifient le masque. L'orateur pose des questions aux Masques, aborde des aspects de la spiritualité ou demande d'exécuter une volonté de la Communauté. Le Masque exécute des décisions qu'on lui pose, surtout les rites figés. Ses réponses se matérialisent par le mouvement : s'il frissonne ou remue la tête, la réponse est négative ; les réponses positives relèvent de sa manière d'exécuter : on peut lui demander de courir et venir, il court et il vient. Le Masque ne peut s'exprimer que par le mouvement. Il a souvent un sifflet, mais qui n'a qu'un seul son. Il a un fouet qui symbolise l'expression des dieux ; si on lui demande de fouetter le sol ou une case mortuaire, contre l'usage terrestre, cela signifie qu'on lui demande de donner sa bénédiction ou de présenter ses respects au sol (les génies, les morts, etc.) ou à la personne défunte. Il est donc malaisé de transcrire le langage d'un mouvement, dans un contexte qui exclut la description.

Le ***Têng-soba*** (Chef de terre) est le maître des vents et tempêtes. Il est un mort régnant sur les vivants. Le Chef de terre est symbolisé par des éléments. Il porte un tissu, une couverture *(kosré)* noire et blanche, où le noir, symbole de la mort, domine. Il tient dans sa main gauche un bâton fourchu, son bâton de commandement, et une grande hache sur l'épaule gauche, il a aussi une autre hache qu'il peut soulever de la main droite. Quand il veut tuer quelqu'un à distance, il prend le bois fourchu, il suit la personne, il regarde ses traces de pas, avec le bois fourchu il appuie sur les traces, il prend la hache et tape dessus ; la personne n'a plus en général que deux semaines à vivre. Est-ce qu'il ne joue pas sur l'aura ? Mais cet aspect folklorique ne doit pas cacher l'aspect spirituel de cet homme. Le Chef de terre porte sur l'épaule une besace en cuir. À sa couverture est accroché un grelot, pour que s'éloignent les gens ; quand il marche, il faut situer d'où vient le bruit ; son côté gauche dans le sens de la marche est appelé le côté de la mort, le côté de la hache qui tue ; si l'on est du côté gauche il faut aller du côté droit, mais si l'on est du côté droit et que l'on passe du côté gauche c'est de la provocation ; s'il surprend quelqu'un, il faut rester sur place, saluer, ne rien dire. Sur sa tête, le Chef de terre porte le chapeau traditionnel.

Le ***Bougo*** (au Nord du Burkina-Faso, dans la province du Yatenga) (ou *Bagba* au Centre, dans la province du Kadiogo) est prêtre, devin, conseiller. Il est frère et maître des génies. Il subit une initiation de trois années, dans la brousse, plus précisément dans les montagnes et dans les grottes. Mais cette initiation intensive a été précédée par une initiation longue, commencée depuis le plus jeune âge. Dans l'initiation dure, il ne mange que des animaux sauvages et des fruits sauvages. Il s'habille de peaux de bêtes. Ses cheveux ne sont jamais lavés et contiennent des fétiches. Il porte en général un bonnet de cauris, ou une tête de calao en bois sculpté. Son costume de peaux de bêtes contient 6 000 cauris, pas une de plus, pas une de moins. Le *Bougo* sert de conseiller. Donnons un exemple. Il y a quatre siècles, on a demandé à un *Bougo* du Nord de choisir la dernière capitale des Mossé, la première capitale étant Tenkodogo, la deuxième Ouagadougou [au Centre] ; le *Bougo* est parti, il a consulté ses génies, et il a dit de mettre la capitale ici ; cet endroit, c'est Ouahigouya ; or, si l'on mesure la distance entre Ouagadougou et Tenkodogo, première capitale, au Sud, on trouve 181 km, et si l'on mesure la distance entre Ouagadougou et Ouahigouya, dernière capitale, au Nord, on obtient aussi 181 km ; ce *Bougo* ne pouvait pas venir à Ouagadougou, car les empires étaient alors cloisonnés, il était interdit d'aller de l'un à l'autre, et le premier Européen, qui aurait pu mesurer, n'est arrivé au Burkina-Faso qu'en 1890.

Témoignage (recueilli à Manéga, Burkina-Faso, en novembre 1992) de Titinga Frédéric Pacéré, qui est à la fois le bâtonnier de l'ordre des avocats du Burkina-Faso, un poète francophone (Grand Prix littéraire de l'Afrique noire 1982), et le connaisseur des traditions sacrées des ethnies Mossi et Gnougnossé.

BIBLIOGRAPHIE GÉNÉRALE SUR L'ÉSOTÉRISME DES NÉGRO-AFRICAINS PRIMITIFS

S'il n'y a qu'un livre à lire : MARCEL GRIAULE, *Dieu d'eau. Entretiens avec Ogotemmêli* (1948), Le Livre de poche, coll. « Biblio Essais », n° 4049, 1991, 256 p. Ogotemmêli, un sage dogon, du Mali, ancien chasseur, aveugle, dit en 33 jours l'ésotérisme de son peuple ; c'est le premier — en chronologie comme en valeur — texte de littérature ésotérique négro-africaine. Le livre, à première vue, déçoit. À l'écouter, on entend bruire les camps d'initiation.

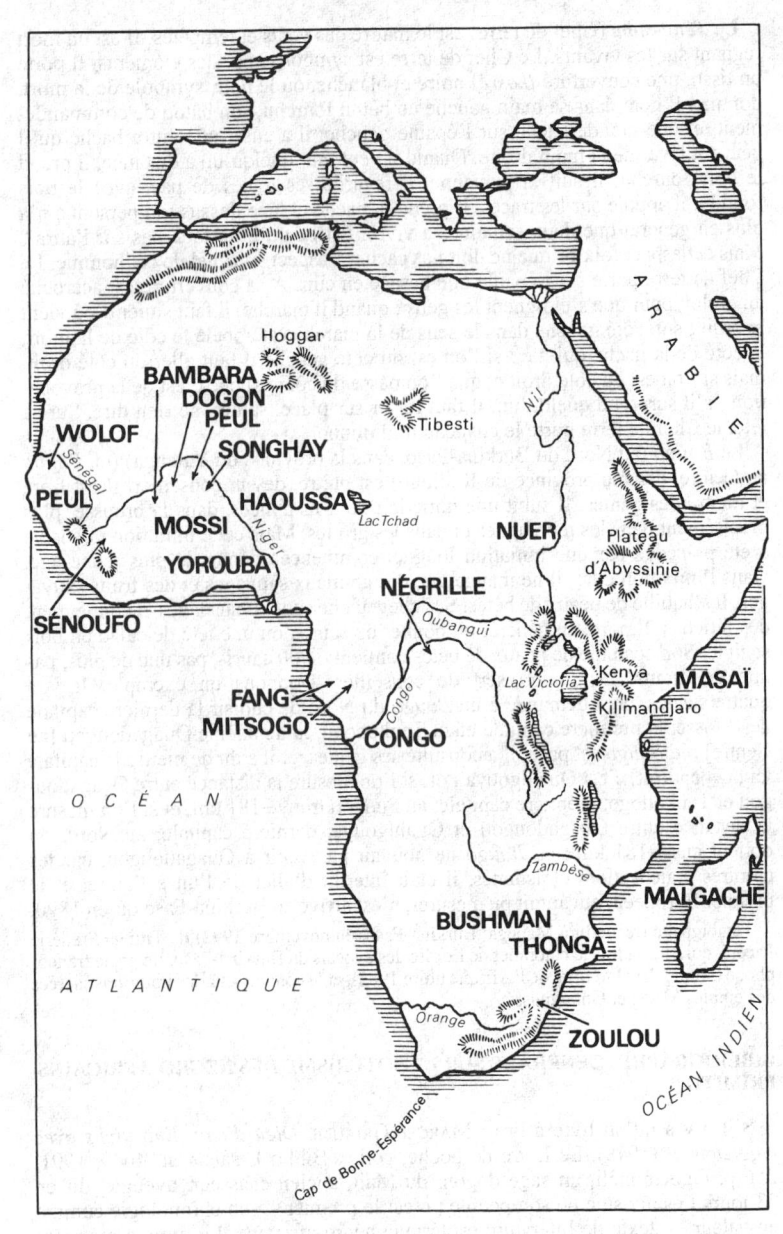

CARTE ÉSO-ETHNOLOGIQUE DE L'AFRIQUE NOIRE

Approche ésotérique de l'histoire : A. DIM DELOBSON (Haute-Volta), AMADOU HAMPATÉ BÂ (Mali).

BIBLIOTHÈQUES : Bibliothèque de la Maison des sciences de l'homme (56, bd Raspail, Paris), bibliothèque du musée de l'Homme (17, pl. du Trocadéro, Paris), Société des missions évangéliques de Paris (102, bd Arago, Paris), Académie des sciences d'outre-mer (15, rue Lapérouse, Paris).

Les grands textes (écrits ésotériques ou documents)
– G. FERRAND, « Textes magiques malgaches », *Revue de l'histoire des religions*, 1907.
– M. GRIAULE, *Dieu d'eau. Entretiens avec Ogotemmêli* (1948), éd. cit.
– J. ROUCH, *La Religion et la Magie songhay*, PUF, 1960, p. 82-134, 262-297 (rééd. Bruxelles, 1989). Textes de possession dans une ethnie islamisée du Niger et du Tchad.
– AMADOU HAMPATÉ BÂ et GERMAINE DIETERLEN, *Koumen. Texte initiatique des pasteurs peuls* (1960), ÉHÉSS (École des hautes études en sciences sociales), *Cahiers de l'Homme*, n° 1, 1972, 96 p. ; H. A. Bâ et Lilyan Kesteloot, *Kaïdara. Récit initiatique peul* (1966), Julliard, coll. « Classiques africains », 1969, 183 p. (bilingue) ; *L'Éclat de la grande étoile, Le Bain rituel. Récits initiatiques peuls*, Julliard, coll. « Classiques africains », 1974, 152 p. ; *Njeddo Dewal, mère de la calamité. Conte initiatique peul*, Nouvelles Éditions africaines, Abidjan, Côte-d'Ivoire, 1985, 156 p. ; *Contes initiatiques peuls*, Stock, 1994, 200 p. D'autre part, H. A. BÂ a donné des études, dans un esprit proche de l'ésotérisme, apud *Les Religions africaines traditionnelles* (Éditions du Seuil, 1965), in *Aspects de la civilisation africaine* (Présence africaine, 1972, rééd. 1994, 139 p.). Amadou Hampaté Bâ, Peul, était membre de la confrérie soufie des Tijânyya (=Hamallistes), fondée en 1781 au Soudan par at-Tijânî.
– J. BINET, O. GOLLNHOFER, R. SILLANS, « Textes religieux du Bwiti fang et de ses confréries prophétiques », *Cahiers d'études africaines*, 1972, t. 12, p. 197-253. Culte moderne de vision chez les Mitsogho puis, vers 1908, chez les Fang du Gabon, par une plante. Lire aussi A. MARY, *La Naissance à l'envers. Essai sur le rituel du Bwiti fang au Gabon*, L'Harmattan, 1983, 386 p.
– J. GOODY, *Une récitation du Bagré*, trilingue anglais-français-dagari, Julliard, coll. « Classiques africains, » n° 20, 1981, 408 p. Le Bagré est une cérémonie d'initiation et son mythe circule chez les LoDagaa du Ghana.
– N. KAZADI, *Chants de cultes du Zaïre. Chants et Possession dans les cultes du Butembo et des Mikendi (chez les Bahemba et les Baluba)*, Peeters-France, 1990, 271 p.
– R. BRAND, *La Société wemenu, son dynamisme, son contrôle*, ANRT, université de Lille III, 1991, 3 t., 683 p. Textes du Vaudû chez les Wemenu, ethnie du Sud-Bénin.

Anthologies
– GERMAINE DIETERLEN, *Textes sacrés d'Afrique noire*, Gallimard, coll. « UNESCO », 1965, 287 p. Surtout p. 199-277.
– L.-V. THOMAS et R. LUNEAU, *Les Religions d'Afrique noire. Textes et Traditions sacrés* (Fayard-Denoël, coll. « Trésors spirituels de l'humanité », 1969, 407 p.), Stock, 1981, 2 t.
– Contes et légendes : L. FROBENIUS, *Mythologie de l'Atlantide (Die Atlantische*

Götterlehre, 1926), trad. de l'allemand, Payot, 1949, 260 p. (les Yorouba, Nigeria) ; H. Trilles, *Contes et Légendes pygmées*, Desclée de Brouwer, Paris et Bruges, 1935, 190 p. (le R.P. Trilles a racheté des jeunes Pygmées esclaves aux Bantous et leur a permis de rejoindre leur famille) ; R. Guillot, *Contes et Légendes d'Afrique noire*, Société d'éditions géographiques, 1946 ; B. Holas, *Contes Kono* (1952), Maisonneuve et Larose, 1975, 344 p. (Côte-d'Ivoire) ; Geneviève Calame-Griaule, « Ésotérisme et fabulation au Soudan », *Bulletin de l'IFAN*, Dakar, t. 16, n°s 3-4, 1954, p. 307-321 (« Soudan » = Afrique occidentale) ; C. M. Bowra, *Chant et Poésie des peuples primitifs*, Payot, 1966, 296 p. ; A. Raponda-Walker, *Contes gabonais*, Présence africaine, 1962 ; B. Mve-Ondo, *Sagesse et Initiation à travers les contes, mythes et légendes fangs*, « Découvertes du Gabon », Sépia, Paris et Libreville, 1991, 216 p.

Études générales
– A. Dim Delobson, *Les Secrets des sorciers noirs*, Nourry, 1934, 298 p. Ce livre, ésotérique, a eu un destin maudit, et son auteur a été empoisonné, en Haute-Volta (aujourd'hui Burkina-Faso).
– M. Griaule, *Les Religions noires*, apud *Encyclopédie maritime et coloniale*, t. 1, 1949 (et « Philosophie et religion des Noirs », *Présence africaine*, 1950, p. 307-322). Répétons-le, c'est Griaule qui a le premier parlé d'ésotérisme négro-africain, et le mieux.
– *Les Religions africaines traditionnelles*, Éditions du Seuil, 1965.
– D. Zahan dir., *Réincarnation et Vie mystique en Afrique noire*, PUF, 1965, 196 p.
– *Dictionnaire des civilisations africaines*, F. Hazan, 1968, 448 p. Utile.
– L.-V. Thomas, *Généralités sur l'ethnologie négro-africaine*, apud *Ethnologie régionale*, t. 1 : *Afrique-Océanie*, Gallimard, « Encyclopédie de la Pléiade », 1970, p. 246-357. La meilleure synthèse, ordonnée, précise et intelligente.
– D. Zahan, *Religion, Spiritualité et Pensée africaines* (Colloque de Strasbourg, 1963) (1970), Payot, coll. « Petite Bibliothèque Payot », n° 374, 1980, 256 p.
– L.-V. Thomas et R. Luneau, *La Terre africaine et ses religions* (1975), L'Harmattan, 1980, 336 p. Aussi clair sur la tradition que clairvoyant sur la modernité.
– M. Eliade dir., *The Encyclopedia of Religion*, 16 t., Macmillan, New York, 1987, t. 1 p. 60-69, 70-82, t. 3 p. 171-178, t. 4 p. 541-557, t. 7 p. 263-266, t. 13 p. 530-538. Académique.
– Anne Stamm, *Les Religions africaines*, PUF, coll. « Que sais-je ? », n° 632, 1995, 128 p. Le chap. iv s'intitule audacieusement « Ésotérie africaine ».

Par ethnies
– Bambara : Germaine Dieterlen, *Essai sur la religion bambara* (1950), université de Bruxelles, 1988, 264 p. ; D. Zahan, *Les Sociétés d'initiation Bambara*, ÉHÉSS, 1960, 440 p. Initiations au Mali.
– Bushmen : J. Schapera, *The Khoisan Peoples of South Africa. Bushmen and Hottentots* (1930), Routledge and Kegan Paul, Londres, 1960, xi-450 p.
– Dogons (=Habbe) : M. Griaule, *Masques dogons*, Travaux et mémoires de l'Institut d'ethnologie, n° XXXIII, A. Maisonneuve, 1938, xi-896 p. ; M. Leiris, *La Langue secrète des Dogons de Sanga*, Institut d'ethnologie, 1948, t. 50, xxxii-534 p.
– Malgaches : R. Decary, *Mœurs et Coutumes des Malgaches*, Payot, 1952 ; L. Mollet, *La Conception malgache du monde, du surnaturel et de l'homme en Imérina*, L'Harmattan, 1979, 888 p. Imérina est la région de Tananarive.

– Verbe créateur : J. Jahn, *Muntu. L'Homme africain* (1958), trad. de l'allemand, Éditions du Seuil, 1961, chap. v ; D. Zahan, *La Dialectique du verbe chez les Bambara*, Mouton, 1963 ; Geneviève Calame-Griaule, *Ethnologie et Langage. La Parole chez les Dogons*, Gallimard, 1966, 596 p.

Porteurs de puissance *(ngàngà)* et arts occultes
– Chasseur éminent (maître de brousse) : H. Trilles, *Les Pygmées de la forêt équatoriale*, éd. cit. ; M. Douglas, in D. Forde, *African Worlds*, Oxford UP, 1954, p. 17 sqq. ; A. H. Bâ, « Note sur les chasses rituelles bozo », *Journal de la Société des Africanistes*, musée de l'Homme, t. 25, 1955, p. 89-97 (au Mali) ; Y. Cissé, « Notes sur les sociétés de chasseurs malinké », *Journal de la Société des Africanistes*, XXXIV, fasc. 2, 1964, p. 175-226 (Mali, Guinée, Sénégal) ; H. Koch, *Magie et Chasse au Cameroun*, Berger-Levrault, 1966 ; V. W. Turner, *Les Tambours d'affliction. Analyse des rituels chez les Ndembu de Zambie (Drums of Affliction*, 1968), trad. de l'anglais, Gallimard, 1972, 368 p.
– Devin : H. Labouret, « La divination en Afrique noire », *Anthropologie*, 1922, p. 334-360 ; R. Trautmann, *La Divination à la côte des Esclaves et à Madagascar*, Larose, 1939, 155 p. ; M. Kohler, *The Izangoma Diviners*, Pretoria, Afrique du Sud, 1941 (chez les Zoulou) ; B. Maupoil, *La Géomancie à l'ancienne côte des Esclaves*, Travaux et mémoires de l'Institut d'ethnologie, A. Maisonneuve, n° XLII, 1943, 688 p., 8 pl., rééd. 1988 (le système Fa des Fon du Bénin : divination à l'aide de seize noix de palme) ; J.-F. Vincent, « Techniques divinatoires des Saba (montagnards du Centre-Tchad) », *Journal de la Société des Africanistes*, t. 36, fasc. 1, 1966, p. 45-63 ; A. Caquot et M. Leibovici dir., *La Divination*, PUF, 1968, t. 2, p. 331-391 ; A. Retel-Laurentin, *Oracles et Ordalies chez les Nzakara*, Mouton, 1969, 418 p. (en Centrafrique) ; A. Adler et A. Zempleni, *Le Bâton de l'aveugle. Divination, Maladie et Pouvoir chez les Moudang du Tchad*, Hermann, 1972, 252 p.
– Forgeron : W. Cline, *Mining and Metallurgy in Negro Africa*, G. Banta, Menasha, Wesconsin, 1937, 155 p. ; L. de Heusch, « Le symbolisme du forgeron en Afrique », *Reflets du monde*, n° 10, juil. 1956, p. 57-70 ; M. Eliade, *Forgerons et Alchimistes* (1956), Flammarion, coll. « Champs », n° 12, 1977, p. 73 sqq. ; Germaine Dieterlen, *Contribution à l'étude des forgerons en Afrique occidentale*, ÉPHÉ (École pratique des hautes études), section des Sciences religieuses, t. 73, 1965-1966, p. 5-28.
– Guérisseur (homme-médecine) : H. Trilles, *Magie et Remèdes chez les Pygmées*, apud *XVIe Congrès international d'anthropologie*, Bruxelles, 1936, p. 842-885 ; M. Rodinson, *Magie, Médecine, Possession en Éthiopie*, Mouton, 1967 ; A. Adler et A. Zempléni, *Le Bâton de l'aveugle*, éd. cit. ; E. de Rosny, *Les Yeux de ma chèvre. Sur les pas des maîtres de la nuit en pays daoula (Cameroun)* (1981), Presses-Pocket, n° 3016, 1987, 415 p. ; J.-M. Guibal, *Guérisseurs et Magiciens du Sahel*, A.-M. Métailié, 1984, 164 p. ; D. Traore, *Médecine et Magie africaines*, Présence africaine, 1984, 569 p.
– Magicien : E. E. Evans-Pritchard, *Sorcellerie, Oracles et Magie chez les Azandé (Witchcraft, Oracles and Magic among the Azande*, 1937), trad. de l'anglais, Gallimard, 1972, 642 p. (au Congo oriental) ; J. Van Wing, *Études Bakongo. Sociologie, Religion et Magie* (1938), Desclée de Brouwer, 1959, 512 p., t. 2 (Congo, Angola) ; J. Rouch, *La Religion et la Magie songhay*, PUF, 1960, p. 255-295 ; W. F. P. Burton, *Luba Religion and Magic*, Tervuren, 1961, x-193 p. (Centrafrique).

— Roi-magicien : P. HADFIELD, *Traits of Divine Kingship in Africa*, Londres, 1949 ; L. DE HEUSCH, *Aspects de la sacralité du pouvoir en Afrique*, apud *La Sacralité et le Pouvoir*, Institut de sociologie Solvay, Bruxelles, Belgique, 1962.

Expressions
— Contes, fables et légendes : voir *supra*, Anthologies.
— Danse : A. TIEROU, *La Danse africaine, c'est la vie*, Maisonneuve et Larose, 1983, 144 p.
— Devises, énigmes, formules, proverbes : H. GADEN, *Proverbes et Maximes peuls et toucouleurs*, Travaux et mémoires de l'Institut d'ethnologie, n° XVI, A. Maisonneuve, 1931, XXXIII-368 p. ; DIM DELOBSON, *Maximes, Pensées et Devinettes mossi*, in *L'Empire du Mogho-Naba*, Domat-Montchrestien, 1933 (chez les Mossi du Burkina-Faso) ; DEBORAH LIFCHITZ, *Africa*, Oxford UP, Londres, t. 13, fasc. 3, 1940, p. 235-249 (contes, formules propiatoires des Dogons) ; SOLANGE DE GANAY, *Les Devises des Dogons*, Institut d'ethnologie, t. 41, 1941, VIII-194 p. ; M. LEIRIS, *La Langue secrète des Dogons de Sanga*, Institut d'ethnologie, 1948, t. 50, XXXII-534 p.
— Fétiches : M. GRIAULE, *Arts de l'Afrique noire*, Chêne, 1948, 128 p. ; H. HUBER, « Magical Statuettes and their Accessories among the Eastern Bayaka and their Neighbours (Belgian Congo) », *Anthropos*, Fribourg, Suisse, t. 51, fasc. 1-2, 1956, p. 265-290 ; JACQUELINE ROUMEGUÈRE-EBERHARDT, « Poupées de fertilité et figurines d'argile, leurs lois initiatiques », *Journal de la Société des Africanistes*, musée de l'Homme, t. 30, fasc. 2, 1960, p. 205-224.
— Images, symboles, mythogrammes : M. GRIAULE et GERMAINE DIETERLEN, *Signes graphiques soudanais*, Hermann, 1951, 88 p. (signes des Dogons et Bozo, au Mali) ; R. JAULIN, « Essai d'analyse formelle d'un procédé géomantique », *Bulletin de l'IFAN*, Dakar, t. 19, 1957 ; B. HOLAS, « L'imagerie rituelle en Afrique noire », *Bulletin de l'IFAN*, Dakar, t. 30, 1968 ; GERMAINE DIETERLEN et Y. CISSÉ, *Les Fondements de la société d'initiation du Komo*, ÉHÉSS, *Cahiers de l'Homme*, n° 10, 1972, 334 p. (266 signes dans une initiation bambara) ; R. BRAND, *Dynamisme des symboles dans les cultes Vodûn*, thèse, Institut d'ethnologie, 1973, 475 p. (au Bénin).
— Langage tambouriné : J. JACOBS, *Le Message tambouriné, genre de littérature orale bantoue*, Kongo-Owerzee, t. 25, fasc. 2-3, Anvers, 1959, p. 90-112 ; GERMAINE DIETERLEN, *Textes sacrés d'Afrique noire* (1965), éd. cit. ; M. HOUIS, *Anthropologie linguistique de l'Afrique noire*, PUF, 1971, p. 48 *sqq*.
— Masques : L. FROBENIUS, *Die Masken und Geheimbünde Afrikas*, Halle, 1898, 278 p. ; M. GRIAULE, *Masques dogons*, éd. cit. ; B. HOLAS, *Les Masques kono (Haute-Guinée française)*, Geuthner, 1952, 203 p. ; G. BOCHET, « Les masques sénoufo », *Bulletin de l'IFAN*, Dakar, t. 27, n° B 3-4, 1965, p. 636-677 ; G. LE MOAL, *Les Bobo*, éd. cit. ; *Secrets des initiés. Masques d'Afrique noire au musée de l'Homme*, Sépia, 1995.
— Mythes : R. BASTIDE, *Mythologies africaines*, apud P. GRIMAL dir., *Mythologies des montagnes, des forêts et des îles*, Larousse, 1963, p. 230-252 ; R. AKOUN dir., *Mythes et Croyances du monde*, t. 3 : *Afrique noire, Amérique, Océanie*, Brépols, Turnhout, 1985, p. 13-216.

Révélations
— Chamanisme : L. FROBENIUS, *Histoire de la civilisation africaine* (1933), trad. de l'allemand, NRF, 1936, 164 p. ; L. DE HEUSCH, *Possession et Chamanisme*, apud *Les Religions africaines traditionnelles*, Éditions du Seuil, 1965, p. 139-170,

Pourquoi l'épouser ? et autres essais, Gallimard, 1971, p. 225-280 (« Possession et chamanisme ») ; R. KATZ, *Boiling Energy. Community Healing among the Kalahary Kung*, Harvard UP, Cambridge, États-Unis, 1982, xv-329 p.
– Médiumnisme : S. F. NADEL, « A Study of Shamanism in the Nuba Mountains » (1946), *Journal of the Royal Anthropological Institute*, n° 16/1, 1949, p. 25-37 (sur les Nyima du mont Nuba au Soudan : médiumnisme, et non chamanisme, comme le remarque D. Zahan) ; W. F. BURTON, *Luba Religion and Magic*, Tervuren, 1961 (Luba ou Ba-Luba : au Congo).
– Possession par les esprits : R. S. RATTRAY, *Religion and Art in Ashanti* (1927), Clarendon Press, Oxford, 1959, p. 38-47 (au Ghana) ; P. VERGER, *Note sur le culte des Orisa et Vodun à Bahia, la Baie de tous les Saints, au Brésil et à l'ancienne côte des Esclaves en Afrique*, IFAN (Institut français d'Afrique noire), Dakar, n° 51, 1957, 609 p. (le Vaudû des Fon au Dahomey [=Bénin] ; les Orisa sont les dieux des Yorouba au Nigeria) ; G. LIENHARDT, *Divinity and Experience. The Religion of the Dinka*, Oxford, 1961 (au Soudan) ; J. BEATTIE et J. MIDDLETON dir., *Spirit Mediumship and Society in Africa*, Routledge and Kegan Paul, 1969 (chez les Kalabari du Nigeria, les Nago-Yorouba du Nigeria, les Zoulou...) ; SHEILA S. WALKER, *Ceremonial Spirit Possession in Africa and Afro-America*, E. J. BRILL, Leyde, 1972, xii-179 p. ; J.-M. ESTRADE, *Un culte de possession à Madagascar*, L'Harmattan, 1977, 375 p. (le Tromba des Malgaches) ; J.-M. GIBBAL, *Tambours d'eau*, Le Sycomore, 1982 (le Jiné-don des Bambara).
– Revivalismes (dès 1570 au Zaïre) : G. BALANDIER, *Les Mouvements d'innovation religieuse en Afrique noire*, apud *Histoire des religions*, Gallimard, « Encyclopédie de la Pléiade », t. 3, 1976, p. 1243-1276.
– Vision : J. BINET, B. GOLLNHOFER, R. SILLANS, *Recherche sur le mysticisme des Mitsogo*, apud *Réincarnation et Vie mystique en Afrique noire*, PUF, 1965, p. 143-173 (chez les Mitsogho puis — vers 1908 — chez les Fang, au Gabon), et A. MARY, *La Naissance à l'envers. Essai sur le rituel du Bwiti fang au Gabon*, L'Harmattan, 1983, 386 p.

L'ésotérisme africain hors d'Afrique noire
– Afro-brésilien (Candomblé, Umbanda, Macumba, vers 1850) : ROGER BASTIDE, *Les Religions africaines au Brésil*, PUF, 1960, 578 p.
– Afro-caraïbe (Santeria, Vaudou, Shango) : R. BASTIDE, *Les Cultes afro-américains*, apud *Histoire des religions*, Gallimard, « Encyclopédie de la Pléiade », t. 3, 1976, p. 1027-1047 ; A. MÉTRAUX, *Le Vaudou haïtien* (1958), Gallimard, coll. « Tel », n° 20, 1977, 359 p. ; P. VERGER, *Orisha. Les Dieux yorouba en Afrique et au Nouveau Monde*, A.-M. Métailié, 1983, 296 p.
– Afro-guyanais (Winti) : R. PRICE, *Afro-Surinamese Religions*, apud *Encyclopedia of Religions*, Macmillan, New York, 1987, t. 1, p. 105-107.
– Éléments négro-africains de possession en Afrique blanche musulmane (extatisme négro-musulman) : R. BRUNEL, *Essai sur la confrérie religieuse des 'Aîssâouâ au Maroc*, P. Geuthner, 1926, 258 p. (l'Îsâwiyya, confrérie soufie fondée au Maroc par Sîdî ibn 'Îsa, † 1524, détachée des Shadhiliyya) ; ODETTE DU PUIGAUDEAU, *Tagant. Au cœur du pays maure (1936-1938)* (1949), Phébus, 1993, p. 125-131 (le Ghoudf des Mauritaniens depuis le XIXe s.) ; JACQUELINE MONFOUGA-NICOLAS, *Ambivalence et Culte de possession. Contribution à l'étude du bori hausa* (1969), Anthropos, 1972 (le Bori des Haoussa nigériens, depuis 1850) ; V. CRAPANZANO, *The Hamadcha. A Study of Moroccan Ethnopsychiatry*, University of California Press, Berkeley, 1973 (au Maroc) ; G. LAPASSADE, *Gens de*

l'ombre (stambali, macumba, hadra, derdeba, danse des tarentulés), Anthropos-Les Méridiens, 1982.

L'ésotérisme d'origine non africaine en Afrique (blanche ou noire)
— Antiquité (Mystères en Afrique blanche) : H. Le Glay, *Saturne africain. Histoire*, De Boccard, 1966, xvi-523 p. (Ba'al Hammon, dieu punico-berbère) ; F. Decret, *L'Afrique manichéenne* (ive-ve s.). Étude historique et doctrinale, Études augustiniennes, 1978, 2 t. (Afrique proconsulaire et Numidie, saint Augustin).
— Christianisme éthiopien : R. Basset, *Les Apocryphes éthiopiens*, Archè de Thoth, 1980 ss., 11 t. (t. 7 : prières magiques).
— Modernité (Soufisme et Kabbale) ; la Franc-Maçonnerie et la Rose-Croix : A. H. Bâ, *Vie et Enseignement de Tierno Bokar* (1957), Éditions du Seuil, coll. « Points Sagesses », n° 23, 1980, 256 p. (un Soufi au Mali, Peul, de la confrérie des Tijâniyya, 1937) ; Ch. Monteil, *L'Islam noir*, Éditions du Seuil 1964 (sur le Sénégalais Amadou Bamba, mort en 1927 ; sur le Malien Shaykh Hamallah mort déporté en France en 1942). Les Toubas en Guinée, les Mourides au Sénégal relèvent de la confrérie soufie des Qâdiriyya.

Et les femmes ?
Audrey I. Richards, *Chisungu. A Girl's Initiation Ceremony among the Bemba of Northern Rhodesia*, Faber and Faber, Londres, 1956, 224 p. ; B. Holas, « Initiation des femmes oubi » (côte de l'Afrique de l'Ouest), *Africa*, 3, t. 27, 1957 ; E. Damann, *Les Religions de l'Afrique*, Payot, 1964, p. 163 sqq. ; *Dictionnaire des civilisations africaines*, F. Hazan, 1968, p. 172-173, 337, 428 ; Jacqueline Monfouga-Nicolas, *Ambivalence et Culte de possession. Contribution à l'étude du bori hausa* (1969), Anthropos, 1972, p. 99-139.

4. LES AMÉRINDIENS

> *Une fois la confiance des Indiens gagnée, le travail n'était pas achevé. Il nous fallait abattre une à une les barrières qu'ils avaient su dresser avant de percevoir la signification des rites et des cérémonies ésotériques.*
>
> E. S. Curtis,
> *The North American Indian*, t. 1, 1907

REPÈRES ETHNOLOGIQUES DES AMÉRINDIENS PRIMITIFS

Je place l'Arctique, donc les Eskimo en général, en Asie ; certaines tribus sont dispersées, par exemple les Natchez. Les tribus sont classées en familles linguistiques : algonquian, siouan, iroquoian..., maya-zoque, uto-aztèque..., ou en aires culturelles : Grandes Plaines, Plateaux..., Andes, Pampas...

LES AMÉRINDIENS

Amérique du Nord (États-Unis et Canada : aires culturelles selon C. Wissler)
- Grandes Plaines : Pieds-Noirs (=Blackfoot), Corbeaux, Cheyennes, Mandan, **Sioux**...
- Plateaux : Nez-Percés, Salish, Shoshone, Lillooet...
- Californie : Pomo, Luiseño, Yuman, Karok, Maidu...
- Pacifique Nord : Tlingit, Kwakiutl, Tsimshian, Nootka...
- Subarctique : Algonkin, Cree, Naskapi, Déné...
- forêts de l'Est : Iroquois (Huron, Mohawk...), Algonkin **(Ojibwa**, Fox, Micmac...)...
- Sud-Est : Sioux de l'Est, Yuchi, Iroquois (Cherokee, Tuscarora)...
- Sud-Ouest : Pueblo (Hopi, Zuñi, Río Grande), Athapascan (Apache, Navaho...)...

Amérique du Centre
- Mexique : Nahua, Maya, Huichol, Zapotèques, Otomi, Yaqui...
- isthme de Panama (sauf Nicaragua, Costa-Rica, Panama, de langues Sud-américaines) : Maya, Lenca, Chorti...

Amérique du Sud
- forêts tropicales (Guyane, Amazonie...) : Arawak, Tupi, Bororô, Gé, Tupinamba, Carib...
- Chaco : Mataco, Mbaya, Toba, Abipon, Mokovi, Zamuco...
- Pampas (centre et est de l'Argentine), Patagonie (sud de l'Argentine) et Terre de Feu : nomades de la mer (Alakalouf, Yaghan...), chasseurs des pampas (Araucan... ; Ona, Haush)
- Andes (Venezuela, Colombie, Équateur, Pérou, Bolivie, Chili) : **Jivaro**, Chibcha, Cara, Arawak sub-andins...

Aire circum-caraïbe
- Antilles (Cuba, Haïti, Jamaïque, Porto Rico, Guadeloupe...) : Galibi, Arawak insulaires (=Taino)...
- littoral septentrional de l'Amérique du Sud : Atacamène, Diaguite, Picuche, Mapuche, Huilliche, Chono...

Le Grand Manitou est déjà là.

Grâce au cinéma, tous les enfants savent que les Peaux-Rouges vénèrent le « Grand Manitou », l'Esprit du bien. Ils savent également que tous les Américains ont eu le choix entre deux modes de vie. Le « Peau-Rouge » louait la nature et le sacré ; le « Visage-Pâle » imposait les armes et les dollars.

Seuls les adultes n'ont pas vu qu'il y avait et qu'il y a encore un vrai choix. Ésotérisme rouge contre mercantilisme blanc.

L'ÉSOTÉRISME ROUGE

Heha'ka Sapa. Ce nom se traduit *Black Elk* en anglais (mais pas en américain). Les Français ont à leur tour traduit « Élan Noir », confondant l'élan et le wapiti [1]. Nicolas Wapiti Noir (mort en 1950) est aux Indiens

---

1. *Elk* : « élan américain, cerf wapiti » ; *moose* (mot algonquin) ; « élan du Canada, orignal ». Dans l'édition originale des *Rites secrets des Indiens sioux* (Payot, 1953, p. 5,

d'Amérique du Nord ce qu'est Ogotemmêli (mort en 1947) aux Noirs d'Afrique : le seul qui ait bien voulu dire la connaissance ésotérique à un Blanc. Ogotemmêli et Wapiti Noir furent tous deux aveugles à la fin de leur vie. L'un et l'autre transmettaient, transmettaient seulement, ils ne créaient pas une philosophie. Wapiti Noir a révélé l'ésotérisme du calumet sacré, que lui avait révélé Tête de Wapiti (Heha'ka Pa, *Elk Head*). Ajoutons cette information — que je dois à Daniel Dubois, qui sait tout sur les Indiens d'Amérique du Nord : Wapiti Noir fut catholique fervent, et ses biographes l'ont soigneusement caché [1].

De même que l'ethnie de référence chez les Noirs, pour l'ésotérologue, est celle des Dogons, l'ethnie de référence chez les Amérindiens est celle des Sioux. Pour l'Amérique centrale, l'ésotérologue pense aux Huichol [2], une ethnie du Nord-Mexique, peu christianisée, comprenant 4 000 âmes seulement, connue pour ses chamanes, son rituel du peyotl. Ou bien l'ésotérologue pense aux Cuna (>Kuna) de Panama [3]. En Amérique du Sud, les Jivaro sont particulièrement intéressants [4].

Les ethnographes ont bien étudié les chamanes des Araucan (Chili), femmes ou hommes [5]. Les Sioux mandan ont conquis la célébrité avec

---

8, 28, etc.), *Black Elk* est correctement traduit par « Wapiti Noir ». L'élan mâle a de gros bois horizontaux, le wapiti mâle des bois verticaux et plus graciles. Ne confondons pas !

1. « Durant les trente dernières années, j'ai vécu d'une façon fort différente de celle qu'a racontée l'homme blanc [J. G. Neihardt, *Black Elk Speaks, Being the Life of A Holy Man of the Oglala Sioux*, 1932]. Je suis croyant. Le prêtre catholique Short Father [Ate Ptecela, Joseph Lindebner, un jésuite] m'a baptisé voilà trente ans [en 1904]. Depuis, on m'appelle Nick Black Elk. [...] De nombreuses années durant, je suis allé avec plusieurs prêtres lutter pour le Christ au milieu de mon peuple. [...] Je sais que la religion catholique est bonne, meilleure que la Dance face au Soleil ou que la Dance des Revenants » (*Black Elk Speaks Again. The Final Speech*, lettre en lakota, 26 janv.1934, *apud* R. J. De Mallie, *The Sixth Grand Father. Black Elk's Teachings given to John G. Neihardt*, University of Nebraska, Lincoln, 1984, p. 59-61). Wapiti Noir était donc catholique convaincu, catéchiste même, et depuis trois décennies quand il parla à Neihardt. D'autre part, il écrivait, en lakota (on a des lettres dès 1888).

Selon Daniel Dubois, « Horn Chips, Short Bull et bien d'autres Shamans Sioux ont bien plus de "pouvoirs"que Black Elk qui ne fut en fait qu'un tout petit Shaman au sein de son peuple » (lettre personnelle, 9 janv. 1995).

2. Carl Lumholtz, *Symbolism of the Huichol Indians*, Memoirs of the American Museum of Natural History, 1900 ; id., *Unknown Mexico* (1902), M. S. Press, New York, 1973, 2 t. P. T. Furst, « Huichol Conception of the Soul », *Folklore Americas*, t. 27, fasc. 2, juin 1967. Barbara Myerhoff, *Peyote Hunt. The Sacred Journey of the Huichol Indians*, Cornell UP, Ithaca, 1974, 285 p.

3. E. Nordenskiöld, *An Historical and Ethnological Survey of the Cuna Indians*, Oxford UP, Londres, 1928 ; N. M. Holmer et S. H. Wassén, *The Complete Mu-Igala in picture writings. A Medicine Song from the Cunas of Panama* (1947), Etnologiska studier, n° 21, Göteborg, Suède, 1953, 158 p. (avec trad. espagnole ; voir trad. française : Cl. Lévi-Strauss, *Anthropologie structurale*, Plon, 1958, chap. x).

4. M. J. Harner, *Les Jivaros*, trad. de l'anglais, Payot, 1977.

5. E. Housse, *Une épopée indienne. Les Araucans du Chili*, Plon, 1939. A. Métraux, *Religions et Magies indiennes d'Amérique du Sud*, Gallimard, 1967, p. 177-235.

leurs dures épreuves initiatiques [1]. Plusieurs sociétés secrètes des Indiens d'Amérique du Nord ont frappé l'imagination des cinéastes et des folkloristes : la confrérie de la Grande Médecine chez les Ojibwa, la confrérie des Cannibales chez les Kwakiutl, la confrérie des Faux-Visages chez les Iroquois [2], la confrérie des Katcina chez les Hopi et les Zuñi [3]. Depuis les études romancées de Castaneda, qui ne connaît pas don Juan Matus, le chamane yaqui ?

Les Primitifs des Amériques.

Combien sont encore « animistes », « chamanistes » ? 1 % en Amérique andine et au Chili, 6 % au Surinam, 0,1 % au Mexique et en Argentine, 60 000 au Brésil, autant aux États-Unis d'Amérique [4].

Ces Primitifs ne sont pas si lointains, ni leur ésotérisme. Les Occidentaux ont pris aux Amérindiens, aux Indiens des trois Amériques, celle du Nord, du Centre, du Sud, des mots comme *sachem* (« l'Ancien », chez les Narragansets, mot algonquian : chef ou conseiller), *totem* (de l'ojibwa, « c'est mon parent »), *manitou* (autre mot algonquian, qui désigne le sacré), mais encore *nagual* (>*nahualli*, « double, chamane »), *tonal* (>*tonalli*, « âme, destin », mot aztèque de langue nahuatl, comme le précédent). Ces derniers termes relèvent de la spiritualité, ce sont des notions ésotériques. Les films américains sur les Indiens ont montré des rites d'initiation, des cérémonies secrètes. On pense à *Little Big Man*, le film d'Arthur Penn (1970), ou à *Un homme nommé cheval* d'Elliot Siverstein (1969).

Du point de vue racial, l'Amérique comprend deux populations indigènes : d'une part les Eskimo, d'autre part les Amérindiens, qui appartiennent à la grand-race jaune. J'évoquerai les Eskimo parmi les Primitifs d'Asie [5], même si de nombreux Eskimo vivent en Amérique. Les paléo-Amérindiens ont un type racial assez « primitif », petits, prognathes, au front bas et fuyant ; ils ont pour représentants les Yaghan (=Yamana) et les Alakalouf (=Qawashgar), nomades pêcheurs de la Terre de Feu. Chose notable [6], les Alakalouf eurent « certainement autrefois des céré-

---

1. G. Catlin, *Les Indiens d'Amérique du Nord* (*Letters and Notes on the Manners, Customs and Conditions of the North American Indians*, 1844), trad. de l'anglais, Albin Michel, 1992, 552 p.
2. W. J. Hoffman, *The Midé'wiwin or 'Grand Medicine Society' of the Ojibwa*, Bureau of American Ethnology, Washington, 1891, p. 143-300. F. Boas, *The Social Organization and the Secret Societies of the Kwakiutl Indians*, Washington, 1897. W. N. Fenton, *Masked Medicine Societies of the Iroquois*, Annual Report (1940), Bureau of American Ethnology, Smithsonian Institution, Washington, 1941, p. 397-429.
3. Don Talayesva, *Soleil Hopi* (*Sun Chief*, 1942), trad. de l'anglais (1959), Presses-Pocket, n° 3010, 1984. L. Sebag, *L'Invention du monde chez les Indiens Pueblo*, La Découverte, 1971, 507 p.
4. M. Clévenot dir., *L'État des religions dans le monde*, La Découverte/Cerf, 1987, p. 298, 304, 313, 316, 322, 326.
5. Voir *infra*, p. 202 (« Repères ethnologiques des Asiatiques primitifs »).
6. Voir *supra*, p. 72 (« Primitif : critère ésotérique [le simple] »).

monies d'initiation », et les Yaghan pratiquent « le *ciéxans*, un rite d'initiation des garçons ayant atteint l'âge de la puberté [1] ». On peut aussi distinguer les Indiens à partir du climat et de la végétation dans lequel ils vivent : il y a le désert chaud (Navajo), la toundra avec ses mousses glacées (Fuégiens), la steppe avec ses herbes (Pampéens), la plaine (Sioux), le plateau (Nez-Percés), la forêt atlantique (Iroquois), la forêt tropicale (Amazoniens)... On peut encore distinguer les Indiens à partir de leur culture matérielle : collecte (Alakalouf ramasseurs de coquillages), essartage (Guajiro de Colombie), chasse (Cheyennes chasseurs de bison), pêche (Kwakiutl), agriculture (Cherokee), élevage (Andins du Sud)... Le plus simple reste la division en familles linguistiques.

Ces différences de race, de climat, de technologie ou de langue, ont une incidence sur les formes d'ésotérisme. On trouve les confréries cléricales chez les peuples qui semblent plus près du statut civilisé que du statut primitif, en premier les Pueblo. Le chamanisme paraît lié aux sociétés pratiquant la chasse. La quête de vision suppose des sociétés égalitaires, où chacun, homme ou femme, jeune ou vieux, initié ou non-initié, a le droit, voire le devoir, d'accéder au sacré. Dans les sociétés primitives, le centre mystique réside dans la hutte, alors que dans les sociétés civilisées, comme les Zuñi, le centre du monde s'élargit au village.

Les sociétés amérindiennes sont des sociétés à structure ésotérique. L'indigène regarde le chamane comme l'homme le plus puissant et le plus représentatif de la tribu, même s'il n'est pas l'unique médiateur du Mystère, du fait des prêtres, des experts ritualistes, des possédés, des hommes-médecine, des visionnaires... ou des sorciers. Rares sont les tribus sans chamane. Au niveau même de la population, l'ésotérisme traverse l'existence quotidienne. L'enfant, dès neuf-dix ans, se met en quête de visions. La presque totalité des Sanpoil a un ou plusieurs esprits gardiens. Un Indien sur cinq, en Amérique du Nord, fait partie d'une confrérie secrète. En Amérique du Sud, les indigènes connaissent les initiations, les pratiques spirituelles, les magies, alors même que les religions des Indiens d'Amérique du Sud n'ont pas de dieux ! Une société amérindienne à structure ésotérique a pour principe de « marcher d'une manière conforme au Mystère [2] » *(wakan).* Pour un Sioux, cela signifie : respect de la nature, recherche de visions, pensée symbolique, intérêt pour le chamanisme, adhésion à une confrérie occulte... L'Indien se montre prêt à affronter les dangers les plus forts, à subir les souffrances les plus dures pour rester dans ce type de société. On comprend pourquoi. Au bout le sens se donne, la fierté, la joie. Vaut-il la peine de suer sang et eau pour acquérir un appartement à Paris ? Une fois dans *votre* appartement, le

---

1. Annette Laming-Emperaire, *Le Chili et l'Argentine,* apud *Ethnologie régionale,* Gallimard, « Encyclopédie de la Pléiade », t. 2, 1978, p. 1843, 1845.
2. Heha'ka Sapa (Wapiti Noir), *Les Rites secrets des Indiens sioux* (1953), trad. de l'anglais, coll. « Petite Bibliothèque Payot », n° 263, 1975, p. 168 (ou Le Mail, 1987).

cafard peut vous étouffer. Vaut-il la peine de réduire ses sommeils, d'endurer la faim pour découvrir les beautés de la nature et la splendeur des esprits ? L'Indien traditionnel répond oui. Moi aussi. Ce choix ne lui interdit nullement d'acheter une Cadillac. Moi non plus.

La société traditionnelle amérindienne a presque entièrement disparu avec l'arrivée des Blancs, dès Christophe Colomb. L'ésotérisme amérindien n'a pas été persécuté comme tel, mais détruit par les missionnaires ou interdit par l'administration, quand les colons n'exterminaient pas simplement les populations, pour des raisons politiques ou économiques. Pontiac, le chef des Ottawa qui en 1763 réalisa une coalition des tribus algonkin, pour chasser les Anglais, Pontiac, donc, était un chamane membre de la fameuse *Grand Medicine Society (Midê'wiwin)*. Cheval Fou et Taureau Assis, deux Sioux, deux chamanes, réussirent à vaincre le lieutenant-colonel Custer, Longue Chevelure, à Little Big Horn, en 1876. L'armée américaine les a assassinés peu après. Wapiti Noir rappelle que Cheval Fou (Ta'sunka Wi'tko, *Crazy Horse*, v. 1841-1877), chef Sioux teton oglala, « est devenu un chef grâce au pouvoir d'une vision qu'il avait eue lorsqu'il était enfant [1] ». Taureau Assis (Tatanka Yotanka, *Sitting Bull*, v. 1834-1890), chef des Sioux teton hunkpapa, qui, lui aussi, participa à la révolte contre les Blancs en 1890, était un chamane, un adepte de la Danse des Revenants *(Ghost Dance)*. Selon Wapiti Noir, il fut « le plus grand *medicine-man* de la nation [sioux] ». Taureau Assis était capable de visionner une bataille future. Il savait « voir au-delà de la prochaine lune ». C'est ainsi que, durant le rite de la Danse face au Soleil, avant la bataille de Little Big Horn, il vit des dizaines de soldats blancs morts. L'ethnologue américaine Alice C. Fletcher a fait la remarque que le chamane ne part pas en guerre pour guider les combattants, mais pour servir d'intermédiaire entre les combattants et le Grand-Esprit, à la manière de Moïse servant de médium, de transmetteur entre Dieu et les Hébreux. Cheval Fou, lui, combattait.

LES NOTIONS OCCULTES

L'Amérindien touche la Terre et voit le Ciel. Il est un esprit qui va vers d'autres esprits. Tous ses sens captent la beauté et la sacralité. Il y a la vie, il y a la mort. Il y a la mort qui donne la vie : l'initiation ; il y a la vie qui donne la mort : la maladie. Le monde ésotérique des Amériques se déroule dans cet univers à la fois naturel, structuré par les quatre orients, et surnaturel, peuplé d'âmes, d'esprits. Le chamane est le lieu et le lien. Il héberge le Ciel sur la Terre, il unit le Ciel et la Terre. Il donne l'initiation, il prend la maladie.

---

[1]. J. G. Neihardt, *Élan Noir parle. La Vie d'un saint homme des Sioux oglala* (1932), trad. de l'anglais (1977), Le Mail, 1987, p. 94.

Le chamane sait qu'il est un esprit à la recherche d'un esprit supérieur au sien.
Le Grand-Esprit connaît la Mort, la Mère Terre connaît la Vie.

Le magicien et chef cheyenne Hyemeyohsts Storm, cité par J. Halifax, *Les Chamans : guérisseurs blessés* (1982), trad. de l'anglais, Éditions du Seuil, coll. « Art et Imagination », 1991, p. 41.

Le Sage iroquois, prenant son calumet, rend grâce au Grand-Esprit pour la vie, à la Terre pour ses ressources, au Soleil pour sa lumière.

Les ethnographes américains ont abondamment parlé du sacré, du **mystérieux** chez les Amérindiens : *wakan* (chez les tribus de la famille sioux : Dakota, Lakota [1]...), *manitou* (chez les tribus de la famille algonkin : Cree, Ojibwa...), *orenda* (chez les tribus de la famille des Iroquois : Seneca, Mohawk...), *tsaruma* (chez les Jivaro, aux Guyanes), *nandé* (chez les Nambikvara, au Brésil), etc. Ces mots se réfèrent au sacré, au Mystère, à l'Esprit. Ils désignent une puissance, soit individuelle soit impersonnelle, surnaturelle et naturelle à la fois, qui a une efficacité d'ordre mystique, et qui se trouve surtout dans certains êtres et événements, comme les esprits, la foudre, les chamanes... P. Radin, le célèbre américaniste, a étudié de près les notions, pour arriver à la conclusion que les divers mots ne signifient nullement « force inhérente » mais « existence réelle [2] ». On pourrait dire qu'est *wakan*, *manitou* ce qui est, ce qui EST tout court, ce qui se pose là. Pour un Amérindien, cela implique un lien avec l'origine, la divinité. Le Mystère fait être mieux. De même qu'un objet n'est vraiment que dans la lumière, il n'existe vraiment que dans le mystère. Dans l'obscurité un objet est, il persiste, mais en sommeil, car on le voit mal, il se valorise peu ; en revanche, au plein jour, on peut scruter ses divers angles, il peut briller, il est enfin lui-même.

En termes sioux [3], le principe masculin (le Ciel) est à la fois le Dieu séparé, le Grand-Père, et la forme de toutes choses, le Père ; de même, le principe féminin (la Terre) est à la fois la matière de toutes choses, la Grand-Mère, et l'enfantement, la Mère. Le principe, c'est-à-dire le Mystère, couvre tout, de façon ni spiritualiste ni panthéiste, de façon

---

1. P. Steinmetz, *Les Sioux Lakota*, Le Mail, coll. « Spiritualités des Indiens d'Amérique », 1992, 170 p.
2. P. Radin, « Religion of the North American Indians », *Journal of American Folklore*, t. 28, 1914, p. 335-373. (Cité par M. Eliade.)
3. *Les Rites secrets des Indiens sioux*, p. 13 (introduction de F. Schuon), p. 35 (note de Schuon : « Wakan-Tanka [Mystère Grand] comme "Grand-Père" est le Grand-Esprit en tant qu'Il est indépendant de la création : Il est alors non-qualifié, non déterminé... Wakan-Tanka comme "Père" est le Grand-Esprit considéré en relation avec sa manifestation, que ce soit comme Créateur, comme Conservateur ou comme Destructeur »), p. 36 (note de Schuon : en Wakan-Maka [Mystère Terre] la « Mère » est « la Terre considérée comme productrice de toutes les choses croissantes, donc en acte », comme nature naturée, « tandis que la "Grand-Mère" est la substance de toutes ces choses, donc la potentialité », la nature naturante). Schuon reprend la philosophie de Guénon, mais il connaissait de près les Indiens lakota, pour les avoir fréquentés dès 1959. *Wakan* signifie « sacré, consacré, spécial, mystérieux, incompréhensible » (E. S. Buechel, *Lakota-English Dictionary*, Pine Ridge Red Cloud Indian School, 1970, p. 525).

sacrée. Il est présent comme le beurre dans le lait, comme la glace dans l'eau, comme l'amour dans l'âme, comme la jouissance dans le fruit. Le Mystère est possible pour tous, accessible à peu. L'ésotérisme *sait* cela, l'initiation *fait* cela. L'un connaît, l'autre réalise.

De façon générale, les Occidentaux parlent, à propos de sagesse amérindienne, de « médecine ». Ce mot a un sens un peu trouble. Il vient de ce que la guérison joue un rôle capital dans les preuves de l'ésotérisme amérindien. Par « homme-médecine », le Blanc entend tout « spécialiste du sacré », alors que l'Indien ne vise que le « guérisseur ». Écoutons un Blanc :

Parlons maintenant *medicine* ou mystères : docteurs, grands-prêtres, charlatanisme, sorcellerie, magnétisme animal ! [...]. *Medicine* est un mot important dans ces contrées [Missouri] et il est vraiment nécessaire d'en connaître la signification.

Les trappeurs de la région sont presque tous des Français [depuis R. Cavalier de La Salle, 1669], et dans leur langue un docteur s'appelle aussi un *médecin* [en français dans le texte]. Le pays indien est plein de docteurs et comme ils sont tous magiciens et sont versés — du moins font-ils profession de l'être — dans maints domaines mystérieux, le terme de « médecin » s'applique maintenant à tout ce qui est mystérieux ou inexplicable. Les Anglais et les Américains qui commercent aussi et parcourent ces contrées ont qualifié ces personnages d'hommes-médecine [*medicine men*], un terme qui va au-delà de la simple appellation de docteur. Ces guérisseurs, cependant, sont tous des hommes-médecine, car on les voit tous plus ou moins liés aux mystères et aux charmes qui les aident et les soutiennent dans leur art. Il y avait parmi eux, ainsi que parmi les Blancs qui se rendent dans la région, de nombreux personnages importants qui pouvaient disposer de pouvoirs magiques quand bien même ils n'avaient aucune compétence dans le domaine de l'utilisation des drogues et des médicaments. [...]

Les Indiens, toutefois, n'utilisent pas le mot *medicine*. Chaque tribu possède un terme qui lui est propre, synonyme de mystère ou d'homme-mystère [*wicasa wakan*].

G. Catlin, *Les Indiens d'Amérique du Nord* (Letters and Notes on the Manners, Customs and Conditions of the North American Indians, 1844), lettre 6, trad. de l'anglais, Albin Michel, 1992, p. 59-60. © Albin Michel, Paris.

L'Amérindien saisit le Grand-Esprit, le Grand Mystère dans **la nature**, dans ses êtres, dans ses lois. Les animaux sont des frères, les plantes sont des sœurs, les hommes sont des parents, les faits sont des rencontres. Le monde de la nature se révèle sacré. Les aliments (eau, fruits, viande, qui sont récoltés ; maïs, courge, haricot, qui sont cultivés) ont un caractère sacré. Les êtres manifestent le Grand Mystère. Ils contiennent de sa puissance. L'esprit circule partout, dans le rocher, dans le bison. Les Sioux parlent de parenté cosmique : « Nous sommes tous parents » *(mitakuye oyasin)* [1]. Cette parenté non seulement se pense comme correspondances,

---

1. Danièle Vazeilles, « Chamanes et guérisseurs sioux. Parenté et Harmonie cosmique », *apud* CXI[e] Congrès national des sociétés savantes : *Le Corps humain*, Montpellier, 1985,

mais encore se vit dans des pratiques sacrées. Le Sioux sait par son ésotérisme que le Soleil correspond au Grand-Esprit et il sent par son initiation que le Grand-Esprit l'éclaire et le vivifie autant que le Soleil. L'Amérindien voit dans la nature un réseau serré et intelligible de **correspondances cosmiques**. Cette pensée saute aux yeux dans ce passage de Wapiti Noir :

> Puisque tout ce qui est bon est fait d'une façon quaternaire, les hommes passeront par quatre Âges ; ils sont ainsi apparentés à toutes les choses.
>
> Heha'ka Sapa (=Black Elk, Wapiti Noir), *Les Rites secrets des Indiens sioux*. Textes recueillis et annotés par John Epes Brown (*The Sacred Pipe. Black Elk's Account of Seven Rites of the Oglala Sioux*, 1953), chap. 7, trad., Payot, coll. « Petite Bibliothèque Payot », n° 263, 1975, p. 170. © Payot, Paris.

L'espace se répartit en quatre orients (Est, Nord, Sud, Ouest), le temps se découpera en quatre Âges qui lui correspondent : l'Âge du Sud, l'Âge de l'Ouest, l'Âge du Nord, l'Âge de l'Est ; ce qui se déroule à l'Est, comme ce qui se produit au quatrième Âge est noir, lié au tonnerre... Cette pensée se montre typiquement ésotérique, elle marche aux correspondances comme un moulin marche au vent. La pensée amérindienne cherche une réalisation dans le contact avec la nature, dans la chasse, la pêche, ou autre, alors que l'Occidental en restera au plan de la réflexion.

Les correspondances s'expriment grâce à des **symboles**, parfois isolés en emblèmes, parfois groupés en mythes ou dans des rites. La Danse face au Soleil *(Sun Dance)* fait intervenir « six symboles : le tambour, le sifflet en os d'aigle [l'aigle symbolise le Grand-Esprit], la pipe, l'arbre, le crâne de bison et le Soleil [1] ». Les Amérindiens, dans leur imaginaire religieux, conçoivent un Arbre du monde, à titre de symbole premier. L'Arbre qui traverse le monde va du sommet à la base. Au sommet vit le Grand *(Tanka)* de la totalité ; à la base vivent les âmes *(nagi)* des individus. Le mythe décrit cet Arbre comme un immense poteau qui soutient le ciel ; le rite le représente dans le poteau de la loge cultuelle ou de la tente d'habitation. Comme en Afrique [2], la case symbolise souvent le macrocosme, et par excellence la case d'initiation, par exemple la loge de la Danse face au Soleil, la salle des confréries de prêtres pueblo, la Loge du Nouvel An des Yurok. Le poteau sert de symbole ésotérique type, car il unit Terre et Ciel, bas et haut, comme l'Arbre du monde. Quand l'Indien des Grandes Plaines entre dans sa Loge, qui est une réplique du cosmos, il fait de l'ésotérisme implicite ; quand Wapiti Noir dit : « La loge entière est l'univers en image [3] », il fait de l'ésotérisme explicite. Le symbole préféré en Amé-

---
p. 345-361 ; id., apud *Encyclopédie philosophique universelle*, vol. II, t. 2, PUF, 1990, p. 3142-3143, 3070, 3105, 3214-3216.
1. P. Steinmetz, *Les Sioux lakota* (1984), trad. de l'anglais, Le Mail, 1992, p. 91.
2. Voir *supra*, p. 127 (« Les expressions »).
3. *Les Rites secrets des Indiens sioux*, éd. cit., p. 66.

rique du Nord reste le cercle. Le cercle unit, il n'a ni début ni fin, il figure la forme des choses naturelles. Il est Soleil. Aussi la tente sera-t-elle ronde, rond aussi le camp : on passe du symbole à la symbolisation. Le calumet *(canunpa)*, également, vaut comme emblème du microcosme. Le calumet sert de symbole pour l'individu, la tente *(tipi)* sert de symbole pour la collectivité. Quand l'Indien fume, là encore, il passe du symbole à la symbolisation, d'un langage à une pratique, d'un ésotérisme à une initiation.

> J'ai un calumet dont j'ai fait mon corps [...].
> Regarde la jointure du cou :
> J'en ai fait la jointure de mon propre cou.
> Regarde la bouche du calumet :
> J'en ai fait ma propre bouche (...).
> Utilisez le calumet comme offrande dans vos supplications :
> Vos prières seront promptement exaucées.

Chant osage, cité par F. La Flesche, *War Ceremony and Peace Ceremony of the Osage Indians*, Bulletin, n° 101, Bureau of American Ethnology (BAE), Smithsonian Institute, Washington, 1939, p. 62. (Francis La Flesche était un Omaha.)

Partout vit le sacré. Tous les êtres trouvent une correspondance dans l'âme humaine, surtout dans **l'âme séparée** *(dream soul, free soul, wana'gi)* [1]. « Dans toute l'Amérique du Nord, à l'exception de la zone du sud-ouest, on voit apparaître sous une forme ou une autre la croyance que l'homme possède deux jeux d'âmes : une ou plusieurs âmes corporelles qui donnent au corps la vie, la faculté de se mouvoir et la conscience, et une âme de rêve, ou "âme séparée", identique à l'homme lui-même tel qu'il se manifeste sur un plan extra-corporel dans différents états de pénombre psychique. C'est cette dernière âme qui, lorsque le corps est immobilisé dans la passivité du sommeil ou de l'inconscience, erre dans l'espace et se rend en des lieux lointains, parfois même au royaume des morts. "L'âme séparée" de l'individu ordinaire s'y égare parfois, l'homme-médecine, lui, peut y diriger intentionnellement la sienne et, se distinguant en ceci du profane, il peut ensuite généralement lui faire regagner le monde des vivants [2] », écrit Å. Hultkrantz. En fait, c'est le chamane, non l'homme-médecine, qui réalise cela, et les états de conscience ne relèvent pas de l'inconscient, mais du surconscient !

La connaissance ésotérique porte assez souvent sur **la vie après la mort**. Le chamane se rend aisément et fréquemment au royaume des morts ou chez les dieux. Un sage, un « dirigeant spirituel » des Mbya-Guarani, rencontré « au cœur de la forêt, près du fleuve Parana » par P. Clastres, chante ceci :

---

1. *Wana'gi* : l'âme en tant qu'elle est séparée du corps (E. S. Buechel, *Lakota-English Dictionary*, 1970, p. 536).
2. Å Hultkrantz, apud *Histoire des religions*, éd. cit., t. III, p. 779. © Gallimard, Paris.

La demeure de Tupan [dieu des eaux], nous l'atteindrons nous aussi moyennant ce que nous appelons la danse. Et, persévérant dans la danse, nous l'atteindrons, mon cadet !
Et nous qui n'avons pas disposé ces choses, nous rafraîchirons la terre en appelant de très loin un grand vent.
Allez-vous-en, messagers, ouvrez pour nous un chemin : car nous allons nous mettre en marche, afin d'aller en paix au-devant des choses. [...]
Sur cette terre corrompue, nous abandonnerons notre corps. Mais notre Parole, oui, nous l'emporterons au firmament. Quant à notre Parole, nous devons l'emporter au firmament.

> Cité par P. Clastres, *Le Grand Parler. Mythes et Chants sacrés des Indiens guarani*, Éditions du Seuil, coll. « Recherches anthropologiques », 1974, p. 128.

Par quelle voie, l'Amérindien accède-t-il à ce monde ? et par quels pouvoirs ?

« LES SENTIERS SACRÉS DE LA VIE [1] »

Dans son premier témoignage, Wapiti Noir nomme les pouvoirs spirituels, au nombre de six [2]. L'ensemble relève d'une grille de correspondances d'ordre 6.

GRILLE DES CORRESPONDANCES CHEZ LES SIOUX [3]

Pouvoirs	Couleurs	Orients	Symboles
vie et mort	noir/bleu	Ouest	coupe et arc
purification	blanc	Nord	plante
paix	rouge	Est	calumet
croissance	jaune	Sud	baguette
chamanisme		Ciel	aigle
(grâce)		Terre	(mère)

Ces pouvoirs sont : la vie et la mort (pouvoirs donnés par l'esprit du Nord, que symbolisent respectivement la coupe d'eau et l'arc avec ses flèches), la purification, la sagesse ou la santé (donc, la paix), la croissance, le pouvoir de voyager en esprit (autrement dit, le chamanisme), enfin le pouvoir de la Terre (Wapiti Noir ne le nomme pas, car ce pouvoir est déjà là, manifeste dans toutes choses, et c'est la « grâce », la fécondité).

Les pratiques spirituelles, les **voies d'initiation**. Wapiti Noir les

---

1. *Les Rites secrets des Indiens sioux*, éd. cit., p. 67.
2. *Élan Noir parle*, chap. 3 (« La Grande Vision »), traduit de l'anglais, Le Mail, 1987, p. 16, 38-42, 55, 201.
3. J. G. Neihardt, *Black Elk speaks, [Élan Noir parle]*, 1932.

énumère dans son second témoignage [1]. Elles dérivent du rite du calumet sacré. Elles sont au nombre de sept. Les plus répandues en Amérique du Nord sont la suerie, la quête de vision, l'initiation de puberté des jeunes filles, la Danse face au Soleil. Ces pratiques sont ésotériques dans la mesure où elles sont ouvertes à tous, mais non pas accessibles à tous. Je m'explique. Tous les Indiens voient le Soleil, beaucoup veulent le regarder en face, peu auront des visions.

Les différentes pratiques spirituelles se combinent souvent. Le jeune homme ou la jeune fille fait un jeûne, il demande un esprit auxiliaire en songe ou par vision, cet esprit peut être un objet de puissance... Le rêve peut provenir d'un hallucinogène, d'un bain de vapeur... D'autre part, ces pratiques interviennent à plusieurs niveaux, celui de l'initiation tribale, du chamanisme, de la guerre... Un hallucinogène peut être utilisé dans le cadre de l'initiation de puberté comme dans celui de l'initiation secrète ou de la guérison chamanique. On jeûne pour une quête de vision, dans la Danse face au Soleil, pendant les longues années de préparation à la prêtrise.

PRATIQUES INITIATIQUES DES AMÉRINDIENS DU NORD

initiations : de puberté, culturelle, secrète, ou spirituelle
organisations : associations d'hommes-médecine, confréries cléricales...
quêtes : visions, songes, esprits auxiliaires, objets de pouvoir, herbes...
rites : rite médecine, tortures initiatiques, calumet sacré, sudation...

Le moyen le plus simple, celui que l'Amérindien apprend en premier, c'est le RITE MÉDECINE. Il suppose le jeûne, la chasteté, la veille, autrement dit une épreuve d'abstention de nourriture, de sexualité, de sommeil, avec éventuellement des « tortures » que le sujet s'inflige à lui-même. Les Indiens parlent de « faire médecine », « faire mystère ». L'épreuve est typiquement initiatique, et le sujet se la donne à lui-même.

Un chamane des Pieds-Noirs ressent ainsi le rite :

Quand j'étais jeune, je suis monté sur Heart Butte. J'ai jeûné et prié pendant sept jours. J'avais revêtu des habits très anciens et j'implorais sans cesse le Soleil d'avoir pitié de moi. Finalement, le Soleil apparut devant moi sous les traits d'un très vieil homme. Il m'offrit un tambour et un chant.

Cité par C. Wissler, « The Social Life of the Blackfoot Indians », *Anthropological Papers of the American Museum of Natural History* (AMNH), 1911, trad. partielle P. A. Riffard.

---

1. *Les Rites secrets des Indiens sioux*, chap. 2 à 8 inclus : « la garde de l'âme, le rite de purification, l'imploration d'une vision, la danse au soleil, l'apparentage, la préparation de la jeune fille aux devoirs de la femme, le lancement de la balle. »

Le futur chamane des Tepehuano (au Mexique) observe un jeûne de cinq années, alors que la plus longue durée chez les Nord-Amérindiens n'excède pas vingt jours (chez les Tolowa). Le « rite médecine » comprend, dans la continence et la veille, le chant et la prière.

L'Amérindien utilise conjointement deux régimes contraires : la réduction des stimulations externes, que l'on vient de voir, et l'intensification des stimulations extéroceptives. Dans ce dernier cas, il pratique la TORTURE INITIATIQUE, celle qui, au-delà des souffrances, par les souffrances, fait accéder l'esprit à son faîte. La torture signe, généralement, **la voie du guerrier**. Celui qui veut se réaliser par l'initiation guerrière doit passer par des supplices physiques, volontaires certes, mais presque intolérables. L'Europe connaît depuis longtemps les rites d'initiation « cruels » des Mandan, décrits pour la première fois par G. Catlin en 1832. Ce rite, l'*o-kee-pa*, est une forme de la Danse face au Soleil.

Les Mandan croient à l'existence du Grand (ou Bon) Esprit ainsi qu'à celle d'un Esprit Mauvais qui, disent-ils, existait bien avant le Grand-Esprit et est bien plus puissant que lui. [...] Ils parlent du Ciel comme d'une contrée très septentrionale, hideuse et désolée, disparaissant sous les glaces et les neiges éternelles. Ils décrivent les tourments endurés dans ce lieu glacial comme particulièrement atroces. Le Ciel, en revanche, selon leurs suppositions, se situe sous une latitude plus tempérée et agréable où l'on n'éprouve que les plaisirs les plus vifs et où abondent les bisons et autres attraits de l'existence. [...] Telle est la croyance religieuse des Mandan et, dans le but d'apaiser le Bon Esprit et l'Esprit Mauvais et d'assurer leur entrée dans ces champs élyséens, ou merveilleux territoires de chasse, les jeunes gens se soumettent aux traitements cruels et révoltants décrits dans les pages suivantes.

Une fois l'an, les jeunes gens de la tribu arrivant à l'âge adulte sont réunis, au moment où achèvent de se déplier les feuilles de saule. Selon le mythe mandan, la tourterelle, oiseau-médecine, a apporté un rameau de saule dont les feuilles étaient dépliées. Arrive Nu-mohk-muck-a-nah (Le-Seul-Homme), le corps recouvert d'argile blanche. Il va de tente en tente, disant que lui seul a échappé au Déluge universel. Le lendemain, Le-Seul-Homme confie la suite des rites à un homme-médecine peint en jaune, dit Organisateur des rites. Pendant quatre jours et quatre nuits, les jeunes gens ne sont pas autorisés à se nourrir, à boire ou à dormir. Un homme transperce avec un couteau l'épaule, le coude, la cuisse, le genou des jeunes hommes, un autre place une broche dans la plaie, d'autres hommes lient des cordes à ces broches et hissent les corps, en tirant vers le sommet de la tente. Les assistants accrochent aux broches le bouclier, l'arc, le carquois de chaque néophyte. Un crâne de bison est lié à chaque avant-bras et chaque mollet. Les garçons se montrent impassibles. Un assistant fait tourner le corps sanguinolent avec un long bâton, de plus en plus vite. Des plaintes déchirantes s'élèvent, implorant le Grand-Esprit. On laisse les corps suspendus, apparemment sans vie. Puis, on les descend. Pendant quelques moments, les néophytes récupèrent, plaçant leur vie sous la sauvegarde du Grand-Esprit. Ils se traînent avec les poids toujours accrochés à leur corps, ils posent leur main sur un crâne de bison. Un congénère tranche, d'un coup de hachette, l'auriculaire de sa main gauche, au ras de la main. Commence alors une autre épreuve. Des jeunes gens les entraînent, les font courir, à une vitesse croissante. Les néophytes tombent, on les traîne à bout de forces par les poignets jusqu'à ce qu'ils soient débarrassés des objets accrochés à leur chair. La chair cède avec la broche. Un certain nombre de Mandan se sont soumis cinq ou six fois dans leur vie à cette épreuve.

D'après G. Catlin, *op. cit.*, lettres 21 et 22, p. 180-214 [1]. © Albin Michel, Paris.

L'*O-KEE-PA* DES MANDANS
(dessin D. Dubois)

Le RITE DU CALUMET SACRÉ *(canunpa wakan olowan)*, révélé par Wapiti Noir, est moins une voie d'initiation qu'une clef. Il synthétise la symbolique et les rites, comme le montre le texte de Wapiti Noir. On assiste à une messe cosmique.

Voyez, je bourre cette pipe sacrée avec l'écorce du saule rouge. Mais, avant que nous fumions, vous devez voir comment elle est faite et ce qu'elle signifie. Ces quatre rubans qui pendent du tuyau sont les quatre quartiers de l'univers. Le noir est pour l'Ouest, là où vivent les esprits du tonnerre qui nous envoient la pluie. Le blanc est pour le Nord, d'où vient le grand vent blanc qui purifie. Le

---

1. Le cas de « torture initiatique » n'est pas unique. Chez les 'Aîssâouâ, on enfonce des sabres, des épingles d'acier *(chèches)* et des tiges de fer *(debbuz)* dans les muscles, dans le ventre, etc. : R. Brunel, *Essai sur la confrérie religieuse des 'Aîssâouâ au Maroc*, P. Geuthner, 1926, 258 p. (l'Îsâwiyya, confrérie soufie fondée au Maroc par Sîdî ibn 'Îsa, † 1524, détachée des Shadhiliyya).

rouge est pour l'Est, d'où jaillit la lumière et où vit l'étoile du matin, pour donner la sagesse aux hommes. Le jaune est pour le Sud, d'où vient l'été et le pouvoir de croître.

Mais ces quatre esprits sont en fait un seul Esprit, et cette plume d'aigle est là pour cet Unique, lequel est comme un père, et pour les pensées des hommes qui doivent s'élever comme le font des aigles. Le ciel n'est-il pas un père, et la terre une mère, et toutes choses vivantes ayant pattes, ailes ou racines ne sont-elles pas leurs enfants ? Et ce cuir au-dessus de l'embout, qui doit être du cuir de bison, est pour la terre, d'où nous venons et dont nous tétons le sein comme des enfants toute notre vie, avec tous les animaux, oiseaux, arbres et plantes. Et pour tout ce que cela signifie, et plus qu'aucun homme ne peut comprendre, la pipe est sacrée.

Élan Noir parle, éd. cit., chap. 1, p. 16-17. © Payot, Paris.

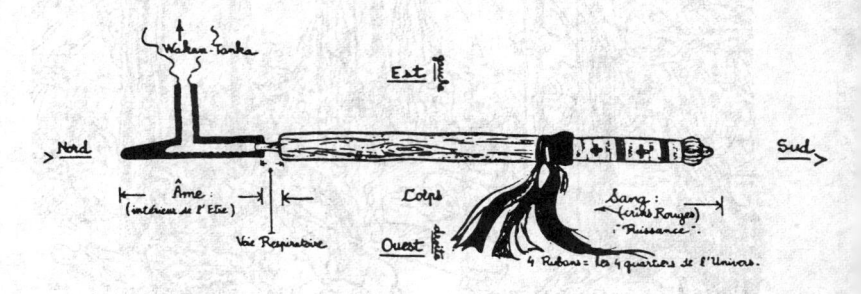

CALUMET SACRÉ
(dessin D. Dubois)

Célèbre est le RITE DE LA TENTE TREMBLANTE (*yuwipi* en langue lakota, *shaking tent ceremony*), ou plus exactement qui se secoue elle-même. On l'appelle aussi « la loge de l'esprit » *(spirit lodge)*. La loge, c'est le *tipi*. L'Indien parle de séance des incantations *(conjuring ceremony)*. La première description date de Samuel de Champlain, l'explorateur du Canada, en 1609 *(Des sauvages)*. Ce rite est caractéristique du nord-est de l'Amérique du Nord, des Algonkin [1]. L'Amérindien, un chamane en général, se met en obscurité et doublement, sous une tente et pendant la nuit. Il entre en transe ou non, et la tente — qu'il ne touche pas — s'agite ; des voix se font entendre, on voit de la fumée : les esprits sont là, les esprits communiquent ; les pieds et jambes du candidat, enveloppé dans une couverture, allongé sur le sol, se trouvent libérés alors qu'ils étaient attachés. Vingt-cinq personnes sont là, qui peuvent attester.

Faites-moi confiance, je ne vous ai pas trompés, alors.
Ce n'était pas moi qui secouais la tente, mais le pouvoir des esprits. Je n'ai pas

---
1. J. M. Cooper, « The Shaking Tent Rite among Plains and Forest Algonquians », *Primitive Man*, t. 17, fasc. 3-4, 1944.

non plus joué à la double vérité, j'ai simplement répété ce que me disaient les esprits ; j'ai vraiment entendu leurs voix ; le sommet de la tente était tout plein de leur présence. Et le ciel et les vastes terres s'étendaient devant moi, à perte de vue ; je pouvais voir très loin autour de moi, et j'avais l'impression de pouvoir identifier les objets les plus éloignés.

Témoignage d'un voyant *(tcisaki)* ojibwa : J. G. Kohl, *Kitchi-Gami Wanderings*, p. 280.

En Amérique du Sud, on observe un phénomène analogue. Les chamanes des Indiens Tepehuano [1] se réunissent une fois par mois dans une « maison chantante » *(vakir nuidadu)*. Dans cette hutte, ils chantent. Trois fois le toit craque. Le dieu Tuni descend, et les chamanes (qui seuls le voient) s'entretiennent avec lui.

Proche de ce rite est la « suerie » dans l'« étuve sacrée », le sudatorium : le RITE DE LA LOGE À SUDATION dans un bain de vapeur *(inipi, sweat lodge)*. Il précède la « quête de visions ». La séance se déroule partout en Amérique du Nord, sauf chez les Yuma et les Pima. Cette fois, l'Indien se met à l'intérieur d'une tente. Il obtient la transpiration et un état de conscience favorable aux visions. Le rite de la loge de sudation ne s'adresse qu'aux initiés, et à des fins spirituelles. On se souvient que les pratiques yogiques recommandent la « chaleur ». Ou bien l'étuve est remplie d'une vapeur produite en versant de l'eau sur des pierres chauffées, ou bien (en Alaska et en Californie) l'Indien demeure sous une tente surchauffée. La loge de sudation symbolise le cosmos. Il ne s'agit donc pas d'hygiène, mais d'initiation, et d'initiation consciente.

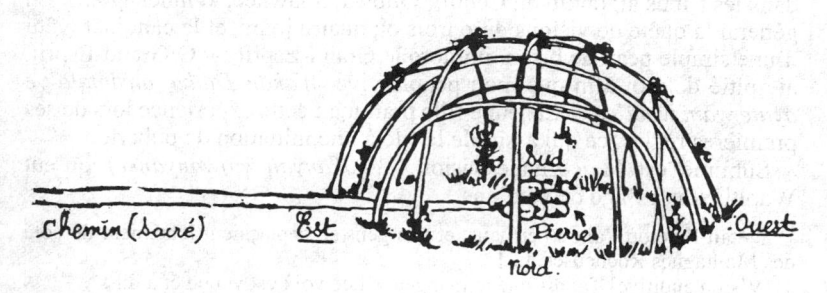

LOGE DE SUDATION
(dessin D. Dubois)

La loge à transpirer est toujours construite avec sa porte. Vers l'Est, car c'est de là que vient la lumière de la Sagesse. À dix pas de la loge environ, toujours à l'Est, nous établissons un foyer rituel appelé *Peta Owihankeshni*, « feu sans fin », et c'est là que les pierres sont chauffées. Pour faire ce foyer, nous commençons par poser sur le sol quatre bâtons allant de l'Est à l'Ouest, sur lesquels nous

---

1. C. Lumholtz, *Unknown Mexico*, éd. cit., t. I, chap. 23.

posons quatre autres bâtons allant du Nord au Sud ; ensuite, nous dressons tout autour de ce tas de bâtons, en forme conique, comme pour faire une tente, d'abord, à l'Ouest puis au Nord, à l'Est et au Sud ; ensuite, nous plaçons des pierres dans ces quatre directions, et pour finir nous empilons sur le tout une certaine quantité de pierres. Pendant que nous édifions ce foyer, nous devons faire cette prière :
— Ô Wakan Tanka, ceci est ton feu éternel qui nous a été donné sur cette grande île ! C'est ta volonté que nous construisions ce lieu d'une manière conforme au mystère. Ce feu brûle toujours ; grâce à lui nous renaîtrons, étant purifiés et plus près de tes Pouvoirs.

Les Rites secrets des Indiens sioux, éd. cit., chap. 3, p. 66-67 (éd. 1953 p. 59). © Payot, Paris.

La QUÊTE DE VISIONS *(hanbleceya,* en langue lakota, *vision quest)* revêt une grande importance chez les Indiens des Grandes Plaines. Elle concerne aussi bien l'initiation de puberté que le chamanisme. Elle commence parfois très tôt, avant la puberté, avec la quête de l'esprit auxiliaire. La vision vient soit spontanément (Indiens de Californie, Yuma), dans une atmosphère de pureté, par un rêve (chez les Naskapi, au Labrador), soit artificiellement, par des drogues ou du tabac, par des jeûnes sévères ou des auto-tortures (les Mandan) ou par la Danse face au Soleil ou par le rite de la loge de sudation. Elle vient individuellement ou collectivement (par la Danse face au Soleil, par exemple, chez les Arapaho, les Cheyennes [1], les Sioux). La vision cosmique n'apparaît que dans les tribus algonkin du Centre (Ojibwa, Shawnee, Winnebago...). En général la quête de visions dure trois ou quatre jours, et le candidat, vêtu d'une simple peau de bison, implore le Grand-Esprit : « Ô Grand-Esprit, aie pitié de moi afin que mon peuple vive. *Wakan Tanka, onsimala ye oyate wani waci'ca.* » La jeune fille pratiquait cette expérience lors de ses premières règles, ce qui assimile le rite à une initiation de puberté.

Sublime est la « grande vision » *(wakanyan wowanyanke)* qu'eut Wapiti Noir à l'âge de neuf ans.

C'était l'été où j'ai eu neuf ans, et nos gens se déplaçaient lentement du côté des Montagnes Rocheuses. [...]
[Vision auditive] Tandis que je mangeais, une voix est venue et a dit :
— Le temps est venu maintenant, ils t'appellent.
La voix était si forte et si claire que je l'ai crue (...).
[Maladie chamanique] Je suis tombé malade. [...] Je me trouvais couché dans notre tente, et ma mère et mon père étaient assis à côté de moi. Je pouvais voir dehors par l'ouverture.
[Vision imagée] Et là deux hommes descendaient des nuages, tête en avant comme des pointes de flèches, [...] et ils m'ont regardé en disant :
— Dépêche-toi ! Viens ! Tes Grands-Pères t'appellent !

---

1. K. H. Schlesier, *The Wolves of Heaven. Cheyenne Shamanism, Ceremonies and Prehistoric Origins*, University of Oklahoma, Norman, 1987.

Puis ils se sont tournés et ont quitté le sol, comme des flèches échappées de l'arc s'élancent dans les airs.

Quand je me suis levé pour les suivre, mes jambes ne me faisaient plus mal et je me sentais tout léger.

[Extase chamanique avec vol magique] Je suis sorti de la tente, et, là où les hommes aux lances flamboyantes s'en allaient, un petit nuage venait très vite. Il est venu et s'est arrêté, m'a pris, et est retourné d'où il était venu, volant à toute vitesse. Et quand j'ai regardé en bas, j'ai pu voir ma mère et mon père, et j'étais désolé de les quitter. Alors il n'y a eu que l'air et la rapidité du petit nuage qui me portait, et ces deux hommes qui nous guidaient vers ces nuages blancs s'amoncelant comme des montagnes au-dessus de l'immense plaine bleue, et dans lesquels vivaient les esprits du tonnerre qui bondissaient et jaillissaient.

Élan Noir parle, éd. cit., chap. 2, p. 34-35. © Payot, Paris.

On connaît la vision qu'eut Cheval Fou en 1854. Après avoir veillé trois jours, il vit un cavalier resplendissant. Le père de Cheval Fou lui déclara que le cavalier était une préfiguration de ce qu'il serait, lui, son fils, et qu'il devait s'habiller ainsi, avec une plume, une pierre et un faucon sur la tête.

La quête de visions intervient au début de la vocation des prophètes (revivalistes) d'Amazonie.

La QUÊTE DE SONGES ressemble à la quête de visions. Les Huron et les Mohave [1], les Huichol, et, en Amérique Centrale, les Tarahumara [2] s'appuient beaucoup sur le rêve spirituel. Les Huron, pour interpréter les songes, consultent le chamane. La plupart des initiés amérindiens ont recours au songe. Souvent l'âme d'un mort vient alors les visiter et les instruire, ou alors un esprit animalier, l'âme d'un chamane défunt, un dieu sert d'instructeur. Les chamanes des Taulipang, aux Caraïbes, ont la réputation de grands interprètes des rêves [3]. Les hommes et les femmes peuvent se répartir en associations, selon le contenu de leur vision ou de leur rêve. Chez les Sioux, « les Rêveurs de Loup, de Coyotte, devenaient membres de la Société des Hommes Mûrs ou Société des Chefs. Il y avait aussi des sociétés de rêveuses » (Danièle Vazeilles, *op. cit.*).

[Narration du songe] Je vis en songe un homme qui venait de l'Orient ; il s'approcha en volant dans les airs, il abaissa son regard sur moi et dit :
— Tu es donc là ?

---

1. G. Devereux, « Dream Learning and Individual Ritual Differences in Mohave Shamanism », *American Anthropologist*, n° 59, 1957, p. 1036-1045. Chez les chamanes du rêve algonkin : A. Skinner, « Associations and Ceremonies of the Menomini Indians », *Anthropological Papers of the AMNH*, t. 13, fasc. 2, 1915.
2. C. Deimel, *Les Tarahumara au présent et au passé*, trad. de l'allemand, Fédérop, Francfort, 1981, 200 p. Le poète Antonin Artaud, si proche de l'ésotérisme, a été fasciné par cette ethnie (*Les Tarahumaras*, 1945). Sur leurs chamanes : W. Bennett et R. Zingg, *The Tarahumara, an Indian Tribe of Northern Mexico*, University of Illinois, Chicago, 1935. M. Perrin, *Les Praticiens du rêve. Un exemple de chamanisme*, PUF, 1992, 272 p. (les Guajiro).
3. S. L. Rogers, *The Shaman*, Ch. Thomas, Springfield, 1982.

— Oui, répondis-je.
— Tu vois ce pin ?
— Oui, je le vois.
— C'est un grand arbre.
J'observai alors que cet arbre était très haut et s'élançait vers les cieux. Ses branches s'étendaient sur la terre et sur les eaux ; ses racines étaient très profondes.
— Regarde-le tandis que je chante, observe l'arbre.
Il se mit à chanter en me montrant l'arbre. Celui-ci commença à agiter sa cime ; la terre autour de ses racines fut soulevée, les eaux rugirent et se déchaînèrent d'une rive à l'autre. Dès qu'il cessa de chanter et laissa retomber ses mains, toute chose redevint parfaitement calme et immobile.
— Maintenant, dit-il, chante les paroles que j'ai chantées.
Je commençai ainsi :
[Premier don par songe : un chant]
— C'est moi qui voyage sur les vents,
C'est moi qui murmure dans la brise,
Je secoue les arbres,
Je secoue la terre,
Je trouble les eaux sur toute contrée.
Tandis que je chantais, j'entendis siffler les vents, je vis l'arbre agiter sa cime, la terre se soulever, j'entendis rugir les eaux, parce qu'elles étaient agitées et troublées. Alors il dit :
— [Second don par songe : un esprit gardien] Je viens du soleil levant, je reviendrai te voir ; tu ne me verras pas souvent, mais tu m'entendras parler.
C'est ainsi que parla l'Esprit et il reprit la route par laquelle il était venu.
Je racontai le songe à mon père ; après avoir tout écouté, il me dit :
— [Interprétation du songe] Mon fils, le dieu des vents est bon avec toi ; le vieil arbre, je l'espère, indique une longue vie ; le vent indique peut-être que tu voyageras beaucoup ; l'eau que tu as vue et les vents te conduiront en sûreté sur les flots.
J'eus grande confiance en mon rêve, car alors je ne connaissais rien de mieux.

G. Copway, *The Life, History and Travels of Kah-Ge-Ga-Bowh (George Copway), a Young Indian Chief of the Ojibwa Nation*, Philadelphie, 1847, cité par Elemire Zolla, *Le Chamanisme indien dans la littérature américaine*, trad. de l'italien, Gallimard, 1972, p. 281-282. © Gallimard, Paris.

La QUÊTE D'ESPRITS AUXILIAIRES, de structure chamanique, signe la vie spirituelle des Amérindiens (exception faite des Naskapi et Abnaki). Les Indiens d'Amérique admettent quantité d'esprits : esprits minéraux (le granit chez les Algonkin), esprits végétaux (maïs), esprits animaux, esprits des hommes, esprits infernaux, esprits intermédiaires, esprits célestes. Le fait le plus intéressant demeure la notion d'esprit auxiliaire. Il faut opérer quelques distinctions. Dans le récit suivant, le chien est-il habité par l'âme de la femme ou est-il une forme de la femme comme le croient les Indiens ?

J'ai connu une femme. Elle a été tuée. Quand cela s'est passé, j'étais encore une petite fille. On prétendait que cette femme pouvait se changer en chienne.

Une nuit, un chien a pénétré dans la maison d'un Blanc pour y voler du fromage. Le Blanc a tué le chien avec un fusil de chasse, et, à l'instant précis où ce chien mourait dans la maison du Blanc, la femme est morte dans sa cabane. Les gens de sa famille sont tous ensemble allés voir le Blanc et ils ont exigé une indemnité. Et le Blanc a payé pour cette mort en bon argent.

Cité par C. Castaneda, *L'Herbe du diable et la Petite Fumée* (*The Teachings of Don Juan. A Yaqui Way of Knowledge*, 1968), trad. de l'anglais (1984), UGE, coll. « 10/18 », n° 1113, 1985, p. 18-19. © 10/18, Paris.

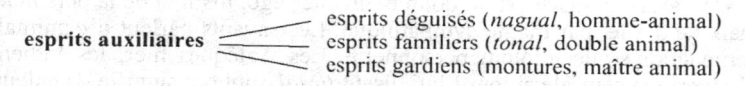

esprits auxiliaires
- esprits déguisés (*nagual*, homme-animal)
- esprits familiers (*tonal*, double animal)
- esprits gardiens (montures, maître animal)

• LE *NAGUAL* est (selon l'Amérindien) l'homme métamorphosé en animal, l'homme-animal, le lycanthrope, ou, inversement, l'animal porteur d'une âme de chamane ou de défunt ou de chamane défunt. Tous les hommes ont un double animal, mais seuls les chamanes le connaissent, seuls les chamanes peuvent se métamorphoser en lui. Chez les Sud-Amérindiens, les gens croient volontiers que le chamane se transforme réellement en jaguar, à tel point que les mots sont parfois les mêmes : *djaika/dzaja* chez les Datuana [1]. Le chamane se métamorphoserait en jaguar en utilisant des drogues, par l'imaginaire donc, ou en faisant des bonds comme le jaguar, ou en portant une fourrure de jaguar, des dents, des griffes de jaguar, donc par rites magiques d'imitation. On voit par là, que, malgré la croyance populaire ou les affirmations des chamanes eux-mêmes, le protéisme (lycanthropie) reste du domaine de l'imaginaire. Comme pour les hommes-léopards en Afrique [2], il faut garder raison, et se contenter de noter la ressemblance entre le léopard d'Afrique et le jaguar d'Amérique. Le chamane peut s'identifier imaginairement au jaguar, non le devenir physiquement ; il peut même entrer, par l'esprit, dans un jaguar, vivre en lui peut-être, comme une mère peut « entrer dans la peau » de son enfant, marcher avec lui, souffrir avec lui. Mais la chose, à mon avis, se limite à l'imitation. Le mot *nagual*, de langue nahuatl, signifie « caché, couvert », rien de plus, « déguisé » parfois. Je fais mien le principe d'Hérodote :

Les Neures [peuple voisin des Scythes] débordés quittèrent leur pays et s'établirent chez les Boudines. Ces gens sont peut-être bien des sorciers : d'après les Scythes et les Grecs installés en Scythie, tout Neure se change en loup une fois l'an, pour quelques jours, puis il reprend sa forme primitive ; je n'en crois rien, pour ma part, mais c'est bien là ce qu'ils affirment, et même sous la foi du serment.

Hérodote, *L'Enquête*, IV, 105, trad. du grec Andrée Barguet, Gallimard, 1985-1990.

---

1. G. Reichel-Dolmatoff, *The Shaman and the Jaguar*, Temple UP, Philadelphie, 1975, XII-280 p.
2. Voir *supra*, p. 114 (« Les mystères »).

Il ne faut pas oublier que ce thème du *nagual* se retrouve dans la religion grecque et dans tous les contes populaires européens. À propos des Mystères de Zeus, les Grecs mentionnent des ours et des loups, des jeunes gens se transformant en loups [1]. Les ours, pense-t-on, figuraient les jeunes gens en initiation et les loups les adultes initiés. Les jeunes filles d'Athènes, quand elles suivaient l'initiation à Artémis, se faisaient appeler « ourses ».

- L'ESPRIT FAMILIER est un double, un alter ego, distinct de la personne, mais lié à elle, par magie sympathique. Les savants parlent d'« animal-compagnon », de « totem personnel ». Les Aztèques hier, les Indiens d'Amérique centrale aujourd'hui disent *tonal*, mot qui signifie « chaleur, jour », puis « souffle, âme », enfin « destin, fortune [2] ». L'esprit familier, le *tonal*, est une transcendance de la personne, il est son moi extérieur et supérieur. C'est un moi animal. En général, il n'y a pas véritablement quête de l'esprit familier, car, pour le grand nombre, il se manifeste à la naissance (c'est le premier animal rencontré, ou celui du calendrier du jour). L'esprit familier, l'animal-compagnon a son sort lié à celui de l'homme. Cet animal est un *analogue* d'un humain.

- L'ESPRIT GARDIEN *(guardian spirit)* est un génie tutélaire, une puissance protectrice, un aide *(helper)* spirituel. Il s'appelle *manido* chez les Ojibwa, *hyasi* chez les Waiwai. Il s'agit d'une entité héritée ou acquise, qui préside à la destinée d'un individu ou d'une collectivité, d'une époque ou d'un lieu, cela de façon bénéfique. Ce peut être une chose, un animal, l'âme d'un ancêtre, le maître d'une espèce animale, un ancien dieu, le maître des chamanes. Chez les Sud-Amérindiens, l'esprit gardien peut même être un esprit végétal, la fumée du tabac [3], un cristal, l'épouse du chamane. L'esprit gardien se rencontre après une vision ou à la suite d'un songe (chez les Iroquois). Il donne à son protégé un objet, le fétiche ou paquet-médecine *(wopiye, medicine bundle)*. L'esprit gardien est fréquent sans être constant (il n'y a pas d'esprit gardien chez les Indiens des prairies, chez les Pueblo, chez les Naskapi). Un chamane s'entoure de deux, quatre, dix esprits gardiens. Les Indiens d'Amazonie s'aident d'une drogue, l'*ayahuasca* [4], pour trouver les esprits *(yoshi)*, et ceux-ci, en particulier l'esprit du jaguar, leur donnent des enseignements. Les Amérindiens représentent sur leurs costumes et dans des objets personnels les esprits qui les gardent, dans la coiffe, dans un charme autour du cou, sur une peinture faciale... Le chamane d'Amérique du Sud a souvent pour

---

1. W. Burkert, *Homo necans. The Anthropology of Ancient Greek Sacrificial Ritual and Myth*, University of California Press, Berkeley, 1983, p. 84-93.
2. F. Hermann, *Symbolik in den Religionen der Naturvölker*, Stuttgart, 1961, p. 56. C. Duverger, apud *Encyclopédie philosophique universelle*, vol. II : *Les Notions philosophiques*, t. 2, PUF, 1990, p. 3202-3203.
3. J. Wilbert, *Tobacco and Shamanism in South America*, Yale University, New Haven, 1987.
4. M. J. Harner dir., *Hallucinogens and Shamanism*, Oxford UP, 1973.

esprit familier la harpie, qui est un rapace des forêts vierges, alors que le chamane d'Amérique du Nord choisit (ou bien est choisi par) l'Aigle tacheté.

Ô Toi, Aigle Tacheté du Ciel, nous savons que Tu as des yeux pénétrants avec lesquels Tu vois même l'objet le plus minuscule qui se meut sur la Grand-Mère Terre ; Toi qui es dans les hauteurs du Ciel et qui connais tout...
Les Rites secrets des Indiens sioux, éd. cit., chap. 5, p. 117 (éd. 1953 p. 108). © Payot, Paris.

La quête d'esprits auxiliaires peut déboucher sur le culte d'animaux. La quête d'OBJETS DE POUVOIR [1] s'avère une aide puissante. L'Indien cherche une plante, un minéral, un artefact qui lui donnera, à travers des propriétés naturelles ou un symbolisme, ses pouvoirs. Les Zuñi vénèrent un tas de pierre, représentant le Centre du monde. Chaque *curandero* (l'homme-médecine en Amérique du Sud) possède un cristal, pour concrétiser sa force, pour prédire, pour soigner. Tout être contient de la puissance, certains objets plus que d'autres, car ils sont des types. Le jaguar est le symbole du chamane d'Amérique du Sud. L'aigle est la figure du Grand-Esprit en Amérique du Nord. Le peyotl est la puissance type en Amérique du Centre. Chez les Pueblo hopi et zuñi, la *katcina* (« esprit », en langue hopi) désigne à la fois l'esprit des forces de la vie, l'esprit, les masques personnifiant les esprits, les danseurs hommes qui portent ces masques, les poupées de bois qui reproduisent les masques et servent à l'éducation des enfants. *Katcina* signifie avant tout : présence d'esprits des ancêtres, en général bienveillants, qui apportent la pluie, contrôlent le temps et renforcent les lois. Les Indiens de Californie utilisent des « pierres de charme », amulettes pour la chasse et la pêche, entre autres.

Toute ma vie, j'ai été fidèle aux pierres sacrées. J'ai vécu selon leurs principes, et elles m'ont aidé dans tous mes problèmes. J'ai toujours essayé autant que possible de me servir de ces pierres sacrées et jusqu'à maintenant. Je sais que je ne suis pas digne de m'adresser directement à Wakan Tanka [le Grand Mystère]. Je fais ma demande aux pierres, et elles intercèdent pour moi.
Brave Buffalo (Standing Rock Reservation), un Sioux, *apud* Frances Densmore, *Teton Sioux Music*, BAE, Smithsonian Institute, Washington, 1894, bulletin n° 61 (1918), p. 208. Rééd. Da Capo Press, New York, 1981.

Le paquet-médecine du chamane est un effet plutôt qu'un moyen ; comme celui des magiciens noirs, il contient des symboles, ou des substances. Au Pérou et en Bolivie, l'objet sacré par excellence est le *huaca* (« puissance », mot quechua et aymara). Sont *huaca* tout lieu, toute chose regardés comme sacrés. Le mot désigne aussi les esprits de la montagne, des sources, des temples, des momies. Chez les Cipaya [2], dans les Andes,

---

1. *Li'la wakan* (« très sacré ») en langue lakota, *power objects* en anglais.
2. A. Métraux, *op. cit.*, p. 260-266. En aymara, *sami* = « chance, fortune ».

les *samiri* sont des pierres plates, supposées protéger le bétail, mais une montagne, un point d'eau peut être *samiri*.

Le recours aux hallucinogènes, depuis le jus de tabac jusqu'à la mescaline, s'avère courant. Mais cela se déroule dans un contexte rituel et dans un but initiatique. Nuance ! L'halluciné n'est pas un drogué. L'utilisation se sublime en QUÊTE DE L'HERBE QUI FAIT VOIR. L'halluciné est un visionnaire en puissance qui utilise des narcotiques, qui assoupissent, ou des stupéfiants, qui euphorisent. Il dispose de diverses substances toxiques : tabac (Jivaro), peyotl (Huichol), stramoine [1] (Tepehuane), caoba (Taino, aux Antilles), alcool (Tôba, Pima), bière de maïs (Tarahumara). Les Creek prennent une boisson à base de feuilles. Les Mixtèques et les Zapotèques, à l'époque précolombienne, utilisaient le *teonanacatl*, « la chair des dieux », un champignon sacré. L'halluciné a le pouvoir de voir l'invisible. Il sait voir ce qu'on ne peut pas voir. Il maîtrise mieux sa pensée (ou la pensée qui vient en lui). Le psychiatre A. F. Wallace a observé que, dans l'utilisation du peyotl, les effets sont distincts selon l'appartenance culturelle. Les Blancs, mis dans un contexte étranger, n'obtiennent que des hallucinations banales et individualisées ; en revanche, les Amérindiens, au fait des mythes et rites du peyotl, bénéficient, eux, de visions, de symboles propres à leur culture [2]. L'Indien d'Amérique du Sud voit des serpents venimeux et des jaguars. L'utilisation d'hallucinogènes relève ici du rite, l'usage est spirituel et non pas toxicomaniaque, il aboutit à une transfiguration et non pas à une dégradation. Ce phénomène couvre un vaste territoire, depuis le sud des États-Unis jusqu'au bassin de l'Amazonie et à la Cordillère des Andes. En Amérique du Sud, l'hallucinogène s'entoure d'un véritable rite, sa recherche se transforme en une authentique quête qui ressemble à la quête du Graal. Chez les Huichol [3], la quête commence, dirigée par les chanteurs-devins et par les chamanes au moment où l'on sème le maïs. C. Castaneda a décrit avec une grande minutie l'initiation prodiguée par un chamane yaqui, don Juan, pour la quête du peyotl, de la stramoine et d'un champignon. Cette expérience a duré quatre années, de 1961 à 1965, en Arizona et au Mexique [4]. Ces plantes hallucinogènes valent comme esprits gardiens, « alliés ». La stramoine, une plante de la famille des datura, appelée ici « herbe du diable », a trois fonctions. D'abord elle donne des visions et des intuitions : « quelque chose pensait à ma place », dit Castaneda (p. 162) ; ensuite elle génère la divination : l'auteur voit celui qui avait volé des livres dans la

---

1. En latin *datura meteloides*, en anglais *jeemson weed*, en nahuatl *toloatzin*.
2. A. F. Wallace, « Cultural Determinants of Response to Hallucinatory Experience », *Archives of General Psychiatry*, n° 1, 1979.
3. C. Lumholtz, *Unknown Mexico*, op. cit., t. 2.
4. C. Castaneda, *L'Herbe du diable et la Petite fumée. Une voie yaqui de la connaissance* (1968), trad. de l'anglais (1984), UGE, coll. « 10/18 », n° 113, 1985, 263 p. Voir C. Noël Daniel, *Carlos Castaneda. Ombres et Lumières* (*Seing Castaneda*, 1976), trad. de l'anglais, Albin Michel, 1981.

bibliothèque de son université (p. 114-120) ; enfin la plante permet « le vol corporel » : Castaneda se trouve à huit cents mètres de la maison de don Juan (p. 130, 218). Une initiation s'avère nécessaire. Don Juan met le courage de Castaneda à l'épreuve, sa patience, il attend des signes, car, dit-il « je connais certains secrets [*tengo secretos*]. Ces secrets, je ne peux les révéler à personne avant d'avoir découvert l'homme choisi pour moi... J'ai moi-même eu un maître » (p. 53). La connaissance de la plante suppose un grand savoir « pour reconnaître, cueillir, mélanger, préparer et conserver les plantes » (p. 213) et un vaste symbolisme.

L'herbe du diable possède quatre têtes : la racine, la tige et les feuilles, les fleurs, et les graines. Chacune est différente et peut devenir leur allié, il faut les étudier dans cet ordre. Les racines sont la tête la plus importante. C'est par les racines qu'on acquiert la puissance de l'herbe du diable. La tige et la feuille sont la tête qui guérit des maladies ; bien utilisée, c'est un don pour les hommes. La troisième tête se trouve dans les fleurs, on peut s'en servir pour rendre les gens fous, ou obéissants, ou les tuer. Celui dont cette herbe est l'alliée n'utilise jamais les fleurs, ni la tige ou les feuilles, sauf s'il est lui-même malade. Mais on se sert toujours des racines et des graines, surtout des graines. Elles constituent la quatrième tête, et la plus puissante.

C. Castaneda, *L'Herbe du diable et la Petite fumée*, éd. cit., chap. 3, p. 60. © 10/18, Paris.

La connaissance suppose aussi le développement de vertus. Il faut savoir vaincre la peur, développer la clarté d'esprit, maîtriser la puissance, tenir en respect la vieillesse (p. 89, 205). Pendant cette initiation, interviennent des auxiliaires, deux lézards.

Le recours à des MUSIQUES ET DANSES EXTATIQUES, soit monotones soit orgiastiques, est constant. Qui n'entend en son esprit les « hi-ey-hey-i-i ! » des Indiens des Grandes Plaines vus au cinéma ? Le *medicine-man* utilise divers instruments, tambours, hochets, et divers chants *(medicine-songs)*. Ces médiateurs du Mystère entrent dans des états supérieurs de conscience grâce à des sons puissants, réellement perçus ou imaginés. L'ethnographe lui-même n'y échappe pas.

L'uniformité monotone du chant produisait toujours sur moi, dès les dix premières minutes, un effet d'ennui pénible. Même un simple auditeur éprouvait une excitation nerveuse qui lui donnait l'impression de déraisonner. La mélodie utilisée ne comporte que de minimes modulations sur une même tonalité fondamentale, le *mezza-voce* supprimant les différences d'intensité. Le thème reste toujours identique, seules les vocalises sont tantôt graves tantôt plus aiguës. Il en résulte un rythme à soubresauts, tel qu'à chaque inspiration le thème se rétablit avec une force renouvelée. Il n'y a pas de paroles précises à la base de la mélodie, mais on entend seulement des suites de sons comme : *lolololo... hoiyoiyioi...* La mélodie propre à chaque sorcier [chamane selk'nam, de la Terre de feu] ne diffère de celle de ses collègues que par quelques détails non essentiels, et elle procure à chacun le passage à l'état de transes. C'est alors seulement que commence son activité de sorcier ; c'est-à-dire quand, comme il le dit lui-même, ce n'est plus lui qui chante, mais sa personnalité seconde, laquelle entonne le chant et le continue, si bien que le sorcier ne fait plus que lui prêter sa voix.

M. Gusinde, *Die Feuerland Indianer*, t. 1 : *Die Selk'nam*, 1931, p. 774, trad. partielle E. De Martino.

Les Amérindiens connaissent une autre voie initiatique, la **voie inverse**, que l'on retrouverait en Chrétienté chez les « Fous de Dieu », en Islâm chez les « Gens du blâme », au Tibet chez les « Fous de religion ». Les Sioux oglala — toujours eux — appellent certains de leurs hommes « les contraires, les clowns sacrés » *(heyô'ka)*. Nous dirions « antinomistes », hostiles aux conventions. Pendant l'hiver, « le contraire » dit qu'il a chaud, et pendant l'été qu'il a froid ; il monte sur son cheval à l'envers, il ouvre sa loge de sudation à l'Ouest et non à l'Est. De son côté, le chamane des Araucan est souvent un homosexuel ou un travesti. Là encore, comme pour l'usage sacré des psychotropes, il faut chercher le sens profond. On n'a pas affaire avec quelque « pervers sexuel » qui se déguise en mystique, mais à un homme qui veut atteindre l'absolu par des voies rapides. Ces voies côtoient les extrêmes, permis et interdit, mâle et femelle. Sur la crête entre bien et mal l'initié scrute le vivant, à mi-chemin de l'homme et de la femme il vise l'androgynie. « Les *wicasa wakan*, les chamanes, sont les plus grands spécialistes du sacré avec les *heyô'ka* ou clowns rituels. Ces personnages clownesques, aussi appelés Contraires, existent dans de nombreuses sociétés amérindiennes, des danseurs "fous" masqués des Zuñi et des Hopi, à ceux cannibales des Kwakiutl de la côte ouest et des Indiens des Grandes Plaines du Nord adeptes de l'Esprit *trickster* cannibale Windigokan, aux guerriers contraires "Chiens fous" des Grandes Plaines. Les "Chiens fous" des Cheyennes [1], des Sioux et des Mandan sont apparentés aux *berserkirs* scandinaves [guerriers initiés en groupes]. Ces Contraires sont les répondants sur terre des *tricksters* mythiques [dieux fripons] dont ils rappellent les agissements extravagants par leurs actions rituelles qui inversement et ridiculisent les normes sociales et les pratiques religieuses même les plus sacrées. Ils affirment que l'homme a été placé ici-bas par Wakan Tanka pour être indépendant et ne dépende que de lui-même, mais qu'il vit avec d'autres individus groupés en communautés basées sur la parentèle, dont il dépend malgré lui » (Danièle Vazeilles, apud *Encyclopédie philosophique universelle*, vol. II, t. 2, p. 3103, © PUF, Paris).

LES ORGANISATIONS INITIATIQUES

Comme toujours, la distinction entre les formes d'initiation (de puberté, occulte...), entre les formes d'ésotérisme (visionnaire, chamanique...) se montre délicate dans bien des cas. Parfois une même réalité peut

---

[1]. G. B. Grinnell, « The Great Mysteries of the Cheyenne », *American Anthropologist*, t. 12, 1910.

relever de plusieurs formes. Ainsi, la quête de l'esprit gardien peut concerner aussi bien une initiation de puberté qu'une initiation secrète ; la Danse face au Soleil des Sioux et des Cheyennes renvoie à l'initiation de puberté aussi bien qu'à la quête de vision ; l'initiation des Mandan est autant une initiation tribale, un rite de puberté donnant accès à la culture mandan, qu'une initiation secrète, un rite donnant accès à une société-des-hommes.

Les initiations ont souvent trait aux saisons, aux fêtes périodiques, ce qui est bien naturel, puisqu'il existe une analogie entre la nature en ses métamorphoses et l'homme en ses transmutations. Les organisations initiatiques kwakiutl ou zuñi ne se réunissent qu'en hiver, la Danse face au Soleil a lieu à la fin du printemps ou au début de l'été.

Beaucoup d'associations n'offrent rien d'ésotérique. La Société des Bouches Noires des Hidatsa[1] ne remplit qu'une fonction de police, comme tant de sociétés-d'hommes africaines[2].

Le secret porte sur les rites, les mythes, les recettes de guérison, etc. Selon F. G. Speck, « les mythes sacrés, en général, ne sont connus que des prêtres ou conjureurs de profession, tandis que les contes d'animaux, moins longs, sont plus familiers[3] ».

Comment devient-on initié ? Quelles sont les **voies de recrutement** ?

• CULTURELLE : la voie de recrutement la plus culturelle est l'admission dans une société secrète. Cependant, ce moyen suppose souvent les autres. Pour être introduit, il faut avoir déjà un don spirituel, ou avoir payé un tribut ou autre. On entre dans la société du Tabac des Crow en payant une certaine somme.

• NATURELLE : la voie de recrutement la plus naturelle est l'hérédité. L'héritage établit un lien à la fois social (une règle) et naturel (la filiation). Mais l'héritage suppose en principe autre chose : le père n'initie son fils ou son neveu que s'il se montre digne. Chez les Nootka, le père livre les secrets à son aîné.

• INDIVIDUELLE : la voie de recrutement la plus normale est la quête personnelle. L'Amérindien jeûne, prie pour obtenir une vision, un chant, un paquet-médecine, un esprit gardien. Chez les Omaha, on n'entre dans une confrérie qu'une fois gratifié d'une vision.

• ÉCONOMIQUE : la voie de recrutement la plus surprenante est l'appropriation. L'Amérindien peut acheter un pouvoir, une connaissance, un

---

1. R. H. Lowie, « Societies of the Crow, Hidatsa and Mandan Indians », *Anthropological Papers of the AMNH*, t. 11, 1913, p. 145-358.
2. Voir *supra*, p. 104 (« Les initiations »).
3. F. G. Speck, « Penobscot Shamanism », *Memoirs of the American Anthropological Association*, t. VI, 1919, p. 255.

objet. R. H. Lowie disait connaître « un Crow qui a acheté à sa propre mère le droit d'user d'une certaine espèce de peinture cérémonielle[1] ».
- SOCIALE : la voie de recrutement la plus sociale est l'enrôlement. Il existe des initiations forcées. Un individu ayant assisté à une réunion de la société zuñi du Danseur masqué est affilié de force. Il peut être affilié de façon indirecte : un individu guéri par un membre de cette société zuñi est admis. Pour cause ! sa guérison atteste qu'il a hébergé le Grand-Esprit.

Les **initiations de puberté** existent, bien entendu, chez les Amérindiens. Elles ont pour fonction d'agréger le jeune à sa tribu, à son sacré, à sa coutume. On trouve le rite de passage des jeunes gens chez les Pomo, les Maidu, les Yuchi, les Guaymi (au Panama), les Hopi et les Zuñi, les Athapascan, les Yaghan, les Cuna, les Sanpoil, les Guarani, les Bororô... Chez les Mandan, par exemple, les associations cérémonielles sont fondées sur les classes d'âge. En Terre de Feu, l'initiation de puberté se réduit à une instruction traditionnelle[2]. Les épreuves physiques peuvent se révéler cruelles : les Tukano et Tukurina, au Brésil, subissent une flagellation. Sur les jeunes Wayana (Guyane) on applique une vannerie remplie de guêpes et de fourmis affamées. Parfois le rite de puberté prend la forme d'une quête de vision, parfois d'une quête de l'esprit gardien. Toujours le symbolisme de l'initiation, avec la mort et la résurrection, intervient. Il existe des rites de puberté pour les filles, par exemple chez les Cuna de San Blas (Panama), les Algonkin, les Yaghan (Terre de Feu). Les jeunes filles Guarani du Bassin de la Plata étaient cousues dans un hamac, comme des momies : on les déguisait en mortes pour qu'elles pussent ressusciter ! Les jeunes Amazoniens consomment une infusion de *banisteriopsis caapi (ayahuasca)*, ils chantent ; alors, les esprits *(yoshi)* se manifestent, l'esprit du jaguar discipline ces visions.

L'initiation de puberté des garçons Zuñi et Hopi se déroule après de véritables Mystères, le rituel Shalako[3], durant lequel les Indiens exécutent des danses masquées qui imitent la création des confréries et des prêtrises. À la fin, les hommes portant des masques montrent qu'ils ne sont pas des dieux, mais des hommes, pères ou oncles des novices. Faut-il être sûr de la valeur de l'ésotérisme pour dévoiler ses subterfuges !

Cet été-là, quand les *Katcina* [masques personnifiant les Esprits chez les Hopi] sont venus danser sur la *plaza*, j'étais assez grand pour me poser des questions sur eux. Depuis le début, on m'avait appris que les *Katcina* sont des dieux et que

---

1. R. H. Lowie, *Traité de sociologie primitive* (1920), trad. de l'anglais, Payot, 1927, coll. « Petite Bibliothèque Payot », n° 137, p. 227.
2. M. Gusinde, *Die Feuerland Indianer*, t. I : *Die Selk'nam* (1931), t. 2 : *Die Yamana* (1937).
3. J. Cazeneuve, *Les Indiens zuñis. Les Dieux dansent à Cibola* (1957), Éditions du Rocher, 1993.

nous leur devons tous nos biens — je les aimais et j'étais heureux de recevoir leurs présents aux danses [...].

J'avais la réputation d'être le gosse le plus insupportable du village ; aussi, dès l'âge de neuf ans, mes parents ont décidé de me faire initier à la société des *Katcina*. On m'avait choisi le vieux Tuvenga comme père rituel, mais il était trop vieux et faible pour cet office : il demanda à son neveu Sekahongeoma de prendre sa place, et Solemana, sœur de Sekahongeoma, accepta d'être ma mère rituelle. [...]

Le matin du sixième jour de la fête, Solemana est venue me chercher ; elle m'emmena chez elle pour me laver les cheveux à la mousse de yucca, elle m'enduisit la figure de farine de maïs, me donna un épi de maïs blanc et un nouveau nom — que j'ai oublié. En même temps, elle pria pour ma santé et ma longévité.

Au début de la soirée, Solemana et Sekahongeoma m'ont emmené à la *kiva* [salle de culte] du Marau, où il y avait une longue file de garçons et de filles avec leurs parents rituels. Sur les terrasses et sur la *plaza*, il y avait des gens qui regardaient. J'étais tout nu à l'exception d'une petite couverture sur les épaules et je portais l'épi de maïs blanc qu'on m'avait donné à la cérémonie du Nom. Lorsque nous avons atteint le côté Sud de l'entrée de la *kiva*, mes parents rituels ont saupoudré de maïs le *natsi*, emblème de la société : un yucca planté dans un socle d'argile.

Après être descendus par l'échelle dans la pénombre de la *kiva*, chaque mère et père rituel a répandu de la farine de maïs sur une mosaïque de sable marron, avec des dessins symboliques, qui se trouvait par terre au Nord du foyer. À l'angle Sud-Est de cette mosaïque, il y en avait une plus petite qui représentait le Sipapu, l'ouverture dans la terre, à l'intérieur du Grand Canyon, d'où est émergée la race humaine. On avait posé un épi de maïs et une hache de pierre de chaque côté de la mosaïque carrée Sipapu. Au-dessus d'elle, suspendu au toit de la *kiva*, il y avait un fil auquel on avait attaché d'anciennes perles blanches et beaucoup de vieilles plumes d'aigle ; de l'extrémité du fil pendait un petit cristal de quartz. Je ne pouvais pas me souvenir sur-le-champ de tout ce que j'avais vu, mais je devais beaucoup et repenser par la suite.

Les parents rituels répandirent de la farine sur la grande et la petite mosaïque ; après quoi on me dit, comme aux enfants devant moi, d'entrer dans un anneau ou roue de yucca formé de quatre longueurs de plusieurs feuilles de yucca liées ensemble, avec une plume de faucon attachée à chacun des quatre nœuds. Deux hommes, accroupis face à face, soulevèrent et abaissèrent cet anneau de yucca quatre fois pour chacun de nous, en exprimant le vœu de nous voir atteindre l'âge d'homme et vivre heureux jusqu'à la vieillesse ; puis on nous mena au bord de la *kiva*. [...]

Tout à coup, un grand homme, un dieu, descendit l'échelle ; il portait une couverture blanche ; à la main gauche, une calebasse dans un filet, quatre épis de maïs et un objet de bois long d'environ 40 centimètres qui ressemblait à un couteau ; à la main droite, une longue houlette d'où pendaient un épi de maïs et de petits paquets de farine. C'était Muyingwa. Tout le monde se tut dans la *kiva*, puis un vieillard demanda au dieu d'où il venait. Il répondit d'une voix très lente et fit un long discours pour les informer qu'il venait des quatre coins du monde inférieur pour parler aux enfants d'Oraibi des cérémonies et de la manière de vivre des Hopi. Il s'avança, nous aspergea d'eau sacrée de sa gourde et ordonna au Chef des *Katcina* de nous faire fouetter avec du yucca, pour nous rendre clairvoyants et nous guider sur le chemin de la vie. [...]

Lorsqu'ils [les *Katcina*] furent partis, les chefs du Powamu et des Katcina nous avertirent qu'il ne fallait jamais raconter ce que nous avions vu à des enfants non initiés. [...]
Le lendemain matin, quand je me suis réveillé, la peau s'était collée à mon corps, si bien que lorsque j'essayais de me lever, la peau me suivait. J'ai pleuré, pleuré [...]. Toute la journée, des *Katcina* en costumes variés se sont promenés dans le village ; beaucoup nous distribuaient des cadeaux.
Cette nuit-là, tout le monde est allé voir danser les *Katcina* dans les *kiva*. J'ai accompagné ma mère à la *kiva* Mongwi où on s'est assis sur la partie surélevée pour regarder. Quand les *Katcina* sont entrés dans la *kiva* sans masques, j'ai eu un grand choc : ce n'étaient pas des esprits, mais des êtres humains. Je les reconnaissais presque tous et je me sentais bien malheureux, puisque toute ma vie on m'avait dit que les *Katcina* étaient des dieux ; j'étais surtout choqué et furieux de voir tous mes oncles, pères et frères de clan, danser en *Katcina*, mais c'était pire encore de voir mon propre père : chaque fois qu'il me regardait, je détournais la figure.
Quand les danses furent terminées, le Chef nous dit avec une expression sévère que nous savions maintenant ce qu'étaient les *Katcina* en réalité et que si nous en parlions à des enfants non initiés, on nous donnerait une volée encore pire que celle de la veille. « Il y a longtemps, nous dit-il, on a fouetté un enfant jusqu'à la mort pour avoir révélé le secret. » J'étais sûr que je ne le ferais jamais. [...]
Mon père rituel répondait aussi à beaucoup de mes questions et me donnait de bons conseils sur la manière de se débrouiller avec les esprits et les dieux. Ma mère aussi savait de très bonnes histoires de sorcières qui se changeaient en bêtes, et de bêtes qui étaient des hommes en réalité.

Don C. Talayesva, *Soleil hopi (Sun Chief. The Autobiography of a Hopi Indian*, 1941), chap. IV, trad. Geneviève Mayoux, coll. « Terre humaine », 1959. © Librairie Plon, Paris.

S. Bramly résume l'initiation de puberté des garçons Luiseño, Indiens du Mexique, près du golfe de Californie.

Les rites de puberté, ceux des garçons comme ceux des filles, étaient des rites d'initiation. Ils comprenaient des épreuves, une mort et une naissance symboliques.
Ces rites comprenaient quatre cérémonies différentes, tenues successivement. L'ensemble durait à peu près un mois. Les cérémonies n'étaient pas tenues annuellement, ni à date fixe, mais chaque fois qu'un nombre suffisant de garçons atteignaient l'âge prescrit.
[1] La première cérémonie *(mani)* était centrée sur l'absorption d'une substance hallucinogène : le *jeemonweed* [*datura meteloides*]. *Mani* commence au coucher du soleil, mais la journée entière est employée à divers préparatifs. Le chef est aidé dans sa tâche par deux assistants : les *pahas*. Les *pahas* sont des shamans puissants. Une enceinte de broussailles de plus d'un mètre de haut est élevée en premier. L'enclos circulaire ainsi limité est ensuite sacralisé. L'enfant, sorti de son sommeil, conduit, parfois porté, dans l'obscurité, brusquement confronté au chef qui, sans transition lui fait boire une mixture hallucinogène, doit ressentir une frayeur, un choc qui marquera sa mémoire. Les adultes attaquent les danses de leurs animaux tutélaires. Ils tournent autour du feu en récitant des chants magiques. Chaque soir les danses reprennent. Elles sont entrecoupées de démonstra-

tions de tours de magie. La fin de la cérémonie du *toloache* (le *jeemonweed* en espagnol) est marquée par l'extinction du feu central.

[2] Puis suivait *wanawut* au symbolisme compliqué. Les néophytes descendent dans une fosse creusée dans le sol, pour signifier la mort, et en ressortent, ce qui représente censément une nouvelle naissance. *Wanawut*, « le filet sacré », est l'Esprit de la Voie lactée, vers lequel nous nous dirigeons tous après la mort. La cérémonie s'accompagne d'explications diverses sur l'origine du monde, la mort, et le séjour des Esprits après la mort.

[3] Les jeunes gens affrontaient ensuite plusieurs épreuves dont la plus dure consistait à rester immobile sous la morsure de fourmis affamées. Après divers rites préparatoires, on traçait un cercle sur le sol, au centre duquel s'allongeaient les néophytes, le corps entièrement nu. Des milliers de fourmis ramassées par le chef et ses assistants étaient alors répandues sur eux. Ils devaient rester sans manger, ni boire, immobiles, sans crier, ni même se plaindre sous les morsures répétées des insectes affamés. Lorsqu'on les relevait, la chair lacérée, ils devaient courir sur des kilomètres autour d'une certaine colline avant de pouvoir rentrer au camp. [...]

[4] Durant la dernière cérémonie, des peintures de sable étaient tracées sur le sol. Le chef trace sur le sol un diagramme explicatif, représentant symboliquement le monde, et dont il se sert pour illustrer son discours.

La conclusion de ces rites est marquée par un long sermon sur les devoirs des nouveaux initiés :
– Ne tourne jamais le dos à un étranger. Partage ce que tu as. Sois bon. Sois humble. Tu prendras un bain chaque matin. Salue le Soleil chaque matin, envoie-lui ton esprit et crie ton appel trois fois.

D'après S. Bramly, *Terre Wakan. Univers sacré des Indiens d'Amérique du Nord*, p. 119-126 (Cf. Constance Goddard Du Bois, *The Religion of the Luiseño Indians of Southern California*, University of California Publications, 1908.) © Albin Michel, Paris.

Les **initiations culturelles**, pour adultes, s'organisent, non plus selon les classes d'âge et de sexe, mais plutôt selon le statut ou le groupe. Chez les Zuñi[1], la société des masques, la société des Danseurs masqués, comprend tous les hommes de la tribu : on ne peut donc la dire secrète ; en revanche, elle a pour base une classe de sexe, tous les mâles adultes, et elle comporte, à son sommet, des prêtres capables de faire tomber la pluie, en quoi elle se rapproche des initiations occultes, lesquelles reviennent à des spécialistes d'arts ou de sciences occultes.

Ces deux types d'initiation — de puberté ou culturelles — sont tribales, donc obligatoires pour tous les hommes et centrées sur les valeurs d'une communauté, plus ou moins grande : famille (Indiens sioux), groupe (Sioux lakota), tribu (Lakota teton), division (Teton oglala, dont Cheval Fou et Wapiti Noir) ou bande.

Les **initiations secrètes** interviennent, quant à elles, dans des associations fermées. Celles-ci, en Amérique du Nord, revêtent plusieurs

---

1. Ruth L. Bunzel, *Introduction to Zuñi Ceremonialism*, Annual Report (1929-1930), n° 47, BAE, Smithsonian Institution, Washington, 1932, p. 467-544. D'autre part, les Zuñi connaissent des confréries, secrètes, sélectives, destinées pour l'essentiel à la guérison.

formes : la confrérie d'hommes-médecine, la société secrète, la confrérie de prêtres.
- LA CONFRÉRIE DES HOMMES-MÉDECINE forme des guérisseurs, et reste strictement ésotérique de contenu et initiatique de forme. La plus célèbre confrérie d'hommes-médecine est le Midê'wiwin des Algonkin, qui admet chamanes de sexe masculin comme chamanes de sexe féminin.
- LA CONFRÉRIE DES INITIÉS a un champ plus large, elle a souvent la forme d'un ordre de guerriers (sauf pour le Comanche...). Taureau Assis avait fondé une association guerrière, la Société des Cœurs Forts (Can-té Tin'za, *Strong Heart Society*).
- LA CONFRÉRIE DES PRÊTRES n'existe que dans les tribus quasi civilisées, par exemple les Pueblo, qui ont des salles de culte *(kiva)*. Le prêtre de l'*o-kee-pa-Kani-Sachka*, gardien ou organisateur des rites, à la différence du chamane, n'est pas un initié, il n'a pas l'expérience spirituelle directe.

La confrérie de la « Grande Médecine » [Midê'wiwin] est largement ouverte à ceux qui s'intéressent aux choses spirituelles et ont les moyens d'acquitter les taxes d'entrée. Chez les Menomini, qui étaient, au temps de Hoffman, au nombre de mille cinq cents, cent personnes étaient membres de la Midê'wiwin, parmi lesquelles on comptait deux *Wâbenô'* [>wabeno : chamanes manieurs de feu, devins par le feu] et cinq *Jes'sakkîd'* [>tsicaki : chamanes guérisseurs, prophètes, voyants, prestidigitateurs, devins au moyen de la tente tremblante]. [...]

Mi'nabô'zho, le messager du Dzhe Manido (le Grand-Esprit) et l'intercesseur entre celui-ci et les humains, voyant la misère de l'humanité malade et affaiblie, révéla les secrets les plus sublimes à la loutre et introduisit dans son corps les *mîgis* ([petits coquillages réputés contenir la force magico-religieuse], symbole des *midê'* [adeptes de la Midê'wiwin]) afin qu'elle devienne immortelle et puisse initier et du même coup consacrer les hommes. [...]

L'initiation des candidats suit les grandes lignes de toute initiation chamanique. Elle comporte la révélation des mystères (c'est-à-dire, en premier lieu, le mythe de Mi'nabô'zho et l'immortalité de la loutre), la mort et la résurrection du candidat, et l'introduction dans son corps d'un grand nombre de *mîgis* (ce qui rappelle étrangement les « pierres magiques » dont on farcit le corps de l'apprenti magicien en Australie et ailleurs).

Il existe quatre degrés initiatiques, mais les trois dernières initiations ne sont que la répétition de la première cérémonie.

On construit le *midê'wigan*, la Grande Loge-Médecine, sorte de clôture de vingt-cinq mètres sur huit et, entre les pieux, on dispose du feuillage pour se défendre des indiscrétions. À une trentaine de mètres, on élève un *wigiwam*, le bain de vapeur pour le candidat. Le chef désigne un instructeur, qui révèle les origines et les propriétés du tambour et des sonnailles au candidat et lui enseigne la manière de s'en servir pour invoquer le Grand Dieu (Manitou) et exorciser les démons. On lui enseigne aussi les chants magiques, les herbes médicinales, la thérapeutique et spécialement les éléments de la doctrine secrète. [...]

[Le septième jour], on procède à la cérémonie d'initiation. [...] Tous les *midê'* se dressent, et, s'approchant du candidat, le « tuent » en le touchant avec des *mîgis*. Le candidat tremble, tombe à genoux et, quand on lui introduit un *mîgi* dans la bouche, il s'allonge inanimé sur le sol. On le touche ensuite avec la sacoche [le paquet-médecine en peau de loutre] et il « ressuscite ». On lui donne un chant magique, et le chef lui présente une sacoche en peau de loutre où le candidat dépose ses propres *mîgis*. Pour vérifier le pouvoir de ces coquilles, il touche successivement tous ses confrères, qui tombent à terre comme foudroyés puis ressuscitent par le même procédé d'attouchement. Il a maintenant la preuve que les coquilles donnent aussi bien la mort que la vie. [...]

La deuxième initiation a lieu au moins un an après la première. [...]

Avec la troisième initiation, le *midê'* obtient assez de pouvoir pour devenir un *Jes'sakkîd'*, c'est-à-dire qu'il est capable d'exécuter toutes les « jongleries » chamaniques [faire germer ou pousser un grain de blé, avaler des charbons ardents...] et, en particulier, qu'il est promu maître dans les guérisons.

La quatrième initiation introduit encore de nouveaux *mîgis* dans son corps.

M. Eliade, *Le Chamanisme*, Payot, 1968, p. 253-255, d'après W. J. Hoffman, *The Midê'-wiwin*, Washington, 1891, p. 156 *sqq.*, et d'après Werner Müller, « Die blaue Hütte », revue *Studies zur Kulturkunde*, Wiesbaden, t. 12, 1954, p. 19 *sqq.* © Payot, Paris.

Les **initiations spirituelles** débordent souvent le cadre étroit de la tribu. Elles concernent proprement les expériences chamaniques authentiques, ou les expériences visionnaires des adultes, réalisées isolément ou au moyen des organisations. L'initiation spirituelle suppose à la fois une conscience plus personnelle, reposant sur des expériences privées, et une conscience plus générale, ouverte sur des connaissances plus larges que les traditions de la tribu.

Nous devons à Miss Audrey Butt une étude particulièrement détaillée de l'initiation chamanique chez les Akawaio, tribu carib de la Guyane britannique [Guyana]. Il n'y a pas de limite prescrite à la durée du noviciat qui est d'environ un an, en moyenne. On est un chaman attitré à partir du jour où l'on a dirigé une séance publique, mais seuls ceux qui ont des années de pratique derrière eux sont considérés comme « pleinement capables d'exercer leur art ». Le maître peut être un chaman en chair et en os ou l'âme d'un chaman mort. De même que l'instructeur est tenu d'assister à la première séance publique de son élève, l'âme du mort doit y être présente sous forme de fantôme.

[Initiation-processus] L'apprenti chaman doit passer par une période de retraite au cours de laquelle il observe la continence et divers interdits alimentaires. [...] Pendant les périodes de retraite, le futur chaman doit boire des infusions d'écorce et les vomir afin de pouvoir entrer en contact avec les esprits. [...] Le tabac attire les esprits pendant les séances et aide celui du chaman à s'envoler. L'esprit du tabac est étroitement associé à l'esprit de l'oiseau *kumalak*, une sorte de milan, qui est le principal auxiliaire du magicien auquel il prête ses ailes. Le chaman, ivre de jus de tabac, s'élève au-dessus des montagnes, suivi de l'oiseau *kumalak*. Tous deux errent ainsi « voyant tout et découvrant tout ». [...]

[Initiation-cérémonie] Lors de la séance publique qui doit le consacrer chaman [*piai'chang*], le novice, qui a bu de grandes quantités de jus de tabac, « meurt », c'est-à-dire que son âme déserte son corps. Son maître qui l'assiste va à la recherche de son âme et la ramène sur terre. À partir de ce moment le postulant peut « chamaniser » pour son propre compte.

A. Métraux, *Religions et Magies indiennes d'Amérique du Sud*, Gallimard, posthume 1967, p. 85-86, d'après Audrey J. Butt, « Réalité et idéal dans la pratique chamanique »,

L'Homme. Revue française d'anthropologie, t. 2, n° 3, sept.-déc. 1962, p. 5-52 ; « The Birth of a Religion », *Journal of the Royal Anthropological Institute*, n° XC, 1, 1960. © Gallimard, Paris.

« LES HOMMES SACRÉS » (*WICASA WAKAN* EN LANGUE LAKOTA, *HOLY MEN*)

Les hommes... ou les femmes !

Les femmes, comme en Asie, mais à l'inverse de l'Afrique et de l'Océanie, sont quasiment les égales des hommes pour ce qui touche l'ésotérisme, sauf exceptions comme chez les Chippewa, Indiens des Grandes Plaines. Elles peuvent être chamanes, et même les seules chamanes d'une société (Shasta) ou meilleures chamanes que les hommes (Indiens de Bear River). Elles peuvent avoir des organisations initiatiques réservées aux femmes (Cherokee). Elles peuvent entrer dans des organisations apparemment masculines (Maidu). La quête de visions s'offre aux hommes aussi bien qu'aux femmes chez de nombreux peuples, dont les Algonkin. Les visionnaires les plus avancés se recrutent, chez les Iroquois, parmi les femmes. La grande révélation des Sioux lakota tomba sur Wohpe, Étoile Filante, qui apparut sous la forme d'une « Femme Bisonne Blanche » envoyée par le Grand-Esprit. Elle, qui est une forme de Wohpe, fille du Soleil et de la Lune, apporta le calumet [1]. Maria Sabina, une *curandera*, une chamanesse guérisseuse du Mexique, morte en 1985, se définissait ainsi dans une de ses mélopées :

> Je suis une femme exigeante,
> Je suis une femme qui pleure,
> Je suis une femme qui parle,
> Je suis une femme créatrice,
> Je suis une femme docteur,
> Je suis une femme sage à la manière des plantes.

A. Estrada, *Autobiographie de Maria Sabina, la sage aux champignons* (*Vida de Maria Sabina, la sabia de los hongos*, 1977), trad. de l'espagnol, Éditions du Seuil, 1979.

Les Amérindiens professent respect et intérêt pour les hommes (ou femmes) supérieurs, non dans le sport ou la production, mais en matière de spiritualité. Les Jivaro pensent même que seul le chamane possède une « âme parfaite » à côté de l'âme ordinaire.

Les catégories d'hommes sacrés, de médiateurs du Mystère changent selon les cultures. R. Dixon [2] a tort d'appeler « chamanes » tous les hommes sacrés *(wicasa wakan)*. Ils ne forment qu'un type. Les premiers observateurs français parlaient avec mépris d'« escamoteurs, jongleurs, prestidigitateurs », indistinctement, à propos de tous les « hommes

---

1. Danièle Vazeilles, *Oiseau-Tonnerre et Femme Bisonne Blanche. Dynamisme du chamanisme des Indiens sioux-lakota*, thèse, université de Paris V (René-Descartes), 1984, p. 373-432.
2. R. Dixon, « Some Aspects of the American Shaman », *Journal of American Folk-lore*, t. 21, 1908, p. 1-12.

sacrés », les médiateurs du Mystère. Si les indigènes font des distinctions, pourquoi introduire la confusion ? Cette réaction du Blanc civilisé est caractéristique : il distingue de façon maniaque les marques de moto ou les produits chimiques, mais il confond allègrement dans son mépris les variétés de sages. Les Bororô distinguent le chamane et le prêtre, comme les Zuñi confréries d'hommes-médecine et prêtrises. Cependant le chamane peut exercer les fonctions de prêtre (chez les Manasi, en Bolivie), s'il s'occupe de rites religieux, de croyances ; il peut aussi devenir homme-médecine. Les Araucan opposent [1] le prêtre (*ngenpin* : maître de la parole), le chamane *(machi)*, le devin *(dëngulfe)*, le possédé *(witantufe)*, l'oniromancien *(peumantufe)*...

Le POSSÉDÉ PAR LES ESPRITS est une figure assez rare en Amérique indigène, alors qu'elle s'avère si fréquente en Afrique ou en Asie [2]. On repère des cas de possession chez les Indiens de la côte nord-ouest des États-Unis, chez les Kiliwa, et, en Amérique du Sud, chez les chamanes des Yahgan et des Ona de la Terre de Feu, chez les chamanes *(bari)* des Bororô et des Tôba, chez les prophètes andins, chez les Taupilang et les Yekuana. Possédé par qui ? ce peut être par un esprit de chamane (Araucan), par un esprit animal (Tenetehara), par un esprit gardien (Taulipang au Brésil)...

> Je possède les esprits,
> Les esprits me possèdent,
> moi, moi, moi (strophe répétée trois fois).
> Mes esprits
> Sont des oiseaux
> Et les ailes
> Et les corps sont des rêves.

Chant des chamanes jivaros, cité par M. Harner, *La Voie spirituelle du chamane*, trad. de l'anglais (1982), Presses-Pocket, coll. « L'Âge d'être », n° 4761, 1994, p. 119.

La possession se manifeste de la façon la plus nette dans les Amériques noires, chez les populations d'Amérique mêlées aux Noirs. Le Vaudou des Noirs d'Haïti, le Candomblé des Noirs du Brésil, entre autres, relèvent de la possession positive, celle qui accepte la divinité et reçoit une connaissance, une guérison. Le Vaudou, bien que pratiqué en Amérique, parlant créole, a une origine africaine, fon et yoruba essentiellement.

L'explication donnée par les sectateurs du vaudou à la transe mystique est des plus simples : un *loa* [génie] se loge dans la tête d'un individu après en avoir chassé le « gros bon ange », l'une des deux âmes que chacun porte en soi. C'est le brusque départ de l'âme qui cause les tressaillements et les soubresauts caractéristiques du début de la transe. Une fois le « bon ange » parti, le possédé éprouve

---

1. A. Métraux, *op. cit.*, p. 180, 222.
2. Voir *supra*, p. 133 (« Les révélations ») ; voir *infra*, p. 215 (« Les possédé(e)s »).

le sentiment d'un vide total, comme s'il perdait connaissance. Sa tête tourne, ses jarrets tremblent. Il devient alors non seulement le réceptacle du dieu, mais son instrument. C'est la personnalité du dieu et non plus la sienne qui s'exprime dans son comportement et ses paroles.

A. Métraux, *Le Vaudou haïtien* (1958), Gallimard, coll. « Tel », n° 20, 1977, p. 106.

Le VOYANT, chez les Indiens d'Amérique, se présente comme un intermédiaire entre le possédé et le chamane. Il communique avec les esprits, mais sans possession ni transe. Il voit en esprit au lieu de sentir dans son corps ou de connaître par une âme.

Le CHAMANE amérindien se lance dans la **quête des pouvoirs**. En général, il s'initie seul, par ses propres forces (mais il y a des confréries de chamanes, chez les Pueblo, les Iroquois, les Carib de Surinam). À la différence du possédé, il n'est pas dominé par les esprits, au contraire, il les maîtrise, il les utilise ; d'autre part, il pratique le « vol magique », le « voyage spirituel », l'extase : il sépare son âme de son corps pour explorer la nature ou l'au-delà, il peut s'élever dans les airs par son esprit ou à travers un esprit gardien comme l'aigle. Cependant, à la différence du chamane arctique, le chamane amérindien peut, durant sa transe d'extase, ne pas « voyager » ; dans ce cas, il convoque ses esprits, il les consulte, il les envoie à sa place ; ainsi agissent les chamanes dakota ou algonkin. Ce dernier point est de taille. Des ethnologues puristes, eux-mêmes incapables d'entrer en méditation, ont pu alors parler de « pseudo-chamanisme ». Je préférerais dire que le chamane sans extase est un chamanisme en mode indirect. Un grammairien distingue sans jugement de valeur le discours direct (« il m'a dit : "je viens" ») et le discours indirect (« il m'a dit qu'il venait »). On peut suivre leur trace, en admettant un chamanisme d'action directe et un chamanisme d'action indirecte [1]. Le chamane a trois, quatre, parfois une dizaine, d'esprits gardiens, parfois plus encore. De quelle(s) âme(s) le chamane fait-il usage ? ce peut être son âme comme telle, son âme sous forme d'un esprit familier (un oiseau), l'âme d'un chamane mort (son maître), l'âme d'un trépassé. Dans sa pratique, le chamane utilise ou bien des aides extérieures, hallucinogène et tambour (Amazoniens), ou bien des aides intérieures, jeûnes et visualisations (Indiens des Grandes Plaines). L'individu devient chamane après un rêve (chez les Mohave en Amérique du Nord, chez les Guarani en Amérique du Sud), par hérédité, par prédisposition, par vocation (l'esprit appelle le futur chamane des Ute), par don d'un chamane mort, à la suite d'une longue et difficile quête des pouvoirs (chez les Kwakiutl en Amérique du Nord, chez les Guyanais en Amérique du Sud). Le chamane — on l'a vu — peut être une femme, par exemple chez les Guajiro, les Araucan, les Arawak, ou au Nord de la Californie. Le chamane ou la chamanesse entre en transe par la danse et le masque (Tlingit), le chant et la sudation

---

[1]. Voir *infra*, p. 217 (« Les chamane(sse)s »).

(Shushwap, au Canada), la méditation et le rêve, la visite de cimetières et le masque (Thompson)... Lors de l'extase, il consulte les esprits : âmes des morts, âmes de chamanes décédés, seigneurs des animaux, divinités... S'il est la figure suprême de l'ésotérisme amérindien, le chamane n'est pas, comme en Asie, la figure centrale de la religion et de la société. Le chamane assume les fonctions de guérisseur (il ramène l'âme égarée ou il extrait par succion du corps un objet pathogène), de magicien (il fait tomber la pluie, attire le gibier), de devin (il connaît de façon paranormale passé, présent, futur), de prêtre (il ordonne les rites), de sage (il conserve les traditions de la tribu), de mage (il entretient et développe les connaissances ésotériques), parfois de chef (chez les Nandéva-Guarani) ou de psychopompe (il guide les âmes des morts, chez les Mojo). La connaissance ésotérique porte en premier lieu sur le Grand-Esprit, en deuxième lieu sur les esprits en général, ancestraux, animaliers, et sur les esprits gardiens en particulier ainsi que sur les pratiques initiatiques, en troisième lieu sur les traditions (mythes, rites...) et sur le langage de la nature (langue des animaux). À l'occasion, le chamane montre des pouvoirs de type fakirique ; par exemple chez les Paviotso il peut mettre des charbons incandescents dans sa bouche sans se brûler, chez les Ojibwa il se libère de toute corde ou chaîne. Le chamane utilise souvent des subterfuges ; quand il retire un objet maléfique du corps d'un malade, les indigènes savent souvent qu'il a en fait tiré le caillou ou le ver de sa manche.

Le GUÉRISSEUR, l'homme-médecine au sens étroit (*pejuta wicasa* en sioux) peut être chamane [1], ou membre d'une organisation initiatique, ou indépendant. Le chamane sépare son âme de son corps, il a pour spécialité, en tant que guérisseur, de faire revenir l'âme égarée dans l'autre monde, séparée, ou bien de sucer le mal ; le guérisseur secret ou indépendant se sert d'herbes, du peyotl, de sacrifices, de visions, de musique, d'incantations, etc. Parmi les moyens de guérison, il faut citer la récitation du mythe fondateur, ou l'initiation dans une société secrète. Pourquoi le mythe fondateur guérit-il ? parce que l'homme-médecine revient à l'origine, il replace les choses à leur source, avant le mal. Et pourquoi entrer dans une organisation initiatique peut-il être une « médecine » ? parce que, là encore, l'individu se refait, il renaît en participant plus intensément au mystérieux, il est pour ainsi dire couvé. Comme chez tous les Primitifs, l'Amérindien attribue les maladies à des causes mystiques. Quelles causes ? le départ de l'âme, l'introduction d'une âme étrangère, deux causes chamaniques, ou l'envoûtement, cause magique, ou la violation d'un tabou, cause coutumière, les Amérindiens citent aussi l'épou-

---

1. Marlene Dobkin de Rios, *Visionary Vine. Psychedelic Healing in the Peruvian Amazonas*, Chandler, San Francisco, 1972. W. G. Jilek, *Indian Healing. Shamanistic Ceremonialism in the Pacific Northwest Today*, Hancock House, Surrey, British Columbia, Canada, 1982. J. A. Grim, *The Shaman. Patterns of Religious Healing Among the Ojibwa Indians*, University of Oklahoma Press, 1987, 272 p.

vante à la vue d'un fantôme ou d'un monstre, le manque d'énergie. L'« homme-médecine » est l'équivalent en Amérique de ce qu'est le « féticheur » en Afrique, à ceci près que le féticheur inspire plutôt de la peur, l'homme-médecine plutôt du respect. Il ne se limite pas à la guérison, mais on le juge là, on l'interroge là. C'est pourquoi les Européens ont désigné par le mot *fétisso* tout ce qui leur paraissait ésotérique en Afrique[1], comme ils ont désigné par le mot *medicine* tout ce qui leur semblait ésotérique en Amérique, personnages, objets, choses, événements. Les Navajo guérissent grâce à la peinture sur sable, qui remet l'homme en liaison avec les forces de la vie[2].

Il ne fait aucun doute que l'Indien associe la médecine à la spiritualité, et c'est aussi pour cela qu'il a été incompris. En fait, chaque chose qu'il considère sacrée est appelée sans distinction « médecine », dans le sens de « mystère » ou « magie ».

En tant que médecin, il était très adroit et souvent il réussissait. Pour guérir, il utilisait seulement des écorces, des racines et des feuilles dont les propriétés lui étaient familières, les employant sous forme d'essences ou d'infusion, et toujours séparément. Le lavement d'estomac, ou « bains de l'intérieur », fut une des découvertes précieuses qui lui sont dues, de même que le bain de vapeur, ou « bain turc », largement utilisés. Il réussissait à remettre complètement un os cassé, mais ne pratiquait jamais de chirurgie sous quelque forme que ce fût. [...]

Wah-pee-yah est le terme sioux pour l'art de la guérison ; il signifie à la lettre : « réajustement et remise à neuf ». *Pay-jee-hoo-tah*, littéralement « la racine », désigne la médecine. Et *wakan* signifie « esprit » ou « mystère ». Aussi ces trois sujets étaient bien différenciés.

Il est important de garder présent à l'esprit que, dans les temps anciens, l'homme-médecine n'était pas payé pour les services qu'il rendait, qui étaient une fonction honorifique.

Ohiyesa (Dr Ch. A. Eastman, Sioux Santee), *The Soul of the Indian*, 1902, *apud* J. Bruchac, *Sagesse des Indiens d'Amérique* (1995), trad. de l'anglais, La Table Ronde, coll. « Les Petits Livres de la sagesse », 1995, p. 91-92. © Les Éditions de la Table Ronde, Paris.

En Amérique du Nord, le prêtre — on l'a noté — se rencontre chez les Pueblo. En Amérique du Sud, celui que L. E. Sullivan appelle « le CANONISTE », l'expert en religion, joue un grand rôle. « La préparation à la prêtrise parmi les Kogi [Indiens de la Sierra Nevada de Colombie] exige dix-huit années d'un dur apprentissage impliquant solitude et abstinence sexuelle. L'expert en rites *(mama)* apprend la tradition et la pratique cérémonielles afin de maintenir l'harmonie dans le monde. La durée de dix-huit ans se divise en deux périodes de neuf chacune. Le milieu

---

1. Encore que... « Par le terme "médicament", les Mistogho [au Gabon] désignent toutes les pratiques occultes et les sociétés initiatiques » (O. Gollnhofer et R. Sillans).
2. Gladys Reichard, *Navajo Medicine-Man. Sandpaintings and Legends*, Augustin, New York, 1939. F. J. Newcomb, *Hosteen Klah, homme-médecine et peintre sur sable navaho*, trad. de l'anglais, Le Mail, 1992. G. Hausman, *Les Navajos*, trad. de l'anglais, Le Mail, coll. « Spiritualités des Indiens d'Amérique », 1992.

de l'apprentissage est marqué par la puberté. La "Loi de la Mère" est la connaissance ésotérique qui révèle les relations entre choses et leur régulation dans le rituel comme séries de matrices en interconnexion. G. Reichel-Dolmatoff fait la liste suivante des disciplines que le *mama* doit apprendre : 1) cosmogonie, cosmologie et autres mythologies ; 2) mythes sur les origines sociales, l'organisation sociale ; 3) sciences naturelles, avec géographie, géologie, météorologie, botanique, zoologie, astronomie, biologie ; 4) linguistique, au sens de langue sacrée et rhétorique ; 5) privation et abstinence ; 6) sensibilité aux visions de type auditif, visuel ou autre. En son essence, la tâche du *mama* est de « retourner » le Soleil quand celui-ci menace de brûler le monde ou de détourner la pluie lorsque celle-ci menace de le noyer. Ce contrôle du *mama*, cependant, est fonction de la puissance et du niveau de sa connaissance ésotérique, et, à son tour, cette connaissance dépend de la pureté de son esprit [1]. » Outre le ritualiste, L. E. Sullivan place parmi les « canonistes », le spécialiste des herbes, le roi sacré, le devin, le confesseur.

Le PROPHÈTE est une figure relativement récente de l'ésotérisme. Il appartient presque toujours à des mouvements revivalistes destinés à chasser le Blanc et à revendiquer la tradition indienne. Le prophète est, en quelque sorte, contraint d'être un excellent devin, un guérisseur efficace, car la concurrence joue. Il doit lutter contre la religion chrétienne et la techno-science occidentale, et donc prouver ses pouvoirs, la puissance de la tradition en même temps que la valeur de sa révélation. Le Père Lozano décrit ce phénomène.

Ayant atteint un degré de maturité que le Démon jugeait suffisant pour qu'il pût se fier à eux, il leur communiquait un certain nombre de choses ignorées des autres. Il leur suffisait de les diffuser pour qu'ils fussent considérés par le vulgaire comme des prophètes, car leurs prédictions se réalisaient souvent. On les tenait pour des saints, on leur obéissait et on les vénérait comme des dieux. Il y en eut qui, grâce à leur magie, accomplirent des choses si extraordinaires qu'ils étonnèrent toute la région et se firent respecter à l'égal d'êtres omnipotents. Ils déchaînaient la férocité des bêtes sauvages contre ceux dont ils n'étaient pas satisfaits et soulevaient contre eux vents et tempêtes sur les fleuves. Ils les empêchaient de chasser et de pêcher pour les punir de leur irrespect.

P. Lozano, *Historia de la conquista del Paraguay* (vers 1730), Buenos Aires, 1873-1875, 4 t., t. 1, p. 403, trad. partielle de l'espagnol A. Métraux.

---

1. L. E. Sullivan, *Icanchu's Drum. An Orientation to Meaning in South American Religions*, Macmillan, New York, 1988, p. 388-389. Chez les Kogi, le chamane s'appelle *noama*, mot qui signifie « ancien, vieux ». *Mama* signifie « prêtre ». Voir G. Reichel-Dolmatoff, *Revista Columbiana de Anthropologia*, série 2, t. 1, fasc. 1, p. 15-123, Bogota, Colombie, 1953.

REVIVALISMES EN AMÉRIQUE DU NORD

On peut appeler messianiques, prophétiques ces mouvements religieux de défense de la spiritualité amérindienne. Si l'on préfère insister sur le retour aux traditions, il vaut mieux dire « revivalistes [1] ».

> Hommes blancs ! on ne vous a pas demandé de venir ici. Le Grand-Esprit nous a donné ce pays pour y vivre. Vous aviez le vôtre. [...] Vous nous dites : pourquoi ne devenez-vous pas civilisés ? Nous ne voulons pas de votre civilisation ! Nous voulons vivre comme le faisaient nos pères, et leurs pères avant eux.
>
> Cheval Fou, cité par Teri C. McLuhan, *Pieds nus sur la terre sacrée* (1971), trad. de l'anglais, coll. « Médiations », n° 141, 1976, p. 80-81. © Éditions Denoël, Paris.

Quant aux associations fermées modernes, on les appelle « sectes mystiques ».

Ce double phénomène (« mouvements revivalistes », « sectes mystiques ») commence dès le XVIe siècle, en réaction contre les colonisateurs.

Le mouvement des Rêveurs *(Dreamers)* apparaît vers 1860 avec un chamane sokulk (des Nez-Percés), Smohalla, le « Prédicateur ». Il avait fréquenté la mission catholique, côté Visages-Pâles ; côté Peaux-Rouges, chez les Sahaptan, il s'était montré un grand guerrier, un bon chamane. MacMurray décrit une de ses séances.

> Il [Smohalla] tombe en transe et demeure rigide de longs moments. Ceux qui n'y croient pas l'ont testé en enfonçant des aiguilles dans sa chair, en le tailladant avec des couteaux, et par d'autres moyens destinés à contrôler son insensibilité à la douleur, mais rien de tout cela ne provoque une réaction quelconque. On soutient qu'il est certainement mort, car son sang ne s'écoule pas de ses blessures. Ces transes entraînent toujours un grand intérêt et souvent de la frayeur, du fait qu'il menace d'abandonner complètement son corps terrestre à cause de la désobéissance de son peuple. À chaque fois, les gens se trouvent inquiets, parce qu'ils se demandent si Sághalee Tyee [le Grand Chef d'En Haut] renverra son âme sur la Terre pour récupérer son corps ou si, au contraire, il va les laisser sans son aide. C'est le fait d'entrer dans de longues transes, dont il sort comme d'un profond sommeil et dont il raconte presque aussitôt les expériences au pays des esprits, qui a donné le titre de « Rêveurs » *(Dreamers)*, de croyants dans les rêves, comme les appellent les Blancs des environs. Les actions de Smohalla ressemblent à celles d'un médium en transe, et il semble qu'on puisse les expliquer par l'autohypnose, pour autant qu'elle est praticable. Je l'ai interrogé sur ses transes, j'espérais obtenir des explications. Mais il a écarté la question et il s'est irrité quand j'ai insisté. Manifestement, il croit tout ce qu'il dit de ce qui lui arrive dans cet état de transe.
>
> Smohalla : MacMurray, *apud* J. Mooney, « The Declaration of Smohalla », 14th Annual Report (1892-1893), BAE, Smithsonian Institute, Washington, t. 2, 1896, p. 719, trad. partielle P. A. Riffard.

---

1. Terminologie de R. Linton (1943).

On doit à Smohalla cette magnifique indignation :

Mes jeunes gens ne travailleront jamais, les hommes qui travaillent ne peuvent rêver ; et la sagesse nous vient des rêves.
Vous me demandez de labourer la terre ! Dois-je prendre un couteau et déchirer le sein de ma mère ? Mais, quand je mourrai, qui me prendra dans son sein pour reposer ?
Vous me demandez de creuser pour trouver la pierre ! Dois-je aller sous sa peau chercher ses os ? Mais, quand je mourrai, dans quel corps pourrai-je entrer pour renaître ?
Vous me demandez de couper l'herbe, de la faner et de la revendre et de devenir riche comme les hommes blancs. Allons, comment oserais-je couper les cheveux de ma mère ?
C'est une loi mauvaise, et mon peuple ne lui obéira pas. Je désire que mon peuple reste ici avec moi. Tous les hommes qui sont morts reviendront à la vie. Les esprits reviendront dans leurs corps. Nous devons attendre ici dans la demeure de nos pères et être prêts à les rencontrer dans le sein de notre mère.

Smohalla, trad. (sauf dernier paragraphe) Teri McLuhan, *Pieds nus sur la terre sacrée*, *op. cit.*, p. 70. Texte anglais : H. J. Spinden, *The Nez Perce Indians*, American Anthropological Associations Memoirs.

Ce texte magnifique est un chef-d'œuvre de poésie ésotérique. Le respect de la nature, caractéristique des Indiens d'Amérique, se greffe sur une doctrine des correspondances et sur des pratiques de la synesthésie, de l'homologation de l'homme-microcosme au monde-macrocosme. D'une part, la Terre est Mère : analogie ; ses végétaux sont ses cheveux et ses minéraux ses os : correspondances ! D'autre part, ma Terre est ma Mère, je ne saurais la violenter : syntonie, homologation, initiation !

La Danse des Revenants ou Religion des Esprits (*Wana'ghi-Wa'chipi, Ghost Dance*[1]), née en 1870, a en 1889 pour prophète Wovoka (« Le Coupeur », *The Cutter*, 1858-1932). C'est un Indien païute du Nevada que les Blancs appellent Jack Wilson. Sioux, Cheyennes, Arapahoe, etc. suivent. Ce mouvement n'est pas vraiment ésotérique, faute d'une doctrine occulte et d'une pratique initiatique. Wapiti Noir, cependant, tient Wovoka pour « un saint homme qui avait parlé en vision[2] ». Wovoka raconte ainsi sa vision, en termes influencés par la religion des Blancs :

Quand le Soleil disparut, je fus enlevé aux cieux, et je vis Dieu et tout le peuple des morts depuis longtemps. Dieu m'ordonna de revenir sur terre et de dire à mon peuple qu'il doit être bon et aimant, qu'il ne doit ni se battre ni voler ni mentir. Il me donna cette Danse pour que je la donne à mon peuple.

---

1. J. Mooney, *The Ghost Dance Religion and the Sioux Outbreak of 1890* (1896), University of Chicago Press, 1965.
2. *Élan Noir parle, op. cit.*, p. 237.

La Danse des Revenants veut rétablir la vie traditionnelle, elle cherche — d'où son nom — le retour des morts. Les cadavres sont exposés. Au cours de danses très longues, durant quatre ou cinq jours, en transe de vision, les Indiens entrent en communication avec les défunts et assurent la régénération cosmique. Il n'y a pas d'initiation.

Sous l'action des chamanes sioux, Taureau Trapu *(Short Bull)* et Ours Ruant *(Kicking Bear)*, la Danse des Revenants prend chez les Sioux teton un tour guerrier. Stimulés par les paroles du prophète Wovoka, ulcérés par l'assassinat du chamane et chef Taureau Assis le 15 décembre 1890, des Sioux hunkpapa quittent leur réserve en famille et se dirigent le 29 décembre vers Wounded Knee (Genou Blessé, dans le Dakota du Sud). Ils ont la conviction que les « temps nouveaux » commencent, que la nation rouge va revivre, et que leurs chemises sont à l'épreuve des balles. L'armée américaine veut les désarmer. Le vieux chamane Oiseau Jaune entonne le chant sacré. Les fusils tonnent des deux côtés, Rouges et Blancs, puis les canons U.S. Massacre. 153 Indiens, guerriers, femmes, enfants sont tués, et 25 soldats U.S. Une tempête de neige se lève. Un mois plus tard, les chefs de la Danse des Revenants subissent l'incarcération à Fort Sheridan, en Illinois.

D'une certaine manière, l'armée américaine venait d'assassiner l'ésotérisme indien. D'une certaine manière, car les soldats ne devaient pas mesurer le côté religieux de la détermination sioux, et la Danse des Revenants a un côté naïf. Mais, les Indiens ont vécu Wounded Knee comme la mort de leur tradition.

Je suis un Lakota de la bande des Bad Faces (de Red Cloud) des Oglala.
Il y a bien des lunes de cela, le père de mon père a vu pour la première fois les *Waschichus* [les Hommes Blancs].
Ils arrivèrent par petits groupes, puis de plus en plus nombreux. Bien avant leur venue, nos *wicasa wakan* [hommes sacrés] avaient eu des visions de mauvais augure qui leur donnaient à comprendre que les Blancs sur nos terres annonçaient la fin du règne des Hommes Rouges. [...]
Les jours sombres ont succédé aux jours de plénitude, où nous n'avions jamais faim, où le peuple vivait heureux et libre sur la Terre-Mère. Les Blancs, qui ne croient pas à la nature, la détruisent, et le jour viendra où tout disparaîtra : la fin de notre cycle. [...]
Quelques-uns des nôtres gagnèrent le pays de la Grand-Mère [le Canada] avec Tatanka Yotanka [*Sitting Bull*, Taureau Assis], notre *medicine-man*. Beaucoup d'autres, à cette époque, dénouèrent la queue de leur cheval [abandonnèrent le sentier de la guerre]. Notre peuple était brisé, après une lutte longue et âpre, et tués nos chefs les plus vaillants. Ta'sunka Wi'tko [*Crazy Horse*, Cheval Fou], l'incomparable, devait mourir, lâchement assassiné d'un coup de baïonnette dans le dos, alors que celui qui se disait son ami, Wicasa Tanlaka [*Little Big Man*, Grand Petit Homme], le ceinturait et qu'une partie des « Tourne autour du fort » [ceux qui vivaient en paix auprès des Hommes Blancs] de Makhpíya lúta [*Red Cloud*, Nuage Rouge] et Sinte Galeshka [*Spotted Tail*, Queue Mouchetée] se tenaient prêts, si besoin était, à l'achever.

Tatanka Yotanka lui-même, notre grand *medicine-man*, fut, comme je te le dis, frappé à mort par la police indienne issue de son propre peuple. Le dernier espoir de notre nation s'est envolé à jamais à Wounded Knee, à la fin de la lune des arbres qui craquent [fin décembre] : les soldats, ce jour-là, ont massacré 200 des nôtres. Dans la neige ensanglantée a succombé l'Esprit de notre race.

« Les réminiscences d'un chef sioux, Mato Sapa Black Bear, Ours noir », D. Dubois, *Spirou* (1973) et, avec Y. Berger, *Les Indiens des plaines*, Dargaud, 1978, p. 76-77. © D. Dubois et Y. Berger.

Un autre mouvement revivaliste prend vie sous forme de Culte du peyotl *(Peyotl Cult)*. Né vers 1840 dans les Grandes Plaines, il devient la *Native American Church* en 1960. Le peyotlisme vient du Nord Mexique. Le peyotl est une plante de la famille des cactées. D'elle on extrait la drogue hallucinogène mescaline. Mais ici on utilise le peyotl rituellement, non comme drogue, et sous forme de tranches. Accuser les *adeptes* du peyotl d'être des drogués revient à accuser les prêtres chrétiens célébrant l'eucharistie d'être des ivrognes.

La Danse face au Soleil (*wiwanyang wacipi* en langue lakota, *Sun Dance Religion*[1]), en 1890 a un grand succès chez les Indiens des Grandes Plaines, Cheyennes, Sioux, Arapaho. On l'appelle Cérémonie de la Loge de la Vie Nouvelle chez les Cheyennes, ou Hutte-Médecine, car il faut construire une loge circulaire sacrée. Le rituel dure huit jours, avec, comme dans tous les Mystères, une quête cachée et une fête publique. Les quatre premiers jours, cachés, se passent en purifications, en rites sous le *tipi*, à la quête de l'Arbre sacré, représentation du macrocosme et du microcosme, de leur lien. Les quatre derniers jours sont consacrés à la construction d'une loge autour de l'Arbre sacré pris comme poteau, aux épreuves physiques. Dans la version classique, le huitième jour reste le plus spectaculaire. Le candidat regarde le Soleil jusqu'à obtenir une vision. Auparavant, il subit de dures épreuves, dont le balancement à un crochet *(hook swinging)*. L'homme est suspendu à des lanières de cuir fixées dans leurs extrémités à une broche accrochée aux muscles du thorax, et reliées au poteau sacré. Ensuite, l'homme doit danser, ou alors tirer un crâne de buffle ou deux. Jusqu'à ce que la chair se déchire. Le supplicié offre aux Esprits ses morceaux de chair. Quand un disciple a une vision, la fête cesse. La Danse face au Soleil vint comme révélation à Kablaya (« Celui qui s'étend »), un Sioux. Les autorités l'interdirent en 1910, l'autorisèrent à nouveau en 1935. Paroles de Kablaya :

Une nouvelle manière de prier vient de m'être révélée dans une vision ; le Grand-Esprit est venu à notre secours.
Ce sera la Danse du Soleil. [...] Cette danse sera une offrande de nos corps et de nos âmes au Grand-Esprit, et sera pleine de mystère. [...]
Dans le nouveau rite que je viens de recevoir, un des peuples toujours debout

---

1. J. G. Jorgensen, *The Sun Dance Religion*, University of Chicago, 1972, xi-360 p.

a été choisi pour être à notre centre : c'est le *wagachun*, l'arbre murmurant ou cotonnier ; il sera notre centre et aussi notre tribu. Cet arbre sacré représentera également le chemin du peuple, car l'arbre ne s'étend-il pas de la terre ici-bas jusqu'au ciel là-haut ? Cette nouvelle manière d'envoyer nos voix au Grand-Esprit sera très puissante ; son usage se répandra, et chaque année à cette saison beaucoup de gens prieront le Grand-Esprit.

Kablaya, cité par Wapiti Noir, *Les Rites secrets des Indiens sioux*, éd. cit., chap. 5, p. 106-108 (éd. 1953, p. 98). © Payot, Paris.

La Danse Face au Soleil se célèbre chaque année, au début d'août, dans la réserve sioux de Pine Ridge, dans le Dakota du Sud, depuis 1973.

Le néo-chamanisme amérindien [1] obtient un grand succès depuis 1970, auprès des Indiens comme des Blancs. Il associe les pratiques anciennes aux études modernes. Une Indienne comme Brooke Medicine Eagle réalise des voyages extatiques, dit-on, tout en étudiant la psychologie [2]. Des charlatans, des naïfs ont pris en masse le train du néo-chamanisme. Certains en jetant aux orties leur équipement d'ethnologue (Michael Harner), d'autres en enfilant le costume de leur grand-père (Archie Fire Lame Deer).

L'American Indian Religious Freedom Act, de 1977, permet aux Indiens de pratiquer leur religion. Le calumet fume, l'Arbre de vie refleurit.

En Amérique du Sud, le revivalisme a commencé très tôt, dès 1546, en Colombie, contre les Jésuites, pour les chamanes. Selon A. Métraux [3], « on rencontre donc en Amérique du Sud le schéma classique des mouvements messianiques : la croyance en un prophète ou homme-dieu, le développement d'une action tendant à hâter l'avènement de l'âge d'or, la réaction sociale et culturelle contre la civilisation blanche et souvent aussi la formation d'une nouvelle religion syncrétique. [...] Le nombre de messies et de prophètes tupinamba et guarani dont l'Histoire a conservé le souvenir ne s'explique que par la situation privilégiée des chamans dans ces tribus. [...] Ce sont des caraïbas, c'est-à-dire des chamans doués d'un pouvoir charismatique exceptionnel, qui ont suscité ces mouvements messianiques ayant abouti dans de nombreux cas à la migration de tribus entières. Sans le prestige et la vénération dont ces chamans étaient entourés, on ne saurait expliquer l'emprise qu'ils exercèrent sur les Indiens et l'enthousiasme qu'ils suscitèrent par leurs prédications et prophéties. »

---

1. Carlos Castaneda, Michael Harner aux États-Unis, Mario Mercier en France (1971), etc. Voir Ruth-Inge Heinze, *Shamans of the Twentieth Century*, Irvington, New York, 1991.
2. Joan Halifax, *Shamanic Voices*, Harmonsworth, 1980.
3. A. Métraux, *Religions et Magies indiennes d'Amérique du Sud*, éd. cit., p. 13, 14, 18. © Gallimard, Paris.

FIGURES DE L'ÉSOTÉRISME AMÉRINDIEN

le chamane moyen : extase fin : voyage de l'âme	le voyant moyen : drogue, etc. fin : connaissance	le possédé moyen : transe fin : oracle
le guérisseur moyen : plantes, etc. fin : intégrité	le canoniste moyen : savoir fin : traditionnisme	le prophète moyen : pouvoirs fin : revivalisme

Ainsi, l'Amérindien présente pour la **réalisation spirituelle** les trois grands types de transe : la transe de vision mystique, la transe de possession par les esprits, la transe d'extase chamanique. N'est-ce pas plus extraordinaire que trois canaux de télévision ou trois marques de whisky ? J'ai dit ! *Hetchitu yelo !*

BIBLIOGRAPHIE GÉNÉRALE SUR L'ÉSOTÉRISME DES AMÉRINDIENS PRIMITIFS

S'il n'y a qu'un livre à lire : J. G. NEIHARDT (dit Arc-en-ciel Flamboyant, *Flaming Rainbow), Élan Noir parle. La Vie d'un saint homme des Sioux oglalas. Texte recueilli par John G. Neihardt (Black Elk Speaks, Being the Life of a Holy Man of the Oglaga Sioux*, 1932), trad. de l'anglais (1977), Le Mail, 1987, 285 p., ou Éditions Traditionnelles, 1969, sous le titre *La Grande Vision*. Heha'ka Sapa = Nicolas Black Elk = Nicolas Wapiti Noir. La traduction du sioux lakota en anglais a été faite par le fils de Wapiti Noir, Benjamin Black Elk (1899-1973). Le petit-fils par adoption de Nicolas Wapiti Noir, Wallace Black Elk, est aussi chamane sioux oglaga. La famille linguistique des Sioux, de l'aire culturelle des Indiens des Grandes Plaines, comprend huit groupes, dont les Dakota, les Nakota, les Lakota-Teton, les Mandan, les Crow.

Approche ésotérique de l'histoire : SIMONE WAISBARD, FRITHJOF SCHUON, MICHAEL J. HARNER.

BIBLIOTHÈQUES : En France, on trouve les *Annual Reports* (52 vol. + index) et les deux cents *Bulletins* du Bureau of American Ethnology (BAE, créé en 1879) à la bibliothèque du musée de l'Homme, 17, pl. du Trocadéro, Paris, une fois passé le grand mât de bois de Colombie britannique. INALCO (Institut national des langues et civilisations orientales), 2, rue de Lille, 75007 Paris. Institut d'ethnologie de l'université de Strasbourg, 3, rue de Rome, 67000 Strasbourg.

Les grands textes (écrits ésotériques ou documents)
– J. MOONEY, *The Sacred Formulas of the Cherokees*, 7th Annual Report (1885-1886), BAE, Smithsonian Institute, Washington, 1891, p. 301-409. 550 formules et rituels des chamanes cherokee, écrits — fait exceptionnel — dans un alphabet inventé par l'un des leurs sur le modèle de celui des Blancs.
– ALICE C. FLETCHER, *The Hako. A Pawnee Ceremony*, 22th Annual Report (1900-1901), BAE, Smithsonian Institute, Washington, 1904, 372 p. Révélations d'un initié pawnee tahirussawichi, de la famille caddo, aire culturelle des Indiens des Grandes Plaines.

– F. Boas, *Tsimshian Texts*, BAE, Smithsonian Institute, bulletin n° 27, Washington, 1902, 244 p.
– W. Jones dir., *Ojibwa Texts*, American Ethnological Society, E. J. Brill, Leyde, 1917.
– E. Deloria, *Dakota Texts* (1932), AMS Press, New York, 1974, xvi-279 p. (ouvrage bilingue lakota-anglais).
– J. Neihardt, *Élan Noir parle* (*Black Elk Speaks*, 1932), Le Mail, 1987, 285 p. ; Heha'ka Sapa (=Élan Noir, Wapiti Noir), *Les Rites secrets des Indiens sioux. Textes recueillis et annotés par Joseph Epes Brown*, traduit de l'anglais (1953), Le Mail, 1987, 170 p.
– F. J. de Augusta, *Lecturas araucanas*, 2ᵉ éd., Las Casas, 1934. Chants magiques des Araucan, Chili.
– Th. Koch-Grünberg, *Roroima*, Leipzig, 1934. Formules magiques des Taupilang.
– Don C. Talayesva, *Soleil hopi* (*Sun Chief*, 1941, avec l'ethnologue L. W. Simmons), trad. de l'anglais (1959), Presses-Pocket, 1984, n° 3010. Initiation de puberté et confréries. Les Hopi et leurs tribus appartiennent à l'aire culturelle des Indiens du Sud-Ouest, à la famille Pueblo.
– N. M. Holmer et S. H. Wassén : *The Complete Mu-igala in Picture Writing. A Medicine Song from the Cunas of Panama* (1947), Etnologiska studier, n° 21, Göteborg, Suède, 1953, 158 p. (avec trad. espagnole ; voir trad. française : Cl. Lévi-Strauss, *Anthropologie structurale*, Plon, 1958, chap. x) ; *Nia-ikala. Canto mágico para curar la locura*, Etnologiska studier, n° 23, Göteborg, 1958 ; *Serkan-ikala. Dos Cantos shamanísticos de los Indios Cunas*, Etnologiska studier, n° 27, Göteborg, 1963. Chants thérapeutiques relevant du chamanisme, chez les chamanes Cuna, au Panama, qui connaissent une écriture pictographique.
– P. Radin, *The Road of Life and Death. A Ritual Drama of the American Indians* (1945), Panthéon Books, New York, 1953, xiv-345 p. Rituel des hommes-médecine winnebago, une division des Sioux.
– Simone Dreyfus-Roche, *apud* H. Le Besnerais, « Chants indiens yaruro du Venezuela. Séance de chamanisme », musée de l'Homme, discographie, 1954.
– L. Cadogan, *Ayvu Rapyta. Textos míticos de los Mbya-Guaraní del Guairá*, Universidade de São Paulo, Brésil, 1959. Hymne mortuaire d'un chamane des Guarani.
– J. Wilbert, *Folk Literature of the... Indians* (Ona, Yaghan, Gê, Mataco, Tôba, Bororô...), UCLA (University of California and Los Angeles), Latin American Center, Los Angeles, 1967 ss.
– C. Castaneda, *L'Herbe du diable et la Petite Fumée. Une voie yaqui de la connaissance* (*The Teachings of Don Juan. A Yaqui Way of Knowledge*, 1968), trad. de l'anglais (1984), UGE, coll. « 10/18 », n° 1113, 1985, 263 p. L'initiation d'un ethnologue américain au chamanisme d'un Yaqui, au Mexique, au moyen de « trois plantes hallucinogènes » : 1) peyotl, dit *mescalito* ; 2) stramoine *(datura meteloides)*, dite « herbe du diable » ; 3) champignon mexicain, dit « petite fumée ». Castaneda a écrit une série sur le sujet : *Le Voyage à Ixtlan. Les Leçons de don Juan*, trad. de l'anglais, Gallimard, coll. « Folio Essais », n° 103, Voir *Les Enseignements d'un sorcier yaqui*, trad. de l'anglais, Gallimard, coll. « Folio Essais », n° 22, etc. Fascinant.
– Tahca Usthe (=Daim Boiteux, John Fire Lame Deer) et R. Erdoes, *De mémoire indienne* (*Lame Deer, Seeker of Visions. The Life of a Sioux Medicine-*

LES AMÉRINDIENS 195

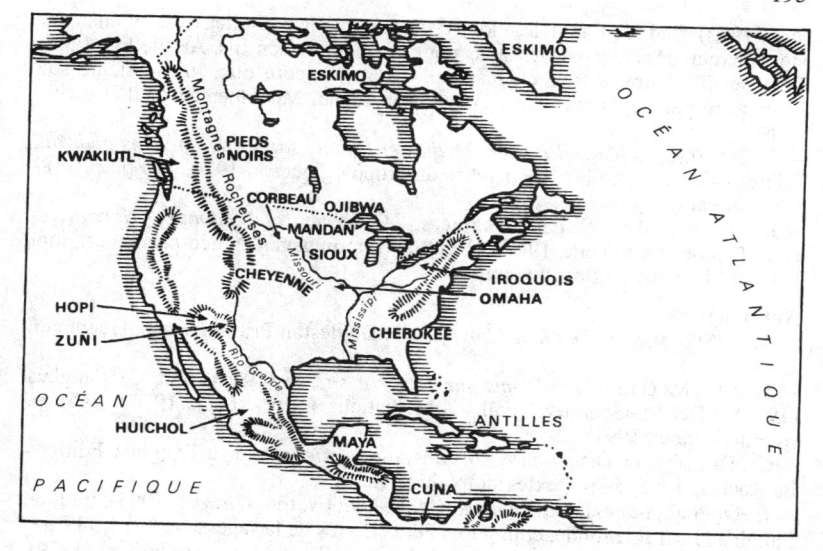

CARTE ÉSO-ETHNOLOGIQUE DE L'AMÉRIQUE DU NORD

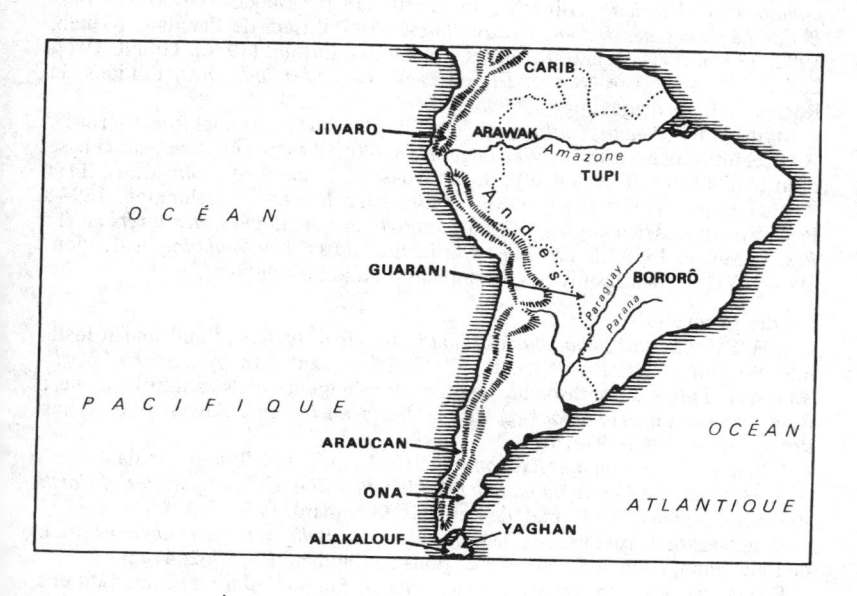

CARTE ÉSO-ETHNOLOGIQUE DE L'AMÉRIQUE DU SUD

man, 1972), trad. de l'anglais, Plon, 1977, 336 p. Daim Boiteux est un chamane sioux lakota, désavoué par les siens pour inconduite ; son fils, Archie Fire Lame Deer se dit chamane (néo-chamaniste, disons), encore que, lui aussi, ne soit reconnu ni par les Sioux ni par l'American Indian Movement. Dur d'être chamane !
— P. Clastres, *Le Grand Parler. Mythes et Chants sacrés des Indiens guarani*, Éditions du Seuil, coll. « Recherches anthropologiques », 1974, 140 p., p. 118-129. Au Paraguay.
— J. Halifax dir., *Shamanic Voices. A Survey of Visionary Narratives*, E. P. Dutton, New York, 1979, XI-268 p. Témoignages de néo-chamanes, dont Brooke Medicine Eagle, une femme.

Anthologies
— A. G. Shoemaker, *The Red Man Speaks*, Doyleston Printing Shop, Goodman, 1947.
— Teri C. McLuhan, *Pieds nus sur la terre sacrée* (1971), trad. de l'anglais (1971), Denoël-Gonthier, coll. « Médiations », n° 141, 1976, 215 p. (réimp. Denoël, 1992).
— Cl. Dordis et O. Delavault, *Voix des sages indiens*, trad. de l'anglais, Éditions du Rocher, 1995, 54 p. (textes sioux du XXe s.).
— J. Bruchac, *Sagesse des Indiens d'Amérique* (*Native Wisdom*, 1995), trad. de l'anglais, La Table ronde, coll. « Les Petits Livres de la sagesse », 1995, 117 p.
— Contes et légendes : S. Thompson, *Tales of the North American Indians* (1929), Indiana UP, rééd. 1965 ; B. Peret, *Anthologie des mythes, légendes et contes populaires d'Amérique*, Albin Michel, 1960, 413 p. ; Marion Wood, *Les Plus Belles Légendes des Indiens Peaux-Rouges* (1981), trad. de l'anglais, Nathan, 1982, 132 p. ; Vl. Hulpach, *Contes d'Amérique du Sud* (1976), Gründ, 1977, 207 p. ; Margot Edmonds et Ella Clark, *Légendes indiennes*, Éditions du Rocher, coll. « Nuage rouge », 1995, 2 t.
— Mythes : F. Cushing, *Outlines of Zuñi Creation Myths*, Annual Report (1861), BAE, Smithsonian Institute, Washington, 1896 (mythes très élaborés, sur la base d'un symbolisme directionnel) ; J. O. Dorsey, *A Study of Sioux Cults*, 11th Annual Report (1889-1890), BAE, Smithsonian Institute, Washington, 1894 ; P. Grimal dir., *Mythologies*, t. 2 : *Mythologie des montagnes, des forêts et des îles*, Larousse, 1963, p. 176-211 ; Cl. Lévi-Strauss, *Les Mythologiques*, Plon, 1964-1971, 5 t. (sur les mythes des Indiens d'Amérique du Sud).

Études générales
— J. H. Steward dir., *Handbook of South American Indians*, Smithsonian Institute, Washington, 1946-1959, 7 t. ; W. C. Sturtevant dir., *Handbook of North American Indians*, Smithsonian Institute, Washington, 1978 ss., 20 t. prévus ; R. Wauchope dir., *Handbook of Middle American Indians*, University of Texas Press, Austin, 1964-1976, 16 t.
— J. Frazer, *Totemism and Exogamy*, 1910, 4 t., t. 3, p. 370-456. Pétillant.
— A. H. Burr, *Le Cercle du monde* (*The World's Rim. Great Mysteries of North American Indians*, 1953), trad. de l'anglais, Gallimard, 1962, 293 p.
— Krickeberg, Trimborn, Müller, Zerries, *Les Religions amérindiennes*, trad. de l'allemand, Payot, coll. « Les Religions de l'humanité », 1962, 474 p.
— F. Schuon, « Le chamanisme peau-rouge », *Études Traditionnelles*, Éditions Traditionnelles ; n°s 378-379, 1963.

- A. Métraux († 1963), *Religions et Magies indiennes d'Amérique du Sud*, Gallimard, 1967 (posthume), 291 p.
- S. Bramly, *Terre Wakan. Univers sacré des Indiens d'Amérique du Nord*, 1974 (réed. : *Terre sacrée*, Albin Michel, coll. « Espaces libres », n° 24, 1992, 280 p.).
- Å. Hultkrantz, *Religions des Indiens d'Amérique*, apud *Histoire des religions*, Gallimard, « Encyclopédie de la Pléiade », t. 3, 1976, p. 711-802 : exposé aussi clair que complet, auquel je suis très redevable ; E. Schaden, *Religions indigènes en Amérique du Sud, ibid.*, p. 836-886.
- M. Eliade dir., *The Encyclopedia of Religions*, Macmillan, New York, 1987, t. 10 p. 526-535 (article général d'Å. Hultkranz sur la religion des Indiens d'Amérique du Nord) et t. 13, p. 486-499 (article général de O. Zerries sur la religion des Indiens d'Amérique du Sud), t. 10, p. 469-550 et t. 13, p. 472-512.
- L. E. Sullivan, *Icanchu's Drum. An Orientation to Meaning in South American Religions*, Macmillan, New York, 1988, xi-1 003 p. Icancha est un oiseau mythique des Mataco. Lire surtout p. 303-465. Ce livre offre l'étude fondamentale sur les religions des Sud Amérindiens.
- D. L. Browman et R. A. Schwarz dir., *Spirits, Shamans and Stars. Perspectives from South America*, Mouton, La Haye et Paris, 1979.

Par ethnies
- Araucan : E. Housse, *Une épopée indienne. Les Araucans du Chili*, Plon, 1939 ; J. M. Cooper, *The Araucanians*, apud J. H. Steward dir., *Handbook of South American Indians, op. cit.*, 1946.
- Fuégiens : Mireille Guyot, *Les Mythes chez les Selk'nam et les Yamana de la Terre de feu*, Institut d'ethnologie, 1968, 224 p. Selk'nam = Ona ; Yamana = Yaghan
- Jivaro : M. J. Harner, *Les Jivaros, hommes des cascades sacrées*, trad., Payot, 1977.
- Kwakiutl : F. Boas, *The Social Organization and the Secret Societies of the Kwakiutl Indians*, Report of the US National Museum for 1895, Washington, 1897, p. 311-738.
- Mandan : G. Catlin, *Les Indiens d'Amérique du Nord* (*Letters and Notes on the Manners, Customs and Conditions of the The North American Indians, written during eight years, 1832-1839*, 1844), trad. de l'anglais, Albin Michel, 1992, 552 p. G. Catlin, juriste, puis peintre, a consacré 42 ans à peindre et décrire les Indiens, il a laissé 1 200 peintures (600 toiles et 600 huiles sur carton) représentant quelques 20 000 Indiens ; il disait : « Oh ! combien j'aime ce peuple qui ne vit pas pour l'amour de l'argent. »
— Sioux : Heha'ka Sapa (=Wapiti Noir, *Black Elk*), *Les Rites secrets des Indiens sioux. Textes recueillis et annotés par John Epes Brown* (*The Sacred Pipe. Black Elk's Account of Seven Rites of the Oglala Sioux*, 1953), trad. de l'anglais, Payot, coll. « Petite Bibliothèque Payot », n° 263, 1975, 189 p., ou Le Mail, 1987, 170 p. ; W. K. Powers, *La Religion des Sioux oglala*, trad. de l'anglais, Éditions du Rocher, coll. « Nuage rouge », 1994.
- Tukano (Indiens d'Amazonie) : G. Reichel-Dolmatoff, *Le Symbolisme universel des Indiens tukano du Vaudès* (*Desena*, 1968), trad. de l'espagnol, Gallimard, 1973, 344 p. ; id., *Shamanism and Art of the Eastern Tukanoan*, E. J. Brill, Leyde, 1987, xi-25 p., 42 fig.

BIBLIOGRAPHIE SPÉCIALISÉE

Pratiques initiatiques (« les sentiers sacrés de la vie »)
– Le calumet sacré (*canunpa wakan* en langue lakota, *sacred pipe*) : Heha'ka Sapa, *Les Rites secrets des Indiens sioux*, éd. cit. ; Evelyn Eaton, *Avec cette pipe sacrée vous marcherez sur la terre*, trad. de l'anglais, Le Mail, 1992, 222 p.
– La drogue sacrée : W. La Barre, *The Peyote Cult* (1938), Yale University Publications, 1969, 188 p. ; C. Castaneda, *L'Herbe du diable et la Petite Fumée*, éd. cit. ; M. J. Harder dir., *Hallucinogens and Shamanism*, Oxford UP, 1973 ; P. T. Furst dir., *La Chair des dieux. L'usage rituel des psychédéliques (Flesh of the Gods. The Ritual Use of Hallucinogens*, 1972), traduit de l'anglais, Éditions du Seuil, coll. « Science ouverte », 1974, 286 p. ; G. Reichel-Dolmatoff, *The Shaman and the Jaguar. A Study of Narcotic Drugs among the Indians of Colombia*, Temple UP, Philadelphie, 1975, xii-280 p.
– La loge de sudation (*inipi* en langue lakota, *sweat lodge*) : C.-M. Edsman dir., *Studies in Shamanism*, p. 337-352 ; Heha'ka Sapa, *Les Rites secrets des Indiens sioux*, éd. cit., chap. 3 (« Le rite de purification ») et 4 ; Danièle Vazeilles, *Oiseau-Tonnerre et Femme Bisonne Blanche*, thèse, université de Paris V, 1984, p. 181-190.
– La musique extatique : P. H. Hamel, *Through Music to the Self*, Shambala Publications, Boston, 1979 ; G. Rouget, *La Musique et la Transe. Esquisse d'une théorie générale de la musique et de la possession*, Gallimard, coll. « Tel », 1980, 504 p.
– La quête d'esprits auxiliaires (*guardian spirit quest*) (voir *infra*, « L'âme séparée ») : J. Frazer, *Totemism and Exogamy*, éd. cit. ; Ruth F. Benedict, « The Concept of the Guardian Spirit in North America », *Memoirs of the American Anthropological Association*, t. 29, Menasha, Wisconsin, 1923 ; G. M. Foster, « Nagualism in Mexico and Guatemala ? », *Acta Americana*, 2, 1944, p. 85-103 ; M. Harner, *La Voie spirituelle du chamane*, Presses-Pocket, coll. « L'Âge d'être », n° 4761, 1994, p. 97 *sqq.*
– La quête d'objets de pouvoir (*li'la wakan* en langue lakota, *power objects*) : J. A. Warner, *The Life and Art of the North American Indians*, Hamlyn, s.d. ; F. J. Dockstader, *L'Art des Indiens de l'Amérique du Nord* (1955), trad. de l'anglais, Hazan, 1962.
– La quête de visions (*hanbleceya* en langue lakota, *vision quest*) : *Élan Noir parle*, *op. cit.* ; Heha'ka Sapa (Wapiti Noir), *Les Rites secrets des Indiens sioux*, éd. cit., chap. 4 (« L'imploration d'une vision ») ; G. Reichel-Dolmatoff, *Le Contexte cultuel du yagé*, *apud* P. T. Furst dir., *La Chair des dieux*, éd. cit. (cérémonie des Indiens Tukano en Amazonie) ; Å. Hultkrantz, *The American Vision Quest*, *apud* U. Bianchi dir., *Transition Rites*, L'Erma di Bretschneider, Rome, 1986, p. 29-43.
– Le rite médecine (jeûne, continence ; chant, prière) : S. Krippner et P. Scott, *Spiritual Healing in North America*, Chiron Verlag, Dusslinge.
– La tente tremblante (*yuwipi* en langue lakota, *shaking tent ceremony*) : J. M. Cooper, « The Shaking Tent Rite among Plains and Forest Algonquians », *Primitive Man*, t. 17, fasc. 3-4, 1944 ; Å. Hultkrantz, *Belief and Worship in Native North America*, Syracuse UP, États-Unis, 1981, p. 65 *sqq.*

Les organisations initiatiques

– L'initiation tribale de puberté : G. CATLIN, *Les Indiens d'Amérique du Nord*, éd. cit. (chez les Mandan, Sioux) ; CONSTANCE GODDARD DU BOIS, *The Religion of the Luiseños Indians of Southern California*, University of California Press, 1908 ; O. STEWARD, *Notes on Pomo Ethnography*, Berkeley, 1930 ; M. ELIADE, *Initiations, Rites, Sociétés secrètes*, Gallimard, coll. « Idées », 1976, p. 74 *sqq.* ; L. SEBAG, *L'Invention du monde chez les Indiens pueblo*, La Découverte, 1971, 507 p. (chez les Hopi).

– L'initiation secrète des « hommes sacrés » (hommes-médecine, chamanes, prêtres) : W. J. HOFFMAN, *The Midê'wiwin or Grand Medicine Society of the Ojibwa*, 7th. Annual Report (1885-1886), BAE, Smithsonian Institute, Washington, 1891, p. 143-300 (confrérie de la Grande Médecine des Ojibwa ; le Midê'wiwin est pratiqué par quatorze tribus dont Hidatsa, Mandan, Omaha, Osage, Pawnee. La notion de totem a été découverte chez les Ojibwa) ; F. BOAS, *The Social Organization and the Secret Societies of the Kwakiutl Indians*, éd. cit. (confrérie des Cannibales des Kwakiutl, Indiens du Canada organisés l'hiver en sociétés secrètes à base d'esprit gardien) ; A. FLETCHER, *The Hako. A Pawnee Ceremony*, 23th Annual Report (1901-1902), BAE, Smithsonian Institute, Washington, 1904 (les *hako* sont les Mystères des Pawnee, Indiens des Grandes Plaines de la famille caddo) ; MATILDA STEVENSON, *The Zuñi Indians. Their Mythology, Esoteric Fraternities and Ceremonies*, 23th Annual Report (1901-1902), p. 1-608 ; R. W. FORTUNE, *Omaha Secret Societies*, Columbia UP New York, 1932, 193 p. ; C. H. DE GOEJE, « Philosophie, Initiation and Myths of the Indians of Guiana and Adjacent Countries », *Archives Internationales d'Ethnographie*, t. 44, 1943, p. VII-XX, 1-136 ; W. N. FENTON, *Masked Medicine Societies of the Iroquois*, Annual Report (1940), BAE, Smithsonian Institute, Washington, 1941, p. 397-429 (confrérie des Faux-Visages chez les Iroquois).

Idées ésotériques

– L'âme séparée : R. KARSTEN, *The Civilization of the South American Indians*, Londres, 1926 ; E. NORDENSKIÖLD, « La conception de l'âme chez les Indiens Cuna de l'isthme de Panama », *Journal des Américanistes*, t. 24, 1932, p. 5-30 ; Å. HULTKRANTZ, *Conceptions of the Soul among North American Indians*, Caston Press, Stockholm, 1953.

– Mythologie : A. AKOUN dir., *Mythes et Croyances du monde*, t. 3 : *Afrique noire, Amérique, Océanie*, Brépols, Turnhout, 1985, p. 217-462.

– La nature sacrée : G. HATT, *The Corn Mother in America and Indonesia*, Anthropos, Fribourg, 1951 ; T. C. MCLUHAN, *Pieds nus sur la terre sacrée* (1971), éd. cit.

– Le sacré (*wakan* en langue lakota, *sacred*) : J. N. HEWITT, « Orenda and a Definition of Religion », *American Anthropologist*, t. 4, fasc. 1, 1892, p. 33-46 (l'*orenda* des Iroquois) ; W. JONES, « The Algonkin Manitou », *Journal of American Folk-lore*, t. 18, 1905 (le *manitou* des Algonkin) ; HEHA'KA SAPA (Wapiti Noir), *Les Rites secrets des Indiens sioux*, éd. cit., chap. 1 (le *wakan* des Sioux).

– Thanatologie : M. ELIADE dir., *The Encyclopedia of Religions*, éd. cit., art. « Afterlife » ; L. E. SULLIVAN, *Icanchu's Drum*, éd. cit., p. 412 *sqq.* ; M. PERRIN, *Le Chemin des Indiens morts. Mythes et Symboles goajiro* (1976), Payot, 1983.

Les hommes sacrés (*wicasa wakan* en langue lakota, *holy men*)
– Le chamane : J. O. Dorsey, *A Study of Siouan Cults*, 11th Annual Report (1889-1890), BAE, Smithsonian Institute, Washington, 1894 ; F. Boas, *The Religion of the Kwakiutl Indians*, Columbia UP, 1930 ; W. Z. Park, « Paviotso Shamanism », *American Anthropologist*, t. 36, 1934, p. 98-113, rééd. New York, 1975 (Indiens de l'Oregon, les Paviotso sont les Païute du Nord) ; W. Z. Park, *Shamanism in Western North America*, Northwestern University, 1938, rééd. New York, 1975 ; E. Houssé, *Une épopée indienne. Les Araucans du Chili*, Plon, 1939, p. 99 *sqq.* ; F. Johnson, « Notes on Micmac Shamanism », *Primitive Man*, t. 16, 1943, p. 53-80 (Indiens de l'est du Canada) ; M. Eliade, *Le Chamanisme* (1951), Payot, 1968, p. 239-267 ; W. Müller, *Die blaue Hütte*, Wiesbaden, 1954 ; F. Schuon, « Chamanisme peau-rouge », *Études traditionnelles*, Éditions Traditionnelles, n°s 378-379, 1963 ; A. Métraux, *Religions et Magies indiennes d'Amérique du Sud* (1967), éd. cit., p. 79-235 ; S. Hugh-Jones, *The Palm of the Pleiades*, Cambridge UP, 1979 (en Amazonie) ; J. C. Crocker, *Vital Souls. Bororo Cosmology, Natural Symbolism and Shamanism* (1980), Arizona UP, Tucson, 1985 (les Bororô : Brésil) ; R. Crépeau dir., « Chamanismes des Amériques », *Recherches amérindiennes au Québec*, Montréal, t. 28, n°s 2-3, automne 1988 ; J.-P. Chaumeil, *Voir, Savoir, Pouvoir. Le Chamanisme chez les Yagua du Nord-Est péruvien* (1982), ÉHÉSS (École des hautes études en sciences sociales), 1984, 352 p. ; M. Perrin, *Les Praticiens du rêve. Un exemple de chamanisme*, PUF, 1992 (les Guajiro) ; Mercedes de la Garza, *Le Chamanisme nahua et maya*, Maisnie-Trédaniel, 1993, 320 p. ; L. Sebag, « Le Chamanisme ayoreo » (Amérique du Sud), *L'Homme*, t. 5, n°s 1 et 2.
– Le guerrier initié : Ph. Drucker, *Kwakiutl Dancing Societies*, University of California Press, 1940, p. 201-230 ; Ph. Descola, *Les Lances du crépuscule. Relations Jivaro, Haute-Amazonie*, Plon, 1994.
– L'homme-médecine (*pejuta wicasa* en langue lakota, *medicine-man*) et le magicien ; E. Nordenskiöld, « Recettes magiques et médicales du Pérou et de la Bolivie », *Journal de la Société des Américanistes*, musée de l'Homme, t. 4, 1907 ; R. de Wavrin, *Rites, Magie et Sorcellerie des Indiens d'Amazonie* (1937), Éditions du Rocher, 1979, 397 p. ; H. Loaiza, *Wanu Pura. Le Chemin des sorciers des Andes*, trad. de l'espagnol, R. Laffont, 1976, 237 p. ; L. Girault, *Kallawaya, guérisseurs itinérants des Andes*, ORSTOM, 1984, 668 p. ; Å. Hultkranz, *Guérison chamanique et Médecine traditionnelle des Indiens d'Amérique* (*Shamanic Healing and Ritual Drama*, 1992), trad., Le Mail, 1995.
– Le possédé par les esprits : K. M. Stewart, « Spirit Possession in Native America », *Southwestern Journal of Anthropology*, 1946, 2, p. 323-339, et 1956, 41 *sqq.* ; A. Métraux, *Le Vaudou haïtien* (1958), Gallimard, coll. « Tel », n° 20, 1977, 357 p. ; E. W. Mühlmann, *Chiliasmus und Nativismus*, 1961.
– Le visionnaire (*ihan'bla* en langue lakota, *visionary*) : voir *supra*, « La quête de visions ».

Les Grand(e)s Initié(e)s sioux
– Wapiti Noir (=Heha'ka Sapa, *Black Elk*, chamane des Sioux teton oglala, informateur, 1863-1950) : R. J. De Mallie, *The Sixth Grand Father Black Elk's Teachings*, University of Nebraska, 1984. Remet les choses au point.
– Cheval Fou (=Ta'sunka Wi'tko, *Crazy Horse*, chef des Sioux teton oglala et visionnaire, 1841-1877) : Marie Sandoz, *Crazy Horse* (1942), Éditions du

Rocher, coll. « Nuage rouge », 1994. Le livre de B. DUBANT sur Crazy Horse (1990) est un plagiat éhonté du livre de S. VESTAL.
— Taureau Assis (=Tatanka Yotanka, *Sitting Bull*, chef des Sioux teton hunkpapa et chamane, 1834-1890) : S. VESTAL, *Sitting Bull* (1932), trad., Éditions du Rocher, coll. « Nuage rouge », 1992.

Les mouvements revivalistes
— Revivalisme en général (dès 1546 en Colombie) : W. LA BARRE, *Mouvements religieux d'acculturation en Amérique du Nord*, et E. SCHADEN, *Le Messianisme en Amérique du Sud*, apud *Histoire des religions*, éd. cit., t. 3, 1976, p. 985-1026, 1051-1109 ; HÉLÈNE CLASTRES, *La Terre sans mal*. *Le Prophétisme tupi-guarani*, Éditions du Seuil, 1975 (La terre sans mal, *yuy marä ey*, est un lieu parfait où les hommes sont immortels. Les Tupi-Guarani vivent, eux, entre Brésil et Paraguay) ; A. W. GEERTZ, *The Invention of Prophecy. Continuity and Meaning in Hopi Indian Religion*, University of California Press, Berkeley, 1994, xxii-490 p.
— Le Culte du peyotl (néo-peyotlisme, 1850) : W. LA BARRE, *The Peyote Cult* (1938), éd. cit. ; M. BENZI, *Les Derniers Adorateurs du peyotl*, Gallimard, 1972, 447 p.
— La Danse des Revenants (*Wana'ghi-Wa'Chipi* en langue lakota, *Ghost Dance*, 1870) : J. MOONEY, *The Ghost Dance Religion and the Sioux Outbreak of 1890*, 14th Annual Report (1892-1893), Dover Publications, New York, 1973 ; W. LA BARRE, *The Ghost Dance. Origins of Religion* (1970), Allen and Unwin, Londres, 1972, xvii-677 p.
— La Danse face au Soleil (*wiwanyang wacipi* en langue lakota, *Sun Dance*, 1890) : HEHA'KA SAPA (Wapiti Noir), *Les Rites secrets des Indiens sioux*, éd. cit., chap. 5 ; J. G. JORGENSEN, *The Sun Dance Religion*, University of Chicago, 1972, XI-360 p.
— Néo-chamanisme (1970) : M. J. HARNER, *Chamane. Les Secrets d'un sorcier indien d'Amérique du Nord* (*The Way of the Shaman*, 1980), trad. de l'anglais, Albin Michel, coll. « Expérience intérieure », 1982, 240 p. (Michael Harner fut Président du département d'anthropologie de la New School for Social Research de New York et coprésident de la section d'anthropologie de l'Académie des sciences de New York) ; G. DOORE dir., *La Voie des chamans* (1988), trad. de l'anglais, J'ai lu, coll. « New Age », n° 2674, 1989, 282 p. (confus) ; RUTH-INGE HEINZE, *Shamans of the Twentieth Century*, Irvington, New York, 1991. Parfois du bon, jamais du meilleur, souvent du pire.

Ésotérismes africains en Amérique
— Cultes afro-brésiliens (Candomblé, Umbanda, Macumba) : R. BASTIDE, *Les Religions africaines au Brésil*, PUF, 1960, 578 p. ; G. LAPASSADE, *Gens de l'ombre (stambali, macumba, hadra, der deba, danse des tarentulés)*, Anthropos-Les Méridiens, 1982. L'Umbanda syncrétise africanisme, catholicisme, spiritisme.
— Cultes afro-caraïbes (Santeria de Cuba, Vaudou de Haïti [culture fon du Dahomey + catholicisme + phallicisme], Shango de Trinidad, Pocomania de la Jamaïque) : A. MÉTRAUX, *Le Vaudou haïtien* (1958), Gallimard, coll. « Tel », n° 20, 1977, 357 p. ; R. BASTIDE, *Les Cultes afro-américains*, apud *Histoire des religions*, éd. cit., t. 3, 1976, p. 1027-1047.
— Cultes afro-guyanais (Winti) : R. PRICE, *Afro-Surinamese Religion*, apud M. ELIADE dir., *Encyclopedia of Religions*, éd. cit., t. 1, p. 105-107.

Les formes anciennes de l'ésotérisme amérindien
– Civilisations préhistoriques et protohistoriques : JOLY, *Les Mound Builders* [500 av. J.-C.-XVIe s.], Congrès international des Américanistes, t. 1, p. 387-392 ; SANDERS et PRICE, *Mesoamerica. The Evolution of a Civilisation*, New York, 1968.
– Civilisations précolombiennes (Aztèques, Incas, Mayas...) : L. BAUDIN, *La Vie quotidienne au temps des derniers Incas*, Hachette, 1955 ; J. E. THOMPSON, *Grandeur et Décadence de la civilisation maya* (1954), trad. de l'anglais, Payot, 1958, 308 p., 46 fig. (nouvelle éd. 1993) ; J. SOUSTELLE, *La Vie quotidienne des Aztèques à la veille de la conquête espagnole* (1955), Le Livre de poche, 1983, n° 5801 ; F. SCHWARTZ, *Les Traditions de l'Amérique ancienne*, Dangles, 304 p., 200 fig.

Et les femmes ?
A. MÉTRAUX, *Religions et Magies indiennes d'Amérique du Sud*, éd. cit., p. 177-235 ; CHARLOTTE J. FRISBIE, *Kinaaldá. A Study of the Navaho Girl's Puberty Ceremony*, Wesleyan UP, Midddletown, 1968, XIII-437 p. ; A. ESTRADA, *Autobiographie de Maria Sabina, la sage aux champignons* (1977), trad. de l'espagnol, Éditions du Seuil, 1979 ; DANIÈLE VAZEILLES, *Oiseau-Tonnerre et Femme Bisonne Blanche. Dynamisme du chamanisme des Indiens Sioux-Lakota*, thèse, université de Paris V, 1984 ; M. COCAGNAC, *Rencontres avec Carlos Castaneda et Pachita la guérisseuse*, Albin Michel, coll. « Spiritualités vivantes », 1991, 250 p.

5. LES ASIATIQUES

Aux pays des Hou, des Mo et des Hiong Nou
Rien ne gêne le corps ou ne retient les cheveux
Ils se tiennent accroupis et parlent en opposition
Mais leurs pays ne furent jamais anéantis
Il n'est pas certain qu'ils soient dépourvus de Rites.
LIEOU NGAN,
Houai-nan-tseu, chap. 11

REPÈRES ETHNOLOGIQUES DES ASIATIQUES PRIMITIFS
Les Eskimo, originaires d'Asie, débordent l'Asie.

Asie du Nord (Sibérie et Eurasie septentrionale)[1]
– Sibérie (34 ethnies) : Mongols du Nord (**Toungouses** [=Evenk], Bouriates, Samoyèdes du Nord, Kalmuk...), paléo-Arctiques (Youkaghir, Tchouktches, Koriak [=Nymylan], Ghiliak [=Nivkh], Kamtchadales [=Itel'men], Eskimo [=Inuit]), Ouraliens (Vogoul [=Manse], Ostiak [=Khante]...), Türks du Nord (Tatar, Khakass, Touvin, Yakoutes [=Sakhá]...)

---

1. On a isolé, depuis F. Boas, une aire culturelle du Pacifique Nord, très cérémonielle, comprenant Sibériens du Nord-Est et Amérindiens du Nord-Ouest, Eskimo du Pacifique.

LES ASIATIQUES 203

- Eurasie septentrionale : Lapons (=Saami) (en Europe), Aïnou (au Japon), **Eskimo** d'Asie

Asie du Centre (Mongolie, Türkestân chinois [=Sin-kiang], Tibet)
- Türks [1] : Kazakh, Kirghiz, Ouïghour, Ouzbek, Tatar, Türkmène...
- Mongols et Mandchous (sous-groupe des Toungouses du Sud) : Khalka, Kalmouk, Ordo, Bouriates, Oïrat, Tümet...
- Népal (12 ethnies) : Newar, Gurung, Sherpa, Thami...
- Tibet : K'iang, Ladakhi, Tö-pa, Deng...

Asie du Sud (Inde, Pâkistân, Ceylan, Népal ; Sikkim, Bhoutan)
- Inde : proto-Australoïdes (Bhîl, Kol, Munda...), Drâvidiens (Toda, Gondi...)
- Ceylan (=Sri Lanka) : Négrito vedda
- Bangla-Desh : Chakma, Magh, Murang, Tipra...

Asie du Sud-Est
- Indochine (Birmanie, Laos, Thaïlande [=Siam], Cambodge, Viêt-nam) : Miao-Yao (Hmong [=Miao du Nord]...), Tibéto-Birmans (Lolo [=Yi, dont Lissou], Birman, Loutseu [=Nu]...), Tai-Kadaï (Thaï, Lao, Tchouang...), qui sont des groupes de la famille sino-tibétaine ; proto-Indochinois [=Moï chez les Viêt, Kha chez les Lao, Phnong chez les Khmer] (Mnong, Maa', Jörai, Lamet, Katü, Wa, Sedang...)
- Chine (55 ethnies non-Han, 7 % de la population) : Altaïques (Mongols, Toungouses-Mandchous, Türks), Indo-Européens (Tâdjik), Sino-Tibétains (Miao-Yao, Tai-Kadai, Tibéto-Birmans), Austro-Asiatiques (Viêt, **Môn-Khmer**, Munda), Austronésiens de Taiwan (Ami, Paiwan, Bunun...)

Asie du Sud-Ouest (Moyen-Orient)
- Afghânistân : Türks, Mongols (Hazara), Indo-Européens (Baloutchi)...
- Iran : Indo-Européens (Kurdes, Tâdjik, Baloutchi), Türks (Türkmènes, Kazakh, Ouzbek ; Azéri)
- Levant (=Proche-Orient) (Égypte ; Israël, Arabie Sa'ûdite, Liban, Jordanie, Syrie, Irâq ; Turquie) : Türks (Tatar, Bashkir, Azéri, Türkmènes, Kirghiz, Ouïghour...), Arabes, Iraniens (Indo-Européens : Kurdes, Tâdjik, Baloutchi...)

Archipels d'Asie
- Corée : Sibo...
- Japon : Aïnou
- monde Malais (Philippines, péninsule de Malaka, Indonésie) : Négrito (Pygmées d'Asie : Kuba, Sémang, Aëta), proto-Malais (Batak, **Dayak**, Igorot...), deutéro-Malais (Javanais, Balinais, Atjeh...). De nombreux auteurs placent le monde Malais en Océanie.

On peut aussi découper une aire culturelle arctique, de type chamanique. L'Arctique, du point de vue géographique, couvre, dans leur nord, Amérique, Europe, Asie ; elle comprend du point de vue ethnographique : Eskimo, Lapons, Sibériens, Aïnou. Du point de vue linguistique, on distingue en Asie du Nord les familles suivantes : altaïque (groupes mongol, toungouse-mandchou, türk), eskimo-aléoute et finno-ougrien (groupes votiak, samoyède...).
1. « Türk » désigne un groupe d'ethnies originaires d'Asie centrale au VIe s., alors que « turc » renvoie à leurs civilisations modernes d'Anatolie à partir de 1025.

« Asie mystérieuse » ? Non, Asie multiforme. Les langues asiatiques offrent quatre, cinq, six tons : celui qui prend sa première leçon de chinois se désespère déjà en confondant *ma* (mère), *ma* (chanvre), *mâ* (cheval), *mà* (jurer), sans parler du *ma* atone ! Les ethnies s'imbriquent. Les danses présentent des gestes qui demandent de longues, longues années d'apprentissage. Mais le sourire de l'Asiatique est simple. Ainsi commence l'amour pour l'Asie, qui part d'un sourire et continue sur des rires. Car l'Asiatique, le Jaune n'est pas — comme on le répète — impassible. Il est attentif à l'extérieur et concentré à l'intérieur.

L'Asiatique primitif est quelqu'un pour qui tout compte, et l'Asiatique civilisé est quelqu'un qui compte tout.

L'ÉSOTÉRISME JAUNE

Parmi les nombreux peuples d'Asie, la distinction entre Primitifs et Civilisés devient délicate. On trouve des ésotérismes primitifs, des ésotérismes involués, des ésotérismes survivants, des ésotérismes civilisés.

- PRIMITIFS : On rencontre des sociétés incontestablement primitives, dont les Négrito (Sémang de la forêt malaise, Aëta des Philippines, Vedda de Ceylan)[1], les six grandes tribus de l'Inde (Gond, Bhîl, Santal, Munda, Oraon, Khond). Leur ésotérisme, quand il existe, est oral, tribal. En Inde, les animistes ne représentent plus que 1,5 % de la population. En Indochine, on trouve toujours des Thaï qui sont restés fidèles à leurs traditions chamaniques ou médiumniques, qui ont résisté au Bouddhisme : Thaï Dam, Thaï Khao, Thaï Deng.
- INVOLUÉS : Des sociétés se sont, si j'ose dire, décivilisées[2]. Elles ont perdu l'usage de l'écriture ou ne savent plus construire des villes. Les Yao groupe Mien, que le voyageur rencontre en Chine et en Indochine, pratiquent moins un animisme évolué qu'un Taoïsme involué et un chamanisme sauvage. Ils avaient embrassé le Taoïsme vers 1200.
- SURVIVANTS : Inversement, il y a le phénomène des survivances. On note la présence d'éléments primitifs dans des sociétés civilisées, chez les Viêtnamiens, les Turcs, les Tibétains, etc. Certains ésotérismes ont ainsi sauté de la rive primitive à la rive civilisée. Le tantrisme, par exemple, qui existe dans l'Hindouisme ou le Bouddhisme, a dû naître au milieu de certaines tribus indigènes de l'Inde, pour ensuite se donner figure savante.
- CIVILISÉS : Les peuples asiatiques ont, en majorité, accepté « l'évolution », « la civilisation ». En Indochine, comme le dit Coedès, « les Khmer sont des Phnong hindouisés[3] », et, comme le dit Dournes, « les Cham sont des Jörai hindouisés ».

---

1. P. Schebesta, *Die Negrito Asiens*, 2 t. en 3 vol., Vienne, 1952-1957.
2. Voir *supra*, p. 86 (« L'ésotérisme primitif selon l'ésotérisme occidental »).
3. G. Coedès, *Les États hindouisés d'Indochine et d'Indonésie* (1948), De Boccard, 1989, 494 p.

Ces diverses sociétés peuvent se mélanger, coexister, s'entre-tuer. Au Tibet, le chamanisme Bön, de structure primitive, a été combattu par le lamaïsme Nyingma-pa, de structure civilisée. Ce sont pourtant deux ésotérismes.

Dans les sociétés asiatiques occidentalisées, l'ésotérisme émerge de-ci de-là. Il était autrefois le damier sur lequel se construisaient ces sociétés, il n'est plus aujourd'hui qu'un pion. Les Chinois essaient depuis 1949 d'éliminer au Tibet tout élément ésotérique. Au nom d'intérêts économiques, les grandes nations ferment les yeux : il vaut mieux que les Tibétains perdent dix temples plutôt que les Américains ou les Français l'achat par Pékin de dix hélicoptères !

Peut-on discerner une spécificité de l'ésotérisme primitif asiatique ? Qu'est-ce qui distingue l'ésotérisme des Primitifs asiatiques d'une part de l'ésotérisme des Primitifs des autres continents, d'autre part des ésotérismes civilisés d'Asie (Taoïsme, Zen, Soufisme...) ?

On constate que les initiations tribales y jouent un moindre rôle que dans les autres continents. Quelles voies d'initiation l'Asiatique primitif suit-il ? L'enseignement devient plus important. On observe chez les hommes du Mystère aussi bien des médiateurs (médium, possédé par les esprits, chamane), gens qui ont un rapport corporel avec le sacré, que des transmetteurs (maître d'initiation, instructeur, maître des rites, sage...) qui en restent à un rapport d'esprit avec les esprits.

La figure centrale de l'ésotérisme africain est le « féticheur », l'homme sacré qui pratique la magie, la guérison magique ; la figure centrale de l'ésotérisme amérindien est « l'homme-médecine », l'homme sacré qui guérit par des visions, grâce à ses esprits gardiens ; la figure centrale de l'ésotérisme océanien est « l'invocateur », qui, chamarré, tatoué, s'adresse aux dieux, répète leurs messages [1]. La figure centrale de l'ésotérisme asiatique sera le chamane. Ce que donne l'Asie primitive en matière d'ésotérisme, c'est l'**ésotérisme des chamanes**. Le modèle sera le chamane sibérien. Les Sibériens restent l'ethnie vedette des éso-ethnologues non seulement parce les ethnographes l'ont étudiée de fort près, mais surtout parce que le chamane sibérien [2] représente, d'après nos connaissances actuelles, le type même du chamane. D'une part il sait entrer volontairement en extase, c'est-à-dire séparer son âme de son corps pour acquérir une puissance spirituelle, d'autre part il sait maîtriser les esprits

---

1. Sur le féticheur africain, voir *supra*, p. 122 (« Les porteurs de puissance ») ; sur l'homme-médecine amérindien, *supra*, p. 155 (« Les notions occultes ») ; sur l'invocateur océanien, *infra*, p. 278 (« Polynésie »).
2. M. Eliade, *Le Chamanisme et les Techniques archaïques de l'extase* (1951), Payot, 1968, 405 p. H. N. Michael dir., *Studies in Siberian Shamanism*, University of Toronto Press, 1963, 229 p. M. Hoppal dir., *Shamanism in Eurasia*, Herodot, Göttingen, 1984, 2 vol., 475 p.

pour utiliser leur puissance. Il sait et il peut. Il connaît âme et esprits, il domine âme et esprits. Le chamane, bien sûr, se retrouve en Indochine, en Chine, ailleurs.

L'ésotérisme des Primitifs d'Asie est un **ésotérisme des hauteurs**. Il s'élance vers les nuages, il traverse les cieux, il part hardiment à la conquête de l'inconnu. Il rêve moins que l'ésotérisme des Primitifs d'Océanie, il imagine. Il répète moins que l'ésotérisme des Primitifs d'Afrique, il cherche. Il observe moins que l'ésotérisme des Primitifs d'Amérique, il interprète. Il aime enfiler les images, associer les idées, combiner les mythes.

LES INITIATIONS

Au degré le plus simple, le plus commun, prend place **l'initiation tribale**, soit pubertaire soit culturelle. On ne trouve pas d'initiation tribale en Sibérie, ni en Mongolie [1]. Au Laos, l'initiation de puberté existe, assez discrète, on la confond avec d'autres cérémonies ; elle donne plus de liberté au jeune, tout en l'intégrant au monde des ancêtres, à travers un rite où l'on noue des cordes aux poignets, où l'on mange des œufs : thème du rattachement à l'origine. Chez les habitants des îles Andaman [2], dans le golfe du Bengale, les jeunes gens âgés d'onze ans environ cessent de consommer les mets les plus agréables, tortue, miel, porc, etc. Ils doivent exécuter une danse. Ils observent des périodes de silence. Les jeunes filles prennent des noms de fleurs, pour mieux marquer qu'elles sont pubères et initiées. En Insulinde, les jeunes garçons et les jeunes filles subissent un limage des incisives ou des canines supérieures : thème de l'humanisation. Chez les Yao, l'initiation féminine commence avec la première menstruation et s'achève avec le premier accouchement. La jeune fille dayak suce le sang d'un jeune homme, pour avoir en elle, femme, un élément masculin [3] : thème de l'androgyne. Mais, répétons-le, l'initiation de puberté n'a pas grand place. La discipline de l'arcane peut jouer.

[Phase 1 : séparation] Dans l'Ouest de Céram [Seram, île d'Indonésie], les garçons, à l'âge de la puberté, sont admis dans l'association kakienne, [...] dont

---

1. « Les rites d'initiation religieuse et sociale sont connus de tous les peuples à l'exception des Indo-Européens et des Mongols » (Claude Rivière). Disons plutôt que les initiations tribales, les rites de puberté sont plus masqués chez les Grecs (H. Jeanmaire, *Couroï et Courètes*, Lille, 1939), chez les Indiens (Margaret Sinclair Stevenson, *Les Rites des deux fois nés*, 1920, trad. de l'anglais, Le Soleil Noir, 1982), chez les Iraniens (Mary Boyce, *Zoroastrians*, Routledge and Kegan Paul, Londres, 1979)... Effectivement, on ne voit pas nettement une initiation celte de puberté, malgré l'initiation sacerdotale (druidique) ou guerrière (C. Guyonvarc'h, « L'initiation celtique », *Connaissance des religions*, t. 8, n° 4, mars 1993, p. 340-351).
2. A. R. Radcliffe-Brown, *The Andaman Islanders* (1922), The Free Press, Glencoe, Illinois, 1948.
3. H. Ling-Roth, « The Native of Borneo », *Journal of the Royal Anthropological Institute*, t. 23, 1893, p. 41 *sqq*.

l'un des objets principaux est l'initiation des jeunes hommes. [...] La maison kakienne est un hangar en bois, de forme oblongue, située sous les arbres les plus sombres dans les profondeurs de la forêt [...].

[Phase 2 : mort symbolique, transformation] Chaque jeune garçon est guidé par la main par deux hommes, qui font comme acte de parrains ou de tuteurs, et veillent sur lui pendant la période d'initiation. Quand tout le monde est assemblé devant le hangar, le grand prêtre invoque les diables. On entend immédiatement un bruit affreux dans le hangar. Il est produit par des hommes munis de trompettes de bambou, qu'on a introduits en secret dans le bâtiment par une porte de derrière ; mais les femmes et les enfants croient que ce sont les diables qui font ce vacarme et sont terrifiés. Alors les prêtres pénètrent dans la maison, suivis des jeunes gens à la queue leu leu. Aussitôt que chaque jeune homme a disparu dans la maison, on entend un bruit sourd, un cri affreux retentit, et à travers le toit paraît une épée ou une lance dégoulinante de sang. C'est la preuve que le jeune homme a eu la tête coupée et que le diable l'a emporté dans l'autre monde, pour l'y régénérer et l'y transformer. Aussi, à la vue de l'épée ensanglantée, les mères pleurent et se lamentent, en criant que le diable a tué leurs enfants. [...] Ils restent dans le hangar pendant cinq ou neuf jours. Ils y demeurent dans l'obscurité [...].

[Épreuves initiatoires] Pendant son séjour dans la maison kakienne, on exécute avec des épines, sur la poitrine ou sur les bras de chacun des garçons un tatouage d'une ou deux croix. Quand ils ne dorment pas, les jeunes gens doivent rester accroupis sans remuer un muscle.

[Discipline de l'arcane] Tandis qu'ils sont assis en ligne, les jambes croisées, le chef prend sa trompette, en place l'embouchure dans les mains de chacun d'eux et parle dans cette trompette sur un ton étrange en imitant la voix des esprits. Il commande aux jeunes gens, sous peine de mort, d'observer les règles de la société kakienne, et de ne jamais révéler ce qui s'est passé dans la maison kakienne.

[Enseignements initiatoires] Les prêtres disent aussi aux novices de bien se conduire envers tous leurs parents de leur sang, et ils leur apprennent les traditions et les secrets de la tribu. [...]

[Phase 3 : réintégration, résurrection symbolique] Après un jour ou deux, les hommes qui ont joué le rôle de tuteurs ou de parrains des novices retournent au village, porteurs de la joyeuse nouvelle que le diable, devant l'intercession des prêtres, a rendu la vie aux jeunes gens. [...] Quand les garçons reviennent chez eux, ils marchent en chancelant, entrent dans la maison à reculons comme s'ils avaient oublié l'art de marcher comme il faut ; ou bien ils entrent dans la maison par la porte de derrière. [...] Leurs parrains doivent leur apprendre tous les petits gestes de la vie, comme s'ils étaient des nouveau-nés.

J. G. Frazer, *Le Rameau d'or* (1890-1915), VII : *Balder le Magnifique*, trad. de l'anglais (1920-1930), Robert Laffont, coll. « Bouquins », 1984, t. 4, p. 334-335.

L'Asiatique qui a suivi **l'initiation supérieure**, soit occulte (magie, divination, médecine) soit spirituelle (généalogies, mythes, chamanisme), atteint un degré plus élevé de connaissance, de puissance, de jouissance.

Jeanne Cuisinier a décrit l'initiation des Malais à la magie, en employant malencontreusement le mot « sorcier » à la place du mot « magicien ». Certains éléments hindous ou musulmans s'ajoutent à la tradition.

Il y a deux sortes de révélations *(tuntut)*. [...] Là où nous disons « révélation », le Malais dit « recherche ». *Tuntut*, c'est à la fois tendre à la connaissance et y parvenir. [...]
- [La première espèce est] la révélation acquise volontairement par le jeûne, la prière, la retraite et les pratiques ascétiques. [...] La révélation est obtenue en rêve, parfois, et parfois aussi le reclus sent simplement qu'un esprit le pénètre, le protège ou le domine ; il perçoit ainsi que le pouvoir de cet esprit lui est dévolu et se sent autorisé à se dire son délégué et à agir comme tel. [...]
- La seconde espèce de révélation pourrait être appelée une révélation gratuite, en ce sens qu'elle n'est pas cherchée, qu'elle surprend à l'improviste celui qui s'en servira par la suite, sans qu'il doive accomplir aucune pratique, sans qu'il ait à remplir volontairement aucune condition ; il en est une pourtant à laquelle il est soumis : celle d'être récemment devenu fou ; on voit qu'elle est indépendante de tout choix. Dans les familles de non-sorciers, cette forme de révélation n'est pas sans exemples, mais elle est exceptionnelle [...].

Bien que les deux catégories de *bomor* [magicien, en malais], héréditaires *(bomor pesaka)* et par enseignement *(bomor belajar)*, soient toujours présentées par les Malais comme deux catégories qui s'opposent l'une à l'autre, une étude de l'enseignement de la magie fera ressortir l'importance essentielle qu'a la transmission du droit à la délégation. [...] La clientèle des sorciers établit une hiérarchie absolue entre les différentes catégories de magiciens ; elle accorde son respect et sa confiance :

[1re voie de recrutement] d'abord aux *bomor* héréditaires qui ont eu une révélation,

[2e voie de recrutement] puis aux *bomor* héréditaires qui n'en ont pas eu,

[3e voie de recrutement] ensuite aux *bomor* non héréditaires qui ont eu une révélation à la suite d'une crise de folie *(gila)*,

[4e voie de recrutement] et après seulement aux *bomor* par enseignement. [...]
- L'hérédité est avant tout la transmission du pouvoir dont le sorcier est seulement le dépositaire ou un des dépositaires. Son savoir *(ilmu)* n'est qu'un dépôt, son pouvoir *(kuasa)* n'est qu'un dépôt ; il se doit de les garder jalousement. [...] En règle générale l'exercice de la magie se continue de père en fils, qu'il y ait ou non révélation. S'il n'y en a pas, rien n'empêche l'hérédité de se combiner avec l'enseignement ; le père n'est pas nécessairement l'instructeur de son ou ses fils. [...]
- L'enseignement doit être payé à l'ancêtre originel. [...] D'autre part, le maître peut exiger un payement en nature (vêtement, pièce d'étoffe rare, arme, etc.). [...] [L'initiation-processus] Un même aspirant à la magie peut être à la fois ou successivement le disciple de plusieurs maîtres, s'il veut connaître des formules de guérison, des formules de capture d'animaux, des formules d'envoûtement, etc., mais c'est contraire à l'usage, le sorcier étant avant tout un spécialiste. [...]

Le secret a pour but d'accroître l'efficacité ; sa violation aurait pour résultat de frapper de nullité les formules imprudemment livrées par le sorcier au curieux ou au rival. Mais comment l'enseignement est-il possible si le secret est une des conditions de la réussite ? L'initiateur, si loyal qu'il ait été, ne lui a pas tout dit, ne lui a pas livré le secret total. Quand les incantations sont récitées mentalement ou murmurées à mi-voix on ne court pas le risque qu'elles soient surprises par des oreilles indiscrètes ; chantées encore, l'accompagnement couvre en partie la voix et empêche l'audition claire des paroles ; au contraire l'incantation parlée peut être entendue, sinon comprise, par n'importe qui, aussi le sorcier précipitera-t-il son débit et rendra-t-il sa prononciation volontairement indistincte, multipliant les contractions, substituant un son à l'autre, tronquant les mots ou les déformant. Parfois aussi il aura recours à une langue étrangère ; des passages entiers sont en javanais, des passages entiers en siamois. Enfin, la barrière la plus sûre réside dans l'emploi de symboles : il faut savoir qu'une montagne c'est la tête, que les sept plaines sont le front, les bras, les avant-bras et les cuisses, que les cinq palais sont le cœur, le foie, la rate et les poumons. [...]

[L'initiation-cérémonie] La cérémonie *(perkêras guru)* doit avoir lieu un matin entre six et dix heures suivant le jour choisi, et ce doit être dans la quinzaine de la lune croissante. [...] Le néophyte [*anak*, enfant, ou, en arabe, *murid*, disciple] a acheté la veille ou l'avant-veille — car il faut qu'elle soit neuve — une pièce de coton blanc de quatre à cinq mètres de long. [...] L'initiateur [*guru*, mot sanskrit] prépare d'abord l'eau destinée au bain ou plus exactement à l'aspersion de l'aspirant *bomor* : il mêle à trois ou quatre litres d'eau le jus de cinq citrons et l'écorce râpée de la liane *beluroh* ; il filtre l'eau, puis y fait dissoudre un petit comprimé de poudre *(bedak)*, ensuite il récite en soufflant *(tiup-siup* à Kelantan) sa formule habituelle de consécration ou une formule abrégée :

Hei hidu puteh penawar puteh Ô pure senteur de la purification
turun di gunong puteh descends de la montagne blanche
berteja di pinggang puteh... ceinturée de blancheur lumineuse...

Le récipiendaire est alors invité à se doucher, ce qu'il fait debout, drapé dans la moitié de coton blanc et face à l'Est. [...] Pendant ce temps, le second *bomor* — aidé parfois par le *guru* — a préparé le *kenduri*, offrandes comestibles accompagnées ou non d'offrandes non comestibles. [...] L'initiateur allume un petit cierge, le passe au néophyte qui l'élève, tenu entre ses paumes jointes, trois fois vers l'Est, trois fois vers le Nord, trois fois vers le Sud et trois fois vers l'Ouest. Ensuite l'initiateur introduit quelques grains de riz dans une feuille de cocotier nouée comme un ruban ; il tient ce nœud de feuille devant le front du néophyte en récitant sa formule de déliement :

Aku mêlêpas !
Je délie !

D'après Jeanne Cuisinier, *Danses magiques de Kelantan* [État de Malaysia], Travaux et mémoires de l'Institut d'ethnologie, n° XXII, 1936, p. 3-27, 129.

LES ESPRITS

La notion occulte clef, chez les Primitifs d'Asie, demeure celle d'esprits. Au pluriel. Cet **ésotérisme des esprits** requiert des médiateurs entre Terre et Ciel parce qu'il y a des esprits sur Terre et au Ciel. Le médium consulte les âmes des morts ; le possédé reçoit des génies ; le chamane travaille avec ses esprits gardiens ; le magicien agit sur telle ou telle âme. D'autre part, les mythes et les rites reposent sur cette notion d'esprits. Le Civilisé insiste sur les divinités directrices, le Primitif insiste sur les esprits subordonnés. Quand on discute avec l'Asiatique primitif, il fait aussitôt référence aux esprits, pour expliquer les naissances, les maladies, les événements. Les autres Primitifs aussi, mais l'Asiatique en fait un

système, une clef, une hiérarchie, un modèle. Il apporte des précisions, des contes, des faits, des anecdotes. Il distingue les esprits d'après ses lieux d'habitation, ses rapports bénéfiques ou maléfiques avec les hommes (comme l'esprit de la peste), leur origine humaine ou non...
Qu'est-ce qu'un esprit ? Un esprit fonctionne comme un mot. De même qu'un mot peut désigner une chose réelle ou une idée, ou ne rien désigner, ne servir que de lien, de même un esprit figure une force naturelle ou une idée, ou sert d'explication facile. Le mot n'a guère de statut scientifique, l'esprit non plus. Mais, penser en termes d'esprits ou identifier avec des mots, permet déjà de bien avancer, d'éviter beaucoup d'angoisses. L'esprit comme le mot dénote un objet, une action, un état, une qualité, une relation... Il y a l'esprit des rennes (Arctique), l'esprit de la moisson (Chine), l'esprit de la médecine, etc. Un esprit, comme une langue, permet de dialoguer avec l'inconnu. Sans doute s'agit-il de conventions : pourquoi dire « esprit » plutôt que « xyz » ? mais ça fonctionne, ça agit, on fait dire les choses.

Prenons le cas des Toungouses occidentaux. Quels esprits fréquentent-ils ? Il ne s'agit pas, pour eux, de « croire », mais de communiquer. Le chamanisme, de structure ésotérique, ne pose pas une foi, mais une pratique du sacré. Les Toungouses, en premier lieu, admettent, comme tous les peuples sibériens, une grande divinité céleste, qui favorise la fécondité, c'est-à-dire la naissance des enfants, la reproduction des rennes, l'abondance du gibier. Cette divinité s'appelle Maïn (entre autres noms). En deuxième lieu, les Toungouses parlent d'esprits-maîtres. Ces puissances gouvernent certaines espèces animales (comme la zibeline ou le renard), certains lieux (comme un territoire à gibier ou le royaume des morts), certains phénomènes naturels (comme le feu ou la foudre). Chaque esprit-maître a une figuration ; ainsi, l'esprit-maître du feu ressemble à une vieille femme. En troisième lieu, les Toungouses admettent les esprits chamaniques. On en parlera plus bas, à propos du chamane toungouse.

Chez les Türks et les Mongols[1], le mot *edjen*, « esprits-maîtres », désigne à l'origine des lieux sacrés, forêts, montagnes, eaux, terres, puis des animaux (abandonnés, isolés) ou des plantes, enfin des maîtres-possesseurs, des âmes, des animateurs. *Edjen* suppose respect.

Les Thaï et les Lao voient des *phi* partout. Par *phi*, ils entendent défunts, revenants, aïeux, génies du sol ou du village, génies protecteurs des lignages, divinités célestes, tous les esprits. Si à la question, posée avec un sourire : « As-tu peur des esprits ? *Boo yaan phi boo ?* » on répond « non », le courant avec les Lao ne passe plus. J'en ai fait souvent

---

1. J.-P. Roux, *apud* Y. Bonnefoy dir., *Dictionnaire des mythologies*, Flammarion, 1981, t. I, p. 368.

l'expérience. En Birmanie, ce sont les *nat* [1], qui protègent champs, villages, maisons, forêts. Les Malais s'adressent aux génies du village ou de la maison, aux génies et aux esprits des plaines ou des rivières ou des forêts, aux esprits des tombes, aux ancêtres, à l'esprit du tigre, mais aussi — du fait de l'acculturation — aux *jinn*, à Allâh, aux dieux hindous.

Les esprits ne concrétisent pas des « superstitions », des « archaïsmes ». Simplement, là où l'Occidental place un concept, une idée générale, l'Asiatique préfère avancer un esprit, une puissance particulière, et l'Océanien une puissance générale (le *mana*). L'Asiatique ne parle pas du concept de chien, mais du maître-des-chiens, il ne propose pas l'idée de feu, il croit en un esprit-du-feu. Il ne se montre pas plus étrange que l'Européen qui agite son idée de Progrès, ou qui appelle « cancer » quantité de maladies. Un esprit, c'est une force devenue substance, elle est donc plus facile à connaître, plus facile à manier. On met une puissance en image. Le concept de chien ne mord pas, disait Spinoza. L'esprit de chien, oui, car on maîtrise alors la puissance canine. L'effet ressemble à un autre phénomène psychique, celui de la conscience. Dès lors que je me sens malade, je deviens malade, la maladie devient active, mais je peux aussi la rejeter, la nier, la transformer, l'interpréter. Quand on fait d'une chose un esprit, on en prend la seule puissance. On en fait la quintessence. On en extrait la force vive, le principe actif. Comme l'alchimiste.

L'initié a souvent pour initiateur un esprit.

Sur la rive escarpée d'un fleuve, il y a la vie et une voix qui parle. J'ai vu le maître de la voix, et j'ai parlé avec lui. Il s'est soumis et s'est sacrifié à moi. Hier, il est venu pour répondre à mes questions. Le petit oiseau gris à la gorge bleue est venu sur la branche creuse pour chanter des chants chamaniques. Il appelle ses esprits et célèbre des rites chamaniques.

Chamane tchouktche, cité par W. Bogoras, *The Chuckchee, apud* F. Boas dir., *The Jessup North-Pacific Expedition*, Memoirs of the American Museum of Natural History, n° 11, New York, 1904-1910, p. 281.

L'esprit, les esprits aident l'initié à guérir, à chasser d'autres esprits, mauvais, eux.

> Écoute.
> Je suis un chamane.
> Les esprits s'élèvent pour moi.
> Ils s'approchent de moi.
> Les esprits animaux
> Viennent maintenant à mon aide.
> [...] Laisse cet homme qui est malade.

Chamane sibérien, cité par D. Cloutier, *Spirit, Spirit,* Providence, 1973, p. 11.

---

1. A. Souyris-Rolland, « Contribution à l'étude du culte des génies tutélaires ou *neak-ta* chez les Cambodgiens du Sud », *Bulletin de la Société des études indochinoises*, t. 26, fasc. 2, 1951, p. 160-173. Solange Thierry, « Génies du sol en Asie du Sud-Est », apud

Proche de la notion d'esprit, apparaît celle de souffle vital. Les Primitifs d'Asie parlent volontiers de **souffles vitaux** [1], d'esprits de vie, qu'il faut connaître pour conserver la santé, utiliser sciemment ses forces. Les Viêtnamiens pensent que tout homme possède deux groupes d'âmes : trois *hôn* (« esprits vitaux supérieurs ») et des *vía* (« esprits vitaux inférieurs ») au nombre de sept pour l'homme et de neuf pour la femme. Pour le Cambodgien, tout homme contient dix-neuf « esprits vitaux » *(praling)*, et leurs gardiens, les élémentaux, les esprits des quatre Éléments *(chato pout)* qui sont établis dans les apophyses des chevilles et des poignets. Car tous ces esprits sont parents et interactifs. Ainsi agissent les correspondances. Chez les Mnong Gar, le monde humain se trouve entre sept étages habités par des génies, au-dessus, et, au-dessous, sept étages habités par des morts ; lorsqu'un génie *(yaang)* immole un esprit vital *(hêeng)*, le corps de l'homme qui lui correspond meurt, chaque buffle terrestre correspond à un génie terrestre (selon G. Condominas). Aujourd'hui, les Thaï admettent trente-deux souffles vitaux *(khuan)*, « correspondant aux trente-deux parties du corps mentionnées dans les textes canoniques bouddhiques ». Au Laos, j'ai fréquemment bénéficié de cérémonies appelées *baassi* (>*baçi*, « cordelettes ») ou *sou khouan* (>*suu khuan*, « rappel des âmes »), qui consistent, en nouant des cordelettes aux poignets, à protéger, à renforcer un individu par une action symbolique qui réunit ses souffles vitaux entre eux et avec leur possesseur. Depuis je suis en forme ! avec tous mes esprits vitaux !

LES MÉDIATEURS DU MYSTÈRE EN GÉNÉRAL

Dans l'Asie primitive, la définition des médiateurs du Mystère se fait sur fond d'opposition, comme en Afrique le combat entre magiciens et sorciers. Ici, la confrontation se déplace de la terre au ciel, du plan social au plan mental. On retrouve notre ésotérisme des hauteurs. Le possédé asiatique s'oppose au fou, bien qu'il lui ressemble un peu ; le chamane asiatique s'oppose au sorcier, bien qu'il puisse parfois le remplacer. En Asie, la distinction entre initié et non-initié, capitale en Afrique, s'efface au profit d'une gradation. On est plus ou moins initié. On retrouve cela en Amérique ou en Océanie. L'Asie primitive veut, elle, savoir comment, par quoi. Ainsi sera défini le médiateur du Mystère : est-il l'intermédiaire de morts, de génies ou de dieux ? est-il le transmetteur d'un rite, d'une doctrine, d'un mythe ou d'une technique ? le Mystère concerne-t-il l'individu, la collectivité, les animaux ou les esprits ? L'ésotériste asiatique se détermine. En même temps, il doit faire davantage la preuve de ses pouvoirs. Ailleurs, on craint le magicien en soi, on croit le chamane par

---

Dictionnaire des mythologies, t. 1, p. 444-450. *Encyclopédie philosophique universelle*, PUF, 1990, vol. II, t. 2, p. 3160, art. « Nat ».
1. *Encyclopédie philosophique universelle*, vol. II, t. 2, p. 3094, 3096, 3120.

avance : s'il se trompe c'est que le génie est malveillant, s'il réussit c'est que le chamane est puissant. En Asie, on remet en cause le magicien (pas la magie), on lui demande les signes de sa vocation, de ses pouvoirs. Plus personnalisé, il est plus fragile. En Afrique, on est initié ou non, en Asie on doit montrer qu'on est plus initié, mieux initié qu'un autre.

Au Népal [1] existent quatre figures de l'ésotériste : 1) le prêtre *(lama)* ; 2) le chamane *(bombo)* ; 3) l'exorciste *(lambu)* ; 4) le ritualiste, chef de village. Les Lolo [=Yi], Tibéto-Birmans de Chine, ont un prêtre-devin-exorciste *(pimo)* et un médium *(sounié)* [2].

En Asie centrale, les populations distinguent : 1) le chamane *(kam)* ; 2) le pontife (chamane chef tribal : *bâki)* ; 3) la femme chamane *(udugan)* ; 4) le magicien *(yalvi)* [3]. Les Toungouses opposent chamane *(shaman)* et devin *(tolkin)*.

La distribution des rôles se fait selon divers principes. Le même champignon hallucinogène fait de l'un un chamane, de l'autre un voyant, du troisième... un fou.

Le chamane, ou la chamanesse. L'Asie favorise l'**ésotérisme des femmes**. La femme tient dans l'Asie primitive plus de place que dans les autres continents. Certes, on connaît la chamanesse araucan (au Chili), la possédée haoussa (au Niger), la prêtresse du Vaudû (au Bénin), mais, en Asie, on observe davantage de figures féminines de l'ésotérisme, et leur rôle s'amplifie. On ne limite pas leur fonction à la possession par les esprits. La dame-médium *(bà-dông)* au Viêt-nam a un rôle essentiel [4], tout comme la dame-médium *(nang thiem)* des Lao ou la dame-médium *(tusu)* des Aïnou. Chez les Vogoul, en Sibérie, le chamanisme se transmet héréditairement par la ligne féminine. La chamanesse bouriate pratique la divination, elle intervient dans les affaires du clan, à tel point que « si les femmes voulaient avoir une place importante, plus ou moins officiellement reconnue, dans ce type de société, leur seule possibilité était de devenir chamane » (Danièle Vazeilles). Cela dit, pour la chasse, la chamanesse se contente de faire de la voyance. Les chamanesses toungouses

---

1. A. Höfer, *Is the* bombo *an Ecstatic ?* apud *Contributions to the Anthropology of Nepal*, Aris and Phillips, 1974. L. G. Peters, *Le Chamanisme Tamang au Népal* (1982), apud S. Nicholson dir., *Anthologie du chamanisme* (1987), Le Mail, 1991, p. 195-212. A. W. Macdonald, « Notes préliminaires sur quelques *jhâkri* du Muglan », *Journal asiatique*, 1962, p. 107-139.
2. J. Lemoine, *Les Ethnies non-Han de la Chine*, apud *Ethnologie régionale*, Gallimard, « Encyclopédie de la Pléiade », 1972, t. II, p. 827.
3. J.-P. Roux, *Le Chaman*, apud *Le Monde du sorcier*, Éditions du Seuil, coll. « Sources orientales », n° 7, 1966, p. 211. Terminologie des Türks.
4. M. Durand, *Technique et Panthéon des médiums vietnamiens*, ÉFEO, n° XLV, A. Maisonneuve, 1959, 333 p. P. J. Simon et Ida Simon-Barouh, « Hâù Bóng. Un culte viêtnamien de possession transplanté en France », *Cahiers de l'Homme*, Mouton, La Haye et Paris, 1973, 87 p.

(*outayo* [1]), les chamanesses mongoles (*idugan* [2]), les chamanesses khirghiz *(iduan)*, les chamanesses eskimo [3]... sont célèbres. Les chamanesses Oroch se montrent meilleures que les chamanes oroch [4].

Le Consul général de Russie m'avait recommandé de ne pas quitter Ourga [Oulan-Bator, capitale de la Mongolie] sans aller voir un des nombreux chamans qui opèrent dans la ville sainte, et longuement il m'avait entretenu de ces fameux sorciers, charlatans ou faiseurs de miracles, dont certains ont acquis une réputation extraordinaire. [...] Le chaman — dans la circonstance une femme, et, qui plus est, une princesse — habite en dehors des faubourgs [...]. Tandis que la servante allume les petites lampes de cuivre, tandis qu'elle jette sur le brasier une poudre verdâtre qui emplit la chambre d'une fine odeur d'aromate, la sorcière, elle, revêt l'une après l'autre les différentes pièces de son costume : tunique multicolore faite de minuscules morceaux rapportés, diadème en plumes de hiboux, long masque de soie prune, ceinture écarlate. Et ce déguisement invraisemblable — qui tient à la fois de l'arlequin et de l'Apache du Far-West — est recouvert de mille sonnettes, grelots et autres colifichets qui se heurtent au moindre geste, faisant une petite musique grêle, continue, impressionnante. Ainsi parée pour le mystère, la chaman s'agenouille, récite une courte oraison, saisit un tambourin ornementé lui aussi de sonnailles, puis l'invocation rituelle commence : mélopée bizarre qu'accompagne un balancement des épaules et que rythme le grondement du tam-tam... Pendant une demi-heure elle se trémousse de la sorte, agitant la tête en tous sens, hurlant son chant farouche entremêlé de plaintes aiguës, et toujours scandé par les coups sourds du tambourin. Elle s'exalte, se suggestionne elle-même. Bientôt la voici possédée de l'esprit familier : alors, effrayante, elle se dresse, se frappe le front contre les murs, retombe, se dresse encore, hurlant plus fort, jusqu'au moment où elle s'écroule vaincue, inerte, avec un grand cri. Maintenant, notre chaman est en communication directe avec l'au-delà : les paroles prophétiques vont sortir de sa bouche...

É. Bouillane de Lacoste, *Au pays sacré des anciens Turcs et des Mongols*, Émile-Paul, 1911. Cité dans M. Jan, *Le Voyage en Asie centrale et au Tibet*, Robert Laffont, coll. « Bouquins », 1992, p. 1085-1086. Les faits datent de juin 1904.

Les Türks ont l'expression *kam-katun*, « Dame*(katun)*-chamane*(kam)* ». En Corée, « les chamanes sont, pour les deux tiers d'entre eux, des femmes *(mudang)* [5] », et les chamanesses de Corée se montrent plus puissantes que les chamanes de Corée. Au Japon, « les *miko* [possédés] étaient en grande majorité des femmes, elles passaient pour être les inter-

---

1. J. Lemoine, apud *Ethnologie régionale*, t. II, p. 749.
2. Y. Rintchen, « Noms des chamanes et des chamanesses en mongol », apud *L'Ethnographie*, t. 73, n°s 74-75 : *Voyages chamaniques*, 1977, p. 149-153.
3. B. Saladin d'Anglure, « Penser le féminin chamanique, ou le tiers-sexe des chamanes inuit », *Recherches amérindiennes au Québec*, Montréal, t. 28, n°s 2-3 *(Chamanisme des Amériques)*, 1988, p. 19-50.
4. Laurence Delaby, *Chamanes toungouses*, Études mongoles et sibériennes, cahier 7, université de Paris X (Nanterre), 1976, p. 35.
5. A. Guillermoz, *apud* P. Bonte et M. Izard, *Dictionnaire de l'ethnologie et de l'anthropologie*, PUF, 1991, p. 173. Voir Y. K. Harvey, *Six Korean Women. The Socialisations of Shamans*, West Publishing Company, 1979.

prêtes des *kami* [esprits] (le plus souvent d'un *kami* déterminé). Ces esprits parlaient par leur bouche alors qu'elles se trouvaient en état de possession. Ces femmes finirent par évoquer, de façon similaire, les esprits des morts plus ou moins assimilés à des *kami*[1] ». En Chine, le chamane masculin *(hi)* coexiste avec le chamane féminin *(wou)*[2]. On parle des hommes-médecine, existe-t-il des femmes-médecine, des guérisseuses ? Certainement, par exemple chez les Amérindiennes. Mais en Asie ? On en trouve chez les Saora, en Inde[3]. Au Siam, la danseuse (*nang lên* : femme jeu) est une magicienne (*nang mo* : femme magie), puisqu'elle peut incarner les esprits, les chasser.

LES POSSÉDÉ(E)S : POSSÉDÉ-MÉDIUM OU POSSÉDÉ-CHAMANE

Le possédé par les esprits n'existe pas dans toutes les ethnies primitives de l'Asie. Au Laos, la dame-médium lao répond aux questions de l'assistance en état second, la tête couronnée de fleurs, entourée d'offrandes aux *phi*. Les Lao sont l'ethnie dominante du Laos.

Les *nang thiem* [dames-médiums] sont des femmes qui, sous la direction d'un maître du rituel appelé *cao cam* [maître-rite], sont chargées d'incarner les génies territoriaux : les *phi ban* [esprits-villages], qui sont les génies villageois, et les *phi müang* [esprits-provinces], qui sont les génies provinciaux. Les fidèles construisent pour ces génies des maisonnettes en bois qu'ils appellent « palais » *(ho)*. [...] C'est pendant le septième mois, à la fin de la saison sèche, qu'a normalement lieu la fête annuelle destinée à honorer les *phi ho* [esprits-palais : esprits-villages et esprits-provinces]. En cette occasion, les génies descendent sur terre s'incarner dans les médiums qui sont considérés comme leurs « montures ». Ils mangent les offrandes qui ont été préparées pour eux, ils dansent et ils écoutent la musique que des orchestres exécutent pour les distraire. En contrepartie, ils font des prédictions concernant les pluies, ce qui a une importance capitale dans une société d'agriculteurs pratiquant la rizière irriguée. Accessoirement, ils consentent à rendre divers services aux membres de l'assistance venus les solliciter : guérisons, prédictions personnelles, etc.

Le mode d'acquisition des pouvoirs médiumniques est l'élection, à l'exclusion de tout autre procédé. Il est donc impossible de décider de devenir médium. L'initiative appartient entièrement aux génies, qui choisissent telle ou telle personne comme « monture » en se manifestant à elle par le moyen d'une maladie. Dès que la personne a accepté de devenir médium, elle guérit, et aucun rite d'initiation n'est nécessaire pour consacrer les pouvoirs qui lui échoient en conséquence.

R. Pottier, « Note sur les chamanes et médiums de quelques groupes thaï », *Asie du Sud-Est et Monde insulindien* (ASEMI). *Bulletin du Centre de documentation et de recherche* (CeDRASEMI), CNRS-ÉPHÉ, Mouton, 1973, t. 4, n° 1, p. 99-100.

---

1. R. Sieffert, *Japon*, apud *Le Monde du sorcier*, éd. cit. p. 358. Voir Ichiro Hori, *Folk Religion in Japan*, University of Chicago Press, 1968.
2. J. J. de Groot, *The Religious System of China*, t. 6 : *The Animistic Priesthood*, E. J. Brill, Leyde, 1892, p. 1187 *sqq*.
3. V. Elwin, *The Religion of an Indian Tribe*, Oxford UP, Bombay, 1955, xxiv-597 p.

On oppose traditionnellement, du côté des ethnologues comme du côté des indigènes, possession et chamanisme [1]. Le possédé est dominé par des esprits tandis que le chamane maîtrise les esprits. Passivité/activité. Mais, une situation intermédiaire existe, où l'homme en partie se laisse dominer, où l'homme en partie maîtrise. Ainsi, tantôt le possédé est un possédé-médium, choisi et « monté » par les esprits, tantôt un possédé-chamane, monté par des esprits qu'il peut cependant guider. Chez les Youkaghir, chez les Yakoutes, le chamane est possédé par des esprits qui parlent à travers lui. Restons au Laos, pays enchanteur.

Quant aux *mo thevada* [maîtres-divinités, chamanes lao], ce sont des guérisseurs, toujours de sexe masculin, qui utilisent le concours de génies auxiliaires appelés *phi thevada* [esprits-divinités]. Ces génies, qui résident dans l'un des étages inférieurs du ciel (le *müang thevada*, c'est-à-dire littéralement « le pays des *thevada* »), ont pour fonction exclusive de soigner les humains. [...] Ils entrent dans la catégorie des esprits que les Lao appellent *phi mo*, c'est-à-dire « génies des *mo* », ou, plus spécifiquement en l'occurrence, « génies des guérisseurs ».

On peut devenir *mo thevada* soit par héritage (le pouvoir étant transmis de père à fils, ou de beau-père à beau-fils, ou encore de frère aîné à frère cadet, etc.), soit par élection (les génies se manifestant à l'élu en rêve ou par le moyen d'une maladie), soit enfin par libre décision, encore que cette éventualité paraisse plutôt rare. Mais, dans *tous* les cas, il est nécessaire pour le postulant de suivre l'enseignement d'un maître et de voir ses pouvoirs consacrés par une cérémonie d'initiation. On voit donc que dans le cas des *mo thevada*, contrairement à ce qu'on a observé à propos des *nang thiem* [dames-médiums lao], l'initiative n'appartient plus entièrement aux génies.

Les rites de guérison consistent essentiellement en une quête des âmes du malade qu'entreprend le *mo* [maître] par l'intermédiaire de ses génies auxiliaires qui viennent le posséder. Les *phi thevada* vont rencontrer les esprits responsables de la maladie et leur proposent des offrandes en échange de la restitution des âmes captives. Si ces esprits se montrent récalcitrants, les troupes de *thevada* [divinités] engagent contre eux le combat afin de les contraindre à céder. [...]

Le *mo thevada* doit être considéré comme un chamane. Contrairement aux *nang thiem*, en effet, les *mo* ne sont pas en position d'infériorité vis-à-vis de leurs génies. Les *phi thevada* ne sont pas libres de refuser leur concours au *mo* dès lors que ce dernier a été initié (d'où, d'ailleurs, la nécessité de l'initiation). Alors que les *nanh thiem* servent de monture aux génies, les *phi thevada* possèdent leurs propres montures, qui sont décrites comme des dragons ou bien comme des éléphants et des chevaux ailés, c'est-à-dire comme des êtres célestes, ce qui est naturel puisque l'action est censée avoir lieu dans l'au-delà. [...]

Les *mo* que nous avons qualifiés de chamanes accomplistes, avec une fréquence variable (généralement annuelle et/ou tri-annuelle) des rites de remerciement de type médiumnique. Au cours de ces rites, les principaux génies auxiliaires descendent dans le monde des hommes et s'incarnent en la personne de leurs *mo* pour recevoir les remerciements des guérisseurs, de leurs disciples et des personnes qu'ils ont contribué à guérir.

R. Pottier, *op. cit.*, p. 100-103.

---

[1]. Voir *supra*, p. 133 (« Les révélations »).

FIGURES DE L'ÉSOTÉRISME ASIATIQUE PRIMITIF

	POSSÉDÉE-MÉDIUM	POSSÉDÉE-CHAMANE
médiumnité	recrutée par les esprits montée par les esprits	possédée par les esprits
chamanisme		se recrutant par initiation voyageant dans le monde des esprits agissant par les montures des esprits
différences	recrutée par les esprits montée par les esprits femme médium rites publics face à l'assistance restant dans le monde des hommes avec des génies tutélaires	se recrutant par initiation monté par les esprits homme guérisseur rites privés dos à l'assistance voyageant dans le monde des esprits avec des génies auxiliaires

La possession peut prendre la forme de la danse. En Thaïlande[1], de nombreuses danses deviennent, en ce sens, sacrées. Leur nom le marque bien : *lên phi châp*, « jeu *(lên)* pour saisir *(châp)* les esprits *(phi)* ». La danseuse *(pêrok)* entre en transe de possession *(phi sîng)*, de façon réelle ou simulée.

Les possessions asiatiques, à la différence des possessions africaines, peuvent être « multiples et successives » (G. Condominas). En Afrique, l'homme ou la femme n'est habité que par un seul esprit, alors que chez les Viêtnamiens, les Laotiens, les Négrito, l'humain peut être habité par « une série de divinités qui se succèdent » en lui. Ce phénomène n'interdit pas la possession unique, mais caractérise l'Asie du Sud-Est.

LES CHAMANE(SSE)S : LE CHAMANE EXCITÉ ET LE CHAMANE IMMOBILE

L'ésotériste par excellence, chez les Primitifs d'Asie, reste, bien sûr, le chamane, celui qui entre volontairement en transe d'extase.

Rien de plus ordinaire qu'un chamane, et rien de plus extraordinaire qu'un chamane. Rien de plus ordinaire, car toute société asiatique a son ou ses chamanes, sa ou ses chamanesses ; rien de plus extraordinaire, cependant, dans la mesure où le chamane dépasse toute mesure humaine.

---

1. Jeanne Cuisinier, *Danses cambodgiennes*, Hanôi, 1930 ; *Danses magiques de Kelantan*, Travaux et mémoires de l'Institut d'ethnologie, 1936, p. 119-126 ; *La Danse sacrée en Indochine et en Indonésie*, PUF, 1951.

Il est l'ésotériste de l'Asie, présent en chaque groupe humain. Il installe l'absolu dans des mondes limités.

Sur le chamanisme, je vais beaucoup citer. Cela tient à un fait simple : ce phénomène spirituel est si complexe qu'il faut laisser place à ceux qui l'ont étudié des années durant. On peut regretter que les savants aient si peu donné la parole aux chamanes eux-mêmes ; on trouve cependant quelques témoignages directs chez A. Al. Popov, W. Bogoras ou K. J. Rasmussen[1]. Pour ma part, je n'ai jamais rencontré de près un chamane asiatique (mais n'était-ce pas le cas d'Eliade ?), d'où ma prudence.

Le Chamanisme au sens strict, avec majuscule, concerne l'Asie septentrionale et l'Asie centrale, certains disent les sociétés nordiques de chasse. L'Asie du Nord comprend la Sibérie et l'est de l'Arctique ; l'Asie du Centre couvre Mongolie, Türkestân chinois (=Sin-kiang), Tibet. Les savants, cependant, ont trouvé des phénomènes analogues dans toutes les autres parties du monde. Le Chamanisme est un ésotérisme transversal, qui dépasse les conditions de temps, de lieu, de culture. Il suppose : un recrutement, une initiation et un exercice.

Comment devient-on chamane ? Plusieurs **voies de recrutement** existent.

• PAR LA TRANSMISSION HÉRÉDITAIRE, le chamane lègue ses pouvoirs et ses savoirs à son fils (chez les Vogoul).

• PAR L'APPEL, un individu naît avec la vocation (chez les Nentsy).

• PAR L'ÉLECTION DIVINE, les esprits octroient le don à un homme ou à une femme (chez les Samoyèdes nganasan).

• PAR LA DÉSIGNATION SOCIALE, le clan choisit son chamane ou sa chamanesse (chez les Toungouses).

• À LA SUITE D'UN ÉVÉNEMENT EXTRAORDINAIRE, par exemple après avoir été foudroyé, un homme se fait chamane (chez les Eskimo), ou bien après avoir vu un météore. Ces voies de recrutement coexistent souvent.

• PAR LA DÉCISION PERSONNELLE, l'individu décide lui-même d'être chamane (chez les Tchouktches).

Je cherchai à devenir un chamane avec l'aide des autres chamanes, mais je n'y réussis pas. Je rendis visite à de nombreux chamanes célèbres et leur offris de grands dons...

Je me réfugiai dans la solitude et devins très mélancolique. Je tombais parfois en larmes et me sentais malheureux sans savoir pourquoi.

---

1. A. Al. Popov, *How Sereptie Djaruoskin of the Nganasans (Tvavgi Samoyeds) became a Shaman*, apud V. Diószegi, *Popular Beliefs and Folklore Tradition in Siberia*, Bloomington (Indiana UP) et Mouton, La Haye, 1968, p. 137-145, ou apud Joan Halifax, *Shamanic Voices*, Dutton, New York, 1979, p. 37-49, ou apud Anna-Leena Siikala, *The Rite Technique of the Siberian Shaman*, Academia Scientiarum Fennica, FF Communications, Helsinski, 1978. W. Bogoras, *The Chuckchee* (1904-1909), E. J. Brill, Leyde, 1909. K. J. Rasmussen, *Intellectual Culture of the Hudson Bay Eskimos*, Report of the Fifth Thule Expedition, Copenhague, 1929, p. 122-123.

Puis, sans raison, tout se transforma brusquement, et je ressentis une grande et inexplicable joie, une joie si puissante que je ne pouvais la réfréner, et que je devais l'exprimer en un chant, un chant grandiose qui tenait en un seul mot : joie, joie ! Et je devais utiliser toute la force de ma voix.

Puis, au sein d'un tel ravissement irrésistible et mystérieux, je devins un chamane, en ne sachant pas comment cela m'était arrivé. Mais j'étais un chamane. Je pouvais voir et entendre d'une façon totalement différente. J'avais atteint mon *gaumeneq* (mon illumination), la lumière chamanique du cerveau et du corps, et cela d'une telle manière que ce n'était pas seulement moi qui pouvais voir à travers l'obscurité de la vie, mais la même lumière brillante qui émanait de moi, imperceptible aux êtres humains, mais visible de tous les esprits de la terre, du ciel et de la mer, et ils venaient à présent vers moi et devenaient mes alliés de pouvoir.

Chamane eskimo cité par K. J. Rasmussen, *Intellectual Culture of the Iglulik Eskimos*, Report of the 5th Thule Expedition (1921-1924), t. 7, n° 1, Nordisk Forlag, Copenhague, 1929, p. 118-119. Rééd. AMS Press, New York, 1976.

Ce chamane eskimo fait de la coquetterie. Il sait bien qu'il doit son initiation à sa mélancolie. Cet état lui a servi d'épreuve. Ce fut sa voie d'initiation.

En effet, les voies de recrutement supposent des **voies d'initiation**. Comme le dit Eliade, « un chaman n'est reconnu comme tel qu'après avoir reçu une double instruction : d'ordre extatique (rêves, transes, etc.) et d'ordre traditionnel (pratiques chamaniques, noms et fonctions des esprits, mythologie et généalogie du clan, langage secret, etc.). Cette double instruction, assumée par les esprits et les vieux maîtres chamans, équivaut à une initiation [1] ».

Cette **initiation-processus** se vit comme une recomposition de la personne. Il y a, comme dans l'initiation tribale, mort symbolique et renaissance symbolique. Seulement, cette mort et cette renaissance ouvrent sur des puissances, des connaissances, des jouissances effectives. L'imaginaire joue un rôle essentiel. L'imaginaire est aussi une puissance, une connaissance, une jouissance. A penser des figures divines on les incarne, on les incorpore, on leur donne vie, force, en même temps on se donne force, vie. L'initié se forme en formant des images de divinités, de mutations. Logiquement, il s'ensuit que l'initiation va se dire en langage imaginaire. La description prend un tour romancé qui n'enlève rien à sa valeur. Le travail spirituel est décrit comme dans un conte. On comprend pourquoi. Ce mode d'expression se révèle plus parlant, plus imagé, plus accessible, et, sous cette forme, il peut être vécu directement, par exemple dans un rêve, à travers un conte. L'un s'initiera avec un maître, l'autre dans un rêve qui reproduit l'enseignement du maître. Au lieu de se pré-

---

1. M. Eliade, *Le Chamanisme. Expériences mystiques chez les primitifs*, apud *Encyclopédie des mystiques* (1972), Seghers, 1977, t. 1, p. 1-5. Même texte : *Le Chamanisme et les Techniques archaïques de l'extase*, Payot, coll. « Payothèque », 1968, p. 28-29.

senter comme une méthode, l'initiation chamanique se donne comme un récit d'aventure, que l'on se passera de bouche à oreille. L'enfant en rêvera, l'adulte y repensera, et le travail d'initiation commence souterrainement dans l'esprit. Quand le narrateur parle de chaudron, l'initié pense à des techniques d'ascèse, d'échauffement spirituel, mais l'image du chaudron, précisément, met en ébullition l'imaginaire, elle entraîne la pensée, et l'on tombe dans le chaudron magique ! On pourrait aussi comparer l'initiation à la musculation : on en sort « les os brisés », « le dos cassé », mais, au terme, on se sent dans un nouveau corps, avec une meilleure force. L'ethnologue russe A. Al. Popov a rapporté l'initiation d'un Samoyède.

[Phase 1 : séparation, mort symbolique] Le novice arriva à un désert et vit au loin une montagne. Après trois jours de marche il l'atteignit. Il pénétra dans une ouverture. Il tomba sur un homme nu qui poussait des hurlements. Sur le feu se trouvait un chaudron aussi grand que la moitié de la terre. L'homme nu vit le novice. Il l'attrapa au moyen d'une énorme paire de pinces. Le candidat n'eut que le temps de penser :
– Je suis mort.

[Phase 2 : transformation] L'homme nu lui trancha la tête, coupa son corps en morceaux et jeta le tout dans le chaudron. Là il fit bouillir le corps trois années durant. Il y avait aussi trois enclumes. L'homme nu forgea la tête du novice sur la troisième, celle d'où sont sortis les meilleurs chamanes. Ensuite, il lança la tête dans l'une des trois marmites qui se trouvait là, celle dans laquelle l'eau était la plus froide. Il révéla alors au novice que, lorsqu'il était appelé à soigner quelqu'un, si l'eau dans la marmite rituelle était très chaude, il était inutile de chamaniser, car l'homme à soigner était déjà perdu ; si l'eau était tiède, l'homme était malade mais recouvrirait la santé ; si l'eau était froide, cela dénotait un homme en bonne santé.

Le forgeron pêcha ensuite les os du novice hors de la rivière où ils flottaient. Il les rassembla. Il les enveloppa à nouveau de chair. Il les compta. Il lui dit qu'il avait trois os en trop. Il devait donc se procurer trois costumes de chamanes. Il forgea sa tête et lui enseigna comment lire les lettres qui sont à l'intérieur. Il changea ses yeux ; c'est la raison pour laquelle quand un homme chamanise il ne se sert pas de ses yeux corporels mais de ces yeux mystiques. L'homme nu perça les oreilles, ce qui rend le novice capable de comprendre le langage des plantes.

[Phase 3 : résurrection symbolique, réintégration] Le novice se trouva au sommet d'une montagne. Finalement, il se réveilla dans sa yourte, au sein de sa famille. Il peut maintenant chanter et chamaniser indéfiniment, sans jamais se fatiguer.

Chamane samoyède nganasan, cité par A. Al. Popov, *How Sereptie Djaruoskin of the Nganasans (Tavgi Samoyeds) became a Shaman*, trad. en anglais S. P. Dunn, *apud* V. Diószegi, *Popular Beliefs and Folklore Tradition in Siberia*, Bloomington, Indiana University Publications, ou Mouton, La Haye, 1968, trad. partielle P. A. Riffard.

L'initiation-processus (la transmutation), qui métamorphose l'individu, se conclut parfois dans une **initiation-cérémonie** (la consécration), qui fait du nouvel homme une personne ayant une fonction sociale définie, un personnage. On observe cette double initiation chez les Bouriates, les Goldes (=Nanaj), les Toungouses. Le futur chamane, publiquement, passe en examen devant d'autres chamanes et devant son clan. Il doit faire preuve de ses capacités à guérir, de son aptitude à l'extase, de ses connaissances, de sa domination sur les esprits, du fait qu'il n'est pas sorcier.

Le chamane ne se coiffe pas, ne se coupe pas les cheveux, il ne consomme ni crudités ni algues. Il est nature. Il est « simple », il est « primitif ».

Armé de son enseignement et de sa consécration, le novice peut exercer ses pouvoirs. Le chamane (ou la chamanesse) remplit plusieurs fonctions. Sur ce point le chamane se distingue du mystique. Le chamane et le mystique pratiquent l'un et l'autre l'extase, cependant le chamane est pragmatique, tandis que le mystique se montre désintéressé, il ne recherche que l'amour ou la connaissance du surnaturel.

• GUÉRISSEUR, le chamane pratique une médecine de type religieux. Insistons : sa médecine n'est pas une ethno-science, un savoir positif, un début de biologie, mais une science occulte, une médecine magique. Il dispose de deux pratiques. Soit il extrait le mal (par exemple en le suçant et en le recrachant, de façon plus ou moins simulée, plus ou moins symbolique, avec un capteur d'âme, un tube qui reprend l'âme ou supprime la cause du mal, ou bien en pinçant, massant) soit en extase il va quérir l'âme du malade (avec une de ses âmes, avec un esprit, ou bien de façon simulée). On trouve parfois une troisième technique : les chamanes proto-indochinois utilisent la musique de leurs gongs (G. Condominas). Le chamane peut accomplir des exploits.

Je me trouvais dans le campement d'été d'une tribu eskimo de Thutkuchi, en face de l'île Wrangel [en Russie, dans l'océan Arctique]. Il y avait, parmi eux, une fillette de six ou sept ans qui eut une crise d'oreillons, maladie fréquente dans les pays arctiques. Le mal empira et, au début de la matinée, l'enfant mourut. Alors, la mère désespérée attela deux chiens au traîneau et se précipita chez un *angakok* [un chamane central-eskimo] qui habitait à quelques milles. Peu après, elle revint avec ce dernier, célèbre pour les miracles qu'il avait accomplis. Les parents et les amis réunirent quelques objets de valeur, tels que chiens et fourrures, dans l'intention de les donner au magicien s'il ramenait l'enfant à la vie. De mon côté, je l'avais déjà examinée et avais ausculté le cœur. Sa mort ne faisait aucun doute. Le magicien dit que tous devaient quitter l'igloo et le laisser seul avec la morte, puis il ferma les deux tunnels d'entrée et le soupirail pour la lumière. De l'extérieur, nous l'entendîmes entonner un chant monotone, puis hurler et gémir comme un possédé pendant plus d'une heure. Ce fut ensuite le silence absolu. Soudain, nous vîmes déboucher à quatre pattes du tunnel le magicien, suivi de la fillette ressuscitée. Il la prit dans ses bras et la tendit aux parents, en murmurant des paroles mystérieuses.

Joseph Grad, *Trailing through Siberia*. (Sur l'*angakok* : F. Boas, *The Central Eskimo*, 1888, p. 592 *sqq.*)

- POURVOYEUR DE GIBIER, le chamane observe par voyance et rabat par magie les rennes ou les poissons. En retour, lui et la collectivité promettent aux maîtres-des-animaux des offrandes de nourriture et de « belles paroles ».
- PSYCHOPOMPE, le chamane relie les esprits et les hommes, il guide les âmes humaines après la mort, il dirige les âmes humaines dans l'au-delà, il manipule les esprits. Chez les Gold [1], lors de la commémoration qui suit de quelques années les funérailles, le chamane règle les comptes que l'âme du défunt peut encore avoir avec les vivants, et il la guide vers l'autre monde.
- DEVIN, il connaît le passé inconnu et le futur imprévisible. Il communique à distance avec d'autres chamanes. Il consulte les divinités, les esprits, les génies, les morts ; le chamane eskimo, par exemple, interroge l'Homme de la Lune (une divinité qui scrute les actions humaines) et la Femme du Fond de la mer (maîtresse-des-animaux marins) quand il s'agit de trouver une solution difficile.

Certains d'entre eux [les devins à la cour de Mangu Khan] invoquent aussi les démons, et convoquent ceux qui veulent avoir les réponses d'un démon, la nuit, dans leur maison. Ils placent de la viande cuite au milieu de la maison. Le *chan* (chamane) qui fait l'invocation commence à dire ses incantations, et tient un tympanon [tambour du chamane] qu'il frappe fortement à terre. Enfin il entre en fureur et se fait lier. Alors, dans l'obscurité, le démon vient, le chamane lui donne à manger les viandes, et le démon fait les réponses.

Guillaume de Rubrouck (=van Rubroek, Rubruquis), *Voyage dans l'Empire mongol* (1253-1255), trad. du latin Cl.-M. et R. Kappler, Payot, 1985.

- MAGICIEN, le chamane agit sur la nature de façon occulte, il sait par exemple maîtriser le feu, rendre fécond ce qui ne l'était plus, être insensible aux armes. Il attire enfants, bétail, gibier. Il avale des charbons ardents, il supporte le froid glacial. Dans quel but ? parfois pour montrer des pouvoirs plus profonds, parfois parce que le soi-disant chamane n'est qu'un simple prestidigitateur...

Le 10 [avril 1719, à Irkoutsk, en Sibérie], nous nous sommes divertis avec un chamane bouriate célèbre, qui était aussi un lama, ou prêtre, et qu'on avait fait venir de loin. [...] Il fit quelques tours de passe-passe, comme de se frapper avec un couteau, et de le ressortir par sa bouche, de se transpercer le corps avec une épée, et encore d'autres tours sans intérêt. En bref, il est parfaitement évident que ces chamanes sont une bande de prestidigitateurs qui abusent les ignorants et les crédules.

John Bell, *A Journey from Saint Petersbourg to Pekin* (1729-1732), trad. partielle M. Jan, *Le Voyage en Asie Centrale et au Tibet*, Robert Laffont, coll. « Bouquins », 1992, p. 1079-1080.

---

1. E. Gaer, *apud* M. Hoppál et O. von Sadovsky, *Shamanism, Past and Present*, International Society for Trans-Oceanic Research, Fullerton, Los Angeles, 1989, t. 2, p. 233-239.

- SAVANT, le chamane connaît les plantes et les animaux, il récite les mythes, il propose des chants, on le consulte sur les généalogies.
- MAGE, il a la science du « langage des animaux ». En d'autres termes, il interprète les signes, il comprend les animaux, il maîtrise le verbe, il domine les esprits zoomorphes. Il devine le temps dans la couleur des nuages, en écoutant les cris des animaux il communique avec la faune.
- RITUALISTE, il organise des cérémonies, des fêtes, des rituels. Il fait démonstrations de ses pouvoirs magiques quand il monte en grade ou quand il se mesure avec ses collègues.
- CHEF DE CHASSE ET DE GUERRE, le chamane peut l'être, chez les Toungouses. Il a une fonction clanique chez les Youkaghir. Au sein de la société des Moken (=Orang Laut, Selung), dans l'archipel birman des Mergui, le chamane *(dzinan)* occupe la place centrale.

Ces diverses fonctions forment évidemment un tout. Le chamane chamanise. Il troue le monde pour grimper chez les esprits et pour que des esprits descendent.

La séance chamanique — la kamlanie [1] — comprend idéalement quatre phases.

Phase 1 : séparation et préparation. Le chamane (ou la chamanesse) prend son costume et ses instruments, il choisit son lieu, son moment. Son costume porte en général de très nombreux insignes qui symbolisent ses esprits, il peut peser plusieurs kilos. Ses instruments aussi signalent la nature et la puissance de ses esprits : charmes, coiffes, masques, hochets, capteur d'âme, peintures faciales. La séance se déroule dans la yourte. Le chamane a presque toujours un tambour.

> Ô tambour décoré qui te tiens à l'avant !
> Mon coursier — cerf et biche !
> Sois silencieux, tambour sonore.
> Tambour de peau,
> Exauce mes désirs.
> Comme les nuages fugitifs, emporte-moi
> À travers la terre des ténèbres.
> Sous le ciel de plomb
> Emporte-moi comme le vent
> Au-dessus des cimes.

Chant des chamanes soyottes (=tuvas) de Sibérie, *apud* V. Diószegi, « Tuva Shamanism », *Acta ethnographica*, 11, 1962, p. 163.

---

1. Le mot « kamlanie » vient d'un néologisme russe, qui dérive lui-même d'un mot altaïen, *kam*, qui signifie « chamane ». La première description date de 1672-1675 (Avvakum, *La Vie de l'archiprêtre Avvakum écrite par lui-même*, trad. du vieux russe P. Pascal, Gallimard, 1938, p. 128-129). Voir S. M. Shirokogorov, *The Psychomental Complex of the Tungus*, p. 304-344 ; H. N. Michael, *Studies in Siberian Shamanism. Translation from Russian Sources*, University of Toronto Press, 1965, p. 100-106.

Phase 2 : induction et incorporation. Le chamane rend possible le voyage mystique par un conditionnement intérieur et extérieur, par la préparation de son esprit et la convocation des esprits. Il dispose pour cela de plusieurs procédés : la crise mentale (surtout quand il apprend à devenir chamane), le rêve, une brusque terreur (Bouriates [1]), une musique de type rythmique et une danse de type frénétique, la course ou les sauts, l'échauffement initiatique, une substance psychotrope (Tchouktches), la méditation, la visualisation, le bâillement... Le chamane, ainsi, incorpore les esprits.

Un jour où j'étais malade, j'étais au lit et je dormais, quand un esprit s'est approché de moi. C'était une femme très belle [...]. Elle m'a dit :
– Je suis l'*ayami* [esprit] de tes ancêtres, les chamanes. C'est moi qui leur ai appris à chamaniser et, maintenant, je vais te l'apprendre aussi. [...]
Parfois elle se montre sous les traits d'une vieille femme, parfois aussi sous la forme d'un loup. [...] Quelquefois elle est un tigre ailé que j'enfourche, et elle m'emmène visiter d'autres pays. J'ai vu des montagnes uniquement peuplées de vieillards et de vieilles femmes [...].
Elle m'a donné trois assistants : la *jarga* (panthère), le *doonto* (ours), et l'*amba* (tigre). Ils viennent à moi dans mes rêves et ils apparaissent si je les appelle quand je chamanise.
Lorsque je chamanise, je suis possédé par l'*ayami* et les esprits assistants ; grands ou petits, ils me pénètrent à la façon d'une fumée ou d'une vapeur.

Un chamane gold : L. I. Shternberg, *Divine Election in Primitive Religion*, Congrès international des Américanistes, 2, Göteborg, 1924, cité par J. A. Grim, *Chamane, guérisseur de l'âme*, Presses-Pocket, n° 4741, 1993, p. 27.

Phase 3 : extase et voyage. Le chamane, maintenant, libère son âme « pour rencontrer face à face le Dieu du ciel et lui présenter une offrande de la part de la communauté, pour chercher l'âme d'un malade, supposée égarée loin de son corps ou ravie par les démons, pour convoyer l'âme d'un trépassé vers sa nouvelle demeure, enfin pour enrichir sa science par le commerce avec les Êtres supérieurs » (M. Eliade [2]).

Phase 4 : purification et réintégration. Après le « voyage magique », le « vol mystique », le chamane, pour revenir à la vie ordinaire, pour ramener son âme dans son corps, procède à un rite d'agrégation au monde des hommes qu'il avait abandonné pour le monde des esprits. Il revient au monde profane, lourd d'esprit.

« Le chaman utilise le langage secret ou, comme on l'appelle en d'autres régions, le langage des animaux. Le chaman imite, d'une part, le comportement des animaux et, d'autre part, il s'efforce d'imiter leurs cris, surtout les cris d'oiseaux. En général, le chaman parle, durant la séance,

---

1. Roberte Hamayon, « Soigner le mort pour guérir le vif », *Nouvelle Revue de psychanalyse*, n° 7, 1978. Un animal terrorisé peut entrer en catalepsie.
2. M. Eliade, *Initiations, Rites, Sociétés secrètes* (1959), Gallimard, coll. « Idées », 1976, p. 211-212. © Gallimard, Paris.

avec une voix aiguë, une voix de tête, en fausset, voulant marquer par là qu'il ce n'est pas lui qui parle, mais un esprit ou un dieu [1]. »

Venons-en au problème le plus difficile : qu'est-ce qu'un chamane ? En gros, trois thèses s'affrontent [2]. Selon la première thèse, rationaliste, les chamanes sont des simulateurs, ou des psychopathes. Selon la deuxième thèse, sociologiste, les chamanes ne sont que des produits d'une société de chasse. Selon la troisième thèse, mystique, les chamanes sont des extatiques.

• LA THÈSE RATIONALISTE a pour supporters le marxisme, Bogoras, etc. On la trouve dans toute discussion sur l'ésotérisme. Chaque camp s'invective. « L'ésotériste est un charlatan », dit le rationaliste. « Non, répond l'ésotériste, c'est vous le charlatan, qui parlez de pouvoirs auxquels vous ne comprenez rien. » En fait, le débat est faussé. Tout ésotériste joue sur l'imaginaire, il a tendance à théâtraliser, pour autant il ne veut pas mentir. Il fait agir les symboles. Quand le chamane s'excite, il n'est pas plus un simulateur se donnant en spectacle qu'un saint se livrant à la transe. Il se met en condition. Il prépare son esprit à voir d'autres esprits. De même, un artiste portant un grand chapeau n'est ni un cabotin ni un acteur, c'est un artiste vivant en artiste, un peu plus haut que les autres. Quant à l'accusation d'hystérie, Eliade répliquait déjà que le chamane « n'est pas seulement un malade, il est avant tout un malade qui a réussi à guérir, qui s'est guéri lui-même ». Pour poursuivre la comparaison avec l'artiste, j'ajouterai que le chamane est psychopathe comme les peintres sont ivrognes ou les romanciers homosexuels ou les poètes suicidaires. Il en sort quelque chose de grand. Il y a mutation d'un malheur en œuvre, métamorphose d'une bizarrerie en création : alchimie. On ne fait rien avec rien. Un esprit médiocre ne peut devenir chamane, un malade oui, il a de quoi faire.

• LA THÈSE SOCIOLOGISTE cherche du côté de l'organisation sociale [3]. Pour les sociologistes, le chamane n'a rien de religieux. Il faut voir la société de chasse à laquelle appartient le chamane, et non pas l'individu chamane. « Selon l'idéologie de la vie de chasse, le chamanisme a pour fonction fondamentale de gérer l'échange de force vitale (celle du gibier à prendre, celle des humains à rendre) entre les âmes de l'espèce animale et celles du groupe humain. Il assure aussi la fonction annexe de permettre la réutilisation des âmes, de génération en génération, au sein de l'espèce animale et du groupe humain. Ainsi le rapport de l'homme à la

---

1. M. Eliade, *Mythes, Rêves et Mystères* (1957), Gallimard, coll. « Idées »,1972, p. 81-82. © Gallimard, Paris.
2. M. Eliade, *Le Chamanisme*, éd. cit., p. 15, 21-25, 39. M. Perrin, *Le Chamanisme*, PUF, coll. « Que sais-je ? », n° 2968, 1995, p. 11-20, 55-59.
3. Roberte Hamayon, *La Chasse à l'âme. Esquisse d'une théorie du chamanisme à partir d'exemples sibériens*, Société d'ethnologie, université de Paris X (Nanterre), 1990 ; id., « Le chamanisme sibérien. Réflexion sur un médium », *La Recherche*, n° 275, avril 1995, p. 417 sqq.

nature prime sur les relations sociales dans l'activité chamanique. La principale tâche du chamane consiste à tirer des esprits la force vitale des animaux, en guise de promesse de gibier pour les chasseurs. Le chamane communique par les mouvements de son corps avec les esprits animaux, comme le font entre elles des espèces différentes sans langage commun. En bondissant comme en s'étendant inerte, il n'est ni hors de lui ni évanoui ni hystérique ni cataleptique : il joue son rôle. Il n'y a donc pas lieu de faire appel au vocabulaire de la transe, de l'extase ou des états altérés de la conscience ». J'avoue ne pas bien comprendre. Mais je vois ceci : on élimine le chamane, on élimine le sacré.

• LA THÈSE MYSTIQUE a pour défenseur illustre Eliade. Deux critères désignent le chamane : la maîtrise de certains esprits, la capacité à l'extase. Un chamane a ces deux pouvoirs (et pas seulement le premier, comme le croit Eliade [1]), ces deux pouvoirs complémentaires. L'un consiste à incorporer des esprits, l'autre à extérioriser son esprit. D'une part, est chamane celui qui maîtrise des esprits (au lieu d'être maîtrisé par eux comme le possédé ou simplement de les connaître comme le prêtre). Il peut incorporer, expulser, commander des esprits. Preuve de cette exigence de maîtrise : les femmes sujettes à l'hystérie ne peuvent devenir chamanesses, car cette maladie montre leur incapacité à maîtriser les puissances spirituelles. Quels sont ces esprits maîtrisés ? celui de son maître en chamanisme, ses esprits auxiliaires, les âmes des morts, les divinités, les génies, certains esprits-maîtres des animaux [2], des Éléments, des lieux. Le maître-des-animaux appartient souvent à l'espèce la plus chassée, selon l'hypothèse d'A. Jensen. Le chamane a pouvoir sur les esprits. Qu'est-ce à dire ? Il peut fléchir les esprits-maîtres, par exemple celui de l'eau pour obtenir une bonne pêche, et il peut incorporer les esprits chamaniques. Mais s'il maîtrise des esprits, il ne les maîtrise pas tous, par exemple il n'a pas de pouvoir sur le grand dieu céleste ou sur plusieurs esprits-maîtres. D'autre part, est chamane celui qui est capable d'extase. Il peut détacher son âme de son corps pour entreprendre un « vol magique », un « voyage spirituel » au cours duquel il se rend en enfer, au ciel, ou dans l'espace. Le chamane opère des extériorisations et des

---

1. Ailleurs, Eliade a cité les « notes caractéristiques du chamanisme » : « une initiation (réelle ou extatique) comportant la mort et la résurrection symboliques du candidat ; capacité de "voir" les âmes des humains, de les suivre lorsqu'elles abandonnent le corps et de les rattraper, pour les réintégrer au corps ; capacité de descendre aux Enfers, pour chercher les âmes des malades ravies par les démons ou pour conduire et "fixer" les âmes des décédés ; capacité d'ascension aux plus hauts Cieux, pour offrir le sacrifice aux Etres célestes et s'entretenir avec eux, etc. ; [...] révélations diverses d'ordre religieux et chamanique (secrets du métier) [...] ; "maîtrise du feu" (ils avalent des charbons, ils touchent du feu rouge, ils marchent sur le feu) ; "chaleur mystique" » (apud J. Masui dir., *Yoga, science de l'homme intégral*, Cahiers du Sud, 1953, p. 18, 98, 106).

2. Sur les esprits-maîtres des animaux : Anna-Leena Siikala, *The Rite Technique of the Siberian Shaman*, Academia Scientiarum Fennica, FF Communications, Helsinski, 1978 ; Roberte Hamayon, *La Chasse à l'âme*, éd. cit.

déplacements de son âme, ou de ses âmes. Le nœud de la question demeure donc l'extase. Comment le chamane détache-t-il son âme ? De quelle âme s'agit-il ? L'extase elle-même peut revêtir diverses formes : soit le chamane envoie son esprit familier (son double animal) ou son esprit gardien (un aigle, par exemple), soit il élance directement son âme ou l'une de ses âmes. Je rappelle [1] que l'esprit familier est un double, en général un animal en sympathie avec tel ou tel homme, à tel point que ce qui advient à l'un a une influence sur l'autre ; quant à l'esprit gardien c'est une entité, souvent un animal, qui protège, qui instruit. On touche là à des choses fort complexes.

Exemple de séance chamanique en action directe (l'âme même du chamane voyage) :

Jôong, qui jusque-là semblait dans le coma, lève la main, puis, dans un souffle, demande qu'on fasse venir le chamane *(njau mhö')*. [...]
Le chamane oint le sol [de bière mêlée du sang de coq], puis les sachets de pierres magiques, après avoir posé à terre coupe-coupe et feuilles.
– Hâtez-vous de poursuivre le corps, vite, appelez l'âme ; voyagez chez les Esprits, entrez chez les Génies, allez voir les Génies Taang Mbieng [...].
Enfin Ddöi [le chamane] procède à la fumigation de la patiente [...].
Le chamane agit durant toute la séance les yeux fermés. [...]
Il secoue son faisceau de feuillage, tenu dans la main droite, et « part » (il fait aller et venir ses jambes dans un mouvement de piston). Il chante, « en marchant », des prières où il invite les Génies des différents sites à l'accompagner dans sa quête d'âmes.
– Tôong Traang venant du Génie du bief au ficus, allons, viens avec moi. Père de Yae, Ngkuâr de la forêt de la malemort, allons, viens avec moi [...].
Le *njau*, toujours en voyage, s'adresse maintenant à l'âme de la malade ; il l'exhorte à revenir bien vite vers le corps. [...]
Ddöi présente ses mains de côté, montrant ainsi qu'il veut de l'eau : on lui en verse ; il se passe les mains mouillées sur le visage et peut alors ouvrir les yeux ; il sort de son état d'hypnose. [...] Il sort par la porte privée [...].
Ddoï demande à haute voix :
– Est-elle guérie ?
On lui répond de l'intérieur :
– Elle est guérie.

G. Condominas, *Nous avons mangé la forêt de Pierre-Génie Gôo. Chronique de Sar Luk, village mnong gar (tribu proto-indochinoise des hauts-plateaux du Viêt-nam central)* (1957), chap. IV, Flammarion, coll. « Champs », n° 107, 1982, p. 139-153. © Éditions Flammarion, Paris.

Exemple de séance chamanique en action indirecte (le chamane envoie des esprits auxiliaires, qui partent à sa place ou l'accompagnent) :

Chaque phrase est répétée trois fois avec des intonations variées, en battant du tambour avec violence :

---

1. Voir *supra*, p. 160 (« Les sentiers sacrés de la vie »).

— [...] Une chouette grise aux larges ailes cherche sa nourriture dans les fissures des charognes. Sur ses ailes je vole en quête, je fais le tour des neuf cieux et des neuf différents mondes pour découvrir le foyer allumé par sa femme [celle de l'esprit cherché]. Où es-tu ? Où es-tu ? Parais, parais, parais.
Du côté opposé à celui où se trouve Ukvun [un chamane non professionnel] un son se fait entendre, semblable à un hoquet hystérique. Au premier succède un second et immédiatement après un ébrouement si assourdissant qu'il couvre le bruit du tambour. Ensuite déferle au-dessus de la tête des gens une suite entrecoupée de sons tremblants, haletants, presque spasmodiques, qui s'efforcent de s'organiser en paroles brèves et inintelligibles :

— *Kotero, tero, muro, koro, poro.*
Ukvun arrête immédiatement le tambour.
— Quoi ?
— *Poro*, dit l'esprit.
— *Ko.* Je ne comprends pas.
— *Poro, poro*, répète l'esprit.
— Je suis sot de naissance, mes oreilles sont fermées au langage des esprits. Si tu disais des paroles compréhensibles.

Texte tchouktche, apud *Les Religions de l'Europe du Nord*, trad. Éveline Lot-Falck, Fayard-Denoël, coll. « Le Trésor spirituel de l'humanité », 1974, p. 733-734. © Librairie Arthème Fayard, Paris.

L'état mental du chamane durant l'induction ou pendant l'extase connaît, lui aussi, divers régimes, l'un inhibé, « cataleptique », l'autre excité, « hystérique »[1]. « On a observé chez le chaman en transe deux attitudes opposées : l'une d'immobilité, l'autre au contraire d'activité intense. Certains auteurs rattachent la première forme de transe à la descente aux enfers : pendant le "voyage de l'âme", le corps du chaman gît au sol, immobile, comme s'il était mort ; cette immobilité se maintient jusqu'au "retour de son âme", et c'est seulement après avoir réintégré son corps que le chaman racontera ce qu'il a vu et dira qui il a rencontré au cours de son voyage. Au cours de l'ascension céleste, le chaman en transe est au contraire très actif : il raconte et mime pour son public, pendant son "voyage", les péripéties de son excursion psychique. Après cette "transe dramatique", il est censé avoir tout oublié alors qu'il doit au contraire se souvenir de sa "descente aux enfers" et de ce qu'il a vu et vécu là-bas pendant qu'il gisait, inanimé, sur le sol[2]. »

Exemple de séance chamanique en régime excité (le chamane a un comportement « hystérique ») :

Ce soir-là, le chaman [un Eskimo de « cuivre », au Nord du Canada] était Horqarnaq, un jeune homme aux yeux intelligents et aux mouvements agiles. [...]
Il avait à sa disposition plusieurs esprits auxiliaires, à savoir l'esprit de feu son père, l'esprit auxiliaire de celui-ci, une figure humaine imaginaire, modelée dans

---

1. Sur ces deux régimes dans la possession africaine, voir *supra*, p. 133 (« Les révélations »).
2. G. Lapassade, *Les États modifiés de conscience*, PUF, 1987, p. 56.

la neige, et une pierre rouge qu'il avait trouvée un jour qu'il était à la chasse au caribou. [...]

Horqarnaq répète sans trêve : « C'est une entreprise difficile que de faire apparaître les forces cachées. » Il garde longtemps sa gravité et sa dignité presque soupçonneuse ; mais, peu à peu, il entre dans un état d'exaltation qui devient frénétique. Les hommes se joignent aux femmes, le cercle devient de plus en plus nombreux, et tous crient pour stimuler les pouvoirs et la force du chaman. Les yeux de Horqarnaq se dilatent sauvagement, comme s'ils regardaient à une distance incommensurable. Puis il tourne sur ses talons, sa respiration devient haletante ; enfin, il ne reconnaît plus les gens qui l'entourent. « Qui êtes-vous ? » crie-t-il ? [...]. Il répète, comme un homme, qui après un long voyage, tomberait de fatigue : « Je ne peux pas. Je ne peux pas. » À ce moment, on entend un gargouillis, et un esprit auxiliaire entre dans son corps. Une force a pris possession de lui et il ne parvient plus à garder le contrôle de lui-même ni de ce qu'il dit. Il danse, il saute, il se lance dans le groupe des participants et il invoque son père défunt, qui est devenu un esprit malin. [...] Horqarnaq nomme différents esprits de défunts, qu'il voit dans la hutte parmi les vivants. Il décrit l'aspect de ces vieux et vieilles qu'il n'a jamais rencontrés, et il ordonne aux autres de lui dire qui ils sont. [...] Subitement, une vieille, restée jusqu'alors silencieuse sur la plate-forme, se précipite sur le sol et crie les noms que les autres n'ont pas osé prononcer...

K. Rasmussen, *Intellectual Culture of the Copper Eskimos*, Report of the 5th Thule Expedition, t. 8, n°s 1-2, Nordisk Forlag, Copenhague, 1932, p. 33 *sqq.*, trad. partielle E. de Martino, *Le Monde magique*, Marabout Université, n° 215, Verviers, Belgique, 1971, p. 139-141. © Bollati Boringhieri Editore, Torino.

Exemple de séance chamanique en régime inhibé (le chamane a un comportement « cataleptique ») :

Pourquoi vous plongiez-vous dans un pareil état ? Comment pouviez-vous faire de votre corps un arbre desséché et de votre esprit des cendres mortes ?
Tout à l'heure votre corps demeurait insensible comme un arbre desséché. Vous paraissiez avoir quitté choses et hommes pour vous tenir dans la solitude. [...]
Son corps est comme le bois mort ; son cœur comme la cendre éteinte. [...]

Tchouang-tseu, II, XXI, XXII, apud *Philosophes taoïstes*, Gallimard, « Bibliothèque de la Pléiade », 1980, p. 93, 243, 252. © Gallimard, Paris.

LE CHAMANE TYPE : LE CHAMANE DES TOUNGOUSES

Prenons le chamane modèle, le chamane sibérien. Le modèle du modèle apparaît chez le chamane tongouse occidental, de Transbaïkalie[1], qui, précisément, s'appelle *saman*. La racine du mot signifie « danser, bondir, s'agiter ». Le mot apparaît pour la première fois en 1130 à propos des proto-Toungouses joutchen.

---

1. S. M. Shirokogorov, *The Psychomental Complex of the Tungus*, Kegan Paul, Londres, 1935, p. 344 *sqq*. Laurence Delaby, apud *Dictionnaire des mythologies*, art. « Esprits-maîtres et chamanisme. En Sibérie », « Sibérie. Religion et mythes : sur l'exemple des Toungouses » (condense les travaux en russe de G. M. Vasilevic sur les Toungouses evenk, 1969). Le groupe des Toungouses-Mandchous comprend les Evenk (Toungouses proprement dits, occidentaux), les Dolgan, les Even (=Lamoutes), les Gold (=Nanaj).

Les compatriotes des Wou-che l'appelaient *chan-man*, en langue joutchen. Cela signifie « sorcier ».

P. Pelliot, « Sur quelques mots d'Asie centrale attestés dans les textes chinois », *Journal asiatique*, Société asiatique, palais de l'Institut, 1913, p. 451 *sqq.*

Les Toungouses forment un groupe de tribus vivant en Sibérie. On compte environ 100 000 âmes aujourd'hui. Ils habitent sous des tentes. Ils se nourrissent de chasse l'hiver, de pêche et de cueillette l'été. Ils vivent de la chasse et de l'élevage des rennes. Chez les Toungouses, on devient chamane ou chamanesse par appel divin, à l'adolescence. Un esprit, souvent un ancêtre chamane, impose à un garçon ou à une fille sa vocation, lors d'un rêve. Le néophyte se fait chamane après une dure crise mentale, qui se transforme en mutation spirituelle.

[Initiation-processus chez les Toungouses] Le chaman toungouse Ivan Tcholko assure qu'un futur chaman doit être malade, avoir le corps coupé en morceaux et que son sang doit être bu par les mauvais esprits *(saargi)*. Ceux-ci — qui sont en réalité les âmes des chamans morts — lui jettent la tête dans une chaudière où on la forge avec d'autres pièces métalliques qui feront ensuite partie de son costume rituel. Un autre chaman toungouse raconte qu'il a été malade toute une année. Pendant ce temps, il chantait pour se sentir mieux. Ses ancêtres-chamans sont venus et l'ont initié : ils l'ont percé de flèches jusqu'à ce qu'il eût perdu connaissance et fût tombé à terre ; ils lui ont coupé la chair, lui ont arraché les os et les ont comptés ; s'il lui en avait manqué, il n'aurait pas pu devenir chaman. [...]

[Initiation-cérémonie chez les Toungouses] Une cérémonie publique ne fait que confirmer et valider la véritable initiation extatique et secrète qui, on l'a vu, est l'œuvre des esprits (maladies, rêves, etc.) complétée par l'apprentissage auprès d'un maître-chaman. [...] Chez les Toungouses de Mandchourie, on dresse deux *turö* (arbres dont on a coupé les grosses branches mais dont le sommet a été préservé) devant une maison. Ces deux *turö* sont reliés par des traverses d'environ 90 ou 100 cm de long, en nombre impair, à savoir 5, 7 ou 9. On dresse un troisième *turö* vers le Sud à une distance de quelques mètres et on le relie au *turö* Est par une ficelle ou une mince lanière (*sijim*, corde) [symbole du chemin qui relie la Terre au Ciel], garnie tous les 30 cm environ de rubans et de plumes d'oiseaux divers. On peut employer de la soie de Chine rouge ou des tendons teints en rouge. Tel est le chemin le long duquel les esprits se déplaceront. Sur la ficelle on passe un anneau de bois qui peut glisser d'un *turö* à l'autre. Au moment où le maître l'envoie, l'esprit se trouve dans le plan de l'anneau *(jûldu)*. Le candidat s'assied entre les deux *turö* et bat du tambour. Le vieux chaman appelle les esprits un par un et, avec l'anneau, les envoie au candidat. Au moment où il est possédé par les esprits, le candidat est interrogé par les anciens et il doit raconter toute l'histoire (la biographie) de l'esprit dans tous ses détails, notamment qui il était auparavant, où il vivait, ce qu'il faisait, avec quel chaman il était et quand celui-ci est mort. La cérémonie dure 3, 5, 7 ou 9 jours. Si le candidat réussit, on sacrifie aux esprits du clan.

M. Eliade, *Le Chamanisme et les Techniques archaïques de l'extase* (1951), Payot, coll. « Payothèque », 2ᵉ éd. revue et augmentée, 1968, p. 51 (d'après G. V. Ksénofontov, *Schamanengeschichten aus Siberien*, 1955, p. 212) et p. 102-103 (d'après S. M. Shirokogorov, *The Psychomental Complex of the Tungus*, Kegan Paul et Trench Trubner, Londres, 1935, p. 351). © Payot, Paris.

Selon la tradition, le chamane toungouse vit entouré d'esprits chamaniques. Ces derniers sont les ancêtres chamanes (dont le plus ancien est un ancêtre chamane particulier), un double animal (l'esprit protecteur, le familier), des esprits gardiens, divers esprits.

Du fond du monde inférieur, les chamanes défunts choisissent parmi leurs descendants vivants sur la terre celui ou celle qui deviendra chamane. [...]

Une fois le futur chamane choisi, le plus ancien des ancêtres chamaniques (nommé selon les informateurs Mangi ou Xargikakun, « le très grand Xargi ») lui affecte un ancêtre Xargi particulier. Cet ancêtre ira annoncer au futur chamane, pendant un rêve, son élection. Il lui soufflera à l'oreille les paroles et l'air de ses chants chamaniques [...]. Lors des séances chamaniques il lui révélera le nom des esprits des maladies et le chemin par où ils sont venus, il dirigera les combats du chamane contre ceux-ci [...].

Lorsque le futur chamane a été choisi, son âme descend dans les racines de l'arbre sacré du clan où se tient l'animal-mère, souvent conçu comme un renne ou un élan femelle. Celle-ci avale l'âme du chamane et la remet au monde sous l'aspect d'un faon de renne ou d'élan. [...] C'est ce double animal du chamane qui mènera à bien les opérations lors des séances. [...] Le chamane envoie son âme, c'est-à-dire son double animal, dans les territoires mythiques de l'au-delà, soit pour reprendre l'âme du malade emportée par un esprit, soit pour dérober une âme-oisillon de petit enfant qu'il rapportera à une femme stérile, soit pour conduire l'âme d'un mort dans le monde inférieur, soit encore pour toutes autres tractations avec les esprits concernant l'obtention du gibier ou la guérison d'un malade. [...]

Les ancêtres accordent au chamane novice une troupe d'esprits auxiliaires zoomorphes, qui, durant ses séances, lui servent de messagers, de montures, d'éclaireurs, d'espions ou de guerriers. [...] Tantôt le chamane les incorpore durant la kamlanie [la séance] pour s'approprier cette qualité : la force du tigre, la course rapide du cerf, la combativité du renne en rut, la puissance de l'ours, la vue étendue du lézard qui grimpe au sommet des arbres, l'aptitude du renard et de la zibeline à se faufiler inaperçus, la faculté de voler des oiseaux et celle de nager des poissons, etc. Tantôt il les emploie dans des rôles où ces qualités se montrent nécessaires : il dépêche en messager le lièvre, dont les traces embrouillées égarent les mauvais esprits lancés à sa suite ; il expédie en éclaireurs les brochets carnivores lorsqu'il descend le grand fleuve mythique sur son tambour devenu barque pour la circonstance ; il envoie l'oie saisir avec son long bec l'esprit malin tout au fond des entrailles du malade où il se tapit. Toutefois, les emplois essentiels de ces esprits zoomorphes demeurent ceux de montures et de sentinelles. Les cygnes, les oies, les aigles emportent le chamane dans le monde supérieur. Les plongeons, les rennes et les ours le descendent dans le monde inférieur. La lotte, la thymalle, le saumon lui font traverser lacs et fleuves. [...] Le plongeon [oiseau palmipède, piscivore, de grande taille, vivant presque 30 ans], l'esprit caractéristique du chamanisme toungouse, nage aussi bien qu'il vole. [...]

Le chamane est libre d'ajouter à la liste, fort longue, des esprits connus et transmis de génération en génération, d'autres esprits de son invention, esprits nouveaux qu'il a rencontrés, lui ou un membre de son clan, au cours de ses déplacements dans la taïga.

En outre, le chamane emprunte à son gré les esprits des autres ethnies. Il suffit

qu'ils lui paraissent efficaces. Ont été ainsi adoptés l'esprit Sumu (venu de *Süme*, « temple » en mongol) et saint Nicolas, Lénine, et jusqu'aux Communards français. [...]
Par « maîtriser » on entend que le chamane incorpore l'esprit par la bouche [les Gold], les aisselles, l'anus, le sinciput ou bien qu'il l'introduit dans un support, figuration grossière de l'esprit hâtivement taillée dans le bois, découpée dans l'écorce de bouleau, brodée sur de la peau chamoisée ou forgée en fer. [...]
Heureusement, il est très facile de faire peur aux esprits et de les écarter. Tout objet métallique ou pointu, clochettes, griffes, crocs, piquants de hérisson, les met en fuite. Un cri, une injure les font disparaître. [...]
Le chamane doué voit sa puissance augmenter au cours des années par une série de consécrations durant lesquelles il reçoit [des ancêtres chamanes] de nouveaux accessoires suivant un ordre déterminé : battoir, tambour, plastron, bottes, moufles, manteau, coiffure en peau chamoisée et enfin coiffure surmontée de ramures en fer.

Laurence Delaby, « Esprits-maîtres et chamanisme. En Sibérie », *apud* Y. Bonnefoy dir., *Dictionnaire des mythologies*, Flammarion, 1981, t. 1, p. 370-375. © Éditions Flammarion, Paris.

Le costume du chamane toungouse [1] présenté au musée de l'Homme comporte les pièces et accessoires suivants : manteau et plastron, avec pendants métalliques, calotte à ramure métallique, masque, tambour à deux battoirs sculptés. Le premier battoir, qui représente une tête d'élan femelle, rythme le voyage diurne, tandis que le second battoir, qui représente une tête de cervidé, rythme le voyage nocturne. « C'est l'esprit auxiliaire principal qui dicte au chamane quel genre de costume il doit faire confectionner par les jeunes filles et les femmes âgées du clan. Robe d'esprits, armure, moyen de transport, le costume est aussi instrument de musique grâce aux nombreux pendants métalliques accrochés sur toute la surface [2]. »

LES PRATIQUES OCCULTES

L'ésotérisme primitif d'Asie porte son attention sur un tout autre domaine : les attitudes. Il se présente comme un **ésotérisme des gestes**. Des pratiques qui, en Occident, se limitent à l'aspect utilitaire, prennent dans l'Asie primitive, une tournure rituelle, spirituelle. Ce ne sont pas uniquement les sciences occultes qui sont occultes, mais toute technique, tout art, chasse, pêche, artisanat, agriculture, danse, chant, architecture, etc. La technicité devient sacrée et la sacralité technique.

Ch. Archaimbault a pu décrire les « techniques rituelles de la pêche du palô'm au Laos ».

---

1. Éveline Lot-Falck, « À propos d'un tambour de chamane toungouse », *L'Homme. Revue française d'anthropologie*, t. 2, mai-août 1961, p. 25-30 ; id. « Le costume du chamane tungus du musée de l'Homme », *Études mongoles et sibériennes*, cahier 8, université de Paris X (Nanterre), 1977, p. 19-71.
2. Laurence Delaby, *Chamanes toungouses*, éd. cit., p. 95-96.

CHAMANE TOUNGOUSE
(dessin N. Witsen, 1705)

Au troisième mois laotien, pour ouvrir la saison de pêche du palô'm, les pêcheurs de Luang-Prabang, dans le Nord Laos, choisissent un des jours fastes — de la lune croissante — soigneusement inventoriés par les anciens devins. Il y a une dizaine d'années, le matin même du jour fixé, les pêcheurs devaient, avant de quitter leur demeure, avertir le Phi P'an, le Phi Pêcheur, c'est-à-dire l'esprit du maître pêcheur détenteur des *gâthâ* [mot sanskrit, d'origine bouddhique : versets] qui leur avait enseigné les formules sacrées sans lesquelles pirogue et filet seraient dénués de toute efficacité. [...] Le pêcheur nettoie au bord du Mékong sa pirogue qu'il a fait disposer la veille par ses compagnons de pêche, sur deux étais, coque retournée. Il racle d'abord la mousse qui la tapisse, puis aligne à l'avant, au milieu et à l'arrière, trois petits tas d'os, arêtes, coquillages et immondices recueillis sur la berge. Il met alors le feu à ces détritus de façon que la fumée noirâtre qui s'en dégage chasse les mauvais génies et tout particulièrement les Phi [esprits] des noyés qui pourraient souiller la pirogue et vouer ainsi la pêche à l'échec. Tout en allumant ces dépôts, il murmure :

– Phi Hûng [esprits de la malemort], Phi Há [esprits des épidémies], Phi P'ai et vous, esprits des noyés qui stagnez dans les eaux de cet embarcadère, quittez immédiatement cette pirogue.

La pirogue nettoyée, il examine les nœuds, aveugle en les obturant avec de la résine ceux qui sont néfastes puis, aidé de ses compagnons, il met l'embarcation à l'eau [...]. Le caractère faste ou néfaste de ces nœuds dépend de leur emplacement et de leur forme. [...] Le filet, les gourdes servant de flotteurs, les pierres qui lesteront le filet sont alors posés sur le radeau en face de la pirogue...

Ch. Archaimbault, « Les techniques rituelles de la pêche du palô'm au Laos », *Bulletin de l'ÉFEO*, n° XLIX, fasc. 1, 1958, p. 298-300 (ou *Structures religieuses lao. Rites et Mythes*, éd. Vithagna, Vientiane, Laos, 1973, p. 243 *sqq.*). © École française d'Extrême-Orient, Paris.

Si l'on passe de la pêche à la chasse, on peut mentionner ce cas de chasse aux sangliers en Indonésie, à Java, chez des Sundanais, où l'on voit que tout est technique, aussi bien le travail du magicien que le travail des porteurs, des chasseurs.

Nous observâmes des traces fraîches de sangliers : un champ de manioc avait été dévasté par les animaux. [...]

Au bout de quelque temps, le *malim* [magicien] revint : les animaux bloqués dans la vallée avaient été endormis, mais le *malim* ne nous permit pas d'assister à cette ultime cérémonie. Un fait demeure : les sangliers pendant environ quatre heures, c'est-à-dire jusqu'à la tombée de la nuit, ne se manifestèrent pas et l'acheminement des *gedeks* [barrières en bambous] ne fit pas fuir les animaux.

Le *malim* et ses hommes entreprirent aussitôt de délimiter le cercle magique à l'intérieur duquel devait se dérouler la chasse : le *malim* coupait les herbes à l'endroit où il faudrait planter les *gedeks*, il nouait des brins d'herbes pour, nous dit-il, fermer magiquement les issues. [...] Il ne s'agit pas ici à proprement parler d'un rituel mais d'une technique : le *malim* n'évoque pas les ancêtres, il utilise des pouvoirs qui lui sont propres, à des fins pratiques, et, à la limite, on peut penser que la répétition des offrandes et des prières n'a lieu que pour favoriser la concentration du sorcier. [...]

Il s'agissait d'acheminer environ deux cents *gedeks* au sommet de la montagne, pour encercler les animaux. Au début de l'après-midi, les premières colonnes de porteurs se formèrent : un *gedek* ou deux par personne, appuyée contre le bras et l'épaule. [...] À l'aube on posait les dernières barrières : le cercle magique était fermé. [...]

Après la prière habituelle, et sous les vivats de la foule, les premiers chasseurs franchirent la palissade. La tradition veut que les hommes affrontent d'abord les animaux à main nue. [...] Les chasseurs devaient plonger sur les porcs sauvages, pour les saisir au passage par les pattes antérieures. Ils les passaient ensuite par-dessus la palissade [...]. Ensuite les hommes lâchèrent des chiens dans l'enceinte magique : quelques horribles petits bâtards blanchâtres, dont la fureur pourtant fut efficace. Ils attaquaient sans crainte les porcs sauvages, les débusquant, les

mordant à la gorge. Le chasseur se jetait alors sur l'animal pour s'en emparer et le passer par-dessus la palissade. En dernier ressort, et comme le voulait la tradition, les hommes utilisèrent des armes banches. [...]
Brusquement, le *malim* ordonna la fin de la chasse. Le jour allait bientôt tomber et, dit-il :
— C'est l'heure où peuvent arriver de graves accidents !

M. Ottin et A. Bensa, *Le Sacré à Java et à Bali*, Robert Laffont, 1969, p. 88-94.

Certains arts d'Asie font intervenir la métapsychique, la science des états sur-conscients. Cet **ésotérisme des états supérieurs de conscience** [1] soutient que le psychisme ne se limite pas à la veille et au sommeil, il peut aussi s'épanouir dans la méditation, la rêverie, l'extase, la catalepsie, la stupeur, la cessation de la pensée, l'enstase, la concentration sur un objet sans forme, le rêve inspiré... Les Indiens connaissent bien l'état du yogin, « sans conscience comme une pierre ». Les Tibétains réfléchissent beaucoup sur l'état de rêve ou sur l'état intermédiaire pendant lequel l'agonisant se trouve entre décès et renaissance. Dans le théâtre d'ombres indonésien, celui qui dirige la représentation se trouve en transe de possession, habité par un esprit. À Bali, des fillettes dansent, sans l'avoir appris, mais en état de transe. Le chamane sibérien, quand il prononce ses chants (dictés par les ancêtres chamanes), se place en état d'extase. Parfois, les états modifiés de conscience [2] ne sont pas inférieurs, simplement différents, par exemple l'hébétude, le somnambulisme, l'hypnose, la fascination. Il existe un état psychique, inconnu des Occidentaux, où la personne imite, à ses risques et périls, les paroles et gestes de ses interlocuteurs ou même des objets environnants.

Dans l'état *latah*, tel que le décrit sir Hugh Clifford [*Studies in Brown Humanity*, 1898, p. 189], l'indigène [malais] [...] est exposé à toutes les suggestions possibles. À supposer que son attention soit attirée par un balancement des branches qui agite le vent, une personne *latah* imitera passivement ce va-et-vient [...]. Les Toungouses [de Transbaïkalie] appellent cet état *olon*, d'où le terme d'olonisme que propose S. M. Shirokogorov pour le désigner [M. A. Czaplicka, *Aboriginal Siberia*, Oxford, 1914 ; S. M. Shirokogorov, *The Psychomental Complex of the Tungus*, Londres, 1935, p. 248].

E. De Martino, *Le Monde magique* (1948), trad. de l'italien, Marabout Université, n° 215, Verviers, 1971, p. 85. © Bollati Boringhieri Editore, Torino.

---

1. Jeanne Cuisinier, *La Danse sacrée en Indochine et en Indonésie*, PUF, 1951 ; id., *Le Théâtre d'ombres à Kalantan*, Gallimard, 1957, 256 p.
2. Voir *infra*, p. 629 (« Le Tantra »). Sur les états modifiés de conscience : E. D. Wittkower, « Trance and Possession States », *International Journal of Social Psychiatry*, 16, 2, 1970, p. 153-160 ; Erika Bourguignon dir., *Religion, Altered States of Consciousness and Social Change*, Ohio State UP, Columbus, 1973, Ch. Tart, *States of Consciousness*, Dutton, New York, 1975 ; G. Lapassade, *Les États modifiés de conscience*, PUF, coll. « Nodules », 1987, 127 p. ; id., *La Transe*, PUF, coll. « Que sais-je ? », n° 2508, 1990, 128 p. *Transe, Chamanisme, Possession*, Serre-Nice-Animation, 1986.

Les Senoï[1], un peuple austro-asiatique de Malaisie, attachent la plus grande importance au sommeil et au rêve. Enfants et parents parlent de leurs rêves, les interprètent.

LES ARTS OCCULTES

L'Asie primitive surprend par la précision de ses méthodes et de ses procédés en matière de divination, de magie, d'onirologie. Ces arts occultes font intervenir le chamane, le devin, le magicien. *L'Histoire secrète des Mongols* dit bien :

> On fit deviner par divers chamans *(bö)* et par des devins *(tölgetchi)*.

Histoire secrète des Mongols (1240), § 272 (trad. partielle du mongol P. Pelliot, Maisonneuve, 1949, p. 121-197 ; éd. et trad. de Marie-Dominique Even et Rodica Pop, Gallimard, coll. « Connaissance de l'Orient », 1994, 360 p.).

La divination

La plus ancienne forme de divination chez les Chinois, les Mongols, etc. est la rhabdomancie, qui utilise les baguettes de saule ou les flèches. On la retrouve dans le *Yi king*. Ammien Marcellin signale cette divination chez les Huns, peuples türko-mongols.

Ils réunissent en faisceau des baguettes d'osier qu'ils ont soin de tenir droites. En les séparant ensuite à certains jours marqués, ils y trouvent à l'aide de quelque pratique magique une manifestation de l'avenir.

Ammien Marcellin, *Histoires* (378), XXXI.

Pourquoi la baguette de saule ? parce que le saule vit longtemps, il est souple, il grandit dans l'eau, symbole de vie. Pourquoi la flèche (bélomancie) ? elle représente l'homme lui-même, son pouvoir guerrier, son pouvoir sexuel, son pouvoir fabricateur.

« De toutes les antiques techniques de divination employées en Asie centrale et dans le monde turc, il n'y en a pas que nous connaissions mieux que la scapulomancie ; il n'y en a pas de plus ancienne et de plus permanente... La scapulomancie est l'affaire de devins spécialisés, auxquels on donne divers noms, surtout celui, mongol, de *dallaci*, turc, de *yagrinci*. Il est non moins certain que, fréquemment, le chaman s'est attribué la manipulation des omoplates... Chez les Turcs, l'animal le plus fréquemment immolé pour la séance divinatoire est le mouton. On signale que, chez les Kazakhs, c'est la chèvre ou le bouc... La scapulomancie exige des connaissances et l'accomplissement de rites précis. Ceux-ci consistent à dénuder l'os d'un animal récemment tué, sans y porter les dents, puis à penser à la chose pour laquelle on consulte en tenant l'os convenablement d'une main, enfin à le torréfier en l'exposant à la flamme. Quant aux connaissances, ce sont celles des figures que la

---

1. Kilton Stewart, *Pygmies and Dream Giants*, V. Gollancz, Londres, 1955, 295 p.

chaleur provoque en craquelant l'os... Dans tout individu, l'os est l'organe essentiel, la source de la vie ou de la résurrection [1]. »

Les Dayak [2] utilisent l'abacomancie, la divination par des abaques, des tablettes.

La divination peut se faire par la voyance (directement, par intuition). Le chamane joue ici un rôle considérable, comme le médium et le possédé. Ibn Sînâ (=Avicenne), le premier, a décrit une séance chamanique, türkmène, qui a un but divinatoire, par le moyen de l'extase.

Ainsi l'on raconte d'un groupement turc que, lorsque quelqu'un cherchait assistance auprès du devin, à l'occasion d'une offrande qui fît connaître l'avenir, le devin cherchait lui-même secours dans une course à toute vitesse, haletant sans cesse, jusqu'à ce qu'il fût presque évanoui. Ensuite, il parlait selon ce qui était suggéré à son imagination, et ceux qui étaient chargés de l'écouter recueillaient soigneusement ce qu'il prononçait afin de construire là-dessus un échafaudage.

Ibn Sînâ (Avicenne, 980-1037), *Livre des directives et remarques*, 10ᵉ groupe (Des secrets des prodiges), trad. de l'arabe Anne-Marie Goichon, Vrin, 1951, p. 517.

Dans ce cas, le devin utilise une transe d'extase. En d'autres occasions, il entre en transe de possession (par exemple en se laissant habiter par un génie lors d'une fête) ou en transe de vision (par exemple en contemplant de l'eau).

La magie

Un domaine immense s'ouvre ici.

Chez les Türks, une technique, qui n'appartient ni au chamane *(kam)* ni au magicien, mais à un spécialiste, le *yattchi*, consiste à faire tomber la pluie [3].

Le secret de faire tomber de la neige et de la pluie : au rapport de l'auteur du *Djihan-numa* (p. 483, éd. de Constantinople), il y avait de son temps, dans la ville d'Ardebil, une pierre que l'on promenait dans un chariot lorsqu'on voulait obtenir de la pluie. Suivant le même écrivain (p. 373), on voit dans la ville de Kazan certains hommes adonnés à la magie et à des pratiques superstitieuses. Ils ont l'art d'exciter le vent, le tonnerre, la pluie, et de les faire cesser au moment qu'ils le veulent.

Rashîd al-Dîn Tabîb (>Raschid-Eldin), *Histoire des Mongols de Perse [Recueil des chroniques. Jami'ut-Tawarikh]* (1311), trad. du persan M. E. Quatremère, Imprimerie royale, 1836, t. 1 (seul paru) p. 432-434.

---

1. J.-P. Roux et P. N. Boratav, *La Divination chez les Turcs*, apud A. Caquot et M. Leibovici, *La Divination*, PUF, 1968, t. 2, p. 302-304. © PUF, Paris. Voir R. Andrea, *Scapulomancia*, apud *Boas Anniversary Volume*, New York, 1906, p. 143-165.
2. Madeleine Colani, *Tablettes divinatoires Dayaks*, Bulletin de l'ÉFEO, t. 36, fasc. 1, 1936, p. 267.
3. Boyle, M. F. Köprülü, *Une institution magique chez les anciens Turcs. Yat* [la pierre à pluie], apud *Actes du deuxième Congrès international d'histoire des religions*, 1925, p. 440-451. J.-P. Roux, *La Religion des Turcs et des Mongols*, Payot, 1984, p. 95-98.

La médecine occulte

Dans l'Asie primitive l'homme recourt aux mêmes procédés que dans toutes les médecines archaïques. Il y a d'abord le traitement chamanique, grâce au chamane, déjà évoqué. De plus, la transe elle-même peut guérir : si la maladie s'explique par la possession, la guérison peut venir au moyen d'une transe qui va expulser les esprits qui se sont introduits dans l'âme ; la danseuse siamoise entre en transe de possession, s'approche du malade, devient possédée par l'esprit qui a donné la maladie, alors le magicien *(mo)* interroge cet esprit pour trouver les causes et les remèdes.

Il y a ensuite le charme, l'incantation, la récitation du mythe fondateur, comme cette formule malaise :

> *Hei wa ! Sang Gana di kampong*
> Las ! ô Sang Gana [Ganesha, dieu hindou] du village,
> tous les serviteurs des *jinn* [génies : entités musulmanes],
> moi, le guérisseur,
> je te prie,
> ah ! de les rappeler.
> Que nul ne vienne tourmenter
> les enfants du village ou ce malade, et leur apporter la fièvre.
> Je le demande.

Adresse magique aux génies, provenant de Kelantan, citée par Jeanne Cuisinier, *Danses magiques de Kelantan*, éd. cit., p. 163-164.

Il y a les plantes magiques. Il y a les massages pratiqués par le chamane ou le magicien ou la guérisseuse.

L'Asie sait à merveille conserver dans la civilisation moderne l'approche primitive de la réalité. Un marchand d'ordinateurs de Hong Kong ou de Taïwan ne renonce pas forcément aux esprits. En Occident, on appelle cela « superstition » ; en Orient, on appelle cela « sagesse ».

BIBLIOGRAPHIE GÉNÉRALE SUR L'ÉSOTÉRISME DES ASIATIQUES PRIMITIFS

S'il n'y a qu'un livre à lire : M. ELIADE, *Le Chamanisme et les Techniques archaïques de l'extase* (1951), Payot, coll. « Payothèque », 2ᵉ éd. revue et augmentée, 1968, 405 p. Très riches informations, qu'Eliade interprète avec ses clefs.

Approche ésotérique de l'histoire : ARISTÉAS DE PROCONNÈSE (600 av. J.-C.), HÉLÉNA PETROVNA BLAVATSKY.

BIBLIOTHÈQUES : Centre de documentation et de recherche sur l'Asie du Sud-Est et le monde indonésien, 43, rue Cuvier, 75005 Paris ; Centre d'études de l'Inde et de l'Asie du Sud, ÉHÉSS (École des hautes études en sciences sociales), 54, bd Raspail, 75006 Paris ; Centre d'histoire et de civilisations de la péninsule indochinoise, ÉFEO (École française d'Extrême-Orient), 22, av. du Président-Wilson,

75016 Paris ; Centre de recherche sur l'Asie Centrale et sur la Haute Asie, Collège de France, 52, rue du Cardinal-Lemoine, 75005 Paris.

Les grands textes (écrits ésotériques ou documents)
– *Irk Bitig* (970) : W. THOMSEN, « Dr. M.A. Stein's Manuscripts in Turkish "Runic" Script », *Journal of the Royal Asiatic Society of Great Britain and Ireland* (JRAS), Cambridge UP, 1912, p. 181-227. Présages türks écrits dans un monastère manichéen de la région de Touen Houang, en alphabet « runique ».
– W. SIEROSZEWSKI, « Du chamanisme d'après les croyances des Yakoutes », *Revue de l'histoire des religions*, t. 46, 1902, p. 204-233, 299-358.
– W. BOGORAS, *The Eskimo of Siberia* (1910), Jesup North Pacific Expedition, E. J. Brill, Leyde, 1913, 417-456 p. Contes et textes magiques eskimo.
– K. RASMUSSEN, *Intellectual Culture of the Iglulik Eskimos* (Report of the 5th Thule Expedition, t. 7, n° 1, Nordisk Forlag, Copenhague, 1929, p. 1-304), AMS Press, New York, 1976, 304 p. Récits d'initiation chez les chamanes eskimo de la baie d'Hudson au Canada. Rasmussen était Groenlandais.
– W. THALBITZER, *Légendes et Chants esquimaux du Groenland*, Fontenay-aux-Roses, 1929.
– JEANNE CUISINIER, *Danses magiques de Kelantan*, Travaux et mémoires de l'Institut d'ethnologie, 1936, n° XXII, 206 p., p. 129-190. Formules malaises pour la magie ou la danse magique : texte et traduction.
– G. R. RACHMATI, *Türkische Turfantexte*, VII, Berlin, 1936. Divination.
– F. W. THOMAS, *Ancient Folk-Literature from North-Eastern Tibet*, Akademie-Verlag, Berlin, 1957, IX-76-203 p.
– C. R. BAWDEN, « On the practise of Scapulimancy among the Mongols », *Central Asiatic Journal*, La Haye, t. 4, 1958, p. 1-31. Textes de divination par la lecture d'omoplates torréfiées.
– J.-P. ROUX, « Éléments chamaniques dans les textes pré-mongols », *Anthropos*, t. 53, n°ˢ 1-2, 1958, p. 133-142.
– Y. RINTCHEN, *Les Matériaux pour l'étude du chamanisme mongol*, Asiatische Forschungen, n° 8, O. Harrassowitz, Wiesbaden, 1959-1961, t. 1, 124 p., t. 2, 156 p.
– ANTHONY JACKSON, « Mo-so Magical Texts », *John Rylands Library*, t. 48, p. 141-174, Manchester, UK, 1965. Leurs « textes » sont des pictogrammes.
– G. MORÉCHANT, « Le chamanisme des Hmong », *Bulletin de l'ÉFEO*, n° LIV, 1968.
– G. M. VASILEVIC, « Shamanistic Songs of the Evenki », *Popular Beliefs and Folklore Tradition in Siberia*, Mouton, La Haye, 1968, p. 351-372. Cinq chants chamaniques toungouses avec trad. anglaise.
– P. HADJU, *The Nenets (Nents) Shamans's Songs and its Text, apud* V. DIÓSZEGI et M. HOPPÁL, *Shamanism in Siberia*, Akademiai Kiádó, Budapest, 1978.
– ANNA-LEENA SIIKALA, *The Rite Technique of the Siberian Shaman*, Academia Scientiarum Fennica, FF Communications, Helsinki, 1978. Récits, dont p. 173-183 celui du chamane samoyède nganasan, fait à l'ethnographe russe A. Al. Popov : *How Sereptie Djaruoskin [...] became a Shaman*.
– JOAN HALIFAX, *Shamanic Voices. A Survey of Visionary Narratives*, E. P. Dutton, New York, 1979, XI-268 p. Témoignages d'expériences visionnaires chamaniques.
– A. HOFER, *Tamang Ritual Texts*, Steiner, Wiesbaden, 1981. Chamanisme au Népal.

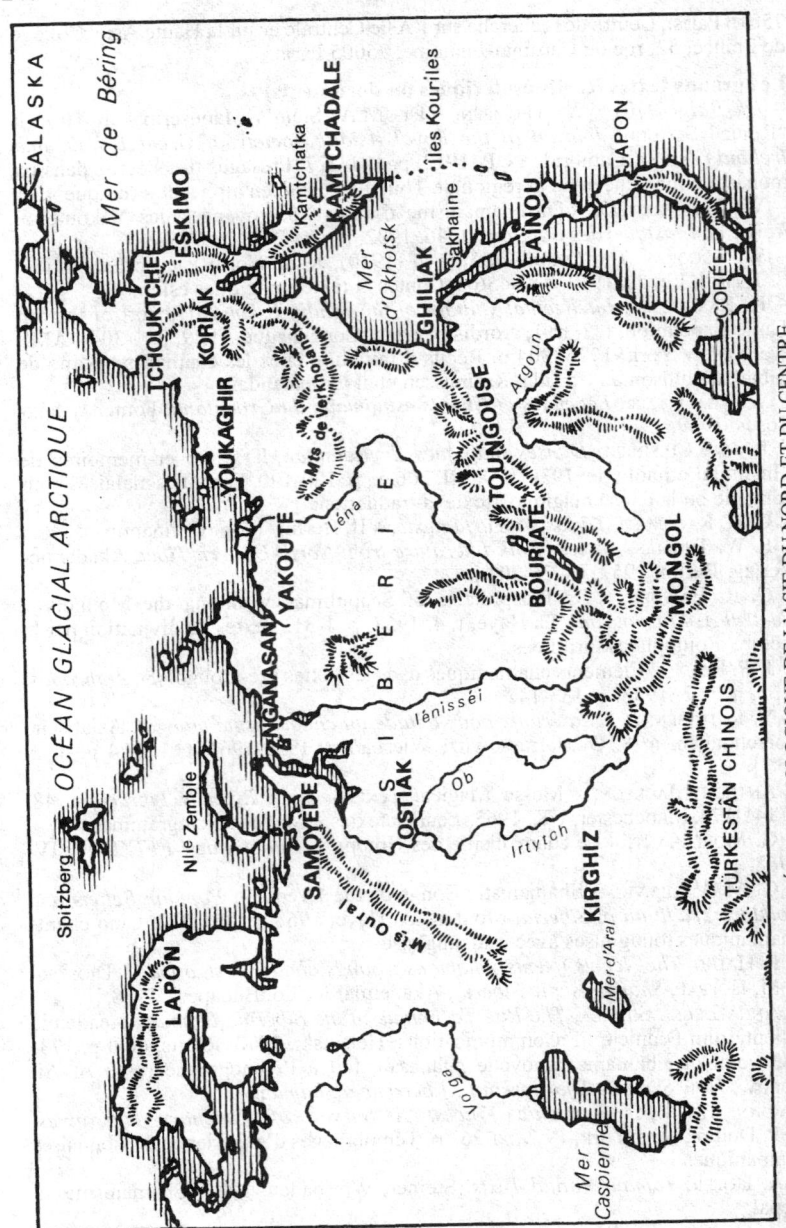

CARTE ÉSO-ETHNOLOGIQUE DE L'ASIE DU NORD ET DU CENTRE

LES ASIATIQUES 241

CARTE ÉSO-ETHNOLOGIQUE DE L'ASIE DU SUD ET DU SUD-EST

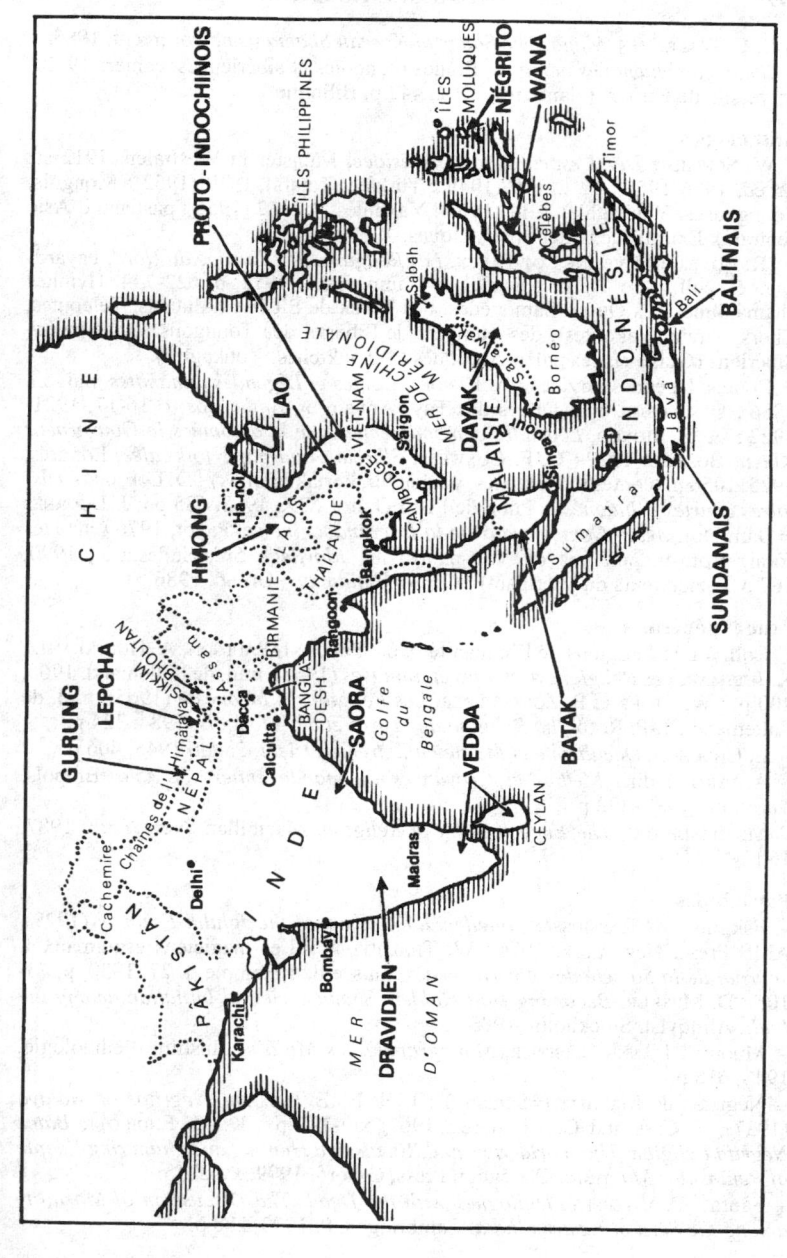

– B. C. Walraven, *Muga. The Songs of Korean Shamanism*, Dordrecht, 1985.
– *Chants de chamanes mongols*, Études mongoles et sibériennes, cahiers 19-20, université de Paris X (Nanterre), 1992, 442 p. Bilingue.

Anthologies
– W. Schmidt, *Der Ursprung der Gottesidee*, Münster in Westfalen, 1912 ss. (2ᵉ éd. 1926-1955), 12 t., t. 9 (1949 : Türks et Tatars), t. 10 (1952 : Mongols, Toungouses, Youkaghir), t. 11 (1954 : Yakoutes...), t. 12 (1955 : pasteurs d'Asie centrale). Extraits de textes chamaniques.
– (R. Boyer et) Éveline Lot-Falck, *Les Religions de l'Europe du Nord*, Fayard-Denoël, coll. « Le Trésor spirituel de l'humanité », 1974, p. 622-744. Hymnes chamaniques des Ougro-Samoyèdes, des Türks de Sibérie (Altaïens, Téléoutes, Chors, Tuvin, Yakoutes), des Mongols de Sibérie, des Toungouses, des paléo-Sibériens (Ghiliak), des paléo-Arctiques (Tchouktches, Youkaghir).
– Contes, légendes, mythes : A. Landes, *Contes et Légendes annamites*, Saigon, 1886 ; Desgeorge, « Légendes des Tay (Annam) », *Anthropos*, t. 16-17, 1921-1922 ; G. H. Monod, *Légendes cambodgiennes que m'a contées le Gouverneur Khieu*, Bossard, 1922 ; C. F. Coxwell, *Siberian and other folk-tales*, Londres, 1925, 1056 p. (contes tchouktches, youkaghir, koriak, ghiliak) ; D. Lombard, *Histoires courtes d'Indonésie*, Publ. de l'ÉFEO, n° LXIX, 1968, 635 p. ; J. Dournes (=Dam Do), *Akan. Contes oraux de la forêt indochinoise*, Payot, 1976 (chez les Jôrai, proto-Indochinois du Viêt-nam) ; id., *Florilège Srê*, Sudestasie, 1990, 167 p. (riziculteurs du Viêt-nam) ; *Contes esquimaux*, Gründ, 1986.

Études générales
– Coll. « Les Religions de l'humanité », éd. Payot : I. Paulson, A. Hultkrantz, K. Jettmar, *Les Religions arctiques et finnoises* (1962), trad. de l'allemand, 1965, 400 p. ; W. Stöhr et P. Zoetmulder, *Les Religions d'Indonésie* (1965), trad. de l'allemand ; J.-P. Roux, *La Religion des Turcs et des Mongols*, 1984, 324 p.
– L. Chochod, *Occultisme et Magie en Extrême-Orient*, Payot, 1945, 406 p.
– A. Akoun dir., *Mythes et Croyances du monde entier* : *L'Asie*, Brépols, Turnhout, 1985, 492 p.
– M. Éliade dir., *The Encyclopedia of Religion*, Macmillan, New York, 1987, 16 t.

Par ethnies
– Eskimo : K. Rasmussen, *Intellectual Culture of the Iglulik Eskimos* (1929), AMS Press, New York, 1976 ; W. Thalbitzer, « Les magiciens esquimaux », *Journal de la Société des Américanistes*, musée de l'Homme, t. 27, 1930, p. 73-106 ; D. Merkur, *Becoming Half Hidden. Shamanism and Initiation among the Inuit*, Almqvist, Stockholm, 1985.
– Muong : Jeanne Cuisinier, *Monographie des Mu'ô'ng*, Institut d'ethnologie, 1948, 618 p.
– Négritos de Malaisie (=Semang) : I. H. N. Evans, *The Negritos of Malaya* (1937), F. Cass and Co., Londres, 1969, xiv-323 p. ; K. M. Endicott, *Batek Negrito Religion. The World-view and Rituals of a Hunting and Gathering People of Peninsular Malaysia*, Clarendon Press, Oxford, 1979, xv-234 p.
– Saora : P. Vitebsky, *Dialogues with the Dead. The Discussion of Mortality among the Sara of Eastern India*, Cambridge UP, 1993, 288 p.

– Sibériens : LAURENCE DELABY, *Chamanes toungouses*, Études mongoles et sibériennes, cahier 7, université de Paris X (Nanterre), 1976, 245 p.
– Türks avant l'Islâm (636) : J.-P. ROUX, *Les Religions des Turcs et des Mongols*, Payot, coll. « Les Religions de l'humanité », 1984, 324 p., p. 61 *sqq*.
– Viêtnamiens animistes : L. CADIÈRE, *Croyances et Pratiques religieuses des Viêtnamiens*, ÉFEO, 3 t., 1944-1957.

BIBLIOGRAPHIE SPÉCIALISÉE

Initiations et médiateurs du Mystère
– Chamanes : V. L. SIEROSZEWSKI, « Du chamanisme d'après les croyances des Yakoutes », *Revue de l'histoire des religions*, t. 44, 1902, p. 204-235, 299-338 ; I. H. N. EVANS, *Studies in Religion, Folklore and Custom in British North Borneo and the Malay Peninsula*, 1923, p. 158-167 (éd. 1937, p. 193-201) (chamane = *pawang*) ; S. M. SHIROKOGOROV, *The Psychomental Complex of the Tungus*, Kegan Paul et Trench Trubner, Londres, 1935, 469 p. (le chamane des Toungouses orientaux) ; M. ELIADE, *Le Chamanisme et les Techniques archaïques de l'extase* (1951), Payot, 1968, p. 344 *sqq*. ; G. CONDOMINAS, *Nous avons mangé la forêt de Pierre-Génie Gôo. Chronique de Sar Luk, village mnong gar (tribu protoindochinoise des hauts-plateaux du Viêt-nam central)* (1957), Flammarion, coll. « Champs », n° 107, 1982, chap. IV (chamane = *njau mhö'*) ; G. MORÉCHAND, « Le chamanisme des Hmong », *Bulletin de l'ÉFEO*, n° LIV, 1968, p. 53-294 (les Hmong ou Mong, Miao du Nord, Méo : montagnards en Chine et au nord de l'Indochine) ; G. CONDOMINAS, « Chamanisme à Mujat (Sarawak, Bornéo) », *Objets et Mondes*, t. 12, fasc. 1, 1972, p. 23-44 ; LAURENCE DELABY, *Chamanes toungouses*, Études mongoles et sibériennes, cahier 7, université de Paris-X (Nanterre), 1976 ; V. DIÓSZEGI et M. HOPPÁL dir., *Shamanism in Siberia*, Akademiai Kiádo, Budapest, 1978 ; VIVIANE LIÈVRE et J.-Y. LOUDE, *Le Chamanisme des Kalash du Pakistan. Des montagnards polythéistes face à l'Islam*, CNRS-PUL-ERC, 1990, 576 p. ; A. DE SALES, *Je suis né de vos yeux de tambours. La Religion chamanique des Magar du Nord*, Société d'ethnologie, université de Paris X (Nanterre), 1991 (Népal).

– Possédés par les esprits et médiums : P. SCHEBESTA, *Among the Forest Dwarfs of Malaya*, 1927 (le *hala'* — chamane — des Négrito sémang, Pygmées de la péninsule malaise) ; M. ELIADE, *Le Chamanisme*, éd. cit., p. 360-362 (les *miko*, possédées japonaises) ; JEANNE CUISINIER, *La Danse sacrée en Indochine et en Indonésie*, PUF, 1951, 158 p. ; A. J. ELLIOTT, *Chinese Spirit-Medium Cults in Singapore*, Londres, 1955, p. 47 *sqq*. ; R. DE NEBESKY-WOJKOWITZ, *Oracles and Demons of Tibet*, La Hague, 1956 ; M. DURAND, *Technique et Panthéon des médiums vietnamiens (Dông)* (1959), Publ. de l'ÉFEO, n° 45, A. Maisonneuve, 1959, 333 p., 76 ill. ; JANE BELO, *Trance in Bali*, Columbia UP, New York, 1960, XVI-284 p. ; « Chamanisme et possession en Asie du Sud-Est et dans le monde insulindien », *Asie du Sud-Est et Monde Insulindien* [ASEMI]. *Bulletin du Centre de documentation et de recherches* [CeDRASEMI], CNRS-ÉPHÉ, VIe section, 1973, vol. IV, n° 1 et n° 3 (accessible à la bibliothèque du musée de l'Homme, cote P 584 année 1973 ; ou *apud* J. POIRIER et F. RAVEAU, *L'Autre et l'Ailleurs*, Berger-Levrault, 1976) ; B. PARK, *Le Récit de la princesse endormie et les Médiums à travers l'histoire de Corée*, Yonsei University Museum, Séoul, 1973 ; J. T. HITCHCOCK et R. L. JONES dir., *Spirit Possession in the Nepal Himalaya*, Aris and Phillips, Warminster, 1976, XXVIII-401 p. ; Bénédicte Brac de la Perrière, *Les Rituels de possession en Birmanie*, Recherche civilisations, 1989, 227 p.

Idées ésotériques
– Esprits, génies : E. B. Tylor, *La Civilisation primitive* (1871), trad. de l'anglais, 1876-1878, 2 t. ; Jeanne Cuisinier, *Sumungat. L'Âme et son Culte en Indochine et en Indonésie*, Gallimard, 1951, 271 p. ; Éveline Lot-Falck, « La notion de propriété et les esprits-maîtres en Sibérie », *Revue de l'histoire des religions*, t. 144, 1953, p. 172-197 ; I. Paulson, « The Animal Guardian. A Critical and Synthetic Review », *History of Religions*, t. 3, 1964, p. 202-219 ; J. Boulbet, *Pays des Maa'. Domaine des génies (Nggar Maa', Nggar Yaang). Essai d'ethnohistoire d'une population proto-indochinoise du Viêt-nam central*, Publ. de l'ÉFEO, n° 62, 1967, 152 p. (les Maa' ou Cho-Ma : proto-Indochinois) ; D. Bernot, *Les Nats de Birmanie* [génies locaux], apud *Génies, Anges et Démons*, Éditions du Seuil, coll. « Sources orientales », n° 8, 1971, p. 297-308 ; J. Lemoine, « L'initiation du mort chez les Hmong », *L'Homme*, t. 12, fasc. 1, 2 et 3, 1972 ; E. P. Durremberger, « The Lisu Concept of the Soul », *Journal of the Siam Society*, Bankok, t. 63, fasc. 1, janv. 1975 (chez les Lissou ou Yawyn, Tibéto-Birmans de Chine) ; J. Koubi, *Rambu Solo' : « La Fumée descend ». Le Culte des morts chez les Toradja du Sud*, CNRS, 1982 (aux Célèbes, en Indonésie) ; A. Forest, *Le Culte des génies protecteurs au Cambodge*, L'Harmattan, 1992, 255 p.
– Gestes sacrés : Jeanne Cuisinier, *La Danse sacrée en Indochine et en Indonésie*, éd. cit., 1951 ; Éveline Lot-Falck, *Les Rites de chasse chez les peuples sibériens*, Gallimard, coll. « L'Espèce humaine », n° 9, 1953, 235 p. ; G. Condominas, *Nous avons mangé la forêt de Pierre-Génie Gôo* (1957), éd. cit. ; Jeanne Cuisinier, *Le Théâtre d'ombres à Kelantan*, Gallimard, 1957, 256 p. (État de Malaisie) ; Évelyne Porée-Maspéro, *Étude sur les rites agraires des Cambodgiens*, Mouton, L'Homme, coll. « Le Monde d'outre-mer », n° 14, La Haye et Paris, 1962, 569 p. ; *Les Danses sacrées*, Éditions du Seuil, coll. « Sources orientales », n° 6, 1970 ; Annie Hubert, *L'Alimentation dans un village Yao de Thaïlande du Nord. De l'au-delà au cuisiné*, CNRS, 1985, 340 p. (les Yao ou Man, en Chine et Indochine, frottés parfois de Taoïsme).
– États supérieurs de conscience (songe, extase chamanique, possession par des esprits, état psychédélique...) : J. Belo, *Trance in Bali*, New York, 1960 ; Jean M. Lewis, *Les Religions de l'extase* (1971), trad. de l'anglais, Maspéro, 1977, 232 p. (plutôt préoccupé d'Afrique).

Les sciences occultes
– Mythologie : W. Stöhr et P. Zoetmulder, *Les Religions d'Indonésie*, éd. cit. ; Y. Bonnefoy dir., *Dictionnaire des mythologies*, Flammarion, 1981, t. 1, p. 553 sqq. (Indochine), p. 562 sqq. (Insulinde), etc.
– Symbolique : *La Lune. Mythes et Rites*, Éditions du Seuil, coll. « Sources orientales », n° 6, 1962 ; J.-P. Roux, *Faune et Flore sacrées dans les sociétés altaïques*, A. Maisonneuve, 1966, X-478 p. ; J. Dournes, *Forêt, Femme, Folie. Une traversée de l'imaginaire jörai* (Indochine), Aubier, 1978, 288 p.
– Thanatologie : S. M. Shirokogorov, *The Psychomental Complex of the Tungus*, éd. cit., chap. 17 ; J.-P. Roux, *La Mort (la survie) chez les peuples altaïques anciens et médiévaux d'après les documents écrits*, J. Maisonneuve, 1963, 215 p. ; P. Metcalf, *A Borneo Journey into Death. Berawan Eschatology from*

its Rituals, Philadelphia University of Pennsylvania Press, 1982 (les Berewan sont une ethnie de 2000 âmes dans l'État de Sarawak).

Les arts occultes

– Divination : RASHÎD AL-DÎN TABÎB (>Raschid-Eldin), *Histoire des Mongols de Perse (Recueil des chroniques. Jami'ut-Tawarikh)* (1311), trad. du persan M. E. Quatremère, Imprimerie royale, 1836, t. 1 (seul paru), p. 268 *sqq.* (la scapulomancie) ; J. E. KEMLIN, « Les songes et leur interprétation chez les Reungao », *Bulletin de l'ÉFEO*, t. 10, 1910, p. 507-538 (Asie du Sud-Est) ; MADELEINE COLANI, « Essai d'ethnographie comparée, 2 : Tablettes divinatoires Dayaks », *Bulletin de l'ÉFEQ*, t. 36, fasc. 1, 1936, p. 267-269 ; A. CAQUOT et M. LEIBOVICI dir., *La Divination*, PUF, t. 2, 1968, p. 247-329 (ÉVELINE LOT-FALCK, *La Divination dans l'Arctique et l'Asie septentrionale*, éd. cit. et J.-P. ROUX et P. N. BORATAV, *La Divination chez les Turcs*, éd. cit.).

– Magie : RASHÎD AL-DÎN TABÎB (>Raschid-Eldin), *Histoire des Mongols de Perse*, éd. cit., p. 428 *sqq.* (rites pour faire tomber la pluie) ; W. W. SKEAT, *Malay Magic*, Macmillan, 1900, XXIV-685 p. ; P. GIRAN, *Magie et Religion annamites*, A. CHALLAMEL, 1912, V-449 p. ; M. F. KÖPRÜLÜ, « Une institution magique chez les Turcs : *yat* », *Actes du IIe Congrès international d'histoire des religions* (1923), 1925, Paris, p. 440-451 (magie pour faire tomber la pluie) ; J. CASTAGNÉ, « Magie et exorcisme chez les Kazak-Kirguizes et autres peuples turcs orientaux », *Revue des études islamiques*, 1930, p. 53-156 ; W. THALBITZER, « Les magiciens esquimaux », *Journal de la Société des Américanistes*, musée de l'Homme, t. XII, 1930, p. 73-106 ; M. VANOVERBERGH, « Religion and Magic among the Isnag », *Anthropos*, t. 49, fasc. 1-2, 1954, p. 233-275 (aux Philippines) ; J. TONDRIAU, *La Magie asiatique*, Renaissance du livre, Bruxelles, 1970, 186 p. ; M. T. BERTHIER et J. T. SWEENY, *L'Art de la magie à Bali*, FMVJ, 1976, 244 p.

– Médecine occulte : J. CASTAGNÉ, « Les traitements des maladies par les procédés magiques chez les Kirghiz-Kazaks », *Revue d'ethnographie*, t. 23-24, 1925 (les Kirghiz sont un peuple türk de Chine) ; MARCELLE BOUTEILLER, *Chamanisme et Guérison magique*, PUF, 1952, 379 p.

Les beaux-arts

J. BLODGETT, *The Coming and Going of the Shaman. Eskimo Shamanism and Art*, The Winnipeg Art Gallery, Manitoba, 1979 ; A. SCHOFFEL, *Arts Primitifs de l'Asie du Sud-Est*, Chaffin, 1981, 216 p. ; A. I. MARTYNOV, *The Ancient Art of Northern Asia*, trad. du russe en anglais, University of Illinois Press, Urbana et Chicago, 1991, XVII-300 p.

Syncrétismes

– Avec le Bouddhisme : M. GORCE et R. MORTIER, *Histoire générale des religions*, Paris, 1944-1949, t. 4 ; R. A. STEIN, *La Civilisation tibétaine* (1962), Le Sycomore-L'Asiathèque, 1991, 252 p.

– Avec l'Hindouisme : G. COEDÈS, *Les États hindouisés d'Indochine et d'Indonésie* (1948), De Boccard, 1989, 494 p. ; C. HOOYKAAS, *Surya-Sevana. The Way to God of a Balinese Siva Priest*, Amsterdam, 1966.

– Avec l'Islâm : R. O. WINSTEDT, *Shaman, Saiva and Sufi. A Study of Evolution of Malay Magic*, Constable, 1925, VII-191 p.

Et les femmes ?
ÉVELINE LOT-FALCK, « Panthéon et chamanisme féminins yakoutes », apud *Annuaire de l'École pratique des hautes études*, année 1967-1968, p. 75-76, année 1968-1969, p. 86-89, année 1970-1971, p. 116-121 ; M. DURAND, *Technique et Panthéon des médiums viêtnamiens*, éd. cit. ; P. S. DORÉ, « Notes sur les rites à l'autel de Lak Man », *Asie du Sud-Est et Monde Insulindien*, éd. cit., p. 111-127 ; SALADIN D'ANGLURE, « Penser le féminin chamanique, ou le tiers-sexe des chamanes inuit », *Recherches amérindiennes au Québec*, Montréal, t. 28, n°s 2-3 *(Chamanisme des Amériques)*, 1988, p. 19-50.

6. LES OCÉANIENS

> *Lorsqu'on a étudié les doctrines secrètes des prêtres polynésiens, il est difficile de refuser son respect à ces hommes et à leur religion.*
>
> H. NEVERMANN,
> *Les Religions du Pacifique et d'Australie*

REPÈRES ETHNOLOGIQUES DES OCÉANIENS PRIMITIFS

Je place l'île de Madagascar en Afrique, le monde Malais en Asie.

Australie et Tasmanie
– Australie (53 tribus) : **aborigènes** australiens (Karadjeri, Warramunga...)
– Tasmanie : aborigènes tasmaniens (race éteinte en 1877)

Mélanésie
– Nouvelle-Guinée (Irian Barat et Papouasie N.-G. : 600 îles, 700 tribus) : Négrito mélanésiens (Tapiro, Ramu...), Mélanésiens néo-guinéens, Papou
– archipel Bismarck, îles Salomon (dont Bougainville), îles Fidji (322 îles) : Mélanésiens, **Papou**
– Vanuatu (autrefois Nouvelles-Hébrides ; 40 îles et 40 îlots, dont Banks, Malekula, Vaté), Nouvelle-Calédonie : Small Namba, Big Namba, Canaques...

Micronésie
– îles Mariannes, îles Carolines, îles Marshall (toutes américaines)
– îles Gilbert et Ellice (=Kiribati)
– Nauru (la plus petite République au monde : 22 km carrés)

Polynésie
– Polynésie française (130 îles, dont Raiatea et Tahiti) : **Ma'ohi**
– île de Pâques (=Rapa Nui) : Pascuans
– les Samoa (15 îles) : Samoan (88 % de la population)

- Wallis-et-Futuna
- îles Cook
- Nouvelle-Zélande : Maori (8 % de la population)
- Hawaï : indigènes (1,5 % de la population)
- Tonga (=Friendly Islands, 150 îles)

L'Océanie est un immense continent, bleu et vert. Beaucoup de bleu : le Grand Océan, le Pacifique, qui dessine un cercle immense ; et du vert de-ci, de-là : les îles qui surgissent des flots entre l'Asie et l'Amérique, au devant d'un bateau.

Je ne dirai pas que j'ai habité huit années en Océanie, mais que l'Océanie m'a habité et m'habite encore. J'ai passé deux années aux Nouvelles-Hébrides, six en Polynésie française, à Raiatea, un été à Hawaï. J'ai mis le pied sur la terre sèche d'Australie, sur le sol volcanique de Nauru, en Micronésie. Je me suis souvent rendu en Nouvelle-Calédonie.

Coraux, fougères, rudes sourires en Nouvelle-Calédonie ; fleurs, danses, poissons en Polynésie ; à Hawaï, volcans, ananas, chants ; aux Nouvelles-Hébrides, qu'on appelle aujourd'hui Vanuatu : visages, forêts, pluies, forêts, lagons, forêts. ENCHANTEMENT partout.

L'ÉSOTÉRISME BRUN

Environ 100 000 hommes parmi les Océaniens, les « Insulaires Bruns » *(Brown Islanders)*, « l'Humanité Brune » *(Brown Humanity)* [1] restent animistes. Maintenant le protestantisme domine : 0,5 % contre 48 %. On ne compte plus que 4 600 Australiens animistes [2]. Le Vanuatu résiste avec 5 % d'animistes respectueux de ce qu'ils appellent « la Coutume ».

Océanie : le continent oublié ! Océanie : le continent de l'oubli. OCÉANIE ! Quand on demande aux adultes de citer les cinq continents, ils passent presque toujours sous silence l'Océanie, peut-être parce que, dans ces cieux plongés dans l'eau, dans ces paradis posés sur des volcans ou des coraux, on oublie l'homme au profit de l'océan et de ses tempêtes, au profit des plantes, des chants, des ancêtres mythiques et des *puissances*. Le Pacifique représente le fleuve Léthé de la planète Terre. Le non-Océanien vient y oublier les difficultés de la vie africaine, les exigences de la vie européenne, les turbulences de la vie asiatique. Et les Océaniens eux-mêmes oublient chaque jour leurs chagrins et leurs tâches en buvant le coco ou le kava, en sculptant les fougères géantes, en dansant. L'Océanie contient les eaux amniotiques de l'Humanité, celles où l'on reste enfant,

---

1. Sir Hugh Charles Clifford, *Studies in Brown Humanity*, Londres, 1898, x-264 p., rééd. 1927.
2. M. Clévenot dir., *L'État des religions dans le monde*, La Découverte/Cerf, 1987, p. 288.

rêveur, en symbiose avec ce qu'il y a de maternel dans la nature, l'eau, la Lune, les enfants, les rêveries. En Océanie, on oublie sa personne, on se fond au groupe qui chante, on devient l'eau où l'on nage. Lieu d'oubli, lieu de mémoire redoublée, aussi. Si l'on oublie, c'est qu'il faudra se souvenir, ou plutôt se ressouvenir. Car l'effort est nécessaire et se rapporte à quelque chose de lointain. On reprend le passé, on refait le monde, on remonte à la source, on se place de nouveau. Le profane qui s'oublie entre déjà en initiation, il communique avec le monde ; l'initié, lui, remémore, il reconstitue le monde, il rappelle. L'incantation fait revenir, le mythe fait revivre, le rite fait refaire. Quoi ? la geste des dieux, les aventures des héros, le mouvement des animaux, la révolution des astres. En refaisant on fait du parfait, de l'efficace, du sacré. Si j'imite un ancêtre (mythique ou même humain), je deviens parfait comme lui. L'oubli est d'exotérisme, le ressouvenir d'ésotérisme. La danse fait oublier, mais il ne faut pas oublier comment danser, et où, et quand, et pour quelles puissances. Ici interviennent les sages océaniens. Les hérauts vont conserver les mythes et les généalogies. Les maîtres d'initiation vont transmettre les antiques rituels. Les actes quotidiens vont rappeler les héros fondateurs, les ancêtres mythiques, les dieux des origines, les temps cosmogoniques.

En Mélanésie et en Polynésie, l'approche des mentalités commence avec l'**ésotérisme du *mana***. On ne parle pas de *mana* en Australie, ni d'ailleurs dans certains lieux de la Mélanésie.

Le *mana* est cette qualité qui rend tel homme efficace, tel objet agissant, tel événement sacré. Le critère est la réussite. Par le *mana* vient la fortune. On le pense comme une sorte de pouvoir appartenant à certains humains et à certains êtres ou événements. Avoir ou utiliser ce pouvoir permet de réaliser des prodiges. En Polynésie, le *mana* peut se transmettre par voie héréditaire ; on peut aussi l'acquérir au contact d'une personne ou d'un objet, par exemple en entrant en relation avec un authentique chamane, en touchant une effigie de pierre *(tiki)* dite vivante. Le *mana* se révèle dangereux, nuisible même, pour l'homme qui n'a pas personnellement de *mana* : il ne peut supporter cette puissance sacrée. Le *mana* peut paraître et disparaître, être volé. Ce qui est *mana* participe au monde divin *(ao ra)* tout en demeurant dans le monde présent *(ao nei)* [1]. L'os du mort est à ce titre rempli de cette force mystérieuse (d'où la quantité d'ossements dans les sanctuaires). Ce qui est *mana* devient, à divers degrés, sous différentes formes, esprit ou âme, autrement dit divinité ou ancêtre mythique. Qui a du *mana* ? les esprits et les âmes des morts avant tout ; pour

---

1. C. Bausch, « *Po* and *Ao*. Analysis of an Ideological Conflict in Polynesia », *Journal de la Société des Océanistes*, t. 34, n° 61, 1978, p. 169-185. *Ao* = « jour », *po* = « nuit », en tahitien.

cette raison, ce qui est *mana* se rapproche des esprits ou des âmes des morts, par la sagesse (comme l'initié), par la force (comme le roi), par la durée (comme l'os). Parmi les hommes, ceux qui ont le plus de *mana* sont, évidemment, le héros *(aito)* et le chamane *(tahu'a)*.

L'esprit mélanésien est intimement dominé par la croyance dans un pouvoir ou une influence surnaturelle, appelée de façon presque universelle *mana*. C'est ce qui agit pour réaliser ce qui se trouve au-dessus du pouvoir ordinaire de l'homme, en dehors du déroulement ordinaire de la nature. On le trouve dans le monde de la vie, attaché aux gens et aux choses, on le remarque aux effets qui peuvent être attribués à ses seules opérations. Lorsque quelqu'un l'obtient, il peut l'utiliser et le diriger. Cependant, sa force peut cesser dans une circonstance nouvelle. Sa présence se trouve authentifiée par certaines preuves. Un homme tombe-t-il par hasard sur une pierre qui séduit son imagination, qui a une forme curieuse ? aussitôt il pense que ce n'est sans doute pas une pierre ordinaire, qu'elle doit avoir du *mana*. Ainsi il raisonne et en établit la preuve. Il la dépose au pied d'un arbre dont les fruits ressemblent quelque peu à cette pierre, ou bien il l'enterre lorsqu'il fait des plantations dans son jardin. Une récolte abondante sur l'arbre ou au jardin lui montre qu'il a raison, que la pierre est *mana*, qu'elle a ce pouvoir. Ayant ce pouvoir, elle est un véhicule pour communiquer le *mana* à d'autres pierres. De la même manière, certains aspects des mots, en général les chansons, ont du pouvoir dans certains projets ; un charme fait de mots est appelé *mana*. Mais ce pouvoir, bien qu'impersonnel en lui-même, est toujours en relation avec certaines personnes qui le manipulent ; tous les esprits en ont, les âmes des morts souvent, quelques hommes. Si une pierre a, croit-on, un pouvoir surnaturel, cela tient à ce qu'un esprit lui est associé ; un os de mort a du *mana* dans la mesure où l'âme du mort se trouve dans l'os ; un homme peut avoir des rapports si étroits avec les esprits [spirits] ou les âmes des morts [ghosts] qu'il est lui-même *mana* et qu'il peut manipuler ce pouvoir pour obtenir ce qu'il veut ; un charme est puissant du fait que le nom d'un esprit ou d'une âme de mort exprimé dans l'aspect des mots lui confère le pouvoir que l'âme du mort ou l'esprit exerce à travers lui. Ainsi tout succès insigne prouve qu'un homme a du *mana* ; l'influence de cet homme vient de ce que les gens croient qu'il en a ; il devient chef grâce à lui. De la sorte, le pouvoir d'un homme, qu'il soit politique ou social, est son *mana* ; le mot est spontanément utilisé en accord avec la conception indigène de l'essence surnaturelle de tout pouvoir ou influence. [...] Les Mélanésiens croient en l'existence d'êtres personnels intelligents, remplis de *mana*, dotés d'une certaine forme physique visible, encore que distincte du corps humain. Ces êtres sont plus ou moins liés aux activités des hommes, et les Mélanésiens déconseillent de les approcher. On peut les appeler esprits ; mais il est plus important de distinguer les esprits qui ont un rang supérieur à l'homme des esprits désincarnés d'hommes devenus, au sens banal du terme, des revenants. [...] Les indigènes attribuent à ce pouvoir invisible des effets qui dépassent leur conception du cours normal de la nature. Il réside dans des êtres spirituels, ou dans la partie spirituelle des hommes en vie ou dans l'âme des morts, par eux il se communique aux noms, aux objets qui leur appartiennent, comme les pierres, les serpents, et, bien sûr, des objets de toute catégorie. Ce pouvoir est généralement connu sous le nom de *mana*. Sans quelque connaissance de celui-ci, on ne peut comprendre les croyances et les pratiques religieuses des Mélanésiens. Grâce à lui, les hommes peuvent contrôler et manipuler les forces de la nature, faire tomber la pluie ou faire venir le Soleil, faire lever le vent ou le faire tomber, provoquer la maladie ou la chasser, savoir ce qui est éloigné dans l'espace et dans le temps, obtenir la fortune et la prospérité, ou détruire et maudire. Aucun homme, néanmoins, ne possède par lui-même ce pouvoir ; tout ce qu'il fait est fait par l'intermédiaire d'êtres personnels, esprits ou âmes des morts ; on ne saurait dire, comme pour l'esprit, qu'il est *mana*, mais on peut dire qu'il a du *mana*, qu'il est avec le *mana*. Aux Nouvelles-Hébrides, aux îles Banks, aux îles Salomon, tout comme en Nouvelle-Zélande et dans beaucoup d'îles du Pacifique, le mot en usage est *mana*. Aux îles Santa Cruz, un autre mot — *malete* — est utilisé, mais il a le même sens. A Saa, au Malanta, toutes les personnes et tous les objets qui ont ce pouvoir surnaturel sont *saka* ; un homme qui connaît les choses détentrices de ce pouvoir est lui-même *saka*.

R. H. Codrington, *The Melanesians. Studies in their Anthropology and Folklore*, Clarendon Press, Oxford, 1891, p. 118-120, 191-192 (rééd. New Haven, 1957), trad. partielle P. A. Riffard.

Cl. Lévi-Strauss [1] a voulu évacuer la notion de *mana*, qui n'aurait qu'une « valeur symbolique zéro » à force de trop dire, comme en français le mot « truc ». Mais il dit cela parce qu'il aborde le *mana* sous l'angle conceptuel, comme les gens qui trouvent le mot « amour » sans signification sous prétexte qu'il signifie cent choses et s'applique à mille objets. Jusqu'au jour où ils tombent amoureux ! L'Européen Lévi-Strauss a voulu écrire et expliquer ce que l'Océanien dit et ressent. Le *mana* a une portée, sinon un sens. En général, *mana* est un verbe, plus qu'un substantif ou un adjectif. Ce verbe signifie « réaliser, être efficace ». Voilà déjà une marque, solidement donnée par la linguistique. En voici une autre, donnée par l'ethnologie. *Mana* s'emploie à propos des dieux, dans les prières, en magie, pour les succès à la chasse, à l'occasion de prouesses... Cette fois, une base pratique atteste de la « réalité » du *mana*, qui, certes, n'a ni la matérialité d'une substance physique, ni l'objectivité d'une fonction mathématique, mais la densité d'une émotion, d'une présence, d'une intuition. Le *mana* relève du divin. Ce qui possède du *mana* se tient près du divin, de l'origine, de la créativité cosmogonique, des démiurges, et, à ce titre, s'emplit de puissance. Les querelles pour savoir si le *mana* est personnel ou impersonnel, physique ou mental, universel ou océanien, archaïque ou éternel relèvent de la philosophie, pas de la mentalité primitive. A partir du moment où un être a du *mana* il EST, au sens fort du terme. Le rêve alors se fait songe, le chef alors devient souverain. L'existence se pose par son analogie avec le *mana*. Le *mana* réalise en pensée ce que l'initiation réalise en actes et l'art en œuvres : il donne le maximum d'existence. Le *mana*, comme l'alchimie, métamorphose les êtres en leur être profond, originel. Il glorifie. Il rend à soi.

---

1. Cl. Lévi-Strauss, *Introduction à l'œuvre de Marcel Mauss* (1951), *apud* M. Mauss, *Sociologie et Anthropologie*, PUF, 1980, 536 p., p. XLIV-XLIX.

Le *rêve* est précisément ce moment, cet état où se mélangent oubli et ressouvenir, être plein et existence banale comme dans les lagons eau douce et eau de mer, comme dans les volcans feu et terre, comme dans la bouche jus de coco et salive. Le rêve est ainsi le mystère et le ressouvenir. L'homme plonge dans le *mana*, il retourne au vrai monde. Durant le rêve, l'âme flotte, elle se libère, le désir devient réalité, la magie pure règne. Quand on rêve, on pense comme le fœtus, on retourne au sein, on revient à la source où tout commence. On chamanise chaque nuit puisqu'on rêve chaque nuit. L'Océanien vit un **ésotérisme de rêve**. Chez les aborigènes australiens, *altjira* (en langue aranda) veut dire « rêve », « mais pour les indigènes, cela ne veut pas dire qu'il s'agisse de quelque chose de purement imaginaire ; au contraire, ce mot désigne une réalité spirituelle. Ce qu'un homme rêve ainsi est sa part de mythes secrets, de cérémonies secrètes, de traditions historiques relatives à l'ancienne ou éternelle époque du rêve [1] ». Pour l'aborigène, le rêve est une expérience sacrée, mais aussi un retour à l'origine, mais encore une lecture du monde extérieur grâce à un système de signes donné la nuit, donné dans le passé, donné dans le cœur. « Le rêve nourrit », disent les aborigènes. L'Océanien en ésotérisme vit de rêve. Les novices australiens de la tribu kurnaï s'abîment dans des états hypnotiques ; les sages cherchent à replonger dans « le temps des rêves » *(alcheringa)*, l'époque primordiale où la civilisation s'est mise en place. Dans le culte secret Kunapipi, les initiateurs font dormir le novice [2]. En Australie, les aborigènes se racontent leurs rêves chaque matin. On devient chamane, en Polynésie, grâce aux rêves et en récitant le mythe de Taaora somnolant dans sa coquille. En Nouvelle-Guinée, le rêve désigne l'homme destiné à devenir chamane ou médium. Les chamanes des îles Trobiand doivent trouver en rêve des objets perdus, comme ceux d'Australie entrer en transe ou en rêve, volontairement. Les Océaniens s'aident du *kava*, la boisson enivrante d'un poivrier, ou du bétel, feuille d'un poivrier longuement mâchée. L'ésotériste océanien rêve en conscience. Aussi convient-il d'observer avec cet esprit de rêve la mentalité océanienne.

L'ésotérisme des mers du Sud est là.

K. Burridge discerne des invariants, des traits communs aux divers peuples océaniens. Je ne retiens que ceux qui intéressent notre propos, l'ésotérisme.

- LE TAPU ET LE MANA : tous ces peuples connaissent le *tapu* (l'interdit sacré) et le *mana* (l'efficience magique), encore que ces notions appartiennent surtout aux Polynésiens.

---

1. A. P. Elkin, « The Secret Life of the Australian Aborigines », *Oceania,* t. 3, p. 129, cité par L. Lévy-Bruhl, *La Mythologie primitive* (1925), PUF, 1963, p. xxiv.
2. R. Berndt, *Kunapipi. A Study of an Australian Aboriginal Religious Cult*, Melbourne, 1951, p. 45.

- LE CULTE DES ANCÊTRES : les Océaniens le pratiquent de façon intensive en Mélanésie [1], de façon moins forte en Polynésie.
- LE SORCIER : partout il inquiète.
- L'INSPIRATION DIVINE : elle fait l'objet d'une grande estime.
- LES RITES DE PASSAGE : dans tous les groupes océaniens existent des rites de passage — naissance, puberté, mariage, mort — de structure initiatique.
- LES SACRÉS : les Océaniens portent de l'intérêt pour les lieux et pour les objets sacrés : tertres des ancêtres chez les Canaques, localités associées aux ancêtres totémiques pour les Australiens, *marae* (« autels », constructions en pierres) pour les Polynésiens, maisons-des-hommes (lieux d'éducation pour les jeunes) chez les Mélanésiens.
- L'ART : chez les Océaniens, il a un sens religieux : masques, tatouages, *tiki*...

J'ajouterais un trait.

- LE RESPECT DE LA TERRE NOURRICIÈRE intervient constamment. L'attachement au sol caractérise l'Océanien. Il y voit des traces divines, qu'il tient pour une partie de lui-même. La terre est le lieu des ancêtres, elle se nourrit de leur chair et de leur sang et les rend sous forme de tubercules, taros, patates douces, ignames. L'homme est un être créateur sur un être fécond. En tahitien, *fenua* signifie « terre » aussi bien que « lieu de naissance », « population ». La topographie entre dans le domaine sacré. Où l'Oriental [2] invente un ésotérisme de constructions, urbanistique, l'Océanien découvre un **ésotérisme de lieux**, typographique. L'Océanien privilégie le terrain, mer, montagne, île. Je me souviens d'un habitant de Huahine qui, me faisant découvrir son île, voyait des traces du dieu 'Oro dans la forme de l'île, de ses rochers, de ses montagnes, de ses baies.

Et l'ésotérisme des mers du Sud jouit d'une superbe présentation. Il éclate. L'Océanien attache une grande importance à l'apparat. Chacun connaît la beauté des chants et des danses tahitiennes. Mais le phénomène est général. En Nouvelle-Guinée, des tribus (le groupe linguistique Asmat, le long du fleuve Sépik) passent la majorité de leur journée à soigner leur chevelure, à peindre leur visage, à confectionner des couvre-chefs ; leurs maisons d'initiation offrent de magnifiques décorations de feuilles et de sculptures. Les initiés australiens couvrent leur corps de peintures, ajoutent du duvet d'oiseau ou du coton sauvage, cependant que les femmes se peignent les seins (lieu de fécondité) et le nombril (lieu de génération) [3]. L'ésotérisme océanien est aussi rayonnant que l'ésotérisme

---

1. R. M. Keesing, *Kwaio Religion*, Columbia UP, New York, 1982, xi-257 p. (culte des ancêtres en Mélanésie, Salomon, Malaita).
2. Voir *infra*, p. 307 (« L'ésotérisme civilisateur : caractéristiques »).
3. Barbara Glowczewski, *Les Rêveurs du désert. Aborigènes d'Australie*, Plon, 1989, 285 p.

asiatique est complexe. Le symbolique y dispute à l'esthétique. Les magiciens se couvrent de plumes et de fleurs. Les mythes résonnent comme des poèmes. Les lieux sacrés voient des amoncellements de fruits, d'effigies, de nourritures artistiquement disposées. On chante, on danse, on lance de superbes invocations. Cet **ésotérisme de beauté**, esthétique, s'adresse aux sens. Il embaume de fleurs, il éclate en couleurs. Il entraîne des émotions. Au fond, il est sensationnel, aussi bien quand se fait entendre le mugissement du rhombe australien que durant les cérémonies sur le *marae* des Polynésiens. L'ésotérisme vise toujours à hisser, en Océanie cela se fait par éblouissements. Même dans les déserts australiens. Au Vanuatu, les aborigènes portent des pendants d'oreilles, des ornements de nez en écaille de tortue, des bracelets en coquillage, des pendentifs en pierre polie.

Pour contrebalancer mon enthousiasme, je citerai une remarque que m'a faite l'ethnologue B. Juillerat, spécialiste pour la Nouvelle-Guinée [1].

Vous voyez l'Océanie comme un lieu idyllique, un paradis (dites-vous de Tahiti). En est-il vraiment ainsi en cette fin de siècle ? Je pense qu'il y a dans ce que vous appelez l'ésotérisme (les pratiques et savoirs religieux) toutes sortes de choses : de la poésie, une harmonie avec la nature et entre les gens, mais aussi des clivages (hommes/femmes par exemple), des pratiques discutables (l'homosexualité rituelle par exemple), des croyances tenaces et néfastes pour le bien-être social (les accusations de sorcellerie et les vengeances qui s'ensuivent : les Yafar de Papouasie Nouvelle-Guinée sont depuis quinze ans divisés pour ce genre de raisons), enfin l'état de santé des gens, les maladies endémiques, la tuberculose qui fait des ravages en Nouvelle-Guinée, et aussi la délinquance montante un peu partout viennent malheureusement assombrir le tableau.

Nous allons aborder aux grands ports de l'Océanie, à l'exception de la Micronésie [2]. Quel bateau a jamais fait escale dans tous les ports du monde ?

AUSTRALIE

Les aborigènes australiens constituaient cinq cents tribus environ, chacune avec sa langue, vivant de cueillette et de chasse [3] dans des régions souvent désertiques. Qu'en reste-t-il aujourd'hui ? Cinquante-trois ! De 300 000 individus, la population est tombée à 45 000, dont 30 000 métis.

Pour l'aborigène australien, il y a eu un TEMPS PRIMORDIAL. Ce fut d'abord le temps originel, celui de la matière amorphe, des hommes infor-

---

1. Lettre personnelle (8 déc. 1994).
2. Sur la Micronésie, on compte peu d'études. Je signale sir A. F. G. Grimble (1888-1956), *A Pattern of Islands* (1952), trad. française : *J'ai choisi les îles*, Amiot-Dumont, 1953 ; *Tungaru Traditions. Writings on the Atoll Cultures of the Gilbert Islands*, H. E. Maude éd., University of Hawai Press, Honolulu, 1989, XXXII-392 p.
3. Voir *supra*, p. 69 (« Primitif : critère exotérique [l'absence d'écriture] »).

mes, celui où les choses étaient en sommeil, le temps des Êtres primordiaux. Ce fut ensuite l'Ère onirique, « le temps des rêves » (l'*alcheringa*, selon les Aranda, tribu du Centre [1], *dream time* en anglais). Ce Grand Temps vit les Êtres primordiaux donner la culture. Mais qui étaient ces Êtres primordiaux, appelés par les ethnologues « Pères universels » (Howitt), « Grands dieux » (Graebner), « Héros célestes » (Elkin), « héros civilisateurs » (Jensen) ? Là dessus, les aborigènes sont obscurs et les ethnologues inconciliables. Il s'agit de dieux célestes, ou de personnifications de la nature (le tonnerre, l'arc-en-ciel), ou d'ancêtres mythiques, ou encore de héros anciens, d'esprits de chefs illustres, de chefs idéalisés. Peu importe. Il faut penser à l'océanienne, pas à l'européenne. Dans cette pensée rêvée, ayons une pensée rêveuse. Dans un rêve, on identifie mal les personnages, mais, au réveil, on se souvient des couleurs sublimes, des envols. De même, il faut penser les Êtres primordiaux comme des éclaireurs, des procréateurs. Qu'ont-ils fait, en effet ? Ils ont bâti des montagnes, creusé des fleuves, tracé des pistes, engendré des animaux, ils ont formé les hommes à partir de la masse à laquelle ceux-ci se réduisaient alors, ils ont cédé des connaissances, des rites, des objets. Ces Êtres primordiaux pouvaient voler sur un arbre ou une échelle, changer d'apparence. Là encore, l'Européen va sourire. Mais, on a là des contes et des mythes, au sens où l'enfant prêt à dormir entend ces mots, entend ces contes. Ces récits préparent à un fonctionnement de l'esprit différent, plus libre, plus heureux. Les contes font rêver, ils font rêver, eux qui ne sont ni vrais ni faux, à des choses vraies et belles, à des choses fortes et possibles. Le mythe australien est interdit aux enfants (sauf quelques historiettes) et concerne les rites les plus sacrés.

Peut-on aller plus loin ? Le révérend père E. A. Worms, plus missionnaire qu'ethnologue, met un point final. En donnant les « traits essentiels » des « religions du continent australien », il place en premier lieu : « Absence de doctrine ésotérique [2]. — Qu'il n'y ait pas de doctrine au sens d'un système théologique tel que le révérend père Worms a dû les étudier au séminaire, soit, et d'ailleurs l'ésotérisme ne se définit pas comme une ou des doctrines, comme un stock de croyances, mais plutôt comme une façon de penser, analogique, symbolique, et une façon d'être, initiatique, anagogique. Maintenant, cette hypothèse sur l'absence d'ésotérisme surprend. Les aborigènes australiens ont des lieux secrets, des objets cachés, des mythes réservés aux initiés, des cultes mystérieux (ceux des Mères de la Terre, du Grand Serpent). M. Eliade parle à leur

---

1. B. Spencer et F. J. Gillen, *The Arunta. A Study of Stone Age People*, Macmillan, Londres, 1904 ; *The Native Tribes of Central Australia*, Macmillan, 1908. T. G. Strehlow, *Aranda Traditions*, Melbourne UP, 1947.
2. Article « Religion » *apud* V. W. Stanner et Helen Sheils dir., *Australian Aboriginal Studies*, Oxford, 1963, p. 232. Cité par M. Eliade, *Religions australiennes*, (1966-1967), trad. de l'anglais, coll. Payot, « Petite bibliothèque Payot », n° 206, 1972, p. 191.

propos de « vie ésotérique¹ ». Je me contente donc d'évoquer devant feu Ernest Worms ces trois figures de l'ésotériste australien primitif : l'initié, le chamane, le docteur des *corroboree*.

Première figure de l'ésotériste en Australie : l'INITIÉ, le connaissant *(mirano)*.

Chez les aborigènes, l'initiation *(bora, kuringal* des Yungi, *intichiuma* des Arunta, *yeraeïl* des Kurnaï²) est surtout une *initiation de puberté*. Chaque tribu australienne a son initiation, mais, dans l'ensemble, le schéma demeure identique. Les jeunes gens, filles³ ou garçons, qui ont entre six et quatorze ans, sont isolés de leur famille, de leur mère, par leurs aînés, les vieillards, les chamanes, leur chef de tribu. On les conduit au « terrain sacré », soit dans la brousse soit dans un camp (comme en Afrique). Là (comme partout) ils subissent diverses épreuves, physiques et morales, dont les plus courantes sont la circoncision, la subincision, la scarification, l'extraction de dents, la veille, la peur, la faim, la soif, le silence. La subincision, qui consiste à faire une entaille sur le pénis, symbolise l'acquisition du pouvoir féminin, l'homme se voyant doté d'un sexe féminin sur son sexe masculin : l'androgynat commence, le mariage des contraires entre dans la chair. La faim a pour objet de dominer un désir et de mettre dans un état de conscience favorable aux révélations. Les anciens lancent en l'air les novices : symbole d'ascension céleste. Bientôt on regarde les néophytes comme morts, morts à l'enfance, morts à l'ignorance, morts à la limitation (la circoncision rend bissexuel, potentiellement). A ce titre, on les oint de sang, comme les victimes, on les pleure, on déclare qu'ils ont été avalés par un monstre, ou rôtis, ou ensevelis. Ils peuvent recevoir dès lors un enseignement sur les noms des Etres primordiaux, sur des rites, sur des objets cultuels, sur des mythes fondateurs de la tribu, sur la morale, sur certaines pratiques sacrées. Parmi les enseignements figure l'idée de Déluge. Le Déluge est aussi une initiation, elle fait une nouvelle humanité.

Il y a bien longtemps vivait un être puissant, du nom de Mungan Ngaua. Il enseigna aux gens de la tribu kurnaï de cette époque à préparer leurs outils, filets, bateaux et armes [...]. Mungan Ngaua créa l'institution des mystères [...]. Un jour, un traître sacrilège dévoila aux femmes les secrets des mystères, acte qui eut pour conséquence de faire éclater sur les Kurnaï la colère de Mungan Ngaua [...]. Les hommes devinrent fous de terreur [...]. Là-dessus la mer envahit les terres, et la

---

1. M. Eliade, *Religions australiennes*, éd. cit., p. 104.
2. Arunta : B. Spencer et F. J. Gillen, *The Native Tribes of Central Australia*, Londres, Macmillan, 1898. Kurnaï : A. W. Howitt, « The Jeraeil or Initiation Ceremonies of the Kurnai tribe », *Journal of the Royal Anthropological Institute (JRAI)*, n° 14, 1885, p. 301-325.
3. R. M. Berndt, *Aboriginal Man in Australia*, Sydney, 1965 (chap. de Catherine Berndt, sur « Women and the "Secret Life" »). Catherine Berndt, *Women's Changing Ceremonies*, L'Homme, Paris, 1950, 84 p.

quasi-totalité de l'humanité fut noyée [...]. Mungan Ngaua quitta le monde et monta au ciel.

<small>Cité par A. W. Howitt, *The Native Tribes of South-East Australia*, Londres, 1904, p. 616 *sqq.*</small>

Après ces révélations, les novices ont le statut de ressuscités. Et de nouveaux rites paraissent. Les vieillards les font sortir d'un tunnel, on les peint en blanc, ils parlent une autre langue, ils portent un nom initiatique... Presque toujours intervient le *tjurunga*[1] (en langue aranda, ou *maraian*, *bull roarer* en anglais). Cette planchette de bois ou de schiste taillé, peinte ou gravée, ronde ou ovale, reçoit de la graisse d'émeu et de l'ocre rouge. Elle émet, quand on la fait tourner, un bruit qui évoque un mugissement, ou le tonnerre, c'est-à-dire le son des Êtres primordiaux, la voix des morts[2]. Chez les Warramunga, l'initié apprend que le bruit est le son du rhombe, et non pas la voix réelle d'ancêtres réels[3]. Le secret de l'initiation est exigé. Il n'est pas exigé pour tromper les autres, simplement l'initié connaît maintenant le sacré sans qu'il soit besoin de monter des fables.

<small>Tiens tout cela secret jusqu'à ce que tu deviennes vieux et faible, puis [...] transmets-le à d'autres hommes choisis appartenant à notre clan, qui soient capables de maintenir vivantes les traditions de nos ancêtres.</small>

<small>Cité par T. G. Strehlow, *Aranda Traditions*, Melbourne, 1947, p. 117.</small>

L'initiation dure de deux à trois mois à deux à trois ans, selon les tribus. Enfin, les jeunes gens réintègrent leur société, à part entière maintenant. Chez les Njol-Njol, l'initiation commence à la onzième année avec des règles morales et sociales, se poursuit à l'adolescence avec des épreuves physiques (dont la circoncision), à la maturité avec diverses remises (remise d'une queue de dingo, par exemple), et se termine à la vieillesse, quatorzième degré d'un cycle complet. On retrouve l'initiation à vie des Négro-Africains[4].

L'initiation australienne peut s'exprimer ou par le mythe ou par le rite ou par l'art.

Comme initiation au moyen du mythe, prenons ce récit :

<small>Un géant anthropomorphe, Lumaluma, qui était en même temps une baleine, arriva de la côte et, se dirigeant vers l'Ouest, mangea tous les hommes qu'il rencontra sur son chemin. Les survivants se demandaient pourquoi leur nombre diminuait. Ils se mirent à guetter et découvrirent la baleine sur la plage, le ventre plein. Ayant donné l'alarme, ils se rassemblèrent et, le matin suivant, attaquèrent la</small>

<small>1. A. W. Howitt, *The Native Tribes of South-East Australia*, Macmillan, Londres, 1904, p. 494 *sqq.*, 528 *sqq.*
2. Voir *supra*, p. 72 (« Primitif : critère ésotérique [le simple] »).
3. Spencer et Gillen, *The Northern Tribes of Central Australia*, Macmillan, Londres, 1904, p. 500.
4. Voir *supra*, p. 104 (« Les initiations »).</small>

baleine avec des lances. Ils lui ouvrirent le ventre et en retirèrent les squelettes.
La baleine leur dit :
— Ne me tuez pas, et avant ma mort je vais vous montrer tous les rituels initiatiques que je connais.
La baleine effectua le rituel *ma'raiin* [une pierre représentant la tête d'un Serpent mythique, Djanggawul, serpent arc-en-ciel qui avale des sœurs coupables de copuler avec des frères classificatoires ou coupables de danser lors de leurs règles], en montrant aux hommes comment il faut danser et tout le reste.
— Nous faisons ceci, leur dit-elle, et vous faites ceci : tout ceci je vous le donne et je vous montre tout ceci.
Après leur avoir enseigné le rituel *ma'raiin*, la baleine leur en révéla d'autres. Finalement, elle se retira dans la mer et leur dit :
— Ne m'appelez plus Lumaluma, je change mon nom. Vous m'appellerez *Nauwulnauwul* parce que je vis maintenant dans l'eau salée.

M. Eliade, *Aspects du mythe* (1963), coll. « Idées », n° 32, 1969, p. 126, d'après R. M. Berndt, *Djanggawul. An Aboriginal Cult of North-Eastern Arnhem Land*, New York, 1953, p. 139-141. © Gallimard, Paris.

On découvre au fil des mots les grands thèmes initiatiques : le nouveau nom, la mort symbolique par engloutissement, le caractère sacré des connaissances acquises...

Comme initiation au moyen du rite, prenons le cas de l'initiation de puberté des Karadjeri, une tribu du Nord de l'Australie.

[Organisation matérielle] L'initiation comporte un assez grand nombre de cérémonies qui s'espacent sur plusieurs années. Il n'est donc pas question d'un rite de passage de l'adolescence à la maturité. Il s'agit plutôt d'une initiation proprement dite et progressive, divisée en degrés.

[Fondement mythique] Pour les Karadjeri, les mystères, c'est-à-dire leurs cérémonies secrètes d'initiation, sont en rapport avec la cosmogonie. L'Histoire se réduit, aux yeux des Karadjeri, à quelques événements qui ont eu lieu dans les Temps mythiques *(burari)* : les actes des êtres divins et des Héros civilisateurs.
— Dans les Temps du rêve, rien n'existait — ni arbres, ni animaux, ni êtres humains. Deux frères, nommés Bagadjimbiri, sortirent de la Terre juste avant l'aube du « premier jour », sous la forme de dingos ; ils devinrent ensuite deux géants humains, si grands qu'ils touchaient le ciel avec leur tête. Les deux frères ont vu ensuite des animaux et des plantes, et ils leur ont donné des noms, et depuis ce moment-là, parce qu'ils avaient des noms, les plantes et les animaux ont commencé à exister réellement. Les Bagadjimbiri voient une étoile et la Lune et ils leur donnent le nom d'« étoile » et de « Lune ». Ils rencontrent des hommes et des femmes : leurs relations de parenté, leurs divisions en clans étaient défectueuses, et les Bagadjimbiri les organisent dans le système qui est aujourd'hui encore en vigueur. Finalement ils ont institué les cérémonies d'initiation, en utilisant pour la première fois les instruments devenus sacrés, du mystère : le couteau de silex, le rhombe et le *pimbal* (sorte de gros bâton). Mais un homme, Ngariman, tue les deux frères avec une lance. Leur mère, Dilga, perçoit dans le vent une odeur de cadavre. Alors, le lait commence à couler de ses seins, tombe à terre et ressuscite les deux frères et noie l'assassin. Plus tard, les Bagadjimbiri s'élèvent au ciel et deviennent ce que les Européens appellent les deux Nuages de Magellan, galaxies visibles dans le ciel austral.

[Fonction religieuse] L'initiation équivaut à la maturation spirituelle. L'initié, celui qui a connu les mystères, est celui qui sait. Mais, l'initiation des Karadjeri n'est que la reproduction fidèle des gestes exemplaires des Bagadjimbiri. Or ces gestes constituent une cosmogonie. En répétant les actes de ces deux frères mythiques, les Karadjeri recommencent périodiquement la Création du monde. La genèse du monde sert de modèle à la « formation » de l'homme.

[Phase 1 : séparation] Le premier rite, *milya*, marque la rupture avec l'enfance : vers l'âge de 12 ans, le garçon est conduit dans la brousse. Le mystère débute avec la séparation du néophyte d'avec sa famille et une retraite dans la brousse. Il y a déjà là un symbole de la mort.

[Phase 2 : transformation]

– [Épreuves] Le néophyte, de la tête aux pieds, est oint avec du sang humain. Quelques semaines plus tard, on lui perce le nez, et on lui introduit une plume dans la blessure ; le garçon reçoit alors un nom spécial. Le deuxième rite, et le plus important, la circoncision, a lieu deux ou trois ans plus tard. Il constitue, à proprement parler, un mystère.

– [Mort symbolique] Le garçon est pleuré par sa famille et le clan entier comme s'il était mort. Le jeune garçon doit boire une grande quantité de sang. Il est convaincu que le sang va le tuer. Les femmes et les parents le pleurent de nouveau. Après le repas rituel, le néophyte reçoit, déjà brûlant, un bâton à faire le feu, et on lui dit que celui-ci lui permettra d'allumer un feu dans lequel ses organes génitaux seront consumés. Le lendemain commence un voyage qui dure 24 jours. Il ne doit pas parler. Il a constamment la tête baissée et, au dire des observateurs, son visage est complètement dénué d'expression. Son retour au camp donne lieu à de nouvelles lamentations et à des mutilations volontaires de ses parents. Avant l'aube, le garçon est conduit dans la brousse pour être circoncis. Il reste assis, les yeux bandés et les oreilles bouchées. La circoncision est assez compliquée et terriblement douloureuse ; les opérateurs font une incision à la base de l'organe génital et ils enlèvent tout l'épiderme du membre. Pendant ce temps-là, les parents pleurent dans le camp.

– [Enseignements] Lorsque tout est fini, les opérateurs, tout en pleurant eux aussi, défilent devant l'initié, qui demeure assis, la tête penchée, les yeux fermés. Les opérateurs jettent des boomerangs en guise de présents, et lui révèlent leurs vrais noms. Il croyait jusqu'alors que le bruit des *bull-roarers* était la voix d'un être divin.

– [Résurrection symbolique] Avec l'initiation tout recommence à nouveau. Durant tout le temps de son noviciat (c'est-à-dire tant qu'il est un *malulu*, un garçon en train d'être initié), le néophyte ne peut pas se mouvoir sans être conduit par la main. Il pourrait donner l'impression d'un déficient mental. On lui enseigne à nouveau tous les comportements. Il a un nom nouveau.

[Phase 3 : réintégration] Le jour de sa rentrée au camp, son corps est oint entièrement avec du sang et il arrive précédé par les sons des *bull-roarers* agités sans arrêt par les jeunes gens. Dans le camp, les femmes et les enfants se cachent sous des branches et n'osent pas sortir avant que les hommes aient fini d'enterrer les *bull-roarers*. Les femmes reçoivent l'initié en se lamentant, et lui offrent à manger.

[De l'initiation pubertaire à l'initiation spirituelle] Pendant deux ou trois ans, le circoncis reste à ce stade de l'initiation, et s'appelle *miangu*. Il subit alors une nouvelle opération, rite moins important, qui n'occupe qu'une seule journée et auquel on convie peu de voisins. Quelque temps après a lieu une nouvelle cérémonie, appelée *laribuga* : dans la forêt, pendant que les hommes chantent une chanson sacrée, l'initié grimpe à un arbre. L'arbre symbolise l'arbre cosmique, l'Arbre du monde. En le gravissant, l'initié pénètre au ciel.

D'après M. Eliade, *Mythes, Rêves et Mystères* (1957), Gallimard, coll. « Idées », 1972, n° 271, chap. IX, p. 233 *sqq*. Eliade suit R. Piddington, « Karadjeri Initiation », *Oceania*, t. 3, 1932-1933, p. 46-87, *An Introduction to Social Anthropology*, Londres, 1950, p. 91-105. © Gallimard, Paris.

Comme initiation au moyen de l'art, le *tjurunga* (>*churinga*) s'impose. Le *tjurunga* est nommément présenté comme un objet de pouvoir, un instrument occulte : *tju* signifie « secret », et *runga* « ce qui est à moi ». Le clan, sur un objet de pierre ou de bois ou de coquillage, trace des dessins. La plupart du temps, le *tjurunga* est un rhombe. On perce un trou, on passe un lien et on fait tournoyer cette planche qui, vrombissant, produit un son curieux, assimilé — on l'a vu — à la voix des ancêtres. Au sens strict, le *tjurunga* est l'« écriture », en pictogrammes ou en mythogrammes, gravée sur le bois ou la pierre. Il est en relation avec l'identité symbolique, individuelle ou collective. Les dessins figurant sur cet objet renvoient souvent à l'itinéraire mythique du héros totémique du temps des rêves. Outre le *tjurunga*, on peut parler de divers objets travaillés : écorces peintes ou gravées, peintures et gravures rupestres, monolithes, poteaux funéraires, dessins sur sable... L'aborigène considère ces œuvres comme riches d'une force vivifiante *(jalu)*, de la puissance même des Etres Primordiaux. Le simple fait que les peintures ou gravures des cavernes représentent parfois les organes internes ou le nimbe autour de la tête montre leur caractère chamanique, puisque le chamane, lors de son initiation, a été « désossé ».

On peut passer insensiblement de l'initiation tribale (ouverte à tous) à **l'initiation secrète** (réservée à quelques-uns). Dans la tribu des Dieri, la subincision n'est pratiquée que dans le cinquième et ultime degré, pour les plus émérites [1]. Dans la subincision, la verge est incisée, fendue, laissant l'urètre ouvert. Le phallus ressemble donc à la vulve, et l'homme devient aussi femme ! Le Kunapipi (Mère) est un culte de fécondité, pluie ou sexualité. Il comprend plusieurs rituels, dont le premier relève de l'initiation de puberté [2]. Les candidats sont peints d'ocre rouge, on ouvre leurs veines. Ils perdent ainsi leur vieux sang, leur ancienne vie. Puis, on les recouvre d'écorce [3], on les fait dormir. Ainsi ils retournent à l'origine, au temps des Rêves, au lieu des Esprits. Comme le note Eliade, avec le culte Kunapipi, nous avons « un exemple parfait d'un thème initiatique

---

1. A. W. Howitt, *The Native Tribes of South-East Australia*, p. 662 *sqq*.
2. M. Eliade, *Religions australiennes*, p. 110 *sqq*. ; *Initiation, Rites, Sociétés secrètes*, p. 109 *sqq*. R. M. Berndt, *Kunapipi, op. cit.*
3. Comme en Égypte ou en Inde on recouvrait d'une peau de bête : voir *infra* p. 439 (« L'initiation égyptienne en général »), et p. 610 (« Les initiations brâhmaniques »).

ordonné et construit autour de l'idée d'une nouvelle naissance, et non plus autour de l'idée de la mort et de la résurrection symbolique ».

Deuxième figure de l'ésotériste en Australie : le CHAMANE [1] (*mullamullung, gommera* chez les Yungi).
L'aborigène accède à l'**initiation spirituelle**, mais les voies de recrutement sont plus sévères. Il faut une transmission héréditaire, un appel des esprits (héros culturels, morts), une vocation mystique ou, simplement, une décision personnelle. Le chamane australien n'est pas un autre initié, mais un initié qui est allé plus loin au sein de sa tribu. L'initiation suit un cours aussi bien universel que particulier, car si l'on reconnaît bien le schéma chamanique, quelques traits locaux paraissent. Le candidat se retire dans une grotte ou dans un cimetière. La scène suivante fait l'objet d'une description imaginaire, comme dans le chamanisme asiatique [2] : le candidat est supplicié ou tué, sa tête ouverte, son ventre dépecé, ses membres rompus. Puis ses organes sont remplacés, ses os reconstitués, sa tête remodelée ; il reçoit dans son corps des coquillages nacrés ou des serpents ou, le plus souvent, des cristaux de quartz ; enfin, il bénéficie d'une instruction sur les mythes, les rites, les objets sacrés... Qui l'instruit ? un maître d'initiation, un esprit *(iruntarinia)*, un démon *(eruncha)*, une âme de mort... ou l'esprit même du candidat.

Dans l'initiation par les *iruntarinia* [esprits qui errent généralement la nuit], celui qui croit pouvoir devenir sorcier [le chamane arunta] s'éloigne du campement et se rend seul à la demeure des *iruntarinia*. Là, en grand émoi, il se met à dormir. Il ne s'est pas aventuré à l'intérieur de l'antre, par crainte d'être ravi pour toujours, au lieu de se voir doté de pouvoirs magiques. Au point du jour, un des *iruntarinia* apparaît au seuil de l'antre et soumet le novice à un traitement après lequel celui-ci se retrouve en état de stupeur. Cet état ne dure pas longtemps, et quand le novice est guéri dans une certaine mesure, l'*iruntarinia* le restitue aux siens. L'esprit retourne dans sa demeure, mais l'homme a, pendant plusieurs jours, un comportement plus ou moins étrange. Un beau matin, on apprend qu'il s'est peint, avec de la poussière de charbon et de la graisse, une large raie à travers le nez. Tous les signes d'étrangeté dans le comportement ont disparu : la communauté dispose d'un nouveau magicien. Son activité professionnelle ne commencera toutefois qu'un an plus tard, parce que le novice a encore besoin d'une période d'instruction auprès d'un sorcier plus âgé.

E. De Martino, *Le Monde magique*, trad. de l'italien, Marabout Université, n° 215, 1971, p. 119 (d'après B. Spencer et F. J. Gillen, *The Arunta*, Londres, 1927, t. 2, p. 391 *sqq.*). © Bollati Boringhieri Editore, Torino.

Après la rencontre avec un esprit et la réclusion auprès d'un maître, le chamane exerce. Le chamane australien, outre ses connaissances, a

---

[1]. A. P. Elkin, *Aboriginal Men of High Degree* (1945), Saint Martin's Press, Sydney et New York, 1977. M. Eliade, *Religions australiennes*, chap. 4.
[2]. Voir *supra* p. 206 (« Les initiations »).

obtenu, en effet, certaines puissances, qu'il va utiliser. Par exemple, il marche sur le feu, il fait tomber la pluie, il accélère la production des plantes et des animaux. Ses fonctions se révèlent nombreuses et diverses. Il va, avant tout, guérir en envoyant son âme à la recherche des âmes égarées, malades, ensorcelées : il est homme-médecine, guérisseur. Le chamane peut communiquer avec le ciel (grâce à une corde), il peut voir les esprits célestes, les ancêtres et les âmes des morts, démasquer les sorciers et les combattre, se métamorphoser en animal, parfois il détient tout le savoir et même le pouvoir politique.

Les hommes-médecine aborigènes, bien loin d'être des farceurs, des charlatans ou des ignorants, sont des hommes d'un haut développement. Autrement dit, ces hommes ont atteint une dimension dans la vie secrète bien supérieure à celle de la majorité des hommes adultes, une dimension qui exige discipline, entraînement mental, courage et persévérance. [...]

Joe Dagan, un Wongaibon, allongé sur le dos au pied d'un arbre, envoya sa corde au sommet et escalada ainsi, la tête rejetée en arrière, le corps tendu, les jambes écartées et les bras le long du corps. Arrivé en haut, à plus d'un mètre du sol, il fit un signe à ceux qui étaient en bas et redescendit de la même façon. Alors qu'il était encore allongé sur le dos, la corde réintégra son corps.

A. P. Elkin, *Aboriginal Men of High Degree*, New York, 1945, p. 64 (rééd. Saint Martin's Press, New York, 1977).

L'emblème du chamane australien est le cristal de quartz (symbole, par sa pureté et sa dureté, de la puissance spirituelle), ou la corde (symbole de l'ascension spirituelle [1]). Le chamane, durant l'initiation, est tué par les êtres surnaturels, son corps est criblé de quartz [2]. Les aborigènes donnent à leur ésotérisme le nom d'« œil perçant [3] ».

Troisième figure de l'ésotériste en Australie : le DOCTEUR DES CORROBOREE, maître de chant (*birra-ark*, chez les Kurnaï).

Souvent, le chamane s'occupe de danse, de chants. Mais les Kurnaï, tribu proche de Melbourne, bien qu'ils pratiquent l'initiation la plus simple et la moins acculturée, la plus « primitive » en somme, les Kurnaï donc distinguent le chamane du docteur des *corroboree* [4]. Les *corroboree* se présentent comme des danses dramatiques, avec pantomimes, qui remémorent des événements mythiques ou des faits naturels. Cette cérémonie concerne une horde (groupe de cueillette ou de chasse), un clan, un groupe d'âge ou même une tribu. Le docteur des *corroboree* retient les

---

1. A. W. Howitt, *The Native Tribes of South-East Australia*, p. 400 *sqq*.
2. A. P. Elkin, *Aboriginal Men of High Degree*, p. 96.
3. *Ibid.*
4. A. W. Howitt, *The Native Tribes of South-East Australia*, p. 389. M. Eliade, *Religions australiennes*, p. 141, 159. Sur les *corroboree* : Th. G. H. Strehlow, *Die Aranda- und Loritja-Stämme in Zentral-Australien*, 1907-1908, trad. anglaise *Aranda Traditions*, Melbourne UP, 1947.

chants, organise les danses. Il peut être médium, voyant, poète. Il a suivi une initiation spécifique. Le but est de renforcer *(corroborare)* les humains. Comment ne pas penser aux antiques Mystères de la Grèce ? Comme les Mystères, les *corroboree* « comportent une partie publique et une partie secrète, à laquelle n'assistent que les hommes ayant reçu l'initiation complète [1] ». Par magie imitative, les participants simulent tel ou tel totem, animal, végétal, voire minéral, afin d'attirer sur la collectivité « la fécondité, l'augmentation, l'amélioration », disent les aborigènes arunta *(mbatjalkatiuma)*. Comme dans les Mystères grecs (liés au culte du blé), il s'agit d'imiter et de favoriser. Le blé pousse, l'initié *se* grandit. La part de théâtre, d'art permet d'incarner la force abstraite. Le Grec qui imite le nouveau-né aussi bien que l'Australien qui imite la chrysalide *deviennent*, ils se muent, ils se placent en position de transmutation.

L'auteur le plus intéressant sur les aborigènes d'Australie reste A. W. Howitt pour la simple raison qu'« il fut initié à leurs rites et doctrines ésotériques [2] ». Il faut citer aussi A. P. Elkin [3], homme de terrain, et M. Eliade [4]. Dès 1873, Edward M. Curr a consigné des récits d'initiation [5].

MÉLANÉSIE

« Mélanésie » signifie « îles noires ». En fait, ce sont les indigènes qui ont la peau noire : Négrito (Pygmées d'Océanie ou d'Asie), Papou, Canaques, Namba... Les Mélanésiens sont les Noirs d'Océanie. Monde étrange, monde chaleureux, monde secret, monde de secrets. Dans ces îles fleurissent magie et divination, initiations de puberté et initiations culturelles, chamanes, possédés et médiums, masques cultuels, schémas labyrinthiques. L'ésotérisme mélanésien se centre sur l'appel, le maintien ou la croissance du *mana*, aussi bien dans l'homme que dans sa tribu. Cela s'effectue à travers les choses auxquelles le Mélanésien tient le plus : l'igname et le taro, tubercules qu'il cultive et consomme, le cochon sauvage et le cochon domestique, animaux qu'il destine aux rites, aux échanges. Le sacré passe aussi par les cérémonies et les fêtes, à travers mille puissances plus ou moins dangereuses et quantité d'esprits, héros civilisateurs (*dema* chez les Marind-Anim), êtres surnaturels, âmes des morts, sorciers, totems.

---

1. H. Petri, *apud* R.M. et Catherine Berndt, *Aboriginal Man in Australia*, Sydney, 1965, p. 142.
2. A. Lang, article *God* de l'*Encyclopaedia of Religion and Ethics*, t. 6, 1913, p. 245 (cité par Eliade, *Religions australiennes*, p. 25). A. W. Howitt : « On Australian Medicine-Men », *JRAI*, t. 16, 1887, p. 23-58 ; *The Native Tribes of South-East Australia*, p. 509.
3. A. P. Elkin, *Les Aborigènes d'Australie* (1938), trad. de l'anglais, Gallimard, 1967 ; *Aboriginal Men of High Degree* (1945).
4. M. Eliade, *Religions australiennes*, éd. cit.
5. E. M. Curr, *The Australian Race*, Melbourne, 1886-1887, 3 t.

La case est microcosme, microcosme par excellence, elle résume et le monde et la société. A ce titre, elle concentre les forces naturelles et les puissances politiques. M. Leenhardt expose ce phénomène chez les Canaques :

> Le tertre de la case est sacré dans sa partie arrière, il est le séjour des totems ; sur les côtés, il porte diverses perches en rapport avec les cultures ; à l'avant, près de l'entrée de la case, sont les pierres sacrées et un autel. Des plantes symboliques de chaque côté de la porte. Au devant de la case, une place, le *boekase*, nue, balayée, plantée de grands mâts. Dans un taillis entretenu comme un massif dans un parc, l'autel du clan. Il est remarquable que la case du clan, le clan lui-même, et l'autel portent le même nom, *moaro*, l'autel seul se désignant sous la forme d'un prédicat : *ka moaro*, c'est-à-dire qui est le *maoro*, comme pour indiquer que l'existence profonde du clan et de sa case centrale n'est pas dans leur grandeur apparente, mais dans cette réalité perçue à l'autel, et d'où vient toute confiance et tout dynamisme des gens du clan. [...] A l'entour, le paysage s'estompe dans le flou que revêt un monde mythique. Il est le *klaxo*, le lieu des esprits. [...]
> Le Mélanésien voit ainsi le monde qui l'entoure sous deux aspects : l'un réel, l'autre mythique, et ils s'imbriquent l'un dans l'autre, sans aucune brèche qui permette d'apercevoir entre eux la distance, ou une profondeur, grâce à quoi on puisse les séparer et les distinguer. Et lorsqu'on a vu le Canaque se retirer sur une étagère consacrée de sa case pour y attendre la révélation au milieu d'objets magiques, ou assis à l'autel, immobile dans l'attente de la vapeur qui emportera son vœu, ou en transe luttant avec l'esprit qu'il veut saisir, quand on l'a vu consultant ses ancêtres même en des cas où l'Administration coloniale attend sa réponse — sans imaginer où il a été la chercher — on comprend certes que l'autel soit le véritable point d'appui de sa pensée, parce qu'il est le point d'appui du monde social et du monde spatial.

M. Leenhardt, *Do Kamo. La Personne et le Mythe dans le monde mélanésien* (1947), Gallimard, coll. « Les Essais », n° CLXIV, 1971, chap. VII, p. 183-185. © Gallimard, Paris. Leenhardt était missionnaire à la Société des Missions évangéliques de Paris.

La vie mélanésienne donne la première place aux **rites initiatoires**, c'est-à-dire aux initiations de puberté et aux rites d'admission à la maison-des-hommes. Ces deux rituels peuvent coexister, se confondre, ou s'exclure, entre eux et avec les rites proprement initiatiques. Aux îles Banks, l'homme peut devenir *big man* et socialement par le système profane des degrés de la maison-des-hommes *(suge)* et spirituellement par la société des masques [1]. Sur 42 tribus examinées en Nouvelle-Guinée, 10 ne présentaient pas de rites initiatoires ; les autres ont en commun la flûte sacrée, le secret masculin, et l'écoulement de sang.

Garçons et (plus rarement) filles pubères suivent le schéma classique des rites initiatoires d'adolescence. Les Yabim de Nouvelle-Guinée

---

1. B. Vienne, *Gens de Motlav. Idéologie et Pratiques sociales en Mélanésie*, Société des Océanistes, musée de l'Homme, 1984. Sur les *big men* : M. Godelier et M. Strathern dir., *Big Men and Great Men. Personifications of Power in Melanesia*, Cambridge UP, 1991. Sur le rôle des femmes : Annette B. Weiner, *Women of Value, Men of Renown. New Perspectives in Trobiand Exchange*, University of Texas Press, Austin, 1976, XXI-299 p.

passent quatre mois dans une case qui symbolise le ventre de la divinité. Les Marind-Anim, dit-on, ont tout oublié de leur vie, ils doivent donc réapprendre à se nourrir, à marcher, à parler ; ils deviennent androgynes, fait symbolisé par l'habit féminin des hommes [1]. En Nouvelle-Guinée, les secrets trouvent leur symbole dans des objets hautement significatifs : flûtes (chez les Mundugumor), rhombes (chez les Marind-Anim), masques (chez les Iatmul), pierres, tambours... Sur le fleuve Sépik, les jeunes hommes subissent des scarifications qui donnent à leurs blessures sanglantes la forme des écailles du crocodile, leur « totem » ; et ces jeunes gens sont supposés perdre leur sang, acquérir un nouveau sang, autre que celui de la mère. « Ils seront plus forts, ils vieilliront moins vite », disait un ancien, interrogé par un journaliste pour une émission télévisée (avril 1995).

M. Godelier a décrit les rugueuses initiations de puberté de la jeune fille baruya en Nouvelle-Guinée.

Lorsque ses seins gonflent et que s'annonce la puberté, un homme, un jour, la rassemble avec d'autres filles de son âge et, sans cérémonie, il leur perce le nez près du village. [...]

Vers quinze, seize ans, la jeune fille a ses premières règles. Dès que le sang lui coule, elle prévient sa mère et descend au bas du village rejoindre l'espace réservé aux femmes. Sa mère, ses sœurs aînées, ses cousines viennent lui construire une hutte de branches et d'herbes. Elle y reste près d'une semaine sans manger et presque sans boire, en attendant que commence la cérémonie *tchangitnia* [de *tsala* : sel, et *gitnia* : mâcher]. [...] Le site est une vaste surface d'herbes foulée au pied, qui forme une sorte de clairière dissimulée dans les taillis et les fourrés d'une falaise surplombant la rivière. Au centre se trouve un tas de troncs d'arbres secs que les grands hommes ont coupés et transportés discrètement non loin du site. Allumés, ils formeront un gigantesque brasier qui brûlera toute la nuit, éclairant de ses hautes flammes rougeâtres et dansantes les corps bruns, les groupes, les danses, les scènes. Une fois commencée, vers onze heures du soir, la cérémonie va se poursuivre jusqu'à l'aube, pour reprendre alors au bord de la rivière où toutes les femmes vont descendre avec les initiées. Ce n'est qu'au milieu de l'après-midi que les femmes ramèneront la jeune fille à son village, avant de regagner par groupes, et dans les rires, leurs villages respectifs.

Toutes ces cérémonies sont strictement interdites aux hommes. [...]

La jeune fille est amenée près du gigantesque bûcher que viennent d'allumer sa marraine et d'autres jeunes femmes ; on la fait asseoir tout au bord des flammes, sur les cuisses de sa marraine qui, elle, est assise sur le sol. De chaque côté du couple sont assises toutes les jeunes filles pubères de la vallée qui ne sont pas encore mariées ou qui, mariées, n'ont pas encore d'enfant. La chaleur est épouvantable et les jeunes filles, bien qu'elles s'abritent sous plusieurs capes d'écorce, suent énormément. Ce feu, cette chaleur sont destinés à les purifier, à éliminer l'eau de leur corps, à les rendre dures et fermes, à leur donner une peau neuve et luisante.

---

1. P. Wirtz, *Die Marind-Anim*, Hambourg, 1922, t. 2, p. 43 *sqq*.

Commence alors une longue suite de harangues adressées agressivement à la jeune fille par des vieilles femmes armées de longs bâtons à fouir qu'elles lui brandissent au-dessus de la tête [...]. En fait, ce qu'elles crient, ce sont les Tables de la loi baruya, les commandements de la domination des hommes sur les femmes et la soumission des cadets aux aînés : « Ne résiste pas à ton mari quand il veut faire l'amour... »

M. Godelier, *La Production des Grands Hommes. Pouvoir et Domination masculine chez les Baruya de Nouvelle-Guinée*, 1982, p. 74-78. © Librairie Arthème Fayard, Paris.

Il existe donc des rites initiatoires féminins en Papouasie [1].

Il faut noter le mélange d'initiation universelle (la peau neuve) et d'instruction locale (la loi baruya). Le symbolisme de la peau neuve se retrouve dans toutes les cultures. Telle société recommande une fourrure de loup, telle autre le tatouage, une autre les peintures corporelles... Une peau neuve équivaut à une âme neuve. Comme le serpent revêt une peau neuve, l'initiée renaît. Elle se refait. Elle se redonne. Cette deuxième naissance se réalise seulement à l'âge adulte, au moment où le jeune peut engendrer.

Voici le déroulement de l'initiation de puberté du garçon aux îles Salomon.

[Phase 1 : séparation] Tous les trois ou quatre ans, une sorte de fièvre gagne la contrée [l'île Bougainville]. Des sculpteurs s'assemblent dans les grottes de la côte [de la mer de Corail] ou dans des hangars construits dans la forêt. Des messagers partent, qui vont prévenir que le temps est venu pour les chefs de désigner les enfants qui devront assister à l'initiation. Les adolescents d'une dizaine d'année se mêlent à des gaillards ayant déjà dépassé la quinzaine. Dans les villages, les mères des partants s'assemblent et gémissent. La tête couverte de boue et pleurant, les enfants qui vont être dévorés par Egouève, l'esprit de l'initiation, accompagnés de leurs parrains, s'assemblent en des lieux secrets de la forêt où ils se construisent des cases de fortune. Aucune femme, sous peine de mort, n'a droit de voir ce qui va se passer.

[Phase 2 : transformation] Là, pendant des semaines et parfois des mois, les futurs initiés sont contraints à une rude existence.

– [Enseignements] Soumis à un régime de restrictions et de pénitences — aucune nourriture cuite, aucune viande, interdiction de fumer, etc. — ils sont exercés par leurs parrains à chasser les porcs sauvages, à piéger les opossums et les oiseaux.

– [Épreuves] On leur fait subir différentes épreuves magiques, destinées à les aguerrir et à les fortifier. De nombreux rituels d'ascension, par exemple, sont observés. Ceux qui n'ont pas encore été tatoués subissent cette opération. Le tout ponctué de rites magiques, de sortilèges, d'épreuves nocturnes, ayant tous pour but de les faire grandir et devenir des hommes parfaits, habiles chasseurs et guerriers adroits.

Après cette première phase d'initiation, apparaît la cérémonie principale. [...]

---

1. G. H. Herdt, *Rituals of Manhood*, University of Columbia Press, 1982, p. 202-203, 277-282.

Des amas de nourriture sont exposés, des porcs sont tués et échangés, qui permettent de faire ripaille.

– [Mort symbolique] La journée commence par des combats rituels où s'affrontent différents clans. Dans le tournoiement des armes brandies, le hurlement des conques de mer et les clameurs vociférées par des bouches excitées, la terre tremble sous les trépignements rythmés. Dans la forêt, les rhombes, sans trêve, mugissent sur un mode grave et affolant. Devant les enfants parqués dans un coin avec leurs parrains, enfin paraissent les esprits, énormes masques velus aux gueules immenses, aux bras étendus comme pour saisir leurs proies. Ils se précipitent sur cette jeunesse terrorisée. Quelques coups de hache symboliques et voilà ces enfants, terrorisés au-delà de tout ce qui peut s'exprimer, étendus par terre, enfouis sous un linceul de branchages.

– [Résurrection symbolique] Après un temps, la femme de l'esprit les fera renaître à la vie, une vie nouvelle, leur vie d'homme.

Les jours suivants, on leur impose un chapeau qu'il leur sera interdit de quitter en dehors de la maison-des-hommes de leur village où ils iront désormais coucher. Ainsi plusieurs mois durant, parfois plus d'une année. [...]

[Phase 3 : réintégration] La troisième partie de l'initiation est marquée par le retour chez eux de ces enfants auxquels on aura enlevé leur chapeau. Magnifiquement ornés, peinturlurés de leurs marques particulières, leur gourde sculptée, personnelle, suspendue au poignet, portés sur les épaules de leurs parrains, ils feront leur entrée solennelle dans leurs villages, sous les acclamations enthousiastes de leurs mères, fières maintenant de ces garçons partis de chez elles enfants et qu'elles voient revenir hommes faits.

Père O'Reilly, *Les Iles Salomon*, apud J. Poirier dir., *Ethnologie régionale*, t. I : *Afrique. Océanie*, Gallimard, « Encyclopédie de la Pléiade », 1972, p. 1183-1188. © Gallimard, Paris.

Dans cette initiation de puberté mélanésienne on trouve tous les éléments ésotériques : des aspects locaux (comme le porc, signe de fécondité) et des aspects universels (comme la renaissance symbolique), des niveaux tribaux (comme la séparation des enfants et des parents) et des niveaux spirituels (comme les rites d'ascension). Chaque rite, même si le participant ne le voit pas, a une dimension ésotérique. L'ésotérisme est donc présent, mais à l'état potentiel, comme germe. Le rite d'ascension amorce l'initiation chamanique, où l'âme ascende le ciel. Les combats entre clans répètent au plan du microcosme les luttes entre esprits qui se placent au plan du macrocosme. La terreur qui tombe sur les enfants n'a pas pour objet de les traumatiser mais de les faire entrer d'un coup dans le monde sacré, dans l'univers divin. L'extase advient souvent par ce moyen. La plupart du temps, on fait saigner le novice ; symboliquement, cela signifie qu'on le vide de son ancien sang, de son sang féminin, du sang donné par sa mère. Aux îles Wogeo[1], en Nouvelle-Guinée, l'initiation se fait en quatre stades, le premier à quatre ans avec le percement des oreilles, le deuxième à sept ans avec l'autorisation d'entendre (mais pas

---

1. H. I. Hogbin, *Kinship and Marriage in a New Guinea Village*, Athlone Press, Londres, 1963, p. 29-31 (îles Wogeo).

de voir) les flûtes sacrées [1], le troisième à dix ans avec la blessure faite à la langue (et le symbolisme, féminin, du sang qui coule), enfin la quatrième à dix-huit ans avec l'incision du pénis (et le symbolisme de l'androgynat).

Les **initiations culturelles**, on le voit, peuvent commencer très tôt, englober les initiations de puberté. Les initiations culturelles s'adressent aux hommes, à presque tous les hommes. Femmes et enfants sont écartés. Ces initiations se concentrent dans la « maison-des-hommes [2] », qui est une sorte de club. Ces clubs s'ouvrent donc aux seuls hommes, mais à tous. Jusque-là, on ne voit rien d'initiatique. Cependant, la maison-des-hommes peut n'admettre que les initiés. La prise de grade dans les sociétés-d'hommes est initiatique ou culturelle. Dans la maison-des-hommes *(suge)* du Vanuatu, on voit bien ce balancement entre exotérisme et ésotérisme. Selon R. H. Codrington,

La maison du club est bien dégagée et tout le monde peut voir ce qui s'y passe, sauf quand on y procède à l'intronisation de nouveaux membres. Les femmes en sont strictement exclues. C'est une institution temporelle, sans véritable caractère religieux. Mais, la religiosité domine la vie de la population, et tout succès est attribué au *mana*, le pouvoir surnaturel. Chacun s'efforce donc de se concilier les puissances invisibles par des jeûnes, des offrandes et des prières, pour accéder aux grades supérieurs de la société. Celui qui désire s'élever dans les degrés a besoin de ressources en monnaie, en vivres et en porcs. Néanmoins, la condition première pour obtenir ces biens, c'est d'avoir avec soi du *mana*.

R. H. Codrington, *op.cit.*, p. 101, trad. partielle P. A. Riffard.

La connaissance, rarement ésotérique, porte sur les chants, les danses, les flûtes, les masques, les coiffures, les constructions. Le système des grades (*namanggi*, >*nimangki*, au Vanuatu) peut comporter plus de trente degrés (comme dans la Franc-Maçonnerie, qui, elle aussi, n'est pas forcément occulte). Mais peu de choses intéressent l'ésotérologue.

A. B. Deacon [3], cependant, a relevé les rites du *nalawan*, plus ésotériques.

[Une société secrète exotérique] L'institution connue sous le nom de Maki, Mangki ou Mwele dans les Nouvelles-Hébrides centrales, sous le nom de Sukwe ou Hukwe au Nord, constitue ou a constitué dans le passé le fondement d'une grande partie de la vie sociale, économique et religieuse des indigènes des ces

---

1. G. H. Herdt, *The Guardians of the Flutes*, McGraw-Hill Books, New York, 1981.
2. Sur les maisons-des-hommes : O. Briem, *Les Sociétés secrètes de Mystères*, Payot, 1951, p. 26-36 ; D. F. Tuzin, *The Voice of the tambaran. Truth and Illusion in Ilahita Arapeh Religion*, University of California Press, 1980, xxxi-355 p. (sur les Ilahita-Arapesh du Bas-Sepik). Les maisons-des-hommes ont malheureusement toutes disparu depuis les années 1950 (B. Juillerat, *La Révocation des tambaran*, CNRS, 1993).
3. A. B. Deacon, *Malekula. A Vanishing People in the New Hebrides*, G. Routledge, Londres, 1934, 798 p.

îles. Le Nimangki consiste en une série de grades qui sont arrangés en ordre hiérarchique, depuis le plus bas, acquis dans l'enfance ou la prime jeunesse, jusqu'aux plus élevés, dont les membres occupent une position quasiment équivalente à celle de « chefs ». La maison-des-hommes est divisée en un nombre de compartiments correspondant au nombre de grades de la société. [...]
[Une société secrète ésotérique] Dans certaines régions, cette association à grades coexiste avec d'autres « sociétés secrètes ». [...] A Malekula il existe, parallèlement à la société plus ou moins séculaire Nimangki, la société secrète et sacrée Nalawan. [...]
[Différences entre ces sociétés à grades] Assurément, la société Nalawan ressemble de près, sur de nombreux points, à la société Nimangki : chaque grade a son nom, son rituel, ses insignes, et son propre titre pour les membres ; dans les deux cas, on devient membre en donnant des cochons, et toute ascension confère un plus grand prestige [...]. [Cependant], pour sa mort, l'ensemble du déroulement des rites funéraires est fonction de son appartenance aux différents grades Nalawan, alors que sa position dans le Nimangki ne joue que sur des détails, comme la décoration du cadavre ou le terrain de danse. De plus, au Nalawan appartiennent les cylindres creux en bois dans lesquels les membres soufflent pour produire un son grondant que les non-initiés prennent pour la voix de fantômes pleurant ou « chantant ». [...] Tous les masques appartiennent au Nalawan. [...] Un autre fait d'importance distingue le Nalawan du Nimangki, et met en relief la nature plus religieuse du premier. C'est le type spécifique de rituel que comporte l'accès au grade Nalawan Vinbamp. Le candidat à l'admission est reclus une année dans le *amel*, et pendant ce temps on le regarde et on le traite comme s'il était redevenu un petit enfant.

A. B. Deacon, *Malekula. A Vanishing People in the New Hebrides*, Camilla H. Wedgwood éd., Routledge, Londres, 1934, p. 270-271, 384-386, trad. partielle P. A. Riffard.

Des « sociétés d'esprits », avec **rites initiatiques**, se rencontrent en Mélanésie. Au dire de Codrington, « il n'y a rien de plus caractéristique dans la vie mélanésienne que l'existence de sociétés célébrant des Mystères strictement cachés aux non-initiés et à toutes les femmes [1] ». La plus connue est le Duk-Duk de Nouvelle-Bretagne et des îles Salomon, dans l'océan Pacifique du sud-ouest. Le Duk-Duk a pour représentants deux hommes qui se déguisent en casoar à tête humaine, d'aspect terrifiant.

Il existe une institution fort curieuse et intéressante, grâce à laquelle les anciens de la tribu se rassemblent, et, en œuvrant sur les superstitions des autres, s'assurent une vieillesse confortable et une influence illimitée. Cette institution est appelée Duk-Duk. Vu le puissant mystère dont elle est entourée et l'extrême difficulté à obtenir des informations de la part des indigènes ou même à mentionner le mot effroyable de *Duk-Duk*, la seule façon d'apprendre quelque chose consiste à observer par soi-même et à en tirer quelques conclusions. [...] J'ai étudié la coutume très soigneusement, et l'on m'a autorisé à voir les cérémonies d'initiation à ses mystères, ce qui avait été refusé à d'autres.

Le Duk-Duk est un esprit qui prend une forme visible et présumée tangible, et qui fait des apparitions à certains moments déterminés. Sa venue tombe invaria-

---

1. R. H. Codrington, *The Melanesians* (1891), p. 69.

blement le jour où la nouvelle lune devient visible. L'événement est annoncé par les anciens un mois plus tôt, et, dit-on, l'annonce revient à l'un d'entre eux. Pendant ce mois, de grands préparatifs de nourriture sont faits ; si un jeune n'a pas donné assez lors de la dernière apparition il reçoit un sévère avertissement le prévenant que le Duk-Duk est mécontent de lui, et il n'y a pas à craindre qu'on l'offense deux fois. [...]

Un jour avant la date prévue pour l'arrivée du Duk-Duk, les femmes ont habituellement disparu, ou, en tout cas, restent dans leur maison. C'est la mort immédiate pour toute femme qui regarde cet inquiétant esprit. [...]

Aux premières lueurs de l'aurore, des chants et des battements de tambour se font entendre depuis la mer. Aussitôt qu'il y a assez de lumière, on voit, amarrés ensemble au moyen d'une plate-forme, cinq ou six canoës s'avancer lentement vers la plage.

Deux figures tout à fait extraordinaires apparaissent, qui dansent sur la plateforme, qui poussent des cris stridents, comme un petit chien qui jappe. On dirait qu'ils ont dix pieds de haut, mais ils ont des mouvements si rapides qu'il est difficile de les observer soigneusement. La forme qu'ils arborent est censée représenter un gigantesque casoar, à l'image des plus hideux et grotesques visages humains. Le vêtement, fait de feuilles de draconaena, ressemble davantage au corps de cet oiseau. La tête, elle, ne ressemble à rien qu'à la tête du Duk-Duk. C'est un montage en forme de cône, de cinq pieds de haut environ, fait d'une fine vannerie, et entièrement recouvert de résine, de manière à créer une surface sur laquelle paraît la diabolique figure. On ne voit ni bras ni mains, le vêtement descend jusqu'aux genoux. Les anciens, à n'en pas douter, sont dans le secret, mais, à voir le regard effrayé sur le visage des autres hommes, il est aisé de croire qu'ils imaginent qu'il n'y a rien d'humain dans ces visiteurs effrayants.

Dès que les canoës atteignent la plage, les deux Duk-Duk sautent hors de l'embarcation. Aussitôt les indigènes reculent, pour ne pas les toucher. Si un Duk-Duk est touché, même accidentellement, très souvent il frappe sur-le-champ le malheureux indigène avec une hache.
[...]
Une petite case a été construite dans la brousse pour le confort des Duk-Duk. Personne, en dehors des anciens, ne sait exactement où se trouve cette case, car elle est soigneusement cachée. [...]

Quand la nourriture a été apportée, les jeunes gens doivent passer par une épreuve très désagréable, supposée préparer leur esprit à recevoir les mystères du Duk-Duk remontant à une lointaine période. Ils se tiennent en rangs de six ou sept, levant leurs bras haut au-dessus de leur tête. Lorsque les deux Duk-Duk sortent de leur case en brousse, l'un d'eux tient un faisceau de fortes verges, d'environ six pieds de long, l'autre un gros bâton. Le Duk-Duk qui a les verges en choisit une, il s'approche en dansant d'un des garçons, il lui donne un terrible coup de fouet qui le met en sang. Le jeune ne marque cependant aucun signe de faiblesse ou de douleur. Le coup reçu, il se penche en avant ; alors, l'autre Duk-Duk le frappe de son bâton au bas des reins. Ce coup doit être des plus désagréables. Chacun des jeunes gens doit se soumettre à cette performance à peu près vingt fois au cours de la soirée ; après quoi, il va alors se coucher, en boitant. Malgré tout, il doit être prêt à subir le même traitement chaque soir, les quatorze jours suivants. Comme la durée de l'initiation prend une vingtaine d'années, comme le Duk-Duk se manifeste habituellement dans chaque communauté six fois l'an, le novice doit se sou-

mettre à force bastonnades avant d'acquérir le droit de faire partie de la société. [...]
Le dernier jour où la lune est visible, le Duk-Duk disparaît, bien que personne n'assiste à son départ. Sa case en brousse est brûlée, et les vêtements qu'il a portés sont détruits. On prend grand soin de détruire tout ce qu'il a touché, les verges et les bâtons sont brûlés chaque jour par les anciens.
Les indigènes sont très hostiles à ce que des étrangers voient cela. Mais on m'a plusieurs fois dit que je pouvais assister aux cérémonies, à condition que je n'en parle point.

H. H. Romilly, *The Western Pacific and New Guinea*, Murray, Londres, 1886, p. 27-33, trad. partielle P. A. Riffard. Voir G. Brown, *Melanesians and Polynesians*, 1910, p. 60 sqq.

On le voit, le statut de cette société secrète flotte entre le groupe de terreur et l'organisation initiatique, comme chez les hommes-animaux d'Afrique noire[1]. Côté terreur, on observe le droit de vie et de mort que détient le Duk-Duk. On assiste à un féroce bizutage. Côté initiation, reste le symbole du casoar, un gros oiseau qui peut peser jusqu'à 85 kilos, et qui court, il est donc du ciel et de la terre ; sa tête porte une sorte de casque et son doigt interne arbore une griffe de 10 centimètres capable de tuer, il détient ainsi la force de vie et la force de mort. Côté initiation, il y a l'épreuve, la mort symbolique (après les bastonnades, les jeunes gens sont supposés morts), le secret, le nouveau nom des novices. Il y a encore le personnage même de Duk-Duk, double dans son nom, double dans son apparence, double dans son existence, puisque lui aussi va mourir et renaître comme un initié : le dernier jour des cérémonies, Duk-Duk disparaît, on brûle sa case, ses verges et ses bâtons. Mais il reviendra, il renaîtra.

La magie

La magie mélanésienne vise à se concilier les divinités, à rendre la chasse ou la pêche favorables, à éviter la maladie. « Habel distingue quatre sortes de rites magiques en Mélanésie. 1) Des rites accomplis pour un renforcement de puissance, on les utilise pour attirer les puissances en vue de renforcer les jardins, la chasse, la pêche, la guerre et les constructions. 2) Des rites de sorcellerie qui ont pour but de réduire la vie et la puissance dans les objets visés. 3) Des rites apotropaïques, pour se garantir contre la sorcellerie, les mauvais esprits et les ancêtres malveillants. 4) Les rites de guérison, pour contrecarrer la puissance des esprits et de la sorcellerie qui ont causé la maladie chez les individus [...]. Les rites magiques consistent en une formule, souvent secrète, qui est ordinairement de forme tout à fait simple, un geste symbolique utilisé pour indiquer l'effet désiré, et un objet ou une potion qui sert de médiation entre le mot et le geste[2]. »

---

1. Voir *supra* p. 104 (« Les initiations »).
2. R. J. Schreiter, art. « Magie et sorcellerie en Océanie », apud *Dictionnaire des religions*, PUF, p. 997. D'après N. Habel, *Powers, Plumes and Piglets*, Bedford Park, 1980.

B. Malinowski a étudié de près la magie des habitants des îles Trobriand (qui ne connaissent pas les initiations de puberté). Chez ces Mélanésiens, tous les phénomènes sociaux importants relèvent de la magie. Passion amoureuse et amour illicite (entre personnes d'un même clan), jardinage et pêche, construction de canots et ramassage des coquillages de spondyles exigent incantations et rites.

Les aborigènes ne se livrent jamais aux entreprises et activités en question sans les accompagner de magie. La magie *(megwa)* commande aux destinées humaines, c'est-à-dire qu'elle fournit à l'individu le pouvoir de maîtriser les forces de la nature et qu'elle fait pour lui office d'arme défensive et de cuirasse protectrice contre les multiples dangers qui partout le guettent (génies du mal, hommes-sorciers, sorcières volantes).

En étudiant la magie dans son application pratique, il conviendra de distinguer la formule *(yopa)*, le rite et la condition sociale de magicien.

– L'incantation est la partie de la magie placée sous le sceau du secret et connue des seuls initiés. Elle seule est transmise à celui qui fait l'acquisition d'une magie, que ce soit par achat, par donation ou par succession.

– Le rite en soi appartient sans restriction au domaine public.

Examinons les rapports mutuels de l'incantation et du rite. La force créatrice de la magie réside surtout dans la formule ; le rite a pour fonction de canaliser cette force sur l'objet et de la lui communiquer. La voix du récitant sert de véhicule. 1) Incantations proférées directement et non accompagnées de rite. Le magicien, au moment précis d'un naufrage, quand il invoque le poisson miraculeux qui mènera les rescapés vers quelque rivage ami, fait en sorte que sa voix coure sur les eaux. Ici comme dans toutes les autres magies, il faut que la voix du récitant entre, d'une manière ou d'une autre, en contact avec l'objet à charmer. 2) Incantations accompagnées de simples rites d'imprégnation. Une formule est récitée sur le *kavilali* (erminette pour le creusement de la coque du canot). Le rite se rattache étroitement au mythe de la pirogue volante. La vitesse prodigieuse atteinte par les pirogues charmées selon les règles est la perpétuation et le pendant, en plus faible, du vol rapide des temps anciens. Après un bref exorde, comportant des termes magiques intraduisibles et des références géographiques, l'incantation poursuit : « *J'emporterai une erminette, je frapperai ! Je monterai dans mon canot, je te ferai voler. Ô canot, je te ferai bondir ! Nous volerons tels des papillons, tel le vent.* » 3) Incantations accompagnées d'un rite de transfert. Nous avons affaire à un agent intermédiaire spécial, créé pour les besoins de la cause, destiné à absorber la vertu magique et à la communiquer ensuite à l'objet concerné. Charmer le bâton qui servira à cogner magiquement le canot, la coquille de moule avec laquelle on raclera la coque de la pirogue, cela revient à faire intervenir dans chacun de ces rites une substance dont le rôle se révèle d'ordre purement magique. 4) Incantations accompagnées d'offrandes et d'invocations. Après la décision de fabriquer un *waga* (canot), aussitôt que l'arbre est choisi, le *toliwaga* (le constructeur de canot) et quelques aides se rendent sur les lieux, et, avant l'abattage, procèdent à un rite préliminaire. Le propriétaire ou le constructeur pratique une légère incision dans le tronc, afin de pouvoir y introduire une petite quantité de nourriture ou un peu de noix d'arec. En faisant cette offrande aux *tokway* (lutins des bois), le magicien profère une incantation : « *[...] Descendez de notre arbre, vieillards ! Voici un canot qui a bien mauvaise réputation ; voici un canot qui vous a couverts d'opprobre ; voici un canot dont vous avez été chassés ! A l'aube et dans la matinée, vous nous aiderez à abattre le canot ; c'est notre arbre, vieillards, laissez-le aller et choir !* »

– Il faut s'abstenir d'absorber les choses mentionnées dans les formules incantatoires. Pendant que se déroulent la pêche et la magie, le magicien du requin doit laisser sa maison ouverte, ôter sa feuille pubienne et s'asseoir jambes écartées, « *afin que la gueule du requin puisse demeurer béante* ». Les tabous et les observances ne sont pas les seules obligations à remplir pour pouvoir se livrer à certaines formes de magie. Très souvent la condition *sine qua non* est l'appartenance à un groupe social. Le magicien doit appartenir au *dala* (sous-clan ou groupe local) de l'ancêtre mythique. Le plus souvent un fils reçoit la magie de son père ou d'un parent du côté de sa mère. Mais ce qui constitue son essence, c'est l'impossibilité pour l'homme de la créer ou de l'inventer, la résistance absolue qu'elle lui oppose lorsqu'il entend y apporter des changements. Elle existe depuis le commencement du monde ; elle crée, mais n'est jamais créée ; elle modifie, mais ne doit jamais être modifiée. C'est, dans son principe, un pouvoir intrinsèque de l'homme : « *Toute la magie, ils (les hommes) l'ont trouvée il y a bien longtemps dans le monde d'en bas. Jamais une incantation ne nous est communiquée au cours d'un rêve ; si cela arrivait, ce serait un mensonge. Les esprits ne nous donnent jamais une incantation. Les chants et les danses qu'ils nous donnent, oui, cela est vrai, mais pas la magie.* »

D'après B. Malinowski, *Les Argonautes du Pacifique occidental* (1922), chap. VII, trad. de l'anglais (1963), Gallimard, coll. « Tel », n° 145, 1989, p. 465 *sqq.* © B. Malinowski, 1922, by arrangment with J. Hawkins & Ass., Inc., New York ; © Gallimard, 1963, pour la traduction française.

La magie repose très souvent sur le principe de l'analogie.

Dans les cas de grande sécheresse et quand on manque d'eau, pour attirer magiquement l'orage et la pluie, le Donjan-anim [ethnie de Nouvelle-Guinée] se rend dans la forêt tout seul, car personne ne doit assister à l'opération, sous peine de la faire échouer. Là, il creuse dans le sol un trou profond d'environ cinquante centimètres, et il y met quelques plantes qui aiment l'eau : des feuilles de bananier..., des tiges de taro, des branches de croton, etc. Puis il y verse de l'eau, et il y lance quelques grosses mottes de terre, qui la font rejaillir. Dès lors, la pluie ne se fera plus longtemps attendre.

P. Wirtz (1922), cité par L. Lévy-Bruhl, *La Mythologie primitive* (1925), Alcan, 1935, p. 193-194 (rééd. PUF 1963).

Divination

Le Mélanésien attache foi aux rêves, il leur attribue une réalité authentique. Ce qui est vu en rêve s'est réalisé effectivement. Le chamane, le possédé prophétisent aussi.

Objets sacrés

En Nouvelle-Calédonie, les ethnographes distinguent les objets cérémoniels (masques, hache-ostensoir...) et les objets usuels à fonction symbolique (la pelle à ignames, le bâton à fouir, le bambou gravé, le manteau de pluie...).

Dans presque toutes les associations culturelles, les masques ont un rôle essentiel. Les masques sont forts d'une âme.

LES OCÉANIENS 273

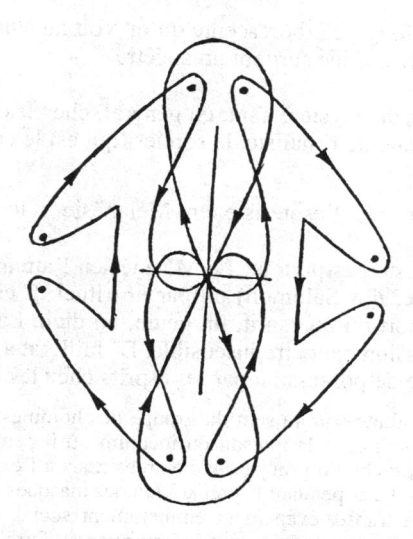

DESSIN LABYRINTHIQUE MÉLANÉSIEN
(route *post-mortem*)
(dessin A. B. Deacon, 1934)

Les dessins labyrinthiques signent davantage la Mélanésie [1]. Les Mélanésiens tracent, en général sur le sable, des entrelacs. J'ai vu à Port-Vila, aux Nouvelles-Hébrides, en décembre 1979, des gens de Malekula tracer d'un trait continu, dans la poussière, des figures symétriques fort complexes. Interrogé en bichelamar, langue véhiculaire à base d'anglais, l'artiste reste muet. Mais, comme j'étais accompagné d'un ami professeur d'art, capable de reproduire ces dessins, la langue s'est déliée. Le dessin montrait un chemin pour les morts. En dessinant, sans lever le doigt (comme les Compagnons en Europe), le Mélanésien réalise un rêve, il fait sur le sol un voyage symbolique, il trace des voies. On retrouve une fois encore l'homologie entre l'expérience de la mort et l'épreuve initiatique. Le dessin labyrinthique est au Mélanésien ce qu'est le *mandala* au Tibétain.

Les *malanggan* (en Nouvelle-Irlande du Nord) sont des bois sculptés, de petites huttes, des objets zoomorphes, etc. que les indigènes fabriquent au cours de cérémonies qui ferment les rites funéraires. Ces effigies représentent des morts, des esprits malveillants, ou bien le Soleil, la Lune, le Créateur. Elles provoquent, disent les indigènes, l'incarnation ou la destruction des esprits.

---

1. A. B. Deacon, *Malekula*, éd. cit., p. 552 *sqq*.

Les statues en fougère arborescente qu'on voit au Vanuatu assurent la fertilité des cultures. Elles abritent un ancêtre.

Les médiateurs du Mystère sont, en général, chez les Mélanésiens : le possédé, le chamane, le ritualiste, le sorcier (qui est le contraire de l'ésotériste).

Première figure de l'ésotériste en Mélanésie : le POSSÉDÉ PAR LES ESPRITS.

La transe n'existe pas partout. Le Mélanésien l'atteint par la musique (Nouvelle-Guinée, îles Salomon) ou par un rituel. L'esprit qui possède est l'âme d'un mort ou un esprit, un génie, un dieu. La différence entre maladie et possession peut être insensible. B. Juillerat a laissé la description d'une séance de possession par les esprits chez les Papou iafar.

La transe est produite soit au sein du groupe des hommes assis le soir sur la place du hameau, soit dans la maison du médium où il peut être seul mais en même temps tout proche du groupe des hommes assis à l'extérieur, soit encore dans l'enceinte des dieux pendant la préparation des masques et des cosmétiques. C'est-à-dire que la transe, événement éminemment social, ne survient jamais lorsque le médium se trouve seul en forêt ou avec sa famille dans son jardin. Conçue comme la visite spontanée d'un dieu sylvestre chez les humains, la possession ne peut se produire qu'au village. [...] Enfermé en lui-même, toujours assis ou accroupi, [le médium] sent son corps se refroidir, ses membres pris de fourmillements, son esprit devenir confus ; sa vue se trouble, son ouïe s'amoindrit. Il est probable qu'à ce stade déjà il n'est plus capable de suivre la conversation qui se poursuit autour de lui. Peu à peu, ses jambes et ses bras commencent à trembler de façon régulière et toujours plus accentuée, jusqu'au moment où éclate ce que je nommerai l'« attaque transielle » (*afgêg*), qui est pour le criseur un « choc transiel ». Les tremblements devenus très violents gagnent subitement tout le corps et la tête, qui sont pris, pendant quelques secondes, de terribles secousses. Le tronc s'est incliné en arrière, le sujet a perdu son équilibre d'homme assis ou accroupi, les jambes restent légèrement pliées ou s'étirent, les bras se tendent légèrement dans le sens des jambes ou sont pliés à angle droit au-dessus des épaules. Pendant ces secousses, le médium pousse plusieurs cris inarticulés, d'une voix haute, le temps de vider deux ou trois fois ses poumons. Subitement, secousses et cris s'arrêtent : le possédé se lève précipitamment et reste planté là. Le médium attend impatiemment que quelqu'un lui remette son arc et quelques flèches, attribut indispensable des dieux mâles, sans lequel aucun discours n'est possible. [...] Une fois en possession de son arc, le possédé aifar commence pourtant le plus souvent par se montrer agressif d'une façon visiblement conventionnelle : marchant à travers le village, il effraie femmes et enfants, fait mine de tirer une flèche sur les hommes et sur le chasseur en particulier, en décoche parfois une contre la maison du chasseur ou dans le sol aux pieds mêmes des hommes assis. Puis il se calme et rejoint le groupe des hommes ou va chez le chasseur.

C'est alors que commence la séance médiumnique proprement dite. On lui tend une cigarette allumée et du bétel qu'il fume et chique avec intensité : cigarettes et noix d'arec se succéderont pendant toute la séance, à l'exception du repas éven-

tuel. Puis il commence à parler, sans ordre ni continuité particulière, bien que d'une façon parfaitement rationnelle, d'une voix enfantine, se balançant souvent légèrement sur l'un et l'autre pied et tenant son arc devant lui. [...]
Après une demi-heure ou davantage d'un dialogue décousu avec les villageois, le dieu exprime le désir de partir et, quelques instants après, le médium tape du pied et souffle bruyamment entre ses lèvres en crachant bétel et cigarette. Immédiatement, il retrouve sa voix et ses gestes ordinaires. Il peut alors s'asseoir parmi les hommes et entamer une nouvelle conversation, cette fois-ci intégralement humaine, mais, le plus souvent, il s'éclipse sans plus attendre. Interrogé, il déclare qu'une sensation de grande chaleur vient de faire suite au froid communiqué par le dieu, qu'il se sent très fatigué, a un peu mal partout, désire dormir et ne se souvient de rien.

B. Juillerat, « Transe et langage en Nouvelle-Guinée : la possession médiumnique chez les Amanab », *Journal de la Société des Océanistes*, musée de l'Homme, t. 31, n° 47, juin 1975, p. 195-197. © Société des Océanistes, Paris.

Deuxième figure de l'ésotériste en Mélanésie : le CHAMANE.

Il s'appelle *bete* aux Fidji, *munuay* au Vanuatu. Les indigènes font bien la distinction entre un possédé et un chamane. Le chamane est plus rare. Le chamane guérit mieux, car seul il peut ramener une âme égarée, ensorcelée, maléficiée. Il a droit à plus d'estime que le possédé. Le chamane est comme un esprit, alors que le possédé n'est qu'un support de l'esprit. Il ne subit pas la transe, il la suscite. Cela dit, de même que le possédé ressemble parfois à l'hystérique, le chamane ressemble parfois au possédé. D'ailleurs, certaines formes de chamanisme mélanésien supposent qu'un esprit s'empare du chamane [1]. Les chamanes mélanésiens ont pour fonction principale la guérison et la divination. Ils peuvent aussi exercer la magie, faire tomber la pluie, favoriser la croissance des plantes. On devient chamane en passant par une association culturelle ou par un autre chamane. Par quelle voie de recrutement devient-on chamane, par exemple, chez les Sambia, une tribu de l'ethnie Anga (=Kukukuku) de Papouasie Nouvelle-Guinée ?

Aujourd'hui encore, les chamanes [des Anga] se trouvent au centre de la vie religieuse et de l'organisation sociale. La plupart des clans-hameaux ont un ou deux membres résidents qui, comme chamanes, sont nécessaires aux cérémonies de guérison et aux invocations magiques. En 1976, on comptait quelques vingt-cinq chamanes vivant dans la vallée Sambia pour une population d'environ huit cents personnes, ce qui donne une proportion d'un chamane pour environ trente personnes.

[1re voie de recrutement : l'hérédité] Les pouvoirs chamaniques sont, croit-on, hérités dans le clan, de père à fils.

Les chamanes hommes qui pratiquent la médecine sont d'une extraordinaire importance dans l'organisation des activités de guerre et dans le déroulement des rituels initiatiques. Les chamanes officient également lors des funérailles des personnes du hameau. Ils ne sont pas payés en monnaie, même aujourd'hui ; ils sont

---

1. Voir *supra*, p. 217 (tableau « Figures de l'ésotérisme asiatique primitif »).

cependant rémunérés occasionnellement par des dons, comme la viande d'opossum ou le sel végétal. En outre, les chamanes hommes assument maintenant certaines fonctions autrefois attribuées aux chefs de guerre.

[2e voie de recrutement : les esprits familiers d'un parent défunt] Les chamanes, comme tous les hommes adultes et comme certaines femmes, sont identifiés à des esprits familiers *(numilyu)*. Ces esprits familiers sont la plupart du temps hérités du père ou d'un homme du clan, ou bien, s'il s'agit d'une femme, de sa mère. Toutefois, un ou deux seulement des enfants devient à son tour chamane.

Fait très important, le chamane est crédité d'une catégorie spéciale d'esprit familier qui le rend capable, durant la transe, de monter au monde spirituel. Ce phénomène ne se produit qu'à la suite d'une possession par un esprit familier désigné par le terme *kwooluku*, qui désigne aussi le chamane. Grâce à ce pouvoir, comme dit un informateur, « seuls les chamanes peuvent traiter avec les âmes des morts *(kumaamdu)* ». Les rencontres avec les âmes des morts n'adviennent, pour l'essentiel, que durant les cérémonies de guérison et durant les rêves. Mais, dans les légendes et dans quelques expériences qui m'ont été relatées, on dit que des personnes peuvent rencontrer des esprits dans la vie ordinaire. L'esprit familier n'est pas l'âme d'un parent défunt mais plutôt l'esprit familier d'un parent défunt. Les anciens chamanes soutiennent qu'ils sont possédés par plusieurs esprits familiers, de l'un ou l'autre sexe, ou couplés. Différents esprits ont différentes fonctions ; ainsi, un esprit familier est déclaré capable de faire accéder au monde des trépassés, cependant qu'un autre est utile pour deviner où se trouve un objet dans le corps et pour l'exorciser. Le chamane seul est apte à manipuler les âmes de morts, les esprits des récents défunts. Il existe aussi d'autres genres d'entités : les esprits ancestraux de la forêt (mâles, dit la tradition), les génies du hameau (femelles, selon la tradition), les sorciers, les revenants, et tout un lot d'esprits de la nature.

[3e voie de recrutement : le rêve] Les rêves d'un enfant annoncent une vocation de chamane, et, de plus, ils peuvent être interprétés comme sa première indication. Si un enfant sort d'un cauchemar, si l'un de ses parents ou tuteur est chamane, cela peut être mis sur le compte d'un intérêt exceptionnel des morts pour l'enfant ; inversement, les rêves non-effrayants avec une figure récurrente peuvent être pris pour des manifestations de l'esprit familier chamanique du parent défunt de même sexe, qui a établi un lien avec l'enfant.

[4e voie de recrutement : la rencontre avec des revenants] La rencontre avec des âmes des morts est un autre signe de vocation potentielle.

[5e voie de recrutement : l'égarement par des revenants] Plus rarement, un enfant, parfois un adulte, disparaît du hameau. Plus tard, on le découvre, errant, sali, échevelé, dans un état mental apparemment dissocié. Cela peut être considéré comme un « enlèvement » par les âmes des morts ou les esprits des ancêtres. On pense que de telles personnes se sont trouvées en contact trop étroit avec les esprits. Elles ne deviennent pas chamanes.

Je rapporte la relation que m'a faite le chamane femme vivant le plus puissant, Kwinjinaambi :
– Lorsque j'étais fillette, je n'avais pas de mari. J'eus un rêve. Je vis ma défunte mère [célèbre chamane]. Elle me dit : « Si tu veux guérir [*kwolyu* : subir la cérémonie individuelle de guérison], tu dois rassembler ces feuilles, *yum'i'u* et *aalut'nbi*. » C'était lors du premier degré d'initiation de mon frère. Je me réveillai. Les feuilles touchaient ma peau. Je ne sais comment elles étaient arrivées là. Je sus que je pouvais devenir chamane [*kwooluku*]. Mon père, Wangamiko, a dit à tout le monde : « Mes enfants ne deviendront pas chamane, Kwinjinaambi oui. »

[6ᵉ voie de recrutement : les initiations-cérémonies] Pour les hommes, de telles expériences individuelles précèdent le déroulement de cérémonies institutionnalisées qui attestent formellement la vocation chamanique de l'enfant.
1) La première de ces cérémonies cultuelles advient lors du premier degré d'initiation. Dans le *morangu* (maison de naissance), les garçons doivent demeurer parfaitement immobiles plus de douze heures. Ce rite fait partie du début des activités initiatoires. Les novices supportent de douloureux rituels et d'autres épreuves. Durant la cérémonie du *morangu*, les novices s'efforcent de capter leur esprit familier. Au moyen des cérémonies, on considère que l'acquisition des esprits familiers équivaut à la qualification de chamane, de chasseur de casoar, de chef de guerre ou autre. Les novices ne pratiquent pas la transe ou la possession avant l'autre cérémonie cultuelle, le *narangu*, qui vient en complément du troisième degré d'initiation *(ipmaangwi)*. 2) Ce troisième degré initiatoire est un rite de puberté. La construction du *narangu* est semblable à celle du *morangu*. Une nouvelle fois, des décorations spéciales, des feuilles et de la boue sont utilisées avec parade pour attirer les esprits familiers dans la maison et prendre possession des participants. La transe est induite en fumant du tabac local *(shopu)* dans des pipes en bambou. Cela est suivi par l'absorption de feuilles et de fruits *(pinu)* supposés hallucinogènes. De plus, durant les trois jours de fêtes, avec chants, peu d'eau et peu de nourriture sont données. Le sommeil est bref. Il y a abstention complète de relations sexuelles. Les participants attendent le sifflement supposé involontaire des chamanes comme le signe qu'un esprit familier a pris possession d'un novice. Alors, on dit que le novice est tombé en transe, on tient cela pour un signe manifeste, authentique de la vocation chamanique. Durant le *narangu*, les chamanes aînés entrent à contribution en observant, en guidant et en instruisant verbalement les jeunes novices. 3) A l'issue du *narangu*, se tient un rite spécial, qui légitime l'expérience de possession et détermine l'effectivité des pouvoirs du novice. Le rite *(bwi-rumdu)* se passe autour d'une petite mare, dans la forêt. Une grande assemblée d'hommes et de chamanes adultes venant du *narangu* observent les épreuves. Les novices prennent des plumes d'aigle (le totem du clan-hameau concerné) et les lancent sur la surface de l'eau. On compte que les novices vont sortir des morceaux de cheveux, de peau et autres choses arrachées par les esprits puis déposées dans la mare. Ces substances corporelles sont tenues pour des représentations matérielles des âmes volées à des membres vivants de la communauté. En exorcisant et en récupérant ces objets, les âmes des personnes se trouvaient hors d'atteinte des esprits. Dans l'épreuve, j'ai vu des cheveux — supposés sortis de l'eau — dans les mains des novices. Ces actes confirmaient leur vocation authentique.

G. H. Herdt, « The Shaman's 'Calling' among the Sambia of New Guinea », *Journal de la Société des Océanistes*, musée de l'Homme, t. 33, nᵒˢ 56-57, sept.-déc. 1977 : « Folie, possession et chamanisme en Nouvelle-Guinée », p. 153-158, trad. partielle P. A. Riffard.

Troisième figure de l'ésotériste en Mélanésie : le RITUALISTE.

Le ritualiste (le canoniste, si l'on préfère) a un statut un peu plus formel, plus proche de l'homme religieux, qui n'a pas à prouver ses puissances et ses connaissances.

Au Nord-Malekula, les *pëla nal* ou *pëla khoro* sont chargés de déterminer les présages de la récolte à venir en même temps que d'aller porter à une divinité non nommée, établie dans le bosquet intouché qui jouxte tant de villages océaniens,

sa part de la première igname mangée entre les hommes du clan considéré. Ces bosquets, dits *nembrbrkon* à South West Bay, où l'on entasse les ossements des morts de chaque groupe local, ou d'autres lieux cultuels aussi peu « temples » que possible, mais où ne pénètrent jamais ceux qui n'ont rien à y faire, sont le lieu d'invocation de toutes sortes de choses. [...]
La revendication d'avoir vécu un voyage initiatoire au pays des morts se retrouve partout comme justification de pouvoirs soudainement acquis [...]. Les *bete* (« élus, initiés ») fidjiens tendent à s'attribuer le privilège de la voyance et de la divination.

J. Guiart, apud *Encyclopédie philosophique universelle*, vol. II : *Les Notions philosophiques*, t. 2 : *Conceptualisation des sociétés traditionnelles*, PUF, 1990, p. 3193. © PUF, Paris.

POLYNÉSIE

Polynésie, Tahiti, paradis. Platitude. Cependant, je crois l'image juste. Un paradis est un lieu où le travail ne paraît plus nécessaire, où plantes et animaux foisonnent, où l'amour tient la première place avec les chants. N'est-ce pas le cas de la Polynésie ? Les fleurs poussent à profusion, les poissons abondent. Les cocotiers donnent du lait pour le repas, de l'eau comme boisson, ils fournissent de l'étoupe pour les bateaux et du bois pour le feu, ils ombragent, ils nourrissent les crabes. Le Pacifique, dans ses lagons, en haute mer, donne, lui aussi, redonne. Les habitants chantent et dansent matin et soir. Tout en Polynésie se livre avec luxuriance et beauté. L'ésotérisme polynésien est un ésotérisme de luxuriance et de beauté. Ésotérisme de volcan et d'océan.

Il ne sera pas question de la Polynésie en général, mais seulement de la Polynésie française. Au reste, la tradition sacrée des Polynésiens a sa source dans l'île Raiatea [1], en Polynésie française, au milieu des îles Sous-le-Vent. La tradition locale représente la Polynésie comme une pieuvre nommée Raiatea, dont les tentacules vont à Tahiti, à Hawaï, à l'île de Pâques, à Rapa, aux îles Tonga, aux îles Chatham. À Raiatea se dresse le grand *marae*, Taputapuatea (littéralement « tabou-tabou-éloigné [2] »), le grand centre de toute la spiritualité des Ma'ohi, les indigènes de Polynésie française. Ce monument a été construit vers 1645. Les Maori, les indigènes de Nouvelle-Zélande ou d'Hawaï, admettent cette primauté de Taputapuatea, et viennent en pirogue double faire un pèlerinage de 4 000

---

1. P. Huguenin, *Raiatea la sacrée* (1902-1903), éditions Haere po no Tahiti, Papeete, 1987, 260 p. « Raiatea : c'est là que se constitua, au VIIIe s. de notre ère, un centre de la nouvelle civilisation polynésienne... Le pays merveilleux appelé Hawaïki désigne non pas seulement la patrie d'origine des Polynésiens, mais le premier séjour de tous les êtres... Hawaï'i [est] l'ancien nom de Raiatéa... Le *marae* Taputapuatea [interdit-interdit-éloigné], près d'Opoa, dans l'île de Raiatea [ciel-éloigné] fut longtemps le sanctuaire central de Polynésiens » (H. Nevermann, *Les Religions du Pacifique et d'Australie*, trad. de l'anglais, Payot, 1972, p. 27-28, 62). B. J. Teriifaahee traduit Taputaupatea par « archi-sacré au loin » et Raiatea par « lèvre longue, ça papote ».
2. Le « b » n'existait pas en tahitien : on disait *tapu* et non pas *tabu*, tabou.

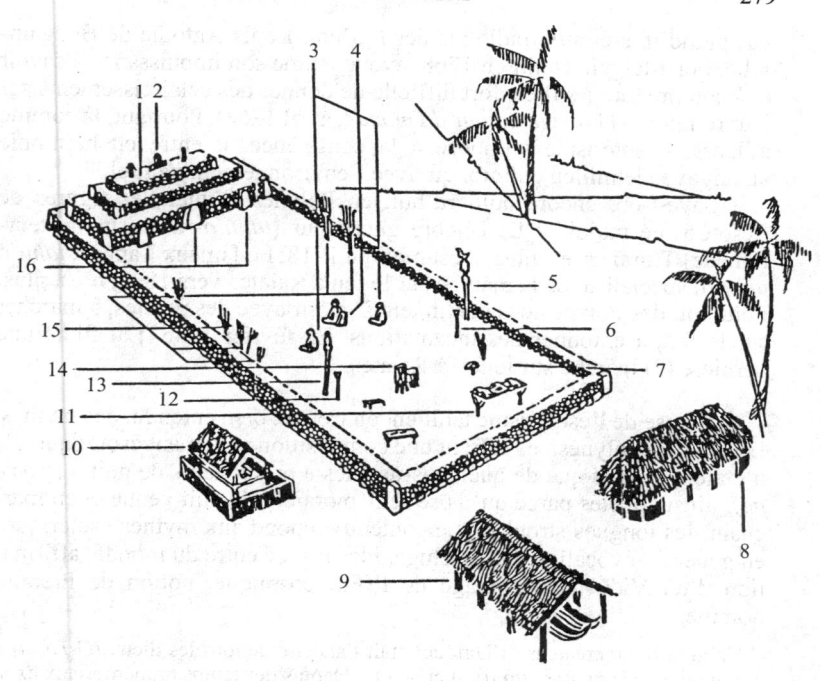

MARAE
(dessin J. Garanger, 1979, © Nouvelles Éditions latines, Paris)
1. Ahu (autel). – 2. To'o (idole). – 3. Prêtre et assistants. – 4. Turui (pierre dossier pour dignitaires). – 5. Tira (mât). – 6. Ho'e (pagaie). – 7. Poe poe (cour privée). – 8. Fare ia manaha (case sacrée ; objets du culte). – 9. Fare va'a a te atua (hangar à pirogues du dieu). – 10. Fare tupapa'u (morts exposés). – 11. Fatarau (plate-forme d'offrandes). – 12. Ho'e (pagaie). – 13. Tira (mât). – 14. Tambours. – 15. Unu (pieux de bois rouge). – 16. Pierres dressées (réceptacles des dieux).

kilomètres jusqu'à Raiatea. J'ai vu une fois de telles pirogues devant la passe de Taputapuatea.

Il m'a fallu cinq ans pour accumuler des documents et des informations orales sur ce petit territoire, la Polynésie française, Raiatea. Cinq années à la tahitienne, évidemment, faites de rêveries, de longues attentes consolées par le lait de coco et la danse, une couronne de tiaré sur la tête. On soupçonne donc que la vaste Polynésie exigerait des décennies. Pourquoi ces difficultés à se documenter ? Aujourd'hui, la Polynésie se veut chrétienne, et les découvreurs (comme Cook), les missionnaires (comme Ellis), les chercheurs (comme Nevermann) rejettent comme païenne, immorale ou superstitieuse la « magie » polynésienne. Ils ne prêtent donc pas grand intérêt aux traditions des Ma'ohi. Louis Antoine de Bougainville, qui atteignit Tahiti en 1768, avoue même son impuissance à savoir et à comprendre : « Il est fort difficile de donner des éclaircissements sur leur religion » (*Voyage autour du monde*, avril 1768). Pourtant, là comme ailleurs, l'ésotérisme s'impose à la conscience, il entre en harmonie autant avec le milieu culturel qu'avec l'environnement naturel.

Trouve-t-on, encore aujourd'hui, en Polynésie, quelques figures de l'ésotérisme ma'ohi ? Le célèbre guérisseur (*tahu'a-ra'au*, invocateur-remède) Tiurai [1] n'est plus, il est mort en 1918. Le fameux Tapua [2], *tahu'a umu-ti*, spécialiste de la marche sur le feu à Raiatea vers 1890, n'est plus. Pourtant, des Polynésiens continuent à guérir avec des plantes, à marcher sur le feu, à entonner des incantations. En février 1986, j'ai filmé une dernière (?) marche sur le feu à Raiatea.

À la base de l'ésotérisme tahitien, on trouve, bien entendu, des mythes. Les mythes polynésiens offrent une composition nettement ésotérique. Ils n'étaient connus que de quelques-uns, les « promeneurs de nuit » *(haere po)*, ainsi appelés parce qu'ils se remémoraient, la nuit venue et en marchant, les longues strophes. Le contenu [3] répond aux mythes ésotériques en général : évocation d'un Déluge, idée d'un Centre du monde, affirmation d'un Vide initial, image de l'Œuf cosmique, notion de Premier homme...

Ta'aroa [dieu créateur : l'Unique] était l'ancêtre de tous les dieux *(O Ta'aroa te tupuna o te mau atua ato'a)*. Il créa tout. Depuis des temps immémoriaux existait le grand Ta'aroa, Tahi-tumu (l'Origine). [...]

Il n'y avait qu'un Ta'aroa en haut, en bas et dans les Ténèbres. Ta'aroa se tint dans sa coquille et dans les ténèbres pendant des milliers d'années. La coquille était comme un œuf qui tournait dans l'espace infini, sans ciel, sans terre, sans mer, sans lune, sans soleil, sans étoiles.

T. Henry, *Tahiti aux temps anciens* (1923), trad. de l'anglais (1962), Publications de la Société des Océanistes, musée de l'Homme, 1978, p. 343-344. Autre version dans *Mémoires de Marau Taaroa, dernière reine de Tahiti*, Publications de la Société des Océanistes, n° 27, Papeete, 1971, p. 47.

Une base différente pour l'ésotérisme tahitien se présente sous forme d'exploits de navigateurs ou de guerriers. Serge King, Polynésien de Hawaï, qui appartient à l'ordre des *kahuna (tahu'a* en Polynésie française), des chamanes donc, appelle cela « **la voie de l'aventurier** ».

---

1. O. Walker, « Tiurai le Guérisseur », *Bulletin de la Société des études océaniennes*, Papeete, Tahiti, n° 10, 1925. F. et M. Grépin, *La Médecine tahitienne traditionnelle. Raar Tahiti* (1980), Éditions du Pacifique, 1984.
2. W. Ellis, *À la recherche de la Polynésie d'autrefois* (1829), Publications de la Société des Océanistes, n° 25, musée de l'Homme, 1973, 2 vol., 946 p.
3. Teuira Henry, *Tahiti aux temps anciens* (1923), trad. de l'anglais, Publications de la Société des Océanistes, 1962, 671 p. ; W. W. Gill, *Myths and Songs from the South Pacific*, Londres, 1876.

Sur les îles du Pacifique, cette voie met l'accent sur la recherche d'aventures, le développement de l'hyper-conscience, une autodiscipline orientée vers un objectif précis, un culte de l'amitié et de l'unité, la pratique de l'art de survivre par l'exploration et une philosophie portée à aimer et à être aimé.

S. King, *La Voie de l'aventurier dans le chamanisme du Pacifique*, apud Shirley Nicholson dir., *Anthologie du chamanisme* (1987), trad. de l'anglais, Le Mail, 1991, p. 223.

Le héros par excellence s'appelle Mâui (>Mahoui). Mâui est un navigateur légendaire, un pied dans l'histoire, l'autre dans le mythe. Il a dû vivre au Ier s. av. J.-C.[1] Il traverse hardiment l'océan Pacifique, ses écueils, ses cyclones. Mâui[2] monte au ciel et descend en enfer, il peut voler en prenant la forme d'une colombe. Il soulève le ciel, il vole le feu au dieu Mahuiké. Il invente les instruments de pêche. Il est chamane, bien des anecdotes le montrent, singulièrement celui qui le dépeint en train d'entrer dans la bouche d'un monstre féminin (image des rites d'initiation) afin d'obtenir l'élixir d'immortalité (image du statut d'initié). Le monstre s'appelle Hine-nui-te-po, Grande-Dame-de-la-Nuit. Mâui ne la vainc pas, pas plus que le héros sumérien Gilgamesh n'a pu garder l'herbe de la vie immortelle[3], pas plus que Zarathushtra n'a pu gagner l'immortalité. Hine conserve le secret de l'immortalité. Écoutons une des nombreuses versions, en nous imaginant face à un lagon, entre deux cocotiers (un Polynésien ne s'abandonne pas sous un cocotier).

Mahoui [>Mâui] pêchait le poisson, il rendait le champ fertile, il dansait, et chantait des chansons avec les gens. Il allait voir sa mère en bas, et le soir il conversait longuement avec son père.

– Tu es un grand héros, cinquième Mahoui, il n'a jamais existé celui qui aurait pu te vaincre. On raconte des histoires là-dessus, parmi les dieux. Les gens ne parlent que de toi. Mais, ici, à Hawaiki [>Havai, =Raiatea] quelqu'un attend, guette, flaire, jusqu'à ce qu'elle t'anéantisse. C'est Hine, la grande mère de la nuit, elle se moque de toi, là-bas, bien loin, lui avait dit son père, et puis il s'était tu. [...]

– J'ai vaincu le Soleil, je vaincrai aussi Hine, qui a jusqu'à présent avalé les gens. Comme un chien, elle les a pourchassés, jusqu'à ce qu'elle les attrape. [...] L'homme doit éternellement vivre comme la Lune, qui descend chaque jour dans les grandes eaux pour rebondir à nouveau dans la vie ou bien comme le Soleil qui renaît de l'obscurité et sort avec une force nouvelle. [...]

– Seul celui qui la connaîtra pourra la vaincre, seul celui qui se dressera directement devant elle. [...]

Mahoui est allé tout seul, avec lui il n'y avait que de petits oiseaux, il était conduit par des éclairs. [...]

---

1. A. Leverd, « Esquisse de l'histoire de Tahiti », *Bulletin de la Société des études océaniennes*, Tahiti, n° 4, sept. 1918, p. 206.
2. J. F. Stimson, *The Legends of Maui and Tahaki*, Honolulu, 1934 ; Katharine Luomala, *Maui-of-a-thousand-Tricks. His Oceanic and European Biographers*, B. P. Bishop Museum, Bulletin n° 198, Honolulu, 1949.
3. Voir *infra*, p. 350 (« L'ésotérisme écrit »).

Mahoui dit aux bons siffleurs :
— Les chants que vous m'avez donnés sont comme le goût de la canne à sucre, ils sont comme le chant de la flûte. Seulement je vais prier vos voix de ne plus chanter quand je commencerai à me lancer contre Hine, pour que le silence la maintienne dans le sommeil. [...]
Au souffle de la femme, ils ont tous tremblé, sa bouche béait comme un gouffre hérissé de dents de requin. [...]
Mahoui sauta la tête la première en avant par-dessus les dents comme par-dessus une balustrade, puis il fit un rétablissement sur les bras, il rampa prudemment pour glisser plus loin. Les oiseaux, dès qu'ils ont vu comment il se tortillait pour pénétrer toujours plus profondément, comme un lézard quand il cherche un creux pour s'abriter, ont gonflé leurs petites joues pour ne pas faire de bruits incongrus.
Seule la moucherolle [le gobe-mouches] n'a pu retenir son rire, il a éclaté hors de son bec comme une source d'eau bouillante — mais Mahoui était déjà perdu. A l'instant, Hine a ouvert les yeux, ils ont lancé des éclairs verts vers Mahoui, comme si tout s'engouffrait dans l'eau de la mer. Ses deux mâchoires se sont resserrées d'un coup. [...]

Il voulait arracher le secret pour les gens,
et le leur apporter en cadeau
pour qu'ils pensent à lui dans leurs chants.
C'était un héros, Mahoui, le courageux Mahoui.

Le Brave Mahoui, in Vl. Reis, *Contes d'Australie et d'Océanie*, trad. du tchèque, 1976, p. 197-199. © Librairie Gründ, Paris.

Après les mythes et les récits d'aventures, sources écrites, les autres bases de l'ésotérisme sont les monuments et les rites, sources qu'on cerne mieux en observant les médiateurs du Mystère polynésiens, les ésotéristes ma'ohi.

On trouverait la pensée par correspondances dans la notion d'« image » *(ata)* [1]. Certains objets se ressemblent, ils entretiennent des rapports privilégiés, comme dans la relation entre un objet et son ombre, une chose et son reflet, un homme et son totem. Ainsi, il existe une corrélation entre tel animal et tel dieu, par exemple le coq domestique et le dieu des guerriers, Tua-i-fa'atoa (« Source de bravoure »), de sorte que le cri du coq peut servir de signe divinatoire pour la guerre.

Trois figures dominent : le chamane, l'inspiré, l'Arioï.
Première figure de l'ésotériste en Polynésie : le CHAMANE.
Le chamane est, finalement, difficile à détecter, puisque les navigateurs et les missionnaires le présentent comme un « sorcier », au mieux comme un « prêtre ». Pourtant, on ne saurait le confondre ni avec le sorcier *(feia-tahutahu :* « l'attiseur », *muki, pifao),* spécialiste du sacré dans le mal, ni avec le prêtre, qui a le savoir des rites sans avoir le pouvoir sur le *mana*.

---

1. Teuira Henry, *Tahiti aux temps anciens*, p. 140-143, 173-178, 198-199, 285 (coq).

Les acolytes des *tahu'a* étaient le *haerapo* (chamane en formation, espionnant partout), le *taura* (prophète), l'*orero* (conservateur de la tradition orale) ; ces gens-là n'avaient pas de caractère sacré. La femme ne peut être chamane et n'a pas le droit d'entrer dans le *marae*. Les Ma'ohi appellent les divers chamanes d'un même mot : *tahu'a* [1], « ceux qui invoquent, créateurs », les « ancres des dieux » [2]. Chez les Maori on dit *tohunga*, chez les Hawaïens *kapuna*. Il y avait plusieurs ordres de *tahu'a*. L'invocateur des sanctuaires *(tahu'a marae)* s'occupait de la construction et de l'utilisation de *marae*. L'invocateur des remèdes *(tahu'a ra'au)* connaissait les plantes médicinales, etc. Tout chamane détenait plusieurs pouvoirs. Tupua, de Raiatea, pouvait guérir, découvrir des sources, retrouver une bague cachée dans l'eau, marcher sur le feu. Tous devaient, comme invocateurs, utiliser des formules. Ainsi le chamane de la marche sur le feu disait :

> Ô eau ! va dans le feu. Ô eau de mer, va !
> *E te pape e a haere ! e te miti e a haere !*

Puis, en agitant des feuilles, il prononçait ces paroles :

Ô femme qui mets le feu dans le ciel et l'obscurité aussi, laisse aller les pieds dans le four.
Te vahine tahura'i e po'iâ te tu'u raa ïa o te avae iroto i te umu.

Cité par P. Huguenin, *Raiatea la sacrée* (1902), Haere po no Tahiti, Papeete, 1987, p. 146-159.

Outre l'autorité spirituelle, outre la puissance magique, le chamane détenait en grande partie le pouvoir temporel. Il conseillait le chef et se faisait craindre de lui, comme le chamane sibérien.

Deuxième figure de l'ésotériste en Polynésie : l'INSPIRÉ.

L'inspiré est la « demeure des dieux ». Il est ou bien un prophète prêtre *(taura)* ou bien un devin indépendant *('akarata)* [3].

L'*akarata*, homme ou femme, devient inspiré à la suite d'un accès d'enthousiasme, sans initiation. Un dieu *(atua)* se manifeste à lui, indique qui il est, et donne des révélations. A son tour, le devin dit qui l'inspire et sur quoi. Le dieu peut aussi se manifester dans des animaux ou des objets.

Les Polynésiens appellent *taura* (« corde », « habile, expert » [4]) ou *uruhia* (« excité fortement ») l'inspiré prêtre, disons le prophète. Il appartient à un ordre moins structuré que celui des chamanes. Il est possédé par les dieux, et porte alors un bandeau (une corde) au bras. Un chamane

---

[1]. *Kahuna* à Hawaï, *tohunga* en Nouvelle-Zélande, *tufunga* aux Samoa.
[2]. Expression aux îles Samoa : *taoula aïtou* (J. B. Stair, *Old Samoa*, Londres, 1897, p. 220).
[3]. Honoré Laval, *Mangareva. L'Histoire ancienne d'un peuple polynésien*, P. Geuthner, 1938, p. 309.
[4]. *Kaula*, à Hawaï.

(tahu'a) l'assiste, qui traduira « ses » paroles. C'est le spécialiste des oracles, le « chamane à dieux » *(tahu'a atua,* >*tahu'a taura)*, qui se signale par des plumes rouges et noires et par des feuilles d'*ava (piper methysticum)* au front. J. Moerenhout en donne une saisissante description [1].

Inspirés en permanence ou du moins périodiques, comme les prêtresses de Delphes, ils l'étaient à volonté, pouvaient, presque en tout temps, rendre leurs oracles, représentaient le dieu et en prenaient souvent le nom. Un individu, dans cet état, avait le bras gauche enveloppé d'un morceau d'étoffe [*tauru*], signe de la présence de la Divinité. Il ne parlait que d'un ton impérieux et véhément. Ses attaques, quand il allait prophétiser, étaient aussi effroyables qu'imposantes. Il tremblait alors de tous ses membres, la figure enflée, les yeux hagards, rouges et étincelant d'une expression sauvage. Il gesticulait, articulait des mots vides de sens, poussait des cris horribles qui faisaient tressaillir tous les assistants, et s'exaltait parfois au point qu'on n'osait pas l'approcher. Autour de lui, le silence de la terreur et du respect. C'est alors qu'il répondait aux questions, annonçait l'avenir, le destin des batailles, la volonté des dieux ; et, chose étonnante, au sein de ce délire, de cet enthousiasme religieux, son langage était grave, imposant, son éloquence noble et persuasive.

J. A. Moerenhout, *Voyages aux îles du Grand Océan* (1837), A. Maisonneuve, 1959, t. I, p. 482. © A. Maisonneuve, Paris. Moerenhout fut « Consul général des États-Unis aux îles océaniennes ».

De son côté, Honoré Laval [2] a précisé l'initiation que le *taura* devait suivre. Cette initiation s'appelait *'igogo*, « bouchée mystérieuse ».

Tout individu qui aspirait à la dignité de prêtre devait passer par une espèce d'apprentissage ; puis venaient les diverses cérémonies qui l'initiaient aux fonctions de *taura* [*tahu'a atua, tahu'a taura*, chamane à dieux, c'est-à-dire prêtre à oracles], fonction redoutée du peuple et redoutable pour le *taura* lui-même. Car il arrivait quelquefois que son dieu ne plaisantait pas avec lui. Il devait d'abord apprendre une infinité de récits, [...] que j'appellerai invocation faite aux dieux pour en obtenir quelque faveur, et surtout conjuration pour les fléchir et détourner tout malheur, tels que les maladies, la mort, etc. Il devait prendre le costume d'un nouveau *taura*, qui consistait uniquement en une ceinture en feuilles de *ti* [dracéna], et promettre d'observer la continence pendant tout le temps que dureraient les longues cérémonies du *'igogo* [initiation], et plus tard toutes les fois que sa position exigerait le *tapu* [interdit] vis-à-vis de sa femme. [...] Avant de procéder à la cérémonie du *'igogo*, les futurs *taura* — ils étaient ordinairement plusieurs à la fois — se construisaient chacun plusieurs cabanes provisoires près du *marae* (autel ou bois sacré) [...].

Une fois leurs cheveux rasés, les initiés venaient à leur tour raser ceux de l'initiateur. A ce moment, ce dernier se trouvait ordinairement sous le coup d'une inspiration subite. Un frisson s'emparait de lui, ses yeux sortaient des orbites et le dieu parlait par sa bouche. [...] Les initiés faisaient à cinq reprises un plongeon

---

1. Voir *Journal de James Morrison, maître à bord de la « Bounty »* (1792), trad. de l'anglais, Société des études océaniennes, Papeete, 1966, p. 149-150.
2. H. Laval, *Mangareva*, éd. cit., p. 309-320.

[dans l'eau], en passant par-dessus le dos de l'initiateur qui était couché de tout son long dans l'eau [1]. [...]
  Venait ensuite le *'igogo* proprement dit ou « bouche mystérieuse ». L'initiateur prenait un morceau de fruit à pain [*uru*] fermenté et cuit sans avoir été pétri qu'il mêlait à la crème de coco également cuite [...]. A chaque initié qui recevait une bouchée, il disait :
  – Reçois Tu [dieu : Stabilité].
  Et l'initiateur se sentait alors sous le coup de l'inspiration et poussait des cris, prononçant avec volubilité le nom du dieu Tu.
  [...] A partir de ce moment, l'initié était un *taura*. Il [entrait] dans sa cabane élevée auprès du *marae*. Cette demeure s'appelait *'are-mumu*, mot à mot « maison de l'hébété » ou « séjour du silence ». [...] Si le nouveau *taura* venait à sentir l'inspiration dès le premier, le deuxième, le troisième, le quatrième et même le cinquième jour, c'était de mauvais augure pour lui. C'était signe que son dieu allait le tuer. Si, au contraire, il allait jusqu'à dix jours, il devenait alors un puissant *taura*.
  [...] Puis venait la cérémonie au cours de laquelle on peignait les genoux du nouveau *taura*, avec de la *terra merita*. On sait que la *terra merita* est une fécule couleur d'ocre. [...]
  Dix jours plus tard, le grand *taura* venait visiter les nouveaux initiés et disait : « Nous allons procéder à la cérémonie appelée *tura'u* (passée par le feu). » On faisait passer par le feu des feuilles de *ti* [dracéna] pour en faire une ceinture pour les nouveaux initiés. Revêtus de ce nouveau costume, les nouveaux initiés mettaient au feu un régime de bananes et passaient au travers de ce feu pendant la cuisson ; puis, quand les bananes étaient cuites, ils en ôtaient la pelure et offraient les fruits ainsi préparés en criant : « Voici pour Tu, pour Ruanka, pour Mariu, pour Tahiri, pour Te Agiagi, pour Viriga, etc. » C'est alors seulement, vingt jours après le *'igogo* ou la « bouchée mystérieuse », qu'ils quittaient leur première cabane pour entrer dans une seconde. Cela devait aller jusqu'à trois ou quatre [...].
  Ceux qui avaient la puissance sur les arbres à pain étaient de première classe et prenaient le nom de *taura-kouae*. [...] D'autres *taura*, qui n'étaient pas de la première classe, étaient les *taura* de Viriga, etc. Ils avaient la puissance de guérir les maladies [...]. D'autres *taura* avaient la puissance de poursuivre de leurs malédictions un voleur, un ennemi, un blasphémateur des dieux, etc. [...] Les *taura-ku'ane* prétendaient avoir le pouvoir de courir après les âmes sorties du corps et les rattraper pour les y ramener. [Les *taura-rakau*] étaient des gens habiles à travailler le bois. Ils taillaient les statues des dieux, leurs tablettes à offrandes...

Honoré Laval, *Mangareva. L'Histoire ancienne d'un peuple polynésien*, P. Geuthner, 1938, chap. XXXIV, p. 309-319. © Geuthner, Paris. Honoré Laval fut un missionnaire des Pères des Sacrés-Cœurs aux îles Gambier : Mangareva, Aukena...

  Proche de l'inspiré était le médium, appelé *haapaoraa varua'ino*, mot à mot « faisant descendre des esprits mauvais ». Il servait, non plus la communauté, mais des personnes privées. Il était possédé, non plus par des dieux connus et fixes, mais au hasard des consultations, par tel ou tel esprit. Il pratiquait non plus l'extase chamanique ou l'inspiration prophé-

---

1. Dans les Mystères d'Éleusis, lors des Grands Mystères, les initiés prenaient un bain de mer (N. Turchi, *Fontes historiae mysteriorum*, Rome, 1923, n°s 100-103).

tique, mais la transe médiumnique. Voici, par E. S. Handy la description d'une transe médiumnique aux îles Marquises :

> Ceux qui incorporent le dieu ou l'esprit à travers leur bouche de façon à pouvoir prophétiser et à répondre à des questions touchant la maladie et la mort étaient spécialement appelés *pae'a*. Ce sont souvent, sinon toujours, des femmes. Leur pratique était dénommée *ha'a topa te etua*, « faire descendre le dieu », ou *ha'a u'u te utua*, « faire entrer le dieu »... Si quelqu'un tombait malade, on allait chercher une femme dont la profession était de guérir les causes de la maladie. Elle venait et passait la nuit dans la maison du malade, ou alors le malade était placé dans une pièce obscure hors de sa chambre. Quand la *pae'a* entrait en possession, il y avait toujours foule pour la regarder. La *pae'a* ouvrait grande sa bouche et le dieu passait à travers elle dans son estomac. Elle parlait ensuite d'une voix geignarde censée être celle du dieu, disant les causes de la maladie et les possibilités de guérison.
>
> E. S. Handy, *The Native Culture in the Marquesas*, B. P. Bishop Museum, Bulletin 9, Honolulu, 1923, p. 265 (Kraus reprint Co., New York, 1971), trad. partielle P. A. Riffard.

Troisième figure de l'ésotériste en Polynésie : l'ARIOÏ.

Il n'y a pas d'initiation de puberté en Polynésie. Le rite de passage important reste le mariage. Il faut donc chercher l'ésotérisme du côté de la fécondité proprement dite, plus que de la sexualité. Ce que confirme l'existence des Arioï.

La Polynésie avait une organisation initiatique : les Arioï[1]. Le mot a pour préfixe *ari-*, « tumultueux (comme une vague) », et pour suffixe *-oi*, « mélanger des aliments ». Les Arioï, à y regarder superficiellement, semblent une société profane faite de comédiens ambulants vivant dans la pire licence sexuelle, et présentant des chants, des combats. Les Arioï groupaient le cinquième de la population tahitienne ! Ils arrivaient jusqu'à cent cinquante pirogues, « la tête ornée de plumes et de fleurs », « le corps et la figure peints de jaune et de rouge » (J. Moerenhout). — Cependant, certains points laissent penser que les Arioï cachaient derrière la masse des membres un noyau spirituel. Pour être admis, il fallait que l'homme, ou la femme, se montrât capable de transe. Les spectacles consistaient en danses, chants, récitations, jeux, dont certains devaient être analogues aux Mystères. « Cette société, soutient Moerenhout, semble n'avoir été autre chose que l'initiation aux mystères du dieu 'Oro, fils de Ta'aroa, le dieu créateur[2]. » 'Oro était dieu de la guerre, et les Arioï se montraient aussi vaillants guerriers. Les membres avaient une hiérarchie en sept grades, on n'accédait aux grades supérieurs qu'en fonc-

---

1. W. E. Mühlmann, *Arioi und Mamaia*, éd. Steiner, Wiesbaden, 1955, x-269 p. ; D. Oliver, *Ancient Tahitian Society*, Honolulu, 1974 ; B. Danielsson, *Tahiti autrefois*, Papeete, 1981, p. 300-319.
2. J. Moerenhout, *Voyages aux îles du Grand Océan* (1837), J. Maisonneuve, 1959, p. 484. Voir R. P. Lesson, *Voyage autour du monde sur « La Coquille »*, 1838-1839, t. 1, p. 421.

tion de sa capacité à réaliser l'état d'extase. L'ensemble paraît lié à la magie de la fécondité. La population conviait les Arioï aux mariages. Il leur était interdit d'avoir des enfants, ou alors ils démissionnaient (les Européens les accusaient d'infanticide). Au fond, les Arioï ont choisi la voie antinomiste, celle qui va à rebrousse-poil, qui choque, qui provoque. M. Mauss écrit : « Il existe à Tahiti une société des Areoi, seule société secrète que je connaisse vraiment en Polynésie. Les Areoi, c'est-à-dire les gens qui mangent avec le roi, les comtes, sont à la solde du roi, ils mangent dans la main du roi, ils exécutent les ordres du roi [1]. » En fait, il existe une autre société secrète (la seule autre que je connaisse vraiment en Polynésie, si j'ose dire, mais il est probable que c'est une branche des Arioï, le « k » étant caractéristique des îles Marquises et Tuamotu). Les Ka'ioi de l'archipel des Marquises ressemblent aux Arioï par de nombreux traits : culte de la fécondité, ouverture de l'association aux membres qui ne seraient pas nobles (*ari'i*, « chef »), tatouage rituel, grades, représentations dramatiques à caractère traditionnel et symbolique, liberté sexuelle.

Sur un plan général, la plus grande source de distraction des gens provenait sans doute de l'existence d'une société particulière aux îles du Pacifique, sinon aux habitants du groupe du Sud. C'était une institution appelée la société des Areoï. On ne peut divulguer la plupart des règles de ce groupement, non plus que ses manières de vivre, sans risquer d'offenser notre sens des convenances. [...] Les Areoï formaient une espèce de troupe de comédiens ambulants auxquels on reconnaissait le droit de tenir des propos libertins. Ils passaient leur temps à voyager d'île en île et de district en district, jouant leurs pantomimes et répandant leurs exemples de dépravation parmi la population. [...] *Upaupa* était le nom de beaucoup de leurs spectacles. Lors de ces représentations, ils étaient parfois assis en cercle sur le sol et récitaient ensemble une légende ou un chant en l'honneur de leurs dieux ou d'un Areoï distingué. [...] Leurs amusements publics consistaient souvent en discours qui s'accompagnaient d'une mimique expressive et d'une grande variété de gestes. Leurs représentations, en ces occasions, se rapprochaient du genre théâtral. Les prêtres et d'autres personnes y étaient ridiculisés sans pitié et on y faisait des allusions caricaturales à des événements publics. Dans le *taupiti* [fête publique] ou *oroa* [repas de fête], ils se livraient parfois à la lutte, mais jamais à la boxe, qu'ils auraient considérée comme indigne d'eux. Mais il semble que la danse a été leur art préféré et qu'elle ait fait l'objet de leurs plus fréquentes manifestations. [...]

Les Areoï se divisaient en plusieurs classes marquées par le genre et la disposition des tatouages qu'ils portaient sur le corps. [...] Aussi singulier que cela puisse paraître, la Société des Areoï jouissait d'un grand renom auprès des chefs et des classes supérieures. Et, bien que de vrais monstres d'iniquités, les grands maîtres et les membres de la première classe étaient considérés comme des espèces d'êtres surhumains et traités avec une grande vénération par le commun du bas peuple.

---

1. M. Mauss, *Manuel d'ethnographie* (cours de 1926 à 1939, 1re éd. 1947), Payot, coll. « Petite Bibliothèque Payot », no 13, 1989, p. 151.

[...] Les gens pensaient que ceux qui devenaient des Areoï avaient été poussés ou inspirés par les dieux. C'est pourquoi lorsque quelqu'un désirait être admis dans la société, il se présentait à une séance publique dans un état de *neneva*, excitation démentielle. [...] En tout premier lieu, on lui donnait l'ordre de massacrer ses enfants. Il n'était généralement que trop prêt à accomplir cet acte d'horrible barbarie. On lui enjoignait alors de plier le bras gauche et de se frapper le coude avec la main droite. En même temps, il se battait le côté tout en répétant le chant de l'invocation pour cette occasion. En voici la traduction :
 — La montagne au-dessus, *moua tapu* (montagne sacrée) [montagne cosmique, près du lac de Maeva]. Le sol en dessous, Tamapua [district central sur les bords du lac], la pointe se projetant dans la mer. Manunu, front d'allure majestueuse ou royale. Teriitaria [nom héréditaire du roi ou chef supérieur de l'île de Huahine], la splendeur du ciel. Je suis un tel — il disait alors son nouveau nom d'Areoï — de la montagne Huruhuru.
 On lui donnait alors l'ordre de saisir le vêtement porté par la cheffesse présente dans l'assistance et, par cet acte, il terminait son initiation et devenait membre de la septième classe.

W. Ellis, *À la recherche de la Polynésie d'autrefois* (1829), trad. de l'anglais, © Publications de la Société des Océanistes, Paris, n° 25, musée de l'Homme, 1973, t. 1, p. 158-163.

FIGURES DE L'ÉSOTÉRISME MA'OHI

le Chamane	l'Inspiré	l'Arioï
ex. : Mâui (Ier s. av. J.-C. ?)	ex. : Vaità (XVIIe s.)	ex. : Tamatoa Ier (XVIIIe s.)
moyen : rêve	moyen : transe	moyen : danse
fin : connaissance sacrée	fin : inspiration sacrée	fin : fécondité sacrée

Un mouvement revivaliste fit son apparition à Tahiti en 1826 : la Mamaia, qui fut, jusqu'en 1841, le premier du genre dans le Pacifique. En réaction contre le Christianisme, des prophètes *(peropheta)* se montraient favorables aux traditions ma'ohi. Ils traitaient les missionnaires de menteurs, annonçaient l'intervention prochaine de Jésus. Ils priaient trois jours et trois nuits consécutifs. Comme dans la tradition antinomiste des Arioï, la Mamaia disait qu'il n'y a plus de mal, « pas de péché, pas d'enfer », que les hommes doivent manger et boire abondamment. « Ils parlent de la Bible comme d'un livre noir cependant que leurs propres rêves constituent un livre blanc [1]. » Peut-on imaginer meilleur retour à la tradition polynésienne, et même océanienne, que cette revendication du rêve contre la théologie ?

Je signale — mais la liste des ésotérismes ma'ohi ne sera pas close — le culte secret de Io. En 1933, le linguiste J. F. Stimson [2] révélait, à partir

---
1. N. Gunson, « Histoire de la Mamaia », *Bulletin de la Société des études océaniennes*, Papeete, t. 12, n°s 143-144, juin-sept. 1963, p. 288.
2. J. F. Stimson, *Tuamotuan Religion*, Honolulu, 1933, p. 9-93. La religion exotérique, religieuse, populaire d'Io fut étudiée plus tôt, par J. White, *The Ancient History of the Maori*, Wellington, Nouvelle-Zélande, 1887-1890, t. 1.

de renseignements donnés par ses informateurs dans l'archipel des Tuamotu, l'existence d'un culte d'un dieu unique et supérieur, ignoré du peuple, et appelé Io. Le mot *io* signifie « noyau, moelle, essence, vérité ». On retrouve dans le culte d'Io le thème océanien du rêve. Le sacré-sacré, le très mystérieux appartient au monde onirique.

> À toi est l'immensité mystérieuse,
> À toi le royaume originel,
> Ô Kio !
> Ô Kio que j'invoque,
> Toi, dormeur que je chante !

Le mythe d'Io a valeur magique. Récité, il donne le pouvoir créateur d'Io le créateur, la joie de l'existence et la force de la procréation.

Les paroles grâce auxquelles Io modela l'univers — c'est-à-dire grâce auxquelles celui-ci fut enfanté et conduit à engendrer un monde de lumière — des mêmes paroles sont employées dans le rite de la fécondation d'une matrice stérile. Les paroles grâce auxquelles Io fit briller la lumière dans les ténèbres sont utilisées dans les rites destinés à égayer un cœur sombre et abattu, l'impuissance et la sénilité, à répandre de la clarté sur des choses et des lieux cachés, à inspirer ceux qui composent des chants, et aussi dans les revers de la guerre, ainsi que dans beaucoup d'autres circonstances qui poussent l'homme au désespoir.

Hare Hongi, cité par E. S. Handy, *Polynesian Religion*, B. P. Bishop Museum, bull. 34, Honolulu, 1927, p. 10-11.

Aujourd'hui, l'ésotérisme polynésien prend surtout la forme d'objets sacrés : les *marae*, les *tiki*.

Le *marae* (« autel ») est un sanctuaire, soit privé, soit public. Il se compose d'un pavage comportant de blocs dressés, pierres basaltiques ou amas coralliens. Les Polynésiens en construisirent du XVe au XIXe siècle, essentiellement aux îles Tahiti et Raiatea. Les grands *marae* sont des monuments ésotériques. En effet, le nom de la divinité demeurait secret, les prêtres utilisaient une langue archaïque hermétique aux autres, le rite de construction obéissait à un symbolisme profond, le bruissement des feuilles indiquait la volonté des dieux (comme à Dodone chez les Grecs [1]). La plus grande partie des rites consistait à manier le *mana*, à incarner les esprits *(varua)* dans les pierres. D'où l'importance des invocations. Dans les *marae* les prêtres conservaient les effigies des divinités, les reliques des ancêtres, les cordons ombilicaux des nouveau-nés, les choses porteuses d'une puissance dangereuse. Les *marae* avaient une triple fonction. Politiquement, ils servaient pour l'investiture des rois, le mariage des nobles, les rituels de guerre, etc. Socialement, ils servaient pour les fêtes, les funérailles, etc. Enfin, religieusement, ils servaient aux sacrifices, aux prières, aux processions, à l'habillage des dieux *(pai atua)*, à des convents de grands-prêtres transmettant mythes et généalogies, etc.

---

1. Hérodote, *Histoires*, I, 46 ; II, 52-57.

Généalogies :
[ancêtre commun] Ta'aroa-nui-tahi-tumu, de son union avec Tu-te-ahu-tu-i-Hiti, eut un fils : Teanuanua e tu i Vaeara'i
[1ʳᵉ génération] Teuanuanua e tu i Vaeara'i eut de Onu-ai-maua deux enfants :
[2ᵉ génération] Tetuamatatini-i-te-ra'i-vetea-o-Ta'aroa i Vaeara'i, épouse de Firiamata-o-Vavau, roi de Vavau [=Bora-Bora], et Marau-Ta'aroa-i-te-ra'i-maruarua i Vaeara'i...

<small>Mai-Ari'i, « Généalogies commentées des *Ari'i* [nobles] des îles de la Société », Société des études océaniennes, Papeete, 1987, p. 4 *sqq.*</small>

Les *to'o* (« effigie divine ») sont des perches dont on se sert pour avancer quand on est en pirogue. Elles sont en bois sculpté et représentent un dieu. Le point intéressant, le voici. Des plumes de perruches ornent ces perches, rouges et jaunes, et manifestent la volonté des dieux.[1]

Le *tiki* (« effigie religieuse ») — *ti'i* en dialecte tahitien, *tiki* en dialecte marquisien — offre l'aspect d'une statuette de pierre ou de bois. Il figure de façon stylisée ou réaliste un humain ou un dieu. La stylisation va à ce point qu'on peut passer à côté d'un *tiki* en le prenant pour un poids. Le *tiki*, « l'idole », symbolise des âmes, il incarne des dieux. On l'utilise pour jeter des sorts, on le plante à titre de borne (comme les Hermès en Grèce), on le place dans un bateau comme colonne de poupe. Le Polynésien le dote de la faculté de se déplacer, de jeter des pierres, à condition qu'il soit « vivant » *(ti'i ora)*, autrement dit qu'il contienne encore du *mana*, la force donnée par l'ancêtre ou le dieu ou l'esprit. Les Tahitiens connaissent tous la malédiction des *tiki* du musée.

L'armateur Steven Higgins, en août 1933, découvre deux gigantesques *tiki*, l'un masculin, l'autre féminin, hauts de plus de deux mètres, appelés Moana et Heiata. Higgins les transporte, le 20 novembre, de Raevavae, dans les îles Tubuaï, jusqu'au musée de Papeete, quartier Mamao, dans l'île Tahiti. Après une longue maladie, S. Higgins meurt en 1935, puis sa sœur, puis les anciens propriétaires des *tiki*, puis le directeur du musée ! Commence le deuxième acte de cette tragédie. Les autorités font déplacer à nouveau, le 4 juin 1965, les statues, cette fois vers le musée Gauguin, quartier Papeari de Papeete. Quelques jours après, dit le *Journal de Tahiti*, « deux hommes qui ont touché aux *tiki* de Mamao sont morts brutalement[2] ». Un ouvrier, dès le lendemain de la manipulation, se pend. Un deuxième meurt le 6 juin d'un accident de la circulation. Le chef de chantier, à son tour, décède d'une hémorragie cérébrale le 14. On enregistre une quatrième victime : un ouvrier, qui avait aidé au déplacement, est porté disparu, on ne retrouve que sa pirogue, retournée. Ainsi agit le *mana*,... ou l'esprit du *mana*, ou l'idée qu'on se fait du *mana*.

<small>1. J. A. Moerenhout, *Voyage aux îles du Grand Océan*, 1837.
2. B. Putigny, *Le Mana* (1975), Éditions de l'après-midi, Papeete, 1987, p. 123-128. Père P. O'Reilly, *Tahiti. La Vie de chaque jour*, Nouvelles Éditions latines, 1982, p. 33-37.</small>

TIKI DES MARQUISES
(dessin P. H. Buck, 1964)

Protégée par des infinis maritimes, forte de sa beauté de plumes et de coraux, l'Océanie primitive reste un océan de rêves ésotériques. Elle donne à imaginer. Ah ! si le *mana*, comme une vague, pouvait déborder du Pacifique à l'Atlantique, enluminer nos villes, faire scintiller nos machines, jeter des notes de musique dans nos cœurs !

Communication de J. B. Teriifaahee sur les chamanes polynésiens.

À proprement parler, il n'y a pas d'école, pas d'enseignement. Le futur *tahu'a* [chamane] reçoit des rêves qui sont des épreuves initiatiques.

Tout commence par un appel, en songe. Pendant le sommeil du rêveur, un homme en blanc se montre. Il tient un grand « livre » dans une main. Il se présente comme le chef des *tahu'a* et demande : « Ne veux-tu pas être *tahu'a* ? » Le rêve revient plusieurs fois, pendant dix, vingt jours. Si le rêveur répond : « Je ne veux pas », tout s'arrête là, définitivement. Dans l'autre cas, un second songe advient. Le chef des *tahu'a* déclare : « Tu as dit oui. Un *tahu'a* doit travailler avec les esprits. Tu vas donc traverser la Vallée des épreuves. » Le songe devient cauchemar, et c'est la première épreuve. Le rêveur doit traverser une vallée et déboucher de l'autre côté. Il rencontre des animaux qui se métamorphosent en hommes, des hommes qui se métamorphosent en animaux, des êtres mi-mammifères mi-oiseaux ; il entend des bruits lugubres, perçoit des nuages qui courent très vite dans le ciel. Le rêveur, alors, d'après les témoins, s'agite et crie. Mais s'il se réveille, cela montre qu'il n'a pas supporté l'épreuve, il ne sera pas *tahu'a*. Si, au contraire, il endure ces images, s'il lutte jusqu'à traverser toute la Vallée, jusqu'au point d'arriver de l'autre côté, il connaîtra ses points faibles et il aura triomphé. Des jours passent... dix, quinze, vingt.

Une deuxième épreuve arrive, onirique encore. Le chef des *tahu'a* appelle le rêveur d'un signe. Il faut marcher des heures sous la chaleur et avec la fatigue. Le rêveur, dans la réalité, au dire de ceux qui l'entourent, sue en abondance. S'il se réveille en ne supportant pas la soif, il a échoué. Sinon, le chef des *tahu'a* lui demande : « Quelle spécialité as-tu choisie ? » Il sera *tahu'a*. Le candidat a le choix entre dix disciplines, il ne peut en prendre que quatre au maximum : 1) herboriste, *tahu'a ra'au*, mot à mot « invocateur plante » ; 2) exorciste, *taata tatai* ; 3) voyant, *tahu'a hi'ohi'o* ; 4) spécialiste de la marche sur le feu, *tahu'a umu-ti*, littéralement « invocateur-four-dracéna » ; 5) spécialiste du culte aux sanctuaires, *tahu'a marae* ; 6) tailleur de pierre, *tahu'a taeai ofa'i* ; 7) tailleur de pirogue, *tahu'a tarai va'a* ; 8) spécialiste d'agriculture, *tahu'a fa'aapu* ; 9) spécialiste de pêche, *tahu'a* ; 10) raconteur d'histoires *tahu'a ara pô*, mot à mot « invocateur promeneur de nuit ». Le rêveur sort du songe, il choisit sa discipline, ses disciplines. Une dernière rencontre a lieu avec le chef des *tahu'a*, après l'appel et les épreuves : le pacte. Le chef des *tahu'a* repose la question : « Quelle spécialité as-tu choisie ? » Avec la réponse commence un rituel : « Si tu veux être herboriste, fais appel à l'esprit qui s'appelle... Si tu veux être exorciste, fais appel à l'esprit qui s'appelle... » Les formules doivent être connues par cœur. Ensuite, le chef des *tahu'a* dicte les deux lois : d'une part le *tahu'a* dans ses activités ne doit jamais se faire payer, il peut seulement accepter des dons, d'autre part le *tahu'a* doit donner une âme humaine par année. L'humain choisi sera possédé, il subira des migraines inguérissables, sa tension baissera, il deviendra frileux, pour mourir au bout de dix à quinze jours. Si le *tahu'a* refuse de donner une âme, il perd son pouvoir. En novembre 1962, à Apou, dans l'île de Tahaa, un *tahu'a* a perdu un de ses fils ; selon un autre *tahu'a*, le chamane aurait perdu le pouvoir s'il n'avait pas donné une âme avant le coucher du soleil. « Acceptes-tu ? Mets ta marque ici. » [Tous les Tahitiens ont une marque, dont ils se servent souvent, par exemple pour reconnaître leurs pastèques.] Le *tahu'a*, toujours en songe, appose sa marque sur le « livre ». [Cela peut rappeler la sorcellerie occidentale, à cause du pacte et du don de l'âme, mais le *tahu'a*, à la différence du sorcier, se fixe un but bénéfique, de plus il n'est pas dominé par des démons, mais aidé par des esprits.]

Le *tahu'a* opère par transes.

Quand il est exorciste *(tahu'a faatere)*, il est habité par un esprit hawaïen de jeune homme, il devient irrespectueux, semble écervelé ; il parle en hawaïen, plaisante, énonce les formules, en tahitien cette fois :

« Debout, Ro'o-te-roro'o, qui fus en transe à l'intérieur de ta mère et étais le premier-né de Fa'ahotu.

« Tiens-toi prêt à éjecter avec véhémence, à éjecter avec douceur ; éjecte les maladies issues de rancunes et données par les rêves !

« *Tu, Ro'o-te-roro'o, I mauri i roto i to metua vahine, i fanau matahiapo mai ia Fa'ahotu.*

« *Tu i te upa i te pare, I te mama i te pare ; Paro O riria na, E moemoea !* »

De même le *tahu'a* herboriste. Il fait appel, il est possédé, les yeux fixés sur le four, jusqu'à ce qu'il obtienne une réponse, qu'il donne, avant de redevenir comme auparavant.

L'esprit qui habite le *tahu'a* voyant est très vieux, il fait une tirade en espagnol. Je vais parler maintenant des dix catégories de *tahu'a*.

1) L'herboriste. Il y a deux sortes de recettes dans la médication tahitienne. Il y a les recettes données, *ra'au horoà*, et les recettes qui ne sont pas données, *ra'au eere ite mea horoà*. Les premières, ce sont les recettes dont le pouvoir provient vraiment des plantes, des racines, des fleurs, des écorces, des feuilles, etc. utilisées dans la préparation. Ces recettes, tout le monde peut les utiliser, et leurs actions sont toujours efficaces. Les *mama ra'au* [maman médicament] ou les *papa ra'au* [papa médicament] ne sont que des dépositaires de recettes ancestrales transmissibles. Ils n'ont aucun pouvoir spirituel. Les recettes non-données appartiennent exclusivement aux *tahu'a* herboristes. Ces médicaments n'ont d'effet bien défini que s'ils sont donnés directement par le *tahu'a ra'au* [invocateur plante, chamane médicament]. Naturellement et scientifiquement, ces médicaments n'ont aucun pouvoir curatif. Le pouvoir curatif vient directement et exclusivement du pouvoir spirituel du *tahu'a ra'au*. Quand quelqu'un se présentait à Tiurai Salmon pour un empoisonnement par un poisson (la gratte ou la cigatera), Tiurai lui posait toujours la même question : « Par quel poisson as-tu été empoisonné ? » Supposons que c'est avec une carangue. Tiurai le sommait d'aller acheter une autre carangue de la même taille, de la couper en deux, de jeter la tête et de cuire et manger la queue. Le malade était guéri sur-le-champ, alors que tout le monde sait que lorsqu'on a la gratte [l'intoxication], la première chose qu'il ne faut pas faire c'est de remanger du poisson.

2) L'exorciste. Comment se passe la séance d'exorcisme ? Le *tata tatai* s'assied sur une malle, face aux spectateurs. Il prend la main du malade, qui, alors, se démène, devient comme fou. La force du malade quadruple s'il est dominé par quatre esprits. Il se met nu. Pour maîtriser le malade, on le plaque par terre, on se met à cheval sur lui. Sur sa peau, des boules semblent rouler. Le *tahu'a* ramène la boule au bout de deux doigts, il frappe la boule. Il y a autant de boules qu'il y a d'esprits mauvais. L'exorciste pousse un cri : « *heiureva !* » Deux secondes plus tard, on entend les chiens hurler ensemble à la mort. « Va dans le derrière d'un cochon », crie l'exorciste. Délivré, le possédé demande, avec étonnement : « Qu'est-ce qui m'arrive ? » — Il y a une autre technique. L'exorciste s'approche du malade avec un citron. Le possédé veut mordre. L'exorciste lui coince un citron dans la bouche. Quatre ou cinq secondes plus tard, le malade crache. Il regarde alors autour de lui, se sentant tout bête, mais délivré.

3) Le voyant. Le *tahu'a* voyant envoyait l'esprit en exploration. Il savait où étaient les îles. Le but, c'était la navigation *(iti tua)*. Tangaroa était voyant. Les premiers navigateurs polynésiens, leurs capitaines, étaient des voyants. Tupaia [qui accompagnait Cook en 1770] avait une carte juste, mais avec une échelle fausse, mentionnant Raiatea en son centre [elle figure dans *The Journals of Captain Cook*, Hakluyt Society, Londres, t. 1, 1955, atlas pl. IX]. Une première technique consistait à faire un appel à partir des étoiles (qui se déplacent), toutes les deux heures, et à naviguer en zigzaguant. Une deuxième technique consistait à regarder l'angle du Soleil levant, du Soleil couchant, de la Lune qui se lève, de la Lune qui se couche. Une troisième technique utilisait une noix, orientée vers le cap qui avait été fixée ; il fallait entendre un son, que le barreur devait conserver. Les navigateurs partaient avec l'idée de ne pas revenir. Ils ont vu une auréole sur l'horizon de Taputapuatea [le grand *marae* de Raiatea]. — Outre la navigation, le second pouvoir du voyant, c'est de retrouver les personnes disparues, mais dans

les trois jours. A Maupiti, en 1932, un bébé a disparu de la maison de réunion chrétienne. Le voyant montre une caverne inaccessible dans la falaise de 150 mètres de haut. Un homme se dirige vers cette caverne. On le ligote. L'enfant est retrouvé, calme, au fond de la caverne.

4) Celui qui fait la marche sur le feu, exactement le chamane *(tahu'a)* sur le four à dracéna *(umu ti)*. Quand le spécialiste de l'agriculture voit que la tribu est en rupture de nourriture, qu'il n'y a plus que trois ou quatre taro [colocase] pour quatre personnes, il va voir le spécialiste de la marche sur le feu. Ce rite concerne les questions de vie ou de mort. On creuse une fosse rectangulaire, jusqu'à dix sur vingt mètres, avec une profondeur de un mètre à un mètre cinquante, en ménageant des bouches pour pouvoir allumer. On place du bois et de grosses pierres poreuses prises dans la rivière. Les enfants ajoutent des feuilles. A leur tour, les adultes, pour que la fosse soit remplie à ras bord, ajoutent des feuilles de taro, de *ti* [dracéna]. Alors, le feu est allumé, douze, seize, dix-huit heures. Lorsque le four [*umu*] est plat, le *tahu'a* entre en transe. Les pierres éclatent, mais aussitôt que le *tahu'a* parle, le bruit cesse. Il parle, il lance des incantations. Il fait appel à l'eau, à la pluie, aux plantes rafraîchissantes, à l'eau de mer peu profonde, à l'eau profonde pour qu'elles viennent sur les pierres chasser la chaleur, l'air chaud. Le *tahu'a* fait appel à son esprit, il fouette le four avec les feuilles de *ti*. « En avant ! *Ei moa !* » Le spécialiste de la marche sur le feu, avec deux acolytes, des *taura* [prêtres prophètes], l'un à droite, l'autre à gauche, marche sur le feu, il traverse le four dans tous les sens, sur les pierres brûlantes. Les spectateurs peuvent en faire de même. Ils doivent avancer lentement, et sans se retourner. Ces gens mettent les produits comestibles *(ape, tarua, aouti)* au milieu du feu. Trois ou cinq poteaux de bois, avec à la base du *ti*, sont éparpillés. On couvre à nouveau avec des feuilles de *purau* [hibiscus tilliaceus] et de la terre. Les pierres se remettent à éclater aussitôt que le *tahu'a* s'éloigne. Le four s'échauffe. Trente-six heures plus tard, le *tahu'a* vient, secoue le premier poteau. Il goûte la racine de *ti* ; si c'est cuit et déshydraté, on ouvre le four, sinon on laisse douze heures encore. Quarante-huit heures plus tard, on secoue le deuxième poteau, et le *tahu'a* goûte la racine de *ti* accrochée à ce deuxième poteau : s'il est cuit, le *ti* est sucré comme le miel. On ouvre le four. Les aliments ont été sucrés par le jus de *ti*, qui va conserver pendant trois-quatre mois, le temps prévu pour la disette.

Jusqu'en 1960, il y avait cinq à dix *tahu'a* par village. Depuis, ils sont morts ou bien partis.

J. B. Teriifaahee. Propos recueillis dans l'île Raiatea, commune d'Avera, durant le printemps 1987. (Voir *L'Ésotérisme*, éd. cit., p. 218-220.)

BIBLIOGRAPHIE GÉNÉRALE SUR L'ÉSOTÉRISME DES OCÉANIENS PRIMITIFS

S'il n'y a qu'un livre à lire : W. ELLIS, *À la recherche de la Polynésie d'autrefois* (1829), trad. de l'anglais, Publications de la Société des Océanistes, n° 25, musée de l'Homme, 1973, 2 t., 946 p. William Ellis fut missionnaire de la London Missionary Society en Polynésie de 1816 à 1824.

L'auteur à ne pas lire : J. GUIART, le mandarin des Océanistes.
Approche ésotérique de l'histoire : A. W. HOWITT, ADOLPHUS PETER ELKIN.

LES OCÉANIENS 295

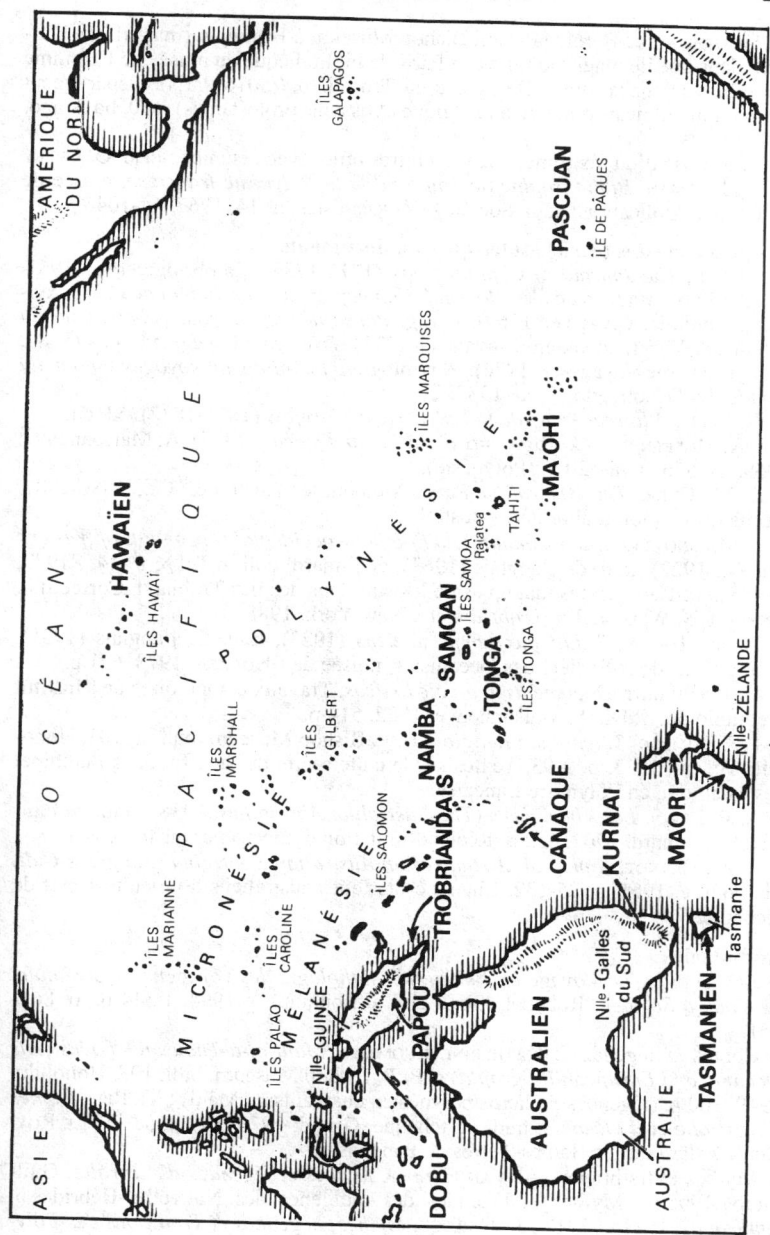

CARTE ÉSO-ETHNOLOGIQUE DE L'OCÉANIE

BIBLIOTHÈQUES : Bernice Pauahi Bishop Museum à Honolulu (magnifique bâtiment dans une île magnifique), ou, à Paris, la bibliothèque du musée de l'Homme (superbe vue sur la tour Eiffel, place du Trocadéro, 75016 Paris). Département évangélique français d'action apostolique (Missions protestantes), 100, bd Arago, 75014 Paris.

On dispose d'un instrument de travail très utile, avec résumés : PÈRE O'REILLY et ÉD. REITMAN, *Bibliographie de Tahiti et de la Polynésie française*, musée de l'Homme, Publications de la Société des Océanistes, n° 14, 1967, XV-1046 p.

Les grands textes (écrits ésotériques ou documents)
– J. COOK, *The Journal of Captain Cook* (1772-1784), Cambridge, 1955-1967, 4 t., 3 352 p. ; trad. française : *Journal d'un voyage autour du monde* (1773, XVI-362 p. : premier voyage en 1769), *Voyage dans l'hémisphère austral et autour du monde* (1777, 5 t. : deuxième voyage en 1773), *Troisième Voyage de Cook* (1784, 4 t. : troisième voyage en 1776). Anthologie : *Relations de voyages autour du monde*, La Découverte, 3ᵉ éd. 1987, 2 t.
– W. ELLIS, *À la recherche de la Polynésie d'autrefois* (1831-1832), éd. cit.
– J. A. MOERENHOUT, *Voyages aux îles du Grand Océan* (1837), A. Maisonneuve, 1959, XV-576 et VII-520 p. (Polynésie).
– E. M. CURR, *The Australian Race*, Melbourne, Australie, 3 t., 1886-1887. Récits d'initiation d'aborigènes australiens.
– B. MALINOWSKI, *Les Argonautes du Pacifique occidental (Argonauts of Western Pacific*, 1922), trad. de l'anglais (1963), Gallimard, coll. « Tel », n° 145, 1989, p. 498 *sqq*. Rares textes magiques de Mélanésiens des îles Trobiand. Correctifs : ANNETTE B. WEINER, *The Trobrianders*, New York, 1988.
– TEUIRA HENRY, *Tahiti aux temps anciens* (1923), trad. de l'anglais (1951), Publications de la Société des Océanistes, musée de l'Homme, 1978, 671 p.
– M. LEENHARDT, *Documents néo-calédoniens*, Travaux et mémoires de l'Institut d'ethnologie, n° IX, A. Maisonneuve, 1932, 514 p.
– J. F. STIMSON, *Tuamotuan Religion*, B. P. Bishop Museum, bull. n° 103, Honolulu, Hawaï, 1933, p. 9-93. Textes sur le culte secret du dieu Io, dans l'archipel des Tuamotu, en Polynésie française.
– A. P. ELKIN, *Les Aborigènes* (*The Australian Aborigines*, 1938), trad. de l'anglais, Gallimard, 1967, 452 p. Récits d'initiation d'aborigènes australiens.
– R. M. BERNDT, *Kunapipi. A study of an Australian Aboriginal Religious Cult*, Melbourne, 1951, p. 85-132. Chants ésotériques australiens d'un culte secret de fécondité.

Anthologies
– J.-J. SCEMLA, *Le Voyage en Polynésie. Anthologie des voyageurs occidentaux de Cook à Ségalen*, Robert Laffont, coll. « Bouquins », 1994, 1 344 p., p. 861-961.
– Contes et légendes : KATHERINE LUOMALA, *Maui-of-a-Thousand-Tricks. His Oceanic and European Biographers*, B. P. Bishop Museum, bull. 198, Honolulu, 1949, 300 p. (légendes du héros polynésien chamanisant Mâui) ; VI. REIS, *Contes d'Australie et d'Océanie*, trad. du tchèque, Gründ, 1976, 199 p. ; J. A. LE ROY, *Kewa Tales* (sur les Hautes-Terres de Papouasie).
– Mythes et traditions : A. VAN GENNEP, *Mythes et légendes d'Australie*, Guilmoto, 1905 ; « Mythes et légendes des indigènes des Nouvelles-Hébrides », *Anthropos*, 1911 et 1912 ; E. CAILLOT, *Mythes, Légendes et Traditions des Poly-*

nésiens, Leroux, 1906 ; G. GREY, *Polynesian Mythology*, Londres, 1922 ; L. LÉVY-BRUHL, *La Mythologie primitive*. *Le Monde mythique des Australiens et des Papous* (1925), PUF, 1963 ; AD.-E. JENSEN, *Mythes et Cultes des peuples primitifs* (1951), trad. de l'allemand, Payot, 1954, 384 p.

Études générales
- W. ELLIS, *À la recherche de la Polynésie d'autrefois*, éd. cit.
- E. BEST, *Maori Religion and Mythology*, Wellington, Nouvelle-Zélande, 1924 (Cosmogonie, magie des Maori de Nouvelle-Zélande).
- M. ELIADE, *Le Chamanisme* (1951), Payot, 1968, p. 285-295 ; *Religions australiennes* (1966-1967), trad. de l'anglais, Payot, « Petite Bibliothèque Payot », n° 206, 1972, 200 p.
- P. LAWRENCE et M. J. MEGGITT dir., *Gods, Ghosts and Men in Melanesia*, Oxford UP, Londres, 1965, 298 p.
- A. BABADZAN, *Les Dépouilles des dieux. Essai sur la religion tahitienne à l'époque de la découverte*, Maison des sciences de l'homme, 1993, 341 p.

Par ethnies
- Aborigènes australiens : A. P. ELKIN, *Aboriginal Men of High Degree* (1945), Saint Martin's Press, New York, 1977 ; M. ELIADE, *Religions australiennes* (1966-1967), éd. cit.
- Canaques (Nouvelle-Calédonie) : M. LEENHARDT, *Do Kamo. La Personne et le Mythe dans le monde mélanésien* (1947), Gallimard, coll. « Tel », n° 95, 1985, 314 p.
- MA'OHI (Polynésie) : TEUIRA HENRY, *Tahiti aux temps anciens (Ancient Tahiti*, 1923), trad. de l'anglais, Publications de la Société des Océanistes, musée de l'Homme, 1962, 671 p. D'après J. M. ORSMOND, 1848. Moari : TE RANGI HIROA, *The Coming of the Maori*, 1925.
- Namba (Vanuatu, autrefois Nouvelles-Hébrides) : A. B. DEACON, *Malekula. A Vanishing People in the New Hebrides*, Camilla H. Wedgood éd., Routledge, Londres, 1934, XLII-789 p.
- Papous (Nouvelle-Guinée) : M. R. ALLEN, *Male Cults and Secret Initiations in Melanesia* (1957), Cambridge UP, Melbourne UP, 1967, 140 p. ; J. WASSMANN, *The Song of the Flying Fox. The Public and Esoteric Knowledge of the Important Men of Kangingei about Totemic Songs, Names and Knotted Cords (Middle Sepik, Papua New Guinea)*, trad. de l'allemand en anglais, Papua New Guinea Research Institute, 1991, XXI-313 p.
- Pascuans : A. MÉTRAUX, *L'Île de Pâques* (1941), Gallimard, coll. « Tel », n° 46, 1980.
- Tasmaniens : H. L. ROTH, *The Aborigines of Tasmania* (1890), Halifax, 1899, XIX-228 p.

Revues
- *Bulletin de la Société des études océaniennes*, Papeete, Tahiti, Polynésie française.
- *Journal de la Société des Océanistes*, musée de l'Homme, Paris.
- *Oceania*.

BIBLIOGRAPHIE SPÉCIALISÉE

Initiations (de puberté, secrètes, chamaniques) et pratiques initiatiques
H. L. ROTH, *The Aborigines of Tasmania* (1890), éd. cit., p. 115 *sqq.* ; B. THOMPSON, *The Fidjians*, Londres, 1908, p. 148 *sqq.* ; MARGARET MEAD, *Adolescence à Samoa* (Coming of age in Samoa, 1928), in *Mœurs et Sexualité en Océanie*, trad. de l'anglais (1963), Plon, 533 p. ; C. H. WEDGWOOD, « Girl's Puberty Rites in Manam Island, New Guinea », *Oceania*, t. 4, fasc. 2, 1933, p. 132-155 ; G. BATESON, *La Cérémonie du Naven* (1936), trad. de l'anglais, Éditions de Minuit, 1971 (chez les Iatmul de Nouvelle-Guinée) ; M. ELIADE, *Initiation, Rites, Sociétés secrètes* (1959), Gallimard, coll. « Idées », n° 332, 1976, p. 28 *sqq.* ; ID., *Religions australiennes* (1966-1967), éd. cit., p. 91-131 ; M. R. ALLEN, *Male Cults and Secret Initiations in Melanesia*, Melbourne UP, 1967, 140 p. ; BARTH, *Ritual and Knowledge among the Baktaman*, Oslo et New Haven, 1975 (région de Ok Mountain, Haut-Sépik, Papouasie) ; G. H. HERDT dir., *Rituals of Manhood. Male Initiations in Papua New Guinea*, University of California Press, Los Angeles, 1982, 367 p.

Ésotérisme et idées ésotériques
– Le mystérieux : R. H. CODRINGTON, *The Melanesians. Studies in their Anthropology and Folklore* (1891, 419 p.), Human Relations Area Files Press, New Haven, 1957 (la notion de *mana* en Mélanésie) ; A. CAPELL, « The Word "Mana". A Linguistic Study », *Oceania*, t. 9, 1938, p. 89-96 ; R. FIRTH, « The Analysis of Mana. An Empirical Approach », *Journal of the Polynesian Society*, Auckland, Nouvelle-Zélande, t. 49, 1940, p. 483-510 (la notion de *mana* à Tikopia, en Polynésie) ; PUTIGNY, *Le Mana. Le Pouvoir surnaturel en Polynésie* (1975), Éditions de l'Après-Midi, Papeete, 1987 (journalistique) ; P. LAWRENCE et M. J. MEGGITT dir., *Gods, Ghosts and Men in Melanesia. Some Religions of Australia, New Guinea and the New Hebrides*, Oxford UP, Oxford, 1965, 298 p.
– Le rêve : MARIKA MOISSEEFF, *Rêves et Rites chez les Aranda. Une médiation opérée par un objet cultuel, le churinga*, université de Paris X (Nanterre), 1988 ; BARBARA GLOWCZEWSKI, *Du rêve à la loi chez les aborigènes* (1989), PUF, 1991, 285 p.

Les organisations initiatiques (de puberté, culturelles, spirituelles)
– En Australie : R. M. BERNDT, *Kunapipi*, éd. cit.
– En Mélanésie : H. CODRINGTON, *The Melanesians* (1891), éd. cit., p. 69-115 ; J. DE MARZAN, « Sur quelques sociétés secrètes au Fidji », *Anthropos*, t. 3, 1908, p. 718 *sqq.* ; F. L. BELL, « Sokapana. A Melanesian Secret Society », *Journal of the Royal Anthropological Institute*, t. 65, 1935 (à Tanga) ; E. SCHLESIER, *Die melanesischen Geheimkulte*, Göttingen, 1958 ; M. R. ALLEN, *Male Cults and Secret Initiations in Melanesia* (1967), éd. cit.
– En Polynésie : B. DANIELSSON, *Tahiti autrefois*, Papeete, 1981, p. 300-319 (les Arioï, la Mamaia).

Chamanisme
I. H. EVANS, *The Negritos of Malaya*, Cambridge UP, 1937, p. 190-217 (rééd. F. Cass, Londres, 1969) ; A. P. ELKIN, *Aboriginal Men of High Degree* (1945), Saint Martin's Press, New York, 1977 (ésotérisme et initiation des aborigènes

australiens) ; M. ELIADE, *Le Chamanisme* (1951), Payot, 1968, p. 289-295 ; R. WAGNER, *Habu. The Innovation of Meaning in Daribi Religion*, University of Chicago Press, 1962, p. 139-144 (le chamane de Nouvelle-Guinée) ; M. GODELIER, *La Production des Grands Hommes*, Fayard, 1982, p.178-198 (le chamane et la chamanesse chez les Baruya de Nouvelle-Guinée) ; A. LOMMEL, *Shamanism in Australia*, apud M. HOPPÁL et O. VON SADOVSZKY, *Shamanism. Past and Present*, Istor, Budapest, 1989, p. 25-34.

Possession par les esprits
ED. DE BOVIS, *État de la société tahitienne à l'arrivée des Européens* (1855), Société des études océaniennes, n° 4, Papeete, Tahiti, 1978, 74 p., p. 56-57 ; A. STRATHERN, « The Female and Male Spirit Cults in Mount Hagen », *Man*, t. 5, fasc. 4, déc. 1970, p. 572-585 ; G. H. HERDT, « Folie, possession et chamanisme en Nouvelle-Guinée », *Journal de la Société des Océanistes*, musée de l'Homme, t. 33, n°s 56-57, juil. 1977, p. 117-167 ; G. HERDT et M. STEPHEN, *The Religious Imagination in New Guinea*, Rutgers University Press, Londres, 1989.

Sciences occultes (mythologie, science des cycles, symbolique, thanatologie...)
E. BEST, *Maori Religion and Mythology*, Dominion Museum Bulletin, Wellington, 1924, 264 p. ; P. GRIMAL dir., *Mythologies*, t. 2 : *Mythologie des montagnes, des forêts et des îles*, Larousse, 1963, p. 212-228 ; A. BAZADZAN, *Naissance d'une tradition. Changement culturel et Syncrétisme religieux aux îles Australes (Polynésie française)*, ORSTOM, 1982 ; A. AKOUN dir., *Mythes et Croyances du monde*, t. 3 : *Afrique noire, Amérique, Océanie*, Brépols, Turnhout, 1985, p. 463-548.

Arts occultes (divination, magie, médecine occulte)
– Australie : SPENCER et GILLEN, *The Native Tribes of Central Australia*, Londres, 1898 (les Arunta) ; K. KUPKA, « Peintures aborigènes d'Australie », *Publications de la Société des Océanistes*, n° 24, musée de l'Homme, 1972 ; E. HUNTER, *Aboriginal Health and History. Power and Prejudice in Remote Australia*, Cambridge UP, 1993, XVI-318 p.
– Mélanésie : A. C. HADDON, *Magic and Religion of the Western Islands*, apud *Reports of the Cambridge Expedition to Torres Straits*, Cambridge, 1904 (les îles Torres se situent dans le Vanuatu) ; C. E. FOX, *The Threshold of the Pacific*, Kegan Paul, Londres, 1924 (magie à San Cristoval, îles Salomon) ; F. E. WILLIAMS, *Orokaiva Magic* (1928), Oxford, 1948, XI-231 p. (Nouvelle-Guinée britannique) ; F. F. FORTUNE, *Sorciers des Dobu* (1932), trad. de l'anglais, Maspéro, 1972, 368 p. (Nouvelle-Guinée) ; B. MALINOWSKI, *Les Jardins de corail (Coral Gardens and their Magic*, 1935), trad. de l'anglais, Maspéro, 1974 (magie agricole aux îles Trobiand, en Nouvelle-Guinée).
– Polynésie : E. S. HANDY, *Polynesian Religion*, Bishop Museum, Honolulu, 1927, p. 235 sqq.

Grand(e)s Initié(e)s polynésien(ne)s
– Mâui le navigateur (Ier s. av. J.-C. ?) : KATHARINE LUOMALA, *Maui-of-a-thousand-Tricks. His Oceanic and European Biographers*, B. P. Bishop Museum, Bulletin n° 198, Honolulu, 1949 ; S. DUNIS, *Sans tabou ni totem*, Fayard, 1984, 464 p.
– Tiurai le guérisseur († 1918) : O. WALKER, « Tiurai le Guérisseur », *Bulletin de la Société des études océaniennes*, Papeete, Tahiti, n° 10, 1925.

Les beaux-arts : objets de pouvoir
— Dessins labyrinthiques du Vanuatu : A. B. Deacon, *Malekula. A Vanishing People in the New Hebrides*, 1934, éd. cit., p. 552 *sqq.*
— *Marae* (sanctuaires polynésiens constitués d'un pavage avec pierres dressées) : K. P. Emory, *Stone Remains in the Society Islands*, B. P. Bishop Museum, Honolulu, Hawaï, 1933, 182 p. (l'archipel des îles de la Société, en Polynésie française, regroupe les îles du Vent, dont Tahiti, et les îles Sous-le-Vent, dont Raiatea la Sacrée).
— Masques de Mélanésie : H. Nevermann, *Masken und Geheimbünde Melanesien*, Berlin et Leipzig, 1933.
— Musique : St. Sadie dir., *The New Grove Dictionary of Music and Musicians*, Macmillan, New York, 1980, t. 14, p. 57-65 (Pacific Islands). Discographie : J.-M. Beaudet et L. Weiri, « Chants Kanaks. Cérémonies et berceuses », Le Chant du Monde, coll. CNRS-musée de l'Homme, diff. Harmonia mundi.
— *Tjurunga* (écritures ou rhombes des aborigènes australiens) : R. M. Berndt, *Australian Aboriginal Religion*, E. J. Brill, Leyde, 1974, 4 t., 165 pl. ; Marika Moisseeff, *Rêves et Rites chez les Aranda. Une médiation opérée par un objet cultuel, le churinga*, université de Paris X (Nanterre), 1988.

Syncrétismes (coutume + Christianisme)
N. Gunson, « Histoire de la Mamaia, ou hérésie visionnaire de Tahiti », *Bulletin de la Société des études océaniennes*, t. 12, Papeete, Tahiti, 1963, p. 235-294.

Et les femmes ?
J. A. Moerenhout, *Voyages aux îles du Grand Océan* (1837), A. Maisonneuve, 1959, xv-576 et vii-520 p. (Polynésie) ; Catherine Berndt, *Women's Changing Ceremonies*, L'Homme, Paris, 1950, 84 p. (Australie) ; Annette B. Weiner, *Women of Value, Men of Renown. New Perspectives in Trobiand Exchange*, University of Texas Press, Austin, 1976, xxi-299 p.

Les ésotérismes civilisateurs

7. LES ÉSOTÉRISMES CIVILISATEURS

> *La civilisation veut quelque chose d'autre que ce que veut la culture.*
>
> NIETZSCHE,
> *La Volonté de puissance*, § 31

L'ésotérisme s'oppose souvent à la culture, aux institutions en place, aux techniques qui dégradent l'homme ou la nature, aux facilités de pensée des philosophes, aux rites paresseux des religieux. Mais jamais il n'a méprisé l'écriture ou la créativité. Qu'il dise non aux conventions ne signifie pas qu'il dise non aux inventions. On peut aimer l'étude et détester l'école, recommander le sport et déconseiller la compétition sportive, pratiquer l'élevage bovin tout en condamnant les abattoirs... Ainsi fait l'ésotériste civilisé.

CIVILISATEUR : CRITÈRES, CLASSIFICATIONS

Sont civilisateurs les peuples qui font de l'homme un édificateur. La société fait œuvre. On organise, on invente, on organise l'invention.

L'homme préhistorique réussit comme espèce, contre les animaux ; l'homme primitif réussit comme groupe, contre la nature ; l'homme civilisateur, lui, réussit à se donner une éducation universelle. L'homme moderne, enfin, se posera comme un individu.

Les premières civilisations ont inventé des écritures, construit des villes, constitué des archives, institué un pouvoir centralisé, inventé l'agriculture et la métallurgie, façonné de la céramique, domestiqué des animaux et des céréales, pratiqué le cabotage maritime...

La civilisation, en ce sens, émerge dans une région qu'on appelle « Asie Antérieure », « Proche-Orient asiatique », « Orient antique », « paléo-Orient », « ancienne Asie occidentale » ou même « Croissant fertile ». J'adopte « Asie Antérieure ». Cette zone comprend : l'ancienne Anatolie (=Asie Mineure, ancienne Turquie d'Asie), l'ancienne Égypte, l'Élam et l'ancien Iran (=Perse), la Mésopotamie (=ancien Irâq), la Phénicie, l'ancienne Syrie. Ces civilisations sont mortes. On mettra donc à part la Palestine (=Canaan) et l'Arabie antiques, parce que le Judaïsme et l'Islâm, religions vivantes et bien vivantes, y jouent de nos jours un rôle de premier ordre. Surtout les Hébreux et les anciens Arabes n'avaient pas une civilisation, mais une culture de clans semi-nomades, vivant difficilement dans des déserts. Un texte mésopotamien de 1800 av. J.-C. environ marque bien la différence entre la civilisation d'un Babylonien et la culture d'un Hébreu :

Ces nomades de l'Ouest, qui occupent la steppe, ignorent céréales, maisons et cités, mangeurs de viande crue, inéducables, ingouvernables, et qui, une fois morts, ne sont pas même ensevelis selon les rites.

Trad. J. Bottéro, *Naissance de Dieu* (1986), Gallimard, 1992, p. 48.

On peut faire commencer les sociétés civilisées avec le néolithique ; on prend alors en compte l'apparition des premiers villages (10 200 av. J.-C. au Levant Sud), la domestication animale (9600 av. J.-C. au Zagros), la céramique (9600 av. J.-C. à Guran), l'agriculture avec céréales domestiques (à Jéricho, tell Aswad près de Damas, 8000 av. J.-C.), l'urbanisation (vers 6000 av. J.-C. : rues et places), la métallurgie (cuivre vers 4500 av. J.-C. en Iran), la technologie (char : 3400 av. J.-C.). On peut tout aussi bien choisir comme norme l'écriture (première écriture, 3200 av. J.-C., chez les Sumériens, à Ourouk, et chez les Élamites, à Suse) ; le critère, cette fois, annonce l'historiographie. Si l'on choisit, avec les chronologistes, de privilégier l'édification d'un empire ou la constitution de dynasties, les grandes dates de naissance deviennent : 3100 av. J.-C. pour la première dynastie égyptienne (avec Manès), 2350 av. J.-C. pour le premier empire sumérien (avec Lougalzagesi), etc. La tradition hermétique [1], s'appuyant sur l'astrologie, choisissait pour naissance de l'ésotérisme et de la civilisation 3300 av. J.-C., car le lever des Pléiades coïncidait alors avec le point vernal.

Un ésotériste aurait tendance à prendre pour critère de la civilisation la construction des premiers **sanctuaires**, du Saint des Saints. L'Humanité commence quand se dressent les temples. Ces édifices sont à la fois des édifices forts d'une efficacité magique, des lieux saints et des centres cosmiques (le nombril du monde).

---

1. Al-Bîrûnî, *Monuments des siècles écoulés. Al-Athar al-baqiya* (1000), trad. de l'arabe en anglais E. C. Sachau : *The Chronology of Ancient Nations*, Londres, 1879, p. 342.

De nulle Demeure sainte, de nul Temple n'avait été préparé l'Emplacement :
Tous les territoires ensemble n'étaient que Mer !
Lors donc que le contenu de cette Mer ne formait encore qu'un fossé
C'est alors que l'Éridu [la première cité du monde, selon les Sumériens] fut fait, puis l'Ésagil [le Temple de Babylone] construit :
L'Éridu que Lugal-du-kuga [Éa, dieu de la sagesse, des Eaux] éleva en plein Apsû [le principe masculin] ;
Après quoi, Babylone fut faite et l'Ésagil parachevé !
Marduk [le grand dieu], alors, ayant déposé les Dieux, les Anunnaki, en deux parts égales,
Ils accordèrent à Babylone le destin sublime de Ville-sainte, Emplacement de leur Béatitude.
Alors, Marduk agença un Radeau à la surface de l'Eau,
Produisit de la poussière et l'entassa sur le Radeau.
Et il y fit un remblai en bordure de la Mer.
Puis, pour laisser-oisifs les Dieux en cet Emplacement de leur Béatitude,
Il produisit l'Humanité.

Fondation d'Éridu (=*Cosmogonie chaldéenne*), trad. J. Bottéro, *Mythes et Rites de Babylone*, Slatkine-Champion, 1985, p. 303-304. © Champion-Slatkine, Paris.

Les sanctuaires combinent l'ésotérisme architectural et l'ésotérisme mystérique, qui sont des traits de l'Asie Antérieure. Le phénomène commence en Palestine à Natouf ou à Jéricho (9500 av. J.-C.), il continue en Mésopotamie à Éridou (5400 av. J.-C.). En scrutant les représentations hiéroglyphiques, on devine la structure des sanctuaires dans l'Égypte prédynastique : une construction avec coupole à Bouto pour la déesse de la guerre Neith, une hutte couverte de nattes à Hiérakonpolis pour le dieu de l'orage Seth, une tente à Cynopolis pour le dieu à tête de chien Anubis. La tradition du sanctuaire architectural renoue avec la tradition du sanctuaire rupestre des époques préhistoriques, à ceci près que le sanctuaire civilisé est artificiel tandis que le sanctuaire préhistorique (Lascaux, Trois-Frères...) est naturel. Les Égyptiens appelaient le Saint des Saints : *khem sekhem*, « lieu qu'on ne doit pas connaître », et une inscription du temple d'Edfou dit exotériquement l'ésotérisme :

> N'allez point révéler
> les rituels que vous voyez
> en tout Mystère dans les temples.

Cité par E. Chassinat, *Le Temple d'Edfou*, IFAO, Le Caire, 1928, p. 361.

Le sanctuaire est le lieu de rencontre de la Terre et du Ciel, le centre où l'homme touche le divin, un lieu bâti et non plus trouvé, une échelle construite en bas par les hommes et non plus jetée d'en haut par les dieux. Le sanctuaire établit en dur une analogie, un mariage des contraires entre haut et bas, il noue les extrémités ; il fonde une anagogie, un mouvement de la terre au ciel, il élance le cœur verticalement en même temps qu'il le fait battre au rythme du cosmos. Ces expressions sumériennes l'attestent :

Temple, en ton intérieur est le cœur de la nation, à ta façade arrière est la vie de Sumer...
Temple... qui a grandi avec le ciel et la terre...
Le temple est une énorme montagne, il touche le ciel...
Sanctuaire de la fixation du destin.

Trad. H. Limet, *L'Expérience existentielle du sacré chez les Sumériens*, apud *L'Expression du sacré dans les grandes religions*, Publications du Centre d'histoire des religions de Louvain-la-Neuve, 1983, t. 2, p. 126-128.

Les peuples de l'Asie Antérieure sont bien conscients de passer de l'état « primitif » à l'état « civilisé ». Ils en cherchent l'origine chez les dieux. Les Mésopotamiens soutiennent que An et Enlil ont donné aux hommes houe, bêche, couffin et araire, « qui sont la vie du pays [1]. » C'est l'homme qui bâtit, mais avec des blocs tombés des cieux ! On est loin de l'arrogance de l'homme moderne qui va vers les dieux (ou contre eux) en se haussant sur ses propres pieds.

La date officielle de décès de ces empires est commune. Elle correspond à l'arrivée des Arabes, qui imposent l'Islâm à partir de 633.

Les Chinois, les Précolombiens, l'Indus, etc., sont aussi civilisateurs, mais à d'autres époques, en d'autres régions, et sur d'autres fondements culturels, avec d'autres échanges. Les Civilisateurs et leurs ésotérismes entretiennent, eux, des rapports. Mésopotamiens, Égyptiens, Iraniens, Anatoliens se font la guerre, commercent entre eux, se prêtent leurs langues, échangent des divinités et des monuments religieux. Ils se passent leurs devins.

Au lieu de tenir compte de la géographie et de l'histoire, on peut diviser ces peuplades d'Asie Antérieure en fonction de leur langue. Trois groupes linguistiques se dessinent :

• LES INDO-EUROPÉENS [2] : Louwites, Hittites, Palaïtes, Lydiens, Lyciens, *Ârya* (=Indo-Iraniens), Arméniens, Phrygiens, Illyriens, peuples de la Mer (Philistins, Sicules...), Sogdiens, Mèdes, Perses, etc.

• LES SÉMITES : Égyptiens, Akkadiens, Amorites, Babyloniens, Ougaritiques, Cananéens (Phéniciens, Moabites), Araméens, Éblaïtes, Hyksôs, Hébreux, Arabes, etc.

• LES ASIANIQUES : Sumériens, Hattiens (=proto-Hittites), Hourrites, Ourartéens (=Vaniques), peuples du Zagros (Kassites, Gouti...), etc. Le terme « asianique » n'a pas de signification. On rassemble sous cette appellation tout ce qui n'est ni sémitique ni indo-européen. Les Asianiques ne forment donc pas une « famille linguistique », comme les deux autres groupes. Le sumérien, le hourrite, etc., restent isolés.

Ces divisions vues de près ne sont pas aussi nettes. Les Amorites

---

1. Texte cité par E. Sollberger, *Journal of Cuneiform Studies*, New Haven, 1967, t. 21, p. 279-291.
2. Voir *infra*, p. 496 (« Le Mazdâyasnisme »).

portent aussi des noms qui ne sont pas sémitiques. Les Hyksôs, Sémites, ont des techniques indo-européennes (le char). Les Hourrites sont des Asianiques encadrés par une aristocratie d'Indo-Européens.

À chaque famille linguistique correspond une orientation de l'ésotérisme : fécondité pour les Asianiques, vision pour les Sémites, connaissance pour les Indo-Européens.

• LA SPIRITUALITÉ DES ASIANIQUES « est celle des grandes forces de la nature, caractérisées par les principes de fertilité et de fécondité [1] ». Le Sumérien Gilgamesh recherche l'élixir de longue vie, il lutte contre le Taureau Céleste, symbole de force génésique. Le grand dieu des Asianiques est Adad, époux de Shala, « dame de l'épi », il est lui-même dieu de l'orage (qui apporte les pluies bienfaisantes), dieu au taureau (qui féconde les vaches). Génération d'abord !

> En ce temps-là vivait celui qui possédait la sagesse,
> l'homme aux paroles ingénieuses,
> qui connaissait la parole, au pays de Sumer,
> vivait Shuruppak (>Shouroupak), celui qui possédait la sagesse. [...]
> Shuruppak donna ses conseils à son fils [...].
> Le ciel est loi, la terre, de très grand prix.
> De concert avec le ciel, tu en feras, des choses :
> tous les pays étrangers respirent de concert avec lui !
> En ce qui concerne le temps de la récolte, ces jours précieux,
> ramasse comme une esclave, mange comme une maîtresse [...].
> Un cœur aimant, voilà qui bâtit les maisons ! [...]
> Un homme traitera une femme sérieuse comme un champ bien préparé. [...]
> **Rien n'est précieux ; seule la vie est très douce.**
>
> *Enseignement de Shouroupak* (IIIᵉ mill. av. J.-C.), trad. du sumérien J. Lévêque, *Sagesses de Mésopotamie*, Cerf, Supplément au Cahier Évangile n° 85, 1993, p. 42-51. © Éditions du Cerf, Paris.

• LA SPIRITUALITÉ DES INDO-EUROPÉENS centre son ésotérisme sur la vision intellectuelle, la connaissance. En Iran, « religion » se dit *daêna*, de la racine *dây*-, « voir », et selon le *Dênkart* (III, 45) « les déficiences proviennent, quant à l'âme, de la réduction de la connaissance ». Les Hindous tiendront l'ésotérisme pour le Savoir *(Veda)*, la doctrine secrète *(Upanisad)*.

> Puisque j'ai demandé le Vers
> [*Rig-Veda*] et la Mélodie [*Sâma-Veda*],
> l'Oblation [*Yajur-Veda*] qui est puissance, la Formule
> [*Atharva-Veda*] qui est vigueur,
> à cause de cela puisse-t-elle ne pas me quitter !
> **C'est la science sainte que je demande.**
>
> *Atharva-Veda*, VII, 54, trad. du sanskrit J. Varenne, *Le Veda, premier livre sacré de l'Inde* (1967), Marabout Université, Verviers, 1977, t. 1, p. 316-317. © Retz, Paris.

---

1. G. Contenau, *La Vie quotidienne à Babylone et en Assyrie*, Hachette, 1950, p. 11-12.

• LA SPIRITUALITÉ DES SÉMITES met l'accent sur la révélation et sa tradition, la divinité et sa transcendance, le prophétisme et la divination, finalement sur la vision mystique. Une figure mythique du Judaïsme, l'ange de la mort, a « plein d'yeux [1] ». Les Hébreux disent que la Loi juive a été révélée par Dieu sur le Sinaï (Exode, XIX-XX). Strabon (*Géographie*, XVII, 1, 46) rapporte qu'en Égypte les prêtres de Thèbes attribuaient leurs connaissances à Thoth ; le mythe d'Osiris fait de celui-ci un roi qui enseigna aux hommes agriculture, viticulture, arts. Bérose le Babylonien dépeint la connaissance comme un enseignement donné quatre fois par un être mi-poisson mi-homme ; l'*Enûma elish*, babylonien, se termine ainsi :

> Que le sage et l'initié en discutent ensemble,
> que le père les répète et les enseigne au fils.
>
> Le Poème de la Création. Enûma elish (1125 av. J.-C.), tablette VII, 146-147, trad. de l'akkadien apud *Les Religions du Proche-Orient asiatique* (= *RPOA*.), Fayard-Denoël, coll. « Le Trésor spirituel de l'humanité », 1970, p. 70. © Librairie Arthème Fayard, Paris.

Les Sémites accordent aussi une grande importance aux astres, ils fondent l'astrologie, ils ont un culte pour le Soleil, la Lune, Vénus. Ils développent la divination. La liste des dieux hattiens en Anatolie, mais sous influence babylonienne, commence par les dieux-astres.

> Dieu Soleil du ciel, roi des pays, pasteur de l'humanité (non hittite),
> Déesse solaire d'Arinna, reine des pays,
> Dieu de l'orage *pihassassi*, protecteur de Sa Majesté,
> Grand dieu de l'orage, roi des pays.
>
> Traité du roi hittite Mouwatalli (1315 av. J.-C.), cité par M. Vieyra, apud *Histoire des religions*, Gallimard, t. 1, p. 277. © Gallimard, Paris.

Chez les Sémites, on trouve également une sublimation de la sexualité, sous forme de hiérogamie, de prostitution sacrée. Les Mystères syriens d'Atargatis admettent la prostitution sacrée [2].

> Ils [les Chaldéens] disent encore (mais je n'en crois rien) que le dieu [Mardouk] vient en personne dans son temple [l'Ésagil, à Babylone] et se repose sur ce lit comme cela se passe à Thèbes en Égypte, à en croire les Égyptiens — car là aussi une femme [la Divine Épouse d'Amon] dort dans le temple de Zeus [Amon] Thébain — ; ces deux femmes n'ont, dit-on, de rapports avec aucun homme. La même chose se passe encore à Patares en Lycie [au temple d'Apollon lycien] pour la prophétesse du dieu (quand il y a lieu, car l'oracle ne fonctionne pas toujours) : elle passe alors ses nuits enfermée dans le temple.
>
> Hérodote, *L'Enquête* (v. 420 av. J.-C.), I, 182, trad. du grec Andrée Barguet, Gallimard, 1985.

---

1. *Talmud*, section IV : *Neziqin. Dommages*, traité 8 : *Avodah Zarah. Idolâtrie*, 20 b.
2. Diodore de Sicile, *Bibliothèque historique*, VI, 83.

FAMILLES LINGUISTIQUES DE L'ASIE ANTÉRIEURE

ASIANIQUES	INDO-EUROPÉENS	SÉMITES
ésotérisme de la génération ex. : le thème du Taureau Céleste à Sumer	ésotérisme de la connaissance ex. : le savoir des Mages mèdes	ésotérisme de la révélation ex. : la Loi de YHWH chez les Prophètes juifs

L'ÉSOTÉRISME CIVILISATEUR : CARACTÉRISTIQUES

Quels sont les grands traits des ésotérismes d'Asie Antérieure ?

Les Civilisateurs aiment les Mystères savamment ordonnancés, les monuments qui en imposent par leur formalisme, les hiérarchies sacerdotales, les rituels bien charpentés. Ils prônent un **ésotérisme hiératique**. Si les sociétés primitives fonctionnent sur un sacré de type numineux (fait d'effroi et d'irruption), les sociétés civilisatrices fonctionnent sur un sacré de type hiératique (solennel, organique). Je ne donnerai que deux exemples qui marquent ce primat du hiératique chez les Civilisateurs.

Premier exemple. Sur les cent trente-neuf maisons que compte la cité anatolienne de Chatal Höyük niveau VI B (6000 av. J.-C.) on dénombre quarante sanctuaires, soit près d'une maison sur trois ! Et qu'on ne vienne pas dire que c'est hasard ou calcul d'un savant moderne. A propos de Babylone un texte mésopotamien met les points sur les i.

Au total, il y a dans Babylone : cinquante-trois temples des grands dieux, cinquante-cinq chapelles de Mardouk, deux boulevards, trois cours d'eau, huit portes de la ville, vingt-quatre grandes avenues, trois cents chapelles pour les divinités terrestres, six cents pour les divinités célestes, cent quatre-vingts autels pour la déesse Ishtar, cent quatre-vingts pour les dieux Nergal et Adad, et douze autres autels pour les différents dieux.

Cité par Marguerite Rutten, *Babylone* (1948), PUF, coll. « Que sais-je ? », n° 292, 1966, p. 45. © PUF, Paris.

Second exemple. En Égypte, à la fin du Nouvel Empire, un jour sur trois était jour de fête religieuse. On peut imaginer que l'ensemble des activités avait forme liturgique, et non pas technologique ou politique. Les processions, les Mystères jouent un grand rôle.

Une société civilisatrice est plus mentale qu'une société primitive, elle n'est pas *plus* spirituelle pour autant. Simplement sa spiritualité a plus de mémoire et plus de subtilité. En contrecoup, elle perd en spontanéité, elle est moins directe, car moins corporelle, moins orale. Un ésotérisme civilisateur s'avère, en revanche, plus communicable, il vise à l'universel. Les Romains ont adopté des rites égyptiens, la magie orientale, les disciplines étrusques. Auraient-ils pu suivre la tradition d'une ethnie bantou ou d'une tribu papou ? Sans doute pas. Plus communicable, la société civilisatrice s'use plus vite. Elle entre dans l'histoire, donc dans un temps qui corrode, rouille. Ainsi elle se précipite dans le futur par cent côtés, artisanat, prêtrise, guerre, etc., et elle s'égare dans son passé, encombré d'envahisseurs. Elle veut couvrir le monde, et ainsi se dilue dans d'autres cultures. L'ambiguïté entre dans la société. L'homme, paradoxalement, prend plus de place, mais indirectement, par ses œuvres. Il impose ses machines et ses technologies, il laboure, il édifie, il creuse des mines, il utilise les fleuves. L'intellectualité s'impose, mais au moyen d'une plus grande matérialité, avec bibliothèques, comptabilités, monuments, armes, barrages...

L'ésotérisme ne s'est pas passivement adapté à de nouvelles organisations sociales, il les a faites ! L'ésotérisme civilisateur est un **ésotérisme inventif**. Qui a créé l'écriture hiéroglyphique ? des initiés égyptiens. Qui a construit Saqqarah, la première pyramide à degrés ? Imhotep, le Sage ! Qui est à l'origine de l'art réaliste en Égypte ? Akhénaton ! Qui a exalté les cultures céréalières en Mésopotamie ? le clergé voué au culte des divinités de la végétation ! Qui a favorisé la naissance de l'agriculture en Asie Antérieure ? les religieux, qui vénéraient les forces de la nature, avaient un culte pour l'épi, le germe, la semence. Le culte de la fertilité féminine, de la fertilité du taureau précède de peu la naissance de l'agriculture. Cela suffira-t-il à faire taire ceux qui soutiennent que l'ésotérisme est l'obscurantisme, que les ésotéristes sont tous des réactionnaires ? Le choix ne se place pas entre religion et technologie, mais entre technologie profane et technologie sacrée ! Il ne s'agit pas d'exclure le progrès mais d'inclure le spirituel. Et d'ailleurs, ce culte du germe dit négativement que les Anciens ne croyaient pas en la génération spontanée, bien avant Pasteur !

Avec la civilisation, de NOUVEAUX MODES D'EXPRESSION paraissent, choisis par les ésotéristes, et non subis.

Des mystères en dur se dressent. L'ésotérisme des civilisateurs est un **ésotérisme architectural et urbanistique**. La gnose se confond avec un monument ou une ville, qui ont une orientation sacrée, qui se plient à des nombres occultes, dont les matériaux ont été minutieusement choisis sur la base d'une symbolique. L'ésotérisme de l'Asie Antérieure se manifeste dans les pyramides égyptiennes, dans les ziggourats mésopotamiennes, dans la ville mède d'Ecbatane aux sept enceintes de couleurs différentes, dans la ville élamite de Tchoga Zanbil centrée sur la ziggourat. Ces villes se veulent « images du monde », lien entre Terre et Ciel, centre du monde où circulent les influences spirituelles, grâce à une demeure intérieure, tour ou temple ou temple sur la tour. Un axe figure verticalement l'Axe du monde, une butte de terre ou un monument figure la Montagne du monde. « Élam » *(Elamlou)* se traduit « Terre du dieu *(el)* ». « Babylone » *(Bâbilou)* signifie en akkadien « Porte *(bâb)* du dieu *(ilu)* ». Si les villes, de nos jours, sont des dollar-polis, les premières villes au monde furent des théo-polis.

Dans les sociétés primitives, l'ésotérisme s'exprimait en grande partie dans l'ésotérisme de l'habitation : tente de l'Amérindien, case du Négro-Africain, maison-des-hommes de l'Océanien, qui reflétaient le cosmos, ou le village, ou le couple ; dans les sociétés civilisatrices, l'ésotérisme passe par le temple et par la cité, son plan, ses homologies, qui reflètent le ciel, le pays, l'Homme. Le civilisateur édifie de grands centres spirituels, dont Our, Éridou, Thèbes d'Égypte, Persépolis. Gilgamesh, la haute figure de l'ésotérisme sumérien, a la figure d'un bâtisseur et d'un sage.

> Je vais présenter au monde
> Celui qui a tout vu [Gilgamesh] [...].
> Surdoué de sagesse,
> Il a tout embrassé du regard :
> Il a contemplé les Secrets,
> Découvert les Mystères [...].
> Il a gravé sur une stèle
> Tous ses labeurs !
> C'est lui qui fit édifier les murs
> D'Uruk-les-clos
> Et du saint Éanna [temple d'Ishtar et d'Anou à Ourouk],
> Trésor sacré !
> Regarde cette muraille.

L'Épopée de Gilgamesh, tablette I, 1-11, trad. de l'akkadien J. Bottéro, *L'Épopée de Gilgameš. Le grand homme qui ne voulait pas mourir*, éd. Gallimard, 1992, p. 63-64. © Gallimard, Paris.

On attribue même à Gilgamesh — selon Flavius Josèphe — la construction de la tour de Babel. L'Égypte se veut *Ha Ka Ptah*, « Château du *Ka* (âme) de Ptah », et Ptah, dit-on, organise les villes, il patronne les artisans. Le pharaon mystique Aménophis IV Akhénaton manifeste sa foi en Aton en faisant construire une nouvelle capitale, Akhétaton (aujourd'hui tell el-Amarna). Parmi les Sept Merveilles du monde figurent cinq monuments d'Asie Antérieure : les Pyramides d'Égypte, les Jardins suspendus de Babylone, le temple d'Artémis à Éphèse, le Mausolée d'Halicarnasse, le Phare d'Alexandrie. Et les ésotéristes revendiquent deux de ces monuments : les Pyramides d'Égypte et le temple d'Artémis (identifiée à Cybèle). Dans le mythe hittite, la déesse Inara construit une maison pour son concubin mortel, Houpasiya. Selon le mythe hourrite, Teshoub a sa ville, Koummiya, aussi sainte qu'invincible. Dans un tel contexte, la destruction du temple de Mardouk par Xerxès Ier (en 479 av. J.-C.) apparut comme une abomination aux yeux des peuples de l'Asie Antérieure[1]. Il faut donc apprendre à lire l'ésotérisme en termes d'architecture, d'urbanisme, de sculpture, penser aux axes, profils, orientations, à l'iconographie, aux volumes, couleurs.

Autre caractéristique. Les Civilisateurs ont un **ésotérisme écrit et**

---
1. Hérodote, *Histoires*, I, 183.

gravé. Le mythe dit que l'égyptien Thoth ou le sumérien Enmedouranki (ou Énoch, dans les pseudépigraphes de la Bible hébraïque) ont des tablettes, qu'ils lisent ou écrivent. Pour la première fois, l'ésotérisme s'offre en livres et en inscriptions. On observe le phénomène aussitôt que les hommes inventent l'écriture, ce qui montre bien le lien étroit entre invention de l'écriture et développement de l'ésotérisme. Les Mésopotamiens créent les futurs cunéiformes (3200 av. J.-C.), les Élamites les idéogrammes (également 3200 av. J.-C.), les Égyptiens les hiéroglyphes (3100 av. J.-C.), les Louwites peut-être l'écriture linéaire A (1400 av. J.-C.), les Ougaritiques l'écriture cunéiforme alphabétique (1350 av. J.-C.), les Phéniciens la notation syllabique (1300 av. J.-C.). Un des premiers textes jamais écrits fut sans doute celui-ci, en hiéroglyphes égyptiens, et il est ésotérique ! typiquement, par son emploi de l'analogie :

> Le corps est pour la terre, l'esprit est pour le ciel.

Textes des pyramides, § 1325 (pyramide du roi Ounas, 2345 av. J.-C.).

Des centres d'études se constituent : « Maison de Vie » en Égypte, « Maison des tablettes » à Sumer, maison des scribes chez les Hourrites (à Alep, à Emar-Meskéné). On voit la différence avec la maison-des-hommes des sociétés ou la société-des-masques primitives, ouvertes à tous les adultes mâles, et lieu de discussion, pas d'enseignement, lieu de parole, pas d'écriture. Des doctrines tendent à se former, chez les prêtres égyptiens ou hittites, chez les théologiens hourrites, chez les devins akkadiens. L'écriture engendre aussi l'écriture occulte, la stéganographie. Les Civilisateurs détiennent une écriture secrète comme les Primitifs une langue secrète. Les premiers textes écrits sont aussitôt ésotériques, ils utilisent des étymologies secrètes, des doubles sens, des allusions, et la discipline de l'arcane.

> Ces rites que tu accompliras, le novice peut les voir ; l'étranger, celui qui n'est pas affilié aux maîtres de l'oracle ne doit pas les voir : sinon, que le nombre de ses jours soit abrégé ! Que l'initié les explique à l'initié *(zu)*. Celui qui n'est pas initié *(nu. zu)* ne doit pas les connaître ; ce serait une abomination pour Anou, Enlil et Éa, les Grands Dieux !

Tablette de l'Ésagil (temple de Mardouk à Babylone ; 228 av. J.-C., original du VIe s. av. J.-C.), texte : F. Thureau-Dangin, *Rituels anciens*, Leroux, 1921, p. 16-17 ; trad. G. Contenau, *La Vie quotidienne à Babylone et en Assyrie*, Hachette, 1950, p. 173 [1].

Le texte écrit a valeur pour lui-même. En Égypte, on place des papyrus couverts de formules dans des étuis, pour servir d'amulettes. Le contenu est ésotérique, mais aussi la forme, le hiéroglyphe, l'idéogramme, ou la vignette. Un nouveau mythe naît, celui du texte ésotérique introuvable, le papyrus caché qui contient de grands secrets. Philon de Byblos soutient

---

1. Voir *infra* p. 343 (« Ésotérismes en Mésopotamie : clefs »).

que Sanchoniathon réussit à tirer de leur cachette les livres de Thoth-Hermès [1]. Un conte égyptien, écrit en démotique, contient tous les éléments de ce mythe.

Il semblait que Na-nefer-ka-Ptah, mon frère, n'avait d'autre occupation que de se promener dans la nécropole de Memphis, lisant les écrits qui se trouvaient sculptés dans les tombes des Pharaons, sur les stèles des scribes de la Maison de Vie, et les inscriptions tracées sur les autres monuments, car il s'intéressait, extrêmement, à tout ce qui était écrit.

Après cela, on tint une procession en l'honneur du dieu Ptah, et Na-nefer-ka-Ptah pénétra dans le temple pour adorer le dieu. Or, tandis qu'il s'avançait à la suite de la procession, en lisant les inscriptions sculptées sur les chapelles des dieux, un prêtre âgé le vit faire et se mit à rire. Na-nefer-ka-Ptah lui dit :
– Pourquoi te ris-tu de moi ?
Le prêtre répondit :
– Je ne ris pas de toi. Je ris parce que tu lis des écrits qui ne sont pas de grande importance. Si vraiment tu désires lire des écrits intéressants, viens à moi et je t'emmènerai jusqu'au lieu où se trouve un livre que Thoth a rédigé de sa propre main, lorsqu'il vint ici-bas suivant les autres dieux. Il contient par écrit deux formules. Si tu récites la première tu charmeras le ciel, la terre et le monde de l'au-delà, les montagnes et les eaux ; tu comprendras ce que disent tous les oiseaux du ciel et les reptiles ; tu verras les abysses, bien qu'il y ait au-dessus d'eux vingt et une coudées divines d'eau. Si tu récites la seconde formule, il arrivera, si tu es dans la tombe, que tu reprennes la forme que tu avais sur la terre ; tu verras le soleil se lever dans le ciel, avec son Ennéade de dieux, et tu verras la lune en la forme qu'elle a lorsqu'elle apparaît.

Les Tribulations magiques de Setni-Khaemouas (vers 1250 av. J.-C., sous Ramsès II), I, trad. Claire Lalouette, *Textes sacrés et Textes profanes de l'ancienne Égypte*, Gallimard, 1984, t. 1, p. 192. © Gallimard, Paris.

La bibliothèque ésotérique paraît tantôt noyée dans la « salle des archives » au milieu d'autres documents, tantôt isolée comme « salle des livres », consacrée aux seuls textes secrets. Les archives royales d'Ougarit abritent des milliers de tablettes (1350 av. J.-C.) ; c'est sans doute la première bibliothèque ésotérique (et exotérique) au monde. On a retrouvé des tablettes magiques et religieuses en assyrien dans la bibliothèque d'un prêtre de Harrân (850 av. J.-C.) ; Assourbanipal fit construire une superbe bibliothèque à Ninive, contenant des milliers de tablettes, dont beaucoup concernent l'ésotérisme (650 av. J.-C.) ; le temple de Dendérah, en Égypte, comportait une « salle des livres ». Un courtisan dit au pharaon Neferhotep :

Que Ta Majesté entre dans les bibliothèques et que Ta Majesté puisse voir toutes les paroles sacrées.

Stèle de l'an II du roi Neferhotep (A. Mariette, *Abydos. Description des fouilles*, 1869-1880, t. 2, p. 28).

---

[1]. Eusèbe de Césarée, *Préparation évangélique*, I, 9, trad. du grec, Cerf, coll. « Sources chrétiennes », n° 206 (pour le livre I), 1974.

Le verbe, si important chez les Primitifs, pour autant, ne disparaît pas. Les anciens modes d'expression ne sont pas abandonnés mais autrement utilisés. L'oralité devient davantage phonatoire et magique, bref les Civilisateurs pratiquent un **ésotérisme incantatoire**. Une incantation est une parole qui opère, un mot qui réalise, se réalise en chose. Le jour du Nouvel An babylonien, le mythe de Mardouk, l'*Enûma elish*, texte écrit, était dit, pour que le cosmos se maintienne, pour que le chaos recule. L'ésotérisme des Civilisateurs croit en la puissance des noms. Les vrais mots sont des incantations, s'ils correspondent à la chose, si on les prononce correctement. Cette doctrine du verbe, les Égyptiens, les Mésopotamiens, les Hébreux, les Hindous aussi la partagent[1]. Comment ne pas voir un même ésotérisme, celui du Verbe, dans les diverses traditions de l'Asie Antérieure ?

— [Babyloniens] Des dieux aucun n'avait encore paru, n'était nommé d'un nom ni pourvu d'un destin *(Le Poème de la Création. Enûma elish*, I).

— [Égyptiens] C'est Rê qui a créé les noms de ses membres, après quoi les dieux qui sont à sa suite vinrent à l'existence *(Le Livre des morts des anciens Égyptiens*, chap. 17).

— [Hébreux] Dieu dit : « Que la lumière soit » et la lumière fut. [...] Dieu appela la lumière « jour » et les ténèbres « nuit ». Il y eut un soir et il y eut un matin (Genèse, I).

— [Iraniens] Que je m'unisse à vous et que mon verbe soit efficace *(Avesta, Yasna*, hymne 44.17).

— [Ougaritiques] La vie est le lot de la parole *(Poème de Ba'al et 'Anat*, col. V, 38).

— [Sumériens] Ta parole se pose sur terre, la verdure éclôt ; ta parole féconde étables et enclos, elle développe les vivants. Ta parole produit le droit et la justice : on dit la vérité. Ta parole, ciel lointain, terre couverte, que nul ne peut voir, qui la comprend, rivalise avec elle ? (hymne au dieu Nanna, la Lune, trad. R. Jestin, *Le Verbe sumérien*, II, 1946, p. 253).

Ainsi, le mot bien écrit est un symbole, le mot bien dit est un charme, le monument bien construit est un cosmos. L'expression toute entière est magie[2].

Il faut que ces traditions d'architecture, d'écriture, d'incantation soient conservées pieusement et transmises avec prudence. L'ésotérisme des

---

1. Tout l'ésotérisme est traversé par l'importance du Nom, la primauté du Verbe, la valeur des formules : qu'on songe aux *mantra* dans la tradition indienne, ou bien au Nom de YHWH et au Nom de Jésus dans la tradition judéo-chrétienne. En Islâm, on sait l'importance des Noms de Dieu et du verbe coranique (P. Lory, *Verbe coranique et Magie en terre d'Islam*, apud *Systèmes de pensée en Afrique noire*, ÉPHÉ-CNRS, cahier 12, 1993). Hindouisme : « La parole des hommes était efficace en ce sens qu'ils devenaient tout ce qu'ils disaient » (*Kathaka-Samhitâ*, VI, 7).

2. Le philosophe Francis Bacon, empiriste et nominaliste, c'est-à-dire homme à ne croire ni aux théories ni aux concepts, dit encore au début du XVIIe s. : « Le jour où il [l'homme] saura appeler les créatures par leur vrai nom, il en récupérera la maîtrise » (*Valerius Terminus*, chap. 1, trad. du latin, Klincksieck, 1986, p. 30).

Civilisateurs est un **ésotérisme cumulatif**. Il archive, il ajoute, mais il ne fait pas de synthèse, de système, de catéchisme. Il révère encore les Anciens, les ancêtres, mais en ajoutant, en perfectionnant, même s'il jure ne point toucher aux paroles antiques. Les observations deviennent plus fines, les techniques se précisent, se spécialisent, se professionnalisent. Le savoir astronomique ou astrologique progresse. Les formules s'affinent, s'ajoutent, se remplacent. On peut imaginer que les costumes, aussi, gagnent en beauté et en symbolisme.

De NOUVEAUX MÉDIATEURS DU MYSTÈRE apparaissent, d'autres disparaissent. Le chamane, le possédé sortent de scène. C'étaient des médiums, ésotéristes par la chair. Entrent le devin professionnel, l'astrologue de métier, le penseur qui jongle avec les mots, le chef des scribes, le grand-prêtre. Ce sont des ésotéristes par l'intellect. Ces transmetteurs servent presque toujours de rouages au pouvoir politique centralisé. Dans les sociétés primitives, les ésotéristes sont des hommes de puissance, peu individuels, mais dotés personnellement de dons magico-religieux, alors que dans les sociétés civilisatrices les ésotéristes sont des hommes de pouvoir, rois ou princes, grands-prêtres ou prophètes, plus individualisés mais, en même temps, plus dépendants d'un cadre, le temple ou le palais. L'ésotérisme devient de plus en plus le fait d'un groupe, en général des prêtres. On voit cet **ésotérisme sacerdotal** s'affirmer chez les Égyptiens, les Perses, les Hittites. En Iran, Zarathushtra est prêtre et son protecteur, Vishtâspa, prince. Et ce groupe d'initiés est d'autant plus fermé que l'ésotérisme est affaire de famille. Il se transmet de père en fils, en Égypte, en Mésopotamie, en Iran, chez les Hébreux. Ainsi de l'astrologie :

> Il faut parler aussi de ce qu'on nomme le cercle du Zodiaque. Le premier qui en ait traité est Zarathoustrès, un barbare ; après lui, c'est Zamès et Damoïtas, ses fils, puis Orhoièsos, fils de Damoïtas ; puis, après ceux-ci, Ostanès.
>
> Kosmas de Jérusalem (VIIIe s.), *apud* Bidez et Cumont, *Les Mages hellénisés*, Les Belles Lettres, 1938, t. 2, p. 271. © Les Belles Lettres, Paris.

Peu à peu, l'initiation, qui allait de père en fils à l'intérieur d'une même famille, passe de maître à disciple, à l'intérieur, cette fois, d'une école d'écriture, la Maison de vie en Égypte, la Maison des tablettes en Mésopotamie. Il est vrai que le mot « fils » désignait souvent le disciple.

Les manifestations extatiques, orgiastiques ne meurent pas tout à fait, elles passent pourtant au second plan, elles se cachent, se déguisent, au profit de cérémonies plus ordonnées, hiérarchisées. Zarathushtra condamne les rites orgiastiques (*Avesta, Yasna,* 48.10).

L'initiation de puberté perd de son importante. En Égypte, seuls les prêtres sont circoncis, et par mesure d'hygiène seulement. On mesure la distance avec les initiations primitives. R. Lebrun signale cependant chez les Hittites la fête *Ezen Hassumas*, qui consistait « en un rite d'initiation sexuelle du prince lors de sa puberté[1] ». Les Parsis pratiquent un rite d'initiation de puberté — pour tous — remontant aux Indo-Iraniens. Mais l'élitisme s'impose. Seuls quelques rares sont initiés, et non plus tous les hommes d'une tribu ou par classes d'âge. D'initiatoire qu'il était chez les Primitifs, l'ésotérisme devient élitiste chez les Civilisateurs. Dans les tribus primitives il tendait à disparaître en ne restant qu'une instruction tribale, pour tout le monde, vaguement morale ; dans les peuplades civilisatrices il sera menacé en sens inverse, il tendra à se faire corpus pour favorisés, exercice mental (pas encore intellectuel).

L'ésotérisme ne vise plus la guérison magique, la médecine chamanique, mais la constitution d'un corps d'initiés et la formation d'un enseignement. Le Primitif s'inquiétait de la maladie et demandait à l'ésotériste de le guérir par la magie ou le chamanisme, le Civilisateur s'angoissera de la mort et demandera à l'ésotériste de lui assurer une *survie* dans ce monde et une *survivance* dans l'autre.

Une chose frappe, en effet, si l'on poursuit la confrontation. L'ésotérisme des Primitifs choisit pour pôle la naissance, l'ésotérisme des Civilisateurs choisit pour pôle la mort. Certes, dans l'initiation primitive, il y a l'idée de mort, et dans l'initiation civilisatrice l'idée de naissance, mais le rapport d'importance s'inverse. Le Primitif poursuit les naissances (rite de passage lors de la venue au monde, rite de résurrection lors de l'initiation de puberté...), tandis que le Civilisateur se sent poursuivi par la mort (rites funéraires...). Dans les deux cas, le schéma naissance/mort/renaissance sert de canevas, mais tantôt prévaut le début, la vie, tantôt prévaut la fin, le décès. Égyptiens et Mésopotamiens présentent l'initiation comme une œuvre analogue au sort de l'âme après la mort. L'ésotérisme civilisateur est un **ésotérisme de la mort**, même s'il conçoit la mort comme une autre naissance. On trouve les premières sépultures à Qafzeh niveau XII (90 000 ans), en Israël, puis à Shanidar en Irak (50 600 av. J.-C.) ; à Qafzeh, deux enfants ont été enterrés avec, l'un, six paires de cornes de bouquetins, l'autre, des restes de cervidés, cependant qu'à Shanidar le corps était replié, accompagné d'ocre rouge, d'une meule et d'un collier de perles. L'ocre rouge s'applique aux initiés chez les Primitifs, aux morts chez les Civilisés. Dès leur apparition, les premières civilisations réservent aux morts un traitement privilégié. Les corps sont repliés, comme le fœtus, comme l'initié qui fait retour, ou ils sont couverts d'ocre, presque toujours accompagnés de présents funéraires, colliers de phalanges, fleurs, spatules, miroirs d'obsidienne. Les archéologues ont observé cela à Tepe Sialk phase II (6500 av. J.-C.), à Jéricho (6900 av. J.-C.), à Eynan, à El-Wad, à Chatal Höyük (6000 av. J.-C.), etc. Souvent la chair est ôtée, par les soins de l'homme ou du fait des vautours (Jéricho pré-urbain, 3200 av. J.-C.). A Gouzana (auj. tell Halaf, 5620 av. J.-C.),

---

1. *Dictionnaire des religions*, PUF, 1984, p. 577.

les morts sont placés dans des cistes, des tombes à puits, dans des jarres après crémation. L'importance de la mort en Égypte est bien connue : *mastaba*, pyramides, embaumement, inscriptions funéraires, etc. Le culte des crânes humains se trouve dans toute l'Asie Antérieure. Des crânes sont, en Syrie-Palestine, surmodelés. À Jéricho [1] (niveau PPNB 7500 av. J.-C.), le crâne est rempli d'argile, l'extérieur recouvert de plâtre, les yeux sont remplacés par des cauris. Ou bien le crâne est mis à côté du cadavre (à Jéricho, Hacilar, Chatal Höyük niveau VII en 6150 av. J.-C., Mureybet phase IV B 6800 av. J.-C.). Cette tradition a persisté, puisque à propos des théurges « chaldaïques » du IIe siècle, Proclos parle de morts ensevelis, « sauf la tête, dans la plus mystérique des consécrations [2] ». Pourquoi ce culte des os ? Après la mort, la chair se dissipe, l'esprit part, l'os reste. L'os laisse dans la vie ce qui a basculé dans la mort. Le crâne symbolise doublement cela : comme os, comme pensée. L'os dit que la mort n'est pas une fin. Par l'os, le plus solide en l'homme demeure après la mort. Ce qui était invisible devient visible. Le squelette dans l'homme, comme le plan dans le temple, donne de l'éternité. Le crâne vaut un sanctuaire. On trouve des méditations sur l'os chez Zarathushtra, chez les Égyptiens.

On comprend donc qu'un **ésotérisme de la génération** aille de pair avec un ésotérisme de la mort. L'obsession de la fin forme couple avec la quête de la vitalité, de la fécondité. La pensée ésotérique, fondée sur l'analogie inverse, fonctionne à plein : l'os (qui est matière) est esprit, l'os (qui symbolise la mort) signale la survie, la fécondité suppose la stérilité comme l'été l'hiver. Selon ce mode de pensée, la mort ne renvoie pas, comme aujourd'hui, à la fin, mais au renouveau. L'hiver n'est pas le terme de l'année, il est la condition du printemps. Par le décès, l'homme ne renonce pas définitivement à la Terre, il compte porter la Terre au Ciel. Il éternise son corps, en l'embaumant, en le faisant os. Il l'éternise, autrement dit il lui donne vie, le fait vie. Donnons les preuves. La plus vieille version du mythe d'Osiris et d'Isis *(Textes des pyramides)* présente Isis enceinte après s'être placée sur le cadavre d'Osiris : mort et fécondité. Les Anatoliens préfèrent montrer une déesse accouchant d'un crâne : mort et fécondité. En Mésopotamie, Gilgamesh cherche l'élixir de longue vie au-delà de la mer de la Mort : mort et fécondité, cependant que son ami Enkidou passe ses nuits entre une prostituée et les enfers : mort et fécondité, encore et toujours. La sexualité humaine et la végétation naturelle passent au premier plan. On sait que des cérémonies présentaient une hiérogamie, une union sacrée, entre un dieu et une prêtresse, par exemple Bêl et une hiérodule à Babylone (Hérodote, I, 182). Là encore

---

1. Kathleen M. Kenyon, *Digging up Jericho*, E. Benn, Londres, 1957, p. 53 *sqq.*
2. Proclos, *Théologie platonicienne*, IV, 9, trad. du grec, Les Belles Lettres, 1981, t. 4, p. 30, 165.

on décèle une analogie inverse, donc l'ésotérisme : le plus sacré va avec le moins sacré, à savoir le prêtre avec la prostituée. La sexualité passe entre ciel et terre, elle est sacralisée, à plusieurs niveaux. D'autres cérémonies célébraient la croissance des animaux, des plantes et même des métaux. Ce culte de la fécondité doit être mis historiquement en parallèle avec la naissance et le développement de l'agriculture. Les anciens peuples de l'Asie Antérieure sont sensibles aux énergies de fécondité, qu'ils lient aux cycles naturels, donc à la Lune, aux planètes, aux étoiles, aux bêtes reproductrices, taureau, bélier, aux grains. Des correspondances s'établissent : entre animaux et étoiles, et voici l'astrologie ; avec les Signes du Taureau, du Bélier, entre végétaux et cycles, et voici les Mystères. Les dieux ne favorisent pas simplement la fécondité naturelle, comme chez les Primitifs, ils favorisent aussi la création humaine, la civilisation. Ils font et la fécondité des terres et l'inventivité des hommes.

> Marduk :
> Donateur de l'agriculture,
> Fondateur du quadrillage (des champs),
> Créateur des céréales et du chanvre,
> Producteur de (toute) verdure.

Enûma elish, VII, 1-2, trad. partielle J. Bottéro.

Le Mésopotamien, dans sa plaine marécageuse, aime ses canaux et ses fleuves. L'Égyptien, dans son désert de sable, aime le Nil. L'Anatolien, dans ses montagnes ou ses steppes, aime les sources ou les rivières. L'Iranien, dans son désert pierreux, aime ses oasis et ses *qanat* (des galeries pour atteindre les eaux souterraines). Chaque fois, l'ésotérisme aura le goût de l'eau que l'on boit après des jours de soif. L'eau et le désert. La vie et la mort. L'ésotérisme balance entre les deux mondes.

Ces idées de fécondité et de mort sont données en Asie Antérieure sous forme d'images. L'ésotérisme n'est pas encore conceptuel, comme dans la Grèce du VIIe s. av. J.-C. Il s'appuie sur la perception du blé qui pousse, du puissant taureau (et de son équivalent céleste, le tonnerre), de la vache gestatrice, de l'homme ithyphallique, de la femme enceinte ou parturiente, du paysage traversé de rivières et troué de sources. L'ésotérisme doit donner de l'abondance, jusque dans la mort et au-delà de la mort. L'homme du commun, qui n'est pas un initié sorti des écoles de scribes, participe à cet ésotérisme, le même que celui des grands-prêtres, car, tous, humbles ou lettrés, partent d'une expérience simple, identique, et enthousiasmante : la nature, ses floraisons, son renouvellement. L'Égyptien, qu'il soit paysan ou pharaon, avant tout admire le Nil, qui chaque année, par le limon, fertilise le désert ; le paysan en tire des techniques d'agriculture, le grand-prêtre des cosmogonies. A l'équinoxe de printemps, la basse Mésopotamie est inondée par les crues du Tigre et surtout de l'Euphrate, transformant un désert en paradis. En Anatolie, le même phénomène se produit, sur un autre paysage ; cette fois, ce sont les monts et les rivières qui font jaillir du cœur de l'homme l'amour sacré pour la source jaillissante, pour le taureau en rut, pour la montagne couverte d'arbres. L'ésotérisme civilisateur a une origine écologique, il se fonde sur le paysage, qu'il soit vierge ou cultivé, avec sa flore, sa faune. En revanche, l'origine de l'ésotérisme primitif est, me semble-t-il, politique : elle revient au désir de se grouper en tribus, en clans, de vivre ensemble, de partager une coutume.

Une nuance mérite d'être retenue. Le Primitif parle uniquement de fertilité, alors que le Civilisateur amorce une philosophie de la génération (pas encore de la Création). La fertilité est constatée, souhaitée, elle est diffuse, répandue de-ci de-là dans la nature, tandis que l'idée de génération précise le lien entre ce qui donne et ce qui reçoit. Les Civilisateurs individualisent, ils montrent entre les vivants et le monde ou les dieux des relations d'engendré à engendreur. Le vivant est donc plus autonome, plus libre, plus indépendant. Il n'est plus une partie de la vaste nature plus ou moins imprégnée de force cosmique, il devient un individu, engendré (et qui doit engendrer), indépendant comme un fils par rapport au père.

Justement, chez les Civilisateurs d'Asie Antérieure les notions d'ésotérisme s'individualisent en divinités. On parle moins de *mana*, de puissance, que de dieu, de déesse. Révélateur est le traité de paix conclu entre le roi d'Égypte Ramsès II et le roi hittite Hattousil III, conservé dans ses deux versions. Le traité se veut complet et ordonné, il se veut panthéon, il prétend nommer « tous les dieux » (en hittite *siunes humantes*).

Quant à ces mots du contrat qu'a établi le grand chef du Hatti avec Ramsès-aimé-d'Amon, le grand chef de l'Égypte, ils sont écrits sur cette tablette d'argent.
Pour ces mots, un millier de divinités parmi les dieux et les déesses — de ceux du pays du Hatti — et un millier de divinités parmi les dieux et les déesses — de ceux du pays d'Égypte — sont avec moi comme témoins de ces mots : le Soleil, seigneur du ciel, le soleil de la ville d'Arinna, Soutekh [1], seigneur du ciel, Soutekh du Hatti, Soutekh de la ville d'Arinna, Soutekh de la ville de Zippalanda... [...].
Quant à celui qui observera les mots qui sont sur cette tablette d'argent, qu'il soit du Hatti ou qu'il fasse partie du peuple d'Égypte, et qui ne les négligera pas, un millier de dieux du pays du Hatti avec un millier de dieux du pays d'Égypte feront en sorte qu'il soit prospère et feront en sorte qu'il vive avec sa maisonnée, avec ses enfants, avec ses sujets.

<small>Traité de paix égypto-hittite entre Ramsès II et Hattousil III (1278 av. J.-C.), *apud* tablettes de Boghazköy et inscriptions du temple de Karnak, trad. Claire Lalouette, *op. cit.*, 1984, t. 1, p. 87-88. © Gallimard, Paris.</small>

---

[1]. « Dieu asiatique guerrier, dont le culte était répandu au Proche-Orient, et qui est souvent assimilé au dieu Seth d'Égypte » (Claire Lalouette).

De même, les Akkadiens parlent de nombreux dieux.

> Mardouk, comme roi des dieux, partagea
> l'ensemble des Anounnaki dans le monde d'ici-haut et d'en bas.
> Il les assigna à Anou pour faire respecter ses ordres.
> Il en plaça trois cents dans les cieux, comme garde,
> et, de même façon, fixa l'organisation de la Terre :
> dans les cieux et la Terre, il installa six cent dieux.

Enûma elish, tablette VI, 39-44, trad. R. Labat, apud *Les Religions du Proche-Orient asiatique*, p. 60. © Librairie Arthème Fayard, Paris.

Souvent, les divinités de l'Asie Antérieure sont ailées. L'aile représente le mouvement vers le Ciel, l'élan spirituel. La divinité est céleste.

DIEU AILÉ ÉGYPTIEN
(Maât)

DIEU AILÉ ASSYRIEN

Certaines divinités concernent spécifiquement l'ésotérisme : dieu des sciences sacrées (Thoth en Égypte), dieu de la sagesse et de la magie (Enki chez les Sumériens), dieu de la magie (Kamroushepa chez les Hittites, Éa et Asallouhi chez les Babyloniens, Bès chez les Égyptiens), dieu de l'initiation (Anubis, Nout, Thoth en Égypte), dieu des nombres et de leurs présages (Nidaba en Babylonie), etc. Les notions de mort et de fécondité prennent ainsi la figure du couple divin formé par une déesse-mère et un dieu de l'orage, chacun avec un attribut animal et un lieu naturel.

L'**ésotérisme de la déesse-mère** apparaît pour la première fois en Palestine vers 8500 av. J.-C., à Munbata, à Murabeyt. À Hacilar niveau VI (5750 av. J.-C.), J. Mellaart [1] a mis au jour plus de cent statuettes en argile cuite, une déesse nue et son amant, des femmes avec un léopard. À Jarmo (6750 av. J.-C.), les archéologues ont exhumé des figurines en argile crue représentant des déesses-mères. À Chatal Höyük, le même J. Mellaart a trouvé « des figurines de femmes opulentes dans l'attitude de l'enfantement, au corps traité par grandes masses, soulignant les seins, le ventre et les fesses, et laissant dans le flou la tête et les membres. Ces figurines étaient parfois associées à des animaux. Au cours de la seconde moitié du IVe millénaire, on leur préféra des figurines debout, au corps élancé et svelte, au visage de reptile et portant perruque, avec souvent un enfant dans les bras. Ces figurations, où le rapport entre la femme et les bêtes soulignait à l'origine sa qualité de "maîtresse des animaux", exprimaient peut-être aussi la crainte de la stérilité. Il faudrait alors y voir une figure de l'Aïeule, celle qui recevait les morts, délivrait les enfants, acceptait les animaux sacrifiés et assurait la continuité des espèces [2] ? » Sous forme mythologique et théologique, la déesse-mère s'appelle Wouroushemou chez les Hattiens, Hépat chez les Hourrites, Ishtar à Ninive, Koubaba chez les Phrygiens... L'Égypte a ses déesses-mères : Isis, Mout, Hathor ; Sumer les siennes : Nin-hoursag, Nin-mah, Nin-tou. En Élam, c'est Pinikir, puis Kiri-risha (« Déesse Grande »). Explicitement, chez les Lyciens, Lêtô répond au nom de « Mère divine » *(eni mahanahi)* et s'appelle « Dame » *(lada)*.

La déesse-mère forme couple avec le dieu de l'orage, de sorte que l'ésotérisme de la déesse-mère va de pair avec l'**ésotérisme du dieu de l'orage**. La Déesse de Chatal Höyük est assortie du vautour (symbole de mort) ou du léopard (symbole de vitalité), et accompagnée d'un dieu juché sur un taureau. Il y a doublement : doublement par la constitution d'un couple (déesse, dieu), doublement par le caractère double de chaque divinité (la déesse est tantôt enceinte tantôt parturiente, tantôt jeune mère ou jeune épouse, tantôt femme âgée ; le dieu est tantôt un jeune fils ou un

---

1. J. Mellaart, *Excavations at Hacilar I and II*, Édimbourg, 1970.
2. *Chronique de l'humanité*, dir. R. Maillard, Larousse, 1986, p. 33, col. d.

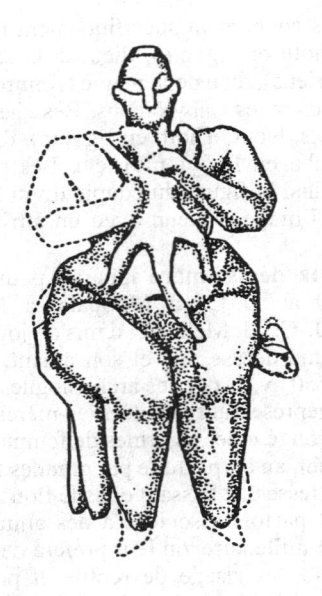

DÉESSE-MÈRE ANATOLIENNE AU LÉOPARD AVEC UN ENFANT
(terre cuite, Hacilar niveau VI, 5750 av. J.-C., dessin J. Mellaart)

jeune amant, tantôt un époux barbu plus âgé), doublement par les attributs (la déesse est escortée par le vautour ou par le léopard, le dieu par le taureau ou par le bélier), enfin doublement par croisement (la déesse accouche d'un taureau ou d'un bélier, attributs du dieu, et le dieu se trouve près d'un léopard ou d'un vautour, attributs de la déesse). La fécondité se déplace vers le ciel, vers les dieux. Le taureau équivaut à l'éclair, l'éclair est un taureau venant du ciel. La pensée analogique fonctionne ici à plein rendement. Les archéologues ont isolé la première manifestation du couple Déesse/Taureau en Syrie, à Mureybet phase III A (8000-7700 av. J.-C.), une cité où l'on trouve et des figurines féminines en argile cuite et des cornes d'aurochs enfoncées dans les murs des maisons [1]. Des statues de déesse-mère, à Hacilar, à Hassouna (5800 av. J.-C.), à Gouzana, à Our ont un aspect ithyphallique [2] : rien de plus ésotérique (ou, dans d'autres contextes, de plus pornographique) que cette représen-

---

[1]. J. Cauvin, *Les Religions néolithiques de Syro-Palestine*, J. Maisonneuve, 1972, 140 p. ; « Mureybet et les origines de l'agriculture », *Histoire et Archéologie*, dossier n° 122, déc. 1987, p. 23 ; « L'origine syrienne des divinités orientales », apud *Syrie. Mémoire et Civilisation*, Institut du monde arabe et Flammarion, 1993, p. 38-39.

[2]. Thérèse Urbin-Choffray, articles « Ithyphallique », « Taureau », du *Dictionnaire des religions*, éd. cit.

tation, qui met ensemble les contraires. Le masculin et le féminin, le divin et le sexuel se mêlent. Le dieu de l'orage amène du ciel les pluies qui fertilisent. Adad, dieu de l'orage, a pour compagne Shala, « dame de l'épi ».

La synthèse des contraires, l'union de la mort et de la fécondité, se réalise pleinement dans un **ésotérisme à Mystères**. Les cultes de l'Asie Antérieure prennent précisément pour centre des dieux qui sont à la fois dieu de la mort et dieu de la fécondité, comme Osiris, Isis, Ba'al. Ce dernier, divinité du grain, meurt pendant les chaleurs d'été et féconde avec les pluies d'automne ; Isis symbolise la mort quand elle est l'épouse d'Osiris, elle symbolise la fécondité quand elle s'identifie à la crue du Nil, à la terre fertilisée. S'agit-il de Mystères ? Les historiens des religions, depuis F. Cumont, répondent : non. Seules les célébrations pratiquées dans le monde grec ou romain seraient des Mystères. Les historiens prennent en compte aussi bien les Mystères de l'époque classique (Mystères de Déméter à Éleusis, des Cabires à Samothrace, de Dionysos, des Thesmophories, etc.), que ceux, d'époque hellénistique (Mystères d'Osiris, du Jupiter d'Héliopolis, de Mithra, etc.), venus d'Asie Antérieure (Égypte, Anatolie, Syro-Phénicie, Iran). Qu'est-ce donc qui caractérise un Mystère, au sens strict [1] ? un complexe de rites, de mythes, d'idées centrés sur la fascination de la vie, ses cycles (naissance/mort, activité/sommeil), ses œuvres (fécondité/stérilité, bienveillance/hostilité). La nature, non un dieu, sert d'archétype. Les Mystères sont des cérémonies secrètes d'initiation ou d'identification symbolique. Ils consistent en drames liturgiques (δρώμενα), en révélations orales (λογόμενα) et en monstration d'objets sacrés (δεικνύμενα). L'ensemble a trait à la mort ou au sommeil, puis à la résurrection ou à la reviviscence symboliques d'une divinité ou d'un héros. Ces personnages incarnent la végétation ou l'agriculture. La végétation est naturelle, tandis que l'agriculture est culturelle. Les Mystères se donnent le même objet : obtenir pour l'initié une vie qui soit bienheureuse dans un autre monde et lumineuse en ce monde. Ils utilisent un même symbolisme : le cycle végétal, car le grain meurt et renaît comme épi, et le grain est à la fois tout et rien, il n'est qu'une particule de matière en même temps qu'il est un condensé de vie, il symbolise l'enveloppement et le développement. Les Mystères comportent une organisation initiatique et une doctrine ésotérique, centrée sur l'idée d'au-delà, de la survie. C'est logique : l'idée de printemps cache son au-delà, celle d'hiver. Les points de convergence entre les Mystères gréco-romains d'époque classique et les cultes d'Asie Antérieure apparaissent clairement. Il y a secret : le nom de la divinité est inef-

---

1. Sur les Mystères : O. E. Briem, *Les Sociétés secrètes de Mystères*, trad. du suédois, Payot, 1941 ; *Supplément au Dictionnaire de la Bible* (1928 ss.), art. « Mystères », Letouzey et Ané, 1960, t. 6, col. 1-226 ; M. Eliade, *Histoire des croyances et des idées religieuses*, Payot, 1976, t. I, p. 53 *sqq.*, 309 *sqq.*, 461 *sqq.*, t. 2, p. 265 *sqq.*, 279 *sqq.*

fable, ou l'accès au sanctuaire est réservé, ou le rituel exige une interprétation occulte. On observe, dans les cultes de l'Asie Antérieure comme dans les Mystères gréco-romains, des gestes symboliques, des monstrations d'objets, des processions publiques. Le symbolisme du cycle végétal s'offre partout. On trouve donc, aussi bien dans les Mystères classiques gréco-romains que dans les « Mystères » de l'Asie Antérieure, le mythème du dieu mourant et renaissant comme un grain : Attis, Tammouz, Adonis, Osiris ; à Ougarit, le mythe conte le grain qui meurt en été et renaît à la saison des pluies, sous forme du combat entre Ba'al et Môt.

Passons aux points de divergence. En Asie Antérieure, la personne qui meurt et renaît n'est pas, comme dans l'Antiquité gréco-romaine, l'homme, l'initié, mais le dieu, l'initiateur. On observe un culte fermé, réservé, un clergé restreint, mais pas de société secrète proprement dite. Les textes et l'iconographie montrent des processions publiques, comme dans les Mystères classiques gréco-romains, mais pas d'initiation, de cérémonie liturgique. À moins que les documents ne soient perdus ou mal interprétés. En tout état de cause, il vaut mieux parler de cultes à Mystères ou, en employant les guillemets, de « Mystères ». Les plus importants de ces cultes à Mystères sont ceux d'Osiris et Isis en Égypte, de Doumouzi (=Tammouz) en Mésopotamie, des Ba'al en Phénicie. Pour résumer, disons que les Mystères existent dans les tribus primitives, mais sous forme physique, à travers le masque, dans un travail du corps, danse, épreuves physiques ; les Mystères existent aussi dans les peuplades civilisatrices, mais à travers le grain (qui meurt et renaît), ou le cadavre (qui a péri et va ressusciter), il est donné dans un travail de l'imagination, contes, mythes, figurines de divinités ; il faut attendre les sociétés civilisées, Grèce, Rome, Alexandrie, pour voir des Mystères donnés sous forme de hiérodrames et pensés conceptuellement, au lieu d'être vécus dans le corps ou dans l'imagination. Bien entendu, il n'y a pas progrès.

Tous ces peuples d'Asie Antérieure semblent avoir institué des « Mystères » populaires, de grandioses mises en scène où deux parties de la population se combattaient, l'une pour le Bien, l'autre pour le Mal. En Égypte, selon Hérodote, des « Mystères » publics opposaient partisans d'Horus (le Bien) et partisans de Seth (le Mal)[1]. Selon le témoignage de Maqdisî, des combats rituels se déroulaient en Asie centrale entre les deux moitiés de la population. En Mésopotamie, lors de la fête du Nouvel An, deux groupes s'opposaient.

---

1. Hérodote, *Histoires*, II, 63.

LES ÉSOTÉRISMES CIVILISATEURS 323

CULTES À MYSTÈRES NON OCCIDENTAUX ET MYSTÈRES OCCIDENTAUX

	Cultes à Mystères de l'Asie Antérieure	Mystères gréco-romains d'origine orientale
ancienne ANATOLIE	• Attis couplé à Cybèle (550 av. J.-C.) • bélier (6150 av. J.-C.) • Cybèle (1370 av. J.-C.) • déesse du grain (Kait, Halki) • déesse-mère (6700 av. J.-C.) • dieu de la Lune (Sîn ; 1370 av. J.-C.) • dieu de l'orage • dieux de la végétation (dkal) • Mâ de Comane • Sabazios • taureau (6150 av. J.-C.)	• Agdistis (=Astarté ; IVe s. av. J.-C. en Grèce) • Artémis (fin Ve s. av. J.-C. à Éphèse) • Attis (=Adonis ; IVe s. av. J.-C. en Grèce ; 49 à Rome) • Cybèle (525 av. J.-C. en Grèce ; 205 av. J.-C. à Rome) • Dionysos (XIe s. av. J.-C. en Grèce ; 213 av. J.-C. à Rome) • Kakasbos (cavalier lycien) • Mâ (=Bellone ; 92 av. J.-C. à Rome) • Mên (=Lunus ; IVe s. av. J.-C.) • Sabazios (430 av. J.-C. en Grèce)
ancienne ÉGYPTE	• Anubis (3200 av. J.-C.) • bélier (Amon ; 2200 av. J.-C.) • dieu de la fertilité (Min) • dieu de l'orage (Seth) • dieu du Soleil (Rê ; 2580 av. J.-C.) • Horus • Isis (2800 av. J.-C.) • Osiris (2700 av. J.-C.) • taureau (Apis, Boukhis, Mnévis ; 3200 av. J.-C.)	• Anubis (317 av. J.-C. à Alexandrie) • Horus Harpocrate (=Zeus Kasios) • Isis (Ve s. av. J.-C. en Grèce ; 317 av. J.-C. à Rome) • Osiris • Sérapis (286 av. J.-C.)
ancien IRAN	• Anâhitâ (405 av. J.-C.) • Mithra (1450 av. J.-C.)	• Anâhitâ (=Artémis) • Mithra (66 av. J.-C. à Rome)
MÉSOPOTAMIE	• Dagan (dieu du blé, 2100 av. J.-C.) • déesse-mère (Inanna) • dieu de la Lune (Nanna) • dieu de l'orage (Adad ; 2100 av. J.-C.) • dieu du Soleil (Outou)	

	Cultes à Mystères de l'Asie Antérieure	Mystères gréco-romains d'origine orientale
	• Doumouzi (=Tammouz ; 3500 av. J.-C.) • Inanna (=Ishtar ; 650 av. J.-C.) • Mardouk (XIIe s. av. J.-C.) • Taureau céleste (2700 av. J.-C.)	
PHÉNICIE et ancienne SYRIE	• Adonis • 'Anat • les Ashtart (=Astarté ; VIIIe s. av. J.-C.) • les Ba'al (XIVe s. av. J.-C.) • dieu de l'orage et de l'agriculture (Hadad) • dieu du grain (Môt) • Melkart (IXe s. av. J.-C.)	• Adonis (=Doumouzi sumérien, Tammouz ; VIIe s. av. J.-C. en Grèce ; 50 av. J.-C. à Rome) • Atargatis (=*Dea syria*, Dercéto ; 333 av. J.-C. en Grèce ; 134 av. J.-C. à Rome) • Bêl de Palmyre • Dagan • Eschmoun • Jupiter de Canaan • Jupiter de Damas • Jupiter de Doliché (130 av. J.-C. à Rome) • Jupiter d'Émèse (=Élagabal ; 193) • Jupiter d'Héliopolis (=Ba'al de Baalbek, Hadad ; 66 av. J.-C.) • Marnas (134 av. J.-C., Rome) • Melkart (=Ba'al de Tyr, Hercule ; 330 av. J.-C., Rome)

Un fait historique reste frappant. Quand Ptolémée Ier Sôther, roi d'Égypte, décide d'instituer à Alexandrie les Mystères de Sérapis, il consulte un prêtre d'Éleusis, donc un initié des Mystères d'Éleusis, qui appartient à la famille sacerdotale des fondateurs, les Eumolpides, et qui s'appelle Timothée[1]. Les Mystères d'Asie et les Mystères d'Occident confluent !

---

1. Tacite, *Histoires*, IV, 83. Arnobe, *Contre les nations*, V, 5.

L'astrologie paraît sur plusieurs plans, celui des dieux [1], celui des monuments, celui du quotidien. Le jour le plus important est le Nouvel An, en Mésopotamie (première lunaison après l'équinoxe de printemps), en Égypte (lever héliaque de Sirius), en Iran (jour Ohrmazd du premier mois). Ce jour-là les dieux fixent le Destin. Le Nouvel An est une fête de renouveau : une occasion d'initiation. Les Sumériens ont le culte de Outou (Soleil), de Nanna (Lune), d'Inanna (étoile du matin et du soir). Le dieu mésopotamien de la Lune est Sîn, celui du Soleil Shamash, celui du temps Ishkour (=Adad). Les Phrygiens appellent Mên leur dieu lunaire et de la magie. Les Hittites célèbrent le culte du Soleil (Istanou) et de la Lune (Ishara). Les Hattiens connaissent une déesse solaire, parèdre du dieu de l'orage. Les Ouartéens ont une déesse de la Lune (Shilardi) et un dieu de l'orage (Teisheba), de même que les Louwites, avec Tarhount (dieu de l'orage) et Arma (dieu de la Lune). Les Hourrites vénèrent un dieu Lune, Koushou, un dieu Soleil, Shamaga. Le dieu de l'orage [2] entre, aussi, en partie, dans le domaine astrologique : Tarou des Hattiens, Teshoub des Hourrites, Hadad des Araméens, Tarhount (Victorieux) des Louwites... Pour les Akkadiens, la déesse-mère Inanna est Vénus, déesse de l'amour, de la fertilité, de la guerre, son père est la Lune (Sîn) et son frère le Soleil (Outou [=Shamash]). Le dieu de l'orage des Hattiens, Tarou, a pour parèdre la déesse Soleil d'Arinna, Wouroushemou.

Une forme plus ésotérique de l'intérêt pour les astres se manifeste dans la constitution de calendriers. L'Égypte s'est mise sous la « planète » Soleil, avec Rê, comme la Mésopotamie sous la « planète » Lune avec son calendrier qui faisait commencer le mois le soir où le nouveau croissant redevenait visible. L'ésotérisme civilisateur a inventé (ou découvert) **l'ésotérisme astrologique et calendérique**, l'astro-calendérologie. L'Égypte avait trois calendriers : le calendrier sothiaque (cycle de 1461 ans), le calendrier civil (cycle annuel des crues du Nil), le calendrier lunaire (cycle de 12 mois de 30 jours). Le premier roi mythique s'appelait Thoth, du nom du dieu. Et les prêtres faisaient de Thoth l'inventeur du calendrier. Le calendrier mésopotamien avait pour auteurs les astrologues sumériens puis babyloniens à partir de 2500 av. J.-C. Il commençait à l'équinoxe de printemps. Notre semaine de sept jours, fondée sur les quatre phases du mois lunaire, vient de Mésopotamie. La première forme, dans le temps, de l'astrologie de cette Asie Antérieure c'est l'hémé-

---

1. Sur les dieux astraux : E. Laroche, « Divinités lunaires d'Anatolie », *Revue de l'histoire des religions*, PUF, 1955, t. 148, p. 1-24. *La Lune. Mythes et Rites*, Éditions du Seuil, coll. « Sources orientales », 1962. M. Salvini, *Revue hittite et asianique*, PUF, 1978, t. 36, p. 157-172 (sur les dieux ourartéens).
2. Sur les dieux de l'orage : J.-M. Seux, *Hymnes et Prières aux dieux de Babylonie et d'Assyrie*, Cerf, 1976, p. 467-475 (Adad mésopotamien).

rologie[1]. On fixe les jours fastes et les jours néfastes, d'autre part[2] on détermine le caractère et le destin d'une personne d'après ce jour de naissance (mais sans considérer les positions astrales, comme dans l'horoscopie). La deuxième forme, c'est l'astrologie classique. Cette astrologie ne se fonde pas sur le Zodiaque, constitué seulement au Ve s. av. J.-C. en Mésopotamie, mais sur les planètes, les comètes, etc. La plus récente forme, c'est l'horoscopie planétaire, l'astrologie de la période hellénistique, attestée dès 410 av. J.-C. en Mésopotamie, en 62 av. J.-C. en Anatolie (encore s'agit-il d'un roi), en 14 av. J.-C. en Égypte[3].

L'astrologie joue aussi dans des domaines très divers. L'architecte égyptien construit les monuments en fonction de facteurs astronomiques : les quatre orients, la position de Sirius, etc. La religion égyptienne, en général, tient compte du Soleil, de la Lune, des saisons ; par exemple l'image du dieu est sortie du temple à l'instant précis où le Soleil émergeait de l'horizon, un astronome, le prêtre horoscope, détermine l'heure des cérémonies. L'astrologie poursuit le souci du Civilisateur de rester en contact avec les forces fécondantes de la nature. D'une façon générale, les Civilisateurs divinisent le temps, et ce processus relève de l'ésotérisme. On l'observe dans l'astrologie, dans les Mystères. Les moments du Soleil, son lever, son zénith, son coucher portent des noms de dieux. Une civilisation se veut universelle mais elle se connaît temporelle.

Les Civilisateurs font des arts occultes à un niveau, non pas personnel, mais cosmique. L'esprit souffle large. Les arts occultes se vivent comme des **cosmologies occultes**. L'astrologie, la magie, l'alchimie, la divination ne se prétendent pas tant des techniques que des connaissances sur le cosmos. L'astrologie ne consiste pas en ce que tel astrologue devine le futur de tel citoyen, mais en ce que le sage situe dans les astres la Raison universelle. L'alchimie ne consiste pas en ce que tel alchimiste transforme ce métal en or, mais en ce que le sage pense la transmutation du monde en Feu lors de la fin des temps. La magie ne consiste pas en ce que tel magicien fait tomber la pluie, mais en ce que le monde se renouvelle, s'engendre lui-même, est fécond, fait des engendrés qui à leur tour seront engendreurs. La cosmogonie est une transmutation : voilà la vraie Alchimie. Les vivants obéissent au destin : voilà la vraie Astrologie. Il est donc plus pertinent de chercher les arts occultes des Civilisateurs dans leurs

---

1. Hémérologie mésopotamienne : R. Labat, *Hémérologies et Ménologies d'Assur*, A. Maisonneuve, 1939. Hémérologie égyptienne : F. Chabas, *Le Calendrier des jours fastes et néfastes de l'année égyptienne*, 1870, in *Œuvres diverses*, t. 4, p. 127-235. Voir *infra*, p. 375 (« Les arts occultes [des Mésopotamiens] »), et voir *infra*, p. 456 (« Les arts occultes [des Égyptiens] »).
2. Chez les Hittites : B. Meissner, *Klio*, 1925, t. XIX, p. 432-434 (XIIIe s. av. J.-C.) ; chez les Égyptiens : Hérodote, II, 82.
3. Horoscope égyptien : O. Neugebauer et H. B. von Haesen, *Greek Horoscopes*, Philadelphie, 1959.

croyances. J'explique ainsi l'erreur de R. C. Thompson[1] qui a cru trouver une alchimie babylonienne du même type que l'alchimie européenne ; il aurait dû la chercher dans la mythologie, pas dans la métallurgie !

ÉSOTÉRISTE CIVILISATEUR

On retrouve les caractéristiques de l'ésotérisme des premières civilisations en passant des peuplades aux personnalités de ces mêmes civilisations. Ce qui vaut pour l'ensemble vaut pour les parties. Ce point constitue d'ailleurs une innovation par rapport aux sociétés primitives, où l'on voit des clans, des ethnies, peu de personnes. On trouve des individualités, chez les Primitifs, comme le Dogon Ogotemmêli, le Sioux Wapiti Noir, le Tahitien Tiurai, mais ils se contentent de porter la tradition, ils n'innovent pas. En eux on consulte la coutume, pas la personne. On les connaît grâce à des témoignages, et non pas à cause de leur apport. Ogotemmêli n'est pas Ogotemmêli : il est Dogon. En revanche, en Asie Antérieure, de **Grands Sages** surgissent de l'aube historique. De même que les notions s'individualisent en divinités, elles s'incarnent en personnalités. On passe de l'impersonnel aux personnes. L'expression « Grand Sage » existe en akkadien : *atrahasîs*[2]. Le Sumérien dit : *lu.geshtu.dagal*, « l'homme au vaste entendement », mot à mot « l'homme à l'oreille large ». Ces Grands Sages répètent donc les traits des ésotérismes civilisateurs : ils construisent et ils écrivent, ils montrent de la fascination autant pour la mort que pour la fécondité, ils vénèrent une déesse-mère et un dieu de l'orage associés, ils sont prêtres ou princes, ils sont en relation avec des cultes à Mystères et l'astrologie. Ces Grands Sages ont pour nom : Imhotep (2770 av. J.-C.), Gilgamesh (2650 av. J.-C.), Amenhotep (1402 av. J.-C.), Akhénaton (1375 av. J.-C.), Hiram (969 av. J.-C.), Zarathushtra (594 av. J.-C.) et Vishtâspa, Pétosiris d'Hermopolis (336 av. J.-C.), le pseudo-Ostanès[3] (320 av. J.-C.), pour ne pas parler d'Abraham, de Moïse ou de Sanchoniathon. Les peuplades d'Asie Antérieure ne distinguent guère entre personnalité historique et personnage mythologique. Sont Grands Sages des dieux comme Thoth, Osiris, Oannès... Il n'est pas impossible, au demeurant, qu'Osiris ait été un roi d'Égypte[4].

Les Grands Sages ont découvert les connaissances originelles, par nature secrètes et magiques. Thoth, Hermès Trismégiste, Énoch sont, dit-on, inventeurs des sciences occultes, voire de toute technique, de tout savoir, de tout usage. Strabon, à propos des Égyptiens, soutient :

---

1. « A Survey of the Chemistry of Assyria in the VII Century Before Christ », *Ambix II*, 1938, p. 3-16.
2. *Le Poème du Supersage. Atrahasîs* (1650 av. J.-C.), trad. J. Bottéro et S.N. Kramer, *Lorsque les dieux faisaient l'homme : mythologie mésopotamienne*, Gallimard, 1989, p. 527-553.
3. Pline l'Ancien, *Histoire naturelle*, XXX, 11.
4. Hérodote, II, 144.

C'est surtout à Hermès [Thoth] qu'ils rapportent l'invention de toute leur sagesse.
Strabon, *Géographie*, XVII, 1, 46.

Soit Imhotep, l'Égyptien. Il est architecte, « charpentier-maçon du roi » : lui aussi traduit l'ésotérisme en monuments et en villes. Il est scribe, lettré, on lui attribue des livres de sagesse, il infléchit l'ésotérisme vers le corpus. Il est médecin, inventeur des techniques de l'embaumement : lui aussi s'intéresse à la mort, à l'après-mort, à la fécondité, les Grecs l'ont assimilé à Asclépios. Il est ministre, vizir du roi Djeser (>Zoser) : il met l'ésotérisme au service du pouvoir centralisé ; ses rapports avec la déesse-mère passent, comme chez tous les Égyptiens, par la déesse Isis. Astrologue, il a fait une réforme du calendrier, à cause du cycle de l'étoile Sirius, consacrée à Isis. Il se présente ainsi dans l'inscription figurant sur sa statue :

Je suis le versé dans les paroles divines que le roi a fait pénétrer dans l'intérieur de son être [...]. Je me suis élevé jusqu'aux sciences divines, j'ai vu les splendeurs du dieu Thoth, j'ai été muni de ses secrets.
Imhotep, cité par G. Maspéro, *Études de mythologie et d'archéologie égyptiennes*, 1892-1916, t. 3, p. 313.

Gilgamesh répond tout autant aux caractéristiques de l'ésotérisme de l'Asie Antérieure. Il est roi d'Ourouk, donc homme de pouvoir. Il doit affronter la mer de la Mort ; il cherche l'herbe d'immortalité. Il entre en rapport avec la déesse-mère Inanna.

Sanchoniathon [1], haute figure de l'ésotérisme phénicien au XIVe s. av. J.-C., est prêtre. Hiram, roi de Tyr, qui deviendra un grand nom dans la Franc-Maçonnerie européenne, est architecte, puisqu'il construit le Temple de Salomon (III Rois, V ; II Chroniques, II) ; on lui attribue un rite de fécondité, « l'éveil d'Héraclès ».

Apparaissent dans l'ésotérisme civilisateur des **listes** [2] de sages, de fondateurs, de souverains, de héros civilisateurs. Mais, attention, ces listes sont des clefs occultes. Là encore, il faut comprendre avant d'accuser les anciens ésotéristes de dérapage historique, de malversations chronologiques. Les listes enseignent, elles ne renseignent pas. En Égypte, Manéthon fournit la division en dynasties des souverains de l'Égypte. Mais comment ? Il utilise, à la suite des prêtres d'Héliopolis, comme pour les dieux, une division en ennéade, il situe l'apparition du culte du bélier, il

---

1. Selon Philon de Byblos (Ier s.), reproduit par Eusèbe de Césarée, *Préparation évangélique* (IVe s.). Sanchoniathon est un initié phénicien, imaginaire ou historique.
2. Manéthon, *Aegyptiaca* (263 av. J.-C.), trad. anglaise W. G. Waddell, *Manetho, the Historian*, Londres, 1940 ; *Tables d'Abydos* (1298 av. J.-C.). Bérose, *Babyloniaca* (279 av. J.-C.), *apud* Eusèbe de Césarée, *Histoire ecclésiastique*. Genèse, V et XI. Listes de rois sumériens : S. N. Kramer, *The Sumerians*, Chicago, 1963, p. 328 *sqq*.

parle du premier législateur. Autrement dit, listant les pharaons, Manéthon décrypte l'histoire occulte de l'Égypte avec des clefs occultes. En Mésopotamie, on observe le même phénomène. Bérose énumère les rois antérieurs au Déluge. En réalité de quoi parle-t-il ? de cycles occultes, de révélations ésotériques. Les Hébreux détaillent les noms des Patriarches, pour opposer l'avant-Déluge à l'après-Déluge, l'immortalité (Adam), la longévité (Mathusalem), la brièveté.

ÉSOTÉRISMES CIVILISATEURS : LOGIQUES

Une fois mises au jour certaines ressemblances, on a tout loisir pour insister sur les différences entre les ésotérismes civilisateurs. Les divergences restent profondes. Mais, je préférerais dire ceci. Les oppositions d'idées ou de pratiques, qui intéressent tant philosophes et historiens, paraissent ici moins intéressantes que l'utilisation de mêmes invariants : impersonnalité de l'auteur, opposition ésotérique/exotérique, croyance au subtil, méthode des analogies et correspondances, recours aux Nombres, constitution d'arts et de sciences occultes [1]. Tous les ésotérismes demeurent d'accord là-dessus. Cependant, ils traitent ces invariants avec des logiques distinctes que l'on va découvrir au fur et à mesure. Les spécialistes hurleront à la simplification, au simplisme. Soit. J'avoue. Mais, à force de lire Babyloniens, Égyptiens, Iraniens, Hittites, il était tentant de faire une caricature, de forcer le trait, de montrer un tic mental [2]. Quelles opérations intellectuelles interviennent ? Le devin mésopotamien affectionne la proposition conditionnelle, le sage égyptien le parallélisme, le Mazdéen, lui, procède par alternative, et l'Anatolien par complémentarité.

LOGIQUES DES ÉSOTÉRISMES CIVILISATEURS

MÉSOPOTAMIE : pensée conditionnelle (**si..., alors...**) : $p \rightarrow q$ – exemple : « *Si un faucon traverse le ciel vers sa gauche : ce malade mourra.* »
ÉGYPTE : pensée analogique (**analogue à**) : le rapport de a à b est semblable à celui de c à d (4 termes), ou de b à c (3 termes) – exemple : « Les hommes vivent de grains, les crocodiles vivent de poissons » (le grain est à l'homme ce qu'est le poisson au crocodile)
IRAN : pensée par disjonction exclusive (**soit... soit...**) : $p \text{ w } q = \emptyset$ – exemple : « le dieu bon ou le mauvais démon » (l'un excluant l'autre)
ANATOLIE : pensée par disjonction inclusive (**et/ou**) : $p \vee q$ – exemple : la déesse du Soleil et le dieu de l'Orage : l'un autant que l'autre

---

1. P. A. Riffard, *L'Ésotérisme*, éd. cit., p. 307-364.
2. Logiques des Ārya : voir *infra*, p. 578. Logiques des Extrême-Orientaux : voir *infra*, p. 739. Logiques des monothéistes : voir *infra*, p. 943.

L'ÉSOTÉRISME CIVILISATEUR SELON LES ÉSOTÉRISTES OCCIDENTAUX

La tendance des ésotéristes d'Occident est de reculer l'origine à des dates fabuleuses, avec des durées fabuleuses. Ils avaient été précédés par les ésotéristes d'Asie Antérieure eux-mêmes, Mésopotamiens comme Bérose et Égyptiens comme Manéthon ou même par les chronologies officielles.

> Lorsque la royauté descendit du ciel, la royauté était à Éridou. À Éridou Alulim devint roi et régna 28 000 ans ; Alalgar régna 36 000 ans. Deux rois régnèrent ces 64 800 ans.
>
> *Liste royale sumérienne* (vers 2000 av. J.-C.).

> Vénérables Compagnons d'Horus *(Shemsou Hor)* : années 13 420
> Règnes jusqu'aux Compagnons d'Horus : années 23 200
> Total : années 36 620
> Roi Ménès.
>
> *Papyrus royal de Turin.*

Bérose place le premier roi des Babyloniens, Alorus, 432 000 ans avant le Déluge. Les 432 000 ans s'expliquent par un symbolisme arithmétique. Ce nombre est un grand cycle chez les Mésopotamiens et fait intervenir les multiples sacrés de l'astrologie 30 et 72, car $432\,000 = (30 \times 200) \times 72$. Ce dernier nombre, 72, signe la précession des équinoxes, qu'ignoraient, en principe, les Mésopotamiens : $72 \times 30 = 2\,160$; $2\,160 \times 12 = 25\,920$ années équinoxiales ; $432\,000 : 2\,160 = 200$. Selon Hermodore le Platonicien, Zarathushtra a vécu 5 000 ans avant la guerre de Troie[1]. Les ésotéristes et ceux qui les répètent situent la vie d'Hermès en des temps immémoriaux : le rhéteur Jean Malalas soutient qu'Hermès Trismégiste vécut sous les Sésostris (1850 av. J.-C.), le philosophe Diogène Laërce parle de 48 863 avant Alexandre le Grand ! Les ésotéristes tiennent à placer dans le temps, alors qu'ils pourraient se contenter du fameux « il était une fois ». Pourquoi ce souci de précision quand les instruments font défaut ? Le but est de montrer que l'ésotérisme est pérenne, éternel, non modifiable et que les Grands Sages avaient l'immortalité. Le temps était vaincu, amadouée la mort.

Les ésotéristes d'Occident comme les ésotéristes d'Asie Antérieure placent les Grands Sages aux carrefours de l'Histoire, à la croix du Destin. Ils surgissent aux Grands Moments : Révélation, Déluge, naissance d'un Empire, révolution sociale... En Mésopotamie, Oannès s'identifie à la Révélation, Outa-napishtim au Déluge. En Égypte, Imhotep incarne le début de l'art égyptien.

Les Grands Sages se placent aussi à l'intérieur de mêmes cycles, de

---

1. J. Bidez et F. Cumont, *Les Mages hellénisés*, Les Belles Lettres, 1938, t. II, p. 7 *sqq.* Pline l'Ancien, *Histoire naturelle*, XXX, 4.

mêmes synchronismes [1]. Ils sont contemporains les uns des autres au sein d'une commune Époque de l'Humanité (et non de telle ou telle culture, de tel ou tel peuple). Les Grands Sages jaillissent en essaim à l'occasion d'une mutation cosmique ou historique, chacun dans un espace précis. Cela laisse entendre qu'une Providence ou une Nécessité gouverne l'Histoire de l'Humanité. Fabre d'Olivet note :

Alors parurent [au VIe s. av. J.-C.], à peu de distance les uns des autres, le dernier des Bouddhas aux Indes, Sin-Mou [l'empereur Jimmu Tennô[2], 660 av. J.-C.] au Japon, Lao-tzée [Lao-tseu] et Kong-tzée [Confucius] en Chine, le dernier des Zoroastres [Zarathushtra] en Perse, Esdras parmi les Juifs, Lycurgue à Sparte, Numa en Italie, et Pythagore pour toute la Grèce. Tous tendirent au même but, quoique par des chemins opposés.

A. Fabre d'Olivet, *Histoire philosophique du genre humain* (1822), chap. XI, Éditions Traditionnelles, coll. « Les Classiques de l'occulte », 1972, t. 1, p. 311.

Car les ésotéristes tendent également à multiplier une même figure. Ils comptent plusieurs Hermès, plusieurs Zarathushtra, comme en Inde plusieurs Bouddha, plusieurs Manu, plusieurs Râma, plusieurs Krishna. Les occultistes occidentaux parlent, après d'autres, de trois Zarathushtra. Selon A. Fabre d'Olivet, « le premier Zoroastre » établit une monarchie théocratique mille ans avant la naissance de la Perse avec Ninus (t. I, p. 276) ; « quand l'Assyrien Ninus fit la conquête de la Perse » (vers 2200 av. J.-C. ; t. I, p. 287) apparut « un second Zoroastre qui fut le créateur de cette espèce de science appelée Magie, à cause des Mages » (t. I, p. 281-282) ; « le dernier des Zoroastres » apparut en Perse au VIIe s. av. J.-C. (t. I, p. 311). Varron admet, et saint Augustin avec lui, plusieurs Hermès : Hermès-Thoth, Hermès Trismégiste.

Quant à la philosophie qui fait profession d'enseigner aux hommes quelque moyen de devenir heureux, c'est vers l'époque de Mercure dénommé Trismégiste que son étude devint célèbre en ce pays [l'Égypte] [...]. C'est à l'époque en effet où naquit Moïse que remonte, dit-on, Atlas, le grand astrologue frère de Prométhée et aïeul maternel de Mercure l'Ancien, dont Mercure Trismégiste fut le petit-fils.

Saint Augustin, *La Cité de Dieu* (420-429), XVIII, 8, in *Œuvres de saint Augustin*, Desclée de Brouwer, 1960, t. 36, p. 621, trad. G. Combès.

Les Musulmans ésotéristes n'ont pas des idées si éloignées.

Les Hermès sont nombreux. Parmi eux se rencontre celui qui vécut avant le Déluge et qui, selon les Hébreux, est le prophète Énoch, c'est-à-dire Idrîs [*Coran*, XIX, 56 ; XXI, 85]. Après le Déluge, d'autres Hermès vécurent, pleins de science et de discernement. Mais les plus éminents sont Hermès le Babylonien, dont nous venons de parler, et un autre, disciple de Pythagore, originaire d'Égypte.

Abû Ma'shâr al-Balkhî (=Apomasar, † 885), *Kitâb al-Ulûf*.

---

1. Voir *supra*, p. 60 (tableau : « Synchronisme des ésotérismes... »).
2. Sur Jimmu Tennô : *Kojiki* (712), trad., Maisonneuve et Larose, 1969.

Le Grand Sage, qui s'additionne donc, peut aussi se multiplier. La Sibylle libyenne a sa contrefaçon, la Sibylle égyptienne, comme la Sibylle troyenne avec la Sibylle phrygienne[1]. Après les Zarathushtra I, Zarathushtra II, Zarathushtra III, voici les pseudo-Zarathushtra, les deutéro-Zarathushtra, les néo-Zarathushtra.

Mais n'a-t-il existé qu'un seul Zoroastre, n'y en eut-il pas un autre plus tard ? On n'est pas d'accord sur ce point.

Pline l'Ancien, *Histoire naturelle*, XXX, 2.

Comme l'hydre à sept têtes, le Grand Sage se donne plusieurs faces. Des doubles font surface, en Asie Antérieure ou en Occident. A côté du vrai Démocrite, philosophe, apparaît le pseudo-Démocrite, alchimiste gréco-égyptien : à l'original occidental répond un double asiatique. Le cas inverse paraît aussi, où face à un original asiatique se dresse un double occidental : face à Hystaspe (>Vishtâspa), protecteur et disciple de Zarathushtra, se dresse un autre Hystape, auteur d'*Oracles*, sous l'empereur Auguste, cinq cents ans plus tard. Zarathushtra a son pseudo-Zarathushtra, Zoroastre, dans la Grèce du Ve s. av. J.-C. Des astrologues, vers 150 av. J.-C., signent Néchepso et Pétosiris[2] : pseudo-Néchepso, pseudo-Pétosiris, dirions-nous ! Ces déguisements relèvent de l'identification mystique, pas du charlatanisme. On n'est pas encore dans une pensée d'individualité, unique, séparée, distincte, comme dans la philosophie grecque, avec Pythagore ou Empédocle, mais dans une pensée de personnalité. La personnalité n'ajoute que quelques touches propres à un personnage, à une fonction. Se dire Zarathushtra veut dire justement que l'on va dire comme Zarathushtra, rien de plus. On continue son œuvre, un peu à sa manière. Il n'y a pas usurpation d'identité. Dans les boutiques qui affichent fièrement « Dupont et fils », « Durand frères », on se donne aussi le droit de confondre père et fils, aîné et cadet. Ce qui importe, c'est la qualité de la Maison, sa réputation.

Parmi ces Grands Sages, des noms fantastiques circulent. Pline l'Ancien parle des Mèdes Apusorus et Zaratus, des Babyloniens Marmarus et Arabantiphocus, de l'Assyrien Tarmoendas (*Histoire naturelle*, XXX, 5).

Une autre manœuvre des ésotéristes occidentaux consiste à assimiler des personnages de civilisations différentes, à la manière des Romains pratiquant l'*interpretatio*, c'est-à-dire l'identification d'un dieu étranger à un dieu romain. Ba'al est Jupiter ! Gilgamesh le Sumérien ressemble

---

1. Art. « Sibylle » de l'*Encyclopaedia Universalis*. Sur la Sibylle de Delphes : Héraclite, fragment 93. Sur la Sibylle de Troyes (Cassandre) : Eschyle, *Agamemnon*. Sur la Sibylle de Cumes : Virgile, *Énéide*, VI. Sur la Sibylle de Babylone : Pausanias, *Description de la Grèce*, X, 12, 9. Sur la Sibylle juive : *Oracles sibyllins*, IV.
2. Texte : E. Riess, « Nechepsonis et Petosiridis fragmenta magica », *Philologus*, suppl., 1892, t. VI, p. 327 *sqq*. Étude : A. Bouché-Leclercq, *L'Astrologie grecque* (1899), Scientia Antiquariat Verlag, 1979, p. 519 *sqq*.

par ses exploits à Héraclès le Grec. « Vers 1144, Robert de Chester identifie le premier Hermès à Énoch, ce qui est banal, le second à Noé, ce qui est moins ordinaire, tandis que le troisième Hermès — Mercurius Triplex [Hermès Trismégiste] — devrait son appellation de Trismégiste à ce qu'il aurait été, à la fois, philosophe, prophète et roi d'Égypte [1]. » Des croisements s'opèrent ainsi entre les Hermès et les Mercure, puis entre les Hermès et les Thoth, puis entre les Hermès et Énoch ou quelque héros civilisateur.

Sanchoniathon, homme très savant et très habile, qui désirait apprendre de tout le monde ce qui s'est passé depuis l'origine, depuis que l'univers existe, mit tout son zèle à tirer de sa cachette l'œuvre de Taautos. Il savait que, de tous ceux qui ont vécu sous le soleil, Taautos est le premier à avoir inventé l'écriture et à avoir entrepris d'écrire des livres, et il l'a mis à la base de son traité. Les Égyptiens l'ont appelé Thôuth, les Alexandrins Thôth et les Grecs ont traduit son nom par Hermès.

Eusèbe de Césarée, *Préparation évangélique* (vers 320), I, 9, 24, trad. du grec É. de Places, Cerf, coll. « Sources chrétiennes », n° 206, 1974.

Avec ces personnages, mythiques, légendaires ou pseudonymes, l'ésotérisme civilisateur aussi bien que l'ésotérisme en général combinent plusieurs thèmes : l'initiateur, le livre, le secret, la transmission, la puissance du Verbe, l'immémorialité. On le voit dans ce passage hermétique :

Prête l'oreille, mon fils Horus, car tu entends ici la doctrine secrète que mon aïeul Kaméphis entendit de la bouche d'Hermès [Thoth], le mémorialiste qui relate tous les faits, et moi je l'entendis de la bouche de mon ancêtre Kaméphis quand il m'honora du don du Noir Parfait : toi, maintenant, tu l'apprends de ma bouche.

Corpus Hermeticum (entre 100 et 300) : *Korè Cosmou (Vierge du monde)*, 32, trad. du grec A.-J. Festugière, Les Belles Lettres, coll. « Budé », 1945-1954, rééd. 1960, t. 4. © Les Belles Lettres, Paris.

Les peuples civilisateurs ont l'aura de peuples initiateurs. Les trois grands peuples civilisateurs sont, d'après les Grecs d'époque hellénistique, l'Égypte, la Chaldée, la Perse. Nous dirions l'ancienne Égypte, la Mésopotamie, l'ancien Iran. Et, tout comme chaque révélation entre dans un cycle, chaque peuple entre dans un domaine. Aux Mésopotamiens l'astrologie, aux Iraniens la magie, aux Égyptiens la symbolique. Les civilisations deviennent des spécialisations de l'occulte, un peu comme aujourd'hui Japon devient synonyme d'électronique.

La philosophie, ce trésor si fructueux, fut dès les anciens temps en honneur chez les Barbares et rayonna parmi les nations ; plus tard seulement elle arriva en Grèce. Ses maîtres furent en Égypte les prophètes, en Assyrie les Chaldéens, en Gaule les druides, en Bactriane les Samanéens, en pays celte les philosophes de là-bas, en

---

1. J. Doresse, *L'Hermétisme égyptianisant,* apud *Histoire des religions*, Gallimard, « Encyclopédie de la Pléiade », 1972, t. 2, p. 483. © Gallimard, Paris.

Perse les Mages [...], en Inde les Gymnosophistes et d'autres philosophes barbares, car il en est de deux sortes, dites Sarmanes [hommes des bois] et Brahmanes.

Clément d'Alexandrie, *Strômates* (vers 208), I, chap. 15, trad. du grec M. Caster, Cerf, coll. « Sources chrétiennes », n° 30 bis, 1951. © Éditions du Cerf, Paris.

Les sagesses occidentales viennent des sagesses orientales, pense-t-on alors, ou du moins concordent avec elles.

Après avoir cité et avoir pris pour sceaux les témoignages de Platon, il faudra remonter plus haut et les rattacher aux enseignements de Pythagore, puis en appeler aux peuples fameux, en évoquant leurs mystères, leurs dogmes, leurs fondations de cultes, qui sont en accord avec Platon, tout ce qu'ont établi les brahmanes, les Juifs, les Mages, les Égyptiens.

Numénios d'Apamée, *Fragments* (vers 155), fragm. 1, trad. du grec Éd. des Places, Les Belles Lettres, coll. « Budé », 1973, p. 42.

Pythagore, modèle de l'ésotérisme occidental, ne pouvait laisser échapper tous ces ésotérismes orientaux.

Encore à propos de sa formation : pour la plupart, c'est des Égyptiens, des Chaldéens et des Phéniciens qu'il apprit les sciences appelées mathématiques ; car de toute antiquité la géométrie avait intéressé les Égyptiens ; la science des nombres et des calculs, les Phéniciens ; l'étude du ciel, les Chaldéens ; quant au rituel des dieux et au reste des préceptes sur la conduite quotidienne, c'est des Mages, dit-on, qu'il les entendit et les reçut.

Porphyre, *Vie de Pythagore* (v. 270), 6, trad. du grec É. des Places, Les Belles Lettres, coll. « Budé », 1982, p. 38.

MÉSOPOTAMIE	ÉGYPTE	INDE	PERSE
Chaldéens	Hiérogrammates	Gymnosophistes	Mages
astrologie	écriture sacrée	ascèse	rites divins

Aristote attribue aux Égyptiens et aux Mésopotamiens l'invention de l'astronomie (*Du Ciel*, II, 12). Une tradition — tout aussi fausse, tout aussi révélatrice — rapporte que Platon serait mort entouré de Mages (Sénèque, *Lettres*, VI, 58, 31 ; Pausanias, IV, 32, 4).

Les ésotéristes occidentaux ont régulièrement interprété les mythes de l'Asie Antérieure de façon ésotérique. Parmi les herméneutes, on peut citer les magiciens grecs, les alchimistes ou les Gnostiques. Les Gnostiques naassènes lisent les mythes d'Adonis, d'Endymion, d'Attis comme des Mystères[1]. Les magiciens grecs utilisent des moments du mythe osirien pour leurs rites de guérison ou de protection. Puisque Isis a pu rassembler les membres d'Osiris ou se faire féconder par Osiris mort, le magicien grec l'invoque pour lutter contre la maladie ou la stérilité.

---

1. Pseudo-Hippolyte de Rome, *Philosophoumena. Réfutation de toutes les hérésies*, V, 6.

Les ésotéristes modernes ont essayé de trouver dans l'Histoire, en particulier dans celle des premières civilisations, le schéma des Ères zodiacales systématisé par Paul Le Cour [1]. Une Ère zodiacale couvre un douzième de la durée de la précession des équinoxes, soit 72 x 360 = 25 920, et 25 920 : 12 = 2 160 ans. Le Christianisme privilégie le symbolisme des poissons (Matthieu, IV, 19 ; XII, 40 ; XIII, 47 ; XV, 36). Pourquoi, dès lors, ne pas placer Jésus au début (ou au beau milieu !) de l'Ère des Poissons ? pourquoi ne pas remonter des Poissons au Bélier, du Bélier au Taureau, du Taureau aux Gémeaux, des Gémeaux au Cancer à raison de 2 160 ans pour chaque Ère ? Et trouve-t-on, en chronologie absolue, un culte du bélier vers 2200 av. J.-C. ? un culte du taureau vers 4300 av. J.-C. ? un culte des jumeaux vers 6500 av. J.-C. ? ou bien, en chronologie relative, voit-on, dans une même civilisation, les prêtres passer du culte du Cancer au culte des Gémeaux, des Gémeaux au Taureau, du Taureau au Bélier, du Bélier aux Poissons ? ou encore, une civilisation est-elle liée au Taureau, une autre au Bélier, la suivante aux Poissons ? Pour Rudolf Steiner, la période post-atlantéenne comprend sept civilisations, chacune dominée par une constellation zodiacale. La civilisation de l'Inde correspond au Cancer (7900 av. J.-C.), la civilisation de la Perse correspond aux Gémeaux (6500 av. J.-C.), la civilisation égypto-babylonienne (déterminante à partir de 2907 av. J.-C.) correspond au Taureau (4500 av. J.-C.), la civilisation gréco-latine (déterminante à partir de 747 av. J.-C.) correspond au Bélier (1900 av. J.-C.), la civilisation actuelle (déterminante à partir de 1413) correspond aux Poissons (100 av. J.-C.), les civilisations prochaines correspondront au Verseau (2500) puis au Capricorne (4400 av. J.-C.) [2]. Les Grands Heures Universelles sonnent donc en 1413, 747 av. J.-C., 2907 av. J.-C., 5067 av. J.-C. et 7227 av. J.-C. Ce sont des

---

1. Paul Le Cour, *L'Ère du Verseau. Le Secret du zodiaque* (1937), Dervy-Livres, 1986, p. 27 *sqq.* Selon l'AMORC, on est entré dans l'Ère du Verseau le 4 février 1962. Pour O. M. Aïvanhov, « il faut attendre encore deux cents ans environ » (*Le Zodiaque. Clé de l'homme et de l'univers*, Prosveta, coll. « Izvor », n° 220, 1991, p. 111). C'est Hipparque qui a découvert la précession des équinoxes (Claude Ptolémée, *Composition mathématique*, VII, 2). Hipparque, en 128 av. J.-C., sur des calculs astronomiques, situait le point vernal à 8° des Poissons, donc le début de l'Ère des Poissons en : (72 × 8) + 128 = 704 av. J.-C. Claude Ptolémée, de son côté, datait le début de l'Ère des Poissons de 747. Camille Flammarion situe l'Ère du Taureau en 4300 av. J.-C (*Astronomie populaire*, 1880, p. 55). Selon les astronomes, quand on sait peu de chose près le point vernal, celui où la déclinaison du Soleil s'annule pour devenir positive, se situe aux environs du 21 mars, on peut calculer qu'il se situa dans le Bélier de 1852 à 113 avant notre ère, et depuis Hipparque il y a un décalage de l'ordre de 28° sur la position dans laquelle se trouve le point vernal par rapport aux constellations, fait à peu de chose près un Signe du Zodiaque, de sorte qu'un natif réel du Bélier est donné par l'astrologie comme natif du Taureau.
2. R. Steiner, *Chronique de l'Akasha* (1904), trad. de l'allemand, Éditions Anthroposophiques romandes (ÉAR), Genève, 1981, 246 p. ; *La Science de l'occulte* (1910), trad. de l'allemand, chap. VI, Triades, 1976, p. 236 ; *Histoire occulte. Considérations ésotériques*, ÉAR, 144 p. G. Wachsmuth, *L'Évolution de la Terre* (1950), trad. de l'allemand, Triades, 1960, p. 126-127. E. Bindel, *Les Nombres et leurs fondements spirituels* (1958), trad. de l'allemand, ÉAR, 1992, p. 96.

Heures Universelles puisque, par exemple, 747 av. J.-C. convient à la fois à Rome (date de sa fondation) et à Babylone (date du nouveau calendrier de Nabonassar). Selon Steiner, répétons-le. Rien n'arrêtait son imagination. En tout cas, l'histoire ne suit ni son ordre ni ses dates.

LES ÈRES ZODIACALES SELON R. STEINER

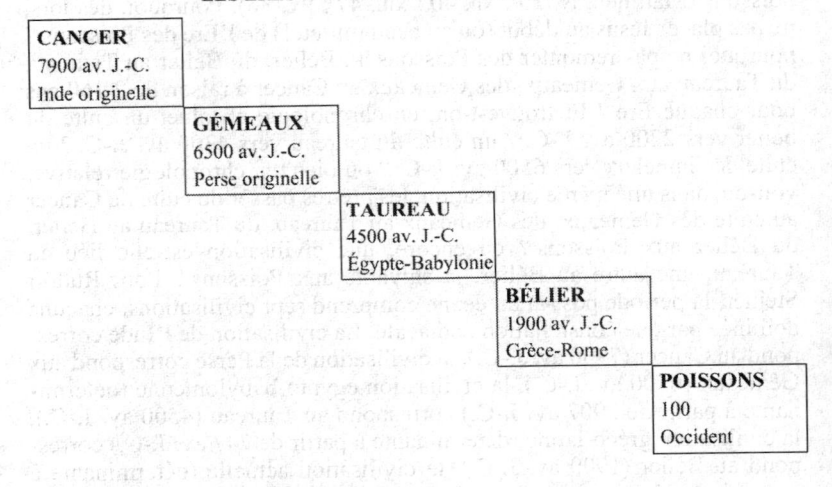

CANCER
7900 av. J.-C.
Inde originelle

GÉMEAUX
6500 av. J.-C.
Perse originelle

TAUREAU
4500 av. J.-C.
Égypte-Babylonie

BÉLIER
1900 av. J.-C.
Grèce-Rome

POISSONS
100
Occident

LES GRANDES HEURES UNIVERSELLES SELON R. STEINER

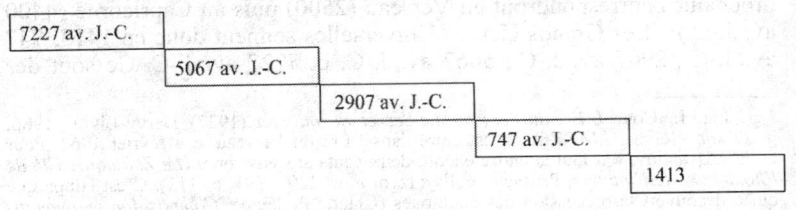

7227 av. J.-C.

5067 av. J.-C.

2907 av. J.-C.

747 av. J.-C.

1413

Regardons ce qui se passe en Égypte. « Le culte étonnant et incroyable que les Égyptiens rendent aux animaux offre de grandes difficultés à qui en recherche les causes ; les prêtres ont, sur ces causes, une doctrine secrète » (Diodore de Sicile, II, 86). Pour Isha Schwaller de Lubicz, le secret s'éclaircit. Pour elle, l'histoire dynastique de l'Égypte s'adapte aux « grandes périodes précessionnelles zodiacales : passage du Soleil dans le Taureau (domination de Montou et symbole du Taureau), dans le Bélier (domination d'Amon et symbole du Bélier)... Thèbes [est le] temple d'Amon et ses béliers, au début du signe Bélier [1]. » L. Filipoff écrit encore

---

1. Isha Schwaller de Lubicz, *Her-Bak « Disciple »* (1956), Flammarion, coll. « Champs », n° 81, 1990, p. 386.

plus résolument : « L'entrée du Soleil dans Aries [Bélier] coïncide en Égypte avec le culte d'Amon. Selon les astronomes égyptiens, le point vernal entra pour la première fois dans la constellation du Bélier en l'an 1980 avant notre ère [1]. » D'autre part, les Égyptiens ont une théorie cyclique : le Phénix revient tous les 500 ans, la période sothiaque dure 1 461 ans, ce qui ne correspond même pas à une demi-Ère zodiacale. Le bélier a effectivement pour représentation le bélier du dieu Amon, et il est dieu à la Cataracte sous le nom de Khnoum et à Mendès [2] sous le nom de « Âme-maître-de-Mendès » (Ba-Neb-Djedet) ; le taureau prend pour figure le taureau Apis. Le culte d'Apis précède, c'est vrai, le culte d'Amon. Le premier commence dès la première dynastie (3200 av. J.-C.), le second vers la neuvième dynastie (2200 av. J.-C.), ce qui obéit à la succession zodiacale, peut-être aux dates. Cependant, selon Manéthon [3], le deuxième roi de la deuxième dynastie établit à la fois le culte du taureau Apis à Memphis, le culte du taureau Mnévis à Héliopolis et le culte du bouc à Mendès. Les Égyptiens honoraient aussi le taureau Boukhis à Hermonthis, surtout avec Nectanébo II (359 av. J.-C.), et le taureau Mnévis à Héliopolis ; l'été, lors de la fête des moissons, l'Égyptien sortait le taureau blanc de Min, dieu de la fertilité. La couronne du Pharaon appelée *hemhemt* se composait d'une paire de cornes de bélier. En somme, en Égypte, taureau et bélier se complètent plus qu'ils ne se succèdent. La succession zodiacale ne paraît pas. On observe plutôt une coexistence. Mais les deux archétypes, Taureau et Bélier, liés par la succession, demeurent. Strabon (XVII, 22) dit bien que seuls Apis et Mnévis reçoivent un culte. Passons en Anatolie. Le culte du taureau éclate à Chatal Höyük, niveau VI, vers 6000 av. J.-C., mais les béliers s'y trouvent mêlés, comme à Gouzana. A Chatal Höyük, le décor des sanctuaires « représente essentiellement des taureaux, des bucranes, des parturientes mettant au monde des animaux. On trouve également des cerfs, des léopards et des béliers ; mais, alors que cerfs et léopards sont souvent représentés en entier, ainsi que les taureaux, les béliers ne le sont jamais et ils n'apparaissent que sous forme de têtes [4]. » Bélier et taureau se mêlent : la déesse accouche d'un taureau ou d'un bélier, et le dieu apparaît avec une tête de taureau ou une tête de bélier, ce qui laisse entendre que l'enfant de la déesse peut être aussi bien son fils que son amant. Qu'en est-il en Mésopotamie, cette fois ? Les archéologues ont découvert en Syrie le premier culte du taureau, à Mureybet phase II (8200 av. J.-C.) [5] ; les habitants dissi-

---

1. L. Filipoff, « Les précurseurs d'Hipparque », *Revue scientifique*, 24 janv. 1931, p. 38-47.
2. Hérodote (II, 46) se trompe en y reconnaissant un bouc.
3. *Apud* Hopfner, *Fontes historiae religionis aegyptiacae*, 1925, p. 67.
4. *Chronique de l'humanité*, éd. cit., p. 33, col. c.
5. J. Cauvin, *Les Premiers Villages de Syrie-Palestine du IXe au VIe millénaire avant J.-C.*, Maison de l'Orient, Lyon, 1978, p. 110.

338   LES ÉSOTÉRISMES CIVILISATEURS

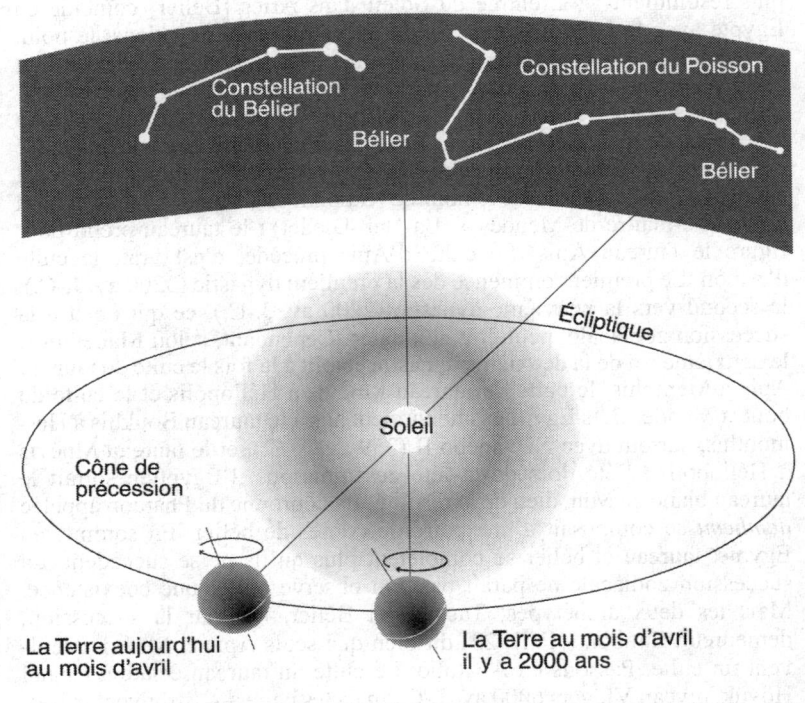

LA PRÉCESSION DES ÉQUINOXES

mulaient dans l'argile des murs des crânes et des os de taureaux sauvages, d'aurochs, mufles vers l'ouest. Le Taureau a fait l'objet d'un choix, parmi bien d'autres espèces animales présentes, comme le sanglier, les cervidés, la gazelle. C'est doublement ésotérique, puisque le thème du Taureau a toujours passionné l'ésotérisme, puisque, également, ces crânes ou ces cornes étaient cachés, enfouis dans l'argile[1]. Les Gémeaux seraient symbolisés par Gilgamesh et son ami Enkidou (2750 av. J.-C.), le Taureau par le « Taureau Céleste » qu'il doit combattre ; Gilgamesh franchit une montagne, appelée « Les Jumeaux », que le Soleil traverse (*Épopée de Gilgamesh*, IX, II, 1 *sqq.*). Quand la déesse Inanna veut visiter les Enfers, elle se justifie en disant qu'elle veut assister aux funérailles de Gougalanna, « Grand Taureau céleste ». J. Bottéro voit là un « pur prétexte[2] »,

---

1. J. Cauvin, *op. cit.*, p. 115.
2. J. Bottéro et S. N. Kramer, *Lorsque les dieux faisaient l'homme : mythologie mésopotamienne*, éd. cit., p. 291.

mais, à tort, car tout le récit ne cesse de parler de fécondité, de la menace de perdre la fertilité. Concluons. On ne peut dire que le schéma astrologique s'applique nettement. En revanche, la civilisation de l'Asie Antérieure a pour marque le symbolisme conjoint du taureau et du bélier, deux animaux domestiqués et puissants, deux archétypes astrologiques intimement liés.

Reconnaissons-le, au fil de l'histoire l'ésotérisme recule, s'amenuise. L'évolution sociale va dans le sens d'une diminution spirituelle. Le confort tue l'ésotérisme comme la science la religion. Rien, en principe, ne s'oppose au mariage de la raison et de l'ésotérisme (à preuve Pythagore), pas plus qu'à celui de la technologie et de l'ésotérisme (à preuve l'astrologie par ordinateur, le « yoga électronique » ou la néognose). Mais la mentalité s'inverse. On fait de l'ésotérique l'extraordinaire. L'initié n'est plus le but ou le modèle, il devient l'exception puis le miracle. Or, du miracle, on s'émerveille un peu, on doute beaucoup...

BIBLIOGRAPHIE GÉNÉRALE SUR LES ÉSOTÉRISMES CIVILISATEURS

Approche ésotérique : HÉRODOTE, *Histoires* (vers 420 av. J.-C.), trad. du grec ionien Ph. E. Legrand (Les Belles Lettres, coll. « Budé », 1932-1954, 11 t.) ou trad. Andrée Barguet (1964, coll. « Folio », 2 t., n°s 1651 et 2130, 1985-1990) ; les Ophites/Naassènes (fin du I er s.), *apud* PSEUDO-HIPPOLYTE DE ROME, *Réfutation de toutes les hérésies*, V, 6 ; JAMBLIQUE, *Les Mystères d'Égypte* (vers 320), trad. du grec, Les Belles Lettres, coll. « Budé », 1966, 225 p. ; A. FABRE D'OLIVET, *Histoire philosophique du genre humain* (1821), Éditions Traditionnelles, 1972, t. 1, p. 256 sqq. ; R. STEINER, *Mythes et Mystères égyptiens* (1908), trad. de l'allemand, Triades, 152 p. ; M. HEINDEL, *Cosmogonie des Rose-Croix* (1909), trad. de l'anglais, Maison rosicrucienne, 1989, 612 p.

Approche exotérique : H. H. FRANCFORT, MRS. FRANCFORT, J. A. WILSON et TH. JACOBSEN, *Before Philosophy. The Intellectual Adventure of Ancient Man* (1946), Penguin Books, 1949-1951 ; J. B. PRITCHARD, *Ancient Near Eastern Texts Relating to the Old Testament* (1950), Princeton UP, New Jersey, 1973, 2 t. (anthologie de textes égyptiens, mésopotamiens, anatoliens, etc., traduits en anglais par des spécialistes) ; *Histoire des sciences*, t. 1 : *La Science antique et médiévale*, PUF, 1957 ; ÉT. DRIOTON, G. CONTENAU, J. DUCHESNE-GUILLEMIN, *Les Religions de l'Orient ancien* [égyptien, asianique, mésopotamien, iranien], Fayard, coll. « Je sais-Je crois », 1957, 143 p. ; P. GARELLI, *Le Proche-Orient asiatique*, PUF, coll. « Nouvelle Clio », 1969-1974, 2 t. ; H.-CH. PUECH dir., *Histoire des religions*, Gallimard, « Encyclopédie de la Pléiade », 1970, t. 1, p. 63-358 ; Y. BONNEFOY dir., *Dictionnaire des mythologies*, Flammarion, 1981, 2 t.

8. LES MÉSOPOTAMIENS

> *Je crois qu'une longue pratique de la civilisation babylonienne ne peut qu'amener à la croyance en l'ésotérisme de sa pensée.*
>
> G. CONTENAU,
> *La Vie quotidienne à Babylone et en Assyrie*, p. 226

REPÈRES HISTORIQUES DE L'ÉSOTÉRISME DES MÉSOPOTAMIENS

Avant Jésus-Christ :
50 600 – grotte de Shanidar niveau H : inhumation moustérienne de morts fléchis sur fleurs
8200 – Mureybet (Moyen-Euphrate) phase II : culte du taureau (bucranes d'aurochs)
8000 – Mureybet phase III A : figurines féminines en argile cuite et culte du taureau : le premier **couple déesse/Taureau** (ou Orage), la Grande Déesse
6750 – Jarmo : figurines néolithiques de déesses-mères en albâtre
5800 – Hassouna niveau I, statuettes féminines en albâtre
5500 – Gouzana : amulettes, figurines de femmes
5400 – Éridou (>Eridu, =Abû Sharain) niveau XVI : sanctuaire
5000 ? – naissance de la famille linguistique indo-européenne
4700 – adoption du calendrier lunaire
4500 – Éridou niveau VI : déesse-mère avec « yeux de lézard »
4300 – Our (>Ur) niveau I : figurines de déesse-mère (Mammitou)
4000 – premiers Signes « zodiacaux » (Élam et Sumer) : Taureau, Lion, Scorpion
4000 ? – Sept Sages antédiluviens selon la légende
3900 – traces d'un « déluge » à Our (selon L. Woolley)
3700 – Ourouk (>Uruk) niveau VII : figurines de déesse-mère, morts en position fœtale
3500-1730 – les Sumériens, première tradition mésopotamienne : la TRADITION SUMÉRO-AKKADIENNE (3500-1900)
3500 – les **cités-temples** (3500-2700) d'Éridou, puis Our, Ourouk, Nippour... ; les premiers incantateurs à Éridou. **Naissance de l'ésotérisme mésopotamien**
  – Doumouzi, homme divinisé (selon A. Parrot), à Sumer
  – temples à terrasses à Ourouk niveau V, puis à tell Brak, Éridou, Tutub
3200-79 ap. J.-C. – les Sumériens inventent une écriture (2700 : cunéiformes)
Fin IVe mil. – numération écrite (non positionnelle) de base 60
3100 – la déesse Inanna (=Ishtar en akkadien) à Ourouk
3000 ss. – les ÉLAMITES : Dour-Ountash (auj. Tchoga Zanbil)
3000 – les forgerons de Sumer

2900 – cimetière de Kheit Qasim, avec morts fléchis tête à l'ouest
 – la science des nombres : le dieu du temple de Lagash vaut 50
 – les premiers devins et magiciens sumériens
2800 – les premières ziggourats (tours pyramidales à étages), à Sumer
2750 – les premiers corpus littéraires, sumériens (à Ourouk)
2700 – Ourouk, centre sacré en place d'Éridou ; on passe des cités-temples aux cités-États (2900-1760)
2650 – **Gilgamesh**, à Ourouk : cinquième roi des dynasties postdiluviennes ou dieu sumérien ?
 – premiers textes d'exorcismes, de conjurations
2575-2500 : Shouroupak (auj. tell el-Fâra) : première invasion de Sémites. Culte de Sîn (dieu de la Lune), d'Enlil (dieu du Destin)
2500 – premiers calendriers, à Shouroupak (noms des mois)
2465 – l'**haruspicine** (divination par les viscères) (sous le roi sumérien Our-Nanshe, à Lagash)
2450 – l'oniromancie (stèle des vautours d'Eanatum)
2400 – premières observations astronomiques
2334-2154 – les AKKADIENS et le culte de **Tammouz** : « Mystères » ?
2300 – la divination par les événements étranges, les ordalies
2259 – début de l'**astrologie** (mort du roi akkadien Naram-Sîn et éclipse lunaire)
2144-2124 – le roi Goudéa de Lagash : homme pieux, attaché aux songes
2112-1760 – les NÉO-SUMÉRIENS (IIIe dynastie d'Our, 2112-2004 : époque prestigieuse), textes magiques ; la langue akkadienne (diplomatique) supplante la langue sumérienne (sacrée). **Apogée de l'ésotérisme mésopotamien**
2100 – culte d'Adad, dieu de l'orage
 – l'hépatoscopie
 – les **ziggourats** de type Sud à Ourouk, puis à Our, Nippour ; les ziggourats de type Nord à Éridou, puis à Dour-Ountash, Assour, Kalkhou, Dour-Sharroukîn, Babylone (1800 puis 560 : l'Étemenanki)
2100-1530 – les AMORITES (>Amorrhéens, Amurrites) : les « Mystères » de Dagan (« blé ») ; la Mésopotamie, d'asianique, devient sémitique
2000 – la médecine occulte
 – hiérogamie entre le roi et une grande-prêtresse
1906-609 – les Assyriens et néo-Assyriens (745-609) : développement de la divination et des exorcismes. Deuxième tradition mésopotamienne : la TRADITION ASSYRO-BABYLONIENNE (1900-600) ; tablettes astronomiques assyriennes (1900)
1900 – la Maison des tablettes, écoles d'écriture
1900 ss. – *L'Épopée de Gilgamesh*, récits sumériens mis par écrit
1894-625 – les BABYLONIENS (Sumériens, Akkadiens, Amorites mêlés) et le culte de Mardouk : « Mystères » (XIIe s.) ?
1880 ? – Abraham quitte Our (Genèse, XI) et part à Harrân : deux villes du dieu Sîn
1852-113 ? – ère zodiacale du Bélier ; premiers textes astrologiques (vers 1800)
1800 – extatiques *(mahhu)* mésopotamiens (à Mâri)
1700-1400 – développement de la connaissance des Signes « zodiacaux » (sous Hammourabi, 1792) : Bélier, Taureau, Gémeaux, Lion, Vierge, Scorpion, Sagittaire, Capricorne, Verseau
1700-1050 – *L'Épopée de Gilgamesh*, version akkadienne
1650 – *Le Poème du Supersage. Atrahasîs* : le thème du Déluge (repris dans la Bible)

1600 ss. – *kudurru*, bornes conservées dans les temples, avec des signes astrologiques
1600 – le mysticisme astral, premiers traités divinatoires
1500 – l'hémérologie (astrologie des jours fastes ou néfastes)
1350 – archives d'Ougarit (sous les Hittites), en Syrie
1200 – Balaam, de Haute-Mésopotamie, devin de YHWH (Nombres, XXII)
 – codification des textes ésotériques ; prééminence de Mardouk, le dieu babylonien
1120 – *Le Poème de la Création. Enûma elish* : cosmogonie, astrologie
1010 – découverte du **Zodiaque** (série *Mul Apin*)
850 – tablettes de Sultantépé, magiques, en assyrien
720 – adoption du calendrier solaire : début de l'astronomie
713 – première attestation dans l'histoire du procédé de guématrie (nom = nombre)
VIIe s. – introduction des Mystères syro-phéniciens d'Adonis en Grèce
 – extatiques assyriens
680-669 – Assarhaddon, roi d'Assyrie entouré d'astrologues
640 – bibliothèque d'Assourbanipal d'Assyrie à Ninive : 5 000 tablettes (en 25 000 morceaux) ; prééminence d'Ishtar
625-539 – les Chaldéens (=néo-Babyloniens : Babyloniens, Chaldéens et Araméens). Troisième tradition mésopotamienne : la TRADITION CHALDÉO-PERSE (600-300)
612-944 ap. J.-C. – le Sabéisme de Harrân : culte assyrien des astres, d'Hermès
v. 600 ? – théorie du **passage de l'âme** à travers les sphères planétaires
598-538 – Exil : l'élite du royaume de Juda déportée « 70 ans » (!) en Babylonie
592 – Ézéchiel voit des femmes célébrant Tammouz (VIII, 14), et il crée à Babylone l'ésotérisme juif de la *Merkabah* (le Char de YHWH) (I, 4-28)
591 – Daniel, prophète israélite, interprète les songes de Nabuchodonosor II
560-479 – la ziggourat de Babylone (« la Tour de Babel ») reconstruite : Étemenanki
539-331 – les PERSES : les Mago-Chaldéens. La langue araméenne supplante la langue akkadienne
536-524 ? – Pythagore à Babylone avec les Chaldéens et les Mages ?
450 – Kidinnu (>Cidénas), astronome ; apogée des astrologues
v. 448 – enquête d'Hérodote (sous le Perse Artaxerxès Ier)
419 – constitution du **Zodiaque à douze Signes**
410-68 – l'astrologie généthliaque (naissances individuelles : les « horoscopes »)
331-141 – les GRECS (Alexandre le Grand) : vogue de l'astrologie horoscopique
330 – les *Chaldaei*, Mages babyloniens répandus en Occident
279 – Bérose à Cos, *Babyloniaca* (dédié à Antiochos II Théos)
230 – Sudines, astrologue à la cour d'Attale Ier Sauveur (Asie Mineure)
189 – les *Chaldaei* (Mages babyloniens) à Rome
164 – la mort d'Antiochos IV liée à la comète de Halley
152 – Diogène le Babylonien, philosophe stoïcien favorable à l'astrologie
139 – les *Chaldaei* chassés de Rome
113 ? – ère des Poissons ?
70 – introduction des Mystères syro-phéniciens d'Adonis à Rome
7 (7 mars) ? – les Rois Mages (Parthes ?) en route vers Jésus ?

Après Jésus-Christ

Déb. Ier s. – Teukros de Babylone, astrologue (sur les « décans »)
75 – dernier texte cunéiforme
101-IVe s. – l'Elkhasaïsme, école baptiste judéo-chrétienne, ésotérique, née en pays parthe
IIe s. – Astrampsychos, Mage perse, interprète des songes
150 ? – le Mandéisme, Gnosticisme juif, en Mésène (Babylonie du Sud)
150 – le Gnosticisme chrétien en Mésopotamie : Kantéens, Bardenase († 222), Audi (373)
170 – Julien le Chaldéen, *Oracles chaldaïques* (en grec ; sous Marc Aurèle).

Mort de l'ésotérisme mésopotamien
240-1646 – le Manichéisme (**Mani** est né en 216 près de l'actuelle Baghdâd)
IIIe s. – mythe de Sabbé, la Sibylle babylonienne, fille de Bérose *(Oracles sibyllins)*
Ap. 350-IXe s. – le Messalianisme, dualisme chrétien
633 – invasion des Arabes et islamisation, mort de la Mésopotamie
901 – Thâbit ibn Qurra (†), savant sabéen, de Harrân, de langue syriaque.

Il faut entrer en Mésopotamie comme Alexandre le Grand fit son entrée à Babylone : face aux mages et aux astrologues.

Alexandre se dirigeait sur Babylone [...].
Des mages chantaient leurs chants habituels ; après eux, marchaient les Chaldéens, et, parmi les Babyloniens, les prêtres mais aussi les artistes avec la lyre de leur pays. Ceux-ci ont pour fonction de chanter les louanges des rois, et les Chaldéens de révéler les mouvements des astres et les révolutions périodiques des saisons.

Quinte-Curce, *Histoires* (Ier s.), V, 1, trad. du latin, Les Belles Lettres, 1961, p. 119-120.

ÉSOTÉRISMES EN MÉSOPOTAMIE : CLEFS

La Mésopotamie n'est pas morte. Chaque fois que nous divisons la circonférence du cercle en 360 parties, que nous découpons l'année en 12 mois[1], nous faisons reverdir le désert entre Tigre et Euphrate, revivre ses astrologues, ses magiciens, ses prêtres. Un peu du ciel pur d'Irâq surplombe l'Occident. Sumer parle encore quand on compte par douzaines. La Mésopotamie est toujours vivante dans l'ésotérisme d'aujourd'hui. La semaine planétaire de sept jours, même si l'ordre grec n'est pas l'ordre babylonien, vient de Mésopotamie[2]. L'astrologue du XXe siècle doit sa

---

1. La division de la journée en 24 heures vient d'Égypte. Les Mésopotamiens divisaient la journée en 12 parties (valant chacune deux de nos heures).
2. Séquence babylonienne : Lune, Soleil, Jupiter, Vénus, Mercure, Saturne, Mars. Séquence platonicienne : Lune, Soleil, Vénus, Mercure, Mars, Jupiter, Saturne (Platon, *Timée*, 38 c-d). Séquence grecque des « planètes » : Soleil (1re heure et 1er jour, qui est donc Soleil, dimanche), Vénus (2e heure du 1er jour, vendredi), Mercure (3e heure, mercredi), Lune (4e heure du 1er jour, et 1re du 2e jour, qui est donc Lune, lundi), Saturne (5e heure, samedi), Jupiter (6e heure, jeudi), Mars (7e heure du 1er jour, 1re heure du 3e, qui est donc Mars, mardi). Séquence grecque :

vie, tient sa chair de l'astrologue mésopotamien. La division du Zodiaque en douze parties vient de Mésopotamie, comme plusieurs noms suméiens de Signes : « Taureau Céleste » *(mul.gu.an.na)*, « Lion » *(mul.ur.gu.la)*, « Scorpion » *(mul.gir.tab)*, « Grands Jumeaux » *(mul.mash.ta.ba)*. La Mésopotamie continue ainsi son destin, elle qui, pour premiers signes d'écriture, dessinait l'étoile, figuration de tout ce qui est divin. Des mots, aussi, nous viennent de Mésopotamie, comme « myrrhe » et « sésame ». Ces mots charrient de l'ésotérisme, puisque, dans les Évangiles, un Roi Mage apporte de la myrrhe et que dans *Les Mille et Une Nuits*, qui se passent en partie dans Baghdâd, le mot « sésame » fait accéder à la grotte aux trésors.

Les documents que nous avons sur l'ésotérisme mésopotamien sont bien une graine de sésame, la graine la plus petite, une graine cependant qui donnera une plante, une plante qui donnera de l'huile, une huile qui donnera des forces aux hommes. « Sésame, ouvre-toi ! » Mésopotamie, ouvre-toi !

Il faut chercher l'ésotérisme là où il se trouve. Les Romains mettaient de l'astrologie et de la magie dans toute la culture mésopotamienne. Joseph Halévy croyait que l'écriture sumérienne était une écriture secrète inventée par les scribes assyro-babyloniens pour garder leur ésotérisme ! Juif, il ne voulait pas admettre que l'écriture eût été inventée par un peuple qui n'était pas sémite. Car les Sumériens ne sont pas des Sémites.

L'existence d'un ésotérisme en Mésopotamie se pose avec moins d'âpreté que pour l'Égypte [1], mais il se pose. J'ai consulté les deux grands spécialistes français en la matière, Jean Bottéro, directeur d'études à l'École pratique des hautes études, défavorable à l'idée d'ésotérisme, et Henri Limet, professeur à l'université de Liège, qui l'admet. Propos de Jean Bottéro : « Je ne marche pas du tout dans votre système. L'ésotérisme paraît tout à fait absent, non seulement de *L'Épopée de Gilgamesh*, mais de la mentalité et des préoccupations des antiques Mésopotamiens, chez qui, pourtant, il y avait bien — et vous le savez — des connaissances secrètes et réservées à une certaine catégorie. La question (je précise : pour moi !) est de trouver le sens que l'auteur a donné à ces mots dans leur contexte, et tel que l'historien peut le retrouver avec ses propres méthodes, honnêtement, et en tenant compte de sa manière (fondée sur

---

1 SOLEIL	8 Soleil	15 Soleil	22 Soleil		DIMANCHE	(I)
2 Vénus	9 Vénus	16 Vénus	23 Vénus		VENDREDI	(VI)
3 Mercure	10 Mercure	17 Mercure	24 Mercure		MERCREDI	(IV)
4 Lune	11 Lune	18 Lune	1 LUNE (2ᵉ jour)		LUNDI	(II)
5 Saturne	12 Saturne	19 Saturne	2 Saturne		SAMEDI	(VII)
6 Jupiter	13 Jupiter	20 Jupiter	...		JEUDI	(V)
7 Mars	14 Mars	21 Mars	...		MARDI	(III)

1. Voir *infra*, p. 429 (« Ésotérisme égyptien : oui ou non ? »).

les textes) de voir et de comprendre cette vieille civilisation. Gilgamesh, à mes yeux, n'a rien d'"initiatique"(terme et idée inconnus de ladite civilisation) : c'est une histoire héroïque pour aider les lecteurs à se résigner à la mort incontournable, et, en attendant, à mener au mieux sa vie, surtout si l'on a des amis. Voilà ma position. Qui jugera entre nous et saura lequel est dans le vrai ? Vous devez être un vrai poète [1]. » Merci. Je passe la parole à Henri Limet : « Si une religion très répandue est, par essence publique, quelques aspects en sont pourtant réservés. C'est le cas de la Mésopotamie. Les rituels que nous possédons sont clairs. [...] Une autre forme d'ésotérisme nous est attestée par les colophons de certaines tablettes [...]. On est certain que, en Babylonie, il existait des personnes qui possédaient des pouvoirs surnaturels [2]. » Les positions sont inconciliables.

Commençons l'enquête. Qu'en est-il d'un ésotérisme en Mésopotamie ? D'une part, l'avis des Anciens, Grecs ou Romains, est ferme, qu'il s'agisse d'Hérodote, de Platon, de Pline... À leurs yeux, les « Chaldéens » détenaient des sciences et des arts occultes. On n'a pas là une preuve, mais déjà un excellent indice.

Les Chaldéens étaient les hommes les plus sages de leur temps, étant bien instruits de toutes les sciences et de tous les arts.

Ibn Wahshîya (xe s.), *La Connaissance des alphabets occultes dévoilée*, appendice, trad. de l'arabe *apud* S. Matton, *La Magie arabe traditionnelle*, Retz, coll. « Bibliotheca Hermetica », 1977, p. 239.

D'autre part, on possède de solides documents sur l'ésotérisme de l'écriture et l'ésotérisme des monuments mésopotamiens. A titre d'exemple, citons cette inscription on ne peut plus claire, au grand temple de Mardouk à Babylone, l'Ésagil :

Ces rites que tu accompliras, le novice peut les voir ; l'étranger, celui qui n'est pas affilié aux maîtres de l'oracle, ne doit pas les voir : sinon, que le nombre de ses jours soit abrégé ! Que l'initié les explique à l'initié *(zu)*. Celui qui n'est pas initié *(nu.zu)* ne doit pas les connaître ; ce serait une abomination pour Anou, Enlil et Éa, les Grands Dieux !

Tablette de l'Ésagil (228 av. J.-C. ; original du vi^e s. av. J.-C.), texte : F. Thureau-Dangin, *Rituels accadiens*, Leroux, 1921, p. 16-17 ; trad. G. Contenau, *La Vie quotidienne à Babylone et en Assyrie*, Hachette, 1950, p. 173.

Un autre texte dit pareillement :

Que l'initié informe l'initié, le non-initié ne doit pas voir.
Zu(ú).azu.ali-kal-lim, nu.zu(ú) nu igi (mar).

---

1. Lettre personnelle de Jean Bottéro (23 juin 1994).
2. H. Limet, *Le Secret et les Écrits. Aspects de l'ésotérisme en Mésopotamie ancienne*, apud *Les Rites d'initiation*, Actes du Colloque de Liège et de Louvain-la-Neuve, 20-21 novembre 1984, Publications du Centre des religions de Louvain-la-Neuve, coll. « Homo Religiosus », n° 13, 1986, p. 243-254.

Colophon de *PBS* X/4, n° 12, trad. H. Limet, « De la philologie à la mystique en Babylonie », *Orientalia lovanensia antiqua*, 13, Louvain, 1982, p. 137.

Cette fois encore, nous n'avons pas débusqué une preuve, car il faut montrer qu'il s'agit bien de la discipline de l'arcane, pas simplement de la loi du silence. Mais, deux indices concordants ressemblent beaucoup à une preuve...

De façon générale, l'ésotérisme mésopotamien (s'il y a, l'enquête commence à peine) est l'**ésotérisme du Haut**. Le mot *ziggourat* vient du verbe *zaqâru*, qui signifie — mais ce n'est pas certain — « bâtir en hauteur, être haut ». L'astrologie suppose un regard tourné vers les hauteurs. Le Haut, plus précisément le Ciel *(An, shamê)*, c'est, avant tout, entre Tigre et Euphrate, la Lune, la Lune plus que le Soleil, car la Lune éclaire sans brûler. Les deux grands poèmes mésopotamiens *(L'Épopée de Gilgamesh, La Descente d'Inanna aux Enfers)* commencent par évoquer l'En-haut et l'En-bas.

Un jour, du haut du ciel, elle voulut partir pour l'Enfer. [...]
Inanna quitta ciel et terre
Pour descendre au monde d'En-bas.

La Descente d'Inanna aux Enfers (v. 1900 av. J.-C.) 1, 5-6, trad. du sumérien J. Bottéro et S. N. Kramer, *Lorsque les dieux faisaient l'homme : mythologie mésopotamienne*, Gallimard, 1989. © Gallimard, Paris.

Entre le Haut et le Bas, tout l'ésotérisme devient possible, puisque des liens existent, des analogies, puisque des correspondances peuvent se faire, des transferts. Le Haut, le Ciel *(An)*, les dieux, d'une part, le Bas, la Terre *(Ki)*, les hommes, d'autre part, se répondent. Entre eux des médiateurs opèrent : le devin, l'exorciste, le roi, le verbe, l'atmosphère, quelques divinités, de nombreux démons, certains morts.

La civilisation mésopotamienne ne forme pas un bloc. Les Sumériens (de la famille linguistique des Asianiques, comme les Kassites, Élamites...) ont donné les ziggourats et les temples, les cités-temples aussi, les héros Gilgamesh et Doumouzi, la langue et l'écriture sacrées, les divinités astrales (comme le dieu de la Lune), les déesses-mères, l'incantation... On doit aux Akkadiens (de la famille linguistique des Sémites) les rituels, la divinisation du roi, et surtout l'aspect sémitique de la spiritualité : la transcendance divine, le culte astral, la hiérogamie. L'ensemble constitue la TRADITION SUMÉRO-AKKADIENNE, qui dure de 3500 à 1900 av. J.-C. Un autre ensemble constitue la TRADITION ASSYRO-BABYLONIENNE, de 1900 à 600 av. J.-C. « Les Babyloniens et les Assyriens développent deux disciplines : la divination et les exorcismes, qui n'étaient guère pratiqués avant l'an 2000 av. J.-C.[1]. » Les textes divinatoires s'écrivent en langue akka-

---

1. H. Limet, apud *Dictionnaire des religions*, PUF, 1984, p. 111 (et cf. p. 558).

dienne, jamais en langue sumérienne. Les Assyriens, en général, s'intéressent davantage à la guerre, au nationalisme, encore que le roi Assarhaddon (681 av. J.-C.) et son fils Assourbanipal semblent fascinés par la magie, l'un à travers sa correspondance, l'autre à travers sa bibliothèque de Ninive. Les Babyloniens excellent dans les arts occultes. Un troisième ensemble se profile, la TRADITION CHALDÉO-PERSE, celle des néo-Babyloniens (dits Chaldéens) et de leurs envahisseurs perses, qui dure de 600 à 300 av. J.-C. Cette dernière tradition donne, hors la Mésopotamie, les Mago-Chaldéens et les Mages hellénisés. Les Mago-Chaldéens sont des Mages venus d'Iran en Babylonie, et les Mages hellénisés des Mages venus de Babylonie en Grèce.

LA GÉNÉRATION SACRÉE

Le grand thème d'un ésotérisme mésopotamien naissant, donc sumérien, se retrouverait chez tous les peuples civilisateurs (et préhistoriques) : la génération. Dans la mythologie sumérienne, le dieu Enki favorise la fécondité de Sumer par l'irrigation, il procède avec le monde comme avec une femme par son éjaculation dans le Tigre et l'Euphrate.

Le Ciel (An en sumérien, Anou en akkadien), la Terre (Enki en sumérien, Éa en akkadien, représentant les Eaux souterraines), et l'Atmosphère (Enlil en sumérien) forment une triade cosmique. En termes cosmologiques et non plus mythologiques : l'En-Haut, l'En-Bas, le Milieu forment le Tout. La cosmogonie d'Éridou soutient qu'à l'origine il y avait *Ama.ù.tu.an.ki*, « la mère qui engendre le Ciel et la Terre ».

LES TROIS GRANDS DIEUX MÉSOPOTAMIENS

DIEUX	AN (sum. =akk. ANOU)	ENLIL (sum. =akk. ELLIL)	ENKI (sum. =akk. ÉA)
ville	Ourouk	Nippour	Éridou
domaine	Ciel : haut	Terre : milieu	Eaux : bas
fonction	fécondation	destin	sagesse
nombre	60	60	40

Ce contexte naturiste explique la prostitution sacrée et la hiérogamie [1]. Dans les Mystères gréco-romains, la sexualité était aussi mise en avant ; ainsi, dans le mythe d'Éleusis, Déméter faisait l'amour avec Jason par trois fois dans un champ labouré [2]. Sur le plan mythologique, les prêtres de la période néo-sumérienne disent qu'Inanna (=Ishtar), fille de An,

---

1. S. N. Kramer, *Le Mariage sacré à Sumer et à Babylone* (1969), trad. de l'anglais, Berg International, 1983, 228 p. (avec un appendice de J. Bottéro sur *La Hiérogamie après l'époque « sumérienne »*, p. 175-214).
2. Homère, *Odyssée*, V, 125-128 ; Hésiode, *Théogonie*, 969-971.

s'unit à Doumouzi (=Tammouz[1]) ; le temple comporte à cet effet une chambre à coucher divine (Hérodote, *Histoires*, I, 182).

Sur le plan religieux[2], Inanna (au dire des textes de la fin du IIIe millénaire av. J.-C.) s'unit au roi. Le roi, homme concret, représente le divin Doumouzi, il réalise une union sexuelle avec la déesse, représentée concrètement par une prêtresse ou (plus tard) par sa propre épouse. L'union sexuelle se réalise « sous les espèces de leurs statues, apportées en grande pompe dans la salle particulière dite "nuptiale", et laissées côte à côte dans leur "lit conjugal" » (J. Bottéro). Sur la prostitution, Hérodote (I, 199) se trompe : il ne s'agit pas de n'importe quelles femmes, mais des hiérodules, des esclaves sacrées. Dans les temples, par exemple celui d'Ishtar à Ourouk, officiaient ces prostitué(e)s sacrées. L'Ancien Testament raconte à propos du roi de Juda Josias que :

> Il démolit la demeure des prostitués sacrés, qui était dans le Temple de YHWH et où les femmes tissaient des voiles pour Ashéra [Ashérat : toute divinité féminine d'Asie occidentale].
>
> II Rois, XXIII, 7, trad. École biblique de Jérusalem.

La hiérogamie reprend le thème de l'androgynat, et donc de l'initiation. L'être androgyne est un être complet. Du côté des dieux, Tiamat est à l'origine mâle et femelle (*Enûma elish*, I, 4 ; IV, 136). Du côté des hommes, les desservants du temple d'Ishtar sont « sexuellement ambigus (castrats, invertis professionnels et travestis) » (Dominique Prévot).

LE CHALDÉEN

L'ésotérisme mésopotamien s'incarne dans une personne : le **Chaldéen**. Le mot ressemble à une pelote de laine. Démêlons les fils.

• LES CHALDÉENS DE CHALDÉE : les Chaldéens, les *Kaldû*, sont, au sens étroit, les habitants de la Chaldée, une région sumérienne, en basse Mésopotamie, avec Our comme ville principale. Les vrais Chaldéens, des Sémites araméens venus du désert arabo-syrien, ne datent que de 900 av. J.-C. Ils fondent alors une confédération : la Kaldou. Quand la Bible parle d'Abraham venu d'« Our des Chaldéens » (Genèse, XI, 28-31), alors colonie syrienne, vers 1880 av. J.-C., il y a anachronisme. Dieu qui est éternel a-t-il le droit de mépriser l'histoire ? Cet anachronisme s'explique par le fait que les néo-Babyloniens ont fait de la Chaldée un haut lieu de l'ésotérisme : pourquoi alors ne pas placer Abraham à Our (ce qui est exact), dans une Our chaldéenne (ce qui marque la transition de l'ésotérisme mésopotamien à l'ésotérisme hébreu) ? En tout cas, le récit sur

---

1. Ezéchiel, VIII, 14 : « Les femmes étaient assises, pleurant Tammuz. » Saint Jérôme : « Tammouz, c'est-à-dire Adonis » (*Lettres*, LVIII, 3).

2. Hymne à Inanna : W. H. Römer, *Sumerische « Königshymnen » der Isin-Zeit*, Leyde, 1965, p. 128 *sqq*.

Abraham est très postérieur au personnage, ou bien Dieu, auteur de la Bible, est devin.

- LES CHALDÉENS DE BABYLONE : on appelle ainsi les néo-Babyloniens, les Mésopotamiens de l'époque 625-539 av. J.-C., venus du « pays de la Mer », la Chaldée, proche du golfe Persique, et conquérants de Babylone. « Chaldéen » veut alors dire « Babylonien », voire « Mésopotamien ». Et « Babylonien » renvoie à « occultiste », comme aujourd'hui « Gitan » renvoie à « diseur de bonne aventure ». Le grand souverain s'appelle Nabuchodonosor II. Les Chaldéens étudient dans diverses écoles, à Sippar, Nippour, Babylone, Borsippa. Le prophète juif Daniel distingue cinq spécialistes : le sage, l'astrologue (le chaldéen), le magicien, le guérisseur (l'enchanteur) et le devin.

Le roi [Nabuchodonosor II, en 591 av. J.-C.] ordonna d'appeler magiciens et devins, enchanteurs et chaldéens pour dire au roi quels avaient été ses songes. [...]
Daniel répondit devant le roi :
– Le mystère que poursuit le roi, sages, magiciens, devins et enchanteurs n'ont pu le découvrir au roi [...].
Il [le roi Balthazar] manda en criant magiciens, chaldéens et devins. Et le roi dit aux sages de Babylone :
– Quiconque lira cette écriture et m'en découvrira le sens, on le vêtira de pourpre, on lui mettra une chaîne d'or autour du cou et il sera en troisième dans le royaume. [...]
Le roi Nabuchodonosor, ton père, le nomma chef des magiciens, chaldéens, devins et sages.

Daniel (168 av. J.-C.), II, 2, 27 ; V, 7, 11, trad. cit.

L'Antiquité crédite ces Chaldéens d'une connaissance astronomique immense et d'une puissance magique extraordinaire. Isaïe, autre prophète juif, les jalouse et les provoque :

Qu'ils se lèvent donc pour te sauver, ceux qui détaillent les cieux, qui observent les étoiles et font savoir pour chaque mois ce qui va advenir.

Isaïe, XLVII, 13, trad. cit.

Diodore de Sicile admire « les écrits et observations des Chaldéens » (*Bibliothèque historique*, XVII, 1, 29), ces « Chaldéens de Babylone », dont la « renommée d'astrologues » est grande (I, 81, 6).

Les Chaldéens tiennent leur prestige du fait qu'ils sont les représentants d'un enseignement sacré. Ils portent l'auréole de l'Antiquité, de la tradition sans altération et sans âge. « Les Chaldéens demeurant toujours au même point de la science reçoivent leurs traditions sans altération », dit Strabon (*Géographie*, XVI, 1, 6), qui ne confond pas les Chaldéens devenus charlatans avec les Chaldéens des tribus. Les Chaldéens portent l'aura de l'Orient ; ils portent le nimbe de l'initiation et de la gnose. « Les Chaldéens s'occupaient d'astronomie et de prédictions » (Diogène Laërce, *Vies des philosophes illustres*, préf.).

Selon Bérose, prêtre chaldéen arrivé en Grèce en 279 av. J.-C., le savoir des gens de Mésopotamie vient d'une révélation antérieure au Déluge.

En Babylonie, quantité d'hommes venus d'ailleurs s'étaient installés en Chaldée, où ils menaient une existence inculte, pareils à des bêtes. Une première année, alors, apparut... sur le rivage un monstre extraordinaire sorti de la mer Rouge et appelé Oannès [En-ki sumérien, Éa babylonien]. Son corps entier était celui d'un poisson, avec, sous sa tête, une autre tête insérée, ainsi que des pieds, pareils à ceux d'un homme — silhouette dont on a préservé le souvenir et que l'on reproduit encore de notre temps. Ce même être vivant, passant ses jours parmi les hommes, sans prendre la moindre nourriture, leur apprit l'écriture, les sciences et les techniques de toutes sortes, la fondation des villes, la construction des temples, la jurisprudence et la géométrie ; il leur dévoila pareillement la culture des céréales et la récolte des fruits ; en somme, il leur donna tout ce qui constitue la vie civilisée. Tant et si bien que depuis lors on n'a plus rien trouvé de remarquable.

Bérose, *Babyloniaca* (279 av. J.-C.), trad. anglaise S. M. Burstein éd., Undena Publications, Malibu, Californie, 1978. Trad. partielle J. Bottéro.

Encore aujourd'hui, l'idée reste que l'ésotérisme vient des Chaldéens.

J'appelle *Occultisme* l'ensemble de la tradition écrite et orale venue des sanctuaires égyptiens et chaldéens jusqu'à nous.

Papus, *L'Initiation*, juin 1898.

• LES CHALDÉENS D'OCCIDENT : enfin et surtout, les *Chaldaei*[1] sont, pour les Romains comme pour les historiens antiques de l'ésotérisme, les prêtres ou sages babyloniens répandant en Occident divination, magie et surtout astrologie dès l'époque hellénistique (330 av. J.-C.). Ils font figure de charlatans ou d'occultistes venus d'Orient. Ils dressent des horoscopes, ils publient des almanachs annonçant le temps pour tous les jours de l'année, ils s'essaient à la prédiction au moyen des nombres. On tient cette dernière information d'Horace.

Ne cherche point, toi (il est sacrilège de le savoir)
Quelle fin, Leuconoé, les dieux ont marquée pour moi, marquée pour toi,
Et n'interroge pas les calculs babyloniens.

Horace, *Odes* (23-17 av. J.-C.), I, 11, 2, trad. du latin F. Villeneuve, Les Belles Lettres, coll. « Budé », 1981, p. 20.

On le voit, à parler de la Mésopotamie en général, il est dangereux de mélanger les époques et de recourir à des textes de toutes provenances.

L'ÉSOTÉRISME ÉCRIT

Les Sumériens se passaient de bouche à oreille, de tablette à tablette, deux récits, à fond ésotérique (on va le voir), l'un qui est de structure légendaire, l'autre de structure mythologique. Le premier s'appuie sans

---

1. F. Cumont, *Lux perpetua*, P. Geuthner, 1949, p. 144 *sqq.*

doute sur des faits historiques, sur la vie d'un roi sumérien, Gilgamesh, qui a sans doute vécu vers 2650 av. J.-C. à Ourouk. Le second récit a l'allure d'un mythe théologique, où la figure centrale est, cette fois, féminine. Les deux récits ont, visiblement, une fonction initiatique, traversée de symboles bien connus.

Le premier grand récit ésotérique mésopotamien s'appelle *L'Épopée de Gilgamesh*. Le narrateur présente ainsi Gilgamesh :

> Je vais présenter au monde
> Celui qui a tout vu,
> Connu la terre entière,
> Pénétré toutes choses,
> Et partout exploré
> Tout ce qui est caché !
> Surdoué de sagesse,
> Il a tout embrassé du regard :
> Il a contemplé les Secrets,
> Découvert les Mystères ;
> Il nous en a même appris
> Sur avant le Déluge !

L'Épopée de Gilgamesh, tablette I, 1-6, trad. de l'akkadien J. Bottéro, *L'Épopée de Gilgameš. Le grand homme qui ne voulait pas mourir*, Gallimard, 1992, p. 63. © Gallimard, Paris.

Il faut résumer le texte dans la version akkadienne. A proprement parler, il n'y a pas de version sumérienne, seulement des récits séparés.

Le roi Gilgamesh gouverne Ourouk avec dureté. Les habitants obtiennent de la déesse Arourou (>A.ru.ru) qu'elle suscite contre lui un adversaire. Avec de l'argile elle pétrit Enkidou, être à peine humain, velu, qui vit au milieu des bêtes. Mais, Gilgamesh et Enkidou deviennent amis. Ensemble ils terrassent un géant. Enkidou veut tuer ce dernier, Gilgamesh préfère l'épargner. Inanna, déesse de l'amour et de la guerre, déesse de la planète Vénus, s'éprend de Gilgamesh, qui se montre réticent, vu la frivolité d'Inanna. Vexée, la déesse pétrit un « Taureau Céleste » destiné à tuer les deux hommes. Enkidou terrasse le monstre, puis il lance une cuisse du taureau à la tête d'Inanna. Il mourra de cet affront. Frappé par le décès de son compagnon, Gilgamesh part à la recherche de l'immortalité, d'une herbe. Un vieillard, Outa-napishtim (>Utanapishtî, « J'ai-trouvé-ma-vie-sans-fin », sum. Zi.u.sud.rá), qui a survécu au Déluge, possède dans l'île des Bienheureux l'herbe qui redonne la jeunesse, la plante de Jouvence (*ú.nam.tìl.la*).

> Je vais te révéler
> Un mystère,
> Et te communiquer
> Un secret des dieux :
> Il s'agit d'une plante
> À la racine pareille à celle du Faux-jasmin,

> Et dont les épines
> Sont comme celles de la Ronce,
> Propres à te piquer les mains.
> Si tu arrives à t'en emparer
> Tu auras trouvé la vie-prolongée.

L'*Épopée de Gilgamesh*, tablette XI, 265-270, *op. cit.*, p. 202. © Gallimard, Paris.

Gilgamesh parvient dans cette île, après maintes épreuves, dont la traversée de la mer de la Mort et six jours sans sommeil. Mais, sur le chemin du retour, un serpent mange sa plante. Gilgamesh ne sera donc pas immortel.

Les aventures du héros sont-elles un échec ? Du point de vue religieux, peut-être, mais pas du point de vue ésotérique. Au passage, notons ceci : Gilgamesh n'a pas réussi l'épreuve où il fallait ne pas dormir sept jours (tablette XI, 199) ; cependant, par un autre procédé de réversion, il « réussit » à dormir sept jours ! Il y a échec, mais échec à l'envers. Il y a malgré tout un triomphe, car le monde des rêves est celui où les dieux parlent aux hommes. Autre échec ? Gilgamesh n'a pas réussi à conserver l'herbe d'immortalité. Cependant, cela ne constitue un échec que dans le cadre d'un conte. Le but n'est pas de devenir immortel, car cette qualité appartient aux seuls dieux... et aux illusions des non-initiés. Le but, comme dans toute initiation, s'identifie au moyen. Il faut être initié pour le savoir ! Le principal reste la quête en elle-même, plus que l'obtention de la plante. Gilgamesh n'a pas l'immortalité physique, mais il a gagné l'immortalité spirituelle, la vraie humanité, le sens du divin. Qu'importe l'herbe s'il s'est humanisé, comme chez un sportif qu'importent les haltères s'il s'est musclé. Les composantes initiatiques de l'épopée se révèlent nombreuses. Enkidou passe de l'état sauvage à l'état policé, comme dans les initiations de puberté des Primitifs ; de son côté, Gilgamesh passe de l'attitude inhumaine à l'attitude surhumaine, comme dans les initiations supérieures. Divers songes parcourent la vie d'Enkidou et de son ami Gilgamesh. Les thèmes de l'île des Bienheureux, de l'herbe d'immortalité, du serpent glouton rappellent tous les ésotérismes connus.

Gilgamesh, manifestement, traverse des épreuves initiatiques, au nombre de six. La première épreuve est l'épreuve du corps, physique. Gilgamesh doit parcourir à pieds six étapes en trois jours (tablette IV). Il accomplit cinq rites qui relèvent d'un rituel d'incubation, et donc mettent au premier plan les songes. La deuxième épreuve est l'épreuve du moi, il doit dépasser la personnalité. La chose se présente de façon imaginée. Gilgamesh doit tuer le Gardien de la Forêt, Houwawa (>Humbaba) (tablette IV, 45 *sqq*.). Comment ne pas songer à celui que toutes les traditions initiatiques appellent « le gardien du seuil », sa propre résistance au fond ? L'épreuve suivante est l'épreuve du toi, de l'ascèse. Gilgamesh, cette fois, repousse les avances sexuelles d'Ishtar (tablette VI, 24 *sqq*.). Arrive l'épreuve du soi, de coloration astrologique. Gilgamesh affronte

« le Taureau Céleste », qui est le nom d'un Signe zodiacal (tablette VI, 150 *sqq.*), modèle de fécondité, idéal de force. Quand Enkidou meurt, Gilgamesh subit la cinquième épreuve, l'épreuve de la mort, de la douleur (tablette VIII). Enfin, sixième épreuve, il gravit la montagne Jumeaux (tablette IX.II, 1 ; IX.IV, 40), il affronte les Hommes-Scorpions (tablette IX.II, 6), autant de noms zodiacaux, il parcourt un tunnel (tablette IX.IV, 48 *sqq.*), il affronte la cabaretière Sidouri qui veut le décourager en prônant scepticisme et hédonisme (tablette X.II), il traverse les eaux de la mort (tablette X.IV). Il doit convaincre Outa-napishtim (tablette XI), résister au sommeil (tablette XI, 199), trouver la plante de la Vie éternelle (tablette XI, 271). La septième épreuve est occulte : Gilgamesh va vivre sans l'élixir de longue vie, face à sa condition...

Le second grand récit ésotérique mésopotamien s'appelle *La Descente d'Inanna aux Enfers* [1]. Inanna signifie « Dame du Ciel ». Cette fois, il y a une version sumérienne. Lisons-la. Le héros s'appelle Doumouzi. Sans doute personnage historique, les Akkadiens en firent le dieu Tammouz.

Du haut du ciel, Inanna [en akkadien Ishtar] voulut partir pour l'Enfer.
Madame quitta ciel et terre
Pour descendre au monde d'En-bas. [...]
Elle s'équipa des Sept Pouvoirs,
Après les avoir rassemblés et tenus en main
Et les avoir tous pris, au complet, pour partir !
Elle coiffa donc le Turban, Couronne-de-la-steppe, se fixa au front les Accroche-cœur ;
Empoigna le Module de lazulite ;
S'ajusta au cou le Collier de lazulite ;
Disposa élégamment sur sa gorge les Perles-couplées ;
Se passa aux mains les Bracelets d'or ;
Tendit sur sa poitrine le Cache-seins « Homme ! viens ! viens ! » ;
S'enveloppa le corps du pala, Manteau royal, et maquilla ses yeux du Fard « Qu'il vienne ! Qu'il vienne ! ». [...]
– Le vénérable Enki [en akkadien Éa], à l'ample intelligence,
Lui qui connaît nourriture-de-vie et breuvage-de-vie,
Me rendra certainement la vie ! [...]
Et interpella le palais du monde d'En-bas
D'une voix agressive :
– Ouvre donc le palais, Pêtû ! Ouvre le palais :
Je veux pénétrer en personne ! [...]
Je suis la reine du Ciel,
De là où le Soleil se lève ! [...]

---

1. Version sumérienne : J. Bottéro et S. N. Kramer, *Lorsque les dieux faisaient l'homme*, Gallimard, 1989, p. 276-290. Version akkadienne : *La Descente d'Ishtar aux Enfers*, apud *RPOA*, p. 259-265.

C'est pour Éreshkigal [Dame de la Grande Terre ; akk. Allatou], ma sœur aînée,
Dont l'époux, sire Gugalanna [Grand Taureau Céleste], a été tué :
Pour assister aux funérailles
Et prendre part aux libations rituelles ! C'est vrai ! [...]
Pêtû, portier-en-chef du monde d'En-bas,
Déférant aux ordres de sa souveraine [Éreshkigal],
Tira donc le verrou des Sept-portes du monde d'En-bas,
Et ouvrit l'une après l'autre
Les portes du palais de Ganzer,
En disant à la sainte Inanna :
— Eh bien ! Inanna, entre !
Et, lorsqu'elle franchit la première porte,
On lui ôta de la tête le Turban, Couronne-de-la-steppe. [...]
Lorsqu'elle franchit la seconde porte,
On lui ôta le Module de lazulite. [...]
Lorsqu'elle franchit la troisième porte,
On lui ôta du cou le Collier de lazulite. [...]
Lorsqu'elle franchit la quatrième porte,
On lui ôta de la gorge les Perles-couplées. [...]
Lorsqu'elle franchit la cinquième porte,
On lui ôta des poignets les Bracelets d'or. [...]
Lorsqu'elle franchit la sixième porte,
On lui ôta de la poitrine le Cache-seins « Homme ! viens ! viens ! » [...]
Lorsqu'elle franchit la septième porte,
On lui ôta du corps le pala, Manteau royal.
— Que signifie ?, dit-elle.
— Silence, Inanna, lui répondit-on :
Les Pouvoirs du monde d'En-bas sont irréprochables !
Ne proteste pas contre les rites du monde d'En-bas !
Ainsi son corps maté, dépouillé de ses vêtements,
Fut-il amené devant Éreshkigal.
La sainte Éreshkigal prit alors place sur son trône,
Et les Anunna, les Sept Magistrats,
Articulèrent devant elle leur verdict :
Elle porta sur Inanna un regard : un regard meurtrier !
Elle prononça contre elle une parole : une parole furibonde !
Elle jeta contre elle un cri : un cri de damnation !
La Femme, ainsi maltraitée, fut changée en cadavre,
Et le cadavre suspendu à un clou !
Passé trois jours et trois nuits, [...]
Curant alors un peu de terre de sous ses ongles,
Il [Enki, dieu de la sagesse] en modela un *kurgara* ;
Et curant derechef un peu de terre de sous ses ongles,
Il modela un *kalatur*.
Au *kurgara* il remit de la nourriture-de-vie,
Au *kalatur*, du breuvage-de-vie ! [...]
— Le cadavre suspendu au clou !
L'un de vous lui versera dessus de la nourriture-de-vie,

L'autre du breuvage-de-vie,
Et Inanna reviendra à la vie ! [...]
Puis l'un d'eux versa sur lui [le cadavre d'Inanna] de la nourriture-de-vie,
L'autre [le *kalatur*] du breuvage-de-vie,
Et Inanna revint à la vie !
Mais, alors qu'elle se préparait
À remonter du monde d'En-bas,
Les Anunna la retinrent et lui dirent :
— Qui donc, descendu au monde d'En-bas,
En est ressorti quitte ?
Si donc Inanna veut remonter du monde d'En-bas,
Elle doit nous remettre un substitut ! [...]
Ainsi leur livra-t-elle le pasteur Dumuzi [en hébreu Tammouz]. [...]
Puis, comme Dumuzi [en sumérien : Fils légitime] pleurait,
Ma souveraine vint à lui,
Le prit par la main et lui dit :
— Toi, ce sera seulement la moitié de l'année
Et ta sœur [Geshtinanna], l'autre moitié. [...]
Comme il est doux de te célébrer,
Auguste Éreshkigal !

La Descente d'Inanna aux Enfers (v. 1900 av. J.-C.), trad. du sumérien J. Bottéro et S. N. Kramer, *Lorsque les dieux faisaient l'homme : mythologie mésopotamienne*, Gallimard, 1989, p. 276-290. © Gallimard, Paris.

Ce poème offre la structure d'un Mystère gréco-romain. En même temps, il présente une idée spécifiquement mésopotamienne et égyptienne [1], celle d'une série de portes ou de sphères planétaires [2] à franchir successivement. Inanna échoue (thème sumérien), peut-être parce qu'elle veut braver la mort sans vraiment la connaître ou se connaître. Elle en réchappe à moitié, comme les initiés indo-européens, donnés pour borgnes (Odin, Coclès) ou manchots (Tyr, Scaevola) [3]. Les motifs mystériques abondent : succession d'épreuves, jugement, entrée dans le monde des morts, partage du temps en deux périodes (semailles, récolte ; hiver, été ; temps d'Inanna, temps de Doumouzi ; opposition entre le berger Doumouzi et le fermier Enkidou)... Derrière ce récit, un fil d'or relie les images, le fil de l'analogie inverse, la clef dernière de l'ésotérisme [4].

---

1. Voir *infra*, p. 445 (« Reconstitution de l'initiation... »). Le chap. 147 du *Livre des morts des anciens Égyptiens* décrit un passage de sept portes, avec chacune un gardien dont il convient de connaître le nom (« Espion », « Celui qui fait tournoyer son visage », « Celui au visage vigilant », « Le Vigilant », « Le Brûlant », « Celui qui est changeant de visage », « Celui à la voix forte »).
2. On trouve plus tard, dans le Judaïsme, le thème des portes ou des sphères sous la forme de portes de cinq cieux (III Baruch, II-XIII), de sept cieux (II Énoch, III-XX ; *Testaments des Douze Patriarches*, C : Testament de Lévi, II, 7-III, 8 ; *Apocalypse d'Abraham*, XIX, 7-9 : apud *La Bible. Écrits intertestamentaires*, Gallimard, « Bibliothèque de la Pléiade », 1987, p. 1175-1186, 836-838, 1717-1718).
3. G. Dumézil, *Mythe et Épopée*, t. III : *Histoires romaines*, Gallimard, 1973, p. 9, 268-281, 286.
4. P. A. Riffard, *L'Ésotérisme*, éd. cit., p. 344.

Quand Gilgamesh échoue, on l'a vu, il triomphe. De même, quand Inanna semble perdre elle gagne. Certes, elle se met nue, elle quitte ses habits, ses bijoux, mais une femme qui se met nue gagne, elle prend des pouvoirs bien plus grands encore, elle foudroie comme l'éclair ! Certes, elle meurt, mais une déesse qui « meurt », un initié qui « meurt » renaissent plus forts, comme un taureau qui se relève ! Le dépouillement successif de ses sept pouvoirs, de ses sept parures, lui donne droit à l'élixir. Quels sont ces sept pouvoirs ? Il serait sans doute téméraire de pousser trop loin l'allégorie, mais, visiblement, le turban parle de dépasser les vanités humaines, le cache-seins évoque la maîtrise de la sexualité, le manteau désigne la personne même. La mort, donnée par le verbe, par le verbe de sa propre sœur, permet la résurrection. Inanna descend et remonte, meurt et renaît. Elle s'initie aux secrets de la mort et de la vie. Elle prend connaissance de la magie du verbe quand sa sœur parle. Elle a révélation de l'alchimie des élixirs quand on lui donne « nourriture-de-vie » et « breuvage-de-vie ». Elle saisit l'astrologie quand il faut partager l'année en deux moitiés. Son être même s'en trouve métamorphosé : la reine devient corps, corps nu, puis « clou », enfin elle-même, c'est-à-dire ciel et enfer, femme et homme, totalité.

La question surgit alors. La Mésopotamie a-t-elle organisé des Mystères et des initiations ? L'ésotérisme pensé est-il devenu ésotérisme agi ?

LES INITIATIONS ET LES MYSTÈRES *(PIRISHTU)*

En Mésopotamie, la Lune sert de modèle à l'initiation. En Égypte, ce sera le Soleil. La Lune décroît et croît, tous les 28 jours. Le Soleil disparaît et reparaît, chaque jour. L'initié, comme la Lune, comme le Soleil, subit une épreuve de mort pour connaître le triomphe de la résurrection. Il tue le moi, il crée le soi. Ces analogies entre les phénomènes astronomiques et les réalisations spirituelles expliquent le primat de l'astrologie. Les cycles du monde entrent aussi dans ce schéma. Le monde naît et renaît.

Selon R. Labat, les textes cachent des allusions à d'anciennes **initiations tribales**, de type guerrier, où le garçon devait soulever ou pousser un bloc de pierre, deuxièmement transporter et manier une hache devant le groupe. Gilgamesh, en effet, doit affronter de telles épreuves.

> S'adressant à sa mère,
> Il lui a raconté ses rêves.
> « Ma mère, voici le rêve,
> Que j'ai fait cette nuit :
> Tandis que m'entouraient
> Les Étoiles célestes,
> Une façon de bloc venu du Ciel
> Est pesamment tombé près de moi.
> J'ai voulu le soulever :

Il était trop lourd pour moi ;
J'ai tenté de le déplacer :
Je ne le pouvais remuer !
Devant lui se tenait
La population d'Uruk :
Le peuple
S'était attroupé alentour ;
La foule se pressait
Devant lui ;
Les gaillards
S'étaient massés pour le voir :
Et comme à un bambin,
Ils lui baisaient les pieds ;
Moi, je le cajolais,
Comme une épouse.
Puis, je l'ai déposé
À tes pieds,
Et toi,
Tu l'as traité à égalité avec moi ! »
[...]
Une seconde fois, Gilgamesh
S'est adressé à sa mère :
« J'ai fait un autre rêve,
Ma mère :
À Uruk-les-clos
Avait été posée une hachette.
Objet de l'attention générale.
La population d'Uruk
Se tenait devant elle ;
Le peuple
S'était attroupé alentour ;
La foule
Se pressait pour la voir.
Et moi,
Je l'ai déposée à tes pieds.
Et je l'aimais et la cajolais
Comme une épouse,
Tandis que toi,
Tu la traitais à égalité avec moi ! »
Sage et experte,
La mère de Gilgamesh, omnisciente,
S'est adressée à son fils [...].

L'Épopée de Gilgamesh, tablette I, 218-256, trad. J. Bottéro, *op. cit.*, p. 78-81. © Gallimard, Paris.

Le caractère sacré de cette histoire saute aux yeux. On peut même penser que « le roc d'Anou » était une météorite. Le roc et la hache sont traités avec respect. La présence du public atteste de l'initiation-cérémonie qui suit l'initiation-processus où le garçon a développé sa force physique et son sens religieux. Cependant, il faut le reconnaître, ces deux récits sont bien présentés comme des rêves et interprétés par la mère de Gilgamesh comme des rêves, le premier annonçant « un compagnon puissant », le second aussi. Mais, répétons-le, le rêve a valeur de révélation, il représente le moment et l'état de communication avec les dieux, de retour aux origines.

Dans *L'Épopée de Gilgamesh* (tablette I, 13), la relation sexuelle est présentée comme une initiation pour les hommes, elle est même appelée « initiation de la femme », par la femme disons. Cette initiation fait passer de la nature à la culture, du moi aux autres, elle développe l'intelligence (tablette I, 29).

Existait-il des **initiations spirituelles** en Mésopotamie, chez les Babyloniens ? A-t-on des documents ?

Premier indice de l'existence de Mystères mésopotamiens, selon G. Contenau, après le fameux R. Reitzenstein [1] : le poème intitulé *Le Juste souffrant* [2], en sa deuxième partie. « Il s'agit dans le principe, dit le savant assyriologue, d'un très ancien poème du genre pessimiste. La maladie a frappé le Juste [Tâb-outoul-Enlil]. [...] Tous se détournent de lui parce que ses biens sont perdus et parce que, selon eux, frappé à un tel point, il ne peut être que coupable. C'est alors que, se trouvant sans reproche, le Juste conclut : "Ce que l'homme croit le bien est peut-être ce que les dieux considèrent comme le mal !" Le poème finissait sur cette constatation désolante. Mais, lors de la grande réforme religieuse de la première dynastie babylonienne, son caractère connaît une métamorphose. Le clergé s'est avisé d'y joindre une seconde partie où le Juste recouvre la santé, ses biens, l'estime de ceux qui l'entourent, parce que Mardouk a eu pitié de lui. » Aussi proclame-t-il :

> Qui, sinon Mardouk, de son état de mort peut faire revivre quelqu'un ?
> Hormis Zarpanitou [déesse], quelle déesse donne la vie ?
> Mardouk peut faire revivre du tombeau,
> Zarpanitou sait sauver de la catastrophe !

Le Juste souffrant, 2ᵉ partie (1800 av. J.-C.), tablette IV, 33-36, *RPOA*, p. 340. © Librairie Arthème Fayard, Paris.

Faudra-t-il, poursuit G. Contenau, voir une allusion à des Mystères et à une initiation quand le Juste, énumérant différentes portes de l'Ésagil (temple de Mardouk), dit que dans chacune de ces portes il a éprouvé ce qui est justement le nom de la porte ? Lui qui était descendu dans la tombe est revenu à la vie dans Babylone. Chacune de ses douze portes a été pour lui une participation aux faveurs qu'elles annonçaient.

---

1. R. Reitzenstein, *Das iranische Erlösungsmysterium*, Leipzig, 1921, p. 157 *sqq*.
2. Titre réel, d'après le début : *Je vais louer le Seigneur très sage. Ludlul bêl nêmeqi.* Trad. J. Bottéro, *Le Problème du Mal en Mésopotamie. Prologue à une étude du « Juste souffrant »*, L'Arbresle, 1977, p. 10 *sqq*.

Dans les prosternements et les supplications, je suis allé à l'É.sag.il.
Moi qui étais descendu au tombeau, je suis revenu à la Porte-du-Soleil-Levant.
À la Porte-de-l'Abondance, l'abondance m'a été redonnée.
À la Porte-de-l'Ange-Gardien, mon ange gardien est revenu près de moi.
À la Porte-du-Salut, j'ai retrouvé le salut.
À la Porte-de-la-Vie, j'ai reçu le don de la Vie.
À la Porte-du-Soleil-Levant, j'ai été de nouveau compté parmi les vivants.
À la Porte-du-Clair-Présage, mes présages se sont clarifiés.
À la Porte-de-l'Absolution-des-Péchés, mon péché a été absous.
À la Porte-de-la-Louange, ma bouche a pu interroger.
À la Porte-de-la-Cessation-des-Soupirs, mes soupirs ont cessé.
À la Porte-de-l'Eau-Pure, d'eaux de purification je me suis aspergé.
À la Porte-du-Salut, je me suis rencontré avec Mardouk.
À la Porte-de-l'Infinie-Plénitude, j'ai baisé le pied de Zarpanitou.
En supplications et en oraisons, je n'ai cessé devant eux de prier [...].

Le Juste souffrant, tablette IV, 77-91, *RPOA*, p. 341. © Librairie Arthème Fayard, Paris.

« En conséquence, le Juste est admis devant le dieu Mardouk, il a adoré la déesse Zarpanitou, compagne du dieu, il a été admis à les prier et à les invoquer ! S'agit-il d'une initiation à des mystères en relation avec le nom de ces portes ? Il n'y a là sans doute que l'affirmation de l'efficacité du "bon nom" de ces portes qui peuvent être considérées comme des génératrices possibles des qualités qu'elles portent. Enfin, il est naturel que le Juste, en passant par ces portes, voie sa personnalité transformée ; lorsque, dans la fête de l'Akîtou, Mardouk part avec la procession, il est désigné par un nouveau nom chaque fois qu'il aborde un lieu nouveau. C'est en tout cela que peut résulter une sorte d'initiation, assez différente cependant de ce que l'on entend d'ordinaire par ce terme [1]. » La différence avec l'initiation occidentale vient du rôle que joue le Verbe, le Nom, le charme oral *(tû)*.

Deuxième indice de l'existence de Mystères mésopotamiens : les processions à char ou en bateau, fort nombreuses, et les rituels et cérémonies, fort minutieux, qui décrivent « la Mort et la Résurrection » d'une divinité. Les textes dépeignent les voyages des dieux [2], sous forme de statues de culte, à travers les villes. Ce phénomène, dont on ignore le motif, rappelle les sorties de divinités en Égypte ou en Grèce. À Babylone, pendant la grande fête de Mardouk, au Nouvel An *(Akîtu)*, donc à la première lunaison suivant l'équinoxe de printemps, durant onze jours en mars-avril (mois de Nisan), se déroulait un drame sacré, en partie public, en partie secret. Il récapitulait les exploits de Mardouk, sa mort, sa résurrection. Le grand-prêtre de l'Ésagil récitait du début jusqu'à la fin le mythe cosmogo-

---

1. G. Contenau, *La Vie quotidienne à Babylone et en Assyrie*, Hachette, 1950, p. 216-217, 225-226.
2. Par exemple le *Voyage d'Inanna d'Ourouk à Éridou chez le dieu Enki* : G. Flügge, *Der Mythos « Inanna und Enki »*, Biblical Institute Press, Rome, 1973, xv-256 p.

nique, l'*Enûma elish*, pour répéter l'origine, retourner au commencement, refaire le monde, pour initier en somme. Le principe apparaît tout à fait ésotérique : il y a réversion [1]. On fait retour. Et la date est une analogie. On récite lors du printemps, qui est le début de l'année, l'*Enûma elish*, qui est le début du temps. On replace, on remet, on rétablit. On refait et l'on se refait. Le monde revient, le printemps retourne, l'homme renaît. Un texte intitulé *Cela représente Bêl [=Mardouk] lorsqu'il est enchaîné dans la montagne* expose un scénario typiquement mystérique. Des femmes pleurent la mort de Bêl.

> Celles qui vont par les rues
> Ce sont celles qui prient Sîn [la Lune] et Shamash [le Soleil]
> En disant :
> – Fais vivre Bêl !

Des initiés lancent des paroles sacrées :

> Les Magiciens sont devant lui,
> Ils récitent une incantation :
> Ce sont les gens qui vont devant lui,
> En se lamentant.

D'ailleurs, ce texte se veut ésotérique.

> Quiconque détruira cette tablette
> Ou la jettera dans l'eau
> Ou celui qui la montrera à celui qui ne doit pas en avoir connaissance ni l'entendre lire,
> Que tous les grands dieux du Ciel et de la Terre le maudissent d'une malédiction irrémédiable !

Cité par Marguerite Rutten, *Babylone*, PUF, coll. « Que sais-je ? », n° 292, 1948, p. 100. © PUF, Paris.

Troisième indice de l'existence de Mystères mésopotamiens : Tammouz. Dieu babylonien (Doumouzi sumérien), il est devenu, à l'époque gréco-romaine, Adonis, dieu syro-phénicien, dont il existe, de façon patente, des Mystères, dès le VIIe s. av. J.-C. en Grèce [2]. Les germes au moins de Mystères se trouvent dans le culte de Tammouz.

Quels dieux ou héros entraient en jeu ? Mardouk, Ishtar, qui sont des divinités, Gilgamesh, Doumouzi, qui sont des héros. Tammouz personnifie, plus que la végétation, l'agriculture (son mois est juillet). Le bourgeon du palmier-dattier le figure. Il meurt en juillet, va aux enfers, il est pleuré, par les hommes, par sa mère et maîtresse Ishtar (Ézéchiel, VIII, 14 : Adonis pleuré par les femmes), enfin, il est ressuscité par sa sœur, il peut

---

1. P. Riffard, *L'Ésotérisme*, éd. cit., p. 380.
2. J. Frazer, *Le Rameau d'or*, t. 2 : *Le Dieu qui meurt. Adonis, Atys et Osiris* (1890), trad. de l'anglais, R. Laffont, coll. « Bouquins », 1983 ; Théocrite, *Idylles*, XV (trad. du grec apud *Bucoliques grecs*, t. I, Les Belles Lettres, 1925, 7e éd. 1972). Sur Adonis = Tammouz : Origène, *Commentaire sur Ézéchiel*.

passer la moitié de l'année sur terre dès le printemps. L'autre moitié, en alternance avec sa sœur, il la passera en enfer. On a là des motifs mystériques. Dans les Mystères d'Éleusis, les Grecs racontent la douleur de Déméter cherchant sa fille à travers champs. Certaines épreuves consistaient sans doute en énigmes, car les Mésopotamiens s'en montraient friands.

Énigme :
Une maison, appuyée comme le ciel sur des fondements,
une maison recouverte de lin comme un étui de tablette tout propre,
une maison qui se dresse sur un socle comme un canard ;
on y entre les yeux non ouverts, on en sort les yeux ouverts.
Solution :
C'est la maison des scribes.

Devinette sumérienne, trad. J. Lévêque, *Sagesses de Mésopotamie*, Cerf, Supplément au Cahier Évangile, n° 85, 1993, p. 12. © Éditions du Cerf, Paris.

Les initiés sont « ceux qui savent » : *zu* en sumérien, *mudû* en akkadien. Ils se recrutent parmi les grands-prêtres *(en* en sumérien, *enum* en akkadien) ou les grandes-prêtresses. Ces personnages ont des fonctions, non pas administratives, mais cultuelles. Au premier rang vient probablement le grand-prêtre du temple de Mardouk à Babylone. Souvent, à Sumer, les prêtres sont désignés par extispicine [1]. Une catégorie de prêtres s'appelle *êrib biti*, « ceux qui ont accès au sanctuaire ». Les prêtres incantateurs *(kalû)* peuvent connaître les mystères.

Les initiés se recrutent peut-être aussi parmi les lettrés *(dub.sar*, pas les simples copistes) [2], les devins *(bârû*, en akkadien), les exorcistes *(âshipu*, en akkadien)... Comme le scribe doit avoir des qualités spirituelles, il peut faire partie de la classe des initiés.

Un scribe qui ne possède pas le don de saisir l'« intérieur », d'où pourrait-il lui venir la capacité de transcrire ?

Sentence sumérienne, trad. R. Jestin, *La Religion sumérienne*, apud *Histoire des religions*, Gallimard, « Encyclopédie de la Pléiade », 1970, t. 1, p. 189. © Gallimard, Paris.

Le roi — à la différence de l'Égypte — ne paraît pas être un initié, pas même virtuellement. Cependant, certains rois ont manifestement versé dans l'ésotérisme, comme Sargon d'Akkad, auteur d'un traité d'astrologie, *Assarhaddon*. L'ordre de préséance paraît dans certains textes, qui énumèrent, après le roi, de grands personnages.

Que Nabou [dieu scribe, fils de Mardouk] et Mardouk bénissent le roi, mon maître !
Les scribes, les devins, les incantateurs, les médecins, les observateurs d'oi-

---

[1]. Observation des entrailles des victimes sacrifiées.
[2]. A. Livingston, *Mystical and Mythological Explanatory Works of Babylonian and Assyrian Scolars*, Clarendon Press, Oxford, 1986.

seaux, les fonctionnaires du palais qui habitent la ville sont soumis aux serments le 16 du mois de Nisan [mars-avril]. Ils prêteront donc serment demain.

Lettre d'un prêtre à Assourbanipal (viie s. av. J.-C.), *apud* R. F. Harper, *Assyrian and Babylonian Letters belonging to the Kuyundjik Collection of the British Collection*, Chicago, 1892-1914, 14 t., n° 33 (Kuyundjik = la colline de Ninive où était bâtie la bibliothèque d'Assourbanipal).

Souvent, la tradition ésotérique se limite à la famille et demeure orale. Elle est

« la bouche des lettrés ».

Chez les Chaldéens, c'est de père en fils que se transmet la sagesse, le fils succède à son père et il est libéré de tout autre fonction. De là vient aussi que, comme les disciples ont pour maîtres leurs propres pères, ils apprennent toutes choses sans qu'on leur refuse rien, et en même temps ils donnent toute leur attention à ce qu'on leur transmet, car ils croient plus fortement.

Diodore de Sicile, *Bibliothèque historique* (59 av. J.-C.), II, 29, 4. © Les Belles Lettres, Paris.

Avant d'avoir une fonction officielle élevée, l'initié (ou le simple prêtre) doit, physiquement, être sans faute.

FIGURES DE L'ÉSOTÉRISME MÉSOPOTAMIEN

LE GRAND-PRÊTRE	L'INCAN-TATEUR	LE DEVIN	L'EXTATIQUE
moyen : mythe	**moyen** : exorcisme	**moyen** : mantique	**moyen** : transe
fin : génération	**fin** : réversion	**fin** : oracle	**fin** : message

Quels sont, dès lors, les non-initiés [1] ? D'abord l'étranger, celui qui n'a rien à voir avec les rites, ensuite l'intrus, celui qui ne fait pas partie des « fils du maître des rites », des « disciples du maître de l'oracle », seuls autorisés, enfin l'impur, la personne qui n'est qu'en partie initiée.

Quelles matières font l'objet du secret ? D'après H. Limet, « l'ensemble de connaissances spéciales réservées aux devins, aux incantateurs, aux clercs et aux savants », « une connaissance particulière, apanage d'un dieu, dite *nêmequ*, l'astronomie, le rituel du *kalû* (prêtre incantateur), l'extispicine, certaines pratiques des *âshipu* (exorcistes), le rituel du lavage de la bouche pratiqué sur une statue divine pour l'animer, quelques commentaires sur la symbolique du divin. On devine assez bien quels domaines restent impénétrables au vulgaire :

« – les commentaires qui approfondissent des notions essentielles relatives à la nature divine

---

1. H. Limet, apud *Les Rites d'initiation*, Publications du Centre d'histoire des religions de Louvain-la-Neuve, 1986, p. 244-249. P. A. Riffard, *L'Ésotérisme*, éd. cit., p. 320-322, « Les profanes ».

« – les rituels, actes et paroles surtout, qui assurent les rapports privilégiés avec le divin

« – la connaissance de l'avenir, dépendant de l'astrologie et de l'extispicine

« – la médecine aussi, éventuellement, avec les potions, baumes, pansements éprouvés depuis longtemps,

« en somme, les moyens de dominer les âmes et les corps, et d'assurer la suprématie des lettrés sur le commun. »

La cosmogonie et l'anthropogonie font partie des secrets. Un texte akkadien (composé ésotériquement de 72 lignes) se termine ainsi :

> Ils ont eux-mêmes décidé
> Ces grands desseins,
> Anou, Enlil,
> Éa et Nin-makh,
> Les grands dieux.
> Là où l'humanité a été créée,
> En ce lieu, Nidaba [déesse du grain, des scribes et de la sagesse] est fermement installée.
> Que l'initié enseigne le mystère à l'initié.

Création de l'homme, 65-72, trad. P. Garelli et M. Leibovici, *La Naissance du monde selon Akkad*, apud *La Naissance du monde*, Seuil, coll. « Sources orientales », n° 1, 1959, p. 150.

Il faut ajouter à cette liste des *esoterica* la connaissance de l'au-delà. En témoigne ce passage de *L'Épopée de Gilgamesh*, où dialoguent Nergal (« Gouverneur de la Grande Cité » ; akk. Erra), dieu des Enfers, et Enkidou :

> Ils tombèrent dans les bras l'un de l'autre,
> Ils s'embrassèrent à qui mieux mieux,
> Puis se mirent à dialoguer,
> Avec de grands soupirs :
> – Raconte, mon ami,
> Raconte !
> Raconte-moi les usages de l'Enfer
> Que tu as observés !
> – Non ! Je ne t'en raconterai rien !
> Je ne t'en raconterai rien !
> Car si je te racontais
> Les usages de l'Enfer que j'ai observés,
> Tu t'écroulerais en larmes !

L'Épopée de Gilgamesh, tablette XII, 85-91, *op. cit.*, p. 212. © Gallimard, Paris.

L'histoire sacrée, les généalogies, avec les dynasties antédiluviennes, le Déluge, les premières dynasties, les révélations, appartient, elle aussi, au domaine des mystères.

> Gilgamesh s'adressa à lui,
> Utanapishtî-le-lointain :
> – [...] Dis-moi comment, admis à l'Assemblée des dieux,
> Tu as obtenu la vie-sans-fin !
> Utanapishtî s'adressa donc à lui,
> Gilgamesh :
> – Gilgamesh,
> Je vais te révéler un mystère,
> Te confier
> Un secret des dieux !
> Tu connais
> La Ville de Shurupak... [...]

L'Épopée de Gilgamesh, tablette XI, 1-11, *op. cit.*, p. 183-184. © Gallimard, Paris.

En somme, le secret concerne l'Être même, ou, en termes mésopotamiens, les *me* (les forces divines), les relations entre le Ciel et la Terre.

> Garde les secrets du Ciel et de la Terre.
> *Ni-sir-tu an u ki u-sur.*

Cité par R. D. Biggs, « An Esoteric Babylonian Commentary », *Revue d'assyriologie et d'archéologie orientale*, 1968, t. 62, p. 53, trad. partielle H. Limet.

Les initiations se déroulent certainement dans le temple, plus précisément dans le sanctuaire *(ki.tush)*, où réside la statue du dieu ou de la déesse, plus précisément encore dans la cella, la chambre intérieure *(é.shà)*, sans issue.

> Montagne profonde [temple : *gal*], ta cella sainte est un endroit où l'on craint.
> La cella *(é-kur)* est une grande montagne, maison qui ne connaît pas la lumière, elle est une grande montagne.
> Ton intérieur est décoré avec art, personne n'y pénètre.

Textes sumériens, trad. H. Limet, apud *L'Expression du sacré dans les grandes religions*, Publications du Centre d'histoire des religions de Louvain-la-Neuve, coll. « Homo religiosus », n° 2, 1983, t. 2, p. 131.

LES SCIENCES OCCULTES

Le Mésopotamien n'a pas l'esprit abstrait, pas plus que l'Égyptien ou l'Anatolien. Il pense de façon puissante, énergique, de la même manière qu'il bâtit ses temples et ses tours : avec des morceaux de terre, bien concrets, mais en direction de ce qui est le plus élevé. Il pense souvent sous la forme : « si *p*, alors *q* ». Il fabrique des propositions conditionnelles. Le Mésopotamien a une pensée expérimentale. Elle commence par si *(shumma)*, elle se termine par un futur. Si la pluie tombe, la végétation poussera. Cette mentalité atteint son sommet dans la divination. Si Mars brille, la guerre viendra. On saute de la prévision, rationnelle, à la prédiction, occulte. On ne va pas d'une hypothèse rationnelle à une conséquence logique, comme dans la pensée européenne, mais d'une observation expérimentale à une prophétie ésotérique. Cette pensée n'est pas causale, mais conditionnelle ; elle n'est pas logique, mais événementielle. Vu tel événement, s'ensuivra tel autre événement par sympathie ou antipathie. Les astrologues modernes ne comprennent rien à la pensée astrologique quand ils en font un déterminisme de type scientifique : « Mars engendre la guerre comme le Soleil et la Lune créent la marée. » La pensée mésopotamienne en reste à la constatation. Elle considère des régularités de faits jamais démenties : lever de Mars et début de la guerre. Il n'y a pas un syllogisme, il n'y a pas une loi abstraite, mais une relation signifiante et occulte. Les Grecs raisonneront, pas les Mésopotamiens. Ils observent le présent et disent un avenir, cet avenir s'allie au présent pour des raisons analogiques, symboliques.

$p \to q$: proposition conditionnelle et événementielle sous forme rationnelle

– Étant donné un grenier d'orge [1 152 000 mesures d'orge], 7 mesures *sila*, chaque homme reçoit : ces hommes sont 164 571 [1 152 000 : 7], il reste 3 *sila* [mesures] d'orge.

– Si la future mère rejette du pus par la bouche : elle mourra avec l'enfant qu'elle porte.

$p \to q$: proposition conditionnelle et événementielle sous forme occulte

– Quand un halo entoure la Lune et que Jupiter est dans son intérieur : le roi d'Akkad sera assiégé.

– Si un faucon traverse le ciel vers sa gauche : ce malade mourra.

Textes : A. Pichot, *La Naissance de la science*, t. 1 : *Mésopotamie, Égypte*, Gallimard, coll. « Folio Essais », n° 154, 1991, p. 89, 161, 176.

Le lien entre Jupiter et le roi relève de la symbolique. La Mésopotamie a découvert une pensée typiquement ésotérique [1] : la **doctrine des analogies et correspondances**. Penser ésotériquement c'est penser par analogies et correspondances. Un devin babylonien a même formulé le principe des analogies.

Les signes ne peuvent être séparés, les cieux et la terre sont en connexion.
ahenna ul bar.mesh, an u ki ithuzu.

Cité par A. L. Oppenheim, « A Babylonian Diviner's Ritual », *Journal of the Near Eastern Studies* (JNES), Chicago, 1971, t. 30, p. 200, trad. H. Limet.

Un réseau de liens unit toutes choses dans le monde et unit les mondes, monde des hommes, monde des dieux, monde des démons, monde céleste, monde atmosphérique, monde infernal. Certaines choses entrent en sympathie, d'autres en antipathie. Le pourceau et le démon vivent en sympathie, comme le scorpion et le lion, comme le palmier et le myrte ; en revanche, le serpent et la gazelle vivent en antipathie, comme le sorcier

---

1. P. A. Riffard, *L'Ésotérisme*, éd. cit., p. 335-349.

et l'exorciste, le sang et le lait. Les dieux, les astres, les animaux, les plantes, les métaux communiquent par des liens aussi secrets qu'efficaces. Ainsi la divination et la magie deviennent aisées.

> Le tamaris est Anum
> le cœur du palmier est Doumouzi
> le *mashtakal* [plante purificatrice] est Éa
> le roseau est Ninourta [« Seigneur de la Terre », dieu de l'agriculture] [...]
> l'argent est Gal [le grand dieu, Anou]
> l'or est En.me.shár.ra [Enlil]
> le cuivre est Éa
> l'étain est Nin.mah [Nin-ani]
> le cyprès est Adad [...]
> le bitume est le dieu Fleuve
> la chèvre est Koushou...
>
> *Cuneiform Texts*, British Museum, t. 24, pl. 49. Cité par S. Langdon, *Sumerian Liturgies and Psalms*, Philadelphie, 1919.

Dans la pensée théologique, les analogies établissent des identités symboliques entre les dieux, mais à des niveaux précis. La pensée occulte n'est pas la pensée confuse. Les choses sont à la fois assemblées et rangées.

> Seigneur, ton visage est le Soleil, et le haut de ta tête la Lune ;
> tes deux yeux, Seigneur, sont Enlil et Ninlil ;
> les pupilles de tes yeux sont Goula et Bêlet-illi ;
> leur iris, Seigneur, sont les divins jumeaux [Sîn et Shamash] ;
> les paupières de tes yeux sont la splendeur du Soleil qui se lève ;
> la forme de ta bouche, Seigneur, c'est Ishtar des étoiles...
>
> Hymne à Ninourta, *RPOA*, p. 93. © Librairie Arthème Fayard, Paris.

Des séries d'analogies se déroulent. Les plus importantes sont sans doute celles liées à la météorologie, à l'astrologie. Première rubrique[1] : les planètes. Les Mésopotamiens distinguent sept « planètes » et dans cet ordre : Lune, Soleil, Jupiter, Vénus, Mercure, Saturne, Mars. Les astronomes avaient noté que certaines étoiles étaient tantôt rouges, tantôt vertes ou noires ou d'un éclat blanc, voire coloraient les autres. Vénus était rouge à son lever, puis passait par le noir, le jaune ou le blanc. Le Soleil est d'or, la Lune d'argent. Deuxième rubrique : les couleurs. Les Sumériens et les Babyloniens distinguent quatre couleurs : blanc, noir, brun-rouge, jaune-vert ; s'y ajoutent la couleur du lapis-lazuli ou de la gorge de pigeon, le rouge sombre..., mais il n'y a pas de mot pour désigner le bleu. Hérodote donne un symbolisme architectural fort intéressant :

> Déiokès [>Dajakkou] fit construire une vaste et puissante forteresse, celle qu'on appelle aujourd'hui Ecbatane, formée d'enceintes concentriques. La disposition de

---

[1]. Lettre personnelle de Henri Limet, 25 juil. 1994. Mais peut-on faire une grille, un système ? H. Limet estime qu'on touche là à des masses de problèmes fort intéressants mais qu'on ne peut résoudre.

ladite forteresse est telle qu'une enceinte ne dépasse la voisine que de la hauteur des créneaux. [...] Le nombre des enceintes est de sept en tout ; et c'est dans la dernière que se trouvent le palais et les trésors. La plus développée est à peu près de la longueur de l'enceinte d'Athènes. À la première enceinte, les créneaux sont blancs ; à la seconde, noirs ; à la troisième, pourpres ; à la quatrième, bleus ; à la cinquième, d'un rouge orangé. Ainsi, les cinq enceintes ont des créneaux colorés ; des deux dernières, l'une a des créneaux argentés, l'autre des créneaux dorés.

Hérodote, *Histoires* (v. 420 av. J.-C.), I, 99. © Les Belles Lettres, Paris.

Troisième rubrique : les métaux (et les dieux). Anum est l'argent, Enlil l'or, Éa le cuivre, Nin-ani l'étain. Quatrième rubrique : les orients (et les dieux). Dans l'*Enûma elish* (v. 147), les places occupées par An, Enlil et Éa sont les trois grandes répartitions des étoiles : celles d'Anou sont proches de l'Équateur du ciel, celles d'Éa sont au Sud, celles d'Enlil au Nord, parfois réparties en étoiles d'Élam (Est), d'Amourrou (Ouest) et d'Akkad (Centre). Cinquième rubrique : les parties du corps : le visage correspond au Soleil, la bouche à Ishtar... Sixième (ou première) rubrique : les dieux. Etc.

Il était tentant pour le Babylonien de mettre en correspondances le nombre fini des planètes et le nombre fini des métaux. À l'or correspond le Soleil, à l'argent la Lune... Il était également tentant de poursuivre avec les couleurs. La couleur or appelle le métal or qui appelle la planète Soleil. On obtient une chaîne occulte : dieu / planète / orient / couleur / métal / pays /... Pour l'historien de la Mésopotamie, le problème n'est pas clos, puisqu'il y a des trous et des contradictions. On voit facilement les correspondances dieu Shamash/planète Soleil, et l'on songe au métal or, mais les textes associent le métal or au dieu Enlil. Les Mésopotamiens ne sentaient peut-être pas la nécessité d'un tableau. Peu importe, la doctrine des analogies et correspondances prenait racine. Je propose une grille de correspondances d'ordre 7, en partant de l'ordre babylonien des planètes, mais aussi en me fondant sur la tradition astrologique, qui associe l'étain à Jupiter, le rouge à Mars, le noir à Saturne. Je mets prudemment un point d'interrogation aux données venues de l'astrologie occidentale.

GRILLE DES CORRESPONDANCES CHEZ LES BABYLONIENS

PLANÈTES	COULEURS	MÉTAUX	DIEUX (EN AKK.)
Lune	argenté	argent	Sîn, Anum
Soleil	doré ?	or	Shamash, Ellil
Jupiter	lapis (bleu)	étain	Mardouk, Nin-ani
Vénus	blanc	cuivre	Ishtar, Éa
Mercure	jaune-vert	vif-argent ?	Nabou
Saturne	noir	plomb ?	Ninurta
Mars	brun-rouge	fer ?	Erra (sum. Nergal)

Le mythe de Tiamat assure un fondement théologique à la doctrine des analogies et correspondances, donc à la théorie du macrocosme-microcosme. Le dieu Tiamat est dépecé. De son corps naît la diversité du monde, sa dualité entre haut et bas, Ciel et Terre. Ainsi, toutes choses sont en relation comme dans un corps les parties, nées d'un même embryon.

> Le vaillant Mardouk [...] revint à Tiamat qu'il avait vaincu.
> Le Seigneur alors mit le pied sur la croupe de Tiamat,
> De sa harpé [cimeterre] inexorable il lui fendit le crâne [...].
> Le coupant donc en deux comme un poisson séché,
> Il en assujettit la moitié pour faire la voûte céleste...
>
> *Le Poème de la Création. Enûma elish* (1120 av. J.-C.), tablette IV, *RPOA*. © Librairie Arthème Fayard, Paris.

La **doctrine du verbe incantatoire** joue un rôle aussi important en Mésopotamie, en Égypte et chez les Juifs (Genèse, II, 19-20). G. Contenau parle de « doctrine du nom ». Une chose sans nom est une chose sans existence, elle n'a pas d'être. L'être tient au nom, vient du nom. *Le Poème de la Création* décrit donc le néant comme l'absence de nom.

> Lorsqu'en haut le ciel n'était pas encore nommé,
> qu'en bas la Terre n'avait pas de nom...
> alors que des dieux aucun n'avait encore paru,
> n'était nommé d'un nom ni pourvu d'un destin...
>
> *Le Poème de la Création. Enûma elish*, tablette I, 1-2, 7-8, *RPOA*, p. 38. © Librairie Arthème Fayard, Paris.

Chaque être, chaque événement, état, degré possède un nom qui lui est propre en tant qu'individu ou en son espèce. Le nom est la chose ou la personne, théorie sémitique [1]. Nommer revient à connaître. « Donner un nom » et « donner naissance à un être » deviennent synonymes. Qui n'a pas de nom n'a point de vie.

> Mardouk ordonna : à sa voix, la constellation fut détruite ;
> il lui donna l'ordre inverse : la constellation de nouveau exista.
> Lorsque les dieux, ses pères, virent l'effet de sa parole,
> ils se réjouirent, le saluèrent [...].
>
> *Le Poème de la Création*, tablette IV, 25-28, *RPOA*, p. 51. © Librairie Arthème Fayard, Paris.

La doctrine du verbe met au premier plan l'énonciation. Le nom suppose le son, et une identité symbolique s'établit entre la chose, le nom, le son. Un nom mal prononcé, sans son rythme, sans sa sonorité, sans son accentuation, sans son intonation, sans, d'autre part, le rite, l'attitude, l'émotion, la magie ne désigne plus rien. Que voudrait dire « Je t'aime » prononcé d'une voix monocorde en fixant ses orteils ? Mal énoncé, le

---

[1]. Dans le Judaïsme (Deutéronome, XII, 11) et dans l'Islâm (Coran, I, 1), le nom est la personne, le Nom est Dieu.

nom n'entre plus en communication avec la chose qu'il désigne. Il actualise ou pas. De ce fait, la prononciation correcte reste secrète [1]. Les textes sacrés, les formules incantatoires *(tû)* doivent être dits avec l'intonation appropriée par des prêtres ou des magiciens qualifiés.

> Les sages, les prêtres des conjurations, les charmeurs de serpents puissent-ils t'apaiser, etc.
> (Incantation à réciter d'une voix murmurante).

Première conséquence de la doctrine du Verbe, un bon nom donne un bon destin. Aussi les rois choisissent-ils soigneusement leur nom. Les Mésopotamiens prennent garde au nom qu'ils attribuent aux personnes, aux objets, aux rues, aux villes. Un canal de Babylone s'appelle *Libil Hégalla*, ce qui signifie « Qu'il apporte l'abondance ! » : magie. Destin : la déesse Ninti a vocation à soigner, puisque *nin* veut dire « dame » et *ti* « vie ».

Deuxième conséquence, magique encore. Si l'on reproduit le nom, le son, on agit sur la chose, on revient à son origine, il y a un danger magique. On touche au cœur. Le dieu de la conjuration est Enki, lequel donne aide et puissance.

La **science des lettres** consiste d'abord à maîtriser l'écriture sumérienne. Elle se compose de pictogrammes et d'idéogrammes. Les pictogrammes, qui ne sont qu'une pré-écriture en ce qu'ils ne codent pas un son articulé, représentent un objet. Ainsi, le Soleil se dit en deux demi-cercles qui forment un rond.

Dates	3000	2800	2400	1800	700
SOLEIL CIEL DIEU	☀	✳	✳	✳	┤┤

ÉCRITURES DE « SOLEIL/CIEL/DIEU » : PICTOGRAMMES PUIS CUNÉIFORMES

La science des lettres proprement dite relève de la discipline de l'arcane, du secret pour initiés.

> Que l'initié informe l'initié, le non-initié ne doit pas voir.
> *zuú.a zu.a li-kal-lim, nu.zuú nu igi mar.*
> Trad. H. Limet, *apud* « De la philologie à la mystique en Babylonie », *Studia Paulo Naster oblata II*, Orientalia lovanensia antiqua, 13, Louvain, 1982, p. 137.

La science des lettres utilise divers procédés [2]. On enseignait l'écriture à beaucoup de gens. Même très complexe, elle ne constituait pas un

---

[1]. « Suidas », art. « Chaldaïque » (*Lexicum graecum*, 959-1175, B. G. Teubner, 1928-1938, 5 vol.).
[2]. G. Dossin, « Le sumérien, langue savante et religieuse », *Bulletin de la classe des Lettres et des Sciences morales et politiques*, t. XLIII, Bruxelles, 1957.

secret. Seuls les jeux sur les signes ou sur les étymologies sont ésotériques.

— Premier procédé : l'étymologie occulte. Par exemple, le sage sumérien fait dériver le mot *shamê*, « cieux » de l'expression *sha mê*, « d'eau », pour affirmer que les cieux donnent l'eau, que le divin est synonyme de fécondité.

— Deuxième procédé : la polysémie occulte. Un mot revêt plusieurs significations, qui entretiennent entre elles des analogies, par là des relations secrètes.

— Troisième procédé : la substitution. Dans l'exemple qui va suivre, on observe qu'un mot est remplacé par un autre puis connecté avec une idée.

shá.nish a.ri.a = ri.hu.tú
a.ri.a nam.lú.ux.lu signifie *mashtakal*, car *a.ri.a* est *mashtakal* [plante purificatrice par excellence]
autre interprétation : *a.ri.a* signifie sperme.

Trad. H. Limet, apud *L'Expression du sacré dans les grandes religions*, éd. cit., p. 134.

— Quatrième procédé : l'acrophonie, c'est-à-dire la sélection des seules premières lettres. Dans KTK le scribe initié lit *Kur* (« pays »), *Ash* (« Assour »), *Ki* (déterminatif des noms de pays), donc « Assyrie ». La notarique des Kabbalistes [1] a sa source ici.

— Cinquième procédé : l'inversion, la lecture du mot à l'envers, par syllabes ou bien continûment. *Gal lu*, « homme grand », doit se lire *Lugal*, « roi ».

— Sixième procédé : le symbolisme. Une foudre représente Adad, dieu de la pluie bienfaisante.

— Septième procédé : l'isopséphie, autrement dit le remplacement d'un mot ou d'un signe par un nombre. L'*Exaltation d'Ishtar* [2] se termine par une série de chiffres qui codent le nom du propriétaire de la tablette : « 21-35-35-26-44 fils de 21-11-20-42 ».

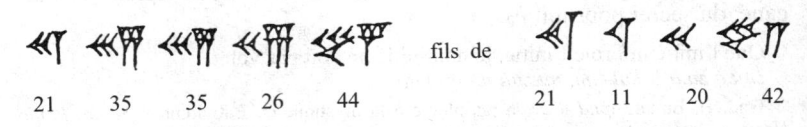

𒐋 𒐊 𒐊 𒐊 𒐊   fils de   𒐋 𒁹 𒌋 𒐊

21　35　35　26　44　　　　21　11　20　42

TEXTE CUNÉIFORME CODÉ

La science des lettres a, parmi d'autres fonctions, celle d'assurer la discipline de l'arcane. Elle débouche alors sur le silence. « La partie ésotéri-

---

1. Voir *infra*, p. 1008 (« Les sciences occultes »).
2. F. H. Thureau-Dangin, « *L'Exaltation d'Ishtar* », *Revue d'assyriologie*, 1914, t. XI, p. 141-158.

que de l'enseignement se faisait par la transmission orale ; ces méthodes ne devaient être dévoilées qu'à ceux auxquels elles étaient destinées : aux initiés [1]. »

Pour l'écriture des nombres, les choses sont plus simples et moins ésotériques. La règle de la convention s'impose.

La **science des nombres** est d'invention mésopotamienne. Les savants remplacent les noms des dieux par des nombres, dès l'époque paléo-babylonienne, au début du IIe millénaire av. J.-C. Le système fonctionne par hiérarchie et par symbolisme. Par hiérarchie, puisque le dieu le plus puissant a le nombre le plus fort. Par symbolisme, puisque chaque nombre renvoie à une réalité naturelle qui donne le sens profond. Anou devient 60 ou 3 600, symboles de l'unité et du Tout, Nanna équivaut à 30, chiffre de la Lune. D'autre part, Anou a 19 parents, Enlil 42. Le système se complique par les combinaisons et proportions. Nanna (30) est la moitié de Anou (60). La septième tablette du *Poème de la Création* contient les « cinquante noms » de Mardouk, et cette connaissance se présente expressément comme ésotérique, interdite *(ikkibu)*, secrète *(nisirtu)*. La liste des cinquante noms fournit d'abord dix noms, parce que le Nombre de Mardouk est 10, ensuite quarante noms, parce que le Nombre du père de Mardouk, Éa, est 40.

> Nommons donc ses cinquante noms [...].
> Pour qu'ils soient retenus, qu'un premier les révèle,
> que le sage et l'initié en discutent ensemble,
> que le père les répète et les enseigne au fils [...].

Le Poème de la Création, tablette VI, 121, tablette VII, 145-147, *RPOA*, p. 63, 70. © Librairie Arthème Fayard, Paris.

On songe aux spéculations futures des Kabbalistes sur les 72 Noms de Dieu et des Soufis sur les 99 « plus beaux Noms de Dieu [2] ». La science des nombres peut aussi rencontrer la science des lettres. Alors, chaque syllabe prend une valeur numérique. Le nom devient chiffre. Sargon II, en 713 av. J.-C., construisant son palais de Dour-Sharroukîn (auj. Khorsabâd), le dédie à son fils, donc au nombre de son fils, en lui donnant le nombre de son fils. Malheureusement, les philologues n'ont pas réussi à reconstituer le nom. Mais c'est la première attestation dans l'histoire du procédé de guématrie, qui deviendra si important dans la Kabbale [3].

---

1. Marguerite Rutten, *La Science des Chaldéens*, PUF, coll. « Que sais-je ? », n° 893, 1960, p. 54.
2. Pour la Kabbale : E. A. Budge, *Amulets and Talismans*, New York, 1968, p. 47-50. Pour le Soufisme : *Encyclopédie de l'Islâm*, art. (de L. Gardet) « *al-Asmâ' al-husnâ* ».
3. Voir *infra*, p. 977 (« La Théosophie rabbinique ») et p. 1122 (« L'ésotérisme coranique et l'ésotérisme musulman »).

> Je donnai à son mur [du palais de Dour-Sharroukîn] la dimension de :
> 3 600 + 3 600 + 3 600 + 3 600 + 600 + 600 + 600 + 60 + 3 × 6 + 2 coudées [soit 16 280], correspondant à l'énoncé de mon nom.
>
> Inscription de Sargon II, en 713 av. J.-C., citée par D. D. Luckenbill, *Ancient Records*, Chicago, 1926, t. 2, p. 65.

Le symbolisme des nombres, en général, cache une origine astrologique. Le mois lunaire est fixé à 30 jours, aussi le dieu de la Lune (Sîn) vaut-il 30.

Dans la *Descente d'Ishtar aux Enfers*, Ishtar abandonne sept temples, se renforce de sept *me* (forces divines), franchit sept portes, affronte sept juges, demeure sept ans en enfer. La ziggourat comporte (mais pas toujours) sept étages. Pourquoi ce privilège du nombre sept ? Arithmétiquement, le nombre 7 est irréductible, indivisible par aucun des termes du dénaire. Le plus petit nombre qui ne divise pas 60, qui est la base du calcul en Mésopotamie, est 7. Les nombres 7 et 30 entrent donc en sympathie, et ils sont d'origine astrologique.

En effet, les Mésopotamiens connaissent sept « planètes ». Les anciens Babyloniens énumèrent la séquence suivante : Lune, Soleil, Jupiter, Vénus, Mercure, Saturne et Mars ; Jupiter et Vénus sont un couple de planètes bénéfiques, Saturne et Mars un couple de planètes maléfiques. Diodore de Sicile (*Bibliothèque historique*, II, 30) donne la liste suivante : Mars, Vénus, Mercure, Jupiter, Saturne (censé remplacer le Soleil la nuit). La Lune est inférieure et féminine, le Soleil central, Saturne supérieur et masculin (Mercure hermaphrodite).

La science des nombres, combinée à l'astrologie, et fondée sur les Mystères de la végétation et de l'agriculture, crée la **science des cycles**. La Mésopotamie se place sous le signe de la Lune, de ses cycles.

Les observateurs mésopotamiens ont noté la révolution zodiacale, c'est-à-dire le temps que met chaque planète pour revenir à sa position initiale par rapport au Soleil, et la révolution synodique, la lunaison, c'est-à-dire le temps pour elle de retourner à la même position par rapport aux étoiles fixes. Et un nombre entier d'années solaires peut exprimer un nombre entier de révolutions synodiques ; par exemple, Jupiter accomplit 65 révolutions synodiques en presque 72 ans. « Les astronomes babyloniens découvrirent enfin que les révolutions synodiques des planètes, les révolutions annuelles du Soleil et de la Lune sont des sous-multiples d'une même période commune, la Grande Année, au terme de laquelle le Soleil, la Lune et les planètes reprennent leur position initiale par rapport aux étoiles fixes. Ils en conclurent que la vie de l'Univers est périodique, qu'elle repasse éternellement par les mêmes phases, suivant un rythme perpétuel. C'est l'idée du Retour éternel, que professeront toutes les grandes écoles philosophiques de la Grèce, à l'exclusion des ato-

mistes[1]. » Les Mystères mésopotamiens reposent sur cette idée d'Éternel Retour. Tammouz meurt et renaît comme le grain meurt et renaît. « Le symbole qui représentait en Sumer le cycle éternel était un homme courbé sur lui-même et tenant ses pieds entre ses mains ou formant cercle » (R. Jestin).
Quelle est la durée des cycles ? Le *sharos* (>*saros*), littéralement « monde », représenté originellement par un cercle (donc 360 degrés), vaut 3 600 ans[2] ; le *néros* vaut 600 ans, et le *sossos* 60 ; le cycle des éclipses se reproduit en 223 lunaisons (mois lunaires), donc en 18 ans 11 jours ; les Assyriens du IIIe s. av. J.-C. ont établi un cycle de 669 lunaisons. Le règne de Xisutros est estimé à 64 800 ans (soit 18 *sharos* ou 108 *néros*), encore un multiple de 60 (60 × 1 080 = 64 800). La Grande Année s'étend, selon les auteurs, sur 432 000 ans (Bérose) ou 12 960 ans (Cicéron), nombres qui sont tous les multiples de 30 et de 72[3] ; 72 est le cinquième de 360. 72 est le nombre de la quantité de semaines de cinq jours dans l'année. Aristarque avançait 2 480 ans[4], Héraclite 18 000 (*De la nature*, frg. A XIII), Platon 36 000 (*La République*, VIII, 546 ; X, 615 ; 36 000 × 12 = 432 000), le magicien Pierre d'Abano (en 1316) aussi[5]. La base renvoie au système sexagésimal (60 unités) et au système astrologique (12 signes) : 3 600 = 12 × 30, 10 800 = 360 × 30, 64 000 = 360 × 180. Le système hindou, aussi, trouve des cycles avec cette base : mois divin de 30, année divine de 360, Grande Année de 12 960, Grand Âge de 4 320 000[6]. Bérose reste la référence, avec ses 432 000.

La Grande Année subit, selon les Mésopotamiens, deux cataclysmes, un cataclysme de feu (une Conflagration), au solstice d'été de l'univers (lors de la conjonction des planètes en Cancer), et un cataclysme d'eau (un Déluge), au solstice d'hiver de l'univers (lors de la conjonction des planètes en Capricorne)[7].

---

1. L. Rougier, *La Religion astrale des Pythagoriciens*, PUF, coll. « Mythes et Religions », 1959, p. 26.
2. Bérose, *Babyloniaca*, fragment 29 et suivants (trad. anglaise S.M. Burstein éd., Undena Publications, Malibu, Californie, 1978). Flavius Josèphe, *Antiquités judaïques*, I, 4.
3. 600 ans selon Flavius Josèphe (*Antiquités judaïques*, I, 3), 12 954 selon Cicéron (cf. *De la République*, VI, 22, 24), 36 000 ans selon Platon (*La République*, VIII, 546), 300 000 ans selon Firmicus (Voir A. Bouché-Leclercq, *L'Astrologie grecque*, Bruxelles, 1963, p. 39).
4. Censorin, *Du jour de la naissance*, XVIII, 11.
5. L. Thorndike, *A History of Magic and Experimental Science* (1947), Columbia UP, New York, 1984, t. II, p. 203, 370, 418, 589, 710, 745, 895.
6. Voir *infra*, p. 653 (« Les sciences occultes »).
7. C'est un enseignement classique en astrologie. Porphyre : « Les théologiens ont établi ces deux portes, le Cancer et le Capricorne, que Platon appelle deux orifices [*La République*, X, 614-615]. Le Cancer est celui par lequel les âmes descendent, tandis que leur montée se fait par le Capricorne. Mais le Cancer est situé vers le Borée [au Nord] et approprié à la descente, tandis que le Capricorne est près du Notos [au Sud] et propre à la montée » *(De l'antre des nymphes).*

Déluge et Embrasement arrivent quand Dieu a trouvé bon de mettre fin à l'ancien monde et d'en commencer un meilleur. L'eau et le feu règnent sur les choses de la terre. D'eux viennent également la naissance et la mort. Aussi, quand le renouvellement du monde est décidé, la mer fond d'en haut sur nos têtes, tout comme le feu fait rage si un tout autre genre de catastrophe a été préféré.

Bérose, le traducteur de Bélus [=l'interprète du dieu Bêl, le prêtre de Mardouk], attribue aux planètes la cause de ces bouleversements. Sa certitude à cet égard va jusqu'à fixer la date de la Conflagration et du Déluge universels. Tout ce qui est terreux, dit-il, sera embrasé lorsque les astres qui suivent maintenant des orbites différentes se réuniront tous dans le signe du Cancer et se rangeront en file, de manière qu'une ligne droite puisse passer par les centres de toutes ces sphères. Le Déluge aura lieu quand ces mêmes planètes viendront prendre place dans le Capricorne. Le solstice d'été est amené par la première de ces deux constellations, celui d'hiver par la seconde. Ce sont donc des signes d'une grande puissance, puisque leur influence se manifeste par le changement même de l'année.

Bérose, *Babyloniaca*, selon Sénèque, *Questions naturelles* (vers 60), p. XXVIII-XXIX, trad. du latin P. Oltramare, Les Belles Lettres, coll. « Budé », t. 1, 1929, p. 154-155. © Les Belles Lettres, Paris.

Les Mésopotamiens connaissaient le tropique du Cancer (Enlil) et le tropique du Capricorne (Éa, « seigneur de la terre ») : le grand axe des astrologues. Le symbolisme astrologique n'a pas changé de nos jours. Cette conception utilise aussi l'analogie inverse. Les contraires, Feu et Eau, Été et Hiver, Cancer et Capricorne se marient pour recréer la vie. Le renouvellement cosmique (Apocatastase) exige cataclysme négatif (Déluge) et cataclysme positif (Conflagration). C'est la version mésopotamienne du *yin yang* chinois !

Il y a encore l'année nommée par Aristote [dans le *Protreptique*] suprême, plutôt que grande, et que forment les révolutions du Soleil, de la Lune et des cinq étoiles errantes [planètes], lorsque tous ces astres sont revenus au point d'où ils étaient partis. Cette année a un grand hiver, appelé par les Grecs *kataklusmos* [ὁ κατάδαλυσμός] c'est-à-dire déluge ; puis un grand été, nommé par les Grecs *ekpurosis* ou incendie du monde. Le monde, en effet, semble être tour à tour inondé ou embrasé à chacune de ces époques. Arétès de Dyrrachium la fait de 5 552 ans, Héraclite et Linus de 10 800, Dion de 10 884, Orphée de 100 020 années, Cassandre de 3 600 000. D'autres enfin ont considéré cette année comme infinie et ne devant jamais recommencer.

Censorin, *Sur le jour natal* (238), 18, trad. du latin *apud* M. Nisard, *Celse, Vitruve, Censorin, Frontin*, Didot, 1852.

La science des cycles s'applique non seulement au monde, mais encore à l'histoire, aux hommes. Selon Bérose, les dynasties antérieures au Déluge ont régné entre 10 800 et 72 000 ans, et les premiers rois n'ont pas duré plus de 12 000 ans. Vérifie-t-on de tels cycles dans l'histoire de la Mésopotamie ? Entre dynastie sumérienne (2675 av. J.-C.) et dynastie néo-sumérienne (2112 av. J.-C.) s'écoulent 563 ans, soit presque 1 *néros*. Entre dynastie assyrienne (1906 av. J.-C.) et dynastie néo-assyrienne (745 av. J.-C.), entre dynastie babylonienne (1894 av. J.-C.) et dynastie néo-babylonienne (626 av. J.-C.) s'écoulent respectivement 1 160 et 1 268 ans, soit chaque fois 2 *néros* (600 × 2) à peu de chose près et une étonnante égalité dans la durée. Curieuse coïncidence ! Il est tentant de fixer à la Mésopotamie une durée de vie d'un *sharos*, soit 3 600 ans, or, entre l'apparition (3200 av. J.-C.) et la disparition (75 ap. J.-C.) de l'écriture mésopotamienne, on compte 3 300 ans environ, ce qui approche du *sharos* de 3 600 ans...

LES ARTS OCCULTES

Le mot « Chaldéen » s'associe aux arts occultes comme le lierre au mur.

Les Chaldéens, qui sont regardés comme les plus anciens des Babyloniens, forment, dans la division politique de l'État, une classe à peu près semblable à celle des prêtres en Égypte. Institués pour exercer les fonctions du culte public des dieux, ils passent leur vie occupés d'études philosophiques, et ont acquis une grande réputation par leurs connaissances en astronomie. Ils s'appliquent surtout à la divination, publient des prédictions sur les événements futurs, et emploient les purifications, les sacrifices, les paroles magiques pour essayer de détourner le mal ou de procurer le bien. Ils ont une grande expérience des augures pris du vol des oiseaux, et savent interpréter les songes et les prodiges. Suffisamment instruits dans la science d'observer les entrailles des victimes, ils ont la réputation d'y saisir exactement la vérité. [...] Ils prédisent également aux particuliers mêmes des événements futurs avec une telle précision que ceux qui en ont fait l'expérience ne peuvent se lasser d'admirer leur savoir et les regardent comme au-dessus de l'humanité.

Diodore de Sicile, *Bibliothèque historique*, II, 29 et 31. © Les Belles Lettres, Paris.

Les arts occultes sont ésotériques en ce qu'ils restent l'apanage des clercs que le roi, ignorant en ces matières, doit consulter, et en ce qu'ils s'appuient sur des symboles, des analogies. Mais la pratique se fait aux yeux de tout le monde, en particulier du « client ».

La magie et la divination, nées avec les Akkadiens, se développent surtout avec les Babyloniens et les Assyriens. La presque totalité des textes divinatoires s'écrit en akkadien, avec des formules en sumérien, la langue antique et sacrée jusque vers 2100 av. J.-C.

Les arts occultes se donnent pour une révélation d'Enmedouranki, septième roi avant le Déluge, qui a bénéficié des révélations d'Adad et de Shamash par des tablettes divines. Les experts s'appellent « Fils d'Enmedouranki » (=Emédurachos chez Bérose). Ce sont des savants. Ils connaissent un corpus spécifique, donné sous forme de tablettes ou d'enseignements oraux. On connaît quelques traités, en magie antisorcellerie *(Maqlû* : « combustion »), en haruspicine *(Bârûtû)* [1], en oniromancie

---

1. J. Nougayrol, « Textes hépatoscopiques d'époque ancienne », *Revue d'assyriologie et d'archéologie orientale*, t. XXXVIII, XL, XLIV, 1944-1950 ; *id.*, apud *La Divination en Mésopotamie et dans les régions voisines*, 1960 ; *id.*, apud *La Divination*, PUF, 1963.

(DZiqîqu) [1], en tératomancie *(Shumma izbu)* [2], en médecine occulte *(Lorsque je m'approche du malade)* [3]. Les experts en sciences occultes appartiennent à la cour du roi. Ce sont des fonctionnaires. Tout art occulte suppose les autres. Quand le magicien dit son incantation, il choisit par l'astrologie le jour faste, il utilise par l'« alchimie » un métal favorable, il détermine par la divination la cause du mal, il s'assure par la religion le concours d'un dieu sympathique.

Les arts occultes — comme la pensée théologique — reposent sur la **doctrine du destin**. Les choses sont décidées. En sumérien, « destin » se dit *nam.tar*, « ce qui est tranché ». Les dieux ont fixé les événements. Le dieu créateur dote toute chose d'un destin. Un nom, un destin, un être, un sens, c'est tout un. La pensée mésopotamienne introduit, dans la puissance arbitraire des dieux, un pouvoir cosmique : le destin. Chaque année, le Jour de l'An babylonien, les dieux, ensemble, fixent le destin [4]. « La tablette-des-destins », écrite par le dieu Nabou, conserve ces décisions. Les objets sont aussi des tablettes où le destin a été écrit en signes (*ittu* en akkadien) lisibles pour le devin.

> Shamash, toi qui lis la tablette enveloppée [tablette séchée ou cuite couverte d'argile] et non encore ouverte, toi qui inscris l'oracle et places la sentence divinatoire dans les entrailles du mouton.
>
> Cité par J. Bottéro, « Symptômes, signes, écritures en Mésopotamie ancienne », *apud* J.-P. Vernant et *al.*, *Divination et Rationalité*, Éditions du Seuil, 1974, p. 159.

Le ciel fait figure de tablette, avec pour signes les astres. On voit surgir le fameux thème du Livre du monde. Et ce Livre, lui aussi, a un destin, avec pour puissances les dieux.

La deuxième grande découverte de la Mésopotamie en matière d'ésotérisme, outre la pensée par analogie, c'est la **pensée astrologique**, et pas seulement l'astrologie au sens étroit du terme. Une des raisons du développement de l'astrologie en Mésopotamie plutôt qu'ailleurs tient à sa position géographique, entre le 30° et le 40° degré de latitude Nord. Le ciel y reste particulièrement clair.

On peut de nos jours retracer l'histoire de la découverte du Zodiaque. Les Sumériens et les Élamites, les premiers, isolent des constellations,

---

1. A. L. Oppenheim, *Le Rêve* (*The Interpretation of Dreams in the Ancient Near East, with a translation of an Assyrian Dream Book*, 1956), trad. de l'anglais, Horizons de France, 1959.
2. E. Leichty, *Teratological Omens in Ancient Mesopotamia*, University of Chicago Library, 1960, microfilm.
3. R. Labat, *Traité akkadien de diagnostics et pronostics médicaux*, 1951. Lorsque je m'approche du malade : trad. *RPOA*, p. 140-143.
4. On retrouve cette idée dans le *Talmud de Babylone*, section 2 : *Mo'ed. Fêtes*, traité 8 : *Rosh ha-shana. Nouvel An*, I, 2, 16 b.

zodiacales ou non, vers 4000 av. J.-C.[1]. Une série de tablettes relevant des observations astronomiques et astrologiques, qui a pour titre *Constellation de la Charrue. Mul Apin* (1010 av. J.-C.), dénombre 66 étoiles et constellations. Pour la première fois, certaines constellations ont un classement à part. Lesquelles ? Celles qui se trouvent sur l'orbite de la Lune, du Soleil et des planètes. Autrement dit, une zone de la voûte céleste vient d'être privilégiée, la ceinture zodiacale, de part et d'autre de l'écliptique, d'une largeur de 35 degrés. Un nom lui revient : « Chemin du Soleil, de la Lune[2]. » On a là le premier texte jamais écrit sur le Zodiaque. On remarquera la présence des sept Planètes et des douze Signes zodiacaux parmi les 18 constellations. En outre, l'année se divise en trois voies, dominées par une divinité (Anou, Enlil, Éa) pendant trois mois. Comme Anou revient deux fois, on obtient notre année de douze mois, avec ses saisons astronomiques, la première commençant au mois des moissons (Addar, février-mars).

[Signes zodiacaux, *gis.hur* en sumérien, *usurtu* en akkadien] Les dieux qui se tiennent sur le chemin de la Lune et dans le voisinage desquels la Lune, au cours du mois, passe et les touche sont : les Étoiles [Pléiades], le Taureau du Ciel [Taureau], le Fidèle Pasteur d'Anou [Orion], le Vieil Homme [Persée], le Bâton brisé [l'Aurige], les Grands Jumeaux [Gémeaux], le Crabe [Cancer], le Lion, l'Épi d'orge [Vierge], la Balance, le Scorpion, Pabilsag [Sagittaire], le Poisson-Chèvre [Capricorne], le Géant [Verseau], les Queues [Poissons], l'Hirondelle [Sud-Ouest Poissons], Announitou [Nord-Est Poissons], et le Journalier [Bélier].

[Zodiaque] Tous ceux-ci sont les dieux qui se tiennent sur le chemin de la Lune [Nanna], et dans le voisinage desquels la Lune, au cours d'un mois, passe et les touche. Le Soleil [Shamash] suit le même chemin que celui de la Lune ; Jupiter [Mardouk] suit le même chemin que celui de la Lune ; Vénus [Ishtar] suit le même chemin que celui de la Lune ; Mars [Nergal] suit le même chemin que celui de la Lune ; Mercure, dont le nom est Ninourta [d'habitude Nabou], suit le même chemin que celui de la Lune ; Saturne [d'habitude Ninourta] suit le même chemin que celui de la Lune. Au total, six dieux qui ont la même station et qui touchent les étoiles du ciel et qui ne cessent de changer leur position [comme planètes].

[Saisons zodiacales] Du 1-XII [mois Addar, obscurité, février-mars, 12ᵉ mois] au 30-II [mois Aiar, floraison, avril-mai, 2ᵉ mois] le Soleil est dans le chemin d'Anou : tempête et vent [1ʳᵉ saison]. Du 1-III [mois Siwan, maturité, mai-juin, 3ᵉ mois] au 30-V [mois Ab, culte des morts, juillet-août] le Soleil est dans le chemin d'Enlil : moisson et chaleur [2ᵉ saison]. Du 1-VI au 30-VIII le Soleil est dans le chemin d'Anou : tempête et vent [3ᵉ saison]. Du I-IX au 30-XI le Soleil est dans le chemin d'Éa : froid [4ᵉ saison].

Constellation de la Charrue. Mul Apin (1010 av. J.-C.), trad. partielle Cécile Michel, *Les Dossiers d'archéologie*, nᵒ 191, mars 1994, p. 38.

---

1. W. Hartner, « The Earliest History of the Constellations in the Near East and the Motif of the Lion-Bull Combat », *Journal of Near Eastern Studies*, 1965, t. XXV, p. 1-16.
2. Cécile Michel, « La géographie des cieux. Aux origines du zodiaque », *Les Dossiers d'archéologie*, nᵒ 191 (Astrologie en Mésopotamie), mars 1994, p. 36-43.

LES 12 SIGNES ZODIACAUX MÉSOPOTAMIENS

NOMS ACTUELS	NOMS EN MÉSOPOTAMIE	CORRESPONDANCES
Bélier (20 mars) équinoxe de printemps	**Journalier** (travailleur) sum. *Lu.Ku.Mac*	1er mois : **Nisan** (mars-avril)
Taureau	**Taureau Céleste** sum. *Is.Li.E* (mâchoire bœuf)	2e mois : **Aiar** saison : printemps dieu Anou (végétation)
Gémeaux	**Grands Jumeaux** sum. *Mash.Ta.Ba*	3e mois : **Siwan** dieu Nabou (Mercure)
Cancer (21 juin) solstice d'été	**Crabe** sum. *Al.Lul* (force chaîne)	4e mois : **Du'uzu** lieu : Sippar dieu : Enlil
Lion	**Lion** sum. *Ur.A* (lion)	5e mois : **Ab** saison : été dieu : Tammouz (agriculture)
Vierge	**Épi d'orge** sum. *Ki.hal* (perce sol)	6e mois : **Elul** dieu Mardouk (création) lieu : Babylone
Balance (23 sept.) équinoxe d'automne	**Balance** sum. *Pir* (bassin)	7e mois : **Teshrit**
Scorpion (autr. Aigle)	**Scorpion** sum. *Gir.Tab* (scorpion)	8e mois : **Arahsamma** saison : automne étoile : Antarès
Sagittaire	**Pabilsag** (?) sum. *Pa.Bil.Sag* (?)	9e mois : **Kislew**
Capricorne (22 déc.) solstice d'hiver	**Poisson-Chèvre** sum. *Mash.Ha*	10e mois : **Tebet** dieu Enki (sagesse)
Verseau	**Géant** sum. *Gu.La* (courant eau)	11e mois : **Shebat** saison : hiver
Poissons	**Queues** sum. *Zib.Me*	12e mois : **Addar** lieu : Tigre et Euphrate

En 419 av. J.-C., les Babyloniens proposent le Zodiaque définitif, ramené à douze constellations, qui seront donc les Signes zodiacaux. Chaque Signe reçoit 30 degrés, ce qui donne un cercle de 360 degrés, dont on se sert aujourd'hui encore. Le premier texte à égrener les douze Signes du Zodiaque appartient aux éphémérides, qui offrent à la fin du mois un résumé des positions calculées des planètes à l'intérieur des Signes. Le texte est séleucide [1].

Les Signes zodiacaux sont ésotériquement indiqués dans quelques tablettes astrologiques d'époque séleucide, sur quelques cylindres-sceaux, avec une étoile (c'est l'indice !), sur les *kudurru* (bornes) d'époque kassite, et dans quelques textes parlant d'exploits (c'est l'indice !). Dans *L'Épopée de Gilgamesh*, le héros se rend sur les Monts-Jumeaux touchant « à la voûte céleste » ; ces monts sont gardés par les Hommes-Scorpions, qui ne sont là « que pour garder l'itinéraire du Soleil ». Contrairement à J. Bottéro, je crois le texte astrologique. Je n'avancerai qu'un argument : on ne voit mentionnées que des constellations connues alors. Si le nom des Signes intervenait au hasard, quel miracle d'en trouver quatre alors connus (Lion, Gémeaux, Scorpion, Taureau), et en quelques lignes ! et quel miracle de n'y pas trouver les Signes isolés plus tard (Cancer, Balance, Poissons) ! Cela dit, j'admets que la suite n'est pas celle du Zodiaque.

> Arrivé de nuit
> Aux passes d'une montagne,
> Il aperçut des **lions**
> Et eut peur !
> Mais, ayant relevé la tête,
> Il se mit à invoquer le dieu **Sîn** [Lune] [...].
> Le nom de cette Montagne,
> C'était **Les-Jumeaux** [Gémeaux].
> Lorsqu'il arriva
> Aux Monts-Jumeaux,
> Lesquels, gardant chaque jour
> L'itinéraire du **Soleil**,
> Avaient leur sommet
> Touchant à la voûte céleste,
> Et leur soubassement, en bas,
> Qui atteignait l'Enfer,
> Des Hommes-**Scorpions**
> En défendaient l'entrée [...] [IX.I, 8-10, IX.II, 1-6].
> « C'est moi qui ai vaincu et abattu
> Le **Taureau**-géant descendu **du Ciel** [...]
> Et tué des lions
> Aux passes des montagnes ! » (X, 35 et 38).

L'Épopée de Gilgamesh, trad. J. Bottéro, éd. cit., p. 157-158, 167.

La constellation du Scorpion ressemble vraiment à un scorpion, et comme sa principale étoile, Antarès, est aussi rouge que la planète Mars, on comprend que les astrologues disent que la planète Mars a son « domicile » dans le Signe Scorpion. De même, les étoiles du Lion font spontanément penser à un lion couché. En observant les levers et les couchers

---

1. Je dois ces précisions à Cécile Michel (lettre personnelle, 12 sept. 1994).

380 LES ÉSOTÉRISMES CIVILISATEURS

des astres dans les rayons du Soleil, les Babyloniens virent le Soleil se déplacer au milieu des astres suivant un cercle oblique à l'équateur de la sphère céleste. Ce cercle de l'écliptique, entre les deux bornes d'une bande remplie d'étoiles, c'est le Zodiaque.

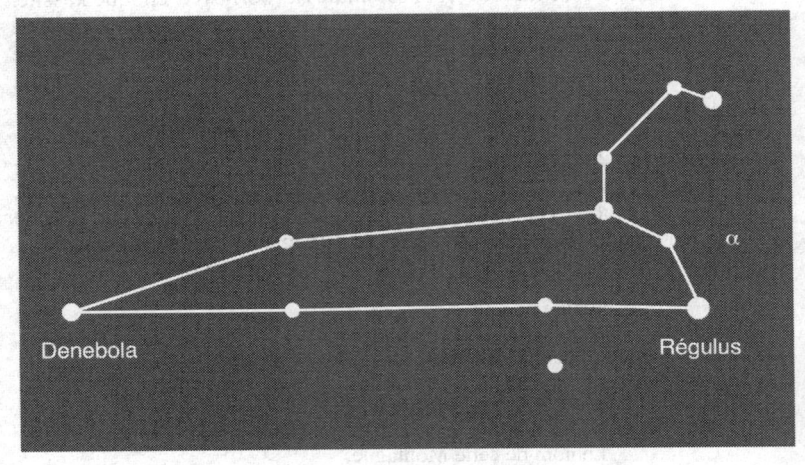

LA CONSTELLATION DU LION

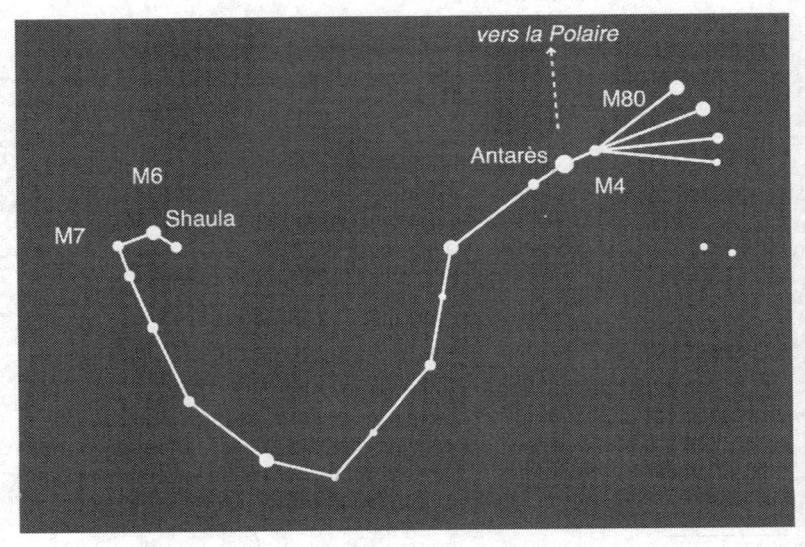

LA CONSTELLATION DU SCORPION

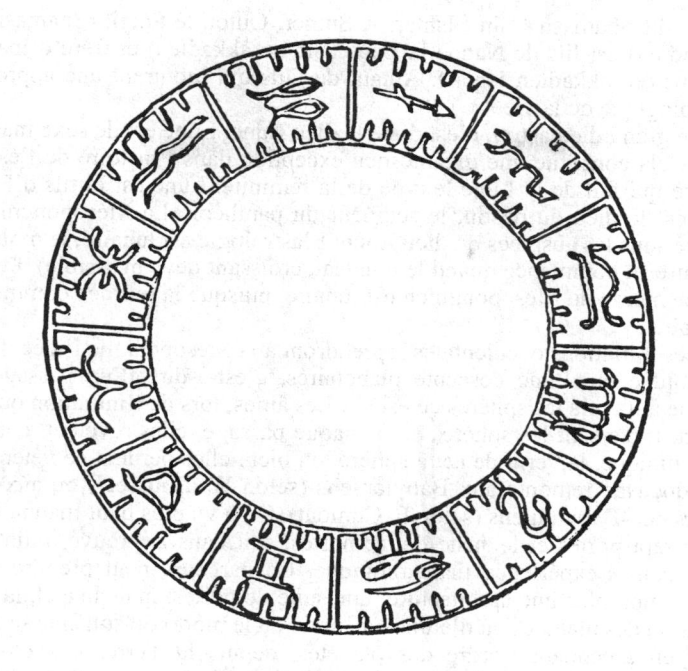

LE ZODIAQUE ET LES DOUZE SIGNES

Le mythe de l'*Enûma elish* (IV, 135) dit que, en partageant Tiamat en deux, Mardouk fait du ciel la réplique de la Terre. On a là le fondement même de toute astrologie. Le Ciel et la Terre sont miroir l'un de l'autre. Ils se répliquent.

L'astrologie mésopotamienne se veut science occulte, réservée, ésotérique. On l'appelle « mystère des grands dieux » et « secret des lettrés *(nisirti apkalli)* », à la différence de l'écriture, accessible. Une tablette astrologique est la propriété d'un prêtre ; sa copie est faite par son « fils » (son enfant ou son disciple).

« Mardouk », selon l'étymologie secrète, signifie *amar + utuk = martuk*, « enfant-soleil ». *L'Épopée de Gilgamesh* se compose de 12 tablettes, et il y a 12 Signes ; *Le Poème de la Création* se compose de 7 tablettes, et il y a 7 planètes : Lune (Sîn), Soleil (Shamash), Jupiter (*dapinu* : le fort), Vénus (Ishtar), Mercure (*shihtu* : celui qui s'élève), Saturne (*kayamânu* : le lent), Mars (l'Enflammé). Dans l'écriture sumérienne, le déterminatif pour « dieu » est une étoile. La religion mésopotamienne repose sur une triade astrale : les divinités Lune / Soleil / Vénus, autrement dit Shamash / Sîn / Ishtar. A Sumer, Outou le Soleil (Shamash en akkadien) est fils de Nanna la Lune (Sîn en akkadien) et frère d'Inanna Vénus (en akkadien Ishtar). Autant de faits qui montrent une approche astrologique de la vie.

Le grand dieu astral, c'est donc le dieu Lune. Lune est de sexe masculin. Cela constitue une gigantesque exception dans l'histoire de l'ésotérisme qui fait de la Lune le type de la féminité. Lune est le fils d'Enlil, qui est le dieu du destin, le seigneur du panthéon. La Mésopotamie se place sous les auspices du dieu Lune. L'astrologie est lunaire, le mois est lunaire (il commence quand le nouveau croissant devient visible), l'existence même du Mésopotamien est lunaire, puisque la journée commence le soir.

Les initiations occidentales reprendront à la Mésopotamie l'idée d'une remontée ou d'une descente planétaires, c'est-à-dire d'un passage de l'âme à travers les sphères célestes [1]. Les âmes, lors de l'initiation ou à la mort, traversent les sphères et, à chaque passage, elles revêtent, comme une tunique, la vertu de cette sphère, ou bien, elles perdent ce vêtement. La doctrine remonte aux Babyloniens (selon W. Bousset [2]) ou aux derniers néo-Babyloniens (selon F. Cumont). On a vu plus haut Inanna franchir sept portes et le Juste douze portes, soit dans l'épreuve initiatique soit dans l'expérience thanatologique. Ce parcours peut prendre pour trajet, non plus une architecture, une suite de portes, mais le ciel, la succession des planètes ou d'étoiles. L'initié ou le mort voit son âme se purifier en ascendant l'ordre des planètes, depuis la Terre. Les *Oracles chaldaïques*, écrits en grec, exposent l'idée en la doublant d'une théorie du corps astral et d'une pratique initiatique.

Il te faut t'empresser vers la Lumière, vers les rayons du Père, d'où l'âme t'a été envoyée, revêtue d'un intellect multiple.

Cherche le canal de l'âme : d'où elle est, en travaillant à gages pour le corps, descendue à un certain ordre.

Oracles chaldaïques (170), 115 et 110, trad. du grec É. des Places, Les Belles Lettres, coll. « Budé », 1971, p. 95, 94.

Les Mages, en Iran, ont aussi développé l'idée du passage de l'âme à travers les cieux, idée qu'on retrouvera dans les monothéismes [3].

---

1. Par exemple chez les Gnostiques (*Livre du Grand Traité initiatique* = *Les Deux Livres de Ieou*, trad. anglaise, coll. « Nag Hammadi Studies », Leyde, 1978), les Hermétistes (*Corpus Hermeticum*, trad. du grec, Les Belles Lettres, coll. « Budé », 1960, traité I : *Poimandrès*, 25 : t. I p. 15 ; traité VI, 56).
2. W. Bousset, *Hauptprobleme der gnosis*, Göttingen, 1907, 398 p.
3. Judaïsme : Ascension d'Isaïe, XI, 32 ; II Énoch, III-XXII (*La Bible. Écrits intertestamentaires*, Gallimard, « Bibliothèque de la Pléiade », 1987, p. 1175-1186). Christianisme : cf. Irénée de Lyon, *Contre les hérésies*, I, V, 2, trad. du latin, Cerf, 1984, p. 44. Islâm : Coran (II, 29) et récits du *mi'râj*.

Les Mages promettent de posséder des prières de recommandation par lesquelles s'amollissent je ne sais quelles puissances, et qui offrent des voies aisées à ceux qui s'efforcent de voler vers le ciel.
Arnobe, *Contre les nations. Adversus nationes* (305), II, 65 ; trad. du latin, Les Belles Lettres, 1982.

Dans les Mystères de Mithra, selon saint Jérôme (*Lettres*, CVII, 2), l'initiation comporte sept grades, ayant chacun leur nom et chacun en liaison avec une planète : Corbeau (Mercure), Fiancé (Vénus), Soldat (Mars), Lion (Jupiter), Perse (Lune), Courrier du Soleil (Soleil), enfin Père (Saturne). L'égyptianisant *Corpus Hermeticum* (I et XII) reprend aussi cette théorie de l'ascension planétaire. Dans le sens haut-bas, lors de la naissance, chaque âme revêt le vice de la planète qu'elle traverse, et dans le sens bas-haut chaque âme doit, pour son salut, faire le chemin inverse, remonter, acquérir la vertu de chaque planète, en s'élevant vers le ciel. Plus près de nous, R. Steiner — qui ne manque pas de rappeler l'analogie entre mort et initiation — trace un grandiose plan de la vie après la mort ; pour lui, le corps physique perd le corps éthérique, puis le corps éthérique rejoint le corps causal, ensuite le corps éthérique disparaît ; alors, « nous devenons successivement les habitants de la Lune, de Mercure, de Vénus, du Soleil, de Mars, de Jupiter et de Saturne, puis du firmament stellaire, pour ensuite nous contracter et nous réincarner avec l'aide d'un couple de parents [1] ».

Le calendrier mésopotamien est d'ordre astrologique. Chaque mois se place sous le gouvernement d'un dieu astral. Le premier (mars-avril), a pour nom et pour gouverneur Nisan, il s'appelle en akkadien *nisannou*. Un culte astral existe bien, dès Sumer (qui est asianique) et Shouroupak (qui est sémitique). Les Sumériens organisent des cérémonies religieuses les 1er, 7 et 15 de chaque mois lunaire et lors de la nouvelle lune, de la pleine lune et du premier croissant.

L'astrologie

L'astrologie mésopotamienne, qui ne représente qu'une modalité de la pensée astrologique, se rend célèbre dès l'Antiquité. Qui dit astrologie dit Mésopotamie. La tablette V de l'*Enûma elish* expose l'astronomie. Les Mésopotamiens admettent 12 mois, 36 décans.

Les astrologues mésopotamiens, tout comme les astrologues frottés d'ésotérisme, ne croient pas en « l'influence des astres ». Pour eux, les événements célestes forment un langage, un système de signaux envoyés par les dieux. Et, selon la remarque de Dominique Charpin, c'est l'anomalie, pas la normalité, qui est le signe de la présence divine.

• L'ASTROLOGIE HÉMÉROLOGIQUE constitue la première forme de l'astro-

---

1. R. Steiner, *La Vie de l'Âme entre la mort et une nouvelle naissance* (1912-1913), trad. de l'allemand, Éditions anthroposophiques romandes, Genève, 1986, p. 110. P. A. Riffard, « La mort selon Steiner », *Thanatologie,* nos 89-90, avril 1992, p. 67-73.

logie mésopotamienne. Elle se rapproche de la liturgie. Le grec ἡμέρα *(héméra)* signifie « jour ». Peut-être dès l'époque sumérienne, les Mésopotamiens constituent des calendriers des jours fastes et des jours néfastes, classés mois par mois, lesquels sont à leur tour fastes ou néfastes, et gouvernés par les planètes. Une prescription suit généralement l'indication. La valeur bénéfique ou maléfique relève d'un calendrier liturgique, pas de phénomènes célestes [1]. On retrouvera cela en Égypte [2].

[Indication] Mois de Nisan [mars-avril], 19ᵉ jour.
[Interprétation] Jour de colère. Consacré à la déesse Gula [divinité médicale].
[Prescription] Surnaturellement dangereux pour le malade. Le médecin ne traitera nul malade. Le devin ne posera nulle décision divinatoire. Ce jour n'est propice pour nulle entreprise.

Cité par R. Labat, *Hémérologies et Ménologies d'Assur*, A. Maisonneuve, 1939, p. 60.

Jour faste par excellence est le Jour de l'An. Il reprend le rythme.

Chaque mois, au jour de la nouvelle lune, les *me* [sum. : forces divines] sont pleinement accomplis. [...]
Pour qu'elle se soucie de la vie des pays, pour qu'elle regarde le premier jour fidèlement, pour qu'elle rende parfaits les *me* le jour du coucher de la lune, au commencement de l'année au jour des rites, pour ma Dame j'ai préparé la chambre à coucher.

Trad. H. Limet, apud *L'Epression du sacré dans les grandes religions*, éd. cit., t. 2, p. 139-140.

• L'ASTROLOGIE NATURELLE (=conjecturale) constitue la deuxième forme de l'astrologie mésopotamienne. « Conjectural » ne signifie pas « divinatoire ». Les arts conjecturaux œuvrent pour la collectivité et ils émettent des pronostics fondés sur l'expérience, la tradition, l'observation, le bon sens, ils affirment le destin, tandis que les arts divinatoires s'adressent à des individus et utilisent des pratiques nettement occultes. Cette astrologie conjecturale ressemble à la météorologie. Comme elle, elle se penche sur les phénomènes du temps en général ; comme elle, elle s'adresse à tous ; comme elle, elle se veut simple observation. Qu'examine-t-elle en effet ? la Lune et le Soleil, puis les météores, les éclipses, les orages, les tremblements de terre, les orages, bref le dieu Adad, ensuite Vénus, après les autres planètes, enfin les étoiles et les constellations. Cette astrologie s'adresse au roi, au roi pris comme symbole de la cité et de la nation. Elle peut aussi concerner le roi, pris encore comme personne. La première tablette astrologique date du 11 mai 2259 av. J.-C. et part de l'observation d'une éclipse de Lune, avec le lever de Vénus à l'horizon. Le phénomène

---

1. Ce cas (jours fastes ou néfastes en fonction de faits célestes) relève de ce que les astrologues appellent « les initiatives ».
2. Voir *supra*, p. 307 (« L'ésotérisme civilisateur : caractéristiques »), *infra*, p. 456 (« Les arts occultes »).

coïncidait significativement avec le décès de Naram-Sîn, roi d'Akkad, petit-fils de Sargon d'Akkad.

Le roi [Naram-Sîn] d'Akkad meurt et ses sujets sont saufs.
Le pouvoir du roi d'Akkad s'affaiblira,
Ses sujets sont prospères.
Documents du roi Goudéa (vers 2140 av. J.-C.), trad. F. Cornélius, apud *La Divination en Mésopotamie ancienne* (1965), PUF, 1966, p. 126.

L'astrologue fait aussi de la météorologie ou de la... météorosophie. Il observe halos de la Lune, vents, pluies, orages, grêles, nuées pour prévoir vents, pluies, orages, nuées. La conclusion se fait tantôt scientifique, d'observation, tantôt occulte.

Si un halo entoure le dieu Lune [au premier jour du mois], le pays sera pluvieux et nuageux.

Puis, naturellement, l'intérêt de l'astrologie conjecturale se porte sur la vie économique et même sociale, récoltes, épidémies, inondations, guerres...

Si, jusqu'à fin de lune, un vent du Nord souffle à la face du ciel : il y aura du grain.
Si, dans le ciel, aux jours de fin de lune, le dieu Lune ne disparaît pas tout à fait : la faim sera dans le pays. [...]
Si, le 9, à la première veille de la nuit, le dieu Lune s'enveloppe de nuages : le 10, le dieu Lune sera dans un anneau.
Si, dans le ciel, jusqu'au 25, un halo en croix se noue : dans le cheptel du roi il y aura une épidémie.
Trad. J. Nougayrol, *apud* A. Caquot et M. Leibovici dir., *La Divination*, PUF, t. 1, 1968, p. 49. © PUF, Paris.

L'astrologie est science ésotérique. On lit sur les colophons des textes d'Ourouk :

Celui qui sait peut montrer la tablette à celui qui sait, mais non à celui qui ne sait pas.
Cité par O. Neugebauer, *Les Sciences exactes dans l'Antiquité* (1957), trad. de l'anglais, Actes Sud, 1990, p. 172.

Cette approche occulte n'empêche nullement une approche objective. Être astrologue n'interdit pas d'être astronome. Les positivistes se trompent donc de combat en interdisant l'astrologie. Le positiviste ampute la science des astres de son aspect spirituel, c'est tout. En observant rigoureusement, le Chaldéen interprète profondément.

Le mois d'Addar [février-mars] aura trente jours. Dans la nuit du 13 au 14 j'ai observé avec soin, mais il n'y eut pas d'éclipse ; je me suis levé sept fois, mais il n'y eut pas d'éclipse. J'enverrai un rapport définitif au roi.

Le savant chaldéen peut donc faire aussi bien des prévisions scientifiques que des prédictions occultes.

Si durant l'éclipse Jupiter est visible : le roi vivra, à sa place un notable mourra [par un rite magique de substitution].

Jupiter dépassa de cinq jours son délai normal et démoniaquement son invisibilité dura 40 jours.

(Autrement dit, ce présage, du 10 juin 669 av. J.-C., est néfaste. Effectivement, Assarhaddon, roi d'Assyrie, mourra cette même année.)

• L'ASTROLOGIE JUDICIAIRE (=horoscopique) constitue la troisième forme de l'astrologie mésopotamienne. Le savant établit le pronostic individuel par les astres. On ramène le collectif à l'individuel, le météorologique au céleste, la prévision à une divination. On examine le ciel de naissance d'un individu (c'est, en termes hellénistiques, l'astrologie généthliaque, qui a pour objet les « nativités ») ou le ciel de tel moment (c'est l'astrologie horaire, qui a pour objet les « élections », « initiatives »)[1]. Le premier horoscope au monde, un ciel de naissance lu en termes divinatoires, date, selon A. Sachs, de 410 av. J.-C.[2]. Le voici, avec ses deux parties, position astronomique et interprétation astrologique :

Au mois de Nisan [mars-avril], la nuit du 14, est né..., fils de Shuma-usur, petit-fils de Nadin-shumi, de la famille de Dêkê. La Lune se trouvait alors sous une des pinces du Scorpion ; Jupiter dans le Signe zodiacal des Poissons ; Vénus dans celui du Taureau ; Saturne dans celui du Cancer ; et Mars dans celui des Gémeaux ; Mercure n'était pas encore visible...
Tout ira bien pour lui.

Trad. J. Bottéro, apud *Initiation à l'Orient ancien, De Sumer à la Bible, L'Histoire*, n° 74, p. 234. © *Société des Éditions Scientifiques*, 1992.

Le procédé n'est pas grec, mais véritablement babylonien, selon A. Sachs.

Chose intéressante, les Mésopotamiens partaient aussi de la date de conception.

Si un enfant est conçu alors que le Soleil se trouve à 5° du Lion, la Lune à 5° du Bélier, Jupiter et Mars à 5° du Sagittaire, cet enfant sera roi.

On se demande si l'astrologue a pris une observation, si donc il a été empiriste, ou s'il s'est fondé sur une théorie, si donc il a été symboliste, car le Soleil en Lion (lieu de règne) et la Lune en Bélier (lieu de guerre) relèvent du symbolisme. Toujours est-il que l'astrologue a vu la connivence du ciel et de la terre, mais aussi de l'observé et du pensé.

---

1. A. Bouché-Leclercq, *L'Astrologie grecque* (1899), Bruxelles, 1963, p. 83, 328, 348-352.
2. A. Sachs, « Babylonian Horoscopes », *Journal of Cuneiform Studies*, New Haven, t. VI, n° 2, 1952, p. 49-75. Un horoscope de 263 av. J.-C. dit : « L'année 48 de l'ère séleucide, mois d'Adar, nuit du 23, l'enfant est né. Ce jour-là le Soleil était à 13°5 du Bélier, la Lune à 10° du Verseau... La richesse lui fera défaut... Dans sa 36ᵉ année il deviendra riche... », F. Rochberg-Haton, « Babylonian Horoscopes », *Orientalia*, 58, 1989, p. 102-123.

Ce sont les Chaldéens qui ont élaboré l'astronomie et l'astrologie généthliaque [celle des nativités] plus parfaitement que les autres peuples. Ils ont rattaché ainsi les événements de la terre à ceux des airs, et les phénomènes célestes à ce qui se passe ici-bas. Ils ont fait sentir, comme en une musique de la pensée, la symphonie absolument parfaite de l'ensemble, grâce à la cohésion et à la sympathie des parties qui, malgré la distance intervenant entre elles, demeurent inséparables par leur commune origine.

Philon d'Alexandrie, *De la migration d'Abraham* (Ier s.), 32 ; trad. du grec, Cerf, coll. « Sources chrétiennes », n° 47, 1957.

L'astrologie mésopotamienne ne se limite pas à ces fonctions prévisionnelles. Elle a, en outre, des fonctions religieuses.

• L'ASTROLOGIE ARCHITECTURALE ET URBANISTIQUE s'exerce dans la vie collective. Rien n'est plus visible, rien n'est plus secret : rien n'est plus visible qu'un monument ou une ville, rien n'est plus secret que leur caractère astrologique. Les monuments sont des cieux. La ziggourat de Borsippa comporte sept étages (huit si on compte la cella du sommet), chacun correspondant à une planète, chacun avec une couleur symbolique, noir, orange, rouge, blanc, bleu, jaune, or et argent. Le temple de Babylone a pour modèle le Carré de Pégase. La ville, par extension, se veut aussi ciel. Les cités babyloniennes reflètent leurs archétypes célestes, face tournée vers les hommes : Sippar imite le Cancer, Nippour répète la Grande Ourse, etc. [1]. Ainsi s'exerce l'**analogie inverse** : les cités humaines sont analogues aux constellations célestes mais à l'envers. Babylone s'attache au Signe zodiacal de la Vierge (l'Épi de l'orge). Le fleuve Tigre a pour archétype l'étoile Anunît. Le monde mésopotamien se divise en quatre pays (Élam, Akkad, Amourrou, Soubartou) comme la Lune se divise en quatre quartiers. L'ésotérisme architectural et urbanistique des Civilisateurs [2] est avant tout astrologique. Les ésotéristes aussi bien que les historiens ont rapproché les taureaux *(karibu)* gardant les palais assyriens des Signes zodiacaux, car les taureaux ont un corps de taureau, des pattes de lion, des ailes d'aigle, une tête d'homme ; de plus, les quatre animaux décrits par Ézéchiel dans sa vision (I, 10) ont « une face d'homme », « une face de lion à droite », « une face de taureau à gauche », « une face d'aigle ». On a là, en croix, les quatre grands moments du Soleil, puisque le Taureau situe l'équinoxe de printemps, le Lion le solstice d'été, le Scorpion (autrefois l'Aigle) l'équinoxe d'automne, enfin l'Homme (Verseau) le solstice d'hiver [3].

• L'ASTROLOGIE RELIGIEUSE prend la forme d'un culte particulier ou bien elle s'intègre aux mythes et aux croyances. Autrement dit elle se veut

---

1. E. Burrows, *Some Cosmological Patterns*, apud S. H. Hooke dir., *The Labyrinth*, SPCK, Londres, 1935, p. 47-70. M. Eliade, *Le Mythe de l'éternel retour* (1945), trad. du roumain, Gallimard, coll. « Idées », p. 18, 25.
2. Voir *supra*, p. 307 (« L'ésotérisme civilisateur : caractéristiques »).
3. On retrouve le quaternaire Taureau-Lion-Aigle-Homme en Égypte, en Iran, en Phénicie, en Israël.

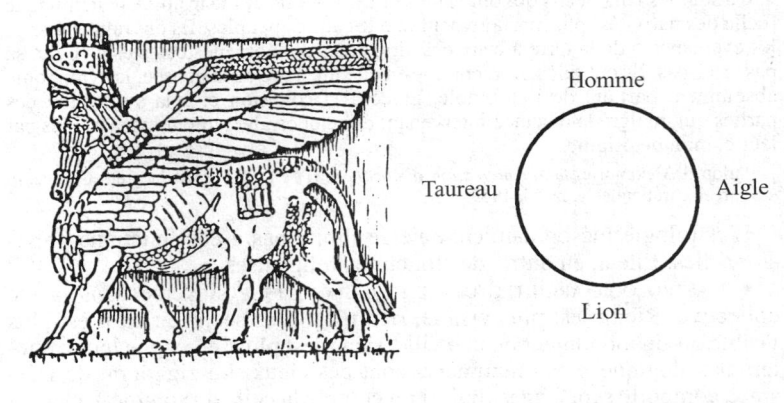

TAUREAU ASSYRIEN   LA CROIX DES SAISONS

rituelle ou mythologique ou métaphysique. Les hymnes au Soleil, à la Lune attestent une attitude et des croyances religieuses sur la sacralité des astres. Jupiter et Vénus se montrent bénéfiques, Saturne et Mars maléfiques, Mercure reste neutre.

> Que les grands dieux de la nuit, le brillant Mercure
> Le héros Mars,
> L'arc [une portion du Grand Chien], le Bouvier,
> Orion, le Dragon-Serpent,
> La Grande Ourse, la Lyre
> Le Bison, l'Hydre
> Se tiennent à côté de moi.

Les Sabéens de Harrân[1], des Syro-Mésopotamiens au nord de l'Euphrate, entretenaient le culte des astres, surtout du dieu Lune Sîn. Ils se disaient fils de Seth, lui-même fils d'Adam. Leur religion dura sans doute de 612 av. J.-C. (date d'arrivée des Assyriens) à 944, car les Musulmans ont toléré cette croyance. Comment s'y étaient-ils pris ? En se baptisant « Çabéens ». Le Coran (II, 62) accepte « ceux qui croient, ceux qui pratiquent le Judaïsme, ceux qui sont Chrétiens ou Çabéens *(Çâbi'ûn)* ». Il suffisait de se dire Çabéen, d'autant qu'on ne sait pas qui le terme « Çabéen » vise, peut-être les Mandéens. Nos Sabéens se nomment « Harnâniens de Chaldée *(Harnânîyah al-Kaldânîyîn)* », ils se font appeler « Sabéens de Harrân », « Sabéens de Chaldée » (puisqu'il existe des

---

1. D. Chwolsohn, *Die Ssabier un der Ssabismus* (1856), Johnson reprint, New York, 1965. Ibn al-Nadîm, *al-Fihrist* (987), trad. anglaise B. Dodge, Columbia UP, New York, 1970. M. Tardieu, « Sâbiens coraniques et Sâbiens de Harran », *Journal asiatique*, n° 274, 1986.

Sabéens d'Irâq). Les Musulmans les tiennent pour *Hanîfs* (« Croyants »). Les Sabéens *(al-Sâbah)* professaient aussi le culte d'Hermès, et, bien plus tard, la philosophie néo-platonicienne et néo-pythagoricienne. Harrân est le type même de la ville ésotérique, elle tient son nom d'un frère d'Abraham (Genèse, XI, 26).

Ces gens [les Sabéens de Harrân] admettent que le monde a une Cause première [le dieu transcendant], qui est éternelle et une plutôt que multiple. Elle n'a aucun des attributs des choses créées. Elle a confié aux hommes sagaces qu'Elle a créés le soin de reconnaître Sa souveraineté. Elle leur a montré la voie, en leur envoyant des apôtres pour qu'ils soient guidés et pour qu'ils confirment, et Elle leur a ordonné à la fois d'appeler les gens à gagner Son approbation et à prévenir Sa colère. Les apôtres ont promis une jouissance durable pour qui obéit mais, pour qui désobéit, tourments et punitions proportionnels à ce qu'il mérite. Cependant, à la fin, cette punition se terminera. Un de leurs chefs dit :

– Dieu punit durant dix mille cycles, puis il y a place pour la pitié de Dieu.

Ces gens, qui invoquent Dieu et la vraie religion, sur laquelle ils prêtent serment, ont droit à des égards. Leurs personnalités les plus fameuses et éminentes sont Arânî [Héron, savant d'Alexandrie], Aghathâdhîmûn [Agathodaïmôn, dieu de l'Hermétisme], et Harmîs [Hermès Trismégiste]. Certains mentionnent également Solon, ancêtre du philosophe Platon par sa mère.

La doctrine de tous ces gens est la même : leurs règlements et lois ne sont pas contradictoires. Ils ont adopté une direction pour la prière, qu'ils fixent en direction de l'Étoile du Nord [aujourd'hui Alpha de la Petite Ourse, autrefois Alpha du Dragon] dans sa course. L'homme intelligent se met ainsi en quête de la sagesse. Ils se sont opposés à tout ce qui ne s'accorde pas avec ce point de vue.

Ils adhèrent aux quatre vertus de l'esprit [sans doute les quatre vertus cardinales selon Platon, *La République*, IV, 427 e : tempérance, courage, sagesse, justice]. Ils ont admis les vertus pieuses et rejeté les mauvaises. Ils déclarent que le Ciel se meut d'un mouvement volontaire et conforme à la raison. Le nombre des prières prescrites est de trois par jour. La première se place une demi-heure ou moins avant le lever du Soleil, et finit à l'aurore ; elle comprend huit inclinations du corps, accompagnées de trois prosternations pour chacune des inclinations. Ils terminent la deuxième prière au moment où le Soleil commence à décliner [midi] ; cette prière comprend cinq inclinations avec chacune trois prosternations. La troisième prière est comme la deuxième, mais elle se termine au crépuscule. Ces trois temps sont rendus nécessaires par la direction des trois points fixes, l'orient, le zénith, l'occident. Personne parmi eux ne mentionne parmi les prescriptions une prière qui correspondrait au point fixe de la Terre [le nadir, pour minuit]. [...]

Ils font aux planètes des offrandes avec abattage de bétail. [...]

Ils disent qu'un homme prophète *(nabî)* est exempt de mal dans son esprit et d'imperfections dans son corps, il est parfait pour tout ce qui est digne d'éloges, il peut connaître ce qui se passe dans les imaginations, ses prières pour la pluie sont exaucées, il écarte la peste des plantes et des animaux, ses doctrines développent le monde, en augmentant sa population. [...]

Al-Kindî [philosophe arabo-islamique, vers 850] déclare avoir vu un livre que ces gens acceptent. C'était les *Discours d'Hermès sur l'Un*, qu'Hermès [le second-Hermès, le Trismégiste] écrivit pour son fils [Agathodaïmôn], et qui était de la plus haute valeur sur le sujet de l'unité.

Leur année commence au mois de Nisan [mars-avril]. Les premier, deuxième et troisième jours de Nisan ils prient avec humilité leur déesse, Balthâ [Vénus]. Lorsqu'ils pénètrent dans le sanctuaire de la déesse ces jours-là, groupe après groupe dans un ordre dispersé, ils font abattre des victimes sacrificielles et brûlent des animaux vivants. Le sixième jour ils tuent pour leur divinité, la Lune, un taureau, qu'ils mangent à la fin de la journée.

> Ibn al-Nadîm, *Index. Kitâb al-Fihrist al-'ulûm* (987), IX, 1, trad. anglaise B. Dodge, *The Fihrist. A Tenth-Century Survey of Muslim Culture*, Columbia UP, New York, 1970, t. 2, p. 746-756, trad. partielle P. A. Riffard.

Les Musulmans ont vu dans le rituel sabéen une invocation.

Il est aussi possible de subjuguer la spiritualité des astres, surtout celle des sept planètes, ce qui permet de parvenir à des buts importants : pour tuer les ennemis, pour faire venir la fortune ou trouver un objet perdu, etc. Tout cela se fait quand on le veut, sans peine et sans difficulté. Et tout cela s'appelle *da'wat al-Kawâkib* (l'invocation des astres). C'est une science magique *(sihr)* des Sabéens, à qui Dieu Très-Haut envoya Abraham pour qu'il annulât leurs paroles et leur présentât les siennes.

> Tashköprüzâde († 1561), *Miftâh al-Sa'âda*, trad. partielle A. Kovalenko, *Les Concepts de magie et de sciences occultes en Islam*, thèse, Strasbourg, 1979, t. 1, p. 15.

La divination

Le devin *(bârû)* assyro-babylonien se met sous le patronage de Shamash (le dieu Soleil, qui voit tout) et d'Adad (le dieu de l'orage, qui apporte la fécondité). Il n'a accès aux arts divinatoires qu'à condition d'avoir été initié, de promettre le secret, de respecter les rites, octroyés par les dieux avant le Déluge ; d'autre part, le devin doit être d'ascendance pure, de noble lignée, d'apparence pure, sans défaut physique, prêtre et fils de prêtre. On pense aux exigences du *Manuscrit Régius*[1], destiné aux Compagnons et Francs-Maçons avant la lettre : « Pour le métier, ce serait grand-honte de prendre un bancal, un boiteux, car un taré, de par son sang, ne pourrait guère être utile au métier. » On pense surtout aux Hébreux : « Quiconque a une infirmité ne saurait être admis [...] pour offrir les sacrifices de YHWH » (Lévitique, XXI, 18). Les exigences mésopotamiennes du métier de devin sont mentionnées dans le *Rituel des devins*. L'antiquité et la sainteté de la révélation sont mises en relief. La divination est ésotérique : elle relève du secret.

> Enmedouranki, l'antique roi de Sippar [avant le Déluge],
> aimé d'Anou, d'Enlil et d'Éa,
> Shamash, dans l'Ebabbarra [temple de Shamash à Sippar], le convia ;
> Shamash et Adad, dans leur conseil l'ayant fait entrer,
> Shamash et Adad l'honorèrent,

---

1. *Manuscrit Régius* (v. 1390), v, 153-156, trad. de l'anglais, *Travaux de la Loge nationale de recherches Villard de Honnecourt*, GLNF, Neuilly, 1983, n° 6, p. 53. P. A. Riffard, *L'Ésotérisme*, éd. cit., p. 684-686.

Shamash et Adad le firent asseoir sur un grand siège d'or.
Ils lui révélèrent comment observer l'huile sur l'eau, secret d'Anou, d'Enlil et d'Éa,
lui donnèrent la tablette des dieux, le foie, mystère des cieux et de la Terre,
et firent porter à sa main le cèdre, qu'aiment les grands dieux. [...].
La tablette des dieux, le foie, le mystère des Cieux et de la Terre,
comment observer l'huile sur l'eau, secret d'Anou, d'Enlil et d'Éa,
avec ses commentaires, la série *Lorsque Anou, Enlil* et faire les computations appropriées,
le Sage initié, gardien des secrets des grands dieux,
en instruira le fils [le disciple] qu'il aime, après l'avoir fait jurer,
devant Shamash et Adad, par la tablette et le calame.
Lorsque le devin est oléomancien de lignage éternel,
descendant d'Enmedouranki, le roi de Sippar,
tenant la sainte cuillère, porteur du cèdre sacré,
bénisseur du roi, prêtre longs-cheveux de Shamash,
à l'apparence physique due à la déesse Ninhoursag,
procréé par un prêtre-*nishakkou*, de pure extraction,
si, lui-même, de corps et de membres, est en tout point parfait,
il pourra s'approcher, devant Shamash et Adad, du lieu de la consultation et de la décision divine.

Rituel des devins, prologue, l. 1-27, trad. apud *RPOA*, p. 274-275. © Librairie Arthème Fayard, Paris.

On relève ici l'examen des entrailles (extispicine), l'étude des huiles (oléomancie), l'observation des astres (astrologie). La divination connaît d'autres pratiques : l'interprétation des songes (oniromacie), l'écoute des paroles d'extatiques (chresmologie), l'observation des monstres (tératomancie), l'examen du visage (physiognomonie), le rapprochement entre une question que l'on se pose et un événement fortuit qui advient alors (clédonomancie), l'examen de flèches choisies au sort ou fichées au sol (bélomancie)... Ézéchiel mentionne trois pratiques.

Le roi de Babylone [Nabuchodonosor II] s'est arrêté au carrefour, au point de départ des deux chemins [d'invasion], pour interroger le sort. Il a secoué les flèches, interrogé les *téraphim* [idoles], observé le foie.

Ézéchiel, XXI, 26.

Le devin utilise aussi bien la voyance (sauf à Sumer), c'est-à-dire la divination intuitive, que la mantique, c'est-à-dire la divination inductive, qui analyse, compare, interprète. Il s'appelle donc « voyant » *(ensi)* ou « examinateur » *(bârû)*. Il fait quand même figure d'expert plus que d'exalté. Un fait donne l'importance accordée par le Mésopotamien à la divination : sur les 1 500 titres de la bibliothèque du roi Assourbanipal, des savants comptent 300 présages *(amûtu)*, 200 conjurations magiques ou prières incantatoires.

Un rituel précède ou accompagne la divination proprement dite. Ainsi, dans cette prière babylonienne avant l'examen des entrailles d'un animal sacrifié.

> Shamash, je mets à ma bouche du cèdre pur,
> J'attache pour toi avec une touffe ma chevelure,
> Je mets pour toi en mon sein
> Du cèdre épais.
> J'ai lavé ma bouche et mes mains,
> J'ai nettoyé ma bouche avec du cèdre épais,
> J'ai attaché du cèdre pur avec une touffe de ma chevelure,
> J'ai entassé pour toi du cèdre épais,
> Je suis devenu pur pour l'assemblée des dieux, je m'approche
> Pour le jugement.
> Shamash, Seigneur du jugement, Adad, Seigneur des prières dédicatoires et de la divination,
> À la prière dédicatoire que je prononce, dans l'examen d'entrailles que je vais faire,
> Mettez une réponse sans ambiguïté.
>
> Prière du devin à Shamash et Adad, *apud* M. J. Seux, *Hymnes et Prières aux dieux de Babylonie et d'Assyrie*, Cerf, coll. « Littératures anciennes du Proche-Orient », n° 8, 1976, p. 467-468.

Le devin doit être sacré, autrement dit pur pour se rapprocher du divin, purifié par des bains, des ablutions ou par des fumigations.

> Je suis le devin lavé de toute faute.
>
> Hymne sumérien, trad. H. Limet, *apud L'Expression du sacré dans les grandes religions*, éd. cit., t. 2, p. 122.

La technique divinatoire pose d'une part la protase, c'est-à-dire le présage, le cas, d'autre part l'apodose, c'est-à-dire l'oracle, l'interprétation, la conséquence.

L'oniromancie mésopotamienne se fonde sur des rêves reçus spontanément ou produits par incubation.

La divination la plus importante et la plus ancienne après l'oniromancie reste l'**haruspicine**, la consultation des viscères d'un mouton sacrifié, qu'on a égorgé puis dépecé. L'haruspicine se précise souvent en hépatoscopie, examen du foie. Le terme sumérien l'atteste : le devin

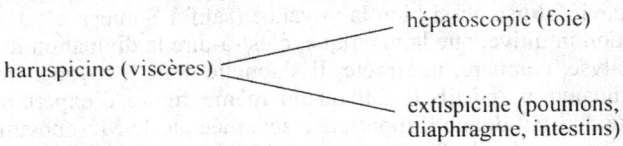

haruspicine (viscères) ⎧ hépatoscopie (foie)
⎩ extispicine (poumons, diaphragme, intestins)

s'appelle *mash.shu.gid.gid*, « celui qui plonge la main dans le chevreau ». On possède — comme pour les Étrusques, venus d'Anatolie — des maquettes de foie. L'haruspice mésopotamien observe le comportement de l'animal pendant qu'il est sacrifié et les signes, en pratique les anomalies, sur le foie, ou les poumons, selon leur position (en haut, en bas, à droite, à gauche), leur couleur (blanc, rouge, vert, noir), leur valeur (normal, pathologique), etc. L'haruspice *(bârû)* se posait deux questions : a) savoir si telle entreprise pouvait être tentée avec succès (réponse oui/non) ; b) savoir si, durant la période comprise entre tel jour de tel mois et tel jour de tel autre mois, un malheur surviendrait (réponse souhaitée : non) [H. Limet]. Les experts avaient isolé environ 6 000 signes.

[Protase] Si, le Doigt médian [troisième lobe] du poumon étant à sa place normale, un autre, au bas du bonnet du poumon, est présent, qui fait face au Doigt normal :

[apodose] le pays qui aura voulu rompre avec son maître son maître sur lui l'emportera.

[Protase] Si, à la droite de la tête de l'Amère [la vésicule biliaire], se trouve un « désir » [une marque] :

[apodose] l'ennemi exigera de toi une ville-frontière ; quant aux sort des armes : l'ennemi l'emportera sur mon armée.

Divination. Bârûtû (époque néo-assyrienne), trad. partielle J. Nougayrol, apud *La Divination*, PUF, 1968, t. 1, p. 43-44. © PUF, Paris.

L'haruspicine entre en relation de complémentarité avec l'astrologie. Les astres donnent des messages spontanés, les viscères donnent des messages provoqués, qui confirment et précisent.

Parmi les sciences divinatoires figure l'interprétation des événements extraordinaires (surtout l'apparition de monstres) ou des événements ordinaires (surtout les rencontres).

Exemple d'événement extraordinaire, ici un monstre :

[Protase 25] Si le produit-malformé a sa tête normale en place, avec une autre placée à droite,

[apodose] révolte réussie, ou bien ton ennemi perdra ton pays.

[Protase 46] Si le produit-malformé a sa tête normale en place, avec une autre plus petite placée à gauche,

[apodose] tu abattras le pays de ton ennemi.

Si le produit-malformé. Shumma izbu (1700-1600 av. J.-C.), trad. partielle J. Bottéro, *Mythes et Rites de Babylone*, Slatkine-Champion, 1985, p. 5 (cf. E. Leichty, *Teratological Omens in Ancient Mesopotamia*, University of Chicago Library, 1960). © Champion-Slatkine, Paris.

Exemple d'événement ordinaire, ici la rencontre d'un cochon :

Lorsque l'exorciste se rend à la maison d'un malade, si, dans la rue, il voit un tesson fiché en terre : ce malade, l'anxiété ne s'approchera pas de lui.

S'il voit un cochon noir : ce malade mourra, ou bien après de pénibles souffrances il guérira.

S'il voit un cochon blanc : ce malade guérira, ou bien la détresse le saisira.

S'il voit un cochon rouge : ce malade mourra le 3e mois ou le 3e jour [...].

Si la ville. Shumma âlu [traité de divination par les aléas de la vie quotidienne, traité non reconstitué], trad. R. Labat, *Traité akkadien de diagnostics et pronostics médicaux* (650 av. J.-C.), E. J. Brill, Leyde, 1951, 2 t.

Dans la clédonomancie, on peut se servir d'une parole saisie comme oracle.

De mauvais augure étaient pour moi les propos des gens dans la rue.
Le Juste souffrant, I, 54, *RPOA*, p. 330. © Librairie Arthème Fayard, Paris.

Les Babyloniens ont créé la physiognomonie.

Si un homme a le cheveu roux : c'est un chanceux.
Si son visage est marqué de traits verdâtres : le fisc s'emparera de tout ce qui lui appartient ou de ses seuls biens meubles.
Si un homme a son œil droit qui louche quand il applique son regard : il vivra dans la misère [...].
Cité par J. Bottéro, apud *Divination et Rationalité*, éd. cit., p.108-109.

La physiognomonie occidentale analysera les traits physiques et les interprétera en termes de caractère ou de destinée, du genre « nez crochu implique volonté dominatrice », la physiognomonie mésopotamienne cherche plutôt des ressemblances somatiques, physiologiques, comportementales entre tel homme et tel animal, pour en conclure à des sympathies ou à des parentés, quitte à faire une prédiction. La pensée par analogies l'emporte. Cela dit, un Européen comme Giambattista Della Porta [1] est revenu à la physiognomonie mésopotamienne.

S'il a une tête de caméléon et qu'il lui est échu <texte manquant> : il sera pauvre et ses descendants seront <texte manquant> [...]
S'il a une tête de cerf : sa <texte manquant> lui sera retirée, il se rendra dans un pays qui lui est inconnu...
F. R. Kraus, « Weitere Texte zur babylonischen Physiognomatik », *Orientalia*, Pontificio Instituto Biblico, Rome, t. 16, 1947, p. 175, n° 22' + 8' et 26' + 12', trad. partielle P. A. Riffard.

Les morts peuvent être interrogés par des nécromanciens *(mushelû etimmu)* [2].

Les Mésopotamiens se fient aussi aux paroles de personnes entrées en extase. En sumérien, on les appelle « hommes saisis par un dieu » *(lú.dingir.dib.ba.ra)*, « hommes qui sautent au ciel » *(lú.an.né.ba.tu)*. Ces extatiques (akk. *mahhû*), ces prophètes obtiennent une révélation de façon provoquée, en la demandant, ou de façon spontanée, en la gagnant par grâce. La plupart des extatiques, comme en Égypte ou en Israël, sont des femmes échevelées, des mendiants, rattachés ou non à un dieu (Shamash, Adad), à une déesse (Inanna, Ningizzida) ou à un temple. Au

---

1. G. Della Porta, *La Physiognomonie humaine* (1586), trad. du latin, Rouen, 1655, 572 p.
2. G. Contenau, *La Magie chez les Assyriens et les Babyloniens*, Payot, 1947, p. 136.

nom d'une divinité ils transmettent un avertissement ou un ordre, et souvent avec véhémence. Sur eux passe le souffle de la divinité.

Une extatique s'est levée dans le temple de la déesse Annunit [Anounit] et elle a dit :
- Zimri-Lim, roi de Mâri [début XVIIIe s. av. J.-C.], ne pars pas en expédition ! Demeure à Mâri, et c'est moi-même qui répondrai toujours de toi.

G. Dossin, J. R. Krupper, J. Bottéro..., *Archives royales de Mâri. Transcriptions et Traductions*, éd. P. Geuthner, 1947 ss., t. 10, n° 50. (Voir J. M. Durand, *Archives royales de Mâri*, t. 26.1 ; *Studies in Old Testament Prophecy*, p. 103 sqq.)

La divination par les vols des oiseaux paraît inexistante, alors qu'on la trouve en Syrie et chez les Indo-Européens.

La magie

J. Bottéro écrit ceci : « Le culte sacramentel proprement dit avait pour fin propre d'obtenir que les dieux écartent le mal venu frapper ou menacer ses victimes : maladies, épreuves et catastrophes, ennuis de toutes sortes ou mauvais sort. Ces maux étaient causés aux hommes par la cohorte obscure des "démons". On a préservé gestes et discours ritualisés, mais pour n'en faire plus que de simples cérémonies offrant aux dieux un cadre matériel d'intervention, grâce auquel, dûment priés et rendus favorables, ils pouvaient agir eux-mêmes et éloigner tout à la fois de leurs victimes et leurs démoniaques soumis et le mal qu'ils leur avaient infligé. C'est pourquoi l'on doit parler non de "magie", au sens propre de ce mot, mais **de théurgie et d'exorcisme**[1]. »

La magie se marie à la divination comme la thérapeutique au diagnostic.

Le destin et la magie : n'y a-t-il pas contradiction ? Les dieux, selon les Mésopotamiens, ne sont ni omniscients ni omnipotents. Le présage annonce, l'exorcisme écarte. Le mal tombera, c'est le destin, mais on peut le diriger ailleurs, c'est la magie. Le destin comme la magie relèvent des dieux. On agit sur les dieux. On agit avec les dieux. La magie est donc théurgie.

Le philosophe stoïcien Chrysippe pensait concilier la croyance au destin et la croyance en la liberté, donc ne pas confondre fatalisme et nécessitarisme, par une subtilité. Il suffit, disait-il, que les devins, au lieu de formuler leurs paroles de façon causale, l'expriment de façon consécutive[2]. Il faut entendre la proposition « Si un homme est né au lever de la Canicule [l'étoile Sirius] il ne mourra pas en mer » au sens, non pas de « parce que » mais au sens de « en même temps que ». « Toutes les fois qu'un homme est né au lever de la Canicule, il n'est pas mort en mer. » En termes ésotériques, on dirait : il y a coïncidence significative, divine

---

1. J. Bottéro, apud *Le Grand Atlas des religions*, éd. Encyclopaedia Universalis, 1988, p. 283.
2. Cicéron, *Du destin*, VII. R. Blanché, *La Logique et son Histoire*, Colin, 1970, p. 112.

rencontre plus qu'une cause physique. Il suffit de constater une régularité entre ce moment de Sirius et la mort de cet homme.

Le magicien de Mésopotamie lutte contre divers dangers : les démons méchants, les dieux irrités, les âmes des morts maléfiques, les sorciers, les vents mauvais, sans parler des péchés *(shêrtu)*. La maladie ou la misère, la stérilité féminine ou l'impuissance masculine, la sécheresse ou le déluge menacent.

La magie revêt, surtout avec les Babyloniens et les Assyriens, la forme de l'exorcisme. Les Mésopotamiens parlent alors de « délivrance », de « conjuration », de « dissolution *(namburbû)* » des maux. La magie mésopotamienne se réduit à l'exorcisme, et l'exorcisme se réduit à l'incantation *(shiptu)* formulée dans un rite *(epushtu)*.

Le rite magique exige des objets et des attitudes spécifiques, une organisation et un personnel qualifiés.

J'ai pris, à pleines mains, les sept brûle-parfums des rites sacrés ; j'ai tenu dans ma main droite le corbeau, auxiliaire des dieux ; le faucon, oiseau vénéré, devant tes traits mauvais, de ma gauche, j'ai fait voler ; de vêtements d'un rouge effrayant, contre toi, je me suis couvert ; d'un vêtement rouge, vêtement de splendeur, mon corps pur, contre toi j'ai revêtu ; une musaraigne, au chambranle de la porte j'ai attaché ; une pousse d'épine solitaire sur la cheville de bois [loquet], je l'ai attachée.

Cuneiform Texts from Babylonian Tablets, XVI, pl. 28-29. Texte de Ninive.

Le magicien, l'exorciste *(âshipu)* s'efface devant les dieux.

Le charme ne vient pas de moi, le charme vient d'Éa [=Enki, dieu de la magie, dieu de Éridou, patrie des incantations] et d'Asalluhi [=Mardouk, fils d'Éa] ; Ningirim [déesse de l'incantation, fille ou sœur d'Asalluhi] a jeté le sort, j'en ai seulement fait usage.

Cité par Erica Reiner, apud *Le Monde du sorcier*, Éditions du Seuil, coll. « Sources orientales », n° 7, 1966, p. 75.

Plusieurs rites magiques existent. Tous privilégient l'action indirecte, de plus en plus indirecte. L'efficacité vient par ricochet, par le signe, ou, mieux, par le symbole ou, mieux encore, par un substitut. La doctrine du verbe devient doctrine de l'écho.

- MAGIE PAR SIGNE. La magie mésopotamienne, comme la magie égyptienne, agit sur le représentant de la chose qui est en fait la chose même : son nom (prononcé ou écrit), sa figuration (peinte ou sculptée). Dans le nom ou la figuration, l'objet est dominé. La magie par le nom repose sur la doctrine du verbe comme la magie par la figuration repose sur la doctrine des analogies et correspondances.

INCANTATION [À MURMURER].

« Je me suis lavé les mains, j'ai purifié mon corps
  dans l'eau de source pure qui vient d'Éridou [ville d'origine des incantations, première cité-temple des Sumériens].

Que tout mal, toute influence mauvaise
qui se trouve dans mon corps, dans ma chair, dans mes veines,
le mal prédit par les mauvais rêves, les mauvais présages, les mauvais signes [...],
que tout cela passe par l'eau dans laquelle je me suis lavé,
par l'eau sale dans laquelle je me suis lavé les mains,
à la figurine qui me sert de substitut.
Que mon effigie porte mes péchés à ma place,
que les rues et les ruelles dissolvent mes péchés,
qu'une substitution ait lieu, qu'un transfert ait lieu [...]. »

RITE A EXÉCUTER.

L'incantation [ci-dessus est récitée] en se lavant les mains
au-dessus d'une figurine servant de substitut.

Destruction par le feu. Maqlû, VII, cité par Erica Reiner, *op. cit.*, p. 83.

- MAGIE PAR SYMBOLE. Le magicien peut détruire l'objet qui indiquait quelque chose de néfaste. On monte encore d'un cran dans le système de référence, dans l'éloignement de la matérialité. Cette fois, le magicien agit sur l'indice. Il supprime le monstre qui annonce une invasion ou une inondation. Le symbole agit par lui-même, par les forces que les dieux ont mises en lui. Le symbole peut être une pierre, une plante, un animal. Par exemple, l'or relie à Shamash.

Car l'Intellect du Père a semé les symboles à travers le monde.

Oracles chaldaïques, 108, éd. cit., p. 93.

- MAGIE PAR SUBSTITUT *(puhi)*. Le magicien peut détourner le mal sur une tierce personne ou un autre objet. C'est la technique du transfert (absente à Sumer). Ce rite se pratique uniquement en faveur des rois néo-assyriens [1]. Le roi devient fermier et le fermier devient roi.

Un agneau placé à la tête du malade, pour sa rançon, sera livré. C'est le dieu Éa, le maître de l'incantation, qui conseille cette substitution au Sage [Mardouk], en criant :

– L'agneau est le représentant de l'homme, l'agneau pour sa vie est livré, la tête de l'agneau pour la tête de l'homme est livrée, le cou de l'agneau pour le cou de l'homme est livré, la poitrine de l'agneau pour la poitrine de l'homme est livrée.

Cité dans L. Pirot et *al.*, *Supplément au « Dictionnaire de la Bible »* (1928 ss.), éd. Letouzey et Ané, t. 5, col. 709.

Cette magie est surtout négative, elle repousse le mal, mais elle peut être positive, attirer le bien. La hiérogamie, par sympathie, fait venir la fécondité sur le roi, le royaume, le peuple. La fameuse fête babylonienne

---

1. R. Labat, « Le sort des substituts royaux en Assyrie au temps des Sargonides », *Revue d'assyriologie*, t. XL, p. 123 *sqq.*

du Nouvel An s'appelle en sumérien *Á.ki.ti* (*Akîtu* en akkadien), ce qui signifie « force faisant revivre le monde ».

En même temps qu'il la condamne comme péché, le Mésopotamien condamne la sorcellerie comme délit, dès le *Code d'Hammourabi*. On comprend qu'il y ait un abîme entre le magicien, qui est un théurge, et le sorcier, qui est un être malfaisant. Le magicien a été initié, instruit, purifié. Il vise le bien, la prospérité, la conformité aux forces divines (les *me*). Le magicien vit au milieu de noms et de symboles divins, puissants, sacrés, il parle, désigne comme les dieux. On l'honore, mais :

> Si un homme ou une femme pratique des maléfices et, ayant été saisi en flagrant délit, est convaincu de ce crime, celui qui a pratiqué les maléfices sera mis à mort.
>
> *Lois assyriennes*, 47, Cerf, coll. « Littératures anciennes du Proche-Orient ».

La médecine occulte *(âshiputu)*

La médecine mésopotamienne est soit empirique soit occulte. La terminologie l'atteste : le praticien de la médecine positive s'appelle *asû* (sum. *a.zu*) « celui qui connaît l'eau », s'entend le prêtre capable de pratiquer la divination au sujet d'un malade au moyen de l'eau » ; quant au praticien de la médecine occulte il s'appelle *âshipu*, « exorciste, prêtre conjurateur ». La médecine positive utilise les plantes, les produits minéraux, les fumigations, les massages... La médecine occulte, elle, fait intervenir, principalement, l'exorcisme, au moyen de cérémonies complexes, de paroles puissantes. Le médecin est alors « incantateur », « exorciste », « prêtre d'Éa » (le dieu Enki, chez les Sumériens, maître de la connaissance), « messager de Mardouk » ; il porte « le manteau rouge qui répand la terreur[1] ».

> 1. [Présentation de la maladie et rappel de ses origines] La *dimîtu* [nom de la maladie] est montée de l'Enfer [...] et les démons qui l'apportaient, tombant sur ce patient abandonné de son dieu-protecteur qu'il avait offensé, l'en ont enveloppé comme d'un manteau.
>
> 2. [Description de l'état misérable où se trouve le malade, en vue d'apitoyer les dieux] Son corps en est infecté ; il en a bras et jambes paralysés [...].
>
> 3. [Origine surnaturelle du remède, soulignée, à la fois, pour en garantir l'efficacité et pour suggérer que, dans son application, l'officiant n'agira qu'au nom des grands maîtres divins de l'Exorcisme, Éa et Mardouk] Mardouk, lorsqu'il l'a vu dans cet état, s'en est allé trouver son père Éa, lui a décrit la condition du malade et lui a dit :
>
> — J'ignore ce qu'a dû commettre cet homme pour se trouver ainsi affligé et je ne sais comment le guérir.
>
> Mais Éa de répondre à son fils :
>
> — Tu connais tout ! Que pourrais-je t'apprendre, puisque tu en sais autant que moi ?

---

1. *Outoukou (démons) méchants*, chap. III (« Lorsque je m'approche du malade ») et chap. VIII (« Qui que tu sois, méchant »), trad. *RPOA*, p. 140-144.

4. [Traitement, sous forme d'instructions d'Éa à Mardouk, de qui l'exorciste va jouer ici le rôle] Voici donc ce qu'il faudra faire pour le guérir.
— Tu prendras sept pains de farine grossière, et les réuniras par une attache en bronze. Puis tu en frotteras cet homme, et le feras cracher sur les débris qui en tomberaient, en prononçant sur lui une Formule de l'Éridou [conjuration ou prière spéciale, réputée pour son efficacité], le tout après l'avoir emmené en la steppe, dans un lieu écarté, au pied d'un acacia sauvage. Tu confieras alors le mal qui l'a frappé [sous les espèces de la masse de pain dont il aura été frotté et des miettes tombées au cours de la friction] à Ninedinna [la déesse-patron de la steppe], afin que Ninkilim, le dieu-patron des menus rongeurs sauvages [qui hantent la même steppe], fasse prendre à ces derniers sa maladie [en leur donnant à grignoter les restes comestibles en question].

5. [Rite oral, en forme d'invocation terminale] Que la divine guérisseuse Goula, capable de rendre la vie aux mourants, le rétablisse par l'attouchement de sa main ! Et toi, Mardouk compatissant, pour qu'il soit tout à fait tiré de danger, prononce la Formule qui le libérera de sa peine !

Rituel d'expulsion de la maladie *dimîtu*, trad. J. Bottéro, *Magie et Médecine à Babylone*, apud *Initiation à l'Orient ancien. De Sumer à la Bible*, *L'Histoire*, n° 74, p. 212-213. © Société des Éditions Scientifiques, 1992.

Ce texte contient tout l'art du magicien et tout l'art du guérisseur. La technique consiste dans le transfert par contact : les rongeurs vont prendre la maladie du patient. Le moyen est le verbe : formules consacrées, recours aux paroles mêmes des dieux. C'est le dieu qui guérit, non l'exorciste.

L'origine de la maladie est détectée selon le raisonnement conditionnel : $p \to q$.

Si, au début de sa maladie, le malade présente une transpiration et une salivation profuses, sans que, lorsqu'il transpire, cette sueur, depuis les jambes, atteigne les chevilles et la plante des pieds,
ce malade en a pour deux ou trois jours, après quoi il doit recouvrer la santé.

Traité akkadien de diagnostics et de pronostics médicaux, trad. R. Labat, éd. E. J. Brill, Leyde, 1951, p. 156.

À l'origine de la maladie, il y a, pour le Mésopotamien, contact impur, sorcellerie, maléfice d'un mauvais démon, transgression rituelle, délit (la notion de faute n'intervient pas, celle de péché n'existe pas). Un malade, forcément, a violé quelque chose de sacré ou subi une malédiction. Confession d'Assourbanipal :

À cause de la magie mauvaise, de la mauvaise maladie, de l'iniquité, de la transgression, du péché qui est dans mon corps [...], délie mon envoûtement, écarte mon péché !

L'art du guérisseur se veut ésotérique.

Celui qui sait peut montrer à celui qui sait, mais celui qui sait ne doit pas montrer à celui qui ne sait pas.

Texte médical du VIIe s. av. J.-C.

La science des analogies et des correspondances intervient. Chaque minéral, chaque végétal, chaque animal se connecte à un dieu, à un membre du corps, à une maladie ou à une guérison.

La plante *tizkur* ferme la bouche de Lamashtou [démon femelle qui rend le corps douloureux]
    la plante *anhulla* n'admet pas les sortilèges
    la menthe dénoue les sortilèges
    la plante *imhur-eshrâ* ne laisse pas la bave des sorcières approcher du corps.

Cité par Thureau-Dangin, « Rituel et amulettes contre Labartu » [démon femelle], *Revue d'assyriologie et d'archéologie orientale*, t. 18, 1921.

Le malade peut utiliser des amulettes.

Pierre du *kurgarru* [musicien-danseur lié à la déesse Innin-Ishtar], qui est sertie dans l'argent et l'or,
... qui est sertie dans l'or,
soit onze pierres sous forme de rognon ou sous forme d'œil,
tissées ou enfilées dans de la laine rouge ;
du tamaris [littéralement : foie de loup] dans la laine bleue ;
sept pelotes tu enrouleras ; à chaque pelote
tu réciteras deux fois la conjuration « ouvrir l'œil » ;
tu lieras dans la main gauche et le malade sera sauvé.

Trad. H. Limet, *Amulettes babyloniennes et Lapidaire zoroastrien*, apud *Orientalia J. Duchesne-Guillemin*, E. J. Brill, Leyde, 1984, p. 335.

L'alchimie ?

Au vu de certaines tablettes, R. Eisler[1] a supposé que les Babyloniens pratiquaient l'alchimie. Lisons le texte clef.

Si tu veux poser les fondations d'un four à minerai, choisis un jour approprié dans un mois favorable et pose les fondations du four. Dès qu'on a orienté le four et que tu t'es mis à l'œuvre, place les embryons divins [les ingrédients de la fonte] dans la chapelle du four — aucun creuset ne doit y entrer, aucune chose impure ne doit se placer devant eux — répands devant eux le sacrifice ordinaire. Si tu veux mettre la pierre dans le four, offre un sacrifice devant les embryons divins, place une cassolette avec du cyprès, répands de la boisson fermentée *(kurunnu)*, allume du feu sous le four, et ensuite introduis la pierre dans le four. Les gens que tu admettras près du four doivent d'abord se purifier, et ensuite seulement tu pourras les laisser s'approcher du four. Le bois que tu brûleras dans le four sera un gros mûrier *(sarbatû)*, un tronçon décortiqué, qui n'a pas fait partie d'un radeau, et qui a été coupé au mois d'*Ab* [juillet-août] ; c'est ce bois qui doit être employé dans ton four.

Texte de la bibliothèque d'Assourbanipal.

On reconnaît les grands thèmes de l'alchimie dans ce texte : la discipline de l'arcane, le motif de l'embryon, etc.

---

1. R. Eisler, « Der babylonische Ursprung der Alchimie », *Chemiker-Zeitung*, n° 83, 11 juil. 1925 ; *id.*, « L'origine babylonienne de l'alchimie », *Revue de synthèse historique*, 1926, t. XLI, p. 1-25.

Mais A. L. Oppenheim[1] a démontré qu'il ne s'agit que de la fabrication de pâte de verre coloré. Il y a certes un rituel métallurgique, mais point d'œuvre alchimique. Dont acte.

Cela dit, les Babyloniens savaient produire des imitations de pierres précieuses et des alliages de faux argent[2] avec des techniques qui ressemblent à celles de l'alchimie gréco-égyptienne naissante. D'autre part, l'alchimie occidentale a retenu des Babyloniens plusieurs idées, dont les correspondances entre métaux et planètes.

LES CITÉS-TEMPLES ET LES MONUMENTS

L'ésotérisme civilisateur, en particulier en Mésopotamie, prend volontiers une forme urbanistique et architecturale. Les secrets sont inscrits dans la structure des villes et des monuments. Un récit, fait par un Grec d'Alexandrie parti en Babylonie, charrie le symbolisme architectural sur un lit de symbolisme astrologique.

Il m'arriva de rencontrer un vieillard fort savant dans les lettres étrangères et grecques. Il se disait syrien, mais il avait été fait captif, et il demeurait là [à Séleucie, sur le Tigre]. Ce vieillard donc me fit faire tout le tour de la ville et il me montrait toutes choses. Or, étant arrivés à un lieu distant de la ville de quatre milles, nous vîmes, près d'une grande tour, une colonne que les habitants de la Syrie [Assyrie] disaient avoir été apportée et placée là pour la santé et la guérison des habitants de la ville. En y regardant de près, je vis que cette colonne portait une inscription en lettres étrangères. Le vieillard, que j'avais interrogé, consentit bientôt à m'expliquer la chose, et j'écoutai son récit sur la colonne [...].

– Tu vois, dit-il, mon fils [mon disciple], la disposition de ces trois tours, dont l'une est distante de cinq milles, l'autre de deux et demi, la troisième de quatre. Elles ont été bâties par les Géants lorsqu'ils voulurent monter au ciel [...].

Je mesurai celle qui était la plus proche et la trouvai haute de 32 coudées, large de 78 ; elle comportait un escalier de 208 marches. Nous vîmes aussi l'enclos sacré, au milieu duquel il y avait un temple avec un escalier de 365 marches [nombre solaire] en argent et un autre de 60 marches en or. Nous les gravîmes pour prier Dieu, cependant que le vieillard me révélait les mystères de la puissance divine, qu'il ne convient pas de redire.

Harpokration d'Alexandrie (IVe s.), *Livre thérapeutique venu de Syrie*, trad. de la version latine A.-J. Festugière, *La Révélation d'Hermès Trismégiste*, t. 1 (1944), Les Belles lettres, 1981, p. 322-323. © Les Belles Lettres, Paris.

La cité mésopotamienne est une **cité-temple**, comme le dit A. Falkenstein[3]. Jusqu'à la première dynastie sumérienne (2675 av. J.-C.), la cité

---

1. A. L. Oppenheim, *Glass and Glassmaking in Ancient Mesopotamia*, Corning, New York, 1970, p. 33, note 50 : « *The discussion of the role of the* kûbu *deities by Eisler [...] is entirely irrelevant.* » Référence donnée par H. Limet (lettre personnelle, 23 sept. 1993).
2. A. L. Oppenheim, « Mesopotamia in the Early History of Alchemy », *Revue d'assyriologie*, 1966, t. LX, p. 29-45.
3. A. Falkenstein, « La cité-temple sumérienne », *Cahiers d'histoire mondiale*, t. I, n° 4, avril 1954, p. 784-814.

est un Maison divine, il n'y a pas de roi, mais un prêtre, ensuite on observe et des temples et des palais, un roi. La construction relève de l'ésotérisme. Le *Tablette de l'Ésagil* donne les mesures du temple et de la ziggourat et conseille la discipline de l'arcane. La hauteur de la ziggourat valait 3 fois 60 coudées (de 0,50 m). Le nombre symbolique 60 est donc déterminant, c'est le nombre de Mardouk.

Chaque cité a son dieu protecteur. Nanna règne sur Our, Enlil sur Nippour, Enki sur Éridou, etc. Le nom « Babylone », en akkadien *Bâb Ilu* (arabe *Bâb-El*), signifie — on l'a déjà signalé — « Porte du Dieu ». La ville fut reconstruite en 605 av. J.-C. Ses huit portes ont un nom de divinité : Ishtar et Sîn au nord, Mardouk et Zababa à l'est... ses rues aussi : rue d'Enlil, rue de Mardouk... (Hérodote, *Histoires,* III, 155). Par analogie, la justice se rend devant la porte de Shamash, le dieu Soleil.

« Le TEMPLE [sumérien] est simplement la "maison" du dieu. [...] Le bâtiment est érigé sur une terrasse. [...] Les modifications de plan créent de plus en plus de chicanes pour que les pièces principales soient protégées des regards profanes : de l'entrée on passe à l'antichambre *(ki.sal)*, puis dans le *pa-pah* [une petite pièce], ensuite dans la "demeure" *(ki.tus)* [sanctuaire] et, enfin, au cœur du temple *(é.shà)* [chambre intérieure, cella, naos]. C'est là que se trouvait la statue du dieu, posée sur un socle [1]. » Les grands temples sont : *É.kur* (« Temple-montagne »), Maison d'Enlil à Nippour, *É.sag.il* (« Temple qui lève la tête », « Temple au pinacle sublime »), Maison de Mardouk à Babylone.

La **ziggourat** la plus fameuse est l'*É.temen.an.ki* (« Temple fondement du Ciel et de la Terre »), la tour pyramide à étages de l'Ésagil. Les Amorites l'érigèrent vers 1800 av. J.-C., un peu avant le roi Hammourabi. Elle prit toute sa splendeur sous le roi de Babylone Nabuchodonosor II, qui la reconstruisit en 560 av. J.-C., avec une hauteur et une base carrée de 91,55 mètres chaque fois. Elle fut détruite par le roi de Perse Xerxès Ier en 479 av. J.-C. La Bible en parle avec ressentiment, faisant de cette « Tour de Babel » le lieu de la confusion des langues et d'une bravade envers Dieu.

Comme les hommes se déplaçaient à l'orient, ils trouvèrent une plaine au pays de Shinéar [Babylonie] et ils s'y établirent. Ils se dirent l'un à l'autre :
– Allons ! Faisons des briques et cuisons-les au feu !
La brique leur servit de pierre et le bitume leur servit de mortier. Ils dirent :
– Allons ! Bâtissons-nous une ville et une tour dont le sommet pénètre les cieux ! Faisons-nous un nom et ne soyons pas dispersés sur toute la terre !

Genèse, XI, 2-4 (texte yaviste, du IXe s. av. J.-C.).

On compte parfois trois, souvent sept plates-formes (la ziggourat est dite *é.pa*, en sumérien, « temple des sept »). Chacune a une couleur spéci-

---

[1]. H. Limet, apud *Dictionnaire des religions*, PUF, p. 1628.

fique, de bas en haut : noir, orange, rouge, blanc, bleu, jaune, argent, or (les Babyloniens ne distinguent pas entre jaune et vert) ; ce symbolisme rappelle l'alchimie européenne. On a vu que les sept étages de la ziggourat de Borsippa, appelée E-ur-me-imin-an-ki, « Temple des sept guides du Ciel et de la Terre », étaient consacrés aux sept planètes. D'autre part, d'après un texte rédigé en décembre 229 av. J.-C., les hauteurs des différents niveaux, en commençant par le haut et sans compter le pinacle, suivaient entre eux le rapport 2-3-5-8-13. Les étages entrent aussi en correspondance avec les règnes, végétaux, puis animaux.

Il [Gudéa] donna un [premier] étage : dans la brique des plantes *gu* [?] furent enfoncées.

Au temple il donna un deuxième étage : c'est celui où les plantes *gu* dans leur pot élèvent la tête.

Au temple il donna un troisième étage : c'est celui où il y a l'oiseau Im.Dugud, l'aiglon.

Au temple il donna un quatrième étage : c'est celui où le lionceau est affronté avec un lion terrible.

Au temple il donna un cinquième étage : c'est celui où s'élève la frondaison divine de la tour à étages.

Au temple il donna un sixième étage : c'est celui où le jour des offrandes régulières apporte l'abondance.

Au temple il donna un septième étage : c'est celui d'où l'*é.ninnû* remplit le pays de la lumière de l'aurore.

Au sommet de la ziggourat se trouve un pinacle, une « demeure » (*gi.gu.nû* en sumérien), comme l'attestent, non pas les fouilles, mais les textes, qui parlent de « Maison élevée de Zababa et d'Inanna dont la tête est haute comme le Ciel ». Cette demeure ressemblait à la voûte céleste. Elle était d'ailleurs faite de briques d'émail bleu brillant. Sa fonction paraît claire : imiter le ciel, relier le bas et le haut. Peut-être ce sommet sert-il d'observatoire pour les astrologues (Diodore). Peut-être ce temple d'en-haut sert-il de sanctuaire, de « chapelle du lit » pour « les Noces », entre Mardouk et Zarpanitou ou entre leurs substituts, le roi et une prêtresse : c'est vraiment le septième ciel ! Pendant une période de deux ou trois siècles autour de l'an 2000, une grande-prêtresse tenait le rôle d'une déesse.

Au milieu du sanctuaire [de Babylone, l'Ésagil] est bâtie une tour [l'Étemenanki] massive, longue et large d'un stade, sur cette tour se dresse une autre tour, sur celle-ci de nouveau une autre, jusqu'à huit tours [en fait le sanctuaire en haut ou la terrasse en bas ne forment pas étage, mais une seule plate-forme]. La rampe qui y monte est construite extérieurement, en spirale autour de toutes les tours [...]. Dans la dernière [septième] tour, il y a un grand temple ; dans ce temple un grand lit garni de belles couvertures ; et, auprès de ce lit, une table d'or. Aucune statue de divinité n'est placée en ce lieu, et aucun être humain n'y passe la nuit, si ce n'est une seule femme du pays, que le dieu a choisie entre toutes, à ce que disent les Chaldéens, qui sont les prêtres de ce dieu. Ces mêmes Chaldéens disent

— et pour ma part je ne puis croire ce qu'ils disent — que le dieu [Bêl-Mardouk] en personne vient dans le temple et repose sur le lit ; les choses se passeraient comme à Thèbes d'Égypte [avec Amon] [...], à Patara de Lycie [avec Apollon].

Hérodote, *Histoires*, I, 182. © Les Belles Lettres, Paris.

Dans la tradition du Sud, sumérienne, à Our (2100 av. J.-C.), Ourouk, Nippour, la ziggourat a une base rectangulaire et des escaliers. Dans la tradition du Nord, assyrienne, la ziggourat comporte des terrasses carrées de plus en plus étroites et des rampes d'accès qui tournent autour du monument. De ce type relèvent les tours d'Assour, Kalkhu, Dour-Ountash (auj. Tchoga Zanbil), Dour-Sharroukîn (auj. Khorsabâd) et certainement de Babylone.

Quant à l'interprétation, les avis divergent. Bien entendu, les archéologues — comme pour les Pyramides égyptiennes — y sont allés de leur hypothèse du tombeau ou du silo à grains. Ce n'est pas faux : on peut mettre un cadavre ou un sac dans une ziggourat comme on met des chevaux dans une cathédrale. Mais dira-t-on qu'une cathédrale est une écurie un peu grande ? *Ziggourat* signifie « élevé, haut ». La ziggourat — son nom le dit, aussi bien que sa structure — fait le lien entre le Ciel et la Terre, comme le roi ou le grand-prêtre, comme l'Atmosphère. Ainsi agissent les correspondances.

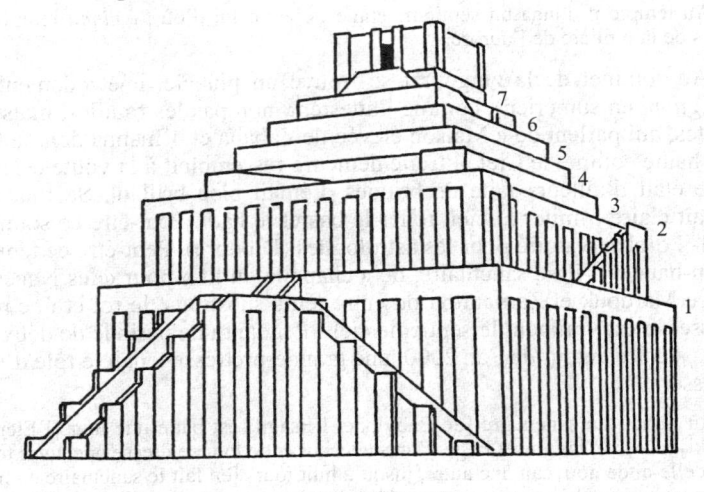

LA TOUR DE BABEL

LES MOUVEMENTS SYNCRÉTIQUES

Divers mouvements, plus ou moins ésotériques, sont apparus en Mésopotamie, en dehors de l'idéologie commune. Ils ont pour point commun d'être dualistes.

Le Gnosticisme chrétien, selon K. Kessler et W. Anz, a une origine babylonienne [1]. La thèse n'est ni vraie ni fausse. Dans le Gnosticisme, on trouve des éléments samaritains, iraniens, syriens, grecs. Géographiquement, les Kantéens, les Mandéens appartiennent à la Babylonie. Bardenase (155-222) naquit et vécut à Édesse. Audi (373) était un Syrien de Mésopotamie.

Mani, le fondateur du Manichéisme, est né en Babylonie du Nord, en 216. Il se définit comme « l'Apôtre du Dieu de Vérité en Babylonie ». Son mouvement sera étudié dans le chapitre sur l'Iran antique [2].

L'ésotérisme doit à la Mésopotamie, tout simplement, sa pensée : l'analogie, l'astrologie, la « sympathie [3] », le destin.

BIBLIOGRAPHIE GÉNÉRALE SUR L'ÉSOTÉRISME DES MÉSOPOTAMIENS

S'il n'y a qu'un livre à lire : *L'Épopée de Gilgamesh* (*Sha nagba imuru*. Celui qui a tout vu. 1900-1050 av. J.-C.). La version sumérienne n'existe pas, mais on dispose d'un cycle de cinq récits, mis par écrit dès 1900 av. J.-C. ; la version akkadienne forme une épopée, élaborée dès 1700 av. J.-C., peaufinée de 1350 à 1050 av. J.-C. (selon Dominique Prévot). Trad. R. LABAT, apud *Les Religions du Proche-Orient asiatique. Textes babyloniens, ougaritiques, hittites*, éd. Fayard-Denoël, coll. « Le Trésor spirituel de l'humanité », 1970, p. 145-226 (= *RPOA*), ou trad. J. BOTTÉRO, *L'Épopée de Gilgameš. Le grand homme qui ne voulait pas mourir*, Gallimard, 1992, p. 28 *sqq.*, ou trad. R. J. TOURNAY, *L'Épopée de Gilgamesh*, Cerf, coll. « Littératures anciennes du Proche-Orient », 1994, 320 p. L'ésotérisme ne saute pas aux yeux.

Approche ésotérique de l'histoire : HÉRODOTE, le sâr (!) JOSÉPHIN PÉLADAN (?).
« Un critère : sauf exception, tout ce qui est antérieur à la dernière guerre est périmé » (H. Limet).

BIBLIOTHÈQUES : Collège de France, 11, pl. Marcelin-Berthelot, 75005 Paris ; université de l'Ouest, 3, pl. André-Leroy, 49000 Angers.

Les grands textes ésotériques
– *La Descente d'Inanna aux Enfers*. Version sumérienne (vers 1900 av. J.-C.) : trad. J. BOTTÉRO et S. N. KRAMER, *Lorsque les dieux faisaient l'homme : mythologie mésopotamienne*, Gallimard, 1989, p. 276-290, 318. Versions akkadiennes : trad. R. LABAT, *RPOA*, éd. cit., p. 258-265, ou trad. G. CONTENAU, *Le Déluge babylonien*, Payot, 1941, p. 142 *sqq.*
– *L'Épopée de Gilgamesh* (1900 av. J.-C.), éd. cit.
– *Le Juste souffrant*, seconde partie (1800 av. J.-C.), trad. J. BOTTÉRO, *Le Problème du mal en Mésopotamie ancienne. Prologue à une étude du « Juste souf-

---

1. K. Kessler, *Über Gnosis und altbabylonische Religion*, Berlin, 1882. W. Anz, *Zur Frage nach dem Ursprung des Gnostizismus*, Berlin, 1897.
2. Voir infra, p. 534 (« Le dualisme en général... »).
3. Philon d'Alexandrie, *De la migration d'Abraham*, II, 303, trad. J. Cazeaux (*Les Œuvres de Philon d'Alexandrie*, t. 14 : *De migratione Abrahami*, Cerf, 1965).

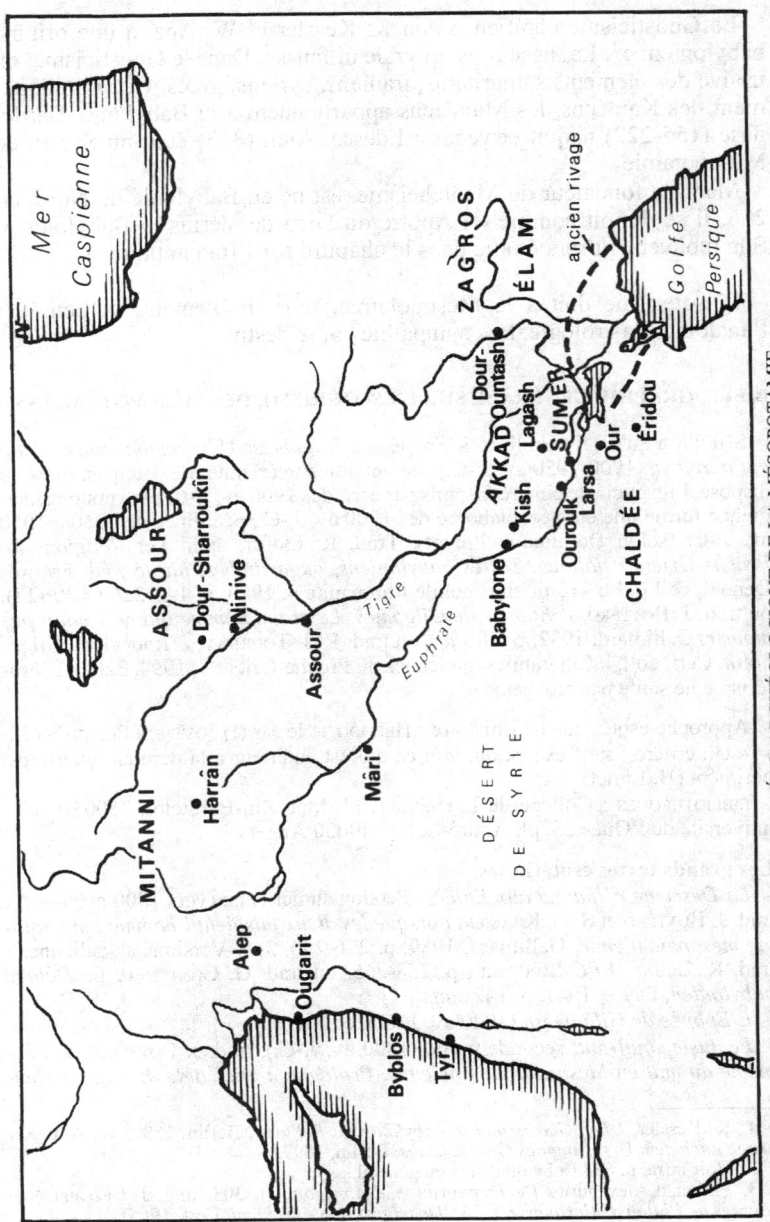

CARTE ÉSO-ARCHÉOLOGIQUE DE LA MÉSOPOTAMIE

frant », Centre Thomas-More, L'Arbresle, 1977, 43 p. Poème moral à connotation mystérique, selon G. Contenau.
– *Si le produit-malformé*. *Shumma izbu* (1700-1600 av. J.-C.) : E. Leichty, *Teratological Omens in Ancient Mesopotamia*, University of Chicago Library, 1960, microfilm. Traité de l'exorciste, en akkadien, sur les naissances monstrueuses (voir J. Bottéro, *Mythes et Rites de Babylone*, Slatkine-Champion, 1985, p. 1-112).
– *Combustion. Shurpu* : Erica Reiner, *A Collection of Sumerian and Akkadian Incantations* (1200 av. J.-C. ?), AfO Beiheft 11, Graz, 1958, 66 p. Liturgie exorcistique (voir J. Bottéro, *Mythes et Rites de Babylone*, éd. cit., p. 163-219).
– *Le Poème [babylonien] de la Création* (ou *Poème de l'exaltation de Mardouk*). *Enûma elish [Lorsque là-haut]* (1125 av. J.-C.), en 7 tablettes, 1ʳᵉ éd. 1876, trad. de l'akkadien J. Bottéro, *Lorsque les dieux faisaient l'homme*, éd. cit., p. 602-679. Cosmogonie, astrologie.
– *Quand Anou et Enlil. Enûma Anu Enlil* (1010 av. J.-C.) : Erica Reiner, « Babylonian Planetary Omen, 2 : Enûma Anu Enlil. Tablets 50-51 », *Bibliotheca Mesopotamica*, 2/2, Malibu, 1981. Recueil de 70 tablettes d'observations astrologiques.
– *Tablettes de Sultantépé* (du prêtre Qurdi Nergal, en assyrien, textes de magie, 850 av. J.-C.) : O. R. Gurney et J. J. Finkelstein, puis P. Hulin, *The Sultantepe Tablets*, British School of Ankara, Londres, 1957-1964.
– *Divination. Bârûtu* (viiiᵉ s. av. J.-C.) : J. Nougayrol, « Textes hépatoscopiques d'époque ancienne », *Revue d'assyriologie et d'archéologie orientale*, t. 38 (1944), t. 44 (1950). Recueil de tablettes d'haruspicie néo-assyrienne ; 10 000 sentences.
– Bérose (279 av. J.-C.), *Babyloniaca*, trad. anglaise S. M. Burstein éd., Undena Publications, Malibu, Californie, 1978, 39 p.
– *Tablette de l'Ésagil* (le grand temple de Mardouk à Babylone, 228 av. J.-C.), trad. F. Thureau-Dangin, *Rituels accadiens* (1921), Zeller, 1975, ii-155 p.
– *Codex manichéen de Cologne* (=*Vie de Mani*, en grec, vᵉ s. ; original syriaque, 1ʳᵉ éd. 1970-1982), trad. partielle en anglais R. Cameron et A. J. Dewey, *The Cologne Mani Codex*, Scholars Press, Missoula, Montana, 1979.

Anthologies
– J. B. Pritchard, *Ancient Near Eastern Texts Relating to the Old Testament* (=*ANET*, 1950), Princeton UP, 1969, p. 37-59 (sumérien, trad. S. N. Kramer), 60-119 (akkadien). Fondamental.
– *RPOA*, éd. cit., p. 26-349.
– Contes et légendes : Ch. Virolleaud, *Légendes de Babylone et de Canaan*, A. Maisonneuve, coll. « L'Orient ancien illustré », n° 1, 1949, 124 p.
– Hymnes et prières (exotériques, sauf allusions) : A. Falkenstein et W. von Soden, *Sumerische und Akkadische Hymnen und Gebete*, Stuttgart, 1953 (nᵒˢ 63 et 70 : culte de Tammouz) ; J.-M. Seux, *Hymnes et Prières aux dieux de Babylonie et d'Assyrie*, Cerf, coll. « Littératures anciennes du Proche-Orient » (LAPO), n° 9, 1976, 564 p.
– Textes astrologiques : A. H. Sayce, « The Astronomy and Astrology of the Babylonians with translations », apud *Transactions of the Society of Biblical Archaeology*, 1874, t. 3, p. 145-339 ; R. C. Thompson, *The Reports of the Magicians and Astrologers of Nineveh and Babylon*, Luzac, Londres, 1900, 2 t. ; R. Labat, *Hémérologies et Ménologies d'Assur*, A. Maisonneuve, 1939 (textes

dès l'époque kassite, 1595-1153 av. J.-C., puis éditions néo-assyriennes) ;
A. SACHS, « Babylonian horoscopes », *Journal of Cuneiform Studies*, New Haven, Connecticut, 1952, t. 6, p. 49-75 ; voir O. NEUGEBAUER, *Astronomical Cuneiform Texts*, Lund Humphries, Londres, 1955, 3 t. (avec traductions et commentaires).
– Textes divinatoires (presque tous en akkadien) : A. BOISSIER, *Choix de textes relatifs à la divination assyro-babylonienne*, Genève, 1905-1906, 2 t. ; textes élamites : *Revue d'assyriologie et d'archéologie orientale*, t. 14, p. 29-59 ; textes physiognomoniques : J. BOTTÉRO, « Les textes physiognomoniques », *Annuaire de l'École pratique des hautes études*, IVᵉ section (Sciences historiques et philologiques), 1968-1969, p. 79-83 ; textes d'extispicine : J. NOUGAYROL, « Textes hépatoscopiques d'époque ancienne », *Revue d'assyriologie et d'archéologie orientale*, t. 38, 40, 45, 1944-1950 ; traité d'oniromancie intitulé *Ô dieu des songes. dZiqîqu* : trad. L. OPPENHEIM, *Le Rêve et son Interprétation dans le Proche-Orient ancien* (1956), trad. de l'anglais, Horizons de France, 1959.
– Textes magiques (souvent sumériens, traduits en akkadien) : J. A. MONTGOMERY, *Aramaic Incantations Texts from Nippur*, Philadelphie, 1913 ; ERICA REINER, *La Magie babylonienne*, apud *Le Monde du sorcier*, Éditions du Seuil, coll. « Sources orientales », n° 7, 1966, p. 67-98 ; R. I. CAPLICE, *The Akkadian Nam-bur-bi Texts*, Undena Publications, Los Angeles, 1974, 24 p. (rituels apotropaïques).
– Textes mandéens : W. FOERSTER, *Gnosis*, Oxford, 1974, t. 2.
– Textes manichéens : E. DECRET, *Mani et la Tradition manichéenne*, Éditions du Seuil, série « Maîtres spirituels », n° 40, 1974, p. 58 *sqq.* (maigres citations) ; *Psaumes des errants. Écrits manichéens du Fayyum*, trad. du copte A. VILLEY, Cerf, coll. « Sources gnostiques et manichéennes », 1994, 482 p.
– Textes médicaux : *Traité akkadien de diagnostics et de pronostics médicaux* (650 av. J.-C.), trad. R. LABAT, Académie internationale d'histoire des sciences, E. J. Brill, Leyde, 1951, 2 t. (40 tablettes).
– Textes mystériques : E. EBELING, *Tod und Leben nach den Vorstellungen der Babylonien*, t. I : *Texte*, Berlin et Leipzig, 1931 (ouvrage très contesté, mais très utilisé).
– Textes mythiques : J. BOTTÉRO et S. N. KRAMER, *Lorsque les dieux faisaient l'homme*, éd. cit. ; HENRIETTA MCCALL, *Mythes de la Mésopotamie*, trad. de l'anglais, Éditions du Seuil, coll. « Points. Sagesses », n° 69, 1994, 141 p.
– Textes prophétiques : A. K. GRAYSON et W. G. LAMBERT, « Akkadian Prophecies », *Journal of Cuneiform Studies*, t. 18, fasc. 1, 1964, p. 7-23 ; R. D. Biggs, « More Babylonian Prophecies », *Iraq*, 1967, t. 29, p. 117-132.
– Textes rituels : F. THUREAU-DANGIN, *Rituels accadiens* (1921), Zeller, 1975, p. 61-154.

Documents et témoignages antiques
– Archives royales de Mâri (auj. tell Hariri en Syrie ; 20 000 tablettes cunéiformes, surtout comptables et administratives ; 1800 av. J.-C. ; découvertes en 1933) : G. DOSSIN, J. R. KRUPPER, J. BOTTÉRO..., *Archives royales de Mâri. Transcriptions et Traductions*, P. Geuthner, 1947 ss., puis *Mari. Annales de recherches interdisciplinaires*, et *Archives épistolaires de Mari*, Éditions Recherches sur les civilisations, 1981 ss.
– Archives d'Ougarit (>Ugarit, auj. Ras Shamra en Syrie ; 1350 av. J.-C. ; découvertes en 1928 ; textes mythologiques en cinq écritures : cunéiformes assyro-

babyloniens, cunéiformes alphabétiques, écriture cypro-minoenne, hiéroglyphes égyptiens ou hiéroglyphes hittites, transcrivant huit langues : sumérien, akkadien, ougaritique, cypro-monoen, hittite, hourrite, égyptien, hittite hiéroglyphique !) : A. Caquot, M. Sznycer et A. Herdner, *Textes ougaritiques*, t. 1 : *Mythes et Légendes*, Cerf, coll. « LAPO », 1974, t. 2 : *Textes religieux et rituels*, 1989, 478 p., ou *RPOA*, p. 380-458.
– Archives royales de Hattousa (auj. Boghazköy, en Turquie ; 1380 av. J.-C. ; découvertes en 1906) : *Keilschrifttexte aus Boghazkoï*, *Wissenschaftliche Veröffentlichung der Deutschen Orient-Gesellschaft*, 1916 ss.
– Correspondance royale d'époque sargonique : R. F. Harper, *Assyrian and Babylonian Letters*, Londres et Chicago, 1892-1914, 14 t. Figurent des rapports et lettres des astrologues de la cour assyrienne à leur roi (722-612 av. J.-C.).
– (Sur les Araméens) Inscriptions de Palmyre (IIe s. av. J.-C., en Syrie : J. B. Chabot, *Choix d'inscriptions de Palmyre*, Imprimerie nationale, 1922, 148 p.) et de Hatra (IIIe s. av. J.-C., en Irâq : A. Caquot, « Nouvelles Inscriptions araméennes de Hatra », *Syria,* 1964, t. 41, p. 251-272).
– Hérodote, *Histoires* (v. 420 av. J.-C.), I (Clio), trad. du grec ionien Ph. E. Legrand (Les Belles Lettres, coll. « Budé », 1932-1954, 11 t.) ou trad. Andrée Barguet (1964 ; Gallimard, coll. « Folio », n°s 1651 et 2130, 1985-1990, 2 t.).
– Diodore de Sicile, *Bibliothèque historique* (59 av. J.-C.), trad. du grec, Les Belles Lettres, coll. « Budé », 1972 ss. (en cours), ou Hachette, 1912.
– Strabon, *Géographie* (7 av. J.-C.), X *sqq.*, trad. du grec, Les Belles Lettres, coll. « Budé », 1966 ss.
– Flavius Josèphe, *Contre Apion* (95 ap. J.-C.), trad. du grec, Les Belles Lettres, coll. « Budé », 1930, xxxix-132 p.

Études générales
– *Reallexikon der Assyriologie*, Walter de Gruyter, Berlin et New York, 1928 ss., en particulier « Geheimwissen » (article de R. Borger), « Magie » (article de J. Bottéro, en français).

Par peuplades ou cités
– Les Akkadiens et Ishtar (=Inanna des Sumériens) : F. Thureau-Dangin, *Rituels accadiens* (1921), Zeller, 1975, ii-155 p.
– Les Amorites et Dagan (dieu de la fertilité, syrien) : E. Dhorme, « Les avatars du dieu Dagon », *Revue d'histoire des religions,* 1950, t. 138.
– Les Babyloniens et leurs devins : *La Divination en Mésopotamie ancienne et dans les régions voisines* (1965 : 14e rencontre assyriologique internationale), PUF, 1966, 184 p.
– Les Chaldéens et leurs astrologues : Daremberg et Saglio dir., *Dictionnaire des antiquités grecques et romaines*, t. I, 2e partie, 1887, p. 1094-1098.
– Mâri (auj. tell Hariri) : A. Parrot et *al.*, *Les Fouilles de Mâri*, P. Geuthner, 1969-1976, 4 t.
– Our (auj. tell el-Muqayyar) : A. Parrot, *Sumer* (1960), Gallimard, coll. « L'Univers des formes », 1981, 458 p. ; L. Woolley, *Ur « of the Chaldees »*, Herbert Press, 1982, 272 p.
– Les Sumériens et leurs héros divinisés (Gilgamesh, Doumouzi) : J. Bottéro et S. N. Kramer, *Lorsque les dieux faisaient l'homme*, éd. cit., Gallimard, 1989, 755 p.

BIBLIOGRAPHIE SPÉCIALISÉE

Religion néolithique
M. Eliade, *Histoire des croyances et des croyances religieuses*, Payot, t. 1, 1976, p. 48-67 ; H. Limet, apud *Dictionnaire des religions*, PUF, 1984, p. 764-765, 978, 1231, 1602.

Initiation et Mystères
F. Thureau-Dangin, *Rituels akkadiens*, éd. cit. ; *Les Rites d'initiation*, Publications du Centre d'histoire des religions de Louvain-la-Neuve, coll. « Homo religiosus », 1986, p. 225-241 (Mme Dominique Prévot, *L'Épopée de Gilgamesh. Un scénario initiatique ?*), p. 243-254 (H. Limet, *Le Secret et les Écrits. Aspects de l'ésotérisme en Mésopotamie ancienne*).

Idées ésotériques
− Analogies et correspondances : G. Contenau, *La Vie quotidienne à Babylone et en Assyrie*, p. 165 *sqq.* ; Marguerite Rutten, *La Science des Chaldéens*, PUF, coll. « Que sais-je ? », n° 893, 2ᵉ éd. 1970, p. 40-42.
− Destin : M. David, *Les Dieux et le Destin en Babylonie*, PUF, coll. « Mythes et Religions », 1949.
− Verbe : G. Contenau, « De la valeur du nom chez les Babyloniens et de quelques-unes de ses conséquences », *Revue de l'histoire des religions*, t. 81, n° 3, 1920, p. 316-332 ; E. Dhorme, *Les Religions de Babylonie et d'Assyrie*, PUF, coll. « Mana », 1945, p. 290 *sqq.*
− Éternel Retour : P. Duhem, *Le Système du monde*, Hermann, t. 1 : *La Cosmologie hellénistique I*, Hermann, 1913, 512 p. ; M. Eliade, *Le Mythe de l'éternel retour. Archétypes et Répétition* (1949), Gallimard coll. « Folio. Essais », n° 120, 1989, 182 p.
− Passage à travers les sphères planétaires : F. Cumont, *After Life*, Yale UP, New Haven, 1922, p. 100 *sqq.* ; id., *Les Religions orientales dans le paganisme romain* (1905), P. Geuthner, 1963, p. 116, 164, 220, 264, 265, 272, 282, 283.

Les sciences occultes
− Cosmogonie : F. Blanquart dir., *La Création dans l'Orient ancien. Congrès de l'ACFEB*, Cerf, 1987, 534 p.
− Science des cycles : J. Bidez, « Bérose et la Grande Année », *Mélanges Paul Frédéricq*, éd. H. Lamertin, Bruxelles, 1904, p. 9-19 ; R. Guénon, *Formes traditionnelles et Cycles cosmiques*, Gallimard, 1970, 176 p.
− Science des lettres : G. Dossin, « Le sumérien, langue savante et religieuse », *Bulletin de la classe des lettres et des sciences morales et politiques*, t. 43, Bruxelles, 1957 (interprétation très mal accueillie par les assyriologues) ; R. Labat, *Manuel d'épigraphie akkadienne : signes, syllabaire, idéogrammes*, 5ᵉ éd. revue, P. Geuthner, 1988, xvi-346 p. ; H. Limet, « Philologie et mystique en Babylonie », apud *Studia Paulo Naster oblata II*, Orientalia lovanensia antiqua, Louvain, 13, 1982, p. 131-142 ; A. Livingston, *Mystical and Mythological Explanatory Works of Babylonian and Assyrian Scholars*, Clarendon Press, Oxford, 1986.
− Science des nombres : *Mémoires de la Délégation en Perse*, Leroux, 1900 ss., t. 14, p. 49-59 ; R. Labat, *La Mésopotamie*, apud *Histoire générale des sciences*, t. 1 : *La Science antique et médiévale*, PUF, 2ᵉ éd. 1966, p. 73-136.

- Symbolique : J. BLACK et A. GREEN, *Gods, Demons ands Symbols of Ancient Mesopotamia. An Illustrated Dictionary*, British Museum Press, Londres, 1992.
- Thanatologie : J.-M. AYNARD, *Le Jugement des morts chez les Assyro-Babyloniens*, apud *Le Jugement des morts*, Éditions du Seuil, coll. « Sources orientales », n° 4, 1961, p. 81-102 ; B. ALSTER dir., *Death in Mesopotamia*, Actes de la XXVIe Rencontre assyriologique internationale, Akademish Forlag, Copenhague, 1980, 302 p. ; J. BOTTÉRO, *Le « Pays-sans-retour »*, apud CLAUDE KAPPLER dir., *Apocalypses et Voyages dans l'au-delà*, Cerf, 1987, p. 55-82.

Les arts occultes
- Alchimie (niée par A. L. Oppenheim) : A. L. OPPENHEIM, « Mesopotamia in the Early History of Alchemy », *Revue d'assyriologie*, 1966, p. 29-45, t. 60 ; ID., *Glass and Glassmaking in Ancient Mesopotamia*, Corning, New York, 1970.
- Astrologie : CH. VIROLLEAUD, *L'Astrologie chaldéenne*, Poitiers-Paris, 10 fasc., 1905-1912 ; J. NOUGAYROL, apud *La Divination en Mésopotamie ancienne et dans les régions voisines*, PUF, 1966, p. 45-51 ; *L'Astrologie en Mésopotamie*, Dossiers de l'archéologie, mars 1994, n° 191, 79 p.
- Divination : A. L. OPPENHEIM, *Le Rêve et son interprétation dans le Proche-Orient ancien* (1956), trad. de l'anglais, Horizons de France, 1959 (trad. d'un traité d'oniromancie en 11 tablettes : *Ô dieu des songes. dZiqîqu*) ; J. NOUGAYROL, *La Divination babylonienne*, apud A. CAQUOT et M. LEIBOVICI dir., *La Divination*, PUF, 1968, 2 t. ; J. BOTTÉRO, *Symptômes, Signes, Écritures en Mésopotamie ancienne*, apud J.-P. VERNANT et al., *Divination et Rationalité*, Éditions du Seuil, 1974, p. 70-197 (une étude parfaite en son genre).
- Magie : G. CONTENAU, *La Magie chez les Assyriens et les Babyloniens*, Payot, 1947 ; R. LARGEMENT, « La Magie suméro-akkadienne », apud *Supplément au « Dictionnaire de la Bible »* (1928 ss.), Letouzey et Ané, t. V, col. 706-721 ; ERICA REINER, *La Magie babylonienne*, apud *Le Monde du sorcier*, éd. cit. ; J. BOTTÉRO, *Mythes et Rites de Babylone*, Champion, 1985, p. 29-64.
- Médecine occulte : R. LABAT, « La pharmacopée au service de la piété », *Semitica*, t. 3, 1950, p. 5 *sqq.* ; ID., articles apud *Reallexikon der Assyriologie*, éd. cit., et apud *Dictionnaire archéologique des techniques*, Éditions de l'Accueil, 1963-1964, t. 2, p. 614 *sqq.*, 839 *sqq.* ; P. HERRERO, *La Thérapeutique mésopotamienne*, Recherches sur les civilisations, 1984, 139 p.

Grand(e)s Initié(e)s
- BÉROSE (prêtre babylonien de Bêl-Mardouk, divulgateur en grec, 279 av. J.-C.) : art. « Berossos », *Paulys Real-Encyclopädie des classischen Altertums-Wissenschaft* (1897), Stuttgart, t. 3, fasc. 1, rééd. 1970.
- Doumouzi (=Tammouz, dieu selon Moortgat, héros sumérien divinisé selon A. Parrot, 3500 av. J.-C.) : L. VAN DEN BERGHE, « Réflexions critiques sur la nature de Dumuzi-Tammuz », *La Nouvelle Clio*, 1954, t. 6, p. 298-321 ; J. BOTTÉRO, *Lorsque les dieux faisaient l'homme*, éd. cit., p. 275 *sqq*.
- En-hé-du an-na (« Grande-prêtresse qui convient au Ciel », fille de Sargon d'Akkad, grande-prêtresse et poète, 2450 av. J.-C.) : W. W. HALLO et J. VAN DIJK, *The Exaltation of Inanna*, Yale Near Eastern Researches, New Haven, n° 3, 1968. (Je remercie M. Limet qui m'a fourni cette référence.)
- Gilgamesh (roi d'Ourouk, héros sumérien idéalisé, 2650 av. J.-C.) : J. BOTTÉRO, *L'Épopée de Gilgameš. Le grand homme qui ne voulait pas mourir*, Gallimard, 1992, 299 p.

- Goudéa (roi néo-sumérien de Lagash, astrologue, 2144-2124 av. J.-C. ; « plus bigot que sage », selon H. Limet) : F. Thureau-Dangin, *Les Cylindres de Gudéa*, P. Geuthner, 1925.
- Mani (fondateur de religion d'origine perse, 240) : voir *infra*, « Syncrétismes ».

Monuments (temples, ziggourats...) et cités-temples (Our, Éridou, Ourouk...) puis (2700-1750 av. J.-C.) cités-États (Ourouk, Lagash...)
- Cités-temples : A. Falkenstein, « La cité-temple sumérienne », *Cahiers d'histoire mondiale*, t. I, n° 4, avril 1954, p. 784-814.
- Musique : A. Lavignac, *Histoire de la musique*, Delagrave, t. 1, p. 35-48 ; *The New Grove Dictionary of Music and Musicians*, Macmillan, New York, 1980, t. 12, p. 196-201.
- Temples (*É* en sum., *Bîtu* en akk.), sanctuaires : E. Dhorme, *Les Religions de Babylonie et d'Assyrie*, éd. cit., p. 174-197 ; E. Strommenger et M. Hirmer, *Cinq Millénaires d'art mésopotamien*, Flammarion, 1964.
- Ziggourats (tours pyramidales à étages, dès 2800 av. J.-C.) : A. Parrot, *Ziggurats et Tour de Babel*, Albin Michel, 1949, 240 p. ; M. Eliade, *Le Mythe de l'éternel retour*, éd. cit.

Syncrétismes
- Gnosticisme mésopotamien (Bardenase, 222 ; Audi, 373) : H. Jonas, *La Religion gnostique* (1958), trad. de l'anglais, Flammarion, 1978, 506 p. (Selon K. Kessler, 1882, et W. Anz, 1897, l'origine du Gnosticisme est babylonienne.)
- Mandéisme (150 ss. : Judaïsme de Jean le Baptiste + « éléments mésopotamiens et irano-parthes » + Gnosticisme chrétien de Syrie) : Ethel Drower-Stevens, *The Mandeans of Iraq and Iran. Their Cults, Customs, Magic, Legends and Folklore* (1937), E. J. Brill, Leyde, 1962, xxv-438 p. ; J. Schmitt, article « Mandéisme » du *Supplément au « Dictionnaire de la Bible »* (1928 ss.), Letouzey et Ané, t. 5 (1957), col. 758-788.
- Manichéisme (240-xie s.) : M. Tardieu, *Le Manichéisme*, PUF, coll. « Que sais-je ? », n° 1940, 1981, 128 p. Sur les composants mésopotamiens : G. Widengren, *King and Saviour*, 3 : *Mesopotamian Elements in Manichaeism. Studies in Manichaean, Mandaean and Syrian Gnostic Religion*, Uppsala, 1947. Sur l'ésotérisme : G. G. Stroumsa, *Savoir et Salut*, chap. 12 : *L'Ésotérisme dans la pensée et l'univers de Mani*, Cerf, 1992, p. 227-242.
- Messalianisme (Syrie-Mésopotamie, ive-ixe s.) : *Dictionnaire de spiritualité ascétique et mystique* (1933), Beauchesne, t. 10 (1980), p. 1074-1083.
- Sabéisme de Harrân (612 av. J.-C. - xe s.) : D. Chwolsohn, *Die Sabier und der Sabismus* (1856), Johnson Reprint, New York, 1965 ; J. B. Segal, *The Sabian Mysteries*, apud E. Bacon dir., *Vanished Civilisations*, Londres, 1963, p. 201-220.
- Théurgisme (*Oracles chaldaïques*, 170) : H. Lewy, *Chaldaean Oracles and Theurgy* (1956), 2e éd. revue (M. Tardieu), Études augustiniennes, 1978, 734 p.

Politique et ésotérisme
R. Labat, *Le Caractère religieux de la royauté assyro-babylonienne*, Adrien-Maisonneuve, 1939.

Et les femmes ?
Supplément au « Dictionnaire de la Bible », art. « Prophétisme » (1970), t. 6, col. 880-894 ; *Dictionnaire des religions*, PUF, 3e éd., 1993, articles (H. Limet) « Hiérogamie » (p. 837-838), « Prêtres » (p. 1596-1597), « Prostitution sacrée » (p. 1625).

9. LES ÉGYPTIENS

> *Le pays de Misr [Égypte] est supérieur à toutes les autres villes et bourgs, à cause de la sagesse et de la science de toutes choses que Dieu a départies à ses habitants.*
>
> Pseudo-Ostanès,
> trad. M. Berthelot,
> *La Chimie au Moyen Âge* (1893)

REPÈRES HISTORIQUES DE L'ÉSOTÉRISME DES ANCIENS ÉGYPTIENS

Les dates demeurent incertaines dans leur majorité. J'ai adopté la chronologie courte, qui place le premier roi d'Égypte vers 3100 av. J.-C. ou en 3315 av. J.-C. (Ed. Meyer, 1904), et non en 4186 av. J.-C. (L. Borchardt, 1917) ou en 5510 av. J.-C. (sir W. M. F. Petrie, 1894). La chronologie courte a l'avantage d'être synchrone avec celle des voisins (Mésopotamiens, Anatoliens, Syriens, Phéniciens, Hébreux). Parmi les chronologies courtes, les égyptologues proposent plusieurs systèmes ; j'ai choisi celui de la *Cambridge Ancient History*, vol. II, t. 2 : *Early History of the Middle East* (Cambridge UP, 1977). À partir de 1580 av. J.-C., les chronologies concordent.

Avant Jésus-Christ :
12 000 – Ouadi Halfa (Soudan) : 58 squelettes fléchis, tête vers l'est
7000-6300 – Mérimdé : os d'hippopotame plantés verticalement comme symboles néolithiques de fécondité
5700 – el-Amrah (=Nagada I, sur Abydos) : figurines en argile de femmes stéatopyges à usage magique
5400 – el-Gerzeh (=Nagada II) : morts mutilés
v. 4900 – Badari : morts en linceul (ou peaux de chat) tête vers l'ouest, statuettes féminines en argile, travail du cuivre
v. 4800 – Deir Tasa : morts en position fœtale enveloppés, avec offrandes
4244 – première période sothiaque ?
4000-3100 – les deux Égypte, celle du Nord (Basse-Égypte : le delta du Nil, avec le dieu Horus de Damanhur puis les Compagnons d'Horus à l'ouest, et le dieu ou le roi **Osiris**, de Busiris, à l'est), celle du Sud (Haute-Égypte, avec le dieu ou le roi Seth, à Ombos)
3400 – temples avec sanctuaires (à Bouto, Hiérakonpolis...)
3200 ? – les rois d'Hiérakonpolis (Haute-Égypte) : le roi-scorpion et Narmer
v. 3100 ? – Narmer (=Ménès, roi-taureau), premier pharaon de la Ire dynastie : unification de l'Égypte
3100-394 ap. J.-C. – première écriture égyptienne, la **hiéroglyphique** (palette de Narmer)

3100 – culte du **taureau** à Memphis : Apis (=Hep)[1]. **Naissance de l'ésotérisme égyptien**
3050 – l'anatomie : Iti II (=Atoti II, Djer), troisième pharaon
  – la métallurgie : le roi-serpent Iterty (=Djet, quatrième pharaon)
v. 2980 – la première formule (*Le Livre des morts*, chap. 130), fête Sed (Mystère de la renaissance du pharaon) sous Khasty (=Den, Oudimou, cinquième pharaon de la Ire dynastie)
2907 – selon R. Steiner, véritable début de la civilisation égypto-chaldéenne
v. 2800 ? – les « **Mystères** » des centres initiatiques (Isis dans le delta du Nil ; puis mythe d'Osiris à Abydos, en Haute-Égypte, V^e dynastie) : Isiasme et Osirisme primitifs
2795 – Alpha du Dragon marque le nord à 7 minutes près
2783 – début du calendrier égyptien, fondé sur le lever héliaque de Sirius (=Sothis) à Héliopolis d'Égypte : première période sothiaque (ou deuxième, après celle de 4244 ?)
2775 – culte du **bélier** (bélier aux cornes spiralées) à Mendès (=Djedet)
2690 – le **djed**, pilier symbolique (sous Néfersokar [=Khasékhémoui], dernier pharaon de la IIe dynastie, qui concilie les cultes de Seth et d'Horus)
2680 ?-IIe s. ap. J.-C. – les théologies des centres ésotériques : Héliopolis (sous Djeser Ier), Hermopolis, Thèbes d'Égypte (Karnak, Louxor, Ouaset), Memphis ; puis Edfou (237), Esneh
2667 – Imhotep (>Imouthès), grand sage, et la pyramide à degrés de Saqqarah (sous Djeser Ier [>Zoser =Netjerierkhet], deuxième pharaon de la IIIe dynastie)
2580 ? – les **Pyramides** classiques, à Gizeh (IVe dynastie), Chéops d'abord
2530 – le Sphinx (sous Chéphren, quatrième pharaon de la IVe dynastie)
2500 ? – division calendérique en « **décans** » (décades en fait), à Assiout (V^e dynastie)
2500 – Osiris comme dieu de la fécondité à Abydos
  – « Mystères » de la naissance divine (du pharaon)
  – temples solaires (Abou Gorab...), premiers obélisques (symboles solaires) ; triade Osiris-Isis-Horus
2490 – culte solaire : Rê (>Râ, théologie d'Héliopolis, V^e dynastie)
2345-2175 – *Textes des pyramides* (sous Ounas, dernier pharaon de la Ve dynastie, 2345) ; le roi mort conçu comme un Osiris
2300 – l'*ankh*, symbole de la vie
  – Osiris dieu des morts (VIe dynastie)
2300-700 – la deuxième écriture égyptienne, la hiératique
2180 – divulgation des secrets *(Papyrus de Leyde)*, démocratisation des rituels : tous les morts égyptiens conçus comme des Osiris (dès la VIIe dynastie)
2160-671 – culte d'Amon (bélier aux cornes courbes) passant d'Hermopolis à Thèbes (IXe dynastie)
2110 – culte à Mystères d'Osiris à Abydos (sous Antef II, troisième pharaon de la XIe dynastie)

---

1. De quand date le culte du taureau Apis ? Du premier roi selon Élien, du deuxième roi de la IIe dynastie selon Manéthon, de la fin de la Ire dynastie selon la *Pierre de Palerme*.
Chaque pharaon a une triple appellation : nom d'Horus, nom personnel, nom grec ; ainsi le deuxième roi est Aha (nom d'Horus), Iti ou Atoti (nom personnel), Athotis (nom grec). J'ai retenu le nom personnel.

2100 – *Textes des sarcophages*
2060-1910 – prééminence du dieu Amon sous les pharaons Mentouhotep
2000 – temples divins avec Saint des Saints
1990 – prophéties *post eventum* (la première : celle de Neferty) (sous Amménémès Ier, premier pharaon de la XIIe dynastie)
1970 – *Papyrus dramatique du Ramasséum*, texte de Mystères (sous Sésostris Ier)
v. 1900 – hémérologies (XIIe dynastie, à Il-Lahoun) : astrologie des jours fastes ou néfastes
1880 – Abraham quitte Our en Chaldée pour l'Égypte (sous Sésostris II ?)
1852-113 ? – ère zodiacale du Bélier (précession des équinoxes) ?
1830 – le temple de Fayoum (le Labyrinthe d'Amménémès III)
1750-1250 – captivité des Hébreux en Égypte (400 ans selon Genèse, xv, 13)
1730-1580 – invasion des Hyksôs (Amorites et Cananéens) et le culte de Seth
1600-600 – Le **Livre des morts** (dès la reine Montouhotep, XVIIe dynastie)
1570-1080 – expression thanatologique de l'ésotérisme (XVIIIe dynastie : Nouvel Empire) : livres funéraires royaux (*Livre de ce qu'il y a dans l'au-delà*, etc.), Osiris juge des morts, tombes initiatiques. **Apogée de l'ésotérisme égyptien**
1503-VIIIe s. ap. J.-C. – premiers textes d'oracles (sous la reine Hatshepsut, 1480 av. J.-C.)
1490 – premiers zodiaques (sous la reine Hatshepsut)
1482 – Thoutmès III : pharaon initié ?
1450 – l'incubation (sous Aménophis II)
1425-1362 – l'atonisme Thoutmès IV et d'Aménophis IV
1375-1362 – l'atonisme d'Aménophis IV Akhénaton (XVIIIe dynastie) : monothéisme, art réaliste, idée de Destin. Akhétaton (auj. tell el-Amarna), cinquième capitale égyptienne
1360 ? – séjour de Joseph chez Putiphar (Genèse, XXXIX)
1322 – deuxième période sothiaque (sous Ramsès Ier, Séthi Ier, etc. : XIXe dynastie)
1318 – plafond astrologique des tombeaux de Senmout (architecte), sous Séthi Ier (l'Osiréum d'Abydos), de Ramsès II, avec les Signes du Taureau et du Lion
1304 – l'Osiréum, cénotaphe à Abydos de Séthi Ier, et peut-être lieu d'initiation
XIVe s. – extension en Égypte du culte de Ba'al
1300 – les **Maisons de vie**, écoles de scribes
 – prééminence des dieux Seth (d'Ombos), Rê (d'Héliopolis) et Ptah (de Memphis) ; Isis (du delta) devient Mère universelle
1290 – le grand temple d'Abou Simbel (sous Ramsès II) : astronomique
1290 ? – Exode d'Égypte : Moïse fait sortir les Juifs (sous le pharaon Ramsès II ?)
1250 – le conte *Les Tribulations magiques de Setni-Khaemouas*
1150 – fin de la prééminence du dieu Rê
1120-950 – prépondérance des grands-prêtres d'Amon, sous Ramsès X (XXe dynastie)
1080 – l'oracle d'Amon règle les affaires publiques
XIe s. – bibliothèque de Deir el-Médineh : textes occultes
VIIIe s. – le dieu Seth personnifie le Mal
700 – troisième écriture égyptienne, la démotique (XXVe dynastie)
664 – prééminence des dieux Neith, Isis et Osiris, contre Amon
558-536 ? – Pythagore en Égypte ?
528 – Oujhorresné, chef-médecin et prêtre de Saïs, d'origine iranienne

525-404 – invasion des Perses : pénétration de l'astrologie mésopotamienne, développement du culte des animaux et de la magie populaire
v. 459 – enquête d'Hérodote en Égypte (sous le Perse Artaxerxès Ier : XXVIIe dynastie)
Ve s.-570 ap. J.-C. – introduction des Mystères d'Isis en Grèce : Isiasme gréco-romain
353 – Platon, dans le *Timée* (22b), imagine un prêtre égyptien qui instruit Solon
336 – Pétosiris d'Hermopolis, grand-prêtre de Thoth
332 – invasion des Grecs (Alexandre le Grand) ; les Mystères gréco-égyptiens : Horus, Isis... Alexandre visite l'oracle Amon-Rê
323 ?-IIIe s. ap. J.-C. – l'**Hermétisme gréco-égyptien** *(Corpus hermeticum)* : Hermès Trismégiste
317 – introduction des Mystères d'Isis à Rome
304-30 – les grands temples des Ptolémée : Philae (305), Edfou (237), Dendérah (80), synthèses de l'ésotérisme égyptien
304 -391 ap. J.-C. – culte de Sérapis (de Sinope) à Alexandrie (sous Ptolémée Ier Sôter) : le Sérapéum. Timothée (Mystères d'Éleusis) consulté
IVe s. – vogue des amulettes
IVe s.-VIIe s. ap. J.-C. – papyrus magiques gréco-égyptiens (édités par K. Preisendanz)
300 – le magicien Apollobéchès de Coptos (=Pichébios)
286 – introduction du culte de Sérapis à Rome
263 – Manéthon de Sébennytos écrit l'histoire sacrée de l'Égypte
240 – Ptolémée IV Philopatôr veut instituer les Mystères de Dionysos comme religion
237-57 – construction du temple d'Edfou, synthèse de la religion égyptienne
230 – le Sérapéum d'Alexandrie
220 – le Zodiaque (d'origine mésopotamienne et grecque) en Égypte, à Esneh
– première manifestation d'un culte mystérique de Dionysos (sous Ptolémée IV)
217 – l'Iséum et le Sérapéum à Rome (sous Caracalla)
210 – rituels en hiéroglyphes sur le temple d'Esneh ; première figuration des 12 animaux des Maisons de l'horoscope
150 – « (pseudo-)Néchepso et Pétosiris », astrologues et magiciens d'Alexandrie
113 ? v. 100 ? – ère zodiacale des Poissons ?
IIe s. – Harkhébis, toxicologue et astrologue à la cour
100 ? – Bôlos de Mendès (=pseudo-Démocrite), fondateur de l'**alchimie gréco-égyptienne** et de l'occultisme européen
50 – zodiaque de Dendérah, au plafond du pronaos du temple d'Hathor
28 – cultes égyptiens interdits à Rome (sous Auguste)
10 – premiers horoscopes individuels (grecs) sur papyrus

Après Jésus-Christ :
19 – interdiction du culte d'Isis à Rome
40 ? – évangélisation de l'Égypte par Marc ?
47 – incendie de la Bibliothèque d'Alexandrie fondée par Ptolémée Philadelphe
50 – Chérémon (>Chaeremon) le Stoïcien, prêtre égyptien, précepteur de Néron, théoricien de la correspondance entre valeur phonétique et réalité mise en image
69 – temple d'Isis sur le Capitole (sous Caligula)

LES ÉGYPTIENS

70 – Alexandrie, centre spirituel hellénique (et juif dès 330 av. J.-C.)
125-350 – le Gnosticisme chrétien en Égypte : Basilide, Isidore, Carpocrate, Valentin (150), Théodote, Marc le Mage, *Pistis Sophia* (340), écrits de Nag Hammadi (350 av. J.-C.)
139 – troisième période sothiaque : Sirius étoile du Jour de l'An
140 – l'astrologie grecque à Alexandrie : Claude Ptolémée *(Tétrabible)*, égyptien
155-532 – les néo-Platoniciens d'Alexandrie (Numénios, Plotin...) s'informent sur les Égyptiens
161 – Apulée, philosophe, décrit en latin les Mystères égyptiens *(L'Âne d'or)*
172 – Harnuphis, théurge égyptien (sous Marc Aurèle)
179-444 – l'école exégétique d'Alexandrie (Clément d'Alexandrie), chrétienne
IIIe-IVe s. – femmes alchimistes : Théosébie, Marie la Juive, Cléopâtre la Copte
217 ? – première mission manichéenne en Égypte (vers 270 : « monastères » manichéens)
v. 230 – pseudo-Manéthon, astrologue
250 – Zosime de Panopolis, alchimiste, philosophe néo-platonicien
270-449 – l'Hésychasme chez les moines chrétiens des déserts égyptiens : Antoine le Grand, Macaire l'Égyptien, Évagre le Pontique...
300 – Jamblique, *Les Mystères d'Égypte* (en grec). Querelle avec Porphyre
v. 300 – *Papyrus de Leyde et de Stockholm* (révélés en 1828) : alchimie gréco-égyptienne
– l'empereur Dioclétien fait détruire les ouvrages d'alchimie
IVe s. ? – Marie la Juive : légende d'une alchimie judéo-égyptienne
– mythe de la découverte, à Memphis, de la *Table d'émeraude* (texte alchimique)
350 – collection de 52 textes gnostiques en copte à Nag Hammadi (anc. Khénoboskion)
380 – Horapollon, interprète des hiéroglyphes
384 – Théodose le Grand fait fermer les temples d'Égypte. **Mort de l'ésotérisme égyptien**
390 – collection de textes manichéens en copte à Medînet Mâdi (découverts en 1930)
391 – destruction du Sérapéum d'Alexandrie par le patriarche Théophile (sous Théodose le Grand)
394 – fin de l'écriture hiéroglyphique (à Philae)
639 – invasion des Arabes et islamisation, et mort de l'ancienne Égypte
829 – le Soufi Dhû-l-Nûn al-Misrî (l'Égyptien), de race copte et de parenté nubienne
1617 – la Rose-Croix « égyptienne » (M. Maier)
1767 – la Franc-Maçonnerie « égyptienne » (baron d'Eckhoffen)
1865 – la « pyramidologie » (Ch. Piazzi Smyth)
1923 – rumeur de « la malédiction des pharaons »

 Pour comprendre l'Égypte secrète, il faudrait être capable de marcher sur les eaux du Nil.
 Comment faire, alors ? Se fier un peu plus aux figurations et un peu

moins aux textes, avancer comme avance l'ibis du Nil, toujours aux aguets, à petits pas.

ÉSOTÉRISMES EN ÉGYPTE : CLEFS

L'Égyptien pense les pieds dans le Nil. Il voit la terre et l'eau, la crue du Nil qui porte du limon. Il voit aussi le ciel, ses astres, le jour et la nuit, la saison des semailles et la saison des récoltes. Le Nil symbolise tout cela. L'ancienne Égypte, c'est le Nil vivant, et l'ésotérisme égyptien se concrétise dans les mouvements du Nil. Le pays d'Égypte dessine une croix, avec une branche verticale d'eau, qui est le cours du Nil, du nord au sud, et une branche horizontale de feu, qui est le parcours du Soleil, d'est en ouest. L'Égyptien vit, non pas *entre* terre et ciel, comme le Mésopotamien, mais sur terre *et* au ciel. Il va donc combiner la vie et la mort, le bas et le haut, l'agriculture et l'astronomie. Le calendrier égyptien se découpe en tétraménies, trois saisons de quatre mois, appelées « inondation » (*akhet* : mi-juillet à mi-novembre, sous le signe d'Osiris), « semailles » (*péret* : mi-novembre à mi-mars, sous le signe d'Isis), « récoltes » (*chému* : mi-mars à mi-juillet, sous le signe d'Horus). Le Nouvel An *(oup rnept)* [1] se célèbre le jour où Sirius (=Sothis, Spd-t), absent du ciel austral pendant soixante-dix jours, sort à l'horizon oriental, grâce à Thoth, personnification de la Lune, vers le 19 juillet, jour qui correspond approximativement au début de la crue du Nil. Après l'inondation, en automne, le paysan égyptien sème le blé, l'orge, l'avoine, le sorgho sucré. Pour la moisson, au début de l'été, il célèbre Min, dieu de la fertilité, dieu au taureau blanc, dieu en érection. Il rêve de choses simples : « la vie, la santé et la force, la joie, le pain, la bière et les vêtements » (*Textes des pyramides*, § 707). Si initiations égyptiennes il y a, elles ont dû obéir à ce symbolisme des saisons, combiné à d'autres symbolismes, ceux de la mort, du calendrier, entre autres.

Sur ce terrain se dessinent des CIRCUITS pour pénétrer peut-être jusqu'au cœur des sanctuaires égyptiens.

L'Égyptien n'est pas un philosophe. Il pense, mais concrètement. Il n'écrit pas un système de concepts. L'Égyptien préfère un jeu de registres, une succession d'approches, sans perspective, sans chronologie, où les dimensions de l'espace et les formes du temps se donnent d'un bloc. Voici quelques exemples de cette **pensée par plans**. Le Nil prend un nom différent à chaque *nome* (circonscription), il n'existe donc pas de Nil, mais tel Nil. Avec un nouveau pharaon commence une nouvelle ère, il n'y a donc pas de chronologie continue. Les cosmogonies ne hiérarchisent pas les Éléments ou les dieux. Quand l'Égyptien sculpte ou peint, il représente sous divers angles ; pour un même objet, il figure chaque partie

---

1. M. Alliot, *Le Culte d'Horus à Edfou au temps des Ptolémée*, 1949-1954, p. 375-433.

d'après le point de vue approprié : l'œil, les épaules, les bras de face, mais le visage de profil, et le nombril en bordure ! Selon les contextes, Thoth est un ibis blanc ou un homme à tête d'ibis ou encore un babouin. Un hiéroglyphe peut être très composite. Le chacal du dieu Anubis, dieu de l'embaumement [1] (par là de l'initiation), a la queue du chacal, la robe du chien errant d'Égypte, les oreilles du renard. De même, l'alchimiste européen désigne la pierre philosophale de noms divers selon les propriétés de la pierre, les phases de l'opération, le lecteur auquel il s'adresse. On est loin de la terminologie des scientifiques... mais près du vocabulaire de l'amoureux qui appelle son aimée « lapin », « chou » ou « perle », sans que personne ne s'étonne.

REGISTRES DE LA PENSÉE ÉGYPTIENNE
(Ph. Derchain)

RÉEL	IMAGE	IMAGINAIRE
Terre →	temple	← Ciel
hommes →	pharaon	← dieux
phénomènes →	rituel	← mythes

Une **pensée par analogies** émerge, invisible à première vue. Ésotérique. On se rend compte très vite que la graine, les astres, les animaux valent comme modèles, et conjointement. Ils servent d'analogies, ils se rendent mutuellement analogues. Ils donnent sens à des phénomènes apparemment sans rapport, comme la crue du Nil, le lever du Soleil ou la puissance du taureau ; et ils sont en correspondances, puisque grains, astres, animaux, apparemment sans rapport, participent d'une même vie, faite de mort et de renaissance. a) Le parallélisme végétal éclaire mythes et rites. Quand Osiris meurt, c'est la moisson du grain ; quand Osiris est démembré, c'est le battage des grains ; quand Osiris renaît, c'est l'ensemencement de la graine. Les couronnes des pharaons (symboles de ressuscités) étaient placées dans des sacs d'orge. b) Le parallélisme astronomique éclaire tout autant mythes et rites. Il y a correspondance entre cycles des graines et cycles des astres, la graine naît et meurt au rythme des saisons. La course du Soleil permet de comprendre la théologie et les rites funéraires. Par exemple, quant au(x) dieu(x) Soleil [2], Kheprer est le lever, Rê le zénith, Atoum le coucher, Osiris le nadir. c) Le parallélisme animal complète les autres symboles. Les Égyptiens représentent leurs dieux avec des formes animales, chaque ville a son animal totémique. Ainsi, l'ibis blanc symbolise conjointement la sagesse, le dieu Thoth, la ville d'Hermopolis célèbre pour sa théologie. Pourquoi ? L'ibis se montre aussi habile à piquer de son long bec crustacés, vers,

---

1. *Textes des pyramides*, § 727, 2026 a.
2. *Papyrus de Turin*, 133, 10.

mollusques, qu'un savant avec son calame à saisir le bon mot. D'autres clefs existent, mais elles ouvrent moins de portes. d) La théorie des Éléments (Terre, Eau, Air, Feu) et des Qualités (Chaud, Froid, Humide, Sec) est une clef pour comprendre les cosmologies, les cosmogonies, les funérailles, les fêtes. Dans la théologie d'Héliopolis d'Égypte une Ennéade, un groupe de neuf dieux, s'impose, mais l'on voit facilement que Geb est la Terre, Osiris l'Eau, Shou l'Air, Rê le Feu. e) La clef des nombres paraît aussi dérivée. Les fameuses triades, comme Ciel-Terre-Amdouat (Au-delà souterrain) ou Amon-Rê-Ptah, renvoient au cycle du Soleil ou au cycle de la graine. Voici un beau raisonnement par analogie : « Ton âme vit au ciel auprès de Rê, ton corps est en paix dans la Douat auprès d'Osiris [1] » : l'âme est au ciel comme le corps à l'au-delà.

GRILLE DES CORRESPONDANCES CHEZ LES ÉGYPTIENS [2]

ORIENTS	ÉLÉMENTS	SALLES DU TOMBEAU	FONCTIONS	DIEUX
Ouest	Terre	salle des Mystères d'Osiris	royauté	Osiris
Sud	Feu	salle du Jubilé	prêtrise magie	Rê
Nord	Eau	chambre d'eau	gestation croissance	Anubis
Est	Air	*mammisi*	renaissance divination	Horus Hathor

Une fois les analogies et les correspondances mises au jour, les applications s'imposent. On passe de l'ésotérisme à l'initiation, de la pensée par analogies à la **pensée par modèles**. Si la fécondité de la nature se passe ainsi, l'évolution de l'homme doit se faire ainsi. L'homme veut-il être fécond, épanoui ? il prendra modèle sur la graine, qui germe, il se mouvra comme l'astre, qui reparaît, il agira comme l'animal, qui se perpétue. Il mourra, il renaîtra. Autrement dit, il sera *initié*. Le Mésopotamien pense à coups de « si » (*shumma* : « Si un faucon traverse le ciel vers sa gauche : ce malade mourra »), alors que l'Égyptien pense à coups de « comme » (*mi* : « Le dieu a donné aux hommes la magie comme des armes pour combattre le sort », « les hommes vivent de grains, les crocodiles vivent de poissons », « Thèbes sert de modèle à toutes les villes »). Plutôt que des idées, l'Égyptien privilégie des idéaux, principalement le pharaon et le grand-prêtre, le Soleil et la Lune, le taureau et le bélier, la chose desséchée et la chose fécondée. Du point de vue formel, la pensée égyptienne

---

1. Texte d'époque gréco-romaine traduit par L. Speelers, apud *Supplément* au *Dictionnaire de la Bible*, t. II, 1934, col. 839, art. « Égypte ».
2. F. Schwarz, *Initiation aux livres des morts égyptiens*, 1988.

repose sur la comparaison, le parallélisme, la correspondance entre des faits moraux et des faits naturels. On touche ici un point important. Quand on lit les textes ou quand on regarde l'iconographie des anciens Égyptiens pour les questions qui concernent son éventuel ésotérisme, on ne voit que des dieux, des prêtres, des tombes, des pharaons, des pierres. Point de vivants, point d'hommes ou de femmes en initiation. Pourquoi ? Pour la même raison que, chez les Primitifs, on voit des masques plutôt que des visages. Pour la même raison que, dans le Compagnonnage européen, on ignore l'ouvrier, on ne garde que le chef-d'œuvre. L'ésotérisme s'interpose. Il y a substitution. Et cela se fait d'autant plus aisément que l'ésotérisme nie le moi et affirme le microcosme. La personne importe peu. Aussi l'initiation passe-t-elle par un canon, un archétype, qui est en général le pharaon en train de voyager d'un monde à l'autre, ou le dieu Osiris, ressuscité par Isis. Cela peut sembler déroutant. Mais pourquoi ? L'homme contemporain, lui aussi, s'appuie sur des modèles. Cette fois, il utilise la machine, voiture ou ordinateur, qui sert à expliquer le fonctionnement du cerveau, la machine qui sert d'étalon de réussite, la machine qui permet de s'accomplir dans le travail ou les loisirs. L'Égyptien, de son côté, s'initie à travers le mort ou l'animal, par l'intermédiaire du pharaon ou du grand-prêtre, en compagnie d'Osiris ou d'Isis, avec diverses combinaisons possibles, comme le pharaon mort, Isis métamorphosée en épervier. Une série de participations peut se constituer. L'Égyptien s'identifie au grand-prêtre, qui se dit Pharaon, lequel s'assimile à Osiris, qui à son tour devient Rê. On comprend qu'aucun texte ne décrive directement une initiation. Ce serait aussi absurde que de décrire l'exploit du champion automobile sans privilégier la machine automobile. La télévision montre le bolide, pas le champion. De même le panneau du temple égyptien montre Osiris, pas l'initié. A vrai dire, cette hypothèse du modèle n'est qu'une hypothèse, mais je ne vois guère comment comprendre autrement la spiritualité des anciens Égyptiens.

Selon les périodes, un modèle l'emporte, puis l'autre. La Ve dynastie utilise avant tout l'image du Soleil, du dieu Rê, ce qui la distingue de la voie osirienne, qui privilégie le mythe d'Isis. La XVIIIe dynastie met l'accent sur la mort, en donnant des livres funéraires, en construisant des tombes initiatiques, cela en contraste avec la voie de la fécondité, qui préfère parler de taureau, de semailles, de lever du jour. La XXe dynastie met en avant le grand-prêtre, par opposition au pharaon. On trouve là autant de voies initiatiques.

La voie de Rê et la voie d'Osiris se fondent sur le schéma initiatique épreuves-mort-renaissance. Fécondité et mort se mêlent, aussi bien chez Rê qui fertilise de ses rayons mais meurt chaque soir, que chez Osiris, qui réussit, bien que mort, à féconder Isis étendue en épervier au-dessus du cadavre[1]. La voie de Rê se calque sur le Soleil qui se lève, qui se couche, qui reparaît[2] ; la voie d'Osiris sur le grain que l'on cueille, que l'on enfouit, qui germe. Même schéma, autre vécu : Rê se montre prompt et combatif comme le Soleil, tandis qu'Osiris endure passivement de longues et dures épreuves comme les plantes qui subissent les saisons. Analogie ! autrement dit, identité à des niveaux différents. Ces deux voies sont complémentaires. On les retrouve partout, en alchimie, dans le tantrisme.

La voie du grand-prêtre et la voie du pharaon, en principe, sont très proches (sauf sous Akhénaton). Le prêtre est homme de connaissance, de pureté ; aussi le grand-prêtre d'Amon s'appelle-t-il « Celui qui excelle à voir », « premier prophète d'Amon » *(nebounef)*, comme le grand-prêtre d'Aton « Le Grand Voyant » *(our m')* ; « l'esprit de Dieu était dans mon âme et, dès l'aube, je faisais ce qu'il aimait », dit Pétosiris[3], grand-prêtre de Thoth. Le pharaon *(per aâ)*, lui, est homme de « vie, santé, force *(ankh, oudja, seneb)* ».

Quand la réalisation est complète, le novice, qui était Rê ou Osiris, se revêt de tous les dieux, de la création entière. L'homme, microcosme, partie infime, devient le monde, le macrocosme, le tout infini.

Je suis Rê, celui dont les faveurs sont durables, je suis le créateur qui est dans le tamaris ; si je suis intact, Rê est intact, et vice versa.
Mes cheveux sont (ceux de) Noun [l'Océan primordial]
Mon visage est Rê [le Soleil]
Mes yeux sont Hathor [déesse, œil du Soleil]
Mes oreilles sont Oupouaout [« ouvreur de chemin », dieu chacal]
Mon nez est Khent-khas [celui qui préside à Xoïs, ville de Basse-Égypte]
Mes lèvres sont Anubis [dieu des routes et chemins]
Mes dents sont Selkit [déesse scorpion protégeant Osiris]
Mes molaires sont Isis la divine
Mes bras sont Ba-neb-Ded [dieu bélier de Mendès]
Mon cou est Neith [déesse guerrière], dame de Saïs
Mon dos est Seth [le dieu traître, principe du désordre, après la XXe dynastie]
Mon phallus est Osiris
Mes chairs sont les maîtres de Kherâha [Le Caire]
Ma poitrine est le Grand de prestige
Mon ventre et mon épine dorsale sont Sekhmet [épouse de Ptah]
Mes fesses sont Œil d'Horus
Mes cuisses et mes mollets sont Nout [déesse du ciel : la Cuisse est la Grande Ourse]

---
1. Comme dans le tantrisme hindou le cadavre du dieu Shiva et l'active déesse Kâlî, comme en alchimie le roi défunt et la reine. *Textes des pyramides*, § 1636. Représentations : A. Mariette, *Le Temple de Dendérah*, t. IV, p. 68-90.
2. *Livre de l'Amdouat* : cf. Jéquier, *Livre de ce qu'il y a dans l'Hadès*, 1894 ; F. Sadek Abdel-Aziz, *Contribution à l'étude de l'Amdouat*, Fribourg, 1985.
3. Pétosiris, inscription 116 (G. Lefevre, *Le Tombeau de Pétosiris*, Le Caire, 1923-1924, t. II, p. 158).

LES ÉGYPTIENS 423

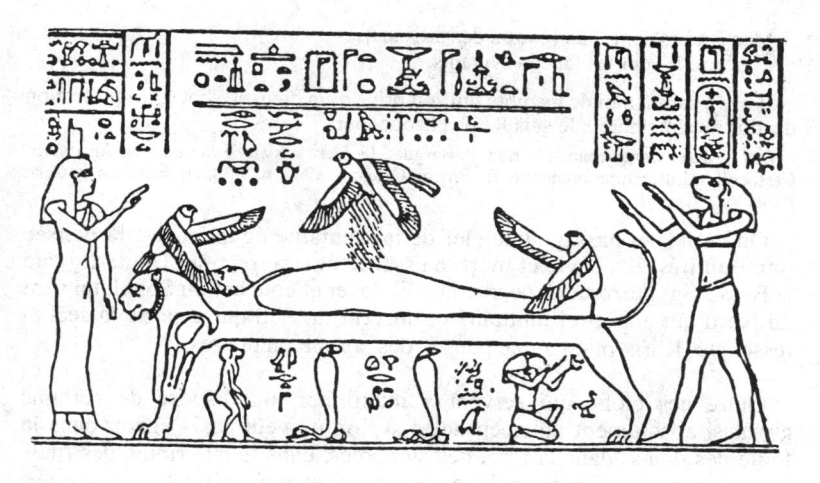

LA VOIE DE RÊ
(fécondateur mais mortel)

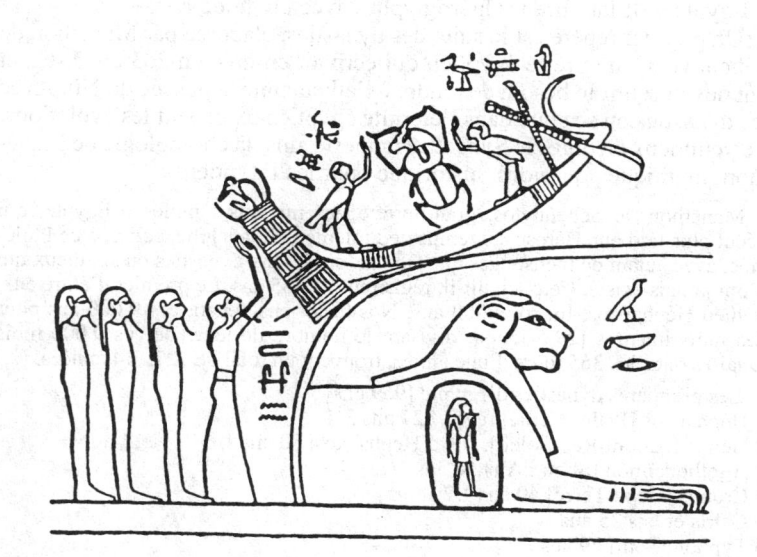

LA VOIE D'OSIRIS
(mort mais fécond)

Mes jambes sont Ptah [patron des artisans]
Mes orteils sont les faucons vivants.

Il n'y a pas en moi de membre qui soit privé d'un dieu, et Thot est la protection de tous mes membres. Je suis Rê de chaque jour.

Le Livre des morts, chap. 42 ; trad. P. Barguet, *Le Livre des morts des anciens Égyptiens*, Cerf, coll. « Littératures anciennes du Proche-Orient », 1967, p. 84-85. © Éditions du Cerf, Paris.

On croise au passage une clef de la mentalité égyptienne : la **pensée par dualités**. Il y a vie et mort, naissance et résurrection, Haute-Égypte et Basse-Égypte, crue et décrue du Nil, lever et coucher du Soleil, un vent du Nord qui apporte l'humidité et un vent du Sud qui apporte la sécheresse, etc. L'Égyptien a une pensée des complémentaires.

Outre ces clefs, qui servent à interpréter, on dispose de certains REPÈRES, absolument indispensables si l'on ne veut pas s'égarer dans la foule des dieux, dans la forêt des symboles, dans le labyrinthe des rites. On ne voyage en Égypte qu'avec des cartes et en ésotérisme qu'avec des garde-fous. J'insiste sur cet aspect méthodologique pour éviter que l'on ne dise n'importe quoi, que je ne dise n'importe quoi sur « les mystères d'Égypte ». Il faut lire les hiéroglyphes avec un guide-âne.

Un premier repère est la suite des dynasties, élaborée par Manéthon de Sébennytos [1], un prêtre égyptien qui écrivait en grec en 263 av. J.-C., et qui devait sentir le besoin de rendre à l'athénienne la pensée du Nil. Avec les dynasties on se situe dans l'éternité égyptienne, on suit les évolutions. Le venimeux Georges le Syncelles rapporte ainsi la chronologie de Manéthon, mythique pour nous, historique pour les Égyptiens :

Manéthon de Sébennytos, grand-prêtre des maudits temples d'Égypte, qui vécut plus tard que Bérose, au temps de Ptolémée Philadelphe, écrivit à ce Ptolémée, avec autant de mensonges que Bérose, sur les six dynasties ou six dieux qui n'ont jamais existé. Ceux-ci, dit-il, régnèrent 11 985 ans. Le premier d'entre eux, le dieu Héphaïstos, fut roi 9 000 ans. Nos historiens, tenant ces 9 000 ans pour des mois lunaires [29,5 jours], divisant le nombre de jours de ces 9 000 mois lunaires dans les 365 jours d'une année, trouvent un total de 727, 3/4 années. [...]

Les premières dynasties d'Égypte [969 ans] :
1 Héphaïstos [Ptah : Verbe] régna 727 ans 3/4
2 Hélios [Atoum-Rê : Soleil], fils d'Héphaïstos, 80 ans 1/6
3 Agothodaïmôn [Shou : Air] 56 ans 7/12
4 Cronos [Geb : Terre] 40 ans 1/2
5 Osiris et Isis 35 ans
6 Typhôn [Seth] 29 ans.

---

1. Manéthon, *Aegyptiaca* (263 av. J.-C. ; fragments chez Flavius Josèphe, Jules l'Africain, Eusèbe de Césarée), trad. anglaise W. G. Waddell, *Manetho*, Loeb Classical Library, Cambridge, 1940. Voir Maspéro, *Études de mythologie et d'archéologie égyptiennes*, t. II, p. 279.

Demi-dieux [214 ans] :
7 Horus 25 ans
8 Arès [Anhur] 23 ans
9 Anubis [Anup] 17 ans
10 Héraclès [Khonsou] 15 ans
11 Apollon [Hor d'Edfou] 25 ans
12 Ammôn 30 ans
13 Tithoês [Thoth le Grand] 27 ans
14 Sôsis [Shou] 32 ans
15 Zeus [Amon-Rê] 20 ans.

<small>Manéthon, *Aegyptiaca*, frg. 3 (donné par Syncelles) ; texte grec (chez Eusèbe, Georges le Syncelles, Malalas, Africanus) et trad. anglaise : W. G. Waddell, *Manetho*, Loeb Classical Library, 1940.</small>

Un deuxième repère est l'écriture hiéroglyphique [1]. Là encore, son utilisation comme repère vient d'un Égyptien écrivant en grec, Horapollon, qui vivait vers 380. Quand on ne sait plus quoi comprendre, on doit interroger la composition des hiéroglyphes. Sur ce point, de nombreux ésotéristes, dont Énel, ont suivi Horapollon. Par exemple, qu'entendaient les Égyptiens par *ka* ? Âme ? esprit ? double ? puissance ? mânes ? La réponse se trouve dans le hiéroglyphe, qui représente des bras levés. Par le *ka*, l'homme appelle le monde. Le *ka* semble donc la force vitale individuelle en contact avec la force vitale universelle. Le père A. Kircher, sans preuves, avait soutenu que les hiéroglyphes furent inventés pour cacher les connaissances au peuple [2]. Il a fallu attendre J.-F. Champollion, en 1822, pour décrypter le premier secret de l'écriture égyptienne. Elle comprend et des sons (des phonogrammes) et des icônes (des idéogrammes) qui apportent un enseignement. L'étude des déterminatifs est aussi éclairante que celle des clefs dans l'écriture chinoise. Ces signes ne sont pas oralisés, mais ils classent l'objet. Comment dit-on « ésotérisme » en égyptien ?

Les hiéroglyphes [3] qui désignent l'ésotérisme sont : *akh* (« sacré »), *bès* (« initiation »), *rèkh* (« secret »), *shéta* (« mystère »), *imène* (« caché »), *djeser* (« occulte »). Le déterminatif pour tous, sauf pour *bès*, est le papyrus roulé et noué, ce qui laisse entendre que l'ésotérisme passe par l'écrit, par la pensée tracée. Seuls les hiéroglyphes qui ne sont pas de simples pictogrammes, c'est-à-dire des représentations directes du signifiant, ou qui n'ont pas la fonction de phonogrammes apportent un enseignement. On trouve dans le hiéroglyphe *akh* (« sacré, esprit ») les

---

<small>1. Horapollon, *Hieroglyphica* (IVᵉ s., 1ʳᵉ éd. 1419), trad. du grec en anglais G. Boas, *The Hieroglyphics*, Bollingen series, New York, 1950. « Hiéroglyphes » se dit en égyptien *medu neters* : « signes des dieux ».
2. A. Kircher, *Oedipus Aegyptiacus* (1652-1654), t. III : *Theatrum hieroglyphicum*. Cf. P. Tort, *La Constellation de Thot*, Aubier, 1980.
3. R. O. Faulkner, *Concise Dictionary of Middle Egyptian*, Oxford UP, 1972. P. A. Riffard, *L'Ésotérisme*, éd. cit., p. 117-120.</small>

représentations suivantes : l'ibis à aigrette (pris comme idéogramme) et la grille (prise comme phonogramme) ; dans *bès* (« initiation, introduire ») : le pied et le linge plié (phonogrammes), le poisson (idéogramme) ; dans *rèkh* (« secret, connaître ») : la bouche et la grille (phonogrammes) ; dans *shéta* (« mystère ») : la pièce d'eau, la galette de pain gonflée, le four de potier, trois phonogrammes. Ne restent que deux idéogrammes : le poisson, l'ibis à aigrette. Cet oiseau est le symbole de Thoth, dieu de la magie, dieu des écritures. Le mot « ibis », *hib*, signifie « resplendir ». Or, l'ésotérisme tourne toujours autour de cette idée de lumière, de gloire, d'esprit qui brille. Quant au poisson, il symbolise ce qui vit en profondeur. L'ésotérisme égyptien se veut, dans ses hiéroglyphes du moins, éclatant et impénétrable. Lumière vers le haut, abîme vers le bas. Un problème reste sans solution : comment prononçait-on l'égyptien ? La question importe d'autant plus que la magie égyptienne accorde la première place à la formule, à la prononciation correcte.

ÉQUIVALENTS DU MOT « ÉSOTÉRISME » EN ÉGYPTIEN

HIÉROGLYPHES	TRANSCRIPTION	COMPOSITION	TRADUCTION
	akh	ibis à aigrette	sacré, esprit
	bès	pied	initiation
	imène	roseau fleuri	caché
	rèkh	bouche	secret
	shéta	pièce d'eau	mystère

Un troisième repère consiste à comparer avec la pensée babylonienne ou la pensée anatolienne ou la pensée hébraïque, qui sont contemporaines, apparentées, sémitiques. Les Hyksôs, d'ailleurs, n'ont pas hésité à identifier leur dieu Teshoub au dieu égyptien Seth, on soupçonne par là son lien avec l'orage.

Un quatrième et dernier repère paraît disponible : les livres ésotériques grecs ou latins portant sur l'ésotérisme égyptien. En tête viennent le *Corpus Hermeticum*, attribué à Hermès Trismégiste, et *L'Âne d'or*, écrit par Apulée. Le *Corpus Hermeticum*, livre hautement ésotérique, mi-égyptien mi-grec et d'époque hellénistique, est l'intermédiaire par excellence. Chez Hermès Trismégiste s'opèrent un rapprochement spatial entre Égypte et Europe et un rapprochement temporel entre la haute Antiquité et un passé moins lointain. Par exemple, en lisant ce passage :

Ignores-tu donc, Asclépius, que l'Égypte est la copie du ciel, ou, pour mieux dire, le lieu où se transfèrent et se projettent ici-bas toutes les opérations que gouvernent et mettent en œuvre les forces célestes ? Bien plus, s'il faut dire tout le vrai, notre terre est le temple du monde entier.

Corpus Hermeticum (100-300), XIX : *Asclépius*, 24, trad. du latin A.-J. Festugière, *La Révélation d'Hermès Trismégiste*, Les Belles Lettres, coll. « Budé », 1945-1954, t. 2, p. 326. © Les Belles Lettres, Paris.

En lisant ce passage, donc, on a un repère pour tout l'art égyptien et sa magie, un moyen de détecter les œuvres ésotériques. On comprend pourquoi les plafonds étaient étoilés, les pyramides orientées, etc. Parce que le monument reflète et concentre le cosmos, il imite sa structure pour capter sa force. De même, à la lecture du livre XI de *L'Âne d'or*, on voit plus clair aussitôt qu'on se reporte de ce livre latin aux textes égyptiens. Le héros, métamorphosé en âne, retrouve sa forme humaine et accède au grand mystère. Cette révélation a des accents romains, la déesse Isis s'identifie aux autres déesses. Cependant, la description des Mystères non publics ressemble beaucoup aux bribes que nous conservons de l'ancienne Égypte, où certainement le candidat devait voir des jeux de lumière en pleine nuit ou dans un sanctuaire obscur. Il devait assister, comme au théâtre, à des scènes sacrées qui, s'il y participait authentiquement, lui offraient une expérience de l'absolu, du dépassement de la mort et de la vie.

[I : la vision personnelle]
Vers la première veille de la nuit, une frayeur soudaine m'éveille et je vois une lune étincelante de blancheur dont le disque, parfaitement plein, émerge à ce moment des flots marins. [...] Aussitôt, je chasse le sommeil dont j'étais engourdi et, plein de joie et d'ardeur, je me lève, puis, sans plus tarder, pressé de me purifier, je me baigne dans la mer et trempe sept fois la tête dans les flots, car le divin Pythagore nous a enseigné que ce nombre est le plus convenable aux pratiques sacrées ; alors, le visage baigné de larmes, j'adresse (une) supplique à la divine Maîtresse [...]. Voici que, élevant au milieu de la mer un visage adorable aux dieux mêmes, surgit l'apparition divine [...].
[– Image de la divinité] D'abord, une chevelure très fournie, très longue, et roulée en bandeaux lâches, flottait librement sur son cou divin et se répandait en boucles. Une couronne à l'aspect changeant et tressée de fleurs variées entourait le sommet de sa tête : en son milieu, au-dessus du front, un disque plat, en forme de miroir, ou plutôt une image de la Lune, irradiait une lumière blanche ; à droite et à gauche, il était soutenu par les spires de deux vipères dressées et, au-dessus,

encore, se trouvait une couche d'épis de Cérès [emblème de Déméter aux Mystères d'Éleusis]. Sa tunique, aux reflets moirés, tissée de lin ténu, était tantôt blanche et lumineuse, tantôt jaune comme la fleur de safran, tantôt rougeoyante comme flamme. Mais, ce qui, plus que tout, éblouissait mes yeux, c'était un manteau d'un noir profond, dont l'éclat sombre resplendissait et qui, tout autour d'elle, passant sous le bras droit pour revenir sur l'épaule gauche, à la façon d'une toge, se déployait harmonieusement [...].

[– Parole de la divinité] Elle daigna me faire entendre sa voix divine :
– Me voici, Lucius ; tes prières m'ont touchée, moi, mère de ce qui est, maîtresse de tous les Éléments, origine et souche des générations, divinité suprême, reine des Mânes, moi, la première parmi ceux d'En Haut, visage unique des dieux et des déesses ; les plages lumineuses du ciel, les souffles salutaires de la mer, les silences pleins de larmes des Enfers, tout est gouverné au gré de ma volonté ; mon être divin est unique et nombreuses sont les formes, divers les rites, infinis les noms par lesquels me vénère l'Univers entier. Ici, pour les Phrygiens, premiers-nés des mortels, je suis Celle de Pessinonte, mère des dieux [Cybèle] ; là, pour les Attiques, nés du sol, je suis Minerve Cécropienne ; ailleurs, pour les Cypriotes, fils du flot, je suis Vénus de Paphos [Pale-Paphos] ; pour les Crétois porte-flèches, Diane de Dictys ; pour les Siciliens aux trois langages, Proserpine stygienne ; pour les antiques Éleusiniens, la Cérès antique [Déméter] ; Junon pour les uns, Bellone pour les autres [...].

[...]
[II : les Mystères publics]
[– Foule] Mais voici que, peu à peu, précédant l'auguste procession et pour y préluder, s'avancent des groupes de personnages déguisés selon la fantaisie de chacun. [...]

[– Élite] Ensuite, ce sont les flots de la foule initiée aux mystères sacrés, hommes et femmes de tout rang et de tout âge, éclatants de blancheur dans leur vêtement de lin, les femmes ayant entouré leurs cheveux humides de parfum dans un voile transparent, les hommes, le crâne complètement rasé et tout luisant, astres terrestres de l'auguste religion [...].

Le prêtre... étendit la main de façon à mettre la couronne devant ma bouche. Alors moi, tout tremblant, le cœur battant à se rompre, je saisis d'une lèvre avide la couronne, où brillaient les jolies roses dont elle était tressée et, impatient de voir se réaliser ce qu'on m'avait promis, je la dévorai. Et les assurances de la divinité ne se révélèrent pas vaines : immédiatement se détache de moi l'apparence horrible de la bête [la métamorphose en âne] [...].

[III : l'initiation collective]
[– Ascèse] Lorsque, selon les indications du prêtre, le moment fut venu, il me conduisit, accompagné d'une troupe de fidèles, au bain le plus proche ; là, une fois que je me fus lavé, comme d'ordinaire, il commença par demander pour moi la bienveillance des dieux et me purifia en m'aspergeant tout le corps ; ensuite, il me ramena au temple. Les deux tiers de la journée s'étaient écoulés.

[– Enseignement] Il m'arrêta aux pieds de la déesse [Isis] et me donna certaines instructions secrètes, trop merveilleuses pour que la voix humaine puisse les exprimer.

[– Rituel] Ensuite, devant tout le monde, il m'ordonna de m'abstenir pendant les dix jours qui venaient de tout plaisir de table, de ne manger de la chair d'aucun animal et de ne pas boire du tout de vin. [...] Alors, éloignant tous les profanes, le prêtre me fait revêtir une robe de lin entièrement neuve, me prend par la main et me conduit jusque dans la partie la plus reculée du sanctuaire. Peut-être te demandes-tu avec curiosité, lecteur attentif, ce qui a été dit alors, ce qui a été fait ; je te le dirais s'il t'était permis de l'entendre. Mais ce serait un crime égal que commettraient et tes oreilles et ma langue. [...]

[– Époptie] Je suis allé jusqu'aux frontières de la mort, j'ai foulé aux pieds le seuil de Proserpine [le monde souterrain], j'ai été entraîné à travers tous les éléments, en pleine nuit j'ai vu le Soleil étinceler de lumière blanche, j'ai approché, face à face, les dieux d'en bas et les dieux d'en haut, je les ai adorés de tout près.

Apulée, *L'Âne d'or ou les Métamorphoses* (*Asinus aureus*, 161 ap. J.-C.), XI, 1-6 (la vision personnelle), 8-13 (les Mystères publics) et 23-29 (l'initiation collective), trad. P. Grimal (1958), Gallimard, coll. « Folio », n° 629, 1975, p. 259-284. © Gallimard, Paris.

ÉSOTÉRISME ÉGYPTIEN : OUI OU NON ?

L'ésotérisme égyptien est une évidence pour les uns ; l'ésotérisme égyptien est un fantasme pour les autres. Les deux camps sont bien campés, chacun avec ses armes, ses troupes, ses territoires, sa stratégie.

Côté pour, côté égyptomaniaque, on compte tous les Anciens, Grecs ou Romains, les occultistes, les ésotéristes. Ces soldats de l'ésotérisme ont pour nom Hérodote, Clément d'Alexandrie, Plutarque, Porphyre, Jamblique, l'abbé Terrasson, Rudolf Steiner [1], Énel, Simone Mayassis, René et Isha Schwaller de Lubicz... Ils donnent des dates extrêmement reculées et parlent d'initiations égyptiennes comme on parle d'initiations maçonniques, avec force détails tirés d'on ne sait où (sinon d'Apulée). Ils finissent par nier ce qu'il y a d'égyptien en Égypte.

C'est pourquoi le mode d'expression en termes voilés, qui est vraiment divin et qui est en dépôt comme la chose pour nous la plus nécessaire dans le sanctuaire de la vérité, discours absolument sacré, a été désigné indirectement par les Égyptiens au moyen de ce qu'ils appellent leurs sanctuaires, et par les Hébreux au moyen du voile [Paul, Épître aux Hébreux, ix, 3]. [...] Car à l'impur il n'est pas permis de toucher ce qui est pur, Platon lui aussi en convenait [*Phédon*, 67 b]. [...] Tous ceux, Barbares et Grecs, qui ont traité de la divinité, ont occulté le principe des choses et transmis la vérité par des énigmes et des symboles.

Clément d'Alexandrie, *Strômates*, V, chap. 4, 19-21, trad. du grec, Cerf, coll. « Sources chrétiennes », n° 278 (strômate V), 1981, p. 57-61. © Éditions du Cerf, Paris.

Côté contre, côté égyptologique, se serrent les historiens, les philologues, les savants modernes : G. Maspéro, H. Bonnet [2], A. Erman [3], S. Sauneron, P. du Bourguet, entre autres. Ils réduisent la chronologie, ils parlent d'influences mésopotamiennes, ils dénoncent la faiblesse du savoir mathématique ou astronomique des Égyptiens. Ils voient de la reli-

---

1. R. Steiner, *L'Univers, la Terre et l'Homme*, trad. de l'allemand., Triades, 204 p. ; *Mythes et Mystères égyptiens*, trad., Triades, 152 p.
2. *Reallexikon der ägypstischen Religionsgeschichte*, Berlin, 1952, p. 496.
3. A. Erman, *La Religion des Égyptiens* (1934), trad. de l'allemand, Payot, 1937, 514 p.

gion partout. En somme, pour l'égyptologue, tout est religieux, donc rien n'est ésotérique !

Le problème devrait être autrement posé. Les égyptologues, les anti-éso, si j'ose dire, nient l'ésotérisme en disant : on ne reconnaît pas en Égypte les caractéristiques de l'ésotérisme grec, à savoir les Mystères, les organisations initiatiques, l'astrologie divinatoire, donc il n'y a pas d'ésotérisme égyptien. Ce raisonnement ne tient pas debout. Autant dire que le madrigal n'est pas de la musique puisqu'il n'a pas les caractéristiques du jazz ! L'Égypte s'exprime à sa manière. Elle a ses propres procédés d'occultation, sa propre histoire, des contenus propres. Par exemple, les Égyptiens n'avaient peut-être pas d'organisations initiatiques, mais la structure du Saint des Saints met en place un ésotérisme, différent, conforme aux bases de la civilisation du Nil et même de l'Asie Antérieure : sacerdotal, architectural [1]. Passons dans le camp adverse, chez les pro-éso, les égyptomaniaques. Ils partent, eux aussi, de bases erronées. Pour eux, dès qu'on s'approche du Nil, tout est chiffré, sacré, magique. Ils ont tort. Le commerce, la guerre, en Égypte, n'avaient rien de spirituel. Il faut chercher l'ésotérisme là où il est. Quand l'Égyptien parle de « secret », il ne s'agit pas toujours d'ésotérisme, à preuve ces passages où l'on parle de secret, mais pas du tout d'ésotérisme :

— [Traité mathématique] Calcul exact. L'accès à la connaissance de toutes les choses existantes et de tous les secrets obscurs.
Papyrus Rhind (v. 1650 av. J.-C.), 1 ; trad. anglaise A. B. Chase, 1927-1929.

— [Traité médical] Le début du secret du médecin : connaissance des mouvements du cœur et connaissance du cœur.
Papyrus Ebers (v. 1540 av. J.-C.), 54 B ; trad. anglaise B. Ebbel, 1937.

Il est donc absurde d'interpréter occultement des hiéroglyphes qui n'ont qu'un caractère utilitaire ou de chercher dans la pyramide, qui est effectivement ésotérique, un calendrier des événements futurs [2] qui ne s'y trouve absolument pas. À mon sens, la question de l'ésotérisme égyptien se pose autrement. *Pour l'Égyptien, lettré ou populaire, l'art et les textes d'Égypte ont-ils de l'ésotérisme ?* Pour l'Égyptien, pas pour le Grec de la période antique, pas pour l'occultiste de l'époque contemporaine. La réponse est : oui. L'Égyptien savait que son art religieux et sa littérature funéraire avaient des éléments ou un sens ésotériques, et cela dans la hiérarchie du clergé, de la Maison de Vie, du temple, dans le symbolisme des fêtes religieuses, dans l'importance accordée au verbe, dans le plan des temples, etc.

---

1. Voir *supra*, p. 307 (« L'ésotérisme civilisateur : caractéristiques »).
2. G. Barbarin, *Le Secret de la Grande Pyramide ou la Fin du monde adamique* (1939), *L'Énigme du Grand Sphinx* (1946), éd. Adyar, 1989.

Quels éléments peuvent nous faire croire aujourd'hui en un ésotérisme égyptien ?

J'avancerais un argument *a priori*. Il n'existe apparemment pas de peuple sans ésotérisme. Si les Pygmées ou les Fuégiens en ont un, à plus forte raison les Égyptiens ! D'ailleurs, il est dans la nature de l'ésotérisme de se cacher. Que de très grands égyptologues ne voient absolument rien d'ésotérique dans l'ancienne Égypte n'est pas en soi troublant. Encore aujourd'hui, des universitaires consacrent un livre à Newton sans savoir qu'il a assidûment pratiqué l'alchimie, des historiens de l'art se disent spécialistes sans soupçonner l'inspiration théosophique de Mondrian ou la thématique occulte chez Jérôme Bosch.

De nombreux indices signalent l'ésotérisme sans le livrer. En ésotérisme on ne dispose pas de preuve. En ésotérisme comme en art on n'a pas de preuve. Après tout, rien ne « prouve » que Van Gogh soit un génie de la peinture !

Premier indice : l'écriture occulte (et pas seulement cryptographique). Dans certains textes ou inscriptions, le secret redouble, l'ésotérisme consubstantiel se double d'un ésotérisme circonstanciel. Je m'explique. L'écriture égyptienne est déjà occulte en soi. C'est un ésotérisme consubstantiel. Les hiéroglyphes ne concernent qu'une élite religieuse, ils se donnent un rôle magique, ils s'appuient souvent sur un symbolisme profond. Écrire une formule lui donne vie. Rayer un nom *(rèn)* ôte la vie. Mais, dans quelques cas, s'ajoutent des procédés d'occultation, ce que j'appellerais un ésotérisme circonstanciel. Le papyrus ou la pierre contient des homophonies (*wa'* = « un » ou « harpon »), des métathèses, des abréviations, des variations d'orthographe, des exceptions grammaticales, une prolifération des hiéroglyphes, l'écriture joue sur la concision, l'ellipse, le symbole, l'ordre des signes, la pluralité de transcription. Dans ces cas, le but est nettement ésotérique. Il s'agit de coder un texte pour écarter le profane, fût-il un savant, et pour capter le verbe, retenir les forces cosmiques. Par exemple, le cénotaphe de Séthi Ier comporte des passages codés « dans les inscriptions mythologiques autour de la déesse du ciel. Certains de ces passages utilisent des variantes rares de hiéroglyphes, d'autres sont simplement des inversions de lignes par rapport à l'original copié par l'artiste [1]. » Ces documents, visiblement, ne traitent pas de secrets militaires, d'affaires confidentielles ou de sujets dont on souhaite garder le privilège. Ils parlent de mystères religieux.

Deuxième indice : la plastique occulte. De même que l'Égyptien élabore une écriture occulte, il crée une plastique occulte, une architecture, une sculpture, une peinture qui masquent au profane mais révèlent à l'initié. J'examinerai à la fin de ce chapitre cet ésotérisme de l'art.

---

[1]. O. Neugebauer, *Les Sciences exactes dans l'Antiquité* (1957), trad. de l'anglais, Actes Sud, 1990, p. 182.

Troisième(s) indice(s) : certaines institutions sacrées. Le Saint des Saints *(khem sekhem)* se définit comme le « lieu qu'on ne doit pas connaître ». Les sanctuaires sont particulièrement protégés, ils ne sont accessibles qu'au fond du temple.

> Louange à toi, Rê, Maître de la vérité
> Dont le sanctuaire est caché, seigneur des dieux.

Hymne du Caire (1400 av. J.-C.).

N'ont la possibilité d'entrer dans le sanctuaire que des prêtres avancés ou le pharaon. Ces prêtres se disent « maîtres du mystère » *(her shéta)*, « initiés au secret dans les demeures antérieures ». Pétosiris d'Hermopolis dit ainsi sa qualité d'initié en livrant ses titres et son accès privilégié au Saint des Saints :

> Grand-prêtre, voyant le dieu dans son naos [demeure divine], portant son maître, suivant son maître, pénétrant au Saint des Saints, exerçant ses fonctions sacerdotales en compagnie des grands-prophètes [*hemu neteru* : serviteurs divins, le clergé], prophète des huit dieux primitifs, chef des prêtres de Sekhmet [Sekhem-Khet], chef des prêtres de la troisième et quatrième classe, scribe royal comptable de tous les biens du temple d'Hermopolis...

Cité par G. Lefebvre, *Le Tombeau de Pétosiris*, Le Caire, 1923-1924, 2 t.

Mais prudence !, il faudra vérifier qu'il s'agit d'une initiation, pas de la consécration d'un prêtre.

La discipline de l'arcane se signale plusieurs fois, par exemple dans ces paroles du grand-prêtre d'Amon à Karnak, Hor, sous la XXIIe dynastie :

> Je fus introduit [*bès* = initié] dans l'Horizon du Ciel [le temple].
> J'ai gardé le secret d'Amon qui est dans Thèbes.

Inscription de la statue de Hor (vers 900 av. J.-C.) : G. Legrain, *Catalogue général des antiquités égyptiennes du Musée du Caire*, Le Caire, 1914, t. 3, p. 73.

Quatrième indice, enfin : quelques thèmes. Les Égyptiens ont présenté, dans leurs textes et dans leurs figurations, les grands thèmes de l'ésotérisme : la révélation par un dieu, la découverte du livre secret, la vision, l'enseignement d'un sage, l'initiation... Le thème du livre caché prend de l'importance au cours de l'histoire égyptienne.

DIVISIONS DE L'ÉSOTÉRISME ÉGYPTIEN

- **Oracles** (3400 av. J.-C.) : Bouto, Memphis, Napata, Siwa, Thèbes d'Égypte...
- **Cultes** (3100 av. J.-C.?) : Osiris et Isis, taureau Apis et bélier d'Amon, Rê...
- « **Mystères** » (2800 av. J.-C.?) : Abydos, Bubastis, Busiris, Byblos, Ombos, Paprémis, Saïs... (16 villes)
- **Théologies** (2680 av. J.-C.?) : Héliopolis, Hermopolis, Thèbes d'Égypte, Memphis (4 villes)
- **Alexandrinismes** (323 av. J.-C.?) : Hermétisme, alchimie gréco-égyptienne, Mystères...

LES MYSTÈRES *(SHÉTA)* ÉGYPTIENS EN GÉNÉRAL

Les Mystères sont une manière d'amener la foule à l'initiation, comme la fête est une manière d'amener la foule à la cohésion sociale et à une saine exubérance. Les Mystères publics offrent le moyen de faire sortir le grand-prêtre de son temple dans la rue en même temps que le moyen de faire entrer le premier venu de la rue dans le sacré. Le Saint des Saints est expulsé dehors, comme un nouveau-né du ventre de la mère. Les rites secrets se manifestent au moyen d'émotions fortes, au milieu d'objets magnifiques. Tel homme peut en rester à la fête, tel autre peut remonter jusqu'aux dieux, refaire le geste d'Osiris. Le prêtre tend la main. C'est l'antique méthode : Qui a des oreilles entende, qui a des yeux voie !

Sur les Mystères, l'avis de G. Nagel tombe comme la foudre : « Nulle part nous ne voyons de cérémonie qui puisse correspondre à l'initiation d'un vivant aux Mystères d'un dieu, quoique Hérodote se glorifie d'avoir été initié. Nous n'avons également aucun mot qui puisse correspondre de près ou de loin à ce terme [1]. » Tout aussi péremptoire, Al. Moret, suivant les Grecs [2], dit exactement l'inverse : « Les temples d'Égypte connaissaient des cérémonies d'une signification réservée à une élite de prêtres et de spectateurs, célébrées dans des édifices isolés, à des dates déterminées ou à d'autres heures que celles du culte régulier. Les Grecs appelaient ces cérémonies des "Mystères" ; en langue égyptienne, le mot existe aussi : *seshtaou [shéta]* [3]. » Entre ces deux positions tranchées, F. Cumont admet « un ancien ésotérisme égyptien, mais on n'a pas de preuve directe de leur existence avant la période impériale [4] ». Il ne pense plus en termes de oui/non mais en termes de avant/après.

On possède pourtant suffisamment de documents écrits pour attester les Mystères égyptiens. Le *Papyrus dramatique du Ramasseum* [5] est un aide-mémoire, en 46 tableaux et scènes, pour un prêtre chargé d'organiser la liturgie du couronnement de Sésostris Ier en 1971 av. J.-C., avec, principalement, l'érection du pilier d'Osiris *(djed)*. Un autre texte, la stèle de Sésostris III, confie au prince et trésorier Ikhernofret le soin de préparer les Mystères à Abydos, la ville d'Osiris. Ikhernofret répond :

---

1. G. Nagel, « Les "Mystères" d'Osiris dans l'ancienne Égypte », *Eranos Jahrbuch*, Zurich, 1944, t. 11, p. 165.
2. Hérodote, *Histoires*, II, 171 ; Plutarque, *Isis et Osiris*, 27 ; Jamblique, *Les Mystères d'Égypte*, 6, 8.
3. Al. Moret, *Les Mystères égyptiens* (1911), G. Monfort, 1983, p. 4.
4. F. Cumont, *Lux perpetua*, P. Geuthner, 1949, p. 407.
5. *Papyrus dramatique du Ramasseum* (1970 av. J.-C. : couronnement de Sésostris Ier, XIIe dynastie) : K. Sethe, *Dramatische Texte zu alt aegyptischen Mysterienspielen*, Leipzig, 1928, 2 t. Cf. Christiane Desroches-Noblecourt, *apud* M. Gorce et R. Mortier, *Histoire générale des religions*, Quillet, 1948, t. I, p. 325.

J'agis donc selon tout ce qu'avait commandé Sa Majesté [Sésostris III], exécutant tous les ordres de mon maître à l'égard de son père Osiris, qui préside aux Occidentaux [aux morts], le seigneur d'Abydos, le puissant, le grand qui réside à Thinis [Abydos]. [...]
[Préparatifs des Mystères par des prêtres] Je rendis sa grande barque magnifique, éternellement et à jamais. Je construisis aussi pour lui un trône [...]. Je distribuai leurs tâches aux prêtres horaires [...]. Je coiffai le dieu de ses couronnes, selon ma charge de préposé aux secrets et ma fonction de prêtre. Prêtre *sèm* [qui officie pour l'ouverture de la bouche] aux mains pures, mes mains étaient sans souillures pour parer le dieu.
[Représentation publique des Mystères] Je « jouai » la sortie de l'Ouvreur-de-chemins [Horus], lorsqu'il s'avance pour venger son père ; je chassai les ennemis de la barque Neshmet [nef sacrée d'Osiris], je repoussai les ennemis d'Osiris. Je « jouai » ensuite une grande sortie, accompagnant les pas du dieu [...].

Stèle d'Ikhernofret à Sésostris III à Abydos (v. 1870 av. J.-C.), trad. Claire Lalouette, *Textes sacrés et Textes profanes de l'ancienne Égypte*, Gallimard, coll. « UNESCO », 1984, t. 1, p. 173-175. © Gallimard, Paris.

Les documents iconographiques ne manquent pas non plus. On voit des scènes de Mystères sur les blocs d'un temple d'Osorkon II à Bubastis (850 av. J.-C.), plus tard au sanctuaire d'Isis à Philae (305 av. J.-C.), sur les parois du temple d'Edfou (237 av. J.-C.), au sanctuaire de la naissance d'Isis et au lac sacré de Dendérah, etc.

Les Mystères d'Isis et Osiris ont dû commencer vers 2800 av. J.-C., à Abydos.

Ces fêtes se distinguent nettement d'autres types de fêtes égyptiennes, même religieuses, comme les fêtes annuelles des grands dieux. A la différence des Mystères au sens strict, des Mystères gréco-romains, « en Égypte, c'était le mort qui était consacré ; dans l'hellénisme, c'est le vivant qui est initié[1] ». Comme points communs, on trouve davantage d'éléments : le même mélange de fêtes publiques et de rites secrets, la même reconstitution de drames liturgiques. Ceux-ci tournent autour du mythe d'Isis et d'Osiris, d'Horus et de Seth.

On lit le mythe d'Osiris dans les *Textes des pyramides* (§ 584, 755, 2144, etc.), mais surtout dans Plutarque, auteur ésotérique grec, qui avait voyagé en Égypte. Osiris et Isis sont frère et sœur, mari et femme, mais aussi Mort et Vie.

Voici donc ce récit. [...]
Isis et Osiris, amoureux l'un de l'autre, s'étaient unis avant même de naître dans le sein de leur mère. [...]
Dès qu'Osiris régna, il arracha tout aussitôt les Égyptiens à leur existence de privations et de bêtes sauvages, leur fit connaître les fruits de la terre, leur donna des lois et leur apprit à respecter les dieux. [...]

---

1. S. Morenz, *La Religion égyptienne*, trad. de l'allemand, Payot, 1962, p. 320.

Typhon [Seth, son frère] lui tendit des embûches. Il s'adjoignit soixante-douze complices [1] [...]. Ayant pris en secret la longueur exacte du corps d'Osiris, Typhon, d'après cette mesure, fit construire un coffre superbe [...]. Osiris y entra et de tout son long s'y étendit. [...] Le coffre fut porté sur le fleuve [...].

Bientôt après Isis fut avisée que le coffre, soulevé par la mer, avait été apporté sur le territoire de Byblos [...].

Isis, avant de se mettre en route pour se rendre auprès de son fils Horus, qui était élevé à Bouto, avait déposé le coffre où était Osiris dans un endroit retiré. Mais Typhon, une nuit qu'il chassait durant un clair de lune, le trouva, reconnut le corps, le coupa en quatorze morceaux et de tous côtés les dispersa.

Informée de ce qui s'était passé, Isis se mit à leur recherche [...]. La seule partie du corps d'Osiris qu'Isis ne parvint pas à trouver, ce fut le membre viril. [...] Pour remplacer ce membre, Isis en fit une imitation [...].

Un grand combat se livra ; il dura plusieurs jours et se termina par la victoire d'Horus. Typhon garrotté fut remis entre les mains d'Isis. Mais la Déesse ne le fit point périr [...].

Quant à Isis, avec qui Osiris avait eu commerce après sa mort, elle mit au monde avant terme et faible des membres inférieurs un enfant qui reçut le nom d'Harpocrate [Horus l'enfant].

Voilà quels sont à peu près les faits capitaux du récit.

Plutarque († v. 125), *Isis et Osiris*, 12-20, trad. du grec M. Meunier (1924), Maisnie-Trédaniel, 1979, p. 52-75. © Guy Trédaniel, Paris.

Le mythe, qui est parole, va devenir Mystère, c'est-à-dire action. Mais, dans les deux cas, le secret demeure, que les Mystères soient publics ou secrets. Les Mystères publics montrent la geste des dieux, Osiris, etc. Les Mystères secrets, eux, ont une forme nettement funéraire.

Bien que les prêtres aient longtemps gardé cachées les circonstances de la mort d'Osiris, transmises de toute antiquité, le secret en fut, avec le temps, divulgué par certains.

Diodore de Sicile, *Bibliothèque historique*, I, 21, 1, trad. du grec, Les Belles Lettres, coll. « Budé », 1993, p. 54. © Les Belles Lettres, Paris.

---

1. Deux nombres attirent l'attention : 72 et 14.
Le nombre 72 concerne sans doute l'astronomie : par an se produisent 72 nuits sans lune (6 jours chaque mois : $6 \times 12 = 72$), 72 nuits « noires » en somme ; l'année solaire a 365 jours, l'année égyptienne 360, et Thoth conçoit les 5 jours supplémentaires (épagomènes) en ajoutant à 360 sa 72e partie, soit 5 (Plutarque, *Isis et Osiris*, 12). On peut aussi avancer une explication géométrique, fondée sur le delta lumineux, triangle dont la base est polarisée entre deux angles de $36°$ et donc l'angle du sommet vaut $180 - 36 \times 2 = 108°$; en effet, sur les peintures et sculptures, « le *Djed* incliné fait un angle de $72°$ du côté gauche (angle mesuré à partir du sol), côté "sinistre" de la mort, et un angle de $108°$ du côté droit, le côté où se trouve le pharaon et où s'accomplira bientôt la verticalisation de la colonne symbolique. Nous le savons déjà, 108 est le nombre des degrés du sommet supérieur du delta lumineux » (Lima de Freitas, « Angles et symboles », ARIES, n° XVII : *Science et Gnose*, éd. La Table d'émeraude, 1994, p. 77-79). Chose remarquable, Jésus a 72 Disciples (Luc, x, 1), l'Imâm Husayn a 72 Compagnons, Muhammad compte 72 sectes (voir *infra*, p. 1153 : « Les sciences occultes »).
Le fait qu'Osiris soit dispersé en quatorze morceaux par Seth est une allusion à la Lune, qui croît quatorze jours et décroît quatorze jours... Il ne reste d'Osiris que treize morceaux,

436 LES ÉSOTÉRISMES CIVILISATEURS

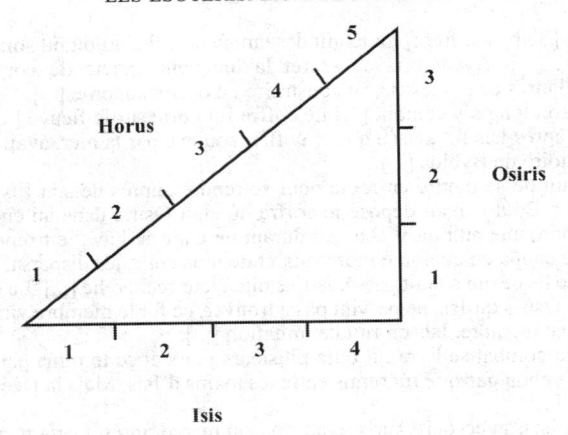

LE TRIANGLE RECTANGLE SACRÉ, DIT TRIANGLE ISIAQUE : 3-4-5
(la Trinité égyptienne Osiris-Isis-Horus)

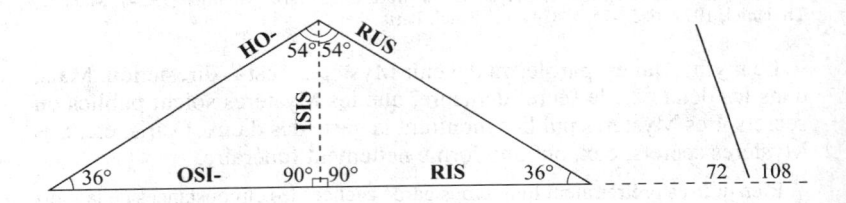

LE DELTA LUMINEUX   L'ÉRECTION DU *DJED* (PILIER)

Qui joue le rôle des dieux ? Des prêtres, des acteurs occasionnels... et la foule qui participe au spectacle public.

Tous les historiens mentionnent des fêtes religieuses dans seize villes, dont (du nord au sud) Bouto, Saïs, Busiris, Bubastis, Paprémis, Héliopolis, Abydos. Les drames se jouent dans les temples, dans les bassins sacrés, dans les rues.

Les Égyptiens n'ont pas une seule grande fête par an, mais beaucoup. Pour la principale et la plus courue, ils se rendent dans la ville de Bubastis en l'honneur d'Artémis [Bastet]. Pour la seconde, dans la ville de Busiris en l'honneur d'Isis [...]. Pour la troisième grande fête, ils se rendent dans la ville de Saïs en l'honneur d'Athéna [Neith]. Pour la quatrième, à Héliopolis en l'honneur d'Hélios [Rê]. Pour la cinquième, dans la ville de Bouto, en l'honneur de Léto [déesse-cobra :

---

un nombre non divisible par deux, le premier chiffre d'un nouveau cycle par douze : le jour se divise en douze heures, la treizième heure fait basculer dans la nuit.

dite Edjo, Ouadjet, Outo]. Pour la sixième, dans la ville de Paprémis, en l'honneur d'Arès [Seth ou Onouris].

Hérodote, *Histoires* (v. 420 av. J.-C.), II, 60-61. © Les Belles Lettres, Paris.

Les Mystères apprennent les secrets de l'au-delà, de la mort, analogue à l'initiation, et les secrets de l'intronisation du pharaon, analogues à la magie.

Il existe un autre type de Mystères, réservé au roi. Sans doute chaque année, depuis la Ve dynastie, vers 2500 av. J.-C., l'Égyptien célèbre le Mystère de la naissance divine[1]. Cette liturgie royale, élaborée par les prêtres d'Héliopolis, se dit en images, avec de rares inscriptions, à propos de la reine Hatshepsut, sur les parois de son temple funéraire à Deir el-Bahari (1482 av. J.-C.) et à propos du roi Aménophis III sur les parois du temple de Louxor (1400 av. J.-C.)[2]. Le Mystère commence par une hiérogamie : le dieu Amon, donneur de vie *(ankh)*, prend l'apparence du pharaon, lui et la reine s'unissent pour engendrer un enfant. Au deuxième acte, on célèbre la naissance du roi et de son double, de sa force vitale *(ka)*. Au troisième acte, les vaches célestes nourrissent l'enfant, le dieu de la magie (Héka) intronise le roi, on l'« osirifie » devant l'Ennéade, l'assemblée des dieux. Ce schéma ressemble, on le voit, à celui des Mystères.

RECONSTITUTION DES MYSTÈRES D'OSIRIS EN PARTICULIER

Chaque année, durant le mois de *khoiakh* (>*choiac*, octobre-novembre), le quatrième de la saison de l'inondation, les Égyptiens célèbrent ces fêtes en l'honneur d'Osiris.

Les Mystères commencent le 12 par la fabrique de statuettes en grain de blé ou d'orge, ou bien en sable, en pierre, en aromates, que l'on enterrera. Les statuettes représentent Osiris.

Commencement des stances de la fête des deux Sœurs, célébrée dans le temple d'Osiris qui préside aux Occidentaux [morts], le dieu grand, seigneur d'Abydos, fête célébrée durant le quatrième mois [*khoiakh*] de la saison de l'inondation, le vingt-deuxième jour et jusqu'au vingt-sixième. Le temple tout entier sera sanctifié et l'on amènera deux femmes au corps pur et qui n'aient pas encore été ouvertes [vierges], le poil de leurs membres sera enlevé, leur tête sera coiffée par une perruque, elles porteront des tambourins, et leurs noms seront évoqués sur leurs épaules, afin de distinguer Isis de Nephthys. Elles chanteront des stances de ce livre en présence du dieu.

Elles diront d'abord :

— Ô notre seigneur Osiris (quatre fois).

---

1. Sur la naissance divine : Al. Moret, *Rois et Dieux d'Égypte*, Colin, 1911, 318 p. ; F. Daumas, *Les Mammisis des temples égyptiens*, Les Belles Lettres, 1958, 285 p.
2. E. Naville, *The Temple of Deir el-Bahari*, Egypt Exploration Fund (EEF) Memories, Londres, 1894-1908, 7 t., pl. 47 *sqq*. Colin, Campbell, *Miraculous Birth of king Amenophis III*, 1912.

Paroles dites par le prêtre-lecteur *(kheri-heb)* en chef de ce temple :
– Ô le Grand du ciel et de la terre (quatre fois).
Paroles dites par les deux porteuses de tresses :
– Ô bel adolescent, reviens en ta demeure [...].

Papyrus Bremmer-Rhind du British Museum n° 10 188 (IVe s. av. J.-C.) : *Les Lamentations d'Isis et de Nephthys. Une scène des Mystères d'Osiris, en Abydos*, trad. Claire Lalouette, *op. cit.*, t. 2, p. 75-76. © Gallimard, Paris.

Le 30, à Busiris, on dresse le pilier *(djed)*, la colonne d'Osiris. Le pilier figure un arbre, ou un phallus, ou l'épine dorsale, peu importe, car il s'agit toujours d'un symbole initiatique de renaissance, de vitalité, d'axe vertical, de droite en direction du Ciel. Ce rite se passe le 30 du mois de *khoiakh*, qui correspondait alors au 25 décembre, jour où la constellation de la Vierge se lève à l'Orient.

À Saïs, ville de la déesse guerrière Neith, les pèlerins allument une lampe. Osiris ressuscite. La foule hurle sa joie.

Il y a aussi à Saïs, dans le sanctuaire d'Athéna [Neith], le sépulcre de Celui dont je ne crois pas conforme à la raison de prononcer le nom [Osiris] en pareille occasion. [...] On donne auprès de ce lac [de Saïs], la nuit, des représentations de sa Passion, que les Égyptiens appellent des Mystères. J'en sais plus long sur le détail de ces représentations ; mais gardons le silence sur ce sujet. De même sur les fêtes d'initiation de Déméter, que les Grecs appellent Thesmophories, sur ces fêtes aussi gardons le silence.

Hérodote, *Histoires*, II, 171. © Les Belles Lettres, Paris.

À Bouto, on célèbre Horus, qui part venger son père Osiris. Horus, métamorphosé en hippopotame, veut tuer son oncle Seth à coups de harpon. D'habitude, les Égyptiens confiaient à des harponneurs sacrés le soin de tuer les hippopotames, ici la victime devient le bourreau, l'hippopotame use de sa nature méchante dans un but bon.

À Paprémis et à Bouto les gens miment un combat qui rappelle l'épisode où Seth veut entrer chez sa mère Isis de force car les serviteurs ne l'ont pas reconnu. Il se fait aider de compagnons. La bataille entre serviteurs de Seth et serviteurs d'Isis est rude (Hérodote, II, 63). Les combats font chez les Égyptiens, qui y mettent tout leur cœur, blessures et « têtes fracassées ».

À Abydos, où se développa le culte d'Osiris, la lutte d'Osiris puis sa mort prennent une forme dramatique et par trois fois : au début quand Osiris vivant est porté sur sa barque et que s'affrontent Osiris et Seth, ensuite lorsque le cadavre d'Osiris est acheminée vers le désert pour les funérailles, enfin sur le lac de Nedit où compagnons d'Horus et partisans de Seth se combattent. La foule mime le combat victorieux des partisans d'Osiris contre ses adversaires (Seth et ses 72 compagnons). Les prêtres portent la statue d'Osiris, en momie, jusqu'à son tombeau. On pleure. Deux femmes, sans doute prêtresses, « font », l'une Isis (sœur et épouse d'Osiris), l'autre Nephthys (sœur d'Osiris, épouse de Seth, lui-même frère d'Osiris).

L'INITIATION *(BÈS)* ÉGYPTIENNE EN GÉNÉRAL

La **mort** est révélation. Elle donne accès à l'autre monde tout comme le Soleil chaque nuit passe du monde visible au monde invisible. Elle met à nu les composantes de la personne humaine autant que ses os. Détail révélateur, l'Égyptien fait commencer sa journée au coucher du Soleil.

Les livres funéraires *(Textes des pyramides, Textes des sarcophages, Le Livre des morts, Le Livre des deux chemins)* sont, en un sens, des livres initiatiques. On peut transposer l'expérience de la mort en expérience d'initiation. Dans les deux cas, on change d'état, on promeut l'âme, on est ce que l'on devait devenir. Est-ce que l'Égyptien était parfaitement conscient de ce double langage ? Peut-être pas.

L'**initiation** reste difficile à prouver. P. Barguet la nie : « Il n'y a rien dans tout cela [*Le Livre des morts*] qui permette de dire qu'il y avait une initiation, dans cette vie, à une quelconque connaissance secrète concernant certaines formules. Ce qui ne veut pas dire qu'il n'y avait pas d'initiation en Égypte ; les formules des chap. 112 à 115 prouvent, au contraire, que révélation pouvait être faite de certains mystères, mais cela concernait les prêtres, à qui il fallait bien faire connaître le sens de certains rites et de certains symboles religieux [1]. » Cette phrase niant l'initiation égyptienne est étrange. Pourquoi une initiation de prêtres ne serait-elle pas une initiation ? Trop de signes, pourtant, sont là, dont le symbolisme de la mort et de la renaissance. Dans la mythologie d'Osiris et Isis, Nout, comme dans l'initiation chamanique, ressoude les os d'Osiris, replace son cœur, remet sa tête.

Le mot « justifié » s'applique en priorité au mort qui est sauvé. Si donc on n'a pas affaire à un vivant, le mot « Justifié » *(maâ-kherou)* ne désigne pas un initié, mais un défunt sauvé. On peut dire que l'initié est un vivant mort, un juste bénéficiant en cette vie d'une félicité analogue à celle de ceux qui ont victorieusement passé le tribunal des dieux. Il existe un même titre dans l'Hindouisme : « délivré dans la vie, sauvé de son vivant » *(jîvanmukta)*. Sans doute l'initiation égyptienne devait plonger le néophyte dans un état de conscience proche de la mort, pour libérer le corps astral, ou bien ils devaient contempler et agir sur la décomposition du cadavre.

Le mot pour initiation est *bès*, qui signifie « introduire ». De même, en latin, *initiare* signifie à la fois « introduire » et « initier ». On doit là

---

[1]. P. Barguet, *Le Livre des morts des anciens Égyptiens*, éd. cit., p. 22-23. © Éditions du Cerf, Paris.

encore scruter, et vérifier qu'il s'agit bien d'une initiation du pharaon ou du grand-prêtre, pas d'une intronisation.

Les **voies de recrutement** sont sociales. On sélectionne sur une base quasiment professionnelle. Qui devient initié, autrement dit « connaissant, introduit au secret » *(rèkh)*, « justifié, juste de voix, triomphant » *(maâ-kherou)*, « vénérable » *(imakhou)* ? Une élite. Sont initiés les futurs rois (Pharaons) et les prêtres avancés (Prophètes du temple ou Sages de la Maison de Vie). Eux seuls peuvent pénétrer dans le sanctuaire ou le Saint des Saints. Souvent, on devient prêtre de père en fils (Hérodote, II, 37). Par la suite, avec les Maisons de Vie (1300 av. J.-C.), la tradition passe de maître à disciple.

Les Égyptiens ne confiaient pas aux premiers venus les mystères qu'ils détenaient et ne communiquaient pas aux profanes la science des choses divines : mais ils les réservaient à ceux-là seuls qui devaient accéder à la royauté, et parmi les prêtres à ceux qui étaient jugés les plus éprouvés par l'éducation, l'instruction et la naissance.

Clément d'Alexandrie, *Strômates*, V, chap. 7, 1, éd. cit., p. 91-93. © Éditions du Cerf, Paris.

Rarement s'ajoutent d'autres personnages, encore sont-ils officiels, comme le vizir (Ouser, vizir de Thoutmès III ; Ramose, vizir d'Aménophis IV). Sont admis les artistes accomplis, architectes (comme Imhotep, qui est aussi vizir de Djeser et grand-prêtre d'Héliopolis) ou sculpteurs, comme cet homme de la XIXe dynastie :

J'ai été intronisé dans la Maison de l'or [l'atelier où les sculpteurs peuvent donner la vie à leurs statues au moyen des rites, ou le Saint des Saints, qui abrite le sarcophage d'or d'Osiris] pour mettre au monde les formes et les images de tous les dieux et aucun d'eux ne m'était caché. J'étais prêtre à mystère et je pouvais voir Rê en ses transformations ainsi qu'Atoum en son incarnation. Il y avait Osiris, Seigneur d'Abydos, à la tête des Seigneurs du Pays-sacré, et il y avait Thoth, Seigneur d'Achmounein [Hermopolis], à la tête de Khertjehenou. Je pouvais voir Chepes [Chepsy : dieu à tête humaine] en son secret mystérieux...

Trad. Fr. Daumas, *Les Dieux de l'Égypte*, PUF, coll. « Que sais-je ? », n° 1194, 1965, p. 68.

Les femmes peuvent être initiées. Cela se produit pour le pharaon femme, le prêtre femme d'Hathor ou Neith, peut-être « la Divine Épouse d'Amon » à Thèbes[1], l'artiste femme. On connaît le cas d'une musicienne[2].

Par quoi passe l'initiation ? par quelles **voies d'initiation**, successives ou simultanées ?

● FORMULE SECRÈTE. C'est la principale voie. Selon M. Eliade, « les

---

1. Hérodote, I, 182. Zeus thébain = Amon.
2. *Annales du Service des Antiquités de l'Égypte* (ASAE), t. LVI, p. 87 *sqq*.

quelques allusions qu'on trouve dans les *Textes des pyramides* constituent les plus anciens documents écrits concernant l'obtention d'un sort privilégié grâce à certaines connaissances secrètes [1] ».

• LES RITUELS. Ils correspondent à des purifications et à des interrogatoires. Dans le rite par la peau de résurrection [2], le novice se met dans une peau, en position de fœtus.

• PRATIQUES ASCÉTIQUES. Par ailleurs, l'initiation se fait par des pratiques ascétiques : jeûne et chasteté, méditation et prière, sacrifices, en un mot pureté.

Écoutez, serviteurs du dieu, pères du dieu, vous les porteurs du dieu : désirez-vous une longue vie, sans destruction de l'âme, à l'intérieur de son temple ? Désirez-vous l'exemption des offrandes, et vos fils après vous ? Désirez-vous que vos corps soient ensevelis rituellement, que viennent les dons dans la nécropole ?
Soyez purs, évitez la souillure. La nourriture de Sa Majesté, c'est la pureté.
Purifie-toi au matin, dans le lac de son domaine ; celui qui aime son eau est en vie et en prospérité, quand il s'avance à l'intérieur de son sanctuaire, élève sa voie dans son temple. Sers Sa Majesté à tout moment : qu'il n'y ait pas de cesse à réciter le rite. Qu'on n'étende pas la main pour saisir, dans sa demeure. Celui qui sait trouve grâce, mais l'ignorant se damne. Il est mal de retarder les heures : fais la consécration au moment juste. Traite les êtres avec justesse, obéis aux grands qui sont dans sa demeure. Empêche l'action maléfique des êtres hostiles. Qui agit ainsi est récompensé sur terre, et dieu n'a point de blâme contre lui... N'oublie pas le moindre instant du rite, n'aie pas sourde oreille à faire son service, ne t'éloigne pas de sa demeure. Vois : ce sont les provisions de celui qui le sert. Vois : ce sont les aliments de celui qui multiplie ses pas autour du lieu saint, qui fait silence dans le temple, qui va et vient au milieu de ses salles, qui verse l'eau en libation, qui guérit le mal, qui est discret quand il regarde en son lieu pur.
Ne révélez pas ce que vous avez vu.

Texte d'Edfou, trad. M. Alliot, *Le Culte d'Horus à Edfou au temps des Ptolémée*, IFAO, Le Caire, 1949-1954, t. 1, p. 193. © IFAO, Le Caire.

Sur quoi porte l'enseignement initiatique ? Il faudrait étudier les figures d'une part de Thoth, dieu savant, donc de l'ésotérisme, d'autre part d'Anubis, dieu momificateur *(outj)*, donc de l'initiation. Thoth rend à Horus son œil et à Seth ses testicules : il rétablit l'un dans la connaissance, l'autre dans la puissance. Thoth règne sur l'écriture et le calendrier.

Anubis préside à la momification : il embaume et il éternise, il vide la chair et il remplit d'esprit. Thoth est ibis ou babouin, Anubis chacal. Le babouin sait se servir d'un bâton pour trouver des insectes [3] comme l'ibis de son bec pour trouver les vers : il connaît ; le chacal, dévoreur de cadavres, transforme la mort en sa vie : il métamorphose.

---

1. M. Eliade, *Histoire des idées et des croyances religieuses*, Payot, 1989, t. I, p. 108, n. 32.
2. Al. Moret, *Les Mystères égyptiens*, éd. cit. ; B. Bruyère, *Mert Seger*, Institut français d'Archéologie orientale du Caire (IFAO), n° 58, 1929, t. I, p. 60.
3. D. McFarland, *Dictionnaire du comportement animal* (1981), Robert Laffont, coll. « Bouquins », trad. de l'anglais G. Schoeller, 1990, p. 513.

THOTH ÉCRIT
(l'ésotérisme)

ANUBIS EMBAUME
(l'initiation)

Or, au Livre divin j'ai été initié ;
de Thoth j'ai vu la gloire,
et parmi ses mystères je me suis introduit [*bès* : initié].
Catalogue général du Caire, Berlin, 1925, p 136.

On dispose d'une classification de l'ésotérisme égyptien dans la description que Clément d'Alexandrie fait de la procession, à Alexandrie, du dieu Osiris.

Deux livres contenant des hymnes en l'honneur des dieux et les règles de vie pour les rois, remis aux soins du chantre.

Quatre livres qui traitent des astres, l'un des astres errants, l'autre de la conjonction du Soleil et de la Lune, les deux derniers de leurs levers, confiés à l'astronome dont les insignes étaient une horloge et la branche du palmier.

Huit livres traitant des connaissances qu'on appelle hiéroglyphiques et qui comprennent la cosmographie, la géographie, les phases du Soleil et de la Lune, les phases des cinq planètes, la chorographie [description générale] de l'Égypte, le cours du Nil et ses phénomènes ; l'état des possessions des temples et des lieux qui en dépendent, les mesures de tout ce qui est utile à l'usage des temples. Le hiérogrammate [scribe sacré] les gardait. Il avait la tête ornée de plumes et tenait tout ce qui est nécessaire pour écrire : encrier, palette, jonc.

Deux livres sur l'art d'enseigner et l'art de marquer du sceau les jeunes victimes, remis au stoliste [*medjty* : prêtre chargé de vêtir la statue cultuelle] ou décorateur.

Dix livres relatifs au culte des dieux et aux préceptes de la religion, c'est-à-dire aux sacrifices, prémices, hymnes, prières, cérémonies, jours de fêtes.

Dix livres qu'on appelle sacerdotaux où est contenu ce qui concerne les lois et les dieux, l'administration de l'État et de la cité, et la règle de l'ordre sacerdotal. C'est le prophète qui veillait sur eux et en avait la connaissance.

Ces trente-six ouvrages forment l'ensemble de toute la philosophie des Égyptiens.

Six livres qui touchent à la médecine, c'est-à-dire la structure du corps et de ses maladies, des organes et des remèdes, de l'organe des yeux, et, en dernier lieu, ce qui concerne les organes féminins.
Telle est, en peu de mots, la science des Égyptiens.

Clément d'Alexandrie, *Strômates*, VI, 4. Trad. M. de Genoude, *Les Pères de l'Église*, t. V : *Les Stromates*, Sapia, 1839.

L'ŒIL *OUDJAT*

Sans être aussi précis, on peut penser que les enseignements proprement mystériques portaient sur les idées suivantes. 1) Il y a des connaissances occultes. « Si j'entre dans la salle secrète, je confèrerai avec Seth ; mon ami est près de moi, son visage voilé, étant tombé sur les choses cachées. Il est entré dans la demeure d'Osiris, il y a vu les secrets qui s'y trouvent » (*Le Livre des morts*, chap. 125, trad. G. Rachet, p. 190). 2) L'âme est lumière. « Qui suis-je ? Je suis un *akh* [esprit, corps de gloire] habitant la lumière, créé et venu à l'existence à partir de la chair divine » (*id.*, chap. 78, p. 165). 3) Mort et initiation sont analogues. « Je viens chaque jour dans la demeure de Routy [Atoum, dieu primordial], j'en sors pour me rendre à la maison d'Isis, j'ai vu les saintes choses secrètes, j'ai été guidé dans les rites sacrés, j'ai vu ce qu'il y a là, ma pensée est dans la majesté de Shou [atmosphère primordiale] » (*id.*, chap. 124, p. 166). 4) L'immortalité attend le juste. « Il est dit que tu auras des millions et des millions d'années, ta durée sera éternelle » (*id.*, chap. 175, p. 185).

Où se déroule l'initiation ? *Le Livre des morts* parle de « lieux secrets » (*id.*, chap. 92, p. 133), de « demeure secrète » (*id.*, chap. 133, p. 151). On ne le sait pas, ni même s'il y avait un local. Des érudits supposent que les rites se passaient dans certaines cryptes de certains temples, mais pas dans les Pyramides. M. Guilmot cite : les chambres du temple de la déesse Hathor à Dendérah, la grande salle de l'Osiréum d'Abydos.

Que vise donc l'initiation égyptienne ? En Afrique, le féticheur veut se doubler : mâle il acquiert la valence femelle, et humain il se dote d'un animal totémique, d'un animal favori [1] ; il en est de même en Asie, où le

---
1. Voir *supra*, p. 114 (« Les mystères »).

chamane s'habille en femme et dispose d'esprits-gardiens [1]. L'Égyptien, lui, se multiplie. Il s'identifie au Soleil et s'enrichit en douze métamorphoses correspondant aux douze heures du jour. Avant la nuit, avant la mort. Après la mort, que se passe-t-il ? L'Égyptien avance diverses hypothèses. Une école décrit un voyage sur la barque du Soleil, de Rê qui renaît chaque matin *(Textes des pyramides, Textes des sarcophages)*, avec un séjour dans un au-delà semblable à l'Égypte ou (pour les impies) un souterrain ; tel est le sort du pharaon. Une autre école décrit l'union avec Osiris *(Le Livre des morts)*. D'autres textes encore évoquent une vie semblable à celle des étoiles, éternelles [2]. On peut transposer cela en termes initiatiques. La fin du voyage sur la nef de Rê équivaut à une nouvelle naissance.

Hor ! Accours ! Annonce aux âmes de l'Orient et à leurs Esprits que W vient, Esprit Impérissable. Celui qui veut que tel vive, il vivra ; celui qui veut que tel meure, il mourra !

Textes des pyramides. Traduction, Index et Vocabulaire des Textes des pyramides égyptiennes, § 159, trad. L. Speelers, Bruxelles, 1924, 2ᵉ éd. 1934, p. 28.

De même, Osiris est un ressuscité.

L'initié, qu'il « soit » Rê ou Osiris, pharaon sur terre ou étoile au ciel, devient en fait totalité. Il se fait microcosme éternel.

Ta tête est celle d'Horus de la Douat [Au-delà souterrain], impérissable.
Ta face est celle de Mekhenty-irty [3], impérissable.
Tes oreilles sont celles des jumeaux d'Atoum [4], impérissables.
Tes yeux sont ceux des jumeaux d'Atoum, impérissables.
Ton nez est celui d'Anubis, impérissable [...].
Tu ne périras pas, ton *ka* ne périra pas, tu es un *ka* [force vitale].

Textes des pyramides, § 1248-1249, trad. L. Speelers, *op. cit.*

Microcosme, il assimile toutes les puissances et toutes les connaissances, des divinités, des Éléments, des astres. « Initiation » se dit, aussi, semble-t-il, *kheper*, qui signifie « venir à l'existence, transformer ».

Un homme accomplira ses transformations en tel dieu en qui un homme désire accomplir des transformations.

Textes des sarcophages, IV, 42. *Textes des sarcophages égyptiens du Moyen-Empire*, trad. P. Barguet, Cerf, coll. « Littératures anciennes du Proche-Orient », n° 12, 1986, 725 p.

---

1. Voir *supra*, p. 160 (« Les sentiers sacrés de la vie »).
2. En revanche, le damné subit une seconde mort. Il est entassé dans des lieux sombres, puants, étroits, il mange ses excréments et boit son urine, il se déplace sur la tête, il est dépecé jusqu'à l'extermination finale.
3. « Littéralement "Celui dont la face a deux yeux". Dieu-faucon adoré à Letopolis. Ces deux yeux sont le Soleil et la Lune ; dans la pensée religieuse ancienne, le ciel était assimilé à un faucon, dont les yeux étaient respectivement l'astre du jour et celui de la nuit » (Claire Lalouette, *op. cit.*, t. I, p. 320).
4. Le dieu Shou et la déesse Tefnout.

En dehors de ces initiations sacerdotales, l'Égypte connaît des initiations spontanées, moins asservies au clergé ou à la cour. Certains de ces initiés sont des ascètes, vivant sans se soucier ni de leur chevelure ni de leurs vêtements, entrant parfois en transe. D'autres sont des mystiques isolés, versés dans la contemplation en attitude accroupie, et appelés *hesy*, « favorisés » (des dieux). Dans les annexes des temples isiaques de Rome on rencontrait des reclus, des dévots, des pèlerins, des malades [1]. Les reclus, retenus dans les temples égyptiens par des vœux, ne se lavent plus, ils s'habillent de haillons, et gagnent de quoi survivre en donnant des oracles [2]. Mais tous vivent peu ou prou dans le temple, du temple. L'ésotérisme égyptien est fondamentalement du temple et du clergé. Il s'apprend dans le temple, ou dans des annexes du temple, comme la Maison de Vie (destinée aux scribes) ou la Maison de l'or (destinée aux artisans) ou encore, à la basse époque, le « Lieu de la naissance » *(mammisi)*. Les *mammisi* de Dendérah, d'Edfou [3] sont des naos, demeures d'une divinité ; la déesse va y allaiter son enfant, Isis Horus. Notons au passage qu'il n'y a pas d'extatiques en Égypte, alors qu'ils sont si nombreux en Israël, en Canaan, à Mâri, etc.

En résumé, il semble que les Égyptiens aient mis en place des dispositifs d'initiation, sans la structure de sociétés secrètes, de doctrines occultes, de maîtres affectés exclusivement à cela. L'initiation consiste à participer conjointement aux rythmes de la vie (course du Soleil, cycle du Nil, processus de la germination...) et aux services de la société (travailler au temple, œuvrer pour le pharaon...). Qui veut avancer dans la voie spirituelle utilise les moyens religieux propres à l'Égypte et surtout destinés à des privilégiés. L'initiation égyptienne existe, mais comme une initiation virtuelle, culturelle. Il suffit, au choix, de comparer le mort partant vers l'au-delà au vivant cherchant sa voie, de se projeter dans le rôle du pharaon ou du grand-prêtre, de s'identifier au Soleil ou au Nil, au taureau ou au bélier, à la graine ou au phallus.

RECONSTITUTION DE L'INITIATION EN ABYDOS EN PARTICULIER

Max Guilmot [4] estime qu'il a existé des initiations égyptiennes telles qu'on les voit aujourd'hui encore (par exemple dans l'AMORC, ordre auquel cet auteur appartient), avec des lieux, des grades, des officiants,

---

1. F. Dunand, *Le Culte d'Isis dans le bassin oriental de la Méditerranée*, Études préliminaires aux religions orientales dans l'Empire romain (ÉPRO), Leyde, 1973, t. I, p. 64, t. III, p. 57 *sqq.*
2. F. Cumont, *L'Égypte des astrologues*, Éditions de la Fondation égyptologique Reine-Élizabeth, Bruxelles, 1937, p. 150-151.
3. E. Chassinat, *Le Mammisi d'Edfou*, Le Caire, 1939, 2 t. F. Daumas, *Les Mammisis de Dendara*, Le Caire, 1959.
4. M. Guilmot, *Les Initiés et les Rites initiatiques en Égypte ancienne* (1977), Arista, 1991, p. 91-135, 156-157.

des costumes. Guilmot propose une reconstitution de l'initiation égyptienne à partir du *Papyrus T 32 de Leyde*. Ce texte-ci est tardif, puisqu'il date du Ier s. ap. J.-C., mais il recouperait des textes plus anciens, comme l'inscription de la tombe d'Amenhotep, initié à Karnak vers 1400 av. J.-C. La cérémonie se déroule au Ier s., en Abydos, la cité sainte d'Osiris depuis la Ve dynastie. L'initié s'appelle Horsiésis, prêtre d'Amon.

On peut supposer qu'avant la cérémonie, le postulant s'est rituellement préparé. En général, les Égyptiens[1] recommandaient la pureté corporelle (corps entièrement rasé et lavé au nitron, ongles coupés), la pureté physique (abstinence sexuelle de huit jours, jeûne ou diverses abstinences alimentaires), les vêtements saints (en lin blanc), des aspersions à l'eau lustrale.

Raser ; couper les ongles ; tondre celui qui y pénètre ; revêtir de lin fin quiconque se meut à l'intérieur du temple ; et purifier à l'eau du nitron celui qui entre en lui. Quiconque pénètre en lui, qu'il soit purifié du contact féminin par une abstinence de huit jours, et qu'il n'ait rien mangé de proscrit, en s'abstenant quatre jours. [...] Il se sera purifié dans le lac et il se sera revêtu.

Règles du temple d'Esna pour la fête du 19 epiphi (trad. S. Sauneron, *Esna*, Institut français d'archéologie du Proche-Orient, Beyrouth, 1959-1967, 1962, t. 5, p. 344-345).

• [PRÉ-INITIATION : ARRIVÉE] Le postulant reçoit un bouquet de fleurs, équivalent à la « couronne de justification » que *Le Livre des morts* (chap. 19) réserve aux morts. L'analogie entre mort et initiation fonctionne immédiatement, comme dans toutes les traditions.

À toi est apportée
la couronne de fleurs
d'Osiris, Maître de l'Occident [royaume des morts],
présentée en offrande
d'Osiris-Ounnefer [être qui renaît]
Juste de voix [*maâ-kherou* : justifié, initié].

Papyrus T 32 de Leyde, IV, trad. M. Guilmot, *Les Initiés et les Rites initiatiques en Égypte ancienne* (1977), Arista, 1991, p. 118.

« Le grand Portail » de la vaste nécropole d'Abydos s'ouvre.
Un prêtre, portant le masque d'Anubis, le dieu-chacal, le conducteur des âmes, va guider Horsiésis. On songe à ce passage d'Hérodote :

Le jour de cette fête, les prêtres tissent un manteau, puis bandent les yeux de l'un d'entre eux, le conduisent, revêtu de ce manteau sur la route qui mène au temple de Déméter [Isis], et s'en reviennent. Ce prêtre, les yeux toujours bandés, est, dit-on, emmené par deux loups [en fait deux hommes avec le masque de chacal d'Anubis] jusqu'au temple de Déméter, qui se trouve à vingt stades de la ville ; ensuite les deux loups le ramènent du sanctuaire au même endroit.

Hérodote, *Histoires*, II, 122. © Les Belles Lettres, Paris.

---

1. Chérémon, *apud* Porphyre, *De l'abstinence*, IV, 6-7 ; *apud* saint Jérôme, *Contre Jovinien*, II, 13.

[– Mort symbolique] Le postulant descend dans la Terre, tel le Soleil qui entre à l'ouest. Il s'agit sans doute de l'Osiréum d'Abydos [1], un édifice en partie souterrain avec un long couloir d'accès. Cet édifice est le cénotaphe de Séthi Ier († 1304 av. J.-C.).

> Ô vous, dieux que voici, voyez !
> je passe par votre antre,
> je franchis les chemins de la place secrète.
> Oui, secrète est ma forme,
> et profonde ma nuit ;
> je passe !

Inscription de l'Osiréum : *Osireion*, t. 1, p. 52 (cf. H. Francfort, A. de Buck, B. Gunn, *op. cit.*

[– Résurrection symbolique] Au bout du couloir de cent mètres, le postulant, tel le Soleil qui revient à l'est, accède à la lumière de la salle centrale, éclairée artificiellement et ceinturée d'un canal pour imiter une île.

> Dans la Terre je suis entré,
> et d'elle je suis sorti ;
> j'ai reconnu ma naissance.
> Oui, j'ai franchi
> le mystérieux Monde inférieur
> pour contempler mon corps...

Inscription de l'Osiréum, *Osireion*, t. 1, p. 55.

• [PHASE 1 : JUSTIFICATION] Le postulant se trouve dans la salle centrale de l'Osiréum, tout en granit. Le symbolisme solaire, du dieu Rê, fait place au symbolisme mortuaire. Le postulant (encore qu'en Abydos Horsiésis y échappe) fait face à une sorte de tribunal, comme le mort selon *Le Livre des morts*. C'est l'épreuve initiatique de la Balance, le Jugement osirien, qui, en principe, se déroule après la mort. Au tribunal d'Osiris, en présence de Maât, qui figure l'Ordre et la Justice, Thoth et Anubis sont ensemble, ils procèdent à la pesée de l'âme des morts. L'âme, dit le mythe, est posée sur le plateau d'une balance, tandis que l'autre plateau porte une plume ou un œil, qui représentent la Justice, Maât. Sans doute, dans l'initiation, les dieux Thoth et Anubis étaient-ils représentés par des prêtres. A lire le chapitre 125 du *Livre des morts*, on peut supposer que l'enseignement initiatique égyptien comporte trois types d'épreuves : d'abord des conduites d'ordre moral où l'initié doit montrer sa pureté, ensuite des savoirs d'ordre théologique où l'initié doit montrer sa connaissance du Verbe, des formules, enfin des réalisations d'ordre magique où l'initié doit montrer sa transformation spirituelle. Il est devenu *oudjat*, œil sacré, c'est-à-dire, comme le dit J. Yoyotte, « voyance

---

1. H. Francfort, A. de Buck, B. Gunn, *The Cenotaph of Seti at Abydos*, Egypt Exploration Society, Londres, 1933, 2 t.

totale, plénitude physique, fécondité universelle ». Ouvrons le texte capital, le chapitre 125 du *Livre des morts*.

Il entre dans la demeure d'Osiris, et **il voit les mystères** qui s'y trouvent ; l'assemblée divine des porches est constituée de bienheureux. [...]

[– Épreuve morale, appelée aujourd'hui par les savants « déclaration d'innocence », autrefois « confession négative ». Le mort — ou le postulant à l'initiation — adresse ses quarante-deux serments aux quarante-deux dieux]
[1] Ô celui qui marche à grandes enjambées [Rê], originaire d'Héliopolis, je n'ai pas commis d'iniquité.
[2] Ô Celui qui étreint la flamme [Atoum], originaire de Kher-âha, je n'ai pas brigandé. [...]
[42] Ô In-dief [Thoth ?], originaire de la Nécropole, je n'ai pas calomnié Dieu dans ma ville.

[– Épreuve théologique. Premier interrogatoire du mort — ou du postulant à l'initiation — par les quarante-deux dieux]
– Fais-le venir !, disent-ils à mon sujet. Qui es-tu ?, me disent-ils ; quel est ton nom ?, me disent-ils.
– Je suis la pousse inférieure du papyrus ; « Celui qui est dans son moringa » [Osiris] est mon nom.
– Par où es-tu passé ?, me disent-ils.
– Je suis passé par la ville septentrionale du moringa [arbuste dont les graines donnent de l'huile].
– Qu'as-tu vu là-bas ?
– La Jambe [Jambe de Bœuf : Grande Ourse] et la Cuisse [Orion]. [...]

[– Épreuve magique. Deuxième interrogatoire, par le portier, et par Thoth, le greffier : passage des douze « pylônes secrets » de la Maison d'Osiris [1]]
[1] – Je ne te laisserai pas entrer par moi, dit le fronton de cette porte, si tu ne me dis pas mon nom.
– « Peson d'exactitude » est ton nom.
[2] – Je ne te laisserai pas entrer par moi, dit le montant droit de cette porte, si tu ne me dis pas mon nom.
– « Plateau pour peser l'équité » est ton nom. [...]
[12] – Viens !, dit Thot ; pourquoi es-tu venu ?
– Je suis venu ici pour être annoncé.
– Quelle est ta condition ?
– Je suis pur de mauvaises actions. Je me suis tenu à l'écart des calomnies de ceux qui étaient de service ; je n'étais pas parmi eux.
– À qui t'annoncerai-je ?
– Annonce-moi à Celui dont la demeure a un plafond de feu, des murs d'uréus [uraeus : naja dressé, la couronne du roi] vivantes, et un sol d'eau.
– Qui est-ce ?

---

1. En lisant ces interrogatoires on pense aux « formules » dans les Mystères d'Éleusis, aux « passeports des morts » dans les Mystères orphiques, aux « paroles secrètes » dans le Gnosticisme, etc.

- C'est Osiris.
- Va ! Tu es annoncé. Ton pain est l'œil sacré *(oudjat)*, ta bière est l'œil sacré, ton offrande funéraire est l'œil sacré.
Ainsi dit-il, l'Osiris N., proclamé juste.

Le Livre des morts, chap. 125, 1-3, 4-8, 9-10, trad. P. Barguet, *op. cit.*, p. 157-164. © Éditions du Cerf, Paris.

[– Consécration] Le postulant est proclamé initié : « justifié » *(maâkherou).*
Le postulant va pouvoir contempler Osiris entouré d'arbres verts, symboles du renouveau, de la résurrection.

> Tu parviens dans le Hall souterrain,
> sous les arbres sacrés.
> Près du dieu Osiris, te voici arrivé,
> le dieu qui dort en son sépulcre.
> Sa vénérable image
> gît sur son lit funèbre.
> Alors, dans le saint Lieu,
> on t'accorde le titre :
> Justifié.

Papyrus T 32 de Leyde, IV, trad. M. Guilmot, *op. cit.*, p. 119-120.

[– Enseignement] Sans doute certains enseignements, appelés « secrets », « arcanes », sont alors délivrés, ou répétés solennellement. De quoi s'agissait-il ? De formules magiques, du mythe d'Osiris, de rites. Dans tous ces cas il est question de résurrection, de nouvelle vie par la parole.

> Je suis un homme qui connaît
> sa formule magique.
> Je fus initié *(bès)* en ces choses secrètes.
> – et ne les ai point répétées
> aux non-initiés.

Textes des sarcophages, 155, trad. P. Barguet, *op. cit.*

• [PHASE 2 : RÉGÉNÉRATION] Toujours guidé par le prêtre-chacal, Horsiésis va prendre un bain rituel pour se montrer digne de l'illumination qui va suivre. Descendant les douze marches, nombre symbolisant les stations du Soleil, il plonge dans le bassin de l'Osiréum, appelé « Bassin sacré de la Grenouille ». La grenouille, si différente du têtard, symbolise la renaissance, la fécondité. On passe à l'Élément Eau, à l'Origine. L'initié fait peau neuve. Nu, il revient à l'Océan cosmique originel, il retourne dans le sein de la Mère Universelle, Isis.

> Ton corps est purifié
> dans Ra-Anedjti [l'entrée d'Osiris] ;
> tes chairs sont purifiées

dans le bassin sacré
de Heket [la Grenouille].
Papyrus T 32 de Leyde, IV, trad. M. Guilmot, *op. cit.*, p. 120.

Puis, Horsiésis remonte les marches.

• [PHASE 3 : ILLUMINATION] L'initié arrive au moment crucial. « Purifié, vêtu d'habits de lin, chaussé de sandales blanches, fardé à la galène, et oint de myrrhe » (*Le Livre des morts*, chap. 125, p. 164), il se dirige du Bassin Sacré vers le Saint des Saints.

[- Épopmie, c'est-à-dire perception d'objets sacrés] Le postulant peut enfin contempler le lit funèbre d'Osiris. Que voit-il précisément ? « Le catafalque protégeant la couche d'Osiris, et encastré dans la grande cavité du pavement de l'esplanade ? Ou la très sainte châsse logée dans la seconde cavité, et abritant les viscères du dieu, ou sa tête elle-même ? » Quelle révélation, l'initié a-t-il (s'il s'est préparé) ? M. Guilmot cite à ce propos un texte magnifique :

Je connais le dieu qui réside dans l'homme.
Inscription sur la tombe de Paheri gouverneur d'El Kab (XVe s. av. J.-C.), trad. M. Guilmot, *op. cit.*, p. 256.

• [POST-INITIATION : INCUBATION] L'initié reste pour bénéficier d'un songe dans le temple.

Tu passes la nuit,
et tu dors dans l'endroit
réservé aux Mystères.
Papyrus T 32 de Leyde, IV, trad. M. Guilmot, *op. cit.*, p. 121.

Sur tout ce Mystère, le secret s'impose.

Il ne dira pas, l'Osiris Ani justifié, ce qu'il a vu, ni ne répétera ce qu'il a entendu, l'Osiris, dans la demeure secrète. Salut et acclamation pour l'Osiris Ani justifié !
Le Livre des morts des anciens Égyptiens, chap. 133, trad. G. Rachet, Champollion-Éditions du Rocher, 1996, p. 151.

LES THÉOLOGIES

La théologie égyptienne s'enseigne dans plusieurs centres ésotériques. Elle concerne **généalogies et cosmogonies**.

La spéculation porte sur les origines des dieux, du monde, des êtres. Elle se développe dans les capitales religieuses : à Héliopolis, à Hermopolis, à Memphis, à Thèbes. Bien plus tard, sous les Ptolémée (304-30 av. J.-C.), s'élaborent des théologies, écrites cette fois, exprimées en hiéroglyphes sur les temples : temple d'Isis à Philae (305 av.), temple à Edfou (237-57 av. J.-C.), temple de Khnoum à Esneh (220 av. J.-C.), temple du Grand Horus à Kôm Ombo (150 av. J.-C.), grand temple d'Hathor à Dendérah (80 av. J.-C.-68 ap. J.-C.). Du XXVIIe siècle av. J.-C. au IIe siècle après, la théologie égyptienne n'a pas cessé ! Chaque grand centre de théologie donne un enseignement, qui relève aussi bien de la philosophie que de la religion... ou de l'ésotérisme.

CENTRES DE THÉOLOGIE DE L'ANCIENNE ÉGYPTE

HÉLIOPOLIS	v. 2680 av. J.-C. (Djéser Ier)	l'Ennéade, dont Atoum-Rê
HERMOPOLIS	v. 2580 av. J.-C. (Chéops)	l'Ogdoade puis Thoth
MEMPHIS	v. 2330 av. J.-C. (Pépi Ier)	Ptah le Verbe
THÈBES	v. 2120 av. J.-C. (Antef Ier)	Amon-Rê le dieu caché

La cosmogonie d'Héliopolis est la plus ancienne, donc la plus respectée. « Les prêtres d'Héliopolis passent pour les plus savants des Égyptiens » (Hérodote, II, 4). Leur théorie se trouve dans *Le Livre des morts* (chap. 17, 64), dans les *Textes des pyramides* (§ 1652, 1870). Elle présente une Ennéade, un groupe de neuf dieux. Le Soleil Rê-Atoum-Kheprer (1) crée par masturbation ou expectoration, c'est-à-dire par le sexe ou par le cœur, par la force ou par l'esprit, un premier couple, Shou (expectoration, l'atmosphère lumineuse) (2) et Tefnout (masturbation, l'humidité) (3), dont naît un deuxième couple, Geb (la terre) (4) et Nout (le ciel) (5), lequel engendre Osiris (6), Isis (7), Seth (8) et sa femme Nephthys (9). On trouve là les personnages du grand Mystère égyptien.

Atoum est devenu par sa masturbation à Héliopolis.
Textes des pyramides, § 1248, trad. L. Speelers, *op. cit.*, p. 153.

La cosmogonie d'Hermopolis, elle, est naturaliste. Elle décrit un engendrement par couples de puissances physiques, qui constitue une Ogdoade, un groupe de huit dieux, qui est en fait un ensemble de quatre entités à la fois mâle et femelle. Nunu (1) et Nunut (2) forment l'Eau primordiale, puis Hek (3) et Hehet (4) figurent l'espace infini, puis Kek (5) et Keket (6) représentent les ténèbres, enfin Amon (7) et Amaunet (8) symbolisent le caché. Hermopolis se dit en égyptien *Kmunu*, « ville des huit », ce qui montre suffisamment que la théologie ne se confine pas dans un temple, mais couvre la vie de tous les jours, en particulier la vie urbaine, symbole de civilisation. Le maître des dieux est Thoth, qui est donc le neuvième :

Je suis 1 qui devient 2 ; je suis 2 qui devient 4 ; je suis 4 qui devient 8 ; je suis 1 après celui-là.

La cosmogonie de Memphis est magique. Elle donne de l'importance à la Création par le Verbe. Elle est récente et plus développée. On la découvre dans le *Document de théologie memphite*, qui privilégie Ptah, dieu créateur, dieu de Memphis, qui plus tard sera absorbé en Osiris.

Alors dans le cœur [pensée] de Ptah et sur la langue [parole] de Ptah vint à l'existence l'image d'Atoum. Le très grand c'est Ptah, qui ordonne la vie de tous les dieux, et de leur *ka* [force vitale] ; en même temps, dans son cœur, Horus est venu à l'existence comme une forme de Ptah — et Thoth, sur sa langue, est venu à l'existence sous la forme de Ptah. Ainsi se manifesta la suprématie du cœur et de la langue sur tous les êtres selon l'enseignement qui veut que le cœur soit l'élément dominant de chaque corps et la langue l'élément dominant de chaque bouche, cœur et langue appartenant à tous les dieux, à tous les hommes, à tout le bétail, à tous les êtres rampants, à tout ce qui vit, l'un concevant, l'autre commandant toutes choses que Ptah souhaite.

Stèle de granit du roi éthiopien Shabaka, dite *Document de théologie memphite* (712 av. J.-C., remontant à 2400 av. J.-C.), 2-3, trad. Claire Lalouette, *op. cit.*, t. 2, p. 27. © Gallimard, Paris.

Ces diverses théologies relèvent-elles de l'ésotérisme ? Les Égyptiens insistent sur le caractère mystérique *(shéta)*, caché *(imène)*, occulte *(djeser)* du dieu, mais ce thème n'est pas ésotérique, mystique seulement. Derrière le récit mythique, on décèle des structures, des schémas, visibles seulement au regard scrutateur, et qui obéissent à des nombres, à un symbolisme ; par exemple, les dieux de la théologie de Memphis ou d'Héliopolis forment une Ennéade, ceux de la théologie d'Hermopolis une Ogdoade ; le savant R. Lepsius identifiait certains dieux aux quatre Éléments.

La **doctrine du Verbe** *(hu)* tient dans les centres ésotériques une place importante. La parole est créatrice. Selon la théologie de Memphis, Ptah conçoit le monde dans son cœur et le crée par sa parole, de même que, selon la théologie d'Hermopolis, Thoth, dieu des lettres et des nombres, créé un collège de huit dieux par sa seule voix.

Et Ptah fut satisfait après qu'il eut créé toutes ces choses et tous les mots divins.

Document de théologie memphite, trad. Claire Lalouette, *op. cit.*, t. 2, p. 28.

Révélation du dieu de la lumière Rê, lui qui existe dès le commencement, Thoth, lui qui repose sur la vérité. Ce qui jaillit de son cœur a aussitôt existence ; ce qu'il a prononcé subsiste pour l'éternité.

Inscription de Dendérah (R. Reitzenstein, *Poimandrès*, 1904, p. 59-68).

La connaissance des noms s'avère indispensable, pour la magie et pour la connaissance pure. Le nom répond à l'essence. Dans *Le Livre des morts*, l'âme devant le tribunal d'outre-tombe commence ainsi :

Salut à toi, grand dieu, maître des deux Maât ! Je suis venu vers toi, ô mon maître, ayant été amené, pour voir ta perfection. Je te connais, et je connais le nom des quarante-deux dieux qui sont avec toi.

Le Livre des morts, chap. 125, trad. P. Barguet, *op. cit.*, p. 158. © Éditions du Cerf, Paris.

Le mot correctement prononcé est action, création, magie.

Exprimé dans la langue originale, ce discours conserve en toute clarté le sens des mots : et, en effet, la particularité même du son et la propre intonation des vocables égyptiens retiennent en elles-mêmes l'énergie des choses qu'on dit. Pour autant donc que tu en aies le pouvoir, ô roi — et tu peux tout — préserve bien ce discours de toute traduction, afin que de si grands mystères ne parviennent point jusqu'aux Grecs, avec son manque de nerf et ce qu'on pourrait dire ses fausses grâces ; ne fais pas pâlir et disparaître la gravité, la solidité, la vertu propre des vocables de notre langue. Car les Grecs, ô roi, n'ont que des discours vides bons à produire des démonstrations : et c'est là, en effet, toute la philosophie des Grecs, un bruit de mots. Quant à nous, nous n'usons pas de simples mots, mais de sons tout remplis d'efficace.

Corpus Hermeticum, XVI, 2, trad. du grec A.-J. Festugière, éd. cit., t. 2, p. 232. © Les Belles Lettres, Paris.

La doctrine du Verbe sert aussi de base à la science des lettres. On connaît une chose quand on connaît son nom. L'initié égyptien joue beaucoup sur les homonymes. Voilà bien une science occulte. Le scarabée *(skeperer)* est un symbole du démiurge, du créateur du monde, Kheprer (le Soleil au matin), puisque, selon la théologie d'Héliopolis, son nom ressemble phonétiquement au verbe *kheper*, qui signifie « venir à l'existence, se transformer en » (Porphyre, *De l'abstinence*, IV, 8, § 9). Atoum est le dieu de la totalité, puisque *tmm* signifie « être complet ». L'assonance fait l'essence.

Auteur de toute l'humanité *(tm ou)* [cf. *Atoum*]
Ayant fait venir à l'existence *(skhpr)* [cf. *Kheprer*] tout ce qui existe
En ce tien nom de Atoum-Kheprer.

Hymne à Amon, trad. Fr. Daumas, *Les Dieux de l'Égypte*, éd. cit., p. 25.

Une autre partie importante de l'enseignement secret concerne les composantes de la personne humaine, la **doctrine des âmes** *(kau)*. Là encore, pour ne pas dire n'importe quoi, il faut interroger la phonétique, l'écriture, l'iconographie, la littérature (dont le *Dialogue d'un désespéré avec son* ba). Selon F. Schwarz, on peut structurer la personne égyptienne en huit composantes. « Ces huit composantes constituent un véritable circuit de correspondances. Les composantes du monde concret sont : le corps, le nom, l'ombre et le cœur. Les composantes du monde imaginal sont : *Akh*, le corps de lumière, *Ka*, la force vitale, *Ba*, l'identité paradoxale, et *Sahu*, le Caractère ou Dieu en l'homme, ou encore le corps de gloire [1]. » Plus tard, les Égyptiens ont confondu nom et *ka*, ombre et *ba*, ce qui a réduit à six le nombre des composantes. On retrouve une triade ésotérique : Verbe/Vie/Lumière, sous la forme corps physique/force vitale/pensée.

---

1. F. Schwarz, *Initiation aux livres des morts égyptiens*, Albin Michel, coll. « Spiritualités vivantes », n° 72, 1988, p. 23-24.

LES COMPOSANTES DE L'HOMME
(Schéma de F. Schwarz, 1988)

```
              CORPS
              (DJET)
      SAHU      │      AKH
         ╲      │      ╱
          ╲     │     ╱
           ╲    │    ╱
CŒUR ───────╲───┼───╱─────── NOM
(AB)         ╲  │  ╱         (REN)
              ╲ │ ╱
               ╲│╱
               ╱│╲
              ╱ │ ╲
           ╱    │    ╲
         BA     │      KA
              OMBRE
              (SHUT)
```

HIÉROGLYPHES

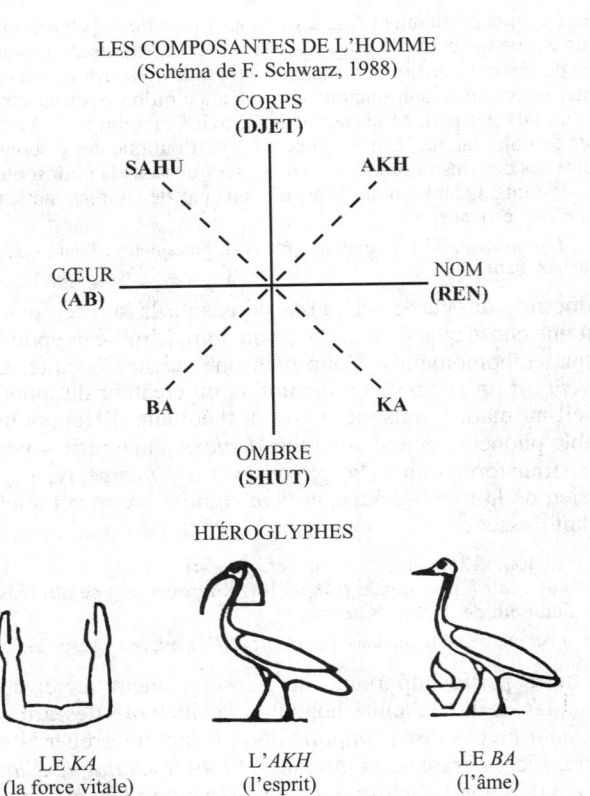

LE *KA*	L'*AKH*	LE *BA*
(la force vitale)	(l'esprit)	(l'âme)

- (1) LE CORPS PHYSIQUE *(aufou)* sert de dépouille au mort.

Le corps appartient à la terre.

Cette formule, sous la banalité, cache l'analogie corps/terre. Le corps physique est à l'homme ce qu'est l'élément terrestre à la nature.

- (2) LE NOM *(rèn)* représente la nature même de la personne, son essence donnée par le verbe. Rayer un nom annihile la personne. Quand un pharaon fait marteler le nom d'un autre pharaon, il le détruit [1]. Les Égyptiens finissent par ne plus distinguer *rèn* (nom) et *ka* (force vitale). Connaître signifie connaître un nom ; exister signifie avoir un nom. Le nom est la puissance par rapport à la société. Le véritable nom reste

---

1. J. Yoyotte, « Le martelage des noms royaux égyptiens par Psammétique II », *Revue d'égyptologie*, 1951, t. VIII, p. 215-239.

caché, comme le montre cette stèle d'époque ptolémaïque concernant l'enfant d'un grand-prêtre :

> On lui donna pour nom Imhotep, mais on l'appela Petubast.

- (3) LA FORCE VITALE *(ka)* est ce par quoi toute chose vit et survit. Quant au hiéroglyphe, le *ka* figure une paire de bras dressés prêts à entourer ; on a là une image de l'idée de protection. Quant au son, *ka* est homophone de « taureau », il est, à ce titre, lié à la puissance génésique ; c'est le *genius*, au sens des Romains, un principe de fécondité pour l'individu (le pluriel, *kau*, signifie « ancêtres »). Quant aux pratiques, on sait que Ramsès III offrait des oryx, antilopes du désert, au *ka* du dieu Rê, on sait aussi que les « serviteurs du *ka* » *(hm ka)*, prêtres funéraires, donnaient des repas symboliques aux morts, sous forme de peintures ou de reliefs (tandis que le *ka* fait l'objet de repas matériels). Qu'est-ce donc que le *ka* ? La puissance sexuelle et la force vitale, mais comme un **double**, un jumeau, un sosie durant la vie sur terre [1]. Gaston Maspéro le définit comme « une projection vivante et colorée de la figure humaine, un double qui reproduisait dans ses moindres détails l'image entière de l'objet ou de l'individu auquel il appartenait » : mourir et « rejoindre son *ka* » sont synonymes. Kolpaktchy a donc raison de traduire *ka* par « double éthérique », dans la tradition occultiste. Le Soleil a quatorze *ka* : subsistance, force, magie, rayonnement, vérité, etc. Quand le pharaon célèbre le Mystère de la naissance, on crée et le pharaon et son *ka*. Après la mort, le *ka* subsiste, il maintient la personne. *Le Livre des morts* est un guide pour le *ka*.

> P. accourt avec son *ka* ; ouvre-lui les bras ! La bouche de ses dieux s'ouvre : « S'il désire monter au ciel, qu'il monte. »

Textes des pyramides, § 1276, trad. L. Speelers, *op. cit.*, p. 156.

- (4) L'OMBRE *(khabit)* est âme, âme affective, « corps astral » diraient les occultistes. Les Égyptiens finirent par l'assimiler au *ba* (âme).

> Tu es debout, ô Osir ; ta défense est sur toi, ô Osir ! ton ornement [uraeus] écarte Seth. Sont ordonnées les offrandes, faites pour l'esprit de Ghstje ; ton ombre, ô Osir.

Textes des pyramides, § 1487, *op. cit.*, p. 178.

- (5) L'ÂME *(ba)* se confond avec l'ombre. Le hiéroglyphe représente d'abord un oiseau échassier à long bec (jabiru ou cigogne noire) accompagné d'une coupe où brûle une flamme. Ensuite (vers 1500 av. J.-C.) un oiseau imaginaire à tête humaine sert de hiéroglyphe. Le *ba* vit après la mort du corps, rôdant près des lieux familiers au mort, dans la chambre

---

1. Le *ka* est représenté comme un double à Louxor (*Revue d'histoire des religions*, 1913, p. 11-13).

funéraire, il peut survivre dans une statue du défunt. Il a besoin d'offrandes matérielles, comme la bière ou le pain. Les morts (le pharaon mort, à l'origine) et les dieux seuls détiennent un *ba*, lequel *ba* peut être un animal ou un autre dieu. Le Soleil possède sept *ba*. « Le ba, c'est la conscience individuelle » (J. Pirenne).

> J'ouvris la bouche à l'adresse de mon *ba* [...]. Il est là, sans mon corps, comme un filet de corde. [...] Sois gentil, mon *ba*, mon frère, et deviens mon héritier qui fera les offrandes, se tiendra sur la tombe au jour de la sépulture et préparera un cercueil pour la nécropole.
>
> *Dialogue du désespéré avec son* ba (2350 av. J.-C.), 9-54.

• (6) LE CŒUR *(ab)* est le siège de la mémoire (elle conserve les actions qui seront jugées dans l'au-delà) et de l'imagination *(Le Livre des morts,* chap. 26-30). Le cœur forme couple avec le *ba*. La tradition sémitique identifie cœur et pensée.

Le cœur, c'est lui qui donne toute connaissance.

• (7) LE CARACTÈRE, le « corps d'or » *(sahu)* est la composante supérieure de la personne humaine (l'esprit de vie, le corps bouddhique, dirait un occultiste).

• (8) L'ESPRIT, le corps de gloire *(akh)*, qu'entendre par là ? La racine signifie « être bénéfique, efficace, glorieux, lumineux », elle a le sens de « sacré ». Le hiéroglyphe montre un ibis à aigrette. C'est le moi spirituel, atteint soit après la mort physique, le décès, soit après la mort spirituelle, l'initiation. L'*akh* jouit d'immortalité. Il constitue l'aspect occulte du corps (dans l'occultisme, le corps âtmique, composante la plus élevée, reflète le corps physique, composante la plus matérielle, selon le principe de l'analogie inverse).

LES ARTS OCCULTES

L'astrologie

Les anciens ont tort de dire que les Égyptiens ont appris l'astrologie aux Mésopotamiens.

> Les Thébains d'Égypte se disent les plus anciens des hommes et prétendent que la philosophie et l'astrologie exacte ont été inventées chez eux.
>
> Diodore de Sicile, *Bibliothèque historique*, I, 50, éd. cit. © Les Belles Lettres, Paris.

C'est plutôt l'inverse qui est vrai. L'astrologie, au sens moderne du terme, vient de Mésopotamie.

La science astronomique semble peu développée en Égypte. Elle se veut pratique. L'Égyptien divise l'année en 12 mois de 30 jours (plus 5 jours additionnels au terme de chaque année) et le jour en 24 heures inégales. Les Égyptiens se sont fondés, pour ce dernier point, sur une de leurs découvertes, les 36 décades de l'année. 36 semaines de 10 jours font 360, l'année en somme [1].

> Debout ! Assis ! Rejette la poussière qui est sur toi. Écarte ces bras qui sont derrière toi, en Seth. L'œil de Hor est venu à toi, au début de la décade derrière lui.
>
> *Textes des pyramides*, § 1067, trad. L. Sleepers, *op. cit.*, p. 135.

Les décades et leurs 36 dieux entrent en correspondance avec les 42 nomes du pays [2], avec les parties du corps, avec les semaines de 10 jours. Cette utilisation de la doctrine des analogies et correspondances change l'astronomie en **astrologie**. Les astrologues occidentaux ont présenté la connaissance des décades comme ésotérique et ils ont confondu les décades avec les décans zodiacaux, mentionnés dans les *Textes des pyramides* (§ 1067 c).

> Sur le point de révéler les secrets augustes de cette doctrine, secrets que les divins anciens n'ont communiqués qu'avec tremblement, et qu'ils ont enveloppés de ténèbres profondes de peur que la science divine, mise au grand jour, ne vînt à la connaissance des profanes, je te prie de m'écouter avec une attention toute libre et tranquille et vide de toute autre recherche, afin que tout ce que je vais dire s'insinue en ton esprit de la manière la plus facile. J'ai dit dans *Le livre de l'Institution* que chaque Signe comporte trois décans. Or les décans sont doués d'une grande vertu divine et d'une singulière puissance : tout arrive par leur décret, toutes choses heureuses ou malheureuses. Aussi le fameux Néchepso, ce roi d'Égypte parfaitement juste et cet excellent astrologue, a-t-il rapporté aux décans toutes les infirmités et toutes les maladies, montrant quel décan est cause de quelle maladie, et « puisque une nature est vaincue par une autre nature, puisqu'un dieu, souvent, triomphe d'un autre dieu, de cette opposition des natures et des puissances célestes il a tiré le remède de tous les maux », instruit qu'il fut par la raison divine.
>
> Firmicus Maternus, *Mathésis*, II, trad. partielle A.-J. Festugière, *La Révélation d'Hermès Trismégiste*, t. 1 : *L'Astrologie et les Sciences occultes* (1944), Les Belles Lettres, 1981, p. 132. © Les Belles Lettres, Paris.

Pour les Occidentaux, il y a 12 Signes zodiacaux, et chaque Signe se divise en 3 parties, il y a donc 12 × 3 = 36 décans. Pour les Égyptiens, les décades sont une suite de 10 jours, il y a donc, pour une année de 360 jours : 360 : 10 = 36 décades. Chaque décade a pour maître telle constellation, telle planète ou telle étoile, pas n'importe laquelle, mais celle qui paraît lorsque l'aurore efface la nuit. Sirius gouverne la douzième. Bien plus, chaque décade se divise à son tour en 10 degrés, chaque degré correspondant donc à un jour. Bien plus encore, chacun des 360 degrés se divise en 60 minutes, chacune sous la domination d'une

---

1. O. Neugebauer et R. A. Parker, *Egyptian Astronomical Texts*, t. I : *The Early Decans*, Providence, États-Unis, 1960.
2. Les correspondances entre astres et nomes sont très nettes à Dendérah (A. Mariette, *Le Temple de Dendérah*, t. IV, pl. 84 *sqq.*), à Senmut, dans la tombe de Séthi Ier, etc.

étoile. Avec l'arrivée de l'astrologie mésopotamienne, les astrologues ont voulu faire coïncider décades du calendrier égyptien et décans du zodiaque babylonien.

J'ai disposé pour toi les formes et les figures des trente-six décans appartenant aux signes zodiacaux [...]. Le cercle du Zodiaque, dans son déroulement, est configuré selon les parties et les membres du monde : voici comment il se distribue en parties.

[Mélothésies zodiacales] Le Bélier est la tête du monde, le Taureau le cou, les Gémeaux les épaules, le Cancer la poitrine, le Lion les omoplates, le cœur et les côtes, la Vierge le ventre, la Balance les fesses, le Scorpion le pubis, le Sagittaire les cuisses, le Capricorne les genoux, le Verseau les jambes, les Poissons les pieds. [...]

BÉLIER.

1er décan [21-30 mars]. Il a nom Chenlachôri, et il a la forme ici représentée : son visage est celui d'un petit enfant, ses mains sont dressées vers le haut, il tient un sceptre qu'il élève au-dessus de sa tête, il est emmailloté des pieds aux genoux. Il domine sur les affections de la tête. Grave-le donc sur une pierre de Babylone poreuse, place en dessous la plante *isophryn*, fixe dans un anneau de fer et porte. [...]

2e décan [31 mars-9 avril]. Tempes, narines (et toutes les affections y relatives). — Sidérite. — Rue sauvage. — Anneau d'or. — Chair de la grue.

3e décan [10-19 avril]. Oreilles, luette et dents. — Bostrychite. — Langue d'agneau (plantain). — Tripes de bélier.

Livre sacré, trad. partielle A.-J. Festugière, *La Révélation d'Hermès Trismégiste*, éd. cit., t. 1, p. 140-142 (livre hermétique de recettes médicales, en grec). © Les Belles Lettres, Paris.

La séquence égyptienne des planètes est : Lune – Mercure – Vénus – Soleil – Mars – Jupiter – Saturne (Vettius Valens, *Anthologies*, VI, 7, E. J. Brill, coll. « ÉPRO », Leyde, 1989).

• L'ASTROLOGIE HÉMÉROLOGIQUE, comme en Mésopotamie, est la première forme de l'astrologie égyptienne, dès la XIIe dynastie (2000 av. J.-C.). Il y a des moments fastes et des moments néfastes. Les *prêtres horaires (imy-wnwt)*, que les Grecs appellent *horoskopoï*, décident des jours fastes, neutres et néfastes en fonction des événements légendaires et mythiques qui sont datés du même jour. Ils se fondent donc sur un calendrier liturgique. Chaque heure, chaque jour, chaque mois se place sous le gouvernement d'une divinité, et chaque anniversaire d'un événement de la vie d'un dieu joue un rôle favorable ou défavorable. Par exemple, le 26e jour du premier mois de la première saison est néfaste, car il correspond à l'anniversaire du combat entre Horus et Seth. Cette hémérologie, comme sa sœur mésopotamienne [1], fait de l'astrologie sans astres, simplement avec les mois, les jours, les heures, dont chaque gouverneur (chaque maître) ordonne le sens.

---

1. Voir *supra*, p. 383 (L'ASTROLOGIE HÉMÉROLOGIQUE).

5 de *tybi* [>*töbi*, novembre-décembre, 5ᵉ mois]
Jour où les puissants sont brûlés par la déesse Sechat.
Fais des offrandes à Shou, Ptah, Tahout. Brûle de l'encens sur l'autel pour Rê et les dieux de sa suite.
Tout ce que tu vois en ce jour sera maléfique.

Papyrus Sallier IV (1500 av. J.-C.) : F. Chabas, *Le Calendrier des jours fastes et néfastes de l'année égyptienne* (1870), in *Œuvres diverses*, t. 4, p. 127.

On peut en tirer des prédictions individuelles.

Voici d'autres choses dont la découverte remonte aux Égyptiens : à qui, parmi les divinités, appartient chaque mois et chaque jour ; ce qui adviendra à un homme d'après le jour de sa naissance, comment il mourra, quel il sera.

Hérodote, *Histoires*, II, 82. © Les Belles Lettres, Paris.

• L'ASTROLOGIE HORAIRE dépend des *prêtres horologues*[1], « ceux qui disent l'heure ». Ces prêtres déterminent les heures favorables pour fixer le moment de chaque cérémonie, pour ouvrir ou fermer les portes des temples. Ils observent le ciel, mais en astronomes, avec des horloges à ombre, des clepsydres, des cadrans solaires, des cartes stellaires, pour connaître l'heure exacte, et cela jour par jour, puisqu'ils se fondent sur l'heure réelle, le lever réel. A propos de cette astrologie horaire, Chérémon, prêtre égyptien du Iᵉʳ s., dit :

Ils ont, dans le culte divin, à supporter des charges lourdes et des services qui outrepassent la force moyenne. Leurs nuits sont consacrées à observer les choses célestes, parfois même à remplir quelque fonction sainte, leurs jours au service divin, lequel comporte, quatre fois, le chant d'hymnes en l'honneur des dieux, à l'aurore, à la vesprée, quand le Soleil est au milieu du ciel et quand il baisse vers le couchant. Ils passent le reste du temps à des études d'arithmétique et de géométrie ; on les voit toujours au travail et à faire quelque recherche : bref, ils se livrent entièrement à la science exacte. [...]
L'étude sincère de la philosophie est surtout le fait des prophètes, des hiérostolistes [chargés de vêtir la statue], des hiérogrammates et aussi des horologues[2].

Chérémon, *apud* Porphyre, *De l'abstinence*, IV, 8, trad. partielle A.-J. Festugière, *La Révélation d'Hermès Trismégiste*, éd. cit., t. 1, p. 30. © Les Belles Lettres, Paris.

• L'ASTROLOGIE CYCLIQUE rythme le temps. Plusieurs cycles interviennent : cycle de 23 200 ans (« règne avant les Compagnons d'Horus »), cycle de 13 420 ans (règne des « Compagnons d'Horus », avant le premier roi)[3], cycle sothiaque de 1 460 ans (coïncidence de l'année astro-

---

1. Porphyre, *De l'abstinence*, IV, 8 (d'après Chérémon).
2. Prophètes : « serviteurs du dieu ». Stolistes : officiants chargés de la toilette et de l'habillement du dieu. Hiérogrammates : « scribes de la Maison de vie ». Horologues : prêtres déterminant l'heure propice pour le culte. Les Égyptiens connaissaient le sablier au moins au milieu du IIᵉ millénaire av. J.-C. (Gilbert Pons, *L'Horloge de sable*, Au figuré, 1991, p. 38).
3. *Papyrus royal de Turin* (=*Papyrus des Rois*) : J. G. Wilkinson, *The Fragments of the Hieratic Papyrus at Turin*, T. Richard, Londres, 1851.

nomique de 365 jours 1/4 et de l'année civile de 365 jours : 365 × 4 = 1 460), cycle du Phénix de 500 ans, cycle de 365 ans (à Edfou), cycle de 30 ans de règne (sur la *Pierre de Rosette*), cycle de 25 années (309 lunaisons pour que le calendrier lunaire coïncide avec le calendrier civil), cycle de 10 jours (la semaine). La durée du cycle du Phénix *(bennou)*, symbolisé par le héron cendré *(shenty)* d'Héliopolis, varie : elle est de 654 ans selon « Suidas », 540 ans selon Pline, 500 ans selon Hérodote. Le nombre 1 460 vaut 4 fois le nombre 365, donc équivaut à 4 années. La période sothiaque, établie par les prêtres d'Héliopolis, qui dure 1 460 ans (en fait 1 456), a commencé chez les Égyptiens en 4244 av. J.-C. si l'on accepte la chronologie longue, ou en 2783 av. J.-C. si l'on adopte la chronologie courte. Les périodes sothiaques suivantes sont 1322 av. J.-C. et 139 ap. J.-C. Existe-t-il une révolution spirituelle au début de chacune de ces ères, comme le voudrait la croyance ésotérique ? Pour 4244 av. J.-C., il est difficile de se prononcer. Pour 2783 av. J.-C., on voit Imhotep inventer la pyramide. Pour 1322 av. J.-C., on ne peut pas ne pas penser à la réforme religieuse d'Aménophis IV Akhénaton (1375 av. J.-C. ?). Enfin, pour 139 ap. J.-C., on observe l'arrivée du Gnosticisme. On a l'ésotérisme qu'on mérite !

• L'ASTROLOGIE ESCHATOLOGIQUE lie la destinée après la mort aux astres. « On trouve dès l'Ancien Empire une conception stellaire selon laquelle les âmes des morts allaient rejoindre les étoiles dans la voûte céleste ; celle-ci était double, située au-dessus de la terre, mais aussi en dessous, formant une double sphère que parcourait le Soleil en vingt-quatre heures. On trouve là une conception évoluée où le corps est laissé à la terre, tandis que son âme va dans le ciel. Cette destinée solaire du roi nous est décrite dans les *Textes des pyramides*. Pendant la période thinite et sous l'Ancien Empire, le roi seul pouvait jouir de l'immortalité céleste. Le roi défunt va rejoindre le soleil Rê dans le ciel. C'est sans doute là une spéculation des prêtres d'Héliopolis. Le roi s'élève vers le ciel par les moyens les plus divers, sous forme d'un oiseau ou d'un insecte, sur la fumée de l'encens ou les vents... pour atteindre ce séjour des immortels qui n'est autre que le champ des offrandes ou le champ d'Ialou, tous deux situés à l'orient. Ce lieu d'éternité est defendu par un lac, et le roi subit une série d'épreuves sous forme d'interrogatoire avant de pouvoir être embarqué sur la barque divine qui le conduira sur l'autre rive [1]. »

• L'ASTROLOGIE RELIGIEUSE est présente un peu partout. Le grand-prêtre d'Héliopolis porte une peau constellée d'étoiles, comme pour marquer sa sympathie avec le ciel et ses astres. Le prêtre se conforme au mouvement des planètes et des étoiles, avant tout du Soleil. La liturgie égyptienne se veut astrologique. Le dieu est éveillé au lever du Soleil, il est honoré par

---

1. G. et M. F. Rachet, *Dictionnaire de la civilisation égyptienne*, Larousse, 1968, p. 85 et 95.

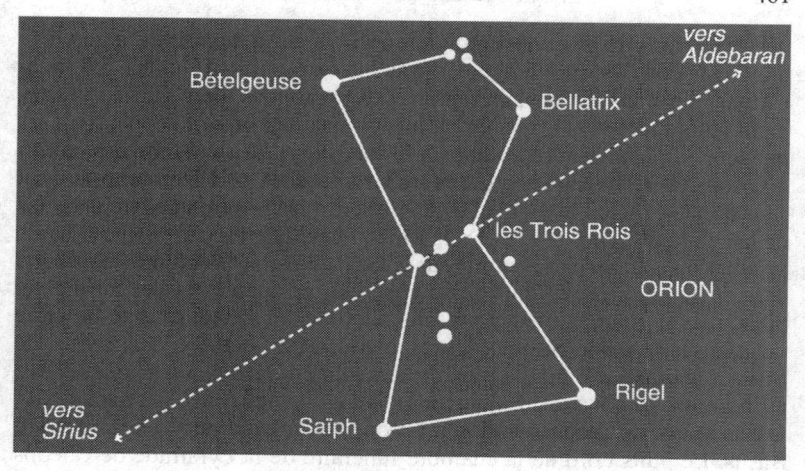

CONSTELLATION D'ORION

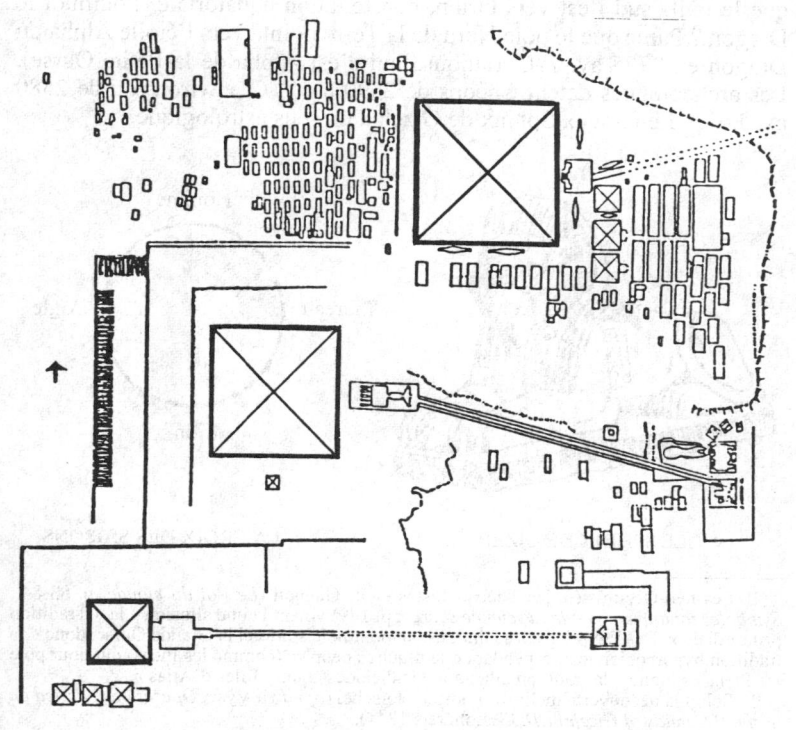

EMPLACEMENT DES TROIS PYRAMIDES DE GIZEH

des aspersions d'eau et des fumigations d'encens à midi, il est à nouveau honoré au coucher du soleil, comme au matin, par des offrandes, des invocations, des purifications, un repas... Les pyramides tournent très exactement leurs faces vers les quatre points cardinaux ; on sait depuis toujours que leur emplacement reproduit sur le sol d'Égypte la situation des étoiles d'Orion (Osiris) dans le ciel. Les trois Pyramides de Gizeh reproduisent sans doute — selon R. Bauval et A. Gilbert — la position des trois étoiles de la ceinture d'Orion, « les Trois Rois ». Les temples offrent parfois une orientation astrale, par exemple sur la Grande Ourse [1]. Toujours est-il que dans le temple, le plafond de l'hypostyle représente le ciel lui-même, puisqu'il est peint en bleu et parsemé d'étoiles. Le Soleil frappe la statue de Ramsès, à Abou Simbel, les 21 février et 21 octobre. Isis relève de Sirius (=Sothis), l'étoile la plus brillante du ciel, celle, aussi, qui se lève à l'horizon, peu avant le Soleil, au moment où commence la crue du Nil ; Osiris relève de la constellation d'Orion (=Sahu), qui apparaît juste avant Sirius. Le puits nord de la chambre funéraire de la Pyramide de Chéops est orienté vers l'étoile Alpha du Dragon [2], constellation boréale, tandis que le puits sud l'est vers Orion, constellation équatoriale. Pourquoi le Dragon ? Parce que le pôle Nord de la Terre pointa vers l'étoile Alpha du Dragon en 2795 av. J.-C. (aujourd'hui c'est Alpha de la Petite Ourse). Les archéologues datent Chéops de 2690 av. J.-C. environ (ou de 2580 av. J.-C.). Le fameux Sphinx de Gizeh a un sens astrologique.

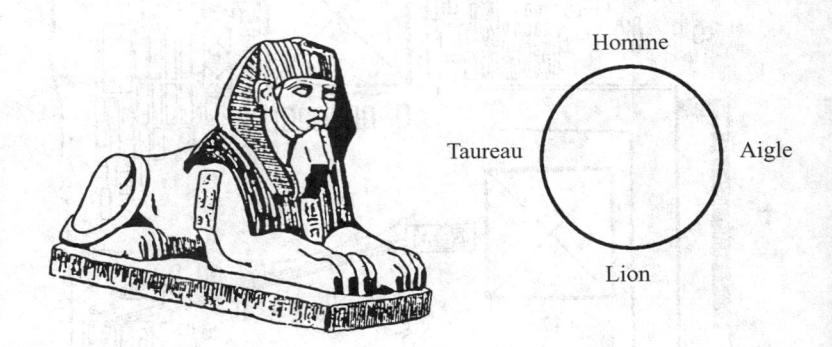

LE SPHINX DE GIZEH

LA CROIX DES SAISONS (Homme, Taureau, Aigle, Lion)

---

1. Les néo-Occultistes, les Théosophistes et R. Guénon (*Le Roi du monde*, p. 83-84 ; *Symboles fondamentaux de la science sacrée*, p. 179) voient là une allusion à la « Tradition primordiale ». Les Égyptiens, les Hindous ont pour pôle spirituel la Grande Ourse, donc « la tradition hyperboréenne », cependant que d'autres peuples (comme les Incas) ont pour pôle les Pléiades, donc « la tradition atlante », les Pléiades étant « filles d'Atlas ».

2. Selon la découverte de l'astronome J. Herschel (*apud* H. Vyse, *Operations carried on at the Pyramids of Gizeh in 1837*, Londres, 1841).

LES ÉGYPTIENS

En effet, il a une tête d'homme, des pattes de lion. En comparant avec les taureaux assyriens et avec les Quatre Vivants d'Ézéchiel (I, 5), on imagine que son corps est celui du taureau et qu'il a des ailes. On trouve alors les quatre Signes des quatre saisons : Taureau (printemps), Lion (été), Aigle (ancienne désignation du Scorpion : automne), Homme (Verseau : hiver). Le Sphinx est, suivant l'étymologie égyptienne *(shesp-ankh)*, la « statue de vie ». On comprend pourquoi : le Zodiaque est aussi, selon son étymologie grecque, la « roue des vivants, le cercle animal ». Le Sphinx comme le Zodiaque gardent le cosmos vivant, ils structurent son évolution. Saïs, la ville de la déesse Neith, se place sous la protection de la Grande Ourse (Proclos, *Commentaire du Timée*, 30 b).

• L'ASTROLOGIE HOROSCOPIQUE, celle qui vise la prédiction à partir de la position des astres dans le Zodiaque, n'est pas égyptienne. Elle date de l'époque ptolémaïque et romaine. Elle commence vers 150 av. J.-C. Le Zodiaque et ses douze Signes viennent de Mésopotamie, peut-être via la Grèce. Les plafonds des temples d'Esneh (220 av. J.-C.) et de Dendérah (50 av. J.-C.), astrologiques, montrent des zodiaques d'origine mésopotamienne.

Christiane Desroches-Noblecourt pense que le zodiaque égyptien, d'époque gréco-romaine donc, symbolisait la vie égyptienne, réelle et idéale. Le Zodiaque ne commence pas au Nouvel An égyptien (mi-juillet, mois Thoth), mais au milieu de la 2e saison (mi-janvier), comme on le voit dans le calendrier du temple jubilaire de Ramsès II, sous forme d'inscriptions sur le plafond. Le zodiaque égyptien s'arrête au point que tous les initiés tiennent pour le faîte, à savoir le Capricorne, c'est-à-dire la chèvre (mis toujours en complémentarité du Cancer, c'est-à-dire le scarabée).

Verseau : figure du Nil ; le mort plonge dans l'abîme ; le grain s'enracine
Poissons (20 février env., mois de pharmouti) : figure de deux poissons jumelés ; **troisième saison** (récoltes, mi-mars) ; « le défunt en transformation pêche à la ligne son double aspect (hier et demain), symbolisé par les deux poissons jumelés »
Bélier (21 mars, mois de pachons) : figure d'un bélier à tête verte ; le Soleil mort se recharge
Taureau : figure d'un veau bondissant
Gémeaux : figure des jumeaux Shou et Tefnout (>Tèfnet) ; ils insufflent le *ankh* (vie) et le *ouas* [clef du Nil].
Cancer (22 juin) : figure du scarabée ; **première saison** (l'inondation, mi-juillet, Nouvel An ; « l'inondation s'élance vers l'Égypte » ; c'est la **résurrection d'Osiris**
Lion : figure de la déesse-lionne Sekhmet ; le lion irradie ; c'est le règne d'Osiris
Vierge : figure de la déesse Isis avec son sistre (l'épi de blé ?) ; on engrange le grain
Balance [l'horizon] : figure de la balance pesant le grain pour le jardin d'Osiris
Scorpion (24 octobre, mois de *khoiakh*, des fêtes d'Osiris) : figure d'Isis « proté-

geant le coffre contenant les viscères embaumés d'Osiris » ; **deuxième saison** (semailles, mi-novembre) ; le grain est planté
Sagittaire : figure « du roi sur son char, lançant son trait »
Capricorne : figure de la chèvre ; c'est la **mort d'Osiris.**

<small>D'après Christiane Desroches-Noblecourt, « Le Zodiaque de pharaon », *Archeologia*, n° 292, juillet-août 1993, p. 34-37 (avec d'excellentes illustrations). © Archéologia, Dijon.</small>

La divination

Les Égyptiens se fient avant tout aux dieux. Ils ne cherchent pas à faire de la divination, mais de la prophétie. Il s'agit moins de connaître le futur ou le caché que de savoir le choix des dieux.

L'**oracle** *(bj)* est la réponse que donne une divinité à qui la consulte, de façon rituelle et dans un lieu sacré. La divinité qui fait une révélation est le dieu Amon, ou la déesse Outo (déesse cobra de Bouto). L'oracle, c'est aussi le centre où se déroule la révélation. Les grands centres furent Bouto (Hérodote, II, 155), Thèbes d'Égypte (dès la XVIIIe dynastie), Napata (lors des dynasties éthiopiennes)...

<small>Il [Psammétique Ier, 660 av. J.-C.] envoya [une question sur son exil] à Bouto, au sanctuaire de Léto [la déesse Edjo], où est l'oracle le plus véridique des Égyptiens ; et cette réponse lui fut apportée, que la vengeance lui viendrait de la mer quand apparaîtraient des hommes de bronze. Il accueillit alors avec une grande incrédulité l'idée d'hommes de bronze venant à son secours.

Mais, au bout de peu de temps, le sort voulut que des Ioniens et des Cariens, qui avaient pris la mer pour faire du butin, furent poussés sur la côte d'Égypte ; ils descendirent à terre, couverts d'armure de bronze [...]. Psammétique comprit que l'oracle s'accomplissait ; il se comporte en ami à l'égard des Ioniens et des Cariens, les décide par de grandes promesses à s'allier avec lui ; et, quand il les a décidés, de concert avec ces auxiliaires et les Égyptiens bien disposés pour sa cause, il renverse les rois.

Hérodote, *Histoires*, II, 152. © Les Belles Lettres, Paris.</small>

Le taureau sacré peut aussi donner des oracles.

<small>Quand il [Eudoxe de Cnide] était encore en Égypte avec Chronouphis d'Héliopolis, Apis [le taureau sacré élevé à Memphis] lui lécha son manteau, et les prêtres dirent alors qu'il serait célèbre, mais qu'il vivrait peu.

Diogène Laërce, *Vie, Doctrines et Sentences des philosophes illustres*, VIII, 91, Garnier-Flammarion, 1965, t. 2 p. 159.</small>

Le moyen divinatoire le plus connu est celui de la barque. A Karnak, lors de la procession, pour une fête, les prêtres sortent le dieu Amon dans une chapelle posée sur une barque. La barque du dieu, portée sur leurs épaules, penche, s'arrête (pour désigner quelqu'un, par exemple Thoutmès III comme Pharaon), s'avance (ce qui signifie oui), ou bien recule. Elle peut dire quelques mots (par ventriloquie des prêtres, sans doute).

La divinité utilise parfois une statue parlante. Un prêtre se dissimule dans la statue, ou parle à travers des tuyaux ! « Dans le sanctuaire de Deir el-Bahari à Louxor, la voix du dieu Aménophis dictait à chaque patient la recette pour guérir. C'était un sacerdote caché dans le sanctuaire qui parlait par une ouverture secrète dans la voûte. Lorsque quelqu'un curieux ouvrait la porte, le sacerdote avait le temps de disparaître. Les prêtres de Karanis à Fayoum avaient des méthodes plus subtiles. Cachés derrière les grandes statues des dieux, creuses à l'intérieur, ils les faisaient parler à travers des tuyaux [1]. »

L'Égyptien se sert d'ostraca, fragments de roche ou tessons de poteries, sur lequel il inscrit une question. La « divinité » (un prêtre, en fait) répond positivement ou négativement.

L'oracle passe aussi par la possession. Un homme, habité par le dieu, vaticine. Des mystiques vivant dans le temple entraient en transe et révélaient certaines choses.

Il y a encore oracle quand une personne reçoit d'une divinité une vision ou un songe.

En la première année de son couronnement royal, Sa Majesté [Tanoutamon, roi de Napata, 664 av. J.-C.] eut un songe, durant la nuit.

[1. récit du rêve] Deux serpents se tenaient l'un à sa droite, l'autre à sa gauche.

Sa Majesté s'éveilla alors et, ne les trouvant point, dit :
— Pourquoi ceci m'est-il arrivé ?

[2. interprétation du rêve] Ils lui répondirent, disant :
— Le pays du Sud t'appartiendra, et tu t'empareras du pays du Nord, les Deux Maîtresses [2] brilleront sur ton front, l'Égypte te sera donnée dans sa longueur et dans sa largeur, et personne ne partagera avec toi.

[...] Son cœur fut heureux, après qu'il eut contemplé son père Amon-Rê, maître des trônes du Double Pays, au cœur de la Montagne Pure [le Gebel Barkal] [...]. Puis Sa Majesté fit apparaître [il organisa une sortie processionnelle de la statue d'] Amon de Napata et accomplit pour lui d'importantes offrandes : 39 bovins, 40 cruches de bière, 100 pots. [...]

[3. accomplissement du rêve] Sa Majesté atteignit Memphis ; les « enfants de la rébellion [3] » sortirent pour s'opposer à lui. Mais Sa Majesté fit un grand massacre parmi eux, sans qu'on puisse même compter le nombre des morts. Sa Majesté put alors s'emparer de la ville ; il pénètre dans le temple de Ptah « qui-est-au-sud-de-son-mur », fait des offrandes à Ptah-Sokaris et satisfait Sekhmet selon son désir.

Stèle du songe, inscription à Napata, au Soudan, trad. Claire Lalouette, *Textes sacrés et textes profanes de l'ancienne Égypte*, éd. cit., t. 1, p. 40-41. © Gallimard, Paris.

L'oniromancie a ses manuels.

---

1. M. Eliade et I. Couliano, *Dictionnaire des religions* (1990), Plon, p. 156.
2. Les Deux Maîtresses sont Nekhbet, déesse-vautour, divinité tutélaire de la Haute-Égypte, et Ouadjet, déesse-serpent, divinité tutélaire de la Basse-Égypte.
3. « C'est-à-dire les princes locaux dissidents. Mais l'expression a valeur mythique : elle désigne, en effet, habituellement, les hommes qui, à l'origine des temps, s'étaient révoltés contre le dieu de la création, Atoum. Tanoutamon est ainsi assimilé au dieu solaire, devant, comme lui, mater une révolte » (Claire Lalouette, *op. cit.*, t. I, p. 287).

Si un homme se voit en rêve
- regardant un serpent = Bon : cela veut dire richesse
- la bouche emplie de terre = Bon : c'est manger les biens de ses voisins [...]
- regardant dans un puits profond = Mauvais : il sera emprisonné
- voyant un nain = Mauvais : une moitié de sa vie lui sera ôtée.

Papyrus Chester Beatty III (Moyen Empire), trad. Claire Lalouette, *op. cit.*, t. 1, p. 233-234.

L'Égyptien attend des visions en regardant un bassin rempli d'eau. « Le mouvement ou le son de l'eau dans la coupe, ou la figure qu'y prenaient quelques gouttes d'huile, étaient interprétés comme des signes » (R. de Vaux).

N'est-ce pas ce qui sert à mon maître pour boire et aussi pour lire les présages ?

Genèse, XLIV, 5 (Joseph en Égypte).

Les Égyptiens croient aux **présages**. Une pluie exceptionnelle annonce la guerre.

De son côté, Psamménite, le fils d'Amasis, campait à la bouche du Nil, dite bouche Pélusienne, en attendant Cambyse. En effet, Amasis n'était plus lorsque Cambyse attaqua l'Égypte [...]. Sous le règne de son fils Psamménite se produisit un prodige particulièrement grand aux yeux des Égyptiens : il plut sur la ville de Thèbes, qui n'avait jamais reçu de pluie auparavant, et n'en a plus reçu depuis jusqu'à nos jours, aux dires des Thébains eux-mêmes.

Hérodote, *Histoires*, III, 10. © Les Belles Lettres, Paris.

À l'occasion, le devin égyptien interroge les morts.

Mais, dira-t-on, d'où le devin tire-t-il son savoir, son art d'isoler tel ou tel événement, son art d'interpréter ?

Le présage vient de l'expérience. La méthode du devin égyptien ressemble à la méthode expérimentale du savant moderne. Les deux notent une relation entre deux événements isolés. Mais, au lieu de chercher des déterminismes physico-chimiques, le devin cherche des coïncidences significatives et divines. D'autre part, au lieu de s'intéresser aux phénomènes scientifiques, le devin se penche sur les phénomènes religieux. Le devin établit une correspondance entre l'orage et la défaite du roi, le savant prouve une relation de cause à effet entre l'orage et le réchauffement de l'air ou l'influence du front d'air froid.

Lorsqu'il s'est produit un prodige, ils [les Égyptiens] guettent ce qui s'ensuit et le mettent par écrit ; et, s'il se produit plus tard quelque chose de semblable, ils estiment que ce qui s'ensuivra sera du même genre.

Hérodote, *Histoires*, II, 82. © Les Belles Lettres, Paris.

La magie *(héka)*

La magie égyptienne relève des prêtres. On conçoit qu'elle revienne toujours aux dieux et que, comme partout, elle condamne la sorcellerie, la magie à but négatif. Elle se montre presque toujours défensive.

Le dieu a donné aux hommes la magie comme des armes pour combattre le sort
Ainsi que les rêves de la nuit et du jour.
Enseignement [du roi Achtoès III] pour son fils Mérikarê (v. 2090 av. J.-C.), 136-137.

Le grand principe de la magie égyptienne c'est le principe même de l'ésotérisme, l'inversion, le retournement analogique [1]. Tout comme l'initiation égyptienne s'effectue en s'identifiant à un dieu, mais à l'envers (en renaissant au lieu de mourir), la magie égyptienne s'effectue en identifiant le cas examiné à un mythème, à une situation déjà vécue par les dieux, mais qui serait retournée. Le magicien inverse (quand le sorcier renverse). Chose remarquable, les textes magiques écrits en grecs abondent en palindromes, c'est-à-dire en mots tels qu'on peut les lire aussi bien de gauche à droite que de droite à gauche, par exemple *perprep*, *ablanathanalba* (*Le Grand Papyrus magique de Paris*, 595, 982 [2]). Et le grand matériau de la magie égyptienne, c'est le *héka*, l'énergie cosmique, qui imprègne tout, quoique à des degrés divers. Les dieux, naturellement, ont du *héka* (du *mana*, si l'on veut), et le magicien aussi, qui s'appelle *hékay*. Quant aux moyens, on en compte quatre : le verbe, l'image, le geste, la pensée. L'origine de la magie se place dans le verbe d'un dieu (Ptah crée le monde par la parole), dans le geste d'un dieu (Isis ressuscite Osiris en secouant ses ailes d'épervier), dans l'icône d'un dieu (Bès chasse les mauvais esprits par sa seule figure de nain difforme), dans la pensée d'un dieu (Thoth guérit grâce à sa connaissance des formules). Voyons ces quatre moyens.

• LA MAGIE PAR LE VERBE *(hu)* prévaut. La chose s'identifie au nom. Si l'on agit sur le nom (qu'il faut connaître profondément, qu'il faut prononcer efficacement), on agit sur la chose. On revient à son origine, à sa création, à son germe, on peut donc agir sur elle, sur sa formation, sur sa forme, sur son être. Aussi l'Égyptien, pour agir magiquement, tend-il à s'identifier au Verbe. Le Verbe est le Créateur.

Je suis l'Éternel, [...] je suis celui qui a créé le Verbe, [...] je suis le Verbe.
Textes des sarcophages, 307, trad. P. Barguet, *op. cit.*

La formule peut être dite, écrite, ou même avalée. On l'écrit sur un papyrus ou sur une statue, puis on efface les signes avec de l'eau que l'on va boire. Le verbe repasse de l'extérieur vers l'intérieur. Le magicien peut invoquer les dieux pour obtenir un effet.

On rapporte qu'un certain Harnouphis, mage égyptien de l'entourage de Marc Aurèle, appela des génies par art magique, notamment Hermès Aérios, et, par leur entremise, il provoqua, dit-on, la pluie.
Dion Cassius, *Histoire romaine* (229), LXXI, 8, trad. du grec.

---

1. P. A. Riffard, *L'Ésotérisme*, éd. cit., p. 344 *sqq.*, 380 *sqq.*
2. Trad. A. Verse : *Manuel de magie égyptienne* (IVe s.), Les Belles Lettres, coll. « Aux sources de la tradition », 1995, p. 32, 46.

La magie du Verbe est rituelle et ésotérique.

Celui qui connaît cette formule, c'est sa justification sur terre et dans l'empire des morts ; il peut faire tout ce que font les vivants ; et c'est une grande protection du dieu. Cette formule a été trouvée à Hermopolis, sur un bloc de quartzite de Haute-Égypte incrusté de lapis-lazuli véritable, sous les pieds de ce dieu, au temps de la majesté du roi de Haute et Basse-Égypte, Mycérinus j.v., par le prince Djedefhor j.v., qui le trouva quand il vint inspecter les temples, tandis qu'une force l'accompagnait pour cela ; il l'avait demandé pour lui en hommage et l'avait rapporté comme une merveille au roi quand il vit que c'était quelque chose de très secret, qui n'avait été ni vu ni aperçu.

Qu'on lise cette formule étant pur et sans tache, sans avoir mangé de petit bétail ou de poissons, et sans avoir eu de relations avec une femme. On fait alors un scarabée en néphrite, serti et orné d'or, à placer au cœur de l'homme, et on accomplit sur lui le rite de l'ouverture de la bouche [1] après l'avoir oint de myrrhe. Dit sur lui comme formule magique.

Cela permet de sortir au jour [...]. C'était un guide secret, qui n'avait été ni vu ni aperçu.

Le Livre des morts, chap. 64, trad. P. Barguet, *op. cit.*, p. 104-105. © Éditions du Cerf, Paris.

Le magicien égyptien, comme son collègue de Mésopotamie, peut aller jusqu'à menacer les dieux, et avec la pire violence. Ici, le magicien ordonne à Osiris en se voulant aussi méchant que Seth (c'est dire !) :

... sinon je descendrai dans les arcanes d'Osiris, et je briserai le cercueil et le jetterai pour qu'il soit emporté par le fleuve.

Cité par Gaston Maspéro, *Études de mythologie et d'archéologie égyptiennes*, 1893-1912, Bibliothèque égyptologique, t. 2, p. 297 *sqq*.

• LA MAGIE PAR L'IMAGE s'avère tout aussi puissante. Les Égyptiens croient si fort à cette conception, que, dans les *Textes des pyramides*, les hiéroglyphes représentant les hommes ou les animaux sont remplacés par d'autres signes, qui sont, eux, non figuratifs, ou que les hiéroglyphes désignant des êtres dangereux, comme le crocodile, sont coupés en deux. L'image enferme l'essence par des lignes comme le nom enferme l'essence par des sons. Dans ses contours elle contient l'être. Dessiner, sculpter, écrire un être revient à le recréer. Là encore, on peut agir sur lui. Le hiéroglyphe, la figurine sculptée ou la figuration peinte permettent d'agir magiquement. A cet égard, les Égyptiens utilisent divers objets : fétiches, amulettes, statues, etc. Le fétiche conserve une puissance divine, ce peut donc être un lieu (le tertre sacré d'Hermopolis), un objet naturel, un objet artificiel. Les amulettes sont des figurines, portées en bijou, pour protéger. Elles prennent la forme d'un hiéroglyphe (l'*ankh*), d'un emblème pharaonique (la couronne), d'un dieu (Thoth), d'un pilier fétiche (le *djed*).

---

1. Le rite de l'ouverture de la bouche (et des yeux) (*Livre des morts*, chap. 23), opéré sur les statues des dieux, les momies, les animaux sacrés, consiste à lui donner la vie.

La croix ansée *(Ankh)* ou nœud d'Isis *(Tit)* protège la vie *(ankh)*, le scarabée assure la résurrection, « l'œil sacré » *(oudjat)* favorise la santé du corps, la voyance de l'esprit, l'attachement filial. Le pilier d'Osiris *(Djed)* est lié à l'homme et à la stabilité *(djedi)* comme le nœud d'Isis à la femme et à la vitalité. Le pharaon a pour amulette l'uraeus, le naja.

HIÉROGLYPHES
(dessin de R. Schwaller de Lubicz)

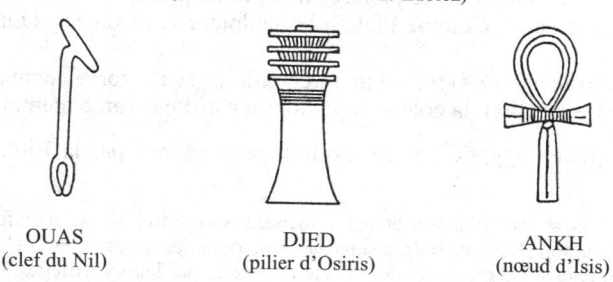

OUAS   DJED   ANKH
(clef du Nil) (pilier d'Osiris) (nœud d'Isis)

Formule du pilier [*djed*] en or.
Paroles dites par N. :
— Redresse-toi, Osiris ! Tu as de nouveau ton dos, ô toi dont le cœur ne bat plus [...].
Paroles à dire sur un pilier [*djed*] en or suspendu par de la fibre de sycomore [arbre d'Hathor], humecté avec de la sève de la plante *ânkh-imy*, placé au cou du bienheureux, le jour de l'enterrement.

Le Livre des morts, chap. 155, trad. P. Barguet, *op. cit.*, p. 224. © Éditions du Cerf, Paris.

La technique de l'envoûtement est éternelle et universelle. L'Égyptien prend une icône de l'ennemi à tuer ou du gibier à capturer et il la crible de flèches, de pointes, il la brûle, il la jette au cimetière.

À dire sur la figure en cire de l'ennemi dont il s'agit [...]. Enterrer ensuite au cimetière.

P. Lacau, *Sarcophages antérieurs au Nouvel Empire*, 1905, vol. II, t. 1, n° 23.089.

Le célèbre thème littéraire de l'apprenti-sorcier vient de la magie égyptienne du verbe et de l'image. Lucien imagine un magicien égyptien, Pancratès, capable, avec des formules, de transformer un balai ou un pilon recouvert d'habits en une sorte d'homme capable de marcher, de faire le marché.

Le lendemain, ce mage étant allé à la place pour traiter quelque affaire, je pris le pilon, je l'habillai comme faisait l'Égyptien, je prononçai les trois syllabes et lui ordonnai d'apporter de l'eau. Quand il eut rempli l'amphore et me l'eut apportée,
— C'est assez, lui dis-je, n'apporte plus d'eau et redeviens pilon.
Mais, sans vouloir m'obéir, il en apportait toujours, tant et si bien qu'à force d'en puiser il eut inondé notre maison.

Lucien de Samosate, *Philopseudès* (IIe s.), in *Œuvres complètes*, Hachette, 1857.

Au IVᵉ s. av. J.-C., les Égyptiens produisent des amulettes et des stèles qui représentent des divinités dites panthées. Autrement dit, elles figurent plusieurs dieux, accumulant en une seule personne des attributs multiples : sceptres, couronnes, couteaux, ailes.

- LA MAGIE PAR LE GESTE développe le rituel. Osiris, dans le mythe, ressuscite autant par les formules que par les gestes d'Isis et de Nephthys, ses sœurs. Le sculpteur, le peintre, le lapicide pratiquent souvent de la magie par le geste. Comme Ptah, « le Sculpteur », ils créent. Qui représente crée.

- LA MAGIE PAR LA PENSÉE fait intervenir la seule force mentale, par exemple l'évocation, la colère. Mais tout n'est-il pas force mentale ?

Le magicien égyptien et ses exploits sont connus par la Bible et les contes.

Aaron jeta devant Pharaon et ses courtisans son bâton qui se transforma en serpent. Pharaon [Ramsès II ?], à son tour, convoqua les sages et les enchanteurs. Et les magiciens d'Égypte, eux aussi, accomplirent, par leurs sortilèges, le même prodige. Ils jetèrent chacun son bâton qui se changea en serpent, mais le bâton d'Aaron engloutit ceux des magiciens. [...] Moïse et Aaron agirent comme l'avait prescrit YHWH. Il leva son bâton et, aux yeux de Pharaon et de ses courtisans, il frappa les eaux du Fleuve. Et toute l'eau du Fleuve se changea en sang. Les poissons du Fleuve crevèrent et le Fleuve en fut empuanti au point que les Égyptiens ne pouvaient plus en boire l'eau. Il y eut du sang partout en Égypte. Mais les magiciens d'Égypte, par leurs sortilèges, en firent autant.

Exode, VII, 10-22.

Les contes disent aussi les exploits des magiciens, mais sur le mode fantastique. Dans les récits populaires, le magicien peut métamorphoser n'importe quoi en n'importe quoi, redonner vie, créer une statue de cire obéissant à tous les ordres, etc. Rien d'ésotérique : des fantasmes. Le conte intitulé *Le Roi Chéops et les Magiciens*[1] (XVIIIᵉ dynastie) décrit comment une image de crocodile en cire se métamorphosa en un véritable crocodile qui happa un page.

Qui est magicien en Égypte ? le livre biblique de l'Exode le dit : les *hartum*, autrement dit, en égyptien : les *her-tep*, littéralement « ceux qui sont sous le rouleau », à savoir les prêtres-lecteurs chefs, et les prêtres-lecteurs *(khéri-heb)*, ceux qui ordonnent les cérémonies religieuses en fonction du rituel et qui récitent les hymnes sacrés, tête rasée, drapés dans une peau de léopard. Cela signifie bien que la magie est sacerdotale et verbale. Mais il existe aussi — comme pour les initiés — des magiciens spontanés, extérieurs au temple. On les appelle *hkay*, « ceux qui appartiennent à *héka* (magie) », *saw*, « ceux qui utilisent la *sa* (amulette) ».

---

1. G. Lefèvre, *Romans et Contes égyptiens de l'époque pharaonique*, 1949, p. 74 *sqq.*

La médecine occulte

L'Égyptien attribue la maladie à l'intervention d'esprits mauvais (dieux malveillants, démons, revenants, sorciers) ou à une perturbation des constituants de l'homme ou encore à des causes naturelles (faim, noyade...). Les parties du corps entrent en correspondance avec les dieux.

Le § 54 du *Papyrus Ebers*, consacré à la médecine, distingue trois espèces de praticiens : 1) le *saunu* (« porteur du rouleau de papyrus »), médecin qui pratique en se fondant sur les livres et l'expérience ; 2) l'*uabu* (« pur »), prêtre de Sekhmet, la déesse-lionne responsable des épidémies, qui dispense une médecine religieuse ; 3) le *saw* (« enchanteur »), incantateur ou rebouteux qui utilise des procédés magiques, les amulettes. Les livres proviennent des prêtres, parfois par des scribes. Si le *Papyrus Ebers* est objectif, le *Papyrus Hearst* et le *Papyrus de Berlin* se veulent magiques.

Le médecin emploie en priorité des incantations.

Je suis sorti d'Héliopolis avec les Grands des temples [les dieux], ceux qui détiennent la protection, les seigneurs de l'éternité [...]. Ils m'ont donné leur protection ; j'ai les formules qu'a faites le Maître Universel [le dieu Rê, patron de la monarchie de l'Ancien Empire] pour faire disparaître la douleur causée par un dieu ou une déesse, par un mort ou une morte [...], et qui est dans ma tête, dans mes vertèbres, dans mes épaules, dans ma chair, dans mes membres, et pour punir le démon, chef de ceux qui ont fait que la maladie a pénétré dans ma chair et mes membres [...].

La formule magique est puissante sur le remède. Répète-la. [...]
J'appartiens à Rê. Il a dit :
– C'est moi qui protégerai le malade contre ses ennemis.
Ce sera Thoth son guide, lui qui fait parler les écrits et qui est l'auteur des formules ; il donne l'habileté aux savants et aux médecins-magiciens, ses disciples, pour soulager de la maladie...

Papyrus Ebers (1540 av. J.-C.) : B. Ebbel, *The Papyrus Ebers*, Copenhague, 1937.

Le guérisseur utilise la formule de bien des façons. Le transfert consiste à déplacer magiquement et verbalement le mal, grâce à une formule, de l'homme jusqu'à un animal placé à proximité, comme Jésus faisant passer le démon dans un porc (Matthieu, VIII, 33). Dans l'assimilation, le magicien déclare que son patient (ou lui-même) est un dieu, de sorte qu'il peut ordonner au mal ou rendre invulnérable.

Charme pour chasser la migraine.
La tête d'un tel, fils d'une telle, est la tête d'Osiris Onnophris, sur la tête de qui furent placés trois cent soixante-dix serpents divins, qui crachent des flammes, pour te contraindre à abandonner la tête d'un tel, fils d'une telle, de la même façon que la tête d'Osiris.

Papyrus Chester Beatty, V, 4, trad. partielle S. Sauneron, apud *Le Monde du sorcier*, Éditions du Seuil, coll. « Sources orientales », n° 7, 1966, p. 37. © Éditions du Seuil, Paris.

Le moyen par excellence consiste à se référer au mythe. Le médecin assimile le malade ou le membre atteint à une divinité (Horus). Ou bien le médecin s'identifie à une divinité (Isis).

> Mes mains sont posées sur cet enfant. Les mains d'Isis sont posées sur lui de la même manière qu'elle posa ses mains sur Horus.

Ainsi fonctionnent, dès 1000 av. J.-C., les stèles guérisseuses. Le patient buvait de l'eau qui avait coulé sur les représentations divines ou sur les textes magiques. Il absorbait l'énergie de l'icône ou du verbe. En général, l'ensemble renvoyait au mythe d'Horus, sauvé par sa mère, ici de quelque animal dangereux.

La menace incluant les dieux [1] ou tout mauvais esprit va plus loin. On l'a déjà rencontrée à propos de la magie. La menace dit que si la maladie ne cesse pas, des catastrophes vont se produire, qui entraîneront le malheur même de celui qui a provoqué le mal, même si c'est un dieu. L'effet du mal se retourne contre l'origine du mal, et les effets sont terribles, ils se répandent. La parole fait revenir à l'état antérieur à la maladie.

> Si l'épouse d'Horus était mordue par un reptile, il ne serait plus permis à la crue d'arroser ses rives ; il ne serait plus permis au Soleil d'éclairer la Terre, ni au blé de pousser ; il ne serait plus possible de fabriquer du pain, ni de brasser des cruches de bière pour les 365 dieux qui auraient faim la nuit et auraient faim le jour comme la nuit où Osiris fut mis en terre.

Papyrus de Turin, 137, trad. F. Lexa, *La Magie dans l'Égypte antique de l'Ancien Empire jusqu'à l'époque copte*, 1925, t. 2, p. 50, rééd. P. Geuthner, 1953.

L'exécration lance une malédiction sur le méchant ou le mal.

Outre l'incantation, la médecine occulte utilise les médicaments à base de magie sympathique, pommades, cataplasmes. A basse époque, les plantes astrologiques gagnent la faveur des médecins. Déjà, les médecins distribuaient les remèdes les jours fastes.

> Le roi Néchepso, tout homme fort sensé qu'il était et en possession de tout pouvoir magique, n'a cependant point reçu de quelque voix divine aucun des secrets que tu veux apprendre : doué d'un naturel sagace, il avait compris les affinités des pierres et des plantes avec les astres, mais il n'avait pas connu les moments et les lieux où il faut cueillir les plantes. Or la croissance et le dépérissement de tous les fruits de la saison dépendent de l'influx des astres ; en outre, l'esprit divin, que son extrême subtilité fait passer à travers toute substance, se répand en particulière abondance dans les lieux qu'atteignent successivement les influx astraux au cours de la révolution cosmique.

Vision du médecin Thessalos, trad. du grec A.-J. Festugière, « L'Expérience religieuse du médecin Thessalos », *Revue biblique*, 1939, t. 48, p. 45 *sqq*.

---

1. S. Sauneron, « Aspects et sort d'un thème magique égyptien : les menaces incluant les dieux », *Bulletin de la Société française d'égyptologie*, 1951, t. VIII, p. 11-21.

Dans les temples, l'incubation joue un rôle médical. Des onirocrites interprètent les songes envoyés par les dieux guérisseurs.

Peuple traditionnel, les Égyptiens suivent aussi les techniques antiques. Selon le mythe du livre découvert, certaines sont présentées comme des écrits découverts miraculeusement dans un temple, une pyramide.

Les médecins sont rétribués par les fonds publics et ils administrent leurs soins selon une loi écrite rédigée d'après de nombreux médecins célèbres des anciens temps. S'ils suivent les règles qu'ils ont lues dans le livre sacré et n'arrivent cependant pas à sauver leur patient, ils sont exempts de tout blâme et on ne les poursuit pas en justice. Mais s'ils font quoi que ce soit contrairement à la lettre de la loi, ils sont soumis à un jugement et encourent la mort.

Diodore de Sicile, *Bibliothèque historique*, I, 82, 3, trad. du grec, éd. cit., p. 154. © Les Belles Lettres, Paris.

L'Égyptien fait usage de certaines plantes.

Tu auras recours alors à la médication secrète des plantes qu'a coutume de pratiquer un médecin en pareil cas.

Papyrus Ebers, n° 188, trad. partielle G. Lefebvre, *Essai sur la médecine égyptienne de l'époque pharaonique*, PUF, 1956, p. 23.

L'alchimie gréco-égyptienne

Les alchimistes appellent leur art « l'art sacré de l'Égypte » et font parfois dériver le mot de l'ancien nom de l'Égypte, Chémia (Χημία) [1]. Zosime de Panopolis proclame :

Tout le royaume d'Égypte, ô femme, subsiste grâce à ces deux arts, celui des minerais obtenus par chance et celui des minerais naturels. En effet, l'art qu'on appelle divin, c'est-à-dire l'art dogmatique, auquel s'adonnent tous ceux qui se livrent à la recherche de tous les produits artificiels et des nobles techniques, je veux dire des quatre qui sont réputées effectives, n'a été concédé qu'aux prêtres. Quant au traitement des minerais naturels, il était monopole royal [...]. On reproche aux Anciens et surtout à Hermès de ne les [les recettes secrètes des teintures : or et argent, pierres précieuses et étoffes] avoir publiées ni ouvertement ni en secret et de n'y avoir fait aucune allusion. Seul Démocrite [Bôlos de Mendès] les a exposées dans un ouvrage et il en a fait mention. Quant à eux [les Égyptiens], ils les gravèrent sur leurs stèles dans les ténèbres et les profondeurs des temples en caractères symboliques — et ces teintures elles-mêmes et la chorographie de l'Égypte.

Zosime de Panopolis, *Livre premier du compte final* (vers 250), trad. du grec A.-J. Festugière, *La Révélation d'Hermès Trismégiste*, éd. cit., t. 1, p. 275-278. © Les Belles Lettres, Paris. Autre trad. : *Les Alchimistes grecs*, t. 4 : *Zosime de Panopolis. Mémoires authentiques*, Les Belles Lettres, coll. « Budé », 1995, CLXXII-299 p.

L'alchimie relève autant de la Grèce que de l'Égypte. Le fondateur en est Bôlos de Mendès, le pseudo-Démocrite, vers 100 av. J.-C. Il a écrit un traité intitulé *Matières physiques et Mystiques* (Φυσικὰ καὶ Μυστικά).

---

[1]. Plutarque, *Isis et Osiris*, 33.

On est loin de l'Égypte antique, pourtant cette alchimie a pris une expression proprement égyptienne, ainsi dans ce texte :

> Isis la prophétesse, à son fils Horus :
> — Tu devrais t'éloigner, mon enfant, et aller combattre contre l'infidèle Typhon [Seth], pour le trône de ton père [Osiris]. Moi-même, m'étant rendue à Hermonthis, ville où l'on cultive l'art sacré de l'Égypte [l'alchimie], j'y ai passé un certain temps. D'après le cours des circonstances, et la révolution nécessaire du mouvement des sphères, il arriva que l'un des anges qui résident dans le premier firmament, m'ayant contemplée d'en haut, voulut s'unir à moi. Il s'avança, se disposant à en venir à son but. Mais je ne lui cédai point, voulant apprendre de lui la préparation de l'or et de l'argent. Comme je l'interrogeais là-dessus, il me dit qu'il ne lui était pas permis de s'expliquer à cet égard, vu la haute importance de ces mystères, mais que, le jour suivant, il viendrait un ange plus grand, l'ange Amnaël. Et celui-là serait en état de me donner la solution de la question.
>
> *Isis à Horus*, trad. M. Berthelot, *Collection des anciens alchimistes grecs* (1888), rééd. Osnabrück, 1967, 3 t.

L'alchimie gréco-égyptienne consiste essentiellement en un traitement occulte des « quatre teintures », l'or, l'argent, les pierres précieuses, le porphyre. Elle dérive de l'intention, droite, au double sens du mot, honnête et rapide, de faire un « art du bijoutier et du teinturier fantaisie centré sur l'idée de sympathie universelle » (R. Halleux).

Si Bolôs de Mendès est plutôt un occultiste, Zosime de Panopolis est un authentique ésotériste, dont les journées sont remplies de visions, qui laisse des écrits susceptibles de lectures à plusieurs niveaux.

FIGURES DE L'ÉSOTÉRISME ÉGYPTIEN

LE GRAND-PRÊTRE	LE PHARAON	L'ARTISTE	L'ALCHIMISTE
ex. : **Pétosiris**	ex. : **Thoutmès III**	ex. : **Imhotep**	ex. : **Zosime**
moyen : mythes/rites	moyen : le pouvoir	moyen : formes	moyen : teintures
fin : la connaissance	fin : la vie	fin : projection	fin : mutation

L'ATONISME

Dans la longue continuité de l'Égypte, le Pharaon Akhénaton introduit une révolution, en 1375 av. J.-C. (?), l'an IV de son règne. Il met comme divinité suprême, non plus Amon, mais Aton. Aton est le disque solaire. Akhénaton remplace le polythéisme par le monothéisme. Il prend un nouveau nom : il s'appelait Aménophis IV, « Amon est satisfait », il s'appellera désormais Akhénaton, « Splendeur d'Aton ». Il déplace la capitale de Thèbes à Akhétaton, « Horizon du Disque solaire », ville qu'il fait construire. En art, il remplace le style idéaliste par le style naturaliste.

Qu'y a-t-il d'ésotérique en cela ? De prime abord, on ne voit rien d'ésotérique, au contraire, puisque Amon, « le Caché », « le Mystérieux » est remplacé par Aton, manifestation visible de Rê, puisque le sanctuaire laissé dans l'ombre fait place à des sanctuaires non couverts. Akhénaton a proposé une mystique, pas un ésotérisme.

L'ART ÉSOTÉRIQUE

La statue est un double de l'homme. Ce qu'est le masque à l'Africain, la statue l'est à l'Égyptien.
Célèbres sont les **statues égyptiennes** [1]. Statues très spéciales.

Ce sont des statues pourvues d'une âme, conscientes, pleines de souffle vital, et qui accomplissent une infinité de merveilles ; des statues qui connaissent l'avenir et le prédisent par les sorts, l'inspiration prophétique, les songes et bien d'autres méthodes, qui envoient aux hommes les maladies et qui les guérissent, qui donnent, selon nos mérites, la douleur et la joie. [...]
Nos premiers ancêtres [...] inventèrent l'art de faire des dieux ; puis, l'ayant trouvé, ils y attachèrent une vertu appropriée, qu'ils tiraient de la nature matérielle ; et, mêlant cette vertu à la substance des statues, comme ils ne pouvaient créer proprement des âmes, après avoir évoqué des âmes de démons ou d'anges, ils les introduisirent dans leurs idoles par des rites saints et divins, en sorte que ces idoles eussent le pouvoir de faire du bien et du mal.

Corpus Hermeticum, XIX : *Asclépius*, 24 et 37, éd. cit., t. 2, p. 326, 347. © Les Belles Lettres, Paris.

Ces statues peuvent avoir un rôle oraculaire, pour énoncer une vérité ou une prédiction. La statue d'Horus-Rê désigne, par ses mouvements ou par ceux de la barque qui la porte en procession, le pharaon ; dans ce cas, ce sont les mouvements imperceptibles des prêtres porteurs qui, comme dans les séances spirites, décident. La statue peut, au sens propre, parler ; cette fois — on l'a signalé — il y a supercherie ou habileté. Des prêtres utilisent la ventriloquie [2] ou bien des tuyaux.

Les *oushebti* sont des statuettes mortuaires, semblables à des momies, censées faire à la place du mort les travaux nécessaires dans l'au-delà. Le *ba* (âme) pouvait se conserver dans une statue de la personne décédée. En magie, la statue peut servir de substitut ; par exemple, en brisant la statue de l'adversaire, on brise l'adversaire. Des récits ésotériques disent que certains prêtres savent animer des statues pour leur faire exécuter des gestes à la place de l'homme, ou pour proférer des oracles, ou pour servir d'amulettes. Cette magie s'appelle « télestique » chez les Grecs [3]. Dans

---

1. Mme Weynants-Ronday, *Les Statues vivantes*, Éditions de la Fondation égyptologique Reine-Élizabeth, Bruxelles, 1926.
2. Ventriloquie : Strabon, *Géographie*, XVII, 43. Tuyaux : Leclant, apud *La Divination*, PUF, 1968, t. 1, p. 14.
3. Proclus, *Commentaire sur le « Timée »*, I, 51, 25 ; III, 6, 13 et 155, 18, trad. du grec, Vrin, 5 vol., 1966-1968. Voir E. R. Dodds, *Les Grecs et l'Irrationnel* (1959), trad. de l'anglais, Flammarion, coll. « Champs », n° 28, 1977, p. 289-309.

une statue creuse, on met soit un nom sacré, une formule, une pierre gravée, soit un symbole, un parfum par exemple ou une plante, en relation analogique avec le dieu représenté dans « l'idole ». Le principe métaphysique sur lequel s'appuie la télestique est la théologie de Memphis, la création par la pensée et le verbe.

Ainsi furent créés tous les travaux et tous les artisans, les actions des mains et la marche des jambes, les mouvements de chaque membre, conformément à l'ordre qui fut conçu par le cœur et extériorisé par la langue et qui ne cesse de façonner la signification de toute chose. [...]
Il [Ptah] a donné naissance aux dieux. Il a fait les villes. Il a fondé les nomes. Il a placé les dieux dans leurs sanctuaires. Il a fait prospérer leurs offrandes. Il a fondé leurs chapelles. Il a fabriqué leurs corps selon le souhait de leurs cœurs ; et les dieux purent pénétrer dans leurs corps faits de bois de toutes essences, de pierres de toutes sortes, d'argile, ou de toutes autres choses qui croissent sur lui, et en lesquelles ils se manifestèrent. Ainsi furent rassemblés auprès de lui tous les dieux et leurs *ka* [forces vitales], satisfaits et unis au Seigneur du Double Pays [Ptah royal].

Document de théologie memphite, trad. Claire Lalouette, *op. cit.*, t. 2, p. 28. © Gallimard, Paris.

Les monuments égyptiens sont un livre ésotérique. Ils contiennent une cosmologie et une cosmogonie, une géographie et une histoire. Imhotep a construit les premières pyramides ; Imhotep est l'architecte des colosses de Memnon et de Karnak, du temple de Louxor. Les monuments les plus ésotériques sont, bien sûr, les pyramides, les temples.

Comment un monument est-il œuvre d'ésotérisme ? Cela peut passer par l'écriture, par les murs couverts de hiéroglyphes, mais, dans ce cas, l'ésotérisme ne relève pas de l'architecture. Il faut plutôt interroger le langage artistique : les peintures, les sculptures, les architectures, les gravures ; et leurs signes plastiques : couleurs et valeurs, lignes et figures, nombres et proportions, éléments, thèmes et motifs, axes et profils...

À quels codes le monument obéit-il ? L'ésotériste René Schwaller de Lubicz [1] s'est penché sur le sujet. Pour lui, « tout dans l'architecture du temple pharaonique est motivé par une raison symbolique, devenant didactique par l'observation stricte d'un canon ésotérique » (*Le Temple de l'Homme. Apet du Sud à Louqsor*, 1977, t. 1, p. 655). Cet auteur a découvert quelques procédés d'occultation. 1) La construction simultanée sur plusieurs axes. 2) La transparence. « Si le mur était de verre, on pourrait voir par exemple, tracé au verso, un signe ou une figure venant remplir un vide laissé au recto. » 3) La transposition. Les figures des bas-reliefs d'une paroi sont en rapport avec celles qui sont de l'autre côté de ce même mur. « Les compléments d'une idée, énoncée dans une salle où celle-ci est développée, sont donnés dans une autre salle, ou chambre consacrée à un autre développement. L'accord entre les deux thèmes se

---

1. R. Schwaller de Lubicz, *Le Temple de l'Homme* (1949), Dervy-Livres, 1979, p. 38-39, 92-93.

fait par un élément commun, et crée un enchaînement qui explique le sens réel (ésotérique). » 4) La juxtaposition d'images.
Quelles clefs permettent de comprendre l'art ésotérique d'Égypte ?
• LES FIGURES ET LES NOMBRES [1] : clefs mathématiques. Ces clefs sont données comme ésotériques.

> Pythagore a appris des Égyptiens les Nombres et les Mesures, et, stupéfait de la sagesse digne de foi, spécieuse et difficile à communiquer des prêtres égyptiens, dans un désir d'émulation, il a prescrit aussi la loi du silence et enjoint à qui veut apprendre de méditer en repos dans des temples souterrains.
>
> Pseudo-Hippolyte de Rome, *Réfutation de toutes les hérésies*, I, 2, 18.

Ici entre en jeu la « pyramidologie », la science des **pyramides égyptiennes**. La question commence avec l'éditeur John Taylor et son ami l'astronome Ch. Piazzi Smyth, en 1865, sur une base mathématique *(Our inheritance in the Great Pyramid)*. Les deux hommes partent des relevés effectués par H. Wyse, le premier Occidental à pénétrer dans la Grande Pyramide, avec une technique bien occidentale : la dynamite. On peut faire dire n'importe quoi aux nombres si l'on n'a pas les mesures exactes, si l'on prend pour unité tel pied ou telle coudée. La hauteur de la Grande Pyramide, qui n'eut jamais de pointe à son sommet, atteignait 146,59 mètres, ce qui représenterait le billionième de la distance Terre-Soleil (149 597 870 km) ; mais est-ce assez précis ? et comment les Égyptiens auraient-ils su cette distance ? et pourquoi choisir cette pyramide plutôt qu'une autre et cette distance plutôt qu'une autre ? Autres miracles [2] : le demi-périmètre (460,72) divisé par la hauteur (146,59) donne le nombre (3,14) ; quand on divise la surface de base (53 000 mètres carrés) par la surface latérale et la surface latérale par la surface totale, on obtient le nombre d'or (1,618) ; le méridien qui passerait par Chéops traverserait le maximum de continents pour le minimum de mers et diviserait en deux parties égales les terres habitées.

Tant qu'à chercher le mystère, cherchons-le au bon endroit. Un occultiste se fourvoie autant qu'un scientiste, même si les voies diffèrent, l'un croyant à tout, l'autre ne croyant à rien. Quelles proportions interviennent ? Quels symbolismes sont en jeu ? Les Pyramides *(mer)* sont construites sur la base du triangle de côtés 3-4-5, dit « triangle isiaque » ou « triangle d'or ». On a là des nombres entiers et successifs. Plutarque donne une interprétation pythagoricienne, car Pythagore vénérait ce triangle (Jamblique, *Vie de Pythagore*, 130).

Ce triangle [d'or] a pour hauteur 3, pour base 4 et pour hypothénuse 5, le carré de l'hypothénuse étant égal à la somme des carrés des deux autres côtés. On peut

---
1. E. Iversen, *Canon and Proportions in Aegyptian Art* (1955), Westminster, 1975.
2. Miracles relevés par l'abbé T. Moreux (*La Science mystérieuse des pharaons*, G. Doin, 1924, 236 p.).

donc comparer le petit côté de l'angle droit pris comme hauteur au mâle, l'autre côté pris comme base à la femelle, l'hypoténuse à leur enfant, et considérer de même Osiris comme le principe, Isis comme son réceptacle et Horus comme leur résultante. En effet, 3 est le premier nombre impair et parfait, 4 le carré du premier nombre pair (2), et 5, qui est le composé de 3 et de 2, tient à la fois de son père et de sa mère.

Plutarque, *Isis et Osiris*, 56, trad. du grec C. Froidefond, Les Belles Lettres, 1988.

On trouve dans le triangle isiaque les nombres 12 (3 + 4 + 5) et 6 (surface).

L'unité de longueur des Pyramides égyptiennes est la « coudée royale », qui vaut 0,5236 m [1], soit 0,524 m par excès. On peut diviser la coudée royale en 2 pieds (0,2618), en 7 palmes ou en 28 doigts. Pourquoi le nombre 0,524 ? C'est la somme des côtés du triangle rectangle royal 1-2-$\sqrt{5}$: 1 + 2 + 2,2360 = 5,2360. La coudée royale contient le nombre d'or, puisque 2,618 − 1 = 1,618.

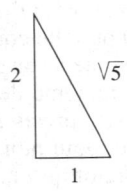

LE TRIANGLE RECTANGLE ROYAL (1-$\sqrt{5}$)

Chéops, la Grande Pyramide de Gizeh, mesure 280 coudées de haut pour 440 de côté (230,36 m en moyenne). Le nombre de ses marches devait tourner autour de 220, mais combien exactement, on l'ignore. Je parie pour 220 : moitié de 440 (mesure du côté) et double de 110 (11 est le symbole de la démesure, le dépassement du 10, le passage au-delà). Les Égyptiens utilisaient la numération décimale.

Quant aux Pyramides d'Égypte, il faut en terminer avec ce par quoi il faut commencer. Revenons à la stupéfaction que l'on ressent quand on les voit pour la première fois, les pieds dans le sable, la sueur au cou. Où sont-elles construites ? À la limite de la terre et du sable, sur le rebord du plateau désertique, autrement dit, horizontalement, elles se placent à la charnière de la vie et de la mort. On comprend qu'elles abritent des sépultures de pharaons, de reines et qu'on y suppose (sans preuve) le

---

1. *The Rhind Mathematical Papyrus*, trad. A. B. Chase, Londres, 1927-1929.

déroulement d'initiations. D'autre part, comment se présentent-elles, horizontalement cette fois ? Comme de grandioses monuments de pierres, avec en bas quatre côtés égaux, avec au milieu quatre faces triangulaires qui vont s'amenuisant vers le haut, avec en haut un seul sommet ; la Pyramide, tétraèdre parfait, passe ainsi du quatre (les côtés) au trois (les triangles) et du trois au un : elle rassemble la multiplicité terrestre en unité céleste, elle s'élance vers l'union, elle projette le mort vers la vérité de l'au-delà et le vivant vers la lumière du Soleil. Les arêtes sont comme des rayons de pierre propulsant l'âme vers les astres. Les *Textes des Pyramides* (§ 523) disent : « Le ciel a fortifié pour toi les rayons du Soleil pour que tu puisses te soulever jusqu'au ciel comme l'œil de Rê. » Les Égyptiens peuvent donner, alors, des fonctions [1] plus précises à la pyramide : représentation de la butte primordiale que créa le démiurge, rayon solaire, échelle vers le ciel... Comme la ziggourat mésopotamienne, la pyramide égyptienne forme un système astral (plus qu'astronomique, moins qu'astrologique), qui donne la mesure de l'homme et du monde et leurs relations, le moyen de les dépasser. C'est une mesure pour la démesure.

• LES COULEURS ET LES FORMES : clefs physiques. Les Égyptiens n'utilisent guère que trois couleurs, le vert, le bleu, le noir. Les hiéroglyphes sont verts, comme les papyrus, comme la végétation. Osiris est peint en vert : il est dieu de la flore, de l'agriculture, alors qu'Amon, dieu du souffle, de l'air, est bleu azur. Anubis, dieu de la résurrection, est noir.

• L'ORIENTATION [2] : clef astrologique. Le pharaon traçait la ligne des murs extérieurs des temples à partir de l'observation des étoiles de la Grande Ourse. La Grande Pyramide est parfaitement axée nord-est (90°3'), nord-ouest (89°59'), sud-est (89°56'), sud-ouest (90°0'). Le temple de Karnak est orienté d'après le lever du Soleil au solstice d'hiver. La Maison de Vie *(Per ankh)* obéit à ce symbolisme pour son orientation selon les quatre orients et pour la dédicace des angles : Isis est l'angle nord-est, Nephthys l'angle sud-est, Thoth l'angle sud-ouest, Horus l'angle nord-ouest.

La Maison de Vie. À Abydos, elle se compose de quatre corps [...]. Isis est d'un côté, Nephthys d'un autre, Horus d'un côté, et Thoth de l'autre. Ce sont les quatre coins. Geb [la Terre] est le sol, Nout [le Ciel] le plafond. Les quatre corps exté-

---

[1]. « Les Égyptiens ont voulu y voir une évocation du tertre émergé de l'Océan primordial lors de la création, un symbole solaire semblable à la pierre sacrée d'Héliopolis, l'escalier qui permettait au roi défunt de gagner le ciel » (J.-P. Corteggiani). Les non-Égyptiens ont, eux, élaboré des thèses fort différentes sur la fonction de la Grande Pyramide : manifestation de la puissance du roi (Aristote), centre d'archives (Ammien Marcellin), grenier à blé (Benjamin de Tudèle, en 1173), balise pour l'Arche de Noé, centre d'initiation (abbé Terrasson, 1731), observatoire astronomique, exercice de géométrie dans l'espace, repère géodésique pour tracer les limites après les inondations du Nil, somme des connaissances occultes (Guénon, 1936), base pour extraterrestres...
[2]. M. Baistrocchi, *Aspects de la géographie sacrée. L'Orientation solsticiale et équinoxiale dans l'ancienne Égypte*, Arché, Milan, 1981, 76 p.

rieurs sont de pierre et entourent complètement. Le sol est de sable. L'extérieur est percé de quatre portes en tout : l'une est au Sud, l'autre au Nord, la troisième à l'Ouest et la quatrième à l'Est. La Maison de Vie doit être très secrète, mystérieuse et invisible. Seul le disque solaire voit en son mystère... Le grand dieu caché [Amon] repose à l'intérieur.

Papyrus Salt 825, VI, 6-9 : Ph. Derchain, *Le Papyrus Salt 825. Rituel pour la conservation de la vie en Égypte*, Bruxelles, 1965.

Le principe général de l'ésotérisme égyptien en matière de monument se formule ainsi : le monument est microcosme (image réduite du monde) ou méganthrope (image agrandie de l'homme). Le temple, dit le *Papyrus magique Harris* (25, 12 ; vers 1150 av. J.-C.), est « comme le ciel qui est avec le Soleil ». Au bas du temple figurent les plantes et les porteurs d'offrandes ; au sommet des colonnes, on découvre des faucons. Le temple, par sa structure même, sert de modèle d'initiation.

Le dieu Ptah protège les artisans. Il crée par la pensée et par la parole. L'art égyptien est un art de pensée (de cœur) et de parole (de verbe).

En Égypte, la musique et la danse relèvent de la déesse Hathor, déesse-mère, figurée comme une vache coiffée du disque solaire. Hathor et donc la musique et la danse favorisent la fécondité féminine (par la vache) et la puissance masculine (par le Soleil).

RÉSURGENCES

L'Égypte est bien une momie destinée à la résurrection.

Les ésotéristes ont toujours refusé la mort de l'Égypte. Elle a vocation à l'immortalité. L'Égypte ésotérique continue donc.

L'ésotérisme égyptien et l'ésotérisme grec se fiancent sur le mode imaginaire ou sur le mode historique. L'idée se répand qu'Orphée a importé en Grèce les Mystères depuis l'Égypte (Diodore de Sicile, *Bibliothèque historique*, I, 23 et 96 ; IV, 25), que Déméter, la déesse d'Éleusis, équivaut à Isis (Hérodote), que Pythagore a vécu en Égypte [1].

Les Mystères égyptiens, en Grèce et à Rome, ont fait voyager Osiris et Isis en Occident [2]. Commence alors pour Isis une nouvelle vie.

Divers auteurs ont essayé de montrer dans les mythes égyptiens une transposition des opérations alchimiques. Dom Pernéty fut le plus illustre, avec ses *Fables égyptiennes et grecques dévoilées et réduites aux mêmes principes, avec une explication des hiéroglyphes et de la guerre de Troye* (1786).

Même les astrologues, qui doivent pourtant tout à la Mésopotamie, revendiquent une filiation égyptienne.

---

1. Pythagore en Égypte (à Thèbes) : Diogène Laërce, § 3 ; Porphyre, *Vie de Pythagore*, 7 ; Jamblique, *Vie de Pythagore*, 19.
2. F. Cumont, *Les Religions orientales dans le paganisme romain* (1905), P. Geuthner, 1963, p. 70 *sqq*. R. Turcan, *Les Cultes orientaux dans le monde romain*, Les Belles Lettres, 1989, p. 77 *sqq*.

Ce n'est pas un désir sacrilège ou l'ardeur d'une curiosité profane qui m'a poussé à cette étude ; mais mon esprit, sous l'influence d'une céleste inspiration, a tenté d'exposer tout ce qu'il avait appris pour porter jusqu'aux temples de la roche Tarpéienne tout ce que les divins Anciens ont découvert dans les chambres secrètes des sanctuaires de l'Égypte.

Firmicus Maternus, *Mathesis*, VII, préf., trad. du grec A.-J. Festugière, *Trois dévots païens*, La Colombe, 1944.

Les Francs-Maçons ont développé de nombreux rites « égyptiens »[1]. Le plus célèbre demeure le Rite Égyptien de Cagliostro. On comprend pourquoi. Le symbolisme architectural intéresse et les Égyptiens et les Francs-Maçons.

La Rose-Croix n'est pas en reste. Michael Maier fait naître la Rose-Croix en Égypte (*Silentium post clamores*, 1617). H. S. Lewis, le fondateur en 1909 de l'AMORC, une branche américaine de la Rose-Croix, affirme en toute sérénité et en grande publicité que sa Rose-Croix remonte à Thoutmès III (1482 av. J.-C.)[2] ou Aménophis IV. C'est l'époque où les savants redécouvrent ce pharaon. Mais en guise d'argument, Lewis se contente de dire : indiscutable.

L'ordre rosicrucien AMORC est un mouvement fraternel mondial, une organisation d'hommes et de femmes évolués qui savent profiter des possibilités qu'offre la vie par l'emploi sain et rationnel de leur patrimoine de connaissances ésotériques et par l'utilisation des facultés dont ils sont doués en tant qu'êtres humains. [...]

Les traditions rosicruciennes qui se sont transmises de bouche à oreille et celles dont il est si souvent question dans certains ouvrages bibliographiques disent que l'Ordre [AMORC] tire son origine de l'une des écoles de mystères de sagesse secrète, de l'ancienne Égypte, à l'époque de la dix-huitième dynastie, sous le règne du pharaon Aménophis IV, vers 1350 avant l'ère chrétienne. Son symbolisme et ses rituels, d'un intérêt puissant, le rattachent indiscutablement à la sagesse éclairée des Égyptiens et des grands centres d'études des anciens pays orientaux.

La Maîtrise de la vie. Documentation privée publiée sous l'égide de l'Ancien et Mystique Ordre Rosae Crucis, Villeneuve-Saint-Georges, 1966, p. 15.

---

1. Ordre des Architectes d'Afrique (1767, baron d'Eckhoffen, Allemagne), Rite des Philalèthes (1775, J. P. Savalette de Lange), Rite des Philadelphes de Narbonne (1780, F. de Chefdebien d'Aigrefeuille), Rite Égyptien (1785, Cagliostro), Rite de Misraïm (1815, M. Bédarride), Rite de Memphis (1838, J. Ét. Marconis de Nègre), Rite de Memphis-Misraïm, Rite Oriental Ancien (1947, J. H. Probst-Birat). Cagliostro, *Rituel de la Maçonnerie égyptienne* (1785), Cahiers astrologiques, Nice, 1948, 143 p. J. Ét. Marconis de Nègre, *Le Sanctuaire de Memphis*, 1840.
2. R. M. Lewis, *Histoire complète de l'Ordre de la Rose-Croix* (1916), trad. de l'anglais, Éditions rosicruciennes. H. S. Lewis, *La Vie mystique de Jésus* (1929), chap. 11, trad. de l'anglais, Robert Laffont, coll. « Écrits ésotériques », 1972, 250 p. S. Devi, *Akhénaton fils du soleil*, trad. de l'anglais, Éditions rosicruciennes, 1989, 382 p. H. S. Lewis, qui aime la plaisanterie, se dit « membre de l'ashrama essénienne des Indes et légat en Amérique du monastère de la G.F.B. [Grande Fraternité Blanche] du Tibet » !

Un ésotériste intrépide comme Robert Ambelain soutient que Jésus apprit la magie lors d'un long séjour en Égypte [1]. Le Tibet aurait aussi bien fait l'affaire...

Le barrage d'Assouan a détruit l'Égypte de chair, en supprimant les inondations du Nil, en 1970, comme Théodose avait détruit l'Égypte d'esprit, en 384, en fermant ses temples.
Une Égypte sans dieux ni rituels, un Nil sans crues ni sédiments.

BIBLIOGRAPHIE GÉNÉRALE SUR L'ÉSOTÉRISME DES ANCIENS ÉGYPTIENS

S'il n'y a qu'un livre à lire : *Le Livre des morts des anciens Égyptiens. Reu nu pert em hru*. On peut traduire ce titre : *Chapitres sur l'émergence du jour*, ou *Chapitres de l'a-venir quotidien, Formules pour monter dans le jour, Livre de la sortie pendant le jour, Livre de l'ouverture à la vie*. 1600-600 av. J.-C. 1re éd. 1842 par R. LEPSIUS : *Das Totenbuch der Agypter*. Trois trad. en français 1) P. BARGUET, Cerf, coll. « Littératures anciennes du Proche-Orient » (LAPO), n° 1, 1967, 307 p. ; 2) Le traducteur G. KOLPAKTCHY (*Le Livre des morts des anciens Égyptiens. Le Livre de la vie dans l'au-delà*, 1954, Omnium littéraire, 3e éd. 1973, 327 p.) est présenté comme « un égyptologue doublé d'un ésotériste », mais on ne voit dans son introduction et dans ses notes guère d'ésotérisme ; de plus, il ne traduit pas, il brode ; 3) G. RACHET, *Le Livre des morts des anciens Égyptiens*, Champollion-Éditions du Rocher, 1996, 263 p. : très favorable à l'ésotérisme (p. 83, 134, 169, 187), mais la trad. est partielle. Pour les illustrations : EVELYN ROSSITER, *Le Livre des morts des anciens Égyptiens. Papyrus d'Ani* [1420 av. J.-C.], *Hunefer* [1370 av. J.-C.], *Anhaï*, Minerva/France-Loisirs, Genève et Paris, 1989, 122 p. *Le Livre des morts* n'est pas un livre, mais une collection des incantations sur papyrus que l'on plaçait sur la momie. R. Lepsius, en 1842, a choisi comme édition *princeps* la compilation la plus complète, le *Papyrus de Turin*, qui contient 190 « chapitres ». Des vignettes ou des dessins au trait illustrent le texte. Les chapitres les plus importants sont : 17, 42, 64, 125. L'ensemble se veut ésotérique (chap. 80 : « Je ne permettrai pas que vous posiez des questions » [trad. Barguet] ; « Je ne veux rien entendre à son sujet » [trad. Rachet]).

Approche ésotérique de l'histoire : HÉRODOTE, PLUTARQUE, APULÉE, CLÉMENT D'ALEXANDRIE, JAMBLIQUE, ANTOINE-JOSEPH PERNÉTY, RUDOLF STEINER, HARVEY SPENCER LEWIS (la Rose-Croix AMORC), GEORGES BARBARIN, ÉNEL (M. Scariatine, dit), RENÉ SCHWALLER DE LUBICZ (=Aor), ISHA SCHWALLER DE LUBICZ (=Jeanne le Veilleur), JAN VAN RIJCKENBORGH (la Rose-Croix d'or), SIMONE MAYASSIS, MAX GUILMOT, FERNAND SCHWARTZ (Acropole).

BIBLIOTHÈQUES : Cabinet d'égyptologie du Collège de France, 11, pl. Marcelin-Berthelot, 75005 Paris ; Centre de recherches égyptologiques, université de Paris-IV (Paris-Sorbonne), 1, rue Victor-Cousin, 75005 Paris ; Centre Wladimir-Golénischeff, 19, pl. d'Iéna, 75016 Paris.

---

1. R. Ambelain, *Jésus, ou le Mortel secret des Templiers*, Robert Laffont, coll. « Les Énigmes de l'univers », 1970, p. 177-193.

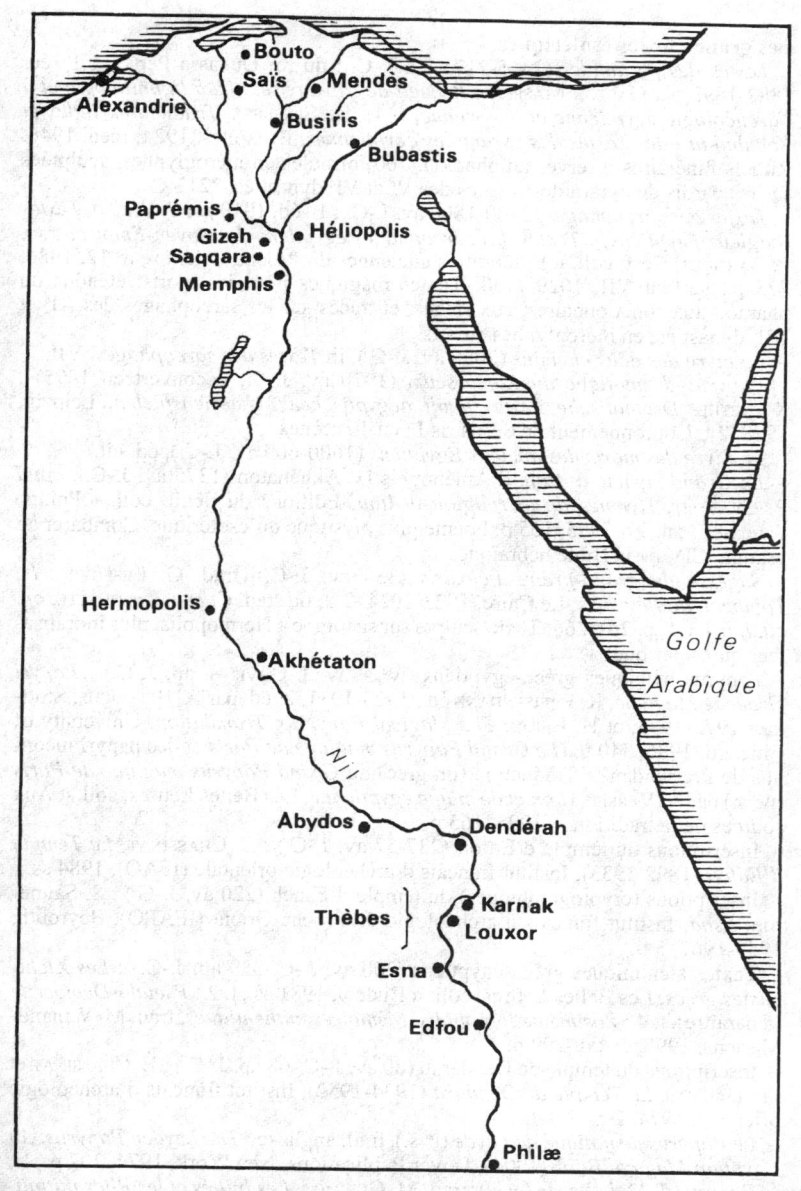

CARTE ÉSO-ARCHÉOLOGIQUE DE L'ANCIENNE ÉGYPTE

Les grands textes ésotériques

– *Textes des pyramides* (2345-2175 av. J.-C. : du roi Ounas à Pépi II ; 1re éd. 1882-1892 par Gaston Maspéro, *Recueil de travaux relatifs à la philologie et à l'archéologie égyptienne et assyrienne*, t. 4) : L. Speelers, *Traduction, Index et Vocabulaire des Textes des pyramides égyptiennes*, Bruxelles, 1924, rééd. 1946. Rituels funéraires réservés au pharaon. 760 formules en hiéroglyphes, sculptées sur les parois de pyramides royales des Ve et VIe dynasties. 2217 §.
– *Textes des sarcophages* (2100-1800 av. J.-C. ; 1re éd. 1910 par P. Lacau, *Textes religieux égyptiens*) : *Textes des sarcophages égyptiens du Moyen-Empire*, trad. P. Barguet, Cerf, coll. « Littératures anciennes du Proche-Orient », n° 12, 1986, 725 p., surtout VII, 1029-1130. Textes magiques pour les morts, étendus du pharaon aux fonctionnaires, aux riches, et tracés sur les sarcophages des XIe et XIIe dynasties, en hiéroglyphes cursifs.
– *Le Livre des deux chemins* (2050 av. J.-C.), in *Textes des sarcophages*, VII.
– *Papyrus dramatique du Ramasséum* (1970 av. J.-C., découvert en 1895) : K. Sethe, *Dramatische Texte zu alt aegyptischen Mysterienspielen*, Leipzig, 1928, 2 t. Couronnement de Sésostris Ier en 46 scènes.
– *Le Livre des morts des anciens Égyptiens* (1600-600 av. J.-C.), éd. cit.
– *Le Grand Hymne à Aton*, d'Aménophis IV Akhénaton (1375 av. J.-C.), apud P. Grandet, *Hymnes de la religion d'Aton*, Éditions du Seuil, coll. « Points. Sagesses », n° 97, 1995, 165 p. Poème plus mystique qu'ésotérique. Comparer au psaume CIV de la Bible hébraïque.
– *Sagesse du grand-prêtre Pétosiris* (336 av. J.-C.), trad. G. Lefebvre, *Le Tombeau de Pétosiris*, Le Caire, 1923-1924, 2 t., ou trad. Claire Lalouette, *op. cit. infra*, t. 1, p. 261-266. Texte sculpté sur sa tombe à Hermopolis, plus moralisateur qu'ésotérique.
– Papyrus magiques gréco-égyptiens (IVe s. av. J.-C.-VIIe s. ap. J.-C.) : *Papyri Graecae Magicae*, K. Preisendanz éd., 1928-1931, 2e éd. par A. Heinrichs, Stuttgart 1972-1974, et H. Bertz, *The Magical Papyri in Translation*, University of Chicago, 1986, 340 p. (*Le Grand Papyrus magique de Paris* et des papyri inconnus de Preisendanz). Traduction (du grec) du *Grand Papyrus magique de Paris* (IVe s.) par A. Verse : *Manuel de magie égyptienne*, Les Belles Lettres, coll. « Aux sources de la tradition », 1995, 165 p.
– Inscriptions du temple d'Edfou (237-57 av. J.-C.) : É. Chassinat, *Le Temple d'Edfou* (1892-1933), Institut français d'archéologie orientale (IFAO), 1984 ss.
– Inscriptions (cryptographiques) du temple d'Esneh (220 av. J.-C.) : S. Sauneron, *Esna*, Institut français d'archéologie du Proche-Orient (IFAPO), Beyrouth, 1959-1967, 5 t.
– Textes alchimiques gréco-égyptiens (200 av. J.-C.-330 ap. J.-C.) : *Les Alchimistes grecs*, Les Belles Lettres, coll. « Budé », 1981 ss., t. 2 : *Pseudo-Démocrite* (à paraître), t. 4 : *Zosime de Panopolis. Mémoires authentiques*, trad. M. Winand-Mertens, 1995, CLXXII-299 p.
– Inscriptions du temple de Dendérah (80 av. J.-C.-68 ap. J.-C.) : É. Chassinat et Fr. Daumas, *Le Temple de Dendara* (1934-1952), Institut français d'archéologie orientale, 1974, 2 t.
– *Le Papyrus démotique de Leyde* (Ier s.), trad. anglaise : *The Leyden Papyrus. An Egyptian Magical Book* (1904), Dover Publications, New York, 1974, 207 p.
– *Papyrus T 32 de Leyde* (Ier s.), trad. M. Guilmot, *Les Initiés et les Rites initiatiques en Égypte ancienne* (1977), Arista, 1991, p. 118-121, 148-154, 169-172.

- Chérémon (vers 50), *apud* Porphyre de Tyr, *De l'abstinence* (fin IIIe s.), IV, 8.
- *Corpus hermeticum* (100-300) : trad. du grec et du latin A.-J. Festugière, *La Révélation d'Hermès Trismégiste*, Les Belles Lettres, coll. « Budé », 1945-1954, 4 t., rééd. 1981. Textes écrits par des prêtres égyptiens ou par des Grecs installés en Égypte.
- Textes de Nag Hammadi (52 traités sur 13 codex, v. 350), en copte, certains gnostiques chrétiens, certains hermétiques (codex VI) : coll. « Bibliothèque copte de Nag Hammadi », Presses de l'Université Laval, Québec, 1977 ss. T. 1 : *Lettre de Pierre à Philippe*, t. 2 : *L'Authentikos Logos*, t. 3 et 7 (par J.-P. Mahé) : *Hermès en Haute-Égypte*, etc.

Anthologies
- Th. Hopfner, *Fontes historiae religionis aegyptiacae*, Bonn, 1923-1925, 5 parties. Toutes les sources littéraires en grec et latin sur la religion égyptienne.
- J. B. Pritchard, *Ancient Near Eastern Texts Relating to the Old Testament* (1950), Princeton University, 1969, p. 3-36, 227-264, 325-330, 365-381. Trad. de J. A. Wilson pour l'égyptien.
- G. Roeder, *Die ägyptische Religion in Texten und Bildern*, Zürich, 1959-1961, 4 t.
- M. Guilmot, *Le Message spirituel de l'Égypte ancienne* (1970), Éditions du Rocher, coll. « Gnose », Monaco, 1989, 160 p.
- Claire Lalouette, *Textes sacrés et Textes profanes de l'ancienne Égypte*, Gallimard, coll. « Connaissance de l'Orient », 1984-1987, 2 t., 345-311 p.
- Contes et légendes : Claire Lalouette, *op. cit.*, t. 2 *(Le Magicien Djedi ; Les Tribulations magiques de Semi-Khaemouas)* ; P. du Bourguet, *Histoires et Légendes de l'Égypte mystérieuse*, Tchou, 1968, p. 21-126.
- Textes astrologiques : F. Chabas, *Le Calendrier des jours fastes et néfastes de l'année égyptienne*, 1870, in *Œuvres diverses*, t. 4, p. 127-235 ; F. Cumont, *L'Égypte des astrologues*, Éditions de la Fondation égyptologique Reine-Élizabeth, Bruxelles, 1937, 254 p. (références d'époque tardive) ; voir R. A. Parker et O. Neugebauer, *Egyptian Astronomical Texts*, Providence, États-Unis, 1960-1969, 3 t. ; pseudo-Néchepo et pseudo-Pétosiris (150 av. J.-C.) : E. Riess, « Nechepsonis et Petosiridis fragmenta magica », *Philologus*, supplément, t. 6, fasc. 1, 1892, p. 327 sqq.
- Textes initiatiques : S. Mayassis, *Mystères et Initiations de l'Égypte ancienne. Compléments à la religion égyptienne* (1957), Archè, Milan, 1988, 668 p. Surtout textes d'auteurs grecs.
- Textes magiques : F. Lexa, *La Magie dans l'Égypte antique de l'Ancien Empire jusqu'à l'époque copte* (1925), t. 2, P. Geuthner, 1953, 235 p. ; J. F. Borghouts, *Ancient Egyptian Magical Texts*, E. J. Brill, Leyde, 1978, XII-125 p.
- Textes mythiques : Plutarque, *Isis et Osiris* (IIe s.), trad. du grec M. Meunier (1924, Maisnie-Trédaniel, 1979, 240 p.) ou C. Froidefond (Plutarque, *Œuvres morales*, t. 5, 2e partie, Les Belles Lettres, coll. « Budé », 1988) ; G. Hart, *Mythes égyptiens*, trad. de l'anglais, Éditions du Seuil, coll. « Points. Sagesses », n° 62, 1993, 153 p.
- Textes oniromantiques : *Les Songes et leur Interprétation*, Éditions du Seuil, coll. « Sources orientales », n° 2, 1959, p. 16-61.
- Textes oraculaires : J. B. Pritchard, *Ancient Near Eastern Texts...*, éd. cit., p. 441-449 ; Cerny, *Egyptian Oracles, apud* R. A. Parker, *A Saite Oracle Papyrus from Thebes*, Providence, États-Unis, 1962.

Documents et témoignages
– Hérodote, *Histoires* (v. 420 av. J.-C.), II (Euterpe), trad. Ph. E. Legrand (Les Belles Lettres, coll. « Budé », 11 t., 1932-1954) ou trad. Andrée Barguet (1964 ; Gallimard, coll. « Folio », 1985-1990, 2 t., n°s 1651 et 2130). Hérodote se trompe en attribuant aux Égyptiens la croyance en la transmigration et son succès en Grèce (II, 123), il confond la transmigration avec la pérégrination des âmes, puisque l'âme se contente de voyager au tribunal d'Osiris : un point noir dans un flux de lumière. Voir A. B. Lloyd, *Herodotus Book II*, E. J. Brill, coll. « ÉPRO », Leyde, 1975-1976, rééd. 1993-1994, 3 t.
– Manéthon, *Aegyptiaca* (263 av. J.-C.) : trad. anglaise (du grec) W. G. Waddell, *Manetho*, Loeb Classical Library, Cambridge, 1940, p. 1-187. Liste des trente dynasties égyptiennes.
– Diodore de Sicile, *Bibliothèque historique* (59 av. J.-C.), I, trad. du grec, Les Belles Lettres, coll. « Budé », 1972 ss. (en cours), ou Hachette, 1912. Diodore se trompe en croyant que l'astrologie est égyptienne (I, 81 ; V, 57).
– Strabon, *Géographie* (7 av. J.-C.), XVII, trad. du grec, Les Belles Lettres, coll. « Budé », 1966 ss.
– Plutarque, *Isis et Osiris* (déb. IIe s.), éd. cit.
– Apulée, *Les Métamorphoses* (161), XI, trad. du latin, Les Belles Lettres, coll. « Budé », 1965, t. 3, 198 p.
– Clément d'Alexandrie, *Strômates* (208), VI, trad. du grec, Cerf, coll. « Sources chrétiennes », à paraître. *Les Pères de l'Église*, trad. M. de Genoude, t. 5 : *Les Stromates*, Sapia, 1839, 685 p.
– pseudo-Manéthon, *Apotelesmatica* (230), *apud* M. Koechly, *Poetae bucolici et didactici*, Didot, 1851.
– Jamblique, *Les Mystères d'Égypte* (320), VII et VIII, trad. du grec, Les Belles Lettres, coll. « Budé », 1966, rééd. 1993, 239 p.

Études générales
– R. Steiner, *Mythes et Mystères égyptiens*, trad. de l'allemand, Triades, 1971, 149 p. ; *Le Mystère chrétien et les Mystères antiques* (*Das Christenthum als mystische Thatsache*, 1902), chap. v, trad. de l'allemand Éd. Schuré (1904), Perrin, 1920. Approche ésotérique (anthroposophique).
– H. Bonnet, *Reallexikon der ägyptischen Religionsgeschichte* (1952), Berlin, 1971.
– Isha Schwaller de Lubicz, *Her-Bak*, t. 1 : *Her-Bak « Pois-Chiche ». Visage vivant de l'ancienne Égypte* (1955), t. 2 : *Her-Bak « Disciple » de la sagesse égyptienne* (1956), Flammarion, coll. « Champs », n°s 102 et 81, 1981 et 1990. Romans, avec des notices documentaires. Approche ésotérique.
– S. Sauneron, *Les Prêtres de l'ancienne Égypte*, Éditions du Seuil, coll. « Microcosme », 1957, 192 p. (rééd. augmentée Perséa, 1988, 207 p.).
– P. du Bourguet, « Égypte pharaonique », *apud Dictionnaire de spiritualité, ascétique et mystique*, fasc. XXVI-XXVII, Beauchesne, 1959, col. 501-531.
– L. Pirot et al., *Supplément au « Dictionnaire de la Bible »* (1928 ss.), Letouzey et Ané, t. 6, 1960.
– R. Schwaller de Lubicz, *Le Miracle égyptien* (1963), Flammarion, coll. « Champs », n° 31, 1978, 316 p. Approche ésotérique.
– G. Rachet, *Dictionnaire de la civilisation égyptienne* (1968), Larousse, 1992, 253 p. Très utile et très utilisé ici.

LES ÉGYPTIENS 487

Par peuplades ou cités
- Edfou : S. Sauneron, *Edfou et Philae*, Éditions du Chêne, 1975, 182 p.
- Égypte prédynastique : Beatrix Midant-Reynes, *Préhistoire de l'Égypte*, A. Colin, 1992, 288 p.
- Les Égyptiens et leurs prêtres : S. Sauneron, *Les Prêtres de l'ancienne Égypte*, éd. cit.
- Héliopolis d'Égypte : J. Vandier, *Manuel d'archéologie égyptienne*, 1952-1977, t. 1, p. 953-955, t. 2, p. 606-607.
- Les Hyksôs (Sémites) et le dieu Seth (en fait Ba'al et Teshoub) : R. M. Engberg, *The Hyksos, a New investigation*, New Haven et Londres, 1966.
- Les peuples de la Mer (Indo-Européens) et les légendes des Philistins (Samson et la Philistine Dalila, David et le Philistin Goliath) : Ancien Testament (Juges, XIII-XVI ; I Samuel, XVII ; Josué, XIII).
- Thèbes d'Égypte (Karnak, Louxor, Ouaset) : R. Schwaller de Lubicz, *Les Temples de Karnak*, Dervy-Livres, 1982, 2 t. ; id., *Le Temple de l'Homme. Apet du Sud à Louqsor. Contribution à l'étude de la pensée pharaonique* (1957), Dervy-Livres, 1993, 3 t., 776 p., 320 p., 410 p., 101 pl.

BIBLIOGRAPHIE SPÉCIALISÉE

Cultes de l'Égypte prédynastique
Sur les déesses-mères d'Égypte : E. J. Baumgartner, *The Cultures of Prehistoric Egypt*, Oxford, 1955-1960, 2 t.

« Mystères » des centres initiatiques
Ét. Drioton, *Le Théâtre égyptien* (1942), in *Pages d'égyptologie*, Le Caire, 1957, p. 217-362 ; S. Mayassis, *Mystères et Initiations de l'Égypte ancienne. Compléments à la religion égyptienne*, éd. cit. ; É. Chassinat, *Le Mystère d'Osiris au mois de Khoiac*, IFAO, Le Caire, 2 t., 1966-1968 ; sur les « Mystères » d'Horus et Seth : H. de Velde, *Seth, God of Confusion* (1967), trad. de l'allemand, E. J. Brill, Leyde, 1977, IX-168 p., 16 fig. ; Fr. Daumas, « Y eut-il des Mystères en Égypte ? », *Les Conférences de l'Atelier d'Alexandrie*, Alexandrie, 1972, p. 37-52 (favorable à la thèse de Mystères osiriaques avec initiation).

Initiations et pratiques initiatiques
G. Lefebvre, *Histoire des grands prêtres d'Amon à Karnak jusqu'à la XXIe dynastie*, P. Geuthner, 1929 ; S. Mayassis, *Le Livre des Morts de l'Égypte ancienne est un livre d'initiation*, Bibliothèque d'Archéologie orientale d'Athènes (BAOA), Athènes, 1955, XI-630 p. (plus de citations grecques qu'égyptiennes) ; C. J. Bleeker, « Initiation in Ancient Egypt », in *Initiations* (1964), Supplement to Numen, t. 10, Leyde, 1965, p. 49-58 ; M. Guilmot, *Les Initiés et les Rites initiatiques en Égypte ancienne*, éd. cit. (Guilmot est membre de l'AMORC, il cherche donc à calquer les rituels égyptiens sur le déroulement des rituels modernes).

Idées ésotériques
- Âmes (composantes de la personne humaine : *akh, ba, ka*...) : L. Zabkar, *A Study of the Ba Concept in Ancient Egyptian Texts*, Studies in Ancient Oriental Civilization, n° 34, Chicago, 1968 ; H. Brunner, art. « Anthropologie » *apud*

W. Helck et E. Otto, *Lexikon der Ägyptologie*, O. Harrassowitz, Wiesbaden, 1975, t. I, p. 303 *sqq.*
– Cosmogonies : S. Sauneron et J. Yoyote, *La Naissance du monde dans l'Égypte ancienne*, apud *La Naissance du monde*, Éditions du Seuil, coll. « Sources orientales », n° 1, 1959, p. 19-91 ; *La Création dans l'Orient ancien. Congrès de l'ACFEB*, Cerf, 1987, 534 p.
– Généalogies : Manéthon, *Aegyptiaca*, éd. cit.
– Verbe : G. Maspéro, « Sur la toute-puissance de la parole », in *Recueil de travaux*, t. 24, 1902, p. 163-175 ; Al. Moret, *Les Mystères égyptiens* (1911), chap. 2 (« Le Mystère du Verbe créateur »), G. Monfort, 1983.

Les sciences occultes
– Science des lettres, hiérogyphes : É. Drioton, *La Cryptographie égyptienne*, Nancy, 1934 ; Enel (colonel M. Vl. Skariatine), *La Langue sacrée* (1934), G.-P. Maisonneuve et Larose, 1968, 352 p. ; J.-C. Goyon, *Les Dieux gardiens et la Genèse des temples*, Bibliothèque d'études, n° 93, Le Caire, 1985.
– Science des nombres : P. Barguet, « Les dimensions du temple d'Edfou et leurs significations », *Bulletin de la Société française d'Égyptologie*, Paris, n° 72, mars 1975.
– Science des sons : V. Érigène, *Mystère et Pouvoirs des sons au temps des pharaons*, Maisnie-Trédaniel, 1987, 170 p.
– Symbolique : R. T. R. Clark, *Myth and Symbol in Ancient Egypt*, Londres, 1978 ; Gertie Englund, *Akh. Une notion religieuse dans l'Égypte pharaonique*, Almqvist et Wiksell, Upsala, 1978 ; M. Oesterreicher-Mollwo, *Dictionnaire des symboles* (1990), trad. de l'allemand, Brépols, Turnhout, 1992, 332 p., 450 ill.
– Thanatologie : J. Zandee, *Death as Enemy according to Ancient Egyptian Conceptions*, Leyde, 1960 ; Enel, *Le Mystère de la vie et de la mort d'après les enseignements des temples et de l'ancienne Égypte* (1966), G.-P. Maisonneuve et Larose, coll. « Bibliothèque initiatique », 1985, 352 p. (approche ésotérique).

Les arts occultes
– Alchimie : J. Lindsay, *Les Origines de l'alchimie dans l'Égypte gréco-romaine* (1970), trad. de l'anglais, Éditions du Rocher, coll. « Gnose », 1990.
– Astrologie : F. Cumont, *L'Égypte des astrologues*, 1937 (à l'époque romaine : informations sur la société données par les astrologues) ; W. Knappich, *Histoire de l'astrologie* (1967), trad. de l'allemand, Ph. Lebaud-éd. du Félin, 1986, p. 25-29, 310 ; A. Slosman, *L'Astronomie selon les Égyptiens*, Robert Laffont, coll. « Les Portes de l'étrange », 1983, 272 p.
– Divination : *Les Songes et leur interprétation*, Éditions du Seuil, coll. « Sources orientales », n° 2, 1959 ; J. Leclant, *Éléments pour une étude de la divination dans l'Égypte pharaonique*, apud A. Caquot et M. Leibovici dir., *La Divination*, PUF, 1968, t. 1, p. 1-23 ; J. Asurmendi et *al.*, *Prophéties et Oracles*, t. 2 : *En Égypte et en Grèce*, Cerf, 1994, 116 p.
– Magie : S. Sauneron, *Le Monde du magicien égyptien*, apud *Le Monde du sorcier*, éd. cit. p. 27-65 ; Y. Koenig, *Magie et Magiciens de l'Égypte ancienne*, Pygmalion-Gérard Watelet, 1994, 360 p. ; Laura Tuan, *Astrologie et Magie égyptiennes*, De Vecchi, 1988.
– Médecine occulte : P. Ghalioungui, *La Médecine des pharaons : magie et science médicale dans l'Égypte ancienne*, Robert Laffont, coll. « Les Énigmes de

l'univers », 1983, 240 p. ; Dr A.-P. Leca, *La Médecine égyptienne au temps des pharaons* (1971), R. Dacosta, 1988, 489 p.

Grand(e)s Initié(e)s

– Aménophis IV Akhénaton (pharaon mystique, 1375 av. J.-C.) : C. Aldred, *Akhénaton, pharaon mystique* (1968), trad. de l'anglais, Jardin des arts-Tallendier, 1970, 271 p.

– Bôlos de Mendès (=pseudo-Démocrite, le premier alchimiste gréco-égyptien, vers 100 av. J.-C.) : A.-J. Festugière, *La Révélation d'Hermès Trismégiste*, t. I : *L'Astrologie et les Sciences occultes* (1944), Les Belles Lettres, 1981, p. 197-238.

– Harnuphis (magicien, 172) : Guey, *Revue de philologie*, t. 22, 1948, p. 16-62.

– Imhotep (>Imouthès, 2720 av. J.-C.) : P. Montlaur, *Imhotep, le sage du Nil*, Albin Michel, 1984, 344 p. Architecte-inventeur de la pyramide à degrés, philosophe, médecin identifié à Asclépios (dieu grec de la médecine), grand-prêtre d'Héliopolis, vizir du pharaon Djozer.

– Ménès (= Narmer ?, roi légendaire, 3315 av. J.-C. ? 3100 av. J.-C. ?) : H. Frankfort, *La Royauté et ses Dieux* (*Kingship and the Gods*, 1948), trad., Payot, 1951.

– Osiris (peut-être personnage historique de la période prédynastique, avant 3300) : Dictionnaires et Histoires de l'Égypte.

– Pétosiris d'Hermopolis (grand-prêtre de Thoth, 336 av. J.-C.) : G. Lefebvre, *Le Tombeau de Pétosiris*, Annales du Service des Antiquités de l'Égypte, Le Caire, 1923-1924, 3 t.

– (pseudo-)Néchepso et (pseudo-)Pétosiris (astrologues, 150 av. J.-C.) : A. Bouché-Leclerq, *L'Astrologie grecque* (1899), Scientia Antiquariat Verlag, 1979, p. xi, 519-520, 563-564.

– Thoth [premier Hermès] et Hermès Trismégiste [second Hermès] : G. Fowden, *The Egyptian Hermes. A Historical Approach to the Late Pagan Mind* (1986), Princeton UP, 1993.

– Thoutmès III (1482 av. J.-C.) : Madeleine Della Monica, *Thoutmôsis III. Le plus grand des pharaons*, Le Léopard d'or, 1991, 232 p. Thoutmès III est revendiqué par les Rosicruciens AMORC, tout comme Aménophis IV.

Monuments et œuvres

– Arts plastiques : Ét. Drioton et P. du Bourguet, *Les Pharaons à la conquête de l'art* (1967), Desclée de Brouwer, 1983, 428 p. ; R. Schwaller de Lubicz, *Le Temple de l'Homme* (1949), Dervy-Livres, 1979, 150 p.

– Égyptomanie : J. Baltrusaitis, *Essai sur la légende d'un mythe, la quête d'Isis. Introduction à l'égyptomanie* (1967), Flammarion, 1985, 231 p.

– Les Maisons de Vie (1300 av. J.-C. ss.) : A. H. Gardiner, « The House of Life », *Journal of Aegyptian Archaeology*, 1938, t. XXIV, p. 157-179.

– Musique : H. Hickmann, *Musicologie pharaonique*, Heitz, Strasbourg, 1956 ; J. Porte dir., *Encyclopédie des musiques sacrées*, Labergerie, 1968, t. 1, p. 310-319.

– Les pyramides égyptiennes (2800-2200 av. J.-C., dont Chéops) : M.-Cl. Touchard, *Les Pyramides et leurs mystères*, CAL, 1966, 311 p. ; J.-Ph. Lauer, *Le Mystère des Pyramides* (1948 : *Le Problème des pyramides d'Égypte*), Presses de la Cité, 1991, 288 p., 88 fig., 41 photos.

– Les statues animées : Mme M. Weynants-Ronday, *Les Statues vivantes*, Éditions de la Fondation égyptologique Reine-Élizabeth, Bruxelles, 1926, xii-203 p. ;

E. R. Dodds, *Les Grecs et l'Irrationnel* (1959), trad. de l'anglais, Flammarion, coll. « Champs », n° 28, 1977, p. 279-309.
— Les temples égyptiens (3400 av. J.-C. ss.) : R. Schwaller de Lubicz, *Le Temple de l'Homme. Apet du Sud à Louqsor* (1957), Dervy-Livres, 1977, 3 t., 776 p., 16 p., 300 fig. ; id., *Les Temples de Karnak*, Dervy-Livres, 1982, 2 t. (approche ésotérique).

Tradition gréco-égyptienne et syncrétismes
— Alchimie gréco-éyptienne (200 av. J.-C.-330) : A.-J. Festugière, *La Révélation d'Hermès Trismégiste*, t. 1 : *L'Astrologie et les Sciences occultes* (1944), Les Belles Lettres, 1981.
— Franc-Maçonnerie « égyptienne » (1767 ss.) : G. Ventura, *Les Rites maçonniques de Misraïm et Memphis*, trad. de l'italien, G.-P. Maisonneuve et Larose, coll. « Bibliothèque initiatique », 1986, 198 p. ; G. Galtier, *Maçonnerie égyptienne, Rose-Croix et Néo-chevalerie*, Éditions du Rocher, 1989, 350 p. (seul le Rite de Memphis serait égyptien).
— Gnosticisme égyptien (Basilide, 125 ; etc.) : H. Jonas, *La Religion gnostique* (1958), trad. de l'anglais, Flammarion, 1978, 506 p. Selon E. Amélineau (1887), A. Dieterich (1903) et R. Reitzenstein (1904), l'origine du Gnosticisme serait égyptienne.
— Hermétisme gréco-égyptien (323 av. J.-C. ?-IIIe s. ap. J.-C.) : P. Derchain, « L'authenticité de l'inspiration égyptienne dans le *Corpus Hermeticum* », *Revue de l'histoire des religions*, PUF, t. 161, 1962, p. 175-198 ; J. Doresse, *Les Livres secrets de l'Égypte. Les Gnostiques*, Éditions du Rocher, 1984, viii-374 p. ; J.-P. Mahé, *Hermès en Haute-Égypte*, coll. « Bibliothèque copte de Nag Hammadi » (BCNH), Presses de l'Université Laval, Québec, Canada, n° 3 *(Les Textes hermétiques de Nag Hammadi)* et n° 7 *(Le Fragment du Discours parfait)*, 1978-1982.
— Magie gréco-égyptienne : A. Delatte et Ph. Derchain, *Les Intailles magiques gréco-égyptiennes*, Éditions de la Fondation égyptologique Reine-Élisabeth, Bruxelles, 1964 (mais, selon M. Tardieu, ces deux auteurs ont le tort de faire des Ophites et des Séthiens des adorateurs de Seth, p. 39) ; H. Bertz, *The Magical Papyri in Translation*, University of Chicago, 1986, 340 p. (à partir des *Papyri Graecae Magicae*, Preisendanz éd., 1928-1931).
— Mystères gréco-égyptiens (Anubis, Horus Harpocrate, Isis et Osiris, Sérapis) : G. Lafaye, *Histoire du culte des divinités d'Alexandrie. Sérapis, Isis, Harpocrate et Anubis hors de l'Égypte*, Bibliothèque des Écoles françaises d'Athènes et de Rome, t. 33, 1884 ; J.-C. Grenier, *Anubis alexandrin et romain*, E. J. Brill, Leyde, 1977, xxiv-212 p. ; France Le Corsu, *Isis, mythe et mystères*, Les Belles Lettres, 1977, x-318 p. ; J. Ries, *Osirisme et Monde hellénistique*, Centre d'histoire des religions de Louvain-la-Neuve, coll. « Information et Enseignement », n° 12, 1980, 150 p.

Politique et ésotérisme
R. Schwaller de Lubicz, *Le Roi et la Théocratie pharaonique* (1949), Flammarion, coll. « Champs », 1979, 384 p. ; J. Hani, *La Royauté sacrée. Du pharaon au roi très chrétien*, Maisnie-Trédaniel, 1984, 267 p.

Et les femmes ?
Christian Jacq, *Les Égyptiennes*, Perrin, 1996 (fascinant).

10. LES IRANIENS

> La doctrine transmise dans les *gâthâs* sous le nom de Zarathushtra comprend seulement un aspect du mazdéisme, notamment son aspect ésotérique, c'est-à-dire la tradition sacerdotale et initiatique réservée aux élites religieuses.
>
> M. ELIADE,
> *Histoire des idées et des croyances religieuses*, t. 1, p. 467-468.

REPÈRES HISTORIQUES DE L'ÉSOTÉRISME DES ANCIENS IRANIENS

Le mot « Iran » s'applique au plateau iranien (proto-iranien, dit-on) à l'arrivée des *Ârya*, vers 1900 av. J.-C. ; le mot « Perse » convient à partir de 557 av. J.-C. (Cyrus le Grand) jusqu'en 1935 (Rizâh Shâh), quand commence le nouvel Iran.

Avant Jésus-Christ :
8040 – Choga Sefid niveau II : déformations crâniennes sur squelettes inhumés
7600 – Sarab II : figurines néolithiques en argile, dont « la Vénus de Sarab »
5800 – Hacilar (Turquie), niveaux IX-VI : statuettes de femmes accouchant
5000 ? – naissance de la famille linguistique indo-européenne
Vᵉ mil. – Sialk, niveau I : inhumations avec ocre sous le sol des maisons
3800 – Sialk, niveau III : culte de la déesse-mère, divinité de fécondité
3200-646 – les ÉLAMITES (Susiane et Zagros ; à Suse) et la première tradition iranienne : les « MYSTÈRES DE LA DÉESSE-MÈRE » (Kiri-risha : 2200 ; Anâhitâ : 405). Civilisation d'Iran sous influence mésopotamienne. Néo-élamites : 750-646.
3200 – Les Élamites inventent une écriture (idéogrammes), à Sharhi Sokhta, en même temps que les Sumériens
2700 ?-2500 ? – les *Ârya* (=INDO-IRANIENS, de la famille des Indo-Européens, au Caucase-Zagros (?) et la religion indo-iranienne primitive. Naissance de l'ésotérisme indo-iranien
1900 ? – les peuples *aïrya* (skr. *ârya*) en Iran (du Zagros à la Transoxiane) : l'*Aïryâna Vaejo* (origine des *Aïrya*). L'Iranisme (Mazdéisme, Zoroastrisme, etc.)
1800 ? – séparation des Aïrya : le groupe oriental en Inde
1450 – représentation de Mitra (indien) terrassant le taureau (sous Shaushatar, roi de Mitanni)
1400 ?-1200 ? – début de l'*Avesta*. Deuxième tradition iranienne : le MAZDÉISME PRIMITIF (=Mazdâyasnisme). **Naissance de l'ésotérisme iranien**
1380 – traité (en akkadien) entre le roi des Hittites (Souppilouliouma Iᵉʳ) et le roi « para-indien » de Mitanni (Mattiwaza) : première mention de la tripartition des dieux indo-iraniens (Mitra, Varuna, Indra, les Nâsatya)
1270-590 – les Ourartéens (=Vaniques), Asianiques : déesses-mères

1250 – la ziggourat élamite de Dour-Ountash (auj. Tchoga Zanbil)
XIIIe s. – mention du dieu Zervân (tablettes hourrites de Nouzi)
1200 – invasion d'Indo-Européens (à Giyan, etc.) : Mèdes, Perses, Parthes
Xe s. – démocratisation du *haoma* (liqueur sacrée) dans tout grand sacrifice
850-546 – les MÈDES (au sud-est de Hamadan) et leurs **Mages**
844-546 – les PERSES (au nord-ouest de l'Iran, unifiés par Cyrus II le Grand en 557) et leurs Mages
715-70 – les SCYTHES (peuplades diverses au nord de l'Iran) et leurs chamanes. Troisième tradition iranienne : le CHAMANISME
700 – la ville Ecbatane de Médie aux sept enceintes (sous Déiokès, roi des Mèdes)
VIIIe s.-330 – les MASSAGÈTES, peuplade scythe, adorateurs du Soleil
627 – Jérémie (XXXIX, 3-13) mentionne les Mages
594 ? 784 ? – **Zarathushtra** (=Zoroastre). Quatrième tradition iranienne : le ZOROASTRISME, Mazdéisme réformé. **Apogée de l'ésotérisme iranien**
592 – Ézéchiel (VIII, 17) condamne les adorateurs du Soleil
588 – Vishtâspa (=Hystaspe en grec), satrape d'Hyrcanie (en Médie), à la fois protecteur et disciple initié de Zarathushtra
555 – Cyrus II le Grand, adorateur de Mardouk : légende à thèmes initiatiques
550 – autels du feu (pas de temples) pour Mages perses
539 – les **Mago-Chaldéens** (sous Cyrus II) ; influence de l'astrologie mésopotamienne
538 – les Juifs déportés à Babylone autorisés à rentrer chez eux par Cyrus II
– Oujhorresné, chef-médecin et prêtre de Saïs, d'origine iranienne
536-524 ? – Pythagore chez les Mages de Babylone ?
522-330 – Darius Ier ; Mazdéisme sans Zoroastrisme, culte de Mithra. La Perse englobe Inde du Nord, Mésopotamie, Syro-Palestine, Phénicie, Anatolie, Égypte, Ionie
VIe s. – le mot « Mage » entre dans le vocabulaire grec
VIe s.-Ve s. – les SARMATES (Alains, Roxolans... : Indo-Européens) et les *tamga* (symboles magiques)
490 – Xanthos le Lydien fait découvrir l'ésotérisme de l'Iran, ses Mages
480 – les **Mages hellénisés** (sous Xerxès Ier) : les Perses pseudo-Zarathushtra (449) et pseudo-Ostanès (320), selon certains Platoniciens ; pseudo-Hystaspe (60)
v. 480 – Abaris le Scythe, chamane apollinien (grec), peut-être disciple de Pythagore
465 – Artaxerxès Ier, roi perse, pratique l'ésotérisme zoroastrien
v. 448 – enquête d'Hérodote, sujet de l'Empire perse, sous Artaxerxès Ier
441 – « calendrier zoroastrien »
405 – « Mystères » d'Anâhitâ, institués par Artaxerxès II
368 – Eudoxe de Cnide fait connaître Zarathustra à la Grèce
350 – assimilation d'Ahura Mazdâ (Seigneur Sage : le père) à Spenta Mainyu (Bon Esprit : un des deux Fils) = Ohrmazd (selon Aristote)
330-64 – dynastie hellénistique des Séleucides : invasion des GRECS (Alexandre le Grand, qui fait mettre en grec les textes de Zarathustra)
330-XIIe s. ap. J.-C. – le **Zervanisme** (Zervân akarana, Temps infini, père du mauvais Ahriman puis du bon Ohrmazd ; selon Eudème de Rhodes). Jugé hétérodoxe par le *Dênkart*
330 – croyance en la résurrection (selon Théopompe)

– les **Maguséens**, Mages d'Asie Mineure (sous Alexandre le Grand)
IVe s. – certains Grecs disent Pythagore disciple de Zaratas (Zoroastre)
270 – les textes des pseudo-Zarathushtra et Ostanès mis en grec
IIIe s. – les temples du feu perpétuel (pyrées)
IIe s. – croyance en un Sauveur solaire (type Mithra)
200 – schéma apocalyptique de 4 Empires se succédant
150 – culte de Mithra (iranien) en Commagène (Anatolie)
66-fin IVe s. ap. J.-C. – introduction à Rome des **Mystères de Mithra** (dieu iranien) en Cilicie et Commagène (Anatolie), sous Pompée (consul) et Mithridate VI le Grand (roi du Pont)
v. 60 – pseudo-Hystaspe (un Juif), *Oracles* (*apud* Lactance), sous Auguste
7 (7 mars) – les Rois Mages (Parthes ?) vers Jésus (conjonction Saturne-Jupiter) ?

Après Jésus-Christ :
Ier s. – le néo-Zervanisme
100-IVe s. – l'Elkhasaïsme, baptisme judéo-chrétien, né en pays parthe
150 ss. – les **Mandéens**, Gnostiques « chrétiens » de Babylonie, venus de Médie
155-532 – les néo-Platoniciens d'Alexandrie (Numénios, Plotin...) s'informent sur les Mages et leurs rites
200 – introduction de l'astrologie hellénistique (sous le dernier des Arsacides, Artaban, ou Ardaban V)
IIIe s. – Gnosticisme d'inspiration zoroastrienne : Adelphius, Aquilinus (cf. Plotin). **Mort de l'ésotérisme iranien**
224 – le Zoroastrisme religion nationale : pas d'ésotérisme, autels du feu, primauté du dieu Zervân : néo-Mazdéisme
230 – codification de l'*Avesta* par Tôsar (sous Artaxshêr Ier)
241-273 – Mani autorisé à prêcher (sous Shâhpuhr Ier). Cinquième tradition iranienne : le MANICHÉISME
v. 250 – le Mage Kirdîr : voyage chamanique
273 – persécution du Manichéisme, du Bouddhisme, etc. (sous Bahrâm Ier)
303 – persécution des Mystères de Mithra par Dioclétien à Rome
VIe s. – l'astrologie hellénistique en Iran
633-651 – invasion des Arabes et islamisation, et mort de l'ancien Iran
651 ss. – les GUÈBRES, Perses fidèles au Zoroastrisme (régions de Yazd et Kermân)
683 – le Yazîdisme, mouvement anti-islamique avec éléments mazdéens
716-XIe s. – émigration des Zoroastriens à Bombay : le Parsisme (peu ou pas ésotérique)
755 – les Abû-muslimiyya, branche de l'Islâm shî'ite disant Zarathushtra encore en vie
IX-Xe s. – la « Renaissance zoroastrienne », textes en pehlevi (le *Dênkart*)
857 – naissance du Soufi al-Hallâj dans une famille zoroastrienne près de Persépolis
v. 1080 – Hasan Sabbah, « le Vieux de la Montagne », se dit initié par Zarathushtra[1]
1191 – al-Suhrawardî (>Sohravardî) al-Maqtûl, Soufi persan influencé par le Mazdéisme

---

1. J.-Cl. Frère, *L'Ordre des Assassins. Hasan Sabbah, le Vieux de la Montagne, et l'Ismaélisme*, Grasset-CAL, coll. « Histoire des personnages mystérieux et des sociétés secrètes », 1973, p. 39 *sqq.*, 158 *sqq.*

1614 – Âdhar Keyvân (†), prêtre zoroastrien, philosophe ésotériste émigré en Inde
1844 – le Bâb et le Bâbisme, Shî'isme hors-Islâm, avec doctrine secrète syncrétique
1922 – Meher Baba, Zoroastrien indien, voulant rassembler toutes les religions
1969 – S. Shaked, *Esoteric Trends in Zoroastrianism* : le mot est lâché !

Au problème extrême – le mal – l'Iran propose la solution extrême : le dualisme. Et l'Iran maintiendra cette réponse théorique de l'époque des Mages à l'époque des Soufis.

Le dualisme se veut souvent secret : à preuve l'enseignement oral de Platon[1], ou le Catharisme, ou les Esséniens, ou l'Hermétisme des traités dualistes. Ou l'Iran.

ÉSOTÉRISMES EN IRAN : CLEFS

Feu ! Feux ! L'Iran vit du feu. Un squelette néandertalien au Zagros est recouvert de pierres, et un feu est allumé dessus. Au VIe s. av. J.-C., le temple du feu est construit à Persépolis. Zarathushtra prie devant le feu *(atar)*, qui représente Asha, la Justice, l'Ordre. Il croit en une Rénovation du monde par le feu. Pour prouver sa qualité de prophète, il subit l'ordalie du feu : il fait trois pas dans le feu sans être brûlé (*Zâtspram*, XXI, 24). Sous les souverains Arsacides, certains sanctuaires entretenaient trois feux, chacun destiné à une divinité : Ahura Mazdâ, Mithra, Anâhitâ. La première chose que firent les Parsis, Iraniens installés en Inde, fut de placer un feu sacré.

Le Feu sert de première clef pour ouvrir l'âme de l'Iranien. Comme le Feu, celui-ci veut être lumière et percer les ténèbres. Comme le Feu, il veut se nourrir de plantes et d'air, et s'élever vers le Soleil et vers Dieu. Comme le Feu qui pétille, il « murmure » des formules ; comme le Feu qui se consume, il sacrifie. Comme le feu, il peut soit faire du bien, dorer, purifier, soit faire du mal, calciner, détruire.

---

1. Platon, à côté de son enseignement écrit, à l'époque du *Parménide* (367 av. J.-C. ?), a développé un enseignement oral (Aristote, *Physique*, IV, 209 b). Cet enseignement était réservé. Il posait un dualisme entre l'Un ou Bien, puissance déterminante et informante, et le Dyade, matière première et illimitée, identifiée au Mal. Documentation et étude : Marie-Dominique Richard, *L'Enseignement oral de Platon*, Cerf, 1988. – Le lien entre Manichéisme et Catharisme, à travers l'ésotérisme, a été marqué par Déodat Roché (*Études manichéennes et cathares*, Arques, 1952). Que l'ésotérisme de l'Essénisme soit son dualisme saute aux yeux : « Pour l'homme intelligent, afin qu'il instruise et enseigne les fils de lumière : [...] dans une fontaine de lumière est l'origine de la Vérité, et d'une source de ténèbres est l'origine de la Perversion » (*Règle de la communauté*, III, 13-19, in *La Bible. Écrits intertestamentaires*, Gallimard, 1987, p. 15-16). — Souvent dualiste, l'Hermétisme recommande le secret. *Corpus Hermeticum*, XIII, 22 : « Promets-moi le silence » (trad. du latin A.-J. Festugière, *La Révélation d'Hermès Trismégiste*, Les Belles Lettres, coll. « Budé », 1945-1954, t. II, p. 209). Là encore dualisme et ésotérisme se marient.

À ce point, on décroche la seconde clef qui peut faire pénétrer dans l'âme de l'Iranien : le choix.

Le choix se retrouve partout. Les six choses les plus importantes, pour un Iranien, sont le ciel, l'eau, la terre, les plantes, le bœuf et l'homme, qui auraient été successivement créées, selon un mythe mazdéen *(Bundahishn)*. L'Iranien privilégie l'élevage, dès la période néolithique (9600 av. J.-C.) et prend soin de ses oasis. Le pays se présente, en effet, comme un immense plateau couvert de pierres sèches, stériles. La création, avec ses cinq Éléments (Feu, Métal, Terre, Eau, Plantes) est bonne. Œuvre d'Ahura Mazdâ, elle est belle et pure. Cependant, en elle, se trouvent aussi la laideur et l'impureté, la méchanceté et le mensonge. Angra Mainyu, le Mauvais Esprit, préside à tout ce qui est cadavre, maladie, crasse, mauvaise nourriture. Et si le bien ne va pas sans mal, l'homme doit faire le bien contre le mal. Il a cependant le choix. La pensée iranienne fait violence. Elle force la liberté. Il y a le Bien, il y a le Mal, quel chemin prenez-vous ? Le mot *fravashi* (*Avesta, Yasht*, 13), « âme », veut dire « choix ». L'homme opte. L'option fait l'homme et le critère la religion. Il faut prendre parti. « Je me rallie. *Fravarâné* », dit la profession de foi [1]. La décision est grandiose. Il ne s'agit de rien moins que de refaire sciemment, volontairement le choix primordial, le choix que firent, à l'origine, les deux Jumeaux (*Avesta, Yasna*, 45.2). L'un choisit le Bien, l'autre choisit le Mal. A chaque décision, l'Iranien refait le monde. Quand le Mésopotamien pense à coups de « si » (*shumma* : « Si un faucon traverse le ciel vers sa gauche : ce malade mourra), quand l'Égyptien pense à coups de « comme » (*mi* : « Le dieu a donné aux hommes la magie comme des armes pour combattre le sort »), l'Iranien pense à coups de « ou bien... ou bien » (« le dieu bon ou le mauvais démon »). Sa pensée, formellement, repose sur une logique alternative, sur un « ou » exclusif. L'un au détriment de l'autre, et réciproquement. On ne peut à fois vénérer le Bien et le Mal. Qui suit le Mal offense le Bien.

Mais, dira-t-on, où est l'ésotérisme dans ces histoires de feu et de choix ? Il est dans la réponse à la question : qui connaît le feu, qui réalise le bien ?

La réponse tient en un mot : le Mage.

Voici bien un acte de foi typiquement iranien, qui mêle Feu et Mages :

J'ai fait prospérer nombre de feux et de Mages dans le pays d'Iran.

Inscription de Kirdîr, grand Mage de Shâhpuhr Ier (vers 250).

---

[1]. « Je me proclame adorateur de Mazdâh, disciple de Zarathushtra, dévot et croyant. Je loue la Bonne Pensée, je loue la Bonne Parole, je loue la Bonne Action ; je loue la Bonne Religion de Mazdâh... » (*Avesta, Yasna*, 12, trad. de l'avestique J. Darmestéter, *Le Zend Avesta* [1892-1893], A. Maisonneuve, 1960, 3 t., t. 1, p. 118-119).

Le Mage fait du feu un secret et du choix une initiation. Il magnifie le feu, il sacralise le choix. Au niveau de la religion, le feu n'a qu'un aspect rituel et le choix qu'un aspect moral. Le Mage, lui, met de la Gloire. Il retrouve l'Origine divine.

Le Mazdéisme, exotérique ou ésotérique, n'a jamais fait que répondre à la question du bon choix à travers ses formes originaires : Mazdâyasnisme, Zoroastrime, Magianisme, Zervanisme, et ses formes dérivées : Manichéisme, Mithriacisme. On groupe ces diverses traditions sous le terme générique « Iranisme ».

Notre connaissance de l'ancien Iran, celui qui précède l'islamisation, se fonde principalement sur le livre sacré des Mazdéens : l'*Avesta*. Le mot signifie : « Fondement » (selon G. Widengren), « Texte de base » (selon Marie-Hélène Ponroy), « Définition », ou bien (selon Clarisse Herrenschmidt) « Adoration » (d'Ahura Mazdâ). L'*Avesta* est un corpus écrit en langue avestique (=zend). Les textes sont élaborés oralement à partir de 1400 av. J.-C. L'écriture date de 90 av. J.-C., sous la dynastie parthe. Tôsar codifie l'*Avesta* vers 230, sous Ardashîr Ier, « Roi des rois », fondateur de la dynastie perse des Sassanides. L'*Avesta* comprend originellement 21 livres *(nask)*. Il a disparu aux trois cinquièmes, selon al-Bîrûnî, qui ajoute que l'*Avesta* n'était pas accessible à tous, il fallait une autorisation des grands-prêtres [1].

LE MAZDÂYASNISME [2] : MAZDÉISME PRIMITIF

Quand on prend entre ses mains l'*Avesta*, on ressent, à première vue, ce que ressentait Voltaire : l'impression d'un grand fatras. Il a fallu des dizaines de grands savants occidentaux pour démêler ce qui appartient au Mazdéisme primitif, originel, et au Mazdéisme zoroastrien, réformé, pour voir ce qui est commun aux Iraniens et aux Indiens ou même aux Indo-Européens, pour déchiffrer les mythes, les rites, les croyances. À eux merci.

Au départ émerge la famille indo-européenne. A partir de quand ? vers 3500 av. J.-C., 5000 av. J.-C., 7000 av. J.-C. ? Les spécialistes ne peuvent se mettre d'accord. Où ? « Entre la Baltique et la Caspienne, entre le Danube et l'Oural », selon les mots prudents de G. Dumézil. On ne dispose, à l'heure actuelle, que d'hypothèses. Ces proto-Indo-Européens forment une même famille linguistique, voilà la découverte du linguiste allemand F. Bopp en 1833. Voici la découverte de l'historien des reli-

---

1. Al-Bîrûnî, *al-Âthâr al-bâqiya*, trad. anglaise *Chronology of the Ancient Nations*, par E. C. Sachau, Londres, 1879.
2. *Mazdâyasna* signifie « adorateur de Mazdâ ».

gions G. Dumézil en 1938[1] : les Indo-Européens présentent une idéologie tripartite, une structure de trois fonctions hiérarchisées, de trois secteurs d'activité qui sont la souveraineté sacrée, la force guerrière, la production économique ; cette structure opère « sur des plans divers » : classes sociales (prêtre/guerrier/éleveur-agriculteur), panthéons (dieu de la souveraineté/dieu de la guerre/dieu de la production), et ainsi de suite. Hérodote (*Histoires*, IV, 5) dit que, selon la légende scythe, depuis le ciel, « des objets d'or, une charrue et un joug, une sagaris [hache], une coupe, tombèrent sur la terre de Scythie » ; G. Dumézil[2] le perspicace décèle dans la coupe un symbole de la souveraineté, dans la hache un symbole de la guerre, dans la charrue et le joug des symboles de la production.

LE MODÈLE TRIFONCTIONNEL DES INDO-EUROPÉENS

FONCTIONS	SOUVERAINETÉ	GUERRE	PRODUCTION
Valeur soit réglée soit perturbatrice	– soit juridique : paix et loi – soit magique : obscurité et puissance	– soit chevaleresque : stratégie et courage – soit brutale : force et violence	– soit réglée : travail et fertilité – soit excessive : sexualité et opulence
Dieux :	**Dieux régnants**	**Dieux violents**	**Dieux vivifiants**
– indiens – iraniens	Mitra et Varuna Ahura Mazdâ, etc.	Indra et Vâyu Khshathra	les Nâsatya Ameretât et Haurvatât
– romains	Jupiter et Deus Fidius	Mars	Quirinus
– scandinaves	Odhinn et Tyr	Thôrr	Freyr et Njördhr
Hommes :	**prêtres**	**guerriers**	**ravitailleurs**
– indiens – iraniens	(Brâhmanes,...) Mages	(ksatriya,...) Mairya	(vaishya,...) éleveurs
initiation	inspiration	victoire	fécondité

Du côté des ésotéristes, A. Fabre d'Olivet[3] trace une fantastique histoire des Indo-Européens, qu'il fait commencer avec Rama, « à environ

---

1. G. Dumézil, « La préhistoire des flamines majeurs », *Revue de l'histoire des religions*, t. 118, 1938, p. 188-220 (reproduit dans *Idées romaines*, Gallimard, 1969). G. Widengren, J. Duchesne-Guillemin, etc., acceptent l'idée de trifonctionnalité.
2. G. Dumézil, *Jupiter, Mars, Quirinus*, Gallimard, 1941, p. 41-68 ; *id.*, *Mythe et Épopée*, t. I : *L'Idéologie des trois fonctions dans les épopées des peuples indo-européens* (1968), Gallimard, 1986, p. 586-588. Les Juifs, eux, distinguent prêtre, prophète, sage (Jérémie, XVIII, 18 ; Ézéchiel, VII, 26) ; les Chrétiens distinguent, se limitant toujours aux figures religieuses, apôtres, prophètes, docteurs, thaumaturges (Paul, I Corinthiens, XII, 28-29).
3. A. Fabre d'Olivet, *Histoire philosophique du genre humain* (1822), Éditions Traditionnelles, coll. « Les Classiques de l'occulte », 1972, 2 t.

six mille sept cents ans avant notre ère » (*Histoire philosophique du genre humain*, t. 1, p. 269).

L'**ésotérisme indo-européen** met l'accent sur la connaissance [1], il la symbolise par la lumière ou le feu perpétuel (Mages, brâhmanes, Vestales...). La préparation d'un « breuvage d'immortalité » se « retrouve dans tout le domaine indo-européen et paraît être liée à une forme de culte ésotérique, en tout cas réservée à certains individus seulement qui recevaient une initiation particulière pour y avoir accès. L'idée, en effet, est que l'absorption du breuvage assure l'immortalité et fait du consommateur un "presque-dieu" [2]. » Ce breuvage s'appelle *haoma* en Iran, *soma* en Inde [3], ambroisie en Grèce, « bière rouge » chez les Celtes, etc. Chez tous les Indo-Européens on trouve aussi des organisations initiatiques de type militaire prônant la « fureur sacrée » ; cette exaltation a pour nom *aêshma* chez les Mairya iraniens, *wut* chez les Berserkir germains, *ménos* chez les héros grecs, etc. ; le Loup est leur symbole. L'ésotérisme indo-européen professe l'Âge d'or, aussi bien chez Zarathushtra que chez Hésiode (*Les Travaux et les Jours*, II) ou les Védistes (l'Âge parfait : *krita-yuga*). L'ésotérisme écrit prend chez les Indo-Européens la forme d'hymnes versifiés *(Avesta, Veda, Edda...)*. La connaissance reste sous le contrôle de **collèges sacerdotaux** (Mages en Iran, Brâhmanes en Inde, Druides chez les Celtes, Pontifes à Rome...) ; ces sages connaissent les formules et invoquent les divinités. Chez les Indo-Européens, les dieux du Ciel l'emportent sur toutes les autres puissances. Il n'y a pas de Déesse-Mère. L'ésotérisme indo-européen connaît une initiation de puberté (*naôjot* [>*nawzôd*] mazdéenne, *upanayana* védique, toge prétexte romaine...).

Une première division apparaît. La famille proto-indo-européenne se scinde en neuf groupes : indo-iranien *(ârya)*, anatolien, grec, arménien, tokharien, slave et baltique, germanique, italique, celtique.

Le groupe indo-iranien forme longtemps un bloc. De 2700 à 1400 av. J.-C., environ, il constitue la tradition des peuples *ârya* (en sanskrit), *aïrya* (en avestique). Le mot « âryen » signifie « noble ». Ainsi les Indo-Iraniens s'opposent-ils aux Asianiques, aux Sémites, aux Altaïques, aux Drâvidiens, et ainsi de suite, par leur langue, sans doute aussi par leur peau plus claire. Mais on ne trouve aucune idée de race au sens nazi.

Vers 1900 av. J.-C., les peuples indo-européens envahissent l'immense plateau entre le Zagros et la Transoxiane. Le pays devient l'Iran. *Âryana Vaêja* veut dire « l'Origine des Aryens, l'espace des Indo-Iraniens ». En persan, l'expression se contracte en *Irân-shahr*, « pays-des-Âryens ».

Le groupe indo-iranien, à son tour, se divise, vers 1400 av. J.-C. en deux branches. D'un côté : la culture iraniste, la langue avestique, les pla-

---

1. Voir *supra*, p. 330 (« L'ésotérisme civilisateur selon les ésotéristes occidentaux »).
2. J. Varenne, apud *Dictionnaire des mythologies*, Flammarion, 1981, t. 1, p. 578.
3. Voir *infra*, p. 595 (« Le Védisme »).

teaux iraniens, la religion mazdéenne, l'*Avesta* ; de l'autre : la culture indianiste, la langue védique, la plaine indo-gangétique, la religion védique, les *Veda*. L'effet le plus visible, du point de vue religieux, c'est que les *daeva* deviennent démons en Iran, alors qu'ils restent divinités en Inde.

L'**ésotérisme indo-iranien** *(ârya)* est commun aux Iranistes et aux Hindouistes, on le constate déjà dans la terminologie [1]. Cet ésotérisme appartient surtout aux prêtres, il forme une tradition à l'intérieur de collèges sacerdotaux, les prêtres hindous *(brâhmana)* et les prêtres mazdéens *(âthaurvan)*. Il consiste en une connaissance réservée. Il a certaines formes chamaniques, certains éléments orgiastiques. Il privilégie la vision. Il croit en une vie après la mort où brille une Lumière perpétuelle. Le *haoma* des Iraniens correspond au *soma* des Indiens ; il s'agit toujours d'une liqueur sacrée, qui donne la force vitale *(amrta)* (*Avesta*, *Yasna*, 9-11). Le Mithra iranien et le Mitra indien sont identiques. Dans les deux religions, on trouve diverses initiations, des prêtres invocateurs en tenue blanche, des pratiques chamaniques, le culte du feu, Soleil pacifique et Lune belliqueuse, etc. Les initiations de puberté des deux religions (*upanayama* hindoue, *naôjot* iranienne) se ressemblent.

QUELQUES ÉQUIVALENCES ENTRE VÉDISME ET MAZDÉISME

INDE	IRAN
religion védique	religion mazdéenne
collège des Brâhmanes	collège des Mages
Veda	*Avesta*
Mitra	Mithra
soma	*haoma*
barshis	*baresman*
upanayama	*naôjot*

L'**ésotérisme iranien** a une tendance générale au dualisme. Deuxième trait permanent : il confie la connaissance aux Mages. À la différence de la tradition indo-européenne en général, la tradition iranienne renonce à l'incinération *(daxma)*. Le Feu (Atar en Iran, Agni en Inde) est considéré comme une parole. On peut parler de langue de feu, langue non par la forme, mais par l'expressivité. Le feu est langue.

Le Mazdéisme primitif commence ainsi vers 1400 av J.-C. Des hymnes, distincts des hymnes védiques, sont composés. Le mot mède pour « mazdéiste, fidèle à la religion iranienne », est *Mazdâyasna*, « ado-

---

1. J. Vendryes, *Les Correspondances de vocabulaire entre l'indo-européen et l'italo-celtique*, Mémoires de la Société linguistique de Paris, n° 20, 1918, p. 265-285.

rateur de Mazdâ ». Dans ce mot se trouve *Mazdâ*, « Sage ». Plus tard, Zarathushtra fera de lui le dieu suprême, unique... à moins qu'il ne le crée.

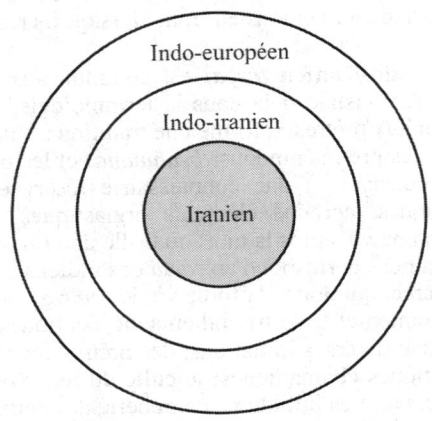

(Diagramme : cercles concentriques étiquetés Indo-européen, Indo-iranien, Iranien)

Le mythe et le rite du Dragon [1], difficiles à déceler, se rencontrent de-ci, de-là chez ces premiers Iraniens. Comme dans toute l'Asie Antérieure, le Dragon (Vrtra) ou Serpent (Azi) symbolise la sécheresse à combattre à l'extérieur... autant que la stérilité à éliminer à l'intérieur. Le Jour du Nouvel An *(nawrôz)* [2], à la mi-Mars, le Dragon est mis à mort, dans des sortes de Mystères où le roi proclame : « Voici un jour nouveau d'un nouveau mois d'une nouvelle année ; il faut renouveler ce que le temps a usé. » La mort du Dragon entraîne la libération des eaux retenues dans sa forteresse et des femmes retenues dans son harem. Eaux et femmes représentent la fécondité. Le lien avec les Mystères apparaît si l'on se souvient que Mithra frappe le Dragon, qu'il est question de masques, de combats de jeunes gens, de taureaux. La mort se fait vie lors d'un combat : il s'agit bien d'une initiation qui prend la forme dramatisée d'un Mystère. L'ésotérisme de ce thème du Dragon s'enracine si profondément que les érudits ont dû le chercher un peu partout. Ils l'ont débusqué d'abord dans des parallèles extérieurs à l'Iran (le dieu indien Vrtrahan, qui abat Vrtra ; les fêtes du Nouvel An à Babylone), ensuite dans des traditions intérieures à l'Iran (culte de Vrtrahan ; légende du roi Farîdûn déguisé en dragon ; etc.). On pense aussi aux combats rituels en Égypte, dans les Mystères publics [3].

---

1. G. Widengren, *Les Religions de l'Iran*, trad. de l'allemand, Payot, 1968, p. 58-67. J. Duchesne-Guillemin, *La Religion de l'Iran ancien*, PUF, 1962, p. 175-178.
2. Al-Bîrûnî, *al-Âthâr al-bâqiya* (1000), trad. anglaise E. Sachau (*The Chronology of Ancient Nations*, 1879, p. 199 *sqq.*).
3. Voir *supra*, p. 437 (« Reconstitution des Mystères... »).

Le Dragon est mis à mort le Nouvel An par les **Mairya**. De qui s'agit-il ? De confréries initiatiques. Les Mairya, les « Jeunes Hommes », correspondent aux Marya de l'Inde et répondent aux Luperques des Romains, aux Berserkir des Germains, aux Couroï des Lacédémoniens, aux Daoi des Daces, etc. [1]. Les Mairya sont de jeunes guerriers loups, nus ou vêtus de noir, cheveux tressés. Ils invoquent Mithra, dieu de la guerre (ou leur chef, selon l'hypothèse évhémériste). Ils pratiquent les sacrifices sanglants de bovins. Ils obéissent aux prêtres-sacrificateurs *(karapan)* ou aux prêtres-princes *(kavi)*. Ils entretiennent un culte phallique et vivent avec des prostituées. Les Mairya cherchent l'*aêshma*, la « fureur sacrée » ; le mot constitue, d'ailleurs, leur mot de passe. Cette fureur s'identifie au feu intérieur. Là encore, on retrouve cette notion dans les divers ésotérismes indo-européens : « fureur » chez les Scandinaves, « chaleur » chez les Celtes, par exemple [2]. Les Mairya consomment du *haoma*, qui est sans doute un hallucinogène, un jus extrait d'une plante (ou l'urine éliminée après absorption), additionnée de lait et d'eau. Mais quelle plante ? Sans doute l'amanite tue-mouches, un champignon à lames qui pousse au pied des bouleaux [3]. Le *haoma* donne la fureur guerrière, la chaleur initiatique, comme les exercices militaires ou les rites sexuels. Zarathushtra combattra les Mairya, avec vigueur.

> Quand, ô Sage, les guerriers apprendront-ils le message ?
> Quand frapperas-tu cette ordure de liqueur [...] ?
> Les sauveurs à venir des peuples...
> Furent créés les adversaires de la fureur.

Zarathushtra, *Avesta*, *Yasna*, 48, str. 10 et str. 12, trad. de l'avestique J. Duchesne-Guillemin, *Zoroastre. Étude critique avec une traduction des Gâthâ*, G. P. Maisonneuve, 1948, p. 178. © Maisonneuve-Larose, Paris.

Mythe du Dragon et confrérie des Mairya forment l'ésotérisme du Mazdéisme primitif.

LES CHAMANES SCYTHES

Les Scythes groupaient des peuplades assez diverses, indo-européennes, proto-türkes, de langue iranienne, divisées en tribus (Saces, Neures, etc. ; voir Hérodote, IV, 17-27). Ils pratiquaient le chamanisme grâce au chanvre *(banga)*. Hérodote décrit la séance sans y voir un rituel religieux. C'est K. Meuli qui a déchiffré le passage [4].

À la suite de funérailles, les Scythes se purifient de cette manière. Ils se frottent la tête avec un onguent, qu'ils enlèvent par un lavage ; et voici pour le corps. Ils

---

1. M. Eliade, *De Zalmoxis à Gengis-Khan*, Payot, 1970, p. 17 *sqq*.
2. G. Dumézil, *Horace et les Curiaces*, Gallimard, 1942, p. 53 *sqq*.
3. R. G. Wasson, *Soma*, Harcourt, New York, 1968.
4. K. Meuli, *Scythica*, « Hermes », t. 70, 1935, p. 121-179 (=*Gesammelte Schriften*, t. II, p. 817-879).

dressent trois perches inclinées l'une vers l'autre, étendent dessus, tout autour, des couvertures de laine foulée, qu'ils font se rejoindre le plus hermétiquement possible ; puis, dans un vase placé au milieu des perches et des couvertures, ils jettent des pierres rougies au feu. Il pousse chez eux du chanvre, qui ressemble tout à fait au lin, sauf pour la grosseur et la hauteur ; car, de ce point de vue, le chanvre l'emporte de beaucoup, ce chanvre, poussé de lui-même ou semé. [...] De ce chanvre, donc, les Scythes prennent la graine ; ils s'introduisent sous les couvertures, et jettent cette graine sur les pierres rougies au feu ; à mesure qu'on l'y jette, elle dégage une fumée odorante, et produit une telle vapeur, qu'aucune étuve de Grèce ne saurait avoir plus de force ; charmés d'être ainsi étuvés, les Scythes poussent des hurlements.

Hérodote, *Histoires* (v. 420 av. J.-C.), IV, 75, trad. du grec Ph. E. Legrand, Les Belles Lettres, coll. « Budé », 1962. (Voir I, 202.) © Les Belles Lettres, Paris.

Ces chamanes scythes, semble-t-il, avaient un comportement de femmes (Hérodote, I, 105). De même, en Sibérie les chamanes des Tchouktches s'habillent en femmes et se marient avec les hommes, aujourd'hui encore.

Les Scythes pratiquaient aussi la divination, au moyen d'un faisceau de baguettes liées par un ruban, le *baresman*. Ces branchettes symbolisent la croissance. Elles ont été cueillies avec un couteau, dénudées de leurs nœuds et de leurs feuilles, lavées dans de l'eau lustrale.

Les Scythes ont beaucoup de devins, qui exercent la divination en se servant d'un grand nombre de baguettes de saule, comme il suit. Ils apportent de gros faisceaux de baguettes, les déposent à terre, les délient, et prononcent des formules divinatoires en plaçant chaque baguette à part ; puis, toujours prononçant ces formules, ils remettent les baguettes en faisceau, et, de nouveau, les déposent une à une.

Hérodote, *Histoires*, IV, 67. © Les Belles Lettres, Paris.

Les derniers représentants des Scythes et des Sarmates sont aujourd'hui les Ossètes, un des peuples du Caucase, comme l'a démontré le linguiste V. Abaev. En Géorgie, dans le Caucase, la tradition des chamanes continue. G. Charachidzé, spécialiste des religions caucasiennes, a étudié le phénomène. « À la suite d'un processus complexe, une divinité, un *Hat'i*, prend possession de l'âme d'un humain (généralement un homme, pour certains *Hat'i* une femme), qui sera désormais un *Kadag*, c'est-à-dire un possédé permanent, officiel, une sorte de "chamane". Lorsque le Kadag entre en transes, à l'occasion d'un rituel religieux ou d'un événement marquant de la vie collective ou individuelle, il parle, et c'est le dieu qui s'exprime par sa bouche. Il raconte ses propres aventures, règle les problèmes qui lui sont soumis ou prédit l'avenir proche. Cette vaticination s'effectue, non dans le langage de tous les jours, mais dans une langue secrète, "la langue des *Hat'i*". Il faut donc traduire le message du dieu. Par exemple, "le bélier" se dit *rhazhangiani*, "aux cornes rouillées" ; "le soleil", *mzekali*, "la femme-soleil" [...]. Le prêtre-sacrificateur, personnage différent du chamane, est lui aussi choisi par élection divine, manifestée au moyen de la possession. »

LES MAGES

Qui dit ésotériste iranien dit Mage.

Qu'est-ce qu'un Mage [1] ? La notion suit l'histoire de l'Iran et de ses Empires. L'étymologie est *maga*, mot de langue avestique, qui signifie, semble-t-il, « don, richesse spirituelle, grâce ».

Les Mages ont une réputation de magiciens et de savants dans les choses de la nature, alors que les Chaldéens sont surtout réputés comme astrologues et devins.

> Les Chaldéens s'occupaient d'astronomie et de prédictions. Les Mages pratiquaient le culte des dieux, les sacrifices et les prières. Ils prétendaient avoir seuls l'oreille des dieux. Ils ont fait des traités sur la nature et l'origine des dieux, parmi lesquels ils rangeaient le feu, la terre et l'eau ; ils condamnaient l'usage des statues, se refusaient à admettre des différences de sexe entre les dieux. Ils ont écrit des ouvrages sur la justice, et réprouvé l'incinération comme un sacrilège. Ils acceptaient le mariage entre frère et sœur, et entre père et fille (cf. aussi Sotion, livre XXIII). Ils se sont occupés de divination et de prédiction, ont prétendu avoir eu des visions des dieux, et ont montré que l'air est rempli de simulacres qui, par évaporation et par émanation, viennent frapper les yeux de ceux qui ont la vue perçante. Ils ont interdit l'or et les ornements de la parure, ils portaient un vêtement blanc, la terre leur servait de lit, ils se nourrissaient de légumes, de fromage et de pain ; pour bâton ils avaient, dit-on, un roseau qui leur servait de fourchette pour piquer et pour porter à leur bouche les morceaux de fromage qu'ils mangeaient. Aristote [Antisthène de Rhodes, en fait] *(De la magie)* et Dinon *(Histoire*, livre V) affirment que les Mages ignoraient la divination.
>
> Diogène Laërce, *Vies, Doctrines et Sentences des philosophes illustres* (v. 250) introduction, trad. du grec R. Genaille, Garnier-Flammarion, 1965, t. 1, n° 56, p. 41.

On attribue aux Mages des pouvoirs extraordinaires, et même le plus extraordinaire, celui de faire revenir à la vie.

> J'avais entendu dire qu'ils [les Mages] pouvaient par des incantations et des initiations ouvrir les portes de l'Hadès, y mener et en ramener sain et sauf qui leur plaisait.
>
> Lucien de Samosate (IIe s.), *Ménippe, ou de la Nécromancie*, 6, in *Œuvres complètes*, Hachette, 1942.

L'ésotérisme reste souvent affaire de famille, comme en Chaldée.

---

1. É. Benveniste, *Les Mages dans l'ancien Iran*, G. P. Maisonneuve, 1938. J. Bidez et F. Cumont, *Les Mages hellénisés. Zoroastre, Ostanès et Hystape d'après la tradition grecque* (1938), Les Belles Lettres, 2 t. (t. 2 : textes, en grec). J. Duchesne-Guillemin, *Zoroastre*, G. P. Maisonneuve, 1948, p. 113 *sqq*. R. C. Zaehner, *The Dawn and Twilight of Zoroastrianism*, Weidenfeld and Nicolson, Londres, 1961, p. 160 *sqq*. G. Widengren, *Les Religions de l'Iran* (1965), éd. cit., p. 134 *sqq*. J. Duchesne-Guillemin, art. « Mages » du *Dictionnaire des religions*, PUF, 1984, p. 988-989.

Zoroastre [...] enseigna aux Mages une partie des choses qu'il avait apprises, et tout cela, joint à l'art de prédire l'avenir, les Mages le transmettent aux générations successives, chacun dans sa propre famille. De là vient que, pendant un grand nombre de siècles jusqu'à ce jour, c'est une seule et même race, devenue une multitude, qui est consacrée au culte des dieux.

<small>Ammien Marcellin, *Histoires. Rerum gestarum libri* (378), XXIII, 6, 33-34, trad. du latin J. Fontaine, Les Belles Lettres, coll. « Budé », t. 4, fasc. 1 (livres XXIII-XXV), 1977.</small>

Dans l'hypothèse où Zarathushtra aurait vécu bien plus tôt qu'au VIIe s. av. J.-C., les Mages mèdes seraient déjà des Zoroastriens. Ce n'est pas impossible, au dire de certains historiens (que je ne suivrai pas).

• LES MAGES MÈDES, du nord-ouest de l'Iran, sont les premiers mages du pays. Les Mèdes sont une peuplade indo-européenne, à l'intérieur du rameau iranien, attestée dès 835 av. J.-C. dans les annales du roi assyrien Salmanasar III.

« Mages » désigne, selon Hérodote, une des six tribus de la peuplade mède.

C'est seulement le peuple des Mèdes que groupa Déiokès [>Daïakku, premier roi des Mèdes, vers 722 av. J.-C.] et sur lui qu'il régna. Ce peuple comprend plusieurs tribus, que voici : Bouses, Parétacéniens, Strouchates, Arizantes, Boudiens, Mages. Telles sont les tribus des Mèdes.

<small>Hérodote, *Histoires*, I, 101. © Les Belles Lettres, Paris.</small>

La grande inscription de Darius à Béhistûn présente aussi les Mages comme une tribu.

Erreur. Ou ésotérisme. Cette « tribu » des Mages est, en fait, la **caste sacerdotale héréditaire des Mèdes**, comme les Brâhmanes sont la caste sacerdotale héréditaire des Indiens, comme, loin des Indo-Européens, en Israël, les Lévites sont la caste sacerdotale héréditaire (Deutéronome, XVII, 9).

Les Mages mèdes pratiquent le mariage consanguin, à la différence des Perses (Strabon, *Géographie*, XV, 3, 20). Ils participent au pouvoir politique, puisqu'ils peuvent remplacer le roi. Ils sont divisés en clans, spécialisés et hiérarchisés. Ils ont, en effet, un chef (*rab mâg*, en hébreu, chez Jérémie, XXXIX, 3 ; *magbad*, en pehlevi, c'est-à-dire en moyen-perse). Leur apogée date du dernier roi des Mèdes, Astyage, vers 584-555 av. J.-C.

Les Mages mèdes pratiquent — ou du moins certains d'entre eux — la divination, par les chevaux blancs, par les victimes, par les songes (Hérodote, VII, 113 et 191). À leurs risques et périls.

Astyage fils de Kyaxare lui succéda comme roi [des Mèdes en 556 av. J.-C.]. Il eut une fille qu'il appela Mandane. Cette fille parut, en rêve, uriner avec tant d'abondance que sa ville en était inondée, et même l'Asie tout entière submergée. Il soumit ce rêve à ceux des Mages qui interprétaient les songes ; et il fut pris de peur quand il eut appris d'eux ce qu'il en était exactement. [...] Astyage eut une

autre vision : il lui sembla que du sexe de sa fille poussait un cep de vigne, et que cette vigne s'étendait sur toute l'Asie. [...] D'après sa vision, les Mages interprètes des songes lui annonçaient que l'enfant [Cyrus] de sa fille [avec le Perse Cambyse] devait être roi à sa place. [...]
– Si l'enfant vit, dirent les Mages, s'il a été roi sans que ce fût calculé, sois sans inquiétude à son sujet, aie bon courage ; il ne régnera plus une seconde fois. Parfois même des oracles ont abouti, à notre connaissance, à de minces événements ; et, quant aux songes, il arrive qu'ils visent une chose tout à fait insignifiante.

Hystaspe [...] fit d'abord empaler ceux des mages qui, interprètes des songes, lui avaient conseillé de laisser aller Cyrus.

Hérodote, *Histoires*, I, 107-120, 128. © Les Belles Lettres, Paris.

Ézéchiel, vers 592 av. J.-C., s'indigne de leur culte solaire, avec utilisation du *baresman*, le faisceau de branchettes de saule, qui servait entre autres à la divination (Dinon, fragment 8 de l'histoire de l'Orient ; Hérodote, IV, 67).

Et voici qu'à l'entrée du sanctuaire de YHWH, entre le vestibule et l'autel, il y avait environ vingt-cinq hommes, tournant le dos au sanctuaire de YHWH, regardant vers l'orient. Ils se prosternaient vers l'orient devant le soleil. [...] Les voici qui approchent le rameau de leur nez.

Ezéchiel, VIII, 17.

Les Mages mèdes tiennent un arc, symbole du lien avec le ciel, signe du pouvoir royal. Comme le montre une sculpture de Kizkapan, ils portent un bonnet qui couvre la bouche, ils officient sur un autel du feu *(atar)*. Ils exposent les morts aux vautours et aux chiens, pour ne pas souiller la terre (alors que les Perses les couvrent de cire puis les enterrent) [Hérodote, I, 140].

• LES MAGES PERSES apparaissent quand Cyrus II le Grand, petit-fils – on l'a vu – du Mède Astyage, fils du Perse Cambyse Ier, adorateur du dieu mésopotamien Mardouk, installe, selon Xénophon (*Cyropédie*, VIII), les Mages mèdes en Perse vers 540 av. J.-C., quand il fonde l'Empire perse achéménide. Le Mage perse diffère quelque peu du Mage mède. D'une part, il passe au service du roi (au lieu de le concurrencer), il est précepteur de ses fils.

Une fois âgés de deux fois sept ans, ils [les enfants du roi des Perses] sont pris en main par ceux qu'on appelle là-bas les pédagogues royaux. Il y en a quatre, hommes d'âge mûr, que l'excellence de leur réputation a fait choisir parmi les Perses : celui-ci parce qu'il est le plus sage de savoir, celui-là parce qu'il est le plus juste, cet autre parce qu'il est le plus sage de mœurs, cet autre enfin parce qu'il est le plus courageux. Le premier lui [au fils du roi] enseigne la science des Mages, la science de Zôroastre, fils d'Oromazès [Ahura Mazdâ], c'est-à-dire le culte des Dieux, et aussi la science royale. Celui qui est le plus juste lui enseigne à dire toute sa vie la vérité. Celui qui est le plus sage de mœurs lui enseigne à ne pas non plus se laisser dominer par aucun plaisir, afin qu'il s'habitue à être un homme libre et réellement un roi, en commençant par dominer ses penchants intimes, au lieu de s'y asservir. Le plus courageux fait de lui un être sans peur et que rien n'effraie, dans la pensée qu'à s'effrayer on se rend esclave.

Platon, *Alcibiade* (vers 388 av. J.-C.), 121 e-122 b, trad. du grec L. Robin, *Œuvres complètes de Platon*, Gallimard, « Bibliothèque de la Pléiade », 1950, t. 1, p. 230. © Gallimard, Paris.

D'autre part, le Mage perse participe à tout sacrifice, s'assurant le monopole sacerdotal. La société perse comprend quatre classes : les Mages, les guerriers, les scribes, les artisans et paysans. Mais, le **Mage perse**, comme le Mage mède, s'occupe d'oniromancie, de funérailles, de sacrifices sanglants... « Magie », ici, ne désigne que l'activité des Mages, le culte, durant lequel ils récitent une généalogie des dieux.

Les Perses, à ma connaissance, observent les coutumes suivantes. Ils n'ont pas l'usage d'élever des statues de dieux ni des temples ni des autels [...]. Leur coutume est de monter sur les plus hautes montagnes pour offrir des sacrifices à Zeus [Ohrmazd], dont ils donnent le nom à toute l'étendue circulaire du ciel. Ils sacrifient au soleil, à la lune, à la terre, au feu, à l'eau, aux vents. [...] Un Perse veut-il sacrifier à l'un ou l'autre des dieux, il conduit la victime dans un lieu pur... Un mage, qui est là présent, chante une théogonie — telle est, d'après ce qu'ils disent, la nature de ce chant [les *yasht* ?] — car la règle est chez eux de ne pas offrir de sacrifices sans un mage. [...]

De ce qui suit, je parle comme de choses secrètes, sans en être sûr. Il s'agit des morts ; le cadavre d'un Perse ne serait pas enseveli avant d'avoir été déchiré par un oiseau ou un chien. Effectivement, pour ce qui est des mages, je sais de façon certaine qu'ils agissent ainsi ; car ils le font à la vue de tous. En tout cas, les Perses enduisent de cire la dépouille mortelle pour l'enfouir dans la terre. Les mages diffèrent grandement des autres hommes, [ils] tuent de leur propre main toute sortes d'êtres, sauf le chien et l'homme, et ils s'y appliquent à l'envi, avec ardeur, tuant indistinctement les fourmis, les serpents et toutes les autres bêtes de la terre et de l'air.

Hérodote, *Histoires*, I, 131, 132, 140. © Les Belles Lettres, Paris.

Le secret est certain.

Les mages perses refusent leur enseignement aux non-Perses, à moins d'une dérogation accordée par le Grand Roi. [...] Les mages invoquent les dieux lorsqu'ils accomplissent leurs rites secrets, mais, dans leurs actes publics, ils s'interdisent toute profession de foi en faveur d'aucun dieu, car ils ne veulent pas qu'on puisse croire que leur puissance en résulterait.

Philostrate le Sophiste (=de Lemnos), *Vie des sophistes* (228-238), I, 10, 1, trad. du grec partielle J.-P. Dumont ; trad. Michel, 1611.

• LES MAGES ZOROASTRIENS ONT-ILS EXISTÉ ? Jamais Zarathushtra ne se dit « Mage » ou ne prononce le mot. Mais, les Grecs ont tenu Zarathushtra pour le Mage par excellence. En réalité, le disciple de Zarathushtra n'est plus un Mage *(magu)*, mais un *magavan*, ce qui veut dire qu'il est une personne « ayant part au don mystique, au sacrement ». Il possède le *xwarenah* (>*xvarrah*) l'influence spirituelle, le rayonnement lumineux, l'émanation de la Lumière Primordiale, en un mot la Gloire. Mages

mèdes et Zoroastriens ont en commun d'exposer les cadavres aux vautours et aux chiens.
Il semble que les anciens Mages aient été les premiers à se convertir au Zoroastrisme.
Le Mage va ensuite subir des influences étrangères, au fur et à mesure des conquêtes iraniennes : en Mésopotamie, en Grèce, en Anatolie.

• LES MAGO-CHALDÉENS [1], mélanges du Mage médo-perse et du magicien néo-babylonien (=chaldéen), naissent en 539 av. J.-C., quand Cyrus II le Grand s'empare de Babylone. Des éléments asianiques, juifs, grecs se mêlent pour former un syncrétisme, le Mago-Chaldaïsme. L'astrologie de la Babylonie s'ajoute à la magie de la Médie.

• LES MAGES HELLÉNISÉS sont des Mazdéens, imaginaires ou réels, imprégnés de culture grecque. Le phénomène commence en 480 av. J.-C., quand Xerxès Ier, roi de Perse, se lance dans les guerres médiques [2]. Les premiers contacts entrent Perses et Grecs d'Ionie datent de 546 av. J.-C., lors de la prise de Sardes par Cyrus le Grand. Les Grecs et les Latins vont confondre Ostanès, gendre de Xerxès Ier, et le pseudo-Ostanès, occultiste (320 av. J.-C.).

Le premier qui, d'après mes recherches, ait traité ce sujet [la magie] et dont les écrits subsistent est Ostanès ; il accompagna le roi de Perse Xerxès dans la guerre qu'il fit aux Grecs, disséminant sur sa route les germes de cet art monstrueux partout où il avait passé, il en infecta le monde. [...]
En outre une autorité non négligeable fut donnée à la magie, au temps d'Alexandre le Grand, par le second-Ostanès, qui eut l'honneur d'accompagner ce roi et qui, ce dont nul ne saurait douter, parcourut presque toute la terre. [...]
Comme l'a enseigné Ostanès, il y a plusieurs espèces de magie. En effet, elle utilise l'eau, les boules, l'air, les étoiles, les lampes, les bassins, les haches et beaucoup d'autres procédés pour promettre la divination.

Pline l'Ancien, *Histoire naturelle*, XXX, 8, 11, 14, trad. du latin A. Ernout, Les Belles Lettres, coll. « Budé », 1963, p. 25-27, 28.

À ce Mage est attribuée, vers le IIe s. av. J.-C., une fameuse formule en grec qui contient une théorie ésotérique.

Cet Ostanès est celui qui, le premier, a donné la formule :
ἡ φύσις τῇ φύσει τέρπεται καὶ ἡ φύσις τὴν φύσιν νικᾷ καὶ ἡ φύσις τὴν φύσιν κρατεῖ

Synésios (vers 380), cité par Bidez et Cumont, *Les Mages hellénisés*, Les Belles Lettres, 1938, t. 2, p. 312, rééd. 1973.

Les circonstances, qui relèvent de l'imaginaire ésotérique, méritent d'être contées.

---

1. H. Corbin, *En Islam iranien*, t. 2, p. 31. F. Cumont, *Les Mystères de Mithra* (3e éd., 1913), Éditions d'Aujourd'hui, 1985, p. 10 *sqq*.
2. Philostrate le Sophiste, *Vie des sophistes* (déb. IIIe s.), I, 10 : « Protagoras fit la rencontre des Mages perses au moment de l'expédition de Xerxès contre la Grèce. »

Ayant donc appris ces choses du maître susnommé [Ostanès] et conscient de la diversité de la matière, je [moi, Bôlos de Mendès] m'efforçai à faire l'alliage des natures [or, argent, pierres précieuses, étoffes]. Mais comme notre maître était mort avant que notre initiation fût complète et alors que nous étions encore tout occupés à reconnaître la matière, c'est de l'Hadès, comme on dit, que j'essayai de l'évoquer [par nécromancie]. [...] Il me dit qu'il lui était difficile de parler : le démon ne le lui permettait pas. Il dit seulement :
— Les livres sont dans le temple.
[...] Nous ne trouvâmes rien. [...]
Comme nous étions dans le temple, d'elle-même, tout soudain, une colonne s'ouvrit par le milieu, mais, à première vue, elle ne contenait rien à l'intérieur. Cependant Ostanès le fils nous déclara que c'est dans cette colonne qu'étaient déposés les livres de son père. Et, prenant les devants, il produisit la chose au grand jour. Car, nous étant penchés, nous vîmes avec surprise que rien ne nous avait échappé, sauf cette formule tout à fait utile que nous y trouvâmes :
— Une nature est charmée par une autre nature, une nature vainc une autre nature, une nature domine une autre nature.
Grande fut notre admiration de ce qu'il eût rassemblé en si peu de mots toute l'Écriture.

Bôlos de Mendès : J. Bidez et F. Cumont, *Les Mages hellénisés*, t. 2, p. 317, frg. A 6. Trad. partielle A.-J. Festugière, *La Révélation d'Hermès Trismégiste*, t. 1 (1944), Les Belles Lettres, 1981, p. 228-229. © Les Belles Lettres, Paris.

Ésotérisme. Comment traduire la phrase ?

J. Bidez et F. Cumont[1] : « La nature est charmée par la nature, la nature vainc la nature, la nature domine la nature. »

On ne comprend pas bien la succession proposée.

A.-J. Festugière[2] : « Une nature est charmée par une autre nature, une nature vainc une autre nature, une nature domine une autre nature. »

Pourquoi « une » au lieu de « la » ? Quelle différence entre « vainc » et « domine » ? Où Festugière voit-il « autre » ?

J. Bayet[3] : « La nature, dans tel cas, est charmée par la nature ; dans tel cas, en triomphe ; dans tel cas, la domine. »

Où se trouve, dans le grec, « en tel cas » ? Et, ici encore, quelle différence entre « triomphe » et « domine » ?

A. Rivaud[4] : « La nature se plaît à la nature ; combats [sic] la nature ; surmonte la nature. »

Pourquoi supprimer deux fois le sujet grammatical comme s'il s'agissait d'un même objet ?

Je propose : « Soit la nature réjouit la nature ; soit la nature combat la nature ; soit la nature soumet la nature. »

Trois cas semblent prévus : l'harmonie, l'antagonisme, le triomphe. On

---

1. J. Bidez et F. Cumont, *Les Mages hellénisés*, t. 2, p. 203.
2. A.-J. Festugière, *La Révélation d'Hermès Trismégiste*, t. 1, p. 229, 231 (texte grec).
3. Cité en appendice par Festugière (t. 1, p. 434) qui adopte cette traduction.
4. A. Rivaud, *Histoire de la philosophie*, PUF, t. 1 (1948), 1960, p. 108.

trouve donc les vieux principes de la pensée ésotérique : sympathie, antipathie, priorité. Deux objets entrent tantôt en amitié (Bélier avec Mars), tantôt en conflit (Bélier contre Balance), tantôt en subordination (Bélier plus que Sagittaire). À mon sens, il faut relier cela avec la philosophie d'Empédocle. Festugière et Bayet font intervenir la notion de « matière première ». À tort, me semble-t-il, puisque la matière première, par définition, n'a pas de propriété, elle est sans qualité propre. Or, le texte fait place, justement, aux propriétés. La nature enfante (φύσις a cette étymologie) parce qu'elle crée des liens d'amour, de haine, de prééminence. Le troisième terme dépasse le dualisme. Ce texte attribué à Ostanès est une formule, et doublement, formule au sens littéraire, et formule au sens scientifique, puisque, dans une forme hermétique elle donne un procédé occulte. On peut l'appliquer en magie, en astrologie, en alchimie, mais aussi en théologie, en cosmologie.

Revenons aux Mages hellénisés. Les Grecs font de Zarathushtra un astrologue et donc l'appellent Zoroastrès. Une chaîne d'initiés se forge. « Selon Diodore d'Érétrie et le musicien Aristoxène [fin du IVe s. av.], Pythagore a été en relation avec le Chaldéen Zaratus » (pseudo-Hippolyte de Rome, *Réfutation de toutes les hérésies*, I, 2, 12). Georges le Syncelle rapporte la tradition selon laquelle « Démocrite [...] fut initié par Ostanès le Mède » (*Chronographie*, I, 471).

Les écrits de ces Mages sont mis en grec vers 270 av. J.-C., et catalogués par Hermippe vers 200.

• LE MAGE D'ASIE MINEURE, le **Maguséen**[1] vit en Arménie, en Cappadoce, en Lydie, dans le Pont. Il ne parle pas iranien mais araméen. Sa doctrine forme un syncrétisme où se marient Zoroastrisme, Zervanisme, Mithriacisme, puis pensée grecque, astrologie chaldéenne. Pour le Maguséen, le premier principe est le Temps (Zervân). À cela rien d'étonnant : dans tous les Mystères, la notion de temps, commencée par une réflexion sur la succession des saisons, demeure centrale. Le mithraeum de Doura-Europos, en Syrie, daté du IIIe s. av. J.-C., contient un relief montrant deux Mages en costume perse, l'un étant Zarathushtra, l'autre Ostanès : alliance est faite entre Mithraïsme, Zoroastrisme, Magianisme. Zarathushtra devient un astrologue et un mage, au lieu de rester le prophète d'Ahura Mazdâ. La pratique des Maguséens concerne surtout le feu et ce que Dion Chrysostome appelle des « cérémonies secrètes » des Éléments et de Fin du monde par embrasement (*Discours*, 36, 39-60)[2]. Le Mage accompagne les cérémonies de chants qu'il lit dans un livre. On observe des Maguséens dès la conquête d'Alexandre le Grand, en 330 av. J.-C., même si le phénomène a commencé dès Xerxès Ier (480 av. J.-C.).

---

1. Bidez et Cumont, *Les Mages hellénisés*, éd. cit., t. 1, p. 57 *sqq*.
2. F. Cumont, « La fin du monde selon les mages occidentaux », *Revue de l'histoire des religions*, 1931, p. 76 *sqq*.

En Cappadoce la secte des Mages, appelés également *Pyraethes* [allumeurs de feu], est grande. Dans ce pays il y a aussi de nombreux temples consacrés aux dieux perses. On ne sacrifie pas les victimes animales avec une épée, mais avec une sorte de tronc d'arbre : on les frappe jusqu'à la mort au moyen d'une massue. Ils ont aussi des *Pyraetheia*, remarquables enclos pour feu ; au milieu se trouve un autel sur lequel reste une grande quantité de cendres ; les Mages y entretiennent un feu qui ne s'éteint jamais. Ils viennent là quotidiennement, ils font des incantations une heure durant environ, tenant devant le feu un faisceau de branchettes [*baresman*] et portant sur leur tête des tiares de feutre, dont les deux côtés tombent jusqu'à ce que les lèvres soient couvertes. On observe les mêmes coutumes dans les temples d'Anaïtis [=Anâhitâ, en Lydie, Phrygie, Cappadoce] et d'Omanos [autre divinité iranienne], et ces temples disposent aussi d'enclos pour ces divinités ; le peuple porte en procession une statue en bois d'Omanos. J'ai vu cela en personne.

Strabon, *Géographie* (7 av. J.-C.), XV, 3, 14-15, trad. partielle du grec P. A. Riffard.

• LE ROI MAGE relève, comme le Mage hellénisé, autant de l'histoire que du mythe. Les Évangiles ne parlent que de mages, pas de trois Rois Mages.

Jésus étant né à Bethléem de Judée, au temps du roi Hérode, voici que des mages venus d'Orient se présentèrent à Jérusalem et demandèrent :
— Où est le roi des Juifs qui vient de naître ? Nous avons vu, en effet, son astre se lever et sommes venus lui rendre hommage.
[...]. Ils se mirent en route ; et voici que l'astre, qu'ils avaient vu à son lever, les devançait jusqu'à ce qu'il vînt s'arrêter au-dessus de l'endroit où était l'enfant. La vue de l'astre les remplit d'une très grande joie. Entrant alors dans le logis, ils virent l'enfant avec Marie sa mère, et, tombant à genoux, se prosternèrent devant lui ; puis, ouvrant leurs cassettes, ils lui offrirent en présent de l'or, de l'encens et de la myrrhe. Après quoi, un songe les ayant avertis de ne point retourner chez Hérode, ils prirent une autre route pour rentrer dans leur pays.

Matthieu, II, 1-12.

Le mythe des Rois Mages revient à l'Iran, puisque, au VIIe s., l'un des Rois Mages est appelé Gaspard ou Gasthapa, en fait Gundoffar. Gundoffar était un roi de l'Iran. Clément d'Alexandrie fait venir les Rois Mages de Perse (*Strômates*, I, 15). Origène fixe leur nombre à trois. Les trois offrandes ont été pensées symboliquement. Selon Irénée (*Contre les hérésies*, III, 9, 2), l'encens fait Jésus dieu, l'or le fait roi, la myrrhe le fait homme. Les savants modernes ne s'accordent pas sur les dates : an 12 avant notre ère à cause du passage de la comète de Halley, an 6 avant notre ère à cause de la conjonction Mars-Jupiter-Saturne, an 4 avant notre ère à cause de l'apparition de la Nova du Capricorne.

• À L'ÉPOQUE SASSANIDE, les Mages sont remplacés par les *môbad*, qu'Ammien Marcellin appelle encore « Mages » (*Histoires. Rerum gestarum libri*, XXIII, 6, 32). Les *môbad* sont des seigneurs respectés, récitant prières et offrant libations, ils sont hiérarchisés.

• AUJOURD'HUI, le mot « Mage » n'a guère de sens. S'il en avait un, il apporterait une nuance à « magicien ». Le mage a une connaissance en plus de la pratique magique. Le mage sait, le magicien fait.

LES SCIENCES OCCULTES

La magie

L'Occident classique fait naître la magie en Perse, suite à un malentendu. Les Occidentaux rencontraient en fait des mages très occidentalisés.

La magie a atteint un tel sommet qu'aujourd'hui même elle prévaut dans une grande partie des nations et, en Orient, commande au roi des rois. C'est là, sans doute, en Perse, qu'elle est née de Zoroastre, comme en conviennent les auteurs.
Pline, *Histoire naturelle*, XXX, 1-2, éd. cit., p. 23-24.

Quand on parle de « magie » à propos d'Iran, de quoi parle-t-on ? De feu encore, des trois grands feux. Le feu de la fonction sacerdotale attire les dieux, le feu de la fonction guerrière repousse les démons, le feu de la fonction reproductrice entretient la vie. Les Mages opèrent des sacrifices *(yasna)* (Hérodote, *Histoires*, I, 131). L'officiant offre au feu du bois sec, de l'encens, de la graisse de bœuf, et à l'eau il offre du lait, un suc de plante et du *haoma*. Les Éléments (terre, eau, air, feu), les Règnes (végétal, animal, homme), les fonctions sociales (mages, guerriers, scribes, artisans-paysans), les divinités se trouvent réunis. Le Mage s'imprègne alors de Gloire, il revient à la pureté originelle. Il y a réversion, retour. L'homme et le monde, le petit monde du trou à sacrifice, le *magha*, sont le monde d'avant la séparation en Bien et Mal. Alors, tout est, tout devient, tout redevient possible, puisqu'on retourne du réel au possible. Cette idée, on l'a vu partout dans l'ésotérisme, en particulier dans la magie d'Égypte et dans la magie de Mésopotamie. Le Mage a fait retour aux conditions de la Création, au centre des possibles et au milieu des puissances. Il se place dans la brûlante matrice. Au cœur.

Une technique analogue, fondée sur le verbe *(mathra)* et non plus sur le geste, consiste à réciter une théogonie (Hérodote, I, 132). Là encore, un retour s'opère aux origines, mais par la parole. On manipule les principes. En racontant les origines, on décline les conditions de la magie, de l'art, de la conduite bonne.

Les Mages pouvaient contrôler le temps, la météorologie (Hérodote, VII, 191), ils utilisaient des amulettes, ils savaient se servir du pouvoir des plantes (*Bundahishn*, IX, 1-16, XVIII, 1-9, XXIX, 18 et 27, XXVII, 1-22 ; trad. du pehlevi en anglais *Zand-âkâsîh*. *Iranian or Greater Bundahishn*, Bombay, 1956).

L'astrologie

Les Mages pratiquaient-ils l'astrologie ? Les anciens Iraniens avaient le culte des astres, plus exactement des étoiles (jugées bonnes), mais pas des planètes (jugées mauvaises, sauf Soleil et Lune).

Les Mazdéens distinguaient jours fastes et néfastes (hémérologie).

Les Perses partagent les jours d'un côté en préférables et favorables, de l'autre en défavorables et détestables. En outre, ils connaissent d'autres jours, dont les noms se retrouvent chaque mois, et qui sont des jours de fête, mais pour une classe de population, pas pour les autres.

Al-Bîrûnî, *Monuments des siècles écoulés. al-Âthâr al-Bâqiya* (1000), trad. de l'arabe en anglais E. C. Sachau : *The Chronology of Ancient Nations*, Londres, 1879, p. 217.

La tradition occidentale présente Zarathushtra comme un terrible magicien et un astrologue, un idolâtre des astres. Or, on s'aperçoit qu'il néglige la Lune et le Soleil. La première mention de l'astrologie au sens strict remonte au roi Artaban V (vers 200), qui demande à ses astrologues :

Qu'observez-vous concernant les sept planètes et les douze Signes du Zodiaque, la position et le mouvement des étoiles, la condition des souverains des divers pays, celle des peuples du monde et concernant moi-même, mes enfants, ma famille ?

Geste d'Ardashîr, trad. partielle J. Duchesne-Guillemin, *apud* A. Caquot et M. Leibovici, *La Divination*, PUF, 1968, t. 1, p. 147. © PUF, Paris.

L'astrologue de répondre : le Capricorne est couché, Jupiter culmine, loin de Mars et de Vénus, la Grande Ourse et le Lion descendent et aident Jupiter, donc un nouveau prince ou roi va naître, il va tuer beaucoup de gens et rassemblera le monde sous un unique souverain. C'est la prédiction de la venue d'Ardashîr Ier, qui tuera Artaban V, fondera la dynastie des Sassanides, étendra le royaume jusqu'à l'Indus et rétablira le Zoroastrisme.

Le *Bundahishn* présente un horoscope vraiment intéressant : la carte du ciel de naissance du monde [1].

Sur l'horoscope du monde (*zâyc î gêhân* [le ciel de naissance du cosmos]), comment il se forma.

Il [Ohrmazd] dit dans la Religion que, à midi, le jour Ohrmazd du mois Fravardin, lors de l'égalité du jour et de la nuit [lors de l'équinoxe du printemps], l'agresseur fit irruption.

L'Ascendant – cuspide de la Vie [Maison I] – se trouvait à 19° du Cancer [109° de longitude], dans la Maison lunaire Azarag ; l'étoile Sirius y résidait ; Jupiter y était ; l'Avoir [Maison II] était en Lion ; les Frères [Maison III] étaient dans l'Épi de blé [Vierge] avec Mercure ; le Foyer [Maison IV] était en Balance, avec Saturne ; les Enfants [Maison V] étaient en Scorpion ; les Maladies [Maison VI] étaient en Sagittaire, avec la Queue du Dragon ; le Mariage [Maison VII] était en Capricorne, avec Mars ; la Mort [Maison VIII] était en Verseau ; les Voyageurs [Maison IX] étaient en Poissons, avec Vénus ; le Milieu-du-Ciel [cuspide de la Maison X] se trouvait en Bélier, avec le Soleil, dans la Maison lunaire Padispar ;

---

1. Les Égyptiens pseudo-Pétosiris et pseudo-Néchepso ont aussi construit l'horoscope du monde (Firmicus Maternus, *Mathesis*, III ; Bouché-Leclercq, *L'Astrologie grecque*, 1899, p. 185 *sqq.*).

LES IRANIENS 513

la Bonne Fortune [Maison XI] était en Taureau, avec la Lune ; enfin, la Mauvaise Fortune [Maison XII] était dans les Deux Images [Gémeaux], avec la Tête du Dragon.

	II		I	Hor. 19°	XII	
III	♍ Vierge	♌ Lion	♋ Cancer	♓ Gémeaux	☊ Tête du Dragon / ☽ Lune	XI
IMC	☿ Mercure		♃ Jupiter		♉ Taureau	
	♎ Balance		Eau		♈ Bélier	
IV						X
	♄ Saturne		Terre		☉ Soleil	MC
	♏ Scorpion		♑ Capricorne		♓ Poissons	
V	♐ Sagittaire	☋ Queue du Dragon	♂ Mars	♒ Verseau	♀ Vénus	IX
	VI	Occ.	VII		VIII	

L'HOROSCOPE DU MONDE

Ces planètes, lorsqu'elles firent ainsi irruption dans le firmament, œuvrèrent avec les étoiles fixes : le Soleil noir et la Lune avec le Soleil et la vraie Lune, princes des luminaires ; Jupiter avec la Grande Ourse, gouverneur du Nord ; Vénus avec *Sadwês*, gouverneur du Sud ; Mars avec Véga, gouverneur de l'Ouest ; Mercure avec Sirius, gouverneur de l'Est ; Saturne [Zurvan] avec l'Étoile Polaire, commandant en chef.

Dans le ciel, pareillement, Mercure devint gouverneur de l'Est, Mars gouverneur de l'Ouest, Vénus gouverneur du Sud, Jupiter gouverneur du Nord, Saturne commandant en chef, et le Soleil noir et la Lune princes des corps ténébreux. [...]

Ont été révélés pour chacune de ces planètes au firmament, dans les douze Signes du Zodiaque, leur domicile, exaltation, exil ou chute [dans les Signes], leurs correspondances [avec les étoiles fixes], leurs aspects [entre planètes], les décans, les harmonies ou dissonances [entre planètes, entres planètes et cuspides], et beaucoup d'autres choses sur les positions. Les planètes détruisent, elles font et défont tout l'ordonnancement du temps, qui est lié – cela s'impose au regard – aux étoiles fixes. Et le mouvement des planètes ne ressemble pas non plus à celui des étoiles fixes, car elles sont parfois rapides parfois lentes, parfois rétrogrades parfois stationnaires. C'est la raison pour laquelle on nomme les planètes *(abâxtarân)* « non-étoiles » *(nê axtar)*.

Arnbag, *Création primitive*. *Bundahishn* (1096), 51-53, trad. du pehlevi en anglais *(Zand-âkâsîh)*. *Iranian or Greater Bundahishn)*, Bombay, 1956, ou, pour ce passage : *Bulletin of the School of Oriental and African Studies*, University of London, Luzac, 1964, t. XXVII, p. 523 *sqq.* : D. N. Mackenzie, « *Zoroastrian Astrology in the Bundahishn* », trad. partielle et mots entre crochets P. A. Riffard.

Le *Bundahishn* présente aussi une théorie des cycles, sur un fond astrologique, puisqu'il privilégie le jour du printemps, le cycle des saisons. Décrivant la Création du monde, il admet des cycles de 30 jours, d'1 an, de 50 ans, de 1 000 ans, de 3 000 ans, de 6 000 ans, de 12 000 ans. Des Sauveurs[1] apparaissent au début d'un millenium, cycle de 1 000 ans. Zarathushtra inaugure le 1er millenium, qui est le 3e cycle d'un grand cycle de 6 milleniums. Le troisième « Fils » de Zarathushtra sera le Sauveur *(Saoshyant)* par excellence, il sera « l'Ordre incarné ». Alors se produira la Rénovation totale *(Frasho.kereti)*, la Transfiguration cosmique. Les *Oracles* du pseudo-Hystaspe, qui était un Juif (selon D. Flusser), admettent un cycle de 7 000 ans. Le monde dure 7 fois 1 000 ans, cela en correspondance avec les 7 métaux ou les 7 planètes, selon un schéma propre aux cultes babyloniens et aux Mystères de Mithra. Dans le Zervanisme, Ohrmazd et Ahriman dominent successivement le monde, chacun 3 000 ans, avant une lutte finale de 3 000 ans encore, ce qui donne un total de 9 000 ans[2]. Selon une autre version[3], le cycle créé par Ohrmazd est de 12 000 ans, 12 renvoyant au nombre des Signes zodiacaux. Zervân figure le Temps et règne en deçà et au-delà des Quatre Âges (4 × 3 000 = 12 000). Il est androgyne, il réunit donc la complémentarité mâle/femelle, bénéfique, et l'alternative bien/mal, Ohrmazd/Ahriman, maléfique. L'ancien Iran établit, comme tant d'autres traditions ésotériques indo-européennes (Grecs, Hindous, Mésopotamiens, etc.), un cycle de Quatre Âges cosmiques symbolisés par les métaux, or, argent, acier, fer tels qu'on les trouve dans le Judaïsme (Daniel, II, 31).

Au sujet de la manifestation à Zoroastre des quatre sortes de temps, qui sont dans le *Livre de Zoroastre* :
le premier est en or, celui durant lequel Ohrmazd manifesta la religion à Zoroastre
le second, en argent, celui durant lequel Vishtâspa reçut la religion de Zoroastre
le troisième en acier, ce temps durant lequel naquit l'instaurateur de la justice, Âdurbâd fils de Mâraspand [sous Shâhpuhr II, au IVe s.]
le quatrième est en fer mêlé de terre, le temps durant lequel l'excessif dévelop-

---

1. Selon H. Corbin, « l'idée shî'ite du XIIe Imâm, l'Imâm "caché", l'Imâm "attendu", présente une affinité remarquable avec celle du Sauveur ou *Saoshyant* [>Sraosha] de l'ancienne Perse zoroastrienne » (*En Islam iranien*, Gallimard, 1971-1972, t. 1, p. 4-5 ; cf. p. 63).
2. *Mênôki i Xrat*, VIII, 11, trad. anglaise E. W. West, Londres, 1871 : *The Book of the Mainyo-i-Khard*. Cité par G. Widengren, *op. cit.*, p. 247.
3. H. S. Nyberg, « Questions de cosmogonie et de cosmologie mazdéennes », *Journal asiatique*, 1929-1931, p. 41 *sqq*.

pement de la souveraineté de l'Hérétique et des autres méchants entraînera la destruction [par l'Islâm] de la Religion et de la Royauté, l'affaiblissement de toute espèce de bien et de bonheur et la disparition de la bonne nature et de la sagesse des contrées de l'Iran.

Actes de la Religion. Dênkart (IXe s., guèbre), IX, 8, trad. partielle Ph. Gignoux.

La médecine occulte

Selon le schéma tripartite indo-européen [1], les anciens Iraniens distinguent trois types de médecine : celle des formules, qui correspond à la première fonction sociale (souveraineté), celle du couteau, qui correspond à la deuxième (guerre), celle des plantes, qui correspond à la troisième (production). La première médecine utilise la magie du verbe, la deuxième fait intervenir le chirurgien, la troisième met en œuvre la fécondité végétale.

Si plusieurs médecins se présentent, ô Spitama Zarathushtra, l'un qui guérit par le couteau, l'autre qui guérit par les plantes, l'autre qui guérit par la Parole Divine *(mâtha Spenta)* : c'est celui-ci qui est le mieux guérissant des guérisseurs.

Avesta, Vidêvdât, 7.44, trad. J. Darmestéter, *Le Zend Avesta*, éd. cit., t. 2, p. 107. © A. Maisonneuve, Paris.

LE ZOROASTRISME : MAZDÉISME RÉFORMÉ

Avec Zarathushtra, on sent une personnalité. On voit percer un homme, avec ses forces et ses doutes. L'ésotérisme, déjà, perd certains traits de l'ésotérisme des Civilisateurs (égyptien, mésopotamien, anatolien). Le rôle de l'individualité intervient, comme chez les Occidentaux, et le livre joue un plus grand rôle.

Zarathushtra serait originaire du nord-est de l'Iran, peut-être de la Bactriane (selon Ammien Marcellin, XXIII, 6, 32), ou de la Chorasmie, en tout cas une région à l'est, un pays d'élevage, car il respecte le bœuf et le cheval. Il appartient au clan Spitama, aryen *(Avesta,* 29.8, 46.16, 51.11).

Il vit sans doute entre 660 et 583 av. J.-C., ou entre 628 et 551 av. J.-C., peut-être vers 594 av. J.-C. À suivre Mani [2], qui se plie à un raisonnement ésotérique, il faudrait situer Zarathushtra autour de 784 av. J.-C. En effet, Mani se présente comme le Sauveur annoncé venant 1 000 ans après Zarathushtra, or Mani est né en 216 (1 000 − 216 = 784). La tradition des Parsis tient pour 583-511 av J.-C. Il possède un maigre troupeau *(Avesta, Yasna,* 46.2). « Zarathushtra » signifie : « Meneur de chameaux ». Par sa fonction, il « murmure » et il « sacrifie ». Qu'est-ce à dire ? Il est prêtre *(âthravan),* homme sacré du feu sacré *(atar).* Plus précisément il appar-

---

1. É. Benvéniste, « La doctrine médicale des Indo-Européens », *Revue de l'histoire des religions*, PUF, t. 130, 1945, p. 5-12. G. Dumézil, « La médecine et les Trois Fonctions », *Magazine littéraire*, n° 229, avril 1986, p. 36-39.
2. O. Klima, « The Date of Zoroaster », *Archiv Orientalni*, Prague, 1959. W. F. Albright opte pour le IXe s. av. J.-C. F. Althiem retient 569 av. J.-C. pour la naissance.

tient à la classe supérieure des prêtres. D'une part, c'est un invocateur *(zaotar)*, il récite des hymnes *(gâthâ)*. Comme en Mésopotamie et en Inde, il privilégie les formules à murmurer, il est maître en formules *(manthran)*. D'autre part, c'est un oblateur *(hudâh)*, il a pour charge de verser des oblations – lait, beurre, graisse – devant le feu. Ces oblations sont animales, mais pas sanglantes. Le feu symbolise la vérité *(Avesta, Yasna,* 24.4, 43.9, 46.7).

> Moi qui, par ma prière, écarterai de toi, Ô Sage, la désobéissance et la Mauvaise Pensée [...].
> Moi qui, comme prêtre, désire apprendre par la Justice [...].
>
> *Avesta, Yasna, gâthâ* (chant) I, hymne 33, str. 4 et 6, trad. J. Duchesne-Guillemin, *Zoroastre...*, éd. cit., p. 189, 190. © Maisonneuve-Larose, Paris.

En tant qu'« homme initié », il connaît la magie verbale *(Avesta, Yasna,* 43.14). Il ferait même des exorcismes.

En l'honneur d'Oromaze [Ohrmazd], Zoroastre avait prescrit des sacrifices de prières et d'actions de grâce, et, pour Arimane [Ahriman], des cérémonies lugubres destinées à détourner les maux.

> Plutarque, *Isis et Osiris,* 46, trad. du grec M. Meunier (1924), Maisnie-Trédaniel, 1979.

Zarathushtra exerce aussi les fonctions de chapelain du satrape Vishtâspa (en grec Hystaspe), qui est le père de Darius Ier, à moins que, plus modestement, Vishtâspa ne soit un prince du Seistân. Pourquoi Zarathushtra est-il chapelain ? Parce que le prêtre travaille au service du chef de famille.

La vie de Zarathushtra est décrite en termes initiatiques.
Selon la légende, il naît en riant.

> Au moment où le matin du temps répandit la lumière, le Bienheureux Zarathushtra vint au monde. Il riait en quittant le sein de sa mère, et de son rire le palais fut rempli de lumière. Émerveillé de ce rire et de la radieuse beauté de son fils, le père comprit que c'était là la Gloire de Dieu, car, sauf lui, tous les enfants, en naissant, pleurent.
>
> Zarathushti Bahrâm Ben, *Le Livre de Zarathushtra. Zarâtusht Nâmak* (1278), trad. du persan F. Rosenberg, Saint-Pétersbourg, 1904.

Adolescent ou même enfant, il affronte une initiation. Les textes décrivent une série d'épreuves, où il brave les taureaux, les chevaux, le feu, les loups, car il a pour ennemis des sorciers, des princes, des prêtres-magiciens. Ces textes sont romancés et tardifs, mais ils laissent entendre que Zarathushtra a traversé des épreuves initiatiques, en particulier celles du feu et du loup.

> Voyant Zoroastre baignant dans ce *xvarrah* [>xwarenah : Gloire], ce sorcier [Durasrab] en devint furieux ; instruit en malice, il voulut, misérablement, écraser de ses mains la tendre tête de cet enfant de *xvarrah* et le faire périr. [...]
> Par sorcellerie, le *karap* [ritualiste] Durasrab réussit à imposer dans l'esprit de Purushâsp [le père de Zoroastre] la crainte de Zoroastre à tel point qu'effrayé il

demanda de lui-même au *karap* de faire mourir Zoroastre, et consulta Durasrab sur le moyen de le tuer, – sans que lui-même, Purushâsp, ait à subir de dommage de sa part.

[1re épreuve : le feu] Le *karap* indiqua comme moyen de ramasser beaucoup de bois, de déposer Zoroastre sur le bûcher, d'allumer le feu ; ainsi, Zoroastre serait brûlé en même temps que le bois. Purushâsp fit ainsi. Voici qu'un grand miracle fut révélé à beaucoup, ainsi que le dit la Religion. Le feu ne prit pas dans les plantes [...].

[2e épreuve : le taureau] Le *karap* indiqua comme moyen de déposer Zoroastre dans un défilé étroit ; si l'on faisait passer plusieurs taureaux par ce défilé, ceux-ci l'écraseraient de leurs pieds. Purushâsp fit ainsi. Voici qu'un grand miracle fut révélé à beaucoup, ainsi que le dit la Religion. Le taureau qui était ardent et semblable à un éléphant avança ; il marcha le premier et s'arrêta devant Zoroastre. Il l'épargna toute la journée [...].

[3e épreuve : le cheval] Le *karap* indiqua comme moyen de déposer Zoroastre près d'une fontaine située dans le domaine. Si l'on menait à cette fontaine beaucoup de chevaux, il finirait par être écrasé sous leurs sabots. Purushâsp fit ainsi. Voici qu'un grand miracle fut révélé à beaucoup, ainsi que le dit la Religion. Le cheval qui avait des sabots plus forts et dont les oreilles étaient jaunes avança. Il marcha le premier et s'arrêta devant Zoroastre. Il le préserva toute la journée. [...]

[4e épreuve : le loup] Le *karap* indiqua comme moyen de jeter Zoroastre dans une tanière de loup après avoir tué les louveteaux ; à son retour, la louve verrait les louveteaux tués, déchirerait Zoroastre pour les venger et le dévorerait. Purushâsp fit ainsi. Voici qu'un grand miracle fut révélé à beaucoup, ainsi que le dit la Religion. Lorsque la louve se fut éloignée de quelques *yojyast*, ses mâchoires [celles de Zoroastre] s'abattirent, sèches, l'une sur l'autre.

Actes de la Religion. Dênkart, VII, chap. 3, 1-16, trad. partielle M. Molé, *La Légende de Zoroastre selon les textes pehlevi*, Klincksieck, 1967, p. 29-30. © Klincksieck, Paris.

Dans le Zoroastrisme, encore aujourd'hui, l'enfant, entre sept ans (en Inde) et dix ans (en Iran), reçoit une **initiation de puberté**. Cette cérémonie s'appelle, comme partout, « nouvelle naissance » *(naôjot, nawzôt)*, ou « don de la tunique et du cordon » *(sudreh-kûsti-dadân)*. C'est le père qui officie. Le garçon revêt une tunique *(sudreh)* et un cordon *(kûsti)* qui, noué autour de la taille, sépare le bas du corps, inférieur, lieu d'Ahriman, du haut du corps, supérieur, lieu d'Ohrmazd. L'enfant apprend son nom. La cérémonie correspond à l'initiation de puberté des Hindouistes, l'*upanayana* [1]. La tunique est faite de 72 brins, nombre sacré. L'initiation féminine se passe plus tard. C'est le mari, et non pas père, qui dirige alors la cérémonie, durant le mariage. Dans les deux cas — garçon ou fille —, le véritable initiateur reste le Feu. Le Feu s'élève, il symbolise le mouvement vers le Ciel : on va de la flamme à la Lumière ; le feu, également, le feu perpétuel des autels, conserve la chaleur, la vie, la lumière, et le Feu relie ainsi les générations, père et fils, mari et épouse. Comme dans

---
1. Voir *infra*, p. 610 (« Les initiations brâhmaniques »). Sur le *naôjot* : J. Hastings dir., *Encyclopedia of Religion and Ethics*, art. « Initiation (Parsi) ».

toutes les initiations de puberté, on meurt à l'enfance pour se relier au divin et s'allier au social. L'initiation de puberté permet l'accès au Paradis suprême. Les textes en parlent en termes religieux, un peu naïfs.

Si une personne a accompli de bonnes actions sans pareilles mais n'a pas accompli le *Naôjot* [initiation de puberté], elle peut bien arriver au Paradis mais non au Garôtmân [Maison des chants, Paradis suprême]. [...]
Si quelqu'un n'a pas accompli le *Naôjot* ou si l'on n'a pas ordonné pour lui le *gêtêxarîd*, quand il vient au Paradis, il ne connaît pas la place qui lui revient et il est consterné et stupéfait, tel l'étranger qui, en ce monde, vient dans une ville inconnue [...].
Quand quelqu'un, qui a accompli le *Naôjot* ou offert le *gêtêxarîd*, quitte ce monde, les âmes des morts depuis le temps de Zoroastre le Spitamide [du clan des Spitama] jusqu'à aujourd'hui se rassemblent à l'endroit du pont Chinvad [*Avesta*, *Yasna*, 46.10, 51.13], le reçoivent parmi elles et lui font partager leurs mérites, remplissent son âme de joie, l'accompagnent jusqu'à sa place, lui font des gentillesses et remplissent son cœur de joie afin qu'il oublie les épreuves du moment où la vie l'a quitté et celles des trois jours qu'il avait passés dans le *gêtêxarîd*, et les épreuves du jugement au pont Chinvad [accès à l'autre monde]. Elles enlèvent ce monde de son cœur et lui inspirent l'espoir du Corps Futur et, de cette façon, cette âme devient joyeuse.

Saddar Bundehesh, XLII, 1, trad. partielle M. Molé, *op. cit.*, p. 382-383. © Klincksieck, Paris.

À l'âge mûr, vers trente ans, Zarathushtra se rend en Iran. Il reçoit en dix ans une révélation grâce à six entretiens avec le Créateur, le dieu Ahura Mazdâ, entouré de ses sept Archanges *(Amesha Spenta)*. Il semble que Zarathushtra se trouve, dans ces cas, dans un état de conscience proche de la transe, proche de l'état originel, du commencement du monde *(Avesta, Yasna,* 30.3). L'enseignement est ésotérique, absolument. Le Seigneur Sage se montre sous l'apparence d'un Archange, soit Bonne Pensée (Vohu Manah) soit Sainte Dévotion (Spenta Ârmaiti). La communication commence par un interrogatoire. Le Dieu s'exprime en silence, en « Pensée Muette » *(Tushnâmati)*. Zarathushtra n'admet la sacralité que sous condition : s'il reçoit la force.

Je [moi, Zarathushtra] te reconnaîtrai saint et actif, ô Sage [Ahura Mazdâ, Seigneur Sage, le dieu suprême unique], lorsque [...] me viendra la force de la Bonne Pensée. [...]
[1 : avec l'Archange Bonne Pensée] Le saint *(Spenta)*, j'ai su que c'était toi, ô Seigneur Sage [Ahura Mazdâ], quand il s'approcha de moi en tant que Bonne Pensée [Vohu Manah] et me demanda :
— Qui es-tu, à qui es-tu [de qui es-tu le fils ou qui est ton maître ?] ? Désignerai-je d'un signe les jours où aura lieu l'enquête sur tes vivants et sur ta personne ?
Je lui répondis :
— Je suis Zarathushtra. Premièrement, un véritable ennemi, autant que j'en suis capable, pour le méchant. Mais un puissant soutien pour le juste. Afin d'obtenir les biens futurs de l'Empire absolu [Archange] en te louant et te chantant, ô Sage !
[...]

[2 : avec l'Archange Bonne Pensée] À sa question :
— À qui veux-tu adresser ton culte ?
— À ton feu !, ai-je répondu. En lui faisant l'offrande de la vénération, je veux penser tant que je le pourrai à la Justice [Archange]. Mais fais-moi voir la Justice ! Car c'est elle que j'appelle.
[3 : avec l'Archange Sainte Dévotion] Le Seigneur Sage :
— Voici que je viens en compagnie de la Dévotion [Armaiti, un Archange, le seul féminin]. [...]
[4 : avec l'Archange Bonne Pensée] Il s'approcha de moi en tant que Bonne Pensée, dès la première fois que je fus instruit en vos paroles : [...]
— Viens apprendre la Justice ! Mets-toi en marche avant que n'arrive ma Discipline, suivie du Destin aux grandes richesses, qui répartira entre les deux camps [Bons, Méchants], comme lots, le salut et la perte.
[5 : avec l'Archange Bonne Pensée] Il s'approcha de moi en tant que Bonne Pensée. [...]
Une longue durée d'existence enviable se trouve — cela me fut révélé — dans ton Empire.
Le soutien qu'un homme initié qui en a le pouvoir accorderait à un ami, puissé-je le tenir, ô Sage, de la science qui s'obtient avec ton Empire, selon la Justice, pour me mettre en marche contre les adversaires de la sentence, avec tous ceux qui se souviennent de tes consignes. [...]
[6 : avec l'Archange Bonne Pensée] Il s'approcha de moi en tant que Bonne Pensée. La Pensée Muette m'enseigna le souverain Bien pour que je le proclame. [...]
Seigneur Sage, Zarathushtra que voici apte pour ton Esprit, qui est le plus saint.

Avesta, Yasna (Sacrifice), *gâthâ* II, hymne 43, str. 4-16, trad. J. Duchesne-Guillemin, *op. cit.*, p. 267-270. © Maisonneuve-Larose, Paris.

Zarathushtra meurt assassiné, à l'âge de soixante-dix-sept ans, dans un temple du feu. Selon Mani (*Képhalaïa*, VII, 30-33), ses disciplines écrivirent alors ses propos.

Le Zoroastrisme appartient au Mazdéisme. Comme tous les Mazdéens, Zarathushtra entretient et purifie le feu, il adore Ahura Mazdâ, il admet un voyage des âmes après la mort, il fait des oblations et des invocations devant le feu, il repousse le mensonge, il tient les *daeva* indo-européens pour des démons, etc.

Il se sépare, cependant, sur plusieurs points du Mazdéisme primitif. Il condamne les sacrifices sanglants de bœufs, de chevaux ou de moutons (*Avesta, Yasna*, 32.14, 44.20, 50.3), il recommande la vie pastorale, il réprouve les Mairya (la légende dit que le meurtrier de Zarathushtra est vêtu comme un loup, donc est un Mairya), il abhorre le *haoma* (*Avesta, Yasna*, 48.10), il ne souffle mot du mythe du Dragon (mythe de fécondité), il refuse les lamentations au décès. En tout cela, il rejette ce qui est « méchant » *(aka)*, « menteur » *(drugvant)* (*Avesta, Yasna*, 30.5). *Haoma*, Mairya, guerre, sang sont liés, puisque les Mairya pratiquent la fureur militaire en absorbant du *haoma*. Il faut être plus précis. Zarathushtra condamne moins le sacrifice du bœuf, prototype du règne animal, que le sang dans le sacrifice, moins le *haoma* que la drogue dans le *haoma*. Il recommande l'élevage des bovins et la prière. Les Zoroastriens d'ailleurs conservent le sacrifice, mais en le remplaçant par une oblation de graisse, et ils conservent la liqueur, mais en la remplaçant par de l'éphédra, un arbrisseau à fleurs jaunes et baies rouges comestibles.

De plus, Zarathushtra amplifie, en place du polythéisme, le monothéisme, la suprématie d'Ahura Mazdâ, au détriment de Mithra le Soleil, de Mah la Lune, de la Fortune, etc. L'idée d'Ahura Mazdâ ne vient peut-être pas de Zarathushtra, sa primauté oui, et le nom (*Avesta, Yasna,* 33.11). Les dieux deviennent de simples entités : Mithra se transforme en Bonne Pensée. Scandale ! On comprend que Zarathushtra périsse assassiné. Le *haoma* cesse d'être une divinité, il redevient un simple « jus », une ambroisie certes, mais un jus quand même. Cette fois, le prophète condamne l'injustice, l'apparence. Antiorgiastique et antipolythéiste, le Zoroastrisme se présente comme un Mazdéisme réformé. Il s'est ressourcé au Verbe d'Ahura Mazdâ. Il rétablit la Bonne Religion.

Voici ce que demande Zarathushtra à Ahura Mazdâ, impérieusement :

> Apprends-moi ce que tu sais, Seigneur [*Ahura*] !
> Avant même la venue des châtiments que tu as conçus, ô Sage [*Mazdâ*],
> Le juste vaincra-t-il le méchant ? [...]
> Donnez-moi ce signe : la totale transformation de cette existence,
> Afin que, vous adorant et vous louant, j'accède à une plus grande joie. [...]
> Voici ce que je te demande, Seigneur, réponds-moi bien :
> Qui a été, à la naissance, le père premier de la Justice *(Asha)* ?
> Qui est celui, si ce n'est toi, par qui la Lune croît et décroît ?...
> Qui est, ô Sage, le créateur de la Bonne Pensée *(Vohu Manah)* ?...
> De quelle façon mon âme, parvenue au Bien, sera-t-elle ravie ?...
> Comment nous débarrasserons-nous du mal ?
>
> *Avesta, Yasna, gâthâ* III, hymne 48, str. 2, hymne 34, str. 6, hymne 44, trad. J. Duchesne-Guillemin, *op. cit.*, p. 176, 184, 205-207. © Maisonneuve-Larose, Paris.

Le Zoroastrisme n'est pas un ésotérisme, mais il comporte des éléments ésotériques, bien attestés par les textes.

Il y a d'abord un **ésotérisme d'accès**. Rares sont ceux qui, comme Zarathushtra, peuvent atteindre la Connaissance.

> Ô Sage, à toi l'Empire [*Khshathra*]
> De donner à l'indigent qui vit droitement la meilleure part !
>
> *Avesta, Yasna, gâthâ* V, hymne 53, str. 9, trad. J. Duchesne-Guillemin, *op. cit.*, p. 285. © Maisonneuve-Larose, Paris.

Zarathushtra fait partie des rares.

Par quels moyens vient l'initiation ? Zarathushtra tient ses connaissances de deux sources : la vision et la révélation. Ces deux connaissances se complètent. La vision a besoin de la révélation, de la parole d'Ahura Mazdâ, pour être comprise ; inversement la révélation a besoin de la vision comme accès à la divinité, moyen d'entrer en communication. La vision vient dans un songe.

> Certes, les deux Esprits du commencement,
> Qui, dans un profond sommeil, furent connus comme jumeaux,
> Sont, par la pensée, la parole et l'action,
> Le meilleur et le mauvais.
> Entre ces deux, ceux qui voient clair ont bien choisi,
> Ceux qui voient mal, non.
> Et quand les deux Esprits se sont rencontrés
> Ils ont créé la Première Vie
> Et non-vie, et fait en sorte qu'à la fin
> La mauvaise existence
> Soit pour les ennemis de la foi,
> Mais la meilleure pensée pour les justes.
> De ces deux Esprits, l'ennemi de la foi a choisi
> De faire le mauvais
> Mais l'Esprit Très-Saint, revêtu des cieux
> Les plus durs, de faire le bien,
> Et de même ceux qui, avec des actions véridiques,
> Cherchent librement à contenter Ahura Mazdâ.

Avesta, Yasna, gâthâ I, hymne 30, str. 3. (Les mots « dans un profond sommeil » forment une lacune chez J. Duchesne-Guillemin, *op. cit.*, p. 238, mais sont clairement mentionnés par G. Widengren, *Les Religions de l'Iran*, trad. de l'allemand, Payot, 1968, p. 88, 91, 96, dont j'utilise ici la traduction).

Qu'est-ce que ce « profond sommeil » *(xvafna)* ? Une transe de type chamanique comme le pensent K. Meuli et H.S. Nyberg[1] ? une vision de type indo-européen comme le pense G. Widengren ? Zarathushtra restait en « sommeil » sept jours entiers (*Bahman Yasht*, II, 5). Quels moyens utilisait-il : le chant ? le feu ? le rite ? En tout cas, ni le chanvre ni le *haoma*.

Il y a ensuite un **ésotérisme de transmission**, qui fait des disciples des Justes, des « Connaissants » *(vîdva)*, des « Adeptes de *maga* », l'influence spirituelle *(magavan)*. Les disciples doivent savoir par cœur nombre de prières. Les initiés sont certains prêtres mais aussi certains rois (comme Artaxerxès Ier ou Shâhpuhr II).

> **Pour l'initié, la meilleure des doctrines**
> Est celle qu'enseigne, en tant que Justice *(Asha)*,
> Le bienfaisant Seigneur Saint que tu es,

---

1. K. Meuli, « Scythica », *Hermès*, t. 70, 1935, p. 121-176 (=*Gesammelte Schriften*, t. 2, p. 817-879) ; H. S. Nyberg, *Die Religion des alten Iran*, Leipzig, 1938, p. 166-187, 249-256.

> Toi qui sais aussi, ô Sage [*Mazdâ*],
> **Par la force de la Bonne Pensée, les doctrines secrètes.**

Avesta, Yasna, gâthâ III, hymne 48, str. 3, trad. J. Duchesne-Guillemin, *op. cit.*, p. 177. © Maisonneuve-Larose, Paris.

Il y a enfin et surtout un **ésotérisme de contenu**, appelé *chisti*, « doctrine, vision » (*Avesta*, 51.16).

> Or je dirai à qui veut l'entendre ce qu'un initié doit retenir :
> Les louanges et les prières de la Bonne Pensée au Seigneur
> Et la joie que verra, dans la lumière, celui qui les aura bien retenues.

Avesta, Yasna, gâthâ I, hymne 30, str. 1, trad. J. Duchesne-Guillemin, *op. cit.*, p. 238. © Maisonneuve-Larose, Paris.

Scrutons ces deux textes. Zarathushtra fait ésotériquement référence à la doctrine des sept Saints Immortels (=Immortels Bienfaisants, Entités Bénéfiques, *Amesha Spenta*). Cette doctrine, il l'a sans doute élaborée [1]. Des puissances bonnes entourent Ahura Mazdâ. Ce sont : Justice Excellente, Bonne Pensée, Empire Désirable, qui se trouvent à sa droite, Santé, Immortalité, Dévotion, qui se trouvent à sa gauche. Ici, dans ces *gâthâ*, trois Saints Immortels interviennent : Justice Excellente (Asha Vahista), Bonne Pensée (Vohu Manah), Empire Désirable (Khshathra Vairya). Il y a plérôme, « plénitude » du Dieu unique (*Avesta, Yasna*, 31.21). Ces « entités » (comme dit J. Duchesne-Guillemin), ces « Archanges [2] » (comme dit G. Dumézil), du Seigneur Sage, sont aussi des qualités humaines, selon la correspondance entre macrocosme et microcosme et l'équivalence entre ésotérisme (ce qui est) et initiation (ce qui doit être). À chaque entité sainte répond aussi une entité « puante » : Mauvaise Pensée, etc. La Justice Excellente correspond au Feu et à la souveraineté juridique ; la Bonne Pensée correspond au Bœuf et à la souveraineté spirituelle ; l'Empire Désirable correspond au Métal et à la guerre. Dès lors, on voudrait penser que « les doctrines secrètes » sont réservées aux deux fonctions sociales supérieures des Indo-Européens, la souveraine et la guerrière, au détriment de la troisième, celle des éleveurs-agriculteurs qui relèvent des trois derniers Saints Immortels. Plus précisément, s'établit une relation entre la Bonne Pensée (Vohu Manah) et « les doctrines secrètes », or la Bonne Pensée correspond au dieu Mithra, d'où le lien entre

---

1. *Avesta*, livre *Yasna haptanhaiti* (Sacrifices aux sept chapitres) ; *Avesta, Yasna*, 45. *Bundadhishn*, I. Voir G. Dumézil, *Naissances d'Archanges. Essai sur la formation de la théologie zoroastrienne*, Gallimard, 1945, 190 p. ; *Les Mythes romains* (1942-1947), t. 3 : *Tarpeia. Cinq essais de philologie comparée indo-européenne*, Gallimard, 1947.
2. Influence ou convergence, les Juifs admettent « sept Anges » (Tobie, XII, 15). Paul utilise le mot « archange » (I Thessaloniciens, IV, 16), et l'Apocalypse de Jean (VIII, 2) parle des « sept Anges qui se tiennent devant Dieu ». On connaît leur nom et leur fonction : Ouriel (monde), Raphaël (esprits humains), Ragouël (luminaires), Michaël (hommes de bien), Sariel (esprits pécheurs), Gabriel (Chérubins), Remiel (ressuscités) (I Énoch, XX, trad. : *La Bible. Écrits intertestamentaires*, Gallimard, « Bibliothèque de la Pléiade », 1987, p. 494).

Magianisme, Zoroastrisme, Mithriacisme, ésotérisme. Zarathushtra reçoit vocation en étant gratifié de la révélation de la Bonne Pensée (*Avesta, gâthâ,* XXIX). L'ésotérisme zoroastrien se donne donc pour objet la souveraineté spirituelle (Bonne Pensée = Mitra indien), la souveraineté juridique (Justice Excellente = Varuna indien), la lutte (Empire Désirable = Indra indien) (*Avesta, gâthâ,* XLIX). Et l'initiatique se donne donc pour moyen le symbole du Bœuf[1], le symbole du Feu, le symbole du Métal. Au lieu de voir dans ces liaisons des structures, comme le fait Dumézil, on est parfaitement en droit d'y voir des correspondances.

La pensée iranienne se révèle en tout cas systématique. Historiquement, puisque chaque entité a un répondant en Inde : Bonne Pensée (Iran) = Mitra (Inde). Philosophiquement, puisque chaque entité a son contradictoire : Bonne Pensée (+) / Mauvaise Pensée (-). Occultement, puisque chaque entité a des correspondances : Bonne Pensée → bœuf. Initiatiquement, puisque chaque entité a une vertu analogue : Bonne Pensée / souveraineté spirituelle. Il y a, ésotériquement, sept Saints Immortels, et non six, Spenta Mainyu en fait partie (*Avesta,* 30.4, 47.1), c'est le démiurge. Le réseau des correspondances se veut secret. L'ordre suivi est aussi révélateur. Au centre se place Khshathra (>Xshathra), l'Empire, le Pouvoir, le Royaume, l'État en quelque sorte. L'ésotérisme des Civilisateurs privilégie le centralisme. En Égypte, c'est la capitale ; en Iran, c'est l'Empire.

GRILLE DES CORRESPONDANCES CHEZ LES ZOROASTRIENS :
LE PANTHÉON

Le Dieu *(baga)* suprême unique : **Ahura Mazdâ** (>Ahura Mazdâ, le Seigneur Sage) [Varuna en Inde]
Les deux Esprits *(Mainyu)* jumeaux antagonistes, ses Fils : **Angra Mainyu** (le Mauvais Esprit) 1. **Spenta Mainyu** (l'Esprit Saint) : homme : la souveraineté
Les sept Saints Immortels *(Amesha Spenta),* ses Archanges :
2. **Asha Vahishta** (Justice Excellente) : feu : la souveraineté juridique [Varuna]
3. **Vohu Manah** (Bonne Pensée) : bœuf : la souveraineté magique [Mitra]
4 **Khshathra Vairya** (Empire Désirable) : métaux : la guerre [Indra]
5. **Haurvatât** (>Harvatât, Santé, Intégrité) : eaux : la production [Nâsatya]
6. **Ameretât** (>Amrtât, Immortalité) : plantes : la production [Nâsatya]
7. **Ârmaiti** (>Aramati, Dévotion, Application) : terre : la production [Sarasvatî]

Le dualisme de Zarathushtra admet deux Jumeaux primordiaux, Bon Esprit (Spenta Mainyu) et Mauvais Esprit (Angra Mainyu). L'un a choisi le Bien, la Justice *(Asha),* l'autre le Mal, le Mensonge *(Druj),* et cela en

---

1. Hymne de l'Âme du bœuf *(Geush Urvan)* : *Avesta, Yasna, gâthâ* I, hymne 29.

pensées *(manah)*, en paroles *(vacah)*, en actions *(shyaothana)* (*Avesta, Yasna*, 47.1). Ainsi, il y a un Dieu, deux Esprits, trois plans. Ahura Mazdâ est « le Père » (*Avesta, Yasna*, 47.3). Lui seul est vraiment primordial. Ahura Mazdâ est originel, c'est le Principe des principes, les Jumeaux ne sont qu'originaires, forces manifestées. On ignore s'ils sont coéternels ou créés, s'ils ont créé l'un le Bien, l'autre le Mal. On a ici un dualisme mitigé.

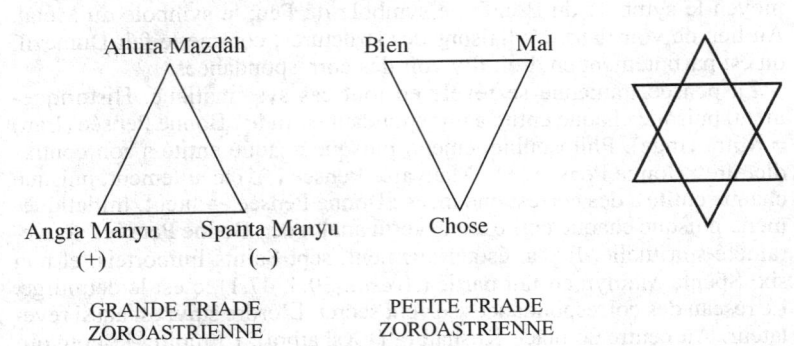

Ahura Mazdâh	Bien Mal
△	▽
Angra Manyu Spanta Manyu	Chose
(+) (−)	
GRANDE TRIADE ZOROASTRIENNE	PETITE TRIADE ZOROASTRIENNE

Zarathushtra décrit l'initié, appelé « juste » *(artâvan)*, sous les traits de Vishtâspa (*Avesta, Yasna*, 46.14). À travers ce personnage, Zarathushtra décrit l'**initiation spirituelle**. Vishtâspa, « le Possesseur de chevaux fougueux », est *kavi*, c'est-à-dire « intelligent, sage, voyant, prophète », plus exactement prêtre-prince au Khorassan (>Khurâsân). Les textes le présentent comme le protecteur. Vishtâspa pratique l'extase chamanique avec un mélange soit de *haoma* et de chanvre, soit de vin et de chanvre, trois jours et trois nuits durant. Il voit, dans une première extase, le Bon Esprit et la Justice. Dans une seconde extase, il accède au Ciel, « son âme vit manifeste tout le Bien, elle y vit sa propre place et celle des bons et des purs, elle y vit le rang de chacun et bien des choses merveilleuses ».

L'expérience extatique donne la connaissance, « l'œil de l'âme ».

Le Créateur Ohrmazd envoya en même temps le *yazat* [ange, messager] Nêryôsang dans la maison de Vishtâspa, avec un messager enjoignant à l'Amahraspand [Amesha Spenta] Ashvahisht [Asha Vahishta, Justice Excellente : Arta] de donner à manger à Vishtâspa de la nourriture lumineuse qui conférerait à l'œil de son âme un regard dans le monde spirituel ; grâce à cela Vishtâspa a pu voir le grand *xvarrah* [>*xwarenah* : Gloire] et les grands mystères.

Actes de la religion. Dênkart, VII, chap. 4, 84, trad. partielle M. Molé, *op. cit.*. © Klincksieck, Paris.

À la différence des autres religions d'Asie Antérieure, le Zoroastrisme n'est pas mort. Il continue chez les Parsis, à Bombay, en Inde (100 000 fidèles), mais aussi chez les Guèbres, en Iran (20 000 fidèles), enfin aux États-Unis. Mais, l'ésotérisme semble actuellement absent.

L'INITIATION, LA MORT

La mort entraîne une survie, l'initiation engendre une sur-vie.

La conception zoroastrienne de la vie après la mort révèle, comme en Mésopotamie ou en Égypte, l'itinéraire de l'initié. Elle révèle aussi les composantes de la personne humaine, dont le nombre peut monter jusqu'à treize. La mort sépare os et chair comme corps et âme.

Quelles sont donc les composantes de la personne *(karp)* selon l'*Avesta* ? Autrement dit, quelle **doctrine de l'âme** offre le Mazdéisme ?

Nous sacrifions à la Raison, à la Religion, aux Sens, à l'Âme et à la *Fravashi* des premiers fidèles.

Avesta, Yasna, 26.4, trad. Darmestéter, *op. cit.*, t. 2, p. 555 (Darmestéter traduit par « Raison » le mot *ahu*, « vie »). © A. Maisonneuve, Paris.

Tan : le corps. Les Mazdéens ne méprisent pas le corps, comme le feront les Manichéens. Les Mazdéens ont un grand respect de la nature et du corps physique, et partout ils recherchent la pureté, donc le feu (πῦρ en grec). Le corps physique relève, dans le Zoroastrisme, du Saint Immortel Haurvatât (Santé, Intégrité)[1], qui entre en correspondance avec les plantes.

Gyân (>*vyâna*) : la force vitale, l'âme animant le corps. Cette âme, liée au souffle, quitte le corps lors du décès. Elle est, selon Zarathushtra, postérieure au corps dans la psychogonie, dans la création de l'âme.

Tu douas d'un corps l'âme de vie.

Avesta, Yasna, 31.11, trad. J. Duchesne-Guillemin, *op. cit.* p. 248.

Baôdah : l'intellect. Le terme désigne les facultés intellectuelles, ou plutôt l'esprit, puisque le *baôdha* accompagne l'âme après la mort.

Fravashi (*fravôhar* en pehlevi, *far* en persan) : l'âme pré-existante, l'archétype. Zarathushtra n'en souffle mot. C'est une âme préexistante, puisqu'elle existe avant même la naissance, et c'est une âme survivante, puisqu'elle dure après la mort. Elle est donc « éternelle ». C'est une âme protectrice, puisqu'elle favorise son détenteur, par sa nature guerrière aussi bien que fécondante. L'*Avesta* compare cette âme à un « oiseau aux belles ailes » (*Avesta, Yasht*, 13.70), et les oiseaux ont une telle âme (*Avesta, Yasht*, 13.74).

Ahura Mazdâ dit à Spitama Zarathushtra :
– Ô pur Zarathushtra, je vais proclamer à toi la vigueur et la force, la Gloire, le secours et la joie qui sont dans les redoutables, victorieuses Fravashis des justes ; et comme elles me viennent en secours, comme elles m'apportent assistance, les redoutables Fravashis des justes.

---

1. On retrouve les deux Amesha Spanta Amrtât et Harvatât qui deviennent dans le Coran (II, 102) les deux anges de la magie Mârût et Hârût.

C'est par leur magnificence et leur Gloire, ô Zarathushtra, que je tiens en ordre ce ciel là-haut, lumineux, qui, au loin visible, domine la terre et l'enveloppe...

Avesta, Yasht (Propre du temps), 13, 1 et 2, trad. Darmestéter, *op. cit.*, t. 2, p. 506. © A. Maisonneuve, Paris.

Sont dotés de *fravashi* les hommes (*Avesta, Yasna*, 24.5), mais aussi les Saints Immortels (*Avesta, Yasht*, 13.82), Ahura Mazdâ (*Avesta, Vidêvdât*, 19, 46), et même les minéraux, les végétaux, les animaux. L'archétype forme ainsi la partie pure, originelle de tout être. On n'aboutit pas à une idée claire, sauf peut-être celle d'archétype céleste, de double idéal.

Ruvân (>*urvan*) : l'âme survivante. Cette entité reste trois jours encore dans le corps après la mort (*Avesta, Yasht*, 21, 43-46). Dans ce monde, elle choisit entre le Bien et le Mal (*Avesta, Yasna*, 46.11). Dans l'autre monde, elle ira donc en Enfer ou au Paradis, en s'unissant à sa *fravashi*. Elle est le lieu du choix.

Daêna : le soi. Le mot veut dire « conscience morale » (*Avesta, Yasna*, 46.7), plus tard « religion ». La *daêna* est la représentation de l'âme après la mort, un double de l'âme survivante *(ruvân)*. Le juste se voit (ou la voit) comme une jeune fille (*Avesta, Hadôxt Nask*, 9)[1], l'injuste comme une vieille femme hideuse. C'est le soi, c'est-à-dire à la fois l'âme donnée au début de l'existence et l'âme façonnée à la fin de l'existence, par l'homme. Selon les spécialistes de l'indo-européen, on peut rapprocher *daêna* et δαίμων, *daïmôn*.

Laissons de côté *manah* (pensée), *xratu* (raison), etc.

Maintenant, quel sort attend l'âme après la mort[2], quelle est donc, ésotériquement, la voie de l'initiation spirituelle ? La preuve de l'analogie entre mort et initiation se lit (alors qu'on ne la trouve pas en Égypte ou en Mésopotamie) dans un ouvrage zoroastrien intitulé *Livre d'Ardâ Vîrâz*. Ce livre raconte les expériences spirituelles d'un certain Ardâ Vîrâz (>Ardai Vîrâf), un saint mazdéen capable de parcourir le ciel après avoir absorbé un narcotique tiré de la jusquiame *(mang)*, une plante. Nous avons ainsi sur l'âme *(urvana)* au pont Chinvad[3], sur le Grand Choix en somme, deux versions. L'une parle de l'initiation en termes romancés, l'autre parle de l'après-vie en termes mythologiques. Le pont Chinvad ressemble à la Porte étroite. On le représente parfois comme une épée tranchante, qui par sa finesse sépare. Le pont Chinvad constitue pour le vivant le passage au Ciel grâce à l'extase, et pour le mort le passage au Paradis ou à l'Enfer. Dans les deux cas, l'homme laisse son corps.

---

1. Le *Hadôxt Nask* a été reconstitué par G. Widengren (*Iranische Geisteswelt*, Baden-Baden, 1961, p. 169-175).
2. *Hadôxt Nask*. N. Söderblom, *La Vie future d'après le mazdéisme*, Leroux, 1901, VIII-447 p. ; J. Ries, *La Religion de Zarathustra*, Louvain-la-Neuve, 1983, p. 137-142.
3. On pense, côté Islâm, au chemin eschatologique (Coran, VII, 46 ; XXXVI, 66 ; XXXVII, 23), « aussi fin qu'un cheveu, aussi tranchant qu'un sabre » (*hadîth*).

• VERSION CHAMANIQUE MISE EN RÉCIT. Le livre *Ardâ Vîrâz*, du nom de son héros, décrit comment l'âme traverse la sphère des étoiles, lieu de la bonne pensée, puis celle de la Lune, lieu de la bonne parole, puis celle du Soleil, lieu de la bonne action, et accède au Paradis, où elle voit Vohu Manah, Ahura Mazdâ, les Amesha Spenta. On songe à la théorie de la remontée de l'âme chez les Mésopotamiens aussi bien qu'au voyage chamanique des Sibériens [1].

Vîrâz se lava la tête et le corps et revêtit un vêtement neuf, se parfuma avec un parfum délicat. Sur un lit approprié fut étendue une couverture neuve et propre. Sur l'endroit de la couverture propre, il s'assit, consacra le *drôn* [bénédiction et action de grâces que l'on exprime avant de manger], fit mémoire des âmes (défuntes) et prit de la nourriture. Et ensuite, ces prêtres de la religion remplirent trois coupes d'or de vin et de jusquiame de Vishtâspa et présentèrent à Vîrâz une coupe pour la bonne pensée, une seconde coupe pour la bonne parole et une troisième coupe pour la bonne action. [...] Et l'âme de Vîrâz s'en alla hors du corps vers le Pic de la Loi [montagne au centre de la Terre] et le pont Chinvad. Et le septième jour et nuit elle revint et pénétra le corps. Vîrâz se leva comme on se lève d'un sommeil agréable, pensant comme en rêve et heureux. [...] Et il ordonna d'écrire ainsi :
– En cette première nuit-là, Srôsh le saint [Sraosha, dieu pré-zoroastrien, un des deux compagnons de Mithra] et le dieu Âdur vinrent à ma rencontre [...]. Un premier pas pour la bonne pensée, un second pas pour la bonne parole et un troisième pas pour la bonne action, et je m'avançai vers le pont Chinvad, créé par Ohrmazd le très protecteur et le Très-Puissant. Comme je m'avançai là, je vis alors les âmes des trépassés quand elles se tenaient durant les trois premières nuits au chevet du corps [...]. Et puis je posai un premier pas dans la zone des étoiles, dans la Bonne Pensée, ce lieu où résident les bonnes pensées. Et je vis les âmes des justes, dont les rayons lumineux étincelaient sans cesse comme des étoiles. [...] Lorsque je posai un second pas dans la zone de la Lune, dans la Bonne Parole, ce lieu où résident les bonnes paroles, je vis la grande assemblée des justes. [...] Lorsque je posai un troisième pas dans la Bonne Action, là où résident les bonnes paroles, j'arrivai là-bas. On l'appelle la plus haute des hautes lumières et je vis les justes sur des trônes et des couvertures dorées [...].

Ardâ Vîrâz Nâmak (IXe-Xe s.), 2-9, trad. du pehlevi Ph. Gignoux, *Le Livre d'Ardâ Vîrâz*, Recherches sur les civilisations, Institut français de recherche en Iran, Éditions Recherche sur les civilisations, 1984, p. 151-162. © Institut français de recherche en Iran et ERC, Paris.

Il existe un élément chamanique dans le Mazdéisme en général. H. S. Nyberg [2] a essayé – sans doute à tort – de présenter Zarathushtra comme un chamane. Il n'en demeure pas moins que des voyages chamaniques, l'âme voyant dans les autres mondes, font l'objet de descriptions : ceux

---

1. Voir *supra*, p. 375 (« Les arts occultes »), p. 217 (« Les chamane[sse]s »).
2. Zarathustra chamane : H. S. Nyberg, *Die Religionen des alten Irans*, Leipzig, 1938, p. 177 *sqq.* ; puis M. Eliade, *Le Chamanisme* (1951), Payot, 1968, p. 312 *sqq.* ; puis G. Widengren, « Stand und Aufgaben der iranischer Religiongeschichte », *Numen*, Leyde, 1955, t. 2, p. 46-134 ; à nouveau M. Eliade, *Histoire des idées et des croyances religieuses*, 1976, t. 1, p. 103 *sqq.*

de Vishtâspa, d'Ardâ Vîrâz, de Kirdîr (IIIe s.)[1]. Le chanvre intervient (*Avesta, Yasht*, 13.124, 19.20). Cela dit, le chamanisme de l'Asie Antérieure diffère du chamanisme de l'Asie septentrionale. Il relève davantage du mysticisme astral, du moins à époque tardive, à partir du Ier s. av. J.-C. Il privilégie l'ascension planétaire. Et il est plus secret et plus personnel.

Que peuvent signifier ces rites qui font intervenir les arts secrets [la science des Mages], par lesquels on invoque je ne sais quelles puissances [les astres], afin qu'elles vous soient favorables et n'opposent pas d'obstacles à ceux qui rentrent à la demeure paternelle [le Paradis] ?

Arnobe, *Contre les nations*, II, 13.

• VERSION THANATOLOGIQUE MISE EN MYTHE. Au quatrième jour après le décès, l'âme doit franchir le pont Chinvad, « le pont du Trieur » (*Avesta, Yasna*, 46.10, 51.13), gardé par deux chiens et la *daêna* (le soi de chaque trépassé) qui va la guider (*Avesta, Vidêvdât*, 19). Le pont occupe « le Centre du Monde », entre Ciel et Terre. De deux choses l'une. Ou bien le poids des mauvaises pensées, paroles, actions l'emporte sur le poids des bonnes pensées *(humata)*, bonnes paroles *(huxta)*, bonnes actions *(hvarshta)* ; alors le menteur *(dregvant)* rencontre son soi sous forme d'une affreuse, d'une vieille mégère, il voit sous lui le pont se réduire à la largeur d'un sabre[2], et il plonge dans les ténèbres de l'Enfer d'Ahriman (*Avesta, Yasna*, 46.11). Ou bien le poids du Bien l'emporte sur celui du Mal ; en ce cas, le juste *(ashavan, artâvan)* voit une jeune fille[3] qui lui dit :

Je suis ta conscience [conscience morale : *daêna*] ; chacune de tes bonnes pensées, paroles, actions m'a rendue plus belle.

Avesta, Hadôxt Nask, 14, trad. J. Darmestéter, *op. cit.*, t. 2, p. 646.

L'âme du mort s'élève aux étoiles, lieu des bonnes pensées, puis à la Lune, lieu des bonnes paroles, puis au Soleil, lieu des bonnes actions, enfin au Paradis d'Ahura Mazdâ. On retrouve les sphères célestes, comme chez les Mésopotamiens. Quant aux âmes médiocres, ni bonnes ni mauvaises, elles attendent la Rénovation finale.

Comme le Mazdéisme est indo-européen, on devrait logiquement retrouver trois initiations comme il y a trois fonctions : souveraineté, guerre, production. En est-il ainsi ? Sans Dumézil[4], on n'aurait pu déchiffrer !

---

1. Vishtâspa : *Le Livre d'Ardâ Vîrâz*, trad. du pehlevi Ph. Gignoux, ADPF, 1984. Cf. Ph. Gignoux, « Les voyages chamaniques dans le monde iranien », *Acta iranica*, t. XXI : *Monumentum G. Morgenstierne*, Leyde, 1981, p. 244-265. Ardâ Vîrâz : cf. Ph. Gignoux, *Apocalypses et Voyages extra-terrestres dans l'Iran mazdéen*, apud C. Kappler, *Apocalypses et Voyages dans l'au-delà*, Cerf, 1987, p. 367 sqq. Kirdîr : *Kirdir's Vision* (fin IIIe s.), trad. en anglais O. Skjaervø, *Archaeologische Mitteilungen aus Iran*, 1983, t. 16, p. 269-306.
2. *Avesta, Dênkart*, IX, 20, 3.
3. *Avesta, Vidêvdât*, 19, 30.
4. G. Dumézil, *Naissances d'Archanges*, éd. cit., chap. II-V ; *Les Mythes romains*, t. 3 : *Tarpeia*, éd. cit., p. 33-113.

Le Mazdéen vise bien ces trois buts, décrits dans un ordre puis dans l'ordre inverse.

Je te demande la sagesse [1re fonction], *Haoma* doré !
Je te demande la vigueur, la victoire au combat [2e fonction],
l'intégrité physique et la prospérité [3e fonction],
la Puissance [3e fonction]
et la Gloire [2e fonction],
la Connaissance [1re fonction] !
Je te demande la force qui me permette de régner sur la terre, d'y faire régner l'Ordre, d'en écarter le Mal !
Avesta, Yasna, 19-17, trad. J. Duchesne-Guillemin, *op. cit.* © Maisonneuve-Larose, Paris.

Le Mage est un initié de la première fonction sociale, la souveraineté. Il peut remplacer le prince, passant ainsi du pouvoir sacerdotal au pouvoir royal. Le Mage zoroastrisé Gaumâta (=Smerdis) voulut s'emparer du royaume perse en 522 av. J.-C. (Hérodote, III, 70).

Bien avant Zarathushtra, le Mairya est un initié de la deuxième fonction, la guerre, comme le disciple des Mystères de Mithra, bien après Zarathushtra. Mais ce dernier ne prévoit aucune initiation pour le guerrier : il est du côté du prince ou du côté de l'éleveur.

Le disciple de Zarathushtra, le Magavan, est avant tout un initié de la troisième fonction, vu son éloge de l'élevage des bovins.

La biographie de Zarathushtra a révélé le déroulement de l'initiation de la première fonction indo-européenne : la souveraineté. Zarathushtra est prêtre.

La biographie de Vishtâspa cache plutôt l'initiation du premier aspect de la souveraineté : la souveraineté juridique. Vishtâspa est prince.

Une troisième biographie va donner, de façon occulte, la voie initiatique de la deuxième fonction, la guerre. Selon plusieurs auteurs (dont G. Binder et M. Eliade), la biographie romancée de Cyrus II le Grand [1], « roi des Mèdes et des Perses », peint, ésotériquement, le déroulement d'une initiation guerrière. Les historiens savent, grâce à Hérodote (I, 130), que Cyrus fonda l'Empire perse achéménide vers 550 av. J.-C. en se révoltant contre son souverain perse, Astyage. Mais, les textes ajoutent des éléments d'ordre symbolique, dont plusieurs dans l'Ancien Testament [2] et chez Xénophon *(Cyropédie)*. Le but n'est pas de mentir, mais de glisser des occasions de devenir un Héros spirituel. D'une part, Cyrus doit subir de dures épreuves, qui ont un caractère initiatique. D'autre part, « Cyrus fonde un Empire et une nouvelle dynastie, ce qui revient à dire qu'il créa un nouveau monde et inaugura une nouvelle ère, en d'autres termes il accomplit une micro-cosmogonie [3] ».

---

1. A.K. Firdûsî (>Firdousi), *Le Livre des rois. Shâh nâmah* (1010), texte persan avec trad. française de J. Mohl, 1838-1878, 7 t., 4 500 p., réed. A. Maisonneuve, 1976.
2. II Chroniques, xxxvi, 22 ; Isaïe, xli ; Daniel, i, 21 ; vi, 29.
3. M. Eliade, *Histoire des idées...*, t. 1, p 333.

FIGURES DE L'ÉSOTÉRISME IRANIEN

SOUVERAINETÉ (1re fonction) initiation effective	GUERRE (2e fonction) initiation effective	PRODUCTION (3e fonction) initiation virtuelle
moyen : bonne pensée fin : inspiration	moyen : puissance fin : victoire	moyen : santé fin : fécondité
le Mage Zarathushtra (prêtre)	le Mairya Cyrus II (roi)	le ravitailleur ? Anâhitâ (mythe)

MYSTÈRES : ANÂHITÂ, MITHRA

Deux divinités font, dès l'origine de la civilisation iranienne, l'objet de cultes qui se rapprochent des Mystères : Mithra, dieu solaire et dieu de la justice, et Anâhitâ, déesse élamite des eaux et de la fécondité comme de la guerre, mentionnée par Artaxerxès II.

Quand l'*Avesta* donne à la déesse les épithètes « Humide, Forte, Immaculée *(Ardvâ, Sûrâ, Anâhitâ)* » *(Avesta, Yasht,* 5, éd. cit., t. 2 p. 362-402), on devine quelles auraient été les vertus de l'initiée, de la femme initiée. Humide donc féconde (3e fonction), Forte donc guerrière (2e fonction), Immaculée donc sainte (1re fonction)[1]. « Déesse trifonctionnelle », Anâhitâ ne relève pourtant que de la troisième fonction, tout comme Sarasvatî en Inde, Junon à Rome, Brigit chez les Celtes irlandais. A ce titre, il n'y a pas d'initiation. Cependant, la pensée analogique a agi, puisqu'on retrouve dans la partie (la 3e fonction) ce qui caractérise le tout (la trifonctionnalité). La femme se limite à la « production », mais la production peut être envisagée occultement, à plusieurs niveaux. Il n'a pu exister des Mystères d'Anâhitâ, mais l'archétype existait.

Anâhitâ porte un manteau fait de trente peaux de castors femelles qui ont mis bas quatre petits. Avec ses seins gonflés, elle symbolise la fécondité, elle intervient pour la conception et la naissance, elle a des liens avec la prostitution sacrée. Quoique d'origine élamite, Anâhitâ intervient dans l'*Avesta*. Le roi Artaxerxès II institua un culte plus ou moins mystérique d'Anâhitâ vers 405 av. J.-C. On a souvent assimilé cette divinité à Ishtar ou à Artémis, qui sont des déesses mystériques. Les Grecs l'appellent Anaïtis.

Alors s'avança, ô Zarathushtra, *Aredvi* [Humide], *Surâ* [Forte], *Anâhitâ* [Immaculée], de devant le créateur Mazdâ. Beaux étaient ses bras blancs, épais comme des épaules de cheval...

Avesta, Yasht, 5, trad. J. Darmestéter, *op. cit.,* t. 2, p. 368. © A. Maisonneuve, Paris.

Dans l'*Avesta* (*Yasht*, 10), Mithra est un dieu important, mais qui relève de la religion, pas de l'ésotérisme.

---

1. G. Dumézil, *Les Mythes romains,* t. 3 : *Tarpeia,* éd. cit., p. 56-66.

Selon Plutarque, les Mystères gréco-romains de Mithra ont leur origine en Asie Mineure, en Cilicie, vers 66 av. J.-C. La Cilicie, qui avait subi une domination perse, par des pirates envoya Mithra en Europe.
Les navires des pirates dépassèrent le nombre de mille [...]. Ils célébraient eux-mêmes les sacrifices étrangers d'Olympos et pratiquaient des cultes à Mystères, dont celui de Mithra, qu'ils ont les premiers fait connaître et qui subsistent aujourd'hui encore.
Plutarque, *Les Vies parallèles* (90-94), trad. du grec, Les Belles Lettres, coll. « Budé », t. 8, 1973 : *Agésilas-Pompée, Vie de Pompée*, XXIV, 7, p. 193.

D'autres éléments suggèrent une origine iranienne des Mystères de Mithra, outre le nom « Mithra » et l'origine cilicienne. Un des sept grades initiatiques s'appelle « Perse », des dédicaces s'adressent « Au dieu Ahriman ». La sympathie entre Mithra et le Soleil, la relation avec les bovins, son bonnet phrygien et son pantalon perse, son acclamation *Nama* (qui vient de l'avestique *némah*, « hommage ») attestent aussi une origine iranienne. Origine, mais pas nature. Comme le dit R. Turcan, « si Mithra est iranien, le mithriacisme est gréco-romain [1] ».

Les Mystères de Mithra regorgent d'ésotérisme universel et d'ésotérisme perse. Par exemple, le mythe raconte que Mithra (Soleil) immole un taureau venu de la Lune, et qu'un scorpion dévore les testicules du taureau. On reconnaît un schéma astrologique fondé sur une opposition : sur un zodiaque, le Scorpion se trouve à l'opposé du Taureau ! « L'image cultuelle représente presque toujours Mithra entouré de deux jeunes gens : l'un d'eux, Cautes, élève le flambeau, tandis que l'autre, Cautopates, abaisse le flambeau. Le génie qui élève le flambeau symbolise la montée du soleil (du 21 décembre au 21 juin), celui qui l'abaisse symbolise le retour du soleil (du 21 juin au 21 décembre) » (R. Follet). Disons plus nettement qu'on retrouve l'opposition du Capricorne (21 décembre) et du Cancer (21 juin), les grands axes du Zodiaque. Porphyre de Tyr disait : « Les théologiens ont établi ces deux portes, le Cancer et le Capricorne, que Platon [*La République*, X, 614 c-615 e] appelle deux orifices. Le Cancer est celui par lequel les âmes descendent, tandis que leur montée se fait par le Capricorne » (*L'Antre des nymphes*, 22). Mithra naît d'un rocher, il est visité par des bergers : autant de symboles du Capricorne. Les 12 Signes marquent la fatalité, signée par le Temps, ses alternances, ses oppositions : hiver (Capricorne), printemps (Taureau), été (Cancer), automne (Scorpion) ; en revanche, les 7 Planètes donnent la liberté, marquée par les grades initiatiques : Corbeau (Mercure), Épousée (Vénus), Soldat (Mars), Lion (Jupiter), Perse (Lune), Courrier du Soleil (Soleil), Père (Saturne) [2]. Mithra ne meurt pas, il s'élève vers le Ciel.

---

1. Sur les 7 grades initiatiques dans les Mystères de Mithra : saint Jérôme, *Correspondance* (370-420), trad. du latin, lettre 107, § 10, à Laeta, Les Belles Lettres, t. 5, 1949-1963.
2. R. Turcan, *Mithra et le Mithriacisme*, PUF, coll. « Que sais-je ? », n° 1 929, 1981.

LA LUMIÈRE DE GLOIRE

Une notion émerge, parfaitement ésotérique, celle de Gloire[1], dont Zarathushtra ne parle point.

L'image du Feu dans le Mazdéisme archaïque correspond au concept de Gloire dans le Mazdéisme classique. Lumière. Le Mazdéisme ne vise jamais que la Lumière contre les Ténèbres.

Le mot avestique est *xwarenah* (>*xvarrah*). Il désigne le nimbe, l'auréole des personnages saints, de certains dieux (Mithra), du Premier Couple humain, du Premier Roi (Yima[2]), de Zarathushtra, des rois, sur leur tête. Le *xwarenah* protège et renforce les *Ârya* et les Mazdéens, elle donne la fécondité au bétail, l'abondance aux plantes. Cette lumière traverse aussi la nature en ce qui est beau, la terre, les eaux, le feu, les plantes, les étoiles. Dans le Mazdéisme archaïque, il y a, pareillement, cinq feux : pour le Seigneur, pour le corps humain ou animal, pour les plantes, pour l'éclair, pour le travail. Cette Gloire est répandue par le Soleil et la Lune, mais aussi par Ahura Mazdâ qui donne ainsi « l'illumination et la plénitude de la connaissance ». Elle a même nature que la Lumière originelle, celle de la Création.

Que l'un de vous, mortels, – ainsi dit Ahura Mazdâ – ô saint Zarathushtra, cherche à s'emparer de la Gloire insaisissable : il aura les dons de l'*Atharvan* [prêtre du feu, Mage zoroastrien] ; qu'il désire l'illumination de la connaissance : il aura les dons de l'*Atharvan* ; qu'il désire la plénitude de la connaissance : il aura les dons de l'*Atharvan*.

Avec lui viendra Ashi [la richesse du juste, Aubaine], qui donne plein bien-être, qui porte le bouclier, riche en bétail et en vêtement. Avec lui viendra la Victoire de tous les jours, qui frappe avec force toute l'année et au-delà. Et avec cette victoire il abattra les hordes meurtrières ; avec cette victoire il abattra tous ses ennemis.

Avesta, Yasht, 19, 53 et 54, trad. J. Darmestéter, *op. cit.*, t. 2, p. 630-631. © A. Maisonneuve, Paris.

Le *xwarenah* abandonne les menteurs.

Le *xwarenah* « peut apparaître aux yeux de l'homme sous des aspects matériels, à savoir le bélier sauvage qui suit puis rejoint l'homme, ainsi que l'aigle ou le faucon, symboles du pouvoir divin, et tout cela au niveau des mythes. [...] En contact avec la fraternité préconisée par l'Islam, cette "lumière divine" ou "faveur céleste", redéfinie comme "lumière de sainteté", s'est pérennisée dans les descriptions et les représentations des saints et des héros, tantôt sous l'apparence d'une auréole, tantôt sous la forme de longues flammes entourant la tête ou même le corps de la per-

---

1. J. Duchesne-Guillemin, « Le *Xwarenah* », *Annali del Instituto Orientali di Napoli, sezione linguistica*, Naples, t. 5, 1963, p. 19-31. M. Mokri, *La Mystique de l'Iran ancien*, apud *Encyclopédie des mystiques* (1972), Seghers, 1978, t. 3, p. 122-127. H. Corbin, *En Islam iranien* (1971-1972), Gallimard, coll. « Tel », nos 179-182, 1991, 4 t.
2. *Avesta, Vidêvdât*, 2.

sonne. Ces rayons et ces flammes symbolisent la pénétration de "la lumière de l'essence divine" qui réside dans l'homme. À l'époque islamique, cette notion de *khwarrah*, présentée sous le nom d'*anwâr al-qâdirah*, "les lumières victorieuses" dans la philosophie suhrawardienne, prend une place prépondérante » (M. Mokri). Suhrawardî, Soufi, poète, place dans un même ésotérisme les diverses traditions de l'Iran, mais il prône le monisme contre le dualisme, Islâm oblige.

S'il y a quelques obscurités dans mes propos, ce n'est pas parce que j'écris difficilement, mais sachez que tous les anciens philosophes avant moi, ayant peur des peuples ignorants, exposaient leurs idées par des arcanes dont les gens érudits saisissaient les allusions. Pour expliquer notre philosophie, nous avons utilisé avec profit la lumière et les ténèbres. Et vous ne devez pas penser que cette référence à la lumière et aux ténèbres est en rapport avec Mani, les incroyants et les Zoroastriens, parce que à la fin les propos de ces gens-là arrivent à renier la religion et aboutissent au dualisme.

As-Suhrawardî al-Maqtûl († 1191), cité par Paul du Breuil.

L'ÉSOTÉRISME DES VILLES ET DES MONUMENTS

L'ésotérisme des peuples civilisateurs prend un tour architectural, avons-nous dit [1].

Les Perses ne fabriquent pas d'effigies, du moins jusqu'à Artaxerxès II (405 av. J.-C.). Ils ne construisent pas de temples, ils font les sacrifices en plein air.

Les Mèdes, avec Cyaxare, ont édifié la ville d'Ecbatane (auj. Hamadân), qui est un ésotérisme à elle seule. Comme le Grand Œuvre dans le temps, elle comporte dans l'espace sept cercles de couleurs différentes, qui vont du blanc à l'or, comme chez les Babyloniens.

Déiokès [vers 722 av. J.-C.] fit construire une vaste et puissante forteresse, celle qu'on appelle aujourd'hui Ecbatane, formée d'enceintes concentriques. La disposition de ladite forteresse est telle qu'une enceinte ne dépasse la voisine que de la hauteur des créneaux. [...] Le nombre des enceintes est de sept en tout ; et c'est dans la dernière que se trouvent le palais et les trésors. La plus développée est à peu près de la longueur de l'enceinte d'Athènes. À la première enceinte, les créneaux sont blancs ; à la seconde, noirs ; à la troisième, pourpres ; à la quatrième, bleus ; à la cinquième, d'un rouge orangé. Ainsi, les cinq enceintes ont des créneaux colorés ; des deux dernières, l'une a des créneaux argentés, l'autre des créneaux dorés.

Hérodote, *Histoires*, I, 99. © Les Belles Lettres, Paris.

Dans les Mystères romains de Mithra, on montrait une échelle à sept barreaux surmontés d'un huitième. L'échelle symbolisait les étapes vers

---

1. Voir *supra*, p. 307 (« L'ésotérisme civilisateur : caractéristiques »).

le salut (Origène, *Contre Celse*, VI, 22) [1]. Or, les sept premiers barreaux représentaient les étoiles, le huitième la sphère des étoiles fixes, et on passait successivement Saturne et le plomb, Vénus et le cuivre, Jupiter et l'étain, Mercure et le mercure, Mars et le fer, la Lune et l'argent, le Soleil et l'or.

LE DUALISME EN GÉNÉRAL, LE MANICHÉISME EN PARTICULIER

Le Bien, le Mal. La lumière ou les ténèbres. Le grand problème de l'existence se pose de façon claire et simple. Trop simple car la clarté n'existe pas seule, sans l'obscurité. Les dualistes, déjà, ne s'accordent pas.

Premier sujet de controverse entre religions dualistes : l'opposition des principes est-elle radicale ou secondaire, dans le principe ou dans la manifestation ? Le dualisme radical pose deux Principes égaux, éternels, premiers, ennemis ; c'est la position de Mani, des Cathares du *Liber de duobus principiis*. Mais est-il logique d'admettre deux principes ? on n'intronise pas deux rois ! Le dualisme mitigé admet, lui, deux forces dérivant d'un Principe ultime, ou qui sont complémentaires, ou successifs, ou dont l'un est pure négativité... ; c'est la position de Zarathushtra, des Bogomiles.

Deuxième sujet de controverse : il y a du mal, au niveau supérieur, celui des dieux ou des démiurges, mais y a-t-il pur mal au niveau inférieur, celui du monde et du corps ? Quatre combinaisons sont possibles avec ces deux termes (monde et corps) et ces deux valeurs (bien ou mal). Le Mazdéisme (dont le Zoroastrisme) pense que le monde et le corps sont bons, le Gnosticisme (dont le Manichéisme) pense que le monde et le corps sont mauvais, le Platonisme pense que le monde est bon mais le corps mauvais, enfin — quatrième combinaison possible — certains Chrétiens pensent que le monde est mauvais mais le corps bon, ou du moins les Chrétiens estiment que la matière porte le péché mais que « la chair est l'axe du salut » (Tertullien).

MONOTHÉISME, DUALITÉ, TRIPARTITION CHEZ ZARATHUSHTRA

Un Dieu	Ahura Mazdâ		
Deux Esprits		Angra Mainyu, Spenta Mainyu	
Trois plans			pensée, parole, action

---

1. Voir aussi les sept grades sur le pavement du mithraeum de Felicissimus à Ostie (M.-J. Vermaseren, *Corpus inscriptionum et monumentorum religionis mithriacae* [CIMRM], Mouton, La Haye, 1956-1960 ; commentaire en anglais).

On peut encore introduire d'autres critères dans les dualismes. La doctrine est-elle optimiste ou pessimiste ? Autrement dit, croit-elle en la victoire finale du Bien sur le Mal ou non ? Pour les Zervanistes, Ahriman règne d'abord, mais pour une durée limitée à 9 000 ans, ensuite ce sera le tour d'Ohrmazd.

Le **MAZDÂYASNISME**, le Mazdéisme primitif, ressemble au Védisme. Il est polythéiste, il admet Mithra, Anâhitâ, Vayu, etc. Il conçoit le Bien comme l'Ordre, le Mal comme le Désordre. Du coup, le cosmos bruit de la lutte entre *daeva* (démons) et *ahura* (anges). Et la société vrombit du Choix que les hommes doivent faire entre le Bien et le Mal, car on pose deux esprits primordiaux antagonistes, qui, d'après G. Dumézil, correspondent aux deux aspects du dieu indien Vâyu (Vayu en Iran), bon vent ou mauvais vent. Le vent, on le sait, est esprit.

Le **ZOROASTRISME** présente un monothéisme dualiste. Il y a un dieu (Ahura Mazdâ), et ses deux Fils jumeaux, le Bon Esprit, le Mauvais Esprit (*Avesta, Yasna*, 30). Ils ne sont pas le Bien et le Mal, mais plutôt un Esprit qui a choisi le Bien, la Justice *(Asha)*, un Esprit qui a choisi le Mal, le Mensonge *(Druj)*.

Le **MAGIANISME** transforme le dualisme, en le durcissant et en le simplifiant. Cette fois, il y a bien deux Principes, éternels, antagonistes. Ahura Mazdâ se fond avec Spenta Mainyu (cf. *Avesta, Yasna*, 45.6), il s'appelle Ohrmazd. Il lutte contre l'Esprit Mauvais (Angra Mainyu) appelé Ahriman. Le premier témoignage vient d'Aristote.

Aristote (*De la philosophie*, livre I) soutient que les Mages sont plus anciens que les Égyptiens, qu'ils croient à l'existence de deux principes, un bon et un mauvais démon ; le premier a pour nom Zeus et Oromasdes [Ohrmazd], et l'autre Hadès ou Arimanios [Ahriman].

Aristote, *De la philosophie* (350 av. J.-C.), cité par Diogène Laërce, *Vies, Doctrines et Sentences des philosophes illustres*, introduction, éd. cit., p. 41.

Les Mages auteurs de cette théorie sont des Zoroastriens d'époque achéménide. Et – selon G. Widengren – ils exposent cette théorie dans le *Vidêvdât*.

Le **ZERVANISME**, au IVe s. av. J.-C., change les données du problème. É. Benveniste et H. S. Nyberg en font une religion à part[1]. Défendue par des Mages[2], cette doctrine rétablit un dualisme mitigé. Un dieu souverain. Ohrmazd (Ahura Mazdâ, en pehlevi), « parfumé et lumineux », et Ahriman (Angra Mainyu, en pehlevi), « ténébreux et puant », sont frères, cette fois. Quel est leur père, alors ? Zervân akarana, le Temps infini, qui est sans doute androgyne. L'ésotérisme se joue ici : l'idée d'un principe

---

1. É. Benveniste, *The Persian Religion according to the Chief Greek Texts*, 1929 ; H. S. Nyberg, *Dies Religionem des alten Iran*, 1938 ; G. Widengren, *Les Religions de l'Iran*.
2. G. Messina, *Der Ursprung der Magier*, Rome, 1930, p. 394.

mâle et femelle, qui est le Temps lui-même, se rencontre dans diverses doctrines secrètes, en particulier dans l'Orphisme, l'Hermétisme [1], le Mithriacisme, qui privilégient Aiôn, l'Éternité. Comme dans la tradition iranienne, les Jumeaux ne sont pas le Bien et le Mal, car Ohrmazd vient du sacrifice fait par Zervân, tandis qu'Ahriman vient d'un doute émis par Zervân (Eznik de Kolb, *Réfutation des différentes sectes*, II). Les Jumeaux sont le fruit de Sacrifice et de Doute comme chez Zarathushtra de Vérité et de Mensonge, mais, ici, la responsabilité remonte au Père. Mithra, dieu solaire, dieu des contrats, arbitre entre les deux frères.

Zervân
Ohrmazd / Ahriman
Mithra

Les Mages et toute la nation aryenne – comme l'écrit aussi Eudème [de Rhodes] – appellent tout l'intelligible, c'est-à-dire l'uni, les uns *Topos* [espace], les autres *Chronos* [temps : Zervân]. De lui se sont séparés soit le dieu bon et le mauvais démon, soit la lumière et les ténèbres antérieures à eux, comme quelques-uns le disent. Eux aussi, après la nature indifférenciée, constituent la double série couplée, en voie de différenciation, des dieux supérieurs. L'une est commandée par Oromasdès [Ohrmazd], l'autre par Areimanios [Ahriman].

Eudème de Rhodes (vers 330 av. J.-C.), cité par Damascios, *Des premiers principes* (déb. VIe s.), R 321, trad. du grec Marie-Claire Galpérine, Verdier, 1987, p. 635-636.

Le **MITHRIACISME** semble placer à l'origine le Temps, Aiôn, père du Ciel et de la Terre. Mithra naît d'un roc. Il lutte contre des démons voulant assécher le monde.

Aiôn
Zeus / Pluton
Mithra

Le **MANICHÉISME** veut « séparer lumière et ténèbres, mort et vie, eaux vives et eaux mortes ». Il pose un dualisme *radical*, sous forme de deux « Natures », de deux « Racines », de deux « Royaumes » : Lumière, Ténèbres, toutes deux inengendrées et éternelles, égales en puissance, opposées en valeur. Sur le premier Royaume règne le Dieu de Vérité, sur le second Ahrmên (Ahriman), le Prince des Ténèbres. Mani assimile la Lumière à l'Esprit, au Bien, et les Ténèbres à la Matière, au Mal, alors que les Iraniens n'identifiaient pas les deux dualismes (Esprit/Matière, Bien/Mal). À y regarder de plus près, le dualisme n'est pas si radical : « l'adversaire immédiat du Roi de la ténèbre est l'Homme primordial – et non le Père de la Grandeur, dont il est une émanation », de plus « bien que le Roi de la ténèbre soit égal au Roi de la Lumière "en masse et en

---

1. *Corpus Hermeticum*, traité XI : *Noûs à Hermès*, 2 : « Dieu fait l'Éternité (ὁ θεὸς αἰῶνα ποιεῖ), l'Éternité fait le monde, le monde fait le temps, le temps fait le devenir » (t. I, p. 147).

poids", il semble lui être de quelque façon inférieur qualitativement, particulièrement eu égard à sa stupidité fondamentale, inhérente à la matière [1] ».

On sait maintenant que le dualisme de Mani ne vient pas d'Iran, mais de milieux juifs, son père appartenant à une secte baptiste juive, l'Elkhasaïsme, qui pratiquait le sabbat, la circoncision...

DUALISME RADICAL DE MANI

	BIEN	MAL
DEUX NATURES	Père de la grandeur (dans le Royaume de la Lumière) et son émanation, l'Homme primordial	Roi des ténèbres (dans le Royaume des ténèbres)
CINQ ÉLÉMENTS	Intelligence Science Pensée Réflexion Conscience	fumée feu dévastateur vent destructeur eau trouble ténèbres

Le Manichéisme se rattache à l'Iran. Mani, bien que né en Babylonie et de culture judéo-chrétienne, est un citoyen iranien.

Mani ibn Futtuq Babak ibn Abû Barzâm [=Apursân] était des Hashkânîyah [Arsacides, dynastie parthe]. Sa mère, appelée Mays, mais aussi Utâkhîm et Mâr Maryam, descendait des Ashghânîyah [de la dynastie des Arsacides]. [...] Il avait un pied déformé. On dit que son père [Patîk] venait de Hamadhân [autrefois Ecbatane de Médie, en Iran], qu'il s'en fut à Babylone et vécut à al-Madâ'in, à l'endroit appelé Ktésiphon [=Séleucie du Tigre], où il y avait un temple à idoles.

Al-Nadîm, *al-Fihrist*, IX, 1, trad. anglaise B. Dodge, *The Fihrist. A Tenth-Century Survey of Muslim Culture*, Columbia UP, 1970, t. 2, p. 773, trad. partielle P. A. Riffard.

Son dualisme, sa haine du mensonge évoquent l'Iran, où il se rend dès qu'il est certain d'être le dernier prophète après Bouddha, Zarathushtra et Jésus. Il établit, en effet, une chaîne de Grands Prophètes, à la manière des Juifs, mais il introduit des non Juifs et se présente comme « le sceau des prophètes ».

La sagesse et la connaissance sont ce que les apôtres de Dieu *(rasûl Allâh)* ne cessèrent d'apporter de période en période. Ainsi elles sont apparues dans un des siècles passés par l'intermédiaire de l'apôtre appelé al-Bidada [le Bouddha] dans les contrées de l'Inde, et en un autre par l'intermédiaire de Zaradasht [Zarathushtra] dans le pays de Perse, et en un autre par l'intermédiaire de 'Isa [Jésus] dans le pays de l'Occident. Puis est descendue cette révélation, et a paru cette

---

1. G. G. Stroumsa, *Savoir et Salut*, Cerf, 1992, p. 245.

prophétie en ce siècle présent par mon intermédiaire, moi, Mani, apôtre du Dieu
de la vérité *(rasûl illâh al-haqq)* dans le pays de Babel [Babylone].

Mani, *À Shâhpuhr Ier. Shâhpurakân* (vers 255, en pehlevi), *apud* al-Bîrûnî, *Monuments des siècles écoulés (al-Âthâr al-bâqiya,* 1000), trad. partielle M. Tardieu, *Le Manichéisme*, PUF, coll. « Que sais-je ? », n° 1940, 1981, p. 20.

Mani, dès son jeune âge, en 228, reçoit une révélation de celui que saint Jean (xiv, 16) appelle le Paraclet, le Défenseur, l'Esprit de Vérité.

Quand il eut douze ans accomplis, vint à lui la révélation. C'était, selon ses dires, de la part du Roi des Jardins de la Lumière. L'ange porteur de la révélation s'appelait al-Tawm, mot nabatéen signifiant « le Compagnon ».

Al-Nadîm, *al-Fihrist* (987), trad. anglaise B. Dodge, *op. cit.*

Survient une deuxième révélation du Paraclet. Mani a vingt-quatre ans (deux fois douze), en 240 donc. Il est le Paraclet incarné, le Paraclet est son « compagnon » (σύζυγος) céleste.

À l'époque où mon corps eut atteint son développement, à l'improviste descendit et apparut devant moi ce très beau et sublime miroir de moi-même. Quand j'eus vingt-quatre ans, l'année où Dariardaxar [Ardashîr Ier], le roi de Perse, soumit la ville d'Atra [Hatra] et où le roi Sapor [Shâhpuhr Ier] son fils fut couronné du très grand diadème, au mois de Pharmouthi le huitième jour de la lune, le Seigneur très bienheureux [le Paraclet, l'ange *al-Tawm*, le Jumeau] me prit en pitié et m'appela à sa grâce, il m'envoya de là-bas mon jumeau. Lors donc qu'il fut venu, il me délia, me prit à part et me retira du milieu de cette Loi [non pas le Mazdéisme, mais l'Elkhasaïsme, religion du père de Mani] dans laquelle j'avais grandi. C'est ainsi qu'il m'a appelé, choisi et séparé du milieu de ces gens.

Codex manichéen de Cologne (=*Vie de Mani, Sur la naissance de son corps*, en grec, ve s. ; original syriaque, 1re éd. 1970-1982), trad. partielle M. Tardieu, *op. cit.*, p. 14-15. Trad. anglaise partielle R. Cameron et A. J. Dewey, *The Cologne Mani Codex*, Society of Biblical Literature, n° 15, Missoula, Montana, 1979.

Mani a soin de donner son credo.

Le Paraclet Vivant est descendu sur moi et a parlé avec moi.
[1 : dualisme des Royaumes] Il m'a révélé le mystère caché qui fut caché aux mondes et aux générations, le mystère de la profondeur et de la hauteur.
[2 : dualisme des Principes] Il m'a révélé le mystère de la Lumière et des Ténèbres,
[3] le mystère de la lutte, de la guerre, de la grande guerre commencée par les Ténèbres.
[4 : cosmologie] Il m'a aussi révélé [...] comment s'est fait le mélange de la Lumière et des Ténèbres
[5 : cosmogonie] et comment ce monde fut créé.
[6 : eschatologie] Il m'a encore expliqué comment furent fixées les barques afin que les dieux de Lumière puissent y prendre place en vue de la libération de la Lumière. [...]
[7] Il m'a fait comprendre le mystère de la création d'Adam, le premier homme,
[8] et le mystère de l'Arbre de la Connaissance dont Adam a mangé, ce qui lui a ouvert les yeux.

LES IRANIENS 539

[9] Il m'a enseigné le mystère des Apôtres envoyés dans le monde pour choisir les Églises,
[10 : 1re classe] les mystères des élus et de leurs commandements [...],
[11 : 2e classe] le mystère des catéchumènes, de leur aide et de leurs commandements,
[12 : 3e classe] le mystère des pécheurs et de leurs œuvres et du châtiment qui les attend.
Ainsi tout ce qui est arrivé et tout ce qui arrivera encore m'a été révélé par le Paraclet.

Mani, *Chapitres. Képhalaïa*, 1 (trad. du copte en allemand *apud* H. J. Polotsky, *Manichäische Handschriften der staatlichen Museen Berlins*, t. 1 : *Kephalia*, trad. Kohlhammer, Stuttgart, 1940, p. 15), trad. partielle J. Ries (apud *Dictionnaire de spiritualité*, Beauchesne, 1961 ss.). © Beauchesne Éditeur, Paris.

Voilà un texte ésotérique dans sa forme. Il est si condensé qu'il est hermétique. Et il a des clefs, par exemple les nombres. Mani énumère 12 mystères : la dualité (deux mondes), les Principes (la Lumière, les Ténèbres), le conflit, le mélange, la cosmogonie, le salut, l'anthropogonie, la gnose, la tradition, les trois classes d'hommes (élus, catéchumènes, pécheurs). Le texte est riche d'allusions au Mazdéisme (thème de la dualité), au Judaïsme (thème d'Adam), au Christianisme (thème du Paraclet).

Est-ce que le Manichéisme est un ésotérisme ? On peut répondre affirmativement. Si le Zoroastrisme montre des éléments ésotériques, le Manichéisme repose plutôt sur un fond ésotérique.

• Le Manichéisme se dit révélation secrète : c'est un Arcane.

Cette révélation je l'ai révélée, et cet Évangile immortel je l'ai mis par écrit pour y déposer ces mystères [grec : ὄργια] sublimes et y dévoiler de très grandes œuvres [ἔργα].

Mani, *L'Évangile vivant* (en syriaque), *apud* (en grec) *Codex manichéen de Cologne*, trad. partielle M. Tardieu, *op. cit.*, p. 48.

• Le Manichéisme a une visée initiatique : c'est une Gnose.

> Perfection pour rendre parfait,
> Endurance en vue d'endurer,
> Sainte Sagesse,
> Gnose qui fait comprendre, [...]
> Connaissance du secret d'En-Haut,
> Sainte Sagesse dans laquelle il n'y a pas d'erreur.

Eucologe, p. 167, 222. *A Manichaean Psalm-Book, part II* (=*Eucologe manichéen du Fayoum*), C.R.C. Allberry éd., Stuttgart, 1938. Trad. partielle du copte J. Ries, *L'Expression du sacré dans les grandes religions*, Publications du Centre d'histoire des religions de Louvain-la-Neuve, coll. « Homo religiosus », 1986, t. 3, p. 279.

Cette gnose s'exprime comme tous les ésotérismes en correspondances et analogies. Par exemple Mani met en correspondance les trois Formes de Dieu (Père, Fils, Esprit) et les trois rites appelés « sceaux » (interdits alimentaires : la bouche, prohibition du meurtre : la main, continence sexuelle : le sexe).

Le sceau de la bouche pour le signe du Père, la paix des mains pour le signe du Fils, la pureté de la virginité pour le signe du Saint-Esprit.

Psaumes manichéens, CXV, 31-33 ; CRC Allberry, *A Manichaean Psalm-Book*, éd. cit. ; trad. partielle G. G. Stroumsa, *op. cit.*, p. 281.

• Le Manichéisme s'organise en une structure occulte : c'est un Mystère. Il sépare les Élus *(saddiqûn)* des Auditeurs *(samma'ûn)*. Et, suivant une pensée analogique, ésotérique, il détermine leur nombre en fonction d'un symbolisme astrologique et d'une répétition magique. Il y a 1 Guide, 12 Docteurs, 72 Ministres, 360 Intendants. Les nombres 12 et 72, dira-t-on, sont chrétiens, car Jésus avait 12 Apôtres (Matthieu, x, 1) et 72 Disciples (Luc, x, 1). Ces nombres, Jésus lui-même les prend quelque part, car ils sont sacrés, astrologiques. Ce sont des multiples (360 = 72 × 5 ou 12 × 30).

Les Manichéens veulent que leur Église ne soit composée que de ces deux états de vie, à savoir celui des élus et celui des auditeurs. De leurs élus ils tirent les Douze, qu'ils appellent maîtres [Docteurs], plus un treizième qui est leur guide ; ils ont aussi 72 évêques [Ministres] qui sont ordonnés par les maîtres, ainsi que des prêtres qui sont ordonnés par les évêques. Les évêques reçoivent également le titre de diacres. Tous les autres ne sont appelés qu'élus.

Saint Augustin, *Des hérétiques. De haeresibus* (429), chap. 46.

Mani est mort, condamné à la décapitation par le roi sassanide de Perse Bahrâm Ier, en 274 ou 277, après 26 jours d'emprisonnement et de tortures.

Certes, le Manichéisme ne fait pas partie des ésotérismes civilisateurs, il est trop récent, mais il a sa source dans l'ancien Iran.

Un dernier mot sur l'ancien Iran.
Le mot « paradis » est d'origine iranienne : *parâdésha*.
Le choix est dur mais le but est doux.

BIBLIOGRAPHIE GÉNÉRALE SUR L'ÉSOTÉRISME DES ANCIENS IRANIENS

S'il n'y a qu'un livre à lire : *Avesta* (Fondement), trad. de l'avestique (on disait autrefois le zend) J. DARMESTETER, *Le Zend Avesta* (1892-1893), réed. *Avesta*, éd. A. Maisonneuve, 1960, 3 t. 1 : *Yasna* et *Vispered*, CXIX-500 p. ; t. 2 : *Vendidad* (>*Vidêvdât*), *Yasht*, *Khorda Avesta* (*Petit Avesta*) ; t. 3 : appendice, index, CVII-262 p. Les textes de ZARATHUSHTRA (cités *infra*), qui en font partie, doivent être lus dans la traduction de J. DUCHESNE-GUILLEMIN, *Zoroastre. Étude critique avec une traduction commentée des Gâthâ*, G. P. Maisonneuve, 1948, p. 161-297, réed. Robert Laffont (VPC), 1975, 258 p. (autre trad. de Zarathushtra : A. M. BADI', *Monde et Parole de Zaratoustra*, 1961, éd. P. Geuthner, 1990, 130 p.).

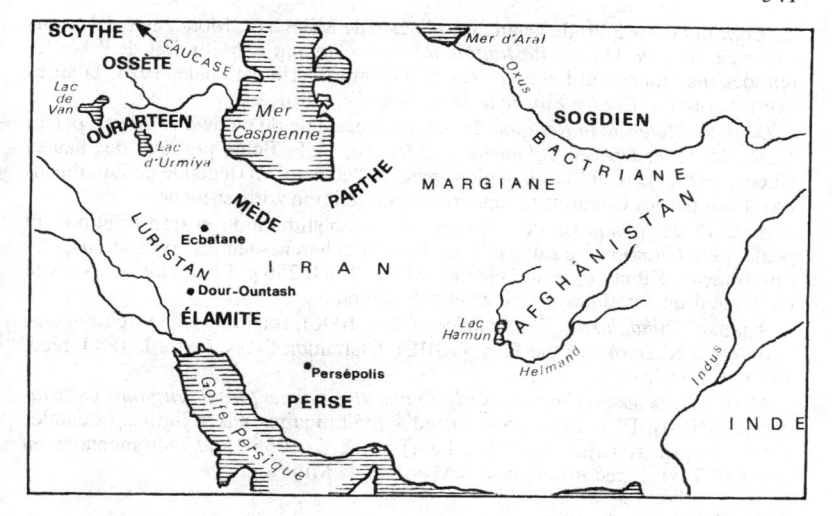

CARTE ÉSO-ARCHÉOLOGIQUE DE L'ANCIEN IRAN

Approche ésotérique de l'histoire : HÉRODOTE, AS-SUHRAWARDÎ AL-MAQTÛL, RUDOLF STEINER, OTOMAN HANISH (fondateur de Mazdâznan), HENRY CORBIN.

BIBLIOTHÈQUES : Institut d'études iraniennes, université de Paris-III (Sorbonne-Nouvelle), 13, rue de Santeuil, 75005 Paris ; Institut de langue et de civilisation persanes, université de Strasbourg, 12, rue de Rome, 67000 Strasbourg.

Les grands textes ésotériques

– Les *yasht* (cantiques, dès 1400 av. J.-C. ?) : *Avesta*, livre *Yasht (Cantiques)*, yasht n°s 5, 8, 10, 13, 14, 15, 19, peut-être 17 : trad. de l'avestique classique J. DARMESTETER, *Le Zend Avesta*, éd. cit. t. 2, p. 363-641. Hymnes du Mazdéisme primitif.

– Les *gâthâ* (chants) de Zarathushtra (594 av. J.-C. ?) : *Avesta*, livre *Yasna* (Sacrifices), *gâthâ* I : hymnes n°s 28-34, *gâthâ* II : hymnes n°s 43-46, *gâthâ* III : hymnes n°s 47-50, *gâthâ* IV : hymne n° 51, *gâthâ* V : hymne n° 53 : trad. de l'avestique J. Duchesne-Guillemin, *op. cit.*

– *Vidêvdât* (*Loi contre les démons*, IVe s. av. J.-C. ?) : *Avesta*, livre *Vendidad* (>*Vidêvdât*) : trad. J. DARMESTÉTER, *Avesta*, éd. cit., t. 2, p. 1-293. Doctrine des Mages mèdes selon H. S. Nyberg et G. Widengren. Le seul livre de l'*Avesta* conservé en entier. En partie, ce texte relève du Mazdéisme primitif.

– MANI, dont : 1) *Codex manichéen de Cologne* (=*Vie de Mani, Sur la naissance de son corps*, en grec, Ve s. ; original syriaque perdu ; 1re éd. 1970-1982), trad. partielle en anglais R. Cameron et A. J. Dewey, *The Cologne Mani Codex*, Society of Biblical Literature, Missoula, Montana, 1979 (dans ce texte Mani ne pose pas encore deux Principes) ; 2) *Chapitres. Képhalaïa*, trad. du copte en allemand (H. J. POLOTSKY, *Manichäische Handschriften der staatlichen Museen Berlins*, t. 1 : *Kephalia*, trad. Kohlhammer, Stuttgart, 1940) et restitution d'après

les *Capitula* (vers 380) du Manichéen Fauste de Milève (P. MONCEAUX, *Le Manichéen Faustus de Milève. Restitution de ses « Capitula »*, Mémoires de l'Académie des inscriptions et belles-lettres, t. 43, Imprimerie nationale, 1924. D'après SAINT AUGUSTIN, *Contre Fauste le Manichéen*, v. 400).
— *Dênkart (Actes de la Religion*, IXe s.), trad. partielle du pehlevi (=moyen-perse) J. DE MENASCE, *Une encyclopédie mazdéenne*, PUF, École pratique des hautes études, 1928, chap. III (partie la plus ancienne) et chap. VII (légende de Zarathushtra). Écrit par les Guèbres, groupe iranien de religion zoroastrienne.
— *Ardâ Vîrâz Nâmak* (IXe-Xe s.), trad. (avec translittération et transcription) du pehlevi PH. GIGNOUX, *Le Livre d'Ardâ Vîrâz*, Recherches sur les civilisations, Institut français d'iranologie de Téhéran, ADPF, 1984, 280 p. Chamanisme : voyage de l'âme d'un extatique aux cieux et aux enfers.
— ARNBAG, *Bundahishn (Création primitive*, 1096), trad. du pehlevi en anglais, coll. « Sacred Books of the East » (SBE), Clarendon Press, Oxford, 1880, rééd. 1970, p. 1-187.
— M.-J. VERMASEREN, *Corpus inscriptionum et monumentorum religionis mithriacae* [CIMRM], E. J. Brill, coll. « Études préliminaires aux religions orientales dans l'Empire romain » (ÉPRO), La Haye, 2 t., 1956-1960 (commentaire en anglais). Textes gréco-romains des Mystères de Mithra.

Anthologies
— M. MOLÉ, *Culte, Mythe et Cosmologie dans l'ancien Iran*, Annales du musée Guimet, PUF, 1963, XXXIII-600 p. Ne parle pas de Zarathushtra.
— J. VARENNE, *Zarathustra et la Tradition mazdéenne* (1966), Éditions du Seuil, coll. « Microcosme », 1977, 189 p.
— J. KELLENS et E. PIRART, *Les Textes du vieil-avestique*, éd. L. Reichert, Wiesbaden, 1988.
— Contes, légendes et mythes : VESTA SHARHHOSH-CURTIS, *Mythes perses*, trad. de l'anglais, Éditions du Seuil, coll. « Points. Sagesses », n° 79, 1995, 156 p.
— Textes manichéens : E. DECRET, *Mani et la Tradition manichéenne*, Éditions du Seuil, série « Maîtres spirituels », n° 40, 1974, p. 58 *sqq.* ; M. TARDIEU, *Le Manichéisme*, PUF, coll. « Que sais-je ? », n° 1940, 1981, 128 p. Quelques citations. On attend une anthologie du Manichéisme.
— Textes mithriaques : F. CUMONT, *Textes et Monuments relatifs aux mystères de Mithra*, Bruxelles, 1896-1899, 2 t. (textes non iraniens) ; I. GERSHEVITCH, *The Avestan Hymn to Mithra*, Cambridge UP, 1959 (culte iranien, et non pas Mystères romains).
— Textes zervanites : R. C. ZAEHNER, *Zurvan. A Zoroastrian Dilemna*, Oxford UP, 1955.

Documents et témoignages
— Archives de Suse (auj. Shush ; dès 2800 av. J.-C. env.) : *Mémoires de la Délégation archéologique française en Perse* (MDP), puis *Mémoires de la Mission archéologique française en Iran* (MMAI), éd. Leroux (Paris) puis Brill (Leyde), 1900 ss., près de 50 t.
— Textes de Hattousa (auj. Boghazköy, en Turquie ; 1380 av. J.-C.) : *Keilschrifttexte aus Boghazkoï, Wissenschaftliche Veröffentlichung der Deutschen Orient-Gesellschaft*, 1916 ss.
— Archives de Dour-Ountash (auj. Tchoga Zanbil ; 1250 av. J.-C.) : R. GHIRSH-

MAN dir., *Tchogha Zanbil*, t. 3 par M. J. STÈVE : *Textes élamites et accadiens*, éd. P. Geuthner, 1966 : sur l'Élam.
– Inscriptions des rois achéménides à partir de Darius Ier (inscriptions en cunéiformes vieux-perse, 522-332 av. J.-C.) : R. G. KENT, *Old Persian. Grammar, Texts, Lexicon* (1950), New Haven, États-Unis, 1953.
– HÉRODOTE, *Histoires* (v. 420 av. J.-C.), I et VII, trad. du grec ionien Ph. E. Legrand (Les Belles Lettres, 1932-1954, 11 t.) ou trad. Andrée Barguet (Gallimard, 1964 ; coll. « Folio », 2 t., 1985-1990).
– XÉNOPHON D'ATHÈNES, *Cyropédie* (358 av. J.-C.), VIII, trad. du grec, in *Œuvres complètes*, t. 1, coll. « Garnier-Flammarion », n° 139, 1967.
– EZNIK DE KOLB († 476), *Contre les sectes. Elts Alandots*, II, trad. de l'arménien, 1853, VIII-213 p. Sur le Zervanisme, contre le Zoroastrisme.
– AL-TABARÎ, *Chronique des prophètes et des rois. Tarîkh al-rasûl wa-l-mulûk* (915), trad. du persan H. Zotenberg (1867-1874), G. P. Maisonneuve et Larose, nouv. éd. 1977, 4 t. ; version abrégée, éd. Sindbad, 1980.
– AL-MAS'ÛDÎ, *Les Prairies d'or. Murûj al-dhabab* (943), III, trad. de l'arabe Barbier de Meynard et Pavet de Courteille, Société asiatique, 1861-1877, 9 t., rééd. 1962-1971, 1 174 p.
– AL-BÎRÛNÎ, *Monuments des siècles écoulés. al-Âthâr al-bâqiya* (1000), trad. de l'arabe en anglais E. Sachau : *The Chronology of Ancient Nations*, Londres, 1879 (microfilm m 7348 à la Bibliothèque nationale de France). Al-Bîrûnî était un Iranien, quoique arabophone.
– A. K. FIRDÛSÎ (>Firdousi), *Le Livre des rois. Shâh nâmah* (50 000 distiques ; 1010), trad. avec texte persan J. Mohl, 1838-1878, 7 t., 4 500 p., rééd. A. Maisonneuve, 1976 (texte persan et trad. française). Extraits : (J. Mohl et) G. LAZARD, *Le Livre des rois*, Sindbad, 1979.
– AL-SHAHRASTÂNÎ († 1153), *Le Livre des religions et des sectes. Kitâb al-Milal wa'n-nihal*, trad. D. Gimaret et G. Monnot, Vrin, 1986, 2 t. Distingue Zaradustiyas, Zarvaniyas, Gayomarthiyas, Saisânîyas (mi-mazdéens mi-musulmans).
– C. CLEMEN, *Fontes religionis persicae*, Bonn, 1920. Toutes les sources littéraires grecques (depuis Eudoxe de Cnide) et latines sur la religion des anciens Iraniens.
– É. BENVENISTE, *The Persian Religion according to the Chief Greek Texts*, P. Geuthner, 1929.

Études générales
– R. STEINER, *Évangile de saint Luc*, trad. de l'allemand, Triades, 1990, 200 p. ; *Lucifer et Ahriman : leur influence dans l'âme et dans la vie*, trad., Éditions anthroposophiques romandes, Genève, 1977, 168 p.
– J. HASTINGS dir., *Encyclopaedia of Religion and Ethics*, Édimbourg, 1908-1926, 13 t.
– J. DUCHESNE-GUILLEMIN, *La Religion de l'ancien Iran*, PUF, coll. « Mana », 1962, 412 p. ; articles dans le *Dictionnaire des religions*, PUF, 1983.
– G. WIDENGREN, *Les Religions de l'Iran* (1965), trad. de l'allemand, Payot, coll. « Les Religions de l'humanité », 1968, 422 p.
– S. SHAKED, *Esoteric Trends in Zoroastrianism*, Jérusalem, 1969 ; *Dualism in Transformation. Varieties of Religion in Sasanian Iran* (Jordan Lectures, 1991), School of Oriental and African Studies, University of London, 1994, 176 p. Je n'ai pas pu me procurer ces livres.
– M. MOKRI, *La Mystique de l'Iran ancien*, apud MARIE-MADELEINE DAVY dir.,

Encyclopédie des mystiques (1972), Payot, coll. « Petite bibliothèque Payot », 1996, t. 3.
- G. TERAPIANO, *La Perse secrète*, Le Courrier du Livre, 1978, 189 p.
- E. YARSHATER dir., *Encyclopedia Iranica*, New York, 1985 ss.

Par peuplades ou cités
- Les *Ârya* (Indo-Iraniens) : G. DUMÉZIL, *Mythe et Epopée*, t. 1 : *L'Idéologie des trois fonctions dans les épopées des peuples indo-européens* (1958), Gallimard, 1968, 660 p.
- Les Élamites et Dour-Ountash (auj. Tchoga Zanbil) : R. GHIRSHMAN, *Tchoza-Zanbil*, t. 1 : *La Ziggurat*, 1966, t. 2 : *Téménos*, Geuthner, 1966 (*apud* MMAI, t. 39-41). *Téménos* = temple.
- Les Mèdes et leurs Mages : HÉRODOTE, *Histoires*, II.
- les Parsis (Zoroastriens de Bombay) et leur initiation de puberté : MARY BOYCE, *Zoroastrians, their Religious Beliefs and Practices*, Routledge and Kegan Paul, Londres, 1979, XXI-252 p.
- Les Perses et le Mazdéisme : R. GHIRSHMAN, *Perse (Proto-Iraniens, Mèdes, Achéménides)*, Gallimard, coll. « L'Univers des formes », 1963, XXII-476 p., 591 ill.
- Les Sogdiens et leurs prophètes *(bgwny)* : TALBOT-RICE, *Ancient Arts of Central Asia*, Thames and Hudson, Londres, 1965.

Revues
- *Acta iranica. Encyclopédie permanente des études iraniennes* (1974 ss.), E. J. Brill, Leyde.
- *Iranica antiqua* (1960 ss.), éditions E. J. Brill, Leyde.

BIBLIOGRAPHIE SPÉCIALISÉE

1re tradition : l'Iran préhistorique, le culte de la Déesse-Mère
R. GHIRSHMAN, *L'Iran des origines à l'Islam* (1962), Albin Michel, coll. « L'Évolution de l'humanité », 1976, 384 p. ; J. CURTIS, *Ancient Persia*, British Museum Publications, Londres, 1989.

2e tradition : le Mazdéisme et ses initiations
- Le chamanisme : Ph. GIGNOUX, « Corps osseux et Âme osseuse. Essai sur le chamanisme dans l'Iran ancien », *Journal asiatique*, Société asiatique, palais de l'Institut, n° 267, 1979, p. 41-79 ; ID., « Les voyages chamaniques dans l'Iran ancien », *Acta iranica*, 21 *(Monumentum Georg Morgenstierne)*, Leyde, 1981, p. 244-265 ; G. M. BONGARD-LEVIN et E. A. GRANTOVSKI, *De la Scythie à l'Inde. Énigmes de l'histoire des anciens Aryens*, Klincksieck, 1982, p. 70-113.
- L'initiation : M. MOLÉ, « Dâenâ, le pont Chinvat (>Cinvad) et l'initiation dans le Mazdéisme », *Revue de l'histoire des religions*, PUF, t. 157, 1960, p. 155-185 ; J. DUCHESNE-GUILLEMIN, « L'initiation mazdéenne », *apud* C. J. BLEEKER, *Initiations*, Supplement to *Numen*, t. 10, Leyde, 1965, p. 112-118.
- Les Mages : É. BENVÉNISTE, *Les Mages dans l'ancien Iran*, Publications de la Société des études iraniennes, n° 15, 1938 ; R. C. ZAEHNER, *The Dawn and Twilight of Zoroastrianism*, Londres, 1961, p. 160 *sqq.* ; G. WIDENGREN, *Les Religions de l'Iran*, éd. cit., p. 134 *sqq.*

- Les sociétés-d'hommes *(mairya)* : S. Wikander, *Der arische Männerbund*, Lund, 1938 ; G. Widengren, *Les Religions de l'Iran*, éd. cit., p. 39 *sqq.*

3ᵉ tradition : le chamanisme scythe
M. Eliade, *Le Chamanisme*, Payot, 1968, p. 310 *sqq.* ; G. Dumézil, *Romans de Scythie et d'alentour*, Payot, 1978 (sur les récits ossètes).

4ᵉ tradition : le Zoroastrisme et son ésotérisme
P. du Breuil, *Le Zoroastrisme*, PUF, coll. « Que sais-je ? », n° 2008, 1982, 128 p. ; S. Shaked, *Esoteric Trends in Zoroastrianism*, Jérusalem, 1969 ; J. Ries dir., *La Religion de Zarathustra et le Mazdéisme depuis les origines jusqu'à l'avènement des Achéménides*, Publications du Centre des religions de Louvain-la-Neuve, 1983, 169 p.

Idées ésotériques
- Dualisme : I. P. Couliano, *Les Gnoses dualistes d'Occident* (1958), trad. de l'italien, Plon, 1990, 323 p.
- Feu et Lumière : M. Molé, *La Lumière et le Feu dans l'Iran ancien*, Peeters, Louvain, Belgique, 1978.
- Gloire *(xwarenah, >xvarrah)* : J. Duchesne-Guillemin, « Le Xwarenah », *Annali. Sezione linguistica*, V, Istituto Orientale di Napoli, Naples, 1963, p. 119-131 ; Paul du Breuil *Des dieux de l'ancien Iran aux saints du Bouddhisme, du Christianisme et de l'Islam*, Dervy-Livres, 1989, p. 51 *sqq.* (pas toujours fiable).

Les sciences occultes
- Cosmologie : M. Molé, *Culte, Mythe et Cosmologie dans l'Iran ancien*, Annales du musée Guimet, PUF, 1963.
- Herméneutique : H. Corbin, *En Islam iranien, aspects spirituels et philosophiques* (1971-1972), Gallimard, coll. « Tel », nᵒˢ 179-182, 1991, 4 t.
- Mythologie : P. Guirand dir., *Mythologie générale* (1937), Larousse, 1992, p. 287-300 ; J. R. Hinnells, *Persian Mythology*, New York, 1985.
- Science des cycles : *Encyclopaedia of Religion and Ethics*, t. 1, p. 205-219 ; H. Corbin, « Le temps cyclique dans le Mazdéisme et dans l'Ismaélisme », *Eranos-Jahrbuch*, 1951, t. 20, p. 156 *sqq.*
- Symbolique : H. Corbin, *L'Homme de lumière dans le Soufisme iranien*, Présence, Chambéry, 1971, 231 p. ; J. Duchesne-Guillemin, *Le Symbolisme dans le culte mazdéen*, apud J. Ries dir., *Le Symbolisme dans le culte des grandes religions*, Publications du Centre d'histoire des religions de Louvain-la-Neuve, coll. « Homo religiosus », n° 11, 1985, 384 p.
- Thanatologie : N. Söderblom, *La Vie future d'après le mazdéisme*, trad., Leroux, 1901, viii-447 p. ; M. Molé, *Le Jugement des morts dans l'Iran pré-islamique*, apud *Le Jugement des morts*, Éditions du Seuil, coll. « Sources orientales », n° 4, 1961, p. 143-176.

Les arts occultes
- Astrologie : J. C. Coyaji, « Astronomy and Astrology in the *Bahram Yasht* », *Journal of the Royal Asiatic Society of Bengal*, 1928, t. 24, p. 223 *sqq.* ; J. Duchesne-Guillemin, *La Divination dans l'Iran ancien*, apud A. Caquot et M. Leibovici dir., *La Divination*, 1968, PUF, t. 1, p. 141-155.

– Divination : L. Gray, *apud* J. Hastings dir., *Encyclopaedia of Religion and Ethics*, éd. cit.
– Magie : Carnoy, *apud* J. Hastings dir., *op. cit.* ; I. Shah, *La Magie orientale*, Payot, 1957, p. 125-131.

Grand(e)s Initié(e)s
– Abaris le Scythe (chamane apollinien, grec, vers 500 av. J.-C.) : G. Colli, *La Sagesse grecque* (1977), trad. de l'italien, L'Éclat, 1991, 2 t.
– Âdhar Keyvân (prêtre zoroastrien, philosophe ésotériste émigré en Inde, 1529-1614) : sir J. J. Modi, « A Persee High Priest, Dastûr Azar Kaiwân, 1529-1614, with his Zoroastriian Disciples in Patna », *The Journal of the K. R. Cama Oriental Institute*, 1932, t. 20, 1932, p. 1-85.
– Ardâ Vîrâz (extatique) : Ph. Gignoux, *Le Livre d'Ardâ Vîrâz* (IXe-Xe s.), éd. cit.
– Mani (fondateur du Manichéisme, d'origine perse, 216-274) : *infra*, « Syncrétismes ».
– Mithra (chef des associations guerrières, selon G. Widengren) : R. Turcan, *Mithra et le Mithriacisme*, PUF, coll. « Que sais-je ? », n° 1929, 1981, 128 p.
– pseudo-Ostanès (Mage imaginé par des Platoniciens, 320 av. J.-C.) : Pauly-Wissowa, *Realencyclopädie*, Stuttgart, t. 18, 1942, col. 1625-1626 ; J. Bidez et F. Cumont, *Les Mages hellénisés* (1938), Les Belles Lettres, 1973, t. 2, p. 267-356 (textes mis en grec vers 270 av. J.-C.).
– Vishtâspa (satrape, protecteur de Zarathushtra, 588 av. J.-C. ?) : J. Duchesne-Guillemin, *La Religion de l'Iran ancien*, éd. cit.
– Zarathushtra (fondateur de religion iranien, 594 av. J.-C. ?) : M. Molé († 1963), *La Légende de Zoroastre d'après les textes pehlevi*, Klincksieck, 1967, 323 p.

Les beaux arts
R. Ghirshmann, *Perse (Proto-Iraniens, Mèdes, Achéménides)*, Gallimard, coll. « L'Univers des formes », 1963, 476 p., 591 ill. ; id., *Parthes et Sassanides*, Gallimard, coll. « L'Univers des formes », 1962, 424 p. ; H.-Ch. Puech, *Musique et Hymnologie manichéennes*, *apud* J. Porte, *Encyclopédie des musiques sacrées*, Labergerie, t. 1, 1968, p. 353-386 ; H.-J. Klimkeit, *Manichaean Art and Calligraphy*, E. J. Brill, Leyde, 1982, xii-50 p., 32 pl.

Syncrétismes
– Le Bâbisme (le Bâb, 1844, avec doctrine ésotérique) : *Encyclopédie de l'Islâm*, 1960, art. « Bâb ». Islâm + Mazdéisme + Judaïsme + Christianisme.
– Le Gnosticisme : H. Jonas, *La Religion gnostique. Le Message du Dieu étranger et les Débuts du Christianisme* (1958), trad. de l'anglais, Flammarion, 1978, 506 p. (Selon W. Bousset, *Hauptprobleme der Gnosis*, 1907, le Gnosticisme est d'origine iranienne : thèse contestable.)
– L'Islâm influencé par le Mazdéisme : H. Corbin, *Corps spirituel et Terre céleste. De l'Iran mazdéen à l'Iran shî'ite* (1960), Buchet-Chastel et Corréa, 1979, 419 p. ; J.-Cl. Frère, *L'Ordre des Assassins. Hasan Sabbah, le Vieux de la Montagne, et l'Ismaélisme*, Grasset-CAL, coll. « Histoire des personnages mystérieux et des sociétés secrètes », 1973, p. 39 *sqq.*, p. 158 *sqq.*
– Le Mandéisme (150) : Ethel Drower, *The Mandeans of Iraq and Iran* (1937), E. J. Brill, Leyde, 1962, xxv-438 p. ; J. Schmitt, art. « Mandéisme » du *Supplément au « Dictionnaire de la Bible »* (1929 ss.), Letouzey et Ané, t. 5, col. 758-788.

- Le Manichéisme (240-XIᵉ s.) : 4ᵉ tradition iranienne : sur les composants iraniens : G. WIDENGREN, *Les Religions de l'Iran*, éd. cit., p. 331-341 ; sur l'ésotérisme : G. G. STROUMSA, *Savoir et Salut*, chap. 12 (1986) : *L'Ésotérisme dans la pensée et l'univers de Mani*, trad. de l'anglais, Cerf, 1992, p. 227-242.
- Meher Baba (1922 : zoroastrien, puis rassembleur de religions) : P. BRUNTON, *L'Inde secrète*, trad. de l'anglais (1937), Payot, 1972, chap. 4.
- Les pseudo-Zarathushtra : R. BECK, « Thus spake not Zarathustra. Zoroastrian pseudepigrapha of the Greco-Roman World », in MARY BOYCE et F. GRENET, *A History of Zoroastrianism*, Leyde et Cologne, 1975-1991, t. 3, p. 511-516.
- La « Théosophie orientale » (Suhrawardî al-Maqtûl, 1155-1191 : Soufisme + néo-Platonisme + Mazdéisme + Zoroastrisme) : H. CORBIN, *Les Motifs zoroastriens dans la philosophie de Sohrawardî*, Éditions du Courrier, Téhéran, 1946, 56 p.
- Le Yazîdîsme (683) : *Encyclopédie de l'Islam*, G. P. Maisonneuve et Larose, 1960 ss., t. 4, p. 1227-1234.

« Mystères » iraniens et irano-occidentaux

R. REITZENSTEIN, *Das iranische Erlösungsmysterium*, Bonn, 1921 ; H. WELLER, *Anahita*, Tübingen, 1938 ; J. DE MENASCE, « Les Mystères et la Religion de l'Iran », *Eranos Jahrbuch*, t. 11, Zürich, 1944, p. 167-186 ; R. TURCAN, *Mithra et le Mithriacisme*, éd. cit., chap. I et II.

Et les femmes ?

H. WELLER, *Anahita*, Tübingen, 1938 ; N. REDING-HOURCADE, *Recherches sur l'iconographie de la déesse Anâhitâ*, apud D. DONCEEL et R. LEBRUN dir., *Mélanges d'archéologie et d'histoire des religions de l'Anatolie ancienne*, Publications du Centre d'histoire des religions de Louvain-la-Neuve, n° 10, 1984.

11. LES ANATOLIENS

> *Le Hittite vit dans un monde magique.*
> M. VIEYRA,
> apud *Histoire des religions*, t. 1, p. 285.

REPÈRES HISTORIQUES DE L'ÉSOTÉRISME DES ANCIENS ANATOLIENS

Anatolie, Asie Mineure, Turquie d'Asie sont quasi synonymes.

Avant Jésus-Christ :
- 7000 – Cafer Höyük niveau II : figurines féminines
- 6767 – Suderde niveau III : statuettes. Première tradition anatolienne : les « MYSTÈRES » DE LA DÉESSE-MÈRE
- 6150 – Chatal Höyük niveau VII (sanctuaire néolithique) : déesse-mère parturiente, culte des crânes (taureaux, béliers)

6000 – Chatal Höyük niveau VI : cadavres repliés, enveloppés, avec ocre et présents
5750 – Hacilar niveau VI : cent statuettes de déesses-mères en argile
5400 – Can Hasan niveau III : déesses-mères
5000 ? – naissance de la famille linguistique indo-européenne
3300 (selon C. Blegen) – Troie I
3000-1700 – les HATTIENS (>Hattites, Hatti, =proto-Hittites ; Asianiques autochtones) à Hattousa (auj. Boghazköy), Alaca Höyük, Horoztepe, Kanesh (auj. Kültepe), Arinna : les cultes de la déesse du Soleil d'Arinna (Wouroushemou) et de son parèdre dieu de l'orage (Tarou) avec son taureau : « **Mystères** » ? Deuxième tradition anatolienne : la TRADITION HATTIENNE. **Naissance de l'ésotérisme anatolien**
2400 (Troie II détruite)-1200 – les HITTITES et la magie, troisième tradition anatolienne : la TRADITION HITTITE. Première invasion d'Indo-Européens
2300 – les LOUWITES (dans l'Arzawa, la Lycaonie, Karkémish, la Cilicie) et le dieu de la Lune Arma. Quatrième tradition anatolienne : la TRADITION LOUWITE. Deuxième invasion d'Indo-Européens
XXIIIe s. – Horoztepe (Hattiens) : sistres, déesse-mère allaitant
2200 ?-1180 – les HOURRITES, Syro-Anatoliens (Asianiques), à Mâri, Ougarit, Hattousa, Emar, au Mitanni, en Cilicie) et les cultes de Teshoub (orage/taureau, dieu d'Alep) et Hépat (>Hébat, déesse-lion) : « Mystères » ? Cinquième tradition anatolienne : la TRADITION HOURRITE
1900 – comptoirs *(karum)* assyriens en Cappadoce : introduction des cunéiformes. Premier syncrétisme hittite : avec les Mésopotamiens
1740-1160 – les Kassites (Asianiques)
1700 – Koubaba représentée sur un relief de Karkémish (en Haute-Syrie)
1650 – les dieux hourrites (et suméro-babyloniens) entrent dans le panthéon hittite (sous Hattousil Ier). Deuxième syncrétisme hittite : avec les Hourrites
1600 – les Mycéniens sur les côtes égéennes (Ougarit fut mycénienne au XIIIe s.) : Milet, Colophon (oracle d'Apollon à Claros), etc.
1385-1200 – unification de l'Anatolie sous le pouvoir hittite (Souppilouliouma Ier)
1380 – traité (en akkadien) entre le roi des Hittites (Souppilouliouma Ier) et le roi « para-indien » de Mitanni (Mattiwaza) : première mention de la tripartition des dieux indo-européens (Varuna et Mitra ; Indra ; les Nâsatya)
1370 – les dieux nord-syriens entrent dans le panthéon hittite (Sîn, dieu de la Lune venu de Babylone ; **Koubaba** (>Cybèle), déesse-mère) : Ougarit (auj. Ras Shamra) sous influence hittite, mythes. Troisième syncrétisme hittite : avec les Nord-Syriens
1345 – les dieux louwites entrent dans le panthéon hittite (sous Moursil II), dont Arma, dieu de la Lune. Quatrième syncrétisme hittite : avec les Louwites
1270-590 – les OURARTÉENS (=Vaniques) (Asianiques, lac de Van) et les cultes du dieu de l'orage (Tesheba) et de la déesse du Soleil Shiwini : « Mystères » ?
1250 – **Yazîlîkaya**, sanctuaire rupestre hittite avec 65 (?) dieux hittites nommés en hourrite sur bas-reliefs (près d'Hattousa, sous Touthaliya IV) ; représentation des dieux non plus zoomorphe, mais anthropomorphe
1250 (archéologie) ou 1184 (tradition) : la Troie d'Homère incendiée (Troie VII a)
XIIIe s.-43 – les LYCIENS (Indo-Européens, issus des Louwites), les cultes d'Apollon hyperboréen et d'Ertemi (>Artémis)

LES ANATOLIENS 549

1190 – dispersion des forgerons hittites et de leurs techniques
1190-690 – les PHRYGIENS (Indo-Européens, branche des Thraces) et les cultes de Mâ (=Bellone), de Koubaba (>Cybèle) et Attis (550), de Sabazios (dieu thrace implanté en Phrygie ; ve s.), de Mên (dieu de la Lune ; ive s.) : « Mystères » phrygiens ? Sixième tradition anatolienne : la TRADITION PHRYGIENNE. **Apogée de l'ésotérisme anatolien**
1100-700 – les NÉO-HITTITES (=Syro-Hittites, de langue louwite, à Malatya, Karkémish, Gouzana [auj. tell Halaf], en Syrie)...
v. 1050 – introduction des « Mystères » thraco-phrygiens de Dionysos en Grèce xie s. – « Mystères » de Cybèle (à Pessinonte en Phrygie)
v. 850 – introduction de la discipline étrusque (lydienne) en Italie
707 – le roi de Phrygie Midas et ses mines d'or : légendes initiatiques
687 – le roi Gygès de Lydie et son anneau rendant invisible : légende initiatique
687-129 – les LYDIENS (Indo-Européens) et les « Mystères » de Koubêlê (>Cybèle) au vi^e s.
v. 600 – Aristéas de Proconnèse et Hermotime de Clazomènes, chamanes apolliniens (grecs)
585 – Thalès de Milet (phénicien), fondateur de la philosophie occidentale
550 – rites orgiastiques venus de Thrace : « Mystères » d'Attis (accouplé à **Cybèle**, à Sardes, en Lydie), « Mystères » de Sabazios (identifié à Dionysos ou donné pour son père)
vi^e s. – sanctuaires rupestres de Koubaba
525 – introduction du culte de Cybèle en Grèce
504 – Héraclite d'Éphèse : allusions aux Mystères
fin ve s. – **Mystères (grecs) d'Artémis éphésienne**
v. 448 – enquête d'Hérodote (sous le Perse Artaxerxès Ier)
430 – introduction du culte thraco-phrygien de **Sabazios** en Grèce
334 – invasion des Grecs, avec Alexandre le Grand
330 – les Maguséens, Mages d'Asie Mineure (sous Alexandre le Grand)
300-213 – temple (hellénistique) d'Artémis (et Cybèle) à Sardes
213 – introduction du culte thraco-phrygien de Dionysos à Rome
205 av. J.-C.-415 ap. J.-C. – introduction du culte de Cybèle à Rome
150 – culte de Mithra (iranien) en Commagène
iie s. – introduction de l'astrologie hellénistique
133 – invasion des Romains
98 – premier thème astrologique individuel (Antiochos Ier de Commagène)
92 – introduction des cultes de Mâ de Comane (=Bellone) à Rome
66 av. J.-C.-fin ive s. ap. J.-C. – constitution des Mystères romains de Mithra (dieu iranien) en Cilicie (selon Plutarque) ou en Commagène, dans un milieu iranien, maguséen
v. 50 – théorie de la remontée de l'âme à travers les cieux ou par des dieux (sous Antiochos Ier de Commagène)

Après Jésus-Christ :
49 – introduction du culte d'Attis à Rome
v. 96 – Jean l'Évangéliste rédige son *Évangile* à Éphèse
98 – mort d'Apollonios de Tyane, magicien néo-pythagoricien
iie s. – une communauté de fidèles d'Attis à Pessinonte
120-360 – le Gnosticisme chrétien d'Anatolie : Cérinthe d'Éphèse, Nicolas d'Antioche, Axionikos d'Antioche, Marc le Mage, Théodote

139 – Marcion de Sinope, Chrétien proche du Gnosticisme
170 – Alexandre d'Abonotique, charlatan (sous Marc Aurèle). **Mort de l'ésotérisme anatolien**
fin IIe s. – une communauté d'Orphiques *(Hymnes orphiques)* à Pergame (en Mysie)
274 – première mission manichéenne en Anatolie
IVe s. – intégration de l'Anatolie dans l'Empire byzantin
440 – Proclos, philosophe néo-platonicien ésotériste, originaire de Xanthos (en Lycie)
636 – invasion des Arabes et islamisation de l'ancienne Anatolie.

L'Anatolie noue ésotérismes asiatiques et ésotérismes européens. Il suffit de passer le Bosphore, et l'on saute d'Europe en Asie. Les ésotérismes d'Occident ont ainsi, en Anatolie, croisé les ésotérismes d'Orient. La déesse Cybèle est montée d'Anatolie en Europe, la déesse Artémis est descendue d'Europe en Anatolie.

ÉSOTÉRISMES EN ANATOLIE : CLEFS

« Anatolie » désigne aujourd'hui la partie asiatique de la Turquie. Le terme dénomme, en grec, « le lieu du ciel où se lève un astre ». L'ancienne Anatolie, l'Asie Mineure donc, l'Anatolie avant l'islamisation, couvre la péninsule à l'ouest de l'Asie. On doit intégrer aux Hattiens, aux Hittites d'Anatolie, les Hourrites de Syrie. L'Anatolie antique, qui comprend de nombreuses contrées, Phrygie, Lycie, Lydie, Carie, Cilicie (=Kizzouwatna), Commagène, Cappadoce, Mysie, etc., s'imbrique, selon les invasions, dans tel ou tel Empire.

Il faut distinguer par familles linguistiques ou populations. Sont asianiques : Hattiens, Hourrites, Kassites, Ourartéens. Sont indo-européens : Hittites, Louwites, Palaïtes, Cimmériens, Phrygiens, Lyciens, Lydiens, Arméniens. L'ésotérisme asianique insiste sur la fécondité, l'ésotérisme indo-européen sur la connaissance[1]. L'influence des voisins sémites, Assyriens et Syriens surtout, ajoute à la complexité. Les mariages entre ces peuplades créent une mosaïque assez difficile à déchiffrer. Les Hittites ont beaucoup emprunté aux Hattiens et aux Hourrites. Au Mitanni[2], les dieux étaient soit hourrites, soit mésopotamiens, soit *ârya* !

Il faut aussi distinguer par époques. Selon E. Laroche[3], c'est seulement au XIVe siècle av. J.-C. que les Hittites ont importé de Syrie le dieu Lune, le Sîn des Babyloniens, d'une part de chez les Hourrites, d'autre part de

---

1. Voir, *supra*, p. 301 (« Civilisateur : critères, classifications »).
2. Traité d'alliance (en akkadien) entre le roi hittite Souppilouliouma Ier (1380 av. J.-C.) et le prince « para-indien » de Mitanni. Sur les dieux aryens de Mitanni : G. Dumézil, *L'Idéologie tripartite des Indo-Européens*, Latomus, 31, Bruxelles, 1958, p. 36-38.
3. E. Laroche, *Revue d'histoire des religions*, PUF, t. CXLVIII, 1955, p. 1-24 ; *id.*, apud *Dictionnaire des mythologies*, Flammarion, 1981, t. I, p. 97.

NÉOLITHIQUE	
Chatal Höyük	7100
Hacilar	6900
Can Hasan	5400
Tell Halaf	3800
Troie	3300

ASIANIQUES		INDO-EUROPÉENS	
Hattiens	3000		
		Hittites	2400
		Louwites	2300
Hourrites	2200		
Kassites	1740		
		Lyciens	XIIIe s.
Ourarléens	1270		
		Phrygiens	1190
		Lydiens	687
		Mèdes	610
		Arméniens	VIe s.
		Perses	551
		Grecs	334
		Romains	133

SOUFISME TURC	
Yâsâvi	(† 1166)
al-Rûmî	(1261)
Mawlawiyya	(1284)
Emrè	(† 1320)

chez les Mitanniens. Au départ, il n'existe pas de culte lunaire en Anatolie centrale, seulement au Sud. Surprise !

Depuis la préhistoire jusqu'à aujourd'hui, les ésotérismes se succèdent en Anatolie. Je n'en retiendrai que quelques-uns : la spiritualité néolithique, les « Mystères », la magie hittite, les légendes lydiennes.

Comment être sûr, demandera-t-on, qu'en Anatolie on a bien face à soi des ésotérismes ? Selon René Lebrun, directeur de l'École des langues et civilisations de l'ancien Orient et spécialiste de la religion hittite, « il n'y a pas à ce jour d'ésotérisme au sens strict dans la documentation du second millénaire et du début du premier millénaire [1] ». On ne dispose pas

---

1. Lettre personnelle (17 sept. 1993).

de preuve. Le grand argument en faveur de l'ésotérisme serait le suivant : certaines spiritualités anatoliennes ont plus tard engendré des ésotérismes affirmés, patentés, on peut donc supposer leur caractère ésotérique, ou pré-ésotérique aux origines. Bien sûr, on a toujours loisir de dire que l'état postérieur n'implique en rien la similarité de l'état antérieur. L'existence de la Kabbale (manifestement ésotérique) ne prouve pas l'ésotérisme du Judaïsme. C'est vrai. Le culte mystérique de la Cybèle romaine au IIIe s. av. J.-C. ne prouve pas le caractère ésotérique de la Cybèle anatolienne au XIVe s. av. J.-C. L'Ertemi anatolienne diffère de l'Artémis grecque. La jonction entre la lointaine préhistoire anatolienne et la période gréco-asianique reste difficile à établir. Il faut l'admettre. Cependant, verrait-on un Mystère se greffer sur une divinité ne s'y prêtant pas du tout ? Les spiritualités anatoliennes présentent des traits ésotérisants. La déesse-mère Koubaba a certains traits des déesses mystériques (Déméter, par exemple).

Un point commun lie toutes les spiritualités d'Anatolie : l'attitude sacrée à l'égard de la Nature, de la nature naturante, de la nature qui « fait » de la nature, de la nature génératrice [1]. Les Anatoliens vénèrent les Sources ou les Rivières, les Montagnes, mais aussi le Printemps, les fauves, à travers des mythes ou des rites ou des œuvres d'art. Leur grand souci, c'est que le monde ne se dessèche pas, que la vie végétale et animale continue, engendre du végétal et de l'animal.

Que le pays soit prospère et fertile, que le pays soit protégé !

Mythe (hattien) d'Illouyanka (Dragon), trad. M. Vieyra, apud *Les Religions du Proche-Orient asiatique* (= *RPOA*), Fayard-Denoël, coll. « Le Trésor spirituel de l'humanité », 1970, p. 527. © Librairie Arthème Fayard, Paris.

Un autre texte mythique insiste :

Telepinou prit soin du roi et de la reine : il s'inquiéta de leur assurer santé, vigueur et longue vie. Telepinou prit soin du roi. Devant Telepinou fut dressé un arbre *eian* [« toujours vert » : à feuilles non caduques]. De l'arbre pend une peau de mouton. Dans la peau, on a placé symboliquement de longues années de vie, la descendance, fils et filles, la prospérité de l'humanité, du gros et du petit bétail, la virilité, la force, la stabilité, la croissance, la prospérité, le bien-être, la satiété...

Mythe (hattien) de Telepinou (le dieu qui disparaît), *RPOA*, p. 536-537. © Librairie Arthème Fayard, Paris.

Ce souci de la fécondité, dans une atmosphère sacrée, introduit au monde des Mystères, qui est la forme de l'ésotérisme aux époques où l'agriculture, l'architecture s'imposent.

Chose remarquable, les philosophes ioniens (Thalès de Milet, Héraclite d'Éphèse, etc.) qui viendront par la suite insisteront, eux aussi, sur la

---

1. Voir *supra*, p. 307 (« L'ésotérisme civilisateur : caractéristiques »).

nature. Ainsi naquit la philosophie vers 585 av. J.-C. comme « physiologie », « étude de la nature », de son origine, de ses Éléments. Et qui fait cette remarque ? Proclos de Constantinople, un néo-Platonicien que peuvent revendiquer autant l'ésotérisme que la philosophie.

> Les philosophes d'Ionie se sont peu souciés de la théorie des intelligibles [nombres des Pythagoriciens, Être de Parménide, Idées de Platon], ils ont étudié dans tous les sens la nature et les œuvres de la nature [Eau chez Thalès, Feu chez Héraclite]. [...] L'Ionie sera donc le symbole de la nature.
>
> Proclos, *Commentaire sur le « Parménide » de Platon* (vers 450), 659, trad. A. Chaignet, 1900, p. 94. Voir Aristote, *Métaphysique*, A, 3.

SPIRITUALITÉ DE LA GÉNÉRATION

Quand l'ésotérisme commence-t-il en Anatolie ?

Les premières agglomérations, néolithiques, ont livré des statuettes en argile ou en calcaire de déesses-mères [1] : à Suberde (6700 av. J.-C.), Chatal Höyük (6200 av. J.-C.), Chukurkent (6200 av. J.-C.), Hacilar (5600 av. J.-C.), Can Hasan (5400 av. J.-C.), Erbaba...

Comment, dira-t-on, être sûr qu'il s'agit de déesses-mères, et pas simplement de femmes ? Les peuplades leur donnent ce nom, en les appelant « mère divine ». La déesse-mère Lêtô s'appelle en lycien Eni mahanadi, « mère divine »[2]. Ensuite, l'iconographie les montre plus féminines que nature. Ces figurines représentent des femmes stéatopygiques, enceintes, parturientes, ou portant un enfant. Elles symbolisent la fécondité humaine, la fertilité animale, l'abondance végétale, autant que la survie en général. L'idée abstraite se représentait ainsi à l'époque. Ces femmes s'entourent de leur attribut, le léopard ou le vautour, de sorte que ces déesses-mères sont aussi des « maîtresses-des-animaux », elles protègent faune et flore. Elles dominent autant la vie (le léopard) que la mort (le vautour). À cela rien de contradictoire. Naissance et mort sont complémentaires au sein de la vie : opposés, pas incompatibles. De plus, la statuette peut être ithyphallique, et donc androgyne, mâle et femelle, ou bien elle ressemble à une tortue, symbole de fertilité, de féminité. Là encore, rien de contradictoire : l'humain vise la totalité, puissance masculine et fécondité féminine. Enfin, la statuette va de pair avec un homme, tantôt jeune (garçon et fils ou adolescent et amant), tantôt vieux dieu barbu (ici la déesse est épouse).

Ces figurines de déesses-mères abondent en symboles. Elles allient divinité et animalité, elles associent homme et femme, elles exaltent la

---

1. J. Mellaart, *Excavations at Hacilar*, Anatolian Studies, n° 11, 1961. J. Mellaart, *Excavations at Catal Hüyük*, Anatolian Studies, n°s 12, 13 et 14, 1962-1964. D. H. French, *Excavations at Can Hasan*, Anatolian Studies, n°s 12 et 13, 1962 et 1963.
2. E. Laroche, *La Trilingue du Létôon, version lycienne*, Xanthos VI, 1979. (Létôon : sanctuaire à la déesse-mère Lêtô à Xanthos, en Lycie.)

force vivifiante, elles font circuler une énergie, une générosité qui enchantent l'œil, réveillent les sens, exhortent à l'existence des générations, à la vie. La sexualité, la production en appellent aux dieux et déesses. Les mondes humains et divins se croisent. Les dieux ressemblent aux hommes, les hommes imitent les dieux, dans un même souci de génération. Ce qui pousse, ce qui croît génère du sacré. Le grain qui pousse, le sexe qui s'allonge mettent plus de religion dans la vie, puisque l'être s'affirme, l'œuvre des dieux continue en son énigme. L'être est : miracle ; l'être continue : mystère. Il ne s'agit pas de croire au concept de Création, mais de vivre l'idée de génération. La Création coupe le processus entre créateur et créature. Au contraire, la génération, de père à fils par exemple, garde une continuité, conserve et revivifie une force. La vie revient, repart.

Par la suite, dans les mythes ou les figurations, les panthéons anatoliens conservent ces divinités : orage, ciel, graine, taureau, montagne, source, rivière, Soleil, Lune, et les génies du bois, de la forêt, des vents, des nuées.

CORNES D'AUROCHS A CHATAL HÖYÜK, SANCTUAIRE NIVEAU VI
(6000 av. J.-C. ; dessin J. Mellaart)

Chez les Hittites, c'est la déesse (Inara) qui ligote le Dragon (Illouyanka), elle qui le donne à manger au dieu de l'orage. Un couple primitif divin s'impose : la déesse, puis le dieu. La déesse a pour siège la source et pour attribut le léopard ; le dieu est dieu de l'orage, il a pour siège la montagne et pour attribut le taureau. Ce lien entre taureau et orage se retrouverait dans tous les ésotérismes.

Tandis que les Mésopotamiens préfèrent les panthéons en triades (An-Enlil-Enki, Lune-Soleil-Vénus), les Anatoliens préfèrent les panthéons en couples (dieu des montagnes/déesse des rivières, dieu de l'orage/déesse du Soleil).

L'Anatolie avance un ésotérisme binaire qui pose la complémentarité comme base de la vie. L'idée même de fécondité impose ce schéma, en opposant mâle et femelle, croissance et déclin, humidité et sécheresse, paille et grain. Opposons cette fois Iraniens et Anatoliens. Si la logique de l'Iranien est une logique du « ou bien... ou bien » (soit le Bien soit le Mal), celle de l'Anatolien est une logique du « et » (Naissance et Mort). On passe de la disjonction exclusive (p w q) à la disjonction inclusive (p v q). Lumière ou Ténèbres : exclusif, car l'un élimine l'autre. Pomme ou poire : inclusif, car je peux choisir la pomme ou la poire, ou les deux. C'est le cas ici. Les symbolismes contraires ne sont pas contradictoires. Dieu et déesse entrent en opposition ou en complémentarité.

À Yazîlîkaya (« Pierre sculptée », en turc), les Hittites ont aménagé vers 1250 av. J.-C. un sanctuaire rupestre. Yazîlîkaya comprend une porte monumentale, un ensemble monumental, l'entrée de la Petite Galerie, la Petite Galerie, enfin la Grande Galerie. Sur les parois verticales et à ciel ouvert de la Grande Galerie on voit une procession de dieux (à gauche) et une procession de déesses (à droite) qui vont à la rencontre l'une de l'autre. La dualité encore : dieux et déesses, droite et gauche. L'union aussi, puisque les divinités convergent. Ce panthéon a pour origine Alep et Comana. Sur les 65 divinités (ou plus) représentées se détachent la déesse du Soleil Hépat, debout sur une panthère, et le dieu de l'orage Teshoub, debout sur deux dieux-montagnes et accompagné de son taureau. On a là un prototype des divinités mystériques, en couple. L'homme, la femme. Et les divinités s'offrent des fleurs. Dans la Petite Galerie (ou Chambre B) figurent 12 dieux en marche. Était-ce un lieu de culte funéraire pour les rois hittites, comme le pense K. Bittel ? était-ce le sanctuaire du Nouvel An en l'honneur du dieu de l'orage, comme le pense M. Vieyra ? était-ce un lieu pour rites de purification, comme le pensent V. Haas et M. Wäfler[1] ? Les hypothèses circulent, se renouvellent. Je pencherais, avec E. Meyer, pour une préfiguration du futur couple Cybèle/Attis[2]. Il ne s'agit sans doute pas d'un centre mystérique, d'une école à secrets, d'un temple pour Mystères, probablement d'un Saint des

---

1. K. Bittel, *Les Hittites* (1976), trad. de l'allemand, Gallimard, coll. « L'Univers des formes », 1976, p. 202 *sqq.* V. Haas et M. Wäfler, « Yazilikaya und der Grosse Tempel », *Orientalia*, Prague, 1974, t. 13, p. 211-226. M. Vieyra, apud *RPOA*, 1970, p. 507.
2. E. Meyer, *Geschichte des Altertums*, 3e éd., Berlin, 1913, t. I, p. 712 *sqq.*

Saints. Les divinités se groupent à deux, dieux et déesses, et groupent deux mondes, celui des divinités, celui des hommes. Le ciel et la roche s'épousent. La totalité est là, il faut la faire sienne. Le lieu est un creuset où le profane trouve, sous forme de symboles, toutes les forces dans lesquelles il peut puiser sa propre force. En cela, le sanctuaire devient un *adyton*, un espace « impénétrable ». C'est un milieu d'initiation *possible* pour le profane qui s'y aventure et un milieu d'initiation *réalisée* pour les prêtres qui l'ont conçu.

LES « MYSTÈRES »

Trouve-t-on de vrais Mystères en Anatolie ?
À proprement parler, non. Cependant, on observe des formes religieuses proches des Mystères. Et les Grecs y voyaient d'authentiques Mystères, analogues aux leurs (Pausanias, *Description de la Grèce*, II, 3, 4 ; Strabon, *Géographie*, XIV, 3 ; Origène, *Contre Celse*, 6, 22).

Le mythe hattien du Dragon (Illouyanka) est récité lors de la grande fête hittite du Nouvel An dans la ville de Nerik. Cela rappelle le mythe de Mardouk à Babylone, ou le mythe d'Osiris à Abydos, ou le mythe du Dragon Vrtra en Iran [1]. Ce mythe du Dragon est mimé. Il conte le combat entre le Dragon et le dieu de l'orage.

Le dragon [Illouyanka] sortit avec ses enfants ; ils mangèrent et burent. Ils burent le contenu de chaque cruche et étanchèrent leur soif, et ils ne purent plus retourner dans leur trou. Houpasiya [un mortel, poussé par la déesse Inara] vint et lia le dragon avec une corde. Le dieu de l'Orage arriva alors et tua le dragon, et les dieux étaient avec lui.

Mythe d'Illouyanka, *RPOA*, p. 527. © Librairie Arthème Fayard, Paris.

On peut voir là une illustration de l'opposition entre d'un côté la mort, la sécheresse, l'hiver, symbolisés par le Dragon, qui consomme sans produire, et, de l'autre, la fécondité, la renaissance, que représente le dieu de l'orage, le dieu qui apporte les pluies. Le Dragon engloutit, comme dans les cultures primitives, le masque ou le monstre avale le futur initié. Le dieu de l'orage, en l'enchaînant, évite la disette. On est d'autant plus porté à voir un fond mystérique au mythe d'Illouyanka qu'il se distingue nettement d'un autre mythe, « le mythe de la disparition du dieu » (Telepinou). Dans ce dernier cas, le dieu ne meurt pas, il disparaît seulement et on le retrouve ; la cause de la disparition est une faute des hommes contre l'ordre cosmique, et non pas un phénomène naturel. Dans le mythe du Dragon se fait jour une idée initiatique, ésotérique, cosmique, alors que dans le mythe du dieu qui disparaît on voit une idée religieuse, morale, exotérique.

---

1. Voir *supra*, p. 356 (« Les initiations et les Mystères »), p. 433 (« Les Mystères... »), p. 496 (« Le Mazdâyasnisme »). En Grèce, Apollon tue le dragon Python : fondation de Delphes.

Un autre mythe, celui de Teshoub, dieu de l'orage, peut aussi s'interpréter ainsi, mystérieusement. Mais Teshoub est un dieu hourrite. Les Phrygiens connaissent un dieu qui dort l'hiver et se réveille au printemps. Plutarque parle de Bacchanales : on pense Mystères ; et il compare aux Thesmophories, Mystères secrets réservés aux femmes mariées de Grèce : on pense encore aux Mystères.

> Les Phrygiens, croyant que leur dieu dort pendant l'hiver et se réveille en été, célèbrent par des bacchanales ses Assoupissements en hiver et ses Réveils en été.
>
> Plutarque, *Isis et Osiris*, 69, trad. du grec M. Meunier (1924), Maisnie-Trédaniel, 1979.

La figure centrale de la mythologie ésotérique d'Anatolie est la déesse-mère « Cybèle », appelée **Koubaba** chez les Hittites et les néo-Hittites, Koubêlê chez les Lydiens. Cette divinité proto-syrienne vint de Karkémish, au nord de la Syrie, jusqu'en Anatolie au XIVe s. av. J.-C. Un relief de Karkémish montre Koubaba coiffée d'un bonnet et tenant une grenade [1]. Visiblement, la tradition remonte aux déesses-mères du néolithique, celle de Chatal Höyük, d'Hacilar. Koubaba a l'allure d'une Maîtresse des fauves, montée sur un char que tirent des lions, ou bien elle s'incarne dans une pierre, un bétyle, la Pierre Noire de Pessinonte. Ici, elle est androgyne, et elle engendre des êtres androgynes, dont Agdistis. La déesse s'adjoint un dieu, Attis, bien plus tard, au VIe s. av. J.-C., en Lydie, à Sardes. Elle prend alors une autre allure, plus érotique.

Diodore de Sicile raconte de la sorte le mythe de Cybèle et Attis :

> Cette déesse [Cybèle] serait née en Phrygie. En effet, les habitants de ce pays racontent qu'autrefois Méion régnait sur la Phrygie et sur la Lydie. Ayant épousé Dindymé, il engendra un enfant de sexe féminin, mais, comme il ne voulait pas l'élever, il l'exposa sur une montagne appelée Cybélos. Là, par un effet de la providence divine, les panthères et quelques autres bêtes sauvages parmi les plus vigoureuses offrirent leurs mamelles à l'enfant et la nourrirent ; mais les femmes qui faisaient paître leurs troupeaux en cet endroit virent ce qui se passait et, admirant le phénomène, elles recueillirent le nourrisson et l'appelèrent Cybèle du nom de l'endroit. [...]
>
> La première, elle conçut la flûte à plusieurs tuyaux et elle inventa cymbales et tympanons pour accompagner les jeux et les danses ; de plus, elle enseigna des rites de purification pour guérir les maladies des troupeaux et des petits enfants ; et, comme elle sauvait les nourrissons par ses incantations et qu'elle les portait pour la plupart dans ses bras, elle fut appelée pour cette raison par tout le monde « Mère de la Montagne », à cause des soins et de la tendresse qu'elle leur prodiguait. [...]
>
> Quant à Cybèle, parvenue à la fleur de l'âge, elle s'éprit d'un jeune homme du pays, nommé d'abord Attis et appelé plus tard Papas ; alors qu'elle s'était unie à lui en cachette et qu'elle était devenue enceinte, elle fut, vers cette même époque, reconnue par ses parents. Aussi, elle fut ramenée au palais royal, où, tout d'abord,

---

1. M. J. Vermaseren, *Cybele and Attis. The Myth and the Cult*, Thames and Hudson, Londres, 1977, p. 18, planche 7.

son père l'accueillit en tant que vierge, mais, ensuite, ayant appris sa faute, il fit périr les nourrices de Cybèle et Attis et fit jeter leurs corps sans sépulture ; alors, dit-on, poussée par son amour pour le jeune homme et par la peine que lui causait le sort de ses nourrices, Cybèle, devenue folle, quitta le palais et se jeta dans la campagne. Gémissant et frappant sur un tympanon, elle parcourait seule les pays de toute la terre, les cheveux dénoués.

> Diodore de Sicile, *Bibliothèque historique* (59 av. J.-C.), III, 58-59, trad. du grec B. Bommelaer, Les Belles Lettres, coll. « Budé », 1989, t. 3, p. 89-91. © Les Belles Lettres, Paris.

Quel dommage que le mythe n'ait pas eu plutôt Hérodote pour auteur ! Diodore fait d'un récit sacré une historiette. Il insiste malgré tout sur l'aspect orgiastique de Cybèle, qui vit entourée d'instruments de musique bruyants, sillonne les montagnes, a des actes de folie. Là encore le parallèle avec les Mystères de Dionysos s'impose. Cybèle a aussi un rôle civilisateur : elle invente la musique et la médecine. Cette musique et cette médecine sont ésotériques, la musique a pour objet l'orgie, et la médecine a pour base l'incantation. Les « Mystères » de Cybèle devaient s'accompagner de transes d'extase. La transe d'extase se distingue de la transe de vision, celle des prophètes d'Israël [1], ou de la transe de possession, celle des initiés négro-africains. Dans la transe extatique [2], on ne recueille pas des visions, on n'est pas habité par un esprit. Le sujet se sent uni au monde, tout lui paraît sacré. Une grande exaltation s'empare de son âme, il se croit illuminé, il a la certitude de recevoir une révélation...

Autre mythe, lydien, Attis meurt tué par un sanglier, comme Adonis. Le sanglier représente l'autorité spirituelle ou la force sauvage (Héraclès vainc le sanglier d'Érymanthe).

Des personnes devaient être plus avancées que d'autres en matière de rites, de mythes, de figurations, sans être pourtant des affiliés. On peut citer les scribes et les lapicides, aussi bien que les prêtres et les rois, ou les magiciens, un peu comme en Égypte. Mais il ne devait pas exister une organisation d'initiés. Ce qui est ésotérique, ce sont, moins que les hommes, les idées de taureau, d'orage et les concrétisations de la reproduction. Les Anatoliens devaient aller de l'abstrait au concret, avec aisance, du taureau à la génération, de la génération au taureau. Tous baignaient dans cette spiritualité, seuls les initiés devaient participer pleinement à cet esprit et en avoir conscience.

À propos d'Atargatis, la déesse syrienne, Lucien de Samosate dit ceci :

> Tous les visiteurs peuvent entrer dans le grand temple, mais les prêtres seuls ont accès dans la chapelle, et encore pas tous les prêtres, mais ceux-là seuls qui sont les

---

[1]. Ézéchiel, « témoin de visions divines » (I, 1), tombe et se relève (I, 28 ; II, 1 ; III, 23), se sent habité par l'esprit (II, 2) puis enlevé par l'esprit (II, 12), reste hébété (III, 15) et muet (III, 26 ; XXIV, 27).

[2]. J. H. Leuba, *Psychologie du mysticisme religieux*, Alcan, 1930. *Dictionnaire de spiritualité* (1937 ss.), Beauchesne, t. IV, fasc. 2, 1961, col. 2045-2189. Ch. Tart dir., *Altered States of Conciousness*, J. Wieley, New York, 1969.

plus voisins des dieux et auxquels incombe tout le service du temple. Dans cette chapelle sont placées des statues, l'une d'Héra [Atargatis], l'autre, qui est de Zeus, mais auquel on donne un autre nom. Toutes deux sont en or et toutes deux assises. Toutefois, des lions portent Héra, tandis que Zeus est assis sur des taureaux.

Lucien de Samosate, *La Déesse syrienne*, XXXI, trad. du grec M. Meunier (1943), Maisnie-Trédaniel, 1980, p. 94-96.

Platon ne s'est pas trompé sur la nature de Cybèle en décrivant les Corybantes. Les Corybantes se confondaient en grande partie, en Grèce, avec les adeptes de Cybèle, leurs aïeux.

Le procédé que l'expérience a fait adopter aux nourrices et dont elles ont reconnu l'utilité pour leurs marmots, c'est aussi celui des femmes qui pratiquent la cure de la frénésie des Corybantes : effectivement, quand les mères ont quelque intention d'endormir des enfants qui ont le sommeil difficile, ce n'est pas la tranquillité qu'elles procurent, mais au contraire du branlement, puisqu'elles ne cessent de les secouer sur leurs avant-bras, et c'est à la place du silence une mélopée quelconque : procédant ainsi sur les jeunes enfants à une sorte d'incantation analogue à celle qui sert à guérir les transports bachiques, recourant à cette cure de branlement qui unit de la musique à un rythme de danse. [...]
Chez les Corybantes, sortant du sommeil où, avec le concours des Dieux auxquels ils offrent chacun un sacrifice propitiatoire, les avaient plongés leurs danses et l'action des flûtes, ce mouvement provoqué du dehors opère l'apparition d'une attitude mentale de bon sens à la place de dispositions qui sont à nos yeux des dispositions délirantes.

Platon, *Les Lois*, VII, 790 d-791 a, trad. L. Robin, *Œuvres complètes de Platon*, Gallimard, « Bibliothèque de la Pléiade », 1950, t. 2, p. 864-865. © Gallimard, Paris.

Les Romains, aussi, ont bien saisi le côté mystérique de Koubaba-Cybèle. Elle fait l'objet, dans l'Empire romain, de Mystères très élaborés. En 205 av. J.-C., les *Livres sibyllins*, dûment consultés au milieu de la deuxième guerre punique pour savoir comment chasser les Carthaginois, conseillent de transporter depuis Pessinonte jusqu'à Rome la fameuse Pierre Noire qui représente la Déesse. Deux ésotérismes se rencontrent, l'un occidental, l'autre oriental. Et le culte vaguement mystérique devient un vrai Mystère. À Rome, un cycle de cérémonies, de type phrygien, se déroule du 15 au 27 mars. Il commémore la mort et la résurrection d'Attis, en fait la régénération de la nature. Le 15 mars, des porte-roseaux, les cannophores, se promènent en procession et l'on procède au sacrifice d'un taureau, le tout pour rappeler les amours coupables d'Attis, dans les roseaux, avec la fille du fleuve, la colère de Cybèle. Une semaine de jeûne suit. Le 22 mars, des porte-arbres, les dendrophores, transportent un pin enveloppé de bandelettes et de violettes, qui représente Attis, mort après s'être émasculé volontairement. (Les Gnostiques interprétaient l'émasculation d'Attis comme un retour à l'androgynat primordial.) Le 24, jour du Sang, on célèbre les funérailles du dieu, les prêtres et l'assistance pleurent et se mutilent, certains jusqu'à l'émasculation, dans la violente musique des trompes, des crotales, des tambourins. Le lendemain, jour des Hilaries, on chante la résurrection d'Attis. C'est le Nouvel An. Le 27, jour du Lavage, la Grande Mère de Phrygie, Cybèle, figurée par une statue d'argent, est plongée dans la rivière Almon, pour appeler la pluie. Les rites d'initiation suivent, avec la formule mystérique : « J'ai mangé dans le tambourin, j'ai bu dans la cymbale, je me suis instruit à fond des mystères de la religion » (Firmicus Maternus [1]).

Le temple grec d'Artémis à Éphèse, édifié sous Crésus, roi de Lydie (561 av. J.-C.), renouait avec la tradition des déesses-mères anatoliennes. Artémis [2] figure la déesse grecque de la nature sauvage. Il a existé des Mystères (μυστικαὶ θυσίαι) d'Artémis éphésienne [3]. « Artémis » est un nom d'origine lycienne : Ertemi. « Dame aux fauves », elle vit dans les zones boisées, avec des animaux sauvages, ours, lions, panthères, cerfs. Au IIe s. av. J.-C., on la représente avec de nombreux seins (Minucius Felix, *Octavius*, XXII, 5), qui, en fait, sont des testicules de taureau censés rendre fertile cette Vierge. Ésotérisme réussi, puisque, aujourd'hui encore, la quasi-totalité des commentateurs continue à croire en une déesse polymaste (aux nombreux seins). Sans doute n'a-t-il pas existé dans l'antique Anatolie de véritables Mystères, avec drames, objets, formules, hiérarchie, mais Ertemi offrait déjà un modèle initiatique, l'archétype de l'initiée de la troisième fonction des Indo-Européens, la fécondité (Hérodote, *Histoires*, V, 7), comme Anâhitâ en Iran. « Éphèse [...] : rites sacrés de Déméter éleusinienne », dit Strabon (XIV, 3), pour marquer l'identification entre Artémis et Déméter, les cultes anatoliens et les Mystères grecs. La statue d'Artémis laissait échapper du lait de ses multiples seins, grâce à une plaisanterie des prêtres, démontée par Athanase Kircher. Le dôme hémisphérique qui entourait la statue était creux. Dans sa partie inférieure, une plaque métallique transmettait la chaleur des lampes portées par les prêtres. La chaleur se transmettait à l'air, qui faisait pression sur le liquide contenu dans le socle, et le « lait » jaillissait ! Encore et toujours un symbole de fécondité.

LES ARTS OCCULTES CHEZ LES HITTITES

Le Hittite est homme d'arts occultes. Mais le terme convient-il ? Pour les Anatoliens, la divination, la magie sont des savoirs concrets, cohérents.

La divination

En Anatolie, l'intérêt pour la divination ne se dément pas. L'atteste une prière qui demande au dieu d'indiquer la signification d'une peste.

---

1. *L'Erreur des religions païennes*, Les Belles Lettres, 1982, t. 1, p. 116.
2. Sur Artémis d'Éphèse : Ch. Picard, *Éphèse et Claros. Recherches sur les sanctuaires et les cultes de l'Ionie du Nord*, De Boccard, coll. « Bibliothèque des Écoles françaises d'Athènes et de Rome », n° 123, 1922, XLVI-786 p. R. Fleischer, *Artemis von Ephesos*, E. J. Brill, Leyde, 1973, XVIII-450 p.
3. Strabon, XIV.

Qu'un présage décèle la raison pour laquelle les gens meurent en pays hittite, [...] soit par un rêve, soit par un oracle, ou bien qu'un prophète la révèle ou bien que les prêtres la révèlent par incubation.

Prière du roi Moursil II (1330 av. J.-C.), trad. M. Vieyra, *apud* A. Caquot et M. Leibovici dir., *La Divination*, PUF, 1968, t. 1, p. 281 (voir *Hymnes et Prières hittites*, R. Lebrun éd., Publications du Centre d'histoire des religions de Louvain-la-Neuve, coll. « Homo religiosus », Louvain, 1980, 500 p. ; ou *Annales de Moursil II*, trad., *Revue d'assyriologie*, 1929). © PUF, Paris.

On relève là une énumération rigoureuse de moyens divinatoires. Le Hittite emploie les divers procédés de mantique et de voyance de l'Asie Antérieure, à quoi il faut ajouter l'observation du comportement d'un serpent dans une cuve.

Comme moyens de divination, les Hittites utilisent donc l'astrologie, l'hémérologie (qui détermine les jours fastes ou néfastes), le tirage au sort, l'extispicine, les auspices [1]. Les savants pensent que la fameuse extispicine (l'examen des entrailles) des Étrusques et des Romains naît en Mésopotamie, passe à Alep, de là en Anatolie, pour s'épanouir en Italie. La bibliothèque d'un devin hourrite à Emar, au XIIIe s. av. J.-C., contient, sur une grande tablette cunéiforme, un présage par le foie ; les divinités invoquées sont Teshoub et Ishtar des champs et Ishara, déesse syrienne ; les anomalies sur le foie indiquent des présages sur des maladies et sur des expéditions militaires [2].

L'astrologie

Un texte hittite d'époque séleucide, vers 200 av. J.-C., donne une astrologie individuelle.

Quand un enfant naît pendant que la Lune se lève : sa vie sera brillante, heureuse, droite et longue.

Quand un enfant naît pendant que Vénus se lève : sa vie sera tranquille, riche ; il sera aimé où il ira, ses jours seront longs.

Quand un enfant naît alors que Mars se lève : il sera malade, exposé aux malheurs et mourra rapidement.

Texte traduit en allemand par B. Meissner, *Klio*, t. 19, Leipzig, 1925, p. 432-434.

Les textes hittites de ce genre sont des traductions de modèles babyloniens dont l'*editio princeps* remonte sans doute avant les dynasties kassites (1530-1160 av. J.-C.) [3].

Antiochos Ier, roi de Commagène de 69 à 35 av. J.-C., fait graver sur son tombeau à Nemroud-Dâgh une figure montrant la conjonction Jupiter-Mars-Mercure en Lion du 17 juillet 98 av. J.-C. [4], jour de sa nais-

---

1. E. Laroche, « Éléments d'haruspicine hittite », *Revue hittite et asianique*, t. XII, p. 19-48.
2. *Syrie. Mémoire et Civilisation*, Institut du monde arabe et Flammarion, 1993, p. 223.
3. R. Lebrun (lettre personnelle, 9 oct. 1995).
4. A. Bouché-Leclercq, *L'Astrologie grecque*, 1899, p. 373, 439. H. Dörrie, *Der Konigskult des Antiochus von Kommagene*, 1964, p. 201 *sqq*.

sance. Il s'agit donc d'un thème astral de naissance gravé sur un lieu de mort. Là encore, vie et mort, étoiles et terre se rejoignent.

On voit un lion couvert et entouré d'étoiles, portant la Lune en sautoir et suivi de trois grosses lumières, Jupiter, Mars, Mercure. À toutes les époques, la conjonction de planètes importantes a suscité de l'intérêt, surtout en Lion, car le Lion symbolise le souverain.

LE CIEL DE NAISSANCE D'ANTIOCHOS IER DE COMMAGÈNE (98 AV. J.-C.)

La magie

Le magicien est la plupart du temps une « vieille femme », une magicienne employée dans un temple. Magicien se dit *suhur.lal*, « hiérodule, esclave du temple ». Des prêtres ou des prêtresses élaborent les rituels à partir de bases hattiennes et hourrites.

On connaît le but de la magie hittite : se maintenir en état de pureté rituelle[1]. Le mal vient de l'impureté, l'homme est responsable du mal, on doit obtenir le pardon des dieux. Il faut renvoyer le mal au mal. On inverse le courant : idée typiquement ésotérique. La solution réside dans le retour. On revient à ce qui était avant. Le saint patron du magicien est le dieu du Soleil. La fonction du Soleil consiste, en effet, à établir et à rétablir la Justice. Après la nuit, il rétablit le jour. Sur les plantes et les animaux il établit la force de croissance. Le Soleil est une déesse, le magicien est une femme. Une sympathie s'établit entre les deux : idée tout

---

1. M. Vieyra, « Rituels de purification hittites », *Revue de l'histoire des religions*, PUF, 1939, t. CXIX, p. 121-153.

aussi ésotérique, même si elle entre en désaccord avec la croyance quasi universelle que le Soleil est masculin.

On connaît les moyens magiques anatoliens, grâce au mythe exotérique de Telepinou. La déesse Kamroushepa se concilie le dieu Telepinou, dieu hattien de la végétation, qui dort pendant l'hiver. Elle opère un rituel de purification à base de mimétisme (« de même que l'on brûle cette paille, que la rage soit consumée »), d'itération (« le mal, le péché, la rage, la colère, l'ire, le courroux »), de gestes (« j'ai fait les mouvements de balancement »). L'idée centrale de l'ésotérisme anatolien — la génération par la nature naturante — circule entre ces procédés, en exaltant le pain contre le malt, le bon produit de la graine contre la céréale séchée, artificielle, séparée. Le monde est un prodige prodigue.

Venez, vous, dieux ! Voyez, Hapantali [divinité hattienne] paît les moutons du dieu Soleil. Choisissez-en douze. J'accomplirai les rites pour Telepinou. J'ai pris l'aile et les mille yeux (?) et j'ai jeté les moutons choisis de Kamroushepa [déesse grande magicienne].

Au-dessus de Telepinou, j'ai fait les mouvements de balancement en tous sens. Du corps de Telepinou j'ai enlevé le mal, le péché, la rage, la colère, l'ire, le courroux.

Lorsque Telepinou était en colère, son âme et son cœur étaient oppressés comme la paille qui ne brûle pas : de même que l'on brûle à présent cette paille, que la rage, la colère, le péché, le courroux de Telepinou soient consumés !

De même que le malt est stérile et qu'on ne l'apporte pas aux champs pour en faire la semence, qu'on n'en fait point de pain mais qu'on le garde dans le dépôt, que la rage, la colère, le péché, le courroux de Telepinou soient aussi stériles.

Mythe (hattien) de Telepinou, trad. *RPOA*, p. 534-535. © Librairie Arthème Fayard, Paris.

Ainsi agissait la déesse. Ainsi agira la magicienne. Pour opérer efficacement, l'être humain peut répéter les paroles et les gestes qu'ont fait les êtres divins. Ce qui fut l'habileté des dieux pour faire le monde sera la magie des hommes pour refaire le monde. Ce qui est retour à l'origine divine est répétition de l'activité divine. Il faut trouver dans la mythologie une situation analogue et exécuter les gestes des divinités, comme en Égypte.

• LE RITE SYMPATHIQUE met en contact des objets ressemblants ou complémentaires. « Le rituel contre l'impuissance masculine [exige que] deux objets typiquement féminins (un miroir et un instrument de toilette) soient placés dans une main de l'homme infirme. On le fait sortir par une porte où une femme lui tend un arc en récitant une formule magique. Après quoi, la féminité quitte le malade et la virilité lui est rendue. La féminité est donc associée à des objets caractéristiques de celle-ci ; il en est de même de la virilité [1]. »

• LE RITE INVOCATOIRE utilise le verbe, la parole efficace, les mots

---

1. R. Lebrun, « Magie hittite », apud *Dictionnaire des religions*, PUF, 1984, p. 991.

sacrés. Par une prière, on appelle l'aide d'un génie ou d'un dieu, déesse du Soleil, dieu de l'orage ou autre. Le verbe s'avère le moyen le plus sûr. Les dieux agissent par la parole magique. Le dieu El d'Ougarit, pays voisin, crée par sa parole, et son fils Ba'al réussit en invoquant son créateur.

> Ta parole, ô El [la grande divinité sémitique], est sage,
> ta sagesse est à toujours,
> **la vie est le lot de la parole.**
> Le Très Puissant Ba'al est notre roi, notre juge,
> nul n'est au-dessus de lui.
> Nous tous nous lui porterons donc l'aiguière,
> nous tous nous lui porterons la coupe.
> Mais il gémit en criant au taureau El son père,
> à El, le roi qui l'a fait être,
> il crie à Athirat [épouse d'El] et à ses fils
> à la Déesse et à la troupe de ses gens.

Poème de Ba'al et 'Anat, col. V, 38 (texte ougaritique, 1359 av. J.-C.), trad. *RPOA*, p. 400-401. © Librairie Arthème Fayard, Paris.

• LE RITE EXÉCRATOIRE, toujours par le verbe, parfois par le geste, écarte, détruit, au lieu de rapprocher, de créer. L'Anatolien utilise une formule qui porte malheur, non pas à un être bienfaisant (ce serait de la sorcellerie), mais à un être malfaisant. La formule est du genre : « Que les mille dieux le maudissent, que le ciel et la terre le maudissent. »

• LE RITE RÉVERSIF inverse un processus pour rétablir la justice, l'ordre, la vérité qui ont été perdus. On supprime le malheur en le répétant à rebours, comme un gant que l'on retourne à l'endroit, comme un miroir que l'on renvoie à celui qui l'a donné pour nuire. Si la corde maléfique est tournée de gauche à droite, l'Anatolien la détord de droite à gauche pour la rendre bénéfique.

• LE RITE SUBSTITUTIF remplace. Comme en Égypte ou en Mésopotamie, la magicienne a recours à un transfert. Elle fait passer le mal sur un autre, animal (mouton, agneau) ou effigie (statue). Alors, elle le chasse, elle le tue, elle le sacrifie, elle le brûle. Elle ne peut l'anéantir, alors elle le détourne, comme on détourne un fleuve dévastateur qu'on ne peut faire évaporer, comme on jette dans une urne un serpent que l'on craint de saisir. Frappé d'aphasie pour avoir violé un serment, le roi hittite se libère de sa maladie en posant sa main sur la tête d'un taureau qui sera brûlé.

> Comme substitut pour le roi, on amène un mouton noir, et elle [la magicienne] dit :
> – Qu'il soit un substitut [*tarpalli*] pour vos têtes et toutes les parties de vos corps.
> Les offrants lui crachent dans la bouche.

Rituel de Mastikka, trad. M. Vieyra, apud *Le Monde du sorcier*, Éditions du Seuil, coll. « Sources orientales », n° 7, 1966, p. 118. © Éditions du Seuil, Paris.

Comme dans toute tradition ésotérique, le sorcier mérite condamnation, moralement, légalement, religieusement.

Si quelqu'un fait [texte corrompu] avec de la glaise : sorcellerie => jugement du roi.

Code hittite, tablette I, § 11.

LES LÉGENDES ANATOLIENNES

Les Lyciens, les Lydiens, les Phrygiens ont une origine indo-européenne. Ils ont laissé diverses légendes qui ont voyagé jusqu'à nous à travers la Grèce : Gordias, son fils Midas, Omphale, Tantale, Pactole, Pélops, Gygès, et même Héraclès. Ces légendes diffusent souvent une musique initiatique, où valsent la Phrygienne Cybèle, le Traco-Phrygien Sabazios.

La légende attachée au roi de Phrygie Gordias reste vivace à travers la fameuse expression « nœud gordien ». Le Gordias historique vivait vers 750 av. J.-C. Selon la légende, Gordias n'était qu'un paysan, un laboureur. Un aigle royal fondit sur son char à bœufs. Ce prodige, pris pour un oracle, fit penser qu'il était désigné pour devenir roi. On le couronna. En remerciement, Gordias fonda la ville de Gordion. Il consacra sa charrue au grand dieu. Il attacha le joug à la charrue au moyen d'un nœud que nul ne savait défaire. Mais savoir est une chose, pouvoir en est une autre. Deux siècles passent. Alexandre le Grand ne sait pas dénouer, mais il le peut. Il renonce à la connaissance pour la puissance. Il tranche le nœud (Arrien, *Anabase d'Alexandre*, II, 3) ! Avec son épée, il élimine le problème plutôt que de le résoudre. Le nœud symbolise toujours une écriture difficile à lire, un lien difficile à comprendre. Le nœud a été régulièrement utilisé dans les divers ésotérismes pour signifier un secret, un centre de forces. Il semble que le nœud contenait, en cryptogramme, le nom de Dionysos. L'acte d'Alexandre le Grand concentre l'attitude de l'Occident face à l'Orient, du guerrier face au sage, un geste violent, qui écarte au lieu de pénétrer. Le nœud matérialise un geste subtil, tandis que le coup d'épée montre un acte où l'intelligence s'amuse et violente faute de donner une solution. Les archéologues ont retrouvé Gordion, la ville fondée par Gordias, la ville où Alexandre le Grand trancha le nœud [1].

Midas, fils adoptif de Gordias, roi à son tour, aurait été initié aux Mystères par Orphée et Eumolpe. La tradition le rattache encore aux Mystères en le donnant comme fils de Gordias et de Cybèle, et aux Mystères de Dionysos à travers Silène, le maître de Dionysos en Phrygie. Du temps de Midas, la Phrygie atteignit son apogée, grâce aux mines d'or. Une légende en naquit. Midas transformait en or tout ce qu'il touchait.

---

1. G. Rachet, *Dictionnaire de l'archéologie*, Robert Laffont, coll. « Bouquins », 1983, p. 383-384.

Ayant rendu Silène [éducateur de Dionysos, monté sur un âne, toujours ivre, chantant et riant], captif par erreur, à Dionysos, le dieu lui promet d'exaucer un vœu. Midas demande d'avoir la faculté de changer en or tout ce qu'il touche. Il s'aperçoit bientôt que tout aliment et toute boisson qu'il porte à la bouche se transforment en or. Mourant de soif et de faim, il implore Dionysos de lui reprendre cette faveur. Le dieu lui conseille de se laver dans la source du Pactole [rivière qui baignait Sardes] ; depuis lors, ce fleuve roule des paillettes d'or.

Avec la même irréflexion, Midas, mêlé comme juge au concours qui opposait Apollon [inventeur mythique de la lyre] et Marsyas [inventeur mythique de la flûte à deux tuyaux], déclare ce dernier meilleur musicien. Apollon, indigné, lui fait pousser des oreilles d'âne. Honteux, Midas cache ses oreilles sous une tiare ; son barbier, incapable de garder le silence, confie le secret, qu'il était seul à posséder, à un trou creusé dans le sol. Bientôt les roseaux se mettent en bruissant à répéter la phrase compromettante :
– Midas, le roi Midas a des oreilles d'âne !

Petit Robert 2, 1987, p. 1208.

Derrière le conte et derrière la morale se cache un message initiatique. Un pouvoir magique non maîtrisé engendre plus de malheurs que de bienfaits. Il faut gagner les pouvoirs magiques en se gagnant soi-même. L'ésotérisme tourne autour de ce thème. Il ne s'agit point de cacher jalousement savoirs et pouvoirs, mais de donner le vin à qui ne deviendra pas ivrogne, le couteau à qui ne se fera pas assassin. Pour cela l'initiation est nécessaire : l'ivrogne qui plante une vigne a quelques chances d'apprécier l'effort et, à la longue, de négliger l'ivresse au profit de la culture ; l'assassin qui veut le couteau et ne l'obtient qu'après trop d'épreuves renoncera au crime et se transformera en héros. On retrouvera la figure du roi Midas jusqu'au Tibet : le fondateur de la religion Bön, Shenrab (>Gçenrab), a des oreilles d'âne !

La tradition attribue à Gygès, personnage légendaire ou bien roi de Lydie en 687 av. J.-C., un anneau qui rend invisible. Ce thème moral se révèle un thème magique. La banalité du fantasme cache un enseignement.

Un pouvoir [...], selon la légende, échut autrefois à Gygès le Lydien. C'était, sachez-le, un pâtre aux gages du prince qui régnait alors sur la Lydie ; à la suite d'une pluie abondante et d'un tremblement de terre, la terre se déchira sur un pont et un gouffre se produisit à l'emplacement de son pacage. Ce que voyant, plein de surprise, il y descendit, et, entre autres merveilles ordinaires aux contes, il y aperçut un cheval de bronze, creux, avec des fenêtres qui lui permirent, en se penchant à l'intérieur, de voir qu'il s'y trouvait un cadavre (c'en était un évidemment) d'une taille surpassant celle d'un homme et sans rien d'autre sur lui que, à la main, une bague d'or ; la lui ayant retirée, il remonta à la surface. Or, à l'époque de la réunion accoutumée des pâtres, pour faire, chaque mois, au roi un rapport sur ce qui regarde les troupeaux, il s'y rendit portant la bague en question. [...] Quand il tourne en dedans le chaton, il [Gygès] devient invisible, visible quand c'est en dehors. Après avoir reconnu que l'effet était infaillible, il s'introduit dans la délégation qui se rend auprès du roi, dont, une fois arrivé, il séduit l'épouse ; puis, avec la complicité de celle-ci, c'est au roi qu'il s'attaque, il le tue et s'empare du pouvoir.

Platon, *La République*, II, 359 c-360 b, trad. L. Robin, *op. cit.*, t. 1, p. 901. © Gallimard, Paris.

Le message moral est clair. Les pouvoirs magiques ne sont bénéfiques qu'après initiation, il ne faut les enseigner qu'aux esprits sains. Pour le non-initié, ils peuvent conduire à l'immoralité et à l'injustice.

Tantale était un roi de Phrygie (Strabon, XII, 8, 21) ou de Lydie. Il symbolise les avantages et les inconvénients de la discipline de l'arcane. Fils de Zeus, il prend part aux banquets de l'Olympe. Mais Tantale révèle aux hommes les secrets des dieux ou bien il s'empare de l'ambroisie. L'ambroisie symbolise la connaissance secrète, comme le *soma* des Indiens. Son châtiment correspond à l'envers de son crime. Il désirera sans posséder parce qu'il a possédé sans désirer. Il a divulgué les mystères de l'Olympe aux mortels qui ne les ont pas mérités en se divinisant, il a volé l'ambroisie au lieu de l'acquérir ; il devra donc, par analogie inverse, mériter sans avoir, désirer sans posséder, voir sans toucher. Selon les versions, les dieux condamnent Tantale à vivre plongé jusqu'au cou dans une eau dont le niveau s'abaisse aussitôt qu'il veut boire ou bien il doit endurer de se trouver devant une branche chargée de fruits qui s'éloigne chaque fois qu'il veut en saisir un [1].

Au sein du mythe grec d'Héraclès, le héros rencontre Omphale, la reine de Lydie. Selon une version hellénistique, Héraclès est contraint de porter des vêtements de femme et de filer la laine. On devine aisément le thème initiatique. L'initié possède les deux valences, masculinité et féminité, il est complet, l'homme vraiment viril maîtrise les forces contraires, violence et douceur, art de la massue et art du rouet. Héraclès, type du mâle, n'est véritablement homme qu'à condition d'acquérir la force supplémentaire, la valeur femelle. Vainqueur, il connaît la condition d'esclave auprès de la reine Omphale ; solitaire, il l'épouse. L'idée d'androgynie hante l'ésotérisme en général, l'ésotérisme anatolien en particulier. Les Cariens, à Labranda, vouaient un culte à un Zeus à la fois barbu, donc très viril, et porteur de six mamelles en triangle, donc très féminin [2].

Une comparaison avec les récits sumériens s'impose. Les récits sumériens mettent en garde contre la recherche de l'immortalité : Gilgamesh perd la plante de l'éternelle vie, Inanna perd la vie en allant visiter les enfers ; en même temps, une compensation est proposée, la complémentarité : Gilgamesh se trouve un ami, Inanna se trouve un substitut. Les récits anatoliens, eux, mettent en garde contre le viol initiatique. Quand

---

1. Homère, *Odyssée*, XI, 582-592. Diodore de Sicile, *Bibliothèque historique*, IV, 74. Platon, *Cratyle*, 28.
2. A. Laumonier, *Les Cultes indigènes en Carie*, De Boccard, 1958, p. 45-101. Marie Delcourt, *Hermaphrodite. Mythes et Rites de la bisexualité dans l'Antiquité classique* (1958), PUF, 1992, p. 30.

on divulgue un mystère, quand on veut accéder à des pouvoirs que l'on n'a pas mérités, le malheur arrive. Gygès est invisible : avant d'être moral, le voici assassin. Midas est riche avant d'être lucide, il se transforme en âne. Tantale est généreux avant d'être clairvoyant, il va subir de terribles châtiments. Gygès est un avertissement pour les magiciens qui veulent se rendre invisibles, Midas un avertissement pour les alchimistes (bien postérieurs) qui veulent l'or ; Omphale est un avertissement pour les femmes qui confondent aimer et asservir. L'anti-modèle ne va pas sans modèle. Héraclès est le modèle de l'initié. Il est complet. Étant complet, il ressemble à la nature. L'ésotérisme anatolien ferme ainsi sa boucle.

Supporter les plus grands travaux et les plus grandes peines pour sauver et secourir, si on le peut, toutes les nations à l'image d'Hercule que la tradition des hommes, en souvenir de ses bienfaits, a placé dans l'assemblée des dieux du ciel, c'est se conformer à la nature bien plus que vivre dans la solitude, fût-on non seulement sans souci, mais même dans les plus grands plaisirs, maître d'abondantes ressources et excellant en beauté et en force : quand on a l'esprit supérieur et haut placé, on préfère de loin le premier genre de vie au second. De là il résulte que l'homme, s'il obéit à la nature, ne peut être nuisible à l'homme.

Cicéron, *Des devoirs* (43 av. J.-C.), III, 25, trad. É. Bréhier.

Depuis la Lydie, puis la Grèce, sont arrivées en Occident des légendes d'Anatolie. Heureux l'enfant qui s'endort en écoutant la légende de Gygès ou le mythe de Tantale, et boit, sans rien soupçonner, la sagesse anatolienne !

BIBLIOGRAPHIE GÉNÉRALE SUR L'ÉSOTÉRISME DES ANCIENS ANATOLIENS

S'il n' y a qu'un livre à lire : *Les Textes hittites* apud *Les Religions du Proche-Orient asiatique. Textes babyloniens, ougaritiques, hittites* (=*RPOA*), Fayard-Denoël, coll. « Le Trésor spirituel de l'humanité », 1970, trad. M. Vieyra, p. 459-524.

Approche ésotérique de l'histoire : HÉRODOTE, PLUTARQUE, ALFRED LAUMONIER (grand helléniste et membre de la Fraternité blanche universelle d'O. M. Aivanhov).

Les grands textes ésotériques
– *Rituel de Pâpanikri de Comana* (non daté à ce jour), trad. allemande F. SOMMER et H. EHELOLF, *Das hethitische Ritual des Pâpanikri von Komana*, J. C. Hinrichs, Leipzig, 1924, VI-100 p.
– Archives royales de Hattousa (>Hattusa, auj. Boghazköy, >Boghazkale, en Turquie ; 1380 av. J.-C. ; découvertes en 1906). Textes magiques, oraculaires, mythiques des Hattis, des Hourrites, au milieu de 30 000 tablettes cunéiformes de langue indo-européenne, langue déchiffrée en 1915 par le Tchèque B. HROZNY.

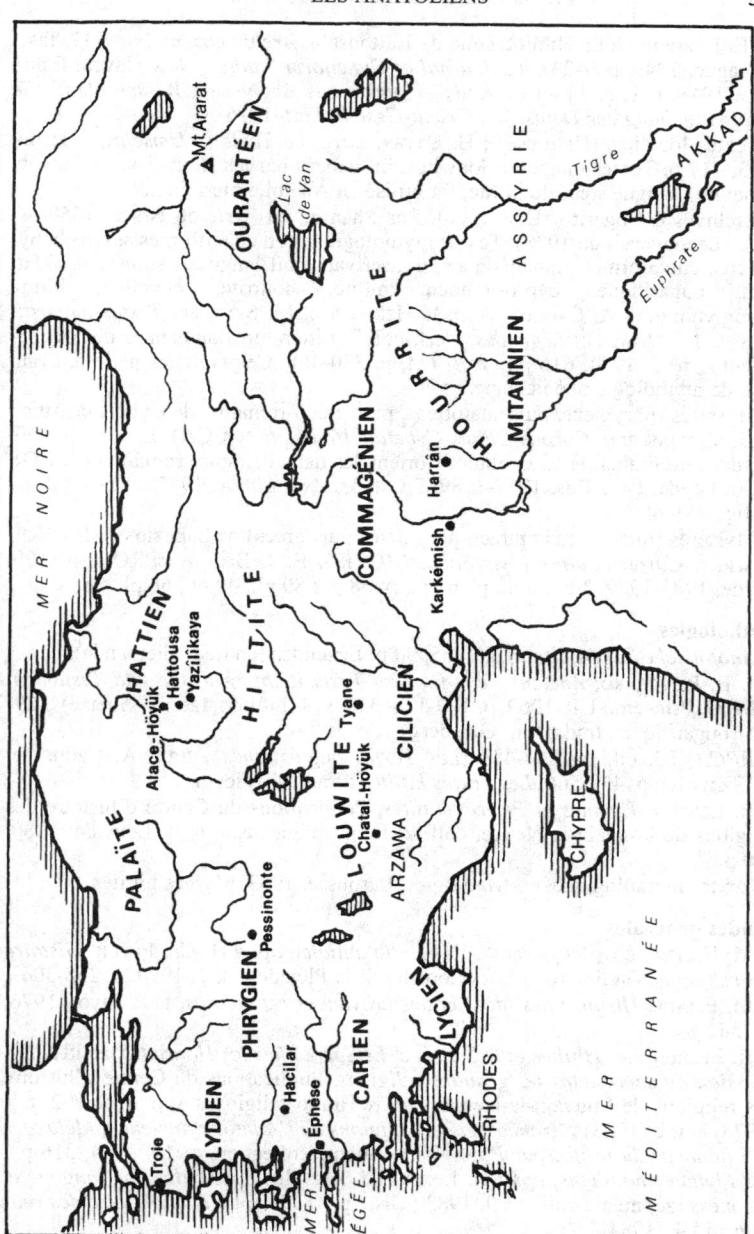

CARTE ÉSO-ARCHÉOLOGIQUE DE L'ANCIENNE ANATOLIE

Cf. E. Laroche, « La Bibliothèque de Hattousa », *Archiv Orientalni*, t. 17, fasc. 2, Prague, 1949, p. 7-23 ; id., *Journal of Cuneiform Studies*, New Haven, États-Unis, 1948, t. 1, p. 113-136. *Keilschrifttexte aus Boghazkoï, Wissenschaftliche Veröffentlichung der Deutschen Orient-Gesellschaft*, 1916 ss.
– Textes louwites (Hattousa) : H. Otten, *Luvische Texte in Umschrift*, Berlin, 1953, 117 p. Textes magiques louwites, influencés par les Hourrites. Le louwite (>louvite), langue sœur du hittite, fut utilisé en Anatolie méridionale.
– Archives d'Ougarit (>Ugarit, auj. Ras Shamra, en Syrie du Nord ; 1350 av. J.-C. ; découvertes en 1928). Textes mythologiques en cunéiformes assyro-babyloniens, cunéiformes alphabétiques, transcrivant huit langues : sumérien, akkadien, ougaritique, cypro-minoen, hittite, hourrite, égyptien, hittite hiéroglyphique ! A. Caquot, Andrée Herdner et M. Sznycer, *Textes ougaritiques*, t. 1 : *Mythes et Légendes*, Cerf, coll. « Littératures anciennes du Proche-Orient », n° 7, 1974, 616 p., ou *RPOA*, p. 380-458. Ces tablettes parlent, avant tout, de mythologie phénicienne.
– Mystères (phrygiens, puis anatoliens, puis gréco-romains) de Cybèle et Attis : M. J. Vermaseren, *Corpus Cultus Cybelae Attidisque* (CCCA), E. J. Brill, coll. « Études préliminaires aux religions orientales dans l'Empire romain » (ÉPRO), n° 50, Leyde, Pays-Bas, 1977-1989, 7 t., t. 1 : *Asia Minor*, 1987, xxxvii-349 p., 47 fig., 199 pl.
– Mystères (thraces, puis thraco-phrygiens, puis grecs) de Sabazios : M. J Vermaseren, *Corpus Cultus Iovis Sabazii* (CCIS), E. J. Brill, « ÉPRO », n° 100, Leyde, 1983-1989, 3 t., xii-48 p., 61 p., ix-68 p. ; 80 pl., 40 pl., 68 pl.

Anthologies
– *Anatolische Sagen*, Istanbul, 1965, 90 p. Légendes (en trad. allemande).
– J. B. Pritchard, *Ancient Near Eastern Texts Relating to the Old Testament (ANET)*, Princeton UP, 1969, p. 120-128, 318-319 (hittite : trad. A. Goetze), 129-155 (ougaritique : trad. H. L. Ginsberg).
– *RPOA*, éd. cit., p. 351-458 (*Les Textes ougaritiques* : trad. A. Caquot et M. Sznycer), p. 459-566. *Les Textes hittites* : trad. M. Vieyra.
– R. Lebrun, *Hymnes et Prières hittites*, Publications du Centre d'histoire des religions de Louvain-la-Neuve, coll. « Homo religiosus », n° 4, Louvain, 1980, 500 p.
– Textes mythologiques : *Mythologies*, Larousse, 1963. Mythes hittites.

Études générales
– M. Vieyra, *Les Religions de l'Anatolie antique*, apud H.-Ch. Puech, *Histoire des religions*, Gallimard, « Encyclopédie de la Pléiade », t. 1, 1970, p. 258-306.
– M. Eliade, *Histoire des idées et des croyances religieuses*, t. 1, Payot, 1976, p. 153 *sqq*.
– R. Lebrun, *Les Hittites et le Sacré*, et *Le Sacré chez les Hourrites*, apud *L'Expression du sacré dans les grandes religions*, Publications du Centre d'histoire des religions de Louvain-la-Neuve, coll. « Homo religiosus », n° 1 et n° 2, t. 1 (1978) et t. 2 (1983) ; *Archéologie et Religions de l'Anatolie ancienne. Mélanges en l'honneur du professeur Paul Naster*, même collection, n° 10, 1984, 316 p. ; *Les Mythes anatoliens*, apud H. Limet et J. Ries dir., *Le Mythe, son langage et son message*, même coll., n° 9, 1983 ; (liste p. 1813) apud *Dictionnaire des religions*, PUF, 1984.

– E. LAROCHE *apud* Y. BONNEFOY dir., *Dictionnaire des mythologies*, Flammarion, 1981, t. 1, p. 36, 95-97, 527-530 ; t. 2, p. 235-239, 265-266, 486-487.
– V. HAAS, *Geschichte der hethitischen Religion*, E. J. Brill, Leyde, 1994, XXI-1 031 p.

Par peuplades ou cités
– Chatal Höyük : J. MELLAART, *Çatal Höyük. Une des premières villes du monde* (*Catal Hüyük. A Neolithic Town in Anatolia*, 1967), trad. de l'anglais, Jardin des arts-Tallandier, 1971.
– Les Hittites et leur magie : M. VIEYRA, *Le Sorcier hittite*, apud *Le Monde du sorcier*, Éditions du Seuil, coll. « Sources orientales », n° 7, 1966, p. 99-125.
– Les Hourrites et leurs théologies (sur Teshoub et Hépat) : R. LEBRUN, apud *Dictionnaire des religions*, PUF, 1984, art. « Hourrites », « Teshub ».
– Les Louwites et les Mystères du dieu de l'orage : R. LEBRUN, apud *Dictionnaire des religions*, PUF, 1983, art. « Louvites », « orage ».
– Les Lydiens et leurs légendes (Gygès, Héraclès, Midas, Omphale, Pactole, Pélops, Tantale) : R. GRAVES, *Les Mythes grecs* (1958), trad. de l'anglais, Fayard, coll. « Pluriel », 1992, 2 t.
– Les Phrygiens et les « Mystères » de Koubaba (>Cybèle) et Attis : W. M. RAMSAY, art. « Phrygians », *apud* J. HASTINGS dir., *Encyclopaedia of Religion and Ethics*, Édimbourg, 1908-1926, t. 9, p. 900-911 ; E. LAROCHE et al., *Éléments orientaux dans la religion grecque ancienne*, PUF, 1960.
– Yazîlîkaya : E. LAROCHE, *Revue hittite et asianique*, t. 27, 1969, p. 61-109 ; ID., *apud* Y. BONNEFOY dir., *Dictionnaire des mythologies*, Flammarion, 1981, t. 2, p. 265-266.

Revues
– *Revue d'assyriologie.*
– *Revue hittite et asianique.*

BIBLIOGRAPHIE SPÉCIALISÉE

Déesse-mère, dieu de l'orage, culte taurin, culte des crânes
MARIJA GIMBUTAS, *Gods and Goddesses of Old Europe 7000 to 3500 BC*, Thames and Hudson, Londres, 1974 ; THÉRÈSE URBIN-CHOFFRAY, apud *Dictionnaire des religions*, PUF, 1984, art. « Catal Hüyük », « Crânes », « Cukurkent », « Déesse-mère », « Erbaba », « Hacilar », « Orage », « Taureau » ; ID., *Six Figurines de déesses-mères de Çatal-Huyuk*, *apud* R. DONCEEL et R. LEBRUN dir., *Mélanges d'archéologie et d'histoire des religions de l'Anatolie ancienne*, Publications du Centre d'histoire des religions de Louvain-la-Neuve, 1984, 316 p.

« Mystères »
– Géographiquement : L. ZOTOVIC, *Les Cultes orientaux sur le territoire de la Mésie Supérieure*, E. J. Brill, Leyde, 1966, 105 p. ; I. BERCIU et C. PETOLESCU, *Les Cultes orientaux dans la Dacie méridionale*, E. J. Brill, 1976, XVI-71 p.
– « Mystères » anatoliens (déesse-mère de Chatal Höyük ; Koubaba ; dieu de l'orage) : E. LAROCHE, *Koubaba, déesse anatolienne, et le Problème des origines de Cybèle*, apud *Éléments orientaux dans la religion grecque ancienne* (1958, Colloque de Strasbourg), PUF, 1960, p. 113-128 ; THÉRÈSE URBIN-CHOFFRAY, *Six Figurines de déesses-mères de Çatal-Hüyük*, éd. cit.

– Mystères « gréco-asianiques » (Artémis éphésienne, Attis et Cybèle, Mâ/Bellone, Mên, Sabazios) : H. GRAILLOT, *Le Culte de Cybèle, Mère des dieux, à Rome et dans l'Empire romain*, De Boccard, coll. « Bibliothèque des Écoles françaises d'Athènes et de Rome », n° 107, Fontemoy, 1912, 681 p. ; CH. PICARD, *Éphèse et Claros. Recherches sur les sanctuaires et les cultes de l'Ionie du Nord*, même coll., n° 123, 1922, XLVI-786 p. (sur Artémis d'Éphèse) ; A. LAUMONIER, *Les Cultes indigènes en Carie*, même coll., n° 188, 1958, 790 p. ; CH. PICARD, « Sabazios, dieu thraco-phrygien. Expansion et aspects nouveaux de son culte », *Revue archéologique*, 1961, t. 2, p. 129-176 ; R. TURCAN, *Les Cultes orientaux dans le monde romain*, Les Belles Lettres, coll. « Histoire », 1989, chap. I.

Sciences occultes
– Mythologie : E. LAROCHE, *apud* Y. BONNEFOY dir., *Dictionnaire des mythologies*, éd. cit. (art. « Asianiques », « Lycie », « Panthéons en Asie mineure ») ; R. LEBRUN, *Les Mythes anatoliens*, *apud* H. LIMET et J. RIES dir., *Le Mythe, son langage et son message*, éd. cit.
– Symbolique : R. DONCEEL et R. LEBRUN dir., *Mélanges d'archéologie et d'histoire des religions de l'Anatolie ancienne*, même coll., n° 10, 1984, 316 p. ; R. LEBRUN, *Le Symbolisme dans le culte hittite*, *apud* J. RIES dir., *Le Symbolisme dans le culte des grandes religions*, même coll., n° 11, 1985.

Arts occultes
– Astrologie (hittite, traduisant des modèles babyloniens) : E. F. WEIDNER et H. FIGULLE, *Keilschrifttexte aus Boghazköy*, 1916 ; M. LEIBOVICI et E. LAROCHE, *Syria*, t. 33, 1956, p. 142 sqq. ; *Les Dossiers d'archéologie*, n° 191, mars 1994.
– Divination : A. BOISSIER, *Mantique babylonienne et Mantique hittite*, P. Geuthner, 1935, 81 p. ; E. LAROCHE, « Éléments d'haruspicine hittite », *Revue hittite et asianique*, t. 12, 1952, p. 19-48 ; ID., « Lécanomancie hittite », *Revue d'assyriologie*, t. 52, 1958, p. 150-162 (la lécanomancie est la divination par les bassins ou par les coupes, grâce à l'eau, l'huile, la brillance...) ; J. ASURMENDI et *al.*, *Prophéties et Oracles*, t. 1 : *Dans le Proche-Orient ancien*, Cerf, 1994, 132 p.
– Magie hittite : M. VIEYRA, « Rites de purification hittites », *Revue de l'histoire des religions*, 1939, p. 121-153 ; ID., *Le Sorcier hittite*, *apud Le Monde du sorcier*, éd. cit. ; R. LEBRUN, « Magie hittite », *apud Dictionnaire des religions*, éd. cit., p. 991-992.

Grand(e)s Initié(e)s : presque tous grécisés
– Apollonios de Tyane (thaumaturge grec, philosophe pythagoricien, mort en 98) : Philostrate le Sophiste, *Vie d'Apollonios de Tyane* (217), trad. du grec P. Grimal, *Romans grecs et latins*, Gallimard, « Bibliothèque de la Pléiade », 1958, p. 1031-1338.
– Aristéas de Proconnèse et Hermotime de Clazomènes (chamanes apolliniens, grecs, vers 600 av. J.-C.) : Hérodote, *Histoires*, IV, 14 ; J. D. P. BOLTON, *Aristeas of Proconnesus*, Oxford, 1962.
– Gygès (roi de Lydie, 687 av. J.-C.) : P. GRIMAL, *Dictionnaire de la mythologie grecque et romaine* (1951), PUF, 1979, XXXI-576 p. ; R. GRAVES, *Les Mythes grecs* (1958), éd. cit.
– Midas (roi de Phrygie, VIIIe s. av. J.-C.) : *ibid.*

Les beaux-arts
– Monuments symboliques : M. VIEYRA, *Hittite Art. 2300-750 B.C.*, Tiranti, Londres, 1955, VI-91 p. ; J. MELLAART, *Villes primitives d'Asie Mineure* (1965), trad. de l'anglais, Sequoia-Elsevier, Paris et Bruxelles, 1969, 142 p., 108 fig. ; K. BITTEL, *Les Hittites*, Gallimard, coll. « L'Univers des formes », 1976, 329 p. ; E. LAROCHE, « Pierre inscrite. Yazîlîkaya, un sanctuaire rupestre hittite », *apud* Y. BONNEFOY dir., *Dictionnaire des mythologies*, éd. cit., t. 2, p. 265-266 ; M. N. VAN LOON, *Anatolia in the Second Millenium B.C.* et *Anatolia in the Earlier First Millenium*, E. J. Brill, coll. « Iconography of Religions », Leyde, 1985 et 1990, 2 t., 67 fig., 95 pl.
– Musique : S. SADIE dir., *The New Grove Dictionary of Music and Musicians*, Macmillan, New York, 1980, t. 1, p. 388-393.

Syncrétismes
– L'*Etrusca disciplina* (850 av. J.-C. à Rome, d'origine lydienne) : C. O. THULIN, *Die etruskische Disciplin*, Göteborg, 1905-1909, 3 t. *(Die Blitzlehre* ; *Die Haruspicin* ; *Die Ritualbücher)* ; J. HEURGON, *La Vie quotidienne chez les Étrusques*, Hachette, 1961.
– Le Gnosticisme chrétien en Anatolie (Cérinthe d'Éphèse, Marcion de Sinope, Nicolas d'Antioche...) : H. JONAS, *La Religion gnostique* (1958), trad. de l'anglais, Flammarion, 1978, 506 p.
– Les Ophites ou Naassènes (Gnostiques pratiquant le culte d'Attis, dieu phrygien) : PSEUDO-HIPPOLYTE DE ROME, *Philosophumena. Réfutation de toutes les hérésies* (vers 230), V, 9, trad. du grec A. Siouville, Rieder, 1928, 2 t.
– Les Orphiques de Pergame (*Hymnes orphiques*, fin du IIe s. ; hymne 49 célébrant Hépat) : R. SOREL, *Orphée et l'Orphisme*, PUF, coll. « Que sais-je ? », 1995, n° 3018, p. 15-16.
– Le Paulicianisme (dualisme, fondé en Arménie en 650) : PIERRE DE SICILE, *Historia manicaerorum* (870), Göttingen, 1846, XIV-56 p. ; *Dictionnaire des religions*, éd. cit., p. 1289-1291.
– Sabazios (dieu mystérique thraco-phrygien au IIe s.)/Zeva'ot (contamination phonétique ?) : W. O. E. OESTERLEY, *The Cult of Sabazios*, *apud* S. H. HOOKE dir., *The Labyrinth*, SPCK, Londres, 1935, p. 115-158.

Et les femmes ?
Artemis, *apud* PAULY-WISSOWA, *Real-Encyclopädie der classischen Altertumswissenschaft*, t. 2, 1895, col. 1336-1440 ; H. GRAILLOT, *Le Culte de Cybèle*, De Boccard, 1912.

Les ésotérismes de l'Inde

12. LES ÉSOTÉRISMES DE L'INDE

> *Presque toutes les œuvres indiennes ont un côté ésotérique.*
> L. RENOU,
> *L'Inde classique*, t. 1, p. 275.

Qu'est-ce qu'un Âryen qui n'est pas blond, un vrai Âryen, en somme ?

ÂRYEN

Dans une acception large, « Âryen » désignait « l'Indo-Iranien »[1]. « Âryen » se disait chez les Indiens *ârya*, chez les Iraniens *aïrya*. La parenté phonétique entre le sanskrit des Indiens et l'avestique des Iraniens saute aux yeux. Les Âryens étaient des clans indo-iraniens venus sur le plateau de l'Iran nord-oriental et en Afghânistân vers 2700 av. J.-C. Ils ne formaient pas une race, mais, comme les Celtes ou les Grecs, un groupe de la famille linguistique indo-européenne.

> Je suis Darius le Grand Roi, Roi des Rois, Roi de pays aux nombreuses races, Roi de cette terre étendue au loin, fils d'Hystape [Vishtâspa], Achéménide, Perse, fils de Perse, âryen de lignée âryenne.

Inscription de Darius Ier, près de Persépolis, vers 522 av. J.-C. (R. G. Kent, *Old Persian. Grammar, Texts, Lexicon*, 1950, New Haven, États-Unis, rééd. 1953).

Une partie des ces Âryens se détacha. Elle arriva vers 1300 av. J.-C. en Inde, au Panjâb, par les passes du Nord-Ouest. Ces Âryens-là fondaient

---

1. Voir *supra*, p. 496 (« Le Mazdâyasnisme... »).

la tradition indienne[1]. On appelle « Indo-Âryens » cette branche orientale, les Iraniens formant la branche occidentale. Ces conquérants se jugeaient supérieurs aux populations indigènes qu'ils envahirent dans le bassin de l'Indus puis dans le bassin du Gange. Le mot « âryen » a signifié « noble, sublime ». Les conquérants opposaient leur civilisation aux cultures indigènes, leur peau claire à leur peau sombre. Les indigènes deviendront la quatrième caste *(varna)*, les *shûdra*, les serviteurs, les non-Âryens, ceux qui n'appartiennent pas aux trois premières castes (brâhmanes, guerriers, éleveurs-agriculteurs).

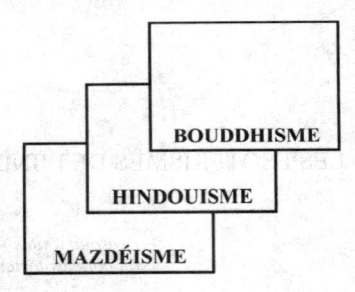

```
                    ┌─────────────────┐
                    │                 │
              ┌─────┤   BOUDDHISME    │
              │     │                 │
        ┌─────┤  HINDOUISME  ├────────┘
        │     │              │
        │  MAZDÉISME  ├──────┘
        │             │
        └─────────────┘
```

ÉSOTÉRISMES *ÂRYA*

La religion occupait, comme aujourd'hui encore, la première place. Les indigènes n'avaient pas accès à l'initiation, ils ne pouvaient devenir « deux fois nés » *(dvîja)* comme les Âryens, les trois premières castes. Dans ce contexte, le mot « âryen » a pris le sens de « mystique, spirituel ». Cet usage se retrouve de nos jours encore dans l'Hindouisme et dans le Bouddhisme. Le Bouddha appelle son enseignement fondamental « les Quatre Vérités mystiques » (ou « les Quatre Nobles Vérités »), en sanskrit *Âryasatya*).

La suprême sapience mystique (pâli *ariya*, skr. *ârya*) est la connaissance que toute douleur a pris fin, que la liberté est fondée sur une vérité inébranlable, car cette vérité sans erreur possible est le *nibbâna* (skr. *nirvâna*). Telle est la suprême vérité mystique *(ariya)*, le *nibbâna* qu'aucune erreur ne peut souiller.

Tripitaka, B : *Sûtra-pitaka*, II : *Madhyamâgama* (pâli : *Majjhima-nikâya*), trad. partielle Lilian Silburn, *Le Bouddhisme*, Fayard, 1977, p. 67.

Avec ces éléments historiques et religieux, le mot « Âryen » a éveillé toutes sortes d'imaginations : un délire chez les racistes, une rêverie chez les ésotéristes. Il s'est trouvé même dans ce moule à fantasmes des gens à la fois ésotéristes et racistes. Passons sur la conception raciste, soit pangermaniste soit nazie, de l'*Arian*, le grand blond de race supérieure.

---

[1]. Voir *infra*, p. 595 (« Le Védisme »).

Nietzsche s'est laissé aller à de telles fantaisies, à de semblables dangers (pas pour lui, pour les autres !).

Le terme distinctif de la noblesse, en définitive le bon, le noble, le pur, signifiait à l'origine : la tête blonde, en opposition à l'indigène foncé aux cheveux noirs. Les Celtes, soit dit en passant, étaient une race absolument blonde ; quant à ces zones de populations aux cheveux essentiellement foncés que l'on remarque sur les cartes ethnographiques de l'Allemagne faites avec quelque soin, on a tort de les attribuer à une origine celtique et à un mélange de sang celte, comme fait encore Virchow : c'est plutôt la population pré-aryenne de l'Allemagne qui perce dans ces régions.

Nietzsche, *La Généalogie de la morale* (1887), I, 5, trad. de l'allemand, in *Œuvres*, Robert Laffont, coll. « Bouquins », 1993, t. 2, p. 782.

Venons-en à la conception occultiste ou ésotériste.

Pour Helena Petrovna Blavatsky, les Âryens appartiennent à la Cinquième Race-Mère, celle qui succède à l'Atlantide. Elle caractérise ainsi cette « race » comme européenne, blanche. Elle la date du quaternaire.

Les Hindous, les Égyptiens et les Phéniciens vinrent après les Atlantéens, car ces derniers appartenaient à la Quatrième Race, tandis que les Aryens et leur Branche Sémitique font partie de la Cinquième. [...] Tandis que les Aryens sont les descendants de l'Adam jaune, la race gigantesque et hautement civilisée des Atlanto-Aryens, les Sémites — et avec eux les Juifs — sont les descendants de l'Adam rouge.

H. P. Blavatsky, *La Doctrine secrète*, t. 3 (1897) : *Anthropogenèse*, trad. de l'anglais, Adyar, 1955, p. 333, 530-531. © Éditions Adyar, Paris.

Du côté indien, l'imagination ne bouillonne pas moins. B. G. Tilak, qui sympathisait avec la théosophiste Annie Besant, soutient des thèses assez extraordinaires qui ont enchanté René Guénon. Dans un livre intitulé *Origine polaire de la tradition védique* (1903), il se fonde sur les considérations astronomiques des *Veda* pour reculer dates et lieux. Il traduit en termes historiques les paroles théologiques. L'idée védique que « les *Veda* sont éternels *(nitya)*, sans commencement *(anadi)* et ne sont pas l'œuvre de l'homme *(apaurusheya)* » signifie, à ses yeux, que « la religion védique ou âryenne remonte à l'époque interglaciaire » (p. 358), à 8000 av. J.-C. (p. 355).

Les ancêtres des *Rishis* védiques avaient vécu dans la zone arctique à une époque interglaciaire [...]. La plus ancienne période védique date de − 4500. [...] L'origine géographique des Âryens était à la fois arctique et interglaciaire [...] Les hymnes védiques furent chantés à l'époque post-glaciaire par des poètes qui avaient hérité leur connaissance ou leur contenu d'une tradition ininterrompue remontant à leurs ancêtres antédiluviens.

B. G. Tilak, *Origine polaire de la tradition védique* (1903), trad. de l'anglais, Archè, Milan, 1979, p. 18, 20, 358.

Résumons. En parlant d'ésotérisme *ârya*, on vise l'ésotérisme des Indo-Âryens. Cet ésotérisme dérive de la tradition indo-iranienne et se distingue des chamanismes ou des animismes des aborigènes de l'Inde [1], qui représentent quand même 25 % de la population indienne actuelle, Andamanais, Munda, Bara, etc. Âryen signifie « noble », non pas au sens d'une race supérieure (!), mais au sens d'une visée supérieure, d'une intention mystique. Une tête blonde raciste reste une bête noire. Le racisme serait d'autant plus idiot dans le domaine des doctrines secrètes et des initiations que les castes, les ethnies y sont abolies. L'initié hindou ou bouddhiste se met au-dessus des castes comme l'étranger au-dessous.

L'ésotérisme âryen comprend trois traditions : l'Iranisme, l'Hindouisme, et même le Bouddhisme indien.

ÉSOTÉRISMES INDIENS : LOGIQUES

À ce point, il est peut-être instructif de montrer à quelles logiques différentes ces traditions s'ordonnent. Le problème central demeure celui de l'un et du deux, du monisme et du dualisme. La forme renvoie au fond. La question de fond se pose ainsi : y a-t-il un monde ou deux ? s'il y en a deux, à quel niveau (celui du principe, ou celui de la manifestation) ? quels sont leur rapport et leur valeur ? la dualité est-elle provisoire ou définitive ? illusoire ou réelle ? en quel sens ? est-elle un obstacle ou un tremplin ? L'ésotérisme iranien insiste sur la dualité en termes mythiques et éthiques, l'ésotérisme indien insiste sur l'unité en termes métaphysiques et initiatiques. Un pur dualisme s'avère philosophiquement intenable : la notion de deux principes s'autodétruit, on finit par accorder un privilège au Bien. Le pur monisme ne semble pas davantage défendable, puisque l'expérience, même illusoire, nous met en présence d'oppositions, comme sujet/objet, bien/mal, connaissance/ignorance. En Iran comme en Inde, l'Âryen part de « couples d'opposés » (*Bhagavad-Gîtâ*, chants II, 45 et VII, 27), mais il n'y reste pas. L'Iranien dans le deux (Bien/Mal) choisit un (le Bien), l'Indien de deux (âtman/Brahman) fait un (le Brahman).

• LES IRANISTES, on l'a vu [2], s'appuient sur le schéma « de deux choses l'une ». Ils défendent une **logique d'alternative**. Il y a le Bien, il y a le Mal, qui sont, entre eux, plus qu'incompatibles : exclusifs du point de vue mythique (le dieu bon a les attributs exactement inverses du dieu mauvais), contradictoires du point de vue éthique (on fait soit le bien soit le mal). Les Zoroastriens, les Manichéens professent le dualisme, comme en Europe les Bogomiles, les Cathares, certains Platoniciens, certains

---

1. Voir *supra*, p. 204 (« L'ésotérisme jaune »). G. S. Gurye, *The Scheduled Tribes*, New Delhi, 1963. Sur le chamanisme indien : S. Kakar, *Shamans, Mystics and Doctors*, Knopf, New York, 1982.
2. Voir *supra*, p. 329 (« Ésotérismes civilisateurs : logiques »).

Gnostiques. Au-dessus des forces antagonistes peut régner un principe unique, métaphysiquement affirmé (chez Zarathushtra), mais la pensée avance, progresse par alternative, contraste, bipolarité. Pourquoi ? pour mettre face au choix, forcer le Bien, forcer au Bien. En forçant le trait, on force au choix. Devant une caricature, on ne peut que réagir, en riant ou en protestant.

• LES HINDOUISTES, surtout dans les *Upanishad* et le système Vedânta, préfèrent une **logique d'équivalence**. Ici, le sage cherche à dépasser la dualité, qu'on admet d'une certaine manière ou à un certain moment. Il veut atteindre l'Unique. « Seul le Souffle » *(Veda)*. « Tu es Cela » *(Upanishad)*. « Le Brahman est cause et substance du monde » (Shankara). Le penseur vise la suppression de la dualité objet/sujet pour réaliser la fusion avec l'Un, l'Absolu, le Brahman. Le but métaphysique (l'*advaita*, l'identification) se double d'un but initiatique (le *yoga*, l'union). L'Hindou va taxer la dualité d'illusion ou — s'il est tantriste — de complémentarité, et il va enseigner l'identité du soi individuel et du soi universel, de l'apparent et de l'absolu.

• LES BOUDDHISTES ont plusieurs logiques. Quand le Bouddhiste est exotériste, il utilise à tour de bras l'analyse, la décomposition. Il distingue maniaquement les composantes, énumère dix forces, etc. C'est la vertu du discernement. Mais, quand il se veut ésotériste, le Bouddhiste choisit une **logique de négation** [1]. Bouddha (contre les Hindous) nie le soi individuel. Il répète que tout est impermanent, que le *nirvâna* est non conditionné, non dicible, non construit par la pensée. Nâgârjuna [2] va plus loin en traçant « la voie du milieu » *(mâdhyamika)*, qui se situe au-delà des contradictions (être/non-être, *samsâra/nirvâna*...) qui s'annihilent mutuellement. Les tantristes de la main gauche vont encore plus loin en valorisant les choses dites immorales, en inversant les polarités.

Toujours règne une **logique des contraires**. Mes collègues philosophes diront qu'il ne faut pas tout confondre. Ils ont raison. La confrontation propre au Manichéen est une chose, l'union des complémentaires chère au tantriste en est une autre, le rejet par Shankara d'un des membres du couple comme illusoire une autre encore. Dans tous les cas, cependant, il s'agit de s'appuyer sur les contraires *(dvandva)* pour renverser le monde, retourner la pensée, remonter le courant de la vie et, ainsi, toucher à l'Absolu. On fait la grande culbute. Le retour à l'Origine est à ce prix, comme le rétablissement de l'équilibriste, comme le retournement du nageur quand il touche le bout de la piscine. Cette logique se retrouve un peu partout. Par exemple, dans la posture du lotus *(padmâsana)*, chaque pied repose sur la cuisse opposée.

---

1. O. Lacombe, « Approches négatives de l'absolu dans la pensée indienne », *La Table ronde*, n° 182, 1963, p. 46-50.
2. Sur la logique de Nâgârjuna : G. Bugault, *L'Inde pense-t-elle ?*, PUF, 1994, p. 221-324.

LOGIQUES DES ÉSOTÉRISMES INDIENS

HINDOUISME UPANISHADIQUE :
pensée par équivalence : $p \Leftrightarrow q$, q seulement
- exemple : « Tu es Cela. *Tat twam asi* » *(Chândogya-Upanishad)*
- métaphysique : le Brahman est l'*âtman*, l'*âtman* est le Brahman
- initiation : il faut faire l'union *(yoga)* de l'*âtman* avec le Brahman
- théorie : « J'ai dépassé la dualité » *(Sarasvatî-rahasya-Upanishad)*

HINDOUISME VEDÂNTIN :
pensée par négation connexe : ni p ni non-p
- exemple : le Brahman n'est ni être ni non-être, ni aussi bien être que non-être, ni ni être ni non-être
- théorie : « *Pas ainsi, pas ainsi*, en éliminant toute espèce de spécifications possibles, et en redoublant la négation » (Shankara)

BOUDDHISME HÎNAYÂNA :
pensée par négation : $-p$, non-p universellement
- exemple : « Tous les choses sont sans soi. *Sabbe dhammâ anattâ* » *(Dhammapada)*
- métaphysique : tout est impermanent, malheureux et impersonnel
- initiation : l'Éveil est vacuité, le *nirvâna* est extinction

BOUDDHISME MAHÂYÂNA MÂDHYAMIKA (Nâgârjuna) :
pensée apophatique (vacuité d'être propre)
par refus des contraires extrêmes (moyen terme : *mâdhyamika*)
- exemple : pas d'opinion sur les mouches que voit dans un bol celui qui a des « mouches » (taches) dans le champ de son œil
- théorie : « L'ainsité *(bhûtatathâtâ)* n'est ni existence ni non-existence, ni ce qui est en même temps existence et non-existence, ni ce qui n'est pas en même temps existence et non-existence [sinon on postule un en-soi]... Nous l'appelons la négation » (Ashvaghosha)

TANTRISME (hindouiste ou bouddhiste) :
pensée par union des complémentaires
- exemple : « Moi, Shiva, je suis le sperme, et l'humeur rouge est ma Shakti : lorsque ces deux fusionnent, moi je m'unis à Elle » *(Shiva-samhitâ)*
- mythe : « Il était pareil à un homme et une femme étroitement embrassés » *(Brhad-Âranyaka-Upanishad)*
- rite : « Les deux principes fondamentaux de l'individu — l'Activité et la Lumière — se dissolvent à leur tour en Shiva » *(Yoga-kundalinî-Upanishad)*

L'ÉSOTÉRISME INDIEN : CARACTÉRISTIQUES

À peine arrivez-vous en Inde, qu'une moiteur vous enveloppe. L'air, humide et chaud, couvre votre peau. Déjà vous êtes pris, plongé dans une atmosphère tiède, douce, riche. Un tourbillon d'odeurs vous ceinture, vous traverse. Cette fois-ci, vous êtes pris à l'intérieur, au-dedans. L'aventure indienne commence. Le parfum transporte l'encens, l'odeur des temples, mêlé du beurre fondu et clarifié. Sans doute il n'existe aucun autre pays au monde qui privilégie ainsi la spiritualité. Dans la rue on vend des gravures représentant des grands maîtres spirituels. Tous les dix pas, on croise, à côté des marchands et des mendiants, un *sâdhu* (un saint) dans sa robe orange. L'Inde est le pays de la multiplicité et de la multitude, avec un côté nonchalant, désordonné. L'Inde, c'est la vie des saints aujourd'hui et partout. L'Inde fait dans la profusion et l'exploit spirituel. « Laissons venir à nous les hautes pensées de tout côté », dit le *Rig-Veda*.

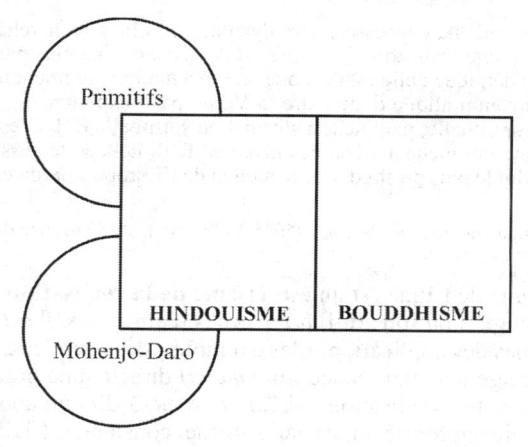

Primitifs

HINDOUISME | **BOUDDHISME**

Mohenjo-Daro

ÉSOTÉRISMES DE L'INDE

À simplement déambuler en Inde, on plonge bras et jambes dans les deux grandes traditions indiennes : Hindouisme et Bouddhisme.

Cependant, si la terre indienne s'ouvre à tous, la civilisation hindoue, elle, ne s'ouvre qu'à l'Hindou. Il ne faut pas oublier que l'étranger vaut encore moins que le bas de caste, il est hors caste, impur.

Comment se caractérise l'ésotérisme indien ? Et d'abord, en quoi se distingue-t-il de l'ésotérisme occidental ? L'ésotérisme occidental est surtout spéculatif. Il s'exprime à grand renfort de théories, de doctrines, d'idées, de systèmes. L'ésotérisme indien, dira-t-on, aussi. L'Inde a même déversé quantité de ses conceptions en Occident : le *karma*, la transmigration, l'*avatâra*, le yoga, etc. Sans doute. Mais ces conceptions, en Occident, restent des conceptions, alors qu'en Inde elles relèvent de l'ascèse, de la morale, du mode de vie, de la civilisation, et même de la vie intime. L'ésotérisme européen, occidental sépare l'idée de la vie, il donne des croyances plus que des exercices. Et quand il en donne, ces exercices sont distincts des croyances. Un exercice comme le carême ne s'accorde pas avec la croyance que le corps peut se passer de nourriture ou que le jeûne favorise la révélation, il vaut pour lui-même, comme exercice, comme acte de dévotion. Un Occidental fait une théorie de la force vitale, mais on ne connaît pas d'exercice spirituel pour s'en convaincre. L'Occidental reste abstrait, désincarné. Il parle, mais sans donner aux autres les voies et moyens d'éprouver personnellement, charnellement, indubitablement la chose. Vous croyez en la force vitale, soit, mais comment puis-je, moi, en avoir l'expérience ? Là, l'Européen se tait, en général. Shrî Aurobindo l'a bien vu.

La pensée occidentale a cessé d'être dynamique ; elle a recherché une théorie des choses, non une réalisation [...]. Elle est devenue encore plus purement intellectuelle et académique ; elle est devenue une spéculation purement intellectuelle, sans aucun moyen pratique d'atteindre la Vérité par l'expérience spirituelle, par la découverte spirituelle, par une transformation spirituelle [...]. C'est la voie spirituelle, la route qui mène au-delà des niveaux de l'intellect, le passage de l'être extérieur au Moi le plus profond, que le mental de l'Europe a perdu en se surintellectualisant.

Shrî Aurobindo, *Lettres sur le yoga* (1935-1948), trad. de l'anglais, Buchet-Chastel, 1984, t. 1, p. 186.

L'ésotérisme de l'Inde est un **ésotérisme de la réalisation spirituelle**, comme sa religion ou son art. Il n'*a* pas des réalisations, il *est* réalisation. Il ne donne pas des applications, des exemples, des exercices, des contrôles, non, il exige une expérience *(anubhava)* directe, une pratique physique et mentale, une réalisation *(sâdhana)*, c'est-à-dire un aboutissement, un genre de vie approprié, un travail spirituel constant, difficile et, finalement, heureux. Heureux parce qu'il arrive à des résultats. Heureux parce qu'il donne la félicité. Le mot sanskrit pour désigner la réalisation spirituelle, *sâdhana*, veut dire « arriver au but ». L'ésotérisme indien ne bavarde pas sur de l'inconnu, il veut parvenir au salut, « arriver au but ». Le discours revient au *pandit* (le lettré), le rite au brâhmane (l'officiant). L'ésotériste, lui, maîtrise la chose, comme un artisan son outil, son bois, mais aussi son temps, son corps, son souffle. L'ésotériste indien réalise ou il n'est pas. Il DOIT vivre en conscience ce qu'il donne en mots. Il ne peut pas ne pas comprendre, vraiment, véritablement. Il comprend, il se comprend dans son objet. La théorie se fait pratique et la pratique se fait théorie. À la limite, on ne peut pas distinguer idées et pratiques. Parce que le vrai spéculatif est contemplatif, il sent l'Absolu, parce que le vrai mystique est théoricien, il formule l'Absolu.

Ce sont les gens puérils, non les savants, qui professent la séparation de la discipline spéculative et de la discipline pratique. Même si l'on ne s'adonne qu'à une seule, on obtient en plénitude le fruit des deux.

L'état auquel accèdent les adeptes de la discipline spéculative est celui même où parviennent les adeptes de la discipline pratique. Celui qui regarde comme ne faisant qu'une les disciplines spéculative et pratique, celui-là voit juste.

Mais le renoncement est difficile à atteindre sans le yoga, discipline de l'action désintéressée.

Bhagavad-Gîtâ, chant v, 4-6, trad. du sanskrit O. Lacombe et Anne-Marie Esnoul, Éditions du Seuil, coll. « Points. Sagesses », 1977. © Éditions du Seuil, Paris.

Le mot « yoga » désigne à la fois un système philosophique et une activité physique, faite de postures ; en même temps, ce système philosophique se présente comme une pratique, une façon de méditer, et l'activité physique se double d'une théorie, puisque ceux qui parlent des postures parlent aussi du salut, de l'esprit, de l'acte. Comment comprendre la théorie des corps subtils sans la pratique du *kundalî-yoga* [1] ? Impossible ! Ou alors on dirait n'importe quoi. On pourrait comparer cette situation à celle des grands cuisiniers. On imagine un chef d'orchestre nul en exécution, un professeur de littérature incapable d'écrire un poème, mais on n'imagine pas un grand cuisinier qui se lasserait de goûter ses plats, d'œuvrer au four, d'acheter lui-même ses légumes et ses viandes, avant d'oser publier son livre de recettes. Une doctrine comme le Mâdhyamika, qui a l'air de présenter simplement une théorie du vide, une négation toute intellectuelle du soi, ajoute que le vide est aussi le salut, parce qu'il s'identifie à l'Absolu, parce que, pour prendre conscience de cela, il faut purifier son esprit, parce que la conscience de cela mène à la délivrance. Le penseur est contraint de méditer s'il veut savoir de quoi parler ! L'ésotérisme indien tient principalement dans cet ordre de faits. On parle de ce que l'on fait, de ce que l'on connaît, et peu y parviennent. L'ésotériste ne discute pas dans une école ou ne court pas chez son éditeur, il prend son bâton et va dans la forêt. Il se met en position de lotus et médite. Il va auprès d'un Maître *(gourou)* ou d'un Instructeur *(âcarya)*. Il ne s'agit pas simplement de sincérité, de mettre en accord actes et pensées, il s'agit plus profondément de se faire, de se réaliser totalement, de réaliser l'Absolu.

> Sans la pratique du Yoga
> Comment la connaissance
> Pourrait-elle assurer
> La libération de l'âme ?
> Inversement,
> Comment la pratique seule
> Non étayée de connaissance
> Assurerait-elle cette libération ?
> L'adepte avisé,
> S'il désire la libération,
> Doit s'efforcer à la fois
> D'acquérir la connaissance
> Et de pratiquer le Yoga comme il convient
> Car la source du malheur est dans l'ignorance.
> Le savoir au contraire délivre.

---

1. A. Avalon, *La Puissance du serpent* (1918), trad. de l'anglais, Dervy-Livres, 1970, 304 p.

Doctrine ésotérique du vrai Yoga. Yogatattva-Upanishad, 14, trad. du sanskrit J. Varenne, *Les Upanishads du yoga* (1971), Gallimard, coll. « Idées », n° 308, 1974, p. 71.

Le Bouddhisme, sur ce point, rejoint l'Hindouisme.

Tout ce que le Tathâgata [l'Ainsi-allé] a dit entre la nuit de l'Éveil suprême [*Nirvâna*] et la nuit où il mourut [*Paranirvâna*], tout ce qu'il a dit ou exposé, c'est « ainsi » et non autrement, et pour cela il [le Bouddha] est nommé Tathâgata : **ce qu'il dit il le fait, et ce qu'il fait il le dit**. Et il va selon sa parole et sa parole selon le cours de sa marche ; on le nomme donc Tathâgata [ainsi allé, celui qui parvint].

Tripitaka, B : *Sûtra-pitaka*, I : *Dîgha-nikâya*, trad. partielle Lilian Silburn, *op. cit.*, p. 32. © Gallimard, Paris.

Mais que dit-il ? Le Bouddha dit principalement que chaque chose est sans substance, sans permanence et sans salut, que le *nirvâna* résiste aux mots, aux concepts, aux images. L'Hindou, de son côté, présente l'Absolu comme un insondable mystère. « Tu es Cela. *Tat tvam asi* » (*Chândogya-Upanishad*, VI, 8). On n'a pas là une définition, mais le contraire d'une définition, on n'a pas là une parole mais un silence. Bel ésotérisme ! La grande idée de l'ésotérisme hindou est celle d'Âtman-Brahman, comme la grande idée du Bouddhisme, ésotérique ou non, celle de *nirvâna* ou bien celle de nature-de-bouddha, or ces idées ne sont pas des concepts, on ne peut les formuler, elles échappent à la pensée. C'est dit sans être dévoilé. Voilà une deuxième façon qu'a l'ésotérisme indien de se constituer : non seulement il se constitue dans une réalisation spirituelle, mais aussi dans l'inexprimable, dans l'inconcevable, et non pas malgré lui. Il est fait d'inconditionné, de sans forme, comme un filet est fait de trous. L'ésotérisme *ârya* est un **ésotérisme de l'ineffable**. À vouloir dire son expérience, on court à l'échec, du moins à l'échec du langage ordinaire, exotérique. Les textes ésotériques et les Maîtres répètent que leur fond reste ineffable (on retrouve cela dans le Taoïsme). Les intellectuels ont le tort de s'engluer dans les mots comme les éléphants dans la boue.

– [Texte hindou] La meilleure voie est le silence (Râmana maharshi, 1879-1950).
– [Texte bouddhiste] Nul ne peut le mesurer. Pour parler de lui, pas de paroles [...]. Ce que l'esprit pourrait concevoir s'évanouit. Tout chemin est fermé au langage *(Tripitaka,* B : *Sûtra-pitaka,* V : *Khuddaka-nikâya,* 5 : *Suttanipâta).*

Mais qui dit ineffable dit aussi sublime. Le silence de l'initié n'est pas le mutisme de l'idiot. L'expérience se révèle ineffable parce qu'elle donne accès à l'absolu, à l'inconditionné. L'initié *(sadhak)* atteint à la Délivrance *(moksha)* quand il est hindou[1], ou bien à l'Éveil *(bodhi)* et à l'Extinction *(nirvâna)* quand il est bouddhiste[2]. Comme tout ésotérisme asiatique[3], l'ésotérisme indien favorise les états supérieurs de conscience.

---

1. Voir *infra*, p. 602 (« L'ésotérisme hindou des textes »).
2. Voir *infra*, p. 692 (« Le *nirvâna* »).
3. Voir *supra*, p. 232 (« Les pratiques occultes »).

Il se veut expérience de l'absolu. L'ésotérisme indien est un **ésotérisme de la méditation en acte**. Il provoque des méditations sublimes, mieux il consiste en méditation. L'ineffable n'est pas tant un objet transcendant, comme Dieu, ou un sujet transcendé, comme le mystique, mais un état de transcendance, une conscience supérieure. Les méditations peuvent prendre diverses formes : enstase, concentration, etc., mais, en principe, elles arrivent à un même état, celui d'unité. Il n'y a pas d'objet médité, pas de sujet méditant, il y a méditation. Il y a et une doctrine de la méditation et une pratique de la méditation, il y a conscience méditative, état d'union. Sujet et objet se dissolvent pour faire place à la totalité.

Arrivé au terme, l'initié se trouve, se retrouve au début. Il est, selon l'éternelle image, redevenu enfant. Il a effectué le grand tour. Il revient à la spontanéité, il a éliminé les constructions psychiques, il se fait originel. Cette expérience se manifeste dans un mode de « raisonnement » assez typique, le cercle, pensée sans pensée. L'idée tourne, et l'idée consiste dans ce tourbillon, ce vertige d'infini, ce mouvement de tête en direction de l'Absolu. Les Indiens, les Chinois aussi, se plaisent à reconstituer des concaténations, des chaînes de propositions causales, avec leurs chaînons. Chaque élément dépend du précédent et détermine le suivant. Mais il n'y a pas — comme dans la pensée occidentale — une cause première. Les éléments sont interdépendants. La chaîne n'a pas de bouts. Le premier chaînon est aussi le dernier chaînon. On déniche à ce point la loi fondamentale de l'ésotérisme, la réversion [1], qui identifie le haut et le bas, cherche l'ésotérisme maximum dans l'exotérisme, et qui met toutes choses en communication, en sympathie. L'opposition avec une pensée rationaliste, qui distingue cause et effet, commencement et fin, et qui isole, qui n'admet d'action que par proximité physique, une telle opposition s'effondre en Inde.

– [Texte hindou] L'homme accorde continûment sa pensée aux objets des sens ; il s'ensuit qu'il s'attache à eux. De l'attachement naît en même temps le désir ; au désir s'ajoute la colère. De la colère vient l'égarement complet. De l'égarement, le bouleversement de la mémoire ; du désordre de la mémoire, la ruine du jugement et de la décision ; de la ruine du jugement, la perte de l'homme.

Bhagavad-Gîtâ, chant II, 62-63, trad. du sanskrit O. Lacombe et Anne-Marie Esnoul, éd. cit. © Éditions du Seuil, Paris.

– [Texte bouddhique] Conditionnées par l'ignorance se produisent les formations mentales ; conditionnée par les formations mentales se produit la conscience ; conditionnés par la conscience se produisent des phénomènes psychiques et des phénomènes physiques ; conditionnées par les phénomènes psychiques et les phénomènes physiques se produisent les six facultés ; conditionné par les six facultés se produit le contact (sensoriel et mental) ; conditionnée par le contact (sensoriel et mental) se produit la sensation ; conditionné par la sensation se

---

1. P. A. Riffard, *L'Ésotérisme*, éd. cit., p. 380.

produit le désir ; conditionnée par le désir se produit la saisie ; conditionné par la saisie se produit le processus du devenir ; conditionnée par le processus du devenir se produit la naissance ; conditionnés par la naissance se produisent la décrépitude, la mort, les lamentations, les peines, les douleurs, les chagrins, les désespoirs.

Tripitaka, B : *Sûtra-pitaka*, III : *Samyukyâgama*, pâli *Samyutta-nikâya*, trad. du pâli M. Wijayaratna, *Sermons du Bouddha*, Cerf, 1988, p. 133. C'est la loi du conditionnement mutuel, *pratîtya-samutpâda*. © Éditions du Cerf, Paris.

– [Texte lamaïste] Partout où il y a de l'espace il y a de l'esprit, partout où il y a de l'esprit il y a le corps de vacuité.

Bardo-thödol. Le Livre tibétain des morts, trad. de l'anglais, Albin Michel, coll. « Spiritualités vivantes », n° 26, 1981, p. 187.

– [Texte taoïste] Les êtres multiples du monde feront retour chacun à leur racine. Faire retour à la racine, c'est être serein. Être serein, c'est retrouver le Destin. Retrouver le Destin, c'est le constant. Connaître le constant, c'est l'illumination.

Lao-tseu, *Tao-tö king*, XVI, trad. du chinois Liou Kia-hway, apud *Philosophes taoïstes*, Gallimard, « Bibliothèque de la Pléiade », 1985, p. 18. © Gallimard, Paris.

Cet enchaînement des idées va de pair avec la chaîne des maîtres. L'indien développe un **ésotérisme par maître spirituel** interposé. Le gourou se trouve au centre. Pas d'initiation sans gourou : il passe le cordon sacré lors de l'initiation tribale *(upanayana)*, il murmure le *mantra* secret lors de l'initiation spirituelle *(dîksâ)*. Pas de transmission sans gourou. Le gourou sert de modèle, d'instructeur, de garant, de médiateur. Avec lui on a un rapport direct avec l'Absolu. Le gourou n'a rien de comparable au professeur. L'Hindou distingue nettement le gourou du lettré *(pandit)*. Le Bouddhiste du Tibet marque la différence entre simple instructeur et lama (gourou). Le gourou peut n'avoir pas beaucoup d'instruction mais il a le contact avec le divin, avec sa lignée d'initiés, avec son ou ses disciples. On lui attribue un rôle cosmique, parfois il incarne un dieu. L'obéissance exigée entre dans le processus d'initiation. Le culte du gourou ne s'apparente pas à un culte de la personnalité, puisque l'essentiel reste l'initiation du disciple *(chela)*. Pour un Indien, rencontrer un gourou, son gourou, est une chance, la chance de sa vie. Avec lui, on remonte le courant jusqu'à la source, on devient le maillon d'une chaîne d'or, on s'accroche à la Chaîne d'or. On remonte du rayon au Soleil.

L'instructeur *(âcârya)* est celui qui sait argumenter pour et contre, comprendre les questions et se les rappeler. Il possède la tranquillité, la maîtrise de soi, la compassion et le désir d'aider autrui. Il est versé dans les Écritures, détaché des jouissances visibles et invisibles. Il a renoncé aux moyens d'accomplir toute action. C'est un connaisseur du *brahman*, il y est établi. Il ne transgresse jamais les règles de conduite. Il est dépourvu d'imperfections telles que l'ostentation, la vaine ingéniosité mentale, la jalousie, la fausseté, l'égocentrisme et l'attachement. Son seul but est d'aider les autres, son désir est d'impartir la seule connaissance du *brahman*.

Shankara, *Upadeshasâhasrî*, I, 1, 6, trad. du sanskrit P. Lebail, apud *Le Maître spirituel selon les traditions d'Occident et d'Orient*, Hermès, 1983, p. 109.

Les idées qui s'enchaînent, les maîtres qui se succèdent peuvent être comptés. Le lecteur le plus rapide ne manque pas de noter le goût des Indiens pour la **nombration** (comme chez les Chinois). Hindous et Bouddhistes, sans doute pour compenser le malaise créé par la notion d'ineffable, qui échappe à l'analyse, usent et abusent des dénombrements [1]. Et pourquoi, plus profondément, cette importance du nombre ? En dénombrant, l'Indien dissipe les illusions. Il fait ses comptes, il ne s'en laisse pas conter. Quand on ne sait plus dire l'Amour fou, on compte les baisers. En énumérant les éléments constitutifs d'une chose, l'Indien lui ôte toute consistance. Il la dissocie. Il l'écartèle, mais avec douceur. Le moi, mais qu'est-ce donc ?, se demande le Bouddha. Cinq agrégats, autrement dit rien, une illusion, et non pas quelque chose, et non pas une entité ; quand on soutient que le moi se ramène à cinq agrégats, à un assemblage de sensations, formations mentales, on le désosse, on le démantèle, on montre qu'il n'a pas plus de consistance qu'un automate, qu'un jouet, avec ses roues, ses ressorts, etc. Avec le nombre, l'analyse va jusqu'au-delà de la chose, on pousse le regard derrière le voile. L'Indien qui compte ses énergies, ses méditations, etc., veut tout autant connaître ses forces que les relativiser.

La numération moderne, celle qu'on utilise universellement, en exprimant tous les nombres avec dix chiffres, a son origine en Inde [2].

ÉQUIVALENTS DU MOT « ÉSOTÉRISME » EN SANSKRIT

TRANSCRIPTION	TRADUCTION
guhyatama	enseignement du mystère
gupta vidyâ	connaissance occulte
jñâna	gnose
parda dharma	religion cachée
prajñâ	sapience
rahasya	secret
Upanishad	doctrine ésotérique

L'Absolu, dit-on, est un vain dépit. Non, un vrai défi. L'ésotérisme indien est là, qui change le défi en réalisation. Comment se dit « chiche » en sanskrit ?

---

1. Voir *infra*, p. 725 (« L'ésotérisme extrême-oriental : caractéristiques »).
2. G. Ifrah, *Histoire universelle des chiffres*, Robert Laffont, coll. « Bouquins », 1994, t. II, p. 806 *sqq.*

BIBLIOGRAPHIE GÉNÉRALE SUR LES ÉSOTÉRISMES INDIENS

Approche ésotérique : A. FABRE D'OLIVET, *Histoire philosophique du genre humain* (1821), II, 10, Éditions Traditionnelles, 1972, t. 1, p. 212 *sqq.* ; E. ARNOLD, *Lumière de l'Asie* (1879), trad. de l'anglais, Adyar, 1981 ; A. SAINT-YVES D'ALVEYDRE, *Mission de l'Inde en Europe. Mission de l'Europe en Asie* (1885, 1re édition posthume 1910), Belisane, 1981, 360 p., ou Rouyat, coll. « Éso-Exo », s.d., 218 p. ; HELENA PETROVNA BLAVATSKY, *La Doctrine secrète* (1888-1897), t. 6 : *Miscellanées*, trad. de l'anglais, Adyar, 1955 : approche théosophiste ; ANNIE BESANT (1847-1933) : nombreux titres, dont *Introduction au yoga. Quatre conférences*, trad. de l'anglais, Adyar, 1976, 158 p. : approche théosophiste ; R. GUÉNON, *Introduction générale à l'étude des doctrines hindoues* (1921), Maisnie-Trédaniel, 1987, 316 p. ; ID., *Études sur l'Hindouisme* (1967, posthume), Éditions Traditionnelles, 1983, 288 p. ; Â. K. COOMARASWÂMY, *Hindouisme et Bouddhisme* (1943), trad. de l'anglais, Gallimard, coll. « Idées », n° 22, 192 p. ; G. LANZA DEL VASTO, *Le Pèlerinage aux sources* (1943), Gallimard, coll. « Folio », n° 262, 1989 ; ARNAUD DESJARDINS, *Yoga et Spiritualité. L'hindouisme et nous* (1975), La Table ronde, 1992 ; JEAN BIÈS, *L'Inde, ici et maintenant*, Terre du Ciel, 1993.

Approche exotérique : P. OLTRAMARE, *Histoire des idées théosophiques dans l'Inde*, t. 1 : *La Théosophie brahmanique*, XII-3 822 p., t. 2 : *La Théosophie bouddhique*, XV-542 p., Annales du musée Guimet, n°s 23 et 31, E. Leroux et P. Geuthner, 1923 ; J. FILLIOZAT et L. RENOU, *L'Inde classique* (1947-1953), A. Maisonneuve, 1985-1991, 2 t., 669-756-XIX p. ; G. DUMÉZIL, *Mythe et Épopée*, t. 1 : *L'Idéologie des trois fonctions dans les épopées des peuples indo-européens* et t. 2 : *Types épiques indo-européens : un héros, un sorcier, un roi*, Gallimard, 1968 et 1971, 660 p. et 416 p. ; LOUIS FRÉDÉRIC, *Dictionnaire de la civilisation indienne*, Robert Laffont, coll. « Bouquins », 1987, 1300 p. ; A. JACOB dir., *Encyclopédie philosophique universelle*, vol. II : *Les Notions philosophiques. Dictionnaire*, PUF, 1990, t. 2, p. 2781-2937 : *Inde*.

13. LES HINDOUS [1]

> *Celui qui sait ainsi possède une clarté d'or.*
> *Ainsi est la doctrine ésotérique.*
> Taittirîya-Upanishad,
> trad. J. Varenne.

REPÈRES HISTORIQUES DE L'ÉSOTÉRISME HINDOU [2]

Avant Jésus-Christ :
11652 – début du comput indien
? – première tradition indienne : le CHAMANISME INDIEN et les cultes indigènes
5000 env. – formation de la famille linguistique indo-européenne
? – Parashurâma Râma à la hache (Râma I =Vishnou VI), Râma (Râma-Chandra, Râma II =Vishnou VII)
3185 – date mythique de la naissance de Krishna (=Vishnou VIII)
3102 (18 fév.) – date mythique du *kali-yuga* (astronomiquement, la constellation du Dragon coupe le cercle du mouvement polaire ; mythiquement, Krishna meurt ; selon Âryabhata † 510)
3000 – date mythique de (ou des) (Veda)Vyâsa (« Compilateur »), qui rassemble les *Veda*
2700 ? 2500 ? – les *Ârya* (=Indo-Iraniens, de la famille des Indo-Européens), au Caucase-Zagros (?) : la RELIGION INDO-IRANIENNE originelle
2500-1760 – deuxième tradition indienne : la CIVILISATION DE L'INDUS (Mohenjo-Daro, Harappa...) : Grande Déesse-Mère, pré-yoga. Première invasion indo-européenne en Inde (dans l'actuel Pâkistân)
v. 1800 – les *Ârya* en Inde (Panjâb), par les passes du Nord-Ouest. Deuxième invasion indo-européenne en Inde.
v. 1600-800 – troisième tradition indienne : l'HINDOUISME. Première période : le

---

1. Pour la transcription du sanskrit en français, j'ai utilisé le système simplifié. J. Herbert et J. Varenne, *Vocabulaire de l'Hindouisme*, Dervy-Livres, 1985, 119 p. Voir Nadine Stchoupak, L. Nitti et L. Renou, *Dictionnaire sanskrit-français* (1932), J. Maisonneuve, 1987, v-897 p.
2. Les Hindous accordent volontiers des titres spirituels à leurs grands hommes ou grandes femmes : *âcârya* (instructeur : Shankarâcârya), *bâbâ* (mage : Sai Baba de Shirdi), *mâ* (mère : Mâ Ânanda Moyî), *maharshi* (grand voyant : Râmana maharshi), *mahâtmâ* (grande âme : mahâtmâ Nishchaldas), *paramahamsa* (cygne suprême : Yogânanda paramahamsa), *shrî* (sublime : shrî Râmakrishna), *svâmi* (seigneur : svâmi Vivekânanda). Les *svâmi* sont des moines de l'ordre fondé par Shankara, pardon Shankarâcârya. Comme toujours en Inde, les éléments peuvent se superposer, par exemple, une fois initié, Mukunda Lal Ghosh devient svâmi shrî Yukteswar Giri, vénérable *(shrî)* moine *(svâmi)* dans la classe des Giri de l'ordre de Shankara, il est « uni à Dieu » (Yukteswar). Les Occidentaux préfèrent les titres professionnels : Dr, Pr, Dir, Prés...

VÉDISME (avec les *Veda* 1600-300, et les *rishi*, Voyants). **Naissance de l'ésotérisme hindou.** Le *Rig-Veda* (Savoir des stances) : hymnes, mythes, sacrifices ; le *Sâma-Veda* (Savoir des mélodies liturgiques)
1500 – Krishna I, guerre des Bhârata (selon le *Mahâbhârata*)
1400 ? – séparation des *Ârya* en Indiens et Iraniens
1400 – l'*Atharva-Veda* (Savoir des formules magiques)
1380 – traité (en akkadien) entre le roi des Hittites (Souppilouliouma Ier) et le roi « para-indien » de Mitanni (Mattiwaza) : première mention de la tripartition des dieux indo-iraniens : Mitra et Varuna, Indra, les Nâsatya
1300 – le *Yajur-Veda* (Savoir des formules sacrificielles) : médecine
1200 – le chant védique (gamme à 3 notes) : première tradition musicale au monde
1100 – organisation des castes élaborée (établie vers 500) à partir des clans
IXe-VIIIe s. – doctrine de la réincarnation (absente des *Veda* et *Brâhmana*)
v. 800-200 – deuxième période de l'Hindouisme : le BRÂHMANISME (dès le *Taittirîya-Brâhmana*)
VIIIe-IVe s. – *Âranyaka* (Écrits de la forêt), portion ésotérique des *Brâhmana*
VIIe s. ? – le système Yoga, métaphysique théiste et initiation ascétique
600 ? – Krishna II : Krishna Govinda (berger)
– Shiva (>Çiva) devient le Grand Dieu *(mahâdeva)*
VIe s. – astrologie hindou (dès le *Mahâbhârata*)
550 ? – Yâjñavalkya, maître des *Upanishad* : doctrines du karma, de la non-dualité...
v. 550-200 – les *Upanishad* védiques. **Apogée de l'ésotérisme hindou**
523 – éveil du Bouddha (classé comme Vishnou IX). Quatrième tradition indienne : le BOUDDHISME
476 – cinquième tradition indienne : le JAÏNISME (possédera un tantrisme vers 520)
350 av. J.-C.-100 ap. J.-C. ? – la *Bhagavad-Gîtâ* (partie VI du *Mahâbhârata*) : le **bhakti-yoga**
IVe s. ? IIe s. ? – Patañjali, codificateur du **râja-yoga** dans le *Yoga-sûtra*
IIIe s. ? – l'alchimie hindoue
– prostitution sacrée (à Jogîmara) : pré-tantrisme ?
200 ? av. J.-C.-1828 ap. J.-C.– troisième période de l'Hindouisme : l'HINDOUISME CLASSIQUE (avec le *Râmâyana*)
IIe s. – la médecine occulte hindoue *(Atharva-Veda)*
IIe s. av. J.-C.-IIe s. ap. J.-C. ? – *Les Lois de Manou*
20 – le brahmane Zarmaros se fait initier et incinérer à Éleusis (Strabon, *Géographie*, XV, 1, 73)

Après Jésus-Christ :
43 – Apollonios de Tyane, le mage grec, en Inde
IIe s. – le système Vedânta, métaphysique moniste et initiation de l'union
155-532 – les néo-Platoniciens d'Alexandrie (Numénios, Plotin...) s'informent sur les brâhmanes, les « gymnosophistes » (yogi)
300 – l'astrologie hindoue, d'origine hellénistique
IVe s. – le système Sâmkhya, métaphysique dualiste athéiste, fondé par Kapila
– *Transmission de la rencontre secrète. Guhya-samâja-tantra*, 1er tantra bouddhique
Ve s. – le tantrisme de courant shivaîte et ses écoles : les Pâshupata (=Lakulîsha, IIe s. av. J.-C.-XIVe s. ap. J.-C.), les Saura (VIe-Xe s.), le Shivaîsme du Cachemire (=Trika) vers 850, les Lingâyat (1156), les Kânphata-yogi (1225), etc.

424 – le **Tantra** hindou, de la main gauche
fin ve s. – le tantrisme hors-courants et ses écoles : les Gânapatya, le Sahajayâna du Bouddhiste Saraha v. 600, les Bâul (xviie s.), etc.
510 – théorie des *yuga*, par Âryabhata
575 – Varâha-Mihîra, astrologue, auteur des *Cinq Canons astronomiques*. *Pañchasiddântikâ*
v. 600 – le tantrisme de courant vishnouïte et ses écoles : les Pâñcarâtra (=Bhâgavata) vers 600, les Vedântins vishnouïtes (dès les Nimbârka vers 1150), les Kabîrpanthî vers 1500, les Râdhâvallabhî en 1585, les Shrîvaisna, etc.
déb. viie s. – le tantrisme de courant shâktiste (>çâkta) et ses écoles : les Kaula de Matsyendranâth vers 1200 ?, le *Mahânirvâna-tantra* au xviiie s., etc.
609 – premier *tantra* connu (manuel de formules ésotériques)
630-644 – séjour de Hiuan-tsang en Inde
650-1500 – les 84 Mahâsiddha (=Siddhiâcârya), « Grands Parfaits, Adeptes » hindouistes ou bouddhistes ou jaïn, soit indiens soit tibétains, dont les Hindous Matsyendranâth, Goraksanâth
viiie s. – le tantrisme de courant traditionnel *(smârta)* : Shankara, etc.
– mention du *rope-trick* (miracle de la corde)
712 – invasions musulmanes, fin du Bouddhisme indien
v. 730 ? – **Shankara** (>Çankara), grand philosophe du système Vedânta, école Advaita (non-dualité)
v. 731 – Bhavabhûti, auteur dramatique avec traits tantriques et vedântiques
ixe s. – organisation des *sâdhu* en écoles
ixe s. ss. – le syncrétisme bouddho-shivaïte (Bouddhisme Kâlachakra + Hindouisme shivaïte) en Asie du Sud-Est (Cambodge, Java, Bali, etc.)
v. 850 – les *shaiva nâgâ sâdhu* (saints shivaïtes nus)
881 – le temple-montagne shivaïte du Bakong, en pays khmer, avec un *linga* au sommet
905 – le Soufi persan al-Hallâj, le premier, introduit l'Islâm en Inde. Sixième tradition indienne : le SOUFISME INDIEN
950-1050 – Khajurâho, architectures et sculptures tantriques vishnouïtes
v. 1000 – Abhinavagupta, philosophie tantrique shivaïte du Cachemire
fin xe s. – Phadampa Sangye, *sâdhu* shivaïte, au Tibet : le Gcod (rituel macabre)
1031 – al-Bîrûnî compare yoga et Soufisme *(Chronique de l'Inde)*
v. 1150 – début du tantrisme de la main droite avec le poète Laksmîdhara
v. 1200 – Matsyendranâth (>Macchendranâth), maître de Gorakhnâth, fondateur de l'école shâktiste Kaula
1225 ? – Gorakhnâth (>Kôrakkar), yoga tantrique shivaïte : fondateur du **hathayoga** et de l'école des Kânphata-yogi (Yogins-aux-oreilles-percées)
xive s. – Lallâ Yogiswari, poétesse, yoginî shivaïte itinérante, de langue cachemirienne
v. 1350 – l'école Sahajiyâ (avec Candîdâs, Rûpa), tantrisme vishnouïte antibrâhmaniste (proche de l'école Sahajayâna, tantrisme bouddhique v. 600)
v. 1500 – shrî Chaitanya (=Gauranga), dévot vishnouïte extatique, en Orissa
– Kabîr, poète, musulman
fin xve s. – princesse Mîrâ Baï, femme ascète poète
xviie s. – miniatures
v. 1650 – les *vaishnava nâgâ sâdhu* (saints vishnouïtes nus), ascètes formés aux arts martiaux, fondés par Bâlâ Nandaji

XVIIIe s. – *Mahânirvâna-tantra*, manuel tantrique hindou de la main gauche, au Bengale
v. 1750 – Râmprasâd Sen, poète et dramaturge de la Shakti, en langue bengalî
1828 – quatrième période de l'Hindouisme : le NÉO-HINDOUISME, soit traditionaliste (B. G. Tilak 1903, Rabindranath Tagore 1912, Â. K. Coomaraswâmy 1933) soit moderniste (Râmakrishna 1856, Vivekânanda 1893, shrî Aurobindo 1926, maharshi Mahêsh Yôgi 1958)
– le mot « karma » se répand en Occident
1856 – shrî **Râmakrishna** : expériences mystiques
1861 – Lahiri Mahâsaya de Bénarès, rénovateur du kriyâ-yoga et créateur du mythe de Bâbâji (Mage Vénéré, grand gourou vivant dans l'Himâlaya)
1875 – L. Jacolliot, ésotériste français, répand le thème de l'Agartha, Centre du Monde
1879 – le Théosophisme européen (Helena Petrovna Blavatsky, Annie Besant) en Inde
1885 – l'occultiste Al. Saint-Yves d'Alveydre se dit mandaté par un prince afghan
1893 – svâmi Vivekânanda expose l'Hindouisme vivant au Congrès mondial des religions
1896 – shrî Râmana maharshi, premier gourou à admettre des Occidentaux dans un *âshram*
1897 – Râmakrishna Mission, fondée par Vivekânanda : action sociale et éducative
1904 – R. Guénon tient le Vedânta pour la doctrine de la Tradition
1910 – Sai Baba de Shirdi, mage hindou et musulman, faiseur de miracles
1914 – shrî Aurobindo : mystique moderniste, yoga intégral (purnâ-yoga), *âshram* spiritualiste
1920 – Gândhî applique la notion râja-yogique de non-violence *(ahimsâ)* en politique
1922 – Mâ Ânanda Moyî, femme maître en yoga et en Vedânta
– Meher Baba, né zoroastrien à Poona, rassembleur de toutes les religions
1923 – svâmi Râmdâs (>Râmâ-Dâsâ)
1925 – Ajit Mookerjee, tantriste
1929 – J. Krishnamurti, Hindou utilisé par les Théosophistes, devenu indépendant
1931 – M. Eliade dans un *âshram* (ermitage) himâlayen avec svâmi Shivanânanda
1933 – Â. K. Coomaraswâmy, philosophe (guénonien) et historien de l'art
1941 – Sai Baba de Puttaparthi, mage hindou et faiseur de miracles (comme l'autre Sai Baba)
1946 – paramahansa Yogânanda, *Autobiographie d'un yogi*
1958 – maharshi Mahêsh Yôgi et la « méditation transcendantale » : pour Occidentaux
1959-1970 – mode de l'ésotérisme hindou en Occident : gourou, *âshram*, Krishna...
1974 – le néo-Tantrisme (dès Osho Rajneesh, « l'ascète aux 70 Rolls-Royce »)

L'Hindouisme est un effort pour dépasser absolument, résolument, expérimentalement la condition humaine, par un livre non humain, les *Veda*, et par une pratique sur-humaine, le yoga.

Je prends un quotidien indien, *The Hindu*. *India's National Newspaper*, Madras, Tuesday, September 13, 1994. À côté des dernières nouvelles politiques, sportives, etc., on lit des articles comme celui-ci : « *God is not guided by status of devotees* », « *The Karnâtaka Government is making efforts to rekindle people's interest in Yajur-Veda which is hit by shortage of herbal ingredients* », « *Coming shortly : "Svâmi Vivekânanda", a film by Swarnakamal Award Winner (hindi). An enduring heritage, a contemporary vision* ». Imagine-t-on en Occident un film sur le curé d'Ars ? un article sur la médecine druidique dans un quotidien à grand tirage ? En Inde, oui !

L'Occidental tient celui qui dérange pour la norme : fumeur/non-fumeur, malade/non-malade (il n'y a pas de science de la santé). Le non-fumeur doit s'adapter. L'Indien, lui, tient l'homme spirituel pour la norme : *vegetarian/no-vegetarian* (c'est ce dernier qui déroge, en faisant tuer les animaux), *hindu/no-hindu*...

Un dévot m'avait invité, quelques jours plus tôt, à la fête de Ganesha, le dieu-éléphant, le protecteur des intellectuels. Il était bien hospitalier, ce dévot. Il posa même entre mes sourcils la marque verticale rouge. Il était bien pieux, ce dévot. Mais il ne me fit pas entrer dans le temple. Il était bien hindou, ce dévot ! Et il avait raison.

L'Inde est le pays des extrêmes comme la Chine est le pays du milieu. Quand on cherche en Inde, on est sûr de trouver de la profondeur ; quand on cherche en Chine, on est sûr de trouver de l'ordre. En Inde, les excréments et les dieux se côtoient, la vache peut lâcher une bouse dans un temple, mais la vie tient à ces rencontres. En Chine, en revanche, on ordonne, on hiérarchise. L'Inde préfère entrelacer, tisser. La première impression face à la réalité hindoue est celle d'un prodigieux enchevêtrement, comme devant une pelote de laine faite de plusieurs fils. Mais, peu à peu, ce qui semblait confus paraît simplement inextricable, et l'inextricable finit par sembler simplement arrangé. Par exemple, ceux qui suivent le courant (religieux) shivaîte adoptent le système (philosophique) sâmkhya, mais pas toujours ; ils se divisent en cinq écoles (Pâshupata, etc.), chaque école comprend diverses branches, qui, aussi bien, revendiquent un sage bouddhiste. Un texte dit : « Il faut être un dévot de Vishnou dans les fêtes du temple, un fidèle de Shiva chez soi, et un *shâkta* (un tantriste) dans le secret. » Le dieu Krishna donne la formule de ces interpénétrations : « Je tourne de tous côtés mes visages multiples » (*Bhagavad-Gîtâ*, chant IX, 15).

Ce qu'on appelle, depuis 1823, « Hindouisme » n'est pas une religion, mais l'ensemble des mœurs de ceux qui vivent dans le milieu hindou, c'est-à-dire, géographiquement, autour de l'Indus et du Gange mais aussi de l'Inde drâvidienne. C'est plutôt un mode de vie, une « civilisation traditionnelle », qui couvre l'ensemble des aspirations et des besoins. Les Indiens parlent de *Sanâtana dharma*, « Loi éternelle ». On est hindou comme on est corse, non pas comme on est catholique. Je serais tenté de considérer le Bouddhisme, non pas comme une autre religion face à la religion hindoue, mais comme une autre voie à l'intérieur de la vie hindoue. L'Islâm, en revanche, est nettement une religion, et étrangère au milieu hindou.

Quand les *Ârya*, les Indo-Européens, sont arrivés au nord-ouest de l'Inde, il existait des cultes indigènes, non-âryens. On trouve donc, dans le passé comme dans le présent, la coexistence de traditions indigènes [1], marquées par le chamanisme, le culte de la Déesse-Mère, et d'une tradition indo-européenne, qui sera le Védisme.

LA CIVILISATION PRÉ-*ÂRYA* DE L'INDE : MOHENJO-DARO

L'ésotérisme de l'Inde commence avant l'arrivée des Âryens et du Védisme. Vers 2500 av. J.-C., une civilisation, urbaine, commerçante, artistique fleurit dans le cours du bas Indus, dans l'actuel Pâkistân. Suivons Louis Renou.

La civilisation de Mohenjo-Daro et de Harappâ est souvent appelée « civilisation de l'Indus », assez improprement puisque les autres civilisations de la même région auraient droit à la même dénomination. Elle s'étendait sur un vaste territoire, Mohenjo-Daro et Harappâ étant distantes de 700 kilomètres. Son époque est fixée par la présence de quelques-uns de ses sceaux en Mésopotamie, dans des couches de 2500 environ av. J.-C. Elle est caractérisée par la variété et la perfection de ses industries et surtout par de grands travaux d'urbanisme. [...]

Des figurines représentant des femmes sont souvent interprétées comme attestant le culte d'une « Grande Déesse-mère », culte qui, de fait, a été très répandu en Asie occidentale et se retrouve dans celui de la Shakti adorée dans l'Inde classique. [...]

Un sceau représente un personnage assis à l'indienne sur un tabouret large et bas. Ce personnage, à trois visages, est coiffé d'une coiffure à deux cornes et environné d'animaux, un éléphant, un tigre, un rhinocéros, un buffle et deux antilopes à longues cornes. J. Marshall a voulu voir dans cette image une représentation d'un prototype de Shiva de l'époque classique et même de Shiva dans la forme de Pashupati, le « Seigneur des bêtes » [*Mohenjo-Daro and the Indus Civilization*, 1931, t. 1, p. 49 *sqq.*, 83 *sqq.*]. Cette conjecture est fortifiée par le fait qu'on trouve aussi à Mohenjo-Daro des pierres polies allongées et coniques qu'on croit être des représentations phalliques, des *linga*, comme ceux du shivaïsme classique. La supposition qu'il existait à Mohenjo-Daro une religion qui aurait donné plus tard naissance à celle de Shiva est d'ailleurs a priori vraisemblable. Shiva et sa *Shakti* n'apparaissent pas dans le *Veda*, élaboré par les envahisseurs âryens, mais bien dans des textes plus récents, à une époque où des religions nouvelles s'étaient constituées par fusion de cultes indigènes avec des croyances védiques et brâhma-

---

1. Voir *supra*, p. 204 (« L'ésotérisme jaune »). Chamanisme indien : R. Rahmann, « Shamanistic and Related Phenomena in Northern and Middle India », *Anthropos*, t. 54, 1959, p. 681-760. Mégalithisme indien : Koppers, « Monuments of the Dead of the Bhils », *Annali Lateranensi*, Rome, t. 6, 1942, p. 117-206.

niques. Il reste toutefois imprudent d'interpréter, comme on a quelquefois tendance à le faire, tous les détails des représentations de Mohanjo-Daro comme des traits précurseurs des religions indiennes classiques ou modernes. On a été jusqu'à voir dans la façon dont se trouve assis le « proto-Shiva » l'indice qu'il se livrait à la discipline mystique indienne du Yoga, mais la position en question, quoiqu'usitée dans le Yoga, n'est pas caractéristique de cette discipline ; c'est une position assise tout à fait banale dans l'Inde. [...]
L'écriture de ces sceaux serait [selon Hrozny, 1939, très contesté] apparentée à l'écriture hittite hiéroglyphique [indo-européenne]. La population de Mohenjo-Daro serait de même race que les « Hittites hiéroglyphiques », Kushites eux aussi. [...] La langue aurait été indo-européenne comme le hittite hiéroglyphique. Les Aryens qui ont apporté le sanskrit n'auraient donc formé qu'une seconde vague d'invasion indo-européenne dans l'Inde.

L. Renou (et J. Filliozat), *L'Inde classique. Manuel des études indiennes* (1947-1953), A. Maisonneuve, 1991, t. 1, p. 187-188. © A. Maisonneuve, Paris.

LE PROTO-SHIVA DE MOHENJO-DARO
(Terre cuite. J. Marshall, *Mohenjo-Daro and the Indus Civilisation*, 1931)

LE VÉDISME

Le Védisme est une religion importée. La branche orientale (indienne) du groupe indo-iranien, un groupe de la famille linguistique indo-européenne [1], l'amena en Inde. Les Indo-Iraniens firent scission. Le groupe

---

1. Voir *supra*, p. 496 (« Le Mazdâyasnisme... »).

iranien resta en Iran et composa l'*Avesta* et la tradition mazdéenne, le groupe indien s'en fut au Panjâb et composa le *Veda* et la tradition hindoue. Du bassin de l'Indus, les conquérants avancèrent jusqu'au bassin du Gange, puis ils envahirent l'Inde drâvidienne. Ces pasteurs, ces nomades se groupaient en clans, et chaque clan se divisait en trois fonctions, « prêtres », guerriers ou éleveurs-agriculteurs, selon la tripartition indo-européenne.

Le *Veda* est un livre de symboles ésotériques, presque de formules spirituelles, qui se présente déguisé en une collection de poèmes rituels.

Shrî Aurobindo, *The Hymns from the Veda, translated in their esoteric sense*, Sri Aurobindo âshram, Pondichéry, 1946.

Le *Veda* commence par une révélation orale ou une inspiration verbale. Le dieu Brahmâ souffle son esprit sur des Prophètes, des Voyants *(Rishi)*, dont la demeure symbolique se trouve dans la Grande Ourse (dans le Pôle, autrement dit). Il y a audition *(shruti)*. Le *Veda* n'a donc pas été, selon la tradition, élaboré par des hommes, mais donné sous forme de paroles à des hommes saints. Le *Veda*, révélation, reste non humain *(apaurusheya)* et non mortel *(sanâtana)* (*Rig-Veda*, X, 90, 9 ; III, 39, 2). Les textes glissent les noms des sept plus importants, les « Suprêmes Voyants » *(parama-rishi)*. Mais, comme sur la liste des Sept Sages de la Grèce, les noms diffèrent d'une source à l'autre. Le brâhmane Vasishtha aurait reçu le *Rig-Veda* VII, son rival le guerrier (puis brâhmane) Vishvâmitra aurait, lui, « entendu » le *Rig-Veda* III. L'iconographie donne aux *Rishi* la figure de vieillards barbus, tenant un fil sacré. Ils s'abouchent avec le divin.

Ô Brhaspati [maître de la prière : le créateur du Verbe], quand fut prononcée à l'origine la première Parole et qu'on donna des noms aux choses, ce qu'il y avait en celles-ci de meilleur, de pur, et **qui était caché, se révéla avec amour**.

Quand les Sages eurent formé la Parole en leur âme, comme se purifient les grains par le crible, alors les amis connurent ce que c'est que l'amitié. La beauté s'imprima sur leur langage.

Ils suivaient par le sacrifice les traces de la Parole : ils la trouvèrent, qui était entrée dans les poètes. La ramenant ils la partagèrent de multiple façon : les sept Sages l'ont fait retentir.

Plus d'un qui voit n'a pas vu la Parole ; plus d'un qui entend ne l'entend pas. À celui-ci elle a ouvert son corps comme à son mari une femme aimante aux riches atours.

Rig-Veda (1600 av. J.-C. ?), X, 71, 1-4, trad. du védique J. Varenne, *Le Veda. Premier livre sacré de l'Inde* (1965), Marabout-Université (1976), Verviers, Belgique, t. 2, p. 518. © Retz, Paris.

Les brâhmanes sont, à cette époque, les officiants qui connaissent les hymnes. Ils les transmettent à leur fils. Le *Veda* est ésotérique en ce sens aussi.

Le *Veda* se divise en quatre collections : *Rig-Veda* (Savoir des stances) consacré à la gnose, *Yajur-Veda* (Savoir des formules sacrificielles) consacré à la liturgie, *Sâma-Veda* (Savoir des mélodies liturgiques) consacré aux chants, enfin *Atharvâ-Veda* (Savoir des formules magiques) consacré à la magie. Des prêtres-bardes *(bahvrca)* ont conservé, puis mis en écrit bien plus tard cet immense recueil d'hymnes.

Les *Veda* soutiennent qu'à l'Origine Cela *(Tat)* était. Ce Cela, mot neutre, c'est le Brahman, conçu alors comme une puissance transcendante et immanente à la fois.

Comment fonctionne cette pensée védique ?

Elle se donne d'abord comme une **pensée par énigmes**. Ces énigmes *(brahmodya)* ne sont pas des jeux de sociétés, des joutes oratoires. Elles mettent à l'épreuve une connaissance profonde, celle qui transforme la vie. C'est pourquoi l'énigme peut prendre la forme de question, mais aussi de toute expression qui révèle une quête authentique. Un jeu de correspondances, un réseau d'initiations fonctionne. Savoir répondre sur la Lune, c'est la connaître et, par là, participer à sa vertu, la résurrection.

L'Oblateur [*hotar*, l'un des officiants du sacrifice, avec l'Acolyte, le Sacrifiant et le Surveillant] interroge : « Qu'est-ce donc qui se meut solitaire ? »

et le *bráhman* [celui qui préside le sacrifice, le Surveillant[1]] de répondre : « C'est le Soleil, là-haut, qui se meut solitaire ! »

par le moyen de ce *brahmodya* [dialogue sur le *brahman*, puissance mise en œuvre par le sacrifice] le Sacrifiant [le laïc au profit de qui le sacrifice est offert] obtient l'éclat.

L'Oblateur interroge : « Qu'est-ce donc qui naît de nouveau ? »

et le *bráhman* de répondre : « C'est la Lune qui naît de nouveau ! »

par le moyen de ce *brahmodya* le Sacrifiant obtient longue durée de vie. [...]

L'Oblateur interroge : « Je te le demande, quel est le firmament suprême de la Parole ? »

et le *bráhman* de répondre : « C'est le Brahman qui est le firmament suprême de la Parole ! »

par le moyen de ce *brahmodya* le Sacrifiant obtient la gloire brâhmanique.

Explications brâhmaniques de l'école Taittirîya. *Taittirîya-Brâhmana*, 3.9.5., trad. du sanskrit partielle J. Varenne, *Mythes et Légendes extraits des Brâhmanas*, Gallimard, 1967, p. 152. (Autres dialogues sur le *brahman* : *Shatapatha-Brâhmana*, X-XIV.)

La **pensée par analogies et correspondances** est très active. Comme toute pensée ésotérique, la pensée védique puis hindouiste pose des classifications, elle admet une herméneutique où chaque chose peut être

---

1. 1) Le *bráhman* : la parole sacrée, la prière sacrificielle, l'énoncé chargé d'une force surnaturelle (*Rig-Veda*, I, 154, 1 ; X, 61), puis la puissance dégagée, l'énergie cosmique mise en branle. 2) Le Brahman (mot neutre) : l'Absolu, impersonnel, unique, la Grande Âme. 3) Un *brahmán* (mot masculin) : un prêtre du sacrifice védique, son président, son Surveillant. 4) Brahmâ : dieu, le Créateur du monde, le Maître de la parole instauratrice. 5) Un brâhmane *(brâhmana)* : « prêtre », membre de la classe sacerdotale hindoue. 6) Les *Brâhmana* : textes d'explication. Brâhmanisme : un aspect (importance des commentaires) ou un moment (env. 800-200 av. J.-C.) de l'Hindouisme.

abordée à plusieurs niveaux, elle établit des concordances entre des éléments d'ensembles distincts, des analogies entre le divin et l'humain. La société humaine et le panthéon se répondent. Le microcosme *(pindânda)* et le macrocosme *(brahmânda)* se répètent, se signifient mutuellement. Le corps est analogue au monde, l'œil correspond au Soleil, l'œil et le Soleil représentent Brahman au niveau visible. La pensée va et vient, remonte et redescend. On parle du macrocosme avec la terminologie du microcosme, on parle du microcosme avec la terminologie du macrocosme : le monde a un œil (le Soleil), l'homme a un Soleil (l'œil), pour trouver un identique absolu (l'œil comme le Soleil sont lumière). Un Ordre *(rita)* identique règne sur les différents plans.

> Cet Agni [autel du feu] est l'année [...]. Cet autel du feu est Prajâpati [dieu : le Progéniteur], et Prajâpati est l'année. [...]
> Cinq saisons, cinq couches... cinq orients, cinq couches. Aussi, quand on empile les couches, c'est avec les orients que l'on construit Prajâpati qui est l'année.
>
> *Shatapatha-Brâhmana*, VIII, 2, 1, 17-18 ; VI, 1, 2, 18 *sqq.* ; trad. anglaise coll. « Sacred Books of the East », 1882-1900, t. 12, 26, 41, 43, 44.

Dans le Védisme, le modèle de la doctrine des analogies et correspondances se trouve dans la conception du sacrifice *(yajña)*. Le sacrifice védique veut régénérer le monde et l'homme. Il sert à faire remonter le sacrifiant, grâce à la flamme, jusqu'à l'origine, jusqu'au divin, dont l'homme est une étincelle. Comme le note H. Oldenberg[1], « le Sacrifice a moins pour effet de capter le bon vouloir du dieu que de le capturer lui-même par une sorte d'opération magique et de le soumettre à la volonté du sacrifiant ». Le sacrifiant donne des paroles, du lait, etc., par là le dieu se voit contraint, magiquement, rituellement, de rendre, et de rendre plus, santé, enfants, etc. Le sacrifice par excellence reste celui du *soma* (« ambroisie »)[2], la boisson sacrée, l'élixir de la vie « immortelle » *(amrita)*, présenté aux dieux dans le feu. L'homme offre quelques gouttes, le dieu lui rend de l'immortalité. Le *soma* procure l'extase, comme les autres élixirs indo-européens, ambroisie des Grecs, *haoma* des Iraniens[3], etc. Le *soma* et le *haoma* devaient provenir d'un champignon, l'amanite tue-mouches.

> Nous avons bu le *soma*, nous sommes devenus immortels,
> arrivés à la lumière, nous avons trouvé les Dieux. [...]
> Enflamme-moi comme le feu qui naît de la friction,
> illumine-nous, fais-nous plus fortunés !
>
> *Rig-Veda*, VIII, 48, trad. J. Varenne, *Le Veda*, éd. cit., t. I, p. 68. © Retz, Paris.

---

1. H. Oldenberg, *La Religion du Veda* (1894), trad. de l'allemand, F. Alcan, 1903, p. 265. S'aider de A. A. Macdonell et A. B. Keith, *Vedic Index of Names and Subjects*, Motilal, Bénarès, 1958, 2 t.
2. R. G. Wasson, *Soma. Divine Mushroom of Immortality*, Mouton, La Haye, 1968 ; *id.*, *Soma and the Fly-Agaric*, Harvard UP, Cambridge, États-Unis, 1968. *Shatapatha-Brâhmana*, III et IV, trad. anglaise J. Eggeling, SBE, 5 t., 1882-1900.
3. Voir *supra*, p. 496 (« Le Mazdâyasnisme »).

Cette conception du sacrifice se poursuit, plus tard, par le mythe cosmogonique de Prajâpati, l'Absolu démembré sous forme de « Mâle » *(Purusa)*, d'Homme Cosmique dépecé, de Macanthrope sacrifié. « Le dieu suprême, le progéniteur (Prajâpati) est à la fois le Sacrifié puisque tout est né de sa mort, le Sacrificateur puisqu'il est l'auteur de son sacrifice, et le Sacrifice même puisque tout est composé de la substance du dieu » (J. Boulier-Fraissinet). Des correspondances s'établissent entre parties du corps, castes, planètes, composantes de la personne, etc.

[L'Homme-Macrocosme]
L'Homme *(Purusa)* a mille têtes,
mille yeux, mille pieds,
après avoir couvert la Terre de toutes parts,
a débordé de dix doigts.
L'Homme est tout ce qui est,
ce qui fut et ce qui sera.
Il est maître aussi de l'immortel
dont par la nourriture il dépasse la croissance.
Telle est sa taille
et plus grand encore est l'Homme.
Tous les êtres sont un quart de sa mesure,
les trois autres sont l'immortel au ciel.
Avec ces trois quartiers l'Homme est monté là-haut.
Mais l'autre quart est demeuré ici,
d'où il a développé en tous sens
les choses qui mangent et celles qui ne mangent pas. [...]
Sur la Jonchée ils arrosèrent la Victime,
l'Homme, née au commencement :
les Dieux le sacrifièrent
et aussi les saints et les poètes. [...]
De ce Sacrifice à consommation totale
sont nés hymnes [*Rig-Veda*] et mélodies [*Sâma-Veda*] [...].
Sa bouche fut le Brâhmane [1re caste : les prêtres],
de ses bras on fit le Guerrier [2e caste : les guerriers],
ses jambes c'est le Laboureur [3e caste : les éleveurs-agriculteurs],
le Serviteur [4e caste, non âryenne : les serviteurs] naquit de ses pieds.
La Lune est née de son esprit,
le Soleil est né de son œil,
de sa bouche Indra [dieu de la foudre] et Agni [dieu du feu],
de son souffle est né Vâyu [dieu du vent].

Rig-Veda, X, 90, trad. J. Varenne, *Le Veda*, éd. cit., t. 2, p. 498-500. © Retz, Paris.

Cette doctrine ésotérique des correspondances se double d'une pratique initiatique de l'analogie, puisque l'homme s'identifie à l'Homme. En sacrifiant, il se sacrifie, il s'unit à l'Absolu. Quand le non-initié offre des choses extérieures à des dieux transcendants, l'initié se démembre, se sacrifie, se « tue », pour devenir le dieu qu'il est virtuellement. Le non-initié donne du lait à Agni qui, en retour, lui procurera la prospérité familiale ; l'initié, lui, se donne, se perd, renonce aux plaisirs, nie le moi personnel, et il gagne le tout, il devient Âme universelle, Brahman.

La doctrine des correspondances a pris aussi la forme de la théorie des trois *guna*. Selon les *Upanishad* puis le système Sâmkhya [1], la Nature se compose de trois « qualités » *(guna)* : *sattva* (qualité lumineuse et intelligente), *rajas* (qualité dynamique et passionnelle), *tamas* (qualité obscure et inerte). Les couleurs interviennent d'abord : « Ce qui apparaissait rouge, ils savaient que c'était la forme du *tajas*, ce qui apparaissait blanc : la forme de l'eau, ce qui apparaissait noir : la forme de la nourriture » (*Chândogya-Upanishad*, VI). Les trois fonctions indo-européennes sont mises en correspondance : le *sattva* domine chez le brâhmane, le *rajas* chez le guerrier, le *tamas* chez le ravitailleur (*Mahâbhârata*, XIV, 39, 11). Ce système est plus ou moins ésotérique dans la mesure où il n'est pas dit clairement ; de grands savants comme L. Renou ou J. Gonda s'y sont trompés, en présentant les analogies et correspondances comme des classifications [2]. Il s'agit plutôt d'une grille des correspondances d'ordre 3, qui permet de comprendre, de classer, de découvrir le Tout et ses parties.

GRILLE DES CORRESPONDANCES CHEZ LES HINDOUS :
LES TROIS *GUNA*

Guna	Couleurs	Éléments	Zones	Fonctions
sattva luminosité	blanc	eaux	Ciel	souveraine
rajas activité	rouge	feu	Atmosphère	guerrière
tamas obscurité	noir	nourriture	Terre	économique

La **pensée par homologations et syntonies** s'exerce comme une application de la doctrine des analogies et correspondances. Le *Rig-Veda* met en parallèle (X, 85) la rencontre du Soleil et de la Lune avec le mariage de l'homme et de la femme. Lors du mariage, le parallèle se fait entre l'union de l'homme et de la femme et l'union du ciel et de la terre : l'époux, au moment de procréer, dit à l'épouse : « Je suis le Ciel, tu es la Terre » (*Brhad-Âranyaka-Upanishad*, VI, 4, 20).

La pensée védique, hindoue est, bien entendu, dans ses formes les plus profondes, une **pensée par secret et initiation**, aujourd'hui encore. Le secret croît au cœur de l'Hindouisme, comme sa sève. L'Absolu, par

---

1. *Chândogya-Upanisad*, VI. Îshvarakrishna, *Sâmkhya-Kârikâ* (ve s.), II, 16 (trad. Anne-Marie Esnoul, *Les Strophes de Sâmkhya*, Les Belles Lettres, 1965).
2. J. Naudou, « L'analyse ternaire de la nature dans la pensée indienne », *Revue de l'histoire des religions*, PUF, t. 197, fasc. 1, janv.-mars 1980, p. 7-26.

nature *(svabhâva)*, dépasse le nom, la forme, l'action, voilà le secret mystique. La connaissance, qui est donc une gnose et une expérience, pas un dogme, pas un rite, doit être réservée, mise à l'écart du premier venu, qui en usera mal, ou qui sera détruit par elle, voilà le secret ésotérique. Mais l'enseignement d'un gourou autorise ce premier venu à s'approcher de l'Absolu, peut-être à s'unir à lui, voilà le secret de l'initiation.

[Secret mystique] L'Absolu est « privé de qualités » *(nirguna)* et inconcevable *(acintya)*. [...]

[Secret ésotérique] Lahiri Mahâsaya avait soigneusement divisé le *kriyâ* [kriyâ-yoga : yoga des actions] en quatre phases d'initiation. Il ne communiquait les trois degrés supérieurs qu'aux disciples ayant déjà fait preuve de progrès spirituels. [...]
Lahiri Mahâsaya avait coutume de dire, au sujet des miracles :
– Le fonctionnement des lois subtiles, en général inconnu, ne doit pas être l'objet de discussion publique ou de publication sans aucune discrimination.

Yogânanda, *Autobiographie d'un yogi* (1946-1951), trad. de l'anglais, Adyar, 1968, p. 89, 333 et 339.

L'ésotérisme védique est la connaissance des *mantra*, « formules liturgiques ». On en compte quelque 25 000 dans les *Veda*. Cette gnose ne consiste pas simplement dans la mémoire de formules sacrées, mais aussi dans l'art de les manipuler, de les prononcer efficacement, de les utiliser dans les rites, etc. La connaissance des *mantra* est ésotérique. Le maître ne communique un *mantra* qu'à un disciple avancé, et il le murmure, il le dit à l'oreille, tant pour le préserver des non-initiés que pour lui conserver sa vraie nature, qui est phonique. Étymologiquement, le *mantra* est une libération *(tra)* du mental *(man)*. Le *mantra* est la forme la plus énergétique de l'Énergie même : elle est l'aspect sensible de la Parole divine. Le *mantra* fait ce qu'il dit, il réalise magiquement ce qu'il prononce mystiquement. Le plus célèbre *mantra* est le monosyllabe *om*, qui apparaît dès le *Yajur-Veda*. *Om* est ésotérique, graphiquement et phonétiquement. Quel est son ésotérisme graphique ? Recopions K. Friedrichs [1]. « Le symbole OM est composé de trois courbes, d'un demi-cercle et d'un point formant un tout fermé. Les trois courbes sont reliées entre elles et s'engendrent mutuellement. Seuls le point et le demi-cercle sont indépendants. C'est le point qui domine tout. Ce graphique symbolise les trois états de conscience *(avasthâ)* : éveil, rêve et sommeil profond, ainsi que la conscience suprême ou Soi qui surveille et pénètre toutes choses. Le demi-cercle placé sous le point n'est pas fermé ; il désigne l'infini et indique que la pensée finie n'est pas en mesure d'appréhender la profondeur ou l'élévation du point. Le monde matériel de la conscience éveillée, le niveau de l'activité extérieure, donc du plus concret, est figuré par la plus grande courbe, celle du bas. Le niveau de l'état de rêve que stimulent

---

[1]. Apud *Dictionnaire de la sagesse orientale*, Robert Laffont, coll. « Bouquins », 1989, p. 402.

non pas les objets extérieurs, mais uniquement des concepts de la pensée, est symbolisé par la deuxième courbe, plus petite, qui se situe pour ainsi dire à mi-chemin entre la veille et le sommeil. La courbe du haut symbolise l'inconscient que nous appelons sommeil profond ; elle sert d'intermédiaire, car c'est elle qui se trouve le plus près de la conscience absolue. Le point représente la conscience absolue qui illumine et domine les trois autres registres ; c'est *Turîya*, le quatrième. »

LE SYMBOLE *OM* SOUS FORME GRAPHIQUE

Quel est, maintenant, l'ésotérisme phonétique de *om* ? *Om* est un monosyllabe constitué de deux phonèmes, ou plutôt de trois phonèmes *(kâra)* : A + U + M, la courte diphtongue *o*, prononcée *au*, et un *m*, longue labiale *(osthya)* nasale *(anusvâra)*, point d'orgue prolongeant le *o*. *Hûm* est la dernière lettre de l'alphabet sanskrit. Ainsi *o* qui semble un est deux, et *m* qui semble un est zéro puisqu'on ne l'articule pas. *M* est indicible comme l'essence ultime est indicible. Voilà pour la forme de *om*. Quel est son fond ? *Om* est la manifestation sonore et graphique de la nature occulte du monde. C'est le brahman comme son.

L'ÉSOTÉRISME HINDOU DES TEXTES : *ÂRANYAKA, UPANISHAD*

Le Védisme comme tel a disparu pour laisser la place à l'Hindouisme. Le phénomène s'est, évidemment, déroulé sur des siècles, en prenant d'abord la forme du Brâhmanisme, puis de l'Hindouisme classique, enfin du néo-Hindouisme. Le système des castes se durcit (vers 500 av. J.-C.), de nouveaux panthéons apparaissent...

On peut distinguer « hindou » et « hindouiste » en disant que « hindou » couvre toute la civilisation, tandis que « hindouiste » insiste sur l'enseignement.

Parler d'Hindouisme n'est qu'une manière commode de désigner la tradition indienne, en excluant le Bouddhisme et le Jaïnisme comme les coutumes des tribus primitives et les civilisations pré-âryennes. L'Hindouisme dessine une piste immense, quasiment infinie, vers la libération. S'y côtoient des fous et des sages, des ermites et des savants. Cette route a ses grands axes, ses sentiers, ses raccourcis.

Malgré tout, quelques idées claires et fortes émergent. L'une dit que l'initiation commence avec la respiration. Une autre idée soutient que l'homme ne se confond ni avec son corps (ce qui est une banalité) ni avec son mental (ce que l'Occident n'est même pas prêt à commencer de comprendre).

Parmi les innombrables textes sacrés de l'Inde, certains seulement présentent un intérêt ésotérique. Lesquels ?

Il faut citer les *Âranyaka*. Le mot signifie « Forestiers ». Il s'agit de livres destinés à être médités en forêt, auprès d'un maître. Ces ouvrages sont des « portions ésotériques » (comme dit L. Renou), des appendices occultes aux *Brâhmana*, les vastes commentaires des *Veda*. Ils datent du VIIIe au Ve s. av. J.-C. Dans les *Âranyaka* on trouve des théories secrètes sur la cosmogonie, la théologie, les rituels. Ces œuvres s'adressent à une élite, d'où le fait qu'on les donne en forêt, loin des yeux. L'enseignement cherche et goûte la source unique, « l'Embryon d'or » dont parle le *Rig-Veda* (X, 121). Cette source des choses est aussi la source de la connaissance, et donc de l'immortalité, de la béatitude.

> Ce en quoi tout ici-bas s'assemble et se disperse,
> ce sur quoi Tous les Dieux ont eu leur assise,
> c'est Cela, qui était, ce qui fut, ce qui sera :
> Cela même, dans l'impérissable, le suprême firmament. [...]
> Rien autre n'est plus grand que Cela, ni plus intime ;
> plus haut que le haut, plus grand que le grand,
> ce Mystère Unique, non manifesté, qui a pour forme l'illimité,
> le Tout, l'Ancien d'au-delà les ténèbres [...].
> Quant à moi, je le connais ce *Purusa* [Homme] majestueux :
> couleur de soleil, il vient d'au-delà des ténèbres !
> À le connaître ainsi on gagne l'immortalité,
> Il n'y a pas d'autre chemin pour y aller.

Écrits de la forêt de l'école Taittirîya. Taittirîya-Âranyaka, X, 1, trad. J. Varenne, *Le Veda*, éd. cit., t. 2, p. 505-506. © Retz, Paris.

À propos d'ésotérisme hindouiste, il faut citer surtout les *Upanishad*. À mon avis, ce sont les textes ésotériques les plus beaux qu'ait donné la civilisation indienne. Comment traduire le mot *Upanishad* ? L'étymologie renvoie à *upa-*, « proche de », à *ni*, « bas », et à *-sad*, « s'asseoir », « assis aux pieds ». On pense à l'enseignement auprès d'un maître spirituel, le gourou. Les sanskritistes traduisent *Upanishad* par « doctrine ésotérique », « enseignement secret », « connexion ésotérique [1] ».

Maitreyî [une de ses deux épouses] dit alors :
– Que ferais-je de ce qui ne me rendra pas immortelle ? Ce que vous savez, Seigneur, daignez me le dire.
Yâjñavalkya [célèbre maître] dit :
– [...] Viens, assieds-toi, je t'expliquerai. Prête attention à mes explications. [...] Je ne parle pas pour affoler ; ce que je dis ne vise qu'à connaître.
Grande Doctrine ésotérique de la forêt. Brhad-Âranyaka-Upanishad (vers 550 av. J.-C.), II, 4, trad. partielle L. Renou. Trad. intégrale : É. Senart, Les Belles Lettres, 1934.

Et le maître, ésotériquement, avertit qu'il y a ésotérisme.

En ce temps-là, Brahman,
le Seigneur, annonça :
« La doctrine que je vais révéler
dépasse de très loin
les possibilités d'un esprit ordinaire ;
secret des secrets,
elle ne doit pas être divulguée,
mais réservée à l'homme de bien
qui, fermé à l'illusion du monde,
Désire l'entendre seule ! »
Il y a deux regards :
Science et Nescience [*avidyâ* : ignorance] ;
le premier libère,
le second enchaîne ;
mais il faut savoir
qu'ils sont étroitement associés.

Doctrine ésotérique de la Grande Parole. Mahâvâkya-Upanishad, 1-3, trad. du sanskrit J. Varenne, *Upanishads du Yoga* (1971), Gallimard, coll. « Idées », n° 308, 1974, p. 162. © Gallimard, Paris.

Ésotérisme de contenu : « Brahman est réalité, connaissance, infinitude. Celui qui sait qu'il est caché dans le cœur et au suprême firmament, il réalise tous ses désirs avec le sage *brahman* » (*Taittirîya-Upanishad*, II). Ésotérisme de forme : « Qu'un père, donc l'enseigne, ce *brahman*, à son fils aîné, à un élève, jamais à personne d'autre » (*Chândogya-Upanishad*, III, 5). Ésotérisme d'expression : « Ce *brahman* [...] ne peut être révélé par les Écritures » (*Yogatattva-Upanishad*, 7). Ésotérisme de but : « Je vous initierai. Vous ne vous êtes pas écarté de la vérité » (*Chândogya-Upanishad*, IV, 4).

Les *Upanishad* opèrent une révolution dans la pensée indienne. Alors que les *Veda* ont été rédigés plutôt par les prêtres, les *Upanishad* ont été élaborées plutôt par des guerriers. Elles font passer l'initié hindou de la

---

1. Â. K. Coomaraswâmy : « Le mot *upanisad* paraît signifier "enseignement secret" » (*Pour comprendre l'art hindou*, trad. de l'anglais, AWAC, Rennes, 1979, p. 14).

voie rituelle, appelée *karma-mârga* (voie de l'acte), fondée sur le sacrifice et les austérités, à la voie métaphysique, appelée *jñâna-mârga* (voie de la gnose), fondée sur l'idée d'unité et la pratique d'union par l'ascèse, par le yoga. On insiste moins sur les dieux, au pluriel, davantage sur l'Absolu, au singulier. Le salut, désormais, passe par la connaissance, par une connaissance ésotérique. Mais laquelle ? Quelle gnose donne la délivrance ? Le disciple énumère ses savoirs, le maître lui oppose l'expérience du soi, de l'Absolu, de l'identité soi-Absolu.

Deux sciences sont à connaître, voilà ce que les connaisseurs du *brahman* [parole, puissance] ont coutume de dire ; l'une est supérieure et l'autre inférieure.

L'inférieure est le *Rig-Veda*, le *Yajur-Veda*, le *Sâma-Veda*, l'*Atharvâ-Veda*, la Phonétique, le Rituel, la Grammaire, l'Étymologie, la Métrique, l'Astronomie.

Et la science supérieure est celle par laquelle on atteint l'Impérissable. Ce qui est invisible, insaisissable, sans famille ni caste, sans yeux ni oreilles, sans mains ni pieds, permanent, omnipénétrant, omniprésent, tout subtil, inaltérable, c'est cela que les sages considèrent comme la matrice de tout ce qui existe. [...]

Par l'ascèse, le *brahman* se construit, de là provient la nourriture, de la nourriture le souffle vital, l'intellect, le réel, les mondes, et ce qu'il y a d'immortel dans les actes.

Mundaka-Upanishad, I, 1, 4-8, trad. J. Varenne, *Le Veda*, éd. cit., t. 2, p. 687-688. © Retz, Paris.

Les *Upanishad* sont une métaphysique et une initiatique de l'Absolu. Les auteurs connaissent un Principe ineffable, appelé de ce fait : « Cela » *(Tat)*.

> Ce en quoi toutes choses ici
> s'assemblent et se dispersent,
> ce sur quoi les dieux
> ont obtenu leur assise,
> c'est Cela,
> qui fut, qui est, qui sera ;
> Cela dans l'impérissable,
> le suprême firmament.

Doctrine ésotérique du grand chemin humain. Mahânârâyâna-Upanishad, trad. J. Varenne, éd. De Boccard, 1960.

Un autre nom est « Brahman », mot neutre. *Brahman*, au départ, désigne la « formule liturgique » *(mantra)* qui amplifie *(brh)*.

Mais, le Brahman, le Cela, n'est pas un dieu transcendant.

Le Cela est aussi Ceci. L'Âme universelle (Brahman) s'identifie à l'âme individuelle *(âtman)*, de sorte que la vraie nature de l'homme n'est pas son moi égoïste, mais un soi, une âme identique, anonyme. Le je est jeu, le soi est roi. Âtman est un pronom réfléchi : se penser revient à penser (son) *âtman*. Je suis soi. Le macrocosme *(brahmânda)* se retrouve dans le microcosme *(pindânda)*. Maximum comme minimum ont même nature : absoluité, ineffabilité, éternité, identité. Tu es Brahman ! L'Absolu pénètre tout. Chaque être contient tout l'Être. Entre totalité et partie l'analogie est parfaite. Yâjñavalkya, le premier, a formulé l'idée de non-dualité *(advaita)*, que développera le système Vedânta. Deux grands invariants [1] de l'ésotérisme se rencontrent, l'impersonnalité et l'analogie.

Toutes les créatures, ici-bas, ont l'Être pour racine, l'Être pour refuge, l'Être pour support.

Et comment ces trois divinités que sont le feu, l'eau, la nourriture se combinent triplement en l'homme, je te l'ai déjà expliqué. Sache seulement que lorsqu'il meurt sa voix passe dans sa pensée, sa pensée dans son souffle, son souffle dans le feu [du bûcher funéraire] et le feu dans cette divinité suprême qu'est l'essence subtile.

L'univers tout entier s'identifie à cette essence subtile, qui n'est autre que l'Âme ! **Et toi aussi, tu es Cela** *(Tat twam asi)*, Shvétakétu !

– Seigneur, instruisez-moi davantage !, demanda-t-il à son père.

Celui-ci accepta :

– Les abeilles, mon cher Shvétakétu, préparent le miel en recueillant les sucs de plantes diverses qu'elles réduisent à un suc unique. Mais, de même que ces divers sucs sont incapables, après avoir été réduits à l'unité, de se souvenir qu'ils appartiennent les uns à telle plante, les autres à telle autre, de même, mon cher, toutes les créatures ici-bas, lorsqu'elles entrent dans l'Être, ignorent qu'elles y entrent : tigre ou lion, loup ou sanglier, ver ou papillon, mouche ou moustique, quelle que soit leur condition ici-bas, elles sont toutes identiques à cet Être qu'est l'essence subtile.

L'univers tout entier s'identifie à cette essence subtile, qui n'est autre que l'Âme ! Et toi aussi, tu es Cela, Shvétakétu !

Doctrine ésotérique de l'école Chândogya. Chândogya-Upanishad (VIᵉ s. av. J.-C.), VI, 8, 4, trad. partielle J. Varenne, *Sept Upanishads*, Éditions du Seuil, coll. « Points. Sagesses », n° 25, 1981, p. 41-42. © Éditions du Seuil, Paris.

Autrement dit, selon les « grandes paroles » *(mahâvâkya)* :

– Cela tu l'es. *Tat twan asi (Chândogya-Upanishad*, VI, 8, 7)
– Je suis le *brahman*. *Aham brahma asmi (Brhad-Âranyaka-Upanishad*, I, 4, 10)
– Je suis Lui. *So'ham (Mahâvâkya-Upanishad)*
– Tout est Brahman. *Kham Brahm*
– Seul l'Un. *Ekam sat*
– Le Brahman est sapience. *Prajñânam Brahma (Aitareya-Upanishad*, III, 5, 3).

Il faut imaginer le disciple, déjà savant, déjà ascète, apprenant cette nouvelle vérité. Il ne l'apprend pas comme on apprend un dogme de théologie, une formule mathématique. Il l'apprend comme l'amoureux connaît, comme le cuisinier goûte. Car Brahman n'est pas un concept mais une réalisation spirituelle. Il est réel, on le réalise. L'idée est ésotérique, elle suppose une initiation. On ne saisit point l'identité du Cela et du Tu par les noms *(nâman)*, par les raisonnements *(vâda)*, mais par une réalisation spirituelle *(sâdhana)*.

« Tu es Cela. » La phrase est ésotérique. Elle ne signifie pas que l'ego

---

1. P. A. Riffard, *L'Ésotérisme*, éd. cit., p. 311-319 (l'impersonnalité), 335-349 (les analogies et correspondances).

(aham) s'identifie à l'Absolu (Brahman), mais que le soi profond, « l'âme vitale » *(jîvâtman)*, le Je réel s'identifie par nature au Soi absolu, « l'Âme suprême » *(paramâtman)*. On l'ignore, d'où le malheur.

La connaissance sauve. Mais de quoi et par quoi ? Une autre idée ésotérique pointe : la **doctrine du karma**. Le mot *karma, karman* (« acte [1] ») change de sens, il ne désigne plus comme dans le Védisme la force de l'acte rituel avec ses effets magiques, mais le poids de l'acte moral avec ses conséquences humaines.

Ce changement, on le doit encore à Yâjñavalkya, « le meilleur brâhmane » *(Brhad-Âranyaka-Upanishad*, III), vers 550 av. J.-C. En gros, les orientalistes soutiennent que la doctrine du karma puis de la transmigration des âmes est postvédique, tandis que les Hindous la tiennent pour védique et citent le *Rig-Veda* (IV, 2, 18 ; IV, 26, 1 ; IV, 27, 1 ; XI, 16, 3). Avec un regard neutre, on ne la décèle ni dans les *Veda* ni dans les *Brâhmana*. Les arguments des Indiens paraissent aussi peu solides que ceux de leurs collègues chrétiens découvrant la thèse du paradis dans les Évangiles. La première mention prend place dans les *Upanishad*, dès la première, la *Brhad-Âranyaka-Upanishad*.

La doctrine du karma soutient que tout acte a des répercussions sur l'existence actuelle et sur l'existence posthume. Chacun de nos faits entraîne des conséquences dans cette vie et même après la mort, soit que l'homme reçoive éternellement au ciel récompense ou provisoirement en enfer châtiment, soit qu'il ait sa rétribution en partie dans le monde des mânes et en partie dans une nouvelle incarnation, soit qu'il s'incarne dans un nouveau corps animal [2] ou humain qui est fonction de son existence passée. L'ignorant, dès cette vie, barbote dans le malheur. Après la mort, lui ou ses constituants resteront attachés au malheur d'une façon ou d'une autre, plus ou moins longtemps. Le connaissant, lui, est une étincelle qui retourne au feu originel, une âme individuelle qui se fond dans l'Âme cosmique selon les correspondances connues des seuls sages. La doctrine se donne pour ésotérique : occulte et réservée. Pourquoi ? Elle place le destin entre les mains de l'homme, et non plus dans les dieux ou chez les prêtres ! L'homme par ses actes fait son destin présent et son destin futur. Mais comme l'Hindou s'intéresse peu au moi personnel, comme la doctrine est ésotérique, il faut chercher autre chose que l'idée hypocrite d'après laquelle l'homme sage est heureux ou l'idée religieuse d'après laquelle on se réincarnera en fonction des actions commises.

---

1. *Karman* : « acte, œuvre ». 1) Sens dans les *Veda* : le rite, en particulier le sacrifice, acte par excellence (*Shatapatha-Brâhmana*, I, 1). 2) Sens dans les *Upanishad* : le fruit de l'acte, la conséquence en ce monde ou ailleurs de ses paroles, de ses gestes ou de ses pensées, donc la somme de ces conséquences (le poids du karma), qui entraîne la loi de rétribution des actes (la chaîne du karma).
2. *Chândogya-Upanishad*, V, 10, 7.

– Yâjñavalkya, dit-il, quand de l'homme, à la mort, la voix entre dans le feu, le souffle dans l'air, l'œil dans le Soleil, l'esprit dans la Lune, l'oreille dans les régions de l'espace, le corps dans la terre, l'âme dans l'éther, les poils dans les plantes, les cheveux dans les arbres, que le sang et le sperme se déposent dans les eaux, où est, alors, l'homme ?

– Prends ma main, Artabhâga, mon ami ; nous devons seuls connaître de ces choses ; **nous ne devons pas nous en entretenir en public**.

Alors, se retirant à l'écart, ils causèrent. Et, parlant, c'était de l'action *(karman)* qu'ils parlaient et, louant, c'était l'action qu'ils louaient : **on devient bon par l'action bonne, mauvais par l'action mauvaise**.

Et Jâratkârava Artabhâga se tut.

Brhad-Âranyaka-Upanishad, III, 2, trad. É. Senart, Les Belles Lettres, 1934.

Au fil du temps, la doctrine a évolué. Le karma fut d'abord conçu comme collectif, affaire de clan ou de famille. Le fils endosse les actes du père. La traduction de la doctrine du karma en doctrine de la transmigration est postérieure et exotérique. Il y a loin, historiquement et philosophiquement, de la doctrine du karma à la doctrine de la transmigration, aussi loin que de l'ésotérisme à l'exotérisme. Je tiens la doctrine de la réincarnation pour religieuse, métaphysique, mais pas ésotérique. La doctrine de la transmigration ne se place qu'au point de vue moral, elle ramène les composantes de l'homme à une âme qui va s'implanter ailleurs. La doctrine du karma s'ouvre sur de plus vastes horizons. D'une part, dans cette vie, les actes vont à leur destination. Le comportement du vautour le conduit au charnier comme le comportement de l'aigle au sommet, rien au fond n'interdit au vautour d'aller sur les sommets ou l'aigle sur les charniers. L'acte juste s'adjoint à la bonne existence, ce qui ne veut pas dire forcement l'existence riche, mais l'existence lumineuse. Le paradis est aussi sur terre, il est lumière, l'enfer existe autant de son vivant qu'après la mort, et, comme le malheur vient de l'ignorance, il est ténèbres, même sous la forme de plaisir. Socrate aussi identifie vertu, connaissance, bonheur. Les gestes, paroles, pensées orientent notre sort. Qui se met en tête des idées de perfection se dirige vers la perfection. Il ne faut pas chercher le responsable dans des dieux mal intentionnés ou dans quelque rite efficace ou inopérant. D'autre part, après la mort, les actes ont encore un impact, ils continuent leur influence. Dans cette vie, l'origine conduit à la fin, l'aigle au sommet ; dans l'autre vie, la fin conduit à l'origine, le sommet à l'aigle. Analogie inverse. Les constituants de l'homme font retour à leur origine. Le feu retourne au feu. Si on a accumulé la boue on revient à la boue. Cette fois, on pense à Platon, qui condamne le bouffon à se réincarner en singe, mais on voit la théorie de l'affinité derrière la caricature [1]. Les Hindous insistent sur les correspondances et les analogies. Hommes, animaux, plantes vivent en sympathie.

---

1. Platon, *La République*, X, 616-620.

Les éléments du monde entretiennent des rapports d'affinité. Dit exotériquement, le jouisseur est un cochon et se réincarnera en cochon ; dit ésotériquement, le jouisseur se limite à l'élément grossier, au plan physique, le groin collé au sol. À sa mort, ses constituants retourneront à leur origine, sa graisse à la terre, et bien peu au divin, à la lumière. Dans une basse-cour, sans que le maître doive donner des ordres, naturellement, les porcs se dirigent vers le fumier, les canards vers la mare, le coq sur les hauteurs. Leurs actes, pas leur maître, les y poussent. Le coq veut chanter, il grimpe. Voilà les principes généraux. Ensuite, les écoles se disputent sur les points de détail. Quel constituant transmigre ? De quel état d'être à quel autre passe-t-on ? Jusqu'à quand dure le processus ? Bouddhistes indiens, Lamaïstes, Théosophistes ont entretenu le débat [1].

Quelles pratiques initiatiques les *Upanishad* recommandent-elles pour accéder à la connaissance et donc au salut ? Essentiellement l'extase et le yoga (au sens de l'union mystique au Brahman, la résorption dans l'Absolu indifférencié).

Grâce à ces idées ésotériques et à ces pratiques initiatiques, l'adepte *(sâdhaka)* des *Upanishad* atteint à la délivrance *(moksha)*. Dans cette **réalisation brâhmique** *(Bhagavad-Gîtâ*, II, 72), l'homme comprend que l'âme individuelle est l'Âme universelle, ou, si l'on préfère, l'âme individuelle s'unit à l'Âme universelle. On ne peut pas isoler l'idée et l'état. La notion de Brahman est aussi la conscience de Brahman. Pas de connaissance sans initiation. Il serait absurde d'imaginer que dans une conception où le soi s'unit au Soi les choses en restent au plan spéculatif, sans expérience correspondante. Ce n'est pas la réalisation qui conditionne l'idée, comme l'ébriété conditionne le délire ; ce n'est pas davantage l'idée qui conditionne la réalisation, comme l'espoir conditionne le sentiment de joie. Non, idée et réalisation s'engendrent réciproquement. Il ne suffit pas de penser qu'« *âtman* est Brahman » ou que « tout est Brahman » ou que « la conscience est Brahman », on doit le réaliser dans son être, par un niveau de conscience approprié. Cet état de conscience, supérieur aux trois « états de conscience » *(sthâna)* ordinaires — veille, rêve (sommeil léger), sommeil profond (sans rêve) —, s'appelle simplement « quatrième (état) » *(turîya)*, ou « conscience de Brahman » *(brahma-chaitanya)*, « enstase indéterminée » *(nirvikalpa samâdhi)*. C'est la réalisation spirituelle. L'homme cesse de se définir comme corps (à la manière des scientifiques) ou comme pensée (à la manière des philosophes). Il se dé-définit, il s'in-finit, si j'ose dire. Il détruit sa limite, qu'il avait lui-même

---

1. P. Oltramare, *Histoire des idées théosophiques de l'Inde*, musée Guimet, 1906, t. 2, p. 166 sqq. Narada Thera, *La Doctrine bouddhique de la Renaissance*, trad. de l'anglais, A. Maisonneuve, 1953. Annie Besant, *Réincarnation. Karma* (1895-1904), trad. de l'anglais, Adyar, 1989, 190 p. A. des Georges, *La Réincarnation des âmes selon les traditions orientales et occidentales*, Albin Michel, 1966.

construite. Il l'efface, comme un propriétaire abat les murs qui le séparaient de l'océan, qui l'encerclaient dans son petit chez-soi. Il perd une clôture pour plonger dans l'Absolu. « Qui atteint l'état brâhmique, qui sait s'y maintenir, même à l'heure ultime, atteint l'extinction en Brahman » (*Bhagavad-Gîtâ*, II, 72). « Le yogi, atteignant l'illumination complète, voit, par l'œil de la connaissance, l'univers entier comme son propre soi et se voit soi-même comme l'Un présent en tout » (*Âtmabodha*, 47). Sujet et objet se fondent. Le processus est le processus même de l'ésotérisme : la réversion. L'initié reproduit à l'envers le mouvement du monde : le monde se développa du Brahman à l'*âtman*, du principe à la manifestation, eh bien l'initié s'enveloppera en Brahman, il renvera la manifestation au principe. Il est délivré-vivant (*jîvanmukta*).

Mais l'univers c'est Cela, c'est le Brahman ; or le Brahman c'est l'*âtman* que voici, et l'*âtman* que voici est composé de quatre Quarts.

Le premier Quart c'est le feu « commun-à-tous-les-êtres » (*vaishvânara*) : il correspond à l'état de veille où l'on a connaissance du monde extérieur ; à sept membres, à dix-neuf bouches [1] ; il jouit de l'univers matériel.

Le second Quart relève de la Lumière (*taijasa*) : il correspond à l'état du sommeil-léger, avec rêves, où l'on a connaissance du monde intérieur ; à sept membres, à dix-neuf bouches, il jouit de l'élément subtil.

Quant au troisième Quart, il relève de la Connaissance (*prajñâ*) et correspond à l'état du sommeil-profond (*prâjñâ*), sans rêves ; bien qu'étant endormi, on ne désire rien, on ne voit aucun rêve ; ayant réalisé l'Unité, on n'est plus rien que connaissance et béatitude ; dès lors, ayant fait de la pensée (*cetas*) sa bouche, le troisième Quart jouit de la béatitude. [...]

Il n'est ni la connaissance-intérieure ni la connaissance-extérieure ni les deux à la fois ; il n'est ni la connaissance-globale ni la connaissance en elle-même ni la non-connaissance ; on ne peut le voir ni le définir ni le saisir ; sans implications, il ne peut être conçu par la pensée, ni nommé ; la seule assurance de son existence c'est en lui-même qu'on la trouve ; il abolit la diversité et, par là, procure la paix ! Oui, cet état Quatrième (*turîya*), il faut savoir qu'il est Shiva, le Dieu unique, lequel n'est autre que l'Âme !

C'est là tout ce qu'il importe de connaître !

Doctrine ésotérique du clan au crapaud. Mândûkya-Upanishad, 2-9, trad. J. Varenne, apud L'Hindouisme. Textes et Traditions sacrés, *Fayard-Denoël, 1972, p. 132-136.*
© Librairie Arthème Fayard, Paris.

LES INITIATIONS BRÂHMANIQUES

L'*upanayana* reflète, nous dit l'étymologie, « la conduite (du disciple) auprès de (son maître spirituel) ». C'est l'**initiation de puberté** indienne. Elle fait partie des dix sacrements hindous, parmi lesquels le rite de nais-

---

[1]. « Les 19 bouches par lesquelles l'*âtman* est en contact avec le monde extérieur sont les 5 organes des sens (odorat/Terre, goût/Eau, vue/Feu, toucher/Air, ouïe/Éther), les 5 organes d'action (la voix, les mains, les pieds, l'anus, les organes génitaux), les 5 souffles vitaux (*prâna, vyâna*, etc.), plus l'organe mental (*manas*), l'intelligence (*buddhi*), la personnalité (*ahamkâra*) et la conscience (*citta*), selon la liste donnée ici par Shankara » (J. Varenne).

sance et le conférement du nom, qui lui sont antérieurs, le mariage et les funérailles, qui lui sont postérieurs. Ces sacrements rythment la vie de l'Indien *ârya*, celui des trois premières castes, celle des brâhmanes, des prêtres *(brâhmana)*, celle des nobles et des guerriers *(kshatriya*, forts), celle des ravitailleurs, des éleveurs-agriculteurs *(vaishya*, villageois). La quatrième caste, les serviteurs *(shûdra)* et, à plus forte raison les horscastes ou ceux qui ne sont pas indiens, ne peuvent y accéder. La division en castes est tardive, elle date de 1100 av. J.-C. environ [1].

C'est à l'âge de huit ans qu'un garçon de caste brâhmanique doit être initié, c'est-à-dire dans la huitième année suivant le jour où il a été conçu. Un jeune homme de la caste des *kshatriya* sera normalement initié à onze ans, un *vaishya* à douze. [...]

Le garçon que l'on va initier doit être paré, avoir les cheveux coupés et noués selon la règle, et porter un vêtement neuf. Il peut cependant se vêtir d'une peau d'antilope noire s'il est brâhmane, de daim tacheté s'il est *kshatriya*, de chèvre s'il est *vaishya*. [...]

Avant de procéder à l'initiation, le maître offre quatre oblations de beurre en récitant les quatre stances [...]. Après avoir offert ces oblations, le maître va se placer au nord du foyer, le visage tourné vers l'Orient ; le garçon, pour sa part, se place à l'est du foyer, le visage tourné vers l'Occident. Le maître prend alors la ceinture et l'enroule autour de la taille du garçon, de gauche à droite, de façon à faire trois tours, [...] puis investit le garçon du cordon sacrificiel [...].

Il interroge le jeune garçon :
– Quel est ton nom ?
– Je m'appelle un tel, répond-il.
– Descends-tu du même prophète que moi ?
– Oui, Seigneur, je descends du même Prophète que vous !
– Alors, déclare-toi mon élève !
– Je suis votre élève, Seigneur !

Le maître fait alors couler l'eau qu'il avait en main dans les paumes du garçon, à trois reprises, en prononçant les trois grandes exclamations liturgiques :
– *Bhûr ! Bhuvas ! Svar !* [...].

Invitant, alors, le jeune garçon à regarder le Soleil, le maître prononce la formule que voici :
– Cet élève est tien, Savitr [Générateur] ! puisses-tu le protéger, ô Dieu ! puisse-t-il ne point mourir ! [...]

Le maître fait tourner le garçon autour du feu, disant :
– Je tourne comme tourne Indra, je tourne comme tourne Indra, je tourne comme tourne le Soleil ! [...]

Selon la Révélation, c'est de splendeur que l'on s'oint soi-même, au jour de l'initiation. [...]

Le maître remet alors le bâton au garçon [...].

---

1. En France et au XXe siècle, Raymond Abellio (*La Structure absolue*, Gallimard, 1965) admet « quatre castes traditionnelles : en haut les hommes de connaissance et les hommes de puissance, en bas les hommes de gestion et les hommes d'exécution ».

Et désormais : entretenir le feu, mendier la nourriture, dormir à même le sol, ne boire que de l'eau, servir le maître, etc., seront ses devoirs permanents.

Ashvalâyana Grhya-sûtra, I, 19, trad. partielle J. Varenne, *Le Veda*, éd. cit., t. 2, p. 452-459. © Retz, Paris.

L'*âtman*, le souffle, ne pénètre le corps humain qu'au moment de l'*upanayana* du jeune homme ou bien au moment du mariage de la jeune femme. Le novice, appelé *brahmacârin*, « celui qui met en œuvre la puissance dans le sacrifice », va devenir un *dvija*, un « deux-fois-né ». Il va connaître sa deuxième naissance, la naissance sociale après la naissance biologique. L'oiseau aussi naît une première fois dans l'œuf, comme germe, puis une deuxième fois en brisant la coquille, comme poussin [1]. Le novice entre dans la société hindoue. On l'introduit auprès d'un gourou. L'initiation commence par une initiation-cérémonie, derrière un feu. Le novice a le crâne rasé, sauf une mèche, il porte des habits de mendiant, il tient un bol dans une main et un bâton dans l'autre. Le gourou par trois fois lui donne le cordon sacré *(yajñopavîta)*. Il pose ses mains sur les épaules du novice, saisit sa main droite, touche son cœur puis son nombril. Le cœur est son centre de pensée, le nombril est son centre de vie. Désormais, le novice peut pratiquer l'oblation du feu, le rite d'adoration *(pûjâ)*. L'initiation se poursuit par une initiation-processus qui peut durer quarante-huit ans. Le novice doit vivre de mendicité et demeurer chaste. Le gourou l'instruit. Le contenu de l'enseignement a varié selon les époques. À l'époque védique, l'enseignement portait sur le sacrifice et les formules rituelles ; à l'époque upanishadique sur l'*âtman* et le Brahman ; à l'époque brâhmaniste sur les devoirs.

L'initiation tribale n'a pas que cet aspect sacerdotal, elle peut aussi revêtir un aspect guerrier, celui de la deuxième fonction indo-européenne. Le *Râmâyana*, la *Geste de Râma*, fameuse épopée indienne, ne décrit rien d'autre. Râma (« Charmant ») est initié par l'ascète Vishvâmitra durant dix nuits dans une forêt (*Râmâyana*, I, 19, 18), il tue le monstre Tâtakâ et reçoit ses armes, des flèches (*Râmâyana*, I, 27, 10)[2].

Après la naissance physique, qui est commune à tous, après la naissance sociale, qui reste réservée aux trois premières castes[3], prend place la naissance spirituelle, la deuxième initiation : la *dîksâ*. N'y accèdent que les ascètes, les saints, les sages.

---

1. Madeleine Biardeau, « Études de mythologie hindoue », *Bulletin de l'ÉFEO*, 1978, t. 65, p. 98.
2. Parmi les *sâdhu*, on rencontre des « ordres de chevaliers-ascètes ». J. N. Farquhar, « The Fighting Ascetics of India », *Bulletin of John Ryland's Library*, Manchester, 1925.
3. Cependant, certains Hindous, extérieurs aux trois premières castes, ont élaboré des rites d'initiation, par exemple les Bhangî, vidangeurs intouchables du Panjâb (H. A. Rose, *A Glossary of the Tribes and Castes of the Punjab and North-Western Provinces*, 1919 ; nouv. éd. Asian Educational Services, Delhi, 1990, t. 2, p. 192).

La *dîksâ* (« consécration ») est l'**initiation spirituelle** indienne. Le novice, cette fois, revient à l'état d'embryon, encore que ce symbolisme soit présent dans l'*upanayana*. On asperge le novice d'eau, un équivalent du sperme qui donne la vie. Puis le novice vit, isolé, dans une hutte. On le vêt d'une couverture, on le retire d'un bain avec les mêmes gestes que celui de la sage-femme qui tire l'enfant de l'utérus de la mère.

Les prêtres transforment en embryon celui à qui ils donnent la *dîksâ*. Ils l'aspergent avec de l'eau ; l'eau, c'est la semence virile ; ils lui donnent ainsi la *dîksâ* en lui donnant la semence virile. Ils lui frottent les yeux d'onguent ; l'onguent, c'est la vigueur pour les yeux ; ils lui donnent ainsi la *dîksâ* en lui donnant la vigueur. Ils le font entrer dans le hangar spécial : le hangar spécial, c'est la matrice de qui fait la *dîksâ* ; ils le font entrer ainsi dans la matrice qui lui convient. Ils le recouvrent d'un vêtement ; le vêtement, c'est l'amnion [enveloppe de l'embryon] pour qui fait la *dîksâ* ; ils le recouvrent ainsi de l'amnion. On met par-dessus une peau d'antilope noire ; le chorion [membrane de l'embryon] est, en effet, par-dessus l'amnion ; on le recouvre ainsi du chorion. Il a les poings fermés ; en effet, l'embryon a les poings fermés tant qu'il est dans le sein, l'enfant a les poings fermés quand il naît.

Aitareya-Brâhmana, I, 3, trad. partielle S. Lévi, *La Doctrine du sacrifice dans les Brâhmana*, 1898 (rééd. PUF 1966), p. 104-105. © PUF, Paris.

Outre l'*upanayana* et la *dîksâ*, l'Inde connaît un troisième type d'initiation, qui peut être hindoue ou non, indienne ou non. Je veux parler de l'*abhiskeka* (« onction »), l'**initiation tantrique**, examinée plus loin [1].

	dîksâ (« consécration ») initiation spirituelle pour toute caste	
upanayana (« conduite ») initiation tribale pour les 3 premières castes		*sâdhana* (« atteinte ») réalisation spirituelle pour tous les humains
	abhiskeka (« onction ») initiation tantrique au-delà des castes *(ativarna)*	

LE YOGA [2]

La *Bhagavad-Gîtâ* distingue trois **voies d'initiation** : gnose *(jñâna-mârga)*, acte *(karma-mârga)*, dévotion *(bhakti-mârga)*. Ni le travail du théologien qui interprète les textes, ni le travail du philosophe qui construit des notions, encore moins la recherche des désirs sensuels

---
1. Voir *infra*, p. 629 (« Le Tantra »), p. 712 (« Les pratiques initiatiques du Tantrayâna »), p. 887 (« Les pratiques initiatiques en général »).
2. *Yoga* = « union de l'être individuel incarné au Principe suprême », « réintégration de l'âme individuelle dans l'âme suprême ». D'où, d'autres sens : *yoga-darsana* (Yoga, système de pensée, théiste, semi-réaliste, etc., prônant cette union ; système exposé par

(kâma) ou la recherche des richesses matérielles *(artha)* ne sont des voies. Ces chemins-là ne conduisent pas à la délivrance. La *Bhagavad-Gîtâ* écarte aussi (comme le Bouddha) l'ancienne voie védique, la voie du sacrifice rituel *(yajña)* et des mortifications (IX, 28). Au passage le texte mentionne la voie du yoga, au sens strict, la voie de la maîtrise de soi *(samyama)* par concentration, méditation et enstase (VI, 10-15).

FIGURES DE L'ÉSOTÉRISME HINDOU

VOIES	MOYEN	FIN
voie du sacrifice (ex. : **le Védiste**)	oblation du *soma*	intégrité du monde
voie de l'austérité (ex. : **le sâdhu**)	mortifications	quête du soi
voie de la gnose (ex. : **Shankara**)	quête du Brahman	fusion soi-Soi
voie de l'acte (ex. : **Gândhî**)	désintéressement	union moi-soi
voie de la dévotion (ex. : **Chaitanya**)	amour de Krishna	effusion moi-Soi
voie du yoga (ex. : **Patañjali**)	maîtrise de soi	union sujet-objet

Dans ce livre, la *Bhagavad-Gîtâ*, les rapports entre les trois voies contiennent quelques contradictions, sur leur valeur ou leur succession. Le mot « yoga » prend divers sens. Le contexte se fait théiste, à travers la personne du dieu Krishna (« Noir »). Ne soyons pas pédants. Qu'importe la carte, si les routes existent !

Le yogin l'emporte sur ceux qui s'adonnent aux austérités [voie du sacrifice et de l'austérité] ; il est même tenu pour supérieur à ceux qui s'en tiennent à la sagesse spéculative [voie de la gnose] ; il surpasse les héros de l'action [voie de l'acte]. Donc, ô Arjuna [le Blanc], deviens yogin [au sens large : mystique, uni au divin] ! Mieux encore, celui qui, entre tous les yogins, demeure en moi et, du plus profond de son âme m'adore plein de foi [voie de la dévotion], celui-là, je le considère comme ayant atteint le sommet de l'union yogique. [...]

[Ancienne voie du sacrifice et de l'austérité] Il faut bien qu'il aille au Brahman celui qui se concentre sur l'acte sacrificiel qui est Brahman. Parmi ceux qui pratiquent le yoga, les uns honorent seulement le sacrifice adressé aux dieux ; d'autres, dans le feu qui est Brahman, offrent le sacrifice par le seul sacrifice. D'autres

---

Patañjali et Vyâsa), *yoga-mârga* (toute discipline unitive, toute voie de libération des illusions et malheurs, d'union au divin, par le sacrifice, l'acte, le *samâdhi* ou autre ; sens courant dans la *Bhagavad-Gîtâ*). L'Occidental pense surtout aux yoga psychosomatiques, recommandant la discipline du souffle, la méditation, etc., bref la maîtrise de soi : hatha-yoga, râja-yoga, kriyâ-yoga, tantra-yoga. Le système Yoga *(Yoga-darsana)* élabore la théorie de cette union ; la voie yoga *(yoga-mârga)* élabore la pratique de cette union.

offrent en oblation dans le feu de la maîtrise des sens les facultés sensibles, ouïe, etc. ; d'autres les objets sensibles, son, etc., dans les feux que sont les facultés sensibles. [...] D'autres offrent le sacrifice de leurs biens matériels [...]. D'autres s'imposent une régulation sévère de la nourriture et par là sacrifient eux aussi leurs fonctions vitales dans leurs fonctions vitales. Tous ces ascètes sont experts en sacrifice et débarrassés de leurs impuretés par le sacrifice. [...]

[Voie de la gnose] Sache-le : si tu te prosternes devant eux, les interroges et les sers, les Sages qui connaissent intuitivement la réalité t'enseigneront le chemin de la connaissance. Et quand tu le connaîtras, tu ne tomberas plus dans l'égarement, fils de Pandu [le Pâle, le roi qui provoqua la guerre] ; par cette connaissance tu verras tous les êtres, tous, sans exception, dans le Soi, c'est-à-dire en moi [Krishna]. [...]

[Voie de l'acte] L'action prescrite dont on s'acquitte dans la seule pensée qu'il faut l'accomplir, écartant tout attachement et sans considérer son fruit, c'est là, Arjuna, l'abandon tenu pour *sâttvique* [lumineux].

[Voie de la dévotion] Ni les *Veda*, ni les austérités, ni les aumônes ou les sacrifices ne donnent la possibilité de me contempler sous cette forme où tu m'as vu, mais seule une dévotion vers nul autre me rend possible à connaître et à pénétrer réellement.

[Future voie du yoga] L'ascète doit se recueillir sans cesse, retiré à l'écart, solitaire, contrôlant son esprit, n'aspirant à rien, dépossédé de tout, après s'être ménagé sur un emplacement purifié un siège stable, ni trop élevé ni trop bas, recouvert d'une étoffe, d'une peau d'antilope ou d'herbe sacrée. Là, la pensée ramassée en une seule pointe [*ekâgratâ* : focalisation, fixation de l'attention sur un seul point], maîtrisant ses opérations mentales et sensorielles, installé sur son siège, qu'il s'unifie dans la discipline unitive [*yoga*, au sens strict] en vue de se purifier ; maintenant, affermi, le corps, la tête et le cou du même aplomb et dans l'immobilité, le regard concentré sur la pointe de son nez [*drishti*], sans le laisser porter en différentes directions, l'âme apaisée, exempte d'angoisse, fidèle à l'observance de la chasteté, disciplinant sa pensée, le cœur et l'esprit emplis de moi, unifié par la discipline unitive, qu'il se tienne dans cette posture [*âsana*], tendu vers moi.

Bhagavad-Gîtâ, trad. du sanskrit O. Lacombe et Anne-Marie Esnoul, Éditions du Seuil, coll. « Points. Sagesses », 1977, chants VI, 46-47 ; IV, 24-30 ; IV, 34-35 ; XVIII, 9 ; XI, 53-54 ; VI, 10-14. © Éditions du Seuil, Paris.

• L'ADEPTE-TYPE DE LA GNOSE *(jñâna)* pense que seule la connaissance permet la libération comme seul le feu permet la cuisson. On le rencontre chez les philosophes du Vedânta (par exemple Shankara) ou du Sâmkhya, ou chez des gens qui sont nos contemporains, comme Râmana maharshi, ou la Bengalî Mâ Ânanda Moyî, entièrement dévoués à la quête de la vérité, ne fixant que le Brahman, et, pour cela, vivant une existence ascétique. Ils ne se contentent pas d'érudition, ils ont une expérience concrète de l'Absolu grâce à la méditation, au yoga, grâce à leur gourou. Le *jñânin* soutient que le malheur vient de ce qu'on ignore la vraie nature de l'esprit, que le salut viendra de sa connaissance. L'esprit ne se confond pas plus avec le corps qu'avec l'activité mentale. Au terme, l'adepte de la gnose aboutit à la **réintégration** : il éteint son moi en l'Absolu, non pas pour s'anéantir, mais, au contraire, pour se réaliser. Une anecdote dit que Shankara, en méditation, laissa des oiseaux bâtir leur nid dans son chignon, et qu'il attendit, pour suspendre sa méditation, que les oisillons fussent assez grands pour voler.

- L'ADEPTE-TYPE DE L'ACTE *(karma)* se trouve chez des écrivains, des artisans, des agriculteurs, des épouses. Il remplit ses tâches sans attachement ni avidité. Le principe central a été formulé : il ne faut pas chercher rétribution à ses actes, mais faire le devoir pour le devoir, ou s'en remettre au destin, ou tout offrir à Dieu, ou adopter une attitude désintéressée, ou (comme le demandaient les *Veda*) suivre scrupuleusement les rites religieux[1]. Chaque rite reproduit l'acte de création du monde *(Shatapata-Brâhmana,* X, 4), il est donc initiation. Au terme, l'adepte de l'acte désintéressé aboutit à l'**union** : il se détache du moi pour s'unir au soi, il abandonne son égoïsme, il va au Brahman.

- L'ADEPTE-TYPE DE LA DÉVOTION *(bkhati)* se rencontre plus fréquemment. Comme bhakti-yogi, on peut citer Chaitanya[2], Vallabha, la princesse Mîrâ Baï[3], les douze *Âlvâr* (Profonds) vishnouïtes, quantité de poètes. Ces hommes et ces femmes semblent plus accessibles. Ils s'adressent à notre sensibilité, ils vibrent d'amour, de compassion, on les voit secourir les faibles. Ils partagent. Dans leurs pratiques, ils utilisent des moyens assez simples, la répétition *(japa)* de *mantra*, l'adoration de Krishna comme son propre fils ou comme son maître ou comme son ami, la charité, la dévotion passionnée *(râga-âtmikâ-bhakti)* ou la dévotion sublime *(pâra-bhakti)*... Le débutant suit les commandements *(vaidhi-bhakti)*, alors que l'avancé suit son cœur *(prem-bhakti)*. Au terme, l'adepte de la dévotion aboutit à l'**effusion** : il voit « l'âme dans tous les êtres et tous les êtres dans l'âme ». Il discerne le Soi dans chaque objet.

Souvent, les voies se mêlent, ou se succèdent ; Chaitanya, qui était un grand savant, préféra se vouer à l'amour de Krishna.

Pour devenir adepte, le yoga devient nécessaire. Il présente une autre voie de salut, celle de la maîtrise de soi *(samyama)*. La démarche se trouve moins désintéressée, plus personnelle, et elle se fonde sur des pratiques précises, efficaces (plus efficaces que les mortifications védiques).

Le mot *yoga* signifie « union », et il renvoie, primitivement, à « joug, attelage ». Un yoga est une pratique ascétique, la pratique du joug. Il délie des illusions, des dispersions, des misères, il lie à l'absolu, à sa nature vraie, il attelle l'homme à des méthodes méditatives, respiratoires, alimentaires, il met le joug sur les créations mentales, multiples, automatiques et sur le corps.

---

1. J. Herbert, *Spiritualité hindoue* (1947), Albin Michel, coll. « Spiritualités vivantes », n° 8, 1988, p. 485.
2. R. Sailley, *Chaitanya et la dévotion à Krishna*, Dervy-Livres, 1986, 180 p.
3. Mîrâ Baï, *Chants mystiques*, trad. du hindî, Les Belles Lettres, 1980, 96 p.

Yoga est de quatre sortes : premier, mantra-yoga ; deuxième hatha-yoga ; troisième laya-yoga ; quatrième râja-yoga, qui rejette le dualisme.
Recueil de Shiva. Shiva-Samhitâ, V, 9. (Livre de hatha-yoga tantrique). Trad. de l'anglais coll. « Sacred Books of the Hindus », t. 15, 1915-1923.

J. Varenne classe ainsi les yoga [1] :

I. Yoga psychosomatiques
a) hatha-yoga : exercices corporels
b) râja-yoga : exercices psychologiques
c) kriyâ-yoga : exercices ascétiques
d) tantra-yoga : exercices d'énergie nerveuse

II. Yoga métaphysiques
a) jñâna-yoga : gnose
b) bhakti-yoga : dévotion
c) karma-yoga : acte

III. Yoga des énergies subtiles
a) yantra-yoga : lignes et formes
b) varna-yoga : couleurs
c) laya-yoga : son intérieur
d) mantra-yoga : son et rythme
e) surat-shabd-yoga : yoga du verbe

Le hatha-yoga, le râja-yoga, le laya-yoga vont de conserve, comme trois bateaux vers le Nouveau Monde.

Le hatha-yoga est exposé dans un livre de Svatmârâma, le râja-yoga dans celui de Patañjali, le kundalinî-yoga dans le *Satchakranirûpana-tantra* [2].

Le hatha-yoga, le « yoga de l'effort », forme une partie du râja-yoga, celle qui met l'accent sur les efforts physiques, la discipline du souffle, les postures.

Le kundalinî-yoga (=tantra-yoga), qui fait partie du laya-yoga, sera exposé à propos du tantrisme.

On ne résume pas le *Yoga-sûtra* comme on résume un journal. Un journal raconte fureurs, guerres, crises, il sent l'encre des imprimeurs, la sueur des journalistes, le maquillage des hommes politiques. Le *Yoga-sûtra*, lui, porte l'effort mental de milliers d'anonymes, de sages, dont certains ont dû devenir fous, d'autres de grands initiés. L'auteur du *Yoga-*

---

1. *Dictionnaire Marabout des religions*, Marabout, Verviers, Belgique, 1974, p. 656.
2. Svâtmârâma, *Hathayoga-pradîpikâ. Lumière du yoga de l'effort* (xvie s.), trad. du sanskrit, Fayard, 1974. Patañjali, *Yoga-sûtra* (?), trad. du sanskrit J. Papin (*La Voie du yoga*, Dervy-Livres, 1984) ou Françoise Mazet (*Yoga-Sûtras*, Albin Michel, coll. « Spiritualités vivantes », n° 89, 1991, 217 p.). Pûrnânandasvâmin, *Satchakranirûpana-tantra* (xvie s.), trad. du sanskrit A. Avalon (sir J. Woodroffe), *The Serpent Power, being the* Sat-cakra-nirûpana *and* Pâdukâ-pañcaka, *two works on laya-yoga* (1919), Dover Publications, New York, 1974, xiv-529 p.

sûtra s'appelle Patañjali (« Hommage attentif »). On ne sait ni qui il était (était-il le même Patañjali que le fameux grammairien ?) ni quand il vivait. Cela n'a aucune importance, puisqu'il n'invente pas, il ne crée pas, comme un romancier, il transmet. Patañjali codifie une pratique millénaire en huit « membres », en huit techniques.

Les 8 membres du râja-yoga
1. refrènements
2. observances
3. postures   ⎫
4. discipline du souffle ⎬ hatha-yoga
5. rétraction des sens   ⎭
6. fixation   ⎫
7. contemplation ⎬ maîtrise
8. enstase   ⎭

Restrictions, observances, postures, régulation du souffle, abstraction, concentration, recueillement et contemplation sont les huit membres du yoga.

Patañjali, *Discours sur l'union. Yoga-sûtra*, II, 29, trad. Anne-Marie Esnoul et Lilian Silburn, apud *L'Hindouisme. Textes et Traditions sacrés*, Fayard-Denoël, coll. « Le Trésor spirituel de l'humanité », 1972, p. 319. © Librairie Arthème Fayard, Paris.

Autre traduction :

1. les refrènements *(yama)*, 2. les disciplines *(niyama)*, 3. les attitudes et les positions du corps *(âsana)*, 4. le rythme de la respiration *(prânâyâma)*, 5. l'émancipation de l'activité sensorielle de l'emprise des objets extérieurs *(pratyâhâra)*, 6. la concentration *(dhâranâ)*, 7. la méditation yogique *(dhyâna)*, 8. l'enstase *(samâdhi)*.

Trad. M. Éliade, *Patañjali et le Yoga*, Éditions du Seuil, coll. « Maîtres spirituels », n° 27, 1962, p. 54.

• LES CINQ REFRÈNEMENTS, restrictions *(yama)*, ne sont que des commandements négatifs : ni tuer, ni mentir, ni voler, ni coïter, ni acquérir (II, 30). Le premier refrènement s'appelle « non-violence » *(ahimsâ)*, on sait son développement chez Gândhî et donc en politique.

• LES CINQ OBSERVANCES *(niyama)* sont, à l'inverse, des contrôles positifs et ils ne concernent plus autrui mais soi-même : pureté, sérénité, ascèse *(tapas)*, étude du système Yoga, culte de la divinité d'élection (II, 32).

• LES POSTURES *(âsana)* font entrer dans le yoga, dans ce qu'il a de caractéristique (II, 46). La posture yogique est une position du corps apprise par un maître spirituel. Elle donne au corps une attitude à la fois « agréable et stable », elle réduit au minimum l'effort physique. Elle a un but soit symbolique (par exemple prendre la position de tel dieu), soit magique (par exemple guérir), soit initiatique (par exemple, accéder à une connaissance ou à un pouvoir). La posture la plus connue, et finalement la seule, s'appelle la « posture du lotus » *(padma-âsana)*.

Posez le pied droit sur le mollet gauche et pareillement le pied gauche sur le mollet droit ; croisez les mains sur le dos et saisissez les talons des pieds (la main droite sur le talon droit et la main gauche sur le talon gauche). Appuyez le menton sur la poitrine et fixez vos regards sur le bout du nez.
Gheranda-Samhitâ (xe s.), II, 8, trad. anglaise, coll. « Sacred Books of the Hindus », t. 15, 1914 (décrit 32 *âsana*).

Aux postures du corps *(âsana)* s'ajoutent la pose des mains *(mudrâ)* [1], la position de la langue *(simha-mudrâ)*, la ligature *(bandha)* du souffle ou la contraction des muscles, la fixation des yeux *(drishti)*. Le hatha-yoga insiste aussi sur les purifications corporelles — lavement, nettoyage des fosses nasales, aspiration de liquides par le pénis... La pose des mains la plus connue s'appelle « pose de méditation » *(dhyâna-mudrâ)*. Face au ciel la main droite repose sur la main gauche, appuyée sur le giron de la personne en posture de lotus.

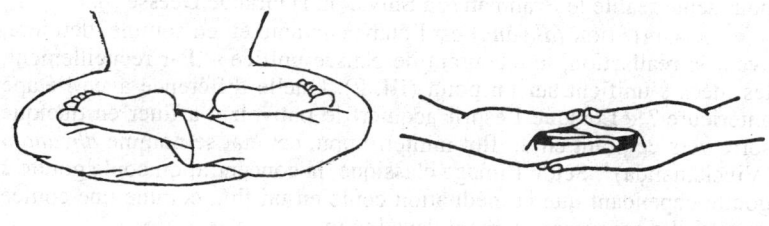

PADMA-ÂSANA   *DHYÂNA-MUDRÂ*

- LA « DISCIPLINE DU SOUFFLE » *(prânayama)* vise à maîtriser la respiration (II, 49). Elle va de pair avec les postures. Tantôt on suspend son cours, tantôt on change son rythme lorsqu'on inspire *(puraka)*, lorsqu'on retient *(kumbhaka)*, lorsqu'on expire *(rechaka)*, tantôt on dirige le souffle à l'intérieur du corps, tantôt on cherche le souffle à l'intérieur du corps, tantôt on l'associe à une méditation, à une phonation, à une visualisation. On pourrait comparer la discipline du souffle à la pratique de la trompette ou de la flûte. Un homme décide de respirer beau, il va apprendre un instrument à vent, un instrument de bouche, au lieu de cracher, plutôt que de bavarder. Si l'amoureux embrasse son aimée jusqu'à perdre haleine, le yogi perd haleine jusqu'à embrasser l'Amour même.
- LA « RÉTRACTION DES SENS » *(pratyâhâra)* se définit comme la faculté de délivrer l'activité sensorielle de l'emprise des objets extérieurs (II, 54). On s'abstrait du monde extérieur. « Quand les cinq organes cognitifs,

---

1. Tara Michaël, *La Symbolique des gestes de mains*, Le Sémaphore, 1985, 326 p.

ainsi que la pensée, sont au repos, et que l'intellect est immobile, c'est ce qu'on appelle la voie suprême » (*Katha-Upanishad*, VI, 10). On se rétracte « comme une tortue » qui rentre sa tête et ses pattes dans sa carapace, afin de se concentrer, de s'intérioriser (*Bhagavad-Gîtâ*, II, 58). Mais comment ? on peut laisser les pensées vagabonder jusqu'à épuisement, ou remonter la pensée jusqu'à son origine, ou immobiliser ses sensations, ou demeurer insensible... Au mieux, on abandonne l'idée d'un moi localisé dans le corps.

Le vrai yoga commence maintenant (III, 7), avec les trois derniers « membres », appelés en commun « maîtrise de soi » *(samyama)* : concentration, méditation, enstase.

• LA « CONCENTRATION » *(dhâranâ)* de la pensée en un point est le sixième stade du râja-yoga. Elle entraîne à la « focalisation », la fixation de l'attention sur « un seul point » *(ekâgratâ)*. Le psychisme se fixe sur un point (III, 1), un point précis et abstrait, par exemple le *chakra* du nombril, « cible intérieure », ou la flamme d'une lampe à huile, « cible extérieure ». Le yogi cloue la pensée. Il immobilise le flux mental. Au mieux, on tient pour seule réalité le Brahman (ou Shiva, ou la Grande Déesse...).

• LA MÉDITATION *(dhyâna)* est l'étape suivante et, en somme, dernière, avant la réalisation, le « courant de pensée unifiée ». Par recueillement, les idées s'unifient sur un point (III, 2). Quelle différence avec l'étape antérieure ? « Lorsque l'esprit acquiert le pouvoir d'affluer en quelque sorte vers ce point en un flot ininterrompu, cet état se nomme *dhyâna* » (Vivekânanda)[1]. Selon l'image classique, la concentration coule goutte à goutte cependant que la méditation coule en un flot, comme une coulée de miel. Le soi va se résorbant dans le Soi.

• L'ENSTASE *(samâdhi)*, huitième membre, est le résultat du râja-yoga. « Quand le recueillement se vide, pour ainsi dire, de sa propre forme et se manifeste comme la chose en soi, c'est *samâdhi* » (III, 3). On touche à l'intérieur. On atteint le sens même. L'ésotérique, si l'on préfère. « Le yoga, c'est *samâdhi* », dit carrément Vyâsa. Le pratiquant réalise l'enstase *(samâdhi)*, qui a un sens fort différent de celui que lui donnera le Bouddhisme[2]. L'être retourne au soi. Le yogi a gagné la délivrance, ce qui suppose qu'il s'est détaché de quelque chose pour s'attacher à autre chose. Le lien *(yoga)* s'est fait avec l'esprit. « Il existe une coïncidence entre la connaissance de l'objet et l'objet de la connaissance » (M. Eliade). L'homme cesse d'être esclave de ses créations mentales pour être enfin libre dans l'esprit, qui est éternel. Mais, dira-t-on, mental,

---

1. Vivekânanda, *Raja-Yoga, ou la conquête de la nature intérieure* (v. 1900), trad. de l'anglais J. Herbert, Maisonneuve, 1944, 320 p.
2. Voir *infra*, p. 686 (« Le Bouddhisme de la méditation »). Dans le Bouddhisme, *samâdhi* désigne simplement la concentration mentale *(ekâgratâ)*, l'absorption méditative, le recueillement. La traduction par « enstase » est due à M. Eliade (*Techniques du yoga*, Gallimard, 1948, p. 93).

esprit, c'est pareil. Non ! tout le yoga est là. L'esprit est encore plus différent du mental que le mental du physique. Je crois que, pour un Occidental, l'idée qui s'en rapproche le plus est celle de participation, développée dès Platon. Par la participation, on cesse de raisonner (Platon condamne la pensée simplement discursive) pour accéder au Tout, retrouver l'origine [1].

Le yoga est le contrôle de l'activité automatique du mental (trad. Françoise Mazet)
Le yoga est suspension du mental (trad. J. Papin)
Le yoga est le contrôle des activités fluctuantes de la pensée (trad. Anne-Marie Esnoul)
Le yoga est la suppression des états de conscience (trad. M. Eliade)
Le yoga est la cessation des modifications de la substance mentale (trad. Yogânanda)
Le yoga est l'arrêt des modifications de la pensée (trad. L. Kapani)
Le yoga abolit les flots du psychisme.
Yogash citta vrtti nirodhah : union/psychisme/fluctuations/cessation.
Patañjali, *Yoga-sûtra*, I, 2-3.

En termes positifs :

Le yoga c'est la mise en position parfaitement stable (de la pensée).
Yogah samâdhih.
Vyâsa, *Commentaire du Yoga-sûtra. Yoga-bhâsya*, I, 1.

Comment être sûr qu'on parvient à cette cessation, et pas simplement à une illusion ? Le Yoga met en garde contre diverses confusions et contre la folie. Quantité de novices ont pris une somnolence pour une méditation ou se sont égarés dans la démence en croyant atteindre à la connaissance. Il faut donc des signes clairs. L'authentique expérience est lumineuse. Elle varie, certes, selon la personnalité du yogi, la forme de yoga, mais certains signes — lumières, sons... — attestent.

Dans la pratique du yoga, ces formes préliminaires : fumée, rayons de lumière, vent, éclairs, cristaux ou lunes manifestent le Brahman.
Doctrine ésotérique de l'ascète au blanc mulet. Shvetâshvatara-Upanishad, II, 11, apud *L'Hindouisme*, éd. cit., p. 100. © Librairie Arthème Fayard, Paris.

La **réalisation yogique** est l'extinction du « penser », comme l'état bouddhique est l'extinction du « désirer ». Il réussit à faire cesser la pensée [2]. L'homme cesse de faire des châteaux en Espagne, il arrête de se

---

1. Platon, *La République*, V, 476 a ; VI, 505 a, 510 b ; VII, 531 d.
2. Sur la réalité physiologique des états yogiques : Ch. Laubry et Thérèse Brosse, « Documents recueillis aux Indes sur les "Yoguis" par l'enregistrement simultané du pouls, de la respiration et de l'électrocardiogramme », *Presse médicale*, 10 octobre 1936, t. 44, n° 83, p. 1601 *sq.* ; Dr Thérèse Brosse, *Études instrumentales des techniques du yoga. Expérimentation psychosomatique*, Publ. de l'ÉFEO, n° 53, A. Maisonneuve, 1963, 130 p., 66 fig. ; R. K. Wallace, « Physiological Effects of Transcendental Meditation », *Science*, 1970, t. 167, p. 1751 *sqq.* ; « The Physiology of Meditation », *Scientific American*, 1972, t. 226, fasc. 2, p. 84 *sqq.* ; baron C. F. von Weizsäcker (prix Nobel) et Gopi Krishna, *The Biological*

tromper, il ne fantasme plus. Il ne fait plus de construction mentale. Voilà qui est stupéfiant pour un Occidental, voilà qui est stupéfiant même pour un ésotériste occidental habitué à identifier ésotérisme et pensées, doctrines, gnose. Le but du yoga consiste bel et bien à interrompre le processus mental. On a arrêté la mécanique, que l'Occidental prend pour une activité libre. Il y a dissolution du mental *(mano-laya)*. L'Occidental admet bien que la digestion ne dépend pas de lui, mais il ne veut pas admettre qu'il pense comme il digère, en étant dépassé, dominé, et que, donc, il faut interrompre, reprendre. Seul Schopenhauer, lecteur des *Upanishad*, et, par contrecoup, son « disciple » Nietzsche [1] ont admis que la pensée n'est pas libre. Quand on réfléchit, on subit des mécanismes, on obéit à des pulsions obscures. La pensée suit sans le savoir de sourds instincts, surtout quand elle se prétend critique. Elle n'est qu'un instrument au service du vouloir-vivre. L'homme ne se définit aucunement par la pensée, qu'il subit plutôt qu'il ne maîtrise. La liberté ne consiste pas à construire des notions, à systématiser des concepts, à la façon des philosophes, mais à béer comme l'idiot. Comme l'idiot, pas en idiot ! nuance ! La réalisation yogique, l'enstase, établit une communion entre sujet et objet. Là encore, la pensée occidentale se heurte à un mur, à son mur, elle qui se repose, en dernière analyse, sur l'opposition du moi et du non-moi, du sujet et de l'objet, de celui qui pense et de ce qui est pensé. Tous les ésotéristes asiatiques s'accordent sur ce point. Un ésotériste ne pense pas. Il est déjà pensée. Le Sens du Monde l'enveloppe par avance. À la différence de l'idiot, il le sait. À la ressemblance du poète, il le dit. Comme l'idiot, il en éprouve de la joie. Supprimant la pensée, il efface le mur entre objet et sujet, et la Puissance cosmique, le Bonheur de la Vie le submergent.

> Lorsqu'apparaît en toi
> la connaissance vraie de l'unité
> de ton *âtman* avec l'*âtman* cosmique
> c'est ce qu'on nomme enstase *(samâdhi)*
> car l'*âtman* est en vérité
> identique au Brahman omniprésent,

Basis of Religion and Genius (1971), trad. de l'allemand, Turnstone Press, Londres, 1973, 120 p.
1. A. Schopenhauer : « L'intellect, simple instrument de la volonté, en diffère autant que le marteau diffère du forgeron. [...] La volonté est véritablement l'homme, et l'intellect n'en est que l'instrument » (*Le Monde comme volonté et comme représentation*, 1819-1859, trad. de l'allemand, t. 3, p. 33 *sqq.*, rééd. PUF, 1966, p. 228, etc.). F. Nietzsche : « Nos pensées sont les ombres de nos sentiments » (*Le Gai Savoir*, III, 179), « La plus grande partie de la pensée consciente doit aussi être rangée parmi les activités de l'instinct » (*Par-delà le bien et le mal*, I, 3), « En somme, tout ce qui devient conscient est un phénomène final, une conclusion qui n'occasionne rien » (*La Volonté de puissance*, 262). On trouve quand même la non-pensée dans l'Hésychasme, le seul cas que je connaisse en Occident ; pour Jean Climaque, « L'oraison est élimination de pensées » (*De l'oraison*, 70 ; P. G., t. LXXIX, col. 1181). Mais l'Hésychasme, né dans les déserts égyptiens, est-il occidental ?

perpétuel, unique et sans second. [...]
S'il ne voit plus que « Cela »,
restant toujours en enstase *(samâdhi)*,
il est à jamais le Brahman
et aperçoit son âme en lui ;
le monde alors s'évanouit ;
il ne reste plus que la joie.

<small>*Yoga-darshana-Upanishad*, trad. du sanskrit J. Varenne, *Le Yoga et la Tradition hindoue*, Retz, 1973.</small>

Le yoga des trois derniers membres, qui s'appelle « maîtrise » *(samyama)* (III, 4), donne « connaissance universelle » et « pouvoir total » (III, 49). Quels sont ces pouvoirs magiques ? D'une part connaissance du passé et du futur, du langage de la nature, des vies antérieures, de la pensée des autres, du moment de la mort, du subtil, de la physiologie occulte, du sens de l'univers, d'autre part possibilité de rendre le corps invisible, force physique, maîtrise de la faim et de la soif, perceptions paranormales, rayonnement du corps, déplacement dans l'espace, possibilité de réduire le corps à la dimension d'un atome, maîtrise des sens (III, 17-55).

Le svâmi Vivekânanda groupe comme « yoga pratiques » trois yoga : karma-yoga, bkakti-yoga, râja-yoga [1].

LE VEDÂNTA

Le système *(darshana)* Vedânta (Accomplissement-du-*Veda*) continue les *Upanishad*. Il a fructifié en plusieurs écoles. La plus estimée reste celle de Shankara (>Çankara). C'est le Vedânta non dualiste *(Advaita-Vedânta)*. Je me limiterai à cette école.

La chaîne initiatique *(gourou-paramparâ)* du Vedânta

Nârâyana (Dieu suprême)
Brahmâ (Dieu créateur)
Vasishtha (fils de Brahmâ)
Shakti (aîné de Vasishtha)
Parâshara (fils de Shakti, Rishi)
Vedavyâsa (compilateur des *Veda*)

Shuka (gourou de Gaudapâda)
Gaudapâda (commentateur des *Upanishad*)
Govinda Bhagavatpâda (gourou de Shankara)
Shankara

La doctrine de Shankara a la transparence et la dureté du cristal. Il fabrique de la clarté comme un verrier du verre. On a l'impression, quand on lit Shankara, de se plonger tout huilé (car il faut être préparé) dans un

---

<small>1. Vivekânanda, *Les Yogas pratiques. Karma, Bhakti, Râja* (1895-1896), trad. de l'anglais (1939), Albin Michel, coll. « Spiritualités vivantes », n° 3, 1970, 575 p.</small>

lac de haute montagne aussi limpide que glacé. Sa pensée ressemble à un magnifique iceberg. Un bloc d'esprit.

Shankara (« Bienfaisant ») était un brâhmane shivaîte. Il est né dans l'Inde occidentale, sur la côte de Malabâr. Quand ? vers 700 ou vers 780 ? Dès cinq ans, il connaissait le sanskrit et lisait les grands textes. À huit ans déjà il vivait comme un moine. Il s'en fut suivre des gourou, Govinda Bhagavatpâda, et le gourou de son gourou, Gaudapâdâcârya, tous deux fameux commentateurs. Shankara aurait, à dix-huit ans, maîtrisé sa philosophie. Il fonda dix ordres d'ascètes, de nombreux monastères au cours d'une vie de prédicateur itinérant. Il réforma le tantrisme en le rendant plus intérieur, en remplaçant le culte des déesses terribles par des déesses apaisées. La mort le rattrapa à trente-deux ans, dans l'Himâlaya.

Plutôt que de résumer sa pensée, je vais lui donner la parole, en essayant d'ordonner ses mots d'une façon moins profonde mais, peut-être, plus pédagogique.

Le point de départ est un ésotérisme simple, je veux dire un ésotérisme qui oppose ésotérisme et exotérisme, initié et profane, autrement dit Connaissance et Ignorance, sages et sots. Le profane est un initié *(sâdhak)* sans le savoir. Encore faut-il le savoir : ésotérisme !

Car l'*âtman* est toujours présent, mais seulement, en raison de l'ignorance *(avidyâ)*, il est comme absent.

Shankara, *Compréhension du soi. Atmâ-Bodha*, 44, trad. du sanskrit F. Chenique, « *Atmabodha* », *Connaissance des religions*, sept. 1991, déc. 1991, mars 1992 , 77212 Avon. (Autre trad. R. Allar : Shankarâchârya, *Hymnes et Chants vedantiques*, Éditions Orientales, coll. « Tradition hindoue », 1977.)

Le point d'arrivée est un double ésotérisme, un ésotérisme qui se retourne, le vrai ésotérisme, celui qui ne distingue plus ésotérisme et exotérisme. Le début devient la fin, l'illusion la révélation. La pensée se retourne pour atteindre la vérité. De même qu'un sot trouve sur son cou le collier qu'il cherche partout, de même le sage trouve le Soi en lui, et non pas dans les textes, dans les dieux, dans les temples...

Celle-ci [l'ignorance] étant détruite, l'*âtman* resplendit de sa présence, comme un collier que l'on porte au cou sans le savoir.

Shankara, *ibid.*

Avec une force extraordinaire, Shankara dit : si l'on a la chance de naître avec la condition humaine et que l'on ne vise pas la Délivrance, c'est-à-dire « notre propre état véritable, alors assurément on est un sot qui commet un suicide » (p. 240-241). Peut-on imaginer plus énergique appel à l'ésotérisme ?

Maintenant, procédons méthodiquement.

L'homme vit dans l'ignorance. Son illusion première consiste à prendre son corps pour le soi. Ou bien, il confond son être véritable, le soi *(âtman)*, avec son ego, son « principe vital » *(jîva)*. D'une façon générale, il s'attache aux objets des sens. Cela le rend malheureux.

De même que dans l'obscurité on prend à tort un poteau pour un voleur, de même l'ignorant fait prendre à tort Brahman pour *jîva*. [...] Prendre à tort le corps ou le non-Je pour le Soi-même est la cause de toute misère, c'est-à-dire de tout esclavage.

Shankara, apud *Œuvres réunies* de Râmana Maharshi, Éditions Traditionnelles, 1988, p. 231, 257.

La faute revient au mental. L'ignorance renvoie au psychisme. Il faut donc détruire l'ego, ou plutôt la cause de l'illusion en l'ego, à savoir le mental, aussi illusoire que l'argent dans la coquille d'huître qui luit.

Le mental crée d'abord chez l'homme un attachement au corps et à tous les objets des sens, et le voilà lié par son attachement comme une bête à la longe. [...] Le mental est un grand tigre qui rôde éperdu dans l'immense jungle des objets des sens. Alors les aspirants doivent s'en écarter. C'est seulement le mental qui évoque devant le Soi les objets subtils et grossiers et toutes les variations du corps, de caste, de stades de la vie, de qualités et d'actions, de causes et d'effets.

Shankara, *Le Joyau de la discrimination. Vivekachûdâmani*, apud *op. cit.*, p. 261-262.

« Le soi brille de soi-même. *Svayam prakâshate hyâtmâ* » (p. 229, 309).

Il n'existe qu'une seule réalité : le Soi. La gnose se résume dans le Brahman. Erreur des multiplicités : le monde des individus est un rêve, la diversité est une illusion comme la corde que l'on prend pour un serpent [1], comme les bulles qui se dissipent à l'air. Il n'y a que l'océan, que le Soi. Erreur des perspectives : les conceptions des intellects sont comme des reflets du Soleil dans l'eau, il n'y a que le Soleil, que le Soi. On arrive ainsi à la fameuse doctrine de la non-dualité *(advaita)*. Les apparences sont illusion *(mâyâ)*, la seule réalité est l'unique Brahman, présent en tout comme le beurre dans le lait.

Le vase n'est qu'une illusion de l'imagination et existe seulement de nom, puisqu'il n'a pas d'autre réalité que celle de l'argile. Pareillement, l'univers entier est une surimposition *(adhyâsa)* de la forme à Brahman bien qu'il semble en être séparé. Le substratum Brahman transparaît à travers l'illusion surimposée. Cette dernière est en réalité inexistante, comme le serpent vu dans la corde. Le manifeste n'est qu'une illusion. L'argent vu dans le substratum de la nacre n'a pas d'existence séparée de celle-ci, mais il est la nacre elle-même. De même la manifestation n'a pas d'existence séparée de son substratum Brahman. [...]
En moi, Brahman immuable, tout ce qui semble différent est absolument sans réalité. Seul je suis. [...] Le monde entier et tous les individus sont réellement Brahman et la demeurance en tant que ce Brahman indivisible est en soi-même la Délivrance. [...]
Les Écritures [*Veda, Upanishad, Bhagavad-Gîtâ, Brahma-sûtra*], la raison, les

---

1. Image de Shankara.

paroles du Guru et l'expérience intérieure sont les moyens qu'il te faut employer à cette fin.

Shankara, *op. cit.*, p. 267, 294-295.

Comme il n'existe qu'une seule Réalité, il n'existe qu'une seule méthode : la Connaissance. L'initiation se résume dans la sapience. Échec du karma-yoga. Échec du mental. Il ne reste qu'à connaître, pas intellectuellement, mais spirituellement, grâce à un gourou, par une expérience directe.

Pour voir une lumière, aucune autre lumière n'est requise. [...] Les Écritures ont donc déclaré avec raison que l'action [karma-yoga] ne peut jamais produire la Délivrance. [...]

Celui qui prend à tort une corde pour un serpent est saisi de crainte, et seule la connaissance que c'est une corde peut dissiper sa crainte et sa détresse. Un ami qui sait cela le lui dit, alors il recherche et découvre ce qu'il en est. Il n'est pas d'autre voie. Pareillement, la connaissance de Brahman est obtenue grâce à l'initiation reçue du gourou et à la recherche dans la vérité.

Cette Vérité ne peut être réalisée par des bains purificatoires, des offrandes, le contrôle de la respiration [hatha-yoga] ou quelque autre pratique.

Shankara, *op. cit.*, p. 229, 241-242.

Que faire alors ?

L'aspirant pratique la théologie affirmative, l'affirmation du Soi, mais surtout il pratique le ni-ni, *neti neti*, le contraste *(vyatireka)*, qui n'est pas une méthode intellectuelle, mais la destruction des dualités, ce vice de la pensée rationnelle [1]. Le Brahman n'est ni ceci ni ceci, pas plus Être que non-Être, à la fois extérieur et intérieur, mais au-delà de toute comparaison, par-delà le nom, la forme, l'action. En lui les contraires s'annihilent, pour réaliser la libération. On voit ainsi la réunion de grandes idées indiennes : les contraires, l'extinction, l'Absolu, la délivrance.

L'aspirant pratique aussi la discrimination *(viveka)*. Il distingue Soi et non-Soi *(anâtman)*, à savoir réel et irréel, Absolu et illusion, comme le paysan sépare de leur balle les grains de riz.

Abandonne ce faux soi physique tout comme un acteur abandonne son rôle et demeure lui-même. [...]

La Délivrance de l'esclavage du faux concept ego ne peut jamais se produire que grâce à la connaissance acquise par la discrimination entre le Soi et le non-Soi. [...] Des cinq caractéristiques : Être, Conscience, Béatitude, Nom et Forme, les trois premières appartiennent à Brahman, et le nom [*nâman*] et la forme [*rûpa*] appartiennent au monde. [...] Soyez donc indifférents aux noms et formes,

---

1. Même usage du « ni-ni » dans le Bouddhisme mahâyâniste ou tantriste : « À ce qui est "ni non existant ni existant" ni à la fois "existant et non existant" [...] je rends hommage » (*Analyse de la lignée des Trésors*. *Ratna-Gotra-Vibhâga*, I, 9, 2, attribué à Asanga ; trad. anglaise de la version tibétaine K. et Katia Holmes, *The Changeless Nature*, Kagyu Samye Ling Tibetan Centre, Eskdalemuir, Dumfriesshire, Écosse, 1985). Sur le *ni ni* : O. Lacombe, *L'Expérience du Soi*, Desclée de Brouwer, 1981, p. 102-109, 157-161.

concentrez-vous sur l'Être-Conscience-Béatitude *(Sat-Cit-Ânanda)* et pratiquez constamment le *samâdhi* [résorption en Brahman] à l'intérieur du cœur *(hridaya)* [dans la partie droite de la poitrine entre les deux seins, au-dessus de l'abdomen, comme éther subtil, dans le lotus du cœur à huit pétales, distinct du *chakra* du cœur à douze pétales] ou avec un support extérieur [*mantra, yantra,* idée, image sculptée, etc.].

Shankara, *op. cit.*, p. 274, 264, 311.

L'aspirant pratique l'ascèse selon divers exercices *(abhyâsa)*. Il se tient « assis dans un endroit solitaire, libre de passions, les sens maîtrisés, la pensée unifiée sur l'*âtman* ». Exigerait-on cela d'un simple philosophe ?

Donc l'aspirant courageux doit abandonner l'attachement à la femme, aux enfants et aux biens, et renoncer à toute activité. [...] Donc si réellement tu veux la Délivrance rejette les plaisirs des objets des sens comme s'ils étaient des poisons. Tiens-t'en fermement aux vertus de contentement, compassion, pardon, sincérité, tranquillité et contrôle de soi.

Shankara, *Le Joyau de la discrimination*, apud *op. cit.*, p. 241, 250.

Tout cela ne peut se faire sans l'aide d'un maître spirituel *(gourou)*, ou plutôt d'un instructeur *(âcârya)*.

L'instructeur est celui qui sait argumenter pour et contre, comprendre les questions et se les rappeler. Il possède la tranquillité, la maîtrise de soi, la compassion et le désir d'aider autrui. Il est versé dans les Écritures, détaché des jouissances visibles et invisibles. Il a renoncé aux moyens d'accomplir toute action. C'est un connaisseur du Brahman, il y est établi. Il ne transgresse jamais de règles de conduite. Il est dépourvu d'imperfections, telles que l'ostentation, la vaine ingéniosité mentale, la jalousie, la fausseté, l'égocentrisme et l'attachement. Son seul but est d'aider les autres, son désir est d'impartir la seule connaissance du Brahman.

Shankara, *Les Mille Préceptes de l'instruction. Upadeshasâhasrî*, I, 1, 6, trad. partielle du sanskrit P. Lebail ; trad. anglaise par S. Mayeda, *A Thousand Teachings*, Tôkyô, 1979.

Comme son instructeur, l'aspirant a une expérience directe du Brahman, et pas seulement un savoir intellectuel. Cette expérience s'appelle « recueillement immuable », « enstase intemporelle » *(nirvikalpa samâdhi)*. Ésotérisme : la discrimination devient non-discrimination, la méthode du ni-ni aboutit à l'indistinction *âtman*-Brahman. Le soi vivant *(pratyagâtman)*, individuel, s'identifie au Soi suprême *(paramâtman)*, universel, en une indistinction, sans conscience. Il se trouve en Paix, en Béatitude. Cette pratique méditative fait fondre le moi, irréel, et fait se fondre le moi réel, le soi, dans l'Absolu, par communion *(sâyujya)*. La pratique est donc moyen et fin à la fois. En essayant d'atteindre l'Absolu, l'ego se détruit, tout comme, dit Shankara, un bâton de bois destiné à attiser un feu, frotté à un grand feu, finit par être consommé (p. 231).

Il faut [...] expérimenter effectivement le Soi à travers le gourou qui est un connaissant de la Réalité. [...]

Brahman peut être clairement éprouvé sans aucune barrière seulement par le *nirvikalpa samâdhi*, car en dehors de celui-ci le monde mental fluctue toujours et conduit d'une pensée à l'autre [...].

Quand il est en état de *samâdhi*, le *Jñâni* [gnostique] illuminé expérimente dans le cœur en tant que « Je-Je » la complétude homogène de ce Brahman éternel, béatitude de connaissance incomparable, non attaché, sans forme, sans agir, non qualifié, immuable, inconditionné, sans nom et libre de tout esclavage. [...]

Le Sage libéré des particularités se fond dans l'Être (Vishnou) qui pénètre tout, comme l'eau dans l'eau, l'éther dans l'éther ou le feu dans le feu. [...] Comme l'iceberg dans l'océan, j'ai été absorbé petit à petit dans l'océan de la Béatitude de Brahman jusqu'à devenir l'océan lui-même, dont mon intellect ne peut sonder la nature et la profondeur. [...]

La connaissance de l'Identité du Soi et de Brahman est clairement révélée aussitôt que l'ego est complètement détruit sans résidu, conjointement à l'illusion de la multiplicité causée par l'obnubilation de *tamas* [principe d'obscurité] [...].

Comme la terre n'est pas souillée par les vagues d'un mirage, de même la destruction ne m'affecte en aucune façon, car je suis sans attaches comme l'éther, séparé de tout ce que j'illumine comme le Soleil, immobile comme une montagne, illimité comme l'océan.

Ainsi obtiens la Paix suprême, qui est le but de la vie. [...]

Le connaisseur de Brahman [...] ne ressent ni bonheur ni malheur en rapport avec les conditions extérieures, qu'elles soient agréables ou désagréables, et il n'éprouve ni goût ni dégoût. Tel un enfant, il accepte toutes les conditions qui l'environnent en raison des désirs des autres. Tout comme un jeune garçon innocent est absorbé par son jeu sans se soucier de la faim, de la soif et des tourments physiques, de même le Sage est absorbé dans le jeu de son propre Soi sans conscience de l'ego. [...] Aucun code ou règle de conduite ne le lie, car il est en permanence libre. [...] Ici il se conduit comme un idiot, là comme un savant, et plus loin comme une dupe. [...] Il est individualisé, et cependant il est l'Unique Tout Indivisible. [...]. Il est complètement ivre de l'expérience ininterrompue du nectar de la béatitude.

Shankara, *op. cit.*, p. 247, 283, 288, 232, 296, 275, 297, 275, 301-303.

Shankara termine sur une note ésotérique.

Mon cher disciple, ceci, somme et substance de toutes les *Upanishad*, secret des secrets, tel est mon enseignement pour toi. Tu peux aussi le communiquer à celui qui aspire à la Délivrance, seulement prends soin de l'examiner plusieurs fois pour t'assurer qu'il a le vrai détachement et qu'il est exempt de tous les péchés et impuretés de cet âge sombre [kâlî-yuga]. [...] Puissent ces instructions précieuses être suivies par ceux qui ont foi en l'autorité des Écritures et qui aspirent à la Délivrance, par ces chercheurs avancés qui accomplissent leurs tâches prescrites sans souci du fruit de leurs actions, et qui sont ainsi lavés de leurs impuretés mentales, qui ne sont pas attachés aux consolations du *samsâra* [vie dans le monde de la multiplicité] et qui ont atteint un état d'équanimité.

Shankara, *Le Joyau de la discrimination*, fin, apud *op. cit.*, p. 305-306.

LES ÉCOLES ÉSOTÉRIQUES

L'Hindouisme s'est diversifié, plus que divisé, en de nombreuses écoles. Je dis « diversifié », parce que ces écoles sont autant de voies, autant de chances. L'Hindou y voit surtout des routes vers le même but.

DIVISIONS DE L'ÉSOTÉRISME HINDOU

COURANTS	LIGNÉES	ÉCOLES ÉSOTÉRIQUES	BRANCHES ÉSOTÉRIQUES
traditionnel *(smârta)*	Védisme 1600 av. J.-C. ? Yoga VIIe s. av. J.-C. ? Vedânta IIe s. Krishnaïsme IVe s. etc.	→ *Upanishad*, etc. → râja-yoga, etc. → advaita, etc. → *Bhagavad-Gîtâ*, etc.	→ *Upanishad* du yoga → Patañjali → Shankara → Chaitanya
shivaîte *(shaiva)*		Kâpâlika VIe s. Pâshupata VIe s. Saura VIe s. Shivaîsme du Cachemire Lingâyat 1156 Kânphata-yogi XIIe s. ?	→ Somasiddhânta → Lâkulisha → Saurapâtha → Pratyabhijñâ → Âradhya
vishnouïte *(vaishnava)*		Pâñcarâtra 600	
shâktiste *(shâkta)*	main droite/main gauche	Kaula XIe s. ?	
non confessionnel	anti-brâhmaniste syncrétique	Gânapatya Ve s. Sahajayâna 600 Mahâsiddha 650 Bâuls XVIIe s. yoga intégral 1914	→ Sahajiyâ (1350) (shrî Aurobindo)

LE TANTRA

Le tantrisme est — comme le chamanisme — un ésotérisme structurel. Ce n'est pas une école, ce n'est pas une doctrine. Il traverse en diagonale toutes les traditions. On en trouve en Chine, en Europe, etc.

Le tantrisme s'avère à la fois plus fermé, puisqu'il est ésotérique, et plus ouvert, puisqu'il s'offre à tout homme, indépendamment de sa caste ou de sa position, alors que l'Hindouisme exige l'appartenance à l'une des trois premières castes. Le tantrisme remplace les castes par les classes, il admet trois catégories d'hommes : les bestiaux *(pashu)*, les humains *(vîra)*, les divins *(divya)*.

En Inde, des faits tantriques sont perceptibles partout et toujours, avec l'intérêt pour les formules magiques, mais surtout avec des pratiques initiatiques fondées sur la sacralité du sexe. À Mohenjo-Daro, J. Marshall a vu un culte sexuel d'un prototype de Shiva. On observe de la magie amoureuse dans l'*Atharvâ-Veda*. Dans le fameux *Kâma-sûtra*, l'auteur a glissé une doctrine ésotérique *(aupanishadika)* de l'érotique.

Le tantrisme hindou donne pour modèle l'union des complémentaires et inverse la polarité classique. Le sens littéral de *tantra* est d'ailleurs « tissu, relation ». Le symbolisme du tissage peut servir de clef. Le tisserand crée une œuvre avec des fils, il entrelace horizontal et vertical, il fait du plein dans le vide. *Tantra* accolé à un titre de livre ou à un rituel signifie « transmission, système, manuel », car avant tout il s'agit de relier, de tisser un lien entre éléments complémentaires, maître et disciple, ciel et terre. Et l'on utilise les passions. Je traduirais volontiers ici *tantra* par « manuel cathartique ». Dans le tantrisme hindou, le pôle mâle est passif, le pôle femelle actif, le salut consiste à les marier. En cosmologie, le tantriste *(tantrika)* raconte le combat des deux principes, Shiva, mâle et passif, contre Shakti, femelle et active ; de leur union vient le monde ; selon le mythe, le dieu Shiva se plonge dans le yoga, aussi Pârvatî, sa *shakti*, sa parèdre, doit-elle se montrer activement séductrice pour le pousser à la création. Faisant du laya-yoga, le tantriste transpose son discours : la libération, dit-il, vient lorsque le *prâna* et la brûlante *kundalinî*, d'abord endormie, puis très active, se rejoignent dans le centre subtil au sommet du crâne, à la fontanelle. Dans le cas du tantrisme de la main gauche, les choses se précisent : la félicité vient quand se réalise l'union des deux énergies sexuelles, l'énergie mâle (mais lunaire, passive comme l'est l'éjaculation), matérialisée par le sperme, et l'énergie femelle, matérialisée par les menstrues. Ce qui est en bas, dans la sexualité, est comme ce qui est en haut, en cosmologie. Des lois identiques règnent à des niveaux différents, conformément au principe d'analogie. La pratique sexuelle résume, dans le microcosme, les mystères du macrocosme.

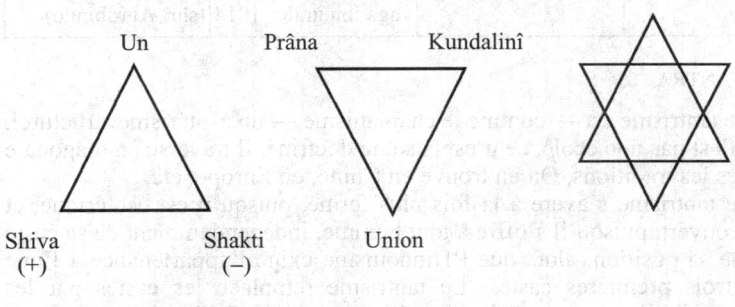

	Un	Prâna	Kundalinî
	△	▽	✡
Shiva (+)	Shakti (−)	Union	
GRANDE TRIADE TANTRIQUE		PETITE TRIADE TANTRIQUE	

En fait, il y a deux sortes de sperme :
le sperme rouge et le sperme jaunâtre ;
le jaune est le sperme proprement dit ;
le rouge, pareil à du corail,
est le sang menstruel :
on le trouve dans la matrice *(yoni)*
tandis que le sperme est dans la Lune ;
réaliser leur unité est chose difficile.
Le sperme est Shiva,
le sang est sa Puissance [*Shakti*],
le sperme est la Lune,
le sang est le Soleil :
en opérant la conjonction des deux
l'adepte se fait un corps-de-gloire.

Doctrine ésotérique de la contemplation du point. Dhyâna-Bindu-Upanishad, 86-89, trad. du sanskrit J. Varenne, *Upanishads du yoga*, éd. cit., p. 111-112.

Les autres pratiques du tantrisme sont l'alchimie, l'iconographie, les sons mystiques.

Le tantrisme hindou, en effet, accorde une importance aussi grande à l'occultisme linguistique *(mantrashâstra)* qu'à la sexualité transcendée.

Le tantrisme hindou se divise selon ses « courants », shivaïte, vishnouïte, shâktiste, traditionnel *(smârta)*, anti-brâhmaniste. Chaque courant *(sampradâya* : transmission) se subdivise en écoles *(mata* : doctrines), dans le tantrisme comme dans les tendances exotériques.

• LE TANTRISME DE COURANT SHIVAÎTE se fonde sur le culte de Shiva (« Propicieux »). Shiva (>Çiva) est le dieu terrible de la mort, du temps, de la danse orgiastique *(tândava)*, en même temps que le dieu androgyne de la vie, de la procréation, il est enfin dieu ascète.

La Nature est Magie, sachez-le,
et le Seigneur Shiva en est le maître !
Tous les êtres émanent de lui,
le Seigneur de majesté, le Magicien !

Shvetâshvatara-Upanishad, trad. du sanskrit Lilian Silburn, *Les Upanishad*, A. Maisonneuve, 1948.

Cet étrange mélange fait tout le tantrisme. L'adepte shivaïte *(shaiva)* peut aussi bien adorer la compagne de Shiva, la non moins terrible Durgâ. Le dieu Shiva, qui se substitue au dieu Rudra du Védisme, figure la destruction dans la trinité *(trimûrti)* Brahmâ-Vishnou-Shiva, Création-Conservation-Destruction.

Afin de créer ce monde, l'Esprit suprême [Îshvara] fit naître Brahmâ de son flanc droit. Afin de le conserver, il engendra Vishnou de son flanc gauche. Enfin, pour le supprimer, il fit jaillir Shiva du milieu de son corps. Certains vénèrent Brahmâ, d'autres Vishnou, d'autres encore Shiva. Les trois divinités forment une unité. Le dévot ne doit faire aucune différence entre eux.

Padma-Purâna (XIIe s., de courant vishnouïte), trad. anglaise, Poona, 1893-1894, 4 t.

Le Shivaîsme préconise une lutte contre la triple souillure (ignorance, karma, illusion). Pour cela, il recommande le recours au Maître Shiva, l'étude des *Veda*, et quelques principes ésotériques : spontanéité créatrice des dieux, définition de la puissance comme parole. Du point de vue initiatique, le tantrisme shivaîte prône l'initiation rituelle *(dîksâ)*, le hathayoga théiste, les orgies, la récitation de formules, la fréquentation des temples et des montagnes élus par Shiva. Le tantrisme de Shiva commence à prendre forme vers le Ier siècle av. J.-C. mais ne s'organise que vers le VIe siècle avec l'école des Pâshupata (=Lakulîsha). Le tantrisme shivaîte obtient du succès principalement dans l'Inde du Sud, au Cachemire, au Bengale, au Népal, en Insulinde, en Birmanie. En 881, le roi khmer Indravarman Ier fit construire un temple-montagne artificiel, le Bakong ; cette pyramide à cinq étages symbolisait le mont Méru, l'axe cosmique, avec au sommet un *linga*.

Les Aghorî (« Non-terribles ») sont, précisément, terribles. Ils pratiquent l'anomisme, le refus des conventions, le renversement des codes sociaux reconnus. On comprend qu'ils se fassent rares. En cinquante ans, Rajeh Bedi, spécialiste du sujet, n'en a rencontré qu'un seul [1]. Ils vont à contre-courant dans un but spirituel. Les yogi se contentent de retourner la pensée, eux ils retournent leur existence. Les Aghorî suivent la voie de Shiva le destructeur. Ils ont sans doute pratiqué le sacrifice humain. Ils vivent près des *ghât* (accès aux eaux d'une rivière ou d'un lac) d'incinération. Comme bol, ils se servent d'un crâne humain. Au cou, ils portent un collier fait d'os humains. Ils vivent nus. Ils doivent totale obéissance *(shushrûshâ)* à leur gourou. L'initiation prend onze années, ce qui exclut l'hypothèse qu'on ait affaire à de simples voyous. Ils ne peuvent mendier qu'auprès des rebuts de la société indienne, prostituées, bouchers, balayeurs. Tout aussi antinomistes, provocateurs, les Kânphata-yogi, Yogins-aux-oreilles-percées, disciples de Goraknâtha, se disent carnivores, homosexuels, nécrophages, etc.

• LE TANTRISME DE COURANT VISHNOUÏTE est un mélange de Yoga théiste, de Shâktisme et de Vedânta. Les adeptes de Vishnou (« Omniprésent »), les Vaishvana, centrent leurs efforts sur la doctrine et le culte de Laksmî (« Chance »), la parèdre de Vishnou (« Agissant »), la divinité de la beauté. Le tantrisme vishnouïte défend le monothéisme. Il commence vers 600. Sa zone géographique comprend l'Inde centrale et le Dekkan. Les temples de Khajurâho [2], célèbres pour leurs sculptures érotiques du Xe siècle, sont souvent dédiés à Vishnou (>Vishnu).

• LE TANTRISME DE COURANT SHÂKTISTE est fondamentalement ésotéri-

---

1. R. Bedi, *The Sadhus*, Brijbasi Printers, New Delhi, 1991, p. 100.
2. E. Zannas (et Jeannine Auboyer), *Khajurâho. Text and Photographs*, Mouton, La Haye, 1960, 227 p., 175 pl. L. Frédéric, *Khajurao, sanctuaire de l'amour en Inde*, Bordas, 1991, 157 p.

que. Il dérive en grande partie du Shivaîsme. Il se présente comme une « sublime doctrine » *(shrîvidyâ)*. Il affirme une croyance et un culte dans une grande déesse, ou en plusieurs. Le tantrisme shâktiste conçoit la grande déesse *(mahâdevî)* comme *shakti*, énergie féminine, puissance femelle, alors que le Brahman est neutre et Vishnou masculin. La Déesse est divinité suprême *(devî)* ou sert de parèdre à un dieu ou à des dieux, et elle est vue comme un principe cosmologique et sotériologique. En général, la grande déesse est Durgâ (« Inaccessible »), la forme terrible de Pârvatî, épouse de Shiva, ou de Kâlî (« Obscure »). Il arrive que le tantriste rende un culte à la Déesse sous son aspect paisible, Umâ (« Tranquille »). La *shakti* (>*çakti*) symbolise, de façon figurée et de façon concrète, la notion de *prakriti* du système Sâmkhya, autrement dit, la substance primordiale, ou bien la notion de *mâyâ* du système Vedânta, à savoir la force qui provoque l'évolution et qui égare les esprits en montrant de la diversité où en fait règne l'unité.

Shakti est la racine de toute existence.

Tantratattua, trad. anglaise A. Avalon, *Principles of tantra*, Luzac, Londres, 1914-1915, 1172 p., t. 2, p. xvii.

Quant aux rites, les adeptes, les *Shâkta* pratiquent les sacrifices sanglants, le *shrîchakra*, « la sublime roue », un coït rituel entre hommes et femmes réunis en cercle, le *pañcatattva*, « le quintuple principe ». Ce dernier rite utilise les cinq substances, considérées ordinairement comme impures, et donc particulièrement puissantes : l'alcool, le poisson, la viande, la céréale grillée, le coït. Ce sont les « 5 M » *(pañcamakâra)* : *muda, matsya, mâmsa, mudrâ, maithuna*.

Le plaisir que donnent l'alcool, la viande, les femmes, c'est la délivrance pour ceux qui savent, péché mortel pour les non-initiés.
Ce qui dans le monde est abaissé sera exalté, et rabaissé ce qui dans le monde est exalté.

Kûlârnava-touka, IX, 50, trad. partielle L. Renou.

La théorie est tout aussi antinomiste, c'est-à-dire contraire aux conventions sociales.

Je ne torture pas mon corps par des austérités. Je ne fais pas de pèlerinages. Je ne perds pas mon temps à lire les *Veda*.

Recueil du Grand Temps. Mahâkâla-Samhitâ.

Ce qui signifie, dit Avalon : Je ne pratique pas les austérités car le corps est le séjour de la divinité, je ne suis pas les pèlerinages car les lieux sont dans le corps de l'adorateur, je n'étudie pas les textes car il faut expérimenter par soi-même.

La zone géographique du Shâktisme couvre le nord-est de l'Inde (Bengale, Orissâ, Assam), le Cachemire. Le Shâktisme naît au début du

VIIe siècle, sans doute au Bengale, encore que l'adoration d'une déesse-mère terrible soit de toujours et de partout.

• LE TANTRISME HINDOUISTE NON CONFESSIONNEL se montre en général anti-brâhmaniste. Le *Rig-Veda* dénonce comme anti-*ârya* les *shishnadeva*, « ceux qui prennent le pénis pour dieu ». L'école Sahajiyâ, qui recommande le naturel, la spontanéité, contient des éléments bouddhiques.

• LE TANTRISME NON HINDOUISTE comprend le tantrisme de la religion bouddhiste, le Tantrayâna [1], et le tantrisme de la religion jaïna.

Le tantrisme se divise aussi selon ses pratiques initiatiques en tantrisme de la main droite *(daksinâcâra)* et tantrisme de la main gauche *(vâmâcâra)*, surtout dans le Shâktisme. Les textes prennent aussi l'image du lait et du vin [2]. Les tantrismes confessionnels sont tantôt de la main droite, tantôt de la main gauche ; par exemple, dans le Shâktisme, l'école Kaula est de la main gauche, l'école Laksmîdhara de la main droite. Dans le tantrisme, il y a catharsis, mais justement le mot a deux sens (Aristote n'a jamais levé l'ambiguïté [3]). Il signifie ou bien la sublimation, l'idéalisation, la purification des passions ou bien la purgation, l'accomplissement de la passion par l'imaginaire, l'esprit. Purification ou purgation. Face au désir sexuel, on ne doit surtout pas vouloir le tuer. On peut simplement l'assouvir, dans le meilleur des cas pour un plaisir partagé. On peut aussi le transcender. Soit on l'idéalise comme une forme cosmique, un amour élevé, soit on le prend comme sexuel, mais on le défoule à travers un objet, on le réalise en le gardant sacré. Le tantrisme de la main droite s'illustre magnifiquement avec l'école Sahajiyâ, que défend le poète bengalî Candîdâs (>Chandîdâsa). Pour cette école, le salut vient par l'amour de Dieu, et cet amour part d'une inclination « naturelle » *(sahaja)*, qui prend pour objet une personne inaccessible. Candîdâs, qui était un brâhmane, fut excommunié de sa caste à cause de son (platonique) amour pour une blanchisseuse.

> Au pays d'Amour je veux habiter
> D'Amour construire ma maison.
> L'amour sera mon voisin, l'amour sera mon ami ;
> Tout le reste m'indiffère.
> L'amour me caresse, il me fait vivre,
> L'amour fera ma force,
> D'amour toujours je parlerai
> À l'amour consacrerai mon temps.
> Du lit de l'amour je ferai mon lit ;
> L'amour est l'oreiller sous ma tête.

Candîdâs (v. 1400), trad. du bengalî : D. Bhattacharya, *Love Songs of Chandidas*, Londres, 1967. Trad. partielle Jules Bloch.

---

1. Voir *infra*, p. 706 (« Le Bouddhisme du Tantrayâna, ésotérique »).
2. A. Avalon, *Shakti and Shâkta* (1919), Londres, 1929, p. 147 *sqq*.
3. Aristote, *La Poétique*, VI, 1449.

Le tantrisme de la main gauche prône les sacrifices sanglants, les rites sexuels avec coït. « Ce qui fait tomber les hommes les fait se lever. Shiva, le dieu terrible, a enseigné dans la doctrine de la main gauche que le progrès spirituel n'est possible qu'avec l'aide des choses mêmes qui sont la cause de la chute de l'homme » (*Kulârnava-tantra*, IXe s. ?). L'analogie inverse intervient dans l'initiation même : on inverse les rapports. La passion, grand stimulant de l'homme, va l'élever au lieu de l'abaisser. Mais la manœuvre exige un gourou. Le tantrisme antinomiste refuse et le juste milieu et un extrême (celui du bien ou du mal). Il se tient entre les deux, en tension [1].

Un même texte tantrique peut être interprété comme relevant de la main droite ou de la main gauche. Le texte parlera de deux énergies, entendant par là soit la dualité vital/mental *(prâna-kundalinî)* soit la polarité phallus/vulve *(lingam-yoni)*. Dans le premier cas, l'union des contraires s'accomplit par l'ascèse, dans le second cas par le sexe, mais toujours de façon sacrée.

Le tantrisme comporte une initiation-processus, la réalisation spirituelle *(sâdhana)*, le cheminement à travers diverses pratiques, et une initiation-cérémonie, une adoration *(pûjâ)*, un rituel. L'**initiation-processus** élaborée par les tantristes a quelque chose de grandiose, d'héroïque.

Les pratiques tantriques sont nombreuses et mêlées. On peut les classer en phoniques, graphiques, gestuelles, instrumentales, iconographiques, rituelles, ascétiques.

Pratiques initiatiques du tantrisme (hindou ou non)

pratiques ascétiques : sexualité cathartique, kundalinî-yoga...
pratiques gestuelles : *âsana* (posture), *mudrâ* (pose des mains)
pratiques graphiques : *mandala* (cosmogramme), *yantra* (diagramme symbolique)
pratiques instrumentales : musique, amulettes, objets de culte...
pratiques phoniques : *mantra* (formule liturgique), *bîja* (syllabe-germe)
pratiques rituelles : initiation-cérémonie, oblations, culte d'images...

La première grande pratique du tantrisme repose sur la sexualité transcendée. On vient d'en parler.

La deuxième grande pratique du tantrisme concerne le verbe [2], le *mantra* (« formule liturgique »). La philosophie implicite soutient que l'univers a une nature vibratoire, il est verbe. La parole peut être une

---

1. On songe, dans un autre contexte, à la mystique de Pascal, rejetant le juste milieu aristotélicien (l'économe n'est ni avare ni prodigue) autant que l'un ou l'autre extrêmes des philosophes (le dogmatique et le sceptique). « On ne montre pas sa grandeur pour être à une extrémité, mais bien en touchant les deux à la fois, et remplissant tout l'entre-deux » (*Pensées*, 353 Brunschvicg).
2. A. Padoux, *Recherches sur la symbolique et l'énergie de la parole dans certains textes tantriques*, De Boccard, 1963 ; *L'Énergie de la parole*, Le Soleil Noir, 1980.

monosyllabe, *bîja*, littéralement « germe (phonique) », un mot, une phrase, elle comporte 3 vers de 8 syllabes ou 4 vers de 12 syllabes. Le *mantra* peut être prononcé à haute voix, murmuré, bourdonné, pensé, écrit, récité lors d'une circumambulation, ou même imposé rituellement sur le corps par un geste *(nyâsa)*. Le *mantra* est murmuré (comme les incantations des Mésopotamiens), il ne se donne que par transmission orale *(karnatantra)*.

Voici quelques *mantra* :

Tat savitur varenyam bhargo devasya dhîmahi dhiyo yo nah pracodayât ! Puissions-nous recevoir cette merveilleuse lumière du dieu Savitr [Générateur : Sûrya, dieu du Soleil] ! et lui, qu'il stimule nos pensées ! (*Rig-Veda*, III, 62, 10)
aham brahmâsmi (je suis le Brahman)
Namas te Shiva (hommage à toi Shiva)
hrîm.

La troisième grande pratique du tantrisme, c'est le *yantra* (« diagramme symbolique »). Le *yantra* se présente comme une figure géométrique, que l'Hindou trace matériellement ou mentalement pour se lier aux forces cosmiques. Le plus puissant et le plus connu des *yantra* est le *Shrî-yantra* (>Çrîyantra, « sublime instrument », « outil du sublime »). Il se compose (en partant du centre) du point central *(bindu)*, qui représente l'univers dans son état non manifesté, puis de 9 triangles, 4 ayant la pointe en haut pour symboliser Shiva, 5 la pointe en bas pour symboliser Shakti ; cela donne 8 angles, puis (deux fois) 10 angles, enfin 14 angles. Le point central symbolise le Brahman, le lieu sans espace, l'origine inconditionnée, la semence primordiale, car le point n'a pas de dimensions et peut engendrer les diverses figures. Les triangles avec pointe vers le bas et pointes vers le haut forment un sceau de Salomon, mariage des forces spirituelles dynamisant la vie et des forces matérielles concrétisant l'esprit. On peut faire une lecture de type phonique, le point étant le son originel, les 8 pétales autour étant des consonnes. On peut faire une lecture tantrique, une lecture alchimique, une lecture mythologique, etc.

La quatrième grande pratique du tantrisme consiste dans les *bhâvanâ* (« créations mentales ») [1]. On imagine pour devenir ce que l'on imagine. Je crée l'image d'un dieu pour être image d'un dieu. Le pouvoir de l'imagination est porté à son incandescence. De même que la sexualité peut, de plaisir grossier, devenir état spirituel, de même l'imagination, de vulgaire fantasme, peut se transformer en réalisation. L'image incarne. Autant alors choisir d'imaginer une entité supérieure, un chemin de dépassement.

La cinquième grande pratique du tantrisme s'appelle le kundalinî-yoga, le laya-yoga. Il faut exposer la physiologie occulte.

---

1. F. Chenet, « Bhâvanâ et Créativité de la conscience », *Numen*, t. 34, fasc. 1, éd. E. J. Brill, Leyde, 1987, p. 45-96.

LE *SHRÎ-YANTRA*

L'ésotérisme hindou admet trois plans, trois formes de manifestation appelées « corps » *(sharîra)* : le corps grossier *(stûla-sharîra)*, le corps subtil *(sûkshma-sharîra)* ou corps-signe *(linga-sharîra)*, élément transmigrant, le corps causal *(kârana-sharîra)* [1]. Sur ces plans se répartissent les cinq « surimpositions, adjonctions » *(upâdhi)* ou « enveloppes, gaines [2] » *(kosha)*, que les Théosophistes occidentaux appellent « corps », « véhicules » ou « principes » : physique (qui relève du plan grossier), puis vital, mental, intellectif (qui relèvent du plan subtil), puis béatifique (qui relève du plan causal), enfin le Soi, qui possède seul la réalité vraie. D'autre part, aux trois plans et au Soi correspondent les quatre états de conscience *(sthâna)* : veille, rêve, sommeil profond, surconscience.

1. On retrouve cette anthroposophie chez les Théosophistes (Helena Petrovna Blavatsky, Annie Besant), chez les néo-Occultistes (Papus) et chez les Anthroposophes (R. Steiner). Tout commence avec le fameux et fumeux livre de A. P. Sinnett, *Le Bouddhisme ésotérique* (1883), qui admet : « le corps *(rûpa)*, la vitalité *(prâna* ou *jîva)*, le corps astral *(linga-sharîra)*, l'âme animale *(kâma-rûpa)*, l'âme humaine *(manas)*, l'âme spirituelle *(buddhi)*, l'esprit *(âtma)* » (trad. de l'anglais, Adyar, 1975, p. 47). H. P. B. énumère — en sens inverse, du plus haut au plus bas — « les principes humains » : « 1e *âtma*, 2e *buddhi* (l'âme spirituelle), 3e *manas* (l'âme humaine), 4e *kâma-rupa* (le véhicule des désirs et des passions), 5e *prâna* [principe vital], 6e *linga-sharîra* [double astral], 7e *sthûla-sharîra* [le corps grossier] » *(La Doctrine secrète*, 1888, t. 1, p. 136). Papus, en se référant aussi à la terminologie indienne, admet, en partant du bas, « sept principes de l'homme » : corps *(rûpa)*, vitalité *(jîva)*, corps astral *(linga-sharîra)*, âme animale *(kâma-rûpa)*, âme humaine *(manas)*, âme angélique *(buddhi)*, âme divine *(âtma)* *(Traité méthodique de science occulte*, 1891, t. 1, p. 249). R. Steiner distingue « chez l'être humain les sept éléments suivants : corps physique, corps éthérique, corps astral, Moi, Moi spirituel, Esprit de vie, Homme-Esprit » *(La Science de l'occulte*, 1910, chap. 2).
2. Sur les 5 véhicules humains, lire *Taittirîya-Upanisad, Shaiva-siddhânta* ; sur les 4 états de conscience, lire *Mândûkya-Upanisad, Brahmâ-Upanisad*.

LES COMPOSANTES DE L'HOMME SELON LE VEDÂNTA

RÉALITÉ ILLUSOIRE :	**plan grossier** : (état de conscience de **veille**) – véhicule physique *(annamaya-kosha)* **plan subtil** : (état de conscience de **rêve**) – véhicule vital *(prânamaya-kosha)* – véhicule mental *(manomaya-kosha)* – véhicule intellectif *(buddhi-kosha)* **plan causal** : (état de conscience de **sommeil profond**) – véhicule béatifique *(ânandamaya-kosha)*
RÉALITÉ VRAIE :	le **SOI** : (état de conscience « **quatrième** ») – sommeil de veille

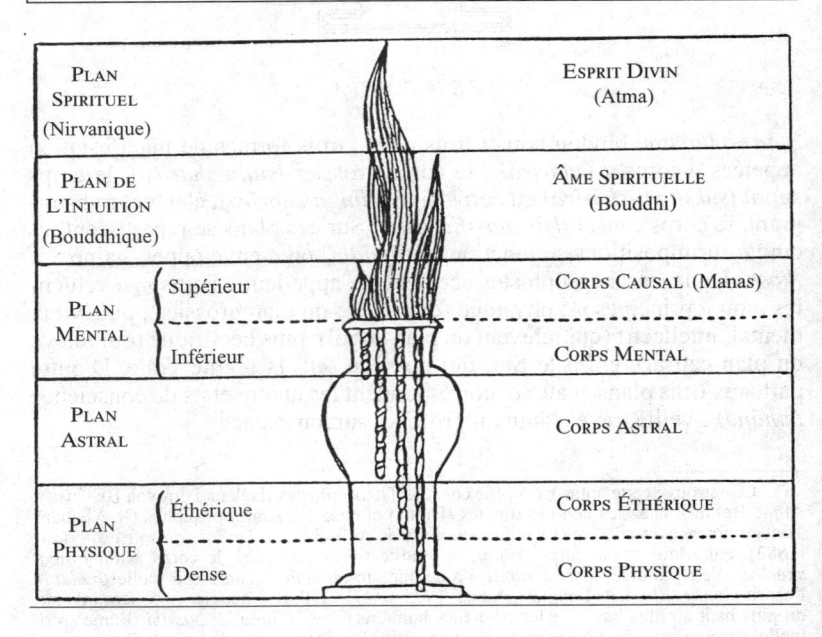

PLAN SPIRITUEL (Nirvanique)			ESPRIT DIVIN (Atma)
PLAN DE L'INTUITION (Bouddhique)			ÂME SPIRITUELLE (Bouddhi)
PLAN MENTAL	Supérieur		CORPS CAUSAL (Manas)
	Inférieur		CORPS MENTAL
PLAN ASTRAL			CORPS ASTRAL
PLAN PHYSIQUE	Éthérique		CORPS ÉTHÉRIQUE
	Dense		CORPS PHYSIQUE

LES SEPT « PRINCIPES » SELON LE THÉOSOPHISME
(dessin H. M. de Campigny, 1941)

Du plan grossier relève le véhicule physique. Chacun fait l'expérience du plan grossier dans l'état de conscience de veille *(jâgrat-sthâna)* ; dans cet état, l'homme parle, pense, agit.

• LE VÉHICULE PHYSIQUE est le « véhicule alimentaire » *(annamaya-kosha)*, il relève du plan grossier. Il est fait des cinq « Grands Éléments » *(mahâbhûta* : Terre, Eau, Feu, Air, enfin Éther). Selon la loi du microcosme-macrocosme, ces Éléments se retrouvent respectivement dans les os, les humeurs, la chaleur organique, les souffles vitaux et les cavités comme le cœur ou l'estomac. Le véhicule physique a sept parties : cerveau, yeux, bouche, oreilles, poumons, estomac, bas du corps. Il est changeant, répugnant, inanimé comme un vase. Il est créé et soutenu par la nourriture. Il génère un état d'esclavage dans la naissance et la mort, c'est le lieu du plaisir et de la douleur. À la mort, les correspondances se rétablissent, puisque, alors, « la voix entre dans le feu, le souffle dans l'air, l'œil dans le Soleil, l'esprit dans la Lune... » *(Brhad-Âranyaka-Upanishad,* III, 2). Le hatha-yoga fait commencer le travail spirituel dès ce niveau, avec les postures yogiques, les contractions musculaires, les purifications physiques.

Du plan subtil relèvent le véhicule vital, le véhicule mental et le véhicule intellectif. Chacun fait l'expérience du plan subtil dans l'état de conscience de rêve *(svapna-sthâna)* ; dans cet état, qui relève du sommeil simple, la pensée s'exerce sans le corps et sans l'extérieur, on traverse les illusions. Le plan subtil comprend les cinq organes d'action *(karmendriya)* : organes de reproduction, organes d'excrétion, pieds, mains, organes de phonation, qui agissent de façon vitale, mentale ou intellective.

• LE « VÉHICULE VITAL » *(prânamaya-kosha)* n'est qu'« une modification de l'air *(vâyu)* ». Il correspond au « corps éthérique » des Théosophistes, à « l'âme végétative » des Aristotéliciens. Le véhicule vital vaut principe de vie, il unit matière et esprit. Il se compose de « cinq souffles » *(pañca-prâna)* principaux : *prâna* (souffle de la poitrine, de la respiration), *apâna* (souffle de l'abdomen, des flatuosités), *udâna* (souffle intervenant dans le rot mais aussi dans l'enstase), *vyâna* (souffle du corps), *samâna* (souffle de la digestion). Le véhicule vital se manifeste de la façon la plus grossière dans le souffle respiratoire. Le *prâna*, le souffle vital, est l'énergie qui circule dans l'univers et se manifeste dans les divers mouvements, physiques ou mentaux.

• LE « VÉHICULE MENTAL », le « corps pensant » *(manomaya-kosha)* crée l'illusion, l'ignorance. C'est le sens interne, qui reçoit les perceptions.

• LE « VÉHICULE INTELLECTIF » *(buddhi-kosha)* ou « véhicule conscient » *(vijñâna-kosha)* ; l'intellect est « une modification du Soi non manifesté ». Il « conduit toutes les activités à travers la lumière réfléchie de la conscience, c'est l'agent conscient de l'activité, et ses attributs sont l'intelligence et les actions » (Shankara). On discrimine et on décide. Ici se placent les cinq Éléments subtils *(tanmâtra)* en correspondance avec les cinq Éléments grossiers *(mahâbhûta)* du corps physique : odorat/Terre, goût/Eau, vue/Feu, toucher/Air, ouïe/Éther, autrement dit odeurs, saveurs, formes, sensations, sons. On retrouve le principe ésotérique de l'analogie inverse, puisque au plus bas, le corps physique, répond le plus haut, le véhicule intellectif, mais sur un ordre plan, non plus grossier mais subtil. Autre principe ésotérique, celui du microcosme-macrocosme, et le véhicule intellectif correspond à la Grande Âme *(Mahâtmâ)*, à l'Intelligence cosmique des origines. On voit que cette doctrine se découvre intellectuellement, par l'usage du raisonnement, aussi bien qu'expérimentalement, par l'usage de la méditation.

L'éveil de la *kundalinî* fait accéder au plan causal. On franchit un nouveau seuil.

Du plan causal relève le véhicule béatifique. Chacun expérimente le plan causal dans l'état de conscience du sommeil profond *(susuptisthâna)* ; dans cet état, la conscience atteint la béatitude, l'ego a disparu, le corps est délaissé.

• LE « VÉHICULE BÉATIFIQUE » *(ânandamaya-kosha)*, le « corps spirituel inspirateur » connaît encore le changement, mais il dépasse déjà la dualité dans une félicité absolue, il atteint l'inconditionné, il échappe à l'espace, au temps, à la causalité, à la souffrance, aux mécanismes mentaux.

Au-delà de cet ensemble, qui est une réalité illusoire, brille la réalité vraie. Les initiés seuls font l'expérience de la Réalité, dans l'état de conscience dit « quatrième » *(turîya)*. Cet état consiste en un « sommeil éveillé » *(jâgrat susupti)*, qui dépasse l'objectif et le subjectif, le conscient et l'inconscient, le corps et l'esprit. Il y règne une paix parfaite, l'enstase *(samâdhi)*, l'extinction *(nirvâna)*. L'âme individuelle s'immerge dans l'Un-Tout, par réintégration. L'analogie inverse se vérifie, une fois encore les extrêmes se rejoignent, puisque ce dernier état, comme le premier, est état de veille *(jâgrat)*, mais pas dans la conscience personnelle.

• LE SOI *(âtman)* est autre chose que ces trois corps en cinq véhicules. L'intellect ne peut l'atteindre. Il est absolument distinct de tous les processus mentaux, que le yoga doit abolir. Le soi individuel est un avec le Suprême Soi *(Paramâtman)*, le Je-Absolu *(Aham-Brahman)*.

Ce volet de physiologie occulte se double d'un volet d'initiation yogique. L'initiation fait découvrir la physiologie, et la physiologie permet d'accomplir l'initiation.

La puissance primordiale revêt dans le monde de la manifestation deux formes, l'une vitale (le *prâna*) et diffusée dans tout l'organisme, l'autre mentale (la *kundalinî*) et localisée dans le périnée. Le *prâna*, la force vitale, correspond à Shiva, la *kundalinî*, l'énergie mentale, à sa *shakti*, c'est-à-dire à sa compagne, qui lui donne la puissance. De même que dans le Vedânta le Soi unique se trouve comme soi individuel dans le cœur, de même dans le laya-yoga la Puissance primordiale se trouve comme puissance individuelle *(shakti vyasti)* dans le centre subtil « entre anus et sexe », dans le périnée, dans la « roue de la base » *(muladhara-chakra)*.

La *kundalinî* (« l'enroulée ») s'enroule là, lovée comme un serpent au repos. L'initié, tel le charmeur de serpents, la fait se dresser. D'immobile, elle devient mobile, extrêmement active, ascendante, phallique en quelque sorte. Elle se lève et grimpe de *chakra* en *chakra*, du périnée jusqu'à la fontanelle, où, enfin, elle rencontre son complémentaire, le *prâna*. Celui-ci, conduit par le canal subtil *susumnâ*, arrive lui aussi jusqu'au sommet de la tête, depuis le sexe (*Satchakranirûpana-tantra*, 1-3). Cette fois, la différence avec le métaphysique Vedânta saute aux yeux. Si le métaphysicien cherche la réintégration, la fin du soi dans le Soi, comme l'eau pure se mêle au lac (Shankara), le yogi, pour sa part, cherche l'union des complémentaires, l'extase en double puissance, la rencontre du Soleil et de la Lune, la jonction idéale de la sécrétion spermatique et de la sécrétion vaginale (ou des menstrues). C'est la différence entre « jouissance de l'âme isolée » et « jouissance de l'âme unie ». Kundalinî épouse Shiva dans le centre subtil du sommet de la tête

union mystique
- identification (réintégration du soi dans le Soi) : **VEDÂNTA** (logique de l'équivalence)
- unification (mariage des contraires) : **TANTRISME** (logique de l'union des complémentaires)

(sahasrâra-chakra). Alors que le vedântin ressent une béatitude *(ânanda)* toute d'esprit, le yogi ressent une félicité *(bhoga)* toute d'énergie. Il connaît l'extase de l'étreinte. La dualité, vécue comme une complétude, donne au yogi une totale connaissance, une totale jouissance, une totale puissance. Il tient les deux bouts. Comme l'alchimiste il cherche à réaliser une réunion, l'association de deux natures contraires mais complémentaires, sans mélange, entrelacées comme la vigne et l'arbre.

[Les sept principaux centres subtils : *chakra*]
Des centres,
[1] le premier est celui de la Base [*mulâdhâra-chakra*, roue du support de la base]. [...] Au milieu du *mulâdhâra* est un lotus à quatre pétales. [...] Pareil à de l'or en fusion, le Centre-de-la-Base étincelle comme l'éclair : quadrangulaire, il est situé au-dessus du Feu [la Kundalinî], mais en dessous du sexe ; grâce au son qu'il émet de lui-même, le souffle y pénètre, trouvant là son point d'appui.
[2] Quant au *svâdhisthâna*[*-chakra*, roue de l'établissement de soi-même] on dit qu'il est le sexe lui-même : le vent passe à travers lui comme le fil à travers la perle.
[3] Dans la région du nombril est situé le Centre-du-joyau [*manipûra-chakra*, roue de l'abondance de joyaux] ;
[4] plus haut est l'*anâhata*[*-chakra*, roue du son primordial : le centre subtil du cœur], telle une roue à douze rayons.
[5] [au-dessus : le centre subtil de la gorge, *vishuddha-chakra*, roue de la purification].

[6] Quant à la Puissance divine elle est dans les trous de Brahman situés au milieu de l'arc formé par les deux sourcils [*ajñâ-chakra*, roue de l'autorité]. [...]
[7] [Enfin, le centre subtil au sommet de la tête, *sahasrâra-chakra*, roue aux mille pétales].

Dans la région du cœur, il y a un lotus à huit pétales [distinct de la roue du cœur, l'*anâhata-chakra*] : au centre de ce lotus est un cercle de dimension microscopique où se trouve l'âme individuelle qui est lumière ; là, toutes choses ont leurs assises.

[Les trois principaux canaux subtils : *nâdî*]
Au-dessus du sexe, et en dessous du nombril, se trouve un bulbe en forme d'œuf, d'où émanent les canaux au nombre de soixante-douze mille ; de ces milliers de canaux, soixante-douze seulement sont pris en considération. [...] Les trois canaux principaux où circulent les souffles ont la Lune, le Soleil et le Feu pour divinités ; on les nomme : l'Îdâ, la Pingalâ, la Susumnâ.
[I] Idâ est à gauche,
[II] Pingalâ à droite,
[III] Susumnâ au centre.

Ce sont là les trois chemins par où passent les cinq souffles : le Prâna, l'Apâna, l'Udâna, le Vyâna et le Samâna, que l'on appelle aussi les cinq Vents.

Dhyâna-Bindu-Upanishad, 43-57, 93 b, 33, 104, trad. J. Varenne, *Upanishads du yoga*, éd. cit., p. 103-105, 101, 113, 119, 105.

LES 7 *CHAKRA* PRINCIPAUX

Centres subtils	Lieu	Couleur	Pétales	*Mantra*
1 *mulâdhâra-chakra*	périnée	cramoisi	4	*Lam*
2 *svâdhishthâna-chakra*	sexe	orangé	6	*Vam*
3 *manipûra-chakra*	nombril	verdâtre	10	*Ram*
4 *anâhata-chakra*	cœur	rouge	12	*Yam*
5 *vishuddha-chakra*	gorge	violet	16	*Ham*
6 *ajñâ-chakra*	entre les sourcils	bleu	2	*Om*
7 *sahasrâra-chakra*	sommet de la tête	or	1000	

LES 3 *NÂDÎ* PRINCIPALES

Canaux subtils	Lieu	Fonction	Symbole
I Idâ	gauche	système parasympathique	Lune
II Pingalâ	droite	système sympathique	Soleil
III Susumnâ	centre		

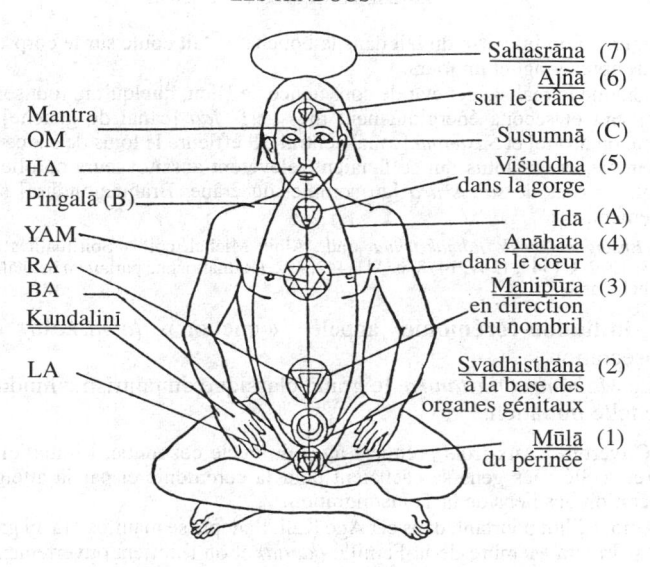

```
Mantra              Sahasrāna (7)
OM                  Ājñā (6)
HA                  sur le crâne
Pïngalā (B)         Susumnā (C)
YAM                 Viśuddha (5)
RA                  dans la gorge
BA                  Idā (A)
Kundalinî           Anāhata (4)
                    dans le cœur
LA                  Manipūra (3)
                    en direction
                    du nombril
                    Svadhisthāna (2)
                    à la base des
                    organes génitaux
                    Mūlā (1)
                    du périnée
```

LA PHYSIOLOGIE OCCULTE SELON L'HINDOUISME
(dessin G. Tucci, *Théorie et pratique du mandala,* 1974. © Librairie Arthème Fayard, Paris)

Râmakrishna a décrit une expérience de kundalinî-yoga.

Un éveil spirituel ne peut avoir lieu que si la *kundalinî* est tirée de son sommeil. La *kundalinî* dort dans le *mûlâdhâra* [périnée]. Quand elle est réveillée, elle passe dans la *Susumnâ* [canal au centre de la moelle épinière], traverse *svâdhishthâna* [sexe], *manipûra* [nombril] et d'autres centres et finalement atteint le centre cérébral [*sahasrâra*]. Alors vient le *samâdhi* [enstase, identification]. J'ai l'expérience de tout cela.

Je voudrais vous expliquer ce que je ressens quand la *kundalinî* monte plus haut que ma gorge, mais, pendant que j'y pense, mon esprit s'évade d'un bond et tout est fini. [...] Les sept lotus *(chakra)* dont parle la Science du yoga correspondent aux sept plans mentaux du Vedânta. Lorsque l'esprit est plongé dans la mondanité, il reste dans le lotus inférieur, à la base de la colonne vertébrale. Les désirs sexuels s'élèvent lorsque l'esprit est dans le deuxième lotus, l'organe de la génération. Quand il passe dans le troisième, le nombril, l'homme cherche les plaisirs de ce monde : manger, boire, faire des enfants. Le quatrième plan est le cœur ; lorsque l'homme y parvient, a lieu le premier éveil de l'âme, l'homme voit partout une sorte de lumière divine. La gorge est le cinquième plan de l'esprit ; l'homme ne peut plus ni parler ni entendre parler d'autre chose que de Dieu. Le sixième plan est le front ; quand l'esprit y parvient, il jouit jour et nuit de l'expression divine, mais là encore il subsiste une légère conscience de l'ego. [...] La tête est le septième plan. Lorsque l'esprit y arrive, l'homme entre en *samâdhi* [*nirvikalpa samâdhi*], le *jñânin* [gnostique] réalise Brahman. Dans cet état, le corps ne dure pas longtemps. Il reste toujours inconscient du monde extérieur ; il ne peut rien manger ; si on lui verse du lait dans la bouche, le lait coule sur le corps. Le corps meurt après vingt et un jours.

Lorsque je réalisai cet état de conscience de Dieu, quelqu'un, tout semblable à moi, vint et secoua énergiquement mes nerfs *Îdâ* [canal de gauche], *Pingalâ* [canal de droite] et *Susumnâ* [canal central]. Il effleura le lotus de six centres avec sa langue, et ces lotus qui se fanaient relevèrent aussitôt leurs corolles. Finalement, le lotus de *sahasrâra* [au sommet du crâne, Brahmarandhra] s'épanouit librement.

L'Enseignement de Râmakrishna, trad., Albin Michel, coll. « Spiritualités vivantes », n° 13, 1972, § 1345, 1347, 1478, p. 441-442, 492. (Râmakrishna parlait en bengalî.) © Albin Michel, Paris.

L'initiation-cérémonie, appelée « onction » *(abhiskeka),* est une consécration.

Le *Mahânirvâna-tantra*, le grand classique du tantrisme hindou, décrit une telle initiation.

[Ouverture] Aux trois premiers âges du cycle cosmique, l'initiation resta un secret scellé : les gens se cachaient pour la cérémonie et par là atteignaient la Libération des liens de la Transmigration.

Aujourd'hui pourtant, dans cet Âge Kali, l'adepte se manifestera au grand jour ; il s'affirmera Membre-de-la-Famille *(kaula)* et on l'initiera ouvertement, de jour ou de nuit.

[Rites à Ganesha, le dieu à tête d'éléphant, fils de Shiva] Pour écarter tous les obstacles qui pourraient gêner le bon déroulement de la cérémonie, on récite la formule rituelle *(mantra)* dédiée à Ganapati [Ganesha] :

– OM ! *Ganapatayé namah.* (OM ! Hommage à Ganapati !)

[...] Il faut ensuite pratiquer la consécration des six parties du corps en prononçant la syllabe-germe suivie de six voyelles et en pratiquant six rétentions de souffle.

Ensuite, on médite sur Ganapati en l'imaginant de la sorte :

Son corps est rouge, il a trois yeux [...].

[Le *mandala* de Ganesha] Commençant par le pétale qui pointe à l'Est, on offre l'oblation mentale à [chacune des huit *Shakti*, Puissances divines] : à la Puissante Tîbra qui y réside, puis, en tournant vers la droite, on honore successivement Jvâlinî, Nandâ, Bhogadâ, Kâmarûpinî, Ugrâ, Téjasvatî et Satyâ [Vrai]. [...]

Méditant à nouveau sur Ganapati, on lui offre, en signe de vénération [les Cinq Substances] : de l'alcool, de la viande, du poisson, des céréales grillées et une femme [partenaire habituelle ou prostituée sacrée]. [...]

[Cérémonie introductive] Le *guru* procède à la cérémonie introductive et partage avec les Membres-de-la-Famille les Cinq Substances oblatoires consacrées par le dieu.

Le jour suivant, le futur initié prendra un bain et vaquera à ses devoirs religieux [...], puis se rend chez son *guru*. Se prosternant devant lui, il lui adresse la prière suivante :

– Protège-moi, Seigneur, toi qui es le Soleil de la Famille initiatique ! [...]

Ayant reçu l'agrément de son *guru*, l'impétrant annonce alors, rituellement, sa Ferme Intention *(sam kalpa)* de recevoir l'initiation, afin que tous les obstacles se lèvent devant lui et qu'il obtienne longue vie, prospérité, force et santé. [...]

[Adoration de la déesse] Le *guru* construit alors un autel de terre d'une hauteur de quatre doigts et d'une longueur d'une corde et demie. Cet autel est carré et l'on doit l'élever dans une pièce spéciale dont le sol et les murs sont plâtrés de rouge et décorés d'images, de bouquets, de drapeaux, de feuilles, de guirlandes et de clochettes. [...]

Puis le *guru* dessine sur le sol le Diagramme du Bonheur Universel *(Sarvato Bhadra Mandala)* avec de la poudre de riz colorée de jaune, de rouge, de noir, de blanc et de bleu. [...]

Enfin on lui imprime une marque rouge en proférant : *SHRIM* ! Le *guru* récite alors, à trois reprises, l'alphabet à l'envers, en nasalisant toutes les lettres, puis prononce mentalement le *mantra* de base en remplissant de vin le calice et y jetant également soit une pièce d'or, soit des pierres précieuses offertes par l'impétrant. [...]

Le *guru* offre ensuite des libations à la déesse et aux quatre *guru* qui l'ont précédé dans la Famille initiatique. [...]

[L'aspersion consécratoire] Le Maître-de-la-Roue [*cakrèshvara*, celui qui préside le cercle tantrique] donne son accord en invoquant la Grande Magie (Mahâmâyâ), le Seigneur Souverain (Shiva) et l'Absolu (Brahman), cependant que le *guru* invite son disciple à vénérer la déesse qui habite le calice. [...]

Vient ensuite la litanie consécratoire qui comprend vingt et une formules que l'on doit réciter en aspergeant vingt et une fois l'impétrant [...].

Le *guru* communique alors au nouvel initié le *mantra* qu'il lui destine et lui donne un nom finissant par *Ânanda Nâtha* [par exemple *Durgânanda Nâtha* : le Seigneur *nâtha* qui tire sa joie *ânanda* de Durgâ].

[Rites conclusifs] En remerciement, le disciple ainsi consacré saluera sa divinité d'élection dans le *mandala* puis donnera à son *guru* et au Maître-du-Cercle, en honoraires rituels, des cadeaux tels que des vaches, des champs, des étoffes, du vin ou des bijoux, selon ses moyens [...].

Le *guru* prend la coupe faite d'un crâne humain, l'emplit de vin et la tend à son disciple.

Quand celui-ci l'a bue, son maître imprime la marque rouge sur son front, puis l'oint de cendres ; il procède de la sorte avec les autres membres de la Famille.

Et tous alors ont part aux Cinq Substances selon les règles valant pour l'Assemblée du Cercle [la nourriture et le vin sont distribués dans l'ordre hiérarchique propre à la Communauté ; les membres du Cercle les consomment puis s'unissent sexuellement à leurs compagnes]. Ainsi l'adepte qui reçoit l'Initiation complète acquiert-il la Connaissance, devenant Shiva lui-même.

Transmission de la Grande Extinction. Mahânirvâna-tantra (XVIIIe s.), chap. x, str. 110-197, trad. partielle J. Varenne, *Le Tantrisme. La Sexualité transcendée*, CELT, 1977, p. 217-223. Trad. complète en anglais par A. Avalon, *Mahâ-Nirvâna Tantra. The Tantra of the Great Liberation*, Ganesh Publications, coll. « Tantrik Texts », Madras, 1913, 2e éd. 1927, 900 p.

LES INDÉPENDANTS

L'Hindou fixe trois « buts humains » *(purushârtha)* à l'existence : les richesses matérielles *(artha)*, les désirs sensuels *(kâma)*, la vertu morale *(dharma)*. Le grammairien bouddhiste Bhâmaha ajoute (au VIe s.) un quatrième but, qui était sous-entendu, évident : la délivrance *(moksha)*. Délivrance de quoi ? Des renaissances, dit l'exotériste, de l'ignorance, dit l'ésotériste.

La civilisation indienne propose à celui qui vise le salut toute une panoplie de modes de vie où chacun peut choisir selon sa caste, sa position sociale, son âge, son courant religieux, son système philosophique, ses aptitudes, ses ambitions...

On a autant de plaisir à voir ces diverses sortes d'initiés qu'à voir, sur une lagune, les multiples variétés d'oiseaux, de poissons, de mammifères.

Les *Lois de Manou* (II-VI) prévoient quatre états *(âshrama)* [1] dans la vie d'un homme : postulant *(brahmacârin)*, maître de maison *(grhastha)*, anachorète *(vânaprasthin)*, renonçant *(samnyâsin)*. Selon qu'on adopte un point de vue dynamique ou statique, on peut y voir des stades progressifs ou des modes de vie. 1) Le postulant, l'étudiant brâhmanique, se forme de 12 à 48 ans, il maîtrise ses actes, ses paroles, ses pensées, grâce à l'enseignement d'un maître. 2) Le maître de maison cherche sa voie dans le mariage, la famille qu'il fonde, les rites domestiques, l'aumône, la domination de soi. 3) L'anachorète hindou, avec sa femme ou pas, se retire dans la forêt pour méditer, avec diverses obligations, comme le triple bain, la chasteté, la récitation des *Veda*. 4) Le renonçant ne possède plus qu'un cache-sexe orange, un bâton, un vase à eau, une besace et des sandales [2]. Sans maison, il part en quête de félicité. Un groupe de 19 *Upanishad* décrit ce dernier état [3].

— L'Ultime, c'est le Renoncement,
dit le prêtre *brahmán* [celui qui préside le sacrifice, le Surveillant].

— Car le *brahman* c'est l'Ultime, et l'Ultime c'est le *brahman* [la parole, la puissance] ! En vérité, le Renoncement surpasse tous les Ultimes ci-dessus mentionnés [Vérité, Ardeur mystique, Maîtrise de soi, Paix, Don, Loi, Procréation, Feux du Sacrifice, *Agnihotra*, Sacrifice, culte mental : culte célébré en esprit seulement], car ils lui sont inférieurs,
enseigne celui qui sait ainsi.

Telle est l'*Upanishad* [la doctrine ésotérique] [...]

Celui qui sait ainsi, lorsqu'il célèbre un sacrifice, son Âme c'est le patron, sa confiance c'est son épouse, son corps c'est le combustible, sa poitrine c'est l'autel, sa chevelure c'est la jonchée, sa mèche c'est le balai rituel, son cœur c'est le poteau *(yûpa)*, son désir c'est le beurre-oblatoire, sa colère c'est la victime, son Ardeur [*tapas* : ascèse] c'est le feu, sa maîtrise de soi destructrice des passions c'est le salaire des prêtres, sa voix c'est l'Oblateur, son souffle c'est le Chantre, son œil c'est l'Acolyte, son esprit c'est le prêtre *brahmán*, son oreille c'est l'*agnîdh* [officiant chargé d'allumer le feu rituel].

Pour lui, dès lors, exister c'est être consacré ; manger c'est offrir l'oblation ; boire, c'est absorber le *soma* [ambroisie] ; être heureux, c'est se préparer au pres-

---

1. P. Olivelle, *The Ashrama System*, Oxford UP, 1993.
2. P. V. Kane, *History of Dharmashastras*, Bhandarkar Oriental Research Institute, Poona, 1930-1962, t. 2, p. 954-961.
3. *Upanishad du renoncement*, trad. Alyette Degraces-Fahd, éd. Fayard, 1989, 462 p.

sage du *soma* ; circuler, s'asseoir, se lever c'est faire le *pravargya* [nom d'un sacrifice].

Mahânârâyana-Upanishad, X, 618, trad. J. Varenne, *Le Veda*, éd. cit., t. 2, p. 620, 623. © Retz, Paris.

À l'intérieur de cette voie du renoncement (du renoncement à la médiocrité), cent chemins se dessinent. On passe insensiblement au yoga. Vieillards, ils pratiquent l'ascèse, et c'est dans le yoga qu'ils achèvent leur existence.

Kâlidâsa, *La Lignée des Raghu. Raghu-vamsha* (ve s.), I, 8, trad. L. Renou, *La Raghuvamça. La Lignée des fils du Soleil*, Les Joyaux de l'Orient, 1928, xii-218 p.

Le *sâdhu* (saint) renonce, sans doute, mais, surtout il veut, il veut son salut. Le mot dérive de *sadh*, « mener au but ». Il se veut réalisateur, homme d'accomplissement *(sâdhana)*. D'accomplissement spirituel, évidemment, on est en Inde. Les *sâdhu* se partagent en courants (shivaîte, vishnouïte, shâktiste, hétérodoxe, sikh, syncrétique, indépendant), en tendances (nu ou non, soit itinérant soit sédentaire, antinomiste, silencieux, frugivore, guerrier, etc.), en niveaux (disciple, unifié à Dieu, etc.). On reconnaît l'appartenance d'un saint homme à plusieurs critères. Il y a d'abord la marque frontale : quand il adhère au Shivaîsme il porte des lignes horizontales, quand il est vishnouïte il arbore un V blanc. Il y a ensuite l'habillement : la robe jaune signale le *brahmacârin*, le vêtement safran le dévot de Shiva, rouge le fidèle shâktiste. Il y a le bâton : le Shivaîte porte un trident, le *bairâgî* (ascète guerrier vishnouïte) trois tiges de bambous liées. Il y a encore la coiffure : tel est rasé, tel hirsute. Il y a, enfin, le nom, qui est un titre : un nom terminé par *Girî* (montagne) signale une classe de *dandin* (porteur de bâton) shivaîte. Au-delà de ces différences, tous les *sâdhu* ritualisent leur vie. Le *sâdhu* ne dort pas : il accède au plan subtil ; il ne mange pas : il puise de l'énergie vitale. Il se défait des attaches illusoires pour se lier à l'Absolu. Il se libère courageusement des liens profanes pour s'unir au divin. Dans un premier temps, il se coupe de sa famille. C'est le rite de séparation. Sa famille le considère comme mort, selon le schéma classique des initiations. Aussi quand le *sâdhu* meurt on ne l'incinère pas, puisqu'il est déjà mort, il est censé avoir échappé au cycle des renaissances, mais on l'inhume en position de méditation. Dans un deuxième temps, il écoute un gourou et reçoit l'initiation *(dîksâ)*. C'est le rite de transformation. Le saint homme prend alors un bain, il reçoit de son gourou un *mantra*, il revêt un nouvel habit. Enfin, vient le moment des devoirs, le rite ininterrompu de la réintégration. Le saint homme accède au monde de la délivrance. Il va vivre jusqu'à sa mort ou jusqu'à désistement une vie sans caste, sans richesse, mais avec Dieu. Une série de devoirs l'attend, pèlerinages, cultes, méditations. Il console les faibles, enseigne la religion, conseille. Il donne sa bénédiction, il distribue les cendres de son feu à titre d'objet béni. Presque toujours, la vie est rude. Le code des itinérants *(vairâgi)*, par exemple, prescrit de ne prendre qu'une galette par maison, de ne pas mendier chez les carnivores, de ne pas rester plus de trois jours dans un village et sept dans une ville, de n'accorder que cinq heures au sommeil et à la sieste... Certains de ces saints hommes ne sont peut-être pas très saints. Il s'avère parfois difficile de distinguer. Les exploits, les pratiques défient la condition humaine. L'un reste sur un pied[1] douze années durant, un autre conserve toujours un ou deux bras levés, tel ne se sustente que de deux verres de lait par jour. Chacune de ces « réalisations » a un sens ; par exemple, rien ne semble plus absurde que de rester le bras droit tendu, mais il faut se rappeler qu'en Inde on ne se nourrit que de la main droite, aussi renoncer à sa main droite suppose-t-il une grande maîtrise, un grand renoncement, on doit prendre sur soi et user de la main gauche. Voilà qui fortifie. Parmi ces saints hommes que l'on croise facilement dans les rues, dans les chemins, que de regards brûlants où l'on sait un feu de dieu ! que de silences, calmes comme la nuit ! Cela ne trompe pas.

Description d'un *sâdhu* sédentaire :

> Le très vénéré Phalâhârî Baba [Mage Frugivore] vivait toute l'année dans une petite hutte près du temple de Kedâranâtha, à une altitude de 3 660 mètres dans le Nord Himâlaya. [...] Kedâranâtha est couvert par la neige pendant presque six mois. [...] Selon Phalâhârî Baba, l'hiver, la couche de neige atteint six mètres au-dessus du toit de sa hutte. Pourtant, sans aucun vêtement de protection et sans aucun système de chauffage, le Baba [*bâbâ* : mage] passa là quarante durs hivers, jusqu'à sa mort en 1987-1988, [...] assis en face d'un petit feu, le *dhûnî* [foyer] du *sâdhu* [saint], répétant en méditation le nom de Dieu. Il prenait un bain chaque jour, avec pour seul outil une petite pelle qui lui servait à ôter la neige de sa porte, pour faire ses ablutions quotidiennes. Lorsque je le rencontrai, l'été 1957, il semblait avoir entre 72 et 75 ans : mort en 87-88, il avait dû vivre près de 100 ans. [...] Les ascètes comme Phalâhârî Baba marient leur complexe connaissance du yoga à une ardente foi, pour contrôler les facultés de leur corps, et ils les subliment pour méditer en transe sans se préoccuper du temps qu'il fait ou de tout autre circonstance mondaine [...]. Phalâhârî Baba tenait son nom de ce qu'il se nourrissait essentiellement de fruits. La diète de Baba consistait en fruits secs : raisins secs, figues, pistaches, noix de cajou, noix et abricots secs.
>
> R. Bedi, *Sadhus. The Holy Men of India*, Brijbasi Printers, New Delhi, 1991, p. 34-35, trad. partielle P. A. Riffard.

Chaque douze ans, la ville d'Allâhâbad, au confluent du Gange, de la Yamunâ... et de la mythique Sarasvatî, accueille un extraordinaire festival. Tous les *sâdhu* se réunissent et prennent un bain. Les Hindous appellent ce rite « La Rencontre du Verseau » *(Kumbha Melâ)* et les Britanniques « Le Parlement des saints », *The Greatest Show on Earth*[2].

---

1. Strabon, *Géographie*, xv, 1, 61.
2. J. C. Oman, *The Mystics, Ascetics and Saints of India. A Study of Sahuism*, T. F. Unwin, Londres, 1903, xv-291 p. R. Bedi, *Sadhus. The Holy Men of India*, Brijbasi Printers, New Delhi, 1991.

Depuis les temps védiques, les Hindous le célèbrent tous les trois ans, à la fin janvier, lorsque Jupiter entre en Taureau et le Soleil en Verseau. La fête se situe par roulement à Allâhâbad, Ujjain, Hardwar ou Nasik. En 1989, du 14 janvier au 6 mars, 1 000 *sâdhu* et 32 millions de citoyens ordinaires accomplirent le rite ! Et l'on ne vend rien ! Simplement saints et laïcs se rencontrent, et leur âme rencontre les « trois » fleuves.

Parmi le *sâdhu*, le *muni* (silencieux) a fait vœu de silence *(mauna)* et pratique une sévère ascèse. Le type même du *muni* demeure Shâkyamuni, le Bouddha, avant son Éveil, ou les *Rishi* védiques.

Le *vrâtya*[1] (homme des vents) pratique l'extase, comme les chamanes. Il laisse son corps et élance son âme dans l'espace.

> Les ascètes ceinturés de Vent [Vâyu, Souffle cosmique]
> sont vêtus de brunes souillures.
> Dès que les Dieux ont pénétré en eux
> ils suivent l'essor du Vent.
> « Enivrés par l'ascèse
> nous avons chevauché les Vents.
> Seuls nos corps sont visibles
> pour vous, ô mortels. »
> Il vole à travers les airs
> considérant toutes les formes, l'ascète.
>
> *Rig-Veda*, X, 136, 7, trad. J. Varenne, *Le Veda, op. cit.*, t. 2, p. 548. © Retz, Paris.

Des rigolos ont voulu voir dans ces textes la description de vaisseaux spatiaux et l'origine extraterrestre de la tradition indienne[2] ! L'hypothèse a autant de valeur que l'origine arctique imaginée par Tilak[3] ou Guénon.

Le *svâmi* (>swâmin, « seigneur ») instruit. Ce saint homme se charge d'enseignement spirituel, en qualité de moine hindou. « Le titre de *swâmin* ou "Maître"(spirituel) est donné à une catégorie d'ascètes, qui, moins séparés du monde que les *samnyâsins*, et plus instruits et policés que les *sâdhu* et *yogis*, se consacrent en général à des tâches d'enseignement et de prédication » (M. Delahoutre).

RÂMAKRISHNA

Râmakrishna (1836-1886), né dans la caste des brâhmanes, fut un renonçant *(samnyâsin)* arrivé au stade ultime, celui de « cygne suprême » *(paramahamsa)*. Il vouait une ferveur à Kâlî, la Divine Mère, dont il était

---

1. J. W. Hauer, *Der Vrâtya*, Stuttgart, 1927.
2. R. Charroux (*Le Livre des maîtres du monde*, R. Laffont, coll. « Les Énigmes de l'univers », 1967, p. 330), E. von Däniken (*Vers un retour aux étoiles*, 1969, trad. de l'allemand, J'ai Lu, coll. « L'Aventure mystérieuse », n° A 322, 1975, p. 165). La théorie ufologique remonte à Carl Sagan (*Intelligent Life in the Universe*, 1966 ; *The Cosmic Connection. An Extraterrestrial Perspective*, 1974).
3. L. B. G. Tilak, *Origine polaire de la tradition védique* (1903), trad. de l'anglais, Archè, 1980, 384 p.

prêtre dans un petit temple près de Calcutta, à Dakshineswar, face au Gange. En principe, il acceptait le Vedânta de Shankara, il professait un Hindouisme vishnouïte. Il mourut d'un cancer de la gorge. Râmakrishna n'a rien écrit pour avoir tout senti. Ses paroles ont été recueillies par des disciples. Il reste dans l'histoire de l'humanité comme un homme d'exception, immensément pauvre sur le plan matériel, mais capable de tout. Il n'était pas bêtement « ouvert » aux autres, « tolérant ». Il faisait, il accomplissait en extase les plus hautes démarches des plus hautes religions. À lui seul il a revécu l'histoire de la mystique.

J'ai pratiqué, dit-il, toutes les religions : Hindouisme, Islâm, Christianisme. J'ai également suivi les voies des diverses tendances de l'Hindouisme. J'ai découvert qu'il s'agit du même Dieu vers qui tout le monde se dirige, mais en empruntant des chemins distincts. Vous devez essayer toutes les croyances et parcourir une fois tous ces chemins distincts (p. 35).

– [Réalisation shivaîte de la déesse Kâlî, après 1856] J'avais l'impression que mon cœur était serré comme un linge humide que l'on tord. J'étais torturé par une grande agitation et la peur que je ne puisse La réaliser dès cette vie. Je ne pouvais supporter d'être séparé d'Elle plus longtemps. La vie ne me semblait plus digne d'être vécue. Tout à coup, je vis l'épée suspendue dans le temple de la Mère [Kâlî]. Je décidai de mettre fin à ma vie. Je m'élançai comme un fou et je saisis l'épée. La Divine Mère se révéla soudain. Les bâtiments, leurs parties, le temple, tout s'évanouit à mes yeux, ne laissant aucune trace. À leur place **je vis un Océan de Conscience illimité, infini, éblouissant**. Aussi loin que mon regard pouvait porter, des flots brillants déferlaient éperdument vers moi, de tous côtés, dans un bruit terrifiant, comme pour m'engloutir ! Je cherchais à reprendre haleine. J'étais pris dans ce déferlement, et je tombai inconscient. Ce qui se passait dans le monde extérieur, je ne le savais pas, mais, en moi roulait un puissant courant de pure félicité, neuf. Je sentais la présence de la Divine Mère. [...] La Divine Mère m'a révélé dans le temple de Kâlî que c'était elle qui était devenue toute chose. Elle m'a montré que tout est plein de Conscience. L'image était Conscience, l'autel était Conscience, les vases à eau étaient Conscience, le seuil de la porte était Conscience, le sol de marbre était Conscience, tout était Conscience. J'ai trouvé que tout dans la pièce était imprégné de Félicité, de la Félicité de Dieu (p. 13-15).

– [Réalisations du Tantrisme shâktiste, avec la brâhmane Bhairavi (« Femme-Ascète »), vers 1860] À cette époque arriva à Dakshiveswar une femme brâhmane qui allait jouer un grand rôle dans le développement spirituel de shrî Râmakrishna. Née dans le Bengale oriental, c'était une adepte des méthodes tantriques et vishnouïtes. Elle portait allègrement plus de cinquante ans, elle était belle et s'enveloppait de la robe ocre des nonnes. Ses possessions se réduisaient à quelques livres et à deux pièces de vêtements. [...] Elle proclama que shrî Râmakrishna, comme shrî Chaitanya [1485-1534], était une incarnation de Dieu, [...] un *avatâra* comparable à Râma, à Krishna, au Bouddha, à Chaitanya. (..) Shrî Râmakrishna se donna lui-même la tâche de pratiquer les disciplines du tantrisme. Sous l'appel de la Divine Mère elle-même, il prit la brâhmane comme gourou. [...] Il pratiqua toutes les disciplines des soixante-quatre principaux livres tantriques. Il ne lui fallut pas plus de trois jours pour parvenir au résultat promis par chacun d'entre eux. [...] En vision il vit l'Ultime Cause de l'univers comme un immense triangle lumineux engendrant à chaque instant une infinité de mondes. Il entendit l'*Anâhata Shabda* [le son sans origine], le grand son *Om*, dont les innombrables sons de la nature ne sont que les multiples échos. Il acquit les huit pouvoirs surnaturels du yoga [1], qui rendent un homme quasiment tout-puissant. [...] Mais la plus notable expérience fut celle de l'éveil de la Kundalinî Shakti [puissance enroulée], le « Pouvoir du Serpent ». Il vit effectivement l'Énergie, d'abord assoupie au bas de la colonne vertébrale, puis s'éveillant et grimpant le long du canal subtil Susumnâ et à travers les six centres *(chakra)* ou lotus *(padma)*, jusqu'au Sahasrâra-chakra, le lotus aux mille pétales au sommet de la tête (p. 18-22).

– [Réalisations vishnouïtes, avec la brâhmane Bhairavi puis avec le moine errant Jatadhari, vers 1864] Après avoir terminé la réalisation *(sâdhana)* tantrique, shrî Râmakrishna suivit la brâhmane dans les disciplines du vishnouïsme. Les Vishnouïtes rendent un culte à Vishnou [...]. Le Vishnouïsme est exclusivement une religion de la dévotion *(bhakti)* (p. 22).

– [Réalisation de Râma, VIIe *avatâra* de Vishnou, en s'identifiant à Hanumân, roi des singes, personnage du *Râmâyana* qui aide Râma] Shrî Râmakrishna, se faisant le singe Hanumân, a rendu un culte au Dieu [Râma] comme son Maître (p. 24).

– [Réalisation de Krishna, VIIIe *avatâra* de Vishnou, en s'identifiant aux *gopî*, vachères adoratrices de Krishna] Alors qu'il rendait un culte à Râma enfant comme l'Enfant Divin, le cœur de shrî Râmakrishna s'emplit d'une tendresse maternelle. Il se pensa femme. Ses paroles et ses gestes changèrent. Dès lors il se mêla librement avec les femmes de la famille de Mathur qui le considéraient comme une personne de leur propre sexe. À cette époque, il vouait un culte à la Divine Mère en se présentant comme sa compagne ou sa servante. Shrî Râmakrishna se consacrait maintenant à gravir les hauteurs les plus inaccessibles et vertigineuses du culte dualiste, à savoir l'union totale avec shrî Krishna comme le Bien-Aimé du cœur. Il se voyait lui-même comme une des vachères *(gopî)* de Vrindâvan [la forêt de Krishna], folles d'amour pour leur divin Adoré. [...] (p. 24-25).

– [Réalisation vedântique du Brahman, avec le moine errant Tota Puri, dit Nangtâ, « L'homme nu », fin 1864] L'homme nu (Nangtâ) commença par m'enseigner les diverses conclusions de l'Advaita-Vedânta [la métaphysique non dualiste, de Shankara]. Il me demanda de vider mon esprit de tous les objets et de plonger dans l'*âtman*. Cependant, malgré toutes mes tentatives, je n'arrivais pas à traverser le royaume du nom et de la forme [*nâmarûpa* : le monde phénoménal] pour amener mon esprit à l'état inconditionné. [...] Trouvant un morceau de verre, il [Nangtâ] le saisit et en enfonça la pointe entre mes sourcils. Et de crier : « Concentre ton esprit sur cette pointe ! » Alors, vraiment déterminé, je me mis à méditer. Aussitôt que la gracieuse forme de la Divine Mère m'apparut, j'usai de ma discrimination comme d'un glaive, et je La fendis en deux. Les dernières barrières s'écroulèrent. Immédiatement mon esprit s'envola au-delà du monde conditionné. Et j'entrai en enstase *(samâdhi)* (p. 29).

– [Réalisation d'Allâh, 1866] Vers la fin de l'année 1866, il [Râmakrishna] se mit à pratiquer les disciplines de l'Islâm. Sous la direction de son gourou musulman, il s'adonna à sa nouvelle réalisation spirituelle *(sâdhana)*. Il s'habillait

---

1. Voir *infra* (« La magie »), p. 655.

comme un Musulman et répétait le Nom d'Allâh. Ses prières prirent la forme des dévotions islamiques. Il oublia les dieux et déesses hindous – même Kâlî – et cessa de visiter les temples. Il s'en fut habiter en dehors de l'enceinte des temples. Trois jours plus tard il eut la vision d'une figure rayonnante, peut-être Muhammad. Cette figure s'approcha doucement de lui et finalement se fondit en shrî Râmakrishna. Il réalisa de la sorte le Dieu musulman. De là il entra en communion avec le Brahman. La puissante rivière de l'Islâm le ramenait à l'océan de l'Absolu (p. 33-34).

– [Réalisation de Jésus, 1874] Huit ans plus tard, autour de novembre 1874, shrî Râmakrishna fut saisi d'un irrésistible désir de connaître la religion chrétienne. Il commença par écouter les lectures de la Bible par Sambhu Charan Mallick, un homme de Calcutta, dévot du Maître. Shrî Râmakrishna fut fasciné par la vie et les enseignements de Jésus. Un jour, alors qu'il était assis dans le salon de la maison de campagne de Jadu Mallick à Dakshineswar, ses yeux tombèrent sur une peinture de la Madone et de l'Enfant Jésus. Il fut peu à peu envahi par une émotion divine. Les figures de la peinture prirent vie. Les rayons de lumière qui émanaient d'elle pénétrèrent son âme. Les effets de cette expérience furent plus forts que ceux de la vision de Muhammad. Déconcerté, il s'écria : « Ô Mère ! Que me faites-vous ? » Brisant les barrières des croyances et des religions, il entra dans une nouvelle sorte d'extase. Le Christ s'empara de son âme. Pendant trois jours il ne mit pas les pieds dans le temple de Kâlî. Le quatrième jour, un après-midi, alors qu'il se promenait dans le Pañchâvatî [région de Bombay et de Nâsik], il vit venir à lui une personne avec des yeux grands et beaux, une peau claire, empreint d'une attitude paisible. Quand les deux furent face à face, une voix s'éleva des profondeurs de l'âme de shrî Râmakrishna : « Voyez le Christ, qui a répandu le sang de son cœur pour la rédemption du monde, qui a souffert une mer d'angoisses par amour des hommes. C'est lui, le Maître Yogi, en éternelle unité avec Dieu. C'est Jésus, l'Amour incarné » (p. 34).

Svâmi Nikhilânanda, introduction à M. Mahendra Nath Gupta, *The Gospel of Sri Ramakrishna. Originally recorded in Bengali by M., a disciple of the Master*, Ramakrishna-Vivekananda Center, New York, 1942, 1063 p., p. 13-35, trad. partielle P. A. Riffard.

Cette expérience, aussi multiple que profonde, Râmakrishna en a fait une idée : toutes les religions mènent à Dieu. On retrouve pareille conception chez les Soufis Ibn 'Arabi, qui disait : « Je suis musulman, chrétien et mazdéen », et al-Rûmî.

Ne dites pas que votre religion est meilleure que celle d'autrui.

Il n'y a qu'un Dieu, mais Ses noms sont innombrables, et innombrables aussi les aspects sous lesquels Il peut être considéré. Nommez-Le de n'importe quel nom et adorez-Le sous l'aspect qu'il vous plaira le mieux, vous êtes certains d'arriver à Lui.

De même qu'on peut monter sur une maison au moyen d'une échelle, d'un bambou, d'un escalier, d'une corde, ou par divers autres moyens, de même les chemins et les manières d'arriver à Dieu sont multiples. Chaque religion dans le monde nous montre un des chemins pour L'atteindre.

Toutes les religions sont des chemins qui conduisent à Dieu, mais les chemins ne sont pas Dieu.

Tous les chacals ont le même cri, et tous les sages ont un enseignement identique.

L'Enseignement de Râmakrishna, § 675-683, trad. J. Herbert (1941), Albin Michel, coll.
« Spiritualités vivantes », n° 13, 1972, p. 229-231. Recueil de propos d'après M. (Mahendra Nath Gupta), *The Gospel of Sri Râmakrishna*, éd. cit. © Albin Michel, Paris.

LES SCIENCES OCCULTES

La science des cycles

La science des cycles se place, évidemment, sous la dépendance de la science des nombres. On trouve la documentation dans le *Sûrya-siddhânta* et dans la compilation du grand astrologue-astronome Varâha-Mihîra, *Pañca-siddhântikâ*. Le grand théoricien est Âryabhata [1].
Les cycles hindous s'appuient, depuis l'époque védique, sur la notion d'astérisme *(nakshatra)*. Les astérismes, au nombre de 27 (ou 28), sont les mansions lunaires, les secteurs successivement occupés par la Lune durant sa révolution mensuelle de 27 jours (la Lune met 27,5 jours à repasser au périgée, et 27,2 jours à repasser par la ligne des nœuds). Les astérismes divisent l'écliptique en 27 « constellations » de 13°20' chacune. Les Pléiades sont la première, à l'équinoxe de printemps, quand la nature renaît.

27 constellations × 4 (phases) = 108
27 constellations × 16 phases = 432
30 jours × 12 mois = 360
30 moments × 360 jours = 10 800
360 jours × 12 000 ans = 4 320 000 = Grande Année *(manvantara* [2]*)*.

L'Indien détermine ainsi des Ères cosmiques, des Âges *(yuga)*, de structure cyclique. Le jour solaire moyen sert d'unité. Le mois divin vaut 30. L'année divine *(divyavarsa)* vaut 360, autrement dit le nombre des degrés du Zodiaque. La dodécade divine vaut 4 320 (360 × 12 ou 72 × 60 ou 160 × 27 ou 270 × 16 ou 2 160 × 2). La Grande Année (demi-année platonicienne) vaut 12 960 : 4 320 × 3 ou 25 920 : 2 ou 360 × 36. La Grande Année écliptique ou Ère zodiacale ou Année platonicienne vaut 25 920 ans, qui est la durée de la précession des équinoxes aussi bien que le nombre des respirations journalières de l'homme : 18 × 60 × 24 = 25 920 ; remarquons au passage la coïncidence entre une théorie et une réalité. Le Grand Âge *(mahâyuga)* ou Quadruple Âge *(caturyuga)* ou Ère du Manou *(manvantara)* groupe les quatre *yuga* successifs. Un Jour de Brahmâ *(kalpa)* regroupe 14 Ères de Manou *(manvantara)*, chacune régie

---

1. Lâta, *Solution donnée par le Soleil. Sûrya-siddhânta* (345 ?), trad. anglaise E. Burgess (1860), Calcutta, 1935. Âryabhata, *Âryabhatîya* (510), trad. anglaise par W. E. Clark, University of Chicago Press, 1930, xxix-90 p. Varâha-Mihîra, *Les Cinq Canons astronomiques. Pañca-siddhântikâ* (v. 575), trad. anglaise O. Neugebauer et D. Pingree, Copenhague, 1970-1971, 2 t.
2. R. Guénon a réduit la durée du *manvantara* de 4 320 000 à 64 800 (*Formes traditionnelles et Cycles cosmiques,* article de 1938, Gallimard, 1970, p. 24) pour rester dans la logique de la précession des équinoxes (25 920 ans).

par un Manou particulier, soit un total de quatre milliards trois cent vingt millions d'années humaines.

LES QUATRE ÂGES

	PROPOR-TION	ANNÉES DIVINES	ANNÉES SOLAIRES	ANNÉES HUMAINES	CARACTÉ-RISTIQUE
krita-yuga (Âge idéal)	4	4 800	25 920	1 728 000	austérité
tretâ-yuga (Âge triade)	3	3 600	19 440	1 296 000	connaissance
dvâpara-yuga (Âge deux)	2	2 400	12 960	864 000	sacrifice
kali-yuga (Âge noir)	1	1 200	6 480	432 000	libéralité
total	10	12 000	64 800	4 320 000 *(manvantara)*	

Maintenant, apprenez par ordre, et succinctement, quelle est la durée d'une nuit et d'un jour de Brahmâ *(kalpa)*, et de chacun des quatre Âges *(yuga)*.

Quatre mille années divines [4 000 × 360 = 1 440 000 années humaines] composent, au dire des sages, le *krita-yuga* ; le crépuscule qui précède est d'autant de centaines d'années [144 000] ; le crépuscule qui suit est pareil [le total est donc : 1 440 000 + 288 000 = 1 728 000 années humaines].

Dans les trois autres Âges, également précédés et suivis d'un crépuscule, les milliers et les centaines d'années sont successivement diminuées d'une unité [soit 3 000, 2 000, 1 000, plus les crépuscules, ce qui donne 1 296 000 pour le *tretâ-yuga*, 864 000 pour le *dvâpara-yuga* et 432 000 pour le *kali-yuga*].

Ces quatre Âges qui viennent d'être énumérés étant supposés ensemble, la somme de leurs années, qui est de douze mille, est dite l'Âge des Dieux [*mahâyuga*, 4 320 000 années humaines].

Sachez que la réunion de mille Âges divins compose en somme un Jour de Brahmâ *(kalpa)* et que la Nuit a une durée égale [4 320 000 000 années humaines]. [...]

À l'expiration de cette Nuit, Brahmâ, qui était endormi, se réveille ; et, en se réveillant, il fait émaner l'esprit divin *(manas)*, qui par essence existe, et n'existe pas pour les sens extérieurs. [...]

Cet Âge des Dieux, ci-dessus énoncé, et qui embrasse douze mille années divines, répété soixante et onze fois, est ce qu'on appelle ici la période d'un Manou *(manvantara)*. [...]

Dans le *krita-yuga*, la Justice, sous la forme d'un taureau, se maintient ferme sur ses quatre pieds ; la Vérité règne, et aucun bien obtenu par les mortels ne dérive de l'iniquité.

Mais dans les autres Âges, par l'acquisition illicite des richesses et de la science, la Justice perd successivement un pied ; et, remplacés par le vol, la fausseté et la fraude, les avantages honnêtes diminuent graduellement d'un quart [le

krita-yuga vaut 4/4, le *tretâ-yuga* 3/4, le *dvâpara-yuga* 2/4, le *kali-yuga* 1/4, le *mahâyuga* totalisant 10]. [...]
L'austérité domine pendant le premier Âge, la science divine pendant le second, l'accomplissement du sacrifice pendant le troisième ; au dire des Sages, la libéralité seule pendant le quatrième Âge.

Code de Manou. Mânava-dharma-shâstra (IIe s. av. J.-C.-IIe s. ap. J.-C. ?), I, 68-86, trad. A. Loiseleur-Deslongchamps, *Lois de Manou* (1833), Éditions d'Aujourd'hui, 1976, p. 14-17. © L'Harmattan, Paris.

Et ce dernier Âge aurait commencé en 3102 avant J.-C.

LES ARTS OCCULTES

La tradition védique se montre hostile aux arts occultes, ce qui est bien normal. L'ésotérisme, en général, condamne les arts occultes, mais pour une raison bien différente des raisons avancées par les rationalistes ou les juristes. L'ésotérisme admet le fondement de la divination, de la magie, de l'astrologie, etc., cependant il pense qu'il ne s'agit que de pratiques secondaires, et qui risquent d'entraîner la superstition, l'appât du gain, etc. Le *Yogavâsishta*[1] fait défense aux ascètes de gagner leur vie « soit en expliquant prodiges et présages, soit par l'art de l'astrologie ou de la chiromancie ».

Il [le *dvija*, le deux-fois-né] ne doit jamais chercher à se procurer sa subsistance en expliquant des prodiges et les présages, ni au moyen de l'astrologie ou de la chiromancie, ni en donnant les préceptes de morale casuiste, ou en interprétant l'Écriture sainte [*Veda*].

Code de Manou, VI (Devoirs de l'anachorète et du dévot ascétique), 50, éd. cit., p. 160-161. © L'Harmattan, Paris.

La magie *(krityâ)*

Varuna préside à la magie, comme dieu souverain du ciel nocturne, comme représentant de la souveraineté temporelle *(Rig-Veda, V, 85)*.

La magie — comme l'indique son nom sanskrit — prend avant tout la forme d'une action *(kriyâ)*. Son modèle se trouve dans le sacrifice.

L'ambition du magicien hindou ne connaît pas de limites.

Les huit facultés [*siddhi* : perfections, pouvoirs magiques], pouvoir de se rendre ténu et analogues, sont énumérées comme suit dans les traités :
pouvoir de se rendre ténu, pouvoir de se rendre grand, pouvoir de se rendre léger, pouvoir d'atteindre par les sens, volonté irrésistible, domination (autrement dit pouvoir d'inciter son énergie en regard de tout objet visible ou audible), soumission (autrement dit, non attachement aux attributs), enfin pouvoir d'exécuter ce qu'on désire.

[1] Le pouvoir de se rendre ténu consiste à réduire son corps, si on le désire, à la dimension d'un atome. [2] Inversement le pouvoir de se rendre grand. [3] Le

---

1. *Yogavâsisththaramayana. Libération de l'angoisse à la sérénité*, trad. P. Lebail, Trédaniel, 1987, 229 p.

pouvoir de se rendre léger consiste à se rendre léger comme le duvet du coton, même si l'on a un corps fort pesant, en sorte qu'on puisse circuler, par exemple, à travers l'espace. [4] Le pouvoir d'atteindre par les sens consiste par exemple à toucher du doigt la Lune, tout en se tenant sur la terre. [5] La volonté irrésistible consiste à user sans obstacle de tout objet visible ou audible, tel que le ciel ou l'eau. [6] La domination consiste à inciter à son gré les énergies des éléments et leurs dérivés. [7] La soumission est la capacité de faire obstacle aux énergies des éléments et de leurs dérivés, et le fait de ne point se soumettre à eux. [8] Enfin, la huitième faculté s'appelle le pouvoir d'exécuter ce que l'on désire : c'est la capacité, par exemple, de changer à son gré le poison en nectar et le nectar en poison. Telles sont les huit facultés.

Yogasârasamgraha, III, trad. partielle L. Renou, *Anthologie sanskrite*, Payot, 1947, p. 243. © Payot, Paris.

Et quels sont les moyens ? Avant tout le verbe, la formule magique *(atharvan)*, qui est un phonème (Shiva est *u*), une syllabe (comme *om*), ou même un son musical. Les paroles agissent magiquement par parallélismes (donc en établissant des correspondances actives entre deux éléments) et par allitérations (donc en réalisant une syntonie entre deux éléments). Dans les deux cas, il se produit une symbolisation, une présence par mise en relation naturelle. Le symbole, contrairement au concept, fond, unit, réunit.

Parole magique par parallélisme :

Comme la liane tient l'arbre embrassé de part en part, ainsi m'embrasse : sois mon amante et ne t'écarte pas de moi !
Comme l'aigle qui prend son vol frappe au sol de ses ailes, ainsi je frappe à ton cœur : sois mon amante et ne t'écarte pas de moi !
Comme le Soleil un même jour entoure le ciel et la terre, ainsi j'entoure ton cœur : sois mon amante et ne t'écarte pas de moi !

Atharva-Veda, VI, 8, trad. partielle L. Renou, *La Poésie religieuse de l'Inde antique*, coll. « Mythes et Religions », n° 8, 1942, p. 92.

Parole magique par allitération :
manas (mental) - *mantra* (formule) - *manushya* (humain).

Parmi les nombreux magiciens hindous, deux magiciens, modernes, sont connus, et — fait significatif — portent le même nom : Sai Baba[1]. Le second s'est déclaré la réincarnation du premier. Le premier, né en 1897, est mort en 1918, après avoir annoncé sa réincarnation pour huit ans plus tard ; le second est né huit ans plus tard, en 1926, au sud, près de Bangalore. Sai Baba de Shirdi (le premier) comme Sathya Sai Baba de Puttaparthi (le second) accomplissent des actions merveilleuses. Je dirais

---

1. Sur Sai Baba de Shirdi : A. Osborne, *The Incredible Sai Baba*, Londres, 1972. Sur Sai Baba de Puttaparthi : S. H. Sandweiss, *Sathya Sai Baba. Le Saint Homme et le Psychiatre*, trad. de l'anglais, Or du temps, Saint-Martin-de-Vinoux, 1990, 285 p. ; *Des pensées, des mots, paroles de Sathya Saï Baba*, Or du temps, 1994, 135 p.

incroyables. Qu'on en juge. Matérialisations, multiplication de la nourriture, résurrections de morts, bilocations, métamorphoses, guérisons miraculeuses, connaissance à distance, connaissance du futur... C'est embêtant pour tout le monde ! Les Chrétiens voient menacée la divinité de Jésus qui a ainsi des concurrents, les savants hurlent à la supercherie sans pour autant la déceler, les personnes pieuses se demandent à quoi ça sert, les lettrés peuvent expliquer un détail ou deux mais guère plus. Moi je reste perplexe, je suspends mon jugement.

[Matérialisations] Il paraît que, chaque année, pendant cette période sacrée [fête de la Nuit de Shiva, *Shivarâtri*, au printemps], il se forme dans le corps de Baba [Sathya Sai Baba] un – parfois même plusieurs – *lingam* de Shiva. Baba [*bâbâ* : mage] fait surgir ces *lingam* [pierres phalliques] de sa bouche sous les yeux du public. Ils sont toujours faits d'une matière très dure, soit de cristal transparent, soit d'une pierre de couleur, parfois même de métal comme de l'or ou de l'argent. « Êtes-vous certain qu'il ne les introduit pas dans sa bouche juste avant d'apparaître sur scène, afin de les recracher au bon moment ? », demandai-je. Mes interlocuteurs me lancèrent un regard plein d'amusement et de pitié. L'un d'eux me dit : « Il parle et chante pendant un bon moment avant que le *lingam* n'apparaisse ; et d'ailleurs, celui-ci est toujours bien trop gros pour qu'il puisse le garder dans sa bouche pendant qu'il parle. » [...]

[Télékinésie] Un jour, peu de temps après la visite à Pénukoda, un membre du groupe de la réunion du jeudi exprima le désir qui était dans la pensée de tous : « Si vous êtes vraiment [la réincarnation de] Sai Baba, donnez-nous un signe. » Sathya reconnut la justesse de cette requête. « Apportez-moi des fleurs de jasmin », dit-il, montrant du doigt un gros bouquet qui se trouvait dans la pièce. On lui passa les fleurs, et, d'un geste preste, il en joncha le sol. Tous ceux qui étaient présents furent remplis d'une crainte respectueuse, car, en tombant, les fleurs avaient formé le nom « Sai Baba » en caractères telugus, la langue qu'on parle dans le village. On n'avait nul besoin de faire un effort d'imagination pour déchiffrer cette écriture fleurie ; les mots étaient d'une netteté absolue [...].

[Métamorphoses] Beaucoup de disciples parlent aussi des occasions où Baba est venu à eux sous une forme physique autre que la sienne : sous les traits d'un mendiant, d'un ascète, d'un ouvrier, et même sous la forme d'un animal. Fréquemment, ceux qui le voient ainsi ne réalisent pas qu'ils sont en présence de Baba, jusqu'au moment où ils reçoivent un signe ou que Baba mentionne l'incident lors d'une rencontre ultérieure (en particulier s'ils n'ont pas bien traité la personne ou l'animal). [...]

[Résurrection d'un mort] Le matin du troisième jour, le corps [de M. V. Râdhâkrishna de Kuppam] ressemblait de plus en plus à un cadavre ; il avait pris une couleur foncée, était devenu froid, complètement raide et commençait à sentir mauvais. [...] La porte s'ouvrit et Baba apparut, avec sa robe rouge, ses cheveux foisonnants et son sourire éclatant. [...] Baba demanda avec douceur aux femmes éplorées et à M. Hemshand de quitter la pièce. Il referma la porte derrière eux. Ils n'ont jamais su, personne n'a jamais su, ce qui se passa dans cette chambre où seuls se trouvaient Baba et le « mort ». Mais quelques minutes plus tard, Baba ouvrit la porte et invita la famille à entrer. Là, sur le lit, Râdhâkrishna les regardait en souriant. À leur grand étonnement, la raideur de la mort avait disparu. Il reprenait ses couleurs normales. [...]

[Guérison miraculeuse] Madame B. raconte qu'en 1952 son fils Jawahar, qui devait avoir dans les cinq ans, contracta une maladie qui lui donna une forte fièvre. Son mari, médecin, était absent. Elle appela un confrère qui crut d'abord à un paludisme, et le soigna à cet effet. Mais, au sixième jour de fièvre, le docteur décida qu'il s'était trompé dans son diagnostic. Il pensait maintenant que c'était une typhoïde. [...] Elle se mit à prier Baba avec ardeur, le suppliant de l'aider. Quelques instants plus tard, elle s'aperçut que Jawahar paraissait plus à l'aise. [...] Il ne délirait plus. Était-ce une réponse à sa prière ou une réaction naturelle ? Elle voulait en avoir le cœur net. [...] Mentalement, elle s'adressa à Sai Baba : « Si sa température est exactement de 36°8 demain, je croirai en votre intervention. » Le lendemain, elle prit la température de son fils : exactement 36°8 ! [...] Madame B. apprit plus tard que, dans la nuit où elle avait adressé de ferventes prières, Sai Baba était en visite au Palais Venkatagiri, [...] quand soudain il entra en transe. Quand il revint dans son corps, quelques instants plus tard, il annonça aux personnes présentes, parmi lesquelles se trouvait le Kuwaraja (prince) de Venkatagiri, qu'une dame de ses disciples (il nomma Madame B.) avait eu des soucis au sujet de son fils malade et que lui, Baba, était accouru à son aide... « Maintenant, Jawahar va bien », remarqua Baba. [...]

[Multiplication de la nourriture] Un jour, il [le Dr Bhagavantam] vit Baba matérialiser de l'*amrita* [ambroisie], qu'il distribua à la cuillère à son entourage. Mais le plus extraordinaire de l'histoire c'est que, d'après le savant (qui, d'ailleurs, a un bon coup d'œil pour juger de la capacité d'un récipient), il n'y avait pas assez d'*amrita* dans la bouteille pour plus de cinquante personnes. Or Baba en distribua à cinq cents personnes, ce qui signifie que l'ambroisie avait augmenté dix fois de volume, miraculeusement.

H. Murphet, *Sai Baba. L'Homme des miracles* (1971), trad. de l'anglais, Sathya Sai France /Amrita, 1994, p. 61, 86-87, 179, 239-240, 287. © Amrita Éditions, Plazac.

La magie n'est pas un but en soi. La manifestation des pouvoirs magiques ne vaut que comme indice d'un certain avancement sur la voie initiatique. S'y arrêter revient à interrompre sa progression vers l'Absolu. Celui qui exhibe ses pouvoirs se montre aussi sot que celui qui se laisse prendre à la prestidigitation. Tous deux vivent dans les illusions.

Damis, lui, dit qu'ils [les brâhmanes] couchent par terre, mais qu'ils étendent sur le sol ce que chacun préfère, et qu'il les a vus s'élever en l'air jusqu'à une hauteur de deux coudées, non pour accomplir un miracle, car une telle ambition est méprisée par eux, mais parce qu'ils considèrent tous les rites qu'ils accomplissent en l'honneur du Soleil, en s'élevant comme lui au-dessus de la terre, comme particulièrement adaptés au dieu. [...] Tel est le sens du mot d'Apollonios :
– Les brâhmanes sont sur la terre, et pourtant ils ne sont pas sur la terre.

Philostrate le Sophiste, *La Vie d'Apollonios de Tyane* (217), III, 15, trad. du grec P. Grimal, *Romans grecs et latins*, Gallimard, « Bibliothèque de la Pléiade », 1958, p. 1113.

Bien entendu, le pôle opposé à la magie reste la sorcellerie, qui ne vise que les actions mauvaises.

Brûle tous les sorciers, ô Agni.

Rig-Veda, I, 76, 3.

L'alchimie

L'alchimie indienne se développe surtout de 600 à 1300, parallèlement au tantrisme. La grande figure de l'alchimie indienne s'incarne dans le Bouddhiste Nâgârjuna (vers 250), dont on possède un traité, le *Rasaratnakara*, dans sa version chinoise faite par Kumârajîva (vers 400). L'alchimie connaît deux procédés : les drogues et le yoga. Toute la spiritualité indienne se retrouve ici. Dans cette alchimie spirituelle, la drogue rappelle le *soma*, présent dès l'époque védique ; et le yoga n'est pas si différent des actes de l'alchimiste, puisque dans les deux cas il s'agit d'œuvrer sur un corps (extérieur dans l'alchimie), jusqu'à le transformer en corps-de-félicité.

Dans la cité de Chirayus vivait autrefois un roi du nom de Chirayus [Celui qui est doué d'une longue vie], qui, de ce fait, jouissait d'une grande longévité et de qui dépendait toute prospérité. Il avait pour ministre un homme généreux, plein de compassion et de talent, nommé Nâgârjuna, qui provenait de la lignée d'un Bodhisattva. Celui-ci connaissait l'usage de toutes les drogues, et, grâce à un élixir qu'il avait fabriqué, lui et le roi étaient libres de la vieillesse et doués d'une grande longévité.

Un jour, un des jeunes fils de Nâgârjuna, qu'il chérissait plus que tout autre de ses enfants, mourut. Il en fut accablé de chagrin, au point qu'il entreprit, en se servant de son savoir et du pouvoir qu'il avait acquis par ses pratiques ascétiques, de préparer, à partir de certains ingrédients, l'Eau d'Immortalité, afin d'empêcher les mortels de mourir. Mais, tandis qu'il attendait le moment favorable pour mettre à infuser une certaine drogue, Indra [dieu du firmament] s'aperçut de ce qui se passait.

Indra, après avoir consulté les dieux dit aux deux Ashvins [dieux médecins] :
– Allez sur terre porter de ma part ce message à Nâgârjuna : « Pourquoi, toi qui n'es qu'un ministre, as-tu entrepris une œuvre aussi révolutionnaire que de fabriquer de l'Eau de Vie ? As-tu décidé maintenant d'aller contre le Créateur lui-même, qui a bel et bien créé les hommes soumis à la loi de la mort, puisque tu te proposes de les rendre immortels en préparant l'Eau de Vie ? Si cela se produit, quelle différence y aura-t-il entre les hommes et les dieux ? L'ordre de l'univers sera détruit, car il n'y aura plus personne ni pour sacrifier ni pour recevoir le sacrifice. Crois-m'en : interromps la préparation de cette Eau de Vie. »

Somadeva, *Océan de la rivière des contes. Kathâ-sarit-sâgara* (1081), trad. Bossart, 1924.

Ainsi, comme partout ailleurs, l'alchimie se présente comme une quête de l'éternité à travers un travail sur une matière.

On trouve même en Inde l'équivalent de l'alkahest des alchimistes occidentaux, le dissolvant universel.

Wang Hiuan-ts'ö captura un prince indien nommé A-Lo-Na-Chouen. Il avait avec lui un savant versé dans les arts et la grammaire, du nom de Na-Lo-Mi-So-P'o, qui se disait capable de faire vivre les gens deux cents ans durant. L'empereur T'ai Tsong en fut très surpris. Aussi il l'invita à venir habiter au palais Kin Yen Men, en vue de fabriquer des drogues capables de prolonger la vie. L'empereur

confia au ministre de la guerre, Ts'ouei Touen-li, de s'occuper de cette affaire.
L'Indien dit :
– Il existe en Inde une substance appelée Nârâyanasvâmin [*nâra* = humain, *ayana* = chemin, *svâmi* = seigneur], filtrée par les minéraux de la montagne. Elle revêt sept couleurs différentes. Parfois elle est chaude, parfois elle est froide. Elle peut dissoudre les végétaux, le bois, les métaux, et même le fer. Si on la verse sur la main d'une personne, elle la fondra et la détruira. Comme récipient, il faut se servir de crânes de chameaux.

Touan Tch'eng-che († 860), *Yeou-yang tsa tsou*, 7, trad. partielle en anglais J. Needham, *Science and Civilisation in China*, Oxford UP, t. 1, 1954, p. 212.

HINDOUISME ET FÉMINISME

Quelle place revient à la femme dans l'ésotérisme hindou ? Shankara [1], mal inspiré sur ce point, la mentionne parmi les enfants, les aveugles et les sots. Mais l'histoire lui a donné, à lui Shankara, un magnifique camouflet, puisque une des plus grandes figures du Vedânta, la philosophie même de Shankara, fut une femme, Mâ Ânanda Moyî, qui vivait il y a peu. Parmi les *Rishi* on compte quelques femmes et parmi les maîtres des *Upanishad* une autre femme, Gârgî (*Brhad-Âranyaka-Upanishad*, III). On rencontre en Inde, hier, aujourd'hui encore, des *sâdhu* femmes, des *sâdhvî*, des saintes, qui, en général, sont des personnes âgées, des veuves ou des célibataires [2]. Dans le tantrisme, la femme ne se limite pas forcément au rôle de partenaire, d'instrument du salut pour le mâle, elle peut aussi être l'acteur principal ; Râmakrishna apprit, on l'a signalé, le tantrisme grâce à une femme, une brâhmane. Karaikkâlamaiyâr (=Punitavati) est une célèbre sainte tamoule du bhakti-yoga, au Ve siècle. La princesse râjput Mîrâ Baï a laissé à la fin du XVe siècle de célèbres chants mystiques en langues hindî et gujrâti (>gouzrati), comme la yoginî Lallâ des chants en cachemirien deux siècles avant.

L'Absolu n'est ni masculin ni féminin, mais neutre !

La Mésopotamie a donné à l'Humanité l'art de penser ésotériquement, l'Inde a donné à l'Humanité l'art de vivre initiatiquement.

BIBLIOGRAPHIE GÉNÉRALE SUR L'ÉSOTÉRISME HINDOU

S'il n'y a qu'un livre à lire : les *Upanishad* (VIe s. av. J.-C.-XVIe s. ap. J.-C.). La liste traditionnelle (dans la *Muktikâ-Upanishad*, non traduite) admet 108 *Upanishad* majeures. On appelle *Upanishad* védiques les 12 plus anciennes (VIe-IIIe s. av. J.-C., la première étant la n° 10, la *Brhad-Âranyaka-Upanishad*, vers 550 av. J.-C., trad. É. Senart, Les Belles Lettres, 1934) : n°s 1-10, 14, 25. Il y a 20 *Upa*-

---

1. Shankara, apud *Œuvres réunies* de Râmana maharshi, Éditions Traditionnelles, 1988, p. 215.
2. D. Hartsuiker, *The Sâdhus. Holy Men of India*, Thames and Hudson, Londres, 1993, p. 33, 62.

nishad du système Yoga : n°s 15, 20, 21, 31, 37-41, 44, 46, 48, 53, 58, 63, 77, 86, 90, 92, 98 ; et 23 du système Vedânta : n°s 17, 24, 30, 32-36, 42, 51, 57, 59, 61-62, 69, 70-73, 75-76, 94, 108. Il y a 8 *Upanishad* du courant shâktiste : n°s 45, 80-82, 84, 105-107 ; 14 du courant shivaîte : n°s 12, 22-23, 26, 28, 49, 50, 67, 85, 87, 88-89, 104 (et ?) ; et 14 du courant vishnouïte : n°s 18, 27, 52, 54, 55-56, 68, 91, 95-96, 100-103. *Upanishad* tantriques : n° 81 *(Devî)*, 106 *(Sarasvatîrahasya)*, trad. J. VARENNE (1971, 1977). Le mieux est sans doute de recourir aux recueils de J. VARENNE : *Sept Upanishads* (Éditions du Seuil, coll. « Points. Sagesses », n° 25, 1981, 236 p.), *Upanishads du Yoga* (1971, Gallimard, coll. « Idées », n° 308, 1974, 214 p., ou coll. « UNESCO », 1990, 172 p.). L. Renou avec d'autres indianistes en a traduit 21 *(Les Upanishad,* éd. A. Maisonneuve, 1943-1959, avec le texte en devanâgarî, écriture alphabétique du sanskrit, 21 t., réed. 1983-1986). ALYETTE DEGRACES-FAHD a rassemblé et traduit les 19 *Upanishad* sur le renoncement : *Upanishad du renoncement,* Fayard, coll. « Documents spirituels », n° 36, 1989, 462 p.

Approche ésotérique de l'histoire : NUMÉNIOS D'APAMÉE, ALEXANDRE SAINT-YVES D'ALVEYDRE, HELENA PETROVNA BLAVATSKY, ANNIE BESANT, H. M. DE CAMPIGNY, ARTHUR AVALON (=sir John George Woodroffe), VIVEKÂNANDA, LOUIS JACOLLIOT, RENÉ GUÉNON, ÂNANDA K. COOMARASWÂMY, JULIUS EVOLA, JEAN HERBERT, AJIT MOOKERJEE, ARNAUD DESJARDINS, JEAN BIÈS.

BIBLIOTHÈQUES : Centre d'études de l'Inde et de l'Asie du Sud (ÉHÉSS, 54, bd Raspail, 75006 Paris), Institut de Civilisation indienne (Collège de France, 52, rue du Cardinal-Lemoine, 75005 Paris), musée Guimet (6, place d'Iéna, 75016 Paris) ; Société asiatique (palais de l'Institut, 3, rue Mazarine, 75006 Paris), Société théosophique (4, square Rapp, 75007 Paris).

Les grands textes ésotériques
- *Veda* (3102 av. J.-C. selon la tradition hindoue, fixés entre 1600 et 300 av. J.-C. environ, selon plusieurs philologues, mais les dates varient ; environ 80 000 vers). Anthologie traduite du védique (=sanskrit ancien) par J. VARENNE, *Le Veda, premier livre sacré de l'Inde* (1965), Les Deux Océans, 1984, 456 p. Il y a quatre *Veda (Rig-Veda, Yajur-Veda, Sâma-Veda, Atharvâ-Veda)*. Tous les hymnes n'ont pas valeur ésotérique.
- *Écrits de la forêt. Âranyaka* (fixés du VIIIe au Ve s. av. J.-C.), dont *Aitareyânyaka* (trad. anglaise A. B. KEITH, *The Aitareya and Kausîtaki Brâhmana of the Rigveda,* 1909, réed. 1970, Harvard UP, Cambridge, Mass., 555 p.), *Jaiminîya* (trad. H. OERTEL, *Journal of the American Oriental Society,* 16, 1894). Trad. partielle du sanskrit J. VARENNE, *Le Veda* et *Mythes et Légendes extraits des Brâhmanas,* Gallimard, 1967.
- *Upanishad* (fixés à partir du VIIe s. av. J.-C.), éd. cit.
- *Kaushika-Grihya-sûtra* (V^e-IIe s. av. J.-C. ?), trad. H. OLDENBERG, in *The Grihya-sûtras* (Textes domestiques), coll. « Sacred Books of the East », Clarendon Press, Oxford, 1886-1892, t. 29 et 30. Traité de magie védique.
- *Chant du Bienheureux Seigneur* [Krishna]. *Bhagavad-Gîtâ* (350 av. J.-C.-100 ap. J.-C. ?). Ce texte constitue la partie VI, chap. XXV-XLII du *Mahâbhârata,* trad. philologique É. SENART (éd. De Bossard, 1922, XIX-65 p.) ou trad. philosophique O. LACOMBE et ANNE-MARIE ESNOUL (Éditions du Seuil, coll. « Points. Sagesses », n° 9, 1977, 183 p.) ou trad. psychologique SHRÎ AUROBINDO (Albin Michel, coll. « Spiritualités vivantes », n° 1, 1977, 378 p.). Texte plus mystique qu'ésotérique.

- Patañjali, *Discours sur l'union. Yoga-sûtra* (IVᵉ s. ?-IIᵉ s. av. J.-C. ?), trad. Anne-Marie Esnoul et Lilian Silburn (*L'Hindouisme*, Fayard-Denoël, 1972, p. 303-354) ou trad. J. Varenne (*Le Yoga de Patanjali*, Retz, 1981) ou trad. J. Papin (*La Voie du yoga*, Dervy-Livres, 1984, 283 p.) ou trad. T. K. V. Desikachar (*Le Yoga-Sûtra de Patañjali*, Éditions du Rocher, 1986, 200 p.) ou trad. Françoise Mazet (*Yoga-Sûtras*, Albin Michel, coll. « Spiritualités vivantes », n° 89, 1991, 217 p.). Trad. anglaise avec les commentaires de Bhagavan Vyâsa (VIIIᵉ s.) et de Vâcaspati Mishra (IXᵉ s.) : J. H. Woods, *The Yoga-System of Patañjali*, Cambridge, États-Unis, 1913, rééd. Delhi 1966.
- *Solution donnée par le Soleil. Sûrya-siddhânta* (=*Saurasiddhânta*, 345 ?), chap. 7 et 8, trad. anglaise E. Burgess (1860), Calcutta, 1935. Texte astrologique et astronomique, attribué à Lâta.
- Shankara (>Çankara, † 838 ?), *Prolégomènes au Vedânta*, trad. L. Renou, éd. A. Maisonneuve, 1951, IV-101 p. ; *Hymnes et Chants vedântiques*, trad. R. Allar, Dervy-Livres, coll. « Tradition hindoue », 1977, 80 p.
- *Océan des prodiges. Adhutasâgar* (XIIᵉ s.). Traité de divination brâhmanique, non traduit à ma connaissance.
- Pûrnânandasvâmin, *Transmission de la description des six cercles. Satchakra-nirûpana-tantra* (XVIᵉ s.), trad. anglaise A. Avalon, *The Serpent Power, being the Sat-cakra-nirûpana and Pâdukâ-pañcaka, two works on laya-yoga* (1919), Dover Publications, New York, 1974, XIV-529 p. Le grand texte du tantrisme hindou sur la *kundalinî*. A. Avalon (= sir John Woodroffe, 1865-1936) est la seule autorité occidentale dans le domaine. La trad. française A. Avalon, *La Puissance du serpent. Introduction au tantrisme* (1953, Dervy-Livres, 1977, 383 p., 8 ill.) ne comprend pas hélas la traduction du texte.
- Râma Prâsâd, *Chants à Kâlî* (XVIIIᵉ s.), Pondichéry, 1967. Tantrisme shâktiste.
- *Transmission de la grande extinction. Mahânirvâna-tantra* (XVIIIᵉ s., Bengale), trad. A. Avalon (1913), *The Tantra of the Great Liberation*, Ganesh Publications, coll. « Tantrik Texts », Madras, 1963, 900 p. Tantrisme de la main gauche, brâhmanisé.
- *Le Jeu du Triangle. Kâmakalâvilâsa* (?), trad. *apud* Ph. Rawson, *L'Art du tantrisme*, Arts et Métiers graphiques, 1973, p. 207-213. Décrit le diagramme symbolique *shrî-yantra*.
- Râmakrishna (1834-1886) : *L'Enseignement de Râmakrishna* (1941), trad. de l'anglais J. Herbert, Albin Michel, coll. « Spiritualités vivantes », n° 13, 1972, 604 p. Paroles groupées, d'après les notes prises en bengalî par M. (Mahendra Nath Gupta), *The Gospel of Sri Râmakrishna*, Râmakrishna-Vivekânanda Center, New York, 1942, 1 063 p. (trad. en anglais svâmi Nikhilânanda).
- Mâ Ânanda Moyî (1896-1982) : *L'Enseignement de Mâ Ânanda Moyî* (1974), trad. Josette Herbert, Albin Michel, coll. « Spiritualités vivantes », n° 24, 1989, 378 p. Paroles groupées. Mâ Ânanda Moyî parlait en bengalî, comme Râmakrishna ou shrî Aurobindo.
- Svâmi Râmdâs (>Râmâ-Dâsa), *Carnet de pèlerinage* (vers 1925), trad. J. Herbert (1944), Albin Michel, coll. « Spiritualités vivantes », n° 18, 1973, 540 p.
- Yogânanda, *Autobiographie d'un yogi* (1946-1951), trad. de l'anglais Adyar, 1983, 493 p. Anecdotes extraordinaires, trop extraordinaires.
- Â. K. Coomaraswâmy : nombreux ouvrages et articles dès 1933, en anglais, traduits. Par exemple : *Hindouisme et Bouddhisme* (coll. « Idées », n° 22, 1972,

192 p.), *Pour comprendre l'art hindou* (Awac, 1979, 176 p.), *La Doctrine du Sacrifice* (Dervy-Livres, 1978).

Anthologies
- L. RENOU, *Anthologie sanskrite* (1947), Payot, 1961, 406 p.
- M. HERTSENS, *Trésors mystiques de l'Inde*. *Les Grands Textes de l'hindouisme et du bouddhisme*, Le Centurion, 1968, 336 p.
- ANNE-MARIE ESNOUL, *L'Hindouisme, textes et traditions sacrés*, Fayard-Denoël, coll. « Le Trésor spirituel de l'humanité », 1972, II-695 p.
- Contes et légendes : J. VARENNE, *Mythes et Légendes extraits des Brâhmana*, Gallimard, coll. « Connaissance de l'Orient », 1967, 204 p. ; *Contes de l'Inde*, Gründ ; *Contes et Légendes de l'Inde*, CILF, 1989, 131 p. (tamoul).
- Textes alchimiques : R. K. MOOKERJEE, *Rasajala-nidhi, or Ocean of Indian Chemistry and Alchemy*, Calcutta, 1926-1927, 2 t. ; P. R. RAY, *History of Chemistry in Ancient and Medieval India*, Indian Chemical Society, Calcutta, 1956.
- Textes brâhmanistes : J. VARENNE, *Mythes et Légendes extraits des Brâhmana*, éd. cit.
- Textes hatha-yogiques : THEOS BERNARD, *Hatha Yoga*, Columbia UP, New York, 1944.
- Textes tantriques : J. VARENNE, *L'Enseignement secret de la divine Shakti. Anthologie de textes tantriques*, Grasset, coll. « Écritures sacrées », 1995, 258 p.
- Textes vedântiques : E. DEUTSCH et J. A. B. VAN BUITENEN, *A Source Book of Advaita-Vedanta*, Honolulu, 1971.
- Textes védiques : L. RENOU, *Hymnes spéculatifs du Veda*, Gallimard, 1956 ; J. VARENNE, *Le Veda, premier livre sacré de l'Inde* (1965), éd. cit.

Études générales
- R. GUÉNON, *Introduction générale à l'étude des doctrines hindoues* (1921), Maisnie-Trédaniel, 1987, 316 p. ; *L'Homme et son Devenir selon le Vedânta* (1925), Éditions Traditionnelles, 1991, 216 p. ; *Études sur l'Hindouisme* (1967, posthume), Éditions Traditionnelles, 1983, 288 p. Tranchant comme le glaive. Approche ésotérique.
- A. K. COOMARASWÂMY, *Hindouisme et Bouddhisme* (1943), trad. de l'anglais, coll. « Idées », n° 22, p. 13-65 ; *Nouvelles Approches des Védas. Essai de traduction et d'exégèse*, trad. de l'anglais, Archè, Milan, 1994, 224 p.
- S. N. DÂS GUPTA (>Surendranath Dasgupta), *A History of Indian Philosophy*, Cambridge UP, 1922-1955, 5 t.
- J. HERBERT, *Spiritualité hindoue* (1947), Albin Michel, coll. « Spiritualités vivantes », n° 8, 1972, 573 p. Très compréhensible et complet. Approche ésotérique.
- L. RENOU (et J. FILLIOZAT), *L'Inde classique. Manuel des études indiennes* (1947-1953), A. Maisonneuve, 1991, t. 1, p. 49-667. Absolument indispensable.
- A. DESJARDINS, *À la recherche du soi*, La Table Ronde, 1977-1980, 4 t. ; *Ashrams. Les Grands Maîtres de l'Inde*, Albin Michel, 1989, 224 p. ; etc.

Revues
Journal asiatique ; *Bulletin de l'École française d'Extrême-Orient* ; *Revue des arts asiatiques*.

Filmographie
ARNAUD DESJARDINS, *Ashrams* (1959, avec Mâ Ânanda Moyî, svâmi Râmdâs...).

BIBLIOGRAPHIE SPÉCIALISÉE

1ʳᵉ tradition : le chamanisme des tribus primitives (400 tribus environ)
C. G. et B. Z. SELIGMAN, *The Veddas*, Cambridge UP, 1911 ; A. R. RADCLIFFE-BROWN, *The Andaman Islanders*, Cambridge, 1922, p. 175 *sqq.* (la race négrito) ; G. WHITEHEAD, *In the Nicobar Islands*, Londres, 1924, p. 128 *sqq.* ; V. ELWIN, *The Religion of an Indian Tribe*, Londres, 1955 (les Saora) ; S. KAKAR, *Shamans, Mystics and Doctors*, Knopf, New York, 1982 ; VIVIANE LIÈVRE et J. Y. LOUDE, *Le Chamanisme des Kalash du Pakistan*, CNRS-Presses universitaires de Lyon, 1990, 576 p. ; P. VITEBSKY, *Dialogues with the Dead. The Discussion of Mortality among the Sara of Eastern India*, Cambridge UP, 1993, 288 p. (les chamanes des Saora).

2ᵉ tradition : la civilisation de l'Indus (2500 av. J.-C.)
Sir J. MARSHALL, *Mohenjo-Daro and the Indus Civilization*, Arthur Probsthain, Londres, 1931, t. 1, p. 48-78 ; J.-M. CASAL, *La Civilisation de Mohenjo-Dâro et ses Énigmes*, Fayard, 1969, 225 p.

3ᵉ tradition : le Védisme et l'Hindouisme classique
A. BERGAIGNE, *La Religion védique d'après les hymnes du Rig-Veda* (1878-1897), H. Champion, 1963, 4 t., 1381 p., ou Slatkine, 1983, 4 t., 1430 p. ; J. GONDA, *Les Religions de l'Inde*, t. 1 : *Védisme et Hindouisme ancien*, trad. de l'allemand, Payot, coll. « Les religions de l'humanité », 2 t., 1962.

Les systèmes *(darsana)* hindouistes ésotériques : Yoga et Vedânta
– Vedânta : R. GUÉNON, *L'Homme et son Devenir selon le Vedânta* (1925), Éditions Traditionnelles, 1984, 215 p. ; E. DEUTSCH, *Qu'est-ce que l'Advaita-Vedânta ?*, trad. de l'anglais, Deux Océans, 1983.
– Yoga : VIVEKÂNANDA, *Les Yogas pratiques (Karma, Bkakti, Râja)* (1895-1896), trad. de l'anglais (1939), Albin Michel, coll. « Spiritualités vivantes », n° 3, 1970, 575 p. ; VIVEKÂNANDA, *Jñâna Yoga* (posthume, 1935), trad. de l'anglais, Albin Michel, coll. « Spiritualités vivantes », n° 12, 1971, 447 p. ; C. KERNEIZ, *Asana. Gymnastique immobile du yoga*, Tallandier, 1946 ; A. DANIÉLOU, *Yoga, méthode de réintégration* (1949), L'Arche, 1983, 216 p. ; M. ELIADE, *Le Yoga : immortalité et liberté* (1954), trad. du roumain, Payot, 1991 ; L. FRÉDÉRIC, *Yoga-Asanas*, Oliven, 1959, 159 p. ; SHIVÂNANDA, *Le Yoga de la kundalinî* (1935), trad., Éditions de l'Épi, 1983. Sur le Yoga comme *darsana* : VYÂSA (trad. J. H. WOODS, *The Yoga-System of Patañjali*, Cambridge, États-Unis, 1913).

Les courants hindouistes : Shivaîsme, Vishnouïsme, Shâktisme
– Ésotérime Shâkti : A. AVALON, *Shakti and Shâkta. Essays and Addresses on the Shâkta Tantra Shâstra* (1919), Dover Publications, 1974, xiv-529 p., trad. partielle et médiocre (*Introduction à l'hindouisme tantrique*, Dervy-Livres/Trismégiste, 1983, 224 p.) ; N. N. BHATTACHARYYA, *History of Sakta Religion*, Munshiram Manoharlal, New Delhi, 1974.
– Shivaîsme ésotérique : LILIAN SILBURN, *L'Hindouisme*, éd. cit., p. 477-569 (Shivaîsme du Cachemire =Trika). D. N. LORENZEN, *The Kâpâlikas and Kâlâmukhas. Two Lost Shaivite Sects*, Los Angeles, 1972 (les Kâpâlika ou Mahâvratin sont les ascètes shivaîtes porteurs de crânes) ; G. W. BRIGGS, *Gorakhnâth and the Kân-*

phata Yogis (1938), Motilal Banarsidass, Delhi, 1989, XII-380 p. (les Kânphatayogi sont des yogi shivaîtes porteurs de gros anneaux d'oreilles, depuis 1225) ; J. P. PARRY, *The Aghorî Ascetics of Benares*, apud R. BURGHART et *al.*, *Indian Religion*, Londres, 1985 (les Aghorî ou Aghorapanthî, successeurs des Kâpâlika, sont des ascètes shivaîtes vivant près des cimetières).
— Vishnouïsme ésotérique : sir R. G. BHANDARKAR, *Vaishnavism, Shaivism and Minor Religious Systems*, Strasbourg, 1913, 161 p. ; *Histoire des religions*, Gallimard, « Encyclopédie de la Pléiade », t. 1, p. 1083-1100.

Le tantrisme hindou
A. AVALON, *Shakti and Shakta* (1919), éd. cit. ; J. EVOLA, *Le Yoga tantrique* (1925), Fayard, 1971 ; S. B. DASGUPTA, *Obscure Religious Cults as Background of Bengali Literature* (1946), K. L. Mukhopâdhyâya, University of Calcutta, 1969, 436 p. ; A. BHARATI (=L. Fischer), *The Tantric Tradition* (1965), Anchor Books, New York, 1970 ; J. VARENNE, *Le Tantrisme. La Sexualité transcendée*, CAL., 1977, 255 p. ; N. N. BHATTACHARYYA, *History of the Tantric Religion* (1982), Manohar, Delhi, 1987.

Les ésotéristes indépendants (*sâdhu*, ascètes, sages, mages, renonçants, fakirs...)
H. D. SHARMA, *Brahmanical Ascetism*, Poona, 1939 ; J. GONDA, *Les Religions de l'Inde*, t. 1, éd. cit., p. 338 *sqq.* ; L. DUMONT, *Homo hierarchicus. Essai sur le système des castes*, Gallimard, 1967, 445 p. (chap. : « Le Renoncement dans les religions de l'Inde ») ; Y. YVA, *Les Fakirs et leurs Secrets*, Gallimard, 1963, 304 p. ; R. BEDI, *Sadhus. The Holy Men of India*, Brijbasi Printers, New Delhi, 1991 (magnifiques photos).

Le néo-Hindouisme (1828 ss.)
SOLANGE LEMAÎTRE, *Ramakrishna et la Vitalité de l'Hindouisme* (1959), Éditions du Seuil, coll. « Maîtres spirituels », n° 18, 1975, 192 p. ; J. HERBERT, *L'Hindouisme vivant* (1975), Dervy-Livres, coll. « Mystiques et Religions », 1983 ; B. DHINGRA, *Visages de Mâ Ânandamayi*, Cerf, 1981, 175 p.

Initiations et pratiques initiatiques
SYLVAIN LÉVI, *La Doctrine du sacrifice dans les Brâhmana* (1898), PUF, 1966, 212 p., p. 103 *sqq.* (*dîksâ*) ; A. AVALON, *La Doctrine des mantra* (1919), trad. de l'anglais, Dervy-Livres, 1979, 256 p. ; MARGARET SINCLAIR STEVENSON, *Les Rites des deux-fois-nés* (*The Rites of the Twice-Born*, 1920), trad. de l'anglais, Le Soleil noir, 1982, 412 p. (*upanayana*) ; SVÂMI SHIVÂNANDA (>Sivânanda Sarasvatî), *La Pratique de la méditation* (*Concentration and Meditation*, 2ᵉ éd. 1959), trad. de l'anglais, Albin Michel, 1976 ; J. BLOFELD, *Les Mantras ou la puissance des mots sacrés* (1977), trad., Dervy-Livres, 1985, 143 p. ; *Mantras et Diagrammes rituels dans l'Hindouisme*, CNRS, 1980 ; *Les Rites d'initiation*, Publications du Centre d'histoire des religions de Louvain-la-Neuve, coll. « Homo religiosus », 1986, p. 255-281 (articles de M. Delahoutre et M. Defourny : L'Initiation dans l'Hindouisme).

Les organisations initiatiques
— Confréries des *Vrâtya* (extatiques védiques) : *Rig-Veda*, X, 136 ; J. W. AUER, *Der Vrâtya*, Stuttgart, 1927.
— Écoles (*mata*) tantriques et sectes (*panth*) hindoues : J. GONDA, *Les Religions de l'Inde*, éd. cit.

– Ermitages *(âshram)* : A. Desjardins, *Ashrams. Les Yogis et les Sages* (1962), La Table Ronde, 1974, 219 p.

Ésotérisme et idées ésotériques
– L'Absolu (Brahman) : O. Lacombe, *L'Absolu selon le Vedânta*, éd. cit. ; G. Dumézil, *Flamen-Brahman*, P. Geuthner, 1937, 113 p. ; L. Renou, *L'Inde fondamentale*, Hermann, 1978, p. 83-116 (art. de 1949 : « Sur la notion de *bráhman* »).
– L'âtman : Hoàng Sy Quy, *Le Moi qui me dépasse selon le Vedânta*, Bibliothèque de philosophie HGVD, n° 1, A. Maisonneuve, 1971, 245 p.
– Les formules liturgiques *(mantra)* : A. Padoux, *L'Énergie de la parole* (1980), Fata Morgana, 1994, 272 p.
– Le karma (>karman) : P. Oltramare, *Histoire des idées théosophiques de l'Inde*, musée Guimet, 1906, t. 2, p. 166 *sqq.* ; M. Hulin, *La Face cachée du temps*, Fayard, 1985, p. 349-396.
– La gnose *(jñâna)* : Madeleine Biardeau, *Théorie de la connaissance et Philosophie de la parole dans le Brahmanisme classique*, Mouton, La Haye, 1964, 486 p.
– Le Maître spirituel *(guru)* : *Le Maître spirituel selon les traditions d'Occident et d'Orient*, Hermès, n° 3, Deux Océans, 1983.

Les sciences occultes
– Cosmogonie : J. Varenne, *Cosmogonies védiques*, Les Belles Lettres, 1982, 324 p.
– Herméneutique *(bhhâshya, nirukta, lakshanâ)* : *Shatapatha-Brâhmana* (XIe s. av. J.-C. ?), trad. anglaise F. Eggeling, coll. « Sacred Books of the East », Oxford, 5 t. (n°s 12, 26, 41, 43, 44), 1882-1900, rééd. Delhi 1964 ; Vyâsa, *Commentaire du « Yoga-sûtra » de Patañjali. Yoga-bhâsya (VIIIe s.)*, trad. anglaise H. Woods, *The Yoga-sûtras translated*, Cambridge, États-Unis, 1913.
– Mythologie : Nivedata et Â. K. Coomaraswâmy, *Mythes of the Hindus and Buddhists*, G. Harrap, Londres, vii-426 p., 32 fig. ; H.-R. Zimmer, *Mythes et Symboles dans l'art et la civilisation de l'Inde*, trad., Payot, 1951, 216 p., 71 fig. ; J. Herbert, *La Mythologie hindoue, son message*, Albin Michel, coll. « Spiritualités vivantes », n° 23, 1953, 461 p., 32 pl.
– Physiologie occulte (laya-yoga et kundalinî-yoga) : A. Avalon, *La Puissance du serpent* (1918), trad. partielle de l'anglais (1959), Dervy-Livres, 1970, 304 p. (contient deux textes hindous fondamentaux) ; Tara Michaël, *Corps subtil et Corps causal. Les six* chakra *et le* kundalinî yoga, Le Courrier du Livre, 1979.
– Science des cycles et des nombres : L. B. G. Tilak, *Origine polaire de la tradition védique* (1903), trad. de l'anglais, Archè, 1980, 384 p. (délire ou farce ?) ; M. Eliade, *Images et Symboles*, Gallimard, 1952, p. 73-119 ; G. Ifrah, *Histoire universelle des chiffres*, Robert Laffont, coll. « Bouquins », 1994, 2 t.
– Science des lettres : W. Crooke, « Secret Messages and Symbols used in India », *Journal of Bihar Orissa Research Society*, 1919, t. 5, p. 451 *sqq.* ; A. Bharati, *The Tantric Tradition*, Londres, 1965, p. 164-184 (sur la « langue crépusculaire » *samdhyâ-bhâshâ*, c'est-à-dire un discours hermétique).
– Science des sons : A. Padoux, *L'Énergie de la parole*, De Boccard, 1975 (sur les *mantra*) ; G. L. Beck, *Sonic Theology. Hinduism and Sacred Sound*, University of South Carolina Press, Columbia, 1993, xvi-290 p.
– Symbolique : H.-R. Zimmer, *Mythes et Symboles dans l'art et la civilisation de l'Inde*, éd. cit. ; Tara michaël, *Mythes et Symboles du yoga*, Éditions du Rocher,

1980 ; J. Dowson, *A Classical Dictionary of Hindu Mythology and Religion*, Rupa, Calcutta, nouv. éd. 1991.
— Thanatologie : J. Herbert, *La Vie future dans l'Hindouisme*, Adyar, 1950 ; G. Boutry, P. Saraswati, *Mort, Renaissance et Immortalité*. *L'Héritage de l'Inde et du Tibet*, Présence, 1991, 136 p.

Les arts occultes
— Alchimie : sir Praphulla-Chandra Rāya, *A History of Hindu Chemistry* (Calcutta, 1902-1904), remanié par P. R. Rāy, *History of Chemistry in Ancient and Mediaeval India*, Indian Chemical Society, Calcutta, 1956 ; G. Mazars, « Un chapitre du *Sarvadarshanasamgraha* sur l'alchimie », *Scientia Orientalis*, n° 4, Strasbourg, 1977.
— Astrologie *(jyotisha)* : J. Dethier, *L'Astrologie de l'Inde*, Dangles, 1985, 320 p. ; P. E. Gillet, *Manuel d'astrologie hindoue*, Cahiers astrologiques, 1987, 209 p.
— Divination : (L. Renou et) J. Filliozat, *L'Inde classique*, éd. cit., t. 1, p. 615-620.
— Magie : H. Carrington, *Hindu Magic*, Londres, 1909 ; P. Dare, *Magie blanche et Magie noire aux Indes*, Payot, 1939, 192 p. ; Cl. Jacques, *Le Monde du sorcier en Inde*, apud *Le Monde du sorcier*, Éditions du Seuil, coll. « Sources orientales », n° 7, 1966, p. 233-280.
— Médecine occulte : svâmi Paramânanda, *La Guérison spirituelle*, Held, Lausanne, 1943 ; G. Edde, *La Médecine ayur-védique*, 3ᵉ éd., Dangles, 1989, 192 p. ; R. Sigaléa, *La Médecine traditionnelle de l'Inde*, Olizane, 1996, 543 p. (prix 1 400 F !).

Grand(e)s Initié(e)s
— (Mâ) Ánanda Moyî (« Mère pénétrée de béatitude », du Bengale, 1896-1982) : Bharat-Dhingra, *Visages de Mâ Ânandamayi*, Cerf, 1981, 175 p.
— (shrî) Râmakrishna (mystique total près de Calcutta, 1836-1886) : Romain Rolland, *La Vie de Râmakrishna* (1929), Stock, 1978, 320 p. ; svâmi Nikhilânanda, apud M. (Mahendra Nath Gupta), *The Gospel of Sri Râmakrishna*, New York, 1942.
— Râmana maharshi (Vedântiste, près de Madras, 1901-1934) : J. Herbert et al., *Études sur Râmana maharshi* (1949), Dervy-Livres, coll. « Mystiques et Religions », 1972, 225 p.
— Les *Rishi* (Voyants védiques, 1600 av. J.-C. ?) : *Rig-Veda*.
— Shankara (le grand maître du Vedânta, 788-820) : P. Martin-Dubost, *Çankara et le Vedânta*, Éditions du Seuil, série « Maîtres spirituels », n° 39, 1973, 189 p.
— Yogânanda (« Béatitude du yoga », initié dans le kriyâ-yoga, de Gorakhpur, 1893-1952), *Autobiographie d'un yogi*, éd. cit.

Les beaux-arts *(shâstriyâ* : art hiératique)
— Â. K. Coomaraswâmy, *Pour comprendre l'art hindou*, trad. de l'anglais (1926), Awac, Rennes, 1979, 176 p. ; L. Frédéric, *La Danse sacrée de l'Inde*, Arts et Métiers graphiques, 1957, 136 p. ; P. H. Pott, *Yoga and Yantra*, trad. de l'anglais, La Hague, 1966 ; Ph. Rawson, *L'Art du tantrisme* (1973), trad. de l'anglais , Arts et Métiers graphiques, 1973, 225 p. ; A. Mookerjee et Ph. Rawson, *L'Art yoga*, trad. de l'anglais , Sous le vent, 1975, 208 p. ; Alain Daniélou, *Le Temple hindou, centre magique du monde*, Buchet-Chastel, 1977, 90 p.

– Musique : A. LAVIGNAC dir., *Histoire de la musique*, Delagrave, 1914, t. 1, p. 257-376 ; J. PORTE dir., *Encyclopédie des musiques sacrées*, Labergerie, 1968, t. 1, p. 135-189.

Syncrétismes
– (shrî) Aurobindo (Vedânta + tantrisme ; yoga synthétique, 1926) : N. K. GUPTA, *L'Odyssée de l'âme*. *Sri Aurobindo*, trad. de l'anglais, C. Bartillat, 1991, 280 p.
– Les Bâul (au Bengale, surtout aux XVIIe et XVIIIe s.) (Hindouisme bhakti + Bouddhisme sahajayâna + Islâm soufi) : D. BHATTÂCHÂRYA, *The Mirror of the Sky*. *Songs of the Bauls from Bengal*, Allen and Unwin, Londres, 1969, 120 p. Discographie : G. LUNEAU, « Bengale. Chants des "Fous" », Le Chant du monde, coll. CNRS-musée de l'Homme, diff. Harmonia mundi.
– Kabîr (Hindouisme vishnouïte + Islâm ; † 1518) : CHARLOTTE VAUDEVILLE, *Au cabaret de l'amour, paroles de Kabîr*, trad. du hindî médiéval, Gallimard, coll. « Connaissance de l'Orient », 1959, 238 p.
– J. Krisnamurtî (Hindouisme + Théosophisme européen, avant de devenir indépendant, 1909) : MARY LUTYENS, *Krishnamurti* (1975-1983), trad. de l'anglais, Arista, 1982-1990, 3 t., 350 p., 270 p., 228 p.
–Les 84 Mahâsiddha (Adeptes, 650-1500, hindouistes et/ou bouddhistes, indiens ou tibétains) : J. B. ROBINSON, *Buddha's Lions*. *The Lives of the Eighty-Four Siddhas*, Berkeley, 1979.
– Meher Baba (zoroastrien, puis rassembleur de religions, 1922) : P. BRUNTON, *L'Inde secrète*, trad. de l'anglais (1937), Payot, 1972, 315 p., chap. 4.
– Les Qalandariyya (confrérie soufie fondée par Jamâl ad-Dîn as-Sâwijî, † 1218, circulant nus, etc.) : *Encyclopédie de l'Islam*.
– Les Sahajiyâ (Vishnouïsme + Krishnaïsme + Shivaïsme + Bouddhisme) (avec Candîdâs, vers 1400, Chaitanya 1485-1534) : L. RENOU et J. FILLIOZAT, *L'Inde classique*, éd. cit., t. 1, p. 465-467, 646, t. 2, p. 384, 596. École proche du Sahajayâna bouddhique de Saraha.
– Le syncrétisme bouddho-shivaïte (Bouddhisme kâlachakra + Hindouisme shivaïte tantrique) en Asie du Sud-Est (au Cambodge au IXe s., à Java vers 900, à Bali au XIVe s., au Tchampa, aux Célèbes, à Sumatra) : R. O. WINSTEDT, *Shaman, Saiva and Sufi*. *A Study of Evolution of Malay Magic*, Constable, Londres, 1925, VII-191 p. ; PRABODHA-CHANDRA BÂGCHI, *Studies in the Tantras*, University of Calcutta, 1939.
– Le Théosophisme : HELENA PETROVNA BLAVATSKY, *Isis dévoilée*. *Clé des mystères de la science et de la théologie anciennes et modernes* (1877), trad. de l'anglais, Adyar, 1973-1974, 4 t. ; *La Doctrine secrète*. *Synthèse de la science, de la religion et de la philosophie* (1888-1897), trad. de l'anglais, Adyar, 1955, 6 t.
– Les Tsiganes (peuple originaire de l'Inde, arrivé en Europe au XVe s.) : FRANÇOISE COZANNET, *Mythes et Coutumes religieuses des Tsiganes*, Payot, 1973.

Le Soufisme en Inde ('Abdallâh Shattârî † 1406, Shah 'Abdul Latif, K. M. Dard, M. T. Mîr, Muhammad Iqbâl † 1938 ; organisations : Gurzmar, Shattâriyya, etc.)
J. N. FARQUHAR, *Modern Religious Movements in India* (1929), Macmillan, New York, 2e éd. 1980 (p. 137-148 : la confrérie soufie des Ahmadiyya) ; J. F. HOLLISTER, *The Shîa of India* (1953), Oriental Books Reprint Corporation, Delhi, 1979 ; S. A. RIZVI, *A History of Sufism in India*, New Delhi, 1978, 2 t. ; R. et SABRINA MICHAUD, *Derviches du Hind et du Sind*, Phébus, 1991, 168 p.

Ésotérisme et politique
O. LACOMBE, *Gandhi ou la Force de l'âme*, 1964 (sur la non-violence : *ahimsâ*) ; L. DUMONT, *Homo hierarchicus*, Gallimard, 1966 (sur les castes).

Et les femmes ?
A. AVALON, *Shakti and Shâkta*, éd. cit. ; B. DHINGRA, *Visages de Mâ Ânandamayi*, éd. cit. ; A. R. GUPTA, *Women in Hindu Society*, J. Prakashan, New Delhi, 1976, 264 p. ; CATHERINE CLÉMENTIN-OJHA, *La Divinité conquise*, Société d'ethnologie, 1990 (sur le statut inférieur de la femme-gourou Shobha Mâ).

14. LES BOUDDHISTES [1]

> *La vraie Loi du Bouddha pourrait-elle être divisée en catégories : grande ou petite, provisoire ou définitive, exotérique ou ésotérique, intérieure ou extérieure ?*
>
> BUTTSÛ,
> *Recueil des bois desséchés* (1283).

REPÈRES HISTORIQUES DE L'ÉSOTÉRISME BOUDDHIQUE INDIEN [2]

L'histoire du Bouddhisme concerne aussi la Chine, le Japon, le Tibet *(infra)*.

Avant Jésus-Christ
? – les six Bouddhas antérieurs : Vipashyin, Shikin, Vishvabhû, Krakuchchanda, Konagâmana et Kâshyapa
523 ? – « **le** » **Bouddha** : Éveil *(bodhi)* de Gautama Shâkya Muni
523-32 – premier courant du Bouddhisme : le BOUDDHISME PRIMITIF (pré-canonique)
522 – enseignements approfondis du Bouddha au pic du Vautour (Gridhrakûta) ?
v. 520 – Shâriputra et Maudgalyâyana, disciples initiés du Bouddha
v. 500 ? – (Mahâ)kâshyapa, Ier Patriarche Dhyâna (?). Deuxième courant du Bouddhisme : le BOUDDHISME DE LA MÉDITATION *(Dhyâna)*

---

1. Pour la transcription du sanskrit, voir *supra*, p. 589, n. 1.
Le Bouddha parlait plusieurs langues. Le Canon bouddhique est écrit en pâli (=mâgadhî, vieux prâkrit), mais les textes du Mahâyâna et du Vajrayâna indiens sont en sanskrit. Ici, tous les termes techniques seront donnés en sanskrit, langue qui ressemble beaucoup au pâli : skr. *nirvâna* = pâli *nibbana*. J'ai parfois légèrement modifié certains termes des traductions, pour les harmoniser.
2. Les savants ne s'accordent pas sur les dates du Bouddha. Pour la date de sa mort, on a le choix entre : 549 av. J.-C. (tradition chinoise et japonaise), 543 (tradition à Ceylan et en Indochine), 483 (H. Oldenberg), 478 (Filliozat), 477 (M. Müller), 370 (H. Kern). H. Bechert, *The Dating of the Historical Buddha*, Gottingen, 1991-1992, 2 t.

478 ? – mort du Bouddha à Kushinagara : *paranirvâna* (extinction totale)
477 ? – fixation du *Sûtra-pitaka* (recueil des sermons du Bouddha) : premier Concile
377 ? – troisième courant du Bouddhisme : le HÎNAYÂNA (Petit Véhicule), exotérique : deuxième Concile
v. 340 – les Mahâsânghika, école Hînayâna proche de l'ésotérisme : troisième Concile
IIIᵉ s. – *Mahâparanirvâna-sûtra*, texte du canon sur les derniers moments du Bouddha
IIIᵉ s. ? Iᵉʳ s. ? – quatrième courant du Bouddhisme : le MAHÂYÂNA (Grand Véhicule), mi-ésotérique, dès Mahâdeva
v. 250 ? – Garab Dorje, le premier maître du Dzogchen (Grande Perfection), école indo-tibétaine
150 – culte populaire de la déesse Târâ, pré-tantrique. **Naissance de l'ésotérisme bouddhique indien**
Iᵉʳ s. – usage du sanskrit (en place du pâli) comme langue du Bouddhisme (école Sarvâstivâda, panréaliste)
100 av. J.-C. – *Perfection de sapience*. *Prajñâpâramitâ* : premiers discours du Mahâyâna

Après Jésus-Christ :
IIᵉ s. – l'alchimie bouddhique
1200 ap. J.-C. – la science des nombres (rédaction définitive du *Lalitavistara-sûtra*)
IIIᵉ s. – cinquième courant du Bouddhisme : le TANTRAYÂNA, avec les *dhâranî* (formules porte-charme)
240-243 – Mani en Inde : il tient le Bouddha pour un grand Apôtre envoyé par Dieu
v. 243-1000 – Nâgârjuna, fondateur de l'école Mahâyâna mâdhyamika (=shûnyatâvâda), XIVᵉ Patriarche bouddhique : ésotérisme latent puis (au Tibet) manifeste
v. 300 – fable taoïste de Lao-tseu parti prêcher en Inde (le Bouddha = Lao-tseu) !
300 – fondation du Tantrayâna de la main droite (tantrisme sublimé) (selon Ed. Conze)
IVᵉ s. – *Guhyasamâja-tantra*, premier (dans le temps et en valeur) *tantra* bouddhique (souvent attribué à Asanga)
350 – fondation du Tantrayâna de la main gauche (tantrisme sexualisé : Vajrayâna), par Asanga (selon Sylvain Lévi)
350-1100 – Asanga, fondateur de l'école Mahâyâna Yogâcâra (=Vijñânavâda), idéaliste, proche de l'ésotérisme et du Tantrayâna
385 – Kumârajîva, traducteur du Mahâyâna mâdhyamika en chinois, et magicien
v. 400 – théorie bouddhique de l'Éveil soudain *(touen Wou)* par Tchou Tao Cheng
fin IVᵉ s. – l'iconographie bouddhique ésotérique
Vᵉ s. – théorie des Cinq Bouddha transcendants (Tathâgata, Jina)
fin Vᵉ s. – théorie des Trois Corps du Bouddha (école Yogâcâra)
VIᵉ s. – la formule **om mani padme hûm** *!* courante
524 – Bodhidharma, Iᵉʳ Patriarche du Tch'an (Bouddhisme chinois de la Méditation)
v. 550 – *Mahâvairocana-sûtra*, discours tantrique de la main droite
580 – le Tantrayâna en Chine *(Kin kang tch'eng)*

v. 600 – Saraha (>Shâbari), et le Sahajayâna (>Sahajiyâ, véhicule de l'inné, tantrique, avec vers 650 Lûyipa, vers 750 Kânha, vers 1000 Saraha le Jeune, vers 1400 l'Hindou Candîdâs)
629-645 – voyage de Hiuan-tsang, pèlerin chinois mahâyâniste, en Inde
650-1050 – Lûyipa, Kânha (750), Saraha le Jeune (1000), Tilopa, poètes tantriques de langue apabhramsha ou bengalî
650-1500 – les 85 Mahâsiddha (>Siddha, Siddhâcârya), Adeptes hindouistes, bouddhistes ou jaïna, indiens ou tibétains, dès Lûyipa (>Lûipa, disciple de Saraha)
650 ? – pseudo-Nâgârjuna, alchimiste
685-1197 – mode du Tantrayâna en Inde
 – premier centre d'enseignement tantrique au monastère-université de Nâlandâ, au Bihâr. Tantrisme de la main droite. **Apogée de l'ésotérisme bouddhique indien**
701 – le Tantrayâna introduit au Japon
716, 719, 746 – Shubhâkarasimha, Vajrabodhi, Amoghavajra propagent en Chine le tantrisme bouddhique de la main droite et les « *Mandala*-des-Deux-Mondes »
747 – le Tantrayâna au Tibet, avec Padmasambhava
v. 750-843 – Bârâbudur (>Borobudur), temple-reliquaire au symbolisme cosmique, à Java
800-1203 – deuxième centre d'enseignement tantrique au monastère-université de Vikramashîla, au Bihâr. Tantrisme de la main gauche (expression hindoue)
déb. ixe s. – tantrisme de la main gauche à Ceylan (Nîlapata darshana)
ixe s. ss. – le syncrétisme bouddho-shivaïte (Bouddhisme Kâlachakra + Hindouisme shivaïte) en Asie du Sud-Est (Cambodge, Java, etc.)
965 – Kâlachakra (Roue du temps), tantrisme de la main gauche, proche du Mahâmudrâ, théorie de l'Âdi-Bouddha (Bouddha Primordial), dès Chilopa (>Cilupa)
v. 1030 – la « Lignée blanche » de l'enseignement tantrique **Mahâmudrâ** : Tilopa, Nâropa, Marpa (au Tibet)... Tilopa († 1069) : le premier gourou bouddhiste connu
1113-1191 – Angkor Vat, sanctuaire hindou puis temple bouddhiste, au Cambodge
1197 – conquête du Magadha par les Musulmans. **Mort de l'ésotérisme bouddhique indien**
1299 – Tran Nhân-Tông, viêtnamien, à la fois roi et patriarche du Thiên (méditation)
v. 1350 – le roi Âdityavarman (Indonésie), adepte du Kâlachakra
1712 – Liêu-Quán, Grand Maître du Bouddhisme de la méditation (Thiên) au Viêt-nam
1883 – A. P. Sinnett, *Esoteric Buddhism* : bizarre syncrétisme théosophiste
1884 – Helena Petrovna Blavatsky parle au nom des initiés « de la secte bouddhiste des Arhants, les seuls dépositaires des secrets du vieil ésotérisme des anciens Âryas »
1900 – Alan Bennett, membre de la Golden Dawn, converti au Bouddhisme
1932 – B. Bhattâchârya, *An Introduction to Buddhist Esoterism* : approche historique

Le pèlerin Hiuan-tsang arrive à Tch'ang-ngan :

> Hiuan-tsang fut reçu par une population délirante, comme jamais dans l'histoire chinoise un moine bouddhiste ne le fut. Tous, depuis l'empereur [T'ai-tsong] et sa cour jusqu'aux plus humbles gens du peuple, se mirent en congé. Les rues étaient remplies d'hommes et de femmes impatients qui exprimaient leur joie en agitant des bannières éclatantes et de la musique de fête. La nature elle-même sympathisait avec ses enfants, en ce jour, et enchérissait sur l'accueil fait au pèlerin, non par le tonnerre et des éclairs, mais par une joie solennelle remplissant les airs et une heureuse rougeur s'étendant sur la face du ciel. Le vieux pin du pèlerin, aussi, par des signes de tête et des ondulations, chuchotait sa joyeuse reconnaissance.

> Houei-li et Yen-ts'ong, *Biographie du maître de la Loi des Trois Corbeilles. Ta-ts'eungen sseu* (664-688) ; trad. du chinois par S. Julien : *Histoire de la vie de Hiouen-Thsang*, 1853.

Et pourquoi un tel enthousiasme ? Hiuan-tsang apportait les écrits du Bouddha ! Pour cela, il avait failli être brûlé vif à Samarkand, par une population qui adorait le Feu, et sacrifié près du Gange par des adorateurs de Kâlî, qui le destinaient à leur déesse.

Le Christianisme se divise en confessions, donc en querelles doctrinales : catholicisme, orthodoxie, protestantisme. Le Bouddhisme, lui, s'élargit en voies, compatibles, ou progressives, ou complémentaires. Combien ? Les Bouddhistes indiens distinguent « trois moyens de progression », « trois véhicules » *(triyâna)* : Hînayâna (« Petit Véhicule »), Mahâyâna (« Grand Véhicule »), Tantrayâna (« Véhicule de transmission »). Le Hînayâna est exotérique ; le Mahâyâna est mi-exotérique mi-ésotérique, disons mésotérique ; le Tantrayâna est ésotérique. Du point de vue historique et géographique, le Hînayâna, qui n'existe plus aujourd'hui que dans l'école Theravâda, commence vers 377 av. J.-C. et couvre les pays méridionaux, à savoir Ceylan, Birmanie, Thaïlande, Laos, Cambodge, d'où son autre appellation, « Bouddhisme du Sud » ; le Mahâyâna, qui commence vers le IIIe s. av. J.-C., couvre Corée, Chine, Japon, Viêtnam, Indonésie, on l'appelle encore « Bouddhisme du Nord » ; enfin, le Tantrayâna, qui commence vers 300, couvre Tibet, Mongolie, Népal, Bali[1]. Il faut nuancer ces données. Les localisations se déplacent. Autrefois, le Tantrayâna occupait Ceylan (IIIe s.-1160), Corée (IVe s.-1392), Birmanie[2] (Ve s.-1490), Bengale (VIIe s.-1200), Indonésie[3] (fin du VIIIe s.-1480), Malaisie (fin du VIIIe s.-XIVe s.), Cambodge (IXe s.-1320)[4], Sumatra (800-1480). Les identifications comportent une zone floue. Tel monu-

---

1. J. Przluski, « Le Bouddhisme tantrique à Bali », *Journal asiatique*, 1931, p. 159-167.
2. Ch. Duroiselle, « The Arî of Burma and Tantrik Buddhism », *Arch. Service of India*, 1915-1916, p. 79-93.
3. P. Mus, *Barabudur* (1932-1934), Arma Artis, 1990, 1120 p.
4. P. L. Bagchi, *Studies in the Tantras*, Calcutta UP, 1939, p. 1-26.

ment est-il tantrique ? tantrique de la main droite ou de la main gauche ? tantrique hindou ou tantrique bouddhique ?

DIVISIONS DE L'ÉSOTÉRISME BOUDDHIQUE (*GUHYAYÂNA*)

COURANTS	LIGNÉES	ÉCOLES ÉSOTÉRIQUES	BRANCHES ÉSOTÉRIQUES
Buddha-shâsana (le Bouddha)		Bouddha Shâkyamuni : B. pré-canonique	
Dhyâna : les méditants	indienne : *Dhyâna* chinoise : *Tch'an* tibétaine : *Bsam-gtan* japonaise : *Zen* viêtnamienne : *Thiên* etc.	→ Patriarches → éc. du Sud, Ts'ao tong, Lin-tsi-tsong → Mo-ho-yen → Rinzai, Sôtô	→ Rinzai-Ôryô, etc.
Hînayâna : les saints	Theravâda 244 av. J.-C. etc.	Mahâsânghika 340 av. J.-C. Andhara IIe s.	→ Gokulika, etc.
Mahâyâna : les êtres-à-Éveil	Prajñâpâramitâ 50 Mâdhyamaka 250 Yogâcâra 350 Terre Pure 402 école des mantra 716 etc.	→ *Prajñâpâramitâ* → San-louen, San-ron, Sakya-pa → Wei-che, Hossô, Kadam-pa → Chen-yen, T'ien-t'ai, Shingon, Tendai	→ Jonang-pa, etc. → Sammon, etc.
Tantrayâna : les Parfaits		Sahajayâna 650 Shugendô 700 Nyingma-pa 747 Kâlachakra 965 Mahâmudrâ 1030 etc.	→ Chandidâsa → Dzogchen-pa
Bouddhisme chamanique	ceylanaise indienne japonaise népalaise tibétaine ?	Hijiri VIe s.	

LE BOUDDHISME DU BOUDDHA

Le Bouddha n'est pas né bouddha, il l'est devenu. Il était *bodhisattva*, « être-à-Éveil, candidat-à-l'intellection ». Comme tout le monde. La religion populaire ajoute des merveilles à son enfance, mais cela contredit l'idée même du Bouddhisme, d'une victoire fondée sur ses seules forces.

Dans la légende, les historiens ont du mal à séparer la vérité de l'affabulation. L'ésotérologue, lui, parvient assez vite à écarter des thèmes ésotériques ou initiatiques les facilités religieuses. Quand il est question d'interventions divines, de conception virginale, etc., on devine la religion ; en revanche, quand il s'agit de progrès spirituels, d'étapes, on retrouve le schéma initiatique.

« Le Bouddha » appartient à la lignée des Gautama (« Bovins »), à la caste des guerriers (les *ksatriya*), au clan des Shâkya (« Scythes »), qui sont les maîtres d'une petite confédération de l'Uttarakosala. Son père, Suddhodana, est le prince, le chef du clan des Shâkya, le roi *(râja)* de la confédération. Il réside à Kapilavastu, la capitale de la confédération, dans le Teraï népalais, sur un versant de l'Himâlaya. Actuellement Kapilavastu se trouve sur le site de Piprâwâ, dans l'Uttar Pradesh, en Inde. Siddhârtha Gautama naît en 558 av. J.-C. à Lumbinî (auj. Rummindeî), un jardin près de Kapilavastu. Siddhârtha (« But accompli ») est son prénom, Gautama son nom. Sa mère, Mâyâdevî (« Reine de l'illusion »), décède sept jours après sa naissance. Il est alors élevé par Mahâprajâpatî Gautamî, sœur de sa mère et seconde épouse de son père. Un ermite, Asita, un peu comme Siméon par rapport à Jésus, trouve, en examinant l'enfant, qu'il est doté des 32 signes principaux et des 80 signes secondaires du Grand Homme [1] : pieds bien posés, quarante dents, touffe blanche entre les sourcils (autrement dit « troisième œil », *âjñâ-chakra*), protubérance crânienne sur l'occiput (c'est-à-dire *sahasrâra-chakra*)... Pieuse prophétie, à caractère peu initiatique : si son succès est assuré d'avance, à quoi bon l'initiation ? L'ermite prédit que Siddhârtha deviendra ou un Souverain *(chakravartin)* ou un Éveillé *(buddha)*. Le père, préférant la première option, décide d'en faire un grand roi. Il l'écarte des malheurs de la vie pour l'éloigner de la voie religieuse et le rapprocher de la voie guerrière, il lui apprend les armes, l'arc, le cheval. À seize ans, Siddhârtha se marie à une jeune princesse, Yasodharâ. Il a trois (ou deux, selon les sources) épouses.

Quatre rencontres vont décider de sa conversion. En fait, la maturation a dû être plus longue. Toujours est-il que, selon les textes, Siddhârtha voit successivement un vieillard décrépit, un malade, un mort porté à la crémation, enfin un religieux, serein. Trois désespoirs, un espoir, ou la lutte contre les souffrances humaines attachées au cycle naissance/mort et au jeu de l'impermanence désir/insatisfaction. Le religieux symbolise le salut possible face au malheur. En 529 av. J.-C., à vingt-neuf ans, au moment où naît son fils, Râhula, de nuit, en secret, Siddhârtha quitte le palais paternel. Il suit ici la coutume hindoue, qui veut qu'on ne renonce au monde qu'une fois assurée sa descendance.

---

1. L. Renou et J. Filliozat, *L'Inde classique. Manuel des études indiennes (1947-1953)*, A. Maisonneuve, 1991, t. 2, p. 470, 535-538.

Lui, Siddhârtha, le prince, il renonce aux rituels domestiques et royaux, il se rase le crâne et s'habille pauvrement. Le voici, ascète errant *(shramana)* comme tant d'Hindous, en quête de l'Éveil *(bodhisattva)*. Il suit les enseignements de divers maîtres hindous, dont deux émergent. À Vaishâlî, entre Gange et Himâlaya, Arâda Kâlâma lui enseigne le système philosophique Sâmkhya et la pratique de l'égalisation *(samâpatti)*, qui est une position mentale, une concentration *(samâdhi)* visant l'identification du sujet et de l'objet. À Râjagriha, aux bords du Gange, Udraka Râmaputra lui enseigne le Yoga, en particulier la pratique de la méditation sur le « domaine ni avec notion ni sans notion » *(nevasaññânâsaññâyatana)*, une focalisation de l'esprit où l'on opère une délivrance *(moksha)* de toute intellectualité. Gautama, bien qu'il les maîtrise avec excellence, est déçu par ces pratiques initiatiques auxquelles il a consacré une année. Il les reprendra plus tard dans sa discipline mentale. Gautama admet alors cinq disciples.

Il se lance dans l'ascèse *(tapas)*, jusqu'à n'avoir plus que le millième de sa force vitale. Il ne mange qu'un grain de mil par jour. Cette recherche ascétique lui prend cinq ans, à Bodh-Gayâ, au bord du fleuve Neranjarâ, dans le Bihâr. On l'appelle *Shâkyamuni*, « le silencieux (du clan) des Shâkya ». Pendant cinq ans, il s'exerce aux plus dures pratiques sur la respiration, la faim, « dans la solitude des forêts et des jungles ». Déçu une seconde fois par les pratiques religieuses traditionnelles, comprenant que l'ascèse n'est pas LA voie, il cesse le jeûne. Il accepte d'une femme un bol de riz bouilli, nourriture non frite, qui le souille et qui annule le bénéfice de son ascèse. Indignés devant pareille goinfrerie, les cinq disciples le quittent.

À quoi bon ? Ce n'est pas par ces terribles mortifications que j'atteindrai les expériences d'hommes éminents ni la Connaissance ni la vision des mystiques. N'y a-t-il pas une autre voie vers l'Éveil ?

<small>Triple corbeille. Tripitaka, B : Corbeille des discours. Sûtra-pitaka, II : Recueil des morceaux moyens. Madhyamâgama (pâli : Majjhima-nikâya). Trad. anglaise R. Chalmers, Further Dialogues of the Buddha, coll. « Sacred Books of the Buddhists », n°s 5 et 6, Pali Text Society, Luzac, Londres, 1926-1927, rééd. 1964.</small>

Le Shâkyamuni prend une grande décision. Il a goûté à la voie du désir *(kâma)* chez son père, il a essayé deux systèmes philosophiques avec leurs pratiques spirituelles, il s'est astreint à l'ascèse. Pour autant il ne se sent pas délivré de la souffrance. Que faire ? Il s'assied sur de l'herbe *kusha*, au pied d'un figuier pippal, résolu à ne pas bouger qu'il n'ait atteint son but, l'Éveil. Pourquoi l'herbe *kusha* ? Elle était déjà utilisée dans les sacrifices védiques. Pourquoi le pippal ? Sur cet arbre, les branches qui poussent retombent comme des racines, jusqu'au sol, faisant de nouveaux arbres. Le début et la fin coïncident. Le Shâkyamuni se met en position sacrificielle. Sur l'herbe, il est à la fois sacrifiant et sacrifié, officiant et victime. Le Bouddhisme, ésotériquement parlant, naît à l'instant où le novice décide, non pas d'être éveillé, car le risque d'échec existe, mais à l'instant où le novice affirme sa ferme résolution de découvrir l'ainsité des choses, l'Éveil. Moment grandiose ! La résolution du *bodhisattva* durera 49 jours, 7 fois 7 jours. L'initiation commence, ou recommence. Mâra, « le Tueur », le dieu Mort, la Tentation personnifiée, le soumet à des épreuves. Le Shâkyamuni résiste.

[1re épreuve : la tentation temporelle] Mâra apparut d'abord sous la forme d'un messager qui venait prier le Bodhisattva de rétablir l'ordre et la paix dans son royaume [celui des Shâkya], où Devadatta, son cousin félon, venait d'usurper le pouvoir. Mais le Maître comprenait qu'il était plus important, à qui veut trouver la Voie, d'être bon que de faire ce qui est bon, et il refusa d'intervenir.

[2e épreuve : la fermeté physique] Alors, Mâra, secondé par ses hordes démoniaques, lança contre le prince toujours assis des tempêtes de pluie et de feu, des averses de pierres et de sable brûlant. Tous ces projectiles, se transformant en fleurs célestes, venaient tomber inoffensifs à ses pieds.

[3e épreuve : la fermeté mentale] Mâra réclama alors le Siège de la Sagesse pour lui-même et prit ses soldats à témoins de son bon droit. Mais le Bodhisattva à son tour étendit la main pour prendre la Terre à témoin *(bhumîsparsha-mudrâ)* [de sa sainte intention] : elle sortit et se porta témoin de sa victoire.

[4e épreuve : la tentation sensuelle] Mâra était réduit au silence. Ses trois filles : Soif-des-plaisirs *(kâma-trishnâ)*, Soif-d'existence *(bhava-trishnâ)* et Soif-de-non-existence *(vibhava-trishnâ)* vinrent tenter le Bodhisattva par leurs chants et leurs danses et la beauté de leurs jeunes corps. Enfin, elles renoncèrent à leurs efforts et prononcèrent le souhait qu'il pût atteindre son but.

Résumé de Â. K. Coomaraswâmy, *Pour comprendre l'art hindou*, trad. de l'anglais, Bossard, 1926, p. 26-27.

Il parcourt les Quatre États Méditatifs *(dhyâna)* et va obtenir les « Trois Connaissances ».

Commence la première veille, se succèdent les méditations, arrive la connaissance des existences antérieures.

Alors, ô brâhmane, en moi l'effort était développé sans restreinte, l'attention concentrée sans distraction, le corps calmé sans agitation, l'esprit unifié et fixé.

[1] Et ainsi, brâhmane, éloigné des désirs des sens, éloigné des conditions défavorables, j'atteignis et demeurai dans le premier *dhyâna* [stade méditatif], qui est le bonheur *(sukha)* de la joie *(prîti)*, né du détachement, accompagné de raisonnement *(vitarka)* et de pensées discursives *(vicâra)*.

[2] Puis, par la cessation du raisonnement et des pensées discursives, j'atteignis et demeurai dans le deuxième *dhyâna*, qui est le bonheur de la joie, né de la concentration, tranquille intérieurement, la pensée concentrée sur un point unique *(ekâgratâ)*, sans raisonnement ni pensées discursives.

[3] Puis, par la cessation de la joie, je demeurai équanime, vigilant et attentif, ressentant dans le corps ce bonheur *(ânanda)* dont les nobles êtres disent : « Il vit heureux, vigilant et équanime », j'atteignis et demeurai dans le troisième *dhyâna*.

[4] Enfin, par le rejet du bonheur, par le rejet de la douleur, par la cessation de la joie et du chagrin antérieurs, libre de douleur, libre de bonheur, parfaitement purifié par l'équanimité et la vigilance, j'atteignis et demeurai dans le quatrième *dhyâna*.

Quand l'esprit fut ainsi fixé, purifié, nettoyé, sans tache, exempt de souillures, souple, maniable, stable et impassible, je le dirigeai vers la connaissance des existences antérieures. Je me souvins de mes diverses existences antérieures [...]. Dans la première veille de la nuit, ô brâhmane, j'obtins cette première connaissance.

Tripitaka, B : *Sûtra-pitaka*, II : *Madhyamâgama* (pâli : *Majjhima-nikâya*), n° 4 : *La Crainte et la Terreur. Bhayabherava-sutta*, trad. J. Bertrand-Bocandé, *Majjhima Nikaya. Les Moyens Discours du Bouddha* (1953), Les Deux Océans, 1987, p. 60-62.

Qu'entendre ici par « connaissance des existences antérieures » ? Sans doute pas ce qu'entend l'exotérisme, c'est-à-dire l'anamnèse, le souvenir d'incarnations d'une même âme dans d'autres individus, dans le passé. Il faut plutôt penser à la connaissance des diverses conditions d'existence et des divers niveaux d'être. Chez les hommes, il est des dieux, des porcs, etc., l'homme a des sensations, des consciences, etc., et il peut maîtriser ces degrés.

Ensuite, au milieu de la nuit, lors de la deuxième veille, Shâkyamuni découvre la deuxième connaissance : le principe du *karma*, la maturation des actes *(karma-vipâka)* corporels, vocaux ou mentaux des êtres intelligents et libres, pas des animaux ou des ignorants [1].

Quand l'esprit fut ainsi fixé, purifié, nettoyé, sans tache, exempt de souillures, souple, maniable, stable et impassible, je le dirigeai vers la connaissance de la disparition et de l'apparition des êtres. [...] C'est ainsi qu'avec l'œil divin, purifié, supra-humain, je vis les êtres disparaître et apparaître, **je les reconnus bas ou élevés, beaux ou laids, heureux ou malheureux, d'après les actes qu'ils ont commis**. Dans la deuxième veillée de la nuit, ô brâhmane, j'obtins cette deuxième connaissance.

Ibid.

Là encore, que faut-il entendre ? Sans doute pas ce qu'entend l'exotérisme, qui voit là le « karma », la récompense ou la punition de sa vie morale dans les futures incarnations. Es-tu méchant ? tu te réincarneras en miséreux ! Le karma, ésotériquement parlant, rappelle plutôt que tout agit, que l'homme est le résultat de ses propres initiatives. Tout geste nous place dans un monde analogue. Es-tu méchant ? tu vivras dans un tourbillon de vengeances de la part des autres, dans un enchaînement de cruautés à cause de toi-même.

Enfin, au terme de la nuit, au moment où il aperçoit l'étoile du matin, lui, « le Grand Médecin », découvre « les Quatre Nobles Vérités » sur le malheur. Les Quatre Nobles Vérités forment la grande connaissance acquise. Elles se succèdent comme les quatre moments d'un acte médical : constat de la maladie, origine de la maladie, prévision sur la maladie, application du traitement. Le moindre acte, la moindre pensée,

---

1. Sur le *karma* : L. de La Vallée Poussin, *La Morale bouddhique*, Nouvelle Librairie nationale, 1927.

la moindre parole génère une série d'événements, de comportements, d'impressions, qu'on ne maîtrise plus.

[1 : diagnostic] Voici, ô moines, la Vérité Noble dite *dukkha* [1] [malheur] : la naissance est malheur, la vieillesse est aussi malheur, la maladie est aussi malheur, la mort est aussi malheur, être uni à ce que l'on n'aime pas est malheur, être séparé de ce que l'on aime est malheur, ne pas obtenir ce que l'on désire est aussi malheur. En résumé, les cinq agrégats d'attachement [*khandâ* : composantes du moi [2]] sont malheur.

[2 : étiologie] Voici, ô moines, la Vérité Noble dite la cause du malheur : c'est cette soif *(tanha)* qui produit la ré-existence et le re-devenir, qui est liée à une avidité passionnée et qui trouve une nouvelle jouissance tantôt ici, tantôt là, c'est-à-dire la soif des plaisirs des sens *(kâma-tanha)*, la soif de l'existence et du devenir *(bhava-tanha)* et la soif de la non-existence *(vibhava-tanha)*.

[3 : pronostic] Voici, ô moines, la Vérité Noble sur la cessation *(nirodha)* du malheur : c'est la cessation complète de cette soif, la délaisser, y renoncer, s'en libérer, s'en débarrasser.

[4 : thérapie] Voici, ô moines, la Vérité Noble dite le sentier conduisant à la cessation du malheur *(duhkha-nirodha-gâminî)* : c'est le Noble Sentier Octuple *(ariya atthaṅgika magga)*, à savoir :
– la Compréhension juste *(sammâ diṭṭhi)*
– l'Intention juste *(sammâ saṅkappa)*
– la Parole juste *(sammâ vâcâ)*
– l'Action juste *(sammâ kammanta)*
– les Moyens d'existence justes *(sammâ âjîva)*

---

1. « Il est vrai que dans l'usage courant le mot pâli *dukkha* (*duhkha* en sanskrit) a le sens de "souffrance", "douleur", "peine", "misère"[...]. On admet que le mot *dukkha*, dans l'énoncé de la Première Noble Vérité, comporte évidemment le sens courant de "souffrance", mais qu'en plus il implique les notions plus profondes d'"imperfection", d'"impermanence", de "conflit", de "vide", de "non-substantialité". Il est donc bien difficile de trouver un mot qui embrasse tout ce que contient le terme *dukkha* dans l'énoncé de la Première Noble Vérité. [...] Le bonheur de la vie de famille, de la vie solitaire, des plaisirs des sens, du renoncement, de l'attachement et du détachement, le bonheur physique et le bonheur mental, etc., tout cela est inclus dans *dukkha*, même les très purs états spirituels de *dhyâna* (recueillement) atteints par la pratique de la plus haute méditation, libres même de l'ombre de la souffrance dans le sens ordinaire du mot, décrits comme un bonheur sans mélange. [...] Ces états sont *dukkha*, non parce qu'ils comporteraient de la "souffrance" au sens ordinaire, mais parce que "tout ce qui est impermanent est *dukkha*". [...] La notion de *dukkha* peut être considérée de trois points de vue différents : 1. *dukkha* en tant que souffrance ordinaire, 2. *dukkha* en tant que souffrance causée par le changement, 3. *dukkha* en tant qu'état conditionné » (W. Râhula, *L'Enseignement du Bouddha* [1961], trad. de l'anglais, Éditions du Seuil, coll. « Points. Sagesses », 1978, p. 36-38. © Éditions du Seuil, Paris). Je traduis par « malheur ».

2. Doctrine fondamentale du Bouddha, qui nie le moi. Tout existence conditionnée a trois traits *(trilaksana)* : impersonnalité, impermanence, malheur. L'impersonnalité, le non-moi signifie que les êtres n'ont pas de nature propre, le moi n'est qu'un assemblage, une agrégation de cinq composantes, de cinq agrégats (formes, sensations, perceptions, volitions, consciences). De même qu'un char n'est qu'un assemblage de pièces (roues, etc.), de même le moi. « Seule la souffrance existe, mais on ne trouve aucun souffrant » (Buddhaghosha, Ve s.). L'initiation tantrique consiste à transmuter les cinq composants en facteurs d'Éveil, comme le vautour transforme les poisons et immondices en forces vitales quand il les assimile.

- l'Effort juste *(sammâ vâyâma)*
- l'Attention juste *(sammâ sati)*
- et la Concentration juste *(sammâ samâdhi)*.

Triple corbeille. Tripitaka, B : *Corbeille des discours. Sûtra-pitaka*, III : *Recueil colligé. Samyuktâgama* (pâli : *Samyutta-nikâya*), n° 56 : *Mise en branle de la roue de la Loi. Dharma-chakra-pravartana* (dit *Sermon de Bénarès*), trad. M. Wijayaratna, *Sermons du Bouddha. Traduction intégrale de 25 sermons du Canon bouddhique*, Cerf, 1988, p. 105-108. © Éditions du Cerf, Paris.

Première Noble Vérité : diagnostic	Quatrième Noble Vérité : thérapie	
– naissance, vieillesse, maladie, mort = malheur – union à ce qu'on n'aime pas, séparation de ce qu'on aime = malheur – non-obtention de ce que l'on désire = malheur – croyance en l'illusion du moi = malheur	1 Sapience : 2 3 Moralité : 4 5 6 Recueillement : 7 8	compréhension intention parole action moyens d'existence effort attention concentration
4 malheurs *(duhkha)*	3 principes *(shiksâ)*, 8 facteurs	

Ainsi, Shâkyamuni atteint l'Éveil *(Bodhi)*, il devient Éveillé *(Buddha)*, l'Éveillé par excellence, le Bouddha, Celui qui a atteint la clairvoyance. Il détient les « Trois Connaissances » *(trividyâ)* : transmigration des vivants, maturation des actes, épuisement des influx *(âsrava)*. Le dernier point signale le *nirvâna*.

L'Éveillé sait, d'expérience, les « trois traits » *(trikakshana)* : les choses sont impermanentes, malheureuses et insubstantielles. 1) Les choses n'ont pas de durée véritable, elles paraissent et disparaissent. 2) De plus, elles sont malheureuses, douloureuses, insatisfaisantes. 3) Enfin, elles n'ont pas d'être propre, pas d'existence en soi, ce ne sont que des agrégats *(skandha)* illusoires de phénomènes réels, comme un char n'est qu'un assemblage de pièces, timon, roues... : la forme est comme une boule d'écume, la sensation comme une bulle d'eau, l'idée comme un mirage, « tout phénomène est semblable à une rosée miroitante, à la lueur de l'éclair ». Ces trois traits, à savoir impermanence *(anityatâ)*, malheur *(duhkha)*, insubstantialité *(nairâtmya)*, se tiennent, puisque l'impermanence crée le malheur, etc.

Et la connaissance profonde s'est élevée en moi :
Inébranlable est la libération de ma pensée, cela est ma dernière naissance, il n'y aura plus d'autre existence.

Nous sommes (semble-t-il) en avril-mai 523 av. J.-C. à Bodh-Gayâ (dans le Bihâr), six ans après son Grand Départ *(mahâbhiniskramana)*. Il a trente-cinq ans et l'éternité !

Recueillement

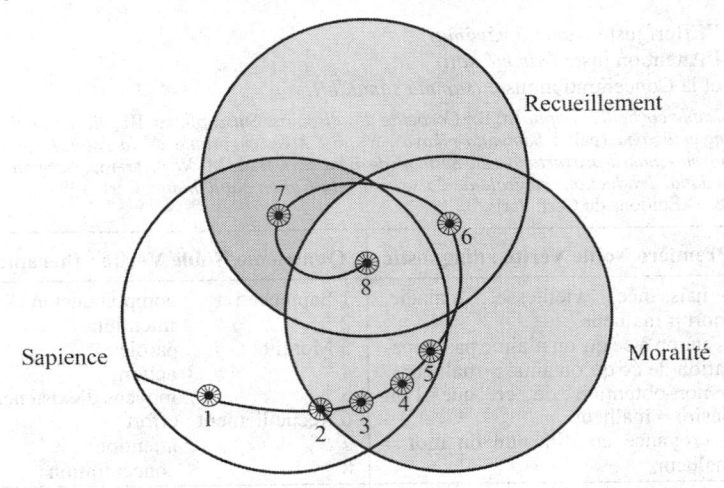

Sapience

Moralité

L'OCTUPLE NOBLE VOIE
(ârya-astânga-mârga)
(graphique : *L'Univers en couleurs*, Larousse, 1978. © Reed Books, London)

Un chant de triomphe monte aux lèvres du Bouddha.

J'ai vaincu tous les ennemis. Je suis l'Omniscient.
Je suis entièrement libéré des souillures. J'ai tout laissé.
Par la destruction du désir, j'ai atteint l'émancipation.
C'est par moi-même que j'ai acquis la connaissance.
Qui devrais-je dorénavant appeler : Mon Maître ?
Je n'ai pas de Maître, et personne n'est égal à moi,
Ni dans le monde des hommes ni dans celui des dieux.
Personne n'est comme moi.
Dans le monde, je suis le Spirituel, le plus haut Maître.
Moi seul je suis le Bouddha, l'Éveillé parfait.
En éteignant toute passion, j'ai acquis la fraîcheur.
J'ai obtenu le *nirvâna* !

Tripitaka, B : *Sûtra-pitaka*, V : *Khuddaka-nikâya*, n° 2 : *Vers sur la Loi. Dhammapada*, trad. : *Le Dhammapada*, éd. Geuthner, 1931.

Gautama, devenu le Bouddha, reste silencieux sept semaines. Sera-t-il un « Éveillé pour soi » *(pratyeka-buddha)*, conservant sa connaissance, ou un « Éveillé parfait » *(samyak-sambuddha)*, communiquant aux autres sa connaissance ? Le problème n'est pas : exotérisme ou ésotérisme, mais enseignement fermé ou enseignement ouvert.

– J'ai découvert une vérité profonde, difficile à percevoir, difficile à comprendre, accessible seulement aux sages. [...] À quoi bon divulguer aux hommes ce que j'ai découvert au prix de pénibles efforts ? Pourquoi le ferais-je ? Cette doc-

trine ne peut être comprise par ceux qu'emplissent le désir et la haine [et l'aveuglement] [...], elle est mystérieuse, profonde, cachée à l'esprit grossier. Si je la proclame et que les hommes ne soient pas capables de la comprendre, il n'en résultera que fatigue et ennui pour moi. [...]
De même que dans un étang de lotus nés dans l'eau, montant dans l'eau, les uns n'émergent pas de l'eau et fleurissent au fond, d'autres s'élèvent jusqu'à la surface de l'eau, enfin d'autres émergent de l'eau et l'eau ne mouille pas leur fleur, de même le Bouddha, jetant les yeux sur le monde, aperçut des êtres dont l'esprit était pur de la fange terrestre, des êtres d'un esprit vif et d'autres d'un esprit obtus, des êtres d'un caractère noble et d'autres d'un caractère bas, de bons auditeurs et de mauvais auditeurs. Et quand il eut vu ces choses, il s'adressa à Brahmâ Sahampati, disant :
— Qu'elle soit ouverte à tous, la porte de l'Éternel. Que celui qui a des oreilles pour entendre, entende !

Il décide de communiquer son expérience. Près de Bénarès (=Vârânasi), à Sârnâth, dans le parc des daims, il énonce les Quatre Nobles Vérités aux Cinq Disciples qui l'avaient quitté.

Ô moines, il existe deux extrêmes qui doivent être évités par un religieux. Quels sont ces deux extrêmes ? S'adonner aux plaisirs des sens, ce qui est inférieur, vulgaire, mondain, ignoble, et engendre de mauvaises conséquences, et s'adonner aux mortifications, ce qui est pénible, ignoble, et engendre de mauvaises conséquences. Sans aller à ces deux extrêmes, ô moines, le Tathâgata [1] [le Bouddha] a découvert la Voie du Milieu qui prodigue la vision, qui donne la connaissance, qui conduit à la quiétude, à la sagesse, à l'Éveil et à l'émancipation *(nirvâna)*. Et quelle est, ô moines, cette Voie du Milieu que le Tathâgata a découverte et qui prodigue la vision, qui donne la connaissance, qui conduit à la quiétude, à la sagesse, à l'éveil et à l'émancipation ? Ce n'est que le Noble Sentier Octuple.

Tripitaka, B : *Sûtra-pitaka*, III : *Samyuktâgama* (pâli : *Samyutta-nikâya*), n° 56 : *Dharmachakra-pravartana*, trad. M. Wijayaratna, *Sermons du Bouddha*, éd. cit., p. 105. © Éditions du Cerf, Paris.

Le Bouddha convertit sa famille, des religieux, des laïcs, le roi du Mâgadha. La communauté *(samgha)* de moines ordonnés *(bhiksu)* puis de moniales *(bhiksunî)* se forme. Des laïcs *(upâsaka)*, aussi, suivent le Bouddha. Il édicte les règles monastiques : 253 pour les moines, 440 pour les moniales ! Il accomplit des prodiges [2], tels que connaître la pensée des autres, marcher sur les eaux, léviter, émettre du feu, multiplier son image, faire pousser un manguier. Pendant la saison des pluies, il fait de la prédication, ensuite il mène une vie de pérégrination dans les régions de Vaishâlî et de Râjagrha (où il dispose bientôt de seize monastères). Le Bouddha vit comme ses moines, mendiant dans un bol. Par trois fois, alors qu'il a soixante-douze ans, son cousin Devadatta essaie de le tuer pour prendre sa place comme chef de la Communauté.

---

1. *Tathâgata* : Celui-qui-est-arrivé-à-Cela, Allé *(gata)* ainsi *(tathâ)*. Ainsi : ainsité.
2. Lire surtout le *Lalitavistara* et le *Buddhacarita*.

Invité par un forgeron, le Bouddha, âgé de quatre-vingts ans, mange un plat, du *sûkara-maddava*. De quoi s'agit-il ? Les avis sont partagés : morceau de porc sauvage, champignon aimé du porc, riz cuit avec les cinq produits de la vache... Toujours est-il que le plat entraîne une dysenterie, et la mort physique de Gautama. Face à l'ouest, tête au nord, il entre, entre deux arbres shâla en fleur, dans « la totale extinction » *(parinirvâna)*. Le *nirvâna* devient total, puisque, à l'extinction de la soif, des passions, donc de la douleur, qui constitue le *nirvâna*, s'ajoute la mort, qui est l'extinction des conditions mêmes, corporelles ou mentales, des cinq agrégats dont parle la Première Noble Vérité.

[Derniers mots du Bouddha] Alors, le Bienheureux s'adressa ainsi aux moines :
– À présent, ô moines, je vous exhorte à ceci : soumises à la loi de la disparition sont les agrégats, efforcez-vous d'atteindre votre but avec diligence.
Ce furent les derniers mots du Tathâgata.
[Les Quatre Stades Méditatifs à l'endroit] Alors le Bienheureux entra dans le premier stade méditatif *(dhyâna)* [avec joie et avec raisonnement]. Sortant du premier stade méditatif, il entra dans le deuxième stade méditatif [avec joie et sans raisonnement]. Sortant du deuxième stade méditatif, il entra dans le troisième stade méditatif [ni joie ni raisonnement]. Sortant du troisième stade méditatif, il entra dans le quatrième stade méditatif [équanimité].
[Les Quatre Sphères Inconditionnées à l'endroit] Sortant du quatrième stade méditatif, il entra dans la sphère de l'infini de l'espace *(âkâsha)*. Sortant de la sphère de l'infini de l'espace, il entra dans la sphère de l'infini de la conscience *(vijñâna)*. Sortant de la sphère de l'infini de la conscience, il entra dans la sphère du néant *(âkimcanyâ)*. Sortant de la sphère du néant, il entra dans la sphère d'au-delà de la notion *(samjña)* et de la non-notion.
[*Nirvâna* : cessation des perceptions et sensations] Et sortant de la sphère sans perception ni sans non-perception, il entra dans la cessation *(nirodha)* de la perception et de la sensation. [...]
[Les Quatre Sphères Inconditionnées à l'envers] Le Bienheureux, sortant de la cessation de la perception et de la sensation, entra dans la sphère d'au-delà de la notion et de la non-notion. Sortant de la sphère d'au-delà de la notion et de la non-notion, il entra dans la sphère du néant. Sortant de la sphère du néant, il entra dans la sphère de l'infini de conscience. Sortant de la sphère de l'infini de conscience, il entra dans la sphère de l'infini de l'espace.
[Les Quatre Stades Méditatifs à l'envers] Sortant de la sphère de l'infini de l'espace, il entra dans le quatrième stade méditatif. Sortant du quatrième stade méditatif, il entra dans le troisième état méditatif. Sortant du troisième état méditatif, il entra dans le deuxième état méditatif. Sortant du deuxième état méditatif, il entra dans le premier état méditatif.
Sortant du premier stade méditatif, il entra dans le deuxième stade méditatif. Sortant du deuxième stade méditatif, il entra dans le troisième stade méditatif. Sortant du troisième stade méditatif, il entra dans le quatrième stade méditatif.
[*Parinirvâna* : totale extinction des conditions et des agrégats, c'est-à-dire des composantes du moi] Et, sortant du quatrième stade méditatif, le Bienheureux mourut aussitôt.
Et lorsque le Bienheureux mourut, avec le *parinirvâna* se produisirent un terri-

ble tremblement de terre, qui jetait l'épouvante et la stupeur, et des coups de tonnerre, qui traversaient les cieux.

Tripitaka, B : *Sûtra-pitaka*, I : *Dîrghâgama* (pâli : *Dîgha-nikâya*), n° 16 : *Mahâparinirvâna-sûtra*, § 8-12, trad. partielle P. A. Riffard. Texte peu orthodoxe (IIIe s. av. J.-C.).

Le *mahâparinirvâna* se passe en novembre 478 av. J.-C., à Kushinagara (près de Gorakhpur, dans l'Uttar Pradesh). Son corps subira la crémation.

REPRÉSENTATION SYMBOLIQUE DU BOUDDHA
(dessin Madeleine Hallade, 1954)

LE BOUDDHISME PRIMITIF : UN ÉSOTÉRISME ?

Et l'ésotérisme dans tout cela ?
La question s'impose. Kûkai, qui fonda l'ésotérisme bouddhique au Japon, avait même écrit un livre sur le sujet : *Différence entre Bouddhisme exotérique et ésotérique*[1] (816). Il montre la supériorité de l'ésotérisme (jap. *mikkyô*) sur l'exotérisme (jap. *kengyô*) en notant que l'exotérisme se contente de dogmes philosophiques quand l'ésotérisme s'appuie sur des expériences spirituelles. Il montre aussi que les thèses diffèrent. En particulier, le Hînayâna ne s'adresse qu'aux esprits peu préparés.

Le Bouddha a posé lui-même la question de l'ésotérisme.
Le Bouddha est en train de mourir. Ânanda l'interroge pour savoir qui sera le Chef de l'Ordre et quel sera l'Ordre de la Communauté bouddhique, moines, moniales, novices, laïcs.

Le Bienheureux dit :
– Qu'attendez-vous de moi encore, ô Ânanda, pour la communauté des *bhikkhu* [moines] ? **J'ai enseigné la Doctrine sans faire aucune distinction entre l'ésotérique et l'exotérique.** Dans les enseignements du Tathâgata, ô Ânanda, il n'y a rien de semblable au « poing fermé du maître » [*âcâriya muṭṭhi* = enseignement secret].

Si quelqu'un pense qu'il dirige la communauté des *bhikkhu*, ou bien si quel-

---

1. Yasuo Yuasa, art. « Kûkai », *apud* D. Huisman dir., *Dictionnaire des philosophes*, PUF, 1984, t. 2, p. 1459-1463.

qu'un pense que la communauté des *bhikkhu* dépend de lui, alors c'est lui qui doit donner quelques instructions à la communauté. Pourtant, ô Ânanda, chez le Tathâgata ne vient pas cette idée « Je dirige la communauté des *bhikkhu* », ou bien celle de « La communauté des *bhikkhu* dépend de moi ». Alors, pour quelle raison donc, ô Ânanda, le Tathâgata lui donnerait-il quelques instructions ? Moi, ô Ânanda, je suis usé, âgé, vieux et chargé d'années. Je suis arrivé à la fin de mes jours. Je suis âgé de quatre-vingt ans. [...] Demeurez donc, ô Ânanda, en faisant de vous-même votre île ; demeurez faisant de vous-même votre refuge, mais de personne d'autre. Demeurez en faisant de la Doctrine votre île ; demeurez en faisant de la Doctrine votre refuge, mais de rien d'autre. Comment, ô Ânanda ? [...] Le bhikkhu demeure en observant les sensations selon le fonctionnement des sensations, [...] en observant la pensée selon le fonctionnement de la pensée [...], en observant les objets mentaux selon le fonctionnement des objets mentaux. Cette introspection est présente à lui, uniquement pour la connaissance, uniquement pour la réflexion, et il demeure dans le monde, attentif, discipliné, sans convoitise, sans aversion.

Tripitaka, B : *Sutrâpitaka*, I : *Dîrghâgama* (pâli : *Dîgha-nikâya*), n° 16 : *Discours de la Grande Totale Extinction. Mahâparinirvâna-sûtra* (pâli : *Mahâparinibbâna-sutta*), § 32-33. Trad. anglaise : coll. « Sacred Books of the East », t. 11, p. 36. Trad. M. Wijayaratna, *Le Dernier Voyage de Bouddha, Le Mahâ-Parinibbâna-sutta*, Éditions Lis (à paraître)[1]. Trad. Alexandra David-Néel : « J'ai prêché toute la doctrine, l'ésotérique comme l'exotérique » (apud *Présence du Bouddhisme*, éd. 1987, p. 664). Trad. W. Rahula : « J'ai enseigné la Vérité sans faire aucune distinction comme l'ésotérique et l'exotérique » (*L'Enseignement du Bouddha*, p. 87). © M. Wijayaratna.

Le refus de l'ésotérisme cache en fait le refus de la métaphysique. Il faut laisser de côté les questions spéculatives au profit du travail pour le salut.

Le Bouddha, se trouvant avec ses disciples sous un sinsapa [dalbergia sisu], en prit quelques feuilles dans sa main droite et dit :

– Que pensez-vous, ô moines ? Quelles sont les plus nombreuses ? Ces quelques feuilles dans ma main ou feuilles qui sont dans la forêt ?

– Seigneur, très peu nombreuses sont les feuilles tenues dans la main du Bienheureux, mais certainement les feuilles dans la forêt sont beaucoup plus abondantes.

– De même, moines, de ce que je sais, je ne vous ai dit qu'un peu. Ce que je ne vous ai pas dit est beaucoup plus. Et pourquoi ne vous ai-je pas dit ces choses ? Parce que ce n'est pas utile et ne conduit pas au *nirvâna*. C'est pourquoi je ne vous ai pas dit ces choses.

Tripitaka, B : *Sûtra-pitaka*, III : *Samyuktâgama* (pâli : *Samyutta-nikâya*), n° 5 : *Bhiksunî. Les Moniales* ; trad. anglaise Caroline Rhys Davids et F. Woodward, *The Book of Kindred Sayings*, Pali Text Society, 1917-1930, 5 t., t. 1, p. 437.

Le Bouddha développe une parabole pour montrer la stérilité des spéculations. Le salut d'abord ! Et il remplace l'opposition entre ésotérique et exotérique par l'opposition entre expliqué et non-expliqué, le non-

---

1. Je remercie M. Mohan Wijayaratna, qui a bien voulu me communiquer cette traduction (lettre personnelle, 20 mai 1996).

expliqué relevant des questions métaphysiques inutiles à la libération de la souffrance.

Ô homme stupide, que refusez-vous ? Si quelqu'un dit :
— Je ne pratiquerai pas la Conduite pure sous la direction du Bienheureux, tant qu'il ne m'aura pas expliqué : l'univers est-il éternel ou est-il non éternel ? l'univers a-t-il une limite ou est-il sans limite ? le principe vital est-il une chose et le corps une autre chose ? le Tathâgata existe-t-il après la mort ou n'existe-t-il pas après la mort ? existe-t-il et à la fois n'existe-t-il pas après la mort ? ou bien est-il non existant et à la fois pas non existant après la mort ?

L'interrogateur pourra mourir, sans que ces questions reçoivent de réponse du Tathâgata. C'est tout comme si, ô Mâlunkyâputta, un homme ayant été blessé par une flèche fortement empoisonnée, ses amis et parents amenaient un médecin chirurgien, et que l'homme blessé disait :
— Je ne laisserai pas retirer cette flèche avant de savoir qui m'a blessé : si c'est un *kshatriya* [2ᵉ caste : guerrier], ou un *brâhmana* [1ʳᵉ caste : prêtre], ou un *vaishya* [3ᵉ caste : commerçant] ou un *shûdra* [4ᵉ caste : ouvriers et serviteurs].

Puis il dirait :
— Je ne laisserai pas retirer cette flèche avant de savoir la couleur de l'homme qui m'a blessé : s'il est noir, ou brun, ou de couleur d'or ? [...]

Il existe avant tout la naissance, la vieillesse, la mort, le malheur, les lamentations, la douleur, la peine, la détresse. Moi, j'enseigne leur cessation ici-bas, dans cette vie même. [...]

Par conséquent, ô Mâlunkyâputta, gardez donc dans votre pensée ce que j'ai expliqué comme expliqué et ce que je n'ai pas expliqué comme non expliqué. [...] Pourquoi ne l'ai-je pas expliqué ? Parce que ce n'est pas utile, que ce n'est pas fondamentalement lié à la Conduite pure et que cela ne conduit pas à l'aversion, au détachement, à la cessation, à la tranquillité, à la pénétration profonde, à la réalisation complète, au *nirvâna*. C'est pourquoi je ne l'ai pas expliqué. [...]

Quelles sont, ô Mâlunkyâputta, les choses que j'ai expliquées ? J'ai expliqué [1] le *dukkha*. J'ai expliqué la cause du *dukkha*. J'ai expliqué la cessation du *dukkha*. J'ai expliqué le chemin qui conduit à la cessation du *dukkha*. Pourquoi, ô Mâlunkyâputta, ai-je expliqué ces choses ? Parce que c'est utile, fondamentalement lié au but de la Conduite pure, que cela conduit à l'aversion, au détachement, à la cessation, à la tranquillité, à la pénétration profonde, à la réalisation complète, au *nibbâna*. C'est pour cela que je les ai expliquées. Par conséquent, Mâlunkyâputta, gardez donc dans votre pensée ce que je n'ai pas expliqué comme non expliqué et ce que j'ai expliqué comme expliqué.

Tripitaka, B : *Sûtra-pitaka*, II : *Madhyamâgama* (pâli : *Majjhima-nikâya*), n° 64 : *Mahâ-mâlunkya*, trad. M. Wijayaratna, *Sermons du Bouddha*, éd. cit., p. 114-117. © Éditions du Cerf, Paris.

Le Bouddha n'admet pas l'ésotérisme. Il distingue profane et religieux, laïc et monastique, il distingue concevable et inconcevable *(acintya)*, exprimable et inexprimable, expliqué et non expliqué *(avyâkata)*, mais pas ésotérique et exotérique. Comme le dit É. Lamotte, inexprimable ne signifie pas ineffable, « mais simplement qu'il n'y a pas lieu d'en par-

---

1. Il s'agit des Quatre Nobles Vérités.

ler ». Le Bouddhisme primitif est une sotériologie mystique, une méthode de libération par des états mystiques. Il enseigne comment se délivrer au moyen de pratiques non conceptuelles *(nirvikalpa)*. Mais le Bouddha, d'avance, se montre hostile à tout ésotérisme : cela risquerait de créer une élite analogue au système des castes, rien ne ressemble plus à l'ésotérisme que la confidence [1], qui est le propre des paroles féminines, des sentences brâhmaniques et des fausses doctrines, enfin l'ésotérisme conduit à des schismes et à des hérésies plutôt qu'à la délivrance. À la limite, l'ésotérisme, détournant du salut, risque de verser dans le monde du désir. Le Bouddha recommande un enseignement « pour le bien du grand nombre, pour le bonheur du grand monde, par compassion pour le monde ». Il interdit l'usage des *dhâranî* (« formules porte-charmes ») et des *mantra* (« formules liturgiques »), autrement dit des instruments essentiels de l'ésotérisme bouddhique.

Le Bouddha n'utilise pas la notion d'ésotérisme pour une autre raison. « Il n'y a rien à obtenir et rien d'obtenu. » « Le *nirvâna* est vide et personne n'y entre », pas plus qu'on ne monte sur un arc-en-ciel. On est seulement débarrassé de la croyance en l'ego et de la croyance-attachement aux formations mentales.

En un mot, il y a un **Bouddhisme ésotérique** plus qu'un ésotérisme bouddhique. Le Bouddhisme est ésotérique conjoncturellement, pas structurellement. Dans le Taoïsme, c'est l'inverse. Le Taoïsme est, par nature, ésotérique (même s'il n'insiste pas sur la discipline de l'arcane). Le Bouddhisme n'est pas au départ une voie ésotérique, mais il aura par la suite une voie ésotérique. Ce sera le *Guhyayâna*, le « véhicule du mystère », le moyen de progression par les mystères : son ésotérisme [2].

LE BOUDDHISME DE LA MÉDITATION *(DHYÂNA)*
LA CHAÎNE DES PATRIARCHES BOUDDHIQUES INDIENS

	le Bouddha	523 av. J.-C. ?
I	Mahâkâshyapa	478 av. J.-C. ?
II	Ânanda	468 av. J.-C. ?
VII	Vasumitra	162 ?
XII	Ashvaghosa	v. 200
XIV	Nâgârjuna	v. 243
XXI	Vasubandhu	v. 400
XXVIII	Bodhidharma	524

---

1. *Anguttara-nikâya*, I, p. 282. H. von Glasenapp, *Mystères bouddhistes*, Payot, 1944, p. 5.
2. A. P. Sinnett, un Théosophiste, a écrit un livre intitulé *Esoteric Buddhism* (1883, trad. française *Le Bouddhisme ésotérique*, Adyar, 1975, 313 p.). La confusion triomphe, avec des stupidités à chaque page, du genre : « La cosmogonie et la science de la nature sur lesquelles le Bouddhisme est fondé et qui constituent le Bouddhisme ésotérique constituent également le Brahmanisme ésotérique » (p. 3).

Mais, avant de devenir ésotérisme, le Bouddhisme est déjà un yoga. On obtient le salut en connaissant la doctrine, en suivant le monachisme, en pratiquant le yoga. Un yoga de la quiétude *(shivatva)*.
Le Bouddha insiste, contre la tradition hindouiste des maîtres et des textes, sur l'autonomie. Le disciple ne doit compter que sur lui-même. Pas de révélation, pas d'aide, seulement une indication.

Vous devez faire votre travail vous-même ; les *Tathâgata* [Bouddha] enseignent la voie.

Tripitaka, B : *Sûtra-pitaka*, V : *Khuddaka-nikâya*, n° 2 : *Dhammapada*, XX, 4 ; trad. : *Le Dhammapada*, éd. Geuthner, 1931.

La méditation bouddhique est un mode de vie et un mode de pensée. On s'imprègne de vérités. Par exemple, quand je prends conscience du caractère successif, changeant des pensées, je vois le caractère éphémère des choses. On n'a pas une théorie qu'on applique, on a une idée vécue.

Le Bouddha lui-même donne tout un enseignement sur la méditation. Il revient, à la fin de la Quatrième Noble Vérité, sur les trois chemins de « l'octuple voie », les facteurs du salut : effort *(vyâyâma)* juste, attention *(smriti)* juste, concentration *(samâdhi)* juste, et il poursuit sur la réalisation spirituelle.

LA DISCIPLINE MENTALE BOUDDHIQUE

CRÉATION MENTALE→ *(bhâvanâ)*	←RÉALISATION SPIRITUELLE *(sâdhana)*
– effort juste *(vyâyâma)* – attention juste *(smriti)* – concentration juste *(samâdhi)*	– méditations *(dhyâna)* – égalisations *(samâpatti)* – extinction *(nirvâna)*

• L'« EFFORT JUSTE » a valeur de préliminaire. Il s'agit de quatre exercices, appelés « quatre contentions parfaites » *(samyâkprahânâni)* : élimination des choses malsaines, dépassement des choses malsaines, développement des choses saines, conservation des choses saines. Les choses saines sont : attention, discernement entre vrai et faux, effort dans la pratique, bonheur de comprendre la Loi bouddhique, satisfaction à voir maîtrisées ses passions, équanimité ; les choses malsaines sont le désir des plaisirs sensuels, la malveillance, la paresse et la torpeur, l'agitation et le tracas, le doute.

• L'« ATTENTION JUSTE » correspond à la vigilance de toutes les traditions ésotériques, la lampe toujours allumée. Cette vigilance consiste en Quatre Bases de l'Attention *(smriti-upasthâna*, pâli : *satipatthâna)*, qui sont autant d'application de la vigilance. Ces bases, sur quoi se porte l'attention, sont le corps, les sensations, le psychisme, les objets mentaux. L'homme attentif agit en pleine conscience, aussi bien pour des choses simples, comme le fait de marcher, que pour des choses complexes comme la gnose. Le principe réside dans la remémoration. On se souvient. On veille à ne pas oublier que tout est impermanent, malheureux, sans substance. L'attention sur le corps *(kâya)* comprend l'attention sur la respiration *(ânâpâna-smriti)*, l'attention sur les quatre attitudes (debout, assis, couché, marchant), l'attention sur les activités, l'attention sur les trente-deux parties du corps, l'attention sur les attributs physiques (solidité, fluidité, énergie, mouvement), l'attention sur le Champ des Morts (méditation sur le cadavre et ses neuf états : enflé, déchiré, saignant, putréfié, bleuissant, dévoré, dispersé, réduit à l'état d'os, brûlé). L'attention sur les sensations *(vedanâ)* apprend à distinguer celles-ci selon qu'elles sont agréables, indifférentes ou désagréables, visuelles, auditives, olfactives, gustatives, tactiles ou, en général, mentales. L'attention sur le psychisme *(citta)* veille à prendre conscience que l'on passe d'un état psychique à un autre, comme un singe saute de branche en branche, et à juger cet état psychique avide ou non, haineux ou non, aveugle ou non. Enfin, l'attention sur les objets mentaux porte à discerner le caractère irréel des choses.

Il n'y a qu'une seule voie, ô moines, conduisant à la purification des êtres, à la conquête des douleurs et des peines, à la destruction des souffrances physiques et morales, à l'acquisition de la conduite droite, à la réalisation du *nirvâna*, ce sont les Quatre Bases de l'Attention *(smriti-upasthâna)*.

Quelles sont ces Quatre Bases de l'Attention ? Voici, ô moines, un moine :
– considérant le corps *(kâya)* : il demeure énergique, compréhensif, attentif, ayant rejeté les désirs et les soucis mondains
– considérant les sensations *(vedanâ)* : il demeure énergique, compréhensif, attentif, ayant rejeté les désirs et les soucis mondains
– considérant l'esprit *(citta)* : il demeure énergique, compréhensif, attentif, ayant rejeté les désirs et les soucis mondains
– considérant les formations mentales *(samskâra)* : il demeure énergique, compréhensif, attentif, ayant rejeté les désirs et les soucis mondains.

[1 : attention sur le corps]
Et comment, ô moines, un moine demeure-t-il, considérant le corps ?
[Attention sur la respiration] Voici, ô moines. Un moine étant allé dans la forêt, ou au pied d'un arbre, ou dans une maison isolée, s'assied, les jambes croisées, le corps droit, son attention fixée devant lui. Attentivement il aspire, attentivement il expire. Aspirant lentement, il sait : « Lentement j'aspire. » Expirant lentement, il sait : « Lentement j'expire. » Aspirant rapidement, il sait : « Rapidement j'aspire. » Expirant rapidement, il sait : « Rapidement j'expire. » « Ressentant tout le corps, j'aspire », ainsi s'entraîne-t-il. « Ressentant tout le corps, j'expire », ainsi s'entraîne-t-il. « Calmant les activités du corps, j'aspire », ainsi s'entraîne-t-il. « Calmant les activités du corps, j'expire », ainsi s'entraîne-t-il.[...]

[Attention sur les trente-deux parties du corps] Et de plus, ô moines, un moine considère ce corps de la plante des pieds au sommet de la tête, recouvert de peau et rempli d'impuretés diverses : « Il y a dans ce corps : cheveux, poils, ongles, dents, peau, chair, tendons, os, moelles, reins, cœur, foie, plèvre, rate, poumons, intestins, mésentère, estomac, excréments, bile, phlegme, pus, sang, sueur, graisse, larmes, suint, salive, mucus, synovie, urine. De même, ô moines, que s'il y avait un sac à deux ouvertures rempli de graines diverses, telles que : riz, riz brut, pois chiches, haricots, sésame, riz perlé, alors un homme qui voit bien, l'ayant ouvert, examinerait : « Ceci est du riz, ceci du riz brut, ceci des pois chiches, ceci des haricots, ceci du sésame, ceci du riz perlé » ; de même, ô moines, un moine considère ce corps de la plante des pieds au sommet de la tête, recouvert de peau et rempli d'impuretés diverses [...].

[...]
[2 : attention sur les sensations]
Et comment, ô moines, un moine demeure-t-il, considérant les sensations ?
Voici, ô moines. Un moine ressentant une sensation agréable sait : « Je ressens une sensation agréable » ; ressentant une sensation désagréable, il sait : « Je ressens une sensation désagréable » ; ressentant une sensation ni agréable ni désagréable, il sait : « Je ressens une sensation ni agréable ni désagréable ». Ressentant une sensation charnelle agréable, il sait : « Je ressens une sensation charnelle agréable »...

[...]
[3 : attention sur le psychisme]
Et comment, ô moines, un moine demeure-t-il, considérant l'esprit ?
Voici, ô moines. Un moine ayant un esprit passionné sait : « Ceci est un esprit passionné » ; ayant un esprit libre de passion, il sait : « Ceci est un esprit libre de passion » ; ayant un esprit haineux, il sait : « Ceci est un esprit haineux »...

[...]
[4 : attention sur les objets mentaux]
Et comment, ô moines, un moine demeure-t-il, considérant les formations mentales ?
Voici, ô moines. Un moine demeure considérant les cinq empêchements [*nîvarana* : désir sensuel, méchanceté, paresse psychique et torpeur physique, agitation mentale et remords, doute] dans les formations mentales. Et comment, ô moines, un moine demeure-t-il considérant les cinq empêchements dans les formations mentales ?

Voici, ô moines. Un moine, quand le désir sensuel *(abhidyâ)* est en lui, il sait : « En moi est le désir sensuel » ; quand le désir sensuel n'est pas en lui, il sait : « En moi n'est pas le désir sensuel » ; il sait comment le désir sensuel non apparu apparaît. Il sait comment le désir sensuel apparu est déraciné. Il sait comment le désir sensuel déraciné ne surgira plus.

[...]
[Perspective]
Celui qui pratiquerait ainsi ces Quatre Bases de l'Attention pendant sept jours pourrait en récolter l'un de ces deux fruits : la Réalisation dans cette vie [l'état de saint, *arhant*], ou, s'il y a un reste d'attachement, l'État de non-Retour *(anâgâmin)*.

Il n'y a qu'une seule voie, ô moines, conduisant à la purification des êtres, à la conquête des douleurs et des peines, à la destruction des souffrances physiques et mentales, à l'acquisition de la conduite droite, à la réalisation du *nirvâna*. Ce sont les Quatre Bases de l'Attention.
C'est dans ce but que cela fut dit.

Tripitaka, B : *Sûtra-pitaka*, I : *Dîrghâgama* (pâli *Dîgha-nikâya*), n° 22 : *Grand établisse-*

ment de l'attention. Mahâsmriti-upasthâna (pâli : Mahâsati-patthâna) ou II : Madhyamâgama (pâli Majjhima-nikâya), n° 10 : *Discours sur les bases de l'attention*. *Smritiupasthâna-sûtra* (pâli : *Satipatthâna-sutta*), trad. J. Bertrand-Bocandé, *op. cit.*, p. 137-158.

• LA « CONCENTRATION JUSTE » développe la focalisation sur l'intention *(chanda)*, l'énergie *(vîrya)*, le psychisme *(citta)*, l'investigation *(mîmâmsa)*. On assied les bases. Le mot *samâdhi* ne désigne plus, comme dans le yoga hindou, le but, mais un moyen, mieux une étape vers l'extinction *(nirvâna)* ou vers « les perfections » *(siddhi)*, autrement dit vers les pouvoirs magiques. Le *samâdhi* bouddhique est le moment, la base où s'établit la paix, le calme spirituel. Le mot qui, dans le râja-yoga [1], correspondrait c'est « concentration, fixation de l'attention en un seul point, focalisation » *(ekâgratâ)*, absorption méditative, sans torpeur ni agitation.

Cette concentration de l'esprit, appelée *samâdhi*, a pour trait caractéristique l'absence de distraction, de vagabondage de l'esprit. Son essence est la concentration en un faisceau des états mentaux qui apparaissent en même temps qu'elle. Sa condition est le calme précédant son apparition. Elle a comme support la sagesse, car il a été dit : « Celui qui est serein connaît et voit. »

Buddhaghosa, *Atthasâlinî*, 118 (cité par M. Eliade, *Le Yoga*, p. 387 ; trad. anglaise : Pali Text Society, Londres, 1897, VIII-434 p.).

Neuf pratiques spirituelles deviennent alors possibles, qui sont déjà des réalisations, à savoir :
— les Quatre Stades Méditatifs *(dhyâna)* suivis de
— quatre méditations d'égalisation *(samâpatti)* et d'une
— méditation d'égalisation par cessation *(nirodha-samâpatti)*, qui est le *nirvâna*.

• LES QUATRE STADES MÉDITATIFS portent sur la forme subtile *(rûpa-dhyâna)*. Les stades en sont : exclusion des pensées et désirs mauvais avec conservation d'un sentiment de bonheur, puis suppression des activités mentales avec maintien de la sérénité, ensuite impassibilité avec disparition du sentiment de bonheur, enfin impassibilité (équanimité : *upeksâ*) et attention (présence des représentations à l'esprit : *smriti*) parfaites. Ce sont ces Quatre Stades Méditatifs que franchit Gautama juste avant son Éveil. Il semble qu'il suit les quatre enstases conscientes *(samprajñâta samâdhi)* du râja-yoga de Patañjali (*Yoga-sûtra*, I, 17) [2].

• LES « ÉGALISATIONS » *(samâpatti)* suivent. La cinquième, supérieure, tient une place à part. Les méditations ont purifié, vidé la pensée. Il s'agit maintenant de méditer le plan-sans-forme *(ârûpya-dhâtu)* [3], le monde

---
1. Voir *supra*, p. 613 (« Le yoga »).
2. É. Senart, « Bouddhisme et Yoga », *Revue d'histoire des religions*, 1900, p. 349 sqq. Voir aussi *supra*, p. 676-677, la description des méditations et la perception des existences antérieures, tirées du *Tripitaka*.
3. On songe aux expériences des Chrétiens hésychastes. « Quand l'intellect est dans la prière, il est dans la lumière sans forme, celle qui est appelée le "lieu de Dieu" » (Évagre du Pont, *Pseudo-supplément des Six Centuries*, 21, trad. partielle du grec A. Guillaumon).

vide de corps. Alors que la méditation est momentanée, l'égalisation est durable (J. Filliozat). Cette concentration qui se détache des formes s'abstrait des apparences en méditant successivement Quatre Sphères Inconditionnées. Ces sphères *(âyatana)* sont l'infini de l'espace *(âkâsha)*, l'infini de la conscience *(vijñâna)*, le néant *(âkimcanyâ)*, l'au-delà de la notion *(samjñâ)* et de la non-notion.

À nouveau, le moine, dépassant entièrement la perception des formes, mettant fin à la perception des réactions sensorielles *(patigha)*, sans activité mentale, s'écrie : « Infini est l'espace ! » Il pénètre et demeure dans la sphère de l'infini de l'espace. À ce moment, la conscience des formes qu'il avait précédemment s'évanouit, et surgit en lui la bienheureuse conscience subtile de son être que concerne seulement l'infini de l'espace.

À nouveau, Potthapâda, le moine, dépassant entièrement la conscience de l'infini de l'espace, s'écrie : « Infinie est la conscience ! » Il pénètre et demeure dans la sphère où l'esprit ne s'intéresse qu'à l'infini de la conscience [...]. Alors, l'infini de l'espace disparaît, et surgit la conscience subtile que tout repose dans le domaine de l'infini de la conscience. [...]

Tripitaka, B : *Sûtra-pitaka*, I : *Dîrghâgama* (pâli : *Dîgha-nikâya*), trad. anglaise T. W. Rhys Davids, *Dialogues of the Buddha*, coll. « Sacred Books of the East », n°s 2, 3, 4, Pali Text Society, Londres, 1899-1921, rééd. 1947-1949, t. 1, p. 183.

• L'« ÉGALISATION PAR ARRÊT », le « recueillement par cessation » *(nirodha-samâpatti)* représente le sommet de la discipline mentale du Bouddhisme primitif. La soif cesse. Il y a extinction *(nirvâna)* de la sensualité, de la notion de forme, de la notion ou de la non-notion, etc.

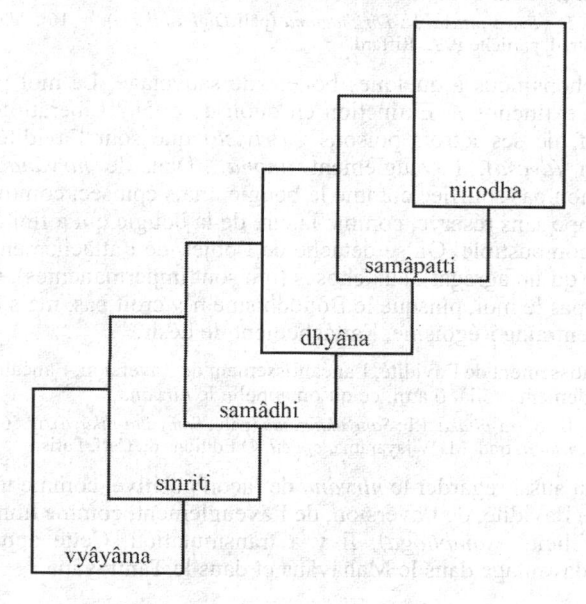

nirodha

samâpatti

dhyâna

samâdhi

smriti

vyâyâma

Il arrive à l'idée suprême. Et quand il y est parvenu, il se dit :
— Penser, c'est pire ; ne pas penser, c'est mieux. Si je pense, je façonne. Il se peut que ces idées disparaissent, et que prennent naissance d'autres idées qui seraient grossières. C'est pourquoi **je ne penserai plus**, je ne façonnerai plus. Et il ne pense ni ne façonne. Les idées qu'il avait s'évanouissent, sans que d'autres, plus grossières, prennent naissance. Il a réalisé l'extinction.

Ibid., t. 1, p. 184.

Selon l'iconographie, quand le Bouddha atteint la gnose, son dernier *chakra* s'ouvre. « Un rayon nommé "Ornement de la lumière de la gnose", sortant de l'ouverture de la protubérance crânienne *(usnisâ)*, juste au-dessus de sa tête » (*Lalitavistara*, I, trad. P. Foucaux, 1947-1948).

LE *NIRVÂNA*

Grâce à ces pratiques de la concentration *(samâdhi)*, on obtient donc le *nirvâna*. Qu'est-ce que le **nirvâna** ? Difficile à expliquer et à comprendre, impossible même, ou plutôt absurde. *Nirvâna* est une idée mystique, qui dépasse le langage et la pensée. Ni ni. *Neti neti*, comme le Brahman des Hindous.

Il n'y a plus place ici [le *nirvâna*] pour les quatre Éléments, – solidité, fluidité, énergie, mouvement. Les notions de longueur et de largeur, de subtil et de grossier, de bon et de mauvais, de nom et de forme, sont absolument détruites. On n'y trouve les notions ni de ce monde, ni de l'autre, ni de venir, ni de partir, ni de rester, ni de mort, ni de naissance, ni des objets des sens.

Tripitaka, B : *Sûtra-pitaka*, I : *Dîrghâgama* (pâli *Dîgha-nikâya*), n° 16 : *Mahâparinirvâna-sûtra*, trad. partielle P. A. Riffard.

Accrochons-nous à quelques bouées de sauvetage. Le mot : *nirvâna* signifie « extinction ». Extinction en quoi, de quoi ? Libération *(mukti)* de la soif, de ses « trois poisons » *(trivisa)* que sont l'avidité *(râga)*, l'aversion *(dvesa)*, l'aveuglement *(moha)*. Dans le *nirvâna*, la soif s'éteint, non pas soufflée comme la bougie, mais épuisée, comme l'huile d'une lampe sans réserve, comme la cire de la bougie qui a fini de brûler faute de combustible. On se détache de l'objet, de l'attachement au moi (qui n'est qu'un agrégat), aux choses (qui sont impermanentes). On annihile, non pas le moi, puisque le Bouddhisme n'y croit pas, mais l'idée du moi, qui entraîne l'égoïsme, l'attachement, le désir.

L'anéantissement de l'avidité, l'anéantissement de l'aversion, l'anéantissement de l'aveuglement, voilà, ô ami, ce qu'on appelle le *nirvâna*.

Tripitaka, B : *Sûtra-pitaka*, III : *Samyuktâgama* (pâli : *Samyutta-nikâya*), n° 56 : *Dharmachakra-pravartana*, trad. M. Wijayaratna, *op. cit.* © Éditions du Cerf, Paris.

On peut aussi regarder le *nirvâna* de façon positive, comme une sublimation de l'avidité, de l'aversion, de l'aveuglement, comme immortalité, comme félicité *(sambhoga)*. Il y a transmutation. Cette approche se retrouve davantage dans le Mahâyâna et dans le Tantrayâna.

Le *nirvâna* est félicité, le *nirvâna* est félicité. Peut-il y avoir félicité là où il n'y a pas sensation ? La félicité, ami, consiste justement dans l'absence de toute sensation.

Tripitaka, B : *Sûtra-pitaka*, IV : *Ekottarâgama* (pâli : *Anguttara-nikâya*), trad. anglaise *The Book of Gradual Sayings*, Pali Text Society, 1932-1936, 5 t., t. 4, p. 599.

Le *nirvâna* ressemble à l'ésotérisme, puisque, comme tout ésotérisme, il se veut connaissance.

Ô moines, le *nirvâna*, qui est la réalité, est l'ultime Noble Vérité.

Tripitaka, B : *Sûtra-pitaka*, II : *Madhyamâgama* (pâli *Majjhima-nikâya*), trad. anglaise R. Chalmers, *op. cit.*, t. 3, p. 245.

Le *nirvâna* ressemble à l'initiation, puisque, comme toute initiation, il est mort symbolique suivie d'une naissance symbolique. La mort symbolique, c'est l'anéantissement de la soif, la fin du cycle des renaissances ; la renaissance symbolique, c'est la félicité, la connaissance, l'immortalité peut-être, un état intemporel, immortel *(amrita)*, proche de l'ambroisie, en tout cas un nouvel état. En termes imagés, le coq (l'avidité), le serpent (l'aversion) et le porc (l'aveuglement) sont tués, les « trois poisons » du moi sont neutralisés, cependant qu'un nouvel être paraît, inconditionné, sorti du cercle de la transmigration.

J'ai montré à mes disciples les moyens par lesquels ils peuvent créer en partant de ce corps (constitué par les quatre Éléments) un autre corps d'une substance intellectuelle, complet avec ses membres et doué de facultés merveilleuses. C'est exactement comme un homme qui retire une flèche d'un roseau ou un sabre d'un fourreau ou un serpent de sa dépouille. Il est conscient que la flèche et le roseau sont deux choses différentes, conscient que le sabre et le fourreau sont deux choses différentes, conscient que le serpent et la dépouille sont deux choses différentes.

Tripitaka, B : *Sûtra-pitaka*, II : *Madhyamâgama* (pâli *Majjhima-nikâya*), éd. cit.

Le *nirvâna* bouddhique ressemble assez peu au *nirvâna* hindou, à la délivrance, qui était une union du soi individuel *(âtman)* au Soi universel (Brahman). Le *nirvâna* hindou est de nature mystique, il abolit le soi, il pose un principe divin, il vise une union religieuse, soit par fusion, indistinction (dans les *Upanisad*) soit par unification, conservation des deux termes (dans le tantrisme). Le *nirvâna* bouddhique, lui, est de nature métaphysique. Mais, dans les deux cas, l'état nirvânique se présente comme une conscience contemplative, une négation de la personne, une égalisation avec l'Absolu.

La **réalisation bouddhique**, l'Éveil, consiste — dans le Bouddhisme originel — à réaliser les Quatre Nobles Vérités, donc à anéantir le malheur. La réalisation bouddhique est l'état de saint *(arhant)*, de méritant, d'homme serein qui a coupé les liens avec les actions passées et les désirs[1]. Cet état offre le *nirvâna* et délivre du *samsâra*.

Cette conception de la méditation s'est modifiée dans le Mahâyâna et développée dans le Tch'an et le Zen[2], et dans le Lamaïsme[3].

Un but autre que la réalisation bouddhique peut être fixé : l'obtention des **pouvoirs magiques**. Le Bouddha a sans doute montré certains de ses pouvoirs magiques (Ashvaghosa, *Vie du Bouddha. Buddhacarita*, XIX, trad. anglaise E. H. Johnston, 1936).

LE BOUDDHISME PRÉ-CANONIQUE : GNOSE ET MAGIE

Parmi les grands disciples directs du Bouddha figure Mahâkâshyapa (=Kâshyapa), célèbre pour sa sévérité, sa rigueur, son exigence en matière de règles monastiques et d'état mystique. Il a rejeté Ânanda, le disciple préféré du Bouddha, pour n'avoir pas atteint l'état de saint ! Il succède au Bouddha à la tête de la Communauté. Mahâkâshyapa est aussi le premier Patriarche du Bouddhisme de la méditation[4], selon la tradition (plus légendaire qu'historique) des Chinois et des Japonais.

Mais le Bouddhisme indien retient surtout deux autres noms. Deux moines, parmi les Dix Disciples, font figure de modèles : Shâriputra (=Upatisya, en pâli Sâriputta) à cause de ses connaissances occultes, de sa sapience *(prajñâ)*, et Maudgalyâyana (=Kolita, en pâli : Moggallâna) à cause de ses pouvoirs occultes *(rddhipada)*. Ils étaient l'un et l'autre amis, disciples d'un maître védique. Le Bouddha les convertit. Ils deviennent « le principal groupe d'auditeurs ». Dans de nombreuses pagodes, on trouve de part et d'autre du Bouddha deux moines : ce sont eux, Shâriputra à sa droite et Maudgalyâyana à sa gauche. Tous deux ont péri assassinés par des gens hostiles au Bouddhisme, alors que le Bouddha vivait encore.

Shâriputra possède la gnose analytique *(patisambhidâ jñâna)*.

Ce fut un mois après mon ordination que je réalisai, dans toutes les parties et avec tous les détails, la connaissance analytique du sens, la connaissance analytique du *Dharma* [la Loi bouddhique], la connaissance analytique de la langue, la connaissance analytique de la perspicacité. Je les ai exposées de différentes façons, je les ai enseignées et répandues, je les ai établies et révélées, je les ai expliquées et clarifiées. Si quelqu'un a quelque doute ou incertitude, il peut m'interroger, et je lui expliquerai.

Tripitaka, B : *Sûtra-pitaka*, IV : *Ekottarâgama*, éd. cit., t. 4, p. 172.

Maudgalyâyana, lui, possède les facultés surnaturelles.

---

1. L. de La Vallée Poussin, *L'Abhidharmakoça de Vasubandhu* (1923-1931), chap. IV, chap. VI, Institut belge des hautes études chinoises, Peeters, Louvain, 1972, 6 t.
2. Voir *infra*, p. 830 (« Le Kongôjô »).
3. Voir *infra*, p. 897 (« Pratiques initiatiques particulières : le Tchö »).
4. Voir *infra*, p. 830 (« Le Kongôjô »).

Quels sont ces « pouvoirs magiques » *(abhijñâ)* d'après le Bouddha ? et comment les obtient-on et comment doit-on les utiliser ?

Du point de vue de la classification, le Bouddhisme admet six pouvoirs merveilleux :
— Le premier pouvoir rassemble les « pouvoirs parfaits » *(siddhi)*. Ces capacités relèvent du mental, puisqu'un corps ne peut traverser un mur, alors qu'en esprit c'est possible, semble-t-il, pour certains individus.

Si un moine, ô moines, souhaitait :
— Puissé-je exercer les divers [huit] pouvoirs miraculeux : ayant été un, devenir multiple ; ayant été multiple, devenir un ; passer, visible ou invisible à travers les murs, les murailles, les montagnes, sans difficulté comme dans l'espace ; plonger et remonter dans la terre comme dans l'eau ; marcher sans s'enfoncer sur l'eau comme sur la terre ; m'en aller les jambes croisées dans l'espace comme un oiseau sur ses ailes ; ce soleil et cette lune, si puissants et si majestueux, puissé-je les frôler et les toucher de la main ; puissé-je, par tout mon être, tenir jusqu'aux mondes de Brahmâ sous mon contrôle,
qu'il soit rempli de moralité, qu'il possède en lui-même la paix de l'esprit, qu'il possède le *dhyâna* imperturbé, qu'il possède la vision intérieure analytique, qu'il pratique la vie solitaire.

Tripitaka, B : *Sûtra-pitaka*, II : *Madhyamâgama* (pâli : *Majjhima-nikâya*), n° 6 : *Les Souhaits. Âkankheyya-sutta,* trad. J. Bertrand-Bocandé, *op. cit.*, p. 84.

— Viennent ensuite quatre pouvoirs occultes : « ouïe divine » [*divyashrotra* : perception paranormale des voix humaines et divines], connaissance de la pensée d'autrui *(paracittajñâna)*, souvenir des existences antérieures, « œil divin » [*divyacakshus* : connaissance de la disparition et de la réincarnation des vivants].

Si un moine, ô moines, souhaitait :
— Puissé-je par la faculté de l'ouïe divine, pure et surhumaine, entendre les deux sortes de sons, divins et humains, lointains ou proches ; [...] puissé-je connaître par ma pensée les pensées des autres êtres et des autres personnes ; [...] puissé-je me souvenir de mes diverses existences antérieures ; [...] puissé-je avec la vision divine, purifiée, suprahumaine, voir les êtres disparaître et apparaître,
qu'il soit rempli de moralité, qu'il possède en lui-même la paix de l'esprit, qu'il possède le *dhyâna* imperturbé, qu'il possède la vision intérieure analytique, qu'il pratique la vie solitaire.

Ibid., p. 84-86.

— Le dernier pouvoir occulte consiste en la prise de conscience de l'abolition de ses impuretés, autrement dit en la certitude d'être délivré des passions, sauvé des illusions, libéré, « nirvâné » *(nibbuta)*. Ce pouvoir seul dépasse le monde des phénomènes.

Si un moine, ô moines, souhaitait :
— Puissé-je dans cette vie même demeurer ayant atteint et réalisé par moi-

même, par la pensée et par la sagesse, la libération qui, par la destruction des souillures, est libre de souillures,

qu'il soit rempli de moralité, qu'il possède en lui-même la paix de l'esprit, qu'il possède le *dhyâna* [stade méditatif] imperturbé, qu'il possède la vision intérieure analytique, qu'il pratique la vie solitaire.

Ibid., p. 86-87.

Du point de vue de l'obtention, le Bouddhisme déclare que, sauf pour le dernier pouvoir occulte, la condition est de pratiquer les Quatre Stades Méditatifs. En revanche, le sixième pouvoir exige plus. Il suppose la clairvoyance *(vipashyanâ)*. Qui a la clairvoyance sait les choses éphémères, malheureuses, impersonnelles.

Du point de vue de l'utilisation, le Bouddha s'oppose à l'exhibition des pouvoirs occultes, avec les mêmes arguments que les Hindous.

Parce que je vois le danger dans la pratique des pouvoirs magiques *(siddhi)*, je les exècre, je les abhorre, j'en ai honte.

Dîgha-nikâya, I, 212.

La discipline monastique punit la vantardise. Et le Bouddha voit dans la magie un risque de déviation de la véritable fin, qui est le *nirvâna*. D'ailleurs, certains pouvoirs magiques peuvent être obtenus sans développement spirituel. Et comme les pouvoirs sont les mêmes dans le yoga, dans l'Hindouisme, etc., on ne voit plus la spécificité de la voie bouddhique.

Pendant douze ans, deux frères allèrent suivre les enseignements de deux maîtres différents. Lorsqu'ils se retrouvèrent, l'aîné, celui qui avait étudié les *Veda*, demanda à son cadet ce qu'il avait appris. Ils se rendirent au bord d'un fleuve que l'aîné traversa en marchant sur les eaux. Le plus jeune donna quelques pièces de cuivre à un passeur, traversa le fleuve à son tour et dit à son frère bouffi d'orgueil :

— Ainsi, tu vois ce que valent les douze années d'études : quelques pièces de cuivre !

Dans cette suspicion, le Bouddha ne manque pas d'interpréter de façon spirituelle les pouvoirs magiques. La connaissance des existences antérieures signifie en fait la capacité de récupérer ses fautes.

LE BOUDDHISME DU PETIT VÉHICULE (HÎNAYÂNA [1], EXOTÉRIQUE)

L'ésotérisme bouddhique refuse le Bouddhisme. Comment cela est-il possible ? Comment être plus bouddhique que le Bouddha ?

Les Japonais, surtout, se sont posé la question. L'ésotériste peut, par impérialisme, récupération, s'efforcer de voir de l'ésotérisme où il n'y en a pas. Dans ce cas, des phrases anodines du Bouddha sont interprétées

---

1. On dit aussi Theravâda, au sens large (puisqu'il s'agit d'une école du Hînayâna, la seule à avoir survécu jusqu'à nos jours).

comme de puissantes pensées. L'ésotériste peut aussi tracer des étapes, en montrant des degrés, des progressions ; dans ce cas, le Hînayâna vaut comme vulgaire propédeutique, le Tantrayâna comme ultime révélation. L'ésotériste peut encore déceler une réversion, le sommet étant donné au départ, avec Bouddha, avec une chute, puis une remontée ; dans ce cas, la parole du Bouddha historique est à la fois une propédeutique, une simple morale pour l'homme inférieur, et une révélation pour l'homme supérieur. L'ésotériste peut enfin choisir ici l'ésotérique, là l'exotérique, séparer le grain de l'ivraie.

La plupart des gens du monde ont une mentalité Hînayâna [Petit Véhicule, Voie inférieure]. Discerner le bien du mal, distinguer le juste et l'injuste, c'est encore le fait d'une mentalité Hînayâna. C'est seulement si l'on se détache de tout sentiment ayant cours dans cette vie que l'on s'engage dans la Voie du Bouddha. [...]

Abandonnant toutes les spéculations de la secte que j'avais étudiées dès le début, je passai graduellement aux propos du Maître que je servais alors. Procédant ainsi, l'intelligence progresse et l'intuition de la vérité se dégage. Si j'ai quelque raison de rejeter les spéculations de l'école [l'étude des *sûtra* ou des traités], je les rejette, ou je les examine par rapport aux raisons que j'éclaircis maintenant.

Dôgen, *Le Trésor de l'œil de la loi authentique*, Shôbô-genzô (1231-1253), III, 4 ; trad. du japonais en anglais K. Nishiyama et J. Stevens, Tôkyô, 1975-1983, 3 t.

Dans le Bouddhisme pré-canonique, antérieur à la constitution des textes, distinction est faite entre ce qui est expliqué, donc salvateur, et ce qui ne l'est pas. Dans le Bouddhisme du Hînayâna la distinction s'opère cette fois entre ce qui est exposé d'après l'enseignement profond du Bouddha et la doctrine acceptée dans le langage populaire. On est toujours fort éloigné de l'opposition ésotérique-exotérique.

Parmi les dix-huit écoles du Hînayâna deux méritent l'attention de l'ésotérologue. Les Vâtsîputrîya soutiennent que « les *sûtra* [discours] énoncés par le Tathâgata ont trois sens : 1) la révélation des fautes conduisant à la naissance et à la mort, 2) la révélation des mérites conduisant à la délivrance, 3) l'irrévélable [1]. » C'était ouvrir la porte à l'herméneutique, à l'interprétation ésotérique. L'autre école, celle des Mahâsânghika, fut fondée vers 340 av. J.-C. [2]. Pour elle, « il n'existe pas de signification ordinaire », et le Bouddha est un être supra-mondain, sur-naturel *(lokottara)*, c'est-à-dire pur, éternel, omnipuissant. À la Triple Corbeille, les Mahâsânghika ajoutent des sentences magiques, des formules porte-charmes *(dhâranî)*, qui feront le fonds d'écoles comme le Shingon japonais.

Au IIe siècle, une autre école, les Andhara [3], soutient que la parole du

---

1. A. Bareau, *Les Sectes bouddhiques du Petit Véhicule* (1955), ÉFEO, 1973, p. 119.
2. École connue par le *Mahâvastu* (trad. anglaise J. J. Jones, *The Mahâvastu*, « Sacred Books of the Buddhists », vol. XVI, XVIII, XIX, Londres, 1949-1956).
3. A. Bareau, *op. cit.*, p. 89-98.

Bouddha est sur-naturelle (thèse mahâsânghika, mahâyâniste) et que « la loi d'accouplement ne doit être pratiquée qu'avec une seule intention » (thèse tantrique).

LE BOUDDHISME DU GRAND VÉHICULE (MAHÂYÂNA, MÉSOTÉRIQUE)

A. Prajñânanda parlait de « Bouddhisme gnostique [1] ». En effet, le Mahâyâna, sans être toujours ésotérique, se rapproche beaucoup de l'ésotérisme, il y plonge même en diverses occasions.

Pourquoi appelle-t-on ce véhicule le grand *(mahâ)* ? Parce qu'il est le plus haut et le plus grand des deux véhicules et que tous les Bouddha et que tous les hommes d'une intelligence élevée s'en servent pour assurer leur salut.

Le *Traité de la Grande Vertu de Sagesse*. *Mahâprajñâpâramitâ-shâstra* (attribué à tort à Nâgârjuna), trad. partielle de la version chinoise *(Ta-che-tou louen)* É. Lamotte, Institut orientaliste de Louvain, Peeters, 5 t., 1949-1980.

Le Bouddhisme du Grand Véhicule oppose deux types de vérité, la « vérité conventionnelle » *(samvrti-satya)*, la connaissance pratique, d'une part, la « vérité suprême » *(paramârtha-satya)*, la connaissance absolue d'autre part. Par exemple, « les gens du commun prennent toutes choses pour existant réellement, tandis que les bouddha savent que toutes choses sont vides ». Cette conception philosophique favorise l'ésotérisme, prêt à opposer son absolu aux opinions. On retrouverait ce schéma en Grèce ou en Islâm, où pareillement un distinguo philosophique (chez Parménide en Grèce, chez Averroès en Islâm) a pris la force d'une opposition entre exotérisme et ésotérisme.

Le Mahâyâna se donne pour le véritable enseignement du Bouddha, communiqué aux seuls disciples éveillés. La doctrine bouddhique telle qu'elle est divulguée n'est qu'une pensée préparatoire pour le peuple. Les Quatre Nobles Vérités ne représentent qu'un enseignement exotérique [2]. En outre, cet enseignement ne fut donné que par le corps-de-manifestation du Bouddha. Qu'est-ce à dire ?

La bouddhologie du Mahâyâna insiste moins sur l'homme appelé le Bouddha, le Bouddha historique, Shâkyamuni. Elle se concentre sur la **bouddhéité** *(buddhatâ)*, l'ainsité *(tathâtâ)*, à savoir : la condition d'Éveil *(bodhi)*, l'état-de-bouddha, la réalisation, le retour à l'origine, ou, si l'on préfère, la réalité, la nature-de-bouddha, l'essence universelle, la nature pure présente en toute chose [3]. État-de-bouddha et nature-de-bouddha

---

1. *Jñâna et Prajñâ. Gnose et Prognose*, Archè de Thoth, Milan, 1981, 240 p.
2. Nâgârjuna, *Mâdhyamika-shâstra*, XXIV, trad. allemande M. Walleser, *Die mittlere Lehre des Nagarjuna*, Heidelberg, 1911.
3. Une extension analogue allant de la personne humaine à la substance cosmique se retrouve dans l'Islâm ésotérique avec la notion de « Réalité Muhammadienne » *(al-haqîqa al-muhammadiyya)* ou dans le Christianisme ésotérique avec la notion de « Christ cosmique ». Ibn 'Arabî dit : « Le commencement de la Création, c'est la poussière primordiale. La première chose qui y fut existenciée, c'est la Réalité Muhammadienne » *(Révélations mekkoises)*.

sont quasiment la même chose, puisque l'Éveil, l'état-de-bouddha, consiste à prendre conscience de sa nature-de-bouddha et que la nature-de-bouddha est lumière, conscience. Simplement, l'ésotériste mettra l'accent sur la nature-de-bouddha, l'initié sur l'état-de-bouddha. Il n'y a que la bouddhéité. Comme elle est tout, elle n'est rien, en tout cas, ce n'est pas quelque chose, si tel était le cas, ce ne serait que quelque chose parmi d'autres choses. « Toutes les choses ont pour essence la bouddhéité, et pourtant la bouddhéité n'est pas une chose, puisqu'elle est absolue » (Asanga, *Mahâyâna-sutrâ-lankâra*, IX, 4). Le Bouddha historique a atteint la nature universelle, la bouddhéité. On peut donc tenir le Bouddha, non plus pour un personnage mais comme la réalité même, l'essence des choses, voire même, dans certaines écoles, comme la Claire Lumière *(prabhâsvara)* par nature, présente partout, mais cachée comme le Soleil est caché par des nuages, souillures passagères. Dans l'Hindouisme comme dans le Bouddhisme et l'occultisme européen, un certain niveau de réalité, juste avant l'identité suprême (corps âtmique), s'appelle « corps bouddhique » (ou « esprit vital », corps éthérique supérieur [1]). La coupure avec le Hînayâna est nette. Le Bouddha n'est plus un homme, c'est l'essence originelle, et la nature-de-bouddha existe dans tous les êtres. Comme le remarque Isabelle Robinet, « le problème alors n'est plus de savoir qui est illuminé ou qui ne l'est pas, mais qui en est conscient ou pas, et ceci conduit inévitablement à la conclusion de l'illumination subite ».

La doctrine va se compliquer. Une théorie [2] apparue à la fin du Ve siècle, dans l'école Yogâcâra, soutient que Bouddha a Trois Corps *(trikâya)* : corps-de-manifestation *(nirmâna-kâya)*, corps-de-félicité *(sambhoga-kâya)*, Corps-de-réalité *(dharma-kâya)*, correspondant respectivement au corps, à la parole, à l'esprit, les « trois mystères » *(triguhya)* du Bouddhisme original [3]. Cette triade ésotérique remplace ou correspond à la triade exotérique Bouddha-Dharma-Samgha (Shâkyamuni-Loi-Communauté). Elle fait un peu songer à la Trinité chrétienne, avec ses trois hypostases, le Fils, qui a eu un corps physique, l'Esprit, qui insuffle l'inspiration, et le Père. À dire vrai, cette théorie paraît plutôt artificielle : une facilité pour esprit compliqué. 1) Au plus bas degré, le corps-de-manifestation, le corps de transformation, le corps apparitionnel est un corps fantasmatique, illusoire, fictif, une création magique d'apparence humaine, une « manifestation illusoire et passagère de l'Être absolu,

---

1. Sur le corps éthérique et le corps bouddhique en Occident : H. P. Blavatsky, *La Doctrine secrète*, t. 1, p. 136 ; Papus, *Traité méthodique de science occulte*, t. 1, p. 219 ; M. Heindel, *Cosmogonie des Rose-Croix*, p. 236-240 ; R. Steiner, *Théosophie*, p. 51 ; O. M. Aïvanhov, *Œuvres complètes*, t. 9, p. 206.
2. Nalinâksha Datta, *Aspects of Mahâyâna Buddhism*, Calcutta, 1930, p. 96-128 (rééd. revue : *Mahâyâna Buddhism*, Mukhopadhyay, 1973).
3. *Encyclopaedia of Buddhism*, 3.3., p. 423-426 ; *Encyclopédie philosophique universelle*, vol. II, t. 2, p. 2918-2919.

pareille aux *avatâra* du brâhmanisme ambiant » (J. Filliozat). Il n'a pas de signes caractéristiques, puisqu'il n'a pas plus de réalité que le reflet de la Lune sur l'eau, le château dans le ciel. Dans la tradition chrétienne, on parlerait de docétisme. Siddhârtha était le corps-de-manifestation du Bouddha céleste Vairocana. Dans ce corps, selon les ésotéristes, le Bouddha historique, Shâkyamuni, n'aurait donné qu'un enseignement exotérique, de simples « expédients salvifiques » adaptés aux tendances des hommes. 2) Le corps-de-félicité, le corps de jouissance mystique est la forme glorieuse des Bouddha, avec les signes du Grand Homme, perceptibles aux seuls *bodhisattva*. On le compare à l'arc-en-ciel devant les nuages. Voilà bien une idée ésotérique. Les Bouddha enseignent aux *bodhisattva* à travers ce corps. Les Mahâyânistes parlent de « félicité » parce que se produit, sur ce plan, une communion des hommes évolués, qui sont en communication avec une même félicité. Les Dhyâni-Bouddha, Bouddha transcendants, trouvent place dans ce Corps. 3) Le Corps-de-réalité, de la Loi, le corps d'essence, le Corps Vrai est la nature essentielle des Bouddha et des êtres, il est constitué de la vraie nature des êtres, de la réalité ultime *(dharmadhâtu)*, sans début ni fin. On peut donc l'appeler Corps-de-vacuité, puisque la réalité est Vide. Il est seul corps réel, les deux autres étant corps-de-forme *(rûpa-kâya)*. Autre idée ésotérique : ce Corps-de-réalité est le microcosme-macrocosme. Un Bouddha peut avoir plusieurs corps-de-manifestation et plusieurs corps-de-félicité, il n'a qu'un seul Corps-de-réalité. Ce Corps-de-réalité s'identifie au *nirvâna*, à l'état de salut, et au *dharmadhâtu* (« plan réel »), à l'origine de toutes choses, réalité absolue, Lumière. Le Bouddha en *dharma-kâya* donne un enseignement ésotérique. Le rapport de ces trois Corps fait l'objet d'une comparaison. Le Corps-de-manifestation est comme le moule de terre façonné pour une statue de Bouddha, le Corps-de-félicité comme la statue en or du Bouddha, et le Corps-de-réalité est la beauté du Bouddha.

L'idéal du Mahâyâna ne défend plus la figure du moine saint *(arhant)*, mais celle de « l'être-à-Éveil » *(bodhisattva)*, laïc aussi bien que moine. Quelle différence entre *arhant* et *bodhisattva* ? Le saint cherche un salut personnel, le *bodhisattva* veut sauver tous les êtres. Comme modèles de *bodhisattva* célestes, les textes nomment Mahâsthâmaprâpta, Avalokiteshvara (« le Compatissant »), etc.

Artisans du difficile sont, véritablement, les *bodhisattva*, les grands êtres qui ont entrepris d'atteindre l'Éveil suprême. Ils renoncent à leur *nirvâna* personnel. Au contraire, bien qu'ils aient déjà longuement œuvré dans le monde très douloureux de l'existence et qu'ils soient désireux d'atteindre l'Éveil suprême à la rive de laquelle ils sont arrivés, les voici qui ne tremblent pas devant la naissance et la mort. Ils se sont mis en marche pour le bénéfice du monde, pour la félicité du monde, par compassion pour le monde.

Discours de la perfection de sapience. Prajñâpâramitâ-sûtra (Ier s.), trad. anglaise

Ed. Conze, *Prajñâpâramitâs. Selected Sayings from the Perfection of Wisdom* (1955), The Buddhist Society, Londres, 1968.

Le Hînayâniste atteint le *nirvâna* par la compréhension de l'impermanence, alors que le Mahâyâniste l'atteint par l'idée de Vide. En témoigne ce texte, connu par cœur par tous les Bouddhistes du Mahâyâna ou du Tantrayâna, en Chine, au Japon, au Tibet. Ce *sûtra* est attribué au bodhisattva céleste Avalokiteshvara.

Hommage à la Perfection de Sagesse, la Mère transcendante [...].
La forme est vide, la vacuité est la forme. La vacuité n'est pas autre que la forme, la forme n'est pas autre que la vacuité. De même, la sensation, la notion, la formation et la conscience sont vides. Ainsi, Shâriputra, tous les phénomènes [donc les cinq agrégats des réalités : formes, sensations, perceptions, volitions, consciences : *rûpa, vedanâ, samjñâ, samskarâ, vijñâna*] sont vacuité, sans caractéristiques, sans naissance, sans arrêt, sans impuretés, sans séparation d'avec les impuretés, sans diminution ni accroissement. Par conséquent, Shâriputra, au regard de la vacuité il n'y a ni formes, ni sensations, ni notions, ni formations, ni consciences ; ni yeux, ni oreilles, ni nez, ni langue, ni mental ; ni formes visibles, ni sons, ni odeurs, ni saveurs, ni contacts, ni objets mentaux ; ni d'éléments visuels, ni d'éléments mentaux, ni d'éléments de la conscience mentale. Il n'y a pas d'ignorance, pas d'extinction de l'ignorance, pas de vieillissement et de mort ni d'extinction du vieillissement et de la mort. De même, il n'y a pas de souffrance, d'origine, de cessation ni de voie, pas de sagesse, d'obtention ou de non-obtention.

Prajñâpâramitâ-sûtra n° 54 : *Discours de la Grande Perfection de sapience du cœur. Mahâprajñâpâramitâ-hrdaya-sûtra*, dit *Sûtra du cœur* (1er s.), trad. G. Driessens (d'après la version tibétaine), *La Perfection de sagesse. Soutras courts du Grand Véhicule*, Éditions du Seuil, coll. « Points. Sagesses », n° 103, 1996, p. 147-148. Autre trad. par le Centre bouddhique de Gretz : *Mémento bouddhique*, Éditions Thanh-Long, 1984, p. 124 (texte en pâli, p. 125). © Éditions du Seuil, Paris.

L'idée-force du Mahâyâna n'est plus l'impermanence, mais **le vide** *(shûnya)*. Quelle différence ? L'idée d'impermanence renvoie à la philosophie : tout change, rien ne demeure. Ainsi du corps physique. L'idée de vide entraîne au cœur du tourbillon, dans l'œil du cyclone, qui est vide. Ainsi du miroir, où les êtres reflétés n'ont pas d'existence propre, où ils se mêlent entre eux et se mêlent aux illusions de la pensée humaine. Les êtres sont vides. D'une part, l'interaction universelle fait que tout se mêle, aucune individualité ne paraît possible. Tout se conditionne, rien n'est. Les choses sont produites par causes et conditions. Si un nuage tient à l'eau, à l'atmosphère, aux courants, qu'est-ce qu'un nuage ? D'autre part, dans sa constitution même, aucun être n'a une caractéristique distincte. Le nuage est fait d'eau, pas de nuage. L'être n'est pas nié, mais ses déterminations. Le Mahâyâna insiste, cependant sur un aspect positif et paradoxal, typique de la pensée ésotérique : les êtres sont Bouddha, Absolu s'entend, Vacuité. Premier ésotérisme, les hommes ne le savent pas. Second ésotérisme, cette bouddhéité est pourtant présente, toute proche.

L'élitisme se renverse ! Tous les êtres sont fondamentalement identiques, d'où la compassion. Tous les êtres sont la même nature-de-bouddha, donc tous sauvés (potentiellement) et sauveurs. C'est la notion d'« embryon d'ainsité » *(tathagatâ-garbha)*, de germe d'identité, parfois assimilée à celle de vacuité. Chaque vivant, du plus petit au plus haut, relève d'une même et unique réalité, de nature lumineuse, bouddhique. La seule différence consiste en ce que les *bodhisattva*, purs, sont vraiment cette nature ou (c'est pareil) le savent véritablement. Dans le Hînayâna, les triples traits *(trilaksana)* des réalités étaient : impermanence *(anityatâ)*, malheur *(duhkha)*, impersonnalité *(anâtman)* ; dans le Mahâyâna, les traits sont : vide *(shûnyâtâ)*, non-dualité *(advaya)*, incréation *(anutpâda)*. 1) Vide, puisque tout est évanescent comme rêve ou éclair, puisque tout est assemblage comme char ou nuage. 2) Non-dualité, car les contraires se rejoignent. Dans un cercle le début et la fin coïncident ; *nirvâna* et *samsâra* ne s'opposent pas, Éveil et passion ne sont plus incompatibles, minimum et maximum, puce et Bouddha s'identifient en une même nature. 3) Incréation, parce que les choses ne peuvent se créer elles-mêmes ni êtres créées par un être extérieur, transcendant. Elles sont sans production originelle, donc sans naissance ni mort. Elles se co-produisent.

Ainsi, l'apparence et la bouddhéité coïncident, monde phénoménal et nature-de-bouddha, les deux extrêmes coïncident, puisque la bouddhéité existe en tous. Voilà bien une proposition ésotérique, suivie de son application initiatique : prenons-en une brusque conscience.

Un ésotérisme ne fonctionne pas sans son tableau de correspondances, pas plus qu'un géographe ne fonctionne sans carte ou un historien sans chronologie. La table d'orientation du tantriste sera la théorie des cinq Jina, « Vainqueurs, Conquérants », appelés communément Dhyâni-Bouddha, « Bouddha de méditation » ou « Bouddha Patriarches ». Ce ne sont plus des Bouddha humains *(mânusi-buddha)*. Ces « Bouddhas transcendants » symbolisent l'Éveil, mais ils renvoient tous à un Âdi-Bouddha (« Bouddha Primordial »), appelé en général Samantabhadra (« Toute Bénédiction »). On pourrait croire que ces noms déroutent, encombrent la mémoire. Il n'en est rien. Comme sur une carte, ils orientent, ils structurent la pensée, dirigent l'imagination, canalisent les passions. Selon le principe des correspondances, chaque Bouddha de méditation a sa parèdre, son geste, son diagramme, son orient, sa couleur, etc., chacun a un Bouddha humain correspondant. Avec une grille des correspondances d'ordre 5, le Bouddhisme dispose d'un tableau de lecture universelle. Il est piquant d'observer que le Bouddhisme originel a une préférence pour le 8, le Bouddhisme tantrique pour le 5.

GRILLE DES CORRESPONDANCES CHEZ LES BOUDDHISTES : LES JINA
Jina bodhisattva célestes

BOUDDHA HUMAINS	ORIENTS	ÉLÉMENTS	COULEURS	SONS
Vairocana Samantabhadra Krakucchanda	zénith	formes et espace	blanc	a
Aksobhya Vajrapâni Kanakamuni	Est	consciences et vent	bleu	ra
Ratnasam-bhava Ratnapâni Kâcyapa	Sud	sensations et feu	jaune	pa
Amitâbha Avalokiteshvara Shâkyamuni	Ouest	perceptions et eau	rouge	ca
Amoghasiddhi Vishvapâni Maitreya	Nord	volitions et terre	vert	na

Et — comme dans tous les ésotérismes — les correspondances se font homologations. En d'autres termes on retrouve sur le plan de l'initiation ce qu'on trouvait sur le plan des idées.

Celui qui veut atteindre une cité éloignée a besoin de ses yeux pour voir son chemin et de ses pieds pour parcourir la distance, de même celui qui désire atteindre la cité du *nirvâna* a besoin des yeux de la Sapience *(prajñâ)* et des pieds de la Méthode *(upâya)*.

Prajñâpâramitâ-sûtra.

Du point de vue des pratiques initiatiques et non plus des idées ésotériques, le Mahâyâna présente des innovations. Un *bodhisattva* terrestre ne peut devenir un bouddha que s'il pratique six « vertus de perfection » *(pâramitâ* : « atteinte de l'autre rive ») : générosité, moralité, patience, énergie, concentration, gnose ; et, en sus : habileté dans l'emploi des moyens pour sauver les êtres (par prédication, prodige, etc.) *(upâyakaushalya)*, vœu de devenir un éveillé, force, connaissance. Il obéit à dix commandements et à dix règles [1]. Ces préceptes, de formulation morale, prennent dans l'ésotérisme une coloration initiatique. L'interdiction du meurtre se traduit en obligation de suivre la Loi bouddhique, etc.

Cette **initiation-processus** comprend une **initiation-cérémonie**,

---

1. Commandements : ne pas léser la vie, s'abstenir de drogues, etc. Règles : libérer les êtres, rejeter ce qui n'est pas bouddhique, éviter la magie, être concentré, etc. *(Buddhâvatamsaka-sûtra*, trad. de la version chinoise C. C. Chang Garma, *The Buddhist Teaching of Totality*, Allen and Unwin, Londres, 1971, xxv-270 p.).

appelée « onction » *(abhisheka)*. Le maître spirituel verse sur la tête du disciple cinq vases, symbolisant les « cinq gnoses » *(pañca-jñânani)* [1], d'où le nom d'« initiation du vase ». L'initié se rend — symboliquement ou effectivement — analogue au Bouddha. Par exemple les cinq agrégats de son corps physique (formes, sensations, perceptions, volitions, consciences) entrent en correspondance avec les cinq Jina (Vairocana, Ratnasambhava, Amitâbha, Amoghasiddhi, Aksobhya). Le microcosme humain sympathise avec le macrocosme bouddhique. Il est fait usage de *mantra* (« formules liturgiques »), de *mandala* (« diagrammes mystiques », « cosmogrammes »). Le maître présente des objets magiques, ayant chacun un symbolisme précis : la baguette (qui tue l'ignorance), le miroir (qui figure le vide, l'absence de nature propre), la roue (symbole de la Loi), la conque (qui rappelle le devoir de sauver les autres). L'usage des *dhâranî* et des *mantra* caractérise l'initiation bouddhique mahâyâniste. Ces deux mots sont quasiment synonymes, à ceci près qu'un *mantra* est toujours bref et fort, pas la *dhâranî*, qui, de plus, ne couvre que le domaine bouddhique.

Mantra en sanskrit :

– *Om mani padme hûm ! Om ! joyau du lotus, hûm* [2] *!*
– *Gate gate pâragate pârasamgate bodhi svâhâ !* Hommage à toi, Éveil parfait, qui est allé, allé par-delà et au-delà du par-delà !

Discours de la Grande Perfection de sapience du cœur. *Mahâprajñâpâramitâ-hrdaya-sûtra*, VIII ; E. Conze, *Buddhist Wisdom Books. The Diamond and the Heart Sutra*, 1958, Unwin, Londres, 1988, p. 123, bilingue.

Il n'y a pas que les sons, il y a aussi les correspondances. Dans le *mantra* suivant : *namah samantabuddhânâm a vi ra hûm kham*, on trouve les syllabes-germes *(bîja)* des cinq Éléments : *a* (Terre), *va* (Eau), *ra* (Feu), *ha* (Air), *kha* (Éther).

Le Bouddhisme du Mahâyâna s'est exprimé, aussi, de façon artistique, par des reliquaires *(stûpa)*, des diagrammes mystiques *(mandala)*, des bronzes, des peintures... Sa plus belle réalisation reste **Bârâbudur** [3]

---

1. 1) *Âdarsha-jñâna* (gnose du miroir) : « connaissance semblable au miroir, qui reflète tous les phénomènes sans en être affectée » ; 2) *samatâ-j.* (gnose de l'égalité) : « connaissance de l'égalité des éléments qui composent tous les phénomènes » ; 3) *pratyaveksâ-j.* (gnose de la perspicacité) : « connaissance des différences existant en chaque phénomène » ; 4) *krityânusthana-j.* (gnose de l'exécution de l'œuvre) : « connaissance qui fait réussir les œuvres et en assure le succès » ; enfin 5) *dharma-dhâtu-j.* (gnose du monde de la Loi) : « connaissance universelle qui fait connaître le fondement de tous les phénomènes et qui conduit au-delà des phénomènes ».
2. M. Klaproth, « Explication et origine de la formule bouddhique "Om mani padme hoûm" », *Nouveau Journal asiatique*, VII, 831, p. 185-206.
3. P. Mus, *Barabudur* (1932-1934), Arma Artis, 1990, 1120 p. C. Sivaramamurti, *Le Stûpa de Barabudur*, Publications du musée Guimet, 1961. J. Dumarçay, *Borobudur*, Arthaud, 1990, 192 p.

BÂRÂBUDUR

(>Boroboudour). Au centre de Java, en Indonésie, au sommet d'une colline, les souverains Shailendra ont fait édifier, de 750 environ à 843, un monument cosmique. Le tantrisme bouddhique s'est répandu en Indonésie depuis la fin du VIIIe siècle jusqu'à 1480, date où triomphe l'Islâm. L'édifice est immense, il a 140 mètres de côté pour 52 mètres de haut. Il donne en pierres et non plus en mots ou en lettres la voie de l'Éveil. Bârâbudur est donné pour un reliquaire, un monument funéraire *(stûpa)*, c'est en fait une configuration mystique *(mandala)*. Ésotérisme typiquement architectural : derrière la manifestation matérielle il faut chercher un schéma spirituel, un circuit initiatique, un labyrinthe. Le plan n'apparaît comme *mandala* que dans une perspective aérienne. Bârâbudur n'est pas un monument funéraire, mais un monument cosmique. D'ailleurs, il n'y a aucune relique ! Voilà sur le plan horizontal. Sur le plan vertical, en bas, les sculptures, sur des terrasses carrées, figurent le monde des enfers et le monde des désirs, en haut, sur des terrasses circulaires, elles symbolisent le monde au-delà du nom et de la forme, le monde du Vide. L'ésotérisme bouddhique est là, avec ses grilles de correspondances, puisque les quatre orients sont occupés par les Dhyâni-Bouddha et le centre par Vairocana (« Resplendissant »). L'initiation est présente : « les quatre escaliers axiaux orientés selon les points cardinaux passent à chaque étage sous une sorte d'arche décorée du motif du Kâla-makara, sorte de monstre mythique qui chaque fois avale le pèlerin afin de le recracher sur un plan de conscience supérieur » (G. Rachet). Un symbolisme astrologique rythme le monument. En effet, on compte 72 *stûpa* sur les terrasses circulaires, 432 niches, nombres qui sont des multiples du grand cycle cosmique, le *mahâ-yuga*, long de 4 320 000 ans, ou du *kali-yuga*, long de 432 000 ans. Suprême ésotérisme, le *stûpa* qui domine le tout n'a pas de forme. Il est mais il est Vide.

Terminons, sur le Mahâyâna, par cette remarque. Le Bouddhisme primitif tend à écarter les femmes. Le Bouddha s'était risqué à cette prédiction : « Si, Ânanda, les femmes n'avaient pas été admises dans l'Ordre, cette sainte religion aurait duré longtemps, aurait duré 1 000 ans ; mais, comme elles y ont été admises [comme moniales, *bhiksunî*], cette sainte religion ne durera pas longtemps ; la Bonne Loi durera 500 ans[1]. » La Fatalité, qui est femme, en a décidé autrement. Le Bouddhisme dure depuis 2 600 ans ! Le Bouddhisme mahâyâniste, lui, a établi la parité de l'homme et de la femme face au salut. Selon le *Lotus de la Bonne Loi*, « la femme-dragon peut devenir Bouddha ».

LE BOUDDHISME DU TANTRAYÂNA, ÉSOTÉRIQUE

Le Tantrayâna est le Bouddhisme ésotérique. Étant donné que le Bouddha n'a pas donné d'enseignement ésotérique, comment la transition s'est-elle faite ?

En premier lieu, les ésotéristes ont fait appel à l'herméneutique. Ils n'ont fait que prolonger l'affirmation des Vâtsîputrîya et des Mahâsânghika, qui admettaient une signification sur-naturelle des sermons du Bouddha. Pour Asanga, « la parole du Bouddha est autre que la lettre » (*Mahâyâna-sutrâ-lamkâra-shâstra*, I, 7, trad. S. Lévi, t. 1, 1907-1911, p. 8) et il parle de l'action d'infléchir les textes. La parole du Bouddha, graduellement, acquiert un sens caché que les initiés dégagent. Le *Mahâparinirvâna-sûtra*, texte du canon, distingue entre sens conventionnel et sens « indirect » *(neyârtha)* et « intentionnel » *(âbhiprâyika)*. Mais où est l'intentionnel ? qui le découvre ? qui le traduit ? et de quoi en quoi ?

En deuxième lieu, les ésotéristes ont invoqué des livres révélés par le Bouddha mais exhumés plus tard ou bien des révélations. Asanga aurait directement reçu des enseignements de Maitreya, le Bouddha du cycle futur, après être monté au ciel des Tushita[2]. Le grand livre du Mahâyâna

---

1. Ce texte se trouve dans plusieurs livres. Trad. : *Présence du Bouddhisme*, Gallimard, 1987, p. 406.
2. J. Takasaki, *A Study on the Ratna-Gotra-Vibhâga (Uttaratantra), being a Treatise on the Tathâgatagarbha Theory of Mahâyâna Buddhism*, Istituto Italiano per il Medio ed Estremo Oriente, Rome, 1966, XIII-439-6 p. Le ciel des Tushita (« Satisfaits ») abrite les Bouddhas qui n'ont plus à renaître qu'une fois.

naissant, les *Discours de perfection de sapience. Prajñâpâramitâ-sûtra*, Nâgârjuna est allé le chercher dans l'enfer des *nâga*, des demi-dieux serpents, parce que, alors, le degré de compréhension requis était atteint par l'humanité. Les discours parus après la mort du Bouddha sont, dit-on, émanés de sa forme glorieuse, de son Corps-de-réalité *(dharma-kâya)*, identique à la nature vraie. Cela signifie non seulement qu'ils sont liés à lui, mais encore qu'ils ont plus de valeur que les autres paroles du Bouddha historique, émanées, elles, de son corps-de-manifestation *(nirmâna-kâya)*, d'apparence humaine. L'école japonaise Shingon [1] va plus loin, elle distingue le Bouddhisme exotérique *(kengyô)*, enseigné par le Bouddha Shâkyamuni, en corps-de-manifestation, du Bouddhisme ésotérique *(mikkyô)*, enseigné par le *bodhisattva* céleste Vairocana en corps-de-réalité. La notion de Bouddha s'élargit donc.

Vajrabodhi [vers 719] raconte ceci :
Après la disparition du Tathâgata, il y eut un homme de grande vertu, nommé Nâgârjuna. Il pratiquait les *mantra* de Mahâvairocana. Le Bouddha Vairocana manifesta son corps infini, et du haut des airs exposa sa doctrine et ses Écritures ; puis, quand Nâgârjuna les eut notées, il disparut. [...] Il arriva dans l'Inde méridionale devant le Stûpa-Magasin des Grands Bodhisattva, et pria pour que la porte s'ouvrît. Pendant sept jours, il tourna autour du *stûpa* en récitant [...] ; dans ce *stûpa* sont conservées toutes les doctrines des Tathâgata des trois temps (passé, présent, futur).

Kûkai (774-835), *Fuhôden*, trad. partielle R. Tajima, *Étude sur le Mahâvairocana-sûtra*, A. Maisonneuve, 1936, p. 30-31.

On arrive ainsi à une troisième justification. Alors que le canon pâli n'admet que sept Bouddha, dont un futur (Maitreya), le Mahâyâna et le Tantrayâna soutiennent l'existence d'une infinité de Bouddha, dont plusieurs contemporains. Le Bouddha Shâkyamuni a sa manifestation tantrique : Vajradhara. Shântideva, un Mahâyâniste du monastère-université de Nâlandâ, énumère trente Bouddha postérieurs à Shâkyamuni [2]. Tout texte ésotérique créé par un être éveillé ou sur le chemin de l'Éveil peut se dire bouddhiste, ou plutôt bouddhique. La nature-de-bouddha est présente en tout être.

Voilà une dernière justification et une nouvelle théorie, qui est le cœur de l'ésotérisme en terre bouddhique. L'idée, présente dans le Mahâyâna, devient essentielle. « Toutes les réalités *(dharma)* possèdent un embryon d'ainsité » *(tathâgata-garbha)* (*Ratnagotravibhâga*, I, 153), autrement dit la bouddhéité se trouve en puissance en chaque chose. Tous les êtres sont

---

1. R. Tajima, *Étude sur le Mahâvairocana-sûtra (Dainichikyô)* (1936), J. Maisonneuve, 1992, p. 8.
2. Shântideva (>Sânti-Deva), *Recueil d'enseignements. Shikshâ-samuccaya* (VIIIe s.), trad. anglaise *A Compendium of Buddhist Doctrine*, Indian Texts Series, Londres, 1821. *La Marche vers l'Éveil. Bodhisattva-caryâvatâra*, trad., éd. Padmakara, Peyzac-le-Moustier, 1992.

originairement purs. Il y a un germe d'absolu en tout, et donc du salut. Les arguments avancés sont nombreux : le corps du Bouddha parfait pénètre tout, par définition l'Ainsité n'admet pas la séparation, le fruit (la délivrance) est aussi la graine (la chose)[1]... Ce dernier argument présente une analogie inverse. On trouve dans le fruit, état suprême de l'arbre, la graine, qui est son état rudimentaire. De même, le salut, la bouddhéité cherchée, doit se trouver dans le limité, dans le phénomène, dans l'être ordinaire. Le cercle est bouclé, l'ésotérisme achevé, l'inférieur rejoint le supérieur, puisque chaque *dharma* (« réalité ») est virtuellement *dharmakâya* (Corps-de-réalité, nature-de-bouddha). Par l'ésotérisme, on connaît cette présence, cette puissance de l'absolu dans le rien, de la nature universelle dans le point particulier, du salut dans l'impermanence. Par l'initiation on passera de l'état d'embryon à l'état de totalité, du rien à l'absolu. Procédé très ésotérique ! le Mahâyâna réussit à identifier *samsâra* et *nirvâna*[2], de même le Tantrayâna réussit à identifier *dharma* et *Dharma*, réalité et Réalité, phénomènes et Absolu, objet et sujet. « Il est en général admis que le Bouddha a donné son enseignement en trois "tours de roue" ou cycles *(chakra)*. Le premier cycle expose les Quatre Nobles Vérités *(ârya-satya)* et peut se résumer en ces mots : "Tout est douleur" ; le second cycle établit la doctrine de la vacuité *(shûnyatâ)* enseignée par le Mahâyâna : "Tout est vide de nature propre *(svabhâva)*" ; le troisième cycle propose la théorie de l'existence en tout être d'un Germe de Bouddha *(tathâgata-garbha)* : "Tous les êtres sont dotés de la nature-de-bouddha *(buddhatâ)*" » (F. Chenique). Chacun a en lui un potentiel de pureté *(shuddhi)* primordiale.

Ces connaissances sont toujours la Loi, mais au niveau le plus élevé.

Le Vajrayâna établit une distinction entre les niveaux extérieur, intérieur et secret de la prise de refuge [en Bouddha, dans la Loi bouddhique, dans la Communauté bouddhique : les Trois Joyaux, mis en correspondance avec l'esprit, la parole, le corps, respectivement].

– Le niveau extérieur se réfère à la prise de refuge dans les Trois Joyaux et les Trois Racines [*guru*, en tibétain *lama*, maîtres spirituels ; *deva*, tib. *yidam*, divinités personnelles ; *dâkinî*, tib. *khadro*, messagères célestes].

– Le niveau intérieur signifie la prise de refuge dans le seul lama-racine [celui qui guide], considéré comme la réunion de tous les lieux de refuge [...].

– Le niveau secret désigne la prise de refuge dans notre propre esprit, ce qui implique que nous fassions l'expérience de sa vacuité comme étant le corps absolu *(dharma-kâya)*, de sa clarté comme étant le corps de gloire *(sambhoga-kâya)* et de l'union de la vacuité et de la clarté comme étant le corps d'émanation *(nirmâna-kâya)*.

Kalou Rinpoche, *Bouddhisme ésotérique. Tradition tibétaine* (1982-1987), trad. du tibétain, Claire Lumière, 1993, p. 25. © Éditions Claire Lumière, Saint-Cannat.

---

1. *Ratna-Gotra-Vibhâga*, I, 27.
2. Voir *supra*, p. 31 (« Occidental et non occidental : classifications, caractéristiques »).

Le tantrisme bouddhique ressemble fort au tantrisme hindou [1], qui lui est sans doute postérieur. Les différences, cependant, valent d'être marquées. Contrairement au Shâktisme hindou, le Shâktisme bouddhique conçoit le principe actif non pas comme féminin mais comme masculin, et il ne montre plus un accouplement, une union sexuelle *(maithuna)*, mais une totalité de jouissance *(samarasa)*, une synthèse. L'iconographie hindoue — hindoue j'insiste — montre un principe masculin accouplé sexuellement à un principe féminin, par exemple le dieu Shiva avec sa parèdre (Pârvatî, Kâlî ou Durgâ), ou bien il montre la déesse Laksmî avec son compagnon Vishnou, et la déesse se révèle la plus active, elle incarne la puissance, l'énergie *(shakti)*. L'iconographie bouddhique montre aussi un principe masculin et un principe féminin, d'un côté le Moyen *(Upâya)*, le pouvoir d'aider les êtres à se délivrer, de l'autre la Sapience *(Prajñâ)*, la possibilité d'atteindre la connaissance. Le Moyen désigne les méthodes destinées à sauver. Un Bouddha peut, dans ce but, produire des effets magiques, raconter des paraboles, mettre un enseignement profond à la portée des intelligences faibles..., autant de subterfuges guidés par la compassion. La gnose de vacuité, le fait de connaître le monde comme vide va de pair avec un besoin de sauver les autres, de communiquer cette sagesse. Le vide est passif, la compassion est active. L'un appelle l'autre. L'idée ésotérique de vide va de pair avec la pratique initiatique de compassion. Les deux principes, Vide et Compassion, ou Sapience et Moyen, ou, mieux, Sapience du vide et Moyen de compassion forment ensemble la conscience d'Éveil, la Bouddhéité. L'union des complémentaires se réalise. Un Bouddha enseigne pour sauver.

Cette dualité devenue unité, conçue ésotériquement, reçoit plusieurs expressions : le mythe, le rite, l'art, la pensée, l'alchimie... Plus profondément, l'expression passe par une image, ou un son, ou un geste, qui, eux, sont porteurs de magie, réalisent des affinités, des sympathies. Surtout cette forme se place à divers niveaux de signification pour chacune de ces expressions : moral, religieux, mystique, initiatique, métaphysique... L'ésotériste rétablit la valeur symbolique des termes, en déchiffrant, sous la « langue conventionnelle » *(nitârtha)*, une « langue intentionnelle » *(samdhâ-bhâshâ)*, une « langue crépusculaire » *(samdhyâ-bhâshâ)*. Les expressions sont en analogie, les significations en correspondances. Par exemple, sous le fameux couple *upâya/prajña* (moyen/sapience) le tantriste de la main gauche décèle le couple yogi-yoginî, le métaphysicien le couple compassion-vide, le théologien le couple Yab-Yum (en tibétain, « Père-Mère »), le laya-yogi le couple *prâna-kundalinî*. Il ne faut pas voir là une malhonnêteté. Pour un ésotériste, du fait des analogies et correspondances, une même chose se retrouve à divers niveaux, une même idée revêt des sens plus ou moins profonds selon la perspective adoptée. Le

---

1. Voir *supra*, p. 629 (« Le Tantra »).

langage hermétique a le double avantage de soustraire de l'ésotérisme les insignifiants et de multiplier dans l'ésotérisme les significations.

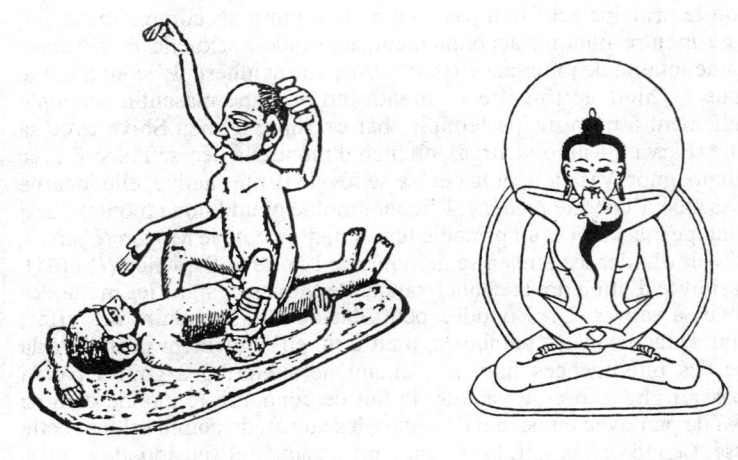

UNION HINDOUISTE   UNION BOUDDHISTE

– [Texte de Kânha :] La Femme et la Langue sont immobilisées des deux côtés du Soleil et de la Lune.

Les Chants mystiques de Kânha et Saraha, trad. de l'apabhramsha ou du bengalî M. Shahidullah, A. Maisonneuve, 1928, XII-235 p.

– [Sens :] Le premier sens est hatha-yogique : arrêt des deux souffles *(prâna* et *âpana)* dans l'*Îdâ* et la *Pingalâ*, suivi de l'immobilisation de l'activité de ces deux « veines subtiles ». Mais il existe un deuxième sens : la Femme est la connaissance *(prajñâ)* et la Langue l'effort, le moyen d'action *(upâya)* : il s'agit d'arrêter aussi bien la Gnose que l'effort dépensé pour la réalisation, et cette « immobilisation » ne peut être obtenue que par le Yoga (arrêt du souffle). Seulement, l'« arrêt du souffle » doit être compris dans ce contexte comme accompagnant l'arrêt de l'émission séminale. [...] On retrouve, par conséquent, les trois « rétentions » ou « immobilités » dont parlent les textes hatha-yogiques : arrêt du souffle, du semen et de la pensée.

M. Eliade, *Le Yoga*, Payot, coll. « Petite bibliothèque Payot », 1968, p. 253.

L'UNION DES COMPLÉMENTAIRES DANS LA PENSÉE INDIENNE

UNION DES COMPLÉMENTAIRES SELON L'HINDOUISME	UNION DES COMPLÉMENTAIRES SELON LE BOUDDHISME
Shiva(-)/Kâlî(+) Deux divinités en coït : Shiva et sa *shakti* (parèdre) Le principe (mâle et passif) dans sa puissance (femelle et active)	Samantabhadra(+)/Samantabhadri(-) Deux aspects en synthèse : Upâya et Prajñâ Moyen (mâle et actif) avec Sapience (femelle et passive)

Le Véhicule, le Moyen de progression *(yâna)* ésotérique porte plusieurs noms : *Mantrayâna* (« véhicule des formules »), *Tantrayâna* (« véhicule de la transmission »), troisième véhicule, véhicule magique. *Vajrayâna* (« véhicule du foudre-diamant »), au sens strict, ne s'applique qu'au tantrisme de la « main gauche », encore que cette dernière expression n'ait cours que dans l'Hindouisme. Le tantrisme bouddhique de la main droite *(daksinâcâra*, « usage à droite ») prône un érotisme sublimé par purification, élévation et identification, et une magie symbolique ; on se rappelle qu'en Inde, tous les gestes purs ne sont accomplis que par la dextre. Un rite comme l'offrande au feu cesse d'être un simple sacrifice pour devenir un symbole, et donc d'autant plus puissant (quoi qu'en pensent les exotéristes, qui identifient symbolique et inexistant). L'objet consumé dans le feu est aussi la passion sublimée. Quand le feu transforme le bois en flamme, en l'homme le désir vil se métamorphose en vive lumière ; d'autre part, la perception du feu est aussi une méditation, une visualisation, une maîtrise par la pensée, en voyant le feu on sublime ses désirs, aussi efficacement que le forgeron transforme avec le feu un bloc de fer en charrue. Défendent ce tantrisme : le monastère de Nâlandâ, le *Discours du Grand Resplendissant. Mahâvairocana-sûtra*, Shubhâkarasimha et Vajrabodhi, des écoles chinoises (Mi-tsong, T'ien-t'ai)... Le premier tantriste bouddhique, Asanga (IVe s.), fait une allusion à la « conversion de l'union sexuelle [1] » *(maithunasya parâvrtti)*. Semble-t-il, car les avis sont partagés.

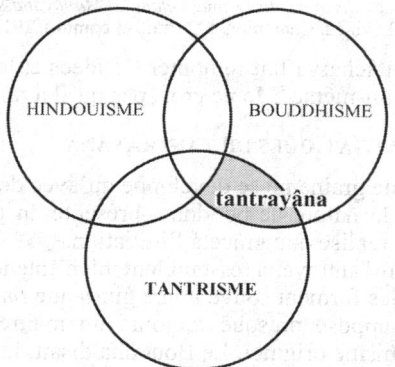

HINDOUISME   BOUDDHISME

tantrayâna

TANTRISME

Le tantrisme bouddhique de la main gauche *(vâmâcâra)*, le tantrisme inverse, se caractérise par un comportement « immoraliste » (on mange de la viande, on a des relations sexuelles, etc.), par le recours à des divinités féminines et à démons terribles, par des rituels de type antinomiste,

---

1. Asanga, *La Somme du Grand Véhicule. Mahâyâna-samgraha*, IX, 26, trad. de la version tibétaine É. Lamotte, Institut orientaliste de Louvain, Peeters, rééd., 1974, 2 t.

par une attitude de vénération à l'égard de l'énergie sexuelle *(shakti)*. Mais cela n'a rien à voir avec la débauche. Candrakîrti proclame : « Pendant l'union *(maithuna)*, il faut méditer sur le phallus *(vajra)* et sur la vulve *(padma)* comme étant remplis, à l'intérieur, de quintuple lumière [1]. » Ces pratiques visent la libération, sinon il y a escroquerie, charlatanisme, et la majorité des soi-disant « tantristes » barbotte dans des eaux troubles. Relèvent du tantrisme de la main gauche : la *Transmission de la secrète union*. *Guhya-samâja-tantra* [2], l'école Sahajayâna (avec Saraha), l'école Siddhiâcârya (avec Lûyipa), Padmasambhava, etc. Puisque la nature-de-bouddha est en tout homme, chacun peut y accéder, par-delà le bien et le mal. À l'extrême, certains auteurs, antinomistes, soutiennent qu'aucun acte n'est un péché. Sans aller si loin, tout pratiquant s'appuie sur l'idée qu'il vaut mieux utiliser les forces humaines, désirs, vices, angoisses, mais à l'envers, en les retournant, en inversant leur polarité. Avec des vertus, on avance lentement. Avec une passion comme le désir sexuel, on peut se dépasser rapidement, sortir des basses pulsions, entrer dans l'absolu. On vainc le mal par le mal, et si le mal ne donne qu'un bien médiocre, le mal dûment maîtrisé donne une félicité extraordinaire. Ainsi, le mal n'est plus le mal, le désir (condamné par le Bouddha) n'est plus forcément mauvais.

C'est par la passion que l'on peut sortir de la passion.
Kleshata eva kleshanihsaranam.

Asanga, *Ornement des discours du Grand Véhicule. Mahâyâna-sûtra-lamkâra-shâstra*, XIII, 11 trad. Sylvain Lévi, éd. Champion, t. 2 (trad. et comm.), 1911.

Benoytosh Bhattâchârya fait remonter les idées et les pratiques tantriques au Bouddha lui-même [3]. Je ne crois pas qu'il a raison.

LES PRATIQUES INITIATIQUES DU TANTRAYÂNA

De même qu'une graine ne se développe qu'avec des conditions favorables, de même la nature-de-bouddha, présente en tout être (selon le Mahâyâna), ne se réalise que grâce à l'initiation.

Les pratiques du Tantrayâna ressemblent, bien entendu, à celles du tantrisme hindou. Elles forment souvent une guirlande *(mâlâ)*.

Le tantrisme suppose presque toujours un maître spirituel, ce qui éloigne du bouddhisme original. Le Bouddha disait, lui :

---

1. Texte cité par G. Tucci, « Some glosses upon Guhyasamâja », *Mélanges chinois et bouddhiques*, 3, Bruxelles, 1934-1935, p. 349, et par M. Eliade, *Méphistophélès et l'Androgyne*, Gallimard, 1962, p. 46.
2. *Guhya-samâja-tantra*, attribué au roi Indrabhûti (VIIIe s.) ou à Asanga (IVe s.). Trad. en anglais dispersées : G. Tucci, *Théorie et Pratique du mandala*, Fayard, 1974 ; A. Wayman, *Yoga of the Guhyasamájatantra*, Delhi et Vârânasi, 1977 ; E. Takahashi, *Some Studies in Indian History*, Funsbashi, Chiba, Japon, 1981, p. 135-226.
3. B. Bhattâchârya, *An Introduction to Buddhist Esoterism*, Oxford UP, Londres, 1932, p. 48 (rééd. 1964, Vârânasi).

On est son propre refuge, qui d'autre pourrait être le refuge ?
Tripitaka, B : *Sûtra-pitaka*, V : *Khuddaka-nikâya*, n° 2 : *Dhammapada*, XII, trad. : *Le Dhammapada*, éd. Geuthner, 1931.

L'école japonaise Shingon a fait un système des diverses pratiques *(sâdhana)*, avec sa théorie des « trois mystères » *(triguhya)*, corps, parole, esprit. Pour le Shingon, l'ésotérisme du corps s'exprime par les *mudrâ* et les *mandala*, l'ésotérisme de la parole par les *dhâranî*, l'ésotérisme de la pensée par le *samâdhi*. Pourquoi ne suivrait-on pas cette classification ?

Il pourra arriver que le pratiquant du Shingon perçoive cette vérité, que de ses mains il forme la *mudrâ* (de la divinité), que de sa bouche il prononce son *mantra*, que de son cœur il se concentre en son *samâdhi*, et que, par suite de la grâce de cette adaptation au triple mystère, il obtienne la grande *siddhi* (puissance).

Kûkai, cité par R. Tajima, *Les Deux Grands Mandalas et la Doctrine de l'Ésotérisme Shingon*, PUF, 1959, p. 247.

PRATIQUES INITIATIQUES DU TANTRAYÂNA

pratiques du corps : *mudrâ* et *mandala*
pratiques de la parole : *dhâranî* et *mantra*
pratiques de l'esprit : *samâdhi* et *siddhi*

- LES PRATIQUES DU CORPS : *mudrâ* (poses des mains) et *mandala* (cosmogrammes). Il n'y a pas de différence radicale avec ceux de l'Hindouisme [1].
- LES PRATIQUES DE LA PAROLE : *dhâranî* [2] (porte-charmes). La pratique verbale *(mantranaya)* repose sur l'idée que la parole a de l'efficacité en elle-même et qu'elle représente les choses en leur subtilité. Le monde, occultement, se révèle de nature sonore. Il est vibratoire. Agir sur les sons revient donc à agir sur les forces occultes du monde. On peut mettre en branle un objet en agissant sur ses vibrations. Une étroite correspondance lie un être au son qui est le sien.

Le Tantrayâna commence au IIIe siècle avec des *dhâranî* [3]. Le mot signifie « porteuses » et désigne des porte-charmes, de brèves formules d'anathème magiques. Elles sont destinées à « maintenir » les puissances bénéfiques ou maléfiques. Elles se composent de syllabes qui ont moins un sens qu'une force évocatrice, un symbolisme sonore. Les *dhâranî* répondent à ce que les Hindous appellent *mantra*. On retrouve aussi la prédilection pour des sonorités en -m : *om, hum, hrîm, tram, pram*... Cette nasale a pour nom *bindu*, qui signifie « germe, goutte, sperme ». Le

---

1. Voir *supra*, p. 629 (« Le Tantra »).
2. Sur les *dhâranî* : É. Lamotte, *Traité de la grande vertu de sagesse de Nâgârjuna*, Institut orientaliste de Louvain, Peeters, 1949-1980, t. 4, 1976, p. 1854-1864.
3. S. Lévi puis P. Demiéville, *Hôbôgirin. Dictionnaire encyclopédique du Bouddhisme d'après les sources chinoises et japonaises*, Maison franco-japonaise, Tôkyô, 1929-1937 (inachevé), fasc. annexe 1, p. 137, 148.

phonème nasal fait que l'air passe en partie à travers les fosses nasales, et donc ajoute à la résonance par la bouche la résonance par le nez. *M* est une nasale labiale

> Adoration à tous les Bouddhas !
> Adoration à la Doctrine sans obstructions !
> Ainsi : *Om ! Khya Khya Khyahi Khyahi* (parle, parle) !
> *Hum hum !*
> *Jvala jvala prajvala prajvala* (embrase-toi, embrase-toi) !
> *Tistha tistha* (debout, debout) !
> *Stri stri* (étoile, étoile) !
> *Sphata* (éclate) ! celui qui est en repos ! Au glorieux, *hail* !
> *Dhâranî pour écarter les calamités*, trad. D. T. Suzuki, *Manuel de Bouddhisme Zen* (1935), trad. de l'anglais, Dervy, 1981, p. 20. © Éditions Dervy, Paris.

- LES PRATIQUES DE L'ESPRIT. Ces pratiques demeurent secrètes, essentiellement parce qu'elles présentent des dangers pour qui ne les maîtrise pas.

Tu ne dois pas dire cela à quiconque n'a pas pénétré dans le cercle du mystère suprême de tous les Tathâgata et tu ne dois pas te fier à lui.

La Pratique du sacre de Hevajra. Hevajrasekaprakriyâ, trad. L. Finot, « Manuscrits sanskrits de *sâdhana* retrouvés en Chine », *Journal asiatique*, Société asiatique, palais de l'Institut, t. 225, 1934, p. 1-85.

Voici une méditation bouddhique tantrique, avec ses divers moments :

[1 : visualisation] Au commencement, le méditant visualisera à l'intérieur de son cœur l'image de la Lune.
[2 : *mantra*] Il y inscrira par la pensée la syllabe *DHIH*
[3 : invocation des esprits tutélaires] et verra naître, des rayons de la Lune, les Maîtres (*guru*) d'autrefois, les *bodhisattva*, les Bouddhas, disposés en halo autour de l'astre des nuits, chacun ayant sa place où il convient.
[4 : confession et vœu] Devant eux, le méditant s'inclinera, confessera ses péchés et se réjouira de ses mérites. Il prendra les Trois Refuges [les Trois Joyaux : le Bouddha, la Loi bouddhique, la Communauté bouddhique], affirmera sa volonté d'atteindre un jour l'Éveil et de réaliser en lui les Vertus cardinales : Bénévolence et Compassion, Joie-Parfaite, Équanimité.
Vient alors le moment d'entamer la méditation sur la notion de vacuité.
[5 : conscience du *vajra* intérieur] Pour ce faire, il dira dans le silence de son cœur :
– En moi est le VAJRA [le foudre-diamant], Connaissance parfaite de la Vacuité !
[6 : apparition] Alors la syllabe *DHIH* inscrite dans la Lune sise au secret du cœur se transforme soudain en Dame *(Bhagavatî)* Suprême-Sagesse *(Prajñâpâramitâ)* ! [...]
[7 : union mystique] Il s'identifie à Elle :
– Telle est la Dame, tel je suis ; et tel je suis, telle est la Dame !
[8 : localisation des syllages-germes] Ayant conçu cela, il localise sur sa gorge le *mantra* OM ! DHIH ! puis sur la langue le *mantra* OM ! GIH ! [...].
Ainsi installe-t-il les *mantra* efficaces, ceux que par la pensée il verra et dira un jour, sept jours, six jours, six mois ou une année entière :

[9 : réalisation spirituelle : *sâdhana*] par ce moyen, il acquerra la Suprême Sagesse !
Guirlande de réalisations spirituelles. Sâdhana-Mâla, trad. partielle J. Varenne, *Le Tantrisme. La Sexualité sublimée*, CELT, 1977, p. 250-252.

À côté de ces pratiques dûment répertoriées et approfondies, certaines écoles prônent la « folie », la « nature ». C'est la voie spontanée, le « Véhicule inné » *(Sahajayâna)*, le plus rapide, foudroyant, dont Saraha et le Tibétain Drugpa Kunleg [1] (>'Brug.pa kun.legs) furent des hautes figures.

Comme la plupart des ésotérismes, le Tantrayâna s'est aussi donné une expression imaginaire, sous forme d'un royaume mythique. Le tantrisme bouddhique donne à rêver. Les Chrétiens ont le royaume du prince Jean, les Taoïstes les îles Bienheureuses, les Grecs Hyperborée [2]. Le Bouddhisme ésotérique possède le royaume de Shambala [3] comme les enfants le royaume du Chat botté. L'école indienne Kâlachakra et l'école tibétaine Karma-pa ont imaginé ce pays parfait avec bien des précisions, qui ont valeur symbolique, pas géographique ! Les savants positivistes localisent Shambala en Bactrie, en Asie centrale ou près de Khotan (=Ho-t'ien) dans le Türkestân chinois !

FIGURES DE L'ÉSOTÉRISME BOUDDHIQUE

le Saint *(arhant)*	l'Être-à-Éveil *bodhisattva*	le Parfait *siddha*
Hînayâna ex. : **Ânanda** exotérisme pratique des 253 règles insubstantialité du sujet état de concentration théorie des 4 vérités	Mahâyâna ex. : **Sadâprarudita** mésotérisme pratique des 6 *pâramitâ* vide de l'objet état de vacuité théorie des 3 corps	Tantrayâna ex. : **Padmasambhava** ésotérisme pratique des 4 *tantra* pureté de tous état de félicité/vacuité théorie des 3 niveaux

Le Bouddhisme a donné au monde l'ésotérisme de la compassion.

---

1. (Dgeshes Brag-phug), *Le Fou divin. Drukpa Kunley, yogi tibétain du XVIe siècle* (1966), trad., Albin Michel, coll. « Spiritualités vivantes », n° 33, 1982, 185 p.
2. Quelques pays merveilleux. 1) Le Svetadvîpa védique : K. Rönnow, « Some remarks on Çvetadvîpa », *Bulletin of the Oriental School of London*, t. 5, p. 253 *sqq*. 2) Le Shambala des Bouddhistes du Tantrayâna : Chögyam Trungpa Rinpoche, *Shambala*, trad. de l'anglais, Éditions du Seuil, coll. « Points. Sagesses », n° 37, 1990. 3) Les îles Bienheureuses du Taoïsme : Lie-tseu, *Le Vrai Livre du vide parfait*, v, 2, apud *Philosophes taoïstes*, Gallimard, « Bibliothèque de la Pléiade », 1980. 4) L'Hyperborée des Pythagoriciens : A. B. Cook, *Zeus. A Study in Ancient Religion*, Cambridge, 1914-1940, t. 2, p. 459-501. 5) L'île Avalon de la tradition druidique : Françoise Le Roux et C. Guyonvarc'h, *Les Druides* (1950), Ogam-Celticum, Rennes, 1987. 6) Le royaume du prêtre Jean chez les Chrétiens : J. Delumeau, *Une histoire du paradis*, Fayard, 1992, p. 99-127.
3. N. Roerich, *Shambala* (1930), trad. de l'anglais, Éditions du IIIe Millénaire, Sherbrooke, Canada, 1989, 247 p. Ed. Bernbaum, *The Way to Shambala*, Garden City, New York, 1980, xv-315 p. C. Trungpa, *Shambala*, Albin Michel, coll. « Spiritualités vivantes », n° 37, 1990.

BIBLIOGRAPHIE GÉNÉRALE SUR L'ÉSOTÉRISME BOUDDHIQUE

S'il n'y a qu'un livre à lire : les sermons du Bouddha lui-même. Mais, comme le Bouddha refuse l'ésotérisme, il vaut peut-être mieux recommander ce grand traité : *Discours du lotus blanc de la vraie Loi. Saddharmapundarîka-sûtra* (vers 200), trad. É. Burnouf, *Le Lotus de la Bonne Loi* (1852), A. Maisonneuve, 1989, iv-897 p., surtout p. 1-283. Ce livre, mahâyâniste, est ésotérique dans certaines parties ou idées, ou même entièrement ésotérique selon l'école chinoise T'ien-t'ai.

Le livre à ne pas lire : A. P. Sinnett, *Le Bouddhisme ésotérique* (1883), trad. 1923.

Approche ésotérique de l'histoire : Kûkai, Putön Rinpoche (>Bu.ston Rin.po.che), A. P. Sinnett, Helena Petrovna Blavatsky, Ânanda K. Coomaraswâmy, Julius Evola, Alexandra David-Néel, Kalou Rinpoche.

bibliothèques : Institut de civilisation indienne (Collège de France, 52, rue du Cardinal-Lemoine, 75005 Paris) ; École française d'Extrême-Orient (22, bd du Président-Wilson, 75016 Paris) ; musée Guimet (6, place d'Iéna, 75016 Paris) ; Société asiatique (palais de l'Institut, 3, rue Mazarine, 75006 Paris), Société théosophique (4, square Rapp, 75007 Paris).

Les grands textes ésotériques indiens (voir aussi chap. Chinois, Japonais, Tibétains)
– *La Triple Corbeille. Tripitaka* (pâli : *Tipitaka*), canon bouddhique en langue pâli (=vieux prâkrit ; 55 t. env., plus de 2 113 titres, fixé à partir de 477 av. J.-C., rédigé du IIIe s. à 88 av. J.-C. On trouve en anglais des traductions complètes : dans la collection « SBE » (« Sacred Books of the East », F. M. Müller dir., t. 10, 11, 13, 17, 20, 21, 35, 36, 49, Clarendon Press, Oxford, 1879-1900) ou dans la coll. « SBB » (« Sacred Books of the Buddhists », Oxford UP, Londres, PTS [Pali Text Society], T. W. Rhys Davids dir., 1895-1964, 23 vol.). Il faut surtout lire : *Dialogues of the Buddha. Dîghanikâya* (trad. T. W. Rhys Davids, coll. « SBB », n°s 2-3-4, 1899-1921, Londres, rééd. 1947-1949) et *Further Dialogues of the Buddha. Majjhima-nikâya* (trad. lord R. Chalmers, coll. « SBB », n°s 5-6, PTS, 1926-1927). En français, on ne dispose que de traductions partielles : J. Bloch, J. Filliozat, L. Renou (*Canon bouddhique pâli. Sutta-pitaka, Dîgha-nikâya*, t. 1, fasc. 1, A. Maisonneuve, 1949, traduction des 3 premiers des 34 sermons du *Dîgha-nikâya*), J. Bertrand-Bocandé (*Les Textes du Canon bouddhique pâli. Le Majjhimanikâya,* 1953, Les Deux Océans, 1987, 163 p., traduction des 10 premiers des 152 sermons du *Majjhima-nikâya*), M. Wijayaratna (*Sermons du Bouddha. Traduction intégrale de 25 sermons du Canon bouddhique,* Cerf, 1988, 292 p. ; *Le Bouddha et ses Disciples. Traduction inégrale de 27 textes du Canon bouddhique,* Cerf, 1990, 262 p.). Texte essentiel : *Tripitaka,* B : *Sutrâ-pitaka,* I : *Dîrghâgama* (pâli : *Dîgha-nikâya*), n° 16.
– *Discours de la Grande Totale Extinction. Mahâparinirvâna-sûtra* (pâli : *Mahâ Parinibbâna Sutta,* IIIe s. av. J.-C.), trad. M. Wijayaratna, *Le Mahâ-Parinibbâna-sutta,* Cerf, 1996. Texte plutôt tardif et hétérodoxe.

– *Discours de la perfection de sapience*. *Prajñâpâramitâ-sûtra* (100 av. J.-C.-1200 ap. J.-C.). Environ 40 discours mahâyânistes, en 8 000 distiques. Les deux plus célèbres *sûtra*, et très brefs, sont : le *Sûtra du cœur* (=*Discours de la grande perfection de sapience du cœur*. *Mahâprajñâpâramitâ-hrdaya-sûtra*), et le *Sûtra de diamant* (=*Discours de la perfection de sapience du diamant coupeur*. *Vajracchedikâ-prajñâpâramitâ-sûtra*). Trad. (de la version tibétaine) G. DRIESSENS, *La Perfection de sagesse*. Soutras courts du Grand Véhicule, Éditions du Seuil, coll. « Points. Sagesses », n° 103, 1996, 359 p.
– *Sûtra du lotus* (=*Le Lotus de la Bonne Loi*. *Saddharmapundarîka-sûtra*, vers 200), éd. cit. Selon le Japonais Enchin, « dans le Mahâyâna ce texte est roi, et dans l'ésotérisme il est le plus ésotérique de tous ».
– *Analyse de la lignée des Trésors*. *Ratnagotravibhâga* (=*Traité de la transmission ultime du Grand Véhicule*. *Mahâyâna-Uttaratantra-Shâstra*, IVe s. ?, attribué à Asanga), trad. J. TAKASAKI, *A Study of the Ratnagotravibhâga*. *Uttaratantra*, Istituto Italiano per il Medio ed Estremo Oriente, Rome, 1966, XIII-439-6 p. Résumé : F. CHENIQUE, « *Ratnagotravibhâga* », *Connaissance des religions*, Chaumont, juin 1992, sept. 1992, décembre 1992.
– *Transmission de la secrète union*. *Guhyasamâja-tantra* (IVe s. ?), trad. anglaise E. TAKAHASHI, *Some Studies in Indian History*, Funsbashi, Chiba, Japon, 1981, p. 135-226. Le plus important *tantra* bouddhique, souvent attribué à Asanga (v. 350), lié à Indrabhûti (v. 690).
– Bodhidharma (470-543) : *Le Traité de Bodhidharma*. *Première anthologie du Bouddhisme Chan*, trad. B. FAURE, Le Mail, 1986, 165 p.
– *Discours du Grand Resplendissant*. *Mahâvairocana-sûtra* (vers 550, selon A. Wayman), trad. à partir de la version japonaise (chap. I et résumé) R. TAJIMA, *Étude sur le Mahâvairocana-sûtra*. *Dainichikyô* (1936), J. Maisonneuve, 1992, X-186 p. Texte tantrique de la main droite, dont l'original sanskrit est perdu. Vairocana (« Resplendissant »), un des 5 Jîna, Bouddhas transcendants, devint l'Âdi-Bouddha, le Bouddha Primordial.
– *Discours de la descente à Ceylan*. *Lankâvatâra-sûtra* (550 ?), trad. anglaise D. T. SUZUKI, *The Lankâvatâra Sûtra* (1930), Prajñâ Press, Boulder, 1978. Texte mahâyâniste proche du Zen.
– *Hevajra-tantra* (déb. VIIIe s.), trad. anglaise D. L. SNELLGROVE, Oxford UP, coll. « London Oriental Series », n° 6, Londres, 1959, t. 1, X-188 p. Le plus ancien tantra bouddhique, attribué à Kambala.
– *Kâlachakra-tantra* (fin Xe s.) : cf. XIVe DALAÏ-LAMA et *al.*, *Kalachakra*. *Le plus haut des tantras bouddhistes*, Claire Lumière, 13760 Saint-Cannat, 1995, 191 p.

Anthologies
– Anthologies du Bouddha : R. GUYON, *Anthologie bouddhique*, Crès et Cie, 1924, 2 t. ; F. J. THOMAS, *Les Écrits primitifs du Bouddhisme* (1935), trad. de l'anglais, Adyar, 1949, 221 p. ; W. RÂHULA, *L'Enseignement du Bouddha d'après les textes les plus anciens* (1959), trad. de l'anglais, Éditions du Seuil, série « Points. Sagesses », n° 13, 1978, p. 122-178 ; A. BAREAU, *Bouddha*. *Choix de textes précédé d'une étude*, Seghers, coll. « Philosophes de tous les temps », n° 1, 1962, p. 81-205 (=*En suivant Bouddha*, Lebaud, 1985).
– Anthologie du Bouddhisme en général : D. T. SUZUKI, *Manuel de Bouddhisme Zen* (1935), trad. de l'anglais, Dervy-Livres, coll. « Mystiques et Religions », 1981, 173 p. ; LILIAN SILBURN, *Le Bouddhisme*. *Textes réunis, traduits et présentés*, Fayard, coll. « Le Trésor spirituel de l'humanité », 1977, 524 p.

– Anthologies du Mahâyâna : F. M. MÜLLER, *Buddhist Mahâyâna Texts*, coll. « SBB », t. 49, 1894, rééd. 1972 (7 textes).
– Anthologie du Tantrayâna : J. VARENNE, *Le Tantrisme. La Sexualité transcendée*, CELT, 1977, p. 247-255.
– Contes et légendes : ÉD. CHAVANNES, *Cinq Cents Contes et apologues extraits du Tripitaka chinois* (1910-1935), A. Maisonneuve, 1983, 4 t., 1620 p.
– Poésies tantriques : *Les Chants mystiques de Kânha et Saraha. Textes pour l'étude du Bouddhisme tardif* [Saraha le Jeune, vers 1000] (les *Dohâkosha*, =*Caryâgîti*), trad. de l'apabhramsha ou du bengalî M. Shahidullah, A. Maisonneuve, 1928, XII-235 p. Voir H. V. GUENTHER, *The Royal Song of Saraha. Dohâ-Kosha*, University of Washington Press, Seattle, 1969.
– Recueil de *dhâranî* : *Les Cent Mille Mantras*, Centre d'études tibétaines Migyur Ling, 38160 Saint-Marcellin, 1981, 59 p., texte tibétain et trad. française (FR. CHENIQUE).

Documents
– ASHVAGHOSA, *Histoire du Bouddha. Buddhacarita* (vers 100), trad. anglaise E. B. COWELL (Oxford, 1893) ou E. H. JOHNSTON (1936 ; Motilal Banardidass, Delhi, 1972). Poème.
– *Le Grand Sujet. Mahâvastu* (IIIe s. ?), trad. anglaise J. J. JONES, coll. « SBB », t. 16, 18 et 19, Londres, 1949-1956. Écrit de l'école Mahâsânghika.
– Relations des pèlerins chinois partis en Inde de 250 à 1033 : 1) FA-HIEN (>Faxian, 414), *Rapport sur le pays du Bouddha. Fo-kouo ki* (ou *Relation de Fa-hien. Fa-hien Tchouan*), trad. J. P. A. RÉMUSAT, *Fa Hian. Foe Koue Ki'*, 1836 ; 2) HIUAN-TSANG (>Xuanzang, 646), *Mémoires sur les contrées occidentales. Si-yu ki* (ou *Le Singe pèlerin*), trad. ST. JULIEN, *Mémoires... par Hiouen-Thsang*, Imprimerie nationale, 1857, 3 t. ; 3) YI-TSING (>Yijing, 695), *Relation sur les moines éminents qui allèrent chercher la Loi dans les contrées occidentales. Si-yu k'ieou-fa kao-seng tchouan*, et *Mémoire sur la loi intérieure envoyé des mers du Sud. Nan-hai ki-kouei nei-fa tchouan*, trad. ÉD. CHAVANNES, *Mémoire composé à l'époque de la grande dynastie T'ang sur les religieux éminents... par I-Tsing*, Leroux, 1894.
– Manuscrits de la grotte de Touen-houang (>Dunhuang, 406-1004, bibliothèque découverte dans cette oasis du Türkestân chinois, par P. Pelliot et sir A. Stein en 1899-1919) : P. PELLIOT, *Mission Pelliot en Asie centrale*, I : *Les Grottes de Touen-houang*, P. Geuthner, 1914-1924, 6 t.
– HOUEI KIAO (>Hui Jiao), *Biographies des moines éminents. Kao-seng tchouan* (544), trad. (de la 1re partie) R. SHIH, Bibliothèque du Muséon, n° 54, Louvain, 1968, XI-177 p. Biographies de 250 moines bouddhistes chinois.
– TÂRANÂTHA, *La Naissance de la Loi de l'Inde. rGya gar chos.'byung* (1608), trad. du tibétain en anglais, lama CHIMPA et A. CHATTOPADHYAYA, Simla (Indian Institute of Advanced Study), Inde, 1970.

Études générales (je ne cite que des auteurs favorables à l'ésotérisme)
– R. STEINER, *Évangile de saint Luc* ; *Évangile de saint Marc*, trad. de l'allemand, Triades.
– ALEXANDRA DAVID-NÉEL, *Le Bouddhisme du Bouddha* (1936), Presses-Pocket, n° 2927, 1994, 319 p.
– Â. K. COOMARASWÂMY, *Hindouisme et Bouddhisme* (1943), trad. de l'anglais, Gallimard, coll « Idées », n° 22, p. 67-124, 153-183 (insiste – à tort – sur l'exis-

tence du soi) ; *Le Pensée du Bouddha*, trad. de l'anglais, Pardès, 1987, 306 p. (souvent injuste).
— J. EVOLA, *La Doctrine de l'Éveil. Essai sur l'ascèse bouddhique* (1943), trad. de l'italien, Archè de Thoth, coll. « Bibliothèque de l'Unicorne », Milan, 1976, 320 p. Evola voit dans le Bouddhisme une ascèse, pas une religion.

BIBLIOGRAPHIE SPÉCIALISÉE

Le Bouddhisme du Bouddha Shâkyamuni (523-478 av. J.-C.)
  A. BAREAU, *Recherches sur la biographie du Bouddha dans les Sûtra-pitaka et les Vina-pitaka*, 2 vol. en 3 t., Publications de l'École française d'Extrême-Orient (ÉFEO), A. Maisonneuve, 1963-1971 ; W. RÂHULA, *L'Enseignement du Bouddha d'après les textes les plus anciens*, éd. cit. (la meilleure des introductions, même si elle ne voit jamais l'ésotérisme) ; D. IKEDA, *La Vie du Bouddha*, Éditions du Rocher, 1985, 168 p.

1ᵉʳ courant : le Bouddhisme pré-canonique
  Sur Shâriputra (et la gnose) : A. MIGOT, « Un grand disciple du Bouddha : Shâriputra », *Bulletin ÉFEO*, n° XLVI, fasc. 2, 1954, p. 405-554 ; sur Maudgalyâyana (et la magie) : A. BAREAU, *Recherches sur la biographie du Bouddha*, éd. cit., t. 1, 1970 ; sur Mahâkâshyapa (et la méditation) : H. HECKER, *Mahâkassapa. Father of the Sangha*, Buddhist Publication Society, coll. « Wheel », Kandy, Srî Lankâ, 1987, 40 p.

2ᵉ courant : le Bouddhisme Dhyâna
  BUDDHAGHOSHA, *Voie de la pureté. Visuddhi-magga* (vᵉ s.), trad. du pâli en anglais *The Path of Purification. Visuddhimagga*, Buddhist Publication Society, Kandy, Srî Lankâ, 1991, 950 p. (traité de méditation hînayâna, en pâli ; Nyânatiloka était un Allemand, né A. W. Güth, converti au Bouddhisme) ; D. T. SUZUKI, *Manuel du Bouddhisme Zen* (1935), trad. de l'anglais, Dervy-Livres, 1981 ; R. LINSSEN, *Le Zen* (1969), coll. « Marabout Université », n° 182 ; J. P. SCHNETZLER, *La Méditation bouddhique, bases théoriques et techniques*, Dervy-Livres, 1979.

3ᵉ courant : le Bouddhisme Hînayâna (=École du Sud, Theravâda au sens large, exotérique)
  A. BAREAU, *Les Sectes bouddhiques du Petit Véhicule* (1955), Publications de l'ÉFEO, n° 38, J. Maisonneuve, 1973, 310 p. ; ÉT. LAMOTTE, *Histoire du Bouddhisme indien des origines à l'ère Shaka* (1958), Institut orientaliste de Louvain, Peeters, 1976, 896 p.

4ᵉ courant : le Bouddhisme Mahâyâna
  E. CONZE, *Le Bouddhisme dans son essence et son développement* (1951), trad. de l'anglais, Payot, 1952, 229 p. ; G. M. NAGAO, *Mâdhyamika and Yogâcara*, State University of New York, 1991 (présente l'aspect logique autant que l'expérience vécue).

5ᵉ courant : le Bouddhisme Tantrayâna (=Mantrayâna, Vajrayâna au sens large)
  B. BHATTÂCHÂRYA, *An Introduction to Buddhist Esoterism*, Oxford UP, Londres, 1932 (rééd. 1964, Vârânasi) ; H. VON GLASENAPP, *Mystères bouddhistes et Rites secrets du « Véhicule du Diamant »* (*Buddhistische Mysterien*, 1940),

trad. de l'allemand, Payot, 1944 (vocabulaire imprécis et historique diffus) ; F. D. LESSING et A. WAYMAN, *Introduction to the Buddhist Tantric Systems* (1978), Motilal Barnasidass, Delhi, 3ᵉ éd. 1983.

6ᵉ courant : le Bouddhisme chamanique
– Japon : art. « Hijiri », « Shugendô », *apud* M. ELIADE dir., *The Encyclopedia of Religions.*
– Népal : S. R. MUMFORD, *Himalayan Dialogue. Tibetan Lamas and Gurung Shamans*, University of Wisconsin Press, 1989. Les Gurung sont une ethnie du nord du Népal.
– Shrî Lankâ (=Ceylan) : B. KAPFERER, *A Celebration of Demons. Exorcism and the Aesthetics of Healing in Sri Lanka* (1983), Smithsonian Institute, 1991, 300 p.
– Tibet : G. SAMUEL, *Civilized Shamans. Buddhism in Tibetan Societies*, Smithsonian Institute Press, Washington et Londres, 1993, x-725 p. : thèse contestée.

Initiation et pratiques initiatiques
H. VON GLASENAPP, *Mystères bouddhistes* éd. cit. ; PAUL LÉVY, *Buddhism, a « Mystery Religion » ?*, University of London, Athlone Press, Londres, 1957 ; art. « Mantra » de l'*Encyclopaedia of Buddhism*, Government Press, Shrî Lankâ, 1971 ; GRACE C. LOUNSBERY, *La Méditation bouddhique. Étude de sa théorie et de sa pratique selon l'École du Sud* (1935), trad. de l'anglais (1944), A. Maisonneuve, 1973, 186 p.

Ésotérisme et idées ésotériques
– L'ainsité *(dharmatâ, tathatâ* : identité occulte de toutes choses, « vraie nature » dans tous les êtres) : D. S. RUEGG, *La Théorie du Tathâgatagarbha et du Gotra. Études sur la sotériologie et la gnoséologie du Bouddhisme*, Publications de l'ÉFEO, n° 70, J. Maisonneuve, 1969, 533 p. *Tathâgatagarbha* = « potentiel d'éveil qui est la nature même de l'esprit » (Kalou Rinpoche) ; *gotra* = « lignée spirituelle ».
– L'Éveil *(bodhi)* : L. DE LA VALLÉE POUSSIN, *L'Abhidharmakoça de Vasubandhu* (1923-1931), Institut belge des hautes études chinoises, Peeters, Louvain, 6 t., 1972.
– L'Extinction *(nirvâna)* : L. DE LA VALLÉE POUSSIN, *Nirvâna* (1925), Beauchesne, 1928, 195 p. ; FR. CHENET dir., *Nirvana*, Cahiers de l'Herne, n° 63, 1993, 370 p.
– Le naturel, le spontané, l'inné *(sahaja)* : P. KVAERNE, « On the Concept of *Sahaja* in Indian Buddhist Literature », *Temenos*, II, Helsinki, 1975, p. 88-135.
– La sapience *(prajñâ)* : G. BUGAULT, *La Notion de* prajñâ *ou de sapience selon les perspectives du Mahâyâna* (1968), Publications de l'Institut de civilisation indienne, n° 32, De Boccard, 1982, 289 p.
– Les trois Corps de Bouddha : S. LÉVI et al., *Hôbôgirin. Dictionnaire encyclopédique du Bouddhisme d'après les sources chinoises et japonaises*, Maison franco-japonaise, Tôkyô, 1929-1967, 4 fasc. (inachevé), art. « Busshin » [« corps-de-bouddha », en japonais], p. 774-813 ; TENZIN GYATSO XIVᵉ Dalaï-lama, *La Lumière du Dharma* (1973), chap. VII, trad. de l'anglais, Pocket, coll. « L'Âge d'être », 1995.
– Le Vide *(shûnya* : absence profonde d'être propre) : F. J. STRENG, *Emptiness. A Study in Religious Meaning*, Abingdon Press, Nashville et New York, 1967

(étude sur le Vide selon Nâgârjuna, avec trad.) ; *Le Vide. Expérience spirituelle en Orient et en Occident*, Deux Océans, Hermès, n° 2, 1982, p. 15-62, 98-212.

Les sciences occultes
– Herméneutique : *Traité de la grande vertu de sagesse. Mahâprajñâpâramitâshâstra* (attribué à tort à Nâgârjuna), trad. partielle (le tiers) d'après la version chinoise de Kumârajîva *(Ta tche tou louen*, fin IVe s.), É. LAMOTTE, Institut orientaliste de Louvain, Peeters, 1949-1980, 5 t. (herméneutique de la *Prajñâpâramitâ*) ; É. LAMOTTE, *Histoire du Bouddhisme indien des origines à l'ère saka* (1958), Institut orientaliste de Louvain, Peeters, 1976, 896 p. ; J.-N. ROBERT, *Les Doctrines de l'école japonaise Tendai*, Maisonneuve et Larose, 1990, p. 206 *sqq.*
– Mythologie : Y. BONNEFOY dir., *Dictionnaire des mythologies*, Flammarion, 1981, t. 1, p. 124-129.
– Science des cycles : L. DE LA VALLÉE POUSSIN, *Vijñaptimâtratâ-siddhi. La Siddhi de Huian-Tsang* [600-664], P. Geuthner, coll. « Buddhica », 1928-1948, 3 t., p. 731 *sqq.*
– Science des lettres *(dhâranî, mantra, sandhyâ-bhâsâ* [langue intentionnelle]...) : *Traité de la grande vertu de sagesse. Mahâprajñâpâramitâ-shâstra*, éd. cit., t. 1, p. 318 *sqq.* ; A. AVALON, *La Doctrine du mantra. La Guirlande des lettres. Varnamâla* (1922), trad. de l'anglais, Dervy-Livres, 1979, 256 p.
– Science des sons : A. PADOUX, *Recherches sur la symbolique et l'énergie de la parole dans certains textes tantriques*, Institut de civilisation indienne, diff. De Boccard, 1963 ; *Studies of Esoteric Buddhism*, Kôyasan University, 1966, p. 167-177.
– Symbolique : A. K. COOMARASWÂMY, *The Origin of Buddha Image*, The College Art Association of America, New York, 1927 ; JEANNINE AUBOYER, *Le Trône et son symbolisme dans l'Inde ancienne*, PUF, 1949 ; W. KIRFELD, *Symbolik der Buddhismus*, Stuttgart, 1959.
– Thanatologie : L. DE LA VALLÉE POUSSIN, *L'Abhidharmakoça de Vasubandhu*, éd. cit., chap. III ; Narada Thera, *La Doctrine bouddhique de la réincarnation*, trad. de l'anglais, A. Maisonneuve, 1953, 86 p.

Les arts occultes
– Alchimie (pseudo-Nâgârjuna, vers 650) : A. WALEY puis O. STEIN, « References to Alchemy in Buddhist Scriptures », *Bulletin of the School of Oriental Studies*, Londres, t. 6, p. 1102 *sqq.* et t. 7 (1933), p. 262 *sqq.* ; J. FILLIOZAT, *La Doctrine classique de la médecine indienne*, Imprimerie nationale-CNRS-P. Geuthner, 1949, p. 9 *sqq.*
– Astrologie : R. BERTHELOT, *La Pensée de l'Asie et l'Astrobiologie* (1938), Payot, 1972, chap. VI (« L'astrobiologie et la pensée bouddhique »).
– Magie *(mandala, mantra...)* : L. DE LA VALLÉE POUSSIN, *Le Bouddha et les Abhijñâ*, Bibliothèque du Muséon, 1931 ; A. WAYMAN, *The Buddhist Tantras. Light in Indo-Tibetan Esotericism*, Routledge and Kegan Paul, Londres, 1974, XIII-247 p.
– Médecine occulte : NÂGÂRJUNA, *Yogasataka* (v. 243), trad. J. Filliozat, Publications de l'Institut français d'indologie, 1979, XL-207 p. ; E. CONZE, *The Short Prajñâparamitâ Texts*, Londres, 1973.

Grand(e)s Initié(e)s, indiens ou pas
– Bodhidharma (XXVIIIᵉ patriarche indien, Iᵉʳ patriarche chinois du Bouddhisme de la méditation, 470-543 av. J.-C.) : BERNARD FAURE, *Le Traité de Bodhidharma. Première anthologie du Bouddhisme Chan*, Le Mail, 1986, 165 p.
– Le Bouddha (558-478 av. J.-C. ?) : A. FOUCHER, *La Vie du Bouddha d'après les textes et les monuments de l'Inde*, A. Maisonneuve, 1949, 383 p. ; A. BAREAU, *Recherches sur la biographie du Bouddha dans les Sûtra-pitaka et les Vinaya-pitaka*, Publications de l'ÉFEO, A. Maisonneuve, 1963-1971, 3 t.
– Diêu-Nhân (Viêtnamienne du Bouddhisme de la méditation, 1072-1143) : NGUYÊN KHAC VIÊN et HUU NGOC, *Anthologie de la littérature vietnamienne*, Hà-nôi, Viêt-nam, 1972, 4 t. ; THICH THIÊN ÂN, *Zen Buddhism and Nationalism in Viet-Nam*, Los Angeles, 1973.
– Kûkai (=Kôbô-daishi, fondateur de l'école bouddhique Shingon, 774-835) : D. HUISMAN dir., *Dictionnaire des philosophes*, PUF, 1984, t. 2, p. 1459-1461.
– Laksmînkara (femme vajrayâniste de l'école Sahajayâna, 729) : B. BHATTÂCHÂRYA, *An Introduction to Buddhist Esoterism*, Oxford UP, Londres, 1932, p. 62-82.
– Milarépa (le Grand Initié tibétain, 1040-1123) : RECHUNG, *Vie de Milarépa. Jetsün Kahbum* (XIIᵉ s.), trad. du tibétain J. BACOT, *Le Poète tibétain Milarépa, traduit du tibétain* (1925), A. Maisonneuve, 1955, 363 p.
– Saichô (fondateur de l'école japonaise Tendai, 767-822) : J.-N. ROBERT, *Les Doctrines de l'école japonaise Tendai au début du IXᵉ s.*, Maisonneuve et Larose, 1990, p. 17-27.
– Shâriputra (disciple du Bouddha réputé pour sa sagesse) : A. MIGOT, « Un grand disciple du Bouddha : Shâriputra », *Bulletin de l'ÉFEO*, nº XLVI, fasc. 2, 1954, p. 405-554.
– Yeshe Tsogyel (>Ye.shes Mtso.rgyal, tibétaine, 757-817) : KEITH DOWMAN (traductrice), *Sky Dancer. The Secret Life and Songs of the Lady Yeshe Tsogyel*, Routledge et Kegan Paul, Londres, 1984, 350 p.

Les beaux-arts
– Art : ALICE GETTY, *The Gods of Northern Buddhism* (1928), 2ᵉ éd. revue Rutland, Tôkyô, 1962 ; P. MUS, *Barabudur* (1932), Arma Artis, 1990, 1120 p. ; Â. K. COOMARASWÂMY, *Elements of Buddhist Iconography*, Harvard UP, Cambridge, Mass., États-Unis, 1935 ; G. TUCCI, *Théorie et Pratique du Mandala* (1949), trad. de l'italien, Fayard, coll. « Documents spirituels », nº 10, 1974, 164 p. ; MARIE-THÉRÈSE DE MALLMANN, *Introduction à l'iconographie du tantrisme bouddhique* (1975), A. Maisonneuve, 1986, XII-497 p., 20 pl. ; T. SAWA, *Art in Esoteric Buddhism*, trad. du japonais en anglais, Weatherhill, 1972, 151 p. ; J. DUMARÇAY, *Borobudur*, Arthaud, 1990, 192 p. (le sanctuaire de Bârâbudur, à Java).
– Musique : J. PORTE dir., *Encyclopédie des musiques sacrées*, Labergerie, 1968, t. 1, p. 190-249 ; ST. SADIE dir., *The New Grove Dictionary of Music and Musicians*, Macmillan, New York, 1980, t. 3, p. 417-421.

Syncrétismes
– Le Bouddho-shivaïsme (Bouddhisme Kâlachakra + Hindouisme shivaïte tantrique) en Asie du Sud-Est (au Cambodge du IXᵉ s. à la fin du XIIIᵉ s., à Java de 900 jusqu'à la fin du XIVᵉ s., à Bali au XIVᵉ s., au Tchampa, aux Célèbes, à Sumatra) : R. O. WINSTEDT, *Shaman, Saiva and Sufi. A Study of Evolution of Malay Magic*,

Constable, Londres, 1925, VII-191 p. ; P. C. BAGCHI, *Studies in the Tantras*, Calcutta, 1939.
- Le Manichéisme (qui, en 240, intègre le Bouddha) : J. RIES, *Introduction aux études manichéennes*, Louvain, 1959, t. 2, p. 365-372.
- Le *Prijaji* (mystique avec éléments hindouistes, bouddhistes et indonésiens, à Java) : C. GEERTZ, *The Religion of Java*, The Free Press of Glencoe, États-Unis, 1960.
- Les Sahajiyâ (Vishnouïsme + Krishnaïsme + Shivaîsme + Bouddhisme) : L. RENOU et J. FILLIOZAT, *L'Inde classique. Manuel des études indiennes* (1947-1953), A. Maisonneuve, 1991, t. 1, p. 465-467, 646, t. 2, p. 384, 596.
- Le Théosophisme : HELENA PETROVNA BLAVATSKY, *La Doctrine secrète. Synthèse de la science, de la religion et de la philosophie* (1888-1897), trad. de l'anglais (1899 ss.), Adyar, 6 t., 7ᵉ éd. 1982-1988 : t. 1, p. XLVI-XLIX, LVI, XCIII, et t. 6 : *Miscellanées*.
- Les Yamabushhi (le Shugendô, Japon, v. 700-1872 : culte des montagnes + Shintô populaire + Bouddhisme + Taoïsme) : H. B. EARHART apud *Studies of Esoteric Buddhism and Tantrism*, Kôyasan University, 1965, p. 297-317 ; C. BLAKER, *Initiation in Shugendô*, apud C. J. BLEEKER dir., *Initiation*, Supplement to Numen, Leyde, 1965, p. 96-111 ; G. RENONDEAU, *Le Shugendô. Histoire, Doctrine et Rites des anachorètes dits Yamabushi*, Cahiers de la Société asiatique, n° 18, 1965.

Histoire et expansion en Asie
R. DE BERVAL dir., *Présence du Bouddhisme* (1959, 1025 p.), édition remaniée, Gallimard, 1987, p. 453-702 ; H.-CH. PUECH dir., *Histoire des religions*, Gallimard, « Encyclopédie de la Pléiade », t. 1, 1970, p. 1146-1214 (Inde), 1249-1350 (Chine, Japon).

Ésotérisme et politique
M. THA KYWE, *Treatise on Buddhist Law*, Mandalay, 1909 ; 2 t. ; J. PRYLUSKI, *La Légende de l'empereur Açoka*, 1923 ; J. GERNET, *Les Aspects économiques du bouddhisme dans la société chinoise du Ve au Xe siècle*, Publications de l'ÉFEO, n° 39, 1974, XV-311 p. ; H. BARRAUX, *Histoire des dalaï-lamas*, Albin Michel, 1993, 393 p.

Et les femmes ?
Miss I. B. HORNER, *Women under Primitive Buddhism*, Motilal Banardidass, New Delhi, 1930 ; B. BHATTÂCHÂRYA, *An Introduction to Buddhist Esoterism*, éd. cit., p. 62-82 (sur Laksmînkara, 792, tantriste) ; DIANA M. PAUL, *Women in Buddhism* (1974), Asian Humanities, Berkeley, 1979 ; M. WIJAYARATNA, *Les Moniales bouddhistes. Naissance et développement du monachisme féminin*, Cerf, 1991, 223 p.

Les ésotérismes d'Extrême-Orient

15. LES ÉSOTÉRISMES D'EXTRÊME-ORIENT

> *Les deux parties ésotérique et exotérique de la tradition extrême-orientale avaient été constituées en deux branches de doctrine.*
>
> R. GUÉNON,
> *La Grande Triade*, p. 11.

L'Extrême-Orient est l'Orient suprême. Là, les ésotérismes, souvent venus d'ailleurs en Orient, atteignent l'excellence. Où le Bouddhisme prend-il son maximum de netteté ? au Japon. Son maximum de complexité ? au Tibet. Où trouve-t-on le chamanisme le mieux pensé ? en Corée. Quel pays a su présenter à la perfection la doctrine des correspondances ? la Chine.
L'Extrême-Orient obtient le prix d'excellence en ésotérisme.

L'ÉSOTÉRISME EXTRÊME-ORIENTAL : CARACTÉRISTIQUES

L'Extrême-Orient, autrement dit l'Asie orientale, comprend la Mongolie, la Chine, le Tibet, la Corée, le Japon.
Qu'il y ait de l'ésotérisme en Extrême-Orient, personne n'en doute. Les images se pressent : *Yi king*, lamas tibétains, chamanes mongols, monastère de Chao-lin, mont T'ien-t'ai, *yamabushi*, Zen, ermitages dans l'Himâlaya...
On exagère. Tout le Zen n'est pas initiatique, tout le Bouddhisme tibétain n'est pas secret, loin de là.
Les divers mouvements ésotériques d'Extrême-Orient ont-ils une unité, une spécificité ? Au nord, en Sibérie, il y a le chamanisme ; au sud,

dans l'Indochine des sociétés primitives, il y a l'animisme ; en Chine, il y a le Taoïsme. Existe-t-il un ésotérisme d'Extrême-Orient, qui se distingue de ses proches voisins, comme le Vajrayâna indien, et, à plus forte raison, des ésotérismes plus lointains, comme l'Orphisme ou l'astrologie babylonienne ?

L'ésotérisme d'Extrême-Orient, évidemment, se veut asiatique. C'est un ésotérisme jaune. Cet aspect peut se manifester avec plus d'aisance, car, en Extrême-Orient, il est civilisé, policé. De jaune [1], l'ésotérisme devient doré ! La subtilité du raisonnement, la souplesse des attitudes, l'ingéniosité des techniques, l'éclectisme religieux, le respect des Anciens... propres à tous les Asiatiques, s'expriment mieux. L'ésotérisme d'Extrême-Orient est asiatique sur le mode civilisé, avec des écritures, des calendriers, des chronologies, des monuments, des sacerdoces, etc. [2]. Les ésotérismes d'Asie Antérieure, Mésopotamie et Égypte, sont civilisateurs, ils commencent, tandis que les ésotérismes d'Asie orientale, Chine et Japon, gagnent en raffinement, ils accomplissent. Ils peuvent se permettre le luxe de mépriser les livres, de retourner à la nature, comme les riches qui méprisent l'argent.

L'Asiatique attribue sa civilisation aux Sages, pas aux dieux, pas aux génies, pas aux religieux : aux Sages. Découvertes, inventions, créations relèvent de la sainteté ! Le préjugé occidental qui attribue tout progrès aux techniciens vole ici en éclats. La tradition se veut civilisatrice et ésotérique. L'ésotérisme fait œuvre de civilisation. Les historiens se complaisent à présenter l'ésotérisme comme une force obscurantiste, mais les faits leur donnent tort. L'ésotérisme d'Extrême-Orient se présente comme une suite de **Sages civilisateurs**. Les inventions renvoient aux grands noms de l'ésotérisme.

Quelle est la plus haute invention civilisée ? l'écriture. À qui doit-on l'écriture ? aux Sages. L'écriture chinoise vient des devins.

Dans les premiers temps, on nouait des cordelettes pour gouverner. Les saints hommes des époques ultérieures substituèrent à cet usage des documents écrits pour régir les différents fonctionnaires et surveiller les sujets.

Livre des mutations. Yi king, ailes 5-6 : *Hi-ts'eu*, II.2.13, trad. du chinois R. Wilhelm, *Le Livre des transformations* (1924), Médicis, 1973, p. 372. © Éditions Médicis-Entrelacs, Orsay.

La Chine insiste. Fou-hi, vers 2852 av. J.-C., à la fois invente la domestication animale côté civilisation, et les trigrammes du *Yi king* côté ésotérisme. Le Souverain Jaune, Houang-ti, invente la stratégie aussi bien que l'alchimie. Au Tibet [3], les données relèvent davantage de l'histoire. Le

---

1. Voir *supra*, p. 204 (« L'ésotérisme jaune »).
2. Voir *supra*, p. 307 (« Les ésotérismes civilisateurs : caractéristiques »).
3. D. L. Snellgrove et H. Richardson, *A Cultural History of Tibet* (1968), Prajñā Press, Boulder, 1980 ; *Indo-Tibetan Buddhism*, Serindia Publications, Londres, 1987, p. 386.

premier des rois-selon-la-Loi (bouddhique), Songtsen Gampo (>Srong.btsan sgam.po), connu pour ses liens avec la méditation et le tantrisme bouddhique, serait directement à la source de l'écriture tibétaine. En 649, il fit créer ou améliorer l'écriture tibétaine par Thönmi Sambhota, qui rédigea aussi la grammaire. Pour les tenants de la religion Bön, c'est Shenrab, leur fondateur, qui aurait inventé l'écriture tibétaine.

– [Chine] T'ai-hao P'ao-hi [...] eut une vertu sainte. [...] Il fut le premier à tracer les huit trigrammes grâce auxquels il pénétra l'efficace des esprits divins et grâce auxquels il sépara par classes les natures des êtres. Il inventa les textes écrits pour remplacer l'institution des cordes nouées. Puis le premier il régla le mariage de la femme et celui de l'homme et du don des deux peaux de bêtes il fit un rite [cérémonie par laquelle tout fonctionnaire devait consacrer son arrivée à l'âge viril]. Il tressa des filets et des rets pour enseigner la chasse et la pêche, et c'est pourquoi on l'appela Fou-hi [soumettre des animaux domestiques]. Il éleva des animaux domestiques pour la cuisine, et c'est pourquoi on l'appela P'ao-hi [élever des animaux pour la cuisine].

<small>Sseu-ma Tcheng, *Annales principales des Trois Souverains*, trad. du chinois É. Chavannes, *apud* Sseu-ma Ts'ien, *Mémoires historiques. Che-ki*, 100 av. J.-C., 1895-1905, rééd. 1967, A. Maisonneuve, t. 1, p. 3-7. © A. Maisonneuve, Paris.</small>

– [Tibet] Song-tsen-gampo (VIIe siècle), 32e roi du Tibet, accéda au trône à l'âge de treize ans. Son règne marque la première apparition du bouddhisme dans notre pays. [...] Le roi envoya son ministre et conseiller Thon-mi-Sambhota en Inde pour y étudier la grammaire et les Écritures bouddhistes. Le ministre acquit une compétence réelle en ces matières. De retour au Tibet, il composa, d'après la grammaire sanskrite, un alphabet, une grammaire et un traité d'orthographe en huit volumes parfaitement appropriés à la langue tibétaine.

<small>Tenzin Gyatso XIVe Dalaï-lama, *La Lumière du Dharma*, trad. du tibétain, 1973, Pocket, coll. « L'Âge d'être », 1995, p. 113-114.</small>

Dans les temps modernes, il ne faudrait pas oublier qu'une grande partie de la gloire japonaise vient des ésotéristes : le judo a été créé par Jigorô Kanô sur une base spirituelle [1], le Zen est fondamentalement ésotérique.

Aussi, des biographies, en partie mythiques, en partie légendaires, en partie historiques, circulent, qui livrent les noms, les vies, les découvertes des Grands Sages. La Chine donne *Biographies des ermites, Kao-che tchouan* (de Houang Fou-mi), le Tibet *Annales bleues. Deb.ther sngon.po* (de Gö Lotsawa Chonou Pal), etc. À la différence de l'Inde, les pays d'Extrême-Orient attachent de l'importance à l'histoire, à la chronologie, à la biographie.

On voit émerger de **foudroyantes personnalités**. Alors que dans la vie tribale on restait indéterminé, dans la vie policée on développe ses particularités. Les ésotéristes primitifs sont des gens, les ésotéristes civilisés sont des personnes. En général, ces personnes sont plus des personnages

---

1. Voir *infra*, p. 833 (« Le Zen : idées ésotériques »).

que des individualités, ils se présentent comme le sage type, le magicien modèle, avec une touche personnelle, un ton particulier. Les fortes personnalités, on les trouve surtout au Tibet, avec Marpa et son disciple Milarépa, et au Japon, avec Saichô et son concurrent Kûkai. Ce sont des orages, ces hommes-là. Ils portent d'ailleurs souvent le foudre-diamant comme sceptre. Padmasambhava, trop enveloppé de légendes, marque moins sa personnalité. Lao-tseu s'efface au nom de sa conception du sage, un homme caché.

La question des origines, des filiations, intéresse les ésotéristes d'Extrême-Orient. Les successions, qui chez les Civilisateurs se déroulaient à l'intérieur des dynasties, chez les rois, jouent un rôle en religion, dans les écoles, entre Patriarches, Vénérables, Maîtres, Hiérarques. Le Taoïsme religieux présente une suite de 64 Maîtres Célestes *(t'ien-che)*, l'école s'appelle même Religion des Maîtres Célestes *(T'ien-che kiao)*. Le Tch'an (le Zen chinois) liste ses 28 Patriarches [1], le Zen ses 52 hiérarques («abbés») Sôtô [2], le Vajrayâna indo-tibétain ses 84 ou 85 Mahâsiddha (Grands Parfaits) [3]. Au Tibet, l'école Dgelugs-pa compte ses 14 Dalaï-lama [4] et ses 11 Panchen-lama [5], l'école Karma-pa ses 17 hiérarques [6], l'école Kagyü-pa ses maîtres spirituels [7]... Qu'on ne s'y trompe pas. Le contexte reste ésotérique. L'idée de **chaînes initiatiques** l'emporte sur celle de listes chronologiques. Les initiés peuvent mettre dans leur chaîne des dieux, sauter des siècles. La chaîne initiatique du Mahâmudrâ commence avec un *bodhisattva*, pas avec un homme, façon de montrer l'origine non humaine de la tradition.

Cette transmission ne fut jamais interrompue. Si ce qui est transmis est un enseignement ésotérique, c'est afin d'obtenir des hommes de valeur.

Entretiens du Maître de dhyâna Chen-houei de Ho-tsö [668-760], trad. du chinois J. Gernet, Publications de l'ÉFEO, n° 31, 1949, p. 109.

Le respect des Anciens ne va pas sans esprit critique. Cela oppose un ésotérisme civilisé à un ésotérisme primitif. Un Asiatique primitif tient

---

1. P. B. Yampolsky, *The Platform Sûtra of the Sixth Patriarch*, Columbia UP, New York, 1967.
2. Keizan Jôkin, *Écrits sur la transmission de la lampe. Keizan Oshô Denkô-roku* (v. 1300). Non traduit, à ma connaissance.
3. T. Schmid, *The Eighty-five Siddhas*, Stockholm, 1958 (reproduction commentée de peintures tibétaines). *Buddha's Lions. The Lives of the Eighty-Four Siddhas*, trad. J. B. Robinson, Berkeley, 1979.
4. H. Barraux, *Histoire des Dalaï-Lamas*, Albin Michel, 1993, 393 p.
5. R. A. Stein, *La Civilisation tibétaine* (1962), L'Asiathèque, 1991, p. 48-62.
6. N. Douglas et M. White, *Karmapa. Le Lama à la coiffe noire du Tibet* (1976), trad. de l'anglais, Archè de Thoth, Milan, 1979, 252 p. Chimey Rinpoche, *Histoire de la transmission orale de la lignée Karma-Kagyu*, trad. du tibétain, Centre d'études tibétaines Karma Migyur Ling, 38160 Izeron.
7. W. Y. Evans Wentz, *Tibet's Great Yogi Milarepa* (attribué à tort à Rechung), 1928, p. 6-8, rééd. Galaxy Book, 1969 ; *Le Yoga tibétain et les Doctrines secrètes* (1935), J. Maisonneuve, 1987, p. 113-124.

pour immuable la tradition, tandis qu'un Asiatique civilisé la tient pour amendable. L'ésotérisme peut et doit inventer. L'insolence passe. Ami de Confucius, mais plus encore de la vérité ! L'Asiatique se donne loisir de changer ostensiblement, ce que ne fait pas le Civilisateur mésopotamien ou égyptien, encore moins le Primitif.

Les paroles de poids contiennent sept dixièmes de vérité parce qu'elles ont été dites par des Anciens eux-mêmes qui sont nos aînés. Mais si ce qu'ils disent manque d'ordre et d'autorité, ce n'est pas parce qu'ils sont des Anciens qu'ils peuvent être considérés comme nos aînés. N'étant alors pas nos véritables aînés, ils n'apportent rien au Tao humain ; ce ne sont que des gens périmés.

Tchouang-tseu, XXVII, apud *Philosophes taoïstes*, Gallimard, « Bibliothèque de la Pléiade », 1980, p. 302. © Gallimard, Paris.

L'idée de **maître spirituel** entre dans ce cadre. Le maître ne dit pas la vérité, il l'indique. Pourquoi ce privilège du maître spirituel dans le Sud asiatique, en Inde, en Chine, etc. ? Les civilisations d'Asie du Sud sont orales plus que scripturales. Le maître spirituel représente une tradition en chair et en os, en posture et en prière. Il récite les traditions, il sert de livre. D'autre part, les religions d'Asie du Sud exigent le vécu, l'expérience mystique. Le maître n'enseigne pas, il montre, il se montre, au mieux il conseille. Il est. Il atteste et il teste. Ainsi il indique une voie, il prouve qu'il y a voie. L'idée de maître spirituel s'impose en Inde : c'est le gourou [1], et au Tibet : c'est le lama.

– [Chine] Sans erreur, sans doute, comme cela est le *Dharma*. Le Bouddha et les maîtres de la transmission n'en ont pas parlé. Maintenant vous pouvez l'obtenir. Aussi, je vous en prie, conservez-le intact.

« Chaque jour mon esprit [de disciple] et ton esprit [de maître] communient, ma conscience et ta conscience aussi.
Ils n'oublient pas.
Ils sont infinis.
Et, jour après jour,
ma conscience et ta conscience
mon esprit et ton esprit
se mirent l'un dans l'autre. »

Tong-chan Liang-kiai (>Dongshan Liangjie, jap. maître Tôzan, † 869), *Enstase du miroir du trésor. Hokyo Zan Mai*, trad. T. Deshimaru, *La Pratique du Zen* (1974), Albin Michel, coll. « Spiritualités vivantes », n° 25, 1981, p. 139. © Albin Michel, Paris.

– [Tibet] J'ai bien peur que le terme de « maître » ou de « gourou » soit trop employé en Occident. Mieux vaudrait parler de l'« ami spirituel », puisque les

---

1. Le Bouddha, lui, a développé l'idée de travail personnel : « Venez, ô Kâlâmas, ne vous laissez pas guider par des rapports, ni par la tradition religieuse, ni par la pensée que "ce religieux est notre maître spirituel". Cependant, ô Kâlâmas, lorsque vous savez vous-mêmes que certaines choses sont défavorables, que telles choses blâmables sont condamnées par les sages et que, lorsqu'on les met en pratique, ces choses conduisent au mal et au malheur, abandonnez-les » (*Tripitaka*, B : *Sûtrapitaka*, IV : *Anguttaranikâya, Kâlâma-sûtra*, trad. M. Wijayaratna, *Sermons du Bouddha*, Cerf, 1988, p. 27).

enseignements mettent l'accent sur la rencontre de deux esprits. Il s'agit d'une communication mutuelle, plutôt que d'une relation maître-serviteur entre un être hautement évolué et un autre, malheureux et empli de confusion. [...]
Une histoire intéressante raconte l'aventure d'un groupe de gens qui avaient décidé de se mettre à l'école d'un grand maître tibétain. Ils avaient déjà reçu quelque enseignement d'autres maîtres. [...] « Je vous accepterai, leur dit-il, à la seule condition que vous renonciez à vos maîtres précédents. » [...] Finalement, tous sauf un décidèrent d'abandonner leurs maîtres précédents, qui, en fait, leur avaient appris beaucoup de choses. [...] Mais, lorsqu'ils revinrent, le grand maître leur tint ce discours : « Je vois votre hypocrisie. La prochaine fois que vous irez voir un autre maître, vous m'abandonnerez. Alors, sortez d'ici. » Et il les jeta dehors, à l'exception de celui qui savait apprécier ce qu'il avait appris auparavant. [...]
Si vous voulez entrer en amitié avec un maître spirituel, faites connaissance simplement, ouvertement.

Chögyam Trungpa, *Pratique de la voie tibétaine. Au-delà du matérialisme spirituel* (1973), Éditions du Seuil, coll. « Points. Sagesses », n° 2, 1976, p. 48-50. © Éditions du Seuil, Paris.

Les textes ésotériques de l'Extrême-Orient usent et abusent des **énumérations**. On retrouverait ce phénomène en Inde. Les ésotéristes d'Extrême-Orient se plaisent à numéroter, à recenser, à classer, à hiérarchiser. L'ésotérisme devient répertoire des choses connues et matrice de découvertes pour les choses inconnues. Les choses les plus subtiles sont encore disséquées. On distingue les variétés d'extase, les catégories d'alchimie, les phases d'initiation, les types de vide... La définition générale intéresse moins qu'une typologie pratique. L'homme d'Extrême-Orient ne se demande pas ce qu'est la méditation, mais quelles sortes de méditations peuvent se pratiquer. Ces énumérations sont des classifications, des analogies et des correspondances. On embrasse la totalité de la réalité dans sa diversité et dans ses liaisons. On parle et de l'ensemble et des parties. On fait système, un système fermé des acquis aussi bien qu'un système ouvert pour les innovations. Comme dans le Pythagorisme, le nombre sert à rendre le monde intelligible, à coordonner les connaissances, autant qu'à découvrir. S'il y a cinq sens, il doit y avoir, par correspondances, cinq odeurs, cinq saveurs, cinq couleurs, etc. ; s'il y a cinq sens, il doit y avoir, par analogie, cinq Éléments, cinq Activités, etc. Quel est la cinquième odeur ? quel est son rapport avec le rouge ? pourquoi une base 5, et non pas une base 6 ? On obtient ainsi des détails et des synopsis, on tient en main le tout du monde en même temps que les particularités. Le monde est un ordre. On peut le mémoriser, on peut le deviner. Dans une grille des correspondances connaissances passées et prophéties futures se pressent.

– [Chine] La perte de la nature peut s'opérer de cinq manières. En premier lieu, les cinq couleurs [1] fatiguent les yeux et troublent la vision ; en deuxième lieu, les

---

1. Cinq couleurs : noir, rouge pourpre, vert foncé, blanc, jaune.

cinq sons fatiguent les oreilles et troublent l'ouïe ; en troisième lieu, les cinq odeurs [1] enfument le nez, l'obstruent et montent au cerveau ; en quatrième lieu, les cinq saveurs [2] gâtent la bouche et la rendent malade, inapte à savourer ; en cinquième lieu, les attirances et les dégoûts troublent l'esprit et rendent excitable. Telles sont les cinq catégories de maux qui affligent l'homme. [...] La mobilisation des trois armées et l'utilisation des cinq instruments de guerre [3] ne sont que des accessoires de la vertu du prince ; la récompense et la punition, la faveur et la disgrâce, les cinq modes de supplice [4] ne sont que des accessoires de l'instruction dispensée par le prince [...].

Tchouang-tseu, XII et XIII, apud *Philosophes taoïstes*, éd. cit., p. 175, 180. © Gallimard, Paris.

– [Tibet] Le fait qu'ont été portés à la connaissance des hommes : les dix actes pieux [5], les dix *pâramitâ* [6], les divers enseignements concernant la Réalité et la Perfection, les Quatre Nobles Vérités, les quatre stages de *dhyâna* [7], les quatre stages d'existence sans forme et les deux sentiers mystiques du développement spirituel et de la libération, montre la vertu du Saint *Dharma* [la Loi bouddhique]. Le fait que se sont développés, dans le *samsâra* [cycle des naissances, morts et renaissances] des princes et des brâhmanes spirituellement illuminés parmi les hommes et les quatre grands Gardiens, les six ordres de *deva* [divinités] des paradis sensoriels, les dix-sept ordres de dieux des mondes des formes, les quatre ordres de dieux des mondes sans forme, montre la vertu du Saint *Dharma*.

Sgampo-pa, *Les Préceptes du gourou*, XXVI, 1-2, trad. *apud* W. Y. Evans Wentz, *Le Yoga tibétain et les Doctrines secrètes* (1938), trad. française A. Maisonneuve, 1974, p. 104-105. © A. Maisonneuve, Paris.

L'ésotérisme d'Extrême-Orient est un **ésotérisme d'accomplissement**. Il ne s'agit pas de proclamer un ésotérisme, il s'agit de se faire ésotériste. L'Asiatique présente l'ésotérisme en termes d'actes mystiques, de réalisation spirituelle. On trouve donc des exercices plus que des dogmes. Quand on pense au Bouddhisme tibétain, on voit des monastères en activité, des moines qui lisent, des moulins qui tournent. L'ésotérisme coréen, avec ses chamanesses *(mu dang)* [8], ne fait pas de théologie, il agite tambours, clochettes, cymbales, il guérit, il va en quête des âmes, il fait

---

1. Cinq odeurs : pourri, brûlé, rance, viande crue, parfumé.
2. Cinq saveurs : salé, amer, acide, acre, doux.
3. Cinq instruments de guerre : arcs, bâtons, lances, piques, hallebardes.
4. Cinq modes de supplice : ablation du nez, marque sur le visage, amputation du pied, castration, décapitation.
5. Dix actes pieux : « Il en est trois du corps : sauver la vie, être chaste, être charitable ; quatre de la parole : dire la vérité, établir la paix, être poli dans ses paroles et faire des actes religieux ; trois de l'esprit : être bienveillant, souhaiter du bien aux autres, avoir de la modestie alliée à la foi » (trad. anglaise W. Y. Evans Wentz).
6. Dix perfections : charité, moralité, patience, énergie, méditation, sagesse, puis action correcte, vœux pieux, résolution, connaissance.
7. Quatre stages de méditation : abolition des désirs et des éléments malsains, apaisement de la pensée et de la réflexion, impassibilité, acuité d'esprit.
8. Sur le chamanisme coréen : A. Guillermoz, « Chamanes et Chamanesses coréens », *apud* Roberte Hamayon, *Voyages chamaniques 2*, *L'Ethnographie*, n°s 87-88, 1982, p. 175-185 ; id., *Les Algues, les Anciens, les Dieux. La Vie et la Religion d'un village des pêcheurs-agriculteurs coréens*, Le Léopard d'or, 1983. Kim Harvey Yougsook, *Six Korean Women. The Socialization of Shamans*, West Publishing Company, Saint Paul, 1979.

tomber la pluie. Le moine Zen, à la différence du moine indien, travaille. L'écart avec l'ésotérisme européen est net. En Europe, l'ésotérisme prend surtout la forme de doctrines, on s'intéresse peu aux réalisations, ou alors aux réalisations matérielles ; même dans le cas de l'alchimie on ne demande guère de résultats à l'alchimiste européen. Qu'il écrive, ça suffit. L'Extrême-Orient, au contraire, remonte des pratiques aux théories et revient aux pratiques. Il privilégie les hommes réalisés, les procédés réalisateurs, les initiations réelles. Les historiens disent que les Asiatiques n'ont pas de métaphysique. C'est presque vrai. Disons qu'ils expérimentent les idées. L'Asiatique ne spécule pas en matière d'ésotérisme.

– [Texte taoïste] En ce qui concerne la méditation, l'expérience est tout. Tout ce qui n'est pas fondé sur l'expérience est extérieur à la méditation.

Tchen-tching K'e-ouen, † 1102.

– [Texte tch'an] Le mot *Mahâprajñâpâramitâ* est sanskrit et signifie « la Grande Perfection de la Sagesse suprême » qui permet d'atteindre l'autre rive de l'océan de l'existence [le *nirvâna*]. Ce qu'il convient de faire, c'est de la mettre en pratique au moyen de notre esprit. Que nous prononcions le mot « sagesse » ou non est indifférent. Réciter sans pratiquer mentalement n'est qu'une fantasmagorie, une illusion de magie, un éclair, une goutte de rosée. Par contre, en récitant et en pratiquant mentalement nous mettons notre esprit en accord avec ce que nous répétons oralement.

Houei-neng (>Huineng, 638-713), *Discours et Sermons, d'après le sûtra de l'Estrade sur les pierres précieuses de la Loi. Lieou-tsou ta-che fa-pao t'an king* (=*Livre de l'estrade*), trad. du chinois L. Houlné, Albin Michel, coll. « Spiritualités vivantes », n° 42, 1984, p. 56. © Albin Michel, Paris.

– [Texte lamaïste] Au niveau du Mahâyâna et du Vajrayâna, la vision juste n'est rien moins que l'expérience directe de la nature de l'esprit lui-même : à ce niveau seulement nous pouvons dire de quelqu'un qu'il a complètement réalisé la visée du véhicule supérieur. Tant qu'il n'y a que réalisation partielle, nous ne parlons que d'une compréhension partielle du but.

Kalou Rinpoche, *Instructions fondamentales. Introduction au bouddhisme vajrayâna*, chap. 1, trad., Albin Michel, coll. « Spiritualités vivantes », n° 80, 1990, p. 32.

Les contes ou anecdotes asiatiques se plaisent ainsi à parler d'initiation et de gnose à travers des histoires de travail manuel, de besognes.

Pai-tchang laissa une célèbre maxime, qui fut le principe directeur de sa vie et qui est éminemment l'esprit même de la salle de méditation : « Qui ne travaille ne mange. » Quand ses disciples dévoués estimèrent qu'il était trop vieux pour travailler au jardin, ce qui était son occupation quotidienne, à côté des conférences et de l'enseignement du Tch'an aux moines, ils cachèrent tous ses outils de jardinage, car le maître ne voulait pas se rendre à leurs remontrances. Il refusa alors de manger, disant : « Qui ne travaille ne mange (littéralement : un jour de non-travail un jour de non-nourriture). »

D. T. Suzuki, *Essais sur le Bouddhisme Zen*, t. 1 (1930), trad. de l'anglais (1940), Albin Michel, coll. « Spiritualités vivantes », n° 9, p. 372. © Albin Michel, Paris.

L'**ésotérisme bouddhique** domine l'ésotérisme d'Extrême-Orient. Phénomène remarquable, le Bouddhisme est né en Inde mais il s'est surtout développé en dehors de l'Inde, en Extrême-Orient, tout comme le Christianisme est né en « Palestine » mais s'est développé en dehors : 0,7 % de Bouddhistes en Inde, 2,4 % de Chrétiens en Israël. Le Lamaïsme du Tibet, le Zen du Japon, le T'ien-t'ai en Chine, formes célèbres de l'ésotérisme, sont des écoles bouddhiques. Lao-tseu, selon une légende, se serait rendu en Inde, à la fin de sa vie, et serait devenu le Bouddha [1] !

L'Extrême-Orient accepte les ésotérismes les plus divers. Alors que l'Égypte a une religion nationale, la Babylonie aussi, l'Extrême-Orient tolère ou encourage (avec quelques intolérances de temps en temps !) des ésotérismes venus de l'étranger. La Chine, qui a déjà plusieurs ésotérismes (Wouïsme, Universisme, Taoïsme) développe le Bouddhisme tantrique *(Kin kang tch'eng)*, le Bouddhisme de la contemplation (Tch'an), il admet le Manichéisme, le Soufisme. Au Tibet, le phénomène s'amplifie, puisque les ésotérismes indigènes (Tsug, Bön) se voient supplantés par des ésotérismes indiens bouddhistes (Subitisme, Vajrayâna). La Corée a particulièrement développé le Taoïsme magico-religieux, d'origine chinoise, et le bouddhisme tantrique, d'origine indienne. En Mongolie, le chamanisme indigène cède le pas au Manichéisme et au Bouddhisme. L'Extrême-Orient est, pourrait-on dire, poly-ésotérique. Cet **ésotérisme pluriel**, parfois syncrétique, parfois éclectique, parfois coordonné, admet plusieurs ésotérismes à la fois, des ésotérismes indigènes, des ésotérismes étrangers, des ésotérismes combinés. En Europe verrait-on un Chrétien un peu bouddhique ? Certainement pas. En Asie, tout Taoïste a dans ses poches quelques nourritures bouddhiques, ou chamaniques. La liste des Mahâsiddha comprend et des Hindouistes et des Bouddhistes, et des Indiens et des Tibétains. On comprend pourquoi : le fait d'être un Adepte importe plus que de savoir par quel moyen, dans quelle religion, avec quelle nationalité, en quelle langue. Fait remarquable, dans le chant, les peuples d'Asie admettent l'improvisation, ils ne visent pas l'harmonie pure.

Pluriel, l'ésotérisme d'Extrême-Orient l'est aussi dans son déploiement, dans sa démarche, dans sa gradation. L'ésotérisme n'est pas perçu comme le contraire de l'exotérisme. Les escaliers vers la délivrance s'imbriquent, se croisent. On passe d'un étage à l'autre, dans un superbe échafaudage qui part à l'escalade du Ciel. On laisse des passerelles, des ponts, qui montent, descendent, relient. On peut redescendre, repartir à la verticale. Pour qui a marché dans les montagnes asiatiques, rien n'est plus naturel. Il faut parfois descendre pour mieux monter. On emprunte ici une

---

1. *Livre de Lao-tseu qui convertit les Barbares. Lao-tseu houa-hou king* (300 ap. J.-C.). Non traduit, à ma connaissance.

route, là le lit d'une rivière, plus loin un pont. Parfois on voyage seul, parfois on se laisse rejoindre par un groupe de pèlerins. Le Chinois, le Japonais, le Tibétain, le Coréen tracent des voies et des stades, plutôt que des doctrines isolées, comme en montagne on trace des passages plutôt que des propriétés. Au lieu d'insister sur l'aspect exotérique du Hînayâna et sur l'aspect ésotérique du Vajrayâna, les gens d'Extrême-Orient montrent un choix, une progression. On va du Hînayâna au Vajrayâna, à l'intérieur d'une même tradition, ou bien on passe du degré inférieur d'une tradition au degré ultime d'une autre tradition, par exemple du chamanisme au tantrisme, ou l'inverse. Par cet **ésotérisme mêlé**, la pensée d'Extrême-Orient offre des moyens pour tous, ésotéristes de salons, ésotéristes des sommets enneigés. Les ésotérismes, les exotérismes se mêlent, se complètent. Les Rñin-ma-pa, une école tantriste tibétaine, vont jusqu'à distinguer neuf véhicules correspondant au niveau des adhérents.

Une idée revient dans l'ésotérisme d'Extrême-Orient, quasiment absente en Occident, celle de **vide**. Les Occidentaux parlent du vide dans le domaine physique, comme absence de matière. On connaît le désespoir de l'ivrogne devant sa bouteille de vin vide et l'effroi du scientifique contemplant des espaces sans atomes ou sans astres. En Asie, on parle du vide dans un contexte mystique. On passe insensiblement du vide des choses au vide de l'âme. Pour le Taoïsme, le Tao est Vide *(Wou)* comme le saint est vide : vide, le Tao sans qualités accessibles, nu de propriétés sensibles, vide, également, le saint sans désir artificiel ni pensée construite. Le moment miraculeux survient au transvasement, à l'instant où le premier vase se vide, où le second reste encore vide. Alors la pensée vit en suspens, comme le liquide entre les deux vases. On ne respire plus. On est toute attente. Il n'y a pas néant, mais équilibre de deux forces, vides, fortes de leur vide, d'un même vide, pendant que le regard reste obnubilé par l'eau, entre deux vides. Le Taoïste cure l'objet et fait jeûner le sujet. Le Tao est le vide même, à suivre Wang Pi, le plus célèbre commentateur du *Tao-tö king* : « Pour remonter jusqu'à l'être véritable, il faut retourner au non-être. » Si l'on passe de Chine en Inde, on retrouve la même métaphysique. Selon le Bouddha, la personne est vide, il n'y a pas de moi, l'homme n'a pas de nature propre, de substance permanente ; la personne, avec ses cinq agrégats (corps, connaissance, etc.), n'a pas plus de réalité qu'un char, qui se compose de pièces rassemblées, roues, brides, etc. Le Bouddha nie le sujet, si cher au monde occidental, et soutient même que le malheur de l'humanité vient de ce qu'elle croit à un soi dans l'homme et à un Soi cosmique. En ce sens, le Bouddha, près du Népal, relève plus de l'Extrême-Orient que de l'Inde. Le Mahâyâna étend le vide à toutes les réalités. Le vide *(shûnya)* désigne la non-substantialité des choses. Rien n'a de nature propre. Dans le Zen, le vide *(ku)* est central, comme dans le tourbillon le vide est central. Les choses sont vides, pures apparences, et l'on ne comprend cela qu'en étant soi-même vide, sans dualité avec l'objet, dépouillé de l'appareil des concepts et des mots. Le Zen soutient que la nature-de-bouddha *(busshô)* est essence de tout être, de sorte que la nature des choses se ramène au vide *(ku)*.

Le trente-deuxième Patriarche, Daiman Zenji (Hong-jen), rencontra le trente et unième Patriarche (Tao-hin) sur le chemin d'Ôbai. Le Patriarche (Tao-hin) demanda :
— Quel est ton nom de famille ?
Le maître (Hong-jen) répondit :
— Bien que j'aie un nom, ce n'est pas un nom ordinaire.
Le Patriarche dit :
— Quelle sorte de nom est-ce donc ?
Le maître dit :
— C'est Nature-de-bouddha.
Le Patriarche dit :
— N'as-tu pas de nom de famille ?
Le maître dit :
— Je n'en ai pas, car il serait par nature vacuité.

Keizan Jôkin (1268-1325), *Transmission de la lumière*. Denkô-roku.

Vide des choses et vide des cœurs vont de pair. Il faut faire le vide à l'intérieur pour voir le vide des êtres à l'extérieur ; inversement, le vide des êtres amène à faire le vide en nous. Le vide des êtres, leur vacuité, est ésotérique, puisque les gens croient en leur substance ; et le vide des esprits, leur vacance, est initiatique, puisque l'homme ne parvient à cet état, pourtant originel, qu'après de longues méditations. D'ailleurs les êtres et les esprits sont un. Il n'y a pas de dualité, cette dualité à la base de la pensée occidentale, qui oppose intérieur et extérieur, sujet et objet, esprit et matière. Une expérience banale permet, à mon sens, de s'approcher de l'idée de vide : l'expérience de la couleur bleue. Qu'est-ce que le bleu ? Assurément, nous le tenons pour une réalité, une qualité physique, la plus visible, celle de la mer, celle du ciel, or « le bleu est la plus immatérielle des couleurs : la nature ne le présente généralement que fait de transparence, c'est-à-dire de vide accumulé, vide de l'air, vide de l'eau, vide du cristal ou du diamant [1] ». Précisément, l'ésotérisme du vide s'appelle *vajra*, « foudre-diamant », la couleur mise en correspondance avec le vide est le bleu.

Commençons par deux célèbres textes sur le vide et sa double face, vacuité des êtres ou vacance des esprits :

— [Texte taoïste] Le souffle qui est le vide peut se conformer aux objets extérieurs. C'est sur le vide [*wou*] que se fixe le Tao. Le vide, c'est l'abstinence de l'esprit *(hin tchai)*.

Tchouang-tseu, IV, apud *Philosophes taoïstes*, éd. cit., p. 111. © Gallimard, Paris.

---

1. J. Chevalier et A. Gheerbrant, *Dictionnaire des symboles*, Robert Laffont, coll. « Bouquins », p. 129.

– [Texte bouddhique] La forme *(rûpa)* est le vide *(shûnyatâ)*, le vide est la forme ; la forme n'est pas différente du vide, le vide n'est pas différent de la forme ; en dehors de la forme il n'y a pas de vide, en dehors du vide il n'y a pas de forme. On peut en dire autant des sensations, de la pensée, des formations mentales et de la conscience [donc des cinq agrégats des réalités]. *Rûpam shûnyatâ shûnyataiva rûpam, rûpân na prithak shûnyatâ shûnyatâyâ na prithag rûpam, yad rûpam sâ shûnyatâ yâ shûnyatâ tad rûpâm ; evam eva vedanâ-samjñâ-samskâravijñânam.*

Prajñâpâramitâ-sûtra, n° 54 : *Grande Perfection de sapience du texte du cœur. Mahâprajñâpâramitâ-hrdaya-sûtra* (Ier s.), 3, trad. anglaise, Éd. Conze, *Buddhist Wisdom Books*, 1953, Unwin, Londres, 1988, p. 103 ; trad. française D. T. Suzuki, *Manuel de Bouddhisme Zen*, Dervy, 1981, p. 26. © Éditions Dervy, Paris. Texte chanté dans les *dôjô* (salles-de-la-voie) à la fin de la méditation.

Poème de Nanao, auteur japonais contemporain :

> Si tu as le temps de causer
> Lis des livres
> Si tu as le temps de lire
> Marche dans la montagne, le désert, l'océan
> Si tu as le temps de marcher
> Chante, danse
> Si tu as le temps de danser
> Assieds-toi en paix, Imbécile Bienheureux.

Nanao (1966), trad. du japonais Simone Rasoarilalao, « Révolution intérieure », n° 5, 1987, p. 50.

L'Asie propose une initiation au maximum pour un ésotérisme au minimum : il s'agit d'amener l'esprit à son sommet afin de découvrir le vide !

L'Extrême-Orient a donc développé des pratiques qui lui sont propres. Des pratiques pour le vide, des pratiques à vide comme il y a des moulins à vent : les choses se font. Ces pratiques n'existent pas en Occident, puisque le vide n'y est pas admis. On ne trouve pas de terme correspondant en Occident. En Asie, on parle de voies, *dô* en japonais, *tao* en chinois. Parmi ces **arts de la voie** il faut citer : les arts martiaux, la cérémonie du thé, la composition florale, l'art des jardins, la calligraphie, la gymnastique douce, le végétarisme, l'érotisme sacré [1]... Comment mieux approcher le vide que par le tir à l'arc ou la composition florale ? Le Japon a inventé les arts martiaux, la cérémonie du thé ; Takuan (1573-1645), moine Zen, était particulièrement doué en poésie, en calligraphie *(shôdô)*, en peinture, dans la cérémonie du thé *(chadô)*, dans la voie de l'épée *(kendô)*. La Chine a inventé le karaté. En Extrême-Orient, l'ésoté-

---

1. Sur l'érotisme sacré : Vâtsyâyana, *Kâma-sûtra* (*Texte sur le plaisir*, IVe s.), trad. du sanskrit, Presses de la Renaissance, 1976 ; G. Tucci, *Tibetan Painted Scrolls*, Libreria dello Stato, Rome, 1949, 3 t. ; R. Van Gulik, *La Vie sexuelle dans la Chine ancienne* (1961), trad. de l'anglais, Gallimard, coll. « Tel », n° 17, 1977, 466 p. ; G. Damian-Knight, *Le Yi-king de l'amour*, Fanval, 1985.

riste se fait volontiers artiste, poète, et cela dans des gestes quotidiens, simples, répétés, précis. La différence vaut d'être marquée avec l'Occident, où l'ésotériste se veut avant tout un intellectuel. Aussi on voit plus aisément un ésotériste européen s'intéresser aux sciences, un ésotériste asiatique se réaliser dans les arts : d'un côté Pythagore, mathématicien, Roger Bacon, physicien, Paracelse, médecin, John Dee, géomètre, Steiner, épistémologue, de l'autre le Zéniste Hakuin, peintre et sculpteur, les Sept Sages de la Forêt de Bambous, taoïstes et poètes, le Tibétain Milarépa, poète et musicien, K'iu Yuan, chamaniste et poète. Mais — vide oblige — celui qui pratique ces arts de la voie ne vise pas la célébrité ou la production, il se veut lui-même vide. Le tableau se fait. Le silence et les blancs valent témoignage d'un vide, du vide.

Pour mieux penser ce vide, l'ésotérisme d'Extrême-Orient développe les approches visuelles, visionnaires. La chose devient image. L'ésotérisme d'Extrême-Orient est un **ésotérisme visuel**. L'œil glisse sur les choses, comme la goutte de mercure sur les surfaces. On passe insensiblement du vu au vide, du vide au vu. Rendre visuel signifie rendre vide. Quand on touche, on rend l'objet présent, physique, mais quand on le regarde on l'abstrait, on l'intellectualise, on confond objet et sujet. Quelle différence entre un corps de femme touché et un corps de femme vu ! Quelle énergie il acquiert, et quelle universelle beauté si l'on s'en tient au vu ! La chose s'inverse dans l'œil et s'évapore en sensations. On sait que la chose n'est plus qu'image, image changeante, fausse substance. L'image, également, est magie : l'homme peut façonner, ordonner, changer, charger d'émotion. Plus la chose perd de sa matière, plus l'homme acquiert de l'énergie, son énergie, celle de la chose. On transvase. Imaginant le cobra, je transporte sa force dans mon esprit. Avec une image, on transpose. On retrouve une constante de l'ésotérisme : la TRANSMISSION. L'ésotérisme est moins une tradition, statique, dogmatique, comme le croit Guénon, qu'une série de transmissions, un réseau de communications entre macrocosme et microcosme. On se connaît mutuellement. La connaissance va de secret en secret. La gnose rebondit d'un mystère à l'autre, comme une abeille saute de fleur en fleur et les féconde toutes, l'une par l'autre. Par l'ésotérisme, on fait passer l'occulte de l'obscur au clair, du maître au disciple. Mais il faut un intermédiaire, un médium, un passage, un transit. On ne voit pas le Soleil en face. Le Négro-Africain se *transforme* en masque ou en homme-lion[1], le Civilisateur *transfère* la force dans un autre être[2], par exemple le mal du malade à la statue. Que fait l'Asiatique en initiation ? Il *transpose* ses passions, ses opinions en vues. Il fait des rêves, il peint des images, il enfile des métaphores dans un poème. Il ne décore pas, il n'illustre pas. Il se fond,

---

1. Voir *supra*, p. 556 (« Les mystères »).
2. Voir *supra*, p. 560 (« Les arts occultes chez les Hittites »).

il fond le monde en images, en flammes, en énergies. Tantôt l'Asiatique visualise sous forme de créations artistiques : danses, chants, *thanka* (étoffes peintes) tibétains, *haiku* (poèmes) japonais, *mandala* (diagrammes) indiens... ; tantôt l'Asiatique visualise sous forme de créations mentales : il songe, il s'imagine en cadavre dévoré, il se représente entouré de lumière, il danse en imitant les astres... L'Occidental veut maîtriser par ses outils et par sa science, l'Oriental pense qu'il réussit bien mieux par ses images et son ésotérisme. Face au cobra, l'Occidental sort son bistouri, tue et dissèque, il extrait le venin, il stocke la mort dans du formol ; face au cobra, l'Oriental s'identifie au cobra, pense à sa peur, compare avec son sexe, il devient vivant, plus vivant, le cobra part, abandonnant sa force à l'homme et la peur au sol.

L'ésotérisme asiatique n'est pas seulement un ésotérisme visuel, et par là esthétique, il est aussi et surtout un **ésotérisme sonore**. L'importance des *mantra* l'atteste. L'initiation, en Inde comme au Japon ou au Tibet, consiste en ce que le maître donne un *mantra*, une formule au disciple. Chaque divinité entre en correspondance avec un son. L'univers lui-même se présente comme un son, dont la clef est la fameux *om*. La musique est rarement absente.

Les ésotérismes d'Asie reposent, en dernière instance, sur le contact avec des **énergies subtiles**. Les divinités sont moins des personnages que des puissances. L'initiation consiste à activer les pouvoirs que l'homme cache en lui. Un sage d'Asie cherche à pénétrer ces énergies, non point par des définitions, mais en méditant, en s'identifiant à elles, en les égalisant. Un Occidental pense à mesurer des forces physiques, comme la gravitation, l'électricité, la puissance musculaire ; de son côté, l'Asiatique va chercher à s'harmoniser avec des énergies subtiles, comme le *yin* et le *yang*, *Îdâ* et *Pingalâ*[1]. En Asie, le monde est un tissu de forces créatrices, un croisement de forces, aussi invisibles qu'actives. L'univers vibre de sons, frémit de pensées, comme une peau qui s'éveille à l'érotisme à la première caresse. Les Hindous décrivent le corps subtil à travers l'image d'un serpent *(kundalinî)* qui déploie son énergie, se dresse, remonte du bas de la colonne vertébrale jusqu'au sommet de la tête. Les Taoïstes admettent trois énergies, « trois origines » *(san yuan)*, qui, si elles sont conjuguées, donnent « l'immortalité », parce qu'elles se trouvaient unies dans l'univers, à l'origine ; la première énergie est l'énergie séminale *(king)*, la deuxième l'énergie vitale *(k'i)*, la troisième l'énergie spirituelle *(chen)*. Les Tibétains pensent qu'une source d'énergie existe en l'homme et dans l'univers, diversifiée en courants d'énergie qui ordonnent les fonctions du corps en circulant dans certains canaux d'énergie. Où l'éso-

---

1. Le yoga hindou décrit trois canaux *(nâdî)* dans le corps humain, *Îdâ* à gauche qui débouche dans la narine gauche, *Pingalâ* à droite qui débouche dans la narine droite, *Susummâ* au centre qui débouche au sommet de la tête.

tériste occidental voit des vertus, localisées, l'ésotériste asiatique visualise des énergies qui se croisent, croissent, vont et viennent.

Mais, ne l'oublions pas, contre les Chrétiens, les Asiatiques disent et redisent qu'à la base reste le corps. Il ne faut pas se sauver malgré lui, mais grâce à lui. Le corps est le maître de l'esprit, et non son ennemi.

ÉSOTÉRISMES EXTRÊME-ORIENTAUX : LOGIQUES

Voilà pour les points de convergence entre ésotérismes extrême-orientaux. Il existe autant de points de divergence. Qui confondrait un taoïste chinois avec un chamane mongol ? une chamanesse coréenne avec une yoginî tibétaine ? Pour se limiter dans la liste des différences, je me contenterai d'opposer leurs logiques.

- L'ÉSOTÉRISTE CHINOIS défend une **logique classificatrice**. L'opposition *yin/yang* sert surtout à classer. Le Chinois commence par distribuer en classes. Il répartit les idées en écoles, les choses en rubriques, les gens en catégories. La classification, quand elle aboutit à l'ésotérisme, se transforme en système d'analogies et correspondances. Alors la classification se transforme en réseaux interactifs. L'ésotérisme chinois insiste beaucoup sur les homologies, les parallélismes, ce qui n'est pas possible dans une vulgaire classification. Par exemple, l'acupuncture oppose *yin* et *yang*, dénombre points et méridiens pour repérer les analogies des fonctions physiologiques avec les forces cosmiques et les correspondances entre tel point du pied et tel point de l'oreille.

- L'ÉSOTÉRISTE JAPONAIS défend une **logique paradoxale**. Je pense surtout au Zen (d'origine chinoise, d'ailleurs). Un paradoxe est une singularité logique, qui a ici pour but de faire accéder d'un saut de l'approche intellectuelle à la compréhension spirituelle, à la destruction de l'objet et du sujet. Le karaté, qui a l'air d'opposer deux lutteurs, les réunit. Le judo, qui semble utiliser la violence, la déjoue. Et que dire des formules chocs comme : « Qu'est-ce que le Bouddha ? Trois livres de chanvre », « Toutes choses retournent à l'Un, mais où l'Un retourne-t-il ? » ? Le paradoxe ressemble à la psychologie du Japonais, net et efficace.

- L'ÉSOTÉRISTE TIBÉTAIN défend une **logique antithétique**. Cette logique est-elle vraiment tibétaine ? Je l'ignore, faute de connaître la langue. Il semble qu'elle remonte au Mahâyâna indien, à Nâgârjuna. Un même objet se voit doté de deux qualités contradictoires. Les concepts opposés s'exigent mutuellement, comme lumière et matière. Ils se détruisant ainsi, pour faire surgir une réalité plus profonde. Le Tibétain s'intéresse aux états intermédiaires *(bardo)*, entre rêve et veille, vie et mort, car les contraires se côtoient alors franchement. Dans l'état intermédiaire après la mort, obscurité et clarté jouent ensemble : « La lumière s'efface et le grossier s'efface, les pensées s'effacent et le subtil s'efface ; après l'effacement vient l'accoutumance, alors la Claire Lumière primordiale luit[1]. » L'exemple en Occident serait celui du cercle réalisé en réunissant le début de la courbe et sa fin.

LOGIQUES DES ÉSOTÉRISMES EXTRÊME-ORIENTAUX

CHINE (Universisme) : pensée par classifications
- exemple : « Une fois *yin*, une fois *yang*, voilà le *tao* » *(Yi king)*
- théorie : « Il organisa ainsi les huit figures qui permettent de classer les dix mille êtres. »

JAPON (Bouddhisme Zen) : pensée par paradoxes (le *kôan* du Zen rinzai)
- exemple : « La bouddhéité est non-bouddhéité » (Dôgen, *Shôbô-genzô*)
- théorie : « Le Zen est toujours contradictoire » (T. Deshimaru)

TIBET (Lamaïsme) : pensée par coïncidence des oppositions
- exemple : « Ton esprit, qui est constitué de rien, est d'une part, cette vacuité et, d'autre part, comme il connaît tout, il est cette connaissance. L'union de cette vacuité et de cette lucidité est le Corps-de-vacuité » *(Bardo thödol)*
- théorie : « Tu tiens les clés de l'Union-des-Contraires qui vont aux serrures exotériques, ésotériques et secrètes » (Drugpa Künleg)

La majorité des ésotérismes d'Extrême-Orient, en commun avec ceux de l'ex-URSS, a subi ou subit encore un long sommeil du fait du pouvoir communiste. La République populaire de Mongolie est proclamée en 1924, son Bouddhisme est brisé, persécuté, démantelé. En 1948, la Corée est divisée en deux, celle du Nord passe sous le contrôle d'un parti politique de type stalinien. L'année suivante, Mao Tsö-tung proclame la République populaire de Chine. Peu après, le Tibet est envahi par les colons maoïstes, sa culture saccagée, sa population décimée.

Pendant ce temps (en 1948), la Corée du Sud adopte dans son drapeau le diagramme le plus ésotérique et le plus célèbre au monde : le *t'ai ki*, avec ses deux virgules, l'une noire, l'autre blanche.

BIBLIOGRAPHIE GÉNÉRALE SUR LES ÉSOTÉRISMES EXTRÊME-ORIENTAUX

Approche ésotérique : Zam Bothiva (né Accomani, fondateur de la Fraternité des Polaires en 1908), *Asia mysteriosa*, Dorbon, 1930 ; Alexandra David-Néel (1868-1969) : nombreux titres, dont *Journal de voyage* (1918-1940), Presses-Pocket, 2 t., n°s 2841 et 3181, 1988-1989 ; L. Chochod, *Occultisme et Magie en Extrême-Orient. Inde, Indochine, Chine*, Payot, 1945, 406 p., 47 fig. ; R. Guénon, *La Grande Triade* (1946), Gallimard, coll. « Tradition », 1957, 213 p. ; J. Evola, *Orient et Occident. Recueil complet des textes écrits pour la revue internationale « East and West »* (art. 1950-1960), trad. de l'italien, Archè, Milan, 1982 ; S. I. Shah, *La Magie orientale*, trad. de l'anglais (1957), Payot, coll. « Petite

---

1. Padma-Karpo, *Abrégé des six Lois (de Nâropa)* (XVIIe s.), V, 1, trad. anglaise W. Y. Evans Wentz, *Le Yoga tibétain et les Doctrines secrètes* (1934), trad. française (1938), A. Maisonneuve, coll. « Classiques d'Amérique et d'Orient », 1980, p. 240-241.

bibliothèque Payot », n° 204, 239 p. ; ARNAUD DESJARDINS : nombreux titres, dont *Les Chemins de la sagesse* (1972), La Table Ronde, 1990, 3 t., 620 p.

Approche exotérique : G. COEDÈS, *Textes d'auteurs grecs et latins relatifs à l'Extrême-Orient depuis le 4ᵉ siècle avant J.-C. jusqu'au 14ᵉ siècle après J.C.*, Leroux, 1910 ; MARIE-MADELEINE DAVY dir., *Les Mystiques orientales* (1972), Payot, coll. « Petite bibliothèque Payot », 1996, 4 t., nᵒˢ 273-276 ; H.-CH. PUECH dir., *Histoire des religions*, Gallimard, « Encyclopédie de la Pléiade », t. 1 (Chine ; Bouddhismes chinois, japonais), t. 3 (Tibet, Corée, Japon), 1970 ; L. FRÉDÉRIC, *Encyclopaedia of Asian Civilizations*, Jean-Michel Place, Paris, 1977-1987, 10 t. ; LILIAN SILBURN dir., *Le Vide. Expérience spirituelle en Occident et en Orient*, Deux Océans, Hermès, 1981, 336 p. ; *Dictionnaire de la sagesse orientale. Bouddhisme, Hindouisme, Taoïsme, Zen* (1986), trad. de l'allemand, Robert Laffont, coll. « Bouquins », 1989, 780 p. ; A. JACOB dir., *Encyclopédie philosophique universelle*, vol. III : *Les Œuvres philosophiques*, PUF, 2 t., 4 600 p., 1993 (recension des œuvres maîtresses de l'Inde, de la Chine, du Japon et de la Corée).

Grande collection en anglais : F. M. MÜLLER dir., « Sacred Books of the East » (SBE), 50 t., 1879-1910, Clarendon Press, Oxford, rééd. Delhi et Vârânasî, éd. Motilal Banarsidass, 1965-1969.

16. LES CHINOIS [1]

> *Cherchez la connaissance, jusqu'en Chine.*
>
> hadîth de Muhammad.

REPÈRES HISTORIQUES DE L'ÉSOTÉRISME CHINOIS

J'adopte le système chronologique de Pan Kou (>Ban Gu) [2] plutôt que celui de Sseu-ma Ts'ien (>Sima Qian).

---

1. Transcription du chinois en français : système ÉFEO.
On recense trois systèmes de romanisation des idéogrammes chinois : Wade pour les anglophones (1867), ÉFEO pour les francophones (1902), pinyin pour la République populaire de Chine (1958). On transcrit en Wade : Lao Tzu, *Tao-tê ching* ; en ÉFEO : Lao-tseu, *Tao-tö king* ; en pinyin : Laozi, *Daode jing*. Francophone, j'utilise le système ÉFEO. Pour les noms les plus célèbres, j'ajoute la transcription pinyin, ce qui donne : Lao-tseu (>Laozi). Quand cela semble indispensable je donne avec la traduction en français la transcription du chinois : *Le Livre de la voie et de la vertu. Tao-tö king*. Enfin, je me sers souvent des traductions de Daniel Giraud, un voyageur, un poète, un sinologue qui sent la Chine de la pointe de ses semelles à l'extrémité de ses cheveux : *I Ching, Tao Te Ching* (Le Courrier du Livre, 1987, 158 p.), *Ivre de Tao. Li Po, voyageur, poète et philosophe en Chine, au vIIIᵉ siècle* (Albin Michel, coll. « Spiritualités vivantes », n° 73, 1989, 159 p.).
2. Pan Kou, *Annales des Han de l'Ouest [Han antérieurs =Histoire des Han antérieurs. (Ts'ien) Han-chou (>Qian hanshu*, 92-102)], trad. anglaise H. H. Dubs, *The History of the Former Han Dynasty*, éd. Waverly, Baltimore, 2 t., 1938-1955.

Avant Jésus-Christ :
500 000 (paléolithique) – Tcheou-k'eou-tien (>Zhoukoudian), site 13, feu, élargissement du trou occipital (rite ?)
9000 – Tcheou-k'eou-tien, site 15, ocre rouge
7000-5000 (néolithique) – société matrilinéaire, avec chamanesses : culture de Yang-chao
4100 – symboles ichtyoïdes à Yang-chao
2852 ? – première étape du *Yi king* : Fou-hi (>Fuxi) invente les trigrammes. Première tradition chinoise : l'UNIVERSISME (*Yi king*, école des Éléments, etc.).
Naissance de l'ésotérisme chinois
2852-2697 ? – Les Trois Augustes *(San Houang)* : Fou-hi (qui invente l'élevage et découvre le *Yi king*) et Niu-koua, Chen-nong (1er laboureur et cueilleur de simples)
2697-2205 ? – Les Cinq Souverains *(Wou Ti)* : Houang-ti (le Souverain Jaune, patron des Taoïstes et des alchimistes), Tchouan-hiu, Kao-sin, Yao (2357 ?, fondateur de la médecine) et Chouen (2255 ?, fondateur de la céréaliculture)
2637 – naissance (mythique) de la chronologie et du calendrier
v. 2500 – les anachorètes *(yin-tcha)*, chercheurs d'immortalité
2350 – Wou-hien, découvreur de médicaments et de drogues, inventeur de la divination par l'achillée
2255 ? – le Ve Souverain, Chouen, pratiquerait le voyage chamanique
2205-256 ? – les cinq dynasties royales, dès Yu le Grand (dynastie Hia)
1700 – deuxième tradition chinoise : le WOUÏSME (chamanisme chinois, surtout féminin)
1500 ? – naissance de l'acupuncture (points sur la peau et aiguilles)
v. 1400 – Hien Tchao invente le sort par des tiges d'achillée (mille-feuilles) sous la dynastie des Yin
1380-1020 – inscriptions sur les os ou carapaces oraculaires *(kia-jou-wen >jiagu-wen)* à Ngan-yang : deuxième « écriture » chinoise (2 000 pictogrammes), le *Yi king* étant la première
1122 – 2e étape du *Yi king* : le roi Wen, fondateur de la troisième dynastie royale (Tcheou occidentaux), invente les hexagrammes et le plan de la Maison du Calendrier *(Ming-t'ang)*
1000 – 3e étape du *Yi king* : le duc de Tcheou (>Zhou) crée des « jugements »
IXe s. – idéogrammes (troisième écriture chinoise)
VIIIe s. – croyance en l'immortalité physique
VIIIe s.-VIe s. ap. J.-C.– 4e étape du *Yi king* : « ailes » (gloses ajoutées en chapitres)
VIIe s. – confréries de forgerons : pré-alchimie
517 ? – rencontre Lao-tseu/Confucius ?
513 ? – troisième tradition chinoise : **Lao-tseu** (>Laozi), TAOÏSME, ésotérique ou exotérique. IIIe s. selon les savants. Premier courant du Taoïsme : le Taoïsme philosophique (*Tao-kia* : école de la Voie). Lao-tseu, Ier « Père » taoïste
492 – quatrième tradition chinoise : le CONFUCIANISME (exotérique)
400 – 1re mention des Éléments
IVe s. – *Tao-tö king* (>*Daode jing*) attribué à Lao-tseu
– le *Grand Appendice*. *Hi-ts'eu* (>*Xici*), chapitre (« aile ») du *Yi king* : 1re théorie du Yin-Yang
IVe s.-IIe s. ap. J.-C.– élaboration de l'acupuncture

399 – Lie-tseu (>Liezi), IIe « Père » taoïste (texte de 300 ap. J.-C. selon les savants)
330 – les maîtres de la calligraphie chinoise : Wang Hi-tche (>Wang Xizhi, taoïste), Yang Hi (>Yang Xi, maître taoïste, 370), Wang Hien-tche (>Wang Xianzhi)...
320 ? – Tchouang-tseu (>Zhuangzi), disciple de Lie-tseu, IIIe « Père » taoïste
v. 300 – Tseou Yen (>Zou Yan) : école du Yin-Yang, école des *Wei-chou* (histoires occultes), école des cinq Éléments *(wou hing)*
IIIe s. – pratiques d'immortalité physique (longévité)
– les Occultistes *(fang-che* : messieurs-à-recettes), dont Li Chao-kiun
– culte de Hi Wang-mu, orgiastique et sotériologique
280 – K'iu Yuan et Song Yu, poètes considérés comme chamanes
221-1911 – Les dynasties impériales (Ts'in, Han... jusqu'aux Mandchous Ts'ing)
220 – pratiques de longue vie *(tch'ang-cheng)*
213 – autodafé des livres, sauf en divination, médecine, agriculture
133 – **Li Chao-kiun (>Li Shaojun), 1er alchimiste au monde**, magicien, taoïste. Les alchimistes chinois : Wei Po-yang (142), Ko Hong (=Pao-p'ou-tseu, 317), etc.
122 – *Houai-nan-tseu*, compilation de doctrines ésotériques taoïstes
v. 120 – Tong Tchong-chou, confucianiste faisant une interprétation ésotérique
v. 100 – institution de cultes non orthodoxes confiés aux magiciens
Ier s. – un premier *T'ai-p'ing king*, livre d'utopie et de méditation taoïstes
91 – Sseu-ma Ts'ien (>Sima Qian), *Les Mémoires historiques. Che-ki*
77 – expérience alchimique ratée de Lieou Hiang (>Liu Xiang) ; *fang-che* (>fangshi, occultistes) congédiés
v. 50 – prophétie des Trois Sept (3 fois 7 décades) sur la fin des Han
31-70 Occultistes chargés de culte et de recettes médicales congédiés

Après Jésus-Christ :
Ier s. – *Tch'an-wei* (traités apocryphes), écrits prophétiques et ésotériques rattachés aux Classiques [1]
2 – Cinquième tradition chinoise : le **BOUDDHISME CHINOIS**
v. 100 – les peintres taoïstes : Tchang Heng († 139), Kou K'ai-tche († 411), Tchao Mong-fou (1295)...
133 – Tchang Heng (>Zhang Heng), astronome, astrologue, physicien, peintre, poète taoïsant
v. 142 – un *T'ai-p'ing king* (>Taiping jing, Livre de la Grande Paix), livre utopique révélé au Taoïste Tchang Kio (>Zhang Kio) par un Immortel
142 (ou IXe s. ?) – premier livre connu en alchimie, *Triple Concordance*, de Wei Po-yang

---

1. Les Quatre Livres, dits « Quatre Classiques » *(Sseu chou)* : 1) *Grande Étude (Ta hio)* ; 2) *L'Invariable Milieu (Tchong yong)* ; 3) *Entretiens de Confucius (Louen-yu)* ; 4) *Livre de Maître Mong [Mencius] (Mong tseu)*. Ne pas confondre avec les Cinq Livres *(wou king)*, dits « Canons » : 1) *Livre des mutations (Yi king)* ; 2) *Livre des odes (Che king)* ; 3) *Livre d'histoire (Chou king)* ; 4) *Annales des printemps et des automnes de l'État de Lou (Lu-che Tch'ouen-ts'io)* ; 5) *Mémorial des rites (Li ki)*. Trad. S. Couvreur, *Seu Chou. Les Quatre Livres* (1895), A. Maisonneuve, 1973, VIII-748 p. Quand on parle des « Six Canons », des « Six Livres » *(lieou king)*, on ajoute 6) *Mémorial de la musique (Yo ki)*, incorporé au *Mémorial des rites*. « K'ong-tseu [Confucius] dit à Lao Tan [Lao-tseu] : "Depuis longtemps

142 – deuxième courant du Taoïsme : le Taoïsme magico-religieux (*Tao-kiao* : Religion de la Voie) : Tchang Tao-ling, inventeur des talismans magiques *(fou lou)* et fondateur des écoles taoïstes (Cinq Boisseaux de Riz, *Wou-teou-mi tao*)
147 – Ngan Che-kao (>An Shigao) introduit le Bouddhisme de la méditation en Chine
165 – le sorcier Ko Teng (>Go Deng) se proclame empereur, puis le sorcier Tai Yi
168 – Lokaksema introduit le Bouddhisme Mahâyâna *(ta tch'eng)* en Chine
184-220 – soulèvement au Chan-tong (>Shandong) des Turbans Jaunes, inspirés par la théorie de Grande Paix *(T'ai-p'ing)* du Taoïsme magico-religieux (avec Tchang Kio)
190-215 – sécession du Sseu-tch'ouan (>Sichuan) en un État théocratique sous l'impulsion des Cinq Boisseaux de Riz, école du Taoïsme magico-religieux (avec Tchang Tao-ling)
v. 200 – troisième courant du Taoïsme : le néo-Taoïsme, avec le Hiuan-hiue (>Xuanxue), les Sept Sages de la Forêt de Bambous, le Chang-ts'ing (>Shang-qing, Grande Pureté), etc. **Apogée de l'ésotérisme chinois**
v. 210 – l'empereur et poète Ts'ao Ts'ao (>Cao Cao) s'entoure de magiciens (Kan Che...)
220 – Étude du Mystère *(Hiuan-hiue >Xuanxue)*, école néo-taoïste, avec Wang Pi (226-249)
220-1911 – culte spirite du général Kouan Ti
223 – Tche K'ien (=Tche Yue) introduit le Bouddhisme tantrique de la main droite en Chine
245 – Hi K'ang et le cercle des Sept Sages de la Forêt de Bambous
245 ss. – les poètes taoïstes : Hi K'ang (>Xi Kang), Li Po (>Li Bo, initié au Chang-ts'ing), Chang Po-tuan...
288 – la dame Wei Houa-ts'ouen (Wei Huacun, Ier patriarche de l'école Chang-ts'ing)
288-536 – école **Chang-ts'ing** (>Shangqing, Grande Pureté) ou Mao-chan (>Maoshan, montagne des Frères Chan, près de Nankin), avec révélations médiumniques de textes taoïstes, dès la dame Wei Houa-ts'ouen (288) ou Yang Hi (364)
v. 300 – fable taoïste de Lao-tseu parti prêcher en Inde (le Bouddha = Lao-tseu) !
310 – Fo T'ou-teng, moine bouddhiste thaumaturge *(kan-t'ong)* à Tchang-ngan
IVe-Ve s. – la géomancie *(fong-chouei)*
385 – Kumârajîva, traducteur du Mahâyâna mâdhyamika en chinois, et magicien
v. 400 – fondation théorique du Tch'an par Tchou Tao-cheng (>Zhu Daosheng : bouddhéité en tous et Éveil subit *(touen Wou)*
410 et 650 – deux écoles bouddhiques Mahâyâna proches de l'ésotérisme : San-louen, Wei-che (=Fa-siang, jap. Hossô, en Inde Vijñânavâda)
v. 450-1607 – constitution du *Canon taoïste. Tao-tsang* : 1 476 titres
v. 470 ? v. 1130 ? – première organisation initiatique : Lotus Blanc (Pai-lien-

---

j'étudie les Six Canons : je connais parfaitement celui des Odes, celui de l'Histoire, celui des Rites, celui de la Musique, celui des Mutations et celui des Printemps et des Automnes" » (Tchouang-tseu, XIV, apud *Philosophes taoïstes*, Gallimard, « Bibliothèque de la Pléiade », 1980, p. 195). Sur les apocryphes des Classiques : M. Kaltenmark, « Les *Tch'an Wei* », *Han Hiue*, 1949, t. 2, p. 363 *sqq.*

kiao), fondée par le Bouddhiste Houei-yuan, le Taoïste Lou Sieou-tsing et le poète T'ao Yuan-ming, ou bien par Mao Tseu-yuan

496 – le temple de la Petite Forêt (**Chao-lin** sseu >Shaolin si), à Teng-fong (>Dengfeng) : haut lieu du Tch'an et des arts martiaux *(kung-fu)*

517 – T'ao Hong-king (>Tao Hongjung) édite les révélations du Taoïsme Changts'ing/Mao-chan

520-1959 – Bodhidharma, XXVIIIe Patriarche Dhyâna et Ier Patriarche **Tch'an** (Bouddhisme, courant méditatif, jap. : Zen) en 524, dans le temple de Chao-lin

v. 530 – Houei K'o (>Hui Qe), IIe Patriarche Tch'an

537 et 989 – le Temple des Six Banians (Lieou-jong-sseu), à Canton : haut lieu du Tch'an

v. 550 – fondation théorique du Tch'an par Houei-yuan : religion subitiste *(touenkiao)*

567 – T'ien-t'ai (>Tiantai, Célestes Terrasses, Tendai au Japon =Fa-houa, école du Lotus), première école bouddhique ésotérique en Chine, fondée par Tche-yi (>Zhiyi) sur la montagne T'ien-t'ai, au Tchö-kiang (sud de Changhai)

v. 580 – Seng Ts'an (>Seng Can), IIIe Patriarche Tch'an : Taoïsme + Mahâyâna

v. 600 – les poètes tch'an : (Sie Ling-yun † 433), Seng Ts'an, Han-chan (vers 650), Hiue Teou Tch'ong Hien († 1052)...

VIIe s. – divination par l'écriture

646-746 – traducteurs des textes tantriques du sanskrit en chinois : Hiuan-tsang, Shubhâkarasimha, Vajrabodhi, Amoghavajra : apogée du Tantrayâna (Bouddhisme, courant tantrique) de la main droite

v. 650 – Han-chan (>Hanshan), poète, « le clodo du Bouddhisme et du Tch'an »

667 – **Houei-neng** (>Huineng), VIe Patriarche Tch'an, fondateur du subitisme *(touen-kiao)* : école du Sud, contre Chen-sieou

675 – sixième tradition chinoise : le MANICHÉISME CHINOIS

681 – Souen Sseu-mo (>Sun Simiao), médecin et alchimiste

695 – Chen-sieou (>Shenxiu), partisan du gradualisme *(tsien)* : école du Nord, contre Houei-neng

v. 700 – Yi-hing (>Yixing), tantriste, astronome, mathématicien

– introduction en Chine de « l'ésotérisme pur » (culte de Vairocana)

– l'école mahâyâna chinoise Houa-yen (>Huayan, Guirlande de fleurs), de Fa-tsang (>Fazang), philosophie ésotérique

VIIIe s. – l'alchimie intérieure *(nei tan)*

711 – mort du moine thaumaturge Wan-houei

716, 719, 746 – Shubhâkarasimha, Vajrabodhi (Ier hiérarque Chen-yen), Amoghavajra propagent le tantrisme bouddhique de la main droite et les « *Mandala-des-Deux-Mondes* »

732 – interdiction du Manichéisme

742 – Li Po (>Li Bo =Li Bai), poète, alchimiste, initié au Taoïsme du Changts'ing, voyageur, favori de l'Empereur

750 – Amoghavajra, maître spirituel de trois empereurs de Chine

v. 800 – Pai-tchang (>Baizhang) introduit le travail manuel et la voie monastique dans le Tch'an

804 – Mi-tsong (>Mizong, école des Secrets) ou Chen-yen (>Shenyan, Parole vraie, Shingon au Japon), deuxième école bouddhique ésotérique en Chine,

refondée par Houei-kouo (IVe hiérarque Chen-yen) : *mantra* et « *Mandala*-des-Deux-Mondes »
— le Japonais Saichô étudie le Tch'an en Chine auprès de Hiao-jan
805 — le Japonais Kûkai étudie le Tch'an en Chine auprès de Houei-kouo
v. 830-v. 1030 — division du Tch'an en « Sept écoles » : Kouei-yang (jap. Igyô), Ts'ao-tong (jap. Sôtô), Lin-tsi-tsong (jap. Rinzai-shû), Yun-men (jap. Ummon), Fa-yen (jap. Hôgen), Yang-tsi (jap. Yôgi-Hôe), Houang-long (jap. Ôryô)
842-845 — persécution contre le Bouddhisme, qui, dès lors, sera devancé par le Confucianisme : 4 200 monastères saccagés
867 — Lin-tsi-tsong (>Linji zong, jap. : Rinzai-shû), branche du Tch'an, ésotérique, fondée par Lin-tsi (>Linji)
905 — le Soufi persan al-Hallâj, le premier, introduit l'Islâm au Türkestân chinois
v. 950 — pratique du *kôan* (jap. ; chinois : *kong ngan*) sentence choc à but révélateur, dans le Tch'an
— le diagramme du T'ai-ki (>Taiji, le Faîte Suprême), dû à l'alchimiste Tch'en T'ouan (>Chen Tuan)
v. 1000 — Tchang Po-touan (>Zhang Boduan), maître taoïste : alchimie, méditation...
1044 — invention de la boussole magnétique par les géomanciens
XIIe s. — Lou Che Tchong (=Lieou Tang K'o), fameux magicien
— alchimie féminine
— l'école taoïste Voie de l'Un suprême (T'ai-Yi tao), guérissant par talismans et magie
v. 1130 — Yuan-wou K'o-k'in (>Yuanwu Keqin), *Écrits de la falaise bleue. Pi-yen lou*. Recueil de *kôan* célèbres
v. 1150 — K'ouo-ngang Tche-yuan (jap. Kakuan Shien) peint la version classique des *Dix tableaux du dressage de la vache* (Tch'an)
XIIe s. ss. — les peintres tch'an : Fan-Long (1200), Leang K'ai (1205), Mou K'i (1250), Yi-chan Yi-ning (>Yishan Yining, 1302)...
XIIIe s. — théorie des carrés magiques
1281 — destruction des livres taoïstes (sauf *Tao-tö king*) par ordre du khan mongol Khubilai
1289 — temple du Fei-lai-fong-sseu, au Tchö-kiang, tantrayâniste
1368 — arrivée de la dynastie Ming, peut-être sur la base d'un symbolisme manichéen
XVe s. — le *t'ai-ki-k'iuan* (>*taijiquan*), art martial et technique de longue vie
1407 ss. — le Temple du Ciel, à Pékin (>Beijing)
1601 — les Jésuites (dès Matteo Ricci) en Chine : début de la sinologie
1674 — seconde organisation initiatique : Triade (San-ho houei =Hong-men houei), anti-mandchoue puis... mafieuse
v. 1790 — l'empereur K'ien-long (>Qianlong) pratique des rites secrets chamaniques
1907 — Matgoï (Albert de Pouvourville) étudie le Taoïsme comme tradition
1908 — R. Guénon étudie la tradition chinoise (avec Matgoï)
1929 — commentaire par C. G. Jung du *Secret de la fleur d'or*
1949 ? — Maoïsme. **Mise en sommeil de l'ésotérisme chinois**

1959 – Siun Yun (†), dernier maître tch'an
1976 – le Maître Céleste taoïste Tchouang Tchen Teng Yun [1] († 1976), de Taïwan.

La Chine demeure l'Empire du Milieu *(Tchong-kouo)*. Elle fut jusqu'en 1949, avant la dictature de Mao Tsö-tung, l'Empire du Ciel. Elle est depuis l'Empire de la Terre : plus d'un milliard d'habitants.

2ᵉ TRADITION : LE WOUÏSME ET L'OCCULTISME

Honneur aux femmes ! L'ésotérisme chinois commence avec des femmes.

Et remontons jusqu'au néolithique. La société préhistorique chinoise, de 7000 (Yang-chao) à 5000 av. J.-C. (Long-chan), était sans doute dominée par les femmes, société matrilinéaire [2] et riche en chamanesses. Les enfants morts étaient déposés dans des urnes dont le haut présentait une ouverture. On croyait que l'âme pouvait s'échapper, revenir. Cette idée chamanique caractérise la Chine méridionale.

Il y a des femmes possédées, il y a des femmes chamanesses. Le chercheur peut aisément les confondre.

La femme possédée, la femme-divinité *(ling-pao >lingbao)* ne savait pas maîtriser les esprits, semble-t-il. Elle ne pratiquait pas l'extase, et elle pouvait être possédée par des esprits inférieurs, par exemple les âmes des morts.

Le chamane femme *(wou >wu)* [3], de son côté, suivait un rituel de type hiérogamique. Elle « se purifiait en se lavant le visage avec de l'eau où avaient bouilli des orchidées, et le corps avec de l'eau parfumée à l'iris ; puis elle se vêtait des habits de la divinité qu'elle allait appeler. Les offrandes préparées, elle envoyait son âme chercher cette divinité et la ramenait en son propre corps ; et elle mimait le voyage, une fleur à la main, en une danse accompagnée de musique et de chants, au son des tambours et des flûtes, jusqu'à ce qu'elle tombât épuisée. C'était alors le moment de la présence du dieu qui répondait par sa bouche [4]. » L'extase, appelée « randonnée lointaine » *(yuan yeou)*, précède ici, apparemment, la possession, appelée « descente des esprits » *(chiang-chen)*. Dès lors, la *wou* pouvait faire œuvre de devin, d'exorciste *(fang-hiang)*, de guérisseur

---

1. M. Saso, *The Teachings of Taoist Master Chuang*, Yale University Press, Londres, 1978, XIII-317 p. (le livre est truffé d'erreurs). Voir B. Porter, *La Route céleste. Mes rencontres avec les ermites chinois d'aujourd'hui*, trad. de l'anglais, Médicis-Entrelacs, 1995, 264 p.
2. Ping Ti Ho, *The Cradle of the East... Early Historic China*, Chicago, 1975, p. 275 *sqq*.
3. Sur les chamanes *(wou)* : J. J. M. de Groot, *The Religious System of China* (1892-1921, rééd. Taipei 1964), t. 6 : *The Priesthood of Animism*, E. J. Brill, Leyde, p. 1187 *sqq*. H. Maspéro, *La Chine antique*, De Boccard, 1927, p. 187 *sqq*.
4. G. Maspéro, *Le Taoïsme et les Religions chinoises*, Gallimard, 1971, p. 24.

par les herbes ou les formules *(tchou)*, de prophète, ou de « faiseur de pluie » *(tch'e)*.
Le chamane homme *(hi >xi)* est bien plus rare que la chamanesse. Il porte un masque et une peau d'ours. On sait cela grâce au décryptage de plusieurs légendes ou textes [1] et à l'examen de divers dessins ou pictogrammes sur des os oraculaires [2]. Le roi Yu le Grand dansait et s'habillait en ours [3]. Pourquoi l'ours ? Cet animal dégage une impression de mâle puissance. L'ours se dresse comme l'Homme.

Le chamane, esprit indépendant, a aussi ses représentants dans les institutions officielles, au sein de cours impériales fortement hiérarchisées.

Chef des sorciers *(ssé-wou)*. Il est chargé de la direction et de la conduite de la troupe des sorciers. Si le royaume éprouve une grande sécheresse, alors il se met à la tête des sorciers ; et il appelle la pluie, en exécutant des danses. Si le royaume éprouve une grande calamité, il se met à la tête des sorciers ; et il exécute les pratiques consacrées de la sorcellerie. [...] Dans toutes les cérémonies funèbres, il s'occupe des rites de la sorcellerie pour faire descendre les esprits. [...]

Service du sorcier de chevaux *(wou-ma)*. Deux gradués de troisième classe, quatre vétérinaires, un garde-magasin, deux écrivains, deux marchands ou marchandeurs, vingt suivants.

Rites des Tcheou. Tcheou Li (époque Han), trad. Éd. Biot, Imprimerie nationale, 1851, t. 2, p. 102 (livre XXIV), et p. 157 (livre XXVIII).

Le chamanisme chinois est attesté par un poème *(Rappel de l'âme. Tchao houen)*, attribué à Song Yu (IIIe s. av. J.-C.), et par un autre poème *(Randonnée lointaine. Yuan yeou)*, attribué à tort à K'iu Yuan (IVe s. av. J.-C.). Ces deux poèmes figurent dans les *Élégies du royaume de Tch'ou.Tch'ou-ts'eu*. Le premier poème montre la croyance chamanique, l'affirmation d'une âme capable de se séparer du corps, de voyager, de recueillir des connaissances en affrontant des dieux, des démons, des âmes, des mânes.

Ô âme *(houen)*, reviens ! Pourquoi as-tu quitté ta vieille demeure et t'es-tu rendue aux lointaines limites de la Terre ?
Tu désertes le lieu de ton plaisir pour aller à la rencontre de choses de mauvais augure ? [...]
Ô âme, reviens ! ne cours pas à ta propre perte.
Les prêtres sont ici, qui t'appellent, ils marchent à reculons pour te faire entrer.
La vannerie de K'in, les cordes en soie de K'i, et les bannières en soie de Tcheng sont ici, pour ton rappel ; avec de longs et perçants cris, ils convoquent l'âme errante.

---

1. Les termes « Wouïsme » et « Universisme » viennent de J. J. M. de Groot (*Universismus*, 1918), « Mutationnisme » vient de J. Needham.
2. L. C. Hopkins, « The Bearskin, another Pictographic Reconnaissance », *Journal of the Royal Asiatic Society* (JRAS), 1943, p. 110 *sqq.*
3. M. Granet, *Danses et Légendes de la Chine ancienne*, Alcan, 1926, t. 2, p. 563 *sqq.*

Ô âme, reviens ! Retourne en ton ancienne demeure.
Les quatre orients du monde sont pleins de malice et de méchanceté.
Rappel de l'âme. Tchao houen (207 av. J.-C.), apud *Élégies du royaume de Tch'ou. Tch'ou-ts'eu* (>*Chuci*, IIIe s. av. J.-C.), X, trad. anglaise D. Hawkes, *Ch'u Tz'û. The Songs of the South. An Ancient Chinese Anthology*, Clarendon Press, Oxford, 1959, p. 103-109 : *Chao hun. The Summons of the Soul*, trad. partielle P. A. Riffard.

Le second poème montre, lui, la technique chamanique. Le chamane ou, plus souvent, la chamanesse, porte le costume de la divinité qui va permettre l'extase, ou la possession, ou la nécromancie. Puis, il ou elle danse, au rythme du tambour et des flûtes. La révélation suit.

Mes pensées allaient sans ordre et vagabondaient follement ;
Mon cœur était mélancolique, en une grandissante tristesse.
Soudain, mon esprit s'élança et ne revint plus ;
Et mon corps, sans plus de locataire, devint comme flétri et mort.
Je regardai alors en moi-même pour renforcer ma résolution,
Et je cherchai à savoir d'où arrive l'esprit originel.
Dans le vide et le silence je trouvai la sérénité ;
Dans le non-agir paisible j'obtins une véritable satisfaction. [...]
Je goûtai les Six Essences [1] ; je bus la rosée de nuit ;
Je rincai ma bouche avec la brume solaire ; je savourai le lumière aurorale ;
Je gardai les purs éléments du divin ;
J'absorbai l'essence subtile et je rejettai les composants grossiers. [...]
« Protège ton esprit de la confusion, et le Tao viendra spontanément.
Unifie les essences et contrôle l'esprit ; garde-les en toi à minuit.
Attends le Tao dans le vide, avant même le non-agir.
Tout procède ainsi, telle est la Porte de la Puissance. »
Après avoir entendu ces précieux conseils, je partis.
Randonnée lointaine. Yuan yeou (Ier s.), apud *Élégies du royaume de Tch'ou. Tch'outs'eu*, trad. anglaise, D. Hawkes, *op. cit.*, p. 81-87 : *Yüan yu. The Far-off Journey*, trad. partielle P. A. Riffard.

À côté des possédé(e)s et des chamane(se)s se tiennent les Occultistes [2]. J'ose traduire ainsi, de façon générique, les mots *fang-che* (>*fangshi*, « messieurs-à-recettes »), *tao-jen* (>*daoren*, « hommes-de-la-voie »), *yin-tcha* (>*yinzha*, « gens-de-la-retraite, anachorètes »). Ils font, eux aussi, des exorcismes pour chasser les démons. Ils exercent la géomancie, l'astrologie, la magie, la médecine occulte, ils annoncent l'alchimie, « l'art du fourneau ». Ils instituent le culte des Immortels *(sien jen)*, vieillards jouissant d'une prodigieuse longévité grâce à un élixir de jouvence, et qui vivent dans les îles des Bienheureux, dans des grottes, au milieu des montagnes, sur les côtes. Car les Occultistes s'intéressent — comme plus tard les Taoïstes et les alchimistes — aux pratiques d'immortalité

---

1. Les six souffles *(k'i)* célestes : *yin, yang*, vent, pluies, obscurité, lumière.
2. Sur les Occultistes *(fang-che)* : K. J. de Workin, *Diviners and Magicians of Ancient China. Biographies of Fang-shih*, Columbia UP, New York, 1983 ; Isabelle Robinet, *Histoire du Taoïsme*, Cerf, 1991, p. 43-45.

physique, remontée du sperme, absorption d'effluves cosmiques, danses, mouvements gymniques imitant certaines postures d'animaux sauvages, régime alimentaire sans céréales, vie d'ermite.

Ils se livraient aux pratiques qui assurent l'immortalité magique ; leurs corps se désagrégeaient, se dissolvaient et se transformaient ; ils s'appuyaient sur le culte qu'ils rendaient aux mânes et aux dieux. Tseou Yen fut célèbre chez les seigneurs par son traité sur « l'évocation maîtresse du *yin* et du *yang* ». Les magiciens qui habitaient le rivage de la mer dans les pays de Yen et de Ts'i se transmettaient ces enseignements, mais sans parvenir à les comprendre.

Sseu-ma Ts'ien (>Sima Qian), *Mémoires historiques. Che-ki* (91 av. J.-C.), trad. partielle É. Chavannes, 1895-1905, rééd. 1967, A. Maisonneuve, t. 3 (1898), p. 436. © A Maisonneuve, Paris.

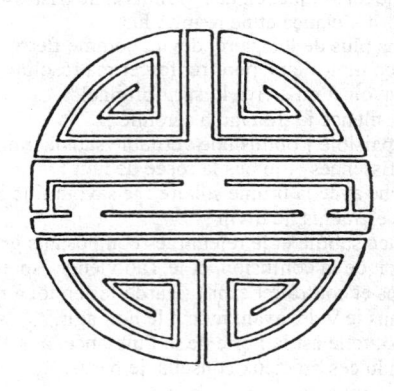

SYMBOLE CHINOIS DE LA LONGÉVITÉ

1ʳᵉ TRADITION : L'UNIVERSISME

Doit-on rappeler quelques caractéristiques de la langue chinoise ? Elle élimine en général les pronoms personnels sujets : pensée traditionnelle qui minimise les goûts individuels. Elle utilise le même lexème comme nom, verbe, adjectif ou adverbe : pensée souple qui identifie la chose à son action. Il n'y a ni déclinaisons ni conjugaisons. L'adjectif s'énonce avant le substantif : philosophie des mutations plutôt que des substances. Etc.

La pensée chinoise marche **par champs et totalité**. Elle embrasse. Elle juge en termes d'ensembles, et non en termes de secteurs isolés. Il n'y a pas une rubrique « Rite » et une rubrique « Société », car si le rite échoue la société s'effondre. Le Chinois pense aux interactions. Tous les êtres coopèrent, harmonieusement, se pénètrent, comme en amour homme et femme. Puisque les choses se répondent, se pénètrent *(t'ong)*, elles ne sont pas, à proprement parler. L'harmonie *(ho)* provient, non point de l'action transcendante d'un dieu, extérieur et supérieur, ou de réactions mécaniques, par chocs entre des choses proches, mais de la nature intime (ésotérique) et invisible (occulte) des êtres qui entrent en relations de coordination et de hiérarchie, dans un tout. Apparaît alors une complémentarité, un mouvement, un va-et-vient. Tout marche **par polarités et alternances** d'énergies. Le *yin* et le *yang*, la négativité et la positivité ont des relations dynamiques d'opposition, de complémentarité, d'interaction ou de succession, d'emboîtements. Entre le clair et l'obscur, il n'y a pas contrariété, mais cheminement, du clair à l'obscur, puis de l'obscur au clair. *Yin yang*. Il y a transformation : trop de *yin* donne du *yang* ; la nuit devient jour quand elle arrive à son maximum ; inversement, le jour tend à la nuit, et indéfiniment. Il y a relation : ce qui est *yin* par rapport à une chose peut être *yang* par rapport à une autre ; la mère est *yin* par rapport au mari, *yang* par rapport à la fille. Il y a emboîtements : l'homme a du féminin en lui, la femme du masculin en elle. Il y a luttes : le tigre *yin* et le dragon *yang* s'affrontent. Ces simples constatations, où brillent la souplesse et le dynamisme, absents dans les philosophies occidentales, débouchent sur un mode de vie, fait de fatalisme bien compris. Si j'ai le bonheur, il faut s'attendre à du malheur. « Vivre et mourir, c'est un va-et-vient » (Lin Lei).

L'ordre règne dans la multiplicité. L'idée de hiérarchie, confucéenne, ou l'idée de coordination, taoïste, exigent une pensée organisée **par rubriques et tableaux**. Étude et classification sont synonymes. La pensée chinoise catalogue tout, elle procède par énumérations exhaustives. Les grandes rubriques — les clefs, dirais-je — sont : les Éléments, les Orients, les Saisons, les Couleurs, les Nombres, les Viscères, les Activités, les Vertus. Il ne s'agit pas de catégories logiques, mais de classifications pratiques, utiles, quotidiennes, naturelles. Les rubriques se groupent en tableaux, elles se coordonnent, obéissent aux mêmes principes, la division par 5 par exemple. Le monde se transforme en un vaste tableau de combinaisons des choses, où des rubriques en nombre fini génèrent des êtres et événements en nombre indéfini. Les êtres s'accordent comme dans un tableau de conjugaison verbes et sujets, comme dans un tableau généalogique ascendants et descendants, parents par le sang et parents par le mariage.

Le but est de faire émerger le sens, de voir circuler une même énergie, comme une belle eau qui fait ici des feuilles, là-bas des fleurs, plus loin des fruits, maintenant des feuilles, demain des fleurs, plus tard des fruits. Il s'agit de presser les intentions, les significations, les coïncidences, comme on presse le lait du pis de la vache. Il s'agit de souffler la vie. Voilà bien l'ésotérisme derrière la classification. Le monde est un tout, où tout renvoie à tout, mais sans confusion, selon des degrés, selon des rythmes, selon des niveaux, selon des parentés. Pas d'indistinction. Sans ces correspondances, l'acupuncture, la magie, la divination par signes seraient impossibles. Si l'eau est liée à tel nombre et que le magicien utilise un autre nombre, son action restera sans effet. La première mention explicite de cette pensée **par analogies et correspondances** remonte à 400 av. J.-C., environ. On l'a décelée sur une poignée d'épée, en jade. La formulation classique se trouve dans le *Chou king*, avec une grille des correspondances d'ordre 5.

Alors le ciel donna à Iu [Yu le Grand] les neuf articles de la Grande Règle ; ils ont servi à expliquer les grandes lois de la société et les devoirs mutuels.

[Rubriques] Le premier article concerne les cinq Éléments, le deuxième l'accomplissement attentif des cinq actes, le troisième l'emploi diligent des huit parties de l'administration, le quatrième l'emploi des cinq régulateurs du temps pour fixer exactement les saisons, le cinquième l'acquisition et l'exercice de la haute perfection qui convient à la dignité impériale, le sixième l'acquisition et l'exercice des trois vertus requises en celui qui gouverne, le septième l'usage intelligent des moyens de scruter les choses incertaines, le huitième la méditation et l'usage des effets divers, le neuvième la promesse et l'usage des cinq bonheurs, la menace et l'usage des six malheurs extrêmes. [...]

[Correspondances] Les propriétés de l'eau [rubrique Éléments] sont de mouiller et de descendre [...], l'eau mouille, descend et devient salée [rubrique saveurs]. [...]

[Analogies] Le peuple est **comme** les constellations (l'empereur et les ministres sont comme le Soleil et la Lune). Certaines constellations aiment le vent, d'autres la pluie (mais elles ne peuvent obtenir par elles-mêmes ni le vent ni la pluie, le Soleil et la Lune ont son soin de les leur donner).

[Homologations, syntonie] Le Soleil et la Lune accomplissent leurs révolutions, et ramènent l'hiver et l'été. La Lune parcourt les constellations, et amène le vent et la pluie. (Ainsi l'empereur et les ministres **doivent** pourvoir aux besoins du peuple et satisfaire ses désirs légitimes.)

Livre des documents. Chou king (480 av. J.-C.), IV, chap. 4 : *La Grande Règle. Hong-fan*, trad. S. Couvreur, *Chou King* (1897), Les Belles Lettres, 1950, p. 194-209. Les phrases entre parenthèses sont un ajout de S. Couvreur. Autre trad. : P. Grison, *Le Hong-Fan*, Éditions Traditionnelles, 1981, 24 p. © Les Belles Lettres, Paris.

Le monde et l'homme sont analogues, leurs parties sont correspondantes. L'homme est un petit monde, le monde est un grand homme. Aussi une même énergie circule dans les fleuves et dans les veines, dans les yeux, droit et gauche, et dans les luminaires, Soleil et Lune. Comme en Occident, la doctrine des analogies et correspondances culmine dans la théorie du microcosme-macrocosme. Comme chez Platon, cette théorie a une face cosmologique, une face anthropologique, une face politique. L'ordre du monde, la constitution de l'homme et l'organisation de la société se font écho. Platon disait que « la cité est l'image agrandie de l'âme », que la division de l'âme en trois parties répond à la division de la société en trois classes (*La République*, IV, 435 d) ; il disait aussi que la constitution de l'âme (pas du corps) répond à celle du cosmos (*Timée*, 69). Mais si le modèle réside pour Platon dans l'âme de l'homme, le modèle se trouve pour le Chinois dans le corps de l'homme. On remonte toujours de la partie, l'homme, au tout, monde ou société. On accède du corps connu à un monde qu'il faut connaître et à une société qu'il faut organiser. On peut donc connaître l'occulte et ordonner le chaos.

La formulation mythique de la théorie du macrocosme-microcosme passe par l'idée d'un Macanthrope, d'un Grand Homme cosmique.

Les êtres vivants commencèrent avec P'an-kou, lequel est l'ancêtre des dix mille êtres de l'univers. Lorsque P'an-kou mourut, sa tête devint un pic sacré, ses yeux devinrent le Soleil et la Lune, sa graisse les fleuves et les mers, ses cheveux et ses poils les arbres et autres végétaux. Les anciens savants affirmaient que les larmes de P'an-kou avaient formé le Fleuve Bleu [Yang Tsö-kiang] et le Fleuve Jaune [Houang-ho], que son souffle était le vent, sa voix le tonnerre ; la pupille de ses yeux faisait jaillir la foudre, le ciel était clair quand il était content et sombre quand il se mettait en colère. [...] On raconte que P'an-kou et son épouse sont l'origine du *Yin* et du *Yang*.

Chou yi ki (VIe s.), trad. partielle M. Kaltenmark, apud *La Naissance du monde*, Éditions du Seuil, coll. « Sources orientales », n° 1, 1959, p. 457.

La formulation philosophique de la théorie du macrocosme-microcosme passe, elle, par l'idée d'analogies.

Le Ciel accomplit son mouvement circulaire en 4 saisons. Nous avons donc 4 membres, formés, chacun, de 3 parties : 3 mois font une saison. 12 mois font l'année, soit 360 jours : tel est le nombre des articulations de notre corps. Nous possédons, haut placés, des yeux et des oreilles : le Ciel n'a-t-il pas le Soleil et la Lune ? Le Vent et la Pluie s'ébattent dans l'univers : en nous s'ébattent le Souffle *(k'i)* et le Sang. [...] Nous possédons 5 Viscères [rate, poumons, cœur, foie, reins], car il y a 5 Éléments [Bois, Feu, Terre, Métal, Eau].

Lieou Ngan (>Liu An), *Le Maître de Houai-nan. Houai-nan-tseu* (122 av. J.-C.) (résumé par Marcel Granet, *La Pensée chinoise*, 1934, éd. Albin Michel, coll. « L'Évolution de l'humanité », n° 3, 1980, p. 307). © Albin Michel, Paris.

GRILLE DES CORRESPONDANCES CHEZ LES CHINOIS
(Yue-ling [1])

Éléments	Orients	Couleurs	Saveurs	Nombres	Signes
Eau	Nord	noir	salé	6	pluie
Feu	Sud	rouge	amer	7	soleil
Bois	Est	vert	acide	8	chaleur
Métal	Ouest	blanc	âcre	9	froid
Terre	Centre	jaune	sucré	5	vent

Le Chinois est homme pratique, ce qui n'enlève rien à ses qualités philosophiques ! La mentalité chinoise ésotérique se passe **par applications**

---

1. *Ordonnances mensuelles. Yue ling*, trad. anglaise J. Legge, *The Texts of Confucianism*, vol. 3 (en 2 t.), Oxford, 1885.

et répliques. L'ensemble théorique va correspondre à l'ensemble pratique sur une base qui est, justement, celle de correspondances. En termes ésotériques, on parlerait d'homologations, de synesthésies. Il y a des correspondances théoriques (l'Élément Feu et l'Orient Sud), il y a des correspondances pratiques (l'Élément Feu et la Couleur Rouge), il y a des correspondances entre ces correspondances théoriques et pratiques (l'Orient Sud et la Couleur Rouge), il faut de telles correspondances dans les domaines de la morale, de l'éducation, de la religion, de l'initiation, de la musique, etc. (par exemple, peindre en rouge la façade sud de la maison). Ce qui se rencontre dans le monde existe et doit exister chez l'homme. Si le rouge correspond au cœur, je trouve les mêmes caractéristiques dans la Couleur Rouge et le Viscère Cœur (par exemple, la force), et je dois faire une médecine du cœur liée au rouge (par exemple en buvant du vin, du vin rouge s'entend). Ces « rubriques », que sont les Éléments, les Couleurs, les Orients, les Odeurs... ne sont pas des propriétés, des attributs comme le voudrait la philosophie occidentale. Le cœur est « rouge », mais les reins ne sont pas « noirs ». Ces rubriques ont valeur de symboles, de forces naturelles. Elles créent des synergies, des nœuds de forces, autrement dit de la magie. La force du vent, la force des courants, mêlées, forment les vagues, les tempêtes ; de même, ici, la force du Rouge, la force du Cœur mises en corrélation font la santé du cœur ou la beauté du rouge. Le Chinois fait des duplications, des répliques, des doubles. Ce qui s'applique en morale va s'appliquer en politique, en pédagogie, en art, en médecine, en biologie, dans l'art de la guerre, pour l'érotisme, etc. La première application va servir de modèle. Par exemple, on va appliquer la division par 5 dans la construction de la Maison du Calendrier ; ensuite, cette Maison du Calendrier servira de modèle, elle sera répétée pour édifier des villes, pour organiser un camp militaire, etc. On obtient alors une chaîne : le monde fut le modèle de la Maison du Calendrier qui est elle-même le modèle d'un camp militaire qui sera le modèle...

Application politique de la théorie du macrocosme-microcosme :

Le corps humain est l'image de l'État. Le thorax et l'abdomen correspondent aux palais et ministères. Les quatre membres correspondent aux frontières et aux bornes. Les divisions des os et des tendons correspondent aux distinctions en centaines de fonctionnaires. Les pores de la peau correspondent aux quatre voies. L'esprit correspond au prince. Le sang correspond aux ministres et l'énergie au peuple.

Ko Hong (>Ge Hong), *Le Maître qui embrasse la simplicité. Pao-p'ou-tseu* (317), 18. Trad. partielle en anglais J. R. Ware, *Alchemy, Medicine and Religion in China...*, Dover Publications, New York, 1966, et J. Huang et M. Wurmbrand, *The Primordial Breath*, Original Books, Torrance, 1987.

Application architecturale de la théorie du macrocosme-microcosme :

Une capitale ne mérite ce nom que si elle possède un *Ming-t'ang*. Le *Ming-t'ang* constitue une prérogative proprement royale et la marque d'un pouvoir solidement établi. C'est une Maison du Calendrier, où l'on voit comme une concentration de l'Univers.

[Rubrique Figures : langage géométrique] Édifiée sur une base carrée, car la Terre est carrée, cette maison doit être recouverte d'un toit de chaume, rond à la façon du Ciel.

[Rubrique Saisons : langage temporel] Chaque année et durant toute l'année, le souverain circule sous ce toit. En se plaçant à l'orient convenable, il inaugure successivement les saisons et les mois. La station qu'il fait, au deuxième mois du printemps, revêtu de vert et placé au plein Est, équivaut, puisqu'il ne se trompe ni sur le site ni sur l'emblème, à une visite équinoxiale du Levant. [...]

[Rubrique Orients : langage spatial] Dans le *Ming-t'ang*, l'Espace — où la circulation royale doit susciter l'apparition du cycle complet de jours qui compose une année — ne se divise qu'en 5 domaines dénommés (et consacrés aux 5 Éléments) dont l'un ne correspond qu'au Centre et au pivot du Temps, tandis que les 4 autres figurent les Orients et les Saisons réelles. [...]

[Rubrique Nombres : langage arithmétique] La base du toit du *Ming-t'ang* devait être mesurée par le nombre 144 et son contour par le nombre 216, la hauteur étant figurée par 81. Telles qu'on les indique, ces dimensions supposent que le profil du toit de chaume est un triangle isocèle dont la base (2×72) figure la Terre (144) et les deux autres côtés ($2 \times 108 = 216$) la courbure du Ciel (3×72). Cette construction a pour principe une équerre dont le grand côté vaudrait 9×9, le petit 8×9, et l'hypoténuse 12×9. [...] L'essentiel était d'utiliser des Nombres qui pussent évoquer le rapport (3/2 ou 9/6) du Ciel et de la Terre. [...]

[Répliques] Le plan du *Ming-t'ang* reproduit celui des camps et des villes, et, par là même, le plan du Monde et de ses Neuf Provinces ; peu importe que ce plan donne l'idée d'une croix simple [à 5 cases] ou d'une croix gammée [à 9 cases] : il suffit que le Suzerain circule dans la Maison du Calendrier pour que cette croix soit mise en branle et qu'à sa suite le Soleil et les Saisons suivent l'Ordre ou la Voie célestes *(T'ien Tao)*.

Marcel Granet, *La Pensée chinoise*, éd. cit., p. 90-91, 150, 210, 264, sous-titres P. A. Riffard. © Albin Michel, Paris.

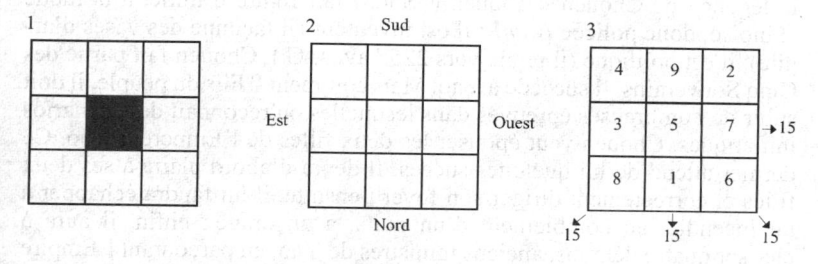

1. LA MAISON DU CALENDRIER (MODÈLE EN FORME DE CROIX)
2. LA CROIX DES ORIENTS
3. LE CARRÉ MAGIQUE LO CHOU *(ÉCRIT DE LA RIVIÈRE LO)* DE VALEUR 15

La Maison du Calendrier reproduit une boussole (elle est orientée, le nord en bas, le sud en haut, l'est à gauche, l'ouest à droite), un carré magique de côté 3 et de base 15 (on retrouve 15 horizontalement, verticalement et diagonalement), une grille de correspondances (le milieu est le centre de la boussole, le 5 du carré, et donc couleur jaune, saveur sucrée, etc.).

Application médicale de la théorie du macrocosme-microcosme :

La médecine étudie l'Homme en tant qu'individu autonome. Cet Homme, ce microcosme, ne s'affirme pas indépendant, mais s'insère dans l'univers en obéissant à ses lois : *yin, yang, tao*. [...] Le *k'i* [Souffle] est la réunion du *yin* et du *yang*. Tout ce qui existe est le résultat de l'interaction de ces deux principes. Chaque individu est *yang* dans un sens et *yin* de l'autre. Chez l'Homme, les parties supérieures gauches et dorsales sont *yang* par rapport aux parties inférieures, ventrales et droites. [...] Chez l'Homme, les cinq Éléments sont assimilés aux cinq fonctions physiologiques essentielles. Feu : manifestation sous forme de chaleur de l'ensemble des réactions biochimiques des cellules ; Terre : excrétion ; Métal : absorption par la respiration et l'alimentation, etc. ; Eau : réserve ; Bois : mouvement, contractions musculaires...

Dr Luc Vo Pham, *Sexologie et Médecine chinoise*, faculté de médecine de Toulouse, 1992, p. 3-10.

Toute la civilisation chinoise vise l'éducation, l'humanisation. Cela peut aller du babil à l'obtention de l'immortalité. L'ensemble de la culture s'opère **par enseignements et initiations**. L'homme humble verra dans les traditions une morale, l'homme avancé y verra une voie spirituelle. La nature enseigne, le maître spirituel enseigne. L'agriculture enseigne, l'alchimie enseigne. Seuls les enseignants n'enseignent rien ! L'ésotérisme chinois existe dès l'origine, car on parle d'un enseignement oral ésotérique de l'Empereur Jaune, le *Houang-lao*.

L'antique mentalité chinoise cache des initiations *(zu)* dans ses mythes, dans ses légendes, dans ses rites, dans ses coutumes. Prenons le mythe ou la légende de Chouen [1]. Chouen (>Shun) fait figure d'initié, à la mode chinoise, donc policée *(wen)* : il est inventeur (il façonne des vases d'argile), il est politique (il règne vers 2255 av. J.-C.). Chouen fait partie des Cinq Souverains. Il succède à Yao. Mais comment ? Fils du peuple, il doit subir de nombreuses épreuves dans lesquelles on reconnaît des scénarios initiatiques. Chouen veut épouser les deux filles de l'Empereur Yao. Ce dernier attend de lui quelques succès. Il devra d'abord plaire à ses deux filles et correctement diriger son foyer ; ensuite, il lui faudra échapper à un incendie, au comblement d'un puits, à un orage ; enfin, il aura à chasser quatre démons, anciens ministres de Yao, en parcourant l'Empire

---

1. Sur Chouen : *Yi king*, ailes 5-6 ; *Hi ts'eu* II ; *Chou king*, I, chap. 2 ; Sseu-ma Ts'ien, *Les Mémoires historiques* ; Confucius, *Entretiens*.

d'est en ouest. Ayant réussi, les deux filles de Yao lui apprennent « l'art de voler comme un oiseau », autrement dit les techniques de l'extase, mais aussi l'art de creuser la terre et de s'y cacher. À l'art de se cacher dans le ciel répond l'art de se cacher dans la terre, dont les couches les plus profondes communiquent avec le ciel.

Yao dit :
— Je le mettrai à l'essai.

[Épreuve initiatoire des rapports] Alors Yao lui donna en mariage ses deux filles, pour observer quelle était sa vertu dans la manière dont il se comporterait envers ses deux filles. Choen, dans les lieux qu'arrosent les rivières Koei et Joei, dirigea et rendit humbles ces deux femmes, en sorte qu'elles observèrent les rites des épouses. [...]

[Épreuve initiatique du Feu] Cependant Kou-seou voulut encore le tuer ; il fit monter Choen sur le grenier pour le crépir ; d'en bas, Kou-seou mit le feu au grenier pour l'incendier ; Choen alors se servit de deux grands chapeaux de jonc pour protéger sa descente ; il s'échappa et put ne pas périr.

[Épreuve initiatique de la Terre] Ensuite Kou-seou envoya derechef Choen creuser un puits ; Choen, en creusant le puits, se ménagea un orifice secret qui était une issue latérale. Quand Choen fut entré au fond, Kou-seou et Siang jetèrent ensemble de la terre et remplirent le puits : Choen sortit par l'orifice secret et s'échappa.

[Épreuve initiatoire des fonctions] Alors Yao mit Choen à l'essai dans les cinq règles et les cent fonctions ; tout cela fut bien dirigé. [...]

[Initiation-processus] Choen, allant recevoir les hôtes [Chaos, Vaurien-trompeur, Soliveau, Glouton] aux quatre portes, exila les quatre familles criminelles et les bannit aux quatre frontières, afin de soumettre à la règle les démons. Alors les quatre portes furent ouvertes et on annonça qu'il n'y avait plus de criminels.

[Épreuve initiatique céleste, avec Éléments *yang* : montagne, vent, tonnerre] Choen entra dans une grande forêt sur la montagne ; il y eut un vent violent, du tonnerre et de la pluie ; il n'en fut pas troublé.

[Initiation-cérémonie] Yao reconnut alors que Choen était digne qu'il lui donnât l'empire. [...]

Vingt ans après que Choen eut été mis en charge et eut administré les affaires, Yao le chargea de gouverner à sa place. Il gouverna à sa place pendant huit ans, et c'est alors [2255 av. J.-C.] que Yao mourut.

Sseu-ma Ts'ien, *Mémoires historiques. Che-ki* (91 av. J.-C.), I, chap. 1, trad. partielle É. Chavannes, 1895-1905, rééd. 1967, A. Maisonneuve, t. 1, p. 53-79, sous-titres P. A. Riffard. © A. Maisonneuve, Paris.

Les thèmes sont codés ésotériquement, et l'ordre a été brouillé. Un premier code, numérique, apprend que Chouen mesure 61 pouces (contre 72 pour Yao), règne 39 ans (contre 72 pour Yao), vit 100 ans, or ces nombres symbolisent chacun, très précisément, quelque chose, ils entrent dans un tableau figurant la série 6-17-28-39-50-61-72-83-94-105 ; dans cette série, 4 couples de nombres font 100 (39 + 61 ; 28 + 72 ; 17 + 83 ; 6 + 94), ces nombres ont entre eux 11 unités d'écart (17 − 6, 28 − 39, etc.), 8 des nombres ont 55 unités d'écart (94 − 39, 83 − 28, etc.)[1]. Un

---

1. M. Granet, *La Pensée chinoise*, Albin Michel, 1979, p. 168-169.

deuxième code, cosmologique, fait intervenir les Éléments, comme dans les initiations européennes ; Chouen est lié à l'Élément Terre, donc au Centre, au Cinq, au Jaune, à la Sainteté, au Doux, à la Bouche, d'après le système des correspondances, et les épreuves qu'il subit sont celles du Feu (l'incendie), de la Terre (le puits), de l'Eau (l'orage), ou, si l'on préfère, du Ciel (l'orage) et de la Terre (le puits). Un troisième code, culturel, utilise l'allégorie : l'oiseau avec ses ailes représente l'âme libérée du corps et donc le chamanisme, l'exil des quatre familles figure (selon le clairvoyant Granet) un ancien rite de renouvellement de l'année où l'on sacrifiait quatre victimes aux quatre portes cardinales de la ville[1], etc.

39	94
28	83
50	105
17	72
6	61

LES CENT ÉCOLES

Sur le socle commun de l'Universisme, les Chinois ont bâti « cent écoles » *(po kia)*, un chiffre évidemment symbolique. Que des écoles opposées puissent surgir mérite attention. J'attribue cela à l'ésotérisme policé (Grèce, Chine), qui, par opposition à l'ésotérisme civilisateur (Égypte, Mésopotamie), admet — même à l'intérieur de l'État — des divergences. Les théologies d'Égypte, différentes à l'évidence, se complétaient, ou elles s'ignoraient ; en revanche, les écoles chinoises peuvent entrer en conflit. C'est le multipartisme. Le phénomène le plus notable est la laïcisation des rites et du savoir opérée par Confucius.

Que les Anciens étaient des hommes complets ! [...] Certains de ces vestiges répandus dans le monde et établis dans le pays du Milieu [la Chine], on les trouve parfois mentionnés par les cent écoles qui les ont étudiés. [...] Mais les cent écoles, dont aucune ne possède de vision synoptique, représentent l'œuvre d'esprits bornés. En brisant la splendeur de l'univers, en morcelant la structure des êtres et en réduisant la vision intégrale des Anciens, rares sont ceux qui arrivent à embrasser les beautés de l'univers et à refléter le vrai visage de l'esprit. De là, l'obscurcissement et l'étouffement de la doctrine qui traite de la sainteté intérieure et de la royauté extérieure. Tous ne font que ce qu'ils veulent en inventant leurs méthodes personnelles.

Tchouang-tseu, xxxIII, trad. Liou Kia-hway, apud *Philosophes taoïstes*, Gallimard, « Bibliothèque de la Pléiade », 1980, p. 349-350. © Gallimard, Paris.

---

1. M. Granet, *La Civilisation chinoise* (1929), éd. cit., p. 234.

Parmi les Cent écoles, certaines appartiennent à l'ésotérisme : le Taoïsme (en majeure partie), l'école du Yin-Yang (à l'origine), l'école des Cinq Éléments, l'école des Nombres, l'école des chamanes (Wouïsme)...

L'école du Yin-Yang *(Yin-Yang-kia)* concerne l'ésotérisme par son fondateur, Tseou Yen, comme par ses continuateurs, les magiciens Chan Tong et Ho Pei.

L'école des Cinq Éléments *(Wou-hing-kia)* est chinoise. Autrement dit, elle pose moins des principes cosmologiques que des dynamismes. Les Éléments sont des états qui s'engendrent et rivalisent. Ce sont plutôt des phases et des interactions : le Bois n'a ni essence isolée ni existence éternelle puisqu'il se fait flamme dans l'Air, sur la Terre, au contact du Feu. Les Éléments sont au nombre de cinq : Bois (ou végétation), Feu, Terre (au centre), Métal (ou minéraux), Eau, et ils ont de constants rapports de lutte et d'entente, d'alternance temporelle et d'emboîtement spatial, de changement et de formation réciproques. Bois et Feu sont *yang*, Métal et Eau sont *yin*.

L'école des Nombres *(Chou-kia)* fait penser au Pythagorisme. On songe aux philosophes avant Socrate. Empédocle, qui était chamane autant que philosophe, prenait pour clef les Éléments, les Pythagoriciens prenaient pour clef les Nombres.

Venez plus près, et je vais vous apprendre ce que j'ai appris auprès du Maître [Confucius]. Il disait que le Tao du Ciel est un cercle et celui de la Terre un carré. Le carré est obscur et le cercle lumineux. La luminosité irradie de l'énergie *(k'i)*, de sorte qu'il y a de la lumière au-dehors d'elle ; l'obscurité absorbe de l'énergie *(k'i)*, de sorte qu'il y a de la lumière au-dedans d'elle. C'est ainsi que le Feu et le Soleil ont une brillance externe, tandis que le Métal et l'Eau ont une brillance interne. Ce qui irradie est actif *(che)*, ce qui absorbe est réactif *(houa)*. Le *yang* est actif, le *yin* est réactif. L'énergie spermatique *(tsing)* du Yang est appelée « esprit » *(chen)*, l'énergie germinative du Yin est appelée « divinité » *(ling)* ; les esprits et les divinités sont les racines de tous les vivants. [...]

Le Sage note soigneusement les nombres du Soleil et de la Lune, de façon à pouvoir observer les mouvements des étoiles et des constellations, et, ainsi, ordonner les quatre saisons en fonction des progressions et des rétrogradations. Cela s'appelle le « calendrier ». Les Sages ont inventé les douze tubes musicaux, afin d'obtenir une échelle pour les huit notes, aiguës ou graves, longues ou courtes. [...] Les Sages établirent les cinq rites, pour donner au peuple une bonne norme.

[...]

Le Ciel est 1, la Terre est 2, l'Homme est 3. 3 × 3 font 9. 9 × 9 font 81. 1 gouverne le Soleil. Le nombre du Soleil est 10. C'est pourquoi l'homme naît au dixième mois de son développement.

8 × 9 font 72. Ici un nombre pair [72] suit un nombre impair [9]. Les nombres impairs gouvernent le temps. Le temps gouverne la Lune. La Lune gouverne le cheval. C'est pourquoi le cheval a une gestation de 11 mois.

Livre des rites compilé par Tai l'Ancien. Ta Tai li-tsi (vers 90), 58 et 81, trad. anglaise R. K. Douglas (1882), *apud* J. Needham, *Science and Civilisation in China* (1954-1971),

t. 2 : *History of Scientific Thought*, Cambridge University Press, Londres, 1956, p. 269-271. Trad. partielle P. A. Riffard. Cf. *Yi king*, trad. P. L. F. Philastre, J. Maisonneuve, 1982 (réimp. de l'édition 1885-1893), t. 2 p. 511.

> Lao-tseu s'est servi de la théorie des Nombres pour sa cosmogonie.
>
> Du Tao émane le Un
> Du Un émane le Deux
> Du Deux émane le Trois
> Du Trois émanent les dix mille êtres.
> Les dix mille êtres portent le Yin sur leur dos
> Et embrassent le Yang.
> Un souffle Vide réalise leur harmonie.

Lao-tseu, *Tao-tö king*, XLII, trad. Élisabeth Andrès et Kyu-Yong Byun, *Les Cent Fleurs du Tao*, Jacqueline Renard, 1991, p. 128. © Éditions du Dauphin, Paris.

LE *YI KING*

Le *Livre des mutations*. *Yi king* (>*Yi jing*) n'est pas un livre, mais une collection de textes. Une collection ésotérique. Ésotérique dans sa destination : il s'adresse à l'initié ; ésotérique dans son fond : il concerne l'occulte ; ésotérique dans sa forme : il se présente comme une sorte d'écriture secrète ; ésotérique dans sa fonction : on peut l'utiliser à plusieurs niveaux.

> L'homme bon la découvre [la Voie] et la dit bonne. L'homme sage la découvre et la dit sage. Le peuple se sert d'elle jour après jour et ne sait rien d'elle ; car la Voie de l'homme noble est rare. [...]
> Les transformations éclairent le passé et expliquent l'avenir. Elles montrent ce qui est caché et ouvrent ce qui est obscur. Elles distinguent les objets par des noms adéquats.

Livre des mutations. Yi king, ailes 5-6 : *Grand Appendice. Hi-ts'eu* (IVe s. av. J.-C.), I.5.3 et II.6.3, trad. R. Wilhelm, *Yi king* (1924), Médicis, 1973, p. 337, 381. © Éditions Médicis-Entrelacs, Orsay. Autre trad. P. L. F. Philastre, *Le Yi king* éd. cit., t. 2, p. 502 (§ 1157) et p. 521 (§ 1198).

Du point de vue formel, le *Yi king* donne un ensemble de traits *(hiao)* simples, géométriques, et un autre ensemble, textuel cette fois, constitué de « décisions » *(touan)* brèves, suivi de commentaires *(tchouan)*.

Du point de vue historique, cet ouvrage a pour auteurs, selon la tradition, de grandes figures de la légende chinoise, encore que les textes ne s'accordent pas. Fou-hi (2852 av. J.-C.), selon une version, aurait inventé les 8 trigrammes en observant la nature.

> Levant la tête, il contempla les figures qui se trouvent dans le ciel. Baissant la tête, il contempla les formes qui sont sur la terre. Autour de lui, il contempla les signes des oiseaux et des animaux terrestres ainsi que leur adaptation aux régions. Procédant directement à partir de toutes les parties de son corps et indirectement à partir des dix mille êtres vivants, il organisa ainsi les huit figures qui permettent

de classer les dix mille êtres selon leur nature et de s'accorder à la force lumineuse qui les anime.

Livre des mutations. Yi king, ailes 5-6 : *Grand Appendice. Hi-ts'eu*, II.2.1, trad. partielle C. Javary, *Le Yi Jing*, Cerf-Fidès, 1989, p. 120. Dans la trad. P. L. F. Philastre : t. 2 p. 532 (§ 1223).

Postérieur à Fou-hi, Wen Wang, le « Roi Civilisation » (1122 av. J.-C. selon Pan Kou), aurait inventé les hexagrammes. Ensuite Tch'ang, duc de Tcheou, frère du roi Wen, aurait écrit les brèves formules, dites « jugements », « décisions ». Enfin, Confucius (492 av. J.-C.) et ses disciples auraient rédigé les commentaires, les « dix ailes » *(che yi)*. Les « ailes » 5-6, qui forment le texte le plus important, le *Grand Appendice. Hi-ts'eu* (>*Xici*), proviennent de disciples de Confucius et datent du IVe siècle av. J.-C. ; les « ailes » 1-2, formant la *Discussion des diagrammes. Touan tchouan*, seraient de Confucius lui-même.

On construit successivement 2 monogrammes, 4 digrammes (2 × 2 = 4), 8 trigrammes (4 × 2 = 8), 64 hexagrammes (8 × 8 = 64).

Les mutations *(yi)* manifestent le Faîte Suprême *(T'ai-ki)*. Celui-ci engendre les deux principes *(leang yi* [*yin* et *yang*]). Les deux principes engendrent les quatre emblèmes *(sseu siang)* [des quatre directions cardinales]. Les quatre emblèmes engendrent les huit trigrammes *(pa koua)*.

Yi king, ailes 5-6 : *Grand Appendice. Hi-ts'eu*, I.11.5. Trad. P. L. F. Philastre, t. 2, p. 523 (§ 1201).

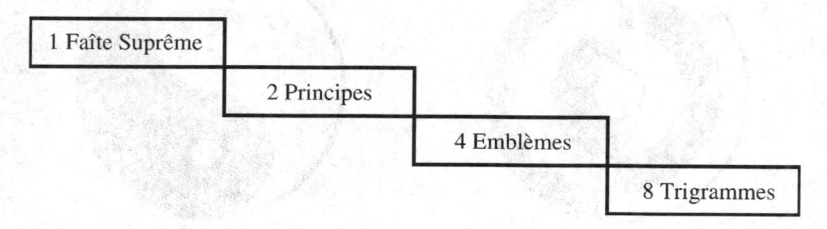

1 Faîte Suprême			
	2 Principes		
		4 Emblèmes	
			8 Trigrammes

À la base est le *yi*, la mutation originelle, le changement initial, la métamorphose primordiale. Les lignes signalent donc les mutations des choses, plus que les choses mêmes. On se place dans une pensée structurale, pas dans une philosophie de la substance. *Yi* figure, étymologiquement, le caméléon, qui change de couleur mais conserve sa nature.

Il y a donc mutation, mais mutation de quoi en quoi ? Il faut formuler en même temps le principe unique, l'origine pérenne, l'ultime. Quoi ? « Le Faîte Suprême, l'Ultime Retournement, le Grand Pôle » *(T'ai-ki* >*Taiji)*, appelé aussi « l'Un Suprême, la Grande Unité » *(T'ai-Yi)*, « le Souffle Originel » *(Yuan-K'i)* où se fondent négativité *(yin)* et positivité *(yang)*. C'est la Voie *(Tao)* où s'indifférencient être *(yeou)* et néant *(wou)*. La majorité des auteurs confucéens identifie Faîte Suprême et Tao (mais pas Tchouang-tseu, par exemple, qui met au-dessus du Faîte Suprême le Tao, ou Tcheou Touen-yi qui coiffe le Faîte du Vide Suprême).

Le diagramme, transmis de façon immémoriale au sein du Taoïsme, paraît pour la première fois chez l'alchimiste taoïste Tch'en T'ouan (>Chen Tuan), vers 950, avec des cercles en partie blancs et en partie noirs[1]. Le « Grand Faîte » reçoit après, bien après, avec le philosophe néo-confucianiste Tchou Hi (>Zhu Xi, 1130-1200), l'icône célèbre d'un cercle divisé par un diamètre formé de deux demi-cercles qui ont eux-mêmes pour diamètre le rayon du cercle extérieur, et qui délimitent, de la sorte, deux zones, l'une noire avec un point blanc en son centre, l'autre blanche avec un point noir en son centre. Ce dessin existait en Chine depuis des millénaires. On peut méditer des années sur ce diagramme tant il est simple et riche. Le cercle représente le monde, le tout ; les deux zones visualisent les deux forces contraires *yin* et *yan*. Le dynamisme règne sur cette figure toute géométrique, tracée au compas. Le blanc dans le noir et le noir dans le banc insistent sur la complémentarité à l'infini des contraires, tandis que le diamètre en deux demi-cercle symbolise l'alternance à perpétuité des contraires. On a là un des plus beaux graphismes de l'histoire mondiale de l'ésotérisme, avec l'Ouroboros des alchimistes alexandrins, qui lui ressemble tant.

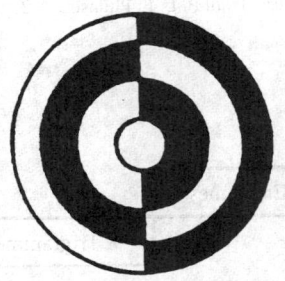

LE DIAGRAMME ANCIEN
DU FAÎTE SUPRÊME

LE DIAGRAMME MODERNE
DU FAÎTE SUPRÊME
(T'ai-ki t'ou)

Alors que le *T'ai-ki* est fait de cercles, tracés au compas, le *Yi king* est fait de droites tracées à la règle. On retrouve encore l'équerre et le compas (instruments des Francs-Maçons occidentaux, mais aussi, respectivement, de Fou-hi et de sa femme ou sœur Niu-koua), le droit et le rond. Le Ciel est rond, tracé au compas, la Terre est carrée, tracée à l'équerre.

---

1. Isabelle Robinet, « The Place and Meaning of the Notion of Taiji in Taoist Sources prior to the Ming Dynasty », *History of Religions*, Chicago, 1990, p. 373-411. Art. « Chine » de l'*Encyclopaedia Universalis*, fig. 1 (diagramme du Faîte Suprême), fig. 2 (cycle de succession).

Yi	Yin	Yang

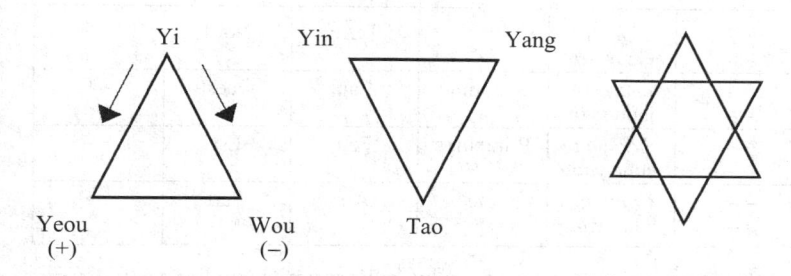

Yeou (+)	Wou (−)	Tao
GRANDE TRIADE	PETITE TRIADE	MACRO-MICROCOSME

Le monogramme, le trait *(hiao)*, le « petit emblème » *(siao siang)* comme dit le texte, est soit discontinu, brisé, souple, terminal, bref « faible » *(jeou)*, *yin* – –, soit continu, plein, rigide, initial, bref « fort » *(kang)*, *yang* —. Voilà donc les deux modalités, les deux forces du principe, non encore manifeste (il faudra l'engendrement des Éléments). *Yin* est, étymologiquement, l'ubac, la face exposée au nord, humide, obscure ; *yang* est, de façon symétrique, l'adret, le versant ensoleillé de la montagne, au sud.

– –	*yin*	ubac	−
—	*yang*	adret	+

Yi yin yi yang tchö wei tao (>*yi yin yi yang zhi wei dao*)
mot à mot : « un yin un yang : s'appelle tao »
Yi king, ailes 5-6 : *Grand Appendice. Hi-ts'eu,* I.5. Trad. R. Wilhelm, *op. cit.*, p. 335 [1].
[traduction interprétée :] Un *yin,* un *yang,* voici le Tao [2]. Trad. Granet, *La Pensée chinoise,* éd. cit.

Le digramme se fait en superposant deux monogrammes. On redouble, de bas en haut. Le digramme n° 1 est : − + − donc = à la verticale. On obtient 4 digrammes, appelés « figures, graphiques, images, emblèmes » *(siang).*

---

1. R. Wilhem : « Ce qui doit faire apparaître tantôt l'obscur et tantôt le lumineux est la Voie » (p. 335). Philastre : « Une négativité et une positivité sont ce qu'on appelle la voie rationnelle » (*op. cit.*, t. 2 p. 501). Étiemble : « Un temps de *yin*, un temps de *yang*, voilà le Tao » (*Philosophes taoïstes,* p. XLVI). M. Kaltenmark : « Un aspect *Yin,* un aspect *Yang,* c'est le Tao. » M. Granet propose : « Une fois *Yin,* une fois *Yang* », « D'abord le *Yin,* puis le *Yang* », « Ici le *Yin,* là le *Yang* », « Un temps *yin,* un temps *yang* », « Un côté *yin,* un côté *yang,* c'est là le Tao ! » (*La Pensée chinoise,* éd. cit., p. 104).
2. *Tao* signifie : 1) « chemin, voie » ; 2) « marcher, tracer un chemin » ; 3) « dire, renseigner » ; 4) « doctrine, école » ; puis 5) (chez les Confucianistes) « idéal moral ou norme universelle » ; 6) (chez les Taoïstes) « réalité primordiale qu'il s'agit de réintégrer en soi-même, et cela tout à la fois pour vivre dans le monde et pour son salut spirituel » (M. Kaltenmark).

− − − −	*t'ai yin* vieux *yin*	Hiver	Terre	Nord	− −
− − ——	*chao yin* jeune *yin*	Automne	Eau	Ouest	− +
—— − −	*chao yang* jeune *yang*	Printemps	Feu	Est	+ −
—— ——	*t'ai yang* vieux *yang*	Été	Air	Sud	+ +

À leur tour, les digrammes forment, si l'on ajoute une ligne soit discontinue soit continue, des trigrammes *(pa koua)*, en correspondance, dans « l'arrangement Fou-hi », avec les orients et les saisons. Ce travail fut fait par des exégètes du *Yi king* cosmologistes. Par ces trois lignes sont présents « les Trois Puissances » *(san ts'ai)*, à savoir le ternaire Terre (en bas), Homme (au milieu), Ciel (en haut) : *Ti-Jen-T'ien* (>*Di-Ren-Tian*). Les huit trigrammes s'appellent Ciel, Terre, Montagne, Lac, Tonnerre, Vent, Eau, Feu.

> Le Ciel et la Terre déterminent la direction.
> La Montagne et le Lac unissent leurs forces.
> Le Tonnerre et le Vent s'excitent l'un l'autre.
> L'Eau et le Feu ne se combattent pas.
> Ainsi les huit trigrammes sont mariés.
>
> *Yi king*, aile 8 : *Discussion des trigrammes*. Chouo koua, II, 3, trad. R. Wilhelm *op. cit.*, p. 305. © Éditions Médicis-Entrelacs, Orsay.

L'ordre logique va du maximum de *yin* au maximum de *yang*, tandis que l'arrangement cosmique (de Fou-hi) montre le lever et le coucher de la force, analogue à la course du Soleil, allant de *tch'en* à *li*, etc., jusqu'à *k'ouen*.

TRIGRAMMES

			Ordre cosmique	Ordre logique
− − − − − −	*k'ouen* soumettre = don	TERRE mère Nord	soleil de minuit (8)	yin − − − 000 (1)
− − − − ——	*ken* solidifier = repos	MONTAGNE fils cadet Nord-Ouest	soleil couchant (7)	yin − − + 001 (2)
− − —— − −	*k'an* précipiter = danger	EAU fils puîné Ouest	soleil déclinant (6)	yin − + − 010 (3)
—— —— − −	*siuan* discipliner = pénétration	VENT fille aînée Sud-Ouest	soleil d'après- midi (5)	yin − + + 011 (4)

── ── ── ── ───	*tch'en* ébranler = mouvement	TONNERRE fils aîné Nord-Est	soleil levant (1)	*yang* + − − 100 (5)
─── ── ── ───	*li* quitter = éclat	FEU fille puînée Est	soleil montant (2)	*yang* + − + 101 (6)
── ── ─── ───	*touei* transvaser = plaisir	LAC fille cadette Sud-Est	soleil d'avant- midi (3)	*yang* + + − 110 (7)
─── ─── ───	*k'ien* affermir = force	CIEL père Sud	soleil de midi (4)	*yang* + + + 111 (8)

Quel rapport entre « les deux forces » *(yin* et *yang)* et « les huit trigrammes » (réductibles aux « deux pôles », *k'ouen* et *k'ien)* ? Un texte extérieur au *Yi king* répond.

L'Un Suprême *(T'ai-Yi)* engendre les deux pôles [*k'ouen* et *k'ien*] ; les deux pôles engendrent les forces de l'obscur *(yin)* et du lumineux *(yang)*. [...] Le Ciel [*k'ien*] et la Terre [*k'ouen*] sont entraînés dans un cycle. [...] Tout est accordé avec tout.

<small>Liu Pou-wei, *Printemps et Automne du seigneur Liu. Liu-che tch'ouen-ts'io* (IIIe s. av. J.-C.), V. Trad. allemande R. Wilhem, *Frühling und Herbst*, Iena, 1928, rééd. 1979.</small>

Si l'on superpose deux trigrammes, on obtient un hexagramme. Le trigramme du bas s'appelle « trigramme intérieur » *(nei koua)*, celui du haut « trigramme extérieur » *(wai koua)*. Ces 64 hexagrammes *(tchong koua)* sont des schémas à 6 traits. Chaque hexagramme a une figure *(koua)*, un nom *(ming)*, une formule synthétique *(t'ouan ts'eu)*, une formule analytique correspondant à chacun de ses 6 traits *(yao ts'eu)*, une signification symbolique avec application à une situation *(siang)*, un ou plusieurs commentaires *(tchouan)*.

Soit l'hexagramme n° 11 :

a) dessin de l'hexagramme *(tchong koua)* (de Fou-hi)
Trigramme intérieur (en bas) n° I (arrangement de Fou-hi) *k'ien,* sur trigramme extérieur (en haut) n° VIII *k'ouen.*

« *K'ien* est fort, *k'ouen* est abandonné [...]. *K'ien* est le cheval ; *k'ouen* est la vache. [...] *K'ien* agit dans la tête, *k'ouen* dans le ventre [...]. *K'ien* est le Ciel, on l'appelle donc Père ; *k'ouen* est la Terre, on l'appelle donc Mère. »
<small>*Yi king,* aile 8 : *Discussion des trigrammes. Chou koua,* III.</small>

#	Name	#	Name	#	Name	#	Name
1	k'ien	17	souei	33	touen	49	kö
2	k'ouen	18	kou	34	ta tchouang	50	ting
3	tchouen	19	lin	35	tsin	51	tch'en
4	mong	20	kouan	36	ming yi	52	ken
5	siu	21	che ho	37	kia jen	53	kien
6	song	22	pi	38	k'ouei	54	kouei mei
7	che	23	po	39	kien	55	fong
8	pi	24	fou	40	kiai	56	liu
9	siao tch'ou	25	won wang	41	souen	57	siuan
10	liu	26	ta tch'ou	42	yi	58	touei
11	t'ai	27	yi	43	kouai	59	houan
12	p'i	28	ta kouo	44	kou	60	tsie
13	t'ong jen	29	k'an	45	ts'ouei	61	tchong fou
14	ta yeou	30	li	46	cheng	62	siao kouo
15	k'ien	31	hien	47	k'ouen	63	tsi ts'i
16	yu	32	heng	48	tsing	64	wei ts'i

LES 64 HEXAGRAMMES

```
— —
— — — —
——      —— ——
—— + —— = ——
——      —— ——
——
```

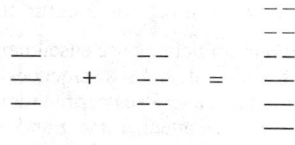

$$k'ien + k'ouen = t'ai$$

b) nom de l'hexagramme *(koua ming)* : *t'ai* : suprême
« Le Ciel pénètre sous la Terre : Suprême. »
Yi king, trad. Daniel Giraud, *I Ching, Tao Te Ching*, Le Courrier du Livre, 1987, p. 27. © Le Courrier du Livre, Paris.

c) décision *(t'ouan ts'eu)* (du roi Wen)
« Paix *(p'ing)*. Le petit va au grand qui va vers le petit. Faste prospérité. »
Yi king, aile 1 : *Commentaire des décisions. Touan tchouan*, n° 11, trad. D. Giraud, *op. cit.*, p. 27. © Le Courrier du Livre, Paris.

d) formule synthétique (de Confucius)
« Le Ciel et la Terre s'unissent et tous les êtres se développent harmonieusement. Le Haut et le Bas s'unissent et leurs intentions sont identiques. Au-dedans est le clair, au-dehors est l'obscur. Au-dedans la force active, au-dehors la réceptivité passive. La Voie du Sage s'élève, la Voie de l'inférieur s'efface. »
Yi king, ailes 1-2 : *Commentaire des décisions. Touan tchouan*, n° 11, trad. D. Giraud, *op. cit.*, p. 27. © Le Courrier du Livre, Paris.

e) emblème *(siang)*
« Le Ciel pénètre sous la Terre : Suprême. Ainsi le souverain mesure et accomplit la Voie du Ciel et de la Terre. Il s'accorde aux desseins du Ciel et de la Terre et par là soutient le peuple. »
Yi king, ailes 3-4 : *Commentaire sur les emblèmes. Siang tchouan*, n° 11.

f) formule analytique *(yao ts'eu)* (du duc de Tcheou)
Traits 1, 2, 3 (en partant du bas) continus (9, *yang*), traits 4, 5, 6 discontinus (6, *yin*) :
« – 9 *(yang)* à la place 1 : Arracher des plantes aux racines enchevêtrées. Selon leurs espèces. Voyage favorable.
– 9 *(yang)* à la place 2 : Attirer le vide. Passer à gué une rivière sans s'éloigner et se perdre. Les amis se perdent. S'accorder au Supérieur : saisir le juste milieu et marcher.
– 9 *(yang)* à la place 3 : Sans plat pas d'étang. Sans aller pas de retour. Pureté de la difficulté : pas d'erreur. Ne pas s'inquiéter de sa sincérité. Prendre de la nourriture et avoir de la félicité.
– 6 *(yin)* à la place 4 : Volant rapidement... Sans richesse, se servir de son voisinage. Sans précepte, se servir de la foi.
– 6 *(yin)* à la place 5 : L'empereur Yi marie la sœur cadette. Pour le bonheur... bon augure parfait.
– 6 *(yin)* à la place 6 : Les remparts retombent dans les fossés. Ne pas utiliser l'armée. Dans son propre pays : informer et ordonner. Droiture regrettée. »
Yi king, ailes 3-4 : *Commentaire sur les emblèmes. Siang tchouan*, n° 11, trad. D. Giraud, *op. cit.*, p. 27-28. Trad. P. L. F. Philastre, *op. cit.*, t. 1 p. 208-219 (§ 226-237). Trad. R. Wilhelm, *op. cit.* p. 494-496. © Le Courrier du Livre, Paris.

À quoi sert le *Yi king* ? Le livre répond à cette question.

Le *Livre des transformations* contient quatre enseignements des Saints Sages :
— en paroles, attacher une grande valeur à ses sentences
— en action, attacher une grande valeur à ses permutations
— dans la fabrication des ustensiles, attacher une grande valeur à ses symboles
— dans la consultation des sorts au moyen de la tortue ou de l'achillée, attacher une grande valeur à ses interprétations
c'est ce qui permet à l'homme noble d'entreprendre, d'agir.

Yi king, ailes 5-6 : *Grand Appendice. Hi-ts'eu*, I.10.1, trad. partielle Ngo Van Xuyet, *Divination, Magie et Politique dans la Chine ancienne*, PUF, 1976. Trad. P. L. F. Philastre, *op. cit.*, t. 2, p. 517 (§ 1190), p. 574-575. Trad. R. Wilhelm, *op. cit.*, p. 351.

Première utilisation (la quatrième du texte précédent) : la divination, autrement dit « l'oracle ». On prend 50 tiges d'achillée (mille-feuille), ou plutôt 49 (on garde de côté l'Un), on les jette 18 fois, et l'on interroge. Le *Yi king* ne dévoile pas l'avenir, il rend le présent transparent.

Autrefois, les Saints (souverains) élaborèrent le *Livre des transformations*, guidés dans le caché par les divinités qui faisaient naître l'achillée. Ils ont attribué au Ciel le nombre 3 et à la Terre le nombre 2, et ils ont compté d'après eux les autres nombres.

Yi king, aile 8 : *Discussion des trigrammes. Chouo koua*, I. Trad. R. Wilhelm, *op. cit.*, p. 302. © Éditions Médicis-Entrelacs, Orsay.

Deuxième utilisation : la philosophie. Chaque trigramme ou hexagramme contient une information sur ce qui est et une direction sur ce qui doit être. Par exemple, l'hexagramme 11, la Paix, enseigne que la paix est synthèse des contraires (puisque le trigramme du bas est tout *yang*, celui du haut tout *yin*), et que pour la gagner on doit harmoniser négativité et positivité, en commençant par la positivité.

Traits fermes et malléables se transforment. On ne saurait les enfermer dans une loi : le changement, c'est ce qui œuvre ici. Ils sortent et entrent suivant des mesures fixes. Dehors ou dedans, ils enseignent la prudence. Ils montrent la peine et le chagrin, ainsi que leurs causes. Tu n'as pas de maître ? Approche-toi d'eux pourtant, comme de tes parents.
Prends d'abord les mots, réfléchis au sens, puis les lois fixes se révèlent. Si tu n'es pas l'homme qu'il faut, le sens ne s'ouvre pas pour toi.

Yi king, ailes 5-6 : *Grand Appendice. Hi-ts'eu*, II.8, trad. R. Wilhelm, *op. cit.*, p. 385. © Éditions Médicis-Entrelacs, Orsay.

Troisième utilisation : l'alchimie, « l'art du jaune et du blanc ». Le mercure est le *yin* et le plomb est le *yang*, le fourneau est *k'ien* (Ciel) et le chaudron est *k'ouen* (Terre), etc. Le vrai mercure se trouve dans le plomb comme on trouve du *yin* dans le *yang*, selon le principe ésotérique de l'analogie inverse.

Quatrième utilisation : la médecine. *K'ien* est l'aspect extérieur du corps, etc.

Cinquième utilisation : morale et politique. Avant l'hexagramme « Armée » se trouve l'hexagramme « Conflit », après se trouve l'hexagramme « Solidarité », donc l'Armée répond au conflit mais prépare la solidarité.
La richesse de l'expression ésotérique dans le *Yi king* laisse stupéfait. Le secret se dit dans des emblèmes (= =), ou par des nombres (= = vaut 2), ou par des paroles ou par des images (la vache).
Comme pour les ordinateurs, le système *Yi king* réussit à tout expliquer avec une logique binaire. Seulement, ici, le sens prend une dimension cosmique. Avec le minimum de matière, avec un — et un - -, le Chinois réussit à trouver le maximum d'esprit.

4ᵉ TRADITION : LE CONFUCIANISME [1] : HOMME SAINT OU HOMME VÉRITABLE ?

« Il le fit bien secrètement », est-il dit du roi Wen. Ainsi fait tout Chinois.

ÉQUIVALENTS DU MOT « ÉSOTÉRISME » EN CHINOIS

IDÉO-GRAMME	TRAITS		ROMANISATION			SENS	RADICAL	
	radical	supplémentaires	ÉFÉO	Pinyin	Wade		ÉFEO	sens
方書	4	6	fang chou	fang shu	fang shu	art occulte	yue	dire
玄	4/5		hiuan	xuan	hsüan	mystère	hiuan	noir profond
秘	4	5	mi	mi	mi	secret	he houo	céréale
內	2	2	nei	nei	nei	intérieur	jou	entrer
道	7	9	tao	dao	tao	voie	tch'o	marcher
洞	4	6	t'ong	tong	t'ung	caverne	chouei	eau
巫	3	4	wou	wu	wu	chamane	kong	travail

---

1. Les Chinois ne distinguent que « trois enseignements » : Confucianisme, Taoïsme, Bouddhisme. Les Japonais, eux aussi, admettent « trois enseignements » : Shintô, Confucianisme, Bouddhisme.

Les Chinois font la distinction entre ésotérisme et exotérisme. L'opposition apparaît nettement dans la confrontation ou la complémentarité entre Confucianisme et Taoïsme. Confucius, Maître de l'école des lettrés *(Jou-kia)*, patronne la morale, la religion extérieure, rituelle, cependant que Lao-tseu, Maître de l'école de la Voie *(Tao-kia)*, patronne la métaphysique, la religion intérieure, spirituelle. Le Confucianiste vise la plénitude de la condition humaine, par la moralité, les rites *(li)*. C'est l'idéal de la religion, de la civilisation. Le Taoïste, lui, éprouve la condition divine, il s'unit à l'Un Suprême *(T'ai-Yi)*, il est, non pas un modèle, mais l'homme naturel, arrivé à sa spontanéité. Le sage taoïste est appelé « homme saint » *(cheng jen >sheng ren)*. Tao ne signifie plus, comme chez Confucius, morale, conformité aux devoirs, mais réintégration à la réalité originelle, retour au primordial en faisant le vide. Tchouang-tseu a bien marqué la différence d'attitude.

La vertu est harmonie ; la voie est ordre. La vertu où personne n'est exclu est la bonté ; la voie où chacun est à sa place est la justice [1]. La fidélité consiste à comprendre les devoirs de tous et à aimer ainsi les hommes. La musique permet à l'homme de rester pur, sincère, et de retrouver par là son sentiment primitif. Le rite commande à l'homme de se conformer aux rubriques dans ses paroles, ses actes, sa physionomie et ses attitudes. Mais que chacun ne vive que selon le rite et la musique [2], ce sera le désordre [3]. [...]

[L'homme saint *(cheng jen)*, le Grand-Maître *(kiun tseu)*] Il [l'essentiel] se résume, dit K'ong-tseu [Confucius], dans la bonté et la justice. [...] Car le sage n'atteint à la perfection que par la bonté et ne peut vivre sans la justice. Sans la bonté et la justice, qui sont vraiment la nature de l'homme, que ferait-il dans ce monde ? [...] Prendre à cœur le bonheur des hommes et les aimer tous également sans faire entre eux de distinction égoïste, telle est la substance de la bonté et de la justice.

[...]
[L'homme véritable *(tchen jen)*, l'homme parfait *(tche jen)*, l'homme immortel *(sien jen)*] Seul l'homme véritable peut posséder une connaissance vraie [4]. Qu'est-ce que l'homme véritable ? L'homme véritable de l'Antiquité n'opprimait pas la minorité, ne faisait pas étalage de son succès et n'aguichait pas les hommes. Un tel homme ne regrettait pas ses erreurs et ne tirait pas fierté de ses bonnes actions [5]. Un tel homme ne tremblait point de vertige sur une hauteur, ne se mouillait point dans l'eau, ne se brûlait point dans le feu parce qu'il s'était élevé à un tel degré

---

1. Les cinq vertus *(wou tch'ang)* confucéennes sont : humanité *(jen)*, justice *(yi)*, rites *(li)*, sagesse *(tche)*, confiance *(hin)* (Confucius, *Entretiens. Louen yu*).
2. Tel le Confucéen. « La Musique est ce qui rapproche ; les Rites, ce qui différencie... Permettre aux passions de s'accorder, donner aux manières de belles apparences, tels sont les rôles de la Musique et des Rites... La Musique tire du Ciel son rendement civilisateur ; les Rites empruntent à la Terre leur capacité de réglementation... Quand la Musique est parfaite, il n'y a plus de rébellion ; quand les Rites sont parfaits, il n'y a plus de querelles » (*Mémorial des rites. Li ki* ; trad. partielle M. Granet).
3. Pour le Taoïste.
4. Ésotérisme de type philosophique.
5. Refus de la morale conventionnelle.

dans le Tao. Dans l'Antiquité, l'homme véritable ne rêvait point pendant son sommeil ; il ne se faisait point de souci à son réveil ; il ne prenait pas de repas savoureux. Il respirait très profondément ; sa respiration provenait de ses talons [1] ; alors que la respiration des hommes ordinaires ne provient que de la gorge [1]. [...] Dans l'Antiquité, l'homme véritable ne connaissait ni amour de la vie ni horreur de la mort [...] ; il se contentait de ce qui lui était donné et considérait que toute perte n'était qu'un retour. L'homme qui ne détruisait pas le Tao par son esprit et qui ne prétendait pas aider le ciel [2] s'appelle l'homme véritable. Son cœur était tranquille, son visage imperturbable, son front proéminent [3]. S'il était froid, c'était comme l'automne ; s'il était chaud, c'était comme le printemps [4]. [...] Son âme était vide et sans ornement ; il était rayonnant comme s'il était inondé de joie ; il n'agissait que par nécessité ; son visage était réservé ; sa seule vertu guidait ses actes. Il pouvait se maintenir sévère comme les gens du monde ; sa liberté était indomptable ; il paraissait absorbé comme s'il était derrière une porte fermée ; il était si détaché du monde qu'il en oubliait l'usage de la parole. Un tel homme faisait des châtiments son corps, du rite ses ailes, de la prudence son moment propice, de la vertu son guide. [...] Bien qu'il ne se donnât pas de mal pour agir, tout le monde le considérait comme un homme très actif [5]. Ce qu'il aimait et ce qu'il n'aimait pas étaient tout un. L'unité et la multiplicité se confondaient par là, son unité relevant du ciel et sa multiplicité de l'homme. Quiconque possède un équilibre parfait entre le ciel et l'homme s'appelle un homme véritable.

Tchouang-tseu, XVI, XIII et VI, apud *Philosophes taoïstes*, éd. cit., p. 199, 182-183, et 127-129. © Gallimard, Paris.

La légendaire rencontre entre Confucius et Lao-tseu caricature cette différence entre « homme saint » et « homme véritable ». Lao-tseu apostrophe Confucius au nom de l'intériorité. Le tableau figurant Confucius devant Lao-tseu symbolise la confrontation de l'exotérisme fat avec l'ésotérisme « sot ». Un fat croit savoir sous prétexte qu'il est érudit en futilités ; un sot n'a pas d'intelligence, il évite ainsi la prétention, la futilité. Lao-tseu accepte de passer pour sot. Confucius, arrogant au début, repart piteux, tandis que Lao-tseu, paisible, s'exprime en une sainte colère.

[Lao-tseu à Confucius :] Les gens dont tu parles [c'est-à-dire ceux qui instituèrent les rites] leurs os même sont tombés en poussière, il ne reste que le souvenir de leur parole. De plus, l'homme supérieur ne se déplace en carrosse que lorsque les circonstances sont favorables ; sinon, il s'en va au gré du vent comme une feuille morte. D'après ce que j'ai appris, le bon marchand cache si bien ses richesses qu'il semble démuni. L'homme supérieur qui possède une vertu complète ressemble à un sot. Renonce à cet air orgueilleux et à tous ces désirs, à cette attitude suffisante et à ces ambitions excessives : tout cela ne peut t'être d'aucun profit. Voilà tout ce que j'ai à te dire.

---

1. Allusions aux techniques respiratoires.
2. Perfidie taoïste contre les philosophes et les ritualistes.
3. Allusions aux techniques méditatives.
4. Mode de pensée par analogies (et non par inférences, comme en « philosophie ») et mode de vie par syntonie (non par opposition, comme avec la « technique »).
5. Allusion à la théorie du *wou-wei*.

[Confucius à ses disciples :] Je sais que les oiseaux volent, que les poissons nagent, que les quadrupèdes courent. Les animaux qui courent peuvent être pris au filet, ceux qui nagent peuvent être pris à l'hameçon, ceux qui volent peuvent être atteints par les flèches. Quant au dragon, je ne puis dire comment il s'élève vers les cieux, sur les vents et les nuées. Aujourd'hui, j'ai vu Lao-tseu : il n'est comparable qu'au dragon.

Sseu-ma Ts'ien, *Mémoires historiques*. Trad. partielle M. Kaltenmark, *apud* Laffont-Bompiani, *Le Nouveau Dictionnaire des auteurs*, Robert Laffont, coll. « Bouquins », t. II, 1994, p. 1798.

Si la pensée chinoise fonctionne par union des contraires, il faut évidemment chercher du Taoïsme dans le Confucianisme et du Confucianisme dans le Taoïsme. On trouve, en effet, de l'ésotérisme à l'intérieur même de l'exotérisme et de l'exotérisme à l'intérieur de l'ésotérisme. L'exotérique Confucianisme a eu ses livres occultes ; inversement l'ésotérique Taoïsme comporte des écoles exotériques, des rituels religieux très populaires.

Si l'on refuse de voir dans le Confucianisme un pur exotérisme, une plate religion, une morale, on peut le considérer comme une introduction au Taoïsme, qui, lui, serait fondamentalement ésotérique. C'est la position de Guénon. À ses yeux, le Confucianisme représente « le côté exotérique », le Taoïsme « le côté ésotérique » de la tradition chinoise, le degré le plus bas de la hiérarchie taoïste coïncidant avec le degré le plus haut de la hiérarchie confucianiste [1]. Ko Hong avait bien divisé son livre en deux parties, la première consacrée au Confucianisme, la seconde au Taoïsme, le Confucianisme prônant la multiplicité des règles sociales, le Taoïsme recommandant la simplicité de la vie spontanée, le Confucianisme affirmant des lieux communs, le Taoïsme accédant au Mystère *(Hiuan)*, au Tao. On peut aussi rechercher s'il n'existe pas dans le Confucianisme quelques éléments ésotériques. On déniche, en effet, des schémas ésotériques, on observe quelques Confucianistes versés dans l'ésotérisme. Il y a des faux livres confucéens, appelés « Traités apocryphes » *(Tch'en wei)* [2], qui véhiculent des connaissances ésotériques et diverses prophéties, du Ier au VIIIe siècle. L'école de Tong Tchong-chou (école des Textes nouveaux, =Confucianisme des Han [3]) non seulement donnait une interprétation ésotérique des Classiques mais encore consti-

---

1. R. Guénon, *La Grande Triade* (1946), Gallimard, coll. « Tradition », 1957, p. 154-155.
2. J. P. Bruce, « The I Wei. *A Problem of Criticism* », *Journal of the North China Branch of the Royal Asiatic Society*, t. LXI, 1930, p. 100 *sqq*. (cité par J. Needham, vol. II, p. 380) ; M. Kaltenmark, « Les *Tch'an wei* », *Han Hiue. Bulletin du Centre d'études sinologiques de Pékin*, 1949, t. II, p. 363 *sqq*. Deux livres seulement sont parvenus complets : *K'ien tso tou, K'ien K'ouen tso tou*.
3. Anne Cheng, *Étude sur le confucianisme han. L'Élaboration d'une tradition exégétique sur les Classiques*, Institut des hautes études chinoises, 1985, 322 p.

tuait des rites magiques destinés à faire tomber la pluie ou au contraire à l'arrêter[1].

DIVISIONS DE L'ÉSOTÉRISME CHINOIS

TRADITIONS	COURANTS ÉSOTÉRIQUES	ÉCOLES ÉSOTÉRIQUES
Universisme	Yi king anachorètes : yin-tcha acupuncture cent écoles occultistes : fang-che	→ Éléments, Nombres → alchimistes, etc.
Wouïsme	chamanes	
Taoïsme	T. philosophique T. magico-religieux néo-Taoïsme	→ Lao-tseu, etc. → Cinq Boisseaux, etc. → Chang-ts'ing, etc.
Confucianisme	exotérique/ésotérique	textes apocryphes
Bouddhisme chinois	Tch'an Mahâyâna Tantrayâna	→ école du Sud, etc. → T'ien-t'ai, etc. → Ts'iuan-tchen, etc.

3ᵉ TRADITION : LE TAOÏSME

Les premiers mots du premier livre taoïste tombent comme giboulées un jour où l'on a oublié son parapluie. Quelles lumières et quelles eaux, mais que je suis trempé ! frais comme cresson.

Un tao dont on peut parler *(tao)* n'est pas le Tao permanent *(tch'ang tao)*.
Un nom qui peut servir à nommer n'est pas le Nom permanent *(tch'ang ming)*.
Invisible *(Wou)* est le nom que je donne à l'origine du Ciel et de la Terre ;
Visible *(Yeou)* est le nom que je donne à la Mère *(Ma)* des dix mille êtres.
C'est pourquoi, dans son mode Invisible, nous contemplerons ses mystères ;
Dans le mode Visible, nous contemplerons ses abords.
Ces deux modes ont même principe, mais leurs noms différent.
Ensemble, je les appelle l'Obscur [*Hiuan* : mystère] ;
Le plus obscur dans cette obscurité *(hiuan tche yeou hiuan)* est Porte de tous les mystères.

<small>Lao-tseu (>Laozi), *Tao-tö king* (>*Daode jing*) I, trad. partielle M. Kaltenmark, *Lao tseu et le Taoïsme* (1965), Éditions du Seuil, coll. « Maîtres spirituels », n° 34, p. 40, 43. © Éditions du Seuil, Paris.</small>

Lire une autre traduction, celle d'une (amie) philosophe, nous aidera-t-il ?

<small>1. Ngo Van Xuyet, *Divination, Magie et Politique dans la Chine ancienne*, PUF, 1976, p. 215.</small>

> On peut parler du Tao
> Mais non du Tao Éternel
> On peut dire des noms
> Mais non le Nom Éternel
> Comme origine du ciel et de la terre
> Il est sans nom
> Comme la « Mère » de tous les êtres
> On peut le nommer
> En effet un Non-Vouloir éternel révèle son essence
> Et un Vouloir éternel manifeste ses aspects extérieurs
> Ces deux états proviennent de la même source
> Bien qu'ils n'aient pas le même nom
> On les dit tous deux « Mystère »
> Le Mystère du mystère est la Porte de toutes les essences.

Trad. Élisabeth Andrès et Kyu-Yong Byun, *Les Cent Fleurs du Tao*, Éditions Jacqueline Renard, 1991, p. 85. © Éditions du Dauphin, Paris.

Pourquoi pas une troisième traduction ? Place à un poète.

> La voie dont on peut parler n'est pas la Voie pérenne
> Le nom qui peut la nommer n'est pas le Nom permanent
> Le Sans-Nom est à l'origine du Ciel et de la Terre
> Le Nom en est issu comme Mère des Dix-mille-êtres
> C'est pourquoi constamment grâce au Sans-Désir nous contemplons sa profondeur
> Constamment à cause du désir nous observons ses limites
> Ces deux dont seul le nom diffère sortent du même Principe
> Allant du profond au tréfonds par la Porte de toutes les merveilles.

Daniel Giraud, *I Ching. Tao Te Ching*, Le Courrier du Livre, 1987, p. 75. © Le Courrier du Livre, Paris.

Avant d'expliquer, avant de comprendre, pourquoi ne pas sentir ? Pourquoi ne pas commencer par où il faudrait finir : par goûter ? Il faut lire les Taoïstes comme on goûte les thés : à petites gorgées. Les mots coulent en eau glacée sur la chair chaude. On frissonne, on est surpris, mais l'eau coule, aussi douce que froide, on ne retire pas le bras.

C'est clair : le fond est obscur. Occulte. C'est profondément dit : on ne peut dire le profond. Il est non perceptible (« invisible », « inaudible » et « impalpable », le tout « indéchiffrable »), non dicible et non pensable (« sans nom » *wou ming*, « sans image » *wou hsing*). Pourtant le profond est la voie. L'origine désigne aussi la fin et, comme telle, trace une voie *(tao)*, pas un mur.

```
                    ┌─ l'Invisible : l'Origine et ses mystères
       l'Obscur ─┤
                    └─ le Visible : la Mère et ses accès
```

Et la voie invisible (*wou*, « non-existence »), sans-nom, est doublée, jusqu'à un certain point, d'une voie visible (*yeou*, « existence »), avec-

nom : « la mère de tous les êtres », « la Femelle Mystérieuse » *(Hiuan P'in)*, « l'esprit du val » *(kou chen)*. Si le Tao, fondamental en tant qu'Origine, est indicible, on peut heureusement dire la Mère, la nommer, la visualiser.
On est deux fois sauvé quand on croyait être deux fois perdu. C'est exactement l'ésotérisme ! Exclu, on est appelé ; obscurci, on est illuminé ! Le *Tao-tö king* éclaire quand il semble obscurcir.

Mais qui s'adonne aux pratiques fondées sur la Voie (Tao)
Et s'appuie sur la spontanéité du Ciel/Terre
Est au large pour maintenir en paix les Six jonctions [Haut, Bas, Nord, Est...].
Pour cette raison, Yu [Yu le Grand, le Ier Roi], en ouvrant les canaux,
Se laissa instruire par la nature de l'eau.
Shennong [Chen Nong, le IIIe Auguste], répandant la culture des céréales,
Se laissa enseigner par leur manière de pousser.
La lentille d'eau plonge sa racine dans l'eau,
Les arbres plantent leurs racines dans le sol ;
Les oiseaux fendent le vide et volent,
Les quadrupèdes appuient du sabot sur le sol et marchent ;
Les dragons cornus résident au fond des eaux,
Les tigres et les léopards habitent les montagnes.
Ce sont autant d'effets naturels du Ciel/Terre.
Deux bois, frottés l'un contre l'autre, s'enflamment,
Métal et feu, en contact l'un avec l'autre, se liquéfient,
Le circulaire tend à tourner,
L'objet évidé est propre à flotter.
Autant d'effets de la puissance naturelle *(tseu-jan)*.

<small>Lieou Ngan (>Liu An), *Le Maître de Houai-nan. Houai-nan-tseu* (122 av. J.-C.), chap. 1, trad. partielle, *Les Grands Traités du Huainan zi*, Institut Ricci-Cerf, 1993, p. 50. © Éditions du Cerf, Paris.</small>

Passons de l'éternité du Tao à l'histoire du Taoïsme.
Il faut distinguer plusieurs sortes de Taoïsme, plusieurs tendances. La priorité change, mais les principes demeurent identiques : voie *(tao)*, vide *(k'ong)*, non-intervenir *(wou-wei)*, retour *(fou)* à l'origine, immortalité...
• LE TAOÏSME PHILOSOPHIQUE, appelé « enseignement de la Voie » *(Tao-kia >Daojia)*, a pour inspirateurs Lao-tseu, Tchouang-tseu, Lie-tseu, Houai-nan tseu. Lao-tseu (>Laozi) — littéralement « Vieux Maître » — venait, selon la légende, du pays de Tch'ou, près de Lou-yi, dans l'actuel Ho-nan, au sud du fleuve Jaune. On conserve encore son tombeau (?) dans cette ville. Lao-tseu aurait été astrologue-archiviste à la cour impériale des Tcheou (>Zhou) de l'Est[1]. En fait, on ne sait rien de lui. Il vivait peut-être vers 513 av. J.-C. La Chine est alors divisée en cent quarante principautés, avec cinq États (les Cinq Hégémons) qui dominent tour à tour. Avec Lao-tseu, l'accent porte sur les idées, des idées qui ne sont pas

---

1. Sseu-ma Tsi'en, *Les Mémoires historiques*, éd. cit..

des pensées, mais des voies, des retours. La pratique tourne autour de la méditation *(ting)*. Peut-être les auteurs ont-ils eu recours à l'extase, une enstase en fait, un déploiement de l'esprit à l'intérieur, unifié et cherchant l'Un, comme dans le râja-yoga des Hindous.

Concentre-toi, dit Chong-ni, n'écoute pas par tes oreilles, mais par ton esprit ; n'écoute pas par ton esprit, mais par ton souffle. Les oreilles se bornent à écouter, l'esprit se borne à se représenter. Le souffle qui est le vide peut se conformer aux objets extérieurs. C'est sur le vide que se fixe le Tao. **Le vide, c'est l'abstinence de l'esprit** *(sin tchai)*. [...]
Son corps [de l'adepte] est comme le bois mort [catalepsie] ; son cœur comme la cendre éteinte. Vraie est sa connaissance solide [ésotérisme] ; il se détache de toute connaissance acquise. Ignorant et obscur, il n'a plus de pensée, on ne peut plus discuter avec lui. Quel homme !

Tchouang-tseu, IV et XXII, apud *Philosophes taoïstes*, éd. cit., p. 111 et 252. © Gallimard, Paris.

Tchouang-tseu (>Zhuangzi), Maître Tchouang, un tempérament philosophique de feu, avec un style éblouissant, s'exprime en anecdotes et en vives polémiques contre Confucius et Mencius. Lui aussi venait du Honan actuel. Il était marié et occupait un modeste emploi dans un parc. On le décrit « vêtu de toile rapiécée et chaussé de loques ». Il refusa de travailler comme ministre, pour mille livres d'or, au service du roi Wen de Tch'ou. Il préférait, déclara-t-il, être un cochon crasseux mais heureux dans sa fange plutôt qu'un bœuf gras, avec son licol, destiné au sacrifice. La fable française du chien et du loup ! Cela se passait vers 320 av. J.-C.

• LE TAOÏSME MAGICO-RELIGIEUX est la deuxième tendance, appelée « religion de la Voie » *(Tao-kiao)*. Le fondateur en fut Tchang Tao-ling (>Zhang Daoling) en 142 (ou 155), au centre de la Chine, à Lo-yang, la capitale des Han. Lao-tseu lui était apparu et lui avait fait une révélation de type ésotérique. Tchang Tao-ling vénérait « l'Unité Parfaite ». Il fut le premier Maître de l'école des Cinq Boisseaux de Riz *(Wou-teou-mi tao)*, du nom de la redevance exigée. Le Taoïsme n'est plus dès lors affaire individuelle mais collective.

Tchang Lou, petit-fils de Tchang Tao-ling, a établi un État théocratique, de 190 à 215, dans la province du Sseu-tch'ouan (>Sichuan), au milieu de l'Empire du Milieu ! Les descendants de Tchang Lou portèrent le titre de Maîtres Célestes *(T'ien-che)*, et l'école le titre de « religion des Maîtres Célestes » *(T'ien-che-kiao)*, elle dérive des Cinq Boisseaux. La lignée existe aujourd'hui encore. L'État fondé « avait à sa tête le Maître Céleste, il était divisé en vingt-quatre circonscriptions, sièges à la fois administratifs et religieux des *tche* [>*zhi*, "gouvernements"]. Chacun des vingt-quatre *tche* était mis en rapport avec l'un des Cinq Agents (Éléments), l'une des vingt-quatre périodes de l'année, l'une des vingt-huit constellations zodiacales (dans deux cas avec deux, et dans un cas avec trois), et avec des signes de cycle sexagésimal, et tout fidèle relevait de l'une de ces circonscriptions selon le signe cyclique de sa naissance.

Chacune de ces circonscriptions était administrée par vingt-quatre fonctionnaires » (Isabelle Robinet, *Histoire du taoïsme des origines au XIVe siècle*, Cerf, 1991, p. 64).

D'autre part, le mouvement des Turbans Jaunes *(Houang-kin tao)* ou voie de la Grande Paix *(T'ai-p'ing tao)* renvoie à cette famille Tchang. Au départ, on trouve un homme, Tchang Kio (>Zhang Jue), capable de rassembler des foules et de leur promettre la guérison, entre autres moyens par la confession, la retraite, les talismans. Il s'appuie sur un texte qui lui aurait été révélé par les Immortels, le *Livre de la Grande Paix*. *T'ai-p'ing king*[1], sous l'empereur Chouen (>Shun). Les Turbans Jaunes se soulevèrent en 184, dans l'est de la Chine. « Pour la première fois en Chine eut lieu un soulèvement populaire animé par un mouvement politico-religieux » (M. Kaltenmark). Les Turbans Jaunes prophétisaient une ère meilleure, la fin de la dynastie des Han postérieurs (25-220) au profit du « Paradis jaune », car le Jaune succède au Rouge et au Feu, emblèmes des Han. Ils se fondaient sur le calendrier chinois de soixante ans, qui en 184, justement, faisait revenir aux premiers Signes. Ils s'emparèrent de Chan-tong. Mais les Han furent plus forts. Les Turbans Jaunes, vêtus de jaune, ne portaient pas d'armes. Ils préconisaient une organisation communautaire.

- LE NÉO-TAOÏSME enfin, florissant du IIe au Ve siècle, désigne essentiellement l'école Étude du Mystère (Hiuan-hiue >Xuanxue), ou « Conversation pure » (Ts'ing t'an). Ce mouvement a pour héros des penseurs taoïstes influencés par le Confucianisme et même le Bouddhisme. Le maître à penser est Wang Pi (>Wang Bi, 226-249), le météore de l'ésotérisme, un génie mort à vingt-trois ans après avoir commenté le *Yi king* et le *Tao-tö king*[2]. Ces néo-Taoïstes interprètent les textes taoïstes. Ils se fondent sur les « trois mystères » que constituent le *Yi king*, le *Tao-tö king* et le *Tchouang-tseu*. Pour eux, le Tao est le Non-Être *(Wou)*, le Vide sans nom ni concept, source de l'Être *(Yeou)* et but du sage.

À la même époque s'illustre le cercle des Sept Sages de la Forêt de Bambous (262), à Louo-yang (>Luoyang), province du Ho-nan. Certains historiens les ont rangé avec les tenants de l'école Étude du Mystère. Les Sept Sages de la Forêt de Bambous, Hi K'ang (>Xi Kang), Lieou Ling, etc., des poètes et musiciens, s'enivrent. Ils cherchent le Tao dans la spontanéité, dans l'amour de la nature, dans le vin, comme certains Soufis persans.

---

1. R. Stein, « Remarques sur les mouvements du taoïsme politico-religieux au IIe s. apr. J.-C. », *T'oung Pao. International Journal of Chinese Studies*, E. J. Brill, Leyde, t. L, 1963, p. 1-78 ; M. Kaltenmark, « The Ideology of the T'ai-p'ing king », apud H. Welch et A. Seidel, *Facets of Taoism*, Yale UP, 1979.
2. Wang Pi, *Tcheou yi liue-li* (>Zhou Yi lüe-li, 249), trad. en anglais P. Lin, *Translation of the Lao tzu Tao-te ching and Wang Pi's Commentary*, University of Michigan Press, 1977 et A. Rump, *Commentary on the Lao tzu by Wang Pi*, The University Press of Hawai, 1979. Maria-Ina Bergeron, *Wang Pi, philosophe du non-avoir*, Institut Ricci, 1986.

Il est un noble maître,
Pour qui le Ciel et la Terre ne sont qu'un matin,
Et l'éternité n'est qu'un instant ;
Le Soleil et la Lune sont ses fenêtres,
Les huit déserts sont sa cour ;
Il marche sans laisser de traces ;
Il ne demeure en aucune maison ;
Il a pour toit le ciel et pour natte la terre,
Il suit sa fantaisie.
S'il s'arrête, c'est pour saisir une coupe ou tenir une gourde ;
S'il remue, c'est pour porter un flacon ou prendre une bouteille.
Le vin est sa seule affaire :
Il ne connaît rien d'autre.

Lieou Ling (>Liu Ling) (221-300), « Chanson de la vertu du vin », trad. Henri Maspéro, *Le Taoïsme et les Religions chinoises*, Gallimard, 1971, p. 337. © Gallimard, Paris.

Le Taoïsme atteint son apogée avec un vaste mouvement néo-taoïste, appelé taoïsme du Mao-chan (>Maoshan, montagne des Frères Chan, près de Nankin) ou école Chang-ts'ing [1] (>Shangqing, Grande Pureté). En 288, dame Wei Houa-ts'ouen reçoit des révélations. Dès lors, les révélations se succèdent, l'école s'organise. Le Chang-ts'ing a particulièrement développé des pratiques méditatives visuelles. Il se veut franchement ésotérique.

LE TAOÏSME : IDÉES ÉSOTÉRIQUES

Un ésotériste, naturellement, pense tao. La Taoïsme c'est la respiration normale d'un ésotériste. Pourquoi ? parce que le Taoïsme est naturel, se veut naturel, il se fonde sur la nature, parce que le Taoïsme utilise tous les grands principes de l'ésotérisme avec naturel : la réversion, l'union des contraires, l'initiation, le secret, la méditation... Il y a du taoïsme dans tout ésotérisme. Le Tao est naturel, spontané *(tseu-jan)*, brut *(p'ou)* comme un bois non travaillé, élémentaire *(sou)* comme un écheveau ni roui ni teint. Le bout est au début. Mais qui a tendance à regarder la pointe de ses pieds ?

Wou-wei signifie « non-agir », « non-intervenir », et non pas inaction. Le sage ne s'agite pas, il agit comme la nature agit. Par rapport à l'homme il n'agit pas, par rapport à la nature il agit [2]. La spontanéité *(tseu-jan)* de la nature et le non-agir *(wou-wei)* de l'homme font un. Le sage s'abstient

---

1. Sur le Mao-chan ou Chang-ts'ing : Isabelle Robinet, *La Méditation taoïste* (1979), Albin Michel, coll. « Spiritualités vivantes », n° 134, 346 p. ; *La Révélation du Shangqing dans l'histoire du taoïsme*, Publications de l'ÉFEO, n° 137, 1984, 2 t. ; *Histoire du Taoïsme des origines au XIVe siècle*, Cerf, 1991, chap. v.
2. On songe à la théorie hindoue du désintéressement de l'acte, dans la *Bhagavad-Gîtâ*, IV, 20 : « Abandonnant tout attachement au fruit de l'acte, éternellement satisfait, ne cherchant nul appui, il a beau s'engager dans l'action, il ne fait absolument rien. »

de tout ce qui est artificiel, gesticulation. Dans la rivière, le Taoïste ne fait pas de barrage, il ne nage pas à contre-courant ; pas davantage il ne se laisse porter, noyer, inonder. Non, le Taoïste est souple, il suit, il observe le lit de la rivière, quitte à aider ce lit, à l'approfondir. Il fait avec la nature. Ni il ne brusque à contretemps, ni il ne subit passivement, il accompagne librement.

Certains soutiennent que celui qui agit dans l'esprit du non-agir est serein et ne parle pas, ou bien il médite et ne bouge pas. Il ne viendra pas si on l'appelle, on ne saurait le tirer de force. Et ce comportement, dit-on, serait le signe de celui qui a atteint le Tao. — Je ne saurais admettre une telle interprétation du non-agir. Jamais je n'ai entendu pareille explication de la bouche de quelque sage que ce soit. [...]

La configuration de la Terre fait que l'eau s'écoule vers l'Est ; néanmoins, l'homme doit creuser des lits pour qu'elle coule dans des canaux. Les céréales poussent au printemps ; néanmoins, il faut y ajouter du travail humain, pour les aider à grandir et à mûrir. Si tout était laissé à la seule nature, si l'on attendait naissance et croissance sans effort humain, Chouen [le dernier des Cinq Empereurs, inventeur de la céréaliculture] et Yu le Grand [le premier Roi, inventeur des canaux] n'auraient acquis aucun mérite, et le savoir de Heou Tsi [le Prince Millet, ancêtre de la dynastie Tcheou] n'aurait servi à rien. Donc, ce que l'on entend, selon moi, par non-agir *(wou-wei)*, c'est qu'aucune volonté personnelle ne contredit la Voie *(Tao)* universelle et qu'aucun désir, qu'aucune obsession ne dévoie le véritable cours des moyens. L'intellect *(li)* doit guider l'efficacité *(che)*, afin que la puissance puisse s'exercer en conformité avec les qualités propres et les tendances naturelles *(tseu-jan)* des choses.

<small>Lieou Ngan, *Le Maître de Houai-nan*, *Houai-nan-tseu* (122 av. J.-C.), chap. 19, trad. anglaise E. Morgan, *Tao. The Great Luminant*, Shangai, 1933. trad. partielle P. A. Riffard.</small>

Le but général est de devenir « immortel » *(sien >xian)*. Mais qu'entendre par « immortalité », par « longue vie », par « vivre longtemps » *(tch'ang-cheng >changsheng)* ? Plusieurs réponses sont possibles, ou plutôt la même réponse prend des formes différentes mais correspondantes selon le niveau de spiritualité niveau. Le dévot taoïste songe à l'« immortalité physique », en fait il désigne ainsi la longévité, l'existence qui dure quatre-vingts ou cent ou même cent vingt ans, le rajeunissement.

Jen Kouang était un homme de Chang-ts'ai. Il savait consommer le cinabre et en vendait au marché de la capitale et dans les villages. Au bout de quatre-vingt-dix ans, on s'aperçut que c'était toujours le même Jen Kouang qu'autrefois et tout le monde affirmait qu'il avait le visage d'un homme jeune.

<small>*Lie-sien tchouan*, trad. M. Kaltenmark (1953), Collège de France, diff. De Boccard, 1987, p. 124. Bilingue.</small>

La foule taoïste *(tao min)*, au lieu de cette « immortalité physique », cherche une « immortalité céleste », qui combine longévité du corps et éternité de l'esprit. Le magicien taoïste, de son côté, pense à une ascension, à un transport céleste du corps, pendant que restent dans le cercueil les instruments de l'adepte, sandales, épée, bâton, pas le cadavre (d'où le nom de « délivrance du cadavre », *che kiai*) [1] ; Houang-ti est censé avoir été élevé au Ciel par un dragon (comme le prophète Élie) sur son char. Enfin, l'adepte taoïste *(tao-che >daoshi)* qui parle d'immortalité vise l'union avec le Tao. Cette dernière conception est la plus ésotérique, et répond à celle des Vedântistes ou des Soufis. De façon imagée, les Taoïstes décrivent l'immortalité sous forme d'îles merveilleuses, comme les Grecs évoquaient l'état d'initié en parlant d'Hyperborée.

À l'Est de Po-hai se trouve un océan d'une grande profondeur. Il est réellement le ravin sans fond. Un gouffre insondable. Son nom est l'entrée vers le vide. Les eaux des huit coins, des neuf régions et de la Voie lactée s'y écoulent. Il n'existe aucun endroit d'où elles ne viennent et cependant elles n'augmentent ni ne diminuent. Au milieu se trouvent cinq grands monts, appelés Tai-yu, Yuan-kiao, Fanghou, Ying-tchou et P'eng-lai. [...] Et le monde ailé et quadrupède y est d'une blancheur très pure. La beauté et la luxuriance des plantes sont comme des perles et des gemmes précieuses. Ceux qui se nourrissent de ces fleurs et de ces fruits sont préservés de l'âge et de la mort. Les habitants de ces lieux sont des sages et des génies immortels. Ils volent jour et nuit en se rendant mutuellement visite. Ils sont innombrables.

Lie-tseu (399 av. J.-C.), *Le Vrai Livre du vide parfait. Tchong-hiu-tchen king* (300 ap. J.-C. pour le texte, selon Fong Yeou-lan), V, 2, apud *Philosophes taoïstes*, éd. cit., p. 475. © Gallimard, Paris.

Comment devient-on « immortel » ? Essentiellement par la connaissance du Vide, qui constitue la gnose, et par la pratique des techniques de longue vie, qui constitue l'initiation. Vide et Vie, voilà le Tao.

Le Taoïsme comporte initiation spirituelle et initiation secrète.

L'**initiation spirituelle** apparaît dès Lao-tseu. Elle consiste en une attitude mystique, chez le philosophe. Le sage médite. Il pratique « le jeûne de l'esprit » *(sin tchai)*. La pensée se concentre, les sens se ferment, alors le Souffle *(k'i)* cosmique circule. L'initié, « l'homme véritable », est simple *(yi)* et pur, donc originel *(yuan)*, plein de vitalité *(hiue k'i)*. Il n'existe plus qu'une unité, celle même de l'origine du monde. Nul besoin de secte, peut-être d'un Maître, sûrement de la nature. Tout naturellement arrive la comparaison avec l'enfant, puisque toute initiation est renaissance.

En faisant que ton âme spirituelle [*houen*] et
ton âme corporelle [*p'o*] embrassent l'unité,
peux-tu ne jamais quitter ton unité ?
En concentrant ton énergie et en atteignant
à la souplesse, peux-tu devenir un nouveau-né ?

Lao-tseu, *Tao-tö king*, X, trad. Liou Kia-hway, apud *Philosophes taoïstes*, éd. cit., p. 12. © Gallimard, Paris.

1. Isabelle Robinet, « Metamorphosis and Delivrance from the Corpse in Taoism », *History of Religions*, t. 19, 1, 1979, p. 37-70.

Cette initiation peut être graduelle, en neuf pas. Le roi Yu le Grand aussi marchait par 9. Il arpentait par neuf pas les neuf montagnes, les neuf fleuves. Neuf est le nombre de la gestation, le signe de la future naissance, il signe tout ce qui est *yang*. Et — superbe ésotérisme — le *Tao-tö king* a $9 \times 9 = 81$ chapitres. Initiation au carré ! ésotérisme en double, dans le fond comme dans la forme, même si cet ordonnnancement a été fait après coup !

Depuis que j'ai entendu vos paroles et que je les ai mises en pratique, voilà où j'en suis arrivé.

La première année, ce fut la terre inculte *(yeh)*, vierge, celle que le socle de la charrue n'a jamais violée.

La deuxième année, je suivais *(tsong)* le mouvement des êtres et des choses, et j'étais suivi par eux.

La troisième année, je pénétrais leur sens profond (*t'ong* [arcane]).

La quatrième année, je devenais les êtres *(wou)* mêmes.

La cinquième année, ils venaient *(lai)* à moi.

La sixième année, les esprits [mânes] entraient *(kouei jou)*.

La septième année, je devins céleste *(t'ien tcheng)*.

La huitième, je ne savais plus si j'étais mort ou vivant *(pou tche cheng, pou tche sseu)*.

La neuvième, ce fut la grande merveille *(ta miao)*.

Tchouang-tseu, XXVII, trad. partielle Maria-Ina Bergeron avec commentaire, *apud* Marie-Madeleine Davy dir., *Le Livre des mystiques orientales* (1972), Payot, coll. « Petite bibliothèque Payot », 1996, t. 4.

L'initiation secrète, celle qui comporte une cérémonie, une consécration, n'apparaît que dans les écoles de la religion taoïste ou dans quelques associations néo-taoïstes. Cette fois il s'agit davantage de rites que d'une attitude générale philosophique. Isabelle Robinet décrit le « rite d'initiation permettant d'entrer dans l'église des Maîtres Célestes », à partir de documents du VIe siècle [1]. Les rites commencent par trois jours de jeûnes, de prières, d'exercices respiratoires, de méditations visuelles, d'évocations de divinités. Le maître dénoue ceintures, vêtements et chevelures, pour symboliser la fin des liens. Une danse, ayant pour schéma le carré magique à neuf cases, prend place, établissant des correspondances avec les huit trigrammes du *Yi king* plus le centre et avec les neuf premiers chiffres. L'homme, figurant le Ciel, et la femme, figurant la Terre, s'unissent, en une hiérogamie qui vise à créer un nouveau corps, comme en alchimie, comme dans la cosmogonie des neuf pas de Yu le Grand, qui ordonne les directions du monde, fonde les correspondances, dispose pair et impair. En somme ce rituel d'initiation, qui de loin ressemble à une débauche, résume l'acte fondateur par excellence, Création du monde, procréation ou autre.

---

1. Isabelle Robinet, *Histoire du taoïsme...*, éd. cit., p. 67-69.

LE TAOÏSME : PRATIQUES INITIATIQUES

Il vaut la peine de détailler les pratiques initiatiques taoïstes, qu'elles soient spirituelles ou secrètes, individuelles ou collectives. J'indique le nom chinois pour bien montrer que ces procédés ont été minutieusement expérimentés, pensés, transmis, catalogués, comparés, étiquetés, coordonnés, affinés.

PRATIQUES INITIATIQUES DU TAOÏSME

pratiques initiatoires	– rejeter l'artificiel – accepter le naturel *(tseu-jan)*
pratiques spirituelles	« nourrir le corps » *(yang-sing)* ⎫ « nourrir la vie » – « nourrir l'esprit » *(yang-chen)* ⎬ *(yang-cheng)* – « garder l'Un » *(cheou-yi)*

Première série de pratiques initiatoires taoïstes : REJETER L'ARTIFICIEL
On n'est pas encore en initiation, mais on fait les préparatifs.

Rejeter l'intellectualité
Le Taoïste n'est pas un ignare, mais il pratique ce que Nicolas de Cues appelle « la docte ignorance ». Il méprise l'inutile érudition au profit d'un contact naturel avec le réel. Il va à l'essentiel. Il est philosophe, pas professeur de philosophie. Le Stoïcien, lui aussi, recommande de revenir à la nature, de renoncer aux artifices de l'érudition, de la pure logique [1].

> L'intelligence et le savoir
> Et avec elles une grande hypocrisie. [...]
> Renonce à l'intelligence
> Abandonne le savoir
> Et le peuple y gagnera cent fois. [...]
> Abandonne l'étude
> Et sois sans souci.

Lao-tseu, *Tao-tö king*, XVIII, XIX et XX, trad. Élisabeth Andrès et Kyu-Yong Byun, *Les Cent Fleurs du Tao*, éd. cit., p. 102-104. © Éditions du Dauphin, Paris.

Rejeter les rites
Contre le formalisme confucéen, le Taoïste préfère l'attitude spontanée, naturelle.

Il est dit : « Après la perte du Tao vient la vertu ; après la perte de la vertu vient l'amour des hommes ; après la perte de l'amour des hommes vient la justice ; après la perte de la justice vient le rite » [*Tao-tö king*, XXXVIII].

---

1. Épictète : « Tu as fait des syllogismes, des raisonnements instables ? Ne veux-tu pas désapprendre tout cela, si c'est possible ? Ne veux-tu pas recommencer depuis le début en te rendant compte que jusqu'ici tu n'as pas eu de contact avec la réalité ? » (*Entretiens*, II, 17, § 27 ; apud *Les Stoïciens*, Gallimard, « Bibliothèque de la Pléiade », 1962, p. 927). Marc Aurèle : « Abandonne tes livres » (*Pensées*, II, § 2 ; *ibid.*, p. 1146).

Le rite n'est qu'une efflorescence du Tao et la source du désordre. [...]
Il est bien difficile de faire retour à sa racine originelle ; seul le grand homme y parvient sans difficulté.

Tchouang-tseu, XXII, apud *Philosophes taoïstes*, éd. cit., p. 250. © Gallimard, Paris.

Rejeter les coutumes
Le Taoïste se défie autant des usages sociaux que des rites religieux.

> La politesse est l'écorce de la loyauté et de la confiance,
> mais aussi la source du désordre.
> La prescience est la fleur du Tao
> mais aussi le commencement de la bêtise.
> Aussi le grand homme s'en tient au fond et non à la surface.
> Il s'en tient au noyau et non à la fleur.
> Il rejette ceci et accepte cela.

Lao-tseu, *Tao-tö king*, XXXVIII, trad. Liou Kia-hway, apud *Philosophes taoïstes*, éd. cit., p. 41. © Gallimard, Paris.

Rejeter la morale
Le Taoïste n'est pas immoral, mais amoral. Il n'a nul besoin d'un code de conduite. Il suit sa spontanéité, il s'harmonise avec lui-même et avec le Tout, comme le Stoïcien en Europe dit qu'il faut « suivre la nature », c'est-à-dire se conformer à sa propre nature et à celle de l'univers [1].

> La vertu supérieure est sans vertu,
> c'est pourquoi elle est la vertu.
> La vertu inférieure ne s'écarte pas des vertus,
> c'est pourquoi elle n'est pas la vertu.
> La vertu supérieure n'agit pas et n'a pas de but.
> La vertu inférieure agit et a un but.

Lao-tseu, *Tao-tö king*, *ibid*. © Gallimard, Paris.

Rejeter la technique
Tout objet, tout instrument marque l'impuissance et non pas la puissance. Avoir (en termes modernes) un vélo signifie qu'on ne sait plus marcher, qu'on ne veut plus marcher, qu'il faut construire des routes, faire des règlements, créer des usines de fabrication... Le stylo prouve qu'on ne sait plus se souvenir, l'électricité prouve qu'on ne peut plus s'adapter à la marche céleste, comme la béquille prouve qu'on s'est brisé la jambe, qu'on ne peut plus marcher naturellement.

> Les armes les meilleures sont les instruments du plus grand malheur
> Tous les êtres les haïssent
> C'est pourquoi l'homme du Tao ne s'y attache pas. [...]
> Les armes sont instruments de malheur,
> Elles ne sont donc pas les instruments du Sage ;
> Il n'y a recours qu'en cas de nécessité

---

1. Diogène Laërce, *Vies, doctrines et sentences des philosophes illustres*, VII (Les Stoïciens), 87-89 (apud *Les Stoïciens*, éd. cit., p. 44).

Car il tient pour supérieures la paix et la tranquillité
Et, pour lui, même une victoire n'est pas une raison de se réjouir.

Lao-tseu, *Tao-tö king*, XXXI, trad. Élisabeth Andrès et Kyu-Yong Byun, *op. cit.*, p. 115. © Éditions du Dauphin, Paris.

Deuxième série de pratiques initiatoires taoïstes : ACCEPTER LE NATUREL
Les techniques initiatoires ont aussi leur face positive.

Accumuler la vertu *(ki-chan)*
Le Taoïste ésotériste recommande la vertu. Mais il change la liste traditionnelle des vertus et il met derrière les mots conventionnels un sens profond. Le Confucéen, comme Aristote ou Descartes, fait l'éloge de qualités morales, tandis que le Taoïste, comme Zénon de Cittium ou Spinoza, atteint l'éthique, l'accord avec l'universel, l'éternel, le naturel. La bonté n'est plus un devoir de citoyen, mais une attitude saine. Comme le Soleil donne sa lumière, le Sage donne son énergie, son souffle *(k'i)*, mais secrètement.

Le maître dit : « Le Tao recouvre et soutient tous les êtres. » Infinie est sa grandeur ! Le sage doit faire table rase de son esprit pour le comprendre.
[1] Pratiquer le non-agir, voilà le ciel.
[2] Exprimer le sans-parole, voilà la vertu.
[3] Aimer les hommes et être bon envers les êtres, voilà la bonté.
[4] Considérer comme identiques les différences, voilà la grandeur.
[5] Ne se montrer ni hautain ni excentrique, voilà la largeur d'esprit.
[6] Embrasser la variété des différences, voilà la richesse.
[7] S'attacher à la vertu, voilà la règle.
[8] C'est par la vertu que s'affirme la personnalité de l'homme.
[9] Qui se conforme en toutes choses au Tao est armé contre les coups du sort.
[10] Qui ne se laisse décourager par la vicissitude des événements extérieurs garde l'intégrité de son caractère.
Le sage qui comprend ces dix préceptes possède la grandeur d'âme, tous les êtres affluent vers lui. Un tel homme enfouit l'or dans les montagnes et les perles dans les eaux profondes.

Tchouang-tseu, XII, apud *Philosophes taoïstes*, éd. cit., p. 165. © Gallimard, Paris.

Suivre la vie
Celui qui souhaite s'engager dans la Voie mange des plats sucrés et appétissants, s'habille de vêtements légers et seyants, laisse ses désirs sexuels s'épanouir selon leur droit et accepte les postes de fonctionnaires et les charges honorifiques. [...] Ni le déplaisir ni la joie, ni la calomnie ni les louanges ne le touchent. Tout cela suffit à le rendre remarquable. Même sans connaître de procédés magiques, l'homme qui s'entretient correctement atteint facilement 120 ans par sa seule énergie vitale, s'il ne l'a pas gaspillée à la légère. Si en plus il a une notion, si limitée soit-elle, de la Voie, il ira jusqu'à 240 ans, voire 480 s'il en connaît un peu plus sur la question. [...] La voie de la longévité consiste à ne jamais blesser la vie. On a chaud en hiver, frais en été, et on ne néglige jamais l'harmonie propre aux quatre saisons. Ainsi adopte-t-on son corps. Dans l'obscurité de sa chambre, on jouit du plaisir des femmes mais sans laisser libre cours aux pensées concupis-

centes : c'est ainsi que l'on fait circuler son énergie vitale. En matière de voitures et de vêtements, de fonction, de pouvoir et d'influence, on sait où sont les limites et l'on n'a aucune envie de les dépasser : c'est ainsi que l'on concentre sa volonté. On perçoit les huit sons et les cinq couleurs [vert foncé, rouge pourpre, jaune, blanc, noir] afin de réjouir les oreilles et les yeux : c'est ainsi que l'on guide son cœur.

Ko Hong (Pao-p'ou-tseu), *Vies des divins Immortels. Chen-sien tchouan*, trad. partielle apud *Dictionnaire de la sagesse orientale*, Robert Laffont, coll. « Bouquins », 1989, p. 428-429. (Attribution à Ko Hong contestée par M. Strickmann.)

Première série de pratiques spirituelles taoïstes : « NOURRIR LE CORPS » *(yang-sing)*

Les pratiques proprement initiatiques s'avèrent difficiles. Pour autant, elles ne sont pas artificielles. Elles sont difficiles comme est difficile une rééducation, quand on réapprend à marcher après avoir brisé sa jambe. Qu'est-ce qui est le plus naturel : rester jambe cassée ou faire effort pour marcher à nouveau naturellement ?

L'ensemble des pratiques initiatiques s'appelle « nourrir la vie » *(yang-cheng)*. On est loin de la haine du corps, du mépris du monde des ascètes chrétiens. Tout au contraire. Le Taoïste, comme le yogi, veut la vie, aime le monde, aide à l'énergie cosmique.

Ces pratiques exigent le secret, la discipline de l'arcane.

Quand j'étais jeune, j'avais coutume de parler des techniques pour nourrir la vie *(yang-cheng)* avec les Taoïstes, et je discutais avec les magiciens *(fang-che* : messieurs-à-recettes) de l'augmentation et de la diminution de l'énergie *(k'i)* à midi ou à minuit. Même après de longues discussions, il demeure des secrets qu'ils ne révèlent pas aux gens ordinaires.

Ye Meng-tö, *Conversations pour éviter la chaleur de l'été. Pi-chou lou-houa* (1156), chap. 2, trad. anglaise J. Needham, *Science and Civilisation in China*, Cambridge UP (1954-1971), t. 2 : *History of Scientific Thought*, p. 85.

Pourquoi ce secret ? Les Taoïstes reprennent les justifications traditionnelles [1] : les gens ordinaires en feraient mauvais usage, ils se moqueraient, le pouvoir politique interdirait, etc.

« **Interrompre les céréales** » *(pi-kou)*

Les cinq céréales (riz, millet, blé, avoine, haricots) renvoient trop à la Terre, pas assez au Souffle primordial. Il convient d'en éviter la consommation, ainsi que d'autres produits. Un récit donne une idée de cette diététique, assortie du mythe exotérique de l'homme primitif et du mythe ésotérique de l'homme éternel.

À l'époque de l'empereur Tch'eng des Han, des chasseurs dans les montagnes Tchong-Man [près de l'ancienne capitale de Si-an] aperçurent un être entièrement nu, dont le corps était couvert de poils noirs. Les chasseurs voulurent le capturer et le poursuivirent à cette fin ; mais il sautait par-dessus crevasses et ravins

---

1. P. A. Riffard, *L'Ésotérisme*, éd. cit., p. 299-307.

comme s'il avait des ailes, et ils n'arrivèrent pas à le rattraper. En se cachant et en l'encerclant à plusieurs, ils finirent pourtant par l'arrêter. Ils constatèrent alors qu'ils avaient affaire à une femme ; celle-ci leur dit :
— Je suis servante à la cour des Ts'in. Lorsque j'ai appris que les troupes rebelles de l'Est de la Passe arrivaient, que l'héritier de l'empire avait capitulé et que j'ai vu le palais en flammes, je me suis enfuie épouvantée dans ces montagnes. J'étais affamée et je n'avais rien à manger. J'étais sur le point de mourir de faim, lorsqu'un vieillard m'apprit à me nourrir d'aiguilles et de pignons de pin. Au début, je trouvai que cela était bien amer et avait mauvais goût ; mais petit à petit, je m'y fis. Par la suite, je n'eus jamais faim ni soif. En hiver, je ne souffrais pas du froid, ni de la chaleur en été.
Il apparut clairement que cette femme [...] avait plus de deux cents ans d'âge ! Par la suite on la ramena à la capitale et on lui donna des céréales à manger. Au début, à l'odeur des céréales, elle se mit à vomir, mais au bout de quelques jours elle allait mieux. Cependant, au bout de deux ans, ses poils étaient tombés, elle avait vieilli, puis elle mourut. Si elle n'avait pas été capturée, probablement serait-elle devenue Immortelle !

Ko Hong, *Le Maître qui embrasse la simplicité. Pao-p'ou-tseu* (317), chap. 11, trad. partielle K. Schipper, *Le Corps taoïste*, Fayard, 1982, p. 219-220. © Librairie Arthème Fayard, Paris.

Les techniques suivantes sont plus difficiles, et leur mention se fait en termes hermétiques.

Qui avale le cinabre [alchimie] et garde l'Un [méditation]
Ne finira qu'avec le Ciel [sera un Sage] ;
Qui fait revenir l'essence [tantrisme sexuel] et pratique la respiration embryonnaire [discipline du souffle]
Aura une longévité sans bornes [sera un Immortel].

Ko Hong, *Le Maître qui embrasse la simplicité. Pao-p'ou-tseu*.

Les Taoïstes utilisent des « drogues de longue vie », avant tout le cinabre *(tan)* raffiné, qui est du sulfure de mercure, mais aussi le réalgar, le soufre [1]. Comme chez les alchimistes européens.

« Nourrir le souffle » *(yang-k'i)*
Diverses pratiques existent, qui consistent à laisser le souffle circuler librement dans le corps *(lien-k'i)*, à déterminer un circuit du souffle dans le corps, à expirer à fond puis inspirer à fond (« cracher le vieux et introduire le neuf » *t'ou kou na hsin*), etc. La discipline du souffle *(hing-k'i >xingqi)* la plus taoïste s'appelle « respiration embryonnaire » *(t'ai-si >taixi)*. Le principe consiste à respirer comme le fait le fœtus dans le ventre maternel. Il y a retour à l'origine, concentration de vie. De même

---
1. A. Akahori, « Drug Taking and Immortality », *apud* L. Kohn, *Taoist Meditation and Longevity Techniques*, The University of Michigan, An Arbor, 1989, p. 73-98. La théorie du soufre et du mercure figure pour la première fois dans le *Livre du secret de la création*, livre arabe du VIe siècle d'un pseudo-Apollonios de Tyane (trad. A.-I. Silvestre de Sacy, *Notices et Extraits des manuscrits de la Bibliothèque nationale*, t. IV, an 7 = 1799, p. 107-158).

que le fœtus ne rejette pas le souffle, l'adepte va garder son souffle et le répartir dans son corps. C'est proprement une initiation. On revient à la matrice, à l'utérus.

Dans la matrice, c'est le fœtus ; à la naissance, c'est l'enfant. Tant que le fœtus est dans le ventre de sa mère, sa bouche contient de la boue, et la respiration ne pénètre pas, c'est par le nombril qu'il absorbe le souffle et qu'est nourri son corps ; c'est ainsi qu'il arrive à devenir complet. De là on sait que le nombril est la porte du Destin. [...] Ceux qui pratiquent le Tao, s'ils veulent obtenir la Respiration Embryonnaire *(t'ai-si)*, doivent d'abord connaître la source de la Respiration Embryonnaire et, d'après cela, la pratiquer, c'est-à-dire respirer comme le fœtus dans le ventre : c'est pourquoi on appelle cet exercice Respiration Embryonnaire. En revenant à la base, en retournant à l'origine, on chasse la vieillesse, on revient à l'état de fœtus. Vraiment, cet exercice a une raison d'être.

Formule orale de la Respiration Embryonnaire, trad. H. Maspéro, *Le Taoïsme et les Religions chinoises*, éd. cit., p. 498. © Gallimard, Paris.

Les techniques respiratoires relèvent de l'ésotérisme.

Mes paroles sont terminées : prenez soin de ne pas les transmettre.

Canon taoïste. Tao-tsang (v. 450-1607), n° 167, cité par H. Maspéro, *op. cit.*, p. 524.

Pratiquer la gymnastique taoïste (« étirement et contraction », *tao-yin***)**
Par symétrie, la gymnastique taoïste fait au-dehors ce que la discipline du souffle fait au-dedans.

La Conduite du souffle *(hing-k'i)* règle l'intérieur, et la Gymnastique *(tao-yin)* règle l'extérieur.

Maître Ning Hien-cheng, cité par H. Maspéro, *op. cit.,* p. 578.

Les Taoïstes exécutent quelques exercices physiques qui favorisent la respiration et par là la longévité et la spiritualité : claquer des dents et tambouriner, se tourner vers la gauche en regardant à droite et inversement, masser la région du sacrum des deux mains...

Respirations normales, respirations profondes, rejet des souffles viciés, inhalations de souffles frais, balancements à la manière de l'ours, extensions à la manière des oiseaux sont des exercices tout juste bons à prolonger la vie. Telle est la pratique des gymnastes, seulement intéressés à l'entretien de leur corps, techniques de ceux qui recherchent la longévité comme le faisait P'eng-tsou [le Mathusalem chinois].

Tchouang-tseu, XV, trad. partielle Cl. Larre.

Pratiquer des arts de la voie
La boxe chinoise *(tch'ouan po)*, le T'ai-ki-k'iuan... sont des techniques qui peuvent amener à l'éveil. *T'ai-ki-k'iuan (>Taijiquan)* signifie « le poing du Faîte Suprême ». « Forme de méditation en mouvement, issue d'une méthode d'autodéfense, le T'ai-ki-k'iuan, dont les origines remontent au XIVe siècle, consiste en une succession de mouvements doux, lents

et liés, qui permet d'obtenir une harmonisation des forces *yin* et *yang* par la coordination de la conscience, du souffle et du mouvement. »

La peinture, la calligraphie, la poésie... sont également des moyens, des fins aussi, bref des pratiques. Le signifié devient présent dans le signifiant. L'esprit vient dans la pâte, dans le trait, dans le mot. Un peintre sait retrouver dans la peinture tous les principes de la philosophie taoïste, vide, non-agir, spontanéité, etc. Un artiste cherche avant tout à retrouver le souffle originel. L'esprit du peintre-calligraphe fait passer l'énergie cosmique du bras au pinceau et du pinceau sur la surface. Un trait, un seul, suffit, s'il insuffle la vie. Alors l'objet représenté se donne dans sa nature même. Si c'est vraiment le vide, l'unique trait est déjà de trop.

Ah ! mon défunt père avait quelque peu suivi les enseignements du Taoïsme, « crachant le vieux souffle et inspirant le neuf ». [...]

L'amour que l'homme supérieur a pour le paysage, quelle en est la raison ? Un lieu retiré où nourrir sa nature, c'est là où il souhaite demeurer toujours. Parmi les sources et les rochers errer en sifflotant librement avec désinvolture, c'est ce qui a toujours fait sa joie. [...]

Les Immortels et les Saints dans les brumes et les brouillards, voilà ce que la nature humaine a toujours désiré voir sans y parvenir jamais. [...]

Quel que soit le sujet que le peintre veuille représenter, ce n'est pas à sa grandeur ou à sa petitesse, à sa complexité ou à sa simplicité qu'il faut s'attacher. C'est sur son essence même qu'il faut se concentrer. S'il manque quoi que ce soit à l'essentiel, l'esprit *(chen)* ne se transmet pas. L'esprit doit être tout entier à l'accomplissement de l'œuvre. Si l'esprit ne se donne pas tout entier à cet accomplissement, l'essence du sujet ne ressortira pas clairement. [...]

Quand on entreprend de prendre le pinceau, il faut établir en corrélation le Ciel et la Terre. Qu'entend-on par Ciel et Terre ? C'est, par exemple, sur un lé de soie d'un pied et demi, réserver en haut l'emplacement du Ciel et en bas celui de la Terre. Dans l'entre-deux s'établira l'idée et se fixeront les traits de la scène.

Kouo Hi (xie s.), *Haut Message des forêts et des sources. Lin-ts'iuan kao-tche*, trad. Nicole Vandier-Nicolas, *Esthétique et Peinture de paysage en Chine*, Klincksieck, 1982, p. 83-100. © Klincksieck, Paris.

Pratiquer l'alchimie extérieure *(wai tan)* ou l'alchimie intérieure *(nei tan)*

Il existe en Chine, tout comme en Occident, une alchimie extérieure, œuvrant sur des substances, utilisant des instruments, et une alchimie intérieure, fondée sur un travail spirituel. Dans tous les cas, il y a initiation. Les grands noms de l'alchimie taoïste sont Wei Po-yang (142), qui donna le premier ouvrage alchimique de l'histoire, et Ko Hong (317). L'alchimie intérieure apparaît au vi^e siècle, elle se développe avec le légendaire Lu Tong-pin (>Lü Dongbin, ixe s. ?), Tchang Po-touan (>Zhang Boduan, 983-1082).

L'alchimie extérieure veut fabriquer un élixir d'immortalité. Pour ce faire, elle utilise avant tout le cinabre *(tan)* sublimé ou l'or potable *(kin yi)*.

> Il faut consommer durant trois jours du cinabre [sulfure de mercure] de la première transmutation pour devenir immortel ; il faut deux ans avec du cinabre de la deuxième permutation, [...] et quand on en arrive au cinabre de neuf transmutations, il suffit d'en prendre trois jours de suite [...]. Pao-p'ou-tseu dit : le cinabre neuf fois sublimé *(kieou houa tan)* est véritablement la meilleure formule parmi toutes les drogues d'immortalité, mais elle exige de nombreux ingrédients qu'il est difficile de se procurer, surtout en temps de trouble. En outre, il faut surveiller attentivement le feu pour adapter son intensité aux diverses phases des opérations.
>
> Ko Hong, *Le Maître qui embrasse la simplicité. Pao-p'ou-tseu*, trad. partielle M. Kaltenmark, *Lao tseu et le Taoïsme*, éd. cit., p. 169. © Éditions du Seuil, Paris.

L'alchimie intérieure chinoise, comme l'alchimie spirituelle occidentale, essaie de revenir à la substance originelle, à la matière première. Elle s'efforce de faire retour au vide primordial. L'alchimie intérieure part de l'idée que dans l'homme microcosme se trouvent les énergies du macrocosme. La drogue d'immortalité doit exister à l'intérieur même de l'homme. Pourquoi donc chercher dehors ce qu'on peut trouver dedans ? Le plomb correspond au *yang*, le mercure au *yin*. L'initié doit marier le plomb et le mercure, si l'on préfère l'énergie spermatique *(tsing)* et l'énergie spirituelle *(chen)*, grâce à la troisième énergie, l'énergie vitale, le souffle *(k'i)*. De ce mariage naîtra un « embryon saint » *(cheng t'ai)*, une « fleur d'or », une « perle mystérieuse » *(hiuan tchou)* qui est une âme immortelle. L'opération se déroule dans « le champ de cinabre *(tan-t'ien)* inférieur », c'est-à-dire dans la région du nombril, où s'accumulent les énergies, comme dans le creuset de l'alchimie extérieure. Ce processus inverse celui de la cosmogonie, où de l'énergie primitive jaillirent le *yin* et le *yang*. Cette fois, on revient à l'indifférencié. L'« embryon sacré » est analogue à l'Œuf des origines, qui va grandir. La pratique de l'alchimie intérieure suppose les autres pratiques taoïstes, discipline du souffle, art de la chambre à coucher, etc.

Une synthèse s'est faite entre l'alchimie intérieure, taoïste, et le Bouddhisme tch'an dans un livre fameux, *Le Secret de la Fleur d'or*.

> Je veux être votre guide et tout d'abord vous révéler le secret de la fleur d'or du Grand Un [...]. Le Grand Un est la désignation de ce qui n'a plus rien au-dessus de lui. Le secret de la magie de la vie consiste en ce que l'on utilise l'action pour atteindre le non-agir. [...] La fleur d'or est la lumière. De quelle couleur est la lumière ? On prend la fleur d'or comme symbole. C'est la véritable énergie du Grand Un transcendant. [...] Si l'homme obtient cet Un, il devient vivant ; s'il le perd, il meurt. Mais, bien que l'homme vive de cette énergie, il ne voit pas l'énergie, de même que le poison vit de l'eau mais ne voit pas l'eau. L'homme meurt s'il n'a pas de souffle de vie, de même que le poisson privé d'eau périt. C'est pourquoi les adeptes ont appris aux gens à se tenir à l'originel et à conserver l'Un ; c'est la révolution de la lumière et la garde du Centre. [...] La lumière est facile à mouvoir mais difficile à fixer. Lorsqu'on la fait circuler assez longtemps en cercle, elle se cristallise, c'est le corps spirituel naturel. Cet esprit cristallisé se

forme au-delà des neuf cieux. [...] La fleur d'or est la pilule d'or. Toutes les transformations de la conscience spirituelle dépendent du cœur. Il y a ici une magie secrète qui, bien qu'elle soit rigoureusement réelle, est cependant si fluide qu'elle réclame une intelligence et une clarté extrêmes, un approfondissement et une tranquillité extrêmes.

Lu Tsou (ou Lu Toung-pin), *Le Secret de la Fleur d'or. T'ai-kin-houa tsong-tche* (>*Taijinhua zongzhi*, xviie s.), 1, trad. partielle Liou Tse-houa, Médicis-Entrelacs, 1969. © Éditions Médicis-Entrelacs, Orsay. Texte taoïste de l'école du Nord (Pei-tsong, gradualiste). Autre trad. : P. Grison, *Le Traité de la Fleur d'or du Suprême Un*, Éditions Traditionnelles, 1986.

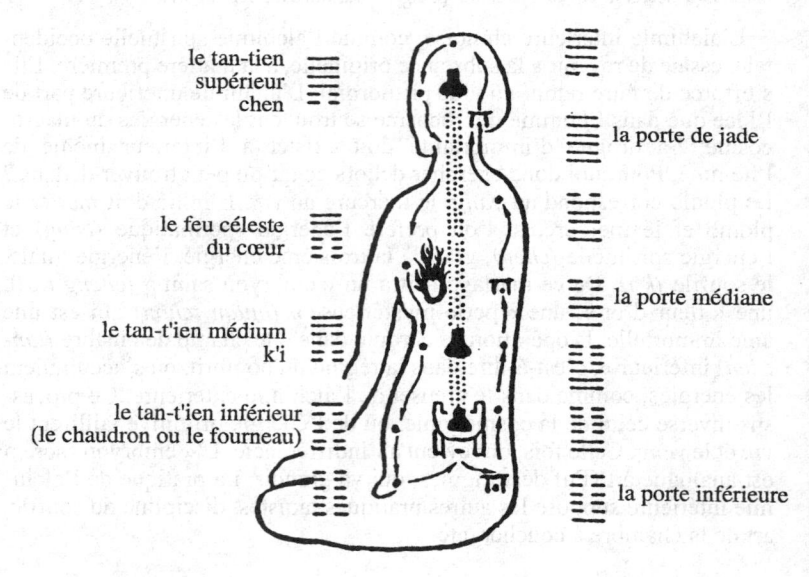

le tan-tien supérieur chen

la porte de jade

le feu céleste du cœur

la porte médiane

le tan-t'ien médium k'i

le tan-t'ien inférieur (le chaudron ou le fourneau)

la porte inférieure

LA PHYSIOLOGIE OCCULTE SELON LE TAOÏSME

Pratiquer la sexualité taoïste (« l'art de la chambre à coucher », *fang-tchong***)**
Il existe un tantrisme chinois. Le principe de base consiste à nourrir la vie, l'énergie au lieu de subir la (petite) mort, la satisfaction. Comment ? On va retrouver les bases du Taoïsme, retour et énergie. Comment donc ? En contrôlant la fin. Comment plus précisément ? Un alchimiste taoïste du xixe siècle déclare :

Chez l'homme, le *yang* s'écoule par le bas ; chez la femme il s'échappe par le haut. L'homme pratique afin d'éviter l'écoulement de la semence ; la femme pratique afin d'éviter l'écoulement des règles, procédé appelé « décapitation du dragon rouge ». L'essence séminale de l'homme circule en sens inverse et le mène à l'immortalité ; le sang de la femme remonte directement à la cavité du cœur.

Chez l'homme on parle d'embryon, chez la femme de respiration.
Lorsque l'homme a maîtrisé le tigre blanc [l'éjaculation], ses testicules se rétractent ; lorsque la femme a décapité le dragon rouge [la menstruation], ses seins se rétractent.
L'homme peut effectuer l'ascension au ciel de lui-même, alors que la femme doit attendre d'être convoquée.
Enfin, pour la fusion dans la Grande Vacuité, l'homme doit nécessairement méditer neuf ans face à un mur [tel Bodhidharma], la femme non.

Trad. *apud* Tchao Pi-tch'en (>Zhao Bichen), *Traité d'alchimie et de physiologie taoïste*, trad. Catherine Despeux, Les Deux Océans, 1980.

Comme dans le tantrisme hindou, divisé en tantrisme de la main droite et tantrisme de la main gauche, les Taoïstes transcendent la sexualité. Ils pratiquent la catharsis, soit (comme dans l'école Ts'iuan-tchen, au XIIe s.) par la purification, l'idéalisation, l'intériorisation, « la pratique pure », soit par la purgation, l'accomplissement sacré de la passion. Le mot grec *catharsis* a bien ces deux sens, ou cette ambiguïté.

– [Tantrisme de la main droite] Les écrits jaunes bordés en rouge [pratiques tantriques de la main gauche sur les souffles rouges de l'homme et les souffles jaunes de la femme] sont des textes secrets essentiels à la prolongation de la vie. Les techniques qu'ils décrivent sont cependant les techniques les plus basses. [...] L'essentiel, dans l'assortiment des lueurs spirituelles *(eou king)* chez les Parfaits *(tchen* : Véritables), c'est l'assortiment égal des partenaires, et que l'affection soit partagée par tous les deux également. Bien que ces partenaires soient appelés mari et femme, ils ne se livrent pas à l'acte commis par un homme et une femme.
[Il y a union entre un partenaire humain et une partenaire céleste par l'échange de lumières spirituelles.]

T'ao Hong-king, *Déclarations des Véritables. Tchen-kao* (recueil des textes du Taoïsme du Chang-ts'ing/Mao-chan, 499), 6, trad. M. Strickmann, *Le Taoïsme du Mao Chan*, Mémoires de l'Institut des hautes études chinoises, n° 17, diff. PUF, 1981, p. 188-189.

– [Tantrisme de la main gauche] Cette méthode doit être gardée secrète, elle ne doit être transmise qu'à des adeptes. Elle permet à un homme et à une femme d'activer ensemble leur principe vital *(k'i)*, et à l'homme de nourrir sa semence et à la femme son sang. Ceci n'est pas une méthode hétérodoxe, elle s'attache à activer le *yin* et à fortifier le *yang*. [...] Les deux partenaires doivent commencer par méditer, par détacher leur esprit de leur propre corps et de toutes les choses terrestres. Puis ils grincent des dents sept fois et récitent l'incantation que voici :
– Puisse l'Essence Dorée de l'Origine Blanche amener mes Cinq Fleurs [viscères] à la vie [...]. Puisse le Vieillard Mystérieux de l'Essence Suprême faire revenir l'esprit et fortifier ainsi le cerveau. Fais-nous unir, nous deux, et nous mêler, de sorte que l'Embryon soit raffiné et le Trésor conservé.
Ayant prononcé cette incantation, l'homme retient ses reins et enferme sa semence, de sorte que le *k'i* transmué monte le long de la colonne vertébrale jusqu'à ce qu'il atteigne le lieu *ni-hoan* dans le cerveau. C'est ce qu'on appelle « faire revenir à l'origine » *(houan yuan)*. La femme maîtrise ses émois et nourrit son esprit, de sorte qu'elle n'atteint pas le sommet, « le feu raffiné ne bouge pas », elle fait descendre le *k'i* de ses deux seins dans ses reins, puis de là le fait remonter jusqu'à ce qu'il ait atteint le point *ni-hoan*. On appelle cela « transformer le vrai »

(houa tchen). L'élixir (*tan* : cinabre) ainsi formé dans les corps des deux participants, s'il est nourri pendant cent jours, deviendra transcendant. Et si l'on prolonge cette discipline sur une très longue période, alors elle se fera habitude naturelle, méthode pour vivre longtemps et atteindre l'Immortalité.

<small>Teng Tun-tseu, *P'ei Hsuan Jen*, trad. partielle R. Van Gulik, *La Vie sexuelle dans la Chine ancienne*, 1961, trad. de l'anglais, Gallimard, coll. « Tel », n° 7, 1977, p. 252-254. © Gallimard, Paris.</small>

Où l'adepte puise-t-il l'énergie féminine dont il a besoin ? Ce passage-ci semble chercher une origine cosmique, « la Femelle mystérieuse » de Lao-tseu (*Tao-tö king*, VI), mais, au regard des analogies, on peut chercher une origine microcosmique, sa propre énergie sexuelle, ou une énergie extérieure, la force des femmes. Le mot « val » désigne autant l'énergie cosmique *yin* que le sexe féminin.

Jong Tch'eng-kong se présentait lui-même comme le maître de Huang-ti. Il fut introduit auprès du roi Mou de Tcheou [1001 av. J.-C.]. Il connaissait parfaitement la pratique de « réparer et conduire » [faire revenir la puissance sexuelle vers le cerveau] ; il puisait l'essence dans la Femelle Mystérieuse [*Hiuan P'in*] ; son principe était que les Esprits vitaux qui résident dans le Val ne meurent pas, car par eux s'entretient la vie et se nourrit le souffle. Ses cheveux qui étaient blancs redevinrent noirs, ses dents qui étaient tombées repoussèrent. Ses pratiques étaient identiques à celles de Lao-tseu. On dit aussi qu'il fut le maître de Lao-tseu.

<small>*Lie-sien tchouan*, VII, trad. M. Kaltenmark (1953), Collège de France, diff. De Boccard, 1987, p. 55-56.</small>

Deuxième série de pratiques spirituelles taoïstes : « NOURRIR L'ESPRIT » *(yang-chen)*
Malgré tout,

Le mieux est d'avoir recours à l'illumination *(ming)*.

<small>Tchouang-tseu, II, apud *Philosophes taoïstes*, éd. cit., p. 96.</small>

Visualiser les esprits intérieurs (*ts'ouen-chen* = « maintenir les esprits »)
Il s'agit de conserver dans le corps les entités qui le gouvernent. Le Taoïste se représente les énergies de ses organes comme des divinités, sur lesquelles il peut agir. On n'est pas loin des pratiques tibétaines de visualisation [1].

Troisième série de pratiques spirituelles taoïstes : « GARDER L'UN » *(cheou-yi* : Lao-tseu)
On entre dans les méthodes proprement spirituelles. Comme dans le yoga, il ne faut pas penser. Beau cas de réversion, beau cas d'ésotérisme, puisque tout le monde croit qu'un ésotériste pense, repense. Pour un taoïste, l'ésotériste qui pense se dépense, il doit conserver l'énergie cosmique.

<small>1. Voir *infra*, p. 890 (« Pratiques initiatiques particulières : les yoga »).</small>

Je garde l'Un et demeure dans l'Harmonie ; c'est ainsi que je suis parvenu à l'âge de mille deux cents ans.

Tchouang-tseu, XI, trad. partielle Isabelle Robinet.

Se concentrer (« maintenir la pensée », *ts'ouen-sseu*)
Le sage tient sa pensée attachée fermement à un objet précis, par exemple un texte, un objet, une partie du corps. On retrouve une pratique universelle, l'attention, la concentration.

Redressez votre corps et unifiez vos regards, l'harmonie céleste descendra en vous ; réfrénez votre intelligence et rectifiez votre attitude, l'esprit transcendant vous fera visite. La vertu vous embellira ; le Tao habitera en vous. Vos pupilles ressembleront à celles du veau qui vient de naître ; vous ne vous référerez plus aux coutumes de ce monde.

Tchouang-tseu, XXII, apud *Philosophes taoïstes*, éd. cit., p. 251-252. © Gallimard, Paris.

Visualiser (« se concentrer sur la lumière de l'Un », *cheou-yi ming-fa*)
Le Taoïste réussit à faire entrer dans son corps, sous forme de lumière, une divinité ou un esprit.

La méthode de garder la lumière de l'Un est la base de l'art de la longue vie. Elle permet de chercher les divinités et de les faire sortir du séjour de la lumière éclatante. Quand on garde la lumière de l'Un, dès que l'on aperçoit comme une flamme naissante, il faut aussitôt en garder l'image présente sans la perdre un instant. Au début, elle est toute rouge ; puis elle devient blanche, et, à la longue, elle devient toute verte. C'est une clarté qui semble se répandre très loin, toujours plus loin. Mais il faut la ramener pour l'unifier : à l'intérieur tout sera illuminé. Cela élimine toutes les maladies ; si on la maintient (cette lumière intérieure) sans défaillance, on peut dire que c'est l'art de vivre dix mille années.

Le Livre de la paix suprême. T'ai-ping king, trad. partielle M. Kaltenmark, *Lao tseu et le Taoïsme*, éd. cit., p. 178. © Éditions du Seuil, Paris.

Pratiquer l'enstase (« visualisation intérieure », *nei-kouan*)
C'est une forme de visualisation, puisque l'adepte réussit à se représenter l'intérieur de son corps ou simplement à étudier son cœur, son esprit. Le voyage de l'âme, au lieu d'être extérieur comme dans l'extase chamanique, devient intérieur (Lie-tseu, IV, 7, apud *Philosophes taoïstes*, éd. cit., p. 456).

Alors il ferma les yeux pour regarder à l'intérieur de lui-même et, au bout d'un long moment, il vit effectivement qu'à l'intérieur de la Chambre orientale [une des cases de la tête] il y avait deux grands dieux [de la Triade : champs de cinabre au cerveau, au cœur, au nombril], tout pareils d'aspects et de costumes à ce qu'ils étaient sur le mont K'ong. Le seigneur Vieillard Jaune éclata de rire et dit :
– Subtil ! Profond ! Usez de la méditation, c'est le procédé pour monter au Ciel en plein jour.

Tcheou Yi-chan, trad. H. Maspéro, *Mélanges posthumes sur les religions et l'histoire de la Chine*, t. 2 : *Le Taoïsme*, Publications du musée Guimet, 1950, p. 138.

Pratiquer l'extase (« entrée de mânes », *kouei jou*)
Le sage entre en catalepsie. Le Taoïste pratique un chamanisme de régime calme, sans tambours ni cris.

Ce que j'ai vu était-il une hallucination ? ou dois-je y croire ? Tout à l'heure votre corps demeurait insensible comme un arbre desséché. Vous paraissiez avoir quitté choses et hommes pour vous tenir dans la solitude. [...] Son corps est comme le bois mort ; son cœur comme la cendre éteinte. Vraie est sa connaissance solide ; il se détache de toute connaissance acquise. Ignorant et obscur, il n'a plus de pensée, on ne peut plus discuter avec lui. Quel homme !

Tchouang-tseu, XXI et XXII, apud *Philosophes taoïstes*, éd. cit., p. 243, 252. © Gallimard, Paris.

Puis l'âme sort du corps et part en voyage, explore. Les Taoïstes parlent de « randonnée de l'esprit » *(chen yeou)*, de « randonnée lointaine » *(yuan yeou)*, d'art de « chevaucher le vent » : de voyage chamanique.

Nan-kouo Tseu-k'i était assis appuyé à un escabeau ; il regardait le ciel et poussait des soupirs, comme si son âme eût quitté son corps.
Yen-tch'eng Tseu-yeou, debout à son service, lui demanda :
— Pourquoi vous plongiez-vous dans un pareil état ? Comment pouviez-vous faire de votre corps un arbre desséché et de votre esprit des cendres mortes ? [...]
— Je m'étais oublié moi-même, le comprenez-vous ? Peut-être avez-vous entendu la musique de l'homme, mais non celle de la terre ; peut-être avez-vous entendu la musique de la terre, mais non celle du ciel.

Tchouang-tseu, II, *ibid.*, p. 93. © Gallimard, Paris. (Ce passage peut n'avoir qu'un sens mystique.)

Méditer assis (« s'asseoir et oublier », *tso-wang* : Tchouang-tseu)
La méditation consiste en la quiétude *(tche)* du corps et en la vacuité *(wou)* de la pensée pour se confondre avec le Tao. On ne pense pas. L'esprit va librement, s'identifiant au Tout comme un miroir reflète le paysage. La méditation représente le sommet de la PRATIQUE taoïste, MOYEN autant que BUT. Méditer désigne à la fois la voie et le terme. C'est un état, dynamique comme le jeu du *yin* et du *yang*. Les Taoïstes disent qu'on arrive à la méditation par la méditation elle-même. Dans une intention comparable, les Stoïciens, en Europe, soutiennent qu'« on arrive à la vertu par la vertu elle-même » ; pour eux, la sagesse ne se compare pas à la technique du médecin, où moyens et fins ne se confondent pas, mais à l'art du comédien ou du danseur, où le but est dans l'accomplissement, où le tout s'effondre si un détail manque [1]. Un comédien, comme un méditant, ne se sert pas de son art, il est son art, il est tout entier dans son art.

Yen Houei revit son maître et lui dit :
— Je m'assieds et j'oublie tout.
Tchong-ni [Confucius] en éprouva un sentiment de respect et demanda :
— Qu'entends-tu par « t'asseoir et oublier tout » ?

---

[1]. Cicéron, *Des Fins des biens et des maux* (45 av. J.-C.), III, 7, § 24 (apud *Les Stoïciens*, Gallimard, « Bibliothèque de la Pléiade », 1962, p. 270).

Yen Houei répondit :
— Me dépouiller de mon corps, oblitérer mes sens, quitter toute forme, supprimer toute intelligence, m'unir à celui qui embrasse tout, voilà ce que j'entends par « m'asseoir et oublier tout ».

Tchong-ni conclut :
— L'union au grand Tout exclut toute particularité, évoluer sans cesse exclut toute fixité. Vraiment tu es un sage. Désormais je te suivrai.

Tchouang-tseu, VI, *ibid.*, p. 137. © Gallimard, Paris.

Ainsi atteint-on la **réalisation taoïque**. Le Sage Taoïste s'unit au Tout. Il comprend les renversements, les alternances, les transformations, il voit des indices, des signes. Il perçoit que l'homme avide court à sa propre misère, que la fraternité contient la paix, que la vraie connaissance conduit au silence. Aussi le Sage va-t-il dans le sens de ces renversements, il adhère à ces forces spontanées, il va dans ce mouvement (s'il est naturel). Il se nourrit pour se nourrir, pour vivre, par goût du vital, de l'éternel, pas pour mourir, pas en gâtant sa santé. Le mouvement va à l'origine, le Sage va à l'origine. Il se fait enfant. Il ne s'intéresse qu'au primordial. Il ne se pavane pas comme ésotériste (en ce sens, le Taoïsme ne se distingue pas). « Un Sage est anonyme, n'a pas de forme, n'est pas une personne déterminée. »

Le Sage Taoïste n'a pas un savoir supplémentaire, ce n'est pas un intellectuel. Il n'a pas une conduite restrictive, ce n'est pas un ascète. Au contraire le Taoïste a le savoir en moins et la vitalité en plus. Il connaît et il suit la nature. Discernement et ataraxie : ésotérisme. *Tao* et *tö*, on y revient : ordre et vertu, et donc mystère *(hiuan)*.

[Ordre, *tao*] Aussi importe-t-il d'étudier comment l'avantage se renverse en dommage, comment le malheur voisine avec le bonheur. Parfois, il suffit qu'on désire une chose pour la perdre, ou qu'on cherche à l'éviter pour qu'elle arrive.

Un homme de Chu [Tch'ou] était en bateau lorsqu'un vent violent s'est levé ; les vagues étaient hautes. Il s'est alors jeté à l'eau ; non pas qu'il ne voulût plus vivre, mais bien qu'il avait peur de la mort. Voilà comme on perd parfois la vie par crainte de la mort. [...] C'est pourquoi le Saint étudie les transformations du mouvement et de l'immobilité, pèse l'opportunité qu'il y a à recevoir et à donner, met ordre aux attraits et à l'aversion, modère harmonieusement la joie et la colère [...].

[Vertu, *tö*] Sun Shuao [Souen Chouao] refusa par trois fois le poste de ministre sans paraître affecté ; les honneurs ne le préoccupaient pas [...].

Le cœur du Saint reste calme et son humeur égale ; il conserve ses esprits vitaux en lui et rien ne peut le troubler. [...]

[Mystère, *hiuan*] Les choses étranges du monde, seul le Saint les voit ; les renversements du sort, seul le sage les comprend. L'ambiguïté entre le même et l'autre abuse l'homme du commun. Ce que voit le Saint ne peut être divulgué dans l'empire, ce qu'il entend ne peut être dévoilé au peuple.

Lieou Ngan, *Le Maître de Houai-nan. Houai-nan-tseu*, chap. 13, trad. partielle Isabelle Robinet, *Les Grands Traités du Huainan zi*, éd. cit., p. 188-190. © Éditions du Cerf, Paris.

Mais, de même que le Bouddhiste ou le yogi, au terme de son voyage, a le choix entre *nirvâna* et pouvoirs magiques, le Taoïste a le choix entre méditation et pouvoir politique : « sainteté intérieure » *(nei cheng)* ou « royauté extérieure » *(wai wang)*. Bien entendu, la seconde option (magie, politique) attire le mépris, mais pas en elle-même. Le pouvoir magique est un signe extérieur, le pouvoir politique peut aider à conduire à la sainteté. Les ermites taoïstes refusent le pouvoir. Wou Kouang et Ki To préférèrent se jeter dans la rivière plutôt que de subir l'affront de voir l'empereur T'ang leur proposer le trône. Mais certains Taoïstes n'ont pas hésité à se lancer en politique. Ils intervenaient comme conseillers (par exemple Keou K'ien-tche ou Lou Hieou-king en 450). Ou bien ils intervenaient — on l'a noté — comme acteurs, plus ou moins anarchistes, plus ou moins révolutionnaires (dès l'école des Cinq Boisseaux de Riz et l'école des Turbans Jaunes). Le Taoïsme a développé une pensée politique, favorable au collectivisme et hostile au féodalisme. Cette pensée repose sur l'axiome « Ordonner sa personne et gouverner l'empire », ce qui concilie individu et société. L'homme politique respecte les hiérarchies, qui sont en correspondances avec les ordres du monde, et il donne à tout homme sa place, selon la spontanéité de chacun. Il ne néglige pas les détails, qui sont des signes, des symptômes, des présages, des répliques. Il tient compte des moments, en accord avec les rythmes et cycles du cosmos. Il se montre attentif aux diverses opinions des hommes comme aux multiples angles des choses, car le monde est fait de mutations. Dès lors, le souverain peut laisser faire. Il a de la sorte pratiqué le non-agir et laissé agir la spontanéité.

> L'Art du souverain.
> En raison de sa responsabilité dans la supervision des tâches,
> Il fait en sorte que les officiers s'acquittent de leur travail,
> Chacun au mieux de ses compétences [...].
> Son gouvernement s'exerce avec rectitude,
> Il redresse les perversions,
> Il écarte les égoïsmes,
> Il établit le règne du bien public,
> Il agit de telle manière que toute son administration œuvre méthodiquement en bonne collaboration,
> Que chacun remplisse exactement les devoirs de sa charge,
> Que le peuple s'acquitte des travaux.
> Ainsi resplendit l'art du souverain.
> Kao Yeou (>Gao You), *Yao-liue* (résumé du *Houai-nan-tseu*, apud *Les Grands Traités du Huainan zi*, éd. cit., p. 32).

Le Taoïsme ésotérique, mis — de force — en sommeil dans la Chine continentale de Mao Tsö-tung, continue à Taïwan. Récemment, le Maître Tchouang-tchen Teng-yun [1] († 1976), de Taïwan, connaissait l'alchimie

---

1. M. Saso, *The Teachings of Taoist Master Chuang*, éd. cit.

interne, la magie du tonnerre, l'invocation de l'esprit des étoiles. Le Taoïsme reprend en Chine continentale.

ARTS OCCULTES *(FANG CHOU)*

La Chine, évidemment, a développé tous les arts occultes. Le statut des astrologues, devins, etc., dépend souvent de l'empereur, en bien ou en mal. Aux IIe et Ier siècles avant notre ère, les Occultistes appelés *fang-che* (« messieurs-à-recettes ») travaillent dans des ateliers impériaux. Le grand épisode de la vie de l'alchimiste Li Chao-kiun tient à sa réception à la cour de l'empereur Wou Ti vers 130 av. J.-C. L'astrologue a une charge officielle.

Les arts occultes ne doivent être maniés qu'avec prudence, rarement. Le sage peut les utiliser, mais le peuple risque d'en faire mauvais usage. L'ésotérisme s'impose, quitte à répandre de l'occultisme de mauvais aloi. L'ésotérisme taoïste s'oppose à l'occultisme chinois ! L'ésotérisme taoïste porte sur le Mystère *(hiuan)*.

Ce que voit le Saint ne peut être divulgué dans l'empire, ce qu'il entend ne peut être dévoilé au peuple. C'est pourquoi on en appelle aux esprits et aux revenants pour édicter des interdits. [...]

« Les esprits marchent sur la tête de celui qui se couche sur le seuil d'une porte », dit-on. Mais si les esprits peuvent devenir invisibles, ils n'ont pas besoin de porte pour passer, et s'ils entrent et sortent dans le vide, ils ne peuvent rien fouler aux pieds. En fait, l'air passe par les portes et les fenêtres, et dans l'air circulent le *Yin* et le *Yang* ; s'ils fondent sur vous, ils vous rendent malades. C'est pourquoi on allègue les esprits pour établir cette interdiction.

On ne peut divulguer toutes ces choses dans les livres, tablettes et soies, et le conserver dans les administrations. C'est pourquoi on s'exprime en termes de faste et de néfaste. Comme les ignorants ne savent pas ce qui leur est mauvais, on se sert depuis bien longtemps de la peur qu'ils ont des esprits pour leur transmettre la leçon. Eux croient au faste et au néfaste ; les esprits forts n'y croient pas ; il n'y a que ceux qui ont le Tao qui peuvent comprendre le sens de tout ceci.

Lieou Ngan, *Le Maître de Huai-nan. Houai-nan-tseu*, chap. 13, trad. partielle Isabelle Robinet, *Les Grands Traités de Huainan zi*, éd. cit., p. 190-191. © Éditions du Cerf, Paris.

La divination *(pou)*

La divination est organisée de façon administrative.

Dans toutes les grandes affaires d'État, d'abord on fait la divination par la plante *chi* [achillée] ; ensuite, l'on augure par la tortue. [...]

Grand augure. Il est proposé aux trois méthodes pour l'observation des fissures sur l'écaille de tortue. La première est appelée fissure [ressemblant aux fissures] de jade ; la seconde, fissure de poterie ; la troisième, fissure de plaine. La contexture sacrée de l'écaille de tortue présente, pour les trois systèmes, cent vingt configurations de fissures et douze cents réponses. [...]

Officier de la plante divinatoire. Il s'occupe des trois méthodes des changements, et distingue les noms des neuf devins par la plante *chi*. [...]

Devin des songes. Il s'occupe des saisons de l'année par rapport aux songes. Il examine les instants de réunion du ciel et de la terre [conjonctions du Soleil et de la Lune, ou position de la queue de la Grande Ourse ?]. Il distingue les émanations des deux principes mâle et femelle. Par les positions du Soleil, de la Lune, des planètes, il devine les présages heureux ou malheureux des six sortes de songes. Ces six sortes de songes sont : les songes réguliers, les songes terribles, les songes de réflexion, les songes de veille, les beaux songes, les songes de crainte. [...]. Observateur des phénomènes d'envahissement. Il est proposé à la méthode des dix apparences lumineuses ; il s'en sert pour observer les phénomènes extraordinaires et pour distinguer le bonheur ou le malheur qu'ils annoncent.

Rites des Tcheou. Tcheou Li, XXIV, trad. É. Biot, Imprimerie nationale, 1851, t. 2, p. 69-84.

En 1915, Lo Tchen-yu (>Luo Zhenyu) examine de près des « os de dragons ». Certains médecins recommandent à leurs patients de boire, broyés, des os décorés de bizarres dessins. Lo Tchen-yu découvre qu'il s'agit d'une écriture divinatoire sur des carapaces de tortues ! et qu'elle remonte à la préhistoire ! Ainsi, la Chine se manifeste comme civilisation par une pré-écriture et un système de divination, visible à Ngan-yang, dans le Ho-nan, vers 1380 av. J.-C. Des prêtres devins jettent au feu des os ou des écailles de tortues ou des omoplates de moutons, de bœufs, des crânes de cervidés, parfois des crânes humains, pour interroger les ancêtres, pour savoir s'il est faste ou néfaste d'aller à la chasse ou à la guerre. Les craquelures, savamment interprétées, servent d'oracle. Les devins, ensuite, inscrivent près de la craquelure la question posée et l'interprétation donnée. On compte à cette lointaine époque environ 2 500 caractères différents. Cette divination par les os oraculaires (*kia-jou-wen >jiaguwen*, mot à mot « écailles os inscrits »), les Occidentaux l'appellent « scapulomancie » (divination par les os) et « chéloniomancie » (divination par les écailles). Les archéologues ont exhumé 100 000 oracles ! Maintenant, pourquoi ce privilège de la tortue ? Les Chinois ont été sensibles au fait que la tortue est ronde en haut, comme le ciel, carrée en bas, comme la terre, ainsi que le suggèrent les symboles chinois ; la tortue est aussi un symbole d'éternité, de longévité, puisqu'elle peut vivre deux cents ans (record chez les vertébrés), et la longévité est le but recherché par le Chinois ; la tortue figure les rapports complexes du secret et de la manifestation, de l'ésotérisme et de l'exotérisme, puisqu'elle peut cacher sa tête aussi bien que la montrer. Elle indique spontanément.

Une carapace de tortue brûlée n'a pas de volonté, aussi peut-elle prédire le lointain avenir. Une magnétite n'a pas de volonté, aussi peut-elle exercer un grand pouvoir d'attraction.

Le Livre de Maître Kouan Yin. Kouan Yin-tseu (VIIIe s., du Taoïste T'ien T'ong-hieou ?), II. L. Wieger, *Textes philosophiques* (1930), Les Belles Lettres, 1953.

À côté de la scapulomancie *(pou)*, les Chinois ont apprécié l'achilléomancie *(che)*, la divination par les tiges de l'achillée mille-feuilles, qui

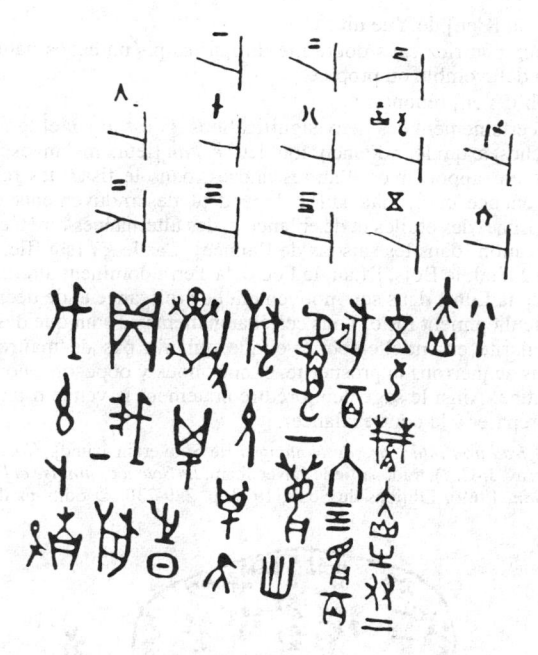

INSCRIPTION ORACULAIRE

seront encore utilisées dans le *Yi king*. Les deux divinations forment couple *(che-pou)*. L'achillée est une plante qui présente des feuilles très découpées, avec une tige droite.

La géomancie s'appelle *fong-chouei*, « Vents et Eaux », car elle repose sur l'action des forces telluriques et atmosphériques. « Ce qu'on dénomme géomancie dans le monde chinois, et qui s'y développe à partir des IVe-Ve siècles, n'est pas à proprement parler une méthode divinatoire, mais une science des influx inhérents aux configurations typographiques : le sens et la forme des plissements de terrain, la disposition des cours d'eau, l'orientation générale du site révèlent, à qui sait en déchiffrer la signification, la présence cachée de courants positifs et négatifs (*yin* et *yang*). Comme le corps humain ou le cosmos, les sites sont des lieux que traversent des influx dont le bon équilibre est source de santé et de vie [1]. »

La divination chinoise repose, à l'inverse de la divination mésopotamienne ou égyptienne, sur les lois de la nature et non sur les désirs des dieux.

---

1. J. Gernet, *apud* J.-P. Vernant et *al.*, *Divination et Rationalité*, Éditions du Seuil, 1974, p. 55.

Le roi [Keou Kien] de Yue dit :
– [...] Vous pourriez sans doute me dire si les phénomènes naturels ont une signification défavorable ou propice.
Ki Ni [Tch'e Yen] répondit :
– Ils ont certainement ces deux significations. C'est le *yin* et le *yang* présents dans toutes choses, qui leur donnent tout leur *ki kan* [leurs mélanges fixés, et leurs mouvements en rapport avec d'autres choses, dans le tissu des relations de la nature]. La chance et la malchance dépendent des mouvements cycliques du Soleil, de la Lune, des étoiles et des planètes, des alternances répétées de destruction et de création [dans les saisons de l'année]. Car le *k'i* [souffle, énergie] des Éléments, le Métal, le Bois, l'Eau, le Feu et la Terre dominent alternativement, et l'influence de la Lune, dans son mouvement de croissance et de décroissance, est sur eux particulièrement forte. Tous ces changements ne sont que des fluctuations dans la régularité essentiellement cyclique qui n'a pas de maître. Si nous le suivons, nous acquerrons la prospérité, si nous nous y opposons, nous tomberons dans l'infortune. Ainsi le sage peut prédire nettement la venue d'une destruction et donc se préparer à la contrebalancer.

Livre de la tradition intérieure de Houang-ti [le Souverain Jaune]. *Houang-ti nei king sou-wen* (IIIe s. av. J.-C. ?), trad. partielle J. Needham, *La Science chinoise et l'Occident (The Grand Titration*, 1969), Éditions du Seuil, 1977, p. 229-230. © Éditions du Seuil, Paris.

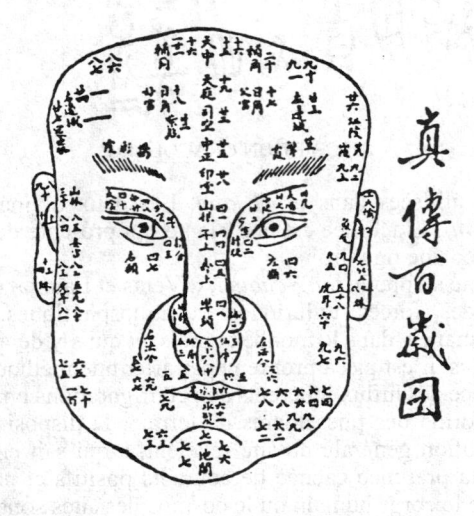

PHYSIOGNOMONIE CHINOISE : EMPLACEMENT DES ÂGES SUR LE VISAGE
(dessin J. M. Huon de Kermadec, 1985)

L'astrologie

Vaste domaine. Tout le monde sait que l'astrologie chinoise n'a pas du tout les mêmes bases scientifiques que l'astrologie occidentale (dérivée de l'astrologie mésopotamienne). Cependant, ses principes philosophiques sont exactement les mêmes : correspondances entre planètes et Éléments, ordre du cosmos, prédictions à partir de signes atmosphériques ou astraux, etc.

ASTROLOGIES

chinoise (cycle de 12 ans)		occidentale (zodiaque de 12 Signes)	
1972 15/2	Rat (Souris)	1972 21/03	Bélier
1973 3/2	Buffle	1972 20/04	Taureau
1974 23/1	Tigre	1972 21/05	Gémeaux
1975 12/2	Chat	1972 22/06	Cancer
1976 31/1	Dragon	1972 23/07	Lion
1977 18/2	Serpent	1972 23/08	Vierge
1978 7/2	Cheval	1972 23/09	Balance
1979 28/1	Chèvre	1972 24/10	Scorpion
1980 16/2	Singe	1972 23/11	Sagittaire
1981 5/2	Coq	1972 22/12	Capricorne
1982 25/1	Chien	1972 21/01	Verseau
1983 13/2	Cochon (Sanglier)	1972 20/02	Poissons

Lorsque le principe du calendrier ne se guide pas sur le Ciel et qu'en outre il n'émane pas de l'homme [l'homme en soi], alors toutes choses tournent à leur perte, et la réussite est difficile. [...]

Il y eut des fonctionnaires préposés au Ciel et à la Terre, aux dieux du Ciel et de la Terre, et aux diverses classes d'êtres, ce fut ce qu'on appelle les cinq classes de fonctionnaires [printemps, été, automne, hiver, centre].

Quand il y a des manquements à la justice, le châtiment vient de la planète de l'année [Jupiter]. [...]

On observe l'émanation de la Fermeté pour localiser la planète Yong-ho [Mars]. Elle est dite correspondre au côté Sud et à l'élément Feu ; elle préside à l'été ; les jours qui lui correspondent sont *ping* et *ting*. Quand il y a manquement

aux rites, le châtiment vient de Yong-ho ; quand Yong-ho manque à sa marche régulière, c'est cela. Lorsqu'elle apparaît il y a guerre ; lorsqu'elle disparaît les soldats sont licenciés. [...]
Pour toutes les nuées, l'augure est tiré de leur forme : ainsi les vapeurs qui concernent les barbares du Nord sont comme des troupeaux d'animaux domestiques et comme des tentes. [...]
Dans le ciel, il y a le Soleil et la Lune ; sur la Terre, il y a le *yin* et le *yang*. Dans le ciel, il y a les cinq planètes [Jupiter, Mars, Saturne, Vénus, Mercure] ; sur terre il y a les cinq Éléments [Eau, Feu, Bois, Métal, Terre]. [...] Les vingt-huit mansions président aux douze provinces ; le Boisseau [la Grande Ourse] les dirige toutes ensemble. Pour le territoire de Ts'in, l'observation portait sur T'ai-pe [Vénus], l'augure se tirait des étoiles Lang [Sirius, étoile] et Hou [Arc, astérisme]. [...] Lorsque les Han triomphèrent [en 206 av. J.-C.], les cinq planètes apparurent en conjonction dans la mansion Tong-tsing. [...] Comme on le voit, **il n'arrive jamais qu'une apparition céleste se produise sans être suivie d'un événement qui y corresponde en effet.**

Sseu-ma Ts'ien, *Mémoires historiques. Che-ki*, III, chap. 26 (calendrier) et 27 (astrologie), trad. partielle É. Chavannes, éd. cit., t. 3, p. 322, 323, 356, 364, 395, 401. © A. Maisonneuve, Paris.

On ne peut mieux formuler — en termes chinois — tous les principes de l'astrologie universelle. Sseu-ma Ts'ien exerçait la fonction de secrétaire du palais impérial à la cour des Han. Son père avait la même place, qui consistait à s'occuper d'astronomie, de divination, de calendrier, de sacrifices pour l'empereur de Chine.

L'alchimie

La pré-alchimie chinoise a dû commencer très tôt. Elle prend la forme de confréries de métallurgistes contre lesquelles doivent lutter les rois.

Le premier pays où l'on voit trace de l'alchimie, c'est la Chine, avec ce témoignage, daté de 133 av. J.-C., où Li Chao-kiun (>Li Shaojun) s'adresse à l'empereur Wou Ti des Han. L'alchimie rejoint le thème de l'immortalité, et non pas, comme en Occident, celui de la connaissance, car le but n'est pas l'or (la métamorphose personnelle), mais l'élixir de la vie immortelle (l'éternité impersonnelle).

Sacrifiez au fourneau [alchimique] *(tsao)* et vous ferez venir les êtres surnaturels. À ce moment, la poudre de cinabre pourra être transformée en or ; quand l'or sera produit, si vous en faites faire des ustensiles pour boire et pour manger, vous augmenterez votre longévité. C'est alors que vous pourrez voir les Bienheureux [Sien : Immortels] de l'île P'ong-lai [P'eng-lai : une des cinq îles mythiques des Immortels] qui est au milieu des mers. Quand vous les aurez vus et que vous aurez fait les sacrifices Fong et Chan, alors vous ne mourrez pas : c'est ce qui est arrivé à Houang-ti.

Li Chao-kiun (>Li Shaojun, 133 av. J.-C.), *apud* Sseu-ma Ts'ien, *Mémoires historiques*, trad. partielle É. Chavannes, éd. cit., t. 3, p. 465. © A. Maisonneuve, Paris.

Et le premier livre d'alchimie au monde viendrait de Chine. Son auteur serait un Taoïste, Wei Po-yang ; son titre : *Triple Concordance dans le livre des mutations des Tcheou. Tcheou-yi san-t'ong-ki*[1] ; sa date : 142. En fait IXᵉ siècle, selon les historiens ! Le livre, fort ésotérique, a fait l'objet d'un résumé par un commentateur, Yu Yen († 1314), lui-même taoïste et alchimiste.

L'homme utilise les forces secrètes du Ciel et de la Terre afin de se distiller à lui-même le grand élixir de l'or liquide et de retrouver l'unité originelle avec le Ciel et la Terre... Chaque fois que le Ciel s'unit avec la Terre, tu dois faire tiennes les forces secrètes qui suscitent l'activité créatrice du *yin* et du *yang*.

L'alchimie chinoise se divise — on l'a signalé — en alchimie extérieure et en alchimie intérieure.

La médecine occulte

La médecine traditionnelle chinoise pense le macrocosme et le microcosme comme des lieux où circulent des souffles. Quand ils sont entravés, la maladie surgit. La médecine comprend quatre disciplines majeures.

Les remèdes et les décoctions attaquent l'intérieur de l'homme, tandis que l'acupuncture et la moxibustion[2] attaquent l'extérieur, de sorte que la maladie n'a aucune possibilité de s'échapper.

Livre de la tradition intérieure de Houang-ti [=Canon interne du Souverain Jaune] *sur la médecine. Houang-ti nei king sou-wen* (>*Huangdi nei jing suwen*, IIIᵉ s. av. J.-C. ?). Trad. partielle (chap. 1-34) en anglais Ilza Veith : *The Yellow Emperor's Classic of Internal Medicine* (1949), University of California Press, Berkeley, 1972. Trad. partielle (chap. 1, 2, 3, 5, 8, 38) en français Cl. Larre : *La Voie du ciel. Huangdi, l'Empereur jaune disait... La Médecine chinoise traditionnelle*, Institut Ricci-Desclée de Brouwer, 1987, 159 p.

L'usage des poisons (comme l'arsenic) relève de la médecine héroïque. Le Taoïsme magico-religieux a utilisé d'autres thérapeutiques, spirituelles : les talismans *(fou)*, la diététique, la gymnastique, les prières, les confessions, les exorcismes, le cinabre, les massages.

L'acupuncture est une médecine occulte, quand bien même son praticien s'enferme dans une utilisation étroitement pratique ou dans une interprétation naïvement rationaliste. On trouve en elle les diverses idées de l'ésotérisme. Idée que la partie est le tout : « les oreilles sont des endroits où confluent tous les méridiens », cette partie du corps est aussi le tout du corps. Idée que le corps est traversé d'énergies subtiles : l'organisme constitue un réseau de méridiens et de branches collatérales, avec des points, le tout invisible mais puissant, de nature subtile, véhiculant le

---

1. Wei Po-yang, *Tcheou-yi san-t'ong-ki* (>*Zhouyi santongji*), trad. anglaise, *Isis*, 1932, t. 18, p. 210-289. Soit « Concordance des trois (les voies du Ciel, de la Terre et de l'Homme) dans le livre des mutations des Tcheou », soit « Triple concordance (du *Yi king*, du Taoïsme et de l'alchimie) dans le livre des mutations des Tcheou ».
2. « La moxibustion est le fait d'appliquer, sur un point du corps à cautériser, une substance que l'on doit brûler lentement, en général de la poudre d'armoise. Par extension, on désigne de ce nom tout procédé d'échauffement lent d'une zone cutanée, produit directement par un cône d'armoise appliqué sur la peau, ou indirectement par l'échauffement d'une aiguille, grâce à l'armoise placée en son extrémité libre » (Cl. Larre).

principe vital. Idée que le monde forme une grille de correspondances et d'analogies : les points d'une partie répondent aux organes d'une autre partie, le foie et la vésicule biliaire sont analogues au Bois, le cœur et l'intestin grêle au Feu... Idée que les réalités matérielles répondent à des principes métaphysiques : les viscères sont *yin*, les réceptacles sont *yang*. Idée de l'union des contraires : la face externe des organes *yin*, c'est-à-dire des récepteurs, est *yang*, cependant que la face interne des organes *yang*, c'est-à-dire des viscères, est *yin*.

Un système *tsang-fou* (>*zang-fu*) est une unité physiologique et anatomique regroupant un certain nombre d'organes en vue d'exercer une fonction. Les Chinois admettent six *tsang*, qui sont *yin*, et six *fu*, qui sont *yang*. Les viscères *(tsang)* sont les six organes pleins : foie, cœur, péricarde, rate-pancréas, poumons, reins ; chacun correspond avec une puissance : le foie avec les âmes célestes *(houen)*, le cœur avec l'esprit, la rate avec la volonté, les poumons avec les âmes terrestres *(p'o)*, les reins avec le semen. Les réceptacles *(fou)* sont les six organes creux : vésicule biliaire, intestin grêle, vessie, triple réchauffeur du cœlome, estomac, gros intestin, vessie.

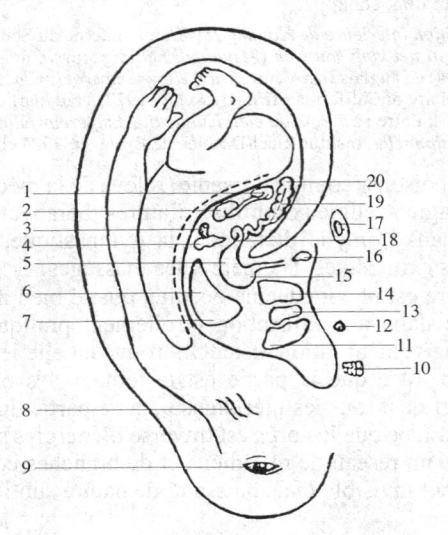

PARTIE/TOUT : OREILLE/FOETUS
(dessin : *Précis d'acupuncture chinoise* [1977], 1989, © Éditions Dangles, Paris.)

1. Vessie. – 2. Reins. – 3. Vésicule biliaire. – 4. Pancréas. – 5. Estomac. – 6. Foie. – 7. Rate. – 8. Voile du palais. – 9. Yeux. – 10. Dents. – 11. Poumon gauche. – 12. Capsule surrénale. – 13. Cœur. – 14. Poumon droit. – 15. Œsophage. – 16. Cardia. – 17. Oreille externe. – 18. Duodénum. – 19. Intestin grêle. – 20. Gros intestin.

Les maladies proviennent du trouble de la force vitale, du souffle *(k'i)*, qui doit assurer l'équilibre entre le *yin* et le *yang*. L'énergie circule à la surface du corps le long de lignes appelées méridiens *(king)*. Ces lignes n'ont rien à voir avec les veines, les artères ou les nerfs. Il y a douze méridiens. Enfoncées sur les points cutanés, les aiguilles d'or tonifient, les aiguilles d'argent calment.

Souen Sseu-mo, un des grands noms de la médecine chinoise, a présenté en alchimiste et en taoïste la médecine traditionnelle chinoise.

Celui qui désire devenir un grand médecin doit nécessairement connaître à fond les *Questions simples*, l'*ABC de l'acupuncture et de moxibustion* [de Houang-fou Mi, 215-285], le *Canon d'acupuncture de l'Empereur Jaune* [la seconde partie du *Livre de la tradition intérieure de Houang-ti*. *Houang-ti nei king sou-wen*, le grand livre médical chinois], la circulation du souffle selon le *Ming-t'ang* [la Maison du calendrier], les douze méridiens, les trois et neuf emplacements du pouls, les théories des six viscères [*tsang* : foie, cœur, péricarde, rate-pancréas, poumons, reins, de polarité *yin*] et des six réceptacles [*fou* : vésicule biliaire, intestin grêle, triple réchauffeur, estomac, gros intestin, vessie, de polarité *yang*], la relation interne/externe entre les organes, les points d'acupuncture, les matières médicales, les combinaisons appropriées des remèdes, les prescriptions et les écrits de Tchang Tchong-king, Wang Chou-ho, Jouan Ho-nan, Fan Tong Tang, Tchang Miao, Kin Chao, etc. Il doit également comprendre de manière subtile le *Yin* et le *Yang*, le destin et la fortune, les arts divinatoires des diverses écoles, l'art de chauffer les carapaces de tortue et d'y examiner les cinq sortes de craquelures, le *Livre des mutations* des Tcheou, le système hémérologique *liu jen* [procédé mantique qui consiste à faire coïncider les douze esprits mensuels d'un plateauciel], voilà tout ce qui doit être bien connu pour devenir un bon médecin et non un aveugle errant dans la nuit, au risque d'encourir de multiples dangers.

Souen Sseu-mo (>Sun Simiao), *Prescriptions valant mille onces. K'ien-kin yao-fang* (>*Qianjin yaofang*, 681), trad. partielle Catherine Despeux, *Prescriptions d'acupuncture valant mille onces d'or. Traité d'acupuncture de Sun Simiao du VIIe siècle*, Trédaniel, 1987, p. 16-17. © Guy Trédaniel, Paris. La traductrice utilise la transcription pinyin ; j'ai converti en transcription ÉFEO.

5e TRADITION : LE BOUDDHISME ÉSOTÉRIQUE CHINOIS

Le Bouddhisme chinois est pris entre deux feux : sa naissance en Inde [1] et son épanouissement au Japon. Aussi l'étudierons-nous dans le chapitre consacré au Japon [2].

Il a fallu beaucoup de subtilités et de subterfuges pour faire entrer le Bouddhisme dans la mentalité chinoise, entre autres des distorsions de sens, comme la traduction de *nirvâna* (extinction) par *wou-wei* (non-agir), la présentation du Bouddhisme comme une variété du Taoïsme. Car, entre les deux religions, que de différences ! Le Bouddhisme vise la cessation des désirs, alors que le Chinois vise la vitalité, l'énergie, l'immortalité.

---

1. Voir *supra*, p. 673 (« Le Bouddhisme du Bouddha »).
2. Voir *infra*, p. 820 (« 3e tradition : le Bouddhisme japonais »).

Le Bouddhisme est arrivé en Chine en 61, dit la légende, plus tôt disent les historiens, de façon progressive, non datable, au début de notre ère, dans les bagages des marchands [1]. Le Bouddhisme Mahâyâna fit son entrée en 168 avec le moine indo-scythe Lokaksema, le Bouddhisme tantrique de la main droite (c'est-à-dire symbolique, sublimé) en 223 avec un autre moine indo-scythe, Tche K'ien, le Bouddhisme Dhyâna prit toute son ampleur en 520 avec Bodhidharma. On recense dix écoles *(tsong)*.

Le Bouddhisme de la méditation chinois, Tch'an, a surtout brillé avec Houei-neng (667) et Lin-tsi (867). À l'époque T'ang (618-907), on comptait « sept écoles » du Tch'an. Ces branches du Tch'an se retrouveront au Japon.

Le Bouddhisme ésotérique chinois a donné deux écoles. La première est le T'ien-t'ai (>Tiantai, « Célestes Terrasses »), appelée aussi école du Lotus. Fondée par Tche-yi en 567, elle deviendra le Tendai au Japon. La seconde est le Mi-tsong (>Mizong, « école des Secrets ») ou Chen-yen (« Parole vraie »). Fondée par Houei-kouo en 804, elle deviendra le Shingon au Japon.

L'empereur Wou-tsong a persécuté le Bouddhisme, et l'a même anéanti en 844. Seul le Tch'an a résisté. En 1950-1952, Mao Tsö-tung, le Wou-tsong des pauvres, a dépouillé tous les monastères.

FIGURES DE L'ÉSOTÉRISME CHINOIS

TRADITION CHINOISE		TRADITION BOUDDHIQUE	
l'anachorète *(yin-tcha)*	le maître taoïste *(tao-che)*	l'ésotériste *(Mi* : secrets)	le méditant *(Tch'an* : méditation)
ex. : Jong K'i-k'i moyen : recettes	ex. : Lao-tseu moyen : non-agir	ex. : Tche-yi moyen : *mandala*	ex. : Houei-neng moyen : concentration
fin : l'immortalité	fin : le vide	fin : nature-de-bouddha	fin : l'extinction

L'ésotérisme chinois est simple *(yi)*.

Il est simple parce qu'il est spontané : il épouse les rythmes et l'unité de la nature. Il est simple parce qu'il est (malgré Mao Tsö-tung) social, collectif, immanent à la mentalité chinoise : tout Chinois croit au Tao et croît par le Tao.

Mais qui a dit que le simple était facile ? mais qui a dit que l'ésotérisme était évident ? Personne !

L'ésotériste tend au simple comme l'acteur au naturel. Rien de plus beau, rien de plus normal, rien de plus difficile. Et ce qui devrait être

---

1. E. Zürcher, *The Buddhist Conquest of China*, E. J. Brill, Leyde, 1972, 2 t.

au début se trouve à la fin : réversion ! Le *yin* devient le *yang*, le Tao demeure.

Si Robinson Crusoé s'était intéressé à l'ésotérisme, il aurait été taoïste.

BIBLIOGRAPHIE GÉNÉRALE SUR L'ÉSOTÉRISME CHINOIS

S'il n'y a qu'un livre à lire : *Le Livre des mutations*. *Yi king* (>*Yi jing*, XXIXe s. av. J.-C.-VIe s. ap. J.-C.), trad. P. L. F. Philastre (*Le Yi : king ou Livre des changements de la dynastie des Tsheou*, Annales du musée Guimet, 1885-1893, J. Maisonneuve, 1982, 2 t., 888 p.) ou trad. R. Wilhem avec Lao Nai-souan (*Yi king. Le Livre des transformations*, 1924, trad. de l'allemand, Médicis, 1968, 804 p.) ou trad. anglaise J. Legge (*I Ching. Book of Changes*, 1882, University Books, New York, 1964, CI-448 p.). Les trois traductions demeurent difficiles à manier : Legge délaye, Philastre mélange, Wilhelm répète. Parties clefs : les diagrammes et le *Grand Appendice*. *Hi-ts'eu* (>*Xici*, IVe s. av. J.-C., Philastre, t. 2, p. 489-555).

Approche ésotérique de l'histoire : SSEU-MA TS'IEN, KO HONG, MATGOÏ (Albert de Pouvourville), RENÉ GUÉNON, JAN VAN RIJCKENBORGH (R.+ C.), GRAF DÜRCKHEIM, DANIEL GIRAUD, MICHAEL SASO.

BIBLIOTHÈQUES : Centre de documentation et d'étude du taoïsme (29, rue Daviel, 75013 Paris), École française d'Extrême-Orient (ÉFEO, 22, av. du Président-Wilson, 75016 Paris), musée Guimet (6, place d'Iéna, 75016 Paris), Institut des hautes études chinoises de Paris (Collège de France, 52, rue du Cardinal-Lemoine, 75005 Paris).

Les grands textes ésotériques

– *Yi king* (>*Yi jing*) (2852 av. J.-C. ss. ?), éd. cit.
– LAO-TSEU (>Laozi), *Le Livre de la voie et de la vertu*. *Tao-tö king* (>*Daode jing*, vers 500 av. J.-C. selon la tradition chinoise, IVe s. av. J.-C. selon divers philologues occidentaux, 240 av. J.-C. selon A. Waley), nombreuses traductions. Trad. poétique chez HOUANG KIA TCHENG et P. LEYRIS (*La Voie et sa Vertu*, Éditions du Seuil, 1949, 136 p.). Trad. audacieuse chez J.-L. DUYVENDAK (*Tao-tö king, le livre de la voie et de la vertu*, Maisonneuve, 1953, rééd. 1987, XIII-188 p., bilingue). Trad. taoïste mais plate chez LIOU KIA-HWAY (*Tao-tö king*, Gallimard, 1967, apud *Philosophes taoïstes*, Gallimard, « Bibliothèque de la Pléiade », 1980, p. 3-84 ; trad. nulle selon Isabelle Robinet). Trad. scientifique chez Cl. LARRE (*Tao Te King*, Desclée de Brouwer, 1977, 108 p.). Trad. spirituelle chez D. GIRAUD (*I Ching. Tao Te Ching*, Le Courrier du Livre, 1987, p. 75-156). Trad. philosophique chez ÉLISABETH ANDRÈS et KYU-YONG BYUN (*Les Cent Fleurs du Tao*, Jacqueline Renard, 1991, p. 85-169). Livre très concis en 5 000 caractères environ.
– TCHOUANG-TSEU (>Zhuangzi, 320 av. J.-C.), *Tchouang-tseu*, trad. Liou Kiahway, apud *Philosophes taoïstes*, éd. cit., p. 85-358. Seuls les sept premiers chapitres sont de Tchouang-tseu.
– *Élégies du royaume de Tch'ou*. *Tch'ou-ts'eu* (>*Chuci*, IIIe s. av. J.-C.), trad. anglaise D. HAWKES, *Ch'u Tz'û. The Songs of the South. An Ancient Chinese Anthology*, Clarendon Press, Oxford, 1959. Livre accessible à l'Institut des hautes études chinoises de Paris, 52, rue du Cardinal-Lemoine. Contient des poèmes chamaniques : *Randonnée lointaine (Yuan yeou)*, *Rappel de l'âme (Tchao houen)*, *Neuf Chants (Kieou ko)*.

– Textes des Occultistes (*fang-che*, IIIe-IIe s. av. J.-C.) : D. HARPER, « A Chinese Demonography of the Third Century B.C. » et « The Sexual Texts of Ancient China as Described in a Manuscript of the Second Century B.C. », *Harvard Journal of Asiatic Studies*, 1985, t. 45, fasc. 2, p. 459-498 et 1987, t. 47, fasc. 2, p. 539-593.
– LIEOU NGAN (>Liu An), prince de Houai-nan (Houai-nan wang), *Le Maître de Houai-nan. Houai-nan-tseu* (>*Huainanzi*, 122 av. J.-C.), trad. partielle Cl. LARRE, ISABELLE ROBINET et E. ROCHAT DE LA VALLÉE, *Les Grands Traités du Huainan zi*, Institut Ricci-Cerf, 1993, 255 p. Autres trad. partielles : B. E. WALLACKER (*The Huai-nan-tzu. Book Eleven*, American Oriental Society, New Haven, 1962), Cl. LARRE (*Le Traité VII du Houai nan tseu*, Institut Ricci, 1982), R. MATHIEU (*Anthologie des mythes et légendes de la Chine ancienne*, Gallimard, coll. « Connaissance de l'Orient », 1989, 276 p.), R. AMES (*The Art of Rulership*, University of Hawai Press, Honolulu, 1983 : chap. 9), J. S. MAJOR (*Heaven and Earth in Early Han Thought. Chapters Three, Four and Five of the Huainanzi*, State University of New York Press, 1993, 388 p.).
– WEI PO-YANG (>Wei Boyang), *Triple Concordance dans le livre des mutations des Tcheou. Tcheou-yi san-t'ong-ki* (142 ou IXe s. ?), trad. anglaise partielle WU LU CH'IANG et T. L. DAVIS (*Isis*, 1932, t. 43, p. 210-289 ; *Proceedings of the American Academy of Arts and Sciences*, 1935, t. 70, p. 221-284). Trad. très fautive selon R. Van Gulik. Alchimie.
– Textes taoïstes révélés de l'école Chang-ts'ing (Grande Pureté, 288 ss.), trad. partielle ISABELLE ROBINET (*La Méditation taoïste*, 1979, Albin Michel, coll. « Spiritualités vivantes », n° 134, 1995, 346 p.) et M. STRICKMANN (*Le Taoïsme du Mao Chan*, Mémoires de l'Institut des hautes études chinoises, n° 17, diff. PUF, 1981, 278 p.).
– KO HONG (>Ge Hong), *Le Maître qui embrasse la simplicité. Pao-p'ou-tseu* (>*Baopuzi*, 317), trad. partielle en anglais J. R. WARE, *Alchemy, Medicine and Religion in the China of A.D. 320. The Nei P'ien of Ko Hung*, Dover Publications, New York, 1966, XIV-385 p. (trad. contestée par M. Strickmann) ; trad. partielle en anglais J. HUANG et M. WURMBRAND, *The Primordial Breath*, Original Books, Torrance, 1987. Alchimie.
– Canon taoïste. *Tao-tsang* (>*Daozang*, v. 450-1607 ; 1re éd. en 1447 : 1 476 titres en 5 481 t. ; éd. 1926 à Shanghai : 1 487 titres en 1 120 vol.) : cf. K. SCHIPPER, *Projet Tao-tsang*, J. Maisonneuve, 1981-1982, 2 t., CVIII-497 p.
– TCHE-YI (>Zhiyi, fondateur de l'école bouddhique T'ien-t'ai, 538-597) : N. DONNER et D. B. STEVENS, *The Great Calming and Contemplation. A Study and Annotated Translation of the First Chapter or Chih'I's Mo-ho Chih-kuan*, Kuroda Institute, University of Hawai Press, Honolulu, 1993.
– SOUEN SSEU-MO (>Sun Simiao), *Prescriptions valant mille onces. K'ien-kin yao-fang* (>*Qianjin yaofang*, 681), trad. partielle CATHERINE DESPEUX, *Prescriptions d'acupuncture valant mille onces d'or. Traité d'acupuncture de Sun Simiao du VIIe siècle*, Maisnie-Trédaniel, 1987, 492 p.
– HOUEI-NENG (>Huineng, † 713) : FA-HAI, *Le Soûtra de l'Estrade [Fa-pao T'an king] du Sixième Patriarche Houei-neng*, trad. P. CARRÉ, Éditions du Seuil, coll. « Points. Sagesses », n° 99, 1995, 287 p. Le Tch'an subitiste.
– HOUANG-PO HI-YUN (>Huangbo Xiyun, jap. : Ôbaku Kiun, † 855 ?), fondateur de la troisième branche du Zen, maître de Tche Yi, *Entretiens*, trad. P. CARRÉ (1985), Éditions du Seuil, coll. « Points. Sagesses », n° 60, 1993, 148 p.

- LIN-TSI (>Linji, jap. : Rinzai Gigen, † 867), *Les Entretiens de Lin-tsi*. *Lin-tsi lou*, trad. P. DEMIÉVILLE, Fayard, coll. « Documents spirituels », n° 6, 1972, 254 p. Tch'an.
- *Les Dix Tableaux du dressage de la vache*, version classique de K'OUO-NGANG TCHE-YUAN (jap. Kakuan Shien, moine-peintre de l'école Lin-tsi-tsong, v. 1150), trad. par J. HERBERT (*Les Dix Tableaux du domestiquage de la vache*, 1960, Dervy-Livres, 1970), par Ph. KAPLEAU (*Les Trois Piliers du Zen*, Stock, 1980), par D. T. SUZUKI (*Manuel de Bouddhisme Zen*, trad. de l'anglais, Dervy-Livres, 1981). Sous forme d'images, les étapes de l'initiation zen.
- *Houng. Les Sociétés secrètes chinoises*, trad., préf. Frédérick Tristan, Balland, 1987, 262 p. Trad. intégrale des textes de la Société du Ciel et de la Terre (T'ien-Ti houei) fondée en 1674.

Anthologies

- Contes et légendes : Mme TAOCHIN SANDERS, *Les Plus Belles Légendes des Chinois* (1980), trad. de l'anglais, Nathan, 1982, 132 p., p. 73 *sqq.* ; T. DESHIMARU, *Le Bol et le Bâton. 120 contes zen* (1979), trad. de l'anglais, Albin Michel, coll. « Spiritualités vivantes », n° 59, 1986, 206 p. ; R. MATHIEU, *Anthologie des mythes et légendes de la Chine ancienne*, Gallimard, 1989, 276 p.
- Poèmes : P. DEMIÉVILLE dir., *Anthologie de la poésie chinoise classique* (1962), Gallimard, coll. « Poésie », 1982, p. 170-173, etc. (académique) ; L. STRYK et *al.*, *Zen Poems of China and Japan*, Garden City, New York, 1973 ; P. CARRÉ et Z. BIANU, *La Montagne vide. Anthologie de la poésie chinoise IIIe-XIe siècle*, Albin Michel, coll. « Spiritualités vivantes », n° 63, 1987, 157 p. (spirituel).
- Textes taoïstes : C. DE HARLEZ, *Textes taoïstes*, Annales du musée Guimet, 1891 ; *Philosophes taoïstes. Lao-tseu, Tchouang-tseu, Lie-tseu*, Gallimard, « Bibliothèque de la Pléiade », 1980, CXIII-776 p. (avec une préface particulièrement prétentieuse et superficielle – d'Étiemble ; la trad. ne vaut pas grand-chose).
- Textes tch'an : LU K'UAN YÜ (Charles Luk), *Ch'an and Zen Teaching* (1960-1962), Rider, Londres, 3 t., 1976 ; *Tch'an. Textes chinois fondamentaux*, Hermès, n° 7, 1970 ; Th. CLEARY, *The Original Face. An Anthology of Rinzai Zen*, New York, 1978.

Documents

- *Livre des documents. Chou king* (>*Shu jing*, 480 av. J.-C.), trad. S. COUVREUR (1897), *Chou king*, Les Belles Lettres, 1950, 464 p. Texte chinois, transcription, trad. latine, trad. française.
- *Élégies du pays de Tch'ou. Tch'ou-ts'eu* (>*Chuci*, IIIe-IIe s. av. J.-C.), trad. anglaise D. HAWKES, *Ch'u Tz'û. The Songs of the South*, Clarendon Press, Oxford, 1959. Sur les chamanesses *(wu)* et les occultistes *(fang-che* >*fangshi)*.
- LIU POU-WEI (>Lu Buwei, † 235 av. J.-C.), *Printemps et Automne du seigneur Liu. Liu-che tch'ouen-ts'ieou* (>*Lushi chunqiu*, IIIe s. av. J.-C.), trad. allemande R. WILHELM, *Frühling und Herbst*, Iena, 1928, rééd. 1979.
- SSEU-MA TS'IEN (>Sima Qian), *Mémoires historiques de Se-ma Ts'ien. Che-ki* [>*Shiji*] (91 av. J.-C.), trad. partielle É. CHAVANNES (1895-1905), A. Maisonneuve, 1969, 6 t., 3 052 p. L'auteur était taoïste, astrologue de l'empereur Wou Ti.
- LIEOU HIANG (>Liu Xiang), *Biographies légendaires des Immortels taoïstes de l'antiquité. Lie-sien tchouan* (>*Liexian zhuan*, env. 50 av. J.-C.), trad. M. KALTEN-

MARK, Centre d'études sinologiques franco-chinoises, 1953, rééd. De Boccard 1987, 225 p.
— PAN KOU (>Han Gu), *Annales des Han de l'Ouest ([Ts'ien] Han-chou [>Qian hanshu]*, 92-102), trad. anglaise H. H. DUBS, *The History of the Former Han Dynasty*, éd. Waverly, Baltimore, 2 t., 1938-1955. Précieuse bibliographie.
— HOUEI KIAO (>Hui Jiao), *Biographies des moines éminents. Kao-seng tchouan* (544), trad. (de la 1re partie) R. SHIH, Bibliothèque du Muséon, n° 54, Louvain, 1968, XI-177 p. Biographies de 250 moines bouddhistes chinois.
— KING-KIUE, *Mémoire sur les maîtres et disciples de l'école du Lankâvatârasûtra. Leng-k'iai che-ki* (705), trad. B. FAURE, *Le Bouddhisme Ch'an en mal d'histoire*, Publications de l'ÉFEO, t. 158, 1989, p. 89-184. Maîtres du Tch'an.
— TAO HIUAN (>Dao Xuan), *Annales de la transmission de la lumière de la lampe rédigées à l'ère Tsin. Tsing-t'e tch'ouan-teng-lou* (1004), trad. partielle anglaise Chang Chung-yüan, *Original Teachings of Ch'an Buddhism, selected from « The Transmission of the Lamp »* (1969), Vintage Books, New York, 1971, XVI-333 p. Anecdotes et *kôan* (sentences chocs) de 600 maîtres du Tch'an du Xe au XIVe s. Première histoire du Tch'an.
— YUAN-WOU KO-K'IN (>Yuanwu Keqin, † 1135), *Écrits de la falaise bleue. Pi-yen lou* (>*Biyan lu*), trad. anglaise TH. et J. C. CLEARY, *The Blue Cliff Record*, Shambala Publications, 1977, 3 t., 656 p. Recueils de 48 sentences *(kôan)* et poèmes *(jou)* des maîtres du Tch'an. Texte de base pour l'école Lin-tsi.
— WOU-MEN HOUEI-K'AI (>Wumen Huikai), *Passe sans porte. Wou-men-kouan* (>*Wumenguan*, 1229), trad. partielle SHIBATA MASUMI, *Passe sans porte (Woumen-kouan)*, Éditions Traditionnelles, 1962, 166 p. Recueil de 40 *kôan* des maîtres du Tch'an et du Zen.
— IJÛSHI, *Recueil de sentences de la forêt du Zen. Zenrin kushû* (1688), trad. partielle du japonais en anglais SHIGEMATSU SÔIKU, *A Zen Forest*, New York, 1981. 6 000 textes, de Tch'an, de Taoïstes, de poètes.

Études générales
— R. GUÉNON, *Le Symbolisme de la croix* (1931), chap. XXII, XXVIII, Maisnie-Trédaniel, 1984, 158 p. ; *La Grande Triade* (1946), Gallimard, 1957, 216 p. ; *Aperçus sur l'ésotérisme islamique et le Taoïsme* (art. 1930-1950, 1re éd. 1973), chap. X, Gallimard, 168 p.
— FUNG YU-LAN, *A History of Chinese Philosophy* (1932-1953), trad. du chinois en anglais, Princeton UP, 1953, XXV-783 p. L'auteur est néo-confucianiste.
— M. GRANET, *La Pensée chinoise* (1934), Albin Michel, coll. « L'Évolution de l'humanité », n° 3, 1980, 576 p. Admirable : le génie de lire entre les lignes et de l'apprendre au lecteur.
— J. NEEDHAM, *Science and Civilisation in China*, 6 vol. en 10 t., Cambridge UP, 1954-1971, rééd. 1986. Surtout t. 1 : *Introductory Orientations*, t. 2 : *History of Scientific Thought*, t. 5, fasc. 2 : *Chemical Discovery and Invention*. Indispensable, avec quelques bouffées de marxisme.
— J. EVOLA, *Le Taoïsme*, trad. de l'italien, Pardès, 1989, 53 p.
— M. KALTENMARK, *apud* H.-CH. PUECH dir., *Histoire des religions*, Gallimard, « Encyclopédie de la Pléiade », t. 1, 1970, p. 927-957, 1216-1248. Lumineux.
— *Dictionnaire français de la langue chinoise*, Institut Ricci-Centre d'études chinoises, 1976, XII-1135, 186 p. (romanisation Wade).
— A. JACOB dir., *Encyclopédie philosophique universelle*, vol. II : *Les Notions philosophiques. Dictionnaire*, t. 2, PUF, 1990, p. 2939-3015 : *Chine* (Isabelle Robinet).

BIBLIOGRAPHIE SPÉCIALISÉE

1ʳᵉ tradition : l'Universisme (pensée chinoise traditionnelle)
– École des Nombres : M. GRANET, *La Pensée chinoise*, éd. cit., p. 127-248.
– Mutationnisme (école du *Yi king*) : C. JAVARY, *Le Yi jing. Le Grand Livre du yin et du yang*, Cerf, coll. « Bref », n° 20, 1989, 128 p. ; MARIE-INA BERGERON, *Ciel-Terre-Homme. Le Yi jing. Introduction à la métaphysique chinoise*, Maisnie-Trédaniel, 1987, 155 p.
– Naturalisme (école du Yin-Yang) : J. NEEDHAM, *op. cit.*, t. 2, p. 132 *sqq.*, 232 *sqq.* ; J. LAVIER, *Les Secrets du Yi king. Le Livre de la Terre et du Ciel*, Sand, 1984, 148 p.

2ᵉ tradition : le Chamanisme et l'Occultisme
– Chamanes *(wu)* : J. J. M. DE GROOT, *The Religious System of China* (1892-1921, rééd. Taipei 1964), vol. VI, t. 2 : *On the Soul and Ancestral Worship*, E. J. Brill, Leyde, 1910, p. 1187 *sqq.* (anecdotique) ; R. MATHIEU, « Chamanes et chamanisme en Chine ancienne », *L'Homme. Revue française d'anthropologie*, n° 101, 1987, p. 10-34.

– Occultistes *(fang-che)*, anachorètes *(yin-tcha)* : NGO VAN XUYET, *Divination, Magie et Politique dans la Chine ancienne*, PUF, 1976 ; K. J. DE WORKIN, *Diviners and Magicians of Ancient China. Biographies of Fang-shih*, Columbia UP, New York, 1983.

3ᵉ tradition : le Taoïsme
HENRI MASPÉRO, *Le Taoïsme et les Religions chinoises* (posthume), Gallimard, 1971, 658 p. ; M. KALTENMARK, *Lao tseu et le Taoïsme*, Éditions du Seuil, coll. « Maîtres spirituels », n° 34, 1965, 190 p., rééd. Robert Laffont VPC, 1974, 275 p. ; ISABELLE ROBINET, *La Révélation du Shangqing dans l'histoire du taoïsme*, Publications de l'ÉFEO, n° 137, 1984, 2 t. ; ID., *Histoire du taoïsme, des origines au XIVᵉ siècle*, Cerf, 1991, 269 p.

4ᵉ tradition : le Confucianisme (en tant que Petits Mystères, le Taoïsme représentant les Grands Mystères ; ou bien en tant qu'exotérisme avec éléments ésotériques)
M. KALTENMARK, « Les *Tch'an-wei* », *Han Hiue. Bulletin du Centre d'études sinologiques de Pékin*, 1949, t. 2 , n° 4, p. 363-373 (les *Tch'an-wei* ou *Tch'en-wei*, Iᵉʳ-VIIIᵉ s., sont des traités apocryphes relevant du Confucianisme des Han) ; sur le néo-Confucianisme de Tchou Hi (>Zhu Xi, 1130-1200 ; Confucianisme + Zen + alchimie taoïste) : G. E. SARGENT, *Tchou Hi contre le Bouddhisme*, apud *Mélanges publiés par l'Institut des hautes études chinoises*, n° 1, 1957 ; W. T. DE BARY, *Sources of Chinese Tradition* (1960), Columbia UP, New York, 1964, 2 t.

5ᵉ tradition : le Bouddhisme chinois
– Mahâyâna : W. LIEBENTHAL, *The Treatises of Seng-chao* (1948), Hong Kong UP, 1968, XLI-152 p. ; K. CH'EN, *Buddhism in China*, Princeton UP, 1964, 560 p.
– Tantrisme *(mi-tsong)* : CHOU YI-LIANG, « Tantrism in China », *Harvard Journal of Asiatic Studies* (HJAS), t. 8, 1944-1945, p. 241-332. Article aussi rare que nourri.
– Tch'an : D. T. SUZUKI, *Essais sur le Bouddhisme Zen* (1927-1934), trad. de

l'anglais (1954-1958), Albin Michel, coll. « Spiritualités vivantes », n⁰ˢ 9, 10, 11, 1972 ; sur le Bouddhisme de Lin-tsi : I. MIURA et RUTH F. SAZAKI, *Zen Dust. The History of the Kôan and Kôan Study in Rinzai (Lin-chi) Zen*, Harcourt, New York, 1966, XXII-574 p.
- T'ien-t'ai et Mi-tsong (=Chen-yen) : L. HURVITZ, « Chih-I (538-597). An Introduction to the Life and Ideas of a Chinese Buddhist Monk », *Mélanges chinois et bouddhiques*, n° 12, Institut belge des hautes études chinoises, Bruxelles, 1962, rééd. 1980, 372 p. (fondamental) ; P. MAGNIN, *La Vie et l'Œuvre de Huisi (515-577)*. *Les Origines de la secte bouddhique chinoise du T'ien-t'ai*, Publications de l'ÉFEO, n° 116, 1979, 290 p., 18 pl. ; P. L. SWANSON, *The Flowering of the Two Truths Theory in Chinese Buddhism*, Asian Humanities Press, Berkeley, 1989.

Initiation et pratiques initiatiques
M. GRANET, *Danses et Légendes de la Chine ancienne* (1926), PUF, coll. « Orientales », 1994, XXVI-754 p. ; H. MASPÉRO, *Le Taoïsme et les Religions chinoises*, éd. cit. ; D. T. SUZUKI, *Le Non-Mental selon la pensée zen. Commentaire sur le sûtra de Hui-neng* (1949), trad. de l'anglais (1952), Courrier du livre, 1975, 216 p. ; ISABELLE ROBINET, *La Méditation taoïste*, Dervy-Livres, 1979, 346 p.

Organisations initiatiques
- Écoles bouddhistes : G. DUNSTHEIMER, « Religion officielle, religion populaire et sociétés secrètes en Chine depuis les Han », apud *Histoire des religions*, Gallimard, « Encyclopédie de la Pléiade », t. 3, 1976, p. 430-448.
- Écoles taoïstes : *Dictionnaire des religions*, PUF, 1984, art. « Sectes taoïstes », « Taoïstes (écoles) ».
- Le Lotus Blanc (Bouddhisme + Taoïsme + Manichéisme + Chamanisme) : B. J. HAAR, *The White Lotus Teaching in Chinese Religious History*, E. J. Brill, Leyde, 1992, XIV-346 p.
- La Triade (Société du ciel et de la terre) : J. S. M. WARD, *The Hung Society or the Society of Heaven and Earth*, Baskerville Press, Londres, 1925-1926, 3 t., 180 p., 196 p., 148 p., 77 ill. ; J. CHESNEAUX, *Les Sociétés secrètes en Chine (XIXᵉ et XXᵉ siècles)*, Julliard, 1965, 280 p.

Les sciences occultes
- Cosmogonie : M. KALTENMARK, *La Naissance du monde en Chine*, apud *La Naissance du monde*, Éditions du Seuil, coll. « Sources orientales », n° 1, 1959, p. 453-468 ; L. THOMAS, « Cosmogonie et cosmologie du taoïsme philosophique », *Connaissance des religions*, juin-sept. 1988, p. 59-68.
- Herméneutique : P. L. F. PHILASTRE, *Le Yi-King*, éd. cit. (contient des commentaires du *Yi king*, par Chou Hi, etc.) ; ISABELLE ROBINET, *Les Commentaires du Tao-tö king jusqu'au VIIᵉ siècle* (1977), Institut des hautes études chinoises (IHEC), Collège de France, diff. PUF, 1981, 317 p.
- Mythologie : *Mythologie asiatique illustrée*, Librairie de France, 1928 ; M. GRANET, *Danses et Légendes de la Chine ancienne*, éd. cit. ; E. T. C. WERNER, *A Dictionary of Chinese Mythology*, The Julian Press Publications, New York, 1962, 622 p.
- Physiologie occulte : *Traité d'alchimie et de physiologie taoïste. Zhao Bichen*, trad. CATHERINE DESPEUX, Deux Océans, 1980, 204 p.
- Science des nombres : M. GRANET, *La Pensée chinoise*, éd. cit., p. 26 *sqq.*, 127 *sqq.* ; ISABELLE ROBINET, « Le rôle et le sens des nombres dans la cosmologie et

l'alchimie taoïstes », *Extrême-Orient Extrême-Occident*, n° 16, Presses universitaires de Vincennes, 1994, p. 93-120.
— Symbolique : C. A. S. WILLIAMS, *Encyclopedia of Chinese Symbolism*, New York, 1960 ; W. EBERHARD, *Dictionnaire des symboles chinois*, trad. de l'allemand, Seghers, 1984, 368 p. ; M. L. TOURNIER, *L'Imaginaire et la Symbolique dans la Chine ancienne*, L'Harmattan, 1991, 575 p.
— Thanatologie : NICOLE VANDIER-NICOLAS, *Le Jugement des morts en Chine*, apud *Le Jugement des morts*, Éditions du Seuil, coll. « Sources orientales », n° 4, 1961, p. 231-254 ; ISABELLE ROBINET, « Metamorphosis and Delivrance from the Corpse in Taoism », *History of Religions*, Chicago, t. 19, 1, 1979, p. 37-70.

Les arts occultes *(fang chou)*
— Alchimie : J. NEEDHAM, *op. cit.*, t. 5 : *Chemistry and Industrial Chemistry*, fasc. 2 : *Spagyrical Discovery and Invention*, Cambridge UP, 1986, 510 p. ; pré-alchimie (confrérie de métallurgistes) : M. GRANET, *Danses et Légendes de la Chine ancienne*, éd. cit., p. 240-515 ; F. BALDRIAN-HUSSEIN, *Procédés secrets du Joyau magique*, trad. du chinois, Les Deux Océans, 1984 ; alchimie intérieure : ISABELLE ROBINET, *Introduction à l'alchimie intérieure taoïste*, Cerf, 1995, 276 p., et *La Révélation du Shangqing dans l'histoire du taoïsme*, ÉFEO, 1984.
— Astrologie : M. KALINOWSKI, « Les traités du *Shuihudi* et l'Hémérologie chinoise à la fin des Royaumes combattants », *T'oung Pao. International Journal of Chinese Studies*, 72, E. J. Brill, Leyde, 1986, p. 175-228 ; VO VAN EM et FRANÇOIS VILLÉE, *La Véritable Astrologie chinoise. Enseignement du maître Vo Van Em*, Éditions Traditionnelles, 1990, 530 p.
— Divination : C. DEYDIER, *Les Jiaguwen. Essai bibliographique et synthèse des études*, Publications de l'ÉFEO, n° 106, 1976, 233 p. (*kia-kou-wen* : os divinatoires, dès 1380 av. J.-C.) ; J. NEEDHAM, *op. cit.*, t. 2, p. 346-364 ; J.-P. VERNANT et al., *Divination et Rationalité*, Éditions du Seuil, 1974, p. 29-69 ; G. SOULIÉ DE MORANT, *Traité de chiromancie chinoise*, Maisnie-Trédaniel, 1978, 144 p. ; M. KALINOWSKI, « Les instruments astro-calendériques des Han et la Méthode *liu ren* », *Bulletin de l'ÉFEO*, 1983, t. 72, p. 309-419.
— Magie : H. DORÉ, *Recherches sur les superstitions en Chine*, 3 vol. contenant 15 t., 488 p., 1 286 p., 606 p., Shanghai, 1914-1929, rééd. Ch'eng wen, Taipei, 1967 ; L. CHOCHOD, *Occultisme et Magie en Extrême-Orient. Inde, Indochine, Chine*, Payot, 1945, 406 p., 47 fig. ; J. LAGERWEY, « Le *fachang*, rituel exorciste du nord de Taiwan », *L'Homme*, musée de l'Homme, 1987, t. 27, fasc. 1, p. 101-116.
— Médecine occulte (drogues et décoctions, acupuncture et moxibustion) : *Livre de la tradition intérieure de Houang-ti* [=Canon interne du Souverain Jaune] *sur la médecine. Houang-ti nei king sou-wen* (>*Huangdi nei jing suwen*, IIIe s. av. J.-C. ?). C'est le livre canonique de la médecine traditionnelle chinoise. Trad. partielle (chap. 1-34) en anglais ILZA VEITH, *The Yellow Emperor's Classic of Internal Medicine* (1949), University of California Press, Berkeley, 1972 ; trad. partielle en français (chap. 1, 2, 3, 5, 8, 38) : Cl. LARRE, *La Voie du ciel. Huangdi, l'Empereur jaune disait... La Médecine chinoise traditionnelle*, Institut Ricci-Desclée de Brouwer, 1987, 159 p. G. SOULIÉ DE MORANT, *L'Acuponcture chinoise* (1929-1951), Maloine, 1972, 1 022 p. (l'auteur fut consul de France en Chine) ; J. LAVIER, *Histoire, Doctrine et Pratique de l'acupuncture chinoise* (1966), H. Veyrier, 1974, 269 p. ; NGUYEN VAN NGHI, *Médecine traditionnelle chinoise*, nouv. éd., Van Nghi, 1984, 700 p.

Grand(e)s Initié(e)s
– Chen-houei (>Shenhui, 668-760) : PH. B. YAMPOLSKY, *The Platform Sutra of the Sixth Patriarch*, Columbia UP, New York, 1967, XIV-216 p., 30 p. ; *Entretiens du maître de dhyâna Chen-houei du Ho-Tsö. 668-760* (1949), trad. J. GERNET, Publ. de l'ÉFEO, n° 31, 1977, X-127 p.
– Fou-hi (>Fuxi, premier Auguste, 2852 av. J.-C. ?) : *Yi king*, éd. cit. ; SSEU-MA TS'IEN, *op. cit.*
– HOUEI-NENG (>Huineng, VIe Patriarche tch'an, père du Bouddhisme tch'an classique, 638-713) : *Discours et Sermons*, Albin Michel, coll. « Spiritualités vivantes », n° 42, 1984, p. 25 *sqq.* (« autobiographie »).
– Ko Hong (>Ge Hong =Pao-p'ou-tseu, alchimiste et taoïste, 280-340 env.) : ISABELLE ROBINET, *Histoire du taoïsme*, Cerf, 1991, p. 85-117.
– Lao-tseu (>Laozi, Ier Père du Taoïsme philosophique, 513 av. J.-C. ?) : M. KALTENMARK, *Lao tseu et le Taoïsme*, éd. cit.
– Tche-yi (>Zhiyi, fondateur de l'école bouddhiste T'ien-t'ai, 538-597) : L. HURVITZ, « Chih-I (538-597). An Introduction to the Life and Ideas of a Chinese Buddhist Monk », *Mélanges chinois et bouddhiques*, t. 12, Institut belge des hautes études chinoises, Bruxelles, 1960-1962, rééd. 1980.
– Tchouang-tseu (>Zhuangzi, IIIe Père du Taoïsme philosophique, 320 av. J.-C.) : ISABELLE ROBINET, « Chuang tzu et le Taoïsme religieux », *Journal of Chinese Religion*, 11, 1983, p. 59-105.
– Wei Houa-ts'ouen (>Wei Huacun, femme taoïste, Ier patriarche de l'école Chang-ts'ing/Mao-chan, 288) : R. A. STEIN, « Remarques », *T'oung Pao*, E. J. Brill, Leyde, n° L, 1963, p. 69 *sqq.*

Les beaux-arts
– R. PETRUCCI, *La Philosophie de la nature dans l'art d'Extrême-Orient*, H. Laurens, s.d. ; SZE MAI-MAI, *The Tao of Painting*, Bollingen Series, Princeton, 1963 ; PH. RAWSON et L. LEGEZA, *Tao* (1973), trad. de l'anglais, Éditions du Seuil, 1973, 128 p. (pansexualiste).
– Musique : A. LAVIGNAC dir., *Histoire de la musique*, Delagrave, 1914, t. 1, p. 77-241 ; J. PORTE dir., *Encyclopédie des musiques sacrées*, Labergerie, 1968, t. 1, p. 250-274.

Arts de la voie
– L'art de l'agencement de sa maison : PHILIPPA WARNING, *L'Art du Feng Chouei. Équilibre, harmonie et bonheur dans la maison et alentour*, trad. de l'anglais, Médicis-Entrelacs, 1994, 168 p.
– « L'art de la chambre à coucher » (*fang-tchong >fangzhong* : tantrisme) : R. VAN GULIK, *La Vie sexuelle dans la Chine ancienne* (1961), trad. de l'anglais, Gallimard, coll. « Tel », n° 7, 1977, 466 p.
– Arts martiaux (18 en Chine) : M. RANDOM, *Le Grand Livre des arts martiaux* (1977), Nathan, 1983, 290 p.
– Calligraphie : Y. H. YANG, *La Calligraphie chinoise depuis les Han*, P. Geuthner, 1933 ; I. CHIANG, *Chinese Calligraphy* (1938), Methuen, Londres, 1958, XIV-230 p. ; J.-F. BILLETER, *L'Art chinois de l'écriture*, Skira, 1988, 323 p.
– Cérémonie du thé *(cha-no-yu)* : J. BLOFELD, *L'Art chinois du thé*, trad. de l'anglais, Dervy-Livres, coll. « Mystiques et Religions », 1986, 230 p.
– Peinture : SZE MAI-MAI, *The Tao of Painting*, Bollingen Series, Princeton,

1963 ; николе Vandier-Nicolas, *Esthétique et Peinture de paysage en Chine (des origines aux Song)*, Klincksieck, 1987, 147 p.
— Poésie : P. Carré et Zeno Bianu, *La Montagne vide*, Albin Michel, coll. « Spiritualités vivantes », n° 63, 1987, 152 p.
— *T'ai-ki-k'iuan* (>*Taijiquan*, xve s. ss.) : Catherine Despeux, *Taiji Quan, art martial, technique de longue vie* (1975), Maisnie-Trédaniel, 1981 ; Chungliang Al Huang, *Tai ji, danse du Tao*, trad. de l'anglais, Maisnie-Trédaniel, 1986, 251 p.
— *Tao-yin* (>*daoyin* : gymnastique taoïste) : Kim Tawn, *Les Exercices secrets des moines taoïstes*, Maisnie-Trédaniel, 1979, 110 p.

Autres spiritualités en terre chinoise
— Islâm ésotérique en Chine : R. Israeli, *The Muslims in China*, Curzon Press, Londres, 1980, 272 p. ; D. D. Leslie, *Islam in Traditional China. A Short History to 1800*, Belconnen, Australie, 1986.
— Manichéisme *(Ma-ni-kiao)* en Chine : *Mani, le Bouddha de lumière. Catéchisme manichéen chinois* (731), éd. bilingue chinois-français, trad. N. Tajadod, Cerf, 1991, 300 p.

Politique et ésotérisme
M. Granet, *La Civilisation chinoise* (1929), Albin Michel, 1979, 505 p. ; J. Gernet, *Les Aspects économiques du bouddhisme dans la société chinoise du 5e au 10e siècle* (1956), Publications de l'ÉFEO, n° 39, 1974, xv-311 p. ; R. Stein, « Remarques sur les mouvements du taoïsme politico-religieux au IIe s. apr. J.-C. », *T'oung Pao. International Journal of Chinese Studies*, E. J. Brill, Leyde, 1963, t. 50, p. 1-78 ; L. Vandermeersch, *Wangdao ou la Voie royale. Recherches sur l'esprit des institutions de la Chine archaïque*, Publications de l'ÉFEO, n° 113, 2 t., 1977-1980.

Et les femmes ?
J. Evola, *Métaphysique du sexe*, trad. de l'italien (1956), Payot, coll. « Petite bibliothèque Payot », n° 272, 1976, 378 p. ; M. Kaltenmark, *Divinités féminines et aïeules en Chine ancienne*, apud *Dictionnaire des mythologies*, Flammarion, 1981, t. 1, p. 403-406 ; Catherine Despeux, *Les Immortelles de la Chine ancienne. Taoïsme et Alchimie féminine*, Pardès, coll. « Destins de femmes », 1990, 365 p.

17. LES JAPONAIS

> *L'influence de l'ésotérisme bouddhique sur l'ensemble de la culture japonaise a été, et demeure, immense.*
>
> J.-N. ROBERT,
> apud *Nouveau Dictionnaire des auteurs.*

REPÈRES HISTORIQUES DE L'ÉSOTÉRISME JAPONAIS

5000 av. J.-C. ? – première tradition japonaise : le CHAMANISME. **Naissance de l'ésotérisme japonais**
v. 950 av. J.-C. ? – constitution de la deuxième tradition japonaise : le SHINTÔ
VIe s. – les *hijiri*, ermites des montagnes
538 ou 552 ? – troisième tradition japonaise : le BOUDDHISME JAPONAIS, introduit d'Inde
VIIe s. – comparaison de l'initiation avec le dressage du buffle
604 – calendrier de type astrologique, d'origine chinoise (12 animaux, 5 Éléments)
625 – Ekan (moine coréen) introduit le Bouddhisme Mahâyâna *(daijô)* au Japon
625-794 (période de Nara) – 6 écoles bouddhiques, dont 2 pré-ésotériques (Sanron en 626, et Hossô en 654, toutes 2 du Mahâyâna)
v. 699-1872 – les *yamabushi*, anachorètes des montagnes : le Shugendô, fondé par En no Ozuny
700 – début de la coutume de l'incinération : mort de Dôshô, Patriarche hossô
701 – le Tantrayâna *(Kongôjô)* introduit au Japon
720 – le *Nihon-shoki*, histoire du Japon (en chinois)
729 – le Bouddhisme de la méditation introduit au Japon
794-1185 (période de Heian) – 2 écoles bouddhiques, ésotériques (Tendai en 806 et Shingon en 807) !
804 – Saichô étudie le Tch'an en Chine auprès de Hiao-jan
805 – Kûkai étudie le Tch'an en Chine auprès de Houei-kouo
806 – Saichô (=Dengyô-daishi) fonde l'école **Tendai** (chinois T'ien-t'ai). **Apogée de l'ésotérisme japonais**
806-1571 – Saichô établit le monastère tendai sur le mont Hiei, montagne sacrée du Japon près de Kyôto
807 – Kûkai (=Kôbô-daishi), savant et artiste, fonde l'école **Shingon** (chinois Cheng-yen)
816 – Kûkai établit des monastères shingon sur le mont Kôya (près de Nara)
823 – Kûkai convertit au Shingon le monastère Tô-ji à Kyôto, avec peintures
834 – Kûkai établit un sanctuaire ésotérique, le Shingon-in, dans le palais impérial
847 – Ennin introduit dans le Tendai les « *Mandala*-des-Deux-Mondes » de Houei-kouo

851 – Ennin (=Jikaku-daishi), IIIe hiérarque *(zasu)* tendai, fonde le Sammon (=Hiei zan), branche de l'école Tendai
858 – Enchin (=Chishô-daishi), Ve hiérarque tendai (868), fonde le Jimon (=Onjô-ji), branche de l'école Tendai
859 – Ennin construit le temple Tô-in (dans le Onjô-ji) à Ôtsu : centre du Tendai
v. 900 – Shôbô (de l'école Shingon) rénove le Shugendô
v. 1100-1689 – Ninkan fonde la branche Tachikawa, du Shingon : tantrisme de la main gauche
1109 – Zôyo (Shugendô de tendance tendai)
1135 – Kakuyû, moine-peintre tendai
1185-1333 (période de Kamakura) – 4 écoles bouddhiques, dont 1 en partie ésotérique **(Zen** en 1191)
1191 – Eisai Zenji (>Yôsai) fonde le Rinzai (chinois Lin-tsi-tsong), première branche du Zen
1223 – la voie du thé *(sadô)*
1227 – Dôgen Zenji fonde le Sôtô (chinois Ts'ao-tong-tsong), deuxième branche du Zen
1299-1405 – la Littérature des Cinq Montagnes (Gosan-Bungaku) : auteurs zen, dont Musô Soseki
1300 ss. – les calligraphes zen : Musô Soseki, Ikkyû Sôjun, Hakuin Zenji (1708)...
v. 1350 – Enkan fonde la branche Genshi-kimyô-dan, du Tendai : tantrisme de la main gauche
1350 ss. – les peintres zen : Ikkyû Sôjun, Sesshu Tôyô (1468), Takuan, Hakuin Zenji, Sengai...
– les poètes zen : Ikkyû Sôjun, Takuan, M. Bashô (1672), Hakuin, Ryôkan Daigu (1788), T. Deshimaru (1967)...
1455 – le jardin de pierres zen du Ryôan-ji, à Kyôto
1571 – le seigneur de guerre Oda Nobunaga massacre les moines tendai du monastère du mont Hiei
1654 – Ingen fonde l'Ôbaku (chinois Houang-po-tsong), troisième branche du Zen
1672 – Bankei Yôtaku, maître zen rinzai : interdiction de consigner ses enseignements
1689 – interdiction de l'école tantrique Genshi-kimyô-dan par édit
v. 1700 – quatrième tradition japonaise : le CONFUCIANISME (exotérique et étranger)
1708 – Hakuin Zenji, moine, penseur, peintre : le Zen moderne, branche néo-Rinzai
1837 – Sixième tradition japonaise : les NOUVELLES RELIGIONS (Shin-shûkyô), dont certaines ésotériques
1868 – le néo-Shintô
1872 – dissolution du Shugendô par l'État
1882 – Jigorô Kanô, fondateur du ju-dô après une expérience spirituelle
1908 – introduction du ju-dô en France, par Le Prieur
1931 – Moriheï Ueshiba, fondateur de l'**aiki-dô**
1937-1947 – K. G. Dürckheim au Japon
1967 – introduction du Zen sôtô en Europe, par maître T. Deshimaru
1974 – introduction du Zen rinzai en France par maître Taïkan Jyoji
1975 – J. Herbert décrit la cinquième tradition japonaise : « la RELIGION D'OKINAWA » ?

Un *sumôtori* n'est pas un catcheur, un *kamikaze* n'est pas un suicidaire. Le Japon nous semble familier, parce que, lui aussi, a donné la priorité à l'économie. Mais, à chaque fin de phrase en japonais, au coin de chaque objet venu du Japon, l'Européen voit bien que ce peuple, le Japon, reste différent. Le ju-dô n'est pas du « sport », le zen n'est pas de la décontraction.

Au Japon, l'esprit accompagne chaque pas, même à reculons.

1re TRADITION : LE CHAMANISME JAPONAIS

Il n'y a point de chamane japonais, il n'y a que des chamanesses, appelées *mikogami*, « dieux-femmes-esprits ». Depuis l'Antiquité jusqu'à aujourd'hui, le Japon a ses chamanesses. Certaines sont sorcières, d'autres médiums. Celles qui nous intéressent peuvent faire descendre en elles les divinités. Elles maîtrisent les esprits et elle maîtrisent leur âme : ce sont donc des femmes chamanes.

Paul Arnold a récemment observé les chamanesses du Japon.

Itako [ou *miko* : chamane] : ces femmes-chamanes qui se partagent entre des tâches de guérisseuses et de truchements des morts ne subsistent plus qu'aux deux extrémités du monde nippon, dans le nord de Hondshou [l'île Honshû], d'Aomori jusqu'à la région de Sendaï, et, dans le sud, à Okinawa où on les appelle *yuta* [ou *nuru*]. [...] Ces femmes, nées aveugles ou frappées de cécité dans leur jeunesse, parfois après la variole, sont connues pour leurs mœurs austères et leur dévotion. Certaines portaient un kimono blanc ; d'autres avaient enfilé un tablier blanc par-dessus leur vêtement à l'européenne. Quelques-unes se couvraient les cheveux d'un mouchoir blanc. Mais toutes avaient posé sur l'épaule leur étole sacrée brodée or, insigne de leurs pouvoirs. Elles maniaient des chapelets de 333 grains gros comme des billes, rehaussés de dents de fauve ou de chien, d'un fragment de mâchoire, ou de pièces de monnaie anciennes. Naguère, « pour appeler le dieu » ou « le mort », elles avaient usé d'un *yumi*, littéralement « arc », sorte d'instrument de musique monocorde issu de l'arme ; certaines s'en servent encore chez elles. [...]
[L'initiation-processus] C'est une enfant aveugle qu'une femme-chamane attitrée adopte comme disciple avant la puberté, exactement avant qu'apparaissent les menstruations. [...] L'apprentie-*itako* demeure dorénavant dans la maison de la maîtresse, environ quatre années durant. On lui enseigne des formules interminables et compliquées qu'elle devra dire sans défaillance ; on lui révèle diverses formes de divination, tel les *jéitsikou*, bâtonnets de bambou longs de 40 centimètres qu'on agite et qu'on mélange entre les mains pour lire dans leur disposition des événements à venir. Tout cet enseignement est pour partie secret, transmis de bouche à oreille. L'élève occupe le reste de son temps aux soins du ménage de la maîtresse. Le comportement de l'élève et la télépathie des transes informent celle-ci du mûrissement de son disciple qu'elle admet alors à l'entraînement spécial préparant aux rites d'initiation et au mariage avec le dieu tutélaire. Il dure cent jours [...]. Trois fois par jour, l'élève, qui récite sans arrêt ses *norito* (prières), doit s'asperger d'eau froide ou glacée en 111 aspersions, soit au total 33 333 fois. [...] L'élève doit s'abstenir de viande – elle s'en privera toute sa vie, si elle passe les

épreuves et exerce l'art d'*itako* – et de poisson, mais aussi des « cinq céréales », riz, orge, blé, soya et petits pois rouges. Il ne reste guère que des légumes, des fruits et des racines. [...]
[L'initiation-cérémonie] Elle est admise au rite suprême, le *kami-tsouké*, « l'attachement du dieu ». Il se déroule au temple shintô ou dans la maison de la maîtresse, en présence de nombreuses *itako* – souvent une vingtaine [...]. Elle devra tomber en transe et, dans cet état, si elle est bien préparée, elle aura la vision de « son » *kami*, sa divinité tutélaire qui descend du ciel et pénètre dans son être.

P. Arnold, *Les Usages du Japon*, Fayard, coll. « L'Expérience psychique », 1972, chap. 1 : « Chamanisme moderne », p. 2-15. © Librairie Arthème Fayard. Paris.

Une idée, immémoriale, parcourt l'histoire du Japon. Les dieux, les puissances sacrées traversent celui qui utilise le verbe. La parole comporte un aspect magique, « l'esprit du mot » *(kotodama)*. Les chamanes ont leurs incantations, les Shintôistes leurs prières *(norito)*, les bouddhistes leurs formules *(mantra)*.

2ᵉ TRADITION : LE SHINTÔ

La religion traditionnelle du Japon, c'est le Shintô. Le mot vient du chinois *chen-tao* (>*shendao*), « voie des divinités », et figure dans le *Yi king*. Le Shintô se définit comme « la voie des *kami* », ou « le chemin suivi en commun avec les *kami* ». Que sont les *kami* ? Des divinités, innombrables, dieux, déesses, âmes, ancêtres défunts, êtres redoutables, phénomènes numineux. La définition classique revient au philosophe et philologue Motoori Norinaga (1730-1801) : « On appelle *kami* les hommes, bien sûr, mais aussi les variétés d'oiseaux, de bêtes, d'arbres et de plantes, ainsi que les montagnes et les mers, etc., qui possèdent une qualité supérieure, une vertu *(toku)* par rapport aux genres communs. »

Il n'y a guère d'éléments ésotériques dans le Shintô. L'état ancien se lit dans deux ouvrages, *Livre du passé. Kojiki* (712) et *Annales du Japon. Nihon-shoki* (=*Nihongi*, 720).

Relevons avec Arimasa Mori quelques éléments ésotériques.

L'étymologie du mot *Kami* (« Dieu ») n'est pas *kami* (« supérieur ») ; de plus, celui-ci pouvait ne pas avoir le sens de « supérieur », mais le sens de « caché », occulte ou invisible », puisque *mï* a la même prononciation que *mï* = « corps », et *ka* peut avoir un rapport avec *kakure* (« caché, invisible »). Nous pouvons donc penser que le mot *kami* désigne un objet habité par une force invisible. [...]
Les anciens Japonais, selon le stade qu'ils atteignaient, tentaient d'établir des communications avec les *kami*. D'abord la divination, c'est-à-dire connaître ce qui se dessine dans la volonté des *kami* et qui se réalisera immanquablement. Il y a également ce qu'on appelle *hutomani* (« grande divination »), la plus ancienne forme de divination qui consiste à brûler un os d'épaule de daim et à lire dans les craquelures manifestées, de même dans le cas de la divination par l'écaille de tortue. Les devins appartenaient à la famille de Nakatomi, famille sacerdotale avec celle de Imbé qui se chargeait des préparations de la divination, avec une cithare à treize cordes, un rêve, etc. Il y a également l'état de possession, durant

lequel on prédit. Par ailleurs, nous connaissons le jugement par épreuve à l'eau bouillante, consistant à conclure selon que la main plongée dans l'eau bouillante est brûlée ou non.

A. Mori, *La Mystique du Japon ancien : le Shintô*, apud Marie-Madeleine Davy, *Le Livre des mystiques orientales* (1972), Payot, coll. « Petite bibliothèque Payot », 1996, t. 4.

3ᵉ TRADITION : LE BOUDDHISME JAPONAIS

L'emprise de l'ésotérisme sur la civilisation japonaise est une évidence. Le premier, Basil Chamberlain (*Things Japanese*, 1890) avait noté la tendance des Japonais à transmettre tout enseignement, qu'il soit technique, artistique ou même scientifique, sous le boisseau. Même les codes de loi étaient placés sous le sceau du secret, et seuls les magistrats y avaient accès, de sorte que les gens ignoraient la nature des châtiments qu'ils encouraient pour certaines fautes. Ici, on a affaire à un secret profane, mais la propension au mystère se marque déjà. La « transmission secrète » *(hiden)* ou orale *(kuden)* demeure la fin de tout enseignement. Et le Bouddhisme se place à l'origine de cet ésotérisme ambiant, dès le IXᵉ siècle. Avant l'ésotérisme bouddhiste, les Japonais parlent d'« ancien ésotérisme » *(ko-mikkyô)*.

ÉQUIVALENTS DU MOT « ÉSOTÉRISME » EN JAPONAIS

Transcription	Traduction
hiden	transmission secrète [1]
himitsu-jô	véhicule du mystère
himitsu-kyô	enseignement du mystère
jummitsu	mystériosophie
mikkyô	doctrine occulte (bouddhique)
mikkyô hiô	secrets ésotériques
mitsu	mystère (sanskrit *guhya*)

Interrogé par une nonne, qui se dit « roturière et sotte », un maître du Zen, Buttsû, expose, à la façon des savants aussi bien que des saints, les divisions du Bouddhisme en écoles *(shû)*.

Huit ou dix écoles [bouddhiques] ont été transmises et répandues au Japon. Ces huit écoles sont : 1. Trésor de la Métaphysique [Kusha, =Sarvâstivâda de Vasubandhu], 2. Perfection du Vrai [Jôjitsu, =Mâdhyamaka de Harivarman], 3. Discipline [Ritsu, =Vinaya en Inde], 4. Aspects de la Loi [Hossô, =Yogâcâra d'Asanga], 5. Trois Traités [Sanron, =Mâdhyamaka en Inde], 6. Guirlande de

---

[1]. « Je crois décidément que le terme qui convient le mieux à votre conception de l'ésotérisme et moins marqué comme appartenant à telle école ou secte serait *hiden*, "transmission secrète" » (lettre personnelle de Jean-Noël Robert, 20 août 1995).

Fleurs [*Buddhâvatamsaka-sûtra* en Inde, Houa-yen en Chine, Kegon au Japon],
7. Terrasse Céleste [T'ien-t'ai en Chine, puis Tendai au Japon] et 8. Formule
[Chen-yen ou Mi-tsong en Chine, puis Shingon au Japon, =*Mantra*, formule liturgique]. Viennent s'y ajouter deux écoles : [9] Terre Pure [Jôdo] et [10 : Méditation] Zen – ce qui fait dix écoles.

Ces dix écoles peuvent aussi être classées en cinq catégories : Petit Véhicule
[Hînayâna] et Grand Véhicule [Mahâyâna], enseignement provisoire et enseignement définitif, **exotérisme [*kengyô*] et ésotérisme [*mikkyô*]**, Voie des Sages et
Terre Pure [Jôdo], « à l'intérieur de la Doctrine » et « hors la Doctrine ». Du point
de vue Petit ou Grand Véhicule, 1, 2 et 3 appartiennent au Petit Véhicule [1], et les
sept autres écoles au Grand Véhicule. Du point de vue enseignements provisoires
ou définitif, les cinq premiers et l'école de la Terre Pure sont un enseignement
provisoire et les quatre autres un enseignement définitif. (Le Maître Buttsû oublia
de préciser l'exotérisme et l'ésotérisme [Tendai et Shingon].) Les neuf écoles, à
l'exception de la Terre Pure, appartiennent à la Voie des Sages. L'école Zen est
« hors la Doctrine » et les neuf autres sont « à l'intérieur de la Doctrine ». [...]

Les deux écoles Formule [Shingon] et [Méditation] Zen sont les plus profondes
de toutes les écoles profondes. [...]

Toutes les dix écoles sont des stratagèmes ayant pour but de sauver les égarés.
Aucune n'est la Loi bouddhique définitive. [...]

Les chercheurs du véhicule définitif et de l'ésotérisme deviennent parfois
orgueilleux de leurs recherches sur le Bouddha et sur la Loi. Malgré leurs égarements inépuisables, ils se prennent très vite pour un bouddha et ils prétendent que
leurs mauvaises actions sont les actes d'un bouddha.

Buttsû, *Recueil des Bois desséchés* (1283), trad. du japonais Maryse et M. Shibata,
Sermons sur le Zen, Albin Michel, coll. « Spiritualités vivantes », n° 108, 1993, p. 64-83,
65, 74, 75. © Albin Michel, Paris.

Le Bouddhisme chinois et le Bouddhisme japonais sont parents. Les
maîtres japonais se rendaient en Chine et, de retour chez eux, fondaient
des écoles qui avaient le même nom que celles de leurs instructeurs du
continent. Mais le Bouddhisme chinois a existé avant le japonais.

Le Bouddhisme chinois comprend dix écoles *(tsong)*. Parmi elles deux
sont franchement ésotériques : T'ien-t'ai (qui deviendra Tendai au Japon)
et Mi-tsong (école des Secrets, ou Chen-yen, Parole vraie, qui deviendra
Shingon au Japon). Deux autres écoles sont proches de l'ésotérisme, elles
relèvent du Mahâyâna : San-louen (qui deviendra Sanron au Japon), et
Fa-siang ou Wei-che (qui deviendra Hossô au Japon). L'école Hossô
développe une idée qui rend l'initiation possible, celle d'ainsité *(tathatâ*
en sanskrit, *shinnyo* en japonais). Qu'est-ce à dire ? Il existe une nature
propre, absolue, qui dépasse l'approche intellectuelle. Celui qui parvient
à retrouver cette « vraie réalité », qui est nature-de-bouddha *(busshô*,
sanskrit *buddhatâ*), donc, au fond, vacuité *(ku)*, atteint l'état d'Éveil, la
bouddhéité. Reconnaissant la nature vraie, il renaît à sa nature véritable.
Cependant, pour l'école Hossô, tous les êtres n'ont pas, ne sont pas cette

---

1. Buttsû se trompe. Le Mâdhyamaka (adjectif *mâdhyamika*) relève du Mahâyâna.

ainsité, les hommes sans foi en sont dépourvus, ils en sont loin. Paradoxe, il faut attendre l'école la plus ésotérique, le Tendai, pour trouver l'affirmation selon laquelle tous les êtres possèdent la « nature-de-bouddha ». Parmi les dix écoles chinoises, on compte aussi le Tch'an, c'est-à-dire le Zen primitif, chinois, dont la vocation est initiatique. On a assisté à une sorte de surenchère d'ésotérisme démagogique ! L'idée mahâyâniste d'ainsité disait que la nature-de-bouddha est présente en tout être, Kûkai va plus loin. Pour lui on peut se transformer en Bouddha vivant dans ce corps même, autrement dit « devenir bouddha en ce monde » *(sokushin-jôbutsu)*. Le Tendai-Hongaku ira plus loin encore. À ses yeux, même les non humains, animaux, végétaux, minéraux peuvent devenir Bouddha. Pendant ce temps, l'exotérisme a poussé dans la facilité : il suffirait de réciter tel *mantra* pour atteindre la délivrance !

Passons donc de Chine au Japon[1]. Sur les six écoles de l'époque où Nara était la capitale impériale (710-784), deux sont proches de l'ésotérisme, celles signalées : Sanron et Hossô, qui relèvent du Mahâyâna *(daijô)*. Parmi les écoles de l'époque où Heian était la capitale impériale (794-1185) sont franchement ésotériques : Tendai et Shingon. Sur les quatre écoles de l'époque où Kamakura était la capitale du gouvernement militaire (1192-1333), une seule relève de l'ésotérisme : le Zen (branches Rinzai, et, moins nettement Sôtô).

DIVISIONS DE L'ÉSOTÉRISME BOUDDHIQUE *(GUHYAYÂNA)* INDIEN

courants – écoles	fondateurs	dates	objectifs
Buddha-shâsana	le Bouddha	523 av. J.-C.	*bodhi* et *nirvâna*
Dhyâna	Mahâkâshyapa Bodhidharma	500 av. J.-C. 524 av. J.-C.	transmission silencieuse contemplation assise
Hînayâna : Mahâsânghika Andhara	Mahâdeva	340 av. J.-C. IIe siècle	le Bouddha, être surnaturel parole sur-naturelle
Mahâyâna : Prajñâpâramitâ Mâdhyamaka Yogâcâra	Nâgârjuna Asanga	50 vers 250 350	sapience le vide l'esprit
Tantrayâna : Sahajayâna Kâlachakra Mahâmudrâ	Lûyipa Chilopa Tilopa	650 965 1030	l'innéité la Roue du temps le Grand Sceau

---

1. R. Fujishima, *Les Douze Sectes bouddhiques du Japon* (1889), Trismégiste, 1982, 189 p.

DIVISIONS DE L'ÉSOTÉRISME BOUDDHIQUE *(MI)* CHINOIS

courants – écoles	fondateurs	dates	Inde	Japon
Mahâyâna : San-louen Wei-che	Seng Tchao Hiuan-tsang	410 650	cf. Mâdhyamaka cf. Yogâcâra	Sanron Hossô
ésotérisme : T'ien-t'ai Mi-tsong	Tche-yi Houei-kouo	567 804	cf. Mâdhyamaka cf. Mahâyâma	Tendai Shingon
Dhyâna : Touen-kiao Ts'ao-tong Lin-tsi-tsong	Houei-neng Tong-chan Lin-tsi	667 850 867		Sôtô Rinzai

DIVISIONS DE L'ÉSOTÉRISME BOUDDHIQUE *(HIMITSU-JÔ)* JAPONAIS

courants – écoles	fondateurs	dates	objectifs
Mahâyâna : Sanron Hossô	Ekan Dôshô	626 660	vérité inconcevable pensée seule
Mikkyô : Shugendô Tendai Shingon	En no Ozunu Saichô Kûkai	699 806 807	les pouvoirs surnaturels la plénitude les trois mystères
Dhyâna (Zen) : Rinzai Sôtô Ôbaku	Eisai Dôgen Itsunen	1191 1227 1644	les *kôan* (sentences chocs) le *zazen* (méditation assise) les *nembutsu* (invocations)
Tantrayâna : Tachikawa-ryû Genshi- kimyô-dan	Ninkan (du Shingon) Enkan (du Tendai)	vers 1100 vers 1350	coït-bouddhéité coït-Éveil

DIVISIONS DE L'ÉSOTÉRISME BOUDDHIQUE *(SANGWA)* TIBÉTAIN

courants – écoles	fondateurs	dates	objectifs
Tantrayâna : Nyingma-pa Sakya-pa Kagyü-pa	Padmasambhava Könchog Gyelpo Sgampo-pa	747 1073 1121	tantrisme hétérodoxe tantrisme renforcé principes de Nâropa
Dhyâna : Bsam-gtan	Mo-ho-yen	780	Éveil subit
Mahâyâna : Kadam-pa Gelug-pa	Domtön-pa Tsong Khapa	1056 1409	spiritualité monachisme

Comme le reconnaît un philosophe japonais, T. Umehara, « l'enseignement ésotérique Mikkyô [bouddhisme ésotérique] s'est beaucoup développé au Japon, exerçant une influence déterminante sur tout le Bouddhisme japonais et, plus largement, sur la pensée japonaise tout entière [1] ».

LE MIKKYÔ (MYSTÈRE), PREMIER COURANT DU BOUDDHISME JAPONAIS ÉSOTÉRIQUE

On entend le même son de cloche chez d'autres japonisants : « Dans la seconde moitié du IXe siècle, on peut dire que la doctrine ésotérique en était arrivée à dominer le Japon » (G. Renondeau et B. Frank [2]). Cela se fit par l'influence de deux écoles, le Tendai et le Shingon, dont les deux fondateurs se connaissaient. L'empereur les consulta, le pays se couvrit de temples et monastères tendai ou shingon. Une nuance séparait les deux écoles. Pour le Tendai, ésotérisme et exotérisme sont deux faces du même enseignement, tandis que pour le Shingon l'ésotérisme et l'exotérisme sont deux enseignements distincts.

Le mot *Mikkyô* est un décalque du mot chinois *Mi-tsong*, « école des Mystères », qui se limitait au tantrisme. Cela explique l'erreur tendant à considérer le Mikkyô comme un tantrisme. Je remercie Isabelle Robinet qui m'a tiré de ce mauvais pas.

L'école Tendai *(Tendai-shû)* remonte à l'école chinoise T'ien-t'ai (« Célestes Terrasses »), du nom des fameuses montagnes où elle s'était établie, au sud de Shanghai, dans le Tchö-kiang. L'école Tendai, la japonaise, représente un des sommets de la pensée ésotérique universelle. Le fondateur en est Saichô, dit Dengyô-daishi, qui établit son monastère, le Enryaku Ju, sur le mont Hiei, près de Kyôto, en 806. L'ésotérisme tendai s'appelle Taimitsu, *mitsu* signifiant « mystère ».

---

1. *Encyclopédie philosophique universelle*, vol. II, t. 2, PUF, 1990, p. 3028.
2. *Apud* R. de Berval, *Présence du Bouddhisme*, Gallimard, 1987, p. 631.

En temps ordinaire, le Maître (Saichô) avait plusieurs centaines d'auditeurs, mais, lorsqu'il transmettait les dogmes sublimes, il n'y avait qu'une vingtaine de disciples ; Gishin du Kôfuku-ji et Enchô du Dai.an-ji étaient à leur tête.

Shiban, *Honchô kôsô den*, V.

L'école utilise comme livre de base un livre indien, *Le Lotus de la Bonne Loi*. *Saddharmapundarîka-sûtra*, en japonais *Hokke-kyô*. Pour faire court, qu'on me permette de recopier le résumé que donne Ingrid Fischer-Schreiber de l'enseignement Tendai.

[Les Trois Vérités] L'école part du principe que tous les phénomènes sont l'expression de l'Absolu, de l'Ainsité *(Tathatâ)*, ce qu'exprime sa théorie des Trois Vérités. La Première Vérité dit que les *dharma* [réalités, phénomènes] ne possèdent pas de réalité indépendante, donc qu'ils sont vides. La Deuxième Vérité dit que les *dharma* disposent néanmoins, en tant que phénomènes, d'une existence « apparente » et limitée dans le temps, et qu'ils peuvent donc être perçus par les sens. La Troisième Vérité est une synthèse des deux premières. C'est la Vérité du Milieu, qui dépasse et englobe à la fois les deux autres. Cette Vérité du Milieu est assimilée à l'Ainsité, à la Vraie Nature que l'on ne peut trouver en dehors des phénomènes. D'où l'identité des phénomènes et de l'Absolu.

Cette conception affirme l'idée de totalité et d'interpénétration mutuelle. Le Tout et les parties ne font qu'un, les *dharma* sont tous à ce point imbriqués les uns dans les autres que chacun contient tous les autres. Vacuité, apparence et milieu sont des concepts identiques contenus dans un seul être. « **Tout l'univers est contenu dans un grain de moutarde** » ou « **Une pensée renferme les trois mille univers** », disent les maîtres du T'ien-t'ai. Chaque pensée possède l'universalité de toutes les choses.

[Les Cinq Périodes *(goji)*] L'école T'ien-t'ai est généralement considérée comme une branche très large du bouddhisme, car elle fait la synthèse de toutes les idées extrêmes ou partiales des autres écoles. La classification des *sûtra* [textes] et des idées du Bouddha en « Cinq Périodes et Huit Dogmes » [*hakkyô* : Quatre Méthodes et Quatre Doctrines] représente de la part de Tche-yi [fondateur du T'ien-t'ai en 567] une tentative de systématisation du discours du Bouddha. La première phase de prédication du Bouddha dura trois semaines ; elle contint, selon Tche-yi, le *Buddhâvatamsaka-sûtra* [1], que le Bouddha aurait prononcé aussitôt après son Illumination, mais les disciples du Bouddha ne comprirent pas l'idée maîtresse de ce sermon, à savoir que l'univers est l'expression de l'Absolu. Aussi le Maître décida-t-il de prêcher désormais par *Âgama* [= Petit Véhicule, Hînayâna] – deuxième phase – : il n'enseigna plus la vérité tout entière, mais seulement ce qui pouvait en être compris par ses disciples, il exposa les théories des Quatre Nobles Vérités et de la Production Conditionnée, douze ans. Durant la troisième phase, d'une durée de huit ans, le Bouddha enseigna le premier stade du Mahâyâna, il souligna la supériorité du Bodhisattva [le sage selon le Mahâyâna] sur l'Arhat [le saint selon le Hînayâna] et mit en lumière l'unité entre le bouddha et l'homme, entre le relatif et l'absolu ; c'est la période des *Vaipulya-*

---

1. *Buddhâvatamsaka-sûtra* (en abrégé *Avatamsaka-sûtra*, *Texte de la guirlande de Bouddha*), trad. anglaise de la version chinoise (421) C. C. Chang Garma, *The Buddhist Teaching of Totality* (1971), University Park, Londres, 1977, xxv-270 p.

sûtra [*Prajñâpâramitâ-sûtra*, *Buddhâvatamsaka-sûtra*, *Ratnakûta-sûtra*]. La quatrième période dura vingt-deux ans, elle fut marquée par les idées du *Prajñâpâramitâ-sûtra*, c'est-à-dire par la théorie de la *Shûnyatâ* [vacuité] et de la non-existence des contraires. Durant la cinquième et dernière période, qui correspond aux huit dernières années de la vie du Bouddha, celui-ci insista particulièrement sur l'identité absolue qui règne entre les contraires ; c'est la période du *sûtra* du Lotus [*Saddharmapundarîka-sûtra*] et du *Mahâparinirvâna-sûtra*.

[Les Quatre Méthodes] La méthode soudaine est utilisée avec les élèves les plus doués, ceux qui comprennent intuitivement la Vérité ; c'est la méthode du *Buddhâvatamsaka-sûtra*. La méthode progressive mène des théories élémentaires aux dogmes les plus complexes ; cette méthode comprend les périodes des *Âgama*, *Vaipulya* et *Prajñâpâramitâ-sûtra*. La méthode secrète est utilisée par le Bouddha uniquement quand il s'adresse à une personne en particulier et ne peut être comprise que de cette personne ; si d'autres spectateurs sont présents, la force surnaturelle du Bouddha fait en sorte que les différentes personnes en présence ne se reconnaissent pas mutuellement. La méthode non déterminée est utilisée par le Bouddha lorsque les différents élèves en présence se reconnaissent entre eux, mais entendent et comprennent différemment les paroles du Maître.

[Les Quatre Doctrines] À ces quatre premières catégories s'ajoutent quatre autres, liées au contenu doctrinal. La doctrine du Hînayâna est adaptée aux Shrâvaka [auditeurs visant le *nirvâna*] et aux Pratyeka-Bouddha [Éveillés pour soi, solitaires]. La doctrine générale est commune au Hînayâna et au Mahâyâna, et spécialement conçue pour les Shrâvaka, les Pratyeka-Bouddha et les *bodhisattva* au premier stade de leur évolution. La troisième doctrine est la doctrine spéciale des *bodhisattva*. La doctrine parfaite ou « ronde » enseigne la Voie du Milieu de l'identification mutuelle [doctrine mâdhyamika de l'union des contraires, tels que tout/rien].

L'école T'ien-t'ai, on a dit « universelle » parce qu'elle incarne l'idée de rédemption universelle, possible uniquement parce que tous les êtres et toutes les choses possèdent une nature-de-bouddha et parce qu'elle utilise tous les moyens à sa disposition pour réaliser l'illumination. [...]

[Pratique de la concentration-compréhension *tche-kouan*] La pratique de cette école consiste dans l'exercice de la méthode de méditation baptisée *tche-kouan* [japonais *shikan*] ; elle renferme des éléments ésotériques comme l'utilisation de *mudrâ* [poses des mains] ou de *mandala* [diagrammes mystiques]. *Tche* est concentration et recueillement, il nous révèle que tous les *dharma* [réalités] sont vides, ce qui empêche la formation de nouvelles illusions ; *kouan*, « intelligence, compréhension », nous fait prendre conscience que malgré leur vacuité, les *dharma* ont un existence apparente, temporaire, et qu'ils remplissent des fonctions conventionnelles. Tranquillité de l'esprit et clairvoyance, cette méthode représente l'une des pratiques méditatives les plus répandues en Chine et au Japon. Cet exercice se décompose en une partie préparatoire et en une phase principale. La partie préparatoire s'articule elle-même en plusieurs temps : création de conditions favorables, réduction des désirs, dépassement des obstacles, contrôle de l'alimentation, du sommeil, du corps, de la respiration et de l'esprit, observation des *shîla* [commandements]. Durant la phase principale, on pratique les différents exercices du *tche-kouan* ; on distingue trois manières de pratiquer le *tche* [concentration] : fixation de l'attention sur l'extrémité du nez, contrôle de l'esprit par interruption de toute pensée naissante, prise de conscience de la

Production Conditionnée et de la Vacuité ; il existe cinq manières de pratiquer le *kouan* [compréhension] : réflexion sur les impuretés, réflexion sur la bonté afin de surmonter toute haine et toute rancœur, réflexion sur les limites des conditions d'existence afin de dépasser l'illusion du Moi, réflexion sur la vacuité de tous les *dharma*. Ces exercices peuvent être pratiqués en même temps qu'une activité corporelle.

<small>*Dictionnaire de la sagesse orientale* (1986), trad. de l'allemand, Robert Laffont, coll. « Bouquins », 1989, p. 591-593, 112. (J'ai légèrement remanié l'ordre du texte.)</small>

J'insiste là-dessus : le monde phénoménal et la nature-de-bouddha coïncident. Le minimum et le maximum se retrouvent. Voilà qui est très mahâyâniste, ésotérique exactement. Et — voici qui est initiatique exactement — la nature-de-bouddha, ou la forme, est esprit d'éveil, condition de salut par la connaissance qu'on en prend.

Passons à la seconde école, ésotérique, bouddhique, japonaise elle aussi.

L'école Shingon (« Mantra ») compte 17 700 temples et 11 200 000 adhérents. Pourtant, c'est une école, en principe, véritablement ésotérique, que ses disciples rendent en anglais par *Institute of Esoteric Buddhism*. Cette école fut fondée par Kûkai (« Océan du vide »), dit Kôbodaishi (« Grand Maître qui propage la Loi »), au Kôyasan, en 807. Kûkai avait appris les mystères auprès de Houei-kouo, en Chine. L'ésotérisme shingon s'appelle Tômitsu.

Moi, le moine Kûkai, qui suis allé en Chine et qui ai étudié la Loi (bouddhique), je rapporte respectueusement ceci.

J'ai reçu en 804 l'ordre impérial d'étudier au-delà des mers. J'ai fini par toucher Tch'ang-ngan [capitale des Han] le dernier mois de cette même année. Le dixième jour du deuxième mois de l'année suivante, je fus, par ordre impérial, assigné à résidence au Hi-ming-sseu. Alors, je visitai divers temples et je rencontrai des maîtres bouddhistes. J'eus la bonne fortune, au K'ing-long-sseu, de rencontrer Houei-kouo, le maître ésotérique initiateur *(kanjô ajari)*, que je pris comme mon instructeur. Mon maître possédait une grande vertu ; il était, en outre, le disciple du maître en Écritures bouddhiques Amoghavajra, d'une grande sagesse, cela au temple Ta-hing-chan. Il a enseigné les *sûtra* et les règles (de la communauté bouddhique), il a maîtrisé les arcanes des enseignements ésotériques. La nation le tient pour un grand instructeur.

<small>Kûkai, *Catalogue des sûtra nouvellement importés* (807), trad. partielle P. A. Riffard.</small>

Quelles pratiques initiatiques préconisent Kûkai et le Shingon ?

Le moyen le plus original consiste à confronter deux *mandala*, « cosmogrammes, diagrammes mystiques » : les *Mandala*-des-Deux-Mondes *(ryôkai-mandara)*. Le premier cosmogramme s'appelle « le plan de l'embryon » (sanskrit *garbhadhâtu-mandala*), le *mandala* de la matrice de grande compassion (japonais *taizôkai-mandara*). Il privilégie le Bouddha solaire Vairocana (« Resplendissant ») assis sur une fleur de lotus rouge.

Il représente l'origine des choses, l'intelligence *(ri)* innée, la possibilité de réalisation bouddhique pour tout être. Le second cosmogramme a pour nom « le plan du diamant » *(vajradhâtu-mandala,* japonais *kongôkai-mandara).* Avec Vairocana assis sur un lotus blanc, il représente la réalisation, l'Éveil atteint, la connaissance *(chi)* dans sa diversité. Ces deux cosmogrammes se veulent complémentaires, sur divers plans, y compris le plan sexuel, tantrique. Chaque *mandala* place au centre Vairocana, considéré ici comme Bouddha Primordial (Âdi-Bouddha), mais le premier figure un cercle inscrit dans un carré, cependant que le second figure un carré inscrit dans un cercle. Une fois encore l'union des contraires se profile. L'analyse de ces deux diagrammes exigerait des tomes... et une initiation que je n'ai pas [1].

Outre les *mandala* (japonais *mandara),* l'école Shingon recommande, dans ses pratiques initiatiques, les *mudrâ* (japonais *in),* les *mantra* (japonais *shingon),* ou plutôt le seul *mantra hûm.* Par son corps, le disciple unit son microcosme au macrocosme, l'un devient le tout, le tout se fait dans l'un.

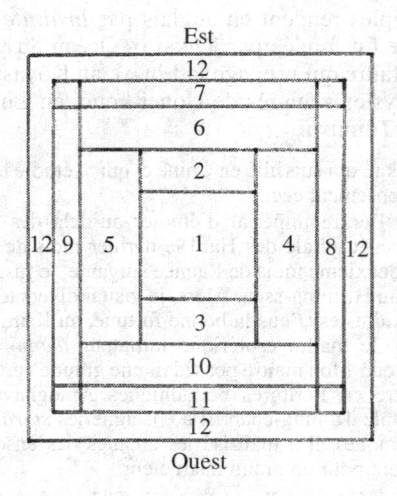

LE PLAN DE L'EMBRYON
(composition)

---

1. Sur les « *Mandala*-des-Deux-Mondes » : R. Tajima, *Les Deux Grands Mandalas et la Doctrine de l'ésotérisme Shingon,* PUF, 1959, x-354 p. ; P. Rambach, *Le Bouddha secret du tantrisme japonais,* Skira, 1978, 174 p. ; M. Coquet, *Le Bouddhisme ésotérique japonais,* Vertiges, 1986, p. 293 *sqq.* ; H. Ishida, *Esoteric Buddhist Painting,* Japanese Arts Library, Kodansha and Shibundo, New York et San Francisco, 1987, p. 33-46 ; J. Canteins, « Les deux *Mandalas* », *Connaissance des religions,* sept.-déc. 1993 et mars 1993.

LE PLAN DU DIAMANT
(détail)

Quelles idées ésotériques défendent Kûkai et le Shingon ? Suivons le résumé de Y. Yuasa.

Kûkai pense que toutes les philosophies, c'est-à-dire celle du Confucianisme, de l'Hindouisme, et celle de chaque secte bouddhique, est l'expression de la prise de conscience religieuse symbolisée dans *Mandala*, et que le bouddhisme ésotérique est la philosophie universelle qui explique la fondation de l'expérience religieuse commune à toutes les philosophies. [...]
[*Les dix stades de la prise de conscience du mandala secret. Himitsu mandala jûjû shinron*, 830] *Jûjûshin* (dix étapes de l'esprit) sont les dix stades, de la vie du médiocre pleine d'erreurs à l'ultime illumination. Chaque étape est expliquée avec des images symboliques. Le premier stade est l'esprit du Bouc. Le Bouc symbolise l'appétit et le désir sexuel. [...] La deuxième étape est l'esprit de l'enfant ignorant. Là, l'esprit s'éveille à la conscience et fait l'effort de mener une vie morale. [...] La troisième étape est l'esprit de l'enfant sans peur. Dans cette étape, l'homme reconnaît le monde de l'expérience religieuse [...]. La quatrième étape est l'esprit qui reconnaît l'existence d'éléments psychophysiques uniquement. Le bouddhisme Hînayâna est l'enseignement correspondant à cette étape. La cinquième étape est l'esprit libéré de la graine de la cause du *karma*. Il n'y a plus trace d'ignorance, mais l'esprit est encore égocentrique. [...] Le sixième stade est l'esprit Mahâyâna avec un intérêt compatissant pour les autres. La philosophie du *Vimshatikâ-vijñaptimâtratâsiddhi* [*Preuve que tout n'est que connaissance*] de Vasubandhu représente ce stade. [...] Le septième stade est l'esprit qui réalise que l'esprit n'est pas encore né. Cette étape est représentée par la philosophie du *Mâdhyamaka-kârikâ* [*Stances sur la doctrine du milieu*] de Nâgârjuna. La pénétration dans la vérité du *Shûnyatâ* (la Vacuité) est acquise. [...] La huitième étape est l'esprit vraiment en harmonie avec l'unique voie. L'homme reconnaît que la nature de l'esprit n'est qu'une et incroyablement pure. Le sujet et l'objet se rencontrent. Cette étape est représentée par le *Saddharmapundarîka-sûtra (Le Lotus de la Bonne Loi)* et par la philosophie du Tendai. [...] Le neuvième stade est l'esprit bouddhiste profond et ésotérique qui est conscient de sa nature non immuable. Ce stade est représenté par l'*Avatamsaka-sûtra* [*=Buddhâvatamsaka-sûtra. Discours de la guirlande du Bouddha*]. [...] Le dixième stade est l'esprit auguste et glorieux, le plus secret et le plus sacré. Maintenant l'enseignement ésotérique ouvre le Trésor. Le trésor caché devient manifeste. [...]
[*La Clef précieuse du Trésor secret. Hizô hôyaku*, 830] Le Bouddha est la lumière du Soleil. La prise de conscience devient la surface de l'eau reflétant la lumière du Soleil. Le Bouddha entre dans la conscience de l'ego et la transforme en conscience du Bouddha.

Yasuo Yuasa, art. « Kûkai », *apud* D. Huisman, *Dictionnaire des philosophes*, PUF, 1984, t. II, p. 1459-1463. © PUF, Paris. J'ai corrigé le texte, fautif sur plusieurs points.

LE KONGÔJÔ (TANTRA), DEUXIÈME COURANT DU BOUDDHISME JAPONAIS ÉSOTÉRIQUE

Au Japon le tantrisme n'est pas absent [1]. Née au sein de l'école Shingon avec Ninkan (1057-1123), la branche Tachikawa-ryû « prôna l'union

---

1. J.-N. Robert, apud *Le Grand Atlas des religions*, Encyclopaedia Universalis, 1988, p. 257 c. Louis Frédéric, *Le Japon,* Robert Laffont, coll. « Bouquins », 1996, p. 644-645, 827.

sexuelle où homme et femme manifestent corporellement la fusion de deux *mandalas* et réalisent, dès cette vie et en leurs corps actuels, le bouddha-réalisé-en-ce-monde *(sokushi-jôbutsu)* ». Et le Genshi-kimyô-dan, issu de Enkan (1281-1356), de l'école Tendai, tenait l'union sexuelle pour le meilleur moyen d'accès à l'Éveil foncier *(hongaku)*.

LE ZEN (MÉDITATION), TROISIÈME COURANT DU BOUDDHISME JAPONAIS ÉSOTÉRIQUE

Il existe entre le Mikkyô (le Bouddhisme japonais ésotérique) et le Zen (le Bouddhisme japonais de la méditation) une profonde différence, sinon une incompatibilité. Certes, Mikkyô et Zen empruntent un moment le même sentier. Tous deux préconisent le maître spirituel, tous deux se fondent sur le Bouddhisme, etc. Mais le *mantra* de l'ésotériste n'est pas tout à fait le *kôan* du méditant, le bouddha-réalisé-en-ce-monde *(sokushin-jôbutsu)* n'est pas tout à fait l'Éveil *(satori)*, même si les notions se ressemblent. Les deux ésotérismes bouddhiques japonais, Mikkyô et Zen, n'ont ni les mêmes lignées (les chaînes initiatiques) ni les mêmes options (pratiques initiatiques, idées ésotériques).

LA CHAÎNE DES PATRIARCHES DU DHYÂNA/TCH'AN/ZEN

28 PATRIARCHES DHYÂNA (méditation indienne)	6 PATRIARCHES TCH'AN (méditation chinoise)	FONDATEURS ZEN (méditation japonaise)
le Bouddha 523 av. J.-C.	I Bodhidharma (28) : 524	Eisai (école Rinzai) : 1191
I Mahâkâshyapa : 478 av. J.-C.	II Houei-kouo (29) : 543	Dôgen (école Sôtô) : 1227
II Ânanda : 468 av. J.-C.	III Seng-ts'an (30) : 606	Ingen (école Ôbaku) : 1654
VII Vasumitra : 162	IV Tao-sin (31) : † 651	Hakuin (néo-Rinzai) : 1708
XII Ashvaghosa : v. 200	V Hong-jen (32) : † 674	
XIV Nâgârjuna : v. 243	VI Houei-neng (33) : 667	
XXI Vasubandhu : v. 400	VII Chen-houei : † 762	
XXVIII Bodhidharma : 524		

LA CHAÎNE DES PATRIARCHES DU CHEN-YEN/SHINGON

PATRIARCHES CHEN-YEN (Chine)	MAÎTRES SHINGON (Japon)
le Bouddha Vairocana	Kûkai : 807
I Vajrabodhi (indien) : 719	Jitsue : 835
II Shubhâkarasimha (indien) : 716	Shinga : 847
III Amoghavajra (indien) : 746	Gennin : 879
IV Houei-kouo (chinois) : 804	Yaku-shin (école Hiro-sawa) : v. 900
V Yi-sing (chinois) : 805	Shô-bô (école O-nô) : 906

LA CHAÎNE DES PATRIARCHES DU T'IEN-T'AI/TENDAI

PATRIARCHES T'IEN-T'AI (Chine)	PATRIARCHES TENDAI (Japon)
I Nâgârjuna (indien) : v. 243	Saichô : 806
II Kao Houei-wen (chinois) : v. 550	Gishin : 822
III Houei-seu (chinois) : † 577	Ennin : 855
IV Tche-yi (chinois) : † 598	Enchin : 864
V Kouang-king (chinois) : † 632	Kakuchô : † v. 1034
VI Kan-jan (chinois) : † 782	Kôke

La lignée du Zen des Patriarches (japonais *Soshigata*) passe par Mahâkâshyapa, et non plus par Nâgârjuna (comme dans le Tendai) ou par Vajrabodhi (comme le Shingon).

Le Vénéré du monde [le Bouddha], jadis, était sur le pic du Vautour [Gridhrakûta]. Il fit tournoyer une fleur qu'il montra à tous. Lors, tous demeuraient silencieux ; le visage de Mahâkâshyapa, seul, s'éclaira d'un sourire. Le Vénéré dit :
– J'ai le trésor de l'œil de la loi authentique, l'esprit sublime du *nirvâna*, l'absence d'aspect qui est aspect véritable, et la porte qui ouvre sur la loi subtile. Ils ne se fondent pas sur l'écriture, mais se transmettent hors de la doctrine. Je les confère à Mahâkâshyapa.

<small>Dôgen Zenji, *Le Trésor de l'œil de la loi authentique. Shôbô-genzô* (1231-1253), trad. partielle T. Deshimaru, *Shobogenzo*, Le Courrier du Livre, 1970, 128 p. © Le Courrier du Livre, Paris.</small>

Ainsi commence, non la méditation, mais le Zen. Mahâkâshyapa était un disciple direct du Bouddha, réputé pour sa sévérité. L'épisode de la fleur paraît tardivement dans l'histoire littéraire. La première relation, sans doute non historique, se trouve dans Li Tsou-hieou, *Annales de la diffusion de la lumière de la lampe. Ta-fan t'ien-wang wen-fo kiue yi king*, 1029. En tout cas, ce dit illustre une donnée nouvelle : la transmission silencieuse de l'enseignement du Bouddha à un disciple, à celui qui a compris un geste, sans parler. Car cet enseignement crée un autre enseignement, celui qu'on ne peut dire.

Le Bouddhisme chinois de la méditation s'appelle Tch'an, d'un mot qui transcrit le mot indien *dhyâna*, « méditation ». Le Tch'an se sépare du Bouddhisme indien de la méditation, le Dhyâna, et prépare largement le Bouddhisme japonais de la méditation, le Zen.

La méditation fut amenée d'Inde en Chine, en 520, par Bodhidharma, né à Ceylan, qui est à la fois le XXVIIIe Patriarche indien et le Ier Patriarche chinois (524). Plusieurs épisodes célèbres marquent la vie de Bodhidharma, qui appartenait à une famille de brâhmanes. Il passa neuf années à méditer face à un mur dans le fameux temple de la Petite Forêt (Chao-lin sseu), à Teng-fong. Le IIe Patriarche chinois, Houei-k'ö, se coupa le bras gauche pour montrer à Bodhidharma la sincérité de sa vocation.

Du Dhyâna indien, le Tch'an chinois rejette la passivité. La méditation s'amplifie, elle ne concerne plus, comme chez le Bouddha, les Quatre Stades Méditatifs [1], avec ou sans bonheur, avec ou sans équanimité. La « méditation » inclut maintenant de nombreuses pratiques, comme l'attention sur la respiration *(ânâpâna-smrti)*, la concentration *(samâdhi)* sur les domaines *(kasina)* avec lesquels on s'identifie, etc. Ces pratiques étaient présentes chez le Bouddha, mais il les distinguait de la méditation. Le Zen préconise la salle de méditation *(zendô)*, chose que ne faisait pas le Bouddhisme indien. Il recommande un maître spirituel, alors que le Bouddha avait laissé comme dernières paroles cette recommandation : « Faites de vous-même votre île [soutien], faites de vous-même votre refuge, sans chercher un refuge extérieur ; faites de la Loi (bouddhique) votre île, de la Loi votre refuge, sans chercher un refuge autre. »

LE ZEN : IDÉES ÉSOTÉRIQUES

Les quatre principes du Zen sonnent comme des coups de gong.

[1] Une transmission spéciale en dehors des Écritures [canoniques].
[2] Aucune dépendance à l'égard des mots et des lettres.
[3] Une attention pointée sur le cœur de l'homme.
[4] La contemplation de sa propre nature pour réaliser l'état d'un Bouddha.

Bodhidharma († 543) ou – plus vraisemblablement – Nan-ts'iuan P'ou-yuan (>Nanquan Puyuan, † 835). Voir Bernard Faure, *Le Traité de Bodhidharma. Première anthologie du Bouddhisme Chan*, Le Mail, 1986, 165 p.

En japonais :

– *Kyôge betsuden*
– *Furyû monji*
– *Jikishi ninshin*
– *Kenshô jôbutsu*.

On admirera la sobriété des mots et l'ivresse des idées. Sous ces brèves formules court une pensée audacieuse.

Le Zen est iconoclaste, hétérodoxe, immédiat, initiatique. Les trois premiers principes marquent assez la différence avec le Mikkyô.

Premier principe zen : transmission hors textes. Le Zen s'avoue iconoclaste. Non au livre, oui au silence. Le judo est un corps à corps, le Zen est un esprit à esprit, un « cœur à cœur » (japonais *ishin-denshin*). Le recours aux textes éloigne des réalités, il transforme le chercheur en érudit. Le Zen recommande une communication directe, foudroyante entre deux esprits, deux cœurs, deux vies, Bouddha et disciple, maître et disciple, sujet et objet, comme l'enlacement de la glycine à l'arbre. Puisque l'état zen dépasse le concept et le mot, il apparaît vain de cher-

---

1. Voir *supra*, p. 686 (« Le Bouddhisme de la méditation »).

cher son salut dans un livre, fût-il la parole du Bouddha. Tsong-kao fit brûler tous les exemplaires du fameux recueil *Écrits de la falaise bleue. Pi-yen lou* quand il s'aperçut que ses disciples travaillaient intellectuellement au lieu de se réaliser spirituellement. Le Zen utilise donc d'autres moyens que la recherche livresque : le geste, le travail manuel, la sentence choc, etc. Houei-neng a été choisi à cause de sa maladresse intellectuelle, non pas pour sa sottise, mais parce qu'il cherchait la voie au lieu de l'érudition, de l'intellectualisation.

> Si vous rencontrez le Bouddha, tuez-le
> si vous rencontrez le Patriarche, tuez-le
> si vous rencontrez le saint, l'ancêtre ou le parent, tuez-les tous sans hésitation car c'est l'unique voie vers la délivrance.
>
> Lin-tsi, *Les Entretiens de Lin-tsi, Lin-tsi lou*, trad. du chinois P. Demiéville, Fayard, coll. « Documents spirituels », n° 6, 1972.

Le modèle reste, évidemment, le dialogue silencieux entre le Bouddha et Mâhakâshyapa, déjà cité, et dont les Japonais donnent cette version, où le silence s'impose sur des actes subtils, tourner une fleur, cligner des yeux, sourire à un seul.

> Le premier Patriarche, le Vénérable Mahâkâshyapa : un jour que le Vénéré [le Bouddha] tortillait une fleur entre ses doigts avec un clignement d'yeux, Kâshyapa sourit. Le Vénéré dit :
> – Mienne est l'essence du vrai *Dharma* [Loi bouddhique], la merveilleuse connaissance du *Nirvâna*. Je la confie à Mahâkâshyapa.
>
> Keizan Jôkin († 1325), *Transmission de la lumière. Denkô-roku* (chaîne des 52 Patriarches du Zen selon l'école Sôtô), trad. partielle apud *Dictionnaire de la sagesse orientale*, éd. cit., p. 143.

Les hiérarques des monastères zen transmirent le sceau de la confirmation *(inka-shômei)*, c'est-à-dire la succession de cette manière informelle.

Deuxième principe zen : non-aliénation aux Écritures. Le Zen s'avoue hétérodoxe. L'esprit, oui, la lettre, non. Le Zéniste se veut libre par rapport aux dogmes bouddhiques. Le Bouddha lui-même recommandait, une fois libéré, de jeter les dogmes, comme on abandonne son radeau une fois le fleuve franchi. Les Soufis disent : « Quand la porte a été ouverte, jette la clef. » Mais le Zéniste va plus loin, il se débarrasse du radeau ou de la clef avant, pour traverser le fleuve plus aisément !

Troisième principe zen : directement au cœur. Le Zen s'avoue abrupt. Il prône l'immédiat, l'Éveil subit (en chinois *touen Wou*), quitte à passer par un enseignement qui, lui, est graduel *(tsien)*. Le premier théoricien du subitisme, un Chinois, Tchou Tao-cheng (360-434), comparait l'enseignement à une lente ascension en montagne, mais l'Éveil à l'arrivée, à la vue totale que l'on obtient d'un coup une fois au sommet. L'Éveil devient Illumination *(wou)*.

Quatrième principe zen : devenir bouddha par vision de la nature-de-bouddha. Le Zen s'affiche anti-élitiste. Bodhidharma a donné la notion métaphysique indispensable à une telle révolution, qui met l'initiation en tout être et à tout moment : la présence de la nature-de-bouddha pour chaque réalité.

> Si vous désirez chercher le Bouddha, vous devez voir en votre propre Nature *(sing)*, car cette nature est le Bouddha lui-même. Si vous n'avez pas vu en votre propre Nature, à quoi sert-il de penser au Bouddha, de réciter les *sûtra*, d'observer un jeûne ou de suivre les préceptes ? [...] Le Bouddha est un homme libre – un homme qui n'œuvre pas et n'accomplit rien. Si, au lieu de regarder votre propre Nature, vous vous détournez pour chercher le Bouddha dans les objets extérieurs, vous ne l'atteindrez jamais. Le Bouddha est votre propre Esprit, ne commettez pas la faute de vous prosterner devant les objets extérieurs. « Bouddha » est un terme de l'Occident [l'Inde] ; ici il signifie « nature illuminée », et par « illuminée » on entend « spirituellement illuminée ». C'est la nature spirituelle d'un être qui, dans l'Illumination, répond au monde extérieur, entre en contact avec les objets, soulève les sourcils, fait cligner les paupières et mouvoir les bras et les jambes. Cette Nature est l'Esprit, et l'Esprit est le Bouddha, et le Bouddha est la Voie, et la Voie est le Zen. Ce simple mot – Zen – dépasse la compréhension, aussi bien du sage que de l'ignorant. **Voir directement dans sa Nature originelle, voilà ce qu'est le Zen.**
>
> *Six Essais de Shôshitsu* (Bodhidharma), chap. *Traité sur la transmission de la Foi. Ketchymia-kourou*, trad. partielle D. T. Suzuki, *Essais sur le Bouddhisme Zen* (1927-1934), trad. de l'anglais, Albin Michel, coll. « Spiritualités vivantes », n°s 9, 10, 11, 1954-1958, réed. 1972, t. 1 , p. 274-277. © Albin Michel, Paris.

Tsong-mi formule de la sorte la théorie de la nature-de-bouddha. Qu'on ne s'y trompe pas, il ne propose pas, comme un religieux, d'imiter le Bouddha, il demande de redevenir bouddha, de retourner à notre origine. Qu'importe le Bouddha historique. Il avait atteint l'Origine, en cela il avait gagné son titre d'Éveillé, de Bouddha. La recherche de l'Origine l'emporte donc sur tout : c'est cela même, la bouddhéité, la réalité réellement réelle.

> Les êtres doués de sentiment ont tous le véritable esprit d'illumination originale. Depuis un temps illimité, cet esprit d'illumination est permanent, clair, lucide, lumineux, exempt d'obscurité, souverainement perspicace, perpétuellement connaissant. On l'appelle nature-de-bouddha [sanskrit *buddhatâ*] et aussi matrice-du-Tathâgata [sanskrit *tathâgata-garbha*]. Depuis un temps illimité qui ne finira pas, comme cet esprit d'illumination est recouvert de pensées fausses, nous ne le reconnaissons pas nous-mêmes, car nous n'admettons que la substance matérielle. [...] Maintenant, ce que nous cherchons, c'est la doctrine suprême et nous nous éveillons à la compréhension de ce fait que nous sommes originellement des Bouddha. Donc, il faut que notre conduite se trouve d'accord avec la conduite du Bouddha, et notre Cœur d'accord avec le Cœur du Bouddha. Retournant à la racine, revenant à la source, nous coupons court aux pratiques inférieures. Retranchant ainsi et encore retranchant, nous arrivons au non-composé.
>
> Tsong-mi († 841), *Enquête sur l'origine de l'homme. Yuan jen louen*, trad. P. Masson-Oursel, *Journal asiatique*, mars-avril 1915.

Le Tch'an apparaît véritablement avec le VIe Patriarche chinois (XXXIIIe Patriarche de la méditation), Houei-neng (>Huineng), en 667. Comment s'est passée la mutation ? Le Ve Patriarche chinois, Hong-jen (>Hongren), avait demandé à ses disciples de rédiger une stance. Le favori, Chen-sieou (>Shenxiu), en proposa une, mais Houei-neng en proposa une autre[1]. Chen-sieou défend l'idée exotérique d'une nature humaine souillée de façon adventice, il défend la pratique morale d'une ascèse graduelle ; de son côté, Houei-neng avance l'idée ésotérique de la pureté originelle de tout être, et il défend la pratique initiatique de la soudaineté, de la prise de conscience de sa nature primordiale. L'esprit de l'homme n'est aucunement différent de l'esprit du Bouddha, le saisir c'est réunifier les deux.

STANCE DE CHEN-SIEOU (trad. P. Carré)	STANCE DE HOUEI-NENG (trad. P. Carré)
Mon corps est l'arbre de l'Éveil ;	Mon esprit est l'arbre de l'Éveil ;
Mon esprit ressemble à un clair miroir.	Mon corps est un clair miroir.
De tout temps, je m'efforce de le faire briller	Un clair miroir forcément pur :
Sans le laisser se couvrir de poussière.	Comment la poussière pourrait-elle le souiller ?

Les historiens n'ont pas manqué d'opposer les deux auteurs sur des points moins métaphysiques. Chen-sieou venait du nord, Houei-neng venait du sud, de Canton. Chen-sieou était un Han érudit, Houei-neng était un aborigène illettré. Chen-sieou avait la charge d'instructeur des moines, Houei-neng, arrivé peu avant dans le monastère, avait pour fonction de broyer le riz. Suivons Houei-neng dans sa cuisine.

Je vais, maintenant, vous conter certains détails de ma propre vie et comment je suis arrivé à entrer en possession de l'enseignement ésotérique de l'École de méditation ou École Zen [sanskrit *Dhyâna*]. [...]
Un jour, le patriarche [Hong-jen, le Ve Patriarche chinois] rassembla tous ses disciples et leur dit :
– [...] Les mérites ne sont d'aucune aide si votre nature propre est obscurcie. Allez et cherchez la Sagesse suprême [sanskrit *prajñâ*] dans votre propre cœur, et écrivez-moi une stance sur ce sujet. À celui d'entre vous qui aura une idée d'ensemble de ce qu'est la nature propre sera donnée la robe, insigne du Patriarcat, et je lui communiquerai le *Dharma* (l'enseignement ésotérique de l'École de méditation). Je ferai de lui le sixième patriarche. [...]
Cette nuit-là, à minuit, s'éclairant d'une lampe, il [Chen-sieou, l'instructeur] alla en secret écrire sa stance sur le mur du corridor sud pour que le patriarche, en la lisant, puisse juger du degré de discernement qu'il avait atteint. [...]

---

1. Chan Wing-tsit, *The Platform Scripture*, Saint John's University Press, New York, 1963, chap. 9, bilingue anglais-chinois.

À minuit, le patriarche fit venir Chen-sieou [...] :
- Votre stance, répliqua le patriarche, dénote que vous n'avez pas encore vu ce qu'est votre propre nature *(svabhâva)*. Jusqu'à présent vous n'avez atteint que le seuil de la porte de l'Illumination, mais vous ne l'avez pas encore franchi. Avec une compréhension telle que la vôtre, il n'y a guère de chance de succès dans la recherche de la suprême illumination [sanskrit *anuttara-samyak-sambodhi*]. Pour atteindre cette suprême illumination, il faut être capable de connaître spontanément votre propre cœur et votre propre nature, lesquels, n'étant pas produits, ne peuvent être annihilés. Il faut être à même de voir, à tout moment, par soi-même. [...]

Deux jours plus tard, il arriva qu'un jeune garçon, qui passait devant la pièce où le riz était broyé [Houei-neng a cette fonction], récita à haute voix la stance écrite par Chen-sieou [Houei-neng, illettré, ne peut connaître la stance autrement]. Dès que je l'entendis, je sus que son auteur n'avait pas encore réalisé ce qu'était la nature de soi. [...]

Je lui dis [à un sous-officier] que, moi aussi, j'avais composé une stance et lui demandai de l'écrire pour moi. [...]

En voyant la foule bouleversée d'étonnement, le patriarche effaça la stance avec sa chaussure par crainte que quelque jaloux me fasse du mal. Il émit aussi l'opinion, admise par tous, que l'auteur de cette stance n'était pas encore arrivé à comprendre sa propre nature.

Le jour suivant, le patriarche vint secrètement dans la pièce où le riz était broyé. En me voyant travailler avec un pilon de pierre, il me dit :
- Celui qui cherche la Voie risque sa vie pour le *Dharma*, n'est-il pas vrai ?
Puis il me demanda :
- Le riz est-il prêt ?
- Il est prêt depuis longtemps et n'attend plus que le tamis, répliquai-je.
Alors le patriarche frappa trois fois le mortier de son bâton, puis il s'en alla. Comprenant ce que ce message signifiait, je me rendis dans sa chambre à la troisième veille de la nuit (minuit). Se servant de la robe comme d'un écran pour que personne ne nous aperçoive, il m'interpréta le *Sûtra du Diamant* [*Vajra-cchedikâ-prajñâpâramitâ-sûtra*]. À l'instant même où il arriva à la sentence « Il faut se servir de son esprit de manière à se libérer de tout attachement », je fus complètement illuminé et réalisai que **tous les phénomènes ne sont que les manifestations de leur nature propre**. [...]

C'est ainsi que, sans que personne le sache, le *Dharma* me fut transmis dans la nuit et que je devins l'héritier de l'enseignement de l'École de l'Illumination subite *(touen men p'ai)* ainsi que de la robe et du bol de mendiant [ordination de moine].

- Vous êtes le sixième patriarche [chinois], me dit-il. [...] Depuis un temps immémorial, la règle d'un Bouddha a été de transmettre à son successeur la quintessence du *Dharma*, tout comme un patriarche transmet à un autre patriarche, d'esprit à esprit, l'enseignement ésotérique. Comme la robe peut être une cause de disputes, vous êtes le dernier à en hériter. Si vous la remettiez à votre successeur, votre vie serait en danger imminent. Il vous faut quitter ce lieu aussi promptement que possible afin que personne ne vous fasse du mal. [...]

Plusieurs centaines d'hommes étaient à ma poursuite dans l'intention de me voler ma robe et le bol de mendiant.

Parmi eux se trouvait un moine du nom de Huei Ming [...]. Quand il arriva au

rocher, il essaya de les prendre mais se rendit compte qu'il ne le pouvait pas. Il s'écria alors :
— Frère laïc, frère laïc, je viens pour le *Dharma*, je ne viens pas pour la robe.
[...] Je lui dis :
— Vénérable seigneur, quand vous ne pensez ni au bien ni au mal, à ce moment précis, quelle est votre vraie nature ?
Dès qu'il eut entendu ces paroles, il devint illuminé, puis demanda :
— Outre ces sentences et ces idées ésotériques transmises de génération en génération par les patriarches, y a-t-il encore d'autres enseignements ésotériques ?
— Ce que je puis vous dire n'est pas ésotérique, répliquai-je. **Si vous tournez votre lumière vers l'intérieur, vous découvrirez, au fond de vous-même, ce qui est ésotérique.**

Houei-neng, *Discours et Sermons d'après le Sûtra de l'estrade sur les pierres précieuses de la Loi. Lieou-tsou ta-che fa-pao t'an king*, chap. I : « Autobiographie », trad. du chinois L. Houlné (1963), Albin Michel, coll. « Spiritualités vivantes », n° 42, 1984, p. 36-50. © Albin Michel, Paris. P. Carré juge « fantasque » cette traduction.

Houei-neng change de méthode. Au lieu de préconiser une méthode graduelle, il propose une méthode abrupte, l'enseignement subit. L'Éveil s'obtiendra d'un coup. L'école de Houei-neng s'appelle « religion subitiste » *(touen-kiao)* ou « école du Sud » *(nan-tsong)* ou Ts'ao-si (du nom du lieu de prédication de Houei-neng).

La méthode graduelle additionne les pratiques *(sieou)*. La méthode subite, en revanche, élimine le temps, elle court-circuite l'intemporalité.

LE ZEN : PRATIQUES INITIATIQUES

Comme nous l'avons fait pour le Taoïsme [1], nous allons détailler les pratiques initiatiques du Zen. Chaque branche de l'école Zen recommande telle ou telle pratique. Deux grandes voies se dessinent. La branche Sôtô privilégie le *zazen* (la méditation assise) avec le maître spirituel : c'est le Zen du silence *(mokushô-zen)*. La branche Rinzai vante l'effet de choc, dont le *kôan* [2] : c'est le Zen de la parole *(kanna-zen)*. Une formule plus sociologique le marque : « Le Rinzai pour les aristocrates, le Sôtô pour les paysans. *Rinzai shôgun, Sôtô domin.* »

Houei-neng considère qu'en fait il n'existe aucune pratique. Il faut voir la nature-de-bouddha, un point c'est tout. Il n'y a pas de pratique parce qu'il n'y a pas de profondeur. Le monde est un cristal : pourquoi chercher des lunettes ? il suffit de regarder. La vérité est ici : cette négation de l'ésotérisme est l'ésotérisme même ; la vie est voie : cette négation de l'initiation est l'initiation *(ping-tch'eng)* même.

---

1. Voir *supra*, p. 782 (« Le Taoïsme : pratiques initiatiques »).
2. Mrs. R. Fuller-Sazaki, *The Zen koan. Its History and Use in Rinzai Zen*, Kyôtô, 1965.

PRATIQUES INITIATIQUES DU ZEN

pratiques artistiques :	calligraphie, peinture, poésie...
pratiques méditatives *(mokushô-zen)* :	postures, concentration...
pratiques monastiques *(tera)* :	mendicité, travail manuel...
pratiques verbales *(kanna-zen)* :	sentences chocs, entretiens...
pratiques de la voie *(dô)* :	épée, arc, judo, thé, jardin...

Au préalable, le novice, comme le Bouddha lui-même, affirme sa ferme résolution.

Nous croyons de tout notre être en la vérité de l'enseignement du Bouddha, selon lequel nous sommes tous dotés de l'esprit *bodhi*, et en conséquence nous sommes déterminés à découvrir et à connaître pour nous-mêmes la réalité de cet Esprit.

Hakuun Ryôko Yasutani (1885-1973), *Conseils d'introduction à la pratique du Zen*, trad. du japonais Ph. Kapleau, *Les Trois Piliers du Zen*, Stock, 1980, p. 75.

Première série de pratiques initiatiques Zen : MÉDITATION ET MAÎTRE

Le *zazen* (méditation assise)
Le zéniste ne pense pas. En quoi il est esprit ! Ce paradoxe contient l'essence du Zen.

Zazen signifie « assis en méditation ». Il s'agit avant tout de vider l'esprit dans une posture favorable à ce but. S'il n'y a pas *zazen*, il n'y a pas Zen.

Demeure assis en méditation [*zazen*], plein d'ardeur et de volonté ! La méditation assise est la base... Ferme la porte et assieds-toi ! Ne lis pas les *sûtra*, ne parle à personne. Si tu t'exerces et fais effort pendant longtemps, tu connaîtras un fruit bien doux, comme le singe qui extrait le cerneau de la coquille de noix. Mais rares sont ceux qui y parviennent.

Tao Hin, IIe Patriarche Zen, cité par le *Dictionnaire de la sagesse orientale*, éd. cit., p. 571.

Le *zazen* avec objet de méditation
Le débutant en *zazen* se donne un objet de méditation, par exemple sa propre respiration, un *mandala*, un *kôan*, une idée.

Alors que le yoga indien veut discipliner le souffle, le Zen se fonde sur le rythme naturel, inspiration et expiration d'air. La respiration devient consciente sans cesser d'être spontanée. Dans le yoga, il faut maîtriser le souffle pour atteindre à un état supérieur de conscience, alors que dans le Zen le souffle ne fait que traduire l'état supérieur de conscience. Le débutant commence par compter. C'est « la contemplation du nombre des mouvements respiratoires » *(susoku-kan)* : 1 j'inspire, 2 j'expire, 3 j'inspire... 10 j'expire, 1 j'inspire...

La pratique du *zazen* commence par le contrôle de la respiration. L'élève est assis dans la posture immobile du *zazen*, compte ses inspirations et ses expirations. C'est là la première étape du processus tendant à l'apaisement des fonctions du corps, à la neutralisation de la pensée discursive et au renforcement de la concentration.

Hakuun Ryôko Yasutani, *op. cit.*, p. 30-31.

Le *zazen* sans objet de méditation (*shikantaza*, « assis sans rien rencontrer »)
Le *zazen* authentique consiste à être concentré, recueilli, mais pas sur une chose ou sur une idée.

Le *Shikantaza* [assis sans rien rencontrer] est un état d'éveil et de concentration, comparable à celui d'un homme confronté avec la mort. Imaginez que vous êtes engagé dans un duel au sabre, comme ceux qui se pratiquaient dans l'ancien Japon. Vous observez votre adversaire avec une attention qui ne se relâche pas. Si votre vigilance faiblissait, fût-ce une seconde, vous seriez aussitôt touché à mort. La foule se rassemble pour suivre le combat. N'étant pas aveugle, vous voyez les spectateurs du coin de l'œil, et, n'étant pas sourd, vous les entendez, mais pas un instant votre esprit ne se laisse distraire par ces impressions sensorielles.

Hakuun Ryôko Yasutani, *op. cit.*, p. 69.

Le maître spirituel
La pratique du *zazen* exige la présence d'un maître spirituel.

Peut-être la pratique de la Voie dépend-elle de la pertinence de la direction du maître. L'occasion est comparable au bois de bonne qualité, et le maître au bon artisan. Qu'il y ait du bon bois, mais pas de bon artisan, et la qualité du bois ne se manifestera pas. Par contre, un bois de mauvaise qualité fera merveille entre les mains d'un maître. L'authenticité de l'intuition de la vérité dépend de la qualité du maître.

Dôgen Zenji (Zen Sôtô).

Deuxième série de pratiques initiatiques Zen : LA PAROLE

Une autre façon d'atteindre à l'Éveil consiste, précisément, à réveiller, à tirer brusquement la conscience de l'état de sommeil à l'état de veille. Le choc peut se révéler efficace, comme l'électrochoc dans certaines cures psychiatriques. Le maître chinois Ma-tsou (>Mazu, † 788) cherchait le déraillement [1]. Pour cela, il utilisait le cri : *Ho !* il brusquait ses disciples, leur donnait des coups, leur pinçait le nez.

La sentence choc *(kôan)*
Vous rêvassez, quelqu'un s'approche pour vous rappeler à la réalité, vous ne l'entendez pas, vous sursautez. Voilà ce qu'est le *kôan* (littéralement « pratique de gouvernement » ; chinois : *kong ngan*). Il se donne

---

[1]. Catherine Despeux, *Les Entretiens de Mazu, maître chan du VIIIe s.*, Les Deux Océans, 1980, 80 p.

comme une sentence choc, percutante, déroutante, destinée à faire accéder d'un coup à l'Éveil. Le kôan sert de pratique d'éveil depuis Tsong-kao (>Zonggao, † 1163), mais on en connaît à partir du Xe siècle. La majorité des kôan a pour origine une question-réponse *(mondô)* ou une discussion *(hossen)*. Voici quelques kôan, parmi les plus célèbres [1] :

– Vois à quoi ressemble en ce moment le visage que tu avais à l'origine, et même avant ta naissance (Houei-neng)
– Tout retourne à l'Un. Mais où retourne l'Un ? (Tchao-tcheou Tsoung-chen)
– Je te le dirai aussitôt que le ruisseau Tong Chan coulera en remontant la pente (Tong-chan Liang-kiai)
– Quel est le bruit du claquement d'une seule main ? (Hakuin Zenji).

Le kôan se présente comme un paradoxe. Comme le paradoxe avance des contradictions, des impossibilités, des absurdités, des contresens, il fait sortir de la logique banale, fondée sur la dualité, sur l'opposition objet-sujet, sur l'affrontement vie-mort. On déraille pour arriver. On abandonne les deux rails pour faire un superbe plongeon dans l'océan cosmique.

Le kôan peut être remplacé par une question-réponse *(mondô)*, une discussion *(hossen)*, un entretien *(dokusan)*, un exposé *(teishô)*, un poème.

> Mélodie d'une harpe sans cordes,
> ou d'une flûte sans trous,
> cette musique émeut les cœurs les plus froids,
> son harmonie bouleverse l'esprit le plus ironique.
> Le sujet et l'objet disparaissent tous deux,
> l'activité des phénomènes et la profondeur de la sagesse s'assoupissent.
> Il n'y a plus d'anxiété, de projets, de calculs,
> on ne pense plus.
> Le vent tombe, les vagues disparaissent,
> l'océan se calme.
> Avec le soir, la fleur se referme, les gens s'en vont,
> alors la paix de la montagne devient profonde.

Keizan Jôkin (1268-1325), *op. cit.,* trad. T. Deshimaru, *La Pratique du Zen* (1974), Albin Michel, coll. « Spiritualités vivantes », n° 25, 1981, p. 119. © Albin Michel, Paris.

Le geste

La parole peut être muette. Quelque chose est dit, qui ne passe plus par la voix, mais par un acte symbolique.

---

1. Recueils de kôan : Yuan-wou K'o-k'in (>Yuanwu Keqin, de l'école Lin-tsi-tsong, † 1135), *Écrits de la falaise bleue. Pi-yen lou* (>*Biyan lu*), trad. anglaise Th. et J.C. Cleary, *The Blue Cliff Record*, Shambala Publications, 1977, 3 t., 656 p. ; Wou-men Houei-k'ai (>Wumen Huikai), *Passe sans porte. Wou-men Kouan* (>*Wumen guan*, 1229), trad. partielle Shibata Masumi, *Passe sans porte (Wou-men-kouan)*, Éditions Traditionnelles, 1962, 166 p. : 48 kôan ; Ijûshi, *Recueil de sentences de la forêt du Zen. Zenrin kushû* (1688), trad. partielle du japonais en anglais Shigematsu Sôiku, *A Zen Forest*, Weatherhill, New York, 1981, 200 p.

Maître Kouei-chan Ling-yeou [>Guishan Lingyu, 771-853] travaillait comme aide-cuisinier depuis le début de sa formation auprès de Pai-tchang Houai-hai [>Baizhang Huaihai =Po-tch'ang, 720-814]. Pai-tchang cherchait un abbé pour le monastère de Kouei-chan. Il s'en ouvrit au doyen des moines ainsi qu'à l'ensemble de la communauté. Le meilleur partirait. Sur ces mots, Pai-tchang leva une cruche avant de la reposer par terre et de demander :
— Vous ne devez pas appeler cela une cruche. Comment allez-vous donc l'appeler ?
Le doyen des moines dit :
— On ne peut tout de même pas l'appeler sandale de bois.
Alors Pai-tchang interrogea Kouei-chan. Celui-ci retourna aussitôt la cruche et s'en alla.
Pai-tchang dit en riant :
— Le premier moine a perdu contre Kouei-chan.
Et il ordonna que Kouei-chan partît fonder le nouveau monastère.

Wou-men Houei-k'ai, *Passe sans porte*. *Wou-men-kouan* (1229), 40, trad. du chinois M. Shibata, Éditions Traditionnelles, 1973.

Je n'aurai pas le culot d'interpréter le premier geste, ni le second, ce qui aurait l'air de me placer comme plus malin que les deux maîtres, et encore plus sot que le doyen des moines englué dans les mots.

Le horion

Le choc des mots peut être remplacé par le choc tout court, par un coup. Le coup aussi bien accompagne le *kôan*, pour le renforcer. To-chan Hiuan-kien et Lin-tsi ont prôné la gifle, le coup, que le maître assène — sans méchanceté, évidemment — avec un chasse-mouches, un balai, un bâton *(kyosaku)*. Lin-tsi avait reçu trois coups pour avoir demandé à son maître, Houang-po Hi-yun, quel était le principe du Bouddhisme. C'était une sotte question pour qui cherche la voie : cela valait bien un coup ; mais, la recherche du principe est méritoire, elle vaut une récompense : le coup, c'est aussi un coup de main.

Un jour, comme le maître prenait congé de Houang-po Hi-yun [>Huangbo Xiyun, † 855 ?, fondateur d'une branche du Zen], celui-ci lui demanda :
— Où vas-tu ?
Le maître dit :
— Si ce n'est au Sud du Fleuve [Jaune], c'est que je retournerai au Nord du Fleuve.
Alors Houang-po le battit. Le maître l'arrêta en lui serrant le bras et lui donna un soufflet. Houang-po poussa un grand éclat de rire et appela son assistant :
— Apporte la planche à Dhyâna et l'escabeau de feu mon maître [Pai-tch'ang Houai-hai, autrement dit : je te donne les signes de la succession dans la lignée patriarcale ; autrefois, c'étaient la robe et le bol].
Le maître dit :
— Assistant, apporte du feu [autrement dit : je néglige les témoignages visibles].
Houang-po dit :

– Dis ce que tu veux, mais emporte-les seulement. Par la suite, ils te serviront à couper court aux mauvaises langues du monde.

Lin-tsi († 866), *Les Entretiens de Lin-tsi. Lin-tsi Lou*, trad. du chinois P. Demiéville, Fayard, coll. « Documents spirituels », 1972, p. 224.

Troisième série de pratiques initiatiques Zen : LE MONASTÈRE

Dans le Zen, la voie monastique s'amplifie avec Pai-tchang († 814), qui réglemente le monastère et introduit le travail : « Un jour sans travail, un jour sans manger. »

La mendicité *(takuhatsu)*
Le Bouddhisme indien déjà exige que le moine mendie.

Dans le cheminement de la recherche, il faut commencer par apprendre la pauvreté.

Dôgen Zenji, *Le Trésor de l'œil de la loi authentique. Shôhô-genzô*, éd. cit. © Le Courrier du Livre, Paris.

Le travail manuel *(samu)*
Alors que le Bouddha interdit au moine toute forme de travail, le Zen recommande l'activité quotidienne, ce qui convient aussi bien aux moines qu'aux laïcs.

Lorsque Maître Dôgen se rendit en Chine en 1223, âgé de vingt-quatre ans, il rencontra un vieux *tenzo* [maître des cuisines dans un monastère zen] faisait sécher des champignons. Ils parlèrent, et le vieux *tenzo* lui dit :
– Jeune homme, jeune étranger, vous ne comprenez pas le sens des mots, vous ne comprenez pas le *bendô* (la pratique de la voie). [...]
Ce vieux moine, venu de si loin pour faire l'achat de champignons qu'il cuisinera ensuite, cela dépassait sa compréhension actuelle. [...]
– La voie est partout, dit le vieux *tenzo*.

T. Deshimaru, *Le Bol et le Bâton. 120 contes zen* (1980), Albin Michel, coll. « Spiritualités vivantes », n° 59, 1986, p. 193-196.

Quatrième série de pratiques initiatiques Zen : LES ARTS

La musique
La branche P'ou-houa (>Puhua), de Tchang Hiong (>Zhang Xiong), remplace, au milieu du IXe siècle, la récitation des textes par le son de la flûte de bambou. Kakushin apporte cette pratique au Japon en 1254.

La poésie
Le plus grand poète japonais, Matsuo Bashô (« Bananier », 1664-1694), est un fervent du Zen. Son slogan, « sobriété, harmonie, quiétude *(sabi, shiori, hosomi)* » est typiquement Zen. Il mène toute son existence une vie errante, fasciné par la beauté des paysages.

Un grand nombre de moines zen compose des poésies. Ou plutôt un poème se fait. La poésie zéniste se veut brève, sobre, méditative. Un poème ne décrit pas, il n'explique pas, il pose un monde. Le philosophe zen pose le monde, le poète zen pose tel monde, un vide qui passe, qui troue notre épaisseur et notre obscurité, vers un autre trou, un autre poème, un autre zen.

> Elles vont bientôt mourir
> Les cigales ; on ne s'en douterait pas
> Lorsqu'on les écoute.

Bashô, *Haiku* (1683-1694), trad. du japonais, IICI, 1936.

La calligraphie *(shodô)*
Musô Soseki (1275-1351), Ikkyû Sôjun (1349-1481), Hakuin Zenji (1686-1769) ont acquis la célébrité autant comme calligraphes que comme Zénistes.

La peinture *(zenga)*
Le peintre zen le plus célèbre est Sesshû Tôyô (1470), qui relevait du Zen rinzai. La peinture zen fut renouvelée par Hakuin vers 1740, après vingt ans de recherches. Les artistes restent très sobres, fascinés qu'ils sont par le vide.

L'art des jardins, l'architecture
Musô Soseki se montre un Maître dans l'art du jardin. Le célèbre jardin de pierres zen *(kare-sangui)* du Ryôan-ji, à Kyôto, date de 1455. Il est fait de sable ratissé et comprend quinze rochers qu'on ne peut voir en même temps. Le paysage est sec, puisqu'on ne trouve que sable et rochers, et cela évoque le vide de nature propre, le dénuement de l'esprit. Les rochers sont disposés selon le rythme 7-5-3, dans le cas présent on a de gauche à droite 5 et 2 (= 7), puis 3 et 2 (= 5), enfin 3.

« On reconnaît le style zen (des temples) à la finesse de l'ossature, aux poteaux placés sur une base de bois et qui s'amincissent à leurs extrémités, aux chevrons rayonnant sous l'avant-toit, aux plafonds de bois plat. Dans les écoles ésotériques, les espaces destinés au rituel et aux prières étaient réunis sous le même toit » (Éléonore Brisbois).

Cinquième série de pratiques initiatiques Zen : LES ARTS DE LA VOIE *(dô)*
L'Extrême-Oriental n'oppose pas théorie et pratique, recherche fondamentale et recherche appliquée. Les Chinois puis les Japonais ont eu le génie de chercher la libération dans l'art, dans un art quotidien. Chaque geste s'éclaire. Les héros ne se cantonnent pas aux champs de bataille, les initiés ne se remarquent pas dans des gestes grandioses. Transformer un acte banal en geste sacré, n'est-ce pas une façon de réussir sa vie, même si la société vous classe comme un « raté » ?

La voie du thé *(sadô)*
Je tiens dans mes mains un bol de thé ; je vois la totalité de la nature représentée dans sa couleur verte. En fermant les yeux, je découvre des montagnes vertes et de l'eau pure au fond de mon propre cœur. Assis tout seul à boire du thé dans le

silence, je sens qu'elles deviennent une part de moi-même. Quoi de plus merveilleux pour celui qui, comme moi, suit la Voie du thé ?

Voici ma réponse : l'harmonie de l'hôte et de l'invité, créée par la « rencontre de deux cœurs » et le partage d'un bol de thé.

J'ai parcouru le monde entier, avec pour but d'atteindre la « paix en partageant un bol de thé ». Si vous prenez un bol de thé vert entre vos mains et le buvez, vous sentirez que vous ne faites plus qu'un avec la nature, et là se trouve la paix. Si vous offrez un bol de thé à quelqu'un, vous pourrez répandre cette paix. J'espère que vous boirez avec moi, et que nous partagerons cette paix.

Soshitu Sen, *Vie du thé, esprit du thé*, trad. de l'anglais *(Tea Life, Tea Mind)*, éd. Jean-Cyrille Godefroy, 1983, p. 106.

Les arts martiaux *(budô)* : épée *(kendô)*, arc *(kyûdô)*, judo...

Rien ne ressemble moins aux arts martiaux que la boxe, qui casse le visage et le cerveau, développe la brutalité, oppose deux hommes, dégrade mille spectateurs. Les arts martiaux initient[1] par la pratique de techniques guerrières, comme le bâton, la lutte. Les fondateurs des arts martiaux sont des initiés ou bien ont eu des expériences initiatiques. Le karaté fut fondé, dit-on, par Bodhidharma au temple Chao-lin. Morihei Ueshiba (1883-1969), fondateur de l'aiki-dô, revendique pour son art une signification ésotérique. Il n'ajoute pas un bavardage spiritualiste sur son art martial. Non, il vit spirituellement son art martial. Et, là, aucune hypocrisie ou tergiversation ne tient. Vous devez gagner le combat : preuve que l'ésotérisme est efficace, vous devez le gagner en retournant la force de l'adversaire : preuve que l'ésotérisme est réversion, preuve aussi que l'aiki-dô ne repose pas sur la force brutale mais sur une puissance spirituelle.

Je me consacrai à l'étude du *budô* [voie martiale] dès l'âge de quinze ans [1898]. Je rendis visite aux professeurs d'escrime et *jiu-jutsu* dans les différentes provinces. Je maîtrisai rapidement les secrets des écoles les plus anciennes, mais je ne rencontrai personne pour m'enseigner l'essence du *budô*, but de ma recherche personnelle. Je frappai donc aux portes des différentes religions, mais je ne pus obtenir de réponse concrète.

Ensuite, au printemps de l'année 1925, si je me souviens bien, alors que je me promenais en solitaire dans le jardin, j'eus l'impression que l'univers se mit à trembler et qu'un esprit d'or jaillit du sol et enveloppa mon corps et le changea en or.

Au même instant mon esprit et mon corps s'allégèrent. Je me trouvai dans l'état de comprendre le gazouillis des oiseaux et j'eus une parfaite conscience de l'esprit de Dieu, créateur de cet univers.

À ce moment-là je fus illuminé : l'amour de Dieu est à la source du *budô*, l'amour qui porte à protéger tous les êtres. Des larmes de joie, intarissables, ruisselèrent sur mes joues.

Depuis ce moment-là le sentiment que la terre entière est ma demeure, que le Soleil, la Lune et les étoiles m'appartiennent a grandi en moi. Je me suis libéré de

---

1. P. A. Riffard, *L'Ésotérisme*, éd. cit., p. 387-391.

tout désir, non seulement du désir d'avoir une situation, de posséder ou d'être célèbre, mais aussi d'être fort.

Je compris que le *budô* ne consiste pas à jeter en force l'opposant au sol, qu'il n'est pas non plus un instrument pour conduire le monde à la destruction par les armes. Le véritable *budô*, c'est accepter l'esprit de l'univers, maintenir la paix dans le monde, engendrer, protéger et mettre en valeur tout ce qui vit dans la nature, et d'après son exemple.

Je compris que la pratique du *budô* consiste à recevoir l'amour de Dieu, qui engendre, protège et met en valeur tous les êtres de la création, à le faire sien et à l'utiliser dans son cœur et dans son corps.

Morihei Ueshiba, fondateur de l'aiki-dô en 1938, cité par A. Protin, *Aikido, un art martial, une autre manière d'être*, Dangles, coll. « Horizons spirituels », 1977, p. 78-79. © Éditions Dangles, Paris.

Les arts martiaux apprennent physiquement l'enseignement de la méditation, que tout est esprit, que l'opposition objet-sujet n'existe pas, que la spontanéité, le retour à l'origine, donne la vraie réalité, etc. Eugen Herrigel, un Allemand, a recueilli les propos de son maître japonais dans l'art du tir à l'arc *(kyûdô)*, Kenzo Awa.

N'interrogez pas, entraînez-vous ! [...]
Comportez-vous comme si le but était l'infini. Pour nous, Maîtres de l'arc, c'est un fait connu et confirmé par des expériences quotidiennes. Un bon archer tire plus loin avec un arc de moyenne puissance qu'un archer sans âme avec l'arc le plus fort. Le résultat n'en revient pas à l'arc, mais à la « présence d'esprit », au dynamisme et à la faculté d'éveil avec laquelle vous tirez. [...]
Je sais que le mérite ne m'en revient pas. « Quelque chose » a tiré et touché le but. Inclinons-nous devant le but comme devant Bouddha !
Toutes ces choses, arc, flèche, moi, s'amalgament tellement que je ne suis plus capable de les séparer. D'ailleurs le besoin de séparer n'existe plus. Dès que je saisis l'arc et que je tire, tout devient si clair, si un, si ridiculement simple.

Kenzo Awa, *apud* E. Herrigel (Bungaku Hakushi), *Le Zen dans l'art chevaleresque du tir à l'arc* (1953), trad. de l'allemand, Dervy-Livres, coll. « Mystiques et Religions », 1970, p. 73, 77, 83, 86-87.

La spontanéité *(onozukara)*

Le zéniste, même très technicien, est naturel. Le poète chinois Han-chan (>Hanshan), dont les poèmes ont été rassemblés dans un livre intitulé *Poèmes de la montagne froide. Han-chan-che*, a privilégié la spontanéité. Han-chan signifie « montagne froide », car il vivait en ermite, laïc et non pas moine, sur un endroit appelé « Montagne Froide ». Il avait choisi le site par la géomancie. Il vivait avec sa femme et son enfant.

L'essentiel, c'est Montfroid :
Un long désœuvrement parmi les nuées blanches !
Les singes crient ma joie d'être entré dans la Voie,
Et le tigre rugit : oui, j'ai quitté les hommes !
Mon pas solitaire a des cailloux pour semelles,
Je chante en solo en m'agrippant aux lierres.

> Pur bruissement du vent dans les sapins,
> Harmonies des oiseaux qui gazouillent !

<small>Han-chan (vers 650), *Poèmes de la montagne froide*, trad. allemande S. Schuhmacher, *Han Shan. 150 Gedichte vom Kalten Berg*, Düsseldorf, 1974. Trad. partielle *apud* P. Carré et Z. Bianu, *La Montagne vide. Anthologie de la poésie chinoise IIIe-XIe siècle*, Albin Michel, coll. « Spiritualités vivantes », n° 63, 1987, p. 37-51, p. 44.</small>

Au terme — et au début — est l'Éveil (*bodhi* en sanskrit, *satori* en japonais). La méditation n'est pas le moyen et l'éveil le but, puisque l'éveil est méditation. Une fois en état zen, on continue à méditer, alors qu'une fois arrivé à destination on laisse la voiture. Un intellectuel pense, la pensée est un moyen. Un zéniste médite, sa méditation c'est lui-même. On pourrait comparer l'intellectuel au touriste et le méditant au voyageur. Le touriste veut voir un paysage, il y va en avion, tandis que le voyageur considère que tout est voyage, y compris le déplacement, il voyage quand il marche, il voyage quand il arrive, et il n'« arrive », il ne voit bien que parce qu'il a voyagé. Le touriste, certes, est arrivé avant lui, mais, placé brutalement devant son paysage, qu'en voit-il ?

La **réalisation zen** suppose la concentration (1), devient Éveil (2) et se vit dans le quotidien (3). La concentration, négativement, laisse passer les pensées, et, positivement, permet de s'harmoniser avec ses propres fonctions, donc, avec l'univers. La concentration se parachève en Éveil, qui est conscience de la nature-de-bouddha, identification de l'objet et du sujet, une même expérience impossible à décrire, et qui, d'ailleurs, n'a pas la même ampleur selon le niveau de conscience de celui qui l'atteint. Les Japonais emploient le mot *satori*, « éveil », ou *kenshô*, « vision de l'essence ». Dans cette contemplation, le méditant prend brusquement conscience du vide, qu'il est de même nature que le monde. Le sujet méditant et l'objet médité font un. Il n'y a pas de séparation entre l'homme et les phénomènes. Le vide s'effectue dans cet effondrement de la barrière entre sujet et objet. La conscience remonte à son origine et à l'Origine même pour voir sa face à l'origine, quand elle était parfaite. Le Zen est la connaissance de son propre cœur, identique à notre nature originelle, à la nature originelle. On s'éveille à la pureté primordiale de son esprit et de la totalité. Il y a absorption dans l'ainsité, fusion. Ce qu'il y a de proprement Zen tient dans le vécu même de ce vide. Le Zen s'accomplit dans la vie quotidienne, il se prolonge dans tous les actes, et pas seulement dans l'extase d'un moment, comme chez les mystiques. La vie de tous les jours est source aussi bien que delta de l'Éveil, puisqu'on trouve l'illumination dans de petites choses et qu'on savoure l'illumination au milieu des petites choses.

<small>[Concentration, japonais *zanmai*, sanskrit *samâdhi*] Qu'est-ce que la concentration ? Penser sans penser. [...] Il ne faut ni lutter contre les pensées ni se fixer dessus. Il est écrit dans le *Shodoka* [*Chant de l'Éveil immédiat*, de Yong-kia Hiuan-k'iue >Yongjia Xuanjue, en japonais Yôka Genkaku, 665-713] : « On ne</small>

doit pas rechercher la vérité ni couper ses illusions. » On laisse passer les pensées, on ne les entretient pas, elles perdent ainsi leur acuité, et *zazen* nous conduit au-delà. [...] Qu'est-ce que la concentration ? Dans les textes zen traditionnels, il est dit : regarder sans regarder, entendre sans entendre, sentir sans sentir, penser sans penser. Il faut se concentrer sur les six sens à la fois (la conscience étant considérée comme un sixième sens), les unir, les harmoniser. Si les sens sont unifiés, on peut trouver la véritable concentration sans se servir de la volonté. Penser sans penser, inconsciemment... Il existe divers moyens pour aider à trouver cette concentration : par exemple pousser à fond sur les intestins durant l'expiration, ou recevoir le *kyosaku* (bâton du maître zen). [...]

[Éveil, japonais *satori*, sanskrit *bodhi*] La vraie lumière ne resplendit pas. Elle n'illumine pas sous une forme spectaculaire comme la renommée. Un vieux maître zen, un jour d'hiver, dans un temple de montagne, s'adressa à son disciple : « J'ai très froid. S'il te plaît, active le feu. » Le disciple observa : « Maintenant, il n'y a plus de lueur, le feu est mort. Il n'y a plus que des cendres dans le foyer. » Le maître s'approcha, remua les cendres avec ses doigts, et, tout au fond, trouva une petite braise rouge. « Regarde ici, tu peux voir une petite lumière. » Il l'anima, et la flamme jaillit toute grande. Alors le disciple obtint le *satori*. Ce feu est une image de la véritable illumination. [...] Découvrir la lumière originelle dans la terre de notre cœur. Inconsciemment, trouver, à travers la méditation en *zazen*, l'intuition de l'existence primitive. Recevoir l'énergie *(ki)* dans notre esprit et notre corps — jusque dans chacune de nos cellules.

[Vie quotidienne, japonais *mijodo no aigen*] Bien sûr, le Bouddha a été illuminé, et son éveil est représenté symboliquement par un point sur le front, entre les deux yeux, le troisième œil. Tout le monde sait cela. Mais, dans le Zen, l'illumination signifie aussi : « ne pas manger avec le nez, manger avec la bouche », c'est-à-dire ne pas avoir de geste faux. L'illumination éclate dans chaque geste de la vie quotidienne. [...] Un grand Maître connut l'Éveil en entendant un caillou tinter contre un bambou, un autre en voyant un pêcher en fleurs. [...] Si l'on pratique *zazen* régulièrement, on peut recevoir le *satori* automatiquement, parfois graduellement, parfois en une complète révolution intérieure, un total retournement de l'être vers le dedans. La pure lumière sans souillure est la plus haute sagesse : sans souffrance, sans ignorance, sans doute, sans anxiété. Chaque phénomène de notre vie, tous les jours, y donne accès. Au cœur des cendres rougeoie encore la braise.

T. Deshimaru, *La Pratique du Zen* (1974), Albin Michel, coll. « Spiritualités vivantes », n° 25, 1981, p. 80-84. © Albin Michel, Paris.

LE ZEN : UN ÉSOTÉRISME ?

Le Zen (au sens large de Bouddhisme de la méditation) est-il ésotérique ?

Certaines écoles du Zen n'ont rien d'ésotérique, elles sont mystiques, religieuses, politiques, mais pas ésotériques.

Mais le Zen est, fondamentalement, un ésotérisme, déjà par ses **voies de recrutement**. La légende de Mahâkâshyapa suffirait à l'illustrer. Chen-houei (>Shenhui), un disciple de Houei-neng, affirme en toute netteté qu'il y a élection, encore que les spécialistes l'accusent d'avoir quelque peu falsifié l'histoire du Zen au bénéfice de sa recherche personnelle du pouvoir.

Les Bouddhas des trois temps (passé, présent, futur) enseignent aux êtres l'Ainsité, et les *bodhisattva*, dans leur grande compassion, se sont transmis l'un à l'autre cette doctrine jusqu'à Bodhidharma qui vint ici, en Chine, pour être le premier de notre lignée. Cette transmission [...] ne fut jamais interrompue. Si ce qui est transmis est un enseignement ésotérique, c'est afin d'obtenir des hommes de valeur.

Chen-houei, *Entretiens*, trad. J. Gernet, *Entretiens du Maître de* dhyâna *Chen-houei du Ho-tsö, 668-760*, ÉFEO, A. Maisonneuve, 1949, p. 109 (ou Publications de l'ÉFEO, 1977).

L'ésotérisme zen, comme tous les ésotérismes, admet l'opposition entre initiés et non-initiés, comme tous les ésotérismes aussi, il l'évacue d'une certaine manière, puisque l'ésotérisme tient chacun pour déjà initié. Le Zen oppose bien l'homme ordinaire *(bonpu)*, la conscience obscure, à l'homme non ordinaire, à la conscience éveillée, mais pour dire simplement ceci : tout homme est déjà bouddha, chaque vivant est nature-debouddha, seulement l'homme ordinaire n'est que potentiellement éveillé alors que l'homme non ordinaire est réellement éveillé. L'homme ordinaire ne sait pas qu'il n'est pas ordinaire. Il se croit quelqu'un, il croit à un moi, il vit dans le malheur, tout en ayant en lui, ou plutôt sans lui, sans ce moi, la félicité et l'infini. Un affamé meurt devant un monceau de viande qu'il prend pour un caillou. Voilà ce que ressasse tout ésotérisme, qu'on accuse de vouloir voler pour lui seul le morceau de viande. Qu'en ferait-il s'il est végétarien ?

L'ésotérisme zen repose encore sur un certain langage, hermétique, autrement dit sur certaines **voies de transmission**. Houei-neng aurait élaboré un langage hermétique fait de 97 symboles inscrits chacun dans un cercle. Ces symboles sont connus dans la branche zen Kouei-yang [1] (Igyô au Japon).

L'hermétisme passe aussi par une représentation figurée. Une œuvre zen demeure justement célèbre, *Les Dix Tableaux du dressage de la vache* [2]. On doit l'œuvre à un moine chinois de la branche Lin-tsi-tsong, K'ouo-ngang Tche-yuan (japonais Kakuan Shien, vers 1150). Dix images cachent (au sot) et montrent (au sage), derrière la capture d'un bœuf ou

---

1. Fondée par **Kouei**-chan Ling-yeou (>Guishan Linggyu, 771-853) et **Yang**-chan Houei-ki (>Yangshan Huiji, 807-883 ?).
2. *Les Dix Tableaux du dressage de la vache*. *Jûgyû-no-zu* (vers 1150), pour la version classique de K'ouo-ngang Tche-yuan (japonais Kakuan Shien, peintre et moine de l'école Rinzai), trad. et présentation par J. Herbert (*Les Dix Tableaux du domesticage de la vache*, Dervy-Livres, 1970) ou par Ph. Kapleau (*Les Trois Piliers du Zen*, Stock, 1980). Catherine Despeux a comparé le dressage du buffle dans le Zen au dressage du cheval dans le Taoïsme et au dressage de l'éléphant dans le Bouddhisme tibétain (*Le Chemin de l'éveil*, Asiathèque, 1981, 144 p.).

CHIFFRES ZEN	SIGNIFICATION LITTÉRALE	EXPLICATION DE CES JEUX DE CARACTÈRES
1 大無人 dai ni jin nashi	la grandeur sans l'homme	= 大 sans 人 → 一 = 1
2 天無人 ten ni jin nashi	le ciel sans l'homme	= 天 sans 人 → 二 = 2
3 王無中 ô ni chû nashi	le roi sans milieu	= 王 sans 丨 → 三 = 3
4 罪無非 zai ni hi nashi	la faute sans mal	= 罪 sans 非 → 四 = 4
5 吾無口 go ni kuchi nashi	moi sans bouche	= 吾 sans 口 → 五 = 5
6 交無人 kô ni jin nashi	échange sans homme	= 交 sans 人 → 六 = 6
7 切無刀 setsu ni to nashi	couper sans couteau	= 切 sans 刀 → 七 = 7
8 分無刀 bun ni to nashi	partager sans couteau	= 分 sans 刀 → 八 = 8
9 丸無点 gan ni chu nashi	rond sans accent	= 丸 sans ヽ → 九 = 9
10 針無金 shin ni kin nashi	aiguille sans métal	= 針 sans 金 → 十 = 10

LES CHIFFRES ÉSOTÉRIQUES DES MOINES ZEN
(G. Ifrah, *Histoire universelle des chiffres*, t. 1)

d'un buffle, les dix étapes de l'initiation zen. Ces étapes offrent diverses **voies d'initiation** : *sûtra* (étape 2), *mantra* (3), discrimination (4), concentration (5), paix (6), union du sujet et de l'objet (7), contemplation du vide (8), retour à l'Origine (9), compassion pour tous les hommes (étape 10).

LES DIX TABLEAUX DU DRESSAGE DE LA VACHE
tableau 6 (le retour à la maison)

    1. Recherche de la vache. Il a perdu l'animal parce qu'il s'est égaré lui-même à cause de ses sens trompeurs.
    2. Apparition des traces. À l'aide des *sûtra* [discours bouddhiques] et en cherchant dans les doctrines, il est parvenu à comprendre quelque chose, il a trouvé les traces.
    3. Découverte de la vache. Le bouvier trouve son chemin par le son [*mantra*] ; c'est par là qu'il voit l'origine des choses et tous ses sens sont maintenant harmonisés. Le jeune bouvier s'apercevra que cette harmonie n'est pas autre chose que lui-même.
    4. Capture de la vache. Perdu si longtemps dans ces lieux sauvages, le bouvier a enfin trouvé la vache, il la touche. Mais, à cause de la pression irrésistible du monde extérieur, il a de la peine à la tenir.
    5. Dressage. Les choses nous écrasent, non pas à cause du monde objectif mais à cause de notre mental qui se dupe lui-même. Ne relâchez pas les rênes.
    6. Retour sur le dos de la vache. La bataille est finie ; l'homme ne se préoccupe plus de gain ni de perte. Il fredonne un air rustique de bûcheron.
    7. La vache oubliée, l'homme est seul. Les *dharma* [réalités] sont un, la vache est symbolique. Quand vous savez que ce dont vous avez besoin ce n'est pas le piège ni le filet mais le lièvre ou le poisson, c'est comme l'or séparé de ses impuretés, c'est comme la Lune sortant des nuages.
    8. La vache et l'homme ont disparu. Tout est vide : le fouet, la corde, l'homme et la vache.
    9. Retourner à l'Origine, à la Source. Retourner à l'Origine, revenir à la Source, c'est déjà un faux pas ! Il vaut mieux rester chez soi, aveugle et sourd, sans s'agiter ; assis dans sa hutte. Il ignore les choses du dehors. Voyez les ruisseaux qui coulent, où vont-ils ? Nul ne le sait.
    10. Entrer dans la cité en répandant des bénédictions. Portant sa gourde

[symbole du vide], il va au marché ; appuyé sur un bâton [symbole de simplicité], il rentre chez lui. On le trouve en compagnie d'amateurs de vin et de bouchers [symboles de l'homme quelconque] ; lui et eux sont tous transformés en Bouddhas.

K'ouo-ngang Tche-yuan (japonais Kakuan Shien), *Les Dix Tableaux du dressage de la vache* (vers 1150), extraits, trad. D. T. Suzuki, *Manuel de Bouddhisme Zen* (1935), trad. de l'anglais, Dervy, coll. « Mystiques et Religions », 1981, p. 134-151 (avec illustrations). © Éditions Dervy, Paris.

SYNCRÉTISMES : LES *HIJIRI* (ERMITES) ET LES *YAMABUSHI* (ANACHORÈTES)

Terminons par où l'on avait commencé, l'ésotérisme des montagnes.

« Le mot *hijiri*, dont l'étymologie est obscure ("celui qui sait" ?), désigna tout d'abord, semble-t-il, vers le VIe siècle, des ermites qui vivaient solitaires dans les montagnes et pratiquaient une ascèse qui associait à une sorte de chamanisme shintôiste des éléments empruntés au taoïsme récemment importé de Chine. Les pouvoirs magiques qu'on leur prêtera sont d'ailleurs ceux-là même que la tradition chinoise attribue aux saints taoïstes, notamment l'immortalité et la faculté de se déplacer dans les airs à leur guise ; l'on dira du reste de tel ou tel d'entre eux qu'il est devenu un *sen-nin*, terme chinois[1] qui désigne précisément les ascètes taoïstes. À partir de la fin du VIIe siècle, l'on en vint à décerner le titre de *hijiri* à des moines bouddhistes — parfois des prélats de haut rang — qui avaient quitté leur monastère, dont ils réprouvaient le faste séculier et les interventions dans le domaine politique, pour pratiquer dans l'isolement des montagnes des exercices et des méditations plus conformes à leur idéal mystique. [...] S'il y eut des *hijiri*, bouddhistes orthodoxes ne cherchant dans l'érémitisme qu'une conquête spirituelle, bien plus nombreux furent ceux qui, suivant la trace des *sen-nin*, ne virent dans les pratiques bouddhiques qu'un atout de plus pour l'acquisition de pouvoirs plus substantiels, d'une "efficacité" plus immédiate. Ceux-là, nous les rencontrons à chaque détour de la littérature ancienne : en un temps où toute maladie était attribuée à quelque démon ou à la vengeance d'un ennemi mort ou vif, leur rôle fut considérable : à la fois médecins et exorcistes, ils administraient conjurations et drogues moyennant juste rétribution. Certains ne quittaient pas leurs ermitages où le malade ou quelqu'un de sa famille allait solliciter leur aide, d'autres erraient à travers les provinces, dispensant leurs soins au hasard des rencontres[2]. »

Autres nomades, autres syncrétistes : les *yamabushi*. De qui s'agit-il ? Le Shugendô part d'une coutume japonaise, « l'entrée dans la monta-

---

1. Isabelle Robinet me signale que le mot est bel et bien japonais.
2. R. Sieffert, *Japon*, apud *Le Monde du sorcier*, Éditions du Seuil, coll. « Sources orientales », n° 7, 1966, p. 376-378. © Éditions du Seuil, Paris.

gne » *(mine-iri)* pour se rapprocher du haut, du sacré, et gagner soi-même en force, en sacré. C'est le Bouddhisme de la montagne *(sangaku-bukkyô)*. La tradition shintô avait une dévotion pour les montagnes. La divinité de la montagne tient un rôle central dans la mythologie shintô. *Shugendô* signifie « voie *(dô)* de ceux qui recherchent des pouvoirs *(gen)* par des pratiques *(shu)* ». Ses adeptes s'appellent *yamabushi*, « ceux qui couchent dans la montagne ». Ces « anachorètes shintô-bouddhistico-taoïstes » mènent une vie d'ascèse, comme moines ou comme laïcs. Ils font des retraites en montagnes l'été et l'hiver, et ils font des pérégrinations de temple en temple au printemps et à l'automne ; en retour, ils ont le pouvoir de dominer les esprits, de guérir, d'agir par la magie, de faire de la divination. Ils guérissent en utilisant des amulettes, des formules, des poses de mains *(i-zô)*. En transe ils interrogent les esprits.

Le fondateur semble être En no Ozunu (=En-No Gyôja), au début du VIIIe siècle. Le mouvement fut revitalisé par Shôbô à la fin du IXe siècle. En no Ozunu reste le *yamabushi* modèle. L'ésotérisme shugendô s'appelle Misshû.

FIGURES DE L'ÉSOTÉRISME JAPONAIS

TRADITION SHINTÔ		TRADITION BOUDDHIQUE	
le chamane *(mikogami)*	l'ermite *(hijiri)*	l'ésotériste (*Mikkyô* : ésotérisme)	le méditant (*Zen* : méditation)
ex. : femmes	ex. : les Kôya-hijiri	ex. : Kûkai	ex. : Eisai Zenji
moyen : transe	moyen : montagnes	moyen : corps/parole/esprit	moyen : concentration
fin : appel des esprits	fin : contact avec les esprits	fin : nature-de-bouddha	fin : extinction

En no Ubasoku était un seigneur En, du clan de Kamo, de ceux qui sont à présent Takakamo no Ason. C'était un homme du village de Chihara, province de Yamato, district de Kami-Katsuragi. Doué de par sa naissance, il acquit un vaste savoir, et fit profession de révérer les Trois Trésors [le Bouddha, la Loi bouddhique, la Communauté bouddhique]. Nuit après nuit, soutenu par une nuée des cinq couleurs, il volait par-delà l'océan des cieux, et on le traitait en hôte au Palais des *sen.nin* : il se promenait dans le jardin des dix mille myriades d'années, s'étendait en un verger fleuri, respirait un air vivifiant [les souffles cosmiques, les effluves du Soleil et de la Lune ?]. C'est pourquoi, l'âge venant, lorsqu'il eut quarante ans et plus, il se retira dans une grotte ; vêtu de lierre, se nourrissant d'aiguilles de pin, baignant son corps dans une source d'eau pure, il lava les souillures du monde des désirs, étudia la conjuration du *Kujaku-ô* [un *sûtra* bouddhique contenant des recettes magiques] et acquit ainsi la connaissance de secrets d'une mystérieuse efficacité. Il avait contraint les démons à le servir, et il usait de leurs services à sa guise. [...] Il courait sur la surface de la mer comme s'il foulait la terre ferme.

Élevant son corps à dix mille toises au-dessus du sol, il volait dans les airs tel un phénix qui déploie ses ailes.

Kyô-kai, *Nihon-ryôi-ki*. *Annales des événements naturels et surnaturels du Japon* (822), I, 28, trad. partielle R. Sieffert, apud *Le Monde du sorcier*, Éditions du Seuil, coll. « Sources orientales », n° 7, 1966, p. 378-379. © Éditions du Seuil, Paris.

AUTRE RELIGION, NOUVELLES RELIGIONS

En 1975, Jean Herbert [1], spécialiste d'Hindouisme et du Shintô, alla observer dans l'archipel d'Okinawa (annexé au Japon en 1879 seulement) ce que des théologiens shintôïstes lui présentaient comme la forme la plus archaïque du Shintô. Le clergé se compose de femmes. Cette tradition sacrée insiste sur des lieux cultuels *(utaki)*, en particulier des trous délimités par une murette de pierres sèches, des sources, des grottes, des rochers. Ces lieux sont connus ou découverts par inspiration divine *(kamigakari)*. Des chamanes exercent.

Depuis 1838, le Japon voit surgir de « nouvelles religions » *(shinshûkyô)*, dont quelques-unes s'approchent de l'ésotérisme. Ces écoles restent indépendantes du Shintô, du Bouddhisme, du Christianisme. La première d'entre elles fut fondée par une Japonaise, Nakayama Miki. Elle était capable d'entrer en transe. Parmi les « nouvelles écoles » relevant du Bouddhisme ésotérique : Nenpô shin-kyô, Gedatsu-kai (1929), Benten-shû, Shinnyo-en, Kyôdô kyôdan, Agon-shû [2].

Doctor Jekyll and Mister Hyde. Docteur Zen et Monsieur Expansion. Le Japon a deux faces.

Le Zen sauve le Japon de ses massacres en Chine, en Corée, en Mandchourie, en Indochine, dans le Pacifique. Un coup de pinceau bien tracé, une formule bien placée, la perfection s'installe, et pour le monde entier. La métaphysique du vide peut se révéler plus puissante que la politique du plein.

BIBLIOGRAPHIE GÉNÉRALE SUR L'ÉSOTÉRISME JAPONAIS

S'il n'y a qu'un livre à lire : Ennin, *Journal d'un voyageur en Chine au IXe s.* (*Nittô Guhô Junrai Kôki*, vers 847, en chinois), trad., Albin Michel, 1961, 317 p. Ennin (=Jikaku-daishi) fut le troisième hiérarque *(zasu)* de l'école Tendai. Notes érudites dans la trad. anglaise (*Ennin's Diary*, Ronald Press, New York, 1955, xv-454 p.).

Approche ésotérique de l'histoire : RYÛJUN TAJIMA, JEAN HERBERT, PAUL ARNOLD, TAISEN DESHIMARU, FITHJOF SCHUON, KARLFIELD GRAF DÜRCKHEIM, MICHEL COQUET.

---

1. J. Herbert, *La Religion d'Okinawa*, Dervy-Livres, 1980.
2. Liste de J.-P. Berthon, apud *Atlas des religions*, Encyclopaedia Universalis, 1988, p. 357 b.

BIBLIOTHÈQUES : INALCO (Institut national des langues et civilisations orientales, 2, rue de Lille, 75007 Paris), Institut des hautes études japonaises (Collège de France, 52, rue du Cardinal-Lemoine, 75005 Paris), musée Guimet (6, place d'Iéna, 75016 Paris), université de Paris-VII (Jussieu, 2, place Jussieu, 75005 Paris).

Les grands textes ésotériques
– *Discours du Grand Resplendissant*. Mahâvairocana-sûtra (vers 550), dans sa version japonaise (*Dainichikyô* : texte bouddhique tantrique, dont l'original sanskrit est perdu ; sacré dans les écoles Shingon et Tendai) : trad. partielle du japonais R. TAJIMA, *Étude sur le Mahâvairocana-sûtra (Dainichikkyô)* (1936), A. Maisonneuve, 1992, x-186 p. Ryûjun Tajima appartenait à l'école Shingon.
– YOKA-DAISHI, *Le Chant de l'immédiat satori. Shodoka* (VIIIe s.), trad. du japonais T. DESHIMARU, Albin Michel, coll. « Spiritualités vivantes », n° 99, 1992, 225 p. 78 poèmes zen.
– SAICHÔ (806). Je ne connais pas de trad. en anglais ou en français. Mais on trouve un auteur coréen de l'école T'ien-t'ai (japonais Tendai) traduit : le moine Chegwan († 971), *T'ien-t'ai ssu-chiao-i*, trad. anglaise apud *T'ien-t'ai Buddhism. An outline of the « T'ien-t'ai Fourfold Teachings »*, Daichi-Shobô, Tôkyô, 1983, p. 51-190.
– KÛKAI (807) : *Major Works, translated with an Account of His Life and a Study of His Thought*, trad. en anglais Y. S. HAKEDA, Columbia UP, New York, 1972, XIV-303 p. Kûkai, fondateur du Bouddhisme Shingon, bien que japonais, écrivait en chinois. En français : *La Vérité finale des trois enseignements*, trad. A. G. GRAPARD, Poiésis, 1985, 121 p.
– ENNIN, *Journal d'un voyageur en Chine au IXe s.* (vers 847), éd. cit.
– Plusieurs encyclopédies n'ont pas été traduites, dont : le *Kakuzen-shô* ou *Hyakkan-shô* (de Kakuzen, fin du XIIe s., sur l'ésotérisme shingon, le Tômitsu), l'*Asaba-shô* (de Shôchô, fin du XIIIe s., sur l'ésotérisme tendai, le Taimitsu).
– DÔGEN ZENJI, *Le Trésor de l'œil de la loi authentique. Shôbô-genzô keisei sanshoku* (1231-1253), trad. partielle du japonais T. DESHIMARU (*Shobogenzo*, Le Courrier du Livre, 1970, 128 p.) ou, mieux, BERNARD FAURE (*La Vision immédiate. Nature, Éveil et Tradition selon le Shôbôgenzô*, 1977, Le Mail, 1987). Le grand livre du Zen branche Sôtô.
– HAKUIN ZENJI (1686-1769) : *Hymne au zazen. Zazen wasan*, trad. anglaise P. B. YAMPOLSKY, *The Zen Master Hakuin. Selected Writings*, Columbia UP, New York, 1971. Un moine et artiste rénovateur du Zen.
– N. T. (né en 1952), « Liminal Experiences of Miyako Shamans. Reading a Shaman's Diary », *Asian Folklore Studies*, Japon, 1990, t. 49, n° 1, p. 1-38. Journal intime d'un chamane anonyme vivant dans l'archipel de Miyako, au sud du Japon.

Anthologies
– Contes : T. DESHIMARU, *Le Bol et le Bâton. Cent Vingt Contes Zen* (1979), Albin Michel, coll. « Spiritualités vivantes », n° 59, 1986, 206 p. ; M. COYAUD, *Contes japonais*, pour l'analyse du folklore, 1984, 128 p.
– Poésie : *Haïku*, Fayard, coll. « Documents spirituels », n° 15, 1976 ; A.-L. COLAS, *Poèmes zen des Cinq Montagnes*, Maisonneuve et Larose, 1991, 428 p. (Japonais de l'école Rinzai, en langue chinoise).
– Textes zen : D. T. SUZUKI, *Manuel de Bouddhisme Zen* (1935), trad. de l'anglais, Dervy-Livres, coll. « Mystiques et Religions », 1981, 170 p. ; G. RENON-

DEAU, *Le Bouddhisme japonais. Textes fondamentaux de quatre grands moines de Kamahura. Hônen, Shinran, Nichiren et Dôgen*, Albin Michel, coll. « Spiritualités vivantes », 1965 ; MARYSE et M. SHIBATA, *Sermons inédits sur le Zen*, Éditions Traditionnelles, 1987, 103 p. (Shôichi, Musô, Takusui) ; ID., *Sermons sur le Zen*, Albin Michel, coll. « Spiritualités vivantes », n° 108, 1993, 154 p. (Dôgen, Buttsû, Taidô, Takusui) ; E. ROMMELUÈRE, *Anthologie du Bouddhisme Sôtô-Zen*, Grasset, 1995, 227 p.

Documents
– FUTO NO YASUMARO (=Ô no Yasumaro), *Livre des choses anciennes. Kojiki* (712), trad. du japonais MARYSE et M. SHIBATA, *Kojiki. Chronique des choses anciennes*, Maisonneuve et Larose, 1969, 268 p. Mythologie et histoire du Japon, mention du *futomani* (divination par l'omoplate de cerf). « Bible du Shintô ».
– *Annales du Japon. Nihon-shoki (=Nihongi)* (720), en chinois, trad. anglaise ASTON, *Nihongi*, Transactions and Proceedings of the Japan Society, 1896, 2 t.
– IJÛSHI, *Recueil de sentences de la forêt du Zen. Zenrin-kushû* (1688), trad. partielle du japonais en anglais SHIGEMATSU SÔIKU, *A Zen Forest*, Weatherhill, New York, 1981, 200 p. 6 000 textes, de Tch'anistes, de Taoïstes, de poètes. Très utilisé dans la branche Rinzai de l'école Zen.

Études générales
– F. SCHUON, *Images de l'esprit. Shintô, Bouddhisme, Yoga* (1961), Courrier du Livre, 1982, 140 p.
– R. SIEFFERT, *Les Religions du Japon*, PUF, coll. « Mythes et Religion », 1968, 144 p.
– H.-CH. PUECH dir., *Histoire des religions*, Gallimard, « Encyclopédie de la Pléiade », t. 1, 1970, p. 958-991 (H. ROTERMUND, *Les Croyances du Japon antique*) et 1320-1350 (G. RENONDEAU et B. FRANK, *Le Bouddhisme japonais*).
– P. ARNOLD, *Avec les sages du Japon*, Fayard, coll. « L'Expérience psychique », 1972, 179 p. (témoignage) ; *Le Zen et la Tradition japonaise*, Retz, 1973, 255 p.
– ARIMASA MORI, *apud* MARIE-MADELEINE DAVY dir., *Encyclopédie des mystiques* (1972), Payot, coll. « Petite bibliothèque Payot », 1996, t. 4 *(La Mystique du Japon ancien. Le Shinto* et *La Mystique du Bouddhisme japonais)*.
– K. G. DÜRCKHEIM, *Le Japon et la Culture du silence*, trad. de l'allemand, Courrier du livre, 1986, 128 p. ; *Le Zen et Nous*, trad. de l'allemand, Courrier du livre, 1976, 160 p.
– *Kôdansha Encyclopedia of Japan*, Kôdansha, Tôkyô, 1983, 9 t., t. 1, p. 185-189, t. 2, p. 23, t. 4, p. 304, t. 5, p. 99-100, t. 6, p. 365-366, t. 7, p. 113-115, 127.
– M. COQUET, *Le Bouddhisme ésotérique japonais*, Vertiges, 1986, 395 p.
– A. JACOB dir., *Encyclopédie philosophique universelle*, vol. II : *Les Notions philosophiques. Dictionnaire*, t. 2, PUF, 1990, p. 3017-3044 : *Japon*.
– LOUIS FRÉDÉRIC, *Le Japon. Dictionnaire et civilisation*, Robert Laffont, coll. « Bouquins », 1996, XXVIII-1 419 p.

BIBLIOGRAPHIE SPÉCIALISÉE

1re tradition : le chamanisme japonais
W. P. FAIRCHILD, « Shamanism in Japan », *Folklore Studies*, Tôkyô, t. 21, 1962, p. 1-122 ; HORI ICHIRÔ, *Folk Religion in Japan*, University of Chicago Press, 1968, p. 181-216 (Japanese Shamanism) ; CARMEN BLACKER, *The Catalpa Bow. A Study of Shamanism Practices in Japan* (1975), Allen and Unwin, Londres, 1986.

2ᵉ **tradition : le Shintô**
F. Schuon, *Images de l'Esprit. Shintô, Bouddhisme, Yoga* (1961), Courrier du Livre, 1982, 140 p. ; W. Th. de Bary dir., *Sources of Japanese Tradition*, Columbia UP, New York, 1964. J. Herbert, *Aux sources du Japon*. *Le Shintô* (1964), Albin Michel, 1964, 377 p.

3ᵉ **tradition (Bouddhisme) : le Mikkyô**
– Bouddhisme ésotérique : R. Tajima, *Les Deux Grands Mandalas et la Doctrine de l'ésotérisme shingon*, PUF, 1959, x-354 p. ; D. et Alicia Matsunaga, *Foundation of Japanese Buddhism*, Buddhist Books International, Los Angeles, 1974 (long propos sur l'ésotérisme) ; M. Kiyota, *Shingon Buddhism. Theory and Practice*, Buddhist Books International, Los Angeles, 1978, viii-178 p. ; J.-N. Robert, *Les Doctrines de l'école japonaise Tendai au début du IXᵉ s.*, Maisonneuve et Larose, 1990, p. 99-188.
– Bouddhisme mahâyâna : R. Fujishima, *Le Bouddhisme japonais. Les Douze Sectes bouddhiques du Japon* (1889), Trismégiste, 1982, p. 46-58 (école Sanron), 34-47 (école Hossô) ; l'auteur se fonde sur un livre de Gyônen, *Sommaire des huit sectes. Hasshû Kôyô*, de 1268.
– Bouddhisme tantrique : J. N. Robert, apud *Le Grand Atlas des religions,* Encyclopaedia Universalis, 1988 ; L. Frédéric, *Le Japon*, Robert Laffont, coll. « Bouquins », 1966.
– Zen : D. T. Suzuki, *Essais sur le Bouddhisme Zen* (1934), trad. de l'anglais (1954-1958), Albin Michel, « Spiritualités vivantes », nᵒˢ 9, 10, 11, 1972 ; A. W. Watts, *Le Bouddhisme Zen* (1947), trad. de l'anglais, Payot, coll. « Petite bibliothèque Payot », nᵒ 70, 1991, 252 p. ; R. Linssen, *Le Zen* (1969), Marabout Université, nᵒ 182, Verviers, 1969, 265 p. ; D. T. Suzuki appartient au Zen Rinzai.

5ᵉ **tradition (la 4ᵉ étant l'exotérique Confucianisme) ? : « la religion d'Okinawa »**
J. Herbert, *La Religion d'Okinawa*, Dervy-Livres, 1980.

6ᵉ **tradition : nouvelles religions *(shin-shûkyô)***
H.O. Rotermund, *Les Nouvelles Religions du Japon*, apud H.-Ch. Puech dir., *Histoire des religions*, Gallimard, « Encyclopédie de la Pléiade », t. 3, 1976, p. 520-541 ; W. B. Davis, *Dojo. Magic and Exorcism in Modern Japan*, Stanford UP, 1980.

Initiation et pratiques initiatiques (voir aussi *infra*, « Arts de la voie »)
C. Blaker, *Initiation in Shugendô*, apud C.J. Bleeker dir., *Initiation*, Supplement to Numen, Leyde, 1965, p. 96-111 ; M. Shibata, *Dans les monastères Zen au Japon*, Hachette, 1972, 200 p. ; T. Deshimaru, *La Pratique de la concentration*, Retz, 1978 ; E. S. Roshi, *Le Zen Rinzai. Points de départ*, trad. de l'anglais, Trédaniel, 1994, 136 p.

Les sciences occultes
– Herméneutique : J.-N. Robert, *Les Doctrines de l'école japonaise Tendai au début du IXᵉ siècle*, Maisonneuve et Larose, 1990, p. 206 sqq.
– Mythologie : P. Guirand dir., *Mythologie générale* (1937), Larousse, 1992, p. 365-382.

– Physiologie occulte : K. G. Dürckheim, *Hara, centre vital de l'homme* (1964), Courrier du livre, 1982, 256 p.
– Science des lettres : G. Bonneau, *Introduction à l'idéographie japonaise. La Forêt des symboles*, P. Geuthner, 1933 ; J. Canteins, *La Voie des lettres. Huit Essais sur la symbolique des lettres dans le soufisme, la kabbale et le shingon*, G.-P. Maisonneuve et Larose, 1981, p. 169-193 : « La Méditation shingon ».
– Science des significations : J. Herbert, *La Cosmogonie japonaise*, Dervy-Livres, coll. « Mystiques et Religions », 1977, 182 p.
– Symbolique : M. Œsterreicher-Mollwo, *Dictionnaire des symboles*, Brépols, Turnhout, 1992, 332 p.
– Thanatologie : F. Macé, *La Mort et les Funérailles dans le Japon ancien*, PUF, 1986, 660 p.

Les arts occultes
P. Lowell, *Occult Japan, or the Way of the Gods. An Esoteric Study of Japanese Personality*, Houghton and Mifflin, Londres, 1895, 379 p.
– Astrologie : A. Severini, *Astrologia Giapponese*, Georg, Genève, 1874 (trad. du *Atsume Gusa*) ; S. Yoshiko, *Twelve Years, Twelve Animals*, Abingdon Press, Nashville, 1972.
– Divination *(bokusen)* : Y. Bonnefoy dir., *Dictionnaire des mythologies*, Flammarion, 1981, t. 1 , p. 323-324.
– Magie *(jujutsu)* : I. Shah, *La Magie orientale*, Payot, 1957, p. 214-220 ; R. Sieffert, apud *Le Monde du sorcier*, Éditions du Seuil, coll. « Sources orientales », n° 7, 1966, p. 353-388 ; W. Davis, *Dojo. Magic and Exorcism in Modern Japan*, Stanford UP, 1980.
– Médecine occulte : P. Huard et al., *La Médecine japonaise, des origines à nos jours*, 1974 ; R. Masunaga, *Zen shiatsu. Comment équilibrer le yin et le yang pour une meilleure santé*, trad. de l'anglais, Maisnie-Trédaniel, 1985, 260 p.

Grand(e)s Initié(e)s
– En no Ozunu (=En-No Gyôja, fondateur du Shugendô, 699) : H. B. Earhart, *Shugendô, the Tradition of En no Gyôja*, apud *Studies of Esoteric Buddhism and Tantrism*, Kôya-san University, 1965 ; Y. Bonnefoy dir., *Dictionnaire des mythologies*, Flammarion, 1981, t. 1 , p. 91-93, 152-154.
– Hakuin (moine, artiste, 1685-1768) : art. « Hakuin » de l'*Encyclopaedia Universalis*.
– Himiko (reine chamane, v. 238) : L. Frédéric, *Le Japon*, éd. cit., p. 366-367.
– Kûkai (=Kôbo-daishi, fondateur de l'école bouddhique Shingon, 774-835) : Ch'ên Shih-hsiang, *The Biography of Ku K'ai-chih*, Berkeley, 1953 ; D. Huisman dir., *Dictionnaire des philosophes*, PUF, 1984, t. 2 , p. 1459-1461.
– Nakayama Miki (illuminée japonaise, fondatrice en 1838 de la secte shintô extatique Tenri-kyô, 1798-1887) : T. Iwai, *The Outline of Tenrikyo*, Nara, Japon, 1962.
– Saichô (=Dengyô-daishi, fondateur de l'école bouddhique Tendai, 767-822) : J.-N. Robert, *Les Doctrines de l'école japonaise Tendai au début du IXe s.*, éd. cit., p. 17-27 ; P. Groner, *Saichô. The Establishment of the Japanese Tendai School*, Berkeley Buddhist Studies Series, n° 7, 1984.
– Sengai Gibon (Maître zen de la branche du Zen Rinzai, peintre, 1751-1837) : D. T. Suzuki, *Sengai. The Zen Master*, Faber and Faber, Londres, 1971, xix-191 p.
– Shôbô (tantriste appartenant au Shingon et yamabushi appartenant au Shu-

gendô, 832-909) : G. Renondeau, *Le Shugendô. Histoire, doctrine et rites des anachorètes dits Yamabushi*, Cahiers de la Société asiatique, n° 18, Imprimerie nationale, 1965, 161 p.

Les beaux-arts
– E. D. Saunders, *Mudrâ. A Study of Symbolic Gestures in Japanese Buddhist Sculpture*, Bollingen Series, t. 58, Pantheon, New York, 1960 ; S. Hisamatsu, *Zen and the Fine Arts*, trad. du japonais en anglais, Kodansha International, 1971, 400 p. ; Y. Awakana, *Zen Painting* (1970), Phaidon, Londres, 1977, 184 p. ; T. Sawa, *Art in Japanese Esoteric Buddhism*, trad. du japonais en anglais, Weatherhill, New York, 1972, 151 p. ; R. Goepper, *Shingon. Die Kunst des Geheimen Buddhismus*, Museum fur osasiatische Kunst der Stadt Koln, 1988, 325 p. ; D. Buisson, *L'Architecture sacrée au Japon*, ACR, 1989, 264 p. ; S. Addiss, *L'Art Zen. Peintures et Calligraphies des moines japonais, 1600-1925* (1989), trad. de l'anglais J.-N. Robert, Bordas, 1992, 224 p.
– Musique : J. Porte dir., *Encyclopédie des musiques sacrées*, Labergerie, 1968, t. 1, p. 275-295 ; S. Sadie dir., *The New Grove Dictionary of Music and Musicians*, Macmillan, 1980, t. 9, p. 506-510.
– Discographie : T. Senzan, *Zen Spirit*, World Master Series ; T. Deshimaru, *Chants et Poèmes zen*, Zen Éditions.

Arts de la voie
– Art des jardins : R. A. Stein, « Jardins en miniature de l'Extrême-Orient », *Bulletin de l'ÉFEO* (École française d'Extrême-Orient), A. Maisonneuve, t. 42, 1942, p. 1-104 ; F. Berthier, *Le Jardin du Ryôanji. Lire le zen dans les pierres*, Adam Biro, 1989.
– Art floral *(ikebana, kadô)* : Mme Gusty L. Herrigel, *La Voie des fleurs. Le Zen dans l'art japonais des compositions florales*, trad. de l'allemand (1957), Dervy-Livres, coll. « Mystique et Religions », 1977 (préf. D. T. Suzuki).
– Arts martiaux *(budô)* : Eugen Herrigel, *Le Zen dans l'art chevaleresque du tir à l'arc* (1953), trad. de l'allemand, Dervy-Livres, 1980, 106 p. ; K. Tohei, *Le Livre du k'i*, Maisnie-Trédaniel, 1982, 126 p. (*k'i* = souffle, énergie) ; T. Deshimaru, *Zen et Arts martiaux* (1977), Albin Michel, coll. « Spiritualités vivantes », n° 38, 1983 ; A. Protin, *Aikido. Un art martial, une autre manière d'être*, Dangles, coll. « Horizons spirituels », 1977, 283 p. ; M. Random, *Le Grand Livre des Arts martiaux*, Nathan, 1977, 290 p. ; M. Coquet, *Budo ésotérique. La Voie des arts martiaux*, Or du temps, 1985, 268 p. ; H. Plee, *Karaté. Art corporel traditionnel*, Éditions du Rocher, coll. « Âge du Verseau », 1995.
– Poésie : G. Renondeau, *Anthologie de la poésie japonaise classique* (1971), Gallimard, coll. « Poésie », n° 123, 1978, 256 p. ; L. Stryk et al., *Zen Poems of China and Japan*, Garden City, New York, 1973.
– Voie du thé *(sado)* : Okakura Kakuzo, *Le Livre du thé*, trad. de l'anglais (1959), Dervy-Livres, coll. « Mystiques et Religions », 1976, 128 p. ; S. Soshitu, *Vie du thé, esprit du thé*, trad. de l'anglais, J.-C. Godefroy, 1983, 106 p.

Syncrétismes
– Les Hijiri (chamanisme + Shintô + Bouddhisme + Taoïsme) : I. Hori, « On the Concept of Hijiri (Holy Man) », *Numen*, t. 5, 1958 ; M. Eliade dir., *The Encyclopedia of Religions*.
– Le Ryôbu Shintô (Shintô + Bouddhisme, avec rituel ésotérique) :

J. H. Kamstra, *Encounter or Syncretism. The Initial Growth of Japonese Buddhism.* E. J. Brill, Leyde, 1967.
— Les Yamabushi (le Shugendô, v. 699-1872 : culte des montagnes + Shintô populaire + Bouddhisme + Taoïsme) : H. B. EARHART apud *Studies of Esoteric Buddhism and Tantrism*, Kôya-san University, 1965, p. 297-317 ; CARMEN BLACKER, *Initiation in Shugendô*, apud C. J. BLEEKER dir., *Initiation*, Supplement to Numen, Leyde, 1965, p. 96-111 ; G. RENONDEAU, *Le Shugendô. Histoire, Doctrine et Rites des anachorètes dits Yamabushi*, Cahiers de la Société asiatique, n° 18, 1965.

Et les femmes ?
CARMEN BLACKER, *The Catalpa Bow. A Study of Shamanism Practices in Japan* (1975), Allen and Unwin, Londres, 1986 ; CLAIRE M. OWENS, *Zen and the Lady*, Baraka Press, New York, 1979, v-306 p. ; NANCY A. FALK et RITA M. GROSS, *La Religion par les femmes* (1989), trad. de l'anglais, Labor et Fides, Genève, 1993, p. 219-234 : *Une femme prophétesse au Japon, Kyoto Motomochi Nakamura*.

18. LES TIBÉTAINS [1]

> Les maîtres tibétains donnent volontiers aux doctrines qu'ils professent un caractère ésotérique.
>
> ALEXANDRA DAVID-NÉEL,
> apud *Présence du Bouddhisme*.

REPÈRES HISTORIQUES DE L'ÉSOTÉRISME TIBÉTAIN

Toute la période royale reste incertaine, et de nombreuses dates, au début du moins.
av. VIIᵉ s. — (selon la tradition tibétaine) 1ʳᵉ tradition tibétaine : le BÖN, fondé par le VIIIᵉ des rois-trônant-au-ciel, Drigum Gyalpo
    — (selon certains tibétologues occidentaux) première tradition tibétaine : le TSUG. **Naissance de l'ésotérisme tibétain ?**
v. 640 — règne du premier des rois-selon-la-Loi (bouddhique) : Songtsen Gampo, 32ᵉ roi du Tibet (selon la tradition tibétaine)
v. 641 — deuxième (?) tradition tibétaine : le Bouddhisme tibétain (« LAMAÏSME »)
v. 645 — construction d'une résidence royale sur le futur emplacement du Potala
v. 647 — le temple Jokhang à Lhasa
v. 649 — invention (ou perfectionnement) de l'écriture tibétaine par Thönmi Sambhota

---

1. L'écriture tibétaine diffère beaucoup de la prononciation, et les systèmes de transcription sont nombreux. Ce qui s'écrit *Gcod* (« coupure ») ou *Tchö, Chö, Chöd, Gtchod, Tchoed* se prononce *tcheu*. « La désinence -*po* ou -*pa* désigne l'appartenance à un ordre, une doctrine, un pays, etc. » (Rolf A. Stein).

v. 747 – Le gourou **Padmasambhava**, religieux et exorciste indien appelé au Tibet, introduit le Vajrayâna (et la première lignée du Bouddhisme tibétain, qui sera appelée Nyingma-pa aux X-XIIe s.)
v. 750 ? – Vairocana le Traducteur, disciple de Padmasambhava, initiateur du Dzogchen
755 ? – règne du IIe des rois-selon-la-Loi (bouddhique) : Thisong Detsen, 37e roi du Tibet
763 et 771 – l'abbé indien Shântaraksita introduit le Mahâyâna mâdhyamika au Tibet
v. 767-779 – Samyé, le premier monastère au Tibet, fondé par Padmasambhava et Thisong Detsen
779 – le Bouddhisme religion officielle du Tibet (édit royal)
  – début de la traduction des *sûtra* bouddhiques en tibétain
v. 780 – introduction du Bouddhisme chinois subitiste par le moine Mo-ho-yen (=Mahâyâna)
780 – « concile de Samyé » : lutte entre école indienne gradualiste (l'abbé Shântaraksira) et école chinoise subitiste (le moine chinois Mo-ho-yen, interdit)
817-836 – règne du IIIe des rois-selon-la-Loi (bouddhique), Ralpachen, 41e roi du Tibet
836-978 – déclin du Bouddhisme, dès le roi Langdarma tué en 842 : époque des textes cachés ?
fin Xe s. – Sangye Lama, premier découvreur de textes cachés *(terma)* nyingma-pa
fin Xe s. ? – (selon les tibétologues occidentaux) troisième tradition tibétaine : le BÖN, et son fondateur légendaire, Shenrab Miwo
1027 – l'école Kâlachakra (indienne, tantrique) au Tibet
1035 – Gshen.chen Klu.dga' (†), premier inventeur *(tertön)* de textes cachés *(terma)* bön ?
1040 – Nâropa (†), maître tantrique indien resté en Inde, créateur d'un yoga et de l'école Mahâmudrâ, méditation
1042 – Atîsha, moine indien venu au Tibet, réserve le Tantrayâna à ses disciples avancés et réforme le Mahâyâna
1056 – deuxième lignée du Bouddhisme tibétain : les Kadam-pa, de Domtönpa, disciple de Atîsha, école réformée, monastique
1073 – troisième lignée du Bouddhisme tibétain : les Sakya-pa, de Könchog Gyalpo
v. 1075 – Phadampa Sangye, école Chidjé
v. 1090 – Machig Lapdrön, fondatrice de l'école du Tchö, méditation macabre
  – Marpa († 1096), maître à l'origine des Kagyü-pa, initiateur de Milarépa
  – **Milarépa** († 1123), le plus grand ascète tibétain, et poète. **Apogée de l'ésotérisme tibétain**
1121 – quatrième lignée du Bouddhisme tibétain : les Kagyü-pa (« Traditionnels », néo-tantristes), de Sgampo-pa, disciple de Milarépa
1158 – les écoles kagyü-pa : Phagmodru-pa (1158), Karma-pa (1185), Drugpa (v. 1160)
1175-1185 – fondation des monastères kahyü-pa
1185 – le Ier Karma-pa, chef de l'école Kagyü-pa : Düsum Khyenpa, maître de Mahâmudrâ
1206 – mort du Ier Karma-pa († 1191) : le IIe Karma-pa, Karma Pakshi, premier *tülku* (réincarnation) reconnu

1240-1358 – le pouvoir temporel aux mains des Sakya-pa
1260 – le Bouddhisme tibétain en Mongolie
v. 1340 – *Le Livre des morts tibétain (Bardo thödol)*, découvert ou écrit par Karmalingpa, de l'école Nyingma-pa
v. 1350 – les Jonang-pa, de Sherap Gyeltsen, école
– Long Chenpa, théoricien nyingma-pa du Dzogchen
1358-1435 – le pouvoir temporel aux mains des Phagmodu-pa
1403 – le Ier Panchen-lama (rétroactivement) : Khedrup Je
1409 – le Ier « Dalaï-lama » (rétroactivement) : Gedün Drup. Théorie de l'incarnation d'Avalokiteshvara chez les hiérarques
1409 – cinquième lignée du Bouddhisme tibétain : les Gelug-pa (« Vertueux »), de Tsong Khapa, Église officielle du Tibet (« Église jaune ») à partir du XVIIe s.
1427 – le *stûpa* (monument cosmique) aux Cent Mille Figures (Kumbum) de Gyantse
1464 – Thangtong Gyalpo (†), *siddha* (Adepte) et constructeur de ponts métalliques suspendus
1529 – Drugpa Künleg, poète et yogin, « Fou-de-religion »
1577 – le IIIe Dalaï-lama (porte le titre le premier) : Sönam Gyatso
1603 – le IXe Karma-pa, Wangchug Dorje (†), auteur de livres sur la méditation, le Mahâmudrâ
1635 – le Ve Dalaï-lama, Lobsang Gyatso, favorable aux Nyingma-pa et fondateur de la théocratie tibétaine (jusqu'en 1951)
1642-1959 – le pouvoir temporel aux mains des Gelug-pa (le Dalaï-lama)
1643 – le Potala, palais-monastère des Dalaï-lama à Lhasa
1650 – le IVe Panchen-lama (porte le titre le premier) : Lobsang Chökyi Gyeltsen, maître du Ve Dalaï-lama. Autorité spirituelle du Tibet à Shigatse
1674 – le Xe Karma-pa, Chöying Dorje (†), artiste (style ka.tri)
1732 – le Temple des lamas à Pékin
1850 – R.-É. Huc, *Souvenirs d'un voyage dans la Tartarie, le Tibet et la Chine* : la légende du « Tibet mystérieux » commence
1872 – Jamgon Kongtrul Lodrö Tayé, théoricien nyingma-pa, l'un des fondateurs de l'école Rimê (éclectisme), auteur de l'*Encyclopédie des connaissances (bouddhiques)*
1880 – Helena Petrovna Blavatsky (le Théosophisme) et ses « deux adeptes du Tibet » (?)
1916 – l'École de médecine et d'astrologie (Mentsikhang) de Lhasa, fondée par le XIIIe Dalaï-lama (Thubten Gyatso)
1921 – Alexandra David-Néel (A. D.-N.), tibétologue et voyageuse, au Tibet, ésotériste
1927 – première traduction du *Livre des morts tibétain*, par W. Y. Evans Wentz (en anglais)
– commentaire de C. G. Jung sur le *Livre des morts tibétain*
1938-1989 – le Xe Panchen-lama
1940 – le XIVe Dalaï-lama couronné : Tenzin Gyatso (né en 1935)
1951 – le Tibet annexé par la Chine communiste
1956 – *Le Troisième Œil*, roman anglais de « Lobsang Rampa » sur les initiations tibétaines
1959 ss. – néo-Lamaïsme : Bouddhisme tibétain enseigné hors Tibet (Dharamsala, etc.)

1964 – introduction de l'école Dzogchen en Italie par Namkhai Norbu Rinpoche
1971 – introduction de l'école Kagyü-pa en Occident par **Kalou Rinpoche** (1904-1989)
1974 – introduction de l'école Karma-pa en Europe par le XVIe Karma-pa, Rigpe Dorje
1980 – premiers lamas européens, au Centre Kagyü Ling (Kalou Rinpoche) en Bourgogne
1989 – le XIVe Dalaï-lama prix Nobel de la Paix

Hauts les esprits ! Au Tibet, l'altitude moyenne est 4 500 mètres, et le rayonnement solaire intense.
Mais, au Pays des neiges, on ne trouve la neige qu'à 6 000 mètres.
L'ésotérisme, que l'on croit si répandu au Tibet, serait-il aussi rare ? comme ailleurs ?

1re TRADITION : LE TSUG, RELIGION PRÉ-BOUDDHIQUE

En 1971, hier donc, Ariane W. MacDonald a soutenu que le Tibet avait connu une religion, appelée « coutume », *Tsug*. Cette religion aurait précédé le Bouddhisme tibétain et le Bön. Le Tsug insistait sur l'immortalité après la mort et sur la royauté divine par quoi se maintient l'ordre cosmique.

Est-ce le sujet qui soumet le roi ?
ou le roi qui soumet le sujet ?
Le ciel bleu là-haut le sait bien !
Est-ce l'homme qui monte le cheval,
ou le cheval qui monte l'homme ?
Les *Phyva* [divinités-montagnes masculines], qui connaissent le *Tsug* [coutume], le savent bien !
Est-ce l'herbe qui coupe la faux,
ou la faux qui coupe l'herbe ?
La terre en bas le sait bien.
Des confins du ciel si haut,
le Soleil et la Lune le voient de leurs yeux,
le ciel bleu l'entend de ses oreilles :
le *Tsug* des *Phyva* ne varie pas ;
l'empennage de la flèche n'est pas retiré.
Tout cela est-ce vrai ou faux ?
C'est aussi vrai que ni demain, ni jamais,
le sujet ne soumettra son seigneur,
le cheval ne montera l'homme,
l'herbe ne coupera la faux,
la lignée des Spu.rgyal ne sera coupée
au château de Phying.ba stag.rtse !
Chant du roi Khri 'Dus.srong († 704), trad. Ariane W. MacDonald, apud *Études tibétaines dédiées à la mémoire de Marcelle Lalou*, Maisonneuve et Larose, 1971, p. 352.

Cette religion tournait autour de la croyance en des divinités-montagnes soit masculines (les *phyva*) soit féminines (les *mu.sman*). Ces divinités pouvaient s'incarner dans des médiums, elles révélaient alors les procédés de divination.

La religion Tsug avait des rites et des croyances absolument distincts des rites et croyances bouddhiques. Elle pratiquait les sacrifices d'animaux (des chevaux, surtout), croyait en l'immortalité, etc.

La figure centrale était celle des premiers rois [1], présentés comme des êtres venus du Ciel et retournant chaque nuit au Ciel, grâce à une corde magique, qui est un symbole du lien entre Bas et Haut. Ils atterrissent sur une montagne appelée elle aussi « échelle céleste ». Le Ciel se compose de neuf degrés les uns au dessus des autres, on passe de l'un à l'autre par la corde. Les premiers rois seraient retournés au ciel avec leur corps à la fin de leur vie.

Ils avaient tous à leur sinciput une corde *mu* de lumière, corde lointaine (ou tendue), couleur jaune pâle (ou brune). Au moment de leur mort, ils se dissolvaient (comme un arc-en-ciel) à partir de leurs pieds et se fondaient dans la corde *mu* du sinciput. La corde *(mu)* de lumière, à son tour, se fondait dans le ciel.

Document Bön, trad. Rolf A. Stein, *La Civilisation tibétaine* (1962), le Sycomore-l'Asiathèque, 2ᵉ éd. revue, 1981, p. 189-190. Ne pas confondre Rolf A. Stein avec sir Aurel Stein qui découvrit les grottes avec manuscrits bouddhiques de Touen-houang en 1907.

M. Eliade [2] remarque à juste titre que la montagne et la corde sont homologues. Il ne s'agit jamais que de rapprocher la Terre du Ciel. On se trouve donc devant une conception typique d'Asie centrale, liée au chamanisme, à l'idée d'un axe, dans le monde ou dans l'homme, qui donne vie, sacralité. Cet axe, le hatha-yogi le trouve dans la colonne vertébrale, l'Hindouiste tantriste de la main gauche dans le phallus, l'architecte dans le pilier central de la maison, etc.

Cela dit, des études ultérieures ont obligé à beaucoup nuancer. La question du Tsug devient très complexe. Les recherches commencent et les spécialistes ne sont pas d'accord. Certains affirment que le Bön, système doctrinal, rituel et social, n'émerge que vers les Xe-XIe siècles à la suite de la tradition tibétaine ; d'autres, comme les Tibétains, continuent à soutenir que la religion ancienne était le Bön. C'est là que commence l'obscurité pour les tibétologues.

---

1. D. L. Snellgrove et H. Richardson, *A Cultural History of Tibet*, Weidenfeld and Nicholson, Londres, 1968, 291 p. (rééd. Prajña Press, Boulder, États-Unis, 1980, 308 p.). E. Haarh, *The Yar-lun Dynasty. Contribution by Myths and Legends to the History of Ancient Tibet and the Origine and Nature of its Kings*, G. Gad's Forlag, Copenhague, 1969, p. 168-288.
2. M. Eliade, *Méphistophélès et l'Androgyne*, Gallimard, 1962, p. 208 ; *Histoire des idées et des croyances religieuses*, Payot, t. 3, 1983, p. 276.

3ᵉ (?) TRADITION : LE BÖN (FIN xᵉ s. ?), RELIGION POST-BOUDDHIQUE

Aux yeux des Tibétains, le Bön est la religion pré-bouddhique. Voici l'avis d'un Tibétain, bouddhiste cependant (d'où le fait que les Bön-po récusent ses distinctions).

La religion Bön peut être divisée en trois phases que l'on nomme en tibétain : *dör-Bön* (Bön naturel), *tchar-Bön* (Bön répandu), et *jur-Bön* (Bön transformé).

[Le Bön naturel] Donc le *dör-Bön* est une sorte de croyance naturelle. Les esprits des morts jouent un rôle très important. Le Tibet des premiers âges eut 48 grands rois qui unifièrent le pays. Les huit premiers rois allaient directement au paradis après leur mort, ils étaient désignés par le ciel, et, quand ils mouraient, ils retournaient directement au paradis sans quitter leur corps.

[Le Bön répandu] Mais le 8ᵉ roi, Drigum Gyalpo, fut tué. C'est le premier roi qui fut tué par un être humain. Et parce qu'il avait péri par l'épée de son ministre, le lien avec le Ciel fut rompu. Puis il dut y avoir des funérailles et une tombe pour le corps. Les Bön-po [prêtres] du Tibet n'avaient jamais fait cela, ils ne savaient comment faire, c'est pourquoi ils invitèrent des maîtres d'autres pays. Il semble qu'ils soient venus de Perse et de l'Ouest de l'Inde, qui est maintenant appelé Türkestân.

[Le Bön transformé] Avec l'arrivée du Bouddhisme [en 641], la troisième phase du Bön se développa. Des prêtres Bön et d'autres personnes, très attachés à cette religion, commencèrent à composer des textes en les mélangeant au Bouddhisme, et de là naquit ce qu'on appelle « le Bön transformé ». Ils n'acceptent pas le Bouddha comme refuge, mais un personnage nommé Shenrab Miwo, et le Bouddha était son disciple.

Gonsar Rinpoche, *La Culture tibétaine* (1985), polycopié, Vajra Yogini, 81500 Marzens, 1986, p. 6-20. Extraits.

L'avis des tibétologues contemporains (P. Kvaerne, Anne-Marie Blondeau, D. L. Snellgrove...) est différent. Il semble, d'après leurs études, que la religion Bön n'ait commencé à exister comme tradition organisée qu'à partir du xᵉ siècle finissant. Le Bön serait une religion parallèle au Bouddhisme, ou même « une forme de Bouddhisme [1] ». La tradition tibétaine désigne pour fondateur le légendaire Shenrab Miwo, dans une biographie parallèle à celle de Shâkyamuni, fondateur du Bouddhisme indien, comme à celle de Padmasambhava, fondateur du Bouddhisme tibétain [2]. *Bön* (prononcé *peune*) signifie « invoquer, réciter », et l'on sait l'importance des bardes. Le mot *Bön* désignait certains rites de la religion Tsug, puis, avec la rivalité du Bouddhisme, il finit par désigner une nou-

---

1. Pour D. L. Snellgrove, le Bön est « une tentative intéressante et délibérée d'absorber les enseignements religieux indiens et de les combiner avec les traditions religieuses préexistantes au Tibet, [...] une sorte de forme nationalisée de bouddhisme tibétain, [...] une catégorie particulière de secte bouddhique » (apud *Encyclopaedia Universalis*, t. 22, 1989, p. 636). Il y va fort !
2. Ariane Macdonald, *Une lecture des Pelliot tibétain*, apud *Études tibétaines dédiées à la mémoire de Marcelle Lalou*, Maisonneuve et Larose, 1971, p. 190-391.

velle religion. Cette religion contient des rites et croyances très proches de l'école tantriste Nyingma-pa. Les historiens ne savent trop qui a emprunté à qui. Les deux traditions admettent des textes cachés, neuf véhicules d'enseignement (au lieu de trois), etc.

À l'époque ancienne, près du roi se trouvent de nombreux prêtres, les *Bön-po* (invocateurs) et les *shen* (sacrificateurs), spécialisés soit dans des rites, comme la divination ou les funérailles, soit dans des domaines, comme les hommes ou les chevaux. Mais est-ce certain ? Les sources sont ici bouddhistes, et il ne faudrait se fier ici qu'aux manuscrits de Touen-houang.

Le Bön n'a nullement disparu. On trouve même des enseignants du Bön en Inde et en Occident.

2ᵉ TRADITION : LE BOUDDHISME TIBÉTAIN (*SAPTCHÖ* : « RELIGION PROFONDE »)

Qu'est-ce que l'Himâlaya ? Le soulèvement de la plaque asiatique sous la pression de la plaque indienne. Qu'est-ce que le Bouddhisme tibétain ? L'élévation de l'esprit tibétain sous la pression de la pensée indienne.

Quelques précisions, pour ne pas dire précautions. Le Bouddhisme tibétain forme une branche du Bouddhisme, et non pas une religion indigène. Le mot « Lamaïsme » est une invention occidentale commode pour désigner le Bouddhisme tibétain, qui existe aussi au Népal, au Sikkim, au Bhoutan, en Mongolie. Il se veut très ésotérique, mais pas entièrement ésotérique. Il y a des « enseignements secrets » *(sangwai damnag)*, ce qui veut bien dire qu'il y a par contrecoup des enseignements exotériques. L'immense majorité de la population n'entend rien à l'ésotérisme, elle fait tourner mécaniquement les moulins à prières, sans yoga, sans méditation. Autre mise au point, le lama, au sens strict, c'est le gourou, le maître spirituel, et non pas n'importe quel moine, et certains lamas ne sont pas moines. Le lama représente le Bouddha, l'absolu de l'esprit. J'ajoute qu'un grand nombre de livres sur « les secrets du Tibet » ne valent strictement rien. Il y a des auteurs sûrs, et des deux rives : étude ou création, et des deux bords : scientifique ou ésotérique, et des deux sources : tibétaine ou étrangère. Pourquoi chercher de faux sommets quand on peut atteindre l'Everest ? Pour ce qui concerne spécialement l'ésotérisme, on dispose de nombreux ouvrages ésotériques tibétains (*Livre des morts tibétain, Cent Mille Chants* de Milarépa, etc.) mais aussi d'approches ésotériques de l'histoire du Bouddhisme tibétain faites par des Tibétains ou des étrangers (Putön Rinpoche, Alexandra David-Néel, lama A. Govinda, etc.).

Pour parler rapidement, disons que le Bouddhisme tibétain a choisi, pour discipline monastique, le Bouddhisme indien Hînayâna sarvâstivâda (donc l'érudit Vasubandhu) et pour métaphysique le Bouddhisme indien Mahâyâna mâdhyamika (donc le philosophe Nâgârjuna). Ces écoles ne sont pas vraiment ésotériques, mais Vasubandhu et Nâgârjuna font partie des Patriarches de l'école de la méditation. Des éléments tantriques s'ajoutent, et des traditions secrètes indigènes. La majorité des enseignements du Bouddhisme tibétain, ésotériques ou non, vient de l'Inde, un peu comme la majorité des enseignements zen vient de Chine.

ÉQUIVALENTS DU MOT « ÉSOTÉRISME » EN TIBÉTAIN [1]

prononciation	transcription	traduction
sangwa	*gsang.ba*	secret
nangwa	*nang.ba*	intérieur

L'ésotérisme tibétain est un ésotérisme d'école. L'enseignement intellectuel passe par les monastères, l'enseignement spirituel et ésotérique par des « enseignements oraux secrets » *(sangwai damnag)*, par des « instructions particulières » *(mengag)*.

Quels sont les invariants, les points communs du Bouddhisme tibétain ? Recopions sagement la liste établie par Anne-Marie Blondeau. La tibétologue retient une dizaine de marques : la parole du Bouddha comme base, l'extinction de la souffrance inhérente à l'existence comme but, conception d'un Absolu qui est luminosité pure sans distinction du sujet et de l'objet de pensée, vide d'être propre de ce que nous prenons pour les réalités, théorie des trois (ou quatre) corps de bouddha, croyance en des *tülku* (on verra plus loin), distinction de trois Véhicules (Hînayâna pour ceux qui ont un degré de maturité spirituelle inférieur, Mahâyâna pour ceux qui développent un degré excellent, Tantrayâna pour ceux qui montrent un degré supérieur), nécessité d'un maître spirituel *(lama)* pour l'expérience mystique, consécrations qui sont des ordinations ou des initiations *(wang)*, foisonnement de textes et de représentations figurées, adoption dans le panthéon d'entités pré-bouddhiques [2].

Tout repose sur l'expérience spirituelle. Il ne s'agit pas de comprendre intellectuellement, mais de réaliser initiatiquement. Quand l'Occidental veut faire, fabriquer, le Tibétain veut accomplir, se faire.

La Discipline [le Hînayâna] vise à instaurer le calme et la paix.
Faire vœu de se consacrer aux autres [le Mahâyâna], c'est abandonner toute volonté personnelle.

---

1. « Les seuls équivalents possibles [pour "ésotérisme"] sont *gsang.ba* et *nang.ba* » (Anne-Marie Blondeau, lettre personnelle, 24 janv. 95).
2. Anne-Marie Blondeau, *Les Religions du Tibet*, apud *Histoire des religions*, Gallimard, « Encyclopédie de la Pléiade », t. 3, 1976, p. 272-278. Liste de G. Tucci (et W. Heissig) : existence de la souffrance, recherche de la libération, « sagesse supérieure » *(shes.rab)*, loi révélée par le Bouddha, appui sur les Écritures sacrées et l'examen critique, méditation, théorie du vide (*Les Religions du Tibet et de Mongolie*, 1970, trad. de l'allemand, Payot, 1973, p. 77-78).

> Le but du Tantra [le Vajrayâna] est d'enseigner l'unité de contraires.
> Tel est l'enseignement des Trois Véhicules [le Triyâna]. [...]
> Bien que le clitoris soit triangulaire comme il convient,
> Il est une offrande inacceptable pour l'adoration du dieu local. [...]
> Bien que le pénis ait un manche robuste et une tête large,
> Ce n'est pas un bon marteau pour planter un clou. [...]
> L'enseignement des mystères tantriques est très profond,
> Mais on n'obtient la libération que par une expérience profonde.
>
> Drugpa Künleg, *apud* (Dge.shes Brag.phug), *Le Fou divin. Drukpa Kunley, yogi tantrique tibétain du XVIe siècle* (1966), trad. de la trad. anglaise, Albin Michel, coll. « Spiritualités vivantes », n° 33, 1982, p. 129-130.

L'idée métaphysique centrale reste celle de vide *(tongpa)*, de vacuité *(tongpanyi)*. Ce que l'homme tient pour les réalités n'a pas d'être propre. Les choses sont interdépendantes, elles se ramènent à des représentations mentales forgées par l'homme. Les phénomènes ne sont que des conceptualisations, ils n'ont pas d'existence propre, comme le nuage, comme l'illusion. Les réalités sont vides, et le vide est esprit aussi bien que lumière, et cette coïncidence entre son esprit et la lumière donne la libération, le salut, la félicité. Cela constitue l'ésotérisme, c'est-à-dire la connaissance supérieure, aussi bien que l'initiation, c'est-à-dire l'esprit supérieur.

Un point retient particulièrement l'attention de l'ésotérologue. Il s'agit de la coordination faite entre les divers enseignements. Leur ensemble est repensé et ordonné — comme au Japon[1] chez les Tendaï et chez les Shingon — dans une conception ésotérique. Les divers « Bouddhismes » se trouvent hiérarchisés, mis en perspective. Tout devient ésotérique puisque l'exotérique Hînayâna devient un pré-ésotérisme, une préparation. Chaque intelligence choisit, selon son niveau spirituel, tel ou tel véhicule, sentier. Ou plutôt le lama, le gourou choisit tel véhicule en fonction de telle disposition de son disciple. Il ne s'agit pas d'intelligence au sens psychologique du terme, mais de maturation spirituelle. C'est la qualité de l'initiation et non pas la quantité de l'intelligence qui décide. On imagine mal un Bouddhiste, empreint de compassion, montrer du mépris. Intelligence ordinaire signifie motivation faible, faible impulsion pour les choses de l'esprit. La Réalisation se place au-delà de toute conceptualisation, l'intellect est toujours présenté comme un obstacle à la méditation tantrique, il n'est utilisé que comme préparation dans les étapes inférieures.

Pour la moindre intelligence la meilleure chose est d'avoir foi dans la loi de cause et d'effet ;
pour une intelligence ordinaire la meilleure chose est de reconnaître en elle, comme en dehors d'elle, le jeu de la loi des opposés ;

---

1. Voir *supra*, p. 824 (« Le Mikkyô »).

pour une intelligence supérieure la meilleure chose est d'avoir la pleine compréhension de l'inséparativité du connaisseur, de l'objet de la connaissance et de l'acte de connaître.

Pour une moindre intelligence la meilleure méditation est la complète concentration d'esprit sur un objet unique ;

pour une intelligence ordinaire la meilleure méditation est une concentration d'esprit soutenue sur les deux concepts dualistes (du phénomène et du noumène ; de la conscience et de l'esprit) ;

pour une intelligence supérieure la meilleure méditation est de demeurer dans la quiétude mentale, l'esprit vide de tout processus d'idée, sachant que le méditant, l'objet de méditation et l'acte de méditer constituent une unité inséparable.

Sgampo-pa Dakpo Lhaje (1079-1153), *Les Préceptes des gourou*, XX, trad. anglaise *apud* lama Kazi Dawa-samdup et W. Y. Evans Wentz, *Le Yoga tibétain et les Doctrines secrètes* (1934), trad. française (1938), éd. A. Maisonneuve, 1974, p. 96-97. © A. Maisonneuve, Paris.

Partant de cette division de l'humanité, un maître tibétain dit à Alexandra David-Néel :

On peut clamer sur les grandes routes les enseignements tenus pour secrets, ils demeureront « secrets » pour les individus à l'intellect obtus qui entendront les discours qu'on leur adressera et n'en saisiront que le son.

Ce n'est pas du maître que dépend le « secret », c'est de celui qui écoute. Un maître ne peut être que celui qui ouvre une porte ; il appartient au disciple d'être capable de voir ce qui se passe au-delà d'elle. Il existe des instructeurs capables de discerner le degré d'acuité intellectuelle de ceux qui sollicitent leur enseignement et ils réservent l'exposition détaillée de certaines doctrines à ceux-là seuls qu'ils jugent capables de les comprendre. Ainsi sont communiqués et se perpétuent les enseignements profonds transmis oralement de maître à étudiant depuis de nombreuses générations. Vous les avez entendus. Usez-en selon ce que vous jugerez bon.

Alexandra David-Néel, *Les Enseignements secrets des Bouddhistes tibétains. La Vue pénétrante* (1951), Adyar, 1988, p. 13.

Vers 780 (et non 792) éclate au monastère de Samyé une querelle théologique [1]. D'un côté, les pro-Indiens, c'est-à-dire l'école gradualiste *(rcen.min.pa)*, avec les philosophes Shântiraksita et Kamalashîla, prônent une voie vers la délivrance continue, par degrés, à la manière du Bouddha ; ils ont pour eux le Bouddha : « Graduellement, le sage, peu à peu, instant par instant, comme le métallurgiste celle de l'argent, doit épurer sa propre impureté » *(Dhammapada*, 239). De l'autre côté, les pro-Chinois, l'école subitiste *(ston.mun.pa)*, avec le moine chinois Mo-ho-yen, surnommé « Mahâyâna », louent les techniques rapides, l'éveil soudain,

---

1. P. Demiéville, *Le Concile de Lhasa. Une controverse sur le quiétisme entre bouddhistes de l'Inde et de la Chine au VIIIe s. de l'ère chrétienne*, A. Maisonneuve, 1952, VIII-399 p. P. Demiéville a corrigé le lieu : le monastère de Samyé (>bSam-yas) et non plus Lhasa. Finalement, les débats ont dû être diffus, si l'on en juge d'après les dossiers écrits. Y. Imaeda, « Documents tibétains de Touen-houang concernant le concile du Tibet », *Journal asiatique*, t. 268, 1975, p. 125-146.

celui du Tch'an *(Hva.çan)* depuis Houei-neng [1]. Un concile se réunit. Le roi, Thisong Detsen (>Khri-srong Lde-brtsan), opte pour la conception indienne. Des suicides suivirent.

La parole authentique peut avoir en même temps un sens caché ; et les principes en sont si profonds qu'ils ne se laissent pas pénétrer aisément. [...] Or, dans ce pays du Tibet, l'éventail de la modernité profane répandait le vent de l'erreur ; la doctrine du Bouddha n'y était point transmise, l'école du Dhyâna [Tch'an, méditation] n'y était point comprise. [...] Notre grand maître [maître Mahâyâna, fin du VIIIe s.] confia de secrètes initiations au Dhyâna, et illustra avec éclat son autorité magistrale. [...] Ce fut, tout d'abord, en l'année *chan* [792] que notre grand maître reçut soudain un édit éclairé, dont voici la teneur :
– Le moine Brâhmane et autres déclarent, par mémorial, que le système de Dhyâna, dit d'Éveil subit, enseigné par les moines chinois, ne correspond en rien à ce que prêche la Bouche d'or [le Bouddha], et ils demandent qu'il y soit mis un terme immédiatement.
Notre maître de Dhyâna se prit alors à rire doucement.
[...]
Question [des partisans de l'école gradualiste] : Qu'entendez-vous par « regarder l'esprit ? »
Réponse [des partisans de l'école subitiste] : Retourner la vision vers la source de l'esprit, c'est « regarder l'esprit » ; c'est s'abstenir résolument de toute réflexion et de tout examen [...]. C'est pourquoi il est dit dans le *Vimalakîrti-sûtra*[2] : « Le non-examen, c'est la *bodhi* [Éveil]. »

Version chinoise, trad. P. Demiéville, *Le Concile de Lhasa. Une controverse sur le quiétisme entre bouddhistes de l'Inde et de la Chine au* VIIe *siècle de l'ère chrétienne* (1952), Bibliothèque de l'Institut des hautes études chinoises, n° 7, PUF, 1987, p. 23-80. © PUF, Paris.

Avec le Bouddhisme tibétain on voit paraître des hautes figures de l'ésotérisme : Padmasambhava, Marpa, Milarépa, etc.

LES CINQ GRANDES LIGNÉES DU BOUDDHISME TIBÉTAIN

Le Bouddhisme tibétain est fortement marqué par le tantrisme bouddhique, le Tantrayâna (*Gyüde* : classe des tantra), autrement dit le Mantrayâna (*Ngakkyi thekpa* : moyen de progression par les formules liturgiques), le Vajrayâna (*Dorje thekpa* : moyen de progression par le foudre-diamant).

Officiellement, il existe dix-huit écoles du Bouddhisme indien[3]. Les Lamaïstes distinguent chez eux « quatre grandes lignées » : Nyingma-pa, Kadam-pa, Sakya-pa, Kagyü-pa. À partir du XVIe siècle, la liste a changé : Nyingma-pa, Sakya-pa, Kagyü-pa, enfin (intégrant les Kadam-pa) Gelug-

---

1. Voir *supra*, p. 831 (« Le Zen »). Voir *Un traité tibétain de dhyâna chinois (chan). Manuscrit de Dunhuang : Pelliot tibétain 116*, Maison franco-japonaise, 1988, V-103 p., bilingue franco-tibétain.
2. *Vimalakîrtinirdesha-sûtra* (IIe s.), trad. É. Lamotte, *L'Enseignement de Vimalakîrti* (1962), Peeters, Institut orientaliste de Louvain, 1987, 503 p.
3. G. Tucci et W. Heissig, *Les Religions du Tibet et de la Mongolie*, éd. cit., p. 60.

pa. Chacune de ces quatre lignées se divise en diverses branches ; certaines branches, à leur tour, se divisent en rameaux. Chaque lignée est une grande école à l'origine d'autres écoles.

DIVISIONS DE L'ÉSOTÉRISME LAMAÏQUE
(Sangwa)

LIGNÉES ET ÉCOLES	FONDATEURS
Tendance tantrique	
• lignée Nyingma-pa (Anciens) école Dzogchen (Grande Perfection)	Padmasambhava (747) Vairocana le Traducteur (v. 750)
• lignée Sakya-pa	Drogmi le Traducteur († 1072) Könchog Gyalpo (1073)
• lignée Kagyü-pa école Phagmodu-pa école Drugpa école Karma-pa	Marpa († 1096) Milarépa (1105) Sgampo-pa (1121) Phagmo Dupa (1158) Lingje Repa (vers 1160) Düsum Khyenpa (1185)
Tendance monastique	
• lignée Kadam-pa	Atîsha (1042) Domtönpa (1056)
• lignée Gelug-pa (Vertueux)	Tsong Khapa (1409) IIIe Dalaï-lama (1er en titre, 1578) IVe Panchen-lama (1er en titre, 1650)
Tendances indépendantes	
• école Bsam-gtan (méditation subite) • religion Bön ? • école Chidjé • école du Tchö • école Jonang-pa	le moine Mo-ho-yen (780) Shenrab Miwo (fin xe s. ?) Phadampa Sangye (v. 1075) Machig Lapdrön (v. 1090) Sherab Gyeltsen († 1361)

• PADMASAMBHAVA ET LA LIGNÉE DES NYINGMA-PA (« Ceux de l'ordre religieux ancien », « les Anciens »). Les autres écoles placent celle-ci à part, en la considérant parfois comme hétérodoxe, alors qu'elle fut la première ! Cette école prévaut au Sikkim.

« Padmasambhava » signifie en sanskrit « Né-du-lotus ». Curieux nom ! Les Tibétains admettent quatre types de naissance, par l'œuf, par l'utérus, par la chaleur humide, par apparition directe, et Padmasambhava, dit-on, n'a « pour auteur personne, apparu de lui-même de toute éternité [1] ». Le Bouddha aurait prévu sa venue et sa naissance miracu-

---

1. *Le Grand Guru Padmasambhava. Padma Than Ying* (1412 ?), trad. du tibétain G.-Ch. Toussaint (1933), Éditions Orientales, 1979, p. 7.

leuse. Pieuse pensée de l'une de ses cinq disciples femmes, la dame tibétaine Yeshe Tsogyel. Elle mit par écrit les innombrables biographies énoncées par Padmasambhava *(Padma Than Ying)*, et elle cacha de nombreux textes sous forme de *terma*, textes cachés et redécouverts.

Alors que le Bouddha était sur le point de mourir, à Kushinagara [1], et que ses disciples pleuraient, il leur dit :
– Le monde étant transitoire et la mort inévitable pour toutes choses vivantes, le temps de mon propre départ est arrivé. Ne pleurez pas, car douze ans après mon départ, au Nord-Ouest du pays d'Urgyân [Oddiyâna], d'une fleur de Lotus du lac Dhanakosha naîtra celui qui sera plus sage et plus puissant spirituellement que moi-même. On le nommera Padmasambhava [Né-du-lotus] et il établira la Doctrine Ésotérique.

Yeshe Tsogyel, *Le Rosaire d'or de l'enseignement illuminant le sentier de la libération* (déb. IXe s.), trad. W. Y. Evans Wentz apud *Le Livre tibétain de la grande libération* (1954), Adyar, 1972, p. 151.

Padmasambhava venait, dit-on, de l'Oddiyâna (Swat aujourd'hui), à l'ouest du Tibet, au nord-ouest de l'Inde. Il serait le fils du roi Indrabhûti, célèbre tantriste bouddhiste. Voulant renoncer au monde, il commit des actes inconvenants et criminels, pour se faire expulser et pouvoir se livrer à l'ascèse. Mais, pour les croyants, cette naissance n'était qu'une forme prise par lui pour sauver les êtres, puisqu'il est considéré comme un bouddha. Peut-être exerça-t-il comme professeur à l'université de Nâlandâ sous la direction de Shântiraksita. Le roi du Tibet fit appel à lui comme exorciste. Après l'arrivée du Bouddhisme, toutes sortes de catastrophes survenaient, il fallait quelqu'un pour dompter les génies de l'ancienne religion. Par ailleurs, Padmasambhava enseigna à 25 disciples le tantrisme, précisément l'anuttara-yoga-tantra (examiné plus loin). Il buvait pas mal de vin, mais dans un but tantrique. Il avait deux épouses, une Indienne, Mandâravâ, et une Tibétaine, la fameuse Yeshe Tsogyel. Plutôt que d'« épouses », il vaudrait mieux parler de « compagnes tantriques, partenaires femmes » *(gsang yum)*.

Les Nyingma-pa ne sont pas tous moines, la majorité vit même mariée avec des enfants (alors que les moines ne sont jamais autorisés à se marier).

« Les Nyingma-pa reconnaissent deux sortes de transmission : une transmission orale, de maître à disciple, ininterrompue depuis Padmasambhava ; et une transmission discontinue, révélée. La révélation est admise aussi par les autres écoles ; elle revêt la forme d'une transmission de pensée, pourrait-on dire, entre le maître humain ou divin [2] et le disciple ; ou encore d'une vision pure. Mais une forme de révélation propre aux Nyingma-pa

---

1. « *Kushinagara* signifie ville (ou lieu) de l'herbe *kusha*, herbe particulière aux Indes, employée par les yogis pour faire des nattes et des coussins sur lesquels ils s'asseyent pour méditer. Elle a servi à confectionner le coussin sur lequel le Bodhisattva Gautama s'assit sous l'Arbre de Bodhi quand il devint le Bouddha » (W. Y. Evans Wentz).
2. Les idées des Kagyü-pa proviendraient du Bouddha primordial.

(et aux Bön-po) est la découverte par des êtres prédestinés de textes ou objets cachés autrefois (*terma*, "trésors"), par un maître. C'est ainsi qu'une grande partie de la littérature Nyingma-pa est formée d'œuvres que Padmasambhava et ses disciples, prévoyant la persécution qui allait suivre, auraient cachées, dans des temples, des grottes, etc., afin qu'elles soient mises à jour en temps opportun par des "inventeurs" de trésors *(tertön)*, dont ils auraient annoncé la découverte dans des prophéties [1]. Le premier *tertön* nyingma-pa, Sangye Lama, vécut à la fin du Xe siècle, mais la grande époque des *gter.ston* va du XIe au XIVe siècle » (Anne-Marie Blondeau, *op. cit.*, p. 266). Le *Livre des morts tibétain* est un texte caché. Il relève de cette école de Padmasambhava. On le « découvrit » au XIVe siècle.

- 1re LIGNÉE DES «NOUVEAUX» : ATÎHA ET LES KADAM-PA («Liés par le commandement»). Le véritable fondateur était un disciple d'Atîsha, Domtönpa en 1056.

Atîsha était un Bengalî, de famille royale. Il avait étudié à fond le Bouddhisme, sous la direction de 150 maîtres. Moine dès l'âge de trente et un ans, il fut professeur de philosophie et même abbé au célèbre monastère-université indien de Vikramashîla, qui avait, entre-temps, supplanté le monastère-université de Nâlandâ, d'où venait Padmasambhava. Au Tibet, Atîsha enseignait l'exotérique Hînayâna aux intelligences moyennes, le mésotérique Mahâyâna aux intelligences capables, l'ésotérique Tantrayâna aux disciples spirituellement avancés. Il fit se répandre le fameux *mantra* (« formule liturgique ») en six syllabes du *bodhisattva* céleste Avalokiteshvara [2] : *om mani padme hûm*, ainsi que (sur la base des écrits de l'Indien Vagisvarakirti) le culte de Târâ, « Celle qui sauve, Libératrice ». Il insistait sur le rôle du maître spirituel, le contact direct entre instructeur et disciple.

Amis, jusqu'à ce que vous ayez atteint l'Éveil, vous avez besoin du lama. C'est pourquoi vous dépendez du saint maître spirituel. Jusqu'à ce que vous réalisiez pleinement la nature de la vacuité, vous devez écouter l'enseignement. C'est pourquoi vous serez très attentifs à l'instruction du lama. Simplement comprendre le *Dharma* n'est pas suffisant pour être un Bouddha, vous devez pratiquer constamment.

Tsounbadjégome, *Recueil d'instruction des Kadampas. Kadamthorbou*, trad., Éditions Vajra Yogini, 1993, p. 5.

L'apport principal d'Atîsha fut celui d'une pratique méditative, la « purification de l'esprit [3] ».

---

1. Sur les *tertön* : Eva Dargyay, *The Rise of Esoteric Buddhism in Tibet* (1977), Samuel Weiser, New York, 1978. W. Y. Evans Wentz, *Le Livre tibétain de la Grande Libération*, éd. cit., p. 182, 222-225. Tulku Thondrup Rinpoche, *Hidden Teachings of Tibet. An Explanation of the Terma Tradition of the Nyingma School of Buddhism*, Wisdom Publications, Londres, 1986.
2. Bokar Rinpoche, *Tchènrézi. Nature de la divinité. Principes et Méthodes de la méditation*, trad. du tibétain, Claire Lumière, 13760 Saint-Cannat, 1991, 100 p.
3. Atîsha, *La Lampe du chemin de l'Éveil. Byan.chub lam.gyi sgron.me* (vers 1050), trad. anglaise R. Sherborne, *A Lamp for the Path*, Allen and Unwin, Londres, 1983, XIII-226 p.

- 2ᵉ LIGNÉE DE « NOUVEAUX » : LES SAKYA-PA (« Ceux de la terre grise », du nom de leur premier monastère). Könchog Gyelpo, disciple de Drogmi le Traducteur, établit cette école en 1073. « Actuellement, elle ne se différencie que très peu de l'école Ancien Style des Bonnets rouges » (W. Y. Evans Wentz).

- 3ᵉ LIGNÉE DE « NOUVEAUX » : MARPA, MILARÉPA, SGOMPA-PA ET LES KAGYÜ-PA. On trouve ici les plus célèbres des « Grands Initiés » tibétains : Marpa († 1096) et son disciple Milarépa († 1123). Le nom même de la lignée, Kagyü-pa (« Ceux de la transmission orale »), indique l'ésotérisme. Marpa a appris les mystères bouddhiques de maîtres indiens, Tilopa et Nâropa, de bouche à oreille, les formules qu'on murmure. Ensuite, Milarépa reçut la transmission de Marpa. Des branches se constituèrent autour d'un des disciples de Milarépa, Sgampo-pa, dès 1121. On en parlera plus loin.

Plus excentrique, et beaucoup plus tard, surgit un poète, Drugpa Künleg [1]. On l'appelait « le Fou de 'Brug ». Comme dans beaucoup d'autres traditions initiatiques, il a choisi l'expression atypique. Il chantait et dansait, il disait ne choisir que ce qui lui passait par la tête, mais il connaissait à fond les pratiques yogiques. Il portait un arc et des flèches, la flèche qui transperce la dualité. Lui aussi dépassait les contraires. L'arc dans la main droite symbolise le Moyen, la détermination, tandis que la flèche dans la main gauche symbolise la Sapience, la vigilance.

Une fois j'improvisai ceci en prenant pour modèle une chanson des filles de Phu-chu-khyen, dans le Lho :
« Ma pensée m'emporte là-bas, m'emporte aux glaciers blancs du Ti-se,
ma pensée m'emporte par ici, m'emporte, oh oui, aux cinq cents *arhat* [Saints],
mais de quoi je ne puis me séparer, c'est l'infini du *dhyâna* [tibétain *tingnezin*, méditation], a'o !
Alors que je garde l'équanimité, que j'en aie à mon aise, que j'en aie ! [...]
Ma pensée m'emporte là-bas, m'emporte vers les phénomènes dans leur variété,
ma pensée m'emporte par ici, m'emporte, oh oui, à l'état spontané de ma propre Pensée,
mais de quoi je ne puis m'éloigner, c'est le Naturel sans aucun artifice, a'o !
Alors que je porte tout ce qui apparaît dans la voie de la méditation, qu'elle se fasse à mon aise, qu'elle se fasse ! »
Ainsi je chantai en dansant et en sautillant.
Drugpa Künleg, trad. du tibétain R. A. Stein, *Vie et Chants de 'Brug.pa Kun.legs, le yogin*, G. P. Maisonneuve et Larose, 1972, p. 304.

---

1. (Dge.shes Brag.phug), *Le Fou divin. Drukpa Kunley, yogi tantrique tibétain du XVIᵉ siècle* (1966), trad. de l'anglais, Albin Michel, coll. « Spiritualités vivantes », n° 33, 1982.

LA CHAÎNE DES PATRIARCHES DU MAHÂMUDRÂ

Vajradhara (un Bouddha)

Tilopa : Inde 988-1069	Milarépa : Tibet 1040-1123
Nâropa : Inde 956-1040	Sgampo-pa : Tibet 1079-1153
Marpa : Tibet 1012-1096	etc.

- 4ᵉ ET DERNIÈRE LIGNÉE DE « NOUVEAUX » : TSONG KHAPA ET LES GELUG-PA (« Ceux du comportement vertueux »).

On les dénomme aussi « Nouveaux Kadam-pa », puisqu'ils veulent, une nouvelle fois, comme les Kadam-pa auxquels ils se rattachent, revenir aux sources, au monachisme pur et dur. Mariage et alcool sont interdits, le tantrisme est en principe rejeté (le Bouddhisme ne distingue pas main droite et main gauche). Ils vénèrent cependant trois divinités tantriques : Samvara (« Suprême Félicité »), Yamântaka (« Destructeur de mort »), et, plus ésotérique encore, Guhyasamâja (« Secrète union ») ; chacune de ces divinités est en union avec sa parèdre féminine, comme les tantristes avec leur partenaire femelle. Au Potala on voit des représentations peintes de ces unions.

On appelle les Vertueux « Bonnets Jaunes » à cause des bonnets jaunes qu'ils portent ; par contrecoup, on appelle « Bonnets Rouges » les trois autres écoles (Nyingma-pa, Sakya-pa, Kagyü-pa). Tsong Khapa (« le Réformateur ») fonda l'école Gelug-pa en 1409.

Tsong Khapa (1357-1419), de son nom religieux Blo.bzang Grags.pa, naquit dans la province d'Amdo au Tibet oriental. C'était une incarnation des trois qualités d'un Bouddha : sagesse, compassion et pouvoir, manifestées respectivement par Mañjushrî, Avalokiteshvara et Vajrapâni. Dans son existence antérieure, alors qu'il était un jeune garçon, il offrit un rosaire de cristal au Bouddha Shâkyamuni qui prophétisa sa venue au Tibet.

À trois ans, il reçut du IVᵉ Karma-pa, Rölpe Dorje [1340-1382], l'ordination d'*upâsaka*, laïc bouddhique [l'ordination laïque avec 5 vœux : sanskrit *upâsaka*, tibétain *guénien*, « fidèle »].

À sept ans, selon son intense désir, il prit les vœux de novice devant son maître Don.grub rin.chen [l'ordination mineure avec 36 vœux, dès huit ans : sanskrit *shrâmanera*, tibétain *guétsül*, « novice »].

À l'âge de treize ans, il partit étudier au Tibet central et séjourna au monastère de 'Bri.khung, de tradition Kagyü-pa, où il reçut des enseignements sur l'esprit d'Éveil [1] et le Mahâmudrâ, ainsi que sur la médecine. Il étudia la dialectique et la philosophie puis l'ouvrage de Maitreya, *Ornement des réalisations* [2] *(Abhisamayâlamkara)* avec ses commentaires.

---

1. « L'esprit d'Éveil relatif est seulement l'aspiration altruiste à la bouddhéité pour le bien des êtres. L'esprit d'Éveil ultime est l'aspiration à la bouddhéité associée à la connaissance directe de la vacuité d'existence intrinsèque des êtres et de toute chose » (G. Driessens, *Regards sur le Bouddhisme indien et tibétain*, éd. cit., p. 79).
2. Ouvrage attribué à Asanga : *Ornement des discours du Grand Véhicule. Mahâyânasûtra-lamkâra*, t. 2, trad. Sylvain Lévi, éd. Champion, 1911.

À dix-neuf ans, il avait obtenu une profonde compréhension de la *Perfection de Sagesse (Prajñâpâramitâ)* [1]. [...]
À vingt-quatre ans, l'ordination complète de moine lui fut conférée [l'ordination majeure avec 253 vœux pour le moine, 512 pour la nonne : sanskrit *bhiksu*, tibétain *guélong*, « moine »]. Cet événement marque le début de son activité d'enseignant. [...]
Il décida d'étudier le *Kâlachakra-tantra* sous la direction du maître Ye.shes Rgyal. mtshan qui résidait près de Lhasa. Au cours d'une retraite il pratiqua les Six Doctrines de Nâropa et les Six Doctrines de Niguma, deux systèmes importants de la tradition Kagyü-pa. [...] Il décida alors de se concentrer sur les quatre classes de Tantra [*djagyü, tchögyü, neldjorgyü, lanamegyü*]. [...]
Tsong Khapa eut la vision de Mañjushrî [un *bodhisattva* céleste] à plusieurs reprises. C'est par l'intermédiaire de [son maître] Dbu.ma.pa qu'il reçut de Mañjushrî les réponses à ses questions sur les points essentiels des *Sûtra* et des *Tantra*. [...]
À trente-six ans, accompagné de huit disciples, il entreprit une retraite de quatre années au cours de laquelle il effectua 3 500 000 prosternations et fit l'offrande de 1 800 000 *mandala*. Lui-même et ses disciples obtinrent les visions de 35 Bouddhas de Confession, de Maitreya, du Bouddha de Médecine et du Bouddha de Longue Vie. [...]
Nâgârjuna et ses disciples lui apparurent et il obtint finalement une réalisation intuitive de la vacuité. [...]
À cinquante-neuf ans il décida la construction à dGa'.ldan d'une salle dédiée uniquement aux rituels tantriques, auxquels les non-initiés n'étaient pas supposés assister. [...]
Le vingt-cinquième jour du dixième mois tibétain [dans sa 62ᵉ année], à l'aube, il s'assit en posture de méditation ; sa respiration s'interrompit et son corps prit une apparence juvénile. Il demeure à présent dans la Terre Pure des Tushita [des dieux satisfaits, Terre réservée aux bouddhas qui n'ont plus qu'une fois à renaître].

G. Driessens, *Regards sur le Bouddhisme indien et tibétain*, Éditions Dharma, coll. « Maitreya », Peymeinade, 1983, p. 20-25. © Éditions Dharma, Saint-Michel en l'Herm.

Les Gelug-pa font retour à Atîsha, retour au Mahâyâna mâdhyamika, à la Grande Voie progressive de Nâgârjuna, retour au Vinaya (à la discipline monastique), retour à l'exégèse orthodoxe. Ils font figure de célibataires attachés à la discipline monastique. Ils pratiquent une voie graduelle. Les Supérieurs des Gelug-pa sont les abbés du monastère de dGa'.ldan. Les tantristes de cette école vénèrent Samvara, Yamântaka et Guhyasamâja, divinités en union avec leurs parèdres, ils vénèrent aussi Kâlachakra.
Depuis le XVIIᵉ siècle, les Gelug-pa forment le clergé officiel du Tibet,

---

1. E. Conze a traduit une partie des *Prajñâpâramitâ* : *The Prajñâpâramitâs. Selected Sayings from the Perfection of Wisdom* (1955), The Buddhist Society, Londres, 1968 ; *Buddhist Wisdom Books. The Diamond and the Heart Sutra* (1958), Unwin, Londres, 1988, 132 p. En français : G. Driessens, *La Perfection de Sagesse*, Éditions du Seuil, coll. « Points. Sagesses », n° 103, 1996, 359 p.

« l'Église Jaune », l'école des **Dalaï-lama**. *Dalaï-lama* signifie « Gourou Océan (de sagesse) ». Altan Khân, prince des Tümed (une horde mongole), donna ce titre en 1578 au troisième abbé de 'Bras.spugs, Sönam Gyatso. Le titre passa de façon rétrospective aux trois Supérieurs antérieurs. En tibétain on dit *Kudün*, « Présence », *Gyelwa-Rinpoche*, « Extraordinairement Précieux », comme le Chrétien dit « Très Saint Père » pour le pape. Le pouvoir politique des Dalaï-lama commence avec le cinquième, Lobsang Gyatso (1617-1682), en 1642. L'autorité spirituelle des Gelug-pa n'est pas le Dalaï-lama, mais le Ganden-tripa. Aujourd'hui, le XIVe Dalaï-lama, intronisé en 1937, s'appelle Tenzin Gyatso. Il publie beaucoup d'ouvrages. Il a obtenu le prix Nobel de la Paix en 1989. Il est vrai qu'il a toujours condamné la confrontation armée contre le colonisateur chinois, mais qu'a-t-il obtenu en retour ? Rien. Il méritait plutôt le prix Nobel de la Compassion. Le Dalaï-lama fait figure d'émanation du bodhisattva céleste Avalokiteshvara (en tibétain Chenresi), divinité tutélaire du Tibet. Il réside au palais-monastère du Potala, à Lhasa. En principe, c'est-à-dire abstraction faite de la colonisation chinoise. Son enseignement public est très religieux. Qu'en est-il de son enseignement ésotérique ? Anne-Marie Blondeau me signale que « son enseignement ésotérique, il le réserve évidemment aux disciples choisis. De plus, il donne fréquemment des initiations publiques. »

LES VOIES D'INITIATION

Les Bouddhistes ont le choix entre trois types d'homme sacré ou de femme sacrée : le religieux, le yogi, le médium. Ces **voies d'initiation** ressemblent beaucoup à celles de l'Hindou.

• LA VOIE DU RELIGIEUX est la plus connue. Les Gelug-pa proscrivent le mariage. Les autres écoles admettent deux sous-types de religieux : le moine ordonné (identique au moine gelug-pa), le tantriste (marié ou non).

Les moines pratiquent le végétarisme, ils observent quantité de rites, ils habitent dans les monastères. Un monastère lamaïque peut contenir des milliers de moines. L'élite suit des études fort longues et fort difficiles. Le corpus comprend : logique, étude comparative des écritures bouddhiques, traduction du sanskrit en tibétain, connaissance du Vide, philosophie de la discipline monastique. Les études monastiques commencent vers huit ans et durent vingt-cinq ans chez les Gelug-pa, cinq ou sept ans chez les Nyingma-pa. La hiérarchie commence par le statut de renonçant à huit ans, se poursuit par le statut de novice vers quinze ans, puis par le statut de moine ordonné vers vingt ans. Il peut alors choisir entre la voie intellectuelle, donc le statut de docteur, ou la voie tantrique, donc le statut de lama.

Les tantristes peuvent se marier, puisque la sexualité entre dans leur pratique sacrée. Les épouses ont rang de « conjointes ésotériques », de

« partenaires secrètes » *(gsang yum)*. Les tantristes insistent sur les *mandala*. Les moines peuvent se diriger vers les études ou la méditation, en fonction de leurs souhaits, ou du monastère dans lequel ils sont. En dehors des Gelug-pa qui imposent une formation intellectuelle avant la pratique des *tantra* (mais non des rituels !), les autres écoles font mener de pair études et pratiques tantriques (retraites, visualisations...).

• LA VOIE DU YOGI crée parfois des êtres d'exception, parfois des charlatans ou même des sorciers, comme la voie religieuse peut engendrer des parasites, des hypocrites, des formalistes. Le *gomchen* (« grand méditant ») de David-Néel, le *grub.thob* (« parfait ») de Tucci[1] désignent la même catégorie, qui peut aussi être appelée *neldjor-pa*, « celui du yoga, yogi ». Ces ascètes mènent soit une vie itinérante, comme « le *neldjor-pa* Drugpa Künleg », soit une vie sédentaire, soit même une vie recluse, par exemple dans une cellule de monastère ou dans une grotte scellée de l'Himâlaya, comme ce *gomchen* rencontré par A. D.-N.

J'étais curieuse au Tibet. Je me rendis à l'ermitage d'un *gomchen* qui avait eu la bonté de m'inviter. Dans un site aride et désolé, sur le versant nord d'une montagne s'élevant près du lac Mo-te-long, le logis de l'anachorète consistait en une très vaste caverne à laquelle des adjonctions successives donnaient l'aspect d'un petit château fort. L'habitant actuel y avait succédé à son maître qui, lui-même, y avait remplacé son propre père spirituel. La succession de trois générations de lamas magiciens dans cet endroit y avait causé l'accumulation d'une quantité suffisante d'éléments de confort – dons des gens de la région – pour que la vie pût s'y écouler agréablement. [...] Mon hôte ne connaissait rien du monde au-delà de sa caverne. Son maître avait vécu dans celle-ci pendant plus de trente années, et lui-même, au lendemain de la mort de ce dernier, s'y était emmuré. [...] À cette réclusion, très mitigée, puisqu'il recevait des visites, le *gomchen* ajoutait, comme austérité, la pratique de ne jamais s'étendre pour dormir. Il passait les nuits dans un *gamtis*, sorte de caisse carrée dans laquelle on sommeille assis, les jambes croisées. J'eus quelques conversations intéressantes avec le lama, puis je pris congé de lui.

Alexandra David-Néel, *Mystiques et Magiciens du Tibet* (1929), chap. II, Presses-Pocket, n° 1921, 1980, p. 92-93. © Librairie Plon, Paris.

Le type du yogi est évidemment **Milarépa**, « Mila-à-la-robe-de-coton ». Pourquoi ce nom ? Il n'était vêtu que de ce vêtement, car il pouvait créer en lui le *tumo*, la chaleur mystique, même dans les neiges de l'Himâlaya. Sa vie sert de modèle pour la voie tibétaine. Né près du Népal en 1040, il fait la rencontre du malheur à sept ans quand son père, un riche marchand, propriétaire de troupeaux et de champs, meurt. Son oncle paternel et sa tante s'emparent de l'héritage et le réduisent, lui, sa sœur, sa mère à la pire des misères. Poussé à la vengeance par sa mère, Jetsün, le futur Milarépa, apprend la magie noire sept ans durant. Il se venge de ses spoliateurs, d'abord en faisant s'écrouler une maison sur

---

1. G. Tucci (et W. Heissig), *Les Religions du Tibet et de la Mongolie*, p. 29, 50-51, 202.

trente-cinq de leurs invités, ensuite en déclenchant un orage de grêle sur leurs plantations. Le repentir s'empare de Jetsün. Il part en quête d'un maître versé dans les bonnes actions. Un lama des Nyingma-pa lui conseille Marpa le Traducteur. Marpa traite Jetsün (qui a trente-huit ans) avec une très grande sévérité, qui cache une grande compassion puisqu'il veut libérer Jetsün de ses fautes, brûler son karma dès cette vie. Il lui fait construire des tours, qu'il lui fait détruire ensuite, en tout « huit profondes tribulations ». Jetsün est tenté par trois fois de quitter son gourou et même de se suicider. Convaincu, Marpa, au bout de six ans, lui confère l'initiation, en plusieurs fois évidemment. Jetsün reçoit « ces vérités ésotériques qui doivent seulement être chuchotées à l'oreille ». Quoi, en réalité ? L'enseignement de Nâropa. Quoi, plus précisément ? Les procédés de méditation, la doctrine du Vide, le Mahâmudrâ. Jetsün devient Mi.la Rdo.rje Rgyal.mtshan (« Mila-bannière-de-diamant »). Il va pendant dix-huit ans poursuivre une vie ascétique qui dépasse l'héroïsme. Il fait vœu de se suicider plutôt que de céder à une quelconque pensée d'ambition mondaine. Il vit presque nu, dans une grotte, avec un lambeau de coton. Il ne se nourrit pratiquement que de bouillons d'orties. Son corps devient d'un vert bleuté. Mais il acquiert des pouvoirs : il peut voler dans les airs ; et il atteint des vérités : on peut transformer le mal en bien, l'origine réside dans le Vide... Fort de ce succès, il se rend dans l'Himâlaya pour atteindre le *nirvâna*, c'est-à-dire la délivrance de la souffrance, du désir, la fin de l'illusion du moi, l'union avec l'Absolu. Il y réussit. Sa renommée grandit. La concubine d'un lettré jaloux de lui veut l'empoisonner avec du lait caillé. Par clairvoyance, Milarépa découvre le complot, mais il sait aussi son heure arrivée. Il meurt âgé de quatre-vingt-trois ans. Les Tibétains attribuent sa biographie à son disciple Rechung, mais les historiens ne sont pas d'accord.

• LA VOIE DU MÉDIUM, du possédé par les esprits ou même du chamane a aussi ses partisans. Le Bouddhisme tibétain connaît plusieurs types de ces médiateurs. Le plus haut niveau est atteint par le *sku.rten.pa*, « celui qui sert de support du corps ». Ce religieux, méthodiquement entraîné, peut incarner une divinité bien précise pour obtenir un oracle. Le temple de Nechung, près de Lhassa, abritait jusqu'en 1959 un oracle d'État qui disait la parole de Pehar, dieu protecteur. Le moine-oracle entrait en transe aussitôt que Pehar s'emparait de lui au moyen de chants et de musiques. Il laissait alors des messages ou donnait des réponses à des questions.
Autre figure : le *lha'.bab.pa* (« celui sur qui descend le dieu »), « médium populaire » ou pawo. Il s'agit parfois d'un berger, élu par une divinité locale ou par un héros d'épopée. Il peut prendre d'autres figures. Alexandra David-Néel a relevé la chose à son époque pour le Bön. Depuis, on sait que les Bön-po médiums, appelés *pawo* ou *pamo*, qu'elle décrit sont le plus souvent bouddhistes ; ils peuvent être adeptes du Bön dans les régions où la religion-tradition dominante est le Bön.

Les Lepchas aborigènes, bien que nominalement bouddhistes, ont conservé leurs sorciers et leurs médiums Bön-po. D'autre part, à la frontière sino-tibétaine, se rencontrent des Bön de la secte noire qui se distinguent des Bön de la secte blanche en ce qu'ils sont demeurés plus fidèles à la doctrine primitive, tandis que la secte blanche adaptait, en fait, les croyances et coutumes des Bouddhistes, se bornant à leur donner des noms de la terminologie Bön-po.

Deux personnages occupent une place importante parmi ces Bön : les médiums et les sorciers.

Le médium est appelé *dpa'-bo* (>*pa.wo*) quand c'est un homme et *dpa'-mo* (>*pa.mo*) quand c'est une femme. Chez eux la médiumnité n'est pas le produit d'un entraînement, elle provient de facultés spéciales inhérentes à certains individus. Cependant, avant de pouvoir faire volontairement usage de ces facultés, il est jugé presque indispensable que le médium ait reçu, d'un autre médium pleinement développé, une transmission de pouvoir qui rend actives les facultés innées qu'il possède.

Les Bön-po croient également que le *dpa'-bo* ou la *dpa'-mo* qui veut se libérer de l'état psychique particulier qui constitue la médiumnité peut le transmettre à une autre personne qui devient médium à sa place. [...]

Au contraire [des médiums européens], les médiums des Bön-po que j'ai pu observer sont parfois, subitement et sans aucune préparation, saisis par une personnalité étrangère (dieu, génie bienveillant ou malfaisant, esprit d'un mort récemment décédé, etc.) qui parle ou agit par leur intermédiaire.

Il arrive que ces gens, étant soudainement « possédés » alors qu'ils sont occupés chez eux ou en marche sur une route, perdent tout contrôle sur leurs actes, abandonnent ce qu'ils faisaient pour faire tout autre chose ou bien pour s'en aller à de grandes distances accomplir un acte ou délivrer un message qui leur sont suggérés par la personnalité qui les domine.

La plupart demeurent en état de transe et agissent mécaniquement pendant tout le cours de l'action qui leur est commandée, mais d'autres sont partiellement ou même complètement conscients du fait qu'ils sont devenus les instruments d'une volonté étrangère.

Alexandra David-Néel, « Phénomènes psychiques et médiums au Tibet », *apud* « Alexandra David-Néel. Voyages et Aventures de l'esprit. Textes et Documents inédits », *Question de*, n° 60, Albin Michel, 1985, p. 71-76.

FIGURES DE L'ÉSOTÉRISME LAMAÏSTE

le Bouddha	le Bodhisattva	le Lama (gourou)
soit cosmique soit historique	soit céleste soit terrestre	soit lignée soit racine
ex. : Shâkyamuni	ex. : Sadâprarudita	ex. : Kalou Rinpoche
moyen : Éveil	moyen : vœux	moyen : incarnation
fin : extinction	fin : salut des autres	fin : transmission
le Religieux	**le Yogi**	**le Médiateur**
soit moine soit tantriste	soit sédentaire soit errant	soit possédé soit médium
ex. : Atîsha	ex. : Milarépa	ex. : l'oracle de Nechung
moyen : observances	moyen : pratiques	moyen : transe
fin : Bouddhéité	fin : Claire Lumière	fin : communication

LES SUPPORTS DE L'INITIATION

De quelles **voies de transmission** le Tibétain dispose-t-il ? Il privilégie, évidemment, l'oralité. Il s'exprime aussi par les textes, les rites, l'art. On peut entrer dans le Lamaïsme, au choix, par un chemin ou l'autre. Le chemin intellectuel est celui des livres, des idées, des enseignements. Le chemin sensible, artistique, préfère les *mandala*, les chants, les danses, les masques. Le chemin rituel passe par les prières, les circumambulations, les pèlerinages, les prosternations.

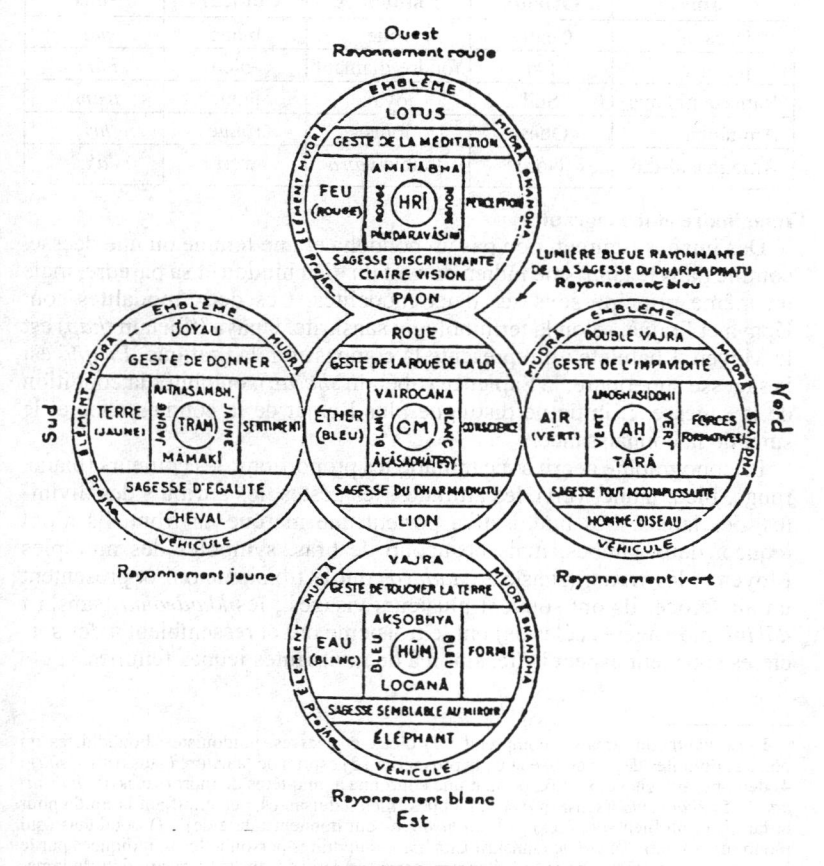

LES CINQ JINA
(schéma du lama Anagarinka Govinda, *Fondements de la mystique tibétaine*, 1957)

Une grande place revient aux divinités protectrices à l'aspect courroucé ou terrible (par exemple Makâkala). Le panthéon ressemble à un dédale [1]. Pour s'y retrouver, on peut utiliser le tableau des cinq Jina (« Vainqueurs »), appelés aussi Dhyâni-Bouddha (Bouddha de méditation). Ce tableau donne une grille des correspondances d'ordre 5. Le tableau suivant intervient dans les « tantra du yoga suprême ». Ailleurs il diffère quelque peu, comme quoi le principal est l'idée de correspondances, pas la description.

GRILLE DES CORRESPONDANCES CHEZ LES BOUDDHISTES TIBÉTAINS : LES JINA (BOUDDHAS TRANSCENDANTAUX)

Jina	Orients	Emblèmes	Couleurs	Sons
Vairocana	Centre	roue	blanc	*om*
Vajrasattva	Est	foudre-diamant	bleu	*hûm*
Ratnasambhava	Sud	joyau	jaune	*tram*
Amitâbha	Ouest	lotus	rouge	*hrî*
Amoghasid-dhi	Nord	double *vajra*	vert	*ah*

Imaginaire et iconographie

Des images figurent, non pas un bouddha et une femme ou une déesse, comme dans le tantrisme indien on voit un dieu hindou et sa parèdre, mais un même principe sous ses deux modalités. Ces deux modalités sont Upaya et Prajñâ, selon la terminologie sanskrite. Upâya (tibétain *thap*) est le Moyen, l'habileté ; il représente la compassion, la pratique. *Prajñâ* est la sagesse supérieure, la Sapience (tibétain *sherab*), ou plutôt la condition de la sagesse. L'initié ne distingue plus l'objet de la connaissance et le sujet de la connaissance.

L'iconographie décrit avec minutie les proportions, les couleurs (blanc, rouge, bleu, jaune, vert), les attitudes, les gestes, les attributs des divinités, des lamas. Les bodhisattva portent une marque au front, ils n'ont « que » deux jambes, mais beaucoup de bras, symboles des multiples Moyens ; les *yidam* (sanskrit *istadeva*) ont le troisième œil et présentent un air féroce, ils ont souvent plusieurs visages ; les *khadroma* (sanskrit *dâkinî*, messagères célestes) ont le troisième œil et ressemblent à des sorcières sous leur aspect irrité, sinon à de ravissantes jeunes femmes.

---

1. Le panthéon lamaïste comprend : 1) dieux et déesses, hindouistes, bouddhistes ou bön ; 2) divinités de la richesse et de la prospérité ; 3) esprits de la nature (sanskrit *yaksha*) ; 4) démons, aux cheveux roux, portant une couronne de cinq têtes de mort (sanskrit *dharmapala*) ; 5) *khadroma* (sanskrit *dâkinî* : jeunes filles séduisantes, personnifiant la libido pour le tantriste, ou bien sorcières) ; 6) *bodhisattva* (qui donnent une aide) ; 7) bouddhas (qui montrent la voie) ; 8) *yidam* (sanskrit *istadeva* : « divinités personnelles », indiquées par le lama, pour se protéger, pour se métamorphoser) ; 9) lamas (sanskrit : *guru*), dont le lama-racine, celui auquel on se rattache et auquel on s'attache, qui donne les enseignements.

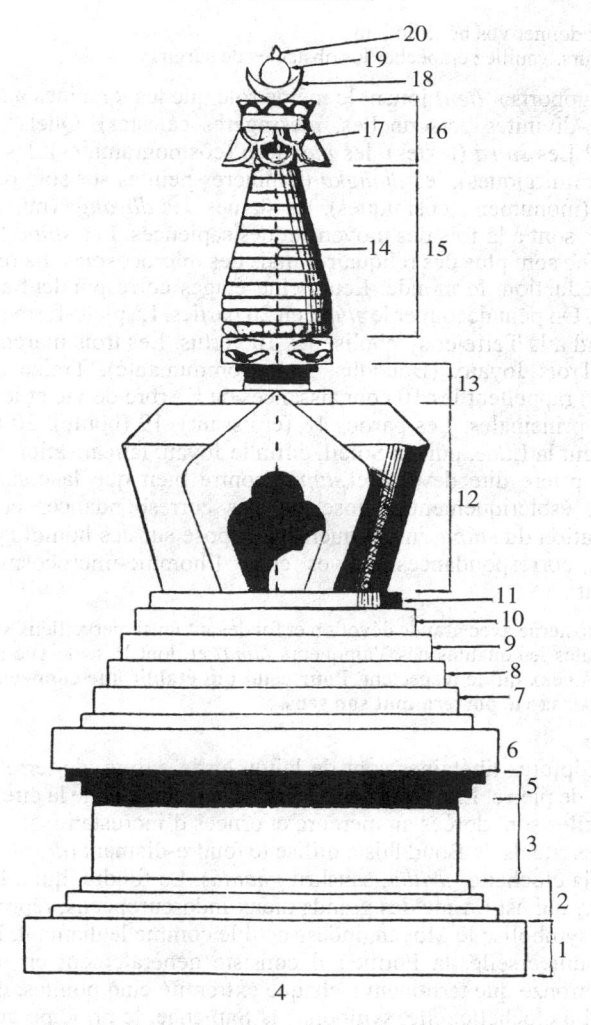

STÛPA
(tibétain *chörten*)
(dessin Éditions Claire Lumière)

Je prends refuge dans le lama et les Trois Racines : *guru* [tibétain *lama* : maître spirituel], *deva* [tibétain *yidam* : divinité personnelle], *dâkinî* [tibétain *khadroma* : messagère céleste].

Veuillez donner vos bénédictions.
Protecteurs, veuillez empêcher les obstacles de surgir.

Les « supports » *(ten)* jouent le même rôle que les « racines » (maîtres spirituels, divinités personnelles, messagères célestes). Quels sont les supports ? Les *sutrâ* (textes), les *mandala* (cosmogrammes), les *mantra* (formules liturgiques), les *thangka* (bannières peintes sur soie ou toile), les *stûpa* (monuments cosmiques), les statues, les *dbyangs* (musiques)... Ces objets sont à la fois des moyens et des sapiences. Les *stûpa* (tibétain *tchorten*) ne sont plus des reliquaires mais des microcosmes. Ils représentent, en réduction, le monde. Leurs cinq étages correspondent aux cinq Éléments. On peut découper le *stûpa* en 20 parties. La plate-forme de base correspond à la Terre et symbolise les 10 vertus. Les trois marches figurent les Trois Joyaux (Bouddha, Loi, Communauté). Treize anneaux (partie 15) rappellent les 10 connaissances de l'Arbre de vie et les 3 souvenances principales. Les parties 18 (croissant), 19 (boule), 20 (goutte) représentent la Lune, puis le Soleil, enfin le Joyau, la réalisation des souhaits. La prière dite devant le *stûpa* montre bien que la construction du *stûpa*, ésotériquement, repose sur des correspondances et que la contemplation du *stûpa*, initiatiquement, repose sur des homologies, des mises en correspondances actives entre l'homme-microcosme et le monument :

> Je me prosterne avec grande dévotion et foi devant un si merveilleux *stûpa*, qui incarne toutes les qualités des Vainqueurs *(Jina)* et dont la seule vue amène la libération à ceux qui le respectent. **Pour celui qui établit une connection avec un tel *stûpa*, sa vie portera tout son sens.**

Sculptures

Les sculptures tibétaines sont de laiton et de cuivre, de terre et, plus rarement, de pierre. Elles sont fondues avec la technique de la cire perdue. Souvent elles sont dorées au mercure et ornées d'incrustations.

Dans les rituels, le Bouddhiste utilise le foudre-diamant (*dorje*, sanskrit *vajra*) et la clochette (*drilbu*, sanskrit *ghantâ*). Le foudre, qui a la forme de l'éclair, qui est l'arme des grands dieux indo-européens, représente la foudre et symbolise le Moyen, indestructible comme le diamant, la manifestation universelle, la Forme ; il consiste généralement en un court bâton de bronze que terminent à chaque extrémité cinq pointes, dont une centrale. La clochette, elle, symbolise la Sapience, le principe universel, le Vide ; une cloche, en effet, est vide et contient en puissance le son, la vibration créatrice de formes.

LE MOYEN ET LA SAPIENCE

LE FOUDRE-DIAMANT

LA CLOCHETTE

Thangka[1] **(sanskrit *pata*)**

Les *thangka* (« chose qu'on déroule ») ne sont pas simplement des « bannières » de prières, des drapeaux pour temples, mais des images sacrées en deux dimensions, peintes, pour la plupart, sur du lin, du coton, de la soie. « Les motifs iconographiques traditionnels de ces objets reposaient sur trois principes : l'expression, les proportions, le travail du détail. Les motifs peints sur la toile à l'aide de pigments d'origine végétale ou minérale servaient à la visualisation de la pensée bouddhique en général ; on trouvait aussi des représentations de la Roue de la Vie[2] ou des vies antérieures du Bouddha. Les *thangka* remplissaient également une importante fonction rituelle : la représentation extrêmement détaillée de personnalités centrales d'une école ou d'une doctrine données » (F. K. Ehrhard).

Mandala (tibétain *kyilkhor*)

Les cosmogrammes tibétains obéissent à des principes identiques aux autres cosmogrammes indiens ou chinois, hindous ou bouddhistes. L'initié observe les couleurs (jaune, blanc, rouge, noir, bleu), en correspondance avec les Éléments. Il note les symboles (conque, lotus, sceptre...). Il distingue les formes (cercles, carrés). Surtout il avance dans le cosmogramme comme dans un labyrinthe, en imaginant, en interprétant, en se fortifiant. Un *mandala* est un formidable puzzle déjà réalisé, qui ne demande qu'à vivre, à vibrer, à vaticiner. C'est une forêt de symboles. Qui y entre découvre mille pistes, ici un loup-garou, là un saint-bernard, partout des lumières, un grand soleil au centre. Ce centre est si mystérieux que, symboliquement, les disciples portent sur le front un bandeau rouge, censé masquer leurs yeux.

Danses masquées *(rol tcham)*

Danses et rites mimés sont des moyens d'accéder à l'Absolu, dans leur forme intérieure. Par-dessus tout, les danses, dans leur forme extérieure, vues par tout le monde, veulent expulser le mal. Les instruments de musique, cors, tambours, cymbales, trompettes, créent une impressionnante ambiance. Les danseurs masqués représentent les dieux, les dieux protecteurs. Entre autres fonctions, ils chassent le malheur, symbolisé par une figurine humaine hideuse.

Musique

W. Y. Evans Wentz note ceci : « Les lamas tibétains, en chantant leur rituel, emploient sept ou huit sortes d'instruments de musique : grand tambour, cymbales (généralement en cuivre), cornes de coquillages,

---

1. Marcelle Lalou, *Iconographie des étoffes peintes* (pata) *dans le* Mañjuçrîmûlakalpa, coll. « Buddhica », 1931, 135 p., 7 pl. ; Nathalie Gyatso, *Vers l'art sacré du Tibet*, Claire Lumière, 13760 Saint-Cannat, 1994, 253 p.
2. La Roue de la Vie représente graphiquement le cycle des renaissances en six sections (destins) : 1) dieux ; 2) antidieux ; 3) hommes ; 4) animaux ; 5) esprits affamés ; 6) habitants

cloches (comme les clochettes employées au service de la messe catholique), timbales, petites clarinettes (rendant à peu près le son du *bag-pipe* écossais ou biniou breton), grandes trompettes [*radung*] et trompettes [*kangling*] faites avec l'os du fémur humain. Bien que les sons combinés de ces instruments soient loin d'être mélodieux, les Lamas prétendent qu'ils produisent psychiquement chez les assistants une attitude de profonde vénération et de foi, car ils sont la contrepartie de sons naturels entendus dans le corps lorsqu'on bouche hermétiquement aux sons extérieurs ses oreilles avec ses doigts. Fermant ainsi les oreilles on entend un roulement sourd comme le battement d'un grand tambour, un son métallique comme celui des cymbales, un bruissement comme celui du vent dans les arbres, comme la corne de coquillage, un tintement de cloche, un battement aigu comme les timbales, un son plaintif comme celui de la clarinette, un mugissement bas comme celui des grandes trompettes et plus aigu comme celui de la trompette d'os. Cela est intéressant non seulement comme théorie tibétaine de la musique sacrée, mais cela donne aussi la clé de l'interprétation ésotérique du symbole du "son naturel de la Vérité" qui est dit être produit par les facultés intellectuelles dans le mental humain [1]. » Les moines sont réveillés au son de la conque. Dans la musique religieuse tibétaine, on ne voit pas d'instrument à cordes.

LES PRATIQUES INITIATIQUES (*DROUPTHAB*, SANSKRIT *SÂDHANA*) EN GÉNÉRAL

Jusque très récemment, il n'était pas facile d'avoir une idée précise des activités secrètes des tantristes, pour la simple raison qu'elles doivent rester secrètes.

Les *tantra* des *mantra* secrets doivent rester secrets, par règlement. On ne saurait admettre qu'ils puissent être expliqués et connus par ceux qui ne sont pas qualifiés. Bien que tout ce temps leur transmission et leur traduction aient été autorisées, leur langage hermétique n'a pas été expliqué, de sorte qu'on les a lus de façon littérale et que leur mise en pratique a été perverse. Certes, on peut soutenir qu'il existe des anthologies et des traductions de *tantra*. Désormais, en ce qui concerne les *dhâranî* [formules porte-charmes], les *mantra* [formules liturgiques] et les *tantra* [manuels cathartiques], sauf autorisation de traduction, il ne sera permis ni de recueillir ni de traduire des *tantra* et des *mantra*.
Myang Ting.nge.'dzin, *Combinaison des lettres, ouvrage en deux parties. sGra.sbyor bam.po gnyis.pa* (v. 800), trad. partielle en anglais D. L. Snellgrove, *Indo-Tibetan Buddhism*, Serindia Publications, Londres, 1987, p. 442.

Aujourd'hui, on a violé allègrement cette défense, mais l'ésotérisme demeure, puisque le lecteur ignore la prononciation ou l'herméneutique

---

des enfers. Trois facteurs déterminent ces destins : 1) avidité (le coq) ; 2) aversion (le serpent) ; 3) aveuglement (le porc).
1. *Bardo Thödol. Le Livre des morts tibétain*, W. Y. Evans Wentz éd, A. Maisonneuve, 1933, p. 109, note 3. © A. Maisonneuve, Paris.

données par le lama. Il n'a pas le contact. Que faire d'une partition quand on n'a ni appris le solfège ni exercé son oreille ?

Les Tibétains admettent une initiation-cérémonie, appelée « transmission de pouvoir » (*wangkur,* sanskrit *abhiskeka*). Une forme, assez répandue, s'appelle « Quatre initiations et pouvoirs ». On a vu que la première correspond au mahâ-yoga, la deuxième à l'anu-yoga... Noms et nombre des initiations varient selon la classe du tantra.

Le Vajrayâna ne peut être pratiqué si l'on ne reçoit pas d'abord une transmission rituelle qui en confère le pouvoir : une initiation. Une initiation complète se subdivise en quatre parties : initiation du vase, initiation secrète, initiation de connaissance-sagesse, initiation verbale. [...]
– L'initiation du vase [...] est conférée au corps [physique]. [Elle établit] une équivalence entre chaque agrégat et chaque Bouddha [Jani] : formes/Vairocana, sensations/Ratnasambhava, perceptions/Amitâbha, volitions/Amoghasiddhi, consciences/Akshobya. De la même manière est établie une équivalence entre les cinq Éléments, les cinq Bouddha féminins, à laquelle l'initiation sert d'introduction : Terre/Boudhalocana, Eau/Mamaki, Feu/Pandaravasini, Air/Samayatara, Espace/Vajradhatvesvari. [...] Cette initiation donne le pouvoir de méditer désormais son propre corps sous la forme du corps de la divinité et conduira ultimement à réaliser le corps d'émanation *(nirmâna-kâya).*
– L'initiation secrète *(gsang.dbang)* [utilise] les exercices sur les souffles et la récitation des *mantra.* [...] Cette initiation purifie des fautes et des voiles afférents à la parole, donne le pouvoir de réciter le *mantra* de la divinité et permet ultimement de réaliser le corps de gloire *(sambhoga-kâya).* [...]
– L'initiation de connaissance-sagesse [...] est liée aux *tiglés* (sanskrit *bindu,* « germe, goutte, sperme » : éléments subtils du *mantra*] et confère le pouvoir de mettre en œuvre les techniques de méditation où ils sont utilisés. [...] Elle purifie des fautes et des voiles afférents au mental, donne le pouvoir de méditer sur l'union de la félicité et de la vacuité et permet ultimement de réaliser le corps absolu *(dharma-kâya).* [...]
Il devient possible de mettre en pratique les six *dharma* de Nâropa.
– L'initiation verbale [...] introduit à cette nature de l'esprit et l'on reçoit le pouvoir de pratiquer et de réaliser le Mahâmudrâ.

Kalou Rinpoche, *Bouddhisme ésotérique. Tradition tibétaine* (1982-1987), trad. du tibétain F. Jacquemart, Éditions Claire Lumière, 13760 Saint-Cannat, 1993, p. 12, 40-47. Présentation proche : Chögyam Trungpa, *L'Aube du tantra,* p. 91-100. © Éditions Claire Lumière, Saint-Cannat.

La quatrième initiation peut être présentée de façon détournée, cachée.

Milarépa a poétiquement énuméré les dures conditions pour un Éveil authentique. Il dit cela avec une grande pureté qui est aussi un grand sens utilitaire. On ne doit choisir que les pratiques hautes, le reste est inutile. On est loin du domaine strictement religieux, où l'on œuvre par habitude, en espérant quelque lointaine récompense.

Vous, mes disciples, assemblés ici par la foi,
Prêtez l'oreille à ceci, mon dernier testament,
Celui du vieux Milarépa, le Père spirituel,

Moi, le Yogi, Milarépa,
Qui, par la Grâce et la Faveur de Marpa de Lhobrak,
Ai avec succès accompli tous mes devoirs. [...]
À moins qu'un Gourou n'appartienne à une succession ininterrompue,
Quel gain y aurait-il à prendre l'Initiation ?
À moins que le Dharma ne fasse partie de sa propre nature,
Quel gain y aurait-il de connaître par cœur les Tantra ?
Sans renonciation à tous les buts mondains,
Quel gain y aurait-il de méditer les Enseignements choisis ?
Sans mettre à l'unisson le corps, la parole et l'esprit à la Doctrine,
Quel gain y aurait-il de célébrer des rites religieux ?
Si la haine ne peut être conquise par son contraire,
Quel gain y aurait-il de méditer sur la patience ? [...]
À moins d'être capable de méditer pendant les quatre divisions du jour,
Quel gain y aurait-il de modeler des *tsha-tshas*[1] ?
À moins que la prière ne surgisse du tréfonds du cœur,
Quel gain y aurait-il de célébrer des anniversaires ?
À moins que les Enseignements secrets ne soient retenus dans l'oreille,
Quel gain y aurait-il de subir la douleur ? [...]
Toutes les actions qui n'apportent aucun profit
Ne sont que causes de mal ; ainsi, laissez-les de côté.

Rechung, *Milarépa ou Jetsun-Kahbum. Vie de Jetsün Milarépa* (v. 1130 ?), chap. XII, W. Y. Evans Wentz et lama Kazi Dawa-samdup éd. (1928), trad. française R. Ryser, A. Maisonneuve, 1955, p. 310-312. © A. Maisonneuve, Paris.

Au départ, dans la tradition du Mahâyâna, les Tibétains admettent que tout être porte en lui « un embryon du Tathâgata », autrement dit un germe de bouddhéité, un potentiel de lumière.

L'initiation suppose certaines conditions, à savoir le vœu de devenir *bodhisattva* (être-à-Éveil), un monastère ou un oratoire privé, un maître spirituel, une divinité tutélaire, et la transmission, la cérémonie d'initiation. L'initiation consiste en réalité en initiations successives.

Comme en Inde, comme en Chine, le maître spirituel a un grand rôle. Au Tibet encore plus, sauf dans le cas exceptionnel d'une initiation directe par une divinité. Le maître s'appelle **lama** (*bla.ma*, « celui qui se tient le plus haut », trad. du sanskrit *guru*, « celui qui a du poids »). Le lama n'est pas, comme on le croit en Occident, un religieux du Tibet, c'est un maître spirituel, un *guru*. Le maître spirituel (lama, sanskrit *diksâ-guru*) ne se confond pas avec le maître instructeur (*slob.dpon*, sanskrit *shiksâ-guru*). Au Tibet, le lama donne la voie. Personne ne pourrait par lui-même connaître les textes, pratiquer les rites. Le tantrisme s'avère chose dangereuse ; sans son maître, le fils spirituel risque l'erreur et le dévoiement, mais aussi la folie, l'ivrognerie, la débauche, etc. Le maître spirituel sait trouver quelle voie, quel livre, quelle formule seront les

---

1. *Cha-cha* (>*tsha.tsha*) : « petites figurines votives moulées en argile, dans lesquelles on incorpore les cendres ou les ossements pilés des défunts » (Anne-Marie Blondeau).

mieux adaptés. En retour, le disciple identifie son lama à Bouddha. Il ne s'agit aucunement d'idolâtrie, ou de culte de la personnalité. Le lama sert de moyen d'accès au sacré. Il donne « parole » *(lung)*, c'est-à-dire autorisation de lecture des textes, et « puissance » *(dbang)*, c'est-à-dire initiation [1]. Un maître spirituel demande un élan, une continuation. C'est cela, la vraie tradition. Par lui, en lui et avec lui, le disciple accède peu à peu à l'Absolu. Le maître fait plus que remplacer le Bouddha, il s'identifie à lui, et le disciple peut lui aussi devenir lama ou... Bouddha.

PRATIQUES INITIATIQUES PARTICULIÈRES : LES YOGA *(NALDJOR)*

Les Anciens pratiquent trois yoga tantriques *(gyü)* supérieurs : mahâ-yoga-tantra, anu-yoga-tantra, ati-yoga-tantra, appelés « **tantra ésotériques** [2] » par opposition au kriyâ-yoga, au upa-yoga, au yoga-tantra, considérés comme « véhicules inférieurs [3] ».

tantra exotériques *(tchi gyü)*	tantra ésotériques *(nang gyü)*
1 kriyâ-yoga : le corps (physique)	4 mahâ-yoga-tantra : la base (vue)
2 upa-yoga : la parole (énergétique)	5 anu-yoga-tantra : la voie (pratique)
3 yoga-tantra : l'esprit (mental)	6 ati-yoga-tantra : le fruit (réalisation)

Corps, parole, esprit sont les « trois mystères ». À chacun correspond un yoga.

• LE KRIYÂ-YOGA (« yoga des actions »). Ce yoga, axé sur le corps, commence la voie tantrique par divers rites, comme les bains, par diverses croyances, par diverses pratiques, comme le végétarisme.

> Le système du véhicule du *kriyâ*
> A pour seuil les trois puretés :
> Les ablutions, la propreté et la pureté morale. [...]
> Quelle vue doit-on réaliser ?
> La réalisation où l'on fusionne indiciblement avec la déité.

Le Miroir du cœur, chap. II, trad. du tibétain Ph. Cornu, Éditions du Seuil, coll. « Points. Sagesses », n° 82, 1995, p. 50.

• L'UPA-YOGA (« proche yoga »). Ce yoga, axé sur la parole, insiste sur la concentration *(samâdhi)*.

• LE YOGA-TANTRA (« tantra de l'union »). Ce yoga, axé sur l'esprit, permet de méditer sur les *mandala*, d'évoquer des divinités.

---

1. G. Tucci (et W. Heissig), *op. cit.*, p. 73.
2. Tsong Khapa, *Tantra in Tibet*, Allen and Unwin, Londres, 1977.
3. G. Tucci (et W. Heissig), *Les Religions du Tibet et de la Mongolie, op. cit.*, p. 113-125. Chögyam Trungpa, *Voyage sans fin*, Éditions du Seuil, 1991, p. 155, 165.

Le disciple peut passer à l'ésotérisme.

- LE MAHÂ-YOGA (« grand yoga ») ou mahâ-yoga-tantra. Synthèse, il purifie à la fois le corps, la parole et l'esprit. Il vise la connaissance, l'union pleine de compassion avec les autres êtres. Cette étape correspond à la première initiation-cérémonie, celle du vase (examinée plus loin). Elle se fait par étapes sur la base de visualisations de divinités et de *mandala*.

- L'ANU-YOGA (« yoga orienté »). Le yoga se précise en une union sexuelle avec la divinité. Il se dit ésotérique, car il suppose une pratique particulièrement difficile et il s'appuie sur une doctrine de la non-dualité assez complexe. Il s'agit de réaliser, autant sur le plan intellectuel que sur le plan vécu, l'Absolu, le Vide, comme union du mâle et du femelle, du Moyen et de la Sapience, respectivement la face mâle et la face femelle de l'Absolu. La félicité ressentie dans l'union sexuelle sublimée par le tantrisme donne accès à l'Absolu. La méthode se veut subite, instantanée, par opposition à la méthode graduelle du yoga antérieur, le mahâ-yoga. Cette étape correspond à la deuxième initiation-cérémonie, l'initiation secrète.

- L'ATI-YOGA (« yoga primordial). Le dernier yoga tantrique s'avère, s'il est possible, encore plus ésotérique. L'ati-yoga, ou mahâ-ati (« grand primordial »), ou en tibétain, *Dzogchen* (« Grande Perfection ») consiste en la dissolution du corps physique dans la lumière, donc dans l'état primordial, dans « la nature-de-l'esprit », union de vacuité et de clarté. Cette pratique fut élaborée à l'intérieur de l'école Nyingma-pa par une branche plus intérieure, plus ésotérique, les **Dzogchen-pa** (« Ceux de la grande perfection »)[1]. Le IIIe Karma-pa, vers 1320, a unifié ati-yoga (le Dzogchen, des Nyingma-pa) et anuttara-yoga-tantra (le Kâlachakra, des Kagyü-pa)[2]. L'ati-yoga se pratique aussi dans les écoles de la tradition Bön[3].

La signification même du terme tibétain *Dzogchen*, la « Grande Perfection » [sanskrit mahâ-ati], fait référence à l'état primordial véritable de chaque individu, et non à une quelconque réalité transcendantale. [...]
Le Dzogchen n'est pas une école, ni une secte, ni un système religieux. C'est simplement un état de connaissance que les maîtres ont transmis au-delà de toutes les limites de secte ou de tradition monastique. [...]

---

1. Namkhai Norbu Rinpoche, *Dzogchen, l'état d'auto-perfection*, Les Deux Océans, 1994, 136 p. S. G. Karmay, *The Great Perfection*, E. J. Brill, Leyde.
2. Trad. de la *Prière de souhaits du Mahâmudrâ* du IIIe Karma-pa, *apud* Yvonne Caroutch, *Renaissance tibétaine*, Friant, coll. « Mystères initiatiques », 1982, p. 177-189. Voir Bokar Rinpoche, *L'Aube du Mahamoudra. Esprit, méditation et absolu*, Claire Lumière, 1991, 172 p.
3. P. Kvaerne, « The "Great Perfection" in the Traditions of the Bonpos », *apud* W. Lai et L. R. Lancaster, *Early Ch'an in China and Tibet*, Asian Humanities Press, Berkeley, 1983, p. 367-391.

Le dualisme est la vraie racine de notre souffrance et de tous nos conflits. [...] Au-delà de l'esprit, au-delà de nos pensées, se trouve quelque chose que nous appelons la « nature de l'esprit », la véritable condition de l'esprit, qui est par-delà toutes les limitations. [...] À vrai dire, d'un point de vue absolu, il n'existe aucune séparation entre la condition relative et sa véritable nature, de même qu'un miroir et ses reflets sont en réalité un tout indivisible. Pourtant, notre situation est telle que tout se passe comme si nous étions sortis du miroir et regardions maintenant les reflets qui apparaissent en lui. Inconscients de notre propre nature de clarté, de pureté et de limpidité, nous considérons les reflets comme réels et développons l'aversion et l'attachement. Ainsi, au lieu d'être un moyen nous permettant de découvrir notre vraie nature, ces reflets deviennent un facteur qui nous conditionne. [...]

Dans les *Sûtra* comme dans les *Tantra*, l'un des concepts fondamentaux dont il est question est celui de la « nature de l'esprit », la véritable condition de l'esprit, qui est par-delà les limites de l'intellect et du temps. Le principe de base est ici celui du vide [...], absence de substantialité ou de nature propre de tous les phénomènes, qui est la condition inhérente réelle de toute existence. [...] Dans les enseignements Dzogchen, l'état primordial de la Base n'est pas uniquement défini comme étant vide, mais il est dit posséder trois aspects ou caractéristiques, appelés les « Trois Sagesses Primordiales » : l'Essence, la Nature et l'Énergie.

L'Essence est le vide [...].

La manifestation de l'état primordial dans tous ses aspects, sa clarté, est d'un autre côté, appelée la « Nature ». La clarté est la qualité pure de toute pensée et de tout phénomène perçu, non contaminée par le jugement mental. Par exemple, lorsque nous voyons une fleur, nous percevons d'abord son image sans que l'esprit la juge [...].

La troisième des Trois Sagesses Primordiales est l'Énergie. Sa caractéristique est qu'elle se manifeste sans interruption.

Namkhai Norbu Rinpoche, *Dzogchen, l'état d'auto-perfection* (1987), trad. de l'italien, Les Deux Océans, 1994, p. 17, 22, 24-27, 48-50 [1].

Le sommet de l'ésotérisme consiste à passer du moi personnel à l'essence universelle, du Bouddha historique à la nature-de-bouddha, et à voir que cette essence, cette nature est vide de déterminations, qu'elle est lumière. Telle se présente la **réalisation lamaïque**. La réalité une à laquelle il faut s'unifier est la Lumière Originelle. L'initié transfère sa conscience dans l'Absolu, le Vide, la Claire Lumière, la Bouddhéité. Mais cette Lumière est inaccessible au savoir ordinaire, écoute, réflexion ou méditation. Elle est mystique, non concevable (sanskrit *acintya*).

La luminosité, la Claire Lumière de la Vérité en soi, parfaitement pure, va t'apparaître. Tu dois la reconnaître.

Ô noble fils, ta connaissance actuelle en essence est précisément cette vacuité éblouissante. Elle n'est constituée d'aucune essence, d'aucune couleur, d'aucune

---

1. On songe à l'enseignement hésychaste. « Question : quand l'homme sait-il que son cœur est parvenu à la pureté ? Réponse : lorsqu'il considère que tous les hommes sont bons, et lorsque nul homme ne lui paraît impur et souillé, alors il est vraiment pur en son cœur » (Isaac de Ninive, XIVe s., *Traités ascétiques*, 85e traité, p. 340-341).

substance. Elle n'a aucune caractéristique qui puisse être un point de référence. Elle est pure vacuité. Ceci est précisément la Vérité en soi, c'est l'aspect féminin du Bouddha Primordial, Samantabhadra [Toute Bénédiction, figure de l'Âdi-Bouddha].

Ton esprit n'est pas seulement vacuité, il est aussi connaissance non obstruée, lumineuse, éclatante. Et cette connaissance est l'aspect masculin du Bouddha Primordial, Samantabhadra.

Ton esprit, qui n'est constitué de rien, est donc, d'une part, cette vacuité et, d'autre part, comme il connaît tout, il est cette connaissance. L'union de cette vacuité et de cette lucidité est le Corps de Vacuité, le *Dharma-kâya* [Corps-de-réalité] des Bouddha. Ton esprit, indissociable de la vacuité et de la lucidité, cette grande masse lumineuse, ne naît ni ne meurt. Il est le Bouddha, Lumière immuable.

Reconnais l'essence de l'esprit, cette essence immaculée, comme étant le Bouddha. C'est à toi de regarder ainsi ton esprit. C'est pénétrer dans l'esprit du Bouddha.

Libération de l'état intermédiaire par l'écoute. Bar.do thos.grol chen.mo (v. 1340), trad. du tibétain en allemand Eva Dargyay (1977) et trad. de l'allemand V. Secretan, *Bardo thödol. Le Livre tibétain des morts*, Albin Michel, coll. « Spiritualités vivantes », n° 26, 1981, p. 98. © Albin Michel, Paris.

En cours de route, l'adepte tibétain refuse la voie des pouvoirs magiques.

Mais, dès le départ, il avait choisi **la compassion**, l'amour de tous les êtres. Le cercle se ferme. L'initié a d'abord fait vœu d'être *bodhisattva*, il est *bodhisattva*. Un *bodhisattva* avant tout cherche le salut de tous. L'ésotérisme s'accomplit ainsi en exotérisme. Le vœu de *Bodhisattva* naît précisément de la compassion. Tous les enseignements du tantrisme tibétain, sans exception, placent la compassion comme moteur essentiel et condition première. Sans elle, le but, quel qu'il soit, file comme gazelle. La Sapience devient Compassion et la Compassion devient Sapience. Les contraires s'épousent, la joie de la délivrance éclate, comme un enfant qui crie.

Puissent ces bénédictions se répandre !
Puissent-ils tous réaliser la Bouddhéité !
Puissé-je alors obtenir rapidement la bouddhéité pour le bien de tous les êtres.

Ier Dalaï-lama, Gedün Drup (1391-1475).

PRATIQUES INITIATIQUES PARTICULIÈRES : LES TANTRA *(GYÜ)*

Les « écoles nouvelles » *(sarma-pa)*, celles qui succèdent aux « Anciens », répartissent les pratiques initiatiques en quatre séries : les actes, où l'accent est mis sur les rites de purification, puis la conduite, qui reprend ces activités en les méditant, le yoga ensuite, avec la visualisation, l'intériorité, enfin le yoga suprême, qui se veut libération. Toutes ces pratiques s'appellent *tantra* (tibétain *gyü*), mot qui signifie souvent « transmission, système, manuel ». Ce qui caractérise l'ensemble, c'est le dynamisme.

PRATIQUES INITIATIQUES DU LAMAÏSME

- tantra des actes *(kriyâ-tantra)* : formules et rites magiques
- tantra de la conduite *(caryâ-tantra)* : concentration mentale
- tantra du yoga *(yoga-tantra)* : visualisation
- tantra du yoga suprême *(anuttara-yoga-tantra)* : mahâ-yoga, anu-yoga, mahâ-ati

• « TANTRA DES ACTES » *(djagyü,* sanskrit *kriyâ-tantra).* Ces tantra s'appuient sur des pratiques rituelles extérieures. Citons la circumambulation, la prosternation, le fait de faire tourner un moulin à prières, le bain de purification, les sacrifices, le végétarisme.

Cependant, ces actes comportent aussi méditations, initiations, etc. Ils rendent parfois nécessaire un isolement, une retraite spirituelle ; la retraite peut s'effectuer dans la cellule d'un monastère ou dans un ermitage, dans un lieu isolé, en montagne, en forêt, sur les neiges. Et l'initié peut donner à ces actes une force initiatique, les doter d'un symbolisme plus profond.

Attache-toi à un instructeur religieux doué de pouvoir spirituel et de complète connaissance. [...]

Étudie les enseignements des grands Sages de toutes sectes, impartialement.

Étudie les sciences bienfaisantes de la médecine et de l'astrologie et l'art profond des présages.

Adopte le régime et la façon de vivre qui pourront te conserver en bonne santé.

Adopte les pratiques de dévotion qui te conduiront à un développement spirituel.

Retiens les disciples dont la foi est ferme, l'esprit plein de douceur et qui semblent être favorisés par Karma [la chaîne de causalité] dans leur recherche de la divine Sagesse.

Maintiens constamment ta conscience en éveil, que ce soit en marchant, en étant assis, en mangeant et en dormant.

Sgampo-pa, *Les Préceptes des gourou,* III, trad. apud lama Kazi Dawa-samdup et W. Y. Evans-Wentz, *Le Yoga tibétain et les Doctrines secrètes,* éd. cit., p. 80. © A. Maisonneuve, Paris.

Un autre grand moyen initiatique, présent dans tous les tantrismes, c'est le *mantra* (tibétain *ngak),* la formule. Le *mantra* le plus célèbre au Tibet : *om mani padme hûm* ; il sert à invoquer Avalokiteshvara, il représente la Sapience *(padme)* et le Moyen *(mani),* cependant que *om* (a-ou-m) symbolise la triade corps-paroles-esprit. Tous les *mantra* sont théoriquement en sanskrit.

• « TANTRA DE LA CONDUITE » *(tchögyü,* sanskrit *caryâ-tantra).* Les pratiques ne diffèrent pas de celles qui viennent d'être citées, elles ajoutent cependant l'évocation. L'ésotériste tibétain utilise avant tout une **visualisation** *(bskyed.rim),* une création psychique *(sgom.pa).* Le tantriste réalise, façonne dans son esprit une image, celle d'une divinité, ou bien une figure géométrique. Cette image est statique ou dynamique, simple ou complexe, apaisée ou irritée. Le tantriste s'aide en général d'une formule, d'une syllabe. Ensuite, il projette la divinité ou la figure devant lui pour lui donner une consistance. Ce faisant, il agit comme le monde, qui est un vide auquel on attache foi, une apparence qui semble une consistance. Voici un exemple de visualisation.

[Offrande] « Existence et Paix en l'unité de *Sahaja* [l'Inné, l'ultime nature de toute chose]. À la saveur une, inaltérable, le *Vajra* de la Grande Félicité. »

Le disciple s'assied maintenant confortablement dans un endroit agréable et favorable, il forme le *mudrâ* de l'évocation et prie la grande assemblée sacrée, Bouddha, Bodhisattva, Guru, Deva et Dâkinî, etc., d'apparaître devant lui.

« Nous saluons la glorieuse assemblée de Vajra, les Bouddha du Triple Temps [du passé : Kâshyapa, du présent : Shâkyamuni, du futur : Maitreya]. Acceptez ces pures offrandes de tout ce que nous appelons nous, transmué en dons précieux par le prodigieux pouvoir de l'esprit.

Nous faisons maintenant naître en nous le parfait esprit-de-Bodhi doué des quatre pures qualités [existence, non-existence, éternité, cessation], à jamais immaculé. »

[Visualisation préliminaire] L'adepte pense que tous ces Êtres auxquels il vient d'offrir son accumulation de mérite et autres offrandes sous forme de projections de son esprit viennent de toutes les directions se répandre dans son corps ; pendant un moment, son esprit purifié de tout ce qui est à rejeter entre dans l'état de vide pareil à l'infinitude du ciel.

Maintenant jaillissent de cet état de vide des syllabes de puissance, et l'adepte se transforme instantanément en le corps de Vajra Heruka [« le buveur de sang de l'ego », le plus connu des *yidam*], bleu foncé, tenant un sceptre-vajra et un crâne humain rempli de sang, et prend la posture *(âsana)* et le geste *(mudrâ)* appropriés. Le Heruka se manifeste en *Yab-Yum* [Père-Mère, c'est-à-dire représentation de l'union de la sagesse et de la compassion ou de Sapience et de Moyen].

[Réalisation *(sâdhana)*] Ainsi tous les *dharma* [réalités] qui donnent lieu à des apparences sont-ils de nature inimaginable, exempts de dualité et totalement vides. Cette réalisation est le *samâdhi* lié à l'ainséité.

Notre Esprit originel, à la fois manifeste et vide, prend maintenant la forme d'un *Ah* [une syllabe-germe] blanc. Cette réalisation est le *samâdhi* lié à la causation. De l'Esprit Originel naissant maintenant comme un *Ah* d'une blancheur immaculée, jaillissent six syllabes, et l'adepte récite les *mantra* qui suscitent leur émanation et leur résorption.

Tel est le mode de visualisation.

L'Essence du sens profond, extraits (J. Blofeld, *Le Bouddhisme tantrique du Tibet*, 1970, trad. de l'anglais, Éditions du Seuil, coll. « Points. Sagesses », n° 5, 1976, p. 240-246). © Éditions du Seuil, Paris.

• « TANTRA DU YOGA », littéralement « tantra de l'union » (*neldjorgyü*, sanskrit *yoga-tantra*). Alors que le Bouddha et le Hînayâna distinguaient « effort juste, attention juste, concentration juste », Milarépa distingue « contemplation, méditation, résorption ». La résorption se pratique dans le stade suivant.

Prie ensemble comme une trinité unique
Lamas, *Yidam* [la divinité tutélaire du tantriste] et dieux.

Milarépa.
> Réunis en un seul tout
> Contemplation, méditation et consomption.
> Accoutume-toi à ne faire qu'une seule chose
> De cette vie, de la prochaine et des limbes [le *bardo*].
> Cela est mon dernier enseignement.
> Cela est la fin de mon testament.

Dans la contemplation, le « fils spirituel » travaille sur son corps. Il œuvre sur son corps physique, composé de cinq Éléments : Terre, Eau, Feu, Air, Espace. Il œuvre aussi sur son corps subtil, c'est-à-dire sur les canaux *(nâdî)*, le principe vital *(prâna)*, il pratique le kundalinî-yoga. Dans la méditation *(bsam.gtan)*, « l'identification au corps ordinaire est remplacée par l'assimilation au corps du *yidam*, la divinité visualisée, le corps devient le corps pur du *yidam*, manifestation et vacuité indissociées » (Kalou Rinpoche, *op. cit.*, p. 13, 15). Le pratiquant commence par pacifier son esprit, émotions conflictuelles [1] et pensées fluctuantes [2].

- « TANTRA DU YOGA SUPRÊME » *(lanamegyü*, sanskrit *anuttara-yoga-tantra)* [3]. Qu'est-ce que l'anuttara-yoga-tantra ? Le IIIe Karma-pa, Rangjung Dorje (1284-1338), a unifié ce tantra avec l'ati-yoga, examiné plus haut.

L'initié, cette fois, réalise la résorption *(rdzogs.rim)*. Intervient alors un processus typiquement ésotérique, la réversion. L'adepte déroule à l'envers l'ordre de manifestation de l'évocation ; ainsi, il réalise le caractère illusoire du monde des phénomènes, le va-et-vient entre plein et vide, apparition et disparition.

Parmi les pratiques de l'anuttara-yoga-tantra figure le Kâlachakra, la « Roue du temps » *(Dükyi-khorlo)*, dont l'importance est plus ou moins grande selon les écoles. Le Kâlachakra est un tantra bouddhique, avec des éléments hindous. Il paraît en 965 en Inde avec Chilopa, il arrive en 1027 au Tibet. La légende l'attribue au Bouddha, et le mythe l'attribue à Chandrabhadra, le roi de Shambala, le Centre Cosmique. Les maîtres tibétains disent que « Shambala existe » et que « de nos jours, le 21e roi, appelé

---

1. Les six passions : 1) avidité ; 2) aversion ; 3) aveuglement ; puis 4) avarice ; 5) jalousie ; 6) orgueil.
2. Les cinq agrégats de la personnalité : 1) formes corporelles (visuelles, auditives, olfactives, gustatives, ou tactiles) ; 2) sensations (agréables, désagréables, ou neutres) ; 3) perceptions (directes ou médiates ; limitées, étendues, ou illimitées) ; 4) volitions (avec ou sans conscience) ; 5) consciences (les cinq sens et le mental). Vasubandhu, *Abhidharmakoça* [Trésor de la doctrine particulière], chap. IV, trad. L. de La Vallée Poussin, Institut belge des hautes études chinoises, Mélanges chinois et bouddhiques, n° 16, 1923-1926, réed. 1971.
3. Les pratiques du tantra du yoga suprême sont puisées dans des textes bouddhiques indiens : 1) *Hevajra-tantra* (VIIIe s. ; trad. anglaise D. L. Snellgrove, Oxford UP, Londres, 1959) ; 2) *Guhyasamâja-tantra* (attribué à Âsanga ; trad. E. Takahasi, *Some Studies in Indian History*, Funsbashi, Chiba, Japon, 1981, p. 135-226) ; 3) *Kâlachakra-tantra* (Xe s. ; cf. XIVe Dalaï-lama et *al.*, *Kalachakra. Le plus haut des tantras bouddhistes*, Claire Lumière, 1995, 191 p.) ; 4) *Samvarodaya-tantra* (trad. partielle, Hokuseido Press, Tôkyô, 1974).

Magakpa, règne¹ ». Une école, jugée hérétique par les Sakya-pa et les Gelug-pa, s'est particulièrement intéressée au Kâlachakra. Cette école, c'est celle des Jonang-pa², créée au XIVᵉ siècle par Sherab Gyeltsen, et rendue célèbre par Târânâtha à la fin du XVIᵉ siècle. La doctrine Kâlachakra affirme l'existence d'un Bouddha Primordial (Âdi-Bouddha), qui est Vide, origine sans début ni terme, sur le plan invisible, et Temps, cycles astrologiques du devenir cosmique, sur le plan visible. La pratique Kâlachakra recommande six exercices de yoga : rétraction des sens, méditation, discipline du souffle, attention, mémorisation, concentration. « Le yogi met, par la méditation, son rythme respiratoire en correspondance avec les rythmes du temps microcosmique et cosmique, les divisions du souffle dans l'expiration et l'inspiration sont mises en rapport avec les divisions de l'heure et du jour » (Lilian Silburn). Le but du Kâlachakra est de faire l'union des « tantra pères », qui développent le Moyen, les diverses méthodes pour se libérer des malheurs, et des « tantra mères » qui développent la Sapience. Il y a malheur parce qu'il y a mauvaise connaissance de la nature du Temps.

PRATIQUES INITIATIQUES PARTICULIÈRES : LE TCHÖ

Parmi les pratiques tibétaines, en dehors de la classification des tantra, comment oublier le Tchö ? Ce rite a été adopté dans toutes les écoles, y compris les Gelug-pa. Il a une coloration plus tantrique chez les Nyingma-pa. Le mot *tchö* signifie « couper, trancher ». Il s'agit, dans le droit fil de l'enseignement du Bouddha, de trancher le moi et de neutraliser ses trois poisons, avidité, aversion, aveuglement. Le fondateur de l'école du Tchö est une femme, une yoginî, Machig Lapdron (« Mère unique, Flamboiement de la région de Lab », 1055-1145). Elle suivait un maître indien, Phadampa Sangye (« Père-Saint », † 1117), son maître, venu cinq fois au Tibet. Ainsi était démentie l'opinion de Târânâtha, pour qui « nombreux sont ceux qui, dotés d'un support masculin, aspirent à l'Éveil, mais de femme qui agisse pour le bien des êtres il n'en est pas une³ ». Le Tchö propose une méditation réservée aux yogi les plus avancés. Il prolonge la méditation sur la mort et l'horrible fréquente dans le Bouddhisme primitif, il met en application la doctrine de vacuité. On le pratique dans des lieux redoutables en des heures redoutables, la nuit, dans un cimetière, dans un charnier. Le pratiquant est un méditant. Et quel méditant ! Il visualise une déesse qui brandit un sabre et le découpe, lui,

---

1. Kalou Rinpoche, *Kalatchakra* (1984), Kagyü Ling, Éditions Marpa, 71320 La Boulaye, 1992, p. 16.
2. D. S. Ruegg, « The Jo-nang pas. A School of Buddhist Ontologists », *Journal of the American Oriental Society* (JAOS), Baltimore, t. 83, 1963, p. 73-91.
3. Târânâtha, *Le Rosaire d'or* (XVIIᵉ s.), trad. *apud* G. Driessens, *Regards sur le Bouddhisme indien et tibétain*, Éditions Dharma, 1983, p. 85-90 : p. 86. Et l'auteur a la goujaterie de placer ces mots dans la bouche de la princesse Lune de Sagesse !

le méditant, puis il visualise des démons et des fauves qui le dévorent. Il n'y a là rien de morbide.

Que se passe-t-il ? M. Eliade, comparant avec le chamanisme, où l'initié se décrit coupé en morceaux, désossé, pense que dans le Tchö, le pratiquant se refait un corps et un esprit. Mais les Bouddhistes eux-mêmes rattachent le Tchö à l'enseignement des *sûtra* sur le Don parfait, la Charité *(dâna)*, la première des six vertus parfaites *(pâramitâ)*, qui consiste à offrir aux autres, à être compatissant ; ils le rattachent aussi aux nombreux exemples du don de sa vie fournis par les vies antérieures du Bouddha.

Il est enseigné que le détachement constitue les jambes de la méditation : accordez au grand méditant qui a tranché les amarres de cette vie, sans désir pour la nourriture et les biens, la grâce d'être indifférent aux acquisitions et aux honneurs !

Il est enseigné que la dévotion est la tête de la méditation : au grand méditant qui prie continuellement le Lama, celui qui ouvre la porte du trésor d'instructions orales, accordez votre grâce afin qu'une dévotion sans artifice naisse en lui !

Il est enseigné que la non-distinction est le corps de la méditation, la nature de toute pensée qui s'élève en son immédiateté : au grand méditant qui demeure en celle-ci, sans artifice, « juste comme cela », accordez votre grâce, afin que sa méditation soit dépourvue d'intellection !

Il est enseigné que la nature des pensées est le corps-de-la-vacuité *(dharmakâya)*, elles ne sont rien et pourtant elles apparaissent sous toutes les formes : au grand méditant qui fait s'élever le jeu non obstrué de l'esprit accordez votre grâce afin que l'inséparabilité des cycles des existences et ce qui les transcende soient réalisés !

Pratique de Tcheu, Éditions Dzambala, Dhagpo Kagyü Ling, 24290 Montignac, 1987, p. B-C. Texte tibétain, translittération, traduction française. © Éditions Dzambala.

Dans quelles conditions se passe le rite ? Le néophyte doit, comme dans les Mystères antiques, affronter la peur, sa propre peur, et voir que les dieux, génies, ne sont que des formations mentales, mais puissantes, qu'on peut dominer, diriger. Ce dernier point caractérise fortement l'ésotérisme tibétain. Il n'a rien d'idolâtre. Le pratiquant tibétain, en Bouddhiste, sait que les dieux se ramènent à des formations mentales, que l'initié va contrôler. Et, cathartiquement, la passion peut se métamorphoser en vertu.

Tcheud est une sorte de « mystère » macabre joué par un seul acteur : l'officiant. Il a été si savamment combiné pour terrifier les novices qui s'y exercent que certains sont frappés de folie ou de mort subites au cours de sa célébration.

Avant que lui soit conférée l'initiation, sans laquelle le *tcheud* ne peut être pratiqué avec fruit, le disciple doit, souvent, subir diverses épreuves préparatoires. [...]

Un jeune homme de ma connaissance fut envoyé par son maître – un lama de l'Amdo – dans un ravin solitaire, très sombre, qui passait pour être hanté par des êtres malfaisants. Il devait s'y attacher lui-même contre un rocher ; puis, la nuit venue, évoquer et défier les déités sanguinaires les plus féroces, celles que les peintres tibétains dépeignent suçant la cervelle des hommes et dévidant leurs entrailles. [...] Comme tout acteur, celui qui veut célébrer *tcheud* doit, d'abord, apprendre son rôle par cœur. [...] Certains lamas entreprennent des voyages pour célébrer *tcheud* près de 108 lacs, dans 108 cimetières, 108 forêts, etc. Ils consacrent des années à cet exercice, parcourant non seulement le Tibet mais aussi le Népal et des parties de l'Inde et de la Chine.

Alexandra David-Néel, *Mystiques et Magiciens du Tibet* (1929), chap. IV, Presses-Pocket, n° 1921, 1980, p. 134-142. © Librairie Plon, Paris.

Et maintenant, passons des conditions aux conditionnements du Tchö. Que doit visualiser l'adepte ?

[Danse] Quand je danse cette mesure dans le Continent Oriental de la Supériorité physique, les Héros et les Héroïnes tournent dans l'aire de la danse en forme de croissant ; leurs pieds brillent, pendant qu'ils dansent, sur les formes prostrées des Esprits-rois qui symbolisent la Haine et la Colère [destruction des passions].

[Musique] Ils soufflent dans la Flûte de la Sagesse-Semblable-au-Miroir [transmutation des passions devenant vertus].

[*Mantra*] *Hûm. Hûm. Hûm. PHAT !* [...]

[Résolution] Maintenant, en accomplissant le sacrifice [*mandala*], imagine ton corps comme étant constitué de toutes les choses désirables :

« *Phat !* Ce Corps Illusoire que j'ai tenu pour si précieux, je le dédie en sacrifice comme des offrandes amoncelées, sans le moindre égard pour lui, à toutes les déités qui constituent cette assemblée visualisée ; puisse la racine même du moi être tranchée. *Phat !* »

Ensuite vient la prière aux *guru*. [...]

[Visualisation du dépècement] Visualise-toi alors comme étant transformé instantanément en *dâkinî* [messagère céleste] Irritée et que tu arraches la peau de ton corps, qui est le résidu de ton égoïsme. Étends-la afin de recouvrir l'Univers du Troisième Vide [Vide intérieur et extérieur], et sur elle amoncelle tous tes os et ta chair. Alors, quand les esprits malins sont en pleine réjouissance de la Fête, imagine que la *dâkinî* Irritée prend la peau et la roule, la liant avec des serpents et des intestins comme cordes, la fait tourner autour de sa tête et la précipite par terre avec force, la réduisant ainsi que tout son contenu en une masse pulpeuse de chair et d'os, que des hordes de bêtes sauvages, produites mentalement, vont dévorer. Et pense qu'elles n'en laisseront pas le plus petit morceau.

Long Chenpa (1308-1363, de la branche Dzogchen-pa), *Méthode pour détruire le moi inférieur*, trad. *apud* lama Kazi Dawa-samdup et W. Y. Evans Wentz, *Le Yoga tibétain et les Doctrines secrètes*, éd. cit., p. 307, 312-313, 332-333. © A. Maisonneuve, Paris.

On a le souffle coupé. Commence alors le second souffle, la vraie vie.

PRATIQUES INITIATIQUES PARTICULIÈRES : LES SIX LOIS DE NÂROPA

Les Six Lois de Nâropa contiennent les enseignements secrets sur six types de pratiques qui sont à la fois des moyens et des sapiences. Nâropa était le chancelier de la fameuse université indienne de Nâlandâ.

Les enseignements transmis par cette Succession [la « Lignée blanche » : Tilopa, Nâropa, Marpa] sont doubles : l'Enseignement systématique suivant les *tantra* [manuels] et les Enseignements chuchotés à l'oreille [ésotériques], qui appartiennent à l'Ordre des *guru* qui communiquent télépathiquement leurs instructions.

Ici sont expliqués les Enseignements dits à l'oreille [...]. Ce traité comprend les doctrines de la Chaleur Psychique, du Corps Illusoire, des Rêves, de la Claire Lumière, de l'État intermédiaire et du Transfert (de conscience).

Padma-Karpo, *Abrégé des Six Doctrines* (XVIIe s.), 4-8, trad. *apud* lama Kazi Dawa-samdup et W. Y. Evans-Wentz, *Le Yoga tibétain et les Doctrines secrètes*, éd. cit., p. 180-181. © A. Maisonneuve, Paris.

Ces Six Lois ont été coordonnées par un Indien, Nâropa, qui les a transmises au Tibétain Marpa, qui les a transmises à son tour à Milarépa, qui, pour sa part, les a transmises à Sgampo-pa, qui les a diffusées dans l'école qu'il fonda (les Kagyü-pa). L'enseignement passa aux autres écoles. Chacune privilégie un enseignement tantrique particulier. Mais Nâropa lui-même tenait ses enseignements d'autres maîtres indiens. Les Six Lois s'écoulent donc en amont et en aval comme un fleuve puissant. Côté amont, la tradition dit que le yoga de la chaleur mystique remonte à Charyapa, celui de l'état onirique à Lavapa, celui de l'état thanatologique et du transfert de conscience à Pukasiddhi.

• LE YOGA DE LA CHALEUR MYSTIQUE *(tumo)*. L'homme peut-il augmenter intérieurement la chaleur de son corps, devenir flamme ? Oui. Dans la tradition indienne, n'oublions pas qu'on reconnaît la vie ascétique à la chaleur *(tapas)*. Nous dirions « ardeur ». Le monde naît d'une couvade, les extatiques védiques sont de feu (*Rig-Veda*, X, 136), le Bouddha devient « brûlant » quand il pratique l'ascèse (*Dammapada*, 387), etc.

La chaleur mystique s'obtient par la discipline du souffle, la pratique de la méditation de type kundalinî-yoga, la discipline sexuelle, la visualisation de syllabes.

La première de ces pratiques pour obtenir le bénéfice de la chaleur comprend trois divisions : l'art de la posture du corps, l'art de la respiration, l'art de la visualisation.

— Pour obtenir le bénéfice de la chaleur par l'art de la posture du corps [sanskrit *âsana*], il faut procéder ainsi qu'il suit : Prendre une position accroupie les jambes croisées (les mollets et les cuisses reposant sur les pieds, les genoux au-dessus des orteils, la jambe gauche à l'intérieur)... [...].

— Pour obtenir le bénéfice de la chaleur par l'art de la respiration [sanskrit *prânâyâma*], on doit presser l'air inhalé jusqu'au fond des poumons et alors contracter le diaphragme au-dessous des poumons, de manière à obtenir la forme de cuve.

— Pour obtenir le bénéfice de la chaleur par l'art de la visualisation [sanskrit *dhâranâ*], on doit suivre les directions qui vont suivre. Aies la vision de toi-même comme étant la forme vide de Vajra-Yoginî, avec les trois principaux nerfs psychiques [*nâdî* : Îdâ, Pingalâ, Susumnâ] et les quatre principaux centres nerveux [les quatre grands *chakra*], la moitié de la lettre A, le tout vu très nettement... [...].

En méditant ainsi, pendant sept jours, on deviendra indubitablement apte à endurer le froid le plus extrême avec un simple vêtement de coton sur le corps.

Padma-Karpo, *Abrégé des Six Doctrines* (XVIIe s.), 148-162, trad. *ibid.*, p. 210-211. © A. Maisonneuve, Paris.

Alexandra David-Néel expose ainsi une épreuve. Il ne s'agit que d'une épreuve ou d'une preuve, pas d'une initiation.

Par une nuit d'hiver où la Lune brille, ceux qui se croient capables de subir victorieusement l'épreuve se rendent, avec leur maître, sur le bord d'un cours d'eau non gelé. Si aucun cours d'eau n'existe dans la région, l'on perce un trou dans la glace. La nuit choisie est une de celles où le vent souffle avec violence. Elles ne sont pas rares au Tibet.

Les candidats au titre de *repa* [habillés de coton], complètement nus, s'assoient sur le sol, les jambes croisées. Des draps sont plongés dans l'eau glacée, ils y gèlent et en sortent raidis. Chacun des disciples en enroule un autour de lui et doit le dégeler et le sécher sur son corps. Dès que le linge est sec, on le replonge dans l'eau et le candidat s'en enveloppe de nouveau. L'opération se poursuit, ainsi, jusqu'au lever du jour. Alors celui qui a séché le plus grand nombre de draps est proclamé le premier du concours.

Alexandra David-Néel, *Mystiques et Magiciens du Thibet* (1929), chap. VI, Presses-Pocket, n° 1921, 1993, p. 233-234. © Librairie Plon, Paris.

Ce « yoga du feu intérieur » ne relève pas du fakirisme. Quel intérêt aurait un ermite à consacrer de longues années pour réaliser une prouesse sans spectateur ? Non, l'obtention du feu intérieur signifie la félicité, l'état de délivrance, l'état de *Mahâmudrâ*, qui est « félicité, vacuité, non-concepts » (Kalou Rinpoche, *op. cit.*, p. 85). Mais aucun texte tibétain ne dit que cela sert à lutter contre le froid. Un Tibétain, comme un autre, connaît le feu [1] !

• LE YOGA DU CORPS ILLUSOIRE *(gyülü)*. Dans cette pratique, qui concerne le corps-de-manifestation, le yogi visualise dans son esprit un triangle, qu'il place sous le nombril. Il peuple ce triangle de la suite des êtres vivants, soumis à la transmigration : dieux, titans, hommes, animaux, esprits affamés, habitants des enfers. Et il doit, en inversant le processus, dépeupler le triangle jusqu'à ne plus visualiser qu'un triangle vide. Ainsi il va du vide au plein, il revient au vide. Le yogi atteint concrètement son corps subtil, abstraitement l'idée de *mâyâ*. Il peut avoir une action magique, car il maîtrise les images, le monde des phénomènes.

---

1. « La "maîtrise du feu" est complétée par la "chaleur mystique". Durant la cérémonie d'initiation, le candidat doit démontrer sa résistance au froid. Chez les Mandchous, par exemple, on creuse, l'hiver, neuf trous dans la glace ; le candidat est tenu à plonger par un de ces trous et à ressortir en nageant sous la glace par le deuxième, et ainsi de suite jusqu'au neuvième trou. Une épreuve initiatique similaire existe chez les chamans esquimaux de Labrador : un candidat resta cinq jours et cinq nuits dans la mer glacée et, ayant prouvé qu'il n'était pas mouillé, obtint immédiatement le titre d'*angakok* [chamane] » (M. Eliade, « Chamanisme et Techniques yogiques indiennes », *apud* J. Masui, *Le Yoga, science de l'homme intégral*, Cahiers du Sud, 1953, p. 104-105).

- LE YOGA DE L'ÉTAT ONIRIQUE *(milam)*. Le rêve est un des *bardo*, des états intermédiaires. Le yogi doit réaliser que l'état de rêve, que l'on sait faux, ressemble à l'état conscient, que l'on croit vrai. Là encore, l'enseignement est double. Il est théorique en ce que le sage identifie veille et rêve comme mondes d'images, d'apparences. Il est pratique en ce que l'initié peut voyager en esprit, multiplier ses images, métamorphoser les images du rêve, les maîtriser, pour guérir, pour connaître, pour agir magiquement (en manipulant les images, les pensées). En rêve, le yogi peut être conscient, et, en état de veille il peut rêver, de sorte que s'établit une identité des contraires, un dépassement de la condition normale. Surgit alors la connaissance profonde, celle qui voit dans les pensées de simples formations.

Ô, maintenant que le rêve du *bardo* vient à moi,
Abandonnant la torpeur démesurée et charnelle du sommeil de la stupidité,
Puisse la conscience sans distraction se garder en son état naturel,
Saisissant la vraie nature des rêves, puissé-je m'entraîner vers la Claire Lumière de Transformation miraculeuse.
N'agissant pas comme les brutes en inertie,
Puisse la qualité de la pratique du sommeil et de la veille être une expérience appréciée par moi.

Sentiers des bons souhaits, III : *Les Paroles fondamentales des six bardo*, trad. apud W. Y. Evans-Wentz éd., *Bardo thödol*, A. Maisonneuve, 1933, p. 176. © A. Maisonneuve, Paris.

- LE YOGA DE LA CLAIRE LUMIÈRE *(ösel,* sanskrit *prabhâsvara)*. Celui qui parvient à accomplir cette expérience-ci éprouve l'Éveil comme une clarté magnifique, comme un esprit actif. Côté théorique, il vérifie qu'objet et sujet coïncident, de même que la lumière est lumière sur les choses (objet) et lumière pour elle-même (sujet). Côté pratique, il se vit comme un grand rayonnement. Le yoga de la « Claire Lumière » comme le yoga du « corps illusoire » remonteraient à Nâgârjuna.

La pratique de la Claire Lumière permet que, pendant le sommeil profond, que ce soit au moment où l'on s'endort ou bien au cours des périodes qui alternent avec le rêve, l'ignorance soit remplacée par la connaissance et que l'esprit demeure dans un état d'ouverture et de clarté.

Kalou Rinpoche, *Bouddhisme ésotérique*, éd. cit., p. 89. © Éditions Claire Lumière, Saint-Cannat.

- LE YOGA DU TRANSFERT DE CONSCIENCE *(powa)*. « Le *powa* est le transfert de conscience. Le yogi s'exerce à faire sortir son principe conscient *(rnam.shes)* de son corps, par le sinciput, et à le réintégrer, cela pour pouvoir effectuer ce transfert vers la Claire Lumière au moment de la mort » (Anne-Marie Blondeau). Les Tibétains utilisent donc le transfert de conscience, entre autres, au moment de la mort, pour faire accéder le mourant à des univers spirituels élevés plutôt que de descendre et tourner dans le monde des incarnations.

Le *powa* est une pratique de yoga et de méditation utilisée depuis des siècles pour aider les mourants et pour se préparer à la mort. Le principe en est qu'au moment de la mort le pratiquant éjecte sa conscience et l'unit à l'esprit de sagesse du Bouddha, dans ce que Padmasambhava appelle « l'espace de Rigpa non-né » [conscience claire primordiale]. [...] La pratique du *powa* la plus couramment utilisée est celle du « *powa* des trois reconnaissances » : « reconnaissance de notre canal central [canal subtil parallèle à la colonne vertébrale : *Susumnâ* en sanskrit] en tant que voie, reconnaissance de notre conscience en tant que voyageur, et reconnaissance de l'environnement d'un royaume de bouddha en tant que destination.

Sogyal Rinpoche, *Le Livre tibétain de la vie et de la mort* (1992), trad. de l'anglais, La Table Ronde, 1993, p. 306. L'auteur appartient à la branche Dzogchen.

Une variété du transfert de conscience s'appelle l'entrée dans le cadavre *('grong. 'jug)*. Marpa était capable de détacher son principe vital, de faire revivre un cadavre en l'y transférant, et de réintégrer son principe vital. Il pouvait transférer son mal physique dans une porte, qui, alors, se mettait à craquer (*Vie de Jetsün Milarépa*, p. 314). « La transmission de cette pratique initiatique fut interrompue et interdite par Mara après que son propre fils soit mort en exécutant cette technique sans motivation spirituelle, comme un jeu ou une prouesse » (Anne-Marie Blondeau). Les Hindous connaissent bien cette pratique, cet « art d'entrer dans un corps étranger » *(parapura-kâyapravesha)*.

Une femme défia Shankara d'exposer le symbolisme de la sexualité. N'ayant jamais expérimenté l'amour charnel, il resta perplexe et demanda un délai de deux semaines avant de répondre, ce qu'elle accorda.

C'est alors qu'un roi mourut et que shrî Shankara, usant de son pouvoir yogique, quitta son propre corps et prit possession de celui du roi défunt (Amaruka) de sorte qu'aux yeux des courtisans ce dernier sembla avoir miraculeusement guéri. Les reines furent comblées de joie, mais, opposant l'intelligence, la vigueur et la grâce maintenant déployées par leur mari avec le terne et inerte compagnon qu'il avait été autrefois, elles devinèrent ce qui s'était produit. Elles dépêchèrent donc des officiers avec l'ordre de rechercher le corps apparemment mort d'un *sâdhu* [saint] et de brûler tout corps qu'ils trouveraient de la sorte, afin que le nouveau roi ne puisse pas retourner à son premier corps. Ils découvrirent effectivement le corps apparemment sans vie de shrî Shankara et le prirent pout le brûler. Il abandonna le corps du roi et réanima le sien propre.

Par la suite, shrî Shankara rencontra la femme de son adversaire et, ayant à présent l'expérience, il accepta et gagna le débat.

(Voir Ânandagiri, *La Victoire de Shankara. Shankaravijaya*, xe s.)

Ce transfert de conscience n'est qu'une manifestation spectaculaire du véritable phénomène qui consiste à reconnaître le néant du moi, à accéder au Vide universel, qui est Lumière.

• ENFIN, LE YOGA DE L'ÉTAT INTERMÉDIAIRE *(bardo)*. Le mot *bardo*, qui signifie « entre-deux, intervalle, période », désigne un état intermédiaire entre deux moments, mort et renaissance, sommeil et veille, deux moments du temps. Entre mort et renaissance, la conscience, libérée du corps, subit des modifications. Le *bardo* ne désigne pas seulement l'état qui succède au décès et précède la renaissance. Les Tibétains admettent six *bardo*, six états intermédiaires : celui de la naissance à la mort (autrement dit de la vie présente), celui du rêve, celui du moment de la mort (premier état intermédiaire thanatologique), celui de la vérité en soi (deuxième état intermédiaire thanatologique), celui du devenir (troisième état intermédiaire thanatologique), celui de la gestation. Les Tibétains nomment en premier le *bardo* du moment de la mort, pour marquer l'union de la vie et de la mort, pour faire commencer la vie à une mort qui la précède : idée fort ésotérique. Le fameux *Livre des morts tibétain* a particulièrement scruté les périodes de la mort, ou plutôt entre vie et mort, mort et vie.

Le *Livre des morts tibétain* s'appelle en tibétain *Bardo thödol chenmo*. *Libération de l'état intermédiaire par l'Écoute*. Il veut libérer l'homme vivant de la peur de la mort (s'il est vivant) ou d'une mauvaise réincarnation (s'il est mourant) en le libérant du pire mal, la croyance au moi. Le texte remonte, sinon à Padmasambhava, du moins à son école. C'est un texte-trésor, « découvert », sinon écrit, par Karmalingpa, de l'école Nyingma-pa vers 1340. Plus précisément, le livre relève des enseignements Dzogchen, de la section appelée « instructions particulières » *(manngag)*, dont une tradition se rattache, comme presque toujours au Tibet, à un Indien, Vimalamitra ou bien au Tibétain Vairocana le Traducteur, tous deux en liaison avec Padmasambhava. Toutes les écoles tibétaines ne l'utilisent pas. Le *Bardo thödol* est un livre ésotérique à destination exotérique. Il s'adresse à des gens non préparés, qui néanmoins doivent être sauvés, au dernier moment. Le décès, loin de se présenter comme une catastrophe, offre l'occasion, la dernière, de s'initier, de se sauver. L'instant fatal est un moment initiatique ! Il faut alors reconnaître sa nature, « la nature-de-l'esprit » dans « la Claire Lumière » qui se manifeste. Une connaissance sous-tend l'ensemble, celle des Trois Corps, exposée dans le chapitre sur le Bouddhisme du Mahâyâna [1] ; une autre notion s'avère utile, celle du transfert de conscience, déjà examinée.

Om ! Vénéré soit le Lama qui est les Trois Corps [corps-de-manifestation qui est notre corps visible, corps-de-félicité, corps-de-réalité qui est la Réalité même, Vide donc].

Grand Enseignement de la Libération par l'Écoute (de ce livre), offert au yogi moyen pour qu'il atteigne la libération (des illusions de notre conscience égocentrique) lors de son passage à l'état intermédiaire (de la mort).

[Pendant la vie] Il est donc important d'entraîner notre esprit, de notre vivant, à la pratique du *Bardo thödol*. On doit en saisir le sens, en parfaite connaissance. Il faut le pratiquer trois fois par jour sans y manquer, en ayant clairement présente à l'esprit la signification de chacun des mots.

---

1. Voir *supra*, p. 698 (« Le Bouddhisme du Grand Véhicule »).

[Pendant le décès] Il est si important de lire avec zèle *La Grande Libération par l'écoute* pendant les quarante-neuf jours de l'état intermédiaire (de la mort).

[Agent et condition] Si le cadavre est présent, le Lama [le maître spirituel] ou un frère dans le *Dharma* [la Loi bouddhique] ou une personne en qui le mourant avait confiance ou un ami qui avait les mêmes sentiments ou un de ses semblables doit lire *La Grande Libération par l'écoute*, la bouche tout près de l'oreille du mort, sans l'effleurer, au moment où la respiration extérieure cesse mais que le souffle intérieur de vie n'a pas encore disparu. [...]

[Patient et but] Grâce à cette lecture, de nombreux êtres ordinaires qui, ayant reçu des enseignements et étant intelligents, n'ont pas obtenu de réalisation, et tous ceux qui ont eu la réalisation mais qui n'ont pas pratiqué, reconnaîtront la luminosité de l'esprit court-circuitant les expériences du *bardo*, ils deviendront le Corps-de-Vacuité [Corps-de-réalité] non né, incréé. [...] De nombreux enseignements vrais et profonds [ésotériques] (vont être) donnés pour fermer les portes de la matrice [éviter les nouvelles naissances].

[1. état intermédiaire de la mort : en général désorientation du moment du décès *(tchikhaï bardo)*, sauf si l'on pratique le transfert de conscience] Il est recommandé d'entreprendre le transfert de conscience au moment où la respiration est près de s'arrêter. Lorsque le souffle [*prâna*] s'est retiré du canal subtil central [*Susumnâ*] et qu'il ne peut plus retourner dans les canaux latéraux [Îda et Pingalâ], il est certain qu'il sort alors par l'orifice de Brahmâ [*sahasrâra-chakra*, au sommet du crâne]. Maintenant on fait reconnaître au mort ce qui lui apparaît par la lecture : en ce moment, le premier *bardo*, appelé la luminosité de la Vérité en soi, la connaissance du Corps-de-Vacuité, non dénaturé, apparaît dans l'esprit de tous les êtres. Dans la plupart des cas, cet état dure, en effet, trois jours et demi pendant lesquels il faut avec persévérance faire reconnaître la Claire Lumière, luminosité de l'esprit.

[2. état intermédiaire de la vérité : en général inconscience trois jours et demi durant après la mort *(tchönyi bardo)*, sauf si l'on pratique le Mahâmudrâ] Jusqu'à hier, tu étais dans le *bardo* du moment de la mort et, quoique la luminosité de la Vérité en soi te soit apparue, tu ne l'as pas reconnue. Tu dois donc à nouveau errer ici. Le sens de cet enseignement est que tu reconnaisses dans chacune des apparitions, si horrible soit-elle, la manifestation de tes pensées. Ton corps [corps-de-manifestation] et ton esprit se séparent. La véritable apparence de la Vérité en soi se montre pour toi subtile, claire, lumineuse, éclatante, impressionnante même, semblable au scintillement d'un mirage au-dessus d'une plaine en été. Ne crains rien, ne t'effraie pas, n'aie pas peur. C'est le rayonnement de ta réalité même, reconnais-le. Un puissant bruit retentit du centre de cette lumière. C'est le son de la Vérité en soi, terrifiant et vibrant comme mille tonnerres. C'est le son propre à ta vérité même. Tu n'as pas à le craindre.

[3. état intermédiaire du devenir : en général état proche du rêve, durant 49 jours, avant la nouvelle incarnation *(sipa bardo)*, sauf si l'on pratique la lecture du *Livre des morts*] Voici maintenant l'explication de l'état intermédiaire du devenir ; il est nécessaire de guider, jusqu'à ce que dix jours se soient écoulés, ceux qui, à cause de leur peur, de leur angoisse et de leur mauvais karma, de leur manque de pratique ou de leur aveuglement, ont eu de la peine à obtenir la vue pénétrante, malgré l'aide qui leur a été offerte à plusieurs reprises dans l'état intermédiaire de la Vérité en soi. Le corps de ta vie précédente s'effacera de plus en plus au profit de celui de ta vie future. Alors luiront sur toi les six lumières des

six règnes d'existence [dieux, titans, hommes, animaux, esprits affamés, habitants des enfers]. La lumière la plus intense brillera là où tes actions passées te feront renaître. Noble fils, écoute ! Que sont donc ces six lumières ? La terne lueur blanche des dieux, la lueur rouge des titans, la lueur bleue des hommes, la lueur verte des animaux, la lueur jaune des esprits avides et la lueur gris fumée du monde des enfers. Si tu dois devenir un homme, tu te vois apparaître toi-même mâle et tu éprouveras un sentiment de haine à l'égard de ton père et une attirance jalouse à l'égard de ta mère ; mais, si tu dois devenir une femme, tu te vois femelle, et tu éprouves un sentiment de jalousie haineuse à l'égard de ta mère et un sentiment d'attirance et de convoitise à l'égard de ton père. C'est dans ces conditions que tu pénètres dans la matrice, et, à l'instant même où l'ovule et la semence se rencontrent, tu ressens la joie innée, et dans ce bonheur tu t'évanouis.
Pense qu'en vérité rien n'a de réalité, que tout est illusoire.

Siddha [l'Adepte] Karmalingpa a trouvé ce texte au bord du Serdan, le fleuve aurifère, sur le mont Gampodar.

Puisse advenir ainsi un bien immense aux enseignements et aux êtres vivants. *Sarva man galam.*

Libération de l'état intermédiaire par l'Écoute. Bar.do thos.grol chen.mo (v. 1340), trad. du tibétain en allemand (Eva K. Dargyay, 1977) puis de l'allemand en français (V. Secretan), *Bardo thödol. Le Livre des morts tibétain,* Albin Michel, coll. « Spiritualités vivantes », n° 26, 1981, p. 77-206. Extraits. © Albin Michel, Paris.

Les psychanalystes (C. G. Jung) ont noté une ressemblance avec le complexe d'Œdipe, où le garçon hait son père. Les philosophes, eux, ont fait le rapprochement avec Platon, pour qui le choix de l'incarnation future dépend du sujet lui-même. Enfin, des psychiatres (R. A. Moody) ont relevé l'universalité de l'expérience d'une « vie après la vie ».

LES IDÉES ÉSOTÉRIQUES

Il n'y a pas d'un côté des pratiques et de l'autre des théories, on l'a vu. Chaque réalité vaut à la fois comme acte de yoga et comme élucidation métaphysique : réalisation.

Le Shambala

Les Indiens puis les Tibétains ont imaginé un Centre Cosmique, d'où viendrait, on l'a signalé, le Kâlachakra. Ferdinand Ossendowski a tiré de ce mythe une romanesque vision du Roi du monde, qui a pu enflammer le glacial Guénon (*Le Roi du monde,* 1925). Ossendowski était un ancien ministre des Finances russe. Mais la mention de l'Agartha remonte à l'occultiste A. Saint-Yves d'Alveydre (*Mission de l'Inde,* 1re édition posthume 1910) et même à l'écrivain L. Jacolliot (*Histoire des Vierges,* 1875).

C'est pendant mon voyage en Asie centrale que je connus pour la première fois le mystère des mystères, que je ne puis appeler autrement. [...]
Les vieillards des rives de l'Amyl [fleuve en Russie près de Minusinsk] me racontèrent une ancienne légende selon laquelle une tribu mongole, en cherchant à échapper aux exigences de Gengis Khan [=Temüjin, † 1227], se cacha dans une

contrée souterraine. Plus tard un Soyote [=Touva, peuple samoyède parlant turc] des environs du lac de Nogan Kul me montra, dégageant un nuage de fumée, la porte qui sert d'entrée au royaume d'Agharti. C'est par cette porte qu'un chasseur, autrefois, pénétra dans le royaume et, après son retour, commença à raconter ce qu'il y avait vu. Les lamas lui coupèrent la langue pour l'empêcher de parler du mystère des mystères. [...]

Beaucoup de gens, cependant, ont depuis visité ce royaume, Çakya Mouni [le Bouddha], Undur-Gheghen, Paspa, Baber [Bâbur, souverain türk, † 1530] et d'autres. Nul ne sait où se trouve cet endroit. L'un dit l'Afghanistan, d'autres disent l'Inde. Tous les hommes de cette religion sont protégés contre le mal et le crime n'existe pas à l'intérieur de ses frontières. La science s'y est développée dans la tranquillité, rien n'y est menacé de destruction. Le peuple souterrain a atteint le plus haut savoir. Maintenant c'est un grand royaume, comptant des millions de sujets sur lesquels règne le Roi du Monde. Il connaît toutes les forces de la nature, lit dans toutes les âmes humaines et dans le grand livre de la destinée. Invisible, il règne sur huit cents millions d'hommes, qui sont prêts à exécuter ses ordres.

F. Ossendowski, *Bêtes, Hommes et Dieux. L'Énigme du Roi du Monde* (1924), chap. 46, trad. de l'anglais, J'ai lu, coll. « L'Aventure mystérieuse », n° 202, s.d., p. 286-288. © Librairie Plon, Paris.

Le Mahâmudrâ (tibétain Tchagya Tchenpo, le « Grand Sceau »)

Grande école du tantrisme bouddhique indo-tibétain, le Mahâmudrâ voit le jour vers 1030 avec le maître indien Tilopa. Il grandit dans l'école tibétaine Kagyü-pa. L'idée centrale tient en ce que tout phénomène porte sur lui le sceau de la réalité dernière, à savoir esprit, union de vide et de lumière, la bouddhéité comme dépassement de la dualité. La pratique principale, la méditation, vise à libérer des contraintes, des conventions. Certains auteurs ont parlé, à ce sujet, de « Zen tibétain », car la méditation commence par « la quiétude durable de l'esprit » et repose sur une concentration dépourvue de formes, sans représentation, appelée « phase de perfection » (par opposition à la « phase de développement », qui s'appuie encore sur des représentations).

Qu'entend-on par Mahâmudrâ ? [...]
[Ésotérisme, c'est-à-dire Sapience] L'esprit est vide par nature, au sens où il est dépourvu de caractéristique, échappe à toute représentation, où il ne peut être saisi en termes de concepts, de noms, de formes, quels qu'ils soient. Mais l'esprit n'est pas qu'un vide *(tongpanyi)* indéterminable et rien que cela. Il est aussi lucidité, luminosité *(ösel)*. [...] Dans sa pure dimension, l'esprit est donc à la fois vide et lumineux. [...]
[Initiation, c'est-à-dire Moyen] Donc, le premier point est de développer une attitude libre des attachements et des fixations, ce que l'on fait par la contemplation du caractère transitoire et défectueux de toute existence conditionnée. [...] Le deuxième point est la nécessité de recevoir l'influence spirituelle de notre lama. [...] Le troisième point essentiel dans le Mahâmudrâ comporte deux divisions : les instructions concernant la posture du corps et l'attitude de l'esprit. [...] La posture du corps se résume dans les sept points de Vairocana : les pieds retournés vers les cuisses, la colonne vertébrale droite comme la flèche, le buste dégagé comme le poitrail de l'épervier, le menton rentré comme un crochet, le regard dirigé vers la

pointe du nez, la bouche et la langue détendues, les mains dans le geste d'égalité méditative [sanskrit *dhyâna-mudrâ* : mains sur les genoux, pouces et index se touchent en formant un cercle, les paumes sont face au ciel]. [...] Quant à la position de l'esprit, elle s'exprime par les six points de Tilopa. Tilopa dit :
– Ne pense ni ne conçois, ne fabrique, ne représente, ni n'analyse, laisse l'esprit sans artifice en son état naturel.
[...] Deux éléments sont requis : un esprit stable et de l'énergie, de la persévérance. Une fois muni de ces deux facteurs, vous pourrez commencer cette pratique et en actualiser le résultat, qui que vous soyez.

> Bokar Rinpoche, *Dharma et Vie quotidienne. Enseignements du bouddhisme tibétain* (1988), trad. du tibétain D. Teundroup, Éditions Prajñâ, coll. « Dharma », Institut Karma Ling de Saint-Hugon, 73110 La Rochette, 1990, p. 88-98. L'auteur, disciple de Kalou Rinpoche, est « le principal maître de la méditation de la tradition Kagyü-pa ». Voir Kalou Rinpoche, *Instructions fondamentales*, chap. 13 (Mahâmudrâ), trad. de la trad. anglaise Françoise Bonardel, Albin Michel, coll. « Spiritualités vivantes », n° 80, 1990.

Par un procédé typiquement ésotérique, le Mahâmudrâ fait l'union des contraires, on aboutit de la méditation à la non-méditation.

Le corps-de-manifestation *(tülku)* et la réincarnation *(yangsi)*

L'idée ésotérique tibétaine qui semble à la fois la plus connue et la moins comprise est celle de « lama réincarné ».

Mais, attention ! « Il ne faut pas confondre la notion de *tülku*, "corps apparitionnel", l'un des trois corps de bouddha, avec une notion qui se combine avec elle, celle de lignées humaines de réincarnations de la même entité spirituelle *(yangsi)* » (Anne-Marie Blondeau).

Le corps-de-manifestation est le corps visible, sensible.

Ce corps visible peut manifester le principe d'un grand religieux bouddhique, rarement un laïc, un saint, un sage, un érudit, ou bien un dieu, une déesse, un démon. Cela n'exclut pas la transmission de traits secondaires, tels que le caractère psychologique ou les habitudes.

La seconde idée est celle d'une lignée continue d'incarnations d'une puissance pour la fonction de Karma-pa (1206), puis de Dalaï-lama (1650), de Panchen-lama (1662), d'abbé... Depuis le premier Dalaï-lama, mort en janvier 1475, les Dalaï-lama successifs incarnent Avalokiteshvara, force de compassion, les Panchen-lama incarnent Amitâbha, force de sagesse. Atîsha est considéré comme la 46e incarnation d'Avalokiteshvara. Tsong Khapa serait l'émanation d'un être divin, Mañjushrî, *bodhisattva* céleste de l'Éveil. Jamgon Kongtrul Lodrö Tayé, mort en 1899, appartenait à plusieurs lignées de réincarnations, l'une passant par...Vairocana ! Son esprit s'incarna dans deux hommes, l'un né en 1901, l'autre en 1904. Il peut apparaître des *tülku* contemporains (X, Y et Z émanations de A). On compte environ 300 *tülku* au Tibet. « La durée minimum pour se réincarner semble être habituellement de 49 jours, et cela peut deman-

der jusqu'à 18 mois pour le Dalaï-lama et 2, 4 ou 13 ans pour le Karma-pa [1]. »
On découvre un *tülku* à partir de phénomènes merveilleux (comme une floraison subite), grâce aux indications de celui qui va mourir, grâce aux conseils d'un lama astrologue ou clairvoyant, grâce à un oracle d'État, enfin grâce à l'observation des réactions d'un enfant candidat à ce titre devant des objets ayant appartenu à celui qu'il manifesterait ou par l'observation de signes physiques sur le corps de l'enfant.

L'origine de la notion de réincarnations successives dans une lignée humaine remonte à la mort du Ier Karma-pa (1110-1193), ou à la naissance du IIe Karma-pa, Karma Pakshi (1206-1283), car le Ier Karma-pa avait prédit qu'il reviendrait. Le IIe Karma-pa fut le premier *tülku* officiellement reconnu. Le processus s'amplifia avec le IIIe Karma-pa [2] (1284-1338).

Rangjung Dorje [IIIe Karma-pa] est né sur la terrasse d'une maison de Tingri Langkor, au sud du Tibet, le huitième jour du premier mois de l'an bois-singe (1284) dans la soirée, juste au moment où la Lune se levait. [...]

À l'âge de trois ans, alors qu'il jouait avec d'autres enfants, il leur demanda soudainement de lui élever un trône de mottes de gazon carrées. Il y prit place, produisit une coiffe noire qu'il posa sur sa tête, et déclara être le Karma-pa. [...] Il connaissait l'alphabet sans l'avoir étudié. Ses rêves étaient peuplés de nombreuses et pures visions.

À cinq ans il dit à son père qu'il désirait rencontrer le *siddha* [Adepte] Ourgyenpa [3], et tous deux se rendirent à l'endroit où celui-ci vivait. Le jour précédant leur arrivée, Karma Pakshi [IIe Karma-pa] apparut en rêve à Ourgyenpa et lui fit savoir qu'il le visiterait le lendemain. Tôt le matin, Ourgyenpa fit part à ses disciples de la probabilité de cet heureux événement ; on dressa un trône et une grande procession fut organisée.

[1re épreuve : reconnaissance par l'émané d'objets ayant appartenu à l'émanant] L'enfant arriva accompagné de son père, se dirigea directement vers le trône et s'y assit. « Qui êtes-vous pour prendre place sur le trône de mon maître ? », demanda le *siddha*. « Je suis le fameux Lama Karma-pa », répondit l'enfant.

[2e épreuve : récit par l'émané d'événements ayant concerné l'émanant] Ourgyenpa lui demanda alors de lui narrer la manière dont ils s'étaient rencontrés auparavant. Le garçon expliqua : « Un grand *siddha* vint me voir. C'était vous. Vous me fîtes le récit de vos pèlerinages et de vos voyages à travers ce merveilleux pays, les Indes. » Ensuite, il descendit de son trône, se prosterna devant le *siddha* et déclara que dans sa vie passée il avait été le maître mais que dans celle-ci il serait le disciple d'Ourgyenpa.

[3e épreuve : prédictions de l'émanant sur l'émané] On consulta les détails de la prédiction de Karma Pakshi concernant sa naissance, et il fut établi sans l'ombre d'un doute que l'enfant était le Karma-pa.

---

1. Marc-Alain Descamps, « Enquête sur la réincarnation », *Singuliers*, n° 13, mars 1996, p. 205.
2. Sur la découverte du XIVe Dalaï-lama : A. Borromée et Dagpo Rinpoche, *Le Dalaï Lama, chef spirituel et chef d'État*, Olivier Orban, 1984 (sans pagination).
3. Mais les dates du *siddha* Urgyenpa sont : 1323-1360.

N. Douglas et M. White, *Karmapa. Le Lama à la coiffe noire du Tibet* (1976), trad. de l'anglais, Archè, Milan, 1977, p. 45. Texte compilé d'après des annales tibétaines, dont Gö Lotsawa Chönou Pal, *Annales bleues*. *Deb.gter sngon.po* (1478), trad. anglaise G. N. Roerich, *The Blue Annals* (1949-1953), Motilal Banarsidass, Delhi, 1976. © Archè, Milano.

Reprenons l'idée de *tülku*.

Du point de vue métaphysique, l'idée de *tülku* ne renvoie nullement à celle de réincarnation, mais à celle des Trois Corps de bouddha. Dans le Mahâyâna d'Asanga, il est dit que le Bouddha idéal détient trois Corps [1] : premièrement *nirmâna-kâya* (tibétain *tülku*), le corps-de-manifestation, deuxièmement *sambhoga-kâya*, corps-de-félicité, troisièmement *dharma-kâya* (tibétain *tchöku*), Corps-de-réalité. Le mot *tülku* désigne le corps visible, l'apparence. Il s'agit bien de manifestation, de corps qui rend visible la nature-de-bouddha. La bouddhéité se fait chair.

Du point de vue initiatique, le Mahâyâna reconnaît pour celui qui est parvenu à un haut degré de développement la possibilité d'émettre le vœu de renaître pour le bien des êtres [2]. Il transmet ses mérites à d'autres vivants au lieu de garder pour lui ces avantages qui détruisent le karma. Celui qui s'émane l'a voulu. Il n'a pas subi passivement une « réincarnation » en fonction de son karma, il a consciemment choisi, par compassion, une manifestation, une apparence émanée dans le monde du malheur, de l'illusion, afin de montrer la voie de la délivrance.

Du point de vue politique, l'idée de *tülku* assure une continuité sacrée dans la succession des hiérarques des monastères, en même temps qu'une transmission sans rupture de la tradition bouddhique, de ses courants. Ce n'est pas la démocratie, c'est la théocratie directe. D. S. Ruegg parle de « hiérocratie ».

Du point de vue historique, l'idée de *tülku* s'est rapidement développée, elle a valu pour d'autres autorités que les Karma-pa. En 1650, le Ve Dalaï-lama (1617-1682) fut déclaré réincarnation du IVe Dalaï-lama (1589-1617), et, par là, émanation du bodhisattva Avalokiteshvara. Aujourd'hui encore, le processus continue dans toutes les écoles, et même chez les Bön-po. Au monastère gelug-pa de Ganden, cependant, le hiérarque est élu.

Il n'existerait qu'un seul *tülku* féminin : l'abbesse du monastère de Samding. Elle est appelée Dorje Phagmo (« Truie de foudre-diamant ») [3]. Les Tibétains la considèrent comme l'émanation du fondateur du monastère et comme l'émanation de la déesse Târâ sous sa forme terrible : Dorje Phagmo.

---

1. Voir *supra*, p. 698 (« Le Bouddhisme du Grand Véhicule »).
2. Dans le cursus du bodhisattva, cinq stades sont prévus ; dans le huitième degré du cinquième stade, Terre inébranlable *(acalâ bhûmi)*, on acquiert le « vœu de renaître » (Lilian Silburn, *Le Bouddhisme*, Fayard, 1977, p. 252, 254).
3. *Dictionnaire des religions*, PUF, 1984, p. 444 (art. « Dorjé Phagmo »), p. 1739 (art. « Tülkou »).

ALEXANDRA DAVID-NÉEL (1868-1969) ET LOBSANG RAMPA

Pour un Européen, l'aventure ésotérique du Tibet se concentre dans une femme d'exception, Alexandra David-Néel. Elle fut la première Européenne à entrer à Lhasa (« Lieu divin »), en 1924, après un long voyage où elle dut se déguiser en mendiante. Elle y était bien préparée, par sa fréquentation du Théosophisme et sa connaissance de la langue tibétaine.

Ainsi commence son périple :

Huit mois de pérégrinations accomplies dans des conditions inaccoutumées, à travers des régions en grande partie inexplorées ne peuvent se raconter en deux ou trois cents pages. [...]

Cette randonnée vers Lhasa sous le déguisement d'une pèlerine mendiante n'est, du reste, elle-même, qu'un épisode des longs voyages qui m'ont retenue en Orient pendant quatorze années successives. [...]

[En 1911] me trouvant près de Madras, j'appris que le souverain du Thibet, le Dalaï-lama [le XIIIe : Thubten Gyatso, 1876-1933], avait fui son pays – alors en révolte contre la Chine – et résidait dans l'Himâlaya.

Le Thibet ne m'était pas absolument étranger. J'avais été l'élève, au Collège de France, du professeur Éd. Foucaux, un savant thibétisant, et possédais quelques notions de littérature thibétaine. On le comprend, je ne pouvais laisser échapper cette occasion unique de voir le Lama-roi et sa cour.

Être reçue par le Dalaï-lama ne paraissait pas des plus faciles, celui-ci refusait obstinément de donner audience à des femmes étrangères. [...]

Je sentais instinctivement que derrière les montagnes couvertes de forêts qui se dressaient devant moi et les lointaines cimes neigeuses pointant au-dessus d'elles, il existait, vraiment, un pays différent de tout autre. Faut-il dire que le désir d'y pénétrer s'empara aussitôt de moi ?

Ce fut en juin 1912, après un long séjour parmi les Thibétains de l'Himâlaya, que je jetai un premier coup d'œil sur le Thibet proprement dit. La lente montée vers les hauts cols fut un enchantement, puis, soudain, m'apparut l'immensité formidable des plateaux thibétains limités au lointain par une sorte de mirage estompé montrant un chaos de cimes mauves et orange coiffées de chapeaux neigeux.

Quelle vision inoubliable ! Elle devait me retenir, pour toujours, sous son charme. [...]

Je recherchai aussi toutes les occasions de m'entretenir avec les lamas lettrés, les mystiques, les adeptes, tenus pour éminents, des doctrines ésotériques et de séjourner auprès d'eux.

Ces investigations captivantes m'amenèrent à pénétrer dans un monde mille fois plus étrange encore que les hautes solitudes du Thibet : celui des ascètes et des magiciens dont la vie s'écoule cachée dans les replis des montagnes, parmi les cimes neigeuses.

Alexandra David-Néel, *Voyage d'une Parisienne à Lhassa, à pied et en mendiant de la Chine à l'Inde à travers le Tibet* (1926), introduction, Presses-Pocket, n° 2095, 1982, p. 5-7. © Librairie Plon, Paris.

L'admirable dans la démarche d'Alexandra David-Néel, c'est le fait que sa connaissance est totale. Elle est intellectuelle, elle est physique. Elle passe par les livres, par les études, mais aussi par les rencontres, la marche, la pratique du yoga...

Avec Lobsang Rampa, on quitte le mystique pour l'imaginaire, une tibétologue pour un romancier. Des journalistes ont levé le secret. Son livre *Le Troisième Œil* vaut les meilleurs romans d'action. Mais, est-ce une biographie ou est-ce un roman ? Lobsang Rampa s'appelait en réalité Cyril Henry Hoskins. Il était fils d'un plombier, lui-même plombier, il avait vécu à Londres puis à Dublin sous le nom de Dr Kuau Suo. La révélation n'intimida aucunement Hoskins-Rampa, à moins que ce ne soit Rampa-Hoskins. Il répliqua, de façon très tibétaine, qu'un religieux tibétain habitait son corps britannique. Le Tibétain Lobsang Rampa a transmigré dans le corps de Cyril Hoskins ! Il utilise ici, de façon sauvage, la cinquième des « Lois de Nâropa », le transfert de conscience. Malheureusement, d'autres expériences qu'il relate ne correspondent, selon Anne-Marie Blondeau, à rien d'attesté dans les pratiques tibétaines, en particulier dans la narration suivante.

Au cours de ma convalescence – tandis que mon corps physique se réparait –, je fis un voyage dans l'astral, où je vis mon bien-aimé guide et ami, le lama Mingyar Donduf.
– Vos souffrances, me dit-il, ont été par trop grandes, elles sont le fruit amer de l'inhumanité de l'homme envers l'homme ; mais votre corps est usé et vous devrez très bientôt subir la cérémonie de la transmigration. [...] Le sachant, nous avons cherché un corps que vous pourrez habiter et qui, au moment voulu, reproduirait tous vos propres traits. Cette personne existe, les deux corps doivent être compatibles et celui de cette personne l'est. Nous l'avons contacté dans l'astral, car nous avons vu qu'il songeait au suicide. C'est un jeune Anglais, que sa vie ne rend pas heureux, et qui songe depuis longtemps à la méthode la moins pénible d'autodestruction. Il est tout à fait d'accord pour laisser son corps, et venir ici dans l'astral. [...]
Un homme vêtu d'une robe jaune me dit :
– Vous voyez cet arbre, eh bien !, vous vous accrochez à cette branche-là et vous vous laisserez filer vers le haut.
[...] Je me rendis vers le fameux arbre. Je m'y accrochai, ainsi qu'on me l'avait ordonné, et retombai comme frappé par la foudre. Je recommençai et je vis une corde d'argent qui sortait de moi. [...]
Il y eut enfin une sorte de bruit et je découvris – ô joie suprême ! – que je flottais dans un monde merveilleux. [...]
Deux de mes frères lamas se débattaient avec la corde d'argent de l'homme. Il leur fallait attacher la mienne avant que la sienne ne soit débranchée complètement. [...] Je regardai ce corps, auquel j'étais maintenant fixé, et frissonnai. Mais, obéissant aux ordres, je laissai ma forme astrale s'enfoncer sur ce corps qui allait être le mien. Le premier contact fut terrible – froid et visqueux.

T. Lobsang Rampa, *C'était ainsi* (*As it was !* 1976), III, trad. de l'anglais, J'ai lu, coll. « L'Aventure mystérieuse », n° 357, 1978, p. 117-136.

Quelle expédition est la plus haute, la plus belle, celle du soi ou celle de l'Himâlaya ? Milarépa avait choisi la conquête du soi sur l'Himâlaya ! Double triomphe, fesses sur la neige.

BIBLIOGRAPHIE GÉNÉRALE SUR L'ÉSOTÉRISME TIBÉTAIN

S'il n'y a qu'un livre à lire : KALOU RINPOCHE, *Bouddhisme ésotérique. Tradition tibétaine* (1982-1987), trad. du tibétain Fr. Jacquemart, Éditions Claire Lumière, 13760 Saint-Cannat, 1993, 215 p. L'auteur (1904-1989) était un lama de la lignée Kagyü-pa.

La bibliographie « savante » sur le Bouddhisme tibétain est très abondante. Je ne cite que les ouvrages que j'ai consultés.

Approche ésotérique de l'histoire : PUTÖN RINPOCHE, TÂRÂNÂTHA, ALEXANDRA DAVID-NÉEL, « LOBSANG RAMPA », ARNAUD DESJARDINS, JOHN BLOFELD, lama ANAGARINKA GOVINDA (né allemand, 1898-1985), KALOU RINPOCHE, CHÖGYAM TRUNGPA RINPOCHE, BOKAR RINPOCHE, KHEMPO DEUNYEU.

BIBLIOTHÈQUES : Centre d'études sur les religions tibétaines (École pratique des hautes études, 22, av. du Président-Wilson, 75016 Paris), Centre d'études tibétaines (Collège de France, 52, rue du Cardinal-Lemoine, 75005 Paris), musée Guimet (6, place d'Iéna, 75016 Paris).

Pour être informé par minitel : 3615 TIBET INFO.

Quelques grands textes ésotériques, parmi les traduits
– PADMASAMBHAVA (747), *Le Livre tibétain de la grande libération*, trad. en anglais W. Y. EVANS WENTZ (1957) puis en français (1960), Adyar, 1991, 315 p. Attribution incertaine.
– MARPA, *Les Six Lois de Nâropa. Nâ.ro chos.drug* (v. 1040), trad. anglaise H. V. GUENTHER, *The Life and Teachings of Naropa, translated from the Original Tibetan with a Philosophical Commentary based on the Oral Transmission*, Clarendon Press, coll. « UNESCO », Oxford, 1963, 292 p.
– MILARÉPA, *Les Cent Mille Chants. mGur.'bum* (v. 1120), trad. MARIE-JOSÉ LAMOTHE, Fayard, coll. « Documents spirituels », n°s 33 et 37, 1985-1989, 2 t., 300-330 p.
– RECHUNG (disciple de Milarépa), *Vie de Jetsün Milarépa. Jetsün Kahbum* (v. 1130 ?), voir *infra*, « Grand(e)s Initié(e)s ».
– SGAMPO-PA (>Sgam.po.pa, =Dvags.po Lha.rje, 1079-1153), *Ornement de la libération*, trad. anglaise H. V. GUENTHER, *The Jewel Ornament of Liberation* (1959), Penguin, New York, 1972. Les étapes dans le Mahâyâna.
– *Bardo thödol* (>*Bar.do thos.grol*), découvert ou écrit en 1340 par Karmalingpa (>Karma.gling.pa). C'est le fameux *Livre des morts tibétain*. Le titre signifie « Grande Libération par l'Écoute *(thödol)* dans le plan intermédiaire *(bardo)* », c'est-à-dire salut dans l'inter-monde, entre vie et mort. Il y a plusieurs versions (W. Y. EVANS WENTZ, G. TUCCI, EVA DARGYAY). Il y a aussi plusieurs traductions en français, dont ces trois : 1) lama KAZI DAWA-SAMDUP et W. Y. EVANS WENTZ (*Bardo thödol. Le livre des morts tibétain*, 1927, trad. de l'anglais en français Marguerite La Fuente, A. Maisonneuve, 1933, VIII-227 p.) ; 2) FRANCESCA FREMANTLE et CHÖGYAL TRUNGPA *(Le Livre des morts tibétain. La Grande Libération*

par *l'audition pendant le bardo*, 1975, trad. de l'anglais, 2ᵉ éd. corrigée, Le Courrier du Livre, 1979, 139 p.) ; 3) EVA DARGYAY, trad. du tibétain en allemand (1977) puis trad. de l'allemand V. Secretan (*Bardo-Thödol. Le livre des morts tibétain*, 1980, Albin Michel, coll. « Spiritualités vivantes », n° 26, 1991, 224 p.). Il y a enfin plusieurs commentaires, dont : SOGYAL RINPOCHE, *Le Livre tibétain de la vie et de la mort* (1992), trad. de l'anglais, La Table Ronde, 1993, 574 p.
– Drugpa Künleg (>'Brug.pa Kun.legs, 1455-1529, de la lignée Kagyü-pa) : ROLF A. STEIN, *Vie et Chants de 'Brug.pa Kun.legs, le Yogin*, trad. du tibétain, Maisonneuve et Larose, 1972, 446 p.
– Le IXᵉ Karma-pa (1556-1603), WANGCHUG DORJE (>Dbang.phyug Rdo.rje, Ouang Tchoug Dordje), *Le Mahamoudra qui dissipe les ténèbres de l'ignorance*, trad. du tibétain, Éditions Yiga Tcheu Dzinn, 1980, 208 p.
– JAMGON KONGTRUL LODRÖ TAYÉ (>'Jam.mgon Kong.sprul Blo.gros mtha'.yas, vers 1872), *Le Flambeau de la certitude*, trad. du tibétain M. H. Trottman, Éditions Yiga Tcheu Dzinn, 1980, 185 p. École Rimê (éclectisme : Nyingma-pa + Kagyü-pa + Sakya-pa + Bön).
– KALOU RINPOCHE, *La Voie du Bouddha selon la tradition tibétaine*, Éditions du Seuil, coll. « Points. Sagesses », n° 55, 1993, 423 p.

Anthologies
– Lama KAZI DAWA-SAMDUP et W. Y. EVANS WENTZ, *Le Yoga tibétain et les Doctrines secrètes, ou Les Sept Livres de la Sagesse du Grand Chemin* (1934), trad. du tibétain en anglais puis de l'anglais en français (1938), A. Maisonneuve, 1974, 365 p. Traductions approximatives.
– G. OROFINO, *Sacred Tibetan Teachings*, Prism Press, 1990.
– Contes et légendes : P. MANDALA et SVA DHARMA, *Contes du bouddhisme tibétain*, Cerdicim-Chiron, 1984, 157 p. ; EVA BEDNAROVA, *Contes du Tibet*, Gründ, s.d., 208 p.
– Mythes : ARIANE W. MACDONALD, *La Naissance du monde au Tibet* apud *La Naissance du monde*, Éditions du Seuil, coll. « Sources orientales », n° 1, 1959, p. 417-452 ; *Dictionnaire des mythologies*.
– Textes Bön : D. L. SNELLGROVE, *The Nine Ways of Bon. Excerpts from gZi-brjid* (1967), Prajñā Press, Boulder, États-Unis, 1980.
– Textes Nyingma-pa : DUDJOM RINPOCHE, *The Nyingma School of Tibetan Buddhism*, t. 1 : *Translations*, Wisdom, Boston, 1991, 977 p. Prix exhorbitant : 300 US $.

Documents
– Manuscrits de la grotte de Touen-houang (>Dunhuang, 406-1004, bibliothèque découverte dans cette oasis du Türkestân chinois, par P. Pelliot et sir Aurel Stein en 1899-1919) : J. BACOT, F. W. THOMAS, Ch. TOUSSAINT, *Documents de Touen-houang relatifs à l'histoire du Tibet*, Annales du musée Guimet, n° 51, 1946, 207 p. ; ROLF A. STEIN, apud *Études tibétaines dédiées à la mémoire de Marcelle Lalou*, Maisonneuve et Larose, 1971, p. 479-547.
– PUTÖN (>Bu-ston) RINPOCHE, *La Naissance de la Loi. Dus 'khor chos.'byung* (1329), trad. anglaise E. OBERMILLER, *History of Buddhism. The Jewelry of Scripture* (1931), Suzuki Research Foundation, Tôkyô, 1964, 231 p. Putön était aussi un maître dans le Kâlachakra, il fonda une école très proche des Sakya-pa.
– GÖ LOTSAWA CHÖNOU PAL (>'Gos lo.tsa.va Gzhon.nu.dpal), *Annales bleues. Deb.gter sngon.po* (1478), trad. anglaise G. N. ROERICH, *The Blue Annals* (1949-

1953), Motilal Banarsidass, Delhi, 1976, 2 t. Cérémonie Kâlachakra, t. 2, p. 702 (et tout le chapitre).
- TĀRĀNĀTHA, *La Naissance de la Loi de l'Inde. Rgya gar chos.'byung* (1608), trad. anglaise lama CHIMPA et ALAKA CHATTOPADHYAYA, Simla (Indian Institute of Advanced Study), 1970. Târanâtha appartenait à l'école Jonang-pa et il a écrit sur le Kâlachakra.
- MICHEL JAN, *Le Voyage en Asie centrale et au Tibet. Anthologie des voyageurs occidentaux du Moyen Âge à la première moitié du xxe siècle*, Robert Laffont, coll. « Bouquins », 1992, 1520 p., p. 1086 *sqq.*, 1337 *sqq.*

Études générales

- ALEXANDRA DAVID-NÉEL, *Voyage d'une Parisienne à Lhasa, à pied et en mendiant de la Chine à l'Inde à travers le Tibet* (1926), Presses-Pocket, n° 2095, 1982 ; *Mystiques et Magiciens du Tibet* (1929), Presses-Pocket, n° 1821, 1980, 310 p. ; *Initiations lamaïques* (1930), Adyar, 1990, 285 p. ; *Les Enseignements secrets des Bouddhistes tibétains. La Vue pénétrante* (1951), Adyar, 1988, 144 p.
- J. BLOFELD, *Le Bouddhisme tantrique du Tibet (The Way of Power*, 1970), Éditions du Seuil, coll. « Points. Sagesses », n° 5, 1976, 320 p. L'auteur est un disciple occidental du Vajrayâna, lignée Nyingma-pa. Ton compréhensif et modeste.
- G. TUCCI et W. HEISSIG, *Les Religions du Tibet et de la Mongolie* (1970), trad. de l'allemand, Payot, coll. « Les Religions de l'humanité », 1973, p. 7-336. (Traduction nulle ; texte complexe.)
- A. WAYMAN, *The Buddhist Tantras. Light in Indo-tibetan Esotericism*, Routledge and Kegan Paul, Londres, 1974, XIII-247 p. Parfois partial, souvent obscur.
- ANNE-MARIE BLONDEAU, *Les Religions du Tibet, apud* H.-CH. PUECH dir., *Histoire des religions*, Gallimard, « Encyclopédie de la Pléiade », t. 3, 1976, p. 233-329. Je dois beaucoup à ce travail, complet et clair.
- CHÖGYAM TRUNGPA RINPOCHE, *Voyage sans fin. La Sagesse tantrique du Bouddha* (1974), trad. de l'anglais, Éditions du Seuil, coll. « Points. Sagesses », n° 48, 1992, 212 p. ; *L'Aube du tantra* (1975), trad. de l'anglais, Albin Michel, coll. « Spiritualités vivantes », n° 30, 1982, 155 p. L'auteur, « onzième incarnation des Trungpa, lignée de maîtres spirituels », est « maître de méditation formé dans les lignées Kagyü-pa et Rnyingma-pa du bouddhisme tibétain ». Mais il fait du Lamaïsme à consommer entre hamburger et Coca-Cola.
- D. L. SNELLGROVE, *Indo-Tibetan Buddhism. Indian Buddhists and their Tibetan Successors*, Serindia Publications, Londres, 1987, p. 380-640.
- KALOU RINPOCHE, *La Voie du Bouddha selon la tradition tibétaine*, éd. cit. ; *Bouddhisme ésotérique. Tradition tibétaine*, trad. du tibétain, Éditions Claire Lumière, 13760 Saint-Cannat, 1993, 214 p.

BIBLIOGRAPHIE SPÉCIALISÉE

1re tradition : le Tsug (>Gcug, terme critiqué par R. A. Stein)
ARIANE W. MACDONALD, *Une lecture des Pelliot tibétain 1286, 1287, 1038, 1047 et 1290. Essai sur la formation et l'emploi des mythes politiques dans la religion royale de sron.bcan sgam.po, apud Études tibétaines dédiées à la mémoire de Marcelle Lalou*, Maisonneuve et Larose, 1971, 573 p., p. 190-388 ; R. A. STEIN, *La Civilisation tibétaine* (1962), éd. revue, le Sycomore-l'Asiathèque, 1981, p. 168-199.

2ᵉ **tradition : le Bouddhisme tibétain** (=« Lamaïsme », terme critiqué par A.-M. Blondeau)
- Padmasambhava et la lignée Nyingma-pa (>Rnying.ma.pa, 747) : *Bardo thödol* (VIIIᵉ s. ? XIVᵉ s. ?), voir *supra*, « Quelques grands textes ésotériques » ; *Le Dict de Padma* (XVᵉ s.), trad. G. Ch. Toussaint, 1933, Éditions Orientales-PUF, 1979, 540 p. ; lama A. Govinda, *Les Fondements de la mystique tibétaine* (1957, en allemand), trad. (1960), Albin Michel, coll. « Spiritualités vivantes », n° 21, 1976, 448 p. ; R. Sailey, *Le Bouddhisme tantrique indo-tibétain ou Véhicule du diamant*, Présence, Sisteron, 1980 ; Khetsun Sangpo Rinbochay, *Tantric Practice in Nying-Ma*, Londres, 1982.
- École subitiste chinoise (Bsam-gtan) au Tibet (780) : W. Lai et L. Lancaster dir., *Early Ch'an in China and Tibet*, Asian Humanities Press, Berkeley, 1983 ; Guilaine Mala, *Empreinte du Tch'an chez les mystiques tibétains*, apud *Tch'an, Zen. Racines et Floraisons*, Hermès. Recherches sur l'expérience spirituelle, Les Deux Océans, 1985, p. 387-426.
- Atîsha et la lignée Kadam-pa (>Bka'.gdams.pa, 1056) : A. Chattopadhyaya, *Atisha and Tibet*, Indian Studies, Calcutta, 1967 ; M. Hainsworth, *Quel bouddhisme pour le Tibet ? Atisa. 982-1054*, J. Maisonneuve, 1986, 154 p.
- La lignée Sakya-pa (>Sa.skya.pa, 1073) : Sherab Gyeltsen Amipa, *Histoire et Doctrines de la tradition sakyapa*, trad. de l'anglais, Dervy-Livres, coll. « Mystiques et Religions », 1988, 126 p. (préface du XIVᵉ Dalaï-lama).
- Marpa, Milarépa, Sgampo-pa et la lignée Kagyü-pa (>Bka'.brgyud.pa, 1121) : Marpa, *Les Six Lois de Nâropa*, éd. cit. ; R. A. Stein, *Vie et Chants de 'Brug-pa Kun-legs le Yogin*, éd. cit. ; N. Douglas et M. White, *Karmapa. Le Lama à la coiffe noire du Tibet* (1976), trad. de l'anglais, Archè, Milan, 1977, 252 p. ; J. M. Stewart, *Vie de Gampopa*, Éditions Claire Lumière, 1996.
- Tsong Khapa et la lignée Gelug-pa (>Dge.lugs.pa) (1409) : E. Obermiller, « Con-kha-pa le Pândit », *Mélanges chinois et bouddhiques*, n° 3, 1934-1935, p. 318-338, 339-353 ; R. A. Thurman, *Tsong Khapa's Speech of Gold in the Essence of True Eloquence*, Princeton UP, 1984.

3ᵉ **tradition : le Bön**
Ariane W. MacDonald, *La Naissance du monde au Tibet*, apud éd. cit. ; G. Tucci (et W. Heissig), *Les Religions du Tibet et de la Mongolie* (1970), p. 271-316 ; S. G. Karmay, « The Treasury of Good Sayings. A Tibetan History of Bon », *Journal asiatique*, 1975, p. 147-156.

4ᵉ **tradition : le chamanisme ?**
S. R. Mumford, *Himalayan Dialogue. Tibetan Lamas and Gurung Shamans*, University of Wisconsin Press, 1989 (les Gurung sont une ethnie du nord du Népal) ; G. Samuel, *Civilized Shamans. Buddhism in Tibetan Societies*, Smithsonian Institution Press, Washington et Londres, 1993, x-725 p. (thèse contestée).

Initiation et pratiques initiatiques (voir aussi Bouddhisme Tantrayâna) —
Alexandra David-Néel, *Initiations lamaïques* (1930), Adyar, 1990, 285 p. ; lama Kazi Dawa-samdup et W. Y. Evans Wentz, *Le Yoga tibétain et les Doctrines secrètes* (1934), éd. cit. ; G. Tucci, *Théorie et Pratique du mandala* (1949), trad. de l'italien, Fayard, 1974, 164 p. ; R. A. Stein, *La Civilisation tibétaine*, Dunod, 1962, p. 148-154 (sur les créations mentales), nouvelle édition l'Asiathèque, 1991, 252 p. ; S. Beyer, *The Cult of Târâ. Magic and Ritual in Tibet*, University

of California Press, Berkeley, 1974, XXI-542 p. ; *Méditation progressive sur la Vacuité*, Dhagpo Kagyü Ling, 24290 Montignac, 1980 ; C. A. MUSES dir., *Esoteric Teachings of the Tibetan Tantras*, trad. CHANG CHEN CHI, Samuel Weiser, New York, 1982 ; J. BLOFELD, *Les Mantras, ou la Puissance des mots sacrés*, trad. de l'anglais, Dervy-Livres, 1985, 143 p.

Ésotérismes et idées ésotériques (voir aussi Bouddhisme Mahâyâna)
– Le *bardo* thanatologique (état intermédiaire entre mort et renaissance) : LATI RINPOCHE, *La Mort, l'État intermédiaire et la Renaisssance dans le bouddhisme tibétain* (1979), trad. de l'anglais J. HOPKINS, Dharma, 84800 Saumane, 1980, 98 p. ; lama BOKAR RINPOCHE, *Mort et Art de mourir dans le bouddhisme tibétain*, trad. du tibétain, Éditions Claire Lumière, 1989, 82 p. (l'auteur appartient à la lignée Kagyü-pa).
– Le Dzogchen (>*Rdzogs.chen*, « Grande Perfection ») : SOGYAL RINPOCHE, *Le Livre tibétain de la vie et de la mort* (1992), éd. cit., p. 207 *sqq*. (« L'Essence la plus secrète ») ; NAMKHAI NORBU RINPOCHE, *Dzogchen, l'état d'auto-perfection*, trad. de l'italien, Les Deux Océans, 1994, 136 p.
– Le Kâlachakra (*Dukyi-khorlo* >*Dus.kyi 'khor.lo,* Roue du temps) et Shambala (pays mythique) : C. TRUNGPA, *Shambala. La Voie sacrée du guerrier*, trad. de l'anglais, Éditions du Seuil, coll. « Points. Sagesses », n° 37, 1990, 207 p. ; XIVe Dalaï-lama et *al*., *Kalachakra. Le Plus Haut des tantras bouddhistes* (1985), trad. de l'anglais, Éditions Claire Lumière, 1995, 191 p.
– La langue des *dâkinî* (langage ésotérique) : M. ELIADE, *Le Yoga. Immortalité et Liberté* (1954), Payot, coll. « Petite bibliothèque Payot », n° 120, 1968, p. 251 *sqq*. ; H. HOFFMANN, « The Holy Language of the Tibetan Bon-po », *Zeitschrift der deutschen Morgenländischen Gesellschaft* (Z.D.M.G.), Berlin, 1967.
– Le Mahâmudrâ (tibétain : Tchagya tchenpo >Phyag.rgya chen.po, Grand Sceau) : G. K. GYATSO, *Claire lumière de félicité. Le Mahâmudrâ dans le Bouddhisme du Vajrayâna* (1982), trad. du tibétain, Dharma, 1986, 267 p. ; BOKAR RINPOCHE, *L'Aube du mahamoudra. Esprit, méditation et absolu*, trad. du tibétain, Éditions Claire Lumière, 1991, 172 p.
– Le *tülku* (>*sprul.sku* non pas « réincarnation de lama », mais « corps-de-transformation ») : pas d'étude, hélas. G. TUCCI et W. HEISSIG, *Les Religions du Tibet et de la Mongolie*, éd. cit., p. 70, 177-178 ; YVONNE CAROUTCH, *Renaissance tibétaine*, Friant, coll. « Mystères initiatiques », 1982, p. 36 *sqq*., 205-206. Témoignages : D. BARLOCHE, *Testimonies of Tibetan Tulkus. A Research among Reincarnation Buddhist Masters in Exile*, trad. en allemand, anglais ou français SHERPA TYLKU, Tibet Institute, n° 15 a, Rikon Zurich, 1982.
– Le tantrisme (*rdo.rje theg.pa* : Vajrayâna) : voir *supra*, « 2e tradition : le Bouddhisme tibétain ».
– Le *trikâya* (tib. *kusum* >*sku.gsum*, Trois Corps du Bouddha) : TENZIN GYATSO XIVe Dalaï-lama, *La Lumière du dharma*, chap VII, trad. du tibétain (1973), Seghers, coll. « L'Âge d'être », 1995.
– Le Vide *(tongpa* >*stong.pa)*, la vacuité *(tongpanyi* >*stong.pa.nyid)* : CHANDRAKIRTI, *L'Entrée au milieu. La Philosophie bouddhique de la vacuité*, Dharma, 1988, 493 p.

Sciences occultes
– Herméneutique (qui n'est pas une discipline tibétaine autonome) : A. WAYMAN, *The Buddhist Tantras. Light in Indo-tibetan Esotericism*, Routledge and Kegan Paul, Londres, 1974, XIII-247 p.

– Mythologie : Y. BONNEFOY dir., *Dictionnaire des mythologies*, Flammarion, 1981, t. 1, p. 42-45, 249-252, t. 2, p. 194-195, 381-384, 495-497 (art. de P. Kvaerne et R. A. Stein : académique).
– Symbolique : PIA et L. VAN DER WEE, *Symbolisme de l'art lamaïque*, Musées royaux, Belgique, 1988, 77 p.
– Thanatologie : MARCELLE LALOU, « Rituel bon-po des funérailles royales », *Journal asiatique*, t. 246, 1958, p. 157-201 ; LATI RINPOCHE, ÉLIZABETH NAPPER, JEFFREY HOPKINS, *La Mort, l'État intermédiaire, et la Renaissance dans le bouddhisme tibétain*, Dharma, 1986 ; lama BOKAR RINPOCHE, *Mort et Art de mourir dans le bouddhisme tibétain*, éd. cit.

Arts occultes

– Astrologie : Ph. CORNU, *L'Astrologie tibétaine*, Djinns, 1990, 272 p.
– Divination : F. W. THOMAS, *Ancient Folk-literature from North-Eastern Tibet*, Berlin, 1957 ; R. DE NEBESKY-WOJKOWITZ, *Oracles and Demons of Tibet*, Akademische Druck, Graz, Autriche, 1975, p. 409-454 (les médiums).
– Magie : ALEXANDRA DAVID-NÉEL, *Mystiques et Magiciens du Tibet* (1929), éd. cit. ; ID., *Magie d'amour et Magie noire. Scènes du Tibet inconnu* (1938), Presses-Pocket, n° 3536, 1990, 219 p. (roman ?) ; J. TONDRIAU, *Objets tibétains de culte et de magie*, Bruxelles, 1964.
– Médecine occulte : Ch. MASSIN, *La Médecine tibétaine*, Maisnie-Trédaniel, 1982, 165 p. ; T. CLIFFORD, *La Médecine tibétaine bouddhique et sa psychiatrie. La Thérapie de diamant*, trad. de l'anglais, Dervy-Livres, 1986, 338 p. (préface du XIVe Dalaï-lama).

Grand(e)s Initié(e)s

– DRUGPA KÜNLEG (>'Brug.pa Kun.legs, poète et initié « Fou-de-religion », 1455-1529) : (Dge.shes Brag.phug), *Le Fou divin. Drukpa Kunley, yogi tantrique tibétain du XVIe siècle* (1966), trad. de la trad. anglaise, Albin Michel, coll. « Spiritualités vivantes », n° 33, 1983, 192 p.
– Kalou Rinpoche (1904-1989) : TCHEUKY SENGUÉ, *Paroles et Visages de Kalou Rimpotché*, Éditions Claire Lumière, coll. « Maîtres contemporains », 1987, 124 p.
– Marpa (Tibétain à l'origine de la lignée Kagyü-pa, 1012-1096) : J. BACOT, *La Vie de Marpa le « Traducteur »*, extraits et résumés d'après l'édition xylographique tibétaine (1937), P. Geuthner, coll. « Buddhica », 1991, 116 p., bilingue.
– Milarépa (le Grand Initié tibétain, 1040-1123) : RECHUNG, *Vie de Jetsün Milarépa. Jetsün Kahbum* (v. 1130 en théorie, XVe s. en réalité), trad. du tibétain J. BACOT (*Milarépa. Ses méfaits, ses épreuves, son illumination*, 1925, Fayard, coll. « Documents spirituels », n° 5, 1990, 271 p.) ou trad. E. E. EVANS WENTZ et lama KAZI DAWA-SAMDUP (*Milarépa ou Jetsun-Kahbum. Vie de Jetsün Milarépa*, 1902-1917, trad. de l'anglais R. Ryser, A. Maisonneuve, 1955, 363 p.).
– Padmasambhava (Indien de l'Oddiyâna, fondateur du Bouddhisme tibétain ésotérique en 747) : YESHE TSOGYEL, *Le Rosaire d'or de l'enseignement illuminant le sentier de la libération. Biographie du Gourou Padmasambhava. U-rgyân Guru Pa-ma* (déb. IXe s.), trad. W. Y. EVANS WENTZ, in *Le Livre tibétain de la grande libération* (1953), trad. de l'anglais Adyar, 1972, p. 147-235 ; *Le Grand Guru Padmasambhava. Padma Than Ying* (1412 ?), trad. du tibétain G. Ch. TOUSSAINT (1933), Dervy-Livres, 1979, 544 p. (traduction contestée par les tibétologues).

- Shenrab Miwo (>Gshen.rab Mi.bo, fondateur du Bön, fin xe s.) : ANNE-MARIE BLONDEAU, *Le lha.'dre bka'.thang*, apud *Études tibétaines dédiées à la mémoire de Marcelle Lalou*, Maisonneuve et Larose, 1971, p. 1-123.
- Yeshe Tsogyel (>Ye.shes Mtsho.rgyal, initiée, disciple et épouse de Padmasambhava, 757-817) : KEITH DOWMAN (traductrice), *Sky Dancer. The Secret Life and Songs of the Lady Yeshe Tsogyel*, Routledge and Kegan Paul, Londres, 1984. Autre initiée, et qui serait sa réincarnation : Machig Lapdron (1055-1145) : cf. TSULTRIM ALLIONE (née Joan Rousmanière Ewing), *Women of Wisdom* (1984), Arkana, Londres, 1986, 282 p., p. 143 *sqq*.

Beaux-arts et expressions esthétiques de l'ésotérisme tibétain
- ANTOINETTE K. GORDON, *The Iconography of Tibetan Lamaism* (1939), Ch. E. Tuttle, Rutland, 1959, XXI-131 p. ; G. TUCCI, *Tibetan Painted Scrolls* (1949), Rinsen Books, Kyôto, 1980, 798 p. (érudite étude des peintures sur étoffe : *thangka*) ; G. TUCCI, *Théorie et Pratique du mandala* (1949), trad. de l'anglais, Fayard, 1974, 164 p. ; G. BÉGUIN, *Art ésotérique de l'Himâlaya*, musée Guimet, 1990, 198 p. ; A. GOVINDA, *Psychocosmic Symbolism of the Buddhist Stûpa*, Dharma Publishing, Emeryville, Californie ; *Potala Palace* (1988), Cultural Relics Publishing House, Pékin, 1994 (vaut pour les 155 photos).
- Musique : J. PORTE dir., *Encyclopédie des musiques sacrées*, Labergerie, 1968, t. 1, p. 190-198 ; I. VANDOR, *La Musique du Bouddhisme tibétain*, Buchet-Chastel, 1976, 138 p.
- Discographie : *Chants secrets des lamas tibétains*, Gyuto Tantric University, 1989 (disque compact) ; *Rituels tantriques des lamas tibétains*, Université tantrique de Gyumed, Dewatshang, 1989 ; *Amithaba. Pratique quotidienne des trois corps du Bouddha. Rituel du bouddhisme tantrique*, Kagyü Ling Centre Bouddhique Vajrayâna, 71320 La Boulaye.

Politique et ésotérisme
D. L. SNELLGROVE et H. RICHARDSON, *A Cultural History of Tibet* (1968), Prajñâ Press, Boulder, 1980 ; H. BARRAUX, *Histoire des Dalaï-Lamas*, Albin Michel, 1993, 393 p.

Alexandra David-Néel et Lobsang Rampa
- J. CHALON, *Le Lumineux Destin d'Alexandra David-Neel*, Perrin, 1985, 498 p.
- A. STANKÉ, *Rampa : imposteur ou initié ?*, Stanbé, diff. Hachette, Montréal, 1986, 207 p.

Et les femmes ?
C. TRUNGPA, *Maitreya IV, Woman*, Shambala, Berkeley, 1973 ; TSULTRIM ALLIONE, *Women of Wisdom*, éd. cit. ; J. CHALON, *Le Lumineux Destin d'Alexandra David-Neel*, éd. cit.

PRINCIPAUX NOMS ET THÈMES DE L'ÉSOTÉRISME TIBÉTAIN

Prononciation	Transcription	Référent ou Sens
Atîsha	Atîsha	réformateur (1042)
bardo	bar.do	état intermédiaire (Nâropa 6)
Bardo thödol chenmo	*Bar.do thos.grol chen.mo*	*Livre des morts tibétain*
Bön	Bön	Bön
Chidjé	Zhi.byed	école lamaïste
Chöying Dorje	Chos.dbyings Rdo-rje	Karma-pa X
djagyü	bya.rgyud	tantra 1 (= *kriyâ*)
Domtönpa	'Brom.ston.pa	fondateur des Kadam-pa (1056)
dorje	rdo.rje	foudre-diamant *(vajra)*
Dorje thekpa	Rdo.rje theg.pa	Vajrayâna
Drigum Gyalpo	Dri.gum Rgyal.po	roi (8e)
Drogmi le Traducteur	'Brog.mi Lotsava	adepte (XIe s.)
Drugpa	'Brug.pa	école (1160)
drupthab	sgrub.thabs	réalisation (sanskrit *sâdhana*)
Dukyi-khorlo	Dus-kyi 'khor.lo	Kâlachakra
Düsüm Kyenpa	Dus.gsum Mkyhen.pa	Karma-pa I
Dzogchen	Rdzogs.chen	école lamaïste
Gedün Drup	Dge.'dun.grub	Dalaï-lama I
Gelug-pa	Dge.lugs.pa	lignée lamaïste 5
Grigum Gyalpo	Gün.kung Rgyal.po	roi (date ?)
guélong	dge.slong	moine
guénien	dge.bsnyen	fidèle
guétsül	dge.tshul	novice
gyü	rgyud	sanskrit *tantra*
Gyüde	Rgyud.sde	sanskrit *Tantrayâna*
gyulü	sgyu.lus	corps illusoire (Nâropa 2)
Jamgon Kongtrul	'Jam.mgon Kong.sprul	fondateur de l'éclectisme
Kadam-pa	Bka'.gdams.pa	lignée lamaïste 2
Kagyü-pa	Bka'.brgyud.pa	lignée lamaïste 4
Karma Pakshi	Kar.ma Pag.shi	Karma-pa II
khadroma	mkha'.'gro.ma	messagère céleste
Khedrup Je	Mhkas.grub.rje	Panchen-lama I
Könchog Gyalpo	'Khon Dkon.mchog Rgyal.po	fondateur des Sakya-pa (1073)
ku	sku	corps

LES TIBÉTAINS

Prononciation	Transcription	Référent ou Sens
lama	bla.ma	sanskrit *guru*
lanamegyü	bla.nad.med.rgyud	tantra 4 (= *anuttara*)
Langdarma	Glang.dar.ma	roi (838)
Lingje Repa	Gling.rje Ras.pa	fondateur
Lobsang Chökyi	Blo.bzang Chos.kyi	Panchen-lama IV
Lobsang Gyatso	Blo.bzang Rgya.mtsho	Dalaï-lama V
Machig Lapdrön	Ma.gcig Lab.sgron	fondatrice du Tchö (v. 1090)
Marpa	Mar.pa	initié († 1096)
milam	rmi.lam	état onirique (Nâropa 3)
Milarépa	Mi.la ras.pa	initié (1105)
neldjorgyü	rnal.'byor.rgyud	tantra 3 (= yoga)
Nyingma-pa	Rnying.ma.pa	lignée lamaïste 1
ösel	'od.gsal	claire lumière (Nâropa 4)
Padmasambhava	Padmasambhava	fondateur du Lamaïsme (747)
Phadampa Sangye	Pha.dam.pa Sangs.rgyas	fondateur
Phagmo Dupa	Phag.mo Gru.pa	école (1158)
powa	'pho.ba	transfert de conscience (Nâropa 5)
Putön Rinpoche	Bu.ston Rin.po.che	historien (1329)
Rangjung Dorje	Rang.'byung Rdo.rje	Karma-pa III
Relpatchen	Ral.pa.can	roi (41e)
Rigpe Dorje	Rig.pa'i Rdo.rje	Karma-pa XVI
Rölpe Dorje	Rol.pa'i Rdo.rje	Karma-pa IV
Samyé	Bsam.yas	monastère (VIIIe s.)
sangwa	gsang.ba	secret, ésotérisme
Sangye Lama	Sangs.rgyas Bla.ma	découvreur (fin Xe s.)
Saptchö	Zab.chos	Bouddhisme
Sakya-pa	Sa.skya.pa	lignée lamaïste 3
Sgampo-pa Dakpo Lhaje	Sgam.po.pa Dvags.po Lha.rje	fondateur
Sherab Gyeltsen	Shes.rab Rgyal.mtshan	fondateur
sipa bardo	srid.pa'i bar.do	*bardo* (3) du devenir
Sönam Gyatso	Bsod.nams Rgya.mtsho	Dalaï-lama III
Songtsen Gampo	Srong.btsan Sgam.po	roi (32e)
sung	gsung	parole
Tchagya Tchenpo	Phyag.rgya chen.po	Mahâmudrâ
tchikhaï bardo	'chi.kha'i bar.do	*bardo* (1) de la mort
tchö	gcod	école

Prononciation	Transcription	Référent ou Sens
tchögyü	spyod.rgyud	tantra 2 (= *cârya*, *upayoga*)
tchönyi bardo	chos.nyid bar.do	*bardo* (2) de la vérité
tchorten	mchod.rten	sanskrit *stûpa*
Tenzin Gyatso	Bstan.'dzin Rgya.mtsho	Dalaï-lama XIV
terma	gter.ma	textes cachés
tertön	gter.ston	inventeur des textes cachés
Thisong Detsen	Khri.srong Lde.btsan	roi (37e)
Thubten Gyatso	Thub.bstan Rgya.mtsho	Dalaï-lama XIII
thuk	thugs	pensée
tongpa	stong.pa	vide
Tsong Khapa	Tsong Kha.pa	fondateur
Tsug	Gtsug	Tradition du Tibet
tülku	sprul.sku	« réincarnation »
tumo	gtum.mo	chaleur mystique (Nâropa 1)
wang	dbang	initiation
Wangchug Dorje	Dbang.phyug Rdo.rje	Karma-pa IX
wangkur	dbang.bskur	initiation-cérémonie
Yeshe Tsogyel	Ye.shes Mtsho.rgyal	« épouse » de Padmasambhava
yidam	yi.dam	divinité personnelle

Les ésotérismes monothéistes

19. LES ÉSOTÉRISMES MONOTHÉISTES

> Le mot « ésotérisme » désigne, dans les trois rameaux de la communauté abrahamique, un phénomène créant entre eux une communauté spirituelle.
>
> H. CORBIN,
> *Histoire de la philosophie islamique*, t. 2.

DIEU. Que dire d'autre ? Qui d'autre pourrait dire ?

Il faut savoir s'arrêter, suspendre l'intellect. On ne peut pas toujours courir de cause en cause. On doit revenir, en un cercle, au point de départ, ou bien remonter le long d'une échelle, jusqu'au sommet. Le monothéisme relève de cette dernière logique, que l'on regardera comme une paresse de la raison ou comme une audace de l'esprit. On met fin à la recherche dans une ultime notion, en haut : Dieu, l'Un, l'Unique. On remonte les pentes de la pyramide jusqu'à la pointe, la pointe une, unique.

Pourtant, la Grande Pyramide était une pyramide tronquée, sans pointe. N'était-elle pas une belle pyramide pour autant ? Autrement dit, le monothéisme est-il vraiment la solution ? Est-ce que le monothéisme n'est pas, pour les ésotéristes, une illusion comme la pointe de la Grande Pyramide pour les égyptologues ? La solution de facilité ou la Solution.

LES BASES : MONOTHÉISME, ABRAHAMISME, LIVRE

Monothéisme. Dieu est pensé, semble-t-il, sous l'angle du nombre. Il s'agit plutôt du non-nombre : Un. L'Un, en effet, est étranger au nombre, il se place au-dessus des divisions, car il est principe. Un est l'unité, mais n'est pas vraiment un nombre. Un mathématicien fera valoir que un est son propre carré, son propre cube, etc., il n'est donc pas un nombre premier, un nombre entier. Un métaphysicien observera, lui, que l'un, par lui-même, n'est ni pair ni impair, il est ce qui permet à chaque être de posséder une unité par participation à ce principe. « Un » signifie ici « unique ». Et ce qui est unique dépasse le nombre. Le principe est seul (ce qui exclut le polythéisme). Mais cela ne suffit pas. On n'aurait qu'un monadisme, l'affirmation d'un principe unique. L'Un de Plotin ou la Nature de Spinoza ou l'Être suprême de Rousseau répondraient à cette définition. Le principe affirmé par le monothéisme est non seulement unique, mais encore divin (ce qui exclut le matérialisme, partisan lui aussi d'un principe unique), personnel (ce qui exclut le déisme d'un Rousseau) et distinct du monde (ce qui exclut le panthéisme d'un Spinoza).

L'ancêtre du monothéisme serait Abraham, ou, six siècles plus tard, Moïse.

Cela, c'est la théorie. Mais qu'en est-il dans la réalité ?

Le monothéisme ne s'affiche pas dès le départ ni dans la Bible hébraïque, ni dans la Bible chrétienne, ni dans le Coran.

Le monothéisme n'apparaît même pas chez Moïse. Comme le dit J. Bottéro, « il n'y est pas dit que YHWH soit le seul vrai Dieu, dans l'absolu : mais Il est le seul qui compte et qui doive compter pour Israël. Les autres existent, mais pas pour Israël[1] ». Dans les Psaumes (XCV, 3), YHWH n'est qu'un dieu grand par-dessus tous les dieux. « Moïse » ne pose qu'un monothéisme relatif, ou, comme dit F. M. Müller, un hénothéisme. Il y a des dieux, par exemple Kemosh (Juges, XI, 24), ou le terrible Moloch (Lévitique, XVIII, 21), mais le vrai Dieu c'est YHWH, du moins pour les Israélites : Dieu d'un culte et d'un peuple.

> Alors Dieu prononça toutes ces paroles, savoir :
> – Je suis l'Éternel (YHWH), ton Dieu, qui t'ai fait sortir du pays d'Égypte, d'une maison d'esclavage. Tu n'auras point d'autre dieu que moi, [...] car moi, YHWH, ton Dieu, je suis un Dieu jaloux.
>
> Exode, XX, 1-5, trad. par le Rabbinat français, La Bible (1899), Colbo, coll. « Judaïca-poche », 1994, p. 100.

Il faut attendre le second Isaïe (550 av. J.-C.), sept siècles après Moïse, oui, sept siècles, pour voir un monothéisme absolu. Il n'y a qu'un seul Dieu, pour toute l'humanité : Dieu unique (et non plus dominant) et universel (et non plus local). Il n'y a pas de dieux, Dieu est.

Ainsi parle YHWH, roi et libérateur d'Israël, YHWH Sabaot [Dieu des Armées, armées des anges et des astres s'entend] :

---

1. J. Bottéro, *Naissance de Dieu* (1986), Gallimard, coll. « Folio histoire », n° 49, 1993, p. 63.

— Je suis le premier, je suis le dernier, hors moi point de Dieu. Qui est comme moi ? [...] Est-il un Dieu autre que moi, un Rocher protecteur sans mon aveu ?
Second Isaïe, Isaïe, XLIV, 6-8, éd. cit., p. 592.

Et dans le Christianisme ? il suffira de rappeler les disputes sur la Trinité ou la notion de « Fils de Dieu » pour mesurer combien la question du Dieu Un et Unique manque de fermeté (Matthieu, III, 16-17).

Dans l'Islâm, comme dans le Judaïsme, l'affirmation du monothéisme demande du temps, un temps certes plus court, mais un temps quand même. Muhammad d'abord insiste sur la fin du monde et le Jugement dernier, qu'il dit prochain (Coran, XCV, XCIX, CI, LXXXII...) [1], il admet au début de sa prédication le polythéisme, il dit seulement qu'Allâh est le dieu suprême, non pas le dieu seul. « En effet, et c'est une chose bien remarquable, le Seigneur de Muhammad, dans ses premières révélations, ne nie nullement l'existence, ni la puissance d'autres divinités. Il se contente de n'en point parler. [...] Cet hénothéisme était l'attitude de beaucoup de gens en Arabie et ne choquait personne. Muhammad hésitait peut-être entre l'hénothéisme et le véritable monothéisme que prêchaient Juifs et Chrétiens » (M. Rodinson [2]). La première sourate affirmant le monothéisme n'est pas la 1re, mais la 23e (d'après la chronologie de T. Nöldeke) ou la 34e (d'après la chronologie de R. Blachère), c'est-à-dire la sourate LXXIII de l'édition classique.

Il est le Seigneur de l'Orient et de l'Occident. Nulle divinité *(ilâh)* en dehors de Lui ! Prends-Le comme protecteur !

Coran, LXXIII, 9, trad. R. Blachère, Le Coran. *Traduction selon un essai de reclassement des sourates*, G. P. Maisonneuve, 1949-1951, t. 1, p. 97 (n° 23).

Que conclure ? le monothéisme, si souvent retenu pour définir les trois religions, n'occupe pas primitivement cette place. D'autre part, il est des monothéismes en dehors du Judaïsme, du Christianisme et de l'Islâm, par exemple le culte d'Aton chez le pharaon Aménophis IV [3], le culte d'Ahura Mazdâ chez le prophète Zarathushtra [4].

Ne vaut-il pas mieux alors, plutôt que de religions monothéistes, parler de religions abrahamiques ? Les trois religions revendiquent, et elles seules, un même ancêtre, Abraham. Jésus est même présenté comme « fils de David, fils d'Abraham » (Matthieu, I, 1). Et le Coran soutient qu'Abraham fonda la Ka'ba (II, 125-127).

---

1. Tor Andrae, *Mahomet* (1936), trad. de l'anglais, J. Maisonneuve, 1984, 192 p.
2. *Mahomet* (1968), Éditions du Seuil, 1994, p. 124-125. On connaît la fameuse histoire des « versets sataniques ». Muhammad reçut une révélation (Coran, LIII, 19-20), portant sur trois divinités pré-islamiques, de type astral, polythéiste, et féminines. L'ange Gabriel révélera que Muhammad avait été égaré par le Diable.
3. Voir *supra*, p. 474 (« L'atonisme »).
4. Voir *supra*, p. 515 (« Le Zoroastrisme »).

– [Judaïsme] ... postérité d'Abraham qui m'aimait
Is., XLI, 8.
– [Christianisme] ... la foi d'Abraham, notre père à tous
Saint Paul, Épître aux Romains, IV, 16.
– [Islâm] ... la religion, la religion de votre père, Abraham
Coran, XXII, 78.

Les trois monothéismes forment dès lors un ensemble : les partisans du Dieu-Un, les fils d'Abraham. Ou bien les Gens-du-livre. Muhammad proclame cette communauté de religion en groupant les trois religions sous le nom de « Gens-du-livre » *(Ahl al-kitâb)*. Les Grecs, les Perses, etc., ont des livres, mais leurs révélations ne tiennent pas dans un livre, ne tiennent pas au livre.

Ceux qui croient [les Musulmans],
ceux qui pratiquent le Judaïsme,
les Chrétiens, les Sabéens [Mandéens ? Sabéens de Harrân ?],
– ceux qui croient en Allâh et au Dernier Jour,
et accomplissent œuvre pie –,
ont leur rétribution
auprès de leur Seigneur. [...]
En vérité, ceci est certes l'énoncé de vérité et
il n'est aucune divinité excepté Allâh *(Lâ ilâha illâ Allâh)*. [...]
Dis :
– O Détenteurs de l'Écriture !, venez à un terme commun entre vous et nous :
à savoir que, comme vous, nous n'adorons qu'Allâh
et ne Lui associons rien [...].
Coran, II, 62 ; III, 62 et 64.

ÉSOTÉRISME ABRAHAMIQUE : CARACTÉRISTIQUES

Passons de l'exotérisme à l'ésotérisme.

Le monothéisme prend avec l'ésotérisme une dimension nouvelle. Il EST, diront les Juifs parlant de Dieu, en insistant sur le problème existentiel de l'être. DIEU EST, diront les Chrétiens, en insistant sur le problème métaphysique du rapport entre Dieu et Être. Le dieu est DIEU, diront les Musulmans, en insistant sur le problème théologique du divin. Mais cet être n'est pas posé comme l'être d'une chose, ce Dieu n'est pas un dieu meilleur qu'un autre. Il faut repenser la question, éviter l'anthropomorphisme et le dogmatisme. Les ésotéristes vont faire effort pour penser l'unicité en termes de gnose et d'initiation.

On peut dire que, de génération en génération, les théosophes et mystiques de l'Islam ont médité et réfléchi jusqu'au vertige sur le *tawhîd* [unicité divine].

[Thèse exotérique] Ce mot désigne couramment la profession de foi monothéiste, consistant à affirmer qu'il n'y a point de Dieu hormis Dieu. Le *tawhîd* théologique pose et présuppose Dieu comme étant d'ores et déjà un étant, *Ens supremum* [Être suprême].

[Paradoxe de la thèse exotérique] Sous sa **forme exotérique**, celle de la profession de foi [*shahâda*] qui énonce *Lâ ilâha illâ Allâh* [Nul dieu autre que Dieu/Allâh], le **monothéisme** périt dans son triomphe, se détruit lui-même en devenant à son insu, *volens nolens*, une idolâtrie métaphysique. Le péril, immanent déjà au premier moment du paradoxe du monothéisme, c'est de faire de Dieu, non pas l'Acte pur d'être, l'Un-être, mais un *Ens*, un étant *(mawjûd)*, fût-il infiniment au-dessus des autres étants. L'ascension de l'esprit se fixe devant cette absence d'au-delà d'un *Ens*, d'un étant. Et c'est cela l'idolâtrie métaphysique, laquelle contredit au statut de l'étant, car il est impossible à un étant, à un *Ens*, d'être *supremum*. Ce qui est la Source et Principe ne peut donc être un *Ens*, un étant. Et c'est ce qu'ont fort bien vu les théosophes mystiques, notamment les théosophes ismaéliens et ceux de l'École d'Ibn 'Arabî.

[Thèse ésotérique] Le monothéisme ne trouve son salut et sa vérité qu'en atteignant à sa **forme ésotérique**, celle-là même qui pour la conscience naïve semble le détruire, et dont le symbole de foi s'énonce sous cette forme : « *Laya fî'l-wojûd siwâ Allâh*. Il n'y a dans l'être que Dieu. » Le monothéisme exotérique s'exhausse ainsi au niveau ésotérique et gnostique du **théomonisme**. L'énoncé même du théomonisme : « Il n'y a dans l'être que Dieu » est la formule même de l'unité transcendantale de l'être, en arabe *wahdat al-wojûd* [*wahdat al-wujûd*, unicité de l'être].

[Paradoxe de la thèse ésotérique] Mais, de même que le niveau exotérique subit sans cesse la menace d'une idolâtrie métaphysique, de même le niveau ésotérique est menacé d'un péril surgissant des méprises sur le sens du mot « être ». La catastrophe se produit lorsque des esprits débiles ou inexpérimentés en philosophie confondent cette unité de l'être *(wojûd, esse,* εἶναι, *das Sein)* avec une soi-disant unité de l'étant *(mawjûd, ens,* ὄν, *das Seiende)*. C'est le péril qu'a dénoncé Sayyed Ahmad 'Alavî Ispahânî. « Que personne ne vienne à penser, dit-il, que ce que professent les théosophes mystiques (les *Mota'allihûn*) est quelque chose de ce genre. Non pas, ils professent tous que l'affirmation de l'Un est au niveau de l'être, et l'affirmation du multiple au niveau de l'étant. » C'est là même le second moment du paradoxe du monothéisme. Il est commun aux néoplatoniciens de langue grecque comme aux néoplatoniciens de langue arabe. Il se résout de part et d'autre dans la simultanéité, la comprésence du Dieu-Un et des Figures divines multiples.

[Difficulté de la thèse ésotérique] Ce qu'il faut alors se représenter, c'est le rapport de l'être avec l'étant.

Nous aurons deux hypothèses : l'Un absolument Un transcende-t-il l'être même ? Ou bien est-il concomitant de l'Être, de l'Acte-être qui transcende les étants ?

La première interprétation est l'interprétation de Platon [*Parménide*, 159], telle que la défendait Proclus [*Commentaire sur le Parménide de Platon*]. Nous la retrouvons chez les théosophes de l'ismaélisme, dans l'École de Rajab 'Alî Tabrîzî, chez les Shaykhîs. La source de l'être est elle-même source-être.

La seconde interprétation est celle des Ishrâqîyûn de Sohravardî et de l'École d'Ibn 'Arabî. L'Un transcendantal et l'Être transcendantal se réciproquent dans le concept même de Lumière des Lumières, origine des origines, etc.

Mais dans l'un et l'autre cas la procession de l'être est essentiellement **théo-**

phanie. C'est l'idée que l'on retrouve en Occident chez Jean Scot Érigène [*De la division de la nature* [1]]. L'encre est unique, les lettres sont multiples. Il serait ridicule de prétendre, sous prétexte qu'il n'y a qu'une seule encre, que les lettres n'existent pas, c'est être incapable de voir simultanément l'Un et le multiple. L'Un transcendant est donc l'unifique, l'unitif, ce qui constitue l'étant comme étant. Les actes ontologiques multiples, unifiant les étants, sont toujours l'unique Acte-être de l'Un, et doivent être représentés par $1 \times 1 \times 1 \times 1$, etc. En revanche, les étants multiples actualisés par l'Un unifique sont représentés par $1 + 1 + 1 + 1$, etc. Nous avons ainsi la double manière de figurer la coprésence de l'Un et du multiple. Elle m'a déjà été suggérée ailleurs par le grand mystique Rûzbehân Baqlî de Shîrâz.

H. Corbin, *Le Paradoxe du monothéisme* (1976-1977), Le Livre de poche, coll. « Biblio Essais », n° 4167, 1992, p. 9-16. © Éditions de l'Herne, Paris. (J'ai disposé les phrases de Corbin de façon plus scolaire.)

À l'ancêtre commun, Abraham, ou aux grands prophètes reconnus, les ésotéristes ajoutent des figures nouvelles ou bien valorisent des figures déjà présentes dans les livres canoniques. 1) Les ésotéristes juifs donnent un rôle prépondérant à Énoch, à Ézéchiel, parfois même à Adam, à certains anges. 2) Les ésotéristes chrétiens privilégient Melkisédek, ils font de Thomas, un peu méprisé pour ses doutes (Jean, XX, 25), un Grand Initié. Marie-Madeleine, considérée par certains comme « une pécheresse » (Luc, VII, 37), passe dans les textes de Nag Hammadi pour l'incarnation de la Sagesse déchue mais sauvée par l'enseignement de Jésus. 3) Les ésotéristes musulmans s'attachent à al-Khadir, « le Vert » (Coran, XVIII, 60-82), le compagnon de Moïse : Ibn 'Arabî l'aurait rencontré sept fois (*Révélations mekkoises*, I, 241 ; I, 842). Le même auteur imagine une chaîne réunissant tous les Grands Initiés clamant la Sagesse divine sous ses diverses formes : Verbe avec Adam, Inspiration avec Seth, Transcendance avec Noé, Sainteté avec Énoch, Amour avec Abraham, Vérité avec Isaac, Grandeur avec Ismâ'îl, Lumière avec Joseph, Prophétie avec Jésus, Miséricorde avec Salomon, Sublimité avec Moïse, Unicité avec Muhammad [2].

L'ésotérisme abrahamique est un **ésotérisme du père spirituel**.

Alors que l'exotérisme ne prend pour intermédiaires que des Saints du passé, l'ésotérisme recommande de passer par des maîtres vivants, présents. La Kabbale, l'Hésychasme, le Soufisme sont vivants, car ils continuent à travers des maîtres spirituels vivants, qui transmettent à d'autres vivants, qui, à leur tour, deviendront des maîtres spirituels. La Kabbale a ses *Rabbi* (« mon maître »), l'Hésychasme ses *Abba* (« ancien »), le Sou-

---

1. J. Scot Érigène, *De la division de la nature*, trad. F. Bertin, PUF, 1995, 2 t., 459-307 p.
2. Ibn 'Arabî, *Gemmes des sagesses. Fusûs al-hikam* (1229), trad. de l'arabe partielle T. Burckhardt : *La Sagesse des Prophètes*, Albin Michel, coll. « Spiritualités vivantes », n° 19, 1955.

fisme ses *Cheikh* (« vieillard »). Cela rappelle des traditions orientales bien éloignées, comme l'Hindouisme ou le Zen.

L'ésotérisme abrahamique a des **initiations masquées**.
Aux simples rites et observances, l'ésotérisme adjoint des initiations. Une spiritualité de type méditatif et secret se renforce ou surgit ou se greffe. Le symbolisme reste le même que celui des autres ésotérismes : celui d'une mort symbolique suivie d'une renaissance symbolique.

> Quand tu parles religion, qu'importe que ce soit en hébreu ou en syriaque.
> Quand tu cherches un lieu pour plaire à Dieu, que ce soit à Jâbolqâ ou à Jâbolsâ [villes fabuleuses],
> Ô compagnon, meurs avant de mourir si tu veux la vie.
> Énoch monta au ciel [Genèse, v, 24 ; I Énoch, XII, 1], avant nous, grâce à cette mort.
>
> Sanâ'î († 1140), *Dîwân*, trad. partielle du persan M. Mokri.

• CÔTÉ JUIF, d'abord. Les Apocalypticiens cultivent l'extase, pratiquent méditation et jeûne jusqu'à quarante jours. Les Esséniens exigent que le bain de purification soit accompagné d'une conversion du cœur, ils prêtent serment de silence, ils font un enseignement par degrés. Les Kabbalistes font de la lecture de la Tôrah un exercice spirituel, ils sélectionnent les disciples à partir de connaissances gnostiques et d'aptitudes mystiques.

• CÔTÉ CHRÉTIEN, ensuite. Les Hésychastes ont développé des pratiques différentes des pratiques religieuses : vigilance, « souvenir de Dieu », « garde du cœur », quiétude, « prière de Jésus »..., ils ont réservé la connaissance ultime à ceux qui étaient bien préparés. On connaît, en Occident, les développements proprement initiatiques des Fous pour le Christ, des Cathares, des Illuministes, des Rose-Croix, des Martinistes, qui se veulent chrétiens, authentiquement.

• CÔTÉ ISLAMIQUE, enfin. Les Soufis ont enseigné des pratiques typiquement initiatiques, comme l'invocation *(dhikr)* ou l'extinction *(fanâ)* en Dieu, ils ont aussi créé des organisations initiatiques *(tarîqa)*. Certains récits ou poèmes d'Avicenne, d'Ibn Tufayl, de al-Suhrawardî al-Maqtûl, de Nezâmî ont une visée initiatique, ils permettent une transmutation de l'homme à travers un discours imaginaire.

L'ésotérisme abrahamique adopte la **discipline de l'arcane**.
Pas d'ésotérisme sans ésotéricisme. On aboutit à la discipline de l'arcane, à la recommandation expresse de cacher aux exotéristes les enseignements ésotériques.

• LES JUIFS développent le secret quand ils sont Apocalypticiens ou Kabbalistes. La discipline de l'arcane paraît de façon explicite dès Isaïe (740 av. J.-C.).

Et il [YHWH] me dit :
— Va, et tu diras à ce peuple : « Obstinez-vous à écouter sans comprendre, et à voir sans saisir. [...] »
Il faut tenir secrète la leçon, mettre un sceau sur l'enseignement parmi mes disciples. J'ai mis ma confiance en Dieu, qui voile présentement sa face à la maison de Jacob, et j'espère en lui.
Isaïe, VI, 9, et VIII 16-17.

- LES CHRÉTIENS, eux, se recommandent de Jésus en personne, qui se recommandait lui-même d'Isaïe. Ainsi naît l'idée d'une chaîne de Grands Initiés, qui est parallèle ou se confond avec le cycle des Grands Prophètes.

Ne donnez pas aux chiens ce qui est sacré, ne jetez pas vos perles devant les porcs μηδὲ βάλητε τοὺς μαργαρίτας ὑμῶν ἔμπροσθεν τῶν χοίρων : ils pourraient bien les piétiner, puis se retourner contre vous pour vous déchirer. [...]
À vous il est donné de connaître les mystères du Royaume des Cieux, tandis qu'à ces gens-là cela n'est pas donné. Car à celui qui a l'on donnera et il aura du surplus, mais à celui qui n'a pas on enlèvera même ce qu'il a. C'est pour cela que je leur parle en paraboles : parce qu'ils voient sans voir et entendent sans entendre ni comprendre. Ainsi s'accomplit pour eux la prophétie d'Isaïe [VI, 9] qui disait : « Vous aurez beau entendre, vous ne comprendrez pas ; vous aurez beau voir, vous n'apercevrez pas. C'est que l'esprit de ce peuple s'est épaissi : ils se sont bouché les oreilles, ils ont fermé les yeux, de peur que leurs yeux ne voient, que leurs oreilles n'entendent, que leur esprit ne comprenne, qu'ils ne se convertissent et que je ne les guérisse. »
Matthieu, VII, 6, et XIII, 11-15.

- LES MUSULMANS ésotéristes, quant à eux, cherchent la discipline de l'arcane dans le Coran ou dans les *hadîth*. Les Imâms shî'ites ont insisté sur le secret de leur propre existence et œuvre. Pour le Soufisme, l'obligation rituelle de garder le secret a surgi quand Dhû l-Nûn al-Misrî puis al-Hallâj ont rompu ce silence et furent tancés par les autres Soufis puis condamnés par les autorités religieuses. Les raisons des uns et des autres ne devaient pas être les mêmes, les Soufis craignant un mauvais usage, les autorités craignant l'hétérodoxie.

Dhû l-Nûn al-Misrî [† 860] était précédé par les grands maîtres, mais, lui, fut le premier qui osa énoncer ouvertement ce dont les autres parlaient par signes. Puis al-Junayd [† 910, maître spirituel d'al-Hallâj] mit un ordre dans cette science [le Soufisme] et la développa. Nous nous entretenions pourtant de cette science dans les caves et les sous-sols. Quand vint ash-Shiblî [† 946], il la propagea par ses prédications du haut de la chaire.
'Abdallâh Ansârî Shaykh al-Islâm, *apud* al-Jâmî († 1492), *Vie des Soufis*, trad. du persan A.-I. Silvestre de Sacy, Éditions Orientales, coll. « Tradition islamique », 1977.

L'ésotérisme abrahamique se signale comme un **ésotérisme herméneutique et stéganographique**, autrement dit fondé sur une exégèse occulte et une écriture hermétique.

L'ésotérisme se réserve, il ne se nie pas. Il faut dire, mais dire secrètement, comme on fait un signe à un ami. Toute doctrine secrète se communique, mais en langage hermétique, de façon occulte. Elle dit encore plus, mais à qui veut enfin entendre !

Les ésotéristes soutiennent que les livres sacrés sont des livres secrets, mystériques, qu'il faut décoder, interpréter, magnifier, vivre. C'est la pratique de l'herméneutique. Il ne s'agit pas d'un simple travail intellectuel, mais d'une œuvre spirituelle, d'une quête, où le texte se sublime et sublime le lecteur.

> Il en va autrement de celui qui applique son âme
> et sa méditation à la loi du Très Haut.
> Il scrute la sagesse de tous les anciens,
> il consacre ses loisirs aux prophéties.
> Il conserve les récits des hommes célèbres,
> il pénètre dans les détours des paraboles.
> Il cherche le sens caché des proverbes,
> il s'intéresse aux secrets des paraboles.

L'Ecclésiastique (= Ben Sira, *Siracide*, vers 190 av. J.-C.), xxxix, 1-3.

Une règle s'impose, sous peine de délire ou d'arbitraire : le sens ésotérique n'est acceptable que s'il conserve le sens obvie, exotérique, que s'il existe entre eux une correspondance. Par exemple, le mot « jeûne » suppose un jeûne, même s'il s'étend à une ascèse plus profonde.

L'herméneutique monothéiste fait rendre sens à Dieu lui-même. Il faut de la signification, une signification totale dans des significations multiples ! Tout a du sens, car le Tout a un sens. L'Un irradie jusqu'aux extrêmes parties son intelligence. Il ne peut en être autrement. De même que la magie impose sa puissance à Dieu le tout-puissant, l'herméneutique impose sa signifiance à Dieu l'omniscient !

– [Herméneutique juive] On ne doit pas entendre ni prendre à la lettre ce qui est écrit dans le *Livre de la Création* [Genèse], ni en avoir les idées qu'en a le commun des hommes ; autrement, nos anciens sages ne nous auraient pas recommandé avec autant de soin d'en cacher le sens et de ne point lever le voile allégorique qui cache les vérités qu'il contient. Pris à la lettre, cet ouvrage donne les idées les plus absurdes et les plus extravagantes de la Divinité. Quiconque en devinera le vrai sens doit bien se garder de le divulguer. C'est une maxime que nous répètent tous nos sages, surtout pour l'intelligence de l'Œuvre des Six Jours. Il est possible que par soi-même ou à l'aide des lumières d'autrui quelqu'un vienne à bout d'en deviner le sens ; alors il doit se taire, ou, s'il en parle, il ne doit en parler qu'obscurément, comme je le fais moi-même, laissant le reste à deviner à ceux qui peuvent m'entendre.

Maïmonide, *Le Guide des égarés*, trad. de l'arabe, Verdier, 1979.

– [Herméneutique chrétienne] Il serait long de parcourir tous les prophètes et toute la Loi pour rassembler tout ce qui s'y trouve dit par énigmes ; car presque toute l'Écriture présente ainsi ses oracles.

Clément d'Alexandrie, *Stromates*, V, chap. 6, 32, trad. du grec, Cerf, coll. « Sources chrétiennes », n° 278, 1981, p. 76. © Éditions du Cerf, Paris.

— [Herméneutique islamique : *ta'wîl*] Le Coran a un sens exotérique *(zahir)* et un sens ésotérique *(bâtin),* ce sens ésotérique a un sens ésotérique, et cela jusqu'à sept sens ésotériques.

<small>*Hadîth* — certainement inauthentique — de Muhammad, trad. P. Lory, *Les Commentaires ésotériques du Coran,* Les Deux Océans, 1980, p. 14.</small>

D'autre part, les ésotéristes écrivent eux-mêmes, parfois, de façon cryptée, des paraboles, des mots à double ou triple ou quadruple sens, etc. C'est la pratique de la stéganographie. Si le texte divin est crypté, l'interprète à son tour va crypter son texte. Dieu écrit, l'ésotériste annote. Il cache en révélant. Par quels procédés ? essentiellement en dispersant les idées, au lieu de les faire se succéder logiquement, ensuite en écrivant des allégories, des anecdotes, des poèmes qui peuvent passer pour des amusettes.

On comprend qu'en pareil contexte le modèle de l'ésotériste soit souvent le scribe. Mais, ce modèle, on le trouve déjà dans les spiritualités sémitiques : chez le scribe Thoth [1], dieu de l'ésotérisme égyptien, chez le sage Sanchoniathon [2], prototype de l'ésotérisme phénicien... L'initié mésopotamien est un scribe, l'initié égyptien est un hiérogrammate. Énoch, le scribe, va servir d'idéal-type pour les trois monothéismes. Il est le scribe des anges, et non plus simplement un fils de Caïn (Genèse, IV, 17) ou un patriarche antédiluvien enlevé vivant par Dieu au ciel (Genèse, V, 24).

Et le Seigneur me dit :
— Tout ce que tu as vu, Hénoch, ce qui est stable et ce qui se meut, c'est moi qui l'ai réalisé, et moi je t'expliquerai, du début avant que tout cela n'existât, tout ce que j'ai formé du néant à l'être et de l'invisible au visible. Même à mes anges, je n'ai pas expliqué mon secret [...]. Maintenant, Hénoch, tout ce que je t'ai expliqué, et tout ce que tu as vu dans les cieux, et tout ce que tu as vu sur la terre, et tout ce que tu as écrit dans tes livres, c'est par ma Sagesse que j'ai combiné de faire tout cela. [...] Applique ton esprit, Hénoch, et connais celui qui te parle ! Et prends les livres que tu as écrits, et je te donne Semeil et Rasouil [deux anges aux vêtements de plumes et au corps lumineux] qui t'ont fait monter vers moi, et descends sur la terre et explique à tes fils tout ce que je t'ai dit et tout ce que tu as vu depuis le ciel inférieur jusqu'à mon Trône.

<small>II Énoch. Du livre secret sur le ravissement d'Hénoch le Juste (50 ap. J.-C.), XXIV et XXXIII, trad. de la version slave A. Vaillant et M. Philonenko, apud *La Bible. Écrits intertestamentaires,* Gallimard, « Bibliothèque de la Pléiade », 1987, p. 1188 et 1192-1193. © Gallimard, Paris.</small>

Les Gens-du-livre, quand ils sont ésotéristes, ne regardent pas le livre comme un objet seulement sacré, mais aussi magique. Le livre sacré peut servir à la divination, à la protection, et ainsi de suite. Une pratique occulte bien connue consiste à ouvrir la Tôrah ou les Évangiles ou le

---

1. Sur Thoth : *Corpus Hermeticum.*
2. Sur Sanchoniathon : Eusèbe de Césarée, *Préparation évangélique,* I, 9, 24.

Coran au « hasard » et à lire dans le passage pointé un enseignement, ou une prédiction ou une analogie.

La notion de livre prend, avec l'ésotérisme, une dimension cosmique, métaphysique. Le livre, ce n'est pas seulement la parole de Dieu, dictée à Moïse ou à Muhammad ou la parole de Jésus consignée par les Évangélistes. Ces paroles ne sont que la manifestation d'un Livre Premier, que les Musulmans appellent « la Mère du livre », « l'Archétype » (Coran, XLIII, 4), qui est l'ensemble des Idées organisant le monde, qui est la totalité des archétypes régissant toutes choses au-delà des particularités, des accidents. L'initié peut remonter, plus haut que le livre sacré (Tôrah, Évangiles, Coran), jusqu'au Livre primordial. Celui-ci se réfracte dans le cœur de l'homme, dans divers signes de la nature (comme le lys dont parle Jésus).

Parmi les sciences occultes, les trois monothéismes abrahamiques donnent un éclat particulier à la science des lettres et à la science des noms. Juifs, Chrétiens, Musulmans qui pratiquent l'ésotérisme insistent sur le Nom et lui donnent une traduction numérique. Les plus grands secrets concernent donc le Nom divin YHWH (qui vaut 26) ou le Nom Fils Jésus (qui vaut 801) ou le Nom Allâh (qui vaut 66). Pourquoi cette traduction des mots en chiffres, ou plutôt ces concordances entre lettres et nombres ? parce que le monde est Verbe matériel, que Dieu fait le monde par le Verbe, et que les nombres sont le meilleur moyen d'accéder au secret, comme la sonde est le meilleur moyen d'accéder au centre. Un mystère rendu en chiffres devient lisible, en mathématiques comme en ésotérisme. Un point d'érudition. « Contrairement à une opinion communément répandue, et obstinément soutenue par les occultistes, ce n'est pas en hébreu (Judaïsme) qu'a commencé la systématisation du sens symbolique des lettres, mais en grec (influence araméenne) dans la Chrétienté d'Asie, et la Cabale juive, qui commence avec le *Sefer Yetsira*, semble dépendre du *Jafr* [alphabet philosophique] arabe de l'Islâm shî'ite extrémiste [1]. »

Chaque ésotérisme abrahamique transmet une **tradition orale secrète**.

La tradition écrite (secrète dans sa forme) se double, au dire des ésotéristes, d'une tradition orale (secrète dans son fond). La tradition écrite semble claire, elle est pourtant présentée comme cachée, elle ne révèle ses profondeurs et ses surfaces qu'aux seuls sages ; la tradition orale, elle, est cachée dès le départ, les non-sages en ignorent jusqu'à l'existence, en partie du moins. Car, disent les ésotéristes, même si les gens connaissent

---

[1]. L. Massignon, *La Philosophie orientale d'Ibn Sînâ et son alphabet philosophique*, apud *Mémorial Avicenne*, t. 4, Le Caire, 1952, p. 16. Le Gnostique Marc le Mage (vers 180) a élaboré de savantes spéculations sur le nom de Jésus (Irénée de Lyon, *Contre les hérésies*, I, 14). Le VIe Imâm shî'ite, Ja'far as-Sâdiq († 765), a élaboré le *jafr* (*Encyclopédie de l'Islam*, 2e éd., art. de T. Fahd sur « Djafr » et « Hurûf » : t. 2, p. 386-388 ; t. 3, p. 616-617).

la tradition orale, ils n'en détiennent qu'une partie, l'autre se transmet uniquement d'initié en initié, on la murmure, on la réserve.

Mishnah, logia, Sunna. 1) Les Juifs déclarent que YHWH appela Moïse, Aaron, Nadab, Abihu et les soixante-dix Anciens, à l'exclusion du peuple (Exode, XXIV, 1-2). Ainsi commença la *Mishnah*, la première codification de la Loi orale. Ainsi commença la *Kabbalah*, la Tradition, la partie ésotérique de la Loi orale donnée à Moïse, distincte de la Loi écrite (Exode, XXIV, 3 ; XXXIV, 27). 2) Chez les Chrétiens, le problème de la tradition orale existe aussi. Les exotéristes brandissent leur canon, les ésotéristes leurs *logia*[1]. Les ésotéristes chrétiens disent détenir des paroles de Jésus qui ne figurent pas dans le canon et qui ont un sens secret. Ces paroles ou récits, qui ont fini par être écrits, existent comme variantes ou additions aux anciens manuscrits des Évangiles canoniques, ou bien se trouvent dans des Évangiles apocryphes, dans des écrits gnostiques, dans le Coran, chez certains Soufis, etc. Le recueil de *logia* le plus connu, le plus riche, le plus ésotérique aussi, reste l'Évangile selon Thomas, compilé en Syrie. Il commence ainsi : « Voici les paroles secrètes que Jésus le Vivant a dites et qu'a écrites Didyme [jumeau, de Jésus] Jude Thomas. Et il a dit : "Celui qui trouvera l'interprétation de ces paroles ne goûtera pas de la mort" » (trad. H.-Ch. Puech, *En quête de la gnose*, Gallimard). Les savants pensent que certains *logia* sont authentiques. 3) Enfin, que se passe-t-il chez les Musulmans ? Le Coran se double de la *Sunna*, la tradition. Celle-ci comprend des paroles d'Allâh *(hadîth qudsî)*, des paroles de Muhammad *(hadîth nabawî)*, des récits d'actes ou d'approbations d'actes par le Prophète. Quelques « dits prophétiques » *(hadîth nabawî)*, c'est-à-dire une trentaine de paroles de Muhammad transmises oralement, ont une couleur nettement ésotérique. Sont-ils des faux ? entrent-ils en contradiction avec le Coran et les autres *hadîth* ? Vaste problème. J'avoue suivre les historiens qui y voient des ajouts : le style même atteste quelque chose de tardif. D'autre part, si l'herméneutique permet de voir de l'ésotérique sous l'exotérique, a-t-on vraiment besoin de paroles directement ésotériques ? si l'initiation permet d'accéder par soi-même aux mystères, doit-on se consacrer à une nouvelle étude ?

– [Judaïsme : *Tôrah* secrète] Ceci est le récit de la répartition légale et certifiée du temps, des événements des années en leurs semaines [de 7 ans] et en leurs jubilés [de 49 ans], pour toutes les années du monde, telle que le Seigneur l'a révélée à Moïse sur le mont Sinaï, lorsqu'il monta recevoir les tables de la Loi et des commandements sur l'ordre du Seigneur, selon ce qu'Il lui avait dit : « Monte au sommet de la montagne » [Exode, XIX *sqq.*].

Jubilés, IIe s. av. J.-C., prologue, trad. de la version éthiopienne A. Caquot, apud *La Bible. Écrits intertestamentaires*, éd. cit., p. 635-636. © Gallimard, Paris.

---

1. J. Jeremias, *Les Paroles inconnues de Jésus*, trad. de l'allemand, Cerf, 1977, 136 p.

— [Christianisme : Enseignement oral secret] Jésus dit : « Je vous donnerai ce que l'œil n'a pas vu, et ce que l'oreille n'a pas entendu, et ce que la main n'a pas touché et ce qui n'est pas monté au cœur de l'homme. »
L'Évangile selon Thomas, logion 17, trad. du copte H.-Ch. Puech, *En quête de la gnose*, Gallimard, 2 t., 1978, t. 2, p. 13.

— [Islâm : *hadîth* transmis secrètement] Abû Hurayra : J'ai recueilli de l'Envoyé de Dieu [Muhammad] deux séries de *hadîth* : l'une, je l'ai répandue ; l'autre, je ne l'ai pas divulguée, sinon on m'aurait coupé la gorge.
Al-Bukhârî, *as-Sahîh. L'Authentique*, titre I : De la science, chap. 42, § 4, trad. O. Houdas : El-Bokhâri, *Les Traditions islamiques*, 1903-1914, rééd. A. Maisonneuve, 1977, t. 1, p. 58.

L'ésotérisme abrahamique élabore un **ésotérisme apocalyptique** qui fait passer des secrets au mystère du Trône.

L'ésotériste peut avoir une ambition plus grande que celle de lire la Révélation, il peut vouloir faire lui aussi, lui-même, lui encore une révélation, une apocalypse. Le mot « apocalypse » (ἀποκάλυψις) est ésotérique, il appartient à l'ésotérisme. En grec, ἀποκαλύπτω signifie « je dévoile, je révèle ». L'Apocalypse (au sens ésotérique, premier, de « dévoilement, révélation ») est une littérature secrète, qui parle, entre autres, d'apocalypse (au sens exotérique, second, de « fin du monde, eschatologie »). Chaque monothéisme a ses grandes Apocalypses, ses grands Livres Secrets : Isaïe et I Énoch pour les Juifs, Apocalypse de Jean l'Évangéliste et Apocalypse de Paul pour les Chrétiens, divers *Mi'râj* (Ascension du Prophète) pour les Musulmans. Une Apocalypse est d'une part occulte, relative à des sujets mystérieux, initiateurs, elle est d'autre part secrète, réservée à des êtres qualifiés, initiés. À la base, on trouve l'indignation morale devant les péchés des hommes, un sentiment d'injustice face à la situation politique, une sensibilité au Mal. Comme elle se dit révélation, une Apocalypse se veut anonyme ou pseudépigraphe, autrement dit ou bien elle ne se donne pas d'auteur (Jubilés) ou bien elle revendique l'autorité d'un Initié (Testament d'Abraham). Bien entendu, chacun sait qu'Abraham n'a pas laissé de testament, il n'y a donc pas tromperie, « faux », « apocryphe », comme disent de vénéneux Catholiques. Les idées apocalyptiques portent sur ce que j'appellerais alpha-iota-oméga. L'alpha, c'est l'origine du monde, l'émergence du Mal, qui donne la clef de l'apocalyptique ; le iota concerne les mystères de Dieu et du monde, les divers cieux, les anges, l'âme, la vision du Trône, « les Mystères de Dieu » ; avec l'oméga, on connaît l'eschatologie politique, la récompense posthume, la Fin des temps, la Justice divine, le Jugement dernier, la réintégration finale.

Ces idées ésotériques sont en même temps des pratiques initiatiques. Derrière les paroles de vengeance percent des appels à la transcendance. Les divers cieux sont autant de stades. La description des enfers est descente aux enfers, la connaissance des origines est retour à l'origine. La connaissance suppose une expérience mystique : vision auditive ou autre, songe venu de Dieu ou non, translation de l'âme avec le corps, envol de l'âme seule, transe. L'intermédiaire a souvent figure d'ange (Gabriel pour Muhammad) ou de Grand Prophète (comme Élie) ou de Grand Initié (comme Melkisédek) ou même d'élément naturel (le vent dans le cas d'Énoch [1]).

L'Apocalypse va du rien au tout. L'homme s'anéantit et accède au Trône divin (hébreu *Kishé*, arabe *al-'Arsh*, grec θρόνος). En termes métaphysiques, il s'unit à l'Esprit Premier, la Présence divine dans le monde. Il est emporté comme fétu à travers divers cieux, puis il s'émerveille au contact de la Gloire de Dieu. Cela rappelle les étapes des initiations égyptiennes et mésopotamiennes, à ceci près que l'initié égyptien franchissait après la mort les « pylônes secrets » de la Maison d'Osiris et que l'initié mésopotamien franchissait les portes du temple de Mardouk [2].

– [Apocalypse dans le Judaïsme] Dans ma vision, des vents m'ont pris sur leur aile, m'ont élevé et emporté vers le ciel. [...] Je regardai et je vis un Trône [*Kishê*] élevé qui avait l'apparence du cristal, et dont la roue avait l'éclat du soleil ; je vis aussi la montagne des Chérubins. Aux pieds du Trône coulaient des fleuves de feu flamboyant, et je ne pouvais en soutenir la vue. La Gloire suprême y siégeait.

I Énoch, XIV, 8 et 18-20, apud *La Bible. Écrits intertestamentaires*, éd. cit., p. 487-488. © Gallimard, Paris.

– [Apocalypse dans le Christianisme] J'eus ensuite la vision que voici : une porte était ouverte au ciel, et la voix que j'avais naguère entendu me parler comme une trompette me dit : « Monte ici, que je te montre ce qui doit arriver par la suite. » À l'instant, je tombai en extase εὐθὼς ἐγενόμην ἐν πνεύματι. Voici qu'un trône était dressé dans le ciel, et, siégeant sur le trône, Quelqu'un καὶ ἐπὶ τὸν θρόνον καθήμενος.

Apocalypse de Jean, IV, 1-2.

– [Apocalypse dans l'Islâm] Le Prophète — voici ce qui est vrai — fut porté au ciel avec son âme et avec son corps. [...] « Mes yeux en restèrent éblouis. Je fus placé sur le coussin et conduit au Trône ['*Arsh*] [Coran, IX, 128 ; XXIII, 86]. Quand je le vis, tout ce que j'avais vu auparavant m'apparut insignifiant. »

Abû'l-Futûh al-Râzî, *Rawdh al-jinân. La Fraîcheur du Paradis* (1116), trad. partielle A. Piemontese, apud C. Kappler et al., *Apocalypses et voyages dans l'au-delà*, Cerf, 1987, p. 301-302, 313.

Le Trône est une représentation imagée, exotérique, de la connaissance ésotérique.

Le Trône n'est pas Dieu même. Le Trône est un nom pour désigner la Connaissance et la Puissance ['*Ilm wa Qudra*], et il contient tout.

Propos du VIIIe Imâm des Shî'ites ('Alî al-Ridâ), apud al-Kulaynî, *al-Usûl min al-kâfî*, I/177 n° 2. M. A. Amir-Moezzi, *Le Guide divin dans le Shî'isme originel*, Verdier, 1992, p. 79.

---

1. I Énoch, XIV, 8 (*La Bible. Écrits intertestamentaires*, éd. cit., p. 487).
2. Voir *supra*, p. 350 (« L'ésotérisme écrit »), et p. 445 (« Reconstitution de l'initiation en Abydos en particulier »).

L'ésotérisme abrahamique croit à la **Création**. Mais en quel sens ? La vision du Trône, cette expérience de la Gloire, modifie la conception qu'on se fait du monde.

J'ai avancé l'idée que l'ésotérisme des Civilisateurs est un ésotérisme de la génération [1], autrement dit une pensée qui affine l'idée de fertilité pour soutenir que les êtres sont des individus, qu'ils ne sont pas des parties d'un tout pénétré de force cosmique mais des êtres indépendants vis-à-vis des dieux ou des forces, car ils ont un rapport d'engendré à engendreur. Cette fois-ci, avec les monothéismes, on va encore plus loin. On passe d'un ésotérisme de la génération à un ésotérisme de la Création. Mais en quel sens ? Le théologien conçoit une Création à l'Origine des temps, un monde matériel au milieu, un jugement à la Fin des temps. Le théosophe va plutôt décrire l'origine comme une émanation de Dieu, le monde comme une manifestation de Dieu, la fin comme un retour à Dieu. La différence est de taille. Il y a moins d'anthropomorphisme et davantage de sacré. Dieu n'est plus créateur du monde comme un artisan est créateur d'un sabot, il est plutôt le principe et la source, la présence constante, la fontaine toujours accessible. Le monde n'est plus une masse, mais un corps théophanique, scintillant de signes. L'eschatologie n'est plus la vengeance d'un Être suprême contre les hommes, mais une réintégration à l'Origine.

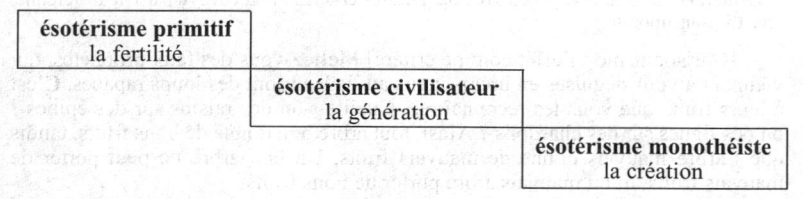

ésotérisme primitif la fertilité		
	ésotérisme civilisateur la génération	
		ésotérisme monothéiste la création

L'ésotérisme abrahamique est **prophétisme**.

Dans les monothéismes, la parole ésotérique vient, en priorité, d'un prophète. Moïse est prophète (Deutéronome, XXXIV, 10), Jésus est prophète (Jean, XVII, 23), Muhammad est prophète (Coran, XXXIII, 40). Mais tout croyant n'est-il pas prophète ? Le prophétisme dure, puisque aujourd'hui même les Juifs parlent l'hébreu et les Arabes l'arabe. Après tout, on reçoit la Révélation par l'œil, autant que Moïse la reçut par l'oreille.

Le prophète n'est pas quelqu'un qui prend la parole, mais quelqu'un que la Parole prend. L'ésotérisme tend toujours à effacer le moi. Le prophète, justement, n'expose pas une doctrine personnelle. Il est envoyé par Dieu, il parle au nom de Dieu, il répète Dieu. Le Verbe divin l'emporte et il veut emporter les autres dans le flux des oracles.

Le monothéisme développe une pensée critique à l'égard de ses grands

---

1. Voir *supra*, p. 307 (« L'ésotérisme civilisateur : caractéristiques »).

hommes. Il veut distinguer au milieu des saints eux-mêmes. Il s'agit de détecter « les prophètes de mensonge », « les interprètes de tromperie », « les voyants de tromperie »[1]. Les théologiens comme les théosophes se mettent à l'affût des faux herméneutes, qui falsifient, ajoutent, retranchent, mésinterprètent (I Énoch, CIV, 10, *id.*, p. 619). L'argument, c'est que le même exploit peut être réalisé par un démon aussi bien que par un sage ; par exemple, les mauvais anges réussissent autant que les grands prophètes à traverser les cieux (Job, I, 6-12 ; Testament de Salomon, XX, 12). Qui a révélé les mystères et introduit la perversité ? des anges, des anges déchus (I Énoch, IX, 6, éd. cit., p. 480 ; Apocalypse d'Abraham, XIV, 2, éd. cit., p. 1711). Il faut donc distinguer. Quel est le critère du bon prophète ? Le faux prophète parle quand il veut, alors que le bon parle quand Dieu le veut, dit un texte chrétien d'inspiration essénienne (Hermas, *Le Pasteur*, déb. IIe s.). Le faux prophète se met au service de la Bête, selon Jean (Apocalypse, XIII, 12)[2].

– [Judaïsme : le monothéisme comme critère] S'il s'élève au milieu de toi un prophète ou un visionnaire t'offrant pour caution un signe ou un miracle, quand même s'accomplirait le signe ou le miracle qu'il t'a annoncé, en disant : « Suivons des dieux étrangers et adorons-les », tu n'écouteras pas les paroles de ce prophète ou de ce visionnaire, car YHWH, votre Dieu, vous met à l'épreuve, pour constater si vous l'aimez réellement de tout votre cœur et de toute votre âme.

Deutéronome, XIII, 2-4, éd. cit., p. 262. (Autres critères : non envoyé par Dieu : Jérémie, XIV, 15 ; sans morale.)

– [Christianisme : l'effet comme critère] Méfiez-vous des faux prophètes, qui viennent à vous déguisés en brebis, mais au-dedans sont des loups rapaces. C'est à leurs fruits que vous les reconnaîtrez. Cueille-t-on des raisins sur des épines ? ou des figues sur des chardons ? Ainsi, tout arbre bon donne de bons fruits, tandis que l'arbre mauvais donne de mauvais fruits. Un bon arbre ne peut porter de mauvais fruits, ni un mauvais arbre porter de bons fruits.

Matthieu, VII, 15-17.

– [Islâm : la conformité au Coran comme critère] Tout *hadîth* en contradiction avec le Coran n'est qu'un beau mensonge.

Propos du VIe Imâm shî'ite (Ja'far al-Sâdiq), *apud* al-Kulaynî, *al-Usûl min al-kâfî*, I/89 n° 3. M. A. Amir-Moezzi, *op. cit.*, p. 200.

---

1. *Hymnes* des Esséniens, hymne H, IV, 7-10 (*La Bible. Écrits intertestamentaires*, éd. cit., p. 246).
2. Le critère en Asie, où l'on préfère la notion de réalité à la notion de vérité (donc d'hérésie), est la réalisation. Paroles d'Hakuin : « Ils s'assoient sur des chaises ou sur l'estrade, un chapeau de soie cramoisi sur la tête et un surplus rehaussé d'or leur tombant du cou... Mais, si on les examine bien, ils n'ont pas la moindre aptitude à voir dans leur nature propre, ni un atome de la vitalité et de la trempe qu'il faut pour atteindre l'Éveil » (*The Zen Master Hakuin. Selected Writings*, Columbia UP, New York, 1971, p. 173 ; trad. partielle : Lilian Silburn et Marinette Bruno, « De l'imposture à l'incompétence », apud *Le Maître spirituel*, Hermès, 1983, p. 258).

L'ésotérisme abrahamique développe des **arts occultes**.

Le monothéisme distingue donc prophète et prophète. Il distingue aussi ses prophètes des magiciens, astrologues, guérisseurs, thaumaturges. Il les oppose encore plus aux nécromants, aux sorciers, aux envoûteurs. Il les différencie aussi des charlatans, des illusionnistes. Les trois monothéismes ne condamnent pas vraiment les arts occultes, c'est-à-dire la divination, l'astrologie, l'alchimie, la magie, la talismanique, la médecine occulte. Ils y voient une menace contre la religion. Les trois monothéismes ont eu leurs alchimistes, leurs astrologues, leurs magiciens [1]. Certains sont licites, d'autres illicites. Les sciences occultes ne sont pas en soi interdites, mais certains de leurs principes (comme le fatalisme astrologique, qui nierait la toute-puissance de Dieu) et certaines de leurs applications (comme le recours aux divinités). Souvent le débat passe de la discussion théologique à la condamnation juridique. Combien de soi-disant sorcières ont été brûlées ! Pour la magie, il suffisait de la baptiser théurgie et de dire que cette magie vient de Dieu, pas des hommes.

L'ésotériste se sauve soit par la gnose, soit par la théurgie, soit par l'assistance d'un ange. La gnose approfondit le monothéisme, la théurgie est souvent tentée par le polythéisme, mais qu'affirme la croyance en l'ange ?

Tout ésotérisme abrahamique se fait un moment **ésotérisme de l'Ange**.

Le thème du Trône entouré d'anges ne se confond pas avec un autre thème, celui de l'Ange, l'ange de l'homme pourrait-on dire, ou l'ange-soi. Les trois abrahamismes mentionnent un ange qui donne un tout autre sens au prophétisme. Cet ange présente sous forme imaginaire, littéraire, l'idée d'un langage originel chez l'homme. Tout homme cache en lui la révélation. Ibn al-Fârid finit par dire dans une folle audace : « C'est de moi que j'ai appris, et par moi que je l'ai transmis ; et c'est de mon propre don que mon âme m'a comblé » (*al-Tâ'iyya al-kubrâ*, vers 674). Plus besoin d'une révélation extérieure. Au creux du moi humain sommeille un soi divin. Il y a une semence en chacun ou (selon les Gnostiques) chez les élus. À lire notre cœur, à interroger cet intellect qui repose en nous, on découvre Dieu, on se découvre dieu, on devient prophète. Le soi représente la condition primordiale, l'état de toutes les virtualités. On le trouve dans notre âme, dans la nature, dans le monde imaginaire, le monde des archétypes. En ce sens, Mani se disait le compagnon (σύζυγος) du

---

1. T. Fahd, *La Divination arabe* (1966), Sindbad, 1987, 563 p. S. Hutin, *Histoire de l'astrologie*, coll. « Marabout Université », n° 195, Verviers, Belgique, 1970, 192 p. ; id., *Histoire de l'alchimie*, coll. « Marabout Université », n° 223, 1971, 288 p. S. Batfroi, *Alchimie et Révélation chrétienne*, Maisnie-Trédaniel, 1976, 320 p. J. Halbronn, *Le Monde juif et l'Astrologie* (1979), Archè, 1985, 433 p. P. Lory, *Alchimie et Mystique en terre d'Islam*, Verdier, 1989, 184 p. R. Patai, *The Jewish Alchemists. A History and Source Book*, Princeton UP, 1994, XVI-618 p.

Paraclet [1] et le Thomas de l'Évangile selon Thomas le jumeau [2] (δίδυμος) de Jésus. Le vrai mystère se trouve peut-être là, dans la source de la révélation, plus que dans la révélation elle-même, en l'Homme au moins autant qu'en Dieu. L'intérieur de l'homme, son cœur en termes sémitiques, est frappé de sceaux. Celui qui, par l'ésotérisme, sait qu'ils existent, celui qui, par l'initiation, peut les trouver et les lire et les accomplir atteint son centre, et Dieu, et se sauve. Il devient soi. De microcosme il se métamorphose en macrocosme. Il est prophète. Il laisse dire son être. L'intime de son être énonce l'intérieur des êtres. Un *hadîth* de Muhammad déclare : « Consulte ton cœur et tu entendras le précepte secret de Dieu proclamé par la connaissance intérieure du cœur. » L'histoire sainte recommence chaque fois qu'un homme ou une femme accède à ce langage secret. Pareille conception épouvante les théologiens officiels accrochés à l'idée d'un Dieu extérieur, séparé, personnel, qui parle à l'homme par lui choisi, un Dieu sans lequel toute vraie connaissance serait impossible. Ces réticences permettent en partie de comprendre pourquoi les ésotéristes ont exprimé l'idée sous forme mythique, celle d'un ange. Qu'on songe aux ennuis que Socrate dut affronter lorsqu'il parla de son « démon » ! Le fameux combat de Jacob avec l'ange (Genèse, XXXII, 23-31) figure sans doute cette rencontre entre le moi et le soi, la personnalité humaine et l'individualité divine [3].

– [L'ange-soi de l'ésotériste juif] Le défunt Rabbi Nathan, qui était un grand érudit, m'a dit : Sache que tout le mystère de la prophétie pour le prophète consiste en ce qu'il voit soudain devant lui la forme de son soi *[etsem]*, qu'il oublie son soi, que celui-ci est soustrait à lui et qu'il voit devant lui la forme de son soi lui parler et lui prédire l'avenir ; et de ce mystère nos Sages disent : « Grande est la forme des prophètes qui comparent la forme qui leur apparaît au formateur » [*Berêshit Rabbah*, 27].

Moïse ben Jacob de Kiev, *Sefer shushan sodot*, 1509, trad. partielle G. Scholem, *La Mystique juive*, Cerf, 1985, p. 257. © Éditions du Cerf, Paris.

– [L'ange-soi de l'ésotériste chrétien] Le Sauveur, qui est, lui aussi, Fils de l'homme, envoie les anges — signifiés par les disciples — chacun à l'âme qui est la sienne.

Héracléon, Gnostique, *apud* Origène, *Commentaire sur saint Jean*, livre XIII, 49, § 324 ; trad. Cécile Blanc : t. 3, Cerf, coll. « Sources chrétiennes », n° 222, 1975.

– [L'ange-soi de l'ésotériste musulman] Un homme a fait cela [réciter une formule, en s'endormant, en ayant libéré ses sens internes et ouvert la voie] plu-

---

1. *Codex manichéen de Cologne*, p. 17 *sqq*. Trad. anglaise partielle du grec : R. Cameron et A. J. Dewey, *The Cologne Mani Codex*, Scholars Press, Montana, 1979.
2. Jean, XI, 16 (« Thomas, dit Didyme ») ; XX, 24 ; XXI, 2. Jean ne précise pas jumeau de qui. Évangile selon Thomas, 1 (« Didyme Jude Thomas »).
3. Sur le thème du soi, chez les Kabbalistes : G. Scholem, *La Mystique juive. Les Thèmes fondamentaux* (1962), trad. de l'allemand, Cerf, 1985, 280 p. ; chez les Gnostiques : H.-Ch. Puech, *En quête de la gnose*, t. 2 : *Sur l'Évangile selon Thomas*, Gallimard, 1978, p. 117-257 ; chez les Soufis : H. Corbin, *Avicenne et le Récit visionnaire*, t. 1 : *Études sur le cycle des récits avicenniens*, J. Maisonneuve, 1954, p. 102 *sqq*. (rééd. Berg International, 1979).

sieurs fois de suite, après avoir dîné légèrement et avoir fait ses dévotions [*dhikr*, invocations]. Il eut une apparition qui lui dit : « Je suis ta nature parfaite [*tibâ' tâmm*]. » Il posa alors une question et reçut la réponse désirée.

Ibn Khaldûn, *Livre des considérations sur l'histoire des Arabes, des Persans et des Berbères. Kitâb al-'Ibar*, vol. I : *Prolégomènes. Al-Muqaddima* [1377-1382], trad. de l'arabe V. Monteil (*Discours sur l'histoire universelle*, Beyrouth, 1967-1968, rééd. Sindbad, 1978, t. 1, p. 209).

ÉSOTÉRISME ORTHODOXE, ÉSOTÉRISME HÉTÉRODOXE

Ainsi, il y a de vrais prophètes et de faux prophètes, des occultistes licites et des occultistes illicites, des gnoses reçues et des gnoses hérétiques. De façon plus générale, la question se pose : quand un ésotérisme est-il orthodoxe ? Pourquoi les autorités juives admettent-elles la Kabbale théosophique, mais pas la Kabbale extatique d'un Abraham Abû l-'Afiya ou la Kabbale messianique d'un Shabbetaï Zevi ? Pourquoi l'Église catholique tolère-t-elle Clément d'Alexandrie, mais pas Valentin, tous deux Chrétiens, tous deux Gnostiques ? Pourquoi l'Islâm officiel a-t-il entouré d'honneurs le Soufi Abû Hâmid al-Ghazzâlî mais condamné à mort al-Hallâj ? On voit bien que les autorités ont condamné non la Kabbale, mais telle Kabbale, non la Gnose, mais tel Gnosticisme, non le Soufisme, mais tel Soufisme.

Déjà, il ne faut pas confondre ésotérique et hétéroxe. On peut être ésotériste en restant orthodoxe, on peut aussi être hétérodoxe sans être pour autant ésotériste. On observe aussi bien des ésotérismes orthodoxes (l'Hésychasme, par exemple) que des hérésies non ésotériques (l'Arianisme, par exemple). On peut être excommunié par l'autorité officielle, ou bien s'excommunier entre Soufis, entre Kabbalistes, de l'intérieur même d'un ésotérisme. Shabbetaï Zevi fut excommunié par les Kabbalistes, dont Jonathan Eybeschuetz [1]. Et puis un ésotérisme peut se considérer comme orthodoxe tout en étant jugé par d'autres comme hétérodoxe ; c'est le cas pour la Franc-Maçonnerie chrétienne, rejetée par l'Église catholique depuis 1738, alors qu'elle se juge orthodoxe. Quand l'Église est-elle extérieure, si l'on croit vivre en son sein ? Il existe un autre cas, celui d'ésotérismes franchement antireligieux ; je citerais le Yazîdisme, ouvertement antimusulman, bien que d'origine musulmane, ou la Kabbale de Jacob Frank, qui, juive, se dit « antitalmudiste » [2].

Quand l'ésotérisme ne viole pas les commandements, les dogmes, les rites, quand il respecte la Révélation et la Continuation, il est, bien sûr,

---

1. G. Scholem, *Sabbataï Tsevi. Le Messie mystique. 1626-1676* (1957, en hébreu), trad. de l'anglais, Verdier, Lagrasse, 1983, 992 p. ; *id.*, *Kabbalah*, Keter Publishing House, Jérusalem, 1974, p. 280-284, 405. Kabbalistes ayant fait l'objet d'une excommunication *(herem)* : Abraham Abû l-'Afiya (1275), Abraham Miguel Cardozo (1674), Nehemiah Hayon (1714), Shabbetai Zevi (1725), Jacob Frank (1756)...
2. Sur les Yazîdi : *Encyclopédie de l'Islam*. Sur les Frankistes : G. Scholem, *Kabbalah*, éd. cit., p. 290.

accepté par les autorités religieuses, autrement dit il est orthodoxe. Tel se présente le point de vue officiel établi. Les ésotéristes eux-mêmes pensent plutôt au rôle premier. Qui, se demandent-ils, détient le mystère ? Dieu ou l'ésotériste ? La volonté de Dieu l'emporte-t-elle sur la puissance de l'occulte ? Est-ce que la révélation échoit à qui Dieu veut, est-ce que la connaissance vient à qui veut Dieu ? L'ésotériste reste orthodoxe lorsqu'il soutient que le mystère, en dernier recours, n'appartient qu'à Dieu ; lorsqu'il soutient que ceux qui approchent de Dieu en approchent, non point par leurs qualités initiatiques ou par la théurgie, mais par la grâce de Dieu. « Lumière sur Lumière. Allâh, vers Sa Lumière, dirige qui Il veut » (Coran, XXIV, 35). Un orthodoxe pense que Dieu donne à qui bon lui semble « les mystères de la Sagesse » (Job, XI, 6). Dieu élit son peuple, ses prophètes, ses saints, quand il en décide, comme il le décide, tel un monarque absolu. Un ésotérisme orthodoxe attribue tout à Dieu, la Création aussi bien que l'ésotérisme : « Les choses secrètes appartiennent au Seigneur notre Dieu [1]. » Pour l'orthodoxe, Dieu reste dès lors inaccessible. L'hétérodoxe dira Dieu indicible, mais pas inaccessible. Un ésotérisme hétérodoxe croit que la délivrance vient du travail initiatique, plus que de la grâce de Dieu, de l'assistance divine *(tawfîq)*, il croit que l'esprit humain peut pénétrer les derniers mystères. Ainsi pensent des Juifs comme Shabbetaï Zevi, des Chrétiens comme Valentin, des Musulmans comme al-Hallâj. On a là une pensée magique, et non plus religieuse, où l'homme peut forcer le destin, incliner Dieu, rivaliser avec la Création.

Une autre question surgit : est-ce que la Révélation a été faite, donnée, ou bien est-elle à chaque instant possible et pour tout homme ? L'orthodoxe, qui croit Dieu seul détenteur du Mystère, pense que le cycle de la révélation est fini. L'hétérodoxe, qui, lui, estime l'homme capable de pénétrer dans l'essence divine, pense que Dieu non seulement s'est manifesté dans l'Histoire, grâce aux Prophètes, mais encore peut se manifester dans toute conscience purifiée, maintenant, demain, intemporellement.

Dieu est tout-puissant, et lui seul, dit l'orthodoxe. Certes, dit l'hétérodoxe, mais Dieu est en puissance et en tout, dans la pierre comme dans mon cœur.

DIFFÉRENCES ENTRE LES ÉSOTÉRISMES ABRAHAMIQUES

Les trois monothéismes affirment la Révélation, en insistant chacun sur un point : Dieu dans le peuple hébreu (Judaïsme), l'Amour dans la personne de Jésus (Christianisme), le livre Coran chez le prophète Muhammad (Islâm). On observe chaque fois un lien entre un message qui se veut éternel et une humanité prise dans l'histoire, emportée par le temps, la mort.

---

1. *Talmud de Babylone*, section I : *Zeraim. Semences*, traité 1 : *Berakhot. Bénédictions*, 61 a.

Le calendrier des trois monothéismes n'est pas le même, et la chose importe. Le Nouvel An se situe pour les Juifs à l'équinoxe d'automne, pour les Chrétiens au solstice d'hiver ; pour les Musulmans, l'hégire, le premier jour de l'année lunaire, fut fixé au 16 juillet 622. Peut-on dire que la pensée juive est automnale, la pensée chrétienne hivernale, la pensée islamique estivale ? Je n'oserais.

Les astrologues, eux, ont mis en correspondance religions et planètes, régions et constellations. On connaît aussi l'adéquation faite entre Christianisme et Ère des Poissons.

Abordons un point important : de quelle façon est-on passé de l'exotérisme à l'ésotérisme, c'est-à-dire du Judaïsme à la Kabbale, du Christianisme à la Gnose, de l'Islâm au Soufisme ? Toujours par les mêmes moyens : herméneutique, révélation de textes inconnus, utilisation d'arts occultes, transformation de la spiritualité en initiation, etc. Mais, chaque fois il y avait une base. a) Chez les Juifs l'ésotérisme est contenu dans l'exotérisme comme le jumeau cadet par rapport au jumeau aîné : on peut les confondre, ils sont presque contemporains, mais l'un est plus conventionnel, l'autre moins. b) Chez les Chrétiens l'ésotérisme est dans l'exotérisme comme le grain par rapport à la semence. La semence a donné ici une tige sèche, là une plante à grains, ici l'Inquisition, là l'Hésychasme. L'image de la semence est très évangélique (Matthieu, XIII), elle signale le Royaume des cieux. Dans la plante Christianisme, l'Église est la tige, l'ésotérisme le grain. c) Enfin, chez les Musulmans, l'ésotérisme est dans l'exotérisme comme le trait appuyé par rapport à la ligne esquissée : l'Islam ne se veut pas ésotérique au départ, mais les ésotéristes ont forcé le trait, insisté sur l'Ascension du Prophète, abusé de l'invocation...

Marquer les différences entre les trois Abrahamismes nous entraînerait trop loin. Il vaut peut-être mieux, alors, remonter à l'une de leur origine, la logique qui les sous-tend.

ÉSOTÉRISMES ABRAHAMIQUES : LOGIQUES

Les ésotérismes abrahamiques privilégient chacun une logique. Tout ésotérisme, en fonction de son but, donne la préférence à une opération intellectuelle sur les autres : classification, raisonnement par analogie, comparaison, interprétation, intuition, définition... On a vu que les Chinois universistes procèdent par classifications, les devins mésopotamiens par propositions conditionnelles, le Mazdéisme par disjonction exclusive [1]... Comment pense un monothéiste quand il se lance dans la pensée occulte ?

---

1. Les logiques des Civilisateurs : voir *supra*, p. 329 (« Ésotérismes civilisateurs : logiques ») ; les logiques des Indiens : voir *supra*, p. 578 (« Ésotérismes indiens : logiques ») ; les logiques des Extrême-Orientaux : voir *supra*, p. 739 (« Ésotérismes extrême-orientaux : logiques »).

• L'ÉSOTÉRISME JUIF marque une préférence pour l'anagogie, pour les modèles de vie spirituelle, tandis que l'exotérisme juif fonctionne comme une morale qui porte des jugements de valeur et qui prescrit impérativement. Le lecteur de la Tôrah, au premier abord, dans une démarche exotérique disons, note l'importance des devoirs. La logique des normes triomphe. Voici le bien, fais-le. La norme peut se dire explicitement : « Mais l'arbre de la science du bien et du mal tu n'en mangeras point » (Genèse, II, 17), « Tu n'auras point d'autre dieu que moi » (Exode, XX, 3). Elle peut aussi se dire de façon implicite, sous forme d'un récit mythique, historique, apocalyptique, prophétique. Apprendre que le Serpent parle avec ruse revient à enseigner la haine du mensonge, le courage face à la tentation. Mais l'ésotérisme va plus loin que la morale. Derrière la norme, au-delà du récit, il décèle un enseignement occulte. L'opération intellectuelle consiste à penser des réalités spirituelles à travers les réalités temporelles. Par le sens anagogique, le croyant s'élève des réalités temporelles aux réalités spirituelles qu'elles figurent. La Jérusalem terrestre figure le Royaume céleste. Selon le Zohar (I, 83 a), la descente d'Abraham en Égypte (Genèse, XII, 10) est une figure de la future captivité des Hébreux dans ce pays (Exode, I, 11). L'ésotériste ne néglige absolument pas le réel, le concret, les murs de Jérusalem, car il en est du Ciel comme de Jérusalem. Le bas et le haut coïncident, se répondent. On rencontre ce type de raisonnement en herméneutique, dans l'interprétation ésotérique des textes. Le phénomène ne doit pas surprendre, venant d'une religion du Livre. L'ésotériste judaïque VOIT l'invisible dans le visible et le modèle dans le fait. Il se penche d'abord sur le Livre, puis cherche à l'intérieur du texte les mystères mêmes de la Création et du Créateur.

L'Écriture ne révèle ses mystères qu'à ses amants. Les non-initiés passent à côté, sans rien voir. Mais aux initiés dont les regards, le cœur et l'âme sont dirigés vers la bien-aimée Écriture, elle daigne se montrer un court instant. [...] Tous les mystères lui sont révélés, sans qu'aucun ne lui reste caché. L'Écriture dit alors à l'homme : Tu vois que dans les mêmes paroles où je t'ai montré auparavant un sens littéral, je te montre maintenant un sens mystique.

Moïse de León, *Sefer ha-Zohar* (1280), II, 98 b-99 b, trad. J. de Pauly (1906-1911), Maisonneuve et Larose, 1985.

Dans un passage quelconque, le Kabbaliste décèle un archétype, c'est-à-dire une idée ésotérique, et un type, c'est-à-dire un modèle initiatique. Prenons cette phrase : « Personne ne me soutient dans ma lutte contre ceux-ci, sauf Mikhael, votre Prince à vous » (Daniel, X, 21). Selon l'exotériste, cette phrase ne contient qu'une allusion historique, ou une prophétie, l'aide de « Mikhaël l'archange » contre l'invasion perse. Un ésotériste comme Abraham Ibn Ezra repère, lui, une métaphysique (il existe un monde intermédiaire où règne l'ange Mikhaël), et une éthique (l'âme doit s'attacher aux âmes supérieures)[1].

• L'ÉSOTÉRISME CHRÉTIEN marque une préférence pour l'analogie inverse. Ce type de raisonnement pose une analogie puis l'inverse[2]. Analogie : a/m = m/b, 2/4 = 4/8, le profane est au novice ce qu'est le novice à l'initié (analogie à trois termes), ou a/b = c/d, 3/4 = 6/8, l'hiver est à l'année ce qu'est la vieillesse à l'existence (analogie à quatre termes). Analogie inverse, maintenant : l'hiver est comme l'été mais à rebours puisque l'un est vie et l'autre mort de la nature, la perle (matière la plus dure) est l'image inversée de l'esprit (élément le plus subtil), il est aussi difficile de jeter loin un objet lourd (un rocher) qu'un objet léger (une plume), le sot et l'initié se ressemblent mais à l'envers, « ce qui est en bas est comme ce qui est en haut et ce qui est en haut est comme ce qui est en bas ». D'une part, Jésus emploie beaucoup l'analogie. Jésus ne parle pas en logicien, il ne garde pas le schème de ce raisonnement, seulement l'idée, l'image, la vie, le germe. La figure de rhétorique présente dans « Vous êtes le sel de la terre Ὑμεῖς ἐστε τὸ ἅλας τῆς γῆς » (Matthieu, V, 13) est une métaphore, qui rend vivant le sec raisonnement : « Le spirituel vaut sur le plan de la religion ce que vaut le sel sur le plan de la nourriture. » Un sens occulte émerge. On sait, entre autres, que les alchimistes vont identifier sel et esprit. D'autre part, Jésus emploie beaucoup, comme opération intellectuelle, l'inversion : « Je ne suis pas venu abolir mais accomplir » (Matthieu, V, 17), « Aimez vos ennemis » (Matthieu, V, 44). L'analogie directe et l'inversion simple ne vont pas au bout. Jésus va réunir ces deux façons de s'exprimer. Il combine la poésie de l'analogie et la provocation de l'inversion. Quand l'analogie devient inversion et l'inversion analogie, on obtient une analogie inverse. On entre aussitôt en ésotérisme, comme avec un « Sésame » on entre dans la caverne aux trésors. La pensée arrive au bout, qui est un commencement. Jésus formule de magnifiques analogies inverses : « Qui aura trouvé sa vie la perdra et qui aura perdu sa vie à cause de moi la trouvera » (Matthieu, X, 39), « Les derniers seront premiers, et les premiers seront derniers οἱ ἔσχατοι πρῶτοι καὶ οἱ πρῶτοι ἔσχατοι » (Matthieu, XX, 16). A est non-A et, réciproquement, non-A est A, mais, analogie oblige, esprit exige, pas sur le même plan. Qui est riche matériellement sera pauvre spirituellement (puisque riche est le contraire de pauvre, et spirituel de matériel), et, réciproquement, qui est pauvre matériellement sera riche spirituellement. Certaines formules qui ont l'air de reposer sur d'autres bases se ramènent à l'analogie inverse. Exemple : « Entrez par la porte étroite » (Matthieu, VII, 13). L'analogie directe dirait : à vaste projet vaste portique, pour le Royaume des cieux utilisez la voie royale. L'analogie

---

[1]. M.-R. Hayoun, *L'Éxégèse juive dans le judaïsme médiéval*, Mohr, Tübingen, 1991.
[2]. P. A. Riffard, *L'Ésotérisme*, éd. cit., p. 344-346 : « l'analogie inverse ».

inverse va dire : pour le maximum usez du minimum, inversez, prenez la voie dure pour le but doux. Les Gnostiques iront jusqu'à la contradiction : la mythique Sophia se définit ainsi : « Je suis la première et la dernière, je suis l'honorée et la méprisée, je suis la prostituée et la vénérable... » (traité *Brontê*, apud *Écrits de Nag Hammadi* : *NH*, VI.2). Bien entendu, ce qui est contradiction du point de vue exotérique est union des contraires du point de vue ésotérique.

- L'ÉSOTÉRISME MUSULMAN marque une préférence pour l'herméneutique *(ta'wîl)*. Je n'insisterai pas. H. Corbin a développé ce thème[1], et la reconduction, le *ta'wîl* correspond à peu de chose près à l'anagogie. Les ésotéristes musulmans opposent l'interprétation exotérique, c'est-à-dire l'exégèse *(tafsîr)*, à l'interprétation ésotérique, c'est-à-dire l'herméneutique *(ta'wîl)*, conçue comme retour à un état originel du texte, du monde, de l'homme. On doit passer des données visages aux images archétypes, par exemple du Coran au Livre éternel (III, 7), de l'amour humain à l'Amour divin, des douze Imâms shî'ites aux douze Signes zodiacaux. « L'ordre est fixé : toute chose revient à Dieu » (II, 210).

Loin de moi l'idée de ramener toute une pensée à une opération intellectuelle. J'ai dit que la pensée de Zarathushtra marche à coups d'alternatives (ou le Bon Esprit ou le Mauvais Esprit), que la pensée de Jésus marche à coups d'analogies inverses. Évidemment, Jésus aussi utilise la pensée par alternatives (« Vous ne pouvez servir Dieu et l'Argent » : Matthieu, VI, 24 ; « Qui n'est pas avec moi est contre moi » : Matthieu, XII, 30).

LOGIQUES DES ÉSOTÉRISMES MONOTHÉISTES

JUDAÏSME : pensée par anagogie, c'est-à-dire passage d'une réalité temporelle à la réalité spirituelle qu'elle figure dans un fait ou par un texte.
– **exemple** : « Il convient de garder le secret du roi, tandis qu'il convient de révéler et de publier les œuvres de Dieu. [...] Jérusalem sera rebâtie » (Jérusalem terrestre → Royaume céleste) (Tobie, XII, 7 ; XIII, 16).
– **théorie** : « Dans chaque parole de l'Écriture, le Saint, béni soit-il, a caché un mystère suprême qui est l'âme du mot » (*Sefer ha-Zohar*, II, 98 b).

CHRISTIANISME : pensée par analogie inverse, c'est-à-dire par établissement de domaines parallèles dont les termes deviennent symétriquement opposés.
– **exemple** : « Les derniers seront premiers, et les premiers seront derniers » (Matthieu, XX, 16) : A/B = non-A/non-B, dernier en matérialité = premier en spiritualité.
($\exists$t) (t>to. &. (x) (D x to → P x t. &. P x to → D x t))
– **théorie** : « Ce qui est en bas est [inversement] comme ce qui est en haut pour accomplir les miracles d'une seule chose » (*Table d'émeraude*, 2).

---

1. H. Corbin, *En Islam iranien* (1971-1972), Gallimard, coll. « Tel », 4 t. ; *Histoire de la philosophie islamique*, t. 1, Gallimard, coll. « Idées », 1964.

> **ISLÂM** : pensée par retour *(ta'wîl)* au sens originel du fait ou du texte.
> – exemple : « se dresser debout, c'est participer à la permanence divine » (al-Hallâj).
> – théorie : « Celui qui pratique le *ta'wîl* est donc quelqu'un qui détourne l'énoncé de son apparence exotérique et le fait retourner à sa vérité » (*Kalâm-e Pir*, traité ismâ'îlien, cité par H. Corbin).

BIBLIOGRAPHIE GÉNÉRALE SUR LES ÉSOTÉRISMES MONOTHÉISTES

Approche ésotérique : IBN 'ARABÎ, *Les Gemmes de sagesse. Fusûs al-hikham* (1229), trad. partielle de l'arabe T. BURCKHARDT : *La Sagesse des prophètes*, Albin Michel, coll. « Spiritualités vivantes », n° 19, 1955, 223 p. ; RUDOLF STEINER (1861-1925) : très nombreux titres ; RENÉ GUÉNON (1886-1951) : nombreux titres, dont *Aperçus sur l'ésotérisme chrétien* (art. 1925-1949 ; Éditions Traditionnelles, 1954, 113 p.), et *Aperçus sur l'ésotérisme islamique et le Taoïsme* (art. 1930-1950 ; Gallimard, 1973, 159 p.) ; H. CORBIN, *Le Paradoxe du monothéisme* (1976-1977), Le Livre de poche, coll. « Biblio Essais », n° 4167, 1992, 221 p. ; F. SCHUON, *Christianisme/Islam. Visions d'œcuménisme ésotérique* (1977), Archè de Thoth, Milan, 1981, 216 p. ; L. SCHAYA, *La Création en Dieu à la lumière du Judaïsme, du Christianisme et de l'Islam*, Dervy-Livres, coll. « Mystiques et Religions », 1984, 565 p.

Approche exotérique : D. HELLHOLM dir., *Apocalypticism in the Mediterranean World and the Near East in Antiquity with certain emplasis on the Jewish and Christian Religions* (1979), J. C. B. Mohr, Tübingen, 1983, 877 p. ; R. ARNALDEZ, *Trois Messagers pour un seul Dieu* (1983), Albin Michel, coll. « Spiritualités vivantes », n° 93, 268 p. ; DENISE MASSON, *Les Trois Voies de l'Unique*, Desclée de Brouwer, 1983, 232 p. ; A. AKOUN dir., *Mythes et Croyances du monde entier*, t. 2 : *Le Monothéisme. Mythes et Traditions* (1985), Brépols, 1990, 476 p. ; D. SIBONY, *Les Trois Monothéismes. Juifs, Chrétiens, Musulmans entre leurs sources et leurs destins*, Éditions du Seuil, 1992, 350 p.

ABRÉVIATIONS ET TITRES CITÉS

Les Juifs :

- Livres canoniques (fixés par les docteurs juifs) : *Tanakh*

Am = Amos	Gn = Genèse	Ne = Néhémie
Ch = Chroniques	Is = Isaïe	Pr = Proverbes
Ct = Cantique des cantiques	Jg = Juges	Ps = Psaumes
Da = Daniel	Jon = Jonas	Rs = Rois
Dt = Deutéronome	Jos = Josué	Sm = Samuel
Esd = Esdras (=Ezra)	Jr = Jérémie	Za = Zacharie
Ex = Exode	Lv = Lévitique	
Éz = Ézéchiel	Nb = Nombres	

Traduction utilisée : Rabbinat français, *La Bible* (1899), Colbo, coll. « Judaïca-poche », 1994, 8ᵉ éd., 1222 p.

- Livres deutéro-canoniques (acceptés par les Catholiques, pas par les Juifs, pas par les Protestants) :

Ba = Baruch	Sg = Sagesse
Ecq = Ecclésiastique (= *Siracide*)	Tb = Tobie

- Livres pseudépigraphiques (sous le nom de personnages illustres de l'Ancien Testament) :

AA = Apocalypse d'Abraham	PJ = Paralipomènes de Jérémie
Én = Énoch (= Hénoch)	TDP = Testaments des douze patriarches
Ju = Jubilés	(la lettre qui suit correspond à l'ordre
OS = Oracles sibyllins	des patriarches : A = Testament de Ruben ; B = Testament de Siméon, etc.)

Traduction utilisée : A. Dupont-Sommer et M. Philonenko dir., *La Bible. Écrits intertestamentaires*, Gallimard, « Bibliothèque de la Pléiade », 1987, CXLIX-1905 p.

Parmi les *Écrits intertestamentaires*, sont également cités ici : Règle de la Communauté ; Écrit de Damas ; Règlement de la guerre ; Hymnes ; Commentaire d'Habacuc ; Légende hébraïque de Melkisédeq ; Pièges de la femme ; Martyre d'Isaïe ; Testament de Job ; Vie grecque d'Adam et Ève ; Apocalypse d'Élie.

Les Chrétiens :

Actes = Actes des Apôtres	Gn = Genèse
Ap = Apocalypse	Jn = (Évangile selon saint) Jean
Cor = Épître aux Corinthiens	Lc = Luc
Dt = Deutéronome	Lv = Lévitique
Év = Évangile	Mc = Marc
Ex = Exode	Mt = Matthieu

Traduction utilisée : École biblique de Jérusalem, *La Sainte Bible* (1956), Cerf, 1972, 1670 p.

Les Musulmans :

Coran

Traduction utilisée : *Le Coran. Traduction selon un essai de reclassement des sourates*, trad. de l'arabe R. Blachère, G. P. Maisonneuve, 1949-1951 (réed. Maisonneuve et Larose, 1980).

20. LES JUIFS

> On s'efforce d'ignorer l'ésotérisme hébreu sans lequel la civilisation occidentale ne serait pas ce qu'elle est.
>
> ANOUCHKA VON HEUER,
> apud *Les Notions philosophiques*.

REPÈRES HISTORIQUES DE L'ÉSOTÉRISME JUDAÏQUE [1]

Avant Jésus-Christ :
7700 – sanctuaire de chasseurs à Jéricho : le plus vieux lieu de culte connu
7500 – Jéricho (niveau PPNA) : culte des crânes
4500 – Déesses-Mères terrifiantes (Munhata, Shaar-Hagolan)
3761 – Ère des Juifs : Création du monde [2], selon l'orthodoxie juive ! Les 10 « Patriarches antédiluviens » : Adam, Seth..., Énoch, Mathusalem, Lamek, Noé (Gn, v)
2500 ? – apparition du peuple hébreu (>khabirou), semi-nomades (Mésopotamie, Égypte)
2400 – tablettes d'Ebla (Syrie) attestant le nom *YHWH*, la forme *Abra-mu*, etc.
1880 ? 2600 (selon E. Anati) ? 1737 (selon la Bible) ? – **Abraham** migre de Our vers Canaan (Gn, xii). Première tradition palestinienne : le JUDAÏSME. Premier courant du Judaïsme : le Yahwisme (jusqu'en 398 av. J.-C.). Monothéisme relatif : YHWH comme seul dieu (parmi d'autres) (Ex, xx, 2-5)

---

1. Précision sur la terminologie. On parle d'**Hébreux** (« la race d'Héber » : Gn, x, 21) ou de « YHWH Dieu des Hébreux » (Ex, ix, 1 ; x, 3) depuis Abraham jusqu'à la conquête de la Terre promise (Canaan, c'est-à-dire Phénicie-Palestine), donc depuis 1880 (?) jusqu'à 1000 av. J.-C. Puis on parle d'**Israélites**, d'« enfants d'Israël » (Lv, xxiv, 10) depuis la conquête de Jérusalem jusqu'à la fin de l'Exil à Babylone : 996-538 av. J.-C. Enfin, on parle de **Juifs**, depuis 538 av. J.-C. jusqu'à nos jours. La tradition **judaïque**, le JUDAÏSME couvre l'ensemble. L'orthographe « Hébreu » désigne le peuple, l'orthographe (sans majuscule) « hébreu » la langue ; « au féminin en emploie israélite, juive » ! Sans parler d'« hébraïque », de « judéen » (II Rs, xvi, 6 ; Jérémie, xxxii, 12)...
Précision sur la transcription. J'écris YHWH *(iod, hé, waw, hé)*. Que signifierait sinon la mystique du Tétragramme, du Nom sacré à quatre consonnes (Ex, iii, 14) ? Et pourquoi oublierait-on l'interdiction de prononcer « le Nom ineffable » *(Shem meforash)* (Éz, xxxvi, 21 ; I Én, lxix, 14 ; III Én, xii, 5 ; Talmud de Babylone, section IV, traité 4 : *Sanhédrin. Assemblée*, 90 b ; section II, traité 4 : *Yoma*, 39 b) ?
« *Rabbi*, littéralement : "Mon éminence" ou "Mon maître". Ce terme désigne les docteurs de la *Mishnah* et du *Talmud* et, par extension, les sages et les enseignants de la *Tôrah* » (Mopsik).
2. Quant au millésime de la Création du monde, Clément d'Alexandrie propose 5624 av. J.-C., James Usher 4004 av. J.-C., l'astronome-astrologue Kepler 3992 av. J.-C., les Juifs 3761 av. J.-C., le chimiste-alchimiste Van Helmont 3996 av. J.-C., etc.

1880 ?-1360 – les 5 « Patriarches ancêtres » : Abraham, Isaac, Jacob, Juda, Joseph. Dieu = El-Shaddaï (dieu-des-Montagnes) (Gn, XVII, 1 ; Ex, VI, 3)
1850 ? – Melkisédek, roi-prêtre (Gn, XIV, 18), et Abraham. **Naissance de l'ésotérisme judaïque**
v. 1800 – Jacob (=Israël), petit-fils d'Abraham, ancêtre des 12 tribus d'Israël (Gn, XXXV)
1660-1230 ? – captivité des Hébreux en Égypte (430 ans, selon Ex, XII, 40)
1360 ? 1600 ? – Joseph le Patriarche, décrypteur de songes en Égypte (Gn, XLI)
v. 1291 ? – Révélation divine à **Moïse** du Tétragramme sacré : **YHWH** (Ex, III, 14)
1290 ? – Exode : Moïse fait sortir les Juifs d'Égypte (sous le pharaon Ramsès II ?)
1289 ? – Alliance divine au Sinaï : la Loi écrite et orale « de » Moïse (Ex, XX, XXXIV) : 1 an au Sinaï + 38 à Cadès Barné (>Qadêch-Barnéa) (Dt, II, 14)
1250 ? – entrée en Canaan, rencontre avec la deuxième tradition palestinienne : les CULTES CANANÉENS
v. 1200-740 ? – les « Prophètes antérieurs » : Josué, Samuel, Nathan, Élie, Élisée...
1200-1000 – les Nazîrs, ascètes guerriers (dont Samson et Samuel)
1200-445 – les 4 Prophétesses : Miryam (sœur de Moïse), Débora, Houlda, Noadya
1150 – les Israélites suivent les cultes cananéens (dont Dagôn >Dagan) (I Sm, V, 2)
1100 – prophétisme cananéen, de type extatique, signalé par l'Égyptien Ounamon
XIe s. – le Pentateuque, transmis oralement dans le désert du Sinaï
v. 1040-850 – les « Fils de prophètes » (I Sm, XIX) : prophétisme orgiastique
v. 1040 – Saül, 1er roi d'Israël, chasse les devins cananéens (I Sa, XXVIII, 3)
996 – David, 2e roi d'Israël, prend Jérusalem (II Sa, V)
970-933 – Salomon, 3e roi d'Israël. Modèle du Sage
959-586 – « le premier Temple » de Jérusalem, construit par Salomon et Hiram de Tyr
v. 930 – premiers témoignages de l'écriture hébraïque (calendrier de Guèzer)
873 – Élie massacre 450 prophètes des Ba'al (I Rs, XVIII). Modèle de l'ermite, ou ancêtre de la Kabbale selon Isaac l'Aveugle (1200), auteur d'une résurrection
v. 850 – le Pentateuque, strate yahwiste (1), émanant d'un milieu davidien (grand-prêtre Sadoq)
– les prophéties deviennent politiques (après Élisée)
v. 750 – le Pentateuque, strate élohiste (2), émanant des confréries de prophètes
750-ve s. – les « Prophètes postérieurs » : les 12 « Petits Prophètes » (Amos, Osée, Zacharie...) et les 3 « Grands Prophètes » (Isaïe, Jérémie, Ézéchiel [+ pseudo-Daniel])
738 – Isaïe (=proto-Isaïe) et la vision du Trône de YHWH (Is, VI)
721 – disparition lors de l'invasion assyrienne de 10 des 12 tribus (I Ch, V, 25) : énigme des « dix tribus perdues »
VIIe s. – le Sceau de Salomon (=Bouclier de David, Hexagramme)
v. 630 – Sophonie (II, 13) fait la prédiction (exacte) de la chute de Ninive (612)
v. 628 – Josias, roi de Juda, chasse les devins, les cultes cananéens (II Rs, XXIII)
627 – Jérémie, prophète malgré lui, et son secrétaire Baruch (605)
622 – découverte de la Tôrah oubliée dans les réserves du Temple (II Rs, XXII, 8)
620 – le Pentateuque, strate deutéronomiste (3) : monothéisme affirmé (Dt, VI, 4)

597 – 1ʳᵉ prise de Jérusalem (par le néo-Babylonien Nabuchodonosor II) (II Rs, XXIV)
597-538 – Exil : l'élite du royaume de Juda déportée « 70 ans » (!) en Babylonie (Jr, XXIX, 10)
592 – Ézéchiel et la **vision du Char** *(Merkabah)* de YHWH, à Babylone (Éz, I, 4-28)
592-165 – l'apocalyptique canonique : Ézéchiel (XXV *sqq.*), Joël, Zacharie (IX *sqq.*), Isaïe (XXIV-XXVII)
591 – Daniel décrypteur des songes de Nabuchodonosor II (Dn, II)
586 – destruction du premier Temple par Nabuchodonosor II : Grand Exil, captivité à Babylone (II Rs, XXV)
550 – le second Isaïe (=Deutéro-Isaïe), théoricien du monothéisme radical : YHWH comme Dieu unique (Is, XLIII, 10)
520 – le prophète Zacharie : thème de Dieu et des 7 planètes, de l'ange interprète
515 av. J.-C.-70 ap. J.-C. – « le second Temple » de Jérusalem (Esd, III, 10)
v. 500 – interdiction de prononcer le Tétragramme sacré (YHWH) (cf. Lv, XVI)
– la Sagesse *(Hôkhmah)* personnifiée (Pr, I) : origine des mythes gnostiques ?
440 – le Pentateuque, strate sacerdotale (4), issue des prêtres de Jérusalem sous Esdras et Néhémie
v. 400 av. J.-C.-70 ap. J.-C. – « l'ésotérisme du Second Temple » : Pharisiens (dont Rabban Johanan ben Zakkaï, 30 ap. J.-C.) et Esséniens (dont le Maître de Justice)
IVᵉ s. – le Pentateuque : réarrangement des quatre « documents » (« strates »)
398 (ou 458) ss. – deuxième courant du Judaïsme : le Rabbinisme, dès Esdras (exotérique)
v. 350 – le Cantique des cantiques : plus tard (dès Rabbi Akiba) livre sacro-saint
300 – Satan comme ange du Mal (I Ch, XXI)
IIIᵉ s. – idée de résurrection des morts (Ps, XXX, 4)
IIIᵉ s. av. J.-C.-déb. IIIᵉ s. ap. J.-C. – l'**apocalyptique apocryphe** : I Én, Da, Esd, etc. : apparition de la discipline de l'arcane et de la translation de l'âme sans corps
197 av. J.-C.-70 ap. J.-C. – les **Esséniens**, organisation initiatique à Qumrân
177 ? 63 ? – le Maître de Justice des Esséniens, leur législateur et Messie-Prêtre
175 – troisième courant du Judaïsme : la philosophie juive, dès Aristobule (Judaïsme alexandrin dès 330 av. J.-C.)
170 av. J.-C.-Xᵉ s. ap. J.-C. – la Théosophie rabbinique de l'œuvre du Char *(ma'asêh Merkabah)*
167 – le livre Daniel (le pseudo-Daniel) : apocalypse, science des cycles, symbolisme du Livre, pour la 1ʳᵉ fois discipline de l'arcane (Da, VIII, 26 ; XII, 10), etc.
125 – théories (exotériques) de la Création *ex nihilo* et de l'immortalité de l'âme (II Maccabées, VII, 23 et 9, en grec)
Iᵉʳ s. – les Thérapeutes, organisation initiatique, à Alexandrie
63 – 2ᵉ prise de Jérusalem (par le Romain Pompée) : renaissance de l'apocalyptique
v. 60 – pseudo-Hystaspe (un Juif), *Oracles* : apocalypse iranisante en grec
50 – théories du Verbe et de la rétribution de l'âme, distinction nette âme/corps : *Le Livre de la Sagesse* (=*Sagesse de Salomon*, en grec)

Après Jésus-Christ :
Ier s. – discipline de l'arcane sur la *Merkabah*
27 – Jean le Baptiste, dernier prophète juif ?
28 – Jésus et le *Sermon sur la montagne*. Troisième tradition palestinienne : le CHRISTIANISME
v. 50-IVe s. – quatrième tradition palestinienne : le GNOSTICISME (ni juif ni chrétien).
1er courant du Gnosticisme : Simon de Samarie, Ophites/Naassènes, Séthiens...
v. 50 – ésotérisme de la mesure du Corps *(sh'iûr Qômah)* de Dieu, dès II Én, XXXIX
20-220 – « l'ésotérisme tannaïtique » (des docteurs de la loi orale, dont Rabban Johanan ben Zakkaï, Rabbi Akiba, Rabbi Siméon bar Yohaï) : le Cantique des cantiques tenu pour ésotérique, secret sur le Char...
70 – 3e prise de Jérusalem (par le Romain Titus), destruction du second Temple
70-Ve s. – le Judéo-christianisme ésotérisant
v. 75 – pseudo-Philon, *Livre des antiquités bibliques*
IIe s. – la Théosophie rabbinique de « l'œuvre du Commencement » *(ma'asêh Berêshit)*
– la guématrie (valeur numérique des lettres comme herméneutique)
IIe ?-VIIIe s. – littérature des *Heykhalot* (« Palais » divins) : mystique du Trône divin
101-IVe s. – l'Elkhasaïsme, école baptiste judéo-chrétienne, ésotérique (Mani jeune)
v. 132 – Rabbi Akiba (>'Aqiba) contemple le Paradis : pré-Kabbale
v. 140 – Rabbi Siméon bar Yohaï (>Chim'on ben Yohay), considéré plus tard comme auteur pseudépigraphe du *Sefer ha-Zohar*
150 – les Mandéens : secte juive hérétique avec initiés (Irâq, Iran)
155-532 – les néo-Platoniciens d'Alexandrie (Numénios, Plotin...) s'informent sur les Juifs et leurs prophètes
v. 220 – la *Mishnah* (Loi orale) achevée par Juda le Patriarche : affirmation d'un ésotérisme oral
IVe s. – Marqa (>Markâ), poète mystique samaritain pré-kabbalistique
IVe s. ? – Marie la Juive : légende d'une alchimie judéo-égyptienne
IVe-Ve s. ? – *Sefer Yezirah* (>*Sepher Yetsira*) : livre mystique obscur évoquant les 10 *sefirôt*
v. 600 – Éléazar ha-Kallir, poète palestinien
614 – 4e prise de Jérusalem (par les Perses sassanides de Khosrô II)
616 ? – Ascension *(Mi'râj)* de Muhammad, du Temple de Jérusalem au Trône de Dieu
638 – 5e prise de Jérusalem (par les Arabo-Musulmans)
v. 900 – Mâshalla, astrologue
v. 1050 – Ibn Paqûda, Juif arabophone inspiré par des éléments soufis
1099-1244 – 6e prise de Jérusalem (par les croisés de Godefroy de Bouillon)
1140 – la philosophie juive néo-platonicienne ésotérisante : Abraham Ibn Ezra...
1148 – Abraham Ibn Ezra, *Le Livre des fondements astrologiques*
1150-XIVe s. – quatrième courant du Judaïsme : le Hassidisme médiéval (les *Hasidey Ashkenaz*, Pieux d'Allemagne), avec sa partie ésotériste dès Éléazar de Worms (récitation des Noms divins, combinaison des lettres, Golem...) en 1217
v. 1180 – cinquième courant du Judaïsme : la Kabbale théosophique : dès le *Sefer*

ha-Bahir (en Languedoc) : 1re théorie des *sefirôt*, de la transmigration des âmes...
1190 – Maïmonide (=RaMBaM), le grand philosophe juif, en partie favorable à l'ésotérisme
v. 1200 – la Kabbale, école du Languedoc : Isaac l'Aveugle (1160-v. 1235, Narbonne)
1210 – la Kabbale, école de Catalogne : Ezra ben Salomon, Moïse ben Nahman
1212 ss. – la Franc-Maçonnerie (chrétienne) : thèmes du Temple, de Salomon, etc.
1229 – Ibn 'Arabî intègre les prophètes juifs dans l'histoire des prophètes
v. 1230 – le Soufisme juif (dès Abraham Maïmonide, fils de Maïmonide)
1263 – Moïse ben Nahman (>Nahmanide =RaMBaN), Kabbaliste inspiré directement par Élie
1271 – la Kabbale extatique (Abraham Abû l-'Afiya, de Saragosse)
1280 – Moïse de León, compilateur du *Sefer ha-Zohar*. **Apogée de l'ésotérisme judaïque**
1291 – Bahya ben Asher et les 4 exégèses (littérale, allégorique, homilétique, secrète)
1357 – l'alchimiste Nicolas Flamel achèterait un livre d'Abraham le Juif
1486-1629 – la Kabbale chrétienne (dès J. Pic de la Mirandole)
1492 – Expulsion : les Juifs rejetés d'Espagne (et du Portugal en 1497)
1530 – la Kabbale, école de Safed (en Galilée) : Cordovero (1548), Isaac Luria (1568)
1548 – Moïse Cordovero et sa somme kabbalistique, *Pardes Rimmônim (Le Verger des Grenades)*
1568 – Isaac Luria et son disciple Hayyim Vital (1570) : la Kabbale messianique
1665 – le Kabbaliste Shabbetaï Zevi (>Tsevi) à Smyrne se proclame le Messie d'Israël
v. 1670 – la Kabbale tardive
1671 – Moïse Zacuto, poète kabbaliste portugais
1736-1945 – le Hassidisme moderne (ukrainien puis polonais) et sa partie ésotériste (le Ba'al Shem Tov, dit le BeSHT, 1698-1780)
1747 – Moïse Hayyim Luzzatto (†), Kabbaliste poète (en Italie, à Padoue)
1806 – les contes de Rabbi Nachman de Bratslaw, hassidiques, en yiddish
1823 – la « Kabbale occultiste » : L.-R. Lenain, Papus, A. E. Waite, Dion Fortune, etc.
1888 – H. P. Blavatsky imagine ses *Stances de Dzyan* sur le modèle du *Sifra de-Zeni'uta* (>*Siphra de-Tzeniutha*), partie du *Sefer ha-Zohar*
1915 – G. Meyrink, *Le Golem*, roman allemand
1925 – Abraham Isaac Kook, sioniste, kabbaliste, Grand Rabbin ashkenazi de Palestine
1922 – G. Scholem lance l'étude scientifique de la Kabbale
1947 – découverte des manuscrits de la mer Morte (les Esséniens) à Qumrân
1948 – proclamation de l'État d'Israël

Selon les Juifs (mais aussi selon les Francs-Maçons), devant le sanctuaire du Temple de Jérusalem, Salomon fit élever par Hiram de Tyr deux colonnes de bronze (I Rs, VII, 15-22). La colonne de droite avait pour nom *Yakîn*, la colonne de gauche *Boaz*. Le mystère, les mystères commencent ici. Au-delà des colonnes est le sanctuaire, où était prononcé le Nom *(Shem)* secret de Dieu. Les colonnes elles-mêmes posent diverses énigmes : quel est leur symbolisme ? que signifient ces noms ? « Solidité » et « Force », semble-t-il. C'est donc de solidité et de force dont il faudra faire preuve en essayant d'entrer dans le sanctuaire : dans l'ésotérisme judaïque. Par solidité, j'entends une connaissance éprouvée des textes, et par force l'audace d'aller jusqu'où l'homme peut aller pour avoir DIEU EN VUE.

CERTITUDES RELIGIEUSES CONTRE DOUTES HISTORIQUES

Nous détenons la Révélation *(Hitgalut)*, la Révélation unique pour le peuple élu, dit la religion juive [1]. Ce genre de prétention énerve. Les historiens, qui ne croient ni à la Révélation d'un dieu ni à l'Élection d'un peuple, ont aiguisé leurs couteaux. Et ils ont fait mal. Si les prophètes hébreux ont vaincu les magiciens égyptiens, ils ont été vaincus par les philologues européens. Je signale quelques coups portés par des historiens.

L'homme par qui le scandale arrive est (encore) juif et (toujours) philosophe : Spinoza. Dans son *Traité théologico-politique* (1670, chap. VIII), il soutient que l'Ancien Testament se compose d'éléments d'origines différentes, d'inégale valeur. Huit ans plus tard [2], Richard Simon, un théologien français intéressé par les manuscrits orientaux, s'avise de faire d'autres observations de bon sens. Si le Pentateuque a pour auteur Moïse (Ex, XXIV, 4), comment expliquer que celui-ci ait pu, vivant, écrire : « C'est donc là que mourut Moïse » (Dt, XXXIV, 5) ? Dom A. Calmet, C. Le Cène, J. Astruc [3] estiment que le Pentateuque a été compilé à partir de plusieurs mémoires, qui donnent à Dieu deux noms, le pluriel *Élôhim* ou le singulier YHWH. L'idée d'une rédaction du Pentateuque par Moïse s'effondrait.

Sans parler du fait que, si le Pentateuque est écrit en hébreu, Moïse, lui,

---

1. Peuple élu : Dt, VII, 6 (« Tu es un peuple consacré à YHWH, ton Dieu : il t'a choisi, YHWH, ton Dieu, pour lui être un peuple spécial entre tous les peuples qui sont sur la face de la terre ») ; Ex, XIX, 5 ; Amos, III, 2 (et Coran, II, 47 : « Ô fils d'Israël ! Souvenez-vous des bienfaits dont je vous ai comblés. Je vous ai préférés à tous les mondes ! »). Révélation unique : Maïmonide, *Le Guide des égarés*, trad. de l'arabe, Verdier, 1979, II, 35.
2. Richard Simon, *Histoire critique du Vieux Testament* (1678, éd. revue 1685 ; Slatkine, Genève, 1971, 714 p.). Livre mis à l'*Index librorum prohibitorum* en 1683.
3. Dom A. Calmet, *Commentaire littéral sur tous les livres de l'Ancien et du Nouveau Testament*, Émery, 1707-1716, 22 t., t. 1, p. 20 ; *Nouvelles Dissertations sur plusieurs questions importantes et curieuses*, Émery, 1720, p. 79. C. Le Cène, *Projet d'une nouvelle version française de la Bible*, Amsterdam, 1741. J. Astruc, *Conjectures sur la Genèse*, Bruxelles, 1753. Et même Voltaire, *La Bible enfin expliquée* (1776).

ne s'exprimait pas en hébreu, mais dans quelque autre langue chamito-sémitique.

Nouvelle recherche, nouvelle catastrophe pour les tenants de la Révélation. En 1872, G. Smith[1] identifie sur une tablette cunéiforme[2], donc mésopotamienne, un récit « biblique » du Déluge, antérieur de onze siècles au texte de la Bible hébraïque *(Tanakh)* ! Onze siècles ! De quoi perdre son hébreu ! Le fameux récit de Noé était un plagiat ! Le récit du Déluge n'était pas une mémoire israélite, mais une imagination sumérienne. Cette fois, l'idée d'une origine divine de la Bible hébraïque s'effondrait.

LE RÉCIT DU DÉLUGE

« Tu as obtenu la vie-sans-fin.	« Toute la vie de Noé avait été de 950 ans...
Utanapsihtî s'adressa donc à lui.	Ceci est l'histoire de Noé...
L'envie prit aux plus grands dieux de provoquer le Déluge.	Et Dieu dit à Noé : Je vais amener sur la terre le Déluge...
Démolis ta maison pour te faire un bateau !	Fais-toi une arche de bois de gôfer.
Embarque avec toi des spécimens de tous les animaux !	Et de tous les êtres vivants, de chaque espèce, tu en recueilleras deux...
Le septième jour arrivé, Tempête, Déluge et Hécatombe cessèrent.	Le septième mois, le dix-septième jour du mois, l'arche s'arrêta
C'était le mont Nisir où le bateau accosta.	sur le mont Ararat...
Le septième jour je pris une colombe, puis je pris un corbeau.	Il lâcha le corbeau, qui partit,... puis il lâcha la colombe...
Je fis un banquet-pour-les-dieux. »	Noé érigea un autel à YHWH. »
L'Épopée de Gilgamesh, XI (1900 av. J.-C., en sumérien)	Genèse, VI-IX (strate yahwiste) (850 av. J.-C., en hébreu)

En 1878 l'orientaliste allemand J. Wellhausen[3] va plus loin que Spinoza. Il repère des doublets, des interruptions dans le texte. Il y a plusieurs versions de la Création, du Décalogue, etc., qui ne se recoupent pas exactement. Par exemple, le monde est créé ici en huit moments (Gn, I, 1-II, 4), là en six jours (Gn, I, 5-II, 2). Le savant suppose alors que le Pentateuque n'est pas un récit mais la recomposition de quatre documents, de

---

1. « The Chaldaean Account of the Deluge » (3 déc. 1872), *Transactions of the Society of Biblical Archaeology*, Londres, II, 1873, p. 213-234.
2. Il s'agit du *Poème du Supersage (Atrahasis*, vers 1700 av. J.-C.), trad. J. Bottéro, *Lorsque les dieux faisaient l'homme*, Gallimard, 1989, p. 527-553.
3. J. Wellhausen, *Skizzen und Vorarbeiten*, t. 2 : *Die Composition des Hexateuchs und der historischen Bücher des Alten Testaments* (1885), Berlin, 1889, II-361 p. ; article « Hexateuque » de l'*Encyclopaedia biblica*, 1901. Sur la nouvelle « théorie documentaire » : A. de Pury, *Le Pentateuque en question* (1989), Cerf, 1991.

quatre sources, ou plutôt « strates » d'époques différentes et de milieux distincts. Une première strate, dit « yahwiste » (ou source J) et venant d'un cercle salominien du IXe siècle av. J.-C., nomme Dieu « YHWH יהוה » (Gn, II-IV, XXVIII, 13 ; Ex, III, 14), et le décrit souvent en termes anthropomorphiques, avec une préoccupation cosmogonique (Gn, II, 4-IV, 26). Une deuxième strate, dite « élohiste » (ou source E) et qui émanerait des tribus du Nord au VIIIe siècle av. J.-C., parle de Dieu en termes d'« Élôhim אֱלֹהִים » (Gn, XX, 13), elle ne commence l'histoire qu'avec Abraham (Gn, XII), elle insiste sur les songes, les anges, les prophètes, bref sur le contact direct avec Dieu. Des compilateurs auraient fusionné ces deux premières strates au VIIe siècle av. J.-C., en juxtaposant ou en amalgamant (par exemple Gn, XXVIII, 10-22). Une troisième strate, dite « deutéronomiste » (ou source D) et qui date de 622 av. J.-C. (II Rs, XXIII), occupe le Deutéronome, elle insiste sur l'amour de Dieu envers son peuple élu. Une quatrième strate, dite « sacerdotale » (ou source P, *Priestcodex*) et qui vient de prêtres du Temple de Jérusalem, dont Esdras (>Ezra), vers 440 av. J.-C., montre une préoccupation surtout théologique en termes d'« Élôhim » (Gn, I, 1-II, 4 ; Ex, XXV-XXXI ; Lv ; Nb, I-XVIII), accompagnée de chronologies, de généalogies, de classifications, de séries. Du fait de ces diverses couches littéraires, le lecteur dispose d'un Décalogue « sacerdotal » (Ex, XX, 3-17) ou d'un Décalogue « deutéronomiste » (Dt, V, 7-21) : il peut choisir sa liste des dix commandements. L'ensemble des quatre « strates » (source JEDP) aurait été recomposé vers 400 av. J.-C., neuf siècles après Moïse. Cette fois, l'idée d'une œuvre une ou d'une théologie une s'effondre.

Reste l'essentiel, le Dieu Un et Unique.

LES QUATRE STRATES DU PENTATEUQUE

- **strate « yahwiste »** (850 av. J.-C.) : Dieu = **YHWH** : Gn, II 4-IV, VI 5-8, VII 1-5 ; 7-10, 12, 16, 17, 22-23, VIII 2-3, 6-12, 13, 20-22, X 18-28, XI 1-9, XII, XIII, XV, XVI (sauf 1, 3, 115-16), XVIII, XXI 1, 2, 6, 7, XXII 11, 14, 15, 18, XXIV, XXV 22-XXVIII 5, 13-16, XXIX 31-XXX 31, XXXI 1, 3, 21, 27, 31, 38-40, XXXII 4-14, 23-XXXIII 20, XXXVIII-XXXIX, XLII 27-28, XLIII-XLIV, XLVII 13-31 ; Ex, I 6-14, V 5-VI 1, XII 29-34, 38-39, XXIV 1-2, 9-12, XXXIV 14-26, etc. ; Lv ; Nb, X 29-XI, XX-XXII, XXIV.

- **strate « élohiste »** (750 av. J.-C.) : Dieu = **Élôhim** : Gn, XX, XXI 8-31, XXII, XXVIII 10-12, 17-18, 20-22, XXIX 15-30, XXXI, 2, 4-20, 22-26, 28-30, 32-37, XXII (sauf 11, 14, 15, 18), XXXII 14-22, XLI-XLII ; Ex, I 15-22, III 13-V 4, XVII-XVIII, XX 22-XXIII 19 ; Nb, XII-XIV, XXIII, XXXII.

- **strate « deutéronomiste »** (620 av. J.-C.) : Ex, XII 24-27, XIII 3-16 ; Dt.

- **strate « sacerdotale »** (440 av.J.-C.) : Dieu = **El Shaddaï** : Gn, I-II 4, V 1-28, VI 9-22, VII 6-11, 13-16, 18-21, 24, VIII 1-2, 3-5, 13, 14-19, IX, 1-17, 28-32, XI 10-27, 31-32, XVI 1, 3, 15-16, XVII, XXI 3-5, XXIII, XXV 19-21, 26, XVII, XXVIII 6-9, XXXV 22-XXXVII 1, XLVI 8-27, XLVII 5-12, XLVIII 3-6 ; Ex I 1-5, II 23-25, VI 2-13, 28-VII 7, XII 1-20, 43-50, XVI, XX, XXV-XXXI, XXXIV 29-35 ; Nb I-X 28 ; XV-XIX, XXXI, XXXIII.

Mais, là encore, une formidable découverte jeta l'effroi. Au milieu d'archives royales, parmi les 14 000 tablettes d'Ebla[1], datant de 2400 av. J.-C., les archéologues ont découvert, se rapportant à une divinité, la forme *YHWH*, qui aurait été révélée à Moïse 1 200 ans après (Ex, III, 14). La plus grande révélation dans l'histoire de l'humanité avait un précédent ! et chez des voisins, les Eblaïtes ! Le Nom « YHWH » se trouve aussi dans les inscriptions du roi Mesha' (850 av. J.-C.), un Moabite, et à Lakhish. Dieu n'a pas dit son Nom aux seuls Hébreux. L'idée de peuple élu s'effondrait à son tour.

Face à ces désastres, est-ce que l'ésotérisme peut réintroduire dans le Judaïsme le sacré ?

Il faut reprendre l'enquête sur de toutes autres bases que celles d'auteur unique, de texte révélé, de peuple élu.

LES MYSTÈRES DE LA LOI *(razei Tôrah)*

Cherchons d'abord du côté des mots. En hébreu, *sôd* (pluriel *sôdôt*) סוֹד סוֹדוֹת, « secret », peut avoir un sens spirituel, celui de « sacré, ésotérique », par exemple chez Isaïe. Le mot araméen *Râz*[2] (pluriel *razim*) רָז רָזִים, « mystère », prend une signification ésotérique dans le livre de Daniel (Da, II, 18, 28), chez les Esséniens, chez les Kabbalistes, qui parlent de « secret des secrets » *(raza de-razin)*. *Razei Tôrah* (רָזֵי־תוֹרָה, « mystères de la Loi »), *sitrei Tôrah* (סִתְרֵי־תוֹרָה, « arcanes de la Loi »), *sôdôt ha-Tôrah* (סוֹדוֹת הַתוֹרָה, « secrets de la Loi ») sont synonymes. Parfois *hôkhmah* (חָכְמָה, « sagesse ») revêt une connotation nettement ésotérique. On rencontre aussi *hiddôt* (singulier *hiddâh*), « énigmes », ou *sitrei* (singulier *setarîm*), « arcane ». Mais il faut chercher dans les textes postérieurs au Pentateuque.

---

1. G. Pettinato, *The Archives of Ebla*, Doubleday, New York, 1981, 368 p. Paolo Matthiae et al., *Ebla. Alle origini della civiltà urbana*, Electa, Milan, 1995.
2. Sur le mot *râz* : J. Coopers, *Le « Mystère » dans la théologie paulinienne et ses parallèles qumrâniens*, apud A. Descamps, *Littérature et Théologie pauliniennes*, Recherches bibliques, n° 5, 1960, p. 142-151.

– Il [YHWH] me [Isaïe] dit : « Va, et tu diras à ce peuple : Obstinez-vous à écouter sans comprendre, et à voir sans saisir. » [...] Il faut tenir secrète la leçon, mettre un sceau sur l'enseignement parmi mes disciples.

Is, vi, 9 ; viii, 16 ; 740 av. J.-C.

– La gloire de YHWH, c'est de s'entourer de mystère ; la gloire du roi est d'examiner les choses à fond.

Pr, xxv, 2 ; ve s. av. J.-C.

– Celui qui habite dans le secret [*beséter*] du Très-Haut se loge à l'ombre du Tout-Puissant.

Ps, xci, 1, trad. R. Arnaldez ; iiie s. av. J.-C.

– Écoute, ô mon peuple, ma Loi ; tends l'oreille aux paroles de ma bouche ; j'ouvre la bouche en paraboles [*meshalim*], j'évoque du passé les mystères [*hiddôt*].

Ps, lxxviii, 1-2 ; cf. Mt, xiii, 35.

– Il convient de garder le secret du roi, tandis qu'il convient de révéler et de publier les œuvres de Dieu.

Tb, xii, 7 ; livre deutéro-canonique, 200 av. J.-C.

– Devant un étranger [*zar*], ne fais rien qui doive rester secret [*râz*].

Ecq (=Sagesse de Jésus fils de Sira, Siracide), viii, 18 ; livre non canonique, en grec, 190 av. J.-C.

– Daniel (leur demanda) d'implorer la miséricorde du Dieu du ciel au sujet de ce mystère [*râz*] [...]. Le mystère [*râz*], dit-il, que veut éclaircir le roi, ni sages, ni devins, ni magiciens, ni astrologues ne peuvent le révéler au roi. [...] En vérité, votre Dieu est le Dieu des dieux, le souverain des rois, le révélateur des mystères, puisque tu as pu dévoiler ce mystère-là.

Da, ii, 18, 27, 47 ; 167 av. J.-C. ; Da, ii, 4-vii, 28 est en araméen, le reste en hébreu.

– Ils ignorent les secrets de Dieu.

Sg, ii, 22 ; livre deutéro-canonique, en grec, 190 av. J.-C.

La notion d'ésotérisme reçoit aussi des expressions plus imagées que les simples mots. Le personnage de Melkisédek (Gn, xiv, 18), que rencontre Abraham, jette un trou de lumière dans le texte, tout comme « l'Ange de Dieu » avec lequel lutte Jacob (Gn, xxxii, 25 ; xvi, 7). Cet ange, d'après la Kabbale, est le soi : l'homme se voit lui-même, il projette sa forme idéale comme dans un miroir[1]. De façon plus connue, des objets, comme l'échelle de Jacob (Gn, xxviii, 12), le Temple de Jérusalem et son Saint des Saints *(Debir)*, qui abrite l'Arche d'Alliance (Ex, xxvi ; I Rs, vi, 19-30), disent l'ésotérisme avec un symbolisme architectural. L'échelle symbolise l'ascension et le Temple concentre le monde. Le saphir bleu

---

1. G. Scholem, *La Mystique juive. Les Thèmes fondamentaux* (1962), trad. de l'allemand, Cerf, 1985, p. 103. M. Idel, *L'Expérience mystique d'Abraham Aboulafia*, Cerf, 1989, p. 103.

figure la Jérusalem céleste (Is, LIV, 11), le Trône (Éz, I, 26). Plus tard, le symbole du « livre scellé » ou du « livre caché » représentera l'ésotérisme (Da, XII, 1, 4 ; Écrit de Damas, V, 2 ; II Én, XXII, 8). Ézéchiel (III, 2) mange un livre. Énoch lit des tablettes célestes (I Én, CVI, 19) aussi réelles qu'occultes. L'idée de livre ésotérique apparaît ainsi avec l'apocalyptique. Le prophète ne dit plus, il écrit, et il écrit des secrets. Le motif du voile (Ex, XXVI, 31, p. 110 ; XXXVI, 35, p. 127) se retrouverait dans tous les ésotérismes, car il cache et révèle à la fois.

ÉQUIVALENTS DU MOT « ÉSOTÉRISME » EN HÉBREU

TRANSCRIPTION	TRADUCTION	RÉFÉRENCE
gâlâh, hâsaph	révéler	Daniel, II, 29
hôkhmah	sagesse	Pentateuque
razîm	mystères (mot araméen)	Daniel, II, 18
sôd	secret	Pentateuque
derekh ha-emet	voie de la vérité	la Kabbale
ha-yodeïm	ceux qui savent	Moïse ben Nahman
hôkhmah nistarah	sagesse cachée	Moïse ben Nahman
hôkhmah penimit	sagesse intérieure	la Kabbale provençale
kabbalah	tradition	Isaac l'Aveugle, Éléazar de Worms
mîstorîn	mystère (mot grec)	le Talmud
ne'lam	occulte	le Zohar
nistarôt	choses cachées	les Esséniens
razei Tôrah	mystères de la Loi	le Talmud
sitrei Tôrah	arcanes de la Loi	le Talmud, le Zohar

La discipline de l'arcane, l'ordre de tenir secrète la révélation n'apparaît — explicitement du moins — qu'avec la littérature apocalyptique des pseudépigraphes, en particulier dans Daniel (167 av. J.-C.). Pourquoi le secret ? Il faut attendre le moment favorable, ou atteindre la maturité requise. On note que Dieu « révèle profondeurs et secrets » (Da, II, 22), qu'il est « révélateur des mystères » (II, 47), mais on ajoute qu'il faut serrer les paroles et sceller le livre (XII, 4), réserver aux doctes (XII, 10). On n'a plus un « Dieu caché », un *Deus absconditus* (Is, XLV, 15) mais un Dieu occulte, *Deus occultus*. Les Kabbalistes l'appelleront Sans-Fin *(Ein-Sôf)*.

Sur quoi porte le secret ? L'objet de l'ésotérisme judaïque évolue dans le temps.

• DANS LE PENTATEUQUE (Gn, Ex, Lv, Nb, Dt), l'ésotérisme concerne explicitement la Connaissance morale, figurée par « l'Arbre de la science du bien et du mal » (Gn, II, 17). Chose curieuse, la fameuse interdiction de toucher à cet Arbre n'a guère passionné les ésotéristes, qui y ont vu un simple tabou. La question des anges, de la Face de Dieu (Ex, XXXIII, 20 ;

Nb, XII, 8), de ses Noms (Ex, III, 14) entre dans le champ de l'ésotérisme. Bien entendu, la notion de prophétie et d'oracles demeure centrale. Le mystère concerne choses cachées et secrets divins.

• DANS LES AUTRES SECTIONS DE LA BIBLE HÉBRAÏQUE, le livre de Daniel (II, 21) insiste sur les mystères des « périodes et temps ». L'intérêt pour les anges et leur nom se développe (Jg, XIII, 6 ; Éz, I, 5 ; Tb, XII, 15). Cyclologie et angélologie dominent alors le champ des recherches ésotériques. Des allusions au déterminisme astral naissent (Za).

• POUR LES AUTEURS PSEUDÉPIGRAPHES (comme Énoch, « Abraham », « Daniel ») ou pour les Esséniens, le mystère tourne autour du problème messianique et eschatologique. Qui sera le Messie, quand viendra-t-il ? Comment se déroulera la Fin du monde ? Qui sera sauvé ? L'ésotérisme des mesures du Corps de Dieu *(shi'ûr Qômah >chi'our Qomah)* [1] commence (II Én, XXXIX), d'après le Cantique des cantiques (Ct, V, 11-16). Bien entendu, ces mesures ont un caractère symbolique, et cette connaissance est ésotérique, réservée, parce que le risque d'anthropomorphisme est grand.

À Dieu ne plaise que Rabbi Ismaël ait pu inventer de lui-même toutes ces choses [les mesures du Corps de Dieu]. Je me demande d'ailleurs comment cela pourrait être possible pour un être humain.

Du reste, notre Créateur est trop sublime et trop élevé pour posséder des membres et des dimensions au sens propre de telles déclarations ; car à qui Dieu peut-il ressembler et quelle forme pouvons-nous lui prêter ?

En vérité, il y a là derrière une certaine sagesse que l'on ne peut livrer à tout un chacun.

Hai ben Sherira (chef d'une académie babylonienne vers 1000), sur *Hagigah*, II, 1 ; cité par G. Scholem, *La Mystique juive. Les Thèmes fondamentaux* (1962), trad. de l'allemand, Cerf, 1985, p. 56. © Éditions du Cerf, Paris.

Les auteurs dévoilent le nom des anges bons ou mauvais et leurs actions, les cycles du mondes et la date du Jugement du monde, ils décrivent cinq ou sept cieux superposés [2]. Les « mystères merveilleux » (comme disent les Esséniens) tiennent en la connaissance des temps. « Toi seul [Dieu] connais la durée des générations et tu ne révèles pas tes mystères au grand nombre » (II Ba, XLVIII, 3). Le thème de la résurrection, soit individuelle soit universelle, soit des âmes soit des corps, s'impose, avec des oppositions sur les croyances. Chose plus rare, il est question des états mystiques, des états supérieurs de conscience, par exemple l'extase

---

[1]. G. Scholem, *La Mystique juive*, éd. cit., p. 37-72 (« *Shi'ur Qoma*. La Forme mystique de la divinité »). Texte non traduit décrit par I. Gruenwald, *Apocaliptic and Merkavah Mysticism*, E. J. Brill, Leyde, 1979, p. 213-217.

[2]. TDP, C, II, 8 ; II Én, XX, 1 ; AA, XIX, 4. Le dogme de plusieurs cieux se trouvait dans l'Ancien Testament (Dt, X, 14 ; I Rs, VIII, 27 ; Ps, CIV, 2, CXLVIII, 4) et se retrouvera dans le Christianisme (II Corinthiens, XII, 2) et dans l'Islâm (Coran, II, 29 ; LXXVIII, 12 : « sept cieux inébranlables »).

d'« Abraham », le voyage à travers les cieux (AA, x, xvii ; II Én, iii-xxii). Les textes secrets devaient également aborder la transmigration des âmes[1]. Sujet sensible !, qu'on retrouvera dans la Kabbale.

• DANS LES ÉCRITS GRECS NON CANONIQUES, le mystère concerne la rétribution individuelle après la mort : « Ils ignorent les secrets de Dieu, ils n'attendent pas de rémunération pour la sainteté » (Sg, ii, 22).

• LES THÉOSOPHES JUIFS ET LES KABBALISTES, CERTAINS HASSIDIM diront que les secrets concernent surtout la cosmogonie (Gn, i-ii) et la théosophie du « Char de YHWH » (Éz, i-ii), thèmes qui ne sont pas explicitement donnés comme ésotériques dans le Pentateuque. S'ajoutent, très tôt, les thèmes de la transmigration *(gilgul >guilgoul)* des âmes[2] et de la Gloire *(Kabôd)* divine *(Sefer ha-Bahir)*. Derrière ces thèmes se profile l'idée d'herméneutique, d'une interprétation ésotérique des textes. La Kabbale a développé des thèmes propres : *Ein-Sôf, sefirôt...*

La science des dix *sefirôt* et certaines explications des commandements sont appelées *kabbalah*.

Rabbi Meir ben Salomon ibn Sehula (1331), *Commentaire sur le Livre de la Formation (Sefer Yezirah)*, cité par Ch. Mopsik, *Les Grands Textes de la cabale. Les Rites qui font Dieu*, Verdier, 1993, p. 65.

Trois sortes de mystère ne sauraient être communiqués, sauf lors d'un jeûne : le mystère du Char, le mystère du Commencement, le secret de l'Unité [*sôd ha-Yihûd*].

Éléazar de Worms (1165-1230), *Sagesse de l'âme. Hôkhmat ha-Nefesh*, 3 c, cité par G. Scholem, *Kabbalah* (en anglais), Keter Publishing House, Jérusalem, 1974, p. 41.

Après les mots et les thèmes, cherchons l'ésotérisme judaïque du côté des opinions. Qui a cru en l'existence d'un ésotérisme juif ?

• LA TRADITION PSEUDÉPIGRAPHIQUE (Én, Ju) ET L'ÉCOLE ESSÉNIENNE, liées sinon identiques, résolument ésotéristes, affirment le caractère réservé et mystérieux de la Loi. Non seulement les pseudépigraphes et les Esséniens veulent faire œuvre ésotérique, mais encore ils jugent la Bible hébraïque ésotérique. Dieu a révélé les choses cachées, dit l'Écrit de Damas (iii, 14).

• LE JUDAÏSME RABBINIQUE, depuis le Pharisien Rabbi Johanan ben Zakkaï[3] (vers 30 ap. J.-C.), affirme, dans certains passages du Talmud,

---

1. D'après Origène (*Commentaire sur saint Jean*, vi, 13, 76, trad. du grec, Cerf, coll. « Sources chrétiennes », n° 157), les Juifs plaçaient parmi les secrets la théorie de la transmigration des âmes.
2. G. Scholem, *La Mystique juive*, éd. cit., p. 203-254 (« *Gilgul*. Migration et Sympathie des âmes ») ; *Kabbalah*, éd. cit., p. 333-336 *(Eschatology)*, 344-350 *(Gilgul)*.
3. J. Neusner, *A Life of Yohanan ben Zakkai* (1962), E. J. Brill, Leyde, 2ᵉ éd. 1990, xx-279 p. ; *Development of a Legend. Studies on the Traditions Concerning Yohanan ben Zakkai*, E. J. Brill, Leyde, 1970, xviii-316 p. N. Sed, « Les traditions secrètes et les disciples de Rabban Yohannan ben Zakkai », *Revue d'histoire des religions*, t. 184, 1973, p. 49-66. « Le titre honorifique de Rabban, "Notre maître", est supérieur à celui de Rabbi, "Mon maître"« (G. Wigoder dir., *Dictionnaire encyclopédique du Judaïsme*, Robert Laffont, coll. « Bouquins », 1996, p. 1089).

qu'il y a des sujets réservés, et qui exigent une préparation morale, spirituelle : les arcanes des unions *(sitrei arayot)*, l'Œuvre du Commencement *(ma'asêh Berêshit)*, l'Œuvre du Char *(ma'asêh Merkabah)* [1].

On n'étudie pas [*ein dorshin*] le chapitre des unions interdites [relations sexuelles illicites : Lv, XVIII] quand on est trois personnes [plus le maître], ni l'œuvre du Commencement [Gn, I] quand on est deux [plus le maître], ni l'action du Char divin [Éz, I] quand on est seul. À moins que l'on n'y soit savant et capable de comprendre par sa seule connaissance.

Celui qui s'attache à réfléchir sur quatre problèmes, mieux eût valu pour lui qu'il ne fût pas venu au monde. À savoir ce qui est en haut [l'essence divine], ce qui est en bas [l'existence diabolique], ce qui est en avant [postérieur à la Fin du Monde] et ce qui est en arrière [antérieur à la Création de l'Homme : Dt, IV, 32]. Et celui qui n'a pas égard à l'honneur de son Créateur, mieux eût valu qu'il ne fût pas venu au monde. [...]

Il était arrivé que Rabban Yohanan fils de Zakkaï allait à dos d'âne et il était en route, et Rabbi Éléazar fils d'Arah le suivait sur son âne. Il lui a dit :
– Maître, enseigne-moi un chapitre de l'action du Char divin [*ma'asêh Merkabah*].

Il lui a répondu :
– Ne vous ai-je pas enseigné : Ni l'action du Char divin avec la présence d'un seul, à moins qu'il ne soit un sage [*hakham*] capable de comprendre les choses par sa seule connaissance ?

Talmud de Babylone (*Talmud Babli*, entre 400 et 500), section II : *Zer'aim. Semences*, traité 12 : *Le sacrifice de fête, Hagigah.* chap. 2, 11 b et 14 b, trad. de l'araméen oriental du Grand Rabbin Israël Salzer, *Le Talmud. Traité Haguiga*, Verdier, 1991, p. 85-86, 111. © Éditions Verdier, Lagrasse. Pour la trad. du *Talmud de Jérusalem* (*Talmud Yerushalmi*, milieu IIIe-fin IVe s.) : trad. de l'araméen occidental M. Schwab, *Le Talmud de Jérusalem*, t. 6, G. P. Maisonneuve, 1886, traité *Haghiga*, p. 274-275.

Un autre texte, mais non juif, confirme cette discipline de l'arcane.

On dit que les Juifs interdisent à quiconque n'a pas atteint un âge mûr de prendre ce livre [le Cantique des cantiques] en main. Et ce n'est pourtant pas tout, car, bien que les rabbins et enseignants étudient avec les jeunes enfants tous les livres bibliques et toutes les traditions orales, ils gardent pour la fin les quatre textes suivants : le début du livre de la Genèse où se trouve le récit de la Création, le début de la prophétie d'Ézéchiel où il est question des Chérubins (c'est-à-dire de l'angélologie et de la cour céleste), la fin du livre où il est question du futur Temple [Éz, XL-XLVII], et enfin ce livre du Cantique des cantiques.

Origène, *Commentaire sur le « Cantique des cantiques »* (IIIe s.), trad. du grec, Cerf, coll. « Sources chrétiennes », n°s 375 et 376, 1991-1992, p. 51.

• LE JUDAÏSME ALEXANDRIN [2] se montre, dit-on, favorable à l'idée d'un ésotérisme dans la Bible hébraïque. Le pseudo-Aristée ne prône pas à pro-

---

1. A. Abû l-'Afiya : « Les arcanes des unions, l'Œuvre du Commencement, et l'Œuvre du Char, qui est la science divine, tous sont des choses très sublimes » *(Hayyé ha-Olam ha-Ba)*.
2. E. R. Goodenough, *By Light, Light. The Mystic Gospel of Hellenistic Judaism*, Yale UP, New York, 1935, xv-436 p. L. Cerfaux, *L'Influence des Mystères sur l'alexandrisme*

prement parler l'ésotérisme, simplement il conseille de ne pas révéler la Loi aux impurs. Philon d'Alexandrie (*Du décalogue*, 41) et Flavius Josèphe (*Contre Apion*, II, 22) admettent l'ésotérisme, même si Philon reste philosophe et Flavius historien.

• LES KABBALISTES, évidemment, et les Hassidim tiennent le Judaïsme pour un ésotérisme, l'Ésotérisme même.

• LES ÉSOTÉRISTES CHRÉTIENS, surtout depuis les Kabbalistes chrétiens avec Pic de la Mirandole, ont emboîté le pas aux Kabbalistes.

Cherchons à présent l'ésotérisme judaïque du côté des structures. Il ne suffit pas de détails, comme la présence de devins, pour attester de l'ésotérisme. Il faut un réseau, une organisation générale des idées, de l'écriture : des analogies, mais formant grille, des nombres, mais formant série, des symboles mais formant constellation...

Tout ésotérisme se signale principalement par la théorie des analogies et correspondances, leur utilisation comme grille pour comprendre le Tout et ses unités. Or, on trouve une pareille grille dans le Pentateuque, sous la forme que les Hébreux privilégiaient, celle de clans. La grille des Hébreux prend la forme d'un réseau de douze tribus. Le chap. XLIX de la Genèse cite, dans l'ordre de primogéniture, les douze fils de Jacob (=Israël). Le nombre 12, lié exotériquement aux tribus et ésotériquement aux constellations zodiacales, peut se ramener à 4. Cette fois le 4 est lié exotériquement aux aînés de Jacob (Ruben, Siméon, Lévi, Juda), ésotériquement aux orients (Nord, Ouest, Est, Sud) (Ju, XXXVIII, 5-8). Chose remarquable, quand on dresse le tableau on s'aperçoit qu'un Signe n'a pas sa tribu : les Poissons. Il y a 12 noms, mais 11 constellations. Ce vide contient une prophétie, celle de Jésus, placé sous le Signe zodiacal des Poissons. Ce silence est révélation. Voilà bien un cas typique d'ésotérisme.

Rassemblez-vous, je veux vous révéler ce qui vous arrivera dans la suite des jours. Pressez-vous pour écouter, enfants de Jacob, pour écouter Israël votre père.
[Ruben : Verseau, 11e Signe] Ruben ! tu fus mon premier-né [...]. Impétueux comme l'**onde** [...].
[Siméon et Lévi : Gémeaux, 3e Signe] Siméon et Lévi, digne couple de **frères** [...].
[Juda : Lion, 5e Signe] Tu es un jeune **lion**, Juda [...].
[Zabulon : Cancer, c'est-à-dire Crabe, 4e Signe] Zabulon occupera le littoral des **mers** ; il offrira des ports aux vaisseaux, et sa plage atteindra Sidon.
[Issachar : Taureau, 2e Signe] Issachar est un **âne** musculeux [...].
[Dan : Balance, 7e Signe] Dan sera l'**arbitre** de son peuple [...].
[Gad : Scorpion, 8e Signe] Gad sera assailli d'ennemis, mais il les assaillira à son tour [la queue du scorpion].

---

juif avant Philon, apud *Recueil L. Cerfaux*, Gembloux, 1953. A. D. Nock, *The Question of the Jewish Mysteries*, *apud* Z. Stewart et A. D. Nock, *Essays on Religion and the Ancient World*, Oxford UP, 1972, t. 1, p. 459-468.

[Asher : Vierge, autrement dit Épi de l'orge, 6ᵉ Signe] Pour Aser, sa **production** sera abondante ; c'est lui qui pourvoira aux jouissances des rois.
[Nephtali : Capricorne, 10ᵉ Signe] Nephtali est une **biche** qui s'élance ; il apporte d'heureux messages. [...]
[Joseph : Sagittaire, 9ᵉ Signe] C'est un rameau fertile que Joseph [...] Son **arc** est resté plein de vigueur [...].
[Benjamin : Bélier, 1ᵉʳ Signe] Benjamin est un **loup** ravisseur : le matin il s'assouvit de carnage, le soir il partagera le butin.
Tous ceux-là sont les douze tribus d'Israël [quand on distingue les jumeaux Siméon et Lévi].

Gn, XLIX, 1-28.

GRILLE DES CORRESPONDANCES CHEZ LES JUIFS :
les tribus (Genèse, XLIX)

Tribus	Symboles	Signes	Orients
Ruben (1)	« les eaux »	Verseau (XI)	**Sud** haut
Siméon (2) et Lévi (3)	« frères »	Gémeaux (XIII)	Sud-Est Ouest
Juda (4)	« jeune lion »	Lion (V)	**Est** haut
Zabulon (5)	« matelot »	Cancer (IV)	Est bas
Issachar (6)	« âne robuste »	Taureau (II)	Est Nord
Dan (dont Samson) (7)	« juge »	Balance (VII)	**Nord** haut
Gad (8)	« détrousseur »	Scorpion (VIII)	Sud bas
Asher (9)	« pain »	Vierge (VI)	Nord-Ouest
Nephtali (10)	« biche »	Capricorne (X)	Nord bas
Joseph (Éphraïm) (11)	« arc »	Sagittaire (IX)	**Ouest** haut
Benjamin (12)	« loup »	Bélier (I)	Ouest bas
		Poissons (XII)	**(Centre ?)**

Cette grille surgit ailleurs. Moïse reste 12 mois au mont Sinaï. Élie monte un autel fait de 12 pierres (I Rs, XVIII, 31). Les mesures le longueur et de capacité reposent sur le nombre 12 (et 72) : 1 doigt vaut 12 grains. La Bible compte 12 Juges. Flavius Josèphe met en correspondances le pectoral de 12 gemmes qui orne le vêtement de lin du grand-prêtre de Jérusalem avec les constellations du Zodiaque.

La tunique du grand-prêtre représente la terre par le lin, et la voûte céleste par l'hyacinthe ; les glands évoquent les éclairs, et le tintement de ses clochettes, la foudre. [...] Quand aux deux sardoines, qu'il a fait servir d'agrafes pour le vêtement du grand-prêtre, elles représentent le Soleil et la Lune. Pour les douze

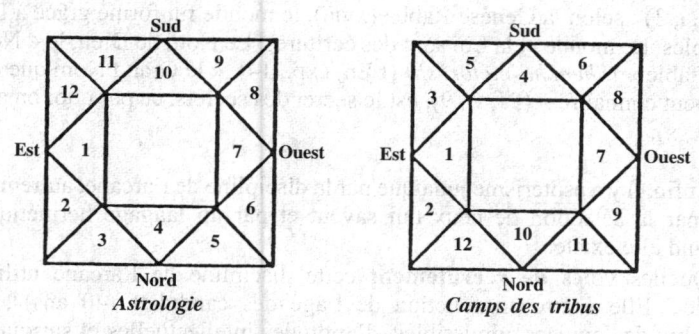

```
         Nord
         Dan
         Ashér
         Nafatali
Ouest                        Est
Ephraïm                      Judah
Manassé                      Issakar
Benjamin                     Zébulon
         Sud
         Rubén
         Siméon
         Gad
```

Astrologie (carré Est/Ouest/Sud/Nord avec maisons 1–12)

Camps des tribus (carré Est/Ouest/Sud/Nord avec maisons 1–12)

LES TRIBUS JUIVES ET LES MAISONS ASTROLOGIQUES
(dessin Virya, *Le Sepher Yetsirah*, 1995. © Georges Lahy, Roquevaire)

pierres, que l'on pense aux mois — ou aux astres en nombre identique formant ce que les Grecs appellent le cercle du Zodiaque — on ne se méprendra pas sur les intentions du législateur.

Flavius Josèphe, *Les Antiquités juives* (93), III, 7, § 184-186 ; trad. du grec Ét. Nodet, Cerf, 1990, t. 1, p. 180. (Voir Philon d'Alexandrie, *Vie de Moïse*, II, 117 *sqq*.) © Éditions du Cerf, Paris.

Il aurait pu ajouter que les 12 gemmes sont réparties en 4 rangs, comme les 12 tribus en 4 orients.

Dans la Kabbale, les 12 tribus d'Israël entrent en correspondances avec les 12 canaux *(zinnorot)* de l'arbre des *sefirôt*, et dès l'origine, et en termes hermétiques, ici allégoriques.

> Rabbi Rehoumaï demanda : pourquoi douze d'Israël ?
> Ceci nous enseigne que le Saint-Béni-Soit-Il a douze tribus.
> Et que sont-elles ?
> Une parabole. Un roi avait une source. Tous ses frères n'avaient d'autre eau

que celle qui coulait de cette même source [Dieu, la *sefîrah* Keter], et ils ne pouvaient endurer la soif. Que fit-il ? Il creusa douze canaux qui communiquaient avec cette source. Il les appela d'après les noms des fils de ses frères.

Sefer ha-Bahir (vers 1180, 1re éd. 1651), 113, trad. de l'hébreu et de l'araméen J. Gottfarstein, *Le Bahir. Le Livre de la clarté*, Verdier, 1983, p. 90. © Éditions Verdier, Lagrasse.

Siméon Labi [1] (XVIe s.) a mis en correspondances les Tribus, les pierres du pectoral du grand-prêtre, les combinaisons des lettres des deux Noms de Dieu (YHWH et Adonaï), les Signes du zodiaque. On n'attend pas moins d'un ésotériste.

Outre la doctrine des analogies et correspondances, d'autres invariants ésotériques [2] sont en œuvre, par exemple la doctrine du verbe, si importante dans les ésotérismes mésopotamien et égyptien [3]. La Création se fait par dénomination. « Dieu dit : "Que la lumière soit" et la lumière fut » (Gn, I, 3) ; selon la Genèse Rabba (XVIII), le monde fut formé grâce à Dix Paroles. Le monde et la Loi sont des écritures. Le Nom de Dieu, le « Nom ineffable » *(Shem ha-meforash)* (I Én, LXIX, 14), « le Grand Nom que nul ne peut connaître » (PJ, VI, 9), est le secret des secrets, ce par quoi on agit (AA, X).

Enfin, il y a ésotérisme judaïque par la discipline de l'arcane, autrement dit par la sélection de ceux qui savent et par un langage hermétique. Quand elle existe.

Quelles **voies de recrutement** cette discipline de l'arcane utilise-t-elle ? Elle écarte en fonction de l'âge des candidats (40 ans) [4], du nombre des novices admissibles, d'aptitudes intellectuelles et surtout en fonction de qualités morales ou spirituelles [5]. Les non-Juifs ne sont pas admis, ni les ignorants qui risquent de proposer chacun son rite et son dogme particuliers, ni sans doute femmes, enfants, handicapés, infirmes, bâtards, eunuques, dartreux, lépreux... (Lv, XIII, 45 ; XXI, 17-21 ; Dt, XXIII, 2-8). Daniel (XI, 33 ; XII, 12) distingue les « intelligents » *(maskilim)* des « nombreux » *(rabbîm)*. Éléazar de Worms, le premier (dans le temps et en valeur) des Hassidim médiévaux, opposera l'homme pieux aux « ignorants, sots et irresponsables [6] ». Isaac l'Aveugle, de Narbonne, isolera les

---

1. Ch. Mopsik, *Les Grands Textes de la Cabale*, Verdier, 1993, p. 438, 667 (diagramme de Siméon Labi).
2. P. A. Riffard, *L'Ésotérisme*, éd. cit., p. 307-371 (« Les invariants de l'ésotérisme »).
3. Voir *supra*, p. 364 (« Les sciences occultes »), p. 450 (« Les théologies »).
4. M. Idel, « Sur l'histoire de l'interdiction d'étudier la cabale avant l'âge de quarante ans », *AJS Review*, t. 5, 1980, en hébreu, p. 1-20.
5. G. Scholem, apud *Liber Amicorum. Studies in Honour of Professor Doctor C. J. Bleeker*, E. J. Brill, Leyde, 1969, p. 175-193 ; *Kabbalah*, Keter Publishing, Jérusalem, 1974, p. 4, 14.
6. *Sefer ha-Hôkhmah. Livre de la Sagesse*, 55 b : voir G. Nahon et Ch. Touati, *Hommage à Georges Vajda*, Peeters, Louvain, 1980, p. 183-189.

« intelligents » *(maskilim)*, Abû l-'Afiya les « admis » *(mequbbalim)*. Les mots *maskilim* et *mequbbalim* ont parfois le sens d'« initiés ».

Tout le monde a l'obligation de se présenter (au Temple de Jérusalem, le jour de fête) [Ex, XXIII, 17, p. 105], sauf un sourd, un simple d'esprit et un jeune enfant, une personne dont le sexe est indéterminé, un hermaphrodite, les femmes, les esclaves qui n'ont pas été affranchis, un boiteux, un aveugle, un malade, un homme âgé et celui qui n'est pas en état de monter à pied [par ses propres moyens jusqu'au parvis du Temple].

[...] C'est pour éviter que chacun [se croyant plus pieux que l'autre] n'aille se construire un haut lieu particulier et qu'il n'en vienne à y brûler une vache rousse pour son usage personnel. Rab Pappa a dit : Conformément au point de vue de qui acceptons-nous aujourd'hui le témoignage d'un ignorant ? Conformément au point de vue de Rabbi Yossé.

Talmud de Babylone, Hagigah, chap. 1, 2 a, et chap. 3, 22 a, éd. cit., p. 13-14, 164. © Éditions Verdier, Lagrasse.

On ne donne les pratiques herméneutiques ou les prières théurgiques que graduellement, et au compte-gouttes. Les docteurs de la Loi des Ier et IIe siècles *(tannaïm)*, les auteurs des *Palais* examinent les candidats grâce à la physiognomonie et à la chiromancie.

Pourquoi cette discipline de l'arcane ? à cause du danger de mort ou de folie, à cause aussi de la tentation d'hérésie. À voir Dieu on meurt, si l'on n'est pas un Moïse. À manipuler des idées complexes, on risque la démence. À passer du visible à l'invisible, on peut nier le visible, mépriser les rites, la religion institutionnelle, pour verser dans l'hérésie ou l'apostasie. Un récit talmudique énumère méthodiquement et allégoriquement ces périls.

Quatre [maîtres] sont entrés dans le « jardin » [de la plus haute sagesse : *pardes*], [Siméon] Ben Azzaï, Ben Zoma, l'Autre [Élisha ben Abuyah, dualiste au nom maudit] et Rabbi Akiva. Rabbi Akiva leur a dit : « Lorsque vous arriverez auprès de pierres de marbre pur, ne dites pas *de l'eau, de l'eau* [mirage], parce qu'il est dit : "Celui qui dit des choses mensongères ne subsistera pas devant Mes yeux" » [Ps, CI, 7].

[1. mort] Ben Azzaï n'a pu jeter qu'un coup d'œil [sur la Présence divine] et il est mort. C'est à lui que s'applique le texte : « Précieuse est aux yeux de l'Éternel la mort de Ses fidèles » [Ps, CXVI, 15].

[2. folie] Ben Zoma n'a pu jeter qu'un coup d'œil et a été frappé [de folie]. C'est à lui que s'applique le texte : « Si tu trouves du miel, n'en mange que ce qui te suffit, de peur que tu ne sois gavé et que tu ne le vomisses » [Pr, XXV, 16].

[3. apostasie] L'Autre a coupé les plantations [par son oubli du monothéisme].

[4. salut] Rabbi Akiva en est sorti en paix.

Talmud de Babylone, Hagigah, chap. 2, 14 b, éd. cit., p. 113-114. © Éditions Verdier, Lagrasse. Cf. *Talmud de Jérusalem,* trad. M. Schwab, éd. cit., t. 4, p. 270-271.

L'ésotérisme code ses messages, par des **voies de transmission** d'autant plus lumineuses pour les adeptes et d'autant plus obscures pour les exotériques[1]. L'occultation dans le Judaïsme ne concerne guère que l'écriture, peu ou pas les gestes ou les arts. Le même texte contient des signes qui sont pour l'initié des informations, mais des obstacles pour le novice. Quand Ézéchiel (I, 5 et 15) parle de « Vivants » *(Hayyôt)* ou de « Roues » *(Ofanim)*, l'ésotériste voit de plus en plus clairement des anges, là des Chérubins, ici des Séraphins, alors que l'exotériste s'exaspère devant ce qu'il prend pour des délires, des comparaisons fumeuses. Comment les textes de la Bible hébraïque sont-ils codés ? Diverses occultations interviennent. La plus visible reste celle des nombres. La Genèse, déjà, donne divers nombres qui orientent l'ésotériste et déroutent l'exotériste. Ces nombres tantôt sont donnés en clair, tantôt sont sous-entendus. La clef pour les comprendre consiste souvent à les mettre en correspondance les uns avec les autres, ou bien à leur trouver un modèle astrologique. Par exemple, les temps cosmogoniques se déroulent en sept Jours, c'est dit clairement (Gn, I ; Ex, XX, 11) ; mais ne faut-il pas mettre ces sept Jours en correspondance avec les sept Œuvres du premier Jour (ciel, terre, ténèbres, abîme, esprit de Dieu, eaux, lumière) (Gn, I, 1-3 ; Ju, II, 3) ? Sans doute. La Kabbale cherchera des nombres jusque dans les lettres, par exemple en remarquant que le mot « Genèse » *(Berêshit)* commence par la lettre *beth*, qui indique deux choses *(Sefer ha-Zohar*, I, 7 b, Moïse de León, trad. de l'araméen J. de Pauly, éd. cit., t. 1, p. 60). Voici une clef extrêmement importante donnée par R. Steiner : « Le nombre 7 et le nombre 12 [sont] comme des fils conducteurs qui permettent de saisir l'un le temps, l'autre l'espace » *(L'Orient à la lumière de l'Occident*, trad. de l'allemand, Triades, 1980). On trouve un deuxième code dans les autres catégories de symboles, si fréquents dans les visions. La « côte d'Adam », le serpent, l'orage, la figue... offrent des signifiants à décrypter. Ces signes peuvent s'organiser en un récit. On a alors un troisième code, celui de l'allégorie, de la parabole, de l'apologue, fréquents dans Isaïe. Deux livres de la Bible hébraïque passent, aux yeux des ésotéristes juifs, pour des messages codés : Jonas[2] et le Cantique des cantiques. Dans un autre contexte, « c'est le mérite de David Flusser d'avoir montré que le Martyre d'Isaïe est une transposition légendaire de l'histoire de la secte de Qumrân et de son fondateur[3] » (A. Caquot).

---

1. P. A. Riffard, *L'Ésotérisme*, éd. cit., p. 245-306 (« La discipline de l'arcane »).
2. *Sefer ha-Zohar*, II, 199 a : « L'histoire de Jonas peut s'interpréter comme une allégorie du cours de la vie humaine. »
3. Texte : *Martyre d'Isaïe*, trad. A. Caquot (*La Bible. Écrits intertestamentaires*, éd. cit., p. 1023-1033). Étude : D. Flusser, « The Apocryphal Book of Ascensio Isaiae and the Dead Sea Sect », *Israel Exploration Journal*, 3, 1953, p. 30-47.

LE YAHWISME (D'ABRAHAM À ESDRAS)

DIVISIONS DE L'ÉSOTÉRISME JUDAÏQUE

COURANTS	LIGNÉES	ÉCOLES ÉSOTÉRIQUES	BRANCHES ÉSOTÉRIQUES
Yahwisme (1880 ?-398 av. J.-C.) : traditionnel	religieuse/ ésotérique	Abrahamisme (1880 av. J.-C.) Mosaïsme (1250 av. J.-C.) prophétisme (740 av. J.-C.) apocalyptique (592 av. J.-C.)	Loi orale secrète visionnaires
Rabbinisme (398 av. J.-C. ss.) : religieux	théologique/ théosophique	pseudépigraphes (IIIe s. av. J.-C.) Esséniens (197 av. J.-C.) Berêshit (170 av. J.-C.) Thérapeutes (Ier s. av. J.-C.) Merkabah (IIe s.)	Énochisme
			Shi'ûr Qômah
philosophie (40 ss.)	religieuse/ ésotérique	école d'Alexandrie éc. néo-platonicienne	Abraham Ibn Ezra
Hassidisme (1150 ss.) : mystique	dévote/initiatique	H. médiéval (1150) H. moderne (1750) H. contemporain (1950)	Éléazar de Worms Ba'al Shem Tov
Kabbale (1180 ss.) : ésotérique	spéculative/ pratique orthodoxe/ hétérodoxe légale/antinomiste	K. théosophique (1180) K. extatique (1271) K. messianique (1572) K. tardive (1670)	Zohar A. Abû l-'Afiya Lurianisme Judah Alkalai

Abraham

Le Yahwisme, le Judaïsme primitif, commence par une révélation et se poursuit par un voyage. Le dieu-des-Montagnes, El-Shaddaï (Gn, XVII, 1), s'adresse à Abra(ha)m, un chef de tribu en Basse-Mésopotamie, sur le territoire d'Our, un riche propriétaire de troupeaux (Gn, XIII, 2) : « Éloigne-toi de ton pays, de ton lieu natal et de la maison paternelle, et va au pays que je t'indiquerai... » (Gn, XII, 1). Cet appel d'un dieu inaugure l'histoire du Judaïsme et de son prophétisme. Rien là d'ésotérique sans doute, une vieille tradition sémitique. Dieu est encore Montagne, pas encore Être (Ex, vi, 3), du moins selon certaines versions, contredites par d'autres (Gn, iv, 26 ; xii, 8 ; xxviii, 13). Il est vrai que le Dieu-YHWH se révèle sur une montagne (Ex, xxiv, 12 ; xxxiv, 2).

Les choses peuvent prendre un tour ésotérique si l'on y regarde de près. Les contacts avec le dieu sont des auditions divines, des visions (Gn, xv, 1), ou bien les consultations oraculaires d'un « chêne des devins » (Gn, xii, 6 ; Jg, ix, 37), sous une forme non précisée. Ces expériences ou ces pratiques supposent déjà des traditions bien établies.

Le voyage conduit Abraham depuis Our, ville sainte alors amorite dédiée au dieu Lune Sîn, jusqu'à Harrân, ville sainte amorite dédiée aussi au dieu Lune Sîn. Personne ne me fera croire à une coïncidence. À Our il y avait un temple dédié à Nannar (=Sîn) ; à Harrân, en Haute-Mésopotamie, il y avait un temple de Sîn. Abraham suit un circuit initiatique, de sanctuaire en sanctuaire, comme un pèlerin des astres.

Dès Abraham, on repère deux types d'initiation. Mais, il n'est pas toujours facile de les détecter. Par exemple, quand le Juif lie les rouleaux de la Tôrah dans une pièce d'étoffe appelée « lange » *(hitul)*, qui a parfois servi à envelopper un enfant mâle lors de la circoncision, mesure-t-il la dimension initiatique de la lecture ?

L'**initiation de puberté** chez les Hébreux se marque, comme en Syrie du Nord, par la circoncision. À cette époque, la circoncision ne se fait pas à huit jours, mais au moment de la nubilité. Elle marque l'entrée dans le clan et l'accès à la maturité, au mariage (Gn, xxxiv, 14). Le dieu donnera Canaan, il sera le Dieu, en retour, les Hébreux mâles donneront leur prépuce, ils seront les élus (Gn, xvii). Terre féconde pour tous, contre prépuces individuels. L'idée de fécondité, de génération, à la fois de prospérité d'un peuple et de propagation d'une foi, demeure centrale. Comme dans toutes les initiations, il y a changement de nom : « Abram » (« père élevé ») devient « Abraham », et comme dans toutes les initiations de puberté la notion de génération demeure au centre. « Abraham » signifie d'ailleurs « père de multitude » *(ab hamôn)*. « Ton nom ne s'énoncera plus, désormais, Abram : ton nom sera Abraham, car je te fais le père d'une multitude » (Gn, xvii, 4-5). Abram/Abraham, étant le premier, ne subira ce rite de puberté qu'à quatre-vingt-dix-neuf ans (Gn, xvii, 1). La circoncision prendra place, dans les Jubilés (xvii, 17-18 ; xix, 8), parmi les dix épreuves que subit Abraham [1]. Pourquoi la circoncision ? Lors des

---

1. Les dix épreuves d'Abram/Abraham : 1) la stérilité de sa demi-sœur et femme Saraï/-Sarah (Gn, xi, 30 ; xvi, 1) ; 2) l'émigration (xii, 1) ; 3) la famine (xii, 10) ; 4) l'enlèvement de Sarah (xii, 15) ; 5) la guerre contre les rois (xiv, 15) ; 6) les conflits à cause de sa servante et femme Agar l'Égyptienne (>Hagar) (xvi) ; 7) l'exil de son fils (avec Agar) Ismaël (xxi, 14) ; 8) la circoncision (xvii, 1) ; 9) le sacrifice de son fils (avec Sarah) Isaac (xxii) ; 10) la mort de Sarah (xxiii, 2). La notion de génération joue un grand rôle. Quand il a épousé sa demi-sœur, Abraham a violé la (future) Loi (Lv, xviii, 18).

initiations négro-africaines, cette mutilation tend à assimiler l'homme à la femme en le faisant saigner comme la femme qui a ses règles : il devient ainsi symboliquement androgyne, homme-femme [1]. Ici, la circoncision reste toujours liée aux organes génitaux, mais plus du côté de la génération que du côté de la division sexuelle. L'Hébreu se multipliera grâce au dieu-des-Montagnes, il lui donne donc des prémices, un symbole de chair et de sang magiquement lié à la génération, le prépuce.

D'autre part, l'**initiation spirituelle** existe dès Abraham. Elle est indiquée de façon plus cachée encore que l'initiation de puberté qu'elle précède. Abraham subit maintes épreuves d'ordre initiatique, car elles sont des morts symboliques : quitter son pays, Our (Gn, XII, 1), se séparer d'Ismaël, renvoyer Agar, circoncire les hommes, et surtout immoler son fils Isaac (Gn, XXII, 2), autrement dit faire preuve qu'il peut renoncer au plus important, son fils, pour le plus sacré, son Dieu.

L'initiation spirituelle fait intervenir un personnage énigmatique : Melkisédek. Et Melkisédek célèbre une **initiation-cérémonie** des plus mystérieuses. Cette consécration comprend un rituel, centré sur le pain et le vin (comme dans la Cène, avec Jésus), et une bénédiction, une parole.

Melkisédek, roi de Salem [*Melekh Salem*], apporta du pain et du vin : il était prêtre du Dieu suprême [*kohen El 'Elyôn*]. Il le bénit, en disant :
– Béni soit Abram [Père suprême] de par le Dieu suprême, auteur des cieux et de la terre ! Et béni le Dieu suprême d'avoir livré tes ennemis en ta main !
Et Abram lui donna la dîme de tout le butin.
Gn, XIV, 18-20.

Texte fort difficile, sans doute composite. Mais l'atmosphère initiatique règne. On devine que la dîme joue ici le rôle du prépuce, Melkisédek le rôle d'El-Shaddaï.

Qui est Melkisédek [2] ? Que désigne *Shalem* ? Que signifie ce rite ? Le nom contient les termes « roi » *(melki)* et « juste » *(sédek)*, et *shalem* veut dire « paix ». Melkisédek est le seul personnage de l'époque des Patriarches qui soit un prêtre. Plusieurs hypothèses se pressent. Melkisédek serait-il le roi-prêtre de Jérusalem (« Shalem ») ? le chef des anges fidèles à Dieu ? Sédeq, le dieu solaire des Sémites ? la personnification de la Justice *(sedek)* ? Dieu lui-même ? Les textes ésotériques, d'obédience essénienne, donnent quelque lumière. Melkisédek apparaît comme « patron du lot des justes, juge, sauveur et souverain des temps derniers » (A. Caquot).

---

1. Voir *supra*, p. 114 (« Les mystères »).
2. F. L. Horton, *The Melchizedek Tradition*, Cambridge UP, 1976. M. Bodinger, « L'énigme de Malkisédeq », *Revue de l'histoire des religions*, PUF, t. 211, fasc. 3, juil.-sept. 1994, p. 297-333. L'ésotérisme ismâ'îlien conçoit un « Imâm éternel » qu'il nomme Melkisédek (H. Corbin, *En Islam iranien*, t. 1, p. 63).

Il [Dieu] a fait tomber leur lot dans la part de Melkisédek [...]. C'est lui qui, dans sa puissance, jugera les Saints de Dieu selon les actes de justice [...]. Il convoquera tous les dieux de justice, ceux qui enchaîneront Bélial [le Mal], il convoquera aussi la hauteur. Ce sera le jour de paix dont Dieu a parlé.

Légende hébraïque de Melkisédeq (=11 Qumrân), trad. A. Caquot, apud *La Bible. Écrits intertestamentaires*, Gallimard, « Bibliothèque de la Pléiade », 1987, p. 428-429. © Gallimard, Paris.

Le mot « dîme » suppose que Melkisédek appartient à la (future) catégorie des prêtres lévites, qui perçoivent une redevance en produits des champs (Nb, XVIII, 21-32 ; Dt, XIV, 22). On peut le considérer comme l'archétype du prêtre, de la fonction sacerdotale. Il représente l'Initiation, une figure idéale du rite d'initiation, avec ses trois phases, sélection, admission, consécration. Qu'il ait été représenté par un homme en chair et en os, ou bien qu'Abraham l'ait vu en mission importe peu. Melkisédek choisit Abraham, il l'accepte, il le consacre avec pain et vin, symboles respectivement de vie supérieure et de connaissance transcendante. Que vise l'initiation sinon la puissance et la connaissance, et, avec elles, la jouissance ? Dans une sorte de pléonasme (pour l'ésotériste), Jésus s'appellera « pain de vie » (Jean, VI, 35) et les mystiques parleront du « vin de connaissance ».

Moïse

Dans la personne de Moïse apparaissent des schémas qui avaient marqué la personne d'Abraham. Lui aussi a des révélations, des initiations. L'histoire de sa naissance, de la corbeille où il fut déposé bébé (Ex, II, 4), peut recevoir une interprétation historique, car elle rappelle furieusement la légende du roi Sargon d'Akkad, lui aussi placé par sa mère dans une corbeille de roseaux, abandonné aux eaux de l'Euphrate, quatorze siècles plus tôt [1]. Moïse a reçu une instruction égyptienne, celle de scribe (Ex, II, 10) ; les Actes des Apôtres (VII, 22) vont plus loin en parlant de « sagesse ». En revanche, la rencontre de Moïse avec Jéthro (=Hobab, Réul), « le prêtre de Madiân » (Ex, II, 17), ressemble fort à la description codée d'une initiation spirituelle, même si elle relève d'une autre religion. « Jéthro » signifie « Excellence ». Il rejoindra Moïse sur le Sinaï (Ex, XVIII, 5 ; Nb, X, 29), sur le Sinaï, pas en Égypte, pas en Canaan. Comment ne pas voir là sa qualification d'homme d'éveil ? Si j'osais être plus audacieux, je mettrais en relation ces divers termes : Abraham, El-Shaddaï (le dieu-des-Montagnes), Sîn (le dieu-Lune), les sept filles de Jéthro, l'étymologie de Sinaï par *Sîn*. Alors, paraîtrait une spiritualité de type astrologique, au sens large, où interviennent les montagnes, le tonnerre, la Lune.

---

1. Légende de Sargon d'Akkad (né vers 2500 av. J.-C.) dans les *Tablettes de Tell el-Amarna* (=Ikhetaton, 1350 av. J.-C.) : « Elle [la mère de Sargon] l'enfanta dans le secret, le déposa dans une corbeille de roseaux et en scella la porte avec du bitume » (trad. G. Ricciotti, *Histoire d'Israël*, 2ᵉ éd., 1947, Picard, t. 1, p. 213 ; voir *Les Lettres d'El-Amarna*, coll. « Littératures anciennes du Proche-Orient », nᵒ 13, Cerf, Paris, 1987, 630 p.). Légende de Moïse dans Ex, II, 3 (p. 74, strate élohiste, vers 750 av. J.-C.) : « Ne pouvant le cacher

Moïse prétend bénéficier d'une pure Révélation [1]. Dieu parle (Ex, xx, 1 ; xxxIII, 11), Dieu écrit (Ex, xxxI, 18 ; xxxII, 16). « YHWH vous parla du milieu de ces feux ; vous entendiez le son des paroles, mais vous ne perceviez aucune image, rien qu'une voix » (Dt, IV, 12). « YHWH dit : "[...] Je lui parle face à face, dans une claire apparition et sans énigmes ; c'est l'image de YHWH même qu'il contemple" » (Nb, xII, 8). « YHWH s'entretenait avec Moïse face à face, comme un homme s'entretient avec un autre [2] » (Ex, xxxIII, 11).

Est-ce une révélation, en quel sens ? que signifie « image de Dieu » ? Les religieux voient là une dictée céleste *(dictatio celestis)*, « Dieu » proférant des « paroles » à l'homme Moïse. Ce serait un anthropomorphisme. Les ésotéristes soupçonnent un retour au parler originel, le déliement de la parole de Moïse. Moïse lit en lui-même. Il voit dans son cœur gravé. D'où ce verset : « Moïse parlait, et la voix divine lui répondait » (Ex, xIx, 19). Abraham Ibn Ezra se montre on ne peut plus net, on ne peut plus audacieux : « Nous sûmes que la Tôrah parlait le langage de l'homme, car celui qui parle c'est l'homme, et celui qui entend c'est toujours l'homme. » Cela n'élimine pas Dieu, qui a gravé dans le cœur de l'homme ses signes ou qui donne ses paroles à travers le cœur comme un artiste à travers une trompette. Le texte biblique avoue quand il hésite entre deux versions : tantôt il soutient que Dieu écrit (Ex, xxxII, 16), tantôt que c'est Moïse (Ex, xxIV, 4).

Sur le Sinaï (=Horeb), Moïse reçoit sa première Révélation, alors qu'il « faisait paître les brebis de Jéthro son beau-père, prêtre de Madiân » (Ex, III, 1). Dieu parle à Moïse à travers un buisson qui brûle mais qui ne se consume pas (Ex, III, 2). Moïse, lui, tend l'oreille mais voile sa face (Ex, III, 6). Dieu dit Son Nom. Un exotériste insistera sur la personne et écrira : « Son nom », un ésotériste insistera sur la parole et écrira : « son Nom ».

Moïse alors dit à Dieu :
– Me voici prêt à aller trouver les Israélites et à leur dire : « Le dieu de vos pères m'a envoyé vers vous ! » Mais s'ils me demandent : « Quel est Son nom *(mâh shemèkâ)* ? », que faut-il leur répondre ?
Et Dieu dit à Moïse :

---

plus longtemps, elle [Yokébed] lui prépara un berceau de jonc, qu'elle enduisit de bitume et de poix ; elle y plaça l'enfant [Moïse, vers 1300 av. J.-C.]. »

1. La Révélation à Moïse (ou de Moïse !) comprend d'une part le secret du Nom divin (Ex, III, 14 ; 1re révélation dans le temps et en valeur), et le mystère de l'Unicité divine (Dt, VI, 4). Il comprend d'autre part la législation : le Décalogue moral (Ex, xx, 3-17 ; Dt, v, 6-21), puis le code de l'Alliance (Ex, xx, 22-xxIII, 19), enfin le Décalogue rituel (code de la rénovation de l'Alliance : Ex, xxxIV, 14-26). Seraient postérieurs : le code alimentaire (Lv, xI), le code de Pureté (Lv, xIII-xv), le code de Sainteté (Lv, xvII-xxvI), le code deutéronomique (Dt, xII-xxvI).

2. Ibn 'Arabî eut en 1231 une vision où Dieu lui parla au mont Sinaï comme il le fit avec Moïse (Cl. Addas, *Ibn 'Arabî ou la quête du soufre rouge*, Gallimard, 1989, p. 360).

– « Je suis qui Je suis [*Èhyèh 'ashèr èhyèh*] ! »

אֶהְיֶה אֲשֶׁר אֶהְיֶה

Et il ajouta :
– Voilà ce qu'il te faudra dire aux Israélites : « Je suis » [*Èhyèh*] m'a envoyé à vous. [...] « **Il est** » [yahweh : YHWH] יהוה : le Dieu de vos pères, le Dieu d'Abraham, le Dieu d'Isaac, le Dieu de Jacob m'a envoyé à vous ! » Tel est Mon nom à jamais !

<small>Ex., III, 13-15 (strate élohiste : 9-15), trad. partielle J. Bottéro, *Naissance de Dieu. La Bible et l'Historien* (1986), Gallimard, coll. « Folio histoire », n° 49, 1993, p. 54-55.</small>

Èhyèh 'ashèr èhyèh dit en première personne (« Je suis qui Je suis ») ce que dit *yahweh* (YHWH) en troisième personne (« Il est »). La graphie YHWH est une forme ouest-sémitique correspondant à l'hébreu *Èhyèh*, « il est ».

Comment comprendre grammaticalement la formule ? *'ashèr* (« qui ») est-il le sujet de la subordonnée ? ou le prédicat de la principale et de la relative ? ou a-t-il fonction de conjonction de subordination (« parce que ») ? le verbe « être » a-t-il au début une acception prédicative (« je suis » = « j'ai la qualité de ») et à la fin une acception existentielle (« je suis » = « j'existe »), ou bien deux fois une acception prédicative ?

Comment, dès lors, traduire *Èhyèh 'ashèr èhyèh* (et donc YHWH) ? On a proposé « Je suis celui qui suis », « Je suis qui Je suis », « Je suis ce que Je suis », « Je suis Celui qui est », « Je suis comme celui avec qui je suis », « Moi c'est moi-même », « Je serai ce que Je serai », « Je serai : je serai », « Je suis le JE SUIS », « Je suis (là) puisque je suis (là) », « JE SUIS parce que je suis »... Cet excès de sens est tout ésotérique.

Comment vocaliser YHWH ? *yahweh* (<*iaoue*)[1] ? *yahwo* ? *yihyeh* ? *iabê* ? *AHWY* ? *abrasa* ?... Là encore, l'ésotérisme triomphe. On ne peut divulguer une prononciation, il faut pour cela un maître ou une expérience.

« Que signifie *Èhyèh 'ashèr èhyèh*[2] ? » Le Pentateuque dit : YHWH seul importe comme dieu. Il n'est plus le dieu-des-Montagnes, que connaissait Abraham, mais Être. L'Être véritable est Dieu. Les êtres n'ont d'essence que par leur union avec Dieu, les hommes n'ont de connaissance que par union avec Dieu, du moins ce qu'ils en voient : la Face. Il n'y a pas d'autre existant. Aucune chose ne saurait être affirmée sans cette totale et absolue Présence. Et Dieu seul peut le dire, sinon on introduirait la dualité dans son unité. Dire l'Être revient à énoncer l'unicité et l'unité du Principe. Mais si Dieu est l'Être qui seul est, les autres êtres ou bien

---

<small>1. Clément d'Alexandrie, *Strômates*, V, 6, 34.
2. *Dieu et l'Être. Exégèses d'Exode 3,14 et de Coran 20, 11-24*, Bibliothèque des études augustiniennes, 1978, 276 p. A. de Libera et Émilie Zum Brunn dir., *Celui qui est. Interprétations juives et chrétiennes d'Exode 3.14*, Cerf, 1986, 316 p.</small>

ne sont pas rien ou ne sont que dans la mesure où ils ont même être que l'être de Dieu, ce qui ne veut pas dire qu'ils sont Dieu. Le texte biblique admet d'autres dieux, en particulier ceux des Cananéens, Kamosh, Melkart (le Ba'al de Tyr), mais leur être, pour ainsi dire, est néant. Pour les ésotéristes, contenu et forme se font écho, il faut interroger les circonstances, les personnages en action, les mots, les nombres (trois fois *èhyèh* est prononcé), l'ordre des propos... Le mystère tient principalement dans les quatre lettres (le Tétragramme) et dans l'idée (le Nom divin). 1) Le Tétragramme comprend les quatre lettres-consonnes *yod-hé-waw-hé*, donc quatre nombres 10-5-6-5, et diverses graphies, diverses vocalisations, une forme géométrique, etc. Les Kabbalistes ont retrouvé les *sefîrôt* dans les quatre lettres : Keter et Hôkhmah dans le *yod*, Binah dans le premier *hé*, Tiferet dans le *waw*, Malkhût dans le second *hé*. 2) Le Nom est l'Être. Selon Isaïe, YHWH signifie : « Je suis le premier, je suis le dernier, hors moi point de Dieu ! » (Is, XLIV, 6). Selon Maïmonide (*Guide des égarés*, I, 63), la mystérieuse formule affirme simplement l'existence nécessaire de Dieu, l'essence de Dieu nous échappant.

LA CHAÎNE INITIATIQUE DE LA KABBALE

- Dieu ou l'Ange de Dieu
- les Patriarches antédiluviens (dont Adam, Énoch, Noé)
- Moïse et/ou Aaron : vers 1290 av. J.-C.
- Josué et les soixante-dix Anciens *(Zéqénim)* : vers 1220 av. J.-C.
- les Prophètes (dont Samuel, Élie, Isaïe, Jérémie, Ézéchiel)
- Aggée (520 av. J.-C.), Zacharie et Malachie
- les Soferim (85 ou 120 Scribes de la Grande Assemblée) : 444 av. J.-C.
- les Tannaïm (dont Johanan ben Zakkaï, Rabbi Akiba, Siméon bar Yohaï) : 20-220
- les Amoraïm de Palestine (dont Rabbi Samuel bar Nahman) et de Babylonie : 220-500
- les Saboraïm : 500-589
- les Gaonim (dont Joseph ben Abba de Pumbadita, 814) : 589-1040
- l'école kabbalistique du Languedoc (*Sefer ha-Bahir* ; Isaac l'Aveugle) : 1180
- l'école kabbalistique de Catalogne : 1210
- l'école kabbalistique de Safed (dont Moïse Cordovero et Isaac Luria) : 1530

Fort de la révélation du Nom, Moïse organise l'Exode, la sortie d'Égypte.

La deuxième Révélation pour Moïse a lieu, toujours au Sinaï (Ex, III, 1 ; XIX, 1), toujours avec Jéthro (Ex, III, 1 ; XVIII, 5), toujours sous le feu (Ex, III, 2 ; XIX, 16). Ce feu, ici sous forme d'éclairs, symbolise la Gloire. Cette fois, Dieu donne le Décalogue (Ex, XX, 3-17 ; Dt, V, 7-21) : « Tu n'auras point d'autre dieu que moi. Tu ne te feras point d'idole, ni une image quelconque... » Chez les ésotéristes, les commandements auront un sens plus profond. Alors que le Juste *(zaddik >tsaddiq)* ne cherche que la rigueur, la fidélité à ces lois, le Sage, le Kabbaliste ou le Pieux *(hasid)* vont plus loin, pour détecter une idée ésotérique ou une pratique initiatique. Par exemple, le nom des vertus renvoie aux attributs de Dieu, aux *sefîrôt*, de sorte qu'on imite Dieu, on fait d'un précepte moral une pratique initiatique. On grimpe dans l'arbre sefirôtique. Quand le Juste se veut simplement clément, l'ésotériste, le « maître du secret » *(ba'al ha-sôd)* remonte jusqu'à la *sefirah* Clémence (Rahamim), donc jusqu'à une sphère divine, et il sait comment (par la beauté), pourquoi, comme qui (Jacob), après quoi...

La tradition parle d'une Loi orale [1]. Dans cette voie vont s'engouffrer aussi bien exotéristes qu'ésotéristes. La Loi écrite *(Tôrah she-bi-khtab)*, c'est la Bible hébraïque, la *Tanakh*, l'ensemble formé par le Pentateuque *(Tôrah* [2]*)*, les Prophètes *(Nêb'îm)*, les Hagiographies *(Kêtûbîm)*. Et la Loi orale *(Tôrah she-be'al peh* [3]*)*, qu'est-ce ? Moïse [4] a transmis, à Josué et aux soixante-dix Anciens (Nb, XI, 24-25), d'autres instructions, qui ont été transmises par des scribes et des docteurs, jusqu'à ce qu'elles soient à leur tour écrites dans la *Mishnah* [5]. Les ésotéristes, eux, comme souvent, ont estimé que la Loi orale avait une partie secrète, ésotérique, jamais mise par écrit, transmise d'initié en initié, impossible à transcrire [6]. La Kabbale prétend se ressourcer souvent à cette tradition orale secrète commencée par Moïse. YHWH le déclare dans un pseudépigraphe. Oral = secret.

---

1. Selon le Pentateuque et le traité *Avot* de la section *Neziqin* de la *Mishnah*.
2. Le mot *Tôrah* (« Instruction », puis « Loi ») désigne au sens étroit le Pentateuque *(Hummash* : Genèse + Exode + Lévitique + Nombres + Deutéronome) (Dt, IV, 44 ; Né, VIII, 8). Il désigne au sens large et de façon plus courante la Loi juive, écrite ou orale, transmise à Moïse (Dt, IX, 10-13 ; Né, VIII, 2). Le mot désigne aussi une décision rendue par un prêtre au sanctuaire (Is, VIII, 16). Cf. H. Cazelles, *Torah et Loi*, apud G. Nahon et C. Touati, *Hommage à Georges Vajda. Études d'histoire et de pensée juives*, Peeters, Louvain, 1980, p. 1-12.
3. *Encyclopaedia Judaica*, 1972, t. 12, col. 1439-1442 : « Oral Law » (art. de M. D. Herr).
4. Une tradition islamique voit dans Moïse le transmetteur du Judaïsme exotérique et dans Aaron celui du Judaïsme ésotérique (C. Glassé, *Dictionnaire encyclopédique de l'Islam*, trad. de l'anglais, Bordas, 1991, p. 1-2).
5. La *Mishnah* (« Répétition ») consigne (jusqu'à Juda le Patriarche, en 220) l'enseignement oral *(Midrash, Halakhot, Aggadot)*. La *Gemara* (« Achèvement »), pendant les cinq siècles suivants en Israël puis en Babylonie, en fait le commentaire. Le Talmud (« Étude »), soit de Jérusalem soit de Babylone, comprend les deux. Les rabbins de la *Mishnah* s'appellent *tannaïm* (« Enseignants »), ceux de la *Gemara* s'appellent *amoraim* (« Disants »).
6. On retrouverait ailleurs cette complémentarité entre ésotérisme écrit et ésotérisme oral : dans l'Islâm (Coran/*hâdith*), dans le Christianisme (Évangiles/*logia* non canoniques), dans l'Hindouisme *(sûtra/mantra)*, dans le Bouddhisme *(sûtra/tantra)*, dans le Taoïsme, chez Pythagore (politiques/acousmatiques), chez Platon, etc.

Je me suis manifestement révélé dans le buisson pour parler à Moïse [...], puis je le conduisis sur le mont Sinaï et je le retins lonngtemps auprès de moi. Je lui racontai beaucoup de merveilles, je lui découvris les secrets des temps, je lui montrai la fin des temps et je lui donnai cet ordre :
– Telles paroles, tu les rendras publiques et telles autres tu les tiendras secrètes.
IV Esdras (vers 90), XIV, 3-6. *La Bible. Écrits intertestamentaires*, éd. cit., p. 1460. © Gallimard, Paris.

Tradition écrite et tradition orale se complètent comme « instruction de ton père » et « enseignement de ta mère » (*Sefer ha-Bahir*, 147, p. 107). Selon une autre image, « les deux seins auxquels l'âme s'abreuve sont les deux Tôrah, la Tôrah écrite et la Tôrah orale ».

LA THÉOSOPHIE RABBINIQUE : *BERÊSHIT* ET *MERKABAH*

Le Judaïsme a pris un aspect franchement ésotérique bien plus tard, mais sur de mêmes thèmes.

G. Scholem a parlé de « gnosticisme juif et rabbinique » ou de « judéo-gnostiques[1] ». On trouve des composantes semblables au Gnosticisme : ascension céleste[2], anges, secret, formules à connaître, petit nombre des élus, interprétation spirituelle des Saintes Écritures, accents mythologiques... La religion se fait gnose, sagesse *(hôkhmah)*, et non pas connaissance *(da'at)*, savoir rationnel. Cependant, il vaudrait mieux parler de théosophie (ou de Théosophie, en tant qu'école), car le Gnosticisme est une autre tradition, hostile au Judaïsme, à son Dieu créateur tenu pour méchant à cause des massacres qu'il ordonne en Canaan (Josué, I-XII) ou du mal qu'il laisse dans le monde (Job, I) ; une autre tradition aussi en ce que le Gnosticisme suspecte la Bible hébraïque de falsifications.

Les arcanes des unions *(sitrei arayot)*

Le Judaïsme exotérique condamne la perversité sexuelle (inceste, homosexualité...), les impuretés sexuelles (blennorragie, menstruation...) (Lv, XV ; Dt, XXVII, 20-22). Que voir derrière cette banalité ? les secrets de la sexualité, mieux de l'amour, mieux encore de l'union, ou, si l'on préfère, le mythe d'Adam et Ève, le philosophème de la dualité et de l'unité. Le Judaïsme ne condamne pas les relations sexuelles, comme le

---

1. G. Scholem, *Kabbalah*, éd. cit., p. 13 ; *Jewish Gnosticism, Merkabah Mysticism and Talmudic Tradition* ; *La Mystique juive*, éd. cit., p. 7.
2. On repère dans le Judaïsme trois types d'ascension de l'âme. Premier type, dans la Tôrah : il y a montée de l'âme avec son corps, Énoch et Élie sont ainsi enlevés vers le ciel vivants, en chair (d'après Gn, V, 24 ; II Rs, II, 11). Deuxième type, dans la littérature pseudépigraphique et kabbalistique *(Vie grecque d'Adam et Ève*, XIII, 6 ; littérature des *Heikhalot* : cf. G. Scholem). Troisième type, dans le Hassidisme : séparation de l'âme d'avec le corps et remontée de l'âme seule (Rabbi Israël ben Éliézer, le Ba'al Shem Tov, conception d'origine néo-platonicienne). Voir : M. Idel, apud *Psychanodia. Religions mystériques et Destinée eschatologique de l'âme*, Colloque international d'histoire des religions, Paris, sept. 1993.

Christianisme, il cherche son sens sacré, son utilisation initiatique, son statut d'écho, de reflet des drames cosmiques, cosmogoniques.

L'union de l'homme et de sa femme, quand elle convient, est le secret de la construction du monde et de son peuplement, on devient par elle associé avec le Saint-Béni-Soit-Il dans l'œuvre du Commencement.

Kitvé Ramban, t. 2, p. 324, trad. partielle M. Idel. Voir *Lettre sur la sainteté. Iggèret haqodesh*, (xiiie s.), trad. de l'hébreu Ch. Mopsik, Verdier, 1993, p. 329-358.

« L'œuvre du Commencement » (*ma'asêh Berêshit* בְּרֵאשִׁית מַעֲשֵׂה)

Le premier grand volet de la Théosophie rabbinique concerne la Formation du monde. L'origine est fondement. Le récit de la cosmogonie a suscité un ésotérisme spécifique. La strate yahwiste parle de « faire, fabriquer » *(âshâ)*, la strate sacerdotale parle, elle, de « limiter, former » *(bârâ)*. La notion de Création *ex nihilo*, chère aux exotéristes, brille par son absence.

« Telles sont les origines du ciel et de la terre, lorsqu'ils furent créés ; à l'époque où l'Éternel-Dieu [YHWH] fit une terre et un ciel. Or, aucun produit des champs ne paraissait encore sur la terre, et aucune herbe des champs ne poussait encore ; car l'Éternel-Dieu n'avait pas fait pleuvoir sur la terre, et d'homme [*adam*], il n'y en avait point pour cultiver la terre [*adamah*]. »	« Au commencement, Dieu avait créé [*berêshit bârâ Élôhim*] le ciel et la terre. Or la terre n'était que solitude et chaos [*tôhû wâ bôhû*] ; des ténèbres couvraient la face de l'abîme [*tehôm*], et le souffle de Dieu planait sur la face des eaux. Dieu dit : "Que la lumière soit !" Et la lumière fut. »
1er récit du Commencement strate yahwiste (ixe s. av. J.-C.) (Genèse, ii, 4-5)	2e récit du Commencement strate sacerdotale (ve s. av. J.-C.) (Genèse, i, 1-3)

On voit que le problème de la terminologie ou de la traduction intervient aussitôt. Si, comme les théologiens catholiques, on traduit « Dieu créa le ciel et la terre », on évacue le mystère, et l'on fait un anachronisme. En effet, l'idée de Création *ex nihilo* ne se rencontre que dans un livre écrit en grec en 125 av. J.-C., soit sept siècles plus tard, dans II Maccabées, vii, 23, qui fait partie de la Bible chrétienne, mais pas de la Bible hébraïque.

INTERPRÉTATIONS ÉSOTÉRIQUES DE GENÈSE CHAP. I, VERSET 1

Berêshit bârâ Élôhim	
À travers (=be) la Sagesse (=rêshit), le Sans-Fin émana (bârâ) l'Intelligence (=Élôhim)	« Premièrement-en-principe, il-créa, Élohîm (il détermina en existence potentielle, LUI-les-Dieux, l'Être-des-êtres)
interprétation kabbalistique : le *Sefer ha-Zohar*, I, 15 b	interprétation occultiste : A. Fabre d'Olivet, *La Langue hébraïque restituée* (1815), II, 1

Les ésotéristes ont mis au point d'autres outils d'intelligibilité. Un texte très célèbre, très bref, très énigmatique énumère « trois modalités » : les nombres (le compte), les contes (le récit), les lettres (le livre) et, de façon implicite, les parties du corps. De la sorte sont indiqués « les trente-deux voies » de la Sagesse *(Hôkhmah)* et « les cinquante portes » de l'Intelligence *(Binah)* [1].

Par trente-deux voies merveilleuses de la Sagesse [*Hôkhmah*], Yah [>Iah, YHWH abrégé : Ex, XV, 2], YHWH Zeva'ot [>Sabaot, YHWH-Tseba'ot, dieu-des-Armées, armées d'anges : Ps, XXIV, 10], Dieu d'Israël, Dieu vivant, Roi du monde, Dieu Shaddaï [>El-Chaddaï, dieu-des-Montagnes : Gn, XVII, 1], miséricordieux, clément, exalté, élevé, demeurant dans l'éternité, dont le Nom est élevé et saint, grava et créa son monde avec trois modalités [*sefarim*] : *sefer* [livre, nombre], *sephar* [compte, écrit], *sipur* [conte, commentaire].

Dix *sefirôt belimah* [dénombrements sans choses : les 10 chiffres de la numération décimale] et vingt-deux lettres fondamentales [*otiyyot yesod* : les 22 lettres de l'alphabet hébreu] : trois lettres mères, sept lettres doubles, et douze lettres simples [2].

Dix *sefirôt belimah*, c'est le chiffre des dix doigts, cinq à cinq, l'Alliance de l'Unique selon le milieu, comme la parole de la langue et comme la circoncision du prépuce.

Dix *sefirôt belimah*, dix et non neuf, dix et non onze. Comprends avec Sagesse

---

1. Éliphas Lévi (né Alphonse-Charles Constant) pense que « toute la Kabbale est contenue dans ce que les maîtres appellent les trente-deux voies et les cinquante portes. Voici ces idées. NOMBRES. 1 Puissance suprême, 2 Sagesse absolue, 3 Intelligence infinie, 4 Bonté, 5 Justice ou Rigueur, 6 Beauté, 7 Victoire, 8 Éternité, 9 Fécondité, 10 Réalité. LETTRES. *Aleph* Père, *Beth* Mère, *Ghimel* Nature, *Daleth* Autorité, *Hé* Religion, *Vau* Liberté, *Dzain* Propriété... » (*Dix leçons de Kabbale*, 1re éd. 1891, *apud* Papus, *La Cabbale*, p. 41). Papus donne un autre son : « Porte 1 : Matière première, 2 Vide et inanimé, 3 Attraction naturelle, l'abîme, 4 Séparation et rudiment des Éléments... » (p. 203 *sqq*.).
2. Trois lettres mères : *alef, mém, shin*, symboles de l'Air, de l'Eau, du Feu, ou de l'Éther, de la Terre, du Ciel, ou autre. Sept lettres redoublées, à savoir les 7 consonnes à double prononciation : *bét, gimmel, dalet, kaf, pé, resh, tav*, symboles des 7 planètes, ou des 7 jours de la semaine, ou autre. Douze lettres simples, symboles des 12 Signes zodiacaux, ou des 12 mois, ou autre. La version longue du *Sefer Yezirah* dit : « Douze simples : HV ZH' TY LN SA TSQ : elles reposent sur la vue, l'ouïe, l'odorat, la parole, le goût, la copulation, la locomotion, la colère, le rire, la pensée, la joie, et le sommeil. [...] Il forma : 12 Constellations dans l'univers, 12 mois dans l'année et 12 directeurs dans *nefesh*, mâle et femelle » (Virya, *Le Sepher Yetsirah*, G. Lahy, 1995, p. 57-58).

[*Hôkhmah*] et médite avec Discernement [*Binah*]. Examine par elles et analyse à partir d'elles afin de faire reposer toute chose sur son fondement [*Yesôd*] et de remettre le Formateur en son lieu [le Trône de Gloire].

Sefer Yezirah (IVᵉ-Vᵉ s. ?), chap. I, 1-4, trad. A. Abécassis, *Encyclopédie de la mystique juive*, Berg International, 1977, col. 580.

Ainsi, ce livre présente quatre expressions du mystère : les lettres, les nombres, la narration, les parties du corps. Les lettres sont les 22 graphèmes de l'alphabet hébreu ; les nombres sont les 10 premiers du système décimal ; les parties du corps sont les 3 organes mentionnés : doigts (10), langue, sexe. Auparavant, des penseurs disposaient de trois expressions : les Noms (la Révélation, donnée par la voix) (Dt, IV, 12), les visions (le Char, accessible par l'esprit), les mesures (le Temple ou le Corps de Dieu, rendus en « nombre, poids et mesure ») (Sg, XII, 20).

Il faudrait ajouter, comme autre moyen d'expression, l'iconographie, avec le Sceau de Salomon et ses 6 pointes, le Chandelier à 7 branches, l'arbre sefirôtique à 10 entrées... Le Sceau de Salomon montre deux triangles entrelacés, l'un avec la pointe en haut : le monde supérieur se répète dans le monde inférieur mais en s'inversant, selon la loi de l'analogie inverse. La ligne passe tantôt dessus tantôt dessous : l'occulte et le manifeste se complètent, selon la loi du renversement.

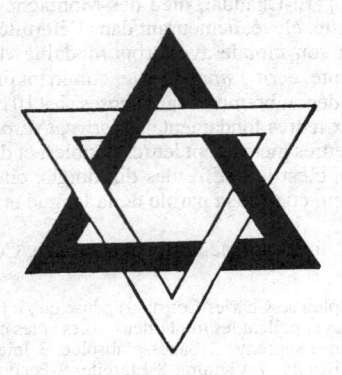

LE SCEAU DE SALOMON
(=Bouclier de David)

L'œuvre du Char (*ma'asêh Merkabah* מַעֲשֵׂה מֶרְכָּבָה)

Le second grand volet de la Théosophie rabbinique concerne l'œuvre du Char[1]. Alors que « l'œuvre du Commencement » se veut une cosmogonie ésotérique à partir de Genèse chap. I, « l'œuvre du Char » se veut une théologie ésotérique, une théosophie, à partir d'Ézéchiel chap. I.

---

1. I Ch, XXVIII, 18 : « Il remit aussi le plan du Char. »

C'était dans la trentième année [du règne de Nabopolassar, fondateur de l'empire néo-babylonien : 595 av. J.-C.], le cinquième jour du quatrième mois ; tandis que je me trouvais avec les exilés près du fleuve de Kebar [grand canal latéral à l'Euphrate], le ciel s'ouvrit et je vis des apparitions divines.
Le cinq du mois — c'était la cinquième année après l'exil du roi Joiakîn [19ᵉ roi de Juda : 592 av. J.-C.] — la parole de l'Éternel [YHWH] fut adressée à Ézéchiel, fils de Bouzi, le prêtre, au pays des Chaldéens [néo-Babyloniens], près du fleuve de Kebar ; là, la main du Seigneur se posa sur lui.
[Vision du Char de YHWH : les Chérubins, anges à quatre ailes] Or, je vis soudain un vent de tempête venant du Nord, un grand nuage et un feu tourbillonnant avec un rayonnement tout autour, et au centre — au centre du feu — quelque chose comme le *hachmal* [vermeil ? ambre ? galène ?]. Et au milieu l'image de quatre *Haïot* [>*Hayyôt* : Vivants, les Chérubins, le Tétramorphe]. Et voici leur aspect. Elles avaient figure humaine. Chacune avait quatre visages et chacune quatre ailes. [...] Quant à la forme de leurs visages, elles avaient toutes quatre une face d'homme et à droite une face de lion, toutes quatre une face de taureau à gauche et toutes quatre une face d'aigle. Et leurs faces et leurs ailes étaient éployées vers le haut [...].
[Vision du Char de YHWH : les Séraphins, anges à six ailes] Et je regardai les *Haïot*, et voici qu'il y avait une roue à terre, près des *Haïot*, vers leurs quatre faces. L'aspect des Roues *(Ofanim)* et leur structure ressemblaient au *tarchich* [la chrysolithe] ; toutes quatre avaient même forme [...]. Et par-dessus le firmament qui dominait leur tête, il y avait comme une apparence de pierre de saphir, une forme de Trône, et sur cette forme de trône une forme ayant apparence humaine par-dessus. [...] Et depuis ce qui semblait ses reins jusqu'en bas, je vis comme un feu avec un rayonnement tout autour [...] C'était le reflet de l'image de la gloire de YHWH.
À cette vue, je tombai sur ma face et j'entendis une voix qui parlait. Elle me dit :
— Fils de l'homme, dresse-toi sur tes pieds, que je te parle !
Éz (592 av. J.-C.), I, 1-II, 1.

Le texte se veut on ne peut plus ésotérique. Il n'a rien à voir avec un délire, pas plus qu'avec la description d'un vaisseau spatial [1].

Ézéchiel est prophète, car il est envahi par le souffle divin, et non pas (comme les prophètes antérieurs, Isaïe, Jérémie...) parce qu'il rencontre YHWH lui-même. Comme le vent tombe sur un paysage, comme une main s'abat, l'esprit de Dieu *(ru'ah Adonaï)* fond sur lui (Éz, III, 12, 14, 22 ; XI, 5 ; XXXVII, 1, 9). Ce vent, cet esprit est une puissance transcendante, une sorte de réalité à part comme le Verbe des Chrétiens, la Sagesse des Grecs. D'autre part, Ézéchiel se trouve dans un état mystique, la transe de vision, ses visions *(re'uyot)* se passent en régime inhibétique,

---

1. Erich von Däniken (*Vers un retour aux étoiles*, 1969, trad. de l'allemand, J'ai lu, coll. « L'Aventure mystérieuse », n° A 322, 1975) décèle dans le Psaume CV « l'atterrissage d'un vaisseau spatial » (p. 192), il voit dans Ézéchiel la description de vaisseaux spatiaux. Josef Blumrich développe la thèse sur Ézéchiel *(apud* J. Bergier et G. H. Gallet, *Le Livre des anciens astronautes*, 1977, J'ai lu, coll. « L'Aventure mystérieuse », n° A 388, 1981, p. 185 sqq.) !

le voyant *(rô'eh)* reste immobile [1] (IV, 4). Il est « face contre terre » (I, 28 ; III, 23), puis debout (II, 1 ; III, 24), l'esprit l'habite puis l'enlève corps et âme (III, 12 ; VIII, 3). De cette translation il sort l'esprit « hébété » (III, 15) et le corps brisé, « muet » aussi (III, 26 ; XXIV, 27 ; XXXIII, 22). Aussi bien il bat des mains et frappe des pieds (VI, 11 ; XXI, 19). La **réalisation prophétique** est plus initiatique que mystique. Ézéchiel conserve la conscience (Éz, III, 14 : il observe son état) et la volonté (IX, 8 : il veut agir sur YHWH). La révélation a la forme d'une vision riche en symboles (I, 4-28 ; III, 1-3), de paroles qui descendent (II, 1 ; III, 4, 16, 22). Ézéchiel a l'expérience du Char sur lequel repose le Trône de YHWH et l'expérience des Chérubins [2]. La littérature postérieure dira que YHWH siège sur son Trône dans le palais du septième ciel, que le Trône est placé sur le Char [3]. On reconnaît une clef astrologique, puisque les Chérubins ont une face d'homme (=Verseau), une face de lion, une face de taureau, une face d'aigle (=Scorpion). C'est la croix des saisons : printemps (Taureau), été (Lion), automne (Scorpion), hiver (Verseau). On a déjà rencontré cette croix sur les taureaux assyriens, on la rencontrera dans le groupe des quatre Évangélistes et en Islâm. Je dirais au passage que cette analogie astrologique évite le langage anthropomorphique habituel à la Bible hébraïque, qui attribue à YHWH un cœur (Gn, VI, 5), une parole et un visage (Ex, XXXIII, 11), des colères (Ex, XXII, 24)...

Ézéchiel inspire les Esséniens et les pseudépigraphes, dès I Én, XIV. S'agit-il de Trône ou de Char ? Le Char avec ses quatre Vivants, semble-t-il, s'identifie au Trône de YHWH et aussi aux quatre Vents chevauchés par YHWH, cela dans le Pentateuque [4].

Dans ma vision, des vents m'ont pris sur leur aile, m'ont élevé et emporté vers le ciel. [...] Au milieu, des Chérubins, et au-dessus un ciel d'eau. [...]
J'ai contemplé en vision un autre palais [...]. Je regardai, et je vis un trône élevé qui avait l'apparence du cristal [...]. La Gloire suprême y siégeait.

I Én (=Livre d'Hénoch, IIIe s.-30 av. J.-C.), XIV, 8-20.

Cette connaissance du Trône céleste, du Char *(Merkabah)* divin porte sur les sept cieux, appelés « palais » *(heykhalot)*, le dernier étant le Trône

---

1. « Il y a en outre un huitième esprit, celui du sommeil, qui produit l'extase et l'apparence de la mort » (TDP, A_2 III, 1).
2. Vivants = Chérubins. Éz, X, 20. Ecq, XLIX, 8. Les 4 Chérubins ont 4 ailes et 4 faces (Gn, III, 24 ; Éz, I, 6). Les Séraphins ont 6 ailes (Is, VI, 2 ; II Én, XXI, 2). Les Séraphins *(Hayyôt ha-kadosh)* relèvent de la *sefirah* Keter, les Chérubins *(Ofanim)* de la *sefirah* Hôkhmah. La description des Vivants chez Ézéchiel correspond à la description des *Hamala al-'Arsh* chez Ibn 'Arabî (D. Gril, *Le Dévoilement des effets du voyage*, L'Éclat, 1994, p. 63).
3. P. Schäfer, *Le Dieu caché et révélé. Introduction à la mystique juive ancienne*, trad. de l'allemand, Cerf, 1993, 181 p.
4. Char = Vents : Dt, XXXIII, 26 ; Ps, XVIII, 11 ; Vie grecque d'Adam et Ève, XXXVIII, 3. Char = Trône. I Sm, IV, 4 ; Liturgie angélique (texte essénien, p. 439) ; I Én, XIV, 18-20 ; II Én, XXI, 2 ; Vie grecque d'Adam et Ève, XXII, 3.

                    Homme

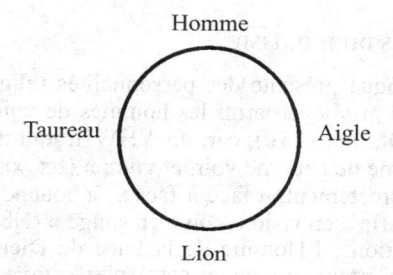

    Taureau   Aigle

                     Lion

LA CROIX DES SAISONS

(Kisse) de la Gloire *(Kabôd)* de Dieu. Voilà le « grand mystère » *(hasôd ha-nôrâ)*. Les ésotéristes ont développé toute une littérature, appelée « littérature des Palais », datant des Ier-IIe siècles selon G. Scholem, des IIIe-Ve siècles selon d'autres auteurs [1]. Pareille théosophie suppose tout un environnement initiatique. Les ésotéristes de la *Merkabah* sont groupés en organisations initiatiques. Ils utilisent des pratiques spécifiques, par exemple ils prient la tête entre les genoux, ils récitent les Noms divins (le Nom divin à 72 lettres ou à valeur 72 [2]). Le corps s'affaisse, l'âme supérieure s'élève. Le but est de favoriser ce que les anthropologues nomment « transe de vision [3] », qui intéressera la Kabbale extatique.

Il doit jeûner pendant un certain nombre de jours, placer sa tête entre ses genoux et dire tout bas des hymnes et des chants dont les textes sont connus par la tradition. Alors il est amené à l'intérieur et perçoit les demeures comme s'il voyait les sept Palais de ses propres yeux, pénétrait dans chacun, l'un après l'autre, et regardait ce qui s'y trouve.

Rabbi Hai ben Sherira (chef d'une académie babylonienne, vers 1000), sur *Hagigah*, XIV, 2, trad. de l'hébreu G. Scholem, *Les Grands Courants de la mystique juive* (1941), trad. de l'anglais (1950), Payot, 1983, p. 62-63.

---

1. Littérature des Palais : 1) *Grands Palais. Heikhalot Rabbati* (trad. partielle apud *Encyclopédie de la mystique juive*, Berg International, 1977, col. 488-494), 2) *Petits Palais. Heikhalot Zutrati* (IVe s., livre attribué à Rabbi Akiva ben Joseph), 3) *Traité des Grands Palais. Pirkei Heikhalot Rabbati* (Ve s., attribué à Rabbi Ishmaël ben Elisha), 4) *Livre des Palais. Sefer Heikhalot*, ou III Énoch ou *Énoch hébreu* (trad. Ch. Mopsik, *Le Livre hébreu d'Hénoch ou Livre des Palais*, Verdier, 1989, 420 p.), etc.
2. Ex, XIV, 19-21 contient en hébreu 3 phrases de 72 lettres chacune. On en tire 72 Noms. Le Nom ineffable YHWH vaut $10 + 5 + 6 + 5 = 26$. Mais pas 72, objectera-t-on. Un Kabbaliste ne reste pas coi. D'une part, si l'on écrit chaque lettre avec des nœuds (3 sur *yod*, 9 sur chaque *hé*, 3 sur *waw*) on obtient 24 ; chaque nœud comprend 3 fleurons : $24 \times 3 = 72$. D'autre part, la somme triangulaire de YHWH vaut 10 *(yod)* + 15 *(yod, hé)* + 21 *(yod, hé, waw)* + 26 *(yod, hé, waw, hé)* = 72. La *sefirah* Hesed porte 72 ponts.
3. H. Delacroix, *Études d'histoire et de psychologie du mysticisme*, Alcan, 1928. Erika Bourguignon, *Psychological Anthropology*, chap. 7 *(Altered States of Consciousness)*, State UP, Ohio, 1979. G. Lapassade, *Les États modifiés de conscience*, PUF, 1987, p. 87-91.

LES PERSONNAGES DU JUDAÏSME

La Bible hébraïque présente des personnalités religieuses exceptionnelles. Moïse a le privilège parmi les hommes de voir la Face de Dieu (Ex, XXXIII, 11 ; Dt, XXXIV, 10), car, dit YHWH, « tu ne saurais voir ma face, car nul homme ne peut me voir, et vivre » (Ex, XXXIII, 20). À Moïse seul Dieu parle directement, « face à face », « bouche à bouche », alors qu'aux autres il parle « en vision » ou « en songe » (Nb, XII, 8). Moïse est l'homme d'exception : l'Homme de la Face de Dieu, l'Homme de la Bouche de Dieu. Certains prophètes sont enlevés vivants au ciel, en une assomption qui rendra jaloux les Chrétiens : Énoch (Gn, V, 24 ; I Én, XII, 1 ; XXXIX, 3), Melkisédek (II Én, LXX, 25), Élie et son char de feu (II Rs, II, 11 ; Ecq, XLVIII, 9), Baruch, Esdras (IV Esd, XIV, 49), peut-être Moïse dont on ne connaît pas le tombeau (Dt, XXXIV, 6), peut-être la vierge Tabitha ; sur eux l'Ange de la mort n'a point prise. Jérémie ressuscite trois jours après son décès (PJ, IX, 13-32). Élie (I Rs, XVII, 22) et son disciple Élisée (II Rs, IV, 34) font ressusciter les morts. Certains personnages ont une naissance miraculeuse, ils font fi de la stérilité de leur mère, tels Melkisédek (II Én, LXX, 1), Isaac (Gn, XI, 30), Samuel (I Sm, I, 2), Samson (Jg, XIII, 2), et plus tard Jean le Baptiste (Luc, I, 7) ou, en un autre sens, Jésus, fils d'une vierge (Matthieu, I, 18). Ézéchias visite les enfers (Is, XXXVIII, 10-20). D'autres personnages bibliques, selon les pseudépigraphes, font l'ascension des cieux en vision ou en extase pour voir « les mystères de Dieu » : Énoch (II Én, III), Abraham (AA, XII, 8), Isaïe (Ascension d'Isaïe, VII), Baruch (III Ba, II).

Et ces personnages se retrouvent, créent des liens entre eux. Melkisédek consacre Abraham (Gn, XIV, 19). Jérémie et Baruch se rencontrent au Temple de Jérusalem (PJ, II, 2). Baruch fait fonction de secrétaire auprès de Jérémie (Jr, XXXII, 11), Élisée est le disciple d'Élie (I Rs, XIX, 21). Jésus, lors de sa transfiguration, apparaîtra aux Apôtres présents entre « Moïse et Élie » (Matthieu, XVII, 3).

Les femmes ne sont pas absentes de l'ésotérisme judaïque. Le Judaïsme courant verse facilement dans la misogynie, avec le classique argument qui fait de la femme une sorcière *(kashefan)* : « La majorité des femmes est familière de la sorcellerie [1]. » L'ésotérisme juif, lui aussi, se méfie volontiers des femmes. Les Esséniens vont jusqu'à écrire : « Oui, c'est elle le principe de toutes les voies de perversion » (Pièges de la femme, 8) ! comme si entre la pomme succulente et le gourmand, la responsabilité revenait à la pomme ! Les pseudépigraphes ont tendance à attribuer la Chute à la femme : « Femme mauvaise, qu'as-tu perpétré

---

1. *Talmud de Babylone*, section IV : *Dommages. Neziqin*, traité 4 : *Assemblée. Sanhédrin*, 67 a. Trad. anglaise du *Talmud* par I. Epstein, 35 t., Soncino Press, Londres, 1935. Trad. française en cours, éd. Verdier, 1982 ss.

contre nous ? Tu m'as aliéné la gloire de Dieu » (Vie grecque d'Adam et Ève, XXI, 6). Néanmoins, la Bible hébraïque compte des prophétesses : « Miryam, la prophétesse, sœur d'Aaron » et de Moïse (Ex, XV, 20 ; Nb, XII, 1-15), Deborah (Jg, IV-V), « la prophétesse Houlda » (II Rs, XXII, 14-20), « la prophétesse Noadia » (Né, VI, 14). Dans les écrits pseudépigraphiques, la Sibylle juive et la vierge Tabitha figurent au milieu des grands noms qui vont s'opposer à l'Anti-Messie, à savoir Élie, Énoch et les soixante Justes. Qui est cette Tabitha (Apocalypse d'Élie, III, 16), et qui cette Sibylle de Tibur (OS, IV) ? des figures mythologiques. Comme le note J.-M. Rosenstiehl, « il n'est pas impossible que l'on ait tenu Tabitha pour une sorte de double d'Élie à l'instar de la Sibylle, sorte de double et sœur d'Énoch ». La Sibylle juive, comme les prophétesses grecques et romaines, reçoit les paroles directement de Dieu (OS, III, 490 et 821), elle entre dans des transes extatiques. Le Testament de Job (XLVII-L) décrit l'héritage des filles de Job : il offre à ses trois filles des cordes venues du ciel ; ces « amulettes » donnent santé et accès à un « monde meilleur » ; en effet, aussitôt qu'elles ceignent ces cordes, elles parlent la langue des anges. Dans la Kabbale [1], il est rappelé qu'« il incombe à l'homme d'être mâle et femelle », soit mystiquement en vivant avec la Shekhinah, la Présence divine, soit charnellement en procurant le plaisir à son épouse le jour du sabbath (*Sefer ha-Zohar*, I, 49 b, t. 1, p. 257). Cela dit, « il n'y a pas eu de femmes kabbalistes » [2].

LES FIGURES DU JUDAÏSME :
PATRIARCHES *(ÂBÔT)*, PROPHÈTES *(NABÎ'IM)*

Le premier grand style de vie pour l'ésotérisme judaïque est **le Patriarche**. Dans une société clanique, semi-nomade, polygamique, où la famille comprend parents, enfants, brus, enfants, neveux orphelins, serviteurs, le Père a un grand rôle. Adam et Abraham, avec leurs forces et leurs faiblesses, sont les Patriarches typiques. La religion admire leur rôle de chef de tribu et d'interlocuteur de Dieu, leur longévité et leur fécondité. Tel est le Patriarche hébreu, puissant en tout. L'ésotérisme a privilégié Énoch. La Bible hébraïque lui donne trois cent soixante-cinq ans de longévité (Gn, V, 23), manière de lui reconnaître une dimension solaire, une signification astrologique. « Énoch marcha avec Dieu, puis il disparut, car Dieu [*Élôhim*] l'enleva. » À trois cent soixante-cinq ans, il monte vivant au ciel, comme plus tard Élie (II Rs, II, 11). Les pseudépigraphes, du coup, soutiennent qu'Énoch connaît « les mystères » : le monde, sa Formation et sa Fin, le Jugement dernier, les anges, le calendrier, l'atmosphère, le Nom ineffable, les nouveaux cieux et la nouvelle terre. Énoch écrit.

---

1. *La Lettre sur la Sainteté ou la Relation entre l'homme avec sa femme. Igueret ha-qodech* (XIIIᵉ s.), trad. Ch. Mopsik (1986), Verdier, 1993, 93 p., bilingue.
2. G. Scholem, *Les Grands Courants de la mystique juive*, éd. cit., p. 50.

Énoch, Patriarche selon l'exotérisme, devient dans l'ésotérisme « Énoch scribe de Justice » (I Én, XII, 4), celui qui consigne ce qui lui a été révélé par les anges en visions ou en songes à travers divers lieux et les sept cieux.

LA CHAÎNE DES GRANDS PATRIARCHES JUDAÏQUES

LES 10 PATRIARCHES ANTÉDILUVIENS (Gn, v)	LES 10 PATRIARCHES POSTDILUVIENS (Gn, XI)	LES 5 PATRIARCHES ANCÊTRES (Gn, XXI-L)
Adam	Sem	**Abraham**
Seth	Arpakshad	Isaac
Énosh	Shélah	Jacob (=Israël)
Qénân (>Kaïnam)	Éber	Juda
Mahalaléel	Péleg	Joseph le Patriarche
Yéred	Réu	
Énoch (>Hénok)	Serug	
Mathusalem	Nahor	
Lamek	Térah	
Noé	**Abraham**	

Le deuxième grand style de vie pour l'ésotérisme judaïque est **le Prophète** *(nabî)*, encore que les Patriarches fussent déjà prophètes. Le prophète n'est pas quelqu'un qui dit l'avenir, mais un personnage qui parle en place de Dieu, au nom de Dieu. Il proclame. Ou plutôt, dans le monothéisme, Dieu dit Dieu.

À ce point, il serait peut-être profitable de présenter le prophétisme avec la méthode de l'analyse de contenu, c'est-à-dire en se posant les questions suivantes : qui parle ? pour dire quoi ? à qui ? comment ? dans quel but ? avec quel résultat ?

Qui parle ? La question doit être ici dédoublée. D'une part, de qui vient le message *(dabar)* ? de Dieu. D'autre part, par qui le message est-il transmis ? le prophète.

• DE QUI VIENT LE MESSAGE ? La source du message divin est en principe Dieu. C'est la théorie de la dictée divine. YHWH dicte ou donne un livre (Ex, XXIV, 12 ; XXXI, 18 ; XXXII, 15 ; XXXIII, 11 ; Dt, IV, 13 ; Éz, II, 9). Mais, est-ce vraiment Dieu ? Moïse bénéficie de la Parole même de YHWH ou de l'Ange de YHWH, manifestation visible de Dieu (Ex, III, 2), tout comme les prophètes qui clament : « Le Seigneur jette une parole », « la parole de YHWH me fut adressée ». Les « prophètes classiques » (Amos, Osée, Isaïe, Michée, Jérémie) se disent donc visités. Amos ne dit pas : « Je dis » ou « Je répète », il énonce : « Ainsi parle YHWH. *Kô âmar YHWH* » (Am, I, 3). Les « prophètes apocalypticiens » (Énoch, Ézéchiel, « Esdras », Daniel), eux, bénéficient de l'Esprit de Dieu, conçu comme différent de YHWH, ils sont sujets à des extases (envol de l'âme seule) et non plus à des translations (transport corps et âme), ils utilisent des pratiques initiatiques (jeûne ou diète, prière, purification) (Da, IX, 3 ; X, 3), ils ont ordre de ne pas révéler les secrets [1]. Énoch voit, lui, grâce aux « saints anges » (I Én, I, 2). La révélation du livre Jubilés (I, 29 ; 150 av. J.-C.) se donne pour un message à Moïse d'« un ange de la Face ». Les historiens estiment que le prophétisme apocalyptique a reçu une influence grecque en tenant son inspiration d'un Esprit, mais il s'en sépare en admettant que le prophète conserve sa lucidité (à la différence de la Pythie).

• PAR QUI PASSE LE MESSAGE DIVIN ? Certains prophètes seront prophètes malgré eux. Ainsi d'Amos (Am, VII, 14-15), de Jonas (Jon, I, 3, 10), de Jérémie (Jr, I, 5), un peu comme chez les chamanes asiatiques. Dieu a choisi, ils ne se sont pas mandatés.

• POUR QUI DIEU PARLE-T-IL ? Dieu et ses prophètes donnent un message à tout un peuple, les Hébreux.

• POUR DIRE QUOI ? Dans les textes exotériques, Dieu rappelle sa morale et menace, alors que dans les textes ésotériques, Dieu révèle plutôt ses mystères.

• COMMENT DIEU PARLE-T-IL À SES PROPHÈTES ? Moïse seul a reçu directement la parole de Dieu, les autres occasions sont les visions, les songes, les manifestations de Dieu dans la nature, comme l'éclair, l'arc-en-ciel. Ces cas sont différents. Moïse prétend avoir bénéficié d'une révélation, qu'il a simplement reçue, accueillie. Dans le cas des signes dans la nature ou des interrogations oraculaires, il faut choisir, interpréter. Notons aussi que ces signes ne sont pas des signes naturels, ce sont des théophanies, des manifestations de Dieu, voulues par lui. Le phénomène des visions reste le plus important, et le plus caractéristique du Judaïsme et des peuples sémitiques.

– [Dictée divine] YHWH dit : « Écoutez bien mes paroles : s'il n'était que votre prophète, moi, YHWH, je me manifesterais à lui par une vision, c'est en songe que je m'entretiendrais avec lui. Mais non : Moïse est mon serviteur ; de toute ma maison c'est le plus dévoué. Je lui parle face à face, dans une claire apparition et sans énigmes ; c'est l'image de Dieu même qu'il contemple. »

Nb, XII, 6-8.

– [Théophanie dans la nature] La montagne du Sinaï était toute fumante, parce que le Seigneur y était descendu au sein de la flamme ; sa fumée montait comme la fumée d'une fournaise, et la montagne entière tremblait violemment.

Ex, XIX, 18.

– [Consultation oraculaire de sorts, par oui ou non, avec cailloux ou baguettes] Saül dit alors : « YHWH, Dieu d'Israël, pourquoi n'as-tu pas répondu aujourd'hui

---

1. J. Lindblom, *Prophecy in Ancient Israel*, Fortress, Oxford, 1962, p. 38-106. A. Piñero-Sáenz, *Les Conceptions de l'inspiration dans l'apocalyptique juive et chrétienne*, apud Claude Kappler et *al.*, *Apocalypses et Voyages dans l'au-delà*, Cerf, 1987, p. 158-171.

à ton serviteur ? Si la faute est sur moi ou sur mon fils Jonathan, YHWH, Dieu d'Israël, donne *urim* ; si la faute est sur ton peuple Israël, donne *tummim*.

I Sm, xiv, 41.

– [Audition divine] À cette vue, je tombai sur ma face et j'entendis une voix qui parlait. Elle me dit : « Fils de l'homme, dresse-toi sur tes pieds, que je te parle ! » Et un esprit vint en moi lorsqu'elle m'eut parlé.

Éz, i, 28-ii, 2.

– [Vision diurne divine] L'année de la mort du roi Ozias [>Ouzia, 738 av. J.-C.], je vis le Seigneur siégeant sur un trône élevé et majestueux, et les pans de son vêtement remplissaient le temple. Des séraphins se tenaient près de lui.

Is, vi, 1.

– [Vision nocturne divine] J'eus une vision pendant la nuit : il y avait là un homme monté sur un cheval roux...

Za, i, 7-8.

– [Songe] Daniel eut un songe, et des visions se présentèrent à son esprit sur sa couche. Immédiatement il mit par écrit le songe, racontant la substance des choses. Daniel commença et dit : « Je regardais au cours de ma vision nocturne, et voici que les quatre vents du ciel firent irruption sur la grande mer. »

Da, vii, 1-2.

Les Kabbalistes établiront une hiérarchie dans les modes de connaissance :

« C'est dans un songe que je lui parle » [Nb, xii, 6] : c'est un soixantième de la prophétie, ainsi qu'il a été enseigné [*Talmud de Jérusalem*, section *Zeraïm*, traité 1 : *Bénédictions. Berakhot*, 57 b], c'est le sixième degré de prophétie et c'est le degré de Gabriel, qui préside au rêve, cela a été dit » [*Zohar*, i, 149 b]. [...]

Viens et vois : le rêve est un degré, la vision est un degré, la prophétie est un degré, et tous sont degrés sur degrés, les uns au-dessus des autres.

Sefer ha-Zohar, traité *Vayéchev*, § 12 : i, 183 a, trad. de l'araméen Ch. Mopsik, *Le Zohar*, Verdier, t. 3, 1991, p. 110-111.

• COMMENT PARLE LE PROPHÈTE ? Dieu lui enseigne comment s'exprimer. Il va utiliser sa voix ou l'action symbolique. Au fond, l'existence seule du prophète suffirait. S'il y a prophète, c'est que les temps sont mauvais, que certains sont encore justes, que Dieu veille.

– [Parole prophétique] La parole de YHWH me fut adressée en ces termes : « Va proclamer aux oreilles de Jérusalem ce qui suit. Ainsi parle YHWH. »

Jr, ii, 1-2.

– [Action symbolique] Ainsi parla YHWH : « Va, achète une cruche [...]. Puis tu briseras la cruche sous les yeux des gens qui t'auront accompagné, et tu leur diras : Ainsi parle YHWH Zeva'ot (>Cebaot, Sabaot) : c'est de la sorte que je briserai ce peuple et cette ville, comme on met en pièces un vase de potier, qui ne peut plus être réparé. »

Jr, xix, 1-11.

— [L'existence du prophète] Voici, moi et les enfants que YHWH m'a donnés, nous servirons de signes et d'avertissements de la part de YHWH Zeva'ot, qui réside sur le mont Sion.
Is, VIII, 18.

• DANS QUEL BUT DIEU ET LE PROPHÈTE PARLENT-ILS ? Dieu veut éloigner de l'abomination, polythéisme, idolâtrie, perversité, etc.
• AVEC QUELS RÉSULTATS ? Faibles, si l'on en juge par le nombre des prophètes !
Les prophètes se reconnaissent à certains charismes. Ils guérissent, parfois même ils opèrent des résurrections (I Rs, XVII, 22 ; II Rs, IV, 35). Ils disent l'avenir (Dt, XVIII, 22 ; Jr, XXVIII, 8-9), non pas pour faire œuvre de divination, mais pour prévenir, pour montrer la puissance divine. La divination sert simplement d'attestation. Toujours, les (bons) prophètes restent fidèles à l'enseignement fondamental, le monothéisme, le décalogue (Dt, XIII, 2-6 ; Jr, XXIII, 9-40).

LA CHAÎNE DES GRANDS PROPHÈTES JUDAÏQUES

LES ANCIENS « PROPHÈTES »	LES 3 GRANDS PROPHÈTES	LES 12 PETITS PROPHÈTES
Moïse (1230 av. J.-C. ?) les Fils de prophètes (XIe s. av. J.-C.) Samuel (1040 av. J.-C.) Gad et Nathan (940 av. J.-C.) Shemaya (930 av. J.-C.) Iddo (920 av. J.-C.) Élie (873 av. J.-C.) Élisée (850 av. J.-C.)	Isaïe (738 av. J.-C.) Jérémie (627 av. J.-C.) Ézéchiel (592 av. J.-C.) (pseudo-Daniel, 167 av. J.-C. ; selon la Septante)	Amos (v. 750 av. J.-C.) Osée (744 av. J.-C.) Michée (722 av. J.-C.) Sophonie (630 av. J.-C.) Nahum (612 av. J.-C.) Habaquq (600 av. J.-C.) Aggée (520 av. J.-C.) Zacharie (520 av. J.-C.) Malachie (v. 460 av. J.-C.) Abdias (400 av. J.-C. ?) Joël (350 av. J.-C. ?) Jonas (v. 340 av. J.-C.)

ORGANISATIONS INITIATIQUES BIBLIQUES : LES FILS DE PROPHÈTES ET LES NAZÎRS

Les Fils de prophètes

Parmi les prophètes, qui semblent des individualités, existent aussi des groupes, qui ont été d'abord puissants, puis qui ont suscité la crainte dans le Judaïsme. Les « Fils de prophètes » ou « Frères prophètes » se manifestent, à l'époque de Samuel, qui instaura la royauté vers 1040 av. J.-C. Ils vivent en confréries, sous l'autorité d'un maître appelé « père » (I Sm, X, 12 ; XIX, 20). Ils vivent de charité (II Rs, IV, 8). Ils utilisent une musique trépidante (I Sm, X, 5 ; II Rs, III, 15) ou des boissons fermentées, ils poussent des cris, ils peuvent se mettre nus (I Sm, XIX, 24), se taillader « avec des épées et des lances « (I Rs, XVIII, 28), en quoi ils ressemblent aux prophètes de Ba'al. Leur enthousiasme se fait contagieux (I Sm, x, 5). On le voit, ils vivent une transe en régime excité, pas en régime immobile comme c'était le cas d'Ézéchiel. Tantôt ils se font la voix de Dieu, tantôt ils miment des actions symboliques, comme les autres prophètes. Ils ne fréquentent pas les lieux de culte officiel, mais des sanctuaires rivaux (II Rs, II, 3 ; IV, 38).

En arrivant là, dans la ville, tu rencontreras un chœur de prophètes descendant du haut-lieu, précédés de luths, de tambourins, de flûtes et de harpes, et s'abandonnant à l'inspiration. Alors l'esprit divin s'emparera de toi, et tu prophétiseras avec eux, et tu deviendras un autre homme.

I Sm, x, 5-6.

Cet homme, répondirent-ils, avait un vêtement de poil, et une ceinture de cuir entourait ses reins.

II Rs, I, 8.

[Parole prophétique] Comme ils virent le groupe des prophètes qui prophétisaient, et Samuel debout à leur tête, les envoyés de Saül furent saisis de l'esprit divin et ils prophétisèrent, eux aussi.

I Sm, XIX, 20.

[Action symbolique] Ahiyya, saisissant ce manteau neuf, le déchira en douze lambeaux, et dit à Jéroboam : « Prends pour toi dix de ces lambeaux, car ainsi a parlé YHWH, Dieu d'Israël : Je vais arracher le royaume de la main de Salomon et je t'en donnerai dix tribus. »

I Rs, XI, 30-31.

Les Nazîrs

Nazîrs et Fils de prophètes se ressemblent (Am, II, 11).

Les Nazîrs (*nezîrîm*, naziréens) sont — comme le montre l'étymologie — les « consacrés ». Le Nazîr se voue à YHWH. « C'est le cas unique dans l'Ancien Testament d'une consécration personnelle à Dieu, qui ne résulte pas de l'appartenance à une tribu ou à une descendance, comme il en était des lévites et des prêtres » (A.-M. Gerard). Le naziréat se manifeste particulièrement à l'époque des Juges (1200 av. J.-C.) et dure jusqu'au début du Christianisme. Le Nazîr se consacre à la guerre. Il fait trois vœux : ne prendre « aucun produit du cep de vigne », ne jamais passer le rasoir sur sa tête, ne pas s'approcher d'un mort (Nb, VI, 3-7). Cet état est soit temporaire soit définitif.

Le fameux Samson est un Nazîr. Ainsi, une autre lecture des prouesses de Samson s'impose. Samson est juge d'Israël. Comme tout Nazîr, il porte les cheveux longs. Sa puissance se révèle formidable, il tue mille Philistins avec une mâchoire d'âne. Cependant, il a le tort de confier à Dalila, une femme sans doute philistine, qu'il tient sa force de ses cheveux. Dalila le rase durant son sommeil. Samson, sans force, est fait prisonnier. Sa force revenant, il renverse le temple de Dagon (>Dagan), qui s'écroule sur lui et sur les Philistins. On voit que sa force vient de son état de sainteté et qu'il perd sa force, non pas d'être rasé, mais d'avoir gaspillé son énergie avec Dalila. Le texte tourne autour de la génération : Samson est « Nazîr de Dieu dès le sein de sa mère », car celle-ci ne pouvait enfanter sans l'aide divine, d'autre part sa liaison avec Dalila a des accents sexuels bien marqués, enfin Dagôn est une divinité amorite de la fertilité, « Grand-Maître du Grain et du Labour, Créateur du Froment et de la Charrue ». L'allégorie qui dit qu'une fois sa chevelure perdue Samson eut les yeux crevés dit, en inversant les temps, que Samson a d'abord perdu sa lucidité, et, par là, son énergie, car il l'a mise au service de la jouissance sexuelle au lieu de la vouer à Dieu. La Bible expose là son tantrisme de la main droite.

Il y avait alors à Çorea un homme d'une famille de Danites, appelé Manoah. Sa femme était stérile, elle n'avait jamais enfanté. Or un ange du Seigneur apparut à cette femme et lui dit :
– Vois, tu es stérile, tu n'as jamais eu d'enfant : eh bien ! tu concevras, et tu auras un fils. Et maintenant observe-toi bien, ne bois ni vin ni autre liqueur enivrante, et ne mange rien d'impur. Car tu vas concevoir et enfanter un fils ; le rasoir ne doit pas toucher sa tête, car cet enfant doit être un naziréen consacré à Dieu dès le sein maternel, et c'est lui qui entreprendra de sauver Israël de la main des Philistins.
[...] Cette femme donna le jour à un fils, qu'elle nomma Samson. L'enfant grandit et fut béni du Seigneur. L'esprit divin le saisit pour la première fois à Mahané-Dan, entre Çorea et Echtaol. [...]
Voici qu'un jeune lion vint à lui en rugissant. Saisi soudain de l'esprit divin, Samson le mit en pièces comme on ferait d'un chevreau, et il n'avait aucune arme. [...] Apercevant une mâchoire d'âne encore fraîche, il avança la main et s'en saisit, et en frappa un millier d'hommes. [...]
Il s'éprit d'une femme appelée Dalila, dans la vallée de Sorek. Les princes des Philistins vinrent la trouver et lui dirent :
– Tâche, par tes séductions, de découvrir d'où vient sa grande vigueur et comment nous pouvons le vaincre. [...]
Tourmenté ainsi chaque jour et harcelé par ses propos [ceux de Dalila], il [Samson] en fut enfin excédé à la mort, et il lui dévoila tout son cœur en disant :
– Jamais rasoir n'a touché ma tête, car je suis voué à Dieu comme naziréen depuis le sein maternel ; si l'on me coupait les cheveux, je perdrais ma force [...].
Et les princes philistins montèrent chez elle, munis de la somme d'argent. Elle l'endormit sur ses genoux, et, ayant mandé un homme, lui fit couper les sept boucles de sa chevelure ; dès lors elle put le maîtriser. [...]
Les Philistins se saisirent de lui et lui crevèrent les yeux ; puis ils l'emmenèrent à Gaza, où il fut chargé de chaînes et forcé de tourner la meule dans la prison.
Mais sa chevelure, qu'on avait rasée, commença à repousser. Or les princes des Philistins s'assemblèrent pour faire de grands sacrifices à leur dieu Dagon [...]. Et Samson embrassa, en pesant dessus, les deux colonnes du milieu qui soutenaient le temple, l'une avec le bras droit, l'autre avec le bras gauche, en disant :
– Meure ma personne avec les Philistins !

Et, d'un vigoureux effort, il fit tomber la maison sur les princes et sur toute la foule qui était là.

Jg, XIII, 2-XVI, 30.

Jean le Baptiste appartient à ces races d'hommes, Nazîrs ou Fils de prophètes. Comme les Nazîrs Samson et Samuel, il a une mère stérile (Luc, I, 7), comme tout Nazîr il ne boit pas de vin (Luc, I, 15). Comme les Fils de prophètes il porte un « manteau de poils de chameau et un pagne de peau autour des reins » (Matthieu, III, 4).

ORGANISATIONS INITIATIQUES JUIVES :
LES THÉRAPEUTES, LES ESSÉNIENS, LES MANDÉENS

Si le prophétisme et le naziréat sont des institutions du Judaïsme, d'ordre plus ou moins initiatique, d'autres structures sociales se sont voulu strictement initiatiques : les Thérapeutes et les Esséniens.

Les Thérapeutes (Ier s. av. J.-C.)

Les Thérapeutes d'Égypte sont, d'après Eusèbe de Césarée (*Histoire ecclésiastique*, II, 17, Cerf, 1984, t. 1, p. 72), des Juifs convertis au Christianisme. Il a tort. Les Thérapeutes forment plutôt une « sorte d'ordre monastique du Judaïsme alexandrin », établi au Ier siècle av. J.-C. à Alexandrie, près du lac Maréotis. Ils ont recours à l'herméneutique, ils pratiquent le jeûne et la contemplation. Philon d'Alexandrie a décrit leur vie.

Leur pensée s'applique sans défaillance à Dieu, si bien que même en rêve ils ne voient pas autre chose que les beautés des vertus et des puissances divines. Ainsi beaucoup d'entre eux, lorsque des rêves les agitent, vont jusqu'à proclamer pendant leur sommeil les doctrines, dignes de louange, de la philosophie sacrée. Ils ont coutume de prier deux fois par jour, matin et soir ; au lever du soleil, ils demandent une heureuse journée, véritablement heureuse, c'est-à-dire que la lumière céleste emplisse leur intelligence ; à son coucher, ils prient pour que leur âme, complètement soulagée du tumulte des sens et des objets sensibles, retranchée dans son conseil et son for intérieur, suive les pistes de la vérité. Le temps qui s'écoule du matin au soir est entièrement consacré par eux aux exercices que voici : ils lisent les saintes Écritures et se livrent à la philosophie allégorique traditionnelle, car ils croient que le sens littéral est le symbole d'une réalité cachée, indiquée à mots couverts. Ils ont des ouvrages d'auteurs anciens, initiateurs de leur secte, qui ont laissé de nombreux documents du genre allégorique. Ils les prennent comme modèles et imitent leur manière de voir. Ainsi, ils ne s'adonnent pas seulement à la contemplation, mais aussi à la composition de chants et d'hymnes à la louange de Dieu, sur des mètres et sur des mélodies variées ; ils les écrivent, cela va de soi, sur les rythmes les plus solennels. Ils donnent six jours à la philosophie, chacun demeurant isolé de son côté dans les ermitages que l'on a dits, sans en franchir le seuil, sans même porter leur regard au loin.

Philon d'Alexandrie, *Traité de la vie contemplative* (Ier s.), VIII. *Œuvres complètes de Philon d'Alexandrie*, t. 29 : *De vita contemplativa*, 26-30, trad. du grec Fr. Daumas et P. Miquel, Cerf, coll. « Sources chrétiennes », n° 29, 1963, p. 95-99 (bilingue). © Éditions du Cerf, Paris.

Les Esséniens (197 av. J.-C.-70 ap. J.-C.)
En 1947, un berger palestinien découvrit, sous forme de papyrus ou de feuilles de cuir, dans une grotte de Qumrân, sur la rive nord-ouest de la mer Morte : « les manuscrits de la mer Morte » (MMM). A. Dupont-Sommer, avec une quasi-certitude, rattache aussitôt ces textes aux idées des Esséniens. Épine dans le pied des théologiens, sucre sur la langue des ésotéristes. Car l'accès à l'Essénisme, le fait qu'il est indubitablement ésotérique, gêne autant les théologiens qu'il enchante les ésotéristes. L'embarras des théologiens chrétiens s'est traduit par le refus des équipes chargées de traduire, sous la direction du dominicain Roland de Vaux, de laisser consulter les rouleaux, et par une lenteur extrême : en quarante-cinq ans, le quart seulement a été publié ! L'hypothèse d'un ésotérisme juif qui n'a jamais cessé et d'une grande ressemblance avec la doctrine de Jésus prend figure avec l'Essénisme, et figure de scandale.

On connaissait les Esséniens depuis Flavius Josèphe. Et on les connaissait comme organisation initiatique.

Il existe, en effet, parmi les Juifs, trois écoles de philosophie. Les adeptes de la première s'appellent Pharisiens, ceux de la seconde Sadducéens, ceux de la troisième, qui a la réputation de cultiver la gravité, s'appellent Esséniens, ils sont de naissance juive et liés d'une affection mutuelle plus étroite que chez les autres.

Ces hommes rejettent les plaisirs comme un péché et mettent la vertu dans la tempérance et la résistance aux passions. [...] Il est de règle que ceux qui entrent dans la secte fassent abandon de leurs biens à l'Ordre [...]. On élit à main levée ceux qui auront à gérer les affaires de la communauté, et, pour les divers offices, chacun d'eux, sans exception, y est affecté par tous. [...] Ils ne changent de vêtements ou de chaussures que lorsqu'ils sont complètement déchirés ou usés par le temps. [...]

Leur piété envers la divinité présente une forme particulière. Avant le lever du soleil ils ne profèrent aucun mot de sujets profanes, mais seulement certaines prières traditionnelles comme pour le supplier de se lever à l'horizon. Ensuite leurs préposés les envoient exercer chacun le métier qu'il connaît. Après avoir travaillé avec ardeur jusqu'à la cinquième heure, ils se rassemblent de nouveau dans un même lieu, se ceignant les reins de pagnes de lin, se lavent le corps à l'eau froide et après cette purification ils s'assemblent dans un local particulier où nul étranger à la secte n'est admis à entrer. Eux seuls, ainsi purifiés, entrent dans le réfectoire comme dans une enceinte sacrée. Une fois qu'ils se sont assis en silence, le boulanger leur sert les pains dans l'ordre voulu et le cuisinier sert à chacun une écuelle d'un seul mets. Le prêtre prononce une prière avant le repas, et il est interdit de manger avant la prière. Après le repas, il prononce de nouveau une prière, et, que ce soit au début ou à la fin, ils honorent Dieu en tant que dispensateur de la vie. Ensuite, ils quittent leur habit comme un vêtement sacré et retournent à leurs travaux jusqu'au soir. Au retour, ils prennent le repas du soir de la même façon [...].

Ils portent un intérêt extraordinaire aux ouvrages composés par les anciens et choisissent surtout ceux qui servent au bien de l'âme et du corps. Ils y recherchent, en vue de guérir les maladies, la connaissance des racines médicales et des propriétés des minéraux.

Ceux qui désirent entrer dans leur secte n'y ont pas accès d'emblée, mais pendant un an le candidat reste dehors, bien qu'on le soumette au même mode de vie que les autres. Il reçoit une hachette, la ceinture dont j'ai parlé plus haut et un vêtement blanc. Une fois qu'il a donné pendant ce temps la preuve de sa tempérance, il suit de plus près leur régime de vie : il reçoit sa part d'eaux plus pures pour ses ablutions, mais n'est pas encore admis aux exercices de communauté. Car après qu'il a donné la preuve de sa maîtrise de soi, on met à l'épreuve deux autres années son caractère, et, s'il s'en est montré digne, on le reçoit alors dans la communauté. Avant de toucher à la nourriture avec les autres, il s'engage devant eux par de redoutables serments : d'abord à vénérer la divinité, ensuite à observer la justice envers les hommes et à ne faire tort à personne, ni spontanément ni pour obéir à un ordre, mais à détester toujours les injustes et à soutenir les luttes des justes, à garder toujours et à tous la foi promise, spécialement envers les puissants, car ce n'est pas en dehors de Dieu que l'autorité échoit à quelqu'un ; que, s'il lui arrive d'avoir lui-même à commander, il n'abusera jamais de son pouvoir et n'éclipsera pas ses subordonnés par son habit ou par quelque parure que ce soit ; d'aimer toujours la vérité et de confondre les menteurs ; de garder ses mains pures de larcin et son âme pure de profits impies ; **de ne rien cacher aux membres de la secte et de ne rien révéler de leurs affaires à d'autres personnes**, fût-ce sous menace de mort. En outre, il fait serment de ne transmettre à personne les règles sous une forme différente de celle où il les a lui-même reçues ; de s'abstenir de brigandage et de conserver avec le même soin les livres de leur secte et la nomenclature des anges. Tels sont les serments par lesquels les Esséniens assurent définitivement la fidélité de leurs recrues. [...]

Le grand objet de leur vénération est, après Dieu, le nom de leur législateur [le Maître de Justice [1], 177 av. J.-C. ?], et, si quelqu'un le blasphème, il est puni de mort. Ils trouvent beau d'obéir aux aînés et à la majorité [...].

Ils se divisent en quatre classes, d'après leur ancienneté dans la vie ascétique, et les moins anciens sont tenus tellement inférieurs à leurs aînés que, s'ils viennent à les toucher, ceux-ci ont à se laver tout comme après le contact avec un étranger. [...]

La guerre contre les Romains [en 70, sous Titus, fils de Vespasien] a donné la preuve en toutes circonstances de ce que valent leurs âmes. Ils y subissaient la torture, la torsion des membres, le feu, les fractures ; on les faisait passer par toute la série des instruments de torture pour qu'ils blasphèment leur législateur ou qu'ils prennent quelque aliment contraire à leurs coutumes ; ils ne cédèrent sur aucun des deux, sans jamais flatter leurs bourreaux ou verser une larme. Tout souriants, au contraire, au milieu des douleurs et en raillant ceux qui leur infligeaient ces supplices, ils rendaient l'âme avec joie, sûrs de la retrouver.

Chez eux, en effet, règne solidement cette croyance que, si les corps sont corruptibles et que leur matière ne demeure pas, les âmes demeurent toujours, immortelles qu'elles sont ; émanant de l'éther le plus subtil, comme attirées vers le bas par une sorte de charme naturel, elles s'unissent aux corps qui les emprisonnent. [...]

---

1. Le Maître de Justice *(Moré Hassedek)* fut peut-être le grand-prêtre Yosé ben Yoéser, crucifié par le haut clergé de Jérusalem en 164 av. J.-C. (Jacqueline Genot-Bismuth, *Le Scénario de Damas. Jérusalem hellénistique et les origines de l'Essénisme*, Œil, 1992, 478 p.).

Il existe chez eux des sujets qui se font forts de prévoir l'avenir, pour s'être pénétrés depuis l'enfance des livres saints, de différents rites de purification et des sentences des prophètes. Il est rare, si cela se produit jamais, qu'ils se trompent dans leurs prédictions.

Flavius Josèphe, *La Guerre des Juifs contre les Romains* (78 ap. J.-C.), II, § 119-159, trad. de la version grecque A. Pelletier, Les Belles Lettres, coll. « Budé », 1975-1982, t. II, p. 32-38. © Les Belles Lettres, Paris.

La Communauté *(Jahad)* de Qumrân, forte de 4 000 membres, place à sa tête « les Nombreux » *(Rabbîm)*, un conseil des Douze, qui régit la vie monastique. D'autre part, elle ne s'adresse qu'aux initiés, qu'ils soient prêtres, lévites ou laïcs (Règle de la Communauté [RC], II, 19-21), qu'ils soient hommes ou femmes. Le message n'est pas donné à tous, contrairement à la Bible hébraïque.

Pour l'homme intelligent [*mashkil*], afin qu'il instruise les saints.

Règle de la Communauté (=1 QS, Manuel de discipline), I, 1, trad. A. Dupont-Sommer, apud *La Bible. Écrits intertestamentaires*, éd. cit., p. 9.

La Communauté essénienne exige, à vingt ans (Règle annexe, I, 8), un **serment d'entrée** (RC, V, 8-10), par lequel le novice s'engage à « se convertir à la Loi de Moïse », à « se séparer de tous les hommes pervers ». Le novice est sélectionné « selon son intelligence et ses œuvres », et cela chaque année (RC, V, 21-24). Il y a un baptême, qui a valeur d'**initiation-cérémonie**, qui donne droit aux ablutions quotidiennes de la Communauté (RC, VI), après et avant une longue **initiation-processus** consistant en études de la Loi, prières, jeûnes, retraites au désert...

La Communauté donne un enseignement secret : « Mystères merveilleux et véridiques » (RC, IX, 18 ; Hymne M, VII, 26). Elle recommande un **serment de silence**, la discipline de l'arcane, qu'elle nomme « la discrétion concernant la vérité des Mystères de Connaissance » (RC, IV, 6). « Avec une sage réflexion je cacherai la Connaissance et avec une intelligente prudence je la protégerai d'une frontière ferme » (RC, X, 24).

Les Esséniens utilisent l'astrologie (Flavius Josèphe, *La Guerre des Juifs contre les Romains*, II, 8, 12), la physiognomonie, l'oniromancie (Flavius Josèphe, *Les Antiquités juives*, XVIII, 3, 3), la cryptographie occulte, la science des cycles, l'herméneutique révélée au Maître de Justice (Commentaire d'Habacuc, VII, 4-5). Un horoscope essénien trouvé dans la grotte IV sépare la part de lumière de la part de ténèbres. La méditation commentée des textes, les louanges à Dieu, la prière au Soleil, les veilles, les jeûnes, la célébration communautaire avec partage d'une coupe, la retraite au désert (RC, VIII, 13), l'observance stricte des commandements de la Loi comme des règles de la Communauté sont les principales obligations.

Cette structure assez sectaire se double d'une doctrine plutôt restrictive. Aux élus, promesse est faite d'une vie longue de « mille générations » (Écrit de Damas, VII, 6), d'un corps glorieux. Quant aux autres, « les fils de ténèbres », ils subiront « la Vengeance de Dieu », qui les conduira « en la Fosse éternelle » ! Le ton reste souvent vengeur, les Esséniens ont voulu durcir la voix, contraindre au bon choix.

Les Esséniens attendent deux Messies (RC, IX, 11) : le Messie-Prêtre, l'Oint sacerdotal et le Messie-Roi, l'Oint royal. Le Messie-Prêtre fait partie de la Communauté.

La doctrine se veut franchement dualiste. Sur le plan cosmologique, deux Esprits opposés, l'un lumineux, l'autre ténébreux, se disputent le monde, le Prince de lumière et Bélial (Règlement de la Guerre, XIII, 10-11). Mais — dualisme mitigé — l'Esprit de lumière aussi bien que l'Esprit de ténèbres ont été créés par Dieu (RC, III, 25, p. 17), et « Dieu en Ses Mystères d'intelligence et en Sa glorieuse Sagesse a mis un terme pour l'existence de la Perversité » (RC, IV, 19). Sur le plan anthropologique, l'homme se trouve habité par ces deux esprits contraires, vérité et perversion. Sur le plan religieux, l'humanité se répartit en deux lots, les justes et les pervers. L'ésotérisme essénien entre dans la longue liste des dualismes ésotériques : Zoroastrisme, Gnosticisme, Catharisme... [1].

> Pour l'homme intelligent, afin qu'il instruise et enseigne les fils de lumière [...].
> — [Dualisme anthropologique : « deux voies » *(derekh)*] Et Il [Dieu] a disposé pour l'homme deux Esprits pour qu'il marchât en eux jusqu'au moment de Sa Visite : ce sont les deux Esprits de vérité et de perversion.
> — [Dualisme cosmologique : « deux esprits »] Dans une fontaine de lumière est l'origine de la Vérité, et d'une source de ténèbres est l'origine de la perversion.
> — [Dualisme religieux : « deux lots »] Dans la main du Prince des lumières est l'empire sur tous les fils de justice : dans des voies de lumière ils marchent ; et dans la main de l'Ange des ténèbres est tout l'empire sur les fils de perversion : et dans des voies de ténèbres ils marchent. [...]
> — [Dualisme eschatologique : deux rétributions] Et quant à la Visite [le Jugement par Dieu] de tous ceux qui marchent en cet Esprit [du bien], elle consiste en la guérison et l'abondance du bonheur avec longueur de jours et fécondité, ainsi que toutes les bénédictions sans fin et la joie éternelle dans la vie perpétuelle, et la couronne glorieuse, ainsi que le vêtement d'honneur dans l'éternelle lumière. [...] Et quant à la Visite de tous ceux qui marchent en cet Esprit [du mal], elle consiste en l'abondance des coups qu'administrent tous les anges de destruction, en la Fosse éternelle par la furieuse colère du Dieu des vengeances, en l'effroi perpétuel et la honte sans fin, ainsi qu'en l'opprobre de l'extermination par le feu des régions ténébreuses.
> Règle de la communauté, III, 13-IV, 19, apud *La Bible. Écrits intertestamentaires*, éd. cit. © Gallimard, Paris.

Les Esséniens vécurent de 197 avant J.-C. à 70 après J.-C. Jésus partage beaucoup de leurs idées et de leurs pratiques : imminence de la

---

[1]. D'après les hébraïsants contemporains, les pseudépigraphes relèvent de la philosophie essénienne. Je ne suis pas convaincu. Je pense plutôt à un courant parallèle, non organisé, qui partage presque les mêmes idées mais se distingue ici et là. Jean le Baptiste, lui aussi, devait appartenir à l'un de ces courants.

Fin des temps, importance de la foi exprimée par des œuvres et non par des rites, baptême, groupe de douze, mépris du clergé hypocrite, rituel avec pain et vin, fixation de la Pâque à une date fixe [1], etc. Que Jésus ait été essénien, je ne le crois pas, car il n'est pas dualiste à ce point, il rompt plus radicalement avec les observances de la Tôrah, etc. Mais, son enseignement relève d'un même type de spiritualité.

Les Mandéens (150 ss.)

Qui sont les Mandéens ?

« La communauté religieuse des "Mandéens", [...] qui ne compte plus aujourd'hui que treize mille à quatorze mille représentants, vit en petits groupes éparpillés sur les bords de l'Euphrate et du Tigre, au sud de l'Irâq, et le long de la rivière Karoun dans l'ancien Khûzistân. Les Arabes qui vivent dans leur voisinage les appellent *soubba* (ou *soubbî*), c'est-à-dire "baptistes, ceux qui se donnent le baptême". Eux-mêmes se distinguent les uns des autres suivant qu'ils sont *mandâyê* (gnostiques) ou *nasôrâyê* (observants) ; les prêtres *(tarmidê)* et les initiés se désignent par cette dernière appellation. [...] Jean [le Baptiste], les Mandéens le considèrent comme un des leurs ; ils en font leur prophète vis-à-vis de l'Islâm. Il est présenté comme l'adversaire du Christ. [...] Nous avons donc ainsi affaire, au fond, à une secte juive hérétique. [...] L'exode à partir de l'Ouest a dû se produire au cours du IIe siècle, car certains éléments mésopotamiens et irano-parthes impliquent qu'un long séjour dans les régions de l'Est a été nécessaire. Des relations avec les sectes baptistes transjordaniennes, avec Qumrân et avec la gnose syrienne (milieu d'origine des *Odes de Salomon* et des *Actes de Thomas*, séthiens, naassènes) renforcent cette thèse » (K. Rudolph, *La Religion mandéenne* apud *Histoire des religions*, Gallimard, « Encyclopédie de la Pléiade », t. 2, p. 498, 517, 518 ; © Gallimard, Paris).

LA KABBALE (1160 ss.)

La Kabbale n'est pas tout l'ésotérisme judaïque, mais sa forme la plus élaborée et, aujourd'hui, après les travaux de G. Scholem, la plus accessible. « Kabbale » (*Kabbalah* קַבָּלָה) signifie simplement « tradition ». Mais, au XIIe siècle, un sens nouveau apparaît dans la première école kabbalistique, celle d'Isaac l'Aveugle (1160-v. 1235), à Narbonne. Oui, la Kabbale est née en France, dans le Midi ! Cette fois, le mot désigne ce courant ésotérique centré sur le système des *sefîrôt*, l'herméneutique, le Dieu infini, le sens initiatique de certains commandements qui ne semblaient que moraux ou religieux.

Par la suite, le mot « Kabbale » désigne tout l'ésotérisme juif, à tort à mon avis.

---

1. Annie Jaubert, *La Date de la Cène*, Gabalda, Paris, 1957.

Isaac l'Aveugle cite les sept *sefîrôt* qui forment le noyau de la doctrine de la Kabbale. Le mot *sefîrah* (pluriel *sefîrôt*) סְפִירוֹת סְפִירָה signifie « numération, dénombrement » ou « sphère ». Les *sefîrôt* sont les puissances par lesquelles Dieu se manifeste sur plusieurs niveaux. L'Ein-Sôf est Dieu en tant qu'occulte, les *sefîrôt* sont Dieu en tant que manifeste. Mais ce qui est manifeste pour lui nous est occulte. Inversion ésotérique. Les *sefîrôt* sont les sphères (statiques) ou les émanations (dynamiques), les degrés (internes) ou les puissances (externes), ou encore les nombres (cachés) ou les attributs (connus) du Dieu infini, du Nom ineffable. En fonction de l'**analogie** entre macrocosme et microcosme, les *sefîrôt* se retrouvent dans l'homme, comme forces spirituelles, et elles entrent en **correspondance** avec les parties du corps. Ainsi, chez l'homme, Keter, la Couronne de Dieu, est analogue à la pensée et correspond à la tête. D'autre part, en fonction de l'homologie entre ésotérisme et initiation, chaque *sefîrah* vaut comme étape, ou comme stade. Keter est alors le dernière étape, le suprême degré de spiritualité. Tout se retrouve en tout. On peut embrasser toute la Kabbale à partir d'un détail ou de la simple représentation des *sefîrôt*. L'arbre sefirôtique sert d'outil combinatoire pour tout expliquer, à la manière du Zodiaque, du *Yi king* des Chinois ou des *Mandala*-des-Deux-Mondes [1].

La liste et la dénomination des 10 *sefîrôt* se trouve pour la première fois dans le *Sefer ha-Bahir* (vers 1180), mais d'une façon encore incertaine, sauf pour les cinq premières.

Quelles sont les « Dix Paroles [*ma'amarot*] » [les *sefîrôt* dont parle le *Sefer Yezirah*] ?

La première, c'est la Couronne [*Keter*] suprême, Béni et Glorifié Soit Son Nom [YHWH], ainsi que son peuple [Israël]. [...]

La deuxième Parole est Sagesse [*Hôkhmah*] [...].

La troisième, c'est la carrière où fut taillée la Tôrah [Pentateuque], le Trésor de la Sagesse, la carrière de l'esprit de Dieu [Intelligence, *Binah*]. [...]

---

1. R. Guénon a établi des concordances entre Arbre sefirôtique chez les Juifs, Caducée d'Hermès chez les Grecs, système des *Chakra* chez les Indiens : *Keter* (I) = *Sahasrâra-chakra* (1), *Hokhmah* (II) et *Binah* (III) = *Ajñâ-chakra* (2), *Gedullah* (IV) et *Gevurah* (V) = *Vishuddha-chakra* (3), *Tiferet* (VI) = *Anâhata-chakra* (4), *Nezah* (VII) et *Hod* (VIII) = *Manipûra-chakra* (5), *Yesod* (IX) = *Mûlâdhâra-chakra* (7), *Malkhut* (X) = *Svadhisthâna-chakra* (6) (*Kundalînî-yoga*, *apud* J. Masui, *Yoga, science de l'homme intégral*, Cahiers du Sud, 1953, p. 57-58). M. Mirabail, de son côté, a établi les concordances des *sefîrôt* avec les six grands dieux d'Hésiode : Poseidon/*Keter*, Ouranos/*Hokhmah*, Chronos/*Binah*..., Gyès/*Yesod* (*Les Structures anthropologiques du sacré. Essai d'ésotérisme comparé*, thèse, université de Toulouse-Le Mirail, 1977, p. 160-202). Épiphane a établi les concordances entre éons du Gnostique Valentin et dieux d'Hésiode (*Panarion*, XXXI, 2-3), au nombre de trente.

La quatrième, c'est la justice de YHWH, ses récompenses et ses bienfaits [Clémence, *Gedûllah*] dont il comble le monde entier. Et c'est la droite [colonne de droite : GEDÛLLAH] du Saint-Béni-Soit-Il. [...]
La cinquième, c'est le grand feu du Saint-Béni-Soit-Il [Puissance, *Gebûrah*]. [...] C'est la gauche [colonne de gauche : GEBÛRAH] du Saint-Béni-Soit-Il. Et qu'est-ce que c'est ? Ce sont les saints Vivants [*Hayyôt*] [Éz, I, 5] et les saints Séraphins [*Serafîm*] qui se tiennent à droite et à gauche. [...]
La sixième, c'est le Trône de la Gloire [...].
La septième, c'est le Levant du monde. C'est de là que vient la semence d'Israël, car la colonne vertébrale se prolonge depuis le cerveau de l'homme jusqu'au membre viril [...].
Quelle est la huitième ? Le Saint-Béni-Soit-Il a un seul juste dans son monde qui lui est cher parce qu'il maintient le monde entier et qu'il en constitue le fondement [*Yesôd*]. Et Dieu le nourrit et le fait germer. [...]
La neuvième Parole, qu'est-elle ? Il lui dit : la neuvième et la dixième vont ensemble. [...] Elles sont comme deux roues [*ofanim*] dont une penche vers le Nord et l'autre vers le couchant, et elle s'étendent jusqu'à la Terre inférieure.

Le Bahir. Le Livre de la Clarté, 141-170, trad. de l'hébreu et de l'araméen J. Gottfarstein, Verdier, 1983, p. 104-125. © Éditions Verdier, Lagrasse.

Dès Isaac l'Aveugle, les Kabbalistes retrouvent les *sefîrôt* dans la Bible hébraïque, entre autres dans ce verset :

À toi, Seigneur, appartiennent la grandeur [*Gedûllah*], la puissance [*Gebûrah*], la gloire [*Tiferet*], l'autorité [*Nezah*] et la majesté [*Hod*], car tout, au ciel et sur la terre, est tien. À toi, YHWH, la royauté [*Malkhût*] et la domination suprême sur toutes choses.

I Ch, XXIX, 11.

Certes, certains Noms ont été pris dans la Bible, mais leur lien, leur hiérarchie, leur nombre sont l'œuvre des Kabbalistes.

Un, c'est la source de la mer. Un courant s'en échappe en un tourbillon qui est *yod*. La source est un, et le courant fait deux. Puis formée la vaste cuvette appelée mer, qui est comme un canal creusé dans la terre et s'emplissant des eaux provenant de la source ; et cette mer est troisième. Cette vaste cuvette est partagée en sept canaux qui ressemblent à autant de longs circuits ; les eaux vont de la mer à ces sept canaux. Ensemble, la source, le courant, la mer et les sept canaux donnent le nombre dix. Si le Créateur qui fit ces conduits décidait de les briser, les eaux retourneraient à leur source, et il ne resterait que des vases brisés, secs, sans eau.

De même, la Cause des causes a produit les dix aspects de Son Être, nommés *sefîrôt*, et appelé source la Couronne [*Keter, sefîrah* I], qui est une fontaine de lumière jamais épuisée, d'où Il se désigne Lui-même *Ein-Sôf*, l'Infini. Il n'a ni forme ni apparence, et aucun vase ne peut Le contenir, ni aucun moyen Le saisir. C'est cela que signifient les paroles : « Abstiens-toi d'étudier les choses qui sont trop difficiles pour toi, abstiens-toi de rechercher la chose qui t'est cachée » [Ecq, III, 21].

LES DIX *SEFIRÔT*

ordre	nom	traduction	idée	Nom divin	microcosme
I	Keter = Ein-Sôf ?	Couronne Sans-Fin	Principe Séraphins	Èhyèh (« Je suis »)	tête
II	Hôkhmah Rêshit	Sagesse Principe	Verbe Chérubins	Yah	cerveau
III	Binah Élôhim	Intelligence Divinités	féminité	YHWH *Élôhim*	cœur *neshamah* (âme supérieure)
IV	Gedûllah Hesed	Grandeur Miséricorde	bras de vie	El (« Dieu »)	bras droit
V	Gebûrah Dîn	Puissance Justice	bras de mort	Élôhim	bras gauche
VI	Tiferet Rahamim	Beauté Clémence	affection	YHWH *hesheq*	torse *ru'ah* (esprit)
VII	Nezah	Victoire	coordination	YHWH Zeva'ot (Armées)	jambe droite
VIII	Hôd	Majesté	loi	Élôhim Zeva'ot	jambe gauche
IX	Yesôd Zaddik	Fondement Piété	génération	Shaddaï (Montagnes)	sexe
X	Malkhût Atarah	Royaume Diadème	harmonie	Adonaï (Seigneur)	pieds *nefesh* (âme vitale)

Puis Il forma un petit vase de la taille de la lettre *yod*, qu'Il emplit de Lui, et l'appela la Fontaine-d'où-ruisselle-la-Sagesse [Hôkhmah, *sefirah* II], et prit Lui-même, à cause de cela, le nom de sage.

Ensuite, Il façonna un grand vase appelé mer, qu'Il nomma Intelligence [Binah, *sefirah* III] et prit Lui-même le nom Intelligence, à cause de cela. [...]

Enfin, « Il divise la mer en sept ruisseaux » [Is, XI, 15], c'est-à-dire qu'Il déverse dans sept vases qu'Il nomme Grandeur [Gedûllah, *sefirah* IV], Puissance [Gebûrah, *sefirah* V], Gloire [Beauté, Tiferet, *sefirah* VI], Triomphe [Victoire, Permanence, Nezah, *sefirah* VII], Majesté [Hôd, *sefirah* VIII], Fondement [Yesôd, *sefirah* IX], Royauté [Royaume, Malkhût, *sefirah* X] ; en chacun, Il se désigne ainsi [...].

Le trône est comme la coupe de bénédiction à propos de laquelle dix choses sont énoncées dans le Talmud, en harmonie avec la Tôrah qui fut donnée en Dix Paroles [le Décalogue] par lesquelles le monde fut créé.

Moïse de León, *Sefer ha-Zohar*, II, 42 b, trad. de l'araméen G. Scholem, *Le Zohar. Le Livre de la Splendeur. Extraits choisis* (1949), trad. de l'anglais, Éditions du Seuil, coll. « Points. Sagesses », n° 2, 1980, p. 73-74. © Éditions du Seuil, Paris.

LES JUIFS 1001

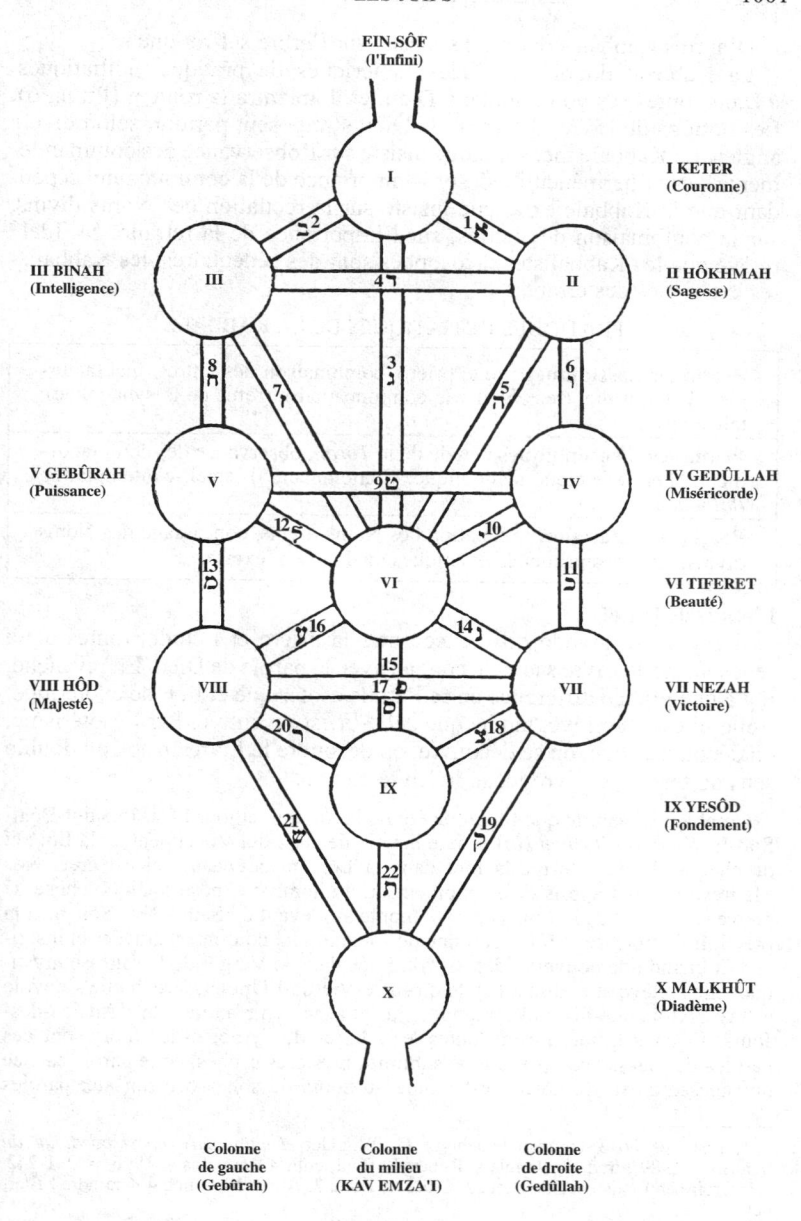

EIN-SÔF
(l'Infini)

III BINAH (Intelligence)	**I KETER** (Couronne)
V GEBÛRAH (Puissance)	**II HÔKHMAH** (Sagesse)
VIII HÔD (Majesté)	**IV GEDÛLLAH** (Miséricorde)
	VI TIFERET (Beauté)
	VII NEZAH (Victoire)
	IX YESÔD (Fondement)
	X MALKHÛT (Diadème)

Colonne de gauche (Gebûrah)   Colonne du milieu (KAV EMZA'I)   Colonne de droite (Gedûllah)

L'ARBRE SEFIRÔTIQUE

D'autres Kabbales ont moins insisté sur l'arbre sefirôtique.
La Kabbale double ses idées ésotériques de pratiques initiatiques.
« Dans toutes ses voies songe à Dieu, et il aplanira ta route » (Pr, III, 6).
Les notions de Livre, de Nom, de Dieu s'imposent partout, selon divers angles. La Kabbale théosophique insiste sur l'observance des commandements [1], sur l'herméneutique, sur l'importance de la communauté, cependant que la Kabbale extatique insiste sur la récitation des Noms divins, sur la combinaison des lettres, sur l'importance de la retraite. M. Idel [2] relève que les Kabbalistes théosophes sont des sédentaires, les Kabbalistes extatiques des errants.

PRATIQUES INITIATIQUES DE LA KABBALE

Pratiques hassidiques : joie, prière, combinaison des lettres, thaumaturgie, chef spirituel (le *rebbe*), vie communautaire (refus de la synagogue), talismans...

Pratiques théosophiques : étude de la *Tôrah*, observance des commandements, herméneutique symbolique, Communauté d'Israël, contemplation (*hitbonenut*)...

Pratiques extatiques : récitation des Noms divins, concassage des Noms divins, retraite spirituelle, techniques méditatives, extase...

L'étude de la Loi

Il n'y a pas grande différence entre la prière et l'étude, toutes deux reposent sur le Livre sacré, le contact avec la parole de Dieu. En revanche, il y a une grande différence entre l'étude ésotérique et l'étude exotérique. Celle-ci est répétitive, tandis que celle-là est inventive. Par l'ésotérisme, on découvre Dieu, on se découvre, on découvre le Livre en soi, au double sens du terme, le Livre idéal, le Livre en nous.

Combien il importe que l'homme étudie la Loi nuit et jour ! Car le Saint-Béni-Soit-Il [*Kaddosh Baruch Hu*] écoute la voix de ceux qui s'occupent de la Loi ; et de chaque découverte qu'ils font dans la Loi, un nouveau ciel est créé. Nos Maîtres nous ont appris qu'au moment où un homme expose quelque chose de nouveau au sujet de la Loi, sa parole monte au-devant du Saint-Béni-Soit-Il. Il la prend, Il l'embrasse et Il la couronne de soixante-dix couronnes gravées et inscrites. Et quand une nouvelle idée est formulée par le Verger de la sagesse mystique, elle s'élève et repose à la tête du Juste-Vie-de-l'Univers. De là elle s'envole à travers soixante-dix mille mondes, jusqu'à parvenir auprès de l'Ancien-des-Jours. Et dans la mesure où toutes les paroles de l'Ancien-des-Jours sont des paroles de sagesse comprenant de sublimes mystères cachés, cette parole cachée de sagesse ainsi découverte est réunie au cours de son ascension aux paroles

---

1. Liste des 613 commandements : G. Wigoder, *Dictionnaire encyclopédique du judaïsme* (1989), trad. de l'anglais, Robert Laffont, coll. « Bouquins », 1996, p. 231-242. « 1. Croire en l'existence de Dieu. 2. Unité de Dieu. 3. Aimer l'Éternel. 4. Craindre l'Éternel... »
2. M. Idel, *L'Expérience mystique d'Abraham Aboulafia*, Cerf, 1989, p. 21.

mêmes de l'Ancien-des-Jours. Elle devient partie intime de ces paroles et pénètre les dix-huit mondes mystérieux dont il est dit : « Nul n'a vu, sinon toi, ô Dieu ! » [Is, LXIV, 3].

Sefer ha-Zohar.

Les sages ont inscrit la Tôrah dans leur cœur, dans leur corps aussi : sous forme de tatouages, en portant des phylactères *(tefilin)*. Par exemple, « le phylactère de tête consiste en une boîte de cuir noir, divisée en quatre compartiments dont chacun contient une copie des textes bibliques : Ex, XIII, 1-10, 11-16, Dt, VI, 3-9, XI, 13-21. Sur l'un des côtés, à l'extérieur, est inscrite la lettre *shin* ; les lanières qui tiennent la boîte et passent derrière le cou du fidèle sont croisées de manière à former la lettre *dalet* ; celles qui sont enroulées autour du bras forment la lettre *yod* qui, selon les Kabbalistes, désigne la base, le fondement du divin. En cela, le bras mime le pénis, lequel fait lettre à la suite de la circoncision. Ensemble, ces trois lettres — *shin, dalet, yod* — composent l'un des noms de Dieu — ou peut-être le nom complet de Dieu, l'anagramme *Shaddaï*[1]. »

Les Kabbalistes du XIIe siècle ont mis au point une pratique qui allie la vieille doctrine ésotérique du Verbe à la nouveauté du Judaïsme, le Livre. Dans le *Livre des vêtements (Sefer ha-Malbush)*, attribué à Moïse de León[2], le sage s'habille du Nom de Dieu. Comment ? Il écrit sur un parchemin les Noms cachés de Dieu. Il transforme ce parchemin en un chapeau et en une veste sans manches qui ressemble à l'habit du grand-prêtre de Jérusalem. Commence alors un jeûne de sept jours. Puis il s'immerge dans un bassin d'eau pure jusqu'à hauteur de sa veste. Alors, il voit YHWH. L'eau reflète en bas la divinité d'en haut.

L'observance des commandements

Le Kabbaliste suit les 613 commandements *(mizvot)*, comme tout Juif. Il respecte le Sabbat (Ex, XXXI, 14 ; XXXV, 2), il mange *kasher* (Lv, XI ; Dt, XIV), etc. Mais qu'est-ce qui le distingue de l'exotériste ? Il en voit le sens spirituel, ses connexions avec les *sefirôt*, etc., et il en tire une vie supérieure, plus spirituelle, plus proche de Dieu. Prenons le commandement « Adorez YHWH avec joie » (Ps, C, 2). D'une part le Kabbaliste connaît là-dessus « un secret », à savoir qu'il faut d'abord adhérer au Nom divin et que « Joie est un nom caché de la Communauté d'Israël ». D'autre part le Kabbaliste ne se contente pas de voir la joie des prêtres et d'écouter les chants des lévites, il a accès aux degrés de Miséricorde (Hesed) et de Crainte (Pahad), il unie le Nom YHWH et le Nom Adonaï (Ps, C, 3), et il s'unit à Dieu *(Sefer ha-Zohar)*.

---

1. Tsili Dolève-Gandelman et Cl. Gandelman, « Corps-texte/texte-corps. Des rites juifs comme rites textuels », *L'Homme. Revue française d'anthropologie*, Éditions du Seuil, n° 129, 1994, p. 100-101.
2. G. Scholem, *On the Kabbalah and its Symbolism*, Schocken, New York, 1969, p. 136.

La récitation des Noms divins *(levishat ha-Shem)*

La récitation suppose au départ un double secret : un mémorial, c'est-à-dire le souvenir du Nom, et une vocalisation, c'est-à-dire l'art de prononcer avec les cinq voyelles. La récitation, chez Abraham Abû l-'Afiya, suppose des techniques initiatiques complexes, qui rappellent le yoga ou le tantrisme, l'Hésychasme ou le Soufisme.

– [Combinaison des lettres] Commence par combiner d'abord les lettres [Y, H, W, H] du Tétragramme seulement, et observe chacune de ses [12] combinaisons [YHWH, HWHY...], déplace-les et fais-les permuter sur une roue, c'est-à-dire en avant et en arrière [les 6 inversées : HWHY, YHWH...] comme un rouleau de parchemin, et ne t'arrête que si tu vois son sens augmenter (p. 33).

– [Vocalisation] Sache que le point-voyelle qui se trouve en haut s'appelle le *holam* et que les quatre autres voyelles [*qamats, hiriq, tséré, qubbuts*] se trouvent en bas sous la lettre (p. 44).

– [Musique] La forme de la mélodie pour chacune des lettres concordera avec l'image des points-voyelles, suivant la forme du *holam* vers le haut (p. 73).

– [Respiration] Il devra prendre chacune des lettres du Tétragramme séparément et la remodèlera selon les mouvements de sa respiration la plus longue possible, de façon à ne prendre, entre deux lettres, qu'une seule inspiration très longue, autant qu'il lui sera possible de la prolonger ; ensuite, il se reposera le temps d'une respiration (p. 38).

– [Balancement de la tête] Dès que tu auras commencé à prononcer la lettre, tu te mettras à balancer ton cœur et ta tête. Ton cœur en imagination, parce qu'il est à l'intérieur, et ta tête elle-même parce qu'elle est à l'extérieur, et tu onduleras ta tête dans un mouvement imitant le dessin de la voyelle associée à la lettre que tu prononceras (p. 44).

– [Mouvement des mains] Dirige tes yeux vers les cieux et étends la paume de ta main droite et celle de ta main gauche à la manière du *kohen* [prêtre] qui répartit ses doigts en deux groupes : deux à droite et deux à gauche, les deux petits doigts (l'annulaire et l'auriculaire) étant collés et rapprochés, et les deux autres (l'index et le majeur) également collés et rapprochés (p. 45).

– [Port de phylactères] Enveloppe-toi de ton *talit* [châle de prière] et applique tes *tefilin* [phylactères] autour de ta tête et sur ton bras (p. 55).

– [Orientation] Et, la tête ceinte de tes phylactères et tournée vers l'orient, car de là sort la lumière qui éclaire le monde en direction des cinq extrémités du monde, tu la mouvras en disant le *hilam* (p. 44).

– [État de chaleur mystique] Quand tu auras ressenti que ton cœur brûle véritablement à force de combiner, alors tu seras enfin prêt à recevoir l'influx prodigue (p. 56).

– [État du corps : tremblements] Et les cheveux de ta tête commenceront à se tenir droits. Quant à ton sang il se mettra à s'agiter lors de la conjonction du vivant et du parlant. Et tout ton corps se mettra à battre en retraite, et un tremblement s'emparera de tous tes membres, et tu ressentiras une peur divine et la crainte du ciel t'enveloppera, et ton corps frémira, tout comme le cavalier qui, lançant sa monture, est en proie à la joie et à la satisfaction pendant que son cheval frémit et tremble sous lui (p. 82).

– [État de l'âme supérieure : lumière, joie, parole] Il s'élèvent de lumière en lumière vers l'union, jusqu'à ce que leur parler intérieur, s'étant uni au parler originel qui est la source de tout langage, revienne. Puis ils s'élèvent encore de langage en langage jusqu'à ce que le langage humain intérieur devienne une force en soi. Alors ils orientent leur attention vers la réception du langage divin, tant sous son aspect figuratif [signifiant] que sous son aspect essentiel [signifié]. Et ce sont eux qui sont les vrais prophètes, en tout droit et en toute justice (p. 92).

– [Fin de l'expérience mystique] Plus l'influx spirituel se renforcera en toi et plus s'affaibliront tes membres extérieurs et intérieurs (p. 58).

A. Abû l-'Afiya : Moshe Idel, *L'Expérience mystique d'Abraham Aboulafia*, Cerf, 1989. © Éditions du Cerf, Paris.

Au terme, quelle **réalisation kabbalistique ou hassidique**, quel niveau de vie, de conscience atteint le Juif arrivé au sommet ? l'union mystique. Cependant, comme toujours en ésotérisme et en mystique, cette union se conçoit de deux façons. Ou bien on vit une simple juxtaposition, une unification, l'esprit humain joignant l'Esprit originel, comme le glaçon flotte dans l'eau, comme la flamme danse sur le brasier sans se confondre avec lui. Ou bien on éprouve une véritable fusion, une identification, l'homme devenant dieu, comme l'étincelle se fond dans le brasier, le verre d'eau dans la source. Les Hassidim médiévaux et les Kabbalistes théosophes voient l'union mystique comme la connaissance de Dieu. Ils parlent de communion *(debequt)*. L'homme participe à la Lumière. Son âme supérieure *(neshamah)* se tient devient Dieu sans se fondre en lui. Il y a face à face, mais la face de l'homme est à l'image et à la ressemblance de la Face divine (Gn, I, 26). Les Kabbalistes philosophes, comme Abraham Abû l-'Afiya, envisagent, eux, le but comme une union à la façon d'Aristote [1]. Ils croient en une déification de l'intellect humain par intellection de l'intellect divin. Il s'opère une fusion du Créateur et de sa création, l'homme, du Père et du Fils. Le terme est-il bien Dieu ? ce n'est pas certain. On retrouve les termes mêmes des Védantistes. Le mystique devenu intellect adhère à l'Intellect divin comme « le contenu d'une cruche d'eau à sa source ». L'intellect humain et l'Intellect divin, jusqu'alors séparés, fusionnent.

union mystique	identification (réintégration du soi dans le Soi) (logique de l'équivalence : a = A)
	unification (mariage des contraires) (logique de l'union des complémentaires : A + non-A)

---

1. Aristote : « La Pensée, celle qui est par soi, est la pensée de ce qui est le meilleur par soi, et la Pensée souveraine est celle du Bien souverain. L'intelligence se pense elle-même intelligible en entrant en contact avec son objet et en le pensant, de sorte qu'il y a identité entre l'intelligence et l'intelligible » (*Métaphysique*, M, 7, 1072 b 20, trad. J. Tricot, Vrin, 1953, t. 2, p. 681-682).

L'UNION MYSTIQUE SELON LA KABBALE

l'union comme unification	l'union comme identification
« La principale tâche des intelligents et de ceux qui contemplent son Nom se trouve dans le précepte "C'est à Lui que vous vous attacherez" [Dt, XIII, 5] : rejoindre Dieu dans ses Lettres et joindre les dix *sefîrôt* en Lui, comme une flamme est jointe au charbon. »	« L'intellect humain, après s'être séparé de tout ce qui est corporel, deviendra une entité spirituelle et s'investira dans l'Intellect actif, et Lui et lui ne feront qu'un, et c'est cela la vie éternelle de l'âme. »
Isaac l'Aveugle (cité par G. Scholem)	Rabbi Ruben Tsarfati (cité par M. Idel)

L'état kabbalistique fait un avec la situation d'Israël. L'ésotérisme judaïque est toujours politique, collectif. La Présence divine *(Shekhinah)* couvre la Communauté juive *(Keneset Yisraël)*, voire la totalité. Les étincelles, même dispersées, renvoient à un même Feu, celui du prophète, à une même Gloire, celle du visionnaire, à une même Lumière, celle du Kabbaliste. L'ésotériste cherche à faire remonter son âme jusqu'au cœur de Dieu, mais, en même temps, la communauté d'Israël, et en même temps le monde entier.

LE HASSIDISME

Un Hassid, ça se remarque : barbe, chapeau noir ou de fourrure, papillotes (touffes de cheveux sur les tempes : Lv, XIX, 27).

Un nouvel idéal naît. Il ne s'agit plus du Juste *(Zaddik)* tel que défini par le Rabbinisme, ni du Maître du Secret *(Ba'al ha-Sôd)* tel que décrit par la Kabbale, mais du Pieux *(Hasid)*. Ce qui caractérise le Juste, l'orthodoxe, le religieux, c'est l'observance formelle des commandements ; ce qui caractérise le Kabbaliste, c'est la théosophie ou l'extase ; ce qui caractérise le Pieux, le Hassid, c'est le charisme, à tendance altruiste. Pour Martin Buber, « le Hassidisme, c'est la Kabbale devenue éthique [1] ».

Le Hassidisme laisse parler le cœur. Le Hassidisme est l'ésotérisme juif populaire comme la Kabbale est l'ésotérisme juif savant [2]. Il s'appuie plus sur la sensibilité que sur le raisonnement. C'est un mysticisme tantôt

---

1. M. Buber, *Les Contes de Rabbi Nachman* (1906), trad. de l'allemand, Stock Plus, coll. « Judaïsme/Israël », 1981, p. 18 ; id., *Schriften zum Chassidismus*, 1963.
2. On retrouverait ailleurs cette complémentarité entre ésotérisme savant et ésotérisme populaire : Soufisme/Maraboutisme en Islâm, Rinzai/Sôtô dans le Bouddhisme japonais, Éleusinisme/Dionysisme dans le Mystérisme grec, Mathématiciens/Acousmaticiens dans le Pythagorisme, etc. A.-J. Festugière a opposé Hermétisme savant (celui du *Corpus Hermeticum*) et Hermétisme populaire (celui, par exemple, du *Liber Hermetis*).

dévot tantôt ésotérique[1]. Certains auteurs, comme l'un de ses pères fondateurs, Éléazar de Worms (vers 1217), professent l'ésotérisme. Le Hassid peut avoir recours à la combinaison des lettres, à la mystique des Noms, etc.[2]. Le Hassid insiste, non plus sur la transcendance de Dieu, mais sur son immanence, sa présence en tout.

FIGURES DE L'ÉSOTÉRISME JUDAÏQUE[3]

le Patriarche ex. : Abraham moyen : alliance fin : prospérité du clan	le Prophète ex. : Moïse moyen : vision fin : le Trône divin	l'Ermite ex. : Élie moyen : ascèse fin : pureté des mœurs
le Sage *(Hakham)* ex. : Salomon moyen : étude fin : justice	le Kabbaliste ex. : Abraham Abû l-'Afiya moyen : secret fin : théosophie	le Pieux *(Hasid)* ex. : Ba'al Shem Tov moyen : dévotion fin : communion

L'histoire du Hassidisme se scinde en deux grands moments : le Hassidisme rhénan, le Hassidisme polonais.

Le Hassidisme médiéval, rhénan, apparut en Allemagne avec Samuel le Hassid (vers 1150), son fils Yehuda le Hassid (Judas le Pieux), et le disciple et parent de ce dernier, Rabbi Éléazar de Worms (mort entre 1223 et 1232). Un livre, *Le Livre des pieux. Sefer 'Hasidim*, conserve leur testament littéraire ; on l'attribue à Rabbi Judas le Pieux[4] (Jehudah he-Hassid), de Regensburg († 1217).

Le Hassidisme moderne, d'abord ukrainien, puis polonais, tient en un personnage extraordinaire, le Ba'al Shem Tov (=Israël ben Éliézer, Israël de Miedzyborz, 1700-1760). « Ba'al Shem Tov » signifie « Maître du Nom bon ». Sa vie a fait l'objet de légendes. Il a commencé comme élève médiocre, comme *lamdan*, celui qui accompagne les enfants à la maternelle, une occupation qui entraîne le dédain. Mais comme il sait faire

---

1. On retrouverait ailleurs cette complémentarité entre ésotérisme et mysticisme : Upanishadisme/Bhaktisme chez les Hindous, Vajrayâna/Amidisme chez les Bouddhistes, *disciplina arcani* et mysticisme chez les Chrétiens, etc.
2. G. Scholem, *Les Grands Courants de la mystique juive*, éd. cit., p. 114-133, 347-368.
3. Tableau extrait de M. Buber, *op. cit.* © Éditions Stock, Paris. Jérémie (XVIII, 18) puis Ézéchiel (VII, 26) distinguent trois figures religieuses auxquelles ils font correspondre trois connaissances : « loi du prêtre », « sagesse de l'ancien », « parole du prophète » ; s'ajoutent le roi et le peuple (Éz, VII, 27). Un Dominicain, L. Ramlot, cherche là un schéma comparable à la structure trifonctionnelle des Indo-Européens, et ajoute : « le prêtre et le sage ont eu leurs propres interprétations de l'histoire (D et P pour les prêtres, J et E, certains livres historiques et l'apocalyptique pour les sages) » (*Supplément au Dictionnaire de la Bible*, art. « Prophétisme », t. 6, fasc. 46, 1971, col. 1037). D désigne la strate deutéronomiste, P la strate sacerdotale, J la strate yahwiste, E la strate élohiste.
4. Jehudah ben Chemouel le Hassid, *Le Guide des Hassidim. Sefer 'Hassidim* (1217), trad. rabbin E. Gourévitch, Cerf, 1988, 555 p.

chanter aux enfants le *Shema Israël* (Dt, VI, 4) ! Ensuite, il acquit quelque renommée comme rebouteux. À trente-six ans, il passe de la clandestinité à la manifestation. L'ésotérisme peut devenir populaire, s'adresser à tous, aux humbles, et il sera allègre, joyeux. Les Hassidim ont donc laissé des contes magnifiques.

LES SCIENCES OCCULTES

L'herméneutique

Les prophètes ont développé ce qu'on appelle « l'exégèse typologique », « le sens typique ». Ils prennent des faits comme types, modèles, et pas simplement comme cas fortuits. Le passé demeure comme matrice. Les prophètes établissent des corrélations entre des événements ou des personnages du passé et des événements ou des personnages postérieurs. Il y a un prototype, et un lien s'établit avec un correspondant récent. Le procédé utilise une idée parfaitement ésotérique, celle d'analogie, de répétition à divers niveaux. Le religieux insistera sur la Providence divine, l'ésotériste insistera sur les analogies et correspondances dans une Histoire pleine de sens et de rencontres. La théorie se fait explicite dans le second Isaïe. Par exemple, il considère le retour de l'Exil de Babylone comme une répétition de l'Exode d'Égypte (Is, XLIII, 16-20) : on va fuir les Chaldéens comme on a fui les Égyptiens. L'Exode d'Égypte fut le type, la forme idéale. La répétition n'est pas totale, il y a toujours du nouveau. Ce n'est pas une redite mais une reprise. Dieu renouvelle l'Histoire.

Puisque le cœur du Judaïsme est un livre, le sens vient de la lecture, de l'interprétation, de la méditation.

Si un homme considère la Tôrah comme un simple recueil d'histoires et de questions quotidiennes, malheur à lui ! [...] La Tôrah, en chacun de ses mots, détient des vérités suprêmes et des secrets sublimes. [...] Les récits que rapporte la Tôrah ne sont que ses vêtements extérieurs, et malheur à celui qui considère que cet habit est la Tôrah même. [...] Les véritables sages, ceux qui servent le Roi Très-Haut, ceux qui se tenaient au mont Sinaï, pénètrent jusqu'à l'âme, jusqu'à la Tôrah véritable qui est la racine fondamentale de tout. [...] Tout comme le vin doit être mis dans une cruche pour se conserver, la Tôrah doit être enveloppée dans un vêtement extérieur. Ce vêtement est fait de fables et de récits. Mais, nous, nous devons pénétrer au-delà.

Sefer ha-Zohar, III, 152 a, trad. G. Scholem, *Le Zohar*, éd. cit., p. 111-113. © Éditions du Seuil, Paris.

Plusieurs exégèses existent, qu'Abraham Ibn Ezra ou Moïse de León distinguent. L'exégèse littérale *(peshat)*, celle des Karaïtes, s'attache au sens visible, à l'aspect historique, autant qu'aux commandements ; l'exégèse allégorique *(remez)*, celle des Chrétiens, se fait théologique, philosophique ; l'exégèse homilétique *(derash)* insiste sur l'éthique, les maximes, les légendes ; l'exégèse secrète *(sôd)* se veut ésotérique, elle relève des Kabbalistes, elle « représente, dit Papus, l'esprit et le Saint des

Saints » (*La Cabbale*, p. 27). Ces quatre exégèses se complètent, comme des niveaux, et les initiales réunies — P, R, D, R — forment le mot *Pardès*, « paradis ».

Comment la Bible est-elle cryptée ? par la combinaison des lettres, par le saupoudrage (« il y a des secrets de secrets, une *aggadah* [section du Talmud ou de la Midrash] dévoile un peu ceci, une autre un peu cela, alors tu comprendras », dit Rabbi Judah ben Yaqar), par le symbolisme, par l'allusion (« Toutes ces paroles peuvent être comprises comme des intitulés allusifs par celui qui a reçu ses secrets de bouche en bouche », dit Rabbi Joseph ben Chalom Ashkénazi).

La science des lettres

La science des lettres couvre toutes les questions relatives à l'écriture, à l'alphabet.

La combinaison des lettres *(hôkhmat ha-zeruf)* [1] est une méthode à la fois herméneutique (de lecture) et hermétique (d'écriture), parfois contemplative portant sur des textes hébreux, des Noms divins, essentiellement : YHWH, Adonaï, El-Shaddaï, Élôhim, Zeva'ot. Cette pratique ésotérique a été développée par tous les Kabbalistes, dont Abraham Abû l-'Afiya (*Sefer ha-zeruf*, 1291), et par les Hassidim rhénans. Les trois procédés principaux sont la guématrie, la notarique, la thémourie.

• LA GUÉMATRIE *(guematria)* explique un mot ou un groupe de mots à partir de la valeur numérale de ses lettres, en la comparant à un autre mot de même valeur (ou, parfois, en considérant la seule valeur symbolique du nombre) [2].

Le Saint-Béni-Soit-Il ne veut pas que les mystères soient divulgués dans ce monde. Mais, quand approchera l'époque messianique, même les petits enfants connaîtront les secrets de la sagesse, ils sauront tout ce qui doit arriver à la fin des temps grâce à des calculs.

Sefer ha-Zohar, I, 118 a.

La base habituelle repose sur la valeur conventionnelle numérique reconnue aux 22 lettres de l'alphabet hébreu. *Alef* א = 1, *bet* ב = 2, *gimel* ג = 3, *dalet* ד = 4,... *yod* י = 10, *kaf* כ = 20,... enfin *tav* ת = 400 ; ainsi, selon J. Gikatella (vers 1290), *Ehad* א ח ד (Un) = *alef* + *het* + *dalet* = 1 + 8 + 4 = 13 = *Ahabah* א ב ה ה (Amour) = *alef* + *hé* + *bet* + *hé* = 1 + 5

---

1. G. Casaril, *Rabbi Siméon bar Yochaï et la Cabbale*, Éditions du Seuil, série « Maîtres spirituels », n° 26, 1961, p. 63, 69-71, 180-181. *The Jewish Encyclopaedia*, t. 9, 1965. G. Scholem, « Guematria », apud *Encyclopaedia Judaica*, 1971-1972, t. 7, p. 369-374. P. A. Riffard, *Dictionnaire de l'ésotérisme*, Payot, 1983, rééd. 1993.
2. B. Pascal s'est élevé contre la guématrie : « Il n'est pas permis d'attribuer à l'Écriture les sens qu'elle ne nous a pas révélé qu'elle a. Ainsi, de dire que le *mem* fermé d'Isaïe signifie 600, cela n'est pas révélé » (*Pensées*, 687, éd. Brunschvicg, Classiques Hachette, 1897, p. 642). Allusion à la prophétie d'Isaïe, IX, 5-6 : « C'est qu'un enfant nous est né [...]. Son rôle est d'agrandir l'empire. *Lemarbé hamisra*. »

+ 2 + 5 = 13. Le Judaïsme affirme par là secrètement qu'unité et amour vont ensemble, que Dieu est Unité autant qu'Amour, « et d'ailleurs le chiffre de l'unité est 1 comme le chiffre de l'amour 3, et le nombre 13 signe leur alliance ». Dans ce système, appelé système de numération courte, YHWH vaut 10 + 5 + 6 + 5 = 26.

D'autres systèmes guématriques [1] existent, environ soixante-dix ! Le système des valeurs ordinales note pour chaque lettre la valeur de son numéro : *alef* = 1 et *tav* = 22. Le système de numération longue attribue des valeurs aux lettres finales : *kaf* final = 500, *mem* final = 600. Le système de la valeur secrète retient pour chaque lettre sa valeur ordinale (c'est l'addition théosophique) : *gimel*, 3e lettre = 1 + 2 + 3 = 6. Le système des valeurs nominales attribue à chaque lettre la valeur des lettres qui le constituent : *alef* = *alef* + *lamed* + *pé* = 1 + 30 + 80 = 111 ; etc. Raymond Abellio, en 1950 *(La Bible, document secret)*, a proposé « d'une part une nouvelle correspondance entre lettres et nombres basée sur la structure des 22 polygones réguliers d'angle au centre entier inscriptibles dans le cercle de 360 degrés, d'autre part un certain nombre de modes opératoires permettant de dégager les filiations numérales ».

Lettres	Kaf	Mem	Nun	Pé	Tsadé
Formes ordinaires	כ	מ	נ	פ	צ
Formes terminales associées	ך	ם	ן	ף	ץ

Lettres hébraïques	Noms et transcriptions des lettres		Valeurs numériques	Lettres hébraïques	Noms et transcriptions des lettres		Valeurs numériques
א	Alef	'a	1	ל	Lamed	l	30
ב	Bet	b	2	מ	Mem	m	40
ג	Gimel	g	3	נ	Nun	n	50
ד	Dalet	d	4	ס	Samek	s	60
ה	Hé	h	5	ע	'Aïn	'	70
ו	Vav	v	6	פ	Pé	p	80
ז	Zaïn	z	7	צ	Tsadé	ts	90
ח	Het	ḥ	8	ק	Qof	q	100
ט	Ṭet	ṭ	9	ר	Resh	r	200
י	Yod	y	10	ש	Shin	sh	300
כ	Kaf	k	20	ת	Taw	t	400

---

1. G. Ifrah, *Histoire universelle des chiffres*, Robert Laffont, coll. « Bouquins », 1994, t. 1, p. 610.

אהבה   אחד
ehad (un) = *ahavah* (amour)
13   13

GUÉMATRIE

Abû l-'Afiya a établi les équivalences guématriques suivantes, de valeur 359 : « le grand feu », « les démons », « la semence blanche », « Satan », « extrémité de l'incirconcis », « qui dévoila la nudité », « la rétribution du mal », « qui vit, parle et imagine », « pousse la cause », etc. [1].

• LA NOTARIQUE *(nôtarikon)* utilise les lettres initiales, intermédiaires ou finales d'un mot ou d'un groupe de mots comme abréviations de termes, expressions ou énoncés ; inversement, elle peut former un terme, une expression ou un énoncé à partir des lettres initiales ou finales. Par exemple, le mot *Adam* אדם (Gn, I, 27), formé des lettres *alef* א, *dalet* ד, *mem* ם, renvoie à des noms commençant respectivement par ces lettres, comme **A**braham, **D**awid (David), **M**essiah (Messie), et en grec aux initiales des quatre points cardinaux. « ADAM aux quatre lettres, le premier homme façonné, et qui complétait le nom du levant, du ponant, du septentrion et du midi » = **A**natoli-**D**usis-**A**rktos-**M**esembria (OS, III, 24-26).

• LA THÉMOURIE *(temûrah)* remplace chaque lettre d'un mot ou d'un groupe de mots par une autre lettre conformément à un système de substitution. Par exemple, le système *atbash* remplace la dernière lettre de l'alphabet hébreu, *tav* ת, par l'avant-dernière, *shin* ש, et ainsi de suite ; de la sorte, *Babel* בבל (« Babylone ») dans Genèse (XI, 9) devient *Sheshak* ששך chez Jérémie (XXV, 26 ; LI, 41).

L'utilisation des nombres peut aller plus loin. « Toutes sortes de spéculations ont été faites sur la valeur numérique 26 attribuée au Tétragramme divin [YHWH] dans le système numéral classique. Certains auteurs versés dans la pratique de l'évaluation numérique des mots ont ainsi fait remarquer que c'est au verset 26 du chapitre I de la Genèse que Dieu dit : "Faisons l'homme à notre image" ; que 26 générations séparent Adam de Moïse ; que 26 descendants sont mentionnés dans la généalogie de Sem [Gn, X] ; que le nombre des personnages figurant dans celle-ci est un multiple de 26, etc. Selon eux, le fait que "Dieu a façonné Ève à partir d'une côte d'Adam" [Gn, II, 21] se retrouve dans la différence numérique (égale à 26) qui existe entre le nom hébraïque d'Adam (= 45) et celui d'Ève (= 19) [2]. »

---

1. M. Idel, *L'Expérience mystique d'Abraham Aboulafia*, Cerf, 1989.
2. G. Ifrah, *op. cit.*, t. 1, p. 608.

Science des cycles (*shemittot*, sing. *shemittah*)

Les Juifs admettent un cycle de 480 ans, qui correspond à environ 12 générations de 40 ans (12 × 40 = 480). Ils font durer l'esclavage en Égypte 400 ans (Gn, xv, 13) ou 430 ans (Ex, xii, 40), ils évaluent à 480 ans l'espace de temps entre la sortie d'Égypte et la construction du Temple de Salomon (I Rs, vi, 1) et l'espace de temps entre la construction du Temple de Salomon et la fin de l'Exil.

Les Esséniens ont développé une connaissance des Âges du monde et de l'Histoire universelle, qu'ils appellent « Interprétation des temps ». La science des cycles déborde le Judaïsme strict, puisqu'on la détecte surtout dans Daniel, I Énoch, les Oracles sibyllins [1]. L'Histoire est pensée comme la séparation des justes d'avec les impies. L'initié connaît le « plan glorieux » de Dieu (Règle de la Communauté, iii, 16). Mais, nous sommes dans une pensée religieuse, orthodoxe. Les cycles ne relèvent pas de mécanismes cosmiques, comme le mouvement des astres ou le retour de Grandes Années, non, ils relèvent de Dieu et tournent autour de l'idée de salut pour les justes. La philosophie de l'Histoire se fait théologie des Âges du monde et eschatologie. Dieu crée l'Histoire comme il crée le Monde. Il répartit la vie des hommes en périodes comme il a réparti la cosmogonie en Jours. Les cycles ont aussi un but initiatique : 40 jours ou 40 ans, car 40 jours est la durée d'une gestation, le symbole d'un mûrissement complet, 40 ans est la durée d'une génération, le symbole d'une vie entière. Le Déluge dure 40 jours (Gn, vii, 12), Moïse reste 40 jours au Sinaï (Ex, xxiv, 18 ; xxxiv, 28), Élie met 40 jours à atteindre le Sinaï (I Rs, xix, 8), Jésus jeûne 40 jours (Matthieu, iv, 2), les Hébreux errent 40 ans dans le désert (Nb, xxxii, 13), David et Salomon règnent chacun 40 ans (II Sm, v, 4 ; I Rs, xi, 42). Ces faits se renvoient ésotériquement les uns aux autres : le jeûne de Jésus équivaut à un Déluge, il se refait.

> Que le Nom de Dieu soit béni d'éternité en éternité ! Car à lui appartiennent la sagesse et la puissance. C'est lui qui modèle les temps et les époques, qui tour à tour renverse les rois et élève les rois, qui donne la sagesse aux sages et la science à ceux qui savent comprendre. C'est lui qui révèle les choses profondes et cachées.
>
> Da, ii, 20-22.

Le cycle biblique le plus célèbre est le cycle du pseudo-Daniel de « septante semaines » d'années, réparties en trois périodes, la première de 7 (7 × 7 = 49 ans), la deuxième de 62 (7 × 62 = 434 ans), la troisième de 1 (1 × 7 = 7 ans). Le total fait : 49 + 434 + 7 = 490 ans. La première période s'achève par l'apparition d'un Messie-Roi, la deuxième par la disparition d'un Messie-Prêtre, la troisième voit en son milieu l'extermi-

---

[1]. Les Oracles sibyllins ont une partie juive (iii, iv et v) et une partie chrétienne. Trad. apud *La Bible. Écrits intertestamentaires*, éd. cit., p. 1041-1140.

nation du dévastateur. Daniel vise, semble-t-il, des faits historiques précis. Le Messie-Roi apparu figure, sans doute, Cyrus II, qui surgit 49 ans après la destruction du Temple par Nabuchodonosor II en 587 av. J.-C., il mit fin en 538 av. J.-C. à la captivité des Juifs à Babylone et favorisa la reconstruction du Temple (II Ch, xxxvi, 23 ; Esd, i, 1-2). Ces 49 ans (587 − 538 = 49), ce carré de 7 avait dû frapper « Daniel[1] ». Le reste de la prédiction ne correspond guère à des événements précis (Da, ix).

D'autre part, Daniel a pensé les cycles en termes de proportion, à travers le fameux songe de Nabuchodonosor II et de sa statue en or[2].

Une formidable statue se dressait devant toi : cette statue était grande, d'un éclat extraordinaire et d'un aspect effrayant. Cette statue avait la tête d'or fin, la poitrine et les bras d'argent, le ventre et les cuisses d'airain, les jambes de fer et les pieds en partie de fer et en partie d'argile. [...]
Tel était le songe ; et ce qu'il signifie, nous allons le dire au roi. [...] Tu es la tête d'or [empire néo-babylonien]. Après toi, s'élèvera un autre empire [empire mède], inférieur au tien ; puis un troisième empire [empire perse], qui sera d'airain et qui dominera sur toute la terre. Puis viendra un quatrième empire [empire gréco-romain], puissant comme le fer ; puisque le fer broie et écrase tout, cet empire, pareil au fer qui brise tout le reste, ne fera qu'écraser et causer des ruines [...] ; ce sera un empire divisé [empire grec, empire romain].

Da (167 av. J.-C.), ii, 31-41[3].

Le grand spécialiste de la science des cycles, Jean Phaure, a fait une prédiction en 1979, fondée sur les cycles du pseudo-Daniel, pour l'année 1989. Cette date fut marquée, on le sait, par la mort du régime marxiste, avec la chute du mur de Berlin[4].

À côté de ce cycle de Daniel classique de 2 520 ans (360 × 7)[5], il existe un « grand cycle de Daniel » qui, lui, est de 2 592 ans, c'est-à-dire qui représente

---

1. Le prophète Daniel vivait en 591 av. J.-C. ; mais le livre Daniel (le pseudo-Daniel) date de 167 av. J.-C. ; il n'y a donc pas divination mais théorie cyclique.
2. On trouve le quaternaire or-argent-bronze-fer en Grèce (Hésiode, *Les Travaux et les Jours*, 106-202), en Iran (*Denkârt*, IX).
3. Les quatre empires universels. 1) Empire néo-babylonien (dès Nabopolosar) : 625-539 av. J.-C. (durée : 86 ans), à Jérusalem en 597 av. J.-C. (avec Nabuchodonosor II) et en 587 av. J.-C. 2) Empire mède (dès Déiocès) : 728-550 av. J.-C. (durée : 178 ans). 3) Empire perse (dès Cyrus II) : 550-330 av. J.-C. (durée : 220 ans), avec annexion de la Syro-Palestine en 539 av. J.-C. 4) Empires grec (d'Alexandre le Grand) et romain (dès Auguste) : respectivement 336-323 av. J.-C. (13 ans), 27 av.-476 ap. J.-C. (503 ans), à Jérusalem en 332 av. J.-C. (avec Alexandre), en 63 (avec Pompée) et en 70 (avec Titus). Durée : 86 + 178 + 220 + (13 + 503) = 1 000 ans, pile. Une seconde interprétation lit : 1) Babyloniens ; 2) Médo-Perses ; 3) Alexandre ; 4) Séleucides. — Les Iraniens admettent aussi quatre Empires : Rome, Aksum (en Éthiopie), Chine, Iran.
4. La fin du marxisme a été prédite sur une autre base, astrologique, le cycle Uranus-Neptune de 35 ans (André Barbault, *Défense et Illustration de l'astrologie*, Grasset, 1955, p. 189 ; *Le Pronostic expérimental en astrologie*, Payot, 1973). Voir *supra*, p. 61.
5. Daniel (vii, 25) parle de 1 260 jours en termes ésotériques : « une période, deux périodes et une demi-période », une période valant une année de 360 jours : 1 période (360) + 2 périodes (720) + 1/2 période (180) = 1 260, nombre astrologique, c'est le « petit cycle de

exactement le dixième du cycle fondamental de 25 920 ans ou « Précession des Équinoxes ». La différence entre les deux cycles est de 72 ans (moitié de 144). Et si le « petit cycle de Daniel » [commencé en 603 av. J.-C., sous Nabuchodonosor II] s'est terminé en 1917, le « grand » [commencé aussi en 603 av. J.-C.] s'achèvera, lui, en 1989, année cruciale marquée par ailleurs par une des plus grandes « doriphories » de l'Histoire, c'est-à-dire par l'accumulation de la plupart des planètes et des luminaires dans un seul signe du Zodiaque (en l'occurrence dans le Capricorne, « porte des dieux »). [...] La Grande Doriphorie astronomique de la Noël 1989, est peut-être le « Jour de YHWH ». Là finit le « temps des Nations », là s'ouvre le 6e Sceau. Là commence l'« entracte divin » de l'Église de Philadelphie [Apocalypse, III, 7] où se réarmeront spirituellement ceux qui auront à combattre le second visage de la Bête [Apocalypse, XIII].

Jean Phaure, *Panorama de la fin des temps*, apud *Aquarius ou la Nouvelle Ère du Verseau*, Albatros, 1979, p. 185, 188.

Les Kabbalistes ont admis un cycle de 6 000 ans, comme les Talmudistes [1].

LES ARTS OCCULTES

Les arts occultes reçoivent une condamnation en bloc. Ils sont mêlés à la liste de pratiques noires, infâmes, comme les sacrifices d'enfants par le feu [2], la sorcellerie, l'évocation des morts. Pratiques de Cananéens, pas d'Hébreux !

— Qu'il ne se trouve personne, chez toi, qui fasse passer par le feu son fils ou sa fille [sacrifices au dieu Moloch] ; qui pratique des enchantements, qui s'adonne aux augures, à la divination, à la magie ; qui emploie des charmes, qui ait recours aux évocations ou aux sortilèges ou qui interroge les morts. Car YHWH a horreur de quiconque fait pareilles choses. [...] Ces nations [cananéennes] que tu vas déposséder ajoutent foi à des augures *(me'onenim)* et à des enchanteurs *(gosemim)*.

Dt, XVIII, 10-14.

— Il [Manassé] fit passer son fils par le feu, s'adonna aux augures et aux sortilèges, et pratiqua les évocations et les divinations. Immense fut le mal qu'il fit aux yeux de YHWH pour l'irriter.

II Rs, XXI, 6.

— Vous donc, n'écoutez ni vos prophètes, ni vos devins, ni vos songes, ni vos augures, ni vos magiciens.

Jr, XXVII, 9.

Daniel ». 1 260 × 2 = 2 520. Le livre (VIII, 14) parle aussi — c'est le « grand cycle de Daniel » — de « 2 300 soirs et matins ». Cette science des cycles est toute ésotérique. « Mais il est un Dieu au ciel, qui dévoile les secrets » (II, 28). Chez les Égyptiens, le cycle sothiaque dure 1 461 ans. Mani admet un cycle de 1 468 ans.

1. « La durée du monde est de six mille ans : deux mille de confusion, deux mille de *Tôrah*, et deux mille de temps messianiques » (*Talmud de Babylone*, section IV, traité 4 : *Sanhédrin*, 97 a).
2. Pseudo-Philon, *Livre des Antiquités bibliques*, IV, 16.

Les arts occultes sont honnis, pas niés. La Bible hébraïque admet leur existence, elle n'autorise pas leur exercice. Ces arts offensent YHWH. Dieu seul prévoit : au diable la divination. Dieu seul est tout-puissant : au diable la magie.
Un autre front d'attaque passe par la genèse. D'où viennent les arts occultes ? des ennemis, des idolâtres, Égyptiens, Mésopotamiens, Perses, Cananéens. Un livre ésotérique, I Énoch, attribue l'origine de tous ces arts à de mauvais anges, les Veilleurs [1], qui, chargés par YHWH de donner la civilisation, sont séduits par les femmes, se dégradent dans la sexualité. Ce texte ésotérique accuse les anges, pas les femmes, et il attribue la chute de l'humanité à ces anges qui ont failli. Il ne faut pas oublier que l'art des teintures, évoqué, se trouve à l'origine de l'alchimie, que les drogues, les charmes, les herbes, cités, se placent à l'origine de la médecine occulte.

Il arriva que lorsque les humains se furent multipliés, il leur naquit des filles fraîches et jolies. Les anges, fils du ciel, les regardèrent et les désirèrent. [...] Ceux-là et tous leurs compagnons prirent pour eux des femmes, une pour chacun d'eux, et ils se mirent à les approcher et à se souiller à leur contact.

Ils leur enseignèrent les drogues, les charmes, la botanique et ils leur montrèrent les herbes.

Les femmes conçurent et enfantèrent des géants [*nefilim* : cf. Gn, VI, 4], hauts de trois mille coudées, qui dévorèrent tout le fruit du labeur des hommes, si bien que les hommes ne purent plus les nourrir. Les géants se liguèrent contre eux pour les tuer et dévorèrent les hommes. Ils se mirent à pécher contre toutes les bêtes, oiseaux, quadrupèdes, reptiles, poissons, et à se dévorer entre eux. Ils burent le sang. Alors la terre accusa les criminels pour ce qui y avait été fait.

Azaël (>Azazel) apprit aux hommes à fabriquer des épées, des armes, des boucliers, des cuirasses, choses enseignées par les anges. Il leur montra les métaux et la manière de les travailler, ainsi que les bracelets, les parures, l'antimoine, le fard des paupières, toutes les sortes de pierres précieuses et les teintures. Il en résulta une grande impiété. Les hommes se débauchèrent, s'égarèrent et se perdirent dans toutes leurs voies.

Shemêhaza leur enseigna les charmes et la botanique, Hermoni les exorcismes, la magie, la sorcellerie et les tours. Baraqiel l'astrologie, Kokabiel les signes des étoiles, Ziqiel les signes des météores, Arataqif les signes de la terre, Shamshiel les signes du soleil, Sahriel les signes de la lune, et ils se mirent à révéler des mystères à leurs femmes. [...]

Alors le Très-Haut, le Grand Saint, se prononça à leur sujet [...] :
– La fin est proche : toute la terre va périr, un déluge va arriver sur toute la terre et détruire tout ce qu'elle porte.

Livre d'Énoch (=I Hénoch, 300 av. J.-C. ss.), I-X, trad. A. Caquot (à partir des versions araméenne, grecque, éthiopienne), apud *La Bible. Écrits intertestamentaires*, éd. cit., p. 476-481. © Gallimard, Paris.

---

1. Dn, IV, 10 ; I Én, I, 5. Écrit de Damas, II, 18 (p. 146 : « Ils tombèrent, les Veilleurs du ciel »).

L'astrologie

Les étoiles ne sont que des créations (Gn, I, 16 ; Is, XL, 26), et non pas des dieux, comme le voudraient les Chaldéens ou les Grecs. Le Judaïsme ne cesse de condamner la religion astrale (Dt, IV, 19 ; XVII, 3 ; Sg, XIII, 2 ; Jr, VIII, 2).

L'astrologie n'existe guère, chez les Juifs, avant Sagesse (VII, 18), texte grec, tardif, non canonique.

Par la suite, apparaîtront des astrologues juifs.

Comme en Mésopotamie, comme en Égypte, l'astrologie prend aussi pour expression l'architecture. Le Temple de Jérusalem a un symbolisme astrologique.

La Tente, d'abord : il [Moïse] l'a faite de trente coudées et l'a partagée en trois parties. En abandonnant deux d'entre elles à tous les prêtres, comme un endroit pénétrable et ouvert à tous, il représente la terre et la mer : celles-ci, en effet, sont accessibles à tous. Mais la troisième partie, il l'a réservée à Dieu seul, car, de même, le ciel est inaccessible aux hommes. En posant les douze pains sur la table, il représente l'année, divisée en autant de mois. En fabriquant un chandelier composé de soixante-dix parties, il évoque les décans attribués aux planètes, et, par les sept lampes au-dessus, le cours des planètes elles-mêmes, dont tel est bien le nombre.

Flavius Josèphe, *Les Antiquités juives*, III, 7, 7, § 181-182, éd. cit., t. 1, p. 179. © Éditions du Cerf, Paris.

La divination

La Loi juive condamne la divination (Lv, XIX, 26, 31 ; XX, 6 ; Dt, XIII, 2 ; XVIII, 10 ; Za, X, 2). Et quand on parle de condamnation, il faut prévoir, non pas une réprimande, mais la lapidation (Lv, XX, 27), la mort par ingestion de métal fondu, la décapitation (Jr, L, 36) ou la strangulation, le fil de l'épée ! « Épée contre ses devins ! »

Néanmoins, la Bible ne manque pas de citer ce qu'elle veut éliminer et qu'elle attribue aux autres, aux étrangers, aux idolâtres, Égyptiens, Mésopotamiens, Cananéens... Ne m'en parlez pas ! Belle figure rhétorique de prétérition. Quels procédés de divination sont cités ?

On a des listes de procédés divinatoires.

— YHWH ne lui répondit pas, ni par les songes [*halomôt*], ni par les jetons [*urim*], ni par les prophètes.

I Sm, XXVIII, 6-7.

— Il fit passer son fils par le feu, s'adonna aux augures et aux sortilèges, et pratiqua les évocations et les divinations.

II Rs, XXI, 6.

— Car le roi de Babylone s'est porté à la naissance du chemin, au commencement des deux chemins, pour consulter le sort ; il a agité les flèches, interrogé les *teraphim* [statuettes], examiné le foie.

Éz, XXI, 26.

– Alors se présentèrent les devins, les magiciens, les astrologues et les mages. Da, IV, 4.

On a aussi des mentions isolées, presque toujours d'origine étrangère.

– [Astrologie] Qu'ils se lèvent donc et te sauvent, ces contemplateurs du ciel qui observent les étoiles, qui pronostiquent à chaque lunaison ce qui doit t'arriver [les Chaldéens].
Is, XLVII, 13.

– [Chiromancie (mains) ?] Il mit un sceau sur la main de tous les hommes. Job, XXXVIII, 7.

– [Clédonomancie (événement fortuit : parole, situation... survenant pendant la question qu'on se pose)] Il [Éliézer, selon la Vulgate] dit : « Seigneur, Dieu de mon maître Abraham, daigne me procurer aujourd'hui une rencontre [...] ». Il n'avait pas encore fini de parler que voici venir Rébecca.
Gn, XXIV, 13-15.

– [Génésiomancie (naissances)] Il se trouva qu'elle portait des jumeaux. Le premier qui sortit était roux, et tout son corps pareil à une pelisse : on lui donna le nom d'Ésaü. Ensuite naquit son frère, tenant de la main le talon d'Ésaü, et on le nomma Jacob. — [...] Isaac préférait Ésaü, [...] mais Rébecca préférait Jacob. [...] Il [Ésaü] vendit son droit d'aînesse à Jacob.
Gn, XXV, 24-26, 28, 33.

– [Holocautômancie (holocauste)] Balaam [devin araméen de Haute-Mésopotamie, sous Moïse] dit à Balak « Demeure près de ton holocauste ; moi, je m'en irai : peut-être YHWH s'offrira-t-il à ma rencontre, et, quoi qu'il me révèle, je t'en ferai part. » Et il s'en alla dans la solitude.
Nb, XXIII, 1-3.

– [Lécanomancie (coupe)] N'est-ce pas dans cette coupe que boit mon maître, et ne lui sert-elle pas pour la divination [*nahash*] ? [coupe de Joseph en Égypte].
Gn, XLIV, 5.

– [Nécromancie (morts)] Samuel étant mort, tout Israël avait mené son deuil [...]. En voyant l'armée des Philistins, Saül fut effrayé et trembla fort en son cœur. [...] Alors Saül dit à ses serviteurs : « Cherchez-moi une nécromancienne, que j'aille la trouver et la consulter. » [...] « J'ai vu, répondit-elle à Saül, un être divin montant de dessous terre. » Il lui demanda : « Quelle figure a-t-il ? » Elle répondit : « C'est un vieillard qui monte, enveloppé d'un manteau. » Saül comprit que c'était Samuel, et il s'inclina jusqu'à terre et se prosterna.
I Sm, XXVIII, 3-12.

– [Oniromancie (songes)] Joseph, ayant eu un songe, le conta à ses frères : « [...] Nous composions des gerbes dans le champ, soudain ma gerbe se dressa, elle resta debout ; et les vôtres se rangèrent à l'entour et s'inclinèrent devant la mienne. » Ses frères lui dirent : « Quoi ! régnerais-tu sur nous ? » Et ils le haïrent plus encore, pour ses songes et pour ses propos.
Gn, XXXVII, 5-8.

— [Ordalie (jugement de Dieu)] Parle aux enfants d'Israël et dis-leur : Si la femme de quelqu'un, déviant de ses devoirs, lui devient infidèle ; si un homme a eu avec elle un commerce charnel à l'insu de son époux, et qu'elle ait été clandestinement déshonorée, nul cependant ne déposant contre elle, parce qu'elle n'a pas été surprise [...], cet homme [l'époux] conduira sa femme devant le pontife. [...] C'est alors qu'il [le pontife] fera boire à cette femme le breuvage. Lorsqu'il le lui aura fait boire, il arrivera que, si elle s'est souillée et a trahi son époux, ce breuvage de malédiction portera dans son flanc l'amertume : il fera gonfler son ventre, dépérir son flanc ; et cette femme deviendra un sujet d'imprécation parmi son peuple.

Nb, v, 11-27.

— [Palomancie (bâton)] Mon peuple demande des oracles à son morceau de bois [pieux sacrés de la déesse cananéenne Ashérah : Ex, XXXIV, 13], et son bâton doit le renseigner.

Osée, IV, 12.

— [Présage] Oui, un temps viendra où Je couperai court à ta force et à ta famille [celle de Héli], de manière que nul n'y vieillira. [...] Je t'en donne pour présage ce qui arrivera à tes deux fils, Hophni et Phinéas : tous deux mourront le même jour.

I Sm, II, 31-34.

Un procédé typique du Judaïsme est l'usage des « sorts sacrés », la cléromancie, plus tard condamnée (I Sm, XV, 23 ; Za, X, 2). De quoi s'agit-il ? le prêtre sort d'un sac *(ephod)* ou d'une boîte *(âron)* des jetons, qui sont soit des *urim* soit des *tummim* (I Sm, XIV, 41), sans doute des cailloux ou des bâtonnets, qui donnent des réponses par oui ou non, avec la possibilité de poursuivre l'interrogatoire.

La divination intuitive, la voyance, prend, elle, la forme de visions *(hozeli)*, d'oracles *(nehum)*, d'extases... On rejoindrait ici le prophétisme.

La magie

En principe la Loi n'aime guère la magie. Les textes regardent de haut les magiciens étrangers (II Rs, XVI, 3 ; XXI, 6 ; XXIII, 24), égyptiens (Ex, VII, 11 ; Sg, XVII, 7), et surtout mésopotamiens (Is, XLIV, 25 ; Jr, L, 35 ; LI, 57). La Bible hébraïque se montre impitoyable envers la magicienne, non distinguée de la sorcière. On sait les méfaits d'une pareille confusion et d'une telle haine. La sorcellerie est le cauchemar de l'ésotérisme, la magie son rêve. La sorcière fait le mal, alors que la magicienne fait le bien, elle ne fait le mal que contre le mal (par exemple contre la sorcière). Le Judaïsme ne nie pas la magie, il l'interdit. Elle n'est licite, pour un Juif, que lorsque Dieu l'ordonne, la fait, par exemple avec Moïse. Sinon la magie offense Dieu, son pouvoir, sa prévoyance.

La sorcière, tu ne la laisseras point vivre.

Ex, XXII, 18.

Les prophètes juifs sont supérieurs aux magiciens gentils (Gn, XLI ; Ex, VII ; Da, II-V). YHWH peut ôter le pouvoir magique à celui qui prétend le détenir (Is, III, 3, 18-20). La magie n'est pas preuve de sainteté : après tout le principe du Mal, Bélial, réussit à ressusciter un mort comme le modèle des hommes de bien, Élie (OS, III, 66), les magiciens égyptiens font des exploits comparables aux exploits d'Aaron (Ex, VII, 11, 22).

Quels procédés de magie sont cités ? Ceux que l'on observe dans toutes les cultures : le verbe, l'image, le geste, la pensée qui mettent en correspondance active une zone agissante et une autre zone agie.

– [Magie par le geste (la baguette magique, la ligature, le rituel...)] Moïse et Aaron se rendirent chez Pharaon [Ramsès II vers 1290 ? Merneptah vers 1230 ?], et firent exactement comme l'avait prescrit le Seigneur. Aaron jeta sa verge en présence de Pharaon et de ses serviteurs, et elle devint serpent.

Ex, VII, 10-12.

– [Magie par l'image (l'amulette, la trace, la statue, l'écriture...)] En ce jour, le Seigneur supprimera le luxe des clochettes..., les amulettes..., les miroirs...

Is, III, 18-23.

– [Magie par la pensée (l'appel, l'évocation, la mise en correspondances...)] Il [Élie] s'étendit sur l'enfant par trois fois et invoqua YHWH en disant : « Seigneur, mon Dieu ! permets que la vie revienne au cœur de cet enfant ! » YHWH exauça la prière d'Élie.

I Rs, XVII, 21-22.

– [Magie par le verbe (le charme, l'incantation, la malédiction, le nom...)] Si le serpent mord faute d'incantations, il n'y a point de profit pour le charmeur.

Ecclésiaste [=*Qôhelet*], X, 11.

Célèbre est le rite du bouc émissaire, rite de substitution, comme en Mésopotamie ou en Anatolie[1]. Un animal emporte sur lui, au désert ou devant YHWH, toutes les fautes du peuple (Lv, XVI, 21-22).

LA PHILOSOPHIE

Il n'est pas question de recenser les penseurs juifs frottés d'ésotérisme.

Philon d'Alexandrie, au Ier siècle, admet, avec le vocabulaire des Mystères grecs, que la Bible hébraïque contient des « saints mystères », révélés aux initiés seulement (*Des Chérubins*, 48). Il a élaboré une herméneutique. Il distingue trois sens. Le premier est naturaliste, soit physique soit astronomique ; par exemple, dans l'Arche d'Alliance, symbole du cosmos, les Chérubins figurent les deux hémisphères. Le deuxième sens est spirituel, mais sur le plan cosmique ; ici, l'Arche représente le monde intelligible (*Des Chérubins*, 53). Le troisième sens, spirituel, s'applique

---

1. Voir *supra*, p. 375 (« Les arts occultes »), p. 560 (« Les arts occultes chez les Hittites »).

à l'âme ; l'Arche symbolise l'âme, ses vertus. Philon est aussi un homme d'expérience, d'expérience mystique.

> Je ne rougirai pas d'avouer ce qui m'arrive souvent. Alors que je suis vide, je me sens soudain rempli, les pensées pleuvent invisiblement d'En-Haut, en sorte que je suis saisi par une inspiration divine et que je ne sais plus où je suis, qui je suis... Mais je vois les choses comme si elles étaient présentes devant mes yeux.
>
> Philon d'Alexandrie, *Questions et Solutions sur Exode I et II*, in *Œuvres complètes*, t. 34 C, trad. A. Terian, Cerf, 1992.

Moïse Maïmonide (1135-1204), dit-on, est le plus grand philosophe juif, et rationaliste. Rationaliste, vraiment ? Le Kabbaliste Abraham Abû l-'Afiya interprète le *Guide* comme un texte de Kabbale et il s'appuie sur ce livre. Et certains textes révèlent que Maïmonide, sans être lui-même un ésotériste, admet un ésotérisme judaïque.

> Je ne puis comparer cela qu'à quelqu'un qui ferait manger à un jeune nourrisson du pain de froment et de la viande, et boire du vin ; car il le tuerait indubitablement, non pas parce que ce sont là des aliments mauvais et contraires à la nature de l'homme, mais parce que celui qui les prend est trop faible pour les digérer de manière à en tirer profit. De même, si l'on a présenté les vérités métaphysiques d'une manière obscure et énigmatique, et si les savants ont employé toutes sortes d'artifices pour les enseigner de manière à ne pas se prononcer clairement, ce n'est pas parce qu'elles renferment intérieurement quelque chose de mauvais, ou parce qu'elles renversent les fondements de la religion, comme le croient les ignorants qui prétendent être arrivés au degré de la spéculation ; mais elles ont été enveloppées parce que les intelligences, dans le commencement, sont incapables de les accueillir, et on les a fait entrevoir, afin que l'homme parfait les connût ; c'est pourquoi on les appelle mystères et secrets de la Tôrah (I, chap. 33).
>
> Ces sujets [*ma'asêh Berêshit* et *ma'asêh Merkabah*] font partie des secrets de la Loi ; et tu sais combien les docteurs blâment celui qui révèle ces secrets, disant même clairement que celui qui cache les secrets de la Loi, clairs et manifestes pour les esprits spéculatifs, aura une très grande récompense [...]. Ils ont exposé ailleurs combien le *ma'asêh Merkabah* est profond et combien il est inaccessible aux esprits vulgaires ; et il a été déclaré que même ce qui est clair pour celui qui a été admis à le comprendre, il est interdit par la religion de l'enseigner et de le faire comprendre aux autres, à moins que ce ne soit de vive voix et en s'adressant à un seul individu ayant certaines qualités, et encore ne lui en apprendra-t-on que les premiers éléments. C'est la raison pourquoi cette science s'est entièrement éteinte dans notre communion, de sorte qu'on n'en trouve plus la moindre trace (III, chap. 1).
>
> Maïmonide, *Le Guide des égarés*. *More nebohim* (vers 1190), écrit en arabe, traduit en hébreu, trad. française S. Munk (1856), Maisonneuve Larose, 1970, t. 1, p. 115 (I, chap. 33), t. 3, p. 34 (III, chap. 1). © Éditions Maisonneuve Larose, Paris.

Pour Maïmonide, la théosophie juive *(Berêshit, Merkabah)* a été perdue après les *tannaïm*, après le IIe siècle. Il s'estimait capable de restaurer cet ésotérisme grâce à Aristote. Ces deux propositions — oubli de la théosophie, restauration — ont suscité la colère de presque tous les Kab-

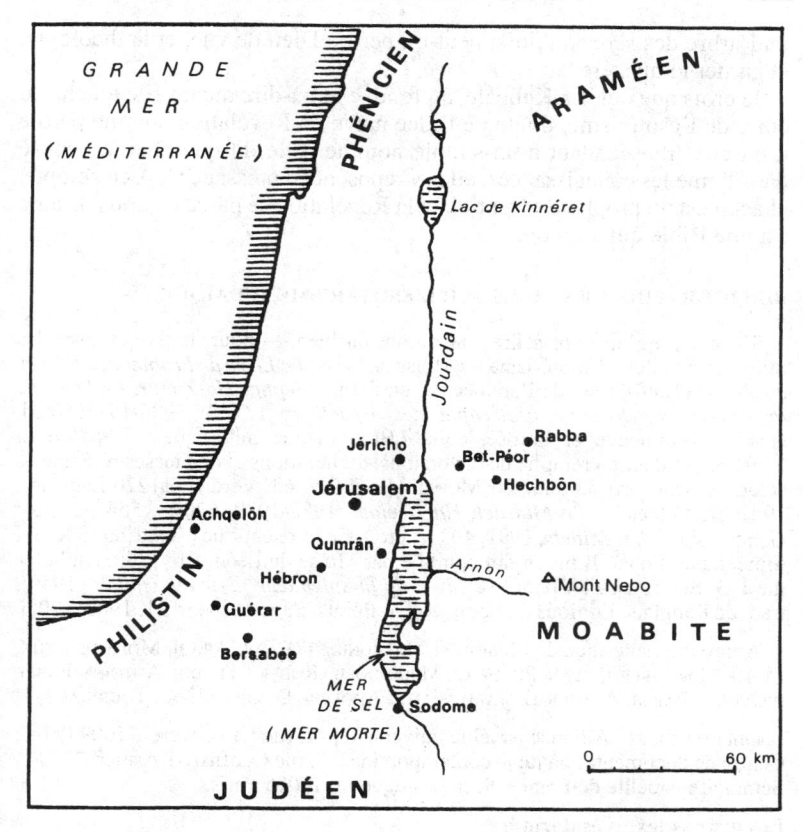

CARTE DE LA PALESTINE DE LA TÔRAH

balistes. Pour eux, la tradition orale secrète a toujours persisté, et la philosophie logique d'Aristote, chère à Maïmonide, s'avère incapable d'affronter le Mystère divin. Comment Maïmonide a-t-il fait son tour de passe-passe ? en ramenant l'œuvre du Commencement à des questions de physique et les problèmes du Char à des questions de métaphysique, selon la distinction aristotélicienne entre physique et métaphysique.

La tradition judaïque a DIEU EN VUE. Elle cherche soit à obtenir une vision de Dieu, et c'est le prophétisme, soit à faire une visualisation de Dieu, et c'est la Kabbale. La vision se veut une expérience imagée du divin, la visualisation un art de faire paraître le divin à travers des textes ou l'arbre des *sefîrôt*. Alors, peut-on perdre Dieu de vue, et la théologie, et garder le mystère ?

Je crois que oui. La Kabbale, au fond, c'est-à-dire quand elle touche au cœur de l'ésotérisme, doute de l'idée naïve de Révélation comme parole d'un être transcendant à un simple homme. Elle dit que Dieu a déposé dans l'âme les connaissances, elles y reposent en puissance [1]. À ce compte, chacun est un prophète potentiel, et la Révélation se passe en nous. L'âme est une Bible qui s'ignore.

BIBLIOGRAPHIE GÉNÉRALE SUR L'ÉSOTÉRISME JUDAÏQUE

S'il n'y a qu'un livre à lire : la Tôrah, ou bien — pour ne pas offenser les religieux hostiles à l'ésotérisme — MOÏSE DE LEÓN, *Le Livre de la splendeur*. *Sefer ha-Zohar* (1280), trad. de l'araméen J. DE PAULY (*Sepher Ha-Zohar. Le Livre de la splendeur. Doctrine ésotérique des Israélites*, 1re éd. 1906-1911, rééd. G.-P. Maisonneuve et Larose, coll. « Bibliothèque initiatique », 1985, 6 t., 3 392 p. : traduction remplie de distorsions, d'altérations et de fausses références, selon G. Scholem) ou trad. CH. MOPSIK (*Le Zohar*, éd. Verdier, 11220 Lagrasse, 1981 ss., t. 1 et 2 : *Le Midrach Ha Néélam*, 1988-1989, 670 p., 554 p., t. 3 : *Genèse, Vayéchev Miqets*, 1991, 403 p., etc.). Ce livre énorme est attribué à Rabbi Siméon bar Yohaï. Il fut en fait compilé par Moïse de León vers 1280. Anthologie : G. SCHOLEM, *Le Zohar. Le Livre de la splendeur. Extraits choisis* (1949), trad. de l'anglais, Éditions du Seuil, coll. « Points. Sagesses », n° 21, 1980, 120 p.

Approche ésotérique de l'histoire : MAÏMONIDE (?), IBN 'ARABÎ, MOÏSE DE LEÓN, MOÏSE CORDOVERO, JEAN PIC DE LA MIRANDOLE, ROBERT FLUDD, ANTOINE FABRE D'OLIVET, PAPUS, ARTHUR EDWARD WAITE, ADOLPHE D. GRAD, JEAN TOURNIAC.

BIBLIOTHÈQUES : Alliance israélite universelle, 45, rue La Bruyère, 75009 Paris ; Centre de documentation juive contemporaine, 17, rue Geoffroy-l'Asnier, 75004 ; Séminaire israélite de France, 9, rue Vauquelin, 75005 Paris.

Les grands textes ésotériques

— La Bible hébraïque (*Tanakh* =Ancien Testament, XIe s.-50 av. J.-C.) : Pentateuque (Tôrah au sens étroit, XIe-Ve s. av. J.-C., surtout Genèse et Exode), Prophètes (*Nabî'im*, surtout Isaïe et Ézéchiel), Écrits (*Khetubim*, surtout Cantique des cantiques et Daniel, qui date de 167 av. J.-C.). Texte hébreu : *La Bible bilingue*, 3e éd., Colbo, 1983, 2 776 p. Pour les Juifs hellénistiques : la *Septante* (=*Bible d'Alexandrie, Bible grecque, LXX*, 262 av. J.-C.-fin IIe s., en grec, trad. française sous la dir. de MARGUERITE HARL : *La Bible d'Alexandrie*, Cerf, 1986 ss.). Trad. classique : L.-I. LEMAÎTRE DE SACY (*La Bible*, 1672, trad. du grec et du latin et non pas de l'hébreu, Robert Laffont, coll. « Bouquins », 1990, 1 740 p.). Trad. catholique (dominicaine) : École biblique de Jérusalem (*La Sainte Bible*, 1955 ss., éd. Fides, 1976, 1 669 p.). Trad. non confessionnelle : ÉD. DHORME (*La Bible. L'Ancien Testament*, Gallimard, « Bibliothèque de la Pléiade », 1957-1959, 2 t., 1 872 p, 2 176 p.). Trad. littérale : A CHOURAQUI (*La Bible*, Desclée de Brouwer, 1985, 2 496 p.). Trad. œcuménique : *La Bible. Traduction œcuménique* (1975, Cerf, éd.

---

[1]. M. Idel, *L'Expérience mystique d'Abraham Aboulafia*, éd. cit., p. 30-31, 97, 102.

révisée 1988, 3 120 p.). Trad. du rabbinat français (sous la dir. de ZADOC KAHN, grand-rabbin) : *La Bible* (1899), Colbo, coll. « Judaïca-poche », 1994, VII-1 222 p. On trouve la Bible de Jérusalem sur CD-ROM (Compact-Disc Read-onlymemory), diff. Cerf, 1995. Je signale la traduction occultiste de Genèse par A. FABRE D'OLIVET (*La Langue hébraïque restituée*, 1815, L'Âge d'homme, Suisse, 1991, XLVIII-197 p., 345 p.) ou celle d'A. E. CHAUVET (*Ésotérisme de la Genèse*, Sipuco, Limoges et Paris, 1946-1949, 4 t.).

– Les pseudépigraphes de la Bible hébraïque (=*Apocryphes de l'Ancien Testament, Littérature intertestamentaire)*, dont I Énoch (=Énoch éthiopien, Livre d'Hénoch, IIIe s.-30 av. J.-C.), II Énoch (=Énoch slave, Livre des secrets d'Hénoch, 50 ap. J.-C.), II Baruch (=Apocalypse syriaque de Baruch, fin Ier s.), trad. apud A. DUPONT-SOMMER et M. PHILONENKO dir., *La Bible. Écrits intertestamentaires*, Gallimard, « Bibliothèque de la Pléiade », 1987, 2 064 p., p. 461-1824.

– Les manuscrits de la mer Morte (MMM =*Écrits qoumrâniens, Textes esséniens*, 166 av. J.-C.-70 ap. J.-C.), trad. A. DUPONT-SOMMER et A. CAQUOT apud *La Bible. Écrits intertestamentaires*, éd. cit., p. 9-460. Autres trad. : A. DUPONT-SOMMER (*Les Écrits esséniens découverts près de la mer Morte*, Payot, 1959, 458 p.), J. CARMIGNAC et al. (*Les Textes de Qumran traduits et annotés*, Letouzey et Ané, 1961-1963, 2 t.). Ajouter : R. EISENMAN et M. WISE, *Les Manuscrits de la mer Morte révélés*, Fayard, 1995, 390 p.

– Traité *Hagigah* dans le *Talmud de Jérusalem* (*Talmud Yerushalmi*, milieu IIIe s.-fin IVe s., section II, traité 12) : trad. de l'araméen occidental M. SCHWAB (1883), *Talmud de Jérusalem*, G.-P. Maisonneuve et Larose, 1960, t. 6, p. 267 *sqq.* ; traité *Hagigah* dans le *Talmud de Babylone* (*Talmud Babli*, entre 400 et 500 ; section I, traité 12), trad. de l'araméen oriental ISRAËL SALZER, *Le Talmud [de Babylone]. Traité Haguiga*, Verdier, 1991, 213 p.

– *Le Livre de la formation. Sefer Yezirah* (>*Sepher Yetsira*, IVe-Ve s. ?, de l'école de l'œuvre du Commencement ; 1re éd. 1562), trad. G. CASARIL (*Rabbi Siméon Bar Yochaï et la Cabbale*, Éditions du Seuil, série « Maîtres spirituels », n° 26, 1967, p. 43-49) ou A. ABÉCASSIS et G. NATAF (*Encyclopédie de la mystique juive*, Berg International, 1977, col. 579-590) ou A. D. GRAD (*Le Livre des principes kabbalistiques*, 1974, Éditions du Rocher, 1989, 139 p.) ou VIRYA, *Le Sefer Yetsirah. Le Livre kabbalistique de la formation*, G. Lahy, 13360 Roquevaire, 1995, 183 p. L'occultiste PAPUS a proposé une traduction dans son *Traité méthodique de science occulte* (1891), Dangles, t. 1 , p. 572-577.

– La littérature théosophique des *Heykhalot* (Palais [divins]), partie de l'œuvre du Char : par exemple III Énoch (=Énoch hébreu, *Sefer Heykhalot*, Ve s.), trad. Ch. MOPSIK, *Le Livre hébreu d'Hénoch ou Livre des Palais*, Verdier, 1989, 420 p. ; ou *Grands Palais. Heykhalot Rabbati* (IIe s. ?), trad. partielle apud *Encyclopédie de la mystique juive*, éd. cit., col. 488-494.

– ABRAHAM IBN EZRA, *Le Livre des fondements astrologiques* (1148, précédé de *La Sapience des signes*), trad. J. Halbronn, Retz, coll. « Bibliotheca hermetica », 1975, 319 p.
– M. MAÏMONIDE, *Le Livre des égarés. Moreh Nebukhim* (1190), trad. de l'arabe S. Munk (1856-1866), Maisonneuve et Larose, 1970, 3 t., LVI-1 378 p. Philosophie parfois ésotérique.
– JEHUDAH BEN CHEMOUEL LE HASSID, *Le Guide des Hassidim. Sefer 'Hassidim* (1217), trad. rabbin E. Gourévitch, Cerf, 1988, 555 p. Surtout éthique.
– MOÏSE DE LEÓN, *Le Livre de la splendeur. Sefer ha-Zohar* (1280), éd. cit. Le

Grand Livre de la Kabbale, du moins de la Kabbale théosophique (celle des *sefîrôt*).
– ABRAHAM ABÛ L-'AFIYA (>Aboulafia), *L'Épître des sept voies*. *Sheva netivot* (v. 1290), trad., Éditions de l'Éclat, 1985, 116 p. Un livre de la Kabbale extatique.
– Ba'al Shem Tov (=le BeSHT, Rabbi Israël ben Éliézer, Israël de Medzyboz, vers 1750) : M. BUBER, *Les Récits hassidiques* (*Der Erzahlungen der Chassidim*, 1928), trad. de l'allemand, Éditions du Rocher, coll. « Gnose », 1978, rééd. Éditions du Seuil, coll. « Points. Sagesses », n°s 110 et 111, 1996, t. 1, p. 81-144.
– G. MEYRINK, *Le Golem* (1915), trad. de l'allemand, Marabout, coll. « Bibliothèque Marabout », n° 387, 1985, 248 p. Roman.

Anthologies
– ÉD. FLEG, *Anthologie juive des origines à nos jours* (1939), Flammarion, 1956, 652 p.
– A. ABÉCASSIS et G. NATAF dir., *Encyclopédie de la mystique juive*, Berg International, 1977, 1 528 col.
– Contes, légendes, mythes : M. BUBER, *Les Contes de Rabbi Nachman* (1906), trad. de l'allemand, Stock Plus, coll. « Judaïsme-Israël », n° 8, 1981, 195 p. (littérature hassidique 1802-1811) ; ID., *Les Récits hassidiques*, éd. cit. ; R. GRAVES et R. PATAI, *Les Mythes hébreux*, trad. de l'anglais, Fayard, 1987, 290 p.
– Textes apocalyptiques : A. ABÉCASSIS et G. NATAF dir., *Encyclopédie de la mystique juive*, éd. cit., col. 69-208.
– Textes esséniens : J. POUILLY, *Qumrân*, Cerf, coll. « Cahiers évangéliques », 1987, 114 p. ; R. EISENMAN et M. WISE, *Les Manuscrits de la mer Morte révélés*, éd. cit.
– Textes hassidiques (plutôt mystiques) : M. BUBER, *Les Récits hassidiques*, éd. cit. ; L. I. NEWMAN, *The Hasidic Anthology*, Bloch, New York, 1944 ; J. L. PERETZ, *Contes hassidiques* (vers 1910), trad. du yiddish, Stock Plus, coll. « Judaïsme/Israël », n° 2, 1980, 207 p.
– Textes judéo-chrétiens (dont *Elkhasaï*, fin Ier s.) : A. F. J. KLINJ et G. J. REININK, *Patristic Evidence for Jewish Christian Sects* (1973), E. J. Brill, coll. « Novum Testamentum Supplements », n° 36, Leyde, 1984.
– Textes judéo-soufis : P. B. FENTON, *Deux Traités de mystique juive. Le Traité du puits. Le Guide du détachement*, Verdier, 1987, 334 p. (1er traité de Rabbi Obadia Maïmonide, 1228-1264, petit-fils de Maïmonide, 2e traité de David II Maïmonide).
– Textes kabbalistiques (tous ésotériques) : E. LÉVYNE, *Petite Anthologie de la mystique juive. Introduction à la Kabbale* (1975), Tsédek, 1979, 147 p. (confus).
– Textes rabbiniques (parfois ésotériques) : G. F. MOORE, *Judaism of the First Centuries of the Christian Era. The Age of the Tannaim*, Cambridge, États-Unis, 1927, t. 1 , p. 357-442 ; G. A. WEWERS, *Geheimnis und Geheimhaltung im rabbinischen Judentum*, Berlin et New York, 1975 (« corpus des textes rabbiniques ayant trait à l'ésotérisme »).
– Textes pseudépigraphiques : J.-P. MIGNE, *Dictionnaire des apocryphes*, 1856-1858, 2 t.

Documents (autres que la Bible elle-même et les manuscrits de la mer Morte)
– Tablettes de Mâri (auj. tell Hariri, en Syrie ; 20 000 tablettes cunéiformes, surtout comptables et administratives ; 1800 av. J.-C. ; découvertes en 1933) : G. DOSSIN, J. R. KRUPPER, J. BOTTÉRO..., *Archives royales de Mâri. Transcriptions*

et Traductions, P. Geuthner, 1947 ss., puis *Mâri. Annales de recherches interdisciplinaires*, et *Archives épistolaires de Mâri*, Éditions Recherches sur les civilisations, 1981 ss.
– Tablettes d'Akhetaton (auj. tell el-Amarna, en Égypte ; 1350 av. J.-C. ; découvertes en 1887 ; lettres en akkadien de la chancellerie d'Aménophis IV Akhénaton) : *Les Lettres d'El-Amarna*, trad. W. L. Moren, Cerf, coll. « Littératures anciennes du Proche-Orient », n° 13, 1987, 630 p.
– Tablettes d'Ougarit (>Ugarit, auj. Ras Shamra, en Syrie ; 1350 av. J.-C. ; découvertes en 1928 ; textes mythologiques en cinq écritures : cunéiformes assyro-babyloniens, cunéiformes alphabétiques, écriture cypro-minoenne, hiéroglyphes égyptiens ou hiéroglyphes hittites ! transcrivant huit langues : sumérien, akkadien, ougaritique, cypro-minoen, hittite, hourrite, égyptien, hittite hiéroglyphique !) : A. CAQUOT, M. SZNYCER et A. HERDNER, *Textes ougaritiques*, t. 1 : *Mythes et Légendes*, Cerf, coll. « Littératures anciennes du Proche-Orient », 1974, t. 2 : *Textes religieux et rituels*, 1989, 478 p.
– FLAVIUS JOSÈPHE, *Les Antiquités juives* (93), trad. du grec, Cerf, 1990, 2 t. Flavius Josèphe connaissait sa religion de l'intérieur : il avait passé trois ans avec un ascète.

Instruments de travail
– I. SINGER dir., *The Jewish Encyclopedia* (1894), New York et Londres, 1901-1906, 12 t.
– F. VIGOUROUX dir., *Dictionnaire de la Bible* (1895 ss.), Letouzey et Ané, 3ᵉ éd., 1926-1928, 5 vol. en 10 t. + *Supplément au Dictionnaire de la Bible* (L. Pirot et A. Robert, 1928 ss.).
– *Encyclopaedia Judaica* (1928-1934, en anglais), Keter Publishing House, Jérusalem, 1972, 16 t. (les articles de G. Scholem ont été regroupés et améliorés dans *Kabbalah*, 1974).
– A.-M. GÉRARD, *Dictionnaire de la Bible*, Robert Laffont, coll. « Bouquins », 1989, 1 500 p. Point de vue catholique. Il y a même *Imprimatur* et *Nihil obstat* !
– G. WIGODER dir., *Dictionnaire encyclopédique du judaïsme* (1989), trad. de l'anglais, Robert Laffont, coll. « Bouquins », 1996, 1 635 p.
– *Dictionnaire encyclopédique de la Bible*, Brépols, Turnhout, 1992, 1 364 p.

Études générales
– PAPUS, *La Cabbale. Tradition secrète de l'Occident* (1843, éd. revue 1889), Dangles, 1990, 384 p. Approche néo-occultiste.
– A. SAINT-YVES D'ALVEYDRE, *Mission des Juifs* (1884), Éditions Traditionnelles, 1993, 2 t., 688 p. Approche néo-occultiste.
– R. STEINER, *Les Mystères de la Genèse*, trad. de l'allemand, La Science spirituelle, 1932, 137 p. ; *Évangile de saint Matthieu, Évangile de saint Luc*, Triades. Approche ésotérique (anthroposophique).
– A. E. WAITE, *The Secret Doctrine in Israel* (1913) ; *The Holy Kabbalah. A Study of the Secret Tradition in Israel* (1929), University Books, New York, 1960, XXXV-636 p. Approche occultiste.
– R. GUÉNON, *Formes traditionnelles et Cycles cosmiques* (1925-1949, 1ʳᵉ éd. 1970), Gallimard, p. 55-115. Approche ésotérique.
– G. SCHOLEM, *Les Grands Courants de la mystique juive* (1941, *Major Trends of Jewish Mysticism*), trad. de l'anglais Marie-Madeleine Davy (1950), Payot, 1983, 434 p. ; *La Mystique juive. Les Thèmes fondamentaux* (*Von der mystischen*

Gestalt der Gottheit. Studien zu Grundbegriffen der Kabbala, 1962), trad. de l'allemand M. Hayoun, Cerf, 1985, 285 p. ; *Kabbalah*, Keter Publishing House, Jérusalem, 1974, 492 p. Approche historico-critique. G. Scholem est la référence par excellence.
— A. ABÉCASSIS et G. NATAF dir., *Encyclopédie de la mystique juive*, Berg International, 1977, 1528 col.

BIBLIOGRAPHIE SPÉCIALISÉE

Initiation et pratiques initiatiques
R. DE VAUX (dominicain), *Les Institutions de l'Ancien Testament*, Gabalda, 1958-1960, t. 2, p. 78 *sqq.* ; A. CAQUOT, *Pour une étude de l'initiation dans l'ancien Israël, apud* C. J. BLEEKER dir., *Initiations*, Supplement to Numen (International Review for the History of Religions), t. 10, E. J. Brill, Leyde, Pays-Bas, p. 119-133 ; J. RIES et H. LIMET dir., *Les Rites d'initiation*, Publications du Centre d'histoire des religions de Louvain-la-Neuve, coll. « Homo religiosus », n° 13, 1986 (Esséniens, Chrétiens) ; M.-A. OUAKNIN, *Tsimtsoum, introduction à la méditation hébraïque*, Albin Michel, coll. « Spiritualités vivantes », n° 105, 1992, 256 p.

Ésotérisme et idées ésotériques
— Adam Kadmôn (l'Homme Primordial) : *Zohar*, traité *Idra Rabba* ; *The Jewish Encyclopedia*, Funk and Wagnalis, New York, 1901, t. 1 , p. 173-183.
— Âmes : Dictionnaires, art. « Nefesh », « Neshamah », « Ru'ah », etc.
— Apocalyptique : M. DELCOR, *L'Apocalyptique juive, apud* A. ABÉCASSIS et G. NATAF dir., *op. cit.*, col. 1-284.
— Arbre sefirôtique : G. SCHOLEM, *Les Grands Courants...*, éd. cit. ; *Kabbalah*, éd. cit.
— Messianisme juif : G. SCHOLEM, *Le Messianisme juif. Essais sur la spiritualité du judaïsme* (1937-1970, 1re éd. 1971, *The Messianic Idea in Judaism*), trad. de l'anglais, Calmann-Lévy, coll. « Diaspora », 1974, 512 p. ; M. IDEL, *Messianisme et Mystique*, Cerf, 1994, 128 p.
— Prophétisme juif : *Supplément au Dictionnaire de la Bible* (1928 ss.), t. 8 (1972), col. 811-1122 ; J. LINDBLOM, *Prophecy in Ancient Israel*, Oxford, 1963 ; G. VON RAD, *Théologie de l'Ancien Testament*, trad., Genève, 1967, t. 2.
— Verbe (doctrine du) : art. « Logos » du *Supplément au Dictionnaire de la Bible*, t. 5 (1957), col. 442-465.
— YHWH : G. LAMBERT, « Que signifie le Nom divin YHWH ? », *Nouvelle Revue Théologique*, 1952, p. 897-915 ; G. SCHOLEM, *Les Noms et les Symboles de Dieu dans la mystique juive*, trad. de l'allemand G. Vajda et M. Hayoun, Cerf, 1983, 208 p. ; A. DE LIBERA et ÉMILIE ZUM BRUNN, *Celui qui est. Interprétations juives et chrétiennes d'Exode*, III, *14*, Cerf, 1986, p. 15-45 ; P. SCHÄFER, *Le Dieu caché et révélé. Introduction à la mystique juive ancienne*, trad. de l'allemand, Cerf, 1993, 181 p.

Le Judaïsme des organisations initiatiques
— Cénacles kabbalistiques : art. « Kabbale » de l'*Encyclopaedia Universalis*.
— Disciples de Jean le Baptiste : J. DANIÉLOU, *Jean-Baptiste, témoin de l'Agneau*, Éditions du Seuil, 1964, 192 p.
— Esséniens : art. « Qumrân » du *Supplément au Dictionnaire de la Bible* (1928

ss.), Letouzey et Ané, t. 9, 1978, col. 737-1014 (point de vue catholique). Textes : *La Bible. Écrits intertestamentaires*, éd. cit., p. 1-460.
- Fils de prophètes : Dictionnaires et Encyclopédies.
- Mandéens : (dès 150, Irâq et Iran) : K. RUDOLPH, *La Religion mandéenne*, apud *Histoire des religions*, Gallimard, « Encyclopédie de la Pléiade », t. 2, 1972, p. 498-522 (l'auteur parle de « secte juive hérétique » et d'« initiés »).
- Mystères dans le Judaïsme alexandrin ? : E. R. GOODENOUGH, *By Light, Light. The Mystic Gospel of Hellenistic Judaism*, Yale UP, New York, 1935, xv-436 p. ; A. D. NOCK, *The Question of the Jewish Mysteries*, apud Z. STEWART, *Essays on Religion and the Ancient World*, t. 1, Oxford, 1972, p. 459-468.
- Nazîrs : *Talmud de Babylone*, section III, traité 4 ; *Encyclopaedia Judaica*, Keter Publishing House, Jérusalem, 1972, t. 1, p. 655, t. 12, p. 907, art. « Nazirite ».
- Thérapeutes : PHILON D'ALEXANDRIE, *Traité de la vie contemplative* (Ier s.), trad. du grec P. GEOLTRAIN (A. Maisonneuve, 1960, 67 p.) ou trad. et préface Fr. DUMAS et P. MIQUEL (*De vita contemplativa : Œuvres complètes de Philon d'Alexandrie*, t. 29, Cerf, 1963, 152 p.).

1er courant du Judaïsme : le Yahwisme
- Éléments ésotériques dans la Bible hébraïque : C. MONTEFIORE, « Mystic Passages in the Psalms », *Jewish Quatery Review* (J.Q.R.), t. 1, 1899, p. 143-161 ; J. HERTZ, « Mystic Currents in Ancient Israel », apud *Jews at the Close of the Bible Age*, 1926, p. 126-156.
- Éléments ésotériques dans la *Mishnah* (VIe s. av. J.-C. à 220 ap. J.-C.) et le Talmud (*Mishnah* + commentaires du IIe au VIe s.) : S. SCHECHTER, *Aspects of Rabbinic Theology. Major Concepts of the Talmud*, New York, 1909. Textes : *Mishnah*, trad. (de l'hébreu vulgaire) en cours, Verdier, 1984 ss., et *Talmud de Babylone* (entre 400 et 500 ap. J.-C.), trad. (de l'araméen oriental) en cours, Verdier, 1982 ss.
- Ésotérisme des pseudépigraphes de la Bible hébraïque (=Apocryphes de l'Ancien Testament : I Énoch, etc.) : D. HELLHOLM dir., *Apocalypticism in the Mediterranean World and the Near East in Antiquity with certain emplasis on the Jewish and Christian Religions* (1979), J. C. B. Mohr, Tübingen, 1983, 877 p. ; A. CAQUOT et M. PHILONENKO, *La Bible. Écrits intertestamentaires*, éd. cit., 1987, p. LIX-CXLIX (textes p. 461-1824).

2e courant du Judaïsme : la Théosophie rabbinique (Judéo-gnosticisme, 170 av. J.-C. ss.)
- La théosophie du Char de YHWH *(ma'asêh Merkabah)* d'après Ézéchiel, I-II (IIe s. av. J.-C. ss.) : G. SCHOLEM, *Jewish Gnosticism, Merkabah Mysticism and Talmudic Tradition* (1960), Jewish Theological Seminary of America, New York, 1965, 136 p. ; ID., *Les Origines de la Kabbale* (1962, *Ursprung und Anfänge der Kabbalah*), trad. de l'allemand, Aubier-Montaigne, 1966, p. 27-160 ; M. S. COHEN, *The Sh'iur Qôma. Liturgy and Theology in Pre-Kabbalistic Jewish Mysticism*, Lanham, 1983.
- « L'ésotérisme tannaïtique » (des *tannaïm*, docteurs de la Loi des Ier-IIe s., dont Rabbi Akiba et Rabban Johanan ben Zakkaï) et rabbinique : G. A. WEWERS, *Geheimnis und Geheimhaltung im rabbinischen Judentum*, New York, 1975 ; J. DAN et F. TALMAGE, *Studies in Jewish Mysticism*, Cambridge, États-Unis, 1982.
- La théosophie du Commencement du monde *(ma'asêh Berêshit)* d'après

Genèse, I-II (IIe s. ss.) : N. SED, *La Cosmologie juive*, t. 1 : *La Mystique juive*, École des hautes études en sciences sociales (ÉHÉSS), Mouton, 1982, 344 p.

3e courant du Judaïsme : le Judaïsme des philosophes ésotériques (40 ss.)
J. GUTTMANN, *Philosophies of Judaism* (1933), trad. de l'allemand, New York, 1964 ; L. CERFAUX, *L'Influence des Mystères sur l'alexandrinisme juif avant Philon*, in *Recueil L. Cerfaux*, Gembloux, 1953 ; G. VAJDA, *Recherches sur la philosophie et la Kabbale dans la pensée juive du Moyen Âge*, ÉHÉSS, 1962, 420 p. ; KRABBENHOFT, *The Mysticism in Tradition. Abraham Cohen Herrera and Platonic Theology*, New York, 1982 ; J. MÉNARD, *La Gnose de Philon d'Alexandrie*, Cariscript, coll. « Gnostica », 1987, 194 p.

4e courant du Judaïsme : le Hassidisme
– Hassidisme médiéval (Hassidisme d'Allemagne, 1150-XIVe s.) : G. SCHOLEM, *Les Grands Courants de la mystique juive*, éd. cit. ; I. G. MARCUS, *Piety and Society. The Jewish Pietists of Medieval Germany*, E. J. Brill, 1981, XVI-204 p.
– Hassidisme moderne (Hassidisme de Pologne, 1750-1945) : A. MANDEL, *La Vie quotidienne des Juifs hassidiques du XVIIIe siècle à nos jours*, Hachette, 1974, 182 p. ; J. BAUER, *Les Juifs hassidiques*, PUF, coll. « Que sais-je ? », n° 2830, 1994, 128 p.
– Hassidisme contemporain (1950 ss.) : J. GUTWIRTH, *Vie juive traditionnelle. Ethnologie d'une communauté hassidique*, Éditions de Minuit, 1970.

5e courant du Judaïsme : la Kabbale (v. 1200 ss.)
G. SCHOLEM, *Les Grands Courants de la mystique juive*, éd. cit. ; ID., *Kabbalah*, Keter Publishing House, Jérusalem, 1974 (en anglais) ; A. D. GRAD, *Initiation à la kabbale hébraïque*, Éditions du Rocher, 1982 ; R. GŒTSCHEL, *La Kabbale*, PUF, coll. « Que sais-je ? », n° 1105, 1985, 128 p. ; M. IDEL, *Kabbalah. New Perspectives*, Yale UP, 1988, XX-419 p. ; Ch. MOPSIK, *La Cabale*, J. Grancher, 1988, 140 p.

Les sciences occultes
– Angélologie : J. RIES et H. LIMET dir., *Anges et Démons* (1987), Publications du Centre des religions, coll. « Homo religiosus », Louvain-la-Neuve, 1988.
– Herméneutique *(péshèr)* : J. KŒNIG, *L'Herméneutique analogique du Judaïsme antique d'après les témoins textuels d'Isaïe*, J. E. Brill, Leyde, 1982, 450 p. ; M. FISHBANE, *Biblical Interpretation in Ancient Israel*, Clarendon Press, Oxford, 1985 ; M. IDEL, *Language, Torah and Hermeneutics in Abraham Abulafia*, SUNY Press, Albany, 1988, 246 p. ; M.-R. HAYOUN, *L'Éxégèse juive dans le judaïsme médiéval*, Mohr, Tübingen, 1991.
– Mythologie : art. « Mythe » du *Supplément au Dictionnaire de la Bible*, Letouzey et ané, 1972, t. 6, col. 246-268.
– Prophétisme : art. « Prophètes », « Prophétisme » du *Supplément au Dictionnaire de la Bible* (1928 ss.), éd. cit., t. 8 ; J. BLENKINSOPP, *Une histoire de la prophétie en Israël : de l'installation en Canaan jusqu'à la période hellénistique*, Cerf, coll. « Lectio divina », n° 152, 1993, 354 p.
– Science des cycles : P. VULLIAUD, *La Fin du monde. L'Ancienne Théorie des âges du monde* (1952), Aujourd'hui, 1982, 232 p. ; N. SÉD, « Le *Sefer haTemunah* et la Doctrine des cycles cosmiques », *Revue des études juives* (REJ), Peeters, Louvain, 1967, t. 126, p. 399-415.
– Science des lettres : CH. KNORR VON ROSENROTH, *Le Symbolisme des lettres hébraïques*, Chacornac, 1958, XVI-56 p. (extrait de *Cabbala denudata*, 1677-

1684) ; G. SCHOLEM, *Kabbalah*, éd. cit., p. 337-343 (combinaison des lettres) ; ID., « Guematria », apud *Encyclopaedia Judaica*, éd. cit., t. 7, p. 369-374.
- Science des nombres : W. M. ROTH, *Numerical Sayings in the Old Testament*, Leyde, 1965 ; J. J. DAVIS, *Biblical Numerology*, Grand Rapids, États-Unis, 1968.
- Science des noms : G. SCHOLEM, *Les Noms et les Symboles de Dieu dans la mystique juive*, éd. cit.
- Symbolique : G. SCHOLEM, *La Kabbale et sa Symbolique* (1960, *Zur Kabbalah und ihrer Symbolik*), trad. de l'allemand, Payot, coll. « Petite bibliothèque Payot », n° 12, 1989, 224 p. ; CH. FONTINOY, *Le Symbolisme dans la communauté de Qumrân, apud* J. RIES, *Le Symbolisme dans le culte des grandes religions*, Publications du Centre d'histoire des religions de Louvain-la-Neuve, coll. « Homo religiosus », n° 11, 1985 ; M. COCAGNAC, *Les Symboles bibliques. Lexique théologique*, Cerf, 1993, 464 p.
- Thanatologie : H. CAZELLES, *Le Jugement des morts en Israël*, apud *Le Jugement des morts*, Éditions du Seuil, coll. « Sources orientales », n° 4, 1961, p. 103-132 ; G. SCHOLEM, *Kabbalah*, éd. cit., p. 333-336 (*Eschatology*), 344-350 (*Gilgul* [transmigration]) ; J. RIES dir., *La Mort selon la Bible, dans l'Antiquité classique et selon le manichéisme*, Publications du Centre d'histoire des religions de Louvain-la-Neuve, 1983, 166 p. ; J. TOURNIAC, *Vie posthume et Résurrection dans le judéo-christianisme*, Dervy-Livres, 1984, 244 p.
- Théosophie : G. SCHOLEM, *Les Noms et les Symboles de Dieu dans la mystique juive*, éd. cit.

Les arts occultes
- Alchimie : *Jewish Encyclopaedia*, 1971, art. « Alchemy », t. 1 , p. 328-332 ; R. PATAI, *The Jewish Alchemists. A History and Source Book*, Princeton UP, 1994, XVI-618 p.
- Astrologie : J. HALBRONN, *Le Monde juif et l'Astrologie. Histoire d'un vieux couple* (1979), Archè, Milan, 1985, 433 p. ; G. LAHMI, *L'Astrologie hébraïque*, Lieu commun, 1984, 252 p.
- Divination *(qasam, menahesh)* : T. W. DAVIES, *Magic and Divination among the Hebrews*, Londres, 1898 ; ALFRED GUILLAUME, *Prophétie et Divination chez les Hébreux et les Sémites* (1938), trad. de l'anglais, Payot, 1944 ; G. SCHOLEM, *Kabbalah*, éd. cit., p. 317-319 *(Chiromancy)*.
- Magie *(kishuf)* et théurgie *(shimmusha)* : R. C. THOMPSON, *Semitic Magic*, Luzac, Londres, 1908, 3 t. ; art. « Magie » du *Supplément au Dictionnaire de la Bible*, t. 5 (1957), col. 732-739 ; D. ROUACH, *Les Talismans. Magie et Tradition juives*, Albin Michel, 1989, 295 p. ; Ch. MOPSIK, *Les Grands Textes de la Cabale*, Verdier, 1993, 671 p. (non pas anthologie, mais étude sur la théurgie kabbalistique).
- Médecine occulte : A. GEMAYEL, *L'Hygiène et la Médecine à travers la Bible*, P. Geuthner, 1932, 296 p. ; art. « Médecine dans la Bible », *Supplément au Dictionnaire de la Bible*, t. 5 (1957), col. 957-968.

Grand(e)s Initié(e)s
- Abraham (Hébreu fondateur du monothéisme, 1880 av. ?) : Genèse (XI-XXV) et Coran (II, 124 ss.) ; J. VAN SETERS, *Abraham in History and Tradition*, Yale UP, New Haven et Londres, 1975.
- Abraham Abû l-'Afiya (Kabbaliste extatique de Saragosse, 1240-ap. 1292) : M. IDEL, *L'Expérience mystique d'Abraham Aboulafia* (1988), Cerf, 1989, 242 p.

– Ba'al Shem Tov (« Maître du Nom divin » =le BeSHT, Rabbi Israël ben Éliézer, Israël de Medzyboz, fondateur de l'Hassidisme moderne en Podolie à l'ouest de l'Ukraine, 1698-1780) : M. BUBER, *La Légende du Baal-Shem* (1931), trad. de l'allemand, Éditions du Rocher, coll. « Gnose », 1984.
– Élie (prophète israélite ermite, 873 av. J.-C.) : *Élie le Prophète*, Études carmélitaines, 1956, 2 t. (t. 1 : *Selon les Écritures et les Traditions chrétiennes* ; t. 2 : *Au Carmel, dans le Judaïsme et l'Islam*).
– Ézéchiel (Visionnaire du « Char de YHWH », 592 av. J.-C.) : P. AUVRAY, art. « Ézéchiel », *Supplément au Dictionnaire de la Bible*, éd. cit. ; L. MONLOUBOU, *Élie le prophète*, Bruges, 1956, 2 t.
– Isaïe (visionnaire du « Trône de YHWH », 738 av. J.-C.) : L.-J. RONDELEUX, *Isaïe et le Prophétisme*, Éditions du Seuil, coll. « Maîtres spirituels », n° 24, 1966 ; sur le second Isaïe : P.-E. BONNARD, *Le Second Isaïe*, Gabalda, 1973, 560 p.
– Jean le Baptiste (prophète juif proche des Esséniens, 4-29 av. J.-C. ?) : J. STEINMANN, *Saint Jean-Baptiste et la Spiritualité du désert*, Éditions du Seuil, série « Maîtres spirituels », n° 3, 1955, 192 p.
– Le Maître de Justice des Esséniens (177 av. J.-C. ? 63 av. J.-C. ?) : A. MICHEL, *Le Maître de Justice, d'après les documents de la mer Morte, la littérature apocryphe et rabbinique*, Aubanel, Avignon, 1954, 334 p.
– Melkisédek (?) : J. TOURNIAC, *Melkisedeq ou la tradition primordiale*, Albin Michel, coll. « Bibliothèque de l'Hermétisme », 1983, 336 p.
– Moïse (législateur des Hébreux, 1230 av. J.-C. ?) : É. GILLABERT, *Moïse et le Phénomène judéo-chrétien*, Métanoïa, Marsanne, 1976, 285 p. (approche gnostique) ; A. D. GRAD, *Moïse l'hébreu*, Éditions du Rocher, coll. « Gnose », 1985 (approche kabbalistique).
– Moïse de León (>Moses ben Shem Tov de León, Kabbaliste systématique auteur du *Zohar*, v. 1240-1305) : G. SCHOLEM, *Kabbalah*, éd. cit., p. 432-434.
– Miryam la Prophétesse (sœur de Moïse) : Exode, XV et Nombres, XII ; Coran, XIX, 28.

Les beaux-arts
– GABRIELLE SED-RAJNA, *L'Art juif* (1975), Citadelles et Mazenod, 1995.
– Musique : E. GERSON-KIWI, art. « Musique », *Supplément au Dictionnaire de la Bible*, t. 5, col. 1411-1468 ; SUZANNE HAÏK VANTOURA, *La Musique de la Bible révélée. Notation millénaire décryptée*, Fondation Roi David, 1972, 560 p. ; ISRAËL ADLER, *Recherches hébraïques concernant la musique*, Munich, 1975.
– Le Temple de Jérusalem : FLAVIUS JOSÈPHE, *La Guerre des Juifs contre les Romains* (V, 184-226) et *Les Antiquités judaïques* (VIII, 380-402) ; M. JOIN-LAMBERT, *Jérusalem dans l'Ancien Testament*, A. Guillot, 1956, 186 p.

Syncrétismes
– Les Dœnmeh (partisans de Shabbatai Zevi convertis à l'Islâm en 1666) : G. SCHOLEM, *Sabbataï Tsevi* (1957-1973), trad. de l'anglais, Verdier, 1983 ; *Kabbalah*, éd. cit., p. 244-286, 327-332.
– Le Gnosticisme d'origine juive (par ex. les Ophites/Naassènes) : IRÉNÉE DE LYON, *Contre les hérésies* (188) ; PSEUDO-HIPPOLYTE DE ROME, *Réfutation de toutes les hérésies. Elenchos* (vers 230) ; R. M. GRANT, *Gnosticism and Early Christianity*, New York, 1959 (explique le Gnosticisme par la crise de la pensée apocalyptique juive à la suite de la destruction du second Temple en 70).
– Le Judéo-Christianisme hétérodoxe (70-Ve s.) : J. DANIÉLOU, *Histoire des doc-*

trines chrétiennes avant Nicée, t. 1 : *Théologie du judéo-christianisme*, Desclée, Tournai, 1958, p. 68-98.
 L'Elkasaïsme est un judéo-christianisme ésotérique : PSEUDO-HIPPOLYTE DE ROME, *Réfutation de toutes les hérésies*, IX, 13-17.
— La Kabbale chrétienne (1486-1629) : Fr. SECRET, *Les Kabbalistes chrétiens de la Renaissance* (1961), Archè de Toth, Milan, 1985, 395 p.
— L'Ordre des Chevaliers Maçons Élus Cohens de l'Univers (Franc-Maçonnerie de Martinès de Pasqually, avec éléments juifs, 1758) : ANTOINE FAIVRE, *Les Conférences des Élus Cohens de Lyon* [de J.-B. Willermoz, 1774-1776]. *Aux sources du Rite Écossais Rectifié*, Éditions du Baucens, Braine-le-Comte, Belgique, 1975, 155 p.
— Orphisme juif : les *Diathekai* (IIe s. av. J.-C. ?), *apud* O. KERN, *Orphicorum fragmenta* (1922), Weidmann, Dublon et Zurich, 1972, frg. 245-248, p. 255-266. Faux texte orphique, écrit par des Juifs d'Alexandrie, remanié par des Chrétiens.
— Sabazios (dieu mystérique thraco-phrygien au IIe s.)/Zeva'ot (contamination phonétique ?) : W. O. E. ŒSTERLEY, *The Cult of Sabazios*, *apud* S. H. HOOKE dir., *The Labyrinth*, SPCK, Londres, 1935, p. 115-158.
— Le Soufisme juif (dès Abraham ben Moïse Maïmonide, v. 1230) : G. VAJRA, préf. (en français) au *Al-Maqâla al-Hawdiyya. The Treatise of the Pool* [*Traité du puits*] de RABBI OBADIA MAÏMONIDE, Octagon, Londres, 1981, 146 p.

Courants ésotériques antijuifs (ce qui ne signifie pas antisémite, raciste)
V. NIKIPROWETZKY, *De l'antijudaïsme antique à l'antisémitisme contemporain*, Lille, 1979.
— Le Gnosticisme (hostile à la Bible hébraïque comme au Dieu juif) : H. JONAS, *La Religion gnostique* (1958), trad. de l'anglais, Flammarion, 1978, 506 p.
— La Kabbale de Jacob Frank (1755, antitalmudiste) : G. SCHOLEM, *Kabbalah*, éd. cit., p. 287-309.
— Le Manichéisme : M. TARDIEU, *Gnostiques et Manichéens face aux autres religions*, *apud Le Grand Atlas des religions*, Encyclopaedia Universalis, 1988, p. 148-149. Les Manichéens tiennent la Bible hébraïque pour non divine car non praticable.

Ésotérisme et politique
Écrit de Damas, Livre d'Énoch, *apud La Bible. Écrits intertestamentaires*, éd. cit.

Et les femmes ?
NORAH LOFTS, *Women in the Old Testament*, New York, 1949, XI-178 p. ; JACQUELINE KELEN, *Les Femmes de la Bible*, Albin Michel, 1984, 192 p. ; M. M. BRAYER, *The Jewish Women in Rabbinic Literature*, Ktav Publishing House, Heboken, 1986.

21. LES CHRÉTIENS D'ORIENT

> *Quant à l'ésotérisme chrétien, il rayonne de lui-même dans les Évangiles éclairés par les traditions esséniennes et gnostiques. Il jaillit comme d'une source vive de la parole du Christ.*
>
> ÉD. SCHURÉ,
> *Les Grands Initiés*, p. 24.

REPÈRES HISTORIQUES DE L'ÉSOTÉRISME CHRÉTIEN (SURTOUT ORIENTAL)

Les dates désignent surtout le début de la période d'activité.

113 av. J.-C. ? – Ère des Poissons ? (vers 100 selon R. Steiner, vers 200 selon d'autres)
7 avant notre ère (7 mars) ? – les Rois Mages en route (conjonction Saturne-Jupiter) ?
7 avant notre ère ? (12 avril ?) – naissance (Nativité) de Jésus à Bethléem, en Judée
7 av. J.-C.-28 ap. J.-C. – la vie cachée de Jésus à Nazareth, en Galilée, entre Marie et Joseph
27 (automne) – prédication de Jean le Baptiste (Luc, III, 1)
27-28 – année privée de Jésus : baptême par Jean le Baptiste puis retraite au désert
29 – prédication de **Jésus** en Galilée, 12 disciples, miracles. Première tradition christosophique : le CHRISTIANISME. Premier courant : le CHRISTIANISME PRIMITIF et ses ésotéristes (Jésus, Jean l'Évangéliste). **Naissance de l'ésotérisme chrétien**
29 (août ?) – décollation de Jean le Baptiste par Hérode Antipas (Matthieu, XIV, 3)
30 ? – souffrances (Passion), mort (jeudi 14 avril ?) et résurrection de Jésus à Jérusalem
– apparitions et Ascension de Jésus ressuscité (Luc, XXIV, 51)
v. 40 ?-651 ? – mandylion d'Édesse, une des premières représentations de la « Sainte Face »
43 – prophètes chrétiens : Agabus, Barnabé, Jude, Silas (Actes, XI, 24)
– Simon de Samarie (=Simon le Magicien), Père (indirect) du Gnosticisme chrétien
44-62 – Jacques le Mineur, frère de Jésus, chef de la communauté judéo-chrétienne de Jérusalem : transmetteur d'une doctrine orale secrète ?
50 – Denys l'Aréopagite, fondateur de l'école ésotérique d'Athènes ? (Actes, XVII, 34)
v. 50-fin IVᵉ s. – Deuxième tradition christosophique : le GNOSTICISME. Premier

courant du Gnosticisme, juif ou pas, chrétien ou pas : Simon de Samarie et Satornil d'Antioche, Ophites/Naassènes, Séthiens, Barbélognostiques...

v. 60 – deuxième courant du Gnosticisme : le Judéo-Christianisme hétérodoxe de Palestine : les Ébionites (66), *Roman pseudo-clémentin*...

64 (?)-97 – les Évangiles et l'Apocalypse

70 – chute de Jérusalem et destruction du second Temple, prédites par Jésus (Luc, XXIII)

70 ss. – communauté syrienne (Antioche) : Esséniens christianisés ?

80 ?-milieu du VIe s. – la *Disciplina arcani* : Clément d'Alexandrie (208), le pseudo-Denys (v. 490, Syrie)...

96-97 – Jean l'Évangéliste à Éphèse (Évangile, en 96) et à Patmos (Apocalypse, en 97)

97-fin IIe s. – l'apocalyptique chrétienne (de Jean aux Montanistes)

101-IVe s. – l'Elkhasaïsme, école baptiste judéo-chrétienne, ésotérique (Mani jeune)

déb. IIe s. – *Le Pasteur* (par un ex-Essénien, Hermas), *Odes de Salomon*

déb. du IIe s.-IIIe s. – apocryphes ésotérisants du Nouveau Testament

125 – troisième courant du Gnosticisme : Basilide (d'Alexandrie, 125), Isidore (135), Valentin (de Haute-Égypte, 150), Ptolémée (180), Théodote, Marc le Mage (180)...

139 – Marcion (de Sinope) et Apelles, presque gnostiques

milieu du IIe s. – l'encratisme (prescription de la continence)

140 – le Gnosticisme, tendance antinomiste : Carpocrate (140), Marc le Mage, Phibionistes...

v. 140 ? – l'Évangile selon Thomas, texte gnostique

150 – le Mandéisme, Gnosticisme antichrétien, en Mésène (Babylonie du Sud)

179-v. 444 – l'École exégétique d'Alexandrie : Pantène, Clément d'Alexandrie...

188-374 – les hérésiologues : Irénée de Lyon, pseudo-Hippolyte de Rome, Épiphane de Salamine, anti-Gnostiques

240-XIe s. – troisième tradition christosophique : le MANICHÉISME, qui se considère comme le vrai Christianisme

270-449 – 1re vague de l'**Hésychasme** (dès Antoine le Grand ?) : quelques moines des déserts égyptiens (Macaire l'Égyptien [333], Évagre du Pont [382])[1]...

Apogée de l'ésotérisme chrétien oriental

307 ss. – 2e vague de l'Hésychasme : des moines des déserts de Palestine (307), de Syrie, de Mésopotamie (v. 370), de Constantinople et d'Asie Mineure

325 – deuxième courant du Christianisme : le CATHOLICISME (dès le concile de Nicée I), et ses ésotéristes (Synésios, Hildegarde de Bingen, L. Cl. de Saint-Martin...)

v. 340 – *Pistis Sophia*, texte gnostique

v. 350 – Jésus apparaît auréolé dans l'iconographie (catacombe de Commodille)

v. 350-1917 – les Fous-pour-le-Christ : de Syméon le Fou à Séraphin le Transfiguré

---

1. On risque de se perdre dans les titres : Pères apostoliques (du temps des Apôtres), Pères apologistes, Pères du désert (dont, ésotéristes : Évagre du Pont, Macaire l'Égyptien, etc.), Pères neptiques (presque tous ésotéristes : Évagre du Pont, Macaire l'Égypien, Grégoire Palamas, etc.), Pères grecs de l'Église (dont, ésotériste : Clément d'Alexandrie), Pères latins de l'Église, Docteurs de l'Église (dont, ésotériste : Albert le Grand peut-être), Docteurs de la Foi (dont, ésotériste : Roger Bacon), Pères de l'Église d'Orient...

376-IXe s. – le Messalianisme, dualisme chrétien, en Mésopotamie
381 – Ier concile de Constantinople : l'Esprit-Saint égal au Père et au Fils
382 – **Évagre du Pont**, Hésychaste, théoricien de l'état monastique
383 – le Christianisme religion d'État
Ve s. – La prière de Jésus (dès Diadoque de Photicé, Hésychaste grec)
451 – concile de Chalcédoine : rupture des Églises orientales avec Rome et Constantinople
553 – Évagre du Pont condamné par le Ve concile œcuménique de Constantinople
610 ss. – le Coran (III, 49, 53) tient Jésus pour un prophète
650-fin XVIe s. – le Paulicianisme, dualisme né en Arménie
VIIIe s. – Théophile d'Édesse († 785), arabe chrétien astrologue
843 – développement de l'art des icônes en Orient (Byzance)
Xe s.-1359 – 3e vague de l'Hésychasme (néo-Hésychasme) : les moines de Grèce (Nicéphore l'Hésychaste, le pseudo-Syméon...) et de Byzance (Syméon le Nouveau Théologien...)
1009 – **Syméon le Nouveau Théologien**, Hésychaste byzantin, poète et théoricien
v. 1050-1917 – les Fous-pour-le-Christ russes *(yourodiyyé)*
1054 (ou 1453) – troisième courant du Christianisme : l'ORTHODOXIE (dès M. Cérulaire), et ses ésotéristes (Grégoire Palamas, Séraphin le Transfiguré, B. Mouraviev...)
1110-v. 1350 – troubadours et trouvères ésotérisants : Peire Cardenal, Dante...
1119-1314 – l'Ordre de la Milice du Temple (les Templiers) : ésotérique ?
1167 (ou 1172)-1330 – le Catharisme : ésotérique ?
1180-1470 – le Graal, imaginaire chrétien du Moyen Âge
v. 1200-milieu XVIe s. – le panthéisme populaire ésotérisant (Frères du Libre Esprit...)
1229 – Ibn 'Arabî tient Jésus pour « le Sceau de la Sainteté Universelle »
fin XIIIe s. – la prière du cœur (Nicéphore l'Hésychaste), avec technique du souffle
v. 1300 – repli de la spiritualité byzantine sur le mont Athos
1341 – Grégoire Palamas défend l'Hésychasme à un concile de Constantinople
1486-1629 – la Kabbale chrétienne : J. Pic de la Mirandole, J. Reuchlin...
1520 – quatrième courant du Christianisme : le PROTESTANTISME (dès M. Luther), et ses ésotéristes (J. Böhme, E. Swedenborg, N. Zinzendorf...)
1527 – Paracelse
1570-1825 – la Théosophie allemande : V. Weigel, J. Böhme, F. C. Œtinger...
1600-1840 – l'Illuminisme : J. Böhme, J. G. Gichtel, E. Swedenborg...
1614-1747 – la Rose-Croix primitive : *Fama fraternitatis*, R. Fludd...
1736-1899 – la Franc-Maçonnerie ésotérique : A. M. de Ramsay, J. B. Willermoz...
1758-1891 – le Martinisme : Martines de Pasqually, L. Cl. de Saint-Martin...
1764 – 4e vague de l'Hésychasme : staretz Païssi Vélitchkovski, Macaire de Corinthe...
v. 1870-v. 1940 – quatrième tradition christosophique : le CHRISTIANISME COSMIQUE (Helena Petrovna Blavatsky, Anne Kingsford, R. Steiner...)
1873 – *Récits d'un pèlerin russe* : thèmes de la *Philocalie*
1888 – Ordres néo-gnostiques : J. S. Doinel, C. Chevillon...
1898 – l'image sur le saint suaire de Turin apparaît en positif sur le négatif de la photographie faite par S. Pia

1910 – R. Guénon (un moment évêque gnostique) et le traditionnisme (=pérennialisme)
1913 – le Sophianisme, russe : P. Florenski, S. Boulgakov, B. Mouraviev...
1913 – R. Steiner (l'Anthroposophie, plus chrétienne que le Théosophisme)
1923 – *Le Prophète*, poème de Khalîl Gibrân, avec des accents mystiques
1930 – Al. Loisy, ecclésiastique, rattache le Christianisme aux Mystères antiques
1945 – découverte de la bibliothèque gnostique de Nag Hammadi (Égypte, vers 350), dont l'Évangile selon Thomas.

Tout le monde a entendu parler du saint suaire de Turin [1]. Personne n'a pu prouver son côté miraculeux. Ce linceul fut-il celui de Jésus ? Comment expliquer que l'image d'homme qui y est inscrite apparaisse en positif sur le négatif photographique, c'est-à-dire avec inversion des noirs et des blancs ? Paul VI, le premier parmi les papes, a prononcé le mot « ésotérique », et justement à propos du saint suaire [2].

L'ésotérisme chrétien est lui aussi un saint suaire, un long tissu, fort ancien, maculé de sang, originaire d'Orient, où les uns voient un miracle, les autres une supercherie.

LE SUAIRE DE TURIN

---

1. P. Vignon, *Le Saint Suaire de Turin devant la science, l'archéologie, l'histoire, l'iconographie, la logique*, Masson, 1939. P. de Gail, *Le Visage de Jésus-Christ et son linceul*, France-Empire, 1972, 334 p. Ian Wilson, *Le Suaire de Turin* (1978), trad. de l'anglais, Albin Michel, 1978, 352 p.
2. « Oui, nous repensons à ce Saint Visage qui, dans la nuit de la Transfiguration sur la montagne, a ébloui les regards stupéfaits des trois disciples, dans l'apparition inoubliable, en quelque sorte ésotérique, théologique que Jésus leur découvrait » (Paul VI, apud *Documentation catholique*, 16 déc. 1973).

Selon l'Église catholique, le Christianisme n'a point d'ésotérisme. Foi de jésuite, « le Christianisme fondé par le Christ est concrètement réalisé dans l'Église, où la hiérarchie enseigne publiquement ces doctrines. Il ne porte pas la moindre trace d'ésotérisme, comme les nombreuses paroles du Maître le démontrent clairement. Il suffit, pour s'en convaincre, de penser au Sermon sur la montagne avec ses comparaisons rapportées par Matthieu (v, 14 *sqq.*), et à l'ordre donné aux messagers de proclamer la vérité sur les toits (Mt, x, 26)[1]. »

Pourtant, on trouve dans le Christianisme des éléments ésotériques, qui ne sont pas la cerise sur le gâteau, mais la levure dans la pâte, la graine dans le champ. Les uns sont immanents, intérieurs, d'autres viennent de l'extérieur, s'ajoutent au message de Jésus.

Parmi les éléments intérieurs on peut citer :
– l'instruction de Jésus visant à « ne pas jeter les perles devant les porcs » (Mt, vii, 6) ou son avertissement à entendre pour qui a des oreilles (xiii, 9) ;
– la distinction que fait Jésus de « parfaits » : « Si tu veux être parfait... » (xix, 21) ;
– la différence qu'établit Jean le Baptiste entre baptême d'eau, religieux, et baptême de feu, initiatique (iii, 11) ;
– le caractère initiatique de la retraite de Jésus au désert (iv, 1-11), ou de sa transfiguration (xvii, 1-10) ;
– certains thèmes, comme le Royaume des cieux (v, 20 ; xiii, 11), la pauvreté en esprit (v, 3 ; xi, 25 ; xviii, 3 ; xix, 14), l'œil spirituel (vi, 22), le caractère non humain et non personnel de son enseignement (Jn, vii, 16 ; xii, 49 ; xiv, 10), thèmes peu compréhensibles autrement ;
– la façon de parler de Jésus, par analogies inverses (Mt, x, 39 ; xvi, 25), par symboles anagogiques (sel, lumière...), au moyen de paraboles à plusieurs niveaux (xiii, 13 ; xvi, 11 ; xix, 11).

Parmi les éléments extérieurs, on peut citer :
– en amont, les nombreuses ressemblances entre l'enseignement de Jésus et l'enseignement des Esséniens, ouvertement ésotéristes[2] ;
– en aval, l'immense développement d'un ésotérisme chrétien ;
– la fixation en 354 de la Noël un 25 décembre, jour du Soleil invincible ;

---

1. K. Prümm, jésuite, apud *Supplément au Dictionnaire de la Bible*, Letouzey et Ané, t. 6, 1960, col. 184, article « Mystères dans la Bible ».
2. Jésus était-il un Essénien ? Il semble que non seulement Jésus ait reçu de l'Essénisme, mais encore que l'Essénisme ait reçu de Jésus (puisque, selon l'hypothèse du père José O'Callaghan en 1971, un fragment des manuscrits de la mer Morte, le 7Q5, rédigé en grec, se rapporte à un passage de l'Évangile de Marc. Sur l'ésotérisme essénien : voir *supra*, p. 992 (« Organisations initiatiques juives »).

– la présence de thèmes mystériques dans le Nouveau Testament, entre autres dans la récupération par saint Jean des Mystères de Cybèle [1] ;
– les témoignages sur un enseignement secret de Jésus et sa transmission secrète émanant de nombreux auteurs chrétiens.
Ce dernier point mérite une attention particulière, parce qu'on le trouve chez des auteurs *non ésotéristes*. Ils sont au courant d'une tradition apostolique passant par Barnabé (d'après Clément d'Alexandrie) [2], Theudas (d'après Valentin) [3], Matthias (d'après Basilide) [4], Thomas (d'après l'Évangile selon Thomas) [5], Jacques le Mineur (d'après les Naassènes) [6], Marie-Madeleine (d'après l'Évangile de Marie) [7]...

– [Irénée de Lyon (188) :] C'est ce que les presbytes qui ont vu Jean, le disciple du Seigneur, se souviennent avoir entendu de lui, lorsqu'il évoquait l'enseignement du Seigneur relatif à ces temps-là. Voici donc ces paroles du Seigneur : « Il viendra des jours où des vignes croîtront... »

Contre les hérésies, v, 33, 3 ; trad. L. Doutreleau et Ch. Mercier, Cerf, coll. « Sources chrétiennes », n° 153, t. 2, 1969, p. 415. © Éditions du Cerf, Paris.

– [Origène (248) :] Quiconque a les mains pures non seulement de toute souillure mais encore des fautes regardées comme les plus légères, qu'il se fasse hardiment initier aux mystères de la religion de Jésus, qui ne sont raisonnablement transmis qu'aux saints et aux purs.

Contre Celse, III, 60 ; trad. M. Borret, Cerf, coll. « Sources chrétiennes », n° 136, t. 2, 1968, p. 141 ; cf. Mc, IV, 34 ; IX, 2.

– [Basile de Césarée (v. 370) :] Parmi les doctrines et proclamations gardées dans l'Église, on tient les unes de l'enseignement écrit et les autres on les a recueillies, transmises secrètement de la tradition apostolique.

Sur le Saint-Esprit, XXVII, 66 ; trad. B. Pruche, Cerf, coll. « Sources chrétiennes », n° 17 *bis*, 1968, p. 478-481.

---

1. Par exemple, « les dix rois qui mettent leur autorité au service de la Bête (Ap, XVII, 12) sont le décalque du collège des Attis-rois de Pessinonte », « les deux Bêtes (XVII, 7) représentent respectivement le culte impérial et le culte de Cybèle », « le Christ est désigné, non comme un jeune agneau, mais comme un jeune bélier et comme un berger » : cf. *Aux sources de la tradition chrétienne. Mélanges Goguel*, Delachaux et Niestlé, 1954 ; A. Loisy, *Les Mystères païens et le Mystère chrétien* (1914-1919), 2ᵉ éd. revue, É. Nourry, 1930, p. 108 *sqq*. La thèse de l'influence des Mystères sur le Christianisme a ses partisans (R. Reitzenstein, A. Loisy) comme ses adversaires (F. Cumont, P. Lagrange...). De même la thèse du sens ésotérique du mot « mystère » chez Paul a ses partisans comme ses adversaires.
2. Barnabé : Clément d'Alexandrie, *apud* Eusèbe de Césarée, *Histoire ecclésiastique*, trad. du grec G. Bardy, Cerf, 1993, II, 1, 4. Cf. Actes, XI, 27 ; XIII, 1.
3. Theudas : Clément d'Alexandrie, *Strômates*, trad. du grec, Cerf, 1951, VII, 17, 106. Cf. Actes, V, 36.
4. Matthias : pseudo-Hippolyte de Rome, *Réfutation de toutes les hérésies*, trad. du grec A. Siouville, Rieder, 1928, 2t., VII, 20, 1. Cf. Actes, I, 16-23.
5. Thomas : Évangile selon Thomas, 1. Cf. Jn, XI, 16 ; XIV, 5-6 ; XX, 24-29.
6. Jacques le Mineur : pseudo-Hippolyte de Rome, v, 7, 20. Cf. Actes, XV, 13 ; XXI, 18.
7. Marie-Madeleine : Évangile de Marie[-Madeleine], 7-14, trad. M. Tardieu, *Écrits gnostiques*, t. 1 : *Codex de Berlin*, Cerf, 1984, p. 22, 75-81. Cf. Lc, VIII, 2.

Reste la vaste question : comment est-il possible que l'enseignement d'un charpentier palestinien ait transformé aussi profondément l'humanité ? L'ésotériste pensera aussitôt à la suite des prophètes, à l'influence astrale.

JÉSUS ANNONCÉ PAR LES ASTRES ET LES PROPHÈTES ?

La réalité historique de Jésus reçoit suffisamment d'attestations en dehors du Nouveau Testament par divers historiens.

– [Mara bar Serapion (Stoïcien originaire de Syrie, en 72-74 ? ou en 260 ?)] Quel avantage avaient [...] les Juifs à crucifier leur sage roi, puisque, à partir de ce temps-là, le royaume leur fut enlevé. C'est avec équité que Dieu vengea ces trois sages [Socrate, Pythagore, Jésus]. Les Athéniens moururent de faim, les Samiens furent recouverts par la mer, les Juifs furent déportés et chassés de leur royaume, vivant partout dans la dispersion.

Lettre éditée par W. Cureton en 1855, trad. partielle X. Léon-Dufour, apud *Supplément au Dictionnaire de la Bible*, t. 7, col. 1422.

– [Flavius Josèphe, en 94] En ce temps vivait un sage nommé Jésus, réputé pour sa manière d'agir et sa vertu. Beaucoup de Juifs et beaucoup parmi les autres nations vinrent à lui. Pilate [Romain, préfet de Judée] le condamna à mourir par la croix. Mais ceux qui l'avaient suivi ne cessèrent pas d'être fidèles à sa pensée. Ils rapportèrent, que trois jours après avoir été crucifié, il leur était apparu, et qu'il était en vie. Peut-être était-il donc le Christ dont les prophètes ont annoncé beaucoup de choses admirables.

Antiquités juives, XVIII, § 63-64, passage rétabli par Shlomo Pinès en 1971, trad. du grec.

– [Pline le Jeune, en 111] À jour fixe [le dimanche], ils [les Chrétiens] s'assemblent avant l'aube et prononcent un chant à Christ, comme à un dieu.

Lettres, X, 96 (à Trajan), trad. du latin.

– [Tacite, en 115-117] Celui qui est à l'origine de ce nom, Christ, avait été supplicié sous le règne de Tibère par le procurateur Ponce Pilate. *Auctor nominis ejus, Christus, Tiberio imperitante per procuratorem Pontium Pilatum supplicio affectus erat.*

Annales, XV, 44, 3.

– [Suétone, vers 120] Comme les Juifs se soulevaient continuellement, à l'instigation d'un certain Chrestos, il [l'empereur Claude Ier] les chassa de Rome.

Vies des douze Césars, livre V : *Claude*, xxv, 4, trad. du latin.

– [Le *Talmud de Babylone*, au IIe s.] La tradition rapporte : la veille de la Pâque, on a pendu Jésus. Un héraut marcha devant lui durant quarante jours disant : « Il sera lapidé parce qu'il a pratiqué la magie et trompé et égaré Israël. Que ceux qui connaissent le moyen de le défendre viennent et témoignent en sa faveur. » Mais on ne trouva personne qui témoignât en sa faveur, et donc on le pendit la veille de la Pâque.

Talmud de Babylone, section IV : *Neziqin*, traité 4 : *Sanhédrin*, 43 a, trad. de l'araméen. Sur « pendit » : Actes, v, 30 ; x, 39. © Éditions Verdier, Lagrasse.

Un ésotériste ne privilégie pas l'aspect historique. La date de naissance de Jésus importe dans la mesure où de nombreuses considérations astrologiques ou cycliques ou symboliques entrent en ligne, en particulier l'idée d'une Ère zodiacale des Poissons et la venue des Mages. Képler, dès 1606 dans son *De stella nova*, tient l'Étoile de Bethléem pour le souvenir d'une conjonction des planètes Mars, Jupiter et de Saturne en Poissons, alignées par rapport à la Terre, et donc visibles comme un seul astre énorme, le 7 mars de l'an 7 avant notre ère [1]. « Les grands hommes naissent lors de telles conjonctions », dit Képler. Pareille conjonction ne se produisit qu'en 861 avant notre ère, en Poissons, et en 146 avant notre ère, en Cancer. Pourquoi alors ne pas croire en des astrologues juifs venus de Babylone ? Les curieux ont avancé d'autres dates, toujours fondées sur des phénomènes astronomiques : 12 avant notre ère à cause de la comète de Halley, 11 avant à cause d'une grande comète, 4 avant à cause de l'apparition de la Nova du Capricorne. Tout cela suppose une précellence des astres sur la volonté divine (ce qui fait hurler l'Église) ou sur les lois du hasard (ce qui fait rugir la Science).

Les astrologues, dont Cardan, ont souvent cherché à ériger la carte astrale de naissance de Jésus. Alors, il est tentant de lier le thème des poissons, fréquent dans les Évangiles [2], à la constellation zodiacale des Poissons, de faire naître Jésus sous le signe des Poissons (19 février-20 mars) et de fixer le début de l'Ère des Poissons au moment de sa naissance [3]. On trouve une description d'un tel état exceptionnel du ciel chez les Babyloniens (mois IX à XI de l'année 305 de l'ère séleucide, c'est-à-dire 24 novembre-19 février de 6 avant notre ère).

Mois XI [*shebat*, en akkadien *shabâtou*, janvier-février], dont le 1er suivra le 30 du mois précédent. Jupiter, Saturne et Mars seront dans les Poissons, Vénus dans le Sagittaire. Le 13 (ou le 11) passage de Vénus dans le Capricorne. Le 14, premier coucher de la Lune après le lever du Soleil. Le 21, première visibilité de Mercure à l'Est dans le Verseau. Le 22 (ou le 21), passage de Jupiter dans le Bélier. Le 27 (ou le 28), dernière visibilité de la Lune avant le lever du Soleil.

---

1. David Hughes, *The Star of Bethlehem*, Pocket Books, New York, 1979.
2. Pierre et son frère André sont pêcheurs sur le lac de Galilée (Mt, IV, 18), et Jésus fait de ses Apôtres des « pêcheurs d'hommes » (Mt, IV, 19). Plusieurs miracles sont liés au poisson : multiplication miraculeuse (Mt, XIV, 19-21), pêche miraculeuse (Jn, XXI, 5-6). Le Royaume des cieux est comparé à un filet jeté en mer (Mt, XIII, 47). Jésus ressuscité mange un poisson (Jn, XXI, 9-14).
3. On doit à Hipparque de Nicée la découverte de la précession des équinoxes (Claude Ptolémée, *Composition mathématique*, VII, 2, éd. Blanchard, 1988, 2 t., 1 090 p.). En 128 av. J.-C., il situa le point vernal à 8° des Poissons, donc le début de l'Ère des Poissons en : (72 x 8) + 128 = 704 av. J.-C. Claude Ptolémée, de son côté, datait le début de l'Ère des Poissons de 747. Selon certains astronomes, quand on sait que le point vernal, celui où la déclinaison du Soleil s'annule pour devenir positive, se situe aux environs du 21 mars, on peut calculer qu'il se situa dans le Bélier de 1852 à 113 av. J.-C., et depuis Hipparque il y a un décalage de l'ordre de 28° sur la position dans laquelle se trouve le point vernal par rapport aux constellations, soit à peu de chose près un Signe du Zodiaque, de sorte qu'un natif réel du Bélier est donné par l'astrologie comme natif du Taureau.

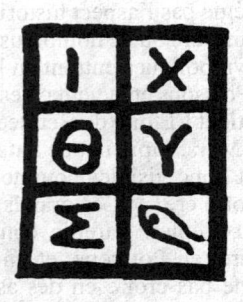

REPRÉSENTATION SYMBOLIQUE DE JÉSUS (POISSON : ἰχθύς)

Vingt siècles plus tard, un astrologue français, spécialiste de la science des cycles, reprend le calcul.

Dans le ciel du mois de mars de l'an 6 avant Jésus-Christ, on trouvait réunis dans le signe des Poissons les sept astres suivants : Saturne, Vénus, Mercure, la Lune, Jupiter, le Soleil, Uranus. C'est à cette date que commence l'ère des Poissons liée à la naissance du Christ.

Dans le ciel du 4 février 1962, à 21 G.M.T., on observait sept astres, à nouveau groupés, mais cette fois-ci dans le signe du Verseau : Jupiter, Vénus, Mercure, la Lune, le Soleil, Saturne et Mars. Cette conjonction n'indique évidemment pas que l'ère du Verseau commençait ce jour-là, mais que nous étions engagés dans la période de transition entre Poissons et Verseau.

J. Phaure, *Charivari*, 1974, cité dans *Aquarius. L'Ère du Verseau*, Albatros, 1979, p. 18.

Dans le même ouvrage, un autre thème natal est proposé, reposant sur le fameux 25 décembre. Mais l'Église ne retint cette date qu'à partir de 354, pour concurrencer une fête des Mystères de Mithra. Le 25 décembre correspond au solstice d'hiver, quand la Constellation de la Vierge se trouve à l'est au-dessus de l'horizon vers minuit.

Jésus : le thème authentique de ce dernier doit être calculé pour Bethléem (+ 31° 42' ; + 2 h 20' 50'') le 25 (et non le 24) décembre de l'an -6 (et non de l'an 0) à 21 h 32' 50'' G.M.T., soit 23 h 53' 40'' de l'heure locale, ce qui donne un T.S.N. [temps sidéral de naissance] = 6 heures juste, un M.C. [Milieu-du-Ciel] à 0° 0 Cancer, un AS [Ascendant] à 0° 0 Balance, un Soleil à 2° 30' Capricorne... et une Lune noire en conjonction exacte de la pointe VIII [maison des crises]. [...] C'était un saturnien type [...].

André Delalande, apud *Aquarius*, éd. cit., p. 289.

Finalement, il faut avouer qu'on ignore la date de naissance de Jésus, quand bien même on se fonderait sur l'astrologie, mais le plus probable reste avril de l'an 7 avant notre ère, le mois correspondant à la Pâque juive et donc à l'affluence dans les auberges (Lc, II, 7). Et il reste le désaccord sur le début de l'Ère des Poissons.

textes de l'A.T. : prédictions ?	faits du N.T. : réalisations ?
Le **prophète Nathan** (vers 970 av. J.-C.) : « La parole de YHWH fut adressée à Natân en ces termes : "Va dire à mon serviteur David : [...] Je maintiendrai après toi le lignage issu de tes entrailles et j'affermirai sa royauté." » II Samuel, VII, 4-12.	**Luc** : « Il [Joseph] était de la maison et de la lignée de David. » Lc, II, 4.
Isaïe (738 av. J.-C.) : « Un fils nous a été donné, il a reçu l'empire sur les épaules [...], dans une paix infinie, pour le trône de David. » Isaïe, IX, 5-6.	**Luc** : « Il [Joseph] était de la maison et de la lignée de David [...]. Vous trouverez un nouveau-né [...]. Et paix sur la terre aux hommes qu'il aime. » Lc, II, 4, 12, 14.
Michée (vers 725 av. J.-C.) : « Mais toi, Bethléem Éphrata, le moindre des clans de Juda, c'est de toi que me naîtra celui qui doit régner en Israël. » Michée, V, 1.	**Jean** : « L'Écriture ne dit-elle pas que c'est de la descendance de David et du bourg de Bethléem que le Christ doit venir ? » Jn, VII, 42.
Le **second Isaïe** (vers 550 av. J.-C.) : « "Voici mon Serviteur que je soutiens, mon élu, que préfère mon âme. J'ai mis sur lui mon esprit pour qu'il apporte aux nations le droit" [...] Ainsi parle YHWH Dieu [...]. — [Ainsi parle le Serviteur de YHWH] "J'ai tendu le dos à ceux qui me frappaient, les joues à ceux qui m'arrachaient la barbe, je n'ai pas soustrait ma face aux outrages et aux crachats."[...] Il s'est livré lui-même à la mort et a été compté parmi les pécheurs, alors qu'il supportait les fautes des multitudes et qu'il intercédait pour les pécheurs. » Second Isaïe, *Quatre Chants du Serviteur de YHWH* : Ier = Isaïe, XLII, 1-7, IIe = Isaïe, XLIX, 1-9, IIIe = Isaïe, L, 4-11, IVe = Isaïe, LII, 13-LIII.	**Matthieu** : « Et voici qu'une voix venue des cieux disait : "Celui-ci est mon Fils bien-aimé, qui a toute ma faveur." » III, 17. « Ainsi devait s'accomplir l'oracle du prophète Isaïe : "Voici mon Serviteur que j'ai choisi." » XII, 17. « Ceci est mon sang, le sang de l'alliance, qui va être répandu pour une multitude en rémission des péchés. » XXVI, 28. « Et, crachant sur lui, ils prenaient le roseau et en frappaient sa tête. » XXVII, 30.
Le **second Zacharie** (vers 300 av. J.-C.) : « Ils regarderont vers celui qu'on a transpercé. » Zacharie, XII, 10.	**Jean** : « L'un des soldats, de sa lance, lui perça le côté [...]. L'Écriture dit encore : "Ils regarderont celui qu'ils ont transpercé." » Jn, XIX, 34-37.

Pour les Chrétiens, la question du rôle central de Jésus dans l'Histoire se pose en des termes, non pas astrologiques, mais messianiques et prédictifs. Il faudrait interroger la Bible, pas le Ciel. Les Prophètes de la Bible hébraïque avaient annoncé un Messie. Jésus est-il cet Oint *(messiah)* de YHWH, « le Messie », en grec « le Christ » (ὁ Χριστός), ce libérateur d'Israël appelé par les prophètes juifs ? Cela fait deux questions dans un problème : Jésus est-il le Messie ? Jésus a-t-il été prédit ? Examinons les textes les plus utilisés. Jean répète la formule : « pour que s'accomplît l'Écriture ». Il met en parallèle un fait dans la vie de Jésus et un texte de l'Ancien Testament. Pour lui, point de doute : Jésus est le Messie annoncé.

Les annonces de Jésus par les prophètes de l'Ancien Testament ne sont pas précises, sauf celle sur Bethléem. Elles parlent d'un Messie, mais on ne reconnaît pas nettement Jésus, à mon avis du moins. D'autre part les versets utilisés par les Chrétiens ne visent pas toujours le Messie juif.

Le Nouveau Testament, cette fois, et non plus l'Ancien, contient d'autres annonces, entre autres la quête d'un roi par les « mages venus d'Orient » et les paroles de diverses saintes personnes. Malheureusement, ces prophéties-là, ces prédictions ont été écrites après l'événement prévu. Il ne s'agit pas d'être sceptique, mais exigeant. Une prédiction doit être professée avant l'événement et contenir des précisions non interchangeables.

– [Les Mages d'Orient :] Jésus étant né à Bethléem de Judée, au temps du roi Hérode, voici que des mages venus d'Orient se présentèrent à Jérusalem et demandèrent : « Où est le roi des Juifs qui vient de naître ? Nous avons vu, en effet, son astre se lever. »

Mt, II, 1-2.

– [Le Syméon[1] du Temple de Jérusalem :] Syméon les bénit et dit à Marie, sa mère : « Vois ! cet enfant doit amener la chute et le relèvement d'un grand nombre en Israël. »

Lc, II, 34.

– [Anne du Temple de Jérusalem :] Il y avait aussi une prophétesse, Anne [...]. Survenant au même moment, elle se mit à louer Dieu et à parler de l'enfant à tous ceux qui attendaient la délivrance de Jérusalem.

Lc, II, 36-38.

– Jean le Baptiste :] En ces jours-là paraît Jean le Baptiste [...]. « Celui qui vient derrière moi est plus puissant que moi, et je ne suis pas digne d'enlever ses chaussures ; lui vous baptisera dans l'Esprit-Saint et le Feu. »

Mt, III, 1 et 11.

---

1. O. M. Aïvanhov laisse entendre que Syméon serait le père physique de Jésus (*Œuvres complètes*, t. 9, *Au commencement était le Verbe*, Prosveta, 1974, p. 100).

JÉSUS INITIÉ ?

Le religieux se pose la question : Jésus est-il un dieu ? L'ésotériste se pose la question : Jésus était-il un initié ? Or, curieusement, on observe que Jésus a suivi les trois types d'initiation : l'initiation tribale, l'initiation secrète, l'initiation spirituelle.

D'abord, Jésus, à douze ans, a probablement subi l'**initiation-intégration**, *bar-mitzva*. Cette cérémonie juive transforme le jeune garçon en « fils du précepte, enfant du commandement » (c'est le sens de l'expression en hébreu) vers l'âge de treize ans. Le garçon professe sa foi, portant le châle de prière *(talit)* et les phylactères *(tefilin)*, lisant pour la première fois la Tôrah. Il s'agit d'un rite d'agrégation à la communauté juive.

Chaque année ses parents se rendaient à Jérusalem pour la fête de la Pâque. Quand il eut douze ans, ils y montèrent, comme c'est la coutume pour la Fête [Ex, XII].

Lc, II, 41-42.

Ensuite, à trente-trois ans, Jésus reçoit de Jean le Baptiste l'**initiation-cérémonie** (τελετή), sous forme d'un « baptême de rachat » à la façon essénienne. Il prend l'Eau, qui lui donne la purification (κάθαρσις), et il prend le Feu, qui lui donne l'illumination (φωταΨία) (Jn, III, 4). L'Eau se donne dans le fleuve Jourdain, et le Feu vient sous forme de colombe, ou de voix, ou d'Esprit. La colombe vient du ciel, car elle plane au-dessus de l'eau comme l'Esprit au-dessus des eaux primordiales (Gn, I, 2) ou des eaux du Déluge (Gn, VIII, 8).

Le lendemain, voyant Jésus venir à lui, il [Jean le Baptiste] dit :
– Voici l'agneau de Dieu, qui ôte le péché du monde. [...] C'est pour lui qu'il fût manifesté à Israël que je suis venu baptiser dans l'eau.
Et Jean déclara :
– J'ai vu l'Esprit, telle une colombe, descendre du ciel et demeurer sur lui. [...] Oui, j'ai vu, et j'atteste que c'est lui, l'Élu de Dieu.

Jean l'Évangéliste, Évangile (96), I, 29-34.

Ce baptême verse sur Jésus l'influence spirituelle. Les Ébionites disent au reste que la filiation divine de Jésus commence, non point à sa naissance, mais lors de son baptême, quand il s'unit à l'Esprit [1].

Dans le Christianisme, la seconde naissance est figurée par le baptême, qui d'ailleurs, n'est autre chose que l'épreuve de l'eau des initiations antiques.

R. Guénon, notes pour la revue *Gnose* (apud *René Guénon, Cahiers de l'Herne*, 1985, p. 125).

---

[1]. Cérinthe (un Judéo-Chrétien), *apud* pseudo-Hippolyte, X, 21, 3. Eusèbe de Césarée, V, 17.

Jésus, ensuite, s'est imposé une **initiation-processus** (μύησις), en faisant une retraite de quarante jours dans le désert (Mt, IV, 2), qui correspond par sa durée aux épreuves classiques, subies par Moïse (Dt, IX, 9 et 18) ou par Élie (I Rs, XIX, 8). C'est aussi une limite humaine. On s'attendrait à ce que l'initiation-processus, avec ses épreuves, précède l'initiation-cérémonie, mais il n'en est rien, ce qui nous place dans un contexte plus religieux qu'ésotérique. La religion tient son fondateur pour l'Élu, d'avance, avant les épreuves, alors que l'ésotérisme suspend ce rôle à son succès dans les épreuves. On ne naît pas initié, on se fait initié. Quel intérêt auraient les épreuves si le succès était assuré ? Jésus savait-il qu'il serait le Christ ? Shâkhyamuni savait-il qu'il serait le Bouddha ? Les astrologues comme les théologiens disent oui, les ésotéristes disent non. Les dispositions astrales et les qualités spirituelles ne font pas l'initié, elles le permettent. De même il ne suffit pas de passer quarante jours dans le désert : tout chamelier serait un saint. Il faut y retrouver « l'Esprit » et son contraire, « le Diable », recréer les conditions cosmiques, Bien et Mal, se refaire en refaisant le monde, en faisant la victoire de l'Esprit sur le Diable.

> Alors Jésus fut conduit au désert [près de Jéricho, en Judée] par l'Esprit, pour être tenté par le diable. Il jeûna quarante jours et quarante nuits.
>
> Mt, IV, 1-2.

Les épreuves — que la religion chrétienne donne pour de vulgaires tentations morales — sont au nombre de trois : la faim, la puissance, la gloire. La première concerne la force physique, la deuxième le pouvoir temporel, la troisième l'autorité spirituelle, le tout sur un fond de puissance magique.

> Jésus, rempli de l'Esprit-Saint, revint des bords du Jourdain et fut conduit par l'Esprit à travers le désert où, pendant quarante jours, il fut tenté par le diable.
> [1re épreuve, physique] Il ne mangea rien durant ces jours-là, et, lorsqu'ils furent écoulés, il eut faim. Le diable lui dit alors :
> — Si tu es Fils de Dieu, ordonne à cette pierre de se changer en pain.
> Mais Jésus lui répliqua :
> — Il est écrit : « L'homme ne vit pas seulement de pain » [Dt, VIII, 3].
> [2e épreuve, mentale] L'emmenant alors plus haut, le diable lui fit voir en un instant tous les royaumes de l'univers et lui dit :
> — Je te donnerai toute cette puissance et la gloire de ces royaumes, car elle m'a été remise, et je la donne à qui je veux. Si donc tu te prosternes devant moi, elle t'appartiendra toute entière.
> Mais Jésus lui répliqua :
> — Il est écrit : « Tu adoreras le Seigneur ton Dieu, et c'est à lui seul que tu rendras un culte » [Dt, VI, 13].
> [3e épreuve, spirituelle] Puis il le conduisit à Jérusalem, le plaça sur le faîte du Temple et lui dit :
> — Si tu es Fils de Dieu, jette-toi d'ici en bas ; car il est écrit : « Il donnera pour toi des ordres à ses anges afin qu'ils te gardent » [Psaumes, XCI, 11] [...].

Mais Jésus lui répliqua :
— Il est dit : « Tu ne tenteras pas le Seigneur ton Dieu » [Dt, vi, 16].
Ayant ainsi épuisé toutes les formes de la tentation, le diable s'éloigna de lui, pour revenir au temps marqué.

<small>Lc, iv, 1-13.</small>

La qualité d'initié de Jésus paraît surtout dans ses pouvoirs mystiques : 1) béatitudes, 2) transfiguration, 3) résurrection, 4) manifestations du corps de gloire, 5) ascension.

- JÉSUS A ÉTÉ BÉAT (μακάριος). Les béatitudes, ou plutôt « les bénis », Matthieu en compte neuf (ou huit, car la 9ᵉ continue la 8ᵉ), Luc quatre (vi, 20).

Μακάριοι οἱ πτωχοὶ τῷ πνεύματι, ὅτι αὐτῶν ἐστιν ἡ βασιλεία τῶν οὐρανῶν

Heureux les pauvres en esprit, car le Royaume des cieux est à eux.
Heureux les doux, car ils recevront la terre en héritage.
Heureux les affligés, car ils seront consolés.
Heureux les affamés et assoiffés de justice, car ils seront rassasiés.
Heureux les miséricordieux, car ils obtiendront miséricorde.
Heureux les cœurs purs, car ils verront Dieu.
Heureux les artisans de paix, car ils seront appelés Fils de Dieu.
Heureux les persécutés pour la justice, car le Royaume des cieux est à eux.
Heureux êtes-vous si l'on vous insulte, si l'on vous persécute et si l'on vous calomnie de toutes manières à cause de moi. Soyez dans la joie et l'allégresse, car votre récompense sera grande dans les cieux : c'est bien ainsi qu'on a persécuté les prophètes, vos devanciers.

<small>Jésus, Sermon sur la montagne (Mt, v, 3-12).</small>

Parlant des autres, Jésus parle de lui-même. Il fut pauvre en esprit, doux, etc. « Pauvre en esprit » signifie initié, retourné, revenu à l'origine (Mt, xviii, 3) : « En vérité, je vous le dis, si vous ne retournez à l'état des enfants, vous ne pourrez entrer dans le Royaume des cieux. »

- JÉSUS A ÉTÉ TRANSFIGURÉ (μεταμορφώθη). La transfiguration se place dans un cadre résolument mystique. Jésus a annoncé quelques jours plus tôt la venue du Royaume de Dieu (Mt, xvi, 28). Il veut prier (Lc, ix, 28). Il se rend sur une montagne[1], lieu théophanique, en hauteur, plus près du ciel. Ils sont quatre : Pierre, Jacques le Mineur, Jean l'Évangéliste, Jésus. Et soudain, Jésus devient plus que Jésus : « Son visage resplendit comme le Soleil, et ses vêtements devinrent éblouissants comme la lumière » (Mt, xvii, 2). Et soudain, Jésus apparaît avec autre que Jésus : « Apparurent Moïse et Élie, qui s'entretenaient avec lui » (Mt, xvii, 3). Tout un jeu de correspondances entre en place. Moïse et Élie allèrent aussi sur une montagne (Ex, xxiv, 12 ; I Rs, xix, 8) ; Moïse et Élie n'ont pas laissé de trace à la fin de leur vie, l'un sans tombeau (Dt, xxxiv, 6), l'autre en s'élevant

---

<small>1. Cette montagne est peut-être le mont Tabor (1 929 mètres), en Galilée.</small>

sur un char (II Rs, II, 11), et Jésus aura son ascension (Actes, I, 9-11) ; Moïse et Élie incarnent le Judaïsme, l'un la Loi, l'autre les Prophètes, Jésus la nouvelle religion. Si Dieu parle avec Moïse « face à face » (Ex, XXXIII, 11), Jésus, lui, a changé sa face. La transfiguration est transmutation, et cette transmutation donne, comme en alchimie, l'élixir, puisque Jésus annonce aussitôt sa résurrection.

Jésus prend avec lui Pierre, Jacques et Jean et les emmène seuls, à l'écart, sur une haute montagne. Et il fut transfiguré devant eux et ses vêtements devinrent resplendissants, d'une telle blancheur qu'aucun foulon sur terre ne peut blanchir de la sorte. Élie leur apparut avec Moïse et tous deux s'entretenaient avec Jésus. Alors Pierre, prenant la parole, dit à Jésus :
– Rabbi [mon Maître], il est heureux que nous soyons ici ; faisons donc trois tentes, une pour toi, une pour Moïse et une pour Élie.

C'est qu'il ne savait que dire, car ils étaient saisis de frayeur. Et une nuée survint qui les prit sous son ombre, et de la nuée sortit une voix :
– Celui-ci est mon Fils bien-aimé ; écoutez-le.

Soudain, regardant autour d'eux, ils ne virent plus personne, que Jésus seul avec eux.

Comme ils descendaient de la montagne, il leur défendit de raconter à personne ce qu'ils avaient vu, si ce n'est quand le Fils de l'homme serait ressuscité d'entre les morts.

Mc, IX, 2-9.

• JÉSUS A ÉTÉ GLORIEUX (ἔνδοξος). Les manifestations du corps de gloire (δόξα) sont multiples, avant et surtout après la résurrection. Ressuscité, les Apôtres ne reconnaissent pas Jésus (Lc, XXIV, 16 ; Jn, XX, 14), il fait de soudaines apparitions (Jn, XX, 19). Pour les occultistes, le corps de lumière est le corps éthérique, un double du corps physique, mais aussi le corps bouddhique, l'esprit de vie [1].

• JÉSUS A ÉTÉ « RELEVÉ D'ENTRE LES MORTS » (ἐκ νεκρῶν ἀναστῇ), comme Jésus le dit lui-même (Mc, IX, 9), « ressuscité », comme diront les Chrétiens. On revient au corps de gloire (pas au corps physique).

• JÉSUS A ÉTÉ, VIVANT, « EMPORTÉ AU CIEL » (ἀνεφέρετο εἰς τὸν οὐρανόν) (Lc, XXIV, 51). Les Chrétiens appellent cela « l'Ascension ».

Quand il eut dit cela, ils le virent s'élever ; puis une nuée vint le soustraire à leurs regards. Et comme ils étaient là, les yeux fixés au ciel pendant qu'il s'en allait, voici que leur apparurent deux hommes vêtus de blanc, qui leur dirent :
– Hommes de Galilée, pourquoi restez-vous ainsi à regarder le ciel ? Celui qui vous a été enlevé, ce même Jésus, viendra comme cela, de la même manière que vous l'avez vu partir vers le ciel.

Actes, I, 9-11.

---

1. Sur le corps éthérique et le corps bouddhique : H. P. Blavatsky, *La Doctrine secrète*, t. 1, trad. de l'anglais, Adyar, 1982, p. 136 ; Papus, *Traité méthodique de science occulte*, t. 1, p. 219 ; M. Heindel, *Cosmogonie des Rose-Croix*, Maison rosicrucienne, 1989, p. 236-240 ; R. Steiner, *Théosophie*, trad. de l'allemand, Triades, 1976, p. 51 ; O. M. Aïvanhov, *Œuvres complètes*, t. 9, éd. cit., p. 206.

Guénon, après avoir rejeté la réincarnation, admet l'ascension parmi les quatre possibilités de l'existence après la mort [1].

Il ne peut y avoir place pour une prétendue « réincarnation » : le moi, étant transitoire et impermanent, cesse d'exister par la dissolution du composé qui le constituait, et alors il n'y a rien qui puisse réellement se « réincarner » ; l'« Esprit » seul peut être connu comme « transmigrant », ou comme passant d'une « habitation » à une autre, mais précisément parce qu'il est, en lui-même, essentiellement indépendant de toute individualité et de tout état contingent.

Études sur l'Hindouisme, Éditions Traditionnelles, 1983, p. 259.

[1 : seconde mort : l'être humain passe à un nouvel état individuel, autre que l'état humain] Les doctrines exotériques présentent comme une éventualité redoutable et même sinistre la « seconde mort », c'est-à-dire la dissolution des éléments psychiques par laquelle l'être, cessant d'appartenir à l'état humain, doit nécessairement et immédiatement prendre naissance dans un autre état.

Initiation et Réalisation spirituelle, Éditions Traditionnelles, 1983, p. 78.

[2 : salut : l'être humain demeure jusqu'à la fin du cycle humain dans les prolongements non corporels de l'individualité] L'homme ordinaire, qui ne peut pas atteindre actuellement à un état supra-individuel, pourra du moins, s'il obtient le salut, y parvenir à la fin du cycle humain.

Ibid., p. 81.

[3 : délivrance : après initiation l'être humain peut passer à un état supra-individuel] La Délivrance n'est pas pour notre « moi », mais pour ce « Soi » qui ne devient jamais « quelqu'un ».

Études sur l'Hindouisme, Éditions Traditionnelles, 1983, p. 265.

[4 : ascension] Un être humain, dans certaines conditions, peut quitter l'existence terrestre sans laisser un cadavre derrière lui [...]. Hénoch « ne parut plus parce que Dieu l'avait pris » [Gn, v, 24] ; Moïse « fut enseveli par le Seigneur, et personne n'a connu son sépulcre » [Dt, xxxiv, 6] ; Élie monta aux cieux sur un « char de feu » [II Rs, ii, 11].

L'Erreur spirite, Éditions Traditionnelles, 1984, p. 118.

Voilà les prodiges (transfiguration, ascension, etc.), Jésus était-il homme, était-il dieu ? Vaste débat. Que signifie les expressions bibliques « Fils de l'homme » *(ben adam)*, « Fils de Dieu » *(ben Élôhim)* ? Jésus est qualifié tantôt de « Fils de l'homme » ὁ υἱὸς τοῦ ἀνθρώπου (Mt, xi, 19 ; Jn, xii, 34), tantôt de « Fils de Dieu » ὁ υἱὸς τοῦ θεοῦ (Mt, iv, 3) [2]. Et Caïphe, le Grand-Prêtre, demande à Jésus : « Es-tu le Christ, le Fils de Dieu ? » (Mt, xxvi, 63). Fils de l'homme, Jésus l'est, du moins par sa

---

1. Élie Lemoine, « Qu'est-ce qui transmigre ? », *Études traditionnelles*, nov.-déc. 1991, n° 514, p. 178. Élie Lemoine, né Élie Levée, était moine trappiste et guénonien.
2. L'expression « Fils d'homme » se rencontre dans la Bible (Dt, xxxii, 8 ; II Samuel, vii, 14 ; Daniel, vii, 13), chez les Esséniens (Règle de la Communauté, xi, 6, 15, 20) et les pseudépigraphes (I Énoch, xlvi, 3 ; xlviii, 2). Le terme « Fils » de Dieu paraît aussi, à propos du Messie, des anges, d'Israël, dans la Bible (Dt, xiv, 1 ; Job, i, 6 ; Sagesse, v, 5), dans les pseudépigraphes (IV Esdras, xiii, 32 ; Testament d'Abraham, xii, 5).

mère, et peut-être l'expression a-t-elle un sens du profond ayant trait à un pouvoir surhumain (Daniel, VII, 13). Et « Fils de Dieu » ? Jésus donne Dieu pour son « Père » (Jn, XX, 17). Mais n'est-ce pas le cas de tous les hommes, ou, si lui seul est Fils de Dieu, que signifie « Père » ? le Principe, l'origine et le terme à la fois, le soi (« Le Père et moi, nous sommes un ») (Jn, X, 30). N'est-ce pas dire qu'il a atteint le soi ?

JÉSUS CONFIRMÉ PAR SIGNES ET PRODIGES

Jésus vit entouré de « prodiges et signes » (Actes, VII, 36), comme doit l'être un prophète selon le Deutéronome (XXXIV, 11) ou Isaïe (VIII, 18), et cela dès sa naissance, lors de son baptême par Jean le Baptiste, durant sa vie publique, à sa mort, pour sa résurrection, à son ascension.

– [Signes lors de la naissance] Il y avait dans la contrée des bergers qui vivaient aux champs et qui la nuit veillaient tour à tour à la garde de leur troupeau. L'Ange du Seigneur leur apparut et la gloire du Seigneur les enveloppa de sa clarté ; et ils furent saisis d'une grande frayeur. Mais l'ange leur dit : « Rassurez-vous, car voici que je vous annonce une grande joie, qui sera celle de tout le peuple : aujourd'hui, dans la cité de David, un Sauveur vous est né, qui est le Christ Seigneur. »

Lc, II, 8-11.

– [Signes lors du baptême] Aussitôt baptisé, Jésus remonta de l'eau ; et voici que les cieux s'ouvrirent : il vit l'Esprit de Dieu descendre comme une colombe et venir sur lui. Et voici qu'une voix venue des cieux disait : « Celui-ci est mon Fils bien-aimé, qui a toute ma faveur. »

Mt, III, 16-17.

– [Signes lors de la mort] C'était environ la sixième heure [midi] quand, le soleil s'éclipsant, l'obscurité se fit sur le pays tout entier, jusqu'à la neuvième heure [15 heures]. Le rideau du Temple [de Jérusalem] se déchira par le milieu, et Jésus dit en un grand cri : « Père, je remets mon esprit entre tes mains. » Et, ce disant, il expira.

Lc, XXIII, 44-46.

Les signes (σημεῖα) entourent Jésus de l'extérieur, ils ont une dimension cosmique. Ils font de Jésus un Destin. Ils surgissent d'eux-mêmes, signifiant, manifestant la grandeur de Jésus. Ils sont ésotériques car ils manifestent sans être eux-mêmes manifestes. Il faut les isoler, les déchiffrer, les relier.

Mauvais temps aujourd'hui, car le ciel est d'un rouge sombre. Ainsi, le visage du ciel vous l'interprétez bien, et pour les signes des temps vous n'en êtes pas capables.

Mt, XVI, 3.

Par les signes, Jésus entre dans l'Histoire sainte et dans l'Évolution cosmique.

Les prodiges, les puissances (δυνάμεις), en revanche, éclairent Jésus de l'intérieur. Elles émanent de lui plus directement. Les puissances marquent sa capacité, son authenticité. Si Jésus fait preuve de pouvoirs extraordinaires, c'est qu'il est un être extraordinaire. Signes et prodiges font de Jésus un dieu (selon les Chrétiens), un prophète (selon les Musulmans), un initié (selon les occultistes).

Les puissances que détient Jésus entrent dans la panoplie ordinaire des hommes extraordinaires : divination, magie... L'ésotérisme tient en ce que ces prodiges revêtent des sens multiples. Par exemple, le changement de l'eau en vin (Jn, II, 9), son premier miracle, fait de Jésus un prêtre selon l'ordre de Melkisédek, qui officiait par le pain et le vin (Gn, XIV, 18), et pas simplement un faiseur de miracle.

Jésus, objet de prédictions, est aussi auteur de prédictions.

– À dater de ce jour, Jésus commença de montrer à ses disciples qu'il lui fallait s'en aller à Jérusalem, y souffrir beaucoup de la part des anciens, des grands prêtres et des scribes, être mis à mort et, le troisième jour, ressusciter.
Mt, XVI, 21.

– Jésus sortit du Temple et, comme il s'éloignait, ses disciples le rejoignirent pour lui faire remarquer les constructions du Temple. Mais il leur répondit : « Vous voyez tout cela, n'est-ce pas ? En vérité je vous le dis, il ne restera pas ici pierre sur pierre : tout sera détruit. »
Mt, XXIV, 1-2.
(Jésus dit cela en 29, le Temple de Jérusalem sera détruit par une torche en 70.)

– Et tandis qu'ils mangeaient, il dit : « En vérité je vous le dis, l'un de vous me livrera. » [...] À son tour, Judas, celui qui allait le livrer, lui demanda : « Serait-ce moi, Rabbi ? » – « Tu l'as dit Σὺ εἶπας », répondit Jésus.
Mt, XXVI, 21-25.

Outre le don de divination, Jésus a d'autres pouvoirs magiques : la thaumaturgie, la guérison occulte, l'exorcisme.

Comme thaumaturge, Jésus réussit des exploits : il change l'eau en vin (Jn, II, 9), il apaise une tempête (Mt, VIII, 26), il multiplie des pains (Jn, VI, 13), il marche sur les eaux (Jn, VI, 19).

Comme guérisseur, Jésus affranchit de la paralysie (Mt, IX, 2-8), rend la vue aux aveugles (Mt, IX, 27-30) et l'audition aux sourds (Mc, VII, 34), il redresse les boiteux, purifie les lépreux (Lc, XVII, 11-19), rend en état une main desséchée (Mc, III, 5). Pour cela, il lui suffit d'étendre la main (Mt, VIII, 15) et de dire (Mt, VIII, 3).

Allant au-delà des guérisseurs, qui s'arrêtent à la santé, Jésus va jusqu'à la vie même, il ressuscite trois morts, la fille de Jaïre, le fils de la veuve de Naïn, Lazare (Mt, IX, 18 ; Lc, VII, 15 ; Jn, XI, 11).

Il [Jésus] ajouta :
– Notre ami Lazare repose ; je vais aller le réveiller. [...]

Jésus leur dit alors clairement :
— Lazare est mort [...]. Ton frère ressuscitera [...]. Je suis la résurrection. Qui croit en moi, fût-il mort, vivra ; et quiconque vit et croit en moi ne mourra jamais. Crois-tu cela ? [...]
Jésus dit :
— Enlevez la pierre !
Marthe lui dit :
— Seigneur, il sent déjà : c'est le quatrième jour.
— Ne t'ai-je pas dit, reprit Jésus, que si tu crois tu verras la gloire de Dieu ?
On enleva donc la pierre.
Alors Jésus leva les yeux et dit :
— Père, je te rends grâce de m'avoir exaucé. Je savais bien que tu m'exauces toujours ; mais c'est pour tous ces hommes qui m'entourent que je parle, afin qu'ils croient que tu m'as envoyé.
Cela dit, il cria d'une voix forte :
— Lazare, viens ici. Dehors !
Le mort sortit, les pieds et les mains liés de bandelettes et le visage enveloppé d'un suaire. Jésus leur dit :
— Déliez-le et laissez-le aller.

Jn, xi, 11-44.

Exorciste, Jésus chasse les démons des possédés (Mc, i, 23-27, 34).
Il donne comme condition du miracle la foi (Mt, xvii, 20 ; Jn, xi, 25). Jésus marche sur l'eau. Pierre essaye d'en faire autant, il doute, du coup il commence à couler (Mt, xiv, 30) !
Le signe par excellence c'est la résurrection. Jésus parle en termes ésotériques du signe de Jonas. Il dit aux Pharasiens qu'il mourra et ressuscitera, mais ils entendent une comparaison quand Jésus fait un présage.

Alors intervinrent quelques-uns des scribes et des Pharisiens, qui lui dirent :
— Maître, nous désirons que tu nous fasses voir un signe.
Il leur répondit :
— Génération mauvaise et adultère ! Elle réclame un signe, et de signe il ne lui sera donné que celui du prophète Jonas. De même, en effet, que Jonas fut dans le ventre du monstre marin durant trois jours et trois nuits, de même le Fils de l'homme sera dans le sein de la terre durant trois jours et trois nuits.

Mt, xii, 38.

LA FORME : JÉSUS PUBLIC, JÉSUS SECRET

Jésus recommande le silence sur ces signes et sur ces prodiges. Il veut que jusqu'à sa mort les prodiges restent cachés. On a appelé cela « le secret messianique ». Jésus tient à couvrir de silence ses œuvres (ἔργα) de Mage et sa qualité de Messie. L'Évangile de Marc y insiste. Jésus demande le secret aux morts qu'il ressuscite, aux malades qu'il guérit, aux démons qu'il chasse des possédés, à ses Apôtres témoins des prodiges.

Il recommanda aux disciples de ne dire à personne qu'il était le Christ.

Mt, xvi, 20.

Et il guérit beaucoup de malades affligés de divers maux, et il chassa beaucoup de démons, mais il empêchait les démons de parler, parce qu'ils savaient qui il était.

Mc, i, 34.

Est-il le Messie ? Jésus répond oui, mais d'énigmatique façon, en reprenant en partie la parole de l'autre. Il ne se dit pas Messie, il se fait dire le Messie. On a là une belle figure de rhétorique, l'antanaclase : « tu l'as dit », « justement ». On se situe dans un dialogue, où l'on reprend ce qu'a dit l'autre, mais dans un autre sens. « Si je me rends témoignage à moi-même, mon témoignage ne vaut pas » (Jn, v, 31).

La femme lui dit : « Je sais que le Messie, celui qu'on nomme le Christ, doit venir. Quand il viendra, il nous annoncera tout. » Jésus lui dit : « Je le suis, moi qui te parle Ἐγώ εἰμι, ὁ λαλῶν σοι. »

Jn, iv, 25-26.

Mais Jésus se taisait. Le Grand Prêtre lui dit : « Je t'adjure par le Dieu vivant de nous dire si tu es le Christ, le Fils de Dieu. » Jésus lui répond : « Tu l'as dit Σὺ εἶπας. »

Mt, xxvi, 63-64.

Jésus formule même la discipline de l'arcane.

Ne jetez pas vos perles devant les porcs μηδὲ βάλητε τοὺς μαργαρίτας ὑμῶν ἔμπροσθεν τῶν χοίρων.

Mt, vii, 6.

(Pourquoi la perle ? Même dans la boue, elle garde sa pureté, comme le parfait au milieu des impurs. Faite de matière, elle capte la lumière. Elle entoure et isole un corps originel.)

Outre le silence, outre l'antanaclase, Jésus utilise d'autres procédés d'occultation : la parabole, la polysémie. Les Gnostiques l'ont noté.

Le Sauveur a enseigné les Apôtres, d'abord en figures et en mystères, puis en paraboles et en énigmes ; enfin, en troisième lieu, de façon claire et directe, lorsqu'ils étaient seuls [Mc, iv, 34].

Extraits de Théodote, LXVI, trad. du grec F. Sagnard (*apud* Clément d'Alexandrie, Cerf, coll. « Sources chrétiennes », n° 23, [1948], 1970, p. 90-91).

La parabole se veut ésotérique.

Entende qui a des oreilles ! ὁ ἔχων ὦτα ἀκουέτω [...]
À vous il est donné de connaître les mystères du Royaume des cieux, tandis qu'à ces gens-là cela n'est pas donné. Car à celui qui a l'on donnera et il aura du surplus, mais à celui qui n'a pas on enlevera même ce qu'il a. C'est pour cela que je leur parle en paraboles : parce qu'ils voient sans voir et entendent sans entendre ni comprendre. Ainsi s'accomplit la prophétie d'Isaïe qui disait :

– Vous aurez beau entendre, vous ne comprendrez pas [Isaïe, VI, 9] [...].
Comment ne comprenez-vous pas que ma parole ne visait pas des pains ? [...]
Tous ne comprennent pas ce langage, mais ceux-là seulement à qui c'est donné.
Il y a, en effet, des eunuques qui sont nés ainsi du sein de leur mère, il y a des eunuques qui le sont devenus par l'action des hommes, et il y a des eunuques qui se sont eux-mêmes rendus tels en vue du Royaume des cieux. Comprenne qui pourra !

Mt, XIII, 9 ; XIII, 11-14 ; XVI, 11 ; XIX, 11. Voir Mc, IV, 11-34 [1].

Et les Apôtres savent qu'il y a un autre sens, cependant ils ne soupçonnent qu'un sens allégorique. Jean, lui, devine le sens ésotérique. Le sens allégorique se contente de voir des comparaisons, des présentations simplifiées, alors que le sens ésotérique voit dans la parole une vérité secrète et une voie initiatique. Les images sont des symboles, pas simplement des images pédagogiques.

Ses disciples dirent :
– Enfin, tu parles clair et sans figures ! Nous voyons maintenant que tu sais tout ; pas besoin qu'on t'interroge.

Jn, XVI, 29.

Quand Jésus explicite, il se met à l'écart de la foule.

Quand il fut rentré dans la maison, à l'écart de la foule, ses disciples l'interrogèrent sur la parabole. Et il leur dit :
– Vous aussi, vous êtes à ce point sans intelligence ?

Mc, VII, 17-18.

Omraam Mikhaël Aïvanhov a donné le sens ésotérique de plusieurs parties des Évangiles. Pourquoi Jean le Baptiste finit-il décapité (Mt, XIV, 10) et pourquoi Jésus dit-il qu'« il est cet Élie qui doit revenir » (Mt, XI, 14) ? Pour O.M.A., « Jean-Baptiste était la réincarnation d'Élie », un grand prophète certes, mais qui avait quand même fait égorger quatre cent cinquante prophètes de Ba'al (I Rs, XVIII, 40) : « Il reçut la punition de sa faute lorsqu'il revint sur la terre en la personne de Jean-Baptiste [2]. » Autre exemple : que signifie la fameuse parole de Jésus « À qui te frappe sur une joue, présente encore l'autre » (Lc, VI, 29) ? « Jésus a demandé de tendre l'autre joue. Eh bien, vous pouvez tendre toutes les joues que vous voulez, cela ne servira à rien, nous ne changerez pas vos ennemis, ils continueront à vous donner des gifles, et à la fin ils vous assassineront.

---

1. En écho, on entend ces paroles de Mani : « Tous les secrets (ἀπορρητα) que mon Père m'a donnés, alors que je les ai cachés et voilés aux sectes [l'Elkhasaïsme] et aux païens, et plus encore au monde, à vous je les ai révélés selon le bon plaisir de mon Père très béni » (*Codex manichéen de Cologne*, 68).
2. O. M. Aïvanhov, *Le Véritable Enseignement du Christ*, Prosveta, coll. « Izvor », n° 215, 1984, p. 64-67 (cf. *Œuvres complètes*, t. 9, éd. cit., p. 156). Sur la joue (1963) : p. 153-173 (ou *Œuvres complètes*, t. 16 : *Les Lois de la morale cosmique*, Prosveta, 1993, p. 313-325).

Maintenant, il faut comprendre différemment. L'autre joue, c'est l'autre côté, l'autre côté de vous-même, le côté de l'esprit, de la puissance, de la lumière. Jésus a montré l'autre côté à ses ennemis, il leur a dit : "Vous êtes capables d'emprisonner le corps physique, vous êtes capables de le crucifier, mais je vous montrerai l'autre côté, sublime, indestructible, et je reconstruirai mon temple en trois jours [...]." Il faut trouver les possibilités de montrer la puissance de l'esprit, à travers son amour, à travers ses gestes, son comportement. C'est cela la véritable force. »

Soit, dira-t-on, mais pourquoi cacher cette parole, pourquoi la discipline de l'arcane ? Dans ce cas, la parole de Jésus entrait en conflit avec la loi de Moïse. Moïse disait : « œil pour œil » (Ex, XXI, 24), Jésus dit : « Aimez vos ennemis » (Mt, V, 44). Il n'a pas voulu attaquer frontalement les Juifs (Mt, V, 38). Il ne faut pas non plus oublier le côté initiatique : « Cherchez et vous trouverez » (Mt, VII, 7). La gnose est expérience. Un savoir inculqué ne reste pas. Qui se demande en enfant ce qu'est la joue reçoit la réponse en sage.

LE FOND : JÉSUS EXOTÉRIQUE, JÉSUS ÉSOTÉRIQUE

Le Christianisme ésotérique utilise une grille des correspondances d'ordre 3, qui lui sert à lire l'Un, Dieu créateur, et les unités, les choses créées, prises dans un même réseau de signes, de significations, d'intentions, d'interactions.

GRILLE DES CORRESPONDANCES CHEZ LES CHRÉTIENS : TERNAIRES

anthroposophie	alchimie	métaphysique	théosophie	cosmosophie
esprit	Soufre	principe	Père	Feu
âme	Mercure	médium	Esprit-Saint	Eau
corps	Sel	manifestation	Fils	Terre

L'enseignement exotérique de Jésus s'adresse à tous, on peut le proclamer « au grand jour » (Mt, X, 27). Cet enseignement tient en ces principes : la loi d'amour (ἀγάπη), l'annonce du Royaume (βασιλεία), la mutation intérieure (μετάνοια).

Sur le premier point — la loi d'amour —, il n'y a guère de difficulté. D'ailleurs, Jésus cite des passages de la Loi juive bien connus et fort clairs.

Ainsi tout ce que vous désirez que les autres fassent pour vous, faites-le vous-mêmes pour eux : voilà la Loi et les Prophètes. [...]
Jésus lui dit :
— Tu aimeras le Seigneur ton Dieu de tout cœur, de toute ton âme et de tout ton esprit [Dt, VI, 5] : voilà le plus grand et le premier commandement. Le second

lui est semblable : « Tu aimeras ton prochain comme toi-même » [Lv, XIX, 18]. À ces deux commandements se rattache toute la Loi, ainsi que les Prophètes. Mt, VII, 12 ; XXII, 37-40.

L'élément neuf c'est l'abolition de la loi juive du talion [1] (Mt, V, 38-39), encore que les Esséniens défendaient déjà cette morale, en disant : « Je ne rendrai à personne la rétribution du mal, c'est par le bien que je poursuivrai un chacun, car c'est auprès de Dieu qu'est le jugement de tout vivant, et c'est Lui qui paiera à chacun sa rétribution » (Règle de la Communauté, X, 17-18). Jésus transforme le négatif juif, les commandements, en positif chrétien, l'amour ; il transforme les interdits extérieurs en pureté intérieure. Il retourne le sens, comme on retourne un gant : on voit l'intérieur, le caché. Démarche typiquement ésotérique.

Un autre élément neuf porte sur le Nom. Dans l'Ancien Testament, le Nom, c'est « IL EST », alors que dans le Nouveau Testament c'est « JE SUIS ». YHWH signifie « il est » (Ex, III, 16), on a un Dieu extérieur, agissant par commandements ; Jean, lui, rapporte le mot de Jésus disant : « Avant qu'Abraham fût, Je Suis » (Jn, VIII, 58), on a un Dieu intérieur, agissant sur la conscience intime. Dans le même ordre d'idées, Jésus remplace les rites visibles (sacrifices, sabbat, circoncision, etc.) par des pratiques intérieures, comme la prière (Mt, VI, 9-13), la pureté du cœur (Mt, V, 8), le pardon, l'aumône en secret.

Sur le deuxième point — « la Proclamation de la Bonne Nouvelle du Royaume » (Mt, IV, 23) — les problèmes ne manquent pas. Que signifie « Royaume » (*Malkhût* en hébreu) ? Jean le Baptiste disait : « Repentez-vous, car le Royaume des cieux est tout proche [2] » (Mt, III, 2). Tantôt Jésus dit [3] que le Royaume est imminent : « Repentez-vous, car le Royaume des cieux est tout proche » (Mt, IV, 17), c'est la thèse de l'eschatologie conséquente ; tantôt Jésus dit que le Royaume est présent : « Sachez-le, le Royaume de Dieu est parmi vous » (Lc, XVII, 21), c'est la thèse de l'eschatologie réalisée. Il vaut sans doute mieux traduire : « Le Royaume de Dieu est au-dedans de vous. » Le Royaume est possible autant que caché, comme l'or dans la matière alchimique. Autre incertitude : quels rapports établir entre la ruine de Jérusalem (Lc, XXI, 6), la fin du monde (Lc, XXI, 25-26), le retour de Jésus à la fin des temps (Lc, XVII, 24), le Jugement dernier (Mt, XXV, 32) ? Jésus parle de l'imminence pour la ruine de Jérusalem (Mt, XXIV, 34), survenue en 70, mais aussi pour son Retour

---

1. Moïse défend le talion : « Œil pour œil » (Ex, XXI, 26). Zarathushtra aussi : « C'est être méchant que d'être bon pour le méchant » (*Avesta*, *Yasna* 46.6).
2. On trouve l'expression « Royaume des cieux » dans la Bible hébraïque (Psaumes, CIII, 19 ; Daniel, IV, 33) et dans les écrits pseudépigraphiques (Testament des douze patriarches, L : Benjamin, IX, 1, p. 941 ; Testament de Moïse, X, 1, p. 1010). Références données par J. Hadt.
3. Comme, avant lui, Zarathushtra (*Avesta*, *Yasna*, 31.15, 34.15), comme, après lui, Muhammad (Coran, XXI, 1 ; XXVII, 72).

(Mt, XVI, 28) ; quant au jour et à l'heure de la fin du monde, « personne ne les connaît, ni les anges des cieux ni le Fils, personne que le Père, seul » (Mt, XXIV, 36). On peut alors distinguer le Royaume de Dieu (ἡ βασιλεία τοῦ θεοῦ), royaume d'Élôhim, qui est intérieur et présent, possible en chaque homme, et le Royaume des cieux (ἡ βασιλεία τῶν οὐρανῶν), qui est extérieur et futur, qui représente la fin des temps[1]. Le sens profond est ésotérique, il met l'extérieur, le paradis pour quelques-uns, à l'intérieur, dans le cœur de tous. Une fois encore, la révélation se change en inspiration, le secret passe de l'extérieur à l'intérieur. Le salut doit se faire ici et maintenant. Chacun est prophétique, chacun est messie dès lors qu'il sait le Royaume en lui. Ésotérique aussi le :

> Il est plus facile à un chameau de passer par un trou d'aiguille qu'à un riche d'entrer dans le Royaume des cieux. [...]
> Car beaucoup sont appelés mais peu sont élus πολλοὶ γάρ εἰσιν κλητοί, ὀλίγοι δὲ ἐκλεκτοί.
> Mt, XIX, 24 ; XXII, 14.

L'enseignement de Jésus est non personnel, non humain.

Ma doctrine n'est pas de moi, mais de celui qui m'a envoyé Ἡ ἐμὴ διδακὴ οὐκ ἔστιν ἐμὴ ἀλλὰ τοῦ μέμψαντός με. Si quelqu'un veut accomplir sa volonté, il verra si ma doctrine est de Dieu ou si je parle de moi-même. Celui qui parle de lui-même cherche sa propre gloire ; mais celui qui cherche la gloire de celui qui l'a envoyé, celui-là est véridique ; il n'y a pas d'imposture en lui.

Jn, VII, 16-18.

Sur le troisième point — la mutation intérieure — les ésotéristes ont beaucoup insisté. Là où les exotéristes parlent de repentance, de morale, les ésotéristes voient une réversion, une véritable transformation de son être et une mutation de sa conception de l'Être. Le baptême vaut une nouvelle naissance, la gnose donne une nouvelle connaissance. On devient un nouvel Adam. Dans l'eau on renaît comme dans les eaux amniotiques de la mère.

Quiconque n'a pas reçu le Baptême de l'Esprit n'est pas né à la vie spirituelle : dans l'ordre et la grâce, il est inexistant, incapable de tout et surtout d'engendrer des enfants spirituels, n'étant pas engendré lui-même.

Nicétas Stéthatos, *Un grand mystique byzantin. Vie de Siméon le Nouveau Théologien* (XIe s.), LXX, trad. du grec I. Hausherr, Institut pontifical des études orientales, Rome, 1928.

L'enseignement ésotérique de Jésus s'adresse aux « Parfaits », ou plutôt à ceux qui veulent le devenir : « si tu veux être parfait... » (Mt,

---

[1]. « Le Royaume des cieux est l'impassibilité de l'âme, accompagnée de la science vraie des êtres. Le Royaume de Dieu est la science de la sainte Trinité, coextensive avec la substance de l'intellect [esprit] et surpassant son incorruptibilité » (Évagre du Pont, *Traité pratique, ou Le Moine*, 2, 3, 15, 53, 56, trad. du grec A. et Claire Guillaumont, Cerf, coll. « Sources chrétiennes », n°s 170-171, 1971, 2 t.).

xix, 21). Le contenu tourne autour de la notion d'Homme (῎Ανθρωπος) [1]. Vaste sujet, sujet mystérieux, qui concerne l'Homme parfait, la Gloire, le Corps du Christ, le macrocosme... L'enseignement ésotérique traite aussi du début du Mal, de Satan donc [2], et de la fin du monde, de béatitude donc. Peut-être aborde-t-il — selon l'hypothèse du cardinal Daniélou [3] — la théorie et la pratique de l'ascension céleste, qui dévoile les secrets divins. Pour retrouver cet ésotérisme de Jésus, un travail de fourmi s'impose, travail d'autant plus difficile que le fourmilier Église veille ! Cela explique cette bizarrerie : les érudits européens ont mieux étudié l'ésotérisme de tel Soufi ou tel Tantriste que celui de Jésus.

— [Thème de l'Homme] Comme principe de l'univers les Naassènes honorent [...] un homme et un fils d'homme. Cet homme est androgyne et ils l'appellent Adamas. [...] L'homme Adamas est à la base de leur système [des Naassènes] ; c'est à lui, disent-ils, que s'appliquent ces paroles de l'Écriture : « Qui expliquera son origine *(dôr)* ? » [Isaïe, LIII, 8].
Pseudo-Hippolyte de Rome, v, 6 et 7, éd. cit., t. 1, p. 125, 127.

— [Thème de l'ascension céleste] L'ange dit à Paul : « Frère, les secrets que tu verras au ciel, ne va pas les manifester inconsidérément. »
Apocalypse latine de Paul (v. 250), trad. anglaise J. M. R., *The Apocryphal New Testament*, Oxford, 1924, rééd. 1972. Cf. Paul, II Cor, xii, 1-5.

— [Thème du Mal] L'essence de l'Adversaire est corruption et ténèbres (car il est matière et divisé de façon multiple).
Ptolémée, *Lettre à Flora* (vers 180), vi, 7 ; éd. cit., p. 67. Cf. Mt, xii, 26.

LES DIVISIONS DU CHRISTIANISME

Après Jésus, son enseignement prend rapidement une forme figée. Deux courants favorables à plus de spiritualité vont essayer de lutter contre la sclérose : les Judéo-Chrétiens hétérodoxes, par des pratiques initiatiques, et les Gnostiques, par des idées ésotériques.

LE JUDÉO-CHRISTIANISME HÉTÉRODOXE (70-ve s.)

Le Judéo-Christianisme essaie de conserver le lien entre le Judaïsme et le Christianisme. La tâche n'est pas aisée, parce que Jésus rejette la loi du talion, le sabbat, la circoncision..., mais aussi parce que les premiers Chrétiens étaient forcément des Juifs.

---

1. Pseudo-Hippolyte de Rome, v, 7.
2. Ptolémée, *Lettre à Flora*, vii, 9, trad. du grec, Cerf, coll. « Sources chrétiennes », n° 34 bis, 1966, p. 72. G. G. Stroumsa, *Savoir et Salut*, Cerf, 1992, p. 137.
3. J. Daniélou, « Les traditions secrètes des Apôtres », *Eranos Jahrbuch*, 31, 1962, p. 199-215.

DIVISIONS DE L'ÉSOTÉRISME CHRÉTIEN

courants	lignées	écoles ésotériques	branches ésotériques
Christianisme primitif (28)	ébionite/docétiste	Jésus Apôtres *Disciplina arcani* (80) Hésychasme (333)	→ Jean, Thomas → néo-Hésychasme
Catholicisme (325)	orthodoxe/hétérodoxe légal/antinomiste	Fous sacrés (350) Kabbale chrétienne Martinisme (1758) Traditionalisme	→ Cabbale occultiste → Martinésisme → Guénonisme
Orthodoxie (1054)	liturgique/mystique	staretz Sophianisme (1913)	→ Fous-pour-le-Christ
Protestantisme (1517)	luthérien/calviniste	Illuminisme (1600) Rose+Croix (1614)	→ Böhmisme, etc. → AMORC, etc.

ÉQUIVALENTS DU MOT « ÉSOTÉRISME » EN GREC (CHRÉTIENS)

ἀόρατος	invisible
ἀποκάλυψις	apocalypse (révélation divine)
ἀπορρητα	secrets (pratiques et idées tenues cachées)
γνῶσις	gnose (connaissance salvatrice)
θεοσοφία	théosophie (science ésotérique de Dieu)
μυστήριον	mystère (réalité ineffable)
ὄργια	arcanes
παράδοσις	tradition (philosophie occulte transmise)
σοφία	sagesse (connaissance et vertu)

« Ancien Testament », « Nouveau Testament ». Les expressions laissent entendre qu'il existe une continuité. Est-ce certain ? Simplifions. Deux camps s'opposent. Marcion[1], originaire de Sinope, sur la mer Noire, rejette les livres sacrés des Juifs, il repousse aussi les épîtres de Paul, et il oppose durement le Judaïsme au Christianisme pour montrer qu'ils sont inconciliables ; dans la foulée, Marcion, encratique, condamne le mariage, la consommation de viande et de vin, les riches. Face à lui, Irénée de Lyon affirme l'harmonie des deux Livres mais concède que l'Ancien Testament se trouve aboli. L'Église catholique a tranché en donnant tort à Marcion, raison à Irénée de Lyon.

---

1. Théorie reconstituée par A. von Harnack, *Marcion. Das Evangelium vom fremden Gott. Neue Studien zu Marcion*, 2ᵉ éd., Leipzig, 1924, rééd. Berlin-Darmstadt 1960.

Les Judéo-Chrétiens se veulent des « pauvres en esprit » (Mt, v, 3), ils suivent en partie la Loi juive, ils rejettent saint Paul car celui-ci veut abolir la Loi juive [1]. Souvent, mais pas toujours, ils doutent de la divinité de Jésus (*Évangile des Ébionites*, *apud* Épiphane), ils pratiquent le végétarisme, ils rejettent les sacrifices. Ils insistent sur le salut par les œuvres.

Le père de Lubac soutient que, du point de vue de la doctrine, les Judéo-Chrétiens utilisent la théologie négative, l'apophatisme : Dieu ne peut se définir positivement, on dira plutôt de lui qu'il est inconnaissable, indicible, au-delà des attributions et des conceptions.

Le grand texte littéraire du Judéo-Christianisme orthodoxe, ce sont les 42 *Odes de Salomon* (milieu IIe s.). Ce texte d'inspiration gnostique reprend le grand principe de l'analogie inverse : « L'image de ce qui est en bas est ce qui est en haut » (XXXIV). Il célèbre le baptême et la connaissance.

Ouvrez, ouvrez vos cœurs à la joie du Seigneur [...]. Votre chair ne savait pas ce que j'avais à vous dire, et vos cœurs non plus ne savaient pas ce que j'avais à leur montrer. Gardez mon secret, ô vous qui êtes gardés par lui ! Gardez ma foi, vous qui êtes gardés par elle ! Connaissez ma science, vous qui me connaissez dans la vérité ! Aimez-moi d'amour, vous qui aimez !

Odes de Salomon (vers 100-120), VIII, trad. du syriaque J. Labourt, Gabalda, 1911, p. 11.

Le Judéo-Christianisme hétérodoxe, lui aussi, privilégie les œuvres (ἔργα) et il leur confère un sens plus profond, plus initiatique. Le Judéo-Christianisme prétend représenter plus qu'un enseignement exotérique. Il donne plus que le kérigme (τὸ κήρυγμα : la proclamation), il donne la didascalie (ἡ διδασαλια: l'instruction). Prenons le cas des Elkhasaïtes [2], Judéo-Chrétiens de Mésopotamie. Ils lisent au candidat au baptême un livre secret. D'autre part, ils prennent le baptême avec tous ses symboles, ses mystères, l'eau vivifiante, le sel purificateur, l'huile sanctifiante, et ils lui confèrent un double pouvoir, celui d'effacer les fautes et celui d'éliminer les maladies. On est loin d'une formalité ou d'un simple rite religieux. Le pseudo-Hippolyte reconnaît qu'il y a ésotérisme : « Tels sont les mystères merveilleux, ineffables et grands d'Elkhasaï, qu'il transmet aux disciples méritants » (IX, 15, 1).

LE GNOSTICISME (v. 50-ve s.)

Ici, prudence. La confusion menace. Quantité d'historiens, d'hérésiologues ont confondu Gnostiques, Judéo-Chrétiens, exégètes (comme Cerdon, Marcion), ascètes (comme les Montanistes). Le Judéo-Chrétien est un contemporain du Gnostique, et il n'est pas toujours ésotériste. Le

---

1. Irénée de Lyon, *Contre les hérésies*, I, 26, 1 et 2, éd. cit., p. 116-117 (et *Démonstration de la prédication apostolique*, Cerf, coll. « Sources chrétiennes », n° 62, 1995, p. 163-165).
2. Sur l'Elkhasaïsme : pseudo-Hippolyte de Rome, IX, 13-17 ; Eusèbe de Césarée, VI, 38 ; *Codex manichéen de Cologne*. F. Decret, *Mani et le Manichéisme*, Éditions du Seuil, série « Maîtres spirituels », n° 40, 1974, p. 36-56.

Gnostique, lui, est ésotériste, pas l'exégète, pas l'ascète, même si le Gnostique peut recommander l'ascèse ou l'exégèse. Le Gnostique met l'accent sur des idées typiquement ésotériques, comme celle d'une race d'élus, et utilise des modes d'expression ésotériques, comme la symbolique des nombres et des lettres.

Prudence encore sur l'histoire. On trouve les premières allusions aux Gnostiques chez Paul dès 55 : « Ne vous laissez pas égarer par des doctrines diverses et étrangères » (Hébreux, XIII, 19), « Garde le dépôt. Évite les discours creux et impies, les objections d'une pseudo-science, dont font profession quelques-uns qui se sont écartés de la foi » (I Timothée, VI, 20). Dans cette lignée, les hérésiologues catholiques ont scrupuleusement falsifié les données en présentant les Gnostiques comme des hérétiques, des pervers, des tardifs : les Catholiques suivraient l'enseignement de Jésus, tandis que les Gnostiques commettraient des délires à partir de cet enseignement. Or il n'en est rien. Tardifs, les Gnostiques ne le sont pas : le mouvement apparaît contemporain ou même antérieur au Christianisme. Hérétiques, déviants, les Gnostiques ne le sont pas davantage, puisque certains Gnostiques ignorent totalement Jésus, soit parce qu'ils sont Juifs, ou Iraniens ou autre, soit, tout simplement, parce qu'ils se disent, eux, « les vrais Chrétiens » : qui décidera ? Les Ophites ou Naassènes, par exemple, s'appellent eux-mêmes « Gnostiques », ils sont anti-Juifs (à la différence des Judéo-Chrétiens), ils ont un culte du serpent : qui les tiendra pour des Chrétiens hérétiques ? Le Gnostique se dit non juif et non chrétien (Irénée de Lyon, I, 24, 6). Il est neuf. Il apporte une innovation ésotérique. Enfin, les éternelles accusations sur les perversions des Gnostiques [1] ont autant de valeur que les éternelles calomnies sur les Francs-Maçons.

À l'intérieur même du Gnosticisme, les divisions sont complexes. On peut distinguer les Gnostiques selon des critères géographiques : Syriens, Égyptiens, Anatoliens, Espagnols (Agapètes, Priscillianistes)... On peut adopter des critères moraux : licencieux (disait Eugène de Faye [2], je préférerais dire antinomiste) ou ascétiques ; le licencieux, par exemple Carpocrate ou Marc le Mage ou les Phibionites [3], se place au-dessus des rites acceptés, il pense renverser l'ordre du monde, celui des anges mauvais, en inversant la morale, en pratiquant des rites « mauvais », comme la profanation : si le monde a été fait par un dieu mauvais (celui de l'Ancien Testament) on doit transgresser son ordre. Parfois on oppose au dualisme

---

1. Irénée de Lyon, I, 6, 3. Épiphane, *Panarion*, XXVI, 4 ; XXXI, 21. Ces braves Catholiques accusent les Gnostiques de pratiquer l'adultère, l'inceste, l'avortement, l'orgie sexuelle, et, bien sûr, de manger les menstrues, le sperme, les fœtus.
2. E. de Faye, *Gnostiques et Gnosticisme. Étude historique des documents du gnosticisme chrétien aux IIe et IIIe siècles* (1913), P. Geuthner, 1925, 547 p.
3. Sur les Phibionites : Épiphane, XXVI, 17. Sur Carpocrate et Marc le Mage : Irénée de Lyon, I, 25 et I, 13.

radical le dualisme mitigé. Le dualisme radical, soutenu par Simon ou la *Paraphrase de Sem*, admet deux principes irréductiblement opposés, Déité/Démiurge, Esprit/Matière, alors que le dualisme mitigé, par exemple celui de Ptolémée [1], atténue le conflit, réhabilite les hyliques, les hommes « matériels ».

Le premier auteur nettement gnostique est Basilide, d'origine égyptienne ou peut-être syrienne. Il vivait à Alexandrie vers 125. On conserve quelques fragments de ses œuvres. Deux notices hérésiologiques sont plus développées, mais, hélas, contradictoires. L'une, d'Irénée de Lyon (*Contre les hérésies*, I, 24), en fait un dualiste, l'autre, du pseudo-Hippolyte de Rome (*Réfutation de toutes les hérésies*, VII, 20-27) en fait un moniste.

Le système gnostique le plus développé et le mieux connu reste celui de Valentin et des Valentiniens [2]. Valentin venait de Haute-Égypte, il avait étudié le grec et le Christianisme à Alexandrie. Il s'en fut à Rome en 138. C'est un dissident de l'Église, puisque, pressenti comme évêque de Rome (donc comme 10ᵉ pape !) en 140 [3], à la mort de saint Hygin, il est excommunié ensuite. En 166, il quitte l'Occident pour l'Orient, sans doute Chypre. Valentin tire sa légitimité de plusieurs sources, qui ne correspondent pas à la tradition ecclésiale. D'abord, il a une expérience spirituelle, il a la vision d'un nouveau-né qui lui dit être le Logos (Λόγος) ; ensuite, il revendique une filiation secrète, en se disant disciple de Theudas, un compagnon de saint Paul [4] ; enfin, il assure ne lire que « dans la Loi écrite dans le cœur [5] ».

— [Légitimité par le Logos] Valentin prétend qu'un enfant nouveau-né et qui n'était pas encore en âge de parler lui est apparu. Valentin lui ayant demandé qui il était, l'enfant répondit qu'il était le Logos.

Pseudo-Hippolyte, VI, 43, t. 2, p. 73.

— [Légitimité par Theudas] On dit aussi que Valentin eut pour maître Theudas, disciple de Paul.

Clément d'Alexandrie, *Strômates*, VII, 17 ; trad. M. de Genoude, *Les Pères de l'Église*, Sapia, 1839, t. 5, p. 676.

---

1. Irénée de Lyon, I, 1-8.
2. Œuvres valentiniennes, de la bibliothèque de Nag Hammadi : *L'Évangile de Vérité* (NH I.3), *L'Évangile selon Philippe, Traité tripartite* (NH I.5), datant de 150-180) (la cote des ouvrages de la bibliothèque de Nag Hammadi indique, pour le chiffre romain, le numéro du codex et pour le chiffre arabe, le numéro du traité). Voir aussi *Extraits de Théodote*, *Pistis Sophia*. Notices : Origène (*Commentaire sur saint Jean*), Irénée de Lyon (I, 1-21), pseudo-Hippolyte de Rome (VI, 29-36), Épiphane (XXXI, 5-8 ; XXXV, 4). Études : F. M. Sagnard, *La Gnose valentinienne et le Témoignage de saint Irénée*, Vrin, 1948, 668 p. ; B. Layton dir., *The Rediscovery of Gnosticism*, t. 1 : *The School of Valentinus*, E. J. Brill, Leyde, 1980.
3. Tertullien, *Contre les Valentiniens*, 4, 1, trad., Cerf, coll. « Sources chrétiennes », nᵒˢ 280-281, 1980-1981.
4. Cf. Actes, V, 36. Clément d'Alexandrie, *Strômates*, VII, 106.
5. Clément d'Alexandrie, *Strômates*, VI, 6.

– [Légitimité par le don de lire dans les cœurs] Valentin a dit textuellement : « [...] Le cri de la conscience est universel. La loi qui est inscrite dans le cœur de chaque homme est le Verbe du Bien-Aimé. »
Clément d'Alexandrie, *Strômates*, VI, 6, éd. cit., t. 5, p. 499.

La pensée de Valentin développe une extraordinaire théogonie, qui renoue avec la tradition mythique. Comme Platon recourt au mythe aussitôt qu'il désire aborder un problème de fondement, le Gnostique emploie le langage mythique pour traiter de ce qu'on ne peut dire, à savoir le caractère incompréhensible de Dieu, l'aspect scandaleux du mal, la miraculeuse descente de Jésus, le côté numineux du salut. Parler d'« étincelle divine » comme Saturnin d'Antioche [1], n'est-il d'ailleurs pas plus parlant et plus proche de la parole de Jésus ? Comme les néo-Platoniciens pensent à travers des hypostases, comme les Kabbalistes pensent à travers des *sefirôt*, les Gnostiques pensent à travers des éons. Qu'entendent-ils par « éon » ? une émanation céleste prenant place entre le Père et la matière. Le Père, Dieu suprême, a créé le monde céleste et les parcelles divines enfouies dans l'âme des hommes spirituels. Le Démiurge (qui est le Dieu créateur des Juifs), lui, a créé le monde inférieur, il s'oppose ainsi au Père, et règne sur la matière, le corps, l'âme, lieux d'ignorance et de damnation, malmené par la Fatalité. Judaïsme et Christianisme, on le voit, sont malmenés.

Le premier d'entre eux, Valentin, empruntant les principes de la secte dite « gnostique », les a adaptés au caractère propre de son école. Voici donc de quelle manière il a précisé son système.

Il existait une Dyade innommable, dont un terme s'appelle l'Inexprimable [ou Abîme, Père primordial, 1er éon, éternel, inengendré] et l'autre le Silence [Sygè, ou Pensée, Ennoia, sa parèdre]. Par la suite, cette Dyade a émis une deuxième Dyade, dont un terme se nomme le Père [ou Esprit, Auto-engendré, Monogène] et l'autre la Vérité. Cette Tétrade a produit comme fruit le Logos et la Vie, l'Homme et l'Église : et voilà l'Ogdoade première [noyau du Plérôme [2], composé des 8 éons supérieurs organisés en 4 syzygies, couples]. Du Logos et de la Vie sont émanées dix Puissances [éons] ; de l'Homme et de l'Église sont émanées douze autres Puissances, dont l'une, après avoir quitté le Plérôme [ensemble des 30 éons] et être tombée dans la déchéance, a fait le reste de l'œuvre de fabrication. Valentin pose deux Limites. L'une située entre l'Abîme et le restant du Plérôme, sépare les Éons engendrés du Père inengendré, tandis que l'autre sépare leur Mère du Plérôme.

Le Christ n'a pas été émis par les Éons. C'est la Mère [ou Sagesse, Sophia, 30e et dernier éon] qui, lorsqu'elle s'est trouvée hors du Plérôme, l'a enfanté selon le souvenir qu'elle avait gardé des réalités supérieures, non cependant sans une certaine ombre. Comme ce Christ était masculin, il retrancha de lui-même cette ombre et remonta dans le Plérôme. La Mère, alors, abandonnée avec l'ombre et

---
1. Irénée de Lyon, I, 24, 1 ; pseudo-Hippolyte de Rome, VII, 28.
2. Le mot « plérôme » (plénitude) figure chez Jean.

vidée de la substance pneumatique, émit un autre fils : c'est le Démiurge, maître tout-puissant de ce qui est au-dessous de lui. [...]

Quant à Jésus, il [Valentin] le fait dériver tantôt de l'Éon qui s'est séparé de la Mère et s'est réuni aux autres, c'est-à-dire de Thelètos [Limite, partenaire de Sagesse/Mère], tantôt de celui qui est remonté au Plérôme, c'est-à-dire du Christ, tantôt encore de l'Homme et de l'Église.

Quant à l'Esprit-Saint, il dit qu'il a été émis par la Vérité pour la probation et la fructification des Éons. Il entre en eux d'une manière invisible et, par lui, les Éons fructifient en rejetons de Vérité.

Telle est la doctrine de Valentin.

<small>Irénée de Lyon, *Contre les hérésies. Dénonciation et Réfutation de la prétendue gnose au nom menteur. Adversus Haereses* (188), I, 11, 1, trad. des versions arménienne et latine A. Rousseau, Cerf, 1969, 3ᵉ éd. revue, 1991, p. 68-69. © Éditions du Cerf, Paris.</small>

Au-delà de Valentin, qu'est-ce qu'un Gnostique, en général ?

Le Gnostique est un initiateur inquiet, un philosophe à l'envers, puisque ce sage va de la réponse à la question et non de la question à la réponse. Un philosophe pose clairement une interrogation et cherche des solutions théoriques ; un Gnostique sait déjà sa situation tragique, et il s'efforce de remonter à l'origine, avant le malheur.

Qui étions-nous ? Que sommes-nous devenus ? Où étions-nous ? Où avons-nous été jetés ? Vers quel but nous hâtons-nous ? D'où sommes-nous rachetés ?

<small>*Extraits de Théodote*, LXXVIII, 2, trad. du grec F. Sagnard, Cerf, coll. « Sources chrétiennes », n° 23 [1948], 1970, p. 203.</small>

Qui es-tu ? d'où viens-tu ?

<small>*L'Apocryphon de Jacques* [=NH I.2, vers 170], 34, trad. anglaise J. M. Robinson, *The Nag Hammadi Library in English*, Leyde, 1977, p. 242-248.</small>

Grâce à ces interrogations sur l'origine, la nature et la destinée de l'homme, le Gnostique atteint la Connaissance. Le simple savoir (ἐπίγνωσις) chrétien, exotérique, s'adresse à tous (Paul, I Cor, VIII), il se donne comme un don de Dieu révélé gratuitement (I Cor, I-II), il suppose une transmission ecclésiastique (I Cor, VI, 4) ; en revanche, la gnose (γνῶσις) chrétienne, ésotérique, exige une initiation ou une qualification, elle prétend à une Connaissance, elle ne s'adresse qu'aux spirituels (II Cor, II, 6-13). Le mot « Mystère » (μυστυριον) revêt un tout autre sens chez les catholiques (dogme incompréhensible, comme la Trinité) et chez les ésotéristes. Ces derniers reviennent en partie au sens ancien, grec (réservé à des initiés, portant sur des puissances divines).

Le Gnostique (au sens étroit, le Gnosticiste) professe d'abord l'anticosmisme. Il a un sentiment d'exil. Il veut fuir le monde, où il se sent comme un étranger, un « allogène », dit-il. Il cherche sa véritable patrie, celle du ciel.

Cela tient à sa vision du monde. Le Gnostique défend le dualisme. Il pose une opposition radicale, sinon principielle, entre deux mondes (l'esprit, la matière) ou entre deux dieux (le Père, le Démiurge). Le Gnostique

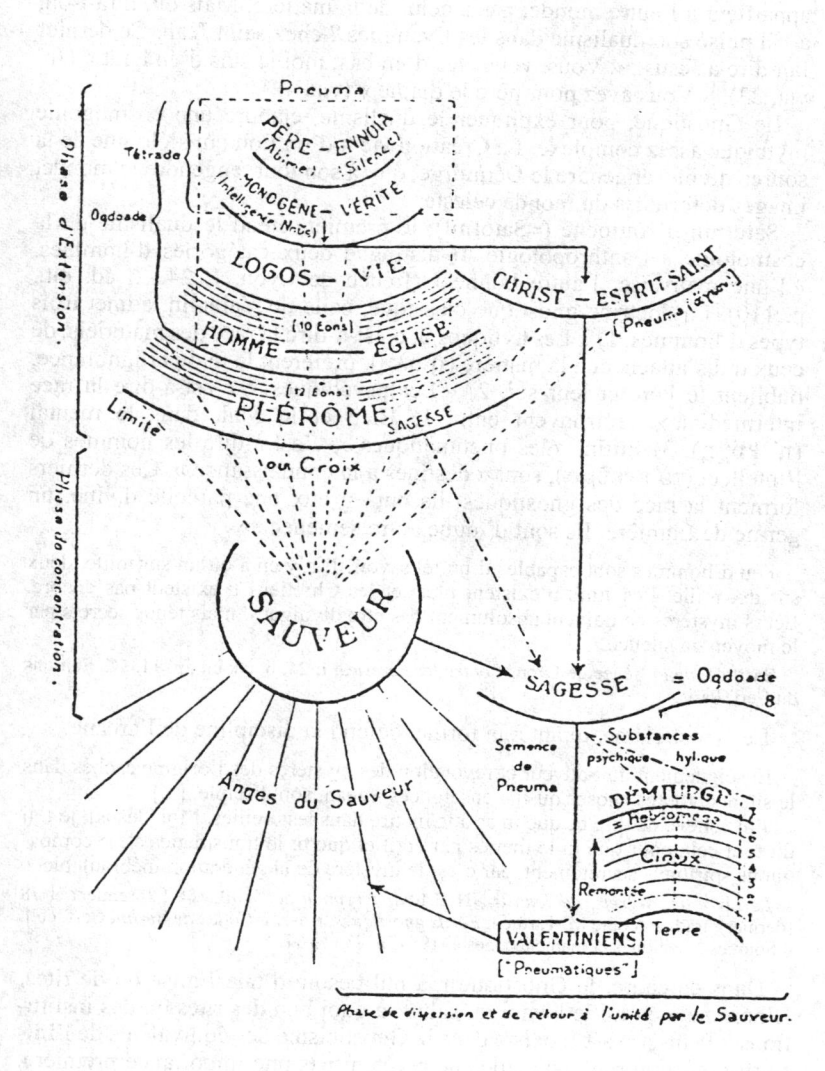

LE SYSTÈME DE VALENTIN
(schéma de F. Sagnard, *La Gnose valentinienne...*, 1947, p. 145)

appartient à l'autre monde, pas à celui de la matière. Mais où, dira-t-on, a-t-il puisé son dualisme dans les Évangiles ? chez saint Jean. Ce dernier fait dire à Jésus : « Vous, vous êtes d'en bas, moi je suis d'en haut » (Jn, VIII, 23), « Vous avez pour père le diable » (VIII, 44).

Le Gnostique, pour expliquer le dualisme, élabore une cosmogonie mythique assez complexe. La Création vient d'un Éon qui s'éloigne de la source divine, engendre le Démiurge, qui, à son tour, engendre le monde, images déformées du monde céleste.

Saturnin d'Antioche (=Satornil), le premier, étend le dualisme de la cosmologie à l'anthropologie. Il distingue deux catégories d'hommes, « l'une mauvaise, l'autre bonne » (Irénée de Lyon, I, 24, 2, éd. cit., p. 110). La doctrine gnostique classique, celle de Valentin, admet trois types d'hommes. 1) « Les hyliques », c'est-à-dire la race des matériels, de ceux qui s'attachent à la matière (ἡ ὕλη), préfèrent le mal par ignorance, oublient le Père et leur soi. 2) « Les psychiques », c'est-à-dire la race intermédiaire, se trouvent entre le Bien et le Mal, dans le mental (ἡ Ψυχή). 3) Enfin, « les pneumatiques », c'est-à-dire les hommes de l'intellect (τὸ πνεῦμα), sont « destinés à la connaissance ». Ces derniers forment la race des gnostiques, ils ont en eux une parcelle divine, un germe de Lumière. Ils sont d'« une autre semence [1] ».

Peu d'hommes sont capables d'un tel savoir. Il n'y en a qu'un sur mille, deux sur dix mille. Les Juifs n'existent plus, et les Chrétiens n'existent pas encore. Leurs mystères ne doivent absolument pas être divulgués, mais tenus secrets par le moyen du silence.

Basilide, *apud* Irénée de Lyon, *Contre les hérésies*, I, 24, 6, éd. cit., p. 113. © Éditions du Cerf, Paris.

Le Gnosticisme, quant à la forme, défend la discipline de l'arcane.

Enseignement du Sauveur et révélation des mystères dès l'origine cachés dans le silence, toutes choses qu'il a enseignées à Jean, son disciple. [...]

J'ai achevé de dire ce que tu as à te mettre dans les oreilles. Moi [Jésus], je t'ai dit tout cela pour que tu le mettes par écrit et que tu le transmettes à tes compagnons spirituels secrètement, car c'est le mystère de la génération inébranlable.

Le Livre des secrets, de Jean (=NH II.1, *Apocryphon de Jean*), §§ 1 (premier) et 78 (dernier), trad. du copte M. Tardieu, *Écrits gnostiques*, t. 1 : *Le Codex de Berlin*, Cerf, coll. « Sources gnostiques et manichéennes », 1984, p. 83 et 164.

Dans ce cadre, le Gnostique n'a nul besoin d'une Église ou de rites. L'homme a en lui le levain du salut : à quoi bon des rites ou des institutions ? Peut-être a-t-il existé dans le Gnosticisme des équivalents de l'**initiation-cérémonie**, mais elles ne revêtent pas une importance première. Valentin (*Évangile selon Philippe*, 3, 67) admet quatre sacrements :

---

1. Les Hermétistes parlent de « semence divine σπέρμα φεοῦ » (*Corpus Hermeticum*, traité IX, 4, trad. du grec A.-J. Festugière, Les Belles Lettres, 4 vol., t. 1, p. 97). L'opposition entre charnels, psychiques et spirituels remonte à Paul (I Cor, II, 14-15).

baptême, confirmation, eucharistie, rédemption. Il ajoute la hiérogamie ou « chambre nuptiale », qui consiste en l'union de l'âme (Ψυχή) avec son intellect (πνεῦμα), semblable à l'union « en une seule vie » de l'épouse et de l'époux ou même comparable à une déification : « Je deviens Dieu » (*Allogène* = NH XI.3, 52).
Que vise, en effet, le Gnostique ? l'union avec son soi céleste. Il veut se retrouver. Cela rappelle la théorie du *ka*, le double chez les Égyptiens [1], ou la théorie de la *daêna* [2], le double chez les Iraniens. En ceci consiste l'**initiation-processus** : se re-connaître dans son soi, se re-mémorer ce soi, se re-identifier en ce soi. Ce soi est l'étincelle divine en ce monde, le germe de Lumière dans l'âme des élus. Les textes parlent aussi de levain ou de perle (*Évangile selon Thomas*, 96 et 76). L'homme cache en lui (ésotériquement) une image du Dieu ineffable, il doit (initiatiquement) remonter à ce type. Dans cette connaissance (gnose) réside son salut (rédemption). Il retourne au Plérôme, autrement dit il entre dans le Royaume.

Celui qui sait prend ce qui lui est propre et il le ramène à soi. [...]
Heureux celui qui s'est retourné sur lui-même et s'est réveillé, et bienheureux Celui [le Fils de Dieu] qui a ouvert les yeux des aveugles. [...]
Ce retour, en effet, est appelé « conversion » (μετάνοια). [...]
La fin consiste à connaître Celui qui est caché.

L'Évangile de Vérité (vers 180, valentinien), folios XI, XV, XVIII, XIX, trad. J. É. Ménard, éd. E. J. Brill, coll. « Nag Hammadi Studies », n° 2, Leyde, 1972, p. 48, 57, 62, 64.

Cette union est Connaissance. Gnose.

Mais le Royaume est à l'intérieur de vous et il est à l'extérieur de vous. Quand vous vous connaîtrez, alors vous serez connus et vous saurez que vous êtes les Fils du Père qui est vivant. Mais si vous ne vous connaissez pas, alors vous êtes dans la pauvreté, et vous êtes la pauvreté.

Évangile selon Thomas (vers 140), logion 3, trad. H.-Ch. Puech (1959), *En quête de la gnose*, t. 2 : *Sur l'Évangile selon Thomas*, Gallimard, 1978, p. 11.

Dernier point. Le Gnosticisme ouvre un large champ au Féminin. Les auteurs sont souvent liés à une femme. Les Messaliens mettent à leur tête une femme [3]. Les Gnostiques présentent Marie-Madeleine comme une disciple initiée de Jésus qui enseigne à Pierre et aux autres disciples [4]. Apelles (un disciple de Marcion) enseignait avec la prophétesse Philoumène, Carpocrate reste indissociable de Marcellina comme Simon de Samarie d'Hélène de Tyr, comme les éons masculins des éons féminins. Et, mythologiquement ou théologiquement, le Père a une parèdre, Silence, éon féminin, ou bien Sophia est Mère cosmique. Et les hommes

---
1. Voir *supra*, p. 450 (« Les théologies »).
2. Voir *supra*, p. 525 (« L'initiation, la mort »).
3. Selon Timothée de Constantinople.
4. *Évangile selon Marie(-Madeleine)*, 6, 8, 13, 14, 15.

sont « fils de la femme », puisque du temps d'Adam seul l'humanité n'existait pas (*Extraits de Théodote*, 67). L'*Évangile selon Thomas* proclame l'égalité de l'homme et de la femme.

Lorsque vous ferez de deux un, et que vous ferez l'intérieur comme l'extérieur, et l'extérieur comme l'intérieur, et ce qui est en haut comme ce qui est en bas, et lorsque vous ferez, le mâle avec la femme, une seule chose, en sorte que le mâle ne soit pas mâle et que la femme ne soit pas femme, lorsque vous ferez des yeux au lieu d'un œil, et une main au lieu d'une main, et un pied au lieu d'un pied, une image au lieu d'une image, alors vous entrerez dans le Royaume. [...]
Car toute femme qui se fera mâle entrera dans le Royaume des cieux.

Évangile selon Thomas (=NH II.2 traité 2), logia 22 et 114, trad. H.-Ch. Puech, *op. cit.*, p. 14-15, 27.

Le Gnosticisme repose bien sur l'idée clef de l'ésotérisme, à savoir la réversion[1]. L'intellect retourne au Plérôme, l'homme devient femme et la femme homme, les textes reprennent leur sens originel, le monde matériel est le reflet inverse et hideux du monde céleste, etc.

GEMME GNOSTIQUE :
Abraxas, avec Alpha (A) et Oméga (Ω)

Il faut mettre à part le **Manichéisme**. Ce n'est pas une secte chrétienne, une hérésie au sein du Christianisme, mais une véritable religion, comme le Christianisme par rapport au Judaïsme, le Zoroastrisme par rapport au Mazdéisme, le Bouddhisme par rapport à l'Hindouisme. Mani se présente ainsi : « Moi, Mani, un apôtre de Jésus-Christ » *(Évangile vivant*, in *Codex manichéen de Cologne)*. Il place Jésus au fil d'une chaîne d'initiés, et il se considère lui-même comme un Messager de Dieu, au même titre que Jésus ou Zarathushtra ou Bouddha. D'autre part, le Manichéisme constitue un authentique ésotérisme, présenté plus haut dans le chapitre « Iraniens »[2].

---
1. P. A. Riffard, *L'Ésotérisme*, éd. cit., p. 380-386.
2. Voir *supra*, p. 534 (« Le dualisme en général, le Manichéisme en particulier »).

Ainsi, le Manichéisme fait partie de ce qu'on peut appeler la Christosophie, un courant qui ne se veut pas chrétien au sens étroit, mais au sens large. Les Gnostiques, les Manichéens, les néo-Occultistes (Papus), les Théosophistes (Helena Petrovna Blavatsky), les Anthroposophes (Rudolf Steiner) conçoivent Jésus comme un « Grand Initié » parmi d'autres. Ils lui donnent un rôle cosmique, pas historique ; ils le pensent comme mythe, pas comme incarnation [1]. L'ésotérisme, quand il pense Jésus, d'une part en fait un principe cosmique, « Christ », à la fois macrocosmique et microcosmique, d'autre part le situe dans une chaîne, suite d'incarnations [2] ou série de Sauveurs [3].

LE GNOSTICISME ORTHODOXE ET LA *DISCIPLINA ARCANI*

Le Gnosticisme orthodoxe

Quel soulagement pour les catho purs et durs ! Il y a une gnose orthodoxe, celle de Clément d'Alexandrie, enfin presque, puisque l'Église se méfie de lui, elle ne célèbre pas sa fête dans la liturgie.

La gnose orthodoxe, la « gnose authentique », se définit ainsi : « La foi au Christ et la gnose de l'Évangile sont exégèse et accomplissement de la Loi » (Clément d'Alexandrie, *Strômates*, IV). Cette exégèse se veut herméneutique : « La gnose est l'intelligence de la prophétie » (II, chap. 12), dans le respect des commandements et l'usage de la contemplation. La Gnose authentique se marque donc par l'herméneutique ésotérique et la pratique initiatique, autrement dit par :

la connaissance et élucidation claire du témoignage porté par les Écritures [Ancien Testament + Nouveau Testament], et, d'autre part, l'entraînement selon le Logos sous la conduite de la foi et de la crainte. Tous deux croissent ensemble jusqu'à la charité parfaite. Car double, je pense, est le but du gnostique, du moins ici-bas : d'une part la contemplation conforme à la science, d'autre part l'action, la praxis.

Clément d'Alexandrie, *Strômates*, VII, chap. 15, 102, 1-2.

La « Gnose orthodoxe » accepte certains points du Gnosticisme (tradition secrète, discipline de l'arcane, idée que tout dans la Bible a un sens caché, etc.) et en rejette d'autres (dualisme, polythéisme, exégèse forcée,

---

1. Les Gnostiques valentiniens mettent le Christ au sein du Plérôme (Irénée de Lyon, I, 12, 4 ; I, 18, 1). H. P. B. parle de deux principes, « Chrestos » et « Christos » (7e principe de l'être humain : « l'ego supérieur », l'*atmâ*) (*Isis dévoilée*, t. 2 ; *La Doctrine secrète*, t. 2). Papus admet que Jésus est une personne (*Traité élémentaire de science occulte*, 1888, réed. Dangles, p. 306-327). Pour Éd. Schuré, Jésus est un Grand Initié comme Rama, Krishna, Hermès... (*Les Grands Initiés*, 1889, livre VIII). L'Anthroposophe R. Steiner (1908) et le Rosicrucien M. Heindel (1909) parlent de « Christ éthérique », de « Logos devenu au Golgotha l'esprit de la terre », de « Grand Être solaire ».
2. Par exemple la *Paraphrase de Sem* (NH VII.1), texte gnostique, parle de douze réincarnations du Juste.
3. Par exemple le *Shâhpurakân*, texte manichéen, parle de quatre Apôtres de Vérité (le Bouddha, Zarathushtra, Jésus, Mani).

dépréciation de l'Ancien Testament, langage mythologique, etc.). Vue de l'autre côté, celui de l'Église, la Gnose orthodoxe reste fidèle à l'enseignement « catholique » sur certains points (l'amour de Dieu comme dogme central, etc.) et en écarte d'autres (tradition orale transmise à une élite, etc.). Clément se méfie autant de la « foi », bornée, et finalement charnelle, que du Gnosticisme, hérétique, souvent fantaisiste. Quand il admet une tradition ésotérique, il s'oppose aux Gnostiques : il les accuse de forger une tradition, alors que lui croit en une tradition apostolique, venue de Jésus même à travers la tradition des Apôtres (*Strômates*, VI, 7, 61). Il y a donc deux traditions, l'apostolique et la gnostique !

– [La discipline de l'arcane chez Jésus... et chez Clément] Pour bien des raisons, le sens des Écritures est caché. D'abord pour que nous cherchions et que nous soyons toujours vigilants dans la découverte des paroles du salut ; ensuite, parce qu'il ne convenait pas que tous connaissent ce sens, de peur qu'ils n'éprouvent un dommage en comprenant de travers ce qui a été dit par l'Esprit pour le bien.

Strômates, VI, chap. 15, 126, 1 ; trad. complète des *Strômates* par M. de Genoude, éd. cit.

– [La tradition orale secrète] Après la résurrection, le Seigneur a transmis la tradition de gnose à Jacques le Mineur, à Jean et à Pierre [Mc, IX, 2] ; ceux-ci la transmirent aux autres Apôtres et les autres Apôtres aux soixante-dix [Lc, X, 1], desquels Barnabé faisait partie.

Hypotyposes, VII, *apud* Eusèbe de Césarée, *Histoire ecclésiastique*, III, 1, 4.

Clément d'Alexandrie statue aussi sur la vie active, puisque « en nous ce n'est pas seulement l'esprit qui doit être sanctifié, mais aussi les mœurs et la vie, et le corps » (*Strômates*, III, 47, 1). Ainsi, le Gnosticisme « orthodoxe » propose une éthique, alors que le Gnosticisme « hérétique » prône l'encratisme (continence) ou l'antinomisme (refus des lois).

La *Disciplina arcani* [1]

J. Daillé, en 1686 *(De usu Patrum)*, a appelé *Disciplina arcani* la règle (ou l'école) demandant aux fidèles et au clergé chrétiens des quatre premiers siècles de ne pas révéler divers points. Lesquels ? Certains concernent la théologie des sacrements, en particulier l'eucharistie, mais aussi certains rites (formules), certains dogmes (trinité, transsubstantiation), certains symboles (le poisson). On peut ajouter, parmi les mystères, la descente aux enfers et la remontée de Jésus à travers les cieux [2] ; ce thème,

---

1. Sur la *Disciplina arcani* : E. Vicandard, art. « Arcane », *apud Dictionnaire d'histoire et de géographie ecclésiastique* (DHGÉ), 1909 ss., t. 3, col. 1497-1513 ; P. Battifol, art. « Arcane », *apud Dictionnaire de théologie catholique* (DTC), 1937, t. 1, fasc. 2, col. 1738-1750 ; P. A. Riffard, *L'Ésotérisme*, éd. cit., p. 100, 603-609. Premières mentions : Clément d'Alexandrie, *Protreptique*, XII, 118-123 ; Origène, *Homélies sur le Lévitique*, IX, 10 et XIII, 3 ; *Constitutions apostoliques*, II, 57.

2. Jean Daniélou, « Les traditions secrètes des Apôtres », *Eranos Jahrbuch*, n° 31, 1962, p. 199-205.

signalé par saint Paul (Épître aux Éphésiens, IV, 9), rappelle la théorie du passage de l'âme à travers les sphères planétaires chez les Mésopotamiens, elle se retrouve chez les Gnostiques (au sens étroit) et chez les Hermétistes. Ce thème de la remontée intéresse aussi l'homme [1], quand il est un « Parfait » (τέλειος), pas simplement un « Commençant » ou même un « Progressant », car — comme le rappelle Antoine Faivre — « dans les premiers temps de l'Église, on distingue les Commençants, les Progressants et les Parfaits, schéma triadique propre à presque toutes les initiations [2] ». Une fois mort ou durant son initiation, le Parfait remonte l'échelle céleste, il affronte les archontes (mauvais anges) grâce à des paroles secrètes (« passeports de morts », incantations, formules) et grâce à des signes (symboles, tatouages dans l'âme, sceaux, qui sont autant de marques du Christ gravées sur l'âme).

À qui ne fallait-il pas révéler les mystères ? aux catéchumènes, aux infidèles, aux païens, voire aux simples fidèles. Le but de la *Disciplina arcani* ne relève pas toujours de l'ésotérisme, mais il en participe. Les raisons avancées ne sont pas les mêmes. La situation est donc ambiguë. Un pseudo-Denys pense la chose de façon spirituelle, peut-être initiatique (mais au sens chrétien), tandis que d'autres n'envisagent la chose que de façon administrative.

Mais prends garde que personne ne t'entende de ceux qui ne sont pas initiés, je veux dire de ceux qui s'attachent aux êtres, qui n'imaginent pas que rien puisse exister suressentiellement au-delà des êtres et qui croient pouvoir connaître par voie de connaissance « Celui qui a pris la Ténèbre pour retraite » [Psaumes, XVIII, 12].

Pseudo-Denys l'Aréopagite, *Théologie mystique*, I, § 2, in *Œuvres complètes*, trad. M. de Gandillac (1943), Aubier-Montaigne, 1980, p. 178.

FIGURES DE L'ÉSOTÉRISME CHRÉTIEN

Jésus	l'Apôtre ex. : Jean l'Évangéliste moyen : être disciple fin : annonce	le Prophète ex. : Agabus moyen : inspiration fin : prédication
l'Ermite ex. : Jean le Baptiste moyen : ascétisme fin : pureté des mœurs	le Mystique ex. : le pseudo-Denys moyen : états spirituels fin : union à Dieu	le « Gnostique » ex. : Évagre du Pont moyen : connaissance fin : salut ici

Clément d'Alexandrie (v. 150-v. 215), Origène (v. 185-v. 254), saint Basile le Grand (330-379), saint Cyrille de Jérusalem (v. 376-444), saint

---

1. Textes gnostiques sur la remontée de l'âme : *La Première Apocalypse de Jacques* (=NH V.3), *L'Apocalypse de Paul* (=NH V.2), *Le Livre du grand traité initiatique* (= *Les Deux Livres de Iéou*, trad. anglaise, coll. « Nag Hammadi Studies », n° 13, 1978).
2. Antoine Faivre, *Accès de l'ésotérisme occidental* (1986), Gallimard, 1996, t. 1, p. 67.

Innocent Ier (401-417), le pseudo-Denys l'Aréopagite (v. 490), tels sont les défenseurs de la *Disciplina arcani*. Ces auteurs sont tous d'Orient, sauf le pape Innocent Ier, italien. Et seul Clément d'Alexandrie (*Strômates*, V, 4) relève vraiment de l'ésotérisme.

L'HÉSYCHASME (333-xe s.) ET LE NÉO-HÉSYCHASME (xe s. ss.)

Un moine n'est pas forcément un lugubre asocial ou un fripon caché sous une capuche. Il peut être un initié !

Le monachisme chrétien commence en 270, en Orient, quand Antoine le Grand se retire au désert, au-delà du Nil[1]. Il vient d'entendre cette parole de Jésus : « Si tu veux être parfait, va, vends ce que tu possèdes, donne-le aux pauvres, et tu auras un trésor aux cieux ; puis viens, suis-moi » (Mt, xix, 21).

Dans leur majorité, les moines du désert égyptien sont des illettrés, des gens modestes, paysans, esclaves, chameliers, brigands reconvertis. Coptes, ils descendent des anciens Égyptiens, et non pas des Arabes, Turcs, ou Berbères qui ont déferlé sur le Nil. Ils appartiennent à ces « pauvres en esprit » qu'affectionne Jésus (Mt, v, 3). On trouve au milieu de ces moines quelques femmes, dont Amma Sarra, Amma Synclétique, l'abbesse Théodora, Mélanie l'Ancienne. Le monachisme s'est aussi développé dans les déserts de Palestine (307), de Syrie (v. 370), de Cappadoce, à peu près à la même époque, et sans qu'on puisse parler d'influences.

Plusieurs « genres de vie » sont possibles pour ces Orientaux à l'aube du Christianisme. L'anachorète vit dans la solitude, comme ermite, seul au désert, ou comme errant, vagabondant d'un désert à l'autre, ou comme reclus, enfermé dans une cellule, ou comme stylite, solitaire au sommet d'une colonne ou d'une tour, ou comme semi-anachorète, partageant sa vie entre l'isolement total et la fin de semaine en communauté. Le cénobite, lui, préfère vivre en communauté, dans un monastère ; certains moines, œuvrant dans des monastères urbains, se font hospitaliers, hôteliers, guides, ou interprètes. Enfin, des marginaux feignent la stupidité ou la démence (les Fous sacrés) ou cherchent à attirer sur eux l'opprobre en se faisant passer pour débauchés ou alcooliques (les Blâmés) ou encore bravent les lois (les Antinomistes). Tous renoncent, renoncent au médiocre.

L'Hésychasme est la salle au trésor du monachisme chrétien d'Orient[2]. Il montre la face spirituelle, parfois initiatique, du monachisme, son sommet. Il se présente lui-même comme un ésotérisme.

N'en disons pas plus pour l'instant sur le saint vêtement et sur l'enseignement des Vieillards. Nous allons exposer maintenant, sur la vie pratique et la vie gnosti-

---

1. Saint Athanase, *Vie de saint Antoine* (vers 370), 2, trad. du grec, Cerf, 1989.
2. P. A. Riffard, *L'Ésotérisme*, éd. cit., p. 609-614.

que, non pas tout ce que nous avons vu ou entendu, mais seulement ce que nous avons appris d'eux [les Vieillards, les pères spirituels du désert d'Égypte] pour le dire aux autres ; nous avons condensé et réparti l'enseignement pratique en cent chapitres [*Traité pratique, ou le Moine*], et l'enseignement gnostique en cinquante [*Le Gnostique*] en plus de six cents [*Les Six Centuries des « Kephalaïa gnostica*] [1] » ; nous avons voilé certaines choses, nous en avons obscurci d'autres, pour ne pas « donner aux chiens ce qui est saint, et ne pas jeter les perles devant les pourceaux » [Mt, VII, 6]. Mais ce sera clair pour ceux qui se sont engagés sur leurs traces.

Évagre du Pont, *Traité pratique, ou le Moine*, prologue, trad. du grec Antoine et Claire Guillaumont, Cerf, coll. « Sources chrétiennes », n°s 170-171, 1971, t. 2 , p. 493-495.

L'Église catholique a vu le danger (pour elle, pas pour les hommes). Elle accepte le monachisme, mais elle rejette tout ce qui rappelle la magie, l'initiation, l'hérésie. Le cinquième concile œcuménique de Constantinople (553) a frappé d'anathème Évagre du Pont, son grand théoricien.

Quelques noms de moines hésychastes se détachent, en particulier cet Évagre du Pont, et Syméon le Nouveau Théologien. Le premier est né en 345 à Ibora, sur le Pont-Euxin (la mer Noire), en Asie Mineure. Il fut ordonné diacre par Grégoire de Naziance. À la suite d'une aventure amoureuse avec l'épouse d'un haut fonctionnaire de la Cour, il quitta Constantinople pour Jérusalem. Persuadé par Mélanie l'Ancienne, il gagna en 383 le désert de Nitrie, près d'Alexandrie, puis, de 385 à sa mort, le désert des Cellules (Kellia, en grec). Là, il eut pour père spirituel Macaire l'Égyptien. Il fonda une communauté de moines, « la Fraternité d'Évagre ». Par la suite, on lui fit reproche d'« origénisme » (de croire en la préexistence des âmes), et ses livres ont été rejetés, d'où le fait qu'on ne les a souvent conservés que dans une version syriaque. Ainsi de ses œuvres ésotériques (*Les Six Centuries* des chapitres gnostiques [2] ; lettre à Mélanie). Quant à Syméon le Nouveau Théologien, il était natif de Galaté, en Asie Mineure, comme Évagre. Comme Évagre aussi, il eut une jeunesse mondaine. Soucieux de vie intérieure, il rencontra son père spirituel, Syméon le Pieux, moine au Stoudion, célèbre monastère byzantin de Constantinople. À force de prier, de répéter « Jésus, Fils de David, aie pitié de moi » (Lc, XVIII, 13), il fut gratifié d'une vision, celle d'une lumière et du moine Syméon. « À l'âge de vingt-sept ans, il entra comme novice au Stoudion, où il retrouva son Ancien, Syméon le Pieux, et s'attacha fidèlement et définitivement à lui. Cet attachement exclusif dans un

---

1. Pour le Commençant (le Novice), Évagre a écrit des *Bases* ; pour le Progressant (le Moyen) une *Pratique* ; pour le Parfait (le Gnostique) une *Gnose*. Le nombre des chapitres chez cet auteur obéit à un symbolisme ésotérique. Par exemple 153 sur la prière, 650 sur la gnose (*Chapitres sur la prière*, prologue).
2. *Les Six Centuries des « Képhalaïa gnostica »*, Patrologie Orientale, t. 28, fasc. 1, trad. A. Guillaumont, éd. Firmin-Didot, 1958 ; A. Guillaumont, *Les « Képhalaïa gnostica » d'Évagre le Pontique et l'Histoire de l'origénisme chez les Grecs et chez les Syriens*, Patristica Sorboniensia, Éditions du Seuil, 1962.

monastère fortement cénobitique provoqua des réactions de la part des autres moines, et Syméon, sommé par l'higoumène [abbé] de suivre la règle de la cénobie et d'abandonner son père spirituel, fut expulsé sur son refus. » Syméon le Nouveau Théologien devint abbé du monastère Saint-Mamas à Constantinople. Par deux fois, il fut exilé, sans doute, toujours sur la base de son culte au père spirituel. En 1009, il s'installa à Paloukiton, où il commença une nouvelle étape, méditant et écrivant. Cet homme extraordinaire, le Ibn 'Arabî du Christianisme, a laissé des souvenirs de ses expériences spirituelles et de magnifiques poèmes.

Les grandes pratiques initiatiques du Christianisme oriental [1] sont : la méditation, la sagesse du corps, la prière à Jésus, la lecture sapientielle de la Bible, la pratique de la louange, la contemplation des icônes, la liturgie, les sacrements. Quelles sont celles de l'Hésychasme ?

PRATIQUES INITIATIQUES DE L'HÉSYCHASME

« **La pratique visible** » : célibat, solitude, érémitisme, silence, ascèse corporelle, recours au père spirituel, travail manuel continuel, prière incessante, charité...

« **La méditation secrète** » : mépris des fausses richesses, élimination des pensées, vigilance, prière de Jésus, prière pure, pensée habituelle de Dieu...

Le mieux est, ici, de suivre le moine Évagre du Pont [2], comme pour le monachisme hindou le mieux était de suivre le moine Shankara.

Évagre distingue deux étapes dans la vie du moine : « la vie pratique », « la vie gnostique », trois si l'on envisage, avant, la vie ascétique, les « bases de la vie monastique ». Là où un religieux voit trois parties de l'homme — chair, âme, esprit (Paul) —, l'ésotériste voit trois degrés dans l'expérience initiatique, vers l'intériorité, de la chair à l'esprit.

- 1re ÉTAPE : LA VIE ASCÉTIQUE (ordre corporel)

Le Chrétien commence sa vie par le baptême, par quoi il renonce au mal, tandis que le moine commence sa vie par la solitude, par quoi il renonce au « monde ».

La continence sexuelle

Étymologiquement, « moine » signifie solitaire ($\mu o \nu \alpha \chi ó \varsigma$), c'est-à-dire, non pas isolé, mais sans femme, célibataire. Cette chasteté et cet isolement le donnent tout à Dieu.

---

1. A. et Rachel Gœttmann, *Sagesse et Pratiques du Christianisme*, Droguet et Ardant, 1991, 224 p. Alphonse Gœttmann est prêtre orthodoxe.
2. Évagre du Pont : la trilogie *Traité pratique, ou le Moine* (trad. Antoine et Claire Guillaumont, Cerf, coll. « Sources chrétiennes », n°s 170 et 171, 1971, 472 p., 316 p.), puis *Le Gnostique* (ibid., n° 356, 1989, 216 p.), enfin et surtout *Chapitres gnostiques* (*Les Six Centuries des « Képhalaïa gnostica »*, Patrologie Orientale, t. 28, fasc. 1, 1958, texte et trad. A. Guillaumont). Anthologie par J.-Y. Leloup, *Praxis et Gnosis d'Évagre Pontique*, Albin Michel, coll. « Spiritualités vivantes », n° 103, 1992, 109 p.

Tel est le moine, et c'est ainsi qu'il doit être : s'abstenir de la femme, ne procréant ni fils ni fille en ce lieu susdit [Jérémie, XVI, 2], mais, de plus, soldat du Christ, immatériel et sans souci, dégagé de toute préoccupation d'affaires et de toute activité [Paul, I Cor, VII, 32-34].

<small>Évagre du Pont, *Les bases de la vie monastique* (=*Esquisse monastique*), 2, *apud* Nicomède l'Hagiorite et Macaire de Corinthe, *Philocalie des Pères neptiques* (1782), trad. du grec J. Touraille, Éditions Monastiques, 1979-1991, t. 8 (Évagre le Pontique, Nil l'Ascète, Diadoque de Photicé), p. 19-26. © Éditions Monastiques, Bégrolles-en-Mauges.</small>

L'absence de soucis matériels

De façon plus large, le moine fait acte de renoncement (ἀποταγή) aux biens matériels, à la famille, voire au pays (Gn, XII, 1). On ne peut à la fois « servir Dieu et l'Argent » (Mt, VI, 24).

L'anachorèse et l'ascèse

Le moine va plus loin encore : il se rend au désert. Il fuit les hommes. Il est seul (μόνος), ce qui signifie, cette fois, concentré sur le salut, uniquement orienté (μονότροπος) vers Dieu.

Le moine se limite à un repas par jour, fait de deux pains, ou de plantes sauvages, ou de légumes, ou de fruits. Sarmatas pratiquait régulièrement un jeûne de quarante jours, comme Jésus (Mt, IV, 2). Le moine vit dans une grotte (comme Macaire l'Égyptien), dans une ruine ou un tombeau, dans une hutte, ou dans une cellule en pierres isolée (comme Évagre), ou alors dans un ermitage comme reclus (tel Jean de Lycopolis). Quand il n'adopte pas la nudité, il choisit pour vêtement la peau de bête, ou le sac, le linceul, ou bien un habit monastique avec ceinture. Il dort sur le sol ou sur une natte.

Aime l'exil, car il te débarrasse des incommodités de ton propre pays et fait tirer parti uniquement de ce qui profite à la quiétude. Évite les séjours en ville et persévère dans le désert. [...] Recherche donc les lieux écartés et tranquilles. N'en redoute pas l'écho. [...] Persévère sans crainte et tu verras les merveilles de Dieu. [...] Redoute la chute et sois sédentaire dans ta cellule.

<small>Évagre du Pont, *Les Bases de la vie monastique*, 6, éd. cit.</small>

Le recours au père spirituel (ἀββᾶς)

Les moines des déserts ont très vite vu la nécessité d'un maître, d'un gourou si l'on veut, qu'ils appellent « Ancien », « Vieillard », ou « Père ». La démarche se veut nettement initiatique, ou du moins spirituelle, puisque le maître n'est plus choisi en fonction de critères ecclésiastiques, au milieu des évêques, mais à partir de critères spirituels, parmi les saints hommes. Le père spirituel représente Jésus, il est Jésus, comme le lama « est » le Bouddha.

Le père spirituel donne en particulier la règle d'or des moines : « travaille et prie ».

Quand tu es assis dans la cellule, aie continuellement le souci de ces trois choses : le travail manuel, la méditation et la prière.

Abbé Isaïe, homélie 9, in *Recueil ascétique*, Éditions Monastiques de l'abbaye de Bellefontaine.

1re pratique monastique : le travail manuel continuel

La majorité des moines fabrique de la vannerie, ou tisse du lin, ou confectionne des filets, ou entretient un jardin à légumes, ou (comme Évagre) transcrit des livres, par charité, pour faire l'aumône, mais aussi par discipline, pour acheter la nourriture, pour dompter le corps, pour accompagner la prière.

Un jour, quelques moines qui s'appelaient Euchites [=Messaliens], ce qui signifie « priants », se présentèrent à l'abbé Lukios au monastère de l'Enaton [près d'Alexandrie]. Le vieillard les interrogea ainsi :
– Quel est votre travail manuel ?
Eux de répondre :
– Nous ne touchons à aucun travail manuel [Jn, VI, 27], mais, comme le dit l'Apôtre [Paul, I Thessaloniciens, V, 17], nous prions sans cesse.
Le vieillard leur dit :
– Vous ne mangez pas ?
– Mais si !, répondirent-ils.
– Donc, quand vous mangez, qui prie au lieu de vous ?
Et de continuer son interrogatoire :
– Vous ne dormez pas ?
– Si, nous dormons !, dirent-ils.
– Et quand vous dormez, qui prie au lieu de vous ?
Eux ne savaient quoi lui répondre. Il leur dit :
– Frères, pardonnez-moi, mais vous ne faites pas ce que vous dites. Moi, je vous montre. Tout en travaillant avec mes mains, je prie sans cesse. Voyez, je m'assois avec Dieu, pendant ce temps je fais tremper quelques branches de palmier et j'en tresse une corde, en même temps je dis : « Pitié pour moi, ô Dieu, en ta grande bonté, en ton immense tendresse, efface mon péché » [Psaumes, LI, 3]. C'est bien une prière, non ? (Ils approuvèrent.) Quand je remplis la journée entière à travailler et à prier avec le cœur ou avec la bouche, je gagne seize sesterces, soit plus soit moins ; j'en prélève deux pour la porterie [pour l'aumône] et je consacre le reste à la nourriture. Celui qui a perçu ces deux sesterces prie au lieu de moi, pendant que, moi, je mange ou dors, et, de la sorte, par la grâce de Dieu, j'accomplis ce qui est écrit, à savoir « Priez sans cesse » [I Thessaloniciens, V, 17].

Abbé Loukios de l'Enaton, apud *Apophtegmes des Pères* (Migne, *Patrologie grecque*, t. LXV, col. 253 bc), trad. partielle P. A. Riffard.

2e pratique monastique : la récitation méditée de la Bible

Le moine est souvent illettré, mais il a une excellente mémoire. La lecture reste facultative, car le moine préfère se fier à l'expérience spirituelle plutôt qu'à la lecture intellectuelle. Dans ce contexte chrétien fort différent de la méditation aux Indes, la méditation (μελέτη) consiste à dire à mi-voix un psaume ou un autre passage de la Bible connu par cœur. L'attention règne. La méditation au sens indien correspond davantage à la « prière pure », que définira Évagre pour « la vie gnostique ».

3ᵉ pratique monastique : la prière de Jésus

La prière tient en quelques mots ou en de longs textes. La plupart du temps, elle consiste dans une brève invocation du type : « Pitié pour moi, ô Dieu, en ta bonté » (Psaumes, LI, 3), dite à haute voix, et répétée inlassablement. Elle remonte à Diadoque de Photicée, un Hésychaste grec du vᵉ siècle [1]. La forme classique est : « Seigneur Jésus-Christ, Fils de Dieu, prends pitié de moi [2] ! » Là encore on reconnaît la tonalité chrétienne, le *miserere*. Ce sens de la faute est dynamisé par l'invocation elle-même, typiquement sémitique. Si « Jésus » est le Sauveur (Mt, I, 21), appeler son Nom donne la guérison (Actes, III, 6 ; Lc, X, 17), réalise des prodiges (Mt, VII, 22). Le Nom du Sauveur sauvera le pécheur. La prière à Jésus, du moins son prototype, est ésotérique dans sa forme. On transmet la sainte prière secrètement, selon l'abba Isaac, prêtre au désert des Cellules vers 390 [3]. La prière de Jésus est aussi ésotérique dans son contenu. Les trois Noms, Jésus, Christ, Dieu entrent en correspondances avec esprit (ὁ νοῦς), raison (ὁ λόγος) et intellect (τὸ πνεῦμα), avec Père, Fils, Esprit-Saint, etc. Le moine répète l'invocation dix fois, cent fois par jour, trois cents, sept cents, comme un Musulman ses *dhkir*, un Indien ses *mantra*, un Japonais ses *norito*. Ainsi la prière de Jésus est ésotérique dans son but. Par cette répétition continuelle, la prière s'identifie avec une grande pratique hésychaste, « le souvenir de Dieu », « la garde de l'esprit ». On se trouve dans un état de « prière incessante », donc d'assimilation à Dieu. On pourrait parler de « synesthésie », d'identication symbolique à Dieu, ou du moins aux anges.

Prie avec crainte et tremblement, avec effort, sobriété, vigilance et attention. C'est ainsi qu'il faut prier, surtout à cause de nos ennemis invisibles [les pensées], pervers et fourbes, qui veulent alors nous porter préjudice.

Évagre du Pont, *Les Bases de la vie monastique*, éd. cit., 11. © Éditions Monastiques, Bégrolles-en-Mauges.

Les Byzantins parleront de « prière du cœur », de « sobriété » (νῆψις). Cette technique, centrée sur le cœur, apparaît dès Nicéphore l'Hésychaste (fin du XIIIᵉ s.), accompagnée d'une technique du souffle, comme dans le yoga.

---

1. Diadoque de Photicé, *Cent Chapitres spirituels*, 61, apud *Philocalie des pères neptiques*, éd. cit., t. 8.
2. La formule rassemble divers passages du Nouveau Testament : « Seigneur Jésus » vient de Paul, « Jésus-Christ » vient de Jean (I, 17), « Fils de Dieu » vient de Marc (III, 11 ; XV, 39), « Prends pitié de moi » vient de Luc (XVIII, 13) ou de Matthieu (IX, 27).
3. Cassien, *Conférences*, X, 10, trad., Cerf, coll. « Sources chrétiennes », 1955-1971, t. 2, p. 85.

Tu sais que notre souffle, l'air de notre inspiration, nous ne l'expirons qu'à cause du cœur. Car c'est le cœur qui est le principe de la vie et de la chaleur du corps. [...] Assieds-toi, recueille ton esprit, introduis-le – je dis ton esprit – dans les narines ; c'est le chemin qu'emprunte le souffle pour aller au cœur. Pousse-le, force-le de descendre dans ton cœur en même temps que l'air inspiré. Quand il y sera, tu verras la joie qui va suivre.

Nicéphore l'Hésychaste, *Sur la sobriété ou la garde du cœur*, trad. partielle J. Gouillard, *Petite philocalie de la prière du cœur* (1953), Éditions du Seuil, coll. « Livre de vie », n°ˢ 83-84, 1968, p. 152.

Chose plus étonnante encore dans cette rencontre entre le yoga ou le zen et la prière du cœur, il semble bien que les Hésychastes aient isolé les *chakra*, certains du moins. Lesquels ? le centre subtil des sourcils *(âjñâ-chakra)*, le centre subtil de la gorge *(vishuddha-chakra)*, le centre subtil du cœur *(anâhata-chakra)*, le centre subtil du nombril *(manipûra-chakra)*.

Alors, assieds-toi dans une cellule tranquille, à l'écart dans un coin, et applique-toi à faire ce que je te dis. Ferme la porte, élève ton esprit au-dessus de tout objet vain ou passager. Puis, appuyant ta barbe contre ta poitrine, dirige l'œil du corps, en même temps que tout ton esprit, sur le centre de ton ventre, c'est-à-dire sur ton nombril, comprime l'aspiration d'air qui passe par le nez de manière à ne pas respirer à l'aise et scrute mentalement l'intérieur de tes entrailles à la recherche de la place du cœur, là où toutes les puissances de l'âme aiment à fréquenter. Au début, tu trouveras des ténèbres et une opacité opiniâtre mais si tu persévères, si nuit et jour tu pratiques cet exercice, tu trouveras, ô merveille !, une félicité sans bornes.

Nicéphore l'Hésychaste, *Méthode de la sainte prière et attention*, trad. partielle du grec J. Gouillard, *op. cit.*, p. 151.

État de conscience : la quiétude (ἡσυχία)
Assis dans sa cellule du désert comme le moine Bodhidharma devant son mur, le moine chrétien atteint l'état de quiétude *(hésychia)*, fait de retraite, de silence, de calme, de sans-souci (ἀμεριμνησία), de paix vis-à-vis du monde, c'est-à-dire des biens et des hommes, mais aussi de recueillement, de présence continue, de concentration vis-à-vis de Dieu.

Veux-tu donc, bien-aimé, assumer la vie monastique telle qu'elle est et courir après les trophées splendides et magnifiques de la quiétude ? Laisse là les soucis du monde, les princes et les puissances qui s'en occupent, c'est-à-dire sois dégagé de la matière et des passions, sans aucune convoitise.

Évagre du Pont, *Les Bases de la vie monastique*, éd. cit., 3. © Éditions Monastiques, Bégrolles-en-Mauges.

- 2ᵉ ÉTAPE : « LA VIE PRATIQUE » (ordre psychique)

Commence alors la vie pratique, l'existence active, avec les tentations. On se fait saint à chaque instant, contre chaque instant. Évagre, homme d'expérience intérieure, sait que l'impassibilité est un combat contre l'impureté, plus qu'un bain dans la pureté. Délivré de l'autre, il faut aussi se délivrer du même : de soi, qu'on va se représenter comme un autre, comme des démons. Pour ce combat, il est plus facile de s'imaginer ses folies intérieures comme des démons extérieurs. Le moine surveille la pensée, il développe la concentration. On pourrait résumer d'un mot « la méditation secrète » (κρυπτή μελέτη) du moine : **rappel**. Le moine doit se rappeler ses fautes, il doit rappeler à l'ordre chacune de ses pensées, il doit se rappeler à Dieu, c'est-à-dire ne renvoyer qu'à lui, il répète la même invocation en un rappel régulier. De la sorte, l'existence se transforme en force de rappel, elle ramène à la quiétude primitive, à l'*hésychia*. Comme le yogi retourne la vie (en contrôlant le flux vital) et annihile le mental (en stoppant le flux psychique), l'hésychaste rappelle les pensées et freine la vie. La surhumanité est à ce prix.

La lutte contre les pensées (« la garde du cœur »)
La paix extérieure, celle du désert, doit s'accompagner de la paix intérieure, celle du cœur. Commence la lutte contre les pensées (λογσλμοί). Évagre a désigné les « démons » à vaincre. On vide le cœur des pensées mondaines pour le remplir de Dieu, en demeurant dans la « vigilance », dans la « sobriété » (νῆψις, *nepsis*) qui est l'ascèse, non plus du corps, mais de l'intellect. Le moine est un sobre, un « neptique ». L'Église aplatira cette profonde expérience en une théorie des sept péchés capitaux. Quand il est question de « gourmandise », il faut voir, en fait, la gourmandise en général, l'appétit, la soif, le désir. Dans l'acédie, le moine est pris de dégoût pour la vie spirituelle, l'anxiété le gagne, le découragement. Il faut être un homme hautement spirituel pour avouer ce genre de pensée ! Cet aveu de faiblesse est une preuve de force.

La pratique est la méthode spirituelle qui purifie la partie passionnée de l'âme. [...]
Contre les anachorètes, les démons combattent sans armes ; mais contre ceux qui s'exercent à la vertu dans les monastères ou dans les communautés, ils arment les plus négligents d'entre les frères. [...] Huit sont en tout les pensées génériques qui comprennent toutes les pensées. La première est celle de la gourmandise, puis vient celle de la fornication, la troisième est celle de l'avarice, la quatrième celle de la tristesse, la cinquième celle de la colère, la sixième celle de l'acédie, la septième celle de la vaine gloire, la huitième celle de l'orgueil. Que toutes ces pensées troublent l'âme ou ne la troublent pas, cela ne dépend pas de nous ; mais qu'elles s'attardent ou ne s'attardent pas, qu'elles déclenchent les passions ou ne les déclenchent pas, voilà qui dépend de nous.

Évagre du Pont, *Traité pratique, ou le Moine*, 78, 5, et 6, éd. cit., p. 667, 507 *sqq.*

L'Hésychaste veut faire cesser la pensée, comme le yogi, comme le Zéniste[1]. Pourquoi ? parce qu'elle est bavardage humain, et non pas parole divine ; vanité, et non pas salut ; égoïsme, et non pas charité.

---

1. Râja-yoga : « Le yoga abolit les flots du psychisme » (Patañjali, *Yoga-sûtra*, I, 2-3). Tch'an : « Notre méthode fait du sans-pensée *(wou nien)* son principe » (*Le Soûtra de l'Estrade du Sixième Patriarche Houei-neng*, 17). Lamaïsme : « Ne pense ni ne conçois, ne fabrique, ne représente, ni n'analyse, laisse l'esprit sans artifice en son état naturel » (Bokar Rinpoche, *Dharma et Vie quotidienne*, 1990). Taoïsme : « Vraie est sa connais-

La prière est suppression de pensées.
Évagre du Pont, *Chapitres sur la prière*, 71, apud *Philocalie des Pères neptiques*, trad. L. Regnault, éd. cit., t. 8, p. 47-65.

L'unification des pensées
Le moine, désormais, a ses pensées unifiées, centrées sur le Christ, Dieu, la Trinité. Son cœur est enfin simple (ἁπλοῦς), totalement sobre.

Pratique : « le souvenir de Dieu »
Les Hésychastes appellent cet état « le souvenir de Dieu » (μνήμη τοῦ θεοῦ). Le souvenir de Dieu n'a rien de comparable avec l'exotérique rappel de la religion où il ne s'agit que de ne pas oublier Dieu et la morale chrétienne. La prière ne doit point cesser. Elle doit continuer. Cela rappelle le passage, dans le yoga, entre « fixation » *(dhâranâ)* et « méditation » *(dhyâna)*, définie comme un « continuum de l'effort mental »[1].

Celui qui veut purifier son cœur, qu'il l'embrase continuellement par le souvenir du Seigneur Jésus, en faisant de cela seul son étude et son œuvre constantes. [...] De même, en effet, que celui qui veut purifier de l'or, s'il laisse un instant s'éteindre le feu de la fonderie, rend sa dureté à la matière qu'il purifie, de même celui qui tantôt se souvient de Dieu, tantôt ne s'en souvient pas, perd, en s'arrêtant, ce qu'il croit acquérir par la prière. Le propre de l'homme qui aime la vertu est de toujours consumer par le souvenir de Dieu ce qu'il y a de terrestre dans son cœur afin que, le mal ainsi dévoré par le feu de la bonne mémoire, l'âme revienne parfaitement, avec une plus grande gloire, à sa splendeur naturelle.

Diadoque de Photicé, *Cent Chapitres spirituels*, 97, apud *Philocalie des Pères neptiques*, éd. cit., t. 8. © Éditions Monastiques, Bégrolles-en-Mauges.

État de conscience : « l'impassibilité (ἀπάθεια) de l'âme »
Les passions sont apaisées. Le moine est passé de la quiétude, paix extérieure, à l'impassibilité, « unification intérieure ». Il atteint « le Royaume des cieux ». Cette description de l'état hésychaste n'est pas sans rappeler le *nirodha* (cessation) hindou ou le *nirvâna* (extinction) bouddhique. Négativement, les passions sont éteintes, le corps écarté, la pensée abolie, mais chacun a été utile ; positivement, le moine est prière, il vit dans un ravissement les réalités les plus élevées, comme Dieu, les anges, la lumière de l'esprit.

- 3ᵉ ÉTAPE : « LA VIE GNOSTIQUE » (ordre pneumatique)
Maintenant le moine devient — selon Évagre — capable de deux connaissances, d'une part « la physique », la contemplation des choses naturelles, symbolisée par la terre de Juda, d'autre part « la théologie », la connaissance de Dieu, symbolisée par la ville de Jérusalem. La « théologie » est supérieure à la « physique » et suppose donc une plus grande pureté. On entre en ésotérisme.

---

sance solide ; il se détache de toute connaissance acquise. Ignorant et obscur, il n'a plus de pensée, on ne peut plus discuter avec lui. Quel homme ! » (Tchouang-tseu, XXII).
1. Voir *supra*, p. 613 (« Le yoga »).

Il est nécessaire parfois de feindre l'ignorance, parce que ceux qui interrogent ne sont pas dignes d'entendre.

Évagre du Pont, *Le Gnostique*, 23, trad. A. et Claire Guillaumont, Cerf, coll. « Sources chrétiennes », n° 356, 1989. © Éditions Monastiques, Bégrolles-en-Mauges.

« La contemplation naturelle »
Le moine déchiffre la création, il contemple les choses naturelles. Il contemple à la façon de Husserl, il n'observe pas à la façon du physicien. Il néglige la matérialité pour se concentrer sur l'acte même, sur le vécu de conscience. Cette herméneutique, au-delà des manifestations, atteint « la vérité cachée de tous les êtres », mais aussi les sens spirituels de l'Écriture, et la connaissance de la providence, de la raison d'être de la Création.

« La gnose divine »
Cette connaissance arrive jusqu'à « la Cause première ».

Pratique : la prière pure
Évagre recommande une forme de méditation sans forme qui rappelle les méditations des religions hindoue ou bouddhique [1].

Ne te figure pas la divinité en toi quand tu pries, ni ne laisse ton intelligence subir l'impression d'aucune forme ; mais va immatériel à l'immatériel, et tu comprendras. [...]
Tiens le regard fixe pendant la prière ; renie la chair et l'âme, et vis selon l'intelligence. [...]
Le moine devient l'égal des anges par la prière véritable.

Évagre du Pont, *Chapitres sur la prière*, 66, 110, 113, apud *Philocalie des Pères neptiques*, éd. cit.

Pratique : la vision par l'intellect de sa propre lumière
Le moine peut alors contempler son propre esprit comme lumière. La démarche est très ésotérique, puisqu'elle donne un contenu sensible, corporel, à une idée intelligible. Cette expérience, bien sûr, exaspérait les religieux comme Barlaam [2], qui voulurent faire condamner l'Hésychasme.

Les impassibles [...] contemplent, au moment de la prière, la propre lumière de leur intellect qui les illumine.

Évagre du Pont, *Le Gnostique*, 147, éd. cit.

État de conscience : la béatitude (μακαιότης) ici-bas
Le moine atteint dès cette vie « le Royaume de Dieu ».

---

1. Shankara : « Quand il est en état de *samâdhi*, le *Jñâni* [gnostique] illuminé expérimente dans le cœur en tant que "Je-Je" la complétude homogène de ce Brahman éternel, béatitude de connaissance incomparable, non attaché, sans forme, sans agir, non qualifié, immuable, inconditionné, sans nom et libre de tout esclavage. » Bouddha : « Il n'y a pas place ici [le *nirvâna*] pour les quatre Éléments — solidité, fluidité, énergie, mouvement. Les notions de longueur et de largeur, de subtil et de grossier, de bon et de mauvais, de nom et de forme, sont absolument détruites. »
2. Sur cette querelle : Grégoire Palamas, *Défense des saints Hésychastes* (1341), trad. J. Meyendorff, Louvain, 1959, 2 t.

Le signe de la perfection, grâce auquel nous reconnaissons l'homme parfait arrivé à la mesure de la taille du Christ, et tout entier possédé du Saint-Esprit, c'est la gnose supérieure, de laquelle vient l'aptitude à la fonction de théologie, à scruter les profondeurs de Dieu, à prononcer au milieu de l'Église du Christ des paroles bonnes sorties d'un cœur bon, à résoudre les difficultés des paraboles, des énigmes et des paroles cachées de l'Esprit, d'où suit le prévoir, le prédire des choses à venir : de laquelle gnose dérivent les révélations, les visions à l'état de veille et durant le sommeil ; de laquelle provient l'extase de l'intellect, la saisie de la beauté cachée du Royaume des cieux, la découverte des mystères de Dieu, le désir d'être uni au Christ et de mêler à la vie des puissances d'en haut, l'appétit de jouir des biens réservés aux saints, et la contemplation de la divine lumière de la Gloire de Dieu, selon le verset sacré : « Bienheureux les purs de cœur, parce qu'ils verront Dieu » [Mt, v, 8].

Nicétas Stéthatos (disciple de Syméon le Nouveau Théologien), *Logos par demande et réponse*, trad. du grec I. Hausherr, Orientalia Christiana Analecta (OCA), Rome, 1928, p. xxiv.

Les historiens des religions ont parfois opposé l'état hésychaste, prôné par Évagre du Pont, consistant en une enstase, à l'état mystique, prôné par le pseudo-Denys l'Aréopagite, consistant en une extase. En vérité, l'état hésychaste n'est pas exactement une extase, et l'état mystique n'est pas exactement une extase. Le pseudo-Denys insiste plutôt sur la sortie de l'âme, l'abandon de l'intellect, l'élimination des symboles, des idées, des raisonnements, et même de l'imagination, jusqu'à l'intellect. Il y a alors déification (θέωσις), le Chrétien entre dans un état mystique fait d'extase.

LA RÉALISATION MYSTIQUE CHEZ LE CHRÉTIEN

« Exerce-toi sans cesse aux contemplations mystiques, abandonne les sens, renonce aux opinions intellectuelles, rejette tout ce qui appartient au sensible et à l'intelligible, [...]. Car c'est en **sortant** de tout et de toi-même, de façon irrésistible et parfaite, que tu t'élèveras dans une pure **extase** jusqu'au rayon ténébreux de la divine Suressence, ayant tout abandonné et t'étant dépouillé de tout. »	« L'âme purifiée par l'accomplissement des commandements rend inébranlable l'attitude de l'intelligence, et apte à recevoir l'état stable cherché. [...] L'état de prière est une habitude **impassible** qui, par un amour suprême, ravit sur les cimes intellectuelles l'**intelligence** éprise de sagesse et spirituelle. »
« **extase** » selon le pseudo-Denys : l'état mystique.	« **enstase** » selon Évagre du Pont : l'état initiatique.
Théologie mystique, i, 1 trad. M. de Gandillac (1943)	*Traité de l'oraison*, 2 et 53 trad. J. Touraille (1995)

La réalisation hésychaste n'est pas seulement illumination, union avec Dieu, elle est aussi (comme le Bouddhisme qui double la gnose de compassion) union avec les hommes : charité (ἀγάπη). Jésus aussi était homme. La lumière réchauffe autant qu'elle éclaire.

Heureux le moine qui tient tous les hommes pour Dieu, après Dieu.
Heureux le moine qui regarde le salut et le progrès de tous comme le sien propre, en toute joie.
Heureux le moine qui se juge « le rebut de tous » [Paul, I Cor, IV, 13].
Moine est celui qui est séparé de tout et uni à tous.
Est moine celui qui s'estime un avec tous, par l'habitude de se voir lui-même en chacun.

Évagre du Pont, *Chapitres sur la prière*, 121-125, apud *Philocalie des Pères neptiques*, éd. cit. © Éditions Monastiques, Bégrolles-en-Mauges.

En revanche, l'Hésychaste tient pour rien les pouvoirs magiques, dont pourtant il est souvent gratifié (I Cor, XII). Il vit avec les bêtes sauvages, son corps s'enflamme, il connaît le futur, etc.

ÉCOLES, DOCTRINES ET TENDANCES ÉSOTÉRIQUES

J'appelle écoles des mouvements historiques, et tendances des attitudes générales. Parmi les écoles ésotériques chrétiennes en Orient, on peut retenir : les Messaliens, les Mandéens ; parmi les doctrines : certains dualismes, certains millénarismes ; enfin, parmi les tendances : certains encratiques (ascètes), certains Fous-pour-le-Christ, certains antinomistes (« tantristes »).

Les Messaliens[1] (ou Euchites) sont « les hommes de la prière » (d'après l'étymologie en syriaque ou en grec). Du début du IVe siècle jusqu'au IXe, en Mésopotamie d'abord, puis en Syrie, en Arménie, en Asie Mineure, ils enseignaient que la prière perpétuelle peut faire descendre l'Esprit saint sur ceux qui la pratiquent. Moines errants, ils refusaient de travailler pour se consacrer entièrement à la prière. Le noviciat, de type initiatique, durait trois ans (ou, selon d'autres témoignages, douze ans). Surtout ils opposaient aux simples « justes » les parfaits, qui avaient part au Saint-Esprit. Antinomistes, ils pensaient que celui qui a atteint l'impassibilité se trouve au-delà du bien et du mal, qu'il peut dès lors dire ou faire des choses licencieuses, tel Lampèce, qui disait : « Amenez-moi une belle jeune fille, et je vous montrerai ce qu'est la sainteté[2]. » Le baptême, la lecture spirituelle ne servent à rien. Le synode de Sidé les condamna

---

1. Textes des Messaliens : *Les Cinquante Homélies* (apud pseudo-Macaire, *Œuvres spirituelles*, t. 1, trad. du grec V. Desprez, Cerf, coll. « Sources chrétiennes », n° 275, 1980, p. 32-67). Actuellement, les savants (H. Dörries) attribuent ces homélies à Syméon de Mésopotamie, un des premiers chefs des Messaliens. Témoignages sur les Messaliens : M. Kmosko, *Liber graduum*, Patrologia Syriaca, t. 3, 1926, col. CLXIX sqq. (ce livre ne serait pas messalien, selon A. Guillaumont, *Études sur la spiritualité de l'Orient chrétien*, Éditions Monastiques de l'abbaye de Bellefontaine, 1996, p. 240).
2. Photius de Constantinople, cité par A. Guillaumont, *Études...*, p. 254.

vers 390. À mon avis, le Messalianisme est une organisation initiatique, et non pas un club de débauchés, comme le prétendent les hérésiologues.

Les justes ne pratiquent pas l'adultère [Mt, v, 27] et ne reçoivent pas de blâme ; les parfaits, eux, ne se livrent ni à la convoitise ni même à aucun vice. les justes ne volent pas, ils ne commettent pas l'injustice, ils n'oppriment pas, ils ne veulent pas ce qui ne leur appartient pas ; les parfaits, eux, n'ont pas de propriété, pas d'habitation, pas de plantation, pas d'héritage foncier, pas d'activité pour se procurer les aliments ou les vêtements, non, ils vivent pauvrement à la bonne grâce des autres. [...]
Les justes n'ont pas la force d'accomplir totalement la volonté de Dieu, sauf s'ils atteignent la sainteté et s'anéantissent ; les parfaits, eux, y parviennent et sont continuellement avec Dieu. Les justes ignorent encore la totale conversion à Dieu, sauf s'ils atteignent la sainteté et s'anéantissent ; les parfaits, eux, accomplissent et entendent la parole de Dieu, ainsi qu'il est dit : « Mes brebis écouteront ma voix, elles me suivent et ne connaissent pas la voix de l'étranger. Tous ceux qui sont venus sont des voleurs et des larrons ; mais les brebis ne les ont pas écoutés » [Jn, x, 16, 8].

Le Livre des degrés. Ketâba de-masqâtâ (fin du IVe s.), sermon XIV : « Des justes et des parfaits », *apud* R. Graffin dir., *Patrologia Syriaca*, t. 3 (texte syriaque et trad. en latin par M. Kmosko, *Liber graduum*), Firmin-Didot, 1926, p. 325-326, trad. (de la version latine) P. A. Riffard.

Les « Fous sacrés [1] », qu'on appellera plus tard « les Fous-pour-le-Christ », apparaissent dès 350. Ils vivent de façon non conventionnelle, volontiers provocatrice, mais dans un but spirituel, en toute pureté (à la différence des antinomistes). Syméon le Fou entrait nu dans la partie des bains publics réservée aux femmes [2]. La « folie » peut aller jusqu'au « blâme ». Le spirituel cherche alors le mépris des autres. Pourquoi une telle attitude ? On peut imaginer bien des raisons : pour mieux cacher leur mysticisme, pour suivre la voie inverse qui accélère l'initiation, pour imiter Jésus qui fut insulté alors même qu'il était Fils de Dieu, etc.

Jean d'Amide [Éphèse, avant 541] a vu dans sa ville deux jeunes gens qui se comportaient comme des bouffons, plaisantaient avec tout le monde et recevaient des coups. Le garçon portait le costume d'un mime, la fille celui d'une courtisane. Les grands de la ville voulaient l'enfermer dans un lupanar, car personne ne savait où les deux jeunes gens passaient la nuit. Le garçon déclara alors que la fille était sa femme et il la sauva ainsi ; une dame pieuse voulut s'occuper d'elle, mais n'arriva pas à percer le secret du couple. Or Jean se mit à les observer et finit par les voir prier la nuit. Après lui avoir fait jurer de ne trahir à personne leur véritable

---

1. L'Islâm connaît les Fous-en-Dieu (É. Dermenghem, *Le Culte des saints dans l'Islam maghrébin*, 1953, Gallimard, coll. « Tel », n° 66, 1982, p. 29, 89). Voir V. Roshcau, « Saint Siméon Salos, ermite palestinien et prototype des "Fous-pour-le-Christ" », *Proche-Orient chrétien*, t. 28, 1978, p. 209-219.
2. Léonce de Néapolis (VIIe s.), *Vie de Syméon le Fou*, 13-14, trad. A.-J. Festugière, éd. P. Geuthner, 1974, p. 81-83, 135-136 (on orthographie aussi Siméon Salos, Syméon d'Émèse, VIe s.). J. Lacarrière, *Les Hommes ivres de Dieu* (1975), Éditions du Seuil, coll. « Points. Sagesses », n° 33, 1983, p. 256-257.

état, ils lui confièrent leur secret. Ils s'appelaient Théophile et Marie et appartenaient à de nobles familles d'Antioche. [...] Priant en secret, gardant une chasteté absolue, ils s'exposent toute la journée au blâme et au mépris des hommes.
Résumé (par M. Molé) de Jean d'Éphèse, *Vies des saints orientaux*, chap. 52 ; texte apud *Patrologie orientale*, t. 17, Firmin-Didot, 1923 ; trad. anglaise : *Lives of Eastern Saints*, Brépols, Turnhout, 1974.

SCIENCES OCCULTES CHRÉTIENNES : HERMÉNEUTIQUE, SCIENCE DES LETTRES

Herméneutique [1]

Qu'on ne se laisse pas abuser. Quand le pape Léon XIII, dans son encyclique *Providentissimus Deus*, parle d'herméneutique, il ne fraie en rien avec l'ésotérisme. Il ne dit mot ni du maître spirituel ni de l'interprétation occulte ni d'une expérience initiatique. Il ne parle ni des mêmes mystères ni des mêmes guides qu'un ésotériste.

Comme ils sont l'œuvre du Saint-Esprit, les mots y cachent nombre de vérités qui surpassent de beaucoup la force et la pénétration de la raison humaine, à savoir les mystères divins [incarnation de Jésus, Trinité, rédemption...] et quantité d'autres réalités qui s'y rattachent. Le sens en est parfois plus étendu et plus voilé que ne paraîtraient l'indiquer et la lettre et les règles de l'herméneutique. En outre, le sens littéral cache lui-même d'autres sens qui servent soit à éclaircir les dogmes soit à donner les directives pour la vie. Ainsi, on ne saurait nier que les Livres saints soient enveloppés d'une certaine obscurité religieuse, de sorte que nul ne peut en aborder l'étude sans guide [les Pères et Docteurs de l'Église, la tradition catholique].

Tous les Chrétiens admettent que Jésus parle d'un sens profond, mais ils limitent cela aux seules paraboles et à un sens allégorique. Les ésotéristes disent : tout dans les Écritures est caché, pas seulement les paraboles, et le sens caché n'est pas simplement littéraire, allégorique, il est plénier, total : Jésus n'est pas un poète, c'est un Initié. Pour un ésotériste chrétien, l'herméneutique vient au premier plan, puisque le Christianisme est une religion du Livre, et l'herméneute par excellence, c'est Jésus. Jésus, d'une part, interprète occultement l'Ancien Testament (Mt, VII, 12 ; XII, 40 ; XIII, 14 ; XV, 8 ; XVIII, 22 ; etc.). Jésus, d'autre part, interprète occultement ses propres paroles : « Comment ne comprenez-vous pas que ma parole ne visait pas les pains ? » (Mt, XVI, 11). J'insiste : occultement. Il donne un mystère derrière une simple vérité, il met en correspondances, il donne une voie initiatique à qui sait écouter... Quand Jésus dit « Il y a beaucoup de demeures dans la maison du Père, sinon je vous l'aurais dit » (Jn, XIV, 2), il parle et s'interprète, il fait sans doute allusion aux divers cieux qu'admettent les écrits esséniens ou pseudépigraphes [2].

---

1. P. A. Riffard, *L'Ésotérisme*, éd. cit., p. 357-361 (« L'herméneutique »).
2. Écrits canoniques de la Bible hébraïque : Deutéronome, X, 14 (« les cieux et les cieux des cieux ») ; I Rois, VIII, 27 ; Psaumes, CXLVIII, 4. Pseudépigraphes (dans *La Bible*.

Parfois un Apôtre prend le relais. Ainsi, Jean explicite régulièrement une parole de Jésus. Jésus dit : « Détruisez ce sanctuaire, en trois jours je le relèverai », Jean ajoute : « Il parlait du sanctuaire de son corps » (Jn, II, 18 et 21). Allégorie, dira le catholique. Ésotérisme, dira l'ésotériste. Il ne suffit pas de traduire « sanctuaire » par « corps », mais de voir l'analogie entre le Temple et le corps, le symbolisme du nombre Trois, l'enseignement spirituel qui prône la mort pour une seconde naissance...

Parfois aussi, l'herméneutique exige un esprit plus éloigné encore. Pourquoi Jésus distingue-t-il, sans le dire, Royaume de Dieu et Royaumes des cieux (Mt, III, 2 ; IV, 17 ; XIII, 11 ; Mc, I, 15 ; Jn, III, 3), tout en incluant cela dans les « mystères » (Mt, XIII, 11) ? On note deux expressions, un singulier contre un pluriel, un être contre des lieux. Un Hésychaste répond, certes avec les notions de son époque, mais répond. Il voit un sens où le simple exégète ne voit rien. Un Kabbaliste aurait plutôt parlé en termes de *sefirôt*.

Le Royaume des cieux est l'impassibilité de l'âme, accompagnée de la science vraie des êtres.

Le Royaume de Dieu est la science de la sainte Trinité, coextensive avec la substance de l'intellect et surpassant son incorruptibilité.

Évagre du Pont, *Traité pratique, ou le Moine*, chap. 2-3, trad., Cerf, coll. « Sources chrétiennes », n°s 170 et 171, 1971, t. 2 , p. 499-501.

Pourquoi ne pas chercher les herméneutes plus loin encore que les Apôtres, que les disciples, chez des non-Chrétiens ? Cela montrera, en partie, l'universalité de certaines pratiques et de certaines idées de l'Ésotérisme, ce que j'appelerais les ésotérumènes. Selon Yogânanda, « le mystère des sept étoiles et des sept candélabres d'or » dont parle l'Apocalypse (I, 20) symbolise « les sept lotus de lumière qui sont les sept "portes" de l'axe cérébro-spinal, dont parlent les ouvrages de yoga », autrement dit elles figurent les *chakra (Autobiographie d'un yogi*, p. 168). Est-ce une simple analogie ou une exacte allégorie ? Jean associe chaque étoile à une Église ; la première est Éphèse, constante, liée à l'Arbre de vie (est-ce le *mûlâdhâra-chakra*, à la base de la colonne vertébrale ?) ; la deuxième est Smyrne, indigente, liée à la Couronne de vie (est-ce le *svâdhishthâna-chakra*, centré dans le sexe) ? ; la troisième est Pergame, fidèle, liée au Caillou portant un nom nouveau (est-ce le *manipûra-chakra*, la roue du nombril ?) ; la quatrième est Thyatire, agissante, liée à l'Étoile du matin (est-ce le *chakra* du cœur ?) ; la cinquième est Dardes, liée au vêtement blanc (est-ce le *vishudda-chakra*, celui de la gorge ?) ;

Écrits intertestamentaires, Gallimard, « Bibliothèque de la Pléiade, 1987") : Testament des douze patriarches, C : Testament de Lévi, III, 8 (p. 838 : 7 cieux) ; III Baruch, XI, 1 (p. 1160 : 5 cieux) ; II Énoch, XX, 1 (p. 1184 : 7 cieux) ; Apocalypse d'Abraham, XIX, 4 (p. 1717 : 7 cieux). Nouveau Testament : II Cor, XII, 2-4 (« Cet homme-là fut ravi jusqu'au troisième ciel »). Le Troisième ciel est le paradis : II Énoch, VIII, 1, p. 1176.

la sixième est Philadelphie, liée à la nouvelle Jérusalem (est-ce le troisième œil, *ājñā-chakra*, localisé entre les deux sourcils ?) ; la septième est Laodicée, ni chaude ni froide, tiède, liée au Trône (est-ce le *sahasrāra-chakra*, au-delà de la dualité, situé au sommet de la tête ?).

Une science occulte comme l'herméneutique exige des règles, sous peine de dire n'importe quoi à propos de n'importe quel écrit, sous peine aussi de faire de l'analyse de texte pour universitaires quand il s'agit d'ouvrir les mots et les cœurs comme on ouvre une noix. Voyons l'herméneute chrétien à l'œuvre. Il isole des objets privilégiés comme un médecin palpe les points sensibles ou un amant les zones érogènes. Ces points, je les appellerai clefs, car ils ferment (au profane) tout autant qu'ils ouvrent (à l'initié)[1]. Apostrophant les pharisiens, Jésus s'écrie : « Vous avez enlevé la clef de la science » (Lc, XI, 52). Ces clefs sont, principalement :
– les nombres et les symboles en général ;
– les figures de rhétorique ;
– la structure du texte ;
– la pseudonymie ;
– les allusions et références.

Ensuite, comme un médecin utilise telle ou telle thérapeutique, l'herméneute emploie quelques principes[2]. Ces principes sont, essentiellement :
– la typologie scripturaire : certains événements, institutions ou personnages mentionnés par les Écritures ont valeur d'exemples et de préfigurations dans d'autres parties des Écritures ;
– les quatre sens : tout texte a conjointement (conjointement, sinon il n'y a pas ésotérisme, correspondances) un sens littéral, allégorique, moral, anagogique ;
– l'analogie inverse : ce qui est en bas est comme ce qui est en haut ;
– la réciprocité gnose/initiation : toute connaissance est aussi éveil, comme tout éveil est aussi connaissance.

Enfin, l'herméneute contrôle, en établissant des concordances avec d'autres traditions, ou bien par une expérience spirituelle, ou autrement.

Première clef : les nombres. Qui pourrait croire à un hasard dans l'utilisation des nombres chez Jean l'Évangéliste ou même chez Matthieu ? Matthieu compte 7 demandes dans le *Pater* (Mt, VI, 9-13). Dans son Évangile, Jean cite 7 fois Jean le Baptiste, 12 fois il désigne Jésus comme le Fils de l'homme, il cite le nombre des poissons (153) (Jn, XXI, 11). Le nombre 153 est la somme des 17 premiers nombres entiers, or la loi juive compte 17 bénédictions, le déluge dure du 17e jour du 2e mois au 17e jour

---

1. P. A. Riffard, *L'Ésotérisme*, éd. cit., p. 261-301 (« Les occultations »).
2. *Ibid.*, p. 357-361 (« L'herméneutique »).

du 7ᵉ mois, façon de mettre en correspondance pêche et initiation (bénédiction), initiation et renaissance (déluge), non par cachotterie, ou pour faire preuve d'érudition, mais par « magie », pour une efficacité, comme le chasseur qui imite bien le cri d'un oiseau pour attirer ses congénères [1]. Jésus groupe 12 Apôtres et 72 Disciples [2]. Or 12 met en correspondance avec les 12 tribus d'Israël qui sont elles-mêmes analogues aux 12 Signes du Zodiaque [3], et 72 est un nombre très utilisé en astrologie, en magie, dans la Kabbale.

Les douze Apôtres tiennent dans l'Église la place que les douze Signes du Zodiaque tiennent dans la Nature, parce que, comme ces Signes gouvernent les êtres sublunaires et président à la génération des êtres, de même les douze Apôtres président à la régénération des âmes.

Extraits de Théodote, XXV, 2 (apud Clément d'Alexandrie, éd. cit.).

Le fameux « chiffre de la Bête », 666 (Ap, XIII, 18), a intrigué tous les curieux. Ce nombre serait la somme des valeurs données aux lettres hébraïques traduisant César-Néron : *kaf* (100), *samekh* (60), *resh* (200), *nun* (50), *resh* (200), *waw* (6), *nun* (50). Les ésotéristes ont avancé des solutions plus pertinentes. Le nombre est moins une somme qu'un chiffre : 6 trois fois (6/6/6), ou, si l'on préfère, la somme des 36 premiers nombres (1 + 2 +... + 36 = 666). On devine l'achèvement d'un cycle cosmique (6) sur trois plans.

Deuxième clef : les symboles. On pense aux couleurs : le blanc représente la pureté ou la victoire, le vert la décomposition, etc. On pense aux êtres : Jésus cite le lys (Mt, VI, 28). Pourquoi le lys plutôt qu'une autre fleur ? Cette fleur est blanche et solitaire.

Laissons les autres clefs, et passons aux principes.

La notion d'herméneutique consiste à dire que dans le sens littéral se tient un sens spirituel. Le sens littéral est la signification immédiate et historique, mais cette signification est un signe. On ne va pas comme en linguistique du signe au sens, mais du sens au signe, sans négliger le signe, en demeurant dans le signe, dans son intérieur. L'ésotérisme est là. L'exotériste, l'exégète méprise le signe, il saute du signifiant « lys » au signifié « roi », alors que l'ésotériste, l'herméneute reste dans le signe, il demeure dans l'analogie lys/roi.

L'herméneutique des deux expositions, appelée « typologie scriptu-

---

1. E. Bindel, *Les Nombres et leurs fondements spirituels* (1958), suivi de R. Steiner, *Quatre Conférences* (1905-1924), Éditions anthroposophiques romandes, Genève, 1992, p. 231-238 : « Dix-Sept, union de Dix et de Sept. »
2. P. Saintyves, *Deux Mythes évangéliques. Les 12 apôtres et 72 disciples*, Nourry, 1938, 310 p. Sur 72, voir *supra*, p. 435 et n. 1, et *infra*, p. 1151 (« Les sciences occultes »). Sur les 12 Apôtres : Mc, III, 14-19. Sur les 72 (ou 70) Disciples : Lc, X, 1.
3. Voir *supra*, p. 957 (« Les mystères de la Loi »).

raire », confronte « type » et « antitype »[1]. L'exposition typique donne un contenu annonciateur et hautement signifiant à des passages de la Bible où tel événement, tel objet ou tel homme, du fait qu'il est exemplaire, désigne d'autres éléments (appelés alors antitypiques). Par exemple, la manne, figure typique, modèle de la nourriture céleste dans l'Ancien Testament, symbolise et prophétise le pain eucharistique, sa figure antitypique, sa copie dans le Nouveau Testament. La copie a donc une secrète présence dans le modèle. On peut chercher des liens ésotériques entre les textes, entre les faits, deviner, comprendre, trouver des lois, des ressemblances. L'Histoire devient un réseau de signes. Modèles et copies s'appellent mutuellement. Passé et futur se répondent en écho.

– [Figures typiques] Melchisédech, roi de Shalem, apporta du pain et du vin ; il était prêtre du Dieu Très-Haut.

Gn, xiv, 18.

YHWH dit à Moïse : « Je vais vous faire pleuvoir du pain du haut du ciel. »
Ex, xvi, 4.

– [Figure antitypique] Or, tandis qu'ils mangeaient, Jésus prit du pain et, après avoir prononcé la bénédiction, il le rompit et le donna à ses disciples en disant : « Prenez et mangez, ceci est mon corps. » Puis, prenant une coupe, il rendit grâces et la leur donna en disant : « Buvez-en tous, car ceci est mon sang, le sang de l'alliance. »

Mt, xxvi, 26-28.

– [Typologie scripturaire] Ils lui dirent alors [à Jésus] : « Quel signe vas-tu nous faire voir pour que nous te croyions ? Quelle œuvre accomplis-tu ? Nos pères ont mangé la manne au désert, selon le mot de l'Écriture : *Il leur a donné à manger du pain venu du ciel* » [Psaumes, LXXVIII, 24]. Jésus leur répondit : « En vérité, en vérité, je vous le dis [...]. Je suis le pain de vie. Vos pères ont mangé la manne au désert et sont morts ; ce pain est celui qui descend du ciel pour qu'on le mange et ne meure pas. Je suis le pain vivant descendu du ciel. Qui mangera ce pain vivra à jamais. Et le pain que moi, je donnerai, c'est ma chair pour la vie du monde. »

Jn, vi, 30-51.

L'herméneutique des quatre sens approfondit cette lecture. Le texte a quatre niveaux possibles[2] : soit littéral (historique), soit allégorique (dogmatique), soit tropologique (moral), soit anagogique (mystique). Le

---

1. La théorie des deux expositions a été formulée dès saint Paul, I Cor, x, 6 (« Ces faits se sont produits pour nous servir de types »). Saint Pierre défend aussi cette théorie : Première Épître, III, 20-21 (« Noé construisait l'Arche, dans laquelle un petit nombre, en tout huit personnes, furent sauvées par l'eau. Ce qui y correspond, c'est le baptême qui vous sauve à présent »).
2. La théorie des quatre niveaux a été formulée par Origène. Voir H. de Lubac, *Exégèse médiévale. Les Quatre Sens de l'Écriture*, Aubier, 1959-1964, 4 t., t. 1, p. 171 *sqq.* ; C. Mondésert, *Clément d'Alexandrie. Introduction à l'étude de sa pensée religieuse à partir de l'Écriture*, Montaigne, 1944, p. 159 *sqq.*

niveau littéral désigne un événement ; le niveau allégorique contient une vérité ; le niveau tropologique énonce une règle à pratiquer ; enfin et surtout, le niveau anagogique fait remonter à l'origine, il sauve [1], il promet « la vie éternelle », en somme. Ce niveau anagogique ne donne pas le sens le plus haut, le plus élevé, comme le voudrait le Christianisme exotérique, mais le sens premier, celui qui fait retour au sens littéral. On fait la boucle. Le sens littéral parle-t-il de jeûner ? le sens anagogique, sous prétexte de mystique, ne va pas dire que le jeûne importe peu, il va dire que le jeûne du corps se réalise et dans le corps et dans l'esprit, par la pratique de la sobriété, l'idée de vide ou de néant, etc. Les quatre sens ne sont pas indépendants, mais, selon la loi des correspondances, se réfractent différemment selon les niveaux. De même que la même eau est vapeur dans le ciel, glace sur le sol, liquide en profondeur, de même la même phrase vaut ici comme morale, là comme prophétie, etc. Soit cette parole de Jésus : « Que deux ou trois soient réunis en mon Nom, je suis là au milieu d'eux » (Mt, XVIII, 20). Le sens littéral est simple : quand plusieurs personnes prient au nom de Jésus (ou méditent le Nom !), Jésus sera présent. Mais présent de quelle façon ? pas physique, on s'en doute. Le sens allégorique s'impose. Pourquoi Jésus précise-t-il « deux ou trois », pourquoi mentionne-t-il le Nom ? Deux ou trois fait penser à la cellule familiale père-mère-enfant, ou à la Trinité, ou au ternaire corps-âme-esprit. Le sens tropologique va évoquer, à propos de trois, trois instances morales, par exemple raison-passion-désir (comme chez Platon ou Évagre du Pont). Le sens mystique va chercher dans trois la triplicité chrétienne : Père-Esprit-Fils ou esprit-âme-corps ou Juifs-Gentils-Chrétiens [2].

— [Texte] De même, je vous le dis en vérité, si deux d'entre vous, sur la terre, unissent leurs voix pour demander quoi que ce soit, cela leur sera accordé par mon Père qui est aux cieux. Que deux ou trois, en effet, soient réunis en mon Nom, je suis là au milieu d'eux.

Mt, XVIII, 20.

Mais qui sont ces « deux ou trois personnes assemblées » au nom du Christ et « au milieu desquelles habite le Seigneur » ?
— [Sens littéral] Ces paroles ne désignent-elles pas l'homme, la femme et l'enfant né de cette alliance, parce que la femme est unie à l'homme en Dieu ? [...] Dieu, par l'intermédiaire de son fils, habite avec ceux qui portent une sage tempérance dans le mariage et la génération. [...]
— [Sens allégorique] On pourrait encore, par ces trois personnes dont a parlé le

---

1. Dans le Gnosticisme comme dans l'Hermétisme (*Corpus Hermeticum*, I, 29), la connaissance sauve.
2. Une exégèse traditionnelle (Philoxène de Mabbough, Grégoire de Nazianze) existe sur ce passage, qui aurait pour sens figuré : « Ceux qui, étant deux ou trois, ont unifié leur propre moi, je suis avec eux. » A. Guillaumont, *Aux origines du monachisme chrétien*, p. 55-58 ; G. G. Stroumsa, *Savoir et Salut*, p. 212-213.

Christ, entendre la colère, le désir et la raison [tripartition de Platon], ou bien la chair, l'âme et l'esprit [tripartition de saint Paul]. [...]
— [Sens tropologique] Mais quand, élevé au-dessus de la colère et du désir, et aimant réellement la créature en vue de Dieu, Créateur de toutes choses, il a embrassé la vie d'un gnostique et [...] réuni la connaissance, la foi et l'amour, alors, devenu un dans ses jugements, véritablement spirituel, [...] homme parfait enfin, voilà le fils, voilà l'ami. C'est ainsi que deux ou trois personnes sont assemblées dans un même lieu, c'est-à-dire dans le vrai gnostique. [...]
— [Sens anagogique] Il se pourrait encore que cette communauté de sentiments, exprimée par les trois personnes avec lesquelles se trouve le Seigneur, signifiât une seule Église, un seul homme, une seule race. [...] La Loi ancienne, les Prophètes, l'Évangile ne se confondent-ils pas au nom du Christ dans une seule connaissance [gnose] ?

Clément d'Alexandrie, *Strômates*, III, chap. 10, trad. M. de Genoude, *op. cit.*, p. 240-241.

L'herméneutique aboutit, évidemment, à une nouvelle traduction. Là encore, on fait œuvre d'anagogie, on retourne au sens, on va au cœur du mot, ou retrouve le son effectif, on réintroduit le rythme, on rétablit l'image. Prenons comme exemple le célèbre début de l'Évangile selon Jean. Dans ce prologue, l'aigle Jean dit aux hommes le dit de Dieu. L'exégèse exotérique y voit un exposé philosophique, plus ou moins tributaire de la philosophie grecque du Logos, d'où une traduction lisse, qui devient incompréhensible. Voyons ce qu'en pense Rudolf Steiner. Il affirme l'existence d'un « ésotérisme chrétien ». Et il part d'une tout autre métaphysique, très ésotérique, centrée sur les corps subtils de l'homme (corps éthérique, corps astral, Moi, soi-esprit ou corps âtmique, esprit de vie ou corps bouddhique, Homme-Esprit), il s'appuie aussi sur des cycles cosmiques (ancien Saturne, ancien Soleil...). « Sur Saturne, dit-il, nous avons le corps physique qui est l'expression du Logos. Sur le Soleil s'y ajoute le corps éthérique, expression de l'Esprit de vie : le Logos est devenu Vie ! Sur la Lune s'incorpore le corps de lumière : la Vie est devenue Lumière ! Telles sont les grandes étapes de l'évolution du corps humain. [...] Au début fut le Logos, puis il devint Vie, puis Lumière, et cette lumière vit dans le corps astral. La lumière brilla dans l'être intérieur de l'homme, dans la ténèbre, dans la non-connaissance. Et le sens de l'existence terrestre est que l'homme triomphe intérieurement de la ténèbre afin d'apprendre à reconnaître la lumière du Logos [1]. » Dès lors, les premiers versets de l'Évangile selon Jean deviennent un texte occulte qui dévoile à qui sait les mystères, à qui sait lire les textes ésotériques, les analogies entre les règnes, les imbrications, l'évolution cachée du monde et de l'humanité. Je ne sais pas si R. Steiner a raison, mais il fait raisonner l'homme et résonner le texte.

---

1. R. Steiner, *L'Évangile selon Jean* (*Das Johannes-Evangelium*, 1908), trad. de l'allemand (1935), Triades, 1990, p. 44-45.

TRADUCTIONS DE l'ÉVANGILE SELON SAINT JEAN, I, 1-5

« Au commencement le Verbe était et le Verbe était avec Dieu et le Verbe était Dieu. Il était au commencement avec Dieu. Tout fut par lui et sans lui rien ne fut. De tout être il était la vie et la vie était la lumière des hommes et la lumière luit dans les ténèbres et les ténèbres n'ont pu l'atteindre. »	« En l'origine était le Verbe, et le Verbe était près de Dieu, et le Verbe était un dieu. Il était en l'origine près de Dieu. Tout est advenu par lui, et rien de ce qui existe n'est advenu sans lui. En lui était la vie, et la vie était la lumière des hommes. Et la lumière brilla dans la ténèbre, mais la ténèbre ne l'a pas saisie. »
Traduction exotérique (D. Mollat, jésuite) : École biblique de Jérusalem, *La Sainte Bible* (1956)	Traduction ésotérique : R. Steiner, *L'Évangile selon Jean* (1908), trad. de l'allemand V. Choisnel, 1935.

Science des lettres

Certains éléments ont fait soupçonner que les Évangiles utilisent la science des lettres. Le passage le plus parlant (ou le plus muet) est celui-ci : « Je suis l'Alpha et l'Oméga » (Ap, XXII, 13). Ou bien celui-ci : « Avant que ne passent le Ciel et la Terre, pas un iota [un i], pas un point sur l'iota ne passera de la Loi » (Mt, V, 18).

Guénon rappelle que « la science des lettres, entendue dans son sens supérieur, est la connaissance de toutes choses dans le principe même, en tant qu'essences éternelles ; dans un sens que l'on peut dire moyen, c'est la cosmogonie ; enfin, dans le sens inférieur, c'est la connaissance des vertus des noms et des nombres, en tant qu'ils expriment la nature de chaque être [1] ».

Marc le Mage (=Marcos) a développé sa science des lettres avec le brio d'un Kabbaliste pour la combinaison des lettres. Pour lui, « Jésus » est un nom exotérique, « Fils Christ » un nom ésotérique. Il utilise aussi bien la notarique (Jésus = J + É + S + U + S) que la guématrie (FILS CHRIST = 801 = COLOMBE [2]). Marc le Mage ne se pose pas la question du caractère conventionnel des langues, ni le problème de la langue maternelle de Jésus, l'araméen. Il se fonde, entre autres, sur le fait qu'en grec le mot « lettre » (στοιχεῖον) signifie aussi « élément ». Le monde est fait d'éléments comme un texte de lettres, mais l'analogie va très loin, chaque élément est une lettre, tout est langage pour le gnostique.

L'élément *delta* [δελτα] a en lui-même cinq lettres, à savoir le *delta* [δ] lui-même, l'*epsilon* [ε], le *lambda* [λ], le *tau* [τ] et l'*alpha* [α] ; ces lettres, à leur

---

1. R. Guénon, *Le Symbolisme de la croix*, UGE, coll. « 10/18 », p. 209.
2. Marc le Mage fait allusion à la colombe qui apparaît lors du baptême de Jésus (Mt, III, 16). Si le mot « Colombe » et l'expression « Fils Christ » ont même valeur numérique (801), c'est que Jésus est colombe, « Esprit de Dieu ».

tour, s'écrivent au moyen d'autres lettres, et ces dernières, au moyen d'autres encore. [...] Si une lettre est à ce point immense, vois quel « abîme » de lettres suppose le Nom entier, puisque, d'après l'enseignement du Silence de Marc, c'est de lettres qu'est constitué le Pro-Père. [...]
La Tétrade [les Quatre premiers éons selon Valentin : Inexprimable et Silence, Père et Vérité] dit à Marc : « Je veux te montrer aussi la Vérité elle-même, car je l'ai fait descendre des demeures supérieures pour que tu la voies nue, et que tu sois instruit de sa beauté, et aussi pour que tu l'entendes parler et que tu admires sa sagesse. Vois donc sa tête, en haut, qui est α [alpha] et ω [oméga], son cou qui est β [bêta] et ψ [psi], ses bras et ses mains qui sont γ [gamma] et χ [khi], sa poitrine qui est δ [delta] et φ [phi], sa taille qui est ε [epsilon] et υ [upsilon], son ventre qui est ζ [dzéta] et τ [tau], ses parties qui sont η [éta] et ς [sigma], ses cuisses qui sont θ [thêta] et ρ [rô], ses genoux qui sont ι [iota] et π [pi], ses jambes qui sont κ [kappa] et ο [omicron], ses chevilles qui sont λ [lambda] et ξ [ksi], ses pieds qui sont μ [mu] et ν [nu]. [...] » À cet Élément il [Marc le Mage] donne le nom d'Homme : il est, dit-il, la source de tout Logos, le principe de toute Voix, l'expression de tout Inexprimable, la bouche de Silence la silencieuse. Voilà donc son corps. [...]
Les mots Υἱὸς χρειστός [Fils Christ] comportent douze lettres, mais ce qu'il y a d'inexprimable dans le Christ comporte trente lettres. C'est pourquoi Marc dit qu'il est α et ω [1 + 800] = 801, afin d'indiquer la Colombe [περιστερά : π = 80 + ε = 5 + ρ = 100 + ι = 10 + σ = 200 + τ = 300 + ε = 5 + ρ = 100 + ά = 1 = 801], car cet oiseau possède précisément ce nombre.

Irénée de Lyon, *Contre les hérésies*, I, 14, 2-3, éd. cit., p. 80 ; I, 15, 1, p. 85. © Éditions du Cerf, Paris.

ARTS OCCULTES CHRÉTIENS

L'astrologie
L'Église est contre, et violemment :

Si quelqu'un croit devoir ajouter foi à l'astrologie ou à la divination, qu'il soit anathème.

Concile de Tolède, en 446, *apud* Héfélé-Leclercq, *Histoire des Conciles d'après les documents originaux* (1869-1878), Letouzey et Ané, 1930-1949, t. 2, partie 1, p. 487.

LES QUATRE ÉVANGÉLISTES

Luc (vers 80)	Marc (vers 64)	Matthieu (vers 70)	Jean (vers 96)
Taureau équinoxe de printemps	**Lion** solstice d'été	**Aigle** (=Scorpion) équinoxe d'automne	**Homme** (=Verseau) solstice d'hiver

Pourtant, l'astrologie est présente dès les Évangiles, mais de façon occulte. Il y a, on l'a vu, 12 Apôtres comme il y a 12 Signes du Zodiaque. Il y a 4 Évangélistes comme il y a 4 points solsticiaux et équinoxiaux. La naissance de Jésus coïnciderait avec l'Ère des Poissons. Et ainsi de suite.

                    Homme

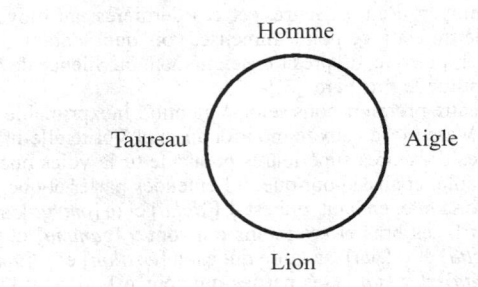

    Taureau   Aigle

                     Lion

        LA CROIX DES SAISONS

Les Gnostiques — commes les Hermétistes — pensent l'astrologie en termes de fatalité (είμαρμένη) tombant sur les choses matérielles. En termes très ésotériques, l'astrologie se présente comme une science des signes, et non pas une physique, une science des causes ; d'autre part, le Christ brise cette fatalité.

Le Destin est la rencontre de Puissances nombreuses et opposées : celles-ci sont invisibles et n'apparaissent point ; elles règlent le cours des astres et gouvernent par eux. [...]
Ainsi donc, par les étoiles fixes et les planètes, les Puissances invisibles, véhiculées par ces astres, régissent les natifs et y président. Quant aux astres mêmes ils ne font rien, mais ils indiquent l'influence des Puissances dominantes, de même que le vol des oiseaux a une signification mais ne produit rien.

Extraits de Théodote, LXXII *(apud* Clément d'Alexandrie, éd. cit. p.195-197).

La magie
Les magiciens sont malmenés dans le Nouveau Testament. Mais dans quel passages ? dans les Actes des Apôtres (VIII, 9 ; XIII, 6 ; XIX, 13). Jean semble les condamner (Ap, IX, 21 ; XXI, 8 ; XXII, 15), il vise plutôt les sorciers.

Les monothéismes condamnent la magie illicite plus que la magie en soi. La magie illicite revient au polythéisme, elle attribue les pouvoirs à tout autre que Dieu, elle prend un signe de prophétie pour une œuvre de prophétie, un moyen de persuasion pour la Parole.

Jésus lui-même — je l'ai signalé plus haut — a eu des activités traditionnellement classées dans la magie : thaumaturgie, guérison occulte, exorcisme.

Les Gnostiques font un usage assez développé de la magie et de la **théurgie**, puisqu'ils veulent accéder du monde matériel au monde spirituel, et dès cette vie, dans cette vie. La théurgie fait entrer en contact avec des puissances spirituelles, anges ou démons, grâce à des rites ou grâce à des objets. Les Gnostiques cherchent aussi, souvent, à s'affranchir de la famille et du corps (Gnosticisme ascétique) ou des normes sociales et des rites religieux (Gnosticisme antinomiste). Quoi, mieux que la magie, peut permettre le dépassement ou la transgression des lois naturelles ? Les Gnostiques croient nécessaire la connaissance de formules et de sceaux. Le sceau s'obtient, par exemple, par l'invocation de la Trinité lors du baptême *(Extraits de Théodote,* éd. cit., LXXX, 3).

Un autre des leurs [les Gnostiques] s'est vanté d'être le correcteur du Maître [Jésus]. Il porte le nom de Marc [Marc le Mage]. Très habile en jongleries magiques, il a trompé par elles beaucoup d'hommes et une quantité peu banale de femmes, les faisant s'attacher à lui comme au « Gnostique » et au « Parfait » par excellence et comme au détenteur de la Suprême Puissance venue des lieux invisibles et innommables. [...]

[Thaumaturgie ou prestidigitation ?] Feignant d'« eucharistier » une coupe mêlée de vin et prolongeant considérablement la parole de l'invocation, il fait en sorte que cette coupe apparaisse pourpre ou rouge. On s'imagine alors que la Grâce venue des régions qui sont au-dessus de toutes choses fait couler son propre sang dans la coupe de Marc [...].

[Prophétisme ou supercherie ?] Il semble qu'il ait même un démon assistant, grâce auquel il se donne l'apparence de prophétiser lui-même et fait prophétiser les femmes qu'il juge dignes de participer à sa Grâce. [...]

[Magie ou charlatanisme ?] Ce même Marc use aussi de philtres et de charmes [...].

[Antinomisme ou immoralité ?] Certains de ses disciples [...] se décernent eux-mêmes le titre de « parfaits », persuadés que personne ne peut égaler la grandeur de leur gnose [...]. Aussi peuvent-ils tout se permettre librement et sans la moindre crainte. Grâce à la « rédemption » [un sacrement], en effet, ils deviennent insaisissables et invisibles pour le Juge [le Dieu de l'Ancien Testament, inférieur au Dieu inconnaissable].

Irénée de Lyon, *Contre les hérésies,* I, 13, 1-6, p. 73-77. © Éditions du Cerf, Paris.

L'ICÔNE, LA MUSIQUE SACRÉE

On peut partir de cette définition de S. Fumet : l'art religieux relie l'homme à Dieu, l'art sacré relie Dieu à l'homme.

L'**icône** se présente comme une peinture sur un panneau de bois. Mais elle transforme le bois en lumière. L'ésotérisme chrétien d'Orient se donne avec l'icône un accès à l'absolu qui passe par une autre voie que celle de l'ascèse (Hésychasme) ou des mythes (Gnosticisme). Ou plutôt l'icône privilégie la beauté, comme l'Hésychasme, et manifeste des secrets, comme le Gnosticisme. L'icône est au Chrétien ce qu'est le *mandala* au Bouddhiste : un labyrinthe qui va de lumières en lumières jusqu'à la Lumière originelle, laquelle se trouve dans le regard, déjà, par avance. L'icône contient une énergie toute spirituelle qui émane de ses Christ et de ses Vierges.

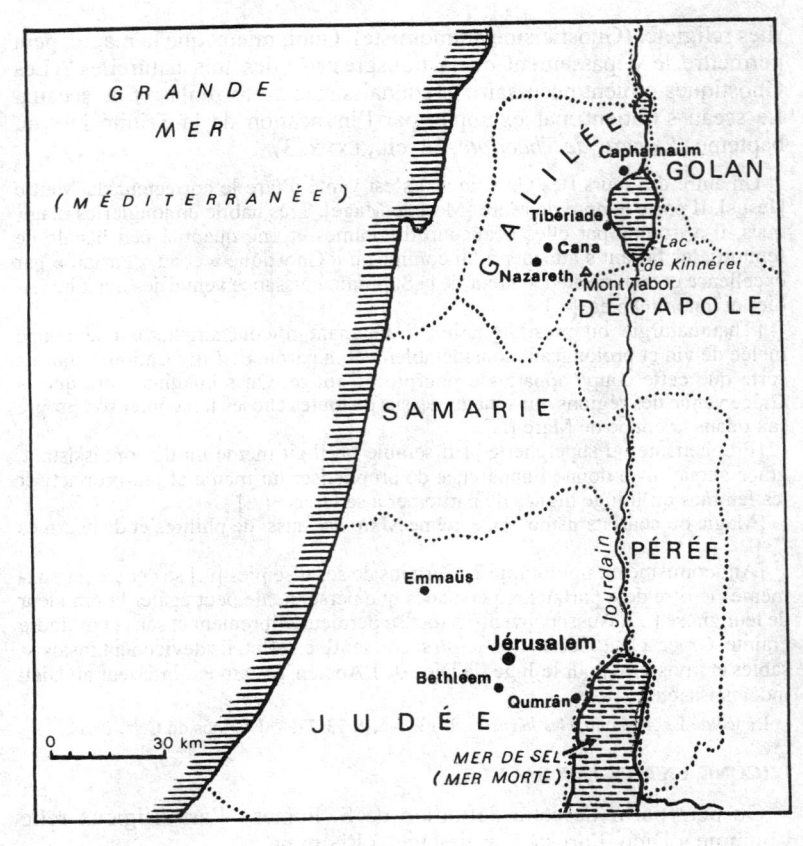

CARTE DE LA PALESTINE DES ÉVANGILES

La musique sacrée prend son modèle dans les chants attribués aux anges.

Autant que je le puisse connaître, le premier ordre des essences célestes, celui qui fait cercle autour de Dieu et de son immédiat voisinage, qui entoure sa perpétuelle connaissance d'une ronde simple et continue [...], ce premier ordre imite autant qu'il le peut la beauté des pouvoirs et des opinions propres à Dieu. Connaissant Dieu de façon supérieure, il participe, autant qu'il le peut faire sans sacrilège, à la science et à la connaissance théarchiques. C'est pourquoi la théologie a transmis aux habitants de la terre les hymnes que chantent ces anges du premier ordre et où apparaît saintement le caractère transcendant de leur sublime illumination. Certains, si l'on ose user d'une image sensible, ressemblent à la voix d'un torrent impétueux, lorsqu'ils s'écrient : « Bénie soit en son lieu la Gloire du

Seigneur ! » [Ézéchiel, III, 12]. D'autres entonnent l'hymne théologique célèbre et très vénérable : « Saint, saint, saint, le Seigneur des armées [angéliques], toute la terre est pleine de sa Gloire » [Isaïe, VI, 3].

Pseudo-Denys l'Aréopagite, *Hiérarchie divine*, VII, 4, in *Œuvres complètes*, trad. du grec M. de Gandillac, Aubier, 1943, p. 211-212.

Si la Révélation historique faite par Jésus est pour l'exotériste un accomplissement, elle n'est qu'un commencement — sublime — pour l'ésotériste. On possède la révélation en nous, sous forme d'étincelles innées (nous dit le Gnostique), ou bien dans la nature des êtres (nous dit l'Hésychaste).

Le Christianisme oriental apprend au Chrétien que la révélation n'est pas derrière, mais devant, que le Christ n'est pas dehors mais dedans.

BIBLIOGRAPHIE GÉNÉRALE SUR L'ÉSOTÉRISME CHRÉTIEN ORIENTAL

S'il n'y a qu'un livre à lire : les Évangiles (64 ?-96) ou bien — pour ne pas offenser les religieux hostiles à l'ésotérisme — *L'Évangile selon Thomas* (vers 140 ?, 1ʳᵉ éd. 1956), trad. de la version copte H.-Ch. PUECH (*En quête de la gnose*, t. 2 : *Sur l'Évangile selon Thomas*, Gallimard, 1978, 319 p.) ou J. É. MÉNARD (*L'Évangile selon Thomas*, E. J. Brill, coll. « Nag Hammadi Studies », n° 5, Leyde, 1975, X-252 p.) ou É. GILLABERT et *al.* (*L'Évangile selon Thomas*, Dervy-Livres, coll. « Métanoïa », 1985, 405 p.) ou J. DORESSE (*L'Évangile selon Thomas. L'Évangile des évangiles*, 2ᵉ éd. revue, Éditions du Rocher, coll. « Gnose », 1987, 250 p.) ou J.-Y. LELOUP (*L'Évangile de Thomas*, Albin Michel, coll. « Spiritualités vivantes », n° 61, 1986, 254 p.). Ce texte contient 114 *logia* attribués à Jésus. Certains se trouvent dans les Évangiles, d'autres sont sans doute authentiques malgré leur absence des Évangiles (*logia* 8 et 82 ?), d'autres enfin paraissent non historiques. Ce livre fait partie de la bibliothèque de Nag Hammadi (NH II.2). Abréviation pour Nag Hammadi : NH. A. Guillaumont croit le texte « d'origine syriaque », au-delà de sa « version copte » : « Édesse au cours du IIIᵉ siècle » (*Aux origines du monachisme chrétien*, p. 104).

Approche ésotérique de l'histoire : CLÉMENT D'ALEXANDRIE, IBN 'ARABÎ, HELENA PETROVNA BLAVATSKY (H. P. B.), ANNIE BESANT, ALICE BAILEY, PAPUS (né Gérard Encausse), PAUL SÉDIR (né Yvan Le Loup), RUDOLF STEINER, ÉDOUARD SCHURÉ, RENÉ GUÉNON (Palingenius), BORIS MOURAVIEFF, HERBERT SPENCER LEWIS (l'AMORC), abbé HENRI STÉPHANE, JEAN-YVES LELOUP, SERGE HUTIN, OMRAAM-MIKHAËL AÏVANHOV (la F.B.U.), ÉMILE GILLABERT, JEAN TOURNIAC.

BIBLIOTHÈQUES : Instituts catholiques de Paris (21, rue d'Assas, 75006 Paris), de l'Ouest (place André-Leroy, 49005 Angers), de Lille (60, bd Vauban, 59000 Lille) de Lyon (25, rue du Plat, 69000 Lyon), et de Toulouse (31, rue de la Fonderie, 31000 Toulouse) ; Église-cathédrale orthodoxe russe, 12, rue Daru, 75008 Paris ; Société biblique française, 58, rue de Clichy, Paris.

Les grands textes ésotériques (Christianisme oriental, Gnosticisme, Manichéisme)

— Le Nouveau Testament (Évangiles + Actes des Apôtres + Épîtres + Apocalypse de Jean), spécialement l'Évangile selon saint Jean (κατὰ Ἰωάνην, en 96 ? à Éphèse ?) chap. XIV, et l'Apocalypse de Jean (Ἀποκάλυψις Ἰωάννου, en 97 ?

à Patmos ?). Texte grec : *Novum Testamentum graece et latine*, éd. E. Nestle et K. Aland, Stuttgart, 1971. Traduction classique : I. LEMAÎTRE DE SACY, *La Bible*, 1672, trad. du grec et du latin et non pas de l'hébreu, Robert Laffont, coll. « Bouquins », 1990, LIV-1 680 p. Trad. protestante : L. SEGOND, *Nouveau Testament*, 1810-1885, Alliance biblique française, 1960, 1 133 p., 326 p. Trad. catholique (dominicaine) : École biblique de Jérusalem (1955 ss.), *Le Nouveau Testament*, Cerf, 1986, 810 p. Trad. non confessionnelle : J. GROSJEAN et M. LÉTURMY, *La Bible. Le Nouveau Testament*, Gallimard, « Bibliothèque de la Pléiade », 1971, 1088 p. Trad. œcuménique (TOB) : *Nouveau Testament. Traduction œcuménique* (1973), Cerf, 1988, 820 p. Trad. littérale : A. CHOURAQUI, *Les Évangiles*, Brépols, Turnhout, 1990, 500 p. ; *Actes des Apôtres, Épîtres, Apocalypse*, Brépols, 1990, 534 p. Il existe une traduction anthroposophique en allemand du Nouveau Testament, par Emil Bock, Verlag Urachhaus, Stuttgart.

– Dits *(logia)* de Jésus non canoniques *(agrapha)* : J. JEREMIAS, *Les Paroles inconnues de Jésus* (1965), trad. de l'allemand, Cerf, 1970, p. 47-115. *Logia* de Jésus, au nombre de 225, fournis par les auteurs musulmans : DON M. ASÍN PALACIOS, *Logia et Agrapha domini Jesu apud moslemos scriptores*, apud R. GRAFFIN et F. NAU dir., *Patrologie orientale* (PO), Firmin-Didot, t. 13, fasc. 3 (1919), p. 335-431, et t. 19, fasc. 4 (1926), p. 531-624.

– « Kérygmes de Pierre », in *Roman pseudo-clémentin* (v. 70 ?, ébionite). Texte judéo-chrétien. O. CULLMANN, *Le Problème littéraire et historique du roman pseudo-clémentin*, Alcan, 1930, 271 p.

– HERMAS, *Le Pasteur. Poimen* (90-140), trad. du grec R. Joly, 3ᵉ éd., Cerf, coll. « Sources chrétiennes », n° 53 bis, 1986, 410 p. L'auteur est peut-être un Essénien converti au Christianisme.

– *Odes de Salomon* (milieu IIᵉ s., Syrie, 1ʳᵉ éd. 1909), trad. du syriaque, Desclée de Brouwer, 1981, 94 p. Texte judéo-chrétien orthodoxe favorisant une liturgie et une symbolique gnostiques.

– Apocryphes ésotériques du Nouveau Testament (IIᵉ s. ss.), soit gnostiques (dont *Évangile selon Thomas*, *Évangile selon Philippe*, *Actes de Thomas*) soit judéochrétiens (dont *Évangiles des Hébreux*, *Évangiles des Ébionites*, *Évangiles des Égyptiens*) : CH. MOPSIK, *Les Évangiles de l'ombre. Apocryphes du Nouveau Testament*, Lieu commun, 1983, 310 p.

– Écrits gnostiques (50-430), dont : 1) *Hymne naassène* (*Hymne de l'âme*, fin Iᵉʳ s.), apud PSEUDO-HIPPOLYTE DE ROME, *Réfutation de toutes les hérésies* (vers 230), trad. du grec A. Siouville, Rieder, 1928, 2 t., V, 10, t. 1, p. 162, ou trad. H. LEISEGANG (*La Gnose*, Payot, coll. « Petite bibliothèque Payot », n° 76, 1971, p. 98-99 ; 2) *L'Évangile selon Thomas* (vers 140 ?), éd. cit. ; 3) VALENTIN (?), *Évangile de vérité* (vers 180), trad. J. É. Ménard, éd. E. J. Brill, coll. « Nag Hammadi Studies », n° 2, Leyde, 1972, 228 p. ; 4) *Hymne de la perle* (milieu du IIIᵉ s., syriaque), apud *Actes de Thomas* (milieu du IIIᵉ s., recensions syriaque et grecque), trad. P.-H. POIRIER (*L'Hymne de la perle des Actes de Thomas*, Publications du Centre d'histoire des religions de Louvain-la-Neuve, coll. « Homo religiosus », n° 8, 1981) : « Le chef-d'œuvre de la poésie syriaque » ; 5) *Pistis Sophia* (= *Codex Askewianus*, *Codex de Londres*, vers 340), trad. de la version copte sa'îdique (original grec perdu) É. AMÉLINEAU (1895, Archè, Milan, 1975) ou S. A. WEOR (*Pistis Sophia*, Ganesha, 1986, 416 p.).

– CLÉMENT D'ALEXANDRIE, *Strômates* (*Tapisseries*, v. 208), trad. du grec P. Voulet, Cerf, coll. « Sources chrétiennes », 1951 ss., en cours ; surtout

livre VII. En attendant : *Les Pères de l'Église*, trad. M. de Genoude, t. 5 : *Les Strômates*, Sapia, 1839, 685 p.
— Écrits hésychastes (333 ss.). Deux recueils s'imposent. 1) *Apophtegmes des Pères du désert* (= *Gerontikon, Paroles des Anciens*. Enseignement des Pères du désert, fin ve s., soit par ordre alphabétique, soit par ordre systématique), trad. (du copte, surtout) par le dominicain L. REGNAULT (*Les Sentences des Pères du désert. Série des anonymes*, Éditions Monastiques de l'abbaye de Bellefontaine, coll. « Spiritualité orientale », n° 43, 49122 Brégrolles-en-Mauges, 1970, nouv. éd. 1985, 367 p.) ou par le jésuite J.-Cl. GUY (*Les Apophtegmes des Pères*, Cerf, coll. « Sources chrétiennes », 1993 ss., en cours). Anthologie par TH. MERTON (*La Sagesse du désert. Aphorismes des Pères du désert*, trad. de l'anglais, Albin Michel, coll. « Spiritualités vivantes », n° 65, 1987, 120 p.) ou par J.-Cl. GUY (*Paroles des Anciens*, Éditions du Seuil, coll. « Points. Sagesses », n° 1, 1976, 186 p.). Quelques apophtegmes et anecdotes seulement sur les 3 000 fragments et témoignages ont une dimension ésotérique ou initiatique. Ce n'est pas encore hésychaste, simplement monastique. 2) NICOMÈDE L'HAGIORITE et MACAIRE DE CORINTHE, *Philocalie des Pères neptiques* (1782), trad. du grec J. Touraille, Éditions Monastiques de l'abbaye de Bellefontaine, 1979-1991, 11 t. : anthologie de textes, du IIIe au XVe s., d'ANTOINE LE GRAND (t. 9), MACAIRE L'ÉGYPTIEN (t. 5), ÉVAGRE DU PONT (t. 8), SYMÉON LE NOUVEAU THÉOLOGIEN (t. 5), etc. Anthologies de cette anthologie : J. GOUILLARD (*Petite Philocalie de la prière du cœur* [1953], Éditions du Seuil, coll. « Livre de vie », n°s 83-84, 1968, 251 p., ou coll. « Points. Sagesses », n° 20, 1979, 250 p.) ou J. TOURAILLE (*Nouvelle Petite Philocalie. L'Amour de la beauté spirituelle selon la tradition de l'Orient chrétien*, Labor et Fides, Genève, 1992, 195 p.).
— Viennent ensuite des traités particuliers. 3) MACAIRE L'ÉGYPTIEN (Père de l'Église syro-palestinien, 333), *Cent Cinquante Chapitres métaphrasés*, trad. du copte, Éditions Monastiques de l'abbaye de Bellefontaine, 1985, 154 p. 4) ÉVAGRE DU PONT a composé une trilogie comprenant *Traité pratique, ou le Moine*. Μοναχός (trad. ANTOINE et CLAIRE GUILLAUMONT, Cerf, coll. « Sources chrétiennes », n°s 170 et 171, 1971, 472 p., 316 p.), puis *Le Gnostique*. Γνωστικός (ID., n° 356, 1989, 216 p.), enfin et surtout *Chapitres gnostiques* (*Les Six Centuries des « Képhalaïa gnostica »*, PO, éd. Firmin-Didot, t. 28, fasc. 1, 1958, versions syriaques et trad. française A. Guillaumont). 5) ISAAC DE NINIVE (= Isaac le Syrien, évêque de Ninive, VIIe s.), *Œuvres spirituelles*, trad., Desclée de Brouwer, 1981, 500 p.). SYMÉON LE NOUVEAU THÉOLOGIEN, *Chapitres théologiques, gnostiques et pratiques*, trad. du grec J. Darrouzès, Cerf, coll. « Sources chrétiennes », n° 51 bis, 2e éd. revue, 1980, 218 p. ; *Hymnes* (v. 1009), trad. J. Koder et *al.*, Cerf, coll. « Sources chrétiennes », n°s 156, 174 et 196, 3 t., 1969-1973.
— Écrits hermétiques chrétiens provenant de la bibliothèque de Nag Hammadi (codex VI : *L'Ogdoade et l'Ennéade, De Discours véritable...* ; vers 350, en copte) : J. H. Mahé, *Hermès en Haute-Égypte. Les Textes hermétiques de Nag Hammadi*, Presses de l'université Laval, coll. « Bibliothèque copte de Nag Hammadi », Québec, 1978, 172 p.
— *Le Livre des degrés. Ketâba de-masqâtâ* (fin du IVe s., syriaque), in *Patrologia Syriaca* (PS), t. 3, 1926, avec traduction latine (*Liber graduum*) et introduction de M. KOMSKO. Christianisme mésopotamien (messalien ou non ?) distinguant « justes » et « parfaits » (col. 324-333).
— PSEUDO-DENYS L'ARÉOPAGITE (vers 490, Syrie), *Œuvres complètes*, trad. du grec M. de Gandillac (1943), Aubier-Montaigne, 1980, 406 p.

– Bahâyla Mika'êl, *Livre des mystères du Ciel et de la Terre* (xve s.), trad. de l'éthiopien J. Perruchon et I. Guidi, apud PO, t. 1, Firmin-Didot, 1907.
– *La Magie par les psaumes. Manuscrit arabe chrétien d'Égypte* (xviiie s.), Institut français d'archéologie orientale (IFAO), Le Caire, 1975, xii-135 p., 98 p.

Anthologies
– *Évangiles gnostiques (Évangile selon Thomas, Évangile selon Philippe, Évangile de vérité, Évangile selon Marie, Évangile des Égyptiens)*, trad. Yvonne Janssens, Publications du Centre d'histoire des religions de Louvain-la-Neuve, coll. « Homo religiosus », n° 15, 1991, 296 p.
– Textes anciens : M. Meslin et J. R. Palanque, *Le Christianisme antique*, Colin, coll. U2, 1967.
– Textes apocryphes : J.-P. Migne, *Dictionnaire des apocryphes*, 1856-1858, 2 t. ; F. Amiot et Daniel-Rops, *La Bible apocryphe. Évangiles apocryphes*, Cerf-Fayard, 1952, 340 p. ; *Actes apocryphes des Apôtres*, Publications de la faculté de théologie de l'université de Genève, 1981, 340 p. ; Ch. Mopsik, *Les Évangiles de l'ombre. Apocryphes du Nouveau Testament*, Lieu Commun, 1983, 310 p. ; France Quéré, *Évangiles apocryphes*, Éditions du Seuil, coll. « Points. Sagesses », n° 34, 1983, 192 p.
– Textes évangéliques : *Le Nouveau Testament. Histoire et Anthologie de la Bible*, Fischbacher, 231 p.
– Textes gnostiques : H. Leisegang, *La Gnose* (1924), trad. de l'allemand, Payot, coll. « Petite bibliothèque Payot », n° 176, 1971, 279 p. ; R. M. Grant, *Gnosticism. An Anthology*, Collins, Londres, 1961, 254 p. ; W. Fœrster, *Gnosis. A Selection of Gnostic Texts* (1969-1971, en allemand), trad. anglaise, Clarendon Press, Oxford, 1972-1974, 2 t.
– Textes hésychastes : J. Gouillard, *Petite Philocalie de la prière du cœur* (1953), éd. cit. ; *La Philocalie. Les Écrits fondamentaux des Pères du désert aux Pères de l'Église (ive-xive siècle)*, trad. J. Touraille, Desclée de Brouwer/ J.-Cl. Lattès, t. 1, 1995, 692 p.
– Textes mandéens : W. Fœrster, *Gnosis*, Oxford, 1974, t. 2, 370 p.
– Textes judéo-chrétiens (dont *Le Livre d'Elkhasaï, Évangile des Ébionites, Odes de Salomon*) : A. F. J. Klijn et G. J. Reinink, *Patristic Evidence for Jewish Christian Sects* (1973), E. J. Brill, coll. « Novum Testamentum Supplements », n° 36, Leyde, 1984.

Documents
– Textes des conciles de l'Église catholique (depuis 256) : Héfélé-Leclercq, *Histoire des conciles d'après les documents originaux*, 3 t. en 4 vol., Letouzey et Ané, 1930-1949 ; G. Alberigo dir., *Les Conciles œcuméniques*, t. 2 : *Les Décrets de Nicée à Latran V. 325-1517*, t. 3 : *Les Décrets de Trente à Vatican II. 1545-1965*, Cerf, 1994, 1340 p., 1140 p.
– Traités des hérésiologues catholiques contre les Gnostiques : 1) Irénée de Lyon, *Contre les hérésies. Dénonciation et Réfutation de la prétendue gnose au nom menteur. Adversus Haereses* (188), trad. des versions arménienne et latine A. Rousseau, Cerf, 1969, 3e éd. revue, 1991, 752 p. ; 2) Tertullien, *Contre les Valentiniens. Adversus Valentinianos* (212), trad. du latin J.-Cl. Fredouille, Cerf, coll. « Sources chrétiennes », n°s 280-281, 1980-1981, 2 t., 156 p., 390 p. ; 3) Pseudo-Hippolyte de Rome, *Réfutation de toutes les hérésies. Elenchos* (vers 230), trad. du grec A. Siouville, Rieder, 1928, 2 t. ; 4) Épiphane de Salamine,

Pharmacie contre toutes les hérésies. Panarion (374-378), texte grec et trad. latine : J.-P. MIGNE, *Patrologie grecque* (PG), t. 41, col. 155-1200 ; trad. anglaise F. WILLIAMS, *The Panarion*, E. J. Brill, Leyde, 1987-1994, 3 t., 380 p., 359 p., 677 p.
– Biographies des anachorètes du désert : 1) *Histoire des moines en Égypte. Historia monachorum in Aegypto* (394-406, livre écrit par un moine palestinien visitant le désert des Cellules), trad. du grec A.-J. FESTUGIÈRE, *Les Moines d'Orient*, t. 4, fasc. 1 : *Enquête sur les moines d'Égypte*, Cerf, 1964, 142 p. ; 2) PALLADE DE GALATIE, *Histoire lausiaque. Lausakion* (420), trad. du grec, Desclée de Brouwer, 1981 (Pallade était disciple d'Évagre du Pont) ; 3) J. CASSIEN, *Conférences. Conlationes* (426), trad. du latin E. Pichery, Cerf, coll. « Sources chrétiennes », n°s 42, 54, 64, 3 t., 1955-1971, 282 p., 288 p., 292 p. ; 4) THÉODORET DE CYR, *Histoire des moines de Syrie* (= *Histoire philothée*, v. 444), trad. du grec P. Canivet et Alice Leroy-Molinghem, Cerf, coll. « Sources chrétiennes », n°s 234 et 257, 1977-1979, 526 p., 480 p. ; 5) JEAN D'ÉPHÈSE (vers 580), *Vies des saints de l'Orient*, trad. : *Lives of Eastern Saints*, Brépols, Turnhout, 1974.
– Histoires ecclésiastiques : 1) EUSÈBE DE CÉSARÉE, *Histoire ecclésiastique* (324), trad. du grec G. Bardy, Cerf, coll. « Sources chrétiennes », n°s 31, 41, 55 et 73, 4 t., 1965, éd. revue 1993 ; 2) SOZOMÈNE DE GAZA, *Histoire ecclésiastique* (444), trad. du grec A.-J. Festugière et *al.*, Cerf, coll. « Sources chrétiennes », n° 306, 1983, 408 p. ; 3) THÉODORET DE CYR, *Histoire ecclésiastique* (450), trad. du grec P. CANIVET et A. LEROY-MOLINGHEN : *Histoire des moines de Syrie*, Cerf, coll. « Sources chrétiennes », n°s 234 et 257, 1977 et 1979.

Études générales
– R. STEINER, *Le Christianisme ésotérique* (1902), trad. de l'allemand, Éditions anthroposophiques romandes, Genève, 458 p. ; *L'Apocalypse* (1908), Triades, 1988, 259 p. ; etc. Approche ésotérique (anthroposophique).
– AL. LOISY, *Les Mystères païens et le Mystère chrétien* (1914-1919), 2e éd. revue, É. Nourry, 1930, 352 p. Les thèses – modernistes (exégèse moderne) – ont soulevé de violents débats.
– R. GUÉNON, *Aperçus sur l'ésotérisme chrétien* (art. 1925-1949, 1re éd. 1954), Éditions Traditionnelles, 1993, 111 p. Approche ésotérique (pérennialiste).
– M. VILLER dir., *Dictionnaire de spiritualité ascétique et mystique*, Beauchesne, 1937 ss., 14 t. parus (lettres A à S).
– J. ASSFALG et P. KRÜGER, *Petit Dictionnaire de l'Orient chrétien* (1975), trad. de l'allemand, Centre informatique et Bible, Brépols, Turnhout, 1991, 600 p.
– F. SCHUON, *Christianisme/Islam. Visions d'œcuménisme ésotérique*, Archè de Toth, 1981, 216 p. Approche guénonienne.
– É. GILLABERT, *Jésus et la Gnose*, Dervy-Livres, coll. « Mystiques et Religions », 1982, 230 p.
– R. BEULAY, *La Lumière sans forme. Introduction à l'étude de la mystique chrétienne syro-orientale*, Chevetogne, 1987. (L'expression est d'Évagre du Pont.)
– A.-M. GÉRARD, *Dictionnaire de la Bible*, Robert Laffont, coll. « Bouquins », 1989, 1 500 p. Point de vue catholique. Il y a même *Imprimatur* et *Nihil obstat* !
– MICHELINE ALBERT et *al.*, *Christianismes orientaux. Introduction à l'étude des langues et des littératures*, Cerf, 1993, 456 p.
– A. GUILLAUMONT, *Études sur la spiritualité de l'Orient chrétien*, Éditions Monastiques de l'abbaye de Bellefontaine, coll. « Spiritualité orientale », n° 66, 1996, 284 p.

BIBLIOGRAPHIE SPÉCIALISÉE

Le Christianisme de Jésus
O. M. Aïvanhov (1900-1986), *Œuvres complètes*, t. 1 : *La Deuxième Naissance*, t. 2 : *L'Alchimie spirituelle*, t. 4 : *Le Grain de sénevé*, t. 9 : « *Au commencement était le Verbe* », Prosveta, 83601 Fréjus, 1972 ss. : approche ésotérique ; E. Gillabert, *Jésus et la Gnose*, éd. cit. Savant favorable à l'ésotérisme chez Jésus : J. Jeremias, *The Eucharistic Words of Jesus*, trad. de l'allemand, N. Perrin, Londres, 1966, p. 129 sqq.

1re tradition christosophique :
courants ésotériques chrétiens non occidentaux
– Apocalyptique chrétienne (97-fin IIe s.) : D. Hellholm dir., *Apocalypticism in the Mediterranean World and the Near East in Antiquity with certain emphasis on the Jewish and Christian Religions* (1979), J. C. B. Mohr, Tübingen, 1983, 877 p.

– Apocryphes (livres secrets anonymes ou pseudépigraphiques) du Nouveau Testament ésotériques : France Quéré, *Évangiles apocryphes*, Éditions du Seuil, coll. « Points. Sagesses », n° 34, 1983, 192 p.

– Christianisme primitif (28-325) : Jean Daniélou et Henri-Irénée Marrou, *Nouvelle Histoire de l'Église*, t. 1 : *Des origines à saint Grégoire le Grand* (1963), Éditions du Seuil, 1983 ; G. G. Stroumsa, *Savoir et Salut. Traditions juives et Tentations dualistes dans le Christianisme ancien*, Cerf, 1992, p. 127-143.

– Disciplina arcani (80 ? – milieu du VIe s.) : art. « Arcane » du *Dictionnaire de théologie catholique* de A. Vacant et E. Mangenot, Letouzey et Ané, t. 1, fasc. 2, 1937, col. 1738-1758 ; J. Daniélou, « Les traditions secrètes des Apôtres », *Eranos-Jahrbuch*, t. 31, 1962, p. 199-215.

– Fous-pour-le-Christ (350 ss.) : Th. Spidlík et Fr. Vandenbroucke, art. « Fous-pour-le-Christ », *apud* M. Viller dir., *Dictionnaire de spiritualité...*, éd. cit., fasc. XXXV-XXXVI, 1963, col. 752-770.

– Gnose orthodoxe (Clément d'Alexandrie, 208) : Cl. Montdésert, *Clément d'Alexandrie*, Montaigne, 1944, p. 47-62 ; R. Mortley, *Connaissance religieuse et Herméneutique chez Clément d'Alexandrie*, E. J. Brill, Leyde, 1973, 255 p.

– Hermétisme chrétien d'Égypte : J.-P. Mahé, *Hermès en Haute-Égypte. Les Textes hermétiques de Nag Hammadi*, Presses de l'université Laval, coll. « Bibliothèque copte de Nag Hammadi », Québec, 1978, 172 p. Textes du IVe s., en copte, dont les originaux grecs, du IIe-IIIe s., ont été perdus.

– Hésychasme (333 ss.) : art. « Hésychasme » du *Dictionnaire de spiritualité ascétique et mystique*, éd. cit., t. 7, fasc. 1, 1968, col. 381-410 ; J. Lacarrière, *Les Hommes ivres de Dieu* (1961), Éditions du Seuil, coll. « Points. Sagesses », n° 33, 1983, 286 p. (sur le pré-Hésychasme des Pères du désert) ; L. Regnault, *La Vie quotidienne des Pères du désert en Égypte au IVe siècle*, Hachette, 1989, 300 p. ; J.-Y. Leloup, *Écrits sur l'Hésychasme. Une tradition contemplative oubliée*, Albin Michel, coll. « Spiritualités vivantes », n° 86, 1990, 237 p.

– Pseudépigraphes du Nouveau Testament (déb. IIe s. ss.) : É. Amann, art. « Apocryphes du Nouveau Testament », *apud* L. Pirot et A. Robert puis H. Cazelles et A. Feuillet, *Supplément au Dictionnaire de la Bible* (1928 ss.), Letouzey et Ané, t. 1, 1967, col. 460-533.

2ᵉ **tradition christosophique : le Gnosticisme** (v. 50-vᵉ s.)
S. Hutin, *Les Gnostiques* (1958), PUF, coll. « Que sais-je ? », n° 808, 128 p. ;
H. Jonas, *La Religion gnostique*. *Le Message du Dieu étranger et les débuts du Christianisme* (1958), trad. de l'anglais L. Évrard, Flammarion, 1978, 506 p. ;
M. Tardieu et P. Hadot, art. « Gnostiques » de l'*Encyclopaedia Universalis*, t. 8, 1985, p. 656-664.

3ᵉ **tradition christosophique : le Manichéisme** (240-xiᵉ s. : Judéo-Christianisme + Mazdéisme + Zoroastrisme + Gnosticisme + Bouddhisme)
M. Tardieu, *Le Manichéisme*, PUF, coll. « Que sais-je ? », n° 1940, 1981, 128 p.

Initiations et pratiques initiatiques
– Anachorèse et ascèse : P. Pourrat, *La Spiritualité chrétienne*, t. 1 : *Des Origines de l'Église au Moyen Âge*, 16ᵉ éd., 1947, 502 p. ; P. Resch, *La Doctrine ascétique des premiers maîtres égyptiens du ivᵉ siècle*, 1931, 286 p.
– Méditation (μελέτη) et contemplation (τεωρία) : article « contemplation » du *Dictionnaire de spiritualité ascétique et mystique*, éd. cit., t. 2, fasc. 2, col. 1806-1827.
– Prière du cœur : un moine de l'Église d'Orient, *La Prière de Jésus* (1947), Chevetogne, 1963 ; M. Laroche, *La Vie en son Nom. La Prière du Nom de Jésus et ses Méthodes spirituelles*, Éditions Présence, Saint-Vincent-sur-Jabron, 1992, 127 p.
– Sacrements : Ambroise de Milan, *Des sacrements. Des mystères. De mysteriis* (387), trad. du latin Dom B. Botte, Cerf, coll. « Sources chrétiennes », n° 25 bis, 2ᵉ éd. revue, 1994, 236 p.
– Visions : A. Guillaumont, *Aux origines du monachisme chrétien. Pour une phénoménologie du monachisme*, Éditions Monastiques de l'abbaye de Bellefontaine, coll. « Spiritualité orientale », n° 30, 1979, p. 136-147.

Le Christianisme des organisations initiatiques
– Cénacles gnostiques ? : H.-Ch. Puech, *Phénoménologie de la Gnose*, apud *Annuaire du Collège de France*, années 1955-1956.
– Cénacles hermétiques ? (oui, selon R. Reitzenstein ; non, selon A.-J. Festugière) : A.-J. Festugière, *La Révélation d'Hermès Trismégiste* (1944), t. 1 : *L'Astrologie et les sciences occultes*, Les Belles Lettres, coll. « Budé », 1983, p. 81-83.
– Disciples de Jean l'Évangéliste : A. Daniélou, *Jean-Baptiste, témoin de l'Agneau*, Éditions du Seuil, 1964, 192 p.
– Messalianisme (Mésopotamie, 376-ixᵉ s.) : J. Gribomont, *Le Dossier des origines du messalianisme*, apud J. Fontaine et C. Kannengiesser, *Epektasis. Mélanges offerts au cardinal J. Daniélou*, Beauchesne, 1972, p. 611-625 ; *Dictionnaire de spiritualité ascétique et mystique*, éd. cit., t. 10, 1980, col. 1074-1083.

Ésotérisme et idées ésotériques
– Âme : dictionnaires, art. « Âme », « Esprit », « Pneumatologie » ; M. Fromaget, *Corps, Âme, Esprit. Introduction à l'anthropologie ternaire*, Albin Michel, coll. « Question de », n° 87, 1991, 402 p.
– Christ : A. Grillmeier, *Le Christ dans la tradition chrétienne*, trad. de l'alle-

mand, Cerf, 1973-1993, 3 t. ; R. BERGERON, *La Légende du Grand Initié. Jésus dans l'ésotérisme*, Fides, 1991, 72 p. (fort faible !).
— Esprit-Saint : V. LOSSKY, *Essai sur la théologie mystique de l'Église d'Orient* (1944), Cerf, coll. « Foi vivante », n° 246, 1990, 256 p. ; J. LISON, *L'Esprit répandu. La Pneumatologie de Grégoire Palamas*, Cerf, 1994, XII-305 p.
— Conversion spirituelle (μετάνοια) : H. RIESENFELD, *Jésus transfiguré*, Lund, 1947.
— Gnose : chez les Gnostiques : H.-CH. PUECH, *En quête de la gnose*, Gallimard, 1978, t. 1, 300 p. ; chez Clément : CL. MONDÉSERT, *Clément d'Alexandrie*, Montaigne, 1944 ; chez Évagre : G. BUNGE, *Paternité spirituelle. La Gnose chez Évagre le Pontique*, Éditions Monastiques de l'abbaye de Bellefontaine, 1994.
— Miracles : X. LÉON-DUFOUR dir., *Les Miracles de Jésus*, Éditions du Seuil, 1977 (catholique).
— Mystères : R. STEINER, *Les Mystères de l'Orient et du Christianisme* (1913), trad. de l'allemand, Triades, 1987, 80 p. ; A. LOISY, *Les Mystères païens et le Mystère chrétien* (1914-1919), É. Nourry, 1930 ; art. « Mystères » du *Supplément au Dictionnaire de la Bible* (1928 ss.), Letouzey et Ané, t. 6, 1960, col. 2-226.
— Royaume : BENEDICT VIVIANO, *Le Royaume de Dieu dans l'histoire*, Cerf, 1992, 264 p.
— Verbe : dictionnaires, art. « Logos ».

Les sciences occultes
— Angélologie : J. RIES et H. LIMET dir., *Anges et Démons* (1987), Publications du Centre des religions de Louvain-la-Neuve, coll. « Homo religiosus », 1988.
— Herméneutique : H. DE LUBAC, *Exégèse médiévale. Les Quatre Sens de l'Écriture*, Aubier, 1959-1964, 4 t. ; B. A. PEARSON, *Some Observations on Gnostic Hermeneutics*, apud W. D. O'FLAHERTY dir., *The Critical Study of Sacred Texts*, Berkeley, 1979, p. 243-256 ; M. TARDIEU dir., *Les Règles de l'interprétation*, Cerf, 1987, p. 89 *sqq.* (Gnostiques), 123 *sqq.* (Manichéens).
— Mythologie : art. « Mythe » du *Supplément au Dictionnaire de la Bible*, Letouzey et Ané, t. 6, 1960, col. 246-261 ; G. G. STROUMSA, *Another Seed. Studies in Gnostic Mythology*, E. J. Brill, Leyde, 1984, XII-195 p.
— Physiologie occulte : hiéromoine A. BLOOM, « L'Hésychasme : yoga chrétien ? », apud J. MASUI, *Yoga, science de l'homme intégral*, Les Cahiers du Sud, 1953, p. 177-195 ; J. PRIEUR, *L'Aura et le Corps immortel*, F. Lanore, 1983, 280 p.
— Science des cycles : G. GEORGEL, *Les Rythmes dans l'histoire* (1937), Archè, Milan, 1981, 196 p. ; P. VULLIAUD, *La Fin du monde. L'Ancienne Théorie des âges du monde* (1952), Aujourd'hui, 1982, 232 p.
— Science des lettres : P. PERDRIZET, « Isopséphie », *Revue des Études grecques*, t. 17, 1904, p. 350-360 ; F. DORNSEIFF, *Das Alphabet in Mystik und Magie*, 2e éd. Berlin, 1925 ; H. LEISEGANG, *La Gnose* (1924), Payot, coll. « Petite bibliothèque Payot », n° 176, 1971, p. 33 *sqq.* ; F. WISSE, « Language Mysticism in the Nag Hammadi Texts and in Early Coptic Monasticism, 1 : Cryptography », *Enchoria*, n° 9, 1979, p. 101-119.
— Science des nombres : J.-P. BRACH, *La Symbolique des nombres*, PUF, coll. « Que sais-je ? », n° 2898, 1994, 128 p. (historique) ; G. IFRAH, *Histoire universelle des chiffres*, Robert Laffont, coll. « Bouquins », 1994, 2 t. (très informé, approche positiviste).
— Science des noms : art. « Nom de Jésus » du *Supplément au Dictionnaire de la*

Bible, t. 6, 1960, col. 5°514-541 ; I. HAUSHERR, « Noms du Christ et Voies d'oraison », *Orientalia Christiana Analecta* (OCA), 157, Rome, 1960, p. 156-179.
– Science des significations (cosmologie, métaphysique...) : voir *supra*, « Ésotérisme et idées ésotériques ».
– Science des sons : GABRIELLE BARON, *Introduction au style oral de l'Évangile d'après les travaux de Marcel Jousse*, Centurion, 1982, 70 p.
– Symbolique : L. CHARBONNEAU-LASSAY, *L'Ésotérisme de quelques symboles géométriques chrétiens* (1958), Éditions Traditionnelles, 1985, 56 p. ; J. DANIÉLOU, *Les Symboles chrétiens primitifs* (1961), Éditions du Seuil, coll. « Points. Sagesses », n° 106, 1996, 160 p. ; *Encyclopédie des symboles*, Le Livre de poche, coll. « La Pochothèque », 1996, 832 p.
– Thanatologie : J. TOURNIAC, *Vie posthume et Résurrection dans le judéo-christianisme*, Dervy-Livres, coll. « Mystiques et Religions », 1984, 244 p. ; A. E. BERNSTEIN, *The Formation of Hell. Death and Retribution in the Ancient and Early Christian Worlds*, UCL Press, Londres, 1993, XVI-392 p.
– Théosophie : A. FAIVRE, art. « Theosophy », *apud* M. ELIADE dir., *Encyclopedia of Religion*, Macmillan, New York, 1987, t. 19, p. 465-469.

Les arts occultes
– Alchimie : S. BATFROI, *Alchimie et Révélation chrétienne*, Maisnie-Trédaniel, 1976, 320 p. (préface d'E. Canseliet) ; *Epignosis*, n° 17 : *Le Christianisme comme alchimie*, Dervy-Livres, 1988.
– Astrologie : TH. WEDEL, *The Mediaeval Attitude towards Astrology*, Yale University Press, New Haven, 1920, V-168 p. ; W. KNAPPICH, *Histoire de l'astrologie* (1967), trad. de l'allemand, Philippe Lebaud, Éditions du Félin, 1986, 332 p.
– Magie et théurgie : K. SELIGMAN, *Le Miroir de la magie. Histoire de la magie dans le monde occidental*, trad. (1956), Rencontres, Lausanne, 1961, 424 p. ; G. VIAUD, *Magie et Coutumes populaires chez les Coptes d'Égypte*, Présence, 1978, 162 p.
– Médecine occulte : DR E. BERTHOLET, *Le Christ et la Guérison des maladies*, Éditions Rosicruciennes, Lausanne, 1945, 569 p. ; CH. FILMORE, *La Guérison chrétienne*, trad. de l'anglais, Astra.

Grand(e)s Initié(e)s du Christianisme oriental
– Basilide (Gnostique égyptien, vers 120) : A. VACANT et E. MANGENOT, *Dictionnaire de théologie catholique*, Letouzey et Ané, t. 2, fasc. 1, 1932, col. 465-475.
– Évagre du Pont (prédicateur origéniste à Constantinople puis moine hésychaste dans le désert égyptien des Cellules en 382) : PALLADE DE GALATIE, *Histoire lausiaque. Lausakion* (420), chap. 38, trad. du grec, Desclée de Brouwer, 1981 ; *Dictionnaire de spiritualité...*, éd. cit., t. 4, fasc. 2 (1961), col. 1497-1513.
– Isaac de Ninive (= Isaac le Syrien, Hésychaste, nestorien, évêque, VIIe s.) : A. GUILLAUMONT, *Le Mystique syriaque Isaac de Ninive*, in *Études sur la spiritualité de l'Orient chrétien*, Éditions Monastiques de l'abbaye de Bellefontaine, 1996, p. 211-225.
– Jean le Baptiste (prophète juif ascétique proche des Esséniens, † 29) : J. STEINMANN, *Saint Jean-Baptiste et la Spiritualité du désert*, Éditions du Seuil, coll. « Maîtres spirituels », n° 3 ; E. COTHENET apud *Supplément au Dictionnaire de la Bible* (1928 ss.), t. 8 (1971), col. 1233-1264.
– Jean l'Évangéliste (Ier s.) : D. MOLLAT, *Saint Jean maître de vie spirituelle*,

Beauchesne, 1976, 176 p. ; R. STEINER, *L'Évangile selon Jean* (1908), trad. de l'allemand (1935), Triades, 1990, 231 p.
– Jésus († 30) : aucun livre acceptable, à ma connaissance, hors les Évangiles.
– Syméon le Nouveau Théologien (949-1022) : NICÉTAS STÉTHATOS, *Un grand mystique byzantin. Vie de Siméon le Nouveau Théologien* (XIe s.), trad. du grec I. Hausherr, Institut pontifical des études orientales, Rome, 1928, XCV-255 p. ; E. J. M. TURNER, *Symeon the New Theologian and Spiritual Fatherhood*, E. J. Brill, Leyde, 1990, XVI-257 p.

Les beaux-arts
– L'icône : M. EVDOKIMOV, *L'Art de l'icône. Théologie de la beauté*, Desclée de Brouwer, 1970, 304 p. ; M. QUENOT, *Icône, fenêtre sur l'absolu* (1987), Cerf, 1991, 212 p.
– La musique sacrée : J. PORTE dir., *Encyclopédie des musiques sacrées*, Labergerie, 1968, 4 t. ; JOCELYN GODWIN, *Harmonies of Heaven and Earth. The Spiritual Dimension of Music from Antiquity to the Avant-Garde*, Thames and Hudson, Londres, 1987, 208 p.

Syncrétismes
– Le Christianisme celtique : J. MARKALE, *Le Christianisme celtique*, Imago, 1983, 260 p.
– Le Judéo-Christianisme hétérodoxe (Ébionites, *Roman pseudo-clémentin...* ; dès 70) : J. DANIÉLOU, *Histoire des doctrines chrétiennes avant Nicée*, t. 1 : *Théologie du judéo-christianisme*, Desclée, Tournai, 1958, p. 68-98. L'Elkasaïsme est un judéo-christianisme ésotérique de Mésopotamie : PSEUDO-HIPPOLYTE DE ROME, *Réfutation de toutes les hérésies*, IX, 13-17, éd. cit.
– La Kabbale chrétienne (1486-1629) : FR. SECRET, *Les Kabbalistes chrétiens de la Renaissance* (1961), Archè de Toth, Milan, 1985, 450 p., 15 pl.
– Le Mandéisme (dès 150, Irâq et Iran : Judaïsme de Jean le Baptiste + « éléments mésopotamiens et irano-parthes » + Gnosticisme chrétien de Syrie) : K. RUDOLPH, *La Religion mandéenne*, apud *Histoire des religions*, Gallimard, « Encyclopédie de la Pléiade », t. 2, 1972, p. 498-522.
– Les Ophites/Naassènes (Gnostiques pratiquant le culte d'Attis, dieu phrygien ; fin Ier s.) : PSEUDO-HIPPOLYTE DE ROME, *Réfutation*, éd. cit., V, 6, 1-10 ; M. J. LAGRANGE, « Attis et le Christianisme », *Revue biblique*, t. 16, 1919, p. 419-480.
– Le Vaudou haïtien (dès le XVIIe s. : animisme des Fon du Dahomey + Catholicisme + phallicisme) : A. MÉTRAUX, *Le Vaudou haïtien* (1958), Gallimard, coll. « Tel », n° 20, 1977, p. 287-317.

Et les femmes ?
Sur Hélène de Tyr, compagne du Gnostique Simon de Samarie : IRÉNÉE DE LYON, *Contre les hérésies*, éd. cit., I, 27 ; R. ARNAULD D'ANDILLY, *Les Vies des Saints Pères*, 1675 (vies de saintes, dont Marie l'Égyptienne) ; FRANCE QUÉRÉ, *Les Femmes de l'Évangile* (1982), Éditions du Seuil, coll. « Livre de vie », n° 146, 1996, 240 p. ; E. A. CLARK, *Ascetic Piety and Women's Faith. Essays in Late Ancient Christianity*, Edwin Mellen Press, Lewiston, 1986 ; MADELEINE SCOPELLO, *Les Gnostiques*, Cerf, coll. « Bref », 1991, p. 98 *sqq*., 109 *sqq*., 119 *sqq*.

22. LES MUSULMANS

> *Mon Seigneur est subtil pour ce qu'Il veut. Il est l'Omniscient, le Sage, Seigneur ! Tu m'as certes donné de la souveraineté. Tu m'as enseigné de l'interprétation des énigmes.*
>
> Coran, XII, 101.

REPÈRES HISTORIQUES DE L'ÉSOTÉRISME ISLAMIQUE

Les dates désignent souvent le décès, signalé par le signe (†)

IIIe s. – instauration du culte des idoles, par 'Amr ibn Luhayy. Première tradition arabe : les RELIGIONS ARABES PRÉ-ISLAMIQUES

v. 550 – reconstruction de la Ka'ba

569 (17 juin ?) (570, 20 août ?) – naissance de Muhammad (>Mahomet) à La Mekke

609 (22 déc.) ? 610 (mars) ? – première révélation à **Muhammad** à La Mekke. Deuxième tradition arabe : l'ISLÂM en son premier courant : le MAHOMÉTISME, Islâm primitif. Début du **Coran**. **Naissance de l'ésotérisme islamique** (selon les Soufis et les Shî'ites)

610-615 – première période mekkoise : style visionnaire et thèmes eschatologiques

616 ? 621 ? – Voyage *(Isrâ')* miraculeux à Jérusalem et Ascension *(Mi'râj)* au Ciel

616-621 – deuxième et troisième périodes mekkoises de Muhammad : style polémique et thèmes religieux

622-632 – période médinoise de Muhammad : style didactique et thèmes législatifs

624 – Muhammad chef de la Communauté *(Umma)* et guerrier à Médine

632 (25 mai ? 8 juin ?) – mort de Muhammad à Médine

632-634 – Abû Bakr al-Siddîq, choisi comme Ier Calife de l'Islâm

652 – les Compagnons du Prophète, dont Abû Dharr al-Ghifârî (†), un ascète, et Salmân al-Fârisî, père des initiations corporatives *(futuwwa)*

v. 656 – 2e courant de l'Islâm : le SHÎ'ISME (souvent ésotérique)

656 – version canonique du Coran sous 'Uthmân (†)

656-661 – début du Shî'isme ésotérique : 'Alî ibn Abî Tâlib, choisi comme IVe Calife selon le Sunnisme (jusqu'en 659), Ier Imâm des Shî'ites

657 – 3e courant de l'Islâm : le KHÂRIJISME (exotérique)

– les « Huit Ascètes », dont 'Uways al-Qaranî (†) et al-Hasan al-Basrî († 730)

659 ? – 4e courant de l'Islâm : le SUNNISME (exotérique)

v. 670-1166 – première période du Soufisme : le **Soufisme** originel (dès al-Hasan al-Basrî)
675 – l'alchimie musulmane, dès Khâlid ibn Yazîd († 704 ? mythique ?), Jâbir ibn Hayyân († 815), al-Tughrâ'î († 1121)...
v. 680 – l'école soufie de Kûfa ('Irâq) : Rabî' ibn Khaytham, Jâbir ibn Hayyân, 'Abdak le Soufi († 825)
730 – l'école soufie de Basra ('Irâq), sunnite : al-Hasan al-Basrî (†), Râbi'a...
733 – Ja'far al-Sâdiq, choisi comme VIᵉ Imâm des Shî'ites, peut-être « père des sciences occultes musulmanes » (dont la science des lettres)
v. 750 – l'astrologie musulmane, avec al-Nawbakht (persan), Mâshallah (juif)...
761 – élaboration de l'ésotérisme *(al-bâtiniyya)* shî'ite, peut-être par Abû Shâkir Maymûn ibn Daysân
762 – l'Ismâ'îlisme, branche du Shî'isme
776 – l'école soufie du Khurâsân (>Khorassan) : Ibrâhîm ibn Adham (†), Hâtim Asamm..., et les Malâmatiyya (« Gens du blâme »)
795 – début du recueil des *hadîth* (Ibn Anas †), avant al-Bukhârî, Muslim ibn al-Hajjâj...
IXᵉ s. – apparition des *hadîth qudsî* (dits de Dieu à la 1ʳᵉ personne)
801 – Râbi'a al-'Adawiyya (†), Soufie, poétesse, musicienne
815 – Jâbir ibn Hayyân (†), alchimiste shî'ite (le *Corpus jâbirien* date de 941 env.)
– l'école soufie de Baghdâd : Ma'rûf Karkhî (†), al-Muhâsibi, al-Junayd, Ibn 'Atâ'...
820 – Ibn Wahshiyya, hermétiste, alchimiste, magicien, astrologue
829 – Dhû-l-Nûn al-Misrî : la notion de gnose *(ma'rifa)* dans le Soufisme, il rompt peut-être la discipline de l'arcane, théorie des « états » et des « stations » initiatiques
830 – A.S. Dârânî (†) : théorie des étapes *(maqâmât)* mystiques, initiatiques
v. 850 ss. – *Les Mille et Une Nuits* : quelques éléments ismâ'îliens ?
859 – les Nusayriyya (='Alawites, Alaouites), Shî'ites
870 – al-Bukhârî (†), *L'Authentique. As-Sahîh* : recueil de 7 300 *hadîth* (dits de Muhammad)
873 – la philosophie hellénistique *(falsafa)* ésotérique : al-Kindî (†), Avicenne (?)...
874 – al-Bistâmî (†), Soufi, idée d'extinction *(fanâ')* en Dieu
874-941 – « l'occultation mineure » du XIIᵉ Imâm des Shî'ites imâmites, Muhammad al-Mahdî al-Muntazar (†)
879 – les Malâmatiyya (« Gens du blâme ») : Soufis (dès Nîsâbûrî †), en Khurâsân
883 – les Qarmates (>Karmates), Ismâ'îliens
886 – Abû Mash'ar al-Balklî (>Albumasar), astrologue à Baghdâd
893 – al-Hakîm al-Tirmidhî (†) : idée de l'Amitié *(Wilâya)* de Dieu
899 – théorie du *fanâ'fi'llâh* (extinction en Dieu) : al-Kharrâz (†)
903 – domination de l'École de Qumm : approche ésotérique du Shî'isme imâmite (al-Saffâr al-Qummî †, al-Kulaynî † 941, Ibn Bâbûye al-Sadûq † 992...)
910 – **al-Hallâj**, Soufi persan (décapité en 922 à Baghdâd)
– al-Fârâbî : philosophie, musique soufie, alchimie...
941 – « l'occultation majeure » du XIIᵉ Imâm des Shî'ites imâmites, Muhammad al-Mahdî

959 – idée de chaîne *(silsila)* initiatique : Ja'far Khuldî (†)
963 – les *Épîtres* des Frères de la pureté (Ikhwân al-Safâ'), à Basra (Irâq)
v. 1000 – poètes soufis de langue persane : Bâbâ Tahir Hamadânî, al-Ansârî, Sanâ'î...
1007 – al-Majrîtî (†), alchimiste, astrologue
1031 – al-Bîrûnî compare yoga et Soufisme *(Chronique de l'Inde. Tâ'rîkh al-Hind)*
1050 – Nâsire Khosrô, poète et philosophe iranien
1056 – le *Picatrix* (=*Le But du sage*. *Ghâyat al-hakîm*) du pseudo-al-Majrîtî, fameux livre de magie, qui passera en Occident
1074 – 'Umar Khayyâm, savant et poète *(Quatrains. Rubâ'iyyât)* persan, peut-être initié
1080-1272 – les « Assassins » (Hashshâshûn), Ismâ'îliens ésotéristes (al-Hasan ibn al-Sabbâh, « le Vieux de la montagne », † 1124), à Alamût (1090) : Ismâ'îlisme réformé
1095 – Abû Hâmid **al-Ghazzâlî** (>Algazel), théologien orthodoxe, se fait Soufi à Damas
XIIe s. – l'art de la miniature, après celui de l'enluminure
1144 – passage de l'alchimie arabe en Occident (Robert de Ketton)
1166 – la première grande confrérie soufie : les Qâdiriyya (d''Abd al-Qâdir al-Jîlî, †)
– 2e période du Soufisme : le Soufisme populaire (dès 'Abd al-Qâdir al-Jîlî †)
1167 – poètes soufis de langue turque : A. Yâsâvi (†), Yûnus Emrè, Shaykh Ghâlib...
1176 – Nizâmî de Ganja, poète persan à message mystique
1182 – les Rifâ'iyya (d'al-Rifâ'î, †)
1184 – **Ibn 'Arabî**, Soufi andalou arabe. **Apogée de l'ésotérisme islamique**
v. 1220 – al-'Attâr (†), *Le Mémorial des saints. Tadhkîrat al-Awliyâ'*
1225 – al-Bûnî sur la magie *(Soleil de la gnose. Shams al-Ma'ârif)*
1250 – Et Tûsî, astrologue
1256 – la grande confrérie soufie des Shâdhiliyya (de Shâdhilî)
1261 – (Jalâl al-Dîn) al-Rûmî, Soufi persan
1269 – Ibn Sab'în (†), philosophe andalou hermétisant, correspondant de Frédéric II
1284 – la grande confrérie soufie des Mawlawiyya (=Derviches tourneurs, Turquie)
1298 – usage de « tableaux circulaires » *(zâ'irjat al'alam)* comme « machines à penser les événements », dès Abû l-'Abbâs al-Sabtî (†)
1330 – Ahmad ibn Tarkanshâh Assarâyî (†), le premier Soufi à prendre des postures
1349 – al-Jaldakî (†), alchimiste shî'ite, sur les sciences occultes *(Kitâb al-burhân)*
XVe s. – les Ahl-i Haqq (« Gens de la Vérité »), Kurdes shî'ites, en Iran
1428 – notions d'Homme Parfait et de Lumière muhammadienne chez 'Abd al-Karîm al-Jîlî (†)
1472 – Dante influencé par la mystique musulmane (les récits du *Mir'âj*) ?
1524 – les 'Îsâwiyya (>'Aîssâouâ), Soufisme fakirique au Maroc, de Sîdî ibn 'Îsâ (†)

v. 1600-1722 – l'école shî'ite d'Ispahan (Iran) : Mîr Dâmâd, Mullâ Sadrâ al-Shîrâzî...
1826 – les Shaykhis, Shî'ites, branche de l'Imâmisme
1844 – Bâb et le Bâbisme, Shî'isme hors Islâm, avec doctrine secrète (?)
1852 – « Abd el-Kader » (>'Abd al-Qâdir), émir, guerrier et Soufi arabe d'Algérie
1906 – E. Blochet, « Études sur l'ésotérisme musulman » : le mot est lâché
1910 – Sai Baba de Shirdi (Inde), mage hindou et musulman, faiseur de miracles
1911 – Ahmad al-'Alawî, fondateur de la dernière grande confrérie soufie, les 'Allawîyya (>Allaouias, 1919, Mostaganem)
1912 – R. Guénon (='Abdel al-Wahîd Yahyâ) converti au Soufisme
1922 – L. Massignon fait découvrir le Soufi al-Hallâj
1925 – abolition des confréries soufies par Atatürk (=Mustafa Kemal) en Turquie
1937 – Tierno Bokar Salif Tal, un Peul du Mali, Soufi
1939 – Henry Corbin fait découvrir l'ésotérisme shî'ite, al-Suhrawardî al-Maqtûl
1979 – Révolution islamique en Iran : le Shî'isme dévoyé (« imâm » = guide, etc.)

Khosrô II, roi de Perse, reçut une lettre de Muhammad l'invitant à adhérer à l'Islâm. Khosrô II la déchira. Eut-il raison ou bien tort ?

LA TRADITION ARABE ANTÉRIEURE À MUHAMMAD

Avant Muhammad, point d'Islâm. Mais les Arabes étaient là. Quelle était leur tradition *(sam')* sacrée ?

La religion arabe avait alors trois principales caractéristiques : culte astral, culte des bétyles, culte des arbres.

Plusieurs figures de l'ésotérisme pré-islamique se détachent : les monothéistes *(hunafâ')*, les devins *(kuhhân)*, les connaissants *('ârifûn)*, les possédés *(majânîn)*.

Maxime Rodinson insiste sur les devins[1]. « Les *kâhin* avaient des visions, mais surtout ils avaient pour compagnons des esprits familiers, qu'ils appelaient leur compagnon, leur ami, leur "voyant", et qui parlaient par leur bouche. Ce génie leur inspirait des murmures indistincts ou des phrases brèves, saccadées, rimant entre elles, abondant en serments qui prennent à témoin les astres, le soir et le matin, les plantes et les animaux, tout cela sur un rythme haletant qui impressionnait les auditeurs. Lorsqu'ils vaticinaient ainsi, ils se recouvraient d'un manteau. C'étaient des personnalités estimées, et on faisait appel à eux pour en tirer des consultations, des oracles, des conseils, sur les affaires publiques et privées. » Ils utilisaient divers moyens : sorts par les flèches, interprétation du vol des oiseaux, états médiumniques, etc.

Le connaissant (*'ârif*, ou *'arrâf*) « paraît avoir été un devin doué d'une science supérieure. Sans doute était-il informé par l'un de ces *jinns* [esprit de l'air] qui savaient monter jusqu'au bord du ciel inférieur et qui y sur-

---
1. M. Rodinson, *Mahomet* (1968), Éditions du Seuil, 1994, p. 82.

prenaient les secrets d'Allâh en écoutant les conversations des anges. Le devin *'arrâf* devenait un magicien quand il savait pratiquer les gestes et dire les paroles qui faisaient découvrir un coupable. Tenant entre deux doigts une petite cruche sur laquelle il avait prononcé les paroles utiles, il parcourait le cercle des personnes soupçonnées ; la cruche désignait le coupable [1]. »

On sait que les initiés pouvaient « parcourir en une seule nuit la distance que l'on parcourt en deux mois ». Autrement dit, ils savaient pratiquer l'extase de type chamanique ou le songe.

LE PROPHÈTE MUHAMMAD

Dans ce milieu surgit un homme : Muhammad, qui brisera les idoles mais consolidera la Ka'ba, le lieu saint, de ces Arabes polythéistes.

Muhammad (>Mahomet) signifie « Le Loué ». Il s'appelle Abû al-Qâsim Muhammad ibn 'Abdallâh ibn 'Abd al-Muttalib ibn Hâshim [2]. Expliquons. Fils de 'Abdallâh, il appartient au clan des Hâshim (>Hachémites) de la grande tribu des Quraysh (>Quraïchites, Coran, CVI, 1). *Quraysh* signifie « requin ». De là à imaginer des croyances totémiques...

Je n'insisterai que sur les épisodes de sa vie prêtant à interprétation ésotérique, et encore en laissant la place aux textes. Entendons-nous, les aspects ésotériques ne sont pas patents. Ce sont les Soufis et les Imâmites qui ont isolé, magnifié, interprété dans le sens ésotérique certains traits de la biographie de Muhammad.

L'Islâm émerge dans un désert. Le Hijâz (>Hedjaz), pays de Muhammad, avec la ville de La Mekke, se décline en sables et en rares oasis, le long de la mer Rouge. Quiconque a vécu longtemps dans un désert de sable sait que dans ce milieu, rare en eau, en plantes, en animaux, la pensée aussi se fait rare, du coup on l'approfondit, on l'affine, on la lisse, on la renforce. Pour vivre depuis quatre ans au Sahara, je puis en attester. On part avec dix, vingt idées, et sur le sable, sous la chaleur, elles font masse, elles deviennent une boule, une seule flèche. Dans les forêts tropicales, au contraire, on multiplie ses idées, elles poussent comme les plantes, avec racines multiples et feuilles nombreuses. Dans le désert on a une pensée-catapulte, dans la forêt on a une pensée-mitraillette.

Muhammad est un fils posthume : son père est mort quand il naît, et c'est un orphelin : sa mère, Amîna, meurt alors qu'il a six ans (IV, 6 ; XCIII, 6). Il voit le jour dans une gorge aride, à La Mekke, en Arabie, peut-être le 20 août 570. Sa ville n'est pas seulement une cité caravanière et

---

1. M. Gaudefroy-Demombynes, *Mahomet, sa vie et sa doctrine* (1957), Albin Michel, 1969, 698 p.
2. L'identité d'un Musulman arabe comprend son prénom, puis *ibn* (« fils de ») ou *bint* (« fille de ») suivi du prénom du père, *abû* (« père de »), puis le prénom du fils, puis un qualificatif de tribu ou de lieu, enfin un surnom qui indique le métier ou autre.

marchande, elle est surtout un grand lieu religieux, elle possède la Ka'ba, un temple où se trouvent les dieux locaux et la « Pierre noire » *(al-Hajar al-aswad)*, sans doute une pierre descendue du ciel, de 28 cm de large sur 38 cm de haut. Selon la coutume, Muhammad est envoyé pour deux ans au désert, dans la tribu d'une nourrice bédouine, Halîma. À la mort de sa mère, Muhammad est recueilli par son grand-père paternel, 'Abd al-Muttalib, puis, à huit ans, par son oncle paternel et chef de clan, Abû Tâlib. Ce dernier refusera toujours de se convertir à l'Islâm. Muhammad est berger de moutons et de chèvres ou escorteur de caravanes jusqu'en Syrie. À cette époque (vers 582), il aurait rencontré à Bustra le moine chrétien Bahîrâ. Muhammad, à vingt ans, devient l'homme de confiance de Khadîja (>Hadidja), une veuve, plus âgée que lui de quinze ans, et riche, qui organise des caravanes. Il l'épouse en 595. Quatre filles naissent, dont Fâtima, qui vivront, et deux garçons qui mourront jeunes. C'est l'épreuve de l'amputation (CVIII, 3), après l'épreuve de l'orphelinat, car, pour un Arabe, n'avoir pas de fils revient à être mutilé.

Un premier événement a valeur de signe. Les habitants de La Mekke décident de reconstruire la Ka'ba, en 605. Qui aura le privilège de saisir la Pierre noire et de la replacer ? Un vieillard propose de choisir le premier homme qui franchira le seuil de la mosquée. C'est Muhammad [1] !

Le destin a bien choisi. Car, déjà, il est dans la voie. Il bénéficie, durant son sommeil, de « visions » *(ru'yâ)*, qu'il dit « pareilles à la lumière qui jaillit à l'aube [2] ».

'Â'isha, la mère des Croyants, a dit :
– La Révélation débuta chez le Prophète (à lui bénédiction et salut) par de pieuses visions *(al-ru'yâ al-sâliha)* qu'il avait pendant son sommeil. Pas une seule de ces visions ne lui apparut sinon avec une clarté semblable à celle de l'aurore. Ensuite, il se prit à aimer la retraite *(khalwâ)*. Il se retira alors dans la caverne de Hirâ', où il se livra au *tahannut*, c'est-à-dire à la pratique d'actes d'adoration, durant un certain nombre de nuits consécutives, sans qu'il revînt chez lui ; aussi se munissait-il de provisions de bouche.

Al-Bukhârî, *as-Sahîh. L'Authentique*, titre I : De la Révélation à son début, chap. 1, § 3, trad. G. H. Bousquet, *L'Authentique Tradition musulmane*, Fasquelle, 1964, n° 8, p. 53. (Trad. O. Houdas : El-Bokhâri, *Les Traditions islamiques* [1903-1914], A. Maisonneuve, 1977, t. 1, p. 2).

La vision nocturne est une forme de révélation, inférieure certes, mais authentique (VIII, 43). Un *hadîth* dira : « Le songe véridique *(sâlîha)* est la quarante-sixième partie de la prophétie » *(apud* Tabarânî) [3]. Pourquoi 46 ? Lisons Ibn Khaldûn. « La référence au chiffre 46 est parfois expliquée comme suit. Au début, la révélation prenait la forme de visions oni-

---

1. Ibn Hishâm, *Vie de l'Envoyé de Dieu*, 125 (éd. Wüstenfeld).
2. Al-Bukhârî, I, 3.
3. Pour le Talmud, « le rêve est un soixantième de la prophétie » *(Talmud de Babylone*, section I, traité 1 : *Berakhot. Bénédictions*, 57 b).

riques *(ru'yâ)* pendant six mois, soit une demi-année. Au total, la prophétie de Muhammad à La Mekke et à Médine dura 23 ans [610-633]. Une demi-année représente un 46ᵉ de la durée totale de la prophétie [1]. » Muhammad fait ses retraites spirituelles *(tahannut)*, près de La Mekke, dans les cavernes du mont Hirâ'. Il se livre alors à des méditations. Peut-être profite-t-il des enseignements de certains sages juifs ou chrétiens [2] favorables au docétisme, ou persans (Salmân al-Fârisî, après 622). Ce ne sont pas des maîtres spirituels, tout au plus des instructeurs judéo-chrétiens occasionnels qui l'informent sur le Judaïsme ou le Christianisme, autrement dit « les histoires des Anciens » (XVI, 24 ; XXV, 5 ; XXVII, 68).

Certes, Nous savons que les Infidèles disent : « Cet homme a seulement pour maître un mortel. »

Ceux qui sont infidèles disent : « Ceci n'est que forgerie inventée par cet homme, pour laquelle l'ont aidé d'autres personnes. »
Coran, XVI, 103 ; XXV, 4.

Le grand moment advient à un moment non datable, peut-être le 22 décembre 609 ou en mars 610, avec une « descente » *(tanzîl)*. Une sourate, autrement dit un chapitre, « descend » sur lui au mois de ramadan (II, 185). Muhammad figure l'événement comme l'ange Gabriel faisant tomber un chapitre *(sûra)*. Les Musulmans appellent cet épisode « la Nuit du destin » *(Laylat al-qadr)* (XCVII, 1). C'est l'Appel (XXVII, 91 ; LIII, 10).

Nous l'avons fait descendre durant la Nuit de la Destinée.
Qu'est-ce qui t'apprendra ce qu'est la Nuit de la Destinée ?
La Nuit de la Destinée vaut mieux que mille mois.
Les Anges et l'Esprit y descendent avec la permission de leur Seigneur, pour tout ordre.
Coran, XCVII (« La Destinée. *al-Qadr* »), 1-4.

Pour les historiens et philologues occidentaux [3] commence la première période de Muhammad : la période mekkoise. L'Ange ordonne : *Iqra'* إقرأ (XCVI, 1). Comment traduire ce mot, cette injonction ? « Lis ! » (D. Masson) ? « Récite ! » (T. Fahd) ? « Prêche ! » (R. Blachère) ? « Répète ! » (J. Jomier) ? « Appelle ! » (A. Chouraqui) ? Le mot Coran (>*Qu'rân*) signifie en syriaque « lecture », mais en arabe « récitation, prédication ». « Prêche ! » paraît prématuré, puisque c'est la première révélation : prêcher quoi ? « Lis ! » paraît risqué, puisque Muhammad est peut-être « illettré » *(ummî* : VII, 157) ; l'Islâm orthodoxe

---

1. Ibn Khaldûn, *Discours sur l'histoire universelle*, Beyrouth, 1967-1968, rééd. Sindbad, 1978, livre I, chap. 1, VI, § 3, trad. V. Monteil, t. 1, p. 205.
2. T. Andræ, *Les Origines de l'Islam et le Christianisme*, Adrien-Maisonneuve, 1955, p. 15-38, 105-112, 201-211.
3. Th. Nöldeke (et F. Schwally), *Geschichte des Qorans*, Leipzig, 1919-1938, 3 t. Th. Nöldeke, *Observations critiques sur le style et la syntaxe du Coran*, trad. de l'allemand,

représente la révélation comme une dictée surnaturelle, Muhammad répète, transmet (LIII, 3-4), une Parole divine incréée. « Récite ! » ne correspond pas au contexte qui parle d'un livre. Première révélation, premier mystère.

– [La vision onirique] Il [l'ange Gabriel] vint à moi alors que je dormais [dans une grotte du mont Hirâ', près de La Mekke, au cours d'une retraite annuelle]. Il tenait à la main un feutre brodé enveloppant un livre. « Récite ! » *(Iqra' !)*, m'ordonna-t-il. « Je ne récite pas ! », répondis-je. Alors il me pressa le livre sur la bouche et sur les narines si fort que j'allais m'étouffer. J'ai cru un moment qu'il était la Mort. Puis il me relâcha. [...] La quatrième fois, il me dit : « Récite ! » Je dis : « Que dois-je réciter ? » (Je n'ai dit cela que pour éviter qu'il ne répétât ce qu'il avait fait avec moi.) Alors il me dit : « Récite : Au nom de ton Seigneur qui créa, créa l'homme d'un grumeau de sang *(al-'alaq)*. Récite : Ton Seigneur, supérieur à tout être, Lui qui enseigna par la Plume [Calame], enseigna à l'homme ce qu'il ne savait pas » [XCVI, 1-5 : c'est la 1re sourate révélée]. J'ai récité et il finit par s'éloigner de moi.

– [La vision diurne] Je me suis réveillé, et ces phrases étaient comme inscrites dans mon cœur. Je quittai la caverne et, à peine arrivé au milieu de la montagne, j'entendis une voix venant du ciel qui disait : « Ô Muhammad ! Tu es l'apôtre d'Allâh [Envoyé de Dieu] et moi je suis Gabriel. » Je levai la tête vers le ciel pour regarder, et voici que Gabriel était là, sous les traits d'un homme, joignant les talons, à l'horizon du ciel. Il me dit encore une fois : « Ô Muhammad ! Tu es l'apôtre d'Allâh et moi je suis Gabriel. » Je m'arrêtai, le regardant sans pouvoir avancer ni reculer. Je me mis alors à détourner de lui mon visage vers les autres points de l'horizon, mais je ne regardai nul point du ciel sans voir l'ange en la même attitude. Je demeurai ainsi debout, sans pouvoir ni avancer ni revenir sur mes pas.

Trad. partielle T. Fahd, apud *Histoire des religions,* Gallimard, « Encyclopédie de la Pléiade », t. 2, p. 656. Trad. de al-Bukhârî par O. Houdas, *op. cit.,* t. 1, p. 2-3.

La première descente est un ordre, reçu dans un état spirituel.

> Par l'étoile quand elle s'abîme !,
> votre contribule [Muhammad] n'est pas égaré ! Il n'erre point.
> Il ne parle pas par propre impulsion.
> C'est seulement là une Révélation *(wahy)* qui lui a été transmise,
> que lui a enseignée un Ange [Gabriel ?] redoutable, fort et
> doué de sagacité. Cet Ange se tint en majesté
> alors qu'il [Muhammad] était à l'horizon supérieur.
> Puis il s'approcha et demeura suspendu
> et fut à deux arcs *(qâba qawsayn)* ou moins.
> Il [l'Ange ? Dieu ?] révéla alors à son Serviteur ce qu'il révéla.
> Son imagination *(fu'âd)* n'a pas abusé sa vue.
> Quoi ! le chicanerez-vous sur ce qu'il voit ?

Coran, LIII (« L'Étoile. *An-Najm* »), 1-12.

A. Maisonneuve, 1954. R. Blachère, *Introduction au Coran* (1947), Maisonneuve et Larose, 1991, XXXIII-312 p.

Et que disait l'Ange ?

Prêche (*Iqra'* ! اِقْرَأ) au nom de ton Seigneur qui créa !
qui créa l'Homme d'une adhérence (*al-'alaq* [grumeau de sang ? goutte de sperme ?]).
Prêche !, ton Seigneur étant le Très Généreux
qui enseigna par le Calame *(bi-l-qalami)*
et enseigna à l'Homme ce qu'il ignorait.

Coran, xcvi (« L'Adhérence. *al-'Alaq* »), 1-5.

Ainsi Muhammad bénéficie d'une vision mystique (xvii, 60), d'une apparition, celle d'un « vénérable messager » (lxxxi, 19), identifié à l'ange Gabriel (>Jibrîl)[1]. Cette révélation, d'ordre visuel donc, se double d'une audition mystique, où Muhammad entend une voix, mais aussi, disent certains textes, des sons tels que tintement de cloches ou bruit du tonnerre.

D'après 'Â'isha, la mère des Croyants, al-Hârith ibn Hishâm ayant dit au Prophète (à lui bénédiction et salut) :
— Ô Envoyé de Dieu, comment te vient la révélation *(al-wahy)* ?
Celui-ci [Muhammad] répondit :
— À certains moments, elle [la révélation] m'arrive pareille au tintement d'une clochette, et c'est pour moi le plus pénible. Puis la révélation s'interrompt, et alors seulement je saisis ce que l'ange m'a transmis. D'autres fois, l'ange se montre à moi sous une forme humaine : il me parle et je retiens ce qu'il m'a dit.
'Â'isha ajoute :
— Certains jours que le froid était très vif, je vis le Très-Saint Prophète recevoir la Révélation ; au moment où elle cessait, le front du Prophète ruisselait de sueur.

Al-Bukhârî, *as-Sahîh*, 1, 1, 2, trad. G. H. Bousquet, *op. cit.*, n° 7, p. 53. Trad. O. Houdas, *op. cit.*, t. 1, p. 2.

Pendant la Révélation, le Prophète souffre, « comme la chamelle qui met bas ».

Quand Muhammad recevait une révélation, cela lui causait une si vive souffrance que nous pouvions nous en rendre compte [...]. Il commençait par se couvrir la tête avec sa chemise, en proie à une vive souffrance.

Ahmad Ibn Hanbal, *al-Musnad*, i, 464.

Cette connaissance d'origine divine est donc, à la fois, directe, puisque Muhammad en bénéficie lui-même, et indirecte, puisqu'il ne voit pas Dieu, comme le firent Moïse (Exode, xxxiii, 11) ou Jacob (Genèse, xxxii, 31). Il voit un intermédiaire, l'archange du Trône divin, Gabriel (Coran,

---

1. Pour le Kabbaliste Abraham Abû l-'Afiya (vers 1290), « l'ange qui lui fait savoir le secret du Nom divin est appelé Gabriel » (*Sefer hayyê ha-olam ha-ba. Le Livre de la vie du monde à venir*, 4 a : M. Idel, *L'Expérience mystique d'Abraham Aboulafia*, Cerf, 1989, p. 101).

II, 97 ; LXVI, 4 ; LXXXI, 20). Gabriel (« Homme de Dieu »), dans le Judaïsme, est un des trois anges qui, avec Raphaël et Mikaël, ont un nom. Il explique (Daniel, VIII, 15). Gabriel a les traits d'un homme : n'est-ce pas le double spirituel de Muhammad, son jumeau céleste, son soi en termes gnostiques ? Muhammad reçoit une deuxième révélation.

[Lettre mystique] N. [*Nûn*].
[Serments] Par le Calame et ce qu'ils écrivent ! [...]
Détiennent-ils l'Inconnaissable et l'écrivent-ils ?

Coran, LXVIII (« Le Calame. *Al-Qalam* »), 1 et 47.

La référence insiste sur l'écrit, plus que sur l'oral. Il est question de la lettre *nûn* et du calame *(qalam)*. Qu'est-ce que cela signifie ? Le calame est le roseau pour écrire, qui a servi à des « scribes nobles et purs » à transcrire des révélations (LXXX, 13-16). Dieu écrit le monde, le sage lit Dieu dans le monde. La plume est le démiurge. La Création est la connaissance divine, l'inscription des mystères de Dieu. Le monde ressemble à un livre, idée familière aux ésotéristes[1]. Ici le monde est une copie.

Suite à cette double révélation, Muhammad endure, croit-on, une période de silence, sans révélation (XCIII, 3). Le silence dure trois ans. Après cette interruption *(fatra)*, la Révélation reprend, vers 613.

Tandis que je marchais, dit le Prophète, j'entendis une voix qui venait du ciel. Levant alors les yeux, j'aperçus l'ange qui était venu me trouver à Hirâ ; il était assis sur un trône entre le ciel et la terre. Effrayé à cette vue, je rentrai chez moi en criant :
— Enveloppez-moi ! Enveloppez-moi !
Alors, Dieu me révéla ces versets :
— Ô toi couvert d'un manteau ! *(al-mudaththir !)* lève-toi et avertis ! Ton Seigneur, magnifie-le ! [LXXIV, 1-3 : c'est la 2ᵉ sourate révélée] et continua jusqu'à ces mots :
— Et l'idolâtrie *(rujz)*, fuis-la [LXXIV, 5].
Après cela la Révélation reprit avec ardeur et continua sans interruption.

Al-Bukhârî, *as-Sahîh*, 1, 1, 3, trad. G. H. Bousquet, *op. cit.*, n° 8, p. 55. Trad. O. Houdas, *op. cit.*, t. 1, p. 4.

Le détail est révélateur. Muhammad s'enveloppe d'un manteau *(dithâr)* de bédouin (LXXIII, 1 ; LXXXIV, 1). Pourquoi ? parce qu'il sue, il est pris de tremblements. « Une étoffe recouvrait entièrement le Très-Saint Envoyé. L'autre ['Umar] passa sa tête en dessous, et voici que le Très-Saint Envoyé avait le visage tout rouge et son souffle était comme un

---

1. Par exemple, pour les Rose-Croix, « le Grand Livre de la nature » est « ouvert aux yeux de tout le monde, en ne pouvant cependant être lu ni compris que par une minorité » *(Confessio Fraternitatis*, 1615).

râle » (al-Bukhârî, *as-Sahîh*, 15, 17, trad. O. Houdas, *op. cit.*, t. 1, p. 499 ; trad. G. H. Bousquet, *op. cit.*, p. 55-56). Comment ne pas penser aux devins de l'Arabie pré-islamique ? Les textes appellent cet état mystique « exaltation » *(ghashya)*.

Du coup, les adversaires de Muhammad voient en lui un possédé (XV, 6 ; XXXIV, 44 ; LII, 29 ; LXXXI, 22), un homme ensorcelé ou possédé par les *jinn* (XV, 15 ; XVII, 47 ; XXIII, 70 ; XXV, 8), un poète délirant (XXI, 5 ; XXXVII, 36) ou même un sorcier (X, 2), un magicien (VI, 7 ; XI, 7 ; XXI, 3 ; XXXIV, 43), un devin (LII, 29 ; LXIX, 42), ou encore un forgeur de contes (LII, 33 ; LXIX, 44).

Muhammad, qui a reçu ordre de rendre publique sa mission prophétique, commence à faire des fidèles. Il ne se présente alors que comme un Annonciateur, un Avertisseur *(nadhîr)*, qui proclame l'imminence du Jugement dernier (XXI, 1 ; XXVII, 72). Muhammad aurait ajouté : « Ma venue et l'Heure sont séparés l'une de l'autre comme un index de mon médius. » L'hostilité des gens de La Mekke, en particulier de la tribu des Quraysh, se déclenche alors. Ils sont polythéistes, et ils défendent des intérêts commerciaux, des pèlerinages menacés par le monothéisme islamique.

En 616 sans doute, peut-être en 617 ou 619, un événement spirituel d'une portée considérable se produit. Ou plutôt deux événements miraculeux se produisent, la fin de l'un engendrant le commencement de l'autre : le « Voyage nocturne » *(Isrâ')* depuis La Mekke jusqu'à « Jérusalem » sur un animal fabuleux, puis l'Ascension *(Mi'râj)* des sept cieux depuis le sommet du Temple de Jérusalem jusqu'au Trône de Dieu sur une échelle de lumière. Cette « Nuit du Voyage et de l'Ascension » *(Laylat al-Isrâ' wa-l-Mi'râj)* est le sommet de la vie mystique de Muhammad.
Le Voyage nocturne prend place dans le Coran.

Gloire à Celui qui a transporté *(asrâ)* Son serviteur [Muhammad], la nuit, de la Mosquée Sacrée [*al-masjid al-harâm* : celle de La Mekke] à la Mosquée très Éloignée [*al-masjid al-aqsâ* : un ciel ? un oratoire près de La Mekke ? sans doute le Temple de Jérusalem] autour de laquelle Nous avons mis Notre bénédiction, afin de lui faire voir certains de Nos signes [*âya*, pluriel *âyât*]. Il [Allâh] est l'Audient, le Clairvoyant.

Coran, XVII (« Le Voyage nocturne. *al-Isrâ'* »), 1.

Des récits postérieurs ajoutent que Muhammad fut transporté sur un animal fabuleux, al-Burâq (« l'Éclair »).

Tandis que je dormais dans le *Hijr* (sanctuaire) [ici celui de la mosquée de La Mekke], Gabriel vint à moi et me poussa du pied ; sur quoi, je me redressai sur mon séant, mais, ne voyant rien, je me recouchai. Il vint une deuxième fois, puis une troisième et me prit par le bras. Je me levai et me tins à son côté jusqu'à ce qu'il me conduise à la porte de la Mosquée. Il y avait là un animal blanc, tenant de la mule et de l'âne, qui portait sur ses flancs des ailes qui lui servaient à mouvoir ses pattes ; et chacune de ses foulées couvrait la distance que l'œil est capable d'embrasser.

Ibn Hishâm, *Vie de l'Envoyé de Dieu. Sîrât Rasûl Allâh*, 264, trad. partielle M. Lings, *Le Prophète Muhammad. Sa vie d'après les sources les plus anciennes* (1983), trad. de l'anglais, Éditions du Seuil, 1986, p. 124. © Éditions du Seuil, Paris.

Les avis sont partagés sur le moyen et sur le terme. Quel est le terme du « Voyage nocturne » de Muhammad ? que signifie « Mosquée très éloignée » ? est-ce Jérusalem, la Jérusalem terrestre, le site du Temple de Salomon, ou la Jérusalem céleste, ou n'est-ce pas simplement un oratoire près de La Mekke, auquel cas le voyage se réduirait à un simple déplacement à pied ? Justement, y a-t-il « voyage », en quel sens ? Est-ce un songe, ou une vision ? un délire, diront les mécréants, ou un mensonge destiné à asseoir son apparence prophétique ? est-ce un transport miraculeux de l'homme Muhammad ? est-ce un transport en esprit, une « randonnée spirituelle » ? Un ésotériste dirait que chacun est libre d'interpréter en fonction de son niveau d'initiation et que la réalité historique importe moins que la teneur exemplaire.

Quant au récit de l'Ascension, appelée *Mi'râj* (« échelle »), il se place au centre de considérations mystiques ou initiatiques. L'événement alimentera la *Divine Comédie* de Dante[1]. On lit une allusion dans le Coran.

Certes, il [Muhammad] l'a vu une autre fois,
près du jujubier d'al-Montahâ [*sidrat al-muntahâ* ; autre traduction : le lotus de la Limite : un lieu-dit de La Mekke ? le 7e ciel ? selon les Soufis : l'Esprit Suprême]
près duquel est le jardin d'al-Ma'wâ [la Retraite : une villa de La Mekke ? le Paradis ?]
quand couvrait le jujubier ce qui le couvrait [une floraison ordinaire ? le Trône de Dieu, c'est-à-dire l'Esprit Premier, présent dans le monde manifeste ?].
Sa vue ne s'est ni détournée ni fixée ailleurs.
Certes il a vu l'un des signes les plus grands de son Seigneur.

Coran, LIII (« L'Étoile. *An-Najm* »), 13-18.

Le récit détaillé du *Mi'râj* n'existe pas, mais plusieurs traditions s'y rapportent, données par Anas ibn Mâlik, al-Tabarî, etc. Muhammad enfourche une seconde fois sa monture, traverse les sept cieux, rencontre les Grands Prophètes (Abraham, Moïse, etc.), atteint le Trône. Mais il ne verra jamais Dieu lui-même, car on ne franchit pas une Limite, marquée par un jujubier. Les Soufis se demanderont plus tard si, eux, ne peuvent pas la franchir.

---

1. M. Asín Palacios, *L'Eschatologie musulmane dans la « Divine Comédie »* (1919), trad. de l'espagnol, Archè, Milan, 1992, 662 p. M. Rodinson, « Dante et l'Islam d'après des travaux récents », *Revue de l'histoire des religions*, PUF, t. 140, 1951, p. 203-236. E. Cerulli, *Dante e l'Islam*, Lincei, Convegno Volta, XII, Rome, 1957.

Le jujubier est enraciné dans le Trône, et il marque le terme de la connaissance de tout connaissant, qu'il soit archange ou prophète-envoyé. Tout ce qui est au-delà est un mystère caché, inconnu de quiconque sauf de Dieu seul.

Al-Tabarî († 923), *Commentaire du Coran. Tafsîr al-Qur'ân*, LIII (trad. en cours, Heures claires, 1985 ss.).

Voici un extrait de la version d'Abdol Fazl Rashîdoddîn Meybodî, en persan et assez tardif.

L'archange Gabriel apparut et me tira du sommeil. Il m'emmena à la source Zamzam [puits sacré de la Ka'ba] et me fit asseoir. Il m'ouvrit le ventre jusqu'à la poitrine, et, de ses propres mains, me lava les entrailles avec l'eau de Zamzam [source miraculeusement découverte par Ismaël et sa mère Hagar, la servante d'Abraham, et qui donne une eau saumâtre]. Avec lui était l'archange Mikaël, qui tenait une bassine d'or, plein de foi et de sagesse. Gabriel en remplit ma poitrine puis referma la plaie, si bien que ma poitrine redevint comme auparavant, sans que de tout cela j'éprouve la moindre douleur. [...]
[1re partie du Voyage : Médine → Jérusalem] Il prit ma main et me conduisit hors de la mosquée. Là je vis Borâq [la monture, symbole de l'imagination active], qui se tenait entre Safâ et Marwa [deux petites collines de La Mekke). C'était un quadrupède ressemblant à un âne ou à un mulet. [...] En route, Gabriel se tenait à ma droite, Mikaël à ma gauche, et devant nous Raphaël tenait les rênes. Borâq avançait à une vitesse prodigieuse. [...]
[2e partie du Voyage : Jérusalem → Paradis] Puis Gabriel me prit la main et m'emmena à un rocher [rocher du mont Moriah, à Jérusalem ?]. Il appela Mikaël qui, à son tour, appela tous les anges par leurs noms, pour qu'ils fassent descendre le *mi'râj* [échelle] depuis le paradis jusqu'au ciel de ce monde, et du ciel de ce monde jusqu'à Jérusalem. Et le *mi'râj* était semblable à une échelle dont une extrémité reposait sur le rocher et l'autre touchait le ciel. [...] Puis je vis un homme très beau et d'une excellente nature, et demandai à Gabriel qui il était. Il me dit : « C'est ton père, Adam. » [...] Gabriel m'emporta sur ses ailes jusqu'au deuxième ciel. [...] Gabriel m'emmena au sixième ciel. Je vis Moïse [...]. Au sixième ciel, je vis une demeure qu'on appelle la Demeure glorieuse. C'est le lieu où les scribes et les secrétaires consignent le Coran que leur enseigne Gabriel. [...] Au septième ciel [...] je vis Abraham [...]. J'allai au-delà du septième ciel jusqu'à ce que je parvinsse au Lotus de la limite, un arbre immense [LIII, 14]. [...] Je fus conduit jusqu'au soixante-dixième voile. [...] Je fus accueilli par le Dieu Tout-Puissant. [...]
Après cela, nous retournâmes au Temple de Jérusalem, à la porte duquel était toujours Borâq.

Abdol Fazl Rashîdoddîn Meybodî, *Tafsîr-e Khawâja 'Abdallâh Ansarî* (XIIe s.), trad. du persan J. During, *Question de*, n° 41, mars 1981, p. 67-79. Extraits.

La tradition exotérique (dès Abû Bakr al-Siddîq)[1] voit dans le *Mir'âj* un exploit religieux de Muhammad, une preuve de sa sainteté, tandis que la tradition ésotérique (dès al-Bistâmî)[2] y voit un schéma initiatique, la

---

1. Ibn Hishâm, *Vie de l'Envoyé de Dieu*, 265.
2. R. A. Nicholson, « An Early Arabic Version of the Mi'râj, of Abû Yazîd al-Bistâmî », *Islamica*, 1926, p. 402-415. R. Caspar, *Cours de mystique musulmane*, Institut pontifical d'études arabes, Rome, 1971, p. 53-55. J.-L. Michon, *Le Soufi marocain Ahmad Ibn 'Ajiba et son Mi'râj*, Vrin, 1973, 324 p.

description des étapes à suivre pour accéder à l'Absolu, une route tracée pour les Soufis. Le Soufi, intériorisant, ésotérisant, peut refaire le même exploit.

Apparemment, quand Muhammad reçoit le Coran il jouit d'une transe d'extase *(wajd)*, quand il réalise l'Ascension il bénéficie d'une transe de vision *(ru'ya)*.

Vers 620, l'épouse de Muhammad, Khadîja, meurt. Il prend d'autres épouses (XXXIII, 49-52). En tout, on compte onze épouses attestées, plus la juive Rayhâna bint Zayd et la concubine copte Maria [1]. La préférée était 'Â'isha, épousée en 623. Le Coran autorise « deux, trois, quatre épouses » (IV, 3), indépendamment des captives de guerre ou des esclaves. Muhammad ne garda aucun fils (XXXIII, 40), ils moururent en bas âge.

Muhammad échappe à une tentative d'assassinat. Le 24 septembre 622 de l'ère chrétienne, avec soixante-dix Compagnons, Muhammad, quittant La Mekke, se réfugie à Yathrib, qui deviendra Médine, la « Cité du Prophète » *(Madînat an-Nabî)* (IX, 40).

LES 4 PÉRIODES DE « DESCENTE » DU CORAN
(chronologie de R. Blachère)

Période 1 (La Mekke, 610 ?-615, 49 sourates) : thèmes eschatologiques et style visionnaire : sourates 96 (1-5), 74 (1-7), 106, 93, 94, 103, 91, 107 ; 86, 95, 99, 101, 100, 92, 82, 87, 80, 81, 84, 79, 88, 52, 56, 69, 77, 78, 75, 55, 97, 53, 102 ; 96 (6-19), 70, 73, 76, 83, 74 (8-55), 111, 108, 104, 90, 105, 89, 85 ; 112, 109, 1, 113, 114.

Périodes 2 et 3 (La Mekke, 616-621, 21 et 22 sourates) : thèmes religieux et style polémique : sourates 51, 54, 68, 37, 71, 44, 50, 20, 26, 15, 19, 38, 36, 43, 72, 67, 23, 21, 25, 27, 18 ; sourates 32, 41, 45, 17, 16, 30, 11, 14, 12, 40, 28, 39, 29, 31, 42, 10, 34, 35, 7, 46, 6, 13.

Période 4 (Médine, 622-632, 24 sourates) : thèmes politiques et style didactique : sourates 2, 98, 64, 62, 8, 47, 3, 61, 57, 4, 65, 59, 33, 63, 24, 58, 22, 48, 66, 60, 110, 49, 9, 5.

Commence alors l'ère musulmane, l'hégire *(hijra)*, datée du 16 juillet 622. Les historiens placent ici la quatrième période dans la prédication de Muhammad : la période médinoise. Muhammad devient homme politique, législateur, chef de guerre, chef de la communauté (XXIV, 52 ; IV, 68). Il ne s'adresse plus à la tribu des Quraysh, mais à tous les Arabes, il accentue les différences entre l'Islâm et les autres monothéismes. Il attribue la fondation de La Mekke à Abraham (II, 124-125 ; XXII, 26), passant

---

1. Sur les 11 (ou 14, 15) épouses de Muhammad : al-Tabarî, *Mohammed, sceau des prophètes* (extraits de la *Chronique des Envoyés et des rois*), trad. H. Zotenberg (1867-1874), Sindbad, 1980, p. 327-331. Sur 'Â'isha : K. Frischler, *Aïcha, l'épouse enfant de Mahomet* (1957), Gallimard, 1964, 322 p.

ainsi au-dessus des Juifs et des Chrétiens. Une constitution en 50 articles, appelée *Convention établie par l'Envoyé de Dieu entre les émigrés et les auxiliaires, et pour la paix avec les Juifs*, est établie. Ce sera la charte de tout État islamique. Des Juifs vivaient à Médine. En février 624, il donne pour orientation *(qibla)* de la prière La Mekke, et non plus Jérusalem (II, 142-145). Dès 623, il chasse ou tue les Juifs de Médine, à coups de razzias il attaque les caravanes de La Mekke, il livre plusieurs batailles. En 630, il envahit La Mekke. Il met en place la Loi islamique, interdit le paganisme. Il associe obéissance à Allâh avec obéissance au Prophète (III, 32, 132 ; VIII, 1, 20, 46). Jusqu'alors il ne se considérait pas comme gardien (VI, 104, 107) ou mandataire (VI, 66 ; X, 108).

Muhammad meurt le 8 juin (?) 632, l'an XI de l'hégire. Son tombeau se trouve dans la mosquée de Médine.

Il demeure dans la biographie de Muhammad des éléments qui heurtent, par exemple le fait qu'il viola le pacte de paix d'al-Hudaybiyya (628) (Coran, XLVIII, 10), fixé à dix ans, en envahissant La Mekke au bout de deux ans seulement, en décembre 630, ou le fait qu'il déflora 'Â'isha à peine âgée de neuf ans, selon le propre témoignage de la jeune fille. On a relevé aussi que Muhammad reçoit beaucoup de versets concernant ses histoires amoureuses : quelqu'un soupçonne-t-il 'Â'isha d'infidélité ? Allâh, dans sa bonté, envoie une sourate (XXIV, 11) ! Muhammad conçoit-il du désir pour la femme de son fils adoptif Zayd ibn Hâritha ? une sourate l'encourage, balayant le soupçon d'inceste (XXXIII, 37). Il est vrai que Muhammad est prophète, prophète « seulement », pas dieu.

Quel homme était Muhammad ? « De votre monde, confie-t-il, j'ai aimé trois choses : les femmes, les parfums, et la prière, qui est le délice de mes yeux. » On le sent aussi passif face à Dieu qu'actif face aux hommes, aussi exalté dans ses rapports avec Dieu que raisonnable dans ses rapports avec les hommes. Devant Dieu, il reçoit un message, message fort, vigoureux, et ce message il le transmet avec force. Il ne faut pas oublier qu'il est chef d'État, chef de guerre. Il fut à la tête d'armées de 10 000 hommes [1] !

LA RÉVÉLATION ÉCRITE : LE CORAN ET LE PROPHÉTISME

Le *Tao tö king* est un livre qui semble complexe mais qui est simple. En revanche, le Coran est un livre qui semble simple et qui est complexe.

Le livre contient des paroles très différentes : des formules de serment (XXXVI, XXXVII, LXXV), des menaces (LVI, LXXXIV, CV), des paraboles (X,

---

[1]. Sur les expéditions de Muhammad : al-Tabarî, *Mohammed, sceau des prophètes*, éd. cit., p. 125-314. Voir W. M. Watt, *Mahomet à Médine* (1957), trad. de l'anglais, Payot, 1959, 408 p.

24 ; XIV, 24 ; XVI, 79 ; XXIX, 41), des récits prophétiques (sur Noé, Abraham), des règlements, des affirmations (II, 80, 91, 93, 111)... Le Coran fut écrit sur des omoplates ou des côtes de chameaux, sur du cuir, des tessons de poterie, des étoffes, des nervures de palmes. Le plus important reste que c'est une révélation, en « claire langue arabe » (XVI, 103 ; XXVI, 195-199).

Demande aux Infidèles : « Quelle chose est plus grande par le témoignage ? » Réponds : « Allâh est témoin entre vous et moi. Cette Prédication m'a été révélée afin que je vous avertisse par elle ainsi que ceux auxquels elle parviendra. »
Coran, VI, 19.

Et il [le Coran] est certes une révélation [*tanzîl* : descente] du Seigneur des Mondes, descendue du ciel par l'Esprit fidèle [*al-rûh al-amîn* : l'ange Gabriel], sur ton cœur, pour que tu sois parmi les Avertisseurs. C'est une Révélation en langue arabe pure.
Coran, XXVI, 192-195.

Une discipline s'applique à l'étude des causes de la révélation coranique. Dans le Coran, le mot *awhâ* intervient 72 fois, avec son sens (selon G. Monnot) de « communiquer secrètement » (VI, 50 ; X, 20 ; etc.). Selon l'Islâm, Muhammad reçoit le Coran : il n'y a pas inspiration mais révélation (XI, 37 ; XX, 114 ; XXI, 45 ; LIII, 4), il n'y a pas invention mais descente (XI, 14) ; d'autre part, cette révélation, qui l'a fait descendre ? l'« Esprit fidèle » (XXVI, 193), l'ange Gabriel (II, 97 ; LXVI, 4). La question de l'authenticité totale oppose les théologiens. Est-ce que Gabriel transmet ce que dit Allâh avec des expressions à lui, ou bien transmet-il la Parole de Dieu sans aucun changement ? Est-ce que « la matière de la Révélation fut versée sur le cœur du Prophète tandis que les mots mêmes du Coran seraient les mots du Prophète, ou bien le Coran a-t-il été versé sur le cœur du Prophète dans les mots mêmes de son texte effectif » ? Si on pense en termes d'inspiration *(ilhâm)*, et non plus de révélation *(wahy)*, ces problèmes se résolvent.

Muhammad pense qu'il a la révélation issue d'un prototype du Coran, qu'il appelle « Mère du livre » *(Umm al-kitâb)* (III, 7 ; XIII, 39). « La Tablette bien gardée » *(al-Lawh al-mahfûz)* contient le Coran archétypique, la « Mère du livre », mais aussi toutes les révélations prophétiques (LXXXV, 22), le Destin.

En vérité, cette Écriture, dans l'Archétype *(Umm al-kitâb* [la Mère du livre]) auprès de Nous [Allâh], est certes sublime et sage !
Par la Montagne ! par un écrit tracé sur un parchemin déployé !
Voici une Prédication bienfaisante, contenue dans un Écrit caché [l'Archétype céleste du Coran] que seuls touchent les Purifiés [certains anges ? les Musulmans ? les Soufis seuls ?]. C'est une révélation [*tanzîl* : descente] du Seigneur des Mondes.
Pourtant ceci est une Prédication sublime sur une Table conservée ! *(al-Lawh al-mahfûz* [la Tablette bien gardée]).
Coran, XLIII, 4 ; LII, 1-3 ; LVI, 77-80 ; LXXXV, 21-22.

Les Musulmans distinguent Prophète et Envoyé, et ajoutent parfois une autre figure, le Saint ou l'Imâm. Les prophètes sont en grand nombre (124 000, dit-on). L'Envoyé est un prophète qui a reçu mission d'enseigner aux hommes une Loi religieuse.

La mission d'Envoyé a comme perspective de transmettre des règles de conduite [...].

La mission prophétique a pour objet de faire connaître des sciences et des réalités relevant de la multiplicité des Attributs et des Actes.

La mission prophétique est l'aspect exotérique de la sainteté, qui, elle, correspond à l'immersion dans l'Union essentielle et à l'extinction dans l'Essence divine ; sa science est donc la science de l'unification de l'Essence et de l'effacement des Actes et des Attributs.

Tout Envoyé *(Rasûl)* est Prophète, tout Prophète *(Nabî)* est Saint, mais tout Saint *(Walî)* n'est pas Prophète et tout Prophète n'est pas Envoyé, bien que le rang de la Sainteté soit plus élevé que celui de la mission prophétique, et celle-ci plus élevée que la mission d'Envoyé.

Al-Qâshânî (=pseudo-Ibn 'Arabî), trad. partielle P. Lory, *Les Commentaires ésotériques du Coran. Ta'wîlât al-qur'ân*, Les Deux Océans, 1980, p. 137.

LA RÉVÉLATION ORALE : LA *SUNNA* ET L'INSPIRATION

En dehors du Coran, le Musulman dispose de la *Sunna al-Nabî*, « la tradition du Prophète ». La *Sunna* comprend l'ensemble des textes qui rapportent des dits *(hadîth)* ou des actes de Muhammad. Le recueil le plus connu reste celui d'al-Bukhârî. La *Sunna*, c'est, au sens large, le consensus général, qui reste une source secondaire. Ibn 'Arabî ajoute comme troisième source l'opinion des Compagnons *(al-Sahâba)* du Prophète, c'est-à-dire des Musulmans qui vécurent avec Muhammad.

Les « dits prophétiques » *(hadîth nabawî)* sont des paroles *(aqwâl)* ou des actions *(af'âl)* attribuées — à tort ou à raison — à Muhammad, en dehors du Coran. En général, elles ne semblent guère authentiques. Certaines ont particulièrement retenu les ésotéristes :

– Le Coran est comme une muraille surmontée d'une tour de guet, il a un extérieur et un intérieur.
– La vision d'un croyant est la quarante-sixième partie de la prophétie.
– Si quelqu'un d'entre vous a une vision qu'il aime, elle ne vient de personne d'autre que de Dieu.
– J'étais Prophète alors qu'Adam était encore entre l'esprit et le corps.
– Qui connaît son âme connaît son Seigneur.

Distincts des « dits prophétiques », les « dits sacrés » *(ahâdîth qudsiyya,* singulier *hadîth qudsî)* sont des paroles où Muhammad rapporte une parole de Dieu même qui parle à la première personne et qui présente l'homme comme un miroir de Dieu. Là encore, les ésotéristes ont fait leur miel de quelques-uns de ces dits :

Mon serviteur ne s'approche pas de Moi par quelque chose que J'aime davantage que par les œuvres que Je lui ai prescrites. Et il ne cesse de s'approcher de Moi par les œuvres surérogatoires *(qurb al-nawâfil)* jusqu'à ce que Je l'aime. Et lorsque Je l'aime, Je suis son ouïe *(sam')* par laquelle il entend, sa vue *(basar)* par laquelle il voit, sa main par laquelle il saisit, son pied par lequel il marche. S'il me demande, Je lui donne ; s'il cherche refuge en Moi, Je le protège.

Apud al-Bukhârî, *as-Sahîh*, 1, 38, 2, trad. O. Houdas, *op. cit.*, t. 4, p. 296 ; Ibn 'Arabî, *La Niche des Lumières. 101 Saintes Paroles Prophétiques. Mishkât al-anwâr*, trad. M. Vâlsan, Éditions de l'Œuvre, bilingue, 1983.

Mes Amis (*Awliyâ'î* [saints]) sont sous mes tabernacles [cf. Coran, XXIV, 35] ; nul ne les connaît hormis moi-même.

Trad. H. Corbin, *En Islam iranien*, Gallimard, coll. « Tel », n°s 179-182, 1991, t. 1, p. 126.

Je suis conforme à l'opinion que Mon serviteur se fait de Moi.

Apud al-Bukhârî, *as-Sahîh*, 97, 15, 3 ; trad. O. Houdas, *op. cit.*, t. 4, p. 588.

L'ÉSOTÉRISME CORANIQUE ET L'ÉSOTÉRISME MUSULMAN

L'exotérisme islamique, la religion *(al-dîn)*, a été on ne peut mieux proclamé par le Prophète lui-même. Il offre trois aspects : la soumission *(al-islâm)*, la foi *(al-îmân)*, la vertu *(al-ihsân)*.

Umar [le IIe Calife] a dit :
Nous étions assis un jour avec l'Envoyé de Dieu [Muhammad] lorsque vint à nous un homme vêtu d'habits d'une blancheur resplendissante et dont les cheveux étaient très noirs. On ne pouvait distinguer sur lui aucune des traces que laisse le voyage, et pourtant aucun d'entre nous ne le connaissait. Il s'assit en face du Prophète, plaçant ses genoux contre les siens et posant sur ses cuisses les paumes de ses mains. Il dit alors :
— Ô Muhammad, fais-moi connaître ce qu'est la soumission [*al-islâm* : abandon à Dieu].
L'Envoyé de Dieu lui répondit :
— L'*islâm* consiste en ce que tu dois témoigner :
[premier témoignage, *shahâda*] qu'« Il n'est d'autre dieu que Dieu » (*Lâ ilâha illâ Allâh* لا إله إلا الله) [cf. Coran, II, 163, 255 ; III, 2, 6, 18, 62 ; etc.]
[second témoignage, cf. Coran, XLVIII, 29 ; LXII, 2] et que « Muhammad est son Envoyé » (*Muhammadun rasûl Allah* محمد رسول الله),
[les quatre piliers] accomplir la prière rituelle, verser l'aumône, faire le jeûne du Ramadân et faire, si tu le peux, le pèlerinage à la Maison sainte [celle de La Mekke, avec la Ka'ba].
Son interlocuteur lui répondit :
— Tu as dit vrai [...]. Fais-moi connaître ce qu'est la foi [*al-îmân* : confiance en la Révélation].
Le Prophète répliqua :
— [Les cinq articles] La foi consiste en ce que tu dois croire en Dieu, Ses anges, Ses livres et Ses Envoyés [surtout Noé, Abraham, Moïse, Jésus, Muhammad : les « Cinq Envoyés doués de constance »], ainsi qu'au Jour dernier, et tu

dois croire que ni bien ni mal n'adviennent que par Sa providence [cf. Coran, II, 177, 285].
— Tu as dit vrai !, dit encore l'homme, et il continua. Fais-moi connaître ce qu'est l'excellence [*al-ihsân* : vertu, intériorisation de la pratique].
Le Prophète répondit :
— L'excellence consiste à adorer Dieu comme si tu Le voyais, car si tu ne Le vois pas, certes Lui te voit.
— Tu as dit vrai ! [...]
Puis le Prophète me dit :
— C'était Gabriel, dit le Prophète. Il est venu à vous de cette façon pour vous enseigner votre religion.

Hadîth rapporté par 'Umar al-Fârûq, *apud* Muslim ibn al-Hajjâj († 875), *al-Jâmi' as-Sahîh*, I (*Îmân*), 1, trad. partielle M. Lings, *op. cit.*, p. 393-394 ; trad. anglaise Kashmiri Bazar, Lahore, 1976, 4 t. © Éditions du Seuil, Paris.

Y a-t-il, à côté de cet exotérisme religieux, un ésotérisme islamique ou un Islâm ésotérique ? Dans le premier cas, c'est-à-dire quand on parle d'« ésotérisme islamique », l'Islâm est un ésotérisme par nature, dans le second cas, c'est-à-dire quand on parle d'« Islâm ésotérique », l'Islâm contient des éléments ésotériques, par accident ou partiellement.

Les Soufis proposent une autre solution. Pour eux, il faut parler du couple, exotérisme *et* ésotérisme. L'ésotérisme ne peut se passer d'exotérisme.

La terminologie, déjà, invite à cette conception. Il y a la religion *(dîn)*, il y a l'ésotérisme *(haqîqa)*. « La science de vérité *(haqîqa)* n'est pas à la mesure de la connaissance et de l'intelligence de tout le monde » ('Abdallâh Ansârî, *Les Étapes des itinérants vers Dieu. Manâzil as-sâ'irîn*, trad. S. Laugier de Beaurecueil, Le Caire, 1962). Cette science a deux faces, le côté spéculatif, ésotérique, et le côté réalisateur, initiatique.

Lançons-nous dans l'enquête. Y a-t-il déjà un ésotérisme mahométan dans le Coran, ou du moins des éléments, des germes ? On peut répondre que l'ésotérisme n'a pas été ajouté au Coran, comme un peintre ajoute des angelots sur un tableau quelconque ; l'ésotérisme n'a pas non plus été ôté du Coran, comme un peintre, en nettoyant une vieille toile, découvre un chef-d'œuvre sous un dessin quelconque ; l'ésotérisme a plutôt été suscité, suscité dans le Coran, comme un peintre force le trait d'un dessin, fait ressortir un aigle où l'on voit seulement une oiseau.

LE CORAN ADMET L'EXISTENCE D'UNE ÉLITE SPIRITUELLE, mais il n'en fait pas des initiés. Le livre affirme une hiérarchie des hommes : « Nous élevons en degré qui Nous voulons et, au-dessus de tout homme détenant la science, est un Omniscient » (XII, 76). Ce choix est le choix de Dieu (Allâh), voilà bien la théorie orthodoxe, qui attribue l'élection, non aux mérites humains, mais à la grâce divine. Cette élite religieuse comprend ceux qui savent voir et entendre : « En vérité, dans la création des cieux et de la terre, dans l'opposition de la nuit et du jour, sont certes des signes *(âyât)* pour ceux doués d'esprit, qui invoquent Allâh, debout, accroupis ou couchés, qui méditent sur la création des cieux et de la terre » (III, 190-191).

- LE CORAN A UN SENS CACHÉ, mais caché n'est pas forcément synonyme d'ésotérique. Qui n'a pas été frappé par le style elliptique, allégorique, allusif du livre ? « Lumière sur lumière. Allâh, vers Sa Lumière, dirige qui Il veut. Allâh propose des paraboles aux Hommes. Allâh, de toute chose, est omniscient » (XXIV, 35). Il ne s'agit pas d'artifices littéraires ou de joliesses poétiques. Pour les Soufis, toutefois, se déroule là une écriture hermétique, qui recèle le secret spirituel *(mûl as-sirr)* dans le mot. Selon Ibn al-Fârid, « là, sous les mots du texte, se dissimule une science subtile qui dépasse la compréhension de lucides intelligences » *(Al-Tâ'iyya al-Kubrâ*, I, 675).

- LE CORAN VISE LE MYSTÈRE *(al-ghayb)*, mais — comme chez saint Paul — on peut voir dans ce mystère soit une notion religieuse soit une idée ésotérique. Dieu est Mystère (II, 3). Il échappe *(ghâba)* à la perception ou bien à la raison. « Il [Dieu] est le Premier et le Dernier, l'**Apparent** *(az-zâhir)* **et le Caché** *(al-bâtin)* **wa-Huwa-l-Zuâhiru wa-l-Bâtin** وهو الباطن والظاهر. De toute chose, Il est omniscient » (LVII, 3). Le mystère signale Dieu (VI, 59). On comprend qu'il soit unique *(wâhid)*, mais on comprend moins qu'il soit un [1] *(ahad)* et impénétrable *(samad)* (CXII, 1-2) ; on connaît deux de ses Noms, « Réel » *(al-Haqq* : III, 95) et « Miséricordieux » *(al-Rahîm* : I, 1, 3 ; II, 37, 54), mais « le voile du Nom » *(hijâb al-Ism)* demeure baissé, le centième Nom de Dieu ne sera connu que dans la vie future.

Dieu a 99 Noms : cent moins un. Personne ne les gardera dans sa mémoire s... entrer au Paradis. Dieu est unique et Il aime le nombre impair [un].

Hadîth : al-Bukhârî, *as-Sahîh*, 80, 68, trad. O. Houdas, *op. cit.*, t. 4, p. 269.

De façon négative, on peut dire que le sage lève le Mystère q... lève certains des soixante-dix voiles *(hijâb)* resplendissants qui ... Dieu. Notons au passage que les Compagnons du Prophèt... nombre de soixante-dix : analogie.

Dieu a 70 voiles de lumière et de ténèbres ; s'Il les enlevait, les ... rantes de Sa Face consumeraient quiconque serait atteint par Son...

Hadîth, apud Ibn Mâja, *Sunan*, I, 44, trad. partielle R. Deladrière.

---

1. Selon al-Qâshânî, « Un est le prédicat du sujet Lui *(Huwa)* ... *(ahad)* et Unique *(wâhid)* est que l'Un est l'Essence seule sans rap... à-dire la Réalité pure, [...] l'Existence en tant qu'Existence, sans ... particulière, non conditionnée par les contingences, ni localisé... considérée sous le rapport de la multiplicité des Attributs, c'... fait que le Nom est l'Essence avec l'Attribut » *(apud* P. Lor...

Le mot *ghayb* (« mystère ») surgit souvent dans le Coran [1]. Il concerne aussi le Décret divin (insondable), le monde intelligible (inaccessible), la Révélation elle-même. Dans cette Révélation se trouvent l'oniromancie, la connaissance de la Fin des temps, une herméneutique (XVII, 89). Ibn 'Arabî, qui tient le Mystère pour une idée ésotérique, a énuméré sept gnoses : *(Révélations mekkoises)* : les Noms divins, la Théophanie, la Révélation, la perfection ou l'imperfection de l'existence, l'Homme essentiel, l'imagination, la guérison spirituelle.

• LE CORAN DÉCLARE QU'IL Y A DES CLEFS, mais ces clefs sont à Dieu. Quelles sont ces clefs ? le Coran (X, 15), les « lettres distinctes » (II, 1), les Noms divins (LIX, 24), les Signes (III, 190), etc. Qui les possède ? Dieu seul : « Il a les clefs de l'Inconnaissable qui ne sont connues que de Lui. Il sait ce qui est sur la terre ferme et dans la mer. Nulle feuille ne tombe qu'Il ne sache » (VI, 59). Dieu demande à Muhammad de proclamer : « Je ne vous dis pas : "J'ai les trésors d'Allâh." Je ne connais point l'Inconnaissable » (VI, 50). Est-ce modestie ? Les ésotéristes prétendront souvent que les clefs relèvent de la discipline de l'arcane et qu'ils en possèdent quelques-unes.

• UNE AUTRE RÉVÉLATION : en dehors du Coran et même de la *Sunna*, Muhammad a dispensé, partiellement, une autre révélation, mais ce n'était sans doute pas un enseignement ésotérique. Abû Hurayra († 678), qui fut un Compagnon du Prophète, a laissé cette confidence : « J'ai recueilli de l'Envoyé de Dieu deux séries de *hadîth* : l'une, je l'ai répandue ; l'autre, je ne l'ai pas divulguée, sinon on m'aurait coupé la gorge » *(apud* Al-Bukhârî, *as-Sahîh*, 3, 42, 2, trad. O. Houdas, *op. cit.*, t. 1, p. 58). Sur quoi pouvait bien porter cet enseignement oral, qui serait secret selon les ésotéristes ? Il pourrait concerner les Noms divins à invoquer, les litanies *(wird)* à réciter, certaines attitudes rituelles, les sept cieux (LXV, 12)... Le Coran parle des « Noms les plus beaux » : « le Roi, le Très Saint, le Salut, le Pacificateur, le Préservateur, le Puissant, le Violent, le Superbe » (LIX, 23-24). La connaissance des beaux Noms *(al-Asmâ' al-Husnâ)* est, certes, de l'ésotérisme, à un certain niveau du moins. Parmi les litanies connues, on peut citer la *bismillâh* (« Au Nom d'Allâh, le Bienfaiteur miséricordieux ! *Bismi llâhi r-Rahmâni r-Rahîm !* » ; I, 1), la *takbîr* (« Dieu est plus grand ! *Allâhu akbar !* »), etc. Ces formules ne sont ésotériques qu'au deuxième degré.

L'existence d'un ésotérisme coranique semble douteuse, mais l'existence d'un ésotérisme islamique paraît certaine. Les Soufis ont fait fermenter le Coran. Muhammad a fait le raisin, le Soufi a fait le vin avec ce raisin-là. D'après le Coran, le vin doit être évité (ce qui ne veut pas dire interdit) en ce monde (V, 90), autorisé dans l'autre (LXXXIII, 25).

---

1. Coran, II, 2, 31 ; III, 39 ; IV, 38 ; VI, 50 ; VII, 188 ; X, 21 ; LII, 41 ; LXVIII, 47 ; etc. (G. Flügel, *Concordantiae Corani arabicae*, Leipzig, 1842, p. 139).

On peut appeler **ésotérisme islamique** l'articulation de ces deux ésotérismes, l'ésotérisme supposé du Coran, considéré comme Révélation, l'ésotérisme attesté de certains Musulmans considérés gnostiques ou initiés.

L'auteur qui a le plus et le mieux contribué à l'acception d'un ésotérisme en Islâm, c'est, incontestablement, Henry Corbin.

Il nous faut employer les termes d'ésotérisme, de gnose, de théosophie, parce que nous ne disposons pas d'autres termes pour traduire au mieux les termes techniques auxquels ils correspondent en arabe et en persan. Pourtant nous savons que l'emploi de ces mots éveille des réticences, voire de l'irritation, chez nombre de gens sérieux. [...] Les termes *zâhir* et *bâtin* correspondent parfaitement au rapport que marquent les termes « exotérique » et « ésotérique », extérieur et intérieur, apparent et caché, phénomène et noumène, etc.

H. Corbin, *En Islam iranien*, t. 1 (*Le Shî'isme duodécimain*, 1971), Gallimard, coll. « Bibliothèque des idées », p. xiv-xv. © Gallimard, Paris.

Divers mots nomment en arabe l'ésotérisme.

Le mot *sirr* (pluriel *asrâr*) désigne d'une part le savoir intérieur, la connaissance mystérieuse, un arcane, d'autre part l'être intime, la transconscience, l'âme de l'âme [1]. Il n'y a pas là ambiguïté, mais fusion du sujet connaissant *('aqil)*, de l'objet connu *(ma'qûl)* et de l'acte de connaissance *('aql)*, donc connaissance authentique. Tous les ésotérismes tombent ici d'accord.

– La gnose est mon secret. *Al-ma'rifa sirrî*.

Hadîth, cité par Hamzah Fansûrî.

– « La **gnose** *(al-ma'rifa)* [est] la connaissance des attributs de l'Unité, et celle-ci est le fait des saints, de ceux qui contemplent la Face de Dieu dans leur cœur, de telle sorte que Dieu se révèle à eux comme Il ne se révèle à personne d'autre dans le monde.

Dhû l-Nûn al-Misrî.

– Le **secret** *(as-sirr)* est une réalité très fine disposée dans le cœur comme l'esprit l'est dans le corps, et qui est le réceptacle *(mahall)* de la contemplation.

Al-Jurjânî (xive s.), *Tarifât*, trad. M. Vâlsan, *Études traditionnelles*, 1948, p. 340.

– Al-Junayd définit ainsi le **Soufisme** *(at-tasawwuf)* : c'est purifier son cœur de l'approbation des hommes, abandonner ses tendances innées, maîtriser les dispositions de la nature humaine, écarter les incitations égoïstes, fixer en soi les qualités spirituelles, s'attacher à la connaissance des réalités immatérielles, utiliser ce qui est mieux pour la vie éternelle, pratiquer le devoir de bon conseil envers la Communauté tout entière, tenir envers Dieu l'engagement de rester fidèle à la vérité, et suivre l'Envoyé dans l'accomplissement de la Loi.

Apud al-Kalâbâdhî († 994), *Livre de l'information sur la doctrine des hommes du Soufisme. Kitâb al-Ta'arruf li-madhab-i ahl-Tasawwuf*, trad. de l'arabe R. Deladrière, *Traité de Soufisme. Les Maîtres et les Étapes*, Sindbad, 1981, p. 30.

---

1. H. Corbin, *En Islam iranien*, éd. cit., t. 1, p. 116 ; t. 3 (*Les Fidèles d'amour : shî'isme et soufisme*), Gallimard, coll. « Tel », 1991, p. 23, n. 14.

ÉQUIVALENTS DU MOT « ÉSOTÉRISME » EN ARABE

TRANSCRIPTION	TRADUCTION	RÉFÉRENCE
bâtin باطن	intérieur, ésotérique	Coran, LVII, 3
ghayb غيب	mystère	Coran, II, 3, 33
haqq حق	réel, vrai, être	Coran, III, 95
sirr سر	secret	Coran, LXVII, 12.
hikma	sagesse	
hikma ilâhîyya	sagesse divine	A. H. al-Ghazzâlî,
al-'Ilm	la Science	Mollâ Sadrâ Shîrâzî
'ilm al-bâtin	science de l'intérieur	Ja'far al-Sâqiq
'ilm al-lâdunnî	science divine	
'ilm al-mukâshafa	science du dévoilement	al-Hasan al-Basrî
'ilm al-qulûb	science des cœurs	
'ilm maknûn	science cachée	
'irfân	sapience	Imâms shî'ites
ma'rifa	gnose	Muhammad ?
ma'rifa qalbîyya	gnose du cœur	Dhû l-Nûn al-Misrî
tarîqa	voie	
tasawwuf	Soufisme	Ibn Sharîk († 776)

– L'Essence Unique de Dieu, considérée comme absolue et dépourvue de toutes déterminations et limitations, est appelée la **Réalité** *(Haqq)* ; et considérée sous Son aspect en tant que revêtue de la multiplicité et de la pluralité qui sont visibles, Elle est tout l'univers créé. L'univers est donc l'expression visible extérieure de la Réalité la plus exaltée, et la Réalité la plus exaltée est la réalité interne invisible de l'univers.

Al-Jâmi († 1414), *Tablettes. Lawâih*, trad. partielle Éva de Vitray-Meyerovitch, *Anthologie du Soufisme*, Sindbad, 1986, p. 251.

LES PARFAITS *(SÂLIHÛN)*

Muhammad s'entourait de personnes dont la spiritualité avait retenu son attention et celle des historiens. On les a groupées sous divers noms. Les mêmes hommes ou femmes peuvent appartenir à deux groupes.

La tradition isole Huit Ascètes *(Zuhhâd)*, dont 'Uways al-Qaranî, al-Hasan al-Basrî (le premier Soufi). L'ascète par excellence, c'est Abû Dharr al-Ghifârî, un Compagnon du Prophète. L'ascète vit pauvrement et aime les pauvres. Il se montre humble. Il obéit rigoureusement à la Loi islamique. Bien entendu, il est profondément sincère, surtout dans son amour de Dieu *(hubb Allâh)*. Il tient la Création pour une chose éphémère, dont il convient de se détacher. L'ascète prie, invoque, jeûne, veille, il peut même pratiquer le célibat, si contraire au Coranisme (qui semble aussi condamner le monachisme : IX, 31 ; LVII, 27). À l'occasion il se révèle un guerrier décidé à lutter jusqu'à la victoire (al-Hasan al-Basrî a pris part à la prise de Kâbul en 672). À la différence des Soufis, les ascètes suivent une voie propre, hors organisations initiatiques, écoles ou confréries. Mais, à la différence des ascètes, chrétiens, il ne s'isole pas de sa Communauté, l'Islâm. Certains ascètes décrits par Dhû l-Nûn al-Misrî vivent dans des grottes, font jeûne jusqu'à ressembler à un squelette.

« Les Pieux » *(âbid)* observent scrupuleusement la Loi. Le pieux se marie, puisque le Musulman, en général, se marie. Il adhère sans défaillance à la foi musulmane. Parmi les pieux, Muhammad place son épouse 'Â'isha. Un ésotériste y mettra des savants qui ne sont pas allés jusqu'à l'expérience mystique d'un ascète ou l'expérience initiatique d'un Soufi, par exemple le philosophe Abû Bakr al-Râzî.

DIVISIONS DE L'ÉSOTÉRISME ISLAMIQUE

courants	branches	lignées ésotériques
Mahométisme (610 ?)		Soufisme (670)
Shî'isme (656 ?)	Imâmisme (656 ?) Sabâ'isme (661) Kaysânisme (680) Ismâ'îlisme (762) Zaydisme (765) Nusayrisme (859) Ahl-i Haqq (XVe s.) Shaykhisme (1826)	Hermétisme musulman talismanique alchimie jâbirienne (815), etc.
Khârijisme (657)		
Sunnisme (659 ?)	Hanafites (767) Mâlikites (795) Shâfi'ites (820) Hanbalites (855)	
hors Islâm	Yazîdisme (683) Bâbisme (1844) Bahâ'isme (1867) Ahmadisme (1876)	

LE SHÎ'ISME ÉSOTÉRIQUE

H. Corbin affirme en phrases tranchantes l'ésotérisme du courant shî'ite : « L'idée de l'ésotérique est à l'origine même du Shî'isme et en est constitutive », « Le Shî'isme est bien la gnose de l'Islam », « Chacun des Imâms explicitant et transmettant à ses disciples le sens caché des Révélations est à la source de l'ésotérisme en Islam », « Que le Shî'isme, en son essence, soit l'ésotérisme de l'Islam, c'est la constatation qui découle des textes mêmes¹ ». Je crois qu'il exagère, comme ces tibétologues qui assimilent tout le Bouddhisme tibétain à un ésotérisme. Combien de poètes, de penseurs shî'ites indifférents et même hostiles à l'ésotérisme ! Mais, certes, les Shî'ites ont donné dans l'ésotérisme, encouragé une tradition secrète.

À côté de la discipline de l'arcane *(sirr)*, de nature initiatique, destinée à éveiller l'esprit, les Shî'ites ont admis et pratiqué la dissimulation *(kitmân)*, la loi du silence *(taqiyya)*, de nature plus politique. Souvent contraints de cacher leur foi, pour éviter des sévices, ils se donnaient le droit de masquer ou taire leur appartenance. Mais les deux sens, initiatique (discipline de l'arcane) et politique (loi du silence), se conjuguent. Il s'agit toujours de préserver, de protéger.

> Neuf dixièmes de la Religion [des Imâms] consistent en la loi du silence *(taqiyya)*. Celui qui ne la pratique pas n'a pas de Religion. [...]
> Celui qui divulgue notre enseignement est comme celui qui le renie [...].
> Soutenir notre Cause n'est pas seulement la connaître et l'admettre, mais encore la protéger et la tenir cachée de ceux qui n'en sont pas dignes.
>
> Propos *(khabar)* du VIᵉ Imâm des Shî'ites (Ja'far al-Sâdiq). M. A. Amir-Moezzi, *Le Guide divin dans le Shî'isme originel. Aux sources de l'ésotérisme en Islam*, Verdier, 1992, p. 311.

Le Shî'isme commence en la personne d'''Alî ibn Abî Tâlib. Il forme le « parti d'''Alî » *(shî'at 'Alî)*. 'Alî ibn Abî Tâlib était lié parentalement à Muhammad, son aîné de trente ans, et de deux façons : d'abord par son père, Abû Talib, qui éleva le jeune orphelin Muhammad, ensuite par sa femme, Fâtima, fille de Muhammad. 'Alî se lia aussi à Muhammad par la religion : il fut le premier enfant à adhérer à l'Islâm, à dix ans, il participa à toutes les batailles et expéditions (sauf celle de Tabuk). Peu avant sa mort (632), Muhammad l'aurait choisi pour lui succéder. Les ennuis commencèrent quand deux Mekkois et 'Â'isha ne le reconnurent pas comme IVᵉ calife (656). Un arbitrage lui fit perdre le califat. Un Khârijite l'assassina en 661 à Kûfa, ville fondée sur l'Euphrate par 'Alî.

Aujourd'hui, un Musulman sur dix est shî'ite.

Quelles caractéristiques doctrinales séparent Sunnisme et Shî'isme ? Le Shî'isme restreint le califat aux seuls héritiers directs de Muhammad ('Alî, ses fils al-Hasan et al-Husayn et leurs descendants), de sorte que les califes antérieurs ou postérieurs à 'Alî sont taxés d'usurpation, eux qui étendaient le cercle de l'éligibilité aux membres de la tribu des Quraysh. De plus, le Shî'isme adjoint à la liste des prophètes l'Imâmat shî'ite, une institution qui donne à la communauté musulmane un chef à la fois tem-

---

1. H. Corbin, *La Philosophie islamique des origines à la mort d'Averroës*, apud *Histoire de la philosophie*, Gallimard, « Encyclopédie de la Pléiade », t. 1, 1969, p. 1051, 1061, 1062, 1068 (première édition : *Histoire de la philosophie islamique*, Gallimard, coll. « Idées », nᵒ 38, 1964, p. 21, 46, etc.).

porel et spirituel. Les Sunnites disent que « le cycle de la Prophétie » a pris fin : la suite des « Envoyés de Dieu » est close avec Muhammad, « le Sceau des Prophètes » *(khâtam al-Nabiyyîn*, XXXIII, 40), autrement dit Muhammad est le dernier et le meilleur d'entre eux. Soit, disent les Shî'ites, mais commence alors la série des « Saints », des « Amis de Dieu », des « Intimes d'Allâh » *(Awliyâ' Allâh)*, « le cycle de l'Amitié », et cela dès 'Alî. Selon certains auteurs, les Saints sont supérieurs aux prophètes. Pour 'Alî, « les hommes sont de trois catégories : le Sage divin, le disciple initié sur le sentier de la délivrance, et de stupides moutons obéissant à n'importe quel appel, se dévoyant à n'importe quel vent ». Pour Jâbir ibn Hayyân, il y a trois catégories. Lesquelles ? 1) Le Prophète, par exemple Muhammad, profère la Loi religieuse *(sharî'a)*, exotérique. 2) L'Imâm, par exemple Ja'far al-Sâdiq, conserve l'Enseignement ésotérique *(bâtin)*. 3) Le Saint, par exemple Salmân al-Fârisî, donne la voie qui permet d'accéder à l'ésotérique [1]. L'Imâm (pluriel *A'imma*) des Shî'ites possède, dit-on, le sens ésotérique de la Révélation coranique. Le cycle de la Prophétie, dont le Sceau est Muhammad, est un exotérisme, et le cycle de l'Amitié, dont le Sceau est le XIIe Imâm, est un ésotérisme, et les deux cycles se complètent. Ainsi, l'Amitié *(Walâya)* est « l'ésotérique de la Prophétie *(bâtin al-nubuwwa)* [2] ». Pareil propos donne le frisson aux Sunnites, répétant que « Ceux qui sont dans les cieux et sur la terre ne connaissent pas l'inconnaissable. Seul Allâh le connaît » (XXVII, 65). 'Alî, dès lors, prend une importance première.

Muhammad avait dit :

Je suis la cité de la Sagesse et 'Alî en est la porte. *Anâ madînat al-Hikma wa 'Alî bâbuhâ*.

Abû 'Îsâ al-Tirmidhî († 982), *al-Jâmi' al-Sahîh*, XLVI, 20.

Muhammad s'identifie à l'Intellect premier *(al-'Aql al-awwal)*, au Calame, mais 'Alî s'identifie à l'Âme universelle *(an-Nafs al-kulliyya)*, à la Table bien gardée. Les deux, cependant, forment couple. L'Imâm des Sunnites n'a qu'un pouvoir temporel alors que l'Imâm des Shî'ites a en plus une autorité spirituelle infaillible. L'Imâm des Sunnites guide simplement la prière rituelle dans une mosquée. D'autre part, le khalife sunnite appartient à la « lignée de l'exotérique », pendant que l'Imâm appartient à la « lignée de l'ésotérique *(silsilat al-bâtin)* [3] ».

Notre cause est la vérité et la vérité de la vérité *(Inna amranâ huwa l-Haqq wa Haqq al-Haqq)*. C'est l'exotérique, et c'est l'ésotérique de l'exotérique *(Wa huwa l-zâhir wa l-bâtin wa bâtin al-zâhir)*, et c'est l'ésotérique de l'ésotérique *(bâtin*

---

1. Sur la tripartition d'Alî : M. A. Amir-Moezzi, *Le Guide divin dans le Shî'isme originel*, éd. cit., p. 198 ; sur la tripartition de Jâbir : P. Lory, *Alchimie et Mystique en terre d'Islam*, Verdier, 1989, p. 51, 107.
2. H. Corbin, *En Islam iranien*, éd. cit., t. 1, p. 76, 186.
3. H. Corbin, *op. cit.*

al-bâtin). C'est le secret *(sirr)* et le secret du secret ; c'est le secret de ce qui reste voilé, un secret qui reste enveloppé dans le secret.

Nous [les Imâms] tenons de Dieu un secret, un secret dont Dieu n'imposa le fardeau à personne d'autre que nous. Puis Il nous ordonna de le transmettre. Nous le transmettons. Mais nous n'aurions trouvé personne qui en fût digne, personne à qui en confier le dépôt et qui fût capable de le porter, avant que Dieu n'eût créé à cette fin certains hommes qui furent créés de l'argile de Muhammad et de sa postérité. [...] Mais Dieu a créé aussi des gens qui appartiennent à l'Enfer. Nous avons ordre de leur transmettre la même chose. Nous la leur transmettons donc. Mais leur cœur se renfrogne devant notre secret ; ils s'en effarouchent et nous le renvoient avec un refus ; incapables de le supporter, ils crient au mensonge.

Propos du VIe Imâm des Shî'ites (Ja'far al-Sâdiq), trad. H. Corbin, *En Islam iranien,* éd. cit., t. 1, p. 117, 188-189, 51-52, t. 4, p. 491. © Gallimard, Paris.

Comment le Shî'ite est-il passé à l'ésotérisme ?

Premièrement, 'Alî développe, plus que Muhammad, la pensée par analogies et correspondances. Il établit des liaisons symboliques entre le corps et le monde (os/montagnes, veines/rivières) ou entre des organes anatomiques et des fonctions politiques (cœur/roi, foie/vizir)[1]. Un hadîth de Muhammad à 'Alî aurait dit : « Tu es par rapport à moi comme Aaron par rapport à Moïse » (trad. H. Corbin). A est à B ce que C est à D. On sent le raisonnement par analogie (proportion fondée sur une ressemblance) propre à 'Alî, pas à Muhammad. D'où :

Deuxièmement, les Shî'ites n'ont pas leur propre Coran, mais, selon eux, Abû Bakr al-Siddîq, en remaniant le Coran, a effacé des passages favorables à 'Alî (certains auteurs en énumèrent jusqu'à 500 !). On attribue une recension du Coran à 'Alî lui-même[2]. Le Coran aurait subi amputation (puisqu'il aurait été trois fois plus volumineux que la version sunnite) et falsification (puisque des passages auraient été changés ou réorganisés). Les Shî'ites utilisent, forcés, le Coran fixé par 'Uthmân. En revanche, ils ont leur propre corpus de dits *(hadîth)* de Muhammad[3]. Les Shî'ites s'appuient aussi sur leur corpus des propos *(khabar)* des Imâms. Ils affirment une transmission secrète d'Allâh à Muhammad, de Muhammad à 'Alî, de 'Alî à ses successeurs les Imâms.

Pas un verset du Coran n'est descendu sur l'Envoyé de Dieu, sans qu'il ne me le fît réciter et ne me le dictât. Alors je l'écrivais de ma main, et il m'en enseignait

---

1. D. M. Donaldson, *The Shi'ite Religion. A History of Islam in Persia and Irak,* Luzac, Londres, 1933, p. 313-314.
2. Ibn al-Nadîm, *Index. Kitâb al-Fihrist* (987), 28. M. A. Amir-Moezzi, *Le Guide divin dans le Shî'isme originel. Aux sources de l'ésotérisme en Islam,* Verdier, 1992, p. 200-228 ; l'auteur traduit p. 227-228 une « sourate inconnue », qui, évidemment, se termine par « 'Ali fait partie des témoins ».
3. On retrouverait cela chez les ésotéristes chrétiens. Par exemple, « les Valentiniens forgent une accusation contre la Sainte Écriture lorsqu'ils disent que certains passages ne sont pas corrects et n'ont pas d'autorité ou se contredisent l'un l'autre, de sorte qu'il est impossible de trouver la vérité dans la Bible pour ceux qui ne connaissent pas la tradition secrète » (Irénée de Lyon, *Contre les hérésies,* III, 2, 1).

le *tafsîr* (l'explication littérale) et le *ta'wîl* (l'exégèse spirituelle), le *nâsikh* (le verset abrogeant) et le *mansûkh* (le verset abrogé), le *muhkam* (l'immuable) et le *mutashâbih* (l'ambigu), le propre et le général. Et il priait Dieu d'agrandir ma compréhension et ma mémoire. Je n'ai pas oublié un seul verset du Livre ni une seule connaissance qu'il me dicta, depuis qu'il pria Dieu ainsi pour moi. Ensuite, il posait sa main sur ma poitrine et demandait à Dieu qu'il remplisse mon cœur de connaissance et de compréhension, de jugement et de lumière.

Propos du Ier Imâm des Shî'ites ('Alî ibn Abî Tâlib), trad. H. Corbin, *op. cit.* t. 1, p. 232, n. 210. © Gallimard, Paris.

Troisièmement, les Shî'ites disposent d'une savante et efficace herméneutique. Ils voient force allusions à l'Imâmat dans le Coran, où le Sunnite ne voit rien de tel (Coran, II, 124 ; III, 7 ; etc.). L'herméneutique shî'ite se veut résolument ésotérique.

Le Livre de Dieu comprend quatre choses : il y a l'expression énoncée *('ibâra)* ; il y a la portée allusive *(ishâra)* ; il y a les sens occultes, relatifs au monde supra-sensible *(latâ'if)* ; il y a les hautes doctrines spirituelles *(haqâ'iq* [réalités]). L'expression littérale est pour le commun des fidèles *('awâmm)* ; la portée allusive concerne l'élite *(khawâss)* ; les significations occultes appartiennent aux Amis de Dieu *(Awliyâ'* [saints]) ; les hautes doctrines spirituelles appartiennent aux prophètes *(anbiyâ')*.

Propos du VIe Imâm des Shî'ites (Ja'far al-Sâdiq), trad. H. Corbin, *op. cit.* © Gallimard, Paris.

La philosophie shî'ite, du moins arrivée à maturité, ressemble fort au Platonisme, avec sa distinction de deux mondes, et au néo-Platonisme en considérant le monde archétypal comme le signifiant du monde manifesté.

Les créatures sont de deux sortes : celles qui reçoivent l'acte, qui sont créées, et les êtres des origines, ou archétypes, qui sont éternels. Le lieu des êtres créés est appelé « monde de l'existence » et le domaine des archétypes « monde de l'éternité » [...]. Il existe deux mondes, l'un réel, l'autre symbolique. La nécessité appartient au réel, l'univers du symbole est contingent. L'universel est réel, le particulier est symbole. Et les êtres particuliers ne sont qu'un reflet symbolique de l'universel. Les créatures qui peuplent ce monde ne subsistent que par les archétypes de l'autre.

Al-Qâshânî (XIVe s.), *Musannafât*, trad. partielle S. H. Nasr.

Le courant shî'ite s'est divisé en plusieurs branches. Les Imâmites *(Imâmiyya)*, ou Duodécimains *(Ithnâ'ashariyya)*, comptent douze Imâms, alors que les Ismâ'îliens *(Ismâ'îliyya)*, ou Septimaniens *(Sab'iyya)*, ou Ésotéristes *(Bâtiniyya)* s'arrêtent au septième. Et encore, pas au même septième ! Les Imâmites choisissaient comme VIIe Imâm le fils vivant du VIe Imâm, Mûsâ (al-Kazîm) ibn Ja'far, tandis que les Ismâ'îliens choisissaient son fils décédé (en 799), Ismâ'îl ibn Ja'far.

LA CHAÎNE DES IMÂMS SHÎ'ITES
les Quatorze Impeccables *(Ma'sûm)* du Shî'isme imâmite

MUHAMMAD – FÂTIMA
|_____|
|

'Alî ibn Abî Tâlib (I) † 661
al-Hasan al-Mujtabâ (II) † 669
al-Husayn ibn 'Alî (III) † 680
'Alî ibn al-Husayn (IV) † 711 ou 714
Muhammad al-Bâqir (V) † 732 ou 737
Ja'far al-Sâdiq (VI) † 765

| |
|_____|

(lignée ismâ'îlienne)   *(lignée imâmite)*

Ismâ'îl ibn Ja'far   Mûsâ al-Kâzim (VII) † 799
                                'Alî al-Ridâ (VIII) † 818
                                Muhammad al-Jawâd (IX) † 835
                                'Alî al-Naqî (X) † 868
                                al-Hasan al-'Askarî (XI) † 874
                                Muhammad al-Mahdî (XII) † 874 : occultation mineure
                                [son 4e représentant † 941] : occultation majeure

L'Imâmisme ou Duodécimanisme équilibre exotérisme et ésotérisme, exégèse et herméneutique, chaîne des Envoyés et chaîne des Imâms. Il admet douze Imâms, depuis 'Alî jusqu'aux XIe et XIIe Imâms. Qui ? Le même jour de 874, à Sâmârrâ, disparaissaient le XIe Imâm, Hasan al-'Askarî, dit az-Zakî, mort à l'âge de vingt-huit ans, et son fils, le XIIe Imâm, Muhammad al-Mahdî al-Muntazar, Muhammad le Caché, âgé de cinq ans, enlevé par un policier sunnite aux ordres du calife antishî'ite al-Mu'tamid. On parle d'« occultation mineure » *(al-ghaybat al-sughrâ)*. Le « XIIe Imâm » s'exprime dès lors à travers quatre procureurs *(wakîl)*, quatre représentants *(safîr)* successifs. Puis, soixante-six ans plus tard, en 941, le « XIIe Imâm » entre dans « l'occultation majeure » *(al-ghaybat al-kubrâ)*, quand meurt son quatrième représentant. Qu'est-ce à dire pour un Shî'ite imâmite [1] ? le dernier Imâm reste vivant mais caché jusqu'à « la Fin des temps », où il doit réapparaître parmi les hommes pour instaurer justice et vérité. Il est « le Caché attendu » *(al-Mahdî al-Muntazar)*. Comme dans le Judaïsme ou dans le Christianisme, la religion cède au messianisme, elle se réfugie dans le rêve. L'Imâm paraît lors des moments difficiles, il peut inspirer ceux qui l'invoquent. Les ésotéristes ont évidemment établi une correspondance entre les 12 Signes zodiacaux et les 12 Imâms shî'ites, et des concordances entre les 12 Imâms de

---

1. J. M. Hussain, *The Occultation of the twelfth Imam. A historical Background*, The Muhammadi Trust, Londres, 1982, xiv-221 p.

l'Islâm et les 12 Apôtres du Christianisme ou les 12 tribus du Judaïsme. La venue du Mahdî est un dogme sunnite également, mais les Sunnites ne l'identifient pas au XIIe Imâm. Les Imâmites associent Connaissance et Puissance. La Connaissance porte sur le Nom caché de Dieu, etc. La Puissance, elle, concerne les pouvoirs magiques *(qudra)*[1].

L'Ismâ'îlisme ou Septimanisme, parfois taxé de Shî'isme extrémiste, tend à privilégier l'ésotérisme par rapport à l'exotérisme, l'Imâm par rapport à l'Envoyé. Il existe des Imâms ismâ'îliens jusqu'à nos jours (l'Agha Khân).

Les Ismâ'îliens se divisent encore en de nombreuses ramifications, dont les plus ésotériques sont les Frères de la pureté (Ikhwân al-Safâ'). Célèbres sont les « Assassins », qui relèvent d'un « Ismâ'îlisme réformé » ; ils ont développé une initiation en neuf degrés et insisté sur l'ésotérisme[2].

L'ésotérique, c'est la Religion divine que professent les Amis de Dieu. L'exotérique, ce sont les Lois religieuses et les symboles de la Religion divine. Ainsi la Religion divine est-elle, pour les Lois religieuses, l'Âme et l'Esprit, tandis que, réciproquement, les Lois religieuses sont, pour la Religion ésotérique, un corps matériel et un indice qui y réfère. [...] L'exotérique de la Loi religieuse ne subsiste que grâce à la Religion ésotérique *(al-Dîn al-bâtin)*, parce que celle-ci en est la Lumière et l'Idée, l'Esprit de la vie dans les pratiques exotériques ; mais, réciproquement, l'ésotérique ne subsiste que par l'exotérique, parce que celui-ci en est l'enveloppe visible, l'indice permettant de le trouver. Ainsi l'exotérique est la connaissance de ce monde-ci ; il n'est visible que par celui-ci. Mais l'ésotérique est la connaissance de l'outre-monde ; il n'est visible que par celui-ci.

Mansûr al-Yaman (xe s.), *Le Livre du sage et du disciple*, trad. H. Corbin (1971), *apud* J.-Cl. Frère, *L'Ordre des Assassins*, éd. cit., p. 238.

Les Ismâ'îliens ont occupé le pouvoir en Afrique du Nord de 909 à 1171. Ainsi régna la dynastie des Fâtimides, à l'origine d'une brillante civilisation. Les Nusayriyya ont constitué, sous mandat français, un État, de 1920 à 1932. En revanche, les Imâmites, reniant leur apolitisme originel, ont tiré avantage de la dynastie des Safawides (1501) et de la sinistre République islamique iranienne de « l'imâm » Khomeiny (1979). Cette fois le mot « imâm » ne désigne plus que le guide religieux d'une révolution oppressante.

---

1. Sur les pouvoirs magiques : Amir-Moezzi, *op. cit.*, p. 42, 80, 228, 233, 273.
2. J.-Cl. Frère, *L'Ordre des Assassins. Hasan Sabbah, le Vieux de la Montagne, et l'Ismaélisme*, Grasset-CAL, coll. « Histoire des personnages mystérieux et des sociétés secrètes », 1973, p. 266-274 (texte d'A. I. Silvestre de Sacy sur l'initiation), p. 162 *sqq.*, 282 (sur la doctrine secrète, appelée « Jardin »).

LE SOUFISME : GÉNÉRALITÉS

Les Soufis sont l'honneur de l'Islâm.

À celui qui s'éloigne des biens du monde et de ses bonnes choses on donne en propre le nom d'ascète *(zâhid)* ; à celui qui persévère assidûment dans les œuvres de piété surérogatoires – oraison nocturne, jeûne et choses semblables – on donne spécialement le nom d'homme pieux *('âbid)* ; et à celui qui tourne sa pensée vers la sainteté de la toute-puissance divine dans une continuelle attente du lever de la lumière de la vérité en l'intime de lui-même, on donne en propre le nom de connaissant *('ârif)*, celui qui connaît l'extase. Et ces concepts sont parfois impliqués l'un dans l'autre.

Ibn Sînâ (Avicenne), *Le Livre des directives et remarques. Kitâb al-Ishârât wa l-tanbîhât*, trad. de l'arabe Anne-Marie Goichon, Vrin, 1951, p. 485-486.

FIGURES DE L'ÉSOTÉRISME ISLAMIQUE

l'Envoyé *(Rasûl)*	l'Imâm [Shî'isme]	le Saint *(Walî)*
ex. : Muhammad	ex. : Ja'far al-Sâdiq	ex : Salman al-Fârisî
moyen : prophétie	moyen : secret	moyen : amitié de Dieu
fin : Loi exotérique proclamée	fin : Loi ésotérique conservée	fin : direction initiatique dispensée

Le mot « Soufisme » dérive de *sûf*, « laine ». Le *sûfî* (pluriel *sûfiyah*) est celui qui porte un vêtement de laine, par humilité. Le mot aurait été créé par Ibn Sharîk († 776) et fut attribué en premier à 'Abdak, 'Abdak le Soufi, un ascète végétarien de Baghdâd († 825).

La première figure célèbre du Soufi, c'est, vers 670, al-Hasan al-Basrî [1]. On l'appelle « le Patriarche du Soufisme ». Il prône le désir *('ishq)* constant de Dieu et l'examen de conscience. Il fait ainsi parler Dieu :

Lorsque le souci dominant de Mon cher serviteur est de s'occuper de Moi, Je lui fais trouver son bonheur et son plaisir à se souvenir de Moi. Et lorsque Je lui ai fait trouver son bonheur et son plaisir à se souvenir de Moi, il Me désire et Je le désire. Et quand il Me désire et que Je le désire, Je lève le voile qui s'interpose entre lui et Moi et Je deviens un ensemble de signes devant ses yeux. De tels hommes ne M'oublient pas quand les autres m'oublient.
Ayez des entretiens avec vos cœurs, car ils sont prompts à se couvrir de rouille. Tenez en bride vos âmes, car elles tendent toujours à s'élever orgueilleusement.

Al-Hasan al-Basrî, trad. L. Massignon, *Recueil de textes inédits concernant l'histoire de la mystique en pays d'Islam*, P. Geuthner, 1929, p. 3.

Le Soufi peut être une femme. Comme le remarque Guénon, « l'Islamisme admet les femmes à l'initiation, ce qu'il ne paraît pas qu'aucune

---

[1]. Sur al-Basrî : 'Attâr, *Le Mémorial des Saints* (1230), trad. d'après le ouïgour (1437) A. Pavet de Courteille (1890), Éditions du Seuil, coll. « Points. Sagesses », n° 6, 1976, p. 37-57 ; L. Massignon, *Essai sur les origines du lexique technique de la mystique musulmane*, Vrin, 1954, p. 174-201.

organisation chrétienne ait jamais fait[1] ». Ibn 'Arabî eut, parmi ses maîtres spirituels, deux femmes : Yasmîna de Marchena et Fâtima de Cordoue (*Révélations mekkoises*, II, 46).

Pour fonder leur légitimité, les Soufis se réfèrent à quelques versets du Coran, tels que :

– Dis aux Croyants : « Si vous vous trouvez aimer Allâh, suivez-moi ! Allâh vous en aimera et vous pardonnera vos péchés » (III, 31).

– C'est Lui qui a fait descendre la Présence Divine *(Sakîna)* dans le cœur des Croyants, afin qu'ils ajoutent une foi à leur foi (XLVIII, 4).

– Certes, Nous avons créé l'Homme. Nous savons ce que lui suggère son âme. Nous sommes plus près de lui que sa veine jugulaire (L, 16).

– Il est le Premier et le Dernier, l'Apparent et le Caché. De toute chose, Il est omniscient. C'est Lui qui créa les cieux et la terre en six jours, puis qui s'assit en majesté sur le Trône. Il sait ce qui pénètre dans la terre et ce qui en sort, ce qui descend du ciel et ce qui s'y élève. Il est avec vous, où que vous soyez (LVII, 3-4).

LE SOUFISME : IDÉES ÉSOTÉRIQUES

On peut diviser les Soufis en plusieurs lignes.

Du point de vue culturel, il y a des Soufismes persan (dès Ibrâhim ibn Adham, † 777), arabe (dès 'Abdak, † 825), berbère (avec Abû Ya'zâ Yâlannûr, † 1177), maghrébin (dès Abû Madyan, † 1197), turc (avec Yâsâvi, † 1166), indien (avec 'Abdallâh Shattârî, † 1406), kurde, malais-indonésien[2] (avec Sjech Siti Djenar, XVe s.), négro-africain (avec Amadou Bamba, † 1927).

Du point de vue religieux, les Soufis se séparent en trois courants : sunnite, shî'ite, indépendant ou mixte ('Uways, Bektas). Les indépendants ont souvent payé de leur vie.

Du point de vue doctrinal, on a longtemps séparé les Soufis en deux métaphysiques : « l'unité du témoignage » et « l'unité de l'être ». Mais les Soufis n'acceptent pas cette division. Et Ibn 'Arabî demeure le grand maître. Que disent les Soufis ? Puisque l'unicité de Dieu s'impose, les créatures ont-elles vraiment une existence, et ne suffit-il pas de s'effacer devant la Vérité première et dernière, Dieu ? Les êtres, cosmogoniquement parlant, ont été émanés de Dieu, selon un flux de dégradation, de hiérarchie descendante. Ce sont des ombres portées de l'Un. Venant d'une Source unique, d'un Être un, ces ombres ont même être que cet Être, pas même existence. Les êtres, les phénomènes *(khalq)*, cosmologiquement parlant, sont les manifestations des Noms et Attributs de Dieu, chacun représentant une potentialité particulière de l'essence divine. L'essence une de Dieu est l'essence unique des êtres, même dans la touffe

---

1. R. Guénon, *Comptes rendus*, Éditions Traditionnelles, 1973, p. 148.
2. A. H. Jones, « Malay Sûfism », *Journal of the Malaya Branch Royal Asiatic Society*, Oxford, 1957.

de cheveux (Coran, XI, 56). Le monde est un reflet de Dieu, une théophanie *(tajallî)*, l'esprit humain est une émanation de l'esprit divin. « L'univers est de la glace et Dieu est l'eau dont la glace se forme » ('Abd al-Karîm al-Jîlî). Selon les mots du Coran (II, 115) : « À Allâh sont l'Orient et l'Occident et, quelque part que vous vous tourniez, là est la face d'Allâh. » En tout être l'initié voit la Face *(wajh)* de l'Unique. Dieu seul est et existe : voilà la gnose. Voici l'initiation : on doit reconnaître que par notre propre essence on est Dieu, pour produire une unification substantielle avec Allâh. On ne cherche pas Dieu au-dehors mais on trouve Dieu au-dedans. Cette connaissance fait la délivrance. C'est la thèse du retour. Initiatiquement parlant, les hommes doivent revenir à l'Un. Qui se sait un avec Dieu se fait un en Dieu. Ce thème très ésotérique (la fin se trouve au début) a souvent pris une forme littéraire. Dans *Le Langage des oiseaux*, al-Attâr décrit le long voyage d'oiseaux en quête du Phénix, Simorgh, à travers sept vallées ; finalement les trente oiseaux restant s'aperçoivent qu'ils sont simplement le reflet du Phénix. Tout l'ésotérisme est là, la réversion, l'analogie inverse, le Haut et le Bas, Dieu et l'homme se rejoignent, puisque Dieu se voit dans le sage, le sage se voit en Dieu, il y réciprocité, amour si l'on préfère.

Du point de vue dogmatique, chez les docteurs de la foi intégristes, on distingue le Soufisme orthodoxe *(tasawwuf tashrî'î*, celui d'A. H. al-Ghazzâlî, de Ibrâhîm ibn Shaybân Qirmîsînî hostile à al-Hallâj) et le Soufisme hétérodoxe *(tasawwuf zindîq*, celui d'al-Hallâj, al-Qannâd, Ibn 'Arabî). Mais tous les Soufis se veulent orthodoxes. En gros, le Soufisme orthodoxe suit la confession sunnite, cependant que le Soufisme dit hétérodoxe, hérétique, reçoit des accusations de panthéisme, le plus souvent injustifiées, les censeurs n'ayant pas saisi leurs propos.

Le Soufisme orthodoxe recommande les pratiques légales, il affirme cependant que le simple formalisme des religieux ne suffit pas à satisfaire l'âme, et que la raison des théologiens reste insuffisante. Il dit aussi que les Soufis antinomistes *(mubâhiyya)* sont immoraux, hérétiques. Ghazzâlî a limité successivement la compétence de la théologie *(kalâm)*, de la philosophie *(falsafa)*, des ésotéristes *(bâtiniyya*, en fait les Ismâ'îliens), des partisans de l'extase *(sukr*, les Soufis façon al-Hallâj).

Je me suis alors tourné vers la voie des Soufis. Je savais qu'elle ne pouvait être parcourue jusqu'à son terme sans l'aide à la fois de la doctrine et de la pratique, l'essentiel de cette dernière résidant dans la victoire sur les appétits de la chair et la suppression de ses mauvaises dispositions et de ses défauts, de manière que le cœur soit débarrassé de tout, hormis de Dieu. Le moyen pour cela est le *dhkir Allâh* [l'invocation de Dieu] et la concentration de toutes ses pensées sur Lui.

Abû Hâmid al-Ghazzâlî, *Le Sauveteur de l'égaré. Al-Munqidh min al-dalâl*, trad., *Journal asiatique*, 1877.

Et les hétérodoxes ? Au fond, le mot est impropre en Islâm, et injustifiable le plus souvent. Il faudrait dire marginaux, originaux. Il y a eu des condamnations. On connaît ces provocations d'al-Hallâj, qui contribuèrent à sa condamnation :

— L'extérieur de la Loi est une impiété déguisée ; le réel de l'impiété est sagesse divine [1].

— *Anâ l-Haqq* **أنا الحق**, formule qu'on peut traduire différemment : « Je suis le vrai », « Je suis la Vérité », « Je suis le Réel », « Je suis Dieu », « Mon je, c'est Dieu [2] ».

Al-Hallâj, cité par al-'Attâr, *Le Mémorial des saints. Tadhkirat al-Awliyâ*, trad. de la version ouïghour (1437) A. Pavet de Courteille (1890), Éditions du Seuil, coll. « Points. Sagesses », n° 6, 1976, p. 302.

Ibn 'Arabî concède la différence entre les deux lignées, orthodoxe et « hétérodoxe », et l'explique.

Cette œuvre, effectivement, de même que toutes les autres qui sont nôtres, ne suit pas la méthode courante [...]. Nos cœurs se bornent à demeurer immobiles devant les portes de la majesté divine, épiant le moment où ses portes s'ouvrent au cœur, qui par lui-même ne possède rien, mais est pauvre et vide de toute connaissance. [...] Parfois la chose est de nature complètement hétérogène aux vérités de l'ordre habituel et courant, que la raison discursive et la science exotérique ou vulgaire peuvent connaître, et manque alors de toute analogie ou relation évidente avec ce que les savants profanes comprennent, bien qu'au fond elle ait avec cela une secrète relation que seuls les mystiques illuminés par Dieu sont capables de découvrir.

Ibn 'Arabî, *Révélations mekkoises. Al-Futûhât al-Makkiya* (1203 ss.), I, 70, trad. partielle Asín Palacios, *L'Islam christianisé. Étude sur le Soufisme d'Ibn 'Arabî de Murcie* (1931), trad. de l'espagnol, Maisnie-Trédaniel, 1982, p. 79-80. © Guy Trédaniel, Paris.

Du point de vue comportemental, les Soufis oscillent entre deux régimes mystiques, celui de l'exaltation, de l'ivresse *(sukr)* (théorisée par al-Bistâmî, † 874) et celui de la lucidité, de la sobriété *(sahw)* (théorisée par al-Junayd [3], † 910). Ces régimes peuvent alterner chez le même Soufi. Les Malâmatiyya ou Ahl al-malâma (« Gens-du-Blâme [4] », « Censurables »), comme Nîsâbûrî († 879), fuient les louanges. Les Mahâbîl

---

1. *Akhbâr al-Hallâj*, n° 41, trad. L. Massignon et P. Kraus, Vrin, 1957.
2. L. Massignon, « *Anâ l-Haqq*. Étude historique et critique sur une formule dogmatique de théologie musulmane » (1922), in *Opera minora. Textes recueillis, classés et présentés*, Dar al-Maaret, Beyrouth, 1963, t. 2 : *Hallâj mystique. Langue et Pensée islamiques*, p. 31-39 ; id., *La Passion de Husayn ibn Mansûr Hallâj*, t. 1 : *La Vie de Hallâj*, Gallimard, 1975, p. 168-176.
3. Sur al-Junayd : 'Attâr, *Le Mémorial des saints*, p. 264-268 (« Djuneïd Bagdâdî ») ; Abdel-Kader, *Al-Junayd. The Life, Personality and Writings*, Gibb Memorial Series, t. XXII, Londres, 1962. Junayd, *Enseignement spirituel. Traités, lettres, oraisons et sentences*, trad. R. Deladrière, Sindbad, 1983, 203 p.
4. Sur les Gens-du-Blâme : as-Sulamî (936-1021), *La Lucidité implacable. Épître des Hommes du Blâme*, trad. R. Deladrière, Arléa, 1991. Coran, LXXV, 2 : « Non !... Je jure par celui qui ne cesse de blâmer ! »

(« Fous »-en-Dieu, mabouls sacrés [1]), comme al-Halwî, se font passer pour déments. Les Majâdhib (singulier *Majdhûb*, « Ravis [2] »), comme Abû Bakr Chîblî ou le très respecté Rûzbehân, qui n'avait rien d'un excité, sont pris dans leur extase, et, eux aussi, sortent du circuit normal de la vie, de la responsabilité des actes ordinaires. Certaines confréries soufies, comme les 'Îsâwiyya ou les Rifâ'iyya, pratiquent des rites parfois sanglants, mangent de la chair crue, se roulent sur des charbons ardents, broient du verre, etc.

– [Un Fou-en-Dieu *(Mahbûl)*] Luqmân était un de ces « fous sages ». Au début, il menait une vie très ascétique et très raisonnable. Soudain, il lui est advenu un dévoilement, et il a perdu la raison. [...] Comme on lui demandait : « Pourquoi étais-tu d'abord comme tu l'étais autrefois, et qu'en est-il maintenant ? », il répondit : « Plus j'étais soumis à Dieu, et plus il me demandait des choses, à tel point que je suis devenu fatigué. J'ai dit : Ô mon Dieu ! Quand les rois ont un esclave qui est devenu vieux, ils l'affranchissent. Tu es un grand roi, et je suis devenu vieux et soumis à Toi. Libère-moi. À cet instant, j'ai entendu une voix disant : Ô Luqmân ! Je te rends ta liberté. Le signe de cet affranchissement, c'est que Dieu m'a enlevé ma raison. »

Muhammad-e-Mûnavvar, *Les Secrets de l'Unicité. Asrâr al-Tawhîd.*

– [Un Ravi *(Majdhûb)* :] Un Fou-en-Dieu, chose étonnante, était dans un lieu montagneux, vivant nuit et jour au milieu des panthères. Il tombait de temps en temps en extase, et son état extatique se communiquait même aux personnes qui venaient au lieu où il était. Pendant vingt jours il restait en cet état anormal, pendant vingt jours il sautait et dansait du matin au soir, et il disait toujours : « Nous deux [Dieu et moi] ne faisons qu'un. »

Al-'Attâr, *Le Langage des oiseaux. Mantic uttaïr*, chap. 35, trad. du persan J.-H. Garcin de Tassy, Sindbad, coll. « La Bibliothèque persane », 1982, p. 212.

– [Un Homme-du-Blâme *(Malâmatî)*] Je fus agréé parmi les Gnostiques portant la parure de l'amour. Mais chez les pieux dévots *(zohhâd)* mon histoire est impiété scandaleuse. C'est que, chez les visiteurs furtifs du palais de l'Aimée, la couleur de la réprobation *(rang-e malâmat)* dont ils sont l'objet recouvre le vrai visage de leur intégrité ; ils maintiennent l'âme au fond le plus secret de leur âme. Sur leur apparence extérieure il y a la marque de la réprobation, parce qu'en revanche sur la Tablette préservée les lettres de leur nom apparaissent aux Célestes *(malakûtiyan)* à rebours.

B. S. Rûzbehân, *Journal spirituel*, 1183, § 139, trad. partielle H. Corbin, *En Islam iranien*, éd. cit., t. 3, p. 123-124. © Gallimard, Paris.

Quand un Soufi chante le vin, tantôt il chante littéralement le vin, tantôt il célèbre allégoriquement l'extase. Mais souvent il est difficile de tran-

---

1. Sur les Fous-en-Dieu : É. Dermenghem, *Vies des saints musulmans* (1942), Sindbad, 1983.
2. Sur les Ravis : É. Dermenghem, *Le Culte des saints dans l'Islam maghrébin* (1954), Gallimard, coll. « Tel », n° 66, p. 29.

cher. Abû Nuwâs fait l'éloge du vin en en parlant comme de Dieu[1] ; inversement al-Bistâmî parle de l'union mystique en termes de vin ; enfin, on lit les quatrains d''Umar Khayyâm comme l'œuvre d'un hédoniste ou comme celle d'un Soufi, selon les auteurs, selon les quatrains, selon les époques.

L'ÉLOGE DU VIN CHEZ LES POÈTES MUSULMANS

le vin matériel	le vin spirituel	spirituel ou matériel ?
« Célèbre le vin en citant toutes ses vertus et ses bienfaits et nomme-le par ses noms les plus beaux. Ne lui impose pas la torture de l'eau. [...] Le vin est bu par une sorte de gens qui, malgré leur nombre, n'arrive pas à l'épuiser. » Abû Nuwâs († 813), Dîwân.	« Nous avons bu à la mémoire du Bien-Aimé un vin qui nous a enivrés avant la création de la vigne. Notre verre était la pleine lune ; Lui, il était un soleil ; un croissant le fait circuler. Que d'étoiles resplendissent quand il est mélangé ! » Ibn al-Fârid († 1235), Khamriyya.	« Veux-tu que ta vie repose sur une base solide ? Veux-tu vivre quelque temps, ayant le cœur affranchi de tout chagrin ? Ne demeure pas un instant sans boire du vin, et alors, à chaque respiration, tu trouveras un nouvel attrait à ton existence. » 'Umar Khayyâm († 1122), Rubâ'iyyât.

De même les célèbres amours entre Laylâ et Majnûn, Salamân et Absâl, Wîs et Râmîn, Yûsuf et Zulayhâ ont été interprétés allégoriquement comme la quête de Dieu par l'âme[2].

Du point de vue disciplinaire, les Soufis admettent trois **voies d'initiation** *(turuq al-sûfiyya)* : la crainte *(al-khawf)*, l'amour *(al-hubb, al-mahabba)*, la gnose *(al-ma'rifa)*. Cette diversité ressemble à la division des voies du yoga hindou en acte/dévotion/gnose *(Bhagavad-Gîtâ)*. Bien entendu, ces voies se complètent plus qu'elles ne s'opposent.

• LA VOIE DE LA CRAINTE passe par l'action, que ce soit le rite, l'art, la littérature, la guerre ou autre. Plusieurs Soufis furent guerriers. 'Umar al-Suhrawardî († 1234) a réorganisé les initiations corporatives *(futuwwa*[3]*)*.

---

1. Abû Nuwas, *Le Vin, le vent, la vie*, trad., Sindbad, 1979, 198 p. Omar Khayyâm, *Les Quatrains*, trad., J. Maisonneuve, 1981, x-229 p.
2. 1) Gorgâni, *Vîs û Râmîn* (XIe s.), trad. du persan H. Massé : *Le Roman de Wîs et Râmîn*, Les Belles Lettres, 1959, 489 p. 2) Nizâmî de Ganja, *Khusrau û Shîrîn* (1176), trad. du persan H. Massé : *Le Roman de Chosroès et Chîrîn*, Maisonneuve et Larose, 1970, 254 p. (la base historique existe : ce sont les amours entre le roi perse Khosrô II et la chrétienne Shîrên) ; *Laylâ û Majnûn* (1188), trad. Chézy : *Leyla et Madjoun*. 3) Jâmî (>Djâmî) de Hérât, *Laylâ û Majnûn* (1484), trad. du persan : *Leïli et Majnoun*, 1805 ; *Salamân et Absâl*, trad., 1911 ; *Yûsuf wa Zalikha* (1483), trad. A. Bricteux, P. Geuthner, 1927. L'arabe *Laylâ* se dit en persan *Leïli*.
3. *Futuwah, traité de chevalerie soufie*, trad. F. Skali, Albin Michel, coll. « Spiritualités vivantes », n° 74, 1989, 152 p.

Le Coran dit : « Le jour où le Paradis sera approché des pieux, tout près, on dira : Voici [...] celui qui craint le Bienfaiteur en secret et apporte un cœur contrit. Entrez là en paix ! C'est le Jour de l'Immortalité » (L, 32).

• LA VOIE DE L'AMOUR soutient que Dieu est Amour, qu'il a créé par amour, que l'homme, créé à l'image de Dieu, est aussi amour, et que dans cette sympathie vient le salut. Râbi'a al-'Adawiyya, al-Bistâmî, al-Hallâj ont suivi cette voie. Un tel amour se distingue de l'adoration, voie religieuse qui maintient une distance entre Créateur et créature.

• LA VOIE DE LA GNOSE privilégie la métaphysique, une métaphysique toujours concomitante d'expériences spirituelles, ce qui la distingue de la philosophie, intellectuelle seulement. Des hommes comme al-Junayd, al-Suhrawardî al-Maqtûl, Ibn 'Arabî ont préféré cette voie. De même que l'amour se distingue de l'adoration, la gnose se distingue de l'érudition, il se fonde souvent sur la nescience.

LE SOUFISME : PRATIQUES INITIATIQUES

La discipline de l'arcane existe. Pourtant, dira-t-on, Dhû l-Nûn al-Misrî [1], en 829, commença à divulguer. Yahyâ ibn Mu'âdh Râzî († 871) professa le premier « un cours public de mystique dans les mosquées » (L. Massignon). Peu après, en 922, al-Hallâj fut condamné moralement par ses pairs pour avoir « divulgué le secret » *(ifshâ al-sirr)*, d'abord en faisant des prédications publiques devant des laïcs, des gens du petit peuple, plus tard en développant ouvertement des théories ésotériques comme le secret du caractère inachevé de la mission prophétique, le secret de l'immanence divine *(sirr wahdat al-shuhûd)*, le secret de l'unicité de l'existence *(sirr wahdat al-wujûd)* [2], contraires aux thèses orthodoxes. Les juges du second procès parlaient, eux, de propagande qarmate, de charlatanisme et de magie. La divulgation par al-Hallâj montre que la discipline de l'arcane ne tient pas en la possession égoïste de quelques dogmes ou rites, mais dans une approche qui continue à voir dans Dieu le Mystère intérieur, et pas seulement un Créateur extérieur. Que tout le monde connaisse, tant mieux, pourvu que la connaissance garde sa force de salut !

Celui à qui on a découvert un secret et le colporte, celui-là, comme moi, passe pour déséquilibré.
Eux, ce sont les initiés, faits pour la discipline de l'arcane, ils ne souffrent pas qu'on manque de pudeur. Ils ne tolèrent pas d'indiscrets dans leurs réunions, et ils n'aiment pas, là où il y a un voile, qu'on le dérange. Ils n'admettent pas d'invité, étant jaloux de leur mystère ; loin de vous, leur gloire, loin de vos actes !

Al-Hallâj, *Dîwân* [collection complète des œuvres poétiques], v, trad. L. Massignon (1955), Éditions du Seuil, coll. « Points. Sagesses », n° 44, 1992, p. 47.

---

1. Ibn 'Arabî, *La Vie merveilleuse de Dhû-l-Nûn l'Égyptien*, trad. R. Deladrière (1988), Albin Michel, 1995.
2. L. Massignon, *La Passion de Husayn ibn Mansûr Hallâj*, Gallimard, éd. refondue 1975, 4 t., t. 1, p. 173.

L'**initiation-processus** peut prendre de longues années, souvent en trois étapes, la première consacrée aux Soufis, la suivante à Allâh, la dernière à son propre cœur. Elle s'inscrit dans la chaîne de la gnose *(silsilat al-'irfân)*, la suite des maîtres spirituels.

la chaîne des Cinq Envoyés doués de constance *(ûlû l-'azm)* [1]	la chaîne *(silsila)* initiatique d'al-Junayd
Noé (>Nûh) Abraham (>Ibrâhîm) Moïse (>Mûsâ) Jésus (>'Îsâ) Mahomet (>Muhammad)	Dieu (Allâh) Gabriel (>Jibrîl) Mahomet (>Muhammad) 'Alî ibn Abî Tâlib (Ier Imâm) al-Husayn al-Sibt Zîn al-'Âbidîn Muhammad al-Bâqir Ja'far al-Sâdiq (VIe Imâm) (Abû Yazîd) al-Bistâmî Abû Nasr al-Karkhânî al-Junayd

Il existe aussi dans le Soufisme une **initiation-cérémonie**, appelée *talqîn*, ou *wird*, mot qui signifie « aller à l'eau, à l'abreuvoir », puis « litanie ». C'est le moment où le disciple *(murîd)*, devant son maître spirituel *(shaykh)* ou son instructeur *(murshid)*, fait acte d'allégeance *('ahd)*. Son maître lui confère la bénédiction *(baraka)*, il lui donne un froc *(khirqa)*, il lui transmet des connaissances ésotériques, comme l'invocation *(dhikr)*, de la même façon qu'un maître hindou transmet un *mantra*.

Voici, pour en donner une illustration, comment se déroule l'investiture à la confrérie la plus ancienne [fondée par 'Abd al-Qâdir al-Jîlî, 1077-1166, à Baghdâd], et l'une des plus répandues : les Qâdiriyya.

Le néophyte, en état de pureté rituelle, se tient devant le *shaykh* [maître spirituel], dont il prend la main droite dans sa main droite. Il récite la *Fâtiha* [l'Ouvrante, première sourate du Coran] ou tout autre formule à l'intention du Prophète et des *shaykhs* des principales confréries, en particulier ceux de la confrérie des Qâdiriyya. Le *shaykh* lui dicte alors, en lui demandant de la répéter phrase par phrase, une prière qui demande le pardon de Dieu. L'engagement auquel souscrit le novice est celui de Dieu et de son Envoyé, la main du *shaykh* est celle d'Abd al-Qâdir al-Jîlî (le fondateur de la confrérie). Le néophyte promet de réciter le *dhikr* (invocation) que lui transmet le *shaykh*. Le *murîd* (novice) affirme son consentement à toutes les conditions formulées par le *shaykh*. Enfin, le *shaykh* donne au novice à boire une tasse d'eau (pure ou sucrée) ou une tasse d'huile, et conclut la cérémonie par des prières.

Aubert Martin, *Y a-t-il des rites d'initiation dans l'Islam ?*, apud J. Ries dir., *Les Rites d'initiation* (1984), Publications du Centre d'histoire des religions de Louvain-la-Neuve, coll. « Homo Religiosus », n° 13, 1986, p. 385.

---

1. Coran, XLVI, 35.

À la suite, le maître peut exiger le serment du silence, remettre au novice un *ijâza*, un certificat (comme dans le Bouddhisme japonais ou la Franc-Maçonnerie), servant de carte d'admission et aussi de mémorandum.

Le Soufi reste musulman, mais il voit les choses intérieurement, à l'intérieur et de son intérieur. L'initié fait comme les autres, mais authentiquement. La foi ne concerne plus l'unicité *(tawhîd)* de Dieu, mais son unité *(wahda)*, qui est le vrai mystère de la divinité. Les attitudes consacrées dans la prière prennent un sens symbolique, car les rites répétés mécaniquement ne servent à rien, sinon à assurer un ordre social.

Se rincer la bouche, c'est acquérir la sincérité ; renifler l'eau, c'est renier l'orgueil ; se dresser debout, c'est participer à la permanence divine, ou dedans des tentures de sa tente : faire la prosternation, c'est s'isoler dans la solidarité divine, etc.

Al-Hallâj, cité par L. Massignon, *La Passion de Husayn ibn Mansûr Hallâj*, éd. cit., t. 2 : *La Survie de Hallâj*, p. 782.

PRATIQUES INITIATIQUES DU SOUFISME

Œuvres bonnes *(sâlihât)* : prière rituelle, lecture du Coran, pèlerinage à La Mekke, pureté rituelle *(tahâra)*...

Œuvres surérogatoires *(qurb al-nawâfil)* : invocation *(dhikr)*, oraison *(hizb)*, faim *(jû')*, solitude, veillée nocturne, retraite, silence, méditation, concert spirituel *(samâ')*...

Cette conversation entre le Dr Marcel Carret et le shaykh Ahmad al-'Alawî vers 1930, à Mostaganem, montre la diversité des pratiques initiatiques.

— Pourquoi prier ?, avais-je demandé.
— [...] La prière est inutile quand on est en communication directe avec Dieu. Car, alors, on sait. [...] Il y a d'autres moyens d'arriver à Dieu.
— Lesquels ?
— L'étude de la doctrine. La méditation ou la contemplation intellectuelle sont parmi les meilleurs et les plus efficaces. Mais ils ne sont pas à la portée de tous.

Cité par M. Lings, *Un Saint soufi du XXe siècle. Le cheikh Ahmad al-'Alawî* (1967), trad. de l'anglais, Éditions du Seuil, coll. « Points. Sagesses », n° 38, 1990, p. 31.

Le maître spirituel (shaykh >cheik, « vieillard »)
Parmi les **voies de transmission** ne figurent pas seulement le Coran et la *Sunna*, mais aussi le maître spirituel et ses propres expériences initiatiques ou spirituelles.

Sois entre les mains de ton maître comme le cadavre entre les mains des morts. Obéis-lui en tout ce qu'il ordonne, car c'est Dieu même qui commande par sa voix ; lui désobéir, c'est encourir la colère de Dieu. N'oublie pas que tu es son esclave et que tu ne dois rien faire sans son ordre. Le maître est l'homme aimé de

Dieu ; il est supérieur à toutes les autres créatures et prend rang après les Prophètes. Ne vois donc que lui partout. Bannis de ton cœur tout autre pensée que celle qui aurait Dieu ou le maître pour objet.

Manuel de la confrérie soufie des Rahmâniyya (fondée par Sidi 'Abd al-Rahmân al-Azharî, un Kabyle, † 1794), trad. partielle L. Rinn, *Marabouts et Khouan*, Jourdan, Alger, 1884, p. 90.

Un maître spirituel peut n'être pas visible. Il peut même n'être pas humain. 'Uways al-Qaranî [1] était disciple de Muhammad sans l'avoir vu, Abû'l-Hasan Kharraqâni eut pour maître un ange.

La vie d'ascèse *(zuhd)*
Muhammad n'est pas favorable à l'ascétisme, on l'a vu. Les Soufis ont néanmoins prôné l'abstinence, la pauvreté *(faqr)*, l'austérité, la vie cénobitique ('Abd al-Wahîd ibn Zayd), la robe de bure, la mendicité... Pas le célibat. Des monastères *(ribât)* apparaissent dès le XIe siècle.

La récitation du Coran
Pour ce qui est de la voie de la contemplation *(mushâhada)* qui mène aux sciences dont les fruits sont la possession des états glorieux en même temps que la préservation des attributs indignes, il n'en est point de plus efficace que la récitation attentive du Coran. [...]
Il y a dans le Coran une méditation salvatrice pour ceux qui savent.
C'est le Coran qui inspire la crainte et l'espoir, la résignation et l'action de grâces, l'amour et le désir ardent, et les autres états glorieux.
Il y a en lui ce qui préserve des attributs qui sont indignes.
[...] En toute certitude, chacun des mots du Coran recouvre des secrets en nombre incalculable.
On n'y peut faire de pause utile qu'avec la subtilité compréhensive venue d'un cœur pur après des œuvres sincères.

Abû Hâmid al-Ghazzâlî, *Livre de la méditation. Tafak-kour*, trad. partielle G. Laurès.

L'invocation de Dieu *(dhikr Allâh)*
Cette pratique consiste à se rappeler de Dieu, en répétant rythmiquement un de ses Noms ou une formule. Elle se recommande du Coran (II, 152 ; XIII, 28 ; XXIX, 45 ; XXXIII, 41).

Ô vous qui croyez !, invoquez beaucoup Allâh !
Glorifiez-Le à l'aube et au crépuscule !
C'est Lui qui prie sur vous ainsi que Ses Anges, pour vous faire sortir des Ténèbres vers la Lumière.
Coran, XXXIII, 41-42.

L'invocation est soit articulée *(jaliy)* soit silencieuse *(khafiy)*, tantôt individuelle tantôt collective. Elle peut faire intervenir des techniques « yogiques » telles que la posture, le mouvement, la discipline du souffle, la visualisation, la méditation sur les centres subtils.

---

1. Sur 'Uways (>Veïs Qarni) : 'Attâr, *Le Mémorial des saints*, éd. cit., p. 27-37.

Sache que les maîtres de cette voie élevée [le *dhikr* du cœur] envisagent de façon technique certains centres subtils *(latîfa,* pluriel *latâ'if)* de l'être humain, dans le but de faciliter le parcours de la voie aux pratiquants. [...]

1. — Le premier de ces centres subtils est le cœur *(al-qalb),* qui est considéré comme se situant à deux largeurs de doigt sous le sein gauche, incliné vers le flanc et ayant la forme d'une pomme de pin. Le cœur ainsi considéré compte comme étant sous le pied d'Adam (sur lui le salut !). La lumière qui lui correspond est jaune. [...]

2. — L'esprit *(ar-rûh)* est symboliquement situé à deux largeurs de doigt sous le sein droit, vers la poitrine. Ce centre subtil est sous le pied de Noé et Abraham (sur les deux le salut !), et sa lumière est rouge. [...]

3. — Le secret *(as-sirr)* est situé de la même manière à deux largeurs de doigt au-dessus du sein gauche. Ce centre subtil est considéré comme étant sous le pied de Moïse (sur lui le salut !). Sa lumière est blanche. [...]

4. — Le caché *(al-khafîy)* est situé symboliquement à deux doigts au-dessus du sein droit vers la poitrine. Ce point est sous le pied de Jésus (sur lui le salut !). Sa lumière est noire. [...]

5. — Le plus-caché *(al-akhfâ)* est situé symboliquement au milieu de la poitrine. Ce centre est considéré comme étant sous le pied de notre Prophète Muhammad (qu'Allâh prie sur lui et le salue !). Sa lumière est verte. [...].

On entend par l'expression « pied » *(qadam)* le Chemin *(Sunna)* et la Voie *(Tarîqa).*

Shaykh Muhammad Amîn al-Kurdî al-Shâfi'î al-Naqshbandî († 1914), *Tanwîr al-qulûb. L'Illumination des cœurs,* trad. partielle *apud* J. Gouillard, *Petite Philocalie de la prière du cœur* (1953), Éditions du Seuil, coll. « Livre de vie », n°s 83-84, 1968, p. 243-244. © Éditions du Seuil, Paris.

Les Naqshbandiyya sont une organisation initiatique *(tarîqa)* du Turkestân (1388).

Hélas, on ne voit point de concordance avec les *chakra* des Indiens.

chakra (centres subtils des yogis)	*latâ'if* (centres subtils des Soufis)
1. *mûlâdhâra,* entre anus et sexe, cramoisi	1. cœur, au-dessous sein gauche, jaune
2. *svâdhishthâna,* sexe, orangé	2. esprit, au-dessous sein droit, rouge
3. *manipûra,* nombril, verdâtre	3. secret, au-dessus sein gauche, blanc
4. *anâhata,* cœur, rouge	4. caché, au-dessus sein droit, noir
5. *vishuddha,* gorge, violet	5. plus-caché, milieu poitrine, vert
6. *âjñâ,* entre les sourcils, bleu	
7. *sahasrâra,* sommet de la tête, or	

L'examen de l'âme *(muhâsabat an-nafs)*
Cette pratique existe depuis Ahmad ibn 'Âsin al-Antâkî († 835) et al-Muhâsibî († 857). Elle consiste en une « réflexion qui conduit à la discrimination de ce que Dieu aime et de ce qu'il n'aime pas [1] ».

---

1. Margaret Smith, *An Early Mystic of Baghdad : al-Muhasibi* (1935), Sheldon Press, Londres, 1977, xi-311 p. 'Abd al-Halîm Mahmoud, *al-Mohâsibî. Un mystique musulman religieux et moraliste,* P. Geuthner, 1940, p. 147.

Le concert spirituel *(as-samâ')* : chant, danse, poésie

Le fameux al-Rûmî disait : « Tous les chemins mènent à Dieu. J'ai choisi celui de la danse et de la musique. » Le côté ésotérique vient du symbolisme cosmique et de l'analogie, par exemple avec la ronde des planètes. D'autre part, l'initié sait ramener le sens du concert à ses états spirituels.

> Nos musiques sont l'écho des hymnes que les sphères chantent dans leur révolution. [...] Le chant des mondes qui évoluent, c'est ce que les hommes essayent de reproduire en s'aidant des luths et de la voix. Nous avons tous entendu ces hautes mélodies dans le paradis que nous avons perdu, et, bien que la terre et l'eau nous aient accablés, nous gardons le souvenir des chants du ciel. Celui qui aime alimente son amour en prêtant l'oreille à la musique, car la musique remémore les joies de sa première union avec Dieu.
>
> Jalâl al-Dîn al-Rûmî, *Masnavî* ; trad. du persan Éva de Vitray-Meyerovitch, *La Quête de l'absolu*. *Masnavî*, Éditions du Rocher, 1990, 1 705 p. (*Masnavî* = poème didactique).

Si Dieu seul existe réellement, l'union mystique se définit comme une prise de conscience de cette unité de l'être. La connaissance est le recto, la réalisation est le verso d'une même réalité. La **réalisation** *(tahqîq)* **soufie** consiste en une sympathie des semblables, pas en un rapprochement entre l'homme et Dieu ni en une fusion de l'homme en Dieu. Selon A. H. al-Ghazzâlî[1], « les semblables s'attirent [...], les oiseaux se groupent par espèces [...], ce dont on peut parler, c'est d'une proximité *(qurba)* de l'homme avec Dieu, dans leurs attributs que Dieu ordonne d'imiter ». Le Soufi, miséricordieux, s'approche du Miséricordieux ou tout simplement de sa propre âme. Le mystère est à l'intérieur : ésotérique. Dieu est au cœur du Soufi, le Soufi est au cœur de Dieu, en miroir. Et non pas au loin.

> Un habitant de Baghdâd avait gaspillé tout son héritage et se trouvait dans le dénuement. Après qu'il eut adressé à Dieu d'ardentes prières, il rêva qu'il entendait une voix lui disant qu'il existait dans la ville du Caire un trésor caché à un certain endroit.
>
> Arrivé au Caire sans argent, [il raconta son rêve à un] lieutenant de police. Celui-ci s'écria :
>
> – [...] Comment as-tu pu être assez stupide pour faire un aussi long voyage en te basant sur un songe ? Moi, j'ai rêvé bien souvent d'un trésor caché à Baghdâd, dans telle et telle rue, dans la maison d'un tel, et je ne me suis pas mis en route pour cela.
>
> Or, la maison qu'il mentionnait était celle du voyageur. Ce dernier, rendant grâces à Dieu que la cause de sa fortune fût sa propre erreur, retourna à Baghdâd où il trouva le trésor enfoui dans sa propre maison.
>
> Jalâl al-Dîn al-Rûmî, *Masnavî*, VI, 4206 ss., trad. du persan Éva de Vitray-Meyerovitch, *op. cit.*

---

1. A. H. al-Ghazzâlî, *Revivification des sciences religieuses. Ihyâ' 'ulûm al-dîn* (1106), trad. H. Djebnoum, SEEC, La Forêt-Fouesnant, 1990.

LE MARABOUTISME

Le maraboutisme est une version populaire et locale du Soufisme des confréries. Un marabout — au sens noble — est un saint musulman, vénéré de son vivant ou après sa mort, auprès de son tombeau, par les foules. Le marabout se signale par des exploits mystiques (comme le *saddhu* hindou ou les Pères du désert chrétiens) : il peut rester trente ans debout sur un pied, commander aux bêtes sauvages, lire dans les pensées... Il peut être un grand savant ou un humble artisan. Le maraboutisme a ses rites, ses pèlerinages, ses pratiques...

Le marabout le plus célèbre est Abû Madyan [1] (1116-1197), né près de Séville, mort en Algérie à Tlemcen (>Tilimsen). Le maraboutisme a aussi sa femme : Lallâ Mîmûna [2].

LES ARTS OCCULTES

Examinons, indépendamment des courants religieux, les activités ésotériques des Musulmans.

Les Musulmans se sont penchés sur magie, astrologie, alchimie, médecine occulte, avec le risque d'être accusés de polythéisme ou d'hérésie.

La connaissance du mystère *(ghayb)* signifie qu'on sait ce qui est ni déterminé ni causé ni indiqué ni rationnel, et cela n'est connu par aucune créature, y compris un astrologue, un oracle, un prêtre quelconque, un ange quelconque, sauf Dieu Puissant et Glorieux. [...]

Frère, sache que les sciences ésotériques se divisent en cinq parties : 1) l'alchimie, qui conteste la pauvreté et découvre les tares, 2) l'astrologie, grâce à laquelle on apprend ce qui était et ce qui sera, 3) la magie et l'art des talismans, qui approchent les peuples de leurs rois et les rois des anges, 4) la médecine, qui préserve la santé des corps et guérit des malaises, 5) le dépouillement et l'examen de la vraie nature de l'âme, ainsi que son observation après le dépouillement et l'immobilisation.

Les Frères de la pureté (Ikhwân al-Safâ', de tendance ismâ'îlienne), *Épîtres. Rasâi'l* (961-986), t. 1, p. 153, t. 4 p. 286, trad. partielle A. Kovalenko, *Les Concepts de magie (sihr) et de sciences occultes ('ilm al-ghayb) en Islam*, thèse, Strasbourg, 1979, t. 1, p. 222, 227.

L'alchimie *(al-kîmiyâ)*

Il existe une alchimie musulmane. Certains auteurs font même dériver le mot « alchimie » de l'arabe *kamâ*, « secret » ou de l'arabe *al-iksîr*, qui a donné « élixir ». L'alchimie musulmane commencerait avec le prince ommayade Khâlid ibn Yazîd († 704), qui aurait reçu ses connaissances

---

1. Sur Abû Madyan : É. Dermenghem, *Vies des saints musulmans*, Alger, s.d., p. 349-370 ; id., *Le Culte des saints dans l'Islam maghrébin* (1954), Gallimard, coll. « Tel », n° 66, p. 71-87. Abû Madyan, *Diwân*, trad. É. Dermenghem, Damas, 1938.
2. Sur Lallâ Mîmûna : É. Dermenghem, *Le Culte des saints...*, éd. cit., p. 79-80.

d'un moine d'Égypte nommé Marianos (>Morienus)[1]. En fait, les ouvrages attribués à Khâlid sont postérieurs de trois siècles (fin du IXe s.)[2]. Et l'alchimie prend son vol. Dans un premier temps, elle produit force ouvrages sous le nom de Platon, Hermès, Bâlînûs (=Apollonios de Tyane), dont on ne sait pas toujours s'ils sont écrits en arabe ou traduits en arabe. Dans un deuxième temps, l'alchimie s'illustre avec Jâbir ibn Hayyân, élève du VIe Imâm des Shî'ites, Ja'far al-Sâdiq. Il a mis au point un système complexe, fondé sur les nombres. Jâbir n'a sans doute jamais été une personne historique, mais plutôt une école d'alchimistes shî'ites (vers 941). « La troisième période, celle de Râzî, est le Xe siècle, le grand siècle de l'alchimie arabe. [...] L'efflorescence se poursuit au XIe siècle. Avicenne (980-1037), qui connaît bien l'alchimie, développe dans son *Kitâb al-Shifâ'* la génération des minéraux par le soufre et le mercure, mais nie la possibilité de transmutation. Ce texte, souvent joint aux traditions médiévales des *Météorologiques* d'Aristote, aura une énorme influence[3]. »

L'alchimie, dit Ibn 'Arabî[4], n'a que deux fonctions : retourner la matière en son état originel ou guérir.

L'astrologie *(ahkâm al-nujûm)*

Sujet sensible que celui de l'astrologie. En effet, les fameux « versets sataniques », les paragraphes soufflés par Satan à Muhammad, ont trait à l'astrologie au sens large. Ils citent trois divinités féminines stellaires : al-'Uzzâ, al-Lât, Manât. Il faudra la révélation d'autres versets, monothéistes (XXII, 52), pour abroger ces versets-là, polythéistes (Coran, LIII : L'Étoile. *An-Najm*, 19-20).

L'Islâm orthodoxe craint, dans l'astrologie, un polythéisme, une idolâtrie, un fatalisme identifiant la loi de la nature à la volonté de Dieu (XII, 21 ; LXXX, 19), et qui découragerait l'effort religieux individuel.

On doit au philosophe al-Kindî († 870) et à son élève Abû Ma'shar al-Balkhî (=Albumasar, † 885) la théorie des grandes conjonctions planétaires, appelées doriphories. Lorsque plusieurs planètes lentes se trouvent en même temps dans un même Signe zodiacal, il s'ensuit de grands événements d'ordre mondial. Avec cette technique, Abû Ma'shar al-Balkhî

---

1. L. Stavenhagen, *A Testament of Alchemy, being the Revelation of Morienus to Khalid ibn Yazid*, Hannover, New Hampshire, 1974.
2. Selon J. Ruska, *Arabische Alchemisten* (1924), M. Sändiz, Vaduz, Liechenstein, 1977, t. 1, p. 5-22.
3. R. Halleux, *Les Textes alchimiques*, Brépols, Turnhout, 1979, p. 68-69. Voir P. Lory, *Alchimie et Mystique en terre d'Islam*, Verdier, 1989, p. 15 sqq. Avicenne (Ibn Sînâ), *La Guérison de l'erreur. Al-Shifâ'*, trad. partielle G.-C. Anawati : *La Métaphysique du Shifâ'*, Vrin, 1978, 2 t.
4. Ibn 'Arabî, *L'Alchimie de la félicité. Kimiyâ al-sa'âda* (=chap. 167 des *Révélations mekkoises*), trad. S. Ruspoli : *L'Alchimie du bonheur parfait*, Berg International, 1981, 151 p.

(† 885) avait prédit la Révolution de 1789 [1]. « Dans ses *Fleurs de l'astrologie*, Albumasar soutient que le monde fut créé quand les sept planètes étaient en conjonction dans le 1er degré du Bélier, et qu'il finira quand elles seront en conjonction dans le dernier degré des Poissons. »

La divination

L'Islâm orthodoxe tend à condamner la divination au nom de ce verset du Coran : « Allâh sait, alors que vous ne savez pas » (II, 216). Condamner ne signifie pas nier. Le Prophète interdit toutes les divinations, hors l'oniromancie. Lui-même admet la divination :

Le mauvais présage réside dans trois choses : la femme, la jument et l'habitat.

Hadîth, apud Muslim ibn al-Hajjâj, *al-Jâmi' al-Sahîh*, II, 290.

À l'occasion, Muhammad pratique la divination, puisqu'il annonce la victoire des Byzantins sur les Perses, l'entrée à La Mekke (XLVIII, 27), etc.

À propos du jeu de mourre, G. Ifrah [2] rappelle ceci. « Ce jeu est fort simple ; il se pratique généralement à deux. Les deux partenaires se tiennent face à face, le poing fermé en avant. À un signal donné, chaque joueur doit, en même temps que son adversaire, ouvrir sa main droite (ou gauche) et lever autant de doigts qu'il le désire, tout en énonçant un nombre de 1 à 10. Celui qui énoncera un nombre égal au total des doigts montrés par l'un et par l'autre des deux joueurs marquera un point. Si, par exemple, le joueur A montre 3 doigts en disant "cinq", pendant que le joueur B montre 2 doigts en énonçant le nombre "six", c'est le joueur A qui marque un point puisque le nombre des doigts levés est : 3 + 2 = 5. [...] En Terre d'Islâm, le jeu de mourre est connu sous le nom de *mukhâraja* (mot à mot : "ce qui fait sortir"). Il se pratiquait encore au début de ce siècle sous sa forme classique, dans les campagnes reculées d'Arabie, de Syrie et d'Irak. Mais, dès la haute époque, la *mukhâraja* fut surtout un rite divinatoire en pays musulman, ce qui entraîna son interdiction pour des raisons religieuses : il ne s'agissait plus d'un jeu, mais d'une chose grave et sérieuse représentant le destin. »

La magie *(sihr)*

La sorcellerie reçoit condamnation : « Évitez sept périls, le polythéisme, la sorcellerie, le meurtre, l'usure... » (hadîth, apud al-Bukhârî, *as-Sahîh*, 55, 23, op. cit., t. 2, p. 273). Cependant, le Prophète tolère la magie quand elle est bénéfique, quand elle lutte contre les poisons, les

---

1. Abû Ma'shar al-Balkhî (=Albumasar), *De magnis conjunctionibus*, II, 9, trad. de l'arabe en latin, 1489, 1515. Sur cet auteur : R. Lamay, *Abu Mashar... The Recovery...*, Université américaine de Beyrouth, 1962. Sur la prédiction de la Révolution française de 1789 : P. A. Riffard, *L'Ésotérisme*, éd. cit., p. 668, 711-712.
2. G. Ifrah, *Histoire universelle des chiffres. L'Intelligence des hommes racontée par les nombres et le calcul* (1981), Robert Laffont, coll. « Bouquins », 1994, t. 1, p. 128-132.

morsures, la fièvre, le mauvais œil..., à condition aussi qu'elle reste monothéiste, autrement dit si elle ne fait pas appel aux divinités païennes. Un docteur de la foi sunnite rejette la magie en y voyant une infraction aux décrets *(qadar)* de Dieu, éternels, voulus par Dieu.

Tashköprüzâde [1], un Turc du XVIe siècle, compte onze branches dans la magie d'après les forces utilisées : influence psychique, astres, alliage des forces célestes et terrestres (talismanique), propriétés physiques (invocation), écriture, sympathie (désenvoûtement), esprits élémentaires (conjuration), fantômes, *jinns* (subjugation)... De son côté, al-Subkî [2], au XIVe siècle, énumère vingt-cinq pouvoirs [3] *(karâmât)* propres aux saints *(awliyâ')* : ressusciter les morts, faire entendre les paroles des décédés, scinder les eaux de la mer et la dessécher, transformer les substances, raccourcir les distances, faire parler des objets non animés et des animaux, guérir un infirme, se faire obéir des animaux et des objets non animés, raccourcir le temps, allonger le temps, faire exaucer la prière, lier et délier la langue, gagner des cœurs dans une assemblée hostile, communiquer certaines connaissances secrètes et dévoiler des mystères, s'abstenir de manger et de boire, disposer de ce qu'on n'a pas, absorber une grande quantité de nourriture, avoir une répugnance instinctive à consommer tout aliment interdit, voir à distance, intimider des gens par le seul regard, être épargné d'un mal conçu par un autre et transformer du mal en bien par l'intermédiaire de Dieu, passer par divers états, être informé par Dieu de l'emplacement des trésors de la terre, composer de nombreux ouvrages dans un court laps de temps, enfin invulnérabilité.

La magie des talismans *(nîranjât)* a atteint son sommet dans le fameux livre *Le But du sage*. *Ghâyat al-hakîm* (=*Picatrix* [4]) du pseudo-al-Majrîtî (1056) et avec al-Bûnî († 1225). La talismanique s'est beaucoup développée en Islâm. Les Musulmans utilisent volontiers les tableaux magiques *(jadâwil)*.

Les Soufis ont parfois exercé la magie, tantôt pour accomplir des miracles *(mu'jizât)* et donc pour aider autrui, tantôt pour montrer des pouvoirs *(karâmât)* et donc prouver leur sainteté ou la Réalité divine. Ibn 'Arabî

---

1. Tashköprüzâde († 1561), *al-Shaqâ'iq*, I, 300, trad. partielle en allemand O. Rescer, Istanbul, 1927. Trad. partielle en français : A. Kovalenko, *Les Concepts de magie (sihr) et de sciences occultes ('ilm al-gayb) en Islam*, thèse, Strasbourg, 1979, t. 1, p. 14 (voir p. 43, 48).
2. Al-Subkî († 1369), *Tabaqât al-shâfi'iyya l-kubrâ*, vol. I, t. 2, p. 59-77. A. Kovalenko, *op. cit.*, t. 1, p. 138-141.
3. À comparer avec les pouvoirs du yogi (voir *supra*, p. 613 : « Le yoga ») ou du magicien hindou (voir *supra*, p. 655 : « Les arts occultes ») ou du Bouddhiste tantriste (voir *supra*, p. 694 : « Le Bouddhisme pré-canonique : gnose et magie »), et avec les pouvoirs du Chrétien illuminé (Actes des Apôtres, II, 4-11 ; Paul, I Corinthiens, XII, 4-11).
4. *Picatrix*, trad. apud *La Magie arabe traditionnelle*, Retz, coll. « Bibliotheca hermetica », 1976, p. 243-317. Sur al-Bûnî : E. Doutté, *Magie et Religion en Afrique du Nord* (1909), A. Maisonneuve, 1984, p. 58 sqq.

en a fait à la fois la théorie et la pratique. Côté pratique, il réalisa des prodiges. Côté théorique, il classa les charismes.

Le plus grand des charismes *(karâmât)* est celui-ci : que l'âme se tienne pour une chose vile, précisément quand elle sort du colloque avec Dieu. [...] Un autre charisme est la révélation des mystères dans leurs différents degrés [...].
D'autres charismes des Soufis sont : recouvrir des distances immenses en un instant, marcher sur l'eau et voler par les airs. [...] Un autre de leurs charismes est la transformation instantanée de n'importe quelle matière en nourriture, avec l'emploi de certaines locutions, mots ésotériques et Noms divins [...].
Les charismes spéciaux des mystiques élus de Dieu sont les suivants : connaître par révélation divine le mystère de la circulation de la vie à travers le monde entier et celui de la relation des effets avec leurs causes ; pénétrer avec les yeux de la vue intérieure dans l'essence des choses, sans raisonnement discursif ; ressusciter les morts ; donner l'existence à ce qui ne l'a pas ; satisfaire les besoins du prochain ou bien par les moyens d'un autre homme ou bien sans son intervention mais, dans les deux cas, sans qu'avec des mots ou des gestes on le donne à entendre au nécessiteux ; finalement, transformer les substances.
La racine d'où naissent ces merveilleux charismes est la suivante : si quelqu'un interrompt un vice dans sa propre âme, c'est-à-dire une mauvaise habitude, de celles qui dominent les cœurs des hommes, Dieu interrompt en sa faveur une des lois physiques, qui aussi sont des habitudes de la nature. Cette rupture des lois physiques est ce qui s'appelle « charisme » pour le vulgaire, bien que pour le mystique le véritable charisme soit la providence singulière avec laquelle Dieu leur octroie la grâce et la force de rompre les mauvaises habitudes de leur propre âme. Tel est le véritable charisme, à notre avis. Ces autres merveilles, que le vulgaire appelle « charismes », les grands mystiques dédaignent même d'y prêter attention.

Ibn 'Arabî, *Règle. Amr* (v. 1235), art. 5 : *Des charismes*, trad. Asín Palacios, *L'Islam christianisé*, éd. cit., p. 260-262. © Guy Trédaniel, Paris.

LES SCIENCES OCCULTES *('ILM AL-GHAYB)*

Les sciences occultes enveloppent herméneutique, symbolique, sciences des lettres, science des nombres, science des sons, science des cycles... Elles ne s'adressent pas à tous. Elles risquent d'entraîner le Musulman mal préparé à l'athéisme ou à la vanité.

Que celui qui a accès à ce livre se garde bien d'en divulguer le contenu à qui n'en est pas digne, ou d'en faire état là où cela ne convient pas ! Car, quoi qu'il fasse alors, Dieu le privera des avantages et de la bénédiction *(baraka)* qu'il pourrait en tirer. Ne t'en sers qu'en état de pureté [...] et n'en fais usage que pour ce qui plaît au Dieu Très-Haut.

Al-Bûnî († 1225), *Soleil de la gnose. Shams al-ma'ârif*, p. 3, trad. partielle P. Lory, « La magie des lettres dans le *Shams al-Ma'ârif* d'al-Bûni », *Bulletin d'Études orientales de l'Institut français de Damas*, t. 39-40, 1987-1988, Damas, 1989, p. 105.

Comme dans les autres ésotérismes, les sciences occultes islamiques proposent des grilles de correspondances qui mettent au clair les relations entre des niveaux du monde et permettent de trouver — comme dans les mots croisés — un nom inconnu grâce à d'autres noms connus.

GRILLE DES CORRESPONDANCES
(chez al-Qâshânî)

niveaux	particulier	universel	absolu
Présence de Dieu	l'Essence	Attributs et Noms	Actes
état mystique	extinction	ascèse	soumission
composante	esprit	cœur	âme

La science des lettres *('ilm al-hurûf)*
On attribue à Muhammad ce *hadîth* :

J'ai plongé dans l'océan des secrets du Coran et j'en ai extrait les perles de ses subtilités. J'ai levé les voiles des sons et des lettres devant ses vraies réalités, les significations secrètes qui y sont gardées loin du regard des hommes.

En tête de quelques sourates figurent certaines consonnes de l'alphabet arabe [1]. Pourquoi celles-là et pas d'autres ? Quel est leur sens, leur combinaison ? On entre ici dans le mystère des « lettres distinctes » *(al-hurûf al-muqatta'a)* et dans le *jafr*, l'exégèse des valeurs numériques.

— A.L.M. [*'Alif, Lâm, Mîm*]. Cette Écriture – nul doute à son endroit – est Direction pour les Pieux !
Coran, II, 1-2.

— A.L.M. [*'Alif, Lâm, Mîm*]. Allâh – nulle divinité excepté Lui – est le Vivant, le Subsistant.
Coran, III, 1-2.

— A.L.M.S. [*'Alif, Lâm, Mîm, Çad*]. Ceci est une Écriture qu'on a fait descendre vers toi.
Coran, VII, 1-2.

— A.L.R. [*'Alif, Lâm, Ra*]. Voici les Versets *(âyât)* de l'Écriture sage.
Coran, X, 1.

Les savants, musulmans ou non, ont émis les hypothèses les plus diverses à propos de ces lettres isolées. Selon Nöldeke [2], on aurait là des marques de propriété, les initiales de ceux à qui appartenaient les manuscrits du Coran : M. = al-**M**oghîra. Il s'agirait plutôt, disent de nombreux Musulmans, de sigles désignant des Noms divins : *A.L.M.* = ***al-Rahmân***, « le Miséricordieux ». Les ésotéristes ont essayé d'autres voies, surtout

---
1. Th. Nöldeke, *Geschichte des Qorans*, Leipzig, t. 2, 1919, p. 68-78. R. Blachère, *Introduction au Coran*, G. P. Maisonneuve, 1959, p. 144-149.
2. Th. Nöldeke, *Geschichte des Qorans*, 1re éd., 1919, Leipzig, t. 1, p. 215. R. Blachère, *Introduction au Coran*, p. 147.

celle de la combinaison des lettres [1]. Ils ont ainsi cherché la valeur numérique des lettres (A.L.M. = *'alif* + *lâm* + *mîm* = 1 + 30 + 40 = 71), comme dans la guématrie des Kabbalistes. Ou bien, comme dans le notarikon des Kabbalistes, ils ont voulu voir dans les lettres des abréviations de mots ou d'expressions importantes figurant dans le Coran ; par exemple, « A.L.M.S. serait tiré de *Anâ Ilahu a'lamu wa-ufassilu*. Je suis Allâh : Je suis et j'expose. » Une autre piste consiste à chercher du côté des sons. Un interprétation cosmologique et métaphysique voit en *alif* l'unité originelle qui se divise en deux *(bâ)*, etc. Pour Ibn 'Arabî, « ce sont des anges dont les noms sont ceux des lettres ». Mais le secret reste secret, encore qu'on ait une piste. Le nombre des lettres en jeu est 12 (A, L, M, S, R, K, H, Y, ', T, Q, N), le nombre des sourates où interviennent ces lettres est 26 (n°s II, III, VII, etc.), le nombre des combinaisons est 14 (A.L.M., A.L.M.S., A.L.R., A.L.M.R., etc.). L'alphabet arabe comprend 28 consonnes (et des voyelles de prolongation). Coïncidence ? 28 est la moitié de 14, et 28 fait penser à la Lune, qui croît 14 jours et décroît 14 jours. De plus, si l'on observe quelles lettres commencent les sourates, on voit qu'elles sont 14.

On rencontre 14 lettres au début des sourates du Coran. Elles symbolisent l'esprit. De même que l'esprit est caché, le mystère de ces lettres demeure caché. Ce nombre est aussi celui des stations invisibles de la Lune. Quant aux autres lettres [au nombre de 14 aussi], celles qui ne figurent pas au début de certaines sourates, elles symbolisent le corps et elles correspondent aux 14 stations visibles de la Lune. [...] Tel est l'arcane du Coran.

Pseudo-al-Majrîtî, *Le But du sage. Gayât al-hakîm*.

La science des nombres

L'utilisation de la symbolique des nombres paraît dès ce *hadîth* :

Les fils d'Israël se sont divisés en 71 sectes : toutes iront en Enfer, sauf une. Celles issues de Jésus fils de Marie sont au nombre de 72 : toutes iront en Enfer, sauf une. Ma Communauté *(Umma)*, elle, se divisera en 73 sectes : toutes iront en Enfer, sauf une.

Hadîth (apud Ahmad ibn Hanbal, *al-Musnad*, 3/145), trad. partielle R. Deladrière [2].

Dans un but aussi bien divinatoire que métaphysique, certains ont imaginé des machines arithmétiques.

---

1. Voir *supra*, p. 1008 (« Les sciences occultes »).
2. Selon Ibn 'Arabî : « Les Khârijites : 15 sectes ; les Mu'tazilites : 6 sectes ; les Murjites : 12 sectes ; les Shî'ites : 32 sectes ; les Anthropomorphistes : 3 sectes ; les Jahmiyya, les Najjariyya, les Dirâriyya, et les Kullâbiyya, chacun d'eux constituant une secte différente. Au total : 73 sectes. La secte sauvée, c'est ceux qui suivent le Livre et la Tradition du Prophète » (*Histoire des Élus et Profession de foi des gens de l'Élection. Tadhkirat al-Khawâs wa-'Aqîdat Ahl al-Ikhtisâs*, préambule, 12, trad. R. Deladrière : *La Profession de foi*, Sindbad, 1985, p. 81). Nous avons déjà relevé le nombre 72 (voir *supra*, p. 435 et n. 1) : il y a 72 lunes noires par an ; l'année solaire a 365 jours, l'année égyptienne 360, et Thoth conçoit les 5 jours supplémentaires en ajoutant à 360 sa 72e partie, soit 5.

On prétend posséder un système artificiel au moyen duquel on peut obtenir la connaissance des choses qui appartiennent au monde invisible. C'est la *zâ'irjat al'alam* [le tableau circulaire de l'univers], dont on attribue l'invention à Abû' l-'Abbas al-Sabtî, natif de Ceuta [au Maroc], l'un des Sûfî les plus distingués du Maghreb. Vers le VIe siècle [de l'Hégire], al-Sabtî [† 1298] se trouvait au Maghreb pendant que Yaqûb al-Mansûr, souverain des Almohades, occupait le trône.

La construction de la *zâ'irja* est d'un artifice surprenant. [...] La figure sur laquelle ils opèrent a la forme d'un grand cercle qui renferme d'autres cercles concentriques, dont les uns se rapportent aux sphères célestes, et les autres aux Éléments, aux choses sublunaires, aux êtres spirituels, aux événements de tout genre et aux connaissances diverses. Les divisions de chaque cercle sont les mêmes que celles de la sphère qu'il représente ; et les signes du Zodiaque, l'indication des quatre Éléments [Terre, Eau, Air, Feu] s'y trouvent. Les lignes qui forment chaque division s'étendent jusqu'au centre du cercle et portent le nom de rayons.

Sur chaque rayon on voit inscrite une série de lettres ayant chacune une valeur numérique et dont quelques-unes appartiennent à l'écriture d'enregistrement, c'est-à-dire aux sigles dont les fonctionnaires de la comptabilité et d'autres administrations maghrébines se servent encore pour désigner les nombres [les chiffres *dîwânî* sont des monogrammes ou abréviations des noms de nombre en arabe, mis sous une forme cursive très stylisée]. [...]

Dans l'intérieur de la *zâ'irja*, entre les cercles concentriques, on remarque les noms des sciences et les lieux des diverses espèces d'êtres. Sur le dos du tableau des cercles, on voit une figure renfermant un grand nombre de cases, séparées les unes des autres par des lignes verticales et horizontales. Ce tableau offre, dans la direction de sa hauteur, 53 cases, et, dans sa largeur, 131 cases. Les cases qui occupent le bord du tableau sont, les unes vides, les autres remplies. De celles-ci les unes renferment des nombres [écrits avec des chiffres indiens], les autres des lettres. La règle qui a présidé à la distribution de ces caractères dans les cases nous est inconnue, ainsi que le principe d'après lequel certaines cases doivent être remplies et les autres rester vides. Autour de la *zâ'irja* se trouvent plusieurs vers appartenant au mètre *tawil*, et dont la rime se forme par la syllabe *la*. Ce poème indique la manière d'opérer sur le tableau lorsqu'on veut obtenir une réponse à la question dont on s'occupe. Mais, par l'absence de clarté et le manque de précision, celui-ci demeure une véritable énigme.

Ibn Khaldûn, *Livre des considérations sur l'histoire des Arabes, des Persans et des Berbères. Kitâb al-'Ibar*, vol. I : *Prolégomènes. Al-Muqaddima* (1377-1382), trad. G. de Slane, *Les Prolégomènes*, 1863-1868, rééd. 1934-1938, P. Geuthner, t. 1, p. 245 *sqq.* Trad. V. Monteil, *Discours sur l'histoire universelle*, Beyrouth, 1967-1968, rééd. Sindbad, 1978, t. 1, p. 233 *sqq.* © Éditions Geuthner, Paris.

Les Musulmans ont apprécié les chronogrammes, autrement dit la conversion de mots en chiffres, plus précisément en dates.

Ibn Barrajân al-Ishbîlî († 1141) déduisit de la parole divine :
« *Alif-Lâm-Mîm*, les Byzantins ont été vaincus sur la proche terre. Après leur défaite ils vaincront, dans quelques années *(fî bid'î sinîn)* »
que les Musulmans devaient conquérir Jérusalem en l'an 583, et il advint ce qu'il avait dit.

En effet, la somme isopséphique des lettres de l'expression *fî bid'î sinîn* vaut

572. Cependant, comme le mot *bid'* peut désigner jusqu'à 10 unités, cette somme fut portée par précaution à 582. Or Saladin prit effectivement la ville en 583 [de l'hégire, soit 1187 ap. J.-C.].
Yûsuf ibn Hammûya al-Juwaynî († 1250), cité par F. Leconte, *Une exégèse mystique du Coran au XVIIIe siècle dans le sud-ouest de la Mauritanie*, DEA, université de Provence Aix-Marseille I, 1995, p. 60.

Dans les temps modernes la science des nombres a été développée par le Soufi malien Tyerno Bokar.

La science des sons
Je me contenterai de citer un texte qui montre « une correspondance merveilleuse entre les mots et leurs significations ».

Le **mot** *hubb* (amour) se compose de deux lettres correspondant au **concept** d'amour. Ce sont le *hâ'* qui évoque l'âme *(ar-rûh)* et le *bâ'* qui renvoie au corps *(badan)*. Cela signifie que l'amour consiste à insuffler l'âme dans le corps, pour la satisfaction de l'aimé. Étant donné que l'âme précède le corps, le *hâ'* précède le *bâ'* dans la composition du mot, de même qu'au moment de sa création. De plus, de par sa haute valeur, l'âme précède le corps, car elle est de nature lumineuse, alors que le corps est de nature ténébreuse.
Tu apprendras ainsi que rien n'égale la langue des Arabes.

Al-Yadâlî (1685-1753), *ad-Dahab al-ibrîz. La Quintessence de l'or*, folio 393, trad. de l'arabe F. Leconte, *op. cit.*, p. 64.

LES PHILOSOPHIES *(FALSAFA)* ET THÉOLOGIES *(KALÂM)* ÉSOTÉRIQUES

La philosophie en Islâm commence avec l'Arabe al-Kindî (833). Or al-Kindî — on l'a noté — pratiquait l'astrologie, il a développé le thème de l'ascension de l'âme jusqu'au-delà du ciel. Mais il rejetait l'alchimie.

Une anecdote révèle les rapports entre la philosophie *(falsafa)* et l'ésotérisme *(bâtiniyya)* : la rencontre entre Ibn 'Arabî, Soufi, ésotériste, et Ibn Rushd (Averroès), philosophe *(faylasûf)*, rationaliste. On tient le récit d'Ibn 'Arabî lui-même.

Un jour [en 1169], à Cordoue, j'entrai dans la maison d'Abû l-Walîd Ibn Rushd, *qâdî* [juge musulman] de la ville, qui avait manifesté le désir de me connaître personnellement, parce que ce qu'il avait entendu à mon sujet l'avait fort émerveillé, c'est-à-dire les récits qui lui étaient parvenus au sujet des révélations *(mâ fataha)* que Dieu m'avait communiquées dans ma retraite spirituelle. Aussi, mon père, qui était un de ses amis intimes, m'envoya chez lui sous le prétexte d'une commission à lui faire, mais seulement pour donner ainsi l'occasion à Averroès de converser avec moi. J'étais en ce temps-là un jeune adolescent imberbe [quatorze ans]. Dès que je fus entré, il se leva et se dirigea vers moi avec de grandes démonstrations de tendresse, m'embrassa et me dit :
— Oui.
Je lui répondis :
— Oui [quant aux idées, islamiques ou logiques].
Cette réponse augmenta sa joie, car il vit que je l'avais compris ; mais, me rendant compte, tout de suite, de la cause de sa joie, j'ajoutai :

— Non [quant aux sources, simplement rationnelles chez Averroès].
Alors Averroès s'attrista, changea de couleur, et, commençant à douter de la véracité de sa propre doctrine, me demanda :
— Comment donc résolvez-vous le problème de l'illumination et de l'inspiration divine ? Est-ce peut-être comme ce que nous enseigne le raisonnement, à nous autres ?
Je lui répondis :
— Oui et non. Entre le oui et le non, les esprits sortent en volant de leurs matières et les nuques de leurs corps.

Averroès pâlit, saisi de terreur, et, s'asseyant, commença à faire preuve de stupeur, comme s'il avait pénétré le sens de mes allusions [à la résurrection des corps, selon M. Chodkiewicz].

[...] Comme Averroès était un sage philosophe, consacré à la réflexion, à l'étude et à l'investigation rationnelle, il ne pouvait faire autre chose que rendre grâce à Dieu qui lui permettait de vivre en un temps dans lequel il pouvait voir de ses propres yeux un homme qui était entré ignorant dans la retraite spirituelle pour en sortir comme il en était sorti, sans l'aide d'aucun enseignement, sans étude, sans lecture, sans apprentissage d'aucune sorte. Aussi s'exclama-t-il :
— Il [Ibn 'Arabî] en est à un stade psychologique dont nous autres [les philosophes] avons soutenu la réalité avec des preuves rationnelles, mais sans que nous ayons connu une personne quelconque qui l'expérimentât.

Ibn 'Arabî, *Révélations mekkoises*, I, 199, trad. partielle M. Asín Palacios, *L'Islam christianisé*, éd. cit., p. 30. Autre trad. *apud* Ibn 'Arabî, *Les Soufis d'Andalousie*, Sindbad, 1979, p. 16. © Guy Trédaniel, Paris.

Le mode de connaissance du philosophe, limité à la raison, ne peut se confondre avec le mode de connaissance de l'ésotériste, qui se sert de la vision, de l'extase, qui se fonde sur des expériences spirituelles.

Celui qui veut étudier seulement la philosophie analytique *(baht)*, qu'il suive la méthode des Péripatéticiens *(al-Mashâ'ûn)*, car les Orientaux [*Ishrâqiyyûn* : théosophes], dans leur raisonnement, ont toujours recours aux idées-formes illuminatives.

Al-Suhrawardî al-Maqtûl, *Kitâb hikmat al-ishrâq*, trad. H. Corbin, *Œuvres philosophiques et mystiques de Sh. Y. Sohrawardî*, Maisonneuve, 1952, p. 12.

Certains philosophes sont favorables à l'alchimie : Abû Bakr al-Râzî, al-Fârâbî, al-Tughrâ'î (=Artéphius ?)[1], Ibn Miskawayh. Certains philosophes veulent concilier Islâm et Hermétisme : al-Suhrawardî al-Maqtûl et Ibn Sa'bîn. De nombreux philosophes se sont dits favorables au Soufisme, par exemple al-Suhrawardî al-Maqtûl, Ibn Sa'bîn. On le voit, les philosophes arabes ne se sont pas systématiquement détournés de l'ésotérisme, comme ce fut le cas en Europe, à quelques exceptions près (Pythagore ou Pic de la Mirandole).

Avicenne a-t-il donné un enseignement ésotérique *(ta'lim bâtinî)* ? Je ne le crois pas. *Le Livre de science* ne montre aucun mode de pensée ana-

---

1. F. Razuq, *Studies on the Work of al-Tughrâ'î*, Londres, 1963.

logique, ou herméneutique [1]. *Le Livre des directives et remarques* parle des Gnostiques et des Soufis, mais de l'extérieur [2].

LES BEAUX-ARTS

Les Musulmans emportés par l'ésotérisme sont aussi des artistes ou des esthètes. Le Soufisme, en effet, favorise cette idée que la beauté manifeste Dieu. Si tous les êtres sont Dieu, ils ont tous de la beauté. « Dieu est beau et aime la beauté », dit une sentence arabe.

L'art musulman s'est développé sous des formes qui lui sont propres : l'entrelacs et l'arabesque en architecture, l'enluminure et la miniature en peinture, le *samâ'* (concert spirituel, audition de musique) et la danse pour les arts du temps.

Ornementation

La chose qui frappe le plus, dans l'art islamique, reste le refus de l'image. On sait que le Prophète a interdit la figuration de tout vivant : « Malheur à celui qui aura peint le Seigneur, les hommes ou un être vivant ! Ne peignez que des arbres, des fleurs ou des objets inanimés. » L'arabesque est un motif central ou une tige médiane qui soutient des lignes courbes. L'entrelacs, lui, consiste en lignes qui s'entrecroisent ; on le retrouve dans tous les arts ésotériques, il figure l'entremêlement de l'occulte et du manifeste.

L'ENTRELACS MUSULMAN

---

1. Ibn Sînâ, *Le Livre de science. Dânèsh-Nâma* (1021-1037), trad. du persan M. Achena et H. Massé, Les Belles Lettres/UNESCO, série persane, 1986, p. 104.
2. Ibn Sînâ, *Le Livre des directives et remarques. Kitâb al Ishârât wa't Tanbihât*, trad. de l'arabe Anne-Marie Goichol, Vrin, 1951, 554 p.

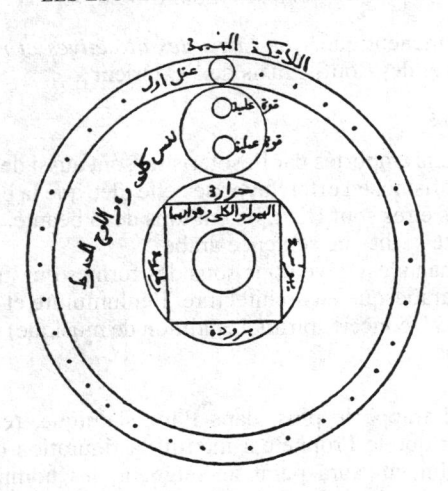

GRAPHIQUE D'IBN 'ARABÎ

L'interdiction de l'image, en Islam, ne vise à rigoureusement parler que l'image de la divinité ; elle se situe donc dans la perspective du Décalogue [Exode, xx, 4 ; Deutéronome, v, 8], ou plus exactement du monothéisme abrahamique, que l'Islam renouvelle. L'image plastique de la divinité se présente [...] comme la marque de l'erreur qui « associe » le relatif à l'absolu ou le créé à l'incréé, en rabaissant celui-ci à celui-là. L'aniconisme peut avoir un caractère spirituellement positif, tandis que l'iconoclasme n'a qu'un sens négatif. [...] L'ornementation islamique connaît deux modes principaux : celui de l'arabesque proprement dite, composée de formes sinueuses et spiraloïdes, plus ou moins apparentées à des motifs végétaux, et celui de l'entrelacs géométrique. Le premier est tout rythme et fluidité, mélodie continuelle, tandis que le second est de nature cristalline.

T. Burckhardt, *Le Vide dans l'art islamique*, apud *Le Vide*, Les Deux Océans, Hermès, 1981, p. 308-310.

Graphique et calligraphie
À mi-chemin de l'écriture et du dessin, les graphiques et les calligraphies des initiés sont des œuvres d'art.

Musique et danse
Le Soufi part de l'idée que « le *samâ'* (concert spirituel) est une visitation divine qui met les cœurs en mouvement vers Dieu » (Dhû l-Nûn al-Misrî).

On a parlé plus haut de la danse des derviches tourneurs, analogue au mouvement des astres.

LE BÂBISME

Mîrza 'Alî Muhammad de Shîrâz, dit le Bâb (« la Porte »), fonda en Iran une école musulmane (appelée Bâbisme ou Bayân, « Démonstration »). Surclassant tout messianisme, il se proclama le Mahdî, le Messie. Accomplissant le millénarisme, il attendit pour cela l'année 1844 (1260 de l'hégire), millénaire de l'occultation du XIIe Imâm des Shî'ites (mort en 260 de l'hégire). Certains éléments ésotériques, comme les cycles, la symbolique des nombres, se faufilent dans sa doctrine, qui met à mal, sur de nombreux points, l'Islâm, puisqu'il interdit le voile des femmes, veut détruire la Ka'ba, etc. Conséquence, il subit de nombreuses années de prison et fut fusillé, à peine âgé de trente ans.

Le Béhaïsme a une doctrine ésotérique qui s'exprime par une cabbale basée sur l'alphabet persan : 19 représente le nombre sacré [car c'est la valeur numérique des lettres composant l'invocation coranique en tête de chaque sourate « Au nom d'Allâh *(bismillâh)*, le Bienfaiteur miséricordieux »]. Les adeptes se reconnaissent au port d'une bague ornée d'une entaille où sont gravées diverses lettres, dont le Bâ et le Hâ, symboles horizontaux, et deux étoiles.

Voici une glose, assez obscure, que nous donnons, parce que, à notre connaissance, c'est la première fois qu'elle est révélée en langue française.

Les trois plans représentés dans la gravure de la pierre par les trois lignes horizontales représentent le monde de Dieu, le monde du commandement et le monde de la création, qui sont les sources des signes. [...] À l'horizon de la gloire éternelle, deux étoiles lumineuses [...] : c'est le mystère de l'apparition de la beauté d'Abha et de l'altesse suprême [Bahâ'Allâh' >Baha 'U'Llah, fondateur du Bahâ'isme en 1867, et le Bâb, fondateur du Bâbisme en 1844].

P. Ravignant et P. Mariel, *Les Maîtres spirituels*, Culture, Arts, Loisirs, coll. « Bibliothèque de l'irrationnel », 1972, p. 23.

L'ésotérisme est absent de la doctrine du successeur du Bâb, Bahâ'Allâh, fondateur du Bahâ'îsme (>Béhayisme) en 1867.

Nous sommes tous assis sur al-Burâq, la jument du Prophète, il ne manque qu'une petite tape pour commencer l'ascension au sixième ou au septième ciel.

L'Islâm est une religion présente, une religion de présence. Et l'ésotérisme islamique rend présents non seulement la religion, mais surtout Dieu en l'Homme. Chaque jour naissent et parlent des Soufis. Ils justifient les al-Hallâj et les Ibn 'Arabî. Surtout ils mettent de la lumière dans un temps présent crevassé par la convoitise, fissuré par le conflit, lézardé par l'incertitude.

L'ésotérisme se perd dans le passé et se trouve dans le futur.

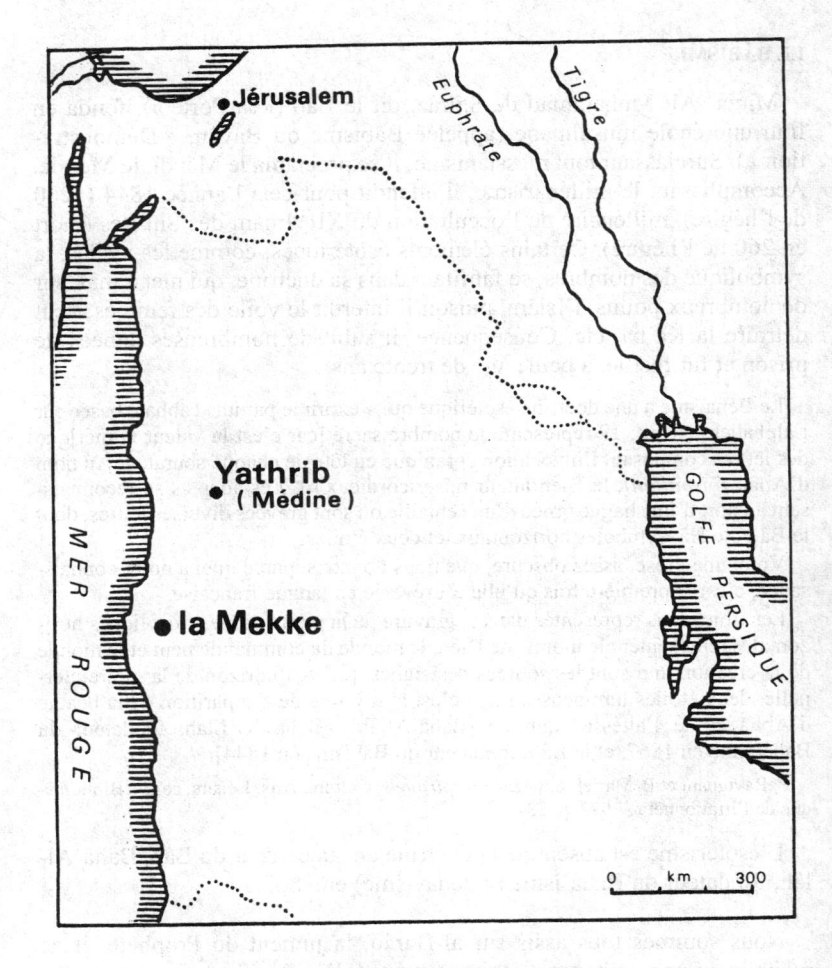

CARTE DE L'ARABIE DU CORAN

BIBLIOGRAPHIE GÉNÉRALE SUR L'ÉSOTÉRISME MUSULMAN

S'il n'y a qu'un livre à lire : le Coran (cité *infra*), ou bien – pour ne pas offenser les religieux hostiles à l'ésotérisme – IBN 'ARABÎ, *Révélations mekkoises. Al-Futûhât al-makkiyya* (1203 ss.), trad. partielle tantôt en français tantôt en anglais, *Les Illuminations de La Mecque*, Sindbad, 1988, 656 p., ou extraits chez M. ASÍN PALACIOS (*L'Islam christianisé. Étude sur le Soufisme d'Ibn 'Arabî de Murcie*, 1931, trad. de l'espagnol, Maisnie-Trédaniel, 1982, 379 p.) ou passages traduits par M. VÂLSAN dans la revue guénonienne *Études Traditionnelles*, Éditions Traditionnelles, 1953 (n° 307), 1962 (n°s 372-373), 1964 (n° 386), 1966 (n° 396), 1969 (n°s 412-413), et 1971 (n°s 424, 425). Ce livre d'Ibn 'Arabî compterait, traduit en français, quinze mille pages !

Approche ésotérique de l'histoire (ésotérosophie) : KALÂBÂDHÎ, AL-'ATTÂR, IBN 'ARABÎ, RENÉ GUÉNON ('Abd al-Wahîd Yahyâ), HENRY CORBIN, FRITHJOF SCHUON, SEYYED HOSSEIN NASR, MARTIN LINGS.

BIBLIOTHÈQUES : INALCO (Institut national des langues et civilisations orientales)-CICM (Civilisation islamique et cultures musulmanes), 2, rue de Lille, 75007 Paris ; Institut du monde arabe, 1, rue des Fossés-Saint-Bernard, 75005 Paris ; Institut musulman de la Grande Mosquée de Paris, 2 bis, rue Quatrefages, Paris ; université de Paris-III (Sorbonne-Nouvelle), 13, rue de Santeuil, 75005 Paris.

Les grands textes ésotériques
– Le Coran (>*Qur'ân*, 610 ?-633 ?). Texte arabe : *Le Coran. Édition bilingue français-arabe* : éd. Ephedis (1982), éd. Jaguar (trad. S. Mazigh, 1985, 2 000 p.), éd. S. Mégally (1987-1988, 3 t.). Trad. apologétique : M. HAMIDULLAH, *Le Coran*, Club français du livre, 1959. Trad. religieuse : cheikh SI HAMZA BOUBAKEUR, *Le Coran*, éd. Planète, coll. « Le Trésor spirituel de l'humanité », 1972, 2 t., 1394 p. Trad. philologique (mais qui classe les sourates par ordre chronologique) : R. BLACHÈRE, *Le Coran*, 1949-1951, 3 t. ; éd. G.-P. Maisonneuve et Larose, 1980, 752 p. Trad. historique : *Le Coran*, Classiques Garnier, 1987, 688 p. J. BERQUE, *Le Coran*, Sindbad, 1990, 848 p. R. KHAWAN, *Le Qoran*, G.-P. Maisonneuve et Larose, 1990, 448 p. Trad. élégante : M. KASIMIRSKI, *Le Coran*, 1840, coll. « Garnier-Flammarion », n° 237, 1970, 512 p. Trad. littéraire : DENISE MASSON, *Le Coran*, Gallimard, « Bibliothèque de la Pléiade », 1967, CXV-1 087 p. A. CHOURAQUI, *Le Coran. L'Appel*, Robert Laffont, 1991, 1 434 p. : n'est pas une traduction. Trad. shî'ite : A. F. BADSHAH HUSAIN, *The Holy Koran*, Lucknow, 1929. Le Coran, répétons-le, n'est ésotérique qu'indirectement : hors de l'intention de Muhammad, après interprétation, dans une perspective soufie ou shî'ite, etc.
– Les *hâdith qudsî* (« dits saints » : paroles de Muhammad dans lesquelles Allâh s'exprime à la première personne, hors Coran) : IBN 'ARABÎ (*La Niche des Lumières. Mishkât al-anwâr*, 1203, trad. M. Vâlsan, Éditions de l'Œuvre, bilingue, 1982, 156 p.), SAID AL-LAHAM (*Les Hadiths Quodoss*, Dar el-Fiker, Beyrouth, Liban, 1992, 185 p., édition bilingue : niveau du français lamentable).
– Les *hâdith nabawî* (« dits prophétiques » : paroles ou récits d'actes attribués à Muhammad, hors Coran) : AL-BUKHÂRÎ (>El-Bokhâri, † 870), *L'Authentique. As-Sahîh*, trad. O. HOUDAS et W. MARÇAIS (1903-1914), *Les Traditions islamiques*, Publications de l'École nationale des langues orientales vivantes, A. Maisonneuve, 1984, 4 t., 2 498 p. : 7 300 *hadîth* réductibles à 2 762 du fait des redites. Florilège : G. H. BOUSQUET, *L'Authentique tradition musulmane. Choix de h'âdiths*, Fasquelle, 1964, 348 p.
– Le *Mî'raj* (récit de l'Ascension du Prophète depuis le sommet du Temple de Jérusalem jusqu'au Trône de Dieu). Nombreux récits : AL-TABARÎ († 923), *Commentaire du Coran. Tafsîr al-Qur'ân*, trad. en cours, Heures claires, 1985 ss. ; MEYBODÎ (1142), trad. J. DURING, « L'Ascension du Prophète », *Question de*, n° 41, mars 1981, p. 67-80 ; MÎR HAYDAR, *Mi'râj-nâmeh ou le Voyage miraculeux du Prophète* (1436), trad. de la version ouïghour A. Pavet de Courteille (1892), éd. Draeger, 1977, 32 p., 58 pl.

— 'ALÎ IBN ABÎ TÂLIB, *La Voie de l'éloquence. Nahj al-balâgha*, non traduit. Recueil des « propos, conseils, lettres et prônes » attribué au Ier Imâm des Shî'ites, réalisé par al-Radî († 1016), édité à Téhéran en 1972. Authenticité contestée dès Ibn Taymiyya († 1328).

— Les propos (*akhbâr*, singulier *khabar*) des VIIe ou XIIe Imâms des Shî'ites (110 t. dans l'édition 1956-1972 d'AL-MAJLISÎ, † 1699 : *Bihâr al-anwâr*). Pas de trad. Le *Tafsîr* du VIe Imâm a été édité par P. NWYIA (*Mélanges de l'université Saint-Joseph*, Beyrouth, t. 153, fasc. 3, 1968, p. 188-230). Cf. H. CORBIN (*En Islam iranien*. *Aspects spirituels et philosophiques*, Gallimard, coll. « Tel », 1991, t. 1 et 4) et P. NWIYA (*Exégèse coranique et Langage mystique. Nouvel Essai sur le lexique technique des mystiques musulmans*, Dar el-Machreq, Beyrouth, 1970, 439 p.).

— AL-BALKHÎ (=Abû Ma'shar, Albumazar, Apomasar, Ja'far Ibn Muhammad Abû Ma'shar al-Balkhî, † 885), *De magnis conjunctionibus*, trad. de l'arabe en latin, 1489, 1515.

— AL-HALLÂJ († 922), *Dîwân*, trad. L. Massignon (1955), Éditions du Seuil, coll. « Points. Sagesses », n° 44, 1992, 161 p. (*Dîwân* = « collection complète des œuvres poétiques d'un auteur »).

— *Corpus jâbirien* (941 env.), trad. partielle P. LORY, *Dix Traités d'alchimie de Jâbir ibn Hayyân*, Sindbad, 1983, 318 p.

— PSEUDO-IBN WAHSHIYYA (=Ibn al-Zayyât), *Agriculture nabatéenne. Al-Filâha n-nabattiyya* (941) : cf. T. Fahd, « Matériaux... », *Handbuch der Orientalistik*, t. 1, fasc. 6, E. J. Brill, Leyde, 1977, p. 276-377. Mélange de Sabéisme, d'Hermétisme, etc.

— Les Frères de la pureté (Ikhwân al-Safâ', de tendance ismâ'îlienne, 963), *Épîtres. Rasâi'l* (961-986). Trad. partielle en allemand : F. DIETERICI, *Die Philosophie der Araber*, Leipzig, 1858-1895, 8 t. Cf. Y. MARQUET, *La Philosophie des Ihwan al-Safâ* (1971), Vrin, 1976, 604 p.

— Traités de Soufisme (dès al-Sarrâj, à la fin du xe s.) : 1) AL-KALÂBÂDHÎ († 994), *Livre de l'information sur la doctrine des hommes du Soufisme. Kitâb al-Ta'arruf li-madhab ahl-al-Tasawwuf*, trad. de l'arabe R. DELADRIÈRE, *Traité de Soufisme. Les Maîtres et les Étapes*, Sindbad (1981, 200 p.) ou Actes Sud (1996), (proche de al-Hallâj) ; 2) AL-QUSHAYRÎ ABÛ L-QÂSIM († 1075), *Épître de al-Qushayrî. Ar-Risâlat al-qushayriyya*, trad. de l'arabe : *Traité sur le Soufisme*, Rome, 1911, 64 p. (orthodoxe) ; 3) AL-HUJWÎRÎ (>Hodjviri, =al-Gaznawî, † 1077), *La Révélation de l'inconnu. Kashf al-mahjûb*, trad. du persan : *Somme spirituelle*, Sindbad, 1988, 482 p. : « le plus ancien traité persan sur le Soufisme » ; 4) 'ABDALLÂH ANSÂRÎ († 1088), *Les Étapes des itinérants vers Dieu. Manâzil as-sâ'irîn*, trad. S. Laugier de Beaurecueil, Bulletin de l'IFAO, Le Caire, 1962 (proche de al-Hallâj) ; 5) SULTÂN VALAD (fils de al-Rûmî, † 1273), *Maître et Disciple*, trad. du persan Éva de Vitray-Meyerovitch, Sindbad, 1982, 192 p.

— *Picatrix* (=*Le But du sage*. *Ghâyat al-hakîm* du pseudo-al-Majrîtî), trad. partielle apud *La Magie arabe traditionnelle*, Retz, coll. « Bibliotheca hermetica », 1976, p. 243-317. Science talismanique astrale.

— NÂSIR-E KHOSRÔ (>Nâsir-i Khusraw), *Le Livre réunissant les deux sagesses. Kitâb-é Jâmé' al-Hikhmatayn* (1070), trad. du persan H. Corbin (1953), Fayard, 1990, 348 p. : « Le plus grand traité ismâ'îlien en langue persane antérieur à la réforme d'Alamût. » Ces « deux sagesses » sont le Platonisme et l'Ismâ'îlisme.

— Textes de Hasan ibn al-Sabbâh, « le Vieux de la montagne » (1080 ss.) :

J.-CL. FRÈRE, *L'Ordre des Assassins. Hasan Sabbah, le Vieux de la Montagne et l'Ismaélisme*, Grasset-CAL, coll. « Histoire des personnages mystérieux et des sociétés secrètes », 1973, p. 39 *sqq.*

— ABÛ HÂMID AL-GHAZZÂLÎ, *La Revivification des sciences religieuses. Ihyâ' 'ulûm al-dîn* (1106), trad. H. Djebnoum, SEEC, La Forêt-Fouesnant, 1990, 2 t., 475 p., 399 p. Le grand livre du Soufisme orthodoxe.

— AL-SUHRAWARDÎ (>Sohravardî) AL-MAQTÛL († 1191), *L'Archange empourpré. Quinze Traités et récits mystiques*, trad. du persan et de l'arabe H. Corbin, Fayard, coll. « Documents spirituels », n° 14, 1976, XXIV-549 p.

— AL-'ATTÂR, *Le Langage des oiseaux. Mantic uttaïr* (v. 1200), trad. du persan J.-H. Garcin de Tassy, Sindbad, coll. « La Bibliothèque persane », 1982, 342 p. Conte soufi.

— AL-BÛNÎ († 1225), *Soleil de la gnose. Shams al-ma'ârif*, p. 3, trad. partielle P. LORY, « La magie des lettres dans le *Shams al-Ma'ârif* d'al-Bûni », *Bulletin d'Études orientales de l'Institut français de Damas*, t. 39-40, 1987-1988, Damas, 1989. Cf. E. DOUTTÉ, *Magie et Religion en Afrique du Nord* (1909), A. Maisonneuve, 1984, p. 58 *sqq.* Ce livre est « un best-seller de l'édition arabe ».

— IBN 'ARABÎ, *Révélations mekkoises. Al-Futûhât al-makkiya* (1203 ss.), éd. cit. Le grand livre théorique du Soufisme.

— JALÂL AL-DÎN AL-RÛMÎ, *La Quête de l'absolu. Masnavî* (poème de 51 000 distiques ! vers 1250), trad. du persan Éva de Vitray-Meyerovitch, Éditions du Rocher, 1990, 1705 p. Florilège : RUMI, *Le Mesnevi. 150 contes soufis*, Albin Michel, coll. « Spiritualités vivantes », n° 70, 1988, 249 p.

— ÂMIR BEN ÂMIR AL-BASRÎ, *Tâ'iyya* (XIVe s.), trad. Y. MARQUET, *Poésie ésotérique ismaïlienne*, bilingue arabe-français, G.-P. Maisonneuve et Larose, 1984, 248 p. Poème résumant la poésie ismâ'îlienne de langue arabe.

— 'ABD AL-KARÎM AL-JÎLÎ († 1428), *De l'Homme universel. Al-Insân al-Kâmil*, trad. partielle T. Burckhardt (1953), Dervy-Livres, 1975, 98 p.

— Émir « ABD EL-KADER » (>'Abd al-Qâdir al-Jazâ'irî), *Écrits spirituels*, trad. de l'arabe M. Chodkiewicz, Éditions du Seuil, coll. « Points. Sagesses », n° 72, 1982, 225 p. Extraits du *Livre des haltes. Kitâb al-Mawâqif* (1856-1883), 3 t. en arabe, 1966-1967, 1 416 p.

— MUHAMMAD IQBÂL, *Le Livre de l'éternité. Jâvid nâmé* (1932), trad. du persan, Albin Michel, 1962, 180 p. A été comparé à *La Divine Comédie* de Dante.

Anthologies

— H. MASSÉ, *Anthologie persane*, Payot, 1950, 400 p.

— H. CORBIN, *Trilogie ismaélienne*, A. Maisonneuve, 1961 (trois auteurs : A. Y. Sejestâni, S. H. 'Alî, M. Shabestarî).

— EL BOKHARI (>al-Bukhârî), *L'Authentique Tradition musulmane. Choix de h'adîths* (1964), trad. G. H. Bousquet, Fasquelle, 1964, 348 p.

— S. J. ASHTIYÂNÎ, *Anthologie des philosophes iraniens depuis le* XVIIe *s. jusqu'à nos jours*, A. Maisonneuve, coll. « Bibliothèque iranienne », t. 1, 1972, 215 p. Sept auteurs, dont Mîr Dâmâd († 1630) et Mullâ Sadrâ al-Shîrâzî († 1640).

— S. MATTON, *La Magie arabe traditionnelle*, Retz, coll. « Bibliotheca hermetica », 1976, 319 p. (quatre auteurs : Ibn Khaldûn sur la magie, al-Kindî sur les rayons, Ibn Wahshiyya sur les alphabets occultes, « Picatrix » sur la magie). Sur le *Picatrix* : D. PINGREE, *Picatrix. The Latin Version of the Ghâyat al-Hakin* [*Le But des sages*], Warburg Institute, Londres, 1986, 326 p.

– ÉVA DE VITRAY-MEYEROVITCH, *Anthologie du soufisme* (1978), Albin Michel, coll. « Spiritualités vivantes », n° 132, 1995, 363 p.
– Contes et légendes : I. SHAH, *Contes derviches*, trad. de l'anglais, Le Courrier du livre, 1982, 256 p. ; ÉVA DE VITRAY-MEYEROVITCH, *Les Chemins de la lumière. 75 contes soufis*, Retz, 1982, 150 p. ; J. KNAPPERT, *Islamic Legends. Histories of the Heroes, Saints and Prophets of Islam*, E. J. Brill, Leyde, 1985, 2 t.

Documents
– Biographie du Prophète *(sîrat al-Nabî)* par IBN ISHÂQ († 767), perdue, mais abrégée et remaniée par IBN HISHÂM († 834), *Vie de l'Envoyé de Dieu. Sîrat ar-Rasûl Allâh*, trad. anglaise A. GUILLAUME : *The Life of Muhammad. A Translation of Ishâq's Sîrat Rasûl Allâh with Introduction and Notes* (1955), Oxford UP, Karâchi, 1980. Extraits de biographies (Ibn Ishâq, Ibn Sa'd...) : F. GABRIELI, *Mahomet*, Albin Michel, coll. « Le Mémorial des siècles », 1965, 400 p. ; M. LINGS, *Le Prophète Muhammad. Sa vie d'après les sources les plus anciennes* (1983), trad. de l'anglais, Éditions du Seuil, 1986, 426 p.
– AL-TABARÎ, *Chronique des Envoyés et des rois. Ta'rîkh al-Rusul wa l-mulûk* (915), trad. de la version persane H. Zotenberg (1867-1874), Sindbad, 1989, 5 t., 2 024 p. Trad. d'une version persane abrégée : *Mohammed, sceau des prophètes*, Sindbad, 1980, 360 p.
– Les grandes compilations imâmites (sources principales sur le Shî'isme duodécimain) ne sont pas traduites : 1) *Basâ'ir al-darajât* d'AL-SAFFÂR AL-QUMMÎ († 903) ; 2) *al-Usûl min al-kâfî* d'AL-KULAYNÎ (>Kolaynî, † 941) : 16 100 propos ; 3) *Kitâb man lâ yahduruhu l-faqîh* d'IBN BÂBÛYE AL-SADÛQ († 992) : 9 044 propos.
– AL-MAS'ÛDI (>Massoudi), *Les Prairies d'or. Murûj al-dhahab* (943), trad. Ch. Barbier de Meynard et A. Pavet de Courteille, 1861-1930, 9 t., rééd. Ch. Pellat, Geuthner-Société asiatique, 1962-1989, 4 t. Fin de la troisième partie consacrée à la magie et à la divination des Arabes avant l'Islâm.
– IBN AL-NADÎM, *Index. Kitâb al-Fihrist* (987), trad. anglaise B. DODGE, *The Fihrist. A Tenth-Century Survey of Muslim Culture*, Columbia UP, New York, 1970, 2 t. Livre accessible à la Bibliothèque d'islamologie du Collège de France, côté VIII 8° 1170. Notices précieuses sur Khâlid ibn Yazîd et Jâbir ibn Hayyân, sur les Harrânines, etc.
– Biographies des Soufis (dès le début du Xe s.) : 1) AL-SULAMÎ († 1021), *Classification des Soufis. Tabaqât al-sûfiyya*, texte arabe, P. Geuthner, 1938 ; 2) (Farîd al-Dîn) AL-'ATTÂR († 1230), *Le Mémorial des saints. Tadhkirat al-Awliyâ'* trad. de la version ouïghour (1437) A. Pavet de Courteille (1890), Éditions du Seuil, coll. « Points. Sagesses », n° 6, 1976, 320 p. ; 3) AL-JÂMÎ (>Djâmî, † 1492), *Vie des Soufis ou les Haleines de la familiarité*, trad. du persan baron S. de Sacy, Éditions Orientales, coll. « Tradition islamique », 1977, 160 p.
– IBN SÎNÂ (=Avicenne, † 1037), *Le Livre des directives et remarques. Kitâb al Ishârât wa't Tanbîhât*, trad. Anne-Marie Goichon, Vrin, 1951, 554 p. Sur la gnose *('irfan)* et le soufisme *(tasawwuf)*.
– NÂSIR-E KHOSRÔ (>Nâsir-i Khusraw), *Le Livre du voyage. Safar-nâmé* (1052), trad. du persan, Publication de l'École des langues orientales vivantes, 1881, LVIII-348 p., 98 p.
– AFLÂKI, *Les Saints des derviches tourneurs. Manâqib al-'ârifîn* (1355), trad. du persan Cl. HUART (1918), Sindbad, 1978, 872 p.
– IBN BATTÛTA († 1377), *Voyages. Rihla [Relation]*, trad. Ch. Defrémery et B. R.

Sanguinetti, 1853-1858, 5 t. Extraits : *Voyages et Périples choisis*, trad. Paule Charles-Dominique, Gallimard, 1992, 357 p.
- IBN KHALDÛN, *Livre des considérations sur l'histoire des Arabes, des Persans et des Berbères*. *Kitâb al-'Ibar*, vol. I : *Prolégomènes*. *Al-Muqaddima* (1377-1382), trad. de l'arabe V. MONTEIL (*Discours sur l'histoire universelle*, Beyrouth, 1967-1968, rééd. Sindbad, 1978, 3 t., 1 440 p. ; t. 1, p. 180-240, t. 2, p. 678-708) ou trad. G. DE SLANE (*Les Prolégomènes*, 1863-1868, rééd. 1934-1938, Geuthner, en 3 t., 1 678 p.). Document hors pair.
- TASHKÖPRÜZÂDE († 1561), *Miftâh al-sa'âda*, trad. partielle en allemand O. Rescher, Stuttgart, 1934, t. 1 (seul paru, 160 p.).
- A. H. KHALFA, *Lexicon bibliographicum et encyclopaedicum* (XVIIe s.), trad. du turc G. Flügel, Londres et Leipzig, 1835-1858, 7 t.

Instruments de travail
- B. LEWIS et al. dir., *Encyclopédie de l'Islam*, 1re éd. 1913-1942 ; 2e éd. en cours, éd. E. J. Brill, Leyde, 1975 ss.
- M. ELIADE dir., *The Encyclopedia of Religion*, Macmillan, New York, 1987, 16 t.

Études générales
- R. GUÉNON, *Aperçus sur l'ésotérisme islamique et le Taoïsme* (art. 1930-1950, 1re éd. 1973), Gallimard, 159 p.
- F. M. PAREJA, *Islamologie* (1951), Imprimerie catholique de Beyrouth, 1964, 1 152 p.
- T. BURCKHARDT, *Introduction aux doctrines ésotériques de l'Islam* (1959), Dervy-Livres, coll. « Mystiques et Religions », 1969, 185 p. Guénonien.
- G. C. ANAWATI et L. GARDET, *Mystique musulmane. Aspects et tendances, expériences et techniques* (1961), Vrin, 1968, 312 p.
- F. SCHUON, *Comprendre l'Islam* (1961), Éditions du Seuil, coll. « Points. Sagesses », n° 7, 1976, 192 p. ; *Le Soufisme, voile et quintessence*, Dervy-Livres, coll. « Mystiques et religions », 1980, 138 p. Guénonien.
- H. CORBIN, *Histoire de la philosophie islamique*, t. 1 : *La Philosophie islamique des origines à la mort d'Averroës* (1964, coll. « Folio Essais », n° 39, 1986, 546 p. ; apud *Histoire de la philosophie*, Gallimard, « Encyclopédie de la Pléiade », t. 1, 1969, p. 1048-1197) et t. 2 : *La Philosophie islamique depuis la mort d'Averroës jusqu'à nos jours* (apud *Histoire de la philosophie*, éd. cit., t. 3, 1974, p. 1067-1188) ; *En Islam iranien. Aspects spirituels et philosophiques* (1971-1972), Gallimard, coll. « Tel », nos 179-182, 1991, 4 t. L'auteur est très favorable à l'idée d'un ésotérisme musulman, peut-être trop !
- L. GARDET, *L'Islam. Religion et Communauté*, Desclée de Brouwer, 1970, 496 p.
- A. KOVALENKO, *Les Concepts de magie (sihr) et de sciences occultes ('ilm al-ghayb) en Islam*, thèse, Strasbourg, 1979, 3 t., 721 p. Édition abrégée : *Magie et Islam*, Genève, 1981.
- R. GRAMLICH, *Die Wunder der Freunde Gottes. Teologien und Erscheinungsformen des islamischen Heiigewunders*, Wiesbaden, 1987.
- S. H. NASR et J. MATINI, *Islamic Spirituality* (1989), Crossroad, New York, 1991, 548 p.

BIBLIOGRAPHIE SPÉCIALISÉE

Les religions arabes pré-islamiques
G. RYCKMANS, apud M. GORCE et R. MORTIER, *Histoire générale des religions*, Quillet, 1949-1950, t. 4, p. 307-332 ; A. CAQUOT, *Les Religions des Sémites occidentaux*, apud H.-CH. PUECH, *Histoire des religions*, Gallimard, « Encyclopédie de la Pléiade », t. 1, 1970, p. 307-358.

1er courant : le Mahométisme (610 ?-632)
R. BLACHÈRE, *Le Coran* (1966), PUF, coll. « Que sais-je ? », n° 1245, 1991, 128 p. ; M. LINGS, *Le Prophète Muhammad. Sa vie d'après les sources les plus anciennes*, éd. cit. ; R. CARATINI, *Mahomet*, Critérion, 1993, 550 p.

L'Islâm des Parfaits
– Les Compagnons (*Sahâba*, surtout Abû Dharr al-Ghifârî et Salmân al-Fârisî, fondateur des initiations corporatives [*futuwwa*]) : *Futuwah, traité de chevalerie soufie*, trad. F. Skali, Albin Michel, coll. « Spiritualités vivantes », n° 74, 1989, 152 p.

– Les Huit Ascètes (*Zâhid*, surtout al-Hasan al-Basrî, premier Soufi, et 'Uways al-Qaranî, prototype de ceux qui n'ont pas de Maître spirituel visible) : AL-'ATTÂR, *Le Mémorial des saints*, éd. cit. ; AL-JÂMÎ, *Vie des Soufis*, éd. cit.

– Les Quatre Califes-marchant-dans-le-droit-chemin-du-prophète (*Râshidûn*, surtout 'Alî ibn Abî Tâlib) : AL-TABARÎ († 923), *Les Quatre Premiers Califes*, trad., Sindbad, 1981, 416 p.

L'Islâm des Soufis (dès al-Hasan al-Basrî, vers 730)
M. MOLÉ, *Les Mystiques musulmans* (1965), Les Deux Océans, 1982, 128 p. ; T. BURCKHARDT, *Introduction aux doctrines ésotériques de l'Islam*, éd. cit. ; M. LINGS, *Qu'est-ce que le soufisme ?* (1975), trad. de l'anglais, Éditions du Seuil, coll. « Points. Sagesses », n° 10, 1977, 182 p. (guénonien) ; CH. BONAUD, *Le Soufisme*, G.-P. Maisonneuve et Larose, 1981, 155 p. ; F. SCHUON, *Le Soufisme, voile et quintessence*, éd. cit.

L'Islâm des organisations initiatiques (confréries soufies dès 1150 ; mais aussi confréries de métier, confréries maraboutiques...)
– En général : O. DEPONT et X. COPPOLANIS, *Les Confréries religieuses musulmanes* (1897), P. Geuthner et J. Maisonneuve, 1987, 2 t., 604 p., 58 ill. ; AL. POPOVIC dir., *Les Ordres mystiques dans l'Islam*, École des hautes études en sciences sociales (ÉHÉSS), 1985, 328 p.

– Les 'Allawîyya (>Allaouias, de 'Ahmad al-'Alawî, Algérie, 1919) : M. LINGS, *Un saint soufi du xxe siècle. Le Cheikh Ahmad al-'Alawî* (1967), trad. de l'anglais, Éditions du Seuil, coll. « Points. Sagesses », n° 38, 1990, 283 p.

– Les Malâmatiyya (=Gens-du-Blâme) : AL-SULAMÎ (936-1021), *La Lucidité implacable. Épître des Hommes du Blâme*, trad. R. Deladrière, Arléa, 1991 ; M. MOLÉ, *Les Mystiques musulmans*, éd. cit.

– Les Mawlawiyya (=derviches tourneurs, du fils de al-Rûmî, Turquie, 1284) : AFLÂKÎ, *Les Saints des derviches tourneurs. Manâqib al-'ârifin* (1355), trad. du persan Cl. HUART, Éditions orientales, 1978, 2 t., 393-455 p. ; ÉVA DE VITRAY-

Meyerovitch, *Mystique et Poésie en Islam. Djalal ud-Din Rumi et l'Ordre des derviches tourneurs*, Desclée de Brouwer, 1972, 315 p.
– Les Qâdiriyya (>Kâdirîya, de 'Abd al-Qâdir al-Jîlî, 1077-1166, Baghdâd) : R. A. Nicholson, *Studies in Islamic Mysticism*, Cambridge UP, 1921 ; Ch.-A. Gilis, *Le Cheikh Abd al-Qâdir al-Gîlânî et son Compagnon Abû-s-Su'ûd*, Al-Bustan, Paris, 1995.
– Les Rifâ'iyya (=derviches hurleurs, de al-Rifâ'î, 'Irâq, † 1175) : Mustafa Tahrali, *Ahmad al-Rifâ'i*, thèse de 3ᵉ cycle, 1973.
– Les Shâdhiliyya (>Châdhiliyya =Madaniyya, de Abû Madyan † 1197 et 'Alî Shâdhilî de Tunis † 1256) : P. Nwyia, *Ibn 'Atâ' Allâh et la naissance de la confrérie shâdhilite* (1972), Dar el-Machreq, Beyrouth, 1990, xvi-325 p. (avec trad. des *Hikam. Sagesses de Ibn 'Atâ' Allâh* d'Alexandrie, 2ᵉ maître des Shâdhiliyya, † 1309).

2ᵉ courant : le Shî'isme

– Les Ahl-i Haqq (Gens de la Réalité, imâmites, Syrie, xvᵉ s. avec Sultân Suhâk) : V. Minorsky, « Études sur les Ahl-i Haqq », *Revue de l'histoire des religions*, t. 97, 1928, fasc. 1, p. 90-105 ; Nûr 'Alî Elâhi, *La Voie de perfection. Enseignement secret d'un Maître kurde en Iran* (1976), trad., Albin Michel, coll. « Spiritualités vivantes », n° 32, 1982, 223 p.
– Les « Assassins » (Hashshâshûn, =Ismâ'îliens d'Alamût, 1080-1265) : Bernard Lewis, *Les Assassins. Terrorisme et Politique dans l'Islam médiéval* (1940), Nouvelles Éditions Complexes, 1991, 224 p. ; J.-Cl. Frère, *L'Ordre des Assassins. Hasan Sabbah, le Vieux de la Montagne et l'Ismaélisme*, éd. cit., p. 39 sqq.
– Les Ikhwân al-Safâ' (963) : Y. Marquet, *La Philosophie des Ihwan al-Safâ* (1971), Vrin, 1976, 604 p.
– Imâmisme : Hasan al-Amîn, *Islamic Shî'ite Encyclopaedia*, Beyrouth, 1968-1973, 4 t. ; H. Corbin, *En Islam iranien. Aspects spirituels et philosophiques* (1971-1972), éd. cit. ; T. Fahd dir., *Le Shî'isme imâmite* (colloque, 1968), PUF, 1970, 312 p. ; Y. Richard, *L'Islam chiite. Croyances et Idéologies*, Fayard, 1991, 302 p. ; M. A. Amir-Moezzi, *Le Guide divin dans le Shî'isme originel. Aux sources de l'ésotérisme en Islam*, Verdier, 1992, 379 p. (très audacieux).
– Les Ismâ'îliens (=Septimaniens, 762) : *Encyclopaedia Universalis* ; *Encyclopédie de l'Islâm*.
– Les Nusayriyya (='Alawîtes, 'Alawiyya, Ansâriyya, 859) : R. Dussaud, *Histoire et Religion des Nosairîs*, Bibliothèque de l'École des hautes études, E. Bouillon, 1930, xxxv-213 p. ; L. Massignon, *Opera minora. Textes recueillis, classés et présentés*, Dar al-Maaret, Beyrouth, 1963, t. 1 : *Islam, culture et société*, p. 619-625, 640-649. Ne confondre ces 'Alawyya ni avec les 'Alawî (>Alaouites, dynastie marocaine actuelle), ni avec les 'Allawîyya (='Aliwiyya, confrérie soufie algérienne de Ahmad al-'Alawî, 1919, dérivée des Shâdhiliyya, confrérie d'al-Shâdhilî, † 1256).
– Les Qarmates (Ismâ'îliens, 883) : Ch. Defrémery, *Essai sur l'histoire des Ismaëliens ou Batiniens de la Perse* (1856), Imprimerie impériale, 1867, 114 p.
– Les Shaykhis (Iran, 1826) : H. Corbin, *Corps spirituel et Terre céleste. De l'Iran mazdéen à l'Iran shî'ite* (1960), Buchet-Chastel, 1979, p. 211-249.

5ᵉ courant : hors l'Islâm
– Le Bâbisme (1844, avec doctrine secrète ; Islâm + Mazdéisme + Judaïsme + Christianisme ; à distinguer du Bahâ'îsme) : 'ABD AL-RAHMÁN TAG, *Le Babisme et l'Islam*, Librairie générale de droit et de jurisprudence, 1942, 520 p. ; *Encyclopédie de l'Islam*, art. « Bâb » et « Bâbis », t. 1, 1960, p. 856-858, 870-871.
– Les Druzes (Syrie, Liban, Israël ; 1029) : N. M. ABU-IZZEDDIN, *The Druzes. A New Study of their History, Faith and Society*, E. J. Brill, Leyde, 2ᵉ éd. 1993.
– Le maraboutisme des Zkara : A. MOULIÉRAS, *Une tribu zénète antimusulmane au Maroc. Les Zkara*, Oran, Algérie, 1904, 264 p.
– Les Yazîdî (683) : R. LESCOT, *Enquête sur les Yezidis de Syrie et du Djebel Sindjâr*, Beyrouth, 1938 ; *Encyclopédie de l'Islam*, art. « Yazîdî », 1ʳᵉ éd., t. 4, p. 1227-1234.

L'Islâm des Hermétistes
L. MASSIGNON, *Inventaire de la littérature hermétique arabe* (1944), apud A.-J. FESTUGIÈRE, *La Révélation d'Hermès Trismégiste* (1944), Les Belles Lettres, 1991, t. 1, p. 384-400, ou bien in *Opera minora*, éd. cit., t. 1, p. 650-666. ; M. PLESSNER, « Hermes Trismegistus and Arab Science », *Studia Islamica*, G.-P. Maisonneuve et Larose, 1954, fasc. 2 ; H. CORBIN, *Histoire de la philosophie islamique* (1964), éd. cit.

L'Islâm des philosophes ésotéristes (833 ss., dès al-Kindî)
H. CORBIN, *Histoire de la philosophie islamique* (1964-1974), éd. cit. ; *Avicenne et le Récit visionnaire* (1954, 2 t.), Berg International, 1979, 316 p.

L'Islâm des marabouts (fin XIᵉ s. ss.)
É. DERMENGHEM, *Le Culte des saints dans l'Islam maghrébin* (1954), Gallimard, coll. « Tel », n° 66, 1982, 351 p. ; art. « Maraboutisme » de l'*Encyclopaedia Universalis*, 1968, 1985.

Initiation et pratiques initiatiques
– Possessions négro-africaines : voir *infra*, Syncrétismes.
– Soufisme : voir *supra*, Documents (traités de Soufisme).

Ésotérisme et idées ésotériques
– La gnose *(ma'rifa)* : F. JABRE, *La Notion de ma'rifa chez Ghazâlî*, Dar el-Machreq, Beyrouth, 1958, 206 p.
– L'Homme universel : 'Abd al-Karîm al-Jîlî, *De l'Homme universel*, éd. cit.
– L'imaginal : H. CORBIN, *L'Imagination créatrice dans le soufisme d'Ibn 'Arabî* (1958), Flammarion, 1977, 328 p.
– L'Unité : T. IZUTSU, *Unicité de l'existence et Création perpétuelle en mystique musulmane*, trad. de l'anglais, Les Deux Océans, 1981 ; D. MORTAZAVI, *Le Secret de l'unité dans l'ésotérisme iranien*, Dervy-Livres, 1988, 218 p.

Les sciences occultes *('ilm al-ghayb)*
– Angélologie : T. FAHD, *Anges, Démons et Djinns en Islam*, Éditions du Seuil, coll. « Sources orientales », n° 8, 1971, p. 155-213 ; H. CORBIN, *L'Homme et son Ange. Initiation et Chevalerie spirituelle*, Fayard, 1983, 276 p.
– Herméneutique *(tafsîr)* : P. NWYIA, *Exégèse coranique et Langage mystique*, Dar el-Machreq, Beyrouth, 1970, 439 p. ; G. MONNOT, « Introduction à l'exégèse duodécimaine », *Annuaire de l'École pratique des hautes études* (ÉPHÉ),

V^e section (Sciences religieuses), n° XCI, 1982-1983, p. 307-317 ; P. Lory, *Les Commentaires ésotériques du Coran d'après 'Abd al-Razzâq al-Qâshânî*, Les Deux Océans, 1990, 219 p. (al-Qâshânî >'Abdorrazzâq Kâshânî : Soufi de l'école d'Ibn 'Arabî, † 1329, auteur d'un *Commentaire du Coran. Ta'wîlât al-Qur'ân*).
– Physiologie subtile : H. Corbin, *L'Homme de lumière dans le Soufisme iranien*, Présence, Chambéry, 1971, 231 p.
– Science des cycles : Y. Marquet, « Les Cycles de la souveraineté selon les *Épîtres* des Ikhwân al-Safâ' », *Studia Islamica*, t. 35, 1972, p. 47-69 ; H. Corbin, *Temps cyclique et Gnose ismaélienne*, Berg international, 1982, 212 p.
– Science des lettres *('ilm al-hurûf)* : P. Casanova, « Alphabets magiques arabes », *Journal asiatique*, n°s 17-18, 1921, p. 37-55 ; L. Massignon, *Opera minora*, éd. cit., t. 2, p. 543-580 (« L'arabe comme langue liturgique ») ; P. Lory, « La science des lettres en terre d'Islam », *Cahiers de l'université Saint-Jean-de-Jérusalem*, n° 11, Berg International, 1985.
– Science des nombres : J. Denys, « 70-72 chez les Turcs », apud *Mélanges Louis Massignon*, Damas, 1956, t. 1, p. 395-416 ; G. Ifrah, *Histoire universelle des chiffres. L'intelligence des hommes racontée par les nombres et le calcul*, Robert Laffont, coll. « Bouquins », 2 t., 1994, t. 1, p. 119-131, t. 2, p. 199-340.
– Science des noms : D. Gimaret, *Les Noms divins en Islam*, Cerf, 1988, 454 p. ; P. Lory, *Verbe coranique et Magie en terre d'Islam*, apud *Systèmes de pensée en Afrique noire*, ÉPHÉ-CNRS, cahier 12, 1993.
– Science des significations (cosmologie, métaphysique) : L. Schaya, *La Doctrine soufique de l'Unité* (1962), A. Maisonneuve, 1982, 104 p. ; S. H. Nasr, *Sciences et savoir en Islam* (1968), trad. de l'anglais, Sindbad, 1993, 348 p.
– Symbolique : M. Chebel, *Dictionnaire des symboles musulmans. Rites, mystique et civilisation*, Albin Michel, 1995, 501 p. (l'auteur est psychanalyste).
– Thanatologie : A. H. al-Ghazzâlî, *La Perle précieuse. Al-Durra al-Fâkhira*, trad. de l'arabe L. Gauthier, Alif Éditions, 1995, 113 p. ; Fdal Haja, *La Mort et le Jugement dernier selon les enseignements de l'Islam*, trad. de l'arabe, Arayhane, 1991, 173 p.

Les arts occultes
– Alchimie *(al-kîmiyâ)* : J. Ruska, *Arabische Alchemisten* (1924), M. Sändig, Vaduz, Liechenstein, 1977, 2 t., t. 1 : *Châlid ibn Jâzid*, t. 2 : *Ga'far Alsadîq* ; Y. Marquet, *La Philosophie des alchimistes et l'Alchimie des philosophes. Jâbir ibn Hayyân et les « Frères de la pureté »*, G.-P. Maisonneuve et Larose, 1988, 144 p. ; P. Lory, *Alchimie et Mystique en terre d'Islam*, Verdier, 1989, 184 p.
– Astrologie *(ahkâm al-nujûm, 'ilm al-tanjîm)* : L. Thorndyke, *A History of Magic and Experimental Science*, Columbia UP, New York, 1923-1941, 6 t. ; T. Burckhardt, *Clé spirituelle de l'astrologie musulmane d'après Muhyi ad-din ib Arabi*, Archè, 1983, 64 p. ; Catherine Aubier, *L'Astrologie arabe*, MA, 1987, 288 p.
– Divination *(kahâna)* : Y. Mourad, *La Physiognomonie arabe et le Kitâb al-Firâsa de Fakhr al-Dîn al-Râzî*, P. Geuthner, 1939, 250 p. ; T. Fahd, *La Divination arabe. Études religieuses, sociologiques et folkloriques sur le milieu natif de l'Islam* (1966), Sindbad, 1987, 563 p. ; R. Jaulin, *Géomancie et Islam*, Bourgeois, 1991, 286 p.
– Magie *(sihr)* : E. Doutté, *Magie et Religion dans l'Afrique du Nord* (1909), J. Maisonneuve, 1984, 617 p. ; M. Rodinson, *Magie, Médecine et Possession à*

Gondar, Mouton, La Haye et Paris, 1967, 203 p. ; T. FAHD, *Magic in Islam*, *apud* M. ELIADE, *Encyclopaedia of Religion*, éd. cit.

— Médecine occulte : R. POTTIER, *Initiation à la médecine et à la magie en Islam*, Sorlot, 1939, 125 p. ; S. AMMAR, *Médecins et Médecine de l'Islam*, Tougui, 1984, 319 p. ; DANIELLE JACQUART et FR. MICHEAU, *La Médecine arabe et l'Occident médiéval*, G.-P. Maisonneuve et Larose, 1990, 272 p.

Grand(e)s Initié(e)s

— Abd el-Kader (>'Abd al-Qâdir al-Jazâ'irî, Soufi et chef de guerre algérien, 1808-1883) : P. AZAN, *L'Émir Abd el-Kader. Du fanatisme musulman au patriotisme français*, 1925.

— 'Alî ibn Abî Tâlib (gendre de Muhammad, Ier Imâm des Shî'ites, v. 600-661) : H. CORBIN, *En Islam iranien* (1971-1972), t. 1 : *Le Shî'isme duodécimain*, éd. cit.

— (Abû Yazîd) al-Bistâmî (Persan théoricien du Soufisme exalté, † 874) : É. DERMENGHEM, *Vies des saints musulmans* (1942), Éditions d'Aujourd'hui, 1981, p. 197-244 ; R. DELADRIÈRE, « Abû Yazîd al-Bistâmî et son enseignement spirituel », *Arabica*, XIV, 1, 1967.

— Fâtima (606-632) : L. MASSIGNON, *Opera minora*, éd. cit., t. 1, p. 514-591.

— (Abû Hâmid) al-Ghazzâlî (>Algazel, philosophe et Soufi du Khûrasân en Iran oriental, 1058-1111) : MARGARET SMITH, *Al-Ghazzâlî the Mystic*, Cambridge UP, 1928, XXV-219 p. Ne pas confondre avec le mystique de l'amour Ahmad al-Ghazzâlî († 1126), son frère.

— RENÉ GUÉNON (Français, Soufi en 1912, 1886-1951) : *René Guénon*, Cahiers de l'Herne, 1985, 459 p.

— Al-Hallâj (Soufi, v. 858-922) : L. MASSIGNON, *La Passion de Husayn ibn Mansûr Hallâj* (1922), Gallimard, éd. refondue 1975, 4 t., 1968 p., t. 1 : *La Vie de Hallâj*, t. 2 : *La Survie de Hallâj*, t. 3 : *La Doctrine de Hallâj*.

— Ibn 'Arabî (=Shaykh al-Akbar : « Maître le plus grand » pour les Soufis, 1165-1241) : CL. ADDAS, *Ibn 'Arabî ou la quête du soufre rouge*, Gallimard, 1989, 407 p.

— Jâbir ibn Hayyân (alchimiste d'origine iranienne, v. 725-815) : P. KRAUS, *Jâbir ibn Hayyân. Contribution à l'histoire des idées scientifiques dans l'Islam* (1942), Les Belles Lettres, 1986, 406 p. Détruit la légende, à l'inverse de F. Sezgin (1964). Ne pas confondre avec Geber.

— Al-Junayd Abû l-Qâsim (>Djunayd, Arabe théoricien du Soufisme sobre, † 910) : A. H. ABDEL KADER, *The Life, Personnality and Writings of al-Junayd*, Gibb Memorial Series, t. 22, Londres, 1962.

— Muhammad (>Mahomet, « Sceau des prophètes », 570 ?-632) : IBN HISHÂM († 834), *Vie du Prophète de Dieu. Kitâb Sîrat Rasûl Allâh*, trad. anglaise A. GUILLAUME : *The Life of Muhammad* (1955), Oxford UP, Londres, 1955, rééd. 1980 ; M. LINGS, *Le Prophète Muhammad. Sa vie d'après les sources les plus anciennes*, éd. cit. (inclue faits légendaires comme faits historiques).

— Râbi'a al-'Adawiyya (femme soufie de Basra, † 801) : MARGARET SMITH, *Rabi'a the Mystic and her Fellow Saints in Islam* (1928), Hijra International Publications, Lahore, Pâkistân, 1983 (confond avec Râbi'a al-Shâmiyya, une autre femme soufie, mais syrienne) ; R. CASPAR, *Cours de mystique musulmane*, Institut pontifical d'études arabes, Rome, 1971, p. 30-42.

— Al-Rûmî (Jalâl al-Dîn al-Rûmî, fondateur des derviches tourneurs, poète persan du Khûrasân, en Iran oriental, 1210-1273) : AFLÂKÎ, *Les Saints des derviches tour-*

neurs, éd. cit. ; ÉVA DE VITRAY-MEYEROVITCH, *Rumi et le Soufisme*, Éditions du Seuil, série « Maîtres spirituels », n° 41, 1977, 190 p.
– Al-Suhrawardî al-Maqtûl (=Shaykh al-Ishrâq : « maître de l'Illumination », philosophe et Soufi persan, ?-1191) : H. CORBIN, *En Islam iranien* (1971-1972), t. 2 : *Sohrawardî et les Platoniciens de Perse*, éd. cit. Ne pas confondre avec d'autres al-Suhrawardî.
– Thâbit ibn Qurra (Sabéen de Harrân, † 909) : *Encyclopédie de l'Islam*.

Les beaux-arts et la littérature
– A. H. AL-GHAZZÂLÎ, *Revivification des sciences de la religion. Ihyâ' 'ulûm aldîn*, livre VIII, trad., éd. cit. ; CL. HUART, *Les Calligraphes et les Miniaturistes de l'Orient musulman* (1908), Zeller, 1972, 388 p. ; M. MOLÉ, *La Danse extatique en Islam*, apud *Les Danses sacrées*, Éditions du Seuil, coll. « Sources orientales », n° 6, 1963 ; T. BURCKHARDT, *L'Art de l'Islam. Langage et Signification*, Sindbad, 1985, 306 p. (l'auteur est guénonien).
– Musique : M. MOKRI, *Le Soufisme et la Musique*, apud *Encyclopédie de la musique*, Fasquelle, t. 3, 1961 ; J. PORTE dir., *Encyclopédie des musiques sacrées*, Labergerie, 1968, t. 1, p. 388-468 ; J. DURING, *Musique et Extase. L'Audition mystique dans la tradition soufie*, Albin Michel, 1988, 282 p ; ID., *Musique et Mystique dans les traditions de l'Iran*, Institut français de recherche en Iran, université Paris-III (Sorbonne-Nouvelle), 1989, 688 p.
– Discographie : *Turquie. Musique soufi*, Ocora.
– littérature (poésie soufie, etc.) : F. M. PAREJA, *Islamologie* (1951), Imprimerie catholique, Beyrouth, 1964, p. 859-972.

Syncrétismes
– Babas (chamanes turkmènes d'apparence musulmane : Baba Ishaq, Barak Baba...) : *Encyclopédie de l'Islam*, art. « Baba », t. 2, p. 861-862.
– Les Bâul (surtout aux XVIIe et XVIIIe s. au Bengale ; Hindouisme bhakti + Bouddhisme sahajiyâ + Islâm soufi) : S. B. DÁS GUPTA, *Obscure Religious Cults*, University of Calcutta Press, 1946.
– Les Bektâshiyya (Turquie, XIVe s. : Shî'isme + Christianisme + Gnosticisme) : M. CHOUBLIER, « Les Bektachis et la Rumélie », *Revue des études islamiques*, 1927, p. 427-453.
– L'ésotérisme malais : R. O. WINSTEDT, *Shaman, Saiva and Sufi. A Study of Evolution of Malay Magic*, Constable, 1925, VII-191 p.
– L'Islâm kabbalistique : A. BENSION, *The Zohar in Moslem and Christian Spain*, G. Routledge, Londres, 1932, XXII-256 p.
– Possessions des Négro-Musulmans (animisme africain + Islâm) : R. BRUNEL, *Essai sur la confrérie religieuse des 'Aîssâouâ au Maroc*, P. Geuthner, 1926, 258 p. (l'Îsâwiyya, confrérie soufie fondée au Maroc par Sîdî ibn 'Îsâ, † 1524) ; ODETTE DU PUIGAUDEAU, *Tagant. Au cœur du pays maure (1933-1936)* (1949), Phébus, 1993, p. 125-131 (la Ghoudfiyya des Mauritaniens depuis cheikh el-Moctar Ould Nouh, au XIXe s.) ; G. LAPASSADE, « Un art marginal : le stambali », *Présence africaine*, 1968 (le Stambili des Noirs tunisiens) ; JACQUELINE MONFOUGA-NICOLAS, *Ambivalence et Culte de possession. Contribution à l'étude du bori hausa* (1969), Anthropos, 1972 (le Bori des Haoussas nigériens, depuis 1850) ; V. CRAPANZANO, *The Hamadcha. A Study of Moroccan Ethnopsychiatry*, University of California Press, Berkeley, 1973 (au Maroc).
– Les Sabéens de Harrân (612 av. J.-C.-944 ap. J.-C. ; culte syro-mésopotamien

des astres + Hermétisme + néo-Pythagorisme) : W. Scott (et A. S. Ferguson), *Hermetica*, Oxford, 1924-1936, t. IV, p. 248-276 ; M. Tardieu, « Sâbiens coraniques et Sâbiens de Harrân », *Journal asiatique*, n° 274, 1986.
– Le Soufisme juif (dès Abraham Maïmonide, v. 1230) : P. B. Fenton, *Deux Traités de mystique juive. Le Traité du puits, Le Guide du détachement*, Verdier, 1987, 334 p. (1er traité de Rabbi Obadia Maïmonide, 1228-1264, petit-fils de Maïmonide, 2e traité de David II Maïmonide).
– La « Théosophie orientale » (Suhrawardî al-Maqtûl, 1155-1191 : Soufisme + néo-Platonisme + Mazdéisme + Zoroastrisme) : H. Corbin, *Les Motifs zoroastriens dans la philosophie de Sohrawardî*, Téhéran, 1946.

Politique et ésotérisme
Bernard Lewis, *Les Assassins. Terrorisme et Politique dans l'Islam médiéval* (1940), éd. cit. ; F. M. Pareja, *Islamologie* (1951), éd. cit. ; T. Fahd dir., *Le Shî'isme imâmite* (colloque, 1968), PUF, 1970, 312 p.

Et les femmes ?
Margaret Smith, *Rabi'a the Mystic and her Fellow Saints in Islam*, éd. cit. ; N. Ghaffary, *Les Soufis de l'Iran*, s.l.n.d. ; Magali Morsy, *Les Femmes du Prophète*, Mercure de France, 1989, 173 p. ; N. et L. Amri, *Les Femmes soufies ou la passion de Dieu*, Dangles, 1992.

Palmarès de l'ésotérisme non occidental

LES DOUZE GRANDS HOMMES
de l'ésotérisme non occidental

GILGAMESH (2650 av. J.-C.), roi (puis dieu) sumérien.
MOÏSE (1290 ? av. J.-C.), fondateur du Judaïsme.
ZARATHUSHTRA (594 ? av. J.-C.), réformateur et prophète du Mazdéisme.
Le BOUDDHA (558 ?-478 ? av. J.-C.), fondateur du Bouddhisme.
YÂJÑAVALKYA (550 ? av. J.-C.), Hindou *(Upanishad)*.
LAO-TSEU (>Laozi, 513 ? av. J.-C.), fondateur du Taoïsme philosophique.
MÂUI (Ier s. av. J.-C.), héros polynésien.
JÉSUS (7 ? av. J.-C.-30 ? ap. J.-C.), fondateur du Christianisme.
QUETZALCÓATL (947), héros (puis dieu) précolombien (à Tula, au Mexique).
IBN 'ARABÎ (1165-1240), Soufi.
WAPITI NOIR (Heha'ka Sapa, 1863-1950), Amérindien sioux oglala.
OGOTEMMÊLI († 1947), Africain dogon (au Mali).

LES DOUZE GRANDES FEMMES
de l'ésotérisme non occidental

EN-HÉ-DU AN-NA (2450 av. J.-C.), fille de Sargon d'Akkad, grande-prêtresse du Ciel, poète.
POUDOU-HEPA (1280 av. J.-C.), reine hittite.
MIRYAM LA PROPHÉTESSE (v. 1250 av. J.-C.), sœur de Moïse.
HÉLÈNE DE TYR, la compagne de Simon de Samarie (43).
THÉOSÉBIE (IIIe s.), alchimiste égyptienne de langue grecque.
WEI HOUA-TS'OUEN (>Wei Huacun, 288), Taoïste, école Chang-ts'ing.
RÂBI'A AL-'ADAWIYYA († 801), Soufie.
MACHIG LAPDRÖN (>Ma.gcig Lab.sgron, 1055-1145), Tibétaine lamaïste.
DIÊU-NHÂN (1072-1143), Viêtnamienne (Bouddhisme de la contemplation).
MAMA HUACO (XIIe s.), Inca, sœur et épouse de Manco Cápac Ier.
(MÂ) Ânanda MOYÎ (1896-1982), Hindoue.
(Anonymat parmi les chamanesses toungouses, japonaises ou coréennes !)

LES DOUZE GRANDES ORGANISATIONS INITIATIQUES
non occidentales

Abydos, centre des Mystères d'Osiris (dès 2110 av. J.-C., sous Antef II).
Les Esséniens (197 av. J.-C.-70 ap. J.-C.), à Qumrân, en Palestine.
École taoïste Chang-ts'ing (>Shangqing, Grande Pureté) ou Mao-chan (>Maoshan, montagne des Frères Chan), 288-536, près de Nankin.
Les 84 Mahâsiddha (Grands Parfaits, 650-1500 : Lûpiya, Vajrabodhi, Matsyendranâtha, Goraknâtha, Saraha, Tilopa, Nâropa, Milarépa...).
Les Nyingma-pa (>Rnying.ma.pa, 747), école lamaïste du Tibet.
Le Tendai (806), école bouddhique japonaise.
Les Frères de la Pureté (Ikhwân al-Safâ', v. 963), groupe shî'ite ismâ'îlite d'Irâq.
Les derviches tourneurs (Mawlawiyya, 1261), « de » al-Rûmî, en Turquie.
Le cénacle kabbalistique de Safed (1530), en Palestine.
Le Midê'wiwin des Amérindiens algonkin.
Le Koré des Dogon (au Mali).
Le rituel de la pipe chez les Sioux.

LES DOUZE GRANDS LIVRES THÉORIQUES
de l'ésotérisme non occidental

Livre des mutations. Yi king (2852 ? av. J.-C.-VIe s. ap. J.-C.), dont *Hi-ts'eu* (IVe s. av. J.-C.).
Le Livre des morts égyptien (1550-600 av. J.-C.).
Pentateuque (*in* Tôrah, XIe s.-50 av. J.-C.), dont Genèse et Exode.
Upanishad védiques (550-200 ? av. J.-C.), dont *Brhad-Âranyaka-Upanishad*.
Lao-tseu (>Daozi, 513 ? av. J.-C.), *Tao-tö king* (>*Daode jing*, IVe s. ? av. J.-C.).
Patañjali, *Yoga-sûtra* (IVe s. ? av. J.-C., IIe s. ? av. J.-C.) : râja-yoga.
Évangile selon saint Jean (96).
Coran (610 ?-v. 635).
Mahâvairocana-sûtra (fin VIIe s.) : Bouddhisme mahâyâsniste et tantriste.
Ibn 'Arabî, *Révélations mekkoises. Al-Futuhât al-makkiya* (1203 ss.) : Soufisme.
Moïse de León, *Le Livre de la splendeur. Sefer ha-Zohar* (v. 1280) : Kabbale.
Livre des morts tibétain. Bardo Thödol chenmo (>*Bar.do thos.grol chen.mo* : Libération de l'état intermédiaire par l'écoute), découvert ou écrit vers 1340 par Karmalingpa (>Karma.gling.pa).

PALMARÈS DE L'ÉSOTÉRISME NON OCCIDENTAL 1175

LES DOUZE GRANDS LIVRES LITTÉRAIRES
de l'ésotérisme non occidental

L'Épopée de Gilgamesh (1900-1050 av. J.-C.), en sumérien puis en akkadien.
Hymnes védiques (1600 ?-300 ? av. J.-C.), en sanskrit.
Les Tribulations magiques de Setni-Khaemouas (1250 av. J.-C.), conte égyptien.
Apologues de l'Ancien Testament (Jonas : ve s. av. J.-C. ; etc.).
Mâui le navigateur (Ier s. av. J.-C. ss.), légende polynésienne.
Paraboles de Jésus dans l'Évangile selon saint Luc (vers 80).
Hymne de la perle, récit gnostique apud *Actes de Thomas* (IIIe s.).
Contes Tch'an et Zen (VIe s. ss.) (recueil par T. Deshimaru en 1980).
Milarépa, *Les Cent Mille Chants* (v. 1130), en tibétain.
(Jalâl al-Dîn al-) Rûmî, *Masnavî* (51 000 distiques, v. 1250), en persan.
Poèmes de 3 vers *(haiku)* de Bashô (1644-1694), en japonais.
Amadou Hampaté Bâ (1901-1991), *Contes initiatiques peuls* (1994).

LES DOUZE GRANDES ŒUVRES D'ART
de l'ésotérisme non occidental

Chatal Höyük (6500-5650 av. J.-C.), agglomération anatolienne néolithique.
La Pyramide de Chéops (2690 ? av. J.-C.), à Gizeh en Égypte.
L'Ésagil (1800 av. J.-C., reconstruit en 560 av. J.-C.), le grand temple de Mardouk à Babylone.
Le Temple de Jérusalem (le premier : 959-586 av. J.-C. ; le second : 515 av. J.-C. - 70 ap. J.-C.).
Le mandylion d'Édesse (vers 40 ? 651 ?) : image authentique de Jésus ?
Bârâbudur (vers 750-843), temple-reliquaire bouddhique, à Java.
Les *Mandala*-des-Deux-Mondes de l'école bouddhique Shingon (Japon, 807).
Khajurâho (950-1050), temples hindous tantriques, en Inde.
Les *mandala* tibétains (XVe s. ss.).
Les peintures de Sesshu Tôyô (1420-1506), artiste zen.
Le *marae* Taputapuatea, en Polynésie française, à Raiatea, vers 1645.
Les masques des Dogon, Négro-Africains du Mali.

LES DOUZE GRANDES DÉCOUVERTES ET INVENTIONS
de l'ésotérisme non occidental

La combinatoire du *Yi king* (2852 ? av. J.-C. ss.) : modèle du code génétique ?
Le Zodiaque (1010-419 av. J.-C.), en Mésopotamie.
L'acupuncture (dès IVe s. av. J.-C.), en Chine.
Le cadran solaire semi-circulaire (279 av. J.-C.), par Bérose, Babylonien.
La circulation sanguine (IIe s., Inde : *Garbha-Upanishad*).
Première description de la variole et de la psittacose (326), par Ko Hong.
Calculs astronomiques, par Varâha-Mihîra (astrologue et astronome indien, 575).
Le zéro (vers 600), en Inde, avec la numérotation décimale.
La liaison des corps chimiques (760 ? 940 ?), par « Jâbir ibn Hayyân ».
Règle pour l'obtention des couples de nombres amiables (909), par Thâbit ibn Qurra.
La boussole magnétique (1044), en Chine.
Premiers instruments combinatoires, par Abû l-'Abbâs al-Sabtî († 1298).

LES DOUZE GRANDES CITATIONS
de l'ésotérisme non occidental

« Je suis qui Je suis. *Èhyèh 'ashèr èhyèh* » (Exode, III, 14, vers 750 av. J.-C.). Trad. de l'hébreu par J. Bottéro.

« Tu es Cela. *Tat twan asi* » (*Chândogya-Upanishad*, VI, 8, vers 550 av. J.-C.).

« La voie dont on peut parler n'est pas la Voie pérenne » (Lao-tseu, *Tao-tô king*, 1, trad. D. Giraud ; 513 ? av. J.-C. IVe s. ? av. J.-C.).

« J'ai enseigné la Doctrine sans faire aucune distinction entre l'ésotérique et l'exotérique » (le Bouddha, *Mahâparanirvâna-sûtra*, 32 ; 478 av. J.-C. en principe ; trad. du pâli M. Wijayaratna, à paraître).

« Un aspect *yin*, un aspect *yang*, voilà le Tao. *Yi yin yi yang tchö wei tao* » (*Yi king*, aile 5 : *Hi-ts'eu*, I.5.1 ; IVe s. av. J.-C. pour cette « aile »).

« Ne jetez pas vos perles devant les porcs μηδὲ βάλητε τοὺς μαργαρίτας ὑμῶν ἔμπροσθεν τῶν χοίρων » (Jésus, *apud* Matthieu, VII, 6).

« Tout l'univers est contenu dans un grain de moutarde » (école bouddhique du Mahâyâna mâdhyamika : Nâgârjuna, IIIe s.).

« *Om*, joyau du lotus, *hûm* ! *Om mani padme hûm* ! » (formule bouddhique en sanskrit, répandue en Inde au VIe s. puis au Tibet dès Atîsha en 1042).

« *Alif Lam Mim* [A.L.M.]. Voici le Livre ! Il ne renferme aucun doute ; il est une Direction pour ceux qui craignent Dieu ; ceux qui croient au Mystère » (Coran, II, 1-3, trad. Denise Masson).

« Je suis le Vrai. *Anâ al-Haqq* » (al-Hallâj, v. 858-922).

« Quel est le bruit du claquement d'une seule main ? » (*kôan* de Hakuin Zenji, 1686-1769, Zéniste).

« L'initiation commence en entrant dans le parc et finit dans la tombe. *Pulâku fuddi gila hoggo fa yanânde* » (proverbe peul, trad. du poular Amadou H. Bâ).

Chronologie de l'ésotérisme non occidental

Je ne donne que les grandes dates, celles qui ont une portée universelle. Sinon, il faut se reporter aux repères historiques en tête de chapitres ou aux bibliographies en fin de chapitres.

À PARTIR DU PALÉOLITHIQUE

250000 – à Java, face et base du crâne brisées : rites ?
50600 – à Shanidar (Irâq) couche H, culte des morts (inhumation avec fleurs).

À PARTIR DU NÉOLITHIQUE

8300 – culte féminin : statuettes (dès Munbata, en Palestine).
8200 – culte taurin (dès Mureybet, phase II, en Syrie : bucrânes d'aurochs).
8000 – les « Mystères » de la céréaculture : la Grande Déesse, les dieux de la fertilité ; première association Femme/Taureau (à Mureybet phase III A).
6700 – les « Mystères » de la Déesse-Mère (en Anatolie).
6500-5650 – Chatal Höyük, agglomération anatolienne néolithique.
6150 – cultes du taureau et du bélier en Anatolie.
5400 – à Éridou (en Sumer), niveau XVI, temple avec niche : premier Saint des Saints ?
4500 – les « Mystères » de la métallurgie (le cuivre en Iran ; bronze en 3400 av. J.-C.).
3500 – les « Mystères » solsticiaux en Orient : mégalithes.
     – **naissance de la magie** (comme art occulte) : incantateurs à Éridou.

À PARTIR DE L'ÉCRITURE

3100 – le Hiérogrammate (scribe sacré) : figure idéale de l'ésotériste en Égypte.
2900 – **naissance de la divination** (comme art occulte) : devins sumériens.
     – **naissance de la science des nombres** : le dieu du temple de Lagash (en Sumer) vaut 50.
2852 ? – *Yi king*, dont le *Hi-ts'eu* (IVe s. av. J.-C.) : fondation de l'UNIVERSISME, avec son maître-livre.
2800 ? – « Mystères » égyptiens d'Isis, puis d'Osiris.

2773 ? – **naissance de la science des cycles** : le calendrier égyptien.
2690 ? 2580 ? – la Grande Pyramide de Gizeh (Chéops).
2680 ? – **naissance de la science des significations** (cosmologie, métaphysique...) : les écoles de théologie en Égypte (dès le centre d'Héliopolis).
2650 – Gilgamesh, roi sumérien.
2520 – l'extispicine (à Sumer).
v. 2500 – l'anachorète *(yin-tcha)* chinois chercheur d'immortalité : figure idéale de l'ésotériste en Chine.
2500 – le Yogi (proto-Shiva en méditation à Mohanjo-Daro, Inde) : figure idéale de l'ésotériste en Inde.
2400 – observation des astres à Ebla (en Syrie) : première attestation connue.
– tablettes d'Ebla mentionnant le nom YHWH.
2350 – **naissance de la médecine occulte** (comme art) : Wou-hien (Chine).
2300 – « Mystères » akkadiens de Tammouz (Doumouzi à Sumer, 3500 av. J.-C.) ?
2100 – Abydos, centre des « Mystères » d'Osiris.
2000 – début de la médecine occulte mésopotamienne : incantateurs.
1900 – *La Descente d'Inanna aux enfers*, le maître-livre de l'ésotérisme mésopotamien.
1900-1050 – *L'Épopée de Gilgamesh* (en sumérien puis en akkadien).
1880 ? – Abraham, 1ᵉʳ Patriarche ancêtre hébreu : fondation du JUDAÏSME.
1800 – **naissance de l'astrologie** (comme art occulte) : premiers textes en cunéiformes.
– l'Ésagil, le grand temple de Mardouk à Babylone.
– le prophète intuitif, messager de Dieu, dès Mâri (Syrie).
1800 ? – fondation du CHAMANISME SIBÉRIEN (tombes en Transbaïkalie).
1600-300 ? – les *Veda* : fondation de l'HINDOUISME (au sens large).
1600 ? – **naissance de la science des sons** : mélodies, *mantra*... dans les *Veda*.
1500 ? – début de l'acupuncture (points sur la peau et aiguilles) (Chine).
1550-600 – *Le Livre des morts des anciens Égyptiens*, le maître-livre de l'ésotérisme égyptien.
1400 ?-1200 ? – tradition de l'ancien Iran : fondation du MAZDÉISME.
1400 av. J.-C.-230 ap. J.-C. – l'*Avesta*, le maître-livre du Mazdéisme (Iran).
XIVᵉ s. – « Mystères » syro-phéniciens des Ba'al ?
– Sanchoniathon, sage phénicien : mythique ou légendaire ?
1380-1020 – inscriptions sur les os ou carapaces oraculaires *(kia-jou-wen)* en Chine.
XIIIᵉ s. – « Mystères » lyciens d'Artémis éphésienne ?
1290 ? – Moïse.
XIIᵉ s. – « Mystères » phrygiens de Koubaba (Cybèle) ?
– « Mystères » babyloniens de Mardouk ?
XIᵉ s.-50 – la *Tôrah*, le maître-livre du Judaïsme.
v. 1050 – introduction de « Mystères » anatoliens (dont Dionysos : thraco-phrygien ? crétois ?) en Grèce : premier contact entre ésotérisme occidental et ésotérisme oriental ?
1040 – le Prophète (dès Samuel) : figure idéale de l'ésotériste juif.
1010 – découverte progressive du Zodiaque en Mésopotamie.
959-596 – le premier Temple de Jérusalem.
950 ? – tradition japonaise : fondation du SHINTÔ.

CHRONOLOGIE DE L'ÉSOTÉRISME NON OCCIDENTAL

850 – introduction de l'ésotérisme étrusque (de Lydie) en Italie.
– le Mage mède puis perse : figure idéale de l'ésotériste en Iran.
v. 800 ? – **naissance de l'herméneutique** (dès les *Brâhmana*).
VIIIᵉ s. – « Mystères » syro-phéniciens des 'Ashtart (=Astarté) ?
750 – **naissance de la science des noms** (*Tôrah* : Dieu = YHWH).
– Amos, le 1ᵉʳ prophète juif.
713 – invention de la guématrie (valeur numérique des lettres) sous Sargon II.
700 – introduction du chamanisme scythe en Médie, en Europe centrale, Italie...
VIIᵉ s. – introduction des Mystères (phéniciens) d'Adonis en Grèce.
625 – le Chaldéen : figure idéale de l'ésotériste en Mésopotamie.
612 av. J.-C.-944 ap. J.-C. – les Sabéens de Harrân (culte astral + Hermétisme).
594 ? – Zarathushtra : fondation du ZOROASTRISME, Mazdéisme réformé, en Iran, avec les *gâthâ* de l'*Avesta*, son maître-livre.
550 – « Mystères » anatoliens de Cybèle et Attis ?
550-200 ? – les *Upanishad* védiques, doctrine ésotérique du Védisme.
525 – introduction des Mystères (anatoliens) de Cybèle en Grèce.
523 ? – Éveil du Bouddha : fondation du BOUDDHISME.
513 ? – Lao-tseu : fondation du TAOÏSME, 1ᵉʳ philosophe ésotérique chinois.
v. 500 ? – (Mahâ)kâshyapa, 1ᵉʳ Patriarche Dhyâna (Bouddhisme indien de la méditation).
Vᵉ s. – introduction des Mystères (égyptiens) d'Isis en Grèce.
480 – les Mages hellénisés : les Perses « Zoroastre », Ostanès, Hystaspe.
477-88 – le *Tripitaka* (Triple corbeille), le maître-livre du Bouddhisme.
430 – introduction des Mystères (thraco-phrygiens) de Sabazios en Grèce.
410 – le 1ᵉʳ horoscope au monde, en Mésopotamie.
IVᵉ s. – le *Tao-tö king*, le maître-livre du Taoïsme, attribué à Lao-tseu.
323 ? av. J.-C.-IIIᵉ s. ap. J.-C. – l'Hermétisme gréco-égyptien : Hermès Trismégiste.
320 ? – Tchouang-tseu, le maître à penser du Taoïsme philosophique.
317 – introduction des Mystères (égyptiens) d'Isis à Rome.
205 – introduction des Mystères (anatoliens) de Cybèle à Rome.
200 ? – *Yoga-sûtra* (de Patañjali), le maître-livre du **râja-yoga**.
197 av. J.-C.-70 ap. J.-C. – les Esséniens, organisation initiatique juive à Qumrân.
133 – **naissance de l'alchimie** (comme art occulte) : Li Chao-kiun, magicien, taoïste.
100 – début de l'alchimie gréco-égyptienne : Bôlos de Mendès, occultiste.
Iᵉʳ s. – Mâui, héros légendaire de Polynésie (éléments chamaniques), figure idéale de l'ésotériste en Océanie.
66 – introduction des Mystères (iraniens) de Mithra à Rome.
50 – introduction des Mystères (phéniciens) d'Adonis à Rome.

À PARTIR DE LA CHRISTIANISATION

28 – première prédication de Jésus : fondation du CHRISTIANISME, avec les Évangiles, son maître-livre.
v. 50 – le **Gnosticisme**, ésotérisme ni juif ni chrétien.
97 – Apocalypse selon saint Jean.

IIe s. – le système hindouiste **Vedânta**, métaphysique moniste et initiation de l'union.
100-300 – le *Corpus Hermeticum*, maître-livre de l'Hermétisme gréco-égyptien.
142 – le 1er livre au monde d'alchimie, le *Tcheou-yi san-t'ong-ki* de Wei Po-yang. En fait IXe s. !
150 – Valentin, le maître à penser du Gnosticisme chrétien « hérétique ».
155 – le Taoïsme magico-religieux (dès Tchang Tao-ling).
180 – **naissance de la science des lettres** : Marc le Mage, Gnostique.
IIIe s. – le **Tantrayâna**, ésotérisme du Bouddhisme : *dhâranî* (formules porte-charme).
208 – Clément d'Alexandrie, le maître à penser du Gnosticisme « orthodoxe » (catholique), 1er philosophe ésotérique chrétien.
240-XIe s. – le Manichéisme.
249 – Wang Pi (†), le maître à penser du néo-Taoïsme.
v. **250** – Nâgârjuna, le maître à penser du Bouddhisme mahâyâna mâdhyamika (=Shûnyatâvâda), 1er philosophe ésotérique bouddhique.
288 – dame Wei Houa-ts'ouen, début de l'école taoïste de la Grande Pureté (Chang-ts'ing).
333 – l'**Hésychasme** (après Antoine le Grand ; l'ermite, figure idéale de l'ésotériste chrétien d'Orient).
350 – Asanga, le maître à penser du Bouddhisme mahâyâna yogâcâra (=Vijñâvâda). 1er tantriste bouddhique ?
382 – Évagre le Pontique, le maître à penser de l'Hésychasme.
424 – le **Tantra**, ésotérisme de l'Hindouisme.
490 – le pseudo-Denys l'Aréopagite, 1er philosophe ésotérique byzantin.
VIe s. – le *hijiri* (Japon) : l'ermite des montagnes, figure idéale de l'ésotériste au Japon.
524 – le 1er Patriarche Tch'an (Bouddhisme chinois de la méditation) : Bodhidharma.
580 – le Thiên, Bouddhisme viêtnamien de la méditation : Vinîtaruci.
fin VIe s. ? – Gaudapâda, 1er philosophe ésotérique hindou (Vedânta).

À PARTIR DE L'ISLAMISATION

610 ? – première révélation à Muhammad : fondation de l'ISLÂM, avec le Coran, son maître-livre.
650-1500 – les 84 Mahâsiddha : Lûpiya, Vajrabodhi, Matsyendranâtha, etc.
656 – le 1er Imâm shî'ite : 'Alî ibn Abi Tâlib.
657 – le Shî'isme imâmite (duodécimain) ésotérique (dès 'Alî).
667 – le Bouddhisme de la méditation subitiste (dès Houei-neng, VIe Patriarche chinois, le maître à penser du Tch'an subitiste).
v. **670** – le **Soufisme**, ésotérisme de l'Islâm (le Soufi, figure idéale de l'ésotérisme musulman) : Hasan al-Basri, 1er Soufi.
695 – Chen-sieou, le maître à penser du Tch'an gradualiste.
fin VIIe s. – *Mahâvairocana-sûtra*, texte bouddhique.
719 – Vajrabodhi introduit le Bouddhisme tantrique en Chine.
v. **730 ?** – Shankara (>Çankara), le maître à penser de l'ésotérisme hindou vedânta.

CHRONOLOGIE DE L'ÉSOTÉRISME NON OCCIDENTAL 1181

733 – Ja'far al-Sâdiq, le VIe Imâm des Shî'ites et « père des sciences occultes musulmanes » (dont la science des lettres).
747 – le **Lamaïsme**, bouddhisme tantrique tibétain (dès Padmasambhava).
v. 750-843 – Bârâbudur, temple-reliquaire bouddhique à Java.
806 – le Tendai, école bouddhique ésotérique fondée au Japon par Saichô.
807 – le Shingon, école bouddhique ésotérique fondée au Japon par Kûkai.
833 – al-Kindî, 1er philosophe ésotérique musulman.
947 – Quetzalcóatl (à Tula, au Mexique), héros ou dieu précolombien.
963 – les Frères de la Pureté (Ikhwân al-Safâ'), école shî'ite ismâ'îlite.
965 – le Kâlacakra, tantrisme bouddhique indien puis tibétain.
991 – Ibn Bâbûye de Qumm, 1er philosophe ésotérique imâmite.
fin xe s. – Shenrab Miwo : fondation du BÖN, tradition tibétaine.
1044 – la boussole magnétique (Chine).
v. 1090 – Machig Lapdrön, fondatrice de l'école du Tchö, méditation macabre tibétaine.
1095 – Abû Hâmid al-Ghazzâlî, le maître à penser du Soufisme « orthodoxe » (sunnite).
XIIe s. ? – codification du hatha-yoga par Goraksanâtha.
1121 – Sgampo-pa, le maître à penser du Lamaïsme kagyü-pa.
1130 – le Chamane toungouse : figure idéale de l'ésotériste primitif d'Asie.
– Milarépa, le grand initié et poète tibétain : figure idéale de l'ésotériste au Tibet.
1140 – Abraham ibn Ezra, 1er philosophe ésotérique juif.
v. 1160 – la **Kabbale**, ésotérisme du Judaïsme : Rabbi Abraham ben Isaac de Narbonne, 1er Kabbaliste.
1184 – Ibn 'Arabî, le maître à penser de l'ésotérisme islamique « hétérodoxe ».
1185 – le 1er Karma-pa, chef de l'école Kagyü-pa : Düsum Khyenpa.
1191 – al-Suhrawardî (>Sohravardî) al-Maqtûl (†) : la Théosophie orientale (Soufisme + Mazdéisme + Zoroastrisme + néo-Platonisme).
– le **Zen**, Bouddhisme japonais de la méditation (dès Eisai Zenji, 1er Patriarche zen).
1204 – la notion tibétaine de *tülkou*, lama « réincarné » (dès le IIe Karma-pa).
1230-1237 – *Les Révélations mekkoises* (d'Ibn 'Arabî), le maître-livre du Soufisme.
v. 1250 – Jalâl al-Dîn al-Rûmî, poète persan, et les derviches tourneurs (Mawlawiyya).
1271 – Abraham Abû l-'Afiya (>Aboulafia), le maître à penser de la Kabbale extatique.
1280 – le *Sefer ha-Zohar* (de Moïse de León), le maître-livre de la Kabbale théosophique.
1340 ? – *Le Livre des morts tibétain*, le maître-livre du Lamaïsme.
1409 – Tsong Khapa, le maître à penser du Lamaïsme « orthodoxe » (école Gelug-pa), 1er philosophe ésotérique tibétain.

À PARTIR DE LA COLONISATION

1577 – le IIIe Dalaï-lama (porte le titre le premier) : Sönam Gyatso.
v. 1645 – le *marae* (sanctuaire) Taputapuatea, à Raiatea, en Polynésie française.
1650 – le IVe Panchen-lama (porte le titre le premier) : Lobsang Chökyi Gyeltsen.

v. **1650** – le Vaudou, à Saint-Domingue.
1684 – poèmes de 3 vers *(haiku)* de Bashô, moine bouddhiste et poète japonais.
1826 – le revivalisme en Océanie (la Mamaia, en Polynésie).
1844 – le *medicine-man* (comme terme) : figure idéale de l'ésotériste primitif d'Amérique du Nord.
1850 – le culte des Zar (Éthiopie, Soudan égyptien, Somalie).
– le culte du Bori au Soudan.
1856 – Râmakrishna, mystique hindou.
1870 – la Ghost Dance (Danse des Revenants) chez les Paiute au Nevada.
1882 – le ju-dô, art martial japonais, fondé par Jigorô Kanô, après une expérience spirituelle.
1883 – introduction de l'Hindouisme en Occident, par svâmi Vivekânanda.
1890 – 260 Sioux se rendant à la Ghost Dance massacrés par le gouvernement américain.
1912 – R. Guénon (='Abdel Wahîd Yahia) converti au Soufisme.

À PARTIR DE LA MONDIALISATION

1932 – Wapiti Noir (=Heha'ka Sapa), chamane sioux (catholique dès 1904 !).
1933 – le dernier grand maître soufi : shaykh al-'Alawî (†), à Mostaganem.
1935 – le dernier grand maître kabbaliste : Rabbi Abraham Isaac Kook (†).
1938 – l'aiko-dô, art martial japonais, fondé par Morihei Ueshiba.
1947 – Ogotemmêli (†), sage dogon (Mali).
1950 – le dernier grand maître hindou : Râmana maharshi (†), à Madras.
1959 – le dernier grand maître tch'an : Siun Yun (†).
1960 – Amadou Hampâté Bâ, textes initiatiques peuls (Mali).
1964 – introduction de l'école Dzogchen en Italie par Namkhai Norbu Rinpoche (Tibet).
1967 – introduction du Zen sôtô en Europe, par maître T. Deshimaru (Japon).
1970 – art spirite brésilien : L. Gasparetto, etc.
1971 – introduction de l'école Kagyü-pa en Occident par **Kalou Rinpoche**.
1974 – introduction de l'école Karma-pa en Europe par le XVIe Karma-pa, Rigpe Dorje.
– introduction du Zen rinzai en France par maître Taïkan Jyoji.
1976 – le dernier chef cérémoniel des Sioux tétons lakota : Frank Fools Crow.
– le dernier grand maître taoïste : Tchouang Tchen Teng Yun (†).
1980 – le dernier grand maître de kriya-yoga : svâmi Shankarânanda Giri (né en 1946).
1981 – le dernier Karma-pa (le XVIe) : Rigpe Dorje (†).
1982 – le dernier grand maître du Shivaïsme du Cachemire : svâmi Muktânanda (†).
1989 – le dernier grand maître lamaïste : Kalou Rinpoche (†).
1991 – états généraux du Vaudûn, au Bénin.

Chronologie de l'ésotérologie orientaliste

Il ne sera question ici que d'événements touchant indirectement l'ésotérisme : études, découvertes, fouilles, bibliothèques, déchiffrement des écritures, publications, traductions...

À PARTIR DES PREMIERS DOCUMENTS ÉCRITS (vers 3200 av. J.-C.)

v. 3200 – premières écritures connues : semi-pictogrammes sumériens et idéogrammes élamites.
2900 – archives de Lagash (auj. Tello, Irâq).
2300 – archives d'Ebla (auj. tell Mardikh, Syrie), 14 000 tablettes.
1800 – archives de Mâri (auj. tell Hariri, Syrie), 20 000 tablettes : premier dépôt d'archives avec éléments ésotériques.
1430-1200 – archives d'Hattousa (auj. Boghazkhöy, Turquie) : 15 000 tablettes hittites.
1380 – traité en akkadien entre le roi hittite Souppiloulliouma Ier et le roi de Mitanni : première mention de l'idéologie tripartite des dieux indo-européens.
1350 – archives d'Ougarit (auj. Ras Shamra, Syrie) : première bibliothèque avec éléments ésotériques.
1050 – *Livre des documents. Chou king* : annales de la Chine (recueillies au VIIe s.).
milieu XIe s. – les Ioniens (Androclos) en Anatolie, dont Éphèse.
850 – bibliothèque du prêtre Qurdi Nergal, à Harrân : tablettes magiques et religieuses, en assyrien.
640-612 – bibliothèque d'Assourbanipal à Ninive : 25 000 tablettes (dont *La Descente d'Ishtar*, l'*Épopée de Gilgamesh*, *Enûma elish*) exhumées en 1850-1853.
562-524 ? – Pythagore en Phénicie, en Égypte, à Babylone ?

À PARTIR DES PREMIERS TÉMOIGNAGES OCCIDENTAUX (490 av. J.-C.)

- AVANT J.-C.

490 – Xanthos le Lydien fait découvrir l'ésotérisme des Iraniens, leurs Mages.
v. 480 – Confucius réunit et édite la collection des livres canoniques antiques.
v. 440 – Néhémie fonde la Bibliothèque sacrée (Israël).

v. 420 – Hérodote fait découvrir l'ésotérisme des Égyptiens, leurs « Hiérogrammates ».
IVe s. – expéditions organisées par des rois de Chine pour trouver les îles merveilleuses.
368 – Eudoxe de Cnide fait découvrir Zarathushtra à la Grèce.
332 – 1re vague d'égyptomanie : fondation d'Alexandrie.
330 – Démosthène (*Sur la couronne*, 259) : à propos des Mystères de Sabazios.
299 – Mégasthène fait découvrir l'ésotérisme des Indiens, leurs « Gymnosophistes ».
284 – fondation de la Bibliothèque d'Alexandrie, au sein du Musée d'Alexandrie.
279 – Bérose fait découvrir l'ésotérisme des Mésopotamiens, leurs « Chaldéens ».
263 – Manéthon sur les dynasties égyptiennes.
213 – destruction des classiques chinois ordonnée par Ts'in Che Houang-ti.
139 – les Mages chaldéens chassés de Rome pour la première fois (puis en 16, 19, 30, 52, 69, 82, 93...).
122 – Lieou Ngan (>Liu An), *Le Livre du maître de Houai Nan*, texte taoïste.
91 – Sseu-ma Ts'ien (>Sima Qian), historien chinois *(Mémoires historiques. Che ki)*.
59 – Diodore de Sicile, historien grec *(Bibliothèque historique)*.
50 – Philon de Byblos fait découvrir l'ésotérisme des Phéniciens, leurs *Kohanim* (prêtres) *(Histoire phénicienne*, citée par Eusèbe de Césarée).
7 – Strabon, géographe grec *(Géographie)*.

• APRÈS J.-C.

16 – Tibère bannit les Chaldaei, les *mathematici*, les prêtres d'Isis.
v. 40 ? 651 ? – le mandylion d'Édesse : image authentique de Jésus ?
v. 40 – Philon d'Alexandrie fait découvrir l'ésotérisme des Hébreux, leurs Prophètes.
55 – 1re allusion aux Gnostiques : saint Paul (I Cor., VIII, 1).
93 – Flavius Josèphe, historien juif *(Les Antiquités juives)*.
v. 100 – Plutarque, *Isis et Osiris*.
148-170 – Ngan Ts'ing, traducteur en chinois de textes bouddhiques (sur le yoga, etc.).
150 – Marcion de Sinope constitue le premier canon des écritures évangéliques.
155 – Numénios d'Apamée (Syrie) : approche néo-pythagoricienne de l'ésotérisme.
180 – *Canon de Muratori* : liste des textes chrétiens officiels.
188-378 – les hérésiologues chrétiens : Irénée, Tertullien, pseudo-Hippolyte de Rome, Épiphane sur le Gnosticisme, les sectes.
242 – Plotin suit l'armée de Gordien III le Pieux pour étudier la sagesse orientale.
250-1033 – relations des pèlerins chinois partis en Inde : Fa-hien (414), Hiuan-tsang (646), Yi-tsing (695) surtout.
297 – rescrit de Dioclétien contre les Manichéens.
v. 300 – Alexandre de Lycopolis écrit la première réfutation philosophique du Manichéisme.
v. 310 – Eusèbe de Césarée reproduit Sanchoniathon *(Préparation évangélique)*, le grand maître de l'ésotérisme phénicien.
380 – Horapollon sur les hiéroglyphes *(Hieroglyphica)*.
391 – destruction du Sérapéum (à Saqqara) : 400 000 volumes détruits.
402 – Kumarajîva, traducteur en chinois de grands textes du Mahâyâna.

CHRONOLOGIE DE L'ÉSOTÉROLOGIE ORIENTALISTE

420 – Pallade de Galatie sur les saints des déserts égyptiens et syriens *(Histoire lausiaque)*.
v. 470 – Stobée recueille des textes hermétiques (Macédoine).
494 – le pape Gélase Ier fixe la liste des livres canoniques.
642 – incendie de la Bibliothèque d'Alexandrie (700 000 vol.) par le calife 'Umar Ier.
650 – *Biographies des grands prêtres* : sur le Zen (Japon).
VIIIe s. – Vyâsa, commentateur du *Yoga-sûtra* de Patañjali.
712 – *Kojiki*, Chroniques du Japon.
720 – le *Nihongi*, Annales du Japon.
v. 730 ? – Shankara, commentateur (ésotériste) des *Upanisad*.
795 – début du recueil des *hadîth* de Muhammad (Ibn Anas †).
832 – la Maison de la Sagesse (Beyt al-Hikma) à Baghdâd : traductions du grec.
842-845 – en Chine persécution contre le Bouddhisme, qui, dès lors, sera devancé par le Confucianisme.
870 – al-Bukhârî recueille les *hadîth* de Muhammad *(Les Traditions islamiques)*.
Xe s. – 1re école européenne de traductions de textes ésotériques (arabes) en Espagne, par ex. Gerbert (970).
903 – al-Saffâr al-Qummî (†), 1er grand compilateur des propos des Imâms shî'ites.
915 – al-Tabarî, historien musulman *(Chronique des prophètes et des rois)*.
940 – al-Kulaynî (†), 2e grand compilateur des propos des Imâms shî'ites.
943 – al-Mas'ûdi, voyageur arabe *(Les Prairies d'or. Morûj al-dahab)*.
v. 980 – premiers traités en arabe sur le Soufisme : Kalâbâdhî et Abû Nasr Sarrâj.
987 – Ibn al-Nadim, érudit arabe *(al-Fihrist)*.
993 – la Maison de la Science (Dâr al-'ilm) au Caire : bibliothèque shî'ite.
v. 1000 – Sharîf Râzi recueille les propos du Ier Imâm *(Chemins de l'éloquence)*.
1004 – *Annales de la transmission de la lumière de la lampe* : première histoire et anthologie du Tch'an.
1010 – A. Q. Firdûsî sur l'Iran *(Le Livre des rois. Shah Nameh)*.
1031 – al-Bîrûnî sur l'Inde médiévale *(Chronique de l'Inde. Ta'rîkh al-al-Hind)*.
v. 1050 – 1er traité en persan sur le Soufisme : Hujwîrî.
1126-1180 – 2e école européenne de traductions de textes ésotériques, par ex. Gérard de Crémone.
1143 – 1re traduction occidentale du Coran (en latin), par Robert de Rétines.
1144 – trad. des œuvres alchimiques arabes en latin (Robert de Ketton).
v. 1150 – al-Shahrastânî, *Le Livre des religions et des sectes* : Arabes et Perses.
v. 1200 – Farîd al-Dîn 'Attâr sur les Soufis *(Mémorial des saints)*.
1215 – 4e concile de Latran : condamnation des Juifs et de l'usure.
1229 – *Wou-men kouan*, recueil de 50 *koân* (formules chocs tch'an et zen).
1230 – 3e école européenne de traductions de textes ésotériques, par ex. M. Scot, Alphonse X.
1240 – *L'Histoire secrète des Mongols*.
1281 – destruction des livres taoïstes (sauf *Tao-tö king*) par ordre du khan mongol Khubilai.
1294 – Tchao Tao-yi sur les saints taoïstes *(Miroir général des Immortels réels)*.

À PARTIR DES PREMIERS ORIENTALISTES (1298)

1298 – Marco Polo sur la Chine *(Livre des merveilles du monde)* : imaginaire ?
v. 1320 – Bu-ston, maître dans les tantra, sur le Tibet *(Histoire du Bouddhisme)*.
1355 – Aflâki sur les Mawlawiyya *(Les Saints des derviches tourneurs)*.
1377 – Ibn Khaldûn sur les connaissances des Arabes et Berbères *(Prolégomènes)*.
1419 – 2ᵉ vague d'égyptomanie : découverte des *Hieroglyphica* d'Horapollon (380 ; 1ʳᵉ éd. 1505).
1492 – Christophe Colomb découvre le continent américain.
1550 – 1ʳᵉ traduction en français de la Bible, par J. Lefèvre d'Étaples.
1553 – P. Cierza de León fait découvrir l'ésotérisme des Incas *(Chronique du Pérou)*.
1558 – Bernardino de Sahagún fait découvrir l'ésotérisme des Aztèques *(Histoire générale des choses de la Nouvelle Espagne)*.
1566 – Diego de Landa fait découvrir l'ésotérisme des Mayas *(Relation des choses du Yucatán)*.
1570 – M. Cordovero : encyclopédie sur la Kabbale *(Le Verger des Grenades)*.
1578 – C. Spangenberg lance l'étude scientifique du Manichéisme *(Historia Manichaeorum)*.
1583 – *quipus* brûlés sur ordre du concile de Lama.
1601 – les Jésuites (dès Matteo Ricci) en Chine : début de la sinologie.
1608 – Târanâtha sur le Tibet *(La Naissance de la Loi de l'Inde)*.
1609-1617 – Garcilaso de la Vega el Inca sur les Incas *(Commentaires royaux)*.
1614 – I. Casaubon *(Hermetica)* lance l'étude scientifique de l'Hermétisme.
1632 – B. Diaz del Castillo sur l'ancien Mexique *(Histoire véridique)*.
1650-1790 – 3ᵉ vague d'égyptomanie.
1652 – découverte des Mandéens (« Chrétiens de saint Jean ») par un missionnaire.
1654 – le père A. Kircher sur l'ésotérisme égyptien *(Oedipus Aegyptiacus)*.
1667 – Avvakun fait découvrir l'ésotérisme des Eskimo, leurs Angakut (chamanes).
1671 – diffusion en Occident de l'acupuncture (le R.P. Harvieu).
1672-1675 – 1ʳᵉ description d'une séance chamanique (kamlanie), par le russe Avvakum.
1686 – J. Daillé lance l'étude scientifique de la *Disciplina arcani*.
1697 – B. de Herbelot de Molainville : début de l'islamologie.
1724 – le Jésuite Joachim Bouvet compare Kabbale et *Yi king (Pro expositione...)*.
– le Père Lafitau lance le comparatisme en ethnologie *(Mœurs des sauvages amériquains)*, il assimile rites iroquois et Mystères helléniques.
1739 – L. de Mosheim lance l'étude scientifique du Gnosticisme (Allemagne).
1753 – J. Astruc découvre que le Pentateuque est constitué de documents divers.
1769 – découverte en Abyssinie d'une version du Livre d'Énoch par J. Bruce.
1771 – 2ᵉ vague du thème du Bon Sauvage : L. A. de Bougainville *(Voyage autour du monde)*.
– diffusion en Occident du Mazdéisme ésotérique : A. Anquetil-Duperron.

CHRONOLOGIE DE L'ÉSOTÉROLOGIE ORIENTALISTE

1772-1784 – J. Cook découvre le continent océanien et ses traditions *(The Journal)*.
1775 – diffusion en Occident de l'Hindouisme ésotérique : les *Veda* en anglais.
1778 – C. Niebuhr déchiffre des cunéiformes : début de l'assyriologie.
1782 – Nicomède l'Hagiorite, *Philocalie* : anthologie de l'Hésychasme (en grec).
1792-1904 – le Tibet fermé aux étrangers.
1798 – 4e vague d'égyptomanie : la campagne d'Égypte.

À PARTIR DES PREMIERS HISTORIENS

1801 – 1re traduction occidentale des *Upanishad*, par Anquetil-Duperron (persan/latin).
1817 – 1re édition de textes mandéens, par M. Norberg.
1819 – le baron S. de Sacy lance l'étude scientifique de l'ésotérisme musulman.
1822 – J.-F. Champollion déchiffre les hiéroglyphes : début de l'égyptologie.
  – A. Fabre d'Olivet *(Histoire philosophique du genre humain)* : approche néo-occultiste de l'ésotérisme.
1828 – découverte de l'alchimie gréco-égyptienne *(Papyrus de Leyde et de Stockholm)* et de la magie *(Grand Papyrus magique de Paris)*, par G. Anastasi.
1831 – W. Ellis fait découvrir l'ésotérisme des Polynésiens, leurs *tahu'a (À la recherche de la Polynésie d'autrefois)*.
1832 – Ed. Robinson : début de l'archéologie biblique.
1834 – 1re traduction occidentale du *Yi king* (en latin), par Régis.
1839 – J. L. Stephens et F. Catherwood : début de l'archéologie précolombienne.
1842 – 1re traduction du *Tao tö king* en français, par St. Julien.
  – 1re édition du *Livre des morts des anciens Égyptiens*, par R. Lepsius.
  – P. E. Botta : début de l'archéologie assyrienne.
1843 – A. d'Orbigny fonde l'école évolutionniste en anthropologie *(L'Homme américain)*.
1844 – G. Catlin sur les Sioux mandan *(Letters and Notes...)*.
1846 – J. Boucher de Perthes fonde la science préhistorique *(Antiquités celtiques)*.
1849 – F. M. Müller fonde la méthode philologique en histoire des religions.
v. 1850 – diffusion en Occident du yoga indien (trad. en anglais du *Yoga sûtra*).
1850 – diffusion en Occident du lamaïsme ésotérique : E. R. Huc *(Souvenirs d'un voyage dans la Tartarie et le Tibet)*.
1850-1853 – exhumation des tablettes de la bibliothèque de Ninive.
1852 – diffusion en Occident du bouddhisme ésotérique : E. Burnouf (trad. du *Lotus de la bonne loi*).
1853 – fouilles à Our par H. Rawlinson.
1858 – F. H. Dieterici lance l'étude scientifique des Ikhwân al-Safâ'.
1861 – Krivoshapkin interprète le chamanisme comme une forme d'hystérie (avant Bogoraz).
  – H. J. Summer-Maine étudie le fondement ésotérique du droit coutumier *(Ancient Law)*.
1861-1891 – J. Legge, *The Chinese Classics*, trad. anglaise, 4 t.
1865 – fouilles à Jérusalem.

À PARTIR DES PREMIERS ANTHROPOLOGUES (1871)

1871 – E. B. Tylor fonde l'école animiste en anthropologie *(Primitive Culture)* : importance des rêves et de l'âme.

1872 – G. Smith identifie sur une tablette en cunéiformes un récit « biblique » du Déluge.

1872-1909 – F. M. Müller, *Sacred Books of the East*, 51 t.

1874 – F. M. Müller fonde l'école naturiste en anthropologie *(Introduction à la science comparée des religions)* : importance des phénomènes astronomiques.

1875 – Helena Petrovna Blavatsky : approche théosophiste de l'ésotérisme.

1876-1890 – H. Spencer fonde l'école mâniste en anthropologie *(Principles of sociology)* : importance des ancêtres.

1877 – découverte des archives de Lagash (Irâq) par É. de Sarzec : les Sumériens.

1878 – J. Wellhausen distingue dans le Pentateuque quatre strates (« documents »).

1879 – mode du *nirvâna* et de la réincarnation : E. Arnold *(The Light of Asia)*.

1882 – F. Ratzel fonde l'école diffusionniste en anthropologie *(Anthropo-Geographie)* : importance des emprunts (F. Graebner).

– école mono-diffusionniste : l'ésotérisme vient de Babylonie (Kessler, E. Stucken).

– 1re édition du *Texte des pyramides*, par Gaston Maspéro.

1885 ss. – *Annual Reports of the Bureau of American Ethnology*, Washington.

1886-1887 – E. M. Curr fait découvrir l'ésotérisme des aborigènes australiens *(The Australian Race)*.

1887 – école mono-diffusionniste : l'ésotérisme vient d'Égypte (Amélineau ; G. Elliot-Smith).

1889 – A. J. Brandt lance l'étude scientifique du Mandéisme *(Die mandaïsche Religion)*.

1890-1935 – J. G. Frazer fonde l'école magiste en anthropologie *(Le Rameau d'or)* : importance de la magie.

1891 – R. H. Codrington lance le concept de *mana (The Melanesians)*.

– W. J. Hoffman fait découvrir l'ésotérisme des Indiens algonkin *(The Midê' wiwin)*.

1892 – J. H. King compare *mana* et *wakan* (Indiens lakota).

1893 – Parlement des religions : Vivekanânda lance l'Hindouisme pour Occidentaux.

1894 – V. Bérard fonde l'interprétation ritualiste des mythes *(L'Origine des cultes arcadiens)*.

1896 – découverte de manuscrits hébraïques dans la Genizah (grenier de l'ancienne synagogue Ben Ezra) du Caire, par S. Schechter.

1897-1904 – découverte des papyrus d'Oxyrhynque (IIIe s.) : textes grecs hermétiques, gnostiques, manichéens...

1899 – découverte des inscriptions oraculaires chinoises sur os ou écailles de tortues.

1900 – W. Bogoraz lance l'étude scientifique du chamanisme des Tchouktches (Sibériens).

1913 – S. Freud : approche psychanalytique des mythes *(Totem et Tabou)*.

CHRONOLOGIE DE L'ÉSOTÉROLOGIE ORIENTALISTE 1189

- C. Lumholtz lance l'étude scientifique du chamanisme des Huichol (Amérique).
- R. R. Marrett fonde l'école animatiste en anthropologie : le *mana (Folklore*, n° 9).
- W. W. Skeat, *Malay Magic*.
1901 - A. Lang, théorie naturaliste de la magie *(Magic and Religion)*.
1901 ss. - *Bulletin de l'École française d'Extrême-Orient*.
1902 - M. Mauss, théorie sociologiste de la magie *(Esquisse d'une théorie générale de la magie)*.
- H. Schurtz lance l'étude scientifique des sociétés secrètes chez les Primitifs *(Altersklassen und Männerbunde)*.
1904-1919 - découverte des manuscrits (406-1004) de Touen-houang (>Dunhuang) par Aurel Stein et Pelliot : le Bouddhisme, le Tibet, le Manichéisme.
1906 - découverte des archives royales de Hattousa (auj. Boghazköy) : les Hattis et les Hourrites.
- diffusion du Hassidisme médiéval, par Martin Buber.
1907 - école mono-diffusionniste : l'ésotérisme vient d'Iran ; W. Bousset lance l'étude comparée des religions orientales.
- D. T. Suzuki lance l'étude scientifique du Mahâyâna (Japon).
1908 ss. - *Encyclopédie de l'Islam*.
1909 - Th. Nöldeke lance l'étude chronologique du Coran et des *hadîth* du Prophète.
- Rudolf Steiner : approche anthroposophique de l'ésotérisme.
- A. Van Gennep sur *Les Rites de passage*.
1909 ss. - L. Massignon fait découvrir le Soufi hétérodoxe al-Hallâj.
1910 - L. Lévy-Bruhl affirme le caractère prélogique de la pensée primitive.
- 1re édition des *Textes des sarcophages* égyptiens.
1911 - V. Minorsky lance l'étude scientifique des Ahl-i Haqq.
- P. Wieger lance l'étude scientifique du *Canon taoïste*.
1912 - diffusion en Occident du tantrisme hindou : A. Avalon (sir J. Woodroffe).
1913 - découverte de l'emplacement de la « Tour de Babel » (Étemenanki) par R. Koldewey.
1915 - Lo Tchen-yu (>Luo Zhenyu) identifie dans « les os de dragons » des os divinatoires.
- fouilles au monastère-université de Nâlandâ (Tantrayâna).
1916 - Alexandra David-Néel étudie le Tibet (approche ésotérique).
- Gonda Raifu (Japon) lance l'étude de la peinture ésotérique bouddhique.
1917 - Hrozny déchiffre le hittite.
1919 - découverte du tombeau de Pétosiris d'Hermopolis, par G. Lefevre.
1920 - M. Gusinde fait découvrir la spiritualité des Indiens fuégiens.
- Ni'mat-Allâh (†) révèle la doctrine des Ahl-i Haqq, Shî'ites.
1921 - R. Guénon : approche pérennialiste de l'ésotérisme.
- K. Rasmussen lance l'étude scientifique du chamanisme des Eskimos *(Intellectual Culture of the Iglulik Eskimos)*.
- D. T. Suzuki fait découvrir le Zen aux Occidentaux (Japon).
- fouilles dans la vallée de l'Indus, à Harappa et Mohan-jo-Daro, par R. D. Banarji.
1922 - G. Scholem lance l'étude scientifique de la Kabbale.

CHRONOLOGIES

1923 – rumeur de « la malédiction des pharaons ».
– étude de Ruth Benedict sur l'esprit gardien chez les Amérindiens.
– I. H. N. Evans lance l'étude scientifique du chamanisme des Négritos.
1924 – fouilles à Pzyryk (dans l'Altaï) par R. I. Rudenko : pratiques chamaniques.
– J. Ruska lance l'étude scientifique de l'alchimie arabe *(Arabische Alchemisten)*.
1925 – Institut d'ethnologie de l'Université de Paris (Mauss, Lévy-Bruhl, Rivet).
1926 – R. Eisler avance l'hypothèse (erronée) d'une alchimie babylonienne.
1927 – 1re traduction occidentale du *Livre des morts tibétain*, par W. Y. Evans Wentz (en anglais).
– C. G. Jung : approche archétypique de l'ésotérisme.
1928 – *Indian Reorganisation Act* : autorisation de la pratique des religions indiennes aux États-Unis.
1929 – découverte des archives de Ougarit : les Cananéens.
1930 – Romain Rolland fait découvrir une spiritualité hindoue vivante.
– découverte de textes manichéens au Fayoum (en Haute-Égypte, Medînet Mâdi) par C. Schmidt.
1932 – B. Bhattacharya étudie le Tantrayâna *(An Introduction to Buddhist Esoterism)*.
– Wapiti Noir (Heha'ka Sapa) révèle l'ésotérisme sioux *(Élan Noir parle)*.
1933 – Â. K. Coomaraswâmy étudie l'ésotérisme indien (approche ésotérique).
– V. A. Ivanov lance l'étude de l'Ismâ'îlisme.
– J. F. Stimson découvre le culte secret du dieu Io aux îles Marquises.
1934 – découverte des archives de Mâri (Syrie) : les Sémites occidentaux.
– Walter Bauer rétablit le visage des Gnostiques, jusqu'alors tenus pour hérétiques et tardifs *(Rechtgläubigkeit und Ketzerei im ältesten Christentum)*.
– H. Corbin fait découvrir al-Suhrawardî al-Maqtûl.
– M. Granet sur *La Pensée chinoise*.
1935 – S. M. Shirokogoroff lance l'étude scientifique du chamanisme des Toungouses.
– diffusion en Occident des arts martiaux (France).
1936 – diffusion en Occident du Bouddhisme zen, par Allan Watts (États-Unis).
– Thérèse Brosse lance l'étude physiologique du yoga (France).
– T. L. Davies lance l'étude scientifique de l'alchimie chinoise.
1936 ss. – M. Eliade commence ses recherches sur l'ésotérisme.
1937 – découverte de la version sumérienne de *La Descente d'Ishtar aux enfers*, par S. N. Kramer.
– Henri Maspéro étudie les procédés initiatiques et magiques du Taoïsme.
1938 – G. Dumézil découvre la « trifonctionnalité indo-européenne ».
– M. Griaule fait découvrir l'ésotérisme négro-africain *(Masques dogons)*.
1941 – G. Scholem, *Les Grands Courants de la mystique juive*.
1943 – R. Linton crée le concept de nativisme, retour aux traditions.
1945 – A. Posnansky date Tiahuanaco de 15 000 ans !
– Maria Reiche étudie les tracés de Nazca (Pérou).
– découverte de la bibliothèque de Nag Hammadi : 45 textes gnostiques, dont l'*Évangile selon Thomas*.
1947-1956 – découverte des manuscrits de la mer Morte (MMM), à Qumrân : les Esséniens.

CHRONOLOGIE DE L'ÉSOTÉROLOGIE ORIENTALISTE

À PARTIR DES PREMIERS ÉSOTÉROLOGUES (1948)

1948 – Marcel Griaule recueille la tradition d'un sage dogon (Mali) *(Dieu d'eau)*.
– E. de Martino étudie le rapport entre magie et parapsychologie *(Le Monde magique)*.
1950 – A. Dupont-Sommer reconnaît dans les manuscrits de la mer Morte des textes esséniens.
1951 – M. Eliade, *Le Chamanisme et les Techniques archaïques de l'extase*.
1953 – H. Corbin décèle l'ésotérisme d'Avicenne (Ibn Sinâ).
1954-1971 – J. Needham, *Science and Civilization in China*.
1955 – Ed. Conze lance l'étude scientifique des *Prajñâ-pâramitâ-sûtra* (Bouddhisme mahâyâna).
– Ajit Mookerjee lance l'étude scientifique de l'art tantrique.
1956 – H. Corbin fait découvrir l'ésotérisme shî'ite (surtout imâmite).
– mode du Zen : A. Watts *(The Way of Zen)*.
– 1re édition de l'*Évangile selon Thomas* (140 ?), gnostique, en copte.
1957 – G. Condominas lance l'étude scientifique du chamanisme des Proto-indochinois.
– Lilian Silburn étudie le Shivaïsme du Cachemire (France).
– diffusion en Occident de la méditation transcendantale : le mahârishi Mahêsh Yogî.
1957-1960 – fouilles à Hacilar (Turquie) par J. Mellaart.
1958 – J. Daniélou admet un « ésotérisme judéo-chrétien » *(Théologie du judéo-christianisme)*.
– Cl. Lévi-Strauss : approche structuraliste *(Anthropologie structurale)*.
1959-1970 – mode de l'ésotérisme hindou en Occident : gourou, âshram, Krishna...
1960 – D. Zahan, *Sociétés d'initiation Bambara* (au Mali).
1961 – Amadou Hampâté Bâ recueille les textes initiatiques des Peuls.
1961-1965 – fouilles à Chatal Höyük (auj. Boghazköy, Turquie) par J. Mallaart.
1965 – Robert Charroux : approche primhistorique de l'ésotérisme (passé fabuleux).
1966 – Carl Sagan : approche ufologique de l'ésotérisme (engins extraterrestres).
– 1er congrès d'études gnostiques, à Messine (U. Bianchi).
1966-1968 – destruction de la culture lamaïste (Tibet) par les Chinois maoïstes.
1968 – mode du chamanisme amérindien : C. Castaneda *(The Teachings of Don Juan)*.
– G. Reichel-Dolmatoff lance l'étude scientifique du chamanisme des Tukano (Indiens d'Amazonie).
1969 – S. Shaked tient le Zoroastrisme pour un ésotérisme *(Esoteric Trends in Zoroastrianism)*.
1970-1982 – 1re édition du *Codex manichéen de Cologne*, en grec.
1971 – Ariane Macdonald décèle la religion Tsug (>Gtsug), tibétaine.
– mode des lamas tibétains : monastères en France.
– 1er congrès international d'études mithriaques (à Manchester).
1971-1972 – H. Corbin, *En Islam iranien*.
1972 – le temple de Philae déplacé.

1973 – M. Smith découvre une lettre de Clément d'Alexandrie parlant d'un Évangile secret de Marc *(Clement of Alexandria and a Secret Gospel of Mark)*.
1974 – mode des guérisseurs philippins.
1975 – découverte des archives d'Ebla (Syrie), par P. Matthiae : les Sémites occidentaux.
1977 – American Indian Religious Freedom Act : liberté de culte pour les Amérindiens.
1981 – J. Goody étudie les traditions ésotériques orales *(Une récitation du Bagré)*.
1986 – G. G. Stroumsa tient le Manichéisme pour un ésotérisme *(Esotericism in Mani's Thought and Background)*.
1987 – *Yeelen*, film malien sur l'initiation, prix du jury de Cannes.
1988 – le suaire de Turin officiellement daté des années 1260-1390.
1991 – International Society for Shamanic Studies.

Bibliographie de l'ésotérisme non occidental

ANTHOLOGIES

G. PAUTHIER, *Les Livres sacrés de toutes les religions sauf la Bible* (1857), rééd. 1866, J.-P. Migne éditeur, t. 1 : XXX-764 p. (Chine, *Coran*), t. 2 : 819 p. (Hindouisme, Bouddhisme, Mazdéisme).
L. LEBLOIS, *Les Bibles et les Initiateurs religieux de l'humanité*, Fischbacher, Paris et Strasbourg, 1883-1889, 6 t. Vieilli.
J. B. PRITCHARD, *Ancient Near Eastern Texts Relating to the Old Testament* (1950), 2ᵉ éd. 1955, Princeton UP, XXI-544 p. Textes égyptiens, akkadiens, etc., traduits par les meilleurs orientalistes.
Solange LEMAÎTRE, *Textes mystiques d'Orient et d'Occident*, Plon, 1955, 3 t.
Collection « Sources orientales », Éditions du Seuil, 1959-1963, 6 t., dont *La Naissance du monde* (1959, 507 p.), *Le Monde du sorcier* (1966, 394 p.). Précieux.
Collection « Le Trésor spirituel de l'humanité », Planète puis Fayard-Denoël, 1967-1977 : *Les Religions d'Afrique noire* (1969, 407 p.), *Les Religions du Proche-Orient asiatique* (1970, 583 p.), *L'Hindouisme* (1972, 695 p.), *Le Bouddhisme* (1977, 524 p.). On ne peut mieux !
M. DE SMEDT, *Textes sacrés d'Orient. Inde, Tibet, Chine, Japon*, rééd. Belfond, coll. « Initiation et Connaissance », 1985, 256 p. Références : absentes ; spiritualité : présente !

BIBLIOGRAPHIES

Pour les ouvrages relatifs à l'ésotérisme il faut recourir à diverses sources :
• bibliographies spécialisées, par exemple Th. C. CLARIE, *Occult Bibliography. An Annotated List of Books Published in English, 1971 through 1975*, Scarecrow Press, Londres, 1978, XXVII-454 p. ;
• catalogues d'éditeurs d'ouvrages ésotériques : Albin Michel, Dervy-Livres, Éditions Traditionnelles, Éditions du Seuil, Maisnie-Trédaniel, Maisonneuve et Larose, Archè, Shambala Publications (en anglais), E. J. Brill (international)... ;
• catalogues de librairies spécialisées dans l'ésotérisme : Astres, Diffusion Rosicrucienne, Table d'émeraude, Librairie de la Cathédrale (57360 Amnéville)... ;

- comptes rendus de revues spécialisées dans l'ésotérisme : *ARIES, Connaissance des religions, Études Traditionnelles, L'Initiation, Vers la Tradition*... ;
- inventaires de bibliothèques occultes, par exemple, R. PHILIPON, *Stanislas de Guaïta et sa bibliothèque occulte*, 1899, rééd. Gutenberg Reprints, 1980, 328 p. ;
- rubriques « sciences occultes » ou « religions » des bibliographies : *Les Livres disponibles* (Éditions du Cercle de la Librairie), *Books in Print* (R. R. Bowker, New York et Londres), *Subject Index of Modern Books* (British Library), *Religions Index Two. Multi-Author Works* (American Theological Library Association, Chicago), revue *Livres Hebdo*.

Pour les revues, voir *infra*.

Catalogue de tous les livres disponibles en langue française :
- *Les Livres disponibles*, Éditions du Cercle de la Librairie ;
- par Minitel : 08 3617 ÉLECTRE ;
- sur CD-ROM : Cercle de la Librairie.

Pour les thèses universitaires (depuis 1972) : Fichier national des thèses de Nanterre (université Paris-X) :
- par Minitel : 08 3615 SUNK + (choix) THE ;
- sur CD-ROM : CD-Thèses, diffusion Chadwyck-Healey.

BIOGRAPHIES

Abd el-Kader (>'Abd al-Qâdir al-Jazâ'irî, Soufi et guerrier algérien, 1808-1883) : P. AZAN, *L'Émir Abd el-Kader (1808-1883). Du fanatisme musulman au patriotisme français*, Hachette, 1925.

'Alî Ibn Abû Tâlib (Ier Imâm shî'ite, † 661) : H. CORBIN, *En Islam iranien : aspects spirituels et philosophiques* (1972-1973), Gallimard, coll. « Tel », n°s 179-182, 1991, 4 t.

Ânanda Moyî (femme hindoue, 1896-1982) : B. DHINGRA, *Visages de Mâ Ânandamayi*, Cerf, 1981, 175 p.

Bouddha (le) (558 ?-478 ? av. J.-C.) : A. FOUCHER, *La Vie du Bouddha d'après les textes et les monuments de l'Inde*, A. Maisonneuve, 1949, 383 p. ; A. BAREAU, *Recherches sur la biographie du Bouddha dans les Sûtra-pitaka et les Vinayapitaka anciens*, ÉFEO (École française d'Extrême-Orient), n°s 53 et 77, A. Maisonneuve, 1963-1971, 2 vol. en 3 t.

Cheval Fou (chamane et guerrier sioux, 1841-1877) : Mari SANDOZ, *Crazy Horse* (1942), trad. de l'anglais, Éditions du Rocher, 1994.

Derviches (Soufis disciples de al-Rûmî, turcs, 1284 ss.) : AFLÂKÎ, *Les Saints des derviches tourneurs* (1355), trad. Cl. Huart (1918), Sindbad, 872 p.

Fou-hi (>Fuxi, premier Auguste, 2852 ? av. J.-C.) : *Le Livre des mutations. Yi king* (>*Yi jing*, XXIXe s. av. J.-C.-VIe s. ap. J.-C.), trad. P. L. F. PHILASTRE, *Le Yiking ou Livre des changements de la dynastie des Tsheou* (Annales du musée Guimet, 1885-1893), J. Maisonneuve, 1982, 2 t., 888 p. ; SSEU-MA TS'IEN, *Les Mémoires historiques* (91 av. J.-C.), trad. partielle Édouard Chavannes, 1895-1905, A. Maisonneuve, 1969, 6 t., 3 052 p.

Gilgamesh (roi sumérien, 2650 av. J.-C.) : J. BOTTÉRO, *L'Épopée de Gilgamesh. Le Grand Homme qui ne voulait pas mourir*, Gallimard, 1992, 299 p.

Hésychastes (les yogins du Christianisme, 305 ss.) : J.-Y. LELOUP, *Écrits sur l'hésychasme. Une tradition contemplative oubliée*, Albin Michel, coll. « Spiritualités vivantes », n° 86, 1990, 237 p.

Houei-neng (le fondateur de la méditation bouddhique subitiste, 638-713) : HOUEI-NENG, *Discours et Sermons*, trad., Albin Michel, coll. « Spiritualités vivantes », n° 42, 1984, p. 35-54 (« autobiographie »).

Ibn 'Arabî (le grand penseur du Soufisme, 1165-1241) : Cl. ADDAS, *Ibn 'Arabî ou la Quête du soufre rouge*, Gallimard, 1989, 407 p.

Imhotep (>Imouthès, architecte, grand-prêtre d'Héliopolis, 2720 av. J.-C.) : P. MONTLAUR, *Imhotep, le sage du Nil*, Albin Michel, 1984, 344 p.

Jésus († 30 ?) : Évangile selon saint Luc (vers 80 ?).

Karma-pa (école lamaïste, 1185 ss.) : N. DOUGLAS et M. WHITE, *Karmapa. Le Lama à la coiffe noire du Tibet* (1976), trad. de l'anglais, Archè de Toth, Milan, 1979, 252 p. Biographies des abbés karma-pa.

Lao-tseu (513 ? av. J.-C.) : M. KALTENMARK, *Lao-tseu et le Taoïsme* (1965), Éditions du Seuil, série « Maîtres spirituels », n° 34, 1976, 190 p. Lumineux et éclairant.

Machig Lapdron (femme lamaïste, 1055-1145) : Tsultrim ALLIONE (née Joan Rousmanière Ewing), *Women of Wisdom* (1984), Arkana, Londres, 1986, 282 p., p. 143 *sq*.

Mâui (héros polynésien navigateur et chamanisant, Iᵉʳ s. ? av. J.-C.) : Katherine LUOMALA, *Maui-of-a-Thousand-Tricks. His Oceanic and European Biographers*, B.P. Bishop Museum, bulletin n° 198, Honolulu, 1949, 300 p.

Milarépa (le grand initié lamaïste, 1040-1123) : RECHUNG DORJE DRAGPA (>Ras.chung Rdo.rje Grags.pa), *Vie de Jetsün Milarepa. Jetsün Kahbum* (v. 1130), trad. J. BACOT (*Milarepa : ses méfaits, ses épreuves, ses illuminations*, trad. du tibétain, 1925, Fayard, 1990, 271 p.) ou trad. W. E. Evans WENTZ et lama KAZI DAWA-SAMDUP (*Vie de Jetsün Milarepa*, 1928, trad., A. Maisonneuve, 1955, 363 p.). Le plus célèbre initié tibétain.

Moïse (législateur des Hébreux, 1230 ? av. J.-C.) : É. GILLABERT, *Moïse et le Phénomène judéo-chrétien*, Métanoïa, Marsanne, 1976, 285 p. (approche gnostique) ; A. D. GRAD, *Moïse l'hébreu*, Éditions du Rocher, coll. « Gnose », 1985 (approche kabbalistique).

Muhammad (>Mahomet, 570 ?-632) : IBN HISHAM († 834), *Vie du Prophète de Dieu. Kitâb Sîrat Rasûl Allâh*, trad. anglaise A. GUILLAUME : *The Life of Muhammad* (1955), Oxford UP, Londres, Karâchi, 1980 ; M. LINGS, *Le Prophète Muhammad. Sa vie d'après les sources les plus anciennes* (1983), trad. de l'anglais, Éditions du Seuil, 1986, 431 p.

Musulmans (622 ss.) : É. DERMENGHEM, *Vies des saints musulmans* (Alger, 1942), Sindbad, 1983, 336 p. ; S. H. NASR, *Three Muslim Sages. Avicenna, Suhrawardî, Ibn 'Arabî*, Harvard UP, Cambridge, États-Unis, 1963, 185 p.

Padmasambhava (le fondateur du Lamaïsme et du tantrisme tibétain, 747) : *Le Dict de Padma. Padma thang yig* (xvᵉ s.), trad. du tibétain G. Ch. Toussaint (1933), Éditions orientales et PUF, 1979, 540 p.

Prophètes juifs (dès 1200 av. J.-C.) : Nicolas FONTAINE, *Vie des Prophètes*, 1685, Paris, 852 p.

Quatre-vingt-quatre Mahâsiddha (Grands Parfaits, hindouistes ou bouddhistes, indiens ou tibétains, dès 650) : Toni SCHMID, *The Eighty-Five Siddhas*, Stockholm, 1958, 171 p., 17 pl. ; Mme. A. SHRI, *La Vie merveilleuse de 84 Grands Sages de l'Inde bouddhiste ancienne*, trad. du tibétain, 1988, 343 p.

Quetzalcóatl (héros précolombien ?, 947) : J. Lopze-Portillo y Pachico, *Quetzalcoatl*, trad. de l'espagnol, Gallimard, 1978, 233 p.

Râbi'a al-'Adawiyya (femme soufie, † 801) : Margaret Smith, *Al-Ghazâlî the Mystic*, University Press, Cambridge, 1928, xxv-219 p. Confond Râbi'a al-'Adawiyya avec Râbia al-Shâmiyya, autre Soufie.

Râmakrishna (le plus grand mystique de l'Hindouisme moderne, 1834-1886) : Romain Rolland, *La Vie de Ramakrisna* (1929), Stock, 1978, 320 p.

Shankara (le penseur du système hindouiste Vedânta non dualiste, 700-750 ?, 780-830 ?) : P. Martin-Dubost, *Çankara et le Vedânta*, Éditions du Seuil, série « Maîtres spirituels », n° 39, 1973, 189 p.

Soufis (v. 670 ss.) : Farîd al-Dîn al-'Attâr, *Le Mémorial des saints* (1230), trad. de la version ouïghour (1437) A. Pavet de Courteille (1890), Éditions du Seuil, coll. « Points. Sagesses », n° 6, 1976, 313 p.

Syméon le Nouveau Théologien (penseur et mystique de l'Hésychasme, 949-1022) : Nicétas Stéthatos, *Un grand mystique byzantin. Vie de Siméon le Nouveau Théologien* (xie s.), trad. I. Hausherr, Institut pontifical des études orientales, Rome, 1928, xcv-255 p.

Taoïstes (dès 513 ? av. J.-C.) : Lieou-hiang (>Liuxiang), *Biographies légendaires des Immortels taoïstes de l'Antiquité. Lie-sien tchouan* (>Liexianzhuan, env. 50 av. J.-C.), trad. M. Kaltenmark, Centre d'études sinologiques franco-chinoises, 1953.

Tch'anistes (Bouddhistes chinois de la méditation, dès 524) : Maryse et M. Shibata, *Les Maîtres du Tch'an (Zen) en Chine*, Maisonneuve et Larose, coll. « Lumière d'Asie », 1985, 228 p. T. 1 seul paru.

Tche-yi (>Zhiyi, fondateur de l'école bouddhiste T'ien-t'ai, 538-597) : H. Hurvitz, *Chih-I (538-597). An Introduction to the Life and Ideas of a Chinese Buddhist Monk* (1960-1962), Mélanges chinois et bouddhiques, t. 12, Institut belge des hautes études chinoises, Bruxelles, 1980, 380 p.

Wapiti Noir (Heha'ka Sapa, chamane sioux, 1834-1950) : J. G. Neihardt éd., *Élan Noir parle. La Vie d'un saint homme des Sioux oglalas* (1932), trad. de l'anglais, Le Mail, 1987, 280 p. (pour la version hagiographique) ; R. J. DeMallie, *The Sixth Grand Father. Black Elk's Teachings given to John G. Neihardt*, University of Nebraska, Lincoln, 1984, xxix-452 p. (pour la version historique).

Wei Po-yang (alchimiste taoïste, 142) : T. L. Davis, « Wei Po-Yang, Father of Alchemy », *Journal of Chemical Education*, 1935, t. 12.

Yeshe Tsogyel (>Ye-shes Mtsho-rgyal, femme lamaïste, 757-817) : Keith Dowman (traduction), *Sky Dancer. The Secret Life and Songs of the Lady Yeshe Tsogyel*, Mathuen, Londres, 1984, 350 p.

Zarathushtra (594 ? av. J.-C.) : M. Molé, *La Légende de Zoroastre d'après les textes pehlevis*, éd. Klincksieck, 1967, 323 p.

Zénistes (Bouddhistes japonais de la méditation, dès 1191) : Maryse et M. Shibata, *Les Maîtres du Zen au Japon* (1969), Robert Laffont (VPC), coll. « Les Grands Initiés », 1974.

COLLECTIONS (par ordre chronologique)

« Patrologiae cursus completus », I : *Patres graeci* (*Patrologia Graeca* : PG), J.-P. Migne dir., 1844-1866, 161 vol. + 2 index. Textes en grec, avec traduction latine. Quelques Pères de l'Église, chrétiens donc, écrivant en grec, sont ésotéristes et d'Orient, par exemple le pseudo-Denys l'Aréopagite (un Syrien du Ve s.), et en un sens Clément d'Alexandrie.

« The Chinese Classics », J. Legge, 1861-1872, 5 t. en 8 vol., Trübner (apud *Sacred Books of the East* : n°s 3, 16, 27, 28...), rééd. Hong Kong UP, 1960.

« Sacred Books of the East » (SBE), éd. Clarendon Press, Oxford, F. M. Müller dir., 50 t., 1879-1910, rééd. Delhi, éd. Motilal Banarsidass 1965-1969 (2 t. pour les *Upanishad* : F. M. Müller ; 5 t. pour la Chine : J. Legge ; 3 t. pour l'*Avesta* : J. Darmesteter ; etc.).

« Sacred Books of the Buddhists » (SBB), Pali Text Society (PTS), Clarendon Press, Oxford, 1895-1964, 23 t.

« Corpus Scriptorum Christianorum Orientalium » (CSCO), J.-B. Chabot dir., 1903 ss. Textes chrétiens syriaques, coptes, arabes et éthiopiens, dont quelques-uns ésotéristes, par exemple l'*Hymne à la perle* (in *Actes de Thomas*).

« Patrologia Orientalis » (PO), éd. Firmin-Didot, R. Graffin et F. Nau (prince Max de Sace) dir., 1903-1914, 200 t. environ, Turnhout.

« Sacred Books of the Hindus » (SBH), S. Basu dir., 1909-1937, 32 t. + 6, Allâhabad.

« Tantrik Texts », éd. Ganesh (Madras) ou éd. Luzac (Londres), A. Avalon, 1913 ss.

« Sources chrétiennes », Cerf, H. de Lubac et A. Daniélou dir., 1942 ss., 400 t. en 1995. Textes théologiques et spirituels des premiers siècles du Christianisme.

« Spiritualités vivantes », éd. Albin Michel, J. Herbert puis M. de Smedt dir., 1946 ss. 135 titres en 1995.

« Études préliminaires aux religions orientales dans l'Empire romain » (ÉPRO), éd. E. J. Brill, Leyde, Pays-Bas, 1963 ss. : textes sur Mithra, Cybèle, Isis, la Déesse Syrienne, Sabazios..., 115 titres en 1997.

« Littératures anciennes du Proche-Orient », Cerf, 1967 ss. : *Le Livre des morts des anciens Égyptiens, Textes ougaritiques, L'Épopée de Gilgamesh...*

« Points. Sagesses », Éditions du Seuil, J.-L. Schlegel dir., 1976 ss. 110 titres en 1997.

« Bibliothèque copte de Nag-Hammadi », Presses de l'Université Laval, Québec, 1977 ss.

« Apocryphorum » du *Corpus Christianorum*, E. Dekkers dir., abbaye de Steenbrugge, Belgique, 1983 ss.

« Sources gnostiques et manichéennes », Cerf, 1984 ss., M. Tardieu dir.

« Nuage rouge », Éditions du Rocher, 1992 ss. : textes amérindiens.

DICTIONNAIRES

P. A. Riffard, *Dictionnaire de l'ésotérisme* (1983), Payot, coll. « Bibliothèque scientifique », 2e éd. 1993, 387 p. Trad. en italien, espagnol, polonais, portugais.

Dictionnaire des religions, PUF, 1984, XIV-1 830 p., nouvelle éd. 1994 en 2 t. Souvent utile, mais les articles sur l'ésotérisme valent zéro.

Dictionnaire de la sagesse orientale. Bouddhisme, Hindouisme, Taoïsme, Zen (1986), trad. de l'allemand, Robert Laffont, coll. « Bouquins », 1989, 780 p. Précis et profond, sauf pour le Bouddhisme tibétain.

ENCYCLOPÉDIES

M. ELIADE dir., *The Encyclopedia of Religion*, Macmillan, New York, 1987, 16 t. Sélection sur l'ésotérisme : Lawrence E. SULLIVAN dir., *Hidden Truths. Magic, Alchemy and the Occult*, Macmillan, New York, 1989, 281 p. (art. de M. Eliade, A. Faivre...).

A. JACOB dir., *Encyclopédie philosophique universelle*, PUF, vol. II (*Les Notions philosophiques*, 1990, 2 t., 3 344 p.), vol. III (*Les Œuvres philosophiques*, 1992, 2 t.).

P. A. RIFFARD, *L'Ésotérisme* (1990), Robert Laffont, coll. « Bouquins », 4ᵉ réimpr. 1996, 1 040 p.

LAFFONT-BOMPIANI dir., *Le Nouveau Dictionnaire des auteurs de tous les temps et de tous les pays*, Robert Laffont, coll. « Bouquins », 4 t., 1994, 3 492 p. ; *Le Nouveau Dictionnaire des œuvres de tous les temps et de tous les pays*, Robert Laffont, coll. « Bouquins », 6 t. (+ index), 1994, 7 682 p.

Dictionnaire encyclopédique de l'ésotérisme, PUF, 1997.

HISTOIRE

É. SCHURÉ, *Les Grands Initiés. Esquisse de l'histoire secrète des religions* (1889), Presses-Pocket, n° 2182, 1983 ; *Sanctuaires d'Orient. Égypte, Grèce, Palestine* (1898), Perrin, 1921, XI-436 p. Approche occultiste et lyrique.

Annie BESANT, *La Sagesse antique. Exposé général de l'enseignement théosophique* (1897), trad. de l'anglais, Adyar, 1987, p. 15-53. Approche théosophiste.

H.-Ch. PUECH dir., *Histoire des religions*, Gallimard, « Encyclopédie de la Pléiade », 1970-1976, 3 t., 1 520 p., 1 608 p., 1 472 p. Approche universitaire.

Marie-Madeleine DAVY dir., *Les Mystiques orientales* (1972), Payot, coll. « Petite bibliothèque Payot », 1996, 4 t., nᵒˢ 273-276.

M. ELIADE, *Histoire des croyances et des idées religieuses*, Payot, 1976-1983, 3 vol., 492 p., 519 p., 361 p. (ajouter son *Dictionnaire des religions*, Plon, 1990, 364 p.).

A. AKOUN dir., *Mythes et Croyances du monde entier*, Brépols, Turnhout, 1985-1991, 5 t. (*Le Monde indo-européen ; Le Monothéisme ; Afrique noire, Amérique, Océanie ; Asie...*).

ICONOGRAPHIE

Â. K. COOMARASWÂMY, *Elements of Buddhist Iconography* (1935), New Delhi, 1972, 95 p., 15 pl.

J. B. PRITCHARD, *The Ancient Near East in Pictures Relating to the Old Testament*, Princeton UP, 1954, XVI-351 p.

Série « Maîtres spirituels », Éditions du Seuil, 1956 ss. : *Mahomet, le Bouddha, Moïse, Ramakrishna, saint Grégoire Palamas, Isaïe, Rabbi Siméon bar Yochaï, Patañjali...*

Collection « Art and Imagination », Éditions du Seuil : *Le Soufisme, Tantra, Tao, Zen, Les Chamans...*

A. MOOKERJEE, *L'Art yoga* (1967), trad., Sous le Vent, 1975, 208 p.

Collection « Iconography of Religions », éd. E. J. Brill, Leyde, 1973 ss. : *Austra-*

lian Aboriginal Religion, Mandaeism, Manichaean Art and Calligraphy, Tibet : Bon Religion, etc.

Thérèse de MALLMANN, Introduction à l'iconographie du tantrisme bouddhique, A. Maisonneuve, 1975, XII-488 p.

Collection « Découvertes », Gallimard, 1986 ss. : Jésus, Les Mayas, Mahomet...

Collection « Sagesses du monde », Albin Michel, 1994 ss. : L'Âme des animaux, Les Chamanes, La Terre et le Sacré...

I. SCHWARZ-WINKLHOFER et H. BIEDERMANN, Le Livre des signes et des symboles. Les 1 500 symboles qui ont accompagné l'histoire de l'homme, trad. de l'allemand, Marabout, n° 8560, 1996, 467 p.

INTRODUCTIONS

L. PIROT et A. ROBERT puis H. CAZELLES et A. FEUILLET, Supplément au Dictionnaire de la Bible (1928 ss.), Letouzey et Ané, 62 fasc. de 128 p. Art. « Oracles », « Prophétisme », « Mystères », etc. : point de vue catholique. A. D. NOCK, The Question of the Jewish Mysteries, apud Z. STEWART et A. D. NOCK, Essays on Religion and the Ancient World, Oxford UP, 1972, t. 1, p. 459-468.

A. DERVILLE dir., Dictionnaire de spiritualité, ascétique et mystique, Beauchesne, 1930 ss., 95 fasc. (actuellement à la lettre S).

Encyclopaedia Universalis (1968-1976), nouvelle édition 1985 : Corpus (23 t.), Thesaurus-Index (4 t.), Chiffres du monde (1 t.), soit 28 200 p. Existe en CD-ROM.

J. RIES dir., L'Expression du sacré dans les grandes religions, Centre d'histoire des religions de Louvain-la-Neuve, 1978-1986, 3 t.

J. BROSSE, Les Maîtres spirituels, Bordas, coll. « Les Compacts », 1989, 256 p.

MONOGRAPHIES : géographie

Afrique blanche : É. DOUTTÉ, Magie et Religion dans l'Afrique du Nord (1909), A. Maisonneuve, 1984, 617 p.

Afrique noire primitive : L. V. THOMAS et R. LUNEAU, La Terre africaine et ses religions (1975), L'Harmattan, 1986, 336 p. ; Anne STAMM, Les Religions africaines, PUF, coll. « Que sais-je ? », n° 632, 1995, 128 p. (chap. IV : « Ésotérie africaine »).

Amérique du Nord primitive : Å. HULTKRANTZ, Religions des Indiens d'Amérique. Des chasseurs des plaines aux cultivateurs du désert (1987), Le Mail, 1993, 202 p.

Amérique du Sud primitive : A. MÉTRAUX, Religions et Magies indiennes d'Amérique du Sud, Gallimard, 1967, 290 p. (posthume).

Amérique précolombienne : Doris HEYDEN, Le Réveil du serpent à plumes et l'Univers des dieux aztèques, Trismégiste, 1988, 103 p. ; F. SCHWARTZ, Les Traditions de l'Amérique ancienne, Dangles, 304 p., 200 fig.

Anatolie ancienne : R. LEBRUN, Les Hittites et le Sacré, et Le Sacré chez les Hourrites, apud L'Expression du sacré dans les grandes religions, Publications du Centre d'histoire des religions de Louvain-la-Neuve, coll. « Homo religiosus », n° 1 et n° 2, t. 1 (1978) et t. 2 (1983).

Asie : Dictionnaire de la sagesse orientale. Bouddhisme, Hindouisme, Taoïsme, Zen (1986), trad. de l'allemand, Robert Laffont, coll. « Bouquins », 1989,

752 p. ; A. Akoun dir., *L'Asie. Mythes et Traditions* (1988), Brépols, Turnhout, 1991, 492 p.
Australie : M. Eliade, *Religions australiennes* (1967), Payot, « Petite bibliothèque Payot », n° 206, 1972, 200 p. ; A. P. Elkin, *Aboriginal Men of High Degree* (1945), Saint Martin's Press, 1977, 148 p.
Chine : M. Granet, *La Pensée chinoise* (1934), Albin Michel, coll. « L'Évolution de l'humanité », n° 3, 1980, 576 p. Translucide.
Corée : E. Guisso et Chai-Shin Yu, *Shamanism. Spirit World of Korea*, Asian Humanities Press ; « Chamanisme coréen », *Cahiers d'Extrême-Asie*, n° 6, 1991-1992, ÉFEO, 338 p.
Égypte ancienne : S. Sauneron, *Les Prêtres de l'ancienne Égypte* (1957), Perséa, 1988, 207 p. (approche exotérique) ; René Schwaller de Lubicz, *Le Miracle égyptien* (1963), Flammarion, coll. « Champs », n° 31, 1978, 316 p. (approche ésotérique).
Indonésie : W. Stöhr et P. Zoetmulder, *Les Religions d'Indonésie* (1965), trad., Payot, 1968, 392 p. ; M. Ottin et A. Bensa, *Le Sacré à Java et à Bali*, Robert Laffont, 1969, 243 p.
Iran : G. Widengren, *Les Religions de l'Iran* (1965), trad. de l'allemand, Payot, coll. « Les Religions de l'humanité », 1968, 422 p. ; H. Corbin, *En Islam iranien. Aspects spirituels et philosophiques* (1972-1973), Gallimard, coll. « Tel », n°s 179-182, 1991, 4 t.
Japon : Marie-Madeleine Davy dir., *Les Mystiques orientales* (1972), Payot, 1996, t. 4 ; Carmen Blacker, *The Catalpa Bow. A Study of Shamanism Practices in Japan* (1975), Allen and Unwin, Londres, 1986, 316 p., 16 pl.
Mélanésie : M. R. Allen, *Male Cults and Secret Initiations in Melanesia*, Cambridge UP, Londres, 1967, ix-140 p.
Mésopotamie : J. Bottéro, *Lorsque les dieux faisaient l'homme. Mythologie mésopotamienne*, Gallimard, 1989, 755 p.
Mexique : C. Lumholtz, *Unknown Mexico* (1902), M.S. Press, New York, 1973, 2 t. ; F. Schwarz, *Les Traditions de l'Amérique ancienne*, Dangles, 304 p.
Mongolie : M. Percheron, *Dieux et démons, lamas et sorciers de Mongolie*, Denoël, 1953, 270 p. ; G. Tucci et W. Heissig, *Les Religions du Tibet et de la Mongolie* (1970), trad. de l'allemand, Payot, coll. « Les Religions de l'humanité », 1973, 517 p.
Océanie : H. Nevermann, E.-A. Worms, H. Petri, *Les Religions du Pacifique et d'Australie* (1968), trad. de l'allemand, Payot, 1972, 391 p. La science froide dans les mers chaudes.
Pérou : L. Baudin, *La Vie quotidienne au temps des derniers Incas*, Hachette, 1955, 303 p. ; R. Charroux, *L'Énigme des Andes. Les Pistes de Nazca. La Bibliothèque des Atlantes*, Robert Laffont, 1974, 394 p., 75 photos (laisse rêveur) ; L. Luna, *Vegetalismo. Shamanism among the Mestizo Population of the Peruvian Amazona*, Almqvist, Stockholm, 1986, 302 p.
Polynésie : W. Ellis, *À la recherche de la Polynésie d'autrefois* (*Polynesian Researches*, 1831-1832), trad., Publications de la Société des océanistes (PSO), n° 25, Musée de l'Homme, 1972, 2 t., 945 p. Un missionnaire étonné par le paradis.
Sibérie : H. N. Michael dir., *Studies in Siberian Shamanism*, Toronto, Canada, 1963, 229 p. ; *Histoire des religions*, Gallimard, « Encyclopédie de la Pléia-

de », t. 3, p. 887-955 (peuples arctiques), 955-982 (peuples altaïques de Sibérie).
Syrie ancienne : F. CUMONT, Études syriennes, Picard, 1917 (p. 258 sq. sur Bêl) ; J. CAUVIN, Religions néolithiques de Syro-Palestine, J. Maisonneuve, 1972, 140 p., 34 pl. ; Encyclopédie de l'Islam, 2ᵉ éd., en cours, Leyde, 1954 ss.
Tibet : Anne-Marie BLONDEAU, Les Religions du Tibet, apud Histoire des religions, Gallimard, « Encyclopédie de la Pléiade », t. 3, 1976, p. 233-329.
Viêt-nam : L. CADIÈRE, Croyances et Pratiques religieuses des Vietnamiens (1944-1957), Bulletin de la Société des études indochinoises, t. 33, 1958, 245 p. ; Nguyên TRÂN HUÂN, Les Sectes religieuses au Viêt-nam, apud Histoire des religions, Gallimard, « Encyclopédie de la Pléiade », t. 3, 1976, p. 449-473.

MONOGRAPHIES : mouvements ésotériques

Antinomismes (refus des normes ; à l'opposé : encratisme) : Eugène de FAYE, Gnostiques et Gnosticisme (1913), P. Geuthner, 1925, 547 p. (sur les Gnostiques « licencieux ») ; G. W. BRIGGS, Gorakhnâth and the Kânphata Yogis (1938), Motilal Banarsidass, Delhi, 1989, 380 p. (les Kânphata-yogi sont des yogi shivaîtes porteurs de gros anneaux d'oreilles, depuis 1225) ; J. VARENNE, Le Tantrisme, CAL, 1977.
Bouddhisme ésotérique : B. BHATTÂCHÂRYA, An Introduction to Buddhist Esoterism, Oxford UP, Londres, 1932 (rééd. 1964, Vârânasi) ; M. COQUET, Le Bouddhisme ésotérique japonais, Vertiges, 1986, 395 p.
Chamanismes : M. ELIADE, Le Chamanisme et les Techniques archaïques de l'extase (1951), Payot, 1967, 405 p. (approche mystique) ; M. PERRIN, Le Chamanisme, PUF, coll. « Que sais-je ? », n° 2968, 1995, 128 p. (approche ethnologique) ; J. A. GRIM, Chamane, guérisseur de l'âme (1983), trad. de l'américain, Presses-Pocket, n° 4741, 1993, 320 p.
Christianisme oriental : A. GUILLAUMONT, Aux origines du monachisme chrétien. Pour une phénoménologie du monachisme, Publications de l'abbaye de Bellefontaine, coll. « Spiritualité orientale et Vie monastique », n° 30, 1979 ; M. ALBERT et al., Christianismes orientaux. Introduction à l'étude des langues et des littératures, Cerf, 1993, 456 p.
Dualismes : Satan, Études carmélitaines, t. 27, 1946-1948, 666 p. (p. 107-119 : chez les Primitifs) ; M. ELIADE, La Nostalgie des origines, Gallimard, 1971, p. 231-311 ; A. F. SEGAL, Two Powers in Heaven. Early Rabbinic Reports about Christianity and Gnosticism, Leyde, 1977 (sur le « dualisme » juif, dont l'Essénisme).
Encratismes (continence) : G. BLOND, art. « Encratisme », Dictionnaire de la spiritualité ascétique et mystique, t. 1, 1930, col. 628-642 ; J. FILLIOZAT, « Continence et sexualité dans le Bouddhisme et les disciplines du yoga », in Laghu-Prabandhâh. Choix d'articles d'indologie, E. J. Brill, Leyde, 1974, XXV-508 p.
Fous-en-Dieu : AL-SULAMÎ (936-1021), La Lucidité implacable. Épître des Hommes du Blâme, trad. R. Deladrière, Arléa, 1991 (les Malâmatiyya, Gens du blâme, dans l'Islâm) ; (DGE.SHES BRAG.PHUG), Le Fou divin. Drukpa Kunley, yogi tantrique tibétain du XVIᵉ siècle (1966), trad. de la traduction anglaise, Albin Michel, coll. « Spiritualités vivantes », n° 33, 1982 ; J. LACARRIÈRE, Les Hommes ivres de Dieu (1961), Éditions du Seuil, coll. « Points. Sagesses », n° 33, 1983, 280 p. (débuts du monachisme chrétien dans les déserts égyptiens, dès 270).

Gnosticisme : H. JONAS, *La Religion gnostique. Le Message du Dieu étranger et les Débuts du Christianisme* (1958), trad. L. Évrad, Flammarion, 1978, 506 p. ; M. TARDIEU et P. HADOT, art. « Gnostiques », apud *Encyclopaedia Universalis*, t. 8, p. 656-664. De même qu'il existe un Chamanisme non sibérien, il existe un Gnosticisme préchrétien, c'est-à-dire proche du Judaïsme (E. M. YAMAUCHI, *Pre-Christian Gnosticism*, Eerdmans, Grand Rapids, 1973, 208 p.) et un Gnosticisme non chrétien c'est-à-dire extérieur à la religion judéo-chrétienne (voir par ex. A. PRAJÑĀNANDA, *Jñāna et Prajñā. Gnose et Prognose*, Archè de Thoth, Milan, 1981, 240 p.).

Hassidisme médiéval et Hassidisme moderne : I. G. MARCUS, *Piety and Society. The Jewish Pietists of Medieval Germany*, E. J. Brill, Leyde, 1981, XVI-204 p. ; J. BAUER, *Les Juifs hassidiques*, PUF, coll. « Que sais-je ? », n° 2830, 1994, 128 p. (sur le Hassidisme moderne).

Hindouisme : R. GUÉNON, *Introduction générale à l'étude des doctrines hindoues* (1921), Maisnie-Trédaniel, 1983, 316 p. ; J. HERBERT, *Spiritualité hindoue* (1947), Albin Michel, coll. « Spiritualités vivantes », n° 8, 1972, 573 p.

Islâm ésotérique : F. SCHUON, *Comprendre l'Islam* (1961), Éditions du Seuil, coll. « Points. Sagesses », n° 7, 1976, 184 p. ; *Encyclopédie de l'Islam*, 2ᵉ éd., en cours, Leyde, 1954 ss.

Judaïsme ésotérique : G. SCHOLEM, *Les Grands Courants de la mystique juive* (1941), trad. de l'anglais, Payot, 1968, 432 p. ; A. ABÉCASSIS et G. NATAF, *Encyclopédie de la mystique juive*, Berg international, 1977, 1527 col.

Kabbale : G. SCHOLEM, *Les Grands Courants de la mystique juive* (1941), éd. cit. ; R. GOETSCHEL, *La Kabbale*, PUF, coll. « Que sais-je ? », n° 1105, 1985, 128 p.

Lamaïsme (Bouddhisme tibétain) : Alexandra DAVID-NÉEL, *Mystiques et Magiciens du Tibet* (1929), Presses-Pocket, n° 1821, 1980, 310 p. ; KALOU RINPOCHE, *La Voie du Bouddha selon la tradition tibétaine*, trad., Éditions du Seuil, coll. « Points. Sagesses », 1993, 423 p.

Manichéisme : G. G. STROUMSA, *Savoir et Salut* (art. 1979-1989), chap. 12 : *L'Ésotérisme dans la pensée et l'univers de Mani*, Cerf, 1992, p. 227-242.

Mazdéisme : J. DUCHESNE-GUILLEMIN, *La Religion de l'Iran ancien*, PUF, coll. « Mana », 1962, 412 p.

Monothéismes : H. CORBIN, *Le Paradoxe du monothéisme* (1976-1977), Le Livre de poche, coll. « Biblio Essais », n° 4167, 1992, 221 p.

Mystères : *Supplément au « Dictionnaire de la Bible »* (1928 ss.), art. « Mystères », Letouzey et Ané, t. 6, 1960, col. 1-226 ; E. R. GOODENOUGH, *By Light, Light. The Mystic Gospel of Hellenistic Judaism*, Yale UP, New York, 1935, XV-436 p. ; M. ELIADE, *Histoire des croyances et des idées religieuses*, Payot, 1976-1983, t. 1 p. 53 *sq.*, 309 *sq.*, 461 *sq.*, t. 2 p. 265 *sq.*, 279 *sq.*

Néolithique : J. MELLAART, *Çatal Höyük. Une des premières villes du monde* (1967), trad., Jardin des arts – Tallandier, 1971, 232 p. ; J. CAUVIN, *Religions néolithiques de Syro-Palestine*, J. Maisonneuve, 1972, 140 p., 34 pl. ; M. ELIADE, *Histoire des croyances...*, t. 1.

Paléolithique : E. J. BAUMGARTNER, *The Cultures of Prehistoric Egypt*, Oxford, 1955-1960, 2 t. ; M. BRÉZILLON, *Dictionnaire de la préhistoire*, Larousse, 1969 ; *Dictionnaire des religions*, PUF, 1993, art. « Paléolithique », « Tassili N-Ajjer ».

Protohistoire : M. ELIADE, *Traité d'histoire des religions* (1949), Payot, 1968 ;

G. RACHET, *Dictionnaire de l'archéologie*, Robert Laffont, coll. « Bouquins », 1983, 1 052 p.

Revivalismes : *Histoire des religions*, Gallimard, « Encyclopédie de la Pléiade », t. 3, 1976, p. 180-1276 ; Bryan R. WILSON, *Magic and the Millenium*, Heinemann Educational Books, Londres, 1973, XI-547 p.

Shâktisme : A. AVALON (=sir J. Woodroffe), *Shakti and Shakta. Essays and Addresses on the Shakta Tantra Shastra* (1919), Dover Publications, 1974, XIV-529 p., trad. partielle et médiocre (*Introduction à l'hindouisme tantrique*, Dervy-Livres/Trismégiste, 1983, 224 p.) ; art. « Sâkti » apud *Encyclopaedia Universalis*, t. 16, p. 390-391.

Shî'isme (Imâmisme, Ismâ'îlisme...) : H. CORBIN, *En Islam iranien. Aspects spirituels et philosophiques* (1972-1973), Gallimard, coll. « Tel », n°s 179-182, 1991, 4 t. ; M. A. AMIR-MOEZZI, *Le Guide divin dans le Shî'isme originel. Aux sources de l'ésotérisme en Islam*, coll. « Islam spirituel », Verdier, 11220 Lagrasse, 1992, 379 p.

Shingon : M. KIYOTA, *Shingon Buddhism. Theory and Practice*, Buddhist Books International, Tôkyô, 1978, VIII-178 p.

Soufisme : T. BURCKHARDT, *Introduction aux doctrines ésotériques de l'Islam* (1953), trad. de l'allemand, Dervy-Livres, 1969, 185 p. ; M. LINGS, *Qu'est-ce que le Soufisme ?* (1975), trad., Éditions du Seuil, coll. « Points. Sagesses », n° 10, 1977, 182 p.

Tantrayâna (tantrisme bouddhique) : A. WAYMAN, *The Buddhist Tantras. Light on Indo-Tibetan Esotericism*, Routledge and Kegan Paul, Londres, 1974, XIII-247 p. ; R. SAILEY, *Le Bouddhisme tantrique indo-tibétain, ou Véhicule du diamant*, Présence, Sisteron, 1980.

Tantrisme hindou : J. EVOLA, *Le Yoga tantrique* (1925), trad. de l'italien, Fayard, 1971, 319 p. ; Ph. RAWSON (1973), trad., Arts et Métiers graphiques, 1973, 225 p., 176 photos ; J. VARENNE, *Anthologie du tantrisme*, Grasset, coll. « Écritures sacrées », 1995, 288 p.

Taoïsme : M. KALTENMARK, *Lao-tseu et le Taoïsme*, série « Maîtres spirituels », n° 34, 1965, 160 p. ; Isabelle ROBINET, *Histoire du taoïsme des origines au XIVe siècle*, Cerf, 1991, 269 p.

Tch'an : *Tch'an, Zen. Racines et Floraisons*, Hermès. Recherches sur l'expérience spirituelle, Les Deux Océans, 1985, p. 387-426 ; art. « Chan » apud *Encyclopaedia Universalis*, t. 4, p. 604-614 ; *Bouddhisme Tch'an/Zen*, Cahiers d'Extrême-Asie, n° 7, 1993-1994, 482 p.

Tendai : J. KYODO, *Introduction à l'étude du Tendai japonais*, apud *Mélanges offerts à M. Charles Haguenauer*, Collège de France, L'Asiathèque, 1980.

T'ien-t'ai : P. L. SWANSON, *The Flowering of the Two Truths Theory in Chinese Buddhism*, Asian Humanities Press, Berkeley, 1989.

Védisme : L. RENOU et J. FILLIOZAT, *L'Inde classique* (1947), J. Maisonneuve, t. 1, 1991, p. 270-380.

Yoga : J. MASUI dir., *Yoga. Science de l'homme intégral*, Cahiers du Sud, 1953, 366 p. (un festival : Eliade, Schuon, Guénon, Evola...) ; M. ELIADE, *Le Yoga. Immortalité et Liberté* (1954), Payot, « Petite bibliothèque Payot », n° 120, 1968, 434 p.

Zen : D. T. SUZUKI, *Essais sur le Bouddhisme zen* (1927-1934), trad. de l'anglais, éd. Albin Michel, coll. « Spiritualités vivantes », 1972, n°s 9, 10, 11, 3 t., 1 266 p.

Zoroastrisme : G. WIDENGREN, *Les Religions de l'Iran* (1965), trad. de l'allemand, Payot, 1968, 424 p. ; S. SHAKED, *Esoteric Trends in Zoroastrianism*, Jérusalem, 1969.

MONOGRAPHIES : thèmes ésotériques

Agriculture : M. ELIADE, *Traité d'histoire des religions* (1949), Payot, 1968, chap. IX ; Évelyne PORÉE-MASPÉRO, *Étude sur les rites agraires des Cambodgiens*, Mouton, L'Homme, coll. « Le Monde d'outre-mer », n° 14, La Haye et Paris, 1962, 569 p.
Alchimie : R. ALLEAU, art. « Alchimie », apud *Encyclopaedia Universalis*, t. 1, p. 663-674 ; M. ELIADE, *Forgerons et Alchimistes* (1956), Flammarion, coll. « Champs », n° 12, 1977, 188 p. (toujours profond, mais pas toujours fiable).
Angélologie : J. RIES et H. LIMET dir., *Anges et Démons* (1987), Publications du Centre d'histoire des religions de Louvain-la-Neuve, 1988, 466 p.
Animal gardien : Ruth F. BENEDICT, « The Concept of the Guardian Spirit in North America », *Memoirs of the American Anthropological Association*, t. 29, Menasha, Wisconsin, 1923 ; I. PAULSON, « The Animal Guardian. A Critical and Synthetic Review », *History of Religions*, Chicago, t. 3, 1964, p. 202-219.
Apocalyptique : D. HELLHOLM dir., *Apocalypticism in the Mediterranean World and the Near East in Antiquity with certain emplasis on the Jewish and Christian Religions* (1979), J. C. B. Mohr, Tübingen, 1983, 877 p.
Architecture : E. BURROWS, *Some Cosmological Patterns*, apud S. H. HOOKE dir., *The Labyrinth*, SPCK, Londres, 1935, p. 47-70 ; *Symbolisme cosmique et Monuments religieux*, musée Guimet, Éditions des musées nationaux, juil. 1953, 2 t., 106 p., 48 p. ; R. A. STEIN, « Architecture et pensée religieuse en Extrême-Orient », *Arts asiatiques*, 4, 1957, p. 163-186 ; art. « Ka'aba » des Dictionnaires de l'Islâm ; D. BUISSON, *L'Architecture sacrée au Japon*, ACR, 1989, 264 p.
Arts martiaux : M. RANDOM, *Le Grand Livre des arts martiaux*, Nathan, 1977, 290 p. ; M. COQUET, *Budo ésotérique. La Voie des arts martiaux*, Or du temps, 1985, 268 p.
Astrologie : R. ALLEAU, art. « Astrologie (histoire de l') », apud *Encyclopaedia Universalis*, t. 2, p. 977-988 ; *Astrologies chinoise, indienne, arabe et occidentale*, Albin Michel, coll. « Question de », n° 62, 1985, 255 p. ; J. HALBRONN et S. HUTIN, *Histoire de l'astrologie*, Artéfact, 1986, 373 p.
Chasse : Éveline LOT-FALCK, *Les Rites de chasse chez les peuples sibériens*, Gallimard, coll. « L'Espèce humaine », n° 9, 1953, 235 p. ; H. KOCH, *Magie et Chasse au Cameroun*, Berger-Levrault, 1968, 272 p.
Cosmogonie : *La Naissance du monde*, Éditions du Seuil, coll. « Sources orientales », n° 1, 1959, 507 p. ; F. BLANQUART dir., *La Création dans l'Orient ancien*, Cerf, 1986, 526 p.
Danse : *Les Danses sacrées*, Éditions du Seuil, coll. « Sources orientales », n° 6, 1963, 494 p. ; A. TIEROU, *La Danse africaine, c'est la vie*, Maisonneuve et Larose, 1983, 144 p.
Dieux et déesses : M. ELIADE, art. « Dieux et déesses », apud *Encyclopaedia Universalis*, t. 6, p. 153-158 ; Y. BONNEFOY dir., *Dictionnaire des mythologies et des religions des sociétés traditionnelles et du monde antique*, Flammarion, 1981, 2 t., 1 232 p.

Divination : A. Caquot et M. Leibovici dir., *La Divination*, PUF, 1968, 2 t.
Drogues sacrées : W. La Barre, *The Peyote Cult* (1938), Yale University Publications, 1969, 188 p. ; L. Massignon, *Essai sur les origines du lexique de la mystique musulmane* (1922), Vrin, 2ᵉ éd. 1954, p. 96 *sq.* ; P. T. Furst dir., *La Chair des dieux. L'usage rituel des psychédéliques* (1972), trad. de l'anglais, Éditions du Seuil, 1974, 286 p. ; M. J. Harder dir., *Hallucinogens and Shamanism*, Oxford UP, 1973.
Économie et ésotérisme : J. Gernet, *Les Aspects économiques du Bouddhisme dans la société chinoise du vᵉ au xᵉ siècle*, Publications de l'ÉFEO, n° 34, 1956, xvi-331 p. ; H. A. Green, *The Economic and Social Origins of Gnosticism*, Atlanta, 1985.
Éso-astronomie : P. Billard, *L'Astronomie indienne, investigation des textes sanskrits et des données numériques*, Publications de l'ÉFEO, 1971, 181 p. ; A. Pichot, *La Naissance de la science*, t. 1 : *Mésopotamie, Égypte*, Gallimard, coll. « Folio Essais », n° 154, 1991, 313 p.
Éso-botanique : A. de Gubernatis, *La Mythologie des plantes ou les Légendes du règne végétal*, 1878-1882, 2 t. ; J. Needham, *Science and Civilization in China* (1945-1971), t. 6 : *Biology, Agriculture and Medicine*, Cambridge UP, 1986.
Éso-mathématiques : J. Needham, *Science and Civilization in China* (1945-1971), t. 3 : *Mathematics and the Sciences of the Heavens and the Earth* (1959), Cambridge UP, 1986 ; L. Renou et J. Filliozat, *L'Inde classique*, t. 2, p. 171-177 ; G. Ifrah, *Histoire universelle des chiffres* (1981), Robert Laffont, coll. « Bouquins », 1994, 2 t., 1 056 p., 1 024 p.
Éso-minéralogie : J. Needham, *Science and Civilization in China* (1945-1971), t. 3 : *Mathematics and the Sciences of the Heavens and the Earth* (1959), éd. cit.
Éso-physique : *Science et Conscience. Les deux lectures de l'univers. Colloque de Cordoue du 1ᵉʳ au 5 octobre 1979*, Stock, 1980, 500 p. ; F. Capra, *Le Tao de la physique*, Tchou, 1979, 317 p.
Éso-zoologie : C. Sourdille, *Hérodote et la Religion de l'Égypte*, E. Leroux, 1910, p. 216-251 ; *Science and Civilization in China* (1945-1971), t. 6 : *Biology, Agriculture and Medicine*, Cambridge UP, 1986 ; Claudine Fabre-Vassas, *La Bête singulière. Les Juifs, les Chrétiens et le cochon*, Gallimard, 1994, 424 p. ; *L'Âme des animaux* (1992), trad., Albin Michel, coll. « Sagesses du monde », 1994.
Extase : N. G. Holm, dir., *Religious Ectasy*, Stockholm, 1982 ; I. Couliano, *Expériences de l'extase*, Payot, 1984, 228 p. ; G. Lapassade, *La Transe*, PUF, coll. « Que sais-je ? », n° 2508, 1990, 128 p.
Femmes : R. A. Ray, *Women's Religious Lives in Non-Western Cultures*, Harper and Row, San Francisco, 1980 ; B. Lincoln, *Studies in the Rituals of Women's Initiation*, Harvard UP, Cambridge, 1981, xii-153 p. ; Nancy E. Falk et Rita M. Gross, *La Religion par les femmes (Unspoken Worlds*, 1989), trad., Labor et Fides, Genève, 1993, 448 p.
Guerriers : P. Azan, *L'Émir Abd el-Kader. Du fanatisme musulman au patriotisme français*, 1925 ('Abd al-Qâdir al-Jazâ'irî, Soufi et chef de guerre algérien, 1807-1883) ; J. N. Farquhar, « The Fighting Ascetics of India », *Bulletin of John Ryland's Library*, Manchester, 1925 ; S. Wikander, *Der arische Männerbund*, Lund, 1938 (les sociétés-d'hommes iraniennes, *mairya*) ; Marie Sandoz, *Crazy Horse* (1942), Éditions du Rocher, 1994 (Cheval Fou, chamane et chef sioux, 1841-1877).

Herméneutique : M. TARDIEU dir., *Les Règles de l'interprétation*, Cerf, 1987, 232 p. (Gnostiques, Néo-platoniciens, Manichéens, Musulmans).
Initiation : J. HASTINGS dir., *Encyclopaedia of Religion and Ethics*, Édimbourg, 1908-1921, 13 t., art. « Initiation » ; M. ELIADE, *Initiation, Rites, Sociétés secrètes. Naissances mystiques. Essai sur quelques types d'initiation* (1959), coll. « Folio Essais », n° 196, 1992, 288 p. ; J. RIES dir., *Les Rites d'initiation* (1984), Centre d'histoire des religions de Louvain-la-Neuve, coll. « Homo religiosus », n° 13, 1986, 559 p.
Logement : R. A. STEIN, « L'Habitat, le Monde et le Corps humain en Extrême-Orient et en Haute-Asie », *Journal asiatique*, 1957, p. 37-74 ; J.-P. LEBEUF, *L'Habitation des Fali*, Hachette, 1961, 612 p. ; L. REGNAULT, *La Vie quotidienne des Pères du désert en Égypte au IVe siècle*, Hachette, 1990, p. 53-64 ; Philippa WARNING, *L'Art du Feng Chouei. Équilibre, harmonie et bonheur dans la maison et alentour*, Médicis-Entrelacs, 1994, 168 p.
Lumière spirituelle : M. ELIADE, *Méphistophélès et l'Androgyne* (1962), Gallimard, coll. « Idées », n° 435, 1981, 320 p.
Magie : M. MAUSS et H. HUBERT, *Esquisse d'une théorie générale de la magie* (1902-1903), in *Sociologie et Anthropologie* (1950), PUF, 1973, p. 1-141 ; L. CHOCHOD, *Occultisme et Magie en Extrême-Orient*, Payot, 1945, 406 p. ; I. S. SHAH, *La Magie orientale*, Payot, « Petite bibliothèque Payot », n° 204, 1980, 256 p. (flou).
Maître spirituel : *Le Maître spirituel selon les traditions d'Occident et d'Orient*, Les Deux Océans, coll. « Hermès. Recherches sur l'expérience spirituelle », n° 3, 1983, 309 p.
Mandala : G. TUCCI, *Théorie et Pratique du mandala* (1949), trad. de l'italien, Fayard, 1974, 164 p.
Médecine occulte : G. SOULIÉ DE MORANT, *L'Acupuncture chinoise. Texte et Atlas* (1929-1951), Maloine, 1972, 1 022 p. ; Dr A. P. LECA, *La Médecine égyptienne au temps des pharaons* (1971), R. Dacosta, 1988, 489 p. ; Ch. COURY, *La Médecine de l'Amérique précolombienne*, Dacosta, 1982, 352 p. ; Å. HULTKRANTZ, *Guérison chamanique et Médecine traditionnelle des Indiens d'Amérique*, trad., Le Mail, 1995, 279 p. ; R. SIGALÉA, *La Médecine traditionnelle de l'Inde*, Olizane, 1996, 543 p. (prix : 1 400 F !).
Méditation : M. de SMEDT, *Techniques de méditation et Pratiques d'éveil* (1979), Albin Michel, coll. « Spiritualités vivantes », n° 36, 1983, 285 p.
Mégalithes : A. RIESENFELD, *The Megalitic Culture of Melanesia*, Leyde, 1950 ; Ariane W. MACDONALD, « Une note sur les mégalithes tibétains », *Journal asiatique*, 1963, p. 63-76 ; Simone WAISBARD, *Les Pistes de Nazca*, Robert Laffont, 1977, 357 p. (au Pérou, vers 500) ; J. GARANGER, *Pierres et Rites sacrés du Tahiti d'autrefois*, Société des océanistes, musée de l'Homme, n° 2, 1979, 31 p.
Messianisme : A. SACHEDINA, *Islamic Messianism. The Idea of the Mahdi in Twelver Shi'ism*, Albany, 1981 ; M. IDEL, *Messianisme et Mystique*, Cerf, 1994, 128 p. (Judaïsme).
Mort (thanatologie) : Solange LEMAÎTRE, *Le Mystère de la mort dans les religions d'Asie*, Maisonneuve, 1963, XI-152 p. ; M. ELIADE dir., *A Source Book of the History of Religion*, t. 3 : *Death, Afterlife and Eschatology*, New York, 1974 ; *La Mort et ses Destins*, Albin Michel, coll. « Question de », n° 71, 1987, 170 p.
Mythologies : L. H. GRAY et G. F. MOOE, dir., *The Mythology of all Races*, Boston, 1916-1932, 13 t. ; P. GUIRAND dir., *Mythologie générale* (1937), Larousse,

1992 ; Y. BONNEFOY dir., *Dictionnaire des mythologies et des religions des sociétés traditionnelles et du monde antique*, Flammarion, 1981, 2 t., 1 232 p.
Nutrition : A.-J. FESTUGIÈRE, *Les Moines d'Orient*, t. 1 : *Culture ou sainteté*, Cerf, 1961, p. 59-74 ; J. E. MÉNARD, « Le repas sacré des Gnostiques », *Revue des sciences religieuses*, t. 55, 1981, p. 43-51 ; Catherine et P. MANDALA, *La Cuisine végétarienne de l'Inde*, Dervy-Livres, 1989 ; J. BAUER, *La Nourriture cacher*, PUF, coll. « Que sais-je ? », n° 3098, 1996, 128 p.
Objets de pouvoir : J. MARQUÈS-RIVIÈRE, *Amulettes, Talismans et Pentacles dans les traditions orientales et occidentales*, Payot, 1938, 370 p. ; J. TONDRIAU, *Objets tibétains de culte et de magie*, Bruxelles, 1964 ; Geneviève ALLARD, *Le Masque*, PUF, coll. « Que sais-je ? », n° 905, 1994, 128 p.
Organisations initiatiques : S. HUTIN, *Les Sociétés secrètes* (1952), PUF, coll. « Que sais-je ? », n° 515, 1993, 128 p. ; R. ALLEAU, *Les Sociétés secrètes* (1963), Le Livre de poche, n° 2599.
Philosophie : H. FRANKFURT et al., *Before Philosophy* (*The Intellectual Adventure of Ancient Man*, 1948), Penguin Books, 1951 ; *Histoire de la philosophie*, Gallimard, « Encyclopédie de la Pléiade », 1969-1974, 3 t. ; A. JACOB dir., *Encyclopédie philosophique universelle*, PUF.
Physiologie subtile : K. G. DÜRCKHEIM, *Hara, centre vital de l'homme* (1964), Courrier du livre, 1982, 256 p. ; H. CORBIN, *L'Homme de lumière dans le Soufisme iranien*, Présence, Chambéry, 1971, 231 p. ; D. V. TANSLEY, *Le Corps subtil* (1976), trad., Éditions du Seuil, coll. « Art and Imagination », 1977, 96 p., 72 fig. ; Tara MICHAEL, *Corps subtil et Corps causal. Les six cakra et le kundalini yoga*, Courrier du livre, 1980, 380 p.
Poésie ésotérique : H. MASSÉ, *Anthologie persane*, Payot, 1950, 400 p. ; R. KHAWAN, *Propos d'amour des mystiques musulmans*, L'Orante, 1960 ; L. STRYK et al., *The Penguin Book of Zen Poetry* (1977), Penguin, 1981, 160 p.
Politique et ésotérisme : A. ABEL dir., *Le Pouvoir et le Sacré*, Annales du Centre d'étude des religions, n° 1, Université libre de Bruxelles (ULB), 1962, 186 p. ; R. STEIN, « Remarques sur les mouvements du Taoïsme politico-religieux au IIe s. apr. J.-C. », *T'oung Pao. International Journal of Chinese Studies*, E. J. Brill, Leyde, t. 50, 1963, p. 1-78 ; J.-Cl. FRÈRE, *L'Ordre des Assassins. Hasan Sabbah, le Vieux de la Montagne et l'Ismaélisme*, Grasset-CAL, 1973 ; H. BARRAUX, *Histoire des Dalaï-Lamas*, Albin Michel, 1993, 393 p.
Possession par les esprits : R. de NEBESKY-WOJKOWITZ, *Oracles and Demons of Tibet*, La Hague, 1956 ; J. H. M. BEATTIE et J. F. M. MIDDLETON dir., *Spirit Mediumship and Society in Africa*, Routledge and Kegan Paul, 1969, XXX-310 p., 8 pl. (chez les Kalabari du Nigeria, les Nago-Yorouba du Nigeria, les Zoulou...) ; *Transe, Chamanisme, Possession*, Serre-Nice-Animation, 1986.
Prêtres : Garcilaso de la VEGA EL INCA, *Commentaires royaux* (1609-1617), Maspéro, 1982, 3 t. (prêtres incas) ; S. SAUNERON, *Les Prêtres de l'ancienne Égypte* (1957), Perséa, 1988, 207 p. ; L. OPPENHEIM, *La Mésopotamie. Portrait d'une civilisation*, trad. (1970), Gallimard, 1978, 453 p.
Prophètes : *Supplément au Dictionnaire de la Bible* (1928 ss.), Letouzey et Ané, t. 7, 1972, art. « Prophètes », « Prophétisme » (Égypte, Mésopotamie, Israël).
Psychanodie (voyage de l'âme) : I. P. COULIANO, *Pychanodia I. A Survey of the Evidence Concerning the Ascension of the Soul and its Relevance*, E. J. Brill, Leyde, 1983, XV-81 p. ; Claude KAPPLER dir., *Apocalypses et Voyages dans l'au-delà*, Cerf, 1987, 530 p.

Réincarnation : D. ZAHAN dir., *Réincarnation et Vie mystique en Afrique noire*, PUF, 1965, 196 p. ; A. DES GEORGES, *La Réincarnation des âmes selon les traditions orientales et occidentales*, Albin Michel, 1966, 314 p. ; G. MONNOT, *Islam et Religions*, Maisonneuve et Larose, 1986, 307 p.

Rêve : L. OPPENHEIM, *Le Rêve et son Interprétation dans le Proche-Orient ancien* (1956), trad. de l'anglais, Horizons de France, 1959, 16 photos ; Barbara GLOWCZEWSKI, *Du rêve à la loi chez les aborigènes* (1989), PUF, 1991, 285 p. (Australie).

Rituels : J. CAZENEUVE, *Sociologie du rite. Tabou, magie, sacré*, PUF, 1971, 334 p. ; U. BIANCHI dir., *Transition Rites*, L'Erma di Bretschneider, Rome, 1986.

Rois : J. FRAZER, *Le Rameau d'or* (1890-1935), t. 1 : *Le Roi magicien dans la société primitive*, trad., Robert Laffont, coll. « Bouquins », 1981, p. 1-480 ; R. A. SCHWALLER DE LUBICZ, *Le Roi et la Théocratie pharaonique* (1949), Flammarion, coll. « Champs », 1979, 384 p. ; G. DUMÉZIL, *L'Idéologie des trois fonctions dans les épopées des peuples indo-européens*, Gallimard, 1968, 660 p. ; E. CASSIN, *La Spendeur divine*, École pratique des hautes études, 1968, x-158 p. (Sumer).

Royaume inconnu (Shambala des Tibétains, îles bienheureuses des Taoïstes...) : S. HUTIN, *Hommes et Civilisations fantastiques*, J'ai lu, coll. « L'Aventure mystérieuse », n° 238, 1970, 185 p. (Hyperborée, Atlantide, Eldorado...) ; F. WION, *Le Royaume inconnu. Du royaume du prêtre Jean à l'empire de l'Agarttha*, Courrier du livre, 1966, 192 p.

Science des cycles : G. GEORGEL, *Les Rythmes dans l'histoire* (1937), Archè, Milan, 1981, 196 p. ; P. VULLIAUD, *La Fin du monde. L'Ancienne Théorie des âges du monde* (1952), Aujourd'hui, 1982, 232 p. ; R. GUÉNON, *Formes traditionnelles et Cycles cosmiques*, Gallimard, 1970, 176 p.

Science des lettres (combinaison des lettres, écritures sacrées, cryptographie...) : F. DORNSEIFF, *Das Alphabet in Mystik und Magie* (1922), Leipzig, 1975, 195 p. ; G. SCHOLEM, « Guematria », apud *Encyclopaedia Judaica*, Jérusalem, 1972, t. 7, p. 369-374 ; F. WISSE, « Language Mysticism in the Nag Hammadi Texts and in Early Coptic Monasticism, 1 : Cryptography », *Enchoria*, n° 9, 1979, p. 101-119 ; J. CANTEINS, *La Voie des lettres*, Albin Michel, coll. « Bibliothèque de l'Hermétisme », 1981, 211 p. ; P. LORY, « La Science des lettres en terre d'Islam », *Cahiers de l'université Saint-Jean de Jérusalem*, t. 11, 1985.

Science des nombres (arithmosophie, mathématiques sacrées, numérologie...) : R. GUÉNON, *Mélanges* (art. 1909-1950, 1re éd. 1976), Gallimard, 233 p. ; M.-H. GOBERT, *Les Nombres sacrés et l'Origine des religions* (1982), Stock, 1993, 197 p. ; G. IFRAH, *Histoire universelle des chiffres*, éd. cit. (positiviste).

Science des noms (étymologie occulte, Noms divins...) : G. CONTENAU, « De la valeur du nom chez les Assyriens et les Babyloniens », *Revue de l'histoire des religions*, t. 31, 1920., p. 316-332 ; I. HAUSHERR, « Noms du Christ et voies d'oraison », *Orientalia Christiana Analecta*, 157, Rome, 1960, p. 156-179 ; G. SCHOLEM, *Kabbalah*, Keter Publishing House, 1974, 492 p. ; D. GIMARET, *Les Noms divins en Islam*, Cerf, 1988, 454 p.

Science des significations (cosmologie, métaphysique...) : R. GUÉNON, *La Métaphysique orientale* (1939), Éditions Traditionnelles, 1985, 28 p. ; S. H. NASR, *Sciences et savoir en Islam* (1968), trad. de l'anglais, Sindbad, 1993, 348 p. ; *Dictionnaire de la sagesse orientale. Bouddhisme, Hindouisme, Taoïsme, Zen* (1986), trad. de l'allemand, Robert Laffont, coll. « Bouquins », 1989, 752 p.

Science des sons : A. PADOUX, *Recherches sur la symbolique et l'énergie de la parole dans certains textes tantriques* (1963), Institut de civilisation indienne, De Boccard, 1975, 391 p. ; Hélène FOGLIO, *Approches de l'univers sonore. Mantras, sons et phonèmes*, Courrier du livre, 1985, 140 p.

Sexualité sacrée : P. GORDON, *L'Initiation sexuelle et l'Évolution religieuse* (1946), Arma artis, s.d., 273 p. ; Éveline LOT-FALCK, « Eroticism and Shamanism », *Sexology Magazine*, New York, janv. 1956, p. 378-383 (en Sibérie) ; G. LANGER, *L'Érotique de la Kabbale*, Sollin, 1990, 216 p. ; J. EVOLA, *Métaphysique du sexe* (1958), trad. de l'italien (1959), L'Âge d'homme, Suisse, 1989, 371 p.

Symbolique : J. CHEVALIER et A. GHEERBRANT, *Dictionnaire des symboles* (1969), Robert Laffont, coll. « Bouquins », 1992, 1 060 p. ; M. OESTERREICHER-MOLLWO, *Dictionnaire des symboles* (1990), trad. de l'allemand, Brépols, Turnhout, 1992, 332 p., 450 ill.

Talismanique : sir E. A. W. BUDGE, *Amulets and Talismans* (1930), The Aquarian Press, Londres, 1961, XXXIX-543 p.

Urbanisme : A. FALKENSTEIN, « La Cité-Temple sumérienne », *Cahiers d'histoire mondiale*, t. 1, n° 4, avril 1954, p. 784-814 ; Ch. WENDELL, « Baghdâd. Imago mundi and other foundation-lore », *International Journal of the Middle East Studies*, 2, 1971, p. 99-128 ; P. WHEATLEY, *The Pivot of the Four Quarters. A Preliminary Enquiry into the Origins and Character of the Ancient Chinese City*, Edinburgh UP, 1971, XIX-602 p.

Verbe (Logos, Parole) : art. « Logos » du *Supplément au Dictionnaire de la Bible*, t. 5 (1957), col. 426-496.

Vêtement : art. « *Éphod* » (pagne ou scapulaire des prêtres et lévites) des Dictionnaires de la Bible ; art. « *Trichîvara* » (robe monastique bouddhique en trois pièces) des Dictionnaires du Bouddhisme ; Éveline LOT-FALCK, « Le Costume de chaman toungouse du musée de l'Homme », *Études mongoles*, n° 8, 1977.

Vide : Liliane SILBURN dir., *Le Vide, expérience spirituelle en Occident et en Orient*, Les Deux Océans, coll. « Hermès. Recherches sur l'expérience spirituelle », n° 2, 1981, p. 15-312.

Visions : *Les Visions mystiques* (colloque, mars 1976), *Nouvelles de l'Institut catholique de Paris*, fév. 1977 (dont art. de J. Filliozat sur l'Inde) ; A. GUILLAUMONT, *Aux origines du monachisme chrétien. Pour une phénoménologie du monachisme*, Publications de l'abbaye de Bellefontaine, coll. « Spiritualité orientale et Vie monastique », n° 30, 1979, p. 136-147 (cet article figure aussi dans le précédent colloque) ; A. MARY, *La Naissance à l'envers. Essai sur le rituel du Bwiti fang au Gabon*, L'Harmattan, 1983, 386 p. ; Å. HULTKRANTZ, *The American Vision Quest*, apud U. BIANCHI dir., *Transition Rites*, L'Erma di Bretschneider, Rome, 1986, p. 29-43.

ŒUVRES D'ART (par ordre alphabétique)

Bârâbudur (reliquaire bouddhiste à Java, v. 750-843) : P. MUS, *Barabudur* (1932), Arma Artis, 1990, 1 120 p. ; L. SACCA, *Borobudur, mandala de pierre*, Archè, Milan, 1983, 152 p., 20 photos.

Chatal Höyük (6500-5650 av. J.-C.) : J. MELLAART, *Çatal Höyük. Une des premières villes du monde* (*Catal Hüyük. A Neolithic Town in Anatolia*, 1967), trad., Jardin des arts – Tallandier, 1971, 232 p.

Danses : *Les Danses sacrées*, Éditions du Seuil, coll. « Sources orientales », n° 6, 1963, 494 p.

Dix Tableaux du dressage de la vache (vers 1150 pour la version classique de K'ouo-ngang Tche-yuan, jap. Kakuan Shien, moine-peintre de l'école Lintsong), trad. par J. HERBERT (*Les Dix Tableaux du domestiquage de la vache*, 1960, Dervy-Livres, 1970), par Ph. KAPLEAU (*Les Trois Piliers du Zen*, Stock, 1980), ou par D. T. SUZUKI (*Manuel de Bouddhisme Zen*, Dervy-Livres, 1981).

Grande Pyramide (2690 ? av. J.-C.) : M.-Cl. TOUCHARD, *Les Pyramides et leurs mystères*, CAL, 1966, 311 p. ; J.-Ph. LAUER, *Le Mystère des Pyramides* (1948 : *Le Problème des pyramides d'Égypte*), Presses de la Cité, 1991, 288 p., 88 fig., 41 photos.

Khajurâho (temples hindous tantriques, 950-1050) : E. ZANNAS (et Jeannine AUBOYER), *Khajurâho. Text and Photographs*, Mouton, La Haye, 1960, 227 p., 175 photos.

Mandala : G. TUCCI, *Théorie et Pratique du mandala* (1949), trad. de l'italien, Fayard, 1974, 164 p.

« Mandala-des-Deux-Mondes », relevant l'ésotérisme bouddhique chinois (Houei-kouo, 804) ou japonais (Ennin, 847) : R. TAJIMA, *Les Deux Grands Mandalas et la Doctrine de l'ésotérisme Shingon*, PUF, 1959, x-354 p. ; H. ISHIDA, *Esoteric Buddhist Painting*, Japanese Arts Library, Kodansha et Shibundo, New York et San Francisco, 1987, p. 33-46.

Miniatures musulmanes (XIIe s. ss.) : Cl. HUART, *Les Calligraphes et les Miniaturistes de l'Orient musulman* (1908), Zeller, 1972, 388 p.

Musiques ésotériques : J. PORTE dir., *Encyclopédie des musiques sacrées*, Labergerie, 1968, 4 t. ; G. ROUGET, *La Musique et la Transe. Esquisse d'une théorie générale des relations de la musique et de la possession* (1980), Gallimard, 1990, 621 p. ; ST. SADIE dir., *The New Grove Dictionary of Music and Musicians*, Macmillan, 1980, 20 t.

Peinture-calligraphie zen *(zenga)* : S. ADDISS, *L'Art Zen. Peintures et Calligraphies des moines japonais, 1600-1925* (1989), trad. J.-N. Robert, Bordas, 1992, 224 p.

Osiréum (cénotaphe de Séthis Ier, 1304 av. J.-C.) : H. FRANKFORT, A. de BUCK, B. GUNN, *The Cenotaph of Seti I at Abydos*, Egypt Exploration Society, Londres, 1933, 2 t.

Saint Suaire : P. de GAIL, *Jésus révélé par son linceul*, Téqui, 1976, 52 p. ; Ian WILSON, *Le Suaire de Turin* (1978), trad. de l'anglais, Albin Michel, 1978, 350 p.

Temple de Jérusalem : M. JOIN-LAMBERT, *Jérusalem de l'Ancien Testament*, Guillot, 1956, 186 p.

Ziggourats (tours pyramidales à étages, dès 2800 av. J.-C., en Mésopotamie) : A. PARROT, *Ziggurats et Tour de Babel*, Albin Michel, 1949, 240 p. ; ID., *La Tour de Babel*, Delachaux et Niestlé, Neuchâtel, Suisse, 1959, 56 p.

ŒUVRES LITTÉRAIRES (par ordre chronologique)

Les Tribulations magiques de Setni-Khaemouas et de son fils Sa-Ousir (1250 av. J.-C.), trad. Claire LALOUETTE, *Textes sacrés et Textes profanes de l'ancienne Égypte*, Gallimard, coll. « UNESCO », t. 2, 1987, p. 190-223.

Apologues et mythes de la Bible juive (Adam, Noé, Job, Jonas, Samson, Suzanne, etc.) : *La Bible*.

Mâui : Katherine LUOMALA, *Maui-of-a-Thousand-Tricks*. *His Oceanic and European Biographers*, B.P. Bishop Museum, bulletin n° 198, Honolulu, 1949, 300 p. Héros polynésien navigateur et chamanisant (Ier s. ? av. J.-C.).

Paraboles et allégories évangéliques : Évangile selon saint Luc.

BHAVABHÛTI, *Mâlatî et Mâdhava* (v. 730), drame, trad. du sanskrit G. STREHLY, Leroux, 1885, VII-274 p. « Le *Roméo et Juliette* hindou », avec traits tantriques et vedântiques.

Mille et Une Nuits. Hikayât alf layla wa layla (v. 850 ss.), trad. R. Kawan, Phébus, 1986, 4 t. Des éléments ismâ'îliens.

SARAHA LE JEUNE (vers 1000) : *Les Chants mystiques de Kânha et Saraha* (les *Dohâkosha*), trad. de l'apabhramsha ou du bengalî M. SHAHIDULLAH, A. Maisonneuve, 1928, XII-235 p.

SYMÉON LE NOUVEAU THÉOLOGIEN (vers 1009), *Hymnes*, trad. du grec, Cerf, coll. « Sources orientales », 1970-1971, 2 t. Un mystique byzantin.

IBN SÎNÂ (Avicenne), *Le Récit d'Hayy ibn Yaqzân* (1021), trad. de l'arabe H. Corbin, *Avicenne et le Récit visionnaire* (1954), Berg international, 1979, 316 p.

MILARÉPA, *Les Cent Mille Chants. Gur-'Bum* (v. 1130), trad. du tibétain Marie-José Lamothe, Fayard, 1985, 2 t., 300 p., 330 p.

(Farîd ad-Dîn al-)'ATTÂR, *Le Langage des oiseaux. Mantiq al-Tayr* (début du XIIIe s.), trad. du persan J.-H. GARCIN de TASSY (1863), Sindbad, 1991, 344 p.

(Jalâl ad-Dîn al-)RÛMÎ, *Masnavî* (23 000 vers ; 1250 env.), trad. du persan Éva de VITRAY-MEYEROVITCH, Éditions du Rocher, 1990, 1 710 p. Florilège : RÛMÎ, *Le Mesnevi. 150 contes soufis*, Albin Michel, coll. « Spiritualités vivantes », n° 70, 1988, 249 p.

Matsuo BASHÔ († 1694), *Sept recueils de l'école de Bashô. Shômon schichi bushû* (1774), trad. partielle du japonais par A. KERVERN (*La Lumière des bambous. 60 haïkaï de Bashô et de son école*, Folle Avoine, 1988, 98 p.), K. MURAOKA (*Cent cinq haïkaï*, Délirante, 1979, 48 p.), etc.

Amadou Hampâté BÂ, *L'Éclat de la grande étoile, Le Bain rituel. Récits initiatiques peuls*, Classiques africains, 1974, 152 p. ; *Contes initiatiques peuls* [*Njeddo Dewal, mère de la calamité* ; *Kaïdara*], Stock, 1994, 200 p.

T. DESHIMARU, *Le Bol et le Bâton. Cent Vingt Contes Zen* (1979), Albin Michel, coll. « Spiritualités vivantes », n° 59, 1986, 206 p.

PÉRIODIQUES

Pour suivre l'actualité ou avoir un résumé des articles sur l'ésotérisme :
- *CNRS FRANCIS. Bulletin signalétique*, n° 527 (histoire et sciences des religions), n° 529 (ethnologie), n° 519 (philosophie). Depuis 1972, par Minitel : 08 36 29 36 01 (réservé à ceux qui ont trouvé l'or philosophal, tant c'est cher !).
- *The Philosopher's Index. An International Index to Philosophical Periodicals*, Reidel Publishing, Dordrecht, Pays-Bas.
- *Religion Index One. Periodicals*, American Theological Library Association, Chicago.

Pour le répertoire des revues :
- *Catalogue collectif des périodiques du début du XVIIe siècle à 1939*, Bibliothèque nationale, 1977, rééd. 1982, 5 t. ; *Inventaire des périodiques étrangers*, IPPEC, BN.

- Catalogue collectif national des publications en série (CCN).
- Minitel : 08 36 17 CCN.
- CD-ROM : Myriade, diffusion Chadwyck-Healey.

Il vaut mieux distinguer les revues savantes, qui abordent l'ésotérisme par occasion et souvent avec des pincettes, des revues militantes, qui défendent et exposent l'ésotérisme, à leurs risques et périls.

- REVUES SAVANTES

Acta Iranica, J. Duchesne-Guillemin dir., E. J. Brill, Leyde, 1973 ss.
Annuaire de l'École pratique des hautes études. Résumé des conférences et travaux, V^e section (Sciences religieuses), ÉPHÉ, Sorbonne, Paris, 1915 ss.
Anthropos. Revue internationale d'ethnologie et de linguistique, Salzburg puis Mödling bei Wien, 1906 ss. En allemand, mais aussi en espagnol, français, italien, latin.
ARIES, Association pour la recherche et l'information sur l'ésotérisme, La Table d'émeraude, Paris, 1985 ss. Centré sur les ésotérismes européens modernes.
Bulletin de l'École française d'Extrême-Orient (ÉFEO), Hà-nôi puis Paris, 1901 ss.
Cahiers d'Extrême-Asie : revue de l'École française d'Extrême-Orient, consacrée au Bouddhisme et au Taoïsme, ÉFEO, Paris, en français et en anglais.
Eranos-Jahrbücher, Leyde, puis Zurich, puis Francfort, 1976-1988, 57 t.
Hermetic Journal, Adam MacLean éd., 1978-1992.
Journal de la Société des Africanistes, Musée de l'Homme, Paris, 1931 ss.
Journal de la Société des Américanistes, Musée de l'Homme, Paris, 1896 ss.
Journal de la Société des Océanistes, Musée de l'Homme, Paris.
Revue de l'histoire des religions, PUF, 1880 ss. Très académique.
Revue des Études islamiques, P. Geuthner.
Revue des Études juives, Peeters, Louvain, 1880 ss.
Revue hittite et asianique, Klincksieck, 1930 ss.
Systèmes de pensée en Afrique noire, ÉPHÉ-CNRS, 1975 ss.

- REVUES MILITANTES

Anagron, Maisonneuve et Larose, M. Préaud et Cl. Gaignebet.
Connaissance des religions, Nancy puis Chaumont. Revue guénonienne, dévotement. 1984 ss.
Dharma, Institut Karma-Ling. Tantrayâna tibétain.
Études Traditionnelles, Paris, 1936-1992. Revue de R. Guénon, toute de Guénon, rien que pour Guénon.
L'Originel. Revue des sciences ésotériques et initiatiques, Éd. Arkanorum, Paris.
Renaissance traditionnelle, 1970 ss.

TRAITÉS (par ordre chronologique)

Tôrah (XIe s.-50 av. J.-C.), trad. de l'hébreu, de l'araméen et du grec : La Bible.
LAO-TSEU (513 ? av. J.-C.), *Le Livre de la voie et de la vertu. Tao-tö king*, trad. Liou KIA-HWAY, apud *Les Philosophes taoïstes*, Gallimard, « Bibliothèque de la Pléiade », 1980, p. 1-84. Trad. médiocre.
Upanishad (500 ? av. J.-C.-XVIe s.), trad. J. VARENNE dans plusieurs livres (*Le*

BIBLIOGRAPHIE DE L'ÉSOTÉRISME NON OCCIDENTAL

Véda, Les Deux Océans, 1984, 456 p. ; *Upanishads du Yoga*, Gallimard, coll. « Idées », n° 308, 1974, 214 p., ou coll. « UNESCO », 1990, 172 p.).

Lieou Ngan (>Liuan) prince de Houai-nan (>Huainan), *Le Livre du maître de Houai-nan. Houai-nan tseu* (>*Huainanzi*, 122 av. J.-C.), trad. partielle Isabelle Robinet et al., *Les Grands Traités du Huainan zi*, Institut Ricci-Cerf, 1993, 255 p. Taoïsme.

Évangiles (60 ?-96, en grec) : La Bible.

Le Lotus de la Bonne Loi. Saddharmapundarîka-sûtra (vers 200), trad. É. Burnouf (1852), éd. A. Maisonneuve, 1973, iv-897 p., surtout p. 1-283. Texte du Mahâyâna, ésotérique en partie, sacré dans l'école chinoise T'ien-t'ai.

Codex manichéen de Cologne (=*Vie de Mani*, en grec, ve s. ; original syriaque, 1re éd. 1970-1982), trad. partielle en anglais. R. Cameron et A. J. Dewey, *The Cologne Mani Codex*, Society of Biblical Literature, Missoula, Montana, 1979.

Les Frères de la Pureté (Ikhwân al-Safâ', vers 963), *Épîtres. Rasâ'il* : cf. Y. Marquet, *La Philosophie des Ihwân al-Safâ'. Études et Documents*, Alger, 1973, 604 p., rééd. Vrin, 1976. Islâm shî'ite ismâ'îlite.

Ibn 'Arabî, *Révélations mekkoises. Al-Futûhât al-Makkiyya* (1203 ss.), trad. partielle tantôt en français, tantôt en anglais, *Les Illuminations de La Mecque*, Sindbad, 1989, 656 p. Cette somme du Soufisme, traduite en français, compterait 15 000 pages !

Moïse de León, *Le Livre de la splendeur. Sefer ha-Zohar* (1280), trad. de l'hébreu et de l'araméen Ch. Mopsik, *Le Zohar*, Verdier, 1988 ss. Anthologie : G. Scholem, *Le Livre de la splendeur*, Éditions du Seuil, coll. « Points. Sagesses », n° 21, 1980, 128 p. Le grand classique de la Kabbale.

Nicomède l'Hagiorite et Macaire de Corinthe, *Philocalie des Pères neptiques* (1782), trad. du grec J. Touraille, Éditions monastiques de l'abbaye de Bellefontaine, 49122 Bégrolles-en-Mauges, 1979-1991, 11 fasc. : anthologie de textes hésychastes, du ive au xve s., d'Antoine le Grand, Macaire l'Égyptien, Évagre du Pont, etc. Anthologies de cette anthologie : J. Gouillard (*Petite Philocalie de la prière du cœur*, 1953, Éditions du Seuil, coll. « Points. Sagesses », n° 20, 1979, 250 p.) ou J. Touraille (*Nouvelle Petite Philocalie. L'Amour de la beauté spirituelle selon la tradition de l'Orient chrétien*, Labor et Fides, Genève, 1992, 195 p.).

M. Griaule, *Dieu d'eau. Entretiens avec Ogotemmêli* (1948), Le Livre de poche, coll. « Biblio Essais », n° 4049, 1991, 256 p. Sagesse des Dogon, au Mali. Trop beau ?

Hehaka Sapa (Wapiti Noir), *Les Rites secrets des Indiens sioux* (1953), trad. de l'anglais, Payot, « Petite bibliothèque Payot », n° 263, 1975, 189 p. Sagesse des Sioux.

Kalou Rinpoche : le triptyque (1982-1987) 1) *Bouddhisme vivant*, 2) *Bouddhisme profond*, 206 p. 3) *Bouddhisme ésotérique*, 214 p., trad. du tibétain, Éditions Claire Lumière, 13760 Saint-Cannat, 1993, 3 t. L'eau pure des neiges tibétaines.

Sur **MINITEL**, quelques adresses :
– Catalogue de la Bibliothèque publique de Beaubourg : 08 3615 BPI.
– Catalogue de vente de livres et d'objets ésotériques : 08 3615 ESOTE.
– Paranormal (université de Nice) : 08 3615 ZET.

Sur **INTERNET**, quelques sites :
- Bibliothèque nationale de France (Paris) : www.bnf.fr/
- *Britannica* Online (Londres) : www.eb.com/195/bol/
- Congress Library (Washington) : lcweb.loc.gov/homepage/lchp.html
- Paranormal : http ://www.declab.usu.edu :8080/X/

Index des noms propres

AVERTISSEMENT

Pour la langue chinoise, parfois figure, après la transcription ÉFEO, la transcription pinying : Lao-tseu (Daozi). Pour la langue tibétaine, j'indique souvent, après la prononciation, la transcription : Lobsang Gyatso (Blo.bzang Rgya.mtsho). Dans le domaine bouddhique, je me sers du sanskrit, puis du pâli (le sanskrit Siddhârta Gautama rend le pâli Siddharta Gotama). En général, j'utilise la dénomination ancienne, donc le sumérien (Enki) plutôt que l'akkadien (Éa), le sanskrit (Avalokiteshvara) plutôt que le tibétain (Chenrezi), le nom de famille (Enchin) plutôt que le titre (Chishô-Daishi).

Abréviations et symboles

abr. : abrégé
akk. : akkadien
ch. : chinois

jap. : japonais
lyc. : lycien
sum. : sumérien

tib. : tibétain
= : autre désignation
> : variante orthographique

A

AARON : 934, 975, 985, 1019
ABAEV Vassili Ivanovitch : 502
ABARIS LE SCYTHE (ou l'Hyperboréen) : 45, 49, 546
'ABDAK LE SOUFI : 1135, 1136
'ABDALLÂH ANSÂRÎ Shaykh al-Islâm : voir ANSÂRÎ
'ABD AL-MUTTALIB : 1110
'ABD AL-QÂDIR AL-JAZÂ'IRÎ (>Abd el-Kader) : 1170
'ABD AL-RAHMÂN AL-AZHARÎ sidi : 1144
'ABD AL-WAHÎD IBN ZAYD : 1144
'ABD EL-KADER : voir 'ABD AL-QÂDIR AL-JAZÂ'IRÎ
ABDIAS : 989
ABDOL FAZL RASHÎDODDÎN MEYBODÎ : 1117
ABELLIO Raymond (Jean SOULÈS, dit) : 5, 61, 62, 1010
AL-'ÂBIDÎN Zîn : 1142
ABIHU : 934
ABOULAFIA : voir ABÛ L-'AFIYA
ABRAHAM (>Ibrâhîm) : 66, 327, 348, 389, 924-926, 928, 935, 938, 944, 956, 958, 960, 961, 966, 969-972, 974, 984-986, 1007, 1011, 1029, 1116, 1118, 1120, 1142
ABRAHAM IBN EZRA : voir IBN EZRA
ABSÂL : 1140
ABÛ BAKR AL-RÂZÎ : voir AL-RÂZÎ Abû Bakr
ABÛ BAKR AL-SIDDÎQ (1er Calife) : 1117, 1131
ABÛ BAKR CHÎBLÎ : 1139
ABÛ DHARR AL-GHIFÂRÎ : 1127
ABÛ HURAYRA : 1125
ABÛ L-'ABBAS AL-SABTÎ : 1176
ABÛ L-'AFIYA (>Aboulafia) Abraham : 48, 941, 967, 1004, 1005, 1007, 1009, 1011, 1020, 1029
ABÛ L-FUTÛH AL-RÂZÎ : voir AL-RÂZÎ Abû l-Futûh
ABÛ L-HASAN KHARRAQÂNI : 1144
ABÛ MADYAN (>Abou Médien) : 1136, 1147
ABÛ MA'SHAR AL-BALKHÎ (>Albumasar, Apomasar) : 59, 331, 1148, 1149
ABÛ NASR AL-KARKHÂNÎ : 1142
ABÛ NUWÂS (>Abû Nowâs) : 1140
ABÛ TÂLIB : 1110, 1129

ABÛ YA'ZÂ YÂLANNÛR : 1136
ADAD (sum. Ishkour, et Atargatis) : 305, 321, 323, 325, 375, 384, 390, 392, 394
ADAM : 329, 388, 928, 968, 977, 985, 986, 1011, 1055, 1066
ÂDHAR KEYVÂN : 546
ÂDI-BUDDHA (« Bouddha primordial », =parfois Samantabhadra ou Vairocana) : 702, 703, 828, 897
ADONAÏ : *voir* YHWH
ADONIS : *voir* DOUMOUZI
AGABUS : 1069
AGAR : 971
AGDISTIS : 323
AGGÉE : 975, 989
AGHA KHÂN : 1134
AGNI : 599
AGRIPPA DE NETTESHEIM Henri-Corneille : 59
AHMAD AL-'ALAWÎ : *voir* AL-'ALAWÎ
AHMAD IBN 'ÂSIN AL-ANTÂKÎ : 1145
AHRIMAN (>Ahrmên) : *voir* ANGRA MAINYU
AHURA MAZDÂ (=Ohrmazd) : 494, 495, 509, 514, 517-519, 521, 522, 523, 524, 525, 527, 528, 532, 535, 536, 925
AIÔN : 536
'Â'ISHA (>Aicha) : 1118, 1119, 1128, 1129
AÏVANHOV Omraam Mikhaël (>Ivanoff) : 1052
AKHÉNATON (>Akhnaton, =Aménophis IV) : 308, 309, 327, 422, 460, 474, 475, 481, 489, 925
AKIBA (>Abiba, 'Aqiba) rabbi : 975
AKSOBHYA (tib. Mi.bskyod.pa) : 703, 704
AL-'ALAWÎ Ahmad (=cheikh Ben Alioua) : 29, 1143
ALBUMASAR : *voir* ABÛ MA'SHAR AL-BALKHÎ
ALEXANDRE LE GRAND : 330, 343, 509, 566
'ALÎ AL-NAQÎ : 1133
'ALI AL-RIDÂ (8ᵉ Imâm) : 936, 1133
'ALÎ IBN ABÎ TÂLIB (1ᵉʳ Imâm des Shî'ites) : 1129-1133, 1142, 1170
'ALÎ IBN AL-HUSAYN : 1133
ALLÂH : 211, 925, 933, 934, 1119, 1120, 1137, 1142
ALORUS : 330
ALTAN KHÂN : 877
AMBELAIN Robert : 482
AMENHOTEP : *voir* AMÉNOPHIS
AMÉNOPHIS : 327, 446, 465
AMÉNOPHIS III : 437
AMÉNOPHIS IV : *voir* AKHÉNATON
AMERETÂT (>Amrtât) : 523
AMESHA SPENTA (Archanges zoroastriens) : 518, 522, 527
AMÎNA : 1109
AMITÂBHA (tib. Hod.dpag.med) : 703, 704, 908

AMMA SARRA : 1070
AMMA SYNCLÉTIQUE : 1070
AMMIEN MARCELLIN : 23, 236, 504, 510, 515
AMOGHASIDDHI (tib. Don.yod.grub.pa) : 703, 704
AMOGHAVAJRA (ch. Pou-k'ong) : 831
AMON : 336, 337, 422, 432, 437, 446, 464, 474, 475, 479
AMOS (abr. Am) : 986, 987, 989, 990
AN : *voir* ANOU
ANACHARSIS : 45
ANÂHITÂ (>Anahid, Anaïtis) : 324, 494, 530, 535, 560
ÂNANDA (2ᵉ patriarche dhyâna) : 683, 686, 694, 715, 831
ÂNANDAGIRI : 903
ANAS IBN MÂLIK : 1116
'ANAT : 324
ANDREE Richard : 92
ANDRÈS Élisabeth : 774
ANGRA MAINYU (=Ahra Mainyu, Ahriman, Ahrmên) : 495, 514, 517, 523, 528, 531, 535
ANOU (sum., akk. An) : 304, 347, 367 371, 377, 378
ANQUETIL-DUPERRON Abraham : 50
ANSÂRÎ 'Abdallâh (=Shaykh al-Islâm) : 930, 1123
ANTIOCHOS Iᵉʳ DE COMMAGÈNE : 562
ANTOINE LE GRAND : 1070
ANUBIS : 303, 319, 323, 419, 420, 441, 446, 447, 479
ANUM : 367
ANZ Wilhelm : 405
APELLES : 1065
APIS : 323, 337
APOLLONIOS DE TYANE (=Bâlînûs) : 46, 572
APULÉE DE MADAURE : 46, 427, 429
'AQIBA : *voir* AKIBA
ARÂDA KÂLÂMA : 675
ARÂDHYA : 629
ARAMATI (>Âemaiti, Ârmaïti) : 523
ARCHAIMBAULT Charles : 232
ARDASHÎR (>Ardachêr) Iᵉʳ : 496, 512
ARDÂ VÎRÂZ (>Artâ Vîrâf, Ardai Vîrâf) : 526, 528, 546
ARISTARQUE DE SAMOS : 373
ARISTÉAS DE PROCONNÈSE : 45, 53, 572
ARISTOTE : 120, 334, 535, 634, 784, 1005, 1021, 1148
ARMA : 325
ARMAÏTI : *voir* ARAMATI
ARNOBE : 383, 528
ARNOLD Paul : 818, 819
AROUROU (>A.ru.ru) : 351
ARPAKSHAD : 986
ARRIEN : 566

INDEX

ARTABAN V : 512
ARTAXERXÈS Ier : 521
ARTAXERXÈS II : 530, 533
ARTÉMIS (>Ertémi) : 170, 309, 323, 530, 552, 560
ÂRYABHATA : 653
ASALLOUHI : 319
ASANGA : 699, 706, 711, 712, 822, 910
ASHVAGHOSA (12e patriarche dhyâna) : 686, 694, 831
ASITA : 674
ASSARHADDON : 347, 386
ASSOURBANIPAL : 311, 347, 391, 399
ASTARTÉ (>Ashtart, Astaroth, nom générique) : 323, 324
ASTRUC Jean : 954
ASTYAGE : 504, 505, 529
ATARGATIS (=Ashérat, la déesse syrienne, Dercéto) : 306, 324, 558
ATÎSHA (=Dîpankarashrîjñâna) : 871, 873, 876, 880, 908, 920, 1176
ATON : 309, 422, 474, 475, 925
ATOUM (=Routy) : 419, 443, 453
AL-ATTÂR (Farîd al-Dîn) : 1137, 1139
ATTIS : 322, 323, 334, 555, 558-560
AUDI : 405
AUGUSTE : 332
AUGUSTIN saint : 331, 540
AUROBINDO (Ghose) shrî : 582, 596, 629
AVALOKITESHVARA (tib. Chenresi) : 700, 701, 703, 873, 877, 894, 908, 910
AVALON Arthur (sir John George WOODROFFE, dit) : 633
AVERROÈS : *voir* IBN RUSHD
AVICENNE : *voir* IBN SÎNÂ
AWA KENZÔ : 846

B

BÂ Amadou Hampaté : 92, 93, 95, 106, 132, 1175, 1176
BA'AL (nom générique) : 321, 322, 324, 564, 990, 1052
BA'AL DE BAALBEK ou D'OUGARIT (=Hadad, Jupiter d'Héliopolis) : 321, 324, 325
BA'AL D'ÉMÈSE (=Élagabal, Jupiter d'Émèse) : 324
BA'AL DE PALMYRE (=Bêl) : 315, 324
BA'AL DE TYR (=Melkart, Hercule du Liban) : 324, 975
BA'AL SHEM TOV (=le BeSHT, rabbi Israël ben Éliézer, Israël de Miedzyborz) : 1007, 1030
BACON Roger : 5, 737
BAHÂ'ALLÂH : 1159
BAHÎRÂ : 1110
BAHRÂM Ier : 540
BALANDIER Georges : 103
BALÎNÂS : 1148
BAMBA Amadou : 1136
BA-NEB-DJEDET (=Amon) : 337
BANYACYA Thomas : 69
BARBAULT André : 60
BARDENASE (>Bardésiane) : 405
BARGUET Paul : 439
BARLAAM : 1079
BARNABÉ saint : 1037
BARUCH : 960, 984
BASHÔ (=Matsuo Munefusa, Matsuo Chûzaeomon) : 843, 844, 1175
BASILE DE CÉSARÉE saint (BASILE LE GRAND) : 1037, 1069
BASILIDE : 49, 1037, 1060, 1064, 1103
BAUVAL Robert : 462
BAYET Jean : 509
BEDI Rajeh : 632, 648
BÉKALÉ Paul : 139
BÊL : *voir* BA'AL DE PALMYRE ou MARDOUK
BÉLIAL (>Béliar) : 996, 1019
BELLONE : *voir* MÂ de Comane
BENTLEY W. Holman : 118
BENVENISTE Émile : 535
BERGSON Henri : 38
BÉROSE LE CHALDÉEN : 50, 306, 329, 330, 350, 373-375, 411, 1176
BERR Henri : 86
BÈS : 319, 467
BESANT Annie : 49, 577
BHÂMAHA : 645
BHATTÂCHÂRYA Benoytosh : 712
BINDER Gerhard : 529
BINET Jacques : 139
AL-BÎRÛNÎ : 496, 512
AL-BISTÂMÎ Abû Yazîd (>Bâyazîd de Bistâm, Bajazet) : 1117, 1138, 1140-1142, 1170
BITTEL Kurt : 555
BLACHÈRE Régis : 925, 1111
BLAKE William : 45
BLAVATSKY Helena Petrovna (=H. P. B.) : 49, 58, 87-89, 577, 1067
BLONDEAU Anne-Marie : 25, 865, 867, 877, 902, 903, 908, 912
BODHIDHARMA (28e patriarche indien, 1er patriarche tch'an) : 686, 722, 806, 822, 831-833, 835, 845, 1076
BOCHET Gilbert : 97
BOGORAS (>Bogoraz) Waldemar : 212, 218, 225
BÖHME Jacob : 16
BOKAR Tyerno : 1156
BOKAR RINPOCHE : 908
BÔLOS DE MENDÈS (=pseudo-Démocrite) : 46, 332, 473, 474, 489, 508, 509
BONNET Hans : 429
BOPP Franz : 496

BOSCH Jérôme : 431
BOTTÉRO Jean : 302, 338, 344, 348, 379, 395, 924, 1176
BOUDDHA (le) (Bouddha historique, =le Shâkyamuni, Siddhârta Gautama) : 649, 673, 675-677, 679-682, 690, 692, 694, 698-700, 703, 707, 722, 831, 880, 1044. — Doctrine : 29, 53 59, 537, 576, 579, 584, 587, 614, 672, 683-687, 695-697, 705, 822, 833, 834, 869, 871, 1066, 1173, 1176
BOUGAINVILLE Louis Antoine de : 280
BOUKHIS : voir BUKHIS
BOULIER-FRAISSINET Jean : 599
BOURGUET R. P. Pierre du : 429
BOUSSET Wilhelm : 382
BRAHMÂ : 596, 623
BRAMLY Serge : 178, 179
BRAVE BUFFALO : 171
BRETON André : 7
BRIGIT : 530
BRISBOIS Éléonore : 844
BROSSES Charles de : 82
'BRUG.PA KUN. LEGS : voir DRUGPA KÜNLEG
BUBER Martin : 1006
BUCKE Richard Maurice : 8
BUDDHAGHOSA : 690
AL-BUKHÂRÎ Muhammad ibn Ismâ'il (1er grand traditionnaire de l'Islâm) : 27, 935, 1110, 1112-1115, 1121, 1122, 1124, 1149
BUKHIS (>Boukhis) : 323, 337
AL-BÛNÎ : 41, 1150, 1151
BURCKHARDT Titus : 1158
BURNOUF Eugène : 50
BURRIDGE Kenelm : 251
BU.STON : voir PUTÖN RINPOCHE
BUTTSÛ : 669, 820, 821

C

CABIRES (les) : 321
CAÏN : 932
CAÏPHE : 1047
CAITANYA : voir CHAITANYA
CALMET Augustin dom : 954
CAMBYSE Ier : 505
CAMPIGNY H.-M. de : 89
CANDÎDÂS (>Chandîdâsa) : 634
CANDRAKÎRTI : 712
ÇANKARA : voir SHANKARA
CAQUOT André : 968, 971
CARDAN Jérôme (Gerolamo CARDANO) : 1039
CARPOCRATE (3e chef de la gnose alexandrine) : 1059, 1065
CARRET Marcel : 1143
CASTANEDA Carlos : 63, 82, 153, 169, 172, 173

CATLIN George : 157, 162, 163
CENSORIN : 374
CERDON : 1058
CHAITANYA (>Caitanya, =Gauranga) : 614, 616, 629
CHAMBERLAIN Basil : 820
CHAMPLAIN Samuel de : 164
CHAMPOLLION Jean-François : 425
CHAN TONG : 759
CHANDRABHADRA : 896
CHARACHIDZÉ Georges : 502
CHARPIN Dominique : 383
CHARYAPA : 900
CHASSINAT E. : 303
CHEN-HOUEI (>Shenhui) : 814, 831, 848, 849
CHENIQUE François : 708
CHEN-SIEOU (>Shenxiu) : 836
CHÉRÉMON (>Chaeremon) : 459
CHEVAL FOU (=Ta'sunka Wi'tko, Crazy Horse) : 155, 167, 179, 188, 200
CHILOPA : 822, 896
CHÖGYAM TRUNGPA : 730
CHOUEN (>Shun) : 756, 758, 777
CHOURAQUI André : 1111
CHRYSIPPE DE SOLES (3e scolarque du Portique) : 395
CICÉRON : 126, 373, 589
ÇIVA : voir SHIVA
CLASTRES Pierre : 159, 160
CLÉMENT D'ALEXANDRIE (2e chef du didascalée chrétien) : 56, 334, 429, 440, 442, 443, 510, 931, 941, 1037, 1051, 1062, 1067, 1069, 1070, 1086, 1089, 1092
COCLÈS Horatius : voir HORATIUS COCLÈS
CODRINGTON Robert Henry : 250, 267, 268
COEDÈS Georges : 204
COLOMB Christophe : 155
CONDOMINAS Georges : 212, 217, 221, 228
CONFUCIUS (K'ong-tseu, >Kongzi, =Tchongni) : 729, 758, 761, 770, 771, 776
CONTENAU Georges : 340, 358, 368
COOK James : 279
CORBIN Henry : 51, 923, 928, 946, 1126, 1128
COUPEUR (le) (=Jack Wilson, Wanekia, Wovoka) : 189, 190
COURT DE GÉBELIN Antoine : 49
CRÉSUS : 560
CUISINIER Jeanne : 208, 209, 238
CUMONT Franz : 321, 382, 433
CURR Edward M. : 262
CURTIS E.S. : 150
CUSTER lieutenant-colonel (=Longue Chevelure) : 155
CYAXARE : 533
CYBÈLE (>Koubaba, Koubêlê, =Agdistis, Artémis) : 47, 323, 552, 555, 557, 559, 560, 565, 566, 1037

INDEX

CYPRIEN LE MAGE : 57, 58
CYRILLE DE JÉRUSALEM saint : 1069
CYRUS II LE GRAND : 507, 529, 530, 1013

D

DAGAN (>Dagôn) : 323, 324, 990, 991
DAILLÉ Jean : 1068
DALAÏ-LAMA I (Gedün Drup, >Dege.'dun.-grub) : 893, 908
DALAÏ-LAMA III (Sönam Gyatso, >Bsod.-nams Rgya.mtsho) : 871, 877, 921
DALAÏ-LAMA V (Lobsang Gyatso, >Blo.bzang Rgya.mtsho) : 877, 910, 921
DALAÏ-LAMA XIII (Thubten Gyatso, >Thub.bstan Rgya.mtsho) : 922
DALAÏ-LAMA XIV (Tenzin Gyatso, >Bstan.'dzin Rgya.mtsho) : 50, 727, 877, 922
DALILA : 990, 991
DANIEL : voir PSEUDO-DANIEL
DANIÉLOU Jean : 1056
DANTE ALIGHIERI : 49, 1116
DARIUS Ier : 504, 516, 575
DAVID : 1011, 1012
DAVID-NÉEL Alexandra : 860, 866, 869, 878, 879, 880, 899, 901, 911, 912
DEACON Arthur Bernard : 267
DEBORAH : 985
DEE John : 737
DELABY Laurence : 232
DELAHOUTRE Michel : 649
DELALANDE André : 1040
DELLA PORTA Giambattista : 394
DÉMÉTER : 45, 321, 347, 361, 480, 552, 561
DÉMOCRITE : 332. Voir aussi PSEUDO-DÉMOCRITE et BÔLOS
DENGYÔ-DAISHI : voir SAICHÔ
DERCÉTO : voir ATARGATIS
DESCARTES René : 14, 120, 784
DESCHAMPS Hubert Jules : 131, 132
DESHIMARU Taisen : 49, 740, 843, 848, 1175
DESROCHES-NOBLECOURT Christiane : 463, 464
DEVADATTA : 681
DHÛ L-NÛN AL-MISRÎ (>Dhunnun l'Égyptien) : 930, 1126-1128, 1141, 1158
DHYÂNI-BUDDHA (Bouddhas transcendantaux) : voir JINA
DIADOQUE DE PHOTICÉ : 1075, 1078
DIETERLEN Germaine : 92, 106
DIÊU-NHÂN : 722, 1173
DIODORE DE SICILE : 336, 349, 362, 372, 375, 403, 436, 456, 473, 480, 558
DIOGÈNE LAËRCE : 32, 45, 330, 349, 464, 503
DION CASSIUS : 467
DION CHRYSOSTOME : 509

DIONYSOS : 47, 321, 323, 558, 566
DIXON Roland B. : 182
DJESER Ier (Zoser, =Netjerierkhet, Néchéréphès) : 328, 440
DÔGEN ZENJI (Buppô Zenji, Kigen Dôgen) : 697, 740, 823, 831, 832, 840, 843
DOMINICA DEL PARADISO : 19
DOMTÖNPA (>'Brom.ston.pa) : 824, 871, 873, 920
DON JUAN : voir MATUS don Juan
DORJE PHAGMO (>Rdo.rje Phag.mo) : 910, 911
DÔSHÔ : 823
DOUGLAS Nik : 910
DOUMOUZI (Dumu-zid, et Inanna, =Tammouz) : 47, 322, 324, 334, 346, 348, 353, 355, 360, 373, 378, 411, 558
DRIESSENS Georges : 876
DRIGUM GYALPO : 920
DROGMI LE TRADUCTEUR ('Brog.mi lotsava) : 871, 874
DROWER Ethel : 65
DRUGPA KÜNLEG (>'Brug.pa Kun.legs) : 715, 740, 868, 874, 878, 918
DUBOIS Daniel : 152
DUMÉZIL Georges : 496, 497, 523, 528, 535
DUPONT-SOMMER André : 993
DÜRCKHEIM Graf Karlfried von (comte Karlfried von Dürckheim-Montmarin, dit) : 62, 63
DURGÂ : 631, 633, 709
DÜSUM KHYENPA : voir KARMA-PA I

E

ÉA : voir ENKI
ÉBER : 986
ÈHYÈH : voir YHWH
ECKHART Johannès maître : 38
EISLER Robert : 400
EISAI (=Myôan Eisai, Yôsai, Senkô Kokushi) : 823, 831
EKAN : 823
EL (nom générique) : 564, 1000
ÉLAN NOIR : voir WAPITI NOIR
ÉLÉAZAR (ben Judah) DE WORMS rabbi : 959, 961, 966, 1007
ELIADE Mircea : 18, 73, 181, 219, 225, 226, 231, 254, 257, 259, 262, 441, 491, 529, 618, 620, 710, 864, 898
ÉLIE (>Eliyahou) : 780, 936, 964, 975, 984, 985, 989, 1007, 1012, 1019, 1030, 1044-1046
ÉLISÉE (>Elicha) : 984, 989
ELKIN Adolphus Peter : 72, 261, 262
ELLIL : voir ENLIL
ELLIS William : 279, 288
ÉLÔHIM : voir YHWH

EL SHADDAÏ : *voir* YHWH
EMPÉDOCLE D'AGRIGENTE : 22, 332, 509, 759
ENCHIN (Onjin, =Chishô-Daishi) : 832
ENDYMION : 334
ÉNEL (M. Scriatine, dit) : 425, 429
EN-HÉ-DU AN-NA : 411, 1173
ENKAN (Jii Oshô) : 823
ENKI (sum., akk. Éa, gr. Oannès) : 319, 327, 330, 347, 367, 369, 371, 374, 377, 378, 398, 402
ENKIDOU : 315, 338, 351, 353, 363
ENLIL (sum., akk. Ellil) : 304, 347, 367, 371, 374, 377, 378, 382, 402
ENMEDOURANKI : 310, 375
ENNIN (Mibu, =Jikaku-Daishi) : 832
EN NO OZUNU (=En no Gyôja) : 823, 853, 858
ÉNOCH (>Hénoch, =Idrîs) : 310, 327, 333, 928, 932, 935, 936, 938, 959-961, 966, 975, 982-987
ÉNOSH : 986
ÉPIPHANE DE SALAMINE : 14, 1058
EHRHARD Franz Karl : 886
ERMAN Adolf : 429
ERTEMI : *voir* ARTÉMIS
ÉSAÏE : *voir* ISAÏE
ESDRAS (>Ezra) : 956, 977, 984, 986, 1013
ESCHMOUN : 324
ESSOMÉ Emmanuel : 99
ÉTOILE FILANTE (=Wohpe) : 182
EUDÈME DE RHODES : 536
EUMOLPE : 566
EUSÈBE DE CÉSARÉE : 50, 333, 992, 1068
ÉVAGRE DU PONT (=Évagre le Pontique, Nil l'Ascète) : 66, 1069, 1071-1081, 1084, 1088, 1103
EVANS Ivor Hugh Norman : 72
EVANS-PRITCHARD Edward Evan : 92
EVANS WENTZ Walter Yeeling : 874, 886
ÈVE (>Hawah) : 977, 985, 1011
EVOLA Julius : 51, 52
EYBESCHUETZ Jonathan : 941
ÉZÉCHIAS : 984
ÉZÉCHIEL (>Yehezqel) : 16, 360, 387, 391, 505, 928, 959-961, 968, 975, 980-982, 986, 988-990, 1016, 1030
EZNIK DE KOLB : 536

F

FABRE D'OLIVET (Antoine FABRE, dit) : 49, 331, 497, 979
FAHD Toufic : 1111
FAIVRE Antoine : 5, 1069
FALKENSTEIN Adam : 401
AL-FÂRÂBÎ Abû Nasr (lat. Alfarabius) : 1156
FARÎDÛN : 500

AL-FÂRÛQ 'Umar : 1123
FÂTIMA : 1110, 1129, 1133, 1170
FÂTIMA DE CORDOUE : 1136
FAYE Eugène de : 1059
FESTUGIÈRE R. P. André-Jean : 509
FICIN Marsile : 58
FILIPOFF L. : 336
FILLIOZAT Jean : 691, 700
FIRE LAME DEER Archie : 192
FIRMICUS MATERNUS Julius : 457, 481, 560
FISCHER-SCHREIBER Ingrid : 825-827
FLAVIUS JOSÈPHE : 309, 963-965, 993, 995, 1016, 1038
FLETCHER Alice Cunningham : 155
FLUSSER David : 968
FOU-HI (>Fuxi) : 726, 760-762, 764, 814
FRANK Bernard : 824
FRANK Jacob : 941
FRAZER James George sir : 207
FRÉDÉRIC II HOHENSTAUFEN : 48
FRIEDRICHS Kurt : 601
FROBENIUS Leo : 135
FUMET Stanislas : 1093
FUXI : *voir* FOU-HI

G

GABRIEL (ar. Jibrîl) ange : 936, 1111, 1113, 1114, 1120, 1142
GAD : 989
GAMPO-PA : *voir* SGAMPO-PA
GÂNDHÎ : 50, 614, 618
GÂRGÎ : 660
GAUDAPÂDA : 623
GAUDAPÂDÂCÂRYA : 624
GAUMÂTA (=Smerdis) : 529
GAUTAMA Siddhârtha : *voir* BOUDDHA
GE HONG : *voir* KO HONG
GERARD André-Marie : 990
GEDÛN DRUP : *voir* DALAÏ-LAMA I
GENNIN : 831
GEORGES LE SYNCELLE : 424, 509
AL-GHAZZÂLÎ (>Algazel) Abû Hâmid : 941, 1127, 1137, 1144, 1146, 1170
GIKATELLA Joseph ben Abraham : 1009
GILBERT Adrian : 462
GILGAMESH : 281, 305, 309, 315, 327, 328, 332, 338, 345, 346, 351-353, 356, 358, 360, 411, 567, 1173
GILLEN Francis James : 70
GIRAUD Daniel : 774, 1176
GISHIN (=Shûzen Daishi) : 832
GODELIER Maurice : 264, 265
GOLLNHOFER Otto : 138, 139
GÖ LOTSAWA CHONOU PAL : 727
GONDA Jan : 600
GONSAR RINPOCHE : 865

INDEX

GORAKNÂTHA (>Goraksanâtha, =Anangavajra) : 632, 1174
GORDIAS : 565, 566
GOUDÉA : 412
GOUGALANNA : 338
GOVINDA Anagarika : 866
GOVINDA BHAGAVATPÂDA : 624
GRANET Marcel : 755, 758
GRÉGOIRE DE NAZIANCE : 1071
GRIAULE Marcel : 31, 51, 92, 97, 103, 106, 116, 117
GUÉNON René *(alias* PALINGÉNIUS, 'Abd al-Wahîd Yahyâ) : 7, 13-15, 36, 51, 53, 59, 64, 70, 87, 577, 649, 725, 737, 772, 906, 1043, 1047, 1090, 1135, 1170
GUHYASAMÂJA : 875, 876
GUIART Jean : 65, 278
GUILLAUME DE RUBROUCK (=van Rubroek, Rubruquis) : 222
GUILMOT Max : 443, 445
GUNDOFFAR : 510
GURDJIEFF Georges Ivanovitch : 46
GUSINDE Martin : 72, 174
GYGÈS : 565, 567, 568, 572

H

HAAS Volkert : 555
HABAQUQ : 989, 996
HABEL N. : 270
HADAD : *voir* BA'AL DE BAALBEK
HAÏ BEN SHERIRA rabbi : 960, 983
HAKUIN ZENJI (Hakuin Ekaku, =Shinki Dokumyô, Shôshû Kokushi) : 737, 831, 841, 844, 858, 1176
HALÉVY Joseph : 344
AL-HALLÂJ Abû Mansûr ibn Husayn : 930, 941, 942, 1137, 1138, 1141, 1143, 1159, 1170, 1176
HALLEUX Robert : 474
AL-HALWÎ : 1139
HAMMOURABI (>Hamurapi) : 402
HANDY E. S. Craighill : 286, 289
HAN-CHAN (>Hanshan) : 846, 847
HARNER Michael : 183, 192
HARNUPHIS : 489
HARPOKRATION D'ALEXANDRIE : 401
AL-HASAN AL-'ASKARÎ (=al-Hasan ibn 'Alî, 11ᵉ Imâm) : 1133
AL-HASAN AL-BASRÎ (>Hasan Baçrî) : 48, 1127, 1128, 1135
AL-HASAN AL-MUJTABÂ (=al-Hasan ibn 'Alî, 2ᵉ Imâm) : 1129, 1133
HATHOR : 420, 443, 451, 480
HATSHEPSUT (>Hatchepsout) : 437
HATTOUSIL III : 317
HAURVATÂT (>Harvatât, Hurdât) : 523, 525
HEBGA Meinrad Pierre : 94

HEHA'KA SAPA : *voir* WAPITI NOIR
HÉKA : 437
HÉLÈNE DE TYR : 14, 1065, 1173
HÉNOCK : *voir* ÉNOCH
HÉPAT (>Hébat, Khépat) : 555
HÉRACLÉON : 940
HÉRACLÈS : 333, 559, 565, 567, 568
HÉRACLITE D'ÉPHÈSE : 8, 38, 373, 552
HERBERT Jean : 854
HERMAS : 938
HERMÈS (=Mercure, Thoth) : 331, 333, 389, 1148
HERMÈS TRISMÉGISTE (=Mercurius Triplex, Second Hermès) : 58, 327, 330, 331, 333, 427
HERMIPPE DE SMYRNE : 509
HERMODORE : 330
HERMOTIME DE CLAZOMÈNES : 45, 572
HÉRODOTE : 45, 46, 50, 54, 55, 169, 306, 322, 345, 348, 366, 367, 402, 404, 429, 437, 438, 440, 442, 446, 447, 451, 459, 460, 464, 466, 480, 497, 501, 502, 504-506, 511, 529, 533, 558, 560
HERRENSCHMIDT Clarisse : 496
HERRIGEL Eugen : 846
HÉSIODE : 498
HEUER Anouchka von : 949
HEUSCH Luc de : 134, 137
HIGGINS Steven : 290
HI K'ANG (>Xi Kang) : 777
HIMIKO : 858
HIRAM DE TYR : 327, 328, 954
HIUAN-TSANG (>Xuanzang) : 672, 823
HOLAS Bohumil : 95, 103
HOMÈRE : 56
HO PEI : 759
HONG-JEN (>Hongren, =Daiman Zenji, 5ᵉ patriarche tch'an) : 831, 836
HOR : 432
HORACE : 350
HORAPOLLON : 425
HORATIUS COCLÈS : 355
HORSIÉSIS : 446, 447, 449, 450
HORUS : 322, 323, 425, 434, 436, 438, 439, 441, 451, 458, 472, 479
HORUS HARPOCRATE (=Zeus Kasios) : 323
HOSKINS Cyril Henry : *voir* RAMPA Lobsang
HOUAI-NAN TSEU : *voir* LIEOU NGAN
HOUANG FOU-MI : 727
HOUANG-PO HI-YUN (jap. Obaku) : 842
HOUANG-TI (>Huangdi, le Souverain Jaune) : 726, 780
HOUEI-K'Ö (>Huike, jap. Eka, 2ᵉ patriarche tch'an) : 831, 832
HOUEI-KOUO : 806, 823, 827, 831
HOUEI-LI : 672
HOUEI-NENG (>Huineng, jap. Eno, 6ᵉ patriarche tch'an, 33ᵉ patriarche du bouddhisme

de la méditation) : 732, 806, 814, 823, 831, 834, 836-838, 841, 848, 849, 870
HOUEI-SEU : 832
HOULDA : 985
HOUPASIYA : 309
HOWITT Alfred William : 256, 262
H. P. B. : *voir* BLAVASTKY Helena Petrovna
HUC Régis-Évariste : 50
HULTKRANTZ Âke : 159
AL-HUSAYN AL-SIBT : 1142
AL-HUSAYN IBN 'ALÎ (=Hussein, 3ᵉ Imâm) : 1129, 1133
HUSSERL Edmund : 19, 1079
HYGIN saint : 1060
HYSTASPE : *voir* VISHTÂSPA ou PSEUDO-HYSTASPE

I

IBN (al-)'ARABÎ Muhyî al-Dîn (>Abenarabi, =Shaykh al-Akbar) : 45, 48, 66, 652, 928, 1121, 1122, 1125, 1136-1138, 1141, 1148, 1150, 1151, 1153, 1155, 1156, 1158, 1159, 1170, 1173, 1174
IBN EZRA (=Abraham ben Meïr, Avenarius) : 944, 973, 1008
IBN AL-FÂRID 'Umar : 939, 1124, 1140
IBN HANBAL Ahmad : 1113, 1153
IBN HISHÂM : 1116
IBN KHALDÛN (>Ibn Haldûn) : 941, 1110, 1154
IBN MÂJA : 1124
IBN MISKAWAYH : 1156
IBN AL-NADÎM Abû l-Faraj : 390, 537, 538
IBN RUSHD Abû l-Walîd (=Averroès) : 698, 1155
IBN SA'BÎN : 48, 1156
IBN SHARÎK : 1127, 1135
IBN SÎNÂ Abû 'Alî (=Avicenne, Shaykh al-Ra'îs) : 237, 929, 1135, 1148, 1156
IBN TUFAYL Abû Bakr (=Abûbacer) : 929
IBN WASHSHÎYA : *voir* AL-ZAYYÂT
IBRÂHÎM IBN ADHAM : 1136
IBRÂHÎM IBN SHAYBÂN QIRMÎSÎNÎ : 1137
IDEL Moché : 1002, 1006
IFRAH Georges : 1149
IKHERNOFRET : 433
IKKYÛ SÔJUN (=Ikkyû Oshô) : 844
ILLOUYANKA : 553, 555-556
IMÂM I : *voir* 'ALÎ IBN ABÎ TÂLIB
IMÂM III : *voir* AL-HUSAYN IBN 'ALÎ
IMÂM VI : *voir* JA'FAR AL-SÂDIQ
IMÂM VII (des Imâmites) : *voir* MÛSÂ AL-KÂZIM
IMÂM VII (des Ismâ'îliens) : *voir* ISMÂ'ÎL IBN JA'FAR
IMÂM XI : *voir* AL-HASAN AL-'ASKARÎ

IMÂM XII (Imâm caché) : *voir* MUHAMMAD AL-MAHDÎ
IMHOTEP (>Imouthès) : 308, 327, 328, 330, 440, 460, 476, 489
INANNA (sum., akk. Ishtar) : 323, 325, 328, 338, 346-348, 351, 353, 355, 356, 360, 367, 382, 394, 402, 530, 562, 567
INARA : 309, 555
INDRA : 523
INDRABHÛTI : 872
INDRAVARMAN Iᵉʳ : 632
INNOCENT Iᵉʳ saint : 1070
IRÉNÉE DE LYON saint : 510, 1037, 1057, 1059, 1060, 1062, 1064, 1091, 1093
ISAAC (>Yitzhak) : 928, 971, 984, 986
ISAAC DE NINIVE (=Isaac le Syrien) : 1103
ISAAC L'AVEUGLE : 48, 959, 966, 975, 997-999, 1006
ISAAC LURIA : 975
ISAÏE (Ésaïe, =proto-Isaïe) : 349, 926, 929, 930, 935, 957-959, 968, 975, 981, 984, 986, 988, 989, 1008, 1017-1019, 1030, 1041, 1048
ISAÏE II (=deutéro-Isaïe) : *voir* SECOND-ISAÏE
ISAÏE l'abba : 1074, 1075
ISHARA : 325, 562
ISHKOUR : *voir* ADAD
ISHTAR : *voir* INANNA
ISIS : 47, 315, 321-323, 328, 334, 421, 422, 424, 427, 434, 436, 438, 439, 443, 449, 451, 462, 467, 472, 479, 480
ISMAËL : 971
ISMÂ'ÎL : 928
ISMÂ'ÎL IBN JA'FAR (7ᵉ Imâm ismâ'îlien) : 1132, 1133
ISRAËL BEN ÉLIÉZER : *voir* BA'AL SHEM TOV
ISTANOU : 325

J

JÂBIR IBN HAYYÂN (>Gâbir ibn Hayyân, =Geber arabe) : 1131, 1148, 1176
JACOB (>Yaaqob, =Israël) : 940, 958, 963, 976, 986, 1113
JACOLLIOT Louis : 906
JACQUES LE MINEUR saint : 1037, 1045
JA'FAR AL-SÂDIQ (>Dja'far al-Sâdiq, Ga'far Alsâdiq, 6ᵉ Imâm) : 938, 1127, 1129, 1130-1133, 1135, 1142, 1148
JAÏRE : 1049
JALÂL AL-DÎN AL-RÛMÎ : *voir* AL-RÛMÎ
JAMBLIQUE DE CHALCIS (3ᵉ scolarque néoplatonicien) : 18, 36, 37, 45, 57, 429, 477
JAMGON KONGTRUL LODRÖ TAYÉ (>'Jam.mgon Kong.sprul Blog.gros mtha'.yas) : 908, 920
AL-JÂMÎ (>Djâmî) : 1127
JASON : 347

INDEX 1223

AL-JAWÂD Muhammad : 1133
JEAN DE LYCOPOLIS : 1073
JEAN D'ÉPHÈSE : 1083
JEAN LE BAPTISTE : 984, 992, 1030, 1036, 1043, 1048, 1052, 1054, 1069, 1085, 1103
JEAN L'ÉVANGÉLISTE (=Jean l'Apôtre, saint Jean) : 538, 928, 935-938, 972, 1036, 1037, 1041-1043, 1045-1052, 1054, 1055, 1057, 1064, 1069, 1083-1085, 1087, 1089-1091, 1103
JEAN MALALAS : 330
JEHUDAH HE-HASSID : *voir* JUDA LE PIEUX
JENSEN Adolf Ellegard : 226
JÉRÉMIE (abr. Jr) (>Yirmeyahou) : 16, 975, 981, 984, 986-989, 1011, 1014, 1016, 1018
JÉRÔME saint : 383
JESTIN Raymond : 373
JÉSUS : 42-44, 46, 471, 481, 537, 540, 657, 674, 925, 928, 930, 933, 934, 937, 940, 942, 945, 946, 963, 971, 972, 984, 993, 996, 997, 1012, 1036, 1037, 1039, 1040, 1042-1059, 1061, 1064-1068, 1070, 1072, 1073, 1075, 1081-1086, 1088, 1090-1092, 1095, 1104, 1142, 1173, 1175, 1176
JÉTHRO (=Hobab, Réul) : 972, 973, 975
JETSÜN : *voir* MILARÉPA
AL-JÎLÎ 'Abd al-Karîm (>Gîlî, =al-Jîlânî) : 1137
JINA (=Dhyâni Buddha) : 882
JITSUE (=Dôkô-Daishi) : 831
JOB : 938, 942, 977, 985, 1017
JOËL : 989
JOHANAN BEN ZAKKAÏ (>rabbi Yohanan) : 961, 975, 989
JOMIER Jacques : 1111
JONAS (abr. Jon) : 968, 987, 1050, 1175
JONG K'I-K'I : 806
JOSEPH : 928
JOSEPH BEN ABBA DE PUMBADITA : 975
JOSEPH BEN CHALOM ASHKÉNAZI rabbi : 1009
JOSÈPHE FLAVIUS : *voir* FLAVIUS JOSÈPHE
JOSEPH LE PATRIARCHE : 986
JOSIAS : 348
JOSUÉ : 975-977
JUDA : 963, 986
JUDA LE PIEUX (Jehudah he-Hassid) rabbi : 1007
JUDAH BEN YAQAR rabbi : 1009
JUILLERAT Bernard : 253, 274, 275
AL-JUNAYD Abû l-Qâsim (>Djunayd, Gunaid, =Shaykh al-Tâ'ifa) : 1128, 1138, 1141, 1142, 1170
JUNG Carl Gustav : 114, 906
JUNON : 530

JUPITER : *voir* BA'AL
JUPITER DE CANAAN : 324
JUPITER DE DAMAS : 324
JUPITER DE DOLICHÉ : 324
JUPITER D'ÉMÈSE : *voir* BA'AL D'ÉMÈSE
JUPITER D'HÉLIOPOLIS : *voir* BA'AL DE BAALBEK
AL-JURJÂNÎ : 1126
AL-JUWAYNÎ Yûsuf ibn Hammûya : 1155

K

KAKASBOS : 323
KAKUSHIN : 843
KAKUSHÔ : 832
KÂLACHAKRA : 876
KÂLA-MAKARA : 706
KÂLÎ : 633, 649, 672, 709, 710
KÂLÎDÂSA : 647
KALOU RINPOCHE : 708, 732, 880, 888, 896, 901, 902, 918
KALTENMARK Max : 777
KAMALASHÎLA : 869
KAMOSH : 975
KAMROUSHEPA : 319, 563
KANAKAMUNI : 703
KAN-JAN : 832
KANÔ JIGORÔ : 727
KANT Emmanuel : 19
KAO HOUEI-WEN : 832
KAO YEOU (>Goa You) : 796
KARAIKKÂLAMAIYÂR (=Punitavati) : 660
KARMALINGPA (>Karma.gling.pa) : 904, 1174
KARMA-PA I (Düsum Khyenpa, >Dus.gsum Mkhyen.pa) : 871, 909
KARMA-PA II (Karma Pakshi, >Kar.ma Pag.shi) : 909
KARMA-PA III (Rangjung Dorje, >Rang.'-byung Rdo.rje) : 891, 896, 909, 921
KARMA-PA IV (Rölpe Dorje, >Rol.pa'i Rdo.rje) : 921
KARMA-PA IX (Wangchug Dorje, >Dbang.-phyug Rdo.rje) : 922
KARMA-PA XVI (Rigpe Dorje, >Rig.pa'i Rdo.rje) : 921
KARMA PAKSHI : *voir* KARMA-PA II
KEIZAN JÔKIN : 735, 834, 841
KEMOSH : 924
KEOU K'IEN-TCHE : 796
KEPLER Johannes : 17, 1039
KESSLER K. : 405
KHADIJA (>Hadidja) : 1110, 1118
AL-KHADIR (=al-Khidr) : 928
KHÂLID IBN YAZÎD (>Châlid ibn Jâzid, =Calid Hebraeus) : 1147, 1148
KHAYYÂM (>Hayyâm) 'Umar : 1140
KHEPRER : 419

KHNOUM (=Amon) : 337, 451
KHOSRÔ (>Chosroès) II : 1108
KHSHATHRA VAIRYA (>Xshathra) : 522, 523
AL-KINDÎ Abû Yûsuf : 59, 1148, 1155
KING Serge : 280
KIRCHER Athanase : 425, 560
KIRDÎR : 496, 528
KI TO : 796
K'IU YUAN : 737, 748
KLONG.'CHEN RAB.'BYAMS.PA : voir LONG CHENPA
KÔBO-DAISHI : voir KÛKAI
KO HONG (>Ge Hong, =Pao-p'ou-tseu) : 754, 772, 785, 786, 788, 789, 814, 1176
KÔKE : 832
KOLPAKTCHY Grégoire : 455
KÖNCHOG GYELPO (>'Khon Dkon.mchog Rgyal.po) : 824, 871, 874, 920
K'ONG-TSEU : voir CONFUCIUS
KOOT HOOMI LAL SING : 58
KOSMAS DE JÉRUSALEM : 313
KOUANG-KING : 832
KOUBABA (>Kubaba, Kubêlê) : voir CYBÈLE
KOUEI-CHAN LING-YEOU (>Guishan Lingyu, =Wei Chan Ling Yeou) : 841
KOUO HI : 788
K'OUO-NGANG TCHE-YUAN (jap. Kakuan Shei) : 849, 851, 852
KOUSHOU : 325
KRAKUCCHANDA : 703
KRISHNA (>Krisna) : 50, 593, 614, 616
KRISHNAMURTI (>Krisnamurti) : 46
KÛKAI (>Ku Kaï-chih, =Kôbô-Daishi, fondateur de l'école bouddhique Shingon) : 683, 706, 712, 722, 728, 822, 823, 827, 830, 831, 858
KUMÂRAJÎVA : 659
AL-KURDÎ AL-SHÂFI'Î AL-NAQSHBANDÎ Muhammad Amîn : 1145
KVAERNE Per : 865
KYÔ-KAI : 853

L

LABAT René : 356
LAKSMÎ : 632, 709
LAKSMÎNKARA : 722
LÂKULISHA : 629
LALLÂ : 660
LALLÂ MÎMÛNA : 1147
LAMEK : 986
LAMOTTE Étienne : 685
LAMPÈCE : 1081
LANGDARMA : 921
LAO-TSEU (>Laozi, 1er Père du Taoïsme philosophique) : 53, 59, 66, 586, 728, 733, 760, 770, 771, 773, 775, 776, 780, 782-784, 792, 806, 814, 1173, 1174, 1176

LAROCHE Emmanuel : 550
AL-LÂT : 1148
LATEAU Louise : 19
LAVAPA : 900
LAVOISIER Antoine Laurent de : 21
LAYE Camara : 122
LAYLÂ : 1140
LAZARE : 1049
LEBRUN René : 313, 551
LE CÈNE Charles : 954
LE COUR Paul : 335
LEENHARDT Maurice : 263
LEIBNIZ Gottfried Wilhelm : 15
LÉON XIII : 1083
LEPSIUS Richard : 452
LESAGE Augustin : 7
LÊTÔ (lyc. Eni mahanadi) : 554
LÉVI-STRAUSS Claude : 82, 250
LÉVY-BRUHL Lucien : 272
LEWIS Harvey Spencer (1er imperator de l'AMORC) : 481
LI CHAO-KIUN (>Li Shaojun) : 797, 802
LIEOU LING (>Liu Ling) : 777, 778
LIEOU NGAN (>Liu An, =Houai-nan Wang) : 53, 202, 753, 775, 779, 795, 797
LIE-TSEU (>Liezi, =Lie Yu-k'eou 2e Père du Taoïsme philosophique) : 775, 780
LI TSOU-HIEOU : 832
LIMET Henri : 25, 304, 344, 345, 362, 393
LINGJE REPA (>Gling.rje Ras.pa) : 871, 921
LINGS Martin : 1143
LIN LEI : 751
LIN-TSI YI-HSUAN (>Linji Yixuan, jap. Rinzai Gigen) : 806, 823, 834, 842, 843
LIU POU WEI (>Lü Bu Wei) : 765
LOBSANG CHÖKYI GYELTSEN : voir PANCHEN-LAMA IV
LOBSANG GYATSO : voir DALAÏ-LAMA V
LOKAKSEMA (=Tche-leou Kia-tch'an) : 806
LONG CHENPA (>Klong.'chen Rab.'byams.pa) : 899
LO TCHEN-YU (>Luo Zhenyu) : 798
LOU HIEOU-KING : 796
LOUKIOS DE L'ENATON : 1074
LOWIE Robert Harry : 176
LOZANO Pedro : 187, 188
LUBAC Henri de : 1058
LUC saint : 44, 540, 928, 984, 992, 1040-1043, 1045, 1046, 1048, 1049, 1052, 1054, 1072, 1085, 1091
LUCIEN DE SAMOSATE : 469, 503, 558
LUCRÈCE : 47
LUNEAU René : 84
LU TONG-PIN (>Lü Dongbin, =Lu Tsou) : 788, 790
LU TSOU : voir LU TONG-PIN
LÛYIPA (>Lûipa) : 711, 822, 1174

M

MÂ de comane (=Bellone) : 89, 323
MÂ ÂNANDA MOYÎ : voir MOYÎ MÂ ÂNANDA
MAÂT : 447
MACAIRE DE CORINTHE : 1073
MACAIRE L'ÉGYPTIEN (=pseudo-Macaire) : 1071, 1073
MACDONALD Ariane W. : 863
MACHIG LAPDRÖN (>Ma.gcig Lab.sgron) : 871, 897, 921, 1173
MAGAKPA : 897
MAH : 520
MAHÂDEVA : 822
MAHÂKÂSHYAPA (=Kâshyapa, Kassapa, 1er patriarche dhyâne) : 686, 694, 822, 831, 832, 834, 848
MAHALALÉEL : 986
MAHÂPRAJÂPÂTI GAUTAMÎ : 674
MAHÂRISHI MAHÊSH YOGÎ : voir MAHÊSH YOGÎ
MAHÂSTHÂMAPRÂPTA : 700
MAHÊSH YOGÎ le mahârishi : 49
MAHOMET : voir MUHAMMAD
MAHUIKÉ : 281
MAIER Michael : 481
MAÏMONIDE Moïse (Ibn Maymûn, rabbi Moshe ben Maïmon, RaMBaM) : 931, 975, 1020, 1021
MAÎTRE DE JUSTICE des Esséniens : 1030
MAITREYA : 703, 706, 707
MAJNÛN : 1140
MAKÂKALA : 882
MALACHIE : 975, 989
MALINOWSKI Bronislav : 271, 272
MAMA HUACO : 1173
MANÂT : 1148
MANDÂRAVÂ : 872
MANÉTHON DE SÉBENNYTOS : 328-330, 337, 424, 425
MANI : 412, 515, 519, 534, 536-540, 546, 939, 1066
MAÑJUSHRÎ : 908
MAO TSÖ-TUNG (>Mao Zedong) : 740, 747, 796, 806
MAQDISÎ : 322
MÂRA : 676
MARA BAR SERAPION : 1038
MARAPA : 874
MARC saint : 1046, 1049-1052, 1091
MARC LE MAGE (=Marcos) : 1059, 1090
MARCELLINA : 1065
MARCION : 1057, 1058, 1065
MARDOUK (>Marduk, =Bêl de Babylone, Zeus-Belos) : 309, 312, 316, 324, 359-361, 367, 371, 378, 381, 402, 403, 505, 556, 936, 1175
MARIA : 1118
MARIANOS (>Morienus) : 1148
MARIEL Pierre : 1159
MARIE-MADELEINE (=Mariamme, Marie de Magdala) : 928, 1037, 1065
MARNAS : 324
MARPA (>Mar.pa) : 728, 870, 871, 874, 875, 878-900, 903, 918, 921
MARSHALL John Hubert sir : 630
MARSHALL Lorna : 72
MARSILE FICIN : voir FICIN
MARTIN Aubert : 1142
MARTIUS Carl Friedrich Philipp von : 86
MARX Karl : 66
MASPÉRO Gaston (égyptologue) : 429, 455, 468
MASPÉRO Henri (sinologue) : 21
MASSIGNON Louis : 1141
MASSON Denise : 1111, 1176
MATHUSALEM : 329, 986
MA-TSOU (>Mazu) : 840
MATSUO BASHÔ : voir BASHÔ
MATSYENDRANÂTHA : 1174
MATTHIAS : 1037
MATTHIEU saint : 42, 43, 45, 335, 471, 510, 540, 925, 930, 938, 943, 945, 946, 984, 985, 992, 1012, 1036, 1041, 1042, 1044, 1045, 1047-1055, 1057, 1058, 1070, 1073, 1075, 1083, 1085-1088, 1090, 1091, 1176
MATUS don Juan : 63, 153, 172, 173
MAUDGALYÂYANA (=Kolita, pâli Moggallâna) : 694
MÂUI (>Mahoui) : 281, 1173
MAUSS Marcel : 103, 287
MÂYÂDEVÎ : 674
MAYASSIS Simone : 429
MEDICINE EAGLE Brooke : 192
MÉGASTHÈNE : 50
MEIR BEN SALOMON IBN SEHULA rabbi : 961
MÉLANIE L'ANCIENNE : 1070, 1071
MELKART (>Melqart) : voir BA'AL DE TYR
MELKISÉDEK (>Melchisédeq) : 928, 936, 958, 971, 972, 984, 1030, 1049
MELLAART James : 319
MÊN : 323, 325
MENCIUS : 776
MÉNÈS (=Narmer ?) : 489
MESHA' : 957
MÉTRAUX Alfred : 182, 184, 192
MEULI Karl : 501, 521
MEYER Eduard : 555
MI.BO GSHEN.RAB : voir SHENRAB MIWO
MICHÉE : 986, 989, 1041
MIDAS : 565-568, 572
MIKAËL (ange) : 1114
MILARÉPA (>Mi.la ras.pa, Jetsün, Mi.la. Rdo.rje Rgyal.mtshan) : 722, 728, 737,

866, 870, 871, 874, 875, 878-880, 888, 895, 896, 900, 913, 918, 921, 1174, 1175
MIN : 323, 337, 418
MÎRÂ BAÏ : 616, 660
MIRYAM LA PROPHÉTESSE : 985, 1030, 1173
MIRZA 'ALÎ MUHAMMAD DE SHÎRÂZ dit LE BÂB (« la Porte ») : 1158
MITHRA : 47, 321, 324, 383, 494, 499-501, 514, 520, 522, 529-533, 535, 536, 546, 1040
MITRA (dieu védique) : 499, 522, 523
MNÉVIS : 323, 337
MOERENHOUT Jacques Antoine : 284, 286
MOGGALLĀNA : voir MAUDGALYĀYANA
MOHINI CHATTERJI : 58
MO-HO-YEN (=le moine Mahâyâna) : 824, 869, 871
MOÏSE (>Mocheh, Mûsâ) : 155, 327, 924, 928, 933, 934, 937, 954-957, 964, 967, 972, 973, 975, 976, 984-986, 989, 1007, 1011, 1012, 1018, 1030, 1044-1046, 1053, 1113, 1116, 1142, 1173
MOÏSE BEN JACOB de Kiev : 940
MOÏSE BEN NAHMAN (=Nahmanide, RaMbaN) : 959
MOÏSE CORDOVERO : 975
MOÏSE DE LEÓN (>Moses ben Shem Tov de León) rabbi : 944, 968, 979, 985, 988, 1000, 1003, 1008, 1030, 1174
MOLLĀ SADRĀ SHÎRÂZÎ : 1127
MOLOCH : 924
MONDRIAN Pieter : 431
MONNOT Guy : 1120
MONTOU : 336
MOODY Raymond A. : 8, 906
MORET Alexandre : 433
MORI ARIMASA : 819
MÔT : 322, 324
MOTOORI NORIGANA : 819
MOUWATALLI : 306
MOYÎ MÂ ÂNANDA (>Mâ Anandamayi, « Mère pénétrée de béatitude ») : 615, 660, 667, 683, 686, 694, 715, 831, 1173
MUCIUS SCAEVOLA Caius : 355
MUHAMMAD (>Mahomet) : 28, 741, 925, 926, 928, 933, 934, 936, 937, 940, 942, 1108-1121, 1125, 1127-1129, 1131, 1133, 1135, 1142, 1144, 1148, 1149, 1152, 1170
MUHAMMAD AL-BÂQIR (=Muhammad ibn 'Alî, 5ᵉ Imâm) : 1133, 1142
MUHAMMAD AL-MAHDÎ AL MUNTAZAR (« Muhammad le Caché attendu », =Muhammad al-Hasan, 12ᵉ Imâm) : 1133
MUHAMMAD-E-MÛNAVVAR : 1139
AL-MUHÂSIBÎ : 1145
MULENGA : 138
MÜLLER Friedrich Max : 324

AL-MUNTAZAR : voir MUHAMMAD AL-MAHDÎ
MURPHET Howard : 658
MÛSÂ AL-KÂZIM (=Mûsâ ibn Ja'far, 7ᵉ Imâm des Imâmites) : 1132, 1133
MUSLIM IBN AL-HAJJÂJ : 1123, 1149
MUSÔ SOSEKI (=Musô Kokushi) : 844
AL-MU'TAMID : 1133
MYANG TING.NGE.'DZIN : 887

N

NABOU : 367, 376, 378
NABUCHODONOSOR (>Nebuchadnezzar) II : 349, 402, 1013
NADAB : 934
AL-NADÎM (=Ibn Ishâq) : voir IBN AL-NADÎM
NÂGÂRJUNA (>Nagardjouna) : 579, 580, 659, 686, 707, 739, 822, 831, 832, 866, 876, 902, 1176
NAGEL GEO : 433
NAHMANIDE : voir MOÏSE BEN NAHMAN
NAHOR : 986
NAHUM : 989
NAKAYAMA MIKI (Maekawa Miki, O Miki, =Oya-sama) : 854, 858
NAMKHAI NORBU RINPOCHE (>Nam.mkha'i Nor.bu Rin.bo.che) : 892
NANAO : 736
NANNA : voir SÎN
AL-NAQÎ 'ALÎ : voir 'ALÎ AL-NAQÎ
NARAM-SÎN : 385
NÂRÂYANA : 623
NÂROPA (>Nâro Chos.drug) : 874, 875, 879, 899, 900, 1174
NÂSATYA (les) : 523
NATHAN : 989, 1041
NÉCHEPSO : voir PSEUDO-NÉCHEPSO
NECTANÉBO II : 337
NEFERHOTEP : 311
NEIHARDT John Gneisenau : 51, 167
NEITH : 303, 438, 463
NEPHTHYS : 439, 479
NERGAL (sum., akk. Erra) : 363, 367
NEUMANN Thérèse : 19, 20
NEVERMANN Hans : 246, 279
NEWTON Isaac : 431
NEZÂMÎ : voir NIZÂMÎ DE GANJA
NICÉPHORE L'HÉSYCHASTE (=Nicéphore le Solitaire) : 1075, 1076
NICÉTAS STÉTHATOS : 1055, 1080
NICOLAS DE CUES (>Cuse, Kues, Nikolaus Krebs, dit) : 38, 782
NICOMÈDE L'HAGIORITE (=Nicomède de Naxos) : voir MACAIRE DE CORINTHE
NIDABA : 319
NIETZSCHE Friedrich : 14, 301, 577, 622
NIKHILÂNANDA svâmi : 652
NIN-ANI : 367

NINGIZZIDA : 394
NIN HIEN-CHENG : 787
NINKAN (du Shingon) : 823
NINTI : 369
NINURTA : 367
NÎSÂBÛRÎ : 1138
NIU-KOUA : 762
NIZÂMÎ DE GANJA (>Nezâmî de Gandjé) : 929
NOADIA : 985
NOÉ : 333, 928, 955, 975, 986, 1120, 1142
NÖLDEKE Theodor : 925, 1152
NOMMO : 116
NOUT (>Nwt) : 319, 439
NYBERG Henrik : 521, 527, 535

O

OANNÈS : voir ENKI
ODIN : 355
OGOTEMMÊLI : 79, 80, 93, 97, 102, 114, 152, 327, 1173
OHIYESSA (Dr Ch. A. Eastman, Sioux Santee) : 186
OHRMAZD : voir AHURA MAZDA ou SPENTA MAINYU
OISEAU JAUNE : 190
OLDENBERG Hermann : 598
OMPHALE : 565, 567, 568
OPPENHEIM Adolf Leo : 365, 401
ORIGÈNE (3ᵉ chef du didascalée chrétien) : 510, 534, 556, 962, 1037, 1069
ORPHÉE : 480, 566
OSÉE : 16, 986, 989, 1018
OSIRIS : 306, 315, 321-323, 327, 334, 418-422, 424, 433-439, 442-444, 446, 447, 449-451, 462, 467, 468, 470, 479, 480, 489, 556, 936
OSORKON II : 434
OSSENDOWSKI Ferdinand : 906, 907
OSTANÈS : voir PSEUDO-OSTANÈS
OURS RUANT (Kicking Bear) : 190
OUSER : 440
OUTA-NAPISHTIM (>Utanapishtî, =sum. Zi.u.sud.rá, gr. Xisuthros) : 330, 351, 353, 373
OUTO : 464
OUTOU : voir SHAMASH

P-Q

PACÉRÉ Titinga Frédéric : 64, 128, 141
PACTOLE : 565
PADMA-KARPO : 900, 901
PADMASAMBHAVA (=Gourou Rimpotché) : 711, 715, 728, 824, 865, 870-873, 904, 918, 921

PAI-TCHANG : 843
PANCHEN-LAMA IV (Lobsang Chökyi Gyeltsen, Blo.bzang Chos.kyi) : 871, 921
PANCRATÈS : 469
PAN KOU (>Ban Gu) : 761
PAO-P'OU-TSEU : voir KO HONG
PAPUS (Gérard ENCAUSSE, dit) : 59, 87, 350, 1008, 1067
PARACELSE (Philippus Aureolus Theophrastus Bombastus von Hohenheim, dit) : 21, 45, 97, 737
PARÂSHARA : 623
PARMÉNIDE : 698
PÂRVATÎ : 630, 633, 709
PASCAL Blaise : 14
PASTEUR Louis : 308
PATAÑJALI le Yogin (=Patañjali le Grammairien?) : 21, 67, 614, 618, 621, 629, 1174
PAUL saint : 21, 935, 1056, 1059, 1060, 1062, 1069, 1072, 1124
PAUSANIAS : 556
PEHAR : 879
PÉLADAN Joséphin (« Sar Mérédack Péladan ») : 58
PÉLEG : 986
PÉLOPS : 565
PENN Arthur : 153
PERNÉTY Antoine Joseph dom : 480
PÉTOSIRIS D'HERMOPOLIS : 327, 422, 432, 489
PHADAMPA SANGYE (>Pha.dam.pa Sangs.rgyas) : 871, 897, 921
PHAGMO DUPA (>Phag.mo Grup.pa) : 871
PHAURE Jean : 1013, 1014, 1040
PHILON D'ALEXANDRIE (ou le Juif) : 387, 963, 992, 1019, 1020
PHILON DE BYBLOS : 50, 310
PHILOSTRATE le Sophiste (=de Lemnos) : 506, 658
PHILOUMÈNE : 1065
PICATRIX : voir PSEUDO-AL-MAJRÎTÎ
PIC DE LA MIRANDOLE Jean : 963, 1156
PIERRE saint : 1045, 1050, 1065
PIERRE D'ABANO : 373
PLATON : 7, 19, 55, 56, 122, 334, 345, 373, 506, 559, 560, 567, 608, 621, 752, 906, 1061, 1088, 1148
PLINE L'ANCIEN : 332, 345, 460, 511
PLINE LE JEUNE : 1038
PLOTIN (1ᵉʳ scolarque néo-platonicien) : 924
PLUTARQUE DE CHÉRONÉE : 429, 434, 435, 477, 478, 516, 531, 557
POIGNANT Roslyn : 84
PONROY Marie-Hélène : 496
PONTIAC : 155
POPOV Andrei Aleksandrovich : 218, 220, 221

PORPHYRE DE TYR (Malchos, 2ᵉ scolarque néo-platonicien, dit) : 45, 334, 429, 459, 531
POUDOU-HEPA : 1173
PRAJÂPATI : 599
PRAJÑÂNANDA Anagarika : 698
PRATYABHIJÑÂ : 629
PRÉDICATEUR (le) (=Smohalla) : 188, 189
PRÉVOT Dominique : 348
PROCLOS (scolarque néo-platonicien) : 46, 315, 463, 553
PROCLUS DE CONSTANTINOPLE : voir PROCLOS
PROTÉE (roi égyptien) : 46
PSEUDO-ARISTÉE : 962
PSEUDO-DANIEL : 944, 957-960, 966, 986-989, 1012, 1013, 1017, 1019, 1048, 1114
PSEUDO-DÉMOCRITE : voir BÔLOS DE MENDÈS
PSEUDO-DENYS L'ARÉOPAGITE : 1069, 1080, 1095
PSEUDO-HIPPOLYTE DE ROME : 477, 509, 1056, 1058, 1060
PSEUDO-HYSTASPE : 332, 514
PSEUDO-MACAIRE : voir MACAIRE L'ÉGYPTIEN
PSEUDO-AL-MAJRÎTÎ (=Picatrix) : 1150, 1153
PSEUDO-NÉCHEPSO : 489
PSEUDO-OSTANÈS (=second-Ostanès) : 327, 413, 507, 509, 546
PSEUDO-PÉTOSIRIS : 332, 489
PSEUDO-ZARATHUSHTRA (=Zoroastrès) : 331, 332, 509
PTAH : 451, 467, 480
PTOLÉMÉE : 1056, 1060
PTOLÉMÉE Claude : 46, 451
PTOLÉMÉE Iᵉʳ SÔTER : 324
PUECH Henri-Charles : 934
PUKASIDDHI : 900
PUTÖN RINPOCHE (>Bu.ston Rin.po.che) : 866, 921
PYTHAGORE : 5, 18, 46, 56, 59, 332, 334, 339, 477, 480, 509, 737, 1156

AL-QANNÂD : 1137
AL-QÂSHÂNÎ (>Kâshânî, 'Abd al-Razzâq, =pseudo-Ibn 'Arabî) : 1121, 1132, 1152
QÉNÂN (>Kaïnam) : 986
QUERZALCOÁTL : 1173

R

RÂ : voir RÊ
RABBI AKIBA : voir AKIBA
RABBI ISRAËL BEN ÉLIÉZER : voir BA'AL SHEM TOV
RABBI MOSHE BEN MAÏMON : voir MAÏ-MONIDE
RABBI SIMÉON BAR YOHAÏ : voir SIMÉON BAR YOHAÏ

RABBI YOHANAN : voir JOHANAN BEN ZAKKAÏ
RÂBI'A AL-'ADAWIYYA (=Dame Caritée) : 1141, 1170, 1173
RACHET Guy : 706
RADCLIFFE-BROWN Alfred Reginald : 72
RADIN Paul : 64, 156
RÂHULA : 674
RÂMA : 612
RÂMAKRISHNA shrî : 48, 643, 644, 649, 650, 652, 660, 667
RÂMANA maharshi : 615, 667
RÂMDAS (>Râma-Dâsâ) svami : 37, 38
RÂMÎN : 1140
RAMOSE : 440
RAMPA Lobsang (HOSKINS Cyril Henry, dit) : 912, 913
RAMSÈS II : 317, 462, 463
RAMSÈS III : 455
RANGJUNG DORJE : voir KARMA-PA III
RAPHAËL (ange) : 1114
RAPONDA-WALKER André : 92, 94, 98, 111, 124
RASHÎD AL-DÎN TABÎB (>Raschid-Eldin) : 238
RASMUSSEN Knud Johan Victor : 50, 72, 218, 219, 229
RATNAPÂNI : 703
RATNASAMBHAVA (tib. Rin.chen.abyun.l-dan) : 703, 704
RAVIGNAN Patrick : 1159
RAYHÂNA BINT ZAYD : 1118
AL-RÂZÎ Abû Bakr (médecin) : 1128, 1156
AL-RÂZÎ Abû l-Futûh : 936
RÊ (>Râ) : 323, 325, 419, 421, 422, 444, 447, 455, 460, 475
RECHUNG (>Ras.chung) : 879, 889
REICHEL-DOLMATOFF Gerardo : 187
REITZENSTEIN Richard : 358
RELPATCHEN : 921
RENONDEAU Gaston : 824
RENOU Louis : 575, 594, 595, 600, 603
RÉU : 986
AL-RIDÂ 'Alî : voir 'ALÎ AL-RIDÂ
RIGPE DORJE : voir KARMA-PA XVI
RINZAI GIGEN : voir LIN-TSI YI-HSUAN
ROBERT J.N. : 816
ROBERT DE CHESTER : 333
ROBINET Isabelle : 25, 699, 781, 824
RODINSON Maxime : 925, 1108
RÖLPE DORJE : voir KARMA-PA IV
ROSE-CROIX (ROSENKREUTZ) Christian : 46
ROSENSTIEHL Jean-Marc : 985
ROUCH Jean : 135, 136
ROUSSEAU Jean-Jacques : 924
RUBEN : 963
RUBEN TSARFATI rabbi :1006
RUDOLPH Kurt : 997
RUDRA : voir SHIVA

RUEGG David Seyfort : 910
AL-RÛMÎ Jalâl al-Dîn (=Mawlânâ) : 652, 1146, 1170, 1175
RUTTEN Marguerite : 307
RÛZBEHÂN BÂQLÎ SHÎRÂZI : 1139

S

SABAZIOS (et HIPTA) : 323, 565
SABINA Maria : 182
SACHS A. : 386
SADÂPRARUDITA : 715
SAI BABA DE PUTTAPARTHI (=Satya Sai Baba) : 656
SAI BABA DE SHIRDI : 656
SAICHÔ (>Saï-thiô, =Dengyô daishi, Dengyô Hôshi, fondateur de l'école bouddhique japonaise Tendai) : 722, 728, 823, 824, 832, 858
SAINT-YVES D'ALVEYDRE Alexandre : 59, 906
SALAMÂN : 1140
SALMÂN AL-FÂRISÎ (=Salmân-i Pak) : 1111, 1130, 1135
SALMANASAR III : 504
SALOMON (>Chelomoh) : 928, 954, 980, 1012
SAMANTABHADRA («Toute Bénédiction») : voir ÂDI-BUDDHA
SAMSON : 984, 990-992
SAMUEL : 975, 984, 988-990, 992, 1012, 1017, 1018, 1041
SAMUEL bar NAHMAN rabbi : 975
SAMUEL LE HASSID : 1007
SAMVARA : 875, 876
SANÂ'Î : 929
SANCHONIATHON : 311, 327, 328, 932
SANGYE LAMA (>Sang.rgyas Bla.ma) : 873
SARAHA : 711, 715, 1174
SARAPRARUDITA : 880
SARASVATÎ : 523, 530
SARGON D'AKKAD (=Sargon l'Ancien) : 361, 385, 972
SARGON II : 371
SARMATAS : 1073
SATIE Erik : 59
SATURNIN D'ANTIOCHE (=Satornil) : 1061, 1064
SAUNERON Serge : 429
SAURAPÂTHA : 629
SCHMIDT Paul Wilhelm : 73, 131
SCHOLEM Gershom : 977, 983, 997, 1006
SCHOPENHAUER Arthur : 622
SCHURÉ Éd. : 1032
SCHWALLER DE LUBICZ Isha (=Jeanne le Veilleur) : 336, 429
SCHWALLER DE LUBICZ René (=Aor) : 429, 476

SCHWARZ Fernand : 453
second-ISAÏE (=deutéro-Isaïe) : 16, 924, 925, 1041
second-ZACHARIE : 1041
SÉDEQ : 971
SEKHMET : 471
SELIGMAN Brenda : 72
SELIGMAN Charles Gariel : 72
SEM : 986, 1011
SEN Soshitu : 845
SENGAI GIBON : 858
SENGHOR Léopold Sédar : 94, 123
SENG TCHAO : 823
SENG-TS'AN (3e patriarche tch'an) : 831
SÉRAPIS : 323, 324
SERUG : 986
SÉSOSTRIS (>Sénousret) : 433
SÉSOSTRIS III : 433
SESSHÛ TÔYÔ : 844, 1175
SETH (3e fils d'Adam) : 928, 986
SETH (=Typhon) : 303, 322, 323, 388, 427, 434, 438, 439, 441, 443, 458, 468
SÉTHI (Séthos) Ier : 431, 447
SGAMPO-PA DAKPO LHAJE (>Sgam.po.pa Dvags.po Lha.rje, Gampo-pa) : 731, 824, 869, 871, 874, 875, 894, 900, 921
SHABBETAÏ ZEVI (>Sabbataï Tsevi) : 941, 942
SHÂHPUHR (>Shâhpourh) II : 521
SHAKTI : 580, 623, 630, 636
SHÂKYAMUNI : voir BOUDDHA
SHALA : 305, 321
SHAMAGA : 325
SHAMASH (akk., sum. Outou) : 323, 325, 367, 375, 382, 390, 392, 394, 397, 402
SHANKARA (>Çankara, Shankarâcârya) : 23, 45, 66, 579, 580, 587, 614, 616, 623-629, 639, 641, 650, 660, 667
SHÂNTIDEVA (>Sânti-Deva) : 707
SHÂNTIRAKSITA : 869, 872
SHÂRIPUTRA (=Upatisya, pâli Sâriputta) : 694, 722
SHATTÂRÎ 'Abdallâh : 1136
SHAYKH AL-AKBAR : voir IBN 'ARABÎ
SHAYKH AL-ISHRÂQ : voir AL-SUHRAWARDÎ AL-MAQTÛL
SHAYKH AL-ISLÂM : voir ANSÂRÎ
SHAYKH AL-RA'ÎS : voir IBN SÎNÂ
SHAYKH AL-TÂ'IFA : voir AL-JUNAYD
SHÉLAH : 986
SHEMAYA : 989
SHENRAB MIWO (>Gçenrab Mi.bo) : 567, 865, 871, 919
SHERAB GYELTSEN (>Shes.rab Rgyal.mts-han) : 871, 897, 921
SHIBAN : 825
SHILARDI : 325
SHINGA (=Hôkô-Daishi) : 831

INDEX

SHIVA (>Civa, Siwa, anc. Rudra) : 580, 593, 620, 630-633, 636, 640, 641, 647, 656, 709, 710
SHÔBÔ (=Rigen daishi) : 831, 853, 858
SHOU (>Sw) : 420, 443
SHRÎ AUROBINDO GHOSE : *voir* AUROBINDO
SHUBHÂKARASIMBA : 831
SHUKA : 623
SIDDHÂRTA : *voir* BOUDDHA, le (Bouddha historique)
SIDI 'ABD AL-RAHMÂN AL-AZHÂRÎ : *voir* 'ABD AL-RAHMÂN AL-AZHÂRÎ
SILBURN Lilian : 897
SILÈNE : 566
SILLANS Roger : 94, 98, 111, 124, 138
SIMÉON (2ᵉ fils de Jacob) : 963
SIMÉON saint : 674
SIMÉON BAR YOHAÏ (« la Sainte Lampe ») rabbi : 975
SIMÉON LABI : 966
SIMON Richard : 954
SIMON DE SAMARIE (=Simon le Mage, Simon le Magicien) : 1060, 1065
SÎN (akk., =sum. Nanna) : 323, 325, 367, 371, 382, 388, 402, 552, 970, 972
SITI DJENAR Sjech : 1138
SITTING BULL : *voir* TAUREAU ASSIS
SIVERSTEIN Elliot : 153
SMITH George : 955
SMOHALLA : *voir* PRÉDICATEUR (le)
SMYTH Charles Piazzi : 477
SNELLGROVE David Llevellyn : 865
SOCRATE : 608, 759, 940
SOGYAL RINPOCHE : 903
SOMADEVA : 659
SOMASIDDHÂNTA : 629
SÖNAM GYATSO : *voir* DALAÏ-LAMA III
SONGTSEN GAMPO (>Srong.btsan Sgam.po) : 727, 921
SONG YU : 748
SOPHIA : 946, 1065
SOPHONIE : 989
SOUEN SSEU-MO (>Sun Simiao) : 805
SPECK Frank Gouldsmith : 175
SPENCER Baldwin sir : 70
SPENTA MAINYU : 523, 535
SPENTA QRMAITI : 518
SPINOZA Baruch : 784, 924, 954, 955
SSEU-MA TCHENG : 727
SSEU-MA TS'IEN (>Sima Qian) : 750, 757, 772, 802
STEINER Rudolf : 34, 43, 52, 53, 335, 336, 383, 429, 737, 968, 1067, 1089, 1090
STIMSON J. Frank : 288
STRABON : 327, 328, 337, 349, 504, 510, 556, 560, 567
AL-SUBKÎ : 1150
SUDDHODANA : 674

SUÉTONE : 1038
AL-SUHRAWARDÎ AL-MAQTÛL (=Suhrawardî d'Alep, Shaykh al-Ishrâq) : 533, 929, 1156, 1171
AL-SUHRAWARDÎ 'Umar (=Suhrawardî de Baghdâd) : 1140
SUIDAS : 460
SULLIVAN Lawrence Eugene : 186
SUZUKI DAISETSU TEITARÔ : 732
SVÂMI RÂMDÂS : *voir* RÂMDÂS
SVATMÂRÂMA : 617
SYMÉON LE FOU : 1082
SYMÉON LE NOUVEAU THÉOLOGIEN : 1071, 1072, 1104
SYMÉON LE PIEUX : 1071
SYNÉSIOS DE CYRÈNE : 507

T

AL-TABARÎ : 1116, 1117
TABITHA : 984, 985
TACITE : 1038
TAKUAN SÔHÔ : 736
T'ANG : 796
TAMMOUZ : *voir* DOUMOUZI
TANTALE : 565, 567, 568
TAO HIN (2ᵉ patriarche Zen) : 839
T'AO HONG-KING : 791
TAO-SIN (4ᵉ patriarche tch'an) : 831
TÂRÂ (tib. Sgrol.ma >Drölma) : 873, 911
TÂRÂNÂTHA : 897
TARHOUNT : 325
TAROU : 325
TASHKÖPRÜZÂDE : 390, 1150
TÂTAKÂ : 612
TAUREAU ASSIS (Tatanka Yotanka, =Sitting Bull) : 155, 180, 190, 201
TAUREAU TRAPU (=Short Bull) : 190
TAYLOR John : 477
TCH'ANG : 761
TCHANG KIO (>Zang Jue) : 777
TCHANG LOU : 776
TCHANG PO-TOUAN (>Zang Boduan) : 788
TCHANG TAO-LING (>Zang Daoling) : 776
TCHAO PI-TCH'EN (>Zhao Bichen) : 791
TCHAO-TCHEOU TSOUNG-CHEN : 841
TCHE K'IEN : 806
TCH'EN T'OUAN (>Chen Tuan) : 762
TCHEOU YI-CHAN : 793
TCHE-YI (>Chih-chi, Zhiyi, fondateur de l'école bouddhiste Tien-t'ai) : 806, 814, 823, 832
TCHOUANG-TCHEN TENG-YUN : 796
TCHOUANG-TSEU (>Zhuangzi, 3ᵉ Père du Taoïsme philosophique) : 45, 229, 729, 731, 735, 758, 762, 770, 771, 775, 776, 781, 783, 784, 787, 792-795, 814
TCHOU HI (>Zhu Xi) : 762

TCHOU TAO-CHENG : 834
TEISHEBA : 325
TELEPINOU (>Télébinou, Telibinu) : 553, 563, 564
TEMPELS Placide : 116
TENG TUN-TSEU : 792
TENZIN GYATSO : *voir* DALAÏ-LAMA XIV
TÉRAH : 986
TERIIFAAHEE J. B. : 64, 291-294
TERRASSON Jean, abbé : 429
TERTULLIEN : 534
TESHOUB (>Téchub, Teshub, Tessub) : 309, 325, 426, 555, 557, 562
TÊTE DE WAPITI (=Heha'ka la, Elk Head) : 152
THÂBIT IBN QURRA (>Thebet ben Corat) : 1171, 1176
THALÈS DE MILET : 31, 32, 552
THÉODORA (l'abbesse) : 1070
THÉODOSE Ier LE GRAND : 46, 482
THÉOSÉBIE : 1173
THEUDAS : 1037, 1060
THIÉRY Armand : 19
THISONG DETSEN (>Khri.srong Lde.btsan) : 870, 922
THOMAS saint (=Didyme, Judas Thomas) : 928, 934, 935, 940, 1037, 1057, 1065, 1066
THOMAS Louis-Vincent : 84, 91, 95, 115, 134
THOMAS D'AQUIN saint : 14, 66
THOMPSON R. Campbell : 327
THÖNMI SAMBHOTA : 727
THOTH (=Hermès d'Égypte, Premier Hermès) : 306, 310, 311, 319, 325, 327, 418, 419, 422, 426, 441, 447, 451, 452, 467, 479, 489, 932
THOUTMÈS (>Touthmôsis) III : 440, 464, 481, 489
TIAMAT : 348, 368, 381
TIBULLE : 47
TILAK Bal Gangadhar : 577, 649
TILOPA (=Tilli) : 822, 874, 875, 907, 1174
TIMOTHÉE D'ALEXANDRIE : 324
AL-TIRMIDHÎ Abû 'Îsâ : 1130
TIURAI : 280, 327
TOBIE (abr. Tb) : 958, 960
TO-CHAN HIUAN-KIEN : 842
TOUAN TCH'ENG-CHE : 660
TONG-CHAN LIANG-KIAI (>Dongshan Liangjie) : 729, 823, 841
TORRES Osel Hita : 49
TÔSAR : 496
TRILLES R. P. H. : 92, 133
TSEOU YEN (>Zou Yan) : 759
TSONG-KAO (>Zonggao) : 834, 841
TSONG KHAPA (>Tsong.Kha.pa) : 824, 871, 875, 908, 922
TSONG-MI : 835
TSOUNBADJÉGOME : 873
AL-TUGHRÂ'Î (=Artéphius ?) : 1156
TURCAN Robert : 531
TUCCI Giuseppe : 878
TYLOR Edward Burnet sir : 82
TYR : 355

U-V-W

UDRAKA RÂMAPUTRA : 675
UESHIBA MORIHEI : 845, 846
UMÂ : 633
UMEHARA Takeshi : 824
'UWAYS AL-QARANÎ (>Veïs Qarni) : 1127, 1144
AL-'UZZÂ : 1148

VAGISVARAKIRTI : 873
VAIROCANA (« Resplendissant », jap. Dainichi) : 700, 703-705, 707, 827, 828, 831, 908
VAIROCANA LE TRADUCTEUR : 871, 904
VAJRABODHI (=Tsin-kang-tche) : 831, 832, 1174
VAJRADHARA : *voir* SAMANTABHADRA
VAJRAPÂNI : 703
VALENTIN (2^e chef de la gnose alexandrine) : 941, 942, 1037, 1060-1062, 1064
VALLABHA : 616
VARÂHA-MIHÎRA : 653
VARENNE Jean : 589, 617
VARRON : 331
VARUNA : 523, 655
VASISHTHA : 596, 623
VASUBANDHU : 686, 831, 866
VASUMITRA (7^e patriarche dhyâna) : 686, 831
VAUX Roland de : 993
VAYU (dieu indien) : 535
VÂYU (dieu iranien) : 535
VEDAVYÂTSA : 623
VERGIAT Anne-Marie : 95, 109
VIEYRA Maurice : 547, 555
VIMALAMITRA : 904
VISHNOU (>Vichnou, Visnu) : 593, 631-633, 709
VISHTÂSPA (>Hystaspe) : 313, 327, 332, 516, 524, 528, 529, 546
VISHVÂMITRA : 596, 612
VISHVÂPÂNI : 703
VIVEKÂNANDA svâmi : 48, 620, 623
VOHU MANAH : 518, 522, 523, 527
VOLTAIRE : 496
VO PHAM Luc : 756
VRTRA : 500, 556
VRTRAHAN : 500
VYÂSA : 620, 621

VYSE colonel Richard William Howard : 477

WÄFLER Markus : 555
WALLACE Anthony Francis Clarke : 172
WANGCHUG DORJE : *voir* KARMA-PA IX
WANG PI (>Wang Bi) : 734, 777
WAPITI NOIR Nicolas (=Heha'ka Sapa, Black Elk) : 51, 151, 152, 155, 158, 160, 163, 164, 166, 167, 171, 180, 189, 200, 327, 1173
WATTS Alan Wilson : 49
WEI HOUA-TS'OUEN (>Wei Huacun, femme taoïste, 1er patriarche de l'école Chang-t'sing/Moa-chan) : 778, 814, 1173
WEI PO-YANG (>Wei Boyang) : 788, 802
WELLHAUSEN Julius : 955
WEN WANG (le roi Wen) : 761, 769, 776
WHITE Meryl : 910
WIDENGREN Geo : 496, 521, 535
WIJAYARATNA M. : 1176
WILSON Jack : *voir* COUPEUR (le)
WÎS : 1140
WORMS R. P. Ernest Ailred : 254
WOU KOUANG : 796
WOU-MEN HOUEI-K'AI (>Wumen Huikai) : 842
WOUROUSHEMOU (>Wurushemu, =déesse du Soleil d'Arinna) : 325
WOU TI : 797, 802
WOU-TSONG : 806
WOVOKA : *voir* COUPEUR (le)

X-Y-Z

XANTHOS LE LYDIEN : 50
XÉNOPHON : 505, 529
XERXÈS Ier : 309, 402, 507, 509
XISUTHROS : *voir* OUTA-NEPISHTIM
XSHATHRA : *voir* KHSHATHRA VAIRYA

AL-YADÂLÎ : 1156
YAHVÉ : *voir* YHWH
YAHYÂ IBN MU'ÂDH RÂZÎ : 1141
YÂJÑAVALKYA : 606, 607, 1173
YAKUSHIN (=Hongaku Daishi) : 831
AL-YAMAN Mansûr : 1136
YAMÂNTAKA (« Destructeur de mort ») : 875, 876
YAO : 756, 757
YÂSÂVI : 1136
YASMÎNA DE MARCHENA : 1136

YASODHARÂ : 674
YASUTANI Hakuun Ryôko : 839, 840
YE MENG-TÖ : 785
YEN-TS'ONG : 672
YÉRED : 986
YESHE TSOGYEL (>Ye.shes Mtsho. rgyal) : 722, 872, 919, 922
HWH (Yahvé) : 924, 933, 934, 954, 956, 957, 966, 969-972, 974, 975, 977, 979, 981, 982, 984, 986, 990, 1000, 1003, 1009-1011, 1015, 1019, 1042, 1054, 1055
YIMA : 532
YIN-YUAN LONG-K'I (jap. Ingen Ryûki) : 831
YI-SING : 831
YOGÂNANDA : 20, 22, 601, 667, 1084
YOHANAN BEN ZAKKAY : *voir* JOHANAN BEN ZAKKAÏ
YÔSAI : *voir* EISAI
YOYOTTE Jean : 447
YU LE GRAND (Ta Yu) : 748, 781
YÛSUF : 1140
YU YEN : 803
YUASA Yasuo : 830

ZABABA : 402
ZACHARIE (abr. Za) : 960, 975, 988, 989, 1016
ZAHAN Dominique : 100, 105, 113, 116
ZARATHUSHTI BAHRÂM BEN : 516
ZARATHUSHTRA (=Zoroastre) : 59, 281, 313, 315, 327, 330-332, 494, 498, 500, 501, 504, 506, 509, 512, 514-516, 518-525, 527, 529, 530, 532, 534, 536, 537, 546, 579, 925, 946, 1066, 1173
ZARPANITOU : 359, 403
ZAYD IBN HÂRITHA : 1119
AL-ZAYYÂT (=pseudo-Ibn Washshîya) : 345
ZÉNON DE CITTIUM (1er scolarque du Portique) : 784
ZERVÁN (>Zruuan, Zurvan) : 514, 536
ZERVÁN AKARANA : 535
ZEVA'OT : *voir* YHWH
ZEVI : *voir* SHABBETAÏ ZEVI
ZEUS (=Jupiter) : 170, 567
ZHANG DAOLING : *voir* TCHANG TAO-LING
ZHUANGZI : *voir* TCHOUANG-TSEU
ZOROASTRE : *voir* ZARATHUSHTRA
ZOROASTRÈS : *voir* PSEUDO-ZARATHUSHTRA
ZOSER : *voir* DJESER Ier
ZOSIME DE PANOPOLIS (=Rosinus) : 474
ZULAYHÂ : 1140
ZURVAN : *voir* ZERVÂN
ZWI : *voir* SHABBETAÏ ZEVI

Table des illustrations

TABLE DES CARTES

Carte éso-ethnologique de l'Afrique noire, 142. — Carte éso-ethnologique de l'Amérique du Nord ; Carte éso-ethnologique de l'Amérique du Sud, 195. — Carte éso-ethnologique de l'Asie du Nord et du Centre, 240. — Carte éso-ethnologique de l'Asie du Sud et du Sud-Est, 241. — Carte éso-ethnologique de l'Océanie, 295. — Carte éso-archéologique de la Mésopotamie, 406. — Carte éso-archéologique de l'ancienne Égypte, 483. — Carte archéologique de l'ancien Iran, 541. — Carte éso-archéologique de l'ancienne Anatolie, 570. — Carte de la Palestine de la Torah, 1021. — Carte de la Palestine des Évangiles, 1094. — Carte de l'Arabie du Coran, 1160.

TABLE DES ILLUSTRATIONS

Carte du ciel astrologique de l'année 574 av. J.-C., 60. — Arc musical africain ; Rhombe australien, 75. *Tipi* des Crows (Corbeaux), 76. — Chamane lapon jouant du tambour puis tombant en extase, 83. — Enclos-microcosme des Fali (Cameroun), 96. — Magicien gabonais, 125. — L'O-kee-pa des Mandans, 163. — Calumet sacré, 164. — Loge de sudation, 165. — Chamane toungouse, 233. — Dessin labyrinthique mélanésien, 273. — *Marae*, 279. — *Tiki* des Marquises, 291. — Dieu ailé égyptien ; Dieu ailé assyrien, 318. — Déesse-mère anatolienne au léopard avec un enfant, 320. — La précession des équinoxes, 339. — Écriture de « Soleil/Ciel/Dieu », pictogrammes, puis cunéiformes, 369. — Texte cunéiforme codé, 370. — La constellation du Lion ; La constellation du Scorpion, 380. — Le Zodiaque et les douze Signes, 381. — Taureau assyrien ; La croix des saisons, 388. — La tour de Babel, 404. — La voie de Rê ; La voie d'Osiris, 423. — Le triangle rectangle sacré dit triangle isiaque ; Le delta lumineux ; L'érection du *djed* (pilier), 436. — Thoth écrit ; Anubis embaume, 442. — L'œil *oudjat*, 443. — Les composantes de l'homme ; Hiéroglyphes, 454. — Constellation d'Orion ; Emplacement des Trois Pyramides de Gizeh, 461. — Le Sphinx de Gizeh ; La croix des saisons, 462. — Hiéroglyphes, 469. — Le triangle rectangle royal, 478. — L'horoscope du monde, 513. — Grande triade zoroastrienne ; Petit triade zoroastrienne, 524. — Cornes d'aurochs à Chatal Höyük, sanctuaire niveau VI, 554. — Le ciel de naissance d'Antiochos Ier de Commagène, 562. — Ésotérisme *ârya*, 576. — Le proto-Shiva de Mohenjo-Daro, 595. — Le symbole *om* sous forme graphique, 602. — *Padma-âsana* ; *Dhyâna-mudrâ*, 619. — Grande triade tantrique ; Petit triade tantrique, 630. — Le *Shrî-yantra*, 637. — Les sept « principes » selon le Théosophisme, 638. La physiologie occulte selon l'Hindouisme, 643. — L'octuple noble voie, 680. — Représentation symbolique du Bouddha, 683. — Bârâbudur, 705. — Union hindouiste ; Union bouddhiste, 710. — Symbole chinois de la longévité, 750. — La Maison du calendrier ; La croix des orients, 755. — Le carré magique Lo Chou de valeur 15, 755. — Le diagramme ancien du Faîte Suprême ; Le diagramme moderne du Faîte Suprême, 762. — Grande triade ; Petite triade ; Macro-microcosme, 763. — Les 64 hexagrammes, 766. — La physiologie occulte selon le Taoïsme, 790. — Inscription oraculaire, 799. — Physiognomonie chinoise, emplacement des âges sur le visage, 800. — Partie/tout : oreille/fœtus, 804. — Le plan de l'embryon, 828. — Le plan du diamant (détail), 829. — Les chiffres ésotériques des moines zen, 850. — Les *Dix Tableaux du dressage de la vache*, 851. — Les cinq Jina, 881. — *Stûpa*, 883. — Le Moyen et la Sapience ; Le foudre-diamant ; La clochette, 885. — Les tribus juives et les Maisons astrologiques, 965. — Le Sceau de Salomon, 980. — La croix des saisons, 983. — L'Arbre sefirôtique, 1001. Le suaire de Turin, 1035. — Représentation symbolique de Jésus, 1040. — Le système de Valentin, 1063. — Gemme gnostique, 1066. — La croix des saisons, 1092. — L'entrelac musulman, 1157. — Graphique d'Ibn 'Arabî, 1158.

Table des matières

L'ÉSOTÉRISME NON OCCIDENTAL

Qu'est-ce que l'ésotérisme ? (résumé) IX
Introduction : CHANCE ! 1

ÉTUDE DE L'ÉSOTÉRISME NON OCCIDENTAL

1. Les ésotérismes non occidentaux 31

Occidental et non occidental : classifications, caractéristiques 31
Ésotérisme occidental et non occidental : typologies, critères 41
Occident et non-Occident : origines, contacts, études 45
Occidental et non occidental : rapports 51
L'ésotérisme non occidental selon les ésotéristes occidentaux
de l'Antiquité (600 av. J.-C. ss.) 53
L'ésotérisme non occidental selon les ésotéristes occidentaux
de la modernité (1471 ss.) 58
Projet et plan 63
Bibliographie générale sur les ésotérismes non occidentaux 67

LES ÉSOTÉRISMES PRIMITIFS

2. Les ésotérismes primitifs 69

« Primitif » : critère exotérique (l'absence d'écriture) 69
« Primitif » : critère ésotérique (le simple) 72
L'ésotérisme primitif : caractéristiques 77
L'ésotérisme primitif : classifications (continents/éléments) 83
L'ésotérisme primitif selon l'ésotérisme occidental 86
Bibliographie générale sur les ésotérismes primitifs 90

3. Les Négro-Africains 91

Repères ethnologiques des Négro-Africains primitifs 91

L'ésotérisme noir 92
Niveaux 95
Caractéristiques de l'ésotérisme noir 98
Occultations 102
Les initiations 104
Les mystères 114
Les porteurs de puissance : figures de l'ésotérisme
  négro-africain 122
Les expressions 127
Les révélations 133
Bibliographie générale sur l'ésotérisme des Négro-Africains
  primitifs 141
Bibliographie spécialisée 145

4. Les Amérindiens 150

Repères ethnologiques des Amérindiens primitifs 150
L'ésotérisme rouge 151
Les notions occultes 155
« Les sentiers sacrés de la vie » 160
Les organisations initiatiques 174
« Les hommes sacrés » *(Wicasa Wakan* en langue dakota,
  Holy Men) 182
Revivalismes en Amérique du Nord 188
Bibliographie générale sur l'ésotérisme des Amérindiens
  primitifs 189
Bibliographie spécialisée 198

5. Les Asiatiques 202

Repères ethnologiques des Asiatiques primitifs 202
L'ésotérisme jaune 204
Les initiations 206
Les esprits 209
Les médiateurs du Mystère en général 212
Les possédé(e)s : possédé-médium ou possédé-chamane 215
Les chamane(sse)s : le chamane excité et le chamane immobile 217
Le chamane type : le chamane des Toungouses 229
Les pratiques occultes 232
Les arts occultes 236
Bibliographie générale sur l'ésotérisme des Asiatiques primitifs ... 238
Bibliographie spécialisée 243

6. Les Océaniens 246

Repères ethnologiques des Océaniens primitifs 246

TABLE DES MATIÈRES 1237

L'ésotérisme brun 247
Australie 253
Mélanésie 262
Polynésie 278
Bibliographie générale sur l'ésotérisme des Océaniens primitifs.... 294
Bibliographie spécialisée 298

LES ÉSOTÉRISMES CIVILISATEURS

7. Les ésotérismes civilisateurs 301

Civilisateur : critères, classifications 301
L'ésotérisme civilisateur : caractéristiques 307
Ésotéristes civilisateur 327
Ésotérismes civilisateurs : logiques 329
L'ésotérisme civilisateur selon les ésotéristes occidentaux 330
Bibliographie générale sur les ésotérismes civilisateurs 339

8. Les Mésopotamiens 340

Repères historiques de l'ésotérisme des Mésopotamiens 340
Ésotérismes en Mésopotamie : clefs 343
La génération sacrée 347
Le Chaldéen 348
L'ésotérisme écrit 350
Les initiations et les Mystères *(Pirishtu)* 356
Les sciences occultes 364
Les arts occultes 375
Les cités-temples et les monuments 401
Les mouvements syncrétiques 404
Bibliographie générale sur l'ésotérisme des Mésopotamiens 405
Bibliographie spécialisée 410

9. Les Égyptiens 413

Repères historiques de l'ésotérisme des anciens Égyptiens 413
Ésotérismes en Égypte : clefs 418
Ésotérisme égyptien : oui ou non ? 429
Les Mystères *(Shéta)* égyptiens en général 433
Reconstitution des Mystères d'Osiris en particulier 437
L'initiation *(Bès)* égyptienne en général 439
Reconstitution de l'initiation en Abydos en particulier 445
Les théologies 450
Les arts occultes 456
L'Atonisme 474

1238 TABLE DES MATIÈRES

L'art ésotérique 475
Résurgences 480
Bibliographie générale sur l'ésotérisme des anciens Égyptiens 482
Bibliographie spécialisée 487

10. Les Iraniens 491

Repères historiques de l'ésotérisme des anciens Iraniens 491
Ésotérismes en Iran : clefs 494
Le Mazdâyasnisme : Mazdéisme primitif 496
Les chamanes scythes 501
Les Mages 503
Les sciences occultes 511
Le Zoroastrisme : Mazdéisme réformé 515
L'initiation, la mort 525
Mystères : Anâhitâ, Mithra 530
La Lumière de Gloire 532
L'ésotérisme des villes et des monuments 533
Le dualisme en général, le Manichéisme en particulier 534
Bibliographie générale sur l'ésotérisme des anciens Iraniens 540
Bibliographie spécialisée 544

11. Les Anatoliens 547

Repères historiques de l'ésotérisme des anciens Anatoliens 547
Ésotérisme en Anatolie : clefs 550
Spiritualité de la génération 553
Les « Mystères » 556
Les arts occultes chez les Hittites 560
Les légendes anatoliennes 565
Bibliographie générale sur l'ésotérisme des anciens Anatoliens 568
Bibliographie spécialisée 571

LES ÉSOTÉRISMES DE L'INDE

12. Les ésotérismes de l'Inde 575

Ésotérismes indiens : logiques 578
L'ésotérisme indien : caractéristiques 580
Bibliographie générale sur les ésotérismes indiens 588

13. Les Hindous 589

Repères historiques de l'ésotérisme hindou 589
La civilisation pré-*ârya* de l'Inde : Mohenjo-Daro 594

TABLE DES MATIÈRES 1239

Le Védisme 595
L'ésotérisme hindou des textes : *Āranyaka, Upanishad*............... 602
Les initiations brâhmaniques 610
Le Yoga 613
Le Vedânta 623
Les écoles ésotériques 628
Le Tantra 629
Les indépendants 645
Râmakrishna 649
Les sciences occultes 653
Les arts occultes 655
Hindouisme et féminisme 660
Bibliographie générale sur l'ésotérisme hindou 660
Bibliographie spécialisée 664

14. Les Bouddhistes 669

Repères historiques de l'ésotérisme bouddhique indien 669
Le Bouddhisme du Bouddha 673
Le Bouddhisme primitif : un ésotérisme ? 683
Le bouddhisme de la méditation *(Dhyâna)* 686
Le *Nirvâna* 692
Le Bouddhisme pré-canonique : gnose et magie 694
Le Bouddhisme du Petit Véhicule (Hînayâna, exotérique) 696
Le Bouddhisme du Grand Véhicule (Mahâyâna, mésotérique) 698
Le Bouddhisme du Tantrayâna, ésotérique 706
Les pratiques initiatiques du Tantrayâna 712
Bibliographie générale sur l'ésotérisme bouddhique 716
Bibliographie spécialisée 719

LES ÉSOTÉRISMES D'EXTRÊME-ORIENT

15. Les ésotérismes d'Extrême-Orient 725

L'ésotérisme extrême-oriental : caractéristiques 725
Ésotérismes extrême-orientaux : logiques 739
Bibliographie générale sur les ésotérismes extrême-orientaux ... 740

16. Les Chinois 741

Repères historiques de l'ésotérisme chinois 741
2ᵉ tradition : le Wouïsme et l'occultisme 747
1ʳᵉ tradition : l'Universisme 750
Les cent écoles 758
Le *Yi king* 760

4ᵉ tradition : le Confucianisme : homme saint ou homme
véritable ? 769
3ᵉ tradition : le Taoïsme 773
Le Taoïsme : idées ésotériques 778
Le Taoïsme : pratiques initiatiques 782
Arts occultes *(fang chou)* 797
5ᵉ tradition : le Bouddhisme ésotérique chinois 805
Bibliographie générale sur l'ésotérisme chinois 807
Bibliographie spécialisée 811

17. Les Japonais 816

Repères historiques de l'ésotérisme japonais 816
1ʳᵉ tradition : le chamanisme japonais 818
2ᵉ tradition : le Shintô 819
3ᵉ tradition : le Bouddhisme japonais 820
Le Mikkyô (Mystère), premier courant du Bouddhisme
japonais ésotérique 824
Le Kongôjô (Tantra), deuxième courant du Bouddhisme
japonais ésotérique 830
Le Zen (méditation), troisième courant du Bouddhisme
japonais ésotérique 831
Le Zen : idées ésotériques 833
Le Zen : pratiques initiatiques 838
Le Zen : un ésotérisme ? 848
Syncrétismes : les *hijiri* (ermites) et les yamabushi
(anachorètes) 852
Autre religion, nouvelles religions 854
Bibliographie générale sur l'ésotérisme japonais 854
Bibliographie spécialisée 856

18. Les Tibétains 860

Repères historiques de l'ésotérisme tibétain 860

1ʳᵉ tradition : le Tsug, religion pré-bouddhique 863
3ᵉ (?) tradition : le Bön (fin xᵉ s. ?), religion post-bouddhique 865
2ᵉ tradition : le Bouddhisme tibétain *(saptchö* :
« religion profonde ») 866
Les cinq grandes lignées du Bouddhisme tibétain 870
Les voies d'initiation 877
Les supports de l'initiation 881
Les pratiques initiatiques *(droupthab,* sanskrit *sâddhana)*
en général 887
Pratiques initiatiques particulières : les yoga *(naldjor)* 890
Pratiques initiatiques particulières : les tantra *(gyü)* 893
Pratiques initiatiques particulières : le Tchö 897

TABLE DES MATIÈRES 1241

Pratiques initiatiques particulières : les Six Lois de Nâropa 899
Les idées ésotériques 906
Alexandra David-Néel (1868-1969) et Lobsang Rampa 911
Bibliographie générale sur l'ésotérisme tibétain 913
Bibliographie spécialisée 915

LES ÉSOTÉRISMES MONOTHÉISTES

19. Les ésotérismes monothéistes 923

Les bases : monothéisme, abrahamisme, livre 923
Ésotérisme abrahamique : caractéristiques 926
Ésotérisme orthodoxe, ésotérisme hétérodoxe 941
Différences entre les ésotérismes abrahamiques 942
Ésotérismes abrahamiques : logiques 943
Bibliographie générale sur les ésotérismes monothéistes 947

20. Les Juifs 949

Repères historiques de l'ésotérisme judaïque 949
Certitudes religieuses contre doutes historiques 954
Les mystères de la loi *(razei Tôrah)* 957
Le Yahwisme (d'Abraham à Esdras) 969
La Théosophie rabbinique : *Berêshit* et *Merkabah* 977
Les personnages du judaïsme 984
Les figures du judaïsme : patriarches *(Âbôt)*,
  prophètes *(Nabî'im)* 985
Organisations initiatiques bibliques : les Fils de prophètes
  et les Nazîrs 989
Organisations initiatiques juives : les Thérapeutes, les Esséniens,
  les Mandéens 992
La Kabbale (1160 ss.) 997
Le Hassidisme 1006
Les sciences occultes 1008
Les arts occultes 1014
La philosophie 1019
Bibliographie générale sur l'ésotérisme judaïque 1022
Bibliographie spécialisée 1026

21. Les Chrétiens d'Orient 1032

Repères historiques de l'ésotérisme chrétien (surtout oriental) 1032
Jésus annoncé par les astres et les prophètes ? 1038
Jésus initié ? 1043
Jésus confirmé par signes et prodiges 1048

TABLE DES MATIÈRES

La forme : Jésus public, Jésus secret 1050
Le fond : Jésus exotérique, Jésus ésotérique 1053
Les divisions du christianisme 1056
Le Judéo-Christianisme hétérodoxe (70-ve s.) 1056
Le Gnosticisme (v. 50-ve s.) 1058
Le Gnosticisme orthodoxe et la *Disciplina arcani* 1067
L'Hésychasme (333-xe s.) et néo-Hésychasme (xe s.) 1070
Écoles, doctrines et tendances ésotériques 1081
Sciences occultes chrétiennes : herméneutique,
  science des lettres 1083
Arts occultes chrétiens 1091
L'icône, la musique sacrée 1093
Bibliographie générale sur l'ésotérisme chrétien oriental 1095
Bibliographie spécialisée 1100

22. Les Musulmans 1105

Repères historiques de l'ésotérisme islamique 1105
La tradition arabe antérieure à Muhammad 1108
Le prophète Muhammad 1109
La révélation écrite : le Coran et le prophétisme 1119
La révélation orale : la *Sunna* et l'inspiration 1121
L'ésotérisme coranique et l'ésotérisme musulman 1122
Les Parfaits *(Sâlihûn)* 1127
Le Shî'isme ésotérique 1128
Le Soufisme : généralités 1135
Le Soufisme : idées ésotériques 1136
Le Soufisme : pratiques initiatiques 1141
Le Maraboutisme 1147
Les arts occultes 1147
Les sciences occultes *('Ilm al-Ghayb)* 1151
Les philosophies *(Falsafa)* et théologies *(Kalâm)* ésotériques 1155
Les beaux arts 1157
Le Bâbisme 1159
Bibliographie générale sur l'ésotérisme musulman 1160
Bibliographie spécialisée 1166

Palmarès de l'ésotérisme non occidental 1173

Chronologies de l'ésotérisme non occidental 1177
Chronologie de l'ésotérologie orientalisante 1183

Bibliographie générale 1193

Index des noms propres 1215

ACHEVÉ D'IMPRIMER POUR
LES ÉDITIONS ROBERT LAFFONT
SUR BOOKOMATIC
MAURY EUROLIVRES S.A.
45300 MANCHECOURT

Imprimé en France

DÉPÔT LÉGAL : SEPTEMBRE 1997
N° D'ÉDITEUR : L 07354